ÆGIDII GUTBIRII

LEXICON SYRIACUM.

ÆGIDII GUTBIRII

LEXICON SYRIACUM:

OMNES

NOVI TESTAMENTI SYRIACI

DICTIONES ET PARTICULAS

COMPLECTENS.

DENUO EDIDIT, EMENDAVIT, IN ORDINEM REDEGIT

E. HENDERSON, *Ph. D.*

Wipf & Stock
PUBLISHERS
Eugene, Oregon

Wipf and Stock Publishers
199 W 8th Ave, Suite 3
Eugene, OR 97401

Syriac New Testament and Lexicon Syriacum
By Henderson, E.
ISBN: 1-59244-999-9
Publication date 11/10/2004
Previously published by Samuel Bagster and Sons, 1836

LEXICON SYRIACUM.

ܐܐܪ *m.* aër. *Apoc.* 9. 2. respondet Græco 'Αήρ.

ܐܒܐ *m.* pater *naturalis.* ܐܒܐ pater *spiritualis. Suffix.* ܐܒܝ pater meus, ܐܒܘܟ pater tuus, (*o mas.*) ܐܒܘܟܝ pater tuus, (*o fœmina*) ܐܒܘܗܝ pater ejus (*maris*), ܐܒܘܗ pater ejus (*fœminæ*), ܐܒܘܢ pater noster, *c.* ܐܒܘܟܘܢ pater vester, *m.* ܐܒܘܟܝܢ pater vester, *f.* ܐܒܘܗܘܢ pater illorum, ܐܒܘܗܝܢ pater illarum. *Pluralis* ܐܒܗ̈ܝܢ, ܐܒܗ̈ܐ patres *naturales,* et ܐܒܗ̈ܬܝ patres mei, ܐܒܗ̈ܝܟ patres tui, *m.* ܐܒܗ̈ܘܗܝ patres ejus, *m.* ܐܒܗ̈ܝܗ patres ejus (*fœminæ*), ܐܒܗ̈ܝܢ *vel* ܐܒܗ̈ܬܢ patres nostri, ܐܒܗ̈ܝܟܘܢ &c.

ܐܒܐ *m.* fructus. Apoc. 18. 14. *Suffix.* ܐܒܗܘܢ fructus eorum. Epistola Judæ, v. 12.

ܐܒܗܘܬܐ *f.* paternitas, Eph. 3. 15.

ܐܒܘܒܐ *m.* organum, tibia, 1 Cor. 14. 7.

ܐܒܕ periit, *Fut.* ܢܐܒܕ peribit. *Part. Peil.* ܐܒܝܕ periens, perditus. *Aph.* ܐܘܒܕ perdidit.

ܐܒܕܢܐ *m.* perditio, damnum, Mat. 26. 8.

ܐܒܠ *Ethpeel.* ܐܬܐܒܶܠ luxit. *Ethpaal,* ܐܬܐܰܒܰܠ *idem.* *Part. Peil. m.* ܐܒܺܝܠܳܐ lugens. *Pluralis* ܐܒܺܝܠܶܐ Mat. 5. 4. ܐܶܒܠܳܐ *m.* luctus, 1 Cor. 5. 2. Jac. 4. 9.

ܐܰܒܢܳܐ *m.* lapis, 1 Pet. 2. 7. Ch. אַבְנָא.

ܐܰܓܳܢܳܐ *m.* hydria, Heb. אַגָּן. *Plur.* ܐܰܓܳܢܶܐ Joh. 2. 6.

ܐܓܽܘܢܳܐ *m.* 'Αγὼν, certamen, Col. 2. 1.

ܐܰܓܽܘܪܣܳܐ *m.* ager, Mat. 27. 8. Rab. אגריסין agrestes.

ܐܓܰܪ mercede conduxit. *Futur.* ܢܶܐܓܽܘܪ *Ethpaal* ܐܶܬܬܰܓܰܪ negotiatus est, acquisivit, Mat. 25. 16. ܐܰܓܪܳܐ *m.* merces, præmium, Mat. 10. 41. ܐܓܺܝܪܳܐ *m.* mercenarius. *Plur.* ܐܓܺܝܪܶܐ Mar. 1. 20. ܬܶܐܓܽܘܪܬܳܐ *f.* merces, Lu. 12. 58. Ro. 6. 23; negotiatio, Joh. 2. 16; quæstus, Ac. 16. 16.

ܐܶܓܰܪܬܳܐ *f.* epistola. Heb. אִגֶּרֶת. *pl.* ܐܶܓܪܳܬܳܐ 2 Cor. 10. 9.

ܐܶܓܳܪܳܐ *m.* tectum. *Pluralis* ܐܶܓܳܪܶܐ Mat. 4. 24.

ܐܶܕܢܳܐ *f.* auris, 1 Cor. 2. 9. *Plur.* ܐܶܕܢܶܐ Mat. 11. 15.

ܐܶܕܪܳܐ *m.* area. *Plur. suff.* ܐܶܕܪܰܘܗܝ Mat. 3. 12.

ܐܘ O! *particula exclamandi, item vocandi,* Mat. 15. 28.

ܐܘ aut, sive, Mat. 5. 17. *Item comparativè,* quàm.

ܐܘܳܐ *Ethpa. part.* ܡܶܬܬܘܶܐ benevolus, consentiens, Mat. 5. 25.

ܐܘܝܽܘܬܳܐ *f.* consensus, unanimitas, 2 Cor. 6. 16.

ܐܘܟܰܪܺܣܛܺܝܰܐ eucharistia, sacra cœna, Ac. 2. 42.

ܐܽܘܡܽܘܡܽܘܢ *m.* odoramentum, suffitus, *Apoc.* 18. 13.

ܐܘܝ O! *particula exclamandi,* Mat. 17. 17; *item* vah! *particula illudendi,* Mar. 15. 29.

ܐܶܘܰܢܓܶܠܝܽܘܢ Εὐαγγέλιον, Evangelium. *Vide* Tit. Mat.

ܐܘܢܓܠܣܛܐ *m.* Evangelista, *Tit. Act. Apost.*

ܐܘܢܐ *m.* mansio. *Pluralis* ܐܘܢܐ Joh. 14. 2.

ܐܘܩܝܢܐ *m.* anchora, ἄγκυρα, Heb. 6. 19.

ܐܘܩܝܢܘܣ bolis, perpendiculum nauticum, Ac. 27. 28; anchoræ, verss. 29 et 40.

ܐܘܪܝܬܐ *f.* lex, Mat. 11. 13.—12. 5.—22. 40.

ܐܘܪܩܠܝܕܘܢ Εὐροκλύδων, Euro-aquilo, Ac. 27. 14.

ܐܘܪܫܠܡ Hierosolyma, *nomen urbis*, Mat. 2. 3.

ܐܘܫܥܢܐ hosianna, Mat. 21. 9. Est vox faustæ et devotæ acclamationis, ex Hebræo הוֹשִׁיעָה נָּא, Salva quæso, Psal. 118. 25, facta.

ܐܙܓܕܐ *m.* legatus. *Pluralis* ܐܙܓܕܐ Lu. 14. 32.

ܐܙܠ abiit, profectus est. *Imper.* ܙܠ abi. *Fut.* ܢܐܙܠ Mar. 5. 17. *Inf.* ܠܡܐܙܠ Mat. 14. 16.

ܐܙܡܪܓܕܐ *Pluralis* smaragdus, Apoc. 4. 3.

ܐܚܐ *m.* frater. *Plur.* ܐܚܝܢ et ܐܚܐ. Suffixa assumit juxta analogiam ܐܒܐ, quod suprà vide. ܚܬܐ *f. per aphæresin literæ* ܐ, soror, Lu. 10. 39. *Pluralis* ܐܚܘܬܐ sorores, Mat. 19. 29.—13. 56.

ܐܚܝܢܐ *m.* cognatus. *Pl.* ܐܚܝܢܐ. *Fœm. sing.* ܐܚܝܢܬܐ *Suff.* ܐܚܝܢܬܟܝ cognata tua, Lu. 1. 36.

ܐܚܘܬܐ *f.* fraternitas, 2 Pet. 1. 7. *Juxta V. Cl. Pocock. Parisiensis et Anglicana editio legitur* ܐܚܘܬܐ.

ܐܚܕ apprehendit, Mat. 14. 3; continuit, Mar. 9. 10: clausit, Mat. 6. 6; tenuit, 1 Thess. 5. 21; habuit, 1 Cor. 7. 2; retinuit, Joh. 20. 23; cepit, Mat. 26. 4. *Part. Peil.* ܐܚܝܕ tenens. ܡܪܝܐ ܐܚܝܕ ܟܠ Dominus omnipotens, 2 Cor. 6. 18. *Ethpe.* ܐܬܐܚܕ clausus est, Mat. 25. 10.

Aph. ܐܘܚܕ elocavit, Mat. 21. 33. *Item* accendit, Lu. 22. 55.

ܐܘܚܕܢܐ *m.* possessio, 1 Pet. 5. 11; potestas, Apoc. 1. 6; ditio, Lu. 2. 1.

ܐܚܪ *Aph.* ܐܘܚܪ distulit, Mat. 15. 5; commoratus est, 1 Cor. 16. 7.

ܐܚܪܢ *m.* alius, Rom. 7. 3, 4. ܐܚܪܢܐ *idem*, Mat. 13. 24. *Pluralis* ܐܚܪ̈ܢܐ alii, Mat. 4. 21. *Fœm.* ܐܚܪܢܬܐ alia, Mat. 2. 12. *Plur.* ܐܚܪ̈ܢܝܢ Mat. 12. 45, et ܐܚܪ̈ܢܝܬܐ aliæ, Mat. 25. 11.

ܐܚܪܢܐܝܬ contrà, Gal. 2. 7; aliter, 1 Tim. 5. 25.

ܐܚܪܝܐ *m.* ultimus, posterior, postremus, novissimus. *Pluralis* ܐܚܪ̈ܝܐ Mat. 19. 30. *Fœm.* ܐܚܪܝܬܐ ultima, Mat. 27. 64.

ܐܚܪܝܬ posteà, Mat. 4. 2; tandem, Mat. 26. 60.

ܚܪܬܐ *f.* *Per aphæresin literæ* ܐ, finis, pars posterior. ܒܚܪܬܐ denique, tandem, novissimè, Mat. 22. 27. ܠܚܪܬܐ *idem*, Mat. 24. 13.

ܬܘܚܪܐ *f.* mora, Lu. 1. 21.

ܐܘ εὖ, εὖγε, euge, Mat. 25. 21.

ܐܝܟ sicut, ut, quasi. *Item* juxta, secundùm, Mat. 2. 16. *Item*, sequente ܕ, ut, quo, Mat. 2. 13, 23. Cum præfixo ܕ, ܕܐܝܟ talis, Mat. 9. 8.

ܐܝܟܐ ut, ubi. ܐܝܟܐ ܡܢ unde; ܕ Mat. 25. 26.

ܐܝܟܢ quomodo, sicut, Mat. 16. 11.

ܐܝܟܢܐ sicut, quomodo, quemadmodum. Plerumque sequitur ܕ Mat. 28. 18.

ܐܝܣܦܝܣ Ἴασπις, jaspis, Apoc. 4. 3. ܐܝܣܦܝܢܘܣ jaspis, Apoc. 21. 19.

ܐܝܠ *m.* Deus, Mat. 27. 46. Mar. 15. 34.

ܐܝܠܝܢ *Pluralis c.* illi, illæ, illa. Heb. אֵלֶּה.

ܐܝܠܢܐ *m.* arbor. *Pluralis* ܐܝܠܢ̈ܐ Mat. 3. 10.

ܐܝܡܟܐ unde? ܡܢ ܐܝܡܟܐ *idem*, Mat. 21. 25.

ܐܝܢܐ quis? ܐܝܢܘ ecquis? quisnam est? Mat. 21. 23. *Fœm.* ܐܝܕܐ quæ illa? Apoc. 12. 13.

ܐܝܢ ita, etiam, certè, profectò, Mat. 5. 37.

ܐܝܩܐ εἰκῆ, temerè, frustra, immeritò, Mat. 5. 22. *Vel* ܐܝܩܝ *idem*, Phil. 2. 16.

ܐܝܬ (*Verbum substantivum*) est. Flectitur per personas, additis suffixis: ܐܝܬܝ ego sum, ܐܝܬܝܟ tu es, *m.* ܐܝܬܝܟܝ tu es, *f.* ܐܝܬܘܗܝ ille est, ܐܝܬܝܗ illa est, ܐܝܬܝܢ nos sumus, *c.* ܐܝܬܝܟܘܢ vos estis, *m.* ܐܝܬܝܟܝܢ vos estis, *f.* ܐܝܬܝܗܘܢ illi sunt, ܐܝܬܝܗܝܢ illæ sunt. Contractum cum ܠܐ format ܠܝܬ non est. ܠܝܬܝ non sum, ܠܝܬܘܗܝ non est, *m.* ܠܝܬܝܗ non est, *f.* ܠܝܬܝܗܘܢ illi non sunt; et sic porrò.

ܐܝܬܘܬܐ *f.* substantia, essentia, Heb. 1. 3.

ܐܝܟܢܐ sicut, sic, similiter, *Suff.* Heb. 4. 15.

ܐܟܚܕ unà, simul, pariter, Rom. 6. 5.

ܐܟܚܕܐ simul, unà, pariter, 1 Thess. 5. 10. Heb. יַחַד.

ܐܟܘܬܐ uti. *Juxta editiones Parisienses et Anglicanas, quæ ita legunt* Rom. 5. 18. 1 Cor. 12. 12. *pro* ܐܝܟܢܐ.

ܐܟܕܢܐ *m.* ἔχιδνα, vipera. *Plur.* ܐܟܕܢ̈ܐ Mat. 3. 7.

ܐܟܠ comedit, devoravit. Constructum cum ܩܪܨܐ *significat* accusavit, calumniatus est, proclamavit. *Futur.* ܢܐܟܘܠ. *Infinit.* ܠܡܐܟܠ Mat.

12. 4. *Ethpeel* ܐܬܐܟܠ corrosus est, Jac. 5. 2. *Aph.* ܐܘܟܠ pavit, cibavit, Rom. 12. 20.

ܐܟܘܠܐ *m.* edax, vorax, Mat. 11. 19. ܐܟܘܠܬܐ *f.* consumens, Heb. 12. 29. ܐܟܠܐ *m.* ærugo, Mat. 6. 19, 20.

ܡܐܟܘܠܬܐ *f.* cibus. *Plur.* ܡܐܟܘ̈ܠܬܐ 1 Tim. 4. 3.

ܡܐܟܘܠܘܬܐ *f. idem*, Joh. 4. 32.

ܐܟܙܢ sicut. *Par. et Angl.* 2 Pet. 1. 3, *pro* ܐܝܟ ܡܐ.

ܐܟܠܩܪܨܐ *m.* calumniator, accusator. *Nomen diaboli*, Mat. 4. 1. *Divisim* ܐܟܠ ܩܪܨܐ Lu. 4. 2.

ܡܐܟܠܩܪܨܐ *m.* obtrectatio, Rom. 1. 30. Et *divisim* ܡܐܟܠ ܩܪܨܐ Joh. 18. 29.

ܐܟܠܘܣ ὄχλος, populus, Ac. 21. 34.

ܐܟܢܐ sicut, quomodo, Ac. 10. 47. Heb. כְּמוֹ.

ܐܘܟܡܐ *m.* niger, Apoc. 6. 5. *Fœm. E.* ܐܘܟܡܬܐ nigra, Mat. 5. 36. *F. Abs.* ܐܘܟܡܐ extat Cant. 1. 5.

ܐܟܣܢܝܐ *m.* ξένος, hospes. *Plur.* ܐܟܣܢܝ̈ܐ Heb. 11. 13.

ܐܟܝܦܐܝܬ sedulò, diligenter, Phil. 2. 20.

ܐܟܪܐ *m.* agricola, Jac. 5. 7. 2 Tim. 2. 6.

ܐܟܬܐ *f.* odium, inimicitia, Mat. 5. 23. *Lud. de Dieu auguratur ortum esse ex Latino* actio. *Tremellius et Trostius legunt* ܐܟܬܐ, *quasi deducatur ex Heb.* אֵיבָה. *Sed rectius Anglicana editio cum antiquâ Viennensi legit* ܐܟܬܐ, *quod habetur etiam in V. Test., Esa.* 14. 6. *Hinc oritur* ܐܟܬܢܐ iracundus, odiosus, *quod legitur* Esa. 10. 6. *Pluralis ejus extat* Prov. 12. 28.

ܐܠܠ ejulavit, Mat. 11. 17. Joh. 16. 20.

ܐܠܐ sed, verùm. *Item* si non, nisi. *Et sic compositum est ex* ܐܢ si, et ܠܐ non, Mat. 18. 3.

ܐܰܠܳܗܳܐ *m.* Deus. (*Lud. de Dieu in Apocalypsi suâ legit etiam* ܐܠܗܗ Apoc. 8. 2.) *Pluralis* ܐܰܠܳܗܶܐ Joh. 10. 34. ܐܰܠܳܗܬ݂ܳܐ *f.* dea, Ac. 19. 27. *Suff.* Ac. 19. 37. ܐܰܠܳܗܽܘܬ݂ܳܐ *f.* divinitas, τὸ Θεῖον, Ac. 17. 29. ܐܰܠܳܗܳܝܳܐ *m.* divinus, 2 Pe. 1. 3, 4. *Fœm.* ܐܰܠܳܗܳܝܬ݂ܳܐ.

ܐܶܠܽܘ si, siquidem, utinam. ܐܶܠܽܘ ܠܳܐ si non, nisi.

ܐܶܠܝܳܐ ploratus, Mat. 2. 18.

ܐܠܶܦ אלף didicit. *Fut.* ܢܺܐܠܰܦ Ac. 24. 8. *Pael* ܐܰܠܶܦ docuit, informavit. *Fut.* ܢܰܠܶܦ Mat. 5. 19, pro ܢܰܐܠܶܦ, *quod legitur* Joh. 7. 35. ܡܰܠܦܳܢ *m.* doctor, 1 Tim. 3. 2. Rab. מלפן et מלפנא. ܡܰܠܦܳܢܳܐ *idem,* Mat. 19. 16. *Plur.* ܡܰܠܦܳܢܶܐ Lu. 2. 46. ܡܰܠܦܳܢܽܘܬ݂ܳܐ *f.* doctrina, Tit. 2. 7.

ܐܳܠܰܦ olaph, *nomen literæ* ܐ. Apoc. 22. 13.

ܐܰܠܦܳܐ *m.* mille, χιλιάς, Apoc. 12. 6. *Constr.* ܐܠܰܦ Apoc. 5. 11. *Pluralis* ܐܰܠܦܺܝܢ Mat. 15. 38, et ܐܰܠܦܶܐ Apoc. 7. 4.

ܐܶܠܦܳܐ *c.* navis, Mat. 14. 24. *Plur.* ܐܶܠܦܶܐ Joh. 6. 24.

ܐܰܠܶܨ coëgit, arctavit, afflixit. *Imp.* ܐܰܠܶܨ et coge, Lu. 14. 23. *Part. Peil.* ܐܠܺܝܨ coactus, pressus, *item* necessarius, Ac. 15. 28. *Ethpe.* ܐܶܬ݂ܐܠܺܝܨ coactus est, 2 Co. 10. 2. *Ethpael idem,* Mar. 5. 26.

ܐܰܠܺܝܨܳܐ *m.* angustus. *Pluralis* ܐܰܠܺܝܨܺܝܢ et ܐܰܠܺܝܨܶܐ. ܐܽܘܠܨܳܢܳܐ *m.* afflictio. *Pluralis* ܐܽܘܠܨܳܢܺܝܢ *Emph.* Rom. 5. 3. ܐܽܘܠܨܳܐ angustia, Ac. 7. 10. *Item* oppressor, 2 Thess. 1. 6.

ܐܰܡܬ݂ܳܐ *f.* cubitus, Mat. 6. 27. *Plur.* ܐܰܡܺܝܢ Joh. 21. 8.

ܐܡܬܐ *f.* ancilla. *Plur.* ܐܡܗܬܐ Lu. 12. 45.

ܐܡܐ *f.* mater. *Pl.* ܐܡܗܬܐ Mar. 10. 30. *Suff.* ܐܡܝ.

ܐܘܡܬܐ *f.* natio, Apoc. 5. 9. *Pluralis* ܐܡܘܬܐ populi. Chald. אֻמָּה. Lu. 2. 31.

ܐܡܢ perseveravit, constans fuit. *Et ex contrariâ significatione,* intermisit, cunctatus est, segnis fuit, malo succubuit. ܠܐ ܢܬܐܡܢ ܠܗܘܢ ne malo succumbant, Lu. 18. 1. *Ethpa.* perseveravit, Coloss. 4. 2. *Aph.* ܗܝܡܢ credidit, concredidit. *Fut.* ܢܗܝܡܢ credet, Rom. 9. 33. *Ettaph.* ܐܬܗܝܡܢ creditum est, et ܐܬܬܐܡܢ Col. 4. 2.

ܐܡܘܬܘܣܛܘܣ amethystus, Apoc. 21. 20.

ܐܡܝܢ et ܐܡܝܢܐ *m.* stabilis, assiduus. *Pluralis Abs.* Rom. 12. 12. *Emph.* 1 Tim. 5. 23. *Fœm.* ܐܡܝܢܐ 1 Tim. 5. 5. et ܐܡܝܢܬܐ Ac. 12. 5.

ܐܡܝܢ *particula asseverationis,* verè, certè, fideliter, constanter. אָמֵן, 'Αμήν, Amen, Mat. 5. 18. ܡܡܘܢܐ mammon, *quasi* ܡܐܡܘܢܐ, bona, divitiæ, in quibus fidem, spem, seu fiduciam, collocant filii hujus seculi. *Bona loco Dei habita,* Lu. 16. 9.

ܐܡܝܢ *idem quod* ܐܡܝܢ verè, certè, Rom. 9. 5.

ܐܘܡܢܐ *m.* artifex, Heb. 11. 10. *Pluralis* Ac. 19. 38.

ܐܘܡܢܘܬܐ *f.* ars, Ac. 19. 24. ܐܘܡܢܘܬܐ ܒܢܝ filii artis, id est, artifices, Ac. 19. 24.

ܐܡܝܢܐܝܬ constanter, sedulò, 2 Pe. 1. 12.

ܡܗܝܡܢ *m.* fidelis, Lu. 19. 17. Et ܡܗܝܡܢܐ *idem,* Mat. 24. 45. *Pl.* ܡܗܝܡܢܐ Lu. 16. 11. *Fœm.* ܡܗܝܡܢܬܐ Ac. 13. 34. *Plur.* ܡܗܝܡܢܢ fideles, *f.* 1 Tim. 3. 11.

ܡܗܝܡܢܐ *m.* eunuchus, Ac. 8. 27. *Plur.* Mat. 19. 12.
ܗܝܡܢܘܬܐ *f.* fides, 1 Tim. 1. 5.
ܐܡܬܝ quando. ܟܠ ܐܡܬܝ quoties, Mar. 5. 4.
ܐܡܪ dixit. *Fut.* ܢܐܡܪ Mat. 12. 32. *Ethpe.* ܐܬܐܡܪ dictum est, Mat. 5. 21.
ܐܡܪܐ *m.* agnus. *Pluralis* ܐܡܪܐ Mat. 7. 15.
ܐܢ si. ܐܢܗܘ *idem.* ܐܢܗܘ ܕܝܢ si verò, Mat. 5. 13, 23; et aliter ܐܢܕܝܢ si verò, Ac. 23. 9.
ܐܢܐ *c.* ego. *Pluralis* ܚܢܢ nos. ܐܢܘܢ vel ܗܢܘܢ *Plur. masc.* illi, ipsi. *Fœm.* ܐܢܝܢ, ܗܢܝܢ vel ܗܢܝܢ illæ, ipsæ. Interdum habent vim verbi substantivi, Mat. 12. 5.
ܐܢܚ *Ettaph.* ܐܬܬܢܚ suspiravit, Mar. 7. 34. ܬܢܚܬܐ *Pluralis fœm.* gemitus, Rom. 8. 26.
ܐܢܛܝܟܪܝܣܛܘܣ antichristus, 2 Joh. 7.
ܐܢܢܩܐ ἀνάγκη, necessitas, Mat. 18. 7. ܒܐܢܢܩܣ, ad imitationem ἐν ἀνάγκαις, 2 Cor. 6. 4.
ܐܢܣ *Ethpe.* ܐܬܐܢܣ coactus est, Gal. 2. 3.
ܐܢܘܣܝܐ ἀνουσία, dolor, anxietas, 2 Co. 2. 4.
ܐܢܦ *Nom.* ܐܦܝܢ et ܐܦܐ *Plur. masc.* facies, *Constr.* ܐܦܝ ܥܠ propter, pro, Rom. 1. 8.
ܐܢܫ et ܐܢܫܐ *m.* homo. *Præcedente vel sequente negatione,* nemo, nullus. ܠܝܬ ܐܢܫ nemo. ܠܐ ܐܢܫ *idem,* Mat. 6. 24; Mar. 10. 29. ܐܢܫ ܠܐ ܝܕܥ nemo novit, Mat. 24. 36. *Interdum in utroque numero est:* quidam, aliqui. ܐܢ ܐܢܫ si quis, Mat. 24. 23. *Geminatum significat unus,* Mat. 16. 27. Quisque, ܟܠ ܐܢܫ omnis homo. ܒܪ ܐܢܫ filius hominis. *Pl.* ܐܢܫܝܢ et ܐܢܫܐ. *Cons.* ܐܢܫܝ Mar.6.54.

ܐܢܫܘܬܐ *f.* humanitas. *Item* plebs, Ac. 17. 13.

ܐܢܬ *m.* tu. *Pluralis* ܐܢܬܘܢ *m.* vos. ܐܢܬܝ *f.* tu. ܐܢ̈ܬܝܢ *f.* vos.

ܐܢܬܬܐ *f.* mulier, uxor. *Constr.* ܐܢܬܬ Mat. 14. 3. *Suff.* ܐܢܬܬܟ uxor tua, Mat. 1. 20. ܐܢܬܬܝ uxor mea, Lu. 1. 18.

ܐܢܬܘܦܛܘܣ ἀνθύπατος, proconsul, Ac. 13. 7.

ܐܣܐ. *Pael* ܐܣܝ sanavit, Mat. 12. 22. *Ethpael* ܐܬܐܣܝ sanatus est, Mat. 8. 13. ܐܣܝܐ *m.* medicus. *Plur.* ܐ̈ܣܘܬܐ Mar. 5. 26. ܐܣܝܘܬܐ *f.* sanatio, medicina, sanitas. *Plur.* ܐ̈ܣܘܬܐ sanationes, Lu. 13. 32.

ܐܣ̈ܕܐ *pl. m.* ܐ̈ܣܕܘܗܝ cervicalia ejus, Joh. 20. 12.

ܐܣܘܛܘܬܐ *f.* ἀσωτία, temulentia, Eph. 5. 18.

ܐܣܛܕܝܘܢ στάδιον, stadium. *Pluralis* ܐܣܛ̈ܕܘܢ Ac. 1. 12. ܐܣܛ̈ܕܘܬܐ stadia, Mat. 14. 24.

ܐܣܛܘܐ Στοὰ, porticus, Ac. 3. 11. *Pluralis* ܐܣܛ̈ܘܝܢ Joh. 5. 2.

ܐܣܛܘܐܝܩܘ Στωικοὶ, Stoici, Ac. 17. 18.

ܐܣܛܘܟ̈ܣܐ στοιχεῖα, elementa, rudimenta, Ga. 4. 3.

ܐܣܛܘܡܟܐ στόμαχος, stomachus, 1 Tim. 5. 23.

ܐܣܛܠܐ στολὴ, stola, Lu. 15. 22. *Plur.* ܐܣ̈ܛܠܐ Apoc. 7. 9, 13. Rab. אסטלי׳ אסטולי׳ et אצטלא.

ܐܣܛܣܝܣ στάσις, seditio, Lu. 23. 19, 25; *et ad formam accusativi* ܐܣܛܣܝܢ Mar. 15. 7.

ܐܣܛܪܛܝܐ στρατεία, militia, Lu. 3. 14. ܐܣܛܪܛܝܘܛܐ στρατιώτης, miles. *Pl.* ܐܣܛܪ̈ܛܝܘܛܐ Ac. 12. 4, et ܐܣܛܪ̈ܛܝܘܛܐ milites, Mat. 8. 9. ܐܣܛܪܛܝܓܐ dux militum. *Plur.* ܐܣܛ̈ܪܛܝܓܐ Ac. 16. 35.

ܐܣܛܪܢܘܬܐ στρῆνος, luxus, voluptas, 1 Tim. 5. 6.
ܐܣܝܢܝܢ *Plur. masc.* repositi, 2 Pet. 3. 7.
ܐܣܟܘܠܐ σχολὴ, schola, gymnasium, Ac. 19. 9.
ܐܣܟܝܡܐ σχῆμα, species, forma. *Item* decor, honestas, 1 Tim. 2. 9. *Interdum scribitur sine* ܝ, 1 Cor. 12. 22, 23. *Plur.* ܐܣܟܡ̈ܐ 2 Thess. 2. 3.
ܐܣܦܘܓܐ σπόγγος, spongia, Mat. 27. 48. Rab. ספוג.
ܐܣܦܘܩܠܛܘܪܐ spiculator, satelles, carnifex, Mar. 6. 27. Rab. אספקלטור.
ܐܣܦܝܪ σπεῖρα, cohors, Mat. 27. 27. ܐܣܦܝܪܐ et ܣܦܝܪܐ Ac. 10. 1. Rab. אספיר, *idem*.
ܐܣܦܢܝܐ Hispania, Rom. 15. 24. Rab. אספניא.
ܐܣܦܣ aspis, *species serpentum*, Rom. 3. 13.
ܐܣܦܪܝܕܐ σπυρὶς, sporta, Ac. 9. 25. *Plur.* ܐܣܦܪ̈ܝܕܐ sportæ, Mat. 15. 37.
ܐܣܪ Heb. אָסַר ligavit, constrinxit, vinxit. *Futur.* ܢܐܣܘܪ Mar. 3. 27. *Ethpe.* ܐܬܐܣܪ ligatus est. ܐܣܝܪܐ *m.* vinctus. *Pl.* ܐܣܝܪ̈ܐ ܒܝܬ carcer, Mat. 5. 25. ܐܣܪ *m.* vinculum, cingulum, Mat. 3. 4; *et* ܐܣܪܐ *idem*, Mar. 7. 35. ܐܣܘܪܐ et ܐܣܘܪܝܐ *m.* vinculum, Lu. 13. 16. *Plur.* ܐܣܘܪ̈ܐ Ac. 20. 23. Rab. אסר et אסור *idem*. ܡܐܣܪܬܐ *f.* fasciculus. *Plur.* ܡܐܣܪ̈ܬܐ Mat. 13. 30.
ܐܣܪ *m.* assis, Mat. 10. 29. *Plur.* ܐܣܪ̈ܝܢ Lu. 12. 6.
ܐܣܬܐ *f.* paries, Ac. 23. 3.
ܐܣܬܪܐ στατὴρ, stater, Mat. 17. 27. Rab. אסתירא.
ܐܦ etiam, et, quoque. ܐܦܢ *Idem. Compositum est ex* ܐܦ *et* ܐܢ.
ܐܦܘܠܘܢ 'Απολλύων, perdens, Apoc. 9. 11.

ܐܦܝܛܪܘܦܐ ἐπίτροπος, procurator, tutor. *Pl.* ܐܦܝܛܪܘ̈ܦܐ Gal. 4. 2. Rab. אפיטרופוס et אפיטרופא.

ܐܦܝܣܩܘܦܐ episcopus. *Pl.* ܐܦܝܣܩܘ̈ܦܐ Ac. 20. 28.

ܐܦܝܩܘܪܘܣ Epicurus, Ac. 17. 18. Rab. אפיקורוס.

ܐܦܣܢܬܝܢܘܢ. ܐܦܣܢܬܝܢܘܣ ܐܦܣܢܬܝܢܐ. absinthium, Apoc. 8. 11.

ܐܦܣܘ̈ܢܝܐ ὀψώνια, stipendia, Lu. 3. 14.

ܐܦܩܢܐ *m.* insidiæ, Ac. 9. 24.

ܐܨܦ solicitus fuit. *Fut.* Mat. 6. 34.

ܐܨܪ. *Nom.* ܐܘܨܪܐ *m.* thesaurus, horreum. *Pl.* ܐܘܨܪ̈ܐ Mat. 6. 26. Heb. אוֹצָר. Ch. אוֹצְרָא. *idem.*

ܐܩܦ *Vide in* ܢܩܦ.

ܐܩܪܛܘܢ ἄκρατον, merum, Apoc. 14. 10.

ܐܪܓܘܢܐ *m.* purpura. *Pl.* ܐܪܓܘ̈ܢܐ Mar. 15. 17.

ܐܪܕܝܟܠܐ *m.* architectus, 1 Cor. 3. 10.

ܐܪܝܐ *m.* leo, 1 Pet. 5. 8. *Plur.* ܐܪ̈ܝܘܬܐ Heb. 11. 33.

ܐܘܪܝܐ *m.* præsepe, Lu. 2. 7, 16; 13. 15.

ܐܪܝܬܐ *f.* leæna. *Ita Paris. et Ang. leg.* Apoc. 13. 2.

ܐܘܪܚܐ *f.* via. *Pluralis* ܐܘܪ̈ܚܬܐ Mat. 22. 9.

ܐܪܝܘܣ ܦܓܘܣ Areopagus, Ac. 17. 19, 22: v. 34 *est* ܐܪܝܦܓܘܣ.

ܐܪܟ extensus est, crevit. *Futur.* ܢܐܪܟ Mar. 4. 27. *Aph. idem. Partic.* ܡܘܪܟܝܢ extendentes, Mar. 12. 40.

ܐܘܪܟܐ *m.* longitudo, Ap. 21. 16. Heb. אֹרֶךְ. Ch. אוּרְכָּא.

ܐܪܟܘܢܐ ἄρχων, princeps, primas, Mat. 9. 18, 23.

ܐܪܟܘܣ ἀρχὴ, principatus, Col. 1. 16.

ܐܪܡܓܕܘܢ Armageddon, *i. e.*, maledicta turma, Apoc. 16. 16.

ܐܪܡܝܐ *m.* Syrus, Lu. 4. 27. ܐܪܡܝܐ Gentilis, Ac. 16. 1. *Plur.* ܐܪܡܝܐ Ac. 19. 10. ܐܪܡܐܝܬ Aramæicè, gentiliter, gentilitio more, Gal. 2. 14.

ܐܪܡܠܬܐ *f.* vidua, Mar. 12. 42. *Plur.* ܐܪܡܠܬܐ Mat. 23. 13. Rab. נתארמל viduus factus est.

ܐܪܛܡܘܢ ἀρτέμων, velum navis majus, Ac. 27. 40.

ܐܪܣܝܣ *Plur.* hæreses, 2 Pe. 2. 1.

ܐܪܥ occurrit, obviam ivit. *Fut.* ܬܬܐܪܥܘܢ occurretis, Eph. 6. 13. *Inf.* ܡܐܪܥ occurrere, Lu. 14. 31. *Partic.* ܐܪܥ Ac. 20. 22. ܐܘܪܥ et ܐܘܪܥܐ *m.* occursus. *Suff.* ܢܦܩܬ ܠܐܘܪܥܗ ܕܝܫܘܥ egressa est in occursum Jeŝu, Mat. 8. 34.

ܐܪܥܐ *f.* terra. *Plur.* ܐܪܥܬܐ regiones, Joh. 4. 35. ܐܪܥܢܝܐ *m.* terrestris. *Plur.* ܐܪܥܢܝܐ 1 Cor. 15. 40. *Fœm.* ܐܪܥܢܝܬܐ ܚܟܡܬܐ sapientia terrena, Jac. 3. 15.

ܐܫܕ fudit, effudit. *Fut.* ܢܐܫܘܕ Ac. 2. 17. *Infin.* ܡܐܫܕ Rom. 3. 15. *Ethpe.* ܐܬܐܫܕ effusus est, Mat. 23. 35.

ܐܫܬܐ *f.* febris, Mat. 8. 14. ex Heb. אֵשׁ, Chal. אֶשָּׁתָא, Rab. et Talmud. אסתא, febris.

ܐܫܬܘܦ utinam, ὄφελον, Gal. 5. 12.

ܐܫܬܩܕܡ *m.* annus præteritus, 2 Cor. 8. 10. Ch. אֶשְׁתְּקַד. *Idem Targ. Jonath.* Lev. 16. 21, *ita dicitur, quasi* סתא קדמיתא *annus prior, vel præcedens.* Vide Aruch.

ܐܬܐ venit. *Imp.* ܬܐ veni, *m.* Mat. 8. 22. ܬܝ veni, *f.* *Fut.* ܢܐܬܐ Mat. 10. 13. *Inf.* ܡܐܬܐ venire. *Aph.* ܐܝܬܝ adduxit, attulit, Mat. 14. 11. *Imp.*

ܐܬܐ accerse, Ac. 10. 5. *Fut.* ܢܐܬܐ Ac. 9. 2. ܡܐܬܝܬܐ *m.* adventus. *Suff.* ܡܐܬܝܬܗ 2 Cor. 10. 10. ܡܐܬܝܬܐ *f. idem, suff.* Mat. 24. 27.

ܐܬܐ *f.* signum, Joh. 2. 11. *Pl.* ܐܬܘܬܐ Mat. 16. 3.

ܐܬܘܬܐ *f.* litera, Lu. 16. 17. Rab. אות. *Plur.* אותיות.

ܐܬܡܠܝ heri, χθές. *Ab Hebræo* תְּמוֹל, Heb. 13. 8.

ܐܬܢܐ *f.* asina, Mat. 21. 5 ; Joh. 12. 15.

ܐܬܘܢܐ *m.* fornax, caminus, Apoc. 9. 2.

ܐܬܪ et ܐܬܪܐ *m.* locus. ܡܢ ܐܬܪ ܩܠܝܠ ex loco parvo, id est, ex parte aliquâ, Rom. 11. 25. *Item* opportunitas, Ac. 24. 25. *Plur.* ܐܬܪܘܬܐ Mat. 12. 43. *Sequente* ܕ *significat* ubi, Mat. 8. 19. Sic Talmud : באתר דלות גבר תמן תהי גבר, Ubi non est vir, ibi tu esto vir. *Berachot fol.* 63. 1.

Litera ܒ

ܒܐܪܐ *m.* puteus, Apoc. 9. 2, et ܒܐܪ Joh. 4. 11.

ܒܐܫ *Ethpe.* ܐܬܒܐܫ ægrè tulit, displicuit, Mat. 26. 8. *Aph.* ܐܒܐܫ afflixit, malè afflixit. *Fut.* ܢܒܐܫ Ac. 7. 6. Talmud. איבאש ægrotavit.

ܒܓܢ *Pa.* ܒܓܢ clamavit, Ac. 21. 28. Tal. הפגין. ܒܓܢ *m.* provocatio. *Plur. Suff.* ܒܓܢܝܗܘܢ Ac. 25. 11.

ܒܕܝܐ garrulitas, fallacia, 2 Pet. 2. 3.

ܒܕܩ *Pa.* ܒܕܩ indicavit, declaravit. *Fut.* Joh. 11. 57. *Ethpa.* ܐܬܒܕܩ indicatus est, Ac. 9. 24.

ܒܕܪ *Pael* ܒܕܪ dispersit, Lu. 15. 13. *Ethpe.* ܐܬܒܕܪܘ dispersi sunt, Ac. 8. 1.

ܒܗܠ quievit, cessavit. ܒܗܠܢ cessavimus, Ac. 21. 14.

ܒܗܬ erubuit. *Fut.* ܢܒܗܬ Mar. 8. 38. *Aph.* ܐܒܗܬ pudefecit, probro affecit, 1 Cor. 11. 4, 5. ܒܗܬܬܐ *f.* pudor, confusio, opprobrium. *Suff.* ܠܒܗܬܬܟܘܢ ad pudorem vestrum, 1 Cor. 15. 34.

ܒܘܠܘܛܐ βουλευτής, senator, consiliarius, Mar. 15. 43.

ܒܘܨܐ byssus, Lu. 16. 19.

ܒܘܪܐ rudis, agrestis, incultus, 2 Cor. 11. 6.

ܒܙ prædatus est, diripuit. *Fut.* ܢܒܘܙ Mat. 12. 29. ܒܙܬܗ̈ *pl. f.* spolia ejus, Lu. 11. 22. *Singularis est* ܒܙܬܐ *vel* ܒܙܬܐ *f.* spolium, *quod extat* Gen. 49. 27.

ܒܙܚ *Pael* ܒܙܚ illusit. *Ethpa.* ܐܬܒܙܚ Mat. 2. 16. ܒܘܙܚܐ *m.* irrisio. *Pluralis* ܒܘܙܚ̈ܐ ludibria, Heb. 11. 36. ܡܒܙܚܢ̈ܐ irrisores, 2 Pet. 3. 3.

ܡܒܙܚܢ̈ܐ *pl. m.* derisores, 2 Pet. 3. 3.

ܒܙܥ *Pa.* ܒܙܥ rupit, laceravit. *Fut.* Mat. 7. 6. *Part.* ܡܒܙܥ Lu. 5. 37. ܒܙܥܐ *m.* ruptura, Mat. 9. 16. Tal. בזע.

ܒܚܪ perspexit, vidit. *Futur.* ܢܒܚܪ. *Part.* ܒܚܪ. *Ethpe. Futur.* ܬܬܒܚܪ ܠܟ perspicacitas erit tibi, Mat. 7. 5.

ܒܚܝܪ *m.* probatus, Apoc. 3. 18.

ܒܚܝܪܬܐ *f.* electa, 1 Pet. 2. 6.

ܒܘܚܪܢܐ *m.* probatio, exploratio, 1 Pet. 1. 7.

ܒܘܣܡܐ oblectatio, 2 Pet. 2. 13. *Rit. l.* ܒܘܣܡܐ.

ܒܛܠ cessavit, Ac. 5. 38 ; irritus fuit, Ac. 19. 27 ;

abolevit, 1 Cor. 15. 24. *Ethpe.* ܐܬܒܛܠ ܒܗ curam habuit, Lu. 10. 34. *Fut.* ܬܬܒܛܠ ܠܟܘܢ sit vobis curæ, Rom. 12. 17. *Pa.* ܒܛܠ abolevit, irritum fecit. *Ethpa.* ܐܬܒܛܠ irritus factus est.

ܒܛܝܠܐ *m.* otiosus, inutilis. *Pl.* ܒܛܝܠܝܢ Mat. 20. 6. ܒܛܝܠܐ *idem.* *Pluralis* ܒܛܝܠܝܢ Mat. 20. 3. *Fœm.* ܒܛܝܠܬܐ Tit. 1. 12. ܒܛܝܠܐܝܬ sedulò, curiosè, sæpè. *Interdum scribitur sine* ܝ. ܒܛܝܠ *m.* cura, solicitudo, Mar. 4. 38. ܒܛܝܠܘܬܐ *f.* diligentia, cupiditas, Mar. 6. 25. ܒܛܝܠܐܝܬ μάτην, frustra, Ac. 19. 40.

ܒܛܢ in utero habuit, concepit. *Fut.* ܬܒܛܢ illa concipiet, Mat. 1. 23. *Part. fœm.*, Jac. 1. 15. *Ethpe.* ܐܬܒܛܢ conceptus est. *Fut.* Lu. 2. 21. ܒܛܢܐ *f.* gravida, in utero gerens, Mat. 1. 18. Rab. בוטנא. ܒܛܢܬܐ *f.* ibid. *Pluralis* ܒܛܢܢ Lu. 21. 23, et ܒܛܢܬܐ Mat. 24. 19.

ܒܝܐ *Pael* ܒܝܐ consolatus est. *Imp.* ܒܝܐܘ consolamini, 1 Thess. 5. 11. *Fut.* ܢܒܝܐ consolabitur, Eph. 6. 22. *Ethpa. Inf.* ܠܡܬܒܝܐܘ consolationem admittere, Mat. 2. 18. ܒܘܝܐܐ *m.* consolatio, exhortatio, 1 Thess. 2. 3. ܡܒܝܐܢܐ *m.* consolator, Rom. 12. 8.

ܒܝܡ βῆμα, tribunal, suggestus, Mat. 27. 19.

ܒܝܬ inter, Mat. 19. 10. ܒܝܢܬ *idem,* Joh. 4. 31. ܒܝܢܬܗܘܢ inter eos, Lu. 23. 12.

ܒܝܫ *m.* malus, Mat. 27. 23, et ܒܝܫܐ *idem,* Mat. 6. 13. *Pluralis* ܒܝܫܝܢ Joh. 7. 7. *Fœm.* ܒܝܫܬܐ

Mat. 6. 23, et ܒܝܫܬܐ Mat. 9. 4. *Plur.* ܒܝܫܐ Mat. 12. 45, et ܒܝܫܬܐ Mat. 12. 35.

ܒܝܫܐܝܬ malè, Mat. 15. 22; 17. 15.

ܒܝܫܘܬܐ *fœm.* malitia, *et per Apocopen* ܒܝܫܘ Heb. 7. 26.

ܒܝܬ inter, Ac. 2. 9. ܒܝܬ ܡܢ a ex, 24. 25.

ܒܝܬܐ *m.* domus, *et per Apocopen* ܒܝ Mat. 12. 29. *Constr.* ܒܝܬ Mat. 23. 29. *Pluralis* ܒܬܐ Mar. 10. 29. Rab. בית et בי *idem.* ܒܝܬܘܬܐ *f.* dispensatio domus, οἰκονομία, Lu. 16. 2.

ܒܟܐ flevit, lamentatus est. *Imp.* Lu. 23. 28. ܒܟܝܐ *m.* fletus. ܒܟܝܬܐ *f. idem*, Ac. 20. 37.

ܒܟܪ *Nom.* ܒܘܟܪܐ *m.* primogenitus, Mat. 1. 25. *Pl.* ܒܘܟܪܐ Heb. 11. 28. ܒܘܟܪܘܬܐ *f.* jus primogenituræ, Heb. 12. 16.

ܒܟܝܪܐ *m.* tempestivus, Jac. 5. 7.

ܒܠܐ vetustate attritus est. *Fut.* Heb. 1. 11. ܒܠܝܐ *m.* vetus, attritus, Mat. 9. 16. *Plur. fœm.* ܒܠܝܬܐ Mat. 9. 17.

ܒܠܡ clausit, constrinxit, *idem quod* בלם. *Futurus* ܢܒܠܘܡ 1 Cor. 9. 9.

ܒܠܥ absorpsit, devoravit, percussus fuit. *Fut.* ܢܒܠܥ Lu. 12. 47. *Ethpe.* ܐܬܒܠܥ absorptus est, 1 Cor. 15. 54. ܒܠܘܥܐ *m.* hamus, *ab absorbendo dictus.* Mat. 17. 27.

ܒܠܥܕ absque, sine, contra. *Assumit suffixa more nominum pluralium.* ܒܠܥܕܘܗܝ sine eo, &c.

ܒܠܨ ortus, exortus est, Mar. 4. 5.

ܒܢܐ ædificavit, exstruxit. *Ethpe.* ܐܬܒܢܝ exstructus

est, Eph. 2. 20. *Pael, idem,* ܒܢܘ ædificate, 1 Thess. 5. 11. *Ethpa. Imp.* ܐܬܒܢܘ ædificemini, 1 Pet. 2. 5. ܒܢܝܐ *m.* architectus. *Pl.* ܒܢܝܐ Mat. 21. 42. ܒܢܝܢܐ *m.* ædificium. *Pl.* ܒܢܝܢܐ Mar. 13. 2.

ܒܢܝܐ *Plur. m.* filii, Heb. 2. 10. Et ܒܢܝܢ Ac. 7. 29. *Constr.* ܒܢܝ ܐܢܫܐ homines, Mat. 6. 5. *Et conjunctim* ܒܢܝܢܫܐ Mar. 9. 31. ܒܪܬܐ *f.* filia. *Plur.* ܒܢܬܐ Ac. 21. 9. *Constr.* ܒܢܬ ܩܠܐ filiæ vocum, *i. e.*, voces, Ac. 12. 22.

ܒܣܐ sprevit. *Futur.* 1 Tim. 6. 2. *Ethpeel Part. f.* ܡܬܒܣܝܢ spretæ, Ac. 6. 1. *Aph.* ܐܒܣܝ *idem.* *Fut.* ܬܒܣܐ 1 Tim. 4. 14.

ܒܣܕܝܐ *m.* pulvinar, Mar. 4. 38.

ܒܣܡ suaviter risit, exultavit, in deliciis vixit, Lu. 15. 32. *Pael idem.* *Item* unxit, Mar. 14. 8. *Ethpa.* ܐܬܒܣܡ lætatus est, Ac. 2. 26. ܒܣܝܡ suavis, benignus. *Pl.* ܒܣܝܡܝܢ et ܒܣܝܡܐ. *Fœm.* ܒܣܝܡܬܐ Eph. 5. 2. *Pl.* ܒܣܝܡܬܐ Rom. 16. 18. ܒܣܝܡܘܬܐ *f.* lætitia, benignitas, Ac. 14. 16. ܒܣܝܡܐܝܬ suaviter, benignè, libenter, Mar. 6. 20; 12. 37. ܒܣܡܐ *m.* unguentum. *Pl.* ܒܣܡܐ Lu. 1. 10, 11.

ܒܣܪ *m.* caro, Mat. 19. 5. Et ܒܣܪܐ Mat. 16. 17. *Suff.* ܒܣܪܝ caro mea, Gal. 4. 13.

ܒܣܪ sprevit. *Pael* ܒܣܪ *idem,* Phil. 2. 30.

ܡܒܣܪܢܐ *m.* contemptor. *Plur.* ܡܒܣܪܢܐ Ac. 13. 41.

ܒܣܬܪܐ *m.* tergum. ܡܢ ܒܣܬܪܗ a tergo, Apoc. 1. 10. ܒܣܬܪ post, ponè, retrò. *Cum præf.* ܠܒܣܬܪ

retrò, retrorsum, Joh. 18. 6. ܡܶܢ ܒܶܣܬܪܳܗ̇ a tergo, Mat. 9. 20.

ܒܥܳܐ quæsivit, requisivit, rogavit. *Part.* ܒܳܥܶܐ ܐ̱ܢܳܐ rogo, Rom. 12. 1. *Ethpe.* ܐܶܬ݂ܒܥܺܝ requisivit, Lu. 12. 48. *Part.* ܡܶܬ݂ܒܥܶܐ requisitus, necessarius. ܡܶܬ݂ܒܥܶܐ ܠܟ݂ܽܘܢ opus est vobis, Mat. 6. 8. *Fœm.* ܡܶܬ݂ܒܰܥܝܳܐ. *Pluralis* ܡܶܬ݂ܒܰܥܝܳܢ necessaria. ܒܥܳܬ݂ܳܐ *f.* quæstio, disputatio, Ac. 15. 7. ܒܳܥܽܘܬ݂ܳܐ *f.* petitio, precatio. *Pluralis* ܒܳܥܘܳܬ݂ Eph. 6. 18, et ܒܳܥܘܳܬ݂ܳܐ 1 Tim. 5. 5.

ܒܥܶܕ *Aph.* ܐܰܒܥܶܕ longè abfuit, abiit, Lu. 20. 9.

ܒܥܛ *Pa.* ܒܰܥܶܛ calcitravit. *Inf.* Ac. 9. 4.

ܒܥܺܝܠܬܳܐ *f.* maritata, Gal. 4. 27.

ܒܥܺܝܪܳܐ *f.* jumentum, Ac. 23. 24. Ex Heb. בְּעִיר.

ܒܰܥܺܝܪ̈ܳܝܶܐ *pl. m.* feri, efferati, 2 Tim. 3. 3.

ܒܰܥܠܳܐ *m.* dominus, et ܒܰܥܠܳܐ. *Pl.* ܒܰܥܠܶܝ̈ܢ Joh. 4. 18.

ܒܥܶܠܕܒܳܒܳܐ *m.* inimicus, *q. d. dominus infamiæ*, Mat. 13. 28. *Pluralis* ܒܥܶܠܕܒܳܒܰܝ̈ܐ Rom. 5. 10. ܒܥܶܠܕܒܳܒܽܘܬ݂ܳܐ *f.* inimicitia, Lu. 23. 12.

ܒܥܶܠܙܒܽܘܒ Beelzebub, Lu. 11. 15.

ܒܥܣ *Part. Ethpa.* ܡܶܬ݂ܒܰܥܶܣ volutabat se, Mar. 9. 20.

ܒܨܳܐ inquisivit, indagavit. *Imp.* ܒܨܰܘ scrutamini, Joh. 5. 39. *Ethpe.* ܐܶܬ݂ܒܨܺܝ investigatus est.

ܒܨܰܪ præcidit, defecit, Joh. 3. 30. *Pa.* inferior fuit, 1 Cor. 1. 5. *Ethpa.* ܕܠܳܐ ܐܶܬ݂ܒܰܨܰܪܬܽܘܢ ܒܚܰܕ݂ ܡܶܢ quod non destituti estis ullo ex, &c. ܒܨܺܝܪ *m.* parvulus, minor ætate, aut dignitate. Et ܒܨܺܝܪܳܐ Mat. 5. 19. *Fœm.* ܒܨܺܝܪܬܳܐ Mat. 2. 6. ܒܨܺܝܪܽܘܬ݂ܳܐ *f.*

decrementum, exiguitas, 1 Cor. 11. 17. ܒܨܝܪܐܝܬ paululùm, minùs, parcè, 2 Cor. 12. 15.

ܒܨܐ scrutatus, expertus est, exploravit. *Partic. Peil.* ܒܨܐ probatus, Rom. 14. 18. *Ethpeel* ܐܬܒܨܝ probatus est. *Ethpa.* consideravit, Mat. 6. 28. ܒܘܨܝܐ *m.* probatio, experientia, Rom. 5. 4.

ܒܩܐ *m.* culex. *Plur.* ܒܩ̈ܐ Mat. 23. 24.

ܒܩܪܐ *f.* grex, Mat. 8. 30, 31, 32.

ܒܪ *m.* filius. ܒܪ ܐܢܫܐ filius hominis, Mat. 12. 12. *Contractè* ܒܪܢܫܐ Rom. 1. 23. Et ܒܪܢܫ Rom. 3. 4. ܒܪܐ *idem,* Mar. 12. 6. *Cum suffixo* ܝ *habet* ܝ. ܒܪܝ filius meus. ܒܪܢ filius noster, Joh. 9. 20. ܒܪ ܫܥܬܗ filius horæ ejus, *i. e., citò,* Mat. 13. 5, 20. *Plur. Emph* ܒܢ̈ܝܐ *quod vide.* ܒܪܬܐ *f.* filia. *Constr.* ܒܪܬ. *Suff.* ܒܪܬܝ, ܒܪܬܗ.

ܒܪ extra, Mat. 4. 24. ܘܒܪ ܐܓܪܐ et qui extra tecta (habitant), *i. e., lunatici.*

ܒܪܐ terra inculta, desertum, sylva, Mat. 3. 4.

ܒܪܕܐ *m.* grando, Apoc. 8. 7.

ܒܪܘܠܐ *m.* beryllus, Apoc. 21. 20.

ܒܪܝܐ *m.* extraneus. *Plur.* ܒܪ̈ܝܐ Mar. 4. 11.

ܒܪ̈ܢܝܬܐ *pl. f.* vici, Lu. 14. 21.

ܒܪܒܪܝܐ *m.* barbarus, extraneus. *Plur.* ܒܪܒܪ̈ܝܐ.

ܒܪܐ creavit. *Ethpe.* ܐܬܒܪܝ creatus est. ܒܪܘܝܐ *m.* Creator, Rom. 1. 25; 1 Pet. 4. 19. ܒܪܝܬܐ *f.* creatio, creatura. *Pl.* ܒܪ̈ܝܬܐ Rom. 1. 25.

ܒܪܟ genua flexit. *Pael* ܒܪܟ benedixit. *Ethpa.* ܐܬܒܪܟ benedictus est, Gal. 3. 8. ܒܪܝܟ *m.*

benedictus. *Fœm.* ܒܪܺܝܟ݂ܬܳܐ. *Constr.* ܒܪܺܝܟ݂ܰܬ.

ܒܽܘܪܟ݁ *f.* genu, Rom. 14. 11; Phil. 2. 10. ܒܽܘܪܟ݁ܳܐ *f. idem. Plur.* ܒܽܘܪܟ݁ܶܝܢ. *Suff.* Mat. 27. 29. ܒܽܘܪܟ݁ܬܳܐ *f.* benedictio. *Plur.* ܒܽܘܪܟ݁ܳܢ et ܒܽܘܪܟ݁ܳܬ݂ܳܐ.

ܒܪܰܡ verùm, veruntamen, Mat. 26. 39.

ܒܽܘܪܣܳܝܳܐ *m.* coriarius, Ac. 9. 43.

ܒܪܰܩ fulguravit. *Aph.* fulsit, Lu. 9. 29. ܒܰܪܩܳܐ *m.* fulgur, Mat. 24. 27; 28. 3.

ܒܪ ܒܪܺܝܪܽܘܬ݂ܳܐ *f.* puritas, Ac. 2. 46.

ܒܰܝܥܬ݂ܳܐ *f.* ovum, Lu. 11. 12.

ܒܳܬ pernoctavit. *Part.* ܒܳܝܶܬ Lu. 21. 37.

ܒܬܽܘܠܬ݂ܳܐ *f.* virgo. *Plur.* ܒܬ݂ܽܘܠܳܢ et ܒܬ݂ܽܘܠܳܬ݂ܳܐ. *Item* ܒܬ݂ܽܘܠܶܐ *pl. f.* Apoc. 14. 4. ܒܬܽܘܠܽܘܬ݂ܳܐ *f.* virginitas, Lu. 2. 36.

ܒܳܬ݂ܰܪ contra, post. ܒܳܬ݂ܪܶܗ contra eum, Ac. 25. 7. ܒܳܬ݂ܰܪܟܶܢ postea, posthæc, Lu. 18. 4; Ac. 2. 14. ܒܳܬ݂ܰܪ ܒܳܬ݂ܰܪ deinceps, ordine, Ac. 21. 19.

LITERA ܓ

ܓܐܶܐ *Part. Peil,* superbus, excellens. ܓܐܝܳܐܝܺܬ elatè, magnificè, splendidè, Lu. 16. 19.

ܓܐܪܳܐ *m.* telum. *Plur. Suff.* ܓܐܪܰܘܗܝ Eph. 6. 16.

ܓܒܳܐ elegit. *Pael* ܓܰܒܺܝ collegit. *Ethpa.* ܐܶܬ݂ܓܰܒܺܝ collectus est, Mat. 13. 40. ܓܒܺܝܳܐ *m.* electus, Ac. 9. 15. *Plur.* ܓܒܰܝܳܐ Mat. 20. 16. *Fœm.* ܓܒܺܝܬܳܐ 1 Pet. 2. 9; 5. 13. ܓܒܳܝܳܬ݂ܳܐ *pl. f.* collectæ, 1 Cor. 16. 2. ܓܳܒܝܳܐ *m.* exactor,

Mat. 5. 25. ܓܒܝܘܬܐ *f.* electio. *Suff.* Rom. 9. 11. ܓܒܝܬܐ *f. idem*, Rom. 11. 5, 7, 28.

ܓܒܐ *m.* latus, pars. *Pl.* ܓܒ̈ܐ Ac. 23. 19.

ܓܒܠ formavit. *Ethpe.* ܐܬܓܒܠ formatus est.

ܓܒܝܠܬܐ *f.* massa, Rom. 9. 20, 21.

ܓܒܝܢܐ גבינא supercilium, cacumen, Lu. 4. 29. *Plur. Suff. extat* Prov. 6. 4. *Verb. Ethpe.* ܐܬܓܒܢ coagulatus est, Psal. 117. 70.

ܓܒܪ *Ethpa.* ܐܬܓܒܪ viriliter egit, 1 Cor. 16. 13. ܓܒܪ Rom. 7. 3, et ܓܒܪܐ *m.* vir, Mat. 7. 24. *Pl.* ܓܒܪ̈ܝܢ Ac. 11. 11, et ܓܒܪ̈ܐ Ac. 1. 16.

ܓܒܪ̈ܘܬܐ *pl. f.* virtutes, prodigia, Ac. 5. 12.

ܓܓܪ *Nom. Pluralis f.* ܓܓܪ̈ܬܐ guttura. *Suffix.* ܓܓܪ̈ܬܗܘܢ guttura eorum, Rom. 3. 13.

ܓܕܐ ܓܕ abscidit, traxit.

ܓܕܘܪܐ *m.* juvenis. *Pl.* ܓܕܘ̈ܪܝܢ Ac. 2. 17.

ܓܕܝܐ *m.* hœdus. *Pl.* ܓܕ̈ܝܐ Mat. 25. 32.

ܓܕܠ contorsit, contexuit, Mat. 27. 29.

ܓܕܘ̈ܠܐ *pl. m.* implicationes, 1 Pe. 3. 3.

ܡܓܕܠܐ *m.* turris, Mat. 21. 33.

ܓܕܦ *Pael* ܓܕܦ blasphemavit. *Ethpael* ܐܬܓܕܦ blasphematus est, Rom. 14. 16. ܓܘܕܦܐ *m.* blasphemia. *Pl.* ܓܘܕ̈ܦܝܢ et ܓܘܕ̈ܦܐ. ܡܓܕܦܢ *m.* blasphemus. *Pl.* ܡܓܕܦ̈ܢܐ 2 Tim. 3. 2.

ܓܕܪܝܐ *Pl.* ܓܕܪ̈ܝܐ Gergeseni, *incolæ*, Mat. 8. 28.

ܓܕܫ accidit, contigit, Lu. 24. 14.

ܓܗܢ *Ethpe.* ܐܬܓܗܢ incurvatus est. Chald. גְּהַן.

ܓܗܢܐ *f.* Gehenna, γέεννα. Ex גֵּי הִנֹּם Jos. 15. 8.

ܓܘ *m.* medium. ܓܘܗ medium ejus. ܡܢ ܓܘ

intus. ܓܘܝܐ *m.* interior. *Suff.* ܓܘܝܗ viscera ejus, Ac. 1. 18.

ܓܘܐ *m.* communis, Ac. 2. 44; 4. 32. ܓܘܝܐܝܬ communiter, universaliter.

ܓܘܙ *Part. f.* ܓܐܙܐ transiens, Lu. 12. 33.

ܓܘܢ̈ܝܬܐ *pl. f.* anguli, Ap. 7. 1, *juxta angl. &c.*

ܓܘܣ *Ethpa.* ܐܬܓܘܣ confugit, Ac. 14. 6.

ܓܘܪ ܓܪ scortatus, mœchatus est, Mat. 19. 9. ܓܘܪܐ adulterium, Mat. 19. 9. ܓܝܪܐ *m.* adulter. *Pl.* ܓܝܪ̈ܐ. *Fœm.* ܓܝܪܬܐ Mat. 12. 39.

ܓܝܘܪܐ *m.* proselytus. *Pl.* ܓܝܘܪ̈ܐ Ac. 2. 10.

ܓܙܐ Tal. גזא gaza, thesaurus, Lu. 21. 1.

ܓܙ *Hinc* ܓܙܘܙܐ *m.* tonsor, Ac. 8. 32.

ܓܙܠ *Part. ex formâ Poal* ܡܓܘܙܠܝܢ abrepti.

ܓܘܙܙܬܐ vehementia (*iræ*), 2 Thess. 1. 8.

ܓܙܡ irruit. ܘܓܙܡܘ et irruerunt, Ac. 7. 57. ܓܙܘܡܐ *m.* impetus, Ac. 14. 5.

ܓܙܪ circumcidit. *Ethpe.* et *Ethpa.* circumcisus est. ܓܙܘܪܬܐ *f.* circumcisio, Joh. 7. 22; Ac. 7. 8.

ܓܙܪܐ *m.* grex. ܓܙܪܐ ܙܥܘܪܐ grex pusillus.

ܓܙܪܬܐ *f.* insula, *à continente quasi decisa,* Ac. 13. 6.

ܓܚܟ risit, derisit. *Hinc Nom.* ܓܘܚܟܐ risus.

ܓܝܪ enim, etenim. *Respondet Græco* γάρ.

ܓܝܣܐ *m.* latro, grassator. *Pl.* ܓܝ̈ܣܐ Mat. 26. 55.

ܓܠܐ revelavit. *Ethpe.* ܐܬܓܠܝ revelatus est. ܓܠܐ revelatum. ܒܓܠܐ palam. *Item* confidenter. ܓܠܝܐܝܬ *idem,* Mat. 6. 4, 6; Lu. 8. 17. ܓܠܝܢܐ *m.* manifestatio, Tit. Apoc. *Plur.* ܓܠܝ̈ܢܐ. ܓܠܝܘܬܐ *f. idem.* *Constr.* ܓܠܝܘܬ ܐܦܐ fiducia.

ܓܠܝܐ *idem.* ܐܦܐ ܓܠܝܐ fiducia, 1 Tim. 3. 13.
ܓܠܝܬܐ *f.* manifestum, Ac. 4. 16. ܓܠܝܐܝܬ publicè, palàm, apertè, Col. 2. 15.
ܓܠܐ festuca, Mat. 7. 3, 4, 5, &c.
ܓܠܘܬܐ *f.* captivitas, Mat. 1. 11, 12.
ܓܠܙ abstulit, nocuit. *Ethpa.* damnum passus est. ܓܠܝܙܐ destitutus re aliquâ, 1 Tim. 6. 5.
ܓܠܠ ܓܠܠܐ *m.* fluctus. *Pl.* ܓܠܠܐ Mat. 8. 24.
ܓܝܓܠܐ *f.* rota. *Pl.* ܓܝܓܠܐ Jac. 3. 6.
ܓܓܘܠܬܐ *f.* *Omisso* ܠ, cranium, Joh. 19. 17.
ܓܠܝܘܢܐ volumen, liber. *Pluralis* ܓܠܝܘܢܐ 2 Tim. 4. 13.
ܓܠܘܣܩܡܐ marsupium, Joh. 12. 6; 13. 29.
ܓܠܦ sculpsit. *Partic. Peil* ܓܠܝܦܬܐ *f.* sculpta, Ac. 17. 29.
ܓܡܠܐ *c.* camelus. *Pl.* ܓܡܠܐ Mat. 3. 4.
ܓܘܡܨܐ Heb. גּוּמָץ, Ch. גּוּמָצָא, fossa, fovea, Mat. 15. 14.
ܓܡܪ perfecit. *Item* defecit, consumpsit. *Peil* ܓܡܝܪ et ܓܡܝܪܐ perfectus. *Pl.* ܓܡܝܪܝܢ et ܓܡܝܪܐ. ܓܡܝܪܘܬܐ *f.* perfectio, consummatio, Heb. 6. 1. ܓܡܘܪ et ܓܡܘܪܐ *idem.* ܠܓܡܘܪ omnino, Ac. 4. 18. ܓܡܘܪܢܐ *m.* perfector, consummator, Heb. 12. 2. ܓܡܝܪܐܝܬ perfectè, absolutè, omnino, Ac. 22. 3.
ܓܘܡܪܬܐ *f.* carbo, pruna. *Pl.* ܓܘܡܪܐ Joh. 21. 9.
ܓܢܐ jacuit. *Ethpe.* abiit. *Ethpa.* olfecit. *Pael* accusavit. *Aph.* inniti fecit.
ܓܘܢܝܐ vituperium, 2 Cor. 6. 8.
ܓܢܒ furatus est. *Futurum* ܬܓܢܘܒ ܠܐ ne fureris. ܓܢܒܐ *m.* fur. *Pluralis* ܓܢܒܐ Mat. 6. 19.

ܓܢܒܘܬܐ *f.* furtum, Mat. 15. 19; Mar. 7. 21.
ܓܘܢܒܐ *idem.* *Pluralis* ܓܘܢܒ̈ܐ Apoc. 9. 21.

ܓܢܒ *Cum præfixo* ܠܓܢܒ ad, apud.

ܓܢܘܢܐ *m.* thalamus, Mat. 9. 15; Lu. 5. 34.

ܓܢܙ *Part. Peil.* ܓܢܝܙܐ absconditus, Ac. 17. 23.

ܓܢܚ *Ethpe.* ܐܬܓܢܚ compunctus est, Ac. 2. 37.

ܓܢܝܚܘܬܐ *pl. f.* violentia, Ep. Judæ 16.

ܓܢ *Aph.* ܐܓܢ habitavit, obtexit, Lu. 1. 35.

ܓܢܢܐ *m.* hortulanus, Joh. 20. 15.

ܓܢܣ vel ܓܢܣܐ γένος, genus, familia, generatio.

ܓܢܬܐ *f.* hortus, Lu. 13. 19; Joh. 19. 41.

ܓܥܪ rugiit, *ut leo*, Apoc. 10. 3.

ܓܥܐ clamavit. *Imp.* ܓܥܝ et clama, *f.* ܓܥܬܐ *f.* clamor, Heb. 5. 7; Jac. 5. 4.

ܓܥܠ *Aph.* commendavit. *Ethpe.* commissus est.

ܓܘܥܠܢܐ *m.* depositum, 2 Tim. 1. 14.

ܓܥܪ increpavit, 1 Tim. 5. 1. *Fut.* ܢܓܥܘܪ.

ܓܦܐ ala. *Pl.* ܓܦܝ̈ܗ alæ ejus, Lu. 13. 34.

ܓܦܦ ܓܦܦܬܐ *f.* lorica, peribolus, Joh. 19. 13.

ܓܦܬܐ *f. q. d.* ܓܦܢܬܐ vitis, vinea, Mat. 26. 29. Ex Heb. גֶּפֶן. Rab. גופנא גופן.

ܓܪܐ incitavit, Ac. 21. 27.

ܓܪܒܐ *m.* lepra, leprosus. *Pl.* ܓܪ̈ܒܐ Mat. 10. 8.

ܓܪܒܐ *m.* lagena, uter, vas, dolium, Lu. 22. 10.

ܓܪܒܝܐ *f.* aquilo, Lu. 13. 29.

ܓܪܓ *Pael* ܓܪܓ provocavit, incitavit. ܓܘܪܓܐ *m.* provocatio, incitamentum.

ܓܪܡܐ *m.* os, ossis. *Pluralis* ܓܪ̈ܡܐ Mat. 23. 27.

ܓܪܥ rasit. *Inf.* ܠܡܓܪܥ 1 Cor. 11. 6.

ܓܪܝܨܬܐ *f.* placenta. *Pl.* ܓܪ̈ܝܨܢ Mat. 14. 17.

ܓܪܪ attraxit. ܓܪܘܗܝ traxerunt eum, Ac. 14. 18. *Pael* ܓܪܓܪ *idem.* *Part.* ܡܓܪܓܪ Ac. 8. 3.

ܓܘܫܡܐ *masc.* corpus. ܓܘܫܡܝ corpus meum, Mat. 26.12. *Vide* Mar. 14. 8. Rab. גסם. ܓܘܫܡܢܐܝܬ corporaliter, Col. 2. 9.

ܓܫܫ ܓܫ contrectavit, tentavit, exploravit. *Ethpa. Part. f.* ܡܬܓܫܫܢܝܬܐ attrectabilis, Heb. 12. 18. ܓܫܘܫܐ *m.* explorator. *Pluralis* ܓܫܘ̈ܫܐ Lu. 20. 20.

LITERA ܕ.

ܕܐܒܐ *m.* lupus. *Pl.* ܕܐ̈ܒܐ Mat. 10. 16.

ܕܒܠܐ *m.* ignominia. *Vide suprà in* ܒܒܠ.

ܕܒܚ mactavit, sacrificavit. *Pael* ܕܒܚ *idem.* ܕܒܚܐ *m.* victima, sacrificium. *Pl.* ܕܒ̈ܚܐ Heb. 13. 15. ܕܒܚܬܐ *f. idem,* Mat. 9. 13; 12. 7. ܕܒܝܚܐ hostia, immolatum idolis. ܕܒܝܚܘܬܐ *f.* immolatio, hostia, Heb. 9. 26. ܡܕܒܚܐ *m.* altare. *Pl.* ܡܕܒ̈ܚܝܟ. *Suff.* Rom. 11. 3.

ܕܒܩ adhæsit. *Part. Peil* ܕܒܝܩ adhærens, Mar. 6. 1.

ܕܒܪ accepit, Mat. 2. 21; afflixit, Mat. 5. 44; duxit, Mat. 15. 14. *Ethpe.* ܐܬܕܒܪ ductus est, Mat. 4. 1; afflictus est, Lu. 8. 29. *Paal* ܕܒܪ rexit, 1 Tim. 3. 12; duxit, Joh. 16. 13. *Ethpaal* ܐܬܕܒܪ conversatus est, Ac. 23. 1; ductus est, Tit. 1. 7.

ܕܒܪܐ *m.* desertum, Mat. 6. 28. ܕܘܒܪܐ desertum, conversatio. *Pluralis,* Eph. 2. 12. ܡܕܒܪܐ *m.* desertum, Mat. 4. 1. ܡܕܒܪܢܐ *m.* dux, gubernator. *Pluralis* ܡܕܒܪܢܐ. ܡܕܒܪܢܘܬܐ *f.* dispensatio, economia, Eph. 1. 10. ܡܕܒܪܝܐ *m.* desertus. *Fœm.* ܡܕܒܪܝܬܐ Ac. 8. 26.

ܕܒܫܐ *m.* mel. ܕܒܫܐ ܕܒܪܐ mel sylvestre, Mat. 3. 4.

ܕܓܠ *Pael* ܕܓܠ mentitus est. ܡܕܓܠ mentiens, Rom. 9. 1. ܕܓܠ et ܕܓܠܐ *m.* mendax, fallax, Mat. 24. 24. *Pluralis* ܕܓܠܝܢ et ܕܓܠܐ. *Fœm.* ܕܓܠܬܐ. *Pluralis* ܕܓܠܬܐ 2 Thess. 2. 9. ܕܓܠܘܬܐ *f.* falsitas, mendacium, Mat. 5. 11.

ܕܕܐ *m.* avunculus. ܒܪ ܕܕܗ consobrinus ejus.

ܕܗܒܐ *m.* aurum. Heb. זָהָב, *mutato* ܙ *in* ܕ. ܡܕܗܒܐ inauratus, auro obductus, Apoc. 17. 4.

ܕܘܕ *Pa.* turbavit, conturbavit, Gal. 5. 7. *Ethpa.* ܐܬܕܘܕ turbatus est, Mat. 24. 6.

ܕܘܝܐ *m.* miser. *Plur.* ܕܘܝܢܢ miserabiles sumus. ܕܘܘܢܐ *m.* miseria, dolor. *Pluralis* ܕܘܘܢܐ Jac. 5. 1.

ܕܘܡܣܩܘܬܐ *f.* structura, Apoc. 21. 18.

ܕܘܟ ܕܘܟܐ locus, hospitium. ܡܢ ܟܠ ܕܘܟ undique, undiquaque, Lu. 19. 43. ܕܘܟܐ ܒܕܘܟܐ in loco, loco, *i. e.*, singulis in locis, Lu. 21. 11. ܕܘܟܬܐ *f.* *idem*, Mat. 24. 15. *Constr.* ܕܘܟܬ Phil. 2. 16. *Suff.* Mat. 26. 52. *Pl.* ܕܘܟܝܬܐ Lu. 14. 7.

ܕܘܢܒܐ *f.* cauda, Apoc. 8. 13. *Pl.* ܕܘܢܒܬܐ Ap. 9. 10.

ܕܘܥܬܐ *f.* sudor, Lu. 22. 44.

ܕܘܪܟܬܐ *f.* vestigium, Ac. 7. 5, *quasi gradationem dicas.*

ܕܚܐ repulit. *Fut.* Ac. 27. 39. *Part.* Ac. 13. 46.

ܕܚܠ timuit. *Fut.* ܠܐ ܬܕܚܠ ne timeas, Mat. 1. 20. *Construitur cum* ܡܢ. *Pael* ܕܚܠ perterrefecit. ܕܚܠܐ *m.* timor, terror, pavor, Lu. 1. 74. ܕܚܠܬܐ *f.* Mat. 28. 8. *Plur.* ܕܚܠܬܐ terrores. ܕܚܝܠ *m.* formidabilis. *Fœm.* ܕܚܝܠܐ. *Pluralis* ܕܚܝܠܢ. ܕܚܘܠܬܢ *m.* timidus. *Pl.* ܕܚܘܠܬܢܐ Mar. 4. 40.

ܕܚܠܐ *f.* idolum, numen, 2 Thess. 2. 4. *Constructum* ܕܚܠܬ ܫܐܕܐ superstitio dæmonum, Ac. 17. 22.

ܕܚܩ repulit, abjecit. *Imp.* ܕܚܘܩ remove.

ܕܚܫܐ *pl. m.* ministri, satellites, lictores.

ܕܝܘܐ *m.* dæmonium, Mat. 9. 32, 33. *Plur.* ܕܝܘܐ. ܕܝܘܢܐ *m.* dæmoniacus, Mat. 12. 22. *Pl.* ܕܝܘܢܐ.

ܕܝܘܬܐ *f.* atramentum, 2 Cor. 3. 3.

ܕܝܠ *Particula inseparabilis. Cum suffixis significat* qui, quæ, quod ; ut ܕܝܠܝ qui est meus, *id est,* meus. ܕܝܠܟ tuus, a, um.

ܕܝܢ autem, verò, δέ. ܡܕܝܢ igitur, ergò, itaque, οὖν.

ܡܕܝܢܬܐ *f.* civitas, Mat. 12. 25. *Pluralis* ܡܕܝܢܢ Lu. 8. 4. ܟܡܕܝܢܐ ܡܕܝܢܐ in qualibet civitate. ܡܕܝܢܬܐ *idem,* Mat. 27. 53. *Pl.* ܡܕܝܢܬܐ Mat. 4. 25. *Constr.* ܡܕܝܢܬ Mat. 4. 5. *Suffix.* ܡܕܝܢܬܗ Mat. 9. 1. ܥܣܪ ܡܕܝܢܬܐ Decapolis, *nomen loci.*

ܕܝܢܪ *m.* denarius. *Pl.* ܕܝܢܪܐ Mat. 18. 28.

ܕܝܪܐ *m.* habitatio, Ac. 1. 20. ܡܕܝܪܐ habitaculum, contignatio. *Plur.* ܡܕܝܪܝܢ.

ܕܝܬܝܩܐ διαθήκη, testamentum, fœdus, pactum. *Plur.* ܕܝܬܝܩܘܣ pactiones, ex Gr. διαθήκαις, Gal. 4. 24.

ܘܥܗܕ ܠܕܝܬܝ̈ܩܘܗܝ et recordatus est pactionum suarum, Lu. 1. 72.

ܕܟܐ *Pael* ܕܟܝ purificavit. *Ethpa.* ܐܬܕܟܝ purificatus est, Mat. 8. 3. *Imp.* ܐܬܕܟܐ mundus esto. ܕܟܐ et ܕܟܝܐ *mas.* mundus. *Pl.* ܕܟܝܢ puri. ܕܟܝܐ *idem.* *Pl.* ܕܟܝ̈ܐ Joh. 13. 10. ܕܘܟܝܐ *m.* purificatio, Heb. 1. 3; 9. 13. ܕܟܝܬܐ *f.* pura, 2 Cor. 11. 2. ܕܟܝܘܬܐ *f.* puritas, 1 Cor. 5. 8; 7. 7. ܕܟܝܐܝܬ purè, mundè, Phil. 1. 17. ܬܕܟܝܬܐ *f.* purgatio, secessus, Mat. 15. 17.

ܕܟܪ recordatus est, mentionem fecit. *Ethpe.* ܐܬܕܟܪ meminit, in memoriam revocavit, 1 Thess. 1. 2. ܐܕܟܪ commemoravit, Heb. 10. 3. ܕܘܟܪܢܐ *m.* memoria, Mat. 26. 13; Ac. 10. 4.

ܕܟܪܐ *m.* mas. *Pl.* ܕܟܪ̈ܐ 1 Cor. 6. 9. Heb. זָכָר.

ܕܠܐ hausit. *Part. fœm.* ܕܠܝܐ Joh. 4. 15, ἀντλέω. ܕܘܠܐ *m.* situla, urna, Joh. 4. 11. Heb. דְּלִי.

ܕܠܚ turbavit. *Pa.* ܕܠܚ *idem.* *Ethpa.* ܐܬܕܠܚ turbatus est, Ac. 17. 8. ܕܘܠܚܐ *m.* perturbatio, inconstantia.

ܕܠܝܠ ܕܠܝܠܐ *m.* facilis. *Pluralis* ܕܠܝܠܝܢ 1 Tim. 6. 18.

ܕܘܠܒܐ *m.* repudium, Mat. 5. 31.

ܕܠܩ arsit, Joh. 5. 35; Lu. 11. 36. Heb. דָּלַק.

ܕܠܘܩܐ *m.* splendor, Lu. 11. 36.

ܕܠܡܐ ne fortè, *idem quod* פֶּן, Gal. 2. 2.

ܕܡܐ similis fuit. *Pa.* ܕܡܝ assimilavit. *Ethpa.* *Imp.* ܐܬܕܡܘ ܒܝ similes estote mihi, Phil. 3. 17. ܕܘܡܝܐ *m.* forma, informatio, Rom. 2. 20.

ܕܡܘܬܐ *f.* similitudo, species, forma, imago, exemplar. *Constr.* ܕܡܘܬ. *Pl.* ܕܡܘ̈ܬ et ܕܡܘ̈ܬܐ Ac. 7. 43.

ܕܡܐ *m.* sanguis. Et ܕܡ Ac. 1. 19. ܚܩܠ ܕܡܐ Ac. 1. 19, ἀκελδαμὰ, *hoc est, ager sanguinis. Suff.* ܕܡܝ sanguis meus, Mat. 26. 28.

ܕܡ̈ܝܐ *nom. pl.* pretium, Mat. 13. 46.

ܕܡܟ dormivit, mortuus est. *Fut.* ܢܕܡܟ. *Partic. Peil* ܕܡܝܟ dormiens, Mat. 8. 24. *Pl.* ܕܡܝܟܝܢ Mat. 26. 40. *Fœm.* ܕܡܟܐ Mat. 9. 24. ܡܕܡܟܐ *m.* lectus, cubile, Rom. 13. 13.

ܕܡܥܬܐ *f.* lacryma, Apoc. 7. 17. *Plur.* ܕܡ̈ܥܐ 2 Cor. 2. 4, *ex Heb.* דִּמְעָה.

ܕܡܪ *Ethpa.* ܐܬܕܡܪ miratus est, obstupuit. ܬܕܡܘܪܐ *m.* admiratio, stupor, Mar. 5. 42. ܬܕܡܘܪܬܐ *f.* miraculum. *Pl.* ܬܕܡܪ̈ܬܐ Mat. 21. 15.

ܕܢ judicavit. *Part. Peil* ܕܝܢ judicatus, Joh. 3. 18. *Ethpe.* ܬܬܕܝܢܘܢ judicabimini, Mat. 7. 2. ܕܝܢܐ *m.* judex, Mat. 5. 25. *Plur.* ܕ̈ܝܢܐ Mat. 12. 27. ܕܝܢܐ *m.* judicium, causa, lis, disceptatio, pœna, Mat. 27. 3, 23. *Pl.* ܕ̈ܝܢܐ lites. ܒܥܠ ܕܝܢܟ adversarius tuus, Mat. 5. 25.

ܕܢܐ *Ethpe.* ܐܬܕܢܝ attendit, Ac. 7. 39.

ܕܢܚ exortus est. *Fut.* ܢܕܢܚ. *Aph.* ܐܕܢܚ oriri fecit. *Part.* ܡܕܢܚ Mat. 5. 45. ܕܢܚܐ *m.* oriens, Lu. 1. 78. ܡܕܢܚܐ *m.* oriens, plaga orientalis, Mat. 2. 1. ܕܢܚܐ epiphania.

ܕܥܟ extinctus est. *Pa.* ܕܥܟ extinxit. *Aph. idem.*

ܕܥܪ ܡܬܕܥܪܢܘܬܐ *f.* commotio, compunctio.

ܕܦܐ *m.* titulus. *Pl.* ܕܦܐ̈ tabulæ, asseres. Rab. דף, folium.

ܕܦܢܐ *f.* latus, paries, Joh. 19. 34. Tal. דופן.

ܕܨ exultavit, saltavit, Lu. 1. 41. *Imp.* ܕܘܨܘ exultate, Lu. 6. 23.

ܕܩ *Pael* ܕܩܩ inspexit, 1 Pet. 1. 12. *Aph.* ܐܕܝܩ *idem,* Lu. 24. 12. *Part. Peil* ܕܩܝܩ ܒܟܬܒܐ̈ et argutus, oculatus in scripturis, Ac. 18. 24.

ܕܩܠܐ Chald. דִּקְלָא palma. *Pl.* ܕܩܠܐ̈ Joh. 12. 13.

ܕܩܩ ܕܩܝܩ *masc.* parvus, minutus. *Pluralis* ܕܩܝܩܐ̈. ܕܩܝܩܐ̈ ܢܘܢܐ̈ pisces minuti, Mat. 15. 34.

ܕܩܪ pupugit, Joh. 19. 37 ; Ac. 12. 7.

ܕܪܐ *m.* generatio, ætas. *Pluralis* ܕܪܐ̈ Ac. 14. 16.

ܕܪܐ sparsit. *Fut.* Mat. 21. 44.

ܕܪܓܐ Tal. דרגא gradus, 1 Tim. 3. 13. *Pl.* ܕܪܓܐ̈.

ܕܪܕܪܐ Heb. דַּרְדַּר, carduus. *Pl.* ܕܪܕܪܐ̈ Heb. 6. 8.

ܕܪܟ *Aph.* ܐܕܪܟ calcavit, assecutus est, comprehendit, prævenit, pervenit ad perfectionem, Rom. 9. 31. ܟܪܝܪܐ ܐܕܪܟܬ verè expertus sum.

ܕܪܟܬܐ *f.* tritura, 1 Tim. 5. 18.

ܕܪܥܐ *m.* brachium, armus, Ac. 13. 17.

ܕܪܫ inquisivit, disputavit. *Pa.* ܕܪܫ exercuit, 1 Tim. 4. 7. *Ethpa.* ܐܬܕܪܫ exercitatus est. ܕܪܫܐ *m.* disputatio, 1 Tim. 6. 4. ܕܘܪܫܐ *m.* exercitatio, 1 Tim. 4. 8. ܕܪܘܫܐ *m.* inquisitor, disputator, 1 Cor. 1. 20.

ܕܪܬܐ *f.* atrium, Mat. 26. 69. *Suff.* v. 3.

ܕܫ calcavit, conculcavit. *Ethpe. Futur.* ܢܬܕܘܫ,

conculcabitur, Mat. 5. 13. *Pael* ܕܰܫܶܫ *idem*.

ܕܫܐ ܐܶܕܫܳܐ *m.* fructus, emolumentum, Rom. 1. 13; 6. 21; 15. 28.

LITERA ܗ.

ܗܳܐ en, ecce, Mat. 10. 16. *Præcedente* ܠܐ, *interrogativum est, ut:* ܠܳܐ ܗܳܐ annon, nonne? Rom. 2. 26.

ܗܰܒܳܒܳܐ *m.* flos. *Suff.* ܗܰܒܳܒܶܗ flos ejus, Jac. 1. 11. *Pl.* ܗܰܒܳܒ̈ܶܐ.

ܗܓܐ *Ethpa. Imp.* ܐܶܬܗܰܓܰܘ ܒܗܳܠܶܝܢ hæc meditate, 1 Tim. 4. 15.

ܗܓܡ perdidit, dissipavit, Ac. 13. 19.

ܗܶܓܡܽܘܢܳܐ ἡγεμών, episcopus, præfectus, præses, dux, gubernator. *Pl.* ܗܶܓܡܽܘܢ̈ܶܐ.

ܗܶܓܡܽܘܢܽܘܬܳܐ *f.* ἡγεμονία, præfectura, Lu. 2. 2.

ܗܕܐ duxit. *Fut.* ܢܶܗܕܶܐ Apoc. 7. 17.

ܗܳܕܶܐ *f.* hæc, illa, ipsa. *Pron. ex Chal.* הָא et דָּא.

ܗܶܕܝܽܘܛܳܐ idiota, plebeius, vulgaris, vilis, abjectus, 1 Cor. 14. 24. *Pl.* ܗܶܕܝܽܘܛ̈ܶܐ.

ܗܕܡ *m.* membrum, 1 Cor. 12. 14. *Et* ܗܶܕܡܳܐ *idem*, Heb. 12. 13. *Pl.* ܗܶܕܡ̈ܶܐ Mat. 5. 29.

ܗܶܕܪܳܐ *m.* honor, decus, Eph. 1. 12. הָדָר.

ܗܘ ܗܽܘ ille, ipse, illud, ipsum. *Pl.* ܗܶܢܽܘܢ et ܐܶܢܽܘܢ. *Fæm.* ܗܝ ܗܺܝ illa, ipsa. *Pl.* ܐܶܢܶܝܢ et ܗܶܢܶܝܢ. *Pl. m.* ܗܶܢܽܘܢ. *f.* ܗܶܢܶܝܢ. ܗܽܘܝܽܘ ille, ipse. ܗܽܘ ܗܽܘܝܽܘ ille, ipse est, Lu. 24. 21.

ܗܘܐ fuit, factus est. *Imp.* ܗܘܽܝ esto. *Fut.* ܢܶܗܘܶܐ

erit. *Inf.* ܠܡܶܗܘܳܐ esse, Mat. 19. 21. *Part.* ܗܳܘܶܐ.

ܗܘܩܝܢܬܘܣ hyacinthus, Apoc. 21. 20.

ܗܘܢ *Pa.* ܡܗܰܘܢܺܝܢ sobrii, mente præditi. ܗܰܘܢܳܐ mens, ratio, intellectus, Mar. 3. 21.

ܗܘܦܰܪܟܝܳܐ provincia, Ac. 23. 34.

ܗܘܬܳܐ *f.* hiatus, Lu. 16. 26.

ܗܳܝܕܶܝܢ tunc, Mat. 4. 1; 16. 27.

ܗܰܝܟܠܳܐ *m.* templum, Mat. 21. 12. Heb. הֵיכָל.

ܗܳܟܺܝܠ propterea, ergò, igitur, itaque.

ܗܳܟܰܢܳܐ sic, ita, Mat. 1. 18. ܗܳܟܰܢ *idem,* 1 Joh. 4. 11. ܗܳܟܘܳܬ similiter, sic, itidem, Mat. 20. 5.

ܗܠ *Hinc* ܠܗܰܠ ultrà, ulteriùs, longè, procul.

ܗܰܠܶܟ *Pael* ambulavit, iter fecit. ܗܠܺܝܟܳܬܶܗ *plur. f.* viæ, itinera, 1 Joh. 2. 6.

ܗܰܠܶܠ *Pa.* laudavit. *Partic.* Lu. 2. 20. ܗܰܠܠܽܘܝܳܐ hallelujah. Heb. הַלְלוּיָהּ Psal. 117. 2, laudate Dominum, Apoc. 19. 1, 3, 4, 6.

ܗܳܠܶܝܢ illi, illæ, illa, Mat. 19. 1.

ܗܶܠܠܰܣ Ἑλλὰς, Græcia, Ac. 20. 2.

ܗܡܐ *Aph. Fut.* ܠܐ ܬܰܗܡܶܐ ne negligas, Heb. 12. 5.

ܗܢܐ profuit. *Ethpa.* ܐܶܬܗܰܢܺܝܘ *idem,* Mat. 15. 5. *Aph. Part.* ܡܰܗܢܶܐ prodest, Joh. 6. 63. ܗܢܳܝܳܐ *m.* utilitas, usus, Jac. 2. 14, 16.

ܗܰܢܺܝܐܽܘܬܳܐ *f.* suavitas, 2 Pe. 2. 13.

ܗܘܦܟܢܐ eversio, 2 Pet. 2. 6.

ܗܦܰܟ rediit, reversus fuit, evertit, divertit. *Futurus* ܢܶܗܦܽܘܟ Lu. 10. 6. *Ethpa.* ܐܶܬܗܰܦܰܟܢ conversati sumus, 2 Cor. 1. 12. *Aph.* ܐܰܗܦܶܟ reddidit.

ܗܘܦܟ̈ܐ *pl. m.* conversationes, mores, Jac. 3. 13.
ܗܘܦܟ̈ܬܐ *pl. f.* oppositiones, 1 Tim. 6. 20.
ܗܪ en, ecce, Lu. 17. 21. Rab. הרי.
ܗܪܘܡ̈ܐ *m.* aromata, Mar. 16. 1.
ܗܪܛ *Pael* ܗܰܪܶܛ cucurrit, 1 Tim. 6. 11.
ܗܪܟܐ hic, Mat. 12. 6. ܠܗܪܟܐ huc, Joh. 4. 16.
ܗܪܡܝܣ Hermes, Mercurius, Ac. 14. 11.
ܗܪܪ *Aph.* ܐܗܪ nocuit, molestus fuit.
ܗܪܛܝܩܐ hæreticus, Tit. 3. 10.
ܗܫܐ jam, nunc. ܥܕܡܐ ܠܗܫܐ usque nunc, Mat. 11, 12.

Litera ܘ.

ܘܝ heu! væ! *interjectio dolentis,* Mat. 11. 21.
ܘܝܐ væ. ܘܝܐ ܚܕ unum væ, Apoc. 9. 12. *Pl.* ܘܝ̈ܐ. ܘܝ̈ܐ ܬܪܝܢ duo væ, *ibid.*
ܘܠܐ oportet, necesse est, justum, rectum, æquum, decens, conveniens est. ܘܠܝܐ *idem.* ܘܠܝܘܬܐ *f.* convenientia. ܒܘܠܝܘܬܐ ut convenit, ut æquum et par est, convenienter, Ac. 18. 14. ܘܠܝ̈ܬܐ *pl. f.* convenientia, decentia, quæ conducunt, Rom. 2. 18.
ܘܥܕ *Pa.* constituit tempus, statuto tempore convenit, Mat. 28. 16.
ܘܥܕܐ *m.* portus, vadum, cœtus, Ac. 20. 13. ועד.

Litera ܙ.

ܙܐܛܡ̈ܐ ζητήματα, quæstiones, Ac. 25. 19.
ܙܒܕܝ Zebedæus, *quasi donatus,* Mat. 4. 21.

ܙܒܘܪܐ patina, paropsis, scutella. Mat. 23. 25.

ܙܒܠ stercoravit (*agrum*). *Aph.* ܘܐܙܒܠܝܘܗܝ et stercorabo eam, Lu. 13. 8. ܙܒܠܐ stercus, fimus, Lu. 14. 35.

ܙܒܢ emit, redemit. *Futur.* ܢܙܒܢ Lu. 22. 36. *Pa.* ܙܒܢ vendidit. *Ethpa.* ܐܙܕܒܢ venditus est.

ܙܒܢ ܙܒܢܐ *m.* tempus. *Pl.* ܙܒܢܝܢ et ܙܒܢܐ. ܒܟܠܙܒܢ omni tempore, *i. e.*, semper, Mat. 18. 10. ܙܒܢܘܬܐ *pl. f.* tempora, Heb. 9. 25, 26.

ܙܓܘܓܝܬܐ *f.* vitrum, Apoc. 4. 6.

ܙܓܪ siluit. *Part. Pe.* ܗܘܝ ܙܓܝܪ mutus sis, Mar. 4. 39.

ܙܕܩ justus, æquus fuit. *Pa.* ܙܕܩ justificavit, justitiam exercuit. *Ethpa.* ܐܙܕܕܩ justificatus est. ܙܕܝܩ et ܙܕܝܩܐ justus. *Plur.* ܙܕܝܩܝܢ et ܙܕܝܩܐ Mat. 9. 13. ܙܕܝܩܘܬܐ et ܙܕܝܩܘ *f.* justitia, 2 Cor. 5. 21. ܙܕܝܩܐܝܬ justè, 1 Cor. 15. 34. ܙܕܩ decet, oportet, justum est, 2 Pet. 3. 11.

ܙܕܩܬܐ *f.* eleemosyna, et ܙܕܩܐ 1 Cor. 7. 31. *Idem, pl.* ܙܕܩܬܐ ܣܓܝܐܬܐ Ac. 10. 2.

ܙܗܝܪܐܝܬ circumspectè, Eph. 5. 15.

ܙܗܪ *Pa.* ܙܗܪ admonuit. *Ethpe.* et *Ethpa.* diligens fuit, cavit sibi. *Aph. Part.* ܡܙܗܪ splendens, Mar. 9. 3. *Part. Peil* ܙܗܝܪ *m.* cautus. *Pl.* ܙܗܝܪܝܢ. ܙܗܝܪܐܝܬ cautè, diligenter.

ܙܘܓ *Pa.* ܙܘܓ copulavit. *Ethpa.* ܐܙܕܘܓ conjunctus est. ܙܘܓܐ *m.* jugum. *Pl.* ܙܘܓܝܢ Lu. 14. 19. *Suff.* ܙܘܓܝ ܟܢ *i. e.*, collegami, Phil. 4. 3. ܙܘܘܓܐ conjugium, Heb. 13. 4.

ܙܘܕ *Pa.* ܙܘܕ viatico instruxit, Ac. 28. 10.

ܙܘܙܐ *m.* denarius. *Pl.* ܙܘܙܝ̈ܢ Mat. 17. 24.

ܙܘܚ *Aph. Fut.* ܢܙܝܚ propellemus, Rom. 13. 12. ܙܘܚܐ *m.* fastus, apparatus, elatio, Ac. 25. 23.

ܙܘܝܬܐ *f.* angulus. *Pl.* ܙܘܝ̈ܬܐ Mat. 6. 5.

ܙܘܡ *Part.* ܢܚܫܐ ܕܙܐܡ æs resonans, 1 Cor. 13. 1.

ܙܘܢܝ̈ܢ *pl. m.* zonæ, Apoc. 1. 13. *Par. et Angl.* ܙܘܢܝ̈ܢ.

ܙܘܥ ܙܥ commotus est. *Fut.* ܐܙܘܥ Ac. 2. 25. *Inf.* ܡܙܥ. *Ethpe.* ܐܬܬܙܝܥ. *Idem Ethpa.* ܡܬܙܥܙܥܝܢ turbati, Eph. 4. 14. *Aph.* ܐܙܝܥ turbavit, Joh. 11. 33. ܙܘܥܐ *m.* motus, terræ motus, Mat. 8. 24.

ܙܘܦܐ אזוב hyssopus, Joh. 19. 29; Heb. 9. 19.

ܙܚܘܪܝܬܐ *f.* coccineum, Mat. 27. 28; Heb. 9. 19.

ܙܝܙܢ̈ܐ *pl.* zizania, Mat. 13. 25.

ܙܝܢ *Pa.* armavit. *Ethpa.* ܐܙܕܝܢ armatus est. ܙܝܢܐ arma, Joh. 18. 3; Rom. 6. 13; 13. 12.

ܙܝܬܐ *m.* oliva, olea. *Pl.* ܙܝ̈ܬܐ Mat. 21. 1.

ܙܟܐ vicit, superavit. *Fut.* ܢܙܟܐ Lu. 11. 22. ܙܟܝܐ innoxius, purus, Mat. 27. 4. ܙܟܘܬܐ *f.* victoria, Mat. 12. 20.

ܙܠܓ *Aph.* ܐܙܠܓ defluxit, Ac. 9. 3.

ܙܠܓ ܡܙܠܓܐ splendidus, Apoc. 21. 21. ܙܠܓܐ splendor, Apoc. 21. 11, *Paris. et Angl.*

ܙܠܗܪ contractus est. *Ethpa.* ܐܙܕܠܗܪ *idem,* 1 Cor. 7. 29.

ܙܠܚ ܙܠܝܚ *Part. Peil* adspersus, Apoc. 19. 13.

ܙܠܦ hausit. *Imp.* ܙܠܘܦܘ haurite, Joh. 2. 8.

ܙܡܢ invitavit, vocavit (*justo tempore*). *Pa.* ܡܙܡܢ invitatus. *Ethpa.* ܐܙܕܡܢ invitatus est, Lu. 14. 8.

ܙܡܪ cecinit. *Pa.* ܙܡܪ *idem.* *Ethpa.* 1 Cor. 14. 7. ܙܡܪܐ cantus, comessatio, Lu. 15. 25. ܙܡܪܐ *m.*

tibicen, cantor. *Pl.* ܙܡܪ̈ܐ Mat. 19. 23. ܙܡܪܬܐ *f.* cantio. *Pl.* ܙܡܝܪ̈ܬܐ Eph. 5. 19; Col. 3. 16. ܡܙܡܘܪܐ *m.* psalmus. *Pl.* ܡܙܡܘܪ̈ܐ Lu. 20. 42.

ܙܢܐ scortatus est. *Pa.* *idem,* 1 Cor. 6. 18. ܙܢܝ ܙܢܝܐ *m.* scortator. *Plur.* ܙܢܝ̈ܐ 1 Cor. 5. 9. ܙܢܝܬܐ *f.* meretrix. *Plur.* ܙܢܝ̈ܬܐ Mat. 21. 31. ܙܢܝܘܬܐ *f.* scortatio, Mat. 5. 32; 15. 19.

ܙܢܝܢ *Pl.* species, Heb. 9. 10, et ܙܢܝ̈ܐ 1 Cor. 12. 10, et ܘܙܢܝ̈ܐ v. 28.

ܙܥܘܪ ܙܥܘܪܐ *m.* parvus, minimus. *Pl.* ܙܥܘܪ̈ܝܢ. ܙܥܘܪ̈ܐ. *Fœm.* ܙܥܘܪܬܐ Mat. 13. 32. *Pl.* ܙܥܘܪ̈ܬܐ Heb. 13. 22. ܙܥܘܪܘܬܐ *f.* parvitas, Mar. 16. 14.

ܙܥܦ *id. quod* זָעַף, indignatus est. *Ethpa.* ܡܬܙܥܦܝܢ irati, Mar. 14. 5.

ܙܥܩ clamavit. *Aph. Partic.* ܡܙܥܩܝܢ clamantes, Lu. 4. 41.

ܙܩܐ *f.* uter. *Pl.* ܙܩ̈ܐ Mat. 9. 17; Mar. 2. 22.

ܙܩܦ elevavit, crucifixit. *Ethpe.* ܐܙܕܩܦ intumuit. ܙܩܝܦܐ crux, Mat. 10. 38.

ܙܩܪ *Part. Peil f.* ܙܩܝܪܬܐ ܡܢ ܟܠܗ contexta tota.

ܙܪܥ seminavit, זָרַע. *Inf.* ܠܡܙܪܥ Mat. 13. 3. *Ethpe.* ܐܙܕܪܥ seminatus est, Mat. 13. 20. ܙܪܥܐ *m.* semen, Mat. 13. 24. ܙܪܘܥܐ *m.* seminator, Mat. 13. 3; Joh. 4. 36. ܙܪ̈ܥܘܢܐ *pl.* semina, Mat. 13. 32.

LITERA ܚ.

ܚܐܦܐ impetus. ܒܚܐܦܐ cum impetu, Apoc. 18. 21.

ܚܐܪܐ *m.* *Vide in* ܚܘܪ.

ܚܳܒ reus fuit, debuit, peccavit. *Fut.* Rom. 13. *Partic.* Mat. 23. 16, 18. *Ethpe. idem,* Rom. 4. 4. *Pa.* ܚܰܝܶܒ condemnavit, Mat. 20. 18. *Ethpa.* condemnatus est, Mat. 12. 37. ܚܰܝܳܒ *m.* debitor, reus. *Plur.* ܚܰܝܳܒܺܝܢ, ܚܰܝܳܒܶܐ Lu. 7. 41. *Fœm.* ܚܰܝܳܒܬܳܐ debitrix, 1 Cor. 11. 10. ܚܰܘܒܳܐ debitum. *Pl.* ܚܰܘܒܺܝܢ. *Item* ܚܰܘܒܬܳܐ *f.* debitum. ܚܽܘܝܳܒܳܐ condemnatio, Rom. 5. 16, 18. ܚܰܝܳܒܽܘܬܳܐ *fœm. idem,* Rom. 8. 1. ܡܚܰܝܒܳܢܽܘܬܳܐ *idem,* 2 Cor. 7. 3.

ܚܒܰܒ arsit, Lu. 12. 14. *Pa.* ܚܰܒܶܒ dilexit, 1 Thess. 2. 7. *Aph.* ܐܰܚܶܒ *idem,* Mat. 19. 19. ܚܽܘܒܳܐ *m.* amor, dilectio, 2 Cor. 6. 6. ܚܰܒܺܝܒܳܐ *m.* dilectus. *Pl.* ܚܰܒܺܝܒܺܝܢ, ܚܰܒܺܝܒܶܐ. *Fœm.* ܚܰܒܺܝܒܬܳܐ dilecta, Rom. 16. 12; Philem. 2.

ܚܰܒܽܘܒܶܐ *pl.* sarmenta, rami, Ac. 28. 3.

ܚܒܳܐ concussit, fregit, Mar. 9. 18, 20.

ܚܒܠ *Pa.* ܚܰܒܶܠ corrupit. *Ethpa.* ܐܶܬܚܰܒܰܠ corruptus est. ܚܒܳܠ ܚܒܳܠܳܐ *m.* corruptio, exitium, Ac. 2. 27. ܚܰܒܠܳܐ funis. *Pl. Suff.* Ac. 27. 32. ܚܶܒܠܳܐ *m.* dolor, *Plur.* ܚܶܒܠܶܐ Mat. 24. 8. ܚܽܘܒܠܳܐ *m.* fœnus, usura. *Pl.* ܚܽܘܒܠܶܐ 1 Tim. 5. 4. ܡܚܰܒܠܳܢܳܐ *m.* exterminator, 1 Cor. 10. 10. ܠܳܐܡܚܰܒܠܳܢܽܘܬܳܐ *f.* corruptibilitas, Rom. 2. 7.

ܚܰܒܠܳܐ *f.* parturiens, Apoc. 12. 2, *Par. et Angl.*

ܚܒܰܢܢܳܐ piger. *Pl.* ܚܒܰܢܢܺܝܢ Rom. 12. 11. ܚܒܰܢܢܽܘܬܳܐ *f.* pigritia, 1 Tim. 5. 13.

ܚܒܰܨ compressit. *Fut. Suff.* Mar. 3. 9. ܚܶܒܨܳܐ *m.* compressio, Mar. 5. 27.

ܚܰܒܪܳܐ *m.* socius, proximus. *Pl.* ܚܰܒܪ̈ܰܝܢ. *F.* ܚܰܒܪܬ݂ܳܐ.

ܚܰܒܽܘܪܳܐ *m.* fovea, Mat. 12. 11.

ܚܒܰܫ inclusit, obstrinxit, Gal. 4. 17. ܚܒܽܘܫܝܳܐ carcer. *Item* angustia. *Pl.* ܚܒܽܘܫܝ̈ܳܐ.

ܚܰܒܬ݂ܳܐ *f.* stipula, 1 Cor. 3. 12.

ܚܓܺܝܣ ܚܓܺܝܣܳܐ claudus. *Pl.* ܚܓܺܝܣ̈ܝܢ.

ܚܓܺܝܪ ܚܓܺܝܪܳܐ *idem.* *Pl.* ܚܓܺܝܪ̈ܶܐ Mat. 11. 5. ܡܚܓܪ̈ܶܐ *pl. m.* claudi, Lu. 14. 21; Ac. 8. 7.

ܚܰܕ unus, quidam. ܚܰܕ ܚܰܕ unusquisque, Mar. 14. 19. *Fœm.* ܚܕܳܐ una, quædam, Heb. 9. 5. ܚܕ̈ܳܕܶܐ invicem. *Construitur cum* ܥܰܡ *et* ܠ.

ܚܕܳܐ חָדָה lætatus est. *Pa.* ܚܰܕܺܝ exhilaravit. ܚܰܕܽܘܬ݂ܳܐ *f.* gaudium, חֶדְוָה, Jac. 1. 2; Phil. 2. 29. ܚܰܕܘܽܬ݂ܳܐ *f.* *idem,* Joh. 3. 29. *Suff.* Mat. 2. 10. ܚܰܕܝܳܐ *m.* hilaris, 2 Cor. 9. 7. ܚܰܕܝܳܐܝܬ hilariter, alacriter, libenter, Ac. 17. 11.

ܚܰܕܝܳܐ *m.* pectus, חָדֶה. *Plur. Suff.* Lu. 23. 48.

ܚܕܰܪ circumdedit. *Item* mendicavit. *Aph.* cinxit. ܚܰܕܳܪܳܐ *m.* mendicus, Ac. 3. 10. ܚܕܳܪ ܚܕܳܪܰܝܗ circùm, circa, prope, Mat. 3. 5. ܡܚܰܕܪܳܐ circuitus. ܠܡܚܰܕܪܳܐ in circuitu, Apoc. 4. 8.

ܚܕܬ *Ethpa.* innovatus est, Heb. 6. 6, חִדֵּשׁ. ܚܰܕܬ݂ܳܐ novus. *Pl.* ܚܰܕܬ̈ܶܐ Mat. 9. 17. *Fœm.* ܚܰܕܬ݂ܳܐ. *Pl.* ܚܰܕ̈ܬܳܬ݂ܳܐ Mat. 9. 17. Heb. חָדָשׁ. ܚܽܘܕܳܬ݂ܳܐ ܚܽܘܕܳܬ݂ܳܐ *f.* renovatio, dedicatio, Joh. 10. 22. ܚܰܕܬܽܘܬ݂ܳܐ *f.* novitas, Rom. 7. 6; Tit. 3. 5. ܚܰܕܬ݂ܳܐܝܬ novè, recenter, de novo, Mar. 14. 25. ܚܰܕܬ *m.* novus. *Ex quo, juxta Buxt. Emph.* ܚܰܕܬ݂ܳܐ Ac. 17. 21; *Paris. et Ang. ibi legunt* ܚܕܬ.

ܚܘܛ ܚܳܛ insuit. *Part.* ܚܳܐܶܛ Mar. 2. 21. ܚܝܳܛܬܳܐ sutura, Joh. 19. 23.

ܚܘܝ *Pa.* ܚܰܘܺܝ ostendit, indicavit, Mat. 24. 29. ܬܰܚܘܺܝܬܳܐ *f.* ostensio, demonstratio, instructio.

ܚܘܛܪܐ *m.* virga, baculus. *Pl.* ܚܽܘܛܪ̈ܶܐ Mat. 26. 47.

ܚܘܝܐ *m.* serpens, Mat. 7. 10; Apoc. 20. 2. *Plur.* ܚܶܘܘ̈ܳܬܳܐ Mat. 10. 16.

ܚܘܠ ܚܳܠܳܐ *m.* arena, Mat. 7. 26. חוֹל.

ܚܘܪ albus fuit. *Aph.* dealbavit, Mar. 9. 3. *Pa.* ܚܰܘܰܪ dealbavit, Apoc. 7. 14. ܡܚܰܘܰܪܬܳܐ *f.* dealbata, dealbatum, Ac. 23. 3. ܚܶܘܳܪ *masc.* albus. *Pl.* ܚܶܘܳܪ̈ܶܐ Joh. 20. 12. *Fœm. Sing.* ܚܶܘܳܪܬܳܐ.

ܚܰܘܪܳܐ *m.* forma, similitudo, 2 Tim. 1. 13.

ܚܙܐ vidit, prospexit, consideravit. *Futurus* ܢܶܚܙܶܐ. *Ethpe.* ܐܶܬܚܙܺܝ apparuit. *Part.* ܡܳܢܳܐ ܡܶܬܚܙܶܐ ܠܳܟ quid videtur tibi? *Fœm.* ܡܶܬܚܰܙܝܳܐ Lu. 6. 41. ܚܶܙܘܳܐ *m.* visio. *Item* spectrum, Mat. 14. 26. ܚܙܳܝܳܐ *idem*, Lu. 4. 18; 2 Cor. 5. 7. ܚܳܙܳܝ̈ܳܐ *pl. m.* spectatores, αὐτόπται, Lu. 1. 2. ܚܶܙܘܳܢ̈ܶܐ *pl. m.* visiones, spectacula, Ac. 2. 17. ܚܙܳܬܳܐ *f.* conspectus. *Item* triumphus spectatus. ܡܶܚܙܳܐ *m.* aspectus, Eph. 6. 6; Col. 3. 22. ܡܰܚܙܺܝܬܳܐ *f.* speculum, 1 Cor. 13. 12.

ܚܙܝܪܬܐ *f.* sus, 2 Pe. 2. 22. ܚܙܺܝܪ̈ܶܐ *pl. m.* porci, Mat. 7. 6. Heb. חֲזִיר.

ܚܙܩ peregrè abiit. *Item* cinxit. *Futurus* ܢܶܚܙܘܿܩ. ܚܶܙܩܳܐ *m.* cingulum, vinculum, Eph. 4. 3.

ܚܛܐ peccavit. *Fut.* ܢܶܚܛܶܐ 1 Joh. 2. 1. *Inf.* ܠܡܶܚܛܳܐ. ܚܰܛܳܝܳܐ *m.* peccator. *Pl.* ܚܰܛܳܝܺ̈ܝܢ et ܚܰܛܳܝ̈ܶܐ Mat.

9. 10. *Fœm.* ܚܛܝܬܐ peccatrix. ܐܢܬܬܐ ܚܛܝܬܐ Lu. 7. 37. ܚܛܗܐ *m.* peccatum. *Pl.* ܚܛܗ̈ܐ ܚܛܝ̈ܐ et ܚܛܗ̈ܝܢ. ܚܛܝܬܐ *f. idem,* Joh. 1. 29; 8. 34; 9. 41.

ܚܛܛ suit. ܡܚܛܐ subula, Mat. 19. 24.

ܚܛܦ rapuit, corripuit, *item* prævenit. *Fut.* ܢܚܛܘܦ. *Pael idem. Ethpael* ܐܬܚܛܦ abreptus est. ܚܛܘܦܐ *m.* rapax, *it.* direptio. *Pl.* ܚܛܘܦ̈ܐ. ܚܛܘܦܝܐ rapina, vis, violentia, Mat. 23. 25.

ܚܝܐ vixit, revixit. *Fut.* ܢܚܐ. *Inf.* ܠܡܚܐ. *Aph.* ܐܚܝ vivificavit. *Imp.* ܐܚܐ. *Fut.* ܢܚܐ. ܚܝ vivus, vivens, Mat. 27. 63. ܚܝܐ *m. idem. Pl.* ܚܝ̈ܐ Joh. 4. 10. *Fœm.* ܚܝܐ et ܚܝܬܐ viva, *item* vivificatio. *Constr.* ܚܝܬ. *Plur.* ܚܝ̈ܬܐ Ac. 7. 38. ܚܝ̈ܐ et ܚܝ̈ܝܐ *pl. m.* vita. Æthiop. ሕይወት *idem.* ܚܝܘܬܐ *f.* bestia, animal. *Plur.* ܚܝ̈ܘܬܐ Mar. 1. 13. ܡܚܝܢܐ servator. *Fœm.* ܡܚܝܢܝܬܐ 1 Cor. 15. 45.

ܚܝܠ corroboravit, confortavit. *Ethpa.* ܐܬܚܝܠ corroboratus est. *Imp.* ܐܬܚܝܠ vir fortis esto, Ac. 23. 11. ܚܝܠܐ et ܚܝܠ *m.* robur, vis, facultas, Col. 1. 11. *Item* miraculum, *item* exercitus. *Pl.* ܚܝ̈ܠܝܢ et ܚܝ̈ܠܐ. ܚܝܠܬܢ et ܚܝܠܬܢܐ *m.* potens, validus, robustus, Lu. 24. 19. *Plur.* ܚܝܠܬܢܝܢ et ܚܝܠܬܢ̈ܐ. *Fœm. Sing.* ܚܝܠܬܢܝܬܐ valida, Heb. 5. 7. ܚܝܠܘܬܐ *f.* exercitus. *Pl.* ܚܝ̈ܠܘܬܐ virtutes. ܡܚܝܠ *m.* infirmus. *Pl.* ܡܚܝ̈ܠܐ. ܡܚܝ̈ܠܝܢ. ܡܚܝܠܘܬܐ *f.* infirmitas, impotentia.

ܚܕܪ *Pa.* cinxit, obduxit. Ac. 27. 17. ܚܕܝܪܐ *m.* sindon. ܒܚܕܝܪܐ Mat. 27. 59. ܚܕܪܐܝܬ circum, circumcirca, 1 Pet. 5. 5.

ܚܟܡ cognovit. *Pael* ܚܰܟܶܡ sapientem reddidit. *Peil* ܚܟܝܡ et ܚܟܝܡܐ sapiens, prudens. *Pl.* ܚܟܝܡܝܢ et ܚܟܝܡܐ. *Plur. fœm.* ܚܟܝܡܢ et ܚܟܝܡܬܐ. ܚܟܡܬܐ et ܚܟܡܬܐ *fœm.* sapientia, Mat. 11. 19. ܚܟܝܡܐܝܬ sapienter, prudenter, Mar. 12. 34.

ܚܠܐ acetum, Mat. 27. 34. Ch. חַלָּא et חַלָּא, *idem.*

ܚܠܒܐ *m.* lac, Heb. 5. 12, 13. Heb. חָלָב.

ܚܠܕ *Pael* irrepsit. *Partic.* ܡܫܚܠܕܝܢ 2 Tim. 3. 6. ܚܠܕܢܝܬܐ *fœm.* cancer (*morbus*), 2 Tim. 2. 17.

ܚܠܛ miscuit, communionem habuit. *Ethpa.* particeps factus est, Heb. 3. 14. ܚܘܠܛܢܐ *m.* mixtio, communio, 2 Cor. 6. 14.

ܚܠܝܐ *nom. pl.* dulces. ܡܝܐ ܚܠܝܐ Jac. 3. 11, 12.

ܚܠܠ *Aph.* profanavit. ܡܚܠܝܢ Mat. 12. 5.

ܚܠܘܠܐ *m.* chorus, nuptiæ, Mat. 25. 10.

ܚܠܐ ܚܠܐ arena, pulvis, Mat. 7. 26; 10. 14.

ܚܠܕܬܐ *f.* vagina, Joh. 18. 11.

ܚܠܡ somniavit, Ac. 2. 17. *Ethpe.* ܐܬܚܠܡ sanus factus est. *Aph.* ܐܚܠܡ sanavit, Joh. 7. 23. ܚܠܝܡܐ ܚܠܝܡ *m.* sanus, salvus, incolumis, validus, integer. *Plur.* ܚܠܝܡܝܢ et ܚܠܝܡܐ. *Fœm. Sing.* ܚܠܝܡܐ et ܚܠܝܡܬܐ. *Pl.* ܚܠܝܡܬܐ 1 Tim. 6. 3. ܚܠܡܐ *m.* somnium. *Pl.* ܚܠܡܐ Ac. 2. 17. ܚܘܠܡܢܐ *f.* sanitas, Ac. 3. 16.

ܚܠܦ vice, pro, sub, loco, Mat. 17. 27.

ܚܰܠܶܦ mutavit. *Ethpael* ܐܶܬ݂ܚܰܠܰܦ mutatus est. ܫܽܘܚܠܳܦܳܐ permutatio, Mat. 16. 26.

ܚܰܠܶܨ *Pa.* spoliavit, denudavit, Rom. 2. 22.

ܚܠܫ *Hinc nom.* ܚܰܠܺܫܳܐ debilis, Jac. 2. 20.

ܚܡܐ aruit. *Item* purgavit scopis, Lu. 15. 8.

ܚܡܐ *m.* socer. *Suffixa assumit juxta analogiam* ܐܒܐ, *quod suprà vide, item* Joh. 18. 13. ܚܡܬܐ *f.* socrus, Mat. 8. 14; 10. 35.

ܚܰܡܺܝܡܳܐ calidus, Apoc. 3. 15.

ܚܡܺܝܪܳܐ *m.* fermentum, Mat. 13. 33.

ܚܡܺܝܫܳܝܳܐ *m.* quintus, Apoc. 6. 9.

ܚܡܠ collegit, portavit. *Fut.* ܐܶܚܡܽܘܠ Lu. 12. 17.

ܚܡܡ ܚܰܡ calefactus fuit, calorem sensit. *Item* scopis purgavit. *Part. Peil* ܚܡܺܝܡ Mat. 12. 44. ܚܽܘܡܳܐ *m.* æstus, calor, Mat. 20. 12.

ܚܰܡܣܶܢ sustinuit, perseveravit, Heb. 10. 23.

ܡܚܰܡܣܢܳܢܽܘܬ݂ܳܐ constantia, 2 Pet. 1. 6.

ܚܡܰܥ fermentatus est. *Aph.* ܐܰܚܡܰܥ fermentavit.

ܚܡܨ *Ethpa.* ܐܶܬ݂ܚܰܡܰܨ erubuit, verecundatus est. *Hinc* ܫܘܚܡܨܬܐ *f.* verecundia, Heb. 12. 28.

ܚܡܪ *Hinc* ܚܰܡܪܳܐ *m.* vinum, Mat. 9. 17. Ch. חַמְרָא.

ܚܡܳܪܳܐ *m.* asinus, Mat. 18. 6. Heb. חֲמוֹר.

ܚܰܡܶܫ *f.* et ܚܰܡܫܳܐ *masc.* quinque, Mat. 14. 17, 19. ܚܰܡܫܺܝܢ *pl.* quinquaginta, Lu. 7. 41.

ܚܡܬ *Ethpa.* ܐܶܬ݂ܚܰܡܰܬ iratus est, Mat. 2. 16. ܚܶܡܬܳܐ *f.* ira, *item* venenum, Rom. 3. 13. Heb. חֵמָה. ܚܶܡܬܳܢ *m.* iracundus, Tit. 1. 7.

ܚܢܐ *Hinc* ܚܳܢܘ̈ܳܬ݂ܳܐ *pl. f.* tabernæ, Ac. 28. 15.

ܚܢܛ *Hinc nom.* ܡܚܢܛܬܐ *f.* conditura, condimentum, Joh. 19. 39. *Vide Heb.* חָנַט. ܚܢܛܬܐ triticum. *Pl.* ܚܢܛܐ Mat. 3. 12; 13. 25.

ܚܢ gratiosus fuit. *Fut.* ܐܚܘܢ Rom. 9. 15. *Ethpa.* ܐܬܚܢܢ gratiam consecutus est, 1 Cor. 7. 25. ܚܢܢܐ *m.* gratia, beneficentia, commiseratio. ܬܚܢܢܬܐ *f.* obsecratio, 1 Tim. 2. 1.

ܚܢܢ *pl. c.* nos. *Vide suprà in* ܐܢܐ.

ܚܢܦܐ *m.* profanus, ethnicus, extra ecclesiam vivens, Mat. 18. 17. *Plur.* ܚܢܦܐ Mat. 6. 7. *Fœm. Sing.* ܚܢܦܬܐ profana, Græca, Mar. 7. 26.

ܚܢܩ strangulavit. *Ethpe.* ܐܬܚܢܩ suffocatus est. ܚܢܝܩܐ *f.* suffocatum, strangulatum, Ac. 15. 20. ܡܚܢܘܩܝܬܐ *f.* laqueus, 1 Cor. 7. 35.

ܚܣ pepercit. *Fut.* ܢܚܘܣ. *Imper.* ܚܣ ܠܟ absit a te, Mat. 16. 22. *Sic Æthiop.* ሐስ፡ ለከ : *ibid.* Rab. חס ושלום, Heb. חָלִילָה לְּךָ, Gen. 18. 25. ܚܘܣܝܐ *m.* propitiator, venia, propitiatio, Rom. 3. 25. ܚܘܣܢܐ parsimonia. ܒܚܘܣܢܐ parcè, 2 Cor. 9. 6.

ܚܣܐ pius, sanctus, benignus fuit. *Pa.* ܚܣܐ veniam dedit. *Part. Peil* ܡܚܣܝ expiatus, Mat. 27. 24. ܚܣܝܐ benignus, sanctus, facilis, suavis, bonus. ܚܣܝܘܬܐ *fœm.* sanctitas, Eph. 4. 24.

ܚܣܕ *Pael* ܚܣܕ exprobravit, probrosè objecit. *Ethpa.* ܐܬܚܣܕ probris affectus est, 1 Tim. 4. 10. ܚܣܕܐ *m.* opprobrium, *item* gratia, Rom. 15. 3. ܡܚܣܕܢܝܟ *pl.* opprobrantes tibi, Rom. 15. 3.

ܚܣܢ immunis fuit. *Ethpa.* caruit, Ac. 27. 21.

ܚܣܡ *m.* æmulatus est. *Ethpa.* zelo corripi. ܚܣܡܐ *m.* invidia, æmulatio, Mat. 27. 18.

ܚܣܢ fortis, robustus fuit. *Ethpa. idem.* ܚܣܝܢ et ܚܣܝܢܐ *masc.* fortis, validus. *Plur.* ܚܣܝܢܐ. ܠܚܣܢ vix, ferè, Rom. 5. 7. ܡܢ ܚܣܝܢ *idem.* ܚܣܢܐ *m.* munitiones, 2 Cor. 10. 4.

ܚܣܪ defuit, defecit, damnum passus est, *item* damno affecit. *Futur.* ܢܚܣܪ Mat. 16. 26. ܚܣܝܪ *m.* carens, egens, inops. ܚܣܝܪ ܪܥܝܢܐ carens mente, Lu. 12. 20. *Pl.* ܚܣܝܪܝܢ Rom. 2. 20. ܚܣܝܪܘܬܐ *fœm.* penuria, defectus, 2 Cor. 9. 12. ܚܘܣܪܢܐ *m.* jactura, damnum, inopia, Ac. 27. 21.

ܚܦܐ texit, obtexit. *Pael idem.* *Partic.* ܡܚܦܐ. ܬܚܦܝܬܐ *f.* velamen, operimentum, 2 Cor. 3. 13.

ܚܦܛ solicitè egit, incitavit, efficax fuit. *Pa.* ܚܦܛ *idem,* Gal. 2. 8. *Ethpa.* ܐܬܚܦܛ studuit. ܚܦܝܛ et ܚܦܝܛܐ *m.* diligens, 2 Cor. 8. 22. *Pl.* ܚܦܝܛܝܢ. *Fœm. plur.* ܚܦܝܛܬܐ Ac. 26. 7. ܚܦܝܛܘ. ܚܦܝܛܘܬܐ *fœm.* assiduitas, sedulitas, Rom. 12. 8, *item* perseverantia, tolerantia, 2 Cor. 1. 6. ܚܦܝܛܐܝܬ sedulò, diligenter, solicitè, Mat. 2. 8.

ܚܦܪ fodit. *Futur.* ܢܚܦܘܪ Lu. 16. 3. ܚܦܪܐ fovea, Mat. 12. 11. *Ita leg. edit. Parisiensis, Ang. et nostra. Sed Trostius et alii ibi habent* ܚܒܪܐ, *quod vide sis supra, p.* 39, *l.* 2.

ܚܨܐ fodit, eruit, excidit, Mat. 5. 29.

ܚܨܐ *m.* dorsum, lumbus, Rom. 11. 10. *Pl.* ܚܨܐ.

ܚܨܕ messuit. *Fut.* ܢܚܨܘܕ Gal. 6. 8. ܚܨܕܐ messis,

Mat. 9. 37, 38; 13. 30, 39. ܚܳܨܽܘܕܳܐ *m.* messor, Joh. 4. 36. *Pl.* ܚܳܨ̈ܽܘܕܶܐ.

ܚܨܦ. *Hinc nom.* ܚܰܨܦܳܐ *m.* testa, 2 Cor. 4. 7.

ܚܩܠ ܚܰܩܠܳܐ *f.* ager, campus, Mat. 6. 30. Chal. חַקְלָא.

ܚܪ vidit, Mat. 14. 19. *Fut.* ܢܶܚܽܘܪ Ac. 7. 32.

ܚܪܐ rixatus est. *Ethpe. idem.* *Item* ruptus est. ܚܶܪܝܳܢܳܐ *masc.* contentio, controversia. *Plur.* ܚܶܪ̈ܝܳܢܶܐ.

ܚܪܒ devastatus est. *Fut.* ܢܶܚܪܰܒ Mat. 12. 25. ܚܰܪܒܳܐ gladius, aratrum, desolatio, Mat. 10. 34. ܚܽܘܪܒܳܐ desertum, desolatio, Mat. 3. 1. ܚܰܪ̈ܽܘܒܶܐ *pl. m.* siliquæ, Lu. 15. 16.

ܚܰܪܕܠܳܐ sinapi, Mat. 13. 31; 17. 20.

ܚܪܡ *Aphel* ܐܰܚܪܶܡ anathemate obstrinxit, Mat. 26. 74. ܚܶܪܡܳܐ.ܚܰܪܡܳܐ *m.* anathema, Gal. 1. 8; Rom. 9. 3.

ܚܪܺܝܡܳܐ *m.* callidus, astutus, 2 Cor. 12. 16. ܚܪܺܝܡܽܘܬܳܐ *f.* calliditas, astutia, Lu. 20. 23.

ܚܰܪܺܝܦܳܐ *m.* acutus, Heb. 4. 12; 1 Pet. 4. 8. ܚܰܪܺܝܦܳܐܺܝܬ acerrimè, velocissimè, 1 Cor. 15. 52.

ܚܪܩ *Pa.* ܚܰܪܶܩ frenduit, חָרַק. *Part.* Mar. 9. 18. ܚܽܘܪܳܩ *m.* stridor, Mat. 8. 12; 13. 42.

ܚܪܪ *Pa.* ܚܰܪܰܪ liberavit. *Ethpa.* liberatus est. ܒܰܪܚܺܐܪܳܐ *m.* liber. Græc. ἥρως, herus, Germ. Herr. *Plur.* ܒܢܰܝ̈ܚܺܐܪܳܐ et ܚܺܐܪ̈ܶܐ Mat. 17. 26. *Fœm.* ܒܰܪܰܬܚܺܐܪܳܐ libera. ܒܰܪܚܺܐܪܽܘܬܳܐ *f.* libertas, Gal. 2. 4; 5. 1, 13. ܚܺܐܪ̈ܽܘܬܳܐ *pl. idem,* Rom. 8. 21. ܚܪܽܘܪܳܐ *m.* foramen, Mat. 19. 24; Mar. 10. 25.

ܚܪܫ et ܚܰܪܫܳܐ *m.* mutus, surdus. *Plur.* ܚܰܪ̈ܫܶܐ et ܚܰܪ̈ܫܶܐ. *Fœm.* ܚܰܪܫܬܳܐ Mar. 9. 25. ܚܶܪܫܳܐ *m.*

magus, incantatio. *Plur.* ܚܪ̈ܫܐ Ac. 19. 19. ܚܪܫܘܬܐ *f.* veneficium, præstigiæ, Gal. 5. 20.

ܚܫܒ cogitavit, imputavit, 2 Cor. 5. 19; reputavit, Phi. 3. 7; supputavit, Ac. 19. 19. *Fut.* ܢܚܫܘܒ. *Ethpeel* ܐܬܚܫܒ reputatus est, Rom. 4. 11; *Ethpa.* cogitavit, Rom. 2. 3. ܚܘܫ̈ܒܐ *plur. masc.* cogitationes, Jac. 3. 15. ܚܘܫܒܢ et ܚܘܫܒܢܐ *m.* supputatio, ratio. ܡܚܫܒܬܐ *f.* cogitatio. *Pl.* ܡܚܫ̈ܒܬܐ Mat. 15. 19.

ܚܫܚ utilis fuit. *Partic.* ܚܫܝܚ Lu. 9. 62. *Ethpa.* ܐܬܚܫܚ ܒܡܪܚܡܢܘܬܐ usus est benevolentiâ, Ac. 27. 3. ܚܘܫܚܐ *m.* usus, 1 Tim. 4. 3; 2 Tim. 2. 21. ܚܫܚܬܐ *fœm. idem. Item* necessitas, Rom. 1. 26. ܚܫܝܚܘ *pro* ܚܫܝܚܘܬ *f.* utilitas, Heb. 9. 17.

ܚܫܟ tenebricosus fuit, Lu. 23. 45. *Peal inf.* ܠܡܚܫܟ Lu. 24. 29. *Ethpa.* ܐܬܚܫܟ obscuratus est. ܚܫܘܟ et ܚܫܘܟܐ tenebræ. *Plur.* ܚܫ̈ܘܟܝܢ Eph. 4. 18. ܚܫܘܟܬܐ *f.* tenebricosus, a, um, Apoc. 16. 10.

ܚܫܝܠܬܐ *pl. f.* bracteolæ extenuatæ, 1 Pe. 3. 3.

ܡܚܫ̈ܘܠܐ *pl.* fluctus, Lu. 8. 24.

ܚܫܡ cœnavit. *Aph.* ܐܚܫܡ *idem*, Lu. 17. 8. ܚܫܡܝܬܐ *f.* cœna. *Pl.* ܚܫ̈ܡܝܬܐ Mat. 23. 6.

ܚܫܫ ܚܫ passus est. *Futur.* ܢܚܫ Mat. 16. 21. ܚܫܝܫ *m.* conscius, 1 Cor. 4. 4. ܚܫܘܫܐ *m.* passionibus obnoxius. *Plur.* ܚܫܘ̈ܫܐ. ܚܫܐ passio, Heb. 2. 9. *Pl.* ܚ̈ܫܐ 2 Cor. 1. 6.

ܚܬܡ obsignavit, Mat. 27. 66. *Pa.* ܚܬܡ *idem*, Rom.

15. 28. *Ethpe.* ܐܬܚܬܡ obsignatus est. ܚܬܡܐ *masc.* sigillum, signum, Rom. 4. 11. ܚܬܡ̈ܐ *plur. masc.* sigilla, signacula, Ap. 5. 5, *juxta Paris. et Ang.*

ܚܬܢܐ *m.* sponsus, Mat. 9. 15; 25. 1, 6, 10.

ܚܬܪ *Ethpe.* ܐܬܚܬܪ inflatus est, superbivit. *Aph.* ܐܚܬܪ inflavit, superbum reddidit, 1 Cor. 8. 1. ܚܬܝܪ *m.* superbus, inflatus. *Plur.* ܚܬܝܪ̈ܝܢ et ܚܬܝܪ̈ܐ. ܚܬܝܪܘܬܐ *f.* elatio, tumor, superbia, 2 Cor. 12. 20.

ܚܬܬ ܚܘܬܬܬܐ pruritus, 2 Tim. 4. 3.

Litera ܛ.

ܛܐܒ *Aph.* ܐܛܐܒ benefecit, Lu. 6. 33. *Vide* ܛܘܒ.

ܛܒܝܐ ܛܒܝܬܐ Caprea, *nomen mulieris*, Ac. 9. 40.

ܛܒܒ *Aph.* ܐܛܒ divulgavit, Mat. 9. 31. ܛܒܐ *m.* ܛܒܐ *f.* fama, rumor, Mat. 4. 24. Heb. דִּבָּה.

ܛܒܥ immersus est. ܛܒܝܥ *m. Part. Peil.* obsignatus, Apoc. 5. 1. *Pa.* ܛܒܥ immersit. ܛܒܥܐ *masc.* sigillum. *Pl.* ܛܒܥ̈ܐ Apoc. 5. 1.

ܛܪܦ molestus fuit. *Ethpa. idem*, Lu. 3. 14.

ܛܘܒ *Pa.* ܛܝܒ paravit, Lu. 22. 47. *Ethpa.* ܐܬܛܝܒ paratus est, Mat. 20. 23. *Aph.* ܐܛܐܒ benefecit, Lu. 6. 33. ܛܒ. ܛܒܐ bonus, *item* ܛܒ valdè, benè, Mat. 27. 14. ܕܛܒ *idem*, Mat. 8. 28. ܟܕ ܛܒ etsi, tametsi, quamvis, Heb. 5. 8. ܛܒ ܡܢ potiùs quàm, 2 Tim. 3. 4. *Pl.* ܛܒܝܢ et ܛܒ̈ܐ. *Fœm.* ܛܒ̈ܢ Tit. 3. 8. *Fœm. Sing. Emph.* ܛܒܬܐ bona. Mat. 13. 8, 23. *Pl.*

ܛܘܒܬܐ. ܛܘܒܐ *m.* beatitudo. *Plur.* ܛܘܒܝܟ. *Suff.* Mat. 5. 3, 4, *et seq.* ܛܘܒܢܐ beatus, Ac. 26. 2. *Plur.* ܛܘܒܢ̈ܐ Joh. 13. 17. ܛܘܝܒܐ apparatio, præparatio, 2 Cor. 9. 2. ܛܒܘܬܐ *f.* bonitas, Eph. 5. 9. ܛܝܒܘܬܐ. ܛܝܒܘ *f.* gratia, beneficentia, Lu. 2. 40. ܛܘܒܬܢܐ *m.* beatus, felix, Apoc. 1. 3. *Pl.* Apoc. 14. 13.

ܛܘܗܡ et ܛܘܗܡܐ *masc.* genus, familia, cognatio. ܒܪ ܛܘܗܡܐ ܪܒܐ filius amplæ familiæ, nobilis, εὐγενής, Lu. 19. 12.

ܛܘܐ *masc.* assatus. ܢܘܢܐ ܛܘܝܐ piscis assatus, Lu. 24. 42.

ܛܘܠܫ. ܛܘܠܫܐ *m.* macula, Heb. 7. 26.

ܛܘܦ. ܛܦ submersus est, 2 Pe. 3. 6. ܛܘܦܢܐ *masc.* diluvium, inundatio, Mat. 24. 38.

ܛܘܦܐܙܝܘܢ τοπάζιον, topazium, Apoc. 21. 20.

ܛܘܦܘܢܝܩܘܣ τυφωνικὸς, turbulentus, Ac. 27. 14.

ܛܘܦܣܐ exemplum, typus, Joh. 13. 15. Rab. טופס.

ܛܘܪ. ܛܘܪܐ *m.* mons. *Pl.* ܛܘܪ̈ܐ Mar. 5. 5. Heb. צור.

ܛܘܫ. ܛܫ illevit. ܛܘܫ *Pa.* maculavit, Apoc. 3. 4. *Ethpael* ܐܬܛܘܫ maculatus est.

ܛܚܢ moluit, Mat. 24. 41. Heb. טָחַן.

ܛܛܪܓܘܢܘܣ τετράγωνος, quadrangularis, Apoc. 21. 16.

ܛܛܪܪܟܐ τετράρχης, tetrarcha, Mat. 14. 1.

ܛܝܡܐ τιμὴ, honor, pretium. *Suff.* ܛܝܡܝܗ Ac. 5. 2.

ܛܝܢܐ *m.* lutum, Joh. 9. 6.

ܛܝܪܐ ovile, caula, Joh. 10. 16.

ܛܟܐ fortè, fortassis, forsan, forsitan. Gr. τάχα.

ܛܟܣܐ τάξις, ordo, series, Lu. 1. 3. ܡܛܟܣܐܝܬ moderatus, ordinatus, 1 Tim. 3. 2. ܡܛܟܣܘܬܐ *fœm.* ordo. *Suff.* Col. 2. 5.

ܛܠܐ ܛܠܝܐ *m.* infans, puer, adolescens, vir. *Plur.* ܛܠܝܢ ܛܠܝܐ *et* ܛܠܝܐ Mat. 2. 16. *Fœm. plur.* ܛܠܝܢ 1 Tim. 5. 2; Tit. 2. 4. ܛܠܝܬܐ *fœm.* puella. ܩܘܡܝ ܛܠܝܬܐ puella surge, Ταλιθὰ κοῦμι, Mar. 5. 41. ܛܠܝܘܬܐ *f.* infantia, imperitia, adolescentia, Mat. 19. 20.

ܛܠܠ texit, obumbravit. *Aph.* ܐܛܠ *idem.* ܛܠܠܐ *m.* umbra. *Pl.* ܛܠܠܐ Mat. 4. 16. ܠܐ. ܬܚܝܬ ܡܛܠܠܝ Mat. 8. 8. ܡܛܠܠܐ *et* ܡܛܠܠܐ *m.* umbraculum, nidus, tabernaculum, tectum. *Plur.* ܡܛܠܠܢ Mat. 17. 4; Joh. 7. 2. ܬܛܠܝܠܐ *masc.* tectum, tabulatum, Mar. 2. 4; Lu. 5. 19. ܛܠܠܝܬܐ *f.* umbra. *Pl.* ܛܠܠܝܬܐ Col. 2. 17.

ܛܠܡ perversè egit, retinuit, injuriam intulit, abjecit. *Fut.* ܬܛܠܘܡ Mar. 10. 19.

ܛܡܣ evanuit. *Ethpa.* ܐܬܛܡܣ projectus est.

ܛܡܫܐ *pl. m.* sandalia, talaria, Mar. 6. 9.

ܛܡܐ pollutus fuit. *Ethpa. id.*, Heb. 7. 20. ܛܡܐܘܬܐ *fœm.* pollutio, macula, Ac. 15. 20.

ܛܡܪ abscondit, Mat. 13. 33. *Pa. idem.*

ܛܢܢ ܛܢ invidit, æmulatus est. *Aph.* ܐܛܢ ad æmulationem provocavit, Rom. 11. 14. ܛܢܢܐ zelotes. *Pl.* ܛܢܢܐ Ac. 21. 20. ܛܢܢܐ æmulatio, invidia, Joh. 2. 17.

ܛܢܦ *Pa. part.* ܡܛܢܦܝܢ polluentes, Jud. 8. *Ethpa. part. f.* ܡܬܛܢܦܐ contaminata. ܛܢܦܐ *m.* impurus. *Pl.* ܛܢܦܐ. *Fœm.* ܛܢܦܐ *et* ܛܢܦܬܐ Mat.

12. 43. *Plur.* ܛܢܦ̈ܬܐ Mat. 10. 1. ܛܢܦܘܬܐ *fœm.* impuritas, Rom. 6. 19; 2 Cor. 12. 21.

ܛܥܐ aberravit, fefellit, deceptus, oblitus est. *Ethpe.* *Partic.* ܡܬܛܥܝܐ oblivioni traditus, Jac. 1. 25. *Aph.* ܐܛܥܝ seduxit, Rom. 7. 11. ܛܘܥܝܝܐ deceptio. *Pl.* ܛܘܥܝ̈ܝܢ Mat. 13. 22, *idem.* ܛܥ̈ܝܐ *pl. masc.* errantes. *Fœm.* ܛܥ̈ܝܬܐ 1 Tim. 4. 1. ܛܥܝܘܬܐ *f.* error, deceptio, Ac. 17. 30. ܡܛܥܝܢܐ impostor. *Pluralis* ܡܛܥܝܢ̈ܐ 2 Cor. 6. 8. ܡܛܥܝܢܘܬܐ *f.* impostura, deceptio, 1 Joh. 4. 6. ܛܘܥܝܝܢ *f.* error, ignorantia, Mat. 27. 64.

ܛܥܡ gustavit, Mat. 27. 34. *Fut.* ܢܛܥܡ. *Ethpe.* insitus est, Rom. 11. 17. *Aph.* ܐܛܥܡ inserere.

ܛܥܢ portavit. *Fut.* ܢܛܥܢ. *Aph.* ܐܛܥܢ oneravit. ܛܥܢܐ *masc.* onus, *item* judicium, Ac. 21. 3; 24. 3.

ܛܥܐ erravit. *Fut.* ܢܛܥܐ Heb. 12. 13.

ܛܦܣ *Ethpe.* ܐܬܛܦܝܣ acquievit, obedivit, credidit, Ac. 21. 14.

ܡܬܛܦܝܣܢܘܬܐ *f.* obedientia, Rom. 11. 30; Col. 3. 6.

ܛܦܦ *Pa.* ܛܦܦ fumigavit, lentè extinctus est.

ܛܪܐ agitavit, commovit. *Ethpa.* ܐܬܛܪܝ irruit.

ܛܪܦ percussit. *Pael idem,* Heb. 11. 37. *Ethpa.* ܐܬܛܪܦ abreptus, correptus est, Ac. 27. 27. ܛܘܪܦܐ *m.* anxietas, conturbatio, Lu. 2. 48.

ܛܪܦܐ *m.* folium. *Pl.* ܛܪ̈ܦܝܢ ܛܪ̈ܦܐ Mat. 24. 32.

ܛܪܕ repulit, amandavit, Ac. 18. 16.

ܛܫܐ abscondit. *Pa.* ܛܫܝ celavit. *Ethpael* ܐܬܛܫܝ occultavit se. ܛܘܫܝܐ ܛܫܐ ܡܛܫܝܐ ܒܛܫܝܐ

occultum, Joh. 7. 4. ܒܛܘܫܝܐ *f.* abditum, absconditum, Eph. 5. 12. ܡܛܫܝܢܐܝܬ clanculum, secretò, Mat. 1. 19 ; 2. 7. ܛܫܝܐ absconditus, Heb. 4. 13.

Litera ܝ.

ܝܐܐ *Part.* ܝܐܐ pulcher, decens, dignus. Mat. 3. 15. *Pl. f.* ܝܐܝܢ speciosi, *scil. pedes,* Rom. 10. 15. ܝܐܝܘܬܐ *f.* elegantia, 1 Pet. 1. 24. *Vide Heb.* יָאָה.

ܝܐܒ *Ethpa. Partic.* ܡܬܝܐܒ cupiens, Lu. 16. 21.

ܝܒܒ *Pa.* clanxit, Apoc. 9. 1. *Inf.* Apoc. 8. 13.

ܝܒܠ ܐܬܝܒܠ deductus est. *Aph.* ܐܘܒܠ duxit. ܝܘܒܠܐ *plur. masc.* series, proventus, Jac. 3. 6. ܡܘܒܠܐ *f.* onus, sarcina. *Pl.* ܡܘܒܠܐ Mat. 23. 4.

ܝܒܫ exaruit. *Aph.* ܐܘܒܫ arefecit, Jac. 1. 11. ܝܒܫܐ *f.* arida, terra habitabilis, Mat. 14. 13. ܝܒܝܫܐ *m.* aridus. *Pl.* ܝܒܝܫܐ. *Fœm.* ܝܒܝܫܬܐ ܝܒܝܫܬܐ.

ܝܕ et ܐܝܕܐ *f.* manus. *Pl.* ܐܝܕܝܢ et ܐܝܕܝܐ Heb. 13. 5.

ܝܕܐ *Aph.* ܐܘܕܝ gratias egit, confessus est, Mat. 10. 32. ܬܘܕܝܬܐ gratiarum actio, laus, confessio. *Pl.* ܬܘܕܝܬܐ.

ܝܗܘܕܝܐ *m.* Judæus. *Pl.* ܝܗܘܕܝܐ, *et absque* ܗ, ܝܘܕܝܐ Joh. 4. 9. *Fœm.* ܝܗܘܕܝܬܐ Judæa, *mulier,* Ac. 16. 1. ܝܗܘܕ Judæa (*regio*), Mat. 2. 22. ܝܗܘܕܝܘܬܐ *fœm.* Judaismus, Gal. 1. 13, 14. ܝܗܘܕܐܝܬ Judaicè, Gal. 2. 14.

ܝܕܥ scivit, novit, agnovit, cognovit. *Imp.* ܕܥ. *Fut.*

ܝܕܥ. *Ethpe.* ܐܬܝܕܥ notus est. *Aph.* ܐܘܕܥ ostendit. ܝܕܝܥ ܝܕܝܥܐ *m.* notus, celebris, insignis, certus. *Plur.* ܝܕܝܥܝܢ ܝܕܝܥܐ. *Fœm. Sing.* ܝܕܝܥܬܐ. *Pluralis* ܝܕܝܥܬܐ Ac. 17. 4. ܝܕܥܬܐ *f.* cognitio, scientia. ܝܕܘܥܐ *m.* familiaris, notus. *Plur. Suff.* Lu. 23. 49. ܝܕܥܬܢܘܬܐ *f.* notitia, scientia, Rom. 1. 19. ܝܕܥܬܐ *f. idem,* 1 Cor. 8. 1; 1 Tim. 6. 20. ܡܕܥܐ *idem, item* mens, intellectus. *Pl. Suff.* Eph. 4. 18.

ܝܗܒ dedit, tradidit, reddidit. *Ethpe.* ܐܬܝܗܒ traditus est, Mat. 28. 18. *Ethpa.* ܐܬܝܗܒ *idem.* ܝܗܘܒܐ *m.* dator, 2 Cor. 9. 7. ܡܘܗܒܬܐ *f.* donum, donatio. *Pl.* ܡܘܗܒܬܐ Mat. 7. 11.

ܝܘܕ jud, *ἰῶτα, nomen literæ Syriacæ,* Mat. 5. 18.

ܝܘܡ *m.* dies. ܒܟܠܝܘܡ quotidiè, Mat. 26. 55. ܝܘܡܐ *masc. idem.* *Plur.* ܝܘܡܝܢ ܝܘܡܐ Mat. 26. 2. ܝܘܡܬܐ *fœm. idem.* *Plur.* ܝܘܡܬܐ ܝܘܡܬ Mat. 28. 20. ܐܝܡܡܐ *m. idem.* *Plur.* ܐܝܡܡܝܢ Mat. 12.40. ܝܘܡܢܐ *m.* hodiernus, *it.* hodie, Mat.6.11.

ܝܘܢܐ *f.* columba, Mat. 3. 16. *Pl.* ܝܘܢܐ 10. 16.

ܝܘܢܝܐ *m.* Græcus, Col. 3. 11. *Plur.* ܝܘܢܝܐ Ac. 6. 1. ܝܘܢܐܝܬ Græcè, Lu. 23. 38; Joh. 19. 20.

ܝܘܩܢܬܝܢܐ *pl. m.* hyacinthini, Apoc. 9. 17.

ܝܙܦ mutuatus est, mutuum petiit. *Fut.* ܢܐܙܦ Mat. 5. 42. *Aph.* ܐܘܙܦ mutuò dedit, Lu. 6. 34.

ܝܚܛܐ abortus, 1 Cor. 15. 8.

ܝܚܕ ܝܚܝܕܝܐ *m.* unicus. *Fœm.* ܝܚܝܕܝܬܐ Lu. 8. 42.

ܝܠܕ peperit, regeneravit. *Futurus* ܢܐܠܕ. *Ethpe.* ܐܬܝܠܕ natus est. *Ethpa.* ܐܬܝܠܕ *idem.* *Aph.*

ܐܘܠܕ genuit. ܝܠܝܕ ܝܠܝܕܐ natus, filius. *Pl.* ܝܠܝܕܐ 1 Joh. 5. 1. ܝܠܝܕܘܬܐ *f.* nativitas, generatio, Mat. 1. 1. ܝܠܘܕܐ *m.* genitor, 1 Joh. 5. 1. ܝܠܘܕܐ *masc.* infans, puer. *Plur.* ܝܠܘܕܐ Mat. 11. 25. ܝܠܕܐ *masc.* progenies, nativitas, Mat. 1. 18; 3. 7. ܡܘܠܕܐ *m.* partus, regeneratio, Lu. 1. 14.

ܝܠܠ *Aph.* ܐܝܠܠ ejulavit, Mar. 5. 38; Jac. 5. 1.

ܝܠܦ didicit. *Fut.* ܢܐܠܦ. *Ethpa.* ܐܬܝܠܦ instructus, edoctus fuit, Lu. 21. 14. ܝܠܝܦ *m.* instructus, edoctus, Rom. 2. 18. ܝܘܠܦܢܐ *m.* doctrina. *Pl.* ܝܘܠܦܢܐ Mat. 15. 9.

ܝܡܐ juravit. *Futur.* ܢܐܡܐ. *Aph.* ܐܘܡܝ adjuravit. ܡܘܡܬܐ *fœm.* juramentum. *Plur.* ܡܘܡܬܐ Mat. 5. 33.

ܝܡܐ *m.* mare. *Pl.* ܝܡܡܐ Ac. 4. 24. ܝܡܬܐ *f. idem,* Lu. 5. 2; 8. 22, 23.

ܝܡܢ *Hinc* ܝܡܝܢܐ *f.* dextra, Mat. 26. 64. ܬܝܡܢܐ *f.* auster, meridies, Mat. 12. 42.

ܝܢܩ *Aph.* ܐܝܢܩ lactavit. *Part.* Mat. 24. 19.

ܝܣܦ *Aph.* ܐܘܣܦ adjecit, addidit. *Ettaph.* ܐܬܬܘܣܦ Mat. 6. 33; Ac. 11. 24.

ܝܥܐ exivit. *Aph.* ܐܘܥܝ produxit, Heb. 6. 7.

ܝܥܢ *Ethpa.* ܐܬܝܥܢ expilavit, 2 Cor. 12. 18. ܝܥܢܘܬܐ *fœm.* avaritia, cupiditas, Lu. 12. 15.

ܝܦܐ *Aph.* ܐܘܦܝ defecit, evanuit, Jac. 4. 14.

ܨܐ ܨܐܬܐ *f.* sordes. *Pl.* ܨܐܐ sordidi, Jac. 2. 2.

ܝܨܦ solicitè curavit. *Futurus* ܢܐܨܦ Mat. 6. 27. ܝܨܦܬܐ *f.* cura, solicitudo, Mat. 22. 16; 28. 14.

ܢܟܝܦܘܬܐ solicitatio, instantia, Lu. 11. 8. ܢܟܝܦܐܝܬ solicitè, anxiè, accuratè, Lu. 1. 3.

ܝܩܕ arsit, combussit. *Futur.* ܢܐܩܕ. *Partic. Peil* ܝܩܝܕ accensus. *Aph.* ܐܘܩܕ accendit, Mat. 22. 7. ܝܩܕܐ *pl. m.* holocausta, Mar. 12. 33. ܝܩܕܢܐ *m.* combustio, Heb. 6. 8.

ܝܩܪ gravis fuit, oneravit. *Futur.* ܢܐܩܪ. *Pa.* ܝܩܪ honoravit. *Ethpa.* ܐܬܝܩܪ honoratus est, Joh. 4. 44. *Aph.* ܐܘܩܪ aggravavit, Ac. 28. 27. ܝܩܝܪ ܝܩܝܪܐ preciosus, carus, gravis. *Pluralis* ܝܩܝܪܝܢ. ܝܩܝܪܬܐ *fœm.* ܝܩܝܪܬܐ. *Plur.* ܝܩܝܪܢ Mat. 26. 43. ܝܩܝܪܬܐ Mat. 23. 4. ܝܘܩܪܐ *m.* onus, pondus. *Pluralis* ܝܘܩܪܝܢ Heb. 12. 1. ܡܝܩܪܘܬܐ preciositas, Apoc. 18. 19. ܐܝܩܪ ܐܝܩܪܐ *m.* honor. *Plur.* ܐܝܩܪܐ Ac. 28. 10. ܝܩܝܪܐܝܬ graviter, Mat. 13. 15. ܡܝܩܪܘ honorabile est, Heb. 13. 4.

ܝܬܪ præstans fuit. *Aph.* ܐܘܬܪ magnificavit.

ܝܪܚܐ *m.* mensis. *Pl.* ܝܪܚܝܢ ܝܪܚܐ Lu. 4. 25.

ܝܘܪܩ ܝܘܪܩܐ ܝܪܩܐ olus, viridis, Apoc. 6. 8; 8. 7. ܝܪܩܘܢܐ *pl. m.* olera, Mat. 13. 32.

ܝܪܬ jure hæreditatis possedit, in hæreditatem successit. *Fut.* ܢܐܪܬ. *Inf.* ܠܡܐܪܬ 1 Cor. 15. 50. ܝܪܬܐ *m.* hæres. *Plur.* ܝܪܬܐ. *Fœm. plur.* ܝܪܬܢ 1 Pet. 3. 7. ܝܪܬܘܬܐ hæreditas. *Suff.* Mat. 21. 38. ܝܘܪܬܢܐ *idem,* Ac. 7. 45; 13. 19; 20. 32.

ܡܐܪܘܬܐ *f.* merum, mustum. ܐ *loco* ܝ, Ac. 2. 13.

ܝܫܛ *Aph.* ܐܘܫܛ extendit, porrexit, Mat. 7. 9.

ܝܫܢ ܫܢܬܐ somnus, dormitio, Mat. 1. 24.

ܝܫܥ *Hinc* ܝܶܫܽܘܥ salvator, JESUS. ܝܶܫܽܘܥ ܡܫܺܝܚܳܐ JESUS MESSIAS, Ἰησοῦς Χριστὸς, Jesus Christus, *i. e.* salvator unctus. Arab. يسوع المسيح. Æthiop. ኢየሱስ፡ ክርስቶስ. Hebr. יֵשׁוּעַ הַמָּשִׁיחַ 1 Cor. 1. 1.

ܝܳܬ *nota accusativi. Respondet Heb.* אֵת *in versione Syriacâ Veteris Testamenti.*

ܝܺܬܶܒ sedit, mansit, habitavit. *Futur.* Mat. 19. 28. *Aph.* ܐܰܘܬܶܒ sedere fecit, posuit, Ac. 2. 30. ܡܰܘܬܒܳܐ *m.* מוֹשָׁב sedes, consessus. *Plur.* Mat. 23. 6. ܬܰܘܬܒܳܐ *m.* inquilinus, advena. *Plur.* ܬܰܘܬܒܷܐ Ac. 13. 17. ܬܰܘܬܒܽܘܬܳܐ *fœm.* incolatus, 1 Pet. 1. 17.

ܝܰܬܡܶܐ *pl. m.* orphani, pupilli, Joh. 14. 18.

ܝܺܬܰܪ lucratus est, profuit. *Futur.* ܢܺܐܬܰܪ Mar. 8. 36. *Pa.* ܝܰܬܰܪ abundare fecit. *Ethpa.* ܐܶܬܝܰܬܰܪ abundavit. *Aph.* ܐܰܘܬܰܪ lucrifecit, Lu. 19. 16; profuit, Heb. 4. 2. ܝܰܬܺܝܪ ܝܰܬܺܝܪܳܐ eximius, abundans. *Plur.* ܝܰܬܺܝܪܺܝܢ ܝܰܬܺܝܪܶܐ. ܝܽܘܬܪܳܢ ܝܽܘܬܪܳܢܳܐ *m.* utilitas, lucrum. *Plur.* ܝܽܘܬܪܳܢܶܐ Tit. 1. 7. ܝܰܬܺܝܪܽܘܬܳܐ *f.* abundantia, excellentia, Lu. 12. 15. ܬܰܘܬܪܶܐ *pl. m.* reliquiæ, abundantia, Mat. 14. 20. ܡܰܘܬܪܳܢܳܐ *m.* utilis, 2 Tim. 3. 16. *Pl. f.* ܡܰܘܬܪ̈ܳܢ Tit. 3. 8. ܝܰܬܺܝܪܳܐܺܝܬ plus, magis, potiùs, potissimùm. ܡܝܰܬܰܪ ܡܝܰܬܪܳܐ *m.* eximius, præstans, excellens. *Plur.* ܡܝܰܬܪܺܝܢ. *Sing. fœm.* ܡܝܰܬܪܳܐ et ܡܝܰܬܰܪܬܳܐ Heb. 11.35. ܡܝܰܬܪܽܘܬܳܐ *f.* virtus, præstantia, 2 Pet. 1. 3.

Litera ܟ.

ܟܐ hîc, huc, illuc. ܡܟܐ hinc, Joh. 19. 18.

ܟܐܐ inhibuit, increpavit. *Imperat.* ܟܐܝ Lu. 17. 3. ܟܐܝܬܐ *f.* increpatio, objurgatio, 2 Cor. 2. 6.

ܟܐܒ doluit, Heb. 10. 34. *Par.* ܟܐܒ 1 Cor. 12. 26. ܟܐܒ ܟܐܒܐ *m.* dolor, morbus, ægritudo, passio, perturbatio animi, Mat. 4. 23. *Pl.* ܟܐܒܐ Rom. 1. 26. ܟܐܒܬܢܐ dolorificus, Apoc. 16. 2. ܡܟܐܒܐ *pl.* dolore affecti, dolentes, Lu. 14. 21.

ܟܐܢ ܟܐܢܐ *item* ܟܐܢ *masc.* Joh. 5. 30, justus, rectus. ܟܐܢܐܝܬ justè, meritò, Lu. 23. 41. *Vide* ܟܢ.

ܟܐܦ ܟܐܦܐ *f.* lapis. *Pl.* ܟܐܦܐ Mat. 3. 9. *Vid.* ܟܝܦ.

ܟܒܕܐ *f.* hepar, Ac. 8. 23. Heb. כָּבֵד.

ܟܒܠ ܟܒܠܐ. *Pl.* ܟܒܠܐ compedes. Heb. כֶּבֶל.

ܟܒܪ jam, nunc, antea, olim, fortè, forsan. ܟܒܪܝܬܐ *f.* favus (*in quibusdam editionibus*), Lu. 24. 42. ܟܒܪܝܬܐ *f.* sulphur, Lu. 17. 29. Heb. גָּפְרִית. ܟܒܪܝܬܢܐ *masc.* sulphureus. *Plur.* ܟܒܪܝܬܢܐ Apoc. 9. 17.

ܟܒܫ subjugavit, domuit. *Futur. Suffix.* Jac. 3. 8. ܟܘܒܫܐ *m.* scabellum, Mat. 5. 35; Ac. 2. 35.

ܟܕ quùm, quando, postquam, Mat. 24. 3.

ܟܕܒ *Pael* ܟܕܒ mentitus est, Gal. 1. 20. Arab. كذب. ܟܕܒܐ *masc.* mendax, Joh. 8. 55. ܟܕܒܘܬܐ *fœm.* mendacium, Mat. 24. 24; Mar. 13. 22; Joh. 8. 44; Rom. 1. 25.

ܟܕܘ satis est, sufficit, Lu. 22. 51. ܡܢ ܟܕܘ jam.

ܟܒܝ *Ethpa.* ܐܬܟܒܝ subjectus fuit, Gal. 5. 1.

ܟܗܢ *Pael* ܟܗܢ sacerdotio functus est, Lu. 1. 8. ܟܘܗܢܘܬܐ *f.* sacerdotium, Lu. 1. 9; 3. 2. ܟܘܗܢܐ *masc.* sacerdos. *Pl.* ܟܘܗܢܐ Mar. 14. 1. ܟܘܗܢܝܐ *masc.* sacerdotalis. *Fœm.* ܟܘܗܢܝܬܐ Apoc. 1. 6.

ܟܘܐ inussit, cauterio notavit. *Part. Peil* 1 Tim. 4. 2.

ܟܘܬܐ *f.* fenestra, Ac. 20. 9. Chald. כַּוָּא.

ܟܘܒܐ *pl. m.* spinæ, Mat. 7. 16; 13. 7, 22.

ܟܘܕܪܐ pudor, erubescentia, 1 Cor. 6. 5.

ܟܘܟܒܐ *m.* stella. *Plur.* ܟܘܟܒܐ Mat. 24. 29.

ܟܘܠ *Ethpe.* ܐܬܬܟܝܠ mensuratus est, Mat. 7. 2. *Aph.* ܐܟܝܠ mensuravit, *ibidem.* ܟܝܠܐ ܡܟܝܠܬܐ mensura, modius, Joh. 3. 34. Arab. كيل. ܟܘܠܐ arca, Mat. 24. 38; Lu. 17. 27.

ܟܘܠܝܬܐ *pl. f.* renes, Apoc. 2. 23.

ܟܘܡܪܐ *m.* sacerdos, pontifex. *Pl.* ܟܘܡܪܐ Heb. 7. 21. ܟܘܡܪܬܐ *fœm.* cultrix, æditua, Ac. 19. 35. ܟܘܡܪܘܬܐ pontificatus, Heb. 7. 3, 5.

ܟܘܢ ܟܢ *Pa.* ܟܘܢ correxit, accusavit, arguit. *Ethpa.* ܐܬܟܘܢ correctus est. *Aph. Partic. Peil* ܡܟܢ rectus. ܟܐܢ ܟܐܢܐ rectus, justus. *Pl.* ܟܐܢܝܢ ܟܐܢܐ. *Fœm.* ܟܐܢܝܢ. ܟܐܢܘ ܟܐܢܘܬܐ rectitudo, justitia, Mat. 3. 15. ܟܘܢܢܐ *masc.* redargutio, 2 Tim. 3. 16.

ܟܘܢܝܩܣ bilibris, Apoc. 6. 6. ܟܘܢܝܩܘ *plur. juxta Paris. et Ang. ibid.*

ܟܘܣ *Hinc* ܟܣܐ *m.* poculum, calix, Mat. 10. 42.

ܟܘܦܪܐ *m.* piaculum, 1 Cor. 4. 13.

ܟܘܪ *m.* corus (*mensura*). *Pl.* ܟܘܪܝܢ Lu. 16. 7.

ܟܘܪܐ Græc. χώρα, regio, Mar. 1. 5.

ܟܘܪܣܝܐ thronus, sedes. *Pluralis* ܟܘܪ̈ܣܘܬܐ ܟܘܪܣܘܬ. ܟܘܪܣܘܢ Ac. 7. 49, *ex Heb.* כִּסֵּא, *inserto* ܪ.

ܟܘܫ *Hinc* ܟܘܫܝ̈ܐ *pl. m.* Æthiopes, Ac. 8. 27.

ܟܚܕ *Ethpael* ܐܬܟܚܕ reveritus est, Lu. 18. 2, 4.

ܟܚܠ intinxit, aspersit. *Imp.* ܟܚܘܠ Apoc. 3. 18.

ܟܝ itaque, igitur, ergò. *Particula exclusiva, cujus usus est in interrogationibus. Haud rarò etiam postponitur pronominibus* ܡܢܐ *vel* ܡܢܘ *ut:* ܡܢܘ ܗܘ ܟܝ qualisnam, quisnam est ille? *Interdum etiam verbo jungitur interrogativè, ut:* ܢܫܟܚ ܟܝ inveniet ergò? an inventurus est? Lu. 18. 8. *Sic et cum aliis particulis interdum concurrit, ut:* ܠܡܐ ܟܝ num ergo, Joh. 7. 35. ܐܠܘ ܟܝ O si, si nempe, Lu. 19. 41. ܐܢܬ ܗܘ ܟܝ tune solus es? Lu. 24. 18.

ܟܝܘܡܐ καῦμα, æstus, Apoc. 7. 16.

ܟܝܠܝܪܟܐ χιλίαρχος, tribunus. *Pl.* ܟܝܠܝܪ̈ܟܐ Mar. 6. 21.

ܟܝܡܘܢܐ χειμὼν, tempestas, Ac. 27. 18.

ܟܝܢܐ *m.* natura, essentia. *Pluralis* ܟܝ̈ܢܐ Gal. 4. 8. ܟܝܢܐܝܬ naturaliter, Jud. 10.

ܟܝܣܐ *m.* crumena. *Pl.* ܟܝ̈ܣܐ ܟܝܣܝܢ Mat. 10. 9.

ܟܐܦ ܟܐܦܐ *f.* lapis. *Plur.* ܟܐ̈ܦܐ ܟܐܦܝܢ Lu. 19. 40.

ܟܝܪܘܛܘܢܝܐ χειροτονία, impositio manuum.

ܟܟܪܐ *f.* talentum. *Pl.* ܟܟܪܝܢ Mat. 18. 24. ܟܟܪܢܝܐ pondus talenti, Apoc. 16. 21.

ܟܟܪܝܬܐ *f.* favus, Lu. 24. 42. *Vide* ܟܪܝܬܐ *p.* 57.

ܟܠ omnis, totus, universus. ܟܠ ܚܕ unusquisque. Heb. 11. 21. ܟܠ ܐܡܬܝ ܕ quotiescunque, 1 Cor.

11. 25. ܟܠ ܒܪܢܫ omnis homo, Rom. 3. 4. ܟܠܒܪܢܫ *idem*, Rom. 12. 18. ܟܠ ܐܢܫ *et conjunctim* ܟܠܐܢܫ unusquisque, Joh. 1. 7. ܒܟܠ ܙܒܢ omni tempore, semper, *et conjunctim* ܒܟܠܙܒܢ Rom. 11. 10. *Sic* ܒܟܠ ܚܝܢ *et* ܒܟܠܚܝܢ *idem*, Joh. 7. 6. ܟܠܝܘܡ quotidiè, Ac. 5. 42. ܟܠ ܡܕܡ ܟܠܡܕܡ omne, omnia, Joh. 4. 25. ܟܠ ܡܐ quicquid, Ac. 4. 23, *et* ܟܠܡܐ Ac. 3. 22.

ܟܠܐ prohibuit, cohibuit. *Ethpe.* ܐܬܟܠܝ prohibitus est, Rom. 1. 13. ܟܠܝܢ prohibitio, obstaculum, Ac. 28. 31. ܟܠܝܬܐ *f. idem*, Ac. 8. 36.

ܟܠܒܐ canis. *Pl.* ܟܠܒ̈ܐ Mat. 7. 6; 15. 26, 27.

ܟܠܟܝܕܘܢ chalcedonius (*lapis preciosa*), Apoc. 21. 19.

ܟܠܠ *Ethpael* ܐܬܟܠܠ coronatus est, 2 Tim. 2. 5. ܟܠܝܠܐ *m.* corona. *Plur.* ܟܠܝ̈ܠܐ Ac. 14. 12.

ܟܠܡܝܣ χλαμὺς, chlamys, Mat. 27. 28, 31.

ܟܠܫ *Aph.* ܐܟܠܫ dealbavit, Mat. 23. 27.

ܟܠܬܐ *f.* sponsa, nurus, socrus, Mat. 10. 35.

ܟܡܐ ܐܟܡܐ sicut, Ac. 10. 47. *Vide* ܡܐ.

ܟܡܘܢܐ *m.* κύμινον, cuminum, Mat. 23. 23.

ܟܡܢ latuit. *Hinc* ܟܡܐܢܐ insidiæ, Ac. 23. 21.

ܟܡܪ *Ethpe.* ܐܬܟܡܪ mœstus factus est, Mar. 10. 22. ܟܡܝܪ ܟܡܝܪܐ atratus, tristis. *Pluralis* ܟܡܝܪܝܢ ܟܡܝܪܬܐ. ܟܡܝܪܐܝܬ mœstè, acerbè, Mat. 16. 3.

ܟܢ sic, ita, tum, Rom. 11. 35.

ܟܢܐ cognominavit. ܐܬܟܢܝ *pass.* Ac. 4. 36.

ܟܢܦܐ *f.* extremitas, pinnaculum, Mat. 4. 5.

ܟܢܫ collegit, congregavit. *Pael* ܟܢܫ *idem*, Mat.

2. 4. *Ethpael* ܐܬܟܢܫ collectus est, Mat. 13. 2. ܟܢܫܐ *m.* congregatio, turba. *Pl.* ܟܢ̈ܫܐ Mat. 14. 15. ܟܢܘܫܝܐ congregatio, 2 Thess. 2. 1 ; Heb. 10. 25. ܟܢܘܫܬܐ *fœm.* synagoga, cœtus. *Pl.* ܟܢܘܫ̈ܬܐ Mat. 4. 23.

ܟܢܬܐ conservus, socius. *Pl.* ܟܢ̈ܘܬܐ Mat. 18. 28.

ܟܣܐ latuit. *Pa.* ܟܣܝ operuit. *Ethpa.* Mat. 6. 29. ܟܣܐ ܟܣܝܐ ܟܣܝܐ occultum, absconditum, Mat. 6. 4. *Pl.* ܟܣ̈ܝܢ Col. 3. 3. ܟܣ̈ܝܢ Col. 2. 3. ܟܣ̈ܝܬܐ Rom. 2. 16. ܬܟܣܝܬܐ *f.* operimentum, vestimentum, Ac. 12. 8. ܟܣܝܐܝܬ clàm, clanculùm, Joh. 11. 28.

ܡܟܣܢܝܬܐ *fœm.* correptrix, 2 Pet. 2. 16.

ܟܣܣ *Ethpa.* ܐܬܟܣܣ accusatus est. *Aph.* ܐܟܣ arguit.

ܟܣܦ ܟܣܦܐ *m.* argentum, pecunia, Mat. 17. 24.

ܟܦܟ *Ethpa.* ܐܬܟܦܟ volvit, volutavit se, Mar. 9. 20.

ܟܦܢ esurivit. *Futur.* ܢܟܦܢ Joh. 6. 35 ; Lu. 6. 25. ܟܦܢ ܟܦܢܐ esuriens, Mat. 25. 37. *Plur.* ܟܦܢ̈ܝܢ ܟܦܢ̈ܬܐ. ܟܦܢܐ *m.* fames, penuria. *Plur.* ܟܦ̈ܢܐ Mat. 24. 7.

ܟܦܦ incurvavit. *Fut.* ܢܟܘܦ. *Part. Peil* ܟܦܝܦ incurvatus, Rom. 11. 10. *Fœm. Sing.* ܟܦܝܦܬܐ Lu. 13. 11. ܟܦܐ poculum, Apoc. 14. 10.

ܟܦܪ negavit, abnegavit. *Fut.* ܢܟܦܘܪ Mat. 10. 33. *Ethpe.* ܐܬܟܦܪ abnegatus est, Lu. 12. 9. ܟܦܘܪܐ *m.* abnegator, ingratus. *Pl.* ܟܦܘܪ̈ܐ Lu. 6. 35.

ܟܦܪ̈ܘܢܐ *pl. m.* pagi, Lu. 9. 12.

ܟܪܐ contristatus est, ægrè tulit. *Pa.* ܟܪܝ decurtavit. *Ethpa.* ܐܬܟܪܝ decurtatus est. *Aph.* ܐܟܪܝ tristem fecit. ܟܪܝܐ *f.* tristis, triste, Mat. 19. 22; 26. 38. ܟܘܪܝܐ *f.* contristatio, 1 Thess. 4. 13. ܟܪܝܘܬܐ *f.* tristitia, Joh. 16. 6.

ܟܪܒ aravit. *Fut.* ܢܟܪܘܒ 1 Cor. 9. 10. ܟܪܘܒܐ *m.* arator, *ibid.* ܟܪܘܒܐ *pl. m.* cherubini, Heb. 9. 5.

ܟܪܗ *Ethpe.* ܐܬܟܪܗ infirmatus est, Ac. 9. 37. ܟܪܝܗ ܟܪܝܗܐ ægrotus, infirmus. *Pl.* ܟܪܝܗܝܢ ܟܪܝܗܐ. ܟܘܪܗܢ ܟܘܪܗܢܐ *m.* morbus. *Plur.* ܟܘܪܗܢܝܢ ܟܘܪܗܢܐ. ܟܪܝܗܘܬܐ *fœm.* infirmitas. *Constr.* ܟܪܝܗܘܬ Gal. 4. 13.

ܟܪܙ prædicavit, promulgavit, κηρύσσω, Ac. 15. 36. *Ethpeel* ܐܬܟܪܙ prædicatus est. *Ethpael* ܐܬܟܪܙ *idem,* Ac. 12. 24. *Aph.* ܐܟܪܙ prædicavit, Mat. 12. 18. ܟܪܘܙܐ præco, prædicator. *Pl.* ܟܪܘܙܐ Ac. 15. 21. ܟܪܘܙܘܬܐ *fœm.* prædicatio, Mat. 12. 41; Lu. 11. 32. ܡܟܪܙܢܐ *m. id.*, Rom. 10. 14.

ܟܪܛܝܣܐ charta, 2 Epist. Joh. 12.

ܟܪܣܛܝܢܐ christianus, Ac. 26. 28. *Pl.* Ac. 11. 26.

ܟܪܟ convolvit, involvit. *Part. Peil* ܟܪܝܟ. *Ethpa.* ܐܬܟܪܟ peragravit. *Aphel* ܐܟܪܟ circumduxit, 1 Cor. 9. 5. ܟܪܟܐ *masc.* arx, oppidum. *Plur.* ܟܪܟܝܢ. Græc. χάραξ. ܟܪܟܐ fasciculus, involucrum, 2 Tim. 4. 13.

ܟܪܡܐ *m.* vinea, Mat. 20. 1, 2, 4, 8; 21. 39.

ܟܪܣ ܟܪܣܐ *fœm.* venter, uterus. *Plur.* ܟܪܣܬܐ. כְּרֵשׂ. ⲛⲥⲁⲱ.

ܟܪܘܣܘܦܪܣܘܣ chrysoprasus, Apoc. 21. 20.

ܟܪܘܣܘܠܝܬܘܣ chrysolithus, Apoc. 21. 20.

ܟܫܠ impegit. ܐܬܟܫܠ. *Aph.* ܐܟܫܠ offendit. ܟܫܠܐ

m. scandalum, offendiculum, Gal. 5.11. ܡܟܫܘܠܐ m. idem, Rom. 9. 33. *Pl.* ܡܟܫܘܠܐ Mat. 13. 41.

ܟܫܦ *Ethpa.* ܐܬܟܫܦ obsecratus est, Ac. 4. 31. ܬܟܫܦܬܐ *f.* supplicatio, preces, Heb. 5. 7.

ܟܬܒ scripsit. *Fut.* ܢܟܬܘܒ. *Ethpe.* ܐܬܟܬܒ scriptus est, Rom. 15. 4. *Aph.* ܐܟܬܒ scripsit, Lu. 1. 1. ܟܬܒ ܟܬܒܐ liber, scriptum, scriptura. *Plur.* ܟܬܒܐ. ܟܬܒܘܢܐ libellus, Apoc. 10. 2. ܟܬܝܒܬܐ *f.* inscriptio. *Pl.* ܟܬܝܒܬܐ Heb. 5. 12. ܡܟܬܒܢܘܬܐ *f.* descriptio, Lu. 2. 2.

ܟܬܡ *Pa.* ܟܬܡ maculavit. *Part.* ܡܟܬܡ Jac. 3. 6. ܟܘܬܡܐ macula, 2 Pet. 3. 14. *Plur.* ܟܘܬܡܬܐ Gal. 6. 17.

ܟܬܢܐ linum, linteum, Mat. 27. 59. *Plur.* ܟܬܢܐ. ܟܘܬܝܢܐ *f.* tunica, indusium. *Plur.* ܟܘܬܝܢܝܢ ܟܘܬܝܢܝܬܐ.

ܟܬܦܐ *f.* humerus. *Pl.* ܟܬܦܝܢ et ܟܬܦܬܐ Mat. 23. 4.

ܟܬܪ *Pa.* ܟܬܪ mansit, perseveravit, Joh. 8. 31; 11. 6.

ܟܬܫ belligeravit. *Ethpa. idem,* Lu. 14. 31. ܬܟܬܘܫܐ *m.* certamen, pugna. *Pl.* ܬܟܬܘܫܐ Tit. 3. 9.

LITERA ܠ.

ܠܐ non. ܕܠܐ quòd non, ut non, ne. ܠܐ ܗܘܐ annon?

ܠܐܐ laboravit. ܠܐܝܬ fatigatus es, Apoc. 2. 3. *Fut.* ܢܠܐܐ Eph. 4. 28. *Part.* ܠܐܐ 1 Cor. 16. 16. *Pl.* ܠܐܝܢ 1 Tim. 5. 17. *Fœm.* ܠܐܝܢ Mat. 6. 28. *Aph.* ܐܠܐܝ Mat. 26. 10. ܠܐܐ *m.* lassus, fessus, Joh. 4. 6. *Plur.* ܠܐܝܐ Mat. 11. 28. ܠܐܘܬܐ *f.* labor, fatigatio, 2 Cor. 6. 5; 11. 23.

ለአከ לאך misit. ܡܰܠܐܰܟܳܐ *m.* angelus, nuncius. *Plur.* ܡܰܠܐܰܟ̈ܶܐ Mat. 24. 36. ܡܰܠܐܰܟܘܬܳܐ *f.* collegium angelorum, Apoc. 12. 7.

ܠܰܒܶܒ animum addidit, consolatus est, 1 Thess. 5. 14. *Ethpa.* ܐܶܬܠܰܒܰܒ bono sis animo, Mat. 9. 2. ܠܶܒܳܐ *m.* cor, animus. *Pl.* ܠܶܒܘ̈ܳܬܳܐ Ac. 1. 24, *et ex formâ masc. cum suffix.* ܒܠܶܒܒܰܝܟܽܘܢ Jac. 3. 14. ܠܽܘܒܳܒܳܐ exhortatio, alacritas, 1 Cor. 14. 3.

ܠܒܽܘܢܬܳܐ *f.* thus, Mat. 2. 11. לְבֹנָה Λίβανος. ܠܠܶܒܢܽܘܢ Libanum, thus, Apoc. 18. 13. ܠܶܒܢܳܢܳܝܳܐ *masc.* Libanicus. *Par. et Ang.* ܠܶܒܢܳܢܳܝܳܐ Apoc. 1. 15.

ܠܒܰܟ Apoc. 20. 2. *Part. Peil* ܠܒܺܝܟ continens, abstinens.

ܠܒܶܫ vestivit. *Futur.* ܢܶܠܒܰܫ. *Aph.* ܐܰܠܒܶܫ *idem.* ܠܒܽܘܫܳܐ vestis, vestimentum. *Pl.* ܠܒܽܘ̈ܫܶܐ Mat. 7. 15. ܠܒܳܫܳܐ *m. id.*, Mat. 24. 18; Mar. 10. 50.

ܠܓܢ *Hinc* ܠܓܺܢܬܳܐ *f.* catinus, Mat. 26. 23.

ܠܶܓܝܽܘܢ ܠܶܓܝܽܘܢܳܐ legio. *Pl.* ܠܶܓܝ̈ܽܘܢܺܝܢ Mat. 26. 53.

ܠܗܓ *Hinc* ܠܗܳܓܳܐ *m.* vapor, Jac. 4. 14.

ܠܘ *i. q.* ܠܳܐ non, nonne? ܘܠܘ et non, nec. ܠܰܘܝ utinam, Apoc. 3. 15.

ܠܘܐ *Pa.* ܠܰܘܺܝ comitatus est, deduxit. *Ethpael* ܐܶܬܠܰܘܺܝ *idem*, Ac. 17. 15. ܠܘܳܝܬܳܐ *f.* comitatus, Lu. 2. 44; Ac. 19. 29. ܠܶܘܳܝܳܐ *m.* Levita, Lu. 10. 32. *Pl.* ܠܶܘܳܝ̈ܶܐ Joh. 1. 19.

ܠܽܘܕ Lydda (*urbs*). ܠܽܘܕܺܝܰܐ *f.* Lydia, Ac. 16. 14.

ܠܽܘܚܳܐ *f.* tabula. *Pl.* ܠܽܘ̈ܚܶܐ Heb. 9. 4.

ܠܘܛ *Part. Ben.* ܠܳܐܶܛ maledicens, Mat. 5. 44. *Fut.* ܢܠܽܘܛ. ܠܺܝܛܳܐ ܠܺܝܛ maledictus. *Pl.* ܠܺܝܛܺܝܢ

ܠܝܛܐ Mat. 25. 41. ܠܘܛܬܐ *f.* maledictio. *Pl.* ܠܘܛܝܬܐ Jac. 3. 10.

ܠܘܓܟܝܬܐ *f.* λόγχη, lancea, Joh. 19. 34.

ܠܘܦܝ̈ܐ *pl. m.* aulœarii, σκηνοποίοι, Ac. 18. 3.

ܠܘܬ ad, apud, versus. *Suff.* ܠܘܬܝ apud me. ܠܘܬܟ apud te. ܠܘܬܟܘܢ apud vos. *Vide Gram.*

ܠܚܐ delevit. *Fut.* ܢܠܚܐ Apoc. 7. 17.

ܠܚܘܕ ܒܠܚܘܕ solùm, *item* solus, a, um. *Suffix.* ܒܠܚܘܕܘܗܝ ille solus, Mat. 4. 10. Chald. בִּלְחוֹד לְחוֹד.

ܠܚܟ *Pa.* ܠܚܟ. ܡܠܚܟܝܢ lingentes, Lu.16.21. lecken.

ܠܚܡ insidiatus, minatus est, impugnavit. *Ethpa.* ܐܬܠܚܡܘ minati sunt, Ac. 4. 17, 21. ܠܘܚܡܐ *m.* minæ, Ac. 9. 1. *Plur.* ܠܘܚܡܝܗܘܢ Ac. 4. 29.

ܠܚܡܐ *m.* panis, cibus. *Pl.* ܠܚܡܝܢ Mat. 15. 34.

ܠܚܫ *Pa.* ܠܚܫ mussitavit. ܠܚܫܬܘܢ Lu. 12. 3.

ܠܝܒܪܛܝܢܘ Libertini, Ac. 6. 9.

ܠܝܛܪܐ λίτρα, libra. *Pl.* ܠܝܛܪܝܢ Joh. 19. 39.

ܠܠܠ ܠܠܝܐ *m.* nox. *Pl.* ܠܠܘܢ Mat. 4. 2.

ܠܝܬ non est, non. *Vide in* ܐܝܬ.

ܠܠܐ *m.* fatuus, stultus, Mat. 5. 22. ܠܠܘܬܐ *fœm.* stultitia, 1 Cor. 3. 19.

ܠܡ *particula expletiva.* ܠܐ ܠܡ ne, Col. 2. 21. ܠܡܐ ܕܠܡܐ num, anne? *item* ne, ne fortè, ut ne.

ܠܡܕ *Pael* ܠܡܕ docuit, discipulos fecit. *Partic.* ܡܠܡܕ edoctus. *Ethpael* ܐܬܬܠܡܕ edoctus fuit. ܬܠܡܝܕܐ *m.* discipulus. *Pl.* ܬܠܡܝܕ̈ܐ ܬܠܡܝܕܬܐ. ܬܘܠܡܕܐ *m.* doctrina, 1 Tim. 3. 6.

ܠܡܐܢܐ λιμὴν, portus, Ac. 27. 12. *Pl.* ܠܡܐܢ̈ܐ ver. 8.

ܠܡܚܪܝܢ postea. *Par. et Ang.* Lu. 13. 9, *pro* ܠܡܐ ܕܝܢ.
ܠܡܦܐܕܐ lampas. *Pl.* ܠܡܦܐ̈ܕܐ Mat. 25. 1.
ܠܣܛܐ λῃστής, latro. *Pl.* ܠܣ̈ܛܐ Mat. 27. 38.
ܠܥܒ *Ethpa.* ܐܬܠܥܒ subsannavit, Jac. 5. 5.
ܠܥܣ edit, Ac. 11. 3. *Fut.* ܢܠܥܘܣ Ac. 10. 10.
ܠܩܛ collegit, Mat. 7. 16. *Pa.* ܠܩܛ *idem.*
ܠܩܝܫܐ pluvia serotina, Jac. 5. 7.
ܠܫܢ ܠܫܢܐ *m.* lingua. *Pl.* ܠܫ̈ܢܝܢ ܠܫ̈ܢܐ.

Litera ܡ.

ܡܐ quid? ܠܢ ܡܐ ܠܢ quid ad nos, Mat. 27. 4. ܠܟ ܡܐ ܠܟ quid ad te, Joh. 21. 22. *Sequente* ܕ *significat* si, cùm, quando. *Vide* Mat. 6. 5. ܡܐ ܕܝܢ cùm autem, Mat. 24. 15. *Cum præfixo* ܟ ܟܡܐ quantus, a, um, Mat. 6. 23; 27. 13. *Et adverbialiter* ܟܡܐ ܕܝܬܝܪܐܝܬ quantò magis, Mat. 7. 11. *Interdum est numerale;* quot, Mat. 15. 34; 16. 9. ܟܡܐ ܙܒ̈ܢܝܢ quot temporibus, *i. e.* quoties? Mat. 23. 37. *Sequente* ܕ *præfixo, significat* quamdiu, Mat. 9. 15, *item* sicut, uti, Mat. 25. 40, 45. ܥܕܡܐ donec, dum, usque dum, interea dum. ܥܕܡܐ ܠܗܫܐ adhuc dum, usque nunc, quamdiu, donec. *Vide* Mat. 1. 17, 25; *item* Mat. 28. 20.

ܡܐܐ centum, Mat. 19. 29. ܡܐܬܝܢ ducenti, Joh. 6. 7.

ܡܐܢ ægrè tulit, tædio affectus est, molestus fuit. ܡܐܢܬ ܥܡ ܕܪܐ ܗܘ molestè tuli generationem hanc, Heb. 3. 10, 17. *Fut.* ܢܡܐܢ Gal. 6. 9.

Item ܬܡܐܢܘܢ 2 Thess. 3. 13, *et* ܬܡܐܢ Lu. 18. 1; Heb. 12. 3. *Aph.* ܠܐ ܡܡܐܢܝܢ non cessans, 2 Pet. 1. 12. ܡܐܢܘܬܐ *fœm.* molestia, tædium, Gal. 6. 9. ܡܐܢܐ *m.* vas, instrumentum. *Est nomen generale. Hinc et pro* vestimento *accipitur,* Mat. 9. 21. *Pl.* ܡܐܢ̈ܐ Mat. 13. 48. *Suff.* Mat. 12. 29; 25. 4.

ܡܐܪܘܬܐ *f.* merum, mustum, Ac. 2. 13.

ܡܐܪܝܢܝܐ Dominicus, Apoc. 1. 10. *Vide* ܡܪܐ.

ܡܓܘܫ̈ܐ *pl. m.* magi, Mat. 2. 1, 7, 16.

ܡܓܠ ܡܓܠܬܐ *f.* falx, Mar. 4. 29; Apoc. 14. 14.

ܡܓܢ gratis, frustra, immeritò, Rom. 3. 24.

ܡܕܐ *Aph.* ܐܡܕܝ effugit, 1 Thess. 5. 3.

ܡܕܝܢ ergò, igitur, Mat. 7. 20; 17. 26.

ܡܕܚ *Pa.* ܡܕܚ sallivit. *Part.* ܡܡܕܚܐ sallitus, Col. 4. 6, *ex Hebræo* מֶלַח, *mutato* ל *in* ד.

ܡܕܡ aliquid, illud, quiddam, quædam, id quod, quod, quid, quodcunque, quæcunque, quidpiam. *In omni genere et numero. Item geminatum* ܡܕܡ ܡܕܡ aliquid, alii, aliud, Ac. 21. 34. *Item* partim, aliquâ ex parte, 1 Cor. 11. 18. ܠܐ ܡܕܡ *et* ܡܕܡ ܠܐ non aliquid, nihil, nil quicquam. ܡܕܡܐ omnino, Joh. 9. 9.

ܡܕܪܐ *f.* terra, Mat. 13. 5. Æth. ምድር. Arab. مدر.

ܡܘܚܐ *m.* medulla, Heb. 4. 12. Heb. מוח. Chal. מוֹחָא.

ܡܘܡ ܡܘܡܐ *m.* macula, vitium, Col. 1. 22.

ܡܘܣܝܩܝܐ musici, corum, Apoc. 18. 22.

ܡܘܩ *Pa.* ܡܘܩ derisit. *Part.* Lu. 16. 14.

ܡܘܪ myrrha, unguentum, Apoc. 18. 13. ܡܘܪܐ *idem.* Heb. מוֹר. Chal. מוֹרָא. Gr. μύῤῥα.

ܡܘܫ ܡܵܫ scrutatus est. *Part.* ܡܳܐܹܫ Rom. 8. 27.

ܡܘܬ ܡܺܝܬ mortuus est. Heb. מֵת. Chal. מִית. Arab. مات. *Fut.* ܢܡܽܘܬ Mar. 7. 10. *Inf.* ܡܡܳܬ Mat. 15. 4. *Partic.* ܡܳܐܹܬ. *Aph.* ܐܡܺܝܬ interfecit. *Fut.* Mat. 10. 21. ܡܺܝܬ ܡܺܝܬܳܐ *masc.* mortuus, *item* mortalis, Rom. 6. 12, *et* ܡܰܝܺܬ Heb. 11. 4. *Pl.* ܡܺܝܬܺܝܢ *et* ܡܺܝܬܶܐ. *Fœm. Sing.* ܡܺܝܬܳܐ Ac. 5. 10, *et* ܡܺܝܬܬܳܐ 1 Tim. 5. 6, mortua. ܡܰܘܬܳܐ *m.* mors, pestis. *Pl.* ܡܰܘ̈ܬܶܐ 2 Cor. 1. 10. ܡܰܘܬܳܢܳܐ mortalitas. *Pl.* ܡܰܘ̈ܬܳܢܶܐ cædes, pestes, Mat. 24. 7; Lu. 21. 11. ܡܳܝܽܘܬܽܘܬܳܐ *fœm. idem.* ܠܳܐ ܡܳܝܽܘܬܽܘܬܳܐ immortalitas. ܡܺܝܬܽܘܬܳܐ *f.* mortificatio, mors, 2 Cor. 4. 10.

ܡܙܓ miscuit. *Part. Peil* ܡܙܝܓ Apoc. 14. 10.

ܡܚܐ percussit, Lu. 22. 50; cinxit, Joh. 13. 4. *Pa. idem.* ܡܡܰܚܰܐ ܒܡܰܚ̈ܘܳܬܳܐ læsus vulneribus, Lu. 16. 20. ܡܚܘܬܳܐ *fœm.* flagellum, plaga. *Plur.* ܡܰܚ̈ܘܳܬܳܐ Mar. 3. 11.

ܡܚܕܐ statim, *quasi dicas* ܡܶܢ ܚܕܳܐ Mat. 3. 16; 4. 20.

ܡܚܛ ܡܚܛܳܐ *m.* acus, Mat. 19. 24; Mar. 10. 25.

ܡܚܪ cras, crastinus, Mat. 27. 62.

ܡܛܐ venit. ܡܛܳܐ *idem. Ethpa. idem,* 2 Cor. 10. 14. ܡܘܛܳܐ facultas. *Fœm.* ܡܘܛܝܳܐ Heb. 11. 19; 2 Tim. 2. 2.

ܡܶܛܽܠ propter. *Sequente* ܕ *significat* propterea, quòd, quia. *Suff.* ܡܶܛܽܠܳܬܶܗ. *Item* ܡܶܛܽܠ ܗܳܢܳܐ propterea.

ܡܛܪ *Pa.* ܡܰܛܰܪ pluit. *Aph.* ܐܰܡܛܰܪ pluere fecit, Lu. 17. 29. ܡܶܛܪܳܐ *m.* pluvia, Mat. 5. 45; 7. 25; Heb. 6. 7.

ܡܝ̈ܐ *pl. m.* aqua, Mat. 3. 11, 16 ; 8. 32 ; 12. 43.

ܡܝܠܐ *m.* milliare, Mat. 5. 41. Rab. מיל.

ܡܟܐ hinc, *quasi dicas* ܡܢ ܗܐ Mat. 17. 20.

ܡܟܝܠ jam, nunc, porrò, quod süper est.

ܡܟܟ ܡܟ depressus est. *Pa.* ܡܟܟ demisit, Mat. 2. 11. *Ethpael* demissus est. *Aph.* ܐܡܟ depressit, Mat. 23. 12. ܡܟܝܟܐ ܡܟܝܟ humilis, lenis. *Pl.* ܡܟܝ̈ܟܐ ܡܟܝܟܝܢ Mat. 5. 5. *Fœm. Sing.* ܡܟܝܟܬܐ *et* ܡܟܝܟܬܐ Jac. 3. 13, 17. ܡܟܟܘܬܐ humilitas, depressio, lenitas, Lu. 1. 48. ܡܟܝܟܘܬܐ *f. idem,* Ac. 20. 19 ; 24. 4.

ܡܟܣ *Hinc* ܡܟܣܐ *m.* tributum, vectigal. ܡܟܣܐ *m.* publicanus, Mat. 10. 3. *Pl.* Mat. 9. 9, 10.

ܡܟܪ desponsavit. *Part. Peil fœm.* ܡܟܝܪܐ ܡܟܝܪܬܐ Mat. 1. 18.

ܡܠܐ plenus fuit, implevit, hausit. *Part. Peil* ܡܠܐ. *Plur. Constr.* ܡܠܝ̈. *Fœm.* ܡܠܝ̈ܢ. *Pa.* Mat. 3. 15. *Ethpa.* Mat. 1. 22. ܡܡܠܝܐ ܡܫܘܡܠܝܢܐ *et* ܡܡܠܝܘܬܐ complementum. ܡܠܝܐܝܬ plenè, planè, Ac. 18. 25, 26. ܡܠܘܐ *m.* inundatio, πλημμύρα, Lu. 6. 48. ܡܠܘܐ *m.* plenitudo, 1 Cor. 10. 26.

ܡܠܓ evulsit, avulsit, Mat. 12. 1 ; Mar. 2. 23.

ܡܠܚ sallivit. *Ethpe.* sallitus est, Mat. 5. 13. ܡܠܝܚ salsus. *Pl.* ܡܠܝ̈ܚܐ ܡܠܝ̈ܚܐ Jac. 3. 12. ܡܠܚܐ *f.* sal, Mat. 5. 13 ; Mar. 9. 49, 50 ; Lu. 14. 34. ܡܠܚܐ *m.* nauta. *Pl.* ܡܠܚ̈ܐ Ac. 27. 27, 30.

ܡܠܟ consilium dedit, consultavit, promisit, *item* regnavit. *Ethpa.* consilium inivit, Mat. 26. 4 ; promissus est, Gal. 3. 16. *Aphel* ܐܡܠܟ regnavit, Rom. 5. 14, 17, 21; regnum adeptus est, 1 Cor. 4. 8. ܡܠܟܐ ܡܠܝܟ *m.* rex, *quasi dicas, director consiliorum et mandatorum. Pluralis* ܡܠܟܐ ܡܠܟܝܢ 1 Tim. 6. 15. ܡܠܟܬܐ *fœm.* regina, Mat. 12. 42; Lu. 11. 31. ܡܠܟܐ consilium, Mat. 12. 14; 22. 15; 27. 1, 7. ܡܘܠܟܢܐ *m.* promissio. *Pluralis* ܡܘܠܟܢܐ Rom. 9. 4. ܡܡܠܟ *masc. Part. Peil* promissionem habens, Eph. 6. 1. ܡܠܟܘ ܡܠܟܘܬܐ *f.* regnum. *Pl.* ܡܠܟܘܬܐ Mat. 4. 8

ܡܠܠ locutus est. *Futur.* ܢܡܠܘܠ Joh. 11. 19. *Pa.* ܡܠܠ *idem*, Mat. 14. 27. *Infin.* Mat. 12. 34. *Ethpa.* Mat. 26. 13. ܡܡܠܠܐ *m.* sermo, Mat. 6. 7; 1 Cor. 2. 1. ܡܡܠܐ *idem.* ܡܡܠܐ ܕܠܒܐ lenimen cordis, Phil. 2. 1. ܡܡܠܠܬܐ rationale, verbale, Rom. 12. 1. ܡܠܐ *f. et* ܡܠܬܐ verbum, sermo, *item* res. *Suffix.* ܡܠܬܗ Mat. 13. 23. *Pl.* ܡܠܐ ܡܠܝܢ. *Suff.* Mat. 7. 24, 26.

ܡܡܘܢܐ mammon, Mat. 6. 24. *Vide supra, p.* 8.

ܡܡܬܘܡ aliquando, unquam, *quasi dicas* ܡܢ ܡܬܘܡ.

ܡܢ quis? quæ? *item* quid? Lu. 8. 30.

ܡܢ a, absque, de, è, ex. Heb. et Chal. מִן.

ܡܢܐ quid? ܠܡܢܐ cur? ܡܢܘ ܡܢܘ quid ille?

ܡܢܐ numeravit. *Part. Peil* ܡܢܐ. *Plur. f.* ܡܢܝܢ Mat. 10. 30. *Ethpe.* ܐܬܡܢܝ numeratus est, Lu. 22. 37. ܡܢܝܐ mina, Lu. 19. 16. *Plur.* ܡܢܝܢ *ver.* 13 *et seq.* ܡܢܝܢܐ ܡܢܝܢ *m.* numerus, Lu. 22. 3; Heb. 11. 12. ܡܢܬܐ *f.* pars, portio, Mat. 24. 51. *Pl.* ܡܢܘܢ Heb. 1. 1.

ܡܰܢܢܳܐ manna, *μάννα*, (*cibus cœlestis*,) Joh. 6. 31, 49.

ܡܰܢܽܘ quis? *interrog*. Mat. 3. 7; 10. 11.

ܡܢܥ pervenit. *Pa*. ܡܰܢܰܥ *idem*, Ac. 26. 7.

ܡܶܢܬܳܐ *f*. capillus, Mat. 5. 36. ܡ̈ܢܶܐ Mat. 10. 30.

ܡܣܐ *Ethpe*. ܐܶܬ݂ܡܣܺܝ intumuit, Ac. 28. 6.

ܡܰܣܰܐܬܳܐ *f*. statera. *Edit. Paris. et Ang. legit* ܡܰܐܣܰܬܳܐ Apoc. 6. 5.

ܡܣܟܢ *Pa*. pauper fieri. *Ethpa*. *idem*. ܡܶܣܟܺܝܢܳܐ *m*. pauper. *Pl*. ܡܶܣܟ̈ܺܝܢܶܐ. *Fœm. sing*. ܡܶܣܟܺܝܢܬܳܐ. ܡܶܣܟܺܝܢܽܘܬܳܐ *f*. paupertas, 2 Cor. 8. 9.

ܡܣܣ ܡܰܣܬܳܐ *f*. sufficientia, 1 Tim. 6. 6. Chal. מִסְתָּא.

ܡܣܪ *Aph*. ܐܰܡܣܰܪ subjecit, Heb. 12. 2.

ܡܥ̈ܰܝܳܐ viscera, Ac. 28. 8. Heb. מֵעִים.

ܡܨܳܐ potuit, valuit. *Part. Peil* ܡܨܶܐ potens, Apoc. 6. 17. *Pl*. ܡܨܶܝܢ Apoc. 9. 20. *Ethpe*. ܐܶܬ݂ܡܨܺܝ *idem*, Eph. 6. 16.

ܡܶܨܥܳܝܳܐ medius, mediator, Heb. 8. 6; 9. 15. ܡܶܨܥܬܳܐ *f*. medium, medietas. *Constr*. ܡܶܨܥܰܬ.

ܡܩܰܕܽܘܢܳܝܳܐ Macedonius. *Pl*. ܡܩܰܕܽܘܢ̈ܳܝܶܐ Ac. 16. 9.

ܡܰܩܶܠܽܘܢ macellum, *μάκελλον*, 1 Cor. 10. 25.

ܡܪܐ *Pa*. ܡܰܪܺܝ imitatus est, Heb. 13. 7. ܡܡܰܪ̈ܝܳܢܶܐ *pl. m*. imitatores, Heb. 6. 12.

ܡܳܪܳܐ ܡܳܪܝܳܐ ܡܳܪܳܐ *masc*. Dominus. ܡܳܪܳܐ ܕܺܝܠܝ Domine mi, Apoc. 7. 14. *Pluralis* ܡܳܪ̈ܰܘܳܬܳܐ Eph. 6. 9. ܡܳܪ̈ܰܘܗ̱ܝ *et* ܡܳܪ̈ܰܘܳܬܳܐ. *Suff*. ܡܳܪܝ Dominus meus. ܡܳܪܰܢ Dominus noster. *Hinc* ܡܳܪܰܢ ܐܶܬ݂ܳܐ *Μαραναθὰ*, Dominus noster venit. *Summa anathematis formula, quâ extremæ Christi Judicis condemnationi addicebatur peccator*. ܡܳܪܽܘܬܳܐ *f*. dominatus, 2 Pet. 2. 10. *Plur.* ܡܳܪ̈ܘܳܬܳܐ. ܡܳܪܳܝܳܢܳܝܳܐ Dominicus, Apoc. 1. 10.

ܡܰܪܓܳܢܺܝܬܳܐ *f.* margarita, Mat. 13. 46. *Pl.* Mat. 7. 6; 13. 45.

ܡܳܪܽܘܕܳܐ apostata, rebellis. *Plur.* ܡܳܪ̈ܽܘܕܶܐ 1 Tim. 1. 9. ܡܰܪ̈ܺܝܕܶܐ *pl. m.* rebelles, 2 Cor. 10. 4. ܡܳܪܳܘܕܽܘܬܳܐ *f.* defectio, rebellio, 2 Thess. 2. 3.

ܡܪܚ *Aph.* ܐܰܡܪܰܚ ausus est, Mat. 22. 46; Rom. 2. 4. ܡܰܪܚܳܢܳܐ *masc.* audax. *Plur.* ܡܰܪ̈ܚܳܢܶܐ 2 Pet. 2. 10. ܡܰܪܚܳܢܳܐܺܝܬ audaculè, audacter, Rom. 15. 15.

ܡܰܪܥܳܐ *m.* infirmus, 1 Cor. 8. 11. *Pl.* ܡܰܪ̈ܥܶܐ. *Fœm.* ܡܰܪܥܬܳܐ.

ܡܪܪ *Ethpa. Partic.* ܡܶܬܡܰܪܡܰܪ dolore affectus, Ac. 17. 16. *Aph. Fut.* ܢܰܡܪܰܪ amarum reddet, Apoc. 10. 9. ܡܰܪܺܝܪܳܐ amarus. *Plur.* ܡܰܪ̈ܺܝܪܺܝܢ. *Fœm. sing.* ܡܰܪܺܝܪܬܳܐ Ac. 8. 23. ܡܪ̈ܳܪܶܐ *pl. m.* amaritudines, Heb. 12. 15. ܡܰܪܬܳܐ *f.* amaritudo, acerbitas, Rom. 3. 14. ܡܰܪܺܝܪܽܘܬܳܐ *f.* amarulentia, Rom. 1. 29; 1 Cor. 5. 8. ܡܪܳܪܬܳܐ *f.* fel, bilis, Mat. 27. 34. ܡܡܰܪܡܪ̈ܳܢܶܐ *pl. m.* exacerbatores, Heb. 3. 8. ܡܰܪܺܝܪܳܐܺܝܬ amarè, Mat. 26. 75; Lu. 22. 62.

ܡܫܰܚ unxit, *item* dimensus est, Apoc. 21. 17. ܡܫܺܝܚܳܐ *m.* unctus, Messias, Mat. 1. 1, 18; 2. 4. ܡܶܫܚܳܐ *masc.* oleum, unguentum, Mat. 25. 3, 4, 8. ܡܫܽܘܚܬܳܐ *fœm.* mensura, Rom. 12. 6. *Plur.* ܡܫܽܘ̈ܚܳܬܳܐ Apoc. 21. 17. ܡܫܺܝܚܽܘܬܳܐ *f.* unctio, 1 Joh. 2. 20, 27.

ܡܶܫܟܳܐ *m.* cutis, pellis, Mat. 3. 4. *Pl.* ܡܶܫ̈ܟܶܐ.

ܡܬܰܚ extendit, Ac. 22. 25; 1 Cor. 10.24. Ch. מְתַח.

ܡܰܬܰܝ *m.* Mathæus; *cum Syri geminationem dagesch fortis propriè non agnoscant. Vel ad analogiam Hebr. et Græc.* Matthæus, *nomen propr. Evangelistæ. Vide titulum Evangelii Matthæi.*

ܡܬܠ *Aphel* ܐܰܡܬܶܠ parabolam dixit, Mat. 13. 24. ܡܰܬܠܳܐ *masc.* parabola, proverbium, similitudo, exemplar, typus, ver. 18. מָשָׁל. *Plur.* ܡܰܬ̈ܠܶܐ ver. 35.

ܡܬܘܡ unquam. ܠܳܐ ܡܬܘܡ nunquam, 2 Pet. 1. 10.

ܡܬܪܐ metreta, cadus (*mensura liquidorum*). *Plur.* ܡܶܬ̈ܪܺܝܢ Lu. 16. 6. *Crines. habet* ܡܶܬܪ̈ܺܝܢ, *Buxtorfius* ܡܶܬܪ̈ܺܝܢ.

Litera ܢ.

ܢܒܐ *Ethpa.* ܐܶܬܢܰܒܺܝ vaticinatus est, Mat. 15. 7. ܢܒܺܝܳܐ *m.* propheta, Mat. 1. 22. *Plur.* ܢܒ̈ܺܝܶܐ Mat. 7. 15. ܢܒܺܝܬܳܐ *f.* prophetissa, Lu. 2. 36; Ap. 2. 20. ܢܒܺܝܘܬܳܐ *fœm.* prophetia. *Pl.* ܢܒ̈ܺܝܘܳܬܳܐ 1 Tim. 1. 18.

ܢܒܰܥ scaturivit. *Aph. Fut.* ܐܰܒܰܥ Mat. 13. 35. ܡܰܒܽܘܥܳܐ scaturigo, fons, Jac. 3. 11. Heb. מַבּוּעַ.

ܢܓܰܕ traxit, subduxit. *Ethpe.* ܐܶܬܢܓܶܕ attractus. *Pael* ܢܰܓܶܕ percussit, flagellavit, Mat. 10. 17. *Ethpael* ܐܶܬܢܰܓܰܕ cæsus est. *Aph.* ܐܰܓܶܕ attraxit, Joh. 12. 32. ܢܓܕܳܐ *m.* plaga, Ac. 16. 33. *Pl.* ܢܓ̈ܕܶܐ Ac. 22. 24. ܢܳܓܽܘܕܳܐ *m.* dux, ductor. *Pl.* ܢܳܓܽܘ̈ܕܶܐ Mat. 15. 14. ܡܢܰܓܕܳܢܳܐ *masc.* tortor, flagellator. *Plur.* Mat. 18. 34.

ܢܓܗ fulsit. *Aph.* ܐܢܓܗ pernoctavit, Lu. 6. 11. ܢܓܗ *m.* lux, splendor, Mat. 28. 1.

ܢܓܪ *Aph.* ܪܘܚܐ ܐܢܓܪ attraxit spiritum, *i. e.* patienter exspectavit, Mat. 18. 26, 29; Heb. 6. 15. ܢܓܝܪܐ longus, longanimis, 1 Cor. 13. 4. ܢܘܓܪܐ protractio, tempus longum, Ac. 26. 5. ܪܘܚܐ ܡܓܪܬ contractio, protractio spiritus, *i. e.*, longanimitas, patientia, Ac. 26. 3. ܢܓܝܪܘܬܐ *fœm. idem.* ܪܘܚܐ ܢܓܝܪܘܬ *idem*, 2 Cor. 6. 6. ܢܓܪܐ faber lignarius, Mat. 13. 55. Chal. נַגָּרָא נַגָּר.

ܢܕܕ *Præt.* ܠܐ ܢܕܕܬܘܢ neque repulistis, Gal. 4. 14. ܢܕܝܕ *m.* abominabilis, Lu. 16. 15; Eph. 5. 12.

ܢܕܪ vovit. *Partic. Peil* ܢܕܝܪ votum, Ac. 18. 18; 21. 23. ܢܕܪܐ *m.* votum, Ac. 18. 18. Heb. נָדַר, Chal. נִדְרָא, Arab. نذر.

ܢܗܡ rugiit. *Part.* ܢܗܡ 1 Pet. 5. 8. נָהַם. Arab. نهم.

ܢܗܪ illuxit, splenduit. *Pa.* ܢܗܪ in lucem protulit. *Ethpa.* fulsit. *Aph.* ܐܢܗܪ illuminavit, accendit. ܢܘܗܪܐ *m.* lux, Mat. 5. 14; Ac. 12. 7; Apoc. 20. 9. ܢܗܝܪ ܢܗܝܪܐ lucidus, lux. *Pl.* ܢܗܝܪ̈ܐ. *Fœm. Suff.* ܢܗܝܪܬܐ. ܢܗܝܪܐܝܬ clarè, dilucidè, Mar. 8. 25.

ܢܗܪܐ *m.* fluvius. *Pl.* ܢ̈ Ac. 2. 9. ܢܗܪܘܬܐ Mat. 7. 25.

ܢܘܕ *Aph.* ܡܢܝܕܝܢ moventes, Mat. 27. 39. Heb. נוד.

ܢܘܛܐ *pl. m.* nautæ, Apoc. 18. 17. ܢܘܛܓܝܐ naufragium, ναυαγία, 2 Cor. 11. 25.

ܢܘܚ ܢܚ quievit. *Ethpe.* ܐܬܬܢܝܚ *idem*, *item* recreatus est. *Aph.* ܐܢܝܚ recreavit, posuit, liquit. ܢܝܚܐ ܢܝܚ mitis, tolerabilis, Mat. 11. 22, 24.

ܢܘܚܐ *m.* tranquillitas, Mar. 4. 39. ܢܝܚ ܢܝܚܐ
ܢܝܚܬܐ requies. *Pluralis* ܢܝܚ̈ܬܐ 2 Pet. 2. 13.
ܢܝܚܘܬܐ *f.* mansuetudo, lenitas, Eph. 4. 2.

ܢܘܟܪ ܢܘܟܪܝܐ alienus, peregrinus. *Pl.* ܢܘܟܪ̈ܝܐ ܢܘܟܪ̈ܝܝܢ Mat. 17. 25. *Fœm.* ܢܘܟܪܝܬܐ. *Pl.* ܢܘܟܪ̈ܝܬܐ.

ܢܘܡ ܢܡ dormivit, dormitavit, Mat. 25. 5.

ܢܘܡܐ νομὴ, pastio, pabulum, 2 Tim. 2. 17.

ܢܘܢܐ *m.* piscis, Mat. 17. 27. *Pl.* ܢܘ̈ܢܐ Mat. 15. 34.

ܢܘ̈ܣܐ *pl. m.* templa. *Respondet Græco* ναούς, Ac. 19. 24.

ܢܘܦ *Aph.* ܐܢܝܦ agitavit, extulit, Ac. 13. 16.

ܢܘܪ Apoc. 8. 8, *et* ܢܘܪܐ *fœm.* ignis, Mat. 3. 10, 11.
ܢܘܪܢܝܐ *m.* igneus. *Plur.* ܢܘܪ̈ܢܝܐ Apoc. 9. 17.
ܡܢܪܬܐ *f.* candelabrum, Apoc. 2. 5. *Pl.* ܡܢܪ̈ܬܐ Apoc. 1. 12.

ܢܚܠ *Hinc* ܢܚ̈ܠܐ *pl. m.* valles, Lu. 3. 5. Heb. נחל.

ܢܚܡ ܢܘܚܡܐ consolatio, resurrectio, Joh. 11. 24.

ܢܚܫܐ *m.* æs, pecunia, Mat. 10. 9; Mar. 6. 8.

ܢܚܬ descendit, Mat. 8. 1. *Imp.* ܚܘܬ Mat. 27. 40. *Fut.* ܢܚܘܬ Mat. 24. 17. *Ethpe.* ܐܬܢܚܬ depressus est, Mat. 11. 23. *Aph.* ܐܚܬ deposuit, demisit. *Partic.* ܡܚܬ Mat. 5. 45. ܢܚܬܐ *m.* vestis (*longa*). *Plur.* ܢܚ̈ܬܐ ܢܚܬܝܢ Mat. 11. 8. ܡܚܬܬܐ *f.* descensus, profunditas, Ac. 27. 17.

ܢܛܪ servavit, custodit. *Imperat.* ܛܪ Mat. 19. 17. *Fut.* ܢܛܪ Mat. 23. 3. *Infin.* ܡܛܪ. *Pa.* ܢܛܪ *idem.* *Ethpa.* ܐܬܢܛܪ Mat. 9. 17. ܢܛܘܪܐ *masc.* custos. *Pl.* ܢܛܘܪ̈ܐ Ac. 5. 23; 12. 19. ܢܛܘܪܬܐ *f.* custodia, Apoc. 2. 10. *Pl.* ܢܛܘܪ̈ܬܐ ܢܛܘܪ̈ܘܬܐ.

ܡܰܛܰܪܬܳܐ *f.* vigilia, Mat. 14. 25. *Pl.* ܡܰܛܪ̈ܳܬܳܐ Lu. 2. 8.

ܢܺܝܩܘܠܳܐܺܝܛܶܐ Nicolaitæ, Apoc. 2. 6, 15.

ܢܺܝܪܳܐ *masc.* jugum, Mat. 11. 30; Ac. 15. 10. Arab. النير.

ܢܺܝܫ ܢܺܝܫܳܐ *m.* signum, Mat. 24. 30; meta, Phil. 3. 14.

ܢܟܳܐ læsit, percussit, oppressit. *Ethpa.* ܐܶܬ݂ܢܰܟܺܝ percussus est. Heb. נכה. *Aphel Partic.* ܡܰܢܟܝܳܢ nocentes, Apoc. 9. 19.

ܢܟܰܠ machinatus est, callidè, dolosè, insidiosè cogitavit, Lu. 11. 54; 2 Cor. 4. 2. Heb. נִכֵּל *idem.* ܢܟܺܝܠ ܢܟܺܝܠܳܐ fraudulentus. *Plur.* ܢܟܺܝ̈ܠܶܐ Eph. 4. 14. ܢܶܟܠܳܐ *masc.* dolus, insidiæ, Mat. 26. 4. *Plur. Suff.* Ac. 20. 19. ܢܶܟܘܠܬܳܢ *m.* dolosus. *Pl.* ܢܶܟܘܠܬܳܢ̈ܶܐ Rom. 3. 13. ܢܟܺܝܠܘܬ݂ܳܐ *f.* versutia, 2 Cor. 11. 3. Ch. נְכִילוּ נְכִילוּת.

ܢܟܰܣ mactavit. *Imperat.* ܢܟܘܣ Ac. 10. 13. *Futur.* ܢܶܢܟܘܣ Apoc. 6. 4. *Ethpe.* ܐܶܬ݂ܢܟܶܣ Lu. 22. 7; 1 Cor. 5. 7. ܢܶܟܣܬܳܐ *fœm.* victima, sacrificium, mactatio, Ac. 8. 32. ܢܶܟ̈ܣܶܐ ܢܶܟ̈ܣܺܝܢ *plur.* opes, divitiæ, Mar. 10. 24. נְכָסִים.

ܢܟܶܦ abstinuit, verecundus, sobrius, castus fuit. *Part. Pael* ܡܢܰܟܦܳܐ verecundus. *Ethpa. idem,* 1 Pet. 4. 7. ܢܰܟܶܦ sobrius, castus, verecundus, modestus, honestus. *Pl.* ܢܰܟܦܺܝܢ Tit. 2. 2. *Fœm.* ܢܰܟܦܬܳܐ ver. 8. *Plur.* ܢܰܟ̈ܦܳܬ݂ܳܐ ver. 4. ܢܘܟܦܳܐ *m.* verecundia, honestas, 1 Cor. 12. 23. ܢܰܟܦܘܬ݂ܳܐ *f.* sobrietas, castitas, Rom. 12. 3.

ܢܟܰܬ momordit. *Pa.* ܢܰܟܶܬ *idem,* Gal. 5. 15.

ܢܡܘܣ. ܢܳܡܽܘܣܳܐ νόμος, lex. *Pluralis* ܢܳܡܽܘ̈ܣܶܐ. נימוס. Arab. ناموس.

ܢܶܡܪܳܐ *m.* pardus, Apoc. 13. 2, *juxta edit. Paris. et Ang. pro* ܢܶܡܪܳܐ.

ܢܢܥܐ menta (*herba*), Mat. 23. 23. Talmud. נינייא.

ܢܣܐ tentavit, exploravit. *Pa. idem,* Mat. 4. 3, 7. *Ethpa.* tentatus est, v. 1. *Aph.* tentavit, 2 Cor. 13. 5. ܢܶܣܝܽܘܢܳܐ *m.* tentatio, Mat. 6. 13. *Pl.* ܢܶܣܝܽܘ̈ܢܶܐ. ܢܶܣܝܳܢܳܐ *m.* experimentum, 2 Cor. 2. 9. Rab. נסיונא. ܡܢܰܣܝܳܢܳܐ *masc.* tentator, 1 Thess. 3. 5, *et participialiter* ܕܰܡܢܰܣܶܐ *idem,* Mat. 4. 3.

ܢܣܒ accepit, assumpsit, *item* tulit, portavit, sustulit, abstulit, amputavit. *Imp.* ܣܰܒ Mat. 17. 27. *Futur.* ܢܶܣܰܒ Mat. 8. 17. *Inf.* ܠܡܶܣܰܒ Mat. 18. 24. *Part.* ܢܳܣܶܒ ܒܐ̈ܦܶܐ accipiens faciem, personam, *i. e.*, hypocrita, Mat. 7. 5; 22. 16. *Pl.* ܢܳܣܒܰܝ ܒܐ̈ܦܶܐ Jac. 2. 9. *Fœm. Sing.* Jac. 3. 17. *Constr.* ܢܳܣܒܰܝ ܒܐ̈ܦܶܐ Mat. 6. 2, 5; 16. 5, 7; 22. 18. *Ethpe.* ablatus, acceptus est, Lu. 10. 42. ܡܰܣܒܳܐ ܡܰܣܰܒ acceptio. ܡܣܰܒ ܒܐ̈ܦܶܐ acceptio vultuum, prosopolepsia, simulatio, Mat. 23. 28. ܡܰܣܒܳܐ ܘܡܰܬܠܳܐ ratio dandi et accipiendi, Phil. 4. 15.

ܢܣܩ ascendit. *Imp.* ܣܰܩ Joh. 7. 8. *Fut.* ܢܶܣܰܩ Mat. 20. 17. *Aphel* ܐܰܣܶܩ attulit, obtulit, Mat. 17. 1.

ܢܣܪ serrâ secuit. *Ethpe. pass.* Heb. 11. 37.

ܢܥܒ ܢܥܒܳܐ corvus. *Pl.* ܢܥܒ̈ܶܐ Lu. 12. 24.

ܢܦܰܚ flavit, Joh. 20. 22. Heb. נָפַח. Chal. נְפַח. Arab. نفح.

ܢܰܦܛܳܐ lucerna. *Pl.* ܢܰܦ̈ܛܳܐ Joh. 18. 3.

ܢܦܰܠ cecidit, procidit, incidit, ruit, irruit. *Imp.* ܦܶܠ Mat. 21. 21. *Fut.* ܢܶܦܶܠ Mat. 18. 8. *Infin.* ܡܶܦܰܠ. ܡܰܦܘܠܬܳܐ *f.* ruina, casus, Mat. 7. 27. Chal. מַפָּלָא מַפְּלָא.

ܢܦܰܨ excussit, sparsit. *Imp.* ܦܘܨܘ Mar. 6. 12. *Pa.* ܢܰܦܶܨ *idem,* Ac. 18. 6. Heb. נָפַץ. Chal. נְפַץ. Arab. نفض.

ܢܦܰܩ exivit, *item* ܢܦܰܩ ܪܘܚܳܐ excusavit, defendit se. *Imp.* ܦܘܩܘ Mat. 25. 6. *Fut.* Mat. 2. 6. *Inf.* ܠܡܶܦܰܩ. *Ethpa.* ܐܶܬܢܰܦܰܩ depromtus est. *Aph.* ejecit, Mat. 8. 16. *Partic.* ܡܰܦܶܩ expellens, Mat. 8. 31; 9. 34; 13. 52. ܢܶܦܩ̈ܳܬܳܐ *plur. f.* sumptus, impensæ, Lu. 14. 28. ܡܰܦܩܳܢܳܐ *masc.* exitus, Lu. 9. 31. *Plur.* ܡܰܦܩ̈ܳܢܶܐ Mat. 22. 9. ܡܰܦܩܳܬܳܐ *f.* eductio, egressus, Heb. 11. 22. מפקא. ܡܰܦܩ ܪܘܚܳܐ apologia, defensio, Lu. 21. 14. *Item* ܡܰܦܩ ܒܪܘܚܳܐ *id.*, Ac. 22. 1; 25. 16; 2 Tim. 4. 16.

ܢܦܫ ܢܰܦܫܳܐ *f.* anima. ܒܚܕܳܐ ܢܰܦܫ unâ animâ, *i. e. unanimiter,* Ac. 2. 46. *Vide* Mat. 16. 24; 19. 19; 22. 39; 27. 40. *Pl.* ܢܰܦ̈ܫܳܢ *et* ܢܰܦ̈ܫܳܬܳܐ Mat. 11. 29. ܢܰܦܫܳܢܳܝܳܐ *masc.* animalis, 1 Cor. 15. 44. *Plur.* Judæ 19. ܢܘܦܳܫܳܐ *m.* respiratio, quies, Phil. 2. 28.

ܢܶܦܫܬܳܐ excrementum, rejectamentum, 1 Cor. 4. 13.

ܢܨܳܐ rixatus est, contendit, Joh. 6. 52. Heb. נָצָה. ܢܨܳܝܳܐ ܢܰܨܝܳܢ *masc.* rixosus, contentiosus, 1 Tim.

3. 3. ܡܨܝܬܐ̈ *plur. fœm.* lites, contentiones, Jac. 4. 1.

ܢܨܒ plantavit, Mat. 21. 33. *Ethpa.* plantatus est. ܢܨܒܬܐ *f.* planta, Mat. 15. 13. Chal. נִצְבְתָא נִצְבָא. Arab. نصب.

ܢܨܚ vicit, solicitavit. Heb. נָצַח. Arab. نصح. *Ethpael* ܡܬܢܨܚܝܢܬܘܢ decertatis, Phil. 1. 27. ܢܨܝܚܐ victoriosus, præstans. *Pl. f.* ܢܨܝܚܬܐ Ap. 18. 14.

ܢܨܠ infudit, instillavit, Lu. 10. 34.

ܢܨܪܬ Nazareth. ܢܨܪܝܐ Nazarenus, Mat. 2. 23.

ܢܩܐ *Ethpa.* ܡܬܢܩܐ ܐܢܐ immolor, Phil. 2. 17. ܢܩܝܐ agnus, ovis, Ac. 8. 32. *Pl.* ܢܩܘܬܐ̈ Joh. 21. 17.

ܢܩܒܬܐ *f.* fœmina, Mat. 19. 4. *Pl.* ܢܩܒܬܐ̈ Rom. 1. 26.

ܢܩܝܐ mundus, purus, Mat. 27. 59 ; 1 Pet. 2. 2.

ܢܩܥܐ̈ *pl. m.* foveæ, lustra, Mat. 8. 20 ; Lu. 9. 58.

ܢܩܦ adhæsit, secutus est. *Imperat.* ܩܦ Ac. 8. 29. *Fut.* ܢܩܦ Ac. 10. 28. *Part. Peil* ܢܩܝܦ adhærens. *Ethpa.* ܐܬܢܩܦ *idem. Item* adjunxit se, Rom. 12. 9. *Aph.* ܐܩܦ incepit, Ac. 5. 27. *Item* adjunxit se, Ac. 17. 5.

ܢܩܪ effodit, excidit. *Part. Peil* Mat. 27. 60. נָקַר. Arab. نقر.

ܢܩܫ pulsavit, Mat. 7. 7. *Futur.* ܢܩܘܫ pulsabit. *Ethpe.* ܕܡܬܢܩܫ id quod pulsatur, 1 Cor. 14. 7.

ܢܪܓܐ *m.* securis, ascia, Mat. 3. 10 ; Lu. 3. 9. Ch. נַרְגָא.

ܢܪܕܝܢ nardus, Mar. 14. 3. Heb. נֵרְדְּ. Gr. νάρδος.

ܢܫ̈ܐ *pl. f.* mulieres, Mat. 11. 11 ; 14. 21.

ܢܫܒ flavit, Mat. 7. 25. *Futur.* ܢܫܒ Apoc. 7. 1. ܡܫܒܐ *m.* flatus, ventus, Ac. 27. 14.

ܢܫܩ osculatus est, Mat. 26. 48. *Pa. idem*, Lu. 7. 38. ܢܘܫܩܬܐ osculum, Lu. 22. 48. *Pl.* ܢܘܫܩ̈ܬܐ.

ܢܫܪܐ *m.* aquila. *Pl.* ܢܫܪ̈ܐ Mat. 24. 28. נִשְׁרָא נֶשֶׁר. Arab. النسر.

ܢܬܠ dedit. *Futur.* Mat. 20. 28. *Inf.* Mat. 7. 11. נְתַן, *mutato* ן *in* ܠ. ܡܬܠܬܐ *m.* datum. ܡܘܗܒܬܐ ܘܡܬܠܬܐ Phil. 4. 15.

ܢܬܦ *Ethpa. Part.* ܡܬܬܢܬ̈ܦܢ circumactæ, Jac. 3. 4.

ܢܬܘܪܐ deciduus, Apoc. 22. 3. נְתִירָא Targ. Lev. 19. 10.

Litera ܣ.

ܣܐܒ *Pa.* ܣܐܒ polluit. *Ethpa.* Mat. 15. 18.

ܣܐܡܐ *m.* argentum, 1 Cor. 3. 12. Chal. סִימְמָא סִימָא.

ܣܐܢ calcavit, Ac. 12. 8. *Aph.* ܐܣܐܢ *idem*, Lu. 15. 22. ܣܐܢ̈ܐ *pl. m.* calceamenta, Mat. 3. 11; 10. 10.

ܣܐܪܕܝܘܢ sardius (*nomen gemmæ*). *Et* ܣܪܕܝܘܢ Apoc. 21. 20.

ܣܐܬܐ *fœm.* modius, Mat. 5. 15. *Plur.* ܣܐ̈ܝܢ Mat. 13. 33. סְאָה.

ܣܒܠ portavit. *Aph.* ܐܣܒܠ attulit, Ac. 9. 13.

ܣܒܣܛܝܐ augustus, *à Græco* σεβαστή, Ac. 27. 1.

ܣܒܥ saturari, Mat. 14. 20. *Pael* ܣܒܥ satiavit. Mat. 15. 33. ܣܘܒܥܐ satietas, Phil. 4. 12. Heb. שִׂבְעָה. ܣܒܝ̈ܥܐ *pl. m.* saturi, Lu. 6. 25.

ܣܒܪ putavit, cogitavit, Mat. 5.17. *Part.* Mat. 24. 50. *Pa.* ܣܒܪ prædicavit, evangelizavit, speravit. *Imp.* ܣܒܪ Lu. 9. 60. *Fut.* ܢܣܒܪ Mat. 12. 21; Ac. 16. 10. *Partic.* ܡܣܒܪ Rom. 15. 24.

Ethpa. ܐܶܣܬܰܒܰܪ evangelizatum est, Mat. 11. 5. *Item* reputatus est, Lu. 3. 23. *Item Pa.* ܣܰܒܰܪ pertulit, toleravit, Mat. 10. 22, 24; 13. 17, 17. *Ethpa.* ܐܶܣܬܰܒܰܪ sustentatus, cibatus est, Ac. 27. 21; 1 Cor. 9. 13; 2 Tim. 2. 6. *Aph.* ܐܰܣܒܰܪ reputavit, speravit, Lu. 3. 15; putare fecit, Lu. 24. 28. ܣܒܰܪ ܣܒܪܳܐ *masc.* spes, nuncius, Lu. 2. 14; Ac. 16. 19. ܣܒܰܪܬܳܐ *f.* Evangelium, *ab annunciando seu prædicando,* Mat. 4. 23; 9. 35; 26. 13; Mar. 1. 14. ܡܣܰܒܪܳܢܳܐ *m.* evangelista. *Pluralis* ܡܣܰܒܪ̈ܳܢܶܐ Eph. 4. 11. ܡܣܰܒܪܳܢܽܘܬܳܐ ܡܣܰܒܪܳܢܽܘܬ *f.* tolerantia, Lu. 8. 15. ܡܣܰܒܪܳܢܽܘܬܳܐ *f.* expectatio, prædicatio, 2 Thess. 3. 5. ܣܽܘܒܳܪܬܳܐ *fœm.* esca, cibus, Mat. 6. 25; 15. 1, 5; 24. 45. ܣܽܘܒܳܪܳܐ annunciatio, revelatio, significatio.

ܣܓܳܐ magnus fuit, crevit. *Fut.* ܢܶܣܓܶܐ. *Part.* ܣܳܓܶܐ. *Fœm.* ܣܳܓܝܳܐ. *Aph.* ܐܰܣܓܺܝ exaltavit, magnificavit. ܣܰܓܺܝ magnus, multus, copiosus, amplus, multùm, Lu. 4. 25. ܙܒܢܺܝܢ ܣܰܓܺܝ sæpè, Joh. 18. 2. ܩܰܠܺܝܠ ܡܶܢ ܣܰܓܺܝ aliquantulum, aliquâ ex parte, Rom. 15. 24. ܐܰܘ ܣܰܓܺܝ ܬܠܳܬܳܐ ad summum tres, 1 Cor. 14. 27. ܣܰܓܺܝܐܳܐ *masc. idem.* *Pl.* ܣܰܓܺܝ̈ܐܶܐ ܣܰܓܺܝܐܳܐ ܣܰܓܺܝܐܺܝܢ Mat. 4. 25. *Constr.* ܣܰܓܺܝܐܰܝ Lu. 1. 7. *Fœm. Sing.* ܣܰܓܺܝܐܳܐ ܣܰܓܺܝܐܬܳܐ. *Constr.* ܣܰܓܺܝܐܰܬ Lu. 1. 18. *Pluralis* ܣܰܓܺܝ̈ܐܳܬܳܐ ܣܰܓܺܝ̈ܐܬܳܐ ܣܰܓܺܝ̈ܐܳܢ Joh. 11. 47. ܣܽܘܓܳܐܳܐ *m.* multitudo, magnitudo, Mat. 21. 8. ܣܰܓܺܝܐܽܘܬܳܐ *f. idem.* *Constr.* ܣܰܓܺܝܐܽܘܬ Mat. 24. 12.

ܣܓܶܕ genua flexit, adoravit, Mat. 2. 11. *Fut.* ܢܶܣܓܽܘܕ

ver. 8. *Infin.* ܠܡܣܓܕ ver. 2. Arab. سجد *idem.* ܣܓܘܕܐ *m.* adorator. *Pl.* ܣܓܘܕܐ Joh. 4. 23.

ܣܓܘܠܐ *plur. m.* botri, Apoc. 14. 18. *Ex Hebr.* אֶשְׁכּוֹל.

ܣܓܦ afflixit. *Pa.* ܣܓܦ *idem. Part.* 1 Tim. 6. 9. ܡܣܓܦ *m.* afflictus. *Pl.* ܡܣܓܦܐ Lu. 14. 13.

ܣܕܐ *m.* cippus, compes, numella, Ac. 16. 24. סד.

ܣܕܝܢܐ *m.* sindon, linteum tenuissimum, Lu. 19. 20.

ܣܕܩ scidit, laceravit, Joh. 19. 24. *Pa.* ܣܕܩ *idem,* Ac. 14. 13. *Ethpe.* ܐܣܬܕܩ divisus est, Mar. 1. 10. ܣܕܩܐ scissura. *Pl.* ܣܕܩܐ schismata, Gal. 5. 20.

ܣܗܕ testatus est. *Fut.* ܢܣܗܕ. *Pa.* ܣܗܕ *idem,* Ac. 2. 40. *Aph.* ܐܣܗܕ *idem,* Joh. 5. 33. Arab. شهد *idem.* ܣܗܕܐ *m.* testis. *Plur.* ܣܗܕܝܢ ܣܗܕܐ Mat. 26. 60. ܣܗܕܘܬܐ ܣܗܕܘܬ *f.* testimonium, Mat. 15. 19.

ܣܗܪܐ *m.* luna, Mat. 24. 29. Arab. سهر vigilavit.

ܣܘܐ desideravit, Rom. 1. 11; 2 Cor. 5. 2; Phil. 2. 26.

ܣܘܒ ܣܒ consenuit. ܡܐ ܕܣܒܬ cùm consenueris, Joh. 21. 18. *Aphel* ܐܣܝܒ *idem,* Heb. 8. 13. ܣܒܐ senex, Lu. 1. 18. *Pl. f.* ܣܒܬܐ 1 Tim. 4. 7. ܣܝܒܘܬܐ *f.* senectus, Lu. 1. 36; Heb. 11. 12. *Pa. Part.* ܡܣܝܒ pollutus, impurus, inquinatus, Ac. 10. 14. *Pl.* ܡܣܝܒܐ polluti, impuri, Apoc. 21. 8. ܣܘܝܒܐ *plur. masc.* inquinationes, Apoc. 17. 5.

ܣܘܕܪܐ *m.* sudarium, Joh. 11. 44. ܣܘܕܪܐ *pl. m.* sudaria, velamina, Ac. 19. 12.

ܣܘܚ desideravit, delectatus est, Mat. 12. 18. *Pa.* ܣܰܘܰܚ *idem*, Joh. 8. 56; 2 Cor. 5. 8. ܣܘܘܚܢܐ *m.* voluntas, promptitudo, 2 Cor. 8. 11.

ܣܘܛܪܐ *m.* compes. *Pl.* ܣܘܛܪ̈ܐ Mar. 5. 4. Heb. סחם.

ܣܘܟ̈ܐ *pl. m.* rami, Mar. 4. 32.

ܣܘܟܢ̈ܐ *pl. m.* gubernacula navis, Ac. 27. 40.

ܣܘܡ ܣܳܡ posuit, constituit, Mat. 19. 15. *Imp.* ܣܺܝܡ Mat. 9. 18. *Fut.* ܐܶܣܺܝܡ Mat. 12. 18. ܐܶܬܬܣܺܝܡ positus est. ܣܺܝܡܬܳܐ *fœm.* thesaurus. *Constr.* ܣܺܝܡܰܬ. *Pl.* ܣܺܝܡ̈ܳܬܳܐ Mat. 12. 35. ܣܝܡܐ impositio. ܣܝܡ ܐܝܕܐ impositio manuum, 2 Tim. 1. 6, *et* ܣܝܡܐܝܕܐ 1 Tim. 4. 14. ܡܣܳܡ *idem.* ܡܣܳܡ ܪܥܝܢܐ suppositio in mente, *i. e.* suspicio, 1 Tim. 6. 4. ܡܣܳܡ ܕܺܝܢܳܐ pœna, Ac. 22. 5.

ܣܘܣܝܐ *m.* equus, Apoc. 6. 2. Heb. סוס. Chal. סוּסְיָא. Rab. סוס.

ܣܘܦ ܣܳܦ consumptus est. *Aph.* ܐܰܣܺܝܦ Lu. 9. 54. ܣܘܦ *m.* finis. *Pl.* ܣܘܦ̈ܐ ܣܘܦ̈ܝܗܝܢ Ac. 1. 8. Heb. סוף, Ch. סוּפָא, Rab. סוף. ܣܘܦ alga. ܝܰܡܳܐ ܕܣܘܦ mare rubrum, Ac. 7. 36.

ܣܚܐ lavit, natavit. *Aph.* ܐܰܣܚܺܝ *idem*, Ac. 16. 33. ܣܚܝܐ lavacrum, Eph. 5. 26. Heb. שָׂחוּ. ܣܚܝܬܐ *f.* balneum, lavacrum, Tit. 3. 5. ܣܚܘܬܐ natatio, natatus, Ac. 27. 42, 43.

ܣܚܦ evertit, subvertit. *Pael idem*, Mat. 12. 12. ܣܘܚܳܦܐ subversio, destructio, 2 Cor. 10. 8.

ܣܛܐ inclinavit. *Aphel* ܐܰܣܛܺܝ *idem*, Ac. 5. 37. ܡܣܛܝܢܘܬܐ *fœm.* transgressio, παράβασις, Gal. 3. 19.

ܣܛܢ ܣܳܛܳܢܳܐ *m.* adversarius, Satan, Chal. סָטָן, Heb. שָׂטָן, Mat. 4. 10.

ܣܛܪ ܣܶܛܪܳܐ latus, Joh. 20. 20. ܠܣܶܛܰܪ seorsim. *Vide* ܒܣܶܛܰܪ.

ܣܝܳܓܳܐ *m.* sepes, maceria. *Plur.* ܣܝ̈ܳܓܶܐ Mat. 21. 33.

ܣܰܝܶܥ *Pa.* adjumento fuit, juvit, Jac. 2. 22.

ܣܝܳܢܳܐ *m.* lutum, 2 Pet. 2. 22.

ܣܰܝܦܳܐ gladius. *Plur.* ܝܢ̈. Chal. סַיְפָא. Rab. סייפא. Arab. سيف ξίφος.

ܣܘܦ ܣܰܘܦܳܐ summa, finis, *item* omnino, Mat. 5. 34.

ܣܟܐ *Pa.* ܣܰܟܺܝ exspectavit, Mat. 11. 3; Lu. 7. 19.

ܣܟܠ *Part. Pa.* intelligere fecit, admonuit, Col. 1. 28. *Ethpa.* ܐܶܣܬܰܟܰܠ intellexit, consideravit, agnovit. *Aph.* ܐܰܣܟܶܠ peccavit, offendit, Ac. 7. 24. ܣܰܟܠܳܐ *m.* stultus, fatuus, Mat. 7. 26. *Pl.* ܐ̈ܶ Mat. 23. 17. *Fœm. Sing.* ܣܰܟܠܬܳܐ. *Pl.* ܣܰܟ̈ܠܳܢ ܣܰܟ̈ܠܳܬܳܐ Mat. 25. 2, 3, 8. ܣܘܟܳܠܳܐ ܣܘܟܠ *m.* intellectus, intelligentia, Rom. 1. 20. ܣܟܠܘ ܣܰܟܠܘܬܳܐ *f.* delictum. *Plur.* ܣܰܟ̈ܠܘܳܬܳܐ Mat. 18. 35. ܣܰܟ̈ܘܠܬܳܢܶܐ *pl. m.* intelligentes, Mat. 11. 25; Lu. 10. 21. ܡܰܣܟܠܳܢܳܐ *m.* offendens. *Pl.* ܢ̈ܶܐ 1 Pet. 2. 14.

ܣܟܪ occlusit. *Pa.* ܣܰܟܰܪ *idem,* Tit. 1. 11. *Ethpe.* ܐܶܣܬܟܰܪ. ܣܶܟܪܳܐ *masc.* scutum, clypeus, Eph. 6. 16. Heb. סָגַר.

ܣܠܐ rejecit, reprobravit, sprevit. *Part. Peil* ܣܠܶܝܢ reprobati, 2 Tim. 3. 8. *Ethpe.* ܐܶܣܬܠܺܝ rejectus est, Mar. 8. 31. *Aph.* ܐܰܣܠܺܝ rejecit, Mat. 21. 42. ܡܣܰܠܝ̈ܳܢܶܐ *pl. m.* reprobi. *Fœm. Sing.*

ܡܣܬܠܝܢܐ Heb. 6. 8. ܡܣܬܠܝܢܘܬܐ *f.* rejectio, reprobatio, Rom. 11. 15.

ܣܠܩ ascendit. ܐܣܬܠܩ assumptus est, Ac. 1. 2. ܣܘܠܩܐ assumptio, ascensio, Lu. 9. 51.

ܣܡܐ cœcus fuit. *Pa.* ܣܡܝ excœcavit, 1 Joh. 2. 11. ܣܡܝܐ ܣܡܝܐ cœcus, Mat. 12. 22. *Plur.* ܣܡܝܐ Mat. 9. 27.

ܣܡܐ *m.* aroma, venenum, Mar. 16. 18. Heb. סַם.

ܣܡܝܕܐ simila, Apoc. 18. 13.

ܣܡܟ innixus fuit. *Fut.* ܢܣܡܘܟ Mat. 8. 20. *Part. Pe.* ܣܡܝܟ incumbens. *Pl.* Mat. 9. 10. *Ethpe.* ܐܣܬܡܟ *idem,* Mat. 15. 35. *Aph.* ܐܣܡܟ discumbere fecit, jussit, Mar. 6. 39. ܣܡܟܐ discubitus, fulcimentum. *Pl.* Lu. 9. 14.

ܣܡܠܐ *f.* sinistra, Mat. 6. 3. Heb. שְׂמֹאל.

ܣܡܩ rubuit, Mat. 16. 2, 3. Rab. אסמיק. סמיק. ܣܘܡܩܐ *m.* rufus, ruber, Apoc. 6. 4. Chal. סְמַק סֻמָּקָא.

ܣܡܪܓܕܐ smaragdus (*nomen gemmæ*), Apoc. 21. 19.

ܣܢܐ odio habuit, neglexit, Mat. 6. 24. Heb. שָׂנֵא. ܣܢܐܐ *m.* inimicus. *Pl.* ܣܢܐܐ. *Constr.* ܣܢܐܝ 2 Tim. 3. 3. ܣܢܝܐ *masc.* detestabilis. *Fœm.* ܣܢܝܬܐ. *Pl.* ܣܢܝܬܐ Joh. 3. 20. ܣܢܝܐܝܢ *plur. masc.* exosi, Mat. 10. 22. ܣܢܝܐܝܬܐ Tit. 1. 16.

ܣܢܝܐ *m.* rubus, Mar. 12. 26. Heb. סְנֶה.

ܣܢܘܪܬܐ *f.* galea, Eph. 6. 17; 1 Thess. 5. 8.

ܣܢܢ ܣܢܝܢܐ depurgatus, 1 Pet. 1. 7.

ܣܢܩ indiguit. *Part. Peil* ܣܢܝܩ Mat. 3. 14. *Pl.* Mat. 9. 22. *Ethpe.* ܐܣܬܢܩ *idem,* Mar. 2. 25. ܣܘܢܩܢܐ *masc.* indigentia. *Suff.* Mat. 6. 11;

Lu. 11. 3. ܣܝܡܘܬܐ *fœm. idem,* Ac. 20. 34; Rom. 12. 13.

ܣܘܣܐ *m.* tinea, Mat. 6. 19; Lu. 12. 33. Heb. סָס.

ܣܡܟ innixus est. *Part.* ܣܡܝܟ Col. 2. 18.

ܣܥܪ visitavit, curavit, egit, operatus est. *Futurus* ܢܣܥܘܪ. *Inf.* ܠܡܣܥܪ. *Plur. Constr.* ܣܥܪܝ ܚܝܠܐ patrantes virtutes, 1 Cor. 12. 29. *Ethpe.* egit, Eph. 3. 20. ܣܥܘܪܐ *m.* effector, efficax, Heb. 4. 12. ܣܥܘܪܐ *m.* curator, 1 Pet. 2. 25. ܣܘܥܪܢܐ *m.* visitatio, opus, negotium. *Plur.* ܢܐ. ܢܐ. ܣܥܪܐ *m.* pilus, capillus. *Pl. Suff.* 1 Pet. 3. 3. שֵׂעָר. ܣܥܪܐ *pl. masc.* hordeum, 1 Cor. 15. 37. Heb. שְׂעֹרָה.

ܣܦܐ *m.* limen, vestibulum, Mat. 26. 71.

ܣܦܝܢܬܐ *f.* navis, Mat. 8. 23. *Pl.* ܣܦܝܢܐ Mar. 4. 36. ܣܦܢܐ *m.* *Pl.* ܣܦܢܐ nautæ, Ac. 27. 39.

ܣܦܝܪܐ σπεῖρα, cohors. *Vide* ܐܣܦܝܪ ܐܣܦܝܪܐ.

ܣܦܣܪܐ *f.* ensis, gladius, Mat. 26. 51. *Pl.* ver. 47.

ܣܦܩ acquievit, suffecit, cepit, Mat. 25. 9. ܣܦܝܩ vacuus, Mar. 12. 3. ܣܦܝܩܐܝܬ inaniter, Gr. κενῶς, Lu. 1. 53.

ܣܦܪ *Pa.* ܣܦܪ totondit, abrasit. *Ethpa.* 1 Cor. 11. 6. ܣܦܪܐ *m.* liber, epistola. *Plur.* ܣܦܪܐ 2 Tim. 3. 15. ܣܦܪܐ scriba, legisperitus. *Pl.* ܣܦܪܝܢ ܣܦܪܐ. ܣܦܪ *masc.* littus, portus, Mat. 13. 2. *Pl. Constr.* ver. 48.

ܣܦܬܐ *f.* labium, Heb. 11. 12. *Plur.* ܣܦܘܬܐ Mat. 15. 8.

ܣܩܐ *m.* saccus, Apoc. 6. 12. *Pl.* ܣܩܐ Mat. 11. 21.

ܣܩܘܒܠܐ inimicus, contrarius. *Pluralis* ܣܩܘܒܠܝܢ. ܐܣܬܩܒܠ *Ethpa.* adversatus est, *item* occurrit.

ܣܪܕܘܢܘܟܣ sardonyx, Apoc. 21. 20.

ܣܪܗܒ *Pael* festinavit. *Ethpael* ܐܣܬܪܗܒ *idem.* ܡܣܪܗܒܐ temerarius, præceps. *Pl.* ܡܣܪ̈ܗܒܐ. ܣܘܪܗܒܐ festinatio, Ac. 19. 36. ܡܣܪܗܒܐܝܬ festinanter, citò, Lu. 2. 16.

ܣܪܚ malè egit, nocuit, Lu. 4. 35.

ܣܪܛܐ *m.* apex, punctum, Mat. 5. 18.

ܣܪܝ fœtuit, Joh. 11. 39; Jac. 5. 2.

ܣܪܝܓܠܬܐ *f.* sporta, 2 Cor. 11. 33.

ܣܪܝܕܐ *masc.* residuum, reliquiæ, Rom. 9. 29. ܣܘܪ̈ܕܐ *pl.* propulsationes, Lu. 21. 11.

ܣܪܩ *Pa.* ܣܪܩ evacuavit. *Ethpa.* ܐܣܬܪܩ inanis fuit. ܣܪܝܩ ܣܪܝܩܐ vacuus. *Pl.* ܣܪ̈ܝܩܐ. *Constr.* ܣܪ̈ܝܩܝ. *Fœm. Sing.* ܣܪܝܩܬܐ ܣܪܝܩܐ. *Plur.* ܣܪ̈ܝܩܬܐ ܣܪ̈ܝܩܢ. ܣܪܝܩܘܬܐ *fœm.* vanitas, Ac. 4. 25; Rom. 1. 28. ܣܪܝܩܐܝܬ frustra, in vanum, Mat. 15. 9.

ܐܣܬܝ *Aph.* hyemavit. *Fut.* ܐܣܬܐ 1 Cor. 16. 6. ܣܬܘܐ *m.* hyems, tempestas. *Pl.* ܣܬ̈ܘܐ.

ܣܦܝܠܝܢܘܣ sapphirus, Apoc. 21. 19.

ܣܬܪ destruxit. *Fut.* ܢܣܬܘܪ. *Ethpe.* Mat. 24. 2.

Litera ܥ.

ܥܒܕ fecit, operatus est. *Fut.* ܢܥܒܕ. *Part. Peil* ܥܒܝܕ affectus. *Ethpe* ܐܬܥܒܕ factus est. *Aph.* ܐܥܒܕ fecit. ܥܒܘܕܐ *m.* opifex, factor. *Plur.*

ܥܒܘ̈ܕܐ Jac. 1. 22. ܥܒܕܐ ܥܒܕܐ *m.* opus, factum. *Pl.* ܥܒ̈ܕܝܢ ܥܒ̈ܕܐ. ܡܥܒܕܬܐ *f.* opus, necessarium, Joh. 4. 4. ܡܥܒܕܢܐ *m.* conditor, operator, Rom. 4. 15. ܡܥܒܕܢܘܬܐ *f.* operatio, efficacia, Eph. 1. 19. ܥܒܕܐ *m.* servus. *Plur.* ܥܒ̈ܕܝܢ ܥܒ̈ܕܐ Mat. 13. 27. ܥܒܕܘܬܐ *f.* servitus, Lu. 15. 29; Joh. 8. 33.

ܐܒܕܘ Abaddon. *Ex Heb.* אֲבַדּוֹן, perditio, Ap. 9. 11.

ܥܒܘܪܐ proventus, annona, Lu. 12. 18; Ac. 7. 12.

ܥܒܝ *Pa. Part.* ܡܥܒܝ crassus. *Ethpa.* Mat. 13. 15.

ܥܒܪ transivit, præteriit. *Fut.* ܢܥܒܪ. *Part.* ܥܒܪ. *Aph.* ܐܥܒܪ deportavit, deduxit. ܥܒܪ *m.* transgressio, Rom. 5. 14. ܥܒܪܐ transitus, ultra, trans. *Plur.* Mat. 4. 15. ܡܥܠܐ ܕܥܒܪܢܘܬܐ *fœm.* transgressio, 2 Pet. 2. 16. ܥܒܪܝܐ Hebræus. *Plur.* ܥܒܪ̈ܝܐ Ac. 6. 1. ܥܒܪܐܝܬ Hebraicè, Lu. 23. 38; Apoc. 9. 11.

ܥܓܠ *Pa.* devolvit, Mat. 27. 60; 28. 2. ܥܓܠ citò, continuò, Mat. 5. 25. ܥܓܠܐ *masc.* vitulus. *Pl.* ܥܓ̈ܠܐ Heb. 9. 12. ܥܓܠܬܐ *fœm.* juvenca, Heb. 9. 19.

ܥܓܠ reposuit, inclusit. *Pa.* 2 Pet. 2. 4.

ܥܕܐ transiit, Ac. 20. 19. *Aph.* ܐܥܕܝ abstulit.

ܥܕ donec, usque, Mar. 14. 32. ܥܕܡܐ *idem*, Mat. 1. 17, 25; 2. 9, 13, 15; 5. 18; 28. 20. ܥܕܟܝܠ adhuc, huc usque. ܥܕܠܐ nondum, priusquam, Mat. 6. 8; Ac. 23. 15.

ܥܕܠ reprehendit. *Ethpa.* ܐܬܥܕܠ conqueri. ܥܕܠܝ ܥܕܠܝܐ *m.* negotium, causa, reprehensio.

ܥܕܢ ܥܕܢܐ *m.* tempus. *Pl.* ܥܕܢܐ 1 Thess. 5. 1.

ܥܕܪ juvit. *Pa.* ܥܕܪ *idem.* *Part.* ܡܥܕܪ juvans, utilis, Mar. 16. 20. *Ethpa.* ܐܬܥܕܪ adjutus est. ܥܘܕܪܢ ܥܘܕܪܢܐ *m.* auxilium, commodum. ܡܥܕܪܢܐ *masc.* adjutor. *Plur.* ܡܥܕܪܢܐ 1 Cor. 12. 28. ܡܥܕܪܢܘܬܐ *f.* auxilium, 2 Cor. 1. 11; Col. 1. 29.

ܥܗܕ recordatus est. *Aphel* ܐܥܗܕ monuit. *Infin.* ܠܡܥܗܕܘܬܟܘܢ Epist. Judæ, ver. 5. ܥܘܗܕܢܐ *m.* recordatio, memoria, mentio, testimonium, Phil. 1. 3; 2 Tim. 1. 5. ܥܗܝܕ *m.* memor, Ac. 20. 31; 1 Cor. 11. 2.

ܥܗܢ aptus, utilis, præstans fuit. *Part.* ܥܗܢ. *Pl. fœm.* ܥܗܢܝܢ præstantia, Phil. 1. 10.

ܥܘܦ ܥܘܦܐ *masc.* ramus, Jac. 3. 6. *Pluralis* ܥܘܦܐ ver. 5. ܥܘܒܐ *m.* sinus, Lu. 16. 22. *Pluralis* ܥܘܒܐ.

ܥܘܕ ܥܕ consuevit. *Aphel Partic.* ܡܥܝܕ assuetus, Mat. 27. 15. *Pl.* ܡܥܝܕܝܢ Lu. 2. 42; Ac. 3. 2. ܥܝܕܐ *m.* ritus, consuetudo. *Pl.* ܥܝܕܐ. ܥܐܕܐ festum. *Pluralis* ܥܐܕܐ Col. 2. 16, *et* ܥܐܕܘܬܐ. ܒܥܐܕܐ *et* ܥܐܕܐ ܥܕ *idem*, Mat. 26. 5; Mar. 14. 2. ܥܕܬܐ ecclesia, cœtus. *Pl.* ܥܕܬܐ 2 Cor. 11. 8.

ܥܘܪܙܠܐ *pl.* spinæ, Mat. 27. 29.

ܥܘܩ *Pa.* impedivit, 1 Thess. 2. 18.

ܥܘܠ *Ethpa.* ܐܬܥܘܠ perversum passus est, Ap. 2. 11. *Aph.* ܐܥܘܠ iniquè egit, Mat. 20. 13. ܥܘܠ ܥܘܠܐ iniquus, injustus. *Pl.* Mat. 5. 45. ܥܘܠܐ *m.* iniquitas, Mat. 7. 23. *Pl.* ܥܘܠܐ Apoc. 18. 5. ܥܘܠܘܬܐ *f.* iniquitas, malitia, Rom. 1. 29. ܥܘܠܐ

masc. infans, fœtus, puer, Lu. 1. 41. ܥܝܠܐ *m.* pullus, Mat. 21. 2, 5, 7; Mar. 11. 2.

ܥܘܦ ܥܦ defecit, Mat. 15. 32. ܥܘܦܝܐ flos, folium, herba, Heb. 12. 15.

ܥܘܩ *Ethpe.* ܐܬܬܥܝܩ doluit, Col. 3. 21. *Aph.* ܐܥܝܩ contristavit, Rom. 14. 15. ܥܝܩܐ *m.* anxius, tristis, Mar. 10. 22. ܥܩܐ ܥܩܬܐ *fœm.* dolor. *Pl.* ܥܩ̈ܬܐ 1 Thess. 3. 7.

ܥܘܩܣܐ *m.* stimulus. *Pl.* ܥܘܩ̈ܣܐ Ac. 9. 4.

ܥܘܪܓܠܐ *m.* volutatio, 1 Pet. 2. 22.

ܥܘܪ̈ܠܐ *pl. m.* incircumcisi, Ac. 11. 3. ܥܘܪܠܘܬܐ *fœm.* præputium, Col. 2. 13.

ܥܘܪܦܢܐ *m.* pecunia, nummi, Mar. 12. 41. ܡܥܪܦܢܐ *m.* nummularius. *Pl.* Mat. 21. 12.

ܥܘܪ ܥܪ vigilavit. *Part. Peil* ܥܝܪ vigilans. *Ethpe.* ܐܬܬܥܝܪ expergefactus est, Apoc. 3. 2. *Pa.* ܥܘܪ excœcavit. *Ethpa.* ܐܬܥܘܪ excœcatus est. *Aph.* ܐܥܝܪ excitavit, Mat. 8. 25. ܥܘܝܪ *m.* cœcus. *Pl.* ܥܘܝܪ̈ܐ Mat. 23. 19, 26. ܥܘܝܪܘܬܐ *f.* cœcitas, Rom. 11. 25.

ܥܙܐ *Ethpa.* ܐܬܥܙܙ commotus est, Joh. 11. 33. ܥܙܝܙܐ *m.* robustus. *Fœm.* ܥܙܝܙܬܐ Ac. 2. 2. ܥܙܝܙܐܝܬ constanter, pertinaciter, Lu. 23. 10. ܥܙܐ. *Pl.* ܥܙ̈ܐ capri, capellæ, Heb. 11. 37.

ܥܙܠ nevit, Mat. 6. 28; Lu. 12. 27.

ܥܙܩܬܐ *f.* annulus, sigillum. ܥܙ̈ܩܬܐ Jac. 2. 2.

ܥܙܘܪ̈ܐ *pl. m.* fasciæ, Lu. 2. 7, 12.

ܥܛܐ texit, delevit. *Ethpe.* Ac. 3. 19.

ܥܛܠܐ difficilis, rudis. *Pl.* ܥܛ̈ܠܝܢ.

ܥܛܡܐ femur, latus, Apoc. 19. 16. Chal. עִטְמָא.

ܥܛܦ operuit. *Ethpa.* ܐܬܥܛܦ tectus est, Ac. 12. 8. *Aph.* ܐܥܛܦ texit, Apoc. 19. 13. ܥܛܦ *m.* amictus, vestitus, Mar. 14. 51.

ܥܛܪܐ *m.* fumus, suffitus, Ac. 2. 19. Arab. عطر.

ܥܝܢܐ *f.* oculus. *Pl.* ܥܝ̈ܢܐ ܥܝ̈ܢܝܢ Mar. 8. 18. ܥܝܢ *et* ܠܥܝܢ coram. ܥܝܢ ܥܝܠܐ. *Vide in* ܥܠܐ.

ܡܥܝܢܐ *m.* fons. *Pl.* ܡܥܝ̈ܢܐ Apoc. 7. 17.

ܥܠܒ injuriâ affecit. *Ethpa.* ܐܬܥܠܒ injuriam passus est, 1 Cor. 6. 7. ܥܠܘܒܐ *m.* iniquus, avarus, raptor. *Pl.* ܥܠܘ̈ܒܐ. ܥܠܘܒܘܬܐ *f.* iniquitas, avaritia, Mar. 7. 22.

ܥܠܘܝ aloë, ἀλοή, Joh. 19. 39.

ܥܠܝ *Ethpa.* ܐܬܥܠܝ elevatus est, Ac. 10. 16. ܥܠܝܐ *m.* excelsus. *Pl.* ܥܠܝ̈ܐ. *Fœm. Sing.* ܥܠܝܬܐ. ܥܠܬܐ *f.* altare, ara, Ac. 17. 23. ܥܠܝܬܐ *fœm.* cœnaculum, Lu. 22. 12.

ܥܠ super (*particula*). *Vide Grammaticam.* ܥܠܠ *idem.* ܡܢ ܥܠܠ desuper, à summo.

ܥܠܠ ܥܠ ingressus est. *Imp.* ܥܘܠ Mat. 6. 6. *Fut.* ܢܥܘܠ Joh. 10. 9. *Part. Peil Pl.* ܥܠܝܠܝܢ ingressi, Lu. 8. 30. *Ethpa.* ܐܬܥܠܠ *id.*, Joh. 13. 27. *Aph.* ܐܥܠ introduxit, Mat. 6. 13. *Inf.* ܡܥܠܘ. ܥܠܠܐ ܥܠܬܐ *f.* causa, occasio, prætextus. *Const.* ܥܠܬ Mat. 19. 3; 23. 13; Gal. 5. 13. ܥܠܠܬܐ *f.* proventus. *Pl.* ܥܠ̈ܠܬܐ Lu. 12. 16. ܡܥܠܢܐ *m.* introitus, ingressus, Rom. 5. 20. ܡܥܠܢܘܬܐ *f. id.*, Jud. 4. ܡܥܠܬܐ *f. id.*, Heb. 4. 1; 2 Pet. 1. 11. ܥܠܥܠܐ *f.* turbo, procella, Mar. 4. 37.

ܥܠܡ ܐܬܥܠܡ *Ethpe.* adolevit, Apoc. 14. 18. ܥܠܡ ܥܠܡܐ *masc.* mundus, seculum. *Plur.* ܥܠܡܝܢ ܥܠܡܐ. *Constr.* ܥܠܡܝ Eph. 3. 21. ܥܠܡܢܝܐ *m.* mundanus, Heb. 9. 1. ܥܠܡܢܘܬܐ *f.* mundi vanitas, Eph. 2. 2. ܥܠܝܡܐ *masc.* adolescens, puer. *Pluralis* ܥܠܝܡܐ ܥܠܝܡܝܢ. *Fœm. Sing.* ܥܠܝܡܬܐ puella, Mar. 14. 69.

ܥܡ ܥܡܐ *m.* populus. *Plur.* ܥܡܡܐ ܥܡܡܝܢ Ac. 4. 25. ܥܡ cum, apud, prope. Heb. et Chal. עִם. Arab. مع.

ܥܡܕ baptizavit, baptizatus est, *item* sustentavit. *Fut.* ܢܥܡܕ. *Ethpe.* Mat. 3. 14. *Aphel* ver. 11. ܡܥܡܕܢܐ *masc.* Baptista, Mat. 3. 1; 11. 11. ܡܥܡܘܕܝܬܐ *f.* baptismus. *Plur.* ܡܥܡܘܕܝܬܐ. ܥܡܘܕܐ *m.* columna. *Pl.* ܥܡܘܕܐ Apoc. 10. 1. Heb. עַמּוּד.

ܥܡܘܛܐ tenebricosus, 2 Pet. 1. 19. ܥܡܛܢܐ *m.* caligo, tenebræ, Ac. 2. 20.

ܥܡܠ laboravit, defatigatus est. *Futur.* ܢܥܡܠ Lu. 7. 6. *Aph.* ܐܥܡܠ defatigavit, Lu. 8. 49. ܥܡܠܐ labor, molestia. *Pl.* ܥܡܠܐ Apoc. 14. 13.

ܥܡܨ *Pa* clausit, Mat. 13. 15. Arab. غمض.

ܥܡܩ *Pa.* excavavit, fodit, Lu. 6. 48. ܥܡܝܩܐ profundus. *Pl.* ܥܡܝܩܬܐ profunditates. ܥܘܡܩܐ profunditas. *Pl.* ܥܘܡܩܝܢ Ac. 27. 41.

ܥܡܪ habitavit. *Fut.* ܢܥܡܪ Ac. 7. 2. *Inf.* ܠܡܥܡܪ. *Partic.* ܥܡܪ Lu. 8. 27. Arab. عمر. ܥܡܘܪ ܥܡܘܪܐ *masc.* incola. *Plur.* ܥܡܘܪܐ Ac. 4. 16. ܥܘܡܪܐ *m.* habitatio, Ac. 17. 26. ܡܥܡܪܐ *f.*

habitaculum, Eph. 2. 22. ܡܥܡܘܪܬܐ *fœm.* orbis habitabilis, Apoc. 3. 10. ܥܡܝܪܐ *m.* gramen, fœnum. Chal. עֲמִירָא.

ܥܡܪܐ *m.* lana, Heb. 9. 19. Heb. צֶמֶר, Chal. עַמְרָא.

ܥܢܐ respondit, *item* solicitus, occupatus fuit. *Ethpe.* ܐܬܥܢܝ afflixit se.

ܥܢܐ *f. Pl.* ܥܢ̈ܐ grex ovium, oves, Joh. 10. 1, 2.

ܥܢܒܬܐ *Pl.* ܥܢܒ̈ܐ uvæ, Mat. 7. 16; Lu. 6. 44.

ܥܢܕ peregrinatus est. *Part. Peil* ܥܢܝܕܝܢ mortui. ܥܢܘܕܐ *m.* peregrinus. *Pl.* ܥܢܘ̈ܕܐ 2 Cor. 5. 9. ܥܘܢܕܢܐ *m.* obitus, 2 Pet. 1. 14.

ܥܢܢܐ *f.* nubes, Apoc. 14. 14. *Pl.* ܥܢܢ̈ܐ. Heb. עָנָן.

ܥܢܝܬܐ *m.* insolens. *Pl.* ܥܢܝ̈ܬܐ 1 Tim. 1. 9.

ܥܣܐ *Aph.* ܥܣܥܣܗ frendere fecit eum, Lu. 9. 42.

ܥܣܒܐ *m.* herba, gramen, עִסְבָּא עֵשֶׂב. Arab. عشب.

ܥܣܩܐ asper, difficilis. *Pl.* ܥܣܩ̈ܐ 1 Pet. 2.18. ܥܣܝܩ *idem.* ܥܣܩܝ ܣܘܟܠܐ intellectu difficilis, 2 Pet. 3. 16.

ܥܣܪ *Pael* decimavit. *Passiv.* ܐܬܥܣܪ Heb. 7. 9. ܡܥܣܪܢܘܬܐ *plur.* decimæ, Heb. 7. 2. ܥܣܪ *fœm.* ܥܣܪܐ *masc.* decem, decimus. *Constr.* ܥܣܪܝ. ܚܕܥܣܪ undecim. ܬܪܬܥܣܪ duodecim. ܬܪܥܣܪܐ *idem.* ܐܪܒܥܬܥܣܪ quatuordecim. ܐܪܒܥܣܪܐ *id.* ܚܡܫܬܥܣܪ quindecim. ܚܡܫܥܣܪܐ *idem.* ܬܡܢܬܥܣܪ octodecim. *Plur.* ܥܣܪܝܢ viginti. ܥܣܝܪܝܐ *m.* decimus. *Fœm.* ܥܣܝܪܝܬܐ Apoc. 21. 20. ܚܕܥܣܪܝܐ *masc.* undecimus. *Fœm.* ܚܕܥܣܪܝܬܐ *ibid.* ܬܪܬܥܣܪܝܐ *m.* duodecimus. *Fœm.* ܬܪܬܥܣܪܝܬܐ *ibid.*

ܥܦܦ duplicavit. *Fut.* ܢܥܘܦ Heb. 1. 12. ܥܦܝܦܐ

duplex, 1 Tim. 5. 17. ܐܥܦܐ ܥܐܦܐ duplicatio. *Plur.* ܐܥ̈ܦܐ Lu. 18. 30. ܐܥܦܐܝܬ dupliciter, 2 Cor. 1. 15.

ܥܦܩ amplexatus est, Ac. 20. 10.

ܥܦܪܐ *m.* pulvis, terra, Lu. 6. 49. ܥܦܪܢܝܐ *m.* terrenus. *Pl.* ܥܦܪ̈ܢܝܐ 1 Cor. 15. 48. ܥܦܪܢܝܐ *idem.* *Pl.* ܥܦܪ̈ܢܝܐ 1 Cor. 15. 47.

ܥܨܐ contradixit. *Pa.* ܥܨܝ *idem,* Tit. 2. 9. ܥܨܝܢܐ *m.* contentio, contumacia, Gal. 5. 20. ܥܨܝܢܘܬܐ *f.* rebellio, Epist. Judæ, ver. 11.

ܥܨܒ obligavit, Lu. 10. 34.

ܥܨܪ pressit. ܡܥܨܪܬܐ *f.* torcular, Apoc. 14. 19.

ܥܩܒ *Pa.* inquisivit, Mat. 2. 8. *Ethpa.* ܠܐ ܡܬܥܩܒܢܐ impervestigabilis, Eph. 3. 8. ܥܘܩܒܐ *m.* inquisitio, 1 Cor. 10. 25, 27. ܥܩܒܐ calcaneus. *Pl.* ܥܩ̈ܒܬܐ Ac. 3. 7.

ܥܩܠ *Hinc* ܡܥܩܠܬܐ distorta, Mat. 17. 17.

ܥܩܡ *Pael* pervertit. *Partic.* ܡܥܩܡ perversus. *Fœm.* ܡܥܩܡܬܐ. *Pl.* ܡܥܩ̈ܡܬܐ Ac. 20. 30.

ܥܩܪ eradicavit. *Futur.* Mat. 13. 29. *Pass.* Mat. 15. 13. ܥܩܪܐ *m.* radix. *Pl.* *Suff.* Col. 2. 7. ܥܩܪܬܐ *f.* sterilis. *Pl.* ܥܩ̈ܪܬܐ Lu. 23. 29.

ܥܩܪܒܐ *m.* scorpius. *Pl.* ܥܩܪ̈ܒܐ Apoc. 9. 3.

ܥܪܒ miscuit, ventilavit. *Futur.* ܢܥܪܘܒ Lu. 22. 31. ܡܥܪܒܐ *m.* occasus. *Plur.* *Constr.* ܡܥܪ̈ܒܝ Mar. 1. 32. ܥܪܘܒܬܐ *fœm.* vespera, parasceve, Mat. 27. 62. ܥܪܒܐ *m.* sponsor. *Plur.* ܥܪ̈ܒܐ Ac. 17. 9. ܥܪܒܐ ovis, Mat. 12. 11, 12. *Pl.* ܥܪ̈ܒܐ Mat. 9. 36.

ܥܪܒܠ *Ethpa.* ܡܬܥܪܒܠܝܢ intricati, 2 Pet. 2. 20.

ܥܪܛܠ *m.* nudus, Mar. 14. 51, 52; Heb. 4. 13. ܥܪܛܠܝ ܥܪܛܠܝܐ *idem.* *Pluralis* ܥܪܛܠܝܝܢ Jac. 2. 15. *Fœm. Sing.* ܥܪܛܠܝܬܐ Apoc. 17. 16. ܥܪܛܠܝܘܬܐ *f.* nuditas, 2 Cor. 11. 27; Apoc. 3. 18.

ܥܪܝܐ frigus, denudatio, 2 Cor. 11. 27. ܡܥܪܬܐ *fœm.* spelunca. *Pl.* ܡܥܪܐ Heb. 11. 38.

ܥܪܡܐ *m.* tumulus, Lu. 3. 5.

ܥܪܣܐ *f.* lectus, sponda. *Pl.* ܥܪܣܬܐ Mar. 6. 55.

ܥܪܦܠܐ *f.* caligo, obscuratio, Heb. 12. 18.

ܥܪܥ evenit. *Part. Plur.* ܥܪܥܝܢ 1 Pet. 5. 9. ܥܪ̈ܥܐ *pl. m.* advenæ, 1 Pet. 2. 11.

ܥܪܩ fugit. *Imp.* Mat. 2. 13. *Fut.* ܢܥܪܘܩ Mat. 3. 7. ܥܪܘܩܝܐ *masc.* fuga, Mat. 24. 20; Mar. 13. 18. ܥܪܩܬܐ *f.* cingulum, Mar. 1. 6; Ac. 21. 11. ܥܪ̈ܩܐ *pl. masc.* corrigiæ, Mar. 1. 7; Lu. 3. 16.

ܥܪܪ ܥܪܥܘܪܐ procella, Heb. 12. 18.

ܥܫܢ valuit, invaluit, Lu. 23. 23. ܥܫܝ̈ܢܬܐ *plur. f.* ingentes, validæ, Jac. 3. 4. ܥܘܫܢܐ *m.* robur, vires, 2 Pet. 2. 11; Apoc. 5. 12.

ܥܫܩ oppressit. *Fut.* ܬܥܫܩܘܢ Lu. 3. 14.

ܥܬܕ *Pa.* paravit, 2 Cor. 9. 5. Arab. عَتُدَ *idem.* ܥܬܝܕ *m.* futurus, paratus. *Pl.* ܥܬܝܕܝܢ. *Fœm. sing.* ܥܬܝܕܐ. *Pl.* ܥܬܝ̈ܕܢ ܥܬܝ̈ܕܬܐ. Heb. עָתִיד. Chal. עֲתִיד. ܥܬܝܕܐܝܬ expeditè, promptè, Ac. 2. 41.

ܥܬܩ senuit. *Aph.* ܐܥܬܩ antiquavit. ܥܬܝܩܐ *masc.* antiquus. *Fœm.* ܥܬܝܩܬܐ. *Pluralis* ܥܬܝ̈ܩܬܐ.

ܥܬܝܩܘܬܐ *fœm.* antiquitas, vetustas, Rom. 7. 6.

ܥܬܪ ditatus est. *Fœm.* ܥܬܪܬ. *Aph.* ܐܥܬܪ ditavit. ܥܬܝܪ ܥܬܝܪܐ dives. *Pl.* ܥܬܝܖ̈ܐ. *Fœm. Sing.* ܥܬܝܪܬܐ. *Pl.* ܥܬܝܖ̈ܬܐ Ac. 13. 50. Heb. עָשִׁיר. Chal. עַתִּירָא. ܥܬܝܪܐܝܬ copiosè, abundè, 2 Pet. 1. 11. ܥܘܬܪܐ *m.* opulentia, divitiæ, Mat. 13. 22.

Litera ܦ.

ܦܐܐ ܦܐܐ *m.* dignus, decorus, 3 Joh. 6. *Fœm. Constr.* ܦܐܝܬ decora fuit, 2 Pet. 1. 17. ܦܐܬܐ *f.* facies, Apoc. 1. 16.

ܦܐܠܘܛܐ *m.* balbutiens, Mar. 7. 32.

ܦܐܪܐ *m.* fructus. *Pl.* ܦܐܖ̈ܐ Mat. 3. 8, 10.

ܦܓܘܖ̈ܐ *pl. m.* frena, Apoc. 14. 20.

ܦܓܢܐ πήγανον, ruta, Lu. 11. 42.

ܦܓܥ occurrit, obviam factus est, Mat. 28. 9. *Part.* ܦܓܥ. Heb. פָּגַע. Chal. פְּגַע.

ܦܓܪ ܦܓܪܐ *m.* corpus, cadaver. *Pl.* ܦܓܖ̈ܐ. ܦܓܪܢܐ *m.* *Pl.* ܦܓܪܢ̈ܐ carnales, 1 Cor. 3. 3, 4. ܦܓܪܢܝܐ *m.* *Pl.* ܦܓܪܢܝ̈ܐ corporales, Heb. 7. 16. ܦܓܪܢܐܝܬ corporaliter, Joh. 8. 15.

ܦܕܢܐ *f.* jugum, par boum, Lu. 9. 62.

ܦܗܐ circumactus, moratus est. *Fut.* Lu. 12. 29.

ܦܘܓ ܦܓ languit. *Fut.* Mat. 24. 12.

ܦܘܕܝܪܐ ποδήρη, talare, Apoc. 1. 13.

ܦܘܡ ܦܘܡܐ *m.* os, oris. *Pl. Suff.* ܦܘܡ̈ܝܗܘܢ Heb. 4. 12.

ܦܘܣ ܡܦܣܢܘܬܐ *f.* permissio, Ac. 26. 12.

ܦܝܣ *Aphel* ܐܦܝܣ persuasit, hortatus est. *Partic.* ܡܦܝܣ. *Part. Peil* ܦܝܣ persuasus, Rom. 14. 14. ܦܝܣ ܦܝܣܐ *m.* persuasio, obedientia, Gal. 5. 8. ܡܦܝܣܢܘܬܐ *f.* obedientia, 1 Cor. 2. 4. ܠܐ ܡܬܦܝܣܢܘܬܐ *f. idem*, Eph. 5. 6.

ܦܘܪ *Ethpe.* ܐܬܦܝܪ irritatus est, Ac. 16. 18.

ܦܘܪܘܣ forum, Ac. 28. 15.

ܦܘܪܢܣܐ *m.* alimentum, Ac. 12. 20.

ܦܘܫ ܦܫ mansit, 1 Thess. 3. 1; remansit, Lu. 2. 43. *Partic.* ܦܐܫ manens, Phil. 1. 25; Heb. 4. 1. *Fut.* ܢܦܫ remanet, Joh. 12. 24.

ܦܘܫܚ complosio, Lu. 21. 25.

ܦܘܬܩܐ diversorium, hospitium, Lu. 10. 34. ܦܘܬܩܝܐ hospes, Lu. 10. 35.

ܦܚܐ *m.* laqueus. *Pl.* ܦܚ̈ܐ 1 Tim. 6. 9.

ܦܚܙܘܬܐ *f.* lascivia, 2 Cor. 12. 21.

ܦܚܡ *Pa.* comparavit, 2 Cor. 10. 12. ܦܚܡܐ *masc.* æqualis, æqualitas, Phil. 2. 6. ܦܘܚܡܐ comparatio, collatio, 2 Cor. 3. 10.

ܦܚܪܐ *m.* figulus, Mat. 27. 7; Rom. 9. 21.

ܦܛܡܘܣ Patmus, Apoc. 1. 9.

ܡܦܛܡ̈ܐ *pl. m.* saginati, Mat. 22. 4. ܦܛܡܐ *m.* pinguedo, saginatio, Lu. 15. 23.

ܦܛܪ dissolutus est. *Inf.* ܠܡܦܛܪ dissolvi. ܦܛܝܪܐ *m.* azymus, 1 Cor. 5. 7. *Pl.* ܦܛܝܪ̈ܐ.

ܦܝܠܝܢ φιάλην, Apoc. 16. 2. *Pl.* ܦܝܠܝܘܬ Apoc. 5. 8.

ܦܝܠܐ *masc.* elephas. ܓܪܡܐ ܕܦܝܠܐ os elephantis, ebur, Apoc. 18. 12. Ar. et Tur. فيل. Pers. پيل. Chal. et Talm. פילא פיל elephas.

ܦܝܠܘܣܘܦܐ philosophus. *Pluralis* ܦܝܠܘܣܘܦܐ.
ܦܝܠܘܣܘܦܘܬܐ philosophia, Col. 2. 8.

ܦܝܢܟܐ πινάκιον, paropsis, Mat. 14. 8.

ܦܝܪܡܐ *m.* thuribulum, Apoc. 8. 3, 5.

ܦܟܗ infatuatus est, Mat. 5. 13; Mar. 9. 50. ܦܟܝܗܬܐ *fœm.* insipida. *Pluralis* ܦܟܝܗܬܐ 1 Tim. 4. 7. ܦܟܝܗܘܬܐ *fœm.* insipientia, 2 Cor. 11. 17. ܦܟܝܗܐܝܬ insipienter, 2 Cor. 11. 1.

ܦܟܐ maxilla, gena, Mat. 5. 39. *Pl.* Joh. 19. 3.

ܦܟܪ vinxit. *Part. Ethpa.* ܡܬܦܟܪ vinctus, 2 Tim. 2. 4.

ܦܠܐܬܐ *f.* parabola, ænigma. *Pl.* ܦܠܐܬܐ.

ܦܠܓ divisit, separavit, *item* hæsitavit, dubitavit. *Fut.* ܢܦܠܘܓ. *Pa.* ܦܠܓ *idem. Ethpaal* ܐܬܦܠܓ divisus est, hæsitavit. ܦܘܠܓ ܦܘܠܓܐ divisio, rixa. *Pl.* ܦܘܠܓܐ. ܦܠܓܐ *m.* dimidium, Mat. 25. 6. ܦܠܓܘܬܐ *f. idem. Constr.* ܦܠܓܘܬ Ap. 8. 1. ܦܠܓܘܬܐ *f.* dissensio. *Plur.* ܦܠܓܘܬܐ 1 Cor. 1. 10. ܡܦܠܓܢܐ *m.* divisor, Lu. 12. 14.

ܦܠܚ coluit, operatus est, *item* servivit, militavit. *Fut.* ܢܦܠܘܚ. *Part.* ܦܠܚ. *Ethpa.* ܐܬܦܠܚ cultus est. *Part. Aph.* ܡܦܠܚ militans. ܦܠܚܐ *m.* agricola, cultor. *Pl.* ܦܠܚܐ. ܦܘܠܚܢܐ *m.* labor, opus, cultus, Ac. 19. 25; Eph. 4. 19. ܦܠܚܐ *masc.* miles, operarius. *Plur.* ܦܠܚܐ. ܦܠܚܘܬܐ militia, exercitus. *Pl.* ܦܠܚܘܬܐ.

ܦܠܛ *Pa.* eripuit. *Ethpaal* ereptus est.

ܦܠܢ aliquis, ὁ δεῖνα, Heb. פלוני, Mat. 26. 18.

ܦܠܓܐ occasio, opportunitas, Mat. 26. 16.

ܦܠܫ fodit, effodit. *Ethpe.* Mat. 24. 43.

ܦܢܐ vertit se, conversus, reversus est. *Pael* ܦܢܝ reddidit, respondit. *Ethpa.* ܐܬܦܢܝ conversus est. *Aph.* ܐܦܢܝ obvertit, convertit. ܦܘܢܝܐ conversio, Ac. 15. 3; Rom. 11. 15.

ܦܢܛܩܘܣܛܐ Pentecoste, Ac. 2. 1; 1 Cor. 16. 8.

ܦܢܩ *Hinc* ܡܬܦܢܩܝܢ deliciantur, 2 Pet. 2. 13. ܦܘܢܩܐ *pl. m.* deliciæ, Lu. 7. 25.

ܦܢܩܝܬܐ tabula, πινακίδιον, Lu. 1. 63.

ܦܣ sortitus est. *Infin.* ܡܦܣ. *Aph.* ܐܦܣ *idem,* permisit. *Futur.* ܢܦܣ. *Part. Peil* ܡܦܣ permissum. ܦܣܐ *fœm.* sors, portio, Ac. 1. 17. *Pl.* ܦܣܐ ver. 26.

ܦܣܩ amputavit, decrevit. *Fut.* ܢܦܣܘܩ. *Ethpe.* ܐܬܦܣܩ abscissus est. *Pa.* ܦܣܩ rupit. ܦܣܩܐ *m.* statutum, Ac. 20. 16. ܦܣܩܐ amputatio. ܦܣܩܐ circumcisio. ܦܘܣܩܐ *masc.* versiculus, sectio, Ac. 8. 32. ܦܣܝܩܬܐ *plur. fœm.* pauca. ܒܦܣܝܩܬܐ concisè, Ac. 24. 4. ܦܣܩܝܬܐ *pl. f.* fasciæ, Joh. 11. 44.

ܦܥܠ *Hinc* ܦܥܠܐ *m.* operarius. *Pl.* ܦܥܠܐ.

ܦܨܥ vulneravit. *Part. Peil* ܦܨܝܥܝܢ Ac. 19. 16.

ܦܥܪܝܢ *pl.* cavernæ. *Suff.* Heb. 11. 38.

ܦܨܐ *Pa.* liberavit. *Ethpa.* ܐܬܦܨܝ Heb. 12. 25.

ܦܨܚ *Ethpa. f.* ܐܬܦܨܚ erupit, Gal. 4. 27. ܦܨܝܚܘܬܐ *f.* hilaritas, gaudium, Rom. 12. 8. ܦܨܚܐ pascha, Chal. פִּסְחָא, Heb. פֶּסַח, Mat. 26. 2.

ܦܩܕ præcepit, constituit *Fut.* ܢܦܩܘܕ. *Pa.* ܦܩܕ jussit. *Ethpa.* ܐܬܦܩܕ jussus est, Col. 4. 10.

ܦܘܩ̈ܕܢܐ *pl. masc.* præcepta, mandata. ܦܘܩܕܢ
ܦܘܩܕܢܐ *masc.* præceptum. *Plur.* ܦܘܩܕ̈ܢܝܢ.
ܦܩܚ utilis, tolerabilis. *Fœm.* ܦܩܚܬܐ.
ܦܩܥܬܐ *f.* planities, Lu. 3. 4, 5. Heb. בִּקְעָה. ܦܩܘܥܐ
pl. m. grossuli ficus, Apoc. 6. 13.
ܦܩܩ *Pa.* garrulus fuit, Mat. 6. 7.
ܦܪܓܠܐ φραγέλλιον, flagellum. *Pl.* ܦܪ̈ܓܠܐ.
ܦܪܕܝܣܐ paradisus, locus beatorum, Lu. 23. 43.
ܦܪܕܬܐ *f.* granum, Mat. 13. 31; 17. 20.
ܦܪܗܣܝܐ παῤῥησία, fiducia, Eph. 3. 12.
ܦܪ̈ܘܓܝܢ ܦܪܘܓܐ *pl. m.* pulli, Mat. 23. 37.
ܦܪܙܠܐ ferrum, Apoc. 2. 27.
ܦܪܚ volavit, Ap. 4. 7. *Pa.* ܦܪܚ prodegit. ܦܪܚܢܐܝܬ
prodigè, luxuriosè, Lu. 15. 13. ܦܪܚܬܐ *f.* avis.
Pl. ܦܪ̈ܚܢ ܦܪ̈ܚܬܐ Apoc. 19. 17.
ܦܪܛܘܪܝܢ Prætorium, Mat. 27. 27; Joh. 18. 28.
ܦܪܟ fricuit, contrivit. *Part.* ܦܪܟܝܢ Lu. 6. 1.
ܦܪܟܣܝܣ praxis. *Vide titulum libri Actorum.*
ܦܪܣ expandit, prostravit, Lu. 9. 33. ܦܪܣܐ *m.* portio, demensum, Lu. 12. 42. ܦܪܢܣܬܐ *f. idem,* Ac. 2. 46. ܦܪܘܣ *m.* modus. ܦܪܘܣ ܒܟܠ Phil. 1. 18.
ܦܪܣܝ *Pa.* diffamavit. *Ethpa.* Ac. 19. 27. ܦܘܪܣܝܐ ignominia, nuditas, Apoc. 16. 15.
ܦܪܥ retribuit, propullulavit. *Fut.* ܢܦܪܘܥ. *Ethpe.* ܐܬܦܪܥ retributionem accepit, Lu. 23. 41; Eph. 6. 8. *Aph.* ܐܦܪܥ floruit, Heb. 9. 4. ܦܪܘܥܐ *m.* remunerator, Heb. 11. 6. ܦܘܪܥܢܐ *m.* remuneratio, ultio, Lu. 14. 12.

ܦܪܦܠ *Partic. Ethpa.* ܡܬܦܪܦܩܝܢ *pl. m.* deliciantes, Judæ 12.

ܦܪܨܘܦܐ persona, πρόσωπον. *Pl.* ܦܪܨܘܦܐ Judæ 16.

ܦܪܩ recessit, secessit, liberavit. *Imp.* ܦܪܘܩ. *Fut.* ܢܦܪܘܩ Mat. 27. 49. *Part. Peil* ܦܪܝܩ remotus, absens. *Pl.* ܦܪܝܩܝܢ. *Pa.* ܦܪܩ sectatus est. *Ethpa.* ܐܬܦܪܩ redemptus est. *Aphel* ܐܦܪܩ removit, discessit, 2 Cor. 12. 8. ܦܪܘܩܐ *m.* servator, liberator, Lu. 2. 11. ܦܘܪܩܢܐ *m.* redemptio, salus, retributio.

ܦܪܩܠܝܛܐ παράκλητος, consolator, Joh. 14. 16.

ܦܪܫ separavit, distinxit, definivit, *item* discessit. *Fut.* ܢܦܪܘܫ. *Infin.* ܠܡܦܪܫ. *Pael* ܦܪܫ *idem.* *Ethpa.* ܐܬܦܪܫ separavit se, 2 Cor. 6. 17. ܦܪܝܫ *m.* distinctus, 1 Cor. 14. 8. ܦܪܝܫܐ *m.* Pharisæus. *Pl.* ܦܪܝܫܐ Mat. 3. 7. ܦܘܪܫܢ ܦܘܪܫܢܐ *m.* discrimen. *Pl.* ܦܘܪܫܢܐ. ܦܪܝܫܘܬܐ *fœm.* discretio, 1 Cor. 12. 10. ܡܦܪܫܬܐ *f.* distincta, diversa, 1 Pet. 4. 10. ܡܦܪܫܢܐ *pl. m.* interpretes, Jac. 2. 4. ܦܪܫܐ *plur. masc.* equites, Ac. 23. 23, 32. ܦܪܫܘܬܐ *f.* equitatus, Ap. 9. 16.

ܦܪܬ *Ethpe.* ܐܬܦܪܬ disruptus est, Ac. 1. 18. ܦܪܘܬܐ *pl. m.* micæ, Mat. 15. 27 ; Mar. 7. 28.

ܦܫܘܪܐ *m.* tepidus, Apoc. 3. 16.

ܦܫܚ *Pa.* disrupit. *Pass.* amputatus est.

ܦܫܛ extendit. *Ethpe.f.* ܐܬܦܫܛܬ extendit se, Lu. 13. 11. ܦܫܝܛܐ simplex, *item* rectus, erectus. ܦܫܝܛܘܬܐ *f.* simplicitas, Eph. 6. 5. ܦܫܝܛܐܝܬ simpliciter, Jac. 1. 5.

ܦܫܓ ܦܫܝܓܐ *m.* mutilus. *Pl.* ܦܫܝ̈ܓܐ.

ܦܫܩ *Pa.* exposuit. *Ethpa.* ܐܬܦܫܩ Mat. 27. 33. ܦܫܝܩ ܦܫܝܩܐ facilis, e, Mar. 2. 9. ܦܫܝܩܐܝܬ facilè, clarè, perspicuè, Mar. 7. 35. ܦܘܫܩܐ interpretatio, 1 Cor. 12. 10.

ܦܬܐ ܦܬܝܐ latus, amplus, Mat. 7. 13; Apoc. 11. 8. ܦܬܝܐ latitudo, Eph. 3. 18; Apoc. 20. 9.

ܦܬܓܡ ܦܬܓܡܐ verbum. *Pl.* ܦܬ̈ܓܡܝܢ ܦܬ̈ܓܡܐ.

ܦܬܘܪܐ *m.* mensa. *Pl.* ܦܬܘ̈ܪܝܢ ܦܬܘ̈ܪܐ.

ܦܬܚ aperuit. *Fut.* Mat. 13. 15. *Ethpe.* Mat. 3. 16. *Pael* ܦܬܚ *idem.* *Ethpa.* ܐܬܦܬܚ apertus est. *Imperat.* ܐܬܦܬܚ ἐφφαθὰ, aperitor, Mar. 7. 34. ܦܬܝܚܐ apertus. *Pluralis* ܦܬܝ̈ܚܐ Rom. 3. 13. ܡܦܬܚܐ apertio, Eph. 6. 19.

ܦܬܟ *Part. Peil* ܦܬܝܟܝܢ mixti, Apoc. 9. 7.

ܦܬܟܪܐ *pl. m.* simulacra, idola, Ac. 7. 41.

Litera ܨ.

ܨܐܐ *Ethpa. Fut.* ܢܬܨܐܐ sordescet, Ap. 22. 11. ܨܐܐ *m.* sordidus, *ibid.* *Plur.* ܨܐ̈ܐ Jac. 2. 2. ܨܐܬܐ *f.* excrementum, 1 Pet. 3. 21.

ܨܒܐ voluit. *Ethpeel* acquievit, Mat. 3. 17. ܨܒܝܢ ܨܒܝܢܐ *masc.* voluntas, beneplacitum. ܒܨܒܝܢܐ spontè, Mat. 6. 10; 7. 21; 1 Pet. 5. 2. ܨܒܘ ܨܒܘܬܐ *f.* voluntas, res, negotium. *Pl.* ܨܒܘ̈ܢ Heb. 6. 18, *et* ܨܒܘ̈ܬܐ Ac. 18. 15.

ܨܒܐܘܬ zebaoth, σαβαὼθ, צְבָאוֹת, Rom. 9. 29.

ܨܒܥ tinxit. *Fut.* ܢܨܒܘܥ. *Pa.* ܨܒܥ lavit. ܨܒܥܐ

fœm. digitus. *Pluralis* ܨܒ̈ܥܝܢ ܨܒ̈ܥܬܐ. Heb. אֶצְבַּע.

ܨܒܬ *Pa.* ornavit. *Ethpa.* ܐܨܛܒܬ ornavit se. ܨܒܬܐ *m.* ornatus, 1 Pet. 3. 4. *Plur.* ܨܒ̈ܬܐ *ibidem.* ܬܨܒܝܬܐ *f. idem,* 1 Tim. 2. 9.

ܨܕܝܬܐ *f.* deserta, Gal. 4. 27.

ܨܗܐ sitivit. *Part. Peil* ܨܗܐ Mat. 25. 37. *Plur.* ܨܗܝܢ. ܨܗܝܐ sitis, 2 Cor. 11. 27. Heb. צִיָּה. Chal. צְהָיָא.

ܨܘܕ ܨܕ venatus est. *Ethpe.* ܐܬܬܨܝܕ captus est. ܨܝܕܐ piscatio, piscatura, Lu. 5. 4, 9. ܨܝܕܐ *m.* piscator. *Pl.* ܨܝ̈ܕܐ Mat. 4. 18, 19. ܡܨܝܕܬܐ *fœm.* rete. *Pl.* ܡܨܝ̈ܕܬܐ Mat. 4. 18.

ܨܘܡ ܨܡ jejunavit. *Fut.* Mat. 6. 18; 9. 15. ܨܘܡܐ *m.* jejunium, Mat. 17. 21; Mar. 9. 29.

ܨܘܪ ܨܪ figuravit, formavit. *Part. Peil* ܨܝܪ formatus, Gal. 3. 1. *Inf.* ܡܨܪ *ibid.* *Ethpe.* ܐܬܬܨܝܪ Gal. 4. 19. ܨܘܪܬܐ *f.* forma, figura, Rom. 8. 29. Heb. צוּרָה. ܨܘܪܐ *f.* collum, cervix. *Plur.* ܨܘ̈ܪܝܢ Ac. 15. 10. ܡܨܪܝܢ *f.* Ægyptus, Mat. 2. 14; Ac. 2. 10.

ܨܘܬ attendit, auscultavit. *Part.* ܨܐܬ Joh. 3. 29.

ܨܚܐ *Pa.* maledixit, convitiatus est, Mat. 15. 4. *Ethpael* ܐܨܛܚܝ maledictus est, 1 Pet. 2. 23. ܨܘܚܝܬܐ *f.* convitium. *Pl.* ܨܘܚ̈ܝܬܐ obscœnitates, Eph. 5. 4. ܨܚܘܐ serenitas, Mat. 16. 2.

ܨܚܢܘܬܐ *f.* putredo, Mar. 7. 22; Gal. 5. 19.

ܨܝܕ juxta, Apoc. 1. 13. *Suff.* ܨܝܕܝܗܘܢ ad eos, Ac. 9. 38. ܡܢ ܨܝܕܝܗܘܢ ab illis, Ac. 13. 42.

ܨܠܐ inclinavit. *Infin.* Lu. 9. 12. *Ethpe.* ܐܬܨܠܝ

idem, Heb. 10. 23. *Pa.* ܨܰܠܺܝ oravit, Mat. 26. 42. *Imp.* ܨܰܠܳܐ Mat. 6. 6. ܨܠܽܘܬ݂ܳܐ *f.* oratio, precatio. *Pl.* ܨܠܰܘ̈ܳܬ݂ ܨܠܰܘ̈ܳܬ݂ܳܐ.

ܨܠܰܒ suspendit, crucifixit. *Part. Peil* ܨܠܺܝܒ crucifixus, Lu. 23. 39; Gal. 3. 1. *Ethpe.* ܐܶܨܛܠܶܒ Lu. 24. 7. ܨܠܺܝܒܳܐ *m.* crux, Mar. 10. 21; Lu. 14. 27.

ܨܠܰܚ *Fut.* ܢܶܨܠܰܚ. ܐܰܨܠܰܚ prosperatus est, 3 Joh. 2.

ܨܰܠܠ *Pa.* excolavit. *Part.* Mat. 23. 24.

ܨܠܶܡ ܨܰܠܡܳܐ *m.* imago, Mat. 22. 20.

ܨܰܠܦ *Pa.* percussit, vulneravit, Mar. 5. 5; 12. 4.

ܨܶܡܚܳܐ *masc.* germen, *item* splendor, Heb. 1. 3. Heb. צֶמַח. Chal. צִמְחָא.

ܨܢܥ *Ethpa.* ܐܶܨܛܰܢܰܥ fraudulenter egit, Ac. 7. 19. ܨܶܢ̈ܥܶܐ ܨܶܢ̈ܥܳܬ݂ܳܐ *plur. fœm.* insidiæ, doli, Eph. 6. 11.

ܨܥܰܪ parvus, vilis fuit. *Part. Peil* Mat. 13. 57. *Pa.* ܨܰܥܰܪ contumeliâ affecit, Mat. 22. 6. *Ethpa.* ܐܶܨܛܰܥܰܪܘ ignominiâ affectus est, Ac. 5. 41. Heb. צָעִיר. ܨܥܳܪܳܐ *m.* ignominia, Mar. 12. 4; Rom. 1. 26. ܡܨܰܥܪܳܢ *m.* convitiator, contumeliosus. *Pl.* ܡܨܰܥܪ̈ܳܢܶܐ.

ܨܳܕ illaqueavit. *Fut.* ܢܶܨܽܘܕ Lu. 21. 35. ܨܰܝܕܬ݂ܳܐ *f.* laqueus, *ibidem.*

ܨܰܦܪܳܐ *m.* aurora, tempus matutinum, Mat. 20.1. ܨܰܦܪܳܝܳܐ *m.* matutinus, Apoc. 22. 16. ܨܶܦܪܳܐ *fœm.* avis, passer. *Pl.* ܨܶܦܪ̈ܺܝܢ ܨܶܦܪ̈ܶܐ Mat. 10. 29. ܨܦܺܪܳܐ *m.* *Pl.* ܨܦܺܪ̈ܶܐ hirci, Heb. 9. 12, 13.

ܨܨܳܐ *m.* *Pl.* ܨܨ̈ܶܐ clavi, Joh. 20. 25.

ܨܨܠܐ *m.* cymbalum, 1 Cor. 13. 1. צִלְצְלָא צֶלְצְלִים.

ܨܪܐ laceravit. *Pa.* ܨܪܝ *idem,* Mat. 26. 65. *Ethpa.* ܐܬܨܪܝ scissus est, Mat. 9. 17, *item* lascivire.

ܨܪܝܟ *m.* egenus, Ac. 4. 34. Heb. צָרִיךְ. Rab. צריך.

Litera ܩ.

ܩܐܪܘܣ καιρὸς, tempus, occasio, opportunitas. *Plur.* ܩܐܪ̈ܘܣܐ bella, Mat. 24. 6, *et* ܩܪ̈ܒܐ Mar. 13. 7.

ܩܒܠ clamavit. *Part.* ܩܳܒܶܠ Rom. 11. 2, *item* interpellavit, Ac. 25. 24. *Fut.* ܢܩܒܘܠ. *Pa.* ܩܰܒܶܠ accepit. *Ethpa.* ܐܬܩܰܒܰܠ exceptus est. *Aph.* ܐܩܒܶܠ recepit, Lu. 15. 27. ܩܘܒܠܐ *m.* convivium, epulum, exceptio convivarum, Lu. 5. 29. *Constr.* ܩܘܒܠ Apoc. 4. 9. ܡܩܰܒܠܢܐ *masc.* hospes, excipiens hospites, Ac. 17. 7. ܡܩܰܒܰܠܬܐ *fœm.* accepta, Lu. 4. 19; Rom. 12. 1. ܠܘܩܒܠ ex adverso, contra, coram, ad, ideò. ܠܘܩܒܠܐ *m.* adversarius, 2 Thess. 2. 4, *id. quod* ܣܩܘܒܠܐ.

ܩܒܘܪܬܐ *f.* sepultura, Mar. 14. 8.

ܩܒܥ fixit, affixit, Col. 2. 14; Heb. 8. 2.

ܩܒܪ sepelivit. *Fut.* ܢܩܒܘܪ. *Ethpe.* ܐܬܩܒܪ sepultus est. *Pa.* ܩܰܒܰܪ coacervavit, Rom. 12. 20. ܩܰܒܪܐ *m.* sepulcrum. *Pl.* ܩܰܒ̈ܪܐ Mat. 23. 27. ܩܒܘܪܐ *idem.* *Pl.* ܩܒܘ̈ܪܐ Mat. 8. 28. ܩܳܒܘܪܐ *masc.* humator, vespillo. *Pl. Suff.* Ac. 5. 9.

ܩܒܘܬܐ *fœm.* κιβωτὸς, arca, Heb. 9. 4; Apoc. 11. 19. ܩܐܒܘܬܐ *idem.*

ܩܰܒܶܢ *Pa.* possedit, 1 Cor. 7. 30.

ܩܕܠܐ cervix. *Pl. Constr.* duri cervice, Ac. 7. 51.

ܩܕܡ præivit, antevertit. *Pa. idem.* ܩܰܕܶܡ ܐܶܡܰܪ prævertit dixit, *h. e.*, prædixit, Rom. 9. 29. *Ethpa.* ܐܶܬܩܰܕܰܡ præoccupatus est, Gal. 6. 1. ܩܕܳܡ ܩܕܳܡ coram, ante. *Suff.* Mat. 5. 12. ܩܕܳܡܰܝܟܽܘܢ ܩܰܕܡܳܝܳܐ *m.* antiquus, primus, major natu. ܩܰܕܡܳܝܶܐ *pl.* priora. ܩܰܕܡܳܝܳܐܝܬ primò, primùm, Ac. 11. 26. ܩܰܕܡܳܝܬ *idem*, 1 Joh. 4. 19. ܡܶܢ ܩܕܺܝܡ ܩܕܺܝܡ ab initio, priùs, olim, Lu. 1. 2. ܡܶܢ ܠܩܽܘܕܡܰܝܢ *idem*, Ac. 26. 20. ܡܶܢ ܠܩܽܘܕܰܡ ܠܩܽܘܕܰܡ *idem, item* imprimis, primario. ܡܩܰܕܡܽܘܬܳܐ *f.* anticipatio. *Constr.* ܡܩܰܕܡܽܘܬ ܝܺܕܰܥܬܳܐ anticipatio scientiæ, *id est*, præscientia, Ac. 2. 23.

ܩܕܫ *Pa.* sanctificavit, sacravit, consecravit. *Ethpa.* ܐܶܬܩܰܕܰܫ sanctificatus est, Mat. 6. 9. ܩܰܕܺܝܫ ܩܰܕܺܝܫܳܐ *m.* sanctus. *Plur.* ܩܰܕܺܝܫܺܝܢ ܩܰܕܺܝܫܶܐ *et* ܩܰܕܺܝܫܶܐ 1 Pet. 2. 5. *Fœm. Suff.* ܩܰܕܺܝܫܳܐ ܩܰܕܺܝܫܬܳܐ. *Plur.* ܩܰܕܺܝܫܳܬܳܐ ܩܰܕܺܝܫܳܢ. ܩܰܕܺܝܫܽܘܬܳܐ *f.* sanctitas, sanctificatio, Ac. 24. 25. ܩܽܘܕܫܳܐ sanctitas, Mat. 1. 18. *Pl.* ܩܽܘܕܫܶܐ Heb. 9. 3. ܩܽܘܕܶܫ ܩܽܘܕܫܶܐ sanctum sanctorum, *ibidem*, Rom. 1. 4. ܡܰܩܕܫܳܐ *m.* sanctuarium, Rom. 2. 22; Heb. 9. 12.

ܩܘܐ *Pa.* ܩܰܘܺܝ mansit, perseveravit, expectavit. *Imp.* ܩܰܘܳܐ. *Fut.* ܢܩܰܘܶܐ. *Part.* ܡܩܰܘܶܐ Lu. 24. 49.

ܩܘܒܪܢܝܛܐ κυβερνήτης, gubernator, Ac. 27. 11.

ܩܘܪ *Part.* ܩܳܐܶܪ abscindens, Lu. 5. 36.

ܩܘܠ ܩܠ ܩܳܠܳܐ *m.* vox, sonus. ܒܰܪܬ ܩܳܠܰܢ filia vocis nostræ, Rom. 10. 16. *Pl.* ܩܳܠܶܐ. ܒܢܳܬ ܩܳܠܶܐ filiæ vocum, Ac. 12. 22.

ܩܘܠܘܢܝܐ κολωνία, colonia, Ac. 16. 12.

ܩܘܠܣܐ κλέος, laus, encomium, 2 Cor. 6. 8.

ܩܘܠܬܐ *f.* hydria, Joh. 4. 28.

ܩܘܡ ܩܳܡ stetit, surrexit, resurrexit, Mat. 11. 11. *Imper.* ܩܘܡ. *Futur.* ܢܩܘܡ. *Infin.* ܠܡܩܳܡ. *Part.* ܩܳܐܶܡ. *Pl. fœm.* ܩܳܝ̈ܡܳܢ præsentia, Rom. 8. 38. *Pa.* ܩܰܝܶܡ confirmavit. *Ethpa.* ܐܶܬܩܰܝܰܡ confirmatus est. *Aph.* ܐܰܩܺܝܡ constituit, excitavit, servavit, Mat. 4. 9. ܩܰܝܳܡ *masc.* firmus, stabilis. *Pluralis* ܩܰܝܳܡ̈ܝܢ. *Fœm. Sing.* ܩܰܝܳܡܬܳܐ.

ܩܝܳܡ ܩܝܳܡܳܐ *m.* pactum. *Pl.* ܩܝ̈ܳܡܶܐ Rom. 9. 4.

ܩܝܳܡܬܳܐ *f.* resurrectio, Lu. 20. 27; Apoc. 20. 5.

ܩܘܡܬܳܐ *f.* statura. *Plur.* ܩܘܡ̈ܝܢ Ac. 27. 28.

ܩܳܝܽܘܡܬܳܐ *fœm.* hospita, tutatrix, Rom. 16. 2.

ܩܘܝܳܡܳܐ sustentatio, confirmatio, Ac. 27. 34.

ܩܘܢܳܡܘܡܘܢ cinnamomum, Apoc. 18. 13.

ܩܘܦ̈ܝܢܝܢ *pl. m.* cophini, Mat. 14. 20.

ܩܘܪ̈ܛܢܐ *pl. m.* cardui, Mat. 7. 16; Heb. 6. 8.

ܩܘܪܝܐ *f.* κυρία, domina, 2 Joh. 1.

ܩܘܫܬܐ *m.* veritas. Heb. קֹשֶׁט.

ܩܛܝܓܘܪܐ *m.* κατήγορος, accusator. *Plur.* ܩܛܝܓܘܪ̈ܐ.

ܩܛܝܓܘܪܝܐ *f.* κατηγορία, accusatio, Ac. 22. 30.

ܩܛܝܢ *m.* exiguus, parvus, Mat. 7. 14.

ܩܛܠ occidit, mactavit. *Futur.* ܢܶܩܛܘܽܠ. *Ethpe.* ܐܶܬܩܛܶܠ occisus est. *Pa.* ܩܰܛܶܠ occidit, Mat. 2. 16. *Ethpa.* ܐܶܬܩܰܛܰܠ occisus est, Lu. 23. 32. ܩܳܛܘܳܠܳܐ *m.* homicida, latro. *Pl.* ܩܳܛܘ̈ܳܠܶܐ Mat. 22. 7. ܩܛܳܠܳܐ *m.* cædes, homicidium, mors, Mat. 15. 19.

ܩܶܛܡܳܐ *m.* cinis, Mat. 11. 21; Lu. 10. 13.

ܩܛܢܐ Kotne (*Cana Galilææ*), Joh. 2. 1, 11.

ܩܛܥ abscidit. *Ethpa.* ܐܬܩܛܥ abscissus est, Heb. 6. 12; 10. 38. ܩܘܛܥܐ *f.* excisio, Heb. 10. 39.

ܩܛܦ decerpsit. *Imp.* ܩܛܘܦ Apoc. 14. 18.

ܩܛܪ *Ethpe.* ܐܬܩܛܪ collectus est, Eph. 4. 16. ܩܛܝܪܐ *m.* vis, violentia. ܒܩܛܝܪܐ coactè, Ac. 24. 7. ܩܛܝܪܢܐ ܩܛܝܪܢ *m.* violentus. *Pl.* ܩܛܝܪ̈ܢܐ Mat. 11. 12. ܩܛܪܐ *pl. m.* ܩܛܪ̈ܐ vincula, Ac. 8. 23.

ܩܛܪܓ *Pa.* accusavit, Ap. 12. 10. κατηγορέω. ܩܛܝܓܪܢܐ *masc.* accusator. *Plur.* ܩܛܝܓܪ̈ܢܐ Ac. 23. 35; 24. 8; 25. 18. ܡܩܛܪܓܢܐ *m.* *idem.*

ܩܝܛܐ *m.* æstas, Mat. 24. 32; Mar. 13. 28. קַיִץ.

ܩܝܛܘܢܪܐ *m.* cubicularius, *a* κοιτών, Ac. 12. 20.

ܩܝܢܐ ܩܝܢܬܐ *f.* sonus, fistula, 1 Cor. 14. 7.

ܩܝܢܕܘܢܘܣ κίνδυνος, periculum, Ac. 19. 40.

ܩܝܢܝܐ *m.* faber ærarius, χαλκεύς, 2 Tim. 4. 14.

ܩܝܣܐ *m.* lignum, arbor, patibulum. *Pl.* ܩܝܣ̈ܐ.

ܩܝܬܪܐ κίθαρις, cithara, 1 Cor. 14. 7; Apoc. 5. 8. *Pl.* ܩܝܬܪ̈ܐ. ܩܝܬܪܘܬܗܘܢ citharas ejus, Ap. 15. 2. ܩܝܬܪܘ̈ܕܐ *pl. m.* citharœdi, Apoc. 14. 2.

ܩܠܝܕܐ *m.* clavis, Ap. 3. 7. *Plur.* ܩܠܝ̈ܕܐ Ap. 1. 18. κλεῖδες.

ܩܠܠ *Aph.* ܐܩܠ leve fecit, *item* contempsit. ܩܠܝܠ ܩܠܝܠܐ brevis, parvus, *item* paululùm, Mat. 26. 39. ܩܠܝܠ ܩܠܝܠ minimùm, Joh. 6. 7. ܒܩܠܝܠ ܩܕܝܡ ferè, Ac. 26. 28. ܩܠܝܠ ܐܝܟ ܡܢ ex parte aliquâ. *Pl. f.* ܩܠܝ̈ܠܢ celeres, Rom. 3. 15.

ܩܠܦܬܐ *m.* squama, Ac. 9. 18.

ܩܶܡܚܳܐ *m.* farina, Mat. 13. 33. Heb. קֶמַח.
ܩܶܡܛܳܐ ruga, Eph. 5. 27. Heb. קֶמֶט.
ܩܰܡܨܳܐ *m.* *Pl.* ܩܰܡܨܶܐ locustæ, Mat. 3. 4.; Apoc. 9. 3.
ܩܢܳܐ acquisivit, possedit. *Ethpa.* ܐܶܬ݂ܩܰܢܺܝ acquisitus est. *Aph.* ܐܰܩܢܺܝ acquisivit, Heb. 10. 39. ܩܶܢܝܳܢ ܩܶܢܝܳܢܳܐ possessio, substantia. *Plur.* ܩܶܢܝܳܢܶܝܢ. ܩܰܢܝܳܐ *m.* arundo, juncus, *item* calamus, Apoc. 21. 15.
ܩܰܢܕܰܩܶܣ *f.* Candace (*regina Æthiopiæ*), Ac. 8. 27.
ܩܢܽܘܡܳܐ *m.* substantia, persona, *id. quod* Heb. עֶצֶם ipse. ܥܰܠ ܩܢܽܘܡܶܗ contra seipsum. ܩܢܽܘܡܟ݂ܽܘܢ vos ipsi.
ܩܢܛ *Part. Peil* ܩܢܺܝܛܺܝܢܰܢ ܕܗܳܕܶܐ evitamus hoc, 2 Cor. 8. 20. ܩܶܢܛܳܐ *masc.* periculum, concitatio, Ac. 27. 9, 33.
ܩܶܢܛܪܽܘܢܳܐ *m.* centurio. *Pl.* ܩܶܢܛܪܽܘܢܶܐ Ac. 23. 23.
ܩܶܢܟܪܶܐܘܣ Cenchrea (*nomen civitatis*), Ac. 18. 18.
ܩܢܢ *Aph.* ܐܰܩܶܢ nidificavit, Mat. 13. 32; Lu. 13. 19.
ܩܶܣܛܳܐ urna, urceus. *Pl.* ܩܶܣܛܶܐ Mar. 7. 4. ξεστός.
ܩܶܣܛܽܘܢܳܪܶܐ *plur. masc.* custodes, satellites, milites, Mat. 27. 65.
ܩܶܣܰܪ *m.* Cæsar, Mat. 22. 17. ܩܶܣܰܪܺܝܰܐ Cæsarea (*urbs Palæstinæ*), Mat. 16. 13.
ܩܥܳܐ clamavit, imploravit. *Fut.* Mat. 12. 19. ܩܥܳܬ݂ܳܐ *f.* clamor, Mat. 25. 6; Apoc. 14. 18.
ܩܥܶܕ procidit, Ac. 9. 40; 21. 5. Arab. قعد sedit.
ܩܦܚ *Pa.* ܩܰܦܶܚ colaphis cædere, Mat. 26. 67; 2 Cor. 12. 7. *Ethpa.* contusus est, 1 Cor. 4. 11.
ܩܶܦܰܠܰܐܘܢ κεφάλαιον, caput, capitulum libri.

ܩܦܣ imposuit in arcam, feretrum, Ac. 5. 10. ܩܦܣܐ capsa, repositorium. *Pl.* ܩܦ̈ܣܐ Lu. 12. 24.

ܩܨܐ fregit. *Ethpe.* ܐܬܩܨܝ fractus est, 1 Cor. 11. 24. ܩܨܝܐ *masc.* fractio. *Pl.* ܩܨ̈ܝܐ fragmenta, Mat. 14. 20.

ܩܨܡ divinavit, Ac. 16. 16. Chal. קְסַם. ܩܘܨܡܐ divinatio, Ac. 16. 16.

ܩܨܨ ܩܨ constituit, Mat. 20. 2; pactus est, v. 13.

ܩܪܐ vocavit, clamavit, convocavit, *item* legit. *Ethpe.* ܐܬܩܪܝ vocatus est, Mat. 4. 18. ܩܪܝܢܐ *m.* vocatio, *item* lectio. *Pl.* ܩܪ̈ܝܢܐ. ܩܪܝܐ ܩܪܝ vocatus, Rom. 1. 1. *Pl.* ܩܪ̈ܝܐ ver. 6, 7. ܩܪܝܬܐ *f.* vocatio, 1 Cor. 1. 26; 2 Pet. 1. 10. ܩܪܝܐ *m.* cantus. ܩܪܝܐ ܬܪܢܓܠܐ gallicinium, Mar. 13. 35. ܩܪܝܬܐ *f.* pagus, ager, vicus, Mat. 27. 8. ܩܘܪܝܐ *f.* ager, oppidum, castellum. *Constr.* ܩܘܪܝܬ ܕܡܐ ager sanguinis, Ac. 1. 19. *Pl.* ܩܘܪ̈ܝܐ. ܩܪܝܬܐ *f.* trabs, Mat. 7. 3, 4, 5. Heb. קוֹרָה.

ܩܪܒ accessit, propinquus fuit, tetigit. *Fut.* ܢܩܪܘܒ. *Pael* ܩܪܒ attulit. *Ethpaal* ܐܬܩܪܒ accessit. *Aph.* ܐܩܪܒ bellum gessit, Rom. 7. 23. ܩܪܝܒ ܩܪܝܒܐ propinquus, proximus. *Plur.* ܩܪܝܒܝܢ. *Fœm. Sing.* ܩܪܝܒܬܐ. *Plur.* ܩܪܝܒܢ Mar. 1. 38. ܩܘܪܒܐ *m.* aditus, accessus, accessio, Eph. 2. 18. ܩܪܝܒܘܬܐ *fœm. idem,* Eph. 3. 12. ܩܪܒܐ *masc.* bellum, prælium. *Pluralis* ܩܪ̈ܒܐ Mat. 24. 6. ܩܘܪܒܢܐ *masc.* oblatio, sacrificium. *Pluralis* ܩܘܪ̈ܒܢܐ ܩܘܪܒܢܝܢ Mat. 2. 11. Hebr. קָרְבָּן. Chal. קָרְבָּנָא.

ܩܪܘܣܛܠܠܘܣ ܩܪܘܣܛܠܠܘܣ crystallus, Apoc. 4. 6.

ܩܪܡ *Part. Peil f.* ܩܪܝܡܐ obducta auro, Heb. 9. 4.

ܩܪܢܐ *fœm.* cornu, extremitas, angulus. *Plur.* ܩܪ̈ܢܢ. ܩܪ̈ܢܬܐ *item* ܩܪ̈ܢܐ Apoc. 13. 11. Heb. קֶרֶן. Chal. קַרְנָא.

ܩܪܨܐ obtrectatio. *Vide* ܐܟܠ. Arab. قرض momordit, arrosit. *Hinc* ܐܟܠܩܪܨܐ calumniator, *qui famam alicujus rodit et mordet. Vide pag.* 6.

ܩܪܩܦܬܐ *f.* cranium, calvaria, caput, Mat. 27. 33.

ܩܪܩܘܪܐ *f.* scapha, Ac. 27. 32.

ܩܪܪ friguit. *Hinc* ܩܪܝܪܐ frigidus, Apoc. 3. 15, 33. *Pl.* ܩܪܝܪ̈ܐ frigidæ, *sc. aquæ,* Mat. 10. 42.

ܩܪܫ *Hinc* ܩܪܝܫ *m.* gelu, Joh. 18. 18. ܩܘܪܫܐ *m.* frigus, gelu, Ac. 28. 2.

ܩܫܐ *Pa.* ܩܫܝ induravit. *Ethpa.* ܐܬܩܫܝ Heb. 3. 13. ܩܫܐ ܩܫܝܐ durus, difficilis. *Plur.* ܩܫ̈ܝܐ Ac. 25. 7. *Constr.* ܩܫ̈ܝ ܩܕܠܐ duri cervice, Ac. 7. 51. *Fœm. Sing.* ܩܫܝܐ Mat. 14. 30. *Plur.* ܩܫ̈ܝܬܐ Jac. 3. 4. ܩܫܝܘܬܐ *f.* durities, Mat. 19. 8; Mar. 3. 5. ܩܫܝܐܝܬ duriter, graviter, rigidè, 2 Cor. 13. 10.

ܩܫܝܫܐ decrepitus, senex, *item* sacerdos. *Pl.* ܩܫܝ̈ܫܐ ܩܫܝ̈ܫܝܢ. *Fœm. Sing.* ܩܫܝܫܬܐ. *Constr.* ܩܫܝܫܬ ܒܝܘܡܬܗ provecta ætate, Lu. 2. 36. *Pl. f.* ܩܫܝ̈ܫܬܐ. ܩܫܝܫܘܬܐ *f.* presbyterium, 1 Tim. 3. 1; 4. 14.

ܩܫܬܐ *m.* arcus, Apoc. 4. 3. Æth. ቀስት: Heb. קֶשֶׁת.

Litera ܪ.

ܪܐܙܐ ܐܪܙܐ ܐܪܙ *m.* mysterium. *Pl.* ܐܪ̈ܙܐ Mat. 13. 11.

ܪܒܐ crevit, multiplicatus est, magnus fuit. *Pa.* ܪܰܒܺܝ crescere fecit, educavit, auxit. *Ethpa.* ܐܶܬ݂ܪܰܒܺܝ educatus, auctus est, crevit, 1 Tim. 4. 6. ܪ̈ܒܺܝܬ݂ܳܐ *pl. f.* fœnus, usuræ, Mat. 25. 27. ܡܪ̈ܰܒܝܳܢܶܐ *pl. m.* educatores. ܒܰܪ ܡܪ̈ܰܒܝܳܢܽܘܬ݂ܗܽܘܢ filius educationum, *i. e.*, *σύντροφος*, Ac. 13. 1. ܡܪܰܒܝܳܢܺܝܬ݂ܳܐ *f.* nutrix, 1 Thess. 2. 7. ܬܰܪܒܺܝܬ݂ܳܐ *f.* incrementum, augmentum, Eph. 4. 16.

ܪܒܒ *Ethpa.* ܐܶܬ݂ܪܰܘܪܰܒ crevit, magnificatus est. ܪܰܒܳܐ ܪܰܒ *m.* magnus, *item* magister, Mat. 12. 6. *Plur.* ܪ̈ܰܒܳܐ. *Constr.* ܪ̈ܰܒܰܝ. *Fœm. Sing.* ܪܰܒܳܐ *et* ܪܰܒܬ݂ܳܐ. *Constr.* ܪܰܒܰܬ݂ ܒܰܝܬܽܘܬ݂ܳܐ dispensatio domus, Lu. 16. 2. ܪܰܘܪܰܒ ܪܰܘܪܒܳܐ *masc. idem.* *Plur.* ܪܰܘܪ̈ܒܶܐ. *Fœm. pl.* ܪܰܘܪ̈ܒܳܢ ܪܰܘܪ̈ܒܳܬ݂ܳܐ. ܪܰܘܪ̈ܒܳܢܶܐ ܪܰܘܪ̈ܒܳܢܶܐ *pl. m.* principes, magnates. ܪܰܘܪܒܳܐܺܝܬ݂ valdè, multùm, Ac. 8. 2; 20. 12. ܪܰܒܽܘܬ݂ܳܐ *f.* magnitudo, majestas, abundantia. ܪܶܒܽܘ *f.* myrias. *Pl.* ܪ̈ܶܒܘܳܢ ܪ̈ܶܒܘܳܬ݂ܳܐ Ac. 19. 19.

ܪܒܥ ܐܰܪܒܰܥ ܐܰܪܒܥܳܐ quatuor. *Constr.* ܐܰܪܒܰܥܬ݂ Mat. 24.31. ܐܰܪܒܰܥܬ݂ܰܥܣܰܪ *et* ܐܰܪܒܰܥܬ݂ܰܥܣܰܪܶܐ quatuordecim. *Pl.* ܐܰܪ̈ܒܥܺܝܢ quadraginta, Mat. 4. 2. *F.* ܐܰܪܒܰܥܬ݂ܗܶܝܢ ܪ̈ܘܚܶܐ quatuor venti, Mar. 13. 27. ܪܒܺܝܥܳܝܳܐ *m.* quartus, Ap. 8. 12. *Fœm.* ܪܒܺܝܥܳܝܬ݂ܳܐ Apoc. 4. 7. ܪ̈ܒܺܝܥܶܢ quadrantalia (*quarta pars modii*), Joh. 2. 6. ܡܪܰܒܥܳܐ *fœm.* matrix, Lu. 2. 23;

Rom. 4. 19. ܪܘܒܥܐ quadrans, quarta pars, Apoc. 6. 8.

ܪܓܓ concupivit. ܪܓܓܬ desideravi, Ac. 20. 33. *Fut.* ܢܪܓ. *Ethpael* ܐܬܪܓܓ *idem*, Mat. 13. 17. ܪܓܬܐ ܪܓܝܓܬܐ *f.* desiderium, libido, concupiscentia. ܪ̈ܓܝܓܬܐ *pl. fœm.* desiderabilia, concupiscentiæ.

ܪܓܙ indignatus est. *Fut.* ܢܪܓܙ. *Part. Peil* ܪܓܝܙ iratus. *Aphel* ܐܪܓܙ irasci fecit, exacerbavit, Heb. 3. 16. ܪܘܓܙܐ *m.* ira, Mat. 3. 7; Lu. 3. 7; 21. 23; Joh. 3. 36.

ܪܓܠ ܪܓܠܐ *f.* pes. *Pl.* ܪ̈ܓܠܝܢ ܪ̈ܓܠܐ Apoc. 1. 15. ܪ̈ܓܠܝܐ *pl. m.* pedites, Ac. 23. 32. ܪܓܠܬܐ *f.* torrens, vadum, Joh. 18. 1.

ܪܓܡ lapidavit. *Fut.* ܢܪܓܘܡ. *Ethpe.* ܐܬܪܓܡ lapidatus est, Heb. 11. 37. Heb. רָגַם.

ܪܓܫ tumultuatus est. *Part. Peil* ܪܓܝܫ consentiens, conscius, Ac. 5. 2. *Aph.* ܐܪܓܫ sensit, Ac. 13. 27. ܪܓܫ *m.* tumultus, fremitus, tonitru. *Hinc* ܒܢܝ ܪܓܫ Βοανεργές, *filii tonitrui*, Mar. 3. 17. ܪܓܫܐ *masc.* sensus. *Plur.* ܪ̈ܓܫܝܗܘܢ Heb. 5. 14.

ܪܕܐ castigavit, erudivit, *item* ivit, descendit, fluxit. *Fut.* ܢܪܕܐ. *Part. Peil* ܪܕܐ *masc.* eruditus, Jac. 3. 13. *Ethpe.* ܐܬܪܕܝ eruditus est. ܪܘܕܝܐ *masc.* præceptor, didascalus, Rom. 2. 20. ܡܪܕܝܐ *m.* iter, profectio, Lu. 2. 44. ܡܪܕܘܬܐ *f.* disciplina. *Et* ܡܪܕܘ 2 Tim. 2. 23. ܡܪܕܝܬܐ *f.* fluxus, Mar. 5. 25, *item* navigatio.

ܪܕܥ ܥܘܪܕܥܐ. *Pl.* ܥܘܪ̈ܕܥܐ ranæ, Apoc. 16. 13.

ܪܕܦ persecutus est. Heb. רָדַף. *Inf.* ܠܡܶܪܕܰܦ. *Ethpeel* ܐܶܬܪܕܶܦ persecutionem passus est, Mat. 5. 10. ܪܳܕܽܘܦܳܐ ܪܳܕܽܘܦ *m.* persecutor. *Plur. Suff.* Rom. 12. 14. ܪܽܕܳܦܳܐ persecutio. *Pl.* ܪ̈ܽܕܳܦܶܐ 2 Cor. 12. 10. ܪܕܝܦܘܬܐ *f. idem*, 2 Thess. 1. 4; 2 Tim. 3. 11.

ܪܗܒ conturbatus est. *Part. Peil* ܪܗܝܒܳܬܝ conturbata es, Lu. 10. 41. ܪܗܝܒܝܢ tumultuantes, Mar. 5. 38, 39. *Ethpa.* ܐܶܬܪܰܗܒܰܬ turbata est, Lu. 1. 29. ܪܗܒܘܢܳܐ *m.* arrhabo, pignus, 2 Cor. 1. 22. ܡܪܗܒ. *Vide p.* 87.

ܪܗܛ cucurrit. *Fut.* ܢܶܪܗܛ Rom. 14. 19. ܪܶܗܛܳܐ *m.* cursus, Ac. 12. 14; 20. 24.

ܪܗܛܪܐ ῥήτωρ, rhetor, Ac. 24. 1.

ܪܗܘܡܐ ܪܗܘܡܝ Roma, Ac. 2. 10; 19. 21. ܪܗܘܡܝܘܬܐ *f.* jus reip. Romanæ, Ac. 22. 28. ܪܗܘܡܝܐ *m.* Romanus, Latinus. *Pl.* ܪ̈ܗܘܡܝܐ Joh. 11. 48. ܪܗܘܡܐܝܬ Romanicè, Latinè, Lu. 23. 38.

ܪܘܐ inebriatus fuit. *Inf.* ܠܡܶܪܘܐ. *Part. Peil* ܪܘܐ ebrius. *Fœm.* ܪܘܝܐ Apoc. 17. 6. *Aphel* ܐܰܪܘܝ ad satietatem bibit, Joh. 2. 10. Heb. רָוָה. ܪܰܘܝ *m.* ebriosus. *Pl.* ܪ̈ܰܘܝܐ Mat. 24. 49. ܪܰܘܝܘܬܐ *f.* ebrietas, temulentia, Lu. 21. 34.

ܪܘܒ *Aph.* ܐܰܪܝܒ litem intendit, Ac. 24. 9. ܪܘܒܐ *m.* lis, *item* vociferatio, Eph. 4. 31.

ܪܘܙ exultavit. *Imp.* Mat. 5. 12. *Fœm.* ܪܘܙܝ Ap. 19. 7. ܪܘܙܐ exultatio, Lu. 1. 14.

ܪܘܚ *Pa.* dilatavit. *Aph.* ܐܰܪܘܚ refrigerio fuit ܪܘܚܐ

ܪܘܝܚܐ *m.* amplus, latus, Mat. 7. 13. ܪܘܚܬܐ *f.* respiratio, recreatio, 2 Cor. 8. 13. ܪܘܚ ܪܘܚܐ *f.* spiritus, ventus. *Pl.* ܪ̈ܘܚܝܢ ܪ̈ܘܚܐ. ܪܘܚܢܐ *m.* spiritualis. *Pl.* ܪ̈ܘܚܢܐ 1 Cor. 3. 1. ܪܘܚܢܝܐ *m.* *idem.* *Pl.* ܪ̈ܘܚܢܝܐ. *Plur. fœm.* 1 Cor. 2. 13. ܪܘܚܢܐܝܬ spiritualiter, 1 Pet. 5. 2; Apoc. 11. 8.

ܪܘܚܡܐ σπλάγχνα, visceralis amor, Col. 3. 12. ܡܪܚܡܢ miserator, Jac. 5. 11.

ܪܘܡ *Ethpe.* ܐܬܬܪܝܡܬܝ exaltata fuisti, Mat. 11. 23. *Pa.* ܪܘܡܡ exaltavit, Phil. 2. 9, *et* ܪܝܡ *idem.* *Part. Peil* ܡܪܝܡ exaltatus, Heb. 7. 26. *Ethpa.* ܡܬܪܘܡܡ exaltatus, Ac. 19. 17. *Aphel* ܐܪܝܡ exaltavit. ܪܡ ܪܡܐ *m.* altus, elatus. *Pl.* ܪ̈ܡܐ Jac. 4. 6. ܡܪܝܡܐ *masc. idem,* Mar. 5. 7; Lu. 8. 28. ܪܘܡܐ ܡܪܘܡܐ altitudo. *Plur.* ܡܪ̈ܘܡܐ Mat. 21. 9. ܪ̈ܡܬܐ *pl. f.* colles, Lu. 23. 30.

ܪܘܡܚܐ *f.* lancea, hasta, Lu. 2. 35. Heb. רֹמַח.

ܪܘܬܚ *Hinc* ܪܘܬܚܗܘܢ spuma eorum, Jud. 13.

ܪܚܝܐ *f.* mola, Mat. 18. 6; 24. 41. רֵחַיִם.

ܪܚܡ intimè dilexit. *Fut.* ܢܪܚܡ Mat. 22. 37. *Ethpe.* ܐܬܪܚܡ dilectus est. *Pael* ܪܚܡ misertus est. *Ethpa.* ܐܬܪܚܡ *idem,* Mat. 9. 36. ܪܚܝܡ *masc.* dilectus. *Pl.* ܪ̈ܚܝܡܐ. *Fœm.* ܪ̈ܚܝܡܢ Phil. 1. 8. ܪܚܡܐ amor. *Constr.* ܪܚܡܬ 1 Tim. 6. 10. ܪܚܡܬܐ *fœm.* dilectio, Heb. 13. 2; Jac. 4. 4. ܪ̈ܚܡܐ ܪ̈ܚܡܝܢ *pl. m.* miserationes, viscera, Rom. 1. 31. ܪܚܡܐ *m.* amicus. *Pl.* ܪ̈ܚܡܐ. *Pl. f.* ܪ̈ܚܡܬܐ Lu. 15. 9. ܪܚܡܘܬܐ *fœm.* amicitia, Lu. 11. 8. ܪܚܡܬܢ *m.* misericors. *Plur.* ܪܚܡܬܢ̈ܝܢ

1 Pet. 3. 8. ܡܪܚܡܢܘܬܐ m. idem. Pl. ܡܪܚܡܢܝܢ ܡܪܚܡܢܐ. ܡܪܚܡܢܘܬܐ beneficentia, Ac. 27. 3. ܪܚܡܬܢܘܬܐ f. benevolentia, Heb. 13. 16.

ܪܚܩ remotus fuit. *Ethpa.* ܐܬܪܚܩ discessit. *Aph.* ܐܪܚܩ *idem,* Mat. 7. 23, *item* removit, Ac. 19. 9. ܪܚܝܩ ܪܚܝܩܐ remotus. *Plur.* ܪܚܝܩܝܢ ܪܚܝܩܐ. ܪܘܚܩܐ longinquitas. ܪܘܚܩܐ ܡܢ de longinquo, Mat. 26. 58. ܠܪܘܚܩܐ longè, procul, Ac. 22. 21.

ܪܚܫܐ *m.* reptile. *Pl.* ܪܚܫܐ Ac. 11. 6.

ܪܛܒ *Pael Futur.* ܘܢܪܛܒ et humectet, Lu. 16. 24. ܪܛܝܒܐ humidus, Lu. 23. 31.

ܡܪܛܘܛܐ pallium, Mat. 5. 40. *Pl.* ܡܪܛܘܛܐ.

ܪܛܢ murmuravit. *Pa.* ܪܛܢ *idem,* Mat. 20. 11 ; Jud. ver. 16. ܪܛܢܐ *m.* murmur, murmuratio, Joh. 7. 12.

ܪܝܚ *Aph.* ܡܪܝܚ olfaciens, 1 Cor. 12. 17. ܪܝܚ ܪܝܚܐ *m.* odor, Joh. 12. 3; Eph. 5. 2.

ܪܝܫ ܪܝܫܐ *m.* caput, princeps, primus, principium. *Pl.* ܪܝܫܐ ܪܝܫܝܢ Mar. 6. 21. ܪܝܫܢܐ *m.* præcipuus. *Fœm.* ܪܝܫܢܝܬܐ Mar. 14. 3. ܪܝܫܢܐ *pl. m.* primores, magnates, Lu. 18. 18. ܪܝܫܝܬ ܪܝܫܝܬܐ principium, primitiæ. *Pl.* ܪܝܫܝܬܐ Heb. 7. 4. Heb. רֵאשִׁית. ܪܝܫܢܘܬܐ *fœm.* principatus, Epist. Judæ, ver. 6.

ܪܟܒ equitavit. *Ethpa.* ܐܬܪܟܒ conjunctus est. *Aph.* ܐܪܟܒ equitare fecit. Heb. רָכַב. ܪܘܟܒܐ *pl. m.* juncturæ, vincula, Ac. 27. 40. ܡܪܟܒܬܐ *f.* currus. *Pl.* ܡܪܟܒܬܐ Apoc. 9. 9.

ܪܟܟ *Hinc* ܪܟܝܟܐ *pl. m.* molles, Mat. 11. 8. ܪܟܝܟ *m.* tener. *Pl. f.* ܪܟܝܟܢ Mat. 24. 32.

ܪܟܢ inclinavit. *Aph.* ܐܪܟܢ *idem,* Joh. 19. 30.

ܪܟܫܐ *pl. f.* equi, Jac. 3. 3; equitatus, Apoc. 9. 17.

ܪܡܐ jecit. *Ethpe.* ܐܬܪܡܝ abjecit se. *Aph.* ܐܪܡܝ jecit, Mat. 17. 27; Apoc. 19. 20. ܡܪܡܝܢܐ *m.* impostor, Apoc. 12. 9. ܬܪܡܝܬܐ *fœm.* fundatio. *Pl.* ܬܪܡܝܬܐ Mat. 13. 35.

ܪܡܙ innuit. *Inf.* ܡܪܡܙܘ Lu. 1. 22. רָמַז.

ܪܡܫܐ *m.* vespera, Mat. 8. 16; 14. 15.

ܪܢܐ meditatus, solicitus fuit, Mar. 13. 11. ܪܢܝܐ *m.* cura, meditatio, Mat. 13. 22.

ܪܣܣ ܪܣ aspersit, Heb. 9. 19. *Ethpe.* ver. 13. ܪܣܣܐ *m.* aspersio, Heb. 11. 28; 12. 24.

ܪܥܐ pavit. *Pa.* ܪܥܝ reconciliavit. *Ethpa.* ܐܬܪܥܝ sensit, *item* reconciliatus est, Mat. 5. 24. ܪܥܝܐ *m.* pastor. *Pl.* ܪܥܘܬܐ Lu. 2. 8; 18. 20. ܪܥܝܐ pascuum, Joh. 10. 9. ܡܪܥܝܬܐ *f.* grex. *Pl.* ܡܪܥܝܬܐ Lu. 2. 8. ܪܥܝܢ ܪܥܝܢܐ *m.* mens, voluntas. *Pl.* ܪܥܝܢܐ. ܬܪܥܝܬܐ *fœm.* cogitatio, intentio, Lu. 1. 51. ܬܪܥܝܬܢ *pl. f.* ratiocinationes. *Et* ܬܪܥܝܬܐ 1 Pet. 1. 13. ܬܪܥܘܬܐ *fœm.* reconciliatio, Rom. 5. 10, 11.

ܪܥܠ tremuit, Jac. 2. 19. *Fut.* ܢܪܥܠ. Heb. רָעַל.

ܪܥܡܐ tonitru. *Pl.* ܪܥܡܐ Apoc. 4. 5; 8. 5. ܪܘܥܡܐ querela, Col. 3. 13.

ܪܥܥ *Ethpe.* ܐܬܪܥܥ confractus est, Mat. 21. 44. ܪܥܝܥܐ quassatus, percussus, Mat. 12. 20.

ܪܥܛ *Aph.* ܡܪܥܛ lacerans, Mar. 9. 18, 20.

ܪܦܐ remisit. *Part. Peil* ܪܦܐ remissus. *Ethpa.* ܐܬܪܦܝ remissus est. *Aph.* ܐܪܦܝ laxavit, Ac. 27. 40.

ܪܦܢ Rephan (*nomen idoli*), Ac. 7. 43. Ῥεμφάν.

ܪܦܦ ܪܦܦ ܥܝܢܐ ἐν ῥιπῇ, 1 Cor. 15. 52.

ܪܦܫܐ ventilabrum, vannus, Mat. 3. 12.

ܪܦܬ ebullivit, *item* arrosus est, Ac. 12. 23.

ܪܨܝܦܬܐ *f.* pavimentum, Joh. 19. 13.

ܪܩܕ *Pa.* saltavit, Mat. 11. 17. *Aph.* ܐܪܩܕ planxit.

ܪܘܩܥܬܐ *fœm.* expansa, ampla, Lu. 6. 38. Rab. רקע.
ܪܘܩܥܐ *pl. masc.* frustra, scissuræ, Ac. 19. 12.
ܐܪܘܩܥܬܐ *f.* assumentum, Mat. 9. 16.

ܪܩܩ ܪܩ spuit, exspuit, Mat. 26. 67; Mar. 10. 34. ܪܘܩܐ sputum, Joh. 9. 6. ܪܩܐ ῥακά, vacuus (*mente*), Mat. 5. 22. *Ab Heb.* ריק *vel* רֵקָ.

ܪܫܐ conquestus est. *Ethpe.* ܐܬܪܫܝ accusatus est. *Aph.* ܐܪܫܝ accusavit, *item* præbuit, Ac. 25. 9. ܪܫܝܢ ܪܫܝܢܐ *m.* accusatio, culpa. *Pl.* ܪܫܝܢܐ v. 7.

ܪܫܡ signavit. *Ethpa.* ܐܬܪܫܡ designatus est. ܪܘܫܡܐ *m.* character, signum, Apoc. 13. 16, 17.

ܪܫܥ *Aph.* ܐܪܫܥ impiè fecit, Jud. 15. ܪܫܝܥܐ *masc.* improbus. *Plur.* ܪܫܝܥܐ Ac. 2. 23. ܪܘܫܥܐ *m.* improbitas, Rom. 1. 18; 2 Tim. 2. 16.

ܪܬܐ *Aph.* ܐܪܬܝ erudivit. *Inf.* Rom.15.14. ܡܪܬܝܢܘܬܐ *f.* institutio, 2 Tim. 1. 7.

ܪܬܚ *Part.* ܪܬܚ fervens, Ac. 18. 25. ܪܬܚܐ calor, Ac. 28. 3.

ܪܬܬ tremuit. *Part.* ܪܬܐ. *Partic. Peil* ܪܬܝܬ tremefactus. ܪܬܝܬܐ tremor, Mar. 16. 8; 1 Cor. 2. 3.

LITERA ܫ.

ܫܐܕܐ *m.* diabolus. *Pl.* ܫ̈ܐܕܐ ܫܐܕܝܢ. Heb. שֵׁד.

ܫܐܠ petiit, interrogavit. *Futur.* ܢܫܐܠ. *Ethpe.* ܐܫܬܐܠܬ detrectavi, Ac. 20. 27. *Inf.* ܠܡܫܬܐܠܘ excusare se, Lu. 14. 18. *Pa.* ܫܐܠ *idem.* *Ethpael* ܐܫܬܐܠ quæsitus est, subduxit se, 2 Tim. 2. 16, *item* interrogatus est, Ac. 22. 24. *Aph.* ܐܫܐܠ commodavit, mutuò dedit, Lu. 11. 5. ܫܐܠܬܐ *f.* petitio. *Pl.* ܫܐܠ̈ܬܐ Phil. 4. 6.

ܫܒܐ captivum cepit, abduxit. *Ethpe.* ܐܫܬܒܝܘܢ Lu. 21. 24. ܫܒܝܐ *m.* captivus. *Pl.* ܫ̈ܒܝܐ Rom. 16. 7. ܫܒܝܬܐ *f.* captivitas, Eph. 4. 8. ܫܒܝܐ *idem*, Apoc. 13. 10, *idem quod* ܫܒܝܘܬܐ.

ܫܒܬܐ requies, sabbatum, *item* septimana, Mar. 16. 9; Ac. 20. 7; bis in sabbato, *h. e.* in septimanâ, Mat. 28. 1. *Plur.* ܫܒ̈ܬܝܢ Ac. 15. 21. ܫܒܬܐ sabbatum, Mat. 12. 1, 2, 5.

ܫܒܒ ܫܒ demisit, demissus est, Mar. 2. 4. ܫܒܒܝܢ *pl. m.* vicini, Lu. 1. 58. *Pl. f.* ܫ̈ܒܒܬܐ Lu. 15. 9.

ܫܒܗܪ *Pa.* elevavit. *Ethpa.* ܐܫܬܒܗܪ gloriatus est. ܫܘܒܗܪܐ *m.* gloria, gloriatio, Rom. 3. 27; 4. 2. ܫܒܗܪܢܐ *m.* *Pl.* ܫܒܗܪ̈ܢܐ gloriosi, Rom. 1. 30. ܫܒܗܪܢܘܬܐ *f.* gloriatio, superbia, Mar. 7. 22.

ܫܒܚ *Pa.* laudavit, glorificavit, Lu. 16. 8. *Ethpa.* ܐܫܬܒܚ glorificatus est, Mat. 6. 2; Lu. 4. 15. ܡܫܒܚܐ laudatus. *Pl. f.* ܡܫܒ̈ܚܢ laudabilia.

ܡܫܰܒ̈ܚܶܐ *pl. m.* gloriosi. *Fœm.* ܡܫܰܒ̈ܚܳܬܳܐ 1 Pet. 1. 8. ܫܽܘܒܚܳܐ *masc.* gloria, laus, Mat. 4. 8; 24. 30. ܬܶܫܒܽܘܚܬܳܐ ܬܶܫܒܽܘܚܳܐ *fœm. idem. Plur.* ܬܶܫܒ̈ܚܳܢ Rom. 1. 25. ܬܶܫܒ̈ܚܳܬܳܐ hymni, laudes, Col. 3. 16. ܬܶܫܒܽܘܚܬܳܐ *f. idem,* Rom. 3. 7.

ܫܰܒܛܳܐ *m.* virga, sceptrum, *item* tribus. *Plur.* ܫܰܒ̈ܛܶܐ. ܫܳܩܠܰܝ ܫܰܒ̈ܛܶܐ gestantes virgas, *item* lictores, Ac. 16. 35. Heb. שֵׁבֶט. Chal. שִׁבְטָא.

ܫܒܺܝܠܳܐ *m.* semita. *Plur.* ܫܒ̈ܺܝܠܶܐ Heb. 12. 13. Heb. שְׁבִיל. ܫܶܒܠܳܐ *m.* spica, Mar. 4. 28. *Pl.* ܫܶܒ̈ܠܶܐ Mat. 12. 1.

ܫܒܰܥ *f. et* ܫܰܒܥܳܐ *m.* septem, *item* septimus, Jud. 14. ܫܰܒ̈ܥܰܬܗܽܘܢ Mat. 22. 26. *Pl.* ܫܰܒܥܺܝܢ septuaginta, Ac. 7. 14. ܫܒܺܝܥܳܝܳܐ *masc.* septimus. *Fœm.* ܫܒܺܝܥܳܝܬܳܐ Apoc. 21. 20.

ܫܒܰܩ dimisit, Mat. 13. 36, *item* remisit, Mat. 6. 12. *Fut.* ܢܶܫܒܽܘܩ. *Ethpe.* remissus est, Mat. 24. 40, 41. ܫܒܺܝܩܬܳܐ *f.* dimissa, repudiata, Mat. 5. 32. ܫܽܘܒܩܳܢ ܫܽܘܒܩܳܢܳܐ *masc.* remissio, repudium, Mat. 19. 7.

ܫܰܒܪܳܐ *m.* imperitus, rudis. *Pl.* ܫܰܒܪ̈ܶܐ 1 Pet. 2. 2.

ܫܒܺܫܬܳܐ *f.* palmes, Joh. 15. 2. *Pl.* ܫܒ̈ܺܫܳܬܳܐ Joh. 15. 5.

ܫܒܬ *Aph.* ܠܰܡܫܰܒܳܬܽܘ sabbatizare, Heb. 4. 9. ܫܶܒܬܳܐ *m.* anethum, Mat. 23. 23. Arab. شبث.

ܫܓܳܐ erravit. ܫܓܰܘ errarunt, 2 Pet. 2. 15.

ܫܽܘܓܳܢܳܐ vicissitudo, Jac. 1. 17.

ܫܓܰܪ *Ethpe.* ܡܶܫܬܓܰܪ accensus, Apoc. 9. 2.

ܫܓܰܫ commovit, turbavit. *Ethpa.* ܐܶܫܬܰܓܫܰܬ tumultuata est, Ac. 19. 29. Arab. سجس. ܫܽܘܓܳܫܳܐ

ܫܓܘܫܐ *masc.* *Pluralis* ܫܓܘ̈ܫܐ seditiosi, Ac. 19. 40.

m. commotio, seditio. *Pluralis* ܫܓܘܫܝ̈ܐ.

ܫܕܐ projecit, injecit, expulit. *Imper.* Mat. 4. 6; 5. 29. *Ethpe.* ܐܫܬܕܝ Mat. 5. 13. *Pa.* ܫܕܝ *idem,* Ac. 22. 23. ܫܕܝܐ *masc.* jaculator. *Pl.* ܫܕ̈ܝܢ Ac. 23. 23. ܡܫܕܝܐ *m.* jactus. ܡܫܕܝܐ ܕܟܐܦܐ jactus lapidis, Lu. 22. 41.

ܫܕܠ *Pa. Part.* ܡܫܕܠܝܢ pellicientes, 2 Pet. 2. 14. ܫܘܕܠܐ *m.* adulatio, 1 Thess. 2. 5.

ܫܕܪ *Pa.* misit, Mat. 10. 16. *Ethpa.* ܐܫܬܕܪ missus est.

ܫܗܪ vigilavit, Mat. 26. 38. *Futur.* ver. 40. Arab. سهر. ܫܗܪܐ *m.* vigilia, 2 Cor. 6. 5; 11. 27.

ܫܘܐ dignus fuit. *Part.* ܫܘܐ dignus. *Ethpe.* ܐܫܬܘܝܘ consenserunt. *Pa.* ܫܘܝܬ detersit, æquavit. *Fut.* Lu. 7. 44. *Imp.* ܫܘܐ sterne, para. *Part.* Mat. 21. 8. *Aph.* ܐܫܘܝ parem, planum, idoneum fecit, Mat. 3. 3; 20. 12; Joh. 5. 18. ܫܘܐ ܫܘܝܐ *masc.* æqualis. *Pl.* ܫܘ̈ܝܐ Apoc. 21. 16. ܫܘܝܘܬܐ *f.* æqualitas, æquabilitas, Rom. 15. 5. ܫܘܝܐܝܬ æquè, æqualiter, Ac. 11. 17.

ܫܘܓ *Aph.* ܐܫܝܓ lavit, Mat. 6. 17; 15. 2. ܡܫܝܓܬܐ *f.* pelvis, pelluvium, Joh. 13. 5.

ܫܘܕܝ promisit. *Ethpa.* ܐܫܬܘܕܝ *id.,* Ac. 7. 5. ܫܘܘܕܝܐ *m.* promissio, Ac. 1. 4. *Pl.* ܫܘܘ̈ܕܝܐ 2 Pet. 1. 4.

ܫܘܕܥ *Pa.* manifestavit, Apoc. 1. 1. *Ethpa.* ܐܫܬܘܕܥ agnovit, Ac. 12. 11; 19. 15. ܫܘܘܕܥܐ *m.* cognitio, 2 Pet. 1. 2.

ܫܘܘܚܪܐ cunctatio, 2 Pet. 3. 9.

ܫܰܘܙܶܒ *Pa.* liberavit, eripuit. *Ethpa.* ܐܶܫܬܰܘܙܰܒ liberatus est, Ac. 27. 44.

ܫܘܰܚ apparuit, exortus est, Mat. 13. 5.

ܫܘܚܕܳܐ *m.* donum, Ac. 24. 26. Heb. שֹׁחַד. ܡܫܰܘܚܰܕܬܳܐ *f.* solitaria, desolata, 1 Tim. 5. 5.

ܫܘܛ ܫܳܛ sprevit. *Fut.* Mat. 6. 24. *Ethpe. Part. fœm.* ܡܶܫܬܳܛܝܳܐ contempta, Ac. 19. 27. ܫܝܛܳܐ *f.* contemptibilis, 2 Cor. 10. 10.

ܫܘܡܳܬܳܐ *pl. f.* vibices, 1 Pet. 2. 24. Arab. شوم.

ܫܘܥܳܐ *m.* saxum, petra. *Pl.* ܫܘܥܶܐ Mat. 7. 24.

ܫܘܦܢܺܝܢܶܐ *pl.* turtures, Lu. 2. 24. Arab. شفنين.

ܫܘܩܳܐ *m.* platea, forum, Mat. 11. 16. *Plur.* ܫܘܳܩܺܝܢ ܫܘܳܩܶܐ. ܫܰܩܶܐ ܫܳܩܝܢ *plur.* crura, Joh. 19. 31. Heb. שׁוֹק.

ܫܘܩܪܳܐ *m.* falsitas, mendacium, Mat. 15. 19.

ܫܘܰܪ insiliit, exsiliit, Ac. 19. 16. ܫܘܪܳܐ *masc.* murus, Apoc. 21. 12. *Pl.* ܫܘܪܺܝܢ Heb. 11. 30.

ܫܘܫܰܢܶܐ *pl. f.* lilia, Mat. 6. 28. שׁוֹשַׁנִּים.

ܫܰܘܬܶܦ *Pa.* communicavit. *Ethpa.* ܐܶܫܬܰܘܬܰܦ adjunxit se, communicavit. *Part.* ܡܶܫܬܰܘܬܦ particeps. ܫܰܘܬܳܦܳܐ *masc.* particeps, socius. *Plur.* ܫܰܘܬܳܦܺܝܢ ܫܰܘܬܳܦܶܐ. ܫܰܘܬܳܦܽܘܬܳܐ *fœm.* consociatio, amicitia, communio, Rom. 9. 10.

ܫܚܰܣ liquescere. *Aph.* ܐܰܫܚܶܣ ausus est, Phil. 1. 14. *Part.* ܡܰܫܚܶܣ audax. *Pl.* ܡܰܫܚܣܺܝܢ 1 Thess. 4. 6.

ܡܫܰܚܣܳܢܳܐ *m.* sicarius, vastator. Heb. שָׁחַס.

ܫܰܚܠܶܦ *Pa.* mutavit. *Ethpa.* ܐܶܫܬܰܚܠܰܦ. ܡܫܰܚܠܦܶܐ *pl. masc.* diversi, varii. *Pl. fœm.* ܡܫܰܚܠܦܳܬܳܐ.

ܫܘܚܠܦܐ *m.* mutatio, Heb. 7. 12, 18; 12. 27.

ܫܚܢ calefecit, Mar. 14. 54; Joh. 18. 18, 25. ܫܘܚܢܐ *m.* ulcus, Apoc. 16. 2. *Plur.* ܫܘܚ̈ܢܐ ver. 11. שְׁחִין.

ܫܚܩ contrivit, contudit. *Ethpe.* ܐܶܫܬܚܶܩ Ap. 2. 27. ܫܚܩܐ *m.* contritio, conflictatio, Rom. 3. 16.

ܫܚܪ *Pa.* coëgit, angariavit, Mat. 27. 32. *Ethpe.* ܐܫܬܚܪ relictus est, Rom. 11. 5. *Ethpa. ex formâ quadratâ* ܐܫܬܘܚܪ tardavit, Ac. 22. 16.

ܫܚܬ *Aph.* ܐܫܚܬ æruginem contraxit. Heb. הַשְׁחִית. ܫܘܚܬܐ *f.* corruptio, ærugo. Chal. שׁוּחְתָא.

ܫܛܐ stultus fuit. *Aph.* ܐܫܛܝ infatuavit. ܫܛܝܐ insipiens. *Pl.* ܫܛ̈ܝܐ 1 Cor. 4. 10. ܫܛܝܘܬܐ *f.* stultitia, 1 Cor. 1. 18; 2. 14.

ܫܛܝܦܬܐ *f.* alabastrum, pyxis, Mat. 26. 7.

ܫܛܪ chirographum, Col. 2. 14. Chal. שְׁטָרָא שְׁטַר.

ܫܝܘܠ infernus, *item* sepulcrum. Heb. שְׁאוֹל.

ܫܝܢ *Pa.* pacificavit. *Ethpa. Imper.* ܐܫܬܝܢܘ pacem colite, 1 Thess. 5. 13. *Fut.* ܢܫܬܝܢܘܢ Ac. 7. 26. ܫܝܢܐ *m.* tranquillitas, pax, Mat. 10. 34; Lu. 11. 21.

ܫܝܦܐ collyrium, Apoc. 3. 18.

ܫܝܫܐ *m.* marmor, Apoc. 18. 12. Heb. שַׁיִשׁ.

ܫܟܒ dormivit, Ac. 13. 36. *Part. Pl. Constr.* ܫ̈ܟܒܝ 1 Cor. 6. 9. *Part. Peil plur.* demortui, Mat. 27. 52.

ܫܟܚ *Part. Peil plur. fœm.* ܫܟ̈ܝܚܢ præsentia, 2 Pet. 1. 8. *Aph.* ܐܫܟܚ potuit, invenit. *Fut.* ܢܫܟܚ. *Part.* ܡܫܟܚ. *F.* ܡܫܟܚܢܐ possibile. *Ethpe.*

ܐܫܬܟܚ repertus est, *item* potuit. *Futurus* ܢܫܬܟܚ. *Part.* ܡܫܬܟܚ.

ܫܟܢ habitavit. *Futur.* ܢܫܟܘܢ Mar. 4. 32. שָׁכֵן. ܡܫܟܢܐ *m.* tabernaculum, Apoc. 13. 6. Heb. מִשְׁכָּן.

ܫܟܪܐ sicera, Lu. 1. 15. שֵׁכָר. ܡܫܟܪ *masc.* fœdum, turpe, αἰσχρόν, 1 Cor. 11. 6.

ܫܠܕܐ *m.* cadaver, Mat. 14. 12; Ac. 9. 40.

ܫܠܗܒ *Pael* ܡܫܠܗܒ flammans, Apoc. 1. 15. ܫܠܗܒܝܬܐ *f.* flamma, Lu. 16. 24. שַׁלְהֶבֶת.

ܫܠܚ misit. *Imp.* ܫܠܚܘܗܝ exuite eum. *Part. Peil* ܫܠܝܚܝܢ missi, *item* denudati, Ac. 19. 16. *Ethpe.* ܐܫܬܠܚ missus est. *Aph.* ܐܫܠܚ exuit. ܫܠܝܚܐ legatus, apostolus. *Pluralis* ܫܠܝ̈ܚܐ ܫܠܝ̈ܚܝܢ. ܫܠܝܚܘܬܐ *f.* apostolatus, Ac. 1. 25; Rom. 1. 5. ܫܠܚ abjectio, remotio, Col. 2. 11, 15.

ܫܠܛ *Pa.* valuit, potens fuit. ܡܫܠܛܐ Mat. 7. 29. *Ethpa.* ܐܫܬܠܛ dominatus est. *Aph.* ܐܫܠܛ potestatem tribuit, Heb. 2. 7. Æth. ሠለጠ: ܫܠܝܛܐ ܫܠܝܛ *m.* dominator, præfectus. *Pl.* ܫܠܝ̈ܛܐ ܫܠܝ̈ܛܝܢ. *Fœm. Sing.* ܫܠܝܛܐ Lu. 22. 25. ܫܠܝ̈ܛܢܐ ܫܠܝ̈ܛܢܝܢ *pl. m.* dominatores, Lu. 12. 11. ܫܘܠܛܢܐ ܫܘܠܛܢ *masc.* potestas, dominium. *Pl.* ܫܘܠ̈ܛܢܐ.

ܫܠܐ desiit, quievit, cessavit. *Pa.* ܫܠܝ sedavit. *Ethpa. Partic.* ܡܫܬܠܝܐ desinens, Eph. 1. 16. ܫܠܘܬܐ intermissio, cessatio, Rom. 1. 9. ܫܠܝܐ *m.* tranquillitas. ܡܢ ܫܠܝܐ *et* ܡܢ ܒܬܠ ܫܠܝܐ repentè, *item* ܫܠܝܢ ܦܬܡ Lu. 2. 13, *et* ܦܬܝܩܠܝܢ *idem.*

ܫܠܡ implevit, consensit, Lu. 23. 51; finivit, Mar. 15. 37; confirmavit, Rom. 4. 12. *Fut.* ܢܫܠܡ. *Ethpe.* ܐܫܬܠܡ traditus est. *Pa.* ܫܠܡ complevit, perfecit, 2 Cor. 8. 6; persolvit, Mat. 5. 33; composuit, Lu. 9. 61. *Ethpa.* ܐܫܬܠܡ completus, perfectus est. *Aph.* ܐܫܠܡ tradidit. ܫܠܡܐ ܫܠܡ *m.* pax, salutatio, Mat. 26. 49. ܫܘܠܡܐ *masc.* consummatio, finis, Mat. 13. 39. ܫܠܡܘܬܐ *fœm.* concordia, pax, 2 Cor. 6. 15. ܡܫܠܡܢܐ ܡܫܠܡ *masc.* perfectus. *Pluralis* ܡܫܠܡܝܢ. ܡܫܠܡܢܐ *masc.* proditor. *Plur.* ܡܫܠܡܢ̈ܐ Mat. 26. 47. ܡܫܠܡܢܘܬܐ *f.* traditio, Mat. 15. 2, 3, 6.

ܫܠܡܐ *pl. m.* ܫܠܡ̈ܐ integri, Heb. 10. 6, 8. ܫܠܝܡܘܢ Salomon, Heb. שְׁלֹמֹה, Mat. 1. 6, 7.

ܫܠܝ̈ܬܐ *pl.* guttæ, grumi, Lu. 22. 44.

ܫܡܘܢܐ *m.* obolus. *Pl.* ܫܡܘ̈ܢܐ Mat. 5. 26.

ܫܡܛ extraxit, Mat. 26. 51; Mar. 14. 47.

ܫܡܗ *Pa.* nominavit. *Fut.* Lu. 1. 62. *Ethpa.* ܐܫܬܡܗ cognominatus est, Ac. 1. 23. *Inf.* ܡܫܬܡܗܘ Eph. 5. 3. *Part.* ܡܫܬܡܗ Eph. 1. 21. Arab. سمي *idem.* ܫܡܐ ܫܡ *m.* nomen. *Suff.* ܫܡܗ ܫܡܝ. *Pl.* ܫܡܗ̈ܐ ܫܡܗܝܢ. *Constr.* ܫܡܗ̈ܝ. اسم. Æth. ስም:

ܫܡܝܐ *m.* cœlum, cœli. Arab. سما. Æth. ሰማይ: ܫܡܝܢܐ cœlestis. *Pl.* ܫܡܝ̈ܢܐ. *Fœm.* ܫܡܝܢܝܬܐ.

ܫܡܠܝ *Pa.* complevit. *Fut.* ܐܫܡܠܐ. *Part.* ܡܫܡܠܐ.

Ethpa. Fut. ܢܶܫܬܲܡܠܶܐ ut impleatur, Joh. 15. 11. ܡܫܰܡܠܝܳܐ ܡܫܰܡܠܶܝ perfectus. *Plur. masc.* ܡܫܰܡܠܝܶܐ Col. 4. 12. *Fœm. Sing.* ܡܫܰܡܠܝܳܬܳܐ Mar. 4. 28. ܫܽܘܡܠܳܝܳܐ complementum, Heb. 6. 11.

ܫܡܶܢ pinguis fuit, Mar. 4. 29. ܫܽܘܡܢܳܗ̇ pinguedo ejus, Rom. 11. 17. שׁוּמְנָא שְׁמֵנָא שֶׁמֶן. ܫܰܡܺܝܢܳܬܳܐ *pl. f.* pinguia, Apoc. 18. 14.

ܫܡܰܥ audivit. *Futur.* ܢܶܫܡܰܥ. *Ethpa.* Mat. 4. 24. ܫܶܡܥܳܐ *m.* auditio, rumor, Mat. 13. 14; 14. 1. ܫܳܡܽܘܥܳܐ *m.* auditor. *Pl.* ܫܳܡܽܘܥܶܐ Rom. 2. 13. ܫܡܰܥܬܳܐ ܡܶܫܡܰܥܬܳܐ auditus, *item* obedientia. ܡܶܫܬܰܡܥܳܢܽܘܬܳܐ *f. idem.* ܠܳܐ ܡܶܫܬܰܡܥܳܢܽܘܬܳܐ in-obedientia. ܡܶܫܬܰܡܥܳܢܳܐ ܡܶܫܬܰܡܥܳܢ *m.* obediens. *Plur.* ܡܶܫܬܰܡܥܳܢܶܐ. *Fœm. Sing.* ܡܶܫܬܰܡܥܳܢܺܝܬܳܐ Jac. 3. 17.

ܫܰܡܶܫ ministravit. *Ethpa.* ܐܶܫܬܰܡܰܫ Mat. 20. 28. ܫܶܡܫܳܐ *c.* sol, Mat. 5. 45. Heb. שֶׁמֶשׁ. Chal. שִׁמְשָׁא. Arab. شَمْس. ܡܫܰܡܫܳܢܳܐ *m.* minister. *Pl.* ܡܫܰܡܫܳܢܶܐ ܡܫܰܡܫܳܢܶܝ. ܡܫܰܡܫܳܢܺܝܬܳܐ *fœm.* ministra, Rom. 16. 1. ܬܶܫܡܶܫܬܳܐ *f.* famulitium, ministerium, Lu. 1. 5, 8.

ܫܢܳܐ insanivit, Joh. 10. 20; Ac. 26. 25. *Pa.* ܫܰܢܺܝ migravit, Mat. 4. 12. *Imperat.* ܫܰܢܳܐ. *Ethpa.* ܐܶܫܬܰܢܺܝ translatus est, Ac. 7. 16; mutatus est, Eph. 4. 14. ܫܢܳܐ *et* ܫܰܢ݈ܬܳܐ *fœm.* annus, Apoc. 9. 15. *Constr.* ܫܢܰܬ Lu. 3. 1. *Pl.* ܫܢܺܝܢ ܫܢܰܝܳܐ Ac. 24. 3. *Constr.* ܫܢܰܝ Gal. 1. 14. ܫܶܢܝܳܬܳܐ *pl. f.* deliria, deliramenta, Lu. 24. 11.

ܫܢܢ *Ethpa.* ܐܫܬܢܢ sæviit, Ac. 26. 11. ܫܢܝܢ̈ܐ *pl. masc.* cruciatus, Heb. 11. 35.

ܫܢܢ *Hinc* ܫܶܢܐ *f.* dens. *Pl.* ܫܢ̈ܐ ܫܢܝܢ.

ܫܢܩ *Pa.* cruciavit. *Pass. Ethpa.* ܐܫܬܢܩ cruciatus est, Mat. 8. 6. ܫܘܢܩܐ *masc.* tormentum, 2 Pet. 2. 4. ܬܫܢܝܩܐ *m.* cruciatus, pœna. *Pl.* ܬܫܢܝܩ̈ܐ.

ܫܥܒܕ *Pa.* subjecit, in servitutem adegit. *Part. Peil* Heb. 2. 15. *Ethpa.* ܐܫܬܥܒܕ subjecit se, Jac. 4. 7. ܫܘܥܒܕ ܫܘܥܒܕܐ servitus, subjectio, Gal. 2. 5.

ܫܥܐ lusit. *Ethpa.* ܐܫܬܥܝ narravit, Ac. 9. 27. ܫܥܝܐ fabula, scurrilitas, Eph. 5. 4. ܫܘܥܝܬܐ *pl. f.* narrationes, colloquia, fabulæ. ܬܫܥܝܬܐ *pl. f.* historiæ, narrationes, Lu. 1. 1. ܫܥܐ ܫܥܬܐ *f.* hora. *Pl.* ܫܥܝܢ. ܫܥ̈ܐ. ܒܗ̇ ܒܫܥܬܗ eâ ipsâ horâ. ܒܗ̇ ܒܫܥܬܐ *idem,* statim, Mat. 8. 3, 13.

ܫܦܠܐ *m.* humilis, Lu. 3. 5; 8. 15. ܫܟܐ stimulus, 2 Cor. 12. 7.

ܫܦܠ *Pa.* humiliavit, dejecit, Ac. 19. 16.

ܫܦܥ *Pa.* effudit. *Part. Peil* Rom. 5. 5. *Ethpa.* ܐܫܬܦܥ effusus est. *Aph.* ܐܫܦܥ effudit, Mat. 26. 7. ܡܫܦܥܢܝܬܐ *f.* redundans, Lu. 6. 38. ܫܘܦܥܐ effusio, Heb. 9. 22.

ܫܦܪ placuit. *Fut.* ܢܫܦܪ. *Ethpa.* ܐܫܬܦܪ placentem, benevolum se præbuit, Tit. 2. 9. ܫܦܝܪ ܫܦܝܪܐ bonus, pulcher, *item* rectè, 2 Pet. 1. 19. *Pl.* ܫܦܝܪܝܢ ܫܦܝܪ̈ܐ. *Fœm. Sing.* ܫܦܝܪܐ ܫܦܝܪܬܐ. *Pl.* ܫܦܝܪ̈ܢ ܫܦܝܪ̈ܬܐ Heb. 6. 9. ܫܦܪܐ aurora,

i. q. [Syriac] Mar. 16. 2. [Syriac] decor. *Plur.* [Syriac]. [Syriac] tuba. *Plur.* [Syriac] Apoc. 8. 2. שׁוּפְרָא שׁוֹפָר.

[Syriac] *Aph.* [Syriac] potavit, rigavit, Mat. 25. 35.

[Syriac] rupes, scopulus, petra, Mat. 8. 32.

[Syriac] tulit, abstulit, accepit, *item* discessit. *Futurus* [Syriac]. *Partic. Peil* Mat. 11. 28. *Ethpe.* [Syriac] sublatus est. *Pa. Part. Peil* [Syriac]. *Aph.* [Syriac] portavit, Mat. 3. 11. [Syriac] *m.* pondus, moderamen, Ac. 24. 3.

[Syriac] diligentia, 2 Pet. 1. 5.

[Syriac] dimisit, Mat. 14. 23; mansit, Ac. 18. 3; habitavit, Apoc. 13. 6; solvit, Ac. 7. 33; distinxit, Mat. 26. 61. *Ethpe.* [Syriac] discessit, Ac. 4. 23; dissolutus est, 2 Pet. 2. 10. *Pa.* [Syriac] cœpit, incepit, Mat. 20. 8; 24. 49. *Ethpa.* [Syriac] commoratus est, edit, convivatus est, Lu. 11. 37. [Syriac] *fœm.* prandium, convivium, Mat. 22. 4. [Syriac] *masc.* principium, exordium, Lu. 24. 47. [Syriac] dissolutio, divortium, 1 Cor. 7. 27. [Syriac] sericum, Ap. 18. 12. [Syriac] *pl. f.* commissuræ, Eph. 4. 16, *et* [Syriac] Heb. 4. 12. [Syriac] lorica, commissuræ, Eph. 6. 14. *Pl.* [Syriac] Col. 2. 19; Apoc. 9. 9. [Syriac] habitatio. [Syriac] [Syriac] diversorium. [Syriac] *f.* castra, Apoc. 20. 9. *Plur.* [Syriac] Heb. 11. 34. [Syriac] [Syriac] *masc.* solutus membris, paralyticus, Mat. 8. 6. *Pluralis* [Syriac] Mat. 4. 24. [Syriac] Heb. 12. 12.

ܫܰܪܒܬܳܐ *f.* generatio, tribus, familia, Mat. 11. 16. *Pl.* ܫܰܪ̈ܒܳܢ Ac. 26. 7, *et* ܫܰܪ̈ܒܳܬܳܐ Ac. 3. 25.

ܫܪܓ *Ethpa.* ܡܶܫܬܰܪܓܪܓܺܝܢ imaginantes, Judæ 8. ܫܪܳܓܳܐ lucerna. *Pl.* ܫܪ̈ܳܓܺܝܢ ܫܪ̈ܳܓܶܐ Lu. 12. 35.

ܫܪܚ *Ethpa.* ܐܶܫܬܰܪܰܚ exarsit, Rom. 1. 27; Jud. 11.

ܡܫܰܪܚܽܘܬܳܐ *f.* abundantia. *Juxta edit. Paris. et Ang. pro* ܡܫܰܪܚܠܽܘܬܳܐ.

ܫܪܳܟܳܐ *et* ܫܪܳܟܢܳܐ reliquiæ, Mat. 22. 6; Apoc. 9. 20.

ܫܪܥ erravit. *Ethpa.* ܐܶܫܬܰܪܰܥ *idem,* Jac. 3. 2. ܫܽܘܪܥܬܳܐ *f.* transgressio, lapsus, Rom. 5. 15.

ܫܪܪ confirmatus est, Ac. 3. 7. *Pa.* ܫܰܪܰܪ corroboravit, confirmavit. *Ethpael* ܐܶܫܬܰܪܰܪ. *Aphel* ܐܰܫܰܪ *idem, item* firmiter credidit, Heb. 11. 11; Rom. 4. 21. *Futur.* ܢܫܰܪ Rom. 15. 8. *Part.* ܡܫܰܪ. ܫܰܪܺܝܪ ܫܰܪܺܝܪܳܐ *m.* verus, verax, firmus. *Pl.* ܫܰܪܺܝܪܺܝܢ ܫܰܪܺܝܪ̈ܶܐ. *Fœm. Suff.* ܫܰܪܺܝܪܳܐ ܫܰܪܺܝܪܬܳܐ vera, *item* verum, veritas. *Plur.* ܫܰܪܺܝܪ̈ܳܢ ܫܰܪܺܝܪ̈ܳܬܳܐ Joh. 4. 18; 8. 40. ܫܪܳܪܳܐ *m.* veritas. ܒܫܪܳܪܳܐ verè, Ac. 10. 34. ܫܰܪܺܝܪܽܘܬܳܐ *f.* firmitas, soliditas, Col. 2. 5. ܫܰܪܺܝܪܳܐܝܬ verè, Mat. 14. 33; Joh. 1. 48.

ܡܫܰܪܚܠܽܘܬܳܐ *f.* copia, abundantia, Phil. 4. 12.

ܫܶܫܠܬܳܐ *f.* catena. *Pl.* ܫܶܫܠ̈ܳܢ ܫܶܫܠ̈ܳܬܳܐ Mar. 5. 4.

ܫܶܬ sex, Mat. 20. 5. ܫܶܬܳܐ *idem,* Mat. 17. 1, *et* ܐܶܫܬܳܐ *idem,* Lu. 1. 26. ܫܬܰܬܥܣܰܪ sedecim, Ac. 12. 4. *Pl.* ܫܶܬܺܝܢ sexaginta, Mat. 13. 8. ܫܬܺܝܬܳܝܳܐ *m.* sextus, Apoc. 6. 12. ܫܬܺܝܬܳܝܬܳܐ Apoc. 21. 20.

ܫܬܳܐ bibit. *Fut.* ܢܶܫܬܶܐ. *Aph.* ܐܰܫܩܺܝ *idem.* ܡܶܫܬܽܘܬܳܐ *f.* convivium, nuptiæ, Mat. 22. 2. ܡܶܫܬܝܳܐ *m.* potus, potio, Joh. 6. 55.

ܫܬܐܣܬܐ *f.* fundamentum. *Pl.* ܫܬܐܣ̈ܬܐ Apoc. 21. 14.

ܐܫܬܘܫܛ *Ethpa.* extensus est, Phil. 3. 13.

ܐܫܬܒܗܪ *Ethpa.* extulit se, Jac. 2. 6, 13 ; 3. 5.

ܫܬܩ tacuit. *Fut.* ܢܫܬܘܩ. *Pa.* ܫܬܩ silentium imposuit. *Ethpa.* ܐܫܬܬܩ obmutuit, 1 Cor. 13. 8. Heb. שָׁתַק. Chal. שְׁתַק *idem.* ܫܬܝܩ *masc.* mutus. *Plur.* ܫܬܝܩܝܢ. *Fœm.* ܫܬܝܩܢ 1 Cor. 14. 34.

ܫܬܩܐ silentium, Apoc. 8. 1. *Juxta Lud. de Dieu et n. edit. Par. et Ang. legitur* ܫܬܩܐ.

Litera ܬ.

ܬܐܘܡܐ *m.* gemellus. *Pl.* ܬܐܘ̈ܡܐ Ac. 28. 11. תְּאֹם.

ܬܐܢ̈ܐ *pl.* ficus *(fructus)*, Mat. 7. 16; Lu. 6. 44.

ܬܐܪܬܐ *f.* conscientia. *Plur.* ܬܐܪ̈ܬܐ 1 Cor. 8. 12. *Ex Hebr.* תאר *q. d.* forma, mentibus impressa.

ܬܒܝܠ *f.* orbis, terra habitabilis, Rom. 10. 18. תֵּבֵל.

ܬܒܢܐ *m.* palea, Mat. 3. 12; Lu. 3. 17. Heb. תֶּבֶן.

ܬܒܥ ultus est, Ac. 7. 24. *Imp.* Lu. 18. 3. *Futur.* ܢܬܒܥ Lu. 12. 48. *Part.* ܬܒܥ exigens, Mat. 25. 27. *Ethpe.* ܐܬܬܒܥ postulatus est. ܬܒܘܥܐ *m.* ultor, vindex, Rom. 13. 4. ܬܒܥܬܐ *f.* vindicta, ultio, Lu. 18. 7, 8.

ܬܒܪ fregit. *Futur.* ܢܬܒܪ Mat. 12. 20. *Pa.* ܬܒܪ *idem,* Mar. 5. 4. *Ethpe.* ܐܬܬܒܪ fractus est. ܬܒܝܪܐ confractus. *Pl. Constr.* ܬܒܝܪ̈ܝ ܠܒܐ contriti corde, Lu. 4. 18.

ܬܓ̈ܐ *pl. m.* diademata, coronæ, Apoc. 12. 3.

ܐܬܬܓܪ *Ethpa.* mercaturam exercuit, 2 Pet. 2. 3. ܬܓܪܐ *m.* mercator, Mat. 13. 45. *Pl.* ܬܓܪܐ Ap. 18. 3.

ܬܕܝܐ *pl.* ubera. *Suff.* ܬܕܘܗܝ Apoc. 1. 13. Chal. תַּד, *ab Hebr.* שַׁד. Græc. τιτθὸς, τίτθη.

ܬܗܘܡܐ abyssus, Lu. 8. 31 ; Apoc. 9. 1.

ܬܗܪ admiratus est, Mat. 21. 20. *Fut.* Mat. 13. 54. *Partic. Peil* ܬܗܝܪ obstupefactus, Mat. 7. 28. ܬܗܪܐ *m.* stupor, Mar. 16. 8.

ܬܘ thau, *nomen ultimæ literæ alphabeti Syriaci.* ܐܢܐ ܐܢܐ ܐܠܦ ܘܐܦ ܬܘ ego sum olaph et thau, *primus et ultimus,* Apoc. 1. 8 ; 22. 13.

ܬܘܐ obstupuit, admiratus est, pœnituit. *Part. f.* ܬܘܝܐ 2 Cor. 7. 8. *Ethpe.* ܐܬܬܘܝ resipuit, Mat. 21. 29 ; Ap. 2. 15. ܬܘܝܬܐ *f.* resipiscentia, pœnitentia, 2 Co. 7. 10.

ܬܐܛܪܘܢ theatrum, Ac. 19. 29, 30, 31.

ܬܘܒ ܬܒ reversus est, pœnitentiam egit. *Futurus* ܢܬܘܒ. *Aph.* ܐܬܝܒ reddidit, reduxit. ܬܝܒܘܬܐ *f.* conversio, pœnitentia, Mat. 3. 8. ܬܘܒ iterum, adhuc, Ap. 6. 11. ܬܝܘܒܐ *m.* vomitus, 2 Pet. 2. 22.

ܬܘܗܝܐ dilatio, Ac. 25. 17.

ܬܘܗ obstupuit. *Fut.* ܢܬܘܗ 2 Thess. 2. 2. ܬܘܗܬܐ *f.* stupor, Lu. 21. 25.

ܬܘܝܗ *m.* obstupefactus. *Pl.* ܬܘܝܗܝܢ Ac. 5. 24.

ܬܘܠܥܐ vermis, Mar. 9. 44. *Pl.* ܬܘܠܥܐ Ac. 12. 23.

ܬܘܢܐ *m.* penetrale, cubiculum. *Pl.* ܬܘܢܐ Lu. 12. 3.

ܬܘܦ ܬܦ detraxit. *Fut.* ܢܬܘܦ Mat. 9. 16.

ܬܘܪܐ *masc.* taurus, bos. *Pluralis* ܬܘܪܐ Lu. 14. 19. Heb. שׁוֹר, Chal. תּוֹר תּוֹרָא, Arab. ثور, Gr. ταῦρος.

ܬܘܬܐ *m.* morus (*arbor*), Lu. 17. 6.

ܬܚܘܡܐ *m.* terminus, finis. *Pl.* ܬܚܘܡܝܢ.

ܬܚܝܬ sub, infrà, infernè, pro, loco. ܠܬܚܬ infrà. ܡܢ ܕܠܬܚܬ ex inferis, Joh. 8. 23. Æth. ታሕት: ܬܚܬܝܐ inferior, Mar. 6. 11. *Pl. fœm.* ܬܚܬܝܬܐ inferiora, 2 Pet. 2. 4. *Suff.* ܠܬܚܬܝܬܗ ܕܐܪܥܐ in inferiora terræ, Eph. 4. 9.

ܬܟܒ ursit. *Part. pl.* ܬܟܒܝܢ Lu. 23. 23. ܬܟܒܐܝܬ constanter, vehementer, Lu. 22. 44.

ܬܟܠ confisus est, speravit. *Part. Peil* Mat. 27. 43. *Ethpe.* ܐܬܬܟܠ *idem,* Rom. 2. 19. Æth. ተወከለ: ܬܘܟܠܢܐ *m.* fiducia, spes, 2 Cor. 1. 9. Æth. ትውክልት:. ܬܟܝܠܐܝܬ certò, confidenter, Phil. 1. 25. ܬܟܠܬܐ *pl. f.* fimbriæ, Mat. 23. 5.

ܬܟܫ *Pael* impedivit, 1 Cor. 9. 12; arguit, carpsit, aucupatus est verbâ, Lu. 11. 53. *Ethpa.* ܐܬܬܟܫ impeditus est, Rom. 15. 22.

ܬܠܐ suspendit. *Partic. Peil masc.* ܬܠܐ Lu. 19. 48. *Fœm.* ܬܠܝܐ Mat. 18. 6. *Ethpe.* ܐܬܬܠܝ Gal. 3. 13.

ܬܠܓܐ *m.* nix, Mat. 28. 3. Chal. תַּלְגָּא. Heb. שֶׁלֶג.

ܬܠܝܠܘܬܐ *f.* humor, Lu. 8. 6.

ܬܠܡܕ *Pa.* discipulos fecit, docuit. *Imp.* Mat. 28. 19. *Part. Peil* ܡܬܠܡܕ edoctus. *Ethpa.* ܐܬܬܠܡܕ discipulus factus est, Mat. 27. 57. *Partic.* ܡܬܬܠܡܕ edoctus est, Mat. 13. 52. ܬܠܡܝܕܐ *m.* discipulus. *Pl.* ܬܠܡܝܕܐ. ܬܠܡܝܕܝܢ. ܬܠܡܝܕܬܐ *f.* discipula, Ac. 9. 36. ܬܘܠܡܕܗ *m.* doctrina sua, 1 Tim. 3. 6.

ܬܠܬ *f. et* ܬܠܬܐ *m.* tres, *item* ܬܠܬ ter, Mar. 14. 30.

Pl. ܬܠܬܝܢ triginta, Mat. 26. 15. Æth. ሠለስ: ܬܘܠܬܐ tertia pars, 2 Cor. 12. 2. ܬܠܝܬܝܐ *m.* tertius, Apoc. 6. 5. *Fœm.* ܬܠܝܬܝܬܐ *ibid.*

ܬܡܗ admiratus est, obstupuit. *Futurus* ܢܬܡܗ. *Ethpa. idem,* Mat. 22. 33. *Aph.* ܐܬܡܗ attonitum reddidit, dementavit, Lu. 24. 22; Ac. 8. 11. ܬܡܝܗܐ admirans, obstupefactus. *Fœm.* ܬܡܝܗܬܐ. *Plur. f.* ܬܡܝܗܢ ܬܡܝܗܬܐ mirabilia, miracula. ܬܡܗܐ *m.* stupor, pavor, admiratio, Lu. 4. 36.

ܬܡܝܡܐ *m.* integer, sincerus. *Pl.* ܬܡܝܡܝܢ ܬܡܝܡܐ.

ܬܡܢ ibi. ܡܢ ܬܡܢ inde, exinde. Heb. שָׁמָּה שָׁם. Chal. תַּמָּן.

ܬܡܢܝܐ octo, octavus, Lu. 2. 21. ܬܡܢܬܥܣܪ: Lu. 13. 4. *Plur.* ܬܡܢܝܢ octoginta, *et* ܬܡܢܝܐ Joh. 5. 5. ܬܡܝܢܝܐ *m.* octavus, Ap. 17. 11. *Fœm.* ܬܡܝܢܝܬܐ.

ܬܢܘܪܐ *m.* fornax, Mat. 6. 30; Lu. 12. 28.

ܬܢܝܢܐ *m.* secundus, Apoc. 2. 11. ܬܢܝܢܘܬ bis, iterum, Jud. 12.

ܬܢܝܢܐ *m.* draco, Apoc. 12. 3. Heb. תַּנִּין *idem.*

ܬܢܢ *Part.* hîc, Mat. 12. 41; 14. 17.

ܬܢܢܐ *m.* fumus, Apoc. 9. 2, 3.

ܬܥܠܐ *m.* vulpes. *Pl.* ܬܥܠܐ. Heb. שׁוּעָל.

ܬܦܠܝܢ *pl.* phylacteria. Rab. תפלין.

ܬܩܠ offendit, impegit, *ex Hebr.* כָּשַׁל. *Fut.* ܢܬܩܠ. *Ethpe.* ܐܬܬܩܠ offensus est. *Ethpa.* ܐܬܬܩܠ *id.* ܬܘܩܠܐ ܬܘܩܠܬܐ *f.* offendiculum. *Pl.* ܬܘܩܠܬܐ.

ܬܩܢ directus, restitutus est, Mat. 12. 13. *Pa.* ܬܩܢ. *Pl.* sarcientes, Mat. 4. 21. *Ethpa.* ordinatus est. *Aph.* ܐܬܩܢ direxit, paravit, Mat. 11. 10. ܬܩܝܢܘܬܐ *f.* rectitudo, Ac. 26. 25. ܬܘܩܢܝܬܐ *pl. f.* directiones, prospera, Ac. 24. 3.

ܬܩܦ corroboratus est, crevit. *Partic. fœm.* ܬܩܝܦܐ. ܬܩܝܦܐ *pl. m.* potentes, Lu. 1. 52. ܬܘܩܦܐ *m.* robur, Eph. 1. 19; 6. 10. ܬܩܝܦܐܝܬ vehementer, valdè, fortiter.

ܬܪܐܐ *m.* doctor, pædagogus. *Pl.* ܬܪܐ 1 Cor. 4. 15.

ܬܪܓܡ *Pa.* exposuit. ܡܬܬܪܓܡ Ac. 4. 36. ተርጕም: ܬܘܪܓܡܐ *m.* interpretatio, Ac. 1. 19.

ܬܪܘܢܘܣ thronus, θρόνος, Apoc. 8. 3.

ܬܪܝܢ duo, secundus. *Fœm.* ܬܪܬܝܢ Mat. 2. 16. ܬܪܥܣܪ duodecim, Mat. 10. 1. *Pluralis* ܬܪܬܥܣܪܐ Mat. 9. 20. *Fœm.* ܬܪܥܣܪܐ duodecim, Mat. 26. 47. ܬܪܬܥܣܪܝܐ *m.* duodecimus. *Fœm.* ܬܪܬܥܣܪܝܬܐ. ܬܪܝܢܐ *m.* secundus, Apoc. 16. 3. *Fœm.* ܬܪܝܢܝܬܐ Apoc. 4. 7.

ܬܪܡܠܐ *m.* pera, saccus. *Pl.* ܬܪܡܠܐ Lu. 10. 4.

ܬܪܢܓܠܐ *m.* gallus, Mat. 26. 34. ܬܪܢܓܘܠܬܐ *f.* gallina, Mat. 23. 37.

ܬܪܣܝ *Pa.* nutrivit, Mat. 25. 37. *Part.* Mat. 6. 26. *Ethpa.* ܐܬܬܪܣܝ cibatus est, Ap. 12. 14. ܬܘܪܣܝܐ alimentum, cibus, Ac. 14. 16.

ܬܪܥ *Part. Peil* ܬܪܝܥ erumpens, Lu. 8. 43.

ܬܪܥܐ *m.* janua. Chal. תַּרְעָא, Græc. θύρα. *Ex Heb.* שַׁעַר. *Pl.* ܬܪܥܐ Mat. 16. 18. ܬܪܥܐ *m.* janitor, ostiarius, Mar. 13. 34.

ܬܪܨ contendit, direxit. *Fut.* ܢܬܪܘܨ Lu. 1. 79. ܬܪܝܨ ܬܪܝܨܐ rectus. ܬܪܝܨܐܝܬ rectè, Lu. 7. 43; 20. 21.

Plur. *f*. ܬܪ̈ܝܨܬܐ Ac. 13. 10. ܬܘܪܨܐ *m*. correctio, 2 Tim. 3. 16 ; Heb. 9. 10.

ܬܫܥ *et* ܬܫܥܐ novem, Mat. 20. 5; 27. 45. *Pl.* ܬܫܥܝܢ nonaginta, Mat. 18. 13. †ño:

ܬܐܬܐ *f*. ficus (*arbor*), Mat. 21. 19, 20.

f.tp

ܕܝܬܝܩܝ ܚܕܬܐ

ܗ̄

ܟܬܒܐ ܕܐܘܢܓܠܝܘܢ

ܩܕܝܫܐ

ܕܡܪܢ ܘܐܠܗܢ

ܝܫܘܥ ܡܫܝܚܐ

ܠܘܬ ܩܪܘܝܐ ܡܫܘܪܝܢܐ ܕܒܝܬܢܝܐ ܀

ܘܠܐ ܗܘ ܐܝܟܐ ܕܡܫܝܚܝܐ ܕܐܬܬܪܓܡ ܒܟܬܒܐ ܕܕܝܬܝܩܝ ܚܕܬܐ ܡܢ ܠܫܢܐ ܝܘܢܝܐ ܠܣܘܪܝܝܐ ܒܝܕ ܐܢܫܐ ܡܫܝܚܝܐ ܐܘ ܒܝܕ ܐܚܪܢܝܬܐ ܡܗܘܡܢܐ ܕܟܝܢܐ ܡܫܝܚܝܬܐ ܡܢܗܝܪܬܐ. ܐܠܐ ܠܐ ܡܬܝܕܥܐ ܟܕ ܐܝܟܐ ܡܛܠܬܐ ܘܐܦܠܐ ܟܕ ܐܝܟܐ ܕܗܘܬ ܐܬܟܬܒܬ ܗܕܐ. ܡܬܝܕܥܐ ܕܝܢ ܕܐܝܬ ܗܘܬ ܡܢ ܩܕܝܡ ܐܟܘܬܗܘܢ ܕܗܠܝܢ ܐܦܣܩ ܣܘܪܝܝܐ ܩܕܡܝܐ ܡܚܡܠܐ ܕܐܝܬ ܒܐܢܛܝܘܟܝ ܘܐܘܪܫܠܡ ܗܢܐ ܡܬܚܙܝܐ ܒܗܘܢ ܕܗܘ ܡܕܒܪܢܘܬܗ ܘܡܫܡܫܢܘܬܗ ܕܝܠܗ ܕܝܢ ܐܦܣܩ. ܐܬܬܪܓܡ ܗܟܢܐ ܒܟܬܒܐ ܕܕܝܬܝܩܝ ܚܕܬܐ ܡܢ ܠܫܢ ܝܘܢܝܐ ܠܠܫܢ ܣܘܪܝܝܐ ܐܦ ܒܗܘܢܐ ܐܚܢܐ. ܘܐܬܟܬܒܘ ܠܬܪܝܗܘܢ ܠܐܬܪܘܬܐ ܗܠܝܢ ܡܫܝܚܐ. ܡܢ ܟܠܗ ܐܚܪܢܐ ܗܘܟܐ ܕܐܬܪܓܡܘ ܒܗܘܢ ܒܟܬܒܐ ܩܕܝܫܐ ܘܒܟܬܒܐ ܠܡܠܟܐ ܐܢܫ ܡܫܝܚܝܐ ܐܝܬ ܗܘܐ ܒܟܢܝܫܐ ܘܐܦܠܐ ܒܟܬܒܐ ܚܕ ܐܠܐ ܕܡܬܟܬܒ ܒܐܬܪܘܬܗܘܢ ܕܟܢܫܢܐ ܘܡܛܠ ܗܕܐ ܠܐ ܡܫܬܟܚܝܢ ܟܬܒܐ ܩܕܝܫܐ ܒܟܢܝܫܘܬܗ ܕܒܢܝܐ ܘܐܦܠܐ ܒܗܘܢ ܡܠܟܬܐ ܐܠܐ ܐܝܟ ܡܘܪܝ ܕܐܦ ܐܝܟܢ ܡܫܬܟܚܝܢ ܩܕܝܫܐ ܒܗܘ ܕܗܘ. ܒܡܠܝܐ ܕܝܢ ܐܢܫ ܡܫܝܚܝܐ ܐܬܬܠܒܫ ܗܘܐ ܠܒܪܐ ܡܗܘܡܢܐ ܕܫܡܗ ܡܘܫܐ ܩܫܝܫܐ ܒܪ ܩܫܝܫܐ ܐܝܣܚܩ ܕܟܝܢܐ ܕܡܢ ܡܕܝܢܬܐ ܕܡܪܕܐ ܡܕܝܢܬܐ ܕܒܗ ܝܘܪܫ ܡܢ ܬܠܬ ܫܢܝܢ ܐܝܟ ܕܝܘܢܘܣ

ܩܛܝܓܘܪܝܐ ܕܐܝܣܛܘܩܣܝܐ ܠܘܬ ܐܟܬܘܬܐ ܒܫܡܗܝܢܐ ܘܡܦܬܟܐ
ܘܕܝܠܗ ܡܬܩܢܐ ܬܘܒ ܘܡܢ. ܐܝܣܓܘܓܐ ܦܘܪܦܘܪܝܘܣ ܦܪܝ
ܠܘܬ ܦܪܝ ܣܘܦܝܣܛܝܩܘ ܐܠܦ ܐܝܣܓܘܓܐ ܦܐܠܩܐ ܕܐܝܬܘܬܐ
ܡܡܠܠܘܬܐ. ܒܟܬܒܐ ܗܢ ܡܢ ܦܪܝ ܐܝܣܓܘܓܐ ܕܦܘܪܦܘܪܝܘܣ
ܐܘܟܝܬ ܠܟܬܒܐ ܕܐܝܣܓܘܓܐ ܚܪܬܐ ܠܫܡܫܬܐ ܡܫܘܕܢܐ ܡܬܦܫܩܢܐ
ܕܡܫܒܚܐ. ܐܬܐ ܕܝܢ ܗܘܦܟܐ ܡܬܘܡ ܗܘܐ ܡܦܪܢܐ ܠܘܬ ܐܟܬܘܬܐ
ܗܠܝܢ ܡܬܒܥܐ ܘܡܬܦܪܫܝܢ ܕܝܠܗ ܝܬܝܪ ܐܬܟܬܒ ܒܡܫܒܚܐ
ܥܠ ܦܘܪܫܢܗ ܕܦܪܝ ܐܝܣܓܘܓܐ ܕܦܘܪܦܘܪܝܘܣ ܦܬܓܡܘ
ܒܟܬܒܐ ܗܠܝܢ ܡܬܒܥܐ. ܘܐܝܬ ܗܘܐ ܡܫܟܚ ܠܘܬ ܐܟܬܘܬܐ
ܕܟܬܒܐ ܕܡܫܒܚܢܐ ܝܬܝܪ ܦܬܓܡ ܒܫܡܗܐ ܕܡܢ ܦܘܪܫܢܐ
ܠܡܘܗܝ ܢܡܘܣܐ ܕܫܪܝܪܐ ܒܟܬܒܐ ܗܠܝܢ. ܐܟܬܘܬܐ ܗܘܝܠ
ܡܬܒܥܐ ܕܡܫܒܚܢܐ ܡܢ ܦܘܠܚܢܐ ܕܐܝܬ ܠܗܘܢ ܠܘܬ ܐܢܫܐ
ܕܠܗܘܢ ܕܡܫܒܚܐ ܡܬܦܪܫܝܢ ܗܘܘ ܠܟܠܗܘܢ ܗܕܐ. ܘܐܬܚܙܝ
ܗܠܝܢ ܒܟܬܒܐ ܕܝܠܗ ܝܬܝܪ ܡܫܘܕܢܐ ܕܡܬܦܪܫܢܐ ܦܫܝܩܐ
ܡܬܩܪܝܢ ܠܟܬܒܐ ܦܪܝܣܛܘܪܝܣ ܕܐܘܣܛܐܬܐ ܘܦܝܠܘܣܘܦܐ
ܦܬܓܡ ܠܡܝܬ ܐܢܫܘ ܕܡܫܝܚܐ. ܐܬܟܬܒ ܕܝܢ ܒܟܬܒܐ ܗܘܢܐ
ܠܓܘܢܐ ܒܫܘܦܪܐ ܕܦܪܝܣܛܘܣ ܡܟܬܒܐ ܕܡܫܘܕܢܐ
ܘܦܝܠܘܣܘܦܐ ܦܬܓܡܘ. ܘܐܝܬ ܗܘܐ ܗܕܐ ܠܡܫܟܚܢܘܬܗ
ܕܦܘܠܚܢ ܠܟܬܒܐܘܣ ܒܡܫܒܚܢܘܬܐ ܡܢ ܦܬܓܡܐ ܕܡܟܬܒܐ
ܦܪܝܣܛܘܣ ܘܡܟܬܒ ܢܡܘܣܐ ܕܫܘܦܪܐ ܘܡܘܣܦ ܡܦܪܢܐ
ܕܦܘܠܚܢ ܡܫܡܗ ܠܫܘܬܦ. ܘܠܐ ܡܫܬܡܥܝܢ ܒܡܫܡܥܬܐ ܗܕܐ
ܕܡܬܦܪܫܢܐ ܝܬܝܪ ܐܠܟܣܢܕܪܘܣ ܡܢ ܕܦܘܠܚܢ ܦܬܓܡܘܬܗܘܢ
ܕܐܬܚܙܝ ܐܘܟܝܬ ܕܐܬܪܐ ܕܦܝܠܘܣ ܘܐܬܪܐ ܘܐܬܟܬܒ ܕܦܘܠܚܢ
ܘܐܠܟܣܢܕܪܐ ܕܡܫܘܕܢܐ ܡܫܝܚܐ ܦܬܓܡܘ ܘܐܦܠܐ ܠܟܬܒܐ ܕܦܘܠܚܢ.
ܘܟܬܒܝܢ ܗܠܝܢ ܐܟܬܘܬܐ ܦܬܓܡܝܢ ܠܡܫܝܚܐ. ܘܡܫܪܐ ܐܦ

ܢܘܩܦܐ ܩܕܡ ܕܩܪܝܢܐ ܫܡܥܬܗܘܢ ܠܐܬܪܐ ܕܥܒܕܐ ܗܢܘܢ. ܡܢ
ܥܒܪܬ ܒܟܬܒܝ ܐܚܪܢܐ ܐܢܫܝܢ ܘܐܢܫܐ ܥܒܕܐ ܕܡܫܝܚܢܐ
ܕܢܝܢܐ ܕܡܢ ܡܫܡܫܬܐ ܕܐܘܪܚܐ ܐܦܝܣܩܘܦܐ ܕܢܝܩܠܐ ܐܝܟ
ܕܡܬܐܡܪܐ ܒܝܕ ܐܢܫ ܡܢܘܬܝܢ ܡܢܘܢ ܡܢܗ ܠܟܬܒܝܗܘܢ
ܕܝܠܗ ܒܠܫܢܗ ܡܕܝܢܬܐ ܕܐܪܥܐ ܕܡܨܪܝܢ ܡܢܗ ܐܡܕ
ܡܫܝܚܝܐ ܕܐܝܬ ܗܘܐ ܡܫܡܫܐ ܗܕܐ ܡܢ ܠܘܬ ܝܘܢܝܐ
ܕܡܠܦܢܐ ܡܢܝܢ ܒܟܠ ܐܝܟ ܕܡܠܦܢܐ ܕܡܢܗ ܢܘܩܦ
ܡܠܝܢܝܢ. ܡܢ ܥܒܪܬ ܗܢܘ ܕܝܢ ܡܢܗ ܐܡܕܠ
ܕܡܫܝܚܐ ܐܢܫܝܡܢ ܘܐܢܫܩܐ ܐܚܪܢܐ ܗܘܝܢ ܡܢܘܬܝܢܗܘܢ
ܕܡܠܦܢܝ. ܡܢ ܡܫܝܚܐ ܗ ܕܐܬܪܝܢ ܕܡܢܗܘܢ ܘܕܐܬܪܝܢ
ܘܕܐܬܐ ܕܢܘܢܐ ܘܐܚܪܢܐ ܕܝܗܘܕܐ ܡܫܝܚܐ ܒܝܕ ܡܫܝܚܐ
ܘܡܠܦܢܐ ܕܟܐ ܕܡܢܗ ܐܝܘܕܥܘܢ ܦܬܓܡܘܢ. ܘܡܫܡܫܬܐ
ܗܕܐ ܐܬܩܛܠ ܐܦ ܒܠܫܢܗܘܢ ܕܐܪܥܐ ܕܡܨܪܝܢ
ܟܠ ܝܘܢܝܐ ܕܡܬܚܫܒܝܢ ܢܘܩܦܐ ܒܝܬ ܥܒܕܐ
ܕܐܬܡܦܩܢܘܢ ܡܕܝܢܬܐ ܕܐܪܥܐ ܕܐܝܓܘܦܛܘܣ. ܢܘܩܦܐ ܕܝܢ
ܡܢܗܘܢ ܠܐ ܐܬܩܫܝܘ ܒܡܠܐ ܠܫܠܝܚܘܬܗܘܢ ܕܥܒܕܐ
ܡܕܝܢܬܐ. ܠܡܝܬ ܗܘܠܐ ܐܡܕܘ ܡܫܝܚܝܐ ܐܢܫܝܢ
ܥܒܕܐ ܡܕܝܢܬܐ ܒܠܫܢܝܢ ܡܫܠܡܝܢ ܕܡܠܦܝܢ ܗܘܘ
ܦܘܠܚܢܗܘܢ ܡܢܗܘܢ ܐܝܟܢܘܢ ܢܘܩܦܐ ܡܢܗܘܢ
ܠܡܦܪܝܫ ܡܠܦܢܘܬܐ. ܐܝܬ ܬܘܒ ܡܫܩܦܐ ܐܚܪܢܝܬܐ
ܡܫܝܚܝܐ ܕܐܢܫܝܢ ܡܡܠܠܢܝܬܐ ܕܡܢܝܢܐ ܕܠܐ ܝܕܥ ܗܘܐ
ܕܡܢܝܢ ܗܕܐ. ܐܢܫܝܢ ܕܝܢ ܐܚܪܢܐ ܗ ܠܡܝܬ ܐܡܕܘ
ܕܡܫܝܚܐ ܥܒܕܐ ܡܢܗ ܕܕܝܠܗܝܢ ܚܕܐ ܠܫܡܥܐ ܫܡܘܥܐ
ܡܕܝܢܬܐ ܕܐܬܪܝ ܡܢ ܝܘܢܝܐ ܩܕܡ ܥܠܝܡܐ ܫܡܘܥܐ ܘܐܢܫܝܢ
ܒܐܪܥܗܘܢ ܕܐܢܫܐ ܡܠܦܢܐ ܒܫܡܥܘܢ ܡܫܝܚܐ

ܕܦܝܠܘܣܘܦܝܢ ܟܐܪܒܐ ܕܐܝܟ ܒܝܬܪ ܥܠ ܕܢܣܒܘܗܝ ܐܝܟ
ܒܟܬܒܐ ܡܙܝܢܐ ܠܡܕܒܪܢܘܬܗ ܐܘ ܠܡܘܕܥܢܘܬܐ. ܐܝܟ ܕܝܢ ܡܢ
ܟܬܒܐ ܕܝܘܠܦܢܐ ܚܕܬܐ ܡܬܘܪܓܡܢܐ ܕܐܬܦܫܩܘ ܒܐܝܕܝ ܢܩܝܢ
ܠܠܫܢܐ ܗܢܐ ܒܝܕ ܡܘܣܦܢܘܬܐ ܘܡܦܩܢܐ ܡܟܪܝܢܐ ܘܒܐܝܕܝ
ܠܡܕܥܢܘܬܐ ܕܝܠܗ ܘܕܘܪܫܐ ܦܪܝܫܐ ܐܬܚܙܝܬ. ܡܫܡܫܢܬܐ
ܗܘܬ: ܐܠܐ ܢܩܦܬܐ ܕܫܦܝܪ ܒܗܕܝܢ ܡܫܡܫܢܘܬܐ ܐܬܚܙܝܬ
ܡܢ ܡܫܡܫܢܘܬܐ ܕܐܬܚܙܝܬ ܒܥܝܢܝ. ܟܕ ܐܦܠܐ ܡܣܝܒܪܢܘܬܐ
ܕܡܬܚܙܝܐ ܠܡܣܬܟܠ. ܡܢ ܡܫܡܫܢܘܬܐ ܕܝܢ ܟܕ ܡܫܡܫܢܬܐ ܗܘܬ
ܐܬܡܢܝܘ ܦܪܝܫܐ ܡܬܘܪܓܡܢܐ ܡܫܬܪܝܢܐ ܕܦܫܝܩܝܢ ܒܠܫܢ
ܒܠܫܢܐ ܕܟܬܒܐ. ܒܪܡ ܟܕ ܒܛܝܠܐ ܗܢܐ ܡܬܚܙܐ
ܠܡܫܡܫ ܕܟܬܒܐ ܐܘ ܠܦܬܓܡ ܡܫܝܢܐ ܕܩܘܦܐ ܩܕܡܝܐ ܗܘ
ܟܐܪܒܐ ܘܦܝܫ ܗܘܐ ܒܪܘܩܝܐ ܕܐܝܟ ܗܠܝܢ [ ].
ܡܬܬܥܝܕ ܐܘܦ ܪܘܩܝܐ ܗܠܝܢ ܒܪܘܚܢܐ ܗܘܢܝܐ ܕܫܦܝܪ
ܥܠ ܗܕܐ ܡܬܘܥܢܘܬܐ ܘܥܒܕܢܐ ܕܢܩܦܢ ܒܪܡ ܐܬܚܙܝܘ
ܗܘܐ ܒܝܕ ܐܪܕܘܬܐ ܦܪܝܫܐ ܘܒܝܕ ܠܡܕܥܢܘܬܐ ܕܝܠܗ.
ܫܒܘܩܘ ܕܡܢ ܢܩܘܠ ܡܫܡܫܢܐ ܕܟܠ ܐܝܟ ܒܪܗܝܢܐ
ܐܡܝܢ.

ܣܕܪܐ ܕܟܬܒ̈ܐ ܕܕܝܬܝܩܐ ܚܕܬܐ ܡܫܘܕܥܢܝܬܐ ܥܡ ܡܢܝܢܐ ܕܩܦ̈ܠܐܐ ܕܟܠ ܚܕ ܡܢ ܟܬܒܐ ܀

ܟܬ̈ܒܐ	ܨ̈ܚܚܐ
ܐܓܪܬܐ ܕܦܘܠܘܣ ܠܘܬ ܥܒܪ̈ܝܐ	ܝܓ .
ܐܓܪܬܐ ܕܝܥܩܘܒ ܫܠܝܚܐ	ܗ .
ܐܓܪܬܐ ܕܫܡܥܘܢ ܫܠܝܚܐ ܩܕܡܝܬܐ	ܗ .
ܐܓܪܬܐ ܕܫܡܥܘܢ ܫܠܝܚܐ ܕܬܪܬܝܢ	ܓ
ܐܓܪܬܐ ܕܝܘܚܢܢ ܫܠܝܚܐ ܩܕܡܝܬܐ	ܗ .
ܐܓܪܬܐ ܕܝܘܚܢܢ ܫܠܝܚܐ ܕܬܪܬܝܢ	ܐ .
ܐܓܪܬܐ ܕܝܘܚܢܢ ܫܠܝܚܐ ܕܬܠܬ	ܐ .
ܐܓܪܬܐ ܕܝܗܘܕܐ ܫܠܝܚܐ	ܐ .
ܓܠܝܢܐ ܕܝܘܚܢܢ ܫܠܝܚܐ	ܟܒ .

ܫܠܡܘ ܗܘܠܝܢ ܟܬ̈ܒܐ ܕܕܝܬܝܩܐ ܚܕܬܐ ܐܝܬܝܗܘܢ ܥܣܪܝܢ
ܘܫܒܥܐ ܘܟܠ ܨ̈ܚܚܐ ܡܐܬܝܢ ܘܫܬܝܢ ܀

ܐܘܢܓܠܝܘܢ ܩܕܝܫܐ ܟܪܘܙܘܬܐ ܕܡܬܝ ܫܠܝܚܐ ܀

ܩܦܠܐܘܢ ܀ ܐ ܀

1 ܟܬܒܐ ܕܝܠܝܕܘܬܗ ܕܝܫܘܥ ܡܫܝܚܐ: ܒܪܗ ܕܕܘܝܕ ܒܪܗ
ܕܐܒܪܗܡ. 2 ܐܒܪܗܡ ܐܘܠܕ ܠܐܝܣܚܩ. ܐܝܣܚܩ ܐܘܠܕ
ܠܝܥܩܘܒ. ܝܥܩܘܒ ܐܘܠܕ ܠܝܗܘܕܐ ܘܠܐܚܘܗܝ. 3 ܝܗܘܕܐ
ܐܘܠܕ ܠܦܪܨ ܘܠܙܪܚ ܡܢ ܬܡܪ. ܦܪܨ ܐܘܠܕ ܠܚܨܪܘܢ. ܚܨܪܘܢ
ܐܘܠܕ ܠܐܪܡ. 4 ܐܪܡ ܐܘܠܕ ܠܥܡܝܢܕܒ. ܥܡܝܢܕܒ ܐܘܠܕ
ܠܢܚܫܘܢ. ܢܚܫܘܢ ܐܘܠܕ ܠܣܠܡܘܢ. 5 ܣܠܡܘܢ ܐܘܠܕ ܠܒܥܙ
ܡܢ ܪܚܒ. ܒܥܙ ܐܘܠܕ ܠܥܘܒܝܕ ܡܢ ܪܥܘܬ. ܥܘܒܝܕ ܐܘܠܕ
ܠܐܝܫܝ. 6 ܐܝܫܝ ܐܘܠܕ ܠܕܘܝܕ ܡܠܟܐ. ܕܘܝܕ ܐܘܠܕ ܠܫܠܝܡܘܢ
ܡܢ ܐܢܬܬܗ ܕܐܘܪܝܐ. 7 ܫܠܝܡܘܢ ܐܘܠܕ ܠܪܚܒܥܡ. ܪܚܒܥܡ
ܐܘܠܕ ܠܐܒܝܐ. ܐܒܝܐ ܐܘܠܕ ܠܐܣܐ. 8 ܐܣܐ ܐܘܠܕ ܠܝܗܘܫܦܛ.
ܝܗܘܫܦܛ ܐܘܠܕ ܠܝܘܪܡ. ܝܘܪܡ ܐܘܠܕ ܠܥܘܙܝܐ. 9 ܥܘܙܝܐ
ܐܘܠܕ ܠܝܘܬܡ. ܝܘܬܡ ܐܘܠܕ ܠܐܚܙ. ܐܚܙ ܐܘܠܕ ܠܚܙܩܝܐ. 10 ܚܙܩܝܐ
ܐܘܠܕ ܠܡܢܫܐ. ܡܢܫܐ ܐܘܠܕ ܠܐܡܘܢ. ܐܡܘܢ ܐܘܠܕ ܠܝܘܫܝܐ.
11 ܝܘܫܝܐ ܐܘܠܕ ܠܝܘܟܢܝܐ ܘܠܐܚܘܗܝ ܒܓܠܘܬܐ ܕܒܒܠ ܀ 12 ܡܢ
ܒܬܪ ܓܠܘܬܐ ܕܝܢ ܕܒܒܠ. ܝܘܟܢܝܐ ܐܘܠܕ ܠܫܠܬܐܝܠ.
ܫܠܬܐܝܠ ܐܘܠܕ ܠܙܘܪܒܒܠ. 13 ܙܘܪܒܒܠ ܐܘܠܕ ܠܐܒܝܘܕ:
ܐܒܝܘܕ ܐܘܠܕ ܠܐܠܝܩܝܡ. ܐܠܝܩܝܡ ܐܘܠܕ ܠܥܙܘܪ. 14 ܥܙܘܪ
ܐܘܠܕ ܠܨܕܘܩ. ܨܕܘܩ ܐܘܠܕ ܠܐܟܝܢ. ܐܟܝܢ ܐܘܠܕ ܠܐܠܝܘܕ.
15 ܐܠܝܘܕ ܐܘܠܕ ܠܐܠܝܥܙܪ. ܐܠܝܥܙܪ ܐܘܠܕ ܠܡܬܢ. ܡܬܢ ܐܘܠܕ
ܠܝܥܩܘܒ. 16 ܝܥܩܘܒ ܐܘܠܕ ܠܝܘܣܦ ܓܒܪܗ ܕܡܪܝܡ:
ܕܡܢܗ ܐܬܝܠܕ ܝܫܘܥ ܕܡܬܩܪܐ ܡܫܝܚܐ ܀ 17 ܟܠܗܝܢ ܗܟܝܠ
ܫܪܒܬܐ ܡܢ ܐܒܪܗܡ ܥܕܡܐ ܠܕܘܝܕ ܫܪܒܬܐ ܐܪܒܥܣܪܐ ܘܡܢ
ܕܘܝܕ ܥܕܡܐ ܠܓܠܘܬܐ ܕܒܒܠ ܫܪܒܬܐ ܐܪܒܥܣܪܐ. ܘܡܢ ܓܠܘܬܐ
ܕܒܒܠ ܥܕܡܐ ܠܡܫܝܚܐ ܫܪܒܬܐ ܐܪܒܥܣܪܐ ܀ 18 ܝܠܕܗ ܕܝܢ

ܕܝܫܘܥ ܡܫܝܚܐ ܗܟܢܐ ܗܘܬ. ܟܕ ܡܟܝܪܐ ܗܘܬ ܡܪܝܡ ܐܡܗ
ܠܝܘܣܦ ܥܕܠܐ ܢܫܬܘܬܦܘܢ ܐܫܬܟܚܬ ܒܛܢܐ ܡܢ ܪܘܚܐ ܕܩܘܕܫܐ.
19 ܝܘܣܦ ܕܝܢ ܒܥܠܗ ܟܐܢܐ ܗܘܐ. ܘܠܐ ܨܒܐ ܕܢܦܪܣܝܗ. ܘܐܬܪܥܝ
ܕܒܛܘܫܝܐܝܬ ܢܫܪܝܗ. 20 ܟܕ ܗܠܝܢ ܕܝܢ ܐܬܪܥܝ ܐܬܚܙܝ ܠܗ
ܡܠܐܟܗ ܕܡܪܝܐ ܒܚܠܡܐ ܘܐܡܪ ܠܗ. ܝܘܣܦ ܒܪܗ ܕܕܘܝܕ:
ܠܐ ܬܕܚܠ ܠܡܣܒ ܠܡܪܝܡ ܐܢܬܬܟ. ܗܘ ܓܝܪ ܕܐܬܝܠܕ ܒܗ ܡܢ
ܪܘܚܐ ܗܘ ܕܩܘܕܫܐ. 21 ܬܐܠܕ ܕܝܢ ܒܪܐ ܘܬܩܪܐ ܫܡܗ ܝܫܘܥ.
ܗܘ ܓܝܪ ܢܚܝܘܗܝ ܠܥܡܗ ܡܢ ܚܛܗܝܗܘܢ. 22 ܗܕܐ ܕܝܢ
ܟܠܗ ܕܗܘܬ: ܕܢܬܡܠܐ ܡܕܡ ܕܐܬܐܡܪ ܡܢ ܡܪܝܐ ܒܝܕ ܢܒܝܐ:
23 ܕܗܐ ܒܬܘܠܬܐ ܬܒܛܢ ܘܬܐܠܕ ܒܪܐ: ܘܢܩܪܘܢ ܫܡܗ
ܥܡܢܘܐܝܠ. ܕܡܬܬܪܓܡ ܥܡܢ ܐܠܗܢ ❖ 24 ܟܕ ܩܡ ܕܝܢ ܝܘܣܦ
ܡܢ ܫܢܬܗ: ܥܒܕ ܐܝܟܢܐ ܕܦܩܕ ܠܗ ܡܠܐܟܗ ܕܡܪܝܐ. ܘܕܒܪܗ
ܠܐܢܬܬܗ. 25 ܘܠܐ ܚܟܡܗ ܥܕܡܐ ܕܝܠܕܬܗ ܠܒܪܗ ܒܘܟܪܐ
ܘܩܪܬ ܫܡܗ ܝܫܘܥ ❖

ܩܦܠܐܘܢ ❖ ܒ ❖

1 ܟܕ ܕܝܢ ܐܬܝܠܕ ܝܫܘܥ ܒܒܝܬ ܠܚܡ ܕܝܗܘܕܐ: ܒܝܘܡܝ
ܗܪܘܕܣ ܡܠܟܐ. ܐܬܘ ܡܓܘܫܐ ܡܢ ܡܕܢܚܐ ܠܐܘܪܫܠܡ. 2 ܘܐܡܪܝܢ
ܐܝܟܘ ܡܠܟܐ ܕܝܗܘܕܝܐ ܕܐܬܝܠܕ: ܚܙܝܢ ܓܝܪ ܟܘܟܒܗ ܒܡܕܢܚܐ
ܘܐܬܝܢ ܠܡܣܓܕ ܠܗ. 3 ܫܡܥ ܕܝܢ ܗܪܘܕܣ ܡܠܟܐ ܘܐܬܕܠܚ.
ܘܟܠܗ ܐܘܪܫܠܡ ܥܡܗ. 4 ܘܟܢܫ ܠܟܠܗܘܢ ܪܒܝ ܟܗܢܐ
ܘܣܦܪܐ ܕܥܡܐ ܘܡܫܐܠ ܗܘܐ ܠܗܘܢ ܕܐܝܟܐ ܡܬܝܠܕ ܡܫܝܚܐ.
5 ܗܢܘܢ ܕܝܢ ܐܡܪܘ ܒܒܝܬ ܠܚܡ ܕܝܗܘܕܐ ܗܟܢܐ ܓܝܪ ܟܬܝܒ
ܒܢܒܝܐ: 6 ܐܦ ܐܢܬܝ ܒܝܬ ܠܚܡ ܕܝܗܘܕܐ: ܠܐ ܗܘܝܬܝ ܒܨܝܪܐ
ܒܡܠܟܐ ܕܝܗܘܕܐ. ܡܢܟܝ ܓܝܪ ܢܦܘܩ ܡܠܟܐ: ܕܗܘܝܘ ܢܪܥܝܘܗܝ
ܠܥܡܝ ܐܝܣܪܝܠ: 7 ܗܝܕܝܢ ܗܪܘܕܣ ܡܠܟܐ ܒܛܘܫܝܐ ܩܪܐ ܠܡܓܘܫܐ
ܘܝܠܦ ܡܢܗܘܢ ܒܐܝܢܐ ܙܒܢܐ ܐܬܚܙܝ ܠܗܘܢ ܟܘܟܒܐ. 8 ܘܫܕܪ
ܐܢܘܢ ܠܒܝܬ ܠܚܡ ܘܐܡܪ ܠܗܘܢ. ܙܠܘ ܒܥܘ ܥܠ ܛܠܝܐ

ܚܦܝܛܐܝܬ ܘܡܐ ܕܐܫܟܚܬܘܢܝܗܝ ܬܘ ܚܘܐܘܢܝ. ܕܐܦ ܐܢܐ ܐܬܐ
ܐܣܓܘܕ ܠܗ. 9 ܗܢܘܢ ܕܝܢ ܟܕ ܫܡܥܘ ܡܢ ܡܠܟܐ ܐܙܠܘ. ܘܗܐ
ܟܘܟܒܐ ܗܘ ܕܚܙܘ ܒܡܕܢܚܐ ܐܙܠ ܗܘܐ ܩܕܡܝܗܘܢ. ܥܕܡܐ ܕܐܬܐ
ܩܡ ܠܥܠ ܡܢ ܐܝܟܐ ܕܐܝܬܘܗܝ ܗܘܐ ܛܠܝܐ. 10 ܟܕ ܕܝܢ ܚܙܐܘܗܝ
ܠܟܘܟܒܐ: ܚܕܝܘ ܚܕܘܬܐ ܪܒܬܐ ܕܛܒ. 11 ܘܥܠܘ ܠܒܝܬܐ
ܘܚܙܐܘܗܝ ܠܛܠܝܐ ܥܡ ܡܪܝܡ ܐܡܗ. ܘܢܦܠܘ ܣܓܕܘ ܠܗ.
ܘܦܬܚܘ ܣܝܡܬܗܘܢ ܘܩܪܒܘ ܠܗ ܩܘܪܒܢܐ. ܕܗܒܐ ܘܡܘܪܐ
ܘܠܒܘܢܬܐ. 12 ܘܐܬܚܙܝ ܠܗܘܢ ܒܚܠܡܐ. ܕܠܐ ܢܗܦܟܘܢ ܠܘܬ
ܗܪܘܕܣ. ܘܒܐܘܪܚܐ ܐܚܪܬܐ ܐܙܠܘ ܠܐܬܪܗܘܢ ✤ 13 ܟܕ ܕܝܢ ܐܙܠܘ:
ܐܬܚܙܝ ܡܠܐܟܐ ܕܡܪܝܐ ܒܚܠܡܐ ܠܝܘܣܦ ܘܐܡܪ ܠܗ. ܩܘܡ
ܕܒܪ ܠܛܠܝܐ ܘܠܐܡܗ ܘܥܪܘܩ ܠܡܨܪܝܢ. ܘܬܡܢ ܗܘܝ ܥܕܡܐ
ܕܐܡܪ ܐܢܐ ܠܟ. ܥܬܝܕ ܗܘ ܓܝܪ ܗܪܘܕܣ ܠܡܒܥܝܗ ܠܛܠܝܐ.
ܐܝܟ ܕܢܘܒܕܝܘܗܝ. 14 ܝܘܣܦ ܕܝܢ ܩܡ ܫܩܠܗ ܠܛܠܝܐ ܘܠܐܡܗ
ܒܠܠܝܐ ܘܥܪܩ ܠܡܨܪܝܢ. 15 ܘܗܘܐ ܬܡܢ ܥܕܡܐ ܠܫܘܠܡܗ
ܕܗܪܘܕܣ. ܕܢܬܡܠܐ ܡܕܡ ܕܐܬܐܡܪ ܡܢ ܡܪܝܐ ܒܝܕ ܢܒܝܐ ܕܐܡܪ:
ܕܡܢ ܡܨܪܝܢ ܩܪܝܬ ܠܒܪܝ. 16 ܗܝܕܝܢ ܗܪܘܕܣ ܟܕ ܚܙܐ ܕܐܬܒܙܚ
ܡܢ ܡܓܘܫܐ: ܐܬܚܡܬ ܛܒ: ܘܫܕܪ ܩܛܠ ܛܠܝܐ ܟܠܗܘܢ
ܕܒܝܬ ܠܚܡ ܘܒܟܠܗܘܢ ܬܚܘܡܝܗ. ܡܢ ܒܪ ܬܪܬܝܢ ܫܢܝܢ
ܘܠܬܚܬ: ܐܝܟ ܙܒܢܐ ܕܚܦܛ ܡܢ ܡܓܘܫܐ. 17 ܗܝܕܝܢ ܐܬܡܠܝ
ܡܕܡ ܕܐܬܐܡܪ ܒܝܕ ܐܪܡܝܐ ܢܒܝܐ ܕܐܡܪ. 18 ܩܠܐ ܐܫܬܡܥ ܒܪܡܬܐ:
ܒܟܝܐ ܘܐܠܝܐ ܣܓܝܐܐ. ܪܚܝܠ ܒܟܝܐ ܥܠ ܒܢܝܗ: ܘܠܐ ܨܒܝܐ
ܠܡܬܒܝܐܘ ܡܛܠ ܕܠܐ ܐܝܬܝܗܘܢ ✤ 19 ܟܕ ܡܝܬ ܕܝܢ ܗܪܘܕܣ
ܡܠܟܐ: ܐܬܚܙܝ ܡܠܐܟܐ ܕܡܪܝܐ ܒܚܠܡܐ ܠܝܘܣܦ ܒܡܨܪܝܢ.
20 ܘܐܡܪ ܠܗ. ܩܘܡ ܕܒܪ ܠܛܠܝܐ ܘܠܐܡܗ: ܘܙܠ ܠܐܪܥܐ
ܕܐܝܣܪܝܠ. ܡܝܬܘ ܠܗܘܢ ܓܝܪ ܗܢܘܢ ܕܒܥܝܢ ܗܘܘ ܢܦܫܗ
ܕܛܠܝܐ. 21 ܘܝܘܣܦ ܩܡ ܕܒܪ ܠܛܠܝܐ ܘܠܐܡܗ: ܘܐܬܐ ܠܐܪܥܐ
ܕܐܝܣܪܝܠ ✤ 22 ܟܕ ܕܝܢ ܫܡܥ ܕܐܪܟܠܐܘܣ ܗܘܐ ܡܠܟܐ ܒܝܗܘܕ:
ܚܠܦ ܗܪܘܕܣ ܐܒܘܗܝ. ܕܚܠ ܕܢܐܙܠ ܠܬܡܢ. ܘܐܬܚܙܝ ܠܗ

ܒܡܢܘܬܐ ܕܝܠܗ ܠܐܬܪܐ ܕܓܠܝܠܐ. 23 ܘܐܬܐ ܥܡܪ ܒܡܕܝܢܬܐ
ܕܡܬܩܪܝܐ ܢܨܪܬ. ܐܝܟ ܕܢܬܡܠܐ ܡܕܡ ܕܐܬܐܡܪ ܒܢܒܝܐ ܕܢܨܪܝܐ
ܢܬܩܪܐ ܀

ܩܦܠܐܘܢ ܀ ܓ ܀

1 ܒܗܘܢ ܕܝܢ ܒܝܘܡܬܐ ܗܢܘܢ: ܐܬܐ ܝܘܚܢܢ ܡܥܡܕܢܐ. ܘܡܟܪܙ
ܗܘܐ ܒܡܕܒܪܐ ܕܝܗܘܕ. 2 ܘܐܡܪ. ܬܘܒܘ. ܩܪܒܬ ܓܝܪ ܡܠܟܘܬܐ
ܕܫܡܝܐ. 3 ܗܢܘ ܓܝܪ ܗܘ ܕܐܬܐܡܪ ܒܝܕ ܐܫܥܝܐ ܢܒܝܐ. ܩܠܐ ܕܩܪܐ
ܒܡܕܒܪܐ: ܛܝܒܘ ܐܘܪܚܗ ܕܡܪܝܐ ܘܐܪܨܘ ܫܒܝܠܘܗܝ. 4 ܗܘ
ܕܝܢ ܝܘܚܢܢ: ܐܝܬܘܗܝ ܗܘܐ ܠܒܘܫܗ ܕܣܥܪܐ ܕܓܡܠܐ. ܘܐܣܪ
ܚܨܐ ܕܡܫܟܐ ܥܠ ܚܨܘܗܝ. ܘܡܐܟܘܠܬܗ ܩܡܨܐ ܘܕܒܫܐ ܕܒܪܐ ܀
5 ܗܝܕܝܢ ܢܦܩܐ ܗܘܬ ܠܘܬܗ ܐܘܪܫܠܡ ܘܟܠܗ ܝܗܘܕ. ܘܟܠܗ
ܐܬܪܐ ܕܚܕܪܝ ܝܘܪܕܢܢ. 6 ܘܡܥܡܕܝܢ ܗܘܘ ܡܢܗ ܒܝܘܪܕܢܢ ܢܗܪܐ:
ܟܕ ܡܘܕܝܢ ܒܚܛܗܝܗܘܢ. 7 ܟܕ ܚܙܐ ܕܝܢ ܣܓܝܐܐ ܡܢ ܦܪܝܫܐ
ܘܡܢ ܙܕܘܩܝܐ ܕܐܬܝܢ ܠܡܥܡܕ. ܐܡܪ ܠܗܘܢ. ܝܠܕܐ ܕܐܟܕܢܐ:
ܡܢܘ ܚܘܝܟܘܢ ܠܡܥܪܩ ܡܢ ܪܘܓܙܐ ܕܐܬܐ. 8 ܥܒܕܘ ܗܟܝܠ
ܦܐܪܐ ܕܫܘܝܢ ܠܬܝܒܘܬܐ. 9 ܘܠܐ ܬܣܒܪܘܢ ܘܬܐܡܪܘܢ ܒܢܦܫܟܘܢ:
ܕܐܒܐ ܐܝܬ ܠܢ ܐܒܪܗܡ. ܐܡܪ ܐܢܐ ܠܟܘܢ ܓܝܪ: ܕܡܫܟܚ ܐܠܗܐ
ܡܢ ܗܠܝܢ ܟܐܦܐ ܠܡܩܡܘ ܒܢܝܐ ܠܐܒܪܗܡ. 10 ܗܐ ܕܝܢ ܢܪܓܐ
ܣܝܡ ܥܠ ܥܩܪܐ ܕܐܝܠܢܐ. ܟܠ ܐܝܠܢܐ ܗܟܝܠ ܕܦܐܪܐ ܫܦܝܪܐ ܠܐ
ܥܒܕ: ܡܬܦܣܩ ܘܢܦܠ ܒܢܘܪܐ. 11 ܐܢܐ ܡܥܡܕ ܐܢܐ ܠܟܘܢ
ܒܡܝܐ ܠܬܝܒܘܬܐ. ܗܘ ܕܝܢ ܕܒܬܪܝ ܐܬܐ ܚܝܠܬܢ ܗܘ ܡܢܝ. ܗܘ
ܕܠܐ ܫܘܐ ܐܢܐ ܡܣܐܢܘܗܝ ܠܡܫܩܠܘ. ܗܘ ܡܥܡܕ ܠܟܘܢ
ܒܪܘܚܐ ܕܩܘܕܫܐ ܘܒܢܘܪܐ. 12 ܗܘ ܕܪܦܫܐ ܒܐܝܕܗ ܘܡܕܟܐ
ܐܕܪܘܗܝ. ܘܚܛܐ ܟܢܫ ܠܐܘܨܪܘܗܝ: ܘܬܒܢܐ ܡܘܩܕ ܒܢܘܪܐ
ܕܠܐ ܕܥܟܐ. 13 ܗܝܕܝܢ ܐܬܐ ܝܫܘܥ ܡܢ ܓܠܝܠܐ ܠܝܘܪܕܢܢ ܠܘܬ
ܝܘܚܢܢ ܕܢܥܡܕ ܡܢܗ. 14 ܗܘ ܕܝܢ ܝܘܚܢܢ ܟܠܐ ܗܘܐ ܠܗ
ܘܐܡܪ. ܐܢܐ ܣܢܝܩ ܐܢܐ ܕܡܢܟ ܐܬܥܡܕ: ܘܐܢܬ ܠܘܬܝ ܐܬܝܬ:
15 ܗܘ ܕܝܢ ܝܫܘܥ ܥܢܐ ܘܐܡܪ ܠܗ. ܫܒܘܩ ܗܫܐ. ܗܟܢܐ

ܝܐܐ ܠܢ ܕܢܫܠܡ ܟܠܗ ܟܐܢܘܬܐ. ܘܗܝܕܝܢ ܫܒܩܗ ܀ 16 ܟܕ
ܥܡܕ ܕܝܢ ܝܫܘܥ: ܡܚܕܐ ܣܠܩ ܡܢ ܡܝܐ: ܘܐܬܦܬܚܘ ܠܗ
ܫܡܝܐ ܘܚܙܐ ܪܘܚܐ ܕܐܠܗܐ ܕܢܚܬܐ ܐܝܟ ܝܘܢܐ ܘܐܬܬ ܥܠܘܗܝ.
17 ܘܗܐ ܩܠܐ ܡܢ ܫܡܝܐ ܕܐܡܪ: ܗܢܘ ܒܪܝ ܚܒܝܒܐ ܕܒܗ
ܐܨܛܒܝܬ ܀

ܡܬܝ ܀ ܕ ܀

1 ܗܝܕܝܢ ܝܫܘܥ ܐܬܕܒܪ ܡܢ ܪܘܚܐ ܕܩܘܕܫܐ ܠܡܕܒܪܐ. ܕܢܬܢܣܐ
ܡܢ ܐܟܠܩܪܨܐ. 2 ܘܨܡ ܐܪܒܥܝܢ ܐܝܡܡܝܢ ܘܐܪܒܥܝܢ ܠܠܝܘܢ.
ܐܚܪܝܬ ܕܝܢ ܟܦܢ. 3 ܘܩܪܒ ܗܘ ܡܢܣܝܢܐ ܘܐܡܪ ܠܗ. ܐܢ ܒܪܗ
ܐܢܬ ܕܐܠܗܐ: ܐܡܪ ܕܗܠܝܢ ܟܐܦܐ ܢܗܘܝܢ ܠܚܡܐ. 4 ܗܘ ܕܝܢ
ܥܢܐ ܘܐܡܪ. ܟܬܝܒ ܕܠܐ ܗܘܐ ܒܠܚܡܐ ܒܠܚܘܕ ܚܐ ܒܪܢܫܐ.
ܐܠܐ ܒܟܠ ܡܠܐ ܕܢܦܩܐ ܡܢ ܦܘܡܗ ܕܐܠܗܐ. 5 ܗܝܕܝܢ ܕܒܪܗ
ܐܟܠܩܪܨܐ ܠܡܕܝܢܬܐ ܩܕܝܫܬܐ: ܘܐܩܝܡܗ ܥܠ ܟܢܦܐ ܕܗܝܟܠܐ.
6 ܘܐܡܪ ܠܗ. ܐܢ ܒܪܗ ܐܢܬ ܕܐܠܗܐ: ܫܕܝ ܢܦܫܟ ܠܬܚܬ.
ܟܬܝܒ ܓܝܪ ܕܠܡܠܐܟܘܗܝ ܢܦܩܕ ܥܠܝܟ. ܘܥܠ ܐܝܕܝܗܘܢ
ܢܫܩܠܘܢܟ: ܕܠܐ ܬܬܩܦ ܒܟܐܦܐ ܪܓܠܟ. 7 ܐܡܪ ܠܗ ܝܫܘܥ.
ܬܘܒ ܟܬܝܒ: ܕܠܐ ܬܢܣܐ ܠܡܪܝܐ ܐܠܗܟ. 8 ܬܘܒ ܕܒܪܗ
ܐܟܠܩܪܨܐ ܠܛܘܪܐ ܕܪܡ ܛܒ. ܘܚܘܝܗ ܟܠܗܝܢ ܡܠܟܘܬܐ
ܕܥܠܡܐ ܘܫܘܒܚܗܝܢ. 9 ܘܐܡܪ ܠܗ. ܗܠܝܢ ܟܠܗܝܢ ܠܟ
ܐܬܠ ܐܢ ܬܦܠ ܬܣܓܘܕ ܠܝ. 10 ܗܝܕܝܢ ܐܡܪ ܠܗ ܝܫܘܥ. ܙܠ
ܠܟ ܣܛܢܐ: ܟܬܝܒ ܓܝܪ ܕܠܡܪܝܐ ܐܠܗܟ ܬܣܓܘܕ: ܘܠܗ
ܒܠܚܘܕܘܗܝ ܬܦܠܘܚ. 11 ܗܝܕܝܢ ܫܒܩܗ ܐܟܠܩܪܨܐ: ܘܗܐ
ܡܠܐܟܐ ܩܪܒܘ ܘܡܫܡܫܝܢ ܗܘܘ ܠܗ ܀ 12 ܟܕ ܫܡܥ ܕܝܢ
ܝܫܘܥ ܕܝܘܚܢܢ ܐܫܬܠܡ: ܫܢܝ ܠܗ ܠܓܠܝܠܐ. 13 ܘܫܒܩܗ
ܠܢܨܪܬ: ܘܐܬܐ ܥܡܪ ܒܟܦܪܢܚܘܡ. ܥܠ ܝܕ ܝܡܐ. ܒܬܚܘܡܐ
ܕܙܒܘܠܘܢ ܘܕܢܦܬܠܝ. 14 ܕܢܬܡܠܐ ܡܕܡ ܕܐܬܐܡܪ ܒܝܕ ܐܫܥܝܐ
ܢܒܝܐ ܕܐܡܪ: 15 ܐܪܥܐ ܕܙܒܘܠܘܢ ܐܪܥܐ ܕܢܦܬܠܝ. ܐܘܪܚܐ ܕܝܡܐ.
ܥܒܪܗ ܕܝܘܪܕܢܢ. ܓܠܝܠܐ ܕܥܡܡܐ. 16 ܥܡܐ ܕܝܬܒ

ܒܚܫܘܟܐ ܢܘܗܪܐ ܪܒܐ ܚܙܐ ܘܐܝܠܝܢ ܕܝܬܒܝܢ ܒܐܬܪܐ ܘܒܛܠܠܐ
ܕܡܘܬܐ܆ ܢܘܗܪܐ ܕܢܚ ܠܗܘܢ ܀ 17 ܡܢ ܗܝܕܝܢ ܫܪܝ ܝܫܘܥ
ܠܡܟܪܙܘ ܘܠܡܐܡܪ. ܬܘܒܘ. ܩܪܒܬ ܠܗ ܓܝܪ ܡܠܟܘܬܐ
ܕܫܡܝܐ ܀ 18 ܘܟܕ ܡܗܠܟ ܥܠ ܝܕ ܝܡܐ ܕܓܠܝܠܐ. ܚܙܐ ܬܪܝܢ
ܐܚܝܢ. ܠܫܡܥܘܢ ܕܡܬܩܪܐ ܟܐܦܐ. ܘܠܐܢܕܪܐܘܣ ܐܚܘܗܝ. ܕܪܡܝܢ
ܡܨܝܕܬܐ ܒܝܡܐ. ܐܝܬܝܗܘܢ ܗܘܘ ܓܝܪ ܨܝܕܐ܆ 19 ܘܐܡܪ ܠܗܘܢ
ܝܫܘܥ. ܬܘ ܒܬܪܝ. ܘܐܥܒܕܟܘܢ ܕܬܗܘܘܢ ܨܝܕܐ ܕܒܢܝܢܫܐ.
20 ܗܢܘܢ ܕܝܢ ܡܚܕܐ ܫܒܩܘ ܡܨܝܕܬܗܘܢ ܘܐܙܠܘ ܒܬܪܗ.
21 ܘܟܕ ܥܒܪ ܡܢ ܬܡܢ. ܚܙܐ ܐܚܪܢܐ ܬܪܝܢ ܐܚܝܢ. ܠܝܥܩܘܒ ܒܪ
ܙܒܕܝ ܘܝܘܚܢܢ ܐܚܘܗܝ. ܒܐܠܦܐ ܥܡ ܙܒܕܝ ܐܒܘܗܘܢ
ܕܡܬܩܢܝܢ ܡܨܝܕܬܗܘܢ. ܘܩܪܐ ܐܢܘܢ ܝܫܘܥ. 22 ܗܢܘܢ ܕܝܢ
ܡܚܕܐ ܫܒܩܘ ܠܐܠܦܐ ܘܠܐܒܘܗܘܢ܆ ܘܐܙܠܘ ܒܬܪܗ ܀ 23 ܘܡܟܪܟ
ܗܘܐ ܝܫܘܥ ܒܟܠܗ ܓܠܝܠܐ܆ ܘܡܠܦ ܗܘܐ ܒܟܢܘܫܬܗܘܢ.
ܘܡܟܪܙ ܣܒܪܬܐ ܕܡܠܟܘܬܐ. ܘܡܐܣܐ ܟܠ ܟܐܒ ܘܟܘܪܗܢ
ܒܥܡܐ. 24 ܘܐܫܬܡܥ ܫܡܥܗ ܒܟܠܗ ܣܘܪܝܐ. ܘܩܪܒܘ ܠܗ
ܟܠܗܘܢ ܐܝܠܝܢ ܕܒܝܫ ܠܗܘܢ ܒܟܘܪܗܢܐ ܡܫܚܠܦܐ.
ܘܐܝܠܝܢ ܕܐܠܝܨܝܢ ܒܡܟܐܒܐ. ܘܕܝܘܢܐ ܘܒܪܝ ܐܓܪܐ ܘܡܫܪܝܐ.
ܘܐܣܝ ܐܢܘܢ. 25 ܘܐܙܠܘ ܒܬܪܗ ܟܢܫܐ ܣܓܝܐܐ. ܡܢ ܓܠܝܠܐ
ܘܡܢ ܥܣܪ ܡܕܝܢܢ. ܘܡܢ ܐܘܪܫܠܡ. ܘܡܢ ܝܗܘܕ. ܘܡܢ
ܥܒܪܐ ܕܝܘܪܕܢܢ ܀

ܡܬܝ ܀ ܗ ܀

1 ܟܕ ܚܙܐ ܕܝܢ ܝܫܘܥ ܠܟܢܫܐ܆ ܣܠܩ ܠܛܘܪܐ ܘܟܕ ܝܬܒ.
ܩܪܒܘ ܠܘܬܗ ܬܠܡܝܕܘܗܝ. 2 ܘܦܬܚ ܦܘܡܗ ܘܡܠܦ
ܗܘܐ ܠܗܘܢ ܘܐܡܪ ܀ 3 ܛܘܒܝܗܘܢ ܠܡܣܟܢܐ ܒܪܘܚ.
ܕܕܝܠܗܘܢ ܗܝ ܡܠܟܘܬܐ ܕܫܡܝܐ ܀ 4 ܛܘܒܝܗܘܢ ܠܐܒܝܠܐ
ܕܗܢܘܢ ܢܬܒܝܐܘܢ ܀ 5 ܛܘܒܝܗܘܢ ܠܡܟܝܟܐ. ܕܗܢܘܢ ܢܐܪܬܘܢ
ܐܪܥܐ ܀ 6 ܛܘܒܝܗܘܢ ܠܐܝܠܝܢ ܕܟܦܢܝܢ ܘܨܗܝܢ ܠܟܐܢܘܬܐ. ܕܗܢܘܢ
ܢܣܒܥܘܢ ܀ 7 ܛܘܒܝܗܘܢ ܠܡܪܚܡܢܐ. ܕܥܠܝܗܘܢ ܢܗܘܘܢ

ܪ̈ܚܡܐ ✣ 8 ܛܘܒܝܗܘܢ ܠܐܝܠܝܢ ܕܕܟܝܢ ܒܠܒܗܘܢ : ܕܗܢܘܢ ܢܚܙܘܢ
ܠܐܠܗܐ ✣ 9 ܛܘܒܝܗܘܢ ܠܥܒ̈ܕܝ ܫܠܡܐ : ܕܒܢܘܗܝ ܕܐܠܗܐ
ܢܬܩܪܘܢ ✣ 10 ܛܘܒܝܗܘܢ ܠܐܝܠܝܢ ܕܐܬܪܕܦܘ ܡܛܠ ܟܐܢܘܬܐ :
ܕܕܝܠܗܘܢ ܗܝ ܡܠܟܘܬܐ ܕܫܡܝܐ : 11 ܛܘܒܝܟܘܢ ܐܡܬܝ
ܕܡܚܣܕܝܢ ܠܟܘܢ ܘܪܕܦܝܢ ܠܟܘܢ . ܘܐܡܪܝܢ ܥܠܝܟܘܢ ܟܠ
ܡܠܐ ܒܝܫܐ ܡܛܠܬܝ ܒܕܓܠܘܬܐ . 12 ܗܝܕܝܢ ܚܕܘ ܘܪܘܙܘ :
ܕܐܓܪܟܘܢ ܣܓܝ ܒܫܡܝܐ . ܗܟܢܐ ܓܝܪ ܪܕܦܘ ܠܢܒ̈ܝܐ ܕܡܢ
ܩܕܡܝܟܘܢ . 13 ܐܢܬܘܢ ܐܝܬܝܟܘܢ ܡܠܚܗ ܕܐܪܥܐ . ܐܢ ܕܝܢ
ܡܠܚܐ ܬܦܟܗ . ܒܡܢܐ ܬܬܡܠܚ . ܠܡܕܡ ܠܐ ܐܙܠܐ ܐܠܐ
ܕܬܫܬܕܐ ܠܒܪ ܘܬܬܕܝܫ ܡܢ ܐܢܫܐ . 14 ܐܢܬܘܢ ܐܝܬܝܟܘܢ ܢܘܗܪܗ
ܕܥܠܡܐ . ܠܐ ܡܫܟܚܐ ܕܬܛܫܐ ܡܕܝܢܬܐ ܕܥܠ ܛܘܪܐ ܒܢܝܐ .
15 ܘܠܐ ܡܢܗܪܝܢ ܫܪܓܐ ܘܣܝܡܝܢ ܠܗ ܬܚܝܬ ܣܐܬܐ . ܐܠܐ ܥܠ
ܡܢܪܬܐ . ܘܡܢܗܪ ܠܟܠ ܐܝܠܝܢ ܕܒܒܝܬܐ ܐܝܬܝܗܘܢ . 16 ܗܟܢܐ
ܢܢܗܪ ܢܘܗܪܟܘܢ ܩܕܡ ܒܢ̈ܝܢܫܐ ܕܢܚܙܘܢ ܥܒ̈ܕܝܟܘܢ ܛ̈ܒܐ :
ܘܢܫܒܚܘܢ ܠܐܒܘܟܘܢ ܕܒܫܡܝܐ ✣ 17 ܠܐ ܬܣܒܪܘܢ ܕܐܬܝܬ ܕܐܫܪܐ
ܢܡܘܣܐ ܐܘ ܢܒ̈ܝܐ . ܠܐ ܕܐܫܪܐ ܐܬܝܬ ܐܠܐ ܕܐܡܠܐ . 18 ܐܡܝܢ ܓܝܪ ܐܡܪ ܐܢܐ
ܠܟܘܢ ܕܥܕܡܐ ܕܢܥܒܪܘܢ ܫܡܝܐ ܘܐܪܥܐ : ܝܘܕ ܚܕܐ ܐܘ ܚܕ
ܣܪܛܐ : ܠܐ ܢܥܒܪ ܡܢ ܢܡܘܣܐ ܥܕܡܐ ܕܟܠ ܢܗܘܐ . 19 ܟܠ
ܡܢ ܕܢܫܪܐ ܗܟܝܠ ܚܕ ܡܢ ܦܘܩܕ̈ܢܐ ܗܠܝܢ ܙܥܘܪ̈ܐ : ܘܢܠܦ
ܗܟܢܐ ܠܒܢ̈ܝܢܫܐ : ܒܨܝܪܐ ܢܬܩܪܐ ܒܡܠܟܘܬܐ ܕܫܡܝܐ . ܟܠ
ܕܝܢ ܕܢܥܒܕ ܘܢܠܦ : ܗܢܐ ܪܒܐ ܢܬܩܪܐ ܒܡܠܟܘܬܐ ܕܫܡܝܐ .
20 ܐܡܪ ܐܢܐ ܠܟܘܢ ܓܝܪ : ܕܐܢ ܠܐ ܬܬܝܬܪ ܟܐܢܘܬܟܘܢ ܝܬܝܪ ܡܢ
ܕܣܦܪ̈ܐ ܘܦܪ̈ܝܫܐ : ܠܐ ܬܥܠܘܢ ܠܡܠܟܘܬܐ ܕܫܡܝܐ ✣ 21 ܫܡܥܬܘܢ
ܕܐܬܐܡܪ ܠܩܕ̈ܡܝܐ ܠܐ ܬܩܛܘܠ . ܘܟܠ ܕܢܩܛܘܠ ܡܚܝܒ ܗܘ
ܠܕܝܢܐ . 22 ܐܢܐ ܕܝܢ ܐܡܪ ܐܢܐ ܠܟܘܢ . ܕܟܠ ܡܢ ܕܢܪܓܙ ܥܠ
ܐܚܘܗܝ ܐܝܩܐ : ܡܚܝܒ ܗܘ ܠܕܝܢܐ . ܘܟܠ ܕܢܐܡܪ ܠܐܚܘܗܝ
ܪܩܐ : ܡܚܝܒ ܗܘ ܠܟܢܘܫܬܐ . ܘܟܠ ܡܢ ܕܢܐܡܪ ܠܫܐ :
ܡܚܝܒ ܗܘ ܠܓܗܢܐ ܕܢܘܪܐ ✣ 23 ܐܢ ܗܘ ܗܟܝܠ ܕܡܩܪܒ

ܐܝܬ ܩܘܪܒܢܟ ܥܠ ܡܕܒܚܐ܆ ܘܬܡܢ ܬܬܕܟܪ ܕܢܛܪ ܒܠܒܗ
ܐܚܘܟ ܐܟܬܐ ܡܕܡ܆ 24 ܫܒܘܩ ܬܡܢ ܩܘܪܒܢܟ ܥܠ ܡܕܒܚܐ܆
ܘܙܠ ܠܘܩܕܡ ܐܬܪܥܐ ܥܡ ܐܚܘܟ܆ ܘܗܝܕܝܢ ܬܐ ܩܪܒ ܩܘܪܒܢܟ܀
25 ܗܘܝܬ ܡܬܪܥܐ ܥܡ ܒܥܠܕܝܢܟ ܥܓܠ. ܥܕ ܥܡܗ ܐܢܬ
ܒܐܘܪܚܐ. ܕܠܡܐ ܒܥܠܕܝܢܟ ܢܫܠܡܟ ܠܕܝܢܐ. ܘܕܝܢܐ
ܢܫܠܡܟ ܠܓܒܝܐ. ܘܬܦܠ ܒܒܝܬ ܐܣܝܪܐ. 26 ܘܐܡܝܢ ܐܡܪ ܐܢܐ
ܠܟ܆ ܕܠܐ ܬܦܘܩ ܡܢ ܬܡܢ ܥܕܡܐ ܕܬܬܠ ܫܡܘܢܐ ܐܚܪܝܐ ܀
27 ܫܡܥܬܘܢ ܕܐܬܐܡܪ ܕܠܐ ܬܓܘܪ 28 ܐܢܐ ܕܝܢ ܐܡܪ ܐܢܐ ܠܟܘܢ. ܕܟܠ
ܡܢ ܕܚܙܐ ܐܢܬܬܐ ܐܝܟ ܕܢܪܓܝܗ ܡܚܕܐ ܓܪܗ ܒܠܒܗ. 29 ܐܢ
ܕܝܢ ܥܝܢܟ ܕܝܡܝܢܐ ܡܟܫܠܐ ܠܟ܆ ܚܨܝܗ ܘܫܕܝܗ ܡܢܟ. ܦܩܚ
ܠܟ ܓܝܪ ܕܢܐܒܕ ܚܕ ܗܕܡܟ܆ ܘܠܐ ܟܠܗ ܦܓܪܟ ܢܦܠ ܒܓܗܢܐ.
30 ܘܐܢ ܐܝܕܟ ܕܝܡܝܢܐ ܡܟܫܠܐ ܠܟ܆ ܦܣܘܩ ܫܕܝܗ ܡܢܟ.
ܦܩܚ ܠܟ ܓܝܪ ܕܢܐܒܕ ܚܕ ܡܢ ܗܕܡܝܟ܆ ܘܠܐ ܟܠܗ ܦܓܪܟ
ܢܦܠ ܒܓܗܢܐ. 31 ܐܬܐܡܪ ܕܡܢ ܕܫܪܐ ܐܢܬܬܗ܆ ܢܬܠ ܠܗ
ܟܬܒܐ ܕܕܘܟܠܐ. 32 ܐܢܐ ܕܝܢ ܐܡܪ ܐܢܐ ܠܟܘܢ ܕܟܠ ܡܢ ܕܫܪܐ
ܐܢܬܬܗ ܠܒܪ ܡܢ ܡܠܬܐ ܕܙܢܝܘܬܐ܆ ܥܒܕ ܠܗ ܕܬܓܘܪ. ܘܡܢ
ܕܫܩܠ ܫܒܝܩܬܐ ܓܐܪ ܀ 33 ܬܘܒ ܫܡܥܬܘܢ ܕܐܬܐܡܪ
ܠܩܕܡܝܐ܆ ܕܠܐ ܬܕܓܠ ܒܡܘܡܬܟ. ܬܫܠܡ ܕܝܢ ܠܡܪܝܐ
ܡܘܡܬܟ. 34 ܐܢܐ ܕܝܢ ܐܡܪ ܐܢܐ ܠܟܘܢ܆ ܠܐ ܬܐܡܘܢ ܟܠܗ. ܠܐ
ܒܫܡܝܐ. ܕܟܘܪܣܝܐ ܗܘ ܕܐܠܗܐ. 35 ܘܠܐ ܒܐܪܥܐ ܕܟܘܒܫܐ
ܗܝ ܕܡܪܓܠܘܗܝ. ܐܦܠܐ ܒܐܘܪܫܠܡ ܕܡܕܝܢܬܗ ܗܝ
ܕܡܠܟܐ ܪܒܐ. 36 ܐܦܠܐ ܒܪܫܟ ܬܐܡܐ܆ ܕܠܐ ܡܫܟܚ ܐܢܬ
ܠܡܥܒܕ ܒܗ ܡܢܬܐ ܚܕܐ ܕܣܥܪܐ. ܐܘܟܡܬܐ ܐܘ ܚܘܪܬܐ.
37 ܐܠܐ ܬܗܘܐ ܡܠܬܟܘܢ܆ ܐܝܢ ܐܝܢ ܘܠܐ ܠܐ. ܡܕܡ ܕܡܢ ܗܠܝܢ
ܝܬܝܪ܆ ܡܢ ܒܝܫܐ ܗܘ ܀ 38 ܫܡܥܬܘܢ ܕܐܬܐܡܪ܆ ܕܥܝܢܐ
ܚܠܦ ܥܝܢܐ ܘܫܢܐ ܚܠܦ ܫܢܐ. 39 ܐܢܐ ܕܝܢ ܐܡܪ ܐܢܐ ܠܟܘܢ܆
ܕܠܐ ܬܩܘܡܘܢ ܠܘܩܒܠ ܒܝܫܐ. ܐܠܐ ܡܢ ܕܡܚܐ ܠܟ ܥܠ ܦܟܟ
ܕܝܡܝܢܐ܆ ܐܦܢܐ ܠܗ ܐܦ ܐܚܪܬܐ. 40 ܘܡܢ ܕܨܒܐ ܕܢܕܘܢ ܥܡܟ܆

ܘܢܣܒ ܟܘܬܝܢܟ : ܫܒܘܩ ܠܗ ܐܦ ܡܪܛܘܛܟ. 41 ܡܢ
ܕܫܚܪ ܠܟ ܡܝܠܐ ܚܕ : ܙܠ ܥܡܗ ܬܪܝܢ. 42 ܡܢ ܕܫܐܠ ܠܟ
ܗܒ ܠܗ. ܘܡܢ ܕܨܒܐ ܕܢܙܦ ܡܢܟ ܠܐ ܬܟܠܝܘܗܝ. 43 ܫܡܥܬܘܢ
ܕܐܬܐܡܪ : ܕܬܪܚܡ ܠܩܪܝܒܟ ܘܬܣܢܐ ܠܒܥܠܕܒܒܟ. 44 ܐܢܐ ܕܝܢ
ܐܡܪ ܐܢܐ ܠܟܘܢ : ܐܚܒܘ ܠܒܥܠܕܒܒܝܟܘܢ. ܘܒܪܟܘ ܠܡܢ
ܕܠܐܛ ܠܟܘܢ. ܘܥܒܕܘ ܕܫܦܝܪ ܠܡܢ ܕܣܢܐ ܠܟܘܢ. ܘܨܠܘ ܥܠ
ܐܝܠܝܢ ܕܕܒܪܝܢ ܠܟܘܢ ܒܩܛܝܪܐ ܘܪܕܦܝܢ ܠܟܘܢ. 45 ܐܝܟܢܐ
ܕܬܗܘܘܢ ܒܢܝܐ ܕܐܒܘܟܘܢ ܕܒܫܡܝܐ. ܗܘ ܕܡܕܢܚ ܫܡܫܗ
ܥܠ ܛܒܐ ܘܥܠ ܒܝܫܐ : ܘܡܚܬ ܡܛܪܗ ܥܠ ܟܐܢܐ ܘܥܠ
ܥܘܠܐ. 46 ܐܢ ܓܝܪ ܡܚܒܝܢ ܐܢܬܘܢ ܠܐܝܠܝܢ ܕܡܚܒܝܢ ܠܟܘܢ :
ܡܢܐ ܐܓܪܐ ܐܝܬ ܠܟܘܢ. ܠܐ ܗܐ ܐܦ ܡܟܣܐ ܗܕܐ ܗܝ ܥܒܕܝܢ.
47 ܘܐܢ ܫܐܠܝܢ ܐܢܬܘܢ ܒܫܠܡܐ ܕܐܚܝܟܘܢ ܒܠܚܘܕ: ܡܢܐ ܝܬܝܪ
ܥܒܕܝܢ ܐܢܬܘܢ. ܠܐ ܗܐ ܐܦ ܡܟܣܐ ܗܕܐ ܗܝ ܥܒܕܝܢ. 48 ܗܘܘ
ܗܟܝܠ ܐܢܬܘܢ ܓܡܝܪܐ. ܐܝܟܢܐ ܕܐܒܘܟܘܢ ܕܒܫܡܝܐ ܓܡܝܪ
ܗܘ ❖

ܡܬܝ ❖ ܘ ❖

1 ܚܘܪܘ ܕܝܢ ܒܙܕܩܬܟܘܢ : ܕܠܐ ܬܥܒܕܘܢܗ ܩܕܡ ܒܢܝܢܫܐ
ܐܝܟ ܕܬܬܚܙܘܢ ܠܗܘܢ. ܘܐܠܐ ܠܐ ܐܓܪܐ ܠܝܬ ܠܟܘܢ ܠܘܬ ܐܒܘܟܘܢ
ܕܒܫܡܝܐ. 2 ܐܡܬܝ ܗܟܝܠ ܕܥܒܕ ܐܢܬ ܙܕܩܬܐ: ܠܐ ܬܩܪܐ ܩܪܢܐ
ܩܕܡܝܟ. ܐܝܟ ܕܥܒܕܝܢ ܢܣܒܝ ܒܐܦܐ ܒܟܢܘܫܬܐ ܘܒܫܘܩܐ.
ܐܝܟ ܕܢܫܬܒܚܘܢ ܡܢ ܒܢܝܢܫܐ. ܘܐܡܝܢ ܐܡܪ ܐܢܐ ܠܟܘܢ :
ܕܢܣܒܘ ܐܓܪܗܘܢ ❖ 3 ܐܢܬ ܕܝܢ ܡܐ ܕܥܒܕ ܐܢܬ ܙܕܩܬܐ. ܠܐ
ܬܕܥ ܣܡܠܟ ܡܢܐ ܥܒܕܐ ܝܡܝܢܟ: 4 ܐܝܟ ܕܬܗܘܐ ܙܕܩܬܟ
ܒܟܣܝܐ. ܘܐܒܘܟ ܕܚܙܐ ܒܟܣܝܐ. ܗܘ ܢܦܪܥܟ ܒܓܠܝܐ. 5 ܘܡܐ
ܕܡܨܠܐ ܐܢܬ : ܠܐ ܬܗܘܐ ܐܝܟ ܢܣܒܝ ܒܐܦܐ ܕܪܚܡܝܢ ܠܡܩܡ
ܒܟܢܘܫܬܐ ܘܒܙܘܝܐ ܕܫܘܩܐ ܠܡܨܠܝܘ : ܕܢܬܚܙܘܢ ܠܒܢܝ
ܐܢܫܐ. ܘܐܡܝܢ ܐܡܪ ܐܢܐ ܠܟܘܢ : ܕܢܣܒܘ ܐܓܪܗܘܢ. 6 ܐܢܬ
ܕܝܢ ܡܐ ܕܡܨܠܐ ܐܢܬ : ܥܘܠ ܠܬܘܢܟ. ܘܐܚܘܕ ܬܪܥܟ. ܘܨܠܐ

ܠܐܒܘܟ ܕܒܟܣܝܐ܂ ܘܐܒܘܟ ܕܚܙܐ ܒܟܣܝܐ ܢܦܪܥܟ ܒܓܠܝܐ܂
7 ܘܟܕ ܕܡܨܠܝܢ ܐܢܬܘܢ܆ ܠܐ ܬܗܘܘܢ ܡܦܩܩܝܢ ܐܝܟ ܚܢܦܐ܂
ܣܒܪܝܢ ܓܝܪ ܕܒܡܡܠܠܐ ܣܓܝܐܐ ܡܫܬܡܥܝܢ܂ 8 ܠܐ ܗܟܝܠ
ܬܬܕܡܘܢ ܠܗܘܢ܂ ܐܒܘܟܘܢ ܓܝܪ ܝܕܥ ܡܢܐ ܡܬܒܥܐ ܠܟܘܢ܆
ܥܕܠܐ ܬܫܐܠܘܢܝܗܝ܂ 9 ܗܟܢܐ ܨܠܘ ܐܢܬܘܢ܂ ܐܒܘܢ ܕܒܫܡܝܐ
ܢܬܩܕܫ ܫܡܟ܂ 10 ܬܐܬܐ ܡܠܟܘܬܟ܂ ܢܗܘܐ ܨܒܝܢܟ܂ ܐܝܟܢܐ
ܕܒܫܡܝܐ܂ ܐܦ ܒܐܪܥܐ܂ 11 ܗܒ ܠܢ ܠܚܡܐ ܕܣܘܢܩܢܢ
ܝܘܡܢܐ܂ 12 ܘܫܒܘܩ ܠܢ ܚܘܒܝܢ܂ ܐܝܟܢܐ ܕܐܦ ܚܢܢ ܫܒܩܢ
ܠܚܝܒܝܢ܂ 13 ܘܠܐ ܬܥܠܢ ܠܢܣܝܘܢܐ܂ ܐܠܐ ܦܨܢ ܡܢ ܒܝܫܐ܂
ܡܛܠ ܕܕܝܠܟ ܗܝ ܡܠܟܘܬܐ ܘܚܝܠܐ ܘܬܫܒܘܚܬܐ܆ ܠܥܠܡ
ܥܠܡܝܢ܂ 14 ܐܢ ܓܝܪ ܬܫܒܩܘܢ ܠܒܢܝܢܫܐ ܣܟܠܘܬܗܘܢ܆
ܢܫܒܘܩ ܐܦ ܠܟܘܢ ܐܒܘܟܘܢ ܕܒܫܡܝܐ܂ 15 ܐܢ ܕܝܢ ܠܐ ܬܫܒܩܘܢ
ܠܒܢܝܢܫܐ܆ ܐܦܠܐ ܐܒܘܟܘܢ ܫܒܩ ܠܟܘܢ ܣܟܠܘܬܟܘܢ ܀
16 ܐܡܬܝ ܕܝܢ ܕܨܝܡܝܢ ܐܢܬܘܢ܆ ܠܐ ܬܗܘܘܢ ܟܡܝܪܐ ܐܝܟ ܢܣܒܝ
ܒܐܦܐ܂ ܡܚܒܠܝܢ ܓܝܪ ܐܦܝܗܘܢ܂ ܐܝܟ ܕܢܬܚܙܘܢ
ܠܒܢܝܢܫܐ ܕܨܝܡܝܢ܆ ܘܐܡܝܢ ܐܡܪ ܐܢܐ ܠܟܘܢ܆ ܕܩܒܠܘ
ܐܓܪܗܘܢ܂ 17 ܐܢܬ ܕܝܢ ܡܐ ܕܨܐܡ ܐܢܬ܆ ܐܫܝܓ ܐܦܝܟ ܘܡܫܘܚ
ܪܫܟ܂ 18 ܐܝܟ ܕܠܐ ܬܬܚܙܐ ܠܒܢܝܢܫܐ ܕܨܐܡ ܐܢܬ܂ ܐܠܐ ܠܐܒܘܟ
ܕܒܟܣܝܐ܂ ܘܐܒܘܟ ܕܚܙܐ ܒܟܣܝܐ܂ ܗܘ ܢܦܪܥܟ܂ 19 ܠܐ ܬܣܝܡܘܢ
ܠܟܘܢ ܣܝܡܬܐ ܒܐܪܥܐ ܐܬܪ ܕܣܣܐ ܘܐܟܠܐ ܡܚܒܠܝܢ܆ ܘܐܬܪܐ
ܕܓܢܒܐ ܦܠܫܝܢ ܘܓܢܒܝܢ܂ 20 ܐܠܐ ܣܝܡܘ ܠܟܘܢ ܣܝܡܬܐ
ܒܫܡܝܐ܂ ܐܝܟܐ ܕܠܐ ܣܣܐ ܘܠܐ ܐܟܠܐ ܡܚܒܠܝܢ܂ ܘܐܬܪܐ ܕܓܢܒܐ
ܠܐ ܦܠܫܝܢ ܘܠܐ ܓܢܒܝܢ܂ 21 ܐܝܟܐ ܓܝܪ ܕܐܝܬܘܗܝ ܣܝܡܬܟܘܢ܆
ܬܡܢ ܗܘܐ ܐܦ ܠܒܟܘܢ܂ 22 ܫܪܓܐ ܕܦܓܪܐ܂ ܐܝܬܘܗܝ ܥܝܢܐ܂
ܐܢ ܥܝܢܟ ܗܟܝܠ ܬܗܘܐ ܦܫܝܛܐ܆ ܐܦ ܟܠܗ ܦܓܪܟ ܢܗܝܪ
ܗܘ܂ 23 ܐܢ ܕܝܢ ܥܝܢܟ ܬܗܘܐ ܒܝܫܐ܆ ܟܠܗ ܦܓܪܟ ܚܫܘܟܐ
ܢܗܘܐ܂ ܐܢ ܗܟܝܠ ܢܘܗܪܐ ܕܒܟ ܚܫܘܟܐ ܗܘ܆ ܚܫܘܟܟ
ܟܡܐ ܢܗܘܐ܂ 24 ܠܐ ܐܢܫ ܡܫܟܚ ܠܬܪܝܢ ܡܪܘܢ ܠܡܦܠܚ܂

ܐܘ ܓܝܪ ܠܚܕ ܢܣܢܐ ܘܠܐܚܪܢܐ ܢܪܚܡ. ܐܘ ܠܚܕ ܢܝܩܪ: ܘܠܐܚܪܢܐ
ܢܫܘܛ. ܠܐ ܡܫܟܚܝܢ ܐܢܬܘܢ ܠܐܠܗܐ ܠܡܦܠܚ ܘܠܡܡܘܢܐ ✣
25 ܡܛܠ ܗܢܐ ܐܡܪ ܐܢܐ ܠܟܘܢ: ܠܐ ܬܐܨܦܘܢ ܠܢܦܫܟܘܢ ܡܢܐ
ܬܐܟܠܘܢ ܘܡܢܐ ܬܫܬܘܢ. ܘܠܐ ܠܦܓܪܟܘܢ ܡܢܐ ܬܠܒܫܘܢ. ܠܐ
ܗܘܐ ܢܦܫܐ ܝܬܝܪܐ ܡܢ ܡܐܟܘܠܬܐ ܘܦܓܪܐ ܡܢ ܠܒܘܫܐ. 26 ܚܙܘ
ܠܦܪܚܬܐ ܕܫܡܝܐ. ܕܠܐ ܙܪܥܝܢ ܘܠܐ ܚܨܕܝܢ. ܘܠܐ ܟܢܫܝܢ ܠܐܘܨܪܐ
ܘܐܒܘܟܘܢ ܕܒܫܡܝܐ ܡܬܪܣܐ ܠܗܘܢ. ܠܐ ܗܘܐ ܐܢܬܘܢ ܡܝܬܪܝܢ
ܐܢܬܘܢ ܡܢܗܘܢ: 27 ܡܢܘ ܕܝܢ ܡܢܟܘܢ ܕܟܕ ܝܨܦ ܡܫܟܚ
ܠܡܘܣܦܘ ܥܠ ܩܘܡܬܗ ܐܡܬܐ ܚܕܐ. 28 ܘܥܠ ܠܒܘܫܐ
ܡܢܐ ܝܨܦܝܢ ܐܢܬܘܢ. ܐܬܒܩܘ ܒܫܘܫܢܐ ܕܕܒܪܐ ܐܝܟܢܐ ܪܒܝܢ.
ܕܠܐ ܠܐܝܢ ܘܠܐ ܥܙܠܢ. 29 ܐܡܪ ܐܢܐ ܠܟܘܢ ܕܝܢ: ܕܐܦܠܐ ܫܠܝܡܘܢ
ܒܟܠܗ ܫܘܒܚܗ ܐܬܟܣܝ ܐܝܟ ܚܕܐ ܡܢܗܝܢ. 30 ܘܐܢ ܕܝܢ
ܠܥܣܒܐ ܕܚܩܠܐ ܕܝܘܡܢܐ ܐܝܬܘܗܝ. ܘܡܚܪ ܢܦܠ ܒܬܢܘܪܐ:
ܐܠܗܐ ܗܟܢܐ ܡܠܒܫ. ܠܐ ܤܓܝ ܝܬܝܪ ܠܟܘܢ ܙܥܘܪܝ
ܗܝܡܢܘܬܐ. 31 ܠܐ ܗܟܝܠ ܬܐܨܦܘܢ ܐܘ ܬܐܡܪܘܢ: ܡܢܐ ܢܐܟܘܠ
ܐܘ ܡܢܐ ܢܫܬܐ. ܐܘ ܡܢܐ ܢܬܟܤܐ. 32 ܟܠܗܝܢ ܓܝܪ ܗܠܝܢ.
ܥܡܡܐ ܗܘ ܕܒܥܝܢ ܠܗܝܢ. ܐܒܘܟܘܢ ܕܝܢ ܕܒܫܡܝܐ
ܝܕܥ. ܕܐܦ ܠܟܘܢ ܡܬܒܥܝܢ ܗܠܝܢ ܟܠܗܝܢ. 33 ܒܥܘ ܕܝܢ
ܠܘܩܕܡ ܡܠܟܘܬܗ ܕܐܠܗܐ ܘܙܕܝܩܘܬܗ. ܘܟܠܗܝܢ ܗܠܝܢ
ܡܬܬܘܤܦܢ ܠܟܘܢ. 34 ܠܐ ܗܟܝܠ ܬܐܨܦܘܢ ܕܡܚܪ. ܗܘ ܓܝܪ
ܡܚܪ ܝܨܦ ܕܝܠܗ. ܤܦܩ ܠܗ ܠܝܘܡܐ ܒܝܫܬܗ ✣ ✣

ܦܘܠܓܐ ✣ ܐ ✣

1 ܠܐ ܬܕܘܢܘܢ ܕܠܐ ܬܬܕܝܢܘܢ. 2 ܒܕܝܢܐ ܓܝܪ ܕܕܐܢܝܢ ܐܢܬܘܢ ܬܬܕܝܢܘܢ.
ܘܒܟܝܠܬܐ ܕܟܝܠܝܢ ܐܢܬܘܢ ܡܬܟܝܠ ܠܟܘܢ: 3 ܡܢܐ ܕܝܢ
ܚܙܐ ܐܢܬ ܓܠܐ ܕܒܥܝܢܗ ܕܐܚܘܟ: ܘܩܪܝܬܐ ܕܒܥܝܢܟ ܠܐ ܚܙܐ
ܐܢܬ. 4 ܐܘ ܐܝܟܢܐ ܐܡܪ ܐܢܬ ܠܐܚܘܟ: ܫܒܘܩ ܐܦܩ ܓܠܐ
ܡܢ ܥܝܢܟ. ܘܗܐ ܩܪܝܬܐ ܒܥܝܢܟ. 5 ܢܣܒ ܒܐܦܐ: ܐܦܩ

ܠܘܩܕܡ ܩܪܝܬܐ ܡܢ ܥܝܢܟ : ܘܗܝܕܝܢ ܢܬܚܙܐ ܠܟ ܠܡܦܩܘ
ܓܠܐ ܡܢ ܥܝܢܗ ܕܐܚܘܟ. 6 ܠܐ ܬܬܠܘܢ ܩܘܕܫܐ ܠܟܠܒܐ. ܘܠܐ
ܬܪܡܘܢ ܡܪ̈ܓܢܝܬܟܘܢ ܩܕܡ ܚܙܝܪ̈ܐ. ܕܠܡܐ ܢܕܘܫܘܢ ܐܢܝܢ
ܒܪ̈ܓܠܝܗܘܢ : ܘܢܗܦܟܘܢ ܢܚܒܠܘܢܟܘܢ. 7 ܫܐܠܘ ܘܢܬܝܗܒ
ܠܟܘܢ : ܒܥܘ ܘܬܫܟܚܘܢ. ܩܘܫܘ ܘܢܬܦܬܚ ܠܟܘܢ. 8 ܟܠ
ܓܝܪ ܕܫܐܠ ܢܣܒ. ܘܕܒܥܐ ܡܫܟܚ. ܘܠܐܝܢܐ ܕܢܩܫ
ܡܬܦܬܚ ܠܗ. 9 ܐܘ ܡܢܘ ܡܢܟܘܢ ܓܒܪܐ ܕܢܫܐܠܝܘܗܝ
ܒܪܗ ܠܚܡܐ. ܠܡܐ : ܟܐܦܐ ܡܘܫܛ ܠܗ : 10 ܘܐܢ ܢܘܢܐ
ܢܫܐܠܝܘܗܝ. ܠܡܐ : ܚܘܝܐ ܡܘܫܛ ܠܗ : 11 ܐܢ ܗܟܝܠ
ܐܢܬܘܢ ܕܒܝ̈ܫܐ ܐܢܬܘܢ : ܝܕܥܝܢ ܐܢܬܘܢ ܡܘܗܒ̈ܬܐ ܛܒ̈ܬܐ
ܠܡܬܠ ܠܒܢܝ̈ܟܘܢ : ܟܡܐ ܝܬܝܪܐܝܬ ܐܒܘܟܘܢ ܕܒܫܡܝܐ ܝܗܒ
ܛܒ̈ܬܐ ܠܐܝܠܝܢ ܕܫܐܠܝܢ ܠܗ : 12 ܟܠ ܡܐ ܕܨܒܝܢ ܐܢܬܘܢ ܕܢܥܒܕܘܢ
ܠܟܘܢ ܒܢܝ̈ܢܫܐ : ܗܟܢܐ ܐܦ ܐܢܬܘܢ ܥܒܕܘ ܠܗܘܢ. ܗܢܘ
ܓܝܪ ܢܡܘܣܐ ܘܢܒܝ̈ܐ. 13 ܥܘܠܘ ܒܬܪܥܐ ܥܠܝܨܐ. ܕܦܬܝܐ
ܗܘ ܬܪܥܐ. ܘܪܘܝܚܐ ܐܘܪܚܐ ܐܝܕܐ ܕܡܘܒܠܐ ܠܐܒܕܢܐ. ܘܣܓܝ̈ܐܐ ܐܢܘܢ
ܐܝܠܝܢ ܕܐܙܠܝܢ ܒܗ. 14 ܡܐ ܙܥܘܪ ܬܪܥܐ. ܘܐܠܝܨܐ ܐܘܪܚܐ ܐܝܕܐ
ܕܡܘܒܠܐ ܠܚܝ̈ܐ. ܘܙܥܘܪܝܢ ܐܢܘܢ ܐܝܠܝܢ ܕܡܫܟܚܝܢ ܠܗ.
15 ܐܙܕܗܪܘ ܡܢ ܢܒܝ̈ܐ ܕܓܠܐ. ܕܐܬܝܢ ܠܘܬܟܘܢ ܒܠܒܘܫܐ ܕܐܡܪ̈ܐ :
ܡܢ ܠܓܘ ܕܝܢ ܐܝܬܝܗܘܢ ܕܐܒ̈ܐ ܚܛܘܦ̈ܐ. 16 ܡܢ ܦܐܪ̈ܝܗܘܢ ܕܝܢ
ܬܕܥܘܢ ܐܢܘܢ. ܠܡܐ ܩܛܦܝܢ ܡܢ ܩܘ̈ܒܐ ܥܢ̈ܒܐ. ܐܘ ܡܢ ܐܕܪ̈ܕܩܐ
ܬܐ̈ܢܐ. 17 ܗܟܢܐ ܟܠ ܐܝܠܢܐ ܛܒܐ. ܦܐܪ̈ܐ ܛܒ̈ܐ ܥܒܕ. ܐܝܠܢܐ
ܕܝܢ ܒܝܫܐ. ܦܐܪ̈ܐ ܒܝ̈ܫܐ ܥܒܕ. 18 ܠܐ ܡܫܟܚ ܐܝܠܢܐ ܛܒܐ
ܦܐܪ̈ܐ ܒܝ̈ܫܐ ܠܡܥܒܕ. ܘܠܐ ܐܝܠܢܐ ܒܝܫܐ ܦܐܪ̈ܐ ܛܒ̈ܐ ܠܡܥܒܕ.
19 ܟܠ ܐܝܠܢܐ ܕܠܐ ܥܒܕ ܦܐܪ̈ܐ ܛܒ̈ܐ : ܡܬܦܣܩ ܘܒܢܘܪܐ
ܢܦܠ. 20 ܡܟܝܠ ܡܢ ܦܐܪ̈ܝܗܘܢ ܬܕܥܘܢ ܐܢܘܢ. 21 ܠܐ ܗܘܐ ܟܠ
ܕܐܡܪ ܠܝ ܡܪܝ ܡܪܝ. ܥܐܠ ܠܡܠܟܘܬܐ ܕܫܡܝܐ. ܐܠܐ ܡܢ
ܕܥܒܕ ܨܒܝܢܗ ܕܐܒܝ ܕܒܫܡܝܐ. 22 ܣܓܝ̈ܐܐ ܢܐܡܪܘܢ ܠܝ
ܒܗܘ ܝܘܡܐ. ܡܪܝ ܡܪܝ : ܠܐ ܒܫܡܟ ܐܬܢܒܝܢ : ܘܒܫܡܟ

ܫܐܕܐ ܐܦܩܢ: ܘܒܫܡܟ ܚܝܠܐ ܣܓܝܐܐ ܥܒܕܢ : [23] ܘܗܝܕܝܢ ܐܘܕܐ
ܠܗܘܢ ܕܡܢ ܡܬܘܡ ܠܐ ܝܕܥܬܟܘܢ. ܐܪܚܩܘ ܠܟܘܢ ܡܢܝ. ܦܠܚܝ
ܥܘܠܐ. [24] ܟܠ ܗܟܝܠ ܕܫܡܥ ܡܠܝ ܗܠܝܢ. ܘܥܒܕ ܠܗܝܢ.
ܢܬܕܡܐ ܠܓܒܪܐ ܚܟܝܡܐ. ܗܘ ܕܒܢܐ ܒܝܬܗ ܥܠ ܫܘܥܐ.
[25] ܘܢܚܬ ܡܛܪܐ. ܘܐܬܘ ܢܗܪܘܬܐ. ܘܢܫܒ ܪܘܚܐ. ܘܐܬܛܪܝܘ
ܒܗ ܒܒܝܬܐ ܗܘ ܘܠܐ ܢܦܠ. ܡܛܠ ܕܫܬܐܣܘܗܝ ܥܠ ܫܘܥܐ
ܣܝܡܢ ܗܘܝ. [26] ܘܟܠ ܡܢ ܕܫܡܥ ܡܠܝ ܗܠܝܢ. ܘܠܐ ܥܒܕ
ܠܗܝܢ ܢܬܕܡܐ ܠܓܒܪܐ ܣܟܠܐ. ܕܒܢܐ ܒܝܬܗ ܥܠ ܚܠܐ.
[27] ܘܢܚܬ ܡܛܪܐ. ܘܐܬܘ ܢܗܪܘܬܐ. ܘܢܫܒ ܪܘܚܐ. ܘܐܬܛܪܝܘ
ܒܒܝܬܐ ܗܘ ܘܢܦܠ. ܘܗܘܬ ܡܦܘܠܬܗ ܪܒܐ ❖ [28] ܘܗܘܐ
ܕܟܕ ܫܠܡ ܝܫܘܥ ܡܠܐ ܗܠܝܢ. ܬܡܝܗܝܢ ܗܘܘ ܟܢܫܐ ܥܠ
ܡܠܦܢܘܬܗ. [29] ܡܠܦ ܗܘܐ ܠܗܘܢ ܓܝܪ ܐܝܟ ܡܫܠܛܐ. ܘܠܐ
ܐܝܟ ܣܦܪܝܗܘܢ ܘܦܪܝܫܐ ❖

ܩܦܠܐܘܢ ❖ ܚ ❖

[1] ܟܕ ܕܝܢ ܢܚܬ ܡܢ ܛܘܪܐ. ܢܩܦܘܗܝ ܟܢܫܐ ܣܓܝܐܐ.
[2] ܘܗܐ ܓܪܒܐ ܚܕ ܐܬܐ ܣܓܕ ܠܗ ܘܐܡܪ. ܡܪܝ: ܐܢ ܨܒܐ ܐܢܬ
ܡܫܟܚ ܐܢܬ ܠܡܕܟܝܘܬܝ. [3] ܘܦܫܛ ܐܝܕܗ ܝܫܘܥ. ܩܪܒ
ܒܗ ܘܐܡܪ. ܨܒܐ ܐܢܐ ܐܬܕܟܐ. ܘܒܗ ܒܫܥܬܐ. ܐܬܕܟܝ ܓܪܒܗ.
[4] ܘܐܡܪ ܠܗ ܝܫܘܥ. ܚܙܝ ܠܐܢܫ ܠܐ ܬܐܡܪ. ܐܠܐ ܙܠ ܚܘܐ
ܢܦܫܟ ܠܟܗܢܐ: ܘܩܪܒ ܩܘܪܒܢܐ ܐܝܟ ܕܦܩܕ ܡܘܫܐ
ܠܣܗܕܘܬܗܘܢ ❖ [5] ܟܕ ܥܠ ܕܝܢ ܝܫܘܥ ܠܟܦܪܢܚܘܡ:
ܩܪܒ ܠܗ ܩܢܛܪܘܢܐ ܚܕ. ܘܒܥܐ ܗܘܐ ܡܢܗ. [6] ܘܐܡܪ
ܡܪܝ: ܛܠܝܝ ܪܡܐ ܒܒܝܬܐ: ܘܡܫܪܝܐ. ܘܒܝܫܐܝܬ ܡܫܬܢܩ.
[7] ܐܡܪ ܠܗ ܝܫܘܥ. ܐܢܐ ܐܬܐ ܘܐܣܝܘܗܝ. [8] ܥܢܐ ܩܢܛܪܘܢܐ
ܘܐܡܪ. ܡܪܝ: ܠܐ ܫܘܐ ܐܢܐ ܕܬܥܘܠ ܬܚܝܬ ܡܛܠܝ. ܐܠܐ
ܡܠܬܐ ܐܡܪ ܒܠܚܘܕ ܘܢܬܐܣܐ ܛܠܝܝ. [9] ܐܦ ܐܢܐ ܓܝܪ
ܓܒܪܐ ܐܢܐ ܕܬܚܝܬ ܫܘܠܛܢܐ. ܘܐܝܬ ܬܚܝܬ ܐܝܕܝ ܐܣܛܪܛܝܘܛܐ.

ܘܐܡܪ ܐܢܐ ܠܗܢܐ ܕܙܠ. ܘܐܙܠ. ܘܠܐܚܪܢܐ ܕܬܐ ܘܐܬܐ. ܘܠܥܒܕܝ
ܕܥܒܕ ܗܕܐ ܘܥܒܕ. 10 ܟܕ ܫܡܥ ܕܝܢ ܝܫܘܥ. ܐܬܕܡܪ. ܘܐܡܪ
ܠܕܐܬܝܢ ܒܬܪܗ. ܐܡܝܢ ܐܡܪ ܐܢܐ ܠܟܘܢ: ܕܐܦ ܠܐ ܒܝܣܪܝܠ
ܐܫܟܚܬ ܐܝܟ ܗܕܐ ܗܝܡܢܘܬܐ. 11 ܐܡܪ ܐܢܐ ܠܟܘܢ ܕܝܢ: ܕܣܓܝܐܐ
ܢܐܬܘܢ ܡܢ ܡܕܢܚܐ ܘܡܢ ܡܥܪܒܐ: ܘܢܣܬܡܟܘܢ ܥܡ ܐܒܪܗܡ
ܘܐܝܣܚܩ ܘܝܥܩܘܒ ܒܡܠܟܘܬܐ ܕܫܡܝܐ. 12 ܒܢܝܗ ܕܝܢ
ܕܡܠܟܘܬܐ ܢܦܩܘܢ ܠܚܫܘܟܐ ܒܪܝܐ. ܬܡܢ ܢܗܘܐ ܒܟܝܐ
ܘܚܘܪܩ ܫܢܐ. 13 ܘܐܡܪ ܝܫܘܥ ܠܩܢܛܪܘܢܐ ܗܘ. ܙܠ.
ܐܝܟܢܐ ܕܗܝܡܢܬ ܢܗܘܐ ܠܟ. ܘܐܬܐܣܝ ܛܠܝܗ ܒܗ ܒܫܥܬܐ ❖
14 ܘܐܬܐ ܝܫܘܥ ܠܒܝܬܗ ܕܫܡܥܘܢ. ܘܚܙܐ ܠܚܡܬܗ ܕܪܡܝܐ.
ܘܐܚܝܕܐ ܠܗ ܐܫܬܐ. 15 ܘܩܪܒ ܠܐܝܕܗ ܘܫܒܩܬܗ ܐܫܬܐ
ܘܩܡܬ ܘܡܫܡܫܐ ܗܘܬ ܠܗ. 16 ܟܕ ܗܘܐ ܕܝܢ ܪܡܫܐ
ܩܪܒܘ ܠܘܬܗ ܕܝܘܢܐ ܣܓܝܐܐ. ܘܐܦܩ ܕܝܘܝܗܘܢ. ܒܡܠܬܐ.
ܘܠܟܠܗܘܢ ܐܝܠܝܢ ܕܒܝܫܐܝܬ ܥܒܝܕܝܢ ܗܘܘ ܐܣܝ ܐܢܘܢ.
17 ܐܝܟ ܕܢܬܡܠܐ ܡܕܡ ܕܐܬܐܡܪ ܒܝܕ ܐܫܥܝܐ ܢܒܝܐ ܕܐܡܪ: ܕܗܘ
ܢܣܒ ܟܐܒܝܢ ܘܟܘܪܗܢܝܢ ܢܛܥܢ. 18 ܟܕ ܚܙܐ ܕܝܢ ܝܫܘܥ.
ܟܢܫܐ ܣܓܝܐܐ ܕܚܕܪܝܢ ܠܗ: ܦܩܕ ܕܢܐܙܠܘܢ ܠܥܒܪܐ:
19 ܘܩܪܒ ܣܦܪܐ ܚܕ ܘܐܡܪ ܠܗ. ܪܒܝ: ܐܬܐ ܒܬܪܟ ܠܐܬܪ ܕܐܙܠ
ܐܢܬ: 20 ܐܡܪ ܠܗ ܝܫܘܥ. ܠܬܥܠܐ ܢܩܥܐ ܐܝܬ ܠܗܘܢ.
ܘܠܦܪܚܬܐ ܕܫܡܝܐ ܡܛܠܠܐ. ܠܒܪܗ ܕܝܢ ܕܐܢܫܐ: ܠܝܬ ܠܗ
ܐܝܟܐ ܕܢܣܡܘܟ ܪܫܗ. 21 ܐܚܪܢܐ ܕܝܢ ܡܢ ܬܠܡܝܕܘܗܝ.
ܐܡܪ ܠܗ ܡܪܝ: ܐܦܣ ܠܝ ܠܘܩܕܡ ܐܐܙܠ ܐܩܒܘܪ ܐܒܝ.
22 ܝܫܘܥ ܕܝܢ ܐܡܪ ܠܗ. ܬܐ ܒܬܪܝ: ܘܫܒܘܩ ܡܝܬܐ ܩܒܪܝܢ
ܡܝܬܝܗܘܢ ❖ 23 ܘܟܕ ܣܠܩ ܝܫܘܥ ܠܣܦܝܢܬܐ: ܣܠܩܘ
ܥܡܗ ܬܠܡܝܕܘܗܝ. 24 ܘܗܐ ܙܘܥܐ ܪܒܐ ܗܘܐ ܒܝܡܐ. ܐܝܟܢܐ
ܕܠܣܦܝܢܬܐ ܬܟܣܝܗ ܡܢ ܓܠܠܐ. ܗܘ ܕܝܢ ܝܫܘܥ ܕܡܟ ܗܘܐ.
25 ܘܩܪܒܘ ܬܠܡܝܕܘܗܝ ܐܥܝܪܘܗܝ. ܘܐܡܪܝܢ ܠܗ. ܡܪܢ.
ܦܨܢ. ܐܒܕܝܢ. 26 ܐܡܪ ܠܗܘܢ ܝܫܘܥ. ܠܡܢܐ ܕܚܠܬܘܢ

ܐܢܬܘܢ. ܙܥܘܪܝ ܗܝܡܢܘܬܐ. ܗܝܕܝܢ ܩܡ ܘܟܐܐ ܒܪܘܚܐ ܘܒܝܡܐ.
ܘܗܘܐ ܫܠܝܐ ܪܒܐ. 27 ܐܢܫܐ ܕܝܢ ܐܬܕܡܪܘ ܘܐܡܪܝܢ: ܡܢܘ
ܗܢܐ ܕܪܘܚܐ ܘܝܡܐ ܡܫܬܡܥܝܢ ܠܗ ܀ 28 ܘܟܕ ܐܬܐ ܝܫܘܥ
ܠܥܒܪܐ. ܠܐܬܪܐ ܕܓܕܪܝܐ: ܐܪܥܘܗܝ ܬܪܝܢ ܕܝܘܢܐ ܕܢܦܩܝܢ ܡܢ
ܒܝܬ ܩܒܘܪܐ. ܒܝܫܐ ܕܛܒ. ܐܝܟ ܕܠܐ ܐܢܫ ܢܫܟܚ ܢܥܒܪ
ܒܗܝ ܐܘܪܚܐ. 29 ܘܩܥܘ ܘܐܡܪܝܢ. ܡܐ ܠܢ ܘܠܟ ܝܫܘܥ
ܒܪܗ ܕܐܠܗܐ. ܐܬܝܬ ܠܟܐ. ܩܕܡ ܙܒܢܐ ܠܡܫܢܩܢ. 30 ܐܝܬ
ܗܘܐ ܕܝܢ ܠܒܪ ܡܢܗܘܢ: ܒܩܪܐ ܕܚܙܝܪܐ ܣܓܝܐܐ ܕܪܥܝܐ.
31 ܗܢܘܢ ܕܝܢ ܫܐܕܐ: ܒܥܝܢ ܗܘܘ ܡܢܗ ܘܐܡܪܝܢ. ܐܢ ܡܦܩ ܐܢܬ
ܠܢ: ܐܦܣ ܠܢ ܕܢܐܙܠ ܠܒܩܪܐ ܕܚܙܝܪܐ. 32 ܐܡܪ ܠܗܘܢ ܝܫܘܥ.
ܙܠܘ. ܘܡܚܕܐ ܢܦܩܘ ܘܐܙܠܘ ܒܚܙܝܪܐ. ܘܟܠܗ ܒܩܪܐ ܗܝ:
ܪܗܛܬ ܠܫܩܝܦܐ: ܘܢܦܠܘ ܒܝܡܐ. ܘܡܝܬܘ ܒܡܝܐ ܀
33 ܪܥܘܬܐ ܕܝܢ ܥܪܩܘ ܗܘܘ: ܘܐܙܠܘ ܠܡܕܝܢܬܐ. ܘܐܘܕܥܘ
ܟܠܡܕܡ ܕܗܘܐ. ܘܥܠ ܗܢܘܢ ܕܫܐܕܐ. 34 ܘܢܦܩܬ ܟܠܗ̇ ܡܕܝܢܬܐ
ܠܐܘܪܥܗ ܕܝܫܘܥ. ܘܟܕ ܚܙܐܘܗܝ: ܒܥܘ ܡܢܗ ܕܢܫܢܐ ܡܢ
ܬܚܘܡܝܗܘܢ ܀

ܩܦܠܐܘܢ ܀ ܛ ܀

1 ܘܣܠܩ ܠܐܠܦܐ: ܘܥܒܪ ܘܐܬܐ ܠܡܕܝܢܬܗ. 2 ܘܩܪܒܘ
ܠܗ ܡܫܪܝܐ ܟܕ ܪܡܐ ܒܥܪܣܐ. ܘܚܙܐ ܝܫܘܥ ܗܝܡܢܘܬܗܘܢ:
ܘܐܡܪ ܠܗܘ ܡܫܪܝܐ. ܐܬܠܒܒ ܒܪܝ: ܫܒܝܩܝܢ ܠܟ ܚܛܗܝܟ.
3 ܐܢܫܐ ܕܝܢ ܡܢ ܣܦܪܐ. ܐܡܪܘ ܒܢܦܫܗܘܢ. ܗܢܐ ܡܓܕܦ.
4 ܝܫܘܥ ܕܝܢ ܝܕܥ ܡܚܫܒܬܗܘܢ: ܘܐܡܪ ܠܗܘܢ ܡܢܐ
ܡܬܚܫܒܝܢ ܐܢܬܘܢ ܒܝܫܬܐ ܒܠܒܟܘܢ. 5 ܡܢܐ ܓܝܪ ܦܫܝܩ
ܠܡܐܡܪ. ܕܫܒܝܩܝܢ ܠܟ ܚܛܗܝܟ: ܐܘ ܠܡܐܡܪ ܕܩܘܡ
ܗܠܟ. 6 ܕܬܕܥܘܢ ܕܝܢ ܕܫܘܠܛܢܐ ܐܝܬ ܠܒܪܗ ܕܐܢܫܐ
ܒܐܪܥܐ ܠܡܫܒܩ ܚܛܗܐ: ܐܡܪ ܠܗܘ ܡܫܪܝܐ. ܩܘܡ
ܫܩܘܠ ܥܪܣܟ ܘܙܠ ܠܒܝܬܟ: 7 ܘܩܡ ܐܙܠ ܠܒܝܬܗ.
8 ܟܕ ܚܙܘ ܕܝܢ ܟܢܫܐ ܗܢܘܢ. ܕܚܠܘ. ܘܫܒܚܘ ܠܐܠܗܐ ܕܝܗܒ

ܫܘܠܛܢܐ ܕܐܝܟ ܗܢܐ ܠܒܢܝܢܫܐ ܀ 9 ܘܟܕ ܥܒܪ ܝܫܘܥ ܡܢ
ܬܡܢ: ܚܙܐ ܠܓܒܪܐ ܕܝܬܒ ܥܠ ܡܟܣܐ ܕܡܬܩܪܐ ܡܬܝ. ܘܐܡܪ
ܠܗ ܬܐ ܒܬܪܝ. ܘܩܡ ܐܙܠ ܒܬܪܗ. 10 ܘܟܕ ܣܡܝܟܝܢ
ܒܒܝܬܐ: ܐܬܘ ܡܟܣܐ ܘܚܛܝܐ ܣܓܝܐܐ ܐܣܬܡܟܘ ܥܡ ܝܫܘܥ
ܘܥܡ ܬܠܡܝܕܘܗܝ. 11 ܘܟܕ ܚܙܘ ܦܪܝܫܐ. ܐܡܪܝܢ
ܠܬܠܡܝܕܘܗܝ. ܠܡܢܐ ܥܡ ܡܟܣܐ ܘܚܛܝܐ ܠܥܣ ܪܒܟܘܢ.
12 ܝܫܘܥ ܕܝܢ ܟܕ ܫܡܥ ܐܡܪ ܠܗܘܢ. ܠܐ ܣܢܝܩܝܢ ܚܠܝܡܐ
ܠܐܣܝܐ. ܐܠܐ ܐܝܠܝܢ ܕܒܝܫܐܝܬ ܥܒܝܕܝܢ. 13 ܙܠܘ ܝܠܦܘ
ܡܢܘ ܚܢܢܐ ܨܒܐ ܐܢܐ ܘܠܐ ܕܒܚܬܐ. ܠܐ ܓܝܪ ܐܬܝܬ ܕܐܩܪܐ ܠܙܕܝܩܐ.
ܐܠܐ ܠܚܛܝܐ ܀ 14 ܗܝܕܝܢ ܩܪܒܘ ܠܗ ܬܠܡܝܕܘܗܝ ܕܝܘܚܢܢ
ܘܐܡܪܝܢ. ܠܡܢܐ ܚܢܢ ܘܦܪܝܫܐ ܨܝܡܝܢܢ ܣܓܝ: ܘܬܠܡܝܕܝܟ
ܠܐ ܨܝܡܝܢ. 15 ܐܡܪ ܠܗܘܢ ܝܫܘܥ. ܕܠܡܐ ܡܫܟܚܝܢ ܒܢܘܗܝ
ܕܓܢܘܢܐ ܠܡܨܡ ܟܡܐ ܕܚܬܢܐ ܥܡܗܘܢ: ܐܬܝܢ ܕܝܢ ܝܘܡܬܐ:
ܡܐ ܕܐܫܬܩܠ ܡܢܗܘܢ ܚܬܢܐ ܘܗܝܕܝܢ ܢܨܘܡܘܢ. 16 ܠܐ ܐܢܫ
ܪܡܐ ܐܨܛܠܐ ܚܕܬܐ ܥܠ ܢܚܬܐ ܒܠܝܐ. ܕܠܐ ܢܫܩܘܠ ܡܠܘܝܬܗ
ܡܢ ܗܘ ܢܚܬܐ: ܘܗܘܐ ܨܪܝܐ ܪܒܐ. 17 ܘܠܐ ܪܡܝܢ ܚܡܪܐ
ܚܕܬܐ ܒܙܩܐ ܒܠܝܐ. ܕܠܐ ܢܬܨܪܛܢ ܙܩܐ: ܘܚܡܪܐ ܢܬܐܫܕ ܘܙܩܐ
ܐܒܕܝܢ: ܐܠܐ ܪܡܝܢ ܚܡܪܐ ܚܕܬܐ ܒܙܩܐ ܚܕܬܐ: ܘܬܪܝܗܘܢ
ܡܬܢܛܪܝܢ ܀ 18 ܟܕ ܕܝܢ ܗܠܝܢ ܡܡܠܠ ܗܘܐ ܥܡܗܘܢ.
ܐܬܐ ܐܪܟܘܢܐ ܚܕ ܩܪܒ ܣܓܕ ܠܗ ܘܐܡܪ. ܒܪܬܝ ܗܫܐ ܡܝܬܬ.
ܐܠܐ ܬܐ ܣܝܡ ܐܝܕܟ ܥܠܝܗ ܘܬܚܐ. 19 ܘܩܡ ܝܫܘܥ ܘܬܠܡܝܕܘܗܝ
ܘܐܙܠܘ ܒܬܪܗ. 20 ܘܗܐ ܐܢܬܬܐ ܕܕܒܐ ܗܘܐ ܕܡܗ ܫܢܝܢ
ܬܪܬܥܣܪܐ: ܐܬܬ ܡܢ ܒܣܬܪܗ: ܘܩܪܒܬ ܠܟܢܦܐ ܕܠܒܘܫܗ.
21 ܐܡܪܐ ܗܘܬ ܓܝܪ ܒܢܦܫܗ: ܐܦܢ ܠܠܒܘܫܗ ܒܠܚܘܕ
ܩܪܒܐ ܐܢܐ ܡܬܐܣܝܐ ܐܢܐ. 22 ܝܫܘܥ ܕܝܢ ܐܬܦܢܝ ܚܙܗ ܘܐܡܪ
ܠܗ. ܐܬܠܒܒܝ ܒܪܬܝ: ܗܝܡܢܘܬܟܝ ܐܚܝܬܟܝ. ܘܐܬܐܣܝܬ
ܐܢܬܬܐ ܡܢ ܗܝ ܫܥܬܐ ܀ 23 ܘܐܬܐ ܝܫܘܥ ܠܒܝܬܗ
ܕܐܪܟܘܢܐ. ܘܚܙܐ ܙܡܪܐ ܘܟܢܫܐ ܕܡܬܚܫܚܝܢ. 24 ܘܐܡܪ

ܠܗܘܢ ܫܢܘ ܠܟܘܢ . ܛܠܝܬܐ ܓܝܪ ܠܐ ܡܝܬܐ ܐܠܐ ܕܡܟܐ ܗܝ .
ܘܓܚܟܝܢ ܗܘܘ ܥܠܘܗܝ . 25 ܘܟܕ ܐܦܩ ܠܟܢܫܐ : ܥܠ
ܐܚܕܗ ܒܐܝܕܗ ܘܩܡܬ ܛܠܝܬܐ . 26 ܘܢܦܩ ܫܡܥܐ ܗܢܐ ܒܟܠܗ
ܐܪܥܐ ܗܝ ❖ 27 ܘܟܕ ܥܒܪ ܝܫܘܥ ܡܢ ܬܡܢ : ܢܩܦܘܗܝ
ܣܡܝܐ ܬܪܝܢ ܕܩܥܝܢ ܘܐܡܪܝܢ . ܐܬܪܚܡ ܥܠܝܢ ܒܪܗ ܕܕܘܝܕ .
28 ܘܟܕ ܐܬܐ ܠܒܝܬܐ : ܩܪܒܘ ܠܘܬܗ ܗܢܘܢ ܣܡܝܐ . ܐܡܪ ܠܗܘܢ
ܝܫܘܥ ܡܗܝܡܢܝܢ ܐܢܬܘܢ ܕܡܫܟܚ ܐܢܐ ܗܕܐ ܠܡܥܒܕ .
ܐܡܪܝܢ ܠܗ ܐܝܢ ܡܪܢ . 29 ܗܝܕܝܢ ܩܪܒ ܠܥܝܢܝܗܘܢ ܘܐܡܪ .
ܐܝܟܢܐ ܕܗܝܡܢܬܘܢ ܢܗܘܐ ܠܟܘܢ . 30 ܘܡܚܕܐ ܐܬܦܬܚ
ܥܝܢܝܗܘܢ ܘܟܐܐ ܒܗܘܢ ܝܫܘܥ ܘܐܡܪ : ܚܙܘ ܠܐ ܐܢܫ ܢܕܥ .
31 ܗܢܘܢ ܕܝܢ ܢܦܩܘ ܐܟܪܙܘܗܝ ܒܟܠܗ ܐܪܥܐ ܗܝ . 32 ܘܟܕ
ܢܦܩ ܝܫܘܥ . ܩܪܒܘ ܠܘܬܗ ܚܪܫܐ ܕܐܝܬ ܒܗ ܫܐܕܐ .
33 ܘܟܕ ܢܦܩ ܫܐܕܐ ܡܠܠ ܗܘ ܚܪܫܐ . ܘܐܬܕܡܪܘ ܟܢܫܐ
ܘܐܡܪܝܢ . ܡܢ ܡܡܬܘܡ ܠܐ ܐܬܚܙܝ ܗܟܢܐ ܒܐܝܣܪܝܠ . 34 ܦܪܝܫܐ
ܕܝܢ ܐܡܪܝܢ ܗܘܘ : ܒܪܝܫܐ ܕܫܐܕܐ ܡܦܩ ܫܐܕܐ . 35 ܘܡܟܪܟ
ܗܘܐ ܝܫܘܥ ܒܡܕܝܢܬܐ ܟܠܗܝܢ ܘܒܩܘܪܝܐ : ܘܡܠܦ ܗܘܐ
ܒܟܢܘܫܬܗܘܢ . ܘܡܟܪܙ ܣܒܪܬܐ ܕܡܠܟܘܬܐ . ܘܡܐܣܐ ܟܠ
ܟܘܪܗܢ ܘܟܠ ܟܐܒܝܢ ❖ 36 ܟܕ ܚܙܐ ܕܝܢ ܝܫܘܥ ܠܟܢܫܐ .
ܐܬܪܚܡ ܥܠܝܗܘܢ . ܕܠܐܝܢ ܗܘܘ ܘܫܪܝܢ . ܐܝܟ ܥܢܐ ܕܠܝܬ
ܠܗܘܢ ܪܥܝܐ . 37 ܘܐܡܪ ܠܬܠܡܝܕܘܗܝ . ܚܨܕܐ ܣܓܝ ܘܦܥܠܐ
ܙܥܘܪܝܢ . 38 ܒܥܘ ܗܟܝܠ ܡܢ ܡܪܐ ܚܨܕܐ : ܕܢܦܩ ܦܥܠܐ
ܠܚܨܕܗ ❖

ܩܦܠܐܘܢ ❖ ܝ ❖

1 ܘܩܪܐ ܠܬܪܥܣܪ ܬܠܡܝܕܘܗܝ . ܘܝܗܒ ܠܗܘܢ
ܫܘܠܛܢܐ ܥܠ ܪܘܚܐ ܛܢܦܬܐ ܕܢܦܩܘܢ . ܘܠܡܐܣܝܘ ܟܠ ܟܐܒ
ܘܟܘܪܗܢ . 2 ܕܝܠܗܘܢ ܕܝܢ ܕܬܪܥܣܪ ܫܠܝܚܐ . ܫܡܗܐ .
ܐܝܬܝܗܘܢ ܗܠܝܢ . ܩܕܡܝܐ ܫܡܥܘܢ ܕܡܬܩܪܐ ܟܐܦܐ .
ܘܐܢܕܪܐܘܣ ܐܚܘܗܝ . ܘܝܥܩܘܒ ܒܪ ܙܒܕܝ ܘܝܘܚܢܢ

ܐܚܘܗܝ. 3 ܘܦܝܠܝܦܘܣ ܘܒܪ ܬܘܠܡܝ ܘܬܐܘܡܐ ܘܡܬܝ
ܡܟܣܐ. ܘܝܥܩܘܒ ܒܪ ܚܠܦܝ. ܘܠܒܝ ܕܐܬܟܢܝ ܬܕܝ.
4 ܘܫܡܥܘܢ ܩܢܢܝܐ: ܘܝܗܘܕܐ ܣܟܪܝܘܛܐ ܗܘ ܕܐܫܠܡܗ ܀
5 ܠܗܠܝܢ ܬܪܥܣܪ ܫܕܪ ܝܫܘܥ. ܘܦܩܕ ܐܢܘܢ ܘܐܡܪ.
ܒܐܘܪܚܐ ܕܥܡ̈ܡܐ ܠܐ ܬܐܙܠܘܢ. ܘܠܡܕܝܢܬܐ ܕܫܡܪ̈ܝܐ ܠܐ
ܬܥܠܘܢ. 6 ܐܙܠܘ ܠܟܘܢ ܕܝܢ ܝܬܝܪܐܝܬ: ܠܘܬ ܥܪ̈ܒܐ ܕܐܒܕܘ
ܡܢ ܒܝܬ ܝܣܪܝܠ. 7 ܘܟܕ ܐܙܠܝܢ ܐܢܬܘܢ ܐܟܪܙܘ ܘܐܡܪܘ.
ܕܩܪܒܬ ܡܠܟܘܬܐ ܕܫܡܝܐ. 8 ܟܪ̈ܝܗܐ ܐܣܘ. ܘܓܪ̈ܒܐ ܕܟܘ.
ܘܫܐ̈ܕܐ ܐܦܩܘ. ܡܓܢ ܢܣܒܬܘܢ ܡܓܢ ܗܒܘ. 9 ܠܐ ܬܩܢܘܢ
ܕܗܒܐ ܘܠܐ ܣܐܡܐ. ܘܠܐ ܢܚܫܐ ܒܟܝ̈ܣܝܟܘܢ. 10 ܘܠܐ ܬܪܡܠܐ
ܠܐܘܪܚܐ. ܘܠܐ ܬܪܬܝܢ ܟܘܬܝ̈ܢܝܢ. ܘܠܐ ܡܣܐܢܐ. ܘܠܐ ܫܒܛܐ. ܫܘܐ
ܗܘ ܓܝܪ ܦܥܠܐ ܡܣܝܒܪܢܘܬܗ. 11 ܠܐܝܕܐ ܕܝܢ ܡܕܝܢܬܐ ܐܘ ܩܪܝܬܐ
ܕܥܐܠܝܢ ܐܢܬܘܢ ܠܗ̇: ܫܐܠܘ ܡܢܘ ܫܘܐ ܒܗ̇. ܘܬܡܢ
ܗܘܘ ܥܕܡܐ ܕܢܦܩܝܢ ܐܢܬܘܢ. 12 ܘܡܐ ܕܥܐܠܝܢ ܐܢܬܘܢ
ܠܒܝܬܐ: ܫܐܠܘ ܫܠܡܗ ܕܒܝܬܐ. 13 ܘܐܢ ܗܘ ܕܫܘܐ ܒܝܬܐ:
ܫܠܡܟܘܢ ܢܐܬܐ ܥܠܘܗܝ. ܐܢ ܠܐ ܫܘܐ: ܫܠܡܟܘܢ
ܠܘܬܟܘܢ ܢܗܦܘܟ. 14 ܡܢ ܕܠܐ ܕܝܢ ܡܩܒܠ ܠܟܘܢ ܘܠܐ ܫܡܥ
ܡܠܝܟܘܢ: ܟܕ ܢܦܩܝܢ ܐܢܬܘܢ ܡܢ ܒܝܬܐ. ܐܘ ܡܢ ܩܪܝܬܐ
ܗܝ: ܦܨܘ ܚܠܐ ܡܢ ܪ̈ܓܠܝܟܘܢ. 15 ܘܐܡܝܢ ܐܡܪ ܐܢܐ ܠܟܘܢ:
ܕܠܐܪܥܐ ܕܣܕܘܡ ܘܕܥܡܘܪܐ: ܢܗܘܐ ܢܝܚ ܒܝܘܡܐ ܕܕܝܢܐ ܐܘ
ܠܡܕܝܢܬܐ ܗܝ ܀ 16 ܗܐ ܐܢܐ ܡܫܕܪ ܐܢܐ ܠܟܘܢ: ܐܝܟ
ܐܡܪ̈ܐ ܒܝܢܝ ܕܐܒ̈ܐ. ܗܘܘ ܗܟܝܠ ܚܟܝ̈ܡܐ ܐܝܟ ܚܘܘܬܐ
ܘܬܡܝܡܐ ܐܝܟ ܝܘ̈ܢܐ. 17 ܐܙܕܗܪܘ ܕܝܢ ܡܢ ܒܢܝ̈ܢܫܐ. ܡܫܠܡܝܢ
ܠܟܘܢ ܓܝܪ ܠܒܝܬ ܕܝ̈ܢܐ. ܘܒܟܢܘܫܬܗܘܢ ܢܢܓܕܘܢܟܘܢ.
18 ܘܩܕܡ ܗܓܡܘ̈ܢܐ ܘܡܠܟ̈ܐ ܡܩܪܒܝܢ ܠܟܘܢ ܡܛܠܬܝ:
ܠܣܗܕܘܬܐ ܕܠܗܘܢ ܘܕܥܡ̈ܡܐ. 19 ܐܡܬܝ ܕܝܢ ܕܢܫܠܡܘܢܟܘܢ.
ܠܐ ܬܐܨܦܘܢ ܐܝܟܢܐ ܐܘ ܡܢܐ ܬܡܠܠܘܢ. ܡܬܝܗܒ ܠܟܘܢ
ܓܝܪ ܒܗ̇ ܒܫܥܬܐ ܡܢܐ ܕܬܡܠܠܘܢ. 20 ܠܐ ܗܘܐ ܓܝܪ ܐܢܬܘܢ

ܡܡܠܠܝܢ: ܐܠܐ ܪܘܚܐ ܕܐܒܘܟܘܢ. ܡܡܠܠܐ ܒܟܘܢ. 21 ܢܫܠܡ
ܕܝܢ ܐܚܐ ܠܐܚܘܗܝ. ܠܡܘܬܐ ܘܐܒܐ ܠܒܪܗ. ܘܢܩܘܡܘܢ ܒܢܝܐ
ܥܠ ܐܒܗܝܗܘܢ. ܘܢܡܝܬܘܢ ܐܢܘܢ. 22 ܘܬܗܘܘܢ ܣܢܝܐܝܢ ܡܢ
ܟܠܢܫ ܡܛܠ ܫܡܝ. ܐܝܢܐ ܕܝܢ ܕܢܣܝܒܪ ܥܕܡܐ ܠܚܪܬܐ.
ܗܘ ܢܚܐ. 23 ܡܐ ܕܪܕܦܝܢ ܠܟܘܢ ܒܡܕܝܢܬܐ ܗܕܐ: ܥܪܘܩܘ
ܠܟܘܢ ܠܐܚܪܬܐ. ܐܡܝܢ ܓܝܪ ܐܡܪ ܐܢܐ ܠܟܘܢ: ܕܠܐ ܬܫܠܡܘܢ
ܐܢܘܢ ܟܠܗܘܢ ܡܕܝܢܬܐ ܕܒܝܬ ܐܝܣܪܝܠ. ܥܕܡܐ ܕܐܬܐ ܒܪܗ
ܕܐܢܫܐ. 24 ܠܝܬ ܬܠܡܝܕܐ ܕܝܬܝܪ ܡܢ ܪܒܗ. ܘܠܐ ܥܒܕܐ ܡܢ
ܡܪܗ. 25 ܣܦܩ ܠܗ ܠܬܠܡܝܕܐ ܕܢܗܘܐ ܐܝܟ ܪܒܗ.
ܘܠܥܒܕܐ ܐܝܟ ܡܪܗ. ܐܢ ܠܡܪܗ ܕܒܝܬܐ ܩܪܘ ܒܥܠܙܒܘܒ:
ܚܕ ܟܡܐ ܠܒܢܝ ܒܝܬܗ. 26 ܠܐ ܗܟܝܠ ܬܕܚܠܘܢ ܡܢܗܘܢ.
ܠܝܬ ܓܝܪ ܡܕܡ ܕܟܣܐ ܕܠܐ ܢܬܓܠܐ: ܘܕܡܛܫܝ ܕܠܐ ܢܬܝܕܥ:
27 ܡܕܡ ܕܐܡܪ ܐܢܐ ܠܟܘܢ ܒܚܫܘܟܐ: ܐܡܪܘܗܝ ܐܢܬܘܢ
ܒܢܗܝܪܐ. ܘܡܕܡ ܕܒܐܕܢܝܟܘܢ ܫܡܥܝܢ ܐܢܬܘܢ: ܐܟܪܙܘ
ܥܠ ܐܓܪܐ. 28 ܘܠܐ ܬܕܚܠܘܢ ܡܢ ܐܝܠܝܢ ܕܩܛܠܝܢ ܦܓܪܐ:
ܢܦܫܐ ܕܝܢ ܠܐ ܡܫܟܚܝܢ ܠܡܩܛܠ. ܕܚܠܘ ܕܝܢ ܝܬܝܪܐܝܬ:
ܡܢ ܗܘ ܕܡܫܟܚ ܕܢܦܫܐ ܘܠܦܓܪܐ ܢܘܒܕ ܒܓܗܢܐ.
29 ܠܐ ܗܐ ܬܪܝܢ ܨܦܪܝܢ ܡܙܕܒܢܢ ܒܐܣܪܐ: ܘܚܕ ܡܢܗܘܢ. ܒܠܥܕ
ܡܢ ܐܒܘܟܘܢ. ܠܐ ܢܦܠ ܥܠ ܐܪܥܐ. 30 ܕܝܠܟܘܢ ܕܝܢ ܐܦ ܣܥܪܐ
ܕܪܫܟܘܢ ܟܠܗܘܢ ܡܢܝܢܢ ܐܢܘܢ: 31 ܠܐ ܗܟܝܠ ܬܕܚܠܘܢ.
ܡܢ ܨܦܪܐ ܣܓܝܐܐ ܡܝܬܪܝܢ ܐܢܬܘܢ. 32 ܟܠ ܗܟܝܠ ܕܢܘܕܐ
ܒܝ ܩܕܡ ܒܢܝܢܫܐ: ܐܘܕܐ ܒܗ ܐܦ ܐܢܐ ܩܕܡ ܐܒܝ ܕܒܫܡܝܐ.
33 ܡܢ ܕܝܢ ܕܢܟܦܘܪ ܒܝ ܩܕܡ ܒܢܝܢܫܐ: ܐܟܦܘܪ ܒܗ ܐܦ
ܐܢܐ ܩܕܡ ܐܒܝ ܕܒܫܡܝܐ܀ 34 ܠܐ ܬܣܒܪܘܢ ܕܐܬܝܬ ܕܐܪܡܐ
ܫܝܢܐ ܒܐܪܥܐ. ܠܐ ܐܬܝܬ ܕܐܪܡܐ ܫܝܢܐ ܐܠܐ ܚܪܒܐ. 35 ܐܬܝܬ ܓܝܪ
ܕܐܦܠܓ ܓܒܪܐ ܥܠ ܐܒܘܗܝ. ܘܒܪܬܐ ܥܠ ܐܡܗ.
ܘܟܠܬܐ ܥܠ ܚܡܬܗ. 36 ܘܒܥܠܕܒܒܘܗܝ ܕܓܒܪܐ ܒܢܝ
ܒܝܬܗ. 37 ܡܢ ܕܪܚܡ ܐܒܐ ܐܘ ܐܡܐ. ܝܬܝܪ ܡܢ ܕܝܠܝ. ܠܐ

ܫܘܐ ܠܝ. ܘܡܢ ܕܪܚܡ ܒܪܐ ܐܘ ܒܪܬܐ ܝܬܝܪ ܡܢ ܕܠܝ ܠܐ
ܫܘܐ ܠܝ. 38 ܘܟܠ ܕܠܐ ܫܩܠ ܙܩܝܦܗ ܘܐܬܐ ܒܬܪܝ ܠܐ ܫܘܐ
ܠܝ. 39 ܡܢ ܕܐܫܟܚ ܢܦܫܗ ܢܘܒܕܝܗ. ܘܡܢ ܕܢܘܒܕ
ܢܦܫܗ ܡܛܠܬܝ. ܢܫܟܚܝܗ. 40 ܡܢ ܕܡܩܒܠ ܠܟܘܢ
ܠܝ ܡܩܒܠ. ܘܡܢ ܕܠܝ ܡܩܒܠ ܠܡܢ ܕܫܕܪܢܝ
ܡܩܒܠ. 41 ܡܢ ܕܡܩܒܠ ܢܒܝܐ ܒܫܡ ܢܒܝܐ: ܐܓܪܐ
ܕܢܒܝܐ ܢܣܒ. ܘܡܢ ܕܡܩܒܠ ܙܕܝܩܐ ܒܫܡ ܙܕܝܩܐ: ܐܓܪܐ
ܕܙܕܝܩܐ ܢܣܒ. 42 ܘܟܠ ܕܢܫܩܐ ܠܚܕ ܡܢ ܗܠܝܢ ܙܥܘܪܐ
ܟܣܐ ܕܩܪܝܪܐ ܒܠܚܘܕ: ܒܫܡܐ ܕܬܠܡܝܕܐ: ܐܡܝܢ ܐܡܪ ܐܢܐ
ܠܟܘܢ. ܕܠܐ ܢܘܒܕ ܐܓܪܗ ❖

ܡܬܝ ❖ ܝܐ ❖

1 ܘܗܘܐ ܕܟܕ ܫܠܡ ܝܫܘܥ ܠܡܦܩܕܘ ܠܬܪܥܣܪ
ܬܠܡܝܕܘܗܝ: ܫܢܝ ܡܢ ܬܡܢ ܠܡܠܦܘ ܘܠܡܟܪܙܘ
ܒܡܕܝܢܬܗܘܢ. 2 ܝܘܚܢܢ ܕܝܢ ܟܕ ܫܡܥ ܒܝܬ ܐܣܝܪܐ
ܒܥܒܕܘܗܝ ܕܡܫܝܚܐ: ܫܕܪ ܒܝܕ ܬܠܡܝܕܘܗܝ. 3 ܘܐܡܪ ܠܗ
ܐܢܬ ܗܘ ܗܘ ܕܐܬܐ: ܐܘ ܠܐܚܪܝܢ ܗܘ ܡܣܟܝܢܢ. 4 ܥܢܐ ܝܫܘܥ
ܘܐܡܪ ܠܗܘܢ. ܙܠܘ ܐܫܬܥܘ ܠܝܘܚܢܢ ܐܝܠܝܢ ܕܫܡܥܝܢ
ܐܢܬܘܢ ܘܚܙܝܢ. 5 ܣܡܝܐ ܚܙܝܢ. ܘܚܓܝܪܐ ܡܗܠܟܝܢ. ܘܓܪܒܐ
ܡܬܕܟܝܢ. ܘܚܪܫܐ ܫܡܥܝܢ ܘܡܝܬܐ ܩܝܡܝܢ. ܘܡܣܟܢܐ
ܡܬܤܒܪܝܢ: 6 ܘܛܘܒܘܗܝ ܠܐܝܢܐ ܕܠܐ ܢܬܟܫܠ ܒܝ ❖
7 ܟܕ ܕܝܢ ܐܙܠܘ: ܫܪܝ ܝܫܘܥ ܠܡܐܡܪ ܠܟܢܫܐ ܥܠ
ܝܘܚܢܢ. ܡܢܐ ܢܦܩܬܘܢ ܠܚܘܪܐ ܠܡܚܙܐ ܩܢܝܐ ܕܡܢ ܪܘܚܐ
ܡܬܬܙܝܥ: 8 ܘܐܠܐ ܡܢܐ ܢܦܩܬܘܢ ܠܡܚܙܐ. ܓܒܪܐ ܕܢܚܬܐ
ܪܟܝܟܐ ܠܒܝܫ: ܗܐ ܐܝܠܝܢ ܕܪܟܝܟܐ ܠܒܝܫܝܢ ܒܝܬ ܡܠܟܐ
ܐܢܘܢ. 9 ܘܐܠܐ ܡܢܐ ܢܦܩܬܘܢ ܠܡܚܙܐ. ܢܒܝܐ: ܐܝܢ ܐܡܪ
ܐܢܐ ܠܟܘܢ ܘܝܬܝܪ ܡܢ ܢܒܝܐ. 10 ܗܢܘ ܓܝܪ ܕܥܠܘܗܝ
ܟܬܝܒ: ܕܗܐ ܐܢܐ ܡܫܕܪ ܐܢܐ ܡܠܐܟܝ ܩܕܡ ܦܪܨܘܦܟ:

ܕܢܛܝܒ ܐܘܪܚܐ ܩܕܡܝܟ ✣ 11 ܐܡܝܢ ܐܡܪ ܐܢܐ ܠܟܘܢ: ܕܠܐ ܩܡ
ܒܝܠܝܕܝ ܢܫܐ ܕܪܒ ܡܢ ܝܘܚܢܢ ܡܥܡܕܢܐ. ܙܥܘܪܐ ܕܝܢ
ܒܡܠܟܘܬܐ ܕܫܡܝܐ ܪܒ ܗܘ ܡܢܗ. 12 ܡܢ ܝܘܡܝ ܝܘܚܢܢ
ܕܝܢ ܡܥܡܕܢܐ ܘܥܕܡܐ ܠܗܫܐ: ܡܠܟܘܬܐ ܕܫܡܝܐ ܒܩܛܝܪܐ
ܡܬܕܒܪܐ. ܘܩܛܝܪܢܐ ܚܛܦܝܢ ܠܗ̇. 13 ܟܠܗܘܢ ܓܝܪ
ܢܒܝܐ ܘܐܘܪܝܬܐ: ܥܕܡܐ ܠܝܘܚܢܢ ܐܬܢܒܝܘ. 14 ܘܐܢ ܨܒܝܢ
ܐܢܬܘܢ ܩܒܠܘ: ܕܗܘܝܘ ܐܠܝܐ ܕܥܬܝܕ ܠܡܐܬܐ. 15 ܡܢ ܕܐܝܬ
ܠܗ ܐܕܢܐ ܕܢܫܡܥ ܢܫܡܥ ✣ 16 ܠܡܢ ܕܝܢ ܐܕܡܝܗ̇
ܠܫܪܒܬܐ ܗܕܐ. ܕܡܝܐ ܠܛܠܝܐ ܕܝܬܒܝܢ ܒܫܘܩܐ: ܘܩܥܝܢ
ܠܚܒܪܝܗܘܢ. 17 ܘܐܡܪܝܢ. ܙܡܪܢ ܠܟܘܢ ܘܠܐ ܪܩܕܬܘܢ.
ܘܐܠܝܢ ܠܟܘܢ ܘܠܐ ܐܪܩܕܬܘܢ. 18 ܐܬܐ ܓܝܪ ܝܘܚܢܢ ܕܠܐ ܐܟܠ
ܘܠܐ ܫܬܐ: ܘܐܡܪܝܢ ܕܫܐܕܐ ܐܝܬ ܠܗ. 19 ܐܬܐ ܒܪܗ ܕܐܢܫܐ ܐܟܠ
ܘܫܬܐ: ܘܐܡܪܝܢ ܗܐ ܓܒܪܐ ܐܟܘܠܐ ܘܫܬܐ ܚܡܪܐ: ܘܪܚܡܐ
ܕܡܟܣܐ ܘܕܚܛܝܐ. ܘܐܙܕܕܩܬ ܚܟܡܬܐ ܡܢ ܥܒܕܝܗ̇ ✣
20 ܗܝܕܝܢ ܫܪܝ ܝܫܘܥ ܠܡܚܣܕܘ ܠܡܕܝܢܬܐ: ܐܝܠܝܢ ܕܗܘܘ
ܒܗܝܢ ܚܝܠܘܗܝ ܣܓܝܐܐ ܘܠܐ ܬܒܘ. 21 ܘܐܡܪ ܗܘܐ: ܘܝ
ܠܟܝ ܟܘܪܙܝܢ. ܘܝ ܠܟܝ ܒܝܬ ܨܝܕܐ. ܕܐܠܘ ܒܨܘܪ ܘܒܨܝܕܢ
ܗܘܘ ܚܝܠܐ ܐܝܠܝܢ ܕܗܘܘ ܒܟܝܢ: ܟܒܪ ܕܝܢ ܒܣܩܐ
ܘܒܩܛܡܐ ܬܒܘ. 22 ܒܪܡ ܐܡܪ ܐܢܐ ܠܟܝܢ: ܕܠܨܘܪ ܘܠܨܝܕܢ
ܢܗܘܐ ܢܝܚ ܒܝܘܡܐ ܕܕܝܢܐ. ܐܘ ܠܟܝܢ. 23 ܘܐܢܬܝ
ܟܦܪܢܚܘܡ ܗܝ ܕܥܕܡܐ ܠܫܡܝܐ ܐܬܬܪܝܡܬܝ: ܥܕܡܐ
ܠܫܝܘܠ ܬܬܚܬܝܢ. ܕܐܠܘ ܒܣܕܘܡ ܗܘܘ ܚܝܠܐ ܐܝܠܝܢ ܕܗܘܘ
ܒܟܝ: ܩܝܡܐ ܗܘܬ ܥܕܡܐ ܠܝܘܡܢܐ. 24 ܒܪܡ ܐܡܪ ܐܢܐ
ܠܟܝ: ܕܠܐܪܥܐ ܕܣܕܘܡ ܢܗܘܐ ܢܝܚ ܒܝܘܡܐ ܕܕܝܢܐ ܐܘ ܠܟܝ ✣
25 ܒܗܘ ܙܒܢܐ: ܥܢܐ ܝܫܘܥ ܘܐܡܪ. ܡܘܕܐ ܐܢܐ ܠܟ ܐܒܝ
ܡܪܐ ܕܫܡܝܐ ܘܕܐܪܥܐ. ܕܟܣܝܬ ܗܠܝܢ ܡܢ ܚܟܝܡܐ
ܘܣܘܟܠܬܢܐ: ܘܓܠܝܬ ܐܢܝܢ ܠܝܠܘܕܐ. 26 ܐܝܢ ܐܒܝ.
ܕܗܟܢܐ ܗܘܐ ܨܒܝܢܐ ܩܕܡܝܟ. 27 ܟܠ ܡܕܡ ܐܫܬܠܡ ܠܝ

ܡܢ ܐܒܝ. ܘܠܐ ܐܢܫ ܝܕܥ ܠܒܪܐ ܐܠܐ ܐܢ ܐܒܐ. ܐܦ ܠܐ ܠܐܒܐ
ܐܢܫ ܝܕܥ. ܐܠܐ ܐܢ ܒܪܐ. ܘܠܡܢ ܕܨܒܐ ܒܪܐ ܕܢܓܠܐ. 28 ܬܘ
ܠܘܬܝ ܟܠܟܘܢ ܠܐܝܐ ܘܫܩܝܠܝ ܡܘܒܠܐ ܘܐܢܐ ܐܢܝܚܟܘܢ.
29 ܫܩܘܠܘ ܢܝܪܝ ܥܠܝܟܘܢ. ܘܝܠܦܘ ܡܢܝ. ܕܢܝܚ ܐܢܐ
ܘܡܟܝܟ ܐܢܐ ܒܠܒܝ: ܘܡܫܟܚܝܢ ܐܢܬܘܢ ܢܝܚܐ
ܠܢܦܫܬܟܘܢ: 30 ܢܝܪܝ ܓܝܪ ܒܣܝܡ ܗܘ ܘܡܘܒܠܝ
ܩܠܝܠ ܗܘ ❖

ܩܦܠܐܘܢ ❖ ܝܒ ❖

1 ܒܗܘ ܙܒܢܐ: ܡܗܠܟ ܗܘܐ ܝܫܘܥ ܒܫܒܬܐ ܒܝܬ
ܙܪܥܐ. ܘܬܠܡܝܕܘܗܝ ܟܦܢܘ: ܘܫܪܝܘ ܡܠܩܛܝܢ ܫܒܠܐ
ܘܐܟܠܝܢ. 2 ܦܪܝܫܐ ܕܝܢ ܟܕ ܚܙܘ ܐܢܘܢ ܐܡܪܝܢ ܠܗ. ܗܐ
ܬܠܡܝܕܝܟ ܥܒܕܝܢ ܡܕܡ ܕܠܐ ܫܠܝܛ ܠܡܥܒܕ ܒܫܒܬܐ.
3 ܗܘ ܕܝܢ ܐܡܪ ܠܗܘܢ. ܠܐ ܩܪܝܬܘܢ ܡܢܐ ܥܒܕ ܕܘܝܕ ܟܕ
ܟܦܢ ܘܐܝܠܝܢ ܕܥܡܗ: 4 ܐܝܟܢܐ ܥܠ ܠܒܝܬܐ ܕܐܠܗܐ:
ܘܠܚܡܐ ܕܦܬܘܪܗ ܕܡܪܝܐ ܐܟܠ: ܗܘ ܕܠܐ ܫܠܝܛ ܗܘܐ ܠܗ
ܠܡܐܟܠ. ܘܠܐ ܠܐܝܠܝܢ ܕܥܡܗ. ܐܠܐ ܐܢ ܠܟܗܢܐ ܒܠܚܘܕ.
5 ܐܘ ܠܐ ܩܪܝܬܘܢ ܒܐܘܪܝܬܐ: ܕܟܗܢܐ ܒܗܝܟܠܐ ܡܚܠܝܢ ܠܗ
ܠܫܒܬܐ ܘܕܠܐ ܥܘܠ ܐܢܘܢ. 6 ܐܡܪ ܐܢܐ ܠܟܘܢ ܕܝܢ: ܕܪܒ
ܡܢ ܗܝܟܠܐ. ܐܝܬ ܗܪܟܐ. 7 ܐܠܘ ܕܝܢ ܝܕܥܝܬܘܢ ܗܘܝܬܘܢ ܡܢܘ
ܚܢܢܐ ܨܒܐ ܐܢܐ ܘܠܐ ܕܒܚܬܐ: ܠܐ ܡܚܝܒܝܢ ܗܘܝܬܘܢ ܠܐܝܠܝܢ
ܕܠܐ ܥܘܠ ܐܢܘܢ. 8 ܡܪܗ ܓܝܪ ܕܫܒܬܐ ܐܝܬܘܗܝ ܒܪܗ
ܕܐܢܫܐ ❖ 9 ܘܫܢܐ ܡܢ ܬܡܢ ܝܫܘܥ ܘܐܬܐ ܠܟܢܘܫܬܗܘܢ.
10 ܘܓܒܪܐ ܚܕ ܐܝܬ ܗܘܐ ܬܡܢ ܕܝܒܝܫܐ ܐܝܕܗ. ܘܡܫܐܠܝܢ
ܗܘܘ ܠܗ ܘܐܡܪܝܢ. ܕܐܢ ܫܠܝܛ ܒܫܒܬܐ ܠܡܐܣܝܘ.
ܐܝܟ ܕܢܐܟܠܘܢ ܩܪܨܘܗܝ. 11 ܗܘ ܕܝܢ ܐܡܪ ܠܗܘܢ. ܡܢܘ
ܡܢܟܘܢ ܓܒܪܐ ܕܐܝܬ ܠܗ ܥܪܒܐ ܚܕ. ܘܐܢ ܢܦܠ ܒܓܘܡܨܐ
ܒܝܘܡܐ ܕܫܒܬܐ. ܠܐ ܐܚܕ ܘܡܩܝܡ ܠܗ. 12 ܟܡܐ ܕܝܢ ܝܬܝܪ
ܒܪ ܐܢܫܐ ܡܢ ܥܪܒܐ. ܡܕܝܢ ܫܠܝܛ ܗܘ ܒܫܒܬܐ ܠܡܥܒܕ

ܕܫܦܝܪ. 13 ܗܝܕܝܢ ܐܡܪ ܠܗܘ ܠܓܒܪܐ ܦܫܘܛ ܐܝܕܟ ܘܦܫܛ
ܐܝܕܗ ܘܬܩܢܬ ܐܝܟ ܚܒܪܬܗ. 14 ܘܢܦܩܘ ܦܪܝܫܐ: ܘܡܠܟܐ
ܢܣܒܘ ܥܠܘܗܝ ܐܝܟ ܕܢܘܒܕܘܢܝܗܝ. 15 ܝܫܘܥ ܕܝܢ ܝܕܥ
ܘܫܢܝ ܠܗ ܡܢ ܬܡܢ. ܘܐܙܠܘ ܒܬܪܗ ܟܢܫܐ ܣܓܝܐܐ ܘܐܣܝ
ܠܟܠܗܘܢ. 16 ܘܟܐܐ ܒܗܘܢ ܕܠܐ ܢܓܠܘܢܝܗܝ. 17 ܕܢܫܬܠܡ
ܡܕܡ ܕܐܬܐܡܪ ܒܝܕ ܐܫܥܝܐ ܢܒܝܐ ܕܐܡܪ. 18 ܗܐ ܥܒܕܝ
ܕܐܬܪܥܝܬ ܒܗ: ܚܒܝܒܝ ܕܨܒܝܬ ܒܗ ܢܦܫܝ. ܪܘܚܝ
ܐܣܝܡ ܥܠܘܗܝ: ܘܕܝܢܐ ܠܥܡܡܐ ܢܟܪܙ. 19 ܠܐ ܢܬܚܪܐ ܘܠܐ
ܢܩܥܐ ܘܠܐ ܐܢܫ ܢܫܡܥ ܩܠܗ ܒܫܘܩܐ. 20 ܩܢܝܐ ܪܥܝܥܐ
ܠܐ ܢܬܒܪ. ܘܫܪܓܐ ܕܡܛܦܛܦ ܠܐ ܢܕܥܟ. ܥܕܡܐ ܕܢܦܩ
ܕܝܢܐ ܠܙܟܘܬܐ: 21 ܘܒܫܡܗ ܥܡܡܐ ܢܣܒܪܘܢ ܀ 22 ܗܝܕܝܢ
ܩܪܒܘ ܠܗ ܕܝܘܢܐ ܚܕ ܕܣܡܐ ܘܚܪܫ: ܘܐܣܝܗ. ܐܝܟܢܐ
ܕܚܪܫܐ ܘܣܡܝܐ ܢܡܠܠ ܘܢܚܙܐ. 23 ܘܡܬܕܡܪܝܢ ܗܘܘ
ܟܠܗܘܢ ܟܢܫܐ ܘܐܡܪܝܢ. ܕܠܡܐ ܗܢܘ ܒܪܗ ܕܕܘܝܕ.
24 ܦܪܝܫܐ ܕܝܢ ܟܕ ܫܡܥܘ ܐܡܪܝܢ. ܗܢܐ ܠܐ ܡܦܩ ܕܝܘܐ:
ܐܠܐ ܒܒܥܠܙܒܘܒ ܪܫܐ ܕܕܝܘܐ. 25 ܝܫܘܥ ܕܝܢ ܝܕܥ
ܡܚܫܒܬܗܘܢ ܘܐܡܪ ܠܗܘܢ. ܟܠ ܡܠܟܘ ܕܬܬܦܠܓ ܥܠ
ܢܦܫܗ ܬܚܪܒ. ܘܟܠ ܒܝܬ ܘܡܕܝܢܐ ܕܬܬܦܠܓ ܥܠ
ܢܦܫܗ ܠܐ ܬܩܘܡ. 26 ܘܐܢ ܣܛܢܐ ܠܣܛܢܐ ܡܦܩ: ܥܠ
ܢܦܫܗ ܐܬܦܠܓ. ܐܝܟܢܐ ܗܟܝܠ ܩܝܡܐ ܡܠܟܘܬܗ. 27 ܘܐܢ
ܐܢܐ ܒܒܥܠܙܒܘܒ ܡܦܩ ܐܢܐ ܕܝܘܐ: ܒܢܝܟܘܢ ܒܡܢܐ
ܡܦܩܝܢ ܠܗܘܢ. ܡܛܠ ܗܢܐ ܗܢܘܢ ܢܗܘܘܢ ܠܟܘܢ ܕܝܢܐ.
28 ܘܐܢ ܒܪܘܚܐ ܕܐܠܗܐ ܐܢܐ ܡܦܩ ܐܢܐ ܕܝܘܐ: ܩܪܒܬ ܠܗ
ܥܠܝܟܘܢ ܡܠܟܘܬܐ ܕܐܠܗܐ. 29 ܐܘ ܐܝܟܢܐ ܐܢܫ ܡܫܟܚ
ܕܢܥܘܠ ܠܒܝܬܗ ܕܥܫܝܢܐ ܘܡܐܢܘܗܝ ܢܒܘܙ: ܐܠܐ ܐܢ
ܠܘܩܕܡ ܢܐܣܘܪܝܗܝ ܠܥܫܝܢܐ: ܘܗܝܕܝܢ ܒܝܬܗ ܢܒܘܙ.
30 ܡܢ ܕܠܐ ܗܘܐ ܥܡܝ ܠܘܩܒܠܝ ܗܘ. ܘܡܢ ܕܠܐ ܟܢܫ
ܥܡܝ ܡܒܕܪܘ ܡܒܕܪ ܀ 31 ܡܛܠ ܗܢܐ ܐܡܪ ܐܢܐ ܠܟܘܢ

ܕܟܠ ܚܛܗܝܢ ܘܓܘܕܦܝܢ ܢܫܬܒܩܢ ܠܒܢܝܢܫܐ. ܓܘܕܦܐ
ܕܝܢ ܕܥܠ ܪܘܚܐ ܠܐ ܢܫܬܒܩ ܠܒܢܝܢܫܐ. 32 ܘܟܠ ܡܢ
ܕܢܐܡܪ ܡܠܬܐ ܥܠ ܒܪܗ ܕܐܢܫܐ ܢܫܬܒܩ ܠܗ. ܟܠ ܕܝܢ
ܕܥܠ ܪܘܚܐ ܕܩܘܕܫܐ ܢܐܡܪ ܠܐ ܢܫܬܒܩ ܠܗ. ܠܐ ܒܥܠܡܐ
ܗܢܐ ܘܠܐ ܒܥܠܡܐ ܕܥܬܝܕ. 33 ܐܘ ܥܒܕܘ ܐܝܠܢܐ ܫܦܝܪܐ،
ܘܦܐܪ̈ܘܗܝ ܫܦܝܪ̈ܐ ܐܘ ܥܒܕܘ ܐܝܠܢܐ ܒܝܫܐ. ܘܦܐܪ̈ܘܗܝ
ܒܝ̈ܫܐ. ܡܢ ܦܐܪ̈ܘܗܝ ܗܘ ܓܝܪ ܡܬܝܕܥ ܐܝܠܢܐ. 34 ܝܠܕ̈ܐ
ܕܐܟܕ̈ܢܐ ܐܝܟܢܐ ܡܫܟܚܝܢ ܐܢܬܘܢ ܛܒ̈ܬܐ ܠܡܡܠܠܘ ܕܒܝ̈ܫܐ
ܐܢܬܘܢ. ܡܢ ܡܘܬܪ ܠܒܐ ܓܝܪ ܡܡܠܠ ܦܘܡܐ. 35 ܓܒܪܐ
ܛܒܐ ܡܢ ܣܝ̈ܡܬܐ ܛܒ̈ܬܐ ܡܦܩ ܛܒ̈ܬܐ. ܘܓܒܪܐ ܒܝܫܐ
ܡܢ ܣܝ̈ܡܬܐ ܒܝ̈ܫܬܐ ܡܦܩ ܒܝ̈ܫܬܐ. 36 ܐܡܪ ܐܢܐ ܠܟܘܢ
ܓܝܪ. ܕܟܠ ܡܠܐ ܒܛܝܠܐ ܕܢܐܡܪܘܢ ܒܢܝ̈ܢܫܐ. ܢܬܠܘܢ
ܦܬܓܡܗ ܒܝܘܡܐ ܕܕܝܢܐ. 37 ܡܢ ܡ̈ܠܝܟ ܓܝܪ ܬܙܕܕܩ ܘܡܢ
ܡ̈ܠܝܟ ܬܬܚܝܒ ✤ 38 ܗܝܕܝܢ ܥܢܘ ܐܢܫܝܢ ܡܢ ܣܦܪ̈ܐ. ܘܡܢ
ܦܪ̈ܝܫܐ ܘܐܡܪܝܢ ܠܗ. ܡܠܦܢܐ: ܨܒܝܢ ܕܢܚܙܐ ܡܢܟ ܐܬܐ.
39 ܗܘ ܕܝܢ ܥܢܐ ܘܐܡܪ ܠܗܘܢ. ܫܪܒܬܐ ܒܝܫܬܐ ܘܓܝܪܬܐ
ܐܬܐ ܒܥܝܐ. ܘܐܬܐ ܠܐ ܬܬܝܗܒ ܠܗ: ܐܠܐ ܐܬܐ ܕܝܘܢܢ ܢܒܝܐ.
40 ܐܝܟܢܐ ܓܝܪ ܕܗܘܐ ܝܘܢܢ ܒܟܪܣܗ ܕܢܘܢܐ ܬܠܬܐ ܐܝܡܡܝܢ
ܘܬܠܬܐ ܠܠܝܢ: ܗܟܢܐ ܢܗܘܐ ܒܪܗ ܕܐܢܫܐ ܒܠܒܗ
ܕܐܪܥܐ: ܬܠܬܐ ܐܝܡܡܝܢ ܘܬܠܬܐ ܠܠܝܢ. 41 ܓܒܪ̈ܐ ܢܝܢܘܝ̈ܐ
ܢܩܘܡܘܢ ܒܕܝܢܐ ܥܡ ܫܪܒܬܐ ܗܕܐ ܘܢܚܝܒܘܢܗ: ܕܗܢܘܢ
ܬܒܘ ܒܟܪܘܙܘܬܗ ܕܝܘܢܢ: ܘܗܐ ܕܝܬܝܪ ܡܢ ܝܘܢܢ ܬܢܢ.
42 ܡܠܟܬܐ ܕܬܝܡܢܐ ܬܩܘܡ ܒܕܝܢܐ ܥܡ ܫܪܒܬܐ ܗܕܐ
ܘܬܚܝܒܝܗ. ܕܐܬܬ ܡܢ ܥܒܪܝܗ ܕܐܪܥܐ ܕܬܫܡܥ ܚܟܡܬܗ
ܕܫܠܝܡܘܢ: ܘܗܐ ܕܝܬܝܪ ܡܢ ܫܠܝܡܘܢ ܬܢܢ. 43 ܐܡܬܝ
ܕܝܢ ܕܪܘܚܐ ܛܢܦܬܐ ܬܦܘܩ ܡܢ ܒܪܢܫܐ. ܡܬܟܪܟܐ
ܒܐܬܪ̈ܘܬܐ ܕܡܝܐ ܠܝܬ ܒܗܘܢ. ܘܒܥܝܐ ܢܝܚܐ ܘܠܐ ܡܫܟܚܐ:
44 ܗܝܕܝܢ ܐܡܪܐ: ܐܗܦܘܟ ܠܒܝܬܝ ܡܢ ܐܝܟܐ ܕܢܦܩܬ.

ܘܐܬܐ ܫܟܚܗ ܕܣܪܝܩ ܘܡܟܢܫ ܘܡܨܒܬ. 45 ܗܝܕܝܢ ܐܙܠ
ܕܒܪ ܥܡܗ ܫܒܥ ܪܘܚܝܢ ܐܚܪܢܝܢ ܕܒܝܫܢ ܡܢܗ: ܘܥܐܠܢ
ܘܥܡܪܢ ܒܗ. ܘܗܘܝܐ ܚܪܬܗ ܕܓܒܪܐ ܗܘ ܒܝܫܐ ܡܢ
ܩܕܡܝܬܗ. ܗܟܢܐ ܢܗܘܐ ܠܗ ܠܫܪܒܬܐ ܗܕܐ ܒܝܫܬܐ.
46 ܟܕ ܗܘ ܕܝܢ ܡܡܠܠ ܠܟܢܫܐ: ܐܬܘ ܐܡܗ ܘܐܚܘܗܝ
ܩܝܡܝܢ ܠܒܪ: ܘܒܥܝܢ ܕܢܡܠܠܘܢ ܥܡܗ. 47 ܐܡܪ ܠܗ ܕܝܢ
ܐܢܫ ܗܐ ܐܡܟ ܘܐܚܝܟ ܩܝܡܝܢ ܠܒܪ: ܘܒܥܝܢ ܕܢܡܠܠܘܢ
ܥܡܟ. 48 ܗܘ ܕܝܢ ܥܢܐ ܘܐܡܪ ܠܡܢ ܕܐܡܪ ܠܗ. ܡܢ ܗܝ
ܐܡܝ ܘܡܢ ܐܢܘܢ ܐܚܝ. 49 ܘܦܫܛ ܐܝܕܗ ܠܘܬ ܬܠܡܝܕܘܗܝ
ܘܐܡܪ. ܗܐ ܐܡܝ ܘܗܐ ܐܚܝ. 50 ܟܠܢܫ ܕܝܢ ܕܥܒܕ ܨܒܝܢܗ
ܕܐܒܝ ܕܒܫܡܝܐ ܗܘܝܘ ܐܚܝ ܘܚܬܝ ܘܐܡܝ ✣

ܩܦܠܐܘܢ ✣ ܝܓ ✣

1 ܒܗܘ ܕܝܢ ܝܘܡܐ. ܢܦܩ ܝܫܘܥ ܡܢ ܒܝܬܐ ܘܝܬܒ ܥܠ
ܝܕ ܝܡܐ. 2 ܘܐܬܟܢܫܘ ܠܘܬܗ ܟܢܫܐ ܣܓܝܐܐ. ܐܝܟ ܕܢܣܩ
ܢܬܒ ܠܗ ܒܐܠܦܐ. ܘܟܠܗ ܟܢܫܐ ܩܐܡ ܗܘܐ ܥܠ ܣܦܪ
ܝܡܐ. 3 ܘܣܓܝ ܡܡܠܠ ܗܘܐ ܥܡܗܘܢ ܒܦܠܐܬܐ ܘܐܡܪ. ܗܐ
ܢܦܩ ܙܪܘܥܐ ܠܡܙܪܥ. 4 ܘܟܕ ܙܪܥ: ܐܝܬ ܕܢܦܠ ܥܠ ܝܕ
ܐܘܪܚܐ. ܘܐܬܬ ܦܪܚܬܐ ܘܐܟܠܬܗ. 5 ܘܐܚܪܢܐ ܢܦܠ ܥܠ
ܫܘܥܐ. ܐܝܟܐ ܕܠܝܬ ܗܘܐ ܥܦܪܐ ܣܓܝܐܐ. ܘܒܪ ܫܥܬܗ
ܐܘܥ. ܡܛܠ ܕܠܝܬ ܗܘܐ ܥܘܡܩܐ ܕܐܪܥܐ. 6 ܟܕ ܕܢܚ ܕܝܢ
ܫܡܫܐ ܚܡ. ܘܡܛܠ ܕܠܝܬ ܗܘܐ ܠܗ ܥܩܪܐ ܝܒܫ.
7 ܘܐܚܪܢܐ ܢܦܠ ܒܝܬ ܟܘܒܐ ܘܣܠܩܘ ܟܘܒܐ ܘܚܢܩܘܗܝ.
8 ܘܐܚܪܢܐ ܢܦܠ ܒܐܪܥܐ ܛܒܬܐ: ܘܝܗܒ ܦܐܪܐ. ܐܝܬ ܕܡܐܐ
ܘܐܝܬ ܕܫܬܝܢ ܘܐܝܬ ܕܬܠܬܝܢ. 9 ܡܢ ܕܐܝܬ ܠܗ ܐܕܢܐ ܕܢܫܡܥ
ܢܫܡܥ. 10 ܘܩܪܒܘ ܬܠܡܝܕܘܗܝ ܘܐܡܪܝܢ ܠܗ. ܠܡܢܐ
ܒܦܠܐܬܐ ܡܡܠܠ ܐܢܬ ܥܡܗܘܢ. 11 ܗܘ ܕܝܢ ܥܢܐ ܘܐܡܪ
ܠܗܘܢ. ܕܠܟܘܢ ܗܘ ܝܗܝܒ ܠܡܕܥ ܐܪܙܐ ܕܡܠܟܘܬܐ ܕܫܡܝܐ.

ܠܗܘܢ ܕܝܢ ܠܐ ܝܗܝܒ. 12 ܠܡܢ ܓܝܪ ܕܐܝܬ ܠܗ ܢܬܝܗܒ
ܠܗ ܘܢܬܝܬܪ ܠܗ. 13 ܘܠܡܢ ܕܠܝܬ ܠܗ: ܐܦ ܗܘ
ܕܐܝܬ ܠܗ ܢܫܬܩܠ ܡܢܗ. ܡܛܠ ܗܢܐ ܒܡܬܠܐ ܡܡܠܠ
ܐܢܐ ܥܡܗܘܢ. ܡܛܠ ܕܚܙܝܢ ܘܠܐ ܚܙܝܢ. ܘܫܡܥܝܢ ܘܠܐ
ܫܡܥܝܢ ܘܠܐ ܡܣܬܟܠܝܢ. 14 ܘܫܠܡܐ ܒܗܘܢ ܢܒܝܘܬܗ
ܕܐܫܥܝܐ ܕܐܡܪ. ܕܫܡܥܐ ܬܫܡܥܘܢ ܘܠܐ ܬܣܬܟܠܘܢ. ܘܡܚܙܐ
ܬܚܙܘܢ ܘܠܐ ܬܕܥܘܢ. 15 ܐܬܥܒܝ ܠܗ ܓܝܪ ܠܒܗ ܕܥܡܐ ܗܢܐ
ܘܒܐܕܢܝܗܘܢ ܝܩܝܪܐܝܬ ܫܡܥܘ. ܘܥܝܢܝܗܘܢ ܥܡܨܘ. ܕܠܐ
ܢܚܙܘܢ ܒܥܝܢܝܗܘܢ ܘܢܫܡܥܘܢ ܒܐܕܢܝܗܘܢ. ܘܢܣܬܟܠܘܢ
ܒܠܒܗܘܢ. ܘܢܬܦܢܘܢ ܘܐܐܣܐ ܐܢܘܢ. 16 ܕܝܠܟܘܢ ܕܝܢ
ܛܘܒܝܗܝܢ ܠܥܝܢܝܟܘܢ ܕܚܙܝܢ. ܘܠܐܕܢܝܟܘܢ ܕܫܡܥܢ.
17 ܐܡܝܢ ܓܝܪ ܐܡܪ ܐܢܐ ܠܟܘܢ. ܕܣܓܝܐܐ ܢܒܝܐ ܘܙܕܝܩܐ
ܐܬܪܓܪܓܘ ܕܢܚܙܘܢ ܡܕܡ ܕܚܙܝܢ ܐܢܬܘܢ ܘܠܐ ܚܙܘ ܘܠܡܫܡܥ
ܡܕܡ ܕܫܡܥܝܢ ܐܢܬܘܢ ܘܠܐ ܫܡܥܘ܀ 18 ܐܢܬܘܢ ܕܝܢ ܫܡܥܘ
ܡܬܠܐ ܕܙܪܥܐ. 19 ܟܠ ܕܫܡܥ ܡܠܬܐ ܕܡܠܟܘܬܐ ܘܠܐ ܡܣܬܟܠ
ܒܗ. ܐܬܐ ܒܝܫܐ ܘܚܛܦ ܡܠܬܐ ܕܙܪܝܥܐ ܒܠܒܗ. ܗܢܘ
ܗܘ ܕܥܠ ܝܕ ܐܘܪܚܐ ܐܙܕܪܥ. 20 ܗܘ ܕܝܢ ܕܥܠ ܫܘܥܐ ܐܙܕܪܥ:
ܗܘ ܗܘ ܕܫܡܥ ܡܠܬܐ: ܘܡܚܕܐ ܒܚܕܘܬܐ ܡܩܒܠ
ܠܗ: 21 ܠܝܬ ܠܗ ܕܝܢ ܥܩܪܐ ܒܗ. ܐܠܐ ܕܙܒܢܐ ܗܘ: ܘܡܐ
ܕܗܘܐ ܐܘܠܨܢܐ ܐܘ ܪܕܘܦܝܐ ܡܛܠ ܡܠܬܐ ܥܓܠ ܡܬܟܫܠ.
22 ܗܘ ܕܝܢ ܕܒܝܬ ܟܘܒܐ ܐܙܕܪܥ: ܗܘ ܗܘ ܕܫܡܥ ܡܠܬܐ:
ܘܪܢܝܐ ܕܥܠܡܐ ܗܢܐ ܘܛܘܥܝܝ ܕܥܘܬܪܐ ܚܢܩܝܢ ܠܗ
ܠܡܠܬܐ: ܘܕܠܐ ܦܐܪܐ ܗܘܐ. 23 ܗܘ ܕܝܢ ܕܥܠ ܐܪܥܐ ܛܒܬܐ
ܐܙܕܪܥ: ܗܘ ܗܘ ܕܫܡܥ ܡܠܬܝ: ܘܡܣܬܟܠ ܘܝܗܒ
ܦܐܪܐ. ܘܥܒܕ ܐܝܬ ܕܡܐܐ ܘܐܝܬ ܕܫܬܝܢ ܘܐܝܬ ܕܬܠܬܝܢ܀
24 ܐܚܪܢܐ ܡܬܠܐ ܐܡܬܠ ܠܗܘܢ ܘܐܡܪ. ܕܡܝܐ ܡܠܟܘܬܐ
ܕܫܡܝܐ. ܠܓܒܪܐ ܕܙܪܥ ܙܪܥܐ ܛܒܐ ܒܩܪܝܬܗ. 25 ܘܟܕ ܕܡܟܘ
ܐܢܫܐ: ܐܬܐ ܒܥܠܕܒܒܗ ܘܙܪܥ ܙܝܙܢܐ ܒܝܬ ܚܛܐ ܘܐܙܠ.

26 ܟܕ ܕܝܢ ܐܦܪܥ ܥܣܒܐ ܘܥܒܕ ܦܐܪܐ. ܗܝܕܝܢ ܐܬܚܙܝܘ ܐܦ
ܙܝܙܢܐ. 27 ܘܩܪܒܘ ܥܒܕܘܗܝ ܕܡܪܐ ܒܝܬܐ ܘܐܡܪܝܢ ܠܗ
ܡܪܢ. ܠܘ ܙܪܥܐ ܛܒܐ ܙܪܥܬ ܒܩܪܝܬܟ. ܡܢ ܐܝܟܐ ܐܝܬ
ܒܗ ܙܝܙܢܐ. 28 ܗܘ ܕܝܢ ܐܡܪ ܠܗܘܢ. ܓܒܪܐ ܒܥܠܕܒܒܐ
ܥܒܕ ܗܕܐ. ܐܡܪܝܢ ܠܗ ܥܒܕܘܗܝ. ܨܒܐ ܐܢܬ ܢܐܙܠ
ܢܓܒܐ ܐܢܘܢ. 29 ܗܘ ܕܝܢ ܐܡܪ ܠܗܘܢ. ܕܠܡܐ ܟܕ ܡܓܒܝܢ
ܐܢܬܘܢ ܙܝܙܢܐ܆ ܬܥܩܪܘܢ ܥܡܗܘܢ ܐܦ ܚܛܐ. 30 ܫܒܘܩܘ
ܢܪܒܘܢ ܬܪܝܗܘܢ ܐܟܚܕܐ ܥܕܡܐ ܠܚܨܕܐ. ܘܒܙܒܢܐ ܕܚܨܕܐ ܐܡܪ
ܐܢܐ ܠܚܨܘܕܐ. ܓܒܘ ܠܘܩܕܡ ܙܝܙܢܐ܆ ܘܐܣܘܪܘ ܐܢܘܢ
ܡܐܣܪܢܝܬܐ. ܕܬܐܩܕܢ. ܚܛܐ ܕܝܢ ܟܢܫܘ ܐܢܘܢ ܠܐܘܨܪܝ܀
31 ܐܚܪܢܐ ܡܬܠܐ ܐܡܬܠ ܠܗܘܢ ܘܐܡܪ ܕܕܡܝܐ ܡܠܟܘܬܐ
ܕܫܡܝܐ ܠܦܪܕܬܐ ܕܚܪܕܠܐ. ܕܢܣܒ ܓܒܪܐ ܙܪܥܗ ܒܩܪܝܬܗ.
32 ܘܗܝ ܙܥܘܪܐ ܗܝ ܡܢ ܟܠܗܘܢ ܙܪܥܘܢܐ. ܡܐ ܕܝܢ ܕܪܒܬ
ܪܒܐ ܗܝ ܡܢ ܟܠܗܘܢ ܝܪܩܘܢܐ. ܘܗܘܝܐ ܐܝܠܢܐ. ܐܝܟ ܕܬܐܬܐ
ܦܪܚܬܐ ܕܫܡܝܐ ܬܩܢ ܒܣܘܟܝܗ܀ 33 ܐܚܪܢܐ ܡܬܠܐ ܐܡܪ
ܠܗܘܢ. ܕܕܡܝܐ ܡܠܟܘܬܐ ܕܫܡܝܐ. ܠܚܡܝܪܐ ܗܘ ܕܢܣܒܬ
ܐܢܬܬܐ ܛܡܪܬܗ ܒܬܠܬ ܣܐܝܢ ܕܩܡܚܐ܆ ܥܕܡܐ ܕܟܠܗ ܚܡܥ܀
34 ܗܠܝܢ ܟܠܗܝܢ ܡܠܠ ܝܫܘܥ ܒܡܬܠܐ ܠܟܢܫܐ. ܘܕܠܐ
ܡܬܠܐ ܠܐ ܡܡܠܠ ܗܘܐ ܥܡܗܘܢ. 35 ܐܝܟ ܕܢܬܡܠܐ ܡܕܡ
ܕܐܬܐܡܪ ܒܝܕ ܢܒܝܐ ܕܐܡܪ. ܐܦܬܚ ܦܘܡܝ ܒܡܬܠܐ܆
ܘܐܒܥ ܟܣܝܬܐ ܕܡܢ ܩܕܡ ܬܪܡܝܬܗ ܕܥܠܡܐ. 36 ܗܝܕܝܢ
ܫܒܩ ܝܫܘܥ ܠܟܢܫܐ ܘܐܬܐ ܠܒܝܬܐ. ܘܩܪܒܘ ܠܘܬܗ
ܬܠܡܝܕܘܗܝ ܘܐܡܪܝܢ ܠܗ. ܦܫܩ ܠܢ ܡܬܠܐ ܗܘ ܕܙܝܙܢܐ
ܘܕܩܪܝܬܐ. 37 ܗܘ ܕܝܢ ܥܢܐ ܘܐܡܪ ܠܗܘܢ. ܗܘ ܕܙܪܥ ܙܪܥܐ
ܛܒܐ ܐܝܬܘܗܝ ܒܪܗ ܕܐܢܫܐ. 38 ܘܩܪܝܬܐ ܐܝܬܝܗ ܥܠܡܐ.
ܙܪܥܐ ܕܝܢ ܛܒܐ ܒܢܝܗ ܐܢܘܢ ܕܡܠܟܘܬܐ. ܙܝܙܢܐ ܕܝܢ ܐܝܬܝܗܘܢ
ܒܢܘܗܝ ܕܒܝܫܐ. 39 ܒܥܠܕܒܒܐ ܕܝܢ ܕܙܪܥ ܐܢܘܢ ܐܝܬܘܗܝ
ܣܛܢܐ. ܚܨܕܐ ܕܝܢ ܐܝܬܘܗܝ ܫܘܠܡܗ ܕܥܠܡܐ. ܚܨܘܕܐ

ܕܝܢ ܡܠܐܟܐ. 40 ܐܝܟܢܐ ܗܟܝܠ ܕܡܠܩܛܝܢ ܙܝܙܢܐ ܘܝܩܕܝܢ
ܒܢܘܪܐ: ܗܟܢܐ ܢܗܘܐ ܒܫܘܠܡܗ ܕܥܠܡܐ ܗܢܐ. 41 ܢܫܕܪ
ܒܪܗ ܕܐܢܫܐ ܠܡܠܐܟܘܗܝ: ܘܢܓܒܘܢ ܡܢ ܡܠܟܘܬܗ ܠܟܠܗܘܢ
ܡܟܫܘܠܐ ܘܠܟܠܗܘܢ ܥܒܕܝ ܥܘܠܐ. 42 ܘܢܪܡܘܢ ܐܢܘܢ
ܒܐܬܘܢܐ ܕܢܘܪܐ. ܬܡܢ ܢܗܘܐ ܒܟܝܐ ܘܚܘܪܩ ܫܢܐ ✤
43 ܗܝܕܝܢ ܙܕܝܩܐ ܢܢܗܪܘܢ ܐܝܟ ܫܡܫܐ ܒܡܠܟܘܬܐ ܕܐܒܘܗܘܢ.
ܡܢ ܕܐܝܬ ܠܗ ܐܕܢܐ ܕܢܫܡܥ ܢܫܡܥ ✤ 44 ܬܘܒ ܕܡܝܐ
ܡܠܟܘܬܐ ܕܫܡܝܐ: ܠܣܝܡܬܐ ܕܡܛܫܝܐ ܒܚܩܠܐ. ܗܝ
ܕܐܫܟܚܗ ܓܒܪܐ ܘܛܫܝܗ. ܘܡܢ ܚܕܘܬܗ: ܐܙܠ ܙܒܢ ܟܠ
ܕܐܝܬ ܠܗ ܘܩܢܝܗ ܠܚܩܠܐ ܗܘ ✤ 45 ܬܘܒ ܕܡܝܐ ܡܠܟܘܬܐ
ܕܫܡܝܐ: ܠܓܒܪܐ ܬܓܪܐ ܕܒܥܐ ܗܘܐ ܡܪܓܢܝܬܐ ܛܒܬܐ. 46 ܟܕ
ܕܝܢ ܐܫܟܚ ܡܪܓܢܝܬܐ ܚܕܐ ܝܩܝܪܬܐ ܕܕܡܝܐ: ܐܙܠ ܙܒܢ ܟܠ
ܡܐ ܕܐܝܬ ܠܗ ܘܩܢܝܗ ✤ 47 ܬܘܒ ܕܡܝܐ ܡܠܟܘܬܐ ܕܫܡܝܐ.
ܠܡܨܝܕܬܐ ܕܢܦܠܬ ܒܝܡܐ ܘܡܢ ܟܠ ܓܢܣ ܟܢܫܬ: 48 ܘܟܕ
ܡܠܝܬ: ܐܣܩܘܗ ܠܣܦܪ ܝܡܐ. ܘܝܬܒܘ ܓܒܘ. ܘܛܒܐ
ܐܪܡܝܘ ܒܡܐܢܐ: ܘܒܝܫܐ ܫܕܘ ܠܒܪ. 49 ܗܟܢܐ ܢܗܘܐ
ܒܫܘܠܡܗ ܕܥܠܡܐ. ܢܦܩܘܢ ܡܠܐܟܐ ܘܢܦܪܫܘܢ ܒܝܫܐ
ܡܢ ܒܝܬ ܙܕܝܩܐ: 50 ܘܢܪܡܘܢ ܐܢܘܢ ܒܐܬܘܢܐ ܕܢܘܪܐ. ܬܡܢ
ܢܗܘܐ ܒܟܝܐ ܘܚܘܪܩ ܫܢܐ ✤ 51 ܐܡܪ ܠܗܘܢ ܝܫܘܥ.
ܐܣܬܟܠܬܘܢ ܠܟܠܗܝܢ ܗܠܝܢ. ܐܡܪܝܢ ܠܗ ܐܝܢ ܡܪܢ. 52 ܐܡܪ
ܠܗܘܢ: ܡܛܠ ܗܢܐ ܟܠ ܣܦܪܐ ܕܡܬܬܠܡܕ ܠܡܠܟܘܬܐ
ܕܫܡܝܐ: ܕܡܐ ܠܓܒܪܐ ܡܪܐ ܒܝܬܐ: ܕܡܦܩ ܡܢ ܣܝܡܬܗ
ܚܕܬܬܐ ܘܥܬܝܩܬܐ ✤ 53 ܘܗܘܐ ܕܟܕ ܫܠܡ ܝܫܘܥ ܡܬܠܐ
ܗܠܝܢ: ܫܢܝ ܡܢ ܬܡܢ. 54 ܘܐܬܐ ܠܡܕܝܢܬܗ. ܘܡܠܦ
ܗܘܐ ܠܗܘܢ ܒܟܢܘܫܬܗܘܢ. ܐܝܟܢܐ ܕܢܬܕܡܪܘܢ ܘܢܐܡܪܘܢ.
ܐܝܡܟܐ ܠܗ ܠܗܢܐ ܚܟܡܬܐ ܗܕܐ ܘܚܝܠܐ. 55 ܠܐ ܗܘܐ ܗܢܐ
ܒܪܗ ܕܢܓܪܐ: ܠܐ ܐܡܗ ܡܬܩܪܝܐ ܡܪܝܡ: ܘܐܚܘܗܝ
ܝܥܩܘܒ ܘܝܘܣܐ ܘܫܡܥܘܢ ܘܝܗܘܕܐ: 56 ܘܐܚܘܬܗ ܟܠܗܘܢ

ܠܐ ܗܐ ܠܘܬܢ ܐܝܬܝܗܝܢ. ܡܢܐܝܢ ܠܗ ܗܟܝܠ ܗܠܝܢ ܟܠܗܝܢ.
57 ܘܡܬܟܫܠܝܢ ܗܘܘ ܒܗ. ܗܘ ܕܝܢ ܝܫܘܥ ܐܡܪ ܠܗܘܢ.
ܠܝܬ ܢܒܝܐ ܕܫܝܛ: ܐܠܐ ܐܢ ܒܡܕܝܢܬܗ ܘܒܒܝܬܗ. 58 ܘܠܐ
ܥܒܕ ܬܡܢ ܚܝܠܐ ܣܓܝܐܐ. ܡܛܠ ܠܐ ܗܝܡܢܘܬܗܘܢ ܀

ܩܦܠܐܘܢ ܀ ܝܕ ܀

1 ܒܗܘ ܕܝܢ ܙܒܢܐ: ܫܡܥ ܗܪܘܕܣ ܛܛܪܪܟܐ ܫܘܡܥܗ
ܕܝܫܘܥ: 2 ܘܐܡܪ ܠܥܒܕܘܗܝ. ܗܢܘ ܝܘܚܢܢ ܡܥܡܕܢܐ.
ܗܘ ܩܡ ܡܢ ܒܝܬ ܡܝܬܐ. ܡܛܠ ܗܢܐ ܚܝܠܐ ܡܬܥܒܕܝܢ
ܒܗ. 3 ܗܘ ܓܝܪ ܗܪܘܕܣ ܐܚܕ ܗܘܐ ܠܝܘܚܢܢ: ܘܐܣܪܗ
ܘܐܪܡܝܗ ܒܒܝܬ ܐܣܝܪܐ. ܡܛܠ ܗܪܘܕܝܐ ܐܢܬܬ ܦܝܠܝܦܘܣ
ܐܚܘܗܝ. 4 ܐܡܪ ܗܘܐ ܠܗ ܓܝܪ ܝܘܚܢܢ: ܕܠܐ ܫܠܝܛ
ܕܬܗܘܐ ܠܟ ܐܢܬܬܐ. 5 ܘܨܒܐ ܗܘܐ ܠܡܩܛܠܗ. ܘܕܚܠ ܗܘܐ
ܡܢ ܥܡܐ. ܕܐܝܟ ܕܠܢܒܝܐ ܐܚܝܕܝܢ ܗܘܘ ܠܗ. 6 ܟܕ ܗܘܐ
ܕܝܢ ܝܘܡ ܝܠܕܗ ܕܗܪܘܕܣ: ܪܩܕܬ ܒܪܬܗ ܕܗܪܘܕܝܐ ܩܕܡ
ܣܡܟܐ: ܘܫܦܪܬ ܠܗ ܠܗܪܘܕܣ. 7 ܡܛܠ ܗܢܐ
ܒܡܘܡܬܐ ܝܡܐ ܠܗ: ܕܢܬܠ ܠܗ ܟܠܡܕܡ ܕܫܐܠܐ.
8 ܗܝ ܕܝܢ ܡܛܠ ܕܡܠܦܐ ܗܘܬ ܠܐܡܗ. ܐܡܪܬ. ܗܒ ܠܝ
ܗܪܟܐ ܒܦܝܢܟܐ: ܪܫܗ ܕܝܘܚܢܢ ܡܥܡܕܢܐ. 9 ܘܟܪܝܬ ܠܗ
ܠܡܠܟܐ. ܡܛܠ ܕܝܢ ܡܘܡܬܐ ܘܣܡܝܟܐ: ܦܩܕ ܕܢܬܝܗܒ
ܠܗ. 10 ܘܫܕܪ ܦܣܩܗ ܪܫܗ ܕܝܘܚܢܢ ܒܒܝܬ ܐܣܝܪܐ.
11 ܘܐܝܬܝܘܗܝ ܪܫܗ ܒܦܝܢܟܐ: ܘܐܬܝܗܒ ܠܛܠܝܬܐ. ܘܐܝܬܝܬܗ
ܠܐܡܗ. 12 ܘܩܪܒܘ ܬܠܡܝܕܘܗܝ ܫܩܠܘ ܦܓܪܗ ܩܒܪܘ.
ܘܐܬܘ ܚܘܝܘ ܠܝܫܘܥ ܀ 13 ܝܫܘܥ ܕܝܢ ܟܕ ܫܡܥ: ܫܢܝ ܡܢ
ܬܡܢ ܒܐܠܦܐ ܠܐܬܪܐ ܚܪܒܐ ܒܠܚܘܕܘܗܝ. ܘܟܕ ܫܡܥܘ
ܟܢܫܐ: ܐܬܘ ܒܬܪܗ ܒܝܒܫܐ ܡܢ ܡܕܝܢܬܐ. 14 ܘܢܦܩ
ܝܫܘܥ ܚܙܐ ܟܢܫܐ ܣܓܝܐܐ: ܘܐܬܪܚܡ ܥܠܝܗܘܢ. ܘܐܣܝ
ܟܪܝܗܝܗܘܢ ܀ 15 ܟܕ ܗܘܐ ܕܝܢ ܪܡܫܐ. ܩܪܒܘ ܠܘܬܗ

ܬܠܡܝܕܘܗܝ. ܘܐܡܪܝܢ ܠܗ. ܐܬܪܐ ܚܪܒܐ ܗܘ. ܘܥܕܢܐ
ܥܒܪ ܠܗ. ܫܪܝ ܟܢܫܐ ܕܐܢܫܐ ܕܢܐܙܠܘܢ ܠܩܘܪܝܐ:
ܘܢܙܒܢܘܢ ܠܗܘܢ ܡܐܟܘܠܬܐ. 16 ܗܘ ܕܝܢ ܐܡܪ ܠܗܘܢ. ܠܐ
ܣܢܝܩܝܢ ܠܗܘܢ ܠܡܐܙܠ. ܗܒܘ ܠܗܘܢ ܐܢܬܘܢ ܠܡܐܟܠ.
17 ܗܢܘܢ ܕܝܢ ܐܡܪܘ ܠܗ. ܠܝܬ ܠܢ ܗܪܟܐ: ܐܠܐ ܚܡܫ
ܓܪܝܨܢ. ܘܬܪܝܢ ܢܘܢܝܢ. 18 ܐܡܪ ܠܗܘܢ ܝܫܘܥ. ܐܝܬܘ ܐܢܘܢ
ܠܝ ܠܗܪܟܐ. 19 ܘܦܩܕ ܠܟܢܫܐ ܠܡܣܬܡܟܘ ܥܠ ܐܪܥܐ:
ܘܫܩܠ ܗܢܘܢ ܚܡܫܐ ܠܚܡܝܢ ܘܬܪܝܢ ܢܘܢܝܢ: ܘܚܪ
ܒܫܡܝܐ. ܘܒܪܟ ܘܩܨܐ. ܘܝܗܒ ܠܬܠܡܝܕܘܗܝ. ܘܗܢܘܢ
ܬܠܡܝܕܐ ܣܡܘ ܠܟܢܫܐ. 20 ܘܐܟܠܘ ܟܠܗܘܢ ܘܣܒܥܘ
ܘܫܩܠܘ ܬܘܬܪܐ ܕܩܨܝܐ: ܬܪܬܥܣܪܐ ܩܘܦܝܢܝܢ ܟܕ ܡܠܝܢ.
21 ܗܢܘܢ ܕܝܢ ܐܢܫܐ ܕܐܟܠܘ. ܗܘܘ ܚܡܫܐ ܐܠܦܝܢ ܓܒܪܐ.
ܣܛܪ ܡܢ ܢܫܐ ܘܛܠܝܐ. 22 ܘܡܚܕܐ ܐܠܨ ܠܬܠܡܝܕܘܗܝ
ܕܢܣܩܘܢ ܠܣܦܝܢܬܐ. ܘܢܩܕܡܘܢܝܗܝ ܠܥܒܪܐ ܥܕ
ܗܘ ܫܪܐ ܗܘܐ ܠܟܢܫܐ. 23 ܘܟܕ ܫܪܐ ܠܟܢܫܐ: ܣܠܩ
ܠܛܘܪܐ ܠܒܠܚܘܕܘܗܝ ܠܡܨܠܝܘ ܀ ܘܟܕ ܗܘܐ ܪܡܫܐ
ܠܒܠܚܘܕܘܗܝ ܗܘܐ ܬܡܢ. 24 ܘܐܠܦܐ ܪܚܝܩܐ ܗܘܬ ܡܢ ܐܪܥܐ
ܐܣܛܕܘܬܐ ܣܓܝܐܐ. ܟܕ ܡܫܬܢܕܐ ܡܢ ܓܠܠܐ.
ܡܛܠ ܕܪܘܚܐ ܣܩܘܒܠܗ ܗܘܬ. 25 ܒܡܛܪܬܐ ܕܝܢ ܪܒܝܥܝܬܐ
ܕܠܠܝܐ ܐܬܐ ܠܘܬܗܘܢ ܝܫܘܥ ܟܕ ܡܗܠܟ ܥܠ ܡܝܐ.
26 ܚܙܐܘܗܝ ܬܠܡܝܕܘܗܝ ܕܡܗܠܟ ܥܠ ܡܝܐ ܘܐܬܬܙܝܥܘ.
ܘܐܡܪܝܢ ܗܘܘ ܕܚܠܡܐ ܗܘ. ܘܡܢ ܕܚܠܬܗܘܢ ܩܥܘ.
27 ܗܘ ܕܝܢ ܝܫܘܥ ܡܚܕܐ ܡܠܠ ܥܡܗܘܢ ܘܐܡܪ.
ܐܬܠܒܒܘ: ܐܢܐ ܐܢܐ ܠܐ ܬܕܚܠܘܢ. 28 ܘܥܢܐ ܟܐܦܐ ܘܐܡܪ ܠܗ.
ܡܪܝ: ܐܢ ܐܢܬ ܗܘ ܦܩܘܕ ܠܝ ܐܬܐ ܠܘܬܟ ܥܠ ܡܝܐ.
29 ܝܫܘܥ ܕܝܢ ܐܡܪ ܠܗ ܬܐ. ܘܢܚܬ ܟܐܦܐ ܡܢ ܐܠܦܐ ܘܗܠܟ
ܥܠ ܡܝܐ ܕܢܐܬܐ ܠܘܬ ܝܫܘܥ. 30 ܘܟܕ ܚܙܐ ܪܘܚܐ ܕܩܫܝܐ:
ܕܚܠ. ܘܫܪܝ ܠܡܛܒܥ ܘܐܪܝܡ ܩܠܗ ܘܐܡܪ. ܡܪܝ

ܦܪܘܩܢܢ. 31 ܘܟܕ ܡܬܠܗ ܚܙܐ ܐܝܬܘܗܝ ܟܢܫܐ ܘܐܡܪܗ.
ܘܐܡܪ ܠܗ. ܐܝܟܘ ܗܝܡܢܘܬܐ ܠܟܠܢܐ ܐܬܦܠܓܬ. 32 ܘܟܕ
ܫܡܥܘ ܠܐܓܠܐ ܡܠܬܐ ܗܕܐ. 33 ܘܐܬܐ ܗܘܝܘ ܒܐܓܠܐ ܫܩܝܘ
ܠܗ ܘܐܡܪܘ. ܡܪܢܐܝܬ ܒܪܗ ܐܝܬ ܕܐܠܗܐ. 34 ܘܪܘܝ ܘܐܬܐ
ܠܐܪܥܐ ܕܓܢܝܣܪ. 35 ܘܐܫܬܘܕܥܘܗܝ ܐܢܫܐ ܕܐܬܪܐ ܗܘ. ܘܫܕܪܘ
ܠܟܠܗܘܢ ܡܕܝܢܬܐ ܕܚܕܪܝܗܘܢ: ܘܩܪܒܘ ܠܗ ܟܠܗܘܢ ܐܢܫܝܢ
ܕܒܝܫ ܒܝܫ ܒܝܫܝܢ. 36 ܘܒܥܝܢ ܗܘܘ ܡܢܗ: ܕܢܬܩܪܒܘܢ
ܐܦ ܠܟܢܦܐ ܕܠܒܘܫܗ ܕܠܟܠܗܘܢ. ܘܐܝܠܝܢ ܕܩܪܒܘ ܐܬܐܣܝܘ ܀

ܩܦܠܐܘܢ ܀ ܗ ܀

1 ܗܝܕܝܢ ܩܪܒܘ ܠܘܬܗ ܝܫܘܥ ܦܪܝܫܐ ܘܣܦܪܐ ܕܡܢ
ܐܘܪܫܠܡ ܘܐܡܪܝܢ. 2 ܠܡܢܐ ܬܠܡܝܕܝܟ ܥܒܪܝܢ ܥܠ
ܡܫܠܡܢܘܬܐ ܕܩܫܝܫܐ: ܘܠܐ ܡܫܝܓܝܢ ܐܝܕܝܗܘܢ ܡܐ
ܕܐܟܠܝܢ ܠܚܡܐ. 3 ܗܘ ܕܝܢ ܘܐܡܪ ܠܗܘܢ. ܠܡܢܐ ܐܦ
ܐܢܬܘܢ ܥܒܪܝܢ ܐܢܬܘܢ ܥܠ ܦܘܩܕܢܐ ܕܐܠܗܐ ܡܛܠ
ܡܫܠܡܢܘܬܟܘܢ: 4 ܐܠܗܐ ܓܝܪ ܐܡܪ: ܝܩܪ ܠܐܒܘܟ ܘܠܐܡܟ.
ܘܡܢ ܕܡܨܛܐ ܠܐܒܘܗܝ ܘܠܐܡܗ ܡܘܬܐ ܢܡܘܬ. 5 ܐܢܬܘܢ ܕܝܢ
ܐܡܪܝܢ ܐܢܬܘܢ. ܟܠ ܡܢ ܕܢܐܡܪ ܠܐܒܐ ܐܘ ܠܐܡܐ: ܩܘܪܒܢܝ
ܡܕܡ ܕܬܬܗܢܐ ܡܢܝ. ܘܠܐ ܢܝܩܪ ܠܐܒܘܗܝ ܐܘ ܠܐܡܗ.
6 ܘܒܛܠܬܘܢ ܡܠܬܗ ܕܐܠܗܐ ܡܛܠ ܡܫܠܡܢܘܬܟܘܢ.
7 ܢܣܒܝ ܐܦܐ: ܫܦܝܪ ܐܬܢܒܝ ܥܠܝܟܘܢ ܐܫܥܝܐ ܢܒܝܐ
ܘܐܡܪ. 8 ܕܥܡܐ ܗܢܐ ܒܣܦܘܬܗ ܗܘ ܡܝܩܪ ܠܝ ܠܒܗܘܢ
ܕܝܢ ܪܚܝܩ ܕܛܒ ܡܢܝ. 9 ܘܣܪܝܩܐܝܬ ܕܚܠܝܢ ܠܝ. ܟܕ
ܡܠܦܝܢ ܝܘܠܦܢܐ ܕܦܘܩܕܢܐ ܕܒܢܝܢܫܐ. 10 ܘܩܪܐ ܠܟܢܫܐ
ܘܐܡܪ ܠܗܘܢ. ܫܡܥܘ ܘܐܣܬܟܠܘ. 11 ܠܐ ܗܘܐ ܡܕܡ ܕܥܐܠ
ܠܦܘܡܐ ܡܣܝܒ ܠܒܪܢܫܐ: ܐܠܐ ܡܕܡ ܕܢܦܩ ܡܢ ܦܘܡܐ:
ܗܘ ܗܘ ܡܣܝܒ ܠܒܪܢܫܐ. 12 ܗܝܕܝܢ ܩܪܒܘ ܬܠܡܝܕܘܗܝ
ܘܐܡܪܝܢ ܠܗ. ܝܕܥ ܐܢܬ ܕܦܪܝܫܐ ܕܫܡܥܘ ܡܠܬܐ ܗܕܐ

ܐܬܟܫܠܘ. 13 ܗܘ ܕܝܢ ܥܢܐ ܘܐܡܪ ܠܗܘܢ. ܟܠ ܢܨܒܬܐ
ܐܝܕܐ ܕܠܐ ܢܨܒܗ ܐܒܝ ܕܒܫܡܝܐ. ܬܬܥܩܪ. 14 ܫܒܘܩܘ
ܠܗܘܢ. ܣܡܝܐ ܐܢܘܢ ܡܕܒܪܢܐ ܕܣܡܝܐ. ܣܡܝܐ ܕܝܢ ܠܣܡܝܐ
ܐܢ ܢܕܒܪ: ܬܪܝܗܘܢ ܒܓܘܡܨܐ ܢܦܠܝܢ. 15 ܘܥܢܐ ܫܡܥܘܢ
ܟܐܦܐ ܘܐܡܪ ܠܗ. ܡܪܝ ܐܡܪ ܠܢ ܡܬܠܐ ܗܢܐ. 16 ܗܘ
ܕܝܢ ܐܡܪ ܠܗܘܢ. ܥܕܡܐ ܠܗܫܐ ܐܦ ܐܢܬܘܢ ܠܐ ܡܣܬܟܠܝܢ
ܐܢܬܘܢ: 17 ܠܐ ܝܕܥܝܢ ܐܢܬܘܢ ܕܟܠ ܕܥܐܠ ܠܦܘܡܐ.
ܠܟܪܣܐ ܗܘ ܐܙܠ. ܘܡܢ ܬܡܢ ܒܡܦܩܬܐ ܡܫܬܕܐ ܠܒܪ.
18 ܡܕܡ ܕܝܢ ܕܢܦܩ ܡܢ ܦܘܡܐ ܡܢ ܠܒܐ ܢܦܩ. ܘܗܘ
ܡܛܢܦ ܠܗ ܠܒܪܢܫܐ. 19 ܡܢ ܠܒܐ ܓܝܪ ܢܦܩܝܢ
ܡܚܫܒܬܐ ܒܝܫܬܐ. ܓܘܪܐ. ܩܛܠܐ. ܙܢܝܘܬܐ. ܓܢܒܘܬܐ.
ܣܗܕܘܬܐ ܕܕܓܠܘܬܐ. ܓܘܕܦܐ. 20 ܗܠܝܢ ܐܢܝܢ ܕܡܛܢܦܢ
ܠܒܪܢܫܐ. ܐܠܐ ܕܢܠܥܣ ܐܢܫ ܟܕ ܠܐ ܡܫܝܓܢ ܐܝܕܘܗܝ ܠܐ
ܡܬܛܢܦ ܀ 21 ܘܢܦܩ ܡܢ ܬܡܢ ܝܫܘܥ: ܘܐܬܐ ܠܬܚܘܡܐ
ܕܨܘܪ ܘܕܨܝܕܢ. 22 ܘܗܐ ܐܢܬܬܐ ܟܢܥܢܝܬܐ ܡܢ ܬܚܘܡܐ ܗܢܘܢ:
ܢܦܩܬ ܩܥܝܐ ܗܘܬ ܘܐܡܪܐ. ܐܬܪܚܡ ܥܠܝ ܡܪܝ ܒܪܗ
ܕܕܘܝܕ. ܒܪܬܝ ܒܝܫܐܝܬ ܡܫܬܢܩܐ ܡܢ ܫܐܕܐ. 23 ܗܘ ܕܝܢ ܠܐ
ܦܢܝܗ ܦܬܓܡܐ. ܘܩܪܒܘ ܬܠܡܝܕܘܗܝ ܘܒܥܘ ܡܢܗ
ܘܐܡܪܝܢ. ܫܪܝܗ ܕܩܥܝܐ ܒܬܪܢ. 24 ܗܘ ܕܝܢ ܥܢܐ ܘܐܡܪ
ܠܗܘܢ. ܠܐ ܐܫܬܕܪܬ ܐܠܐ ܠܥܢܐ ܕܐܒܕܘ ܡܢ ܒܝܬ
ܐܝܣܪܝܠ. 25 ܗܝ ܕܝܢ ܐܬܬ ܣܓܕܬ ܠܗ ܘܐܡܪܐ: ܡܪܝ
ܥܕܪܝܢܝ. 26 ܐܡܪ ܠܗ ܝܫܘܥ. ܠܐ ܫܦܝܪ ܠܡܣܒ ܠܚܡܐ
ܕܒܢܝܐ ܘܠܡܪܡܝܘ ܠܟܠܒܐ: 27 ܗܝ ܕܝܢ ܐܡܪܬ: ܐܝܢ
ܡܪܝ. ܐܦ ܟܠܒܐ ܐܟܠܝܢ ܡܢ ܦܪܬܘܬܐ ܕܢܦܠܝܢ ܡܢ
ܦܬܘܪܐ ܕܡܪܝܗܘܢ ܘܚܝܝܢ. 28 ܗܝܕܝܢ ܐܡܪ ܠܗ ܝܫܘܥ. ܐܘ
ܐܢܬܬܐ ܪܒܐ ܗܝ ܗܝܡܢܘܬܟܝ. ܢܗܘܐ ܠܟܝ ܐܝܟ ܕܨܒܝܐ
ܐܢܬܝ. ܘܐܬܐܣܝܬ ܒܪܬܗ ܡܢ ܗܝ ܫܥܬܐ ܀ 29 ܘܫܢܝ ܡܢ
ܬܡܢ ܝܫܘܥ: ܘܐܬܐ ܠܘܬ ܝܡܬܐ ܕܓܠܝܠܐ. ܘܣܠܩ

ܠܛܘܪܐ ܘܝܬܒ ܬܡܢ. 30 ܘܩܪܒܘ ܠܘܬܗ ܟܢ̈ܫܐ ܣܓܝ̈ܐܐ.
ܕܐܝܬ ܗܘܐ ܥܡܗܘܢ ܚܓܝ̈ܪܐ ܘܣܡܝ̈ܐ. ܘܚܪ̈ܫܐ ܘܦܟܝ̈ܚܐ.
ܘܐܚܪ̈ܢܐ ܣܓܝ̈ܐܐ. ܘܐܪܡܝܘ ܐܢܘܢ ܥܠ ܪ̈ܓܠܘܗܝ ܕܝܫܘܥ
ܘܐܣܝ ܐܢܘܢ: 31 ܐܝܟ ܕܢܬܕܡܪܘܢ ܟܢ̈ܫܐ ܗܢܘܢ: ܕܚܙܘ
ܚܪ̈ܫܐ ܕܡܡܠܠܝܢ ܘܦܟܝ̈ܚܐ ܕܡܬܚܠܡܝܢ: ܘܚܓܝ̈ܪܐ
ܕܡܗܠܟܝܢ. ܘܣܡܝ̈ܐ ܕܚܙܝܢ. ܘܫܒܚܘ ܠܐܠܗܐ ܕܐܝܣܪܝܠ ܀
32 ܗܘ ܕܝܢ ܝܫܘܥ: ܩܪܐ ܠܬܠܡܝ̈ܕܘܗܝ ܘܐܡܪ ܠܗܘܢ.
ܡܬܪܚܡ ܐܢܐ ܥܠ ܟܢܫܐ ܗܢܐ: ܕܗܐ ܬܠܬܐ ܝܘܡܝ̈ܢ ܩܘܝܘ
ܠܘܬܝ: ܘܠܝܬ ܠܗܘܢ ܡܕܡ ܕܢܐܟܠܘܢ. ܘܕܐܫܪܐ ܐܢܘܢ ܟܕ
ܨܝ̈ܡܝܢ ܠܐ ܨܒܐ ܐܢܐ. ܕܠܡܐ ܢܬܡܚܠܘܢ ܒܐܘܪܚܐ. 33 ܐܡܪܝܢ
ܠܗ ܬܠܡܝ̈ܕܘܗܝ. ܐܝܟܢܐ ܠܢ ܒܚܘܪܒܐ ܠܚܡܐ: ܕܢܣܒܥ
ܟܢܫܐ ܗܢܐ ܟܠܗ. 34 ܐܡܪ ܠܗܘܢ ܝܫܘܥ: ܟܡܐ ܠܚܡ̈ܝܢ
ܐܝܬ ܠܟܘܢ. ܐܡܪܝܢ ܠܗ ܫܒܥܐ. ܘܩܠܝܠ ܢܘܢ̈ܐ ܙܥܘܪ̈ܐ.
35 ܘܦܩܕ ܠܟܢ̈ܫܐ ܕܢܣܬܡܟܘܢ ܥܠ ܐܪܥܐ. 36 ܘܢܣܒ
ܗܢܘܢ ܫܒܥܐ ܠܚܡ̈ܝܢ ܘܢܘܢ̈ܐ: ܘܒܪܟ ܘܩܨܐ ܘܝܗܒ
ܠܬܠܡܝ̈ܕܘܗܝ: ܘܬܠܡܝ̈ܕܐ ܝܗܒܘ ܠܟܢ̈ܫܐ. 37 ܘܐܟܠܘ
ܟܠܗܘܢ ܘܣܒܥܘ: ܘܫܩܠܘ ܝܘܬܪܢܐ ܕܩܨ̈ܝܐ ܡܠܐ ܫܒܥܐ
ܐܣܦܪ̈ܝܕܝܢ. 38 ܗܢܘܢ ܕܝܢ ܕܐܟܠܘ ܗܘܘ ܗܘܘ ܐܪܒܥܐ ܐܠܦܝ̈ܢ
ܓܒܪ̈ܐ. ܣܛܪ ܡܢ ܢܫ̈ܐ ܘܛܠܝ̈ܐ. 39 ܘܟܕ ܫܪܐ ܠܟܢ̈ܫܐ.
ܣܠܩ ܠܐܠܦܐ ܘܐܬܐ ܠܬܚܘܡܐ ܕܡܓܕܘ ܀

ܩܦܠܐܘܢ ܀ ܝܘ ܀

1 ܘܩܪܒܘ ܦܪ̈ܝܫܐ ܘܙܕ̈ܘܩܝܐ ܡܢܣܝܢ ܠܗ: ܘܡܫܐܠܝܢ
ܠܗ ܐܬܐ ܡܢ ܫܡܝܐ ܕܢܚܘܐ ܐܢܘܢ. 2 ܗܘ ܕܝܢ ܥܢܐ ܘܐܡܪ
ܠܗܘܢ. ܟܕ ܗܘܐ ܪܡܫܐ ܐܡܪܝܢ ܐܢܬܘܢ ܨܚܘܐ ܗܘ. ܣܡܩ ܠܗ
ܓܝܪ ܫܡܝܐ. 3 ܘܒܨܦܪܐ ܐܡܪܝܢ ܐܢܬܘܢ ܝܘܡܢܐ ܣܬܘܐ ܗܘ.
ܣܡܩ ܠܗ ܓܝܪ ܫܡܝܐ ܥܒܝܕܐܝܬ. ܢܣܒ̈ܝ ܐܦ̈ܐ. ܦܪ̈ܨܘܦܐ
ܕܫܡܝܐ ܝܕܥܝܢ ܐܢܬܘܢ ܠܡܦܪܫ: ܐܬܘܬܐ ܕܙܒܢܐ ܗܢܐ ܠܐ

ܝܕܥܝܢ ܐܝܬܝܟܘܢ ܕܬܦܪܫܘܢ ܀ 4 ܫܪܒܬܐ ܒܝܫܬܐ ܘܓܝܪܬܐ ܐܬܐ
ܒܥܝܐ. ܘܐܬܐ ܠܐ ܡܬܝܗܒܐ ܠܗ܆ ܐܠܐ ܐܢ ܗܘ ܐܬܐ ܕܝܘܢܢ ܢܒܝܐ.
ܘܫܒܩ ܐܢܘܢ ܘܐܙܠ. 5 ܘܟܕ ܐܬܘ ܬܠܡܝܕܘܗܝ ܠܥܒܪܐ܆
ܛܥܘ ܕܢܣܒܘܢ ܥܡܗܘܢ ܠܚܡܐ. 6 ܗܘ ܕܝܢ ܐܡܪ ܠܗܘܢ.
ܚܙܘ ܐܙܕܗܪܘ ܡܢ ܚܡܝܪܐ ܕܦܪܝܫܐ ܘܕܙܕܘܩܝܐ. 7 ܗܢܘܢ ܕܝܢ
ܡܬܚܫܒܝܢ ܗܘܘ ܒܢܦܫܗܘܢ ܘܐܡܪܝܢ܆ ܕܠܚܡܐ ܠܐ ܢܣܒܘ.
8 ܝܕܥ ܕܝܢ ܝܫܘܥ ܘܐܡܪ ܠܗܘܢ. ܡܢܐ ܡܬܚܫܒܝܢ ܐܢܬܘܢ
ܒܢܦܫܟܘܢ ܙܥܘܪܝ ܗܝܡܢܘܬܐ ܕܠܚܡܐ ܠܐ ܢܣܒܬܘܢ. 9 ܠܐ
ܗܫܐ ܐܣܬܟܠܬܘܢ܆ ܠܐ ܥܗܕܝܢ ܐܢܬܘܢ ܠܗܠܝܢ
ܚܡܫ ܠܚܡܝܢ ܕܚܡܫܐ ܐܠܦܝܢ. ܘܟܡܐ ܩܘܦܝܢ
ܫܩܠܬܘܢ܆ 10 ܘܠܐ ܠܗܠܝܢ ܫܒܥܐ ܠܚܡܝܢ ܕܐܪܒܥܐ ܐܠܦܝܢ܆
ܘܟܡܐ ܐܣܦܪܝܕܝܢ ܫܩܠܬܘܢ܆ 11 ܐܝܟܢܐ ܠܐ ܐܣܬܟܠܬܘܢ ܕܠܐ
ܗܘܐ ܥܠ ܠܚܡܐ ܐܡܪܬ ܠܟܘܢ. ܐܠܐ ܕܐܙܕܗܪܘ ܡܢ ܚܡܝܪܐ
ܕܦܪܝܫܐ ܘܕܙܕܘܩܝܐ. 12 ܗܝܕܝܢ ܐܣܬܟܠܘ܆ ܕܠܐ ܐܡܪ ܕܢܙܕܗܪܘܢ
ܡܢ ܚܡܝܪܐ ܕܠܚܡܐ. ܐܠܐ ܡܢ ܝܘܠܦܢܐ ܕܦܪܝܫܐ ܘܕܙܕܘܩܝܐ ܀
13 ܟܕ ܕܝܢ ܐܬܐ ܝܫܘܥ ܠܐܬܪܐ ܕܩܣܪܝܐ ܕܦܝܠܝܦܘܣ܆ ܡܫܐܠ
ܗܘܐ ܠܬܠܡܝܕܘܗܝ ܘܐܡܪ. ܡܢܘ ܐܡܪܝܢ. ܥܠܝ ܐܢܫܐ
ܕܐܝܬܝ ܒܪܗ ܕܐܢܫܐ. 14 ܗܢܘܢ ܕܝܢ ܐܡܪܘ. ܐܝܬ ܕܐܡܪܝܢ.
ܕܝܘܚܢܢ ܡܥܡܕܢܐ. ܐܚܪܢܐ ܕܝܢ ܐܠܝܐ. ܘܐܚܪܢܐ ܐܪܡܝܐ. ܐܘ
ܚܕ ܡܢ ܢܒܝܐ. 15 ܐܡܪ ܠܗܘܢ. ܐܢܬܘܢ ܕܝܢ ܡܢܘ ܐܡܪܝܢ
ܐܢܬܘܢ ܕܐܢܐ. 16 ܥܢܐ ܫܡܥܘܢ ܟܐܦܐ ܘܐܡܪ. ܐܢܬ ܗܘ
ܡܫܝܚܐ ܒܪܗ ܕܐܠܗܐ ܚܝܐ. 17 ܥܢܐ ܝܫܘܥ ܘܐܡܪ ܠܗ.
ܛܘܒܝܟ ܫܡܥܘܢ ܒܪ ܝܘܢܐ. ܕܒܣܪܐ ܘܕܡܐ ܠܐ ܓܠܝܘ ܠܟ.
ܐܠܐ ܐܒܝ ܕܒܫܡܝܐ. 18 ܐܦ ܐܢܐ ܐܡܪ ܐܢܐ ܠܟ ܕܐܢܬ ܗܘ
ܟܐܦܐ܆ ܘܥܠ ܗܕܐ ܟܐܦܐ ܐܒܢܝܗ ܠܥܕܬܝ. ܘܬܪܥܐ ܕܫܝܘܠ
ܠܐ ܢܚܣܢܘܢܗ. 19 ܠܟ ܐܬܠ ܩܠܝܕܐ ܕܡܠܟܘܬܐ ܕܫܡܝܐ.
ܘܟܠ ܡܐ ܕܬܐܣܘܪ ܒܐܪܥܐ܆ ܢܗܘܐ ܐܣܝܪ ܒܫܡܝܐ. ܘܡܕܡ
ܕܬܫܪܐ ܒܐܪܥܐ ܢܗܘܐ ܫܪܐ ܒܫܡܝܐ. 20 ܗܝܕܝܢ ܦܩܕ

ܠܬܠܡܝܕܘܗܝ: ܕܠܐܢܫ ܠܐ ܢܐܡܪܘܢ ܕܗܘܝܘ ܡܫܝܚܐ:
21 ܘܡܢ ܗܝܕܝܢ ܫܪܝ ܝܫܘܥ ܠܡܚܘܝܘ ܠܬܠܡܝܕܘܗܝ:
ܕܥܬܝܕ ܗܘ ܕܢܐܙܠ ܠܐܘܪܫܠܡ. ܘܢܚܫ ܣܓܝ ܡܢ ܩܫܝܫܐ:
ܘܡܢ ܪܒܝ ܟܗܢܐ ܘܣܦܪܐ. ܘܢܬܩܛܠ ܘܠܝܘܡܐ ܕܬܠܬܐ
ܢܩܘܡ. 22 ܘܕܒܪܗ ܟܐܦܐ ܘܫܪܝ ܠܡܟܐܐ ܒܗ. ܘܐܡܪ. ܚܣ
ܠܟ ܡܪܝ: ܕܢܗܘܐ ܠܟ ܗܕܐ. 23 ܗܘ ܕܝܢ ܐܬܦܢܝ ܘܐܡܪ
ܠܟܐܦܐ. ܙܠ ܠܟ ܠܒܣܬܪܝ. ܣܛܢܐ: ܬܘܩܠܬܐ ܐܢܬ ܠܝ.
ܕܠܐ ܡܬܪܥܐ ܐܢܬ ܕܐܠܗܐ. ܐܠܐ ܕܒܢܝܢܫܐ. 24 ܗܝܕܝܢ ܐܡܪ
ܝܫܘܥ ܠܬܠܡܝܕܘܗܝ. ܡܢ ܕܨܒܐ ܕܢܐܬܐ ܒܬܪܝ: ܢܟܦܘܪ
ܒܢܦܫܗ. ܘܢܫܩܘܠ ܙܩܝܦܗ ܘܢܐܬܐ ܒܬܪܝ ܀ 25 ܡܢ ܕܨܒܐ
ܓܝܪ ܕܢܚܐ ܢܦܫܗ ܢܘܒܕܝܗ. ܘܡܢ ܕܢܘܒܕ ܢܦܫܗ
ܡܛܠܬܝ ܢܫܟܚܝܗ. 26 ܡܢܐ ܓܝܪ ܢܬܗܢܐ ܒܪܢܫܐ: ܐܢ
ܥܠܡܐ ܟܠܗ ܢܩܢܐ ܘܢܦܫܗ ܢܚܣܪ. ܐܘ ܡܢܐ ܢܬܠ ܒܪܢܫܐ
ܚܠܦܐ ܕܢܦܫܗ. 27 ܥܬܝܕ ܗܘ ܓܝܪ ܒܪܗ ܕܐܢܫܐ ܕܢܐܬܐ
ܒܫܘܒܚܐ ܕܐܒܘܗܝ ܥܡ ܡܠܐܟܘܗܝ ܩܕܝܫܐ: ܘܗܝܕܝܢ
ܢܦܪܘܥ ܠܐܢܫ ܐܢܫ ܐܝܟ ܥܒܕܘܗܝ ܀ 28 ܐܡܝܢ ܐܡܪ ܐܢܐ
ܠܟܘܢ܇ ܕܐܝܬ ܐܢܫܐ ܕܩܝܡܝܢ ܗܪܟܐ: ܕܠܐ ܢܛܥܡܘܢ ܡܘܬܐ:
ܥܕܡܐ ܕܢܚܙܘܢ ܠܒܪܗ ܕܐܢܫܐ ܕܐܬܐ ܒܡܠܟܘܬܗ ܀

ܡܬܝ ܀ ܝܙ ܀

1 ܘܒܬܪ ܫܬܐ ܝܘܡܝܢ: ܕܒܪ ܝܫܘܥ ܠܟܐܦܐ ܘܠܝܥܩܘܒ
ܘܠܝܘܚܢܢ ܐܚܘܗܝ. ܘܐܣܩ ܐܢܘܢ ܠܛܘܪܐ ܪܡܐ ܒܠܚܘܕܝܗܘܢ.
2 ܘܐܫܬܚܠܦ ܝܫܘܥ ܩܕܡܝܗܘܢ. ܘܢܗܪ ܦܪܨܘܦܗ ܐܝܟ
ܫܡܫܐ. ܠܒܘܫܘܗܝ ܕܝܢ ܚܘܪܘ ܐܝܟ ܢܘܗܪܐ. 3 ܘܐܬܚܙܝܘ ܠܗܘܢ
ܡܘܫܐ ܘܐܠܝܐ ܟܕ ܡܡܠܠܝܢ ܥܡܗ. 4 ܥܢܐ ܕܝܢ ܟܐܦܐ
ܘܐܡܪ ܠܝܫܘܥ. ܡܪܝ: ܫܦܝܪ ܗܘ ܠܢ ܕܗܪܟܐ ܢܗܘܐ. ܘܐܢ
ܨܒܐ ܐܢܬ: ܢܥܒܕ ܗܪܟܐ ܬܠܬ ܡܛܠܝܢ. ܚܕܐ ܠܟ. ܘܚܕܐ
ܠܡܘܫܐ ܘܚܕܐ ܠܐܠܝܐ. 5 ܘܟܕ ܗܘ ܡܡܠܠ: ܗܐ ܥܢܢܐ

ܢܗܝܪܐ ܐܛܠܬ ܥܠܝܗܘܢ. ܘܩܠܐ ܗܘܐ ܡܢ ܥܢܢܐ ܕܐܡܪ: ܗܢܘ
ܒܪܝ ܚܒܝܒܐ ܕܒܗ ܐܨܛܒܝܬ ܠܗ ܫܡܥܘ ܀ 6 ܘܟܕ ܫܡܥܘ
ܬܠܡ̈ܝܕܐ: ܢܦܠܘ ܥܠ ܐܦ̈ܝܗܘܢ ܘܕܚܠܘ ܛܒ. 7 ܘܐܬܩܪܒ
ܠܘܬܗܘܢ ܝܫܘܥ: ܘܩܪܒ ܒܗܘܢ ܘܐܡܪ. ܩܘܡܘ ܠܐ
ܬܕܚܠܘܢ: 8 ܘܐܪܝܡܘ ܥܝ̈ܢܝܗܘܢ ܘܠܐܢܫ ܠܐ ܚܙܘ: ܐܠܐ ܐܢ
ܠܝܫܘܥ ܒܠܚܘܕܘܗܝ. 9 ܘܟܕ ܢܚܬܝܢ ܡܢ ܛܘܪܐ: ܦܩܕ ܐܢܘܢ
ܝܫܘܥ ܘܐܡܪ ܠܗܘܢ. ܠܐܢܫ ܠܐ ܬܐܡܪܘܢ ܚܙܘܐ ܗܢܐ:
ܥܕܡܐ ܕܢܩܘܡ ܒܪܗ ܕܐܢܫܐ ܡܢ ܡܝ̈ܬܐ. 10 ܘܫܐܠܘܗܝ
ܬܠܡ̈ܝܕܘܗܝ ܘܐܡܪܝܢ ܠܗ. ܡܢܐ ܗܟܝܠ ܣܦܪ̈ܐ ܐܡܪܝܢ.
ܕܐܠܝܐ ܘܠܐ ܕܢܐܬܐ ܠܘܩܕܡ. 11 ܥܢܐ ܝܫܘܥ ܘܐܡܪ ܠܗܘܢ.
ܐܠܝܐ ܐܬܐ ܠܘܩܕܡ ܘܟܠ ܡܕܡ ܡܫܠܡ. 12 ܐܡܪ ܐܢܐ ܠܟܘܢ
ܕܗܐ ܐܠܝܐ ܐܬܐ ܘܠܐ ܝܕܥܘܗܝ ܘܥܒܕܘ ܒܗ ܟܠ ܡܐ
ܕܨܒܘ. ܗܟܢܐ ܐܦ ܒܪܗ ܕܐܢܫܐ ܥܬܝܕ ܕܢܚܫ ܡܢܗܘܢ.
13 ܗܝܕܝܢ ܐܣܬܟܠܘ ܬܠܡ̈ܝܕܐ: ܕܥܠ ܝܘܚܢܢ ܡܥܡܕܢܐ
ܐܡܪ ܠܗܘܢ ܀ 14 ܘܟܕ ܐܬܘ ܠܘܬ ܟܢܫܐ. ܩܪܒ ܠܗ ܓܒܪܐ.
ܘܒܪܟ ܥܠ ܒܘܪ̈ܟܘܗܝ. 15 ܘܐܡܪ ܠܗ. ܡܪܝ: ܐܬܪܚܡ
ܥܠܝ. ܒܪܝ ܕܐܝܬ ܠܗ ܒܪ ܐܓܪ̈ܐ ܘܒܝܫܐܝܬ ܡܫܬܢܩ. ܙܒܢܝܢ
ܓܝܪ ܣܓܝ̈ܐܢ ܒܢܘܪܐ ܢܦܠ. ܘܙܒܢܝܢ ܣܓܝ̈ܐܢ ܒܡܝ̈ܐ. 16 ܘܩܪܒܬܗ
ܠܬܠܡ̈ܝܕܝܟ ܘܠܐ ܐܫܟܚܘ ܠܡܐܣܝܘܬܗ. 17 ܥܢܐ ܝܫܘܥ
ܘܐܡܪ. ܐܘ ܫܪܒܬܐ ܕܠܐ ܗܝܡܢܘܬܐ ܘܡܥܩܡܬܐ. ܥܕܡܐ
ܠܐܡܬܝ ܐܗܘܐ ܠܘܬܟܘܢ. ܘܥܕܡܐ ܠܐܡܬܝ ܐܣܝܒܪܟܘܢ.
ܐܝܬܘܗܝ ܠܝ ܠܟܐ. 18 ܘܟܐܪ ܒܗ ܝܫܘܥ ܘܢܦܩ ܡܢܗ ܫܐܕܐ.
ܘܐܬܐܣܝ ܛܠܝܐ ܡܢ ܗܝ ܫܥܬܐ. 19 ܗܝܕܝܢ ܩܪܒܘ ܬܠܡ̈ܝܕܐ.
ܠܘܬ ܝܫܘܥ ܒܠܚܘܕܝܗܘܢ ܘܐܡܪܘ ܠܗ. ܠܡܢܐ ܚܢܢ ܠܐ
ܐܫܟܚܢ ܠܡܐܣܝܘܬܗ. 20 ܐܡܪ ܠܗܘܢ ܝܫܘܥ. ܡܛܠ ܠܐ
ܗܝܡܢܘܬܟܘܢ. ܐܡܝܢ ܓܝܪ ܐܡܪ ܐܢܐ ܠܟܘܢ. ܕܐܢ ܬܗܘܐ
ܠܟܘܢ ܗܝܡܢܘܬܐ ܐܟ ܦܪܕܬܐ ܕܚܪܕܠܐ: ܬܐܡܪܘܢ ܠܛܘܪܐ ܗܢܐ
ܕܫܢܐ ܡܟܐ ܘܢܫܢܐ: ܘܡܕܡ ܠܐ ܢܫܬܥܠܐ ܠܟܘܢ. 21 ܗܢܐ ܕܝܢ

ܓܢܣܐ ܠܐ ܢܦܩ ܐܠܐ ܒܨܘܡܐ ܘܒܨܠܘܬܐ ܀ 22 ܟܕ ܡܬܗܦܟܝܢ
ܕܝܢ ܒܓܠܝܠܐ: ܐܡܪ ܠܗܘܢ ܝܫܘܥ. ܥܬܝܕ ܗܘ ܒܪܗ ܕܐܢܫܐ
ܕܢܫܬܠܡ ܒܐܝܕܝ ܒܢܝܢܫܐ. 23 ܘܢܩܛܠܘܢܗܝ ܘܠܝܘܡܐ
ܕܬܠܬܐ ܢܩܘܡ. ܘܟܪܝܬ ܠܗܘܢ ܛܒ. 24 ܘܟܕ ܐܬܘ
ܠܟܦܪܢܚܘܡ. ܩܪܒܘ ܗܢܘܢ ܕܢܣܒܝܢ ܬܪܝܢ ܙܘܙܝܢ ܕܪܫܐ
ܙܘܙܐ ܠܘܬ ܟܐܦܐ ܘܐܡܪܝܢ ܠܗ. ܪܒܟܘܢ ܠܐ ܝܗܒ ܬܪܝܢ
ܙܘܙܝܢ: 25 ܐܡܪ ܠܗܘܢ ܐܝܢ. ܘܟܕ ܥܠ ܟܐܦܐ ܠܒܝܬܐ:
ܩܕܡܗ ܝܫܘܥ ܘܐܡܪ ܠܗ. ܡܢܐ ܡܬܚܙܐ ܠܟ ܫܡܥܘܢ:
ܡܠܟܐ ܕܐܪܥܐ ܡܢ ܡܢ ܢܣܒܝܢ ܡܟܣܐ ܘܟܣܦ ܪܫܐ. ܡܢ
ܒܢܝܗܘܢ ܐܘ ܡܢ ܢܘܟܪܝܐ. 26 ܐܡܪ ܠܗ ܫܡܥܘܢ. ܡܢ
ܢܘܟܪܝܐ. ܐܡܪ ܠܗ ܝܫܘܥ. ܡܕܝܢ ܒܢܝܐ ܚܐܪܐ ܐܢܘܢ.
27 ܕܠܐ ܕܝܢ ܢܟܫܠ ܐܢܘܢ. ܐܙܠ ܠܝܡܐ ܘܐܪܡܐ ܚܟܬܐ. ܘܢܘܢܐ
ܩܕܡܝܐ ܕܣܠܩ: ܦܬܚ ܦܘܡܗ ܘܬܫܟܚ ܐܣܬܪܐ. ܗܘ
ܣܒ ܘܗܒ ܚܠܦܝ ܘܚܠܦܝܟ ܀

ܩܦܠܐܘܢ ܀ ܝܚ ܀

1 ܒܗܘ ܫܥܬܐ: ܩܪܒܘ ܬܠܡܝܕܐ ܠܘܬ ܝܫܘܥ ܘܐܡܪܝܢ.
ܡܢܘ ܟܝ ܪܒ ܒܡܠܟܘܬܐ ܕܫܡܝܐ. 2 ܘܩܪܐ ܝܫܘܥ ܛܠܝܐ:
ܘܐܩܝܡܗ ܒܡܨܥܬܗܘܢ. 3 ܘܐܡܪ. ܐܡܝܢ ܐܡܪ ܐܢܐ ܠܟܘܢ..
ܕܐܠܐ ܬܬܗܦܟܘܢ ܘܬܗܘܘܢ ܐܝܟ ܛܠܝܐ: ܠܐ ܬܥܠܘܢ ܠܡܠܟܘܬܐ
ܕܫܡܝܐ. 4 ܡܢ ܗܘ ܕܡܟܝܟ ܢܦܫܗ ܐܝܟ ܗܢܐ ܛܠܝܐ:
ܗܘ ܢܗܘܐ ܪܒ ܒܡܠܟܘܬܐ ܕܫܡܝܐ. 5 ܘܡܢ ܕܢܩܒܠ ܐܝܟ
ܛܠܝܐ ܗܢܐ ܒܫܡܝ ܠܝ ܗܘ ܡܩܒܠ: 6 ܘܟܠ ܕܢܟܫܠ
ܠܚܕ ܡܢ ܗܠܝܢ ܙܥܘܪܐ ܕܡܗܝܡܢܝܢ ܒܝ: ܦܩܚ ܗܘܐ ܠܗ
ܕܬܬܠܐ ܪܚܝܐ ܕܚܡܪܐ ܒܨܘܪܗ: ܘܢܬܛܒܥ ܒܥܘܡܩܘܗܝ
ܕܝܡܐ ܀ 7 ܘܝ ܠܥܠܡܐ ܡܢ ܡܟܫܘܠܐ: ܐܢܢܩܐ ܓܝܪ ܕܢܐܬܘܢ
ܡܟܫܘܠܐ. ܘܝ ܕܝܢ ܠܓܒܪܐ ܕܒܐܝܕܗ ܐܬܝܢ ܡܟܫܘܠܐ. 8 ܐܢ
ܕܝܢ ܐܝܕܟ ܐܘ ܪܓܠܟ ܡܟܫܠܐ ܠܟ: ܦܣܘܩܝܗ ܘܫܕܝܗ

ܡܢܟ. ܛܒ ܗܘ ܠܟ ܕܬܥܘܠ ܠܚܝܐ ܟܕ ܚܓܝܣ ܐܝܬܝܟ
ܐܘ ܟܕ ܦܫܝܓ : ܘܠܐ ܟܕ ܐܝܬ ܠܟ ܬܪܬܝܢ ܐܝܕܝܢ ܐܘ ܬܪܬܝܢ
ܪܓܠܝܢ : ܬܦܠ ܒܢܘܪܐ ܕܠܥܠܡ. 9 ܘܐܢ ܗܘ ܕܥܝܢܟ ܡܟܫܠܐ
ܠܟ : ܚܨܝܗ̇ ܘܫܕܝܗ̇ ܡܢܟ. ܛܒ ܗܘ ܠܟ ܕܒܚܕܐ ܥܝܢܐ
ܬܥܘܠ ܠܚܝܐ : ܘܠܐ ܟܕ ܐܝܬ ܠܟ ܬܪܬܝܢ ܥܝܢܝܢ ܬܦܠ
ܒܓܗܢܐ ܕܢܘܪܐ. 10 ܚܙܘ ܠܐ ܬܒܣܪܘܢ ܥܠ ܚܕ ܡܢ ܗܠܝܢ
ܙܥܘܪܐ. ܐܡܪ ܐܢܐ ܠܟܘܢ ܓܝܪ. ܕܡܠܐܟܝܗܘܢ ܒܟܠܙܒܢ
ܚܙܝܢ ܐܦܘܗܝ ܕܐܒܝ ܕܒܫܡܝܐ. 11 ܐܬܐ ܓܝܪ ܒܪܗ ܕܐܢܫܐ :
ܕܢܚܐ ܡܕܡ ܕܐܒܝܕ ܗܘܐ. 12 ܡܢܐ ܡܬܚܙܐ ܠܟܘܢ. ܐܢ
ܢܗܘܘܢ ܠܐܢܫ ܡܐܐ ܥܪܒܝܢ : ܘܢܛܥܐ ܚܕ ܡܢܗܘܢ : ܠܐ
ܫܒܩ ܬܫܥܝܢ ܘܬܫܥܐ ܒܛܘܪܐ : ܘܐܙܠ ܒܥܐ ܠܗܘ ܕܛܥܐ :
13 ܘܐܢ ܢܫܟܚܝܗܝ : ܐܡܝܢ ܐܡܪ ܐܢܐ ܠܟܘܢ. ܕܚܕܐ ܒܗ
ܝܬܝܪ ܡܢ ܬܫܥܝܢ ܘܬܫܥܐ ܕܠܐ ܛܥܘ. 14 ܗܟܢܐ ܠܐ ܐܝܬ ܨܒܝܢܐ
ܩܕܡ ܐܒܘܟܘܢ ܕܒܫܡܝܐ : ܕܢܐܒܕ ܚܕ ܡܢ ܗܠܝܢ ܙܥܘܪܐ ܀
15 ܐܢ ܕܝܢ ܐܣܟܠ ܠܟ ܐܚܘܟ. ܙܠ ܐܟܣܝܗܝ ܒܝܢܝܟ ܘܠܗ
ܠܒܠܚܘܕ. ܐܢ ܫܡܥܟ ܝܬܪܬ ܐܚܘܟ. 16 ܘܐܢ ܠܐ ܫܡܥܟ : ܕܒܪ
ܥܡܟ ܚܕ ܐܘ ܬܪܝܢ. ܕܥܠ ܦܘܡ ܬܪܝܢ ܐܘ ܬܠܬܐ ܣܗܕܝܢ
ܬܩܘܡ ܟܠ ܡܠܐ. 17 ܐܢ ܕܝܢ ܐܦ ܠܐ ܠܗܘܢ ܢܫܡܥ ܐܡܪ
ܠܥܕܬܐ. ܐܢ ܕܝܢ ܐܦ ܠܐ ܠܥܕܬܐ ܢܫܡܥ : ܢܗܘܐ ܠܟ ܐܝܟ
ܡܟܣܐ ܘܐܝܟ ܚܢܦܐ. 18 ܘܐܡܝܢ ܐܡܪ ܐܢܐ ܠܟܘܢ. ܕܟܠ ܡܐ
ܕܬܐܣܪܘܢ ܒܐܪܥܐ : ܢܗܘܐ ܐܣܝܪ ܒܫܡܝܐ. ܘܡܕܡ ܕܬܫܪܘܢ
ܒܐܪܥܐ : ܢܗܘܐ ܫܪܐ ܒܫܡܝܐ. 19 ܬܘܒ ܐܡܪ ܐܢܐ ܠܟܘܢ.
ܕܐܢ ܬܪܝܢ ܡܢܟܘܢ ܢܫܘܘܢ ܒܐܪܥܐ ܥܠ ܟܠ ܨܒܘ ܕܢܫܐܠܘܢ.
ܢܗܘܐ ܠܗܘܢ ܡܢ ܠܘܬ ܐܒܝ ܕܒܫܡܝܐ. 20 ܐܝܟܐ ܓܝܪ ܕܐܝܬܝܢ
ܬܪܝܢ ܐܘ ܬܠܬܐ ܟܢܝܫܝܢ ܒܫܡܝ : ܬܡܢ ܐܢܐ ܒܡܨܥܬܗܘܢ.
21 ܗܝܕܝܢ ܩܪܒ ܠܘܬܗ ܟܐܦܐ ܘܐܡܪ ܠܗ. ܡܪܝ : ܟܡܐ
ܙܒܢܝܢ ܐܢ ܢܣܟܠ ܒܝ ܐܚܝ ܐܫܒܘܩ ܠܗ. ܥܕܡܐ ܠܫܒܥ
ܙܒܢܝܢ : 22 ܐܡܪ ܠܗ ܝܫܘܥ ܠܐ ܐܡܪ ܐܢܐ ܠܟ ܥܕܡܐ

ܠܫܒܥ. ܐܠܐ ܥܕܡܐ ܠܫܒܥܝܢ ܙܒܢܝܢ ܫܒܥ ܫܒܥ ✣
23 ܡܛܠ ܗܢܐ ܐܬܕܡܝܬ ܡܠܟܘܬܐ ܕܫܡܝܐ: ܠܓܒܪܐ ܡܠܟܐ
ܕܨܒܐ ܕܢܣܒ ܚܘܫܒܢܐ ܡܢ ܥܒܕܘܗܝ. 24 ܘܟܕ ܫܪܝ
ܠܡܣܒ: ܩܪܒܘ ܠܗ ܚܕ ܕܚܝܒ ܗܘܐ ܪܒܘ ܟܟܪܝܢ. 25 ܘܟܕ
ܠܝܬ ܗܘܐ ܠܗ ܠܡܦܪܥ: ܦܩܕ ܡܪܗ ܕܢܙܕܒܢ ܗܘ
ܘܐܢܬܬܗ ܘܒܢܘܗܝ: ܘܟܠ ܡܕܡ ܕܐܝܬ ܠܗ ܘܢܦܪܘܥ.
26 ܘܢܦܠ ܗܘ ܥܒܕܐ ܣܓܕ ܠܗ ܘܐܡܪ. ܡܪܝ: ܐܓܪܓ
ܥܠܝ ܪܘܚܐ: ܘܟܠ ܡܕܡ ܦܪܥ ܐܢܐ ܠܟ. 27 ܘܐܬܪܚܡ ܡܪܗ
ܕܥܒܕܐ ܗܘ ܘܫܪܝܗܝ ܘܚܘܒܬܗ ܫܒܩ ܠܗ. 28 ܢܦܩ
ܕܝܢ ܥܒܕܐ ܗܘ: ܘܐܫܟܚ ܠܚܕ ܡܢ ܟܢܘܬܗ ܕܚܝܒ ܗܘܐ
ܠܗ ܕܝܢܪܐ ܡܐܐ: ܘܐܚܕܗ ܘܚܢܩ ܗܘܐ ܠܗ ܘܐܡܪ ܠܗ.
ܗܒ ܠܝ ܡܕܡ ܕܚܝܒ ܐܢܬ ܠܝ. 29 ܘܢܦܠ ܗܘ ܟܢܬܗ
ܥܠ ܪܓܠܘܗܝ ܒܥܐ ܡܢܗ ܘܐܡܪ. ܐܓܪܓ ܥܠܝ ܪܘܚܐ
ܘܟܠ ܡܕܡ ܦܪܥ ܐܢܐ ܠܟ. 30 ܗܘ ܕܝܢ ܠܐ ܨܒܐ. ܐܠܐ ܐܙܠ
ܐܪܡܝܗ ܒܝܬ ܐܣܝܪܐ: ܥܕܡܐ ܕܢܬܠ ܠܗ ܡܐ ܕܚܝܒ ܠܗ.
31 ܟܕ ܚܙܘ ܕܝܢ ܟܢܘܬܗ ܡܕܡ ܕܗܘܐ: ܟܪܝܬ ܠܗܘܢ ܛܒ.
ܘܐܬܘ ܐܘܕܥܘ ܠܡܪܗܘܢ ܟܠ ܡܐ ܕܗܘܐ. 32 ܗܝܕܝܢ ܩܪܝܗܝ
ܡܪܗ ܘܐܡܪ ܠܗ: ܥܒܕܐ ܒܝܫܐ: ܗܘܝ ܟܠܗ ܚܘܒܬܐ
ܫܒܩܬ ܠܟ ܕܒܥܝܬ ܡܢܝ: 33 ܠܐ ܘܠܐ ܗܘܐ ܠܟ ܕܬܪܚܡ
ܠܟܢܬܟ. ܐܝܟܢܐ ܕܐܢܐ ܪܚܡܬܟ: 34 ܘܪܓܙ ܡܪܗ ܘܐܫܠܡܗ
ܠܡܫܢܩܢܐ: ܥܕܡܐ ܕܢܦܪܘܥ ܟܠ ܡܕܡ ܕܚܝܒ ܠܗ.
35 ܗܟܢܐ ܢܥܒܕ ܠܟܘܢ ܐܦ ܐܒܝ ܕܒܫܡܝܐ: ܐܢ ܠܐ ܬܫܒܩܘܢ
ܐܢܫ ܠܐܚܘܗܝ ܡܢ ܠܒܟܘܢ ܣܟܠܘܬܗ ✣

ܩܦܠܐܘܢ ✣ ܝܛ ✣

1 ܘܗܘܐ ܕܟܕ ܫܠܡ ܝܫܘܥ ܡܠܐ ܗܠܝܢ: ܫܢܝ ܡܢ
ܓܠܝܠܐ: ܘܐܬܐ ܠܬܚܘܡܐ ܕܝܗܘܕ ܠܥܒܪܐ ܕܝܘܪܕܢܢ. 2 ܘܐܙܠܘ
ܒܬܪܗ ܟܢܫܐ ܣܓܝܐܐ: ܘܐܣܝ ܐܢܘܢ ܬܡܢ. 3 ܘܩܪܒܘ

ܠܘܬܗ ܦܪ̈ܝܫܐ ܘܡܢܣܝܢ ܗܘܘ ܠܗ ܘܐܡܪܝܢ. ܐܢ ܫܠܝܛ
ܠܓܒܪܐ ܕܢܫܪܐ ܐܢܬܬܗ ܒܟܠ ܥܠܐ. 4 ܗܘ ܕܝܢ ܥܢܐ ܘܐܡܪ
ܠܗܘܢ. ܠܐ ܩܪܝܬܘܢ ܕܗܘ ܕܥܒܕ ܡܢ ܒܪܫܝܬ: ܕܟܪܐ
ܘܢܩܒܬܐ ܥܒܕ ܐܢܘܢ: 5 ܘܐܡܪ ܡܛܠ ܗܢܐ ܢܫܒܘܩ ܓܒܪܐ
ܠܐܒܘܗܝ ܘܠܐܡܗ ܘܢܩܦ ܠܐܢܬܬܗ. ܘܢܗܘܘܢ ܬܪܝܗܘܢ ܚܕ
ܒܣܪ. 6 ܡܕܝܢ ܠܐ ܗܘܘ ܬܪܝܢ ܐܠܐ ܚܕ ܦܓܪ. ܡܕܡ ܗܟܝܠ
ܕܐܠܗܐ ܙܘܓ: ܒܪܢܫܐ ܠܐ ܢܦܪܫ. 7 ܐܡܪܝܢ ܠܗ. ܠܡܢܐ
ܗܟܝܠ ܡܘܫܐ ܦܩܕ: ܕܢܬܠ ܟܬܒܐ ܕܫܘܒܩܢܐ ܘܢܫܪܝܗ.
8 ܐܡܪ ܠܗܘܢ. ܡܘܫܐ ܠܘܩܒܠ ܩܫܝܘܬ ܠܒܟܘܢ ܐܦܤ
ܠܟܘܢ ܕܬܫܪܘܢ ܢܫܝܟܘܢ. ܡܢ ܒܪܫܝܬ ܕܝܢ ܠܐ ܗܘܬ ܗܟܢܐ.
9 ܐܡܪ ܐܢܐ ܠܟܘܢ ܕܝܢ. ܕܡܢ ܕܫܒܩ ܐܢܬܬܗ ܕܠܐ ܒܙܢܝܘܬܐ
ܘܢܣܒ ܐܚܪܬܐ ܓܐܪ. ܘܡܢ ܕܢܣܒ ܫܒܝܩܬܐ ܓܐܪ. 10 ܐܡܪܝܢ
ܠܗ ܬܠܡܝܕܘܗܝ. ܐܢ ܗܟܢܐ ܐܝܬ ܥܕܠܬܐ ܒܝܬ ܓܒܪܐ
ܠܐܢܬܬܐ: ܠܐ ܦܩܚ ܠܡܣܒ ܐܢܬܬܐ. 11 ܗܘ ܕܝܢ ܐܡܪ ܠܗܘܢ.
ܠܐ ܟܠܢܫ ܣܦܩ ܠܗ ܠܡܠܬܐ ܗܕܐ. ܐܠܐ ܡܢ ܕܝܗܝܒ ܠܗ.
12 ܐܝܬ ܓܝܪ ܡܗܝܡܢܐ ܕܡܢ ܟܪܣܐ ܕܐܡܗܘܢ ܐܬܝܠܕܘ ܗܟܢܐ.
ܘܐܝܬ ܡܗܝܡܢܐ. ܕܡܢ ܒܢܝܢܫܐ ܗܘܘ ܡܗܝܡܢܐ.
ܘܐܝܬ ܡܗܝܡܢܐ: ܕܗܢܘܢ ܥܒܕܘ ܢܦܫܗܘܢ ܡܗܝܡܢܐ ܡܛܠ
ܡܠܟܘܬܐ ܕܫܡܝܐ. ܡܢ ܕܡܫܟܚ ܕܢܣܦܩ ܢܣܦܩ.
13 ܗܝܕܝܢ ܩܪܒܘ ܠܗ ܛܠܝܐ ܕܢܣܝܡ ܐܝܕܗ ܥܠܝܗܘܢ
ܘܢܨܠܐ: ܘܟܐܐ ܒܗܘܢ ܬܠܡܝܕܘܗܝ. 14 ܗܘ ܕܝܢ ܝܫܘܥ ܐܡܪ
ܠܗܘܢ. ܫܒܘܩܘ ܛܠܝܐ ܢܐܬܘܢ ܠܘܬܝ ܘܠܐ ܬܟܠܘܢ ܐܢܘܢ.
ܕܕܐܝܠܝܢ ܕܐܟܘܬ ܗܠܝܢ ܐܝܬܝܗ ܡܠܟܘܬܐ ܕܫܡܝܐ.
15 ܘܣܡ ܐܝܕܗ ܥܠܝܗܘܢ ܘܐܙܠ ܡܢ ܬܡܢ. 16 ܘܐܬܐ ܚܕ
ܩܪܒ ܘܐܡܪ ܠܗ. ܡܠܦܢܐ ܛܒܐ: ܡܢܐ ܕܛܒ ܐܥܒܕ
ܕܢܗܘܘܢ ܠܝ ܚܝܐ ܕܠܥܠܡ. 17 ܗܘ ܕܝܢ ܐܡܪ ܠܗ. ܡܢܐ ܩܪܐ
ܐܢܬ ܠܝ ܛܒܐ: ܠܝܬ ܛܒܐ ܐܠܐ ܐܢ ܚܕ ܐܠܗܐ. ܐܢ ܕܝܢ ܨܒܐ
ܐܢܬ ܕܬܥܘܠ ܠܚܝܐ. ܛܪ ܦܘܩܕܢܐ. 18 ܐܡܪ ܠܗ ܐܝܠܝܢ. ܗܘ

ܕܝܢ ܝܫܘܥ ܐܡܪ ܠܗ. ܕܠܐ ܬܩܛܘܠ. ܘܠܐ ܬܓܘܪ. ܘܠܐ ܬܓܢܘܒ.
ܘܠܐ ܬܣܗܕ ܣܗܕܘܬܐ ܕܫܘܩܪܐ. 19 ܘܝܩܪ ܠܐܒܘܟ ܘܠܐܡܟ. ܘܐܚܒ
ܠܩܪܝܒܟ ܐܝܟ ܢܦܫܟ. 20 ܐܡܪ ܠܗ ܗܘ ܥܠܝܡܐ. ܗܠܝܢ
ܟܠܗܝܢ ܢܛܪܬ ܐܢܝܢ ܡܢ ܛܠܝܘܬܝ. ܡܢܐ ܚܣܝܪ ܐܢܐ. 21 ܐܡܪ
ܠܗ ܝܫܘܥ. ܐܢ ܨܒܐ ܐܢܬ ܕܬܗܘܐ ܓܡܝܪܐ: ܙܠ ܙܒܢ
ܩܢܝܢܟ ܘܗܒ ܠܡܣܟܢܐ. ܘܬܗܘܐ ܠܟ ܣܝܡܬܐ ܒܫܡܝܐ.
ܘܬܐ ܒܬܪܝ. 22 ܫܡܥ ܕܝܢ ܗܘ ܥܠܝܡܐ ܡܠܬܐ ܗܕܐ: ܘܐܙܠ
ܟܕ ܟܪܝܐ ܠܗ. ܐܝܬ ܗܘܐ ܠܗ ܓܝܪ ܢܟܣܐ ܣܓܝܐܐ:
23 ܝܫܘܥ ܕܝܢ ܐܡܪ ܠܬܠܡܝܕܘܗܝ. ܐܡܝܢ ܐܡܪ ܐܢܐ ܠܟܘܢ.
ܕܥܛܠܐ ܗܘ ܠܥܬܝܪܐ ܕܢܥܘܠ ܠܡܠܟܘܬܐ ܕܫܡܝܐ. 24 ܘܬܘܒ
ܕܝܢ ܐܡܪ ܐܢܐ ܠܟܘܢ. ܕܦܫܝܩ ܗܘ ܠܓܡܠܐ ܠܡܥܠ
ܒܚܪܘܪܐ ܕܡܚܛܐ: ܐܘ ܥܬܝܪܐ ܕܢܥܘܠ ܠܡܠܟܘܬܐ ܕܐܠܗܐ.
25 ܬܠܡܝܕܐ ܕܝܢ ܟܕ ܫܡܥܘ: ܬܡܝܗܝܢ ܗܘܘ ܛܒ ܘܐܡܪܝܢ.
ܡܢܘ ܟܝ ܡܫܟܚ ܕܢܚܐ. 26 ܚܪ ܒܗܘܢ ܝܫܘܥ ܘܐܡܪ
ܠܗܘܢ. ܠܘܬ ܒܢܝܢܫܐ ܗܕܐ ܠܐ ܡܫܟܚܐ. ܠܘܬ ܐܠܗܐ ܕܝܢ
ܟܠܡܕܡ ܡܫܟܚܐ ✥ 27 ܗܝܕܝܢ ܥܢܐ ܟܐܦܐ ܘܐܡܪ ܠܗ.
ܗܐ ܚܢܢ ܫܒܩܢ ܟܠܡܕܡ ܘܐܬܝܢ ܒܬܪܟ. ܡܢܐ ܟܝ ܢܗܘܐ
ܠܢ. 28 ܐܡܪ ܠܗܘܢ ܝܫܘܥ. ܐܡܝܢ ܐܡܪ ܐܢܐ ܠܟܘܢ. ܕܐܢܬܘܢ
ܕܐܬܝܬܘܢ ܒܬܪܝ: ܒܥܠܡܐ ܚܕܬܐ ܡܐ ܕܝܬܒ ܒܪܗ ܕܐܢܫܐ
ܥܠ ܟܘܪܣܝܐ ܕܫܘܒܚܗ: ܬܬܒܘܢ ܐܦ ܐܢܬܘܢ ܥܠ ܬܪܥܣܪ
ܟܘܪܣܘܢ: ܘܬܕܘܢܘܢ ܬܪܥܣܪ ܫܒܛܐ ܕܐܝܣܪܝܠ. 29 ܘܟܠ
ܐܢܫ ܕܫܒܩ ܒܬܐ. ܐܘ ܐܚܐ ܐܘ ܐܚܘܬܐ. ܐܘ ܐܒܐ ܐܘ ܐܡܐ.
ܐܘ ܐܢܬܬܐ ܐܘ ܒܢܝܐ: ܐܘ ܩܘܪܝܐ ܡܛܠ ܫܡܝ: ܚܕ ܒܡܐܐ
ܢܩܒܠ: ܘܚܝܐ ܕܠܥܠܡ ܢܐܪܬ. 30 ܣܓܝܐܐ ܕܝܢ ܩܕܡܝܐ
ܕܢܗܘܘܢ ܐܚܪܝܐ ܘܐܚܪܝܐ ܩܕܡܝܐ ✥

ܩܦܠܐܘܢ ܀ ܟ ܀

1 ܕܡܝܐ ܓܝܪ ܡܠܟܘܬܐ ܕܫܡܝܐ: ܠܓܒܪܐ ܡܪܐ ܒܝܬܐ
ܕܢܦܩ ܒܨܦܪܐ ܕܢܐܓܘܪ ܦܥܠܐ ܠܟܪܡܗ. 2 ܩܨ ܕܝܢ ܥܡ
ܦܥܠܐ ܡܢ ܕܝܢܪܐ ܒܝܘܡܐ . ܘܫܕܪ ܐܢܘܢ ܠܟܪܡܗ. 3 ܘܢܦܩ
ܒܬܠܬ ܫܥܝܢ: ܘܚܙܐ ܐܚܪ̈ܢܐ ܕܩܝܡܝܢ ܒܫܘܩܐ ܘܒܛܝܠܝܢ.
4 ܘܐܡܪ ܠܗܘܢ ܐܙܠܘ ܐܦ ܐܢܬܘܢ ܠܟܪܡܐ ܘܡܕܡ ܕܘܐܠ ܝܗܒ
ܐܢܐ ܠܟܘܢ. 5 ܗܢܘܢ ܕܝܢ ܐܙܠܘ. ܘܢܦܩ ܬܘܒ ܒܫܬ ܘܒܬܫܥ
ܫܥܝܢ: ܘܥܒܕ ܗܟܘܬ: 6 ܘܠܐܦܝ ܚܕܥܣܪܐ ܫܥܝܢ. ܢܦܩ
ܘܐܫܟܚ ܐܚܪ̈ܢܐ ܕܩܝܡܝܢ ܘܒܛܝܠܝܢ. ܘܐܡܪ ܠܗܘܢ ܡܢܐ
ܩܝܡܝܢ ܐܢܬܘܢ ܝܘܡܐ ܟܠܗ ܘܒܛܝܠܝܢ. 7 ܐܡܪܝܢ ܠܗ ܕܠܐ ܐܢܫ
ܐܓܪܢ. ܐܡܪ ܠܗܘܢ. ܐܙܠܘ ܐܦ ܐܢܬܘܢ ܠܟܪܡܐ: ܘܡܕܡ
ܕܘܐܠ ܢܣܒܝܢ ܐܢܬܘܢ. 8 ܟܕ ܗܘܐ ܕܝܢ ܪܡܫܐ. ܐܡܪ ܡܪܐ ܟܪܡܐ
ܠܪܒܝܬܗ. ܩܪܝ ܠܦܥܠܐ ܘܗܒ ܠܗܘܢ ܐܓܪܗܘܢ. ܘܫܪܐ
ܡܢ ܐܚܪ̈ܝܐ ܘܥܕܡܐ ܠܩܕܡܝ̈ܐ. 9 ܘܐܬܘ ܗܢܘܢ ܕܚܕܥܣܪܐ
ܫܥܝܢ: ܢܣܒܘ ܕܝܢܪ ܕܝܢܪ. 10 ܘܟܕ ܐܬܘ ܩܕܡܝ̈ܐ: ܣܒܪܘ
ܕܝܬܝܪ ܢܣܒܝܢ. ܘܢܣܒܘ ܕܝܢܪ ܕܝܢܪ ܐܦ ܗܢܘܢ. 11 ܘܟܕ
ܢܣܒܘ: ܪܛܢܘ ܥܠ ܡܪܐ ܒܝܬܐ. 12 ܘܐܡܪܝܢ ܗܠܝܢ ܐܚܪ̈ܝܐ
ܚܕܐ ܫܥܐ ܥܒܕܘ: ܘܐܫܘܝܬ ܐܢܘܢ ܥܡܢ ܕܫܩܠܢ ܝܘܩܪܗ
ܕܝܘܡܐ ܘܚܘܡܗ: 13 ܗܘ ܕܝܢ ܥܢܐ ܘܐܡܪ ܠܚܕ ܡܢܗܘܢ.
ܚܒܪܝ ܠܐ ܡܥܘܠ ܐܢܐ ܠܟ. ܠܐ ܗܘܐ ܒܕܝܢܪ ܩܨܬ ܥܡܝ:
14 ܫܩܘܠ ܕܝܠܟ ܘܙܠ. ܨܒܐ ܐܢܐ ܕܝܢ ܕܠܗܢܐ ܐܚܪܝܐ ܐܬܠ ܐܝܟ
ܕܠܟ. 15 ܐܘ ܠܐ ܫܠܝܛ ܠܝ ܕܡܕܡ ܕܨܒܐ ܐܢܐ ܐܥܒܕ ܒܕܝܠܝ.
ܐܘ ܥܝܢܟ ܒܝܫܐ ܕܐܢܐ ܛܒ ܐܢܐ. 16 ܗܟܢܐ ܢܗܘܘܢ ܐܚܪ̈ܝܐ
ܩܕܡܝ̈ܐ: ܘܩܕܡܝ̈ܐ ܐܚܪ̈ܝܐ. ܣܓܝܐܝܢ ܐܢܘܢ ܩܪ̈ܝܐ. ܘܙܥܘܪܝܢ
ܓܒ̈ܝܐ ܀ 17 ܥܬܝܕ ܗܘܐ ܕܝܢ ܝܫܘܥ ܠܡܣܩ ܠܐܘܪܫܠܡ. ܘܕܒܪ
ܠܬܪܥܣܪܬܗܘܢ ܬܠܡܝܕܘܗܝ ܒܠܚܘܕܝܗܘܢ ܒܐܘܪܚܐ ܘܐܡܪ
ܠܗܘܢ. 18 ܗܐ ܣܠܩܝܢ ܚܢܢ ܠܐܘܪܫܠܡ. ܘܒܪܗ ܕܐܢܫܐ
ܡܫܬܠܡ ܠܪ̈ܒܝ ܟܗܢܐ ܘܠܣܦܪ̈ܐ: ܘܢܚܝܒܘܢܝܗܝ ܠܡܘܬܐ.

19 ܘܢܫܠܡܘܢܝܗܝ ܠܥܡ̈ܡܐ ܘܢܒܙܚܘܢ ܒܗ.
ܘܢܢܓܕܘܢܝܗܝ ܘܢܙܩܦܘܢܝܗܝ. ܘܠܝܘܡܐ ܕܬܠܬܐ ܢܩܘܡ ܀
20 ܗܝܕܝܢ ܩܪܒܬ ܠܘܬܗ ܐܡܗܘܢ ܕܒܢ̈ܝ ܙܒܕܝ ܗܝ ܘܒܢ̈ܝܗ
ܘܣܓܕܐ ܠܗ ܘܫܐܠܐ ܗܘܬ ܠܗ ܡܕܡ. 21 ܗܘ ܕܝܢ ܐܡܪ
ܠܗ. ܡܢܐ ܨܒܝܐ ܐܢܬܝ. ܐܡܪܐ ܠܗ. ܐܡܪ ܕܢܬܒܘܢ ܗܠܝܢ
ܬܪܝܢ ܒܢܝ: ܚܕ ܡܢ ܝܡܝܢܟ ܘܚܕ ܡܢ ܣܡܠܟ ܒܡܠܟܘܬܟ.
22 ܥܢܐ ܝܫܘܥ ܘܐܡܪ. ܠܐ ܝܕܥܝܢ ܐܢܬܘܢ ܡܢܐ ܫܐܠܝܢ ܐܢܬܘܢ.
ܡܫܟܚܝܢ ܐܢܬܘܢ ܠܡܫܬܐ ܟܣܐ ܕܐܢܐ ܥܬܝܕ ܐܢܐ ܠܡܫܬܐ:
ܐܘ ܡܥܡܘܕܝܬܐ ܕܐܢܐ ܥܡܕ ܐܢܐ ܬܥܡܕܘܢ: ܐܡܪܝܢ ܠܗ
ܡܫܟܚܝܢܢ. 23 ܐܡܪ ܠܗܘܢ: ܟܣܝ ܬܫܬܘܢ. ܘܡܥܡܘܕܝܬܐ
ܕܐܢܐ ܥܡܕ ܐܢܐ ܬܥܡܕܘܢ. ܕܬܬܒܘܢ ܕܝܢ ܡܢ ܝܡܝܢܝ ܘܡܢ
ܣܡܠܝ: ܠܐ ܗܘܬ ܕܝܠܝ ܕܐܬܠ: ܐܠܐ ܠܐܝܠܝܢ ܕܡܛܝܒܐ ܡܢ
ܐܒܝ: 24 ܟܕ ܕܝܢ ܫܡܥܘ ܥܣܪܐ: ܐܬܥܣܩܘ ܥܠ ܗܢܘܢ ܬܪܝܢ
ܐܚ̈ܐ. 25 ܘܩܪܐ ܐܢܘܢ ܝܫܘܥ ܘܐܡܪ ܠܗܘܢ. ܝܕܥܝܢ ܐܢܬܘܢ
ܕܪ̈ܫܢܐ ܕܥܡ̈ܡܐ ܡܪ̈ܝܗܘܢ ܐܢܘܢ. ܘܪ̈ܘܪܒܢܝܗܘܢ ܫܠܝܛܝܢ
ܥܠܝܗܘܢ. 26 ܠܐ ܕܝܢ ܗܟܢܐ ܢܗܘܐ ܒܝܢܬܟܘܢ. ܐܠܐ ܡܢ
ܕܨܒܐ ܒܟܘܢ: ܕܢܗܘܐ ܪܒܐ: ܢܗܘܐ ܠܟܘܢ ܡܫܡܫܢܐ.
27 ܘܡܢ ܕܨܒܐ ܒܟܘܢ ܕܢܗܘܐ ܩܕܡܝܐ. ܢܗܘܐ ܠܟܘܢ ܥܒܕܐ.
28 ܐܝܟܢܐ ܕܒܪܗ ܕܐܢܫܐ. ܠܐ ܐܬܐ ܕܢܫܬܡܫ ܐܠܐ ܕܢܫܡܫ.
ܘܕܢܬܠ ܢܦܫܗ ܦܘܪܩܢܐ ܚܠܦ ܣܓܝܐܐ ܀ 29 ܘܟܕ ܢܦܩ
ܝܫܘܥ ܡܢ ܐܝܪܝܚܘ: ܐܙܠܝܢ ܗܘܘ ܒܬܪܗ ܟܢܫܐ ܣܓܝܐܐ.
30 ܘܗܐ ܣܡܝ̈ܐ ܬܪܝܢ ܝܬܒܝܢ ܗܘܘ ܥܠ ܝܕ ܐܘܪܚܐ: ܘܟܕ
ܫܡܥܘ ܕܝܫܘܥ ܥܒܪ: ܩܥܘ ܘܐܡܪܝܢ. ܐܬܪܚܡ ܥܠܝܢ
ܡܪܢ ܒܪܗ ܕܕܘܝܕ. 31 ܟܢܫܐ ܕܝܢ ܟܐܐ ܗܘܐ ܒܗܘܢ ܕܢܫܬܩܘܢ.
ܗܢܘܢ ܝܬܝܪܐܝܬ ܐܪܝܡܘ ܩܠܗܘܢ ܘܐܡܪܝܢ. ܡܪܢ ܐܬܪܚܡ
ܥܠܝܢ ܒܪܗ ܕܕܘܝܕ: 32 ܘܩܡ ܝܫܘܥ ܘܩܪܐ ܐܢܘܢ. ܘܐܡܪ.
ܡܢܐ ܨܒܝܢ ܐܢܬܘܢ ܐܥܒܕ ܠܟܘܢ. 33 ܐܡܪܝܢ ܠܗ. ܡܪܢ.
ܕܢܬܦܬܚܢ ܥܝ̈ܢܝܢ. 34 ܘܐܬܪܚܡ ܥܠܝܗܘܢ ܘܩܪܒ

ܠܥܝܢܝܗܘܢ. ܘܡܚܕܐ ܐܬܦܬܚ ܥܝܢܝܗܘܢ. ܘܐܙܠܘ
ܒܬܪܗ ܀

ܡܬܝ ܀ ܟܐ ܀

1 ܘܟܕ ܩܪܒ ܠܐܘܪܫܠܡ: ܘܐܬܐ ܠܒܝܬ ܦܐܓܐ. ܠܣܛܪ
ܛܘܪܐ ܕܙܝܬܐ: ܫܕܪ ܝܫܘܥ ܬܪܝܢ ܡܢ ܬܠܡܝܕܘܗܝ. 2 ܘܐܡܪ
ܠܗܘܢ. ܙܠܘ ܠܩܪܝܬܐ ܗܕܐ ܕܠܘܩܒܠܟܘܢ. ܘܡܚܕܐ
ܡܫܟܚܝܢ ܐܢܬܘܢ ܚܡܪܐ ܕܐܣܝܪܐ ܘܥܝܠܐ ܥܡܗ. ܫܪܘ ܐܝܬܘ
ܠܝ. 3 ܘܐܢ ܐܢܫ ܢܐܡܪ ܠܟܘܢ ܡܕܡ: ܐܡܪܘ ܠܗ ܕܠܡܪܢ
ܡܬܒܥܝܢ. ܘܡܚܕܐ ܡܫܕܪ ܠܗܘܢ ܠܟܐ. 4 ܗܕܐ ܕܝܢ ܟܠܗ
ܕܗܘܬ: ܕܢܬܡܠܐ ܡܕܡ ܕܐܬܐܡܪ ܒܝܕ ܢܒܝܐ ܕܐܡܪ: 5 ܐܡܪܘ
ܠܒܪܬ ܨܗܝܘܢ ܗܐ ܡܠܟܟܝ ܐܬܐ ܠܟܝ. ܡܟܝܟ ܘܪܟܝܒ
ܥܠ ܚܡܪܐ ܘܥܠ ܥܝܠܐ ܒܪ ܐܬܢܐ. 6 ܘܐܙܠܘ ܬܠܡܝܕܐ: ܘܥܒܕܘ
ܐܝܟܢܐ ܕܦܩܕ ܠܗܘܢ ܝܫܘܥ. 7 ܘܐܝܬܝܘ ܠܚܡܪܐ ܘܠܥܝܠܐ.
ܘܣܡܘ ܥܠ ܥܝܠܐ ܢܚܬܝܗܘܢ: ܘܪܟܒ ܥܠܘܗܝ ܝܫܘܥ.
8 ܘܣܘܓܐܐ ܕܟܢܫܐ ܡܫܘܝܢ ܗܘܘ ܠܒܘܫܝܗܘܢ ܒܐܘܪܚܐ.
ܐܚܪ̈ܢܐ ܕܝܢ ܦܣܩܝܢ ܗܘܘ ܣܘܟܐ ܡܢ ܐܝܠܢܐ ܘܪܡܝܢ ܒܐܘܪܚܐ.
9 ܟܢܫܐ ܕܝܢ ܐܝܠܝܢ ܕܐܙܠܝܢ ܗܘܘ ܩܕܡܘܗܝ ܘܐܬܝܢ ܒܬܪܗ:
ܩܥܝܢ ܗܘܘ ܘܐܡܪܝܢ. ܐܘܫܥܢܐ ܠܒܪܗ ܕܕܘܝܕ. ܒܪܝܟ ܗܘ
ܕܐܬܐ ܒܫܡܗ ܕܡܪܝܐ. ܐܘܫܥܢܐ ܒܡܪܘܡܐ. 10 ܘܟܕ ܥܠ
ܠܐܘܪܫܠܡ: ܐܬܬܙܝܥܬ ܟܠܗ ܡܕܝܢܬܐ. ܘܐܡܪܝܢ ܗܘܘ ܡܢܘ
ܗܢܐ: 11 ܟܢܫܐ ܕܝܢ ܐܡܪܝܢ ܗܘܘ: ܗܢܘ ܝܫܘܥ ܢܒܝܐ ܕܡܢ
ܢܨܪܬ ܕܓܠܝܠܐ. 12 ܘܥܠ ܝܫܘܥ ܠܗܝܟܠܐ ܕܐܠܗܐ: ܘܐܦܩ
ܠܟܠܗܘܢ ܐܝܠܝܢ ܕܙܒܢܝܢ ܘܡܙܒܢܝܢ ܒܗܝܟܠܐ. ܘܗܦܟ
ܦܬܘܪܐ ܕܡܥܪܦܢܐ. ܘܟܘܪܣܘܬܐ ܕܗܢܘܢ ܕܡܙܒܢܝܢ ܝܘܢܐ.
13 ܘܐܡܪ ܠܗܘܢ. ܟܬܝܒ ܗܘ ܕܒܝܬܝ ܒܝܬ ܨܠܘܬܐ ܢܬܩܪܐ.
ܐܢܬܘܢ ܕܝܢ ܥܒܕܬܘܢܝܗܝ ܡܥܪܬܐ ܕܠܣܛܝܐ. 14 ܘܩܪܒܘ ܠܗ
ܒܗܝܟܠܐ ܣܡܝܐ ܘܚܓܝܣܐ ܘܐܣܝ ܐܢܘܢ. 15 ܟܕ ܚܙܘ ܕܝܢ ܪܒܝ
ܟܗܢܐ ܘܣܦܪܐ ܬܕܡܪܬܐ ܕܥܒܕ: ܘܛܠܝܐ ܕܩܥܝܢ ܒܗܝܟܠܐ

ܘܐܡܪܝܢ: ܐܘܫܥܢܐ ܠܒܪܗ ܕܕܘܝܕ: ܐܬܒܐܫ ܠܗܘܢ. 16 ܘܐܡܪܝܢ
ܠܗ. ܫܡܥ ܐܢܬ ܡܢܐ ܐܡܪܝܢ ܗܠܝܢ: ܐܡܪ ܠܗܘܢ ܝܫܘܥ
ܐܝܢ. ܡܡܬܘܡ ܠܐ ܩܪܝܬܘܢ: ܕܡܢ ܦܘܡܐ ܕܛܠܝ̈ܐ ܘܕܝܢܩ̈ܐ
ܬܩܢܬ ܬܫܒܘܚܬܐ ܀ 17 ܘܫܒܩ ܐܢܘܢ: ܘܢܦܩ ܠܗ ܠܒܪ
ܡܢ ܡܕܝܢܬܐ ܠܒܝܬ ܥܢܝܐ ܘܒܬ ܬܡܢ. 18 ܒܨܦܪܐ ܕܝܢ ܟܕ
ܗܦܟ ܠܡܕܝܢܬܐ ܟܦܢ. 19 ܘܚܙܐ ܬܐܢܬܐ ܚܕܐ ܥܠ ܐܘܪܚܐ. ܘܐܬܐ
ܠܘܬܗ ܘܠܐ ܐܫܟܚ ܒܗ ܡܕܡ. ܐܠܐ ܐܢ ܛܪ̈ܦܐ ܒܠܚܘܕ.
ܘܐܡܪ ܠܗ. ܠܐ ܢܗܘܐ ܒܟ ܬܘܒ ܦܐܪܐ ܠܥܠܡ. ܘܡܚܕܐ
ܝܒܫܬ ܬܐܢܬܐ ܗܝ. 20 ܘܚܙܘ ܬܠܡܝ̈ܕܐ ܘܐܬܕܡܪܘ ܘܐܡܪܝܢ: ܐܝܟ
ܢܐ ܡܚܕܐ ܝܒܫܬ ܬܐܢܬܐ. 21 ܥܢܐ ܝܫܘܥ ܘܐܡܪ ܠܗܘܢ.
ܐܡܝܢ ܐܡܪ ܐܢܐ ܠܟܘܢ: ܕܐܢ ܬܗܘܐ ܠܟܘܢ ܗܝܡܢܘܬܐ ܘܠܐ
ܬܬܦܠܓܘܢ. ܠܐ ܒܠܚܘܕ ܗܕܐ ܕܬܐܢܬܐ ܬܥܒܕܘܢ. ܐܠܐ ܐܦ ܠܛܘܪܐ
ܗܢܐ ܬܐܡܪܘܢ: ܕܐܫܬܩܠ ܘܦܠ ܒܝܡܐ ܢܗܘܐ. 22 ܘܟܠ ܡܕܡ
ܕܬܫܐܠܘܢ ܒܨܠܘܬܐ ܘܬܗܝܡܢܘܢ ܬܣܒܘܢ ܀ 23 ܘܟܕ ܐܬܐ ܝܫܘܥ
ܠܗܝܟܠܐ: ܩܪܒܘ ܠܗ ܪ̈ܒܝ ܟܗܢܐ ܘܩܫܝܫ̈ܐ ܕܥܡܐ ܟܕ
ܡܠܦ ܘܐܡܪܝܢ ܠܗ. ܒܐܝܢܐ ܫܘܠܛܢܐ ܗܠܝܢ ܥܒܕ ܐܢܬ.
ܘܡܢܘ ܝܗܒ ܠܟ ܫܘܠܛܢܐ ܗܢܐ. 24 ܥܢܐ ܝܫܘܥ ܘܐܡܪ
ܠܗܘܢ. ܐܫܐܠܟܘܢ ܐܦ ܐܢܐ ܡܠܬܐ ܚܕܐ. ܘܐܢ ܬܐܡܪܘܢ ܠܝ
ܐܦ ܐܢܐ ܐܡܪ ܐܢܐ ܠܟܘܢ ܒܐܝܢܐ ܫܘܠܛܢܐ ܗܠܝܢ ܥܒܕ ܐܢܐ.
25 ܡܥܡܘܕܝܬܗ ܕܝܘܚܢܢ ܡܢ ܐܝܟܐ ܐܝܬܝܗ. ܡܢ ܫܡܝܐ ܗܝ
ܐܘ ܡܢ ܒܢܝ̈ܢܫܐ. ܗܢܘܢ ܕܝܢ ܡܬܪܥܝܢ ܗܘܘ ܒܢܦܫܗܘܢ
ܘܐܡܪܝܢ. ܕܐܢ ܢܐܡܪ ܡܢ ܫܡܝܐ. ܐܡܪ ܠܢ ܡܛܠ ܡܢܐ ܠܐ
ܗܝܡܢܬܘܢܝܗܝ. 26 ܘܕܢܐܡܪ ܡܢ ܒܢܝ̈ܢܫܐ. ܕܚܠܝܢ ܚܢܢ ܡܢ
ܥܡܐ. ܟܠܗܘܢ ܓܝܪ ܐܝܟ ܢܒܝܐ ܐܚܝܕܝܢ ܗܘܘ ܠܗ
ܠܝܘܚܢܢ. 27 ܘܥܢܘ ܘܐܡܪܝܢ ܠܗ ܠܐ ܝܕܥܝܢܢ. ܐܡܪ ܠܗܘܢ
ܝܫܘܥ. ܐܦ ܠܐ ܐܢܐ ܐܡܪ ܐܢܐ ܠܟܘܢ. ܒܐܝܢܐ ܫܘܠܛܢܐ ܗܠܝܢ
ܥܒܕ ܐܢܐ ܀ 28 ܡܢܐ ܕܝܢ ܡܬܚܙܐ ܠܟܘܢ. ܓܒܪܐ ܚܕ ܐܝܬ
ܗܘܘ ܠܗ ܬܪܝܢ ܒܢܝ̈ܢ. ܘܩܪܒ ܠܘܬ ܩܕܡܝܐ ܘܐܡܪ ܠܗ

ܒܪܝ ܐܙܠ ܝܘܡܢܐ ܦܠܘܚ ܒܟܪܡܐ. 29 ܗܘ ܕܝܢ ܥܢܐ ܘܐܡܪ
ܠܐ ܨܒܐ ܐܢܐ. ܒܚܪܬܐ ܕܝܢ ܐܬܬܘܝ ܘܐܙܠ. 30 ܘܩܪܒ ܠܘܬ ܐܚܪܢܐ
ܘܐܡܪ ܠܗ ܗܟܘܬ. ܗܘ ܕܝܢ ܥܢܐ ܘܐܡܪ ܐܢܐ ܡܪܝ. ܘܠܐ
ܐܙܠ. 31 ܡܢܘ ܡܢ ܗܠܝܢ ܬܪܝܗܘܢ ܥܒܕ ܨܒܝܢܗ ܕܐܒܘܗܝ.
ܐܡܪܝܢ ܠܗ ܗܘ ܩܕܡܝܐ. ܐܡܪ ܠܗܘܢ ܝܫܘܥ ܐܡܝܢ ܐܡܪ
ܐܢܐ ܠܟܘܢ. ܕܡܟܣܐ ܘܙܢܝܬܐ ܩܕܡܝܢ ܠܟܘܢ ܠܡܠܟܘܬܐ
ܕܐܠܗܐ. 32 ܐܬܐ ܓܝܪ ܠܘܬܟܘܢ ܝܘܚܢܢ ܒܐܘܪܚܐ ܕܟܐܢܘܬܐ:
ܘܠܐ ܗܝܡܢܬܘܢ ܒܗ. ܡܟܣܐ ܕܝܢ ܘܙܢܝܬܐ ܗܝܡܢܘܗܝ.
ܐܢܬܘܢ ܕܝܢ ܐܦ ܠܐ ܟܕ ܚܙܝܬܘܢ ܐܬܬܘܝܬܘܢ ܒܚܪܬܐ ܕܬܗܝܡܢܘܢ
ܒܗ ܀ 33 ܡܬܠܐ ܐܚܪܢܐ ܫܡܥܘ. ܓܒܪܐ ܚܕ ܐܝܬ ܗܘܐ ܡܪܐ
ܒܝܬܐ. ܘܢܨܒ ܟܪܡܐ. ܘܐܚܕܪܗ ܣܝܓܐ. ܘܚܦܪ ܒܗ
ܡܥܨܪܬܐ. ܘܒܢܐ ܒܗ ܡܓܕܠܐ. ܘܐܘܚܕܗ ܠܦܠܚܐ. ܘܫܢܝ.
34 ܟܕ ܕܝܢ ܡܛܐ ܙܒܢܐ ܕܦܐܪܐ: ܫܕܪ ܠܥܒܕܘܗܝ ܠܘܬ
ܦܠܚܐ: ܕܢܫܕܪܘܢ ܠܗ ܡܢ ܦܐܪܐ ܕܟܪܡܗ. 35 ܘܐܚܕܘ
ܦܠܚܐ ܠܥܒܕܘܗܝ: ܠܐܝܬ ܕܡܚܐܘܗܝ ܘܠܐܝܬ ܕܪܓܡܘܗܝ:
ܘܠܐܝܬ ܕܩܛܠܘܗܝ. 36 ܘܬܘܒ ܫܕܪ ܥܒܕܐ ܐܚܪܢܐ ܕܣܓܝܐܝܢ
ܡܢ ܩܕܡܝܐ. ܘܥܒܕܘ ܠܗܘܢ ܗܟܘܬ. 37 ܐܚܪܝܬ ܕܝܢ ܫܕܪ
ܠܘܬܗܘܢ ܠܒܪܗ. ܟܕ ܐܡܪ: ܟܒܪ ܢܒܗܬܘܢ ܡܢ ܒܪܝ.
38 ܦܠܚܐ ܕܝܢ ܟܕ ܚܙܐܘܗܝ ܠܒܪܐ ܐܡܪܘ ܒܝܢܬܗܘܢ. ܗܢܘ
ܝܪܬܐ ܬܘ ܢܩܛܠܝܘܗܝ ܘܢܐܚܘܕ ܝܪܬܘܬܗ. 39 ܘܐܚܕܘܗܝ ܐܦܩܘܗܝ
ܠܒܪ ܡܢ ܟܪܡܐ ܘܩܛܠܘܗܝ. 40 ܡܐ ܕܐܬܐ ܗܟܝܠ ܡܪܗ
ܕܟܪܡܐ: ܡܢܐ ܢܥܒܕ ܠܦܠܚܐ ܗܢܘܢ. 41 ܐܡܪܝܢ ܠܗ ܕܒܝܫܐ
ܒܝܫܐܝܬ ܢܘܒܕ ܐܢܘܢ. ܘܟܪܡܐ ܢܘܚܕ ܠܐܚܪܢܐ ܦܠܚܐ: ܐܝܠܝܢ
ܕܢܬܠܘܢ ܠܗ. ܦܐܪܐ ܒܙܒܢܝܗܘܢ. 42 ܐܡܪ ܠܗܘܢ ܝܫܘܥ.
ܠܐ ܡܢ ܡܡܬܘܡ ܩܪܝܬܘܢ ܒܟܬܒܐ: ܕܟܐܦܐ ܕܐܣܠܝܘܗ ܒܢܝܐ:
ܗܝ ܗܘܬ. ܠܪܝܫܐ ܕܙܘܝܬܐ: ܡܢ ܠܘܬ ܡܪܝܐ ܗܘܬ ܗܕܐ:
ܘܐܝܬܝܗ ܬܕܡܘܪܬܐ ܒܥܝܢܝܢ. 43 ܡܛܠ ܗܢܐ ܐܡܪ ܐܢܐ ܠܟܘܢ.
ܕܬܫܬܩܠ ܡܢܟܘܢ ܡܠܟܘܬܐ ܕܐܠܗܐ: ܘܬܬܝܗܒ ܠܥܡܐ

ܕܥܒܕ ܦܐܪ̈ܐ. 44 ܘܡܢ ܕܢܦܠ ܥܠ ܟܐܦܐ ܗܕܐ ܢܬܪܥܥ.
ܘܟܠ ܡܢ ܕܗܝ ܬܦܠ ܥܠܘܗܝ ܬܕܪܝܘܗܝ ܀ 45 ܘܟܕ ܫܡܥܘ
ܪ̈ܒܝ ܟܗ̈ܢܐ ܘܦܪ̈ܝܫܐ ܡܬܠܘ̈ܗܝ: ܝܕܥܘ ܕܥܠܝܗܘܢ ܐܡܪ.
46 ܘܒܥܘ ܠܡܐܚܕܗ ܘܕܚܠܘ ܡܢ ܟܢܫܐ. ܡܛܠ ܕܐܝܟ
ܕܠܢܒܝܐ ܐܚܝܕܝܢ ܗܘܘ ܠܗ ܀

ܩܦܠܐܘܢ ܀ ܟܒ ܀

1 ܘܥܢܐ ܬܘܒ ܝܫܘܥ ܒܡܬ̈ܠܐ ܘܐܡܪ. 2 ܐܬܕܡܝܬ ܡܠܟܘܬܐ
ܕܫܡܝܐ: ܠܓܒܪܐ ܡܠܟܐ ܕܥܒܕ ܡܫܬܘܬܐ ܠܒܪܗ.
3 ܘܫܕܪ ܠܥܒܕܘܗܝ ܕܢܩܪܘܢ ܠܡܙܡ̈ܢܐ ܠܡܫܬܘܬܐ: ܘܠܐ
ܨܒܘ ܠܡܐܬܐ. 4 ܘܬܘܒ ܫܕܪ ܥܒ̈ܕܐ ܐܚܪ̈ܢܐ ܘܐܡܪ. ܐܡܪܘ
ܠܡܙܡ̈ܢܐ: ܕܗܐ ܫܪܘܬܝ ܡܛܝܒܐ. ܬܘܪ̈ܝ ܘܦܛܡ̈ܝ
ܢܟܝܣܝܢ. ܘܟܠ ܡܕܡ ܡܛܝܒ. ܬܘ ܠܡܫܬܘܬܐ. 5 ܗܢܘܢ
ܕܝܢ ܒܣܪܘ ܘܐܙܠܘ. ܐܢܫ ܠܩܪܝܬܗ ܘܐܢܫ ܠܬܐܓܘܪܬܗ.
6 ܫܪ̈ܟܐ ܕܝܢ ܐܚܕܘ ܠܥܒܕܘܗܝ: ܘܨܥܪܘ ܘܩܛܠܘ. 7 ܟܕ
ܫܡܥ ܕܝܢ ܡܠܟܐ ܪܓܙ. ܘܫܕܪ ܚܝ̈ܠܘܬܗ ܐܘܒܕ ܠܩܛܘ̈ܠܐ
ܗܢܘܢ: ܘܠܡܕܝܢܬܗܘܢ ܐܘܩܕ. 8 ܗܝܕܝܢ ܐܡܪ ܠܥܒܕܘܗܝ.
ܡܫܬܘܬܐ ܡܛܝܒܐ. ܘܗܢܘܢ ܕܡܙܡܢܝܢ ܗܘܘ ܠܐ ܫܘܝܢ ܗܘܘ.
9 ܙܠܘ ܗܟܝܠ ܠܡܦܩ̈ܢܐ ܕܐܘܪ̈ܚܬܐ: ܘܟܠ ܡܢ ܕܡܫܟܚܝܢ
ܐܢܬܘܢ ܩܪܘ ܠܡܫܬܘܬܐ. 10 ܘܢܦܩܘ ܥܒ̈ܕܐ ܗܢܘܢ ܠܐܘܪ̈ܚܬܐ
ܘܟܢܫܘ ܟܠ ܕܐܫܟܚܘ ܒ̈ܝܫܐ ܘܛܒ̈ܐ. ܘܐܬܡܠܝ ܒܝܬ
ܡܫܬܘܬܐ ܣܡܝܟ̈ܐ. 11 ܘܥܠ ܡܠܟܐ ܕܢܚܙܐ ܣܡܝܟ̈ܐ ܘܚܙܐ
ܬܡܢ ܓܒܪܐ ܕܠܐ ܠܒܝܫ ܠܒܘܫܐ ܕܡܫܬܘܬܐ. 12 ܘܐܡܪ ܠܗ.
ܚܒܪܝ: ܐܝܟܢܐ ܥܠܬ ܠܟܐ: ܟܕ ܠܒܘܫܐ ܕܡܫܬܘܬܐ ܠܝܬ ܠܟ.
ܗܘ ܕܝܢ ܐܫܬܬܩ. 13 ܗܝܕܝܢ ܐܡܪ ܡܠܟܐ ܠܡܫܡܫ̈ܢܐ.
ܐܣܘܪܘ ܐܝܕ̈ܘܗܝ ܘܪ̈ܓܠܘܗܝ: ܘܐܦܩܘܗܝ ܠܚܫܘܟܐ ܒܪܝܐ.
ܬܡܢ ܢܗܘܐ ܒܟܝܐ ܘܚܘܪܩ ܫ̈ܢܐ ܀ 14 ܣܓܝ̈ܐܝܢ ܐܢܘܢ ܓܝܪ
ܩܪ̈ܝܐ ܘܒܚܝܪ̈ܐ ܙܥܘܪ̈ܐ ܀ 15 ܗܝܕܝܢ ܐܙܠܘ ܦܪ̈ܝܫܐ ܢܣܒܘ

ܡܠܟܐ: ܕܐܝܟܢܐ ܢܨܕܘܢܝܗܝ ܒܡܠܬܐ. 16 ܘܫܕܪܘ ܠܘܬܗ
ܬܠܡܝܕܝܗܘܢ ܥܡ ܕܒܝܬ ܗܪܘܕܣ ܘܐܡܪܝܢ ܠܗ. ܡܠܦܢܐ:
ܝܕܥܝܢ ܕܫܪܝܪ ܐܢܬ. ܘܐܘܪܚܐ ܕܐܠܗܐ ܒܩܘܫܬܐ ܡܠܦ ܐܢܬ.
ܘܠܐ ܡܒܛܠ ܐܢܬ ܕܡܕܡ ܠܐܢܫ. ܠܐ ܓܝܪ ܢܣܒ ܐܢܬ ܒܐ̈ܦܐ
ܕܐ̈ܢܫܐ. 17 ܐܡܪ ܠܢ ܗܟܝܠ ܐܝܟܢܐ ܡܬܚܙܐ ܠܟ. ܫܠܝܛ
ܠܡܬܠ ܟܣܦ ܪܝܫܐ ܠܩܣܪ ܐܘ ܠܐ. 18 ܝܕܥ ܕܝܢ ܝܫܘܥ
ܒܒܝܫܘܬܗܘܢ ܘܐܡܪ. ܡܢܐ ܡܢܣܝܢ ܐܢܬܘܢ ܠܝ ܢܣ̈ܒܝ
ܒܐ̈ܦܐ. 19 ܚܘܐܘܢܝ ܕܝܢܪܐ ܕܟܣܦ ܪܝܫܐ. ܗܢܘܢ ܕܝܢ ܩܪܒܘ
ܠܗ ܕܝܢܪܐ. 20 ܘܐܡܪ ܠܗܘܢ ܝܫܘܥ. ܕܡܢܘ ܨܠܡܐ ܗܢܐ
ܘܟܬܒܐ. 21 ܐܡܪܝܢ ܕܩܣܪ. ܐܡܪ ܠܗܘܢ. ܗܒܘ ܗܟܝܠ
ܕܩܣܪ ܠܩܣܪ ܘܕܐܠܗܐ ܠܐܠܗܐ. 22 ܘܟܕ ܫܡܥܘ ܐܬܕܡܪܘ
ܘܫܒܩܘܗܝ ܘܐܙܠܘ ܀ 23 ܒܗܘ ܝܘܡܐ ܩܪܒܘ ܙܕܘܩܝܐ
ܘܐܡܪܝܢ ܠܗ. ܠܝܬ ܚܝܐ ܡܝ̈ܬܐ. ܘܫܐܠܘܗܝ. 24 ܘܐܡܪܝܢ
ܠܗ. ܡܠܦܢܐ. ܡܘܫܐ ܐܡܪ ܠܢ: ܕܐܢ ܐܢܫ ܢܡܘܬ ܟܕ
ܠܝܬ ܠܗ ܒܢܝܐ: ܢܣܒ ܐܚܘܗܝ ܐܢܬܬܗ ܘܢܩܝܡ ܙܪܥܐ
ܠܐܚܘܗܝ. 25 ܐܝܬ ܗܘܘ ܕܝܢ ܠܘܬܢ ܫܒܥܐ ܐܚܐ. ܩܕܡܝܐ ܢܣܒ
ܐܢܬܬܐ ܘܡܝܬ. ܘܕܠܝܬ ܗܘܐ ܠܗ ܒܢܝܐ: ܫܒܩܗ ܐܢܬܬܗ
ܠܐܚܘܗܝ. 26 ܗܟܢܐ ܐܦ ܗܘ ܕܬܪܝܢ ܐܦ ܗܘ ܕܬܠܬܐ. ܘܥܕܡܐ
ܠܫܒܥܬܝܗܘܢ. 27 ܒܚܪܬܐ ܕܝܢ ܕܟܠܗܘܢ ܡܝܬܬ ܐܦ ܐܢܬܬܐ.
28 ܒܩܝܡܬܐ ܗܟܝܠ ܠܐܝܢܐ ܡܢ ܗܠܝܢ ܫܒܥܐ ܬܗܘܐ ܐܢܬܬܐ.
ܟܠܗܘܢ ܓܝܪ ܢܣܒܘܗ. 29 ܥܢܐ ܝܫܘܥ. ܘܐܡܪ ܠܗܘܢ.
ܛܥܝܢ ܐܢܬܘܢ ܕܠܐ ܝܕܥܝܢ ܐܢܬܘܢ ܟܬܒܐ ܘܠܐ ܚܝܠܗ ܕܐܠܗܐ.
30 ܒܩܝܡܬܐ ܓܝܪ ܕܡܝ̈ܬܐ ܠܐ ܢܣܒܝܢ ܢܫ̈ܐ. ܐܦܠܐ ܢܫ̈ܐ
ܗܘܝ̈ܢ ܠܓܒܪ̈ܐ. ܐܠܐ ܐܝܟ ܡܠܐܟ̈ܐ ܕܐܠܗܐ ܒܫܡܝܐ ܐܝܬܝܗܘܢ.
31 ܥܠ ܩܝܡܬܐ ܕܝܢ ܕܡܝ̈ܬܐ: ܠܐ ܩܪܝܬܘܢ ܡܕܡ ܕܐܬܐܡܪ ܠܟܘܢ
ܡܢ ܐܠܗܐ ܕܐܡܪ: 32 ܕܐܢܐ ܐܢܐ ܐܠܗܗ ܕܐܒܪܗܡ ܐܠܗܗ
ܕܐܝܣܚܩ ܐܠܗܗ ܕܝܥܩܘܒ: ܘܐܠܗܐ ܠܐ ܗܘܐ ܕܡܝ̈ܬܐ ܐܠܐ
ܕܚ̈ܝܐ. 33 ܘܟܕ ܫܡܥܘ ܟܢ̈ܫܐ. ܡܬܕܡܪܝܢ ܗܘܘ

ܒܝܘܠܦܢܗ ܀ 34 ܦܪܝܫܐ ܕܝܢ ܟܕ ܫܡܥܘ ܕܣܟܪ ܦܘܡܗܘܢ ܠܙܕܘܩܝܐ.
ܐܬܟܢܫܘ ܐܟܚܕܐ. 35 ܘܫܐܠܗ ܚܕ ܡܢܗܘܢ ܕܝܕܥ ܢܡܘܣܐ ܟܕ
ܡܢܣܐ ܠܗ. 36 ܡܠܦܢܐ: ܐܝܢܐ ܦܘܩܕܢܐ ܪܒ ܒܢܡܘܣܐ.
37 ܝܫܘܥ ܕܝܢ ܐܡܪ ܠܗ: ܕܬܪܚܡ ܠܡܪܝܐ ܐܠܗܟ ܡܢ ܟܠܗ
ܠܒܟ. ܘܡܢ ܟܠܗ ܢܦܫܟ. ܘܡܢ ܟܠܗ ܚܝܠܟ. ܘܡܢ
ܟܠܗ ܪܥܝܢܟ. 38 ܗܢܘ ܦܘܩܕܢܐ ܪܒܐ ܘܩܕܡܝܐ. 39 ܘܕܬܪܝܢ
ܕܕܡܐ ܠܗ: ܕܬܪܚܡ ܠܩܪܝܒܟ ܐܝܟ ܢܦܫܟ. 40 ܒܗܠܝܢ ܬܪܬܝܢ
ܦܘܩܕܢܝܢ ܬܠܝܐ ܐܘܪܝܬܐ ܘܢܒܝܐ. 41 ܟܕ ܟܢܝܫܝܢ ܕܝܢ ܦܪܝܫܐ.
ܫܐܠ ܐܢܘܢ ܝܫܘܥ. 42 ܘܐܡܪ. ܡܢܐ ܐܡܪܝܢ ܐܢܬܘܢ ܥܠ
ܡܫܝܚܐ ܒܪ ܡܢܘ. ܐܡܪܝܢ ܠܗ ܒܪ ܕܘܝܕ. 43 ܐܡܪ ܠܗܘܢ.
ܘܐܝܟܢܐ ܕܘܝܕ ܒܪܘܚ ܩܪܐ ܠܗ ܡܪܝܐ. ܐܡܪ ܓܝܪ: 44 ܕܐܡܪ
ܡܪܝܐ ܠܡܪܝ. ܬܒ ܠܟ ܡܢ ܝܡܝܢܝ. ܥܕܡܐ ܕܐܣܝܡ
ܒܥܠܕܒܒܝܟ ܟܘܒܫܐ ܬܚܝܬ ܪܓܠܝܟ. 45 ܐܢ ܗܟܝܠ ܕܘܝܕ ܩܪܐ
ܠܗ ܡܪܝܐ. ܐܝܟܢܐ ܒܪܗ ܗܘ. 46 ܘܠܐ ܐܢܫ ܐܫܟܚ ܕܢܬܠ
ܠܗ ܦܬܓܡܐ. ܘܠܐ ܐܢܫ ܐܡܪܚ ܬܘܒ ܡܢ ܗܘ ܝܘܡܐ
ܠܡܫܐܠܘܬܗ ܀

ܡܬܝ ܀ ܟܓ ܀

1 ܗܝܕܝܢ ܝܫܘܥ ܡܠܠ ܥܡ ܟܢܫܐ ܘܥܡ ܬܠܡܝܕܘܗܝ.
2 ܘܐܡܪ ܠܗܘܢ. ܥܠ ܟܘܪܣܝܐ ܕܡܘܫܐ ܝܬܒܘ ܣܦܪܐ
ܘܦܪܝܫܐ. 3 ܟܠ ܡܕܡ ܗܟܝܠ ܕܢܐܡܪܘܢ ܠܟܘܢ ܕܬܛܪܘܢ ܛܪܘ
ܘܥܒܕܘ. ܐܝܟ ܥܒܕܝܗܘܢ ܕܝܢ ܠܐ ܬܥܒܕܘܢ. ܐܡܪܝܢ ܓܝܪ ܘܠܐ
ܥܒܕܝܢ. 4 ܘܐܣܪܝܢ ܡܘܒܠܐ ܝܩܝܪܐ. ܘܣܝܡܝܢ ܥܠ ܟܬܦܬܐ
ܕܒܢܝܢܫܐ. ܗܢܘܢ ܕܝܢ ܒܨܒܥܗܘܢ ܠܐ ܨܒܝܢ ܕܢܩܪܒܘܢ ܠܗܝܢ.
5 ܘܟܠܗܘܢ ܥܒܕܝܗܘܢ ܥܒܕܝܢ. ܕܢܬܚܙܘܢ ܠܒܢܝܢܫܐ.
ܡܦܬܝܢ ܓܝܪ ܬܦܠܝܗܘܢ: ܘܡܘܪܟܝܢ ܬܟܠܬܐ ܕܡܪܛܘܛܝܗܘܢ.
6 ܘܪܚܡܝܢ ܪܝܫ ܣܡܟܐ ܒܚܫܡܝܬܐ. ܘܪܝܫ ܡܘܬܒܐ
ܒܟܢܘܫܬܐ. 7 ܘܫܐܠܬ ܫܠܡܐ ܒܫܘܩܐ. ܘܕܢܬܩܪܘܢ ܡܢ

ܐܢܫܐ ܪܒܝ. 8 ܐܢܬܘܢ ܕܝܢ ܠܐ ܬܬܩܪܘܢ ܪܒܝ. ܚܕ ܗܘ ܓܝܪ
ܪܒܟܘܢ. ܐܢܬܘܢ ܕܝܢ ܟܠܟܘܢ ܐܚܐ ܐܢܬܘܢ. 9 ܘܐܒܐ ܠܐ ܬܩܪܘܢ
ܠܟܘܢ ܒܐܪܥܐ. ܚܕ ܗܘ ܓܝܪ ܐܒܘܟܘܢ ܕܒܫܡܝܐ. 10 ܘܠܐ
ܬܬܩܪܘܢ ܡܕܒܪ̈ܢܐ: ܡܛܠ ܕܚܕ ܗܘ ܡܕܒܪܢܟܘܢ. ܡܫܝܚܐ.
11 ܗܘ ܕܝܢ ܕܪܒ ܒܟܘܢ ܢܗܘܐ ܠܟܘܢ ܡܫܡܫܢܐ. 12 ܡܢ ܓܝܪ
ܕܢܪܝܡ ܢܦܫܗ ܢܬܡܟܟ. ܘܡܢ ܕܢܡܟ ܢܦܫܗ ܢܬܪܝܡ ❖
13 ܘܝ ܠܟܘܢ ܣܦܪ̈ܐ ܘܦܪ̈ܝܫܐ ܢܣܒܝ ܒܐܦ̈ܐ. ܕܐܟܠܝܢ ܐܢܬܘܢ
ܒ̈ܬܐ ܕܐܪ̈ܡܠܬܐ: ܒܥܠܬܐ ܕܡܘܪܟܝܢ ܐܢܬܘܢ ܨܠܘܬܟܘܢ
ܡܛܠ ܗܢܐ ܬܩܒܠܘܢ ܕܝܢܐ ܝܬܝܪܐ ❖ 14 ܘܝ ܠܟܘܢ ܣܦܪ̈ܐ
ܘܦܪ̈ܝܫܐ ܢܣܒܝ ܒܐܦ̈ܐ. ܕܐܚܕܝܢ ܐܢܬܘܢ ܡܠܟܘܬܐ ܕܫܡܝܐ
ܩܕܡ ܒܢܝ̈ܢܫܐ. ܐܢܬܘܢ ܓܝܪ ܠܐ ܥܐܠܝܢ ܐܢܬܘܢ. ܘܠܐܝܠܝܢ
ܕܥܐܠܝܢ ܠܐ ܫܒܩܝܢ ܐܢܬܘܢ ܠܡܥܠ. 15 ܘܝ ܠܟܘܢ ܣܦܪ̈ܐ
ܘܦܪ̈ܝܫܐ ܢܣܒܝ ܒܐܦ̈ܐ. ܕܡܬܟܪܟܝܢ ܐܢܬܘܢ ܝܡܐ ܘܝܒܫܐ:
ܠܡܥܒܕ ܚܕ ܓܝܘܪܐ. ܘܡܐ ܕܗܘܐ: ܥܒܕܝܢ ܐܢܬܘܢ ܠܗ
ܒܪܐ ܕܓܗܢܐ ܥܦܝܦܐ ܕܠܟܘܢ ❖ 16 ܘܝ ܠܟܘܢ ܡܕܒܪ̈ܢܐ
ܣܡܝ̈ܐ. ܕܐܡܪܝܢ ܐܢܬܘܢ ܕܡܢ ܕܝܡܐ ܒܗܝܟܠܐ ܠܐ ܗܘܐ ܡܕܡ:
ܡܢ ܕܝܢ ܕܝܡܐ ܒܕܗܒܐ ܕܒܗܝܟܠܐ ܚܐܒ. 17 ܣܟܠ̈ܐ ܘܣܡܝ̈ܐ:
ܡܢܐ ܓܝܪ ܪܒ. ܕܗܒܐ ܐܘ ܗܝܟܠܐ ܕܗܘ ܡܩܕܫ ܠܗ
ܠܕܗܒܐ. 18 ܘܡܢ ܕܝܡܐ ܒܡܕܒܚܐ ܠܐ ܗܘܐ ܡܕܡ. ܡܢ ܕܝܢ
ܕܝܡܐ ܒܩܘܪܒܢܐ ܕܠܥܠܘܗܝ ܚܐܒ. 19 ܣܟܠ̈ܐ ܘܣܡܝ̈ܐ
ܡܢܐ ܓܝܪ ܪܒ. ܩܘܪܒܢܐ ܐܘ ܡܕܒܚܐ ܕܡܩܕܫ ܠܩܘܪܒܢܐ.
20 ܡܢ ܕܝܡܐ ܗܟܝܠ ܒܡܕܒܚܐ: ܝܡܐ ܒܗ ܘܒܟܠ ܕܐܝܬ
ܠܥܠ ܡܢܗ. 21 ܘܡܢ ܕܝܡܐ ܒܗܝܟܠܐ: ܝܡܐ ܒܗ ܘܒܡܢ
ܕܥܡܪ ܒܗ. 22 ܘܡܢ ܕܝܡܐ ܒܫܡܝܐ: ܝܡܐ ܒܟܘܪܣܝܗ
ܕܐܠܗܐ. ܘܒܡܢ ܕܝܬܒ ܠܥܠ ܡܢܗ. 23 ܘܝ ܠܟܘܢ ܣܦܪ̈ܐ
ܘܦܪ̈ܝܫܐ ܢܣܒܝ ܒܐܦ̈ܐ. ܕܡܥܣܪܝܢ ܐܢܬܘܢ ܢܥܢܥܐ ܘܫܒܬܐ
ܘܟܡܘܢܐ. ܘܫܒܩܬܘܢ ܝܩܝܪ̈ܬܗ ܕܢܡܘܣܐ. ܕܝܢܐ ܘܚܢܢܐ
ܘܗܝܡܢܘܬܐ. ܗܠܝܢ ܕܝܢ ܘܠܐ ܗܘܐ ܕܬܥܒܕܘܢ: ܘܗܠܝܢ ܠܐ

ܠܡܫܒܩܘ . 24 ܢܓܘܕܐ ܣܡܝܐ : ܕܡܨܠܠܝܬܘܢ ܒܩܐ ܘܒܠܥܝܬܘܢ
ܓܡܠܐ܀ 25 ܘܝ ܠܘܟܘܢ ܣܦܪܐ ܘܦܪܝܫܐ ܢܣܒܝ ܒܐܦܐ. ܕܡܕܟܝܬܘܢ
ܐܝܠܗܘܢ ܠܒܪܝܗ ܕܟܣܐ ܘܕܦܝܢܟܐ : ܠܓܘܗ ܕܝܢ ܡܠܝܢ ܚܛܘܦܝܐ
ܘܥܘܠܐ. 26 ܦܪܝܫܐ ܣܡܝܐ : ܕܟܘ ܠܘܩܕܡ ܠܓܘܗ ܕܟܣܐ
ܘܕܦܝܢܟܐ : ܕܗܘܐ ܐܦ ܒܪܝܗܘܢ ܕܟܝܐ. 27 ܘܝ ܠܘܟܘܢ ܣܦܪܐ
ܘܦܪܝܫܐ ܢܣܒܝ ܒܐܦܐ. ܕܕܡܝܢ ܐܝܠܗܘܢ ܠܩܒܪܐ ܡܟܘܪܐ.
ܕܡܢ ܠܒܪ ܡܬܚܙܝܢ ܫܦܝܪܐ : ܡܢ ܠܓܘ ܕܝܢ ܡܠܝܢ ܓܪܡܐ
ܕܡܝܬܐ ܘܟܠܗ ܛܢܦܘܬܐ. 28 ܗܟܢܐ ܐܦ ܐܝܠܗܘܢ. ܡܢ ܠܒܪ
ܡܬܚܙܝܢ ܐܝܠܗܘܢ ܠܒܢܝܢܫܐ ܐܝܟ ܙܕܝܩܐ : ܘܡܢ ܠܓܘ ܡܠܝܢ
ܐܝܠܗܘܢ ܢܟܠܐ ܘܥܘܠܐ ܟܠܗ܀ 29 ܘܝ ܠܘܟܘܢ ܣܦܪܐ ܘܦܪܝܫܐ
ܢܣܒܝ ܒܐܦܐ. ܕܒܢܝܢ ܐܝܠܗܘܢ ܩܒܪܐ ܕܢܒܝܐ : ܘܡܨܒܬܝܢ
ܐܝܠܗܘܢ ܒܝܬ ܩܒܘܪܐ ܕܙܕܝܩܐ. 30 ܘܐܡܪܝܢ ܐܝܠܗܘܢ ܕܐܠܘ ܗܘܝܢ
ܒܝܘܡܝ ܐܒܗܬܢ : ܠܐ ܗܘܝܢ ܗܘܝܢ ܥܡܗܘܢ ܫܘܬܦܐ ܒܕܡܐ
ܕܢܒܝܐ. 31 ܗܕܝܟ ܡܣܗܕܝܢ ܐܝܠܗܘܢ ܥܠ ܢܦܫܘܟܘܢ : ܕܒܢܝܐ
ܐܝܠܗܘܢ ܕܗܢܘܢ ܕܩܛܠܘ ܠܢܒܝܐ. 32 ܘܐܦ ܐܝܠܗܘܢ ܡܠܘ
ܡܫܘܚܬܐ ܕܐܒܗܬܘܟܘܢ. 33 ܚܘܘܬܐ ܝܠܕܐ ܕܐܟܕܢܐ : ܐܝܟܢܐ
ܦܠܛܝܬܘܢ ܡܢ ܕܝܢܐ ܕܓܗܢܐ܀ 34 ܡܛܠ ܗܢܐ ܗܐ ܐܢܐ ܡܫܕܪ
ܐܢܐ ܠܘܬܘܟܘܢ : ܢܒܝܐ ܘܚܟܝܡܐ ܘܣܦܪܐ. ܡܢܗܘܢ ܩܛܠܝܢ
ܐܝܠܗܘܢ ܘܙܩܦܝܢ ܐܝܠܗܘܢ. ܘܡܢܗܘܢ ܡܢܓܕܝܢ ܐܝܠܗܘܢ
ܒܟܢܘܫܬܗܘܢ. ܘܪܕܦܝܢ ܐܝܠܗܘܢ ܡܢ ܡܕܝܢܐ ܠܡܕܝܢܐ. 35 ܐܝܟܢܐ
ܕܐܬܐ ܥܠܝܟܘܢ ܟܠܗ ܕܡܐ ܕܙܕܝܩܐ ܕܐܬܐܫܕ ܥܠ ܐܪܥܐ. ܡܢ
ܕܡܗ ܕܗܒܝܠ ܙܕܝܩܐ. ܥܕܡܐ ܠܕܡܗ ܕܙܟܪܝܐ ܒܪ ܒܪܟܝܐ :
ܗܘ ܕܩܛܠܬܘܢ ܒܝܢ ܗܝܟܠܐ ܠܡܕܒܚܐ. 36 ܐܡܝܢ ܐܡܪ ܐܢܐ
ܠܘܟܘܢ ܆ ܕܐܬܝܢ ܗܠܝܢ ܟܠܗܝܢ ܥܠ ܫܪܒܬܐ ܗܕܐ.
37 ܐܘܪܫܠܡ ܐܘܪܫܠܡ ܆ ܩܛܠܬ ܢܒܝܐ : ܘܪܓܡܬ ܠܐܝܠܝܢ
ܕܫܠܝܚܝܢ ܠܘܬܗ. ܟܡܐ ܙܒܢܝܢ ܨܒܝܬ ܕܐܟܢܫ ܒܢܝܟܝ : ܐܝܟ
ܕܟܢܫܐ ܬܪܢܓܘܠܬܐ ܦܪܘܓܝܗ ܬܚܝܬ ܓܦܝܗ ܘܠܐ ܨܒܝܬܘܢ.
38 ܗܐ ܫܒܝܩ ܠܘܟܘܢ ܒܝܬܘܟܘܢ ܚܪܒܐ. 39 ܐܡܪ ܐܢܐ ܠܘܟܘܢ

ܠܟܘܢ܇ ܕܠܐ ܬܚܙܘܢܢܝ ܡܢ ܗܫܐ܇ ܥܕܡܐ ܕܬܐܡܪܘܢ ܒܪܝܟ ܗܘ
ܕܐܬܐ ܒܫܡܗ ܕܡܪܝܐ ܀

ܩܦܠܐܘܢ ܀ ܟܕ ܀

1 ܘܢܦܩ ܝܫܘܥ ܡܢ ܗܝܟܠܐ ܠܡܐܙܠ܇ ܘܩܪܒܘ ܬܠܡܝܕܘܗܝ
ܡܚܘܝܢ ܠܗ ܒܢܝܢܐ ܕܗܝܟܠܐ. 2 ܗܘ ܕܝܢ ܐܡܪ ܠܗܘܢ܇ ܠܐ ܗܐ
ܚܙܝܢ ܐܢܬܘܢ ܗܠܝܢ ܟܠܗܝܢ. ܐܡܝܢ ܐܡܪ ܐܢܐ ܠܟܘܢ܇ ܕܠܐ
ܬܫܬܒܩ ܗܪܟܐ ܟܐܦ ܥܠ ܟܐܦ ܕܠܐ ܬܫܬܪܐ. 3 ܘܟܕ ܝܬܒ
ܝܫܘܥ ܥܠ ܛܘܪܐ ܕܙܝܬܐ܇ ܩܪܒܘ ܬܠܡܝܕܘܗܝ ܘܐܡܪܝܢ
ܠܗ ܒܝܢܝܗܘܢ ܘܠܗ. ܐܡܪ ܠܢ ܐܡܬܝ ܗܠܝܢ ܢܗܘܝܢ. ܘܡܢܐ
ܗܝ ܐܬܐ ܕܡܐܬܝܬܟ ܘܕܫܘܠܡܗ ܕܥܠܡܐ. 4 ܥܢܐ ܝܫܘܥ ܘܐܡܪ
ܠܗܘܢ. ܐܙܕܗܪܘ ܠܐ ܐܢܫ ܢܛܥܝܟܘܢ. 5 ܣܓܝܐܐ ܓܝܪ ܢܐܬܘܢ
ܒܫܡܝ܇ ܘܢܐܡܪܘܢ ܕܐܢܐ ܐܢܐ ܡܫܝܚܐ. ܘܠܣܓܝܐܐ ܢܛܥܘܢ.
6 ܥܬܝܕܝܢ ܐܢܬܘܢ ܕܝܢ ܠܡܫܡܥ ܩܪܒܐ ܘܫܡܥܐ ܕܩܪܒܐ.
ܚܙܘ ܠܐ ܬܬܕܠܚܘܢ. ܘܠܐ ܓܝܪ ܕܟܠܗܝܢ ܢܗܘܝܢ. ܐܠܐ ܠܐ ܥܕܟܝܠ
ܫܘܠܡܐ. 7 ܢܩܘܡ ܓܝܪ ܥܡܐ ܥܠ ܥܡܐ. ܘܡܠܟܘܬܐ ܥܠ
ܡܠܟܘܬܐ. ܘܢܗܘܘܢ ܟܦܢܐ ܘܡܘܬܢܐ. ܘܙܘܥܐ ܒܕܘܟ ܕܘܟ.
8 ܗܠܝܢ ܕܝܢ ܟܠܗܝܢ ܪܫܐ ܐܢܝܢ ܕܚܒܠܐ. 9 ܗܝܕܝܢ ܢܫܠܡܘܢܟܘܢ
ܠܐܘܠܨܢܐ ܘܢܩܛܠܘܢܟܘܢ. ܘܬܗܘܘܢ ܣܢܝܐܝܢ ܡܢ ܟܠܗܘܢ
ܥܡܡܐ. ܡܛܠ ܫܡܝ. 10 ܗܝܕܝܢ ܢܬܟܫܠܘܢ ܣܓܝܐܐ
ܘܢܣܢܘܢ ܚܕ ܠܚܕ. ܘܢܫܠܡܘܢ ܚܕ ܠܚܕ. 11 ܘܣܓܝܐܐ
ܢܒܝܐ ܕܓܠܐ ܢܩܘܡܘܢ. ܘܢܛܥܘܢ ܠܣܓܝܐܐ. 12 ܘܡܛܠ
ܣܓܝܐܘܬ ܥܘܠܐ. ܢܦܘܓ ܚܘܒܐ ܕܣܓܝܐܐ. 13 ܡܢ ܕܢܣܝܒܪ
ܕܝܢ ܥܕܡܐ ܠܚܪܬܐ ܗܘ ܢܚܐ. 14 ܘܬܬܟܪܙ ܗܕܐ ܣܒܪܬܐ
ܕܡܠܟܘܬܐ ܒܟܠܗ ܥܠܡܐ. ܠܣܗܕܘܬܐ ܕܟܠܗܘܢ ܥܡܡܐ.
ܘܗܝܕܝܢ ܬܐܬܐ ܫܘܠܡܐ. 15 ܡܐ ܕܝܢ ܕܚܙܝܬܘܢ ܐܬܐ ܛܢܦܬܐ
ܕܚܘܪܒܐ ܕܐܬܐܡܪܬ ܒܕܢܝܐܝܠ ܢܒܝܐ. ܕܩܝܡܐ ܒܕܘܟܬܐ
ܩܕܝܫܬܐ. ܡܢ ܕܩܪܐ ܢܣܬܟܠ. 16 ܗܝܕܝܢ ܐܝܠܝܢ ܕܒܝܗܘܕ

ܐܝܟ ܢܥܪܩܘܢ ܠܛܘܪܐ. 17 ܘܗܘ ܕܥܠ ܐܓܪܐ ܗܘ. ܠܐ ܢܚܘܬ
ܠܡܣܒ [ܕܒܒܝܬܗ. 18 ܘܐܝܢܐ ܕܒܚܩܠܐ ܗܘ. ܠܐ ܢܬܗܦܟ
ܠܒܣܬܪܗ ܠܡܣܒ] ܢܚܬܘܗܝ. 19 ܘܝ ܕܝܢ ܠܒܛܢܬܐ.
ܘܠܐܝܠܝܢ ܕܡܝܢܩܢ ܒܗܢܘܢ ܝܘܡܬܐ. 20 ܨܠܘ ܕܝܢ ܕܠܐ ܬܗܘܐ
ܥܪܘܩܝܟܘܢ ܒܣܬܘܐ ܘܠܐ ܒܫܒܬܐ. 21 ܢܗܘܐ ܓܝܪ ܗܝܕܝܢ
ܐܘܠܨܢܐ ܪܒܐ: ܐܝܟܢܐ ܕܠܐ ܗܘܐ ܡܢ ܪܫܝܬܗ ܕܥܠܡܐ ܘܥܕܡܐ
ܠܗܫܐ ܘܠܐ ܢܗܘܐ. 22 ܘܐܠܘ ܠܐ ܐܬܟܪܝܘ ܝܘܡܬܐ ܗܢܘܢ: ܠܐ ܚܝܐ
ܗܘܐ ܟܠ ܒܣܪ. ܡܛܠ ܓܒܝܐ ܕܝܢ ܢܬܟܪܘܢ ܝܘܡܬܐ ܗܢܘܢ.
23 ܗܝܕܝܢ ܐܢ ܐܢܫ ܢܐܡܪ ܠܟܘܢ ܗܐ ܗܪܟܐ ܗܘ ܡܫܝܚܐ ܐܘ
ܗܪܟܐ ܠܐ ܬܗܝܡܢܘܢ. 24 ܢܩܘܡܘܢ ܓܝܪ ܡܫܝܚܐ ܕܕܓܠܐ.
ܘܢܒܝܐ ܕܕܓܠܘܬܐ. ܘܢܬܠܘܢ ܐܬܘܬܐ ܪܘܪܒܬܐ: ܐܝܟ ܕܢܛܥܘܢ
ܐܢ ܡܫܟܚܝܢ ܐܦ ܠܓܒܝܐ. 25 ܗܐ ܩܕܡܬ ܐܡܪܬ ܠܟܘܢ.
26 ܐܢ ܗܟܝܠ ܢܐܡܪܘܢ ܠܟܘܢ ܗܐ ܒܚܘܪܒܐ ܗܘ ܠܐ ܬܦܩܘܢ.
ܐܘ ܕܗܐ ܒܬܘܢܐ ܗܘ ܠܐ ܬܗܝܡܢܘܢ. 27 ܐܝܟܢܐ ܓܝܪ ܕܒܪܩܐ ܢܦܩ
ܡܢ ܡܕܢܚܐ. ܘܡܬܚܙܐ ܥܕܡܐ ܠܡܥܪܒܐ: ܗܟܢܐ ܬܗܘܐ
ܡܐܬܝܬܗ ܕܒܪܗ ܕܐܢܫܐ. 28 ܐܝܟܐ ܕܝܢ ܕܢܗܘܐ ܦܓܪܐ: ܬܡܢ
ܢܬܟܢܫܘܢ ܢܫܪܐ. 29 ܡܚܕܐ ܕܝܢ ܒܬܪ ܐܘܠܨܢܐ ܕܝܘܡܬܐ
ܗܢܘܢ. ܫܡܫܐ ܢܚܫܟ. ܘܣܗܪܐ ܠܐ ܢܚܘܐ ܢܘܗܪܗ. ܘܟܘܟܒܐ
ܢܦܠܘܢ ܡܢ ܫܡܝܐ. ܘܚܝܠܐ ܕܫܡܝܐ ܢܬܬܙܝܥܘܢ. 30 ܘܗܝܕܝܢ
ܢܬܚܙܐ ܢܝܫܗ ܕܒܪܗ ܕܐܢܫܐ ܒܫܡܝܐ܆ ܘܗܝܕܝܢ ܢܪܩܕܘܢ
ܟܠܗܘܢ ܫܪܒܬܐ ܕܐܪܥܐ. ܘܢܚܙܘܢ ܠܒܪܗ ܕܐܢܫܐ ܕܐܬܐ ܥܠ
ܥܢܢܝ ܫܡܝܐ. ܥܡ ܚܝܠܐ ܘܫܘܒܚܐ ܣܓܝܐܐ. 31 ܘܢܫܕܪ
ܡܠܐܟܘܗܝ ܥܡ ܩܪܢܐ ܪܒܐ: ܘܢܟܢܫܘܢ ܠܓܒܝܐ ܕܝܠܗ
ܡܢ ܐܪܒܥ ܪܘܚܐ. ܡܢ ܪܝܫܗܘܢ ܕܫܡܝܐ ܘܥܕܡܐ ܠܪܝܫܗܘܢ.
32 ܡܢ ܬܐܬܐ ܕܝܢ ܝܠܦܘ ܡܬܠܐ. ܕܡܐ ܕܣܘܟܝܗ ܪܟܝܢ ܘܦܪܥܝܢ
ܛܪܦܝܗ. ܝܕܥܝܢ ܐܢܬܘܢ ܕܡܛܐ ܩܝܛܐ. 33 ܗܟܢܐ ܐܦ ܐܢܬܘܢ
ܡܐ ܕܚܙܝܬܘܢ ܗܠܝܢ ܟܠܗܝܢ: ܕܥܘ ܕܡܛܬ ܠܬܪܥܐ
34 ܐܡܝܢ ܐܡܪ ܐܢܐ ܠܟܘܢ. ܕܠܐ ܬܥܒܪ ܫܪܒܬܐ ܗܕܐ: ܥܕܡܐ

ܕܗܠܝܢ ܟܠܗܝܢ ܢܗܘܝܢ. 35 ܫܡܝܐ ܘܐܪܥܐ ܢܥܒܪܘܢ: ܘܡܠܝ
ܠܐ ܢܥܒܪܢ ܀ 36 ܥܠ ܝܘܡܐ ܕܝܢ ܗܘ. ܘܥܠ ܫܥܬܐ ܗܝ ∴
ܐܢܫ ܠܐ ܝܕܥ. ܐܦܠܐ ܡܠܐܟܐ ܕܫܡܝܐ. ܐܠܐ ܐܒܐ ܒܠܚܘܕܘܗܝ.
37 ܐܝܟܢܐ ܕܝܢ ܕܒܝܘܡܝ ܢܘܚ: ܗܟܢܐ ܬܗܘܐ ܡܐܬܝܬܗ ܕܒܪܗ
ܕܐܢܫܐ. 38 ܐܝܟܢܐ ܓܝܪ ܕܐܝܬܝܗܘܢ ܗܘܘ ܩܕܡ ܛܘܦܢܐ ܐܟܠܝܢ
ܘܫܬܝܢ. ܘܢܣܒܝܢ ܢܫܐ ܘܝܗܒܝܢ ܠܓܒܪܐ: ܥܕܡܐ ܠܝܘܡܐ
ܕܥܠ ܢܘܚ ܠܟܘܝܠܐ: 39 ܘܠܐ ܝܕܥܘ ܥܕܡܐ ܕܐܬܐ ܛܘܦܢܐ
ܘܫܩܠ ܠܟܠܗܘܢ: ܗܟܢܐ ܬܗܘܐ ܡܐܬܝܬܗ ܕܒܪܗ ܕܐܢܫܐ.
40 ܗܝܕܝܢ ܬܪܝܢ ܢܗܘܘܢ ܒܚܩܠܐ. ܚܕ ܢܬܕܒܪ: ܘܚܕ ܢܫܬܒܩ.
41 ܘܬܪܬܝܢ ܢܗܘܝܢ ܛܚܢܢ ܒܪܚܝܐ. ܚܕܐ ܡܬܕܒܪܐ ܘܚܕܐ
ܡܫܬܒܩܐ. 42 ܐܬܬܥܝܪܘ ܗܟܝܠ. ܕܠܐ ܝܕܥܝܢ ܐܢܬܘܢ ܒܐܝܕܐ
ܫܥܬܐ ܐܬܐ ܡܪܟܘܢ. 43 ܗܕܐ ܕܝܢ ܕܥܘ. ܕܐܠܘ ܝܕܥ ܗܘܐ
ܡܪܐ ܒܝܬܐ ܒܐܝܕܐ ܡܛܪܬܐ ܐܬܐ ܓܢܒܐ ∴ ܡܬܬܥܝܪ ܗܘܐ ܘܠܐ
ܫܒܩ ܗܘܐ ܕܢܬܦܠܫ ܒܝܬܗ. 44 ܡܛܠ ܗܢܐ ܐܦ ܐܢܬܘܢ
ܗܘܘ ܡܛܝܒܝܢ. ܕܒܫܥܬܐ ܕܠܐ ܡܣܬܟܝܢ ܐܢܬܘܢ ܐܬܐ ܒܪܗ
ܕܐܢܫܐ ܀ 45 ܡܢܘ ܟܝ ܐܝܬܘܗܝ ܥܒܕܐ ܡܗܝܡܢܐ ܘܚܟܝܡܐ:
ܕܐܩܝܡܗ ܡܪܗ ܥܠ ܒܢܝ ܒܝܬܗ: ܕܢܬܠ ܠܗܘܢ ܡܐܟܘܠܬܐ
ܒܥܕܢܗ. 46 ܛܘܒܘܗܝ ܠܥܒܕܐ ܗܘ ܕܢܐܬܐ ܡܪܗ
ܢܫܟܚܝܘܗܝ ܕܥܒܕ ܗܟܢܐ. 47 ܐܡܝܢ ܐܡܪ ܐܢܐ ܠܟܘܢ ∴
ܕܥܠ ܟܠ ܕܐܝܬ ܠܗ ܢܩܝܡܝܘܗܝ. 48 ܐܢ ܕܝܢ ܢܐܡܪ ܥܒܕܐ
ܗܘ ܒܝܫܐ ܒܠܒܗ: ܕܡܘܚܪ ܡܪܝ ܠܡܐܬܐ: 49 ܘܢܫܪܐ
ܠܡܡܚܐ ܠܟܢܘܬܗ: ܘܢܗܘܐ ܐܟܠ ܘܫܬܐ ܥܡ ܪܘܝܐ: 50 ܢܐܬܐ
ܡܪܗ ܕܥܒܕܐ ܗܘ ܒܝܘܡܐ ܕܠܐ ܣܟܐ: ܘܒܫܥܬܐ ܕܠܐ ܝܕܥ:
51 ܘܢܦܠܓܝܘܗܝ. ܘܢܣܝܡ ܡܢܬܗ ܥܡ ܢܣܒܝ ܒܐܦܐ:
ܬܡܢ ܢܗܘܐ ܒܟܝܐ ܘܚܘܪܩ ܫܢܐ ܀

ܩܦܠܐܘܢ ܀ ܟܗ ܀

1 ܗܝܕܝܢ ܬܬܕܡܐ ܡܠܟܘܬܐ ܕܫܡܝܐ ܠܥܣܪ ܒܬܘܠܢ. ܗܠܝܢ
ܕܢܣܒ ܠܡܒܥܕܝܗܝܢ: ܘܢܦܩ ܠܐܘܪܥܐ ܕܚܬܢܐ ܘܟܠܬܐ.
2 ܚܡܫ ܕܝܢ ܡܢܗܝܢ ܚܟܝܡܢ ܗܘܝ. ܘܚܡܫ ܣܟܠܢ.
3 ܘܗܠܝܢ ܣܟܠܬܐ ܢܣܒ ܠܡܒܥܕܝܗܝܢ: ܘܠܐ ܢܣܒ
ܥܡܗܝܢ ܡܫܚܐ. 4 ܗܠܝܢ ܕܝܢ ܚܟܝܡܬܐ: ܢܣܒ ܡܫܚܐ
ܒܡܐܢܐ ܥܡ ܠܡܒܥܕܝܗܝܢ. 5 ܟܕ ܐܘܚܪ ܕܝܢ ܚܬܢܐ: ܢܡܝ
ܟܠܗܝܢ ܘܕܡܟ. 6 ܘܒܦܠܓܗ ܕܠܠܝܐ ܗܘܬ ܩܥܬܐ. ܗܐ
ܚܬܢܐ ܐܬܐ. ܦܘܩܘ ܠܐܘܪܥܗ. 7 ܗܝܕܝܢ ܩܡ ܟܠܗܝܢ
ܒܬܘܠܬܐ ܘܬܩܢ ܠܡܒܥܕܝܗܝܢ. 8 ܐܡܪܝܢ ܕܝܢ ܗܠܝܢ
ܣܟܠܬܐ ܠܚܟܝܡܬܐ. ܗܒܝܢ ܠܢ ܡܢ ܡܫܚܟܝܢ: ܕܗܐ
ܕܥܟܝܢ ܠܗܘܢ ܠܡܒܥܕܝܢ. 9 ܥܢܝ ܗܠܝܢ ܚܟܝܡܬܐ ܘܐܡܪܢ.
ܕܠܡܐ ܠܐ ܢܣܦܩ ܠܢ ܘܠܟܝܢ. ܐܠܐ ܙܠܝܢ ܠܘܬ ܐܝܠܝܢ ܕܡܙܒܢܝܢ
ܘܙܒܢܝܢ ܠܟܝܢ. 10 ܘܟܕ ܐܙܠ ܠܡܙܒܢ. ܐܬܐ ܚܬܢܐ. ܘܐܝܠܝܢ
ܕܡܛܝܒܢ ܗܘܝ ܥܠܝ ܥܡܗ ܠܒܝܬ ܚܠܘܠܐ. ܘܐܬܐܚܕ ܬܪܥܐ.
11 ܒܚܪܬܐ ܕܝܢ ܐܬܝ ܐܦ ܗܠܝܢ ܒܬܘܠܬܐ. ܐܚܪܢܝܬܐ ܘܐܡܪܢ.
ܡܪܢ ܡܪܢ ܦܬܚ ܠܢ. 12 ܗܘ ܕܝܢ ܥܢܐ ܘܐܡܪ ܠܗܝܢ. ܐܡܝܢ
ܐܡܪ ܐܢܐ ܠܟܝܢ. ܕܠܐ ܝܕܥ ܐܢܐ ܠܟܝܢ. 13 ܐܬܬܥܝܪܘ ܗܟܝܠ.
ܕܠܐ ܝܕܥܝܢ ܐܝܬܝܟܘܢ ܠܫܥܬܐ ܗܝ ܘܠܐ ܠܝܘܡܐ ܀ 14 ܐܝܟ ܓܒܪܐ
ܓܝܪ ܕܢܦܩ: ܩܪܐ ܠܥܒܕܘܗܝ. ܘܐܫܠܡ ܠܗܘܢ ܩܢܝܢܗ.
15 ܐܝܬ ܕܝܗܒ ܠܗ ܚܡܫ ܟܟܪܝܢ: ܘܐܝܬ ܕܬܪܬܝܢ. ܘܐܝܬ
ܕܚܕܐ. ܐܢܫ ܐܢܫ ܐܝܟ ܚܝܠܗ ܘܢܦܩ ܡܚܕܐ. 16 ܐܙܠ ܕܝܢ
ܗܘ ܕܢܣܒ ܚܡܫ ܟܟܪܝܢ: ܐܬܬܓܪ ܒܗܝܢ ܘܐܘܬܪ ܚܡܫ
ܐܚܪܢܝܢ. 17 ܘܗܟܘܬ ܗܘ ܕܬܪܬܝܢ: ܐܘܬܪ ܬܪܬܝܢ ܐܚܪܢܝܢ.
18 ܗܘ ܕܝܢ ܕܢܣܒ ܚܕܐ: ܐܙܠ ܚܦܪ ܒܐܪܥܐ ܘܛܫܝ ܟܣܦܐ
ܕܡܪܗ. 19 ܒܬܪ ܕܝܢ ܙܒܢܐ ܣܓܝܐܐ: ܐܬܐ ܡܪܗܘܢ ܕܥܒܕܐ
ܗܢܘܢ: ܘܢܣܒ ܡܢܗܘܢ ܚܘܫܒܢܐ. 20 ܘܩܪܒ ܗܘ ܕܢܣܒ
ܗܘܐ ܚܡܫ ܟܟܪܝܢ. ܘܩܪܒ ܚܡܫ ܐܚܪܢܝܢ. ܘܐܡܪ. ܡܪܝ:

ܚܡܫ ܟܟܪܝܢ ܝܗܒܬ ܠܝ܆ ܗܐ ܚܡܫ ܐܚܪܢܝܢ ܐܬܬܓܪܬ
ܥܠܝܗܝܢ. 21 ܐܡܪ ܠܗ ܡܪܗ. ܐܘ ܥܒܕܐ ܛܒܐ ܘܡܗܝܡܢܐ.
ܥܠ ܩܠܝܠ ܡܗܝܡܢ ܗܘܝܬ. ܥܠ ܣܓܝ ܐܩܝܡܟ. ܥܘܠ
ܠܚܕܘܬܗ ܕܡܪܟ. 22 ܘܩܪܒ ܗܘ ܕܬܪܬܝܢ ܟܟܪܝܢ ܘܐܡܪ.
ܡܪܝ܆ ܬܪܬܝܢ ܟܟܪܝܢ ܝܗܒܬ ܠܝ܆ ܗܐ ܬܪܬܝܢ ܐܚܪܢܝܢ
ܐܬܬܓܪܬ ܥܠܝܗܝܢ. 23 ܐܡܪ ܠܗ ܡܪܗ. ܐܘ ܥܒܕܐ ܛܒܐ
ܘܡܗܝܡܢܐ. ܥܠ ܩܠܝܠ ܡܗܝܡܢ ܗܘܝܬ. ܥܠ ܣܓܝ
ܐܩܝܡܟ. ܥܘܠ ܠܚܕܘܬܗ ܕܡܪܟ. 24 ܩܪܒ ܕܝܢ ܐܦ ܗܘ
ܕܢܣܒ ܚܕܐ ܟܟܪܐ ܘܐܡܪ. ܡܪܝ܆ ܝܕܥ ܗܘܝܬ ܠܟ ܕܓܒܪܐ
ܐܢܬ ܩܫܝܐ. ܘܚܨܕ ܐܢܬ ܐܝܟܐ ܕܠܐ ܙܪܥܬ. ܘܟܢܫ ܐܢܬ ܡܢ
ܐܝܟܐ ܕܠܐ ܒܕܪܬ. 25 ܘܕܚܠܬ ܘܐܙܠܬ ܛܫܝܬܗ ܠܟܟܪܟ ܒܐܪܥܐ.
ܗܐ ܐܝܬ ܠܟ ܕܝܠܟ. 26 ܥܢܐ ܡܪܗ ܘܐܡܪ ܠܗ. ܥܒܕܐ
ܒܝܫܐ ܘܚܒܢܢܐ܆ ܝܕܥ ܗܘܝܬ ܠܝ ܕܚܨܕ ܐܢܐ ܐܝܟܐ ܕܠܐ ܙܪܥܬ.
ܘܟܢܫ ܐܢܐ ܡܢ ܐܝܟܐ ܕܠܐ ܒܕܪܬ܆ 27 ܘܠܐ ܗܘܐ ܠܟ ܕܬܪܡܐ
ܟܣܦܝ ܥܠ ܬܪܘܬܐ. ܘܐܬܐ ܗܘܝܬ ܐܢܐ ܘܬܒܥ ܗܘܝܬ ܕܝܠܝ
ܥܡ ܪܒܝܬܗ. 28 ܫܩܘܠܘ ܗܟܝܠ ܡܢܗ ܟܟܪܐ. ܘܗܒܘܗ
ܠܗܘ ܕܐܝܬ ܠܗ ܥܣܪ ܟܟܪܝܢ. 29 ܠܡܢ ܓܝܪ ܕܐܝܬ ܠܗ
ܢܬܝܗܒ ܠܗ ܘܢܬܬܘܣܦ ܠܗ. ܗܘ ܕܝܢ ܕܠܝܬ ܠܗ.
ܘܐܦ ܗܘ ܕܐܝܬ ܠܗ ܢܫܬܩܠ ܡܢܗ. 30 ܘܠܥܒܕܐ ܒܛܝܠܐ
ܐܦܩܘܗܝ ܠܚܫܘܟܐ ܒܪܝܐ. ܬܡܢ ܢܗܘܐ ܒܟܝܐ ܘܚܘܪܩ
ܫܢܐ܀ 31 ܡܐ ܕܐܬܐ ܕܝܢ ܒܪܗ ܕܐܢܫܐ ܒܫܘܒܚܗ܆ ܘܟܠܗܘܢ
ܡܠܐܟܘܗܝ ܩܕܝܫܐ ܥܡܗ. ܗܝܕܝܢ ܢܬܒ ܥܠ ܬܪܘܢܘܣ
ܕܫܘܒܚܗ܆ 32 ܘܢܬܟܢܫܘܢ ܩܕܡܘܗܝ ܟܠܗܘܢ ܥܡܡܐ.
ܘܢܦܪܘܫ ܐܢܘܢ ܚܕ ܡܢ ܚܕ܆ ܐܝܟ ܪܥܝܐ ܕܡܦܪܫ ܥܪܒܐ ܡܢ
ܓܕܝܐ. 33 ܘܢܩܝܡ ܥܪܒܐ ܡܢ ܝܡܝܢܗ. ܘܓܕܝܐ ܡܢ
ܣܡܠܗ. 34 ܗܝܕܝܢ ܢܐܡܪ ܡܠܟܐ ܠܗܠܝܢ ܕܡܢ ܝܡܝܢܗ.
ܬܘ ܒܪܝܟܘܗܝ ܕܐܒܝ. ܐܪܬܘ ܡܠܟܘܬܐ ܕܡܛܝܒܐ ܗܘܬ ܠܟܘܢ
ܡܢ ܬܪܡܝܬܗ ܕܥܠܡܐ. 35 ܟܦܢܬ ܓܝܪ ܘܝܗܒܬܘܢ ܠܝ

ܠܡܐܟܠ. ܨܗܝܬ ܘܐܫܩܝܬܘܢܢܝ. ܐܟܣܢܝܐ ܗܘܝܬ
ܘܟܢܫܬܘܢܢܝ. 36 ܥܪܛܠܝܐ ܗܘܝܬ ܘܟܣܝܬܘܢܢܝ. ܟܪܝܗ
ܗܘܝܬ ܘܣܥܪܬܘܢܢܝ. ܘܒܒܝܬ ܐܣܝܪܐ ܗܘܝܬ ܘܐܬܝܬܘܢ ܠܘܬܝ.
37 ܗܝܕܝܢ ܢܐܡܪܘܢ ܠܗ ܗܢܘܢ ܙܕܝܩܐ. ܡܪܢ: ܐܡܬܝ ܚܙܝܢܟ
ܕܟܦܢ ܐܢܬ ܘܬܪܣܝܢܟ: ܐܘ ܕܨܗܐ ܐܢܬ ܘܐܫܩܝܢܟ. 38 ܘܐܡܬܝ
ܚܙܝܢܟ ܕܐܟܣܢܝܐ ܐܢܬ ܘܟܢܫܢܟ. ܐܘ ܕܥܪܛܠܝ ܐܢܬ
ܘܟܣܝܢܟ. 39 ܘܐܡܬܝ ܚܙܝܢܟ ܟܪܝܗܐ ܐܘ ܒܒܝܬ ܐܣܝܪܐ ܘܐܬܝܢ
ܠܘܬܟ. 40 ܘܥܢܐ ܡܠܟܐ ܘܐܡܪ ܠܗܘܢ. ܐܡܝܢ ܐܡܪ ܐܢܐ
ܠܟܘܢ. ܕܡܐ ܕܥܒܕܬܘܢ ܠܚܕ ܡܢ ܗܠܝܢ ܐܚܝ ܙܥܘܪܐ ܠܝ
ܗܘ ܥܒܕܬܘܢ. 41 ܗܝܕܝܢ ܢܐܡܪ ܐܦ ܠܗܢܘܢ ܕܡܢ ܣܡܠܗ.
ܙܠܘ ܠܟܘܢ ܡܢܝ ܠܝܛܐ ܠܢܘܪܐ ܕܠܥܠܡ. ܗܝ ܕܡܛܝܒܐ
ܠܐܟܠܩܪܨܐ ܘܠܡܠܐܟܘܗܝ. 42 ܟܦܢܬ ܓܝܪ ܘܠܐ ܝܗܒܬܘܢ ܠܝ
ܠܡܐܟܠ. ܨܗܝܬ ܘܠܐ ܐܫܩܝܬܘܢܢܝ. 43 ܘܐܟܣܢܝܐ ܗܘܝܬ ܘܠܐ
ܟܢܫܬܘܢܢܝ. ܘܥܪܛܠܝܐ ܗܘܝܬ ܘܠܐ ܟܣܝܬܘܢܢܝ ܘܟܪܝܗܐ
ܗܘܝܬ ܘܒܒܝܬ ܐܣܝܪܐ ܗܘܝܬ ܘܠܐ ܣܥܪܬܘܢܢܝ. 44 ܗܝܕܝܢ
ܢܥܢܘܢ ܐܦ ܗܢܘܢ ܘܢܐܡܪܘܢ. ܡܪܢ: ܐܡܬܝ ܚܙܝܢܟ ܟܦܢܐ
ܐܘ ܨܗܝܐ: ܐܘ ܐܟܣܢܝܐ. ܐܘ ܥܪܛܠܝܐ. ܐܘ ܟܪܝܗܐ ܐܘ ܒܒܝܬ
ܐܣܝܪܐ ܘܠܐ ܫܡܫܢܟ. 45 ܗܝܕܝܢ ܢܥܢܐ ܘܢܐܡܪ ܠܗܘܢ. ܐܡܝܢ
ܐܡܪ ܐܢܐ ܠܟܘܢ. ܕܡܐ ܕܠܐ ܥܒܕܬܘܢ ܠܚܕ ܡܢ ܗܠܝܢ ܙܥܘܪܐ
ܐܦ ܠܐ ܠܝ ܥܒܕܬܘܢ. 46 ܘܢܐܙܠܘܢ ܗܠܝܢ ܠܬܫܢܝܩܐ ܕܠܥܠܡ.
ܘܙܕܝܩܐ ܠܚܝܐ ܕܠܥܠܡ ܀

ܡܬܝ ܀ ܟܘ ܀

1 ܘܗܘܐ ܕܟܕ ܫܠܡ ܝܫܘܥ ܟܠܗܘܢ ܡܠܐ ܗܠܝܢ: ܐܡܪ
ܠܬܠܡܝܕܘܗܝ. 2 ܝܕܥܝܢ ܐܢܬܘܢ ܕܒܬܪ ܬܪܝܢ ܝܘܡܝܢ ܗܘܐ
ܦܨܚܐ: ܘܒܪܗ ܕܐܢܫܐ ܡܫܬܠܡ ܕܢܙܕܩܦ. 3 ܗܝܕܝܢ
ܐܬܟܢܫܘ ܪܒܝ ܟܗܢܐ ܘܣܦܪܐ ܘܩܫܝܫܐ ܕܥܡܐ: ܠܕܪܬܗ
ܕܪܒ ܟܗܢܐ ܕܡܬܩܪܐ ܩܝܦܐ. 4 ܘܐܬܡܠܟܘ ܥܠ ܝܫܘܥ:

ܕܒܢܟܠܐ ܢܐܚܕܘܢܝܗܝ ܘܢܩܛܠܘܢܝܗܝ. 5 ܘܐܡܪܝܢ ܗܘܘ ܠܐ
ܒܥܐܕܐ. ܕܠܐ ܢܗܘܐ ܫܓܘܫܝܐ ܒܥܡܐ ✤ 6 ܘܟܕ ܗܘܐ
ܝܫܘܥ ܒܒܝܬ ܥܢܝܐ. ܒܒܝܬܗ ܕܫܡܥܘܢ ܓܪܒܐ: 7 ܩܪܒܬ
ܠܗ ܐܢܬܬܐ ܕܐܝܬ ܥܡܗ ܫܛܝܦܬܐ ܕܒܣܡܐ ܕܢܪܕܝܢ ܪܫܝܐ
ܕܡܝܐ: ܘܐܫܦܥܬܗ ܥܠ ܪܝܫܗ ܕܝܫܘܥ ܟܕ ܣܡܝܟ.
8 ܚܙܘ ܕܝܢ ܬܠܡܝܕܘܗܝ ܘܐܬܒܐܫ ܠܗܘܢ ܘܐܡܪܝܢ. ܠܡܢܐ
ܐܒܕܢܐ ܗܢܐ. 9 ܡܫܟܚ ܗܘܐ ܓܝܪ ܕܢܙܕܒܢ ܗܢܐ ܒܣܓܝ
ܘܢܬܝܗܒ ܠܡܣܟܢܐ. 10 ܝܫܘܥ ܕܝܢ ܝܕܥ ܘܐܡܪ ܠܗܘܢ.
ܡܢܐ ܡܗܠܝܢ ܐܢܬܘܢ ܠܗ ܠܐܢܬܬܐ. ܥܒܕܐ ܫܦܝܪܐ ܥܒܕܬ
ܠܘܬܝ. 11 ܒܟܠܙܒܢ ܓܝܪ ܡܣܟܢܐ ܐܝܬ ܠܟܘܢ ܥܡܟܘܢ.
ܠܝ ܕܝܢ. ܠܐ ܒܟܠܙܒܢ ܐܝܬ ܠܟܘܢ. 12 ܗܕܐ ܕܝܢ ܕܐܪܡܝܬ
ܒܣܡܐ ܗܢܐ ܥܠ ܦܓܪܝ: ܐܝܟ ܕܠܩܒܘܪܬܝ ܥܒܕܬ.
13 ܘܐܡܝܢ ܐܡܪ ܐܢܐ ܠܟܘܢ. ܕܐܝܟܐ ܕܡܬܟܪܙܐ ܣܒܪܬܝ ܗܕܐ
ܒܟܠܗ ܥܠܡܐ: ܢܬܡܠܠ. ܐܦ ܡܕܡ ܕܥܒܕܬ ܗܕܐ
ܠܕܘܟܪܢܗ. 14 ܗܝܕܝܢ ܐܙܠ ܚܕ ܡܢ ܬܪܥܣܪ ܕܡܬܩܪܐ
ܝܗܘܕܐ ܣܟܪܝܘܛܐ ܠܘܬ ܪܒܝ ܟܗܢܐ. 15 ܘܐܡܪ ܠܗܘܢ.
ܡܢܐ ܨܒܝܢ ܐܢܬܘܢ ܠܡܬܠ ܠܝ: ܘܐܢܐ ܡܫܠܡ ܐܢܐ ܠܗ
ܠܟܘܢ. ܗܢܘܢ ܕܝܢ ܐܩܝܡܘ ܠܗ ܬܠܬܝܢ ܕܟܣܦܐ. 16 ܘܡܢ
ܗܝܕܝܢ ܒܥܐ ܗܘܐ ܠܗ ܦܠܓܐ ܕܢܫܠܡܝܘܗܝ ✤ 17 ܒܝܘܡܐ
ܕܝܢ ܩܕܡܝܐ ܕܦܛܝܪܐ: ܩܪܒܘ ܬܠܡܝܕܐ ܠܘܬ ܝܫܘܥ. ܘܐܡܪܝܢ
ܠܗ. ܐܝܟܐ ܨܒܐ ܐܢܬ ܕܢܛܝܒ ܠܟ ܕܬܐܟܘܠ ܦܨܚܐ. 18 ܗܘ
ܕܝܢ ܐܡܪ ܠܗܘܢ. ܙܠܘ ܠܡܕܝܢܬܐ ܠܘܬ ܦܠܢ ܘܐܡܪܘ ܠܗ.
ܪܒܢ ܐܡܪ: ܙܒܢܝ ܡܛܐ ܠܗ. ܠܘܬܟ ܥܒܕ ܐܢܐ ܦܨܚܐ ܥܡ
ܬܠܡܝܕܝ. 19 ܘܬܠܡܝܕܘܗܝ ܥܒܕܘ ܐܝܟܢܐ ܕܦܩܕ ܠܗܘܢ
ܝܫܘܥ. ܘܛܝܒܘ ܦܨܚܐ. 20 ܘܟܕ ܗܘܐ ܪܡܫܐ: ܣܡܝܟ ܗܘܐ
ܥܡ ܬܪܥܣܪ ܬܠܡܝܕܘܗܝ. 21 ܘܟܕ ܠܥܣܝܢ ܐܡܪ. ܐܡܝܢ
ܐܡܪ ܐܢܐ ܠܟܘܢ. ܕܚܕ ܡܢܟܘܢ ܡܫܠܡ ܠܝ. 22 ܘܟܪܝܬ
ܠܗܘܢ ܛܒ. ܘܫܪܝܘ ܠܡܐܡܪ ܠܗ ܚܕ ܚܕ ܡܢܗܘܢ. ܠܡܐ

ܐܢܐ ܡܪܝ: 23 ܗܘ ܕܝܢ ܥܢܐ ܘܐܡܪ: ܡܢ ܕܨܒܥ ܐܝܕܗ ܥܡܝ
ܒܠܓܬܐ ܗܘ ܢܫܠܡܢܝ. 24 ܘܒܪܗ ܕܐܢܫܐ ܐܙܠ ܐܝܟܢܐ
ܕܟܬܝܒ ܥܠܘܗܝ. ܘܝ ܠܗ ܕܝܢ ܠܓܒܪܐ ܗܘ ܕܒܐܝܕܗ
ܒܪܗ ܕܐܢܫܐ ܡܫܬܠܡ: ܦܩܚ ܗܘܐ ܠܗ ܠܓܒܪܐ ܗܘ
ܐܠܘ ܠܐ ܐܬܝܠܕ. 25 ܥܢܐ ܝܗܘܕܐ ܡܫܠܡܢܐ ܘܐܡܪ. ܕܠܡܐ
ܐܢܐ ܗܘ ܪܒܝ: ܐܡܪ ܠܗ ܝܫܘܥ. ܐܢܬ ܐܡܪܬ. 26 ܟܕ ܕܝܢ
ܠܥܣܝܢ: ܢܣܒ ܝܫܘܥ ܠܚܡܐ: ܘܒܪܟ ܘܩܨܐ ܘܝܗܒ
ܠܬܠܡܝܕܘܗܝ. ܘܐܡܪ: ܣܒܘ ܐܟܘܠܘ. ܗܢܘ ܦܓܪܝ.
27 ܘܫܩܠ ܟܣܐ ܘܐܘܕܝ. ܘܝܗܒ ܠܗܘܢ ܘܐܡܪ. ܣܒܘ
ܐܫܬܘ ܡܢܗ ܟܠܟܘܢ. 28 ܗܢܘ ܕܡܝ ܕܕܝܬܩܐ ܚܕܬܐ:
ܕܚܠܦ ܣܓܝܐܐ ܡܬܐܫܕ ܠܫܘܒܩܢܐ ܕܚܛܗܐ. 29 ܐܡܪ ܐܢܐ
ܠܟܘܢ ܕܝܢ: ܕܠܐ ܐܫܬܐ ܡܢ ܗܫܐ ܡܢ ܗܢܐ ܝܠܕܐ ܕܓܦܬܐ:
ܥܕܡܐ ܠܗܘ ܝܘܡܐ ܕܒܗ ܐܫܬܝܘܗܝ ܥܡܟܘܢ ܚܕܬܐ ܒܡܠܟܘܬܗ
ܕܐܒܝ. 30 ܘܫܒܚܘ ܘܢܦܩܘ ܠܛܘܪܐ ܕܙܝܬܐ ܀ 31 ܗܝܕܝܢ ܐܡܪ
ܠܗܘܢ ܝܫܘܥ. ܟܠܟܘܢ ܬܬܟܫܠܘܢ ܒܝ ܒܗܢܐ
ܠܠܝܐ. ܟܬܝܒ ܓܝܪ ܕܐܡܚܐ ܠܪܥܝܐ. ܘܢܬܒܕܪܘܢ ܥܢܐ
ܕܡܪܥܝܬܗ. 32 ܡܢ ܒܬܪ ܕܩܐܡ ܐܢܐ ܕܝܢ: ܩܕܡ ܐܢܐ ܠܟܘܢ
ܠܓܠܝܠܐ. 33 ܥܢܐ ܟܐܦܐ ܘܐܡܪ ܠܗ. ܐܦܢ ܟܠܗܘܢ ܢܬܟܫܠܘܢ
ܒܟ. ܐܢܐ ܡܡܬܘܡ ܠܐ ܐܬܟܫܠ ܒܟ. 34 ܐܡܪ ܠܗ ܝܫܘܥ.
ܐܡܝܢ ܐܡܪ ܐܢܐ ܠܟ. ܕܒܗܢܐ ܠܠܝܐ ܩܕܡ ܕܢܩܪܐ ܬܪܢܓܠܐ:
ܬܠܬ ܙܒܢܝܢ ܬܟܦܘܪ ܒܝ. 35 ܐܡܪ ܠܗ ܟܐܦܐ. ܐܢ ܢܗܘܐ
ܠܝ ܕܐܡܘܬ ܥܡܟ. ܠܐ ܐܟܦܘܪ ܒܟ. ܘܗܟܢܐ ܐܦ ܟܠܗܘܢ
ܬܠܡܝܕܐ ܐܡܪܘ. 36 ܗܝܕܝܢ ܐܬܐ ܥܡܗܘܢ ܝܫܘܥ ܠܕܘܟܬܐ
ܕܡܬܩܪܝܐ ܓܕܣܡܢ. ܘܐܡܪ ܠܬܠܡܝܕܘܗܝ. ܬܒܘ ܗܪܟܐ
ܥܕ ܐܙܠ ܐܨܠܐ. 37 ܘܕܒܪ ܠܟܐܦܐ ܘܠܬܪܝܗܘܢ ܒܢܝ ܙܒܕܝ:
ܘܫܪܝ ܠܡܬܬܥܝܩܘ ܘܠܡܬܟܪܝܘ. 38 ܘܐܡܪ ܠܗܘܢ. ܟܪܝܐ
ܗܝ ܠܗ ܠܢܦܫܝ ܥܕܡܐ ܠܡܘܬܐ. ܩܘܘ ܠܝ ܗܪܟܐ ܘܐܬܬܥܝܪܘ
ܥܡܝ. 39 ܘܦܪܩ ܩܠܝܠ ܘܢܦܠ ܥܠ ܐܦܘܗܝ. ܘܡܨܠܐ

ܦܘܡܐ ܘܐܡܪ. ܐܒܝ: ܐܢ ܡܡܟܢܐ ܢܥܒܪܝ ܟܣܐ ܗܢܐ
ܡܢܝ ܠܐ ܐܝܟ ܕܐܢܐ ܨܒܐ ܐܢܐ ܐܠܐ ܐܝܟ ܕܐܢܬ. 40 ܘܐܬܐ ܠܘܬ
ܬܠܡܝܕܘܗܝ: ܘܐܫܟܚ ܐܢܘܢ ܟܕ ܕܡܟܝܢ. ܘܐܡܪ ܠܟܐܦܐ.
ܗܟܢܐ ܠܐ ܐܫܟܚܬܘܢ ܚܕܐ ܫܥܐ ܕܬܬܥܝܪܘܢ ܥܡܝ: 41 ܐܬܬܥܝܪܘ
ܘܨܠܘ ܕܠܐ ܬܥܠܘܢ ܠܢܣܝܘܢܐ. ܪܘܚܐ ܡܛܝܒܐ ܝܠܗ̇ ܦܓܪܐ ܕܝܢ
ܟܪܝܗ. 42 ܬܘܒ ܐܙܠ ܕܬܪܬܝܢ ܙܒܢܝܢ ܘܨܠܐ. ܐܒܝ:
ܐܢ ܠܐ ܡܡܟܢ ܗܢܐ ܟܣܐ ܕܥܒܪ: ܐܠܐ ܐܢ ܐܫܬܝܬܗ: ܢܗܘܐ
ܨܒܝܢܟ. 43 ܘܐܬܐ ܬܘܒ ܐܫܟܚ ܐܢܘܢ ܟܕ ܕܡܟܝܢ. ܥܝܢܝܗܘܢ
ܓܝܪ ܝܩܝܪܢ ܗܘܝ. 44 ܘܫܒܩ ܐܢܘܢ. ܘܐܙܠ ܬܘܒ ܨܠܐ
ܕܬܠܬ ܙܒܢܝܢ: ܘܡܠܗ̇ ܠܡܠܬܐ ܐܡܪ. 45 ܗܝܕܝܢ ܐܬܐ ܠܘܬ
ܬܠܡܝܕܘܗܝ ܘܐܡܪ ܠܗܘܢ. ܕܡܟܘ ܡܟܝܠ ܘܐܬܬܢܝܚܘ.
ܗܐ ܡܛܬ ܫܥܬܐ. ܘܒܪܗ ܕܐܢܫܐ ܡܫܬܠܡ ܒܐܝܕܝܗܘܢ
ܕܚܛܝܐ. 46 ܩܘܡܘ ܢܐܙܠ. ܗܐ ܡܛܐ ܗܘ ܕܡܫܠܡ ܠܝ.
47 ܘܟܕ ܗܘ ܡܡܠܠ: ܗܐ ܝܗܘܕܐ ܡܫܠܡܢܐ ܚܕ ܡܢ
ܬܪܥܣܪܬܐ ܐܬܐ. ܘܥܡܗ ܟܢܫܐ ܣܓܝܐܐ. ܥܡ ܣܦܣܝܪܐ
ܘܚܘܛܪܐ. ܡܢ ܠܘܬ ܪ̈ܒܢܐ ܕܟܗܢܐ ܘܩܫܝ̈ܫܐ ܕܥܡܐ. 48 ܘܝܗܒ
ܗܘܐ ܠܗܘܢ ܐܬܐ ܡܫܠܡܢܐ ܘܐܡܪ. ܠܗܘ ܕܢܫܩ
ܐܢܐ ܗܘ ܗܘ ܐܚܘܕܘ. 49 ܘܡܚܕܐ ܩܪܒ ܠܘܬ ܝܫܘܥ
ܘܐܡܪ. ܫܠܡ ܪܒܝ ܘܢܫܩܗ. 50 ܗܘ ܕܝܢ ܝܫܘܥ ܐܡܪ
ܠܗ. ܥܠ ܗܝ ܕܐܬܝܬ ܚܒܪܝ. ܗܝܕܝܢ ܐܬܩܪܒܘ: ܘܐܪܡܝܘ
ܐܝܕܝܗܘܢ ܥܠ ܝܫܘܥ ܘܐܚܕܘܗܝ. 51 ܘܗܐ ܚܕ ܡܢ ܗܢܘܢ
ܕܥܡ ܝܫܘܥ. ܐܘܫܛ ܐܝܕܗ ܘܫܡܛ ܣܦܣܝܪܐ: ܘܡܚܝܗܝ
ܠܥܒܕܗ ܕܪܒ ܟܗܢܐ. ܘܫܩܠܗ ܐܕܢܗ ܀ 52 ܗܝܕܝܢ ܐܡܪ
ܠܗ ܝܫܘܥ. ܐܗܦܟ ܣܦܣܝܪܐ ܠܕܘܟܬܗ. ܟܠܗܘܢ ܓܝܪ
ܗܢܘܢ ܕܢܣܒܘ ܣܦܣܝܪܐ. ܒܣܦܣܝܪܐ ܢܡܘܬܘܢ. 53 ܐܘ ܣܒܪ ܐܢܬ
ܕܠܐ ܡܫܟܚ ܐܢܐ ܕܐܒܥܐ ܡܢ ܐܒܝ: ܘܢܩܝܡ ܠܝ ܗܫܐ ܝܬܝܪ
ܡܢ ܬܪܬܥܣܪ ܠܓܝܘܢܝܢ ܕܡܠܐܟܐ. 54 ܐܝܟܢܐ ܗܟܝܠ
ܢܫܬܠܡܢ ܟܬܒܐ: ܕܗܟܢܐ ܘܠܐ ܕܢܗܘܐ: 55 ܒܗܝ ܫܥܬܐ

ܐܡܪ ܝܫܘܥ ܠܟܢ̈ܫܐ. ܐܝܟ ܕܥܠ ܓܝܣܐ ܢܦܩܬܘܢ ܒܣܝܦ̈ܐ
ܘܒܚܘܛܪ̈ܐ ܕܬܐܚܕܘܢܢܝ. ܟܠܝܘܡ ܠܘܬܟܘܢ ܒܗܝܟܠܐ ܝܬܒ
ܗܘܝܬ ܘܡܠܦ ܘܠܐ ܐܚܕܬܘܢܢܝ. 56 ܗܕܐ ܕܝܢ ܕܗܘܬ:
ܕܢܬܡܠܝܢ ܟܬܒ̈ܐ ܕܢܒܝ̈ܐ. ܗܝܕܝܢ ܬܠܡܝ̈ܕܘܗܝ ܟܠܗܘܢ
ܫܒܩܘܗܝ ܘܥܪܩܘ. 57 ܘܗܢܘܢ ܕܐܚܕܘܗܝ ܠܝܫܘܥ:
ܐܘܒܠܘܗܝ ܠܘܬ ܩܝܦܐ ܪܒ ܟܗ̈ܢܐ. ܐܝܟܐ ܕܣܦܪ̈ܐ ܘܩܫܝܫ̈ܐ
ܟܢܝܫܝܢ ܗܘܘ. 58 ܫܡܥܘܢ ܕܝܢ ܟܐܦܐ. ܐܙܠ ܗܘܐ ܒܬܪܗ
ܡܢ ܪܘܚܩܐ: ܥܕܡܐ ܠܕܪܬܗ ܕܪܒ ܟܗ̈ܢܐ. ܘܥܠ ܝܬܒ
ܠܓܘ ܥܡ ܕܚ̈ܫܐ ܕܢܚܙܐ ܫܘܠܡܐ܀ 59 ܪ̈ܒܝ ܟܗ̈ܢܐ ܕܝܢ ܘܩܫܝܫ̈ܐ
ܘܟܠܗ ܟܢܘܫܬܐ ܟܠܗ: ܒܥܝܢ ܗܘܘ ܥܠ ܝܫܘܥ ܣܗܕܘܬܐ ܐܝܟ
ܕܢܡܝܬܘܢܝܗܝ. 60 ܘܠܐ ܐܫܟܚܘ: ܘܐܬܘ ܣܗ̈ܕܐ ܣܓܝ̈ܐܐ ܣܗ̈ܕܐ
ܕܫܘܩܪܐ. ܐܚܪܝܬ ܕܝܢ ܩܪܒܘ ܬܪܝܢ. 61 ܘܐܡܪܝܢ. ܗܢܐ ܐܡܪ:
ܕܡܫܟܚ ܐܢܐ ܕܐܫܪܐ ܗܝܟܠܐ ܕܐܠܗܐ: ܘܠܬܠܬܐ ܝܘܡ̈ܝܢ
ܐܒܢܝܘܗܝ. 62 ܘܩܡ ܪܒ ܟܗ̈ܢܐ ܘܐܡܪ ܠܗ. ܠܐ ܡܦܢܐ ܡܦܢܐ
ܐܝܬ ܦܬܓܡܐ: ܡܢܐ ܡܣܗܕܝܢ ܥܠܝܟ ܗܠܝܢ. 63 ܝܫܘܥ
ܕܝܢ ܡܫܬܩ ܗܘܐ. ܘܥܢܐ ܪܒ ܟܗ̈ܢܐ ܘܐܡܪ ܠܗ. ܡܘܡܐ
ܐܢܐ ܠܟ ܒܐܠܗܐ ܚܝܐ: ܕܬܐܡܪ ܠܢ ܐܢ ܐܢܬ ܗܘ ܡܫܝܚܐ
ܒܪܗ ܕܐܠܗܐ. 64 ܐܡܪ ܠܗ ܝܫܘܥ. ܐܢܬ ܐܡܪܬ. ܐܡܪ ܐܢܐ
ܠܟܘܢ ܕܝܢ܆ ܕܡܢ ܗܫܐ ܬܚܙܘܢܝܗܝ ܠܒܪܗ ܕܐܢܫܐ. ܕܝܬܒ
ܡܢ ܝܡܝܢܐ ܕܚܝܠܐ: ܘܐܬܐ ܥܠ ܥܢܢ̈ܝ ܫܡܝܐ. 65 ܗܝܕܝܢ ܪܒ
ܟܗ̈ܢܐ ܨܪܝ ܢܚܬܘܗܝ ܘܐܡܪ. ܗܐ ܓܕܦ. ܡܢܐ ܬܘܒ
ܡܬܒܥܝܢ ܠܢ ܣܗ̈ܕܐ. ܗܐ ܗܫܐ ܫܡܥܬܘܢ ܓܘܕܦܗ.
66 ܡܢܐ ܨܒܝܢ ܐܢܬܘܢ. ܥܢܘ ܘܐܡܪܝܢ. ܚܝܒ ܗܘ ܡܘܬܐ܀
67 ܗܝܕܝܢ ܪܩܘ ܒܐܦܘܗܝ. ܘܡܩܦܚܝܢ ܗܘܘ ܠܗ. ܐܚܪ̈ܢܐ
ܕܝܢ ܡܚܝܢ ܗܘܘ ܠܗ. 68 ܘܐܡܪܝܢ. ܐܬܢܒܐ ܠܢ ܡܫܝܚܐ
ܡܢܘ ܗܘ ܕܡܚܟ. 69 ܟܐܦܐ ܕܝܢ ܝܬܒ ܗܘܐ ܠܒܪ ܒܕܪܬܐ.
ܘܩܪܒܬ ܠܘܬܗ ܐܡܬܐ ܚܕܐ ܘܐܡܪܐ ܠܗ. ܐܦ ܐܢܬ ܥܡ
ܝܫܘܥ ܗܘܝܬ ܢܨܪܝܐ. 70 ܗܘ ܕܝܢ ܟܦܪ ܩܕܡ ܟܠܗܘܢ ܘܐܡܪ.

ܠܐ ܝܕܥ ܐܢܐ ܡܢܐ ܐܡܪܐ ܐܢܬܝ. 71 ܘܟܕ ܢܦܩ ܠܦܬܚܐ ܚܙܬܗ
ܐܚܪܬܐ ܘܐܡܪܐ ܠܗܘܢ. ܕܬܡܢ ܗܘܐ ܐܦ ܗܢܐ ܥܡ ܝܫܘܥ
ܢܨܪܝܐ. 72 ܘܬܘܒ ܟܦܪ ܒܡܘܡܬܐ: ܕܠܐ ܝܕܥ ܐܢܐ ܠܗ
ܠܓܒܪܐ. 73 ܡܢ ܒܬܪ ܩܠܝܠ ܕܝܢ: ܩܪܒܘ ܗܢܘܢ ܕܩܝܡܝܢ
ܘܐܡܪܘ ܠܟܐܦܐ. ܫܪܝܪܐܝܬ ܐܦ ܐܢܬ ܡܢܗܘܢ ܐܢܬ. ܐܦ
ܡܡܠܠܟ ܓܝܪ ܡܘܕܥ ܠܟ. 74 ܗܝܕܝܢ ܫܪܝ ܠܡܚܪܡܘ
ܘܠܡܐܡܐ: ܕܠܐ ܝܕܥ ܐܢܐ ܠܗ ܠܓܒܪܐ. ܘܒܗ ܒܫܥܬܐ
ܩܪܐ ܬܪܢܓܠܐ. 75 ܘܐܬܕܟܪ ܟܐܦܐ ܡܠܬܗ ܕܝܫܘܥ ܕܐܡܪ ܗܘܐ
ܠܗ: ܕܥܕܠܐ ܢܩܪܐ ܬܪܢܓܠܐ ܬܠܬ ܙܒܢܝܢ ܬܟܦܘܪ ܒܝ.
ܘܢܦܩ ܠܒܪ ܒܟܐ ܡܪܝܪܐܝܬ ܀

ܡܬܝ ܀ ܟܙ ܀

1 ܟܕ ܕܝܢ ܗܘܐ ܨܦܪܐ: ܡܠܟܐ ܢܣܒܘ ܥܠ ܝܫܘܥ ܪܒܝ
ܟܗܢܐ ܘܩܫܝܫܐ ܕܥܡܐ ܐܝܟ ܕܢܡܝܬܘܢܝܗܝ. 2 ܘܐܣܪܘܗܝ
ܘܐܘܒܠܘܗܝ. ܘܐܫܠܡܘܗܝ ܠܦܝܠܛܘܣ ܗܓܡܘܢܐ.
3 ܗܝܕܝܢ ܝܗܘܕܐ ܡܫܠܡܢܐ. ܟܕ ܚܙܐ ܕܐܬܚܝܒ ܝܫܘܥ
ܐܬܬܘܝ. ܘܐܙܠ ܐܗܦܟ ܗܠܝܢ ܬܠܬܝܢ ܕܟܣܦܐ ܠܪܒܝ ܟܗܢܐ
ܘܠܩܫܝܫܐ. 4 ܘܐܡܪ. ܣܟܠܬ ܕܐܫܠܡܬ ܕܡܐ ܙܟܝܐ. ܗܢܘܢ
ܕܝܢ ܐܡܪܘ ܠܗ. ܠܢ ܡܐ ܠܢ. ܐܢܬ ܝܕܥ ܐܢܬ. 5 ܘܫܕܝܗܝ
ܟܣܦܐ ܒܗܝܟܠܐ ܘܫܢܝ. ܘܐܙܠ ܚܢܩ ܢܦܫܗ. 6 ܪܒܝ
ܟܗܢܐ ܕܝܢ ܢܣܒܘܗܝ ܠܟܣܦܐ ܘܐܡܪܘ. ܠܐ ܫܠܝܛ
ܕܢܪܡܝܘܗܝ ܒܝܬ ܩܘܪܒܢܐ. ܡܛܠ ܕܛܝܡܝ ܕܡܐ ܗܘ.
7 ܘܢܣܒܘ ܡܠܟܐ: ܘܙܒܢܘ ܒܗ ܐܓܘܪܣܗ ܕܩܘܩܝܐ ܠܒܝܬ
ܩܒܘܪܐ ܕܐܟܣܢܝܐ. 8 ܡܛܠ ܗܢܐ ܐܬܩܪܝ ܐܓܘܪܣܐ ܗܘ:
ܩܪܝܬܐ ܕܕܡܐ ܥܕܡܐ ܠܝܘܡܢܐ. 9 ܗܝܕܝܢ ܐܬܡܠܝ ܡܕܡ
ܕܐܬܐܡܪ ܒܝܕ ܢܒܝܐ ܕܐܡܪ: ܕܢܣܒܬ ܬܠܬܝܢ ܕܟܣܦܐ ܛܝܡܗ
ܕܝܩܝܪܐ. ܕܦܣܩܘ ܡܢ ܒܢܝ ܐܝܣܪܝܠ. 10 ܘܝܗܒܬ ܐܢܘܢ
ܠܐܓܘܪܣܗ ܕܩܘܩܝܐ ܐܝܟ ܕܦܩܕ ܠܝ ܡܪܝܐ. 11 ܗܘ ܕܝܢ ܝܫܘܥ

ܩܡ ܡܕܡ ܗܓܡܘܢܐ. ܘܡܠܟܗ ܗܓܡܘܢܐ ܘܐܡܪ ܠܗ.
ܐܝܬ ܗܘ ܡܚܚܐ ܕܢܘܗܪܐ. ܐܡܪ ܠܗ ܢܡܘܣ. ܐܝܬ ܐܡܪܐ.
12 ܘܟܕ ܐܚܝܢ ܗܘܘ ܡܢܘܗܝ ܙܟܝ ܦܘܠܘܣ ܘܡܦܩܬܐ: ܡܢܕܡ
ܦܠܓܘܬܐ ܗܘܐ ܠܐ ܦܝܣ. 13 ܗܘܒܝ ܐܡܪ ܠܗ ܦܪܝܫܘܣ:
ܠܐ ܡܨܐ ܐܝܬ ܒܢܫܐ ܡܫܡܫܢ ܒܓܢܒ: 14 ܘܠܐ ܢܗܒ ܠܗ
ܦܠܓܘܬܐ. ܐܦ ܠܐ ܚܙܐ ܡܠܐ. ܘܟܠ ܗܘܐ ܐܬܐܡܪ ܢܒ ܀
15 ܒܟܠ ܟܐܙܪ ܕܝ ܡܟܝ ܗܘܐ ܗܓܡܘܢܐ ܕܢܡܪܐ ܐܦܩܪܐ ܢܒ
ܠܟܦܐ. ܐܢܐ ܕܗܘܝܢ ܙܟܝ ܗܘܘ. 16 ܐܦܩܪ ܗܘܐ ܠܗܘܢ
ܕܝ ܐܦܩܪܐ ܢܒܟܐ ܕܦܠܡܪܐ ܟܪ ܐܟܐ. 17 ܘܟܕ ܚܝܣܝܢ ܐܡܪ
ܠܗܘܢ ܦܪܝܫܘܣ. ܠܗܝܢ ܙܟܝ ܐܝܬܘܢ ܕܐܡܪܐ ܠܟܘܢ. ܠܟܪ
ܐܟܐ ܐܘ ܠܢܡܘܣ ܕܦܠܡܪܐ ܡܡܢܫܐ. 18 ܢܕܘ ܗܘܐ ܓܢܪ
ܦܪܝܫܘܣ ܕܡܢ ܣܦܪܐ ܐܡܓܡܘܢܝ. 19 ܟܕ ܢܓܪ ܕܝ
ܗܓܡܘܢܐ ܟܠ ܓܢܡ ܕܢܓܗ: ܡܟܫܢ ܠܗ ܐܝܬܝܗ
ܘܐܦܪܐ ܠܗ. ܠܐ ܓܘ ܘܟܘܠܘ ܐܘܨܐ. ܡܓܢ ܓܢܪ ܢܩܝ
ܟܫܟܡܣ ܢܘܦܢܐ ܡܓܓܝܗ. 20 ܙܟܢ ܦܘܠܘܣ ܕܝ ܘܡܦܩܬܐ:
ܐܦܣܗܘ ܠܓܢܬܐ. ܕܢܡܪܐ ܠܗܘܢ ܠܟܪ ܐܟܐ. ܠܢܡܘܣ ܕܝ
ܕܢܘܟܕܘܢ: 21 ܘܟܢܐ ܗܓܡܘܢܐ ܘܐܡܪ ܠܗܘܢ. ܠܗܝܢ ܙܟܝ
ܐܝܬܘܢ ܕܐܡܪܐ ܠܟܘܢ ܡܢ ܠܐܪܥܘܢ. ܗܘܟܘܢ ܕܝ ܐܡܪܘ: ܠܟܪ
ܐܟܐ. 22 ܐܡܪ ܠܗܘܢ ܦܪܝܫܘܣ. ܘܠܢܡܘܣ ܕܦܠܡܪܐ
ܡܡܢܫܐ ܦܢܐ ܐܚܝܢ ܠܗ. ܐܦܢܝ ܟܠܗܘܢ. ܢܐܕܩܦ.
23 ܐܡܪ ܠܗܘܢ ܦܪܝܫܘܣ. ܦܢܐ ܓܢܪ ܕܓܢܦ ܠܟܕ. ܗܘܟܘܢ
ܕܝ ܢܓܝܢܐܝܬ ܡܓܗ ܘܐܡܪܘ: ܢܐܕܩܦ. 24 ܦܪܝܫܘܣ ܕܝ ܟܕ
ܣܒܐ ܕܡܢܕܡ ܠܐ ܡܘܦܐ: ܐܠܐ ܢܓܝܢܐܝܬ ܙܘܟܐ ܗܘܐ: ܡܦܠ ܡܢܐ
ܐܡܝ ܐܒܕܘܢ ܠܓܢ ܩܒܡܐ ܘܐܡܪ. ܡܫܡܫ ܐܢܐ ܡܢ ܕܡܢܗ
ܕܗܘܢܐ ܐܘܨܐ: ܐܝܬܘܢ ܝܕܟܘܢ. 25 ܘܟܝܗ ܟܓܗ ܟܦܐ ܘܐܡܪܘ.
ܕܡܢܗ ܠܓܢ ܘܟܠ ܚܝܬܝ ܀ 26 ܗܘܒܝ ܡܢܐ ܠܗܘܢ ܠܟܪ
ܐܟܐ: ܘܢܓܒ ܟܦܢܓܠܐ ܠܢܡܘܣ ܘܐܡܓܡܗ ܕܢܐܕܩܦ.
27 ܗܘܒܝ ܐܡܡܢܢܘܬܐ ܕܗܓܡܘܢܐ: ܕܟܢܘܢܝ ܠܢܡܘܣ

ܠܦܪܛܘܪܝܢ. ܘܟܢܫܘ ܥܠܘܗܝ ܠܟܠܗ ܐܣܦܝܪ.
28 ܘܐܫܠܚܘܗܝ ܘܐܠܒܫܘܗܝ ܟܠܡܝܣ ܕܙܚܘܪܝܬܐ.
29 ܘܓܕܠܘ ܟܠܝܠܐ ܕܟܘܒܐ. ܘܣܡܘ ܒܪܫܗ. ܘܩܢܝܐ
ܒܝܡܝܢܗ. ܘܒܪܟܘ ܥܠ ܒܘܪܟܝܗܘܢ ܩܕܡܘܗܝ.
ܘܡܒܙܚܝܢ ܗܘܘ ܒܗ ܘܐܡܪܝܢ. ܫܠܡ ܠܟ ܡܠܟܐ ܕܝܗܘܕܝܐ.
30 ܘܪܩܘ ܒܦܪܨܘܦܗ. ܘܫܩܠܘ ܩܢܝܐ ܘܡܚܝܢ ܗܘܘ ܠܗ
ܥܠ ܪܫܗ ✤ 31 ܘܟܕ ܒܙܚܘ ܒܗ: ܐܫܠܚܘܗܝ ܟܠܡܝܣ
ܘܐܠܒܫܘܗܝ ܢܚܬܘܗܝ. ܘܐܘܒܠܘܗܝ ܕܢܙܩܦܘܢܗ. 32 ܘܟܕ
ܢܦܩܝܢ: ܐܫܟܚܘ ܓܒܪܐ ܩܘܪܝܢܝܐ ܕܫܡܗ ܫܡܥܘܢ. ܠܗܢܐ
ܫܚܪܘ ܕܢܫܩܘܠ ܙܩܝܦܗ. 33 ܘܐܬܘ ܠܕܘܟܬܐ ܕܡܬܩܪܝܐ
ܓܓܘܠܬܐ ܗܝ ܕܡܬܦܫܩܐ ܩܪܩܦܬܐ. 34 ܘܝܗܒܘ ܠܗ
ܕܢܫܬܐ ܚܠܐ ܕܡܚܝܛ ܒܡܪܪܬܐ: ܘܛܥܡ ܘܠܐ ܨܒܐ ܠܡܫܬܐ ✤
35 ܘܟܕ ܙܩܦܘܗܝ: ܦܠܓܘ ܢܚܬܘܗܝ ܒܦܣܐ. 36 ܘܝܬܒܝܢ
ܗܘܘ ܘܢܛܪܝܢ ܠܗ ܬܡܢ. 37 ܘܣܡܘ ܠܥܠ ܡܢ ܪܫܗ
ܥܠܬܐ ܕܡܘܬܗ ܒܟܬܒܐ. ܗܢܘ ܝܫܘܥ ܡܠܟܐ ܕܝܗܘܕܝܐ ✤
38 ܘܐܙܕܩܦܘ ܥܡܗ ܬܪܝܢ ܠܣܛܝܢ. ܚܕ ܡܢ ܝܡܝܢܗ ܘܚܕ
ܡܢ ܣܡܠܗ. 39 ܐܝܠܝܢ ܕܝܢ ܕܥܒܪܝܢ ܗܘܘ ܡܓܕܦܝܢ ܗܘܘ
ܥܠܘܗܝ. ܘܡܢܝܕܝܢ ܪܫܝܗܘܢ. 40 ܘܐܡܪܝܢ. ܣܬܪ ܗܝܟܠܐ
ܘܒܢܐ ܠܗ ܠܬܠܬܐ ܝܘܡܝܢ: ܦܪܘܩ ܢܦܫܟ ܐܢ ܒܪܗ ܐܢܬ
ܕܐܠܗܐ ܘܚܘܬ ܡܢ ܙܩܝܦܐ ✤ 41 ܗܟܘܬ ܐܦ ܪܒܝ ܟܗܢܐ
ܡܓܚܟܝܢ ܗܘܘ. ܥܡ ܣܦܪܐ ܘܩܫܝܫܐ ܘܦܪܝܫܐ. 42 ܘܐܡܪܝܢ.
ܠܐܚܪܢܐ ܐܚܝ: ܢܦܫܗ ܠܐ ܡܫܟܚ ܠܡܚܝܘ. ܐܢ ܡܠܟܗ
ܗܘ ܕܐܝܣܪܝܠ: ܢܚܘܬ ܗܫܐ ܡܢ ܙܩܝܦܐ. ܘܢܗܝܡܢ
ܒܗ. 43 ܬܟܝܠ ܥܠ ܐܠܗܐ: ܢܦܪܩܝܘܗܝ ܗܫܐ ܐܢ ܨܒܐ
ܒܗ. ܐܡܪ ܓܝܪ ܕܒܪܗ ܐܢܐ ܕܐܠܗܐ. 44 ܗܟܘܬ ܐܦ ܠܣܛܝܐ
ܗܢܘܢ ܕܐܙܕܩܦܘ ܥܡܗ ܡܚܣܕܝܢ ܗܘܘ ܠܗ ✤ 45 ܡܢ ܫܬ
ܫܥܝܢ ܕܝܢ: ܗܘܐ ܚܫܘܟܐ ܥܠ ܟܠܗ ܐܪܥܐ: ܥܕܡܐ
ܠܫܥܝܢ ܬܫܥ. 46 ܘܠܐܦܝ ܬܫܥ ܫܥܝܢ: ܩܥܐ ܝܫܘܥ ܒܩܠܐ

ܪܡܐ ܘܐܡܪ. ܐܝܠ ܐܝܠ ܠܡܢܐ ܫܒܩܬܢܝ. 47 ܐܢܫܝܢ ܕܝܢ
ܡܢ ܗܢܘܢ ܕܩܝܡܝܢ ܗܘܘ ܬܡܢ: ܟܕ ܫܡܥܘ ܐܡܪܝܢ ܗܘܘ.
ܗܢܐ ܠܐܠܝܐ ܩܪܐ. 48 ܘܒܗ ܒܫܥܬܐ ܪܗܛ ܚܕ ܡܢܗܘܢ:
ܘܢܣܒ ܐܣܦܘܓܐ ܘܡܠܝܗ ܚܠܐ: ܘܣܡܗ ܒܩܢܝܐ ܘܡܫܩܐ
ܗܘܐ ܠܗ. 49 ܫܪܟܐ ܕܝܢ ܐܡܪܝܢ ܗܘܘ: ܫܒܘܩܘ ܢܚܙܐ ܐܢ
ܐܬܐ ܐܠܝܐ ܠܡܦܪܩܗ. 50 ܗܘ ܕܝܢ ܝܫܘܥ: ܬܘܒ ܩܥܐ ܒܩܠܐ
ܪܡܐ ܘܫܒܩ ܪܘܚܗ. 51 ܘܡܚܕܐ ܐܦܝ ܬܪܥܐ ܕܗܝܟܠܐ ܐܨܛܪܝ
ܠܬܪܝܢ. ܡܢ ܠܥܠ ܠܘܬ ܠܬܚܬ. ܘܐܪܥܐ ܐܬܬܙܝܥܬ.
ܘܟܐܦܐ ܐܨܛܪܝ. 52 ܘܩܒܪܐ ܐܬܦܬܚܘ. ܘܦܓܪܐ ܣܓܝܐܐ
ܕܩܕܝܫܐ ܕܫܟܝܒܝܢ ܗܘܘ ܩܡܘ. 53 ܘܢܦܩܘ. ܘܒܬܪ ܩܝܡܬܗ:
ܥܠܘ ܠܡܕܝܢܬܐ ܩܕܝܫܬܐ ܘܐܬܚܙܝܘ ܠܣܓܝܐܐ ܀ 54 ܩܢܛܪܘܢܐ
ܕܝܢ ܘܕܥܡܗ ܕܢܛܪܝܢ ܗܘܘ ܠܝܫܘܥ: ܟܕ ܚܙܘ ܙܘܥܐ ܘܐܝܠܝܢ
ܕܗܘܝ: ܕܚܠܘ ܛܒ. ܘܐܡܪܘ. ܫܪܝܪܐܝܬ ܗܢܐ ܒܪܗ ܗܘܐ
ܕܐܠܗܐ. 55 ܐܝܬ ܗܘܝ ܕܝܢ ܬܡܢ: ܢܫܐ ܣܓܝܐܬܐ ܕܚܙܝܢ
ܗܘܝ ܡܢ ܪܘܚܩܐ. ܗܠܝܢ ܕܐܬܝ ܗܘܝ ܒܬܪܗ ܕܝܫܘܥ ܡܢ
ܓܠܝܠܐ ܘܡܫܡܫܢ ܗܘܝ ܠܗ. 56 ܚܕܐ ܡܢܗܝܢ: ܡܪܝܡ
ܡܓܕܠܝܬܐ. ܘܡܪܝܡ ܐܡܗ ܕܝܥܩܘܒ ܘܕܝܘܣܐ. ܘܐܡܗܘܢ
ܕܒܢܝ ܙܒܕܝ ܀ 57 ܟܕ ܗܘܐ ܕܝܢ ܪܡܫܐ. ܐܬܐ ܓܒܪܐ ܥܬܝܪܐ
ܡܢ ܪܡܬܐ ܕܫܡܗ ܝܘܣܦ. ܕܐܦ ܗܘ ܐܬܬܠܡܕ ܗܘܐ ܠܝܫܘܥ.
58 ܗܢܐ ܩܪܒ ܠܘܬ ܦܝܠܛܘܣ: ܘܫܐܠ ܦܓܪܗ ܕܝܫܘܥ.
ܘܦܩܕ ܦܝܠܛܘܣ ܕܢܬܝܗܒ ܠܗ ܦܓܪܐ. 59 ܘܢܣܒܗ
ܝܘܣܦ ܠܦܓܪܐ. ܘܟܪܟܗ ܒܟܬܢܐ ܕܟܝܐ ܢܩܕܐ. 60 ܘܣܡܗ
ܒܩܒܪܐ ܚܕܬܐ ܕܝܠܗ ܕܢܩܝܪ ܒܫܘܥܐ. ܘܥܓܠܘ ܟܐܦܐ
ܪܒܬܐ. ܐܪܡܝܘ ܥܠ ܬܪܥܐ ܕܒܝܬ ܩܒܪܐ ܘܐܙܠ. 61 ܐܝܬ
ܗܘܝ ܕܝܢ ܬܡܢ: ܡܪܝܡ ܡܓܕܠܝܬܐ ܘܡܪܝܡ ܐܚܪܬܐ. ܕܝܬܒܢ
ܗܘܝ ܠܘܩܒܠܗ ܕܩܒܪܐ ܀ 62 ܠܝܘܡܐ ܕܝܢ ܕܒܬܪ ܕܐܝܬܘܗܝ
ܥܪܘܒܬܐ: ܐܬܟܢܫܘ ܪ̈ܒܝ ܟܗܢܐ ܘܦܪ̈ܝܫܐ ܠܘܬ
ܦܝܠܛܘܣ. 63 ܘܐܡܪܝܢ ܠܗ. ܡܪܢ: ܐܬܕܟܪܢ ܕܗܘ

ܡܛܥܝܢܐ ܐܡܪ ܗܘܐ ܟܕ ܚܝ: ܕܡܢ ܒܬܪ ܬܠܬܐ ܝܘܡܝܢ
ܩܐܡ ܐܢܐ. 64 ܦܩܘܕ ܗܟܝܠ ܢܬܢܛܪ ܩܒܪܐ ܥܕܡܐ
ܠܬܠܬܐ ܝܘܡܝܢ. ܕܠܡܐ ܢܐܬܘܢ ܬܠܡܝܕܘܗܝ ܢܓܢܒܘܢܝܗܝ
ܒܠܠܝܐ. ܘܢܐܡܪܘܢ ܠܥܡܐ ܕܡܢ ܒܝܬ ܡܝܬܐ ܩܡ. ܘܬܗܘܐ
ܛܘܥܝܝܐ ܐܚܪܝܐ ܒܝܫܐ ܡܢ ܩܕܡܝܐ. 65 ܐܡܪ ܠܗܘܢ
ܦܝܠܛܘܣ. ܐܝܬ ܠܟܘܢ ܩܣܛܘܢܪܐ. ܙܠܘ ܐܙܕܗܪܘ ܐܝܟܢܐ
ܕܝܕܥܝܢ ܐܢܬܘܢ. 66 ܗܢܘܢ ܕܝܢ ܐܙܠܘ ܐܙܕܗܪܘ ܒܩܒܪܐ.
ܘܚܬܡܘ ܟܐܦܐ ܗܝ ܥܡ ܩܣܛܘܢܪܐ ✤

ܡܬܝ ✤ ܟܚ ✤

1 ܒܪܡܫܐ ܕܝܢ ܒܫܒܬܐ ܕܢܓܗ ܚܕ ܒܫܒܐ: ܐܬܬ ܡܪܝܡ
ܡܓܕܠܝܬܐ. ܘܡܪܝܡ ܐܚܪܬܐ ܕܢܚܙܝܢ ܩܒܪܐ. 2 ܘܗܐ ܙܘܥܐ
ܪܒܐ ܗܘܐ. ܡܠܐܟܐ ܓܝܪ ܕܡܪܝܐ ܢܚܬ ܡܢ ܫܡܝܐ. ܘܩܪܒ
ܥܓܠ ܟܐܦܐ ܡܢ ܬܪܥܐ ܘܝܬܒ ܗܘܐ ܠܥܠܝܗ. 3 ܐܝܬܘܗܝ
ܗܘܐ ܕܝܢ ܚܙܘܗ ܐܝܟ ܒܪܩܐ: ܘܠܒܘܫܗ ܚܘܪ ܗܘܐ ܐܝܟ
ܬܠܓܐ. 4 ܘܡܢ ܕܚܠܬܗ ܐܬܬܙܝܥܘ ܐܝܠܝܢ ܕܢܛܪܝܢ ܗܘܘ
ܘܗܘܘ ܐܝܟ ܡܝܬܐ. 5 ܥܢܐ ܕܝܢ ܡܠܐܟܐ ܘܐܡܪ ܠܢܫܐ. ܐܢܝܢ
ܠܐ ܬܕܚܠܢ ܝܕܥ ܐܢܐ ܓܝܪ ܕܠܝܫܘܥ ܕܐܙܕܩܦ ܒܥܝܢ ܐܢܝܢ.
6 ܠܐ ܗܘܐ ܠܟܐ. ܩܡ ܓܝܪ ܐܝܟܢܐ ܕܐܡܪ. ܬܝܢ ܚܙܝܢ
ܕܘܟܬܐ ܕܣܝܡ ܗܘܐ ܒܗ ܡܪܢ. 7 ܘܙܠܝܢ ܒܥܓܠ ܐܡܪܝܢ
ܠܬܠܡܝܕܘܗܝ ܕܩܡ ܡܢ ܒܝܬ ܡܝܬܐ. ܘܗܐ ܩܕܡ ܠܟܘܢ
ܠܓܠܝܠܐ. ܬܡܢ ܬܚܙܘܢܝܗܝ. ܗܐ ܐܡܪܬ ܠܟܝܢ. 8 ܘܐܙܠܝܢ
ܒܥܓܠ ܡܢ ܩܒܪܐ: ܒܕܚܠܬܐ ܘܒܚܕܘܬܐ ܪܒܬܐ ܘܪܗܛܝܢ
ܕܢܐܡܪܢ ܠܬܠܡܝܕܘܗܝ. 9 ܘܗܐ ܝܫܘܥ ܦܓܥ ܒܗܝܢ ܘܐܡܪ
ܠܗܝܢ ܫܠܡ ܠܟܝܢ. ܗܢܝܢ ܕܝܢ ܩܪܒ ܐܚܕ ܪ̈ܓܠܘܗܝ
ܘܣܓܕ ܠܗ. 10 ܗܝܕܝܢ ܐܡܪ ܠܗܝܢ ܝܫܘܥ ܠܐ ܬܕܚܠܢ:
ܐܠܐ ܙܠܝܢ ܐܡܪܝܢ ܠܐܚܝ. ܕܢܐܙܠܘܢ ܠܓܠܝܠܐ ܘܬܡܢ ܢܚܙܘܢܢܝ.
11 ܟܕ ܐܙܠܝܢ ܕܝܢ: ܐܬܘ ܐܢܫܐ ܡܢ ܩܣܛܘܢܪܐ ܗܢܘܢ

ܠܡܕܝܢܬܐ: ܘܐܡܪܘ ܠܪ̈ܒܝ ܟܗ̈ܢܐ ܟܠ ܡܕܡ ܕܗܘܐ.
12 ܘܐܬܟܢܫܘ ܥܡ ܩܫܝ̈ܫܐ ܘܢܣܒܘ ܡܠܟܐ. ܘܝܗܒܘ ܟܣܦܐ
ܠܐ ܒܨܝܪ ܠܩܣܛܘܢܪ̈ܐ. 13 ܘܐܡܪܝܢ ܠܗܘܢ. ܐܡܪܘ
ܕܬܠܡ̈ܝܕܘܗܝ ܐܬܘ ܓܢܒܘܗܝ ܒܠܠܝܐ ܟܕ ܕܡܟܝܢܢ. 14 ܘܐܢ
ܐܫܬܡܥܬ ܗܕܐ ܩܕܡ ܗܓܡܘܢܐ: ܚܢܢ ܡܦܝܣܝܢܢ ܠܗ.
ܘܠܟܘܢ ܕܠܐ ܨܦܬܐ ܥܒܕܝܢܢ. 15 ܗܢܘܢ ܕܝܢ ܟܕ ܢܣܒܘ ܟܣܦܐ:
ܥܒܕܘ ܐܝܟ ܕܐܠܦܘ ܐܢܘܢ. ܘܢܦܩܬ ܡܠܬܐ ܗܕܐ ܒܝܬ
ܝܗܘܕܝ̈ܐ ܥܕܡܐ ܠܝܘܡܢܐ. 16 ܬܠܡ̈ܝܕܐ ܕܝܢ ܚܕܥܣܪ: ܐܙܠܘ
ܠܓܠܝܠܐ ܠܛܘܪܐ ܐܝܟܐ ܕܘܥܕ ܐܢܘܢ ܝܫܘܥ. 17 ܘܟܕ ܚܙܐܘܗܝ
ܣܓܕܘ ܠܗ. ܡܢܗܘܢ ܕܝܢ ܐܬܦܠܓܘ ܗܘܘ. 18 ܘܩܪܒ
ܝܫܘܥ ܡܠܠ ܥܡܗܘܢ ܘܐܡܪ ܠܗܘܢ. ܐܬܝܗܒ ܠܝ ܟܠ
ܫܘܠܛܢ ܒܫܡܝܐ ܘܒܐܪܥܐ. ܘܐܝܟܢܐ ܕܫܕܪܢܝ ܐܒܝ ܐܦ ܐܢܐ
ܡܫܕܪ ܐܢܐ ܠܟܘܢ. 19 ܙܠܘ ܗܟܝܠ ܐܬܠܡܕܘ ܟܠܗܘܢ
ܥܡܡ̈ܐ. ܘܐܥܡܕܘ ܐܢܘܢ: ܒܫܡ ܐܒܐ ܘܒܪܐ ܘܪܘܚܐ ܕܩܘܕܫܐ.
20 ܘܐܠܦܘ ܐܢܘܢ ܕܢܛܪܘܢ ܟܠ ܡܐ ܕܦܩܕܬܟܘܢ. ܘܗܐ ܐܢܐ
ܥܡܟܘܢ ܐܢܐ ܟܠܗܘܢ ܝܘܡܬܐ: ܥܕܡܐ ܠܫܘܠܡܗ ܕܥܠܡܐ
ܐܡܝܢ ܀

ܫܠܡ ܐܘܢܓܠܝܘܢ ܩܕܝܫܐ ܟܪܘܙܘܬܐ ܕܡܬܝ ܕܡܠܠ ܥܒܪܐܝܬ
ܒܐܪܥܐ ܕܦܠܣܛܝܢܐ ܀

ܐܘܢܓܠܝܘܢ ܩܕܝܫܐ ܟܪܘܙܘܬܐ ܕܡܪܩܘܣ ܡܣܒܪܢܐ ܀

ܩܦܠܐܘܢ ܀ ܐ ܀

[1] ܪܫܐ ܕܐܘܢܓܠܝܘܢ ܕܝܫܘܥ ܡܫܝܚܐ ܒܪܗ ܕܐܠܗܐ.
[2] ܐܝܟ ܕܟܬܝܒ ܒܐܫܥܝܐ ܢܒܝܐ. ܕܗܐ ܡܫܕܪ ܐܢܐ ܡܠܐܟܝ ܩܕܡ
ܦܪܨܘܦܟ ܕܢܛܝܒ ܐܘܪܚܟ. [3] ܩܠܐ ܕܩܪܐ ܒܡܕܒܪܐ. ܛܝܒܘ
ܐܘܪܚܗ ܕܡܪܝܐ. ܘܐܬܩܢܘ ܡܫܒܠܘܗܝ. [4] ܗܘܐ ܝܘܚܢܢ
ܒܡܕܒܪܐ ܡܥܡܕ ܘܡܟܪܙ: ܡܥܡܘܕܝܬܐ ܕܬܝܒܘܬܐ
ܠܫܘܒܩܢܐ ܕܚܛܗܐ. [5] ܘܢܦܩܐ ܗܘܬ ܠܘܬܗ ܟܠܗ ܟܘܪ
ܕܝܗܘܕ. ܘܟܠܗܘܢ ܒܢܝ ܐܘܪܫܠܡ. ܘܡܥܡܕ ܗܘܐ ܠܗܘܢ
ܒܝܘܪܕܢܢ ܢܗܪܐ. ܟܕ ܡܘܕܝܢ ܒܚܛܗܝܗܘܢ ܀ [6] ܗܘ ܕܝܢ
ܝܘܚܢܢ: ܠܒܝܫ ܗܘܐ ܠܒܘܫܐ ܕܣܥܪܐ ܕܓܡܠܐ. ܘܐܣܝܪ
ܗܘܐ ܐܨܪܐ ܕܡܫܟܐ ܒܚܨܘܗܝ. ܘܡܐܟܘܠܬܗ ܐܝܬܝܗ
ܗܘܬ ܩܡܨܐ ܘܕܒܫܐ ܕܒܪܐ. [7] ܘܡܟܪܙ ܗܘܐ ܘܐܡܪ. ܗܐ ܐܬܐ
ܒܬܪܝ ܕܚܝܠܬܢ ܡܢܝ. ܗܘ ܕܠܐ ܫܘܐ ܐܢܐ ܕܐܬܟܦܦ ܐܫܪܐ
ܥܪܩܐ ܕܡܣܢܘܗܝ. [8] ܐܢܐ ܐܥܡܕܬܟܘܢ ܒܡܝܐ. ܗܘ ܕܝܢ
ܢܥܡܕܟܘܢ ܒܪܘܚܐ ܕܩܘܕܫܐ. [9] ܘܗܘܐ ܒܝܘܡܬܐ ܗܢܘܢ ܐܬܐ
ܝܫܘܥ ܡܢ ܢܨܪܬ ܕܓܠܝܠܐ: ܘܐܥܡܕ ܒܝܘܪܕܢܢ ܡܢ ܝܘܚܢܢ.
[10] ܘܡܚܕܐ ܕܣܠܩ ܡܢ ܡܝܐ: ܚܙܐ ܕܐܬܦܬܚܘ ܫܡܝܐ.
ܘܪܘܚܐ ܐܝܟ ܝܘܢܐ ܕܢܚܬܐ ܥܠܘܗܝ. [11] ܘܩܠܐ ܗܘܐ ܡܢ
ܫܡܝܐ: ܐܢܬ ܗܘ ܒܪܝ ܚܒܝܒܐ. ܒܟ ܐܨܛܒܝܬ. [12] ܘܡܚܕܐ
ܐܦܩܬܗ ܪܘܚܐ ܠܡܕܒܪܐ. [13] ܘܗܘܐ ܬܡܢ ܒܡܕܒܪܐ ܝܘܡܬܐ
ܐܪܒܥܝܢ ܟܕ ܡܬܢܣܐ ܡܢ ܣܛܢܐ. ܘܥܡܝܪ ܗܘܐ ܥܡ
ܚܝܘܬܐ: ܘܡܫܡܫܝܢ ܗܘܘ ܠܗ ܡܠܐܟܐ ܀ [14] ܒܬܪ ܕܐܫܬܠܡ
ܕܝܢ ܝܘܚܢܢ: ܐܬܐ ܠܗ ܝܫܘܥ ܠܓܠܝܠܐ. ܘܡܟܪܙ ܗܘܐ
ܣܒܪܬܐ ܕܡܠܟܘܬܗ ܕܐܠܗܐ. [15] ܘܐܡܪ. ܡܠܝ ܠܗ ܙܒܢܐ
ܘܡܛܝܐ ܡܠܟܘܬܗ ܕܐܠܗܐ. ܬܘܒܘ ܘܗܝܡܢܘ ܒܣܒܪܬܐ.
[16] ܘܟܕ ܡܗܠܟ ܚܕܪܝ ܝܡܐ ܕܓܠܝܠܐ: ܚܙܐ ܠܫܡܥܘܢ

ܘܠܐܢܕܪܐܘܣ ܐܚܘܗܝ ܕܪܡܝܢ ܡܨܝܕܬܐ ܒܝܡܐ. ܐܝܬܝܗܘܢ ܗܘܘ
ܓܝܪ ܨܝܕܐ. 17 ܘܐܡܪ ܠܗܘܢ ܝܫܘܥ. ܬܘ ܒܬܪܝ:
ܘܐܥܒܕܟܘܢ ܨܝܕܐ ܕܒܢܝܢܫܐ. 18 ܘܡܚܕܐ ܫܒܩܘ ܡܨܝܕܬܗܘܢ
ܘܐܙܠܘ ܒܬܪܗ. 19 ܘܟܕ ܥܒܪ ܩܠܝܠ: ܚܙܐ ܠܝܥܩܘܒ
ܒܪ ܙܒܕܝ. ܘܠܝܘܚܢܢ ܐܚܘܗܝ. ܘܐܦ ܠܗܘܢ ܟܕ ܒܐܠܦܐ
ܕܡܬܩܢܝܢ ܡܨܝܕܬܗܘܢ. 20 ܘܩܪܐ ܐܢܘܢ. ܘܡܚܕܐ ܫܒܩܘ
ܠܙܒܕܝ ܐܒܘܗܘܢ ܥܡ ܐܓܝܪܐ ܘܐܙܠܘ ܒܬܪܗ. 21 ܘܟܕ
ܥܠܘ ܠܟܦܪܢܚܘܡ: ܡܚܕܐ ܒܫܒܬܐ ܗܘܐ ܡܠܦ
ܒܟܢܘܫܬܗܘܢ. 22 ܘܡܬܕܡܪܝܢ ܗܘܘ ܒܝܘܠܦܢܗ. ܡܠܦ
ܗܘܐ ܠܗܘܢ ܐܝܟ ܡܫܠܛ. ܘܠܐ ܐܝܟ ܣܦܪܝܗܘܢ.
23 ܘܐܝܬ ܗܘܐ ܒܟܢܘܫܬܗܘܢ ܓܒܪܐ ܕܐܝܬ ܗܘܐ ܒܗ ܪܘܚܐ
ܛܢܦܬܐ ܘܩܥܐ. 24 ܘܐܡܪ ܡܐ ܠܢ ܘܠܟ ܝܫܘܥ ܢܨܪܝܐ. ܐܬܝܬ
ܠܡܘܒܕܘ ܠܢ. ܝܕܥ ܐܢܐ ܠܟ ܡܢ ܐܢܬ ܩܕܝܫܗ ܕܐܠܗܐ.
25 ܘܟܐܐ ܒܗ ܝܫܘܥ ܘܐܡܪ. ܣܟܘܪ ܦܘܡܟ ܘܦܘܩ ܡܢܗ.
26 ܘܫܕܬܗ ܪܘܚܐ ܛܢܦܬܐ: ܘܩܥܬ ܒܩܠܐ ܪܡܐ ܘܢܦܩܬ
ܡܢܗ. 27 ܘܐܬܕܡܪܘ ܟܠܗܘܢ. ܘܡܬܚܫܒܝܢ ܗܘܘ ܚܕ ܥܡ ܚܕ
ܘܐܡܪܝܢ: ܕܡܢܐ ܗܝ ܗܕܐ. ܘܡܢܘ ܗܢܐ ܝܘܠܦܢܐ
ܚܕܬܐ: ܕܒܫܘܠܛܢܐ ܘܐܦ ܠܪܘܚܐ ܛܢܦܬܐ ܦܩܕ ܘܡܫܬܡܥܢ
ܠܗ. 28 ܘܡܚܕܐ ܢܦܩ ܫܡܥܗ ܒܟܠܗ ܐܬܪܐ ܕܓܠܝܠܐ.
29 ܘܢܦܩܘ ܡܢ ܟܢܘܫܬܐ: ܘܐܬܘ ܠܒܝܬܗ ܕܫܡܥܘܢ
ܘܕܐܢܕܪܐܘܣ ܥܡ ܝܥܩܘܒ ܘܝܘܚܢܢ. 30 ܘܚܡܬܗ ܕܫܡܥܘܢ
ܪܡܝܐ ܗܘܬ ܒܐܫܬܐ. ܘܐܡܪܘ ܠܗ ܥܠܝܗ. 31 ܘܩܪܒ ܐܚܕܗ
ܒܐܝܕܗ ܘܐܩܝܡܗ ܘܡܚܕܐ ܫܒܩܬܗ ܐܫܬܐ ܘܡܫܡܫܐ
ܗܘܬ ܠܗܘܢ. 32 ܒܪܡܫܐ ܕܝܢ ܒܡܥܪܒ ܫܡܫܐ: ܐܝܬܝܘ
ܠܘܬܗ ܟܠܗܘܢ ܐܝܠܝܢ ܕܒܝܫܐܝܬ ܥܒܝܕܝܢ ܘܕܝܘܐ.
33 ܘܡܕܝܢܬܐ ܟܠܗ ܟܢܝܫܐ ܗܘܬ ܥܠ ܬܪܥܐ. 34 ܘܐܣܝ
ܠܣܓܝܐܐ ܕܒܝܫܐܝܬ ܥܒܝܕܝܢ ܗܘܘ ܒܟܘܪܗܢܐ ܡܫܚܠܦܐ.
ܘܕܝܘܐ ܣܓܝܐܐ ܐܦܩ. ܘܠܐ ܫܒܩ ܗܘܐ ܠܗܘܢ ܠܕܝܘܐ

ܕܢܡܠܠܘܢ. ܡܛܠ ܕܝܕܥܝܢ ܗܘܘ ܠܗ ܀ 35 ܘܒܨܦܪܐ ܩܕܡ
ܛܒ ܩܡ ܢܦܩ. ܘܐܙܠ ܠܐܬܪܐ ܚܘܪܒܐ ܘܬܡܢ ܡܨܠܐ ܗܘܐ. 36 ܘܒܥܝܢ
ܗܘܘ ܠܗ ܫܡܥܘܢ ܘܕܥܡܗ. 37 ܘܟܕ ܐܫܟܚܘܗܝ ܐܡܪܝܢ
ܠܗ. ܟܠܗܘܢ ܐܢܫܐ ܒܥܝܢ ܠܟ. 38 ܐܡܪ ܠܗܘܢ. ܗܠܟܘ
ܠܩܘܪܝܐ ܘܠܡܕܝܢܬܐ ܕܩܪܝܒܢ: ܕܐܦ ܬܡܢ ܐܟܪܘܙ. ܠܗܕܐ
ܓܝܪ ܐܬܝܬ. 39 ܘܡܟܪܙ ܗܘܐ ܒܟܢܘܫܬܗܘܢ ܒܟܠܗ
ܓܠܝܠܐ ܘܡܦܩ ܫܐܕ̈ܐ. 40 ܘܐܬܐ ܠܘܬܗ ܓܪܒܐ ܘܢܦܠ
ܥܠ ܒܘܪܟܘܗܝ. ܘܒܥܐ ܗܘܐ ܡܢܗ ܘܐܡܪ ܠܗ. ܐܢ ܨܒܐ
ܐܢܬ ܡܫܟܚ ܐܢܬ ܠܡܕܟܝܘܬܝ. 41 ܗܘ ܕܝܢ ܝܫܘܥ ܐܬܪܚܡ
ܥܠܘܗܝ. ܘܦܫܛ ܐܝܕܗ ܩܪܒ ܠܗ ܘܐܡܪ. ܨܒܐ ܐܢܐ
ܐܬܕܟܐ. 42 ܘܒܗ ܒܫܥܬܐ ܐܙܠ ܠܗ ܓܪܒܗ ܘܐܬܕܟܝ.
43 ܘܟܐܐ ܒܗ ܘܐܦܩܗ. 44 ܘܐܡܪ ܠܗ. ܚܙܝ ܠܡܐ ܠܐܢܫ ܐܡܪ
ܐܢܬ. ܐܠܐ ܙܠ ܚܘܝ ܢܦܫܟ ܠܟܗܢܐ: ܘܩܪܒ ܩܘܪܒܢܐ ܚܠܦ
ܕܐܬܕܟܝܬ. ܐܝܟܢܐ ܕܦܩܕ ܡܘܫܐ ܠܣܗܕܘܬܗܘܢ. 45 ܗܘ ܕܝܢ
ܟܕ ܢܦܩ ܫܪܝ ܗܘܐ ܡܟܪܙ ܣܓܝܐܐ. ܘܐܦܪܣ ܡܠܬܐ.
ܐܝܟܢܐ ܕܠܐ ܢܡܨܐ ܗܘܐ ܝܫܘܥ ܓܠܝܐܝܬ ܕܢܥܘܠ ܠܡܕܝܢܬܐ.
ܐܠܐ ܠܒܪ ܗܘܐ ܒܐܬܪܐ ܚܘܪܒܐ: ܘܐܬܝܢ ܗܘܘ ܠܘܬܗ ܡܢ ܟܠ
ܕܘܟ ܀

ܩܦܠܐܘܢ ܀ ܒ ܀

1 ܘܥܠ ܬܘܒ ܝܫܘܥ ܠܟܦܪܢܚܘܡ ܠܝܘܡܬܐ. ܘܟܕ
ܫܡܥܘ ܕܒܒܝܬܐ ܗܘ: 2 ܐܬܟܢܫܘ ܣܓܝܐܐ. ܐܝܟܢܐ ܕܠܐ
ܐܚܕ ܐܝܟ. ܐܦܠܐ ܩܕܡ ܬܪܥܐ. ܘܡܡܠܠ ܗܘܐ ܥܡܗܘܢ
ܡܠܬܐ. 3 ܘܐܬܘ ܠܘܬܗ: ܘܐܝܬܝܘ ܠܗ ܡܫܪܝܐ ܟܕ ܛܥܝܢ
ܒܝܬ ܐܪܒܥܐ. 4 ܘܕܠܐ ܐܫܟܚܘ ܠܡܬܩܪܒܘ ܠܘܬܗ ܡܛܠ
ܟܢܫܐ: ܣܠܩܘ ܠܗܘܢ ܠܐܓܪܐ. ܘܪܦܥܘ ܡܛܠܠܐ ܕܐܬܪܐ
ܕܐܝܬܘܗܝ ܗܘܐ ܝܫܘܥ. ܘܫܒܩܘܗ ܠܥܪܣܐ ܕܪܡܐ ܗܘܐ ܒܗ
ܡܫܪܝܐ. 5 ܟܕ ܚܙܐ ܕܝܢ ܝܫܘܥ ܗܝܡܢܘܬܗܘܢ: ܐܡܪ ܠܗܘ
ܡܫܪܝܐ. ܒܪܝ ܡܫܬܒܩܝܢ ܠܟ ܚܛܗܝܟ. 6 ܐܝܬ ܗܘܘ ܕܝܢ ܬܡܢ

ܡܢ ܣܦܪ̈ܐ ܘܦܪ̈ܝܫܐ ܕܝܬܒܝܢ. ܘܡܬܚܫܒܝܢ ܗܘܘ ܒܠܒܗܘܢ.
7 ܕܡܢܐ ܗܢܐ ܡܡܠܠ ܓܘܕܦܐ. ܡܢܘ ܡܫܟܚ ܠܡܫܒܩ
ܚܛܗ̈ܐ: ܐܠܐ ܐܢ ܚܕ ܐܠܗܐ. 8 ܝܫܘܥ ܕܝܢ ܝܕܥ ܒܪܘܚܗ
ܕܗܠܝܢ ܡܬܚܫܒܝܢ ܒܢܦܫܗܘܢ: ܘܐܡܪ ܠܗܘܢ. ܡܢܐ
ܡܬܚܫܒܝܢ ܐܢܬܘܢ ܗܠܝܢ ܒܠܒܟܘܢ. 9 ܐܝܕܐ ܦܫܝܩܐ ܠܡܐܡܪ
ܠܡܫܪܝܐ. ܕܡܫܬܒܩܝܢ ܠܟ ܚܛܗ̈ܝܟ. ܐܘ ܠܡܐܡܪ ܕܩܘܡ
ܫܩܘܠ ܥܪܣܟ ܘܗܠܟ. 10 ܕܬܕܥܘܢ ܕܝܢ ܕܫܠܝܛ ܗܘ ܒܪܗ
ܕܐܢܫܐ ܒܐܪܥܐ ܠܡܫܒܩ ܚܛܗ̈ܐ. ܐܡܪ ܠܡܫܪܝܐ. 11 ܠܟ
ܐܡܪ ܐܢܐ ܩܘܡ ܫܩܘܠ ܥܪܣܟ ܘܙܠ ܠܒܝܬܟ. 12 ܘܩܡ
ܗܘ ܡܚܕܐ. ܘܫܩܠ ܥܪܣܗ ܘܢܦܩ ܠܥܝܢ ܟܠܗܘܢ.
ܐܝܟܢܐ ܕܢܬܕܡܪܘܢ ܟܠܗܘܢ. ܘܢܫܒܚܘܢ ܠܐܠܗܐ. ܟܕ ܐܡܪܝܢ:
ܕܠܐ ܡܡܬܘܡ ܚܙܝܢ. ܗܟܢܐ ܀ 13 ܘܢܦܩ ܬܘܒ ܠܘܬ ܝܡܐ
ܘܟܠܗ ܟܢܫܐ ܐܬܐ ܗܘܐ ܠܘܬܗ ܘܡܠܦ ܗܘܐ ܠܗܘܢ.
14 ܘܟܕ ܥܒܪ. ܚܙܐ ܠܠܘܝ ܒܪ ܚܠܦܝ ܕܝܬܒ ܒܝܬ ܡܟܣܐ.
ܘܐܡܪ ܠܗ ܬܐ ܒܬܪܝ. ܘܩܡ ܐܙܠ ܒܬܪܗ. 15 ܘܗܘܐ ܕܟܕ
ܣܡܝܟ ܒܒܝܬܗ: ܡܟܣ̈ܐ ܣܓܝ̈ܐܐ ܘܚܛܝ̈ܐ ܣܡܝܟܝܢ ܗܘܘ
ܥܡ ܝܫܘܥ ܘܥܡ ܬܠܡܝܕܘܗܝ. ܐܝܬܝܗܘܢ ܗܘܘ ܓܝܪ
ܣܓܝ̈ܐܐ ܘܐܬܘ ܒܬܪܗ. 16 ܘܣܦܪ̈ܐ ܘܦܪ̈ܝܫܐ ܟܕ ܚܙܐܘܗܝ
ܕܐܟܠ ܥܡ ܡܟܣ̈ܐ ܘܥܡ ܚܛܝ̈ܐ. ܐܡܪܘ ܠܬܠܡܝܕܘܗܝ.
ܡܢܘ ܥܡ ܡܟܣ̈ܐ ܘܚܛܝ̈ܐ ܐܟܠ ܘܫܬܐ. 17 ܟܕ ܫܡܥ ܕܝܢ
ܝܫܘܥ. ܐܡܪ ܠܗܘܢ. ܠܐ ܣܢܝܩܝܢ ܚܠܝ̈ܡܐ ܠܐܣܝܐ. ܐܠܐ
ܐܝܠܝܢ ܕܒܝܫ ܒܝܫ ܥܒܕܝܢ. ܠܐ ܐܬܝܬ ܕܐܩܪܐ ܠܙܕܝܩ̈ܐ ܐܠܐ
ܠܚܛܝ̈ܐ. 18 ܬܠܡܝܕܘܗܝ ܕܝܢ ܕܝܘܚܢܢ ܘܕܦܪ̈ܝܫܐ ܨܝܡܝܢ ܗܘܘ.
ܘܐܬܘ ܘܐܡܪܝܢ ܠܗ. ܠܡܢܐ ܬܠܡܝܕܘܗܝ ܕܝܘܚܢܢ ܘܕܦܪ̈ܝܫܐ
ܨܝܡܝܢ: ܘܬܠܡܝܕܝܟ ܕܝܠܟ ܠܐ ܨܝܡܝܢ. 19 ܐܡܪ ܠܗܘܢ ܝܫܘܥ.
ܠܡܐ ܡܫܟܚܝܢ ܒܢܘ̈ܗܝ ܕܓܢܘܢܐ ܠܡܐ ܕܚܬܢܐ ܥܡܗܘܢ
ܗܘ ܕܢܨܘܡܘܢ: ܠܐ. 20 ܢܐܬܘܢ ܕܝܢ ܝܘܡܬܐ: ܕܡܐ ܕܐܫܬܩܠ
ܚܬܢܐ ܡܢܗܘܢ: ܗܝܕܝܢ ܢܨܘܡܘܢ ܒܗܘ ܝܘܡܐ. 21 ܠܐ ܐܢܫ

ܪܡܐ ܐܘܪܩܥܬܐ ܚܕܬܐ ܘܚܝܛ ܥܠ ܡܐܢܐ ܒܠܝܐ. ܕܠܐ ܢܫܩܘܠ
ܡܠܝܘܬܗ ܗܘ ܚܕܬܐ ܡܢ ܒܠܝܐ: ܘܗܘܐ ܨܪܝܐ ܝܬܝܪܐ. 22 ܘܠܐ
ܐܢܫ ܪܡܐ ܚܡܪܐ ܚܕܬܐ ܒܙܩܐ ܒܠܝܬܐ. ܕܠܐ ܚܡܪܐ ܡܨܪܐ
ܙܩܐ. ܘܙܩܐ ܐܒܕܝܢ ܘܚܡܪܐ ܡܬܐܫܕ ܐܠܐ ܪܡܝܢ ܚܡܪܐ ܚܕܬܐ:
ܒܙܩܐ ܚܕܬܬܐ. 23 ܘܗܘܐ ܕܟܕ ܐܙܠ ܝܫܘܥ ܒܫܒܬܐ ܒܝܬ
ܙܪܥܐ: ܐܬܠܡܝܕܘܗܝ ܡܗܠܟܝܢ ܗܘܘ ܘܡܠܩܛܝܢ ܫܒܠܐ.
24 ܘܐܡܪܝܢ ܠܗ ܦܪܝܫܐ. ܚܙܝ ܡܢܐ ܥܒܕܝܢ ܒܫܒܬܐ ܡܕܡ ܕܠܐ
ܫܠܝܛ. 25 ܐܡܪ ܠܗܘܢ ܝܫܘܥ. ܠܐ ܩܪܝܬܘܢ ܡܬܘܡ ܡܢܐ
ܥܒܕ ܕܘܝܕ: ܟܕ ܐܣܬܢܩ ܘܟܦܢ ܗܘ ܘܕܥܡܗ. 26 ܐܝܟܢܐ
ܥܠ ܠܒܝܬܗ ܕܐܠܗܐ ܟܕ ܐܒܝܬܪ ܪܒ ܟܗܢܐ. ܘܠܚܡܐ
ܕܦܬܘܪܗ ܕܡܪܝܐ ܐܟܠ: ܗܘ ܕܠܐ ܫܠܝܛ ܠܡܐܟܠ ܐܠܐ ܠ
ܟܗܢܐ. ܘܝܗܒ ܐܦ ܠܐܝܠܝܢ ܕܥܡܗ ܗܘܘ. 27 ܘܐܡܪ
ܠܗܘܢ. ܕܫܒܬܐ ܡܛܠ ܒܪܢܫܐ ܐܬܒܪܝܬ: ܘܠܐ ܗܘܐ ܒܪܢܫܐ
ܡܛܠ ܫܒܬܐ. 28 ܡܪܗ ܗܘ ܗܟܝܠ ܐܦ ܕܫܒܬܐ ܒܪܗ
ܕܐܢܫܐ.

ܩܦܠܐܘܢ ܓ

1 ܘܥܠ ܬܘܒ ܝܫܘܥ ܠܟܢܘܫܬܐ. ܘܐܝܬ ܗܘܐ ܬܡܢ ܓܒܪܐ
ܚܕ ܕܝܒܝܫܐ ܐܝܕܗ. 2 ܘܢܛܪܝܢ ܗܘܘ ܠܗ. ܕܐܢ ܡܐܣܐ ܠܗ
ܒܫܒܬܐ ܕܢܐܟܠܘܢ ܩܪܨܘܗܝ: 3 ܘܐܡܪ ܠܗܘ ܓܒܪܐ ܕܝܒܝܫܐ
ܐܝܕܗ. ܩܘܡ ܒܡܨܥܬܐ. 4 ܐܡܪ ܕܝܢ ܐܦ ܠܗܘܢ. ܫܠܝܛ
ܒܫܒܬܐ ܠܡܥܒܕ ܛܒܬܐ ܐܘ ܒܝܫܬܐ. ܢܦܫܐ ܠܡܚܝܘ ܐܘ
ܠܡܘܒܕܘ. ܗܢܘܢ ܕܝܢ ܫܬܝܩܝܢ ܗܘܘ: 5 ܘܚܪ ܒܗܘܢ
ܒܚܡܬܐ. ܟܕ ܟܪܝܐ ܠܗ. ܥܠ ܩܫܝܘܬ ܠܒܗܘܢ. ܘܐܡܪ
ܠܗܘ ܓܒܪܐ ܦܫܘܛ ܐܝܕܟ. ܘܦܫܛ ܘܐܬܩܢܬ ܐܝܕܗ.
6 ܘܢܦܩܘ ܦܪܝܫܐ ܒܗ ܒܫܥܬܐ ܥܡ ܕܒܝܬ ܗܪܘܕܣ: ܘܡܠܟܐ
ܢܣܒܘ ܥܠܘܗܝ ܐܝܟܢܐ ܕܢܘܒܕܘܢܝܗܝ. 7 ܘܝܫܘܥ ܥܡ
ܬܠܡܝܕܘܗܝ ܐܙܠ ܠܗ ܠܘܬ ܝܡܐ. ܘܟܢܫܐ ܣܓܝܐܐ ܡܢ
ܓܠܝܠܐ ܢܩܦܘܗ. ܘܡܢ ܝܗܘܕ. 8 ܘܡܢ ܐܘܪܫܠܡ. ܘܡܢ

[illegible]
[illegible] 9 [illegible]
[illegible]
[illegible] 10 [illegible]
[illegible]
11 [illegible]
[illegible]
[illegible] 12 [illegible] ✤
13 [illegible]
14 [illegible]
15 [illegible]
16 [illegible] 17 [illegible]
[illegible]
[illegible] 18 [illegible]
[illegible]
[illegible] 19 [illegible]
[illegible] 20 [illegible]
[illegible] 21 [illegible]
[illegible]
[illegible] 22 [illegible]
[illegible]
[illegible] 23 [illegible]
[illegible] 24 [illegible]
[illegible]
25 [illegible]
[illegible] 26 [illegible]
[illegible] 27 [illegible]
[illegible]

ܠܘܩܕܡ ܠܚܣܝܢܐ ܢܐܣܘܪ ܘܗܝܕܝܢ ܒܝܬܗ ܢܒܘܙ. 28 ܐܡܝܢ
ܐܡܪ ܐܢܐ ܠܟܘܢ: ܕܟܠܗܘܢ ܚܛܗ̈ܐ ܘܓܘܕܦ̈ܐ ܕܢܓܕܦܘܢ
ܒܢ̈ܝܢܫܐ ܢܫܬܒܩܘܢ ܠܗܘܢ: 29 ܡܢ ܕܝܢ ܕܢܓܕܦ ܥܠ
ܪܘܚܐ ܕܩܘܕܫܐ: ܠܝܬ ܠܗ ܫܘܒܩܢܐ ܠܥܠܡ. ܐܠܐ ܚܝܒ
ܗܘ ܠܕܝܢܐ ܕܠܥܠܡ. 30 ܡܛܠ ܕܐܡܪܝܢ ܗܘܘ ܕܪܘܚܐ ܛܢܦܬܐ
ܐܝܬ ܠܗ܀ 31 ܘܐܬܘ ܐܡܗ ܘܐܚܘ̈ܗܝ ܩܡܘ ܠܒܪ: ܘܫܕܪܘ
ܕܢܩܪܘܢܝܗܝ ܠܗܘܢ. 32 ܝܬܒ ܗܘܐ ܕܝܢ ܚܕܪܘܗܝ ܟܢܫܐ.
ܘܐܡܪܘ ܠܗ ܗܐ ܐܡܟ ܘܐܚܝܟ ܠܒܪ ܒܥܝܢ ܠܟ. 33 ܘܥܢܐ
ܘܐܡܪ ܠܗܘܢ. ܡܢ ܗܝ ܐܡܝ ܘܡܢ ܐܢܘܢ ܐܚ̈ܝ. 34 ܘܚܪ
ܒܐܝܠܝܢ ܕܝܬܒܝܢ ܠܘܬܗ ܘܐܡܪ. ܗܐ ܐܡܝ ܘܗܐ ܐܚ̈ܝ.
35 ܡܢ ܓܝܪ ܕܢܥܒܕ ܨܒܝܢܗ ܕܐܠܗܐ: ܗܢܘ ܐܚܝ ܘܚܬܝ
ܘܐܡܝ܀

ܩܦܠܐܘܢ ܀ ܕ ܀

1 ܘܬܘܒ ܫܪܝ ܗܘܐ ܡܠܦ ܥܠ ܝܕ ܝܡܐ. ܘܐܬܟܢܫܘ ܠܘܬܗ
ܟܢ̈ܫܐ ܣܓܝܐܐ ܐܝܟ ܕܢܣܩ ܢܬܒ ܠܗ ܒܣܦܝܢܬܐ ܒܝܡܐ.
ܘܟܠܗ ܟܢܫܐ ܩܐܡ ܗܘܐ ܥܠ ܐܪܥܐ ܥܠ ܝܕ ܝܡܐ. 2 ܘܡܠܦ
ܗܘܐ ܠܗܘܢ ܒܡܬܠܐ ܣܓܝܐܐ. ܘܐܡܪ ܗܘܐ ܒܝܘܠܦܢܗ.
3 ܫܡܥܘ. ܗܐ ܢܦܩ ܙܪܘܥܐ ܠܡܙܪܥ. 4 ܘܟܕ ܙܪܥ: ܐܝܬ
ܕܢܦܠ ܥܠ ܝܕ ܐܘܪܚܐ. ܘܐܬܬ ܦܪܚܬܐ ܘܐܟܠܬܗ. 5 ܘܐܚܪܢܐ
ܕܝܢ ܢܦܠ ܥܠ ܫܘܥܐ. ܐܝܟܐ ܕܠܝܬ ܗܘܐ ܐܪܥܐ ܣܓܝܐܐ.
ܘܡܚܕܐ ܐܘܥܝ. ܡܛܠ ܕܠܝܬ ܗܘܐ ܥܘܡܩܐ ܕܐܪܥܐ.
6 ܟܕ ܕܢܚ ܕܝܢ ܫܡܫܐ. ܚܡܐ. ܘܡܛܠ ܕܠܝܬ ܗܘܐ ܠܗ
ܥܩܪܐ ܝܒܫ. 7 ܘܐܚܪܢܐ ܢܦܠ ܒܝܬ ܟܘ̈ܒܐ: ܘܣܠܩܘ ܟܘ̈ܒܐ
ܘܚܢܩܘܗܝ. ܘܦܐܪ̈ܐ ܠܐ ܝܗܒ. 8 ܘܐܚܪܢܐ ܕܝܢ ܢܦܠ ܥܠ ܐܪܥܐ
ܛܒܬܐ: ܘܣܠܩ ܘܪܒܐ ܘܝܗܒ ܦܐܪ̈ܐ. ܐܝܬ ܕܬܠܬܝܢ ܘܐܝܬ
ܕܫܬܝܢ ܘܐܝܬ ܕܡܐܐ. 9 ܘܐܡܪ ܗܘܐ. ܡܢ ܕܐܝܬ ܠܗ ܐܕܢ̈ܐ
ܕܢܫܡܥ ܢܫܡܥ܀ 10 ܟܕ ܗܘܘ ܕܝܢ ܠܚܘܕܝܗܘܢ: ܫܐܠܘܗܝ
ܗܢܘܢ ܕܥܡܗ ܥܡ ܬܪܥܣܪܬܗ ܡܬܠܐ ܗܘ. 11 ܘܐܡܪ ܠܗܘܢ

ܝܫܘܥ. ܠܗܘܢ ܝܗܝܒ ܠܡܕܥ ܐܪܙܐ ܕܡܠܟܘܬܗ
ܕܐܠܗܐ. ܠܒܪܝܐ ܕܝܢ ܟܠ ܡܕܡ ܒܦܠܐܬܐ ܗܘܐ. 12 ܕܟܕ
ܚܙܝܢ ܢܚܙܘܢ ܘܠܐ ܢܚܙܘܢ. ܘܟܕ ܫܡܥܝܢ ܢܫܡܥܘܢ ܘܠܐ
ܢܣܬܟܠܘܢ. ܕܠܡܐ ܢܬܦܢܘܢ ܘܢܫܬܒܩܘܢ ܠܗܘܢ
ܚܛܗܝܗܘܢ. 13 ܘܐܡܪ ܠܗܘܢ ܠܐ ܝܕܥܝܢ ܐܢܬܘܢ ܠܗ ܠܡܬܠܐ
ܗܢܐ܆ ܘܐܝܟܢܐ ܟܠܗܘܢ ܡܬܠܐ ܬܕܥܘܢ. 14 ܙܪܘܥܐ ܕܙܪܥ
ܡܠܬܐ ܙܪܥ. 15 ܗܢܘܢ ܕܝܢ ܕܥܠ ܝܕ ܐܘܪܚܐ: ܗܢܘܢ ܐܢܘܢ
ܕܡܙܕܪܥܐ ܒܗܘܢ ܡܠܬܐ: ܘܡܐ ܕܫܡܥܘ ܡܚܕܐ ܐܬܐ ܣܛܢܐ
ܘܫܩܠ ܠܗ ܠܡܠܬܐ ܕܙܪܝܥܐ ܒܠܒܗܘܢ. 16 ܘܗܢܘܢ ܕܥܠ
ܫܘܥܐ ܐܙܕܪܥܘ: ܗܢܘܢ ܐܢܘܢ ܕܡܐ ܕܫܡܥܝܢ ܡܠܬܐ: ܡܚܕܐ
ܒܚܕܘܬܐ ܡܩܒܠܝܢ ܠܗ. 17 ܘܠܝܬ ܠܗܘܢ ܥܩܪܐ
ܒܢܦܫܗܘܢ. ܐܠܐ ܕܙܒܢܐ ܐܢܘܢ. ܘܡܐ ܕܗܘܐ ܐܘܠܨܢܐ ܐܘ
ܪܕܘܦܝܐ ܡܛܠ ܡܠܬܐ ܥܓܠ ܡܬܟܫܠܝܢ. 18 ܘܗܢܘܢ
ܕܒܝܬ ܟܘܒܐ ܐܙܕܪܥܘ: ܗܢܘܢ ܐܢܘܢ ܕܫܡܥܘ ܡܠܬܐ:
19 ܘܪܢܝܐ ܕܥܠܡܐ ܗܢܐ ܘܛܘܥܝܝܐ ܕܥܘܬܪܐ: ܘܫܪܟܐ
ܕܪܓܝܓܬܐ ܐܚܪܢܝܬܐ ܥܐܠܝܢ ܚܢܩܝܢ ܠܗ ܠܡܠܬܐ. ܘܕܠܐ
ܦܐܪܐ ܗܘܝܐ. 20 ܘܗܢܘܢ ܕܒܐܪܥܐ ܛܒܬܐ ܐܙܕܪܥܘ: ܗܢܘܢ
ܐܢܘܢ ܕܫܡܥܝܢ ܡܠܬܐ. ܘܡܩܒܠܝܢ ܘܝܗܒܝܢ ܦܐܪܐ:
ܒܬܠܬܝܢ ܘܒܫܬܝܢ ܘܒܡܐܐ. 21 ܘܐܡܪ ܠܗܘܢ. ܕܠܡܐ ܫܪܓܐ
ܐܬܐ ܕܬܚܝܬ ܣܐܬܐ ܢܬܬܣܝܡ ܐܘ ܬܚܝܬ ܥܪܣܐ: ܠܐ ܗܘܐ
ܕܥܠ ܡܢܪܬܐ ܢܬܬܣܝܡ: 22 ܠܝܬ ܓܝܪ ܡܕܡ ܕܟܣܐ ܕܠܐ
ܢܬܓܠܐ. ܘܠܐ ܗܘܐ ܒܡܛܫܝܐ ܘܠܐ ܡܬܓܠܐ. 23 ܐܢ ܐܢܫ ܐܝܬ
ܠܗ ܐܕܢܐ ܕܢܫܡܥ ܢܫܡܥ܀ 24 ܘܐܡܪ ܠܗܘܢ ܚܙܘ ܡܢܐ
ܫܡܥܝܢ ܐܢܬܘܢ. ܒܗܝ ܟܝܠܬܐ ܕܟܝܠܝܢ ܐܢܬܘܢ ܢܬܟܝܠ
ܠܟܘܢ ܘܢܬܬܘܣܦ ܠܟܘܢ ܠܐܝܠܝܢ ܕܫܡܥܝܢ. 25 ܡܢ ܕܐܝܬ
ܠܗ ܓܝܪ ܢܬܝܗܒ ܠܗ. ܘܡܢ ܕܠܝܬ ܠܗ: ܐܦ ܗܘ
ܕܐܝܬ ܠܗ ܢܫܬܩܠ ܡܢܗ. 26 ܘܐܡܪ ܗܘܐ. ܗܟܢܐ ܗܝ
ܡܠܟܘܬܐ ܕܐܠܗܐ: ܐܝܟ ܐܢܫ ܕܢܪܡܐ ܙܪܥܐ ܒܐܪܥܐ:

27 ܘܢܕܡܟ. ܘܢܩܘܡ ܒܠܠܝܐ ܘܒܐܝܡܡܐ: ܘܙܪ̈ܥܐ ܢܐܒ
ܘܢܪܒܐ ܟܕ ܗܘ ܠܐ ܝܕܥ. 28 ܐܪܥܐ ܓܝܪ ܡܝܬܝܐ ܠܗ ܦܐܪܐ
ܘܠܘܩܕܡ ܗܘܐ ܥܡܝܪܐ. ܘܒܬܪܗ ܫܒܠܐ. ܐܚܪܝܢ ܕܝܢ.
ܚܛܬܐ ܡܫܡܠܝܬܐ ܒܫܒܠܐ. 29 ܡܐ ܕܐܡܠܝ ܕܝܢ ܦܐܪܐ:
ܡܚܕܐ ܐܬܐ ܡܓܠܐ ܕܡܛܐ ܚܨܕܐ. 30 ܘܐܡܪ. ܠܡܢܐ ܢܕܡܝܗ
ܠܡܠܟܘܬܐ ܕܐܠܗܐ. ܘܒܐܝܢܐ ܡܬܠܐ ܢܡܬܠܝܗ. 31 ܐܝܟ
ܦܪܕܬܐ ܗܝ ܕܚܪܕܠܐ. ܗܝ ܕܡܐ ܕܐܙܕܪܥܬ ܒܐܪܥܐ ܙܥܘܪܐ ܗܝ
ܡܢ ܟܠܗܘܢ ܙܪ̈ܥܘܢܐ ܕܥܠ ܐܪܥܐ. 32 ܘܡܐ ܕܐܙܕܪܥܬ: ܣܠܩܐ
ܘܗܘܝܐ ܪܒܐ. ܡܢ ܟܠܗܘܢ ܝܪ̈ܩܘܢܐ. ܘܥܒܕܐ ܣܘ̈ܟܐ ܪ̈ܘܪܒܐ:
ܐܝܟ ܕܢܫܟܚܘܢ ܕܒܛܠܠܗ̇ ܦܪ̈ܚܬܐ ܢܫܟܢܘܢ. 33 ܒܡܬܠܐ ܕܐܝܟ
ܗܠܝܢ ܡܡܠܠ ܗܘܐ ܥܡܗܘܢ ܝܫܘܥ. ܡܬ̈ܠܐ ܐܝܟ ܕܡܫܟܚܝܢ
ܗܘܘ ܠܡܫܡܥ. 34 ܘܕܠܐ ܡܬ̈ܠܐ ܠܐ ܡܡܠܠ ܗܘܐ ܥܡܗܘܢ.
ܠܬܠܡܝ̈ܕܘܗܝ ܕܝܢ ܒܝܢܝܗܘܢ ܡܦܫܩ ܗܘܐ
ܟܠܡܕܡ ܀ 35 ܘܐܡܪ ܠܗܘܢ ܒܗܘ ܝܘܡܐ ܒܪܡܫܐ.
ܢܥܒܪ ܠܗ ܠܥܒܪܐ. 36 ܘܫܒܩܘ ܠܟܢ̈ܫܐ: ܘܕܒܪܘܗܝ
ܠܗ ܒܣܦܝܢܬܐ ܗܘ. ܘܣܦܝ̈ܢܐ ܐܚܪ̈ܢܝܬܐ ܐܝܬ ܗܘܝ̈ ܥܡܗܘܢ.
37 ܘܗܘܐ ܥܠܥܠܐ ܕܪܘܚܐ ܘܪܒܐ. ܘܓܠ̈ܠܐ ܢܦܠܝܢ ܗܘܘ
ܠܣܦܝܢܬܐ ܘܩܪܝܒܐ ܗܘܬ ܕܬܬܡܠܐ. 38 ܗܘ ܕܝܢ ܝܫܘܥ ܥܠ
ܒܣܕܝܐ ܕܡܟ ܗܘܐ ܒܚܪܬܗ ܕܣܦܝܢܬܐ. ܘܐܬܘ ܐܥܝܪܘܗܝ
ܘܐܡܪܝܢ ܠܗ. ܪܒܢ ܠܐ ܒܛܠܐ ܠܟ ܕܐܒܕܝܢ ܚܢܢ: 39 ܘܩܡ ܟܐܐ
ܒܪܘܚܐ ܘܐܡܪ ܠܝܡܐ. ܫܠܝ ܐܬܟܠܝ. ܘܫܠܝܬ ܪܘܚܐ ܘܗܘܐ
ܫܠܝܐ ܪܒܐ. 40 ܘܐܡܪ ܠܗܘܢ. ܠܡܢܐ ܕܚܘܠܬܢܝܢ ܐܝܬܝܟܘܢ
ܗܟܢܐ. ܘܠܡܢܐ ܠܝܬ ܒܟܘܢ ܗܝܡܢܘܬܐ. 41 ܘܕܚܠܘ ܕܚܠܬܐ
ܪܒܬܐ. ܘܐܡܪܝܢ ܗܘܘ ܚܕ ܠܚܕ: ܡܢܘ ܟܝ ܗܢܐ ܕܐܦ ܪܘܚܐ ܘܝܡܐ
ܡܫܬܡܥܝܢ ܠܗ ܀

ܩܦܠܐܘܢ ܀ ܗ ܀

1 ܘܐܬܘ ܠܥܒܪܐ ܕܝܡܐ ܠܐܬܪܐ ܕܓܕܪ̈ܝܐ. 2 ܘܟܕ ܢܦܩ ܡܢ
ܣܦܝܢܬܐ: ܦܓܥ ܒܗ ܡܢ ܒܝܬ ܩܒܪ̈ܐ: ܓܒܪܐ ܕܐܝܬ

ܒܗ ܪܘܚܐ ܛܢܦܬܐ. 3 ܘܥܡܪ ܗܘܐ ܒܝܬ ܩܒܘܪܐ.
ܘܒܫܫܠܬܐ ܐܢܫ ܠܐ ܡܫܟܚ ܗܘܐ ܠܡܐܣܪܗ. 4 ܡܛܠ
ܕܟܠ ܐܡܬܝ ܕܒܟܒܠܐ ܘܒܫܫܠܬܐ ܐܬܐܣܪ ܗܘܐ:
ܫܫܠܬܐ ܡܦܣܩ ܗܘܐ: ܘܟܒܠܐ ܡܫܪܐ ܗܘܐ: ܘܠܐ ܐܢܫ
ܡܫܟܚ ܗܘܐ ܠܡܫܬܥܒܕܗ. 5 ܘܒܟܠܙܒܢ ܒܠܠܝܐ
ܘܒܐܝܡܡܐ: ܒܒܝܬ ܩܒܘܪܐ ܘܒܛܘܪܐ ܐܝܬܘܗܝ ܗܘܐ. ܘܩܥܐ
ܗܘܐ ܘܡܓܕܡ ܢܦܫܗ ܒܟܐܦܐ. 6 ܟܕ ܚܙܐ ܕܝܢ ܠܝܫܘܥ ܡܢ
ܪܘܚܩܐ: ܪܗܛ ܣܓܕ ܠܗ. 7 ܘܩܥܐ ܒܩܠܐ ܪܡܐ ܘܐܡܪ.
ܡܢܐ ܠܝ ܘܠܟ ܝܫܘܥ ܒܪܗ ܕܐܠܗܐ ܡܪܝܡܐ. ܡܘܡܐ ܐܢܐ
ܠܟ ܒܐܠܗܐ ܕܠܐ ܬܫܢܩܢܝ. 8 ܐܡܪ ܗܘܐ ܠܗ ܓܝܪ: ܦܘܩ
ܡܢ ܒܪܢܫܐ ܪܘܚܐ ܛܢܦܬܐ. 9 ܘܫܐܠܗ ܐܝܢܐ ܫܡܟ. ܐܡܪ
ܠܗ ܠܓܝܘܢ ܫܡܢ. ܡܛܠ ܕܣܓܝܐܝܢ ܚܢܢ. 10 ܘܒܥܐ ܗܘܐ
ܡܢܗ ܣܓܝ: ܕܠܐ ܢܫܕܪܝܢܘܢ ܠܒܪ ܡܢ ܐܬܪܐ. 11 ܐܝܬ ܗܘܐ
ܕܝܢ ܬܡܢ ܠܘܬ ܛܘܪܐ: ܒܩܪܐ ܪܒܐ ܕܚܙܝܪܐ ܕܪܥܝܐ. 12 ܘܒܥܝܢ
ܗܘܘ ܡܢܗ ܫܐܕܐ ܘܐܡܪܝܢ. ܫܕܪܝܢ ܥܠ ܗܠܝܢ
ܚܙܝܪܐ ܕܒܗܘܢ ܢܥܘܠ. 13 ܘܐܦܤ ܠܗܘܢ. ܘܢܦܩܘ ܪܘܚܐ
ܗܠܝܢ ܛܢܦܬܐ ܘܥܠܘ ܒܚܙܝܪܐ. ܘܪܗܛܬ ܗܝ ܒܩܪܐ
ܠܫܩܝܦܐ: ܘܢܦܠܘ ܒܝܡܐ ܘܐܬܚܢܩܘ ܒܡܝܐ. 14 ܘܗܢܘܢ
ܕܪܥܝܢ ܗܘܘ ܠܗܘܢ: ܥܪܩܘ ܘܐܡܪܘ ܠܡܕܝܢܬܐ ܘܐܦ
ܒܩܘܪܝܐ. ܘܢܦܩܘ ܠܡܚܙܐ ܡܢܐ ܕܗܘܐ. 15 ܘܐܬܘ ܠܘܬ
ܝܫܘܥ. ܘܚܙܐܘܗܝ ܠܗܘ ܕܐܬܕܝܘܢ: ܟܕ ܠܒܝܫ
ܘܡܢܟܦ ܘܝܬܒ. ܗܘ ܕܐܝܬ ܗܘܐ ܒܗ ܠܓܝܘܢ: ܘܕܚܠܘ.
16 ܘܐܫܬܥܝܘ ܠܗܘܢ ܗܢܘܢ ܕܚܙܘ: ܕܐܝܟܢܐ ܗܘܐ ܠܗܘ
ܕܐܬܕܝܘܢ. ܘܐܦ ܥܠ ܗܢܘܢ ܚܙܝܪܐ. 17 ܘܫܪܝܘ ܒܥܝܢ ܡܢܗ:
ܕܢܐܙܠ ܠܗ ܡܢ ܬܚܘܡܗܘܢ. 18 ܘܟܕ ܣܠܩ ܠܣܦܝܢܬܐ:
ܒܥܐ ܗܘܐ ܡܢܗ ܗܘ ܕܐܬܕܝܘܢ: ܕܥܡܗ ܢܗܘܐ. 19 ܘܠܐ
ܫܒܩܗ. ܐܠܐ ܐܡܪ ܠܗ: ܙܠ ܠܒܝܬܟ ܠܘܬ ܐܢܫܝܟ:
ܘܐܫܬܥܐ ܠܗܘܢ ܡܢܐ ܕܥܒܕ ܠܟ ܡܪܝܐ ܘܐܬܪܚܡ ܥܠܝܟ.

20 ܘܐܙܠ ܘܫܪܝ ܡܟܪܙ ܒܥܣܪܐ ܡܕܝܢܢ ܡܕܡ ܕܥܒܕ ܠܗ
ܝܫܘܥ. ܘܟܠܗܘܢ ܡܬܕܡܪܝܢ ܗܘܘ ܀ 21 ܘܟܕ ܥܒܪ ܝܫܘܥ
ܒܣܦܝܢܬܐ ܠܗܘ ܥܒܪܐ: ܬܘܒ ܐܬܟܢܫܘ ܠܘܬܗ ܟܢܫܐ
ܣܓܝܐܐ: ܟܕ ܐܝܬܘܗܝ ܥܠ ܝܕ ܝܡܐ. 22 ܘܐܬܐ ܚܕ ܕܫܡܗ
ܝܘܐܪܫ ܡܢ ܪܒܝ ܟܢܘܫܬܐ: ܘܟܕ ܚܙܝܗܝ ܢܦܠ ܥܠ
ܪܓܠܘܗܝ. 23 ܘܒܥܐ ܗܘܐ ܡܢܗ ܣܓܝ ܘܐܡܪ ܠܗ.
ܒܪܬܝ ܡܣܟܝܐ ܠܡܡܬ. ܬܐ ܣܝܡ ܐܝܕܟ ܥܠܝܗ ܘܬܬܦܨܐ.
ܘܬܚܐ. 24 ܘܐܙܠ ܥܡܗ ܝܫܘܥ. ܘܢܩܝܦ ܗܘܐ ܠܗ ܟܢܫܐ
ܣܓܝܐܐ. ܘܚܒܨܝܢ ܗܘܘ ܠܗ. 25 ܐܢܬܬܐ ܕܝܢ ܚܕܐ ܕܐܝܬܝܗ
ܗܘܬ ܒܪܘܒܐ ܕܕܡܐ. ܫܢܝܢ ܬܪܬܥܣܪܐ: 26 ܐܝܕܐ ܕܣܓܝ
ܣܒܠܬ ܡܢ ܐܣܘܬܐ ܣܓܝܐܐ: ܘܐܘܒܕܬ ܟܠ ܡܕܡ ܕܐܝܬ
ܠܗ: ܘܡܕܡ ܠܐ ܐܬܥܕܪܬ. ܐܠܐ ܐܦ ܝܬܝܪܐܝܬ ܐܬܡܟܟܬ: 27 ܟܕ
ܫܡܥܬ ܥܠ ܝܫܘܥ: ܐܬܬ ܒܐܘܠܨܐ ܕܟܢܫܐ ܡܢ ܒܣܬܪܗ
ܘܩܪܒܬ ܠܠܒܘܫܗ. 28 ܐܡܪܐ ܗܘܬ ܓܝܪ: ܕܐܦܢ ܠܠܒܘܫܗ
ܩܪܒܐ ܐܢܐ ܚܝܐ ܐܢܐ. 29 ܘܡܚܕܐ ܝܒܫܬ ܡܒܘܥܐ ܕܕܡܗ
ܘܪܓܫܬ ܒܦܓܪܗ ܕܐܬܐܣܝܬ ܡܢ ܡܚܘܬܗ. 30 ܝܫܘܥ
ܕܝܢ ܡܚܕܐ ܝܕܥ ܒܢܦܫܗ ܕܚܝܠܐ ܢܦܩ ܡܢܗ.
ܘܐܬܦܢܝ ܠܟܢܫܐ ܘܐܡܪ. ܡܢܘ ܩܪܒ ܠܢܚܬܝ.
31 ܐܡܪܝܢ ܠܗ ܬܠܡܝܕܘܗܝ. ܚܙܐ ܐܢܬ ܠܟܢܫܐ ܕܚܒܨܝܢ
ܠܟ: ܘܐܡܪ ܐܢܬ ܡܢܘ ܩܪܒ ܠܝ. 32 ܘܡܚܪ ܗܘܐ ܕܢܚܙܐ
ܡܢܘ. ܗܕܐ ܕܥܒܕܬ: 33 ܗܝ ܕܝܢ ܐܢܬܬܐ ܟܕ ܕܚܝܠܐ
ܘܪܬܝܬܐ ܕܝܕܥܐ ܡܐ ܕܗܘܐ ܠܗ: ܐܬܬ ܢܦܠܬ ܩܕܡܘܗܝ:
ܘܐܡܪܬ ܠܗ ܟܠܗ ܫܪܪܐ. 34 ܗܘ ܕܝܢ ܐܡܪ ܠܗ. ܒܪܬܝ
ܗܝܡܢܘܬܟܝ ܐܚܝܬܟܝ ܙܠܝ ܒܫܠܡܐ ܘܗܘܝ ܚܠܝܡܐ ܡܢ
ܡܚܘܬܟܝ. 35 ܘܟܕ ܗܘ ܡܡܠܠ: ܐܬܘ ܡܢ ܒܝܬ ܪܒ
ܟܢܘܫܬܐ ܘܐܡܪܝܢ. ܕܒܪܬܟ ܡܝܬܬ. ܠܡܢܐ ܡܚܝܠ ܡܥܡܠ
ܐܢܬ ܠܡܠܦܢܐ. 36 ܝܫܘܥ ܕܝܢ ܫܡܥ ܠܡܠܬܐ ܕܐܡܪܘ: ܘܐܡܪ
ܠܪܒ ܟܢܘܫܬܐ. ܠܐ ܬܕܚܠ. ܒܠܚܘܕ ܗܝܡܢ. 37 ܘܠܐ

ܫܒܩ ܠܐܢܫ ܕܢܐܙܠ ܥܡܗ: ܐܠܐ ܠܫܡܥܘܢ ܟܐܦܐ.
ܘܠܝܥܩܘܒ ܘܠܝܘܚܢܢ ܐܚܘܗܝ ܕܝܥܩܘܒ. 38 ܘܐܬܘ
ܠܒܝܬܗ ܕܪܝܫ ܟܢܘܫܬܐ. ܘܚܙܐ ܕܡܫܬܓܫܝܢ ܘܒܟܝܢ
ܘܡܝܠܠܝܢ. 39 ܘܥܠ ܘܐܡܪ ܠܗܘܢ. ܡܢܐ ܡܫܬܓܫܝܢ ܐܢܬܘܢ
ܘܒܟܝܢ. ܛܠܝܬܐ ܠܐ ܡܝܬܬ ܐܠܐ ܕܡܟܐ ܗܝ. 40 ܘܓܚܟܝܢ ܗܘܘ
ܥܠܘܗܝ. ܗܘ ܕܝܢ ܝܫܘܥ ܐܦܩ ܠܟܠܗܘܢ. ܘܕܒܪ ܠܐܒܘܗ
ܕܛܠܝܬܐ ܘܠܐܡܗ ܘܠܐܝܠܝܢ ܕܥܡܗ: ܘܥܠ ܠܐܝܟܐ ܕܪܡܝܐ
ܗܘܬ ܛܠܝܬܐ. 41 ܘܐܚܕ ܒܐܝܕܗ ܕܛܠܝܬܐ ܘܐܡܪ ܠܗ.
ܛܠܝܬܐ ܩܘܡܝ. 42 ܘܡܚܕܐ ܩܡܬ ܛܠܝܬܐ ܘܗܠܟܐ
ܗܘܬ. ܐܝܬܝܗ ܗܘܬ ܓܝܪ ܒܪܬ ܫܢܝܢ ܬܪܬܥܣܪܐ. ܘܐܬܕܡܪܘ
ܗܘܘ ܕܘܡܪܐ ܪܒܐ. 43 ܘܦܩܕ ܐܢܘܢ ܣܓܝ: ܕܠܐ ܐܢܫ ܢܕܥ
ܗܕܐ. ܘܐܡܪ ܕܢܬܠܘܢ ܠܗ ܠܡܐܟܘܠ ܀

ܩܦܠܐܘܢ ܀ ܘ ܀

1 ܘܢܦܩ ܡܢ ܬܡܢ ܝܫܘܥ ܘܐܬܐ ܠܡܕܝܢܬܗ. ܘܢܩܝܦܝܢ
ܗܘܘ ܠܗ ܬܠܡܝܕܘܗܝ. 2 ܘܟܕ ܗܘܬ ܫܒܬܐ. ܫܪܝ
ܠܡܠܦܘ ܒܟܢܘܫܬܐ. ܘܣܓܝܐܐ ܕܫܡܥܘ ܐܬܕܡܪܘ. ܘܐܡܪܝܢ
ܗܘܘ: ܐܝܡܟܐ ܠܗ ܗܠܝܢ ܠܗܢܐ. ܘܡܢܐ ܗܝ ܚܟܡܬܐ
ܕܐܬܝܗܒܬ ܠܗ: ܕܚܝܠܐ ܕܐܝܟ ܗܠܝܢ ܒܐܝܕܘܗܝ ܢܗܘܘܢ.
3 ܠܐ ܗܘܐ ܗܢܐ ܢܓܪܐ ܒܪܗ ܕܡܪܝܡ: ܘܐܚܘܗܝ ܕܝܥܩܘܒ
ܘܕܝܘܣܐ: ܘܕܝܗܘܕܐ ܘܕܫܡܥܘܢ. ܘܠܐ ܗܐ ܐܚܘܬܗ ܬܢܢ ܠܘܬܢ:
ܘܡܬܟܫܠܝܢ ܗܘܘ ܒܗ. 4 ܘܐܡܪ ܠܗܘܢ ܝܫܘܥ. ܠܝܬ
ܢܒܝܐ ܕܫܝܛ ܐܠܐ ܒܡܕܝܢܬܗ. ܘܒܝܬ ܐܢܫܝ ܒܝܬܗ
ܘܒܝܬܗ. 5 ܘܠܐ ܡܫܟܚ ܗܘܐ ܕܢܥܒܕ ܬܡܢ ܐܦ ܠܐ ܚܕ
ܚܝܠܐ. ܐܠܐ ܐܢ ܕܥܠ ܟܪܝܗܐ ܩܠܝܠܐ ܣܡ ܐܝܕܗ ܘܐܣܝ.
6 ܘܡܬܕܡܪ ܗܘܐ ܒܚܣܝܪܘܬ ܗܝܡܢܘܬܗܘܢ ܀ ܘܡܬܟܪܟ
ܗܘܐ ܒܩܘܪܝܐ ܟܕ ܡܠܦ. 7 ܘܩܪܐ ܠܬܪܥܣܪܬܗ: ܘܫܪܝ
ܕܢܫܕܪ ܐܢܘܢ ܬܪܝܢ ܬܪܝܢ. ܘܝܗܒ ܠܗܘܢ ܫܘܠܛܢܐ ܥܠ

ܪ̈ܘܚܐ ܛܢ̈ܦܬܐ ܕܢܦܩܘܢ. 8 ܘܦܩܕ ܐܢܘܢ ܕܠܐ ܢܫܩܠܘܢ ܡܕܡ
ܠܐܘܪܚܐ ܐܠܐ ܐܢ ܚܘܛܪܐ ܒܠܚܘܕܘܗܝ. ܠܐ ܬܪܡܠܐ ܘܠܐ ܠܚܡܐ. ܘܠܐ
ܢܚܫܐ ܒܚܨ̈ܝܗܘܢ. 9 ܐܠܐ ܢܣܐܢܘܢ ܡܣܢ̈ܐ. ܘܠܐ ܢܠܒܫܘܢ
ܬܪ̈ܬܝܢ ܟܘܬܝ̈ܢܝܢ. 10 ܘܐܡܪ ܠܗܘܢ ܠܐܝܢܐ ܒܝܬܐ ܕܥܐܠܝܢ
ܐܢܬܘܢ: ܬܡܢ ܗܘܘ ܥܕܡܐ ܕܢܦܩܝܢ ܐܢܬܘܢ ܡܢ ܬܡܢ.
11 ܘܟܠ ܡܢ ܕܠܐ ܢܩܒܠܘܢܟܘܢ ܘܠܐ ܢܫܡܥܘܢܟܘܢ: ܟܕ
ܕܢܦܩܝܢ ܐܢܬܘܢ ܡܢ ܬܡܢ: ܢܦܨܘ ܚܠܐ ܕܒܪ̈ܓܠܝܟܘܢ
ܠܣܗܕܘܬܗܘܢ. ܘܐܡܝܢ ܐܡܪ ܐܢܐ ܠܟܘܢ܆ ܕܢܗܘܐ ܢܝܚ
ܠܣܕܘܡ ܘܠܥܡܘܪܐ ܒܝܘܡܐ ܕܕܝܢܐ ܐܘ ܠܡܕܝܢܬܐ ܗܝ ܀
12 ܘܢܦܩܘ ܗܘܘ ܘܐܟܪܙܘ ܕܢܬܘܒܘܢ. 13 ܘܫܐܕ̈ܐ ܣܓܝ̈ܐܐ
ܡܦܩܝܢ ܗܘܘ. ܘܡܫܚܝܢ ܗܘܘ ܒܡܫܚܐ ܠܟܪ̈ܝܗܐ ܣܓܝ̈ܐܐ
ܘܡܐܣܝܢ ܗܘܘ ܀ 14 ܘܫܡܥ ܗܪܘܕܣ ܡܠܟܐ ܟܠܗ ܫܡܥܗ.
ܐܬܝܕܥ ܗܘܐ ܠܗ ܓܝܪ ܫܡܗ: ܘܐܡܪ ܗܘܐ. ܕܝܘܚܢܢ
ܡܥܡܕܢܐ ܩܡ ܡܢ ܒܝܬ ܡܝ̈ܬܐ. ܡܛܠ ܗܢܐ ܚܝ̈ܠܐ
ܡܬܥܒܕܝܢ ܒܗ. 15 ܐܚܪ̈ܢܐ ܐܡܪܝܢ ܗܘܘ. ܕܐܠܝܐ ܗܘ.
ܘܐܚܪ̈ܢܐ ܕܢܒܝܐ ܗܘ ܐܝܟ ܚܕ ܡܢ ܢܒܝ̈ܐ. 16 ܟܕ ܫܡܥ ܕܝܢ
ܗܪܘܕܣ ܐܡܪ. ܝܘܚܢܢ ܗܘ ܕܐܢܐ ܦܣܩܬ ܪܫܗ: ܗܘ ܩܡ
ܡܢ ܒܝܬ ܡܝ̈ܬܐ. 17 ܗܘ ܓܝܪ ܗܪܘܕܣ ܫܕܪ ܗܘܐ ܐܚܕܗ
ܠܝܘܚܢܢ: ܘܐܣܪܗ ܒܒܝܬ ܐܣܝ̈ܪܐ. ܡܛܠ ܗܪܘܕܝܐ ܐܢܬܬܐ
ܕܦܝܠܝܦܘܣ ܐܚܘܗܝ ܗܝ ܕܢܣܒ. 18 ܐܡܪ ܗܘܐ ܓܝܪ ܝܘܚܢܢ
ܠܗܪܘܕܣ. ܕܠܐ ܫܠܝܛ ܠܟ ܕܬܣܒ ܐܢܬܬܐ ܐܚܘܟ. 19 ܗܝ
ܕܝܢ ܗܪܘܕܝܐ ܠܚܝܫܐ ܗܘܬ ܠܗ. ܘܨܒܝܐ ܗܘܬ ܠܡܩܛܠܗ.
ܘܠܐ ܡܫܟܚܐ ܗܘܬ. 20 ܗܪܘܕܣ ܓܝܪ ܕܚܠ ܗܘܐ ܡܢ ܝܘܚܢܢ.
ܟܕ ܝܕܥ ܗܘܐ ܕܓܒܪܐ ܗܘ ܙܕܝܩܐ ܘܩܕܝܫܐ. ܘܢܛܪ
ܗܘܐ ܠܗ. ܘܫܡܥܢܐܝܬ ܫܡܥ ܗܘܐ ܠܗ ܘܣܓܝ.
ܘܒܣܝܡܐܝܬ ܫܡܥ ܗܘܐ ܠܗ ܀ 21 ܘܗܘܐ ܝܘܡܐ ܡܬܒܥܝܢܐ: ܟܕ
ܗܪܘܕܣ ܒܝܘܡܐ ܕܝܠܕܗ ܚܫܡܝܬܐ ܥܒܕ ܗܘܐ ܠܪ̈ܘܪܒܢܘܗܝ
ܘܠܟܝܠܝܪ̈ܟܐ ܘܠܪ̈ܫܢܐ ܕܓܠܝܠܐ: 22 ܘܥܠܬ ܒܪܬܗ ܕܗܪܘܕܝܐ

ܪܩܕܬ: ܘܫܦܪܬ ܠܗ ܠܗܪܘܕܣ ܘܠܐܝܠܝܢ ܕܣܡܝܟܝܢ ܥܡܗ.
ܘܐܡܪ ܡܠܟܐ ܠܛܠܝܬܐ. ܫܐܠܝ ܡܢܝ ܡܕܡ ܕܨܒܝܐ ܐܢܬܝ
ܘܐܬܠ ܠܟܝ. 23 ܘܝܡܐ ܠܗ ܕܡܕܡ ܕܬܫܐܠܝܢܢܝ ܐܬܠ ܠܟܝ.
ܥܕܡܐ ܠܦܠܓܗ ܕܡܠܟܘܬܝ. 24 ܗܝ ܕܝܢ ܢܦܩܬ ܘܐܡܪܐ
ܠܐܡܗ. ܡܢܐ ܐܫܐܠܝܘܗܝ. ܐܡܪܐ ܠܗ ܪܫܗ ܕܝܘܚܢܢ
ܡܥܡܕܢܐ. 25 ܘܡܚܕܐ ܥܠܬ ܒܪܗܒܘܬܐ ܠܘܬ ܡܠܟܐ:
ܘܐܡܪܐ ܠܗ. ܨܒܝܐ ܐܢܐ ܒܗܕܐ ܫܥܬܐ. ܕܬܬܠ ܠܝ ܥܠ
ܦܝܢܟܐ ܪܫܗ ܕܝܘܚܢܢ ܡܥܡܕܢܐ. 26 ܘܟܪܝܬ ܠܗ ܛܒ
ܠܡܠܟܐ. ܘܡܛܠ ܕܝܢ ܡܘܡܬܐ ܘܡܛܠ ܣܡܝܟܐ: ܠܐ ܨܒܐ
ܕܢܕܓܠܝܗ: 27 ܐܠܐ ܫܕܪ ܡܠܟܐ ܐܣܦܘܩܠܛܪܐ: ܘܦܩܕ
ܕܢܝܬܐ ܪܫܗ ܕܝܘܚܢܢ. ܘܐܙܠ ܦܣܩܗ ܪܫܗ ܕܝܘܚܢܢ
ܒܝܬ ܐܣܝܪܐ. 28 ܘܐܝܬܝ ܒܦܝܢܟܐ ܘܝܗܒܗ ܠܛܠܝܬܐ. ܘܗܝ
ܛܠܝܬܐ ܝܗܒܬܗ ܠܐܡܗ. 29 ܘܫܡܥܘ ܬܠܡܝܕܘܗܝ: ܘܐܬܘ
ܫܩܠܘ ܓܘܫܡܗ ܘܣܡܘܗܝ ܒܩܒܪܐ ܀ 30 ܘܐܬܟܢܫܘ
ܫܠܝܚܐ ܠܘܬ ܝܫܘܥ: ܘܐܡܪܘ ܠܗ ܟܠ ܡܐ ܕܥܒܕܘ.
ܘܟܠ ܡܐ ܕܐܠܦܘ. 31 ܘܐܡܪ ܠܗܘܢ. ܬܘ ܠܟܘܢ. ܢܐܙܠ
ܠܒܪܝܬܐ ܠܚܘܕܝܢ. ܘܐܬܬܢܝܚܘ ܩܠܝܠ. ܐܝܬ ܗܘܘ ܓܝܪ
ܣܓܝܐܐ ܕܐܙܠܝܢ ܘܐܬܝܢ: ܘܠܝܬ ܗܘܐ ܠܗܘܢ ܐܬܪܐ ܐܦ ܠܐ
ܠܡܠܥܣ. 32 ܘܐܙܠܘ ܠܐܬܪܐ ܚܘܪܒܐ ܒܣܦܝܢܬܐ ܒܠܚܘܕܝܗܘܢ.
33 ܘܚܙܘ ܐܢܘܢ ܣܓܝܐܐ ܟܕ ܐܙܠܝܢ ܘܐܫܬܘܕܥܘ ܐܢܘܢ
ܒܝܒܫܐ ܡܢ ܟܠܗܝܢ ܡܕܝܢܬܐ ܪܗܛܘ ܠܬܡܢ ܘܩܕܡܘ ܐܢܘܢ.
34 ܘܢܦܩ ܝܫܘܥ ܚܙܐ ܟܢܫܐ ܣܓܝܐܐ ܘܐܬܪܚܡ ܥܠܝܗܘܢ.
ܕܕܡܝܢ ܠܥܢܐ ܕܠܝܬ ܠܗܘܢ ܪܥܝܐ. ܘܫܪܝ ܗܘܐ ܠܡܠܦܘ
ܐܢܘܢ ܣܓܝܐܬܐ. 35 ܘܟܕ ܗܘܐ ܥܕܢܐ ܣܓܝܐܐ. ܩܪܒܘ
ܠܘܬܗ ܬܠܡܝܕܘܗܝ ܘܐܡܪܝܢ ܠܗ. ܗܢܐ ܐܬܪܐ ܚܘܪܒܐ ܗܘ.
ܘܥܕܢܐ ܣܓܝ. 36 ܫܪܝ ܐܢܘܢ ܕܢܐܙܠܘܢ ܠܐܓܘܪܣܐ ܕܚܕܪܝܢ
ܘܠܩܘܪܝܐ. ܘܢܙܒܢܘܢ ܠܗܘܢ ܠܚܡܐ. ܠܝܬ ܠܗܘܢ ܓܝܪ
ܡܕܡ ܠܡܐܟܠ. 37 ܗܘ ܕܝܢ ܐܡܪ ܠܗܘܢ. ܗܒܘ ܠܗܘܢ

ܐܢܬܘܢ ܠܡܐܟܠ. ܐܡܪܝܢ ܠܗ. ܢܐܙܠ ܢܙܒܢ ܕܡܐܬܝܢ ܕܝܢܪܝܢ
ܠܚܡܐ ܘܢܬܠ ܠܗܘܢ ܠܡܐܟܠ: 38 ܗܘ ܕܝܢ ܐܡܪ ܠܗܘܢ.
ܙܠܘ ܚܙܘ ܟܡܐ ܠܚܡܝܢ ܐܝܬ ܠܟܘܢ ܗܪܟܐ. ܘܟܕ ܚܙܘ ܐܡܪܝܢ
ܠܗ. ܚܡܫܐ ܠܚܡܝܢ ܘܬܪܝܢ ܢܘܢܝܢ. 39 ܘܦܩܕ ܠܗܘܢ
ܕܢܣܡܟܘܢ ܠܟܠܗܘܢ ܣܡܟܝܢ ܣܡܟܝܢ ܥܠ ܥܣܒܐ.
40 ܘܐܣܬܡܟܘ ܣܡܟܝܢ ܣܡܟܝܢ: ܒܡܐܐ ܡܐܐ ܘܒܚܡܫܝܢ
ܚܡܫܝܢ. 41 ܘܢܣܒ ܗܢܘܢ ܚܡܫܐ ܠܚܡܝܢ ܘܬܪܝܢ ܢܘܢܝܢ:
ܘܚܪ ܒܫܡܝܐ. ܘܒܪܟ ܘܩܨܐ ܠܚܡܐ: ܘܝܗܒ ܠܬܠܡܝܕܘܗܝ
ܕܢܣܝܡܘܢ ܠܗܘܢ. ܘܗܢܘܢ ܬܪܝܢ ܢܘܢܝܢ ܦܠܓܘ ܠܟܠܗܘܢ.
42 ܘܐܟܠܘ ܟܠܗܘܢ ܘܣܒܥܘ. 43 ܘܫܩܠܘ ܩܨܝܐ ܬܪܥܣܪ
ܩܦܝܢܝܢ ܟܕ ܡܠܝܢ. ܘܡܢ ܢܘܢܐ. 44 ܐܝܬܝܗܘܢ ܗܘܘ ܕܝܢ
ܕܐܟܠܘ ܠܚܡܐ: ܚܡܫܐ ܐܠܦܝܢ ܓܒܪܝܢ. 45 ܘܡܚܕܐ ܐܠܨ
ܠܬܠܡܝܕܘܗܝ ܕܢܣܩܘܢ ܠܣܦܝܢܬܐ: ܘܢܩܕܡܘܢܝܗܝ
ܠܥܒܪܐ ܠܒܝܬ ܨܝܕܐ: ܥܕ ܗܘ ܫܪܐ ܠܟܢܫܐ. 46 ܘܟܕ ܫܪܐ
ܐܢܘܢ: ܐܙܠ ܠܛܘܪܐ ܠܡܨܠܝܘ. 47 ܟܕ ܗܘܐ ܕܝܢ ܪܡܫܐ:
ܣܦܝܢܬܐ ܐܝܬܝܗ ܗܘܬ ܒܡܨܥܬ ܝܡܐ. ܘܗܘ ܒܠܚܘܕܘܗܝ
ܥܠ ܐܪܥܐ. 48 ܘܚܙܐ ܐܢܘܢ ܕܡܫܬܢܩܝܢ ܟܕ ܪܕܝܢ. ܪܘܚܐ ܓܝܪ
ܠܘܩܒܠܗܘܢ ܗܘܬ. ܘܒܡܛܪܬܐ ܪܒܝܥܝܬܐ ܕܠܠܝܐ: ܐܬܐ
ܠܘܬܗܘܢ ܝܫܘܥ ܟܕ ܡܗܠܟ ܥܠ ܡܝܐ. ܘܨܒܐ ܗܘܐ ܕܢܥܒܪ
ܐܢܘܢ. 49 ܗܢܘܢ ܕܝܢ ܚܙܐܘܗܝ ܕܡܗܠܟ ܥܠ ܡܝܐ: ܘܣܒܪܘ
ܠܗܘܢ ܕܚܙܘܐ ܗܘ ܕܓܠܐ. ܘܩܥܘ. 50 ܟܠܗܘܢ ܓܝܪ ܚܙܐܘܗܝ
ܘܐܬܕܠܘ. ܘܡܚܕܐ ܡܠܠ ܥܡܗܘܢ ܘܐܡܪ ܠܗܘܢ
ܐܬܠܒܒܘ. ܐܢܐ ܐܢܐ ܠܐ ܬܕܚܠܘܢ. 51 ܘܣܠܩ ܠܘܬܗܘܢ
ܠܣܦܝܢܬܐ ܘܫܠܝܬ ܪܘܚܐ ܘܣܓܝ ܡܬܕܡܪܝܢ ܗܘܘ ܘܬܡܝܗܝܢ
ܒܢܦܫܗܘܢ. 52 ܠܐ ܓܝܪ ܐܣܬܟܠܘ ܗܘܘ ܡܢ ܠܚܡܐ ܗܘ.
ܡܛܠ ܕܠܒܗܘܢ ܡܥܒܕ ܗܘܐ. 53 ܘܟܕ ܥܒܪܘ ܠܥܒܪܐ. ܐܬܘ
ܠܐܪܥܐ ܕܓܢܝܣܪ. 54 ܘܟܕ ܢܦܩܘ ܡܢ ܣܦܝܢܬܐ: ܡܚܕܐ
ܐܫܬܘܕܥܘܗܝ ܐܢܫܝ ܐܬܪܐ. 55 ܘܪܗܛܘ ܒܟܠܗ ܐܪܥܐ ܗܝ

ܘܫܪܝܘ ܠܡܝܬܝܘ ܠܐܝܠܝܢ ܕܒܝܫ ܒܝܫ ܥܒܝܕܝܢ: ܟܕ
ܫܩܝܠܝܢ ܠܗܘܢ ܒܥܪ̈ܣܬܐ ܠܐܬܪܐ ܕܫܡܥܝܢ ܗܘܘ ܕܐܝܬܘܗܝ.
56 ܘܐܝܟܐ ܕܥܐܠ ܗܘܐ ܠܩܘܪ̈ܝܐ ܘܠܡܕܝܢ̈ܬܐ: ܒܫܘ̈ܩܐ
ܣܝܡܝܢ ܗܘܘ ܟܪ̈ܝܗܐ. ܘܒܥܝܢ ܗܘܘ ܡܢܗ: ܕܐܦ ܠܟܢܦܐ
ܕܠܒܘܫܗ ܢܩܪܒܘܢ. ܘܐܝܠܝܢ ܕܩܪܒܝܢ ܗܘܘ ܠܗ
ܡܬܐܣܝܢ ܗܘܘ ❖

ܩܦܠܐܘܢ ❖ ܙ ❖

1 ܘܐܬܟܢܫܘ ܠܘܬܗ ܦܪ̈ܝܫܐ ܘܣܦܪ̈ܐ ܕܐܬܘ ܡܢ ܐܘܪܫܠܡ:
2 ܘܚܙܘ ܐܢܫܝܢ ܡܢ ܬܠܡܝ̈ܕܘܗܝ ܕܐܟܠܝܢ ܠܚܡܐ ܟܕ ܠܐ
ܡܫܝܓܢ ܐܝ̈ܕܝܗܘܢ ܘܐܬܪܥܡܘ. 3 ܟܠܗܘܢ ܓܝܪ ܝܗܘ̈ܕܝܐ
ܘܦܪ̈ܝܫܐ: ܐܢ ܠܐ ܕܚܦܝܛܐܝܬ ܠܐ ܡܫܝܓܝܢ ܐܝ̈ܕܝܗܘܢ. ܠܐ
ܠܥܣܝܢ. ܡܛܠ ܕܐܚܝܕܝܢ ܡܫܠܡܢܘܬܐ ܕܩܫܝ̈ܫܐ. 4 ܘܡܢ
ܫܘܩܐ ܐܢ ܠܐ ܡܥܡܕܝܢ ܠܐ ܠܥܣܝܢ. ܘܣܓܝܐ̈ܬܐ ܐܚܪ̈ܢܝܬܐ ܐܝܬ
ܐܝܠܝܢ ܕܩܒܠܘ ܕܢܛܪܘܢ. ܡܥܡܘܕܝܬܐ ܕܟܣ̈ܐ ܘܕܩܣܛ̈ܐ.
ܘܕܡܐܢ̈ܐ ܕܢܚܫܐ ܘܕܥܪ̈ܣܬܐ. 5 ܘܫܐܠܘܗܝ ܣܦܪ̈ܐ ܘܦܪ̈ܝܫܐ.
ܠܡܢܐ ܬܠܡܝ̈ܕܝܟ ܠܐ ܡܗܠܟܝܢ ܐܝܟ ܡܫܠܡܢܘܬܐ ܕܩܫܝ̈ܫܐ:
ܐܠܐ ܟܕ ܠܐ ܡܫܝܓܢ ܐܝ̈ܕܝܗܘܢ ܐܟܠܝܢ ܠܚܡܐ. 6 ܗܘ ܕܝܢ ܐܡܪ
ܠܗܘܢ. ܫܦܝܪ ܐܬܢܒܝ ܥܠܝܟܘܢ ܐܫܥܝܐ ܢܒܝܐ ܢܣܒ̈ܝ ܒܐܦ̈ܐ:
ܐܝܟ ܕܟܬܝܒ. ܕܥܡܐ ܗܢܐ ܒܣܦܘ̈ܬܗ ܡܝܩܪ ܠܝ.
ܠܒܗܘܢ ܕܝܢ ܪܚܝܩ ܡܢܝ ܛܒ. 7 ܘܣܪܝܩܐܝܬ ܕܚܠܝܢ
ܠܝ: ܟܕ ܡܠܦܝܢ ܝܘ̈ܠܦܢܐ ܕܦܘܩܕ̈ܢܐ ܕܒܢܝ̈ܢܫܐ: 8 ܟܕ
ܡܫܒܩܝܢ ܐܢܬܘܢ ܦܘܩܕܢܐ ܕܐܠܗܐ: ܘܐܚܝܕܝܢ ܐܢܬܘܢ ܡܫܠܡܢܘܬܐ
ܕܒܢܝ̈ܢܫܐ: ܡܥܡܘܕܝܬܐ ܕܟܣ̈ܐ ܘܕܩܣܛ̈ܐ. ܘܣܓܝܐ̈ܬܐ
ܐܝܟ ܕܐܠܝܢ ܥܒܕܝܢ. 9 ܐܡܪ ܠܗܘܢ. ܫܦܝܪ ܡܣܠܝܢ
ܐܢܬܘܢ ܦܘܩܕܢܗ ܕܐܠܗܐ ܕܬܩܝܡܘܢ ܡܫܠܡܢܘܬܟܘܢ.
10 ܡܘܫܐ ܓܝܪ ܐܡܪ: ܝܩܪ ܠܐܒܘܟ ܘܠܐܡܟ. ܘܡܢ ܕܡܨܚܐ
ܠܐܒܐ ܐܘ ܠܐܡܐ ܡܘܬܐ ܢܡܘܬ. 11 ܐܢܬܘܢ ܕܝܢ ܐܡܪܝܢ ܐܢܬܘܢ.
ܐܢ ܢܐܡܪ ܓܒܪܐ ܠܐܒܘܗܝ ܐܘ ܠܐܡܗ: ܩܘܪܒܢܝ ܡܕܡ

ܕܒܝ ܬܬܥܕܪ. 12 ܘܠܐ ܡܫܒܩܝܢ ܐܢܬܘܢ ܠܗ ܕܢܥܒܕ ܡܕܡ
ܠܐܒܘܗܝ ܐܘ ܠܐܡܗ. 13 ܘܡܣܠܝܢ ܐܢܬܘܢ ܡܠܬܗ ܕܐܠܗܐ
ܡܛܠ ܡܫܠܡܢܘܬܐ ܕܐܫܠܡܬܘܢ. ܘܕܡܝܢ ܠܗܠܝܢ
ܣܓܝܐܬܐ ܥܒܕܝܢ ܐܢܬܘܢ. 14 ܘܩܪܐ ܝܫܘܥ ܠܟܢܫܐ ܟܠܗ
ܘܐܡܪ ܠܗܘܢ. ܫܡܥܘܢܝ ܟܠܟܘܢ ܘܐܣܬܟܠܘ. 15 ܠܝܬ
ܡܕܡ ܕܠܒܪ: ܡܢ ܒܪܢܫܐ ܗܘ ܕܥܐܠ ܠܗ ܕܡܫܟܚ ܡܣܝܒ
ܠܗ. ܐܠܐ ܡܕܡ ܕܢܦܩ ܡܢܗ: ܗܘ ܗܘ ܡܣܝܒ ܠܒܪܢܫܐ.
16 ܡܢ ܕܐܝܬ ܠܗ ܐܕܢܐ ܕܢܫܡܥ ܢܫܡܥ ܀ 17 ܟܕ ܕܝܢ ܥܠ
ܝܫܘܥ ܠܒܝܬܐ ܡܢ ܟܢܫܐ: ܫܐܠܘܗܝ ܬܠܡܝܕܘܗܝ ܥܠ
ܡܬܠܐ ܗܘ. 18 ܘܐܡܪ ܠܗܘܢ. ܗܟܢܐ ܐܦ ܐܢܬܘܢ ܥܛܝܠܝܢ
ܐܢܬܘܢ: ܠܐ ܝܕܥܝܢ ܐܢܬܘܢ ܕܟܠ ܡܕܡ ܕܡܢ ܠܒܪ ܥܐܠ
ܠܒܪܢܫܐ: ܠܐ ܡܫܟܚ ܡܣܝܒ ܠܗ: 19 ܕܠܐ ܗܘܐ ܠܠܒܗ
ܥܐܠ ܐܠܐ ܠܟܪܣܗ. ܘܡܫܬܕܐ ܒܬܕܟܝܬܐ ܕܡܕܟܝܐ ܟܠܗ
ܡܐܟܘܠܬܐ. 20 ܡܕܡ ܕܝܢ ܕܢܦܩ ܡܢ ܒܪܢܫܐ: ܗܘ ܗܘ
ܡܣܝܒ ܠܒܪܢܫܐ. 21 ܡܢ ܠܓܘ ܓܝܪ ܡܢ ܠܒܐ ܕܒܢܝܢܫܐ
ܢܦܩܢ ܡܚܫܒܬܐ ܒܝܫܬܐ. ܓܘܪܐ. ܙܢܝܘܬܐ. ܓܢܒܘܬܐ.
ܩܛܠܐ. 22 ܥܘܠܒܢܐ. ܒܝܫܘܬܐ. ܢܟܠܐ. ܛܢܦܘܬܐ. ܥܝܢܐ
ܒܝܫܬܐ. ܓܘܕܦܐ. ܫܘܒܗܪܐ. ܫܛܝܘܬܐ. 23 ܗܠܝܢ
ܟܠܗܝܢ ܒܝܫܬܐ ܡܢ ܠܓܘ ܗܘ ܢܦܩܢ. ܘܡܣܝܒܢ ܠܗ
ܠܒܪܢܫܐ ܀ 24 ܡܢ ܬܡܢ ܩܡ ܝܫܘܥ: ܘܐܬܐ ܠܬܚܘܡܐ ܕܨܘܪ
ܘܕܨܝܕܢ. ܘܥܠ ܠܒܝܬܐ ܚܕ: ܘܠܐ ܨܒܐ ܗܘܐ ܕܐܢܫ ܢܕܥ
ܒܗ. ܘܠܐ ܐܫܟܚ ܕܢܛܫܐ. 25 ܡܚܕܐ ܓܝܪ ܫܡܥܬ ܐܢܬܬܐ
ܚܕܐ ܥܠܘܗܝ: ܕܐܝܬ ܗܘܬ ܠܒܪܬܗ ܪܘܚܐ ܛܢܦܬܐ. ܘܐܬܬ
ܢܦܠܬ ܩܕܡ ܪܓܠܘܗܝ. 26 ܗܝ ܕܝܢ ܐܢܬܬܐ ܐܝܬܝܗ ܗܘܬ
ܚܢܦܬܐ. ܡܢ ܦܘܢܝܩܐ ܕܣܘܪܝܐ. ܘܒܥܝܐ ܗܘܬ ܡܢܗ
ܕܢܦܩ ܠܫܐܕܐ ܡܢ ܒܪܬܗ. 27 ܘܐܡܪ ܠܗ ܝܫܘܥ. ܫܒܘܩ
ܠܘܩܕܡ ܢܣܒܥܘܢ ܒܢܝܐ. ܠܐ ܗܘܐ ܓܝܪ ܫܦܝܪܐ ܕܢܣܒ
ܠܚܡܐ ܕܒܢܝܐ ܘܢܪܡܐ ܠܟܠܒܐ. 28 ܗܝ ܕܝܢ ܥܢܬ ܘܐܡܪܐ

ܠܗ. ܐܝܢ ܡܪܝ. ܐܦ ܟܠܒܐ ܡܢ ܬܚܝܬ ܦܬܘܪܐ ܐܟܠܝܢ
ܦܪ̈ܬܘܬܐ ܕܛܠ̈ܝܐ. 29 ܐܡܪ ܠܗ ܝܫܘܥ ܙܠܝ. ܡܛܠ ܗܕܐ
ܡܠܬܐ ܢܦܩ ܠܗ ܫܐܕܐ ܡܢ ܒܪܬܟܝ. 30 ܘܐܙܠܬ ܠܒܝܬܗ:
ܘܐܫܟܚܬ ܒܪܬܗ ܟܕ ܪܡܝܐ ܥܠ ܥܪܣܐ. ܘܢܦܝܩ ܡܢܗ
ܫܐܕܐ ܀ 31 ܬܘܒ ܢܦܩ ܝܫܘܥ ܡܢ ܬܚܘܡܐ ܕܨܘܪ ܘܨܝܕܢ:
ܘܐܬܐ ܠܝܡܬܐ ܕܓܠܝܠܐ ܠܬܚܘܡܐ ܕܥܣܪܐ ܡܕܝܢ̈ܢ. 32 ܘܐܝܬܝܘ
ܠܗ ܚܪܫܐ ܚܕ ܦܩܐ. ܘܒܥܝܢ ܗܘܘ ܡܢܗ ܕܢܣܝܡ
ܥܠܘܗܝ ܐܝܕܐ. 33 ܘܕܒܪܗ ܡܢ ܟܢܫܐ ܠܒܠܚܘܕܘܗܝ:
ܘܪܡܐ ܨܒ̈ܥܬܗ ܒܐܕ̈ܢܘܗܝ ܘܪܩ ܘܩܪܒ ܠܠܫܢܗ.
34 ܘܚܪ ܒܫܡܝܐ ܘܐܬܬܢܚ. ܘܐܡܪ ܠܗ ܐܬܦܬܚ. 35 ܘܒܗ
ܒܫܥܬܐ ܐܬܦܬܚ̈ܝ ܐܕ̈ܢܘܗܝ. ܘܐܫܬܪܝ ܐܣܪܐ ܕܠܫܢܗ ܘܡܠܠ
ܦܫܝܩܐܝܬ. 36 ܘܦܩܕ ܐܢܘܢ ܕܠܐܢܫ ܠܐ ܢܐܡܪܘܢ. ܘܟܡܐ
ܕܗܘ ܡܦܩܕ ܗܘܐ ܠܗܘܢ. ܗܢܘܢ ܝܬܝܪ ܡܟܪܙܝܢ ܗܘܘ.
37 ܘܝܬܝܪܐܝܬ ܡܬܕܡܪܝܢ ܗܘܘ ܘܐܡܪܝܢ. ܕܟܠ ܡܕܡ ܫܦܝܪ
ܥܒܕ: ܠܚܪ̈ܫܐ ܥܒܕ ܕܢܫܡܥܘܢ. ܘܠܕܠܐ ܡܡܠܠܝܢ
ܕܢܡܠܠܘܢ ܀

ܩܦܠܐܘܢ ܀ ܚ ܀

1 ܒܗܢܘܢ ܕܝܢ ܝܘܡܬܐ: ܟܕ ܟܢܫܐ ܣܓܝܐܐ ܐܝܬ ܗܘܐ:
ܘܠܐ ܐܝܬ ܗܘܐ ܡܕܡ ܕܢܐܟܠܘܢ: ܩܪܐ ܠܬܠܡܝ̈ܕܘܗܝ ܘܐܡܪ
ܠܗܘܢ. 2 ܡܬܪܚܡ ܐܢܐ ܥܠ ܟܢܫܐ ܗܢܐ: ܕܗܐ ܬܠܬܐ
ܝܘܡܝܢ ܩܘܝܘ ܠܘܬܝ: ܘܠܝܬ ܠܗܘܢ ܡܕܡ ܕܢܐܟܠܘܢ. 3 ܘܐܢ
ܕܝܢ ܐܫܪܐ ܐܢܐ ܠܗܘܢ ܟܕ ܨܝܡܝܢ ܠܒ̈ܬܝܗܘܢ: ܡܬܡܚܝܢ ܒܐܘܪܚܐ.
ܐ̈ܢܫܝܢ ܕܝܢ ܡܢܗܘܢ ܡܢ ܪܘܚܩܐ ܐܬܝܢ. 4 ܐܡܪܝܢ ܠܗ
ܬܠܡܝ̈ܕܘܗܝ. ܐܝܟܢܐ ܡܫܟܚ ܐܢܫ ܗܪܟܐ ܒܚܘܪܒܐ:
ܕܢܣܒܥ ܠܚܡܐ ܠܗܠܝܢ ܟܠܗܘܢ. 5 ܘܫܐܠ ܐܢܘܢ ܗܘ:
ܟܡܐ ܠܚܡܝܢ ܐܝܬ ܠܟܘܢ. ܐܡܪܝܢ ܠܗ ܫܒܥܐ. 6 ܘܦܩܕ
ܠܟܢܫܐ ܕܢܣܬܡܟܘܢ ܥܠ ܐܪܥܐ. ܘܢܣܒ ܗܢܘܢ ܫܒܥܐ
ܠܚܡܝܢ: ܘܒܪܟ ܘܩܨܐ ܘܝܗܒ ܠܬܠܡܝ̈ܕܘܗܝ ܕܢܣܝܡܘܢ.

ܘܣܡܘ ܠܟܢ̈ܫܐ. 7 ܘܐܝܬ ܗܘܐ ܢܘ̈ܢܐ ܩܠܝܠ: ܘܐܦ
ܥܠܝܗܘܢ ܒܪܟ. ܘܐܡܪ ܕܢܣܝܡܘܢ ܐܢܘܢ. 8 ܘܐܟܠܘ
ܘܣܒܥܘ. ܘܫܩܠܘ ܝܘܬܪ̈ܢܐ ܕܩܨ̈ܝܐ ܫܒܥ ܐܣܦܪ̈ܝܕܝܢ.
9 ܐܝܬܝܗܘܢ ܗܘܘ ܕܝܢ ܐܢܫ̈ܐ ܕܐܟܠܘ: ܐܝܟ ܐܪܒܥܐ ܐܠܦ̈ܝܢ.
10 ܘܫܪܐ ܐܢܘܢ. ܘܣܠܩ ܡܚܕܐ ܠܣܦܝܢܬܐ ܥܡ ܬܠܡܝ̈ܕܘܗܝ:
ܘܐܬܐ ܠܐܬܪܐ ܕܕܠܡܢܘܬܐ ܀ 11 ܘܢܦܩܘ ܦܪ̈ܝܫܐ ܘܫܪܝܘ ܠܡܒܥܐ
ܥܡܗ. ܘܫܐܠܝܢ ܗܘܘ ܠܗ ܐܬܐ ܡܢ ܫܡܝܐ ܟܕ ܡܢܣܝܢ
ܠܗ. 12 ܘܐܬܬܢܚ ܒܪܘܚܗ ܘܐܡܪ. ܡܢܐ ܫܪܒܬܐ ܗܕܐ ܒܥܝܐ
ܐܬܐ. ܐܡܝܢ ܐܡܪ ܐܢܐ ܠܟܘܢ܆ ܕܠܐ ܬܬܝܗܒ ܠܗ̇ ܐܬܐ
ܠܫܪܒܬܐ ܗܕܐ. 13 ܘܫܒܩ ܐܢܘܢ ܘܣܠܩ ܠܣܦܝܢܬܐ.
ܘܐܙܠ ܠܗܘ ܥܒܪܐ: 14 ܘܛܥܘ ܕܢܣܒܘܢ ܥܡܗܘܢ ܠܚܡܐ.
ܘܐܦ ܠܐ ܚܕܐ ܓܪܝܨܬܐ ܠܝܬ ܗܘܬ ܥܡܗܘܢ ܒܣܦܝܢܬܐ.
15 ܘܦܩܕ ܐܢܘܢ ܘܐܡܪ ܠܗܘܢ. ܚܙܘ ܐܙܕܗܪܘ ܡܢ ܚܡܝܪܐ
ܕܦܪ̈ܝܫܐ ܘܡܢ ܚܡܝܪܗ ܕܗܪܘܕܣ. 16 ܘܡܬܚܫܒܝܢ ܗܘܘ
ܚܕ ܥܡ ܚܕ ܘܐܡܪܝܢ: ܕܠܚܡܐ ܠܝܬ ܠܢ. 17 ܝܫܘܥ ܕܝܢ ܝܕܥ
ܘܐܡܪ ܠܗܘܢ. ܡܢܐ ܡܬܚܫܒܝܢ ܐܢܬܘܢ: ܕܠܚܡܐ ܠܝܬ
ܠܟܘܢ. ܠܐ ܥܕܟܝܠ ܝܕܥܝܢ ܐܢܬܘܢ: ܘܠܐ ܡܣܬܟܠܝܢ
ܐܢܬܘܢ: ܥܕܟܝܠ ܠܒܐ ܩܫܝܐ ܐܝܬ ܠܟܘܢ. 18 ܘܥܝ̈ܢܐ ܐܝܬ
ܠܟܘܢ ܘܠܐ ܚܙܝܢ ܐܢܬܘܢ. ܘܐܕܢ̈ܐ ܐܝܬ ܠܟܘܢ ܘܠܐ ܫܡܥܝܢ ܐܢܬܘܢ.
ܘܠܐ ܥܗܕܝܢ ܐܢܬܘܢ. 19 ܟܕ ܩܨܝܬ ܚܡܫܐ ܓܪ̈ܝܨܢ
ܠܚܡܫܐ ܐܠܦ̈ܝܢ: ܟܡܐ ܩܘܦܝ̈ܢܝܢ ܕܩܨ̈ܝܐ ܟܕ ܡܠܝܢ
ܫܩܠܬܘܢ: ܐܡܪܝܢ ܠܗ ܬܪܥܣܪ. 20 ܐܡܪ ܠܗܘܢ. ܘܟܕ
ܫܒܥ ܠܐܪܒܥܐ ܐܠܦ̈ܝܢ: ܟܡܐ ܐܣܦܪ̈ܝܕܝܢ ܕܩܨ̈ܝܐ ܟܕ ܡܠܝܢ
ܫܩܠܬܘܢ: ܐܡܪܝܢ ܫܒܥ. 21 ܐܡܪ ܠܗܘܢ. ܐܝܟܢܐ ܠܐ ܥܕܟܝܠ
ܠܗܫܐ ܡܣܬܟܠܝܢ ܐܢܬܘܢ. 22 ܘܐܬܐ ܠܒܝܬ ܨܝܕܐ ܘܐܝܬܝܘ
ܠܗ ܣܡܝܐ. ܘܒܥܝܢ ܗܘܘ ܡܢܗ ܕܢܩܪܘܒ ܠܗ. 23 ܘܐܚܕ
ܒܐܝܕܗ ܕܣܡܝܐ ܘܐܦܩܗ ܠܒܪ ܡܢ ܩܪܝܬܐ. ܘܪܩ
ܒܥܝ̈ܢܘܗܝ ܘܣܡ ܐܝܕܗ. ܘܫܐܠܗ ܕܡܢܐ ܚܙܐ. 24 ܘܚܪ

ܘܐܡܪ. ܚܙܐ ܐܢܐ ܒܢܝܢܫܐ ܐܝܟ ܐܝܠܢܐ ܕܡܗܠܟܝܢ. 25 ܘܬܘܒ
ܣܡ ܐܝܕܗ ܥܠ ܥܝܢܘܗܝ ܘܐܬܩܢ. ܘܚܙܐ ܗܘܐ ܟܠ ܡܕܡ
ܢܗܝܪܐܝܬ. 26 ܘܫܕܪܗ ܠܒܝܬܗ ܘܐܡܪ. ܐܦ ܠܐ ܠܡܕܝܢܬܐ
ܬܥܘܠ ܘܠܐ ܬܐܡܪ ܠܐܢܫ ܒܡܕܝܢܬܐ܀ 27 ܘܢܦܩ ܝܫܘܥ
ܘܬܠܡܝܕܘܗܝ ܠܩܘܪܝܐ ܕܩܣܪܝܐ ܕܦܝܠܝܦܘܣ. ܘܡܫܐܠ
ܗܘܐ ܠܬܠܡܝܕܘܗܝ ܒܐܘܪܚܐ ܘܐܡܪ ܠܗܘܢ. ܡܢܘ ܐܡܪܝܢ
ܥܠܝ ܐܢܫܐ ܕܐܝܬܝ. 28 ܗܢܘܢ ܕܝܢ ܐܡܪܘ. ܕܝܘܚܢܢ
ܡܥܡܕܢܐ. ܘܐܚܪܢܐ ܕܐܠܝܐ. ܘܐܚܪܢܐ ܚܕ ܡܢ ܢܒܝܐ. 29 ܐܡܪ
ܠܗܘܢ ܝܫܘܥ. ܐܢܬܘܢ ܕܝܢ ܡܢܘ ܐܡܪܝܢ ܐܢܬܘܢ ܥܠܝ ܕܐܝܬܝ.
ܥܢܐ ܫܡܥܘܢ ܟܐܦܐ ܘܐܡܪ ܠܗ. ܐܢܬ ܗܘ ܡܫܝܚܐ ܒܪܗ
ܕܐܠܗܐ ܚܝܐ. 30 ܘܟܐܐ ܒܗܘܢ ܕܠܐܢܫ ܠܐ ܢܐܡܪܘܢ ܥܠܘܗܝ.
31 ܘܫܪܝ ܗܘܐ ܠܡܠܦܘ ܐܢܘܢ: ܕܥܬܝܕ ܗܘ ܒܪܗ ܕܐܢܫܐ
ܕܣܓܝ ܢܚܫ. ܘܢܣܬܠܐ ܡܢ ܩܫܝܫܐ ܘܡܢ ܪܒܝ ܟܗܢܐ
ܘܡܢ ܣܦܪܐ. ܘܢܬܩܛܠ ܘܠܝܘܡܬܐ ܕܬܠܬܐ ܢܩܘܡ. 32 ܘܓܠ
ܐܝܬ ܡܡܠܠ ܗܘܐ. ܘܕܒܪܗ ܟܐܦܐ ܘܫܪܝ ܠܡܟܐܐ
ܒܗ. 33 ܗܘ ܕܝܢ ܐܬܦܢܝ ܘܚܪ ܒܬܠܡܝܕܘܗܝ. ܘܟܐܐ
ܒܫܡܥܘܢ ܘܐܡܪ. ܙܠ ܠܟ ܠܒܣܬܪܝ ܣܛܢܐ: ܕܠܐ ܪܢܐ ܐܢܬ
ܕܐܠܗܐ ܐܠܐ ܕܒܢܝܢܫܐ܀ 34 ܘܩܪܐ ܝܫܘܥ ܠܟܢܫܐ ܥܡ
ܬܠܡܝܕܘܗܝ. ܘܐܡܪ ܠܗܘܢ. ܡܢ ܕܨܒܐ ܕܢܐܬܐ ܒܬܪܝ
ܢܟܦܘܪ ܒܢܦܫܗ. ܘܢܫܩܘܠ ܙܩܝܦܗ ܘܢܐܬܐ ܒܬܪܝ.
35 ܟܠ ܡܢ ܓܝܪ ܕܨܒܐ ܕܢܚܐ ܢܦܫܗ ܢܘܒܕܝܗ̇. ܘܟܠ
ܕܢܘܒܕ ܢܦܫܗ ܡܛܠܬܝ ܘܡܛܠ ܣܒܪܬܝ ܢܚܝܗ̇.
36 ܡܢܐ ܓܝܪ ܡܬܗܢܐ ܒܪܢܫܐ: ܐܢ ܥܠܡܐ ܟܠܗ ܢܐܬܪ
ܘܢܦܫܗ ܢܚܣܪ. 37 ܐܘ ܡܢܐ ܢܬܠ ܒܪܢܫܐ ܚܠܘܦܐ
ܕܢܦܫܗ. 38 ܟܠ ܓܝܪ ܕܢܒܗܬ ܒܝ ܘܒܡܠܝ ܒܫܪܒܬܐ
ܗܕܐ ܚܛܝܬܐ ܘܓܝܪܬܐ. ܐܦ ܒܪܗ ܕܐܢܫܐ ܢܒܗܬ ܒܗ.
ܡܐ ܕܐܬܐ ܒܫܘܒܚܐ ܕܐܒܘܗܝ ܥܡ ܡܠܐܟܘܗܝ ܩܕܝܫܐ܀

ܩܦܠܐܘܢ ܀ ܛ ܀

1 ܘܐܡܪ ܗܘܐ ܠܗܘܢ. ܐܡܝܢ ܐܡܪ ܐܢܐ ܠܟܘܢ: ܕܐܝܬ
ܐ̈ܢܫܐ ܕܩܝܡܝܢ ܗܪܟܐ: ܕܠܐ ܢܛܥܡܘܢ ܡܘܬܐ: ܥܕܡܐ ܕܢܚܙܘܢ
ܡܠܟܘܬܗ ܕܐܠܗܐ ܕܐܬܝܐ ܒܚܝܠܐ. 2 ܘܒܬܪ ܫܬܐ ܝܘܡܝܢ:
ܕܒܪ ܝܫܘܥ ܠܟܐܦܐ ܘܠܝܥܩܘܒ ܘܠܝܘܚܢܢ. ܘܐܣܩ ܐܢܘܢ
ܠܛܘܪܐ ܪܡܐ ܠܒܠܚܘܕܝܗܘܢ. ܘܐܫܬܚܠܦ ܠܥܝܢܝܗܘܢ.
3 ܘܡܐܢܘܗܝ ܗܘܘ ܡܨܠܗܒܝܢ ܘܚܘܪܝܢ ܛܒ ܐܝܟ ܬܠܓܐ.
ܐܝܟܢܐ ܕܒ̈ܢܝܢܫܐ ܠܡܚܘܪܘ ܥܠ ܐܪܥܐ ܠܐ ܡܫܟܚܝܢ. 4 ܘܐܬܚܙܝܘ
ܠܗܘܢ ܡܘܫܐ ܘܐܠܝܐ ܟܕ ܡܡܠܠܝܢ ܥܡ ܝܫܘܥ. 5 ܘܐܡܪ
ܠܗ ܟܐܦܐ. ܪܒܝ ܫܦܝܪ ܗܘ ܠܢ ܕܗܪܟܐ ܢܗܘܐ. ܘܢܥܒܕ
ܬܠܬ ܡܛܠ̈ܠܢ. ܚܕܐ ܠܟ ܘܚܕܐ ܠܡܘܫܐ ܘܚܕܐ ܠܐܠܝܐ. 6 ܠܐ
ܓܝܪ ܝܕܥ ܗܘܐ ܡܢܐ ܐܡܪ. ܐܝܟ ܕܗܘܘ ܒܕܚܠܬܐ.
7 ܘܗܘܬ ܥܢܢܐ ܘܡܛܠܠܐ ܗܘܬ ܥܠܝܗܘܢ. ܘܩܠܐ ܗܘܐ ܡܢ
ܥܢܢܐ ܕܐܡܪ. ܗܢܘ ܒܪܝ ܚܒܝܒܐ. ܠܗ ܫܡܥܘ. 8 ܘܡܢ
ܫܠܝܐ ܟܕ ܚܪܘ ܬܠܡܝ̈ܕܐ ܠܐܢܫ ܠܐ ܚܙܘ: ܐܠܐ ܠܗ ܠܝܫܘܥ
ܒܠܚܘܕܘܗܝ ܥܡܗܘܢ. 9 ܘܟܕ ܢܚܬܝܢ ܡܢ ܛܘܪܐ: ܡܦܩܕ
ܗܘܐ ܠܗܘܢ: ܕܠܐܢܫ ܠܐ ܢܫܬܥܘܢ ܡܕܡ ܕܚܙܘ: ܐܠܐ ܡܐ ܕܩܡ
ܒܪܗ ܕܐܢܫܐ ܡܢ ܡܝ̈ܬܐ. 10 ܘܐܚܕܘܗ ܠܡܠܬܐ ܒܢܦܫܗܘܢ
ܘܒܥܝܢ ܗܘܘ ܕܡܢܐ ܗܝ ܗܕܐ ܡܠܬܐ ܕܐܡܪ ܕܩܡ ܡܢ ܒܝܬ
ܡܝ̈ܬܐ. 11 ܘܡܫܐܠܝܢ ܗܘܘ ܠܗ ܘܐܡܪܝܢ. ܡܢܐ ܗܟܝܠ
ܐܡܪܝܢ ܣܦܪ̈ܐ: ܕܐܠܝܐ ܘܠܐ ܕܢܐܬܐ ܠܘܩܕܡ. 12 ܐܡܪ ܠܗܘܢ.
ܐܠܝܐ ܐܬܐ ܠܘܩܕܡ ܕܢܛܝܒ ܟܠܡܕܡ. ܘܐܝܟܢܐ ܕܟܬܝܒ ܥܠ
ܒܪܗ ܕܐܢܫܐ. ܕܣܓܝ ܢܚܫ ܘܢܣܬܠܐ. 13 ܐܠܐ ܐܡܪ ܐܢܐ ܠܟܘܢ:
ܕܐܦ ܐܠܝܐ ܐܬܐ ܘܥܒܕܘ ܒܗ ܟܠ ܡܐ ܕܨܒܘ. ܐܝܟܢܐ ܕܟܬܝܒ
ܥܠܘܗܝ ܀ 14 ܘܟܕ ܐܬܐ ܠܘܬ ܬܠܡܝܕ̈ܘܗܝ: ܚܙܐ ܠܘܬܗܘܢ
ܟܢܫܐ ܣܓܝܐܐ. ܘܣܦܪ̈ܐ ܟܕ ܒܥܝܢ ܥܡܗܘܢ. 15 ܘܟܕ
ܚܙܝܗ ܟܠܗ ܟܢܫܐ ܐܬܕܡܪܘ. ܘܪܗܛܘ ܫܐܠܝܢ
ܫܠܡܗ. 16 ܘܡܫܐܠ ܗܘܐ ܠܣܦܪ̈ܐ: ܡܢܐ ܕܪܫܝܢ ܐܢܬܘܢ

ܥܡܗܘܢ. 17 ܘܥܢܐ ܚܕ ܡܢ ܟܢܫܐ ܘܐܡܪ. ܡܠܦܢܐ ܐܝܬܝܬ
ܠܒܪܝ ܠܘܬܟ. ܕܐܝܬ ܠܗ ܪܘܚܐ ܕܠܐ ܡܡܠܠܐ. 18 ܘܐܝܟܐ
ܕܡܕܪܟܐ ܠܗ ܡܫܚܩܐ ܠܗ ܘܡܪܥܐ. ܘܡܚܪܩ ܫܢܘܗܝ
ܘܝܒܫ. ܘܐܡܪܬ ܠܬܠܡܝܕܝܟ ܕܢܦܩܘܢܝܗܝ ܘܠܐ ܐܫܟܚܘ.
19 ܥܢܐ ܝܫܘܥ ܘܐܡܪ ܠܗ. ܐܘ ܫܪܒܬܐ ܕܠܐ ܡܗܝܡܢܐ. ܥܕܡܐ
ܠܐܡܬܝ ܐܗܘܐ ܠܘܬܟܘܢ. ܘܥܕܡܐ ܠܐܡܬܝ ܐܣܝܒܪܟܘܢ.
ܐܝܬܐܘܗܝ ܠܘܬܝ. 20 ܘܐܝܬܝܘܗܝ ܠܘܬܗ. ܘܟܕ ܚܙܬܗ ܪܘܚܐ
ܒܗ̇ ܒܫܥܬܐ ܫܚܩܬܗ. ܘܢܦܠ ܥܠ ܐܪܥܐ. ܘܡܬܟܒܫ
ܗܘܐ ܘܡܪܥܐ. 21 ܘܫܐܠܗ ܝܫܘܥ ܠܐܒܘܗܝ ܕܟܡܐ ܠܗ ܙܒܢܐ
ܗܘܐ ܡܢ ܕܗܟܢܐ ܗܘ. ܐܡܪ ܠܗ ܗܐ ܡܢ ܛܠܝܘܬܗ.
22 ܘܙܒܢܝܢ ܣܓܝܐܢ ܐܪܡܝܬܗ ܒܢܘܪܐ ܘܒܡܝܐ ܕܬܘܒܕܝܘܗܝ.
ܐܠܐ ܡܕܡ ܕܡܫܟܚ ܐܢܬ ܥܕܪܝܢܝ ܘܐܬܪܚܡ ܥܠܝ. 23 ܐܡܪ
ܠܗ ܝܫܘܥ. ܐܢ ܡܫܟܚ ܐܢܬ ܕܬܗܝܡܢ: ܟܠ ܡܕܡ
ܡܫܟܚ ܕܢܗܘܐ ܠܗܘ ܕܡܗܝܡܢ. 24 ܘܒܗ̇ ܒܫܥܬܐ ܩܥܐ
ܐܒܘܗܝ ܕܛܠܝܐ ܟܕ ܒܟܐ ܘܐܡܪ. ܡܗܝܡܢ ܐܢܐ ܥܕܪ
ܠܚܣܝܪܘܬ ܗܝܡܢܘܬܝ. 25 ܟܕ ܚܙܐ ܕܝܢ ܝܫܘܥ ܕܪܗܛ ܥܡܐ
ܘܡܬܟܢܫ ܠܘܬܗ: ܟܐܐ ܒܗ̇ ܪܘܚܐ ܛܢܦܬܐ ܘܐܡܪ ܠܗ̇.
ܪܘܚܐ ܚܪܫܬܐ ܕܠܐ ܡܡܠܠܐ: ܐܢܐ ܦܩܕ ܐܢܐ ܠܟܝ. ܦܘܩܝ
ܡܢܗ ܘܬܘܒ ܠܐ ܬܥܘܠܝܢ ܒܗ. 26 ܘܩܥܬ ܣܓܝܐܐ ܗܘܐ ܫܚܩܬܗ
ܘܢܦܩܬ ܡܢܗ. ܘܗܘܐ ܐܝܟ ܡܝܬܐ. ܐܝܟ ܕܣܓܝܐܐ
ܢܐܡܪܘܢ ܕܡܝܬ ܠܗ. 27 ܗܘ ܕܝܢ ܝܫܘܥ ܐܚܕܗ ܒܐܝܕܗ
ܘܐܩܝܡܗ ܀ 28 ܟܕ ܥܠ ܕܝܢ ܝܫܘܥ ܠܒܝܬܐ: ܫܐܠܘܗܝ
ܬܠܡܝܕܘܗܝ ܠܚܘܕܝܗܘܢ. ܠܡܢܐ ܚܢܢ ܠܐ ܐܫܟܚܢ
ܠܡܦܩܘܬܗ. 29 ܐܡܪ ܠܗܘܢ. ܗܢܐ ܓܢܣܐ ܒܡܕܡ ܠܐ
ܡܫܟܚ ܠܡܦܩ: ܐܠܐ ܒܨܘܡܐ ܘܒܨܠܘܬܐ. 30 ܘܟܕ ܢܦܩܘ
ܡܢ ܬܡܢ: ܥܒܪܝܢ ܗܘܘ ܒܓܠܝܠܐ. ܘܠܐ ܨܒܐ ܗܘܐ ܕܐܢܫ
ܢܕܥ ܒܗ. 31 ܡܠܦ ܗܘܐ ܓܝܪ ܠܬܠܡܝܕܘܗܝ ܘܐܡܪ
ܠܗܘܢ: ܕܒܪܗ ܕܐܢܫܐ ܡܫܬܠܡ ܒܐܝܕܝ ܒܢܝܢܫܐ

ܘܢܡܚܠܦܢܝܗܘܢ. ܘܗܟܐ ܕܐܬܡܣܪ: ܒܝܘܡܐ ܕܐܬܐ ܢܡܘܣ.
32 ܗܘܠܐ ܕܝܢ ܠܐ ܢܬܪܥܡ ܗܘܘ ܒܗ ܒܥܠܕܒܒܐ. ܘܣܓܝܐܐ ܗܘܘ
ܕܡܬܠܗܒܝܢ ✤ 33 ܘܐܡܪ ܒܗܘܢ ܢܣܝܢ. ܘܟܕ ܟܒܪ
ܠܟܢܫܐ: ܡܫܬܐܠ ܗܘܐ ܠܗܘܢ: ܕܡܢܐ ܡܬܚܫܒܝܢ
ܗܘܝܬܘܢ ܒܠܒܘܬܐ ܟܝܢܬܟܘܢ. 34 ܗܘܠܐ ܕܝܢ ܡܫܬܩܠܝܢ ܗܘܘ.
ܐܬܚܙܝ ܗܘܐ ܠܗܘܢ ܒܠܒܘܬܐ ܚܕ ܟܡ ܚܕ: ܕܡܢܘ ܪܒ
ܒܗܘܢ. 35 ܘܝܬܒ ܢܦܠ: ܘܩܪܐ ܠܬܪܥܣܪ ܘܐܡܪ ܠܗܘܢ.
ܡܢ ܕܨܒܐ ܕܢܗܘܐ ܩܕܡܝܐ: ܢܗܘܐ ܐܚܪܝܐ ܕܟܠܢܫ ܘܡܫܡܫܢܐ
ܕܟܠܢܫ. 36 ܘܢܣܒ ܛܠܝܐ ܚܕ ܘܐܩܝܡܗ ܒܡܨܥܬܐ.
ܘܓܦܦܗ ܥܠܘܗܝ ܕܪܓܘܗܝ ܘܐܡܪ ܠܗܘܢ. 37 ܟܠ ܡܢ
ܕܡܩܒܠ ܐܝܟ ܗܢܐ ܛܠܝܐ ܒܫܡܝ: ܠܝ ܗܘ ܡܩܒܠ.
ܘܡܢ ܕܠܝ ܡܩܒܠ: ܠܐ ܗܘܐ ܠܝ ܡܩܒܠ ܐܠܐ ܠܡܢ ܕܫܕܪܢܝ.
38 ܐܡܪ ܠܗ ܝܘܚܢܢ. ܪܒܝ: ܚܙܝܢ ܐܢܫ ܕܒܫܡܟ ܡܦܩ ܫܐܕܐ
ܘܟܠܝܢܝܗܝ: ܡܛܠ ܕܠܐ ܢܩܦ ܠܢ. 39 ܐܡܪ ܠܗܘܢ
ܝܫܘܥ ܠܐ ܬܟܠܘܢܝܗܝ. ܠܝܬ ܓܝܪ ܐܢܫ ܕܥܒܕ ܚܝܠܐ
ܒܫܡܝ: ܘܡܫܟܚ ܕܒܥܓܠ ܢܐܡܪ ܥܠܝ ܒܝܫ. 40 ܡܢ ܕܠܐ
ܗܘܐ ܠܘܩܒܠܟܘܢ ܚܠܦܝܟܘܢ ܗܘ. 41 ܟܠ ܓܝܪ
ܕܢܫܩܝܟܘܢ ܟܣܐ ܕܡܝܐ ܒܠܚܘܕ: ܒܫܡܐ ܕܡܫܝܚܐ
ܐܢܬܘܢ: ܐܡܝܢ ܐܡܪ ܐܢܐ ܠܟܘܢ. ܕܠܐ ܢܐܒܕ ܐܓܪܗ.
42 ܘܟܠ ܡܢ ܕܢܟܫܠ ܠܚܕ ܡܢ ܗܠܝܢ ܙܥܘܪܐ ܕܡܗܝܡܢܝܢ
ܒܝ: ܦܩܚ ܗܘܐ ܠܗ ܕܪܚܝܐ ܗܘܐ ܕܚܡܪܐ ܕܬܬܬܠܐ
ܒܨܘܪܗ ܘܢܫܬܕܐ ܒܝܡܐ. 43 ܐܢ ܕܝܢ ܡܟܫܠܐ ܠܟ ܐܝܕܟ ܦܣܘܩܝܗ.
ܦܩܚ ܗܘ ܠܟ ܕܚܓܝܪܐ ܬܥܘܠ ܠܚܝܐ: ܐܘ ܟܕ ܐܝܬ ܠܟ
ܬܪܬܝܢ ܐܝܕܝܢ ܬܐܙܠ ܠܓܗܢܐ. 44 ܐܝܟܐ ܕܬܘܠܥܬܗܘܢ ܠܐ ܡܝܬܐ
ܘܢܘܪܗܘܢ ܠܐ ܕܥܟܐ. 45 ܘܐܢ ܪܓܠܟ ܡܟܫܠܐ ܠܟ ܦܣܘܩܝܗ.
ܦܩܚ ܗܘ ܠܟ ܕܬܥܘܠ ܠܚܝܐ ܚܓܝܪܐ: ܐܘ ܟܕ ܐܝܬ ܠܟ
ܬܪܬܝܢ ܪܓܠܝܢ ܬܦܠ ܒܓܗܢܐ. 46 ܐܝܟܐ ܕܬܘܠܥܬܗܘܢ ܠܐ
ܡܝܬܐ ܘܢܘܪܗܘܢ ܠܐ ܕܥܟܐ ✤ 47 ܘܐܢ ܥܝܢܟ ܡܟܫܠܐ ܠܟ.

ܚܨܝܗ. ܛܒ ܗܘ ܠܟ ܕܒܚܕܐ ܥܝܢܐ ܬܥܘܠ ܠܡܠܟܘܬܗ
ܕܐܠܗܐ: ܐܘ ܟܕ ܐܝܬ ܠܟ ܬܪܬܝܢ ܥܝܢܝܢ ܬܦܠ ܒܓܗܢܐ
ܕܢܘܪܐ. 48 ܐܝܟܐ ܕܬܘܠܥܗܘܢ ܠܐ ܡܝܬܐ ܘܢܘܪܗܘܢ ܠܐ ܕܥܟܐ.
49 ܟܠ ܓܝܪ ܒܢܘܪܐ ܢܬܡܠܚ. ܘܟܠ ܕܒܚܐ ܒܡܠܚܐ
ܢܬܡܠܚ. 50 ܛܒܐ ܗܝ ܡܠܚܐ. ܐܢ ܕܝܢ ܡܠܚܐ ܬܦܟܗ
ܒܡܢܐ ܬܬܡܠܚ. ܢܗܘܐ ܒܟܘܢ ܡܠܚܐ. ܘܫܝܢܐ ܗܘܘ ܚܕ
ܥܡ ܚܕ ܀

ܩܦܠܐܘܢ ܀ ܝ ܀

1 ܘܩܡ ܡܢ ܬܡܢ: ܘܐܬܐ ܠܬܚܘܡܐ ܕܝܗܘܕ ܠܥܒܪܐ
ܕܝܘܪܕܢܢ. ܘܐܙܠܘ ܠܘܬܗ ܬܡܢ ܟܢܫܐ ܣܓܝܐܐ: ܘܡܠܦ
ܗܘܐ ܠܗܘܢ ܬܘܒ ܐܝܟ ܕܡܥܕ ܗܘܐ. 2 ܘܩܪܒܘ ܦܪܝܫܐ
ܢܣܝܢ ܠܗ ܘܡܫܐܠܝܢ. ܕܐܢ ܫܠܝܛ ܠܓܒܪܐ ܕܢܫܒܘܩ
ܐܢܬܬܗ. 3 ܐܡܪ ܠܗܘܢ. ܡܢܐ ܦܩܕܟܘܢ ܡܘܫܐ. 4 ܗܢܘܢ
ܕܝܢ ܐܡܪܝܢ. ܡܘܫܐ ܐܦܣ ܠܢ: ܕܢܟܬܘܒ ܟܬܒܐ ܕܫܘܒܩܢܐ
ܘܢܫܪܐ. 5 ܥܢܐ ܝܫܘܥ ܘܐܡܪ ܠܗܘܢ. ܠܘܩܒܠ ܩܫܝܘܬ
ܠܒܟܘܢ ܟܬܒ ܠܟܘܢ ܦܘܩܕܢܐ ܗܢܐ. 6 ܡܢ ܪܫܝܬܗ ܕܝܢ
ܕܒܪܝܬܐ ܕܟܪܐ ܘܢܩܒܬܐ ܥܒܕ ܐܢܘܢ ܐܠܗܐ. 7 ܡܛܠ ܗܢܐ ܢܫܒܘܩ
ܓܒܪܐ ܠܐܒܘܗܝ ܘܠܐܡܗ ܘܢܩܦ ܠܐܢܬܬܗ. 8 ܘܢܗܘܘܢ
ܬܪܝܗܘܢ ܚܕ ܒܣܪ. ܡܟܝܠ ܠܐ ܗܘܘ ܬܪܝܢ ܐܠܐ ܚܕ ܒܣܪ.
9 ܡܕܡ ܕܐܠܗܐ ܗܟܝܠ ܙܘܓ: ܒܪܢܫܐ ܠܐ ܢܦܪܫ.
10 ܘܫܐܠܘܗܝ ܬܘܒ ܬܠܡܝܕܘܗܝ ܒܒܝܬܐ ܥܠ ܗܕܐ.
11 ܘܐܡܪ ܠܗܘܢ. ܟܠ ܡܢ ܕܫܒܩ ܐܢܬܬܗ ܘܢܣܒ ܐܚܪܬܐ
ܓܐܪ. 12 ܘܐܢ ܐܢܬܬܐ ܬܫܒܘܩ ܠܒܥܠܗ ܘܬܗܘܐ ܠܐܚܪܝܢܐ ܓܝܪܐ.
13 ܘܡܩܪܒܝܢ ܗܘܘ ܠܗ ܛܠܝܐ ܕܢܬܩܪܒ ܠܗܘܢ.
ܬܠܡܝܕܘܗܝ ܕܝܢ ܟܐܝܢ ܗܘܘ ܒܐܝܠܝܢ ܕܡܩܪܒܝܢ ܠܗܘܢ.
14 ܚܙܐ ܕܝܢ ܝܫܘܥ ܘܐܬܟܪܝ ܠܗ. ܘܐܡܪ ܠܗܘܢ. ܫܒܘܩܘ
ܛܠܝܐ ܢܐܬܘܢ ܠܘܬܝ ܘܠܐ ܬܟܠܘܢ ܐܢܘܢ. ܕܐܝܠܝܢ ܕܐܝܟ
ܗܠܝܢ ܐܢܘܢ. ܐܝܬ ܠܗܘܢ ܡܠܟܘܬܐ ܕܐܠܗܐ. 15 ܐܡܝܢ ܐܡܪ ܐܢܐ

ܠܟܘܢ܆ ܕܟܠ ܕܠܐ ܢܩܒܠ ܡܠܟܘܬܐ ܕܐܠܗܐ ܐܝܟ ܛܠܝܐ ܠܐ
ܢܥܘܠ ܠܗ܂ 16 ܘܫܩܠ ܐܢܘܢ ܥܠ ܕܪܥܘܗܝ ܘܣܡ ܐܝܕܗ
ܥܠܝܗܘܢ ܘܒܪܟ ܐܢܘܢ ܀ 17 ܘܟܕ ܪܕܐ ܒܐܘܪܚܐ܆ ܪܗܛ ܚܕ
ܢܦܠ ܥܠ ܒܘܪܟܘܗܝ܆ ܘܫܐܠܗ ܗܘܐ ܠܗ ܘܐܡܪ܂
ܡܠܦܢܐ ܛܒܐ܆ ܡܢܐ ܐܥܒܕ ܕܐܝܪܬ ܚܝܐ ܕܠܥܠܡ܂ 18 ܐܡܪ
ܠܗ ܝܫܘܥ܂ ܡܢܐ ܩܪܐ ܐܢܬ ܠܝ ܛܒܐ܂ ܠܝܬ ܛܒܐ ܐܠܐ ܐܢ
ܚܕ ܐܠܗܐ܂ 19 ܦܘܩܕܢܐ ܝܕܥ ܐܢܬ܂ ܠܐ ܬܓܘܪ܂ ܠܐ ܬܩܛܘܠ܂
ܠܐ ܬܓܢܘܒ܂ ܘܠܐ ܬܣܗܕ ܣܗܕܘܬܐ ܕܫܘܩܪܐ܂ ܠܐ ܬܛܠܘܡ܂
ܝܩܪ ܠܐܒܘܟ ܘܠܐܡܟ܂ 20 ܗܘ ܕܝܢ ܥܢܐ ܘܐܡܪ ܠܗ܂ ܡܠܦܢܐ܆
ܗܠܝܢ ܟܠܗܝܢ ܢܛܪܬ ܐܢܝܢ ܡܢ ܛܠܝܘܬܝ܂ 21 ܝܫܘܥ ܕܝܢ
ܚܪ ܒܗ ܘܐܚܒܗ ܘܐܡܪ ܠܗ܂ ܚܕܐ ܚܣܝܪܐ ܠܟ܂ ܙܠ
ܙܒܢ ܟܠ ܡܕܡ ܕܐܝܬ ܠܟ ܘܗܒ ܠܡܣܟܢܐ܆ ܘܬܗܘܐ ܠܟ
ܣܝܡܬܐ ܒܫܡܝܐ܆ ܘܫܩܘܠ ܨܠܝܒܟ ܘܬܐ ܒܬܪܝ܂ 22 ܗܘ ܕܝܢ
ܐܬܟܪܝ ܒܡܠܬܐ ܗܕܐ܂ ܘܐܙܠ ܟܕ ܟܪܝܐ ܠܗ܂ ܐܝܬ ܗܘܐ
ܠܗ ܓܝܪ ܢܟܣܐ ܣܓܝܐܐ܂ 23 ܚܪ ܕܝܢ ܝܫܘܥ ܒܬܠܡܝܕܘܗܝ
ܘܐܡܪ ܠܗܘܢ܂ ܟܡܐ ܥܛܝܠ ܠܐܝܠܝܢ ܕܐܝܬ ܠܗܘܢ ܢܟܣܐ܆
ܕܢܥܠܘܢ ܠܡܠܟܘܬܐ ܕܐܠܗܐ܂ 24 ܬܠܡܝܕܐ ܕܝܢ ܡܬܕܡܪܝܢ
ܗܘܘ ܥܠ ܡܠܘܗܝ܂ ܘܥܢܐ ܬܘܒ ܝܫܘܥ ܘܐܡܪ ܠܗܘܢ܆
ܒܢܝ܂ ܟܡܐ ܥܛܝܠ ܠܐܝܠܝܢ ܕܬܟܝܠܝܢ ܥܠ ܢܟܣܝܗܘܢ
ܕܢܥܠܘܢ ܠܡܠܟܘܬܐ ܕܐܠܗܐ܂ 25 ܦܫܝܩ ܗܘ ܠܓܡܠܐ
ܕܢܥܘܠ ܒܚܪܘܪܐ ܕܡܚܛܐ܆ ܐܘ ܥܬܝܪܐ ܠܡܠܟܘܬܗ ܕܐܠܗܐ
ܠܡܥܠ܂ 26 ܗܢܘܢ ܕܝܢ ܝܬܝܪܐܝܬ ܡܬܕܡܪܝܢ ܗܘܘ ܘܐܡܪܝܢ
ܒܝܢܝܗܘܢ܂ ܡܢܘ ܡܫܟܚ ܠܡܚܐ܂ 27 ܚܪ ܕܝܢ ܒܗܘܢ
ܝܫܘܥ ܘܐܡܪ ܠܗܘܢ܂ ܠܘܬ ܒܢܝܢܫܐ ܗܕܐ ܠܐ ܡܫܟܚܐ܂ ܐܠܐ
ܠܘܬ ܐܠܗܐ܂ ܟܠ ܡܕܡ ܓܝܪ ܡܫܟܚܐ ܠܘܬ ܐܠܗܐ ܀
28 ܘܫܪܝ ܟܐܦܐ ܠܡܐܡܪ܂ ܗܐ ܚܢܢ ܫܒܩܢ ܟܠ ܡܕܡ
ܘܐܬܝܢ ܒܬܪܟ܂ 29 ܥܢܐ ܝܫܘܥ ܘܐܡܪ܂ ܐܡܝܢ ܐܡܪ ܐܢܐ ܠܟܘܢ܆
ܕܠܝܬ ܐܢܫ ܕܫܒܩ ܒܬܐ ܐܘ ܐܚܐ ܐܘ ܐܚܘܬܐ܆ ܐܘ ܐܒܐ ܐܘ

ܐܡܐ. ܐܘ ܐܢܬܬܐ ܐܘ ܒܢܝܐ: ܐܘ ܩܘܪܝܐ ܡܛܠܬܝ ܘܡܛܠ
ܣܒܪܬܝ: 30 ܘܠܐ ܢܩܒܠ ܚܕ ܒܡܐܐ. ܗܫܐ ܒܙܒܢܐ ܗܢܐ:
ܒܬܐ ܘܐܚܐ ܘܐܚܘܬܐ. ܘܐܡܗܬܐ ܘܒܢܝܐ. ܘܩܘܪܝܐ ܥܡ
ܪܕܘܦܝܐ. ܘܒܥܠܡܐ ܕܐܬܐ ܚܝܐ ܕܠܥܠܡ. 31 ܣܓܝܐܐ ܕܝܢ
ܩܕܡܝܐ ܕܢܗܘܘܢ ܐܚܪܝܐ. ܘܐܚܪܝܐ ܩܕܡܝܐ ❖ 32 ܟܕ ܣܠܩܝܢ
ܗܘܘ ܕܝܢ ܒܐܘܪܚܐ ܠܐܘܪܫܠܡ: ܗܘ ܝܫܘܥ ܩܕܝܡ ܗܘܐ
ܠܗܘܢ. ܘܡܬܕܡܪܝܢ ܗܘܘ ܘܐܙܠܝܢ ܒܬܪܗ ܟܕ ܕܚܝܠܝܢ.
ܘܕܒܪ ܠܬܪܥܣܪܬܗ: ܘܫܪܝ ܕܢܐܡܪ ܠܗܘܢ ܡܕܡ ܕܥܬܝܕ
ܕܢܗܘܐ ܠܗ. 33 ܕܗܐ ܣܠܩܝܢ ܚܢܢ ܠܐܘܪܫܠܡ. ܘܒܪܗ
ܕܐܢܫܐ ܡܫܬܠܡ ܠܪܒܝ ܟܗܢܐ ܘܠܣܦܪܐ: ܘܢܚܝܒܘܢܝܗܝ
ܠܡܘܬܐ. ܘܢܫܠܡܘܢܝܗܝ ܠܥܡܡܐ. 34 ܘܢܒܙܚܘܢ ܒܗ.
ܘܢܢܓܕܘܢܝܗܝ ܘܢܪܩܘܢ ܒܐܦܘܗܝ. ܘܢܩܛܠܘܢܝܗܝ:
ܘܠܝܘܡܐ ܕܬܠܬܐ ܢܩܘܡ ❖ 35 ܘܩܪܒܘ ܠܘܬܗ ܝܥܩܘܒ
ܘܝܘܚܢܢ ܒܢܝ ܙܒܕܝ ܘܐܡܪܝܢ ܠܗ. ܡܠܦܢܐ: ܨܒܝܢ ܚܢܢ
ܕܟܠ ܕܢܫܐܠ ܬܥܒܕ ܠܢ. 36 ܐܡܪ ܠܗܘܢ ܡܢܐ ܨܒܝܢ
ܐܢܬܘܢ ܐܥܒܕ ܠܟܘܢ. 37 ܐܡܪܝܢ ܠܗ. ܗܒ ܠܢ ܕܚܕ ܢܬܒ
ܡܢ ܝܡܝܢܟ ܘܚܕ ܡܢ ܣܡܠܟ ܒܫܘܒܚܟ. 38 ܗܘ ܕܝܢ ܐܡܪ
ܠܗܘܢ. ܠܐ ܝܕܥܝܢ ܐܢܬܘܢ. ܡܢܐ ܫܐܠܝܢ ܐܢܬܘܢ. ܡܫܟܚܝܢ
ܐܢܬܘܢ ܠܡܫܬܐ ܟܣܐ ܕܐܢܐ ܫܬܐ ܐܢܐ: ܘܡܥܡܘܕܝܬܐ ܕܐܢܐ
ܥܡܕ ܐܢܐ ܠܡܥܡܕ. 39 ܐܡܪܝܢ ܠܗ ܡܫܟܚܝܢܢ. ܐܡܪ
ܠܗܘܢ ܝܫܘܥ. ܟܣܐ ܕܫܬܐ ܐܢܐ ܬܫܬܘܢ. ܘܡܥܡܘܕܝܬܐ ܕܐܢܐ
ܥܡܕ ܐܢܐ ܬܥܡܕܘܢ. 40 ܕܬܬܒܘܢ ܕܝܢ ܡܢ ܝܡܝܢܝ ܘܡܢ
ܣܡܠܝ ܠܐ ܗܘܬ ܕܝܠܝ ܠܡܬܠ: ܐܠܐ ܠܐܝܠܝܢ ܕܡܛܝܒܐ.
41 ܘܟܕ ܫܡܥܘ ܥܣܪܐ ܫܪܝܘ ܪܛܢܝܢ ܥܠ ܝܥܩܘܒ ܘܝܘܚܢܢ.
42 ܘܩܪܐ ܐܢܘܢ ܝܫܘܥ ܘܐܡܪ ܠܗܘܢ. ܝܕܥܝܢ ܐܢܬܘܢ ܕܐܝܠܝܢ
ܕܡܣܬܒܪܝܢ ܕܪܫܐ ܕܥܡܡܐ: ܡܪܘܬܗܘܢ ܐܢܘܢ. ܘܪܘܪܒܢܝܗܘܢ
ܫܠܝܛܝܢ ܥܠܝܗܘܢ. 43 ܠܐ ܕܝܢ ܗܟܢܐ ܢܗܘܐ ܒܝܢܬܟܘܢ.
ܐܠܐ ܡܢ ܕܨܒܐ ܒܟܘܢ ܕܢܗܘܐ ܪܒܐ: ܢܗܘܐ ܠܟܘܢ ܡܫܡܫܢܐ.

44 ܘܐܝܢܐ ܡܢܟܘܢ ܕܨܒܐ ܕܢܗܘܐ ܩܕܡܝܐ: ܢܗܘܐ ܥܒܕܐ
ܕܟܠܢܫ. 45 ܐܦ ܒܪܗ ܓܝܪ ܕܐܢܫܐ: ܠܐ ܐܬܐ ܕܢܫܬܡܫ
ܐܠܐ ܕܢܫܡܫ: ܘܢܬܠ ܢܦܫܗ ܦܘܪܩܢܐ ܚܠܦ ܣܓܝܐܐ.
46 ܘܐܬܘ ܠܐܝܪܝܚܘ ܀ ܘܟܕ ܢܦܩ ܝܫܘܥ ܡܢ ܐܝܪܝܚܘ: ܗܘ
ܘܬܠܡܝܕܘܗܝ ܘܟܢܫܐ ܣܓܝܐܐ: ܛܝܡܝ ܒܪ ܛܝܡܝ ܣܡܝܐ:
ܝܬܒ ܗܘܐ ܥܠ ܝܕ ܐܘܪܚܐ ܘܡܚܕܪ: 47 ܘܫܡܥ ܕܝܫܘܥ ܗܘ
ܢܨܪܝܐ: ܘܫܪܝ ܠܡܩܥܐ ܘܠܡܐܡܪ. ܒܪܗ ܕܕܘܝܕ ܐܬܪܚܡ
ܥܠܝ. 48 ܘܟܐܐܝܢ ܗܘܘ ܒܗ ܣܓܝܐܐ ܕܢܫܬܘܩ. ܗܘ ܕܝܢ
ܝܬܝܪܐܝܬ ܩܥܐ ܗܘܐ. ܘܐܡܪ. ܒܪܗ ܕܕܘܝܕ ܐܬܪܚܡ ܥܠܝ.
49 ܘܩܡ ܝܫܘܥ ܘܐܡܪ ܕܢܩܪܘܢܝܗܝ. ܘܩܪܘܗܝ ܠܣܡܝܐ
ܘܐܡܪܝܢ ܠܗ. ܐܬܠܒܒ ܩܘܡ ܩܪܐ ܠܟ. 50 ܗܘ ܕܝܢ ܣܡܝܐ
ܫܕܐ ܠܬܟܣܝܬܗ: ܘܩܡ ܐܬܐ ܠܘܬ ܝܫܘܥ. 51 ܐܡܪ ܠܗ ܝܫܘܥ
ܡܢܐ ܨܒܐ ܐܢܬ ܐܥܒܕ ܠܟ. ܗܘ ܕܝܢ ܣܡܝܐ ܐܡܪ ܠܗ.
ܪܒܝ ܕܐܚܙܐ. 52 ܘܝܫܘܥ ܐܡܪ ܠܗ. ܚܙܝ. ܗܝܡܢܘܬܟ ܐܚܝܬܟ.
ܘܡܚܕܐ ܐܬܚܙܝ ܠܗ: ܘܐܙܠ ܗܘܐ ܒܐܘܪܚܐ ܀

ܩܦܠܐܘܢ ܀ ܝܐ ܀

1 ܘܟܕ ܩܪܒ ܠܐܘܪܫܠܡ: ܠܘܬ ܒܝܬ ܦܐܓܐ.
ܘܒܝܬ ܥܢܝܐ ܠܘܬ ܛܘܪܐ ܕܙܝܬܐ: ܫܕܪ ܬܪܝܢ ܡܢ ܬܠܡܝܕܘܗܝ.
2 ܘܐܡܪ ܠܗܘܢ. ܙܠܘ ܠܩܪܝܬܐ ܗܝ ܕܠܘܩܒܠܢ. ܘܡܚܕܐ
ܡܐ ܕܥܐܠܝܢ ܐܢܬܘܢ ܠܗ: ܡܫܟܚܝܢ ܐܢܬܘܢ ܥܝܠܐ
ܕܐܣܝܪ. ܕܐܢܫ ܡܢ ܒܢܝ ܐܢܫܐ ܠܐ ܪܟܒܗ. ܫܪܘ ܐܝܬܐܘܗܝ.
3 ܘܐܢ ܐܢܫ ܢܐܡܪ ܠܟܘܢ ܡܢܐ ܥܒܕܝܢ ܐܢܬܘܢ ܗܕܐ. ܐܡܪܘ
ܠܗ ܕܠܡܪܢ ܡܬܒܥܐ. ܘܡܚܕܐ ܡܫܕܪ ܠܗ ܠܟܐ.
4 ܘܐܙܠܘ ܐܫܟܚܘ ܥܝܠܐ ܕܐܣܝܪ ܥܠ ܬܪܥܐ ܠܒܪ ܒܫܘܩܐ.
ܘܟܕ ܫܪܝܢ ܗܘܘ. 5 ܐܢܫܝܢ ܡܢ ܐܝܠܝܢ ܕܩܝܡܝܢ ܐܡܪܘ
ܠܗܘܢ. ܡܢܐ ܥܒܕܝܢ ܐܢܬܘܢ ܕܫܪܝܢ ܐܢܬܘܢ ܥܝܠܐ. 6 ܗܢܘܢ
ܕܝܢ ܐܡܪܘ ܠܗܘܢ ܐܝܟ ܕܦܩܕ ܐܢܘܢ ܝܫܘܥ. ܘܫܒܩܘ ܐܢܘܢ.

7 ܘܐܝܬܝܘܗܝ ܠܥܝܠܐ ܠܘܬ ܝܫܘܥ. ܘܐܪܡܝܘ ܥܠܘܗܝ
ܢܚܬܝܗܘܢ: ܘܪܟܒ ܥܠܘܗܝ ܝܫܘܥ. 8 ܣܓܝܐܐ ܕܝܢ
ܡܫܘܝܢ ܗܘܘ ܢܚܬܝܗܘܢ ܒܐܘܪܚܐ. ܘܐܚܪܢܐ ܦܣܩܝܢ ܗܘܘ
ܣܘܟܐ ܡܢ ܐܝܠܢܐ ܘܡܫܘܝܢ ܒܐܘܪܚܐ. 9 ܘܗܢܘܢ ܕܩܕܡܝܗܘܢ
ܘܗܢܘܢ ܕܒܬܪܗ: ܩܥܝܢ ܗܘܘ ܘܐܡܪܝܢ. ܐܘܫܥܢܐ. ܒܪܝܟ
ܗܘ ܕܐܬܐ ܒܫܡܗ ܕܡܪܝܐ. 10 ܘܒܪܝܟܐ ܗܝ ܡܠܟܘܬܐ ܕܐܬܝܐ
ܕܐܒܘܢ ܕܘܝܕ. ܐܘܫܥܢܐ ܒܡܪܘܡܐ. 11 ܘܥܠ ܝܫܘܥ ܠܐܘܪܫܠܡ
ܠܗܝܟܠܐ: ܘܚܙܐ ܟܠܡܕܡ. ܟܕ ܗܘܐ ܕܝܢ ܥܕܢܐ ܕܪܡܫܐ:
ܢܦܩ ܠܒܝܬ ܥܢܝܐ ܥܡ ܬܪܥܣܪ. 12 ܘܠܝܘܡܐ ܐܚܪܢܐ ܟܕ
ܢܦܩ ܡܢ ܒܝܬ ܥܢܝܐ ܟܦܢ. 13 ܘܚܙܐ ܬܐܬܐ ܚܕܐ ܡܢ ܪܘܚܩܐ.
ܕܐܝܬ ܒܗ̇ ܛܪܦܐ: ܘܐܬܐ ܠܘܬܗ̇ ܕܐܢ ܢܫܟܚ ܒܗ̇ ܡܕܡ.
ܘܟܕ ܐܬܐ: ܠܐ ܐܫܟܚ ܒܗ̇ ܐܠܐ ܐܢ ܛܪܦܐ. ܥܕܢܐ ܓܝܪ ܠܐ ܗܘܐ
ܗܘܐ ܕܬܐܢܐ. 14 ܘܐܡܪ ܠܗ̇. ܡܟܝܠ ܘܠܥܠܡ ܐܢܫ ܡܢܟܝ
ܦܐܪܐ ܠܐ ܢܐܟܘܠ. ܘܫܡܥܘ ܬܠܡܝܕܘܗܝ. ܘܐܬܘ ܠܐܘܪܫܠܡ.
15 ܘܥܠ ܝܫܘܥ ܠܗܝܟܠܐ ܕܐܠܗܐ: ܘܫܪܝ ܕܢܦܩ ܠܐܝܠܝܢ
ܕܙܒܢܝܢ ܘܡܙܒܢܝܢ ܒܗܝܟܠܐ. ܘܗܦܟ ܦܬܘܪܐ ܕܡܥܪܦܢܐ:
ܘܟܘܪܣܘܬܐ ܕܗܢܘܢ ܕܡܙܒܢܝܢ ܝܘܢܐ. 16 ܘܠܐ ܫܒܩ ܗܘܐ
ܕܐܢܫ ܢܥܒܪ ܡܐܢܐ ܒܓܘ ܗܝܟܠܐ. 17 ܘܡܠܦ ܗܘܐ ܘܐܡܪ
ܠܗܘܢ. ܠܐ ܟܬܝܒ ܕܒܝܬܝ ܒܝܬ ܨܠܘܬܐ ܢܬܩܪܐ ܠܟܠܗܘܢ
ܥܡܡܐ: ܐܢܬܘܢ ܕܝܢ ܥܒܕܬܘܢܝܗܝ ܡܥܪܬܐ ܕܓܝܣܐ.
18 ܘܫܡܥܘ ܪܒܝ ܟܗܢܐ ܘܣܦܪܐ: ܘܒܥܝܢ ܗܘܘ ܕܐܝܟܢܐ
ܢܘܒܕܘܢܝܗܝ. ܕܚܠܝܢ ܗܘܘ ܓܝܪ ܡܢܗ. ܡܛܠ ܕܟܠܗ
ܥܡܐ ܬܡܝܗ ܗܘܐ ܒܡܠܦܢܘܬܗ ܀ 19 ܘܟܕ ܗܘܐ ܪܡܫܐ:
ܢܦܩܘ ܠܒܪ ܡܢ ܡܕܝܢܬܐ. 20 ܘܒܨܦܪܐ ܟܕ ܥܒܪܝܢ: ܚܙܘ
ܬܐܬܐ ܗܝ ܟܕ ܝܒܝܫܐ ܡܢ ܥܩܪܝܗ̇. 21 ܘܐܬܕܟܪ ܫܡܥܘܢ ܘܐܡܪ
ܠܗ. ܪܒܝ: ܗܐ ܬܐܬܐ ܗܝ ܕܠܛܬ ܝܒܫܬ. 22 ܘܥܢܐ ܝܫܘܥ
ܘܐܡܪ ܠܗܘܢ. ܬܗܘܐ ܒܟܘܢ ܗܝܡܢܘܬܐ ܕܐܠܗܐ. 23 ܐܡܝܢ
ܐܡܪ ܐܢܐ ܠܟܘܢ. ܕܡܢ ܕܢܐܡܪ ܠܛܘܪܐ ܗܢܐ ܕܐܫܬܩܠ ܘܦܠ

ܒܝܡܐ : ܘܠܐ ܢܬܦܠܓ ܒܠܒܗ : ܐܠܐ ܢܗܝܡܢ ܕܗܘܐ ܗܘ
ܡܕܡ ܕܐܡܪ : ܢܗܘܐ ܠܗ ܡܕܡ ܕܐܡܪ. 24 ܡܛܠ ܗܢܐ ܐܡܪ
ܐܢܐ ܠܟܘܢ ܀ ܕܟܠ ܡܕܡ ܕܡܨܠܝܢ ܐܢܬܘܢ ܘܫܐܠܝܢ ܐܢܬܘܢ :
ܗܝܡܢܘ ܕܢܣܒܝܢ ܐܢܬܘܢ ܘܢܗܘܐ ܠܟܘܢ. 25 ܘܡܐ ܕܩܝܡܝܢ
ܐܢܬܘܢ ܠܡܨܠܝܘ: ܫܒܘܩܘ ܡܕܡ ܕܐܝܬ ܠܟܘܢ ܥܠ ܐܢܫ.
ܕܐܦ ܐܒܘܟܘܢ ܕܒܫܡܝܐ ܢܫܒܘܩ ܠܟܘܢ ܣܟܠܘ̈ܬܟܘܢ.
26 ܐܢ ܕܝܢ ܐܢܬܘܢ ܠܐ ܫܒܩܝܢ ܐܢܬܘܢ: ܐܦܠܐ ܐܒܘܟܘܢ ܕܒܫܡܝܐ
ܢܫܒܘܩ ܠܟܘܢ ܣܟܠܘ̈ܬܟܘܢ. 27 ܘܐܬܘ ܬܘܒ ܠܐܘܪܫܠܡ.
ܘܟܕ ܡܗܠܟ ܗܘܐ ܒܗܝܟܠܐ: ܐܬܘ ܠܘܬܗ ܪ̈ܒܝ ܟܗ̈ܢܐ
ܘܣܦܪ̈ܐ ܘܩܫܝ̈ܫܐ. 28 ܘܐܡܪܝܢ ܠܗ. ܒܐܝܢܐ ܫܘܠܛܢܐ
ܗܠܝܢ ܥܒܕ ܐܢܬ. ܘܡܢܘ ܝܗܒ ܠܟ ܫܘܠܛܢܐ ܗܢܐ
ܕܗܠܝܢ ܬܥܒܕ: 29 ܗܘ ܕܝܢ ܝܫܘܥ ܐܡܪ ܠܗܘܢ. ܐܫܐܠܟܘܢ
ܐܦ ܐܢܐ ܡܠܬܐ ܚܕܐ ܕܬܐܡܪܘܢ ܠܝ. ܘܐܢܐ ܐܡܪ ܐܢܐ ܠܟܘܢ
ܒܐܝܢܐ ܫܘܠܛܢܐ ܗܠܝܢ ܥܒܕ ܐܢܐ. 30 ܡܥܡܘܕܝܬܗ
ܕܝܘܚܢܢ ܡܢ ܐܝܟܐ ܗܝ. ܡܢ ܫܡܝܐ ܐܘ ܡܢ ܒܢܝ̈ܢܫܐ.
ܐܡܪܘ ܠܝ. 31 ܘܐܬܚܫܒܘ ܒܢܦܫܗܘܢ ܘܐܡܪܘ. ܕܐܢ ܢܐܡܪ
ܠܗ ܕܡܢ ܫܡܝܐ: ܐܡܪ ܠܢ ܘܠܡܢܐ ܠܐ ܗܝܡܢܬܘܢܝܗܝ.
32 ܘܐܢ ܢܐܡܪ ܕܡܢ ܒܢܝ̈ ܐܢܫܐ: ܕܚܠܝܢ ܗܘܘ ܡܢ ܥܡܐ.
ܟܠܗܘܢ ܓܝܪ ܐܚܝܕܝܢ ܗܘܘ ܠܗ ܠܝܘܚܢܢ: ܕܫܪܝܪܐܝܬ
ܢܒܝܐ ܗܘܐ. 33 ܘܥܢܘ ܘܐܡܪܝܢ ܠܗ ܠܝܫܘܥ. ܠܐ ܝܕܥܝܢܢ.
ܐܡܪ ܠܗܘܢ. ܘܐܦ ܠܐ ܐܢܐ ܐܡܪ ܐܢܐ ܠܟܘܢ ܒܐܝܢܐ ܫܘܠܛܢܐ
ܗܠܝܢ ܥܒܕ ܐܢܐ ܀

ܦܨܠܐ ܀ ܝܒ ܀

1 ܘܫܪܝ ܠܡܡܠܠܘ ܥܡܗܘܢ ܒܡܬ̈ܠܐ. ܓܒܪܐ ܚܕ ܢܨܒ
ܟܪܡܐ. ܘܐܚܕܪܗ ܣܝܓܐ. ܘܚܦܪ ܒܗ ܡܥܨܪܬܐ. ܘܒܢܐ ܒܗ
ܡܓܕܠܐ. ܘܐܘܚܕܗ ܠܦܠ̈ܚܐ ܘܐܙܠ. 2 ܘܫܕܪ ܠܘܬ ܦ̈ܠܚܐ
ܥܒܕܗ ܒܙܒܢܐ: ܕܡܢ ܦܐܪ̈ܐ ܕܟܪܡܐ ܢܣܒ. 3 ܗܢܘܢ ܕܝܢ
ܡܚܐܘܗܝ ܘܫܕܪܘܗܝ ܟܕ ܣܦܝܩ. 4 ܘܫܕܪ ܬܘܒ ܠܘܬܗܘܢ

ܥܒܕܐ ܐܚܪܢܐ. ܘܐܦ ܠܗܘ ܪܓܡܘܗܝ ܘܨܥܪܘܗܝ
ܘܫܕܪܘܗܝ ܒܨܥܪܐ. 5 ܘܫܕܪ ܬܘܒ ܐܚܪܢܐ: ܘܐܦ ܠܗܘ
ܩܛܠܘܗܝ. ܘܠܣܓܝܐܐ ܥܒܕܐ ܐܚܪܢܐ ܫܕܪ. ܘܡܢܗܘܢ
ܡܚܘ. ܘܡܢܗܘܢ ܕܝܢ ܩܛܠܘ. 6 ܠܚܪܬܐ ܕܝܢ ܚܕ ܒܪܐ ܚܒܝܒܐ
ܐܝܬ ܗܘܐ ܠܗ: ܘܫܕܪܗ ܠܘܬܗܘܢ ܐܚܪܝܬ. ܐܡܪ ܓܝܪ
ܟܒܪ ܢܒܗܬܘܢ ܡܢ ܒܪܝ. 7 ܗܢܘܢ ܕܝܢ ܦܠܚܐ ܐܡܪܘ
ܒܝܢܬܗܘܢ. ܗܢܘ ܝܪܬܐ ܬܘ ܢܩܛܠܝܘܗܝ ܘܕܝܠܢ ܬܗܘܐ
ܝܪܬܘܬܐ. 8 ܘܢܣܒܘܗܝ ܩܛܠܘܗܝ ܘܐܦܩܘܗܝ ܠܒܪ ܡܢ ܟܪܡܐ.
9 ܡܢܐ ܗܟܝܠ ܢܥܒܕ ܡܪܗ ܕܟܪܡܐ. ܢܐܬܐ ܢܘܒܕ ܠܗܢܘܢ
ܦܠܚܐ: ܘܢܬܠܝܘܗܝ ܟܪܡܐ ܠܐܚܪܢܐ. 10 ܘܐܦܠܐ ܒܟܬܒܐ ܗܢܐ
ܩܪܝܬܘܢ: ܕܟܐܦܐ ܕܐܣܠܝܘܗ ܒܢܝܐ: ܗܝ ܗܘܬ ܠܪܫܐ ܕܙܘܝܬܐ:
11 ܡܢ ܠܘܬ ܡܪܝܐ ܗܘܬ ܗܕܐ: ܘܐܝܬܝܗ ܬܕܡܘܪܬܐ ܒܥܝܢܝܢ.
12 ܘܒܥܝܢ ܗܘܘ ܠܡܐܚܕܗ ܘܕܚܠܘ ܡܢ ܟܢܫܐ. ܝܕܥܘ ܓܝܪ
ܕܥܠܝܗܘܢ ܐܡܪ ܡܬܠܐ ܗܢܐ. ܘܫܒܩܘܗܝ ܘܐܙܠܘ. 13 ܘܫܕܪܘ
ܠܘܬܗ ܐܢܫܐ ܡܢ ܦܪܝܫܐ ܘܡܢ ܕܒܝܬ ܗܪܘܕܣ ܕܢܨܕܘܢܝܗܝ
ܒܡܠܬܐ. 14 ܗܢܘܢ ܕܝܢ ܐܬܘ ܘܫܐܠܘܗܝ. ܡܠܦܢܐ: ܝܕܥܝܢ
ܕܫܪܝܪ ܐܢܬ. ܘܠܐ ܡܒܛܠ ܐܢܬ ܒܝܕ ܐܢܫ. ܠܐ ܓܝܪ ܚܐܪ ܐܢܬ
ܒܦܪܨܘܦܐ ܕܒܢܝܢܫܐ. ܐܠܐ ܒܩܘܫܬܐ ܐܘܪܚܗ ܕܐܠܗܐ ܡܠܦ ܐܢܬ.
ܫܠܝܛ ܠܡܬܠ ܟܣܦ ܪܫܐ ܠܩܣܪ ܐܘ ܠܐ. ܢܬܠ ܐܘ ܠܐ
ܢܬܠ. 15 ܗܘ ܕܝܢ ܝܕܥ ܢܟܠܗܘܢ. ܘܐܡܪ ܠܗܘܢ. ܡܢܐ
ܡܢܣܝܢ ܐܢܬܘܢ ܠܝ. ܐܝܬܘ ܠܝ ܕܝܢܪܐ ܐܚܙܐ. 16 ܘܐܝܬܝܘ ܠܗ.
ܐܡܪ ܠܗܘܢ. ܕܡܢܘ ܨܠܡܐ ܗܢܐ ܘܟܬܒܐ. ܗܢܘܢ ܕܝܢ ܐܡܪܘ
ܕܩܣܪ. 17 ܐܡܪ ܠܗܘܢ ܝܫܘܥ. ܕܩܣܪ ܗܒܘ ܠܩܣܪ
ܘܕܐܠܗܐ ܠܐܠܗܐ. ܘܐܬܕܡܪܘ ܗܘܘ ܥܠܘܗܝ ܀ 18 ܘܐܬܘ ܨܕܘܩܝܐ
ܠܘܬܗ. ܗܢܘܢ ܕܐܡܪܝܢ ܕܩܝܡܬܐ ܠܝܬ. ܘܫܐܠܝܢ ܗܘܘ
ܠܗ ܘܐܡܪܝܢ. 19 ܡܠܦܢܐ: ܡܘܫܐ ܟܬܒ ܠܢ: ܕܐܢ ܢܡܘܬ
ܐܚܘܗܝ ܕܐܢܫ: ܘܢܫܒܘܩ ܐܢܬܬܐ ܘܒܢܝܐ ܠܐ ܢܫܒܘܩ: ܢܣܒ
ܐܚܘܗܝ ܐܢܬܬܗ ܘܢܩܝܡ ܙܪܥܐ ܠܐܚܘܗܝ. 20 ܫܒܥܐ ܐܚܝܢ

ܐܝܬ ܗܘܘ. ܩܕܡܝܐ ܢܣܒ ܐܢܬܬܐ: ܘܡܝܬ ܘܠܐ ܫܒܩ ܙܪܥܐ.
21 ܘܕܬܪܝܢ ܢܣܒܗ̇. ܘܡܝܬ ܟܕ ܐܦ ܠܐ ܗܘ ܫܒܩ ܙܪܥܐ.
ܘܕܬܠܬܐ ܗܟܘܬ. 22 ܘܫܒܥܬܝܗܘܢ ܢܣܒܘܗ̇ ܘܠܐ ܫܒܩܘ
ܙܪܥܐ. ܐܚܪܝܬ ܕܟܠܗܘܢ ܡܝܬܬ ܐܦ ܗܝ ܐܢܬܬܐ. 23 ܒܩܝܡܬܐ
ܗܟܝܠ ܠܐܝܢܐ ܡܢܗܘܢ ܬܗܘܐ ܐܢܬܬܐ. ܫܒܥܬܝܗܘܢ ܓܝܪ
ܢܣܒܘܗ̇. 24 ܐܡܪ ܠܗܘܢ ܝܫܘܥ. ܠܐ ܗܘܐ ܡܛܠ ܗܕܐ ܛܥܝܢ
ܐܢܬܘܢ: ܕܠܐ ܝܕܥܝܢ ܐܢܬܘܢ ܟܬܒܐ ܐܦܠܐ ܚܝܠܗ ܕܐܠܗܐ:
25 ܡܛܠ ܓܝܪ ܕܡܐ ܕܩܡܘ ܡܢ ܡܝܬܐ ܠܐ ܢܣܒܝܢ ܢܫܐ. ܐܦ ܠܐ
ܢܫܐ ܗܘܝ̈ܢ ܠܓܒܪܐ. ܐܠܐ ܐܝܟ ܡܠܐܟܐ ܕܒܫܡܝܐ ܐܝܬܝܗܘܢ.
26 ܥܠ ܡܝܬܐ ܕܝܢ ܕܩܝܡܝܢ: ܠܐ ܩܪܝܬܘܢ ܒܟܬܒܐ ܕܡܘܫܐ:
ܐܝܟܢܐ ܡܢ ܣܢܝܐ ܐܡܪ ܠܗ ܐܠܗܐ: ܐܢܐ ܐܢܐ ܐܠܗܗ
ܕܐܒܪܗܡ ܘܐܠܗܗ ܕܐܝܣܚܩ ܘܐܠܗܗ ܕܝܥܩܘܒ. 27 ܘܠܐ
ܗܘܐ ܐܠܗܐ ܕܡܝܬܐ ܐܠܐ ܕܚܝܐ. ܐܢܬܘܢ ܗܟܝܠ ܛܒ ܛܥܝܢ
ܐܢܬܘܢ܀ 28 ܘܩܪܒ ܚܕ ܡܢ ܣܦܪܐ ܘܫܡܥ ܐܝܟ ܕܕܪܫܝܢ.
ܘܚܙܐ ܕܫܦܝܪ ܐܦܢܝ ܠܗܘܢ ܦܬܓܡܐ. ܘܫܐܠܗ. ܐܝܕܐ
ܗܝ ܦܘܩܕܢܐ ܩܕܡܝܐ ܕܟܠܗܘܢ. 29 ܐܡܪ ܠܗ ܝܫܘܥ. ܩܕܡܝܐ
ܡܢ ܟܠܗܘܢ ܦܘܩܕܢܐ. ܫܡܥ ܐܝܣܪܝܠ. ܡܪܝܐ ܐܠܗܢ ܡܪܝܐ
ܚܕ ܗܘ. 30 ܘܬܪܚܡ ܠܡܪܝܐ ܐܠܗܟ: ܡܢ ܟܠܗ ܠܒܟ.
ܘܡܢ ܟܠܗ ܢܦܫܟ. ܘܡܢ ܟܠܗ ܪܥܝܢܟ. ܘܡܢ ܟܠܗ
ܚܝܠܟ. ܗܕܐ ܗܝ ܦܘܩܕܢܐ ܩܕܡܝܐ. 31 ܘܕܬܪܝܢ ܕܕܡܐ ܠܗ:
ܕܬܪܚܡ ܠܩܪܝܒܟ ܐܝܟ ܢܦܫܟ. ܦܘܩܕܢܐ ܐܚܪܝܢܐ ܕܪܒ ܡܢ
ܗܠܝܢ ܠܝܬ. 32 ܐܡܪ ܠܗ ܗܘ ܣܦܪܐ. ܫܦܝܪ ܪܒܝ.
ܒܩܘܫܬܐ ܐܡܪܬ: ܕܚܕ ܗܘ ܘܠܝܬ ܐܚܪܝܢ ܠܒܪ ܡܢܗ.
33 ܘܕܢܪܚܡܝܘܗܝ ܐܢܫ ܡܢ ܟܠܗ ܠܒܐ. ܘܡܢ ܟܠܗ
ܪܥܝܢܐ: ܘܡܢ ܟܠܗ ܢܦܫܐ. ܘܡܢ ܟܠܗ ܚܝܠܐ. ܘܕܢܪܚܡ
ܠܩܪܝܒܗ ܐܝܟ ܢܦܫܗ: ܝܬܝܪܐ ܗܝ ܡܢ ܟܠܗܘܢ ܝܩܕܐ ܘܕܒܚܐ.
34 ܝܫܘܥ ܕܝܢ ܚܙܝܗܝ ܕܒܚܟܝܡܐܝܬ ܐܗܦܟ ܦܬܓܡܐ: ܘܥܢܐ
ܘܐܡܪ ܠܗ. ܠܐ ܗܘܝܬ ܪܚܝܩ ܡܢ ܡܠܟܘܬܐ ܕܐܠܗܐ. ܘܠܐ

ܐܢܫ ܐܡܪܚ ܗܘܐ ܕܢܫܐܠܝܘܗܝ. 35 ܘܥܢܐ ܝܫܘܥ ܘܐܡܪ
ܟܕ ܡܠܦ ܒܗܝܟܠܐ. ܐܝܟܢܐ ܐܡܪܝܢ ܣܦܪܐ: ܕܡܫܝܚܐ ܒܪܗ
ܗܘ ܕܕܘܝܕ: 36 ܗܘ ܓܝܪ ܕܘܝܕ ܐܡܪ ܒܪܘܚܐ ܕܩܘܕܫܐ:
ܕܐܡܪ ܡܪܝܐ ܠܡܪܝ ܬܒ ܠܟ ܡܢ ܝܡܝܢܝ. ܥܕܡܐ ܕܐܣܝܡ
ܒܥܠܕܒܒܝܟ ܟܘܒܫܐ ܠܪܓܠܝܟ. 37 ܗܘ ܗܟܝܠ
ܕܘܝܕ ܩܪܐ ܠܗ ܡܪܝ. ܘܐܝܟܢܐ ܒܪܗ ܐܝܬܘܗܝ. ܘܟܠܗ
ܥܡܐ ܫܡܥ ܗܘܐ ܠܗ ܒܒܣܝܡܘܬ. 38 ܘܒܡܠܦܢܘܬܗ ܐܡܪ
ܗܘܐ ܠܗܘܢ. ܐܙܕܗܪܘ ܡܢ ܣܦܪܐ ܕܨܒܝܢ ܕܒܐܣܛܠܐ ܢܗܠܟܘܢ:
ܘܪܚܡܝܢ ܫܠܡܐ ܒܫܘܩܐ: 39 ܘܪܝܫ ܡܘܬܒܐ ܒܟܢܘܫܬܐ.
40 ܗܢܘܢ ܕܐܟܠܝܢ ܒܬܐ ܕܐܪܡܠܬܐ: ܒܥܠܬܐ ܕܡܘܪܟܝܢ
ܨܠܘܬܗܘܢ. ܗܢܘܢ ܢܩܒܠܘܢ ܕܝܢܐ ܝܬܝܪܐ ܀ 41 ܘܟܕ ܝܬܒ
ܝܫܘܥ ܠܘܩܒܠ ܒܝܬ ܓܙܐ: ܚܙܐ ܗܘܐ ܐܝܟܢܐ ܟܢܫܐ ܪܡܝܢ
ܟܘܪܙܐ ܠܒܝܬ ܓܙܐ. ܘܥܬܝܪܐ ܣܓܝܐܐ ܪܡܝܢ ܗܘܘ ܣܓܝ.
42 ܘܐܬܬ ܐܪܡܠܬܐ ܚܕܐ ܡܣܟܢܬܐ: ܐܪܡܝܬ ܬܪܝܢ ܡܢܝܢ
ܕܐܝܬܝܗܘܢ ܫܡܘܢܐ. 43 ܘܩܪܐ ܝܫܘܥ ܠܬܠܡܝܕܘܗܝ. ܘܐܡܪ
ܠܗܘܢ. ܐܡܝܢ ܐܡܪ ܐܢܐ ܠܟܘܢ: ܕܗܕܐ ܐܪܡܠܬܐ ܡܣܟܢܬܐ:
ܝܬܝܪ ܡܢ ܟܠܗܘܢ ܐܢܫܐ ܕܪܡܝܢ ܐܪܡܝܬ ܒܝܬ ܓܙܐ.
44 ܟܠܗܘܢ ܓܝܪ ܡܢ ܡܕܡ ܕܝܬܝܪ ܠܗܘܢ ܐܪܡܝܘ. ܗܕܐ
ܕܝܢ ܡܢ ܒܨܝܪܘܬܗ: ܟܠ ܡܕܡ ܕܐܝܬ ܗܘܐ ܠܗ ܐܪܡܝܬܗ
ܟܠܗ ܩܢܝܢܗ ܀

ܡܪܩܘܣ ܀ ܝܓ ܀

1 ܘܟܕ ܢܦܩ ܝܫܘܥ ܡܢ ܗܝܟܠܐ. ܐܡܪ ܠܗ ܚܕ ܡܢ
ܬܠܡܝܕܘܗܝ. ܡܠܦܢܐ: ܚܙܝ ܐܝܠܝܢ ܟܐܦܐ ܘܐܝܠܝܢ
ܒܢܝܢܐ. 2 ܝܫܘܥ ܕܝܢ ܐܡܪ ܠܗ. ܚܙܐ ܐܢܬ ܗܠܝܢ ܒܢܝܢܐ
ܪܘܪܒܐ. ܠܐ ܡܫܬܒܩܐ ܗܪܟܐ ܟܐܦ ܥܠ ܟܐܦ ܕܠܐ ܡܣܬܬܪܐ.
3 ܘܟܕ ܝܬܒ ܝܫܘܥ ܒܛܘܪܐ ܕܙܝܬܐ ܠܘܩܒܠ ܗܝܟܠܐ:
ܫܐܠܘܗܝ ܟܐܦܐ ܘܝܥܩܘܒ ܘܝܘܚܢܢ ܘܐܢܕܪܐܘܣ
ܒܠܚܘܕܝܗܘܢ. 4 ܐܡܪ ܠܢ ܐܡܬܝ ܗܠܝܢ ܢܗܘܝܢ. ܘܡܢܐ

ܗܝ ܐܬܐ ܕܡܐ ܕܩܪ̈ܒܢ ܗܠܝܢ ܟܠܗܝܢ ܠܡܫܬܠܡܘ. 5 ܗܘ
ܕܝܢ ܝܫܘܥ ܫܪܝ ܠܡܐܡܪ ܠܗܘܢ. ܚܙܘ ܕܠܐ ܐܢܫ
ܢܛܥܝܟܘܢ. 6 ܣܓܝܐܐ ܓܝܪ ܢܐܬܘܢ ܒܫܡܝ: ܘܢܐܡܪܘܢ ܕܐܢܐ
ܐܢܐ. ܘܠܣܓܝܐܐ ܢܛܥܘܢ. 7 ܡܐ ܕܝܢ ܕܫܡܥܬܘܢ ܩܪ̈ܒܐ.
ܘܫܡܥܐ ܕܩܪ̈ܒܐ: ܠܐ ܬܙܘܥܘܢ. ܘܠܐ ܓܝܪ ܕܢܗܘܝܢ. ܐܠܐ
ܠܐ ܥܕܟܝܠ ܫܘܠܡܐ. 8 ܢܩܘܡ ܓܝܪ ܥܡܐ ܥܠ ܥܡܐ. ܘܡܠܟܘ
ܥܠ ܡܠܟܘ. ܘܢܗܘܘܢ ܙܘ̈ܥܐ ܒܕܘܟܐ ܕܘܟܐ. ܘܢܗܘܘܢ
ܟܦ̈ܢܐ ܘܫܓܘܫܝܐ. ܗܠܝܢ ܪܫܐ ܐܢܝܢ ܕܚ̈ܒܠܐ. 9 ܚܙܘ ܕܝܢ
ܐܢܬܘܢ ܠܢܦܫܟܘܢ: ܢܫܠܡܘܢܟܘܢ ܓܝܪ ܠܒܝܬ ܕܝ̈ܢܐ
ܘܒܟܢܘܫܬܗܘܢ ܬܬܢܓܕܘܢ. ܘܩܕܡ ܡܠ̈ܟܐ ܘܗܓܡܢ̈ܐ
ܬܩܘܡܘܢ ܡܛܠܬܝ ܠܣܗܕܘܬܗܘܢ. 10 ܠܘܩܕܡ ܕܝܢ ܥܬܝܕܐ
ܕܬܬܟܪܙ ܣܒܪܬܝ ܠܟܠܗܘܢ ܥܡ̈ܡܐ. 11 ܐܡܬܝ ܕܡܩܪܒܝܢ
ܠܟܘܢ ܕܝܢ ܕܢܫܠܡܘܢܟܘܢ: ܠܐ ܬܩܕܡܘܢ ܬܬܪܢܘܢ ܡܢܐ
ܬܡܠܠܘܢ ܘܠܐ ܬܪܢܘܢ. ܐܠܐ ܗܘ ܡܕܡ ܕܡܬܝܗܒ ܠܟܘܢ ܒܗܝ
ܫܥܬܐ ܗܢܐ ܡܠܠܘ. ܠܐ ܗܘܐ ܓܝܪ ܐܢܬܘܢ ܡܡܠܠܝܢ. ܐܠܐ
ܪܘܚܐ ܕܩܘܕܫܐ. 12 ܢܫܠܡ ܕܝܢ ܐܚܐ ܠܐܚܘܗܝ ܠܡܘܬܐ. ܘܐܒܐ
ܠܒܪܗ. ܘܢܩܘܡܘܢ ܒ̈ܢܝܐ ܥܠ ܐܒܗ̈ܝܗܘܢ. ܘܢܡܝܬܘܢ
ܐܢܘܢ. 13 ܘܬܗܘܘܢ ܣܢܝܐܝܢ ܡܢ ܟܠܢܫ ܡܛܠ ܫܡܝ. ܡܢ
ܕܝܢ ܕܢܣܝܒܪ ܥܕܡܐ ܠܫܘܠܡܐ ܗܘ ܢܚܐ ܀ 14 ܡܐ ܕܝܢ ܕܚܙܝܬܘܢ
ܐܬܐ ܕܛܢܦܘܬܐ ܕܚܘܪܒܐ ܗܝ ܕܐܬܐܡܪܬ ܒܝܕ ܕܢܝܐܝܠ ܢܒܝܐ: ܕܩܝܡܐ
ܐܝܟܐ ܕܠܐ ܘܠܐ: ܗܘ ܕܩܪܐ ܢܣܬܟܠ. ܗܝܕܝܢ ܐܝܠܝܢ ܕܒܝܗܘܕ
ܐܢܘܢ ܢܥܪܩܘܢ ܠܛܘܪܐ. 15 ܘܡܢ ܕܒܐܓܪܐ ܗܘ: ܠܐ ܢܚܘܬ.
ܘܠܐ ܢܥܘܠ ܠܡܫܩܠ ܡܕܡ ܡܢ ܒܝܬܗ. 16 ܘܡܢ ܕܒܚܩܠܐ
ܗܘ: ܠܐ ܢܗܦܘܟ ܠܒܣܬܪܗ ܕܢܣܒ ܠܢܚܬܗ. 17 ܘܝ ܕܝܢ
ܠܒ̈ܛܢܬܐ ܘܠܐܝܠܝܢ ܕܡܝܢܩܢ ܒܗܢܘܢ ܝܘ̈ܡܬܐ. 18 ܨܠܘ
ܕܝܢ ܕܠܐ ܬܗܘܐ ܥܪܘܩܝܟܘܢ ܒܣܬܘܐ. 19 ܢܗܘܝܢ ܓܝܪ ܒܝܘ̈ܡܬܐ
ܗܢܘܢ ܐܘܠܨܢܐ: ܕܠܐ ܗܘܐ ܐܟܘܬܗܘܢ ܡܢ ܪܫ ܒܪܝܬܐ ܕܒܪܐ
ܐܠܗܐ ܘܥܕܡܐ ܠܗܫܐ: ܘܠܐ ܢܗܘܐ. 20 ܘܐܠܘ ܠܐ ܡܪܝܐ

ܟܪܝ ܝܘܡܬܐ ܗܢܘܢ: ܠܐ ܚܝܐ ܗܘܐ ܟܠ ܒܣܪ. ܐܠܐ ܡܛܠ
ܓܒܝܐ ܕܓܒܐ: ܟܪܝ ܝܘܡܬܐ ܗܢܘܢ. 21 ܗܝܕܝܢ ܐܢ ܐܢܫ
ܢܐܡܪ ܠܟܘܢ ܕܗܐ ܗܪܟܐ ܗܘ ܡܫܝܚܐ ܘܗܐ ܗܪܟܐ. ܠܐ
ܬܗܝܡܢܘܢ. 22 ܢܩܘܡܘܢ ܓܝܪ ܡܫܝܚܐ ܕܓܠܐ. ܘܢܒܝܐ
ܕܟܕܒܘܬܐ. ܘܢܬܠܘܢ ܐܬܘܬܐ ܘܬܕܡܪܬܐ: ܘܢܛܥܘܢ ܐܢ ܡܫܟܚܐ
ܐܦ ܠܓܒܝܐ. 23 ܐܢܬܘܢ ܕܝܢ ܐܙܕܗܪܘ. ܗܐ ܩܕܡܬ ܐܡܪܬ
ܠܟܘܢ ܟܠ ܡܕܡ. 24 ܒܗܘܢ ܕܝܢ ܝܘܡܬܐ ܒܬܪ ܐܘܠܨܢܐ
ܗܘ: ܫܡܫܐ ܢܚܫܟ. ܘܣܗܪܐ ܠܐ ܢܬܠ ܢܘܗܪܗ.
25 ܘܟܘܟܒܐ ܢܦܠܘܢ ܡܢ ܫܡܝܐ. ܘܚܝܠܘܬܐ ܕܫܡܝܐ
ܢܬܬܙܝܥܘܢ. 26 ܘܗܝܕܝܢ ܢܚܙܘܢܝܗܝ ܠܒܪܗ ܕܐܢܫܐ ܟܕ ܐܬܐ
ܒܥܢܢܐ: ܥܡ ܚܝܠܐ ܪܒܐ ܘܥܡ ܫܘܒܚܐ. 27 ܘܗܝܕܝܢ
ܢܫܕܪ ܡܠܐܟܘܗܝ: ܘܢܟܢܫܘܢ ܠܓܒܝܘܗܝ ܡܢ ܐܪܒܥܬ
ܪܘܚܐ. ܡܢ ܪܝܫܗ̇ ܕܐܪܥܐ ܘܥܕܡܐ ܠܪܝܫܗܘܢ ܕܫܡܝܐ. 28 ܡܢ
ܬܐܬܐ ܕܝܢ ܝܠܦܘ ܡܬܠܐ. ܕܡܐ ܕܪܟܟܘ ܣܘܟܝܗ̇: ܘܐܦܩܘ ܛܪܦܝܗ̇:
ܝܕܥܝܢ ܐܢܬܘܢ ܕܡܛܐ ܩܝܛܐ. 29 ܗܟܢܐ ܐܦ ܐܢܬܘܢ. ܡܐ
ܕܚܙܝܬܘܢ ܗܠܝܢ ܕܗܘܝܢ: ܕܥܘ ܕܩܪܝܒܐ ܗܝ ܥܠ ܬܪܥܐ.
30 ܐܡܝܢ ܐܡܪ ܐܢܐ ܠܟܘܢ. ܕܠܐ ܬܥܒܪ ܫܪܒܬܐ ܗܕܐ: ܥܕܡܐ
ܕܗܠܝܢ ܟܠܗܝܢ ܢܗܘܝܢ. 31 ܫܡܝܐ ܘܐܪܥܐ ܢܥܒܪܘܢ. ܘܡܠܝ
ܠܐ ܢܥܒܪܢ. 32 ܥܠ ܕܝܢ ܝܘܡܐ ܗܘ ܘܥܠ ܫܥܬܐ ܗܝ: ܐܢܫ
ܠܐ ܝܕܥ. ܐܦܠܐ ܡܠܐܟܐ ܕܒܫܡܝܐ. ܘܠܐ ܒܪܐ. ܐܠܐ ܐܒܐ. 33 ܚܙܘ
ܐܬܬܥܝܪܘ ܘܨܠܘ. ܠܐ ܓܝܪ ܝܕܥܝܢ ܐܢܬܘܢ ܐܡܬܝ ܗܘ ܙܒܢܐ.
34 ܐܝܟ ܓܒܪܐ ܗܘ ܓܝܪ ܕܫܢܝ. ܘܫܒܩ ܒܝܬܗ. ܘܝܗܒ
ܫܘܠܛܢܐ ܠܥܒܕܘܗܝ. ܘܠܐܢܫ ܐܢܫ ܥܒܕܗ. ܘܠܬܪܥܐ
ܦܩܕ ܕܢܗܘܐ ܥܝܪ. 35 ܐܬܬܥܝܪܘ ܗܟܝܠ. ܕܠܐ ܝܕܥܝܢ ܐܢܬܘܢ
ܐܡܬܝ ܐܬܐ ܡܪܗ ܕܒܝܬܐ. ܒܪܡܫܐ ܐܘ ܒܦܠܓܗ ܕܠܠܝܐ.
ܐܘ ܒܩܪܝܐ ܬܪܢܓܠܐ ܐܘ ܒܨܦܪܐ. 36 ܕܠܡܐ ܢܐܬܐ ܡܢ ܫܠܝܐ.
ܘܢܫܟܚܟܘܢ ܟܕ ܕܡܝܟܝܢ ܐܢܬܘܢ. 37 ܡܕܡ ܕܠܟܘܢ ܕܝܢ
ܐܡܪ ܐܢܐ ܠܟܠܟܘܢ ܗܘ ܐܡܪ ܐܢܐ ܕܗܘܘ ܥܝܪܝܢ ܀

ܩܦܠܐܘܢ ✤ ܝܕ ✤

¹ ܒܬܪ ܕܝܢ ܬܪܝܢ ܝܘܡܝ̈ܢ: ܗܘܐ ܗܘܐ ܦܨܚܐ ܕܦܛܝܪ̈ܐ.
ܘܒܥܝܢ ܗܘܘ ܪ̈ܒܝ ܟܗ̈ܢܐ ܘܣ̈ܦܪܐ: ܐܝܟܢܐ ܒܢܟܠܐ
ܢܐܚܕܘܢܝܗܝ ܘܢܩܛܠܘܢܝܗܝ. ² ܘܐܡܪܝܢ ܗܘܘ ܠܐ ܒܥܐܕܐ.
ܕܠܡܐ ܢܗܘܐ ܫܓܘܫܝܐ ܒܥܡܐ. ³ ܘܟܕ ܗܘ ܐܝܬܘܗܝ ܗܘܐ
ܒܒܝܬ ܥܢܝܐ ܒܒܝܬܗ ܕܫܡܥܘܢ ܓܪܒܐ. ܟܕ ܣܡܝܟ.
ܐܬܬ ܐܢܬܬܐ ܕܐܝܬ ܥܡܗ̇ ܫܛܝܦܬܐ ܕܒܣܡܐ ܕܢܪܕܝܢ ܪܫܝܐ
ܣܓܝ ܕܡܝܐ. ܘܦܬܚܬܗ̇ ܘܐܫܦܥܬܗ̇ ܥܠ ܪܫܗ ܕܝܫܘܥ.
⁴ ܐܝܬ ܗܘܘ ܕܝܢ ܐܢܫܐ ܡܢ ܬܠܡܝ̈ܕܐ ܕܐܬܒܐܫ ܠܗܘܢ
ܒܢܦܫܗܘܢ ܘܐܡܪܝܢ. ܠܡܢܐ ܗܘܐ ܐܒܕܢܐ ܕܗܢܐ ܒܣܡܐ.
⁵ ܡܫܟܚ ܗܘܐ ܓܝܪ ܠܡܙܕܒܢܘ ܝܬܝܪ ܡܢ ܬܠܬܡܐܐ
ܕܝ̈ܢܪܝܢ ܘܠܡܬܝܗܒܘ ܠܡܣ̈ܟܢܐ. ܘܡܙܕܥܦܝܢ ܗܘܘ ܒܗ̇.
⁶ ܗܘ ܕܝܢ ܝܫܘܥ ܐܡܪ. ܫܒܘܩܘܗ̇ ܡܢܐ ܡܗܪܝܢ ܐܢܬܘܢ
ܠܗ̇. ܥܒܕܐ ܫܦܝܪܐ ܥܒܕܬ ܠܘܬܝ. ⁷ ܒܟܠܙܒܢ ܓܝܪ
ܡܣ̈ܟܢܐ ܐܝܬ ܠܟܘܢ ܥܡܟܘܢ. ܘܐܡܬܝ ܕܨܒܝܢ ܐܢܬܘܢ
ܡܫܟܚܝܢ ܐܢܬܘܢ ܕܬܥܒܕܘܢ ܠܗܘܢ ܕܛܒܬܐ. ܐܢܐ ܕܝܢ ܠܐ
ܒܟܠܙܒܢ ܐܝܬܝ ܠܘܬܟܘܢ. ⁸ ܗܕܐ ܕܐܝܬ ܗܘܐ ܠܗ̇ ܠܗܕܐ
ܥܒܕܬ. ܘܩܕܡܬ ܐܝܟ ܕܠܡܘܢܓܪܐ ܒܣܡܬ ܦܓܪܝ.
⁹ ܘܐܡܝܢ ܐܡܪ ܐܢܐ ܠܟܘܢ: ܕܟܠ ܐܝܟܐ ܕܬܬܟܪܙ ܣܒܪܬܝ ܗܕܐ
ܒܟܠܗ ܥܠܡܐ. ܐܦ ܗܝ ܕܥܒܕܬ ܗܕܐ ܬܬܡܠܠ
ܠܕܘܟܪܢܗ̇. ¹⁰ ܝܗܘܕܐ ܕܝܢ ܣܟܪܝܘܛܐ ܚܕ ܡܢ ܬܪܥܣܪ.
ܐܙܠ ܠܘܬ ܪ̈ܒܝ ܟܗ̈ܢܐ ܐܝܟ ܕܢܫܠܡܝܘܗܝ ܠܗܘܢ ܠܝܫܘܥ.
¹¹ ܗܢܘܢ ܕܝܢ ܟܕ ܫܡܥܘ ܚܕܝܘ. ܘܐܫܬܘܕܝܘ ܟܣܦܐ ܕܢܬܠܘܢ
ܠܗ. ܘܒܥܐ ܗܘܐ ܠܗ ܦܠܓܐ ܕܢܫܠܡܝܘܗܝ. ¹² ܘܒܝܘܡܐ
ܩܕܡܝܐ ܕܦܛܝܪ̈ܐ: ܕܒܗ ܕܒܚܝܢ ܗܘܘ ܦܨܚܐ: ܐܡܪܝܢ
ܠܗ ܬܠܡܝܕܘܗܝ. ܐܝܟܐ ܨܒܐ ܐܢܬ ܕܢܐܙܠ ܢܛܝܒ ܠܟ
ܕܬܐܟܘܠ ܦܨܚܐ. ¹³ ܘܫܕܪ ܬܪܝܢ ܡܢ ܬܠܡܝܕܘܗܝ ܘܐܡܪ
ܠܗܘܢ. ܙܠܘ ܠܡܕܝܢܬܐ: ܘܗܐ ܦܓܥ ܒܟܘܢ ܓܒܪܐ ܕܫܩܝܠ

ܩܢܐ ܕܡܝܐ. ܙܠܘ ܒܬܪܗ: 14 ܘܐܝܟܐ ܕܥܐܠ ܐܡܪܘ ܠܡܪܐ
ܒܝܬܐ. ܕܪܒܢ ܐܡܪ: ܐܝܟܘ ܒܝܬ ܡܫܪܝܐ ܐܝܟܐ ܕܐܟܘܠ ܥܡ
ܬܠܡܝܕܝ ܦܨܚܐ. 15 ܘܗܘ ܡܚܘܐ ܠܟܘܢ ܥܠܝܬܐ ܪܒܬܐ
ܕܡܫܘܝܐ ܘܡܛܝܒܐ: ܬܡܢ ܛܝܒܘ ܠܢ. 16 ܘܢܦܩܘ
ܬܠܡܝܕܘܗܝ ܘܐܬܘ ܠܡܕܝܢܬܐ. ܘܐܫܟܚܘ ܐܝܟܢܐ ܕܐܡܪ
ܠܗܘܢ. ܘܛܝܒܘ ܦܨܚܐ. 17 ܘܟܕ ܗܘܐ ܪܡܫܐ: ܐܬܐ ܥܡ
ܬܪܥܣܪܬܗܘܢ. 18 ܘܟܕ ܣܡܝܟܝܢ ܘܠܥܣܝܢ: ܐܡܪ ܝܫܘܥ.
ܐܡܝܢ ܐܡܪ ܐܢܐ ܠܟܘܢ: ܕܚܕ ܡܢܟܘܢ ܕܐܟܠ ܥܡܝ ܗܘ
ܢܫܠܡܢܝ. 19 ܗܢܘܢ ܕܝܢ ܫܪܝܘ ܠܡܬܟܪܝܘ. ܘܐܡܪܝܢ ܠܗ
ܚܕ ܚܕ. ܠܡܐ ܐܢܐ: 20 ܗܘ ܕܝܢ ܐܡܪ ܠܗܘܢ. ܚܕ ܡܢ
ܬܪܥܣܪܬܝ ܕܨܒܥ ܥܡܝ ܒܠܓܬܐ. 21 ܘܒܪܗ ܕܐܢܫܐ ܐܙܠ
ܐܝܟܢܐ ܕܟܬܝܒ ܥܠܘܗܝ. ܘܝ ܕܝܢ ܠܓܒܪܐ ܗܘ ܕܒܐܝܕܗ
ܡܫܬܠܡ ܒܪܗ ܕܐܢܫܐ. ܦܩܚ ܗܘܐ ܠܗ ܠܓܒܪܐ ܗܘ
ܐܠܘ ܠܐ ܐܬܝܠܕ. 22 ܘܟܕ ܗܢܘܢ ܠܥܣܝܢ: ܢܣܒ ܝܫܘܥ
ܠܚܡܐ: ܘܒܪܟ ܘܩܨܐ ܘܝܗܒ ܠܗܘܢ. ܘܐܡܪ ܠܗܘܢ ܣܒܘ.
ܗܢܘ ܦܓܪܝ. 23 ܘܢܣܒ ܟܣܐ ܘܐܘܕܝ. ܘܒܪܟ. ܘܝܗܒ
ܠܗܘܢ. ܘܐܫܬܝܘ ܡܢܗ ܟܠܗܘܢ. 24 ܘܐܡܪ ܠܗܘܢ.
ܗܢܘ ܕܡܝ ܕܕܝܬܩܐ ܚܕܬܐ: ܕܚܠܦ ܣܓܝܐܐ ܡܬܐܫܕ.
25 ܐܡܝܢ ܐܡܪ ܐܢܐ ܠܟܘܢ: ܕܬܘܒ ܠܐ ܐܫܬܐ ܡܢ ܝܠܕܐ ܕܓܦܬܐ.
ܥܕܡܐ ܠܝܘܡܐ ܗܘ ܕܒܗ ܐܫܬܝܘܗܝ ܚܕܬܐ ܒܡܠܟܘܬܗ
ܕܐܠܗܐ. 26 ܘܫܒܚܘ ܘܢܦܩܘ ܠܛܘܪܐ ܕܙܝܬܐ܀ 27 ܘܐܡܪ ܠܗܘܢ
ܝܫܘܥ. ܟܠܟܘܢ ܬܬܟܫܠܘܢ ܒܝ ܒܗܢܐ ܠܠܝܐ. ܟܬܝܒ
ܓܝܪ ܕܐܡܚܐ ܠܪܥܝܐ ܘܢܬܒܕܪܘܢ ܐܡܪܘܗܝ. 28 ܐܠܐ ܡܐ ܕܩܡܬ
ܩܕܡ ܐܢܐ ܠܟܘܢ ܠܓܠܝܠܐ. 29 ܐܡܪ ܠܗ ܟܐܦܐ. ܐܦ
ܟܠܗܘܢ ܢܬܟܫܠܘܢ ܐܠܐ ܠܐ ܐܢܐ. 30 ܐܡܪ ܠܗ ܝܫܘܥ. ܐܡܝܢ
ܐܡܪ ܐܢܐ ܠܟ: ܕܐܢܬ ܝܘܡܢܐ ܒܗܢܐ ܠܠܝܐ: ܩܕܡ ܕܢܩܪܐ
ܬܪܢܓܠܐ ܬܪܬܝܢ ܙܒܢܝܢ: ܬܠܬ ܙܒܢܝܢ ܬܟܦܘܪ ܒܝ. 31 ܗܘ ܕܝܢ
ܝܬܝܪܐܝܬ ܐܡܪ ܗܘܐ. ܕܐܢ ܢܗܘܐ ܠܝ ܠܡܡܬ ܥܡܟ: ܠܐ

ܐܟܦܘܪ ܒܟ ܡܪܝ. ܘܐܟܘܬܗ ܐܦ ܟܠܗܘܢ ܬܠܡܝܕܐ ܐܡܪܘ.
32 ܘܐܬܘ ܠܕܘܟܬܐ ܐܝܕܐ ܕܡܬܩܪܝܐ ܓܕܣܡܢ. ܘܐܡܪ
ܠܬܠܡܝܕܘܗܝ. ܬܒܘ ܗܪܟܐ ܥܕ ܡܨܠܐ ܐܢܐ. 33 ܘܕܒܪ ܥܡܗ
ܠܟܐܦܐ ܘܠܝܥܩܘܒ ܘܠܝܘܚܢܢ. ܘܫܪܝ ܠܡܬܡܗܘ
ܘܠܡܬܥܩܬܘ. 34 ܘܐܡܪ ܠܗܘܢ. ܟܪܝܐ ܗܝ ܠܗ ܠܢܦܫܝ
ܥܕܡܐ ܠܡܘܬܐ. ܩܘܘ ܠܝ ܗܪܟܐ ܘܐܬܬܥܝܪܘ. 35 ܘܩܪܒ
ܩܠܝܠ ܘܢܦܠ ܥܠ ܐܪܥܐ. ܘܡܨܠܐ ܗܘܐ ܕܐܢ ܡܫܟܚܐ
ܐܝܬܝܗ ܬܥܒܪ ܡܢܗ ܫܥܬܐ. 36 ܘܐܡܪ ܐܒܐ ܐܒܝ. ܟܠ ܡܕܡ
ܡܫܟܚ ܐܢܬ. ܐܥܒܪ ܡܢܝ ܟܣܐ ܗܢܐ. ܐܠܐ ܠܐ ܨܒܝܢܝ
ܕܝܠܝ ܐܠܐ ܕܝܠܟ. 37 ܘܐܬܐ ܘܐܫܟܚ ܐܢܘܢ ܟܕ ܕܡܟܝܢ. ܘܐܡܪ
ܠܟܐܦܐ. ܫܡܥܘܢ ܕܡܟܬ ܠܟ. ܠܐ ܐܫܟܚܬ ܚܕܐ ܫܥܐ
ܠܡܬܬܥܝܪܘ. 38 ܐܬܬܥܝܪܘ ܘܨܠܘ ܕܠܐ ܬܥܠܘܢ ܠܢܣܝܘܢܐ. ܪܘܚܐ
ܨܒܝܐ ܘܡܛܝܒܐ. ܐܠܐ ܦܓܪܐ ܟܪܝܗ. 39 ܘܐܙܠ ܬܘܒ ܨܠܝ
ܘܗܝ ܡܠܬܐ ܐܡܪ. 40 ܘܗܦܟ ܬܘܒ ܐܬܐ ܐܫܟܚ ܐܢܘܢ ܟܕ
ܕܡܟܝܢ. ܡܛܠ ܕܥܝܢܝܗܘܢ ܝܩܝܪܢ ܗܘܝ. ܘܠܐ ܝܕܥܝܢ ܗܘܘ
ܡܢܐ ܢܐܡܪܘܢ ܠܗ. 41 ܘܐܬܐ ܕܬܠܬ ܙܒܢܝܢ ܘܐܡܪ ܠܗܘܢ.
ܕܡܟܘ ܡܟܝܠ ܘܐܬܬܢܝܚܘ. ܡܛܬ ܚܪܬܐ ܘܐܬܬ ܫܥܬܐ.
ܘܗܐ ܡܫܬܠܡ ܒܪܗ ܕܐܢܫܐ ܒܐܝܕܝܗܘܢ ܕܚܛܝܐ. 42 ܩܘܡܘ
ܢܐܙܠ. ܗܐ ܡܛܐ ܗܘ ܕܡܫܠܡ ܠܝ. 43 ܘܟܕ ܗܘ ܡܡܠܠ:
ܐܬܐ ܝܗܘܕܐ ܣܟܪܝܘܛܐ ܚܕ ܡܢ ܬܪܥܣܪ: ܘܥܡܗ ܥܡܐ ܣܓܝܐܐ ܥܡ
ܣܦܣܪܐ. ܘܚܘܛܪܐ. ܡܢ ܠܘܬ ܪܒܝ ܟܗܢܐ ܘܣܦܪܐ ܘܩܫܝܫܐ.
44 ܘܝܗܒ ܠܗܘܢ ܐܬܐ ܡܫܠܡܢܐ ܗܘ ܕܡܫܠܡ ܘܐܡܪ. ܗܘ
ܕܢܫܩ ܐܢܐ ܗܘܝܘ. ܐܚܘܕܘܗܝ ܙܗܝܪܐܝܬ ܘܐܘܒܠܘܗܝ.
45 ܘܡܚܕܐ ܩܪܒ ܘܐܡܪ ܠܗ. ܪܒܝ ܪܒܝ ܘܢܫܩܗ.
46 ܗܢܘܢ ܕܝܢ ܐܪܡܝܘ ܥܠܘܗܝ ܐܝܕܝܐ ܘܐܚܕܘܗܝ. 47 ܚܕ ܕܝܢ
ܡܢ ܗܢܘܢ ܕܩܝܡܝܢ ܫܡܛ ܣܦܣܪܐ ܘܡܚܝܗ ܠܥܒܕܗ ܕܪܒ
ܟܗܢܐ ܘܫܩܠܗ ܐܕܢܗ. 48 ܗܘ ܕܝܢ ܝܫܘܥ ܥܢܐ ܘܐܡܪ
ܠܗܘܢ. ܐܝܟ ܕܥܠ ܓܝܣܐ ܢܦܩܬܘܢ ܥܠܝ ܒܣܝܦܐ ܘܒܚܘܛܪܐ

ܕܬܐܚܕܘܢܢܝ. 49 ܟܠܝܘܡ ܠܘܬܟܘܢ ܗܘܝܬ ܟܕ ܡܠܦ ܐܢܐ
ܒܗܝܟܠܐ ܘܠܐ ܐܚܕܬܘܢܢܝ. ܐܠܐ ܕܢܫܠܡܘܢ ܟܬܒܐ ܗܘܬ ܗܕܐ.
50 ܗܝܕܝܢ ܫܒܩܘܗܝ ܬܠܡܝ̈ܕܘܗܝ ܘܥܪܩܘ. 51 ܘܥܠܝܡܐ
ܚܕ ܐܙܠ ܗܘܐ ܒܬܪܗ: ܘܥܛܝܦ ܗܘܐ ܣܕܘܢܐ ܥܪܛܠܝܬ.
ܘܐܚܕܘܗܝ. 52 ܗܘ ܕܝܢ ܫܒܩ ܣܕܘܢܐ ܘܥܪܩ ܥܪܛܠܝܐ.
53 ܘܐܘܒܠܘܗܝ ܠܝܫܘܥ ܠܘܬ ܩܝܦܐ ܪܒ ܟܗܢܐ. ܘܐܬܟܢܫܘ
ܠܘܬܗ ܟܠܗܘܢ ܪ̈ܒܝ ܟܗܢܐ ܘܣܦܪ̈ܐ ܘܩܫܝ̈ܫܐ. 54 ܫܡܥܘܢ
ܕܝܢ ܡܢ ܪܘܚܩܐ ܐܬܐ ܗܘܐ ܒܬܪܗ: ܥܕܡܐ ܠܓܘ ܕܪܬܗ ܕܪܒ
ܟܗܢܐ. ܘܝܬܒ ܗܘܐ ܥܡ ܡܫܡܫܢܐ ܘܫܚܢ ܠܘܩܒܠ ܢܘܪܐ.
55 ܪ̈ܒܝ ܟܗܢܐ ܕܝܢ ܘܟܠܗ ܟܢܫܗܘܢ: ܒܥܝܢ ܗܘܘ ܥܠܘܗܝ
ܕܝܫܘܥ ܣܗܕܘܬܐ ܕܢܡܝܬܘܢܝܗܝ. ܘܠܐ ܐܫܟܚܘ: 56 ܟܕ
ܣܓܝܐܐ ܓܝܪ ܡܣܗܕܝܢ ܗܘܘ ܥܠܘܗܝ: ܠܐ ܫܘܝܢ ܗܘܝ
ܣܗܕܘܬܗܘܢ. 57 ܐ̈ܢܫܝܢ ܕܝܢ ܩܡܘ ܥܠܘܗܝ ܣܗ̈ܕܐ ܕܫܘܩܪܐ
ܘܐܡܪܘ. 58 ܕܚܢܢ ܫܡܥܢܝܗܝ ܕܐܡܪ. ܕܐܢܐ ܫܪܐ ܐܢܐ ܗܝܟܠܐ
ܗܢܐ ܕܒܥܒܕ ܐܝܕܝܐ: ܘܠܬܠܬܐ ܝܘܡܝܢ ܒܢܐ ܐܢܐ ܐܚܪܢܐ ܕܠܐ
ܒܥܒܕ ܐܝܕܝܐ. 59 ܘܐܦܠܐ ܗܟܢܐ ܫܘܝܐ ܗܘܬ ܣܗܕܘܬܗܘܢ.
60 ܘܩܡ ܪܒ ܟܗܢܐ ܒܡܨܥܬܐ: ܘܫܐܠܗ ܠܝܫܘܥ ܘܐܡܪ. ܠܐ
ܡܦܢܐ ܐܢܬ ܦܬܓܡܐ. ܡܢܐ ܡܣܗܕܝܢ ܥܠܝܟ ܗܠܝܢ. 61 ܗܘ
ܕܝܢ ܝܫܘܥ ܫܬܝܩ ܗܘܐ. ܘܡܕܡ ܠܐ ܦܢܝܗܝ. ܘܬܘܒ ܫܐܠܗ
ܪܒ ܟܗܢܐ ܘܐܡܪ. ܐܢܬ ܗܘ ܡܫܝܚܐ ܒܪܗ ܕܡܒܪܟܐ. 62 ܗܘ
ܕܝܢ ܝܫܘܥ ܐܡܪ ܠܗ ܐܢܐ ܐܢܐ. ܘܬܚܙܘܢ ܠܒܪܗ ܕܐܢܫܐ ܕܝܬܒ
ܡܢ ܝܡܝܢܐ ܕܚܝܠܐ: ܘܐܬܐ ܥܠ ܥܢܢܝ ܫܡܝܐ. 63 ܪܒ ܟܗܢܐ ܕܝܢ
ܨܪܐ ܟܘܬܝܢܗ ܘܐܡܪ. ܡܢܐ ܡܬܒܥܝܢ ܠܢ ܣܗ̈ܕܐ.
64 ܗܐ ܡܢ ܦܘܡܗ ܫܡܥܬܘܢ ܓܘܕܦܐ. ܡܢܐ ܡܬܚܙܐ ܠܟܘܢ.
ܗܢܘܢ ܕܝܢ ܟܠܗܘܢ ܕܢܘ ܕܚܝܒ ܗܘ ܡܘܬܐ. 65 ܘܫܪܝܘ ܐ̈ܢܫܝܢ
ܪܩܝܢ ܒܦܪ̈ܨܘܦܗ: ܘܡܟܣܝܢ ܐܦ̈ܘܗܝ ܘܡܩܦܚܝܢ ܠܗ.
ܘܐܡܪܝܢ ܐܬܢܒܐ. ܘܕܚܫ̈ܐ ܡܚܝܢ ܗܘܘ ܠܗ ܥܠ ܦܟ̈ܘܗܝ.
66 ܘܟܕ ܫܡܥܘܢ ܠܬܚܬ ܒܕܪܬܐ: ܐܬܬ ܚܕܐ ܥܠܝܡܬܐ ܕܪܒ

ܟܗ̈ܢܐ. 67 ܚܙܬܗ ܕܫܚܢ: ܘܚܪܬ ܒܗ ܘܐܡܪܐ ܠܗ. ܘܐܦ
ܐܢܬ ܥܡ ܝܫܘܥ ܢܨܪܝܐ ܗܘܝܬ. 68 ܗܘ ܕܝܢ ܟܦܪ ܘܐܡܪ. ܠܐ
ܝܕܥ ܐܢܐ ܡܢܐ ܐܡܪܐ ܐܢܬܝ. ܘܢܦܩ ܠܒܪ ܠܐܣܛܘܐ ܘܩܪܐ
ܬܪܢܓܠܐ. 69 ܘܚܙܬܗ ܬܘܒ ܥܠܝܡܬܐ ܗܝ ܘܫܪܝܬ ܠܡܐܡܪ
ܠܐܝܠܝܢ ܕܩܝܡܝܢ. ܕܐܦ ܗܢܐ ܡܢܗܘܢ ܗܘ: 70 ܗܘ ܕܝܢ ܬܘܒ
ܟܦܪ. ܘܒܬܪ ܩܠܝܠ: ܬܘܒ ܐܝܠܝܢ ܕܩܝܡܝܢ ܐܡܪܝܢ ܗܘܘ ܠܟܐܦܐ.
ܫܪܝܪܐܝܬ ܡܢܗܘܢ ܐܢܬ. ܐܦ ܓܝܪ ܓܠܝܠܝܐ ܐܢܬ ܘܡܡܠܠܟ
ܕܡܐ. 71 ܗܘ ܕܝܢ ܫܪܝ ܗܘܐ ܡܚܪܡ ܘܝܡܐ. ܕܠܐ ܝܕܥ ܐܢܐ
ܠܓܒܪܐ ܗܢܐ ܕܐܡܪܝܢ ܐܢܬܘܢ. 72 ܘܒܗ ܒܫܥܬܐ ܩܪܐ ܬܪܢܓܠܐ
ܕܬܪܬܝܢ ܙܒܢܝܢ. ܘܐܬܕܟܪ ܫܡܥܘܢ ܡܠܬܐ ܕܝܫܘܥ ܕܐܡܪ ܗܘܐ
ܠܗ. ܕܥܕܠܐ ܢܩܪܐ ܬܪܢܓܠܐ ܬܪܬܝܢ ܙܒܢܝܢ: ܬܠܬ ܙܒܢܝܢ ܬܟܦܘܪ
ܒܝ. ܘܫܪܝ ܠܡܒܟܐ܀

ܡܪܩܘܣ ܛܘ

1 ܘܡܚܕܐ ܒܨܦܪܐ ܥܒܕܘ ܡܠܟܐ ܪ̈ܒܝ ܟܗ̈ܢܐ ܥܡ
ܩܫܝ̈ܫܐ ܘܥܡ ܣܦܪ̈ܐ ܘܥܡ ܟܠܗ ܟܢܘܫܬܐ. ܘܐܣܪܘܗܝ
ܠܝܫܘܥ ܘܐܘܒܠܘܗܝ. ܘܐܫܠܡܘܗܝ ܠܦܝܠܛܘܣ
ܗܓܡܘܢܐ. 2 ܘܫܐܠܗ ܦܝܠܛܘܣ. ܐܢܬ ܗܘ ܡܠܟܐ
ܕܝܗܘܕܝ̈ܐ: ܗܘ ܕܝܢ ܥܢܐ ܘܐܡܪ ܠܗ ܐܢܬ ܐܡܪܬ. 3 ܘܐܟܠܝܢ
ܗܘܘ ܩܪ̈ܨܘܗܝ ܪ̈ܒܝ ܟܗ̈ܢܐ ܒܣܓܝܐܬܐ. 4 ܗܘ ܕܝܢ
ܦܝܠܛܘܣ: ܬܘܒ ܫܐܠܗ ܘܐܡܪ ܠܗ. ܠܐ ܡܦܢܐ ܐܢܬ
ܦܬܓܡܐ. ܚܙܝ ܟܡܐ ܡܣܗܕܝܢ ܥܠܝܟ. 5 ܗܘ ܕܝܢ ܝܫܘܥ
ܡܕܡ ܦܬܓܡܐ ܠܐ ܝܗܒ. ܐܝܟܢܐ ܕܢܬܕܡܪ ܦܝܠܛܘܣ.
6 ܡܥܝܕ ܗܘܐ ܕܝܢ ܒܟܠ ܥܐܕܐ. ܠܡܫܪܐ ܠܗܘܢ ܐܣܝܪܐ ܚܕ
ܐܝܢܐ ܕܫܐܠܝܢ. 7 ܘܐܝܬ ܗܘܐ ܚܕ ܕܡܬܩܪܐ ܒܪ ܐܒܐ: ܕܐܣܝܪ
ܗܘܐ ܥܡ ܥܒܕܝ ܐܣܛܣܝܣ. ܗܢܘܢ ܕܩܛܠܐ ܒܐܣܛܣܝܣ
ܥܒܕܘ. 8 ܘܩܥܐ ܥܡܐ: ܘܫܪܝܘ ܠܡܫܐܠ ܐܝܟ ܕܡܥܝܕ ܗܘܐ
ܥܒܕ ܠܗܘܢ. 9 ܗܘ ܕܝܢ ܦܝܠܛܘܣ ܥܢܐ ܘܐܡܪ. ܨܒܝܢ

ܐܢܬܘܢ ܐܫܪܐ ܠܟܘܢ ܡܠܟܐ ܕܝܗܘܕܝܐ: 10 ܝܕܥ ܗܘܐ ܓܝܪ
ܦܝܠܛܘܣ ܕܡܢ ܚܣܡܐ ܐܫܠܡܘܗܝ ܪܒܝ ܟܗܢܐ ܀ 11 ܪܒܝ
ܟܗܢܐ ܕܝܢ ܝܬܝܪܐܝܬ ܐܓܝܣܘ ܠܟܢܫܐ: ܕܠܒܪ ܐܒܐ ܢܫܪܐ
ܠܗܘܢ. 12 ܗܘ ܕܝܢ ܦܝܠܛܘܣ ܐܡܪ ܠܗܘܢ. ܡܢܐ ܗܟܝܠ
ܨܒܝܢ ܐܢܬܘܢ ܐܥܒܕ ܠܗܢܐ ܕܩܪܝܢ ܐܢܬܘܢ ܡܠܟܐ ܕܝܗܘܕܝܐ.
13 ܗܢܘܢ ܕܝܢ ܬܘܒ ܩܥܘ ܙܩܘܦܝܗܝ. 14 ܗܘ ܕܝܢ ܦܝܠܛܘܣ
ܐܡܪ ܠܗܘܢ. ܡܢܐ ܓܝܪ ܕܒܝܫ ܥܒܕ. ܗܢܘܢ ܕܝܢ ܝܬܝܪܐܝܬ
ܩܥܝܢ ܗܘܘ ܙܩܘܦܝܗܝ. 15 ܦܝܠܛܘܣ ܕܝܢ ܨܒܐ ܕܢܥܒܕ
ܨܒܝܢܐ ܠܟܢܫܐ. ܘܫܪܐ ܠܗܘܢ ܠܒܪ ܐܒܐ: ܘܐܫܠܡ ܠܗܘܢ
ܠܝܫܘܥ ܟܕ ܢܓܝܕ ܕܢܙܕܩܦ. 16 ܐܣܛܪܛܝܘܛܐ ܕܝܢ
ܐܘܒܠܘܗܝ ܠܓܘ ܕܪܬܐ ܕܐܝܬܝܗ̇ ܦܪܛܘܪܝܢ. ܘܩܪܘ ܠܟܠܗ̇
ܐܣܦܝܪ. 17 ܘܐܠܒܫܘܗܝ ܐܪܓܘܢܐ. ܘܓܕܠܘ ܣܡܘ ܒܗ
ܟܠܝܠܐ ܕܟܘܒܐ. 18 ܘܫܪܝܘ ܠܡܫܐܠ ܒܫܠܡܗ. ܫܠܡ
ܡܠܟܐ ܕܝܗܘܕܝܐ. 19 ܘܡܚܝܢ ܗܘܘ ܠܗ ܥܠ ܪܫܗ
ܒܩܢܝܐ. ܘܪܩܝܢ ܗܘܘ ܒܐܦܘܗܝ: ܘܒܪܟܝܢ ܗܘܘ ܥܠ
ܒܘܪܟܝܗܘܢ: ܘܣܓܕܝܢ ܠܗ. 20 ܘܟܕ ܒܙܚܘ ܒܗ:
ܐܫܠܚܘܗܝ ܐܪܓܘܢܐ. ܘܐܠܒܫܘܗܝ ܢܚܬܘܗܝ ܘܐܦܩܘܗܝ
ܕܢܙܩܦܘܢܝܗܝ ܀ 21 ܘܫܚܪܘ ܚܕ ܕܥܒܪ ܗܘܐ: ܫܡܥܘܢ
ܩܘܪܝܢܝܐ. ܕܐܬܐ ܗܘܐ ܡܢ ܩܪܝܬܐ. ܐܒܘܗܝ ܕܐܠܟܣܢܕܪܘܣ
ܘܕܪܘܦܘܣ. ܕܢܫܩܘܠ ܙܩܝܦܗ. 22 ܘܐܝܬܝܘܗܝ
ܠܓܓܘܠܬܐ. ܕܗܘܬ ܕܡܬܦܫܩܐ ܩܪܩܦܬܐ. 23 ܘܝܗܒܘ
ܠܗ ܠܡܫܬܐ ܚܡܪܐ ܕܡܙܝܓ ܒܗ ܡܘܪܐ. ܗܘ ܕܝܢ ܠܐ ܢܣܒ.
24 ܘܟܕ ܙܩܦܘܗܝ: ܦܠܓܘ ܢܚܬܘܗܝ ܘܐܪܡܝܘ ܥܠܝܗܘܢ
ܦܣܐ. ܡܢܘ ܡܢܐ ܢܣܒ. 25 ܐܝܬ ܗܘܐ ܕܝܢ ܫܥܬܐ ܬܠܬ ܟܕ
ܙܩܦܘܗܝ. 26 ܘܟܬܝܒܐ ܗܘܬ ܥܠܬܐ ܕܥܠܬܗ ܒܟܬܒܐ.
ܗܢܘ ܡܠܟܐ ܕܝܗܘܕܝܐ. 27 ܘܙܩܦܘ ܥܡܗ ܬܪܝܢ ܓܝܣܐ.
ܚܕ ܡܢ ܝܡܝܢܗ ܘܚܕ ܡܢ ܣܡܠܗ. 28 ܘܫܠܡ ܟܬܒܐ
ܕܐܡܪ: ܕܥܡ ܥܘܠܐ ܐܬܡܢܝ ܀ 29 ܐܦ ܐܢܫܝܢ ܕܝܢ ܕܥܒܪܝܢ

ܗܘܘ ܡܓܕܦܝܢ ܗܘܘ ܥܠܘܗܝ. ܘܡܢܝܕܝܢ ܪܫܝܗܘܢ
ܘܐܡܪܝܢ. ܐܘ ܫܪܐ ܗܝܟܠܐ ܘܒܢܐ ܠܗ ܠܬܠܬܐ ܝܘܡܝܢ.
30 ܦܨܐ ܢܦܫܟ ܘܚܘܬ ܡܢ ܙܩܝܦܐ. 31 ܘܗܟܢܐ ܐܦ ܪܒܝ ܟܗܢܐ:
ܓܚܟܝܢ ܗܘܘ ܚܕ ܥܡ ܚܕ ܘܣܦܪܐ ܘܐܡܪܝܢ. ܐܚܪܢܐ ܐܚܝ:
ܢܦܫܗ ܠܐ ܡܫܟܚ ܠܡܚܝܘ: 32 ܡܫܝܚܐ ܡܠܟܗ
ܕܐܝܣܪܝܠ. ܢܚܘܬ ܗܫܐ ܡܢ ܙܩܝܦܐ ܕܢܚܙܐ ܘܢܗܝܡܢ ܒܗ.
ܘܐܦ ܗܢܘܢ ܕܐܙܕܩܦܘ ܗܘܘ ܥܡܗ. ܡܚܣܕܝܢ ܗܘܘ
ܠܗ ✣ 33 ܘܟܕ ܗܘܬ ܫܬ ܫܥܝܢ. ܗܘܐ ܚܫܘܟܐ ܥܠ ܟܠܗ
ܐܪܥܐ: ܥܕܡܐ ܠܫܥܝܢ ܬܫܥ. 34 ܘܒܬܫܥ ܫܥܝܢ. ܩܥܐ
ܝܫܘܥ ܒܩܠܐ ܪܡܐ ܘܐܡܪ. ܐܝܠ ܐܝܠ ܠܡܢܐ ܫܒܩܬܢܝ.
ܕܐܝܬܘܗܝ. ܐܠܗܝ ܐܠܗܝ ܠܡܢܐ ܫܒܩܬܢܝ. 35 ܘܐܢܫܝܢ
ܕܫܡܥܘ ܡܢ ܗܢܘܢ ܕܩܝܡܝܢ ܐܡܪܝܢ ܗܘܘ ܠܐܠܝܐ ܩܪܐ.
36 ܘܪܗܛ ܚܕ ܘܡܠܐ ܐܣܦܘܓܐ ܚܠܐ: ܘܐܪܟܒ ܒܩܢܝܐ
ܕܢܫܩܝܘܗܝ. ܘܐܡܪ: ܫܒܘܩܘ ܢܚܙܐ ܐܢ ܐܬܐ ܐܠܝܐ ܡܚܬ
ܠܗ. 37 ܗܘ ܕܝܢ ܝܫܘܥ ܩܥܐ ܒܩܠܐ ܪܡܐ ܘܐܫܬܠܡ.
38 ܘܐܦܝ ܬܪܥܐ ܕܗܝܟܠܐ ܐܨܛܪܝܘ ܠܬܪܬܝܢ. ܡܢ ܠܥܠ ܥܕܡܐ
ܠܬܚܬ. 39 ܟܕ ܚܙܐ ܕܝܢ ܩܢܛܪܘܢܐ ܗܘ ܕܩܐܡ ܗܘܐ ܠܘܩܒܠܗ:
ܕܗܟܢܐ ܩܥܐ ܘܐܫܬܠܡ. ܐܡܪ. ܫܪܝܪܐܝܬ ܗܢܐ ܓܒܪܐ ܒܪܗ
ܗܘܐ ܕܐܠܗܐ. 40 ܐܝܬ ܗܘܝ ܕܝܢ ܢܫܐ ܡܢ ܪܘܚܩܐ ܕܚܙܝܢ
ܗܘܝ. ܡܪܝܡ ܡܓܕܠܝܬܐ. ܘܡܪܝܡ ܐܡܗ ܕܝܥܩܘܒ
ܙܥܘܪܐ ܘܕܝܘܣܐ. ܘܫܠܘܡ. 41 ܗܠܝܢ ܕܟܕ ܗܘܐ ܒܓܠܝܠܐ
ܢܩܝܦܢ ܗܘܝ ܠܗ ܘܡܫܡܫܢ ܠܗ. ܘܐܚܪܢܝܬܐ ܣܓܝܐܬܐ
ܕܣܠܩܢ ܗܘܝ ܥܡܗ ܠܐܘܪܫܠܡ ✣ 42 ܘܟܕ ܗܘܐ ܪܡܫܐ
ܕܥܪܘܒܬܐ ܕܐܝܬܘܗܝ ܩܕܡ ܫܒܬܐ: 43 ܐܬܐ ܝܘܣܦ ܗܘ ܕܡܢ
ܪܡܬܐ ܡܫܒܚܐ ܒܘܠܘܛܐ: ܐܢܫ ܕܐܦ ܗܘ ܡܣܟܐ ܗܘܐ
ܠܡܠܟܘܬܐ ܕܐܠܗܐ. ܘܐܡܪܚ ܘܥܠ ܠܘܬ ܦܝܠܛܘܣ:
ܘܫܐܠ ܦܓܪܗ ܕܝܫܘܥ. 44 ܦܝܠܛܘܣ ܕܝܢ ܐܬܕܡܪ ܕܐܦ ܡܢ
ܩܕܡ ܡܝܬ. ܘܩܪܐ ܠܩܢܛܪܘܢܐ. ܘܫܐܠܗ ܕܐܦ ܡܢ ܩܕܡ

ܩܕܡ ܡܝܬ. 45 ܘܟܕ ܝܠܦ ܝܗܒ ܦܓܪܗ ܠܝܘܣܦ.
46 ܘܙܒܢ ܝܘܣܦ ܟܬܢܐ. ܘܐܚܬܗ ܘܟܪܟܗ ܒܗ. ܘܣܡܗ
ܒܩܒܪܐ ܕܢܩܝܪ ܗܘܐ ܒܟܐܦܐ. ܘܥܓܠ ܟܐܦܐ ܥܠ ܬܪܥܗ
ܕܩܒܪܐ. 47 ܡܪܝܡ ܕܝܢ ܡܓܕܠܝܬܐ ܘܡܪܝܡ ܗܝ ܕܝܘܣܐ:
ܚܙܝ ܐܝܟܐ ܕܐܬܬܣܝܡ ܀

ܩܦܠܐܘܢ ܀ ܝܘ ܀

1 ܘܟܕ ܥܒܪ ܫܒܬܐ: ܡܪܝܡ ܡܓܕܠܝܬܐ ܘܡܪܝܡ
ܕܝܥܩܘܒ ܘܫܠܘܡ: ܙܒܢ ܗܪܘܡܐ ܕܢܐܬܝܢ ܢܡܫܚܢܝܗܝ ܀
2 ܒܫܒܐ ܕܝܢ ܒܚܕ ܒܫܒܐ: ܐܬܝ ܠܒܝܬ ܩܒܘܪܐ ܟܕ ܕܢܚ
ܫܡܫܐ. 3 ܘܐܡܪܢ ܗܘܝ ܒܝܢܬܗܝܢ: ܡܢ ܕܝܢ ܢܥܓܠ ܠܢ
ܟܐܦܐ ܡܢ ܬܪܥܐ ܕܒܝܬ ܩܒܘܪܐ. 4 ܘܚܪܝ ܚܙܝ ܕܡܥܓܠܐ ܗܝ
ܟܐܦܐ. ܪܒܐ ܗܘܬ ܓܝܪ ܛܒ. 5 ܘܥܠܝ ܠܒܝܬ ܩܒܘܪܐ.
ܘܚܙܝ ܥܠܝܡܐ ܕܝܬܒ ܡܢ ܝܡܝܢܐ: ܘܥܛܝܦ ܐܣܛܠܐ ܚܘܪܬܐ.
ܘܐܬܕܡܪ. 6 ܗܘ ܕܝܢ ܐܡܪ ܠܗܝܢ. ܠܐ ܬܕܚܠܢ. ܠܝܫܘܥ
ܢܨܪܝܐ ܒܥܝܢ ܐܢܬܝܢ ܗܘ ܕܐܙܕܩܦ: ܩܡ ܠܗ. ܠܐ ܗܘܐ ܬܢܢ.
ܗܐ ܕܘܟܬܐ ܐܝܟܐ ܕܣܝܡ ܗܘܐ. 7 ܐܠܐ ܙܠܝܢ ܐܡܪܝܢ
ܠܬܠܡܝܕܘܗܝ. ܘܠܟܐܦܐ: ܕܗܐ ܩܕܡ ܠܟܘܢ ܠܓܠܝܠܐ.
ܬܡܢ ܬܚܙܘܢܝܗܝ ܐܝܟܢܐ ܕܐܡܪ ܠܟܘܢ. 8 ܘܟܕ ܫܡܥܝܢ:
ܥܪܩܝ ܘܢܦܩܝ ܡܢ ܩܒܪܐ. ܐܚܝܕ ܗܘܐ ܠܗܝܢ ܓܝܪ ܬܗܪܐ
ܘܪܬܝܬܐ. ܘܠܐܢܫ ܡܕܡ ܠܐ ܐܡܪܝ. ܕܕܚܝܠܢ ܗܘܝ ܓܝܪ ܀
9 ܒܨܦܪܐ ܕܝܢ ܒܚܕ ܒܫܒܐ: ܩܡ ܘܐܬܚܙܝ ܠܘܩܕܡ ܠܡܪܝܡ
ܡܓܕܠܝܬܐ. ܗܝ ܕܫܒܥܐ ܫܐܕܝܢ ܐܦܩ ܗܘܐ ܡܢܗ. 10 ܘܗܝ
ܐܙܠܬ ܣܒܪܬ ܠܗܢܘܢ ܕܥܡܗ ܗܘܘ. ܕܐܒܝܠܝܢ ܗܘܘ
ܘܒܟܝܢ. 11 ܘܗܢܘܢ ܟܕ ܫܡܥܘ ܕܐܡܪܝܢ ܕܚܝ ܘܐܬܚܙܝ
ܠܗܝܢ. ܠܐ ܗܝܡܢܘ ܐܢܝܢ. 12 ܒܬܪ ܗܠܝܢ. ܐܬܚܙܝ ܠܬܪܝܢ
ܡܢܗܘܢ ܒܕܡܘܬܐ ܐܚܪܬܐ. ܟܕ ܡܗܠܟܝܢ ܘܐܙܠܝܢ ܠܩܪܝܬܐ.
13 ܘܗܢܘܢ ܐܙܠܘ ܐܡܪܘ ܠܫܪܟܐ. ܐܦ ܠܐ ܠܗܢܘܢ ܗܝܡܢܘ ܀

14 ܐܚܪܝܬ ܕܝܢ ܐܬܚܙܝ ܠܚܕܥܣܪ ܟܕ ܣܡܝܟܝܢ: ܘܚܣܕ
ܠܚܣܝܪܘܬ ܗܝܡܢܘܬܗܘܢ. ܘܠܩܫܝܘܬ ܠܒܗܘܢ: ܕܠܐܝܠܝܢ
ܕܚܙܐܘܗܝ ܕܩܡ ܠܐ ܗܝܡܢܘ. 15 ܘܐܡܪ ܠܗܘܢ. ܙܠܘ ܠܥܠܡܐ
ܟܠܗ. ܘܐܟܪܙܘ ܣܒܪܬܝ ܒܟܠܗ ܒܪܝܬܐ. 16 ܐܝܢܐ ܕܡܗܝܡܢ
ܘܥܡܕ ܚܝܐ. ܘܐܝܢܐ ܕܠܐ ܡܗܝܡܢ ܡܬܚܝܒ. 17 ܐܬܘܬܐ ܕܝܢ
ܠܐܝܠܝܢ ܕܡܗܝܡܢܝܢ ܗܠܝܢ ܢܩܦܢ. ܒܫܡܝ ܫܐܕܐ ܢܦܩܘܢ
ܘܒܠܫܢܐ ܚܕܬܐ ܢܡܠܠܘܢ. 18 ܘܚܘܘܬܐ ܢܫܩܠܘܢ. ܘܐܢ
ܣܡܐ ܕܡܘܬܐ ܢܫܬܘܢ ܠܐ ܢܗܪ ܐܢܘܢ. ܘܐܝܕܝܗܘܢ ܢܣܝܡܘܢ
ܥܠ ܟܪܝܗܐ ܘܢܬܚܠܡܘܢ. 19 ܝܫܘܥ ܕܝܢ ܡܪܢ: ܡܢ ܒܬܪ
ܕܡܠܠ ܥܡܗܘܢ ܠܫܡܝܐ ܣܠܩ. ܘܝܬܒ ܡܢ ܝܡܝܢܐ ܕܐܠܗܐ.
20 ܗܢܘܢ ܕܝܢ ܢܦܩܘ ܘܐܟܪܙܘ ܒܟܠ ܕܘܟ. ܘܡܪܢ ܡܥܕܪ
ܗܘܐ ܠܗܘܢ: ܘܡܫܪܪ ܡܠܝܗܘܢ ܒܐܬܘܬܐ ܕܥܒܕܝܢ ܗܘܘ ܀

ܫܠܡ ܐܘܢܓܠܝܘܢ ܩܕܝܫܐ ܟܪܘܙܘܬܐ ܕܡܪܩܘܣ ܕܡܠܠ
ܘܐܟܪܙ ܒܪܗܘܡܝܐ ܀

ܐܘܢܓܠܝܘܢ ܩܕܝܫܐ ܡܟܪܙܘܬܐ ܕܠܘܩܐ ܡܣܒܪܢܐ. ܕܡܠܠ ܘܣܒܪ ܝܘܢܐܝܬ ܒܐܠܟܣܢܕܪܝܐ ܪܒܬܐ ܀

ܩܦܠܐܘܢ ܀ ܐ ܀

1 ܡܛܠ ܕܣܓܝܐܐ ܨܒܘ ܕܢܟܬܒܘܢ ܬܫܥܝܬܐ ܕܣܘܥܪܢܐ
ܐܝܠܝܢ ܕܡܦܝܣܝܢ ܚܢܢ ܒܗܘܢ: 2 ܐܝܟ ܕܐܫܠܡܘ ܠܢ
ܗܢܘܢ ܕܡܢ ܩܕܝܡ ܗܘܘ ܚܙܝܐ ܘܡܫܡܫܢܐ ܕܡܠܬܐ:
3 ܐܬܚܙܝ ܐܦ ܠܝ ܡܛܠ ܕܩܪܝܒ ܗܘܝܬ ܒܚܦܝܛܘܬ ܠܟܠܗܘܢ:
ܕܟܠ ܡܕܡ ܒܬܛܟܣܐ ܐܟܬܘܒ ܠܟ ܢܨܝܚܐ ܬܐܘܦܝܠܐ.
4 ܕܬܕܥ ܫܪܪܐ ܕܡܠܐ ܕܐܬܬܠܡܕܬ ܠܗܝܢ ܀ 5 ܗܘܐ
ܒܝܘܡܘܗܝ ܕܗܪܘܕܣ ܡܠܟܐ ܕܝܗܘܕܐ: ܟܗܢܐ ܚܕ ܕܫܡܗ
ܗܘܐ ܙܟܪܝܐ. ܡܢ ܬܫܡܫܬܐ ܕܒܝܬ ܐܒܝܐ. ܘܐܢܬܬܗ ܡܢ
ܒܢܬܗ ܕܐܗܪܘܢ. ܫܡܗ ܗܘܐ ܐܠܝܫܒܥ. 6 ܬܪܝܗܘܢ ܕܝܢ
ܟܐܢܝܢ ܗܘܘ ܩܕܡ ܐܠܗܐ. ܘܡܗܠܟܝܢ ܒܟܠܗܘܢ
ܦܘܩܕܢܘܗܝ. ܘܒܟܐܢܘܬܗ ܕܡܪܝܐ ܕܠܐ ܪܘܫܥܐ. 7 ܒܪܐ ܕܝܢ
ܠܝܬ ܗܘܐ ܠܗܘܢ. ܡܛܠ ܕܐܠܝܫܒܥ ܥܩܪܬܐ ܗܘܬ.
ܘܬܪܝܗܘܢ ܩܫܝܫܝܢ ܒܝܘܡܝܗܘܢ ܗܘܘ ܀ 8 ܗܘܐ ܗܘܐ ܕܝܢ ܟܕ
ܡܟܗܢ ܗܘܐ ܒܛܟܣܐ ܕܬܫܡܫܬܗ ܩܕܡ ܐܠܗܐ. 9 ܐܝܟ ܥܝܕܐ
ܕܟܗܢܘܬܐ: ܡܛܝܗܝ ܕܢܣܝܡ ܒܣܡܐ: ܘܥܠ ܠܗܝܟܠܗ
ܕܡܪܝܐ. 10 ܘܟܠܗ ܟܢܫܐ ܕܥܡܐ: ܡܨܠܐ ܗܘܐ ܠܒܪ ܒܥܕܢܐ
ܕܒܣܡܐ. 11 ܘܐܬܚܙܝ ܠܗ ܠܙܟܪܝܐ ܡܠܐܟܐ ܕܡܪܝܐ: ܕܩܐܡ
ܡܢ ܝܡܝܢܐ ܕܡܕܒܚܐ ܕܒܣܡܐ. 12 ܘܐܬܕܠܚ ܙܟܪܝܐ ܟܕ
ܚܙܝܗܝ. ܘܕܚܠܬܐ ܢܦܠܬ ܥܠܘܗܝ. 13 ܘܐܡܪ ܠܗ ܡܠܐܟܐ.
ܠܐ ܬܕܚܠ ܙܟܪܝܐ: ܡܛܠ ܕܐܫܬܡܥܬ ܨܠܘܬܟ. ܘܐܢܬܬܟ
ܐܠܝܫܒܥ ܬܐܠܕ ܠܟ ܒܪܐ: ܘܬܩܪܐ ܫܡܗ ܝܘܚܢܢ.
14 ܘܬܗܘܐ ܠܟ ܚܕܘܬܐ ܘܪܘܙܐ. ܘܣܓܝܐܐ ܢܚܕܘܢ ܒܡܘܠܕܗ.
15 ܢܗܘܐ ܓܝܪ ܪܒ ܩܕܡ ܡܪܝܐ. ܘܚܡܪܐ ܘܫܟܪܐ ܠܐ ܢܫܬܐ.
ܘܪܘܚܐ ܕܩܘܕܫܐ ܢܬܡܠܐ ܟܕ ܗܘ ܒܟܪܣܐ ܕܐܡܗ. 16 ܘܣܓܝܐܐ

ܡܢ ܒܢܝ ܐܝܣܪܝܠ ܢܦܢܐ ܠܘܬ ܡܪܝܐ ܐܠܗܗܘܢ.
17 ܗܘ ܢܐܙܠ ܩܕܡܘܗܝ ܒܪܘܚܐ ܘܒܚܝܠܐ ܕܐܠܝܐ ܢܒܝܐ.
ܕܢܦܢܐ ܠܒܐ ܕܐܒܗܐ ܥܠ ܒܢܝܐ. ܘܠܕܠܐ
ܡܬܛܦܝܣܝܢ ܠܡܕܥܐ ܕܟܐܢܐ. ܘܢܛܝܒ ܠܡܪܝܐ ܥܡܐ
ܓܡܝܪܐ. 18 ܘܐܡܪ ܙܟܪܝܐ ܠܡܠܐܟܐ. ܐܝܟܢܐ ܐܕܥ ܗܕܐ.
ܐܢܐ ܓܝܪ ܣܒܬ ܠܝ. ܘܐܢܬܬܝ ܣܓܝܐܬ ܒܝܘܡܬܗ̇ ܗܝ.
19 ܘܥܢܐ ܡܠܐܟܐ ܘܐܡܪ ܠܗ. ܐܢܐ ܐܢܐ ܓܒܪܝܐܝܠ ܕܩܐܡ ܐܢܐ
ܩܕܡ ܐܠܗܐ. ܘܐܫܬܠܚܬ ܕܐܡܠܠ ܥܡܟ ܘܐܣܒܪܟ ܗܠܝܢ.
20 ܡܟܝܠ ܬܗܘܐ ܫܬܝܩ. ܘܠܐ ܬܫܟܚ ܠܡܡܠܠܘ. ܥܕܡܐ
ܠܝܘܡܐ ܕܗܠܝܢ ܗܘܝܢ. ܡܛܠ ܕܠܐ ܗܝܡܢܬ ܠܡܠܝ ܗܠܝܢ
ܕܡܬܡܠܝܢ ܒܙܒܢܗܝܢ. 21 ܥܡܐ ܕܝܢ ܩܐܡ ܗܘܐ ܘܡܣܟܐ
ܠܙܟܪܝܐ ܘܡܬܕܡܪܝܢ ܗܘܘ ܥܠ ܡܘܚܪܗ ܕܒܗܝܟܠܐ. 22 ܟܕ
ܢܦܩ ܕܝܢ ܙܟܪܝܐ: ܠܐ ܡܫܟܚ ܗܘܐ ܕܢܡܠܠ ܥܡܗܘܢ.
ܘܐܣܬܟܠܘ ܕܚܙܘܐ ܚܙܐ ܒܗܝܟܠܐ. ܘܗܘ ܡܪܡܙ ܪܡܙ ܗܘܐ
ܠܗܘܢ. ܘܩܘܝ ܟܕ ܚܪܫ. 23 ܘܟܕ ܐܫܬܡܠܝܘ ܝܘܡܬܐ
ܕܬܫܡܫܬܗ. ܐܙܠ ܠܒܝܬܗ ܀ 24 ܘܗܘܐ ܡܢ ܒܬܪ ܝܘܡܬܐ
ܗܠܝܢ ܒܛܢܬ ܐܠܝܫܒܥ ܐܢܬܬܗ. ܘܡܛܫܝܐ ܗܘܬ ܢܦܫܗ̇
ܚܡܫܐ ܝܪܚܝܢ. ܘܐܡܪܐ ܗܘܬ. 25 ܕܗܠܝܢ ܥܒܕ ܠܝ ܡܪܝܐ
ܒܝܘܡܬܐ ܕܚܪ ܒܝ: ܠܡܣܒ ܚܣܕܝ ܕܒܝܢܝ ܒܢܝܢܫܐ ܀
26 ܒܝܪܚܐ ܕܝܢ ܕܫܬܐ ܐܫܬܕܪ ܓܒܪܝܐܝܠ ܡܠܐܟܐ ܡܢ ܠܘܬ
ܐܠܗܐ ܠܓܠܝܠ ܠܡܕܝܢܬܐ ܕܫܡܗ̇ ܢܨܪܬ. 27 ܠܘܬ ܒܬܘܠܬܐ
ܕܡܟܝܪܐ ܠܓܒܪܐ ܕܫܡܗ ܝܘܣܦ. ܡܢ ܒܝܬܗ ܕܕܘܝܕ. ܘܫܡܗ̇
ܕܒܬܘܠܬܐ ܡܪܝܡ. 28 ܘܥܠ ܠܘܬܗ̇ ܡܠܐܟܐ ܘܐܡܪ ܠܗ̇.
ܫܠܡ ܠܟܝ ܡܠܝܬ ܛܝܒܘܬܐ: ܡܪܢ ܥܡܟܝ ܒܪܝܟܬܐ ܒܢܫܐ:
29 ܗܝ ܕܝܢ ܟܕ ܚܙܬ ܐܬܕܠܚܬ ܒܡܠܬܗ. ܘܡܬܚܫܒܐ ܗܘܬ
ܕܡܢܘ ܫܠܡܐ ܗܢܐ. 30 ܘܐܡܪ ܠܗ̇ ܡܠܐܟܐ. ܠܐ ܬܕܚܠܝܢ
ܡܪܝܡ. ܐܫܟܚܬܝ ܓܝܪ ܛܝܒܘܬܐ ܠܘܬ ܐܠܗܐ. 31 ܗܐ ܓܝܪ
ܬܩܒܠܝܢ ܒܛܢܐ ܘܬܐܠܕܝܢ ܒܪܐ. ܘܬܩܪܝܢ ܫܡܗ ܝܫܘܥ.

32 ܗܢܐ ܢܗܘܐ ܪܒ. ܘܒܪܗ ܕܥܠܝܐ ܢܬܩܪܐ. ܘܢܬܠ ܠܗ
ܡܪܝܐ ܐܠܗܐ ܟܘܪܣܝܐ ܕܕܘܝܕ ܐܒܘܗܝ. 33 ܘܢܡܠܟ ܥܠ
ܒܝܬܗ ܕܝܥܩܘܒ ܠܥܠܡ. ܘܠܡܠܟܘܬܗ ܣܘܦ ܠܐ ܢܗܘܐ.
34 ܐܡܪܐ ܡܪܝܡ ܠܡܠܐܟܐ. ܐܝܟܢܐ ܬܗܘܐ ܗܕܐ ܕܓܒܪܐ ܠܐ ܝܕܝܥ
ܠܝ. 35 ܥܢܐ ܡܠܐܟܐ ܘܐܡܪ ܠܗ. ܪܘܚܐ ܕܩܘܕܫܐ ܬܐܬܐ.
ܘܚܝܠܗ ܕܥܠܝܐ ܢܓܢ ܥܠܝܟܝ. ܡܛܠ ܗܢܐ ܗܘ ܕܡܬܝܠܕ
ܡܢܟܝ ܩܕܝܫܐ ܗܘ. ܘܒܪܗ ܕܐܠܗܐ ܢܬܩܪܐ. 36 ܘܗܐ
ܐܠܝܫܒܥ ܐܚܝܢܬܟܝ ܐܦ ܗܝ ܒܛܢܐ ܒܪܐ ܒܣܝܒܘܬܗ.
ܘܗܢܐ ܝܪܚܐ ܫܬܝܬܝܐ ܠܗ. ܠܗܝ ܕܡܬܩܪܝܐ ܥܩܪܬܐ.
37 ܡܛܠ ܕܠܐ ܥܛܠ ܠܐܠܗܐ ܡܕܡ. 38 ܐܡܪܐ ܡܪܝܡ.
ܗܐ ܐܢܐ ܐܡܬܗ ܕܡܪܝܐ. ܢܗܘܐ ܠܝ ܐܝܟ ܡܠܬܟ.
ܘܐܙܠ ܡܠܐܟܐ ܡܢ ܠܘܬܗ ⁘ 39 ܩܡܬ ܕܝܢ ܡܪܝܡ
ܒܗܘܢ ܒܝܘܡܬܐ ܗܠܝܢ: ܘܐܙܠܬ ܒܛܠܝܠܘܬ ܠܛܘܪܐ
ܠܡܕܝܢܬܐ ܕܝܗܘܕ. 40 ܘܥܠܬ ܠܒܝܬܗ ܕܙܟܪܝܐ. ܘܫܐܠܬ
ܫܠܡܗ ܕܐܠܝܫܒܥ. 41 ܘܗܘܐ ܕܟܕ ܫܡܥܬ ܐܠܝܫܒܥ
ܫܠܡܗ ܕܡܪܝܡ. ܕܨ ܥܘܠܐ ܒܟܪܣܗ. ܘܐܬܡܠܝܬ ܪܘܚܐ
ܕܩܘܕܫܐ: 42 ܘܩܥܬ ܒܩܠܐ ܪܡܐ ܘܐܡܪܐ ܠܡܪܝܡ.
ܡܒܪܟܬܐ ܐܢܬܝ ܒܢܫܐ. ܘܡܒܪܟ ܗܘ ܦܐܪܐ ܕܒܟܪܣܟܝ.
43 ܐܝܟܢܐ ܠܝ ܗܕܐ ܕܐܡܗ ܕܡܪܝ ܬܐܬܐ ܠܘܬܝ. 44 ܗܐ ܓܝܪ
ܡܐ ܕܢܦܠ ܩܠܐ ܕܫܠܡܟܝ ܒܐܕܢܝ. ܒܚܕܘܬܐ ܪܒܬܐ ܕܨ ܥܘܠܐ
ܒܟܪܣܝ. 45 ܘܛܘܒܝܗ ܠܐܝܕܐ ܕܗܝܡܢܬ: ܕܢܗܘܐ ܫܘܠܡܐ
ܠܐܝܠܝܢ ܕܐܬܡܠܠ ܥܡܗ ܡܢ ܠܘܬ ܡܪܝܐ ⁘ 46 ܘܐܡܪܐ ܡܪܝܡ.
ܡܘܪܒܐ ܢܦܫܝ ܠܡܪܝܐ. 47 ܘܚܕܝܬ ܪܘܚܝ ܒܐܠܗܐ
ܡܚܝܢܝ. 48 ܕܚܪ ܒܡܘܟܟܐ ܕܐܡܬܗ. ܗܐ ܓܝܪ ܡܢ ܗܫܐ:
ܛܘܒܐ ܢܐܡܪܢ ܠܝ ܟܠܗܘܢ ܫܪܒܬܐ. 49 ܕܥܒܕ ܠܘܬܝ
ܪܘܪܒܬܐ ܗܘ ܕܚܝܠܬܢ. ܘܩܕܝܫ ܫܡܗ: 50 ܘܚܢܢܗ ܠܕܪܐ
ܘܡܕܪܐ ܥܠ ܐܝܠܝܢ ܕܕܚܠܝܢ ܠܗ. 51 ܥܒܕ ܙܟܘܬܐ
ܒܕܪܥܗ: ܘܒܕܪ ܫܒܝܚܝ ܒܪܥܝܢܐ ܕܠܒܗܘܢ. 52 ܣܚܦ

ܥܫܝ̈ܢܐ ܡܢ ܟܘܪ̈ܣܘܬܐ ܘܐܪܝܡ ܡܟܝ̈ܟܐ. 53 ܟܦ̈ܢܐ ܐܣܒܥ
ܛܒ̈ܬܐ. ܘܥܬܝܪ̈ܐ ܫܪܐ ܣܦܝܩܐܝܬ. 54 ܥܕܪ ܠܐܝܣܪܝܠ
ܥܒܕܗ: ܘܐܬܕܟܪ ܚܢܢܗ. 55 ܐܝܟ ܕܡܠܠ ܥܡ ܐܒܗ̈ܝܢ:
ܥܡ ܐܒܪܗܡ ܘܥܡ ܙܪܥܗ ܠܥܠܡ ܀ 56 ܩܘܝܬ ܕܝܢ ܡܪܝܡ
ܠܘܬ ܐܠܝܫܒܥ ܐܝܟ ܝܪ̈ܚܐ ܬܠܬܐ: ܘܗܦܟܬ ܠܒܝܬܗ ܀
57 ܐܠܝܫܒܥ ܕܝܢ ܡܛܝ ܗܘܐ ܙܒܢܐ ܕܬܐܠܕ: ܘܝܠܕܬ
ܒܪܐ. 58 ܘܫܡܥܘ ܫܒܒ̈ܝܗ ܘܒܢܝ̈ ܛܘܗܡܗ: ܕܐܣܓܝ
ܡܪܝܐ ܚܢܢܗ ܥܡܗ: ܘܚܕܝܢ ܗܘܘ ܥܡܗ ܀ 59 ܘܗܘܐ
ܒܝܘܡܐ ܕܬܡܢܝܐ: ܐܬܘ ܠܡܓܙܪܗ ܠܛܠܝܐ. ܘܩܪܝܢ ܗܘܘ
ܠܗ ܒܫܡܐ ܕܐܒܘܗܝ ܙܟܪܝܐ. 60 ܘܥܢܬ ܐܡܗ ܘܐܡܪܐ
ܠܗܘܢ. ܠܐ ܗܟܢܐ. ܐܠܐ ܢܬܩܪܐ ܝܘܚܢܢ. 61 ܘܐܡܪܘ ܠܗ:
ܕܠܝܬ ܐܢܫ ܒܫܪܒܬܟܝ ܕܡܬܩܪܐ ܒܫܡܐ ܗܢܐ. 62 ܘܪܡܙܘ
ܠܐܒܘܗܝ ܕܐܝܟܢܐ ܨܒܐ ܕܢܫܡܗܝܘܗܝ. 63 ܘܫܐܠ ܦܢܩܝܬܐ
ܘܟܬܒ. ܘܐܡܪ ܝܘܚܢܢ ܗܘ ܫܡܗ. ܘܐܬܕܡܪܘ ܟܠܗܘܢ.
64 ܘܡܚܕܐ ܐܬܦܬܚ ܦܘܡܗ ܘܠܫܢܗ: ܘܡܠܠ ܘܡܒܪܟ
ܠܐܠܗܐ. 65 ܘܗܘܬ ܕܚܠܬܐ ܥܠ ܟܠܗܘܢ ܫܒܒ̈ܝܗܘܢ.
ܘܒܟܠܗ ܛܘܪܐ ܕܝܗܘܕ. ܗܠܝܢ ܡܬܡ̈ܠܠܢ ܗܘܝ.
66 ܘܟܠܗܘܢ ܕܫܡܥܘ ܣܝܡܝܢ ܗܘܘ ܒܠܒܗܘܢ:
ܘܐܡܪܝܢ. ܡܢܐ ܟܝ ܢܗܘܐ ܛܠܝܐ ܗܢܐ. ܘܐܝܕܗ ܕܡܪܝܐ ܐܝܬܝܗ
ܗܘܬ ܥܡܗ. 67 ܘܐܬܡܠܝ ܙܟܪܝܐ ܐܒܘܗܝ ܪܘܚܐ ܕܩܘܕܫܐ.
ܘܐܬܢܒܝ ܘܐܡܪ. 68 ܡܒܪܟ ܗܘ ܡܪܝܐ ܐܠܗܐ ܕܐܝܣܪܝܠ:
ܕܣܥܪ ܥܡܗ ܘܥܒܕ ܠܗ ܦܘܪܩܢܐ. 69 ܘܐܩܝܡ ܠܢ ܩܪܢܐ
ܕܦܘܪܩܢܐ ܒܒܝܬܗ ܕܕܘܝܕ ܥܒܕܗ. 70 ܐܝܟ ܕܡܠܠ ܒܦܘܡܐ
ܕܢܒܝ̈ܘܗܝ ܩܕܝ̈ܫܐ ܕܡܢ ܥܠܡ. 71 ܕܢܦܪܩܢ ܡܢ
ܒܥܠܕܒ̈ܒܝܢ. ܘܡܢ ܐܝܕܐ ܕܟܠܗܘܢ ܣܢ̈ܐܝܢ. 72 ܘܢܥܒܕ
ܚܢܢܐ ܥܡ ܐܒܗ̈ܝܢ. ܘܢܬܕܟܪ ܩܝܡܘܗܝ ܩܕܝܫ̈ܐ:
73 ܘܡܘܡܬܐ ܕܝܡܐ ܠܐܒܪܗܡ ܐܒܘܢ. ܕܢܬܠ ܠܢ.
74 ܕܢܦܪܩܢ ܡܢ ܐܝܕܐ ܕܒܥܠܕܒ̈ܒܝܢ. ܘܕܠܐ ܕܚܠܐ ܢܦܠܘܚ

ܩܕܡܘܗܝ. 75 ܟܠܗܘܢ ܝܘܡܝܢ: ܒܟܐܢܘܬܐ. 76 ܘܐܢܬ
ܛܠܝܐ ܢܒܝܗ ܕܥܠܝܐ ܬܬܩܪܐ. ܬܐܙܠ ܓܝܪ ܩܕܡ ܦܪܨܘܦܗ
ܕܡܪܝܐ ܕܬܛܝܒ ܐܘܪܚܬܗ. 77 ܕܬܬܠ ܝܕܥܬܐ ܕܚܝܐ ܠܥܡܗ
ܒܫܘܒܩܢܐ ܕܚܛܗܝܗܘܢ. 78 ܒܪܚܡܐ ܕܪܚܡܬܐ ܕܐܠܗܢ.
ܕܒܗܘܢ ܢܣܥܪܢ ܕܢܚܐ ܡܢ ܪܘܡܐ. 79 ܠܡܢܗܪܘ ܠܐܝܠܝܢ
ܕܒܚܫܘܟܐ ܘܒܛܠܠܐ ܕܡܘܬܐ ܝܬܒܝܢ. ܘܢܬܪܘܨ ܪ̈ܓܠܝܢ
ܠܐܘܪܚܐ ܕܫܠܡܐ. 80 ܛܠܝܐ ܕܝܢ ܪܒܐ ܗܘܐ ܘܡܬܥܫܢ ܒܪܘܚܐ.
ܘܒܚܘܪܒܐ ܐܝܬܘܗܝ ܗܘܐ: ܥܕܡܐ ܠܝܘܡܐ ܕܐܬܚܘܝ ܠܒܢܝ
ܐܝܣܪܝܠ ܀

ܩܦܠܐܘܢ ܀ ܒ ܀

1 ܗܘܐ ܕܝܢ ܒܝܘܡܬܐ ܗܢܘܢ: ܘܢܦܩ ܦܘܩܕܢܐ ܡܢ
ܐܓܘܣܛܘܣ ܩܣܪ. ܕܢܬܟܬܒ ܟܠܗ ܥܡܐ ܕܐܘܚܕܢܗ.
2 ܗܕܐ ܡܟܬܒܢܘܬܐ ܩܕܡܝܬܐ ܗܘܬ: ܒܗܓܡܘܢܘܬܐ
ܕܩܘܪܝܢܘܣ ܒܣܘܪܝܐ. 3 ܘܐܙܠ ܗܘܐ ܟܠܢܫ ܕܢܬܟܬܒ
ܒܡܕܝܢܬܗ. 4 ܣܠܩ ܗܘܐ ܕܝܢ ܐܦ ܝܘܣܦ ܡܢ ܢܨܪܬ
ܕܓܠܝܠܐ ܠܝܗܘܕ: ܠܡܕܝܢܬܗ ܕܕܘܝܕ ܕܡܬܩܪܝܐ ܒܝܬ
ܠܚܡ. ܡܛܠ ܕܐܝܬܘܗܝ ܗܘܐ ܡܢ ܒܝܬܗ ܘܡܢ ܫܪܒܬܗ
ܕܕܘܝܕ. 5 ܥܡ ܡܪܝܡ ܡܟܝܪܬܗ ܟܕ ܒܛܢܐ ܕܬܬܟܬܒ ܬܡܢ.
6 ܘܗܘܐ ܕܟܕ ܬܡܢ ܐܢܘܢ: ܐܬܡܠܝܘ ܝܘܡܝܗ ܕܬܐܠܕ:
7 ܘܝܠܕܬ ܒܪܗ ܒܘܟܪܐ: ܘܟܪܟܬܗ ܒܥܙܪܘܪܐ ܘܐܪܡܝܬܗ
ܒܐܘܪܝܐ. ܡܛܠ ܕܠܝܬ ܗܘܐ ܠܗܘܢ ܕܘܟܬܐ ܐܝܟܐ ܕܫܪܝܢ ܗܘܘ.
8 ܪ̈ܥܘܬܐ ܕܝܢ ܐܝܬ ܗܘܘ ܒܗ ܒܐܬܪܐ ܕܫܪܝܢ ܗܘܘ ܬܡܢ: ܘܢܛܪܝܢ
ܗܘܘ ܡܛܪܬܐ ܕܠܠܝܐ ܥܠ ܡܪܥܝܬܗܘܢ. 9 ܘܗܐ ܡܠܐܟܐ
ܕܐܠܗܐ ܐܬܐ ܠܘܬܗܘܢ. ܘܬܫܒܘܚܬܗ ܕܡܪܝܐ ܐܢܗܪܬ
ܥܠܝܗܘܢ. ܘܕܚܠܘ ܕܚܠܬܐ ܪܒܬܐ. 10 ܘܐܡܪ ܠܗܘܢ ܡܠܐܟܐ.
ܠܐ ܬܕܚܠܘܢ. ܗܐ ܓܝܪ ܡܣܒܪ ܐܢܐ ܠܟܘܢ ܚܕܘܬܐ ܪܒܬܐ:
ܕܬܗܘܐ ܠܟܠܗ ܥܠܡܐ. 11 ܐܬܝܠܕ ܠܟܘܢ ܓܝܪ ܝܘܡܢܐ
ܦܪܘܩܐ: ܕܐܝܬܘܗܝ ܡܪܝܐ ܡܫܝܚܐ ܒܡܕܝܢܬܗ ܕܕܘܝܕ:

12 ܘܗܕܐ ܠܟܘܢ ܐܬܐ. ܡܫܟܚܝܢ ܐܢܬܘܢ ܥܘܠܐ ܕܟܪܝܟ
ܒܥܙܪܘܪܐ ܘܣܝܡ ܒܐܘܪܝܐ. 13 ܘܡܢ ܫܠܝ ܐܬܚܙܝ ܥܡ ܡܠܐܟܐ:
ܚܝܠܘܬܐ ܣܓܝܐܐ ܕܫܡܝܐ. ܟܕ ܡܫܒܚܝܢ ܠܐܠܗܐ ܘܐܡܪܝܢ.
14 ܬܫܒܘܚܬܐ ܠܐܠܗܐ ܒܡܪܘܡܐ. ܘܥܠ ܐܪܥܐ ܫܠܡܐ.
ܘܣܒܪܐ ܛܒܐ ܠܒܢܝܢܫܐ ܀ 15 ܘܗܘܐ ܕܟܕ ܐܙܠܘ ܡܢ ܠܘܬܗܘܢ
ܡܠܐܟܐ ܠܫܡܝܐ. ܡܡܠܠܝܢ ܪܥܘܬܐ ܚܕ ܥܡ ܚܕ ܘܐܡܪܝܢ.
ܢܪܕܐ ܥܕܡܐ ܠܒܝܬܠܚܡ: ܘܢܚܙܐ ܠܡܠܬܐ ܗܕܐ ܕܗܘܬ ܐܝܟ
ܕܡܪܝܐ ܐܘܕܥܢ ܠܢ. 16 ܘܐܬܘ ܡܣܪܗܒܐܝܬ. ܘܐܫܟܚܘ
ܠܡܪܝܡ ܘܠܝܘܣܦ ܘܠܥܘܠܐ ܕܣܝܡ ܒܐܘܪܝܐ. 17 ܘܟܕ ܚܙܘ:
ܐܘܕܥܘ ܠܡܠܬܐ ܕܐܬܡܠܠܬ ܥܡܗܘܢ ܥܠܘܗܝ ܥܠ ܛܠܝܐ.
18 ܘܟܠܗܘܢ ܕܫܡܥܘ: ܐܬܕܡܪܘ ܥܠ ܐܝܠܝܢ ܕܐܬܡܠܠ ܠܗܘܢ
ܡܢ ܪܥܘܬܐ. 19 ܡܪܝܡ ܕܝܢ ܢܛܪܐ ܗܘܬ ܟܠܗܝܢ ܡܠܐ ܗܠܝܢ
ܘܡܦܚܡܐ ܒܠܒܗ. 20 ܘܗܦܟܘ ܪܥܘܬܐ ܗܠܝܢ: ܟܕ
ܡܫܒܚܝܢ ܘܡܗܠܠܝܢ ܠܐܠܗܐ: ܥܠ ܟܠ ܕܚܙܘ ܘܫܡܥܘ.
ܐܝܟܢܐ ܕܐܬܡܠܠ ܥܡܗܘܢ ܀ 21 ܘܟܕ ܫܠܡܘ ܬܡܢܝܐ ܝܘܡܝܢ
ܕܢܬܓܙܪ ܛܠܝܐ: ܐܬܩܪܝ ܫܡܗ ܝܫܘܥ. ܕܐܬܩܪܝ ܡܢ
ܡܠܐܟܐ ܩܕܡ ܕܢܬܒܛܢ ܒܟܪܣܐ. 22 ܘܟܕ ܐܬܡܠܝܘ ܝܘܡܬܐ
ܕܕܘܟܝܬܗܘܢ ܐܝܟ ܢܡܘܣܐ ܕܡܘܫܐ. ܐܣܩܘܗܝ ܠܐܘܪܫܠܡ
ܕܢܩܝܡܘܢܝܗܝ ܩܕܡ ܡܪܝܐ. 23 ܐܝܟ ܕܟܬܝܒ ܒܢܡܘܣܐ
ܕܡܪܝܐ. ܕܟܠ ܕܟܪܐ ܦܬܚ ܡܪܒܥܐ. ܩܕܝܫܐ ܕܡܪܝܐ ܢܬܩܪܐ.
24 ܘܕܢܬܠܘܢ ܕܒܚܬܐ ܐܝܟܢܐ ܕܐܡܝܪ ܒܢܡܘܣܐ ܕܡܪܝܐ. ܙܘܓܐ
ܕܫܦܢܢܝܢܐ. ܐܘ ܬܪܝܢ ܦܪܘܓܐ ܕܝܘܢܐ. 25 ܓܒܪܐ ܕܝܢ ܚܕ ܐܝܬ
ܗܘܐ ܒܐܘܪܫܠܡ. ܫܡܗ ܗܘܐ ܫܡܥܘܢ. ܘܓܒܪܐ ܗܢܐ ܟܐܢ
ܗܘܐ ܘܙܕܝܩ. ܘܡܣܟܐ ܗܘܐ ܠܒܘܝܐܗ ܕܐܝܣܪܝܠ. ܘܪܘܚܐ
ܕܩܘܕܫܐ ܐܝܬ ܗܘܬ ܥܠܘܗܝ. 26 ܘܐܡܝܪ ܗܘܐ ܠܗ ܡܢ
ܪܘܚܐ ܕܩܘܕܫܐ. ܕܠܐ ܢܚܙܐ ܡܘܬܐ: ܥܕܡܐ ܕܢܚܙܐ ܠܡܫܝܚܗ
ܕܡܪܝܐ. 27 ܗܢܐ ܐܬܐ ܗܘܐ ܒܪܘܚܐ ܠܗܝܟܠܐ. ܘܟܕ ܡܥܠܝܢ
ܗܘܘ ܐܒܗܘܗܝ ܠܝܫܘܥ ܛܠܝܐ: ܕܢܥܒܕܘܢ ܚܠܦܘܗܝ ܐܝܟܢܐ

ܕܦܩܝܕ ܒܢܡܘܣܐ: 28 ܩܒܠܗ ܥܠ ܕܪ̈ܥܘܗܝ. ܘܒܪܟ ܠܐܠܗܐ
ܘܐܡܪ. 29 ܡܟܝܠ ܫܪܐ ܐܢܬ ܠܗ ܠܥܒܕܟ ܡܪܝ ܐܝܟ ܡܠܬܟ
ܒܫܠܡܐ. 30 ܕܗܐ ܚܙܝ ܥܝܢ̈ܝ ܚܢܢܟ: 31 ܗܘ ܕܛܝܒܬ
ܒܦܪܨܘܦܐ ܕܟܠܗܘܢ ܥܡܡ̈ܐ. 32 ܢܘܗܪܐ ܠܓܠܝܢܐ ܕܥܡܡ̈ܐ:
ܘܫܘܒܚܐ ܠܥܡܟ ܐܝܣܪܝܠ. 33 ܝܘܣܦ ܕܝܢ ܘܐܡܗ: ܬܗܝܪܝܢ
ܗܘܘ ܥܠ ܐܝܠܝܢ ܕܡܬܡܠܠܢ ܗܘܝ ܥܠܘܗܝ. 34 ܘܒܪܟ
ܐܢܘܢ ܫܡܥܘܢ: ܘܐܡܪ ܠܡܪܝܡ ܐܡܗ. ܗܐ ܗܢܐ ܣܝܡ:
ܠܡܦܘܠܬܐ ܘܠܡܩܝܡܬܐ ܕܣܓܝܐ̈ܐ ܒܐܝܣܪܝܠ. ܘܠܐܬܐ ܕܚܪܝܢܐ.
35 ܘܒܢܦܫܟܝ ܕܝܢ ܕܝܠܟܝ ܬܥܒܪ ܪܘܡܚܐ. ܐܝܟ ܕܢܬܓܠܝܢ
ܡܚܫܒ̈ܬܐ ܕܠܒ̈ܘܬܐ ܕܣܓܝܐ̈ܐ ✣ 36 ܘܚܢܐ ܕܝܢ ܢܒܝܬܐ ܒܪܬܗ
ܕܦܢܘܐܝܠ ܡܢ ܫܒܛܐ ܕܐܫܝܪ: ܐܦ ܗܝ ܩܫܝܫܐ ܒܝܘܡ̈ܬܗ̇
ܗܘܬ. ܘܚܝܬ ܫܢܝ̈ܢ ܥܡ ܒܥܠܗ̇ ܫܒܥ ܡܢ ܒܬܘܠܘܬܗ̇.
37 ܘܗܘܬ ܐܪܡܠܬܐ ܐܝܟ ܫܢܝ̈ܢ ܬܡܢܝܢ ܘܐܪܒܥ. ܘܠܐ ܦܪܫܐ ܗܘܬ
ܡܢ ܗܝܟܠܐ. ܘܒܨܘܡܐ ܘܒܨܠܘܬܐ ܦܠܚܐ ܗܘܬ ܒܐܝܡܡܐ
ܘܒܠܠܝܐ. 38 ܘܐܦ ܗܝ ܩܡܬ ܒܗ̇ ܒܫܥܬܐ ܘܐܘܕܝܬ
ܠܡܪܝܐ. ܘܡܡܠܠܐ ܗܘܬ ܥܠܘܗܝ: ܥܡ ܟܠܢܫ ܕܡܣܟܐ
ܗܘܐ ܠܦܘܪܩܢܗ ܕܐܘܪܫܠܡ. 39 ܘܟܕ ܫܠܡܘ ܟܠ ܡܕܡ
ܐܝܟ ܕܒܢܡܘܣܐ ܕܡܪܝܐ: ܗܦܟܘ ܠܓܠܝܠܐ. ܠܢܨܪܬ
ܡܕܝܢܬܗܘܢ. 40 ܛܠܝܐ ܕܝܢ ܪܒܐ ܗܘܐ ܘܡܬܚܝܠ ܒܪܘܚܐ.
ܘܡܬܡܠܐ ܚܟܡܬܐ. ܘܛܝܒܘܬܐ ܕܐܠܗܐ ܐܝܬ ܗܘܬ ܥܠܘܗܝ.
41 ܘܐܢܫܘܗܝ ܟܠ ܫܢܐ ܐܙܠܝܢ ܗܘܘ ܠܐܘܪܫܠܡ ܒܥܐܕܐ
ܕܦܨܚܐ ✣ 42 ܘܟܕ ܗܘܐ ܒܪ ܫܢܝ̈ܢ ܬܪܬܥܣܪܐ: ܣܠܩܘ
ܐܝܟ ܕܡܥܕܝܢ ܗܘܘ ܠܥܐܕܐ. 43 ܘܟܕ ܫܠܡܘ ܝܘܡ̈ܬܐ.
ܗܦܟܘ ܠܗܘܢ. ܦܫ ܕܝܢ ܛܠܝܐ ܝܫܘܥ ܒܗ̇ ܒܐܘܪܫܠܡ.
ܘܝܘܣܦ ܘܐܡܗ ܠܐ ܝܕܥܘ. 44 ܣܒܪܝܢ ܗܘܘ ܓܝܪ ܕܥܡ
ܒܢܝ̈ ܠܘܝܬܗܘܢ ܗܘ. ܘܟܕ ܐܬܘ ܡܪܕܐ ܝܘܡܐ ܚܕ.
ܒܥܐܘܗܝ ܠܘܬ ܐܢܫܝܗܘܢ. ܘܠܘܬ ܡܢ ܕܝܕܥ ܠܗܘܢ.
45 ܘܠܐ ܐܫܟܚܘܗܝ ܘܗܦܟܘ ܠܗܘܢ ܬܘܒ ܠܐܘܪܫܠܡ

ܘܒܥܝܢ ܗܘܘ ܠܗ. 46 ܘܡܢ ܒܬܪ ܬܠܬܐ ܝܘܡܝܢ:
ܐܫܟܚܘܗܝ ܒܗܝܟܠܐ. ܟܕ ܝܬܒ ܡܨܥܬ ܡܠܦܢܐ: ܘܫܡܥ
ܡܢܗܘܢ ܘܡܫܐܠ ܠܗܘܢ. 47 ܘܡܬܕܡܪܝܢ ܗܘܘ ܟܠܗܘܢ
ܐܝܠܝܢ ܕܫܡܥܝܢ ܗܘܘ ܠܗ. ܒܚܟܡܬܗ ܘܒܦܬܓܡܘܗܝ.
48 ܘܟܕ ܚܙܐܘܗܝ ܐܬܕܡܪܘ. ܘܐܡܪܬ ܠܗ ܐܡܗ. ܒܪܝ
ܠܡܢܐ ܥܒܕܬ ܠܢ ܗܟܢܐ: ܕܗܐ ܐܢܐ ܘܐܒܘܟ ܒܟܘܪܗܢܐ ܣܓܝܐܐ
ܒܥܝܢ ܗܘܝܢ ܠܟ. 49 ܐܡܪ ܠܗܘܢ. ܡܢܐ ܒܥܝܢ ܗܘܝܬܘܢ
ܠܝ. ܠܐ ܝܕܥܝܢ ܐܢܬܘܢ ܕܒܒܝܬ ܐܒܝ ܘܠܐ ܠܝ ܕܐܗܘܐ. 50 ܗܢܘܢ
ܕܝܢ ܠܐ ܐܣܬܟܠܘ ܒܡܠܬܐ ܕܐܡܪ ܠܗܘܢ. 51 ܘܢܚܬ ܥܡܗܘܢ
ܘܐܬܐ ܠܢܨܪܬ: ܘܡܫܬܥܒܕ ܗܘܐ ܠܗܘܢ. ܐܡܗ ܕܝܢ ܢܛܪܐ
ܗܘܬ ܟܠܗܘܢ ܡܠܝܐ ܒܠܒܗ. 52 ܝܫܘܥ ܕܝܢ ܪܒܐ ܗܘܐ
ܒܩܘܡܬܗ ܘܒܚܟܡܬܗ ܘܒܛܝܒܘܬܐ: ܠܘܬ ܐܠܗܐ
ܘܒܢܝܢܫܐ ܀

ܩܦܠܐܘܢ ܀ ܓ ܀

1 ܒܫܢܬ ܚܡܫܥܣܪܐ ܕܝܢ ܕܫܘܠܛܢܗ ܕܛܝܒܪܝܘܣ ܩܣܪ:
ܒܗܓܡܘܢܘܬܐ ܕܦܢܛܝܘܣ ܦܝܠܛܘܣ ܒܝܗܘܕ. ܟܕ ܪܫܐ
ܕܓܠܝܠܐ ܗܪܘܕܣ ܗܘܐ: ܘܦܝܠܝܦܘܣ ܐܚܘܗܝ ܪܫܐ
ܕܓܢܣ ܕܐܝܛܘܪܝܐ. ܘܕܐܬܪܐ ܕܛܪܟܘܢܐ: ܘܠܘܣܢܝܐ ܪܫܐ
ܕܐܒܝܠܝܢܐ: 2 ܒܪܒܘܬ ܟܘܡܪܘܬܐ ܕܚܢܢ ܘܕܩܝܦܐ:
ܗܘܬ ܡܠܬܐ ܕܐܠܗܐ ܥܠ ܝܘܚܢܢ ܒܪ ܙܟܪܝܐ ܒܚܘܪܒܐ:
3 ܘܐܬܐ ܒܟܠܗ ܐܬܪܐ ܕܚܕܪܝ ܝܘܪܕܢܢ. ܟܕ ܡܟܪܙ ܡܥܡܘܕܝܬܐ
ܕܬܝܒܘܬܐ ܠܫܘܒܩܢܐ ܕܚܛܗܐ. 4 ܐܝܟܢܐ ܕܟܬܝܒ ܒܟܬܒܐ
ܕܡܠܐ ܕܐܫܥܝܐ ܢܒܝܐ ܕܐܡܪ. ܩܠܐ ܕܩܪܐ ܒܡܕܒܪܐ. ܛܝܒܘ
ܐܘܪܚܗ ܕܡܪܝܐ. ܘܐܬܪܨܘ ܒܦܩܥܬܐ ܫܒܝܠܐ ܠܐܠܗܢ. 5 ܟܠܗܘܢ
ܢܚܠܐ ܢܬܡܠܘܢ. ܘܟܠܗܘܢ ܛܘܪܐ ܘܪܡܬܐ ܢܬܡܟܟܘܢ.
ܘܢܗܘܐ ܥܪܡܐ ܠܫܦܝܐ. ܘܐܬܪܐ ܥܣܩܐ ܠܦܩܥܬܐ. 6 ܘܢܚܙܐ
ܟܠ ܒܣܪ ܚܝܐ ܕܐܠܗܐ. 7 ܘܐܡܪ ܗܘܐ ܠܟܢܫܐ ܕܐܬܝܢ
ܗܘܘ ܠܘܬܗ ܠܡܥܡܕ. ܝܠܕܐ ܕܐܟܕܢܐ: ܡܢܘ ܚܘܝܟܘܢ

ܠܡܥܪܩ ܡܢ ܪܘܓܙܐ ܕܥܬܝܕ. 8 ܥܒܕܘ ܗܟܝܠ ܦܐܪܐ
ܕܫܘܝܢ ܠܬܝܒܘܬܐ. ܘܠܐ ܬܫܪܘܢ ܠܡܐܡܪ ܒܝܬ ܢܦܫܟܘܢ: ܕܐܒܐ
ܐܝܬ ܠܢ ܐܒܪܗܡ. ܐܡܪ ܐܢܐ ܠܟܘܢ ܓܝܪ: ܕܡܢ ܗܠܝܢ
ܟܐܦܐ ܡܫܟܚ ܐܠܗܐ ܠܡܩܡܘ ܒܢܝܐ ܠܐܒܪܗܡ. 9 ܗܐ ܕܝܢ
ܢܪܓܐ ܣܝܡ ܥܠ ܥܩܪܐ ܕܐܝܠܢܐ. ܟܠ ܐܝܠܢܐ ܗܟܝܠ ܕܦܐܪܐ
ܛܒܐ ܠܐ ܥܒܕ: ܡܬܦܣܩ ܘܒܢܘܪܐ ܢܦܠ. 10 ܘܡܫܐܠܝܢ
ܗܘܘ ܠܗ ܟܢܫܐ ܘܐܡܪܝܢ. ܡܢܐ ܗܟܝܠ ܢܥܒܕ. 11 ܥܢܐ
ܘܐܡܪ ܠܗܘܢ. ܡܢ ܕܐܝܬ ܠܗ ܬܪܬܝܢ ܟܘܬܝܢܝܢ. ܢܬܠ ܠܡܢ
ܕܠܝܬ ܠܗ. ܘܡܢ ܕܐܝܬ ܠܗ ܡܐܟܘܠܬܐ ܗܟܢܐ ܢܥܒܕ.
12 ܘܐܬܘ ܐܦ ܡܟܣܐ ܠܡܥܡܕ. ܘܐܡܪܝܢ ܠܗ. ܡܠܦܢܐ ܡܢܐ
ܢܥܒܕ. 13 ܗܘ ܕܝܢ ܐܡܪ ܠܗܘܢ. ܠܐ ܬܬܒܥܘܢ ܡܕܡ ܝܬܝܪ
ܥܠ ܡܐ ܕܦܩܝܕ ܠܟܘܢ ܠܡܬܒܥܘ. 14 ܘܡܫܐܠܝܢ ܗܘܘ ܠܗ
ܦܠܚܝ ܐܣܛܪܛܝܘܛܐ ܘܐܡܪܝܢ. ܡܢܐ ܢܥܒܕ ܐܦ ܚܢܢ. ܐܡܪ
ܠܗܘܢ. ܠܐ ܬܥܛܠܘܢ ܠܐܢܫ ܘܠܐ ܬܥܫܩܘܢ. ܘܢܣܦܩܢ
ܠܟܘܢ ܐܦܣܢܘܬܟܘܢ. 15 ܟܕ ܕܝܢ ܡܣܟܐ ܗܘܐ ܥܡܐ ܥܠ
ܝܘܚܢܢ: ܘܟܠܗܘܢ ܡܬܚܫܒܝܢ ܗܘܘ ܒܠܒܗܘܢ ܕܕܠܡܐ
ܗܘܝܘ ܡܫܝܚܐ: 16 ܥܢܐ ܝܘܚܢܢ ܘܐܡܪ ܠܗܘܢ. ܐܢܐ ܗܐ
ܡܥܡܕ ܐܢܐ ܠܟܘܢ ܒܡܝܐ. ܐܬܐ ܕܝܢ ܗܘ ܕܚܝܠܬܢ
ܡܢܝ. ܗܘ ܕܠܐ ܫܘܐ ܐܢܐ ܕܐܫܪܐ ܥܩܬܐ ܕܡܣܐܢܘܗܝ. ܗܘ
ܢܥܡܕܟܘܢ ܒܪܘܚܐ ܕܩܘܕܫܐ ܘܒܢܘܪܐ. 17 ܗܘ ܕܐܚܝܕ ܪܦܫܐ
ܒܐܝܕܗ ܘܡܕܟܐ ܐܕܪܘܗܝ. ܘܟܢܫ ܚܛܐ ܠܐܘܨܪܘܗܝ: ܘܬܒܢܐ
ܢܘܩܕ ܒܢܘܪܐ ܕܠܐ ܕܥܟܐ. 18 ܐܦ ܐܚܪܢܝܬܐ ܕܝܢ ܣܓܝܐܬܐ
ܡܠܦ ܗܘܐ ܘܡܣܒܪ ܠܥܡܐ. 19 ܗܪܘܕܣ ܕܝܢ ܛܛܪܪܟܐ:
ܡܛܠ ܕܡܬܟܣܣ ܗܘܐ ܡܢ ܝܘܚܢܢ ܥܠ ܗܪܘܕܝܐ ܐܢܬܬ
ܦܝܠܝܦܘܣ ܐܚܘܗܝ: ܘܥܠ ܟܠܗܝܢ ܒܝܫܬܐ ܕܥܒܕ ܗܘܐ:
20 ܐܘܣܦ ܐܦ ܗܕܐ ܥܠ ܟܠܗܝܢ: ܘܚܒܫܗ ܠܝܘܚܢܢ ܒܝܬ
ܐܣܝܪܐ. 21 ܗܘܐ ܕܝܢ ܟܕ ܥܡܕ ܟܠܗ ܥܡܐ: ܘܐܦ ܝܫܘܥ
ܥܡܕ: ܘܟܕ ܡܨܠܐ ܐܬܦܬܚ ܫܡܝܐ. 22 ܘܢܚܬܬ ܪܘܚܐ ܕܩܘܕܫܐ

ܥܠܘܗܝ ܒܕܡܘܬ ܓܘܫܡܐ ܕܝܘܢܐ܂ ܘܩܠܐ ܗܘܐ ܡܢ ܫܡܝܐ
ܕܐܡܪ܂ ܐܢܬ ܗܘ ܒܪܝ ܚܒܝܒܐ ܕܒܟ ܐܨܛܒܝܬ ܀ 23 ܗܘ ܕܝܢ
ܝܫܘܥ ܐܝܬܘܗܝ ܗܘܐ ܐܝܟ ܒܪ ܫܢܝܢ ܬܠܬܝܢ܂ ܘܡܣܬܒܪ
ܗܘܐ ܒܪ ܝܘܣܦ ܒܪ ܗܠܝ܂ 24 ܒܪ ܡܛܬ܂ ܒܪ ܠܘܝ܂
ܒܪ ܡܠܟܝ܂ ܒܪ ܝܢܐܝ ܒܪ ܝܘܣܦ܂ 25 ܒܪ ܡܛܬܝܐ܂ ܒܪ
ܥܡܘܨ܂ ܒܪ ܢܚܘܡ܂ ܒܪ ܚܣܠܝ܂ ܒܪ ܢܓܝ܂ 26 ܒܪ ܡܐܬ܂
ܒܪ ܡܛܬܝܐ܂ ܒܪ ܫܡܥܝ܂ ܒܪ ܝܘܣܦ܂ ܒܪ ܝܗܘܕܐ܂ 27 ܒܪ
ܝܘܚܢܢ܂ ܒܪ ܪܣܐ܂ ܒܪ ܙܘܪܒܒܠ܂ ܒܪ ܫܠܬܐܝܠ܂ ܒܪ ܢܪܝ܂
28 ܒܪ ܡܠܟܝ܂ ܒܪ ܐܕܝ܂ ܒܪ ܩܘܣܡ܂ ܒܪ ܐܠܡܘܕܕ܂ ܒܪ
ܥܪ܂ 29 ܒܪ ܝܘܣܐ܂ ܒܪ ܐܠܝܥܙܪ܂ ܒܪ ܝܘܪܡ܂ ܒܪ ܡܛܬܬ܂
ܒܪ ܠܘܝ܂ 30 ܒܪ ܫܡܥܘܢ܂ ܒܪ ܝܗܘܕܐ܂ ܒܪ ܝܘܣܦ܂ ܒܪ
ܝܘܢܡ܂ ܒܪ ܐܠܝܩܝܡ܂ 31 ܒܪ ܡܠܝܐ܂ ܒܪ ܡܐܢܢ܂ ܒܪ
ܡܛܬܐ܂ ܒܪ ܢܬܢ܂ ܒܪ ܕܘܝܕ܂ 32 ܒܪ ܐܝܫܝ܂ ܒܪ ܥܘܒܝܕ܂
ܒܪ ܒܥܙ܂ ܒܪ ܫܠܡܘܢ܂ ܒܪ ܢܚܫܘܢ܂ 33 ܒܪ ܥܡܝܢܕܒ܂
ܒܪ ܐܪܡ܂ ܒܪ ܚܨܪܘܢ܂ ܒܪ ܦܪܨ܂ ܒܪ ܝܗܘܕܐ܂ 34 ܒܪ ܝܥܩܘܒ܂
ܒܪ ܐܝܣܚܩ܂ ܒܪ ܐܒܪܗܡ܂ ܒܪ ܬܪܚ܂ ܒܪ ܢܚܘܪ܂ 35 ܒܪ
ܣܪܘܓ܂ ܒܪ ܐܪܥܘ܂ ܒܪ ܦܠܓ܂ ܒܪ ܥܒܪ܂ ܒܪ ܫܠܚ܂
36 ܒܪ ܩܝܢܢ܂ ܒܪ ܐܪܦܟܫܕ܂ ܒܪ ܫܝܡ܂ ܒܪ ܢܘܚ܂ ܒܪ
ܠܡܟ܂ 37 ܒܪ ܡܬܘܫܠܚ܂ ܒܪ ܚܢܘܟ܂ ܒܪ ܝܪܕ܂ ܒܪ
ܡܗܠܠܐܝܠ܂ ܒܪ ܩܝܢܢ܂ 38 ܒܪ ܐܢܘܫ܂ ܒܪ ܫܝܬ܂ ܒܪ
ܐܕܡ ܕܡܢ ܐܠܗܐ ܀

ܩܦܠܐܘܢ ܀ ܕ ܀

1 ܝܫܘܥ ܕܝܢ ܟܕ ܡܠܐ ܪܘܚܐ ܕܩܘܕܫܐ ܗܦܟ ܡܢ ܝܘܪܕܢܢ:
ܘܕܒܪܬܗ ܪܘܚܐ ܠܡܕܒܪܐ܂ 2 ܝܘܡܬܐ ܐܪܒܥܝܢ܂ ܕܢܬܢܣܐ ܡܢ
ܐܟܠ ܩܪܨܐ܂ ܘܠܐ ܠܥܣ ܡܕܡ ܒܝܘܡܬܐ ܗܢܘܢ܂ ܘܟܕ ܫܠܡ
ܐܟܦܢ ܠܚܪܬܐ܂ 3 ܘܐܡܪ ܠܗ ܐܟܠܩܪܨܐ܂ ܐܢ ܒܪܗ ܐܢܬ
ܕܐܠܗܐ: ܐܡܪ ܠܟܐܦܐ ܗܕܐ ܕܬܗܘܐ ܠܚܡܐ܂ 4 ܥܢܐ ܝܫܘܥ
ܘܐܡܪ ܠܗ܂ ܟܬܝܒ ܕܠܐ ܗܘܐ ܒܠܚܡܐ ܠܒܠܚܘܕ ܚܝܐ

ܒܪܢܫܐ. ܐܠܐ ܒܟܠ ܡܠܬܐ ܕܐܠܗܐ. 5 ܘܐܤܩܗ ܤܛܢܐ
ܠܛܘܪܐ ܪܡܐ: ܘܚܘܝܗ ܟܠܗܝܢ ܡܠܟܘܬܐ ܕܐܪܥܐ ܒܙܒܢܐ
ܙܥܘܪܐ. 6 ܘܐܡܪ ܠܗ ܐܟܠܩܪܨܐ. ܠܟ ܐܬܠ ܫܘܠܛܢܐ ܗܢܐ
ܟܠܗ ܘܫܘܒܚܗ ܕܠܝ ܡܫܠܡ: ܘܠܡܢ ܕܨܒܐ ܐܢܐ ܝܗܒ ܐܢܐ
ܠܗ. 7 ܐܢ ܗܟܝܠ ܬܤܓܘܕ ܩܕܡܝ: ܕܝܠܟ ܢܗܘܐ ܟܠܗ.
8 ܥܢܐ ܕܝܢ ܝܫܘܥ ܘܐܡܪ ܠܗ. ܟܬܝܒ ܗܘ ܕܠܡܪܝܐ ܐܠܗܟ
ܬܤܓܘܕ. ܘܠܗ ܒܠܚܘܕܘܗܝ ܬܦܠܘܚ. 9 ܘܐܝܬܝܗ
ܠܐܘܪܫܠܡ. ܘܐܩܝܡܗ ܥܠ ܟܢܦܐ ܕܗܝܟܠܐ ܘܐܡܪ ܠܗ. ܐܢ
ܒܪܗ ܐܢܬ ܕܐܠܗܐ: ܐܪܡܐ ܢܦܫܟ ܡܢܐ ܠܬܚܬ. 10 ܟܬܝܒ
ܓܝܪ: ܕܠܡܠܐܟܘܗܝ ܢܦܩܕ ܥܠܝܟ ܕܢܛܪܘܢܟ. 11 ܘܥܠ
ܐܝܕܝܗܘܢ ܢܫܩܠܘܢܟ. ܕܠܐ ܬܬܩܠ ܪܓܠܟ ܒܟܐܦܐ. 12 ܥܢܐ
ܕܝܢ ܝܫܘܥ ܘܐܡܪ ܠܗ. ܐܡܝܪ ܗܘ ܕܠܐ ܬܢܤܐ ܠܡܪܝܐ ܐܠܗܟ.
13 ܘܟܕ ܫܠܡ ܐܟܠܩܪܨܐ ܟܠܗܘܢ ܢܤܝܘܢܘܗܝ: ܦܪܩ ܡܢܗ
ܠܘܩܬܐ ܥܕ ܙܒܢܐ ✧ 14 ܘܗܦܟ ܝܫܘܥ ܒܚܝܠܐ ܕܪܘܚܐ
ܠܓܠܝܠܐ. ܘܢܦܩ ܥܠܘܗܝ ܛܒܐ ܒܟܠܗ ܐܬܪܐ ܕܚܕܪܝܗܘܢ.
15 ܘܗܘ ܡܠܦ ܗܘܐ ܒܟܢܘܫܬܗܘܢ: ܘܡܫܬܒܚ ܗܘܐ ܡܢ
ܟܠ ܐܢܫ. 16 ܘܐܬܐ ܠܢܨܪܬ ܐܝܟܐ ܕܐܬܪܒܝ: ܘܥܠ ܐܝܟܢܐ
ܕܡܥܕ ܗܘܐ ܠܒܝܬ ܟܢܘܫܬܐ ܒܝܘܡܐ ܕܫܒܬܐ. ܘܩܡ ܠܡܩܪܐ.
17 ܘܐܬܝܗܒ ܠܗ ܤܦܪܐ ܕܐܫܥܝܐ ܢܒܝܐ. ܘܦܬܚ ܝܫܘܥ
ܤܦܪܐ: ܘܐܫܟܚ ܕܘܟܬܐ ܐܝܟܐ ܕܟܬܝܒ. 18 ܪܘܚܗ ܕܡܪܝܐ
ܥܠܝ. ܘܡܛܠ ܗܢܐ ܡܫܚܢܝ ܠܡܤܒܪܘ ܠܡܤܟܢܐ.
ܘܫܠܚܢܝ ܠܡܐܤܝܘ ܠܬܒܝܪܝ ܠܒܐ. ܘܠܡܟܪܙܘ ܠܫܒܝܐ
ܫܘܒܩܢܐ. ܘܠܥܘܝܪܐ ܚܙܝܐ. ܘܠܡܫܪܐ ܠܬܒܝܪܐ
ܒܫܘܒܩܢܐ. 19 ܘܠܡܟܪܙܘ ܫܢܬܐ ܡܩܒܠܬܐ ܠܡܪܝܐ.
20 ܘܟܪܟ ܤܦܪܐ ܘܝܗܒܗ ܠܡܫܡܫܢܐ ܘܐܙܠ ܝܬܒ. ܘܟܠܗܘܢ
ܕܝܢ ܕܒܟܢܘܫܬܐ ܥܝܢܝܗܘܢ ܚܝܪܢ ܗܘܝ ܒܗ. 21 ܘܫܪܝ
ܠܡܐܡܪ ܠܘܬܗܘܢ: ܕܝܘܡܢܐ ܐܬܡܠܝ ܟܬܒܐ ܗܢܐ
ܒܐܕܢܝܟܘܢ. 22 ܘܤܗܕܝܢ ܗܘܘ ܠܗ ܟܠܗܘܢ. ܘܡܬܕܡܪܝܢ

ܗܘܘ ܒܡܠܐ ܕܛܝܒܘܬܐ ܕܢܦܩܢ ܗܘܝ ܡܢ ܦܘܡܗ. ܘܐܡܪܝܢ
ܗܘܘ. ܠܐ ܗܘܐ ܗܢܐ ܒܪ ܝܘܣܦ: 23 ܐܡܪ ܠܗܘܢ ܝܫܘܥ:
ܟܒܪ ܬܐܡܪܘܢ ܠܝ ܡܬܠܐ ܗܢܐ. ܐܣܝܐ ܐܣܐ ܢܦܫܟ. ܘܟܠ
ܕܫܡܥܢ ܕܥܒܕܬ ܒܟܦܪܢܚܘܡ: ܥܒܕ ܐܦ ܗܪܟܐ ܒܡܕܝܢܬܟ.
24 ܗܘ ܕܝܢ ܐܡܪ. ܐܡܝܢ ܐܡܪ ܐܢܐ ܠܟܘܢ: ܕܠܝܬ ܢܒܝܐ
ܕܡܬܩܒܠ ܒܡܕܝܢܬܗ. 25 ܫܪܪܐ ܓܝܪ ܐܡܪ ܐܢܐ ܠܟܘܢ:
ܕܣܓܝܐܢ ܐܪܡܠܬܐ ܐܝܬ ܗܘܝ ܒܝܬ ܐܝܣܪܝܠ. ܒܝܘܡܘܗܝ ܕܐܠܝܐ
ܢܒܝܐ: ܟܕ ܐܬܐܚܕܘ ܫܡܝܐ ܫܢܝܢ ܬܠܬ ܘܝܪܚܐ ܫܬܐ: ܘܗܘܐ
ܟܦܢܐ ܪܒܐ ܒܟܠܗ ܐܪܥܐ. 26 ܘܠܘܬ ܚܕܐ ܡܢܗܝܢ ܠܐ ܐܫܬܕܪ
ܐܠܝܐ: ܐܠܐ ܠܨܪܦܬ ܕܨܝܕܢ. ܠܘܬ ܐܢܬܬܐ ܐܪܡܠܬܐ. 27 ܘܣܓܝܐܐ
ܓܪܒܐ ܐܝܬ ܗܘܘ ܒܝܬ ܐܝܣܪܝܠ ܒܝܘܡܝ ܐܠܝܫܥ ܢܒܝܐ.
ܘܚܕ ܡܢܗܘܢ ܠܐ ܐܬܕܟܝ: ܐܠܐ ܐܢ ܢܥܡܢ ܐܪܡܝܐ. 28 ܘܟܕ
ܫܡܥܘ ܗܘܘ ܗܠܝܢ ܕܒܟܢܘܫܬܐ ܐܬܡܠܝܘ ܚܡܬܐ
ܟܠܗܘܢ. 29 ܘܩܡܘ ܐܦܩܘܗܝ ܠܒܪ ܡܢ ܡܕܝܢܬܐ:
ܘܐܝܬܝܘܗܝ ܥܕܡܐ ܠܓܒܐ ܕܛܘܪܐ: ܗܘ ܕܡܕܝܢܬܗܘܢ
ܒܢܝܐ ܗܘܬ ܥܠܘܗܝ. ܕܢܫܕܘܢܝܗܝ ܡܢ ܩܪܩܦܬܐ. 30 ܗܘ
ܕܝܢ ܥܒܪ ܒܝܢܬܗܘܢ ܘܐܙܠ ܀ 31 ܘܢܚܬ ܠܟܦܪܢܚܘܡ
ܡܕܝܢܬܐ ܕܓܠܝܠܐ: ܘܡܠܦ ܗܘܐ ܠܗܘܢ ܒܫܒܬܐ.
32 ܘܬܡܗܝܢ ܗܘܘ ܒܡܘܠܦܢܗ. ܕܒܫܘܠܛܢܐ ܗܘܬ ܡܠܬܗ.
33 ܘܐܝܬ ܗܘܐ ܒܟܢܘܫܬܐ: ܓܒܪܐ ܕܐܝܬ ܗܘܐ ܒܗ ܪܘܚܐ
ܕܫܐܕܐ ܛܢܦܐ. ܘܩܥܐ ܒܩܠܐ ܪܡܐ. 34 ܘܐܡܪ. ܫܒܘܩ.
ܡܐ ܠܢ ܘܠܟ ܝܫܘܥ ܢܨܪܝܐ. ܐܬܝܬ ܠܡܘܒܕܘܬܢ. ܝܕܥ ܐܢܐ
ܠܟ ܡܢ ܐܢܬ ܩܕܝܫܗ ܕܐܠܗܐ. 35 ܘܟܐܐ ܒܗ ܝܫܘܥ ܘܐܡܪ.
ܣܟܘܪ ܦܘܡܟ ܘܦܘܩ ܡܢܗ. ܘܫܕܝܗܝ ܫܐܕܐ ܒܡܨܥܬܐ:
ܘܢܦܩ ܡܢܗ ܟܕ ܠܐ ܡܗܪ ܒܗ ܡܕܡ. 36 ܘܐܚܕܬ ܬܗܪܐ
ܠܟܠܢܫ. ܘܡܡܠܠܝܢ ܗܘܘ ܥܡ ܚܕܕܐ ܘܐܡܪܝܢ: ܡܢܐ ܗܝ
ܟܝ ܡܠܬܐ ܗܕܐ: ܕܒܫܘܠܛܢܐ ܘܒܚܝܠܐ ܦܩܕܐ ܠܪܘܚܐ
ܛܢܦܬܐ ܘܢܦܩܢ. 37 ܘܢܦܩ ܥܠܘܗܝ ܛܒܐ ܒܟܠܗ ܐܬܪܐ

ܕܚܕܪܝܗܘܢ. 38 ܘܟܕ ܢܦܩ ܝܫܘܥ ܡܢ ܟܢܘܫܬܐ: ܥܠ
ܠܒܝܬܗ ܕܫܡܥܘܢ. ܘܚܡܬܗ ܕܫܡܥܘܢ ܐܚܝܕܐ ܗܘܬ ܒܐܫܬܐ
ܪܒܬܐ. ܘܒܥܘ ܡܢܗ ܡܛܠܬܗ. 39 ܘܩܡ ܠܥܠ ܡܢܗ:
ܘܟܐܐ ܒܐܫܬܐ ܘܫܒܩܬܗ. ܘܡܚܕܐ ܩܡܬ ܘܡܫܡܫܐ ܗܘܬ
ܠܗܘܢ. 40 ܡܥܪܒ ܫܡܫܐ ܕܝܢ: ܟܠܗܘܢ ܐܝܠܝܢ ܕܐܝܬ
ܗܘܐ ܠܗܘܢ ܟܪܝܗܐ ܕܟܪܝܗܝܢ ܒܟܘܪܗܢܐ ܡܫܚܠܦܐ:
ܐܝܬܝܘ ܐܢܘܢ ܠܘܬܗ. ܗܘ ܕܝܢ ܟܠ ܚܕ ܚܕ ܡܢܗܘܢ: ܐܝܕܗ
ܣܐܡ ܗܘܐ ܘܡܐܣܐ ܗܘܐ ܠܗܘܢ. 41 ܘܢܦܩܝܢ ܗܘܘ ܐܦ
ܫܐܕܐ ܡܢ ܣܓܝܐܐ. ܟܕ ܡܩܥܝܢ ܘܐܡܪܝܢ: ܕܐܢܬ ܗܘ
ܡܫܝܚܐ ܒܪܗ ܕܐܠܗܐ. ܘܟܐܐ ܗܘܐ ܒܗܘܢ. ܘܠܐ ܫܒܩ
ܗܘܐ ܠܗܘܢ ܕܢܐܡܪܘܢ ܕܝܕܥܝܢ ܕܗܘܝܘ ܡܫܝܚܐ. 42 ܘܠܨܦܪܗ
ܕܝܘܡܐ: ܢܦܩ ܐܙܠ ܠܗ ܠܐܬܪܐ ܚܪܒܐ. ܘܟܢܫܐ ܒܥܝܢ ܗܘܘ
ܠܗ. ܘܐܬܘ ܥܕܡܐ ܠܘܬܗ. ܘܐܚܕܘܗܝ ܕܠܐ ܢܐܙܠ ܠܗ ܡܢ
ܠܘܬܗܘܢ. 43 ܗܘ ܕܝܢ ܝܫܘܥ ܐܡܪ ܠܗܘܢ. ܕܐܦ ܠܡܕܝܢܬܐ
ܐܚܪܢܝܬܐ ܘܠܐ ܠܝ ܠܡܣܒܪܘ ܡܠܟܘܬܗ ܕܐܠܗܐ. ܕܥܠ ܗܕܐ
ܗܘ ܐܫܬܕܪܬ. 44 ܘܗܘ ܡܟܪܙ ܗܘܐ ܒܟܢܘܫܬܐ ܕܓܠܝܠܐ ܀

ܩܦܠܐܘܢ ܀ ܗ ܀

1 ܗܘܐ ܕܝܢ ܟܕ ܟܢܝܫ ܥܠܘܗܝ ܟܢܫܐ ܠܡܫܡܥ ܡܠܬܗ
ܕܐܠܗܐ: ܘܗܘ ܩܐܡ ܗܘܐ ܥܠ ܝܕ ܝܡܬܐ ܕܓܢܣܪ. 2 ܘܚܙܐ
ܣܦܝܢܬܐ ܬܪܬܝܢ ܕܩܝܡܢ ܥܠ ܝܕ ܝܡܬܐ. ܘܨܝܕܐ ܕܢܦܩܘ
ܡܢܗܝܢ. ܘܡܫܝܓܝܢ ܗܘܘ ܡܨܝܕܬܗܘܢ. 3 ܘܚܕܐ ܡܢܗܝܢ ܕܫܡܥܘܢ
ܗܘܬ ܟܐܦܐ. ܘܣܠܩ ܝܫܘܥ ܝܬܒ ܒܗ. ܘܐܡܪ ܕܢܕܒܪܘܢܗ
ܩܠܝܠ ܡܢ ܝܒܫܐ ܠܝܡܐ. ܘܝܬܒ ܗܘܐ ܘܡܠܦ ܡܢ
ܣܦܝܢܬܐ ܠܟܢܫܐ. 4 ܘܟܕ ܫܠܝ ܡܢ ܡܡܠܠܗ. ܐܡܪ
ܠܫܡܥܘܢ. ܕܒܪܘ ܠܥܘܡܩܐ ܘܐܪܡܘ ܡܨܝܕܬܟܘܢ ܠܨܝܕܐ.
5 ܥܢܐ ܫܡܥܘܢ ܘܐܡܪ ܠܗ. ܪܒܝ: ܒܠܠܝܐ ܟܠܗ ܠܐܝܢ
ܘܡܕܡ ܠܐ ܐܚܕܢ. ܥܠ ܡܠܬܟ ܕܝܢ ܪܡܐ ܐܢܐ ܡܨܝܕܬܐ ܀ 6 ܘܟܕ

ܗܕܐ ܥܒܕܘ: ܚܒܫܘ ܢܘܢܐ ܣܓܝܐܐ ܛܒ. ܘܡܨܛܪܝܐ ܗܘܬ
ܡܨܝܕܬܗܘܢ. 7 ܘܪܡܙܘ ܠܫܘܬܦܝܗܘܢ ܕܒܣܦܝܢܬܐ ܐܚܪܬܐ
ܕܢܐܬܘܢ ܢܥܕܪܘܢ ܐܢܘܢ. ܘܟܕ ܐܬܘ: ܡܠܘ ܐܪܬܝܗܝܢ ܣܦܝܢܬܐ
ܐܝܟ ܕܢܬܛܒܥܢ ܗܘܝ ܠܡܛܒܥ. 8 ܟܕ ܚܙܐ ܕܝܢ
ܫܡܥܘܢ ܟܐܦܐ: ܢܦܠ ܩܕܡ ܪܓܠܘܗܝ ܕܝܫܘܥ ܘܐܡܪ
ܠܗ. ܒܥܐ ܐܢܐ ܡܢܟ ܡܪܝ: ܦܪܘܩ ܠܟ ܡܢܝ ܕܓܒܪܐ
ܐܢܐ ܚܛܝܐ. 9 ܬܗܪܐ ܓܝܪ ܐܚܕܗ ܗܘܐ ܘܠܟܠܗܘܢ ܕܥܡܗ:
ܥܠ ܨܝܕܐ ܗܘ ܕܢܘܢܐ ܕܨܕܘ. 10 ܗܟܢܐ ܕܝܢ ܐܦ ܠܝܥܩܘܒ
ܘܠܝܘܚܢܢ ܒܢܝ ܙܒܕܝ. ܕܐܝܬܝܗܘܢ ܗܘܘ ܫܘܬܦܐ ܕܫܡܥܘܢ.
ܐܡܪ ܕܝܢ ܝܫܘܥ ܠܐ ܬܕܚܠ. ܡܢ ܗܫܐ ܒܢܝܢܫܐ ܐܢܬ ܬܗܘܐ ܨܐܕ
ܠܚܝܐ. 11 ܘܩܪܒܘ ܐܠܦܐ ܠܝܒܫܐ. ܘܫܒܩܘ ܟܠ ܡܕܡ
ܘܐܬܘ ܒܬܪܗ ❖ 12 ܘܟܕ ܗܘܐ ܝܫܘܥ ܒܚܕܐ ܡܢ ܡܕܝܢܬܐ:
ܐܬܐ ܓܒܪܐ ܚܕ ܕܡܠܐ ܓܪܒܐ ܘܚܙܝܗ ܠܝܫܘܥ ܘܢܦܠ
ܥܠ ܐܦܘܗܝ. ܘܒܥܐ ܗܘܐ ܡܢܗ ܘܐܡܪ ܠܗ. ܡܪܝ:
ܐܢ ܨܒܐ ܐܢܬ ܡܫܟܚ ܐܢܬ ܠܡܕܟܝܘܬܢܝ. 13 ܘܦܫܛ ܐܝܕܗ
ܝܫܘܥ ܩܪܒ ܠܗ ܘܐܡܪ ܠܗ. ܨܒܐ ܐܢܐ ܐܬܕܟܐ. ܘܒܗ
ܒܫܥܬܐ ܐܙܠ ܓܪܒܗ ܘܐܬܕܟܝ. 14 ܘܦܩܕܗ ܕܠܐܢܫ ܠܐ ܬܐܡܪ.
ܐܠܐ ܙܠ ܚܘܐ ܢܦܫܟ ܠܟܗܢܐ: ܘܩܪܒ ܩܘܪܒܢܐ ܚܠܦ
ܕܐܬܕܟܝܬ: ܐܝܟܢܐ ܕܦܩܕ ܡܘܫܐ ܠܣܗܕܘܬܗܘܢ ❖ 15 ܘܢܦܩ
ܠܗ ܫܡܥܐ ܛܒܐܝܬ. ܘܡܬܟܢܫܝܢ ܗܘܘ ܥܡܐ ܣܓܝܐܐ
ܠܡܫܡܥ ܡܢܗ: ܘܠܡܬܐܣܝܘ ܡܢ ܟܘܪܗܢܝܗܘܢ. 16 ܘܗܘ
ܕܝܢ ܡܫܢܐ ܗܘܐ ܠܚܘܪܒܐ ܘܡܨܠܐ ❖ 17 ܘܗܘܐ ܒܚܕ ܡܢ ܝܘܡܬܐ
ܟܕ ܡܠܦ ܗܘܐ ܝܫܘܥ. ܝܬܒܝܢ ܗܘܘ ܦܪܝܫܐ ܘܡܠܦܝ
ܢܡܘܣܐ: ܕܐܬܘ ܗܘܘ ܡܢ ܟܠ ܩܘܪܝܐ ܕܓܠܝܠܐ ܘܝܗܘܕ.
ܘܕܐܘܪܫܠܡ. ܘܚܝܠܐ ܕܡܪܝܐ ܐܝܬܘܗܝ ܗܘܐ ܠܡܐܣܝܘܬܗܘܢ.
18 ܘܐܢܫܐ ܐܝܬܝܘ ܒܥܪܣܐ ܓܒܪܐ ܚܕ ܡܫܪܝܐ: ܘܒܥܝܢ ܗܘܘ
ܕܢܥܠܘܢ ܢܣܝܡܘܢܝܗܝ ܩܕܡܘܗܝ. 19 ܘܟܕ ܠܐ ܐܫܟܚܘ
ܕܐܝܟܢܐ ܢܥܠܘܢܝܗܝ ܡܛܠ ܣܓܝܐܘܬ ܕܟܢܫܐ: ܣܠܩܘ ܠܗܘܢ

ܠܐܓܪܐ: ܘܫܒܘܗܝ ܥܡ ܥܪܣܗ ܡܢ ܡܛܠܠܐ ܒܡܨܥܬܐ
ܩܕܡܘܗܝ ܕܝܫܘܥ. 20 ܟܕ ܚܙܐ ܕܝܢ ܝܫܘܥ ܗܝܡܢܘܬܗܘܢ:
ܐܡܪ ܠܗܘ ܡܫܪܝܐ. ܓܒܪܐ: ܡܫܬܒܩܝܢ ܠܟ ܚܛܗܝܟ.
21 ܘܫܪܝܘ ܣܦܪ̈ܐ ܘܦܪ̈ܝܫܐ ܡܬܚܫܒܝܢ ܘܐܡܪܝܢ: ܡܢܘ ܗܢܐ
ܕܡܡܠܠ ܓܘܕܦܐ. ܡܢܘ ܡܫܟܚ ܠܡܫܒܩ ܚܛܗ̈ܐ: ܐܠܐ
ܐܢ ܐܠܗܐ ܒܠܚܘܕ. 22 ܝܫܘܥ ܕܝܢ ܝܕܥ ܡܚܫܒ̈ܬܗܘܢ.
ܘܐܡܪ ܠܗܘܢ. ܡܢܐ ܡܬܚܫܒܝܢ ܐܢܬܘܢ ܒܠܒܟܘܢ.
23 ܐܝܕܐ ܦܫܝܩܐ ܠܡܐܡܪ. ܕܡܫܬܒܩܝܢ ܠܟ ܚܛܗܝܟ: ܐܘ
ܠܡܐܡܪ: ܩܘܡ ܗܠܟ. 24 ܕܬܕܥܘܢ ܕܝܢ ܕܫܠܝܛ ܗܘ ܒܪܗ
ܕܐܢܫܐ ܒܐܪܥܐ ܕܢܫܒܘܩ ܚܛܗ̈ܐ. ܐܡܪ ܠܡܫܪܝܐ. ܠܟ ܐܡܪ
ܐܢܐ. ܩܘܡ ܫܩܘܠ ܥܪܣܟ ܘܙܠ ܠܒܝܬܟ. 25 ܘܡܚܕܐ
ܩܡ ܠܥܝܢܝܗܘܢ. ܘܫܩܠ ܥܪܣܗ ܘܐܙܠ ܠܒܝܬܗ ܟܕ
ܡܫܒܚ ܠܐܠܗܐ. 26 ܘܬܗܪܐ ܐܚܕ ܠܟܠܢܫ. ܘܡܫܒܚܝܢ
ܗܘܘ ܠܐܠܗܐ. ܘܐܬܡܠܝܘ ܕܚܠܬܐ ܘܐܡܪܝܢ: ܕܚܙܝܢ ܝܘܡܢܐ
ܬܕܡܪ̈ܬܐ. 27 ܒܬܪ ܗܠܝܢ: ܢܦܩ ܝܫܘܥ ܘܚܙܐ ܡܟܣܐ ܕܫܡܗ
ܠܘܝ. ܕܝܬܒ ܒܝܬ ܡܟܣܐ. ܘܐܡܪ ܠܗ ܬܐ ܒܬܪܝ. 28 ܘܫܒܩ
ܟܠ ܡܕܡ ܘܩܡ ܐܙܠ ܒܬܪܗ. 29 ܘܥܒܕ ܠܗ ܠܘܝ
ܡܩܒܠܘܬܐ ܪܒܬܐ ܒܒܝܬܗ. ܘܗܘܐ ܗܘܐ ܟܢܫܐ ܣܓܝܐܐ ܕܡܟܣ̈ܐ:
ܘܕܐܚܪ̈ܢܐ ܕܣܡܝܟܝܢ ܗܘܘ ܥܡܗܘܢ. 30 ܘܪܛܢܝܢ ܗܘܘ ܣܦܪ̈ܐ
ܘܦܪ̈ܝܫܐ ܘܐܡܪܝܢ ܠܬܠܡܝܕܘܗܝ. ܠܡܢܐ ܥܡ ܡܟܣ̈ܐ
ܘܚܛܝ̈ܐ ܐܟܠܝܢ ܐܢܬܘܢ ܘܫܬܝܢ. 31 ܘܥܢܐ ܝܫܘܥ ܘܐܡܪ
ܠܗܘܢ. ܠܐ ܡܬܒܥܝܐ ܐܣܝܐ ܠܚܠܝܡ̈ܐ. ܐܠܐ ܠܐܝܠܝܢ ܕܒܝܫ
ܒܝܫ ܥܒܝܕܝܢ. 32 ܠܐ ܐܬܝܬ ܕܐܩܪܐ ܠܙܕܝܩ̈ܐ: ܐܠܐ ܠܚܛܝ̈ܐ
ܠܬܝܒܘܬܐ. 33 ܗܢܘܢ ܕܝܢ ܐܡܪܝܢ ܠܗ. ܠܡܢܐ ܬܠܡܝܕܘܗܝ
ܕܝܘܚܢܢ ܨܝܡܝܢ ܐܡܝܢܐܝܬ ܘܡܨܠܝܢ ܐܦ ܕܦܪ̈ܝܫܐ: ܕܝܠܟ ܕܝܢ
ܐܟܠܝܢ ܘܫܬܝܢ. 34 ܗܘ ܕܝܢ ܐܡܪ ܠܗܘܢ. ܠܐ ܡܫܟܚܝܢ
ܐܢܬܘܢ ܠܒܢܝ̈ ܓܢܘܢܐ ܕܥܕ ܚܬܢܐ ܥܡܗܘܢ ܐܝܬܘܗܝ
ܕܢܨܘܡܘܢ. 35 ܢܐܬܘܢ ܕܝܢ ܝܘܡܬܐ: ܡܐ ܕܐܫܬܩܠ ܚܬܢܐ

ܡܢܗܘܢ: ܗܝܕܝܢ ܢܨܘܡܘܢ ܒܗܢܘܢ ܝܘܡܬܐ. 36 ܘܐܡܪ ܠܗܘܢ
ܡܬܠܐ. ܕܠܐ ܐܢܫ ܣܕܩ ܐܪܩܥܬܐ ܡܢ ܡܐܢܐ ܚܕܬܐ ܘܪܡܐ ܥܠ
ܡܐܢܐ ܒܠܝܐ. ܕܠܐ ܠܚܕܬܐ ܣܕܩ: ܘܠܒܠܝܐ ܠܐ ܡܫܚܐ ܐܪܩܥܬܐ
ܕܡܢ ܚܕܬܐ. 37 ܘܠܐ ܐܢܫ ܪܡܐ ܚܡܪܐ ܚܕܬܐ ܒܙܩܐ ܒܠܝܬܐ.
ܐܠܐ ܕܝܢ ܠܐ. ܡܨܪܐ ܚܡܪܐ ܚܕܬܐ ܠܙܩܐ. ܘܗܘ ܚܡܪܐ
ܡܬܐܫܕ ܘܙܩܐ ܐܒܕܝܢ. 38 ܐܠܐ ܚܡܪܐ ܚܕܬܐ ܒܙܩܐ ܚܕܬܬܐ
ܪܡܝܢ: ܘܬܪܝܗܘܢ ܡܬܢܛܪܝܢ. 39 ܘܠܐ ܐܢܫ ܫܬܐ ܚܡܪܐ ܥܬܝܩܐ
ܘܡܚܕܐ ܨܒܐ ܚܕܬܐ. ܐܡܪ ܓܝܪ: ܥܬܝܩܐ ܒܣܝܡ ✣

ܩܦܠܐܘܢ ✣ ܘ ✣

1 ܗܘܐ ܕܝܢ ܒܫܒܬܐ ܟܕ ܡܗܠܟ ܝܫܘܥ ܒܝܬ ܙܪܥܐ.
ܘܬܠܡܝܕܘܗܝ ܡܠܩܛܝܢ ܗܘܘ ܫܒܠܐ: ܘܦܪܟܝܢ ܗܘܘ
ܒܐܝܕܝܗܘܢ ܘܐܟܠܝܢ. 2 ܐܢܫܝܢ ܕܝܢ ܡܢ ܦܪ̈ܝܫܐ ܐܡܪܝܢ ܠܗܘܢ.
ܡܢܐ ܥܒܕܝܢ ܐܢܬܘܢ ܡܕܡ ܕܠܐ ܫܠܝܛ ܒܫܒܬܐ ܠܡܥܒܕ.
3 ܥܢܐ ܝܫܘܥ ܘܐܡܪ ܠܗܘܢ. ܘܠܐ ܗܕܐ ܩܪܝܬܘܢ: ܡܕܡ
ܕܥܒܕ ܕܘܝܕ ܟܕ ܟܦܢ ܗܘ ܘܐܝܠܝܢ ܕܥܡܗ: 4 ܕܥܠ
ܠܒܝܬܗ ܕܐܠܗܐ: ܘܠܚܡܐ ܕܦܬܘܪܗ ܕܡܪܝܐ ܢܣܒ ܐܟܠ:
ܘܝܗܒ ܠܐܝܠܝܢ ܕܥܡܗ: ܗܘ ܕܠܐ ܫܠܝܛ ܗܘܐ ܠܡܐܟܠ:
ܐܠܐ ܠܟܗ̈ܢܐ ܒܠܚܘܕ. 5 ܘܐܡܪ ܠܗܘܢ: ܕܡܪܗ ܗܘ ܕܫܒܬܐ
ܒܪܗ ܕܐܢܫܐ. 6 ܗܘܐ ܕܝܢ ܒܫܒܬܐ ܐܚܪܬܐ: ܥܠ ܠܟܢܘܫܬܐ
ܘܡܠܦ ܗܘܐ. ܘܐܝܬ ܗܘܐ ܬܡܢ ܓܒܪܐ ܕܐܝܕܗ ܕܝܡܝܢܐ
ܝܒܝܫܐ ܗܘܬ: 7 ܘܣܦܪ̈ܐ ܘܦܪ̈ܝܫܐ ܢܛܪܝܢ ܗܘܘ ܠܗ ܐܢ ܗܘ
ܕܡܐܣܐ ܒܫܒܬܐ. ܕܢܫܟܚܘܢ ܠܡܐܟܠ ܩܪܨܘܗܝ. 8 ܗܘ
ܕܝܢ ܝܕܥ ܗܘܐ ܡܚܫܒܬܗܘܢ: ܘܐܡܪ ܠܗܘ ܓܒܪܐ ܕܝܒܝܫܐ
ܐܝܕܗ. ܩܘܡ ܬܐ ܠܟ ܠܡܨܥܬ ܟܢܘܫܬܐ. ܘܟܕ ܐܬܐ ܘܩܡ:
9 ܐܡܪ ܠܗܘܢ ܝܫܘܥ. ܐܫܐܠܟܘܢ ܡܢܐ ܫܠܝܛ ܒܫܒܬܐ
ܠܡܥܒܕ. ܕܛܒ ܐܘ ܕܒܝܫ. ܢܦܫܐ ܠܡܚܝܘ ܐܘ ܠܡܘܒܕܘ.
10 ܘܚܪ ܒܗܘܢ ܒܟܠܗܘܢ. ܘܐܡܪ ܠܗ: ܦܫܘܛ ܐܝܕܟ.

ܘܦܫܛ ܘܬܩܢܬ ܐܝܕܗ ܐܝܟ ܚܒܪܬܗ. 11 ܗܢܘܢ ܕܝܢ ܐܬܡܠܝܘ
ܚܣܡܐ. ܘܡܡܠܠܝܢ ܗܘܘ ܚܕ ܥܡ ܚܕ: ܕܡܢܐ ܢܥܒܕܘܢ
ܠܗ ܠܝܫܘܥ ܀ 12 ܗܘܐ ܕܝܢ ܒܝܘܡܬܐ ܗܠܝܢ: ܢܦܩ ܝܫܘܥ
ܠܛܘܪܐ ܠܡܨܠܝܘ. ܘܬܡܢ ܐܓܗ ܗܘܐ ܒܨܠܘܬܗ ܕܐܠܗܐ.
13 ܘܟܕ ܢܓܗ ܩܪܐ ܠܬܠܡܝܕܘܗܝ: ܘܓܒܐ ܡܢܗܘܢ
ܬܪܥܣܪ. ܗܢܘܢ ܕܫܠܝܚܐ ܫܡܝ ܐܢܘܢ. 14 ܫܡܥܘܢ ܗܘ
ܕܫܡܝ ܟܐܦܐ. ܘܐܢܕܪܐܘܣ ܐܚܘܗܝ. ܘܝܥܩܘܒ ܘܝܘܚܢܢ.
ܘܦܝܠܝܦܘܣ ܘܒܪ ܬܘܠܡܝ. 15 ܘܡܬܝ ܘܬܐܘܡܐ.
ܘܝܥܩܘܒ ܒܪ ܚܠܦܝ. ܘܫܡܥܘܢ ܕܡܬܩܪܐ ܛܢܢܐ.
16 ܘܝܗܘܕܐ ܒܪ ܝܥܩܘܒ. ܘܝܗܘܕܐ ܣܟܪܝܘܛܐ ܗܘ ܕܗܘܐ
ܡܫܠܡܢܐ. 17 ܘܢܚܬ ܥܡܗܘܢ ܝܫܘܥ ܘܩܡ ܒܦܩܥܬܐ.
ܘܟܢܫܐ ܣܓܝܐܐ ܕܬܠܡܝܕܘܗܝ ܘܣܘܓܐܐ ܕܟܢܫܐ ܕܥܡܐ.
ܡܢ ܟܠܗ ܝܗܘܕ ܘܡܢ ܐܘܪܫܠܡ. ܘܡܢ ܣܦܪ ܝܡܐ ܕܨܘܪ
ܘܕܨܝܕܢ. 18 ܕܐܬܘ ܕܢܫܡܥܘܢ ܡܠܬܗ: ܘܢܬܐܣܘܢ ܡܢ
ܟܘܪܗܢܝܗܘܢ. ܘܐܝܠܝܢ ܕܡܫܬܢܩܝܢ ܡܢ ܪܘܚܐ ܛܢܦܬܐ
ܘܡܬܐܣܝܢ ܗܘܘ. 19 ܘܟܠܗ ܟܢܫܐ ܒܥܐ ܗܘܐ ܠܡܬܩܪܒܘ
ܒܗ. ܚܝܠܐ ܓܝܪ ܢܦܩ ܗܘܐ ܡܢܗ: ܘܠܟܠܗܘܢ ܡܐܣܐ
ܗܘܐ ܀ 20 ܘܐܪܝܡ ܥܝܢܘܗܝ ܥܠ ܬܠܡܝܕܘܗܝ ܘܐܡܪ.
ܛܘܒܝܟܘܢ ܡܣܟܢܐ ܕܕܝܠܟܘܢ ܗܝ ܡܠܟܘܬܐ ܕܐܠܗܐ ܀
21 ܛܘܒܝܟܘܢ ܐܝܠܝܢ ܕܟܦܢܝܢ ܗܫܐ ܕܬܣܒܥܘܢ ܀ ܛܘܒܝܟܘܢ
ܠܕܒܟܝܢ ܗܫܐ ܕܬܓܚܟܘܢ ܀ 22 ܛܘܒܝܟܘܢ ܡܐ ܕܣܢܝܢ
ܠܟܘܢ ܒܢܝܢܫܐ: ܘܡܦܪܫܝܢ ܠܟܘܢ. ܘܡܚܣܕܝܢ ܠܟܘܢ:
ܘܡܦܩܝܢ ܫܡܟܘܢ ܐܝܟ ܒܝܫܐ ܚܠܦ ܒܪܗ ܕܐܢܫܐ. 23 ܚܕܘ
ܒܗ ܒܝܘܡܐ ܗܘ ܘܕܘܨܘ: ܕܐܓܪܟܘܢ ܣܓܝ ܒܫܡܝܐ. ܗܟܢܐ
ܓܝܪ ܥܒܕܝܢ ܗܘܘ ܐܒܗܝܗܘܢ ܠܢܒܝܐ ܀ 24 ܒܪܡ ܘܝ ܠܟܘܢ
ܥܬܝܪܐ ܕܩܒܠܬܘܢ ܒܘܝܐܟܘܢ. 25 ܘܝ ܠܟܘܢ ܣܒܥܐ
ܕܬܟܦܢܘܢ. ܘܝ ܠܟܘܢ ܠܓܚܟܝܢ ܗܫܐ ܕܬܬܐܒܠܘܢ
ܘܬܒܟܘܢ. 26 ܘܝ ܠܟܘܢ ܟܕ ܢܗܘܘܢ ܐܡܪܝܢ ܥܠܝܟܘܢ

ܒܢܝ̈ܢܫܐ ܕܫܦܝܪ. ܗܟܢܐ ܓܝܪ ܥܒܕܝܢ ܗܘܘ ܠܢܒܝ̈ܐ ܕܕܓܠܘܬܐ
ܐܒܗ̈ܝܗܘܢ. 27 ܠܟܘܢ ܕܝܢ ܐܡܪ ܐܢܐ ܠܕܫܡܥܝܢ: ܐܚܒܘ
ܠܒܥܠܕܒܒ̈ܝܟܘܢ. ܘܥܒܕܘ ܕܫܦܝܪ ܠܐܝܠܝܢ ܕܣܢܝܢ ܠܟܘܢ.
28 ܘܒܪܟܘ ܠܐܝܠܝܢ ܕܠܝܛܝܢ ܠܟܘܢ. ܘܨܠܘ ܥܠ ܐܝܠܝܢ
ܕܕܒܪܝܢ ܠܟܘܢ ܒܩܛܝܪܐ. 29 ܘܠܕܡܚܐ ܠܟ ܥܠ ܦܟܟ:
ܩܪܘܒ ܠܗ ܐܚܪܢܐ. ܘܡܢ ܡܢ ܕܫܩܠ ܡܪܛܘܛܟ: ܠܐ ܬܟܠܐ
ܐܦ ܟܘܬܝܢܟ. 30 ܠܟܠ ܕܫܐܠ ܠܟ ܗܒ ܠܗ. ܘܡܢ ܡܢ
ܕܫܩܠ ܕܝܠܟ ܠܐ ܬܬܒܥ. 31 ܘܐܝܟܢܐ ܕܨܒܝܢ ܐܢܬܘܢ ܕܢܥܒܕܘܢ
ܠܟܘܢ ܒܢܝ̈ܢܫܐ: ܗܟܢܐ ܥܒܕܘ ܠܗܘܢ ܐܦ ܐܢܬܘܢ. 32 ܐܢ
ܓܝܪ ܡܚܒܝܢ ܐܢܬܘܢ ܠܐܝܠܝܢ ܕܡܚܒܝܢ ܠܟܘܢ: ܐܝܕܐ ܗܝ
ܛܝܒܘܬܟܘܢ. ܐܦ ܓܝܪ ܚܛܝ̈ܐ ܠܐܝܠܝܢ ܕܡܚܒܝܢ ܠܗܘܢ
ܪܚܡܝܢ. 33 ܘܐܢ ܥܒܕܝܢ ܐܢܬܘܢ ܕܛܒ ܠܐܝܠܝܢ ܕܡܛܝܒܝܢ ܠܟܘܢ:
ܐܝܕܐ ܗܝ ܛܝܒܘܬܟܘܢ. ܐܦ ܚܛܝ̈ܐ ܓܝܪ ܗܟܢܐ ܥܒܕܝܢ.
34 ܘܐܢ ܡܘܙܦܝܢ ܐܢܬܘܢ ܠܡܢ ܕܡܣܒܪܝܢ ܐܢܬܘܢ ܕܬܬܦܪܥܘܢ
ܡܢܗ: ܐܝܕܐ ܗܝ ܛܝܒܘܬܟܘܢ. ܐܦ ܚܛܝ̈ܐ ܓܝܪ ܠܚܛܝ̈ܐ
ܡܘܙܦܝܢ ܕܗܟܢܐ ܢܬܦܪܥܘܢ. 35 ܒܪܡ ܐܚܒܘ
ܠܒܥܠܕܒܒ̈ܝܟܘܢ ܘܐܛܒܘ ܠܗܘܢ. ܘܐܘܙܦܘ ܘܠܐ ܬܦܣܩܘܢ
ܣܒܪܐ ܕܐܢܫ. ܘܢܗܘܐ ܣܓܝ ܐܓܪܟܘܢ ܘܬܗܘܘܢ ܒܢܘ̈ܗܝ
ܕܪܡܐ. ܕܗܘ ܒܣܝܡ ܗܘ ܥܠ ܒܝ̈ܫܐ ܘܥܠ ܟܦܘܪ̈ܐ.
36 ܗܘܘ ܗܟܝܠ ܡܪܚܡܢ̈ܐ: ܐܝܟܢܐ ܕܐܦ ܐܒܘܟܘܢ ܡܪܚܡܢܐ
ܗܘ ✧ 37 ܠܐ ܬܕܘܢܘܢ ܘܠܐ ܡܬܕܝܢܝܢ ܐܢܬܘܢ. ܠܐ ܬܚܝܒܘܢ ܘܠܐ
ܡܬܚܝܒܝܢ ܐܢܬܘܢ. ܫܪܘ ܘܢܫܬܪܐ ܠܟܘܢ. 38 ܗܒܘ ܘܡܬܝܗܒ
ܠܟܘܢ. ܒܟܝܠܬܐ ܛܒܬܐ ܘܪܦܝܣܬܐ ܘܡܫܦܥܬܐ ܢܪܡܘܢ
ܒܥܘܒܟܘܢ. ܒܗܘ ܓܝܪ ܟܝܠܐ ܕܟܝܠܝܢ ܐܢܬܘܢ
ܡܬܟܝܠ ܠܟܘܢ. 39 ܘܐܡܪ ܗܘܐ ܠܗܘܢ ܡܬܠܐ. ܠܡܐ
ܡܫܟܚ ܣܡܝܐ ܠܣܡܝܐ ܠܡܕܒܪܘ. ܠܐ ܬܪܝܗܘܢ ܒܓܘܡܨܐ
ܢܦܠܝܢ: 40 ܠܝܬ ܬܠܡܝܕܐ ܕܝܬܝܪ ܡܢ ܪܒܗ. ܟܠܢܫ ܓܝܪ
ܕܓܡܝܪ ܢܗܘܐ ܐܝܟ ܪܒܗ. 41 ܡܢܐ ܕܝܢ ܚܙܐ ܐܢܬ ܓܠܐ

ܕܒܥܝܢܗ ܕܐܚܘܟ. ܩܪܝܬܐ ܕܝܢ ܕܒܥܝܢܟ ܠܐ ܡܬܒܩܝܐ ܠܟ.
42 ܐܘ ܐܝܟܢܐ ܡܫܟܚ ܐܝܬ ܠܡܐܡܪ ܠܐܚܘܟ: ܐܚܝ ܫܒܘܩ
ܐܦܩ ܓܠܐ ܡܢ ܥܝܢܟ: ܘܗܐ ܩܪܝܬܐ ܕܒܥܝܢܟ ܕܝܠܟ ܠܐ
ܡܬܚܙܝܐ ܠܟ. ܢܣܒ ܒܐܦܐ: ܐܦܩ ܠܘܩܕܡ ܩܪܝܬܐ ܡܢ
ܥܝܢܟ: ܘܗܝܕܝܢ ܢܬܚܙܐ ܠܟ ܠܡܦܩܘ ܓܠܐ ܡܢ ܥܝܢܗ
ܕܐܚܘܟ. 43 ܠܐ ܐܝܬ ܐܝܠܢܐ ܛܒܐ ܕܥܒܕ ܦܐܖ̈ܐ ܒܝܫ̈ܐ. ܐܦ ܠܐ
ܐܝܠܢܐ ܒܝܫܐ ܕܥܒܕ ܦܐܖ̈ܐ ܛܒ̈ܐ. 44 ܟܠ ܐܝܠܢܐ ܓܝܪ ܡܢ
ܦܐܖ̈ܘܗܝ ܗܘ ܡܬܝܕܥ. ܠܐ ܓܝܪ ܠܩܛܝܢ ܡܢ ܟܘܒܐ
ܬܐܢ̈ܐ. ܘܐܦ ܠܐ ܡܢ ܣܢܝܐ ܩܛܦܝܢ ܥܢܒ̈ܐ. 45 ܓܒܪܐ ܛܒܐ
ܡܢ ܣܝ̈ܡܬܐ ܛܒ̈ܬܐ ܕܒܠܒܗ ܡܦܩ ܛܒ̈ܬܐ: ܘܓܒܪܐ
ܒܝܫܐ ܡܢ ܣܝ̈ܡܬܐ ܒܝܫ̈ܬܐ ܕܒܠܒܗ ܡܦܩ ܒܝܫ̈ܬܐ. ܡܢ
ܬܘܬܖ̈ܝ ܠܒܐ ܓܝܪ ܡܡܠܠܢ ܣܦܘ̈ܬܐ. 46 ܡܢܐ ܩܪܝܢ ܐܢܬܘܢ
ܠܝ ܡܪܝ ܡܪܝ: ܘܡܕܡ ܕܐܡܪ ܐܢܐ ܠܐ ܥܒܕܝܢ ܐܢܬܘܢ.
47 ܟܠ ܐܢܫ ܕܐܬܐ ܠܘܬܝ. ܘܫܡܥ ܡܠܝ ܘܥܒܕ ܠܗܝܢ:
ܐܚܘܝܟܘܢ ܠܡܢܐ ܕܡܐ. 48 ܕܡܐ ܠܓܒܪܐ ܕܒܢܐ ܒܝܬܐ.
ܚܦܪ ܘܥܡܩ. ܘܣܡ ܫܬܐܣ̈ܘܗܝ ܥܠ ܫܘܥܐ. ܟܕ ܗܘܐ
ܕܝܢ ܡܠܘܐ: ܐܬܬܪܝܡ ܡܠܘܐ ܥܠ ܒܝܬܐ ܗܘ: ܘܠܐ ܐܫܟܚ
ܕܢܙܝܥܝܘܗܝ. ܣܝܡܐ ܗܘܬ ܓܝܪ ܫܬܐܣܬܗ ܥܠ ܫܘܥܐ.
49 ܘܗܘ ܕܫܡܥ ܘܠܐ ܥܒܕ: ܕܡܐ ܠܓܒܪܐ ܕܒܢܐ ܒܝܬܗ ܥܠ
ܥܦܪܐ ܕܠܐ ܫܬܐܣܬܐ. ܘܟܕ ܐܬܬܪܝܡ ܒܗ ܢܗܪܐ ܡܚܕܐ
ܢܦܠ. ܘܗܘܬ ܡܦܘܠܬܗ ܪܒܐ ܕܒܝܬܐ ܗܘ܀

ܩܦܠܐܘܢ ܀ ܙ ܀

1 ܘܟܕ ܫܠܡ ܟܠܗܝܢ ܡܠܘܗܝ ܠܡܫܡܥܬܗ ܕܥܡܐ. ܥܠ
ܠܟܦܪܢܚܘܡ. 2 ܥܒܕܗ ܕܝܢ ܕܩܢܛܪܘܢܐ ܚܕ ܒܝܫ
ܗܘܐ ܒܝܫܐܝܬ. ܐܝܢܐ ܕܝܩܝܪ ܗܘܐ ܠܘܬܗ. ܘܩܪܝܒ ܗܘܐ
ܠܡܡܬ. 3 ܘܫܡܥ ܥܠ ܝܫܘܥ: ܘܫܕܪ ܠܘܬܗ ܩܫܝܫ̈ܐ
ܕܝܗܘܕ̈ܝܐ. ܘܒܥܐ ܗܘܐ ܡܢܗ ܐܝܟ ܕܢܐܬܐ ܢܚܐ ܠܥܒܕܗ.

4 ܗܢܘܢ ܕܝܢ ܟܕ ܐܬܘ ܠܘܬ ܝܫܘܥ: ܒܥܘ ܗܘܘ ܡܢܗ
ܒܬܟܝܠܘܬܐ ܘܐܡܪܝܢ. ܫܘܐ ܗܘ ܕܬܥܒܕ ܠܗ ܗܕܐ. 5 ܪܚܡ
ܓܝܪ ܠܥܡܢ. ܘܐܦ ܒܝܬ ܟܢܘܫܬܐ ܗܘ ܒܢܐ ܠܢ. 6 ܝܫܘܥ
ܕܝܢ ܐܙܠ ܗܘܐ ܥܡܗܘܢ. ܟܕ ܕܝܢ ܠܐ ܣܓܝ ܪܚܝܩ ܡܢ
ܒܝܬܐ: ܫܕܪ ܠܘܬܗ ܩܢܛܪܘܢܐ ܪܚܡܘܗܝ ܘܐܡܪ ܠܗ. ܡܪܝ
ܠܐ ܬܬܥܡܠ. ܠܐ ܓܝܪ ܫܘܐ ܐܢܐ ܕܬܥܘܠ ܬܚܝܬ ܡܛܠܠܝ.
7 ܡܛܠ ܗܕܐ ܐܢܐ ܠܐ ܫܘܝܬ ܕܠܘܬܟ ܐܬܐ. ܐܠܐ ܐܡܪ ܒܡܠܬܐ
ܘܢܬܐܣܐ ܛܠܝܝ܀ 8 ܐܦ ܐܢܐ ܓܝܪ ܓܒܪܐ ܐܢܐ ܕܡܫܥܒܕ
ܐܢܐ ܠܫܘܠܛܢܐ. ܘܐܝܬ ܬܚܝܬ ܐܝܕܝ ܐܣܛܪܛܝܘܛܐ.
ܘܐܡܪ ܐܢܐ ܠܗܢܐ ܕܙܠ ܘܐܙܠ. ܘܠܐܚܪܢܐ ܕܬܐ ܘܐܬܐ.
ܘܠܥܒܕܝ ܕܥܒܕ ܗܕܐ ܘܥܒܕ. 9 ܟܕ ܫܡܥ ܕܝܢ ܝܫܘܥ
ܗܠܝܢ ܐܬܕܡܪ ܒܗ. ܘܐܬܦܢܝ ܘܐܡܪ ܠܟܢܫܐ ܕܐܬܐ ܒܬܪܗ.
ܐܡܪ ܐܢܐ ܠܟܘܢ: ܕܐܦ ܠܐ ܒܝܬ ܐܝܣܪܝܠ ܐܫܟܚܬ ܐܝܟ ܗܕܐ
ܗܝܡܢܘܬܐ. 10 ܘܗܦܟܘ ܗܢܘܢ ܕܐܫܬܕܪܘ ܠܒܝܬܐ: ܘܐܫܟܚܘ
ܠܥܒܕܐ ܗܘ ܕܟܪܝܗ ܗܘܐ ܟܕ ܚܠܝܡ܀ 11 ܘܗܘܐ ܠܝܘܡܐ
ܕܒܬܪܗ: ܐܙܠ ܗܘܐ ܝܫܘܥ ܠܡܕܝܢܬܐ ܕܫܡܗ ܢܐܝܢ. ܘܐܬܠܡܝܕܘܗܝ
ܥܡܗ ܘܟܢܫܐ ܣܓܝܐܐ. 12 ܘܟܕ ܩܪܒ ܠܬܪܥܐ ܕܡܕܝܢܬܐ:
ܚܙܐ ܟܕ ܡܠܘܝܢ ܡܝܬܐ ܝܚܝܕܝܐ ܗܘܐ ܠܐܡܗ. ܘܗܝ ܐܡܗ
ܐܪܡܠܬܐ ܗܘܬ: ܘܟܢܫܐ ܣܓܝܐܐ ܕܒܢܝ ܡܕܝܢܬܐ ܥܡܗ.
13 ܚܙܗ ܕܝܢ ܝܫܘܥ ܘܐܬܪܚܡ ܥܠܝܗ. ܘܐܡܪ ܠܗ ܠܐ ܬܒܟܝܢ.
14 ܘܐܙܠ ܩܪܒ ܠܥܪܣܐ: ܘܗܢܘܢ ܕܫܩܝܠܝܢ ܗܘܘ ܠܗ
ܩܡܘ. ܘܐܡܪ. ܥܠܝܡܐ ܠܟ ܐܡܪ ܐܢܐ ܩܘܡ. 15 ܘܝܬܒ ܗܘ
ܡܝܬܐ ܘܫܪܝ ܠܡܡܠܠܘ. ܘܝܗܒܗ ܠܐܡܗ. 16 ܘܐܚܕܬ
ܕܚܠܬܐ ܠܐܢܫܐ ܟܠܗܘܢ. ܘܡܫܒܚܝܢ ܗܘܘ ܠܐܠܗܐ ܘܐܡܪܝܢ:
ܕܢܒܝܐ ܪܒܐ ܩܡ ܠܢ: ܘܣܥܪ ܐܠܗܐ ܠܥܡܗ. 17 ܘܢܦܩܬ
ܡܠܬܐ ܗܕܐ ܥܠܘܗܝ ܒܟܠܗ ܝܗܘܕ. ܘܒܟܠܗ ܐܬܪܐ
ܕܚܕܪܝܗܘܢ. 18 ܘܐܘܕܥܘܗܝ ܠܝܘܚܢܢ ܬܠܡܝܕܘܗܝ ܗܠܝܢ
ܟܠܗܝܢ܀ 19 ܘܩܪܐ ܝܘܚܢܢ ܠܬܪܝܢ ܡܢ ܬܠܡܝܕܘܗܝ:

ܘܫܕܪ ܐܢܘܢ ܠܘܬ ܝܫܘܥ ܘܐܡܪ. ܐܢܬ ܗܘ ܗܘ ܕܐܬܐ : ܐܘ
ܠܐܚܪܢܐ ܗܘ ܡܣܟܝܢܢ. 20 ܘܐܬܘ ܠܘܬ ܝܫܘܥ ܘܐܡܪܝܢ ܠܗ.
ܝܘܚܢܢ ܡܥܡܕܢܐ ܫܕܪܢ ܠܘܬܟ ܘܐܡܪ. ܐܢܬ ܗܘ ܗܘ ܕܐܬܐ :
ܐܘ ܠܐܚܪܢܐ ܗܘ ܡܣܟܝܢܢ. 21 ܒܗ ܕܝܢ ܒܫܥܬܐ :
ܠܣܓܝܐܐ ܐܣܝ ܡܢ ܟܘܪܗܢܐ : ܘܡܢ ܡܚܘܬܐ ܘܡܢ ܪܘܚܐ
ܒܝܫܬܐ. ܘܠܣܡܝܐ ܣܓܝܐܐ ܝܗܒ ܗܘܐ ܠܡܚܙܐ. 22 ܘܥܢܐ
ܝܫܘܥ ܘܐܡܪ ܠܗܘܢ. ܙܠܘ ܐܡܪܘ ܠܝܘܚܢܢ ܟܠܡܕܡ
ܕܚܙܝܬܘܢ ܘܫܡܥܬܘܢ. ܕܣܡܝܐ ܚܙܝܢ. ܘܚܓܝܪܐ ܡܗܠܟܝܢ.
ܘܓܪܒܐ ܡܬܕܟܝܢ. ܘܚܪܫܐ ܫܡܥܝܢ. ܘܡܝܬܐ ܩܝܡܝܢ.
ܘܡܣܟܢܐ ܡܣܬܒܪܝܢ. 23 ܘܛܘܒܘܗܝ ܠܡܢ ܕܠܐ ܢܬܟܫܠ
ܒܝ ܀ 24 ܟܕ ܕܝܢ ܐܙܠܘ ܐܝܙܓܕܘܗܝ ܕܝܘܚܢܢ : ܫܪܝ ܝܫܘܥ
ܠܡܐܡܪ ܠܟܢܫܐ ܥܠ ܝܘܚܢܢ. ܡܢܐ ܢܦܩܬܘܢ ܠܡܕܒܪܐ
ܠܡܚܙܐ : ܩܢܝܐ ܕܡܢ ܪܘܚܐ ܡܬܬܙܝܥ. 25 ܘܐܠܐ ܡܢܐ
ܢܦܩܬܘܢ ܠܡܚܙܐ. ܓܒܪܐ ܕܢܚܬܐ ܪܟܝܟܐ ܠܒܝܫ : ܗܐ
ܐܝܠܝܢ ܕܒܠܒܘܫܐ ܡܫܒܚܐ ܘܒܦܘܢܩܐ ܐܝܬܝܗܘܢ. ܒܝܬ
ܡܠܟܐ ܐܢܘܢ. 26 ܘܐܠܐ ܡܢܐ ܢܦܩܬܘܢ ܠܡܚܙܐ. ܢܒܝܐ :
ܐܝܢ ܐܡܪ ܐܢܐ ܠܟܘܢ : ܘܝܬܝܪ ܡܢ ܢܒܝܐ. 27 ܗܢܘ ܕܥܠܘܗܝ
ܟܬܝܒ : ܕܗܐ ܐܢܐ ܡܫܕܪ ܐܢܐ ܡܠܐܟܝ ܩܕܡ ܦܪܨܘܦܟ :
ܕܢܛܝܒ ܐܘܪܚܐ ܩܕܡܝܟ. 28 ܐܡܪ ܐܢܐ ܠܟܘܢ : ܕܠܝܬ ܢܒܝܐ
ܒܝܠܝܕܝ ܢܫܐ ܕܪܒ ܡܢ ܝܘܚܢܢ ܡܥܡܕܢܐ. ܙܥܘܪܐ ܕܝܢ
ܒܡܠܟܘܬܐ ܕܐܠܗܐ ܪܒ ܗܘ ܡܢܗ. 29 ܘܟܠܗ ܥܡܐ
ܕܫܡܥܘ ܐܦ ܡܟܣܐ. ܙܕܩܘ ܠܐܠܗܐ ܕܐܥܡܕܘ ܡܥܡܘܕܝܬܗ
ܕܝܘܚܢܢ. 30 ܦܪܝܫܐ ܕܝܢ ܘܣܦܪܐ : ܛܠܡܘ ܒܢܦܫܗܘܢ
ܨܒܝܢܐ ܕܐܠܗܐ ܕܠܐ ܐܬܥܡܕܘ ܡܢܗ. 31 ܠܡܢ ܗܟܝܠ ܐܕܡܐ
ܠܐܢܫܐ ܕܫܪܒܬܐ ܗܕܐ. ܘܠܡܢ ܕܡܝܢ. 32 ܕܡܝܢ ܠܛܠܝܐ
ܕܝܬܒܝܢ ܒܫܘܩܐ : ܘܩܪܝܢ ܠܚܒܪܝܗܘܢ ܘܐܡܪܝܢ. ܙܡܪܢ
ܠܟܘܢ ܘܠܐ ܪܩܕܬܘܢ. ܘܐܠܝܢ ܠܟܘܢ ܘܠܐ ܒܟܝܬܘܢ. 33 ܐܬܐ
ܓܝܪ ܝܘܚܢܢ ܡܥܡܕܢܐ ܠܐ ܐܟܠ ܠܚܡܐ ܘܠܐ ܫܬܐ ܚܡܪܐ.

ܕܩܠܝܠ ܡܫܬܒܩ ܠܗ. ܩܠܝܠ ܡܚܒ. 48 ܘܐܡܪ
ܠܗ̇ܝ ܐܢܬܬܐ ܡܫܬܒܩܝܢ ܠܟܝ ܚܛܗܝܟܝ. 49 ܫܪܝܘ ܕܝܢ
ܗܢܘܢ ܕܣܡܝܟܝܢ ܐܡܪܝܢ ܒܢܦܫܗܘܢ. ܡܢܘ ܗܢܐ ܕܐܦ
ܚܛܗܐ ܫܒܩ. 50 ܝܫܘܥ ܕܝܢ ܐܡܪ ܠܗ̇ܝ ܐܢܬܬܐ.
ܗܝܡܢܘܬܟܝ ܐܚܝܬܟܝ ܙܠܝ ܒܫܠܡܐ ܀

ܩܦܠܐܘܢ ܀ ܚ ܀

1 ܘܗܘܐ ܡܢ ܒܬܪ ܗܠܝܢ: ܡܟܪܟ ܗܘܐ ܝܫܘܥ
ܒܡܕܝܢܬܐ ܘܒܩܘܪܝܐ: ܘܡܟܪܙ ܗܘܐ ܘܡܣܒܪ ܡܠܟܘܬܐ
ܕܐܠܗܐ. ܘܬܪܥܣܪܬܗ ܥܡܗ. 2 ܘܢܫܐ ܗܠܝܢ ܕܐܬܐܣܝ ܡܢ
ܪܘܚܐ ܘܡܢ ܟܘܪܗܢܐ ܒܝܫܬܐ. ܡܪܝܡ ܕܡܬܩܪܝܐ ܡܓܕܠܝܬܐ.
ܗܝ ܕܫܒܥܐ ܫܐܕܝܢ ܢܦܩܘ ܡܢܗ̇. 3 ܘܝܘܚܢ ܐܢܬܬܗ ܕܟܘܙܐ
ܪܒܝܬܗ ܕܗܪܘܕܣ. ܘܫܘܫܢ. ܘܐܚܪܢܝܬܐ ܣܓܝܐܬܐ ܐܝܠܝܢ
ܕܡܫܡܫܢ ܗܘܝ ܠܗܘܢ ܡܢ ܩܢܝܢܗܝܢ ܀ 4 ܘܟܕ ܟܢܫܐ
ܣܓܝܐܐ ܟܢܝܫ ܗܘܐ: ܘܡܢ ܟܠ ܡܕܝܢܢ ܐܬܝܢ ܗܘܘ ܠܘܬܗ:
ܐܡܪ ܒܡܬܠܐ. 5 ܢܦܩ ܙܪܘܥܐ ܠܡܙܪܥ ܙܪܥܗ. ܘܟܕ ܙܪܥ:
ܐܝܬ ܕܢܦܠ ܥܠ ܝܕ ܐܘܪܚܐ: ܘܐܬܕܝܫ ܘܐܟܠܬܗ ܦܪܚܬܐ.
6 ܘܐܚܪܢܐ ܢܦܠ ܥܠ ܫܘܥܐ: ܘܡܢ ܡܚܕܐ ܕܝܥܐ: ܘܝܒܫ
ܗܘܐ ܠܗ ܐܠܝܠܘܬܐ ܬܚܬ. 7 ܘܐܚܪܢܐ ܢܦܠ ܒܝܬ ܟܘܒܐ:
ܘܝܒܫ ܟܘܒܐ ܘܚܢܩܘܗܝ. 8 ܘܐܚܪܢܐ ܢܦܠ ܒܐܪܥܐ
ܛܒܬܐ ܘܫܦܝܪܬܐ: ܝܥܐ ܘܥܒܕ ܦܐܪܐ ܚܕ ܒܡܐܐ. ܗܠܝܢ ܟܕ
ܐܡܪ ܩܥܐ ܗܘܐ. ܕܐܝܬ ܠܗ ܐܕܢܐ ܕܢܫܡܥ ܢܫܡܥ.
9 ܘܫܐܠܘܗܝ ܬܠܡܝܕܘܗܝ ܕܡܢܘ ܡܬܠܐ ܗܢܐ. 10 ܗܘ ܕܝܢ
ܐܡܪ ܠܗܘܢ. ܠܟܘܢ ܗܘ ܝܗܝܒ ܕܬܕܥܘܢ ܐܪܙܐ
ܕܡܠܟܘܬܗ ܕܐܠܗܐ. ܠܗܠܝܢ ܕܝܢ ܕܠܒܪ ܒܡܬܠܐ ܡܬܐܡܪ.
ܕܟܕ ܚܙܝܢ ܠܐ ܢܚܙܘܢ. ܘܟܕ ܫܡܥܝܢ ܠܐ ܢܣܬܟܠܘܢ. 11 ܗܢܘ
ܕܝܢ ܡܬܠܐ. ܙܪܥܐ ܐܝܬܘܗܝ ܡܠܬܐ ܕܐܠܗܐ. 12 ܗܢܘܢ ܕܝܢ
ܕܥܠ ܝܕ ܐܘܪܚܐ: ܐܝܠܝܢ ܐܢܘܢ ܕܫܡܥܝܢ ܡܠܬܐ: ܘܐܬܐ

ܒܥܠܕܒܒܐ ܫܩܠ ܡܠܬܐ ܡܢ ܠܒܗܘܢ܆ ܕܠܐ ܢܗܝܡܢܘܢ
ܘܢܚܘܢ܂ [13] ܗܠܝܢ ܕܝܢ ܕܥܠ ܫܘܥܐ܆ ܗܠܝܢ ܐܢܘܢ ܕܡܐ
ܕܫܡܥܘ ܒܚܕܘܬܐ ܡܩܒܠܝܢ ܠܗ ܠܡܠܬܐ܆ ܘܥܩܪܐ ܠܝܬ
ܠܗܘܢ܂ ܐܠܐ ܕܙܒܢܐ ܗܘ ܗܝܡܢܘܬܗܘܢ܂ ܘܒܥܕܢ ܢܣܝܘܢܐ
ܡܬܬܥܝܩܝܢ܂ [14] ܗܘ ܕܝܢ ܕܢܦܠ ܒܝܬ ܟܘܒܐ܆ ܗܠܝܢ ܐܢܘܢ
ܐܝܠܝܢ ܕܫܡܥܝܢ ܡܠܬܐ܆ ܘܒܝܨܦܬܐ ܘܒܥܘܬܪܐ ܘܒܪܓܝܓܬܗ
ܕܥܠܡܐ ܡܬܚܢܩܝܢ܂ ܘܦܐܪܐ ܠܐ ܝܗܒܝܢ܂ [15] ܗܘ ܕܝܢ ܕܒܐܪܥܐ
ܛܒܬܐ܆ ܗܠܝܢ ܐܢܘܢ ܐܝܠܝܢ ܕܒܠܒܐ ܫܦܝܐ ܘܛܒܐ ܫܡܥܝܢ
ܡܠܬܐ܆ ܘܐܚܕܝܢ ܘܝܗܒܝܢ ܦܐܪܐ ܒܡܣܝܒܪܢܘܬܐ ✥ [16] ܠܐ ܐܢܫ
ܡܢܗܪ ܫܪܓܐ ܘܡܟܣܐ ܠܗ ܒܡܐܢܐ܆ ܐܘ ܣܐܡ ܠܗ ܠܬܚܝܬ
ܥܪܣܐ܂ ܐܠܐ ܣܐܡ ܠܗ ܠܥܠ ܡܢ ܡܢܪܬܐ܂ ܕܟܠ ܕܥܐܠ
ܢܚܙܐ ܢܘܗܪܗ܂ [17] ܠܝܬ ܓܝܪ ܡܕܡ ܕܟܣܐ ܕܠܐ ܢܬܓܠܐ܂ ܘܠܐ
ܕܡܛܫܝ ܕܠܐ ܢܬܝܕܥ ܘܢܐܬܐ ܠܓܠܝܐ܂ [18] ܚܙܘ ܐܝܟܢܐ
ܫܡܥܝܬܘܢ܂ ܡܢ ܕܐܝܬ ܠܗ ܓܝܪ ܢܬܝܗܒ ܠܗ܂ ܘܡܢ ܕܠܝܬ
ܠܗ܆ ܐܦ ܗܘ ܕܡܣܒܪ ܕܐܝܬ ܠܗ ܢܫܬܩܠ ܡܢܗ܂ [19] ܐܬܘ
ܕܝܢ ܠܘܬܗ ܐܡܗ ܘܐܚܘܗܝ܆ ܘܠܐ ܡܫܟܚܝܢ ܗܘܘ ܕܢܬܡܠܠܘܢ
ܥܡܗ ܡܛܠ ܟܢܫܐ܂ [20] ܘܐܡܪܘ ܠܗ܆ ܐܡܟ ܘܐܚܝܟ
ܩܝܡܝܢ ܠܒܪ ܘܨܒܝܢ ܠܡܚܙܝܟ܂ [21] ܗܘ ܕܝܢ ܥܢܐ ܘܐܡܪ
ܠܗܘܢ܂ ܗܠܝܢ ܐܢܘܢ ܐܡܝ ܘܐܚܝ܆ ܐܝܠܝܢ ܕܫܡܥܝܢ ܡܠܬܗ
ܕܐܠܗܐ ܘܥܒܕܝܢ ܠܗ ✥ [22] ܗܘܐ ܕܝܢ ܒܚܕ ܡܢ ܝܘܡܬܐ܆
ܣܠܩ ܝܫܘܥ ܝܬܒ ܒܣܦܝܢܬܐ ܗܘ ܘܬܠܡܝܕܘܗܝ܂
ܘܐܡܪ ܠܗܘܢ܂ ܢܥܒܪ ܠܥܒܪܐ ܕܝܡܬܐ܂ [23] ܘܟܕ ܪܕܝܢ
ܕܡܟ ܠܗ ܗܘ ܝܫܘܥ܂ ܘܗܘܬ ܥܠܥܠܐ ܕܪܘܚܐ ܒܝܡܬܐ܂
ܘܩܪܝܒܐ ܗܘܬ ܣܦܝܢܬܐ ܠܡܛܒܥ܂ [24] ܘܩܪܒܘ ܐܥܝܪܘܗܝ
ܘܐܡܪܝܢ ܠܗ܂ ܪܒܢ ܐܒܕܝܢ܂ ܗܘ ܕܝܢ ܩܡ ܘܟܐܐ ܒܪܘܚܐ
ܘܒܥܠܥܠܐ ܕܡܝܐ܆ ܘܫܠܝܘ ܘܗܘܐ ܫܠܝܐ܂ [25] ܘܐܡܪ ܠܗܘܢ܂
ܐܝܟܐ ܗܝ ܗܝܡܢܘܬܟܘܢ܂ ܗܢܘܢ ܕܝܢ ܟܕ ܕܚܝܠܝܢ܆ ܡܬܕܡܪܝܢ
ܗܘܘ ܘܐܡܪܝܢ ܚܕ ܠܚܕ܆ ܡܢܘ ܟܝ ܗܢܐ ܕܐܦ ܠܪܘܚܐ ܦܩܕ܆

ܘܠܓܠܠܐ ܘܠܝܡܐ. ܘܡܫܬܡܥܝܢ ܠܗ. 26 ܘܪܕܘ ܘܐܬܘ
ܠܐܬܪܐ ܕܓܕܪܝܐ: ܕܐܝܬܘܗܝ ܥܒܪܐ ܠܘܩܒܠ ܓܠܝܠܐ.
27 ܘܟܕ ܢܦܩ ܠܐܪܥܐ: ܦܓܥ ܒܗ ܓܒܪܐ ܚܕ ܡܢ ܡܕܝܢܬܐ:
ܕܐܝܬ ܗܘܐ ܒܗ ܫܐܕܐ ܡܢ ܙܒܢܐ ܣܓܝܐܐ. ܘܡܐܢܐ ܠܐ ܠܒܫ
ܗܘܐ. ܘܒܒܝܬܐ ܠܐ ܥܡܪ ܗܘܐ. ܐܠܐ ܒܒܝܬ ܩܒܪܐ. 28 ܟܕ
ܚܙܐ ܕܝܢ ܠܝܫܘܥ: ܩܥܐ ܘܢܦܠ ܩܕܡܘܗܝ. ܘܒܩܠܐ ܪܡܐ
ܐܡܪ. ܡܐ ܠܝ ܘܠܟ ܝܫܘܥ ܒܪܗ ܕܐܠܗܐ ܡܪܝܡܐ. ܒܥܐ
ܐܢܐ ܡܢܟ ܠܐ ܬܫܢܩܢܝ. 29 ܦܩܕ ܗܘܐ ܓܝܪ ܝܫܘܥ
ܠܪܘܚܐ ܛܢܦܬܐ ܠܡܦܩ ܡܢ ܒܪܢܫܐ. ܣܓܝ ܗܘܐ ܠܗ
ܓܝܪ ܙܒܢܝܢ ܡܢ ܕܫܒܐ ܗܘܐ ܠܗ. ܘܡܬܐܣܪ ܗܘܐ
ܒܫܫܠܬܐ: ܘܒܟܒܠܐ ܡܬܢܛܪ ܗܘܐ. ܘܡܦܣܩ ܗܘܐ
ܐܣܘܪܘܗܝ ܘܡܬܕܒܪ ܗܘܐ ܡܢ ܫܐܕܐ ܠܚܘܪܒܐ. 30 ܘܫܐܠܗ
ܕܝܢ ܝܫܘܥ. ܡܢ ܫܡܟ. ܐܡܪ ܠܗ ܠܓܝܘܢ. ܡܛܠ ܕܫܐܕܐ
ܣܓܝܐܐ ܥܐܠܝܢ ܗܘܘ ܒܗ. 31 ܘܒܥܝܢ ܗܘܘ ܡܢܗ. ܕܠܐ
ܢܦܩܘܕ ܠܗܘܢ ܠܡܐܙܠ ܠܬܗܘܡܐ. 32 ܐܝܬ ܗܘܐ ܕܝܢ ܬܡܢ:
ܒܩܛܪܐ ܕܚܙܝܪܐ ܣܓܝܐܐ ܕܪܥܝܢ ܒܛܘܪܐ. ܘܒܥܝܢ ܗܘܘ
ܡܢܗ: ܕܢܦܣ ܠܗܘܢ ܕܒܚܙܝܪܐ ܢܥܠܘܢ. ܘܐܦܣ ܠܗܘܢ.
33 ܘܢܦܩܘ ܫܐܕܐ ܡܢ ܓܒܪܐ ܘܥܠܘ ܒܚܙܝܪܐ. ܘܐܬܪܟܢܬ
ܒܩܛܪܐ ܗܝ ܟܠܗ ܠܫܩܝܦܐ. ܘܢܦܠܬ ܒܝܡܬܐ ܘܐܬܚܢܩܘ.
34 ܟܕ ܚܙܘ ܕܝܢ ܪܥܘܬܐ ܡܕܡ ܕܗܘܐ: ܥܪܩܘ ܘܐܫܬܥܝܘ
ܒܡܕܝܢܬܐ ܘܒܩܘܪܝܐ. 35 ܘܢܦܩܘ ܐܢܫܐ ܕܢܚܙܘܢ ܡܕܡ
ܕܗܘܐ: ܘܐܬܘ ܠܘܬ ܝܫܘܥ. ܘܐܫܟܚܘܗܝ ܠܓܒܪܐ ܗܘ
ܕܢܦܩܘ ܫܐܕܘܗܝ: ܟܕ ܠܒܝܫ ܘܡܢܟܦ ܘܝܬܒ ܠܘܬ
ܪܓܠܘܗܝ ܕܝܫܘܥ. ܘܕܚܠܘ. 36 ܘܐܫܬܥܝܘ ܠܗܘܢ ܐܝܠܝܢ
ܕܚܙܘ: ܐܝܟܢܐ ܐܬܐܣܝ ܓܒܪܐ ܗܘ ܕܫܐܕܐ. 37 ܘܒܥܝܢ ܗܘܘ
ܡܢܗ ܟܠܗ ܥܡܐ ܕܓܕܪܝܐ ܕܢܐܙܠ ܠܗ ܡܢ ܠܘܬܗܘܢ.
ܡܛܠ ܕܕܚܠܬܐ ܪܒܬܐ ܐܚܕܐ ܐܢܘܢ. ܗܘ ܕܝܢ ܝܫܘܥ: ܣܠܩ
ܒܣܦܝܢܬܐ ܘܗܦܟ ܡܢ ܠܘܬܗܘܢ. 38 ܘܗܘ ܕܝܢ ܓܒܪܐ

ܕܢܦܩܘ ܡܢܗ ܫܐܕܐ: ܒܥܐ ܗܘܐ ܡܢܗ ܕܢܗܘܐ ܥܡܗ.
ܘܫܪܝܗܝ ܝܫܘܥ ܘܐܡܪ ܠܗ. 39 ܗܦܘܟ ܠܒܝܬܟ:
ܘܐܫܬܥܐ ܡܢܐ ܕܥܒܕ ܠܟ ܐܠܗܐ. ܘܐܙܠ. ܘܡܟܪܙ ܗܘܐ
ܒܟܠܗ ܡܕܝܢܬܐ ܡܢܐ ܕܥܒܕ ܠܗ ܝܫܘܥ ✣ 40 ܟܕ ܗܦܟ
ܕܝܢ ܝܫܘܥ: ܩܒܠܗ ܟܢܫܐ ܣܓܝܐܐ. ܟܠܗܘܢ ܓܝܪ ܠܗ
ܣܟܝܢ ܗܘܘ: 41 ܘܓܒܪܐ ܚܕ ܕܫܡܗ ܝܘܐܪܫ ܪܝܫ
ܟܢܘܫܬܐ: ܢܦܠ ܩܕܡ ܪܓܠܘܗܝ ܕܝܫܘܥ. ܘܒܥܐ ܗܘܐ
ܡܢܗ ܕܢܥܘܠ ܠܒܝܬܗ. 42 ܒܪܬܐ ܓܝܪ ܝܚܝܕܝܬܐ ܐܝܬ
ܗܘܬ ܠܗ: ܐܝܟ ܒܪܬ ܫܢܝܢ ܬܪܬܥܣܪܐ. ܘܡܝܬܐ ܗܘܬ
ܠܡܡܬ. ܘܟܕ ܐܙܠ ܥܡܗ ܗܘܐ ܝܫܘܥ: ܟܢܫܐ ܣܓܝܐܐ
ܚܒܨ ܗܘܐ ܠܗ. 43 ܐܢܬܬܐ ܕܝܢ ܚܕܐ ܕܐܝܬ ܗܘܐ ܕܘܒܗ ܫܢܝܢ
ܬܪܬܥܣܪܐ: ܗܝ ܕܟܠܗ ܐܦܩܬ ܩܢܝܢܗ ܐܣܘܬܐ: ܘܠܐ
ܐܫܟܚܬ ܕܡܢ ܐܢܫ ܬܬܐܣܐ: 44 ܐܬܩܪܒܬ ܡܢ ܒܣܬܪܗ
ܘܩܪܒܬ ܠܟܢܦܐ ܕܢܚܬܗ. ܘܡܚܕܐ ܩܡ ܡܪܕܝܬܐ ܕܕܡܗ.
45 ܘܐܡܪ ܝܫܘܥ ܡܢܘ ܩܪܒ ܠܝ. ܘܟܕ ܟܠܗܘܢ ܟܦܪܝܢ:
ܐܡܪ ܠܗ ܫܡܥܘܢ ܟܐܦܐ ܘܕܥܡܗ. ܪܒܢ: ܟܢܫܐ ܐܠܨܝܢ
ܠܟ ܘܕܚܩܝܢ: ܘܐܡܪ ܐܢܬ ܡܢܘ ܩܪܒ ܠܝ: 46 ܗܘ ܕܝܢ
ܐܡܪ ܐܢܫ ܩܪܒ ܠܝ. ܐܢܐ ܓܝܪ ܝܕܥܬ ܕܚܝܠܐ ܢܦܩ
ܡܢܝ. 47 ܗܝ ܕܝܢ ܐܢܬܬܐ ܟܕ ܚܙܬ ܕܠܐ ܛܫܝܬ. ܐܬܬ ܟܕ
ܪܬܝܬܐ ܘܢܦܠܬ ܣܓܕܬ ܠܗ. ܘܐܡܪܬ ܠܥܝܢ ܟܠܗ ܥܡܐ
ܡܛܠ ܐܝܕܐ ܥܠܬܐ ܩܪܒܬ. ܘܐܝܟܢܐ ܡܚܕܐ ܐܬܐܣܝܬ:
48 ܗܘ ܕܝܢ ܝܫܘܥ ܐܡܪ ܠܗ: ܐܬܠܒܒܝ ܒܪܬܝ. ܗܝܡܢܘܬܟܝ
ܐܚܝܬܟܝ. ܙܠܝ ܒܫܠܡܐ ✣ 49 ܘܟܕ ܗܘ ܡܡܠܠ ܐܬܐ ܐܢܫ
ܡܢ ܕܒܝܬ ܪܒ ܟܢܘܫܬܐ ܘܐܡܪ ܠܗ. ܡܝܬܬ ܠܗ ܒܪܬܟ.
ܠܐ ܬܗܠܟ ܠܡܠܦܢܐ. 50 ܝܫܘܥ ܕܝܢ ܫܡܥ ܘܐܡܪ ܠܐܒܘܗ̇
ܕܛܠܝܬܐ. ܠܐ ܬܕܚܠ. ܠܚܘܕ ܗܝܡܢ ܘܚܝܐ. 51 ܐܬܐ ܕܝܢ
ܝܫܘܥ ܠܒܝܬܐ: ܘܠܐ ܫܒܩ ܠܐܢܫ ܕܢܥܘܠ ܥܡܗ: ܐܠܐ
ܠܫܡܥܘܢ ܘܠܝܥܩܘܒ ܘܠܝܘܚܢܢ ܘܠܐܒܘܗ̇ ܕܛܠܝܬܐ

ܘܠܐܡܗ. 52 ܟܠܗܘܢ ܕܝܢ ܒܟܝܢ ܗܘܘ ܘܡܪܩܕܝܢ ܥܠܝܗ.
ܝܫܘܥ ܕܝܢ ܐܡܪ ܠܐ ܬܒܟܘܢ: ܠܐ ܓܝܪ ܡܝܬܐ ܐܠܐ ܕܡܟܐ ܗܝ.
53 ܘܓܚܟܝܢ ܗܘܘ ܥܠܘܗܝ ܕܝܕܥܝܢ ܕܡܝܬܐ ܗܝ. 54 ܗܘ
ܕܝܢ ܐܦܩ ܠܟܠܗܘܢ ܠܒܪ. ܘܐܚܕܗ ܒܐܝܕܗ ܘܩܪܐ ܘܐܡܪ.
ܛܠܝܬܐ ܩܘܡܝ. 55 ܘܗܦܟܬ ܪܘܚܗ. ܘܡܚܕܐ ܩܡܬ: ܘܦܩܕ
ܕܢܬܠܘܢ ܠܗ ܠܡܐܟܘܠ. 56 ܘܐܬܕܡܪܘ ܐܒܗܝܗ. ܗܘ ܕܝܢ
ܐܘܨܝ ܐܢܘܢ: ܕܠܐܢܫ ܠܐ ܢܐܡܪܘܢ ܡܕܡ ܕܗܘܐ.

ܩܦܠܐܘܢ ܛ

1 ܘܩܪܐ ܝܫܘܥ ܠܬܪܥܣܪܬܗܘܢ: ܘܝܗܒ ܠܗܘܢ ܚܝܠܐ
ܘܫܘܠܛܢܐ ܥܠ ܟܠܗܘܢ ܫܐܕܐ ܘܟܘܪܗܢܐ ܠܡܐܣܝܘ.
2 ܘܫܕܪ ܐܢܘܢ ܠܡܟܪܙܘ ܡܠܟܘܬܗ ܕܐܠܗܐ ܘܠܡܐܣܝܘ
ܟܪܝܗܐ. 3 ܘܐܡܪ ܠܗܘܢ. ܡܕܡ ܠܐ ܬܫܩܠܘܢ ܠܐܘܪܚܐ. ܠܐ
ܫܒܛܐ ܘܠܐ ܬܪܡܠܐ. ܘܠܐ ܠܚܡܐ ܘܠܐ ܟܣܦܐ. ܘܠܐ ܢܗܘܝܢ ܟܘܬܝܢܝܢ
ܬܪܬܝܢ ܠܟܘܢ. 4 ܘܠܐܝܢܐ ܒܝܬܐ ܕܥܐܠܝܢ ܐܢܬܘܢ ܠܗ:
ܬܡܢ ܗܘܘ ܘܡܢ ܬܡܢ ܦܘܩܘ. 5 ܘܐܝܠܝܢ ܕܠܐ ܡܩܒܠܝܢ
ܠܟܘܢ: ܟܕ ܢܦܩܝܢ ܐܢܬܘܢ ܡܢ ܡܕܝܢܬܐ ܗܝ: ܐܦ ܚܠܐ
ܡܢ ܪܓܠܝܟܘܢ ܦܨܘ ܥܠܝܗܘܢ ܠܣܗܕܘܬܐ. 6 ܘܢܦܩܘ
ܫܠܝܚܐ: ܘܡܬܟܪܟܝܢ ܗܘܘ ܒܩܘܪܝܐ ܘܒܡܕܝܢܬܐ:
ܘܡܣܒܪܝܢ ܗܘܘ ܘܡܐܣܝܢ ܒܟܠ ܕܘܟ. 7 ܫܡܥ ܕܝܢ
ܗܪܘܕܣ ܛܛܪܪܟܐ ܟܠܗܝܢ ܕܗܘܝܢ ܗܘܝ ܒܐܝܕܗ: ܘܡܬܕܡܪ
ܗܘܐ. ܡܛܠ ܕܐܡܪܝܢ ܗܘܘ ܐܢܫܝܢ: ܕܝܘܚܢܢ ܩܡ ܡܢ ܒܝܬ
ܡܝܬܐ. 8 ܐܚܪܢܐ ܕܝܢ ܐܡܪܝܢ ܗܘܘ ܕܐܠܝܐ ܐܬܚܙܝ. ܘܐܚܪܢܐ
ܕܢܒܝܐ ܡܢ ܢܒܝܐ ܩܕܡܝܐ ܩܡ. 9 ܘܐܡܪ ܗܪܘܕܣ. ܪܫܗ
ܕܝܘܚܢܢ ܐܢܐ ܦܣܩܬ. ܡܢܘ ܕܝܢ ܗܢܐ ܕܗܠܝܢ ܫܡܥ ܐܢܐ
ܥܠܘܗܝ. ܘܨܒܐ ܗܘܐ ܕܢܚܙܝܘܗܝ. 10 ܘܟܕ ܗܦܟܘ
ܫܠܝܚܐ. ܐܫܬܥܝܘ ܠܝܫܘܥ ܟܠܡܕܡ ܕܥܒܕܘ. ܘܕܒܪ
ܐܢܘܢ ܠܚܘܕܝܗܘܢ ܠܐܬܪܐ ܚܘܪܒܐ ܕܒܝܬ ܨܝܕܐ. 11 ܟܢܫܐ ܕܝܢ

ܟܕ ܝܕܥܘ: ܐܙܠܘ ܒܬܪܗ ܘܩܒܠ ܐܢܘܢ. ܘܡܡܠܠ ܗܘܐ
ܥܡܗܘܢ ܥܠ ܡܠܟܘܬܐ ܕܐܠܗܐ. ܘܠܐܝܠܝܢ ܕܣܢܝܩܝܢ ܗܘܘ
ܠܐܣܝܘܬܐ ܡܐܣܐ ܗܘܐ ܀ 12 ܟܕ ܕܝܢ ܡܨܠܝ ܝܘܡܐ ܠܡܥܪܒ:
ܩܪܒܘ ܬܪܥܣܪܬܗܘܢ ܘܐܡܪܝܢ ܠܗ. ܫܪܝ ܠܟܢܫܐ ܕܢܐܙܠܘܢ
ܠܩܘܪܝܐ ܕܚܕܪܝܢ ܘܠܡܥܡܪ̈ܘܬܐ ܕܢܫܪܘܢ ܒܗܘܢ: ܘܢܫܟܚܘܢ
ܠܗܘܢ ܣܝܒܪܬܐ. ܡܛܠ ܕܒܐܬܪܐ ܚܘܪܒܐ ܐܝܬܝܢ. 13 ܐܡܪ
ܠܗܘܢ ܝܫܘܥ. ܗܒܘ ܠܗܘܢ ܐܢܬܘܢ ܠܡܐܟܠ. ܗܢܘܢ ܕܝܢ
ܐܡܪܝܢ. ܠܝܬ ܠܢ ܝܬܝܪ ܡܢ ܚܡܫܐ ܠܚܡܝܢ ܘܬܪܝܢ ܢܘܢܝܢ.
ܐܠܐ ܐܢ ܐܙܠܝܢ ܘܙܒܢܝܢ ܣܝܒܪܬܐ ܠܟܘܠܗ ܥܡܐ ܗܢܐ.
14 ܗܘܝܢ ܗܘܘ ܓܝܪ ܐܝܟ ܚܡܫܐ ܐܠܦܝܢ ܓܒܪܝܢ. ܐܡܪ
ܠܗܘܢ ܝܫܘܥ. ܐܣܡܟܘ ܐܢܘܢ ܣܡܟܐ: ܚܡܫܝܢ ܐܢܫܝܢ
ܒܣܡܟܐ. 15 ܘܥܒܕܘ ܗܟܢܐ ܬܠܡܝܕܐ: ܘܐܣܡܟܘ ܠܟܠܗܘܢ.
16 ܘܢܣܒ ܝܫܘܥ ܗܢܘܢ ܚܡܫܐ ܠܚܡܝܢ ܘܬܪܝܢ ܢܘܢܝܢ: ܘܚܪ
ܒܫܡܝܐ. ܘܒܪܟ ܘܩܨܐ ܘܝܗܒ ܠܬܠܡܝܕܘܗܝ ܕܢܣܝܡܘܢ
ܠܟܢܫܐ. 17 ܘܐܟܠܘ ܟܠܗܘܢ ܘܣܒܥܘ. ܘܫܩܠܘ ܩܨܝܐ
ܕܝܬܪܘ. ܬܪܬܥܣܪ ܩܘܦܝܢܝܢ ܀ 18 ܘܟܕ ܡܨܠܐ
ܒܠܚܘܕܘܗܝ ܘܬܠܡܝܕܘܗܝ ܥܡܗ: ܫܐܠ ܐܢܘܢ ܘܐܡܪ.
ܡܢܘ ܐܡܪܝܢ ܥܠܝ ܟܢܫܐ ܕܐܢܐ. 19 ܥܢܘ ܘܐܡܪܝܢ ܠܗ.
ܝܘܚܢܢ ܡܥܡܕܢܐ. ܘܐܚܪܢܐ ܐܠܝܐ. ܘܐܚܪܢܐ ܕܝܢ ܕܢܒܝܐ ܚܕ
ܡܢ ܢܒܝܐ ܩܕܡܝܐ ܩܡ. 20 ܐܡܪ ܠܗܘܢ. ܐܢܬܘܢ ܕܝܢ ܡܢܘ
ܐܡܪܝܢ ܐܢܬܘܢ ܕܐܢܐ. ܥܢܐ ܫܡܥܘܢ ܘܐܡܪ ܡܫܝܚܗ
ܕܐܠܗܐ. 21 ܗܘ ܕܝܢ ܟܐܐ ܒܗܘܢ ܘܦܩܕ ܐܢܘܢ: ܕܠܐܢܫ
ܠܐ ܢܐܡܪܘܢ. 22 ܘܐܡܪ ܠܗܘܢ. ܕܥܬܝܕ ܗܘ ܒܪܗ ܕܐܢܫܐ
ܕܣܓܝܐܬܐ ܢܚܫ. ܘܢܣܬܠܐ ܡܢ ܩܫܝܫܐ ܘܪܒܝ ܟܗܢܐ
ܘܣܦܪܐ. ܘܢܬܩܛܠ ܘܠܝܘܡܐ ܕܬܠܬܐ ܢܩܘܡ ܀
23 ܘܐܡܪ ܗܘܐ ܩܕܡ ܟܠܢܫ. ܡܢ ܕܨܒܐ ܕܢܐܬܐ ܒܬܪܝ ܢܟܦܘܪ
ܒܢܦܫܗ. ܘܢܫܩܘܠ ܨܠܝܒܗ ܟܠܝܘܡ ܘܢܐܬܐ ܒܬܪܝ.
24 ܡܢ ܓܝܪ ܕܨܒܐ ܕܢܚܐ ܢܦܫܗ ܢܘܒܕܝܗ. ܡܢ ܕܝܢ

ܕܢܘܒܕ ܢܦܫܗ ܡܛܠܬܝ: ܗܢܐ ܡܚܝܐ ܠܗ̇. 25 ܡܢܐ ܓܝܪ
ܡܬܝܬܪ ܒܪܢܫܐ ܕܢܩܢܐ ܥܠܡܐ ܟܠܗ: ܢܦܫܗ ܕܝܢ ܢܘܒܕ
ܐܘ ܢܚܣܪ. 26 ܡܢ ܕܢܒܗܬ ܒܝ ܕܝܢ ܘܒܡܠܝ: ܢܒܗܬ
ܒܗ ܒܪܗ ܕܐܢܫܐ: ܡܐ ܕܐܬܐ ܒܫܘܒܚܐ ܕܐܒܘܗܝ ܥܡ
ܡܠܐܟܘܗܝ ܩܕܝܫܐ. 27 ܫܪܪܐ ܐܡܪ ܐܢܐ ܠܟܘܢ: ܕܐܝܬ ܐܢܫܝܢ
ܕܩܝܡܝܢ ܗܪܟܐ. ܕܠܐ ܢܛܥܡܘܢ ܡܘܬܐ: ܥܕܡܐ ܕܢܚܙܘܢ
ܡܠܟܘܬܐ ܕܐܠܗܐ. 28 ܗܘܐ ܕܝܢ ܒܬܪ ܡܠܐ ܗܠܝܢ ܐܝܟ
ܝܘܡܬܐ ܬܡܢܝܐ: ܕܒܪ ܝܫܘܥ ܠܫܡܥܘܢ ܘܠܝܘܚܢܢ
ܘܠܝܥܩܘܒ: ܘܣܠܩ ܠܛܘܪܐ ܠܡܨܠܝܘ. 29 ܘܟܕ ܗܘ
ܡܨܠܐ: ܐܫܬܚܠܦ ܚܙܘܐ ܕܐܦܘܗܝ. ܘܠܒܘܫܘܗܝ ܚܘܪܘ
ܘܡܒܪܩܝܢ ܗܘܘ. 30 ܘܗܐ ܬܪܝܢ ܓܒܪܝܢ ܡܡܠܠܝܢ ܗܘܘ
ܥܡܗ. ܕܐܝܬܝܗܘܢ ܡܘܫܐ ܘܐܠܝܐ. 31 ܕܐܬܚܙܝܘ ܒܫܘܒܚܐ.
ܐܡܪܝܢ ܗܘܘ ܕܝܢ: ܥܠ ܡܦܩܢܗ ܕܥܬܝܕ ܗܘܐ ܕܢܫܬܠܡ
ܒܐܘܪܫܠܡ. 32 ܘܫܡܥܘܢ ܗܘܘ ܠܗܘܢ ܒܫܢܬܐ ܝܩܝܪܝܢ
ܗܘܘ ܕܥܡܗ. ܘܟܕ ܐܬܬܥܝܪܘ ܚܙܘ ܫܘܒܚܗ:
ܘܠܗܠܝܢ ܬܪܝܢ ܓܒܪܝܢ ܕܩܝܡܝܢ ܗܘܘ ܠܘܬܗ. 33 ܘܟܕ
ܫܪܝܘ ܠܡܦܪܫ ܡܢܗ. ܐܡܪ ܫܡܥܘܢ ܠܝܫܘܥ. ܪܒܝ.
ܫܦܝܪ ܗܘ ܠܢ ܕܗܪܟܐ ܢܗܘܐ. ܘܢܥܒܕ ܬܠܬ ܡܛܠܝܢ.
ܠܟ ܚܕܐ ܘܠܡܘܫܐ ܚܕܐ. ܘܠܐܠܝܐ ܚܕܐ. ܘܠܐ ܝܕܥ ܗܘܐ ܡܢܐ
ܐܡܪ. 34 ܘܟܕ ܐܡܪ ܗܠܝܢ: ܗܘܬ ܥܢܢܐ ܘܐܛܠܬ ܥܠܝܗܘܢ.
ܘܕܚܠܘ ܟܕ ܚܙܘ ܠܡܘܫܐ ܘܠܐܠܝܐ ܕܥܠܘ ܠܥܢܢܐ. 35 ܘܩܠܐ
ܗܘܐ ܡܢ ܥܢܢܐ ܕܐܡܪ: ܗܢܘ ܒܪܝ ܚܒܝܒܐ ܠܗ ܫܡܥܘ.
36 ܘܟܕ ܗܘܐ ܩܠܐ: ܐܫܬܟܚ ܝܫܘܥ ܠܒܠܚܘܕܘܗܝ. ܘܗܢܘܢ
ܫܬܩܘ. ܘܠܐܢܫ ܠܐ ܐܡܪܘ ܒܗܢܘܢ ܝܘܡܬܐ ܡܕܡ ܕܚܙܘ.
37 ܘܗܘܐ ܒܝܘܡܐ ܕܒܬܪܗ ܟܕ ܢܚܬܘ ܡܢ ܛܘܪܐ ܦܓܥ ܒܗܘܢ
ܟܢܫܐ ܣܓܝܐܐ. 38 ܘܓܒܪܐ ܚܕ ܡܢ ܟܢܫܐ ܗܘ ܩܥܐ ܘܐܡܪ.
ܡܠܦܢܐ: ܒܥܐ ܐܢܐ ܡܢܟ ܐܬܦܢܐ ܠܒܪܝ. ܕܝܚܝܕܝܐ ܗܘ
ܠܝ. 39 ܘܪܘܚܐ ܐܚܕܐ ܠܗ. ܘܡܢ ܫܠܝ ܩܥܐ: ܘܡܬܚܪܩ

ܫܢܘܗܝ ܘܡܪܬܚ. ܘܒܥܫܝܢ ܦܪܩܐ ܡܢܗ ܟܕ ܡܫܚܩܐ ܠܗ.
40 ܘܒܥܝܬ ܡܢ ܬܠܡܝܕܝܟ ܕܢܦܩܘܢܝܗܝ ܘܠܐ ܐܫܟܚܘ.
41 ܥܢܐ ܕܝܢ ܝܫܘܥ ܘܐܡܪ. ܐܘ ܫܪܒܬܐ ܕܠܐ ܗܝܡܢܘܬܐ
ܘܡܥܩܡܬܐ. ܥܕܡܬܝ ܐܗܘܐ ܠܘܬܟܘܢ ܘܐܣܝܒܪܟܘܢ.
ܩܪܒܝܗܝ ܠܟܐ ܠܒܪܟ. 42 ܘܟܕ ܡܩܪܒ ܠܗ: ܐܪܡܝܗ
ܕܝܘܐ ܗܘ ܘܫܚܩܗ. ܘܟܐܐ ܝܫܘܥ ܒܪܘܚܐ ܗܝ ܛܢܦܬܐ.
ܘܐܣܝܗ ܠܛܠܝܐ ܘܐܫܠܡܗ ܠܐܒܘܗܝ. 43 ܘܐܬܕܡܪܘ ܟܠܗܘܢ
ܒܪܒܘܬܗ ܕܐܠܗܐ. ܘܟܕ ܟܠܗܘܢ ܡܬܕܡܪܝܢ ܗܘܘ ܥܠ ܟܠ
ܕܥܒܕ ܝܫܘܥ: ܐܡܪ ܠܬܠܡܝܕܘܗܝ: 44 ܣܝܡܘ ܐܢܬܘܢ
ܡܠܐ ܗܠܝܢ ܒܐܕܢܝܟܘܢ. ܒܪܗ ܓܝܪ ܕܐܢܫܐ: ܥܬܝܕ
ܕܢܫܬܠܡ ܒܐܝܕܝ ܒܢܝܢܫܐ. 45 ܗܢܘܢ ܕܝܢ ܠܐ ܐܣܬܟܠܘܗ
ܠܡܠܬܐ ܗܕܐ. ܡܛܠ ܕܡܟܣܝܐ ܗܘܬ ܡܢܗܘܢ ܕܠܐ ܢܪܓܫܘܢܗ.
ܘܕܚܠܝܢ ܗܘܘ ܕܢܫܐܠܘܢܝܗܝ ܥܠ ܡܠܬܐ ܗܕܐ.
46 ܘܥܠܬ ܒܗܘܢ ܡܚܫܒܬܐ: ܕܡܢܘ ܟܒܪ ܪܒ ܒܗܘܢ.
47 ܝܫܘܥ ܕܝܢ ܝܕܥ ܡܚܫܒܬܐ ܕܠܒܗܘܢ: ܘܐܚܕ ܛܠܝܐ
ܘܐܩܝܡܗ ܠܘܬܗ: 48 ܘܐܡܪ ܠܗܘܢ. ܟܠ ܡܢ ܕܡܩܒܠ
ܛܠܝܐ ܐܝܟ ܗܢܐ ܒܫܡܝ. ܠܝ ܗܘ ܡܩܒܠ. ܘܡܢ ܕܠܝ
ܡܩܒܠ. ܡܩܒܠ ܠܡܢ ܕܫܕܪܢܝ. ܐܝܢܐ ܓܝܪ ܕܙܥܘܪ
ܒܟܠܟܘܢ: ܗܢܐ ܢܗܘܐ ܪܒ. 49 ܘܥܢܐ ܝܘܚܢܢ ܘܐܡܪ
ܪܒܢ: ܚܙܝܢ ܐܢܫ ܕܡܦܩ ܫܐܕܐ ܒܫܡܟ: ܘܟܠܝܢܝܗܝ ܡܛܠ
ܕܠܐ ܐܬܐ ܥܡܢ ܒܬܪܟ. 50 ܐܡܪ ܠܗܘܢ ܝܫܘܥ. ܠܐ ܬܟܠܘܢ. ܡܢ
ܓܝܪ ܕܠܐ ܗܘܐ ܠܘܩܒܠܟܘܢ ܚܠܦܝܟܘܢ ܗܘ ❖ 51 ܘܗܘܐ ܕܟܕ
ܡܬܡܠܝܢ ܝܘܡܬܐ ܕܡܣܬܠܩܢܘܬܗ: ܐܬܩܢ ܦܪܨܘܦܗ ܕܢܐܙܠ
ܠܐܘܪܫܠܡ. 52 ܘܫܕܪ ܡܠܐܟܐ ܩܕܡ ܦܪܨܘܦܗ. ܘܐܙܠܘ
ܥܠܘ ܠܡܕܝܢܬܐ ܕܫܡܪܝܐ ܐܝܟ ܕܢܛܝܒܘܢ ܠܗ. 53 ܘܠܐ
ܩܒܠܘܗܝ. ܡܛܠ ܕܦܪܨܘܦܗ ܠܐܘܪܫܠܡ ܫܕܝܪ ܗܘܐ
ܠܡܐܙܠ. 54 ܘܟܕ ܚܙܘ ܝܥܩܘܒ ܘܝܘܚܢܢ ܬܠܡܝܕܘܗܝ.
ܐܡܪܝܢ ܠܗ. ܡܪܢ: ܨܒܐ ܐܢܬ ܕܢܐܡܪ ܘܬܚܘܬ ܢܘܪܐ ܡܢ

ܡܢ ܫܡܝܐ ܘܬܫܠܡ ܐܢܘܢ. ܐܝܟ ܕܐܦ ܐܠܝܐ ܥܒܕ: 55 ܘܐܬܦܢܝ
ܘܟܐܐ ܒܗܘܢ ܘܐܡܪ. ܠܐ ܝܕܥܝܢ ܐܢܬܘܢ ܕܐܝܢܐ ܐܝܬܝܟܘܢ ܪܘܚܐ.
56 ܒܪܗ ܓܝܪ ܕܐܢܫܐ: ܠܐ ܐܬܐ ܠܡܘܒܕܘ ܢܦܫܬܐ ܐܠܐ ܠܡܚܝܘ.
ܘܐܙܠܘ ܠܗܘܢ ܠܩܪܝܬܐ ܐܚܪܬܐ. 57 ܘܟܕ ܐܙܠܝܢ ܒܐܘܪܚܐ
ܐܡܪ ܠܗ ܐܢܫ. ܐܬܐ ܐܢܐ ܒܬܪܟ ܠܐܬܪ ܕܐܙܠ ܐܢܬ ܡܪܝ: 58 ܐܡܪ
ܠܗ ܝܫܘܥ. ܠܬܥܠܐ ܢܩܥܐ ܐܝܬ ܠܗܘܢ. ܘܠܦܪܚܬܐ
ܕܫܡܝܐ ܡܛܠܠܐ. ܠܒܪܗ ܕܝܢ ܕܐܢܫܐ ܠܝܬ ܠܗ ܠܗ ܐܝܟܐ
ܕܢܣܡܘܟ ܪܝܫܗ. 59 ܘܐܡܪ ܠܐܚܪܢܐ ܬܐ ܒܬܪܝ. ܗܘ ܕܝܢ
ܐܡܪ ܠܗ. ܡܪܝ: ܐܦܣ ܠܝ ܠܘܩܕܡ ܐܙܠ ܐܩܒܘܪ
ܐܒܝ. 60 ܐܡܪ ܠܗ ܝܫܘܥ. ܫܒܘܩ ܡܝܬܐ ܩܒܪܝܢ
ܡܝܬܝܗܘܢ: ܘܐܢܬ ܙܠ ܣܒܪ ܡܠܟܘܬܗ ܕܐܠܗܐ. 61 ܐܡܪ
ܠܗ ܐܚܪܢܐ. ܐܬܐ ܐܢܐ ܒܬܪܟ ܡܪܝ: ܠܘܩܕܡ ܕܝܢ ܐܦܣ ܠܝ
ܐܙܠ ܐܫܠܡ ܠܒܢܝ ܒܝܬܝ: ܘܐܬܐ. 62 ܐܡܪ ܠܗ ܝܫܘܥ.
ܠܐ ܐܢܫ ܪܡܐ ܐܝܕܗ ܥܠ ܚܪܒܐ ܕܦܕܢܐ ܘܚܐܪ ܠܒܣܬܪܗ:
ܘܚܫܚ ܠܡܠܟܘܬܗ ܕܐܠܗܐ ܀

ܩܦܠܐܘܢ ܀ ܝ ܀

1 ܒܬܪ ܗܠܝܢ: ܦܪܫ ܝܫܘܥ ܡܢ ܬܠܡܝܕܘܗܝ ܐܚܪܢܐ
ܫܒܥܝܢ. ܘܫܕܪ ܐܢܘܢ ܬܪܝܢ ܬܪܝܢ ܩܕܡ ܦܪܨܘܦܗ: ܠܟܠ
ܐܬܪ ܘܡܕܝܢܐ ܕܥܬܝܕ ܗܘܐ ܠܡܐܙܠ. 2 ܘܐܡܪ ܠܗܘܢ ܚܨܕܐ
ܣܓܝ ܘܦܥܠܐ ܙܥܘܪܝܢ. ܒܥܘ ܗܟܝܠ ܡܢ ܡܪܐ ܚܨܕܐ ܕܢܦܩ
ܦܥܠܐ ܠܚܨܕܗ. 3 ܙܠܘ. ܗܐ ܐܢܐ ܡܫܕܪ ܐܢܐ ܠܟܘܢ: ܐܝܟ
ܐܡܪܐ ܠܡܨܥܬ ܕܐܒܐ. 4 ܠܐ ܬܫܩܠܘܢ ܠܟܘܢ ܟܝܣܐ. ܘܠܐ ܬܪܡܠܐ.
ܘܠܐ ܡܣܢܐ. ܘܒܫܠܡܐ ܕܐܢܫ ܒܐܘܪܚܐ ܠܐ ܬܫܐܠܘܢ. 5 ܘܠܐܝܢܐ
ܒܝܬܐ ܕܥܐܠܝܢ ܐܢܬܘܢ: ܠܘܩܕܡ ܐܡܪܘ ܫܠܡܐ ܠܒܝܬܐ.
6 ܘܐܢ ܐܝܬ ܬܡܢ ܒܪ ܫܠܡܐ ܢܬܬܢܝܚ ܥܠܘܗܝ ܫܠܡܟܘܢ.
ܘܐܢ ܕܝܢ ܠܐ: ܫܠܡܟܘܢ ܥܠܝܟܘܢ ܢܗܦܘܟ. 7 ܒܗ ܕܝܢ
ܒܒܝܬܐ ܗܘ: ܗܘܘ ܐܝܬܝܟܘܢ. ܟܕ ܐܟܠܝܢ ܘܫܬܝܢ ܡܢ ܕܝܠܗܘܢ.

ܩܐ ܕܗܘ ܓܒܝܢ ܦܚܠܐ ܐܓܪܗ. ܘܠܐ ܐܡܠܝ ܡܢ ܟܒܬܐ
ܠܟܒܬܐ. 8 ܘܠܐܢܫܐ ܡܕܒܪܝܬܐ ܕܟܐܪܝܢ ܐܝܠܗܘܢ ܘܡܫܡܠܝܢ
ܠܗܘܢ: ܠܓܫܘ ܩܕܡ ܕܡܬܐܩܫܢ ܠܗܘܢ. 9 ܘܐܬܐ ܠܐܠܟܝܢ
ܕܪܝܫܝܗܘܢ ܟܠܗ. ܘܐܡܪܘ ܠܗܘܢ: ܩܪܝܬܐ ܕܟܝܢܗܘܢ
ܡܠܟܘܬܗ ܕܐܠܗܐ. 10 ܠܐܢܫܐ ܕܝܢ ܡܕܒܪܝܬܐ ܕܟܐܪܝܢ ܐܝܠܗܘܢ ܘܠܐ
ܡܫܬܡܠܝܠܗܘܢ: ܗܘܝܘ ܠܗܘܢ ܒܫܘܠܐ ܘܐܡܪܘ: 11 ܘܐܦ
ܐܢܐ ܕܒܥܝ ܠܝ ܒܪܢܫܢ ܡܢ ܡܕܒܪܝܬܗܘܢ ܢܦܩܝܢ ܠܗܘܢ.
ܒܪܡ ܗܘܐ ܕܒܘ: ܕܩܪܝܬܐ ܟܝܢ ܒܟܝܢܗܘܢ ܡܠܟܘܬܗ
ܕܐܠܗܐ. 12 ܐܡܪ ܐܢܐ ܠܗܘܢ: ܕܟܫܪܘܡ ܢܗܘܐ ܢܝܚ
ܒܢܘܡܐ ܗܘܐ. ܐܦ ܟܡܕܒܪܝܬܐ ܗܢ. 13 ܘܢ ܟܠܗ ܦܘܬܝܢ: ܘܢ
ܟܠܗ ܟܝܢܗ ܙܢܐ: ܕܠܐܘ ܒܪܘܙ ܘܡܪܘܙ ܗܘܘ ܐܢܫܐ ܕܗܘܘ
ܒܟܝܢ: ܒܟܪ ܕܝܢ ܚܫܘܐ ܘܡܩܒܠܬܐ ܕܟܘ. 14 ܒܪܡ ܠܪܘܙ
ܘܡܪܘܙ. ܢܗܘܐ ܢܝܚ ܒܢܘܡܐ ܕܢܝܐ ܐܦ ܠܟܝܢ. 15 ܘܐܝܬܝܗ
ܒܩܪܝܒܘܬ ܗܢ ܕܒܪܝܬܐ ܟܡܫܝܢܐ ܐܬܐܪܥܝܬܗ: ܒܪܝܬܐ
ܟܡܣܘܐ ܬܐܬܝܬܝܢ ✤ 16 ܡܢ ܕܠܗܘܢ ܡܫܠܡ ܠܗ ܡܫܠܡ. ܘܡܢ
ܕܠܗܘܢ ܢܚܡ ܠܗ ܗܘܐ ܢܚܡ. ܘܡܢ ܕܠܗ ܢܚܡ. ܢܚܡ
ܠܟܝܢ ܕܡܠܫܝܢ ✤ 17 ܘܗܘܠܘ ܗܘܝܗ ܡܠܟܝܢ ܕܡܦܪܢ
ܒܫܪܘܬܐ ܕܟܠܐ. ܘܐܡܪܝܢ ܠܗ. ܡܪܝ: ܐܦ ܡܬܐܪܐ ܡܫܬܡܠܝܢ
ܠܝ ܡܫܠܡ. 18 ܗܘ ܕܝܢ ܐܡܪ ܠܗܘܢ. ܢܣܪܐ ܕܗܘܢܐ ܠܗ
ܠܡܫܢܐ: ܕܢܦܠ ܐܝܟ ܟܪܡܐ ܡܢ ܡܫܢܐ. 19 ܗܝ ܢܡܘܣ ܐܝܬ
ܠܗܘܢ ܡܫܠܡܢܐ: ܕܗܘܠܘܗܝ ܕܢܦܩܝܢ ܢܩܘܪܐ ܘܟܦܢܐ:
ܘܟܠܗ ܚܝܠܗ ܕܟܠܟܠܒܠܐ. ܘܩܕܡ ܠܐ ܢܗܘܪܘܢ. 20 ܒܪܡ
ܒܗܘܐ ܠܐ ܐܝܬܘܗܝ ܕܡܬܐܪܐ ܡܫܬܡܠܝܢ ܠܟܘܢ. ܐܠܐ ܚܕ
ܕܡܫܬܡܠܝܢ ܐܬܐܡܠܝ ܟܡܫܢܐ ✤ 21 ܟܝܢ ܒܡܟܠܬܐ: ܢܘܪ
ܢܦܩܐ ܒܢܘܪܐ ܕܡܘܕܝܐ ܘܐܡܪ. ܟܠܗܘܐ ܐܢܐ ܟܝ ܐܡܪ ܗܕܐ
ܕܡܫܢܐ ܘܕܐܘܪܐ. ܕܟܫܠ ܗܘܠܝܢ ܡܢ ܢܝܚܬܐ ܘܡܫܬܡܠܝܬܐ:
ܘܠܟܝܢ ܐܢܬܝ ܠܟܠܬܘܬܐ. ܐܝܟ ܐܟܢ ܕܗܘܟܐ ܗܘܐ ܙܒܢܐ
ܡܕܟܪ. 22 ܘܐܬܚܝܒ ܠܟܠ ܐܬܟܢܫܘܗܝ ܘܐܡܪ ܠܗܘܢ.

ܟܠ ܡܕܡ ܐܫܬܠܡ ܠܝ ܡܢ ܐܒܝ. ܘܠܐ ܐܢܫ ܝܕܥ ܡܢܘ
ܒܪܐ ܐܠܐ ܐܢ ܐܒܐ. ܘܡܢܘ ܐܒܐ ܐܠܐ ܐܢ ܒܪܐ. ܘܠܡܢ ܕܐܢ ܢܨܒܐ
ܒܪܐ ܕܢܓܠܐ ܀ 23 ܘܐܬܦܢܝ ܠܘܬ ܬܠܡܝܕܘܗܝ ܒܠܚܘܕܝܗܘܢ
ܘܐܡܪ. ܛܘܒܝܗܝܢ ܠܥܝܢܐ ܕܚܙܝܢ ܡܕܡ ܕܐܢܬܘܢ ܚܙܝܢ.
24 ܐܡܪ ܐܢܐ ܠܟܘܢ ܓܝܪ: ܕܢܒܝܐ ܣܓܝܐܐ ܘܡܠܟܐ ܨܒܘ
ܕܢܚܙܘܢ ܡܕܡ ܕܚܙܝܢ ܐܢܬܘܢ ܘܠܐ ܚܙܘ. ܘܠܡܫܡܥ ܡܕܡ
ܕܐܢܬܘܢ ܫܡܥܝܢ ܘܠܐ ܫܡܥܘ ܀ 25 ܘܗܐ ܣܦܪܐ ܚܕ ܩܡ
ܕܢܢܣܝܘܗܝ ܘܐܡܪ. ܡܠܦܢܐ. ܡܢܐ ܐܥܒܕ ܕܐܪܬ ܚܝܐ
ܕܠܥܠܡ. 26 ܝܫܘܥ ܕܝܢ ܐܡܪ ܠܗ. ܒܢܡܘܣܐ ܐܝܟܢܐ
ܟܬܝܒ. ܐܝܟܢܐ ܩܪܐ ܐܢܬ. 27 ܥܢܐ ܘܐܡܪ ܠܗ. ܕܬܪܚܡ
ܠܡܪܝܐ ܐܠܗܟ. ܡܢ ܟܠܗ ܠܒܟ. ܘܡܢ ܟܠܗ ܢܦܫܟ.
ܘܡܢ ܟܠܗ ܚܝܠܟ. ܘܡܢ ܟܠܗ ܪܥܝܢܟ. ܘܠܩܪܝܒܟ ܐܝܟ
ܢܦܫܟ. 28 ܐܡܪ ܠܗ ܝܫܘܥ: ܬܪܝܨܐܝܬ ܐܡܪܬ. ܗܕܐ ܥܒܕ
ܘܬܚܐ. 29 ܗܘ ܕܝܢ ܟܕ ܨܒܐ ܠܡܙܕܕܩܘ ܢܦܫܗ ܐܡܪ ܠܗ:
ܘܡܢܘ ܩܪܝܒܝ. 30 ܐܡܪ ܠܗ ܝܫܘܥ. ܓܒܪܐ ܚܕ ܢܚܬ
ܗܘܐ ܡܢ ܐܘܪܫܠܡ ܠܐܝܪܝܚܘ: ܘܢܦܠܘ ܠܗ ܓܝܣܐ.
ܘܫܠܚܘܗܝ ܘܡܚܐܘܗܝ. ܘܫܒܩܘܗܝ ܟܕ ܩܠܝܠ ܡܢܦܩܐ
ܒܗ ܢܦܫܐ. ܘܐܙܠܘ. 31 ܘܓܕܫ ܟܘܡܪܐ ܚܕ ܢܚܬ ܗܘܐ
ܒܐܘܪܚܐ ܗܝ: ܘܚܙܝܗܝ ܘܥܒܪ. 32 ܘܗܟܢܐ ܐܦ ܠܘܝܐ: ܐܬܐ
ܡܛܐ ܠܗܝ ܕܘܟܬܐ. ܘܚܙܝܗܝ ܘܥܒܪ. 33 ܐܢܫ ܕܝܢ ܫܡܪܝܐ
ܟܕ ܪܕܐ ܗܘܐ: ܐܬܐ ܐܝܟܐ ܕܐܝܬܘܗܝ ܗܘܐ. ܘܚܙܝܗܝ ܘܐܬܪܚܡ
ܥܠܘܗܝ. 34 ܘܐܬܩܪܒ ܘܥܨܒ ܡܚܘܬܗ. ܘܐܪܡܝ ܥܠܝܗܝܢ
ܚܡܪܐ ܘܡܫܚܐ. ܘܐܪܟܒܗ ܥܠ ܚܡܪܗ ܘܐܝܬܝܗ ܠܦܘܬܩܐ.
ܘܐܬܒܛܠ ܠܗ ܥܠܘܗܝ. 35 ܘܠܨܦܪܗ ܕܝܘܡܐ: ܐܦܩ
ܬܪܝܢ ܕܝܢܪܝܢ ܝܗܒ ܠܦܘܬܩܝܐ. ܘܐܡܪ ܠܗ ܝܨܦ ܕܝܠܗ.
ܘܐܢ ܡܕܡ ܬܘܣܦ ܐܦܩ: ܡܐ ܕܗܦܟ ܐܢܐ ܦܪܥ ܐܢܐ ܠܟ.
36 ܡܢܘ ܗܟܝܠ ܡܢ ܗܠܝܢ ܬܠܬܐ: ܡܬܚܙܐ ܠܟ ܕܗܘܐ
ܩܪܝܒܐ ܠܗܘ ܕܢܦܠ ܒܐܝܕܝ ܓܝܣܐ. 37 ܗܘ ܕܝܢ ܐܡܪ ܗܘ

ܕܐܬܪܚܡ ܥܠܘܗܝ. ܐܡܪ ܠܗ ܝܫܘܥ ܙܠ. ܐܦ ܐܢܬ ܗܘܝܬ
ܥܒܕ ܗܟܘܬ ܀ 38 ܘܗܘܐ ܕܟܕ ܗܠܟܝܢ ܒܐܘܪܚܐ ܥܠ
ܠܚܕܐ ܩܪܝܬܐ. ܘܐܢܬܬܐ ܕܫܡܗ ܡܪܬܐ ܩܒܠܬܗ ܒܒܝܬܗ.
39 ܘܐܝܬ ܗܘܬ ܠܗ ܚܬܐ ܕܫܡܗ ܡܪܝܡ. ܘܐܬܬ ܝܬܒܬ ܠܗ
ܠܘܬ ܪ̈ܓܠܘܗܝ ܕܡܪܢ: ܘܫܡܥܐ ܗܘܬ ܡ̈ܠܘܗܝ. 40 ܡܪܬܐ
ܕܝܢ ܥܢܝܐ ܗܘܬ ܒܬܫܡܫܬܐ ܣܓܝܐܬܐ ܘܐܬܬ ܐܡܪܐ ܠܗ. ܡܪܝ
ܠܐ ܒܛܝܠܐ ܠܟ ܕܚܬܝ ܫܒܩܬܢܝ ܠܚܘܕܝ ܠܡܫܡܫܘ:
ܐܡܪ ܠܗ ܕܬܥܕܪܢܝ. 41 ܥܢܐ ܕܝܢ ܝܫܘܥ ܘܐܡܪ ܠܗ.
ܡܪܬܐ ܡܪܬܐ: ܝܨܦܬܝ ܘܪܗܝܒܬܝ ܥܠ ܣܓܝܐܬܐ. 42 ܚܕܐ
ܗܝ ܕܝܢ ܕܡܬܒܥܝܐ. ܡܪܝܡ ܕܝܢ ܡܢܬܐ ܛܒܬܐ ܓܒܬ ܠܗ:
ܗܝ ܕܠܐ ܬܫܬܩܠ ܡܢܗ ܀

ܩܦܠܐܘܢ ܀ ܝܐ ܀

1 ܘܗܘܐ ܕܟܕ ܡܨܠܐ ܒܕܘܟܬܐ ܚܕܐ: ܟܕ ܫܠܡ ܐܡܪ ܠܗ
ܚܕ ܡܢ ܬܠܡܝܕܘܗܝ. ܡܪܢ: ܐܠܦܝܢ ܠܡܨܠܝܘ: ܐܝܟܢܐ
ܕܐܦ ܝܘܚܢܢ ܐܠܦ ܠܬܠܡܝܕܘܗܝ. 2 ܐܡܪ ܠܗܘܢ ܝܫܘܥ.
ܐܡܬܝ ܕܡܨܠܝܢ ܐܢܬܘܢ: ܗܟܢܐ ܗܘܝܬܘܢ ܐܡܪܝܢ. ܐܒܘܢ
ܕܒܫܡܝܐ: ܢܬܩܕܫ ܫܡܟ. ܬܐܬܐ ܡܠܟܘܬܟ. ܢܗܘܐ ܨܒܝܢܟ.
ܐܝܟ ܕܒܫܡܝܐ ܐܦ ܒܐܪܥܐ. 3 ܗܒ ܠܢ ܠܚܡܐ ܕܣܘܢܩܢܢ
ܟܠܝܘܡ. 4 ܘܫܒܘܩ ܠܢ ܚܛܗܝܢ ܐܦ ܚܢܢ ܓܝܪ ܫܒܩܝܢ
ܠܟܠ ܕܚܝܒܝܢ ܠܢ. ܘܠܐ ܬܥܠܢ ܠܢܣܝܘܢܐ. ܐܠܐ ܦܨܢ
ܡܢ ܒܝܫܐ. 5 ܘܐܡܪ ܠܗܘܢ. ܡܢܘ ܡܢܟܘܢ ܕܐܝܬ ܠܗ
ܪܚܡܐ: ܘܢܐܙܠ ܠܘܬܗ ܒܦܠܓܗ ܕܠܠܝܐ. ܘܢܐܡܪ ܠܗ:
ܪܚܡܝ: ܐܘܙܦܢܝ ܬܠܬ ܓܪ̈ܝܨܢ. 6 ܡܛܠ ܕܪܚܡܐ ܐܬܐ ܠܘܬܝ
ܡܢ ܐܘܪܚܐ. ܘܠܝܬ ܠܝ ܡܕܡ ܕܐܣܝܡ ܠܗ. 7 ܘܗܘ ܪܚܡܗ
ܡܢ ܠܓܘ ܢܥܢܐ ܘܢܐܡܪ ܠܗ. ܠܐ ܬܗܪܝܢܝ. ܕܗܐ ܬܪܥܐ
ܐܚܝܕ ܗܘ. ܘܒܢ̈ܝ ܥܡܝ ܒܥܪܣܐ. ܠܐ ܡܫܟܚ ܐܢܐ ܕܐܩܘܡ
ܘܐܬܠ ܠܟ. 8 ܐܡܪ ܐܢܐ ܠܟܘܢ: ܕܐܢ ܡܛܠ ܪܚܡܘܬܐ ܠܐ ܢܬܠ

ܠܗ: ܡܛܠ ܚܨܝܘܬܗ ܢܩܘܡ ܘܢܬܠ ܠܗ ܟܠ ܕܡܬܒܥܐ ܠܗ.
9 ܐܦ ܐܢܐ ܐܡܪ ܐܢܐ ܠܟܘܢ: ܫܐܠܘ ܘܢܬܝܗܒ ܠܟܘܢ. ܒܥܘ
ܘܬܫܟܚܘܢ. ܢܩܘܫܘ ܘܢܬܦܬܚ ܠܟܘܢ. 10 ܟܠ ܓܝܪ ܕܫܐܠ
ܢܣܒ. ܘܕܒܥܐ ܡܫܟܚ. ܘܕܢܩܫ ܡܬܦܬܚ ܠܗ. 11 ܐܝܢܐ
ܓܝܪ ܡܢܟܘܢ ܐܒܐ ܕܢܫܐܠܝܘܗܝ ܒܪܗ ܠܚܡܐ. ܠܡܐ ܟܐܦܐ
ܡܘܫܛ ܠܗ: ܘܐܢ ܢܘܢܐ ܢܫܐܠܝܘܗܝ: ܠܡܐ ܚܠܦ
ܢܘܢܐ ܚܘܝܐ ܡܘܫܛ ܠܗ: 12 ܘܐܢ ܒܝܥܬܐ ܢܫܐܠܝܘܗܝ:
ܠܡܐ ܥܩܪܒܐ ܡܘܫܛ ܠܗ: 13 ܘܐܢ ܐܢܬܘܢ ܕܒܝܫܐ
ܐܝܬܝܟܘܢ: ܝܕܥܝܢ ܐܢܬܘܢ ܡܘܗܒܬܐ ܛܒܬܐ ܠܡܬܠ
ܠܒܢܝܟܘܢ: ܟܡܐ ܝܬܝܪ ܐܒܘܟܘܢ ܡܢ ܫܡܝܐ: ܢܬܠ ܪܘܚܐ
ܕܩܘܕܫܐ ܠܐܝܠܝܢ ܕܫܐܠܝܢ ܠܗ ܀ 14 ܘܟܕ ܡܦܩ ܫܐܕܐ
ܕܐܝܬܘܗܝ ܗܘܐ ܚܪܫܐ. ܘܗܘܐ ܕܟܕ ܢܦܩ ܗܘ ܫܐܕܐ ܡܠܠ ܗܘ
ܚܪܫܐ. ܘܐܬܕܡܪܘ ܟܢܫܐ. 15 ܐܢܫܐ ܕܝܢ ܡܢܗܘܢ ܐܡܪܘ:
ܒܒܥܠܙܒܘܒ ܪܫܐ ܕܫܐܕܐ ܡܦܩ ܗܢܐ ܫܐܕܐ. 16 ܐܚܪܢܐ ܕܝܢ
ܟܕ ܡܢܣܝܢ ܠܗ: ܐܬܐ ܡܢ ܫܡܝܐ ܫܐܠܝܢ ܗܘܘ ܠܗ.
17 ܝܫܘܥ ܕܝܢ ܕܝܕܥ ܗܘܐ ܡܚܫܒܬܗܘܢ: ܐܡܪ ܠܗܘܢ.
ܟܠ ܡܠܟܘ ܕܬܬܦܠܓ ܥܠ ܢܦܫܗ ܬܚܪܒ. ܘܒܝܬܐ ܕܥܠ
ܩܢܘܡܗ ܡܬܦܠܓ ܢܦܠ. 18 ܘܐܢ ܣܛܢܐ ܥܠ ܢܦܫܗ
ܐܬܦܠܓ: ܐܝܟܢܐ ܬܩܘܡ ܡܠܟܘܬܗ. ܕܐܡܪܝܢ ܐܢܬܘܢ
ܕܒܒܥܠܙܒܘܒ ܡܦܩ ܐܢܐ ܫܐܕܐ. 19 ܘܐܢ ܐܢܐ ܒܒܥܠܙܒܘܒ
ܡܦܩ ܐܢܐ ܫܐܕܐ: ܒܢܝܟܘܢ ܒܡܢܐ ܡܦܩܝܢ. ܡܛܠ ܗܢܐ
ܗܢܘܢ ܢܗܘܘܢ ܠܟܘܢ ܕܝܢܐ. 20 ܐܢ ܕܝܢ ܒܨܒܥܐ ܕܐܠܗܐ
ܡܦܩ ܐܢܐ ܫܐܕܐ: ܡܛܬ ܠܗ ܥܠܝܟܘܢ ܡܠܟܘܬܗ
ܕܐܠܗܐ. 21 ܐܡܬܝ ܕܥܫܝܢܐ ܟܕ ܡܙܝܢ ܢܛܪ ܕܪܬܗ: ܒܫܝܢܐ
ܗܘ ܩܢܝܢܗ. 22 ܐܢ ܕܝܢ ܢܐܬܐ ܡܢ ܕܥܫܝܢ ܡܢܗ ܢܙܟܝܘܗܝ:
ܟܠܗ ܙܝܢܗ ܫܩܠ ܗܘ ܕܬܟܝܠ ܗܘܐ ܒܗܘܢ. ܘܕܒܪܬܗ
ܡܦܠܓ ܀ 23 ܡܢ ܕܠܐ ܗܘܐ ܥܡܝ ܠܘܩܒܠܝ ܗܘ. ܘܡܢ
ܕܠܐ ܟܢܫ ܥܡܝ ܡܒܕܪܘ ܡܒܕܪ. 24 ܪܘܚܐ ܛܢܦܬܐ ܡܐ

ܕܬܚܩܬܗ ܡܢ ܟܪܝܗܐ: ܐܝܠܐ ܡܫܬܥܒܕܐ ܠܐܝܠܘܬܐ ܕܡܢܐ ܠܝܗ
ܚܘܒܢ. ܕܐܚܒܠ ܒܝܢ ܢܫܐ. ܘܡܢܐ ܕܠܐ ܐܡܚܫܗ ܐܦܪܐ.
ܐܗܦܟܝ ܠܟܠܗ ܐܝܟܢܐ ܕܬܚܩܬܗ. 25 ܘܐܠ ܐܠܠܐ ܐܡܟܫܝܗ
ܕܫܟܝܡ ܘܡܦܪܟܬܗ. 26 ܗܘܢܒܝ ܐܝܠܐ ܕܦܪܐ ܡܟܠܗ ܪܘܚܢܝ ܐܢܫܢܝ
ܕܒܢܝܢ ܡܢܗܘ: ܘܟܠܢܝ ܘܟܦܢܝ ܐܦܝ: ܘܗܘܘܐ ܚܪܢܝܗ
ܕܒܪܢܫܐ ܗܘܘ ܒܝܫܐ ܢܝܪܐ ܡܢ ܡܚܫܒܬܗ ܀ 27 ܘܟܕ ܗܘܝܢ
ܡܛܠܠܐ ܗܘܐ: ܐܦܩܗ ܐܝܬܐ ܚܪܐ ܡܢܗ ܡܢ ܬܝܡܐ
ܘܐܦܪܐ ܒܗ. ܘܫܒܩܗ ܠܟܪܝܗܐ ܕܡܟܬܒܝ. ܘܒܟܪܗܝܐ
ܕܐܢܫܡܟܝ. 28 ܐܡܪ ܒܗ ܗܘܐ. ܘܫܟܬܗܘܝ ܠܐܒܝܢ ܕܡܒܟܘ
ܡܟܠܗ ܕܐܒܟܘܐ ܘܢܦܪܝ ܒܗ. 29 ܘܟܕ ܡܫܬܥܒܕܝܢ ܗܘܘ
ܬܢܩܐ. ܡܪܝ ܠܟܦܐܡܪ. ܡܪܟܬܐ ܗܘܪܐ ܒܝܫܬܐ ܐܝܬܐ ܟܪܢܐ:
ܘܐܝܬܐ ܠܐ ܐܝܬܐܗܘܒ ܒܗ: ܐܠܐ ܐܝܬܗ ܕܝܘܢܝ ܢܒܢܐ. 30 ܐܒܟܢܐ
ܝܫܘܥ ܕܗܘܐ ܝܘܢܝ ܐܝܬܐ ܟܝܢܬܘܬܐ: ܗܘܟܢܐ ܝܗܘܐ ܐܦ ܒܪܗ
ܕܐܢܫܐ ܠܡܪܟܬܐ ܗܘܪܐ. 31 ܡܟܟܬܐ ܕܐܡܫܢܐ ܠܡܘܡܣ ܒܪܒܢܐ
ܟܡ ܐܢܫܬܐ ܕܡܪܟܬܐ ܗܘܪܐ ܘܐܢܫܬܟܒ ܐܝܟܝ. ܕܐܝܬܐ ܡܢ
ܬܟܬܝܢ ܕܐܘܪܚܐ ܕܐܡܒܟܒ ܬܟܒܝܗ ܕܡܒܝܫܟܝ: ܘܗܘܐ
ܕܒܝܢ ܡܢ ܡܒܝܫܟܝ ܗܘܪܚܐ. 32 ܥܒܪܐ ܬܝܬܘܬܐ ܢܡܘܡܟܝ
ܒܪܒܢܐ ܟܡ ܡܪܟܬܐ ܗܘܪܐ ܘܢܫܒܟܘܢܝ. ܕܐܒܗ ܒܟܪܘܪܘܬܗ
ܕܬܘܢܝ: ܘܗܘܐ ܕܒܝܢ ܡܢ ܬܘܢܝ ܗܘܪܚܐ. 33 ܠܐ ܐܢܡܦ ܡܟܠܗܘ
ܡܥܠܐ ܘܡܠܝܡ ܒܗ ܒܒܫܢܐ ܐܘ ܠܐܫܝܡ ܡܠܬܐ. ܐܠܐ ܠܟܠܠ ܡܢ
ܡܢܬܐ. ܕܐܬܒܝܢ ܕܟܠܬܝܢ ܬܫܪܘܝ ܢܗܘܪܗ: 34 ܡܥܠܗ
ܕܦܥܪܝ ܐܝܬܝܗ ܟܢܠܘ. ܐܟܠܗ ܗܘܟܠܠ ܕܒܢܠܘ ܦܡܝܢܐ:
ܐܦ ܟܒܗ ܦܥܪܝ ܬܗܘܐ ܢܝܗܘܢ. ܐܠ ܕܐܡ ܐܝܬܗܘܐ ܒܝܫܐ:
ܘܐܦ ܦܥܪܝ ܬܒܘܐ ܬܡܦܝ. 35 ܐܪܒܝܗܘܢ ܗܘܟܠܠ ܕܠܟܐ ܢܗܘܪܐ
ܕܟܘ ܬܡܦܟܐ ܗܘܘ. 36 ܐܠ ܕܐܡ ܟܒܗ ܦܥܪܝ ܢܗܘܢ ܗܘܐ:
ܘܟܝܬ ܒܗ ܡܢܬܐ ܡܒܝܡ ܬܡܦܟܐ: ܬܒܘܐ ܡܟܠܗܘ ܟܒܗ.
ܐܝܟ ܕܡܥܠܐ ܒܕܟܦܗ ܡܟܠܗܘ ܒܟ ܀ 37 ܟܒ ܕܐܡ ܡܒܝܠܠ:
ܒܝܐ ܡܟܢܗ ܦܪܫܐ ܢܒ ܕܬܡܝܙܐ ܠܦܐܝܗ. ܘܟܠܠ ܐܡܟܡܘ.

38 ܗܘ ܕܝܢ ܦܪܝܫܐ ܟܕ ܚܙܝܗ: ܐܬܕܡܪ ܕܠܐ ܠܘܩܕܡ ܥܡܕ
ܡܢ ܩܕܡ ܫܪܘܬܗ. 39 ܐܡܪ ܠܗ ܕܝܢ ܝܫܘܥ. ܗܫܐ ܐܢܬܘܢ
ܦܪ̈ܝܫܐ: ܒܪܗ ܕܟܣܐ ܘܕܦܝܢܟܐ ܡܕܟܝܢ ܐܢܬܘܢ. ܠܓܘ
ܡܢܟܘܢ ܕܝܢ ܡܠܐ ܚܛܘܦܝܐ ܘܥܘܠܐ. 40 ܚܣܝܪ̈ܝ ܪܥܝܢܐ:
ܠܐ ܗܘܐ ܡܢ ܕܥܒܕ ܕܠܒܪ ܘܠܓܘ ܗܘ ܥܒܕ. 41 ܒܪܡ
ܡܕܡ ܕܐܝܬ ܗܒܘ ܒܙܕܩܬܐ: ܘܗܐ ܟܠܡܕܡ ܕܟܐ ܗܘ
ܠܟܘܢ. 42 ܐܠܐ ܘܝ ܠܟܘܢ ܦܪ̈ܝܫܐ: ܕܡܥܣܪܝܢ ܐܢܬܘܢ ܢܢܥܐ
ܘܦܝܓܢܐ ܘܟܠ ܝܪܩ: ܘܥܒܪܝܢ ܐܢܬܘܢ ܥܠ ܕܝܢܐ ܘܥܠ
ܚܘܒܐ ܕܐܠܗܐ. ܗܠܝܢ ܕܝܢ ܘܠܐ ܗܘܐ ܕܬܥܒܕܘܢ ܘܗܠܝܢ ܠܐ
ܬܫܒܩܘܢ. 43 ܘܝ ܠܟܘܢ ܦܪ̈ܝܫܐ. ܕܪܚܡܝܢ ܐܢܬܘܢ ܪܝܫ
ܡܘܬܒܐ ܒܟܢܘܫܬܐ ܘܫܠܡܐ ܒܫܘܩܐ. 44 ܘܝ ܠܟܘܢ ܣܦܪ̈ܐ
ܘܦܪ̈ܝܫܐ ܢܣܒܝ ܒܐܦ̈ܐ. ܕܐܝܬܝܟܘܢ ܐܝܟ ܩܒܪ̈ܐ ܕܠܐ ܡܬܝܕܥܝܢ.
ܘܒܢܝ̈ܢܫܐ ܡܗܠܟܝܢ ܥܠܝܗܘܢ ܘܠܐ ܝܕܥܝܢ. 45 ܘܥܢܐ ܚܕ
ܡܢ ܣܦܪ̈ܐ ܘܐܡܪ ܠܗ. ܡܠܦܢܐ: ܟܕ ܗܠܝܢ ܐܡܪ ܐܢܬ
ܐܦ ܠܢ ܡܨܥܪ ܐܢܬ. 46 ܗܘ ܕܝܢ ܐܡܪ. ܐܦ ܠܟܘܢ ܣܦܪ̈ܐ
ܘܝ. ܕܡܛܥܢܝܢ ܐܢܬܘܢ ܠܒܢܝ̈ܢܫܐ ܡܘܒܠܐ ܝܩܝܪ̈ܐ: ܘܐܢܬܘܢ
ܚܕܐ ܡܢ ܨܒܥܬܟܘܢ. ܠܐ ܩܪܒܝܢ ܐܢܬܘܢ ܠܗܘܢ ܠܡܘܒܠܐ.
47 ܘܝ ܠܟܘܢ. ܕܒܢܝܢ ܐܢܬܘܢ ܩܒܪ̈ܐ ܕܢܒܝ̈ܐ. ܕܐܒܗ̈ܝܟܘܢ
ܩܛܠܘ ܐܢܘܢ. 48 ܣܗܕܝܢ ܐܢܬܘܢ ܗܟܝܠ ܘܨܒܝܢ ܐܢܬܘܢ
ܒܥܒܕ̈ܐ ܕܐܒܗ̈ܝܟܘܢ. ܕܗܢܘܢ ܩܛܠܘ ܐܢܘܢ: ܘܐܢܬܘܢ ܒܢܝܢ
ܐܢܬܘܢ ܩܒܪ̈ܝܗܘܢ ✧ 49 ܡܛܠ ܗܢܐ ܐܦ ܚܟܡܬܐ ܐܡܪܬ. ܕܗܐ
ܐܢܐ ܐܫܕܪ ܠܗܘܢ ܢܒܝ̈ܐ ܘܫܠܝ̈ܚܐ. ܡܢܗܘܢ ܢܩܛܠܘܢ
ܘܢܪܕܦܘܢ. 50 ܕܢܬܬܒܥ ܕܡܐ ܕܟܠܗܘܢ ܢܒܝ̈ܐ ܕܐܫܬܕܝ ܡܢ
ܕܐܬܒܪܝ ܥܠܡܐ ܡܢ ܫܪܒܬܐ ܗܕܐ. 51 ܡܢ ܕܡܗ ܕܗܒܝܠ:
ܥܕܡܐ ܠܕܡܗ ܕܙܟܪܝܐ: ܗܘ ܕܐܬܩܛܠ ܒܝܢ ܗܝܟܠܐ
ܠܡܕܒܚܐ. ܐܝܢ ܐܡܪ ܐܢܐ ܠܟܘܢ: ܕܢܬܬܒܥ ܡܢ ܫܪܒܬܐ
ܗܕܐ ✧ 52 ܘܝ ܠܟܘܢ ܣܦܪ̈ܐ: ܕܫܩܠܬܘܢ ܩܠܝܕܐ ܕܝܕܥܬܐ.
ܐܢܬܘܢ ܠܐ ܥܠܬܘܢ. ܘܠܐܝܠܝܢ ܕܥܐܠܝܢ ܟܠܝܬܘܢ. 53 ܘܟܕ

ܗܠܝܢ ܐܡܪ ܗܘܐ ܠܗܘܢ: ܫܪܝܘ ܣܦܪܐ ܘܦܪ̈ܝܫܐ ܒܐܟܝܬ
ܠܗܘܢ. ܘܡܬܚܡܨܝܢ ܗܘܘ ܘܡܬܚܪܝܢ ܥܡܗ ܒܡܠܘܗܝ.
54 ܘܟܡܢܝܢ ܗܘܘ ܠܗ ܒܣܓܝܐܬܐ. ܟܕ ܒܥܝܢ ܠܡܨܝܕ ܡܕܡ ܡܢ
ܦܘܡܗ. ܕܢܫܟܚܘܢ ܠܡܐܟܠ ܩܪܨܘܗܝ ܀

ܩܦܠܐܘܢ ܀ ܝܒ ܀

1 ܘܟܕ ܐܬܟܢܫܘ ܪ̈ܒܘܬܐ ܕܟܢܫܐ ܣܓܝܐܐ: ܐܝܟܢܐ ܕܢܕܝܫܘܢ
ܚܕ ܠܚܕ: ܫܪܝ ܢܐܡܪ ܠܬܠܡܝܕ̈ܘܗܝ. ܠܘܩܕܡ
ܐܙܕܗܪܘ ܒܢܦܫܟܘܢ: ܡܢ ܚܡܝܪܐ ܕܦܪ̈ܝܫܐ ܕܐܝܬܘܗܝ ܡܣܒ
ܒܐܦ̈ܐ. 2 ܠܝܬ ܓܝܪ ܡܕܡ ܕܟܣܐ ܕܠܐ ܢܬܓܠܐ. ܘܠܐ ܕܡܛܫܝ ܕܠܐ
ܢܬܝܕܥ. 3 ܡܛܠ ܗܢܐ ܕܒܚܫܘܟܐ ܐܡܪܬܘܢ. ܒܢܗܝܪܐ
ܢܫܬܡܥ. ܘܡܕܡ ܕܒܐܕ̈ܢܐ ܐܠܚܫܬܘܢ ܒܬ̈ܘܢܐ: ܥܠ ܐܓܪ̈ܐ
ܢܬܟܪܙ. 4 ܐܡܪ ܐܢܐ ܠܟܘܢ ܕܝܢ ܠܪ̈ܚܡܝ: ܠܐ ܬܕܚܠܘܢ ܡܢ
ܐܝܠܝܢ ܕܩܛܠܝܢ ܦܓܪܐ: ܘܡܢ ܒܬܪܟܢ ܠܝܬ ܠܗܘܢ ܡܕܡ
ܝܬܝܪ ܠܡܥܒܕ. 5 ܐܚܘܝܟܘܢ ܕܝܢ ܡܢ ܡܢ ܬܕܚܠܘܢ. ܡܢ ܗܘ
ܕܡܢ ܒܬܪ ܕܩܛܠ: ܫܠܝܛ ܠܡܪܡܝܘ ܒܓܗܢܐ. ܐܝܢ ܐܡܪ
ܐܢܐ ܠܟܘܢ ܕܡܢ ܗܢܐ ܕܚܠܘ. 6 ܠܐ ܚܡܫ ܨ̈ܦܪܝܢ ܡܙܕܒܢܢ
ܒܬܪ̈ܝܢ ܐܣ̈ܪܝܢ: ܘܚܕܐ ܡܢܗܝܢ ܠܐ ܛܥܝܐ ܩܕܡ ܐܠܗܐ.
7 ܕܝܠܟܘܢ ܕܝܢ ܐܦ ܡܢ̈ܘܬܐ ܕܣܥܪܐ ܕܪܫܟܘܢ: ܟܠܗܝܢ ܡܢܝ̈ܢ
ܐܢܝܢ: ܠܐ ܗܟܝܠ ܬܕܚܠܘܢ. ܕܡܢ ܨ̈ܦܪܐ ܣܓܝܐܐ ܡܝܬܪܝܢ
ܐܢܬܘܢ. 8 ܐܡܪ ܐܢܐ ܠܟܘܢ ܕܝܢ: ܕܟܠ ܕܢܘܕܐ ܒܝ ܩܕܡ
ܒܢܝ̈ܢܫܐ: ܐܦ ܒܪܗ ܕܐܢܫܐ ܢܘܕܐ ܒܗ ܩܕܡ ܡܠܐܟ̈ܘܗܝ
ܕܐܠܗܐ. 9 ܡܢ ܕܝܢ ܕܢܟܦܘܪ ܒܝ ܩܕܡ ܒܢܝ̈ܢܫܐ: ܢܬܟܦܪ
ܒܗ ܩܕܡ ܡܠܐܟ̈ܘܗܝ ܕܐܠܗܐ. 10 ܘܟܠ ܕܢܐܡܪ ܡܠܬܐ
ܥܠ ܒܪܗ ܕܐܢܫܐ ܢܫܬܒܩ ܠܗ. ܡܢ ܕܝܢ ܕܥܠ ܪܘܚܐ
ܕܩܘܕܫܐ ܢܓܕܦ ܠܐ ܢܫܬܒܩ ܠܗ. 11 ܡܐ ܕܡܩܪܒܝܢ ܠܟܘܢ
ܕܝܢ ܠܟܢܘܫܬܐ ܡܢ ܩܕܡ ܪ̈ܫܢܐ ܘܫܠܝ̈ܛܢܐ. ܠܐ ܬܬܪܥܘܢ ܐܝܟܢܐ
ܬܦܩܘܢ ܪܘܚܐ ܐܘ ܡܢܐ ܬܐܡܪܘܢ. 12 ܪܘܚܐ ܓܝܪ ܕܩܘܕܫܐ

ܬܠܦܟܘܢ ܒܗ̇ ܫܥܬܐ ܡܕܡ ܕܘܠܐ ܕܬܐܡܪܘܢ܀ 13 ܐܡܪ ܠܗ
ܕܝܢ ܐܢܫ ܡܢ ܗܘ ܟܢܫܐ. ܡܠܦܢܐ: ܐܡܪ ܠܐܚܝ ܕܢܦܠܘܓ
ܥܡܝ ܝܪܬܘܬܐ. 14 ܝܫܘܥ ܕܝܢ ܐܡܪ ܠܗ. ܓܒܪܐ: ܡܢܘ
ܐܩܝܡܢܝ ܥܠܝܟܘܢ ܕܝܢܐ ܘܡܦܠܓܢܐ. 15 ܘܐܡܪ
ܠܬܠܡܝܕܘܗܝ: ܐܙܕܗܪܘ ܡܢ ܟܠܗ ܥܠܘܒܘܬܐ. ܡܛܠ ܕܠܐ
ܗܘܐ ܒܡܝܬܪܘܬܐ ܕܩܢܝܢܐ ܐܝܬ ܚܝܐ܀ 16 ܘܐܡܪ ܡܬܠܐ ܠܘܬܗܘܢ.
ܓܒܪܐ ܚܕ ܥܬܝܪܐ. ܐܥܠܬ ܠܗ ܐܪܥܗ ܥܠܠܬܐ ܣܓܝܐܬܐ.
17 ܘܡܬܚܫܒ ܗܘܐ ܒܢܦܫܗ ܘܐܡܪ. ܡܢܐ ܐܥܒܕ ܕܠܝܬ
ܠܝ ܐܝܟܐ ܕܐܟܢܫ ܥܠܠܬܝ. 18 ܘܐܡܪ ܗܕܐ ܐܥܒܕ:
ܐܣܬܘܪ ܠܗ ܐܘܨܪܝ: ܘܐܒܢܐ ܘܐܘܪܒ ܐܢܘܢ. ܘܐܟܢܘܫ
ܬܡܢ ܟܠܗ ܥܒܘܪܝ ܘܛܒܬܝ. 19 ܘܐܡܪ ܠܢܦܫܝ. ܢܦܫܝ:
ܐܝܬ ܠܟܝ ܛܒܬܐ ܣܓܝܐܬܐ: ܕܣܝܡܢ ܠܫܢܝܐ ܣܓܝܐܬܐ.
ܐܬܬܢܝܚܝ. ܐܟܘܠܝ. ܐܫܬܝ. ܐܬܒܣܡܝ. 20 ܐܡܪ ܠܗ
ܕܝܢ ܐܠܗܐ. ܚܣܝܪ ܪܥܝܢܐ: ܒܗܢܐ ܠܠܝܐ ܢܦܫܟ ܬܒܥܝܢ
ܠܗ̇ ܡܢܟ. ܘܗܠܝܢ ܕܛܝܒܬ ܠܡܢ ܢܗܘܝܢ. 21 ܗܟܢܐ ܗܘ
ܡܢ ܕܣܐܡ ܠܗ ܣܝܡܬܐ ܘܒܐܠܗܐ ܠܐ ܥܬܪ܀ 22 ܘܐܡܪ
ܠܬܠܡܝܕܘܗܝ. ܡܛܠ ܗܢܐ ܠܟܘܢ ܐܡܪ ܐܢܐ. ܠܐ ܬܐܨܦܘܢ
ܠܢܦܫܟܘܢ ܡܢܐ ܬܐܟܠܘܢ ܘܠܐ ܠܦܓܪܟܘܢ ܡܢܐ ܬܠܒܫܘܢ.
23 ܢܦܫܐ ܓܝܪ ܝܬܝܪܐ ܡܢ ܣܝܒܪܬܐ ܘܦܓܪܐ ܡܢ ܠܒܘܫܐ.
24 ܐܬܒܩܘ ܒܢܥܒܐ. ܕܠܐ ܙܪܥܝܢ ܘܠܐ ܚܨܕܝܢ. ܘܠܝܬ ܠܗܘܢ
ܬܘܢܐ ܘܠܝܬ ܐܘܨܪܐ. ܘܐܠܗܐ ܡܬܪܣܐ ܠܗܘܢ. ܟܡܐ ܗܟܝܠ
ܐܢܬܘܢ ܝܬܝܪܝܢ ܐܢܬܘܢ ܡܢ ܦܪܚܬܐ. 25 ܡܢܘ ܕܝܢ ܡܢܟܘܢ ܟܕ
ܝܨܦ: ܡܫܟܚ ܠܡܘܣܦܘ ܥܠ ܩܘܡܬܗ ܐܡܬܐ ܚܕܐ.
26 ܘܐܢ ܕܝܢ ܐܦ ܠܐ ܒܙܥܘܪܬܐ ܡܫܟܚܝܢ ܐܢܬܘܢ: ܡܢܐ ܥܠ
ܫܪܟܐ ܝܨܦܝܢ ܐܢܬܘܢ. 27 ܐܬܒܩܘ ܒܫܘܫܢܐ ܐܝܟܢܐ ܪܒܝܢ.
ܕܠܐ ܠܐܝܢ ܘܠܐ ܥܙܠܢ. ܐܡܪ ܐܢܐ ܠܟܘܢ ܕܝܢ: ܕܐܦ ܠܐ ܫܠܝܡܘܢ
ܒܟܠܗ ܫܘܒܚܗ ܐܬܟܣܝ ܐܝܟ ܚܕܐ ܡܢ ܗܠܝܢ. 28 ܘܐܢ ܕܝܢ
ܠܥܡܒܪܐ ܕܝܘܡܢܐ ܐܝܬܘܗܝ ܒܚܩܠܐ. ܘܡܚܪ ܢܦܠ ܒܬܢܘܪܐ:

ܐܠܗܐ ܗܟܢܐ ܡܠܒܫ: ܟܡܐ ܝܬܝܪ ܠܟܘܢ ܙܥܘܪܝ ܗܝܡܢܘܬܐ:
29 ܘܐܢܬܘܢ ܠܐ ܬܒܥܘܢ ܡܢܐ ܬܐܟܠܘܢ ܘܡܢܐ ܬܫܬܘܢ. ܘܠܐ
ܢܦܠܓ ܪܥܝܢܟܘܢ ܒܗܠܝܢ. 30 ܗܠܝܢ ܓܝܪ ܟܠܗܝܢ:
ܥܡܡܐ ܗܢܘܢ ܕܥܠܡܐ ܒܥܝܢ. ܐܦ ܠܟܘܢ ܕܝܢ ܐܒܘܟܘܢ ܝܕܥ
ܕܡܬܒܥܝܢ ܠܟܘܢ ܗܠܝܢ. 31 ܒܥܘ ܕܝܢ ܡܠܟܘܬܗ
ܕܐܠܗܐ: ܘܗܠܝܢ ܟܠܗܝܢ ܡܬܬܘܣܦܢ ܠܟܘܢ ܀ 32 ܠܐ ܬܕܚܠܘܢ
ܓܙܪܐ ܙܥܘܪܐ. ܕܨܒܐ ܐܒܘܟܘܢ ܕܢܬܠ ܠܟܘܢ ܡܠܟܘܬܐ.
33 ܙܒܢܘ ܩܢܝܢܟܘܢ ܘܗܒܘ ܙܕܩܬܐ. ܥܒܕܘ ܠܟܘܢ ܟܝ̈ܣܐ
ܕܠܐ ܒܠܝܢ. ܘܣܝܡܬܐ ܕܠܐ ܚܣܪܐ ܒܫܡܝܐ. ܐܬܪܐ ܕܓܢܒܐ ܠܐ
ܩܪܒ ܘܣܣܐ ܠܐ ܡܚܒܠ. 34 ܐܬܪܐ ܓܝܪ ܕܐܝܬܝܗ ܣܝܡܬܟܘܢ:
ܬܡܢ ܢܗܘܐ ܐܦ ܠܒܟܘܢ. 35 ܢܗܘܘܢ ܐܣܝܪܝܢ ܚܨ̈ܝܟܘܢ.
ܘܡܢܗܪܝܢ ܫܪ̈ܓܝܟܘܢ. 36 ܘܗܘܘ ܕܡܝܢ ܠܐܢܫܐ ܕܡܣܟܝܢ
ܠܡܪܗܘܢ: ܕܐܡܬܝ ܢܦܢܐ ܡܢ ܒܝܬ ܡܫܬܘܬܐ. ܕܡܐ ܕܐܬܐ
ܘܢܩܫ: ܡܚܕܐ ܢܦܬܚܘܢ ܠܗ. 37 ܛܘܒܝܗܘܢ ܠܥܒ̈ܕܐ
ܗܢܘܢ: ܐܝܠܝܢ ܕܢܐܬܐ ܡܪܗܘܢ ܘܢܫܟܚ ܐܢܘܢ ܟܕ ܥܝܪܝܢ.
ܐܡܝܢ ܐܡܪ ܐܢܐ ܠܟܘܢ: ܕܢܐܣܘܪ ܚܨܘܗܝ ܘܢܣܡܟ ܐܢܘܢ:
ܘܢܥܒܪ ܢܫܡܫ ܐܢܘܢ. 38 ܘܐܢ ܒܡܛܪܬܐ ܕܬܪܬܝܢ ܐܘ ܕܬܠܬ
ܢܐܬܐ ܘܢܫܟܚ ܗܟܢܐ: ܛܘܒܝܗܘܢ ܠܥܒ̈ܕܐ ܗܢܘܢ. 39 ܗܕܐ
ܕܝܢ ܕܥܘ. ܕܐܠܘ ܝܕܥ ܗܘܐ ܡܪܐ ܒܝܬܐ ܒܐܝܕܐ ܫܥܬܐ ܐܬܐ
ܓܢܒܐ: ܡܬܬܥܝܪ ܗܘܐ ܘܠܐ ܫܒܩ ܗܘܐ ܕܢܬܦܠܫ ܒܝܬܗ.
40 ܐܦ ܐܢܬܘܢ ܗܟܝܠ ܗܘܘ ܡܛܝܒܝܢ. ܕܒܫܥܬܐ ܕܠܐ
ܡܣܒܪܝܢ ܐܢܬܘܢ ܐܬܐ ܒܪܗ ܕܐܢܫܐ. 41 ܐܡܪ ܠܗ ܫܡܥܘܢ
ܟܐܦܐ. ܡܪܢ: ܠܘܬܢ ܐܡܪ ܐܢܬ ܠܗ ܠܡܬܠܐ ܗܢܐ: ܐܘ ܐܦ
ܠܟܠ ܐܢܫ ܀ 42 ܐܡܪ ܠܗ ܝܫܘܥ. ܡܢܘ ܟܝ ܐܝܬܘܗܝ
ܪܒ ܒܝܬܐ ܡܗܝܡܢܐ ܘܚܟܝܡܐ ܕܢܩܝܡܝܘܗܝ ܡܪܗ ܥܠ
ܬܫܡܫܬܗ: ܕܢܬܠ ܦܣܬܐ ܒܥܕܢܗ. 43 ܛܘܒܘܗܝ ܠܗܘ
ܥܒܕܐ ܕܢܐܬܐ ܡܪܗ ܢܫܟܚܝܘܗܝ ܕܥܒܕ ܗܟܢܐ. 44 ܫܪܝܪܐܝܬ
ܐܡܪ ܐܢܐ ܠܟܘܢ: ܕܢܩܝܡܝܘܗܝ ܥܠ ܟܠ ܩܢܝܢܘܗܝ. 45 ܐܢ

ܕܝܢ ܢܐܡܪ ܥܒܕܐ ܗܘ ܒܠܒܗ: ܕܡܘܚܪ ܡܪܝ ܠܡܐܬܐ:
ܘܢܫܪܐ ܠܡܡܚܐ ܠܥܒܕܐ ܘܠܐܡܗܬܐ ܕܡܪܗ: ܘܢܫܪܐ
ܠܡܐܟܠ ܘܠܡܫܬܐ ܘܠܡܪܘܐ. 46 ܢܐܬܐ ܡܪܗ ܕܥܒܕܐ
ܗܘ ܒܝܘܡܐ ܕܠܐ ܡܣܟܐ: ܘܒܫܥܬܐ ܕܠܐ ܝܕܥ: ܘܢܦܠܓܝܘܗܝ.
ܘܢܣܝܡ ܡܢܬܗ ܥܡ ܗܢܘܢ ܕܠܐ ܡܗܝܡܢܝܢ. 47 ܥܒܕܐ ܕܝܢ
ܐܝܢܐ ܕܝܕܥ ܨܒܝܢܐ ܕܡܪܗ: ܘܠܐ ܛܝܒ ܠܗ ܐܝܟ ܨܒܝܢܗ:
ܢܬܢܓܕ ܣܓܝܐܬܐ. 48 ܗܘ ܕܝܢ ܕܠܐ ܝܕܥ ܘܥܒܕ ܡܕܡ ܕܫܘܐ
ܠܡܚܘܬܐ. ܢܬܢܓܕ ܡܚܘܬܐ ܙܥܘܪܝܬܐ. ܟܠ ܓܝܪ ܕܐܬܝܗܒ
ܠܗ ܣܓܝ: ܣܓܝ ܢܬܒܥܐ ܡܢܗ. ܘܠܡܢ ܕܐܬܓܥܠ
ܠܗ ܣܓܝ: ܝܬܝܪܐܝܬ ܢܬܒܥܘܢ ܡܢܗ ✤ 49 ܢܘܪܐ ܐܬܝܬ
ܕܐܪܡܐ ܒܐܪܥܐ. ܘܨܒܐ ܐܢܐ ܐܠܘ ܡܢ ܟܕܘ ܝܩܕܬ:
50 ܘܡܥܡܘܕܝܬܐ ܐܝܬ ܠܝ ܕܐܥܡܕ: ܘܣܓܝ ܐܠܝܨ ܐܢܐ ܥܕܡܐ
ܕܬܫܬܠܡ. 51 ܣܒܪܝܢ ܐܢܬܘܢ ܕܫܠܡܐ ܐܬܝܬ ܕܐܪܡܐ ܒܐܪܥܐ:
ܐܡܪ ܐܢܐ ܠܟܘܢ ܕܠܐ. ܐܠܐ ܦܠܓܘܬܐ. 52 ܡܢ ܗܫܐ ܓܝܪ
ܢܗܘܘܢ ܚܡܫܐ ܒܒܝܬܐ ܚܕ. ܕܦܠܝܓܝܢ ܬܠܬܐ ܥܠ ܬܪܝܢ:
ܘܬܪܝܢ ܥܠ ܬܠܬܐ. 53 ܢܬܦܠܓ ܓܝܪ ܐܒܐ ܥܠ ܒܪܗ:
ܘܒܪܐ ܥܠ ܐܒܘܗܝ. ܐܡܐ ܥܠ ܒܪܬܗ. ܘܒܪܬܐ ܥܠ
ܐܡܗ. ܚܡܬܐ ܥܠ ܟܠܬܗ. ܘܟܠܬܐ ܥܠ ܚܡܬܗ ✤
54 ܘܐܡܪ ܠܟܢܫܐ. ܡܐ ܕܚܙܝܬܘܢ ܥܢܢܐ ܕܕܢܚܐ ܡܢ ܡܥܪܒܐ.
ܡܚܕܐ ܐܡܪܝܢ ܐܢܬܘܢ ܕܡܛܪܐ ܐܬܐ. ܘܗܘܐ ܗܟܢܐ. 55 ܘܡܐ ܕܢܫܒܐ
ܬܝܡܢܐ. ܐܡܪܝܢ ܐܢܬܘܢ ܕܫܘܒܐ ܗܘܐ. ܘܗܘܐ. 56 ܢܣܒܝ ܒܐܦܐ:
ܦܪܨܘܦܗ ܕܫܡܝܐ ܘܕܐܪܥܐ ܝܕܥܝܢ ܐܢܬܘܢ ܕܬܒܩܘܢ: ܙܒܢܐ ܕܝܢ
ܗܢܐ ܠܐ ܒܩܝܢ ܐܢܬܘܢ. 57 ܠܡܢܐ ܕܝܢ ܡܢ ܢܦܫܟܘܢ ܠܐ
ܕܝܢܝܢ ܐܢܬܘܢ ܩܘܫܬܐ. 58 ܡܐ ܓܝܪ ܕܐܙܠ ܐܢܬ ܥܡ ܒܥܠܕܝܢܟ
ܠܘܬ ܐܪܟܘܢܐ. ܥܕ ܒܐܘܪܚܐ ܐܢܬ ܗܒ ܬܘܪܥܬܐ ܘܐܬܦܨܐ
ܡܢܗ. ܕܠܡܐ ܢܓܪܟ ܠܘܬ ܕܝܢܐ: ܘܕܝܢܐ ܢܫܠܡܟ ܠܦܪܘܥܐ:
ܘܦܪܘܥܐ ܢܪܡܝܟ ܒܝܬ ܐܣܝܪܐ. 59 ܘܐܡܪ ܐܢܐ ܠܟ: ܕܠܐ
ܬܦܘܩ ܡܢ ܬܡܢ: ܥܕܡܐ ܕܬܬܠ ܡܢܝܐ ܐܚܪܝܐ ✤

ܩܦܠܐܘܢ ܀ ܝܓ ܀

1 ܒܗܘ ܕܝܢ ܙܒܢܐ: ܐܬܘ ܐܢܫܝܢ ܐܡܪܘ ܠܗ ܥܠ
ܓܠܝܠܝܐ: ܗܢܘܢ ܕܦܝܠܛܘܣ ܚܠܛ ܕܡܗܘܢ ܥܡ
ܕܒܚܝܗܘܢ. 2 ܘܥܢܐ ܝܫܘܥ ܘܐܡܪ ܠܗܘܢ. ܣܒܪܝܢ ܐܢܬܘܢ
ܕܗܠܝܢ ܓܠܝܠܝܐ: ܚܛܝܐ ܗܘܘ ܝܬܝܪ ܡܢ ܟܠܗܘܢ
ܓܠܝܠܝܐ: ܕܗܟܢܐ ܗܘܐ ܠܗܘܢ: 3 ܠܐ. ܐܡܪ ܐܢܐ ܠܟܘܢ ܕܝܢ:
ܕܐܦ ܟܠܟܘܢ ܐܢ ܠܐ ܬܬܘܒܘܢ. ܗܟܢܐ ܬܐܒܕܘܢ. 4 ܐܘ ܗܢܘܢ
ܬܡܢܬܥܣܪ: ܕܢܦܠ ܥܠܝܗܘܢ ܡܓܕܠܐ ܒܫܝܠܘܚܐ ܘܩܛܠ
ܐܢܘܢ: ܣܒܪܝܢ ܐܢܬܘܢ ܕܚܛܝܐ ܗܘܘ ܝܬܝܪ ܡܢ ܟܠܗܘܢ
ܒܢܝܢܫܐ ܕܥܡܪܝܢ ܒܐܘܪܫܠܡ: 5 ܠܐ. ܐܡܪ ܐܢܐ ܠܟܘܢ ܕܝܢ:
ܕܐܢ ܠܐ ܬܬܘܒܘܢ. ܟܠܟܘܢ ܐܝܟܢܐ ܬܐܒܕܘܢ ܀ 6 ܘܐܡܪ ܗܕܐ
ܡܬܠܐ. ܬܬܐ ܐܝܬ ܗܘܬ ܠܐܢܫ ܕܢܨܝܒܐ ܒܟܪܡܗ: ܘܐܬܐ ܒܥܐ
ܦܐܪܐ ܘܠܐ ܐܫܟܚ. 7 ܘܐܡܪ ܠܦܠܚܐ: ܗܐ ܬܠܬ ܫܢܝܢ
ܐܝܬ ܐܢܐ ܒܥܐ ܐܢܐ ܦܐܪܐ ܒܬܬܐ ܗܕܐ ܘܠܐ ܡܫܟܚ ܐܢܐ.
ܦܣܘܩܝܗ ܠܡܢܐ ܡܒܛܠܐ ܐܪܥܐ. 8 ܐܡܪ ܠܗ ܦܠܚܐ. ܡܪܝ:
ܫܒܘܩܝܗ. ܐܦ ܗܕܐ ܫܢܬܐ. ܥܕ ܐܥܙܩܝܗ ܘܐܙܒܠܝܗ.
9 ܘܐܢ ܥܒܕܐ ܦܐܪܐ: ܘܐܢ ܠܐ ܠܥܬܝܕ ܬܦܣܘܩܝܗ ܀ 10 ܟܕ
ܕܝܢ ܡܠܦ ܝܫܘܥ ܒܫܒܬܐ ܒܚܕܐ ܡܢ ܒܢܘܫܬܐ: 11 ܐܝܬ
ܗܘܬ ܬܡܢ ܐܢܬܬܐ: ܕܐܝܬ ܗܘܐ ܠܗ ܪܘܚܐ ܕܟܘܪܗܢܐ: ܫܢܝܢ
ܬܡܢܥܣܪܐ. ܘܟܦܝܦܐ ܗܘܬ ܘܠܐ ܡܫܟܚܐ ܗܘܬ ܕܬܬܦܫܛ
ܠܓܡܪ. 12 ܚܙܗ ܕܝܢ ܝܫܘܥ ܘܩܪܗ ܘܐܡܪ ܠܗ. ܐܢܬܬܐ
ܫܪܝܬܝ ܡܢ ܟܘܪܗܢܟܝ. 13 ܘܣܡ ܐܝܕܗ ܥܠܝܗ: ܘܡܚܕܐ
ܐܬܦܫܛܬ. ܘܫܒܚܬ ܠܐܠܗܐ. 14 ܥܢܐ ܕܝܢ ܪܒ ܟܢܘܫܬܐ ܟܕ
ܡܬܚܡܬ. ܥܠ ܕܐܣܝ ܒܫܒܬܐ ܝܫܘܥ. ܘܐܡܪ ܠܟܢܫܐ.
ܫܬܐ ܐܢܘܢ ܝܘܡܝܢ ܕܒܗܘܢ ܘܠܐ ܠܡܦܠܚ. ܒܗܘܢ ܗܘܝܬܘܢ
ܐܬܝܢ ܡܬܐܣܝܢ. ܘܠܐ ܒܝܘܡܐ ܕܫܒܬܐ. 15 ܝܫܘܥ ܕܝܢ ܥܢܐ ܘܐܡܪ
ܠܗ. ܢܣܒ ܒܐܦܐ: ܚܕ ܚܕ ܡܢܟܘܢ ܒܫܒܬܐ: ܠܐ ܫܪܐ
ܬܘܪܗ ܐܘ ܚܡܪܗ ܡܢ ܐܘܪܝܐ: ܘܐܙܠ ܡܫܩܐ: 16 ܗܕܐ ܕܝܢ

ܕܒܪܬܗ ܗܝ ܕܐܒܪܗܡ: ܘܐܣܪܗ̇ ܐܟܠܩܪܨܐ ܗܐ ܬܡܢܥܣܪܐ
ܫܢܝܢ ܠܐ ܘܠܐ ܗܘܐ ܕܬܫܬܪܐ ܡܢ ܗܢܐ ܐܣܘܪܐ ܒܝܘܡܐ ܕܫܒܬܐ.
17 ܘܟܕ ܗܠܝܢ. ܐܡܪ ܗܘܐ. ܒܗܬܝܢ ܗܘܘ ܟܠܗܘܢ ܐܝܠܝܢ
ܕܩܝܡܝܢ ܗܘܘ ܠܘܩܒܠܗ. ܘܟܠܗ ܥܡܐ ܚܕܐ ܗܘܐ
ܒܟܠܗܝܢ ܬܕܡܪܬܐ ܕܗܘܝܢ ܗܘܝ ܒܐܝܕܗ ✤ 18 ܐܡܪ ܗܘܐ
ܕܝܢ ܝܫܘܥ. ܠܡܢܐ ܕܡܝܐ ܡܠܟܘܬܐ ܕܐܠܗܐ ܘܠܡܢܐ ܐܕܡܝܗ̇.
19 ܕܡܝܐ ܠܦܪܕܬܐ ܕܚܪܕܠܐ: ܗܝ ܕܢܣܒ ܓܒܪܐ ܐܙܪܥܗ̇
ܒܓܢܬܗ. ܘܪܒܬ ܘܗܘܬ ܐܝܠܢܐ ܪܒܐ. ܘܦܪܚܬܐ ܕܫܡܝܐ
ܐܓܢܬ ܒܣܘܟܝܗ̇. 20 ܬܘܒ ܐܡܪ ܝܫܘܥ. ܠܡܢܐ ܐܕܡܝܗ̇
ܠܡܠܟܘܬܐ ܕܐܠܗܐ. 21 ܕܡܝܐ ܠܚܡܝܪܐ ܗܘ ܕܢܣܒܬ ܐܢܬܬܐ
ܛܡܪܬܗ̇ ܒܩܡܚܐ ܕܬܠܬ ܣܐܝܢ: ܥܕܡܐ ܕܟܠܗ ܚܡܥ.
22 ܘܪܕܐ ܗܘܐ ܒܡܕܝܢܬܐ ܘܒܩܘܪܝܬܐ ܟܕ ܡܠܦ ܘܐܙܠ
ܠܐܘܪܫܠܡ ✤ 23 ܘܫܐܠܗ ܕܝܢ ܐܢܫ: ܕܐܢ ܙܥܘܪܝܢ ܐܢܘܢ ܐܝܠܝܢ
ܕܚܝܝܢ. 24 ܝܫܘܥ ܕܝܢ ܐܡܪ ܠܗܘܢ. ܐܬܟܬܫܘ ܠܡܥܠ
ܒܬܪܥܐ ܐܠܝܨܐ ܐܡܪ ܐܢܐ ܠܟܘܢ ܓܝܪ: ܕܣܓܝܐܐ ܢܒܥܘܢ
ܠܡܥܠ ܘܠܐ ܢܫܟܚܘܢ. 25 ܡܢ ܫܥܬܐ ܕܢܩܘܡ ܡܪܐ ܒܝܬܐ
ܘܢܐܚܘܕ ܬܪܥܐ. ܘܬܗܘܘܢ ܩܝܡܝܢ ܠܒܪ ܘܢܩܫܝܢ ܒܬܪܥܐ.
ܘܬܐܡܪܘܢ ܠܡܪܢ: ܡܪܢ ܡܪܢ ܦܬܚ ܠܢ. ܘܢܥܢܐ ܗܘ
ܘܢܐܡܪ. ܐܡܪ ܐܢܐ ܠܟܘܢ: ܕܠܐ ܝܕܥ ܐܢܐ ܠܟܘܢ ܐܝܟܢܐ
ܐܝܬܝܟܘܢ. 26 ܘܬܫܪܘܢ ܠܡܐܡܪ. ܩܕܡܝܟ ܐܟܠܢ ܘܐܫܬܝܢ
ܘܒܫܘܩܝܢ ܐܠܦܬ. 27 ܘܢܐܡܪ ܠܟܘܢ: ܠܐ ܝܕܥ ܐܢܐ ܠܟܘܢ
ܐܝܟܢܐ ܐܝܬܝܟܘܢ. ܪܘܚܩܘ ܠܟܘܢ ܡܢܝ ܦܠܚܝ ܥܘܠܐ:
28 ܬܡܢ ܢܗܘܐ ܒܟܝܐ ܘܚܘܪܩ ܫܢܐ. ܡܐ ܕܬܚܙܘܢ ܠܐܒܪܗܡ
ܘܠܐܝܣܚܩ ܘܠܝܥܩܘܒ: ܘܠܟܠܗܘܢ ܢܒܝܐ ܒܡܠܟܘܬܐ
ܕܐܠܗܐ. ܐܢܬܘܢ ܕܝܢ ܡܦܩܝܢ ܠܒܪ. 29 ܘܢܐܬܘܢ ܡܢ
ܡܕܢܚܐ ܘܡܢ ܡܥܪܒܐ ܘܡܢ ܓܪܒܝܐ ܘܡܢ ܬܝܡܢܐ:
ܘܢܣܬܡܟܘܢ ܒܡܠܟܘܬܐ ܕܐܠܗܐ. 30 ܘܗܐ ܐܝܬ ܐܚܪ̈ܝܐ
ܕܢܗܘܘܢ ܩܕ̈ܡܝܐ: ܘܐܝܬ ܩܕ̈ܡܝܐ ܕܢܗܘܘܢ ܐܚܪ̈ܝܐ. 31 ܒܗ

ܒܗ ܒܝܘܡܐ: ܩܪܒܘ ܐܢܫܐ ܡܢ ܦܪ̈ܝܫܐ ܘܐܡܪܝܢ ܠܗ.
ܦܘܩ ܙܠ ܠܟ ܡܟܐ: ܡܛܠ ܕܗܪܘܕܣ ܨܒܐ ܠܡܩܛܠܟ.
32 ܐܡܪ ܠܗܘܢ ܝܫܘܥ. ܙܠܘ ܐܡܪܘ ܠܬܥܠܐ ܗܢܐ: ܕܗܐ
ܡܦܩ ܐܢܐ ܫܐ̈ܕܐ: ܘܐܣܘܬܐ ܥܒܕ ܐܢܐ ܝܘܡܢܐ ܘܡܚܪ.
ܘܠܝܘܡܐ ܕܬܠܬܐ ܡܫܬܡܠܐ ܐܢܐ. 33 ܒܪܡ ܘܠܐ ܠܝ ܕܝܘܡܢܐ
ܘܡܚܪ ܐܗܠܟ. ܘܠܝܘܡܐ ܐܚܪܢܐ ܐܙܠ. ܡܛܠ ܕܠܐ ܡܫܟܚܐ
ܕܢܒܝܐ ܢܐܒܕ ܠܒܪ ܡܢ ܐܘܪܫܠܡ. 34 ܐܘܪܫܠܡ ܐܘܪܫܠܡ:
ܩܛܠܬ ܢܒܝ̈ܐ ܘܪܓܡܬ ܠܐܝܠܝܢ ܕܫܠܝܚܝܢ ܠܘܬܟܝ: ܟܡܐ
ܙܒܢܝܢ ܨܒܝܬ ܠܡܟܢܫܘ ܒܢܝ̈ܟܝ: ܐܝܟ ܬܪܢܓܘܠܬܐ ܕܟܢܫܐ
ܦܪ̈ܘܓܝܗ ܬܚܝܬ ܓܦ̈ܝܗ ܘܠܐ ܨܒܝܬܘܢ. 35 ܗܐ ܡܫܬܒܩ
ܠܟܘܢ ܒܝܬܟܘܢ ܚܪܒܐ. ܐܡܪ ܐܢܐ ܠܟܘܢ ܓܝܪ: ܕܠܐ
ܬܚܙܘܢܢܝ ܥܕܡܐ ܕܬܐܡܪܘܢ ܒܪܝܟ ܗܘ ܕܐܬܐ ܒܫܡܗ ܕܡܪܝܐ܀

ܩܦܠܐܘܢ ✤ ܝܕ ✤

1 ܘܗܘܐ ܕܟܕ ܥܠ ܠܒܝܬܐ ܕܚܕ ܡܢ ܪ̈ܫܐ ܕܦܪ̈ܝܫܐ
ܠܡܠܥܣ ܠܚܡܐ ܒܝܘܡܐ ܕܫܒܬܐ: ܘܗܢܘܢ ܢܛܪܝܢ ܗܘܘ
ܠܗ. 2 ܘܗܐ ܓܒܪܐ ܚܕ ܕܚܝܫ ܗܘܐ ܡܝ̈ܐ ܐܝܬ ܗܘܐ
ܩܕܡܘܗܝ. 3 ܘܥܢܐ ܝܫܘܥ ܘܐܡܪ ܠܣܦܪ̈ܐ ܘܠܦܪ̈ܝܫܐ. ܕܐܢ
ܫܠܝܛ ܒܫܒܬܐ ܠܡܐܣܝܘ. 4 ܗܢܘܢ ܕܝܢ ܫܬܩܘ ܘܐܚܕܗ
ܗܘ ܘܐܣܝܗ ܘܫܪܝܗ. 5 ܘܐܡܪ ܠܗܘܢ. ܡܢܘ ܡܢܟܘܢ
ܕܢܦܠ ܒܪܗ ܐܘ ܬܘܪܗ ܒܓܘܒܐ ܒܝܘܡܐ ܕܫܒܬܐ: ܘܠܐ ܡܚܕܐ
ܕܠܐ ܡܣܩ ܠܗ. 6 ܘܠܐ ܐܫܟܚܘ ܠܡܬܠ ܠܗ ܦܬܓܡܐ ܥܠ
ܗܕܐ. 7 ܘܐܡܪ ܗܘܐ ܡܬܠܐ ܠܘܬ ܗܢܘܢ ܕܡܙܡܢܝܢ ܗܘܘ ܬܡܢ:
ܟܕ ܚܙܐ ܗܘܐ ܠܗܘܢ ܕܓܒܝܢ ܕܘܟܝ̈ܬܐ ܕܪܝܫ ܣܡܟܐ.
8 ܐܡܬܝ ܕܡܙܕܡܢ ܐܢܬ ܡܢ ܐܢܫ ܠܒܝܬ ܡܫܬܘܬܐ: ܠܐ
ܬܐܙܠ ܬܣܬܡܟ ܠܟ ܒܪܝܫ ܣܡܟܐ. ܕܠܡܐ ܢܗܘܐ ܡܙܕܡܢ
ܬܡܢ ܐܢܫ ܕܡܝܩܪ ܡܢܟ: 9 ܘܢܐܬܐ ܗܘ ܡܢ ܕܠܟ ܘܠܗ
ܩܪܐ: ܘܢܐܡܪ ܠܟ ܕܗܒ ܕܘܟܬܐ ܠܗܢܐ: ܘܬܒܗܬ ܟܕ ܩܐܡ

ܐܢܬ: ܘܐܬܐ ܐܢܬ ܕܒܗܬܬܐ ܐܚܪܝܬܐ. 10 ܐܠܐ ܡܐ ܕܐܬܩܪܝܬ: ܙܠ
ܐܣܬܡܟ ܠܟ ܒܚܪܬܐ. ܕܡܐ ܕܐܬܐ ܗܘ ܕܩܪܝܟ ܢܐܡܪ ܠܟ.
ܪܚܡܝ: ܐܣܩ ܠܥܠ ܘܐܣܬܡܟ. ܘܬܗܘܐ ܠܟ ܬܫܒܘܚܬܐ
ܩܕܡ ܟܠܗܘܢ ܕܣܡܝܟܝܢ ܥܡܟ. 11 ܡܛܠ ܕܟܠ ܕܡܪܝܡ
ܢܦܫܗ ܢܬܡܟܟ: ܘܟܠ ܕܡܟܟ ܢܦܫܗ ܢܬܪܝܡ. 12 ܐܡܪ
ܕܝܢ ܠܗܘ ܕܩܪܝܗ. ܡܐ ܕܥܒܕ ܐܢܬ ܫܪܘܬܐ ܐܘ ܚܫܡܝܬܐ:
ܠܐ ܬܗܘܐ ܩܪܐ ܪܚܡܝܟ. ܐܦܠܐ ܐܚܝܟ ܐܘ ܐܚܝܢܝܟ. ܘܠܐ ܫܒܒܝܟ
ܥܬܝܪܐ. ܕܠܡܐ ܐܦ ܗܢܘܢ ܢܩܪܘܢܟ: ܘܬܗܘܐ ܠܟ ܦܘܪܥܢܐ
ܗܕܐ. 13 ܐܠܐ ܡܐ ܕܥܒܕ ܐܢܬ ܡܩܒܠܐ: ܩܪܝ ܠܡܣܟܢܐ.
ܡܚܝܠܐ. ܚܓܝܣܐ. ܣܡܝܐ. 14 ܘܛܘܒܝܟ ܕܠܝܬ ܠܗܘܢ
ܕܢܦܪܥܘܢܟ. ܬܗܘܐ ܓܝܪ ܦܘܪܥܢܟ ܒܩܝܡܬܐ ܕܙܕܝܩܐ ❖
15 ܟܕ ܫܡܥ ܕܝܢ ܚܕ ܡܢ ܗܠܝܢ ܕܣܡܝܟܝܢ ܗܘܘ. ܐܡܪ
ܠܗ: ܛܘܒܘܗܝ ܠܡܢ ܕܢܐܟܘܠ ܠܚܡܐ ܒܡܠܟܘܬܗ
ܕܐܠܗܐ. 16 ܐܡܪ ܠܗ ܝܫܘܥ. ܓܒܪܐ ܚܕ ܥܒܕ ܚܫܡܝܬܐ
ܪܒܬܐ. ܘܩܪܐ ܠܣܓܝܐܐ. 17 ܘܫܕܪ ܥܒܕܗ ܒܥܕܢܐ ܕܚܫܡܝܬܐ
ܕܢܐܡܪ ܠܙܡܝܢܐ ܕܩܪܝܢ. ܗܐ ܟܠܡܕܡ ܡܛܝܒ ܠܟܘܢ ܬܘ.
18 ܘܫܪܝܘ ܡܢ ܚܕ ܟܠܗܘܢ ܠܡܫܬܐܠܘ. ܐܡܪ ܠܗ
ܩܕܡܝܐ. ܩܪܝܬܐ ܙܒܢܬ: ܘܐܠܨ ܠܝ ܕܐܦܘܩ ܐܚܙܝܗ̇. ܒܥܐ
ܐܢܐ ܡܢܟ ܫܒܘܩܝܢܝ ܕܡܫܬܐܠ ܐܢܐ. 19 ܐܚܪܢܐ ܐܡܪ.
ܚܡܫܐ ܙܘܓܝܢ ܬܘܪܐ ܙܒܢܬ: ܘܐܙܠ ܐܢܐ ܕܐܒܩܐ ܐܢܘܢ. ܒܥܐ
ܐܢܐ ܡܢܟ ܫܒܘܩܝܢܝ ܕܡܫܬܐܠ ܐܢܐ ❖ 20 ܐܚܪܢܐ ܐܡܪ.
ܐܢܬܬܐ ܢܣܒܬ: ܘܡܛܠ ܗܕܐ ܠܐ ܡܫܟܚ ܐܢܐ ܕܐܬܐ. 21 ܘܐܬܐ
ܗܘ ܥܒܕܐ ܘܐܡܪ ܠܡܪܗ ܗܠܝܢ. ܗܝܕܝܢ ܪܓܙ ܡܪܐ ܒܝܬܐ:
ܘܐܡܪ ܠܥܒܕܗ. ܦܘܩ ܥܓܠ ܠܫܘܩܐ ܘܠܒܪ̈ܝܬܐ
ܕܡܕܝܢܬܐ: ܘܐܥܠ ܠܟܐ ܠܡܣܟܢܐ ܘܠܡܚܝܠܐ. ܘܠܚܓܝܣܐ
ܘܠܣܡܝܐ. 22 ܘܐܡܪ ܥܒܕܐ. ܡܪܝ: ܗܘܐ ܐܝܟ ܕܦܩܕܬ.
ܘܐܘܕ ܐܝܬ ܐܬܪܐ. 23 ܘܐܡܪ ܡܪܐ ܠܥܒܕܗ. ܦܘܩ ܠܐܘܪܚܬܐ
ܘܠܒܝܬ ܣܝܓܐ: ܘܐܠܘܨ ܕܢܥܠܘܢ ܕܢܬܡܠܐ ܒܝܬܝ. 24 ܐܡܪ

ܐܢܐ ܠܟܘܢ ܓܝܪ: ܕܐܢܫ ܡܢ ܗܢܘܢ ܐܢܫ̈ܐ ܕܩܪ̈ܝܢ ܗܘܘ: ܠܐ
ܢܛܥܡܘܢ ܡܢ ܚܫܡܝܬܝ ܀ 25 ܘܟܕ ܐܙܠܝܢ ܗܘܘ ܠܘܬܗ
ܟܢ̈ܫܐ ܣܓܝ̈ܐܐ: ܐܬܦܢܝ ܘܐܡܪ ܠܗܘܢ. 26 ܡܢ ܕܐܬܐ ܠܘܬܝ
ܘܠܐ ܣܢܐ ܠܐܒܘܗܝ ܘܠܐܡܗ: ܘܠܐܚ̈ܘܗܝ ܘܠܐܚ̈ܘܬܗ: ܘܠܐܢܬܬܗ
ܘܠܒܢ̈ܘܗܝ ܘܐܦ ܠܢܦܫܗ: ܬܠܡܝܕܐ ܠܐ ܡܫܟܚ ܕܢܗܘܐ
ܠܝ. 27 ܘܡܢ ܕܠܐ ܫܩܠ ܙܩܝܦܗ ܘܐܬܐ ܒܬܪܝ: ܬܠܡܝܕܐ ܠܐ
ܡܫܟܚ ܕܢܗܘܐ ܠܝ. 28 ܡܢܘ ܓܝܪ ܡܢܟܘܢ ܕܨܒܐ
ܕܢܒܢܐ ܡܓܕܠܐ: ܘܠܐ ܠܘܩܕܡ ܝܬܒ ܚܫܒ ܢܦܩܬܗ: ܐܢ
ܐܝܬ ܠܗ ܠܡܫܡܠܝܘܬܗ. 29 ܕܠܐ ܟܕ ܢܣܝܡ ܫܬܐܣܬܐ ܘܠܐ
ܢܫܟܚ ܠܡܫܡܠܝܘ: ܟܠ ܕܚܙܝܢ ܢܗܘܘܢ ܡܒܙܚܝܢ ܒܗ.
30 ܘܐܡܪܝܢ. ܕܗܢܐ ܓܒܪܐ ܫܪܝ ܠܡܒܢܐ. ܘܠܐ ܐܫܟܚ
ܠܡܫܡܠܝܘ. 31 ܐܘ ܡܢܘ ܡܠܟܐ ܕܐܙܠ ܠܩܪܒܐ ܠܡܬܟܬܫܘ
ܥܡ ܡܠܟܐ ܚܒܪܗ: ܘܠܐ ܠܘܩܕܡ ܡܬܪܥܐ: ܐܢ ܡܫܟܚ
ܒܥܣܪܐ ܐܠܦܝܢ ܠܡܐܪܥ ܠܗܘ ܕܐܬܐ ܥܠܘܗܝ ܒܥܣܪܝܢ
ܐܠܦܝܢ. 32 ܘܐܢ ܕܝܢ ܠܐ. ܥܕ ܗܘ ܪܚܝܩ ܡܢܗ: ܫܕܪ
ܐܝܙܓܕܐ ܘܒܥܐ ܥܠ ܫܠܡܐ. 33 ܗܟܢܐ ܟܠ ܐܢܫ ܡܢܟܘܢ
ܕܠܐ ܫܒܩ ܟܠܗ ܩܢܝܢܗ: ܠܐ ܡܫܟܚ ܕܢܗܘܐ ܠܝ
ܬܠܡܝܕܐ. 34 ܛܒܐ ܗܝ ܡܠܚܐ. ܐܢ ܕܝܢ ܐܦ ܡܠܚܐ
ܬܦܟܗ ܒܡܢܐ ܬܬܡܠܚ. 35 ܠܐ ܠܐܪܥܐ ܘܠܐ ܠܙܒܠܐ ܚܫܚܐ. ܠܒܪ
ܫܕܝܢ ܠܗ. ܡܢ ܕܐܝܬ ܠܗ ܐܕܢܐ ܕܢܫܡܥ ܢܫܡܥ ܀

ܩܦܠܐܘܢ ܀ ܝܗ ܀

1 ܡܬܩܪܒܝܢ ܗܘܘ ܕܝܢ ܠܘܬܗ ܡܟܣ̈ܐ ܘܚܛܝ̈ܐ
ܕܢܫܡܥܘܢܝܗܝ. 2 ܘܣܦܪ̈ܐ ܘܦܪ̈ܝܫܐ ܪܛܢܝܢ ܗܘܘ ܘܐܡܪܝܢ.
ܕܗܢܐ ܠܚܛܝ̈ܐ ܡܩܒܠ ܘܐܟܠ ܥܡܗܘܢ. 3 ܘܐܡܪ ܠܗܘܢ
ܝܫܘܥ ܡܬܠܐ ܗܢܐ. 4 ܡܢܘ ܡܢܟܘܢ ܓܒܪܐ ܕܐܝܬ ܠܗ ܡܐܐ
ܥܪ̈ܒܝܢ: ܘܐܢ ܢܐܒܕ ܚܕ ܡܢܗܘܢ: ܠܐ ܫܒܩ ܬܫܥܝܢ ܘܬܫܥܐ
ܒܡܕܒܪܐ: ܘܐܙܠ ܒܥܐ ܠܗܘ ܕܐܒܕ ܥܕܡܐ ܕܢܫܟܚܝܘܗܝ.

5 ܘܡܐ ܕܐܫܟܚܗ ܚܕܐ. ܘܫܩܠ ܠܗ ܥܠ ܟܬܦܬܗ.
6 ܘܐܬܐ ܠܒܝܬܗ. ܘܩܪܐ ܠܪ̈ܚܡܘܗܝ ܘܠܫܒ̈ܒܘܗܝ ܘܐܡܪ
ܠܗܘܢ. ܚܕܘ ܥܡܝ ܕܐܫܟܚܬ ܥܪܒܝ ܕܐܒܝܕ ܗܘܐ. 7 ܐܡܪ
ܐܢܐ ܠܟܘܢ: ܕܗܟܢܐ ܬܗܘܐ ܚܕܘܬܐ ܒܫܡܝܐ ܥܠ ܚܕ ܚܛܝܐ
ܕܬܐܒ: ܐܘ ܥܠ ܬܫܥܝܢ ܘܬܫܥܐ ܙܕ̈ܝܩܝܢ ܕܠܐ ܡܬܒܥܝܐ
ܠܗܘܢ ܬܝܒܘܬܐ. 8 ܐܘ ܐܝܢܐ ܗܝ ܐܢܬܬܐ ܕܐܝܬ ܠܗ ܥܣܪܐ
ܙܘܙܝܢ ܘܬܘܒܕ ܚܕ ܡܢܗܘܢ: ܠܐ ܡܢܗܪܐ ܫܪܓܐ ܘܡܟܢܫܐ
ܒܝܬܐ: ܘܒܥܝܐ ܠܗ ܒܚܦܝܛܘܬ ܥܕܡܐ ܕܬܫܟܚܝܘܗܝ.
9 ܘܡܐ ܕܐܫܟܚܬܗ: ܩܪܝܐ ܠܪ̈ܚܡܬܗ ܘܠܫܒ̈ܒܬܗ ܘܐܡܪܐ
ܠܗܝܢ. ܚܕ̈ܝܝܢ ܥܡܝ ܕܐܫܟܚܬ ܙܘܙܝ ܕܐܒܝܕ ܗܘܐ. 10 ܐܡܪ
ܐܢܐ ܠܟܘܢ: ܕܗܟܢܐ ܬܗܘܐ ܚܕܘܬܐ ܩܕܡ ܡܠܐܟܘܗܝ ܕܐܠܗܐ:
ܥܠ ܚܕ ܚܛܝܐ ܕܬܐܒ ܀ 11 ܘܐܡܪ ܗܘܐ ܠܗܘܢ ܬܘܒ ܡܬܠܐ.
ܓܒܪܐ ܚܕ ܐܝܬ ܗܘܐ ܠܗ ܬܪܝܢ ܒܢ̈ܝܢ: 12 ܘܐܡܪ ܠܗ ܒܪܗ
ܙܥܘܪܐ. ܐܒܝ: ܗܒ ܠܝ ܦܠܓܘܬܐ ܕܡܛܝܐ ܠܝ ܡܢ
ܒܝܬܟ. ܘܦܠܓ ܠܗܘܢ ܩܢܝܢܗ. 13 ܘܡܢ ܒܬܪ ܝܘܡܬܐ
ܩܠܝܠ: ܟܢܫ ܗܘ ܒܪܗ ܙܥܘܪܐ ܟܠ ܡܕܡ ܕܡܛܝܗ:
ܘܐܙܠ ܠܐܬܪܐ ܪܚܝܩܐ. ܘܬܡܢ ܒܕܪ ܩܢܝܢܗ ܟܕ ܚܝܐ ܦܪܝܚܐܝܬ.
14 ܘܟܕ ܓܡܪ ܟܠ ܡܕܡ ܕܐܝܬ ܗܘܐ ܠܗ. ܗܘܐ ܟܦܢܐ
ܪܒܐ ܒܐܬܪܐ ܗܘ. ܘܫܪܝ ܚܣܪ ܠܗ. 15 ܘܐܙܠ ܢܩܦ ܠܗ
ܠܚܕ ܡܢ ܒ̈ܢܝ ܡܕܝܢܬܐ ܕܐܬܪܐ ܗܘ. ܘܗܘ ܫܕܪܗ ܠܚܩܠܐ
ܠܡܪܥܐ ܚܙܝܪ̈ܐ. 16 ܘܡܬܪܓܪܓ ܗܘܐ ܠܡܡܠܐ ܟܪܣܗ
ܡܢ ܚܪ̈ܘܒܐ ܗܠܝܢ ܕܐܟܠܝܢ ܗܘܘ ܚܙܝܪ̈ܐ. ܘܠܐ ܐܢܫ ܝܗܒ
ܗܘܐ ܠܗ. 17 ܘܟܕ ܐܬܐ ܠܘܬ ܢܦܫܗ ܐܡܪ. ܟܡܐ ܗܫܐ
ܐܓܝܪ̈ܐ ܐܝܬ ܠܗ ܐܒܝ ܕܝܬܝܪ ܠܗܘܢ ܠܚܡܐ: ܘܐܢܐ ܗܪܟܐ
ܒܟܦܢܐ ܐܒܕ ܐܢܐ. 18 ܐܩܘܡ ܐܙܠ ܠܘܬ ܐܒܝ ܘܐܡܪ ܠܗ.
ܐܒܝ: ܚܛܝܬ ܒܫܡܝܐ ܘܩܕܡܝܟ: 19 ܘܠܐ ܡܟܝܠ ܫܘܐ ܐܢܐ
ܕܒܪܟ ܐܬܩܪܐ. ܥܒܕܝܢܝ ܐܝܟ ܚܕ ܡܢ ܐܓܝܪ̈ܝܟ. 20 ܘܩܡ
ܐܬܐ ܠܘܬ ܐܒܘܗܝ. ܘܟܕ ܗܘ ܪܚܝܩ: ܚܙܝܗܝ ܐܒܘܗܝ

ܘܐܬܪܚܡ ܥܠܘܗܝ. ܘܪܗܛ ܢܦܠ ܥܠ ܨܘܪܗ ܘܢܫܩܗ:
21 ܘܐܡܪ ܠܗ ܒܪܗ. ܐܒܝ. ܚܛܝܬ ܒܫܡܝܐ ܘܩܕܡܝܟ.
ܘܠܐ ܫܘܐ ܐܢܐ ܕܒܪܟ ܐܬܩܪܐ. 22 ܐܡܪ ܕܝܢ ܐܒܘܗܝ ܠܥܒܕܘܗܝ.
ܐܦܩܘ ܐܣܛܠܐ ܪܫܝܬܐ ܐܠܒܫܘܗܝ ܘܣܝܡܘ ܥܙܩܬܐ ܒܐܝܕܗ.
ܘܐܣܐܢܘܗܝ ܡܣܐܢܐ. 23 ܘܐܝܬܘ ܩܛܘܠܘ ܬܘܪܐ ܕܦܛܡܐ.
ܘܢܐܟܘܠ ܘܢܬܒܣܡ. 24 ܕܗܢܐ ܒܪܝ ܡܝܬܐ ܗܘܐ ܘܚܝܐ:
ܘܐܒܝܕܐ ܗܘܐ ܘܐܫܬܟܚ. ܘܫܪܝܘ ܠܡܬܒܣܡܘ. 25 ܗܘ ܕܝܢ
ܒܪܗ ܩܫܝܫܐ ܒܚܩܠܐ ܗܘܐ. ܘܟܕ ܐܬܐ ܘܩܪܒ ܠܘܬ ܒܝܬܐ:
ܫܡܥ ܩܠ ܙܡܪܐ ܕܣܓܝܐܐ. 26 ܘܩܪܐ ܠܚܕ ܡܢ ܛܠܝܐ:
ܘܫܐܠܗ ܡܢܘ ܗܢܐ. 27 ܐܡܪ ܠܗ. ܐܚܘܟ ܐܬܐ. ܘܩܛܠ
ܐܒܘܟ ܬܘܪܐ ܕܦܛܡܐ. ܕܟܕ ܚܠܝܡ ܐܩܒܠܗ. 28 ܘܪܓܙ ܘܠܐ
ܨܒܐ ܗܘܐ ܠܡܥܠ. ܘܢܦܩ ܐܒܘܗܝ ܒܥܐ ܡܢܗ. 29 ܗܘ
ܕܝܢ ܐܡܪ ܠܐܒܘܗܝ. ܗܐ ܟܡܐ ܫܢܝܢ ܦܠܚ ܐܢܐ ܠܟ
ܥܒܕܘܬܐ: ܘܠܐ ܡܡܬܘܡ ܥܒܪܬ ܦܘܩܕܢܟ. ܘܡܢ ܡܡܬܘܡ
ܓܕܝܐ ܠܐ ܝܗܒܬ ܠܝ ܕܐܬܒܣܡ ܥܡ ܪܚܡܝ. 30 ܠܒܪܟ ܕܝܢ
ܗܢܐ: ܟܕ ܐܟܠ ܢܟܣܝܟ ܥܡ ܙܢܝܬܐ ܘܐܬܐ: ܢܟܣܬ ܠܗ
ܬܘܪܐ ܕܦܛܡܐ. 31 ܐܡܪ ܠܗ ܐܒܘܗܝ. ܒܪܝ: ܐܢܬ
ܒܟܠܙܒܢ ܥܡܝ ܐܢܬ. ܘܟܠܡܕܡ ܕܝܠܝ ܕܝܠܟ ܗܘ.
32 ܠܡܬܒܣܡܘ ܕܝܢ ܘܠܐ ܗܘܐ ܠܢ ܘܠܡܚܕܝܘ. ܕܗܢܐ ܐܚܘܟ ܡܝܬܐ
ܗܘܐ ܘܚܝܐ. ܘܐܒܝܕܐ ܗܘܐ ܘܐܫܬܟܚ ✤

ܩܦܠܐܘܢ ✤ ܝܘ ✤

1 ܘܐܡܪ ܡܬܠܐ ܠܘܬ ܬܠܡܝܕܘܗܝ. ܓܒܪܐ ܚܕ ܐܝܬ ܗܘܐ
ܥܬܝܪܐ: ܘܐܝܬ ܗܘܐ ܠܗ ܪܒܝܬܐ. ܘܐܬܐܟܠܘ ܠܗ ܩܪܨܘܗܝ
ܕܡܒܕܪ ܩܢܝܢܗ. 2 ܘܩܪܝܗܝ ܡܪܗ ܘܐܡܪ ܠܗ. ܡܢܘ
ܗܢܐ ܕܫܡܥ ܐܢܐ ܥܠܝܟ. ܗܒ ܠܝ ܚܘܫܒܢܐ ܕܪܒܝܬܘܬܟ.
ܠܐ ܓܝܪ ܡܫܟܚ ܐܢܬ ܬܘܒ ܕܪܒܝܬܐ ܬܗܘܐ
ܠܝ. 3 ܐܡܪ ܗܘ ܪܒ ܒܝܬܐ ܒܢܦܫܗ. ܡܢܐ ܐܥܒܕ ܕܡܪܝ

ܡܛܠ ܠܗ ܡܢܚ ܙܟܝܐ ܟܠܬܘܬܐ. ܕܐܣܩܘܪܐ ܩܡܟܚ ܐܢܐ.
ܘܠܩܫܝܪ ܟܚܘܬܐ ܐܢܐ. 4 ܬܒܟܠ ܗܢܐ ܐܚܘܟ: ܕܗܠܐ ܕܬܩܠܐ
ܡܢ ܙܟܝܐ ܟܠܬܘܬܐ ܢܩܕܪ ܥܠ ܚܒܝܬܗܘܢ. 5 ܘܐܡܪ ܠܟܢܐ
ܢܟ ܡܢ ܫܢܝܐ ܕܫܡܥܘ: ܘܐܡܪ ܠܡܠܟܐ. ܡܢܐ ܫܢܝܐ
ܐܝܬ ܠܟܢܐ. 6 ܐܡܪ ܠܗܘ ܗܠܐ ܡܠܟܘܬ ܫܡܝܐ: ܐܡܪ ܠܗܘ
ܗܟ ܡܕܟܝ. ܘܐܟ ܟܠܒܠ ܠܗܘܟ ܢܩܝܡ ܡܠܟܘܬ.
7 ܘܐܡܪ ܟܐܣܝܢܐ. ܐܝܬ ܡܢܐ ܫܢܝܐ ܐܝܬ ܠܟܢܐ. ܐܡܪ ܠܗܘ
ܗܠܐ ܡܠܟܘܬ ܫܡܝܐ. ܐܡܪ ܠܗܘ ܡܟܠ ܡܕܟܝ. ܘܐܟ ܠܗܘܟ
ܠܗܠܝܢ ܡܠܟܘܬ. 8 ܘܡܟܝܚ ܗܢܝ ܠܢܟ ܟܝܬܐ ܕܓܘܠܐ
ܘܢܓܣܗܠܬ ܠܟܝ. ܠܝܩܝܘܗܝ ܓܒܪ ܕܟܠܗܐ ܗܘܢܐ: ܢܓܣܩܝܡ
ܐܝܟ ܗܢ ܠܝܩܝܘܗܝ ܕܝܗܘܕܐ ܓܒܪ ܟܠܗܘܢ ܗܘܕܐ. 9 ܘܐܦ ܐܢܐ
ܐܡܪ ܐܢܐ ܠܟܘܢ: ܕܠܐ ܠܗܘܢ ܕܢܚܫܐ ܡܢ ܡܠܟܘܬܐ ܗܘܢܐ
ܕܓܘܠܐ. ܕܗܠܐ ܕܓܒܪ ܢܩܕܪ ܠܗܘܢ ܟܡܗܝܒܢܘܗܝ
ܕܠܒܒܝܢ. 10 ܗܢ ܕܠܘܩܒܠ ܡܣܝܥܢ. ܐܦ ܠܟܝܢ
ܡܣܝܥܝܢ ܗܘ. ܘܗܢ ܕܠܘܩܒܠ ܟܘܠ ܐܦ ܠܟܝܢ ܟܘܠ
ܗܘ. 11 ܐܢ ܗܘܬܠ ܠܡܠܟܘܬܐ ܕܟܘܠܐ ܡܣܬܡܟܢܐ ܠܐ ܗܘܐܠܗ:
ܡܛܪ ܠܗܘܢ ܟܢܝܢ ܡܣܝܥܝܢ. 12 ܘܐܦ ܟܒܪ ܕܝܠܗܘܢ ܠܐ
ܐܬܟܣܠܗ ܡܣܝܥܢܐ: ܕܝܠܗܘܢ ܟܢܝܢ ܢܓܠ ܠܟܘܢ.
13 ܟܕ ܟܒܪܐ ܕܫܡܥܝܢ ܓܠܝܢ ܗܢܝܢ ܠܟܘܪܣܝ. ܐܦ
ܓܒܪ ܠܟܝ ܢܫܐ ܘܓܠܝܢܐ ܢܢܝܡ. ܐܦ ܠܟܝ ܢܟܪ
ܘܓܠܝܢܐ ܢܣܘܟ. ܠܐ ܡܫܬܝܚ ܐܝܬܗ ܠܟܘܪܣܝ ܠܐܓܘܪܐ
ܘܡܠܟܘܬܐ. 14 ܦܪܢܣܐ ܕܝܢ ܟܕ ܡܚܟܡ ܗܘܓܝܡ ܟܠܟܘܡ:
ܡܫܠܠ ܕܪܚܩܝܢ ܗܘܘ ܟܣܦܐ ܡܩܝܡܝܢ ܗܘܘ ܠܗ.
15 ܢܩܘܠ ܕܝܢ ܐܡܪ ܠܗܘܢ. ܐܝܬܘܗܝ ܐܝܟ ܕܡܙܕܩܝܢ ܢܩܗܘܢ
ܡܕܡ ܒܝܢܬܐ. ܠܓܘܪܐ ܕܝܢ ܢܛܠ ܒܟܠܦܘܬܗ. ܘܡܕܡ ܕܪܡ
ܟܕ ܒܝܢܬܐ: ܡܕܡ ܠܓܘܪܐ ܢܛܪ ܗܘ. 16 ܢܩܘܡܐ ܘܓܝܐ
ܒܕܡܐ ܠܢܣܝܢ. ܗܢ ܗܘܕܝ ܡܟܠܡܬܐ ܕܠܓܘܪܐ ܡܫܒܚܪܐ.
ܘܟܠ ܠܗ ܢܚܝ ܕܬܟܘܠ. 17 ܦܝܣܦ ܗܘ ܕܝܢ ܕܡܣܝܢܐ

ܘܐܪܥܐ ܢܥܒܪܘܢ: ܐܘ ܐܬܘܬܐ ܚܕܐ ܡܢ ܢܡܘܣܐ ܬܥܒܪ. 18 ܟܠ
ܡܢ ܕܫܪܐ ܐܢܬܬܗ ܘܢܣܒ ܐܚܪܬܐ ܓܐܪ. ܘܟܠ ܡܢ ܕܢܣܒ
ܫܒܝܩܬܐ ܓܐܪ ✤ 19 ܓܒܪܐ ܕܝܢ ܚܕ ܥܬܝܪܐ ܐܝܬ ܗܘܐ:
ܘܠܒܫ ܗܘܐ ܒܘܨܐ ܘܐܪܓܘܢܐ. ܘܟܠܝܘܡ ܡܬܒܣܡ ܗܘܐ
ܓܐܝܐܝܬ. 20 ܘܡܣܟܢܐ ܚܕ ܐܝܬ ܗܘܐ ܕܫܡܗ ܠܥܙܪ.
ܘܪܡܐ ܗܘܐ ܠܘܬ ܬܪܥܗ ܕܗܘ ܥܬܝܪܐ. ܟܕ ܡܡܚܐ
ܒܫܘܚܢܐ. 21 ܘܡܬܪܓܪܓ ܗܘܐ ܕܢܣܒܥ ܡܢ ܦܬܘܬܐ
ܕܢܦܠܢ ܡܢ ܦܬܘܪܗ ܕܗܘ ܥܬܝܪܐ. ܐܠܐ ܐܦ ܟܠܒܐ ܐܬܝܢ
ܗܘܘ ܡܠܚܟܝܢ ܫܘܚܢܘܗܝ. 22 ܗܘܐ ܕܝܢ ܘܡܝܬ ܗܘ
ܡܣܟܢܐ: ܘܐܘܒܠܘܗܝ ܡܠܐܟܐ ܠܥܘܒܗ ܕܐܒܪܗܡ. ܐܦ
ܗܘ ܕܝܢ ܥܬܝܪܐ ܡܝܬ ܘܐܬܩܒܪ. 23 ܘܟܕ ܡܫܬܢܩ ܒܫܝܘܠ:
ܐܪܝܡ ܥܝܢܘܗܝ ܡܢ ܪܘܚܩܐ: ܘܚܙܐ ܠܐܒܪܗܡ ܘܠܠܥܙܪ
ܒܥܘܒܗ. 24 ܘܩܪܐ ܒܩܠܐ ܪܡܐ ܘܐܡܪ. ܐܒܝ ܐܒܪܗܡ
ܐܬܪܚܡ ܥܠܝ. ܘܫܕܪ ܠܠܥܙܪ ܕܢܨܒܘܥ ܪܫ ܨܒܥܗ
ܒܡܝܐ ܘܢܪܛܒ ܠܝ ܠܫܢܝ: ܕܗܐ ܡܫܬܢܩ ܐܢܐ
ܒܫܠܗܒܝܬܐ ܗܕܐ. 25 ܐܡܪ ܠܗ ܐܒܪܗܡ. ܒܪܝ: ܐܬܕܟܪ
ܕܩܒܠܬ ܛܒܬܟ ܒܚܝܝܟ. ܘܠܥܙܪ ܒܝܫܬܗ. ܘܗܫܐ ܗܐ
ܡܬܒܝܐܣ ܗܪܟܐ ܘܐܢܬ ܡܫܬܢܩ ܐܢܬ. 26 ܘܥܡ ܗܠܝܢ
ܟܠܗܝܢ: ܗܘܬܐ ܪܒܬܐ ܫܬܐܣܬ ܒܝܢܢ ܘܠܟܘܢ. ܕܐܝܠܝܢ
ܕܨܒܝܢ ܡܟܐ ܕܢܥܒܪܘܢ ܠܘܬܟܘܢ ܠܐ ܢܫܟܚܘܢ. ܘܐܦܠܐ ܕܡܢ
ܬܡܢ ܢܥܒܪܘܢ ܠܘܬܢ. 27 ܐܡܪ ܠܗ. ܡܕܝܢ ܒܥܐ ܐܢܐ ܡܢܟ
ܐܒܝ: ܕܬܫܕܪܝܘܗܝ ܠܒܝܬ ܐܒܝ. 28 ܚܡܫܐ ܓܝܪ ܐܚܝܢ
ܐܝܬ ܠܝ. ܢܐܙܠ ܢܣܗܕ ܐܢܘܢ: ܕܠܐ ܐܦ ܗܢܘܢ ܢܐܬܘܢ
ܠܕܘܟܬܐ ܗܕܐ ܕܫܘܢܩܐ. 29 ܐܡܪ ܠܗ ܐܒܪܗܡ. ܐܝܬ ܠܗܘܢ
ܡܘܫܐ ܘܢܒܝܐ ܢܫܡܥܘܢ ܐܢܘܢ. 30 ܗܘ ܕܝܢ ܐܡܪ ܠܗ. ܠܐ
ܐܒܝ ܐܒܪܗܡ. ܐܠܐ ܐܢ ܐܢܫ ܡܢ ܡܝܬܐ ܢܐܙܠ ܠܘܬܗܘܢ
ܬܝܒܝܢ. 31 ܐܡܪ ܠܗ ܐܒܪܗܡ. ܐܢ ܠܡܘܫܐ ܘܠܢܒܝܐ ܠܐ
ܫܡܥܝܢ: ܐܦ ܠܐ ܐܢ ܐܢܫ ܡܢ ܡܝܬܐ ܢܩܘܡ ܡܗܝܡܢܝܢ ܠܗ ✤

ܩܦܠܐܘܢ ܀ ܝܙ ܀

1 ܘܐܡܪ ܗܘܐ ܝܫܘܥ ܠܬܠܡܝܕܘܗܝ. ܠܐ ܡܫܟܚܐ ܕܠܐ
ܢܐܬܘܢ ܡܟܫܘܠܐ. ܘܝ ܕܝܢ ܠܗܘ ܕܒܐܝܕܗ ܢܐܬܘܢ. 2 ܦܩܚ
ܗܘܐ ܠܗ ܐܠܘ ܪܚܝܐ ܕܚܡܪܐ ܬܠܐ ܒܨܘܪܗ ܘܡܫܬܕܐ ܒܝܡܐ.
ܐܘ ܕܢܟܫܠ ܠܚܕ ܡܢ ܗܠܝܢ ܙܥܘܪܐ. 3 ܐܙܕܗܪܘ ܒܢܦܫܟܘܢ.
ܐܢ ܢܚܛܐ ܐܚܘܟ ܟܐܐ ܒܗ. ܘܐܢ ܬܐܒ ܫܒܘܩ ܠܗ.
4 ܘܐܢ ܫܒܥ ܙܒܢܝܢ ܒܝܘܡܐ ܢܣܟܠ ܒܟ: ܘܫܒܥ ܙܒܢܝܢ
ܒܝܘܡܐ ܢܬܦܢܐ ܠܘܬܟ ܘܢܐܡܪ ܕܬܐܒ ܐܢܐ. ܫܒܘܩ ܠܗ ܀
5 ܘܐܡܪܘ ܫܠܝܚܐ ܠܡܪܢ. ܐܘܣܦ ܠܢ ܗܝܡܢܘܬܐ. 6 ܐܡܪ
ܠܗܘܢ. ܐܢ ܐܝܬ ܗܘܬ ܠܟܘܢ ܗܝܡܢܘܬܐ: ܐܝܟ ܦܪܕܬܐ ܕܚܪܕܠܐ:
ܐܡܪܝܢ ܗܘܝܬܘܢ ܠܬܘܬܐ ܗܕܐ. ܕܐܬܥܩܪܝ ܘܐܬܢܨܒܝ ܒܝܡܐ
ܘܡܫܬܡܥܐ ܗܘܬ ܠܟܘܢ. 7 ܡܢܘ ܡܢܟܘܢ ܕܐܝܬ ܠܗ ܥܒܕܐ
ܕܕܒܪ ܦܕܢܐ ܐܘ ܕܪܥܐ ܥܢܐ: ܘܐܢ ܢܐܬܐ ܡܢ ܚܩܠܐ: ܐܡܪ ܠܗ
ܡܚܕܐ ܥܒܘܪ ܐܣܬܡܟ. 8 ܐܠܐ ܐܡܪ ܠܗ. ܛܝܒ ܠܝ ܡܕܡ
ܕܐܚܫܡ. ܘܐܣܘܪ ܚܨܝܟ ܫܡܫܝܢܝ ܥܕܡܐ ܕܐܠܥܣ ܘܐܫܬܐ:
ܘܒܬܪܟܢ ܐܦ ܐܢܬ ܬܠܥܘܣ ܘܬܫܬܐ. 9 ܠܡܐ ܛܝܒܘܬܗ
ܡܩܒܠ ܕܗܘ ܥܒܕܐ ܕܥܒܕ ܡܕܡ ܕܐܬܦܩܕ ܠܗ: ܠܐ ܣܒܪ
ܐܢܐ. 10 ܗܟܢܐ ܐܦ ܐܢܬܘܢ. ܡܐ ܕܥܒܕܬܘܢ ܟܠܗܝܢ ܐܝܠܝܢ
ܕܦܩܝܕܢ ܠܟܘܢ: ܐܡܪܘ ܕܥܒܕܐ ܚܢܢ ܒܛܝܠܐ. ܕܡܕܡ
ܕܚܝܒܝܢ ܗܘܝܢ ܠܡܥܒܕ ܥܒܕܢ ܀ 11 ܘܗܘܐ ܕܟܕ ܐܙܠ
ܝܫܘܥ ܠܐܘܪܫܠܡ: ܥܒܪ ܗܘܐ ܒܝܬ ܫܡܪܝܐ ܠܓܠܝܠܐ.
12 ܘܟܕ ܩܪܒ ܠܩܪܝܬܐ ܚܕܐ: ܐܪܥܘܗܝ ܥܣܪܐ
ܐܢܫܝܢ ܓܪܒܐ. ܘܩܡܘ ܡܢ ܪܘܚܩܐ. 13 ܘܐܪܝܡܘ ܩܠܗܘܢ
ܘܐܡܪܝܢ. ܪܒܢ ܝܫܘܥ ܐܬܪܚܡ ܥܠܝܢ. 14 ܘܟܕ ܚܙܐ ܐܢܘܢ ܐܡܪ
ܠܗܘܢ. ܐܙܠܘ ܚܘܘ ܢܦܫܟܘܢ ܠܟܗܢܐ. ܘܟܕ ܐܙܠܝܢ ܐܬܕܟܝܘ.
15 ܚܕ ܕܝܢ ܡܢܗܘܢ ܟܕ ܚܙܐ ܕܐܬܕܟܝ ܗܦܟ ܠܗ. ܘܒܩܠܐ
ܪܡܐ ܡܫܒܚ ܗܘܐ ܠܐܠܗܐ. 16 ܘܢܦܠ ܥܠ ܐܦܘܗܝ ܩܕܡ
ܪܓܠܘܗܝ ܕܝܫܘܥ ܟܕ ܡܘܕܐ ܠܗ. ܘܗܘ ܗܢܐ ܫܡܪܝܐ

ܗ̱ܘܐ. 17 ܥܢܐ ܕܝܢ ܝܫܘܥ ܘܐܡܪ. ܠܐ ܗܘܘ ܥܣܪܐ ܗܢܘܢ
ܕܐܬܕܟܝܘ: ܐܝܟܐ ܐܢܘܢ ܬܫܥܐ. 18 ܠܡܐ ܦܪܫܘ ܕܢܐܬܘܢ
ܢܬܠܘܢ ܬܫܒܘܚܬܐ ܠܐܠܗܐ: ܐܠܐ ܗܢܐ ܕܡܢ ܥܡܐ ܗ̱ܘ
ܢܘܟܪܝܐ. 19 ܘܐܡܪ ܠܗ. ܩܘܡ ܙܠ ܗܝܡܢܘܬܟ ܐܚܝܬܟ ❖
20 ܘܟܕ ܫܐܠܘܗܝ ܠܝܫܘܥ ܡܢ ܦܪ̈ܝܫܐ: ܐܡܬܝ ܐܬܝܐ
ܡܠܟܘܬܗ ܕܐܠܗܐ: ܥܢܐ ܘܐܡܪ ܠܗܘܢ. ܠܐ ܐܬܝܐ ܡܠܟܘܬܗ
ܕܐܠܗܐ ܒܢܛܘܪܬܐ. 21 ܘܠܐ ܐܡܪܝܢ ܗܐ ܗܪܟܐ ܗܝ. ܘܗܐ ܗܪܟ
ܐܝܬܝܗ̇ ܗܝ. ܗܐ ܓܝܪ ܡܠܟܘܬܗ ܕܐܠܗܐ ܠܓܘ ܡܢܟܘܢ
ܗܝ. 22 ܘܐܡܪ ܠܬܠܡܝܕܘܗܝ. ܢܐܬܘܢ ܝܘܡܬܐ ܕܬܬܪܓܪܓܘܢ
ܠܡܚܙܐ ܚܕ ܡܢ ܝܘܡܬܗ ܕܒܪܗ ܕܐܢܫܐ ܘܠܐ ܬܚܙܘܢ. 23 ܘܐܢ
ܢܐܡܪܘܢ ܠܟܘܢ. ܗܐ ܗܪܟܐ ܗ̱ܘ: ܘܗܐ ܗܪܟ ܐܝܬܘܗܝ ܗ̱ܘ ܠܐ
ܬܐܙܠܘܢ. 24 ܐܝܟܢܐ ܓܝܪ ܕܒܪܩܐ ܒܪܩ ܡܢ ܫܡܝܐ.
ܘܟܠܗ ܬܚܝܬ ܫܡܝܐ ܡܢܗܪ: ܗܟܢܐ ܢܗܘܐ ܒܪܗ ܕܐܢܫܐ
ܒܝܘܡܗ. 25 ܠܘܩܕܡ ܕܝܢ ܥܬܝܕ ܗ̱ܘ ܕܢܚܫ ܣܓܝܐܬܐ.
ܘܢܣܬܠܐ ܡܢ ܫܪܒܬܐ ܗܕܐ. 26 ܘܐܝܟܢܐ ܕܗܘܐ ܒܝܘܡܬܗ
ܕܢܘܚ: ܗܟܢܐ ܢܗܘܐ ܒܝܘܡܬܗ ܕܒܪܗ ܕܐܢܫܐ. 27 ܕܐܟܠܝܢ
ܗܘܘ ܘܫܬܝܢ. ܘܢܣܒܝܢ ܢܫ̈ܐ ܘܝܗܒܝܢ ܠܓܒܪ̈ܐ. ܥܕܡܐ
ܠܝܘܡܐ ܕܥܠ ܢܘܚ ܠܟܘܝܠܐ: ܘܐܬܐ ܛܘܦܢܐ ܘܐܘܒܕ ܠܟܠܢܫ.
28 ܘܐܝܟܢܐ ܬܘܒ ܕܗܘܐ ܒܝܘܡܬܗ ܕܠܘܛ: ܕܐܟܠܝܢ ܗܘܘ
ܘܫܬܝܢ ܘܙܒܢܝܢ ܘܡܙܒܢܝܢ: ܘܢܨܒܝܢ ܗܘܘ ܘܒܢܝܢ:
29 ܒܝܘܡܐ ܕܝܢ ܕܢܦܩ ܠܘܛ ܡܢ ܣܕܘܡ: ܐܡܛܪ ܡܪܝܐ ܢܘܪܐ
ܘܟܒܪܝܬܐ ܡܢ ܫܡܝܐ ܘܐܘܒܕ ܠܟܠܗܘܢ: 30 ܗܟܢܐ ܢܗܘܐ
ܒܝܘܡܐ ܕܒܪܗ ܕܐܢܫܐ ܡܬܓܠܐ. 31 ܒܗܘ ܝܘܡܐ. ܡܢ
ܕܒܐܓܪܐ ܗ̱ܘ ܘܡܐܢܘܗܝ ܒܒܝܬܐ: ܠܐ ܢܚܘܬ ܕܢܫܩܘܠ ܐܢܘܢ.
ܘܡܢ ܕܒܚܩܠܐ ܗ̱ܘ ܠܐ ܢܗܦܘܟ ܠܒܣܬܪܗ. 32 ܐܬܕܟܪܘ
ܠܐܢܬܬܗ ܕܠܘܛ. 33 ܡܢ ܕܨܒܐ ܕܢܚܝܐ ܢܦܫܗ ܢܘܒܕܝܗ̇.
ܘܡܢ ܕܢܘܒܕ ܢܦܫܗ ܢܚܝܝܗ̇. 34 ܐܡܪ ܐܢܐ ܠܟܘܢ ܕܒܗ̇ ܒܠܠܝܐ
ܬܪܝܢ: ܢܗܘܘܢ ܒܥܪܣܐ ܚܕ. ܚܕ ܢܬܕܒܪ ܘܐܚܪܢܐ

ܢܫܬܒܩ. 35 ܘܬܪܬܝܢ ܢܗܘܝܢ ܛܚܢܢ ܐܟܚܕܐ. ܚܕܐ ܬܬܕܒܪ
ܘܐܚܪܬܐ ܬܫܬܒܩ. 36 ܬܪܝܢ ܢܗܘܘܢ ܒܚܩܠܐ. ܚܕ ܢܬܕܒܪ
ܘܐܚܪܢܐ ܢܫܬܒܩ. 37 ܥܢܘ ܘܐܡܪܝܢ ܠܗ. ܠܐܝܟܐ ܡܪܢ:
ܐܡܪ ܠܗܘܢ. ܐܝܟܐ ܕܦܓܪܐ ܬܡܢ ܢܬܟܢܫܘܢ ܢܫܪܐ ✧

ܩܦܠܐܘܢ ✧ ܝܚ ✧

1 ܐܡܪ ܠܗܘܢ ܕܝܢ ܐܦ ܡܬܠܐ. ܕܒܟܠ ܙܒܢ ܢܨܠܘܢ. ܘܠܐ
ܢܡܐܢ ܠܗܘܢ. 2 ܕܝܢܐ ܚܕ ܐܝܬ ܗܘܐ ܒܡܕܝܢܬܐ ܚܕܐ: ܕܡܢ
ܐܠܗܐ ܠܐ ܕܚܠ ܗܘܐ. ܘܡܢ ܒܢܝܢܫܐ ܠܐ ܡܬܟܚܕ ܗܘܐ.
3 ܐܪܡܠܬܐ ܕܝܢ ܚܕܐ ܐܝܬ ܗܘܬ ܒܡܕܝܢܬܐ ܗܝ: ܘܐܬܝܐ ܗܘܬ
ܠܘܬܗ ܘܐܡܪܐ. ܐܬܒܥ ܠܝ ܡܢ ܒܥܠ ܕܝܢܝ. 4 ܘܠܐ ܨܒܐ ܗܘܐ
ܙܒܢܐ ܣܓܝܐܐ. ܠܒܬܪ ܕܝܢ ܐܡܪ ܒܢܦܫܗ. ܐܢ ܡܢ ܐܠܗܐ
ܠܐ ܕܚܠ ܐܢܐ: ܘܡܢ ܒܢܝܢܫܐ ܠܐ ܡܬܟܚܕ ܐܢܐ: 5 ܐܦܢ ܡܛܠ
ܕܡܠܐܝܐ ܠܝ ܗܕܐ ܐܪܡܠܬܐ: ܐܬܒܥܝܗ̇. ܕܠܐ ܒܟܠ ܙܒܢ
ܬܐܬܐ ܬܗܘܐ ܡܗܪܐ ܠܝ. 6 ܘܐܡܪ ܡܪܢ. ܫܡܥܘ ܡܢܐ ܐܡܪ
ܕܝܢܐ ܕܥܘܠܐ. 7 ܐܠܗܐ ܕܝܢ ܠܐ ܢܥܒܕ ܬܒܥܬܐ
ܠܓܒܝܘܗܝ: ܕܩܪܝܢ ܠܗ ܒܐܝܡܡܐ ܘܒܠܠܝܐ: ܘܡܓܪܓ
ܪܘܚܗ ܥܠܝܗܘܢ: 8 ܐܡܪ ܐܢܐ ܠܟܘܢ ܕܥܒܕ ܬܒܥܬܗܘܢ
ܒܥܓܠ. ܒܪܡ ܢܐܬܐ ܒܪܗ ܕܐܢܫܐ ܘܢܫܟܚ ܟܝ ܗܝܡܢܘܬܐ
ܥܠ ܐܪܥܐ. 9 ܘܐܡܪ ܗܘܐ ܡܬܠܐ ܗܢܐ: ܠܘܩܒܠ ܐܢܫܝܢ
ܐܝܠܝܢ ܕܬܟܝܠܝܢ ܥܠ ܢܦܫܗܘܢ ܕܐܝܬܝܗܘܢ ܙܕܝܩܐ: ܘܫܐܛܝܢ
ܠܟܠ ܐܢܫ. 10 ܬܪܝܢ ܓܒܪܝܢ ܣܠܩܘ ܠܗܝܟܠܐ ܠܡܨܠܝܘ.
ܚܕ ܦܪܝܫܐ ܘܐܚܪܢܐ ܡܟܣܐ. 11 ܘܗܘ ܦܪܝܫܐ ܩܐܡ ܗܘܐ
ܒܝܢܘܗܝ ܠܢܦܫܗ: ܘܗܠܝܢ ܡܨܠܐ ܗܘܐ. ܐܠܗܐ ܡܘܕܐ
ܐܢܐ ܠܟ. ܕܠܐ ܗܘܝܬ ܐܝܟ ܫܪܟܐ ܕܐܢܫܐ ܚܛܘܦܐ ܘܥܠܘܒܐ
ܘܓܝܪܐ. ܘܠܐ ܐܝܟ ܗܢܐ ܡܟܣܐ. 12 ܐܠܐ ܨܐܡ ܐܢܐ ܬܪܝܢ ܒܫܒܬܐ.
ܘܡܥܣܪ ܐܢܐ ܟܠ ܡܕܡ ܕܩܢܐ ܐܢܐ. 13 ܘܗܘ ܕܝܢ ܡܟܣܐ ܩܐܡ
ܗܘܐ ܡܢ ܪܘܚܩܐ: ܘܠܐ ܨܒܐ ܗܘܐ ܐܦ ܠܐ ܥܝܢܘܗܝ ܢܪܝܡ

ܠܫܡܝܐ. ܐܠܐ ܢܩܫ ܗܘܐ ܥܠ ܚܕܝܗ ܘܐܡܪ. ܐܠܗܐ
ܚܘܢܝܢܝ ܠܚܛܝܐ. 14 ܐܡܪ ܐܢܐ ܠܟܘܢ: ܕܢܚܬ ܗܢܐ ܡܙܕܕܩ
ܠܒܝܬܗ ܝܬܝܪ ܡܢ ܗܘ ܦܪܝܫܐ. ܟܠܢܫ ܓܝܪ ܕܡܪܝܡ
ܢܦܫܗ ܢܬܡܟܟ. ܘܟܠ ܡܢ ܕܡܟܟ ܢܦܫܗ ܢܬܬܪܝܡ.
15 ܡܩܪܒܝܢ ܗܘܘ ܠܗ ܕܝܢ ܛܠܝܐ ܕܢܩܪܘܒ ܠܗܘܢ. ܚܙܘ
ܐܢܘܢ ܬܠܡܝܕܘܗܝ ܘܟܐܐܘ ܒܗܘܢ. 16 ܗܘ ܕܝܢ ܝܫܘܥ ܩܪܐ
ܐܢܘܢ ܘܐܡܪ ܠܗܘܢ. ܫܒܘܩܘ ܛܠܝܐ ܢܐܬܘܢ ܠܘܬܝ ܘܠܐ ܬܟܠܘܢ
ܐܢܘܢ. ܕܕܐܝܠܝܢ ܓܝܪ ܕܐܝܟ ܗܠܝܢ ܐܢܘܢ: ܕܝܠܗܘܢ ܗܝ
ܡܠܟܘܬܐ ܕܫܡܝܐ. 17 ܐܡܝܢ ܐܡܪ ܐܢܐ ܠܟܘܢ: ܕܡܢ ܕܠܐ
ܢܩܒܠ ܡܠܟܘܬܐ ܕܐܠܗܐ ܐܝܟ ܛܠܝܐ ܠܐ ܢܥܘܠ ܠܗ̇ ✣
18 ܘܫܐܠܗ ܚܕ ܡܢ ܪ̈ܫܢܐ ܘܐܡܪ ܠܗ. ܡܠܦܢܐ ܛܒܐ:
ܡܢܐ ܐܥܒܕ ܕܐܪܬ ܚܝܐ ܕܠܥܠܡ. 19 ܐܡܪ ܠܗ ܝܫܘܥ.
ܡܢܐ ܩܪܐ ܐܢܬ ܠܝ ܛܒܐ. ܠܝܬ ܛܒܐ ܐܠܐ ܐܢ ܚܕ ܐܠܗܐ.
20 ܦܘܩܕ̈ܢܐ ܝܕܥ ܐܢܬ ܠܐ ܬܓܘܪ. ܘܠܐ ܬܩܛܘܠ. ܘܠܐ ܬܓܢܘܒ.
ܘܠܐ ܬܣܗܕ ܣܗܕܘܬܐ ܕܫܘܩܪܐ. ܝܩܪ ܠܐܒܘܟ ܘܠܐܡܟ. 21 ܐܡܪ
ܠܗ. ܗܠܝܢ ܟܠܗܝܢ ܢܛܪܬ ܐܢܝܢ ܡܢ ܛܠܝܘܬܝ. 22 ܟܕ
ܫܡܥ ܕܝܢ ܝܫܘܥ ܐܡܪ ܠܗ. ܚܕܐ ܚܣܝܪܐ ܠܟ. ܙܠ ܙܒܢ
ܟܠ ܡܕܡ ܕܐܝܬ ܠܟ ܘܗܒ ܠܡܣܟܢܐ. ܘܬܗܘܐ ܠܟ ܣܝܡܬܐ
ܒܫܡܝܐ ܘܬܐ ܒܬܪܝ. 23 ܗܘ ܕܝܢ ܟܕ ܫܡܥ ܗܠܝܢ ܟܪܝܬ
ܠܗ. ܥܬܝܪ ܗܘܐ ܓܝܪ ܛܒ. 24 ܘܟܕ ܚܙܐ ܝܫܘܥ ܕܟܪܝܬ
ܠܗ ܐܡܪ. ܐܝܟܢܐ ܥܛܠܐ ܠܐܝܠܝܢ ܕܐܝܬ ܠܗܘܢ ܢܟܣܐ ܕܢܥܠܘܢ
ܠܡܠܟܘܬܗ ܕܐܠܗܐ. 25 ܕܦܫܝܩ ܗܘ ܠܓܡܠܐ ܕܒܚܪܘܪܐ
ܕܡܚܛܐ ܢܥܘܠ: ܐܘ ܥܬܝܪܐ ܠܡܠܟܘܬܗ ܕܐܠܗܐ. 26 ܐܡܪܝܢ
ܠܗ ܐܝܠܝܢ ܕܫܡܥܘ. ܘܡܢܘ ܡܫܟܚ ܠܡܚܐ. 27 ܝܫܘܥ
ܕܝܢ ܐܡܪ. ܐܝܠܝܢ ܕܠܘܬ ܒܢܝܢܫܐ ܠܐ ܡܫܟܚܢ: ܠܘܬ ܐܠܗܐ
ܡܫܟܚܢ ܠܡܗܘܐ. 28 ܐܡܪ ܠܗ ܫܡܥܘܢ ܟܐܦܐ. ܗܐ ܚܢܢ
ܫܒܩܢ ܟܠ ܡܕܡ ܘܐܬܝܢ ܒܬܪܟ. 29 ܐܡܪ ܠܗ ܝܫܘܥ.
ܐܡܝܢ ܐܡܪ ܐܢܐ ܠܟܘܢ: ܕܠܝܬ ܐܢܫ ܕܫܒܩ ܒܬܐ. ܐܘ

ܐܒܗ̈ܐ. ܐܘ ܐܚ̈ܐ. ܐܘ ܐܢܬܬܐ. ܐܘ ܒܢ̈ܝܐ. ܡܛܠ ܡܠܟܘܬܗ
ܕܐܠܗܐ: 30 ܕܠܐ ܢܩܒܠ ܐܠܦ̈ܐ ܡܥ̈ܦܝܢ ܒܙܒܢܐ ܗܢܐ.
ܘܒܥܠܡܐ ܕܐܬܐ ܚ̈ܝܐ ܕܠܥܠܡ܀ 31 ܘܕܒܪ ܝܫܘܥ ܠܬܪܥܣܪܬܗ
ܘܐܡܪ ܠܗܘܢ. ܗܐ ܣܠܩܝܢܢ ܠܐܘܪܫܠܡ. ܘܡܫܬܠܡܢ
ܟܠܗܝܢ ܕܟܬܝ̈ܒܢ ܒܢܒ̈ܝܐ ܥܠ ܒܪܗ ܕܐܢܫܐ. 32 ܢܫܬܠܡ
ܓܝܪ ܠܥܡ̈ܡܐ: ܘܢܒܙܚܘܢ ܒܗ ܘܢܪܩܘܢ ܒܐܦ̈ܘܗܝ.
33 ܘܢܢܓܕܘܢܝܗܝ ܘܢܨܥܪܘܢܝܗܝ. ܘܢܩܛܠܘܢܝܗܝ.
ܘܠܝܘܡܐ ܕܬܠܬܐ ܢܩܘܡ. 34 ܘܗܢܘܢ ܚܕܐ ܡܢ ܗܠܝܢ ܠܐ
ܐܣܬܟܠܘ. ܐܠܐ ܡܟܣܝܐ ܗܘܬ ܡܢܗܘܢ ܡܠܬܐ ܗܕܐ. ܘܠܐ
ܝܕܥܝܢ ܗܘܘ ܗܠܝܢ ܕܡܬܐܡ̈ܪܢ ܠܗܘܢ܀ 35 ܘܟܕ
ܩܪܒ ܠܐܝܪܝܚܘ: ܣܡܝܐ ܚܕ ܝܬܒ ܗܘܐ ܥܠ ܝܕ ܐܘܪܚܐ ܘܡܫܐܠ.
36 ܘܫܡܥ ܩܠ ܟܢܫܐ ܕܥܒܪ: ܘܡܫܐܠ ܗܘܐ ܕܡܢܘ ܗܢܐ.
37 ܐܡܪܝܢ ܠܗ ܝܫܘܥ ܢܨܪܝܐ ܥܒܪ. 38 ܘܩܥܐ ܘܐܡܪ. ܝܫܘܥ
ܒܪܗ ܕܕܘܝܕ ܐܬܪܚܡ ܥܠܝ. 39 ܘܐܝܠܝܢ ܕܩܕܡܝܢ ܗܘܘ
ܡܟܐܝܢ ܗܘܘ ܒܗ ܕܢܫܬܘܩ: ܗܘ ܕܝܢ
ܝܬܝܪܐܝܬ ܩܥܐ ܗܘܐ. ܒܪܗ ܕܕܘܝܕ ܐܬܪܚܡ ܥܠܝ. 40 ܘܩܡ
ܝܫܘܥ ܘܦܩܕ ܕܢܩܪܒܘܢܝܗܝ ܠܘܬܗ. ܘܟܕ ܩܪܒ ܠܘܬܗ:
ܫܐܠܗ. 41 ܘܐܡܪ ܠܗ. ܡܢܐ ܨܒܐ ܐܢܬ ܐܥܒܕ ܠܟ. ܗܘ
ܕܝܢ ܐܡܪ. ܡܪܝ ܕܐܚܙܐ. 42 ܘܝܫܘܥ ܐܡܪ ܠܗ. ܚܙܝ.
ܗܝܡܢܘܬܟ ܐܚܝܬܟ. 43 ܘܡܚܕܐ ܚܙܐ. ܘܐܙܠ ܗܘܐ ܒܬܪܗ.
ܘܡܫܒܚ ܗܘܐ ܠܐܠܗܐ. ܘܟܠܗ ܥܡܐ ܕܚܙܐ: ܝܗܒ ܗܘܐ
ܬܫܒܘܚܬܐ ܠܐܠܗܐ܀

ܩܦܠܐܘܢ ܂ ܝܛ ܂

1 ܘܟܕ ܥܠ ܝܫܘܥ ܘܥܒܪ ܒܐܝܪܝܚܘ: 2 ܓܒܪܐ ܚܕ
ܕܫܡܗ ܗܘܐ ܙܟܝ: ܥܬܝܪܐ ܗܘܐ ܘܪܒ ܡܟ̈ܣܐ. 3 ܘܨܒܐ
ܗܘܐ ܕܢܚܙܐ ܠܝܫܘܥ ܕܡܢܘ: ܘܠܐ ܡܫܟܚ ܗܘܐ ܡܢ ܟܢܫܐ.
ܡܛܠ ܕܒܩܘܡܬܗ ܙܥܘܪ ܗܘܐ ܙܟܝ. 4 ܘܪܗܛ ܩܕܡܘܗܝ
ܠܝܫܘܥ: ܘܣܠܩ ܠܗ ܠܬܬܐ ܦܟܝܗܬܐ ܕܢܚܙܝܘܗܝ. ܡܛܠ

ܕܒܗܿ ܐܘܪܚܐ ܥܬܝܕ ܗܘܐ ܕܢܥܒܪ. 5 ܘܟܕ ܐܬܐ ܠܗܝ ܕܘܟܬܐ
ܬܡܢ: ܚܙܝܗܝ ܘܐܡܪ ܠܗ. ܐܣܬܪܗܒ ܚܘܬ ܙܟܝ. ܝܘܡܢܐ
ܓܝܪ ܘܠܐ ܕܒܒܝܬܟ ܐܗܘܐ. 6 ܘܐܣܬܪܗܒ ܢܚܬ ܘܩܒܠܗ
ܟܕ ܚܕܐ: 7 ܘܟܕ ܚܙܘ ܟܠܗܘܢ: ܪܛܢܝܢ ܗܘܘ ܘܐܡܪܝܢ.
ܕܠܘܬ ܓܒܪܐ ܚܛܝܐ ܥܠ ܫܪܐ. 8 ܩܡ ܕܝܢ ܙܟܝ ܘܐܡܪ
ܠܝܫܘܥ. ܗܐ ܡܪܝ ܦܠܓܘܬ ܢܟܣܝ ܝܗܒ ܐܢܐ ܠܡܣܟܢܐ.
ܘܠܐܢܫ ܡܕܡ ܕܥܠܡܬ ܐܪܒܥܐ ܦܪܥ ܐܢܐ. 9 ܐܡܪ ܠܗ
ܝܫܘܥ. ܝܘܡܢܐ ܗܘܐ ܚܝܐ ܠܒܝܬܐ ܗܢܐ. ܡܛܠ ܕܐܦ ܗܢܐ
ܒܪܗ ܗܘ ܕܐܒܪܗܡ. 10 ܐܬܐ ܓܝܪ ܒܪܗ ܕܐܢܫܐ ܕܢܒܥܐ
ܘܢܚܐ ܗܘ ܡܕܡ ܕܐܒܝܕ ܗܘܐ. 11 ܘܟܕ ܫܡܥܝܢ ܗܘܘ
ܗܠܝܢ: ܐܘܣܦ ܠܡܐܡܪ ܡܬܠܐ ܡܛܠ ܕܩܪܝܒ ܗܘܐ
ܠܐܘܪܫܠܡ. ܘܣܒܪܝܢ ܗܘܘ ܕܒܗ ܫܥܬܐ ܥܬܝܕܐ ܕܬܬܓܠܐ
ܡܠܟܘܬܗ ܕܐܠܗܐ. 12 ܘܐܡܪ. ܓܒܪܐ ܚܕ ܒܪ ܛܘܗܡܐ
ܪܒܐ ܐܙܠ ܠܐܬܪܐ ܪܚܝܩܐ. ܕܢܣܒ ܠܗ ܡܠܟܘܬܐ ܘܢܗܦܘܟ.
13 ܘܩܪܐ ܥܣܪܐ ܥܒܕܘܗܝ. ܘܝܗܒ ܠܗܘܢ ܥܣܪܐ ܡܢܝܢ.
ܘܐܡܪ ܠܗܘܢ ܐܬܬܓܪܘ ܥܕ ܐܬܐ ܐܢܐ. 14 ܒܢܝ ܡܕܝܢܬܗ ܕܝܢ
ܣܢܝܢ ܗܘܘ ܠܗ. ܘܫܕܪܘ ܐܝܙܓܕܐ ܒܬܪܗ ܘܐܡܪܝܢ: ܠܐ
ܨܒܝܢܢ ܕܢܡܠܟ ܥܠܝܢ ܗܢܐ. 15 ܘܟܕ ܢܣܒ ܡܠܟܘܬܐ
ܘܗܦܟ. ܐܡܪ ܕܢܩܪܘܢ ܠܗ ܗܢܘܢ ܥܒܕܘܗܝ ܕܝܗܒ ܠܗܘܢ
ܟܣܦܐ: ܕܢܕܥ ܟܠ ܚܕ ܡܢܗܘܢ ܡܢܐ ܐܬܬܓܪ. 16 ܘܐܬܐ
ܩܕܡܝܐ ܘܐܡܪ. ܡܪܝ: ܡܢܝܟ ܥܣܪܐ ܡܢܝܢ ܐܘܬܪ. 17 ܐܡܪ
ܠܗ. ܐܘܗ ܥܒܕܐ ܛܒܐ. ܕܒܩܠܝܠ ܐܫܬܟܚܬ ܡܗܝܡܢ:
ܬܗܘܐ ܡܫܠܛ ܥܠ ܥܣܪܐ ܟܪܟܝܢ. 18 ܘܐܬܐ ܕܬܪܝܢ ܘܐܡܪ.
ܡܪܝ: ܡܢܝܟ ܚܡܫܐ ܡܢܝܢ ܥܒܕ. 19 ܐܡܪ ܐܦ ܠܗܢܐ.
ܐܦ ܐܢܬ ܬܗܘܐ ܡܫܠܛ ܥܠ ܚܡܫܐ ܟܪܟܝܢ. 20 ܘܐܬܐ ܐܚܪܢܐ
ܘܐܡܪ. ܡܪܝ: ܗܐ ܡܢܝܟ ܗܘ ܕܐܝܬ ܗܘܐ ܠܘܬܝ ܟܕ ܣܝܡ
ܒܣܘܕܪܐ. 21 ܕܚܠܬ ܓܝܪ ܡܢܟ ܕܓܒܪܐ ܐܢܬ ܩܫܝܐ.
ܘܫܩܠ ܐܢܬ ܡܕܡ ܕܠܐ ܣܡܬ. ܘܚܨܕ ܐܢܬ ܡܕܡ ܕܠܐ ܙܪܥܬ.

22 ܐܡܪ ܠܗ. ܡܢ ܦܘܡܟ ܐܕܘܢܟ ܥܒܕܐ ܒܝܫܐ. ܝܕܥ ܗܘܝܬ
ܠܝ ܕܓܒܪܐ ܐܢܐ ܩܫܝܐ: ܘܫܩܠ ܐܢܐ ܡܕܡ ܕܠܐ ܣܡܬ.
ܘܚܨܕ ܐܢܐ ܡܕܡ ܕܠܐ ܙܪܥܬ: 23 ܠܡܢܐ ܠܐ ܝܗܒܬ ܟܣܦܝ ܥܠ
ܛܪܦܝܙܐ. ܘܐܢܐ ܐܬܐ ܗܘܝܬ ܘܬܒܥ ܠܗ ܥܡ ܪܒܝܬܗ.
24 ܘܠܗܠܝܢ ܕܩܝܡܝܢ ܩܕܡܘܗܝ ܐܡܪ. ܫܩܘܠܘ ܡܢܗ
ܡܢܝܐ: ܘܗܒܘ ܠܗܘ ܕܐܝܬ ܠܘܬܗ ܥܣܪܐ ܡܢܝܢ. 25 ܐܡܪܝܢ
ܠܗ. ܡܪܢ: ܐܝܬ ܠܘܬܗ ܥܣܪܐ ܡܢܝܢ. 26 ܐܡܪ ܠܗܘܢ.
ܐܡܪ ܐܢܐ ܠܟܘܢ: ܕܟܠ ܡܢ ܕܐܝܬ ܠܗ ܢܬܝܗܒ ܠܗ.
ܘܡܢ ܗܘ ܕܠܝܬ ܠܗ: ܐܦ ܗܘ ܕܐܝܬ ܠܗ ܢܫܬܩܠ
ܡܢܗ. 27 ܒܪܡ ܠܗܠܝܢ ܒܥܠܕܒܒܝ ܐܝܠܝܢ ܕܠܐ ܨܒܘ
ܕܐܡܠܟ ܥܠܝܗܘܢ: ܐܝܬܘ ܐܢܘܢ ܘܢܟܣܘ ܐܢܘܢ ܩܕܡܝ ܀
28 ܘܟܕ ܐܡܪ ܗܠܝܢ ܝܫܘܥ: ܢܦܩ ܠܩܕܡܘܗܝ ܕܢܐܙܠ
ܠܐܘܪܫܠܡ: 29 ܘܟܕ ܡܛܐ ܠܒܝܬ ܦܐܓܐ ܘܒܝܬ ܥܢܝܐ:
ܥܠ ܓܢܒ ܛܘܪܐ ܕܡܬܩܪܐ ܕܒܝܬ ܙܝܬܐ: ܫܕܪ ܬܪܝܢ ܡܢ
ܬܠܡܝܕܘܗܝ. 30 ܘܐܡܪ ܠܗܘܢ. ܙܠܘ ܠܩܪܝܬܐ ܗܝ
ܕܠܩܘܒܠܢ. ܘܟܕ ܥܐܠܝܢ ܐܢܬܘܢ: ܗܐ ܡܫܟܚܝܢ ܐܢܬܘܢ
ܥܝܠܐ ܕܐܣܝܪ: ܕܐܢܫ ܡܢ ܥܠܡ ܠܐ ܪܟܒ ܥܠܘܗܝ. ܫܪܘ
ܐܝܬܐܘܗܝ. 31 ܘܐܢ ܐܢܫ ܢܫܐܠܟܘܢ ܠܡܢܐ ܫܪܝܢ ܐܢܬܘܢ
ܠܗ: ܗܟܢܐ ܐܡܪܘ ܠܗ. ܠܡܪܢ ܡܬܒܥܐ. 32 ܘܐܙܠܘ
ܗܢܘܢ ܕܐܫܬܕܪܘ ܘܐܫܟܚܘ ܐܝܟܢܐ ܕܐܡܪ ܠܗܘܢ. 33 ܘܟܕ
ܫܪܝܢ ܠܗ ܠܥܝܠܐ: ܐܡܪܝܢ ܠܗܘܢ ܡܪܘܗܝ. ܡܢܐ ܫܪܝܢ
ܐܢܬܘܢ ܥܝܠܐ ܗܢܐ. 34 ܘܐܡܪܘ ܠܗܘܢ. ܕܠܡܪܢ ܡܬܒܥܐ.
35 ܘܐܝܬܝܘܗܝ ܠܘܬ ܝܫܘܥ. ܘܐܪܡܝܘ ܥܠ ܥܝܠܐ ܢܚܬܝܗܘܢ.
ܘܐܪܟܒܘܗܝ ܠܝܫܘܥ ܥܠܘܗܝ ܀ 36 ܘܟܕ ܐܙܠ: ܡܫܘܝܢ
ܗܘܘ ܢܚܬܝܗܘܢ ܒܐܘܪܚܐ. 37 ܘܟܕ ܩܪܒ ܠܡܚܬܬܐ ܕܛܘܪܐ
ܕܒܝܬ ܙܝܬܐ: ܫܪܝܘ ܟܠܗ ܟܢܫܐ ܕܬܠܡܝܕܘܗܝ ܚܕܝܢ
ܘܡܫܒܚܝܢ ܠܐܠܗܐ ܒܩܠܐ ܪܡܐ. ܥܠ ܟܠ ܚܝܠܐ ܕܚܙܘ.
38 ܘܐܡܪܝܢ ܗܘܘ: ܒܪܝܟ ܗܘ ܡܠܟܐ ܕܐܬܐ ܒܫܡܗ ܕܡܪܝܐ.

ܫܠܡܐ ܒܫܡܝܐ ܘܫܘܒܚܐ ܒܡܪܘܡܐ. 39 ܐ̱ܢܫܐ ܕܝܢ ܡܢ
ܦܪ̈ܝܫܐ ܡܢ ܓܘ ܟܢܫܐ ܐܡܪܝܢ ܠܗ. ܪܒܢ ܟܐܐ
ܠܬܠܡܝܕܝܟ. 40 ܐܡܪ ܠܗܘܢ. ܐܡܪ ܐܢܐ ܠܟܘܢ: ܕܐܢ ܗܠܝܢ
ܢܫܬܩܘܢ ܟܐ̈ܦܐ ܢܩܥܘܢ ܀ 41 ܘܟܕ ܩܪܒ ܘܚܙܐ ܠܡܕܝܢܬܐ:
ܒܟܐ ܥܠܝܗ. 42 ܘܐܡܪ. ܐܠܘ ܝܕܥܬܝ ܐܝܠܝܢ ܕܐܝܬܝܗܝܢ
ܕܫܠܡܟܝ ܐܦ ܒܗܢܐ ܝܘܡܟܝ. ܗܫܐ ܕܝܢ ܐܬܟܣܝ ܠܗܝܢ
ܡܢ ܥܝܢ̈ܝܟܝ: 43 ܢܐܬܘܢ ܓܝܪ ܝܘ̈ܡܬܐ: ܕܢܚܕܪܘܢܟܝ
ܒܥܠܕܒ̈ܒܝܟܝ. ܘܢܐܠܨܘܢܟܝ ܡܢ ܟܠ ܕܘܟܐ.
44 ܘܢܣܚܦܘܢܟܝ ܘܠܒ̈ܢܝܟܝ ܒܓܘܟܝ. ܘܠܐ ܢܫܒܩܘܢ
ܒܟܝ ܟܐܦ ܥܠ ܟܐܦ. ܚܠܦ ܕܠܐ ܝܕܥܬܝ ܙܒܢܐ
ܕܣܘܥܪܢܟܝ. 45 ܘܟܕ ܥܠ ܠܗܝܟܠܐ. ܫܪܝ ܠܡܦܩܘ
ܠܐܝܠܝܢ ܕܡܙܒܢܝܢ ܒܗ ܘܙܒܢܝܢ. 46 ܘܐܡܪ ܠܗܘܢ. ܟܬܝܒ
ܕܒܝܬܝ ܒܝܬ ܨܠܘܬܐ ܐܝܬܘܗܝ. ܐܢܬܘܢ ܕܝܢ ܥܒܕܬܘܢܝܗܝ
ܡܥܪܬܐ ܕܓܝ̈ܣܐ. 47 ܘܝܘܡܐ ܝܘܡܐ ܡܠܦ ܗܘܐ ܒܗܝܟܠܐ.
ܪ̈ܒܝ ܟܗ̈ܢܐ ܕܝܢ ܘܣܦܪ̈ܐ ܘܩܫܝ̈ܫܐ ܕܥܡܐ. ܒܥܝܢ ܗܘܘ
ܠܡܘܒܕܘܬܗ. 48 ܘܠܐ ܡܫܟܚܝܢ ܗܘܘ ܡܢܐ ܢܥܒܕܘܢ ܠܗ.
ܥܡܐ ܓܝܪ ܟܠܗ ܬܠܐ ܗܘܐ ܒܗ ܠܡܫܡܥܗ ܀

ܩܦܠܐܘܢ ܀ ܟ ܀

1 ܘܗܘܐ ܒܚܕ ܡܢ ܝܘ̈ܡܬܐ: ܟܕ ܡܠܦ ܒܗܝܟܠܐ
ܠܥܡܐ ܘܡܣܒܪ: ܩܡܘ ܥܠܘܗܝ ܪ̈ܒܝ ܟܗ̈ܢܐ ܘܣܦܪ̈ܐ ܥܡ
ܩܫܝ̈ܫܐ. 2 ܘܐܡܪܝܢ ܠܗ. ܐܡܪ ܠܢ ܒܐܝܢܐ ܫܘܠܛܢܐ ܗܠܝܢ
ܥܒܕ ܐܢܬ. ܘܡܢܘ ܗܘ ܕܝܗܒ ܠܟ ܫܘܠܛܢܐ ܗܢܐ.
3 ܥܢܐ ܝܫܘܥ ܘܐܡܪ ܠܗܘܢ. ܐܫܐܠܟܘܢ ܐܦ ܐܢܐ ܡܠܬܐ
ܘܐܡܪܘ ܠܝ. 4 ܡܥܡܘܕܝܬܗ ܕܝܘܚܢܢ ܡܢ ܐܝܟܐ ܗܘܬ. ܡܢ
ܫܡܝܐ ܐܘ ܡܢ ܒܢܝ̈ ܐ̱ܢܫܐ. 5 ܗܢܘܢ ܕܝܢ ܡܬܚܫܒܝܢ ܗܘܘ ܒܢܦܫܗܘܢ
ܘܐܡܪܝܢ ܕܐܢ ܢܐܡܪ ܡܢ ܫܡܝܐ: ܐܡܪ ܠܢ ܘܡܛܠ ܡܢܐ ܠܐ
ܗܝܡܢܬܘܢܝܗܝ. 6 ܐܢ ܕܝܢ ܢܐܡܪ ܡܢ ܒܢ̈ܝܢܫܐ: ܪܓܡ

ܠܢ ܟܠܗ ܥܡܐ. ܡܦܣܝܢ ܓܝܪ ܕܝܘܚܢܢ ܢܒܝܐ ܗܘ.
7 ܘܐܡܪܘ ܠܗ ܠܐ ܝܕܥܝܢ ܡܢ ܐܝܟܐ ܗܝ. 8 ܐܡܪ ܠܗܘܢ
ܝܫܘܥ. ܘܠܐ ܐܢܐ ܐܡܪ ܐܢܐ ܠܟܘܢ ܒܐܝܢܐ ܫܘܠܛܢܐ ܗܠܝܢ
ܥܒܕ ܐܢܐ. 9 ܘܫܪܝ ܕܢܐܡܪ ܠܥܡܐ ܡܬܠܐ ܗܢܐ. ܓܒܪܐ ܚܕ
ܢܨܒ ܟܪܡܐ. ܘܐܘܣܦܗ ܠܦܠܚܐ: ܘܐܘܚܪ ܙܒ̈ܢܐ ܣܓܝ̈ܐܐ.
10 ܘܒܙܒܢܐ ܫܕܪ ܥܒܕܗ ܠܘܬ ܦܠܚܐ: ܕܢܬܠܘܢ ܠܗ ܡܢ
ܦܐܪܐ ܕܟܪܡܐ. ܦܠܚܐ ܕܝܢ ܡܚܝܘܗܝ ܘܫܕܪܘܗܝ ܟܕ ܣܪܝܩ.
11 ܘܐܘܣܦ ܘܫܕܪ ܠܥܒܕܗ ܐܚܪܢܐ. ܗܢܘܢ ܕܝܢ ܐܦ ܠܗܘ:
ܡܚܝܘܗܝ ܘܨܥܪܘܗܝ ܘܫܕܪܘܗܝ ܟܕ ܣܪܝܩ. 12 ܘܐܘܣܦ
ܘܫܕܪ ܕܬܠܬܐ. ܗܢܘܢ ܕܝܢ ܐܦ ܠܗܘ ܨܠܦܘܗܝ ܘܐܦܩܘܗܝ.
13 ܐܡܪ ܡܪܗ ܕܟܪܡܐ. ܡܢܐ ܐܥܒܕ. ܐܫܕܪ ܒܪܝ ܚܒܝܒܐ:
ܟܒܪ ܢܚܙܘܢܝܗܝ ܘܢܬܟܢܥܘܢ. 14 ܟܕ ܚܙܐܘܗܝ
ܕܝܢ ܦܠܚܐ: ܡܬܚܫܒܝܢ ܗܘܘ ܒܝܢܬܗܘܢ ܘܐܡܪܝܢ:
ܗܢܘ ܝܪܬܐ. ܬܘ ܢܩܛܠܝܘܗܝ ܘܬܗܘܐ ܝܪܬܘܬܐ ܕܝܠܢ.
15 ܘܐܦܩܘܗܝ ܠܒܪ ܡܢ ܟܪܡܐ ܘܩܛܠܘܗܝ. ܡܢܐ
ܡܟܝܠ ܢܥܒܕ ܠܗܘܢ ܡܪܗ ܕܟܪܡܐ. 16 ܢܐܬܐ ܘܢܘܒܕ
ܠܦܠܚܐ ܗܢܘܢ: ܘܢܬܠ ܟܪܡܐ ܠܐܚܪ̈ܢܐ: ܟܕ ܫܡܥܘ ܕܝܢ
ܐܡܪܘ. ܠܐ ܬܗܘܐ ܗܕܐ. 17 ܗܘ ܕܝܢ ܚܪ ܒܗܘܢ ܘܐܡܪ.
ܘܡܢܐ ܗܝ ܗܕܐ ܕܟܬܝܒܐ: ܕܟܐܦܐ ܕܐܣܠܝܘܗ ܒ̈ܢܝܐ. ܗܝ
ܗܘܬ ܠܪܝܫ ܩܪܢܐ ܕܙܘܝܬܐ. 18 ܘܟܠ ܡܢ ܕܢܦܠ ܥܠ ܗܝ
ܟܐܦܐ ܢܬܪܥܥ. ܘܟܠ ܡܢ ܕܗܝ ܬܦܠ ܥܠܘܗܝ ܬܕܪܝܘܗܝ.
19 ܘܒܥܘ ܗܘܘ ܕܝܢ ܪ̈ܒܝ ܟܗ̈ܢܐ ܘܣܦܪ̈ܐ ܕܢܪܡܘܢ ܒܗ ܐܝ̈ܕܝܐ
ܒܗ̇ ܒܫܥܬܐ. ܘܕܚܠܘ ܡܢ ܥܡܐ. ܝܕܥܘ ܓܝܪ
ܕܥܠܝܗܘܢ ܐܡܪ ܡܬܠܐ ܗܢܐ. 20 ܘܫܕܪܘ ܠܘܬܗ. ܓܫܘܫܐ
ܕܡܬܕܡܝܢ ܒܙܕܝܩܐ ܕܢܐܚܕܘܢܝܗܝ ܒܡܠܬܐ. ܘܢܫܠܡܘܢܝܗܝ
ܠܕܝܢܐ. ܘܠܫܘܠܛܢܗ ܕܗܓܡܘܢܐ. 21 ܘܫܐܠܘܗܝ
ܘܐܡܪܝܢ ܠܗ. ܡܠܦܢܐ: ܝܕܥܝܢ ܕܬܪܝܨܐܝܬ ܡܡܠܠ ܐܢܬ
ܘܡܠܦ ܐܢܬ ܘܠܐ ܢܣܒ ܐܢܬ ܒܐܦܐ. ܐܠܐ ܒܩܘܫܬܐ ܐܘܪܚܐ

ܕܐܠܗܐ ܡܠܦ ܐܢܬ. 22 ܫܠܝܛ ܠܢ ܕܢܬܠ ܟܣܦ ܪܫܐ
ܠܩܣܪ ܐܘ ܠܐ. 23 ܗܘ ܕܝܢ ܐܣܬܟܠ ܢܟܝܠܘܬܗܘܢ ܘܐܡܪ.
ܡܢܐ ܡܢܣܝܢ ܐܢܬܘܢ ܠܝ. 24 ܚܘܐܘܢܝ ܕܝܢܪܐ ܕܡܢ ܐܝܬ
ܒܗ ܨܠܡܐ ܘܟܬܒܬܐ. ܗܢܘܢ ܕܝܢ ܐܡܪܘ ܕܩܣܪ. 25 ܐܡܪ
ܠܗܘܢ ܝܫܘܥ. ܗܒܘ ܗܟܝܠ ܕܩܣܪ ܠܩܣܪ ܘܕܐܠܗܐ
ܠܐܠܗܐ. 26 ܘܠܐ ܐܫܟܚܘ ܠܡܐܚܕܗ ܒܡܠܬܐ ܩܕܡ ܥܡܐ.
ܘܐܬܕܡܪܘ ܥܠ ܦܬܓܡܗ ܘܫܬܩܘ ܀ 27 ܘܩܪܒܘ ܕܝܢ ܐܢܫܝܢ
ܡܢ ܙܕܘܩܝܐ ܗܢܘܢ ܕܐܡܪܝܢ ܕܩܝܡܬܐ ܠܝܬ: ܘܫܐܠܘܗܝ.
28 ܘܐܡܪܝܢ ܠܗ. ܡܠܦܢܐ: ܡܘܫܐ ܟܬܒ ܠܢ: ܕܐܢ ܐܢܫ
ܢܡܘܬ ܐܚܘܗܝ ܘܐܝܬ ܠܗ ܐܢܬܬܐ ܘܠܐ ܒܢܝܐ: ܢܣܒ ܐܚܘܗܝ
ܐܢܬܬܗ ܘܢܩܝܡ ܙܪܥܐ ܠܐܚܘܗܝ. 29 ܫܒܥܐ ܕܝܢ ܐܚܝܢ ܐܝܬ
ܗܘܘ. ܘܩܕܡܝܐ ܢܣܒ ܐܢܬܬܐ. ܘܡܝܬ ܕܠܐ ܒܢܝܐ. 30 ܘܢܣܒܗ
ܬܪܝܢܐ ܠܐܢܬܬܗ. ܘܗܢܐ ܡܝܬ ܕܠܐ ܒܢܝܐ. 31 ܘܬܠܝܬܝܐ ܬܘܒ
ܢܣܒܗ. ܘܗܟܢܐ ܐܦ ܫܒܥܬܗܘܢ. ܘܡܝܬܘ ܘܠܐ ܫܒܩܘ
ܒܢܝܐ. 32 ܘܒܚܪܬܐ ܡܝܬܬ ܐܦ ܐܢܬܬܐ. 33 ܒܩܝܡܬܐ
ܗܟܝܠ ܕܐܝܢܐ ܡܢܗܘܢ ܬܗܘܐ ܐܢܬܬܐ. ܫܒܥܬܗܘܢ ܓܝܪ
ܢܣܒܘܗ. 34 ܐܡܪ ܠܗܘܢ ܝܫܘܥ. ܒܢܝܗ̈ ܕܥܠܡܐ ܗܢܐ
ܢܣܒܝܢ ܢܫܐ. ܘܗܘܝܢ ܠܓܒܪܐ. 35 ܗܢܘܢ ܕܝܢ
ܕܫܘܘ ܠܥܠܡܐ ܗܘ: ܘܠܩܝܡܬܐ ܕܡܢ ܒܝܬ ܡܝܬܐ: ܠܐ
ܢܣܒܝܢ ܢܫܐ. ܘܐܦ ܠܐ ܗܘܝܢ ܠܓܒܪܐ. 36 ܐܦܠܐ
ܓܝܪ ܠܡܡܬ ܥܬܝܕܝܢ ܐܝܟ ܡܠܐܟܐ ܐܢܘܢ ܓܝܪ.
ܘܒܢܝܐ ܐܢܘܢ ܕܐܠܗܐ. ܡܛܠ ܕܗܘܘ ܒܢܝܐ ܕܩܝܡܬܐ.
37 ܕܩܝܡܝܢ ܕܝܢ ܡܝܬܐ ܐܦ ܡܘܫܐ ܚܘܝ. ܐܝܟ ܓܝܪ
ܒܣܢܝܐ ܟܕ ܐܡܪ: ܡܪܝܐ ܐܠܗܗ ܕܐܒܪܗܡ ܘܐܠܗܗ
ܕܐܝܣܚܩ ܘܐܠܗܗ ܕܝܥܩܘܒ. 38 ܐܠܗܐ ܕܝܢ ܠܐ ܗܘܐ ܕܡܝܬܐ
ܐܠܐ ܕܚܝܐ. ܟܠܗܘܢ ܓܝܪ ܚܝܝܢ ܐܢܘܢ ܠܗ ܀ 39 ܘܥܢܘ
ܐܢܫܝܢ ܡܢ ܣܦܪܐ ܘܐܡܪܝܢ ܠܗ. ܡܠܦܢܐ ܫܦܝܪ ܐܡܪܬ.
40 ܘܠܐ ܬܘܒ ܐܡܪܚܘ ܠܡܫܐܠܘܬܗ ܥܠ ܡܕܡ ܀ 41 ܘܐܡܪ

ܗܘܐ ܠܗܘܢ. ܐܝܟܢܐ ܐܡܪܝܢ ܣܦܪܐ ܥܠ ܡܫܝܚܐ ܕܒܪܗ
ܗܘ ܕܕܘܝܕ. 42 ܘܗܘ ܕܘܝܕ ܐܡܪ ܒܟܬܒܐ ܕܡܙܡܘܪܐ: ܕܐܡܪ
ܡܪܝܐ ܠܡܪܝ: ܬܒ ܠܟ ܡܢ ܝܡܝܢܝ. 43 ܥܕܡܐ ܕܐܣܝܡ
ܒܥܠܕܒܒܝܟ ܟܘܒܫܐ ܠܪܓܠܝܟ. 44 ܐܢ ܕܘܝܕ ܗܟܝܠ ܡܪܐ
ܩܪܐ ܠܗ: ܐܝܟܢܐ ܒܪܗ ܗܘ. 45 ܘܟܕ ܫܡܥ ܟܠܗ ܥܡܐ
ܗܘܐ: ܐܡܪ ܠܬܠܡܝܕܘܗܝ. 46 ܐܙܕܗܪܘ ܡܢ ܣܦܪܐ ܕܨܒܝܢ
ܠܡܗܠܟܘ ܒܐܣܛܠܐ: ܘܪܚܡܝܢ ܫܠܡܐ ܒܫܘܩܐ: ܘܪܝܫ
ܡܘܬܒܐ ܒܟܢܘܫܬܐ: ܘܪܝܫ ܣܡܟܐ ܒܚܫܡܝܬܐ. 47 ܗܢܘܢ
ܕܐܟܠܝܢ ܒܬܐ ܕܐܪܡܠܬܐ: ܒܥܠܬܐ ܕܡܘܪܟܝܢ ܨܠܘܬܗܘܢ.
ܗܢܘܢ ܢܩܒܠܘܢ ܕܝܢܐ ܝܬܝܪܐ ܀

ܩܦܠܐܘܢ ܀ ܟܐ ܀

1 ܚܪ ܕܝܢ ܝܫܘܥ ܒܥܬܝܪܐ ܐܝܠܝܢ ܕܪܡܝܢ ܗܘܘ ܒܝܬ ܓܙܐ
ܩܘܪܒܢܝܗܘܢ. 2 ܘܚܙܐ ܐܦ ܐܪܡܠܬܐ ܚܕܐ ܡܣܟܢܬܐ:
ܕܐܪܡܝܐ ܬܪܬܝܢ ܫܡܘܢܐ. 3 ܘܐܡܪ. ܫܪܝܪܐ ܐܡܪ ܐܢܐ ܠܟܘܢ:
ܕܗܕܐ ܐܪܡܠܬܐ ܡܣܟܢܬܐ. ܐܪܡܝܬ ܝܬܝܪ ܡܢ ܟܠܗܘܢ:
4 ܟܠܗܘܢ ܓܝܪ ܗܠܝܢ: ܡܢ ܡܐ ܕܝܬܝܪ ܗܘܐ ܠܗܘܢ
ܐܪܡܝܘ ܒܝܬ ܩܘܪܒܢܐ ܕܐܠܗܐ. ܗܕܐ ܕܝܢ ܡܢ ܒܨܝܪܘܬܗ:
ܟܠ ܕܩܢܝܐ ܗܘܬ ܐܪܡܝܬܗ ܀ 5 ܘܟܕ ܐܢܫܝܢ ܗܘܘ
ܐܡܪܝܢ ܥܠ ܗܝܟܠܐ: ܕܒܟܐܦܐ ܫܦܝܪܬܐ ܘܒܩܘܪܒܢܐ
ܡܨܒܬ: ܐܡܪ ܠܗܘܢ ܝܫܘܥ. 6 ܗܠܝܢ ܕܚܙܝܢ ܐܢܬܘܢ:
ܢܐܬܘܢ ܝܘܡܬܐ: ܕܒܗܘܢ ܠܐ ܬܫܬܒܩ ܟܐܦ ܥܠ
ܟܐܦ ܕܠܐ ܬܫܬܪܐ ܀ 7 ܘܫܐܠܝܢ ܗܘܘ ܠܗ ܘܐܡܪܝܢ.
ܡܠܦܢܐ: ܐܡܬܝ ܗܠܝܢ ܢܗܘܝܢ. ܘܡܢܐ ܗܝ ܐܬܐ ܡܐ
ܕܡܛܝܢ ܗܠܝܢ ܕܢܗܘܝܢ. 8 ܗܘ ܕܝܢ ܐܡܪ ܠܗܘܢ. ܚܙܘ
ܠܐ ܬܛܥܘܢ. ܣܓܝܐܐ ܓܝܪ ܢܐܬܘܢ ܒܫܡܝ: ܘܢܐܡܪܘܢ ܕܐܢܐ
ܐܢܐ ܡܫܝܚܐ. ܘܙܒܢܐ ܡܛܐ. ܠܐ ܕܝܢ ܬܐܙܠܘܢ ܒܬܪܗܘܢ.
9 ܘܡܐ ܕܫܡܥܝܢ ܐܢܬܘܢ ܩܪܒܐ ܘܡܗܘܡܝܐ ܠܐ ܬܙܘܥܘܢ.

ܬܕܚܠܘܢ. ܐܝܬ ܓܝܪ ܗܠܝܢ ܠܘܩܕܡ ܠܡܗܘܐ. ܐܠܐ ܠܐ ܥܕܟܝܠ
ܡܛܝܐ ܚܪܬܐ. 10 ܢܩܘܡ ܓܝܪ ܥܡܐ ܥܠ ܥܡܐ. ܘܡܠܟܘ
ܥܠ ܡܠܟܘ. 11 ܘܙܘܥܐ ܪܘܪܒܐ ܢܗܘܘܢ ܒܕܘܟܐ ܕܘܟܐ.
ܘܟܦܢܐ ܘܡܘܬܢܐ. ܘܢܗܘܘܢ ܕܚܠܬܐ ܘܫܘܪܪܐ. ܘܐܬܘܬܐ
ܪܘܪܒܬܐ ܡܢ ܫܡܝܐ ܢܬܚܙܝܢ. ܘܣܬܘܐ ܪܘܪܒܐ ܢܗܘܘܢ.
12 ܩܕܡ ܕܝܢ ܗܠܝܢ ܟܠܗܝܢ: ܢܪܡܘܢ ܥܠܝܟܘܢ ܐܝܕܝܐ.
ܘܢܪܕܦܘܢܟܘܢ. ܘܢܫܠܡܘܢܟܘܢ ܠܟܢܘܫܬܐ ܘܠܒܝܬ ܐܣܝܪܐ.
ܘܢܩܪܒܘܢܟܘܢ ܩܕܡ ܡܠܟܐ ܘܗܓܡܘܢܐ ܡܛܠ ܫܡܝ.
13 ܘܬܗܘܐ ܠܟܘܢ ܕܝܢ ܠܣܗܕܘܬܐ. 14 ܣܝܡܘ ܕܝܢ ܒܠܒܟܘܢ:
ܕܠܐ ܬܗܘܘܢ ܡܬܒܛܠܝܢ ܠܡܦܩ ܪܘܚܐ. 15 ܐܢܐ ܓܝܪ ܐܬܠ
ܠܟܘܢ ܦܘܡܐ ܘܚܟܡܬܐ. ܐܝܕܐ ܕܠܐ ܢܫܟܚܘܢ ܠܡܩܡ
ܠܘܩܒܠܗ ܟܠܗܘܢ ܒܥܠܕܒܒܝܟܘܢ. 16 ܢܫܠܡܘܢܟܘܢ
ܕܝܢ ܐܦ ܐܒܗܝܟܘܢ ܘܐܚܝܟܘܢ. ܘܐܚܝܢܝܟܘܢ. ܘܪܚܡܝܟܘܢ.
ܘܢܩܛܠܘܢ ܡܢܟܘܢ. 17 ܘܬܗܘܘܢ ܣܢܝܐܝܢ ܡܢ ܟܠ ܐܢܫ
ܡܛܠ ܫܡܝ. 18 ܘܣܥܪܬܐ ܡܢ ܪܫܟܘܢ ܠܐ ܬܐܒܕ.
19 ܒܡܣܝܒܪܢܘܬܟܘܢ ܕܝܢ ܬܩܢܘܢ ܢܦܫܬܟܘܢ. 20 ܡܐ ܕܝܢ
ܕܚܙܝܬܘܢ ܠܐܘܪܫܠܡ ܕܚܕܝܪܐ ܠܗ̇ ܡܫܪܝܬܐ: ܗܝܕܝܢ ܕܥܘ ܕܡܛܐ
ܠܗ̇ ܚܘܪܒܗ̇. 21 ܗܝܕܝܢ ܐܝܠܝܢ ܕܒܝܗܘܕ ܐܢܘܢ ܢܥܪܩܘܢ
ܠܛܘܪܐ. ܘܐܝܠܝܢ ܕܒܓܘܗ̇ ܐܢܘܢ ܢܥܪܩܘܢ. ܘܕܒܩܘܪܝܬܐ ܠܐ
ܢܥܠܘܢ ܠܗ̇. 22 ܕܝܘܡܬܐ ܐܢܘܢ ܗܠܝܢ ܕܬܒܥܬܐ. ܕܢܫܠܡܢ
ܟܠ ܡܐ ܕܟܬܝܒ. 23 ܘܝ ܕܝܢ ܠܐܝܠܝܢ ܕܒܛܢܢ. ܘܠܐܝܠܝܢ
ܕܡܝܢܩܢ ܒܗܢܘܢ ܝܘܡܬܐ. ܢܗܘܐ ܓܝܪ ܐܘܠܨܢܐ ܪܒܐ
ܒܐܪܥܐ: ܘܪܘܓܙܐ ܥܠ ܥܡܐ ܗܢܐ. 24 ܘܢܦܠܘܢ ܒܦܘܡܐ
ܕܣܝܦܐ. ܘܢܫܬܒܘܢ ܠܟܠ ܐܬܪ. ܘܐܘܪܫܠܡ ܬܗܘܐ
ܡܬܕܝܫܐ ܡܢ ܥܡܡܐ: ܥܕܡܐ ܕܢܫܠܡܘܢ ܙܒܢܝܗܘܢ ܕܥܡܡܐ.
25 ܘܢܗܘܘܢ ܐܬܘܬܐ ܒܫܡܫܐ ܘܒܣܗܪܐ. ܘܒܟܘܟܒܐ. ܘܥܠ ܐܪܥܐ
ܐܘܠܨܢܐ ܕܥܡܡܐ. ܘܫܘܚܦ ܐܝܕܝܐ. ܡܢ ܐܗܘܝܐ ܕܩܠܐ ܕܝܡܐ.
26 ܘܦܪܚܐ ܕܢܦܩܐ ܢܦܫܬܐ ܕܒܢܝܢܫܐ. ܡܢ ܕܚܠܬܐ ܕܡܣܟܝܢ

ܕܥܬܝܕ ܠܡܐܬܐ ܥܠ ܐܪܥܐ. ܘܢܬܬܙܝܥܘܢ ܚܝܠܐ ܕܫܡܝܐ.
27 ܘܗܝܕܝܢ ܢܚܙܘܢܝܗܝ ܠܒܪܗ ܕܐܢܫܐ ܕܐܬܐ ܒܥܢܢܐ: ܥܡ
ܚܝܠܐ ܣܓܝܐܐ ܘܫܘܒܚܐ ܪܒܐ. 28 ܡܐ ܕܝܢ ܕܫܪܝܢ ܗܠܝܢ
ܕܢܗܘܝܢ: ܐܬܬܩܝܡܘ ܘܐܪܝܡܘ ܪܫܝܟܘܢ. ܡܛܠ ܕܩܪܒ ܠܗ
ܦܘܪܩܢܟܘܢ ✤ 29 ܘܐܡܪ ܗܘܐ ܠܗܘܢ ܡܬܠܐ. ܚܙܘ ܠܬܐܢܬܐ
ܘܠܟܠܗܘܢ ܐܝܠܢܐ. 30 ܕܡܐ ܕܡܦܪܥܝܢ: ܚܙܝܢ ܐܢܬܘܢ
ܡܣܬܟܠܝܢ ܐܢܬܘܢ ܕܩܪܒ ܠܗ ܩܝܛܐ. 31 ܗܟܢܐ ܐܦ
ܐܢܬܘܢ. ܡܐ ܕܚܙܝܬܘܢ ܗܠܝܢ ܕܗܘܝܢ: ܕܥܘ ܕܩܪܝܒܐ ܗܝ
ܡܠܟܘܬܐ ܕܐܠܗܐ. 32 ܐܡܝܢ ܐܡܪ ܐܢܐ ܠܟܘܢ: ܕܠܐ ܬܥܒܪ
ܫܪܒܬܐ ܗܕܐ: ܥܕܡܐ ܕܟܠܗܝܢ ܗܠܝܢ ܢܗܘܝܢ. 33 ܫܡܝܐ
ܘܐܪܥܐ ܢܥܒܪܘܢ. ܘܡܠܝ ܠܐ ܢܥܒܪܢ. 34 ܐܙܕܗܪܘ ܕܝܢ
ܒܢܦܫܟܘܢ: ܕܠܐ ܢܬܝܩܪܢ ܠܒܘܬܟܘܢ. ܒܐܟܘܠܬܐ
ܘܒܪܘܝܘܬܐ ܘܒܨܦܬܐ ܕܥܠܡܐ: ܘܡܢ ܫܠܝ ܬܐܬܐ ܥܠܝܟܘܢ
ܝܘܡܐ ܗܘ. 35 ܐܝܟ ܦܚܐ ܓܝܪ ܢܬܦܫ ܥܠ ܟܠܗܘܢ
ܐܝܠܝܢ ܕܝܬܒܝܢ ܥܠ ܐܦܝܗ ܕܟܠܗ ܐܪܥܐ. 36 ܗܘܘ ܗܟܝܠ
ܡܬܥܝܪܝܢ ܒܟܠܙܒܢ ܘܡܨܠܝܢ: ܕܬܫܘܘܢ ܠܡܥܪܩ ܡܢ
ܗܠܝܢ ܕܥܬܝܕܢ ܠܡܗܘܐ. ܘܬܩܘܡܘܢ ܩܕܡ ܒܪܗ ܕܐܢܫܐ.
37 ܒܐܝܡܡܐ ܕܝܢ ܡܠܦ ܗܘܐ ܒܗܝܟܠܐ: ܘܒܠܠܝܐ ܢܦܩ
ܗܘܐ ܒܐܬ ܒܛܘܪܐ ܕܡܬܩܪܐ ܕܒܝܬ ܙܝܬܐ. 38 ܘܟܠܗ ܥܡܐ
ܡܩܕܡ ܗܘܐ ܠܘܬܗ ܠܗܝܟܠܐ ܠܡܫܡܥ ܡܠܬܗ ✤

ܩܦܠܐܘܢ ✤ ܟܒ ✤

1 ܩܪܒ ܗܘܐ ܕܝܢ ܥܐܕܐ ܕܦܛܝܪܐ ܕܡܬܩܪܐ ܦܨܚܐ.
2 ܘܒܥܝܢ ܗܘܘ ܪܒܝ ܟܗܢܐ ܘܣܦܪܐ. ܐܝܟܢܐ ܢܩܛܠܘܢܝܗܝ.
ܕܚܠܝܢ ܗܘܘ ܓܝܪ ܡܢ ܥܡܐ. 3 ܥܠ ܗܘܐ ܕܝܢ ܣܛܢܐ
ܒܝܗܘܕܐ ܕܡܬܩܪܐ ܐܣܟܪܝܘܛܐ: ܕܐܝܬܘܗܝ ܗܘܐ ܡܢ ܡܢܝܢܐ
ܕܬܪܥܣܪ: 4 ܘܐܙܠ ܡܠܠ ܥܡ ܪܒܝ ܟܗܢܐ ܘܣܦܪܐ:
ܘܪܒܝ ܚܝܠܐ ܕܗܝܟܠܐ ܐܝܟ ܕܢܫܠܡܝܘܗܝ ܠܗܘܢ. 5 ܘܚܕܝܘ

ܘܐܫܬܘܝܘ ܕܢܬܠܘܢ ܠܗ ܟܣܦܐ. 6 ܘܐܫܬܘܕܝ ܠܗܘܢ. ܘܒܥܐ
ܗܘܐ ܠܗ ܦܠܥܐ ܕܢܫܠܡܝܘܗܝ ܠܗܘܢ ܕܠܒܪ ܡܢ
ܟܢܫܐ ܀ 7 ܘܡܛܐ ܝܘܡܐ ܕܦܛܝܪܐ܆ ܕܒܗ ܐܝܬ ܗܘܐ ܥܝܕܐ
ܕܢܬܢܟܣ ܦܨܚܐ. 8 ܘܫܕܪ ܝܫܘܥ ܠܟܐܦܐ ܘܠܝܘܚܢܢ ܘܐܡܪ
ܠܗܘܢ. ܙܠܘ ܛܝܒܘ ܠܢ ܦܨܚܐ ܕܢܐܟܘܠ. 9 ܗܢܘܢ ܕܝܢ
ܐܡܪܘ ܠܗ. ܐܝܟܐ ܨܒܐ ܐܢܬ ܕܢܛܝܒ. 10 ܐܡܪ ܠܗܘܢ. ܗܐ
ܟܕ ܥܐܠܝܢ ܐܢܬܘܢ ܠܡܕܝܢܬܐ: ܦܓܥ ܒܟܘܢ ܓܒܪܐ
ܕܫܩܝܠ ܡܐܢܐ ܕܡܝܐ. ܙܠܘ ܒܬܪܗ: 11 ܘܐܝܟܐ ܕܥܐܠ
ܐܡܪܘ ܠܡܪܗ ܕܒܝܬܐ. ܪܒܢ ܐܡܪ. ܐܝܟܘ ܒܝܬ ܡܫܪܝܐ ܐܝܟܐ
ܕܐܟܘܠ ܦܨܚܐ ܥܡ ܬܠܡܝܕܝ. 12 ܘܗܐ ܗܘ ܡܚܘܐ ܠܟܘܢ
ܥܠܝܬܐ ܚܕܐ ܪܒܬܐ ܕܡܫܘܝܐ: ܬܡܢ ܛܝܒܘ. 13 ܘܐܙܠܘ
ܐܫܟܚܘ ܐܝܟ ܕܐܡܪ ܠܗܘܢ. ܘܛܝܒܘ ܦܨܚܐ. 14 ܘܟܕ ܗܘܐ
ܥܕܢܐ: ܐܬܐ ܐܣܬܡܟ: ܘܬܪܥܣܪ ܫܠܝܚܐ ܥܡܗ.
15 ܘܐܡܪ ܠܗܘܢ. ܪܓܬܐ ܪܓܝܓ: ܕܗܢܐ ܦܨܚܐ ܐܟܘܠ
ܥܡܟܘܢ ܩܕܡ ܕܐܚܫ. 16 ܐܡܪ ܐܢܐ ܠܟܘܢ ܓܝܪ: ܕܡܟܝܠ
ܠܐ ܐܟܠܝܘܗܝ ܥܕܡܐ ܕܢܫܠܡ ܒܡܠܟܘܬܗ ܕܐܠܗܐ.
[17 ܘܢܣܒ ܟܣܐ ܘܐܘܕܝ ܘܐܡܪ: ܣܒܘ ܗܢܐ ܘܦܠܓܘ
ܒܝܢܬܟܘܢ. 18 ܐܡܪ ܐܢܐ ܓܝܪ ܠܟܘܢ ܕܠܐ ܐܫܬܐ ܡܢ ܝܠܕܐ
ܕܓܦܬܐ ܥܕܡܐ ܕܬܐܬܐ ܡܠܟܘܬܗ ܕܐܠܗܐ:] 19 ܘܢܣܒ
ܠܚܡܐ ܘܐܘܕܝ ܘܩܨܐ ܘܝܗܒ ܠܗܘܢ ܘܐܡܪ. ܗܢܘ ܦܓܪܝ
ܕܥܠ ܐܦܝܟܘܢ ܡܬܝܗܒ. ܗܕܐ ܗܘܝܬܘܢ ܥܒܕܝܢ ܠܕܘܟܪܢܝ.
20 ܘܗܟܢܐ ܐܦ ܥܠ ܟܣܐ. ܡܢ ܒܬܪ ܕܐܚܫܡܘ ܐܡܪ. ܗܢܐ
ܟܣܐ ܕܝܬܩܐ ܚܕܬܐ ܒܕܡܝ ܕܚܠܦܝܟܘܢ ܡܬܐܫܕ. 21 ܒܪܡ
ܗܐ ܐܝܕܗ ܕܡܫܠܡܢܝ ܥܠ ܦܬܘܪܐ. 22 ܘܒܪܗ ܕܐܢܫܐ
ܐܙܠ ܐܝܟܢܐ ܕܐܬܦܪܫ. ܒܪܡ ܘܝ ܠܗܘ ܓܒܪܐ ܕܒܐܝܕܗ
ܡܫܬܠܡ. 23 ܘܫܪܝܘ ܕܢܒܥܘܢ ܒܝܢܬܗܘܢ. ܕܡܢܘ ܟܕ
ܡܢܗܘܢ ܗܘ ܕܗܕܐ ܥܬܝܕ ܠܡܥܒܕ ܀ 24 ܗܘܬ ܕܝܢ ܐܦ
ܚܪܝܢܐ ܒܝܢܬܗܘܢ: ܕܡܢ ܐܝܬ ܒܗܘܢ ܕܪܒ. 25 ܗܘ ܕܝܢ

ܝܫܘܥ ܐܡܪ ܠܗܘܢ. ܡܠܟ̈ܝܗܘܢ ܕܥܡ̈ܡܐ ܡܪ̈ܝܗܘܢ ܐܢܘܢ.
ܘܕܫܠܝܛܝܢ ܒܗܘܢ ܥܒ̈ܕܝ ܛܒ̈ܬܐ ܡܬܩܪܝܢ. 26 ܐܢܬܘܢ
ܕܝܢ ܠܐ ܗܟܢܐ. ܐܠܐ ܐܝܢܐ ܕܪܒ ܒܟܘܢ: ܢܗܘܐ ܐܝܟ ܙܥܘܪܐ.
ܘܐܝܢܐ ܕܪܝܫܐ ܗܘ ܐܝܟ ܡܫܡܫܢܐ. 27 ܡܢܘ ܓܝܪ ܪܒ. ܗܘ
ܕܣܡܝܟ ܐܘ ܗܘ ܕܡܫܡܫ. ܠܐ ܗܘܐ ܗܘ ܕܣܡܝܟ: ܐܢܐ ܕܝܢ
ܐܝܬܝ ܒܝܢܬܟܘܢ ܐܝܟ ܗܘ ܕܡܫܡܫ. 28 ܐܢܬܘܢ ܐܢܘܢ
ܕܩܘܝܬܘܢ ܥܡܝ ܒܢܣܝܘܢܝ. 29 ܘܐܢܐ ܡܫܠܡ ܐܢܐ ܠܟܘܢ:
ܐܝܟ ܕܫܠܡ ܠܝ ܐܒܝ ܡܠܟܘܬܐ. 30 ܕܬܐܟܠܘܢ ܘܬܫܬܘܢ
ܥܠ ܦܬܘܪܐ ܕܡܠܟܘܬܐ ܕܝܠܝ. ܘܬܬܒܘܢ ܥܠ ܟܘܪ̈ܣܘܬܐ.
ܘܬܕܘܢܘܢ ܬܪܥܣܪ ܫܒ̈ܛܝܢ ܕܐܝܣܪܐܝܠ ܀ 31 ܘܐܡܪ ܝܫܘܥ
ܠܫܡܥܘܢ. ܫܡܥܘܢ: ܗܐ ܣܛܢܐ ܫܐܠ ܕܢܪܒܠܟܘܢ ܐܝܟ
ܕܠܚܛ̈ܐ. 32 ܘܐܢܐ ܒܥܝܬ ܥܠܝܟ ܕܠܐ ܬܚܣܪ ܗܝܡܢܘܬܟ. ܘܐܦ
ܐܢܬ ܒܙܒܢ ܬܬܦܢܐ ܘܫܪܪ ܠܐܚܝܟ. 33 ܫܡܥܘܢ ܕܝܢ ܐܡܪ ܠܗ.
ܡܪܝ. ܥܡܟ ܡܛܝܒ ܐܢܐ. ܘܠܒܝܬ ܐܣܝܪ̈ܐ ܘܠܡܘܬܐ.
34 ܐܡܪ ܠܗ ܝܫܘܥ. ܐܡܪ ܐܢܐ ܠܟ ܫܡܥܘܢ: ܕܠܐ ܢܩܪܐ
ܬܪܢܓܠܐ ܝܘܡܢܐ. ܥܕܡܐ ܕܬܠܬ ܙܒ̈ܢܝܢ ܬܟܦܘܪ ܕܠܐ ܝܕܥ ܐܢܬ
ܒܝ. 35 ܘܐܡܪ ܠܗܘܢ. ܟܕ ܫܕܪܬܟܘܢ ܕܠܐ ܟ̈ܝܣܐ ܘܠܐ ܬܪ̈ܡܠܐ
ܘܡܣ̈ܢܐ: ܠܡܐ ܚܣܪ ܠܟܘܢ ܡܕܡ: ܐܡܪܝܢ ܠܗ ܘܠܐ ܡܕܡ.
36 ܐܡܪ ܠܗܘܢ. ܡܢ ܗܫܐ ܡܢ ܕܐܝܬ ܠܗ ܟܝܣܐ ܢܣܒ.
ܘܗܟܢܐ ܐܦ ܬܪܡܠܐ. ܘܡܢ ܕܠܝܬ ܠܗ ܣܝܦܐ: ܢܙܒܢ
ܢܚܬܗ ܘܢܙܒܢ ܠܗ ܣܝܦܐ. 37 ܐܡܪ ܐܢܐ ܠܟܘܢ ܓܝܪ: ܕܐܦ
ܗܕܐ ܕܟܬܝܒܐ ܘܠܐ ܕܬܫܬܠܡ ܒܝ: ܕܥܡ ܥ̈ܘܠܐ ܐܬܡܢܝ. ܘܟܠܗܝܢ
ܓܝܪ ܕܥܠܝ ܐܫܬܠܡ. 38 ܗܢܘܢ ܕܝܢ ܐܡܪܝܢ ܠܗ. ܡܪܢ: ܗܐ
ܬܪ̈ܬܝܢ ܐܝܬ ܗܪܟܐ ܣܝ̈ܦܝܢ. ܐܡܪ ܠܗܘܢ ܣܦܩܝܢ. 39 ܘܢܦܩ
ܘܐܙܠ ܐܝܟ ܕܡܥܕ ܗܘܐ ܠܛܘܪܐ ܕܒܝܬ ܙ̈ܝܬܐ. ܘܐܙܠܘ ܒܬܪܗ
ܐܦ ܬܠܡܝ̈ܕܘܗܝ. 40 ܘܟܕ ܡܛܐ ܠܕܘܟܬܐ. ܐܡܪ ܠܗܘܢ.
ܨܠܘ ܕܠܐ ܬܥܠܘܢ ܠܢܣܝܘܢܐ. 41 ܘܗܘ ܦܪܫ ܡܢܗܘܢ. ܐܝܟ
ܡܫܕܐ ܕܟܐܦܐ: ܘܣܡ ܒܘܪܟܐ ܘܡܨܠܐ ܗܘܐ. 42 ܘܐܡܪ. ܐܒܐ.

ܠܝ ܨܒܐ ܐܢܬ ܬܥܒܪܝܗ ܟܣܐ ܗܢܐ. ܒܪܡ ܠܐ ܨܒܝܢܝ ܐܠܐ
ܕܝܠܟ ܢܗܘܐ. 43 ܘܐܬܚܙܝ ܠܗ ܡܠܐܟܐ ܡܢ ܫܡܝܐ ܕܡܫܪܪ
ܠܗ. 44 ܘܟܕ ܗܘܐ ܒܕܚܠܬܐ ܚܦܝܛܐܝܬ ܡܨܠܐ ܗܘܐ.
ܘܗܘܬ ܕܘܥܬܗ ܐܝܟ ܢܛܘܦܝܬܐ ܕܕܡܐ. ܘܢܦܠܐ ܥܠ ܐܪܥܐ.
45 ܘܩܡ ܡܢ ܨܠܘܬܗ ܘܐܬܐ ܠܘܬ ܬܠܡܝܕܘܗܝ. ܘܐܫܟܚ ܐܢܘܢ
ܟܕ ܕܡܟܝܢ ܡܢ ܟܪܝܘܬܐ. 46 ܘܐܡܪ ܠܗܘܢ. ܡܢܐ ܕܡܟܝܢ
ܐܢܬܘܢ. ܩܘܡܘ ܨܠܘ ܕܠܐ ܬܥܠܘܢ ܠܢܣܝܘܢܐ. 47 ܘܟܕ ܥܕ
ܡܡܠܠ ܗܘܐ ܟܢܫܐ. ܘܗܘ ܕܡܬܩܪܐ ܝܗܘܕܐ ܚܕ ܡܢ ܬܪܥܣܪ
ܐܬܐ ܡܕܒܪ ܠܗܘܢ. ܘܩܪܒ ܠܘܬ ܝܫܘܥ ܘܢܫܩܗ. ܗܢܐ ܓܝܪ
ܐܬܐ ܝܗܒ ܗܘܐ ܠܗܘܢ. ܕܐܝܢܐ ܕܢܫܩ ܐܢܐ ܗܘܝܘ. 48 ܐܡܪ
ܠܗ ܝܫܘܥ. ܝܗܘܕܐ: ܒܢܘܫܩܬܐ ܡܫܠܡ ܐܢܬ ܠܒܪܗ
ܕܐܢܫܐ: 49 ܟܕ ܚܙܘ ܕܝܢ ܐܝܠܝܢ ܕܥܡܗ ܡܕܡ ܕܗܘܐ: ܐܡܪܝܢ
ܠܗ. ܡܪܢ ܢܡܚܐ ܐܢܘܢ ܒܣܝܦܐ: 50 ܘܡܚܐ ܚܕ ܡܢܗܘܢ
ܠܥܒܕܗ ܕܪܒ ܟܗܢܐ: ܘܢܣܒܗ ܐܕܢܗ ܕܝܡܝܢܐ. 51 ܘܥܢܐ
ܝܫܘܥ ܘܐܡܪ. ܫܒܘ ܥܕܡܐ ܠܗܕܐ. ܘܩܪܒ ܠܐܕܢܗ ܕܗܘ
ܕܡܚܝܐ ܘܐܣܝܗ. 52 ܘܐܡܪ ܝܫܘܥ ܠܗܢܘܢ ܕܐܬܘ ܥܠܘܗܝ:
ܪܒܝ ܟܗܢܐ ܘܩܫܝܫܐ ܘܪܒܝ ܚܝܠܐ ܕܗܝܟܠܐ. ܐܝܟ ܕܥܠ
ܓܝܣܐ ܢܦܩܬܘܢ ܥܠܝ ܒܣܝܦܐ ܘܒܚܘܛܪܐ ܕܬܐܚܕܘܢܢܝ.
53 ܟܠܝܘܡ ܥܡܟܘܢ ܗܘܝܬ ܒܗܝܟܠܐ: ܘܠܐ ܐܘܫܛܬܘܢ ܥܠܝ
ܐܝܕܝܐ. ܐܠܐ ܗܕܐ ܗܝ ܫܥܬܟܘܢ ܘܫܘܠܛܢܐ ܕܚܫܘܟܐ.
54 ܘܐܚܕܘܗܝ ܐܝܬܝܘܗܝ ܠܒܝܬܗ ܕܪܒ ܟܗܢܐ. ܘܫܡܥܘܢ ܐܬܐ
ܗܘܐ ܒܬܪܗ ܡܢ ܪܘܚܩܐ. 55 ܐܘܩܕܘ ܕܝܢ ܢܘܪܐ ܒܡܨܥܬ
ܕܪܬܐ: ܘܝܬܒܝܢ ܗܘܘ ܚܕܪܝܗ. ܘܝܬܒ ܐܦ ܗܘ ܫܡܥܘܢ
ܒܝܢܬܗܘܢ. 56 ܘܚܙܝܬܗ ܥܠܝܡܬܐ ܚܕܐ ܕܝܬܒ ܠܘܬ ܢܘܪܐ:
ܘܚܪܬ ܒܗ ܘܐܡܪܐ: ܐܦ ܗܢܐ ܥܡܗ ܗܘܐ. 57 ܗܘ ܕܝܢ
ܟܦܪ ܘܐܡܪ: ܐܢܬܬܐ ܠܐ ܝܕܥ ܐܢܐ ܠܗ. 58 ܘܒܬܪ ܩܠܝܠ
ܚܙܝܗܝ ܐܚܪܢܐ. ܘܐܡܪ ܠܗ. ܐܦ ܐܢܬ ܡܢܗܘܢ ܐܢܬ.
ܟܐܦܐ ܕܝܢ ܐܡܪ ܠܐ ܗܘܝܬ. 59 ܘܒܬܪ ܫܥܐ ܚܕܐ: ܐܚܪܢܐ

ܡܫܪܪ ܗܘܐ ܘܐܡܪ. ܫܪܝܪܐܝܬ ܐܦ ܗܢܐ ܥܡܗ ܗܘܐ. ܐܦ
ܓܝܪ ܓܠܝܠܝܐ ܗܘ. 60 ܐܡܪ ܟܐܦܐ. ܓܒܪܐ. ܠܐ ܝܕܥ ܐܢܐ
ܡܢܐ ܐܡܪ ܐܢܬ. ܘܡܚܕܐ ܟܕ ܗܘ ܡܡܠܠ ܩܪܐ ܬܪܢܓܠܐ ܀
61 ܘܐܬܦܢܝ ܝܫܘܥ ܚܪ ܒܟܐܦܐ. ܘܐܬܕܟܪ ܫܡܥܘܢ ܡܠܬܗ
ܕܡܪܢ ܕܐܡܪ ܗܘܐ ܠܗ: ܕܥܕܠܐ ܢܩܪܐ ܬܪܢܓܠܐ ܬܟܦܘܪ ܒܝ
ܬܠܬ ܙܒܢܝܢ. 62 ܘܢܦܩ ܠܒܪ ܫܡܥܘܢ ܒܟܐ ܡܪܝܪܐܝܬ.
63 ܘܓܒܪܐ ܕܐܚܝܕܝܢ ܗܘܘ ܠܝܫܘܥ: ܡܒܙܚܝܢ ܗܘܘ ܒܗ.
ܘܡܢܩܫܝܢ ܗܘܘ ܒܗ. 64 ܘܡܟܣܝܢ ܗܘܘ ܒܗ ܥܠ ܐܦܘܗܝ
ܘܐܡܪܝܢ. ܐܬܢܒܐ ܡܢܘ ܡܚܟ. 65 ܘܐܚܪܢܝܬܐ ܣܓܝܐܬܐ
ܡܓܕܦܝܢ ܗܘܘ ܘܐܡܪܝܢ ܥܠܘܗܝ ܀ 66 ܘܟܕ ܢܓܗ:
ܐܬܟܢܫܘ ܩܫܝܫܐ ܘܪܒܝ ܟܗܢܐ ܘܣܦܪܐ. ܘܐܣܩܘܗܝ
ܠܒܝܬ ܟܢܘܫܬܗܘܢ. 67 ܘܐܡܪܝܢ ܠܗ. ܐܢ ܐܢܬ ܗܘ
ܡܫܝܚܐ ܐܡܪ ܠܢ. ܐܡܪ ܠܗܘܢ. ܐܢ ܐܡܪ ܠܟܘܢ ܠܐ
ܡܗܝܡܢܝܬܘܢ. 68 ܘܐܢ ܐܫܐܠܟܘܢ: ܠܐ ܡܦܢܝܢ ܐܢܬܘܢ ܠܝ
ܦܬܓܡܐ ܐܘ ܫܪܝܢ ܐܢܬܘܢ ܠܝ. 69 ܡܢ ܗܫܐ ܢܗܘܐ ܒܪܗ
ܕܐܢܫܐ ܝܬܒ ܡܢ ܝܡܝܢܐ ܕܚܝܠܐ ܕܐܠܗܐ. 70 ܐܡܪܝܢ ܕܝܢ
ܟܠܗܘܢ. ܐܢܬ ܗܘ ܗܟܝܠ ܒܪܗ ܕܐܠܗܐ. ܐܡܪ ܠܗܘܢ
ܝܫܘܥ: ܐܢܬܘܢ ܐܡܪܝܢ ܐܢܬܘܢ ܕܐܢܐ ܐܢܐ. 71 ܐܡܪܝܢ. ܡܢܐ ܬܘܒ
ܡܬܒܥܝܢ ܠܢ ܣܗܕܘܬܐ. ܗܐ ܓܝܪ ܫܡܥܢ ܡܢ ܦܘܡܗ ܀

ܩܦܠܐܘܢ ܀ ܟܓ ܀

1 ܘܩܡܘ ܟܠܗ ܟܢܫܗܘܢ ܘܐܝܬܝܘܗܝ ܠܘܬ ܦܝܠܛܘܣ.
2 ܘܫܪܝܘ ܐܟܠܝܢ ܩܪܨܘܗܝ ܘܐܡܪܝܢ. ܠܗܢܐ ܐܫܟܚܢ
ܕܡܛܥܐ ܥܡܢ. ܘܟܠܐ ܕܟܣܦ ܪܫܐ ܠܩܣܪ ܠܐ ܢܬܠ. ܘܐܡܪ
ܥܠ ܢܦܫܗ ܕܡܫܝܚܐ ܡܠܟܐ ܗܘ. 3 ܦܝܠܛܘܣ ܕܝܢ
ܫܐܠܗ ܘܐܡܪ ܠܗ. ܐܢܬ ܗܘ ܡܠܟܐ ܕܝܗܘܕܝܐ: ܐܡܪ
ܠܗ ܐܢܬ ܐܡܪܬ ܀ 4 ܘܐܡܪ ܦܝܠܛܘܣ ܠܪܒܝ ܟܗܢܐ
ܘܠܟܢܫܐ. ܐܢܐ ܡܕܡ ܥܠܬܐ ܠܐ ܡܫܟܚ ܐܢܐ ܥܠ ܓܒܪܐ

ܗܢܐ. 5 ܗܢܘܢ ܕܝܢ ܡܬܥܫܢܝܢ ܗܘܘ ܘܐܡܪܝܢ. ܕܐܫܓܫܗ
ܠܥܡܢ. ܟܕ ܡܠܦ ܒܟܠܗ ܝܗܘܕ. ܘܫܪܝ ܡܢ ܓܠܝܠܐ
ܘܥܕܡܐ ܠܗܪܟܐ܀ 6 ܦܝܠܛܘܣ ܕܝܢ ܟܕ ܫܡܥ ܫܡܐ
ܕܓܠܝܠܐ. ܫܐܠ ܐܢ ܓܒܪܐ ܗܘ ܓܠܝܠܝܐ. 7 ܘܟܕ ܝܕܥ
ܕܡܢ ܫܘܠܛܢܐ ܗܘ ܕܗܪܘܕܣ: ܫܕܪܗ ܠܘܬܗ
ܕܗܪܘܕܣ. ܡܛܠ ܕܒܐܘܪܫܠܡ ܗܘܐ ܒܗܠܝܢ ܝܘܡܬܐ.
8 ܗܪܘܕܣ ܕܝܢ ܟܕ ܚܙܝܗ ܠܝܫܘܥ ܚܕܝ ܛܒ. ܨܒܐ ܗܘܐ
ܓܝܪ ܠܡܚܙܝܗ ܡܢ ܙܒܢܐ ܤܓܝܐܐ. ܡܛܠ ܕܫܡܥ ܗܘܐ
ܥܠܘܗܝ ܤܓܝܐܬܐ. ܘܡܤܟܐ ܗܘܐ ܕܢܚܙܐ ܐܬܐ ܚܕܐ
ܡܢܗ. 9 ܘܫܐܠ ܤܓܝܐܬܐ ܡܠܐ ܗܘܐ ܠܗ. ܝܫܘܥ ܕܝܢ
ܡܕܡ ܦܬܓܡܐ ܠܐ ܐܦܢܝܗ. 10 ܩܝܡܝܢ ܗܘܘ ܕܝܢ ܪ̈ܒܝ ܟܗ̈ܢܐ
ܘܤܦܪ̈ܐ: ܘܒܚܪܝܨܘܬ ܐܟܠܝܢ ܗܘܘ ܩܪ̈ܨܘܗܝ. 11 ܗܪܘܕܣ ܕܝܢ
ܫܛܗ ܗܘ ܘܦܠܚ̈ܘܗܝ. ܘܟܕ ܡܒܙܚ: ܐܠܒܫܗ ܢܚܬܐ
ܕܙܚܘܪܝܬܐ. ܘܫܕܪܗ ܠܘܬ ܦܝܠܛܘܣ. 12 ܘܒܗܘ ܝܘܡܐ
ܗܘܘ ܪ̈ܚܡܐ ܦܝܠܛܘܣ ܘܗܪܘܕܣ ܥܡ ܚܕܕܐ. ܡܛܠ ܕܒܥܠܕܒܒܘܬܐ
ܗܘܘ ܓܝܪ ܡܢ ܩܕܡ ܠܚܕܕܗܘܢ. 13 ܩܪܐ ܕܝܢ ܦܝܠܛܘܣ
ܠܪ̈ܒܝ ܟܗ̈ܢܐ ܘܠܐܪ̈ܟܘܢܐ ܘܠܥܡܐ. 14 ܘܐܡܪ ܠܗܘܢ. ܩܪܒܬܘܢ
ܠܝ ܓܒܪܐ ܗܢܐ ܐܝܟ ܡܗܦܟ ܥܡܟܘܢ. ܘܗܐ ܐܢܐ ܒܥܩܒܬܗ
ܠܥܝܢܝܟܘܢ. ܘܥܠܬܐ ܡܕܡ ܠܐ ܐܫܟܚܬ ܒܓܒܪܐ ܗܢܐ ܡܢ
ܟܠ ܕܡܪܫܝܢ ܐܢܬܘܢ ܥܠܘܗܝ. 15 ܐܠܐ ܐܦܠܐ ܗܪܘܕܣ. ܫܕܪܬܗ
ܓܝܪ ܠܘܬܗ: ܘܗܐ ܠܐ ܡܕܡ ܕܫܘܐ ܠܡܘܬܐ ܥܒܝܕ ܠܗ.
16 ܐܪܕܝܘܗܝ ܗܟܝܠ ܘܐܫܪܝܘܗܝ. 17 ܥܝܕܐ ܓܝܪ ܐܝܬ
ܗܘܐ ܕܢܫܪܐ ܠܗܘܢ ܚܕ ܒܥܐܕܐ. 18 ܩܥܘ ܕܝܢ ܟܠܗ
ܟܢܫܐ ܘܐܡܪܝܢ. ܫܩܘܠܝܗܝ ܠܗܢܐ ܘܫܪܝ ܠܢ ܠܒܪܐܒܐ.
19 ܗܘ ܐܝܢܐ ܕܡܛܠ ܐܤܛܤܝܤ ܘܩܛܠܐ ܕܗܘܐ ܒܡܕܝܢܬܐ
ܪܡܐ ܗܘܐ ܒܝܬ ܐܤܝܪ̈ܐ. 20 ܬܘܒ ܕܝܢ ܡܠܠ ܥܡܗܘܢ
ܦܝܠܛܘܣ: ܟܕ ܨܒܐ ܕܢܫܪܐ ܠܝܫܘܥ. 21 ܗܢܘܢ ܕܝܢ ܩܥܝܢ
ܗܘܘ ܘܐܡܪܝܢ. ܙܩܘܦܝܗܝ ܙܩܘܦܝܗܝ. 22 ܗܘ ܕܝܢ ܕܬܠܬ

ܐܚܝܬܝ ܐܡܪ ܠܗܘ. ܚܢܐ ܓܝܪ ܕܝܠܟ ܕܚܒ ܗܘܢܐ. ܩܕܝܡ
ܟܠܗ ܕܡܢܐ ܠܡܫܝܐ ܠܐ ܐܡܨܝܬ ܟܪܗ. ܐܢܝܘܗܝ ܗܘܟܠ
ܘܐܡܟܝܡܘܗܝ. 23 ܗܘܝܢ ܕܝܢ ܐܟܝܢ ܗܘܘ ܟܦܠܐ ܙܒܠ:
ܘܡܠܟܝܢ ܗܘܘ ܟܪܗ ܕܬܐܡܟܘܠܝܗܝ. ܘܟܦܢ ܗܘܐ ܡܟܠܗܘܢ
ܕܠܗܘܢ ܘܒܪܟܬ ܡܢܬܐ. 24 ܦܟܝܢܘܣ ܕܝܢ ܟܦܒ ܕܐܬܒܘܐ
ܡܐܟܠܗܘܢ. 25 ܘܐܡܪܐ ܠܗܘܢ ܠܗܘ ܕܬܢܝܠ ܐܣܛܦܣ
ܘܩܦܠܐ ܢܦܠ ܗܘܐ ܟܪܟ ܐܦܣܪܐ ܗܘ ܕܐܬܠܗ. ܠܝܫܘܥ ܕܝܢ
ܐܡܟܝܡ ܠܓܒܠܝܗܘܢ ܀ 26 ܘܟܒ ܡܘܟܠܝܢ ܟܪܗ: ܐܝܬܘ
ܠܡܟܠܗܘܢ ܡܘܪܝܢܐ ܕܐܬܐ ܡܢ ܡܕܝܢܬܐ: ܘܡܟܘ ܟܠܗܘܢ
ܐܦܣܪܐ ܕܬܟܠ ܟܠܗܘܢ ܕܝܫܘܥ. 27 ܘܐܬܐ ܗܘܐ ܟܠܗܘܢ ܗܘܓܝܪ
ܕܟܠܐ. ܘܬܦܠ ܐܟܝܢ ܕܡܪܡܢ ܗܘܘ ܡܠܟܝܢ ܕܟܠܗܘܢ.
28 ܘܐܬܚܝܢ ܟܦܠܝܗܝ ܝܫܘܥ ܘܐܡܪ ܟܢܫ ܐܘܪܫܠܡ ܠܐ ܐܟܦܢܝ
ܕܟܝܢ. ܟܪܡ ܟܠ ܢܡܟܝܢ ܟܟܢܝܢ ܘܟܠ ܟܢܝܢܝܢ.
29 ܕܗܘܐ ܐܝܟ ܢܦܫܬܐ ܕܟܠܗܘܢ ܬܐܡܪܗ: ܗܘܟܢܝܗܝ ܠܟܦܪܬܐ
ܘܟܠܡܫܬܐ ܕܠܐ ܬܟܝܢ. ܘܟܠܗܘܢ ܕܠܐ ܐܣܬܡܘ. 30 ܗܘܢܝܢ
ܐܡܪܗ ܠܟܐܡܪ ܠܡܘܬܐ ܕܦܟܘ ܟܟܝܢ. ܘܟܠܡܬܬܐ ܕܡܫܬܢܝ.
31 ܙܐܠ ܟܦܫܐ ܕܡܟܠܐ ܗܘܟܝܢ ܟܟܒܝܢ: ܟܟܝܫܐ ܗܘܢܐ
ܬܒܘܐ. 32 ܘܐܝܬ ܗܘܘ ܟܦܟܘ ܠܐܘܪ ܐܢܫܬܝܢ ܟܟܒܝܢ ܟܢܫܬܐ
ܕܬܡܫܟܠܗܘܢ . 33 ܘܟܒ ܐܝܬܘ ܠܒܘܟܬܐ ܚܕܐ ܕܡܠܡܪܢܐ
ܡܪܡܟܬܐ: ܐܡܟܘܗܝ ܐܡܪ. ܘܟܠܗܘܢ ܟܟܒܝܢ ܟܢܫܬܐ.
ܢܒ ܡܢ ܢܟܫܬܘ ܘܢܒ ܡܢ ܡܟܠܟܘ ܀ 34 ܗܘ ܕܝܢ ܝܫܘܥ
ܐܡܪ ܗܘܐ. ܐܟܠ ܡܟܘܡ ܠܗܘܢ. ܠܐ ܓܝܪ ܢܒܟܝܢ ܗܘܢܐ
ܟܟܒܝܢ. ܘܡܟܠܝܘ ܢܫܬܗܘܢ ܘܐܪܡܟܘ ܕܟܠܗܘܢ ܡܟܠܐ.
35 ܡܐܡ ܗܘܐ ܕܝܢ ܟܡܠܐ ܘܢܦܪܐ. ܘܡܟܝܢܝܢ ܗܘܘ ܟܪܗ ܐܦ
ܐܝܟܬܐ ܘܐܡܪܝܢ. ܟܐܢܫܬܐ ܐܢܫ. ܢܫܐ ܢܡܫܘ. ܐܠ ܗܒܘܐ
ܡܫܝܢܐ ܓܟܢܘ ܕܐܟܘܐ. 36 ܘܡܟܐܢܝܢ ܗܘܘ ܟܪܗ ܐܦ
ܐܡܫܬܢܘܬܐ ܟܒ ܡܪܟܝܢ ܠܡܐܬܘ ܘܡܟܪܟܝܢ ܟܪܗ ܢܠܐ
37 ܘܐܡܪܝܢ ܟܪܗ. ܐܠ ܐܝܬ ܗܘܐ ܡܟܠܐ ܕܗܘܪܬܐ ܐܢܫ ܢܡܫܘ.

38 ܐܝܬ ܗܘܐ ܕܝܢ ܐܦ ܟܬܒܐ ܕܟܬܝܒ ܠܥܠ ܡܢܗ: ܝܘܢܐܝܬ
ܘܪܗܘܡܐܝܬ. ܘܥܒܪܐܝܬ. ܗܢܘ ܡܠܟܐ ܕܝܗܘܕܝܐ. 39 ܚܕ
ܕܝܢ ܡܢ ܗܢܘܢ ܬܪ̈ܝܢ ܓܝܣ̈ܐ ܕܙܩܝܦܝܢ ܗܘܘ ܥܡܗ:
ܡܓܕܦ ܗܘܐ ܥܠܘܗܝ ܘܐܡܪ. ܐܢ ܐܢܬ ܗܘ ܡܫܝܚܐ: ܦܨܐ
ܢܦܫܟ ܘܦܨܐ ܐܦ ܠܢ. 40 ܘܟܐܐ ܒܗ ܚܒܪܗ ܘܐܡܪ ܠܗ. ܐܦ
ܠܐ ܡܢ ܐܠܗܐ ܕܚܠ ܐܢܬ: ܕܐܦ ܐܢܬ ܒܗ ܐܢܬ ܒܕܝܢܐ: 41 ܘܚܢܢ
ܟܐܢܐܝܬ. ܐܝܟ ܕܫܘܐ ܠܢ ܓܝܪ ܘܐܝܟ ܕܥܒܕܢ ܐܬܦܪܥܢ.
ܗܢܐ ܕܝܢ ܡܕܡ ܕܣܢܐ ܠܐ ܥܒܕ. 42 ܘܐܡܪ ܠܝܫܘܥ.
ܐܬܕܟܪܝܢܝ ܡܪܝ ܡܐ ܕܐܬܐ ܐܢܬ ܒܡܠܟܘܬܟ. 43 ܐܡܪ ܠܗ
ܝܫܘܥ. ܐܡܝܢ ܐܡܪ ܐܢܐ ܠܟ: ܕܝܘܡܢܐ ܥܡܝ ܬܗܘܐ
ܒܦܪܕܝܣܐ ܀ 44 ܐܝܬ ܗܘܬ ܕܝܢ ܐܝܟ ܫܥ̈ܐ ܫܬ. ܘܗܘܐ
ܚܫܘܟܐ ܥܠ ܟܠܗ ܐܪܥܐ: ܥܕܡܐ ܠܫܥ̈ܐ ܬܫܥ. 45 ܘܚܫܟ
ܫܡܫܐ. ܘܐܨܛܪܝ ܐܦ̈ܝ ܬܪܥܐ ܕܗܝܟܠܐ ܡܢ ܡܨܥܬܗ. 46 ܘܩܥܐ
ܝܫܘܥ ܒܩܠܐ ܪܡܐ ܘܐܡܪ. ܐܒܝ ܒܐܝܕܝܟ ܣܐܡ ܐܢܐ ܪܘܚܝ.
ܗܕܐ ܐܡܪ ܘܫܠܡ. 47 ܟܕ ܚܙܐ ܕܝܢ ܩܢܛܪܘܢܐ ܡܕܡ ܕܗܘܐ.
ܫܒܚ ܠܐܠܗܐ ܘܐܡܪ. ܫܪܝܪܐܝܬ ܗܢܐ ܓܒܪܐ ܙܕܝܩܐ ܗܘܐ.
48 ܘܟܠܗܘܢ ܟܢ̈ܫܐ ܐܝܠܝܢ ܕܡܬܟܢܫܝܢ ܗܘܘ ܠܚܙܬܐ ܗܕܐ.
ܟܕ ܚܙܘ ܡܕܡ ܕܗܘܐ: ܗܦܟܘ ܟܕ ܡܢܩܫܝܢ ܥܠ ܚܕܝ̈ܗܘܢ.
49 ܘܩܝܡܝܢ ܗܘܘ ܡܢ ܪܘܚܩܐ ܟܠܗܘܢ ܝܕ̈ܘܥܘܗܝ ܕܝܫܘܥ.
ܘܢܫ̈ܐ ܐܝܠܝܢ ܕܐܬ̈ܝ ܗܘ̈ܝ ܥܡܗ. ܡܢ ܓܠܝܠܐ: ܘܚܙܝܢ ܗܘܘ
ܗܠܝܢ ܀ 50 ܓܒܪܐ ܕܝܢ ܚܕ ܕܫܡܗ ܝܘܣܦ ܒܘܠܘܛܐ:
ܡܢ ܪܡܬܐ ܡܕܝܢܬܐ ܕܝܗܘܕ: ܓܒܪܐ ܗܘܐ ܛܒܐ ܘܟܐܢܐ.
51 ܗܢܐ ܠܐ ܐܫܬܘܝ ܗܘܐ ܠܪܥܝܢܗܘܢ ܘܠܡܣܥܪܢܗܘܢ.
ܘܡܣܟܐ ܗܘܐ ܠܡܠܟܘܬܐ ܕܐܠܗܐ. 52 ܗܢܐ ܩܪܒ ܠܘܬ
ܦܝܠܛܘܣ: ܘܫܐܠ ܦܓܪܗ ܕܝܫܘܥ. 53 ܘܐܚܬܗ ܘܟܪܟܗ
ܒܣܕܘܢܐ ܕܟܬܢܐ. ܘܣܡܗ ܒܒܝܬ ܩܒܘܪܐ ܢܩܝܪܐ. ܕܠܐ ܐܢܫ
ܥܕܟܝܠ ܐܬܬܣܝܡ ܗܘܐ ܒܗ. 54 ܘܝܘܡܐ ܥܪܘܒܬܐ ܗܘܐ.
ܘܫܒܬܐ ܢܓܗܐ ܗܘܬ. 55 ܡܬܢܩܦ̈ܢ ܗܘ̈ܝ ܕܝܢ ܢܫ̈ܐ ܗܠܝܢ

ܕܐܬܝ̈ ܥܡܗ ܡܢ ܓܠܝܠܐ: ܘܚܙܝ̈ܝܗܝ ܠܩܒܪܐ ܘܐܝܟܢܐ
ܐܬܬܣܝܡ ܦܓܪܗ. 56 ܘܗܦܟ̈ܝ ܛܝ̈ܒܝ ܒܣܡ̈ܐ ܘܡܘܪ̈ܘܢ.
ܘܒܫܒܬܐ ܫܠܝ̈ ܐܝܟ ܕܦܩܝܕ ✣

ܩܦܠܐܘܢ ✣ ܟܕ ✣

1 ܒܚܕ ܒܫܒܐ ܕܝܢ ܒܨܦܪܐ ܟܕ ܚܫܘܟ ܐܬܝ̈ ܠܒܝܬ
ܩܒܘܪܐ ܘܐܝܬܝ̈ ܗܠܝܢ ܗܪ̈ܘܡܐ ܕܛܝܒ̈ ܗܘܝ̈. ܘܐܝܬ ܗܘܝ̈
ܥܡܗܝܢ ܢܫ̈ܐ ܐܚܪ̈ܢܝܬܐ. 2 ܘܐܫܟܚ̈ ܟܐܦܐ ܕܡܥܓܠܐ ܡܢ
ܒܝܬ ܩܒܘܪܐ. 3 ܘܥܠ̈ܝ ܘܠܐ ܐܫܟܚ̈ܝܗܝ ܠܦܓܪܗ ܕܝܫܘܥ.
4 ܘܗܘܐ ܕܟܕ ܗܢܝ̈ ܬܗܝ̈ܪܢ ܥܠ ܗܕܐ. ܗܐ ܬܪܝܢ ܓܒܪ̈ܝܢ
ܩܡܘ ܠܥܠ ܡܢܗܝܢ. ܘܡܒܪܩ ܗܘܐ ܠܒܘܫܗܘܢ.
5 ܘܗܘܝ̈ ܒܕܚܠܬܐ. ܘܟܦܝ̈ ܐܦ̈ܝܗܝܢ ܒܐܪܥܐ. ܘܐܡܪ̈ܝܢ ܠܗܝܢ.
ܡܢܐ ܒܥܝ̈ܢ ܐܢ̈ܬܝܢ ܚܝܐ ܥܡ ܡܝ̈ܬܐ. 6 ܠܝܬܘܗܝ ܬܢܢ ܩܡ
ܠܗ. ܐܬܕܟܪ̈ܝܢ ܕܡܠܠ ܥܡܟܝܢ ܟܕ ܗܘܐ ܒܓܠܝܠܐ: 7 ܘܐܡܪ
ܗܘܐ ܕܥܬܝܕ ܗܘ ܒܪܗ ܕܐܢܫܐ ܕܢܫܬܠܡ ܒܐܝ̈ܕܝ ܐܢܫ̈ܐ
ܚܛܝ̈ܐ: ܘܢܙܕܩܦ ܘܠܝܘܡܐ ܬܠܝܬܝܐ ܢܩܘܡ. 8 ܘܗܢܝ̈ܢ
ܐܬܕܟܪ̈ ܠܡ̈ܠܘܗܝ. 9 ܘܗܦܟ̈ܝ ܡܢ ܩܒܪܐ. ܘܐܡܪ̈ܝ
ܗܠܝܢ ܟܠܗܝܢ ܠܚܕܥܣܪ ܘܠܫܪܟܐ. 10 ܐܝܬܝܗܝܢ ܗܘܝ̈
ܕܝܢ ܡܪܝܡ ܡܓܕܠܝܬܐ. ܘܝܘܚܢ. ܘܡܪܝܡ ܐܡܗ ܕܝܥܩܘܒ
ܘܫܪܟܐ ܕܥܡܗܝܢ. ܗܠܝܢ ܕܐܡܪ̈ܢ ܗܘܝ̈ ܠܫܠܝ̈ܚܐ.
11 ܘܐܬܚܙܝ̈ ܒܥܝ̈ܢܝܗܘܢ ܡ̈ܠܐ ܗܠܝܢ ܐܝܟ ܡܬܠ̈ܢܝܬܐ ܘܠܐ
ܗܝܡܢܘ ܐܢܝܢ. 12 ܫܡܥܘܢ ܕܝܢ ܩܡ ܘܪܗܛ ܠܩܒܪܐ.
ܘܐܕܝܩ ܚܙܐ ܬܟܪ̈ܟܐ ܕܣܝ̈ܡܝܢ ܒܠܚܘܕ. ܘܐܙܠ ܟܕ ܡܬܕܡܪ
ܒܢܦܫܗ ܥܠ ܡܕܡ ܕܗܘܐ ✣ 13 ܘܗܐ ܬܪܝܢ ܡܢܗܘܢ ܒܗ
ܒܝܘܡܐ. ܐܙܠܝܢ ܗܘܘ ܠܩܪܝܬܐ ܕܫܡܗ ܥܡܐܘܣ. ܘܪܚܝܩܐ
ܡܢ ܐܘܪܫܠܡ ܫܬܝܢ ܐܣܛܕ̈ܘܬܐ ܡܫܚܬܐ. 14 ܘܗܢܘܢ ܡܡܠܠܝܢ ܗܘܘ
ܚܕ ܥܡ ܚܕ: ܥܠ ܗܠܝܢ ܟܠܗܝܢ ܕܓܕܫ̈ܝ. 15 ܘܟܕ
ܗܢܘܢ ܡܡܠܠܝܢ ܘܒܥܝܢ ܚܕ ܥܡ ܚܕ. ܐܬܐ ܗܘ ܝܫܘܥ

ܘܩܪܒ ܝܫܘܥ. ܘܡܗܠܟ ܗܘܐ ܥܡܗܘܢ. 16 ܘܥܝܢܝܗܘܢ
ܐܚܝܕܢ ܗܘܝ ܕܠܐ ܢܫܬܘܕܥܘܢܝܗܝ. 17 ܘܐܡܪ ܠܗܘܢ. ܡܢܐ
ܐܢܘܢ ܡܠܐ ܗܠܝܢ ܕܡܡܠܠܝܢ ܐܢܬܘܢ ܚܕ ܥܡ ܚܕ: ܟܕ
ܡܗܠܟܝܢ ܐܢܬܘܢ. ܘܟܡܝܪܝܢ ܐܢܬܘܢ. 18 ܘܥܢܐ ܚܕ ܡܢܗܘܢ
ܕܫܡܗ ܩܠܝܘܦܐ ܘܐܡܪ ܠܗ. ܐܝܬ ܗܘ ܐܢ ܒܠܚܘܕܝܟ
ܬܘܬܒܐ ܡܢ ܐܘܪܫܠܡ: ܕܠܐ ܝܕܥ ܐܢܬ ܡܕܡ ܕܗܘܐ ܒܗ
ܒܗܠܝܢ ܝܘܡܬܐ. 19 ܐܡܪ ܠܗܘܢ ܡܢܐ. ܐܡܪܝܢ ܠܗ. ܥܠ
ܝܫܘܥ ܗܘ ܕܡܢ ܢܨܪܬ. ܓܒܪܐ ܕܗܘܐ ܢܒܝܐ. ܘܚܝܠܬܢ ܗܘܐ
ܒܡܠܬܐ ܘܒܥܒܕܐ: ܩܕܡ ܐܠܗܐ ܘܩܕܡ ܟܠܗ ܥܡܐ.
20 ܘܐܫܠܡܘܗܝ ܪܒܝ ܟܗܢܐ ܘܩܫܝܫܐ ܠܕܝܢܐ ܕܡܘܬܐ
ܘܙܩܦܘܗܝ. 21 ܚܢܢ ܕܝܢ ܡܣܒܪܝܢ ܗܘܝܢ: ܕܗܘܝܘ ܥܬܝܕ
ܗܘܐ ܕܢܦܪܘܩܝܗܝ ܠܐܝܣܪܝܠ. ܘܗܐ ܬܠܬܐ ܝܘܡܝܢ ܡܢ
ܕܗܠܝܢ ܟܠܗܝܢ ܗܘܝ. 22 ܐܠܐ ܐܦ ܢܫܐ ܡܢܢ. ܐܬܗܪܢ.
ܡܩܕܡ ܗܘܝ ܠܘܬ ܩܒܪܐ ܡܨܦܪ. 23 ܘܟܕ ܠܐ ܐܫܟܚܝ ܦܓܪܗ:
ܐܬܝ ܐܡܪܢ ܠܢ ܕܡܠܐܟܐ ܚܙܝ ܬܡܢ. ܘܐܡܪܝܢ ܥܠܘܗܝ ܕܚܝ
ܗܘ. 24 ܘܐܦ ܐܢܫܐ ܡܢܢ ܐܙܠܘ ܠܘܬ ܩܒܪܐ: ܘܐܫܟܚܘ
ܗܟܢܐ ܐܝܟ ܡܐ ܕܐܡܪܝ ܢܫܐ. ܠܗ ܕܝܢ ܠܐ ܚܙܐܘ. 25 ܗܝܕܝܢ
ܐܡܪ ܠܗܘܢ ܝܫܘܥ. ܐܘ ܚܣܝܪܝ ܪܥܝܢܐ ܘܝܩܝܪܝ ܠܒܐ
ܠܡܗܝܡܢܘ. ܒܟܠܗܝܢ ܐܝܠܝܢ ܕܡܠܠܘ ܢܒܝܐ: 26 ܠܐ ܗܘܐ
ܗܠܝܢ ܥܬܝܕ ܗܘܐ ܕܢܚܫ ܡܫܝܚܐ: ܘܕܢܥܘܠ
ܠܫܘܒܚܗ: 27 ܘܫܪܝ ܗܘܐ ܡܢ ܡܘܫܐ ܘܡܢ ܟܠܗܘܢ
ܢܒܝܐ: ܘܡܦܫܩ ܗܘܐ ܠܗܘܢ ܥܠܘܗܝ ܡܢ ܟܠܗܘܢ
ܟܬܒܐ. 28 ܘܩܪܒܘ ܗܘܘ ܠܩܪܝܬܐ ܗܝ ܕܐܙܠܝܢ ܗܘܘ ܠܗ.
ܘܗܘ ܡܣܒܪ ܗܘܐ ܠܗܘܢ: ܕܠܐܬܪܐ ܕܪܚܝܩܐ ܐܙܠ
ܗܘܐ. 29 ܘܐܠܨܘܗܝ ܘܐܡܪܝܢ ܠܗ. ܩܘܝ ܠܘܬܢ, ܡܛܠ
ܕܝܘܡܐ ܗܐ ܢܛܐ ܠܗ ܠܡܪܡܫ. ܘܥܠ ܕܢܩܘܐ ܠܘܬܗܘܢ:
30 ܘܗܘܐ ܕܟܕ ܐܣܬܡܟ ܥܡܗܘܢ: ܢܣܒ ܠܚܡܐ ܘܒܪܟ
ܘܩܨܐ ܘܝܗܒ ܠܗܘܢ. 31 ܘܡܚܕܐ ܐܬܦܬܚܝ ܥܝܢܝܗܘܢ

ܘܐܫܬܘܕܥܘܗܝ܂ ܘܗܘ ܐܫܬܩܠ ܡܢ ܥܝܢܝܗܘܢ. 32 ܘܐܡܪܝܢ
ܗܘܘ ܚܕ ܠܚܕ. ܠܐ ܗܘܐ ܠܒܢ ܝܩܝܕ ܗܘܐ ܒܓܘܢ: ܟܕ
ܡܡܠܠ ܥܡܢ ܒܐܘܪܚܐ ܘܡܦܫܩ ܠܢ ܟܬܒܐ: 33 ܘܩܡܘ
ܒܗ ܒܫܥܬܐ ܘܗܦܟܘ ܠܐܘܪܫܠܡ. ܘܐܫܟܚܘ ܠܚܕܥܣܪ܃
ܕܟܢܝܫܝܢ ܘܠܐܝܠܝܢ ܕܥܡܗܘܢ. 34 ܟܕ ܐܡܪܝܢ: ܕܫܪܝܪܐܝܬ ܩܡ
ܡܪܢ ܘܐܬܚܙܝ ܠܫܡܥܘܢ. 35 ܘܐܦ ܗܢܘܢ. ܐܫܬܥܝܘ ܐܝܠܝܢ
ܕܗܘܝ ܒܐܘܪܚܐ: ܘܐܝܟܢܐ ܐܬܝܕܥ ܠܗܘܢ ܟܕ ܩܨܐ ܠܚܡܐ ❖
36 ܘܟܕ ܗܠܝܢ ܡܡܠܠܝܢ ܗܘܘ: ܝܫܘܥ ܩܡ ܒܝܢܬܗܘܢ
ܘܐܡܪ ܠܗܘܢ. ܫܠܡܐ ܥܡܟܘܢ. ܐܢܐ ܐܢܐ ܠܐ ܬܕܚܠܘܢ.
37 ܘܗܢܘܢ ܐܬܪܗܒܘ ܘܗܘܘ ܒܕܚܠܬܐ. ܣܒܪܝܢ ܗܘܘ ܓܝܪ
ܕܪܘܚܐ ܚܙܝܢ. 38 ܐܡܪ ܠܗܘܢ ܝܫܘܥ. ܡܢܐ ܡܬܬܙܝܥܝܢ
ܐܢܬܘܢ. ܘܡܢܐ ܣܠܩܢ ܡܚܫܒܬܐ ܥܠ ܠܒܘܬܟܘܢ.
39 ܚܙܘ ܐܝܕܝ ܘܪܓܠܝ ܕܐܢܐ ܐܢܐ. ܓܫܘܢܝ ܘܕܥܘ:
ܕܠܪܘܚܐ ܒܣܪܐ ܘܓܪܡܐ ܠܝܬ ܠܗ: ܐܝܟ ܕܚܙܝܢ ܐܢܬܘܢ ܕܐܝܬ
ܠܝ. 40 ܘܟܕ ܗܠܝܢ ܐܡܪ: ܚܘܝ ܐܢܘܢ ܐܝܕܘܗܝ ܘܪܓܠܘܗܝ.
41 ܘܟܕ ܥܕܟܝܠ ܠܐ ܡܗܝܡܢܝܢ ܗܘܘ ܡܢ ܚܕܘܬܗܘܢ
ܘܬܡܝܗܝܢ ܗܘܘ: ܐܡܪ ܠܗܘܢ. ܐܝܬ ܠܟܘܢ ܡܕܡ ܗܪܟܐ
ܠܡܐܟܠ: 42 ܘܗܢܘܢ ܝܗܒܘ ܠܗ ܡܢܬܐ: ܡܢ ܢܘܢܐ
ܕܛܘܝܐ ܘܡܢ ܟܪܝܬܐ ܕܕܒܫܐ. 43 ܘܢܣܒ ܐܟܠ ܠܥܝܢܝܗܘܢ.
44 ܘܐܡܪ ܠܗܘܢ. ܗܠܝܢ ܐܢܝܢ ܡܠܐ ܕܡܠܠܬ ܥܡܟܘܢ ܟܕ
ܠܘܬܟܘܢ ܗܘܝܬ: ܕܘܠܐ ܗܘܐ ܕܢܫܬܠܡ ܟܠ ܡܕܡ ܕܟܬܝܒ
ܒܢܡܘܣܐ ܕܡܘܫܐ: ܘܒܢܒܝܐ ܘܒܡܙܡܘܪܐ ܥܠܝ.
45 ܗܝܕܝܢ ܦܬܚ ܪܥܝܢܗܘܢ ܠܡܣܬܟܠܘ ܟܬܒܐ. 46 ܘܐܡܪ
ܠܗܘܢ ܕܗܟܢܐ ܟܬܝܒ. ܘܗܟܢܐ ܝܐܐ ܗܘܐ ܕܢܚܫ ܡܫܝܚܐ:
ܘܢܩܘܡ ܡܢ ܒܝܬ ܡܝܬܐ ܠܝܘܡܐ ܬܠܝܬܝܐ. 47 ܘܕܢܬܟܪܙ
ܒܫܡܗ ܬܝܒܘܬܐ ܠܫܘܒܩܢܐ ܕܚܛܗܐ. ܒܟܠܗܘܢ ܥܡܡܐ.
ܘܫܘܪܝܐ ܢܗܘܐ ܡܢ ܐܘܪܫܠܡ. 48 ܘܐܢܬܘܢ ܐܢܘܢ ܣܗܕܐ
ܕܗܠܝܢ. 49 ܘܐܢܐ ܐܫܕܪ ܥܠܝܟܘܢ ܡܘܠܟܢܐ ܕܐܒܝ. ܐܢܬܘܢ

ܕܝܢ ܬܒܘ ܒܐܘܪܫܠܡ ܡܕܝܢܬܐ: ܥܕܡܐ ܕܬܠܒܫܘܢ ܚܝܠܐ
ܡܢ ܪܘܡܐ. 50 ܘܐܦܩ ܐܢܘܢ ܥܕܡܐ ܠܒܝܬ ܥܢܝܐ. ܘܐܪܝܡ
ܐܝܕܘܗܝ ܘܒܪܟ ܐܢܘܢ. 51 ܘܗܘܐ ܕܟܕ ܡܒܪܟ ܠܗܘܢ:
ܐܬܦܪܫ ܡܢܗܘܢ ܘܣܠܩ ܠܫܡܝܐ. 52 ܗܢܘܢ ܕܝܢ ܣܓܕܘ
ܠܗ ܘܗܦܟܘ ܠܐܘܪܫܠܡ ܒܚܕܘܬܐ ܪܒܬܐ. ܘܒܟܠܙܒܢ
ܐܝܬܝܗܘܢ ܗܘܘ ܒܗܝܟܠܐ: ܟܕ ܡܫܒܚܝܢ ܘܡܒܪܟܝܢ
ܠܐܠܗܐ ܐܡܝܢ ܀

ܫܠܡ ܐܘܢܓܠܝܘܢ ܩܕܝܫܐ ܕܠܘܩܐ ܡܒܣܪܢܐ ܀

ܐܘܢܓܠܝܘܢ ܩܕܝܫܐ ܟܪܘܙܘܬܐ ܕܝܘܚܢܢ ܟܪܘܙܐ
ܕܡܠܠ ܘܐܟܪܙ ܝܘܢܐܝܬ ܒܐܦܣܘܣ ܀

ܩܦܠܐܘܢ ܀ ܐ ܀

1 ܒܪܫܝܬ ܐܝܬܘܗܝ ܗܘܐ ܡܠܬܐ. ܘܗܘ ܡܠܬܐ ܐܝܬܘܗܝ
ܗܘܐ ܠܘܬ ܐܠܗܐ. ܘܐܠܗܐ ܐܝܬܘܗܝ ܗܘܐ ܗܘ ܡܠܬܐ.
2 ܗܢܐ ܐܝܬܘܗܝ ܗܘܐ ܒܪܫܝܬ ܠܘܬ ܐܠܗܐ. 3 ܟܠ ܒܐܝܕܗ
ܗܘܐ. ܘܒܠܥܕܘܗܝ ܐܦܠܐ ܚܕܐ ܗܘܬ ܡܕܡ ܕܗܘܐ. 4 ܒܗ
ܚܝܐ ܗܘܐ. ܘܚܝܐ ܐܝܬܝܗܘܢ ܢܘܗܪܐ ܕܒܢܝܢܫܐ. 5 ܘܗܘ
ܢܘܗܪܐ ܒܚܫܘܟܐ ܡܢܗܪ: ܘܚܫܘܟܐ ܠܐ ܐܕܪܟܗ ܀ 6 ܗܘܐ
ܓܒܪܐ ܕܐܫܬܕܪ ܡܢ ܐܠܗܐ: ܫܡܗ ܝܘܚܢܢ. 7 ܗܢܐ ܐܬܐ
ܠܣܗܕܘܬܐ ܕܢܣܗܕ ܥܠ ܢܘܗܪܐ. ܕܟܠܢܫ ܢܗܝܡܢ
ܒܐܝܕܗ. 8 ܠܐ ܗܘܐ ܗܘ ܢܘܗܪܐ. ܐܠܐ ܕܢܣܗܕ ܥܠ ܢܘܗܪܐ.

9 ܐܝܬܘܗܝ ܗܘܐ ܓܝܪ ܢܘܗܪܐ ܕܫܪܪܐ: ܕܡܢܗܪ ܠܟܠܢܫ
ܕܐܬܐ ܠܥܠܡܐ. 10 ܒܥܠܡܐ ܗܘܐ. ܘܥܠܡܐ ܒܐܝܕܗ ܗܘܐ.
ܘܥܠܡܐ ܠܐ ܝܕܥܗ. 11 ܠܕܝܠܗ ܐܬܐ. ܘܕܝܠܗ ܠܐ ܩܒܠܘܗܝ.
12 ܐܝܠܝܢ ܕܝܢ ܕܩܒܠܘܗܝ: ܝܗܒ ܠܗܘܢ ܫܘܠܛܢܐ ܕܒܢܝܐ
ܕܐܠܗܐ ܢܗܘܘܢ. ܠܐܝܠܝܢ ܕܡܗܝܡܢܝܢ ܒܫܡܗ. 13 ܐܝܠܝܢ
ܕܠܐ ܡܢ ܕܡܐ. ܘܠܐ ܡܢ ܨܒܝܢܐ ܕܒܣܪܐ. ܘܠܐ ܡܢ ܨܒܝܢܐ
ܕܓܒܪܐ ܐܠܐ ܡܢ ܐܠܗܐ ܐܬܝܠܕܘ. 14 ܘܡܠܬܐ ܒܣܪܐ ܗܘܐ
ܘܐܓܢ ܒܢ. ܘܚܙܝܢ ܫܘܒܚܗ. ܫܘܒܚܐ ܐܝܟ ܕܝܚܝܕܝܐ ܕܡܢ
ܐܒܐ: ܕܡܠܐ ܛܝܒܘܬܐ ܘܩܘܫܬܐ ✤ 15 ܝܘܚܢܢ ܣܗܕ ܥܠܘܗܝ
ܘܩܥܐ ܘܐܡܪ: ܗܢܘ ܗܘ ܕܐܡܪܬ ܕܒܬܪܝ ܐܬܐ ܘܗܘܐ ܠܗ
ܩܕܡܝ. ܡܛܠ ܕܩܕܡܝ ܗܘܐ. 16 ܘܡܢ ܡܠܝܘܬܗ
ܚܢܢ ܟܠܢ ܢܣܒܢ. ܘܛܝܒܘܬܐ ܚܠܦ ܛܝܒܘܬܐ. 17 ܡܛܠ
ܕܢܡܘܣܐ ܒܝܕ ܡܘܫܐ ܐܬܝܗܒ. ܩܘܫܬܐ ܕܝܢ ܘܛܝܒܘܬܐ ܒܝܕ
ܝܫܘܥ ܡܫܝܚܐ ܗܘܬ ✤ 18 ܐܠܗܐ ܠܐ ܚܙܐ ܐܢܫ ܡܢ ܡܡܬܘܡ
ܝܚܝܕܝܐ ܐܠܗܐ. ܗܘ ܕܐܝܬܘܗܝ ܒܥܘܒܐ ܕܐܒܘܗܝ ܗܘ
ܐܫܬܥܝ. 19 ܘܗܕܐ ܗܝ ܣܗܕܘܬܗ ܕܝܘܚܢܢ. ܟܕ ܫܕܪܘ
ܠܘܬܗ ܝܗܘܕܝܐ ܡܢ ܐܘܪܫܠܡ: ܟܗܢܐ ܘܠܘܝܐ
ܕܢܫܐܠܘܢܝܗܝ. ܐܢܬ ܡܢ ܐܢܬ. 20 ܘܐܘܕܝ ܘܠܐ ܟܦܪ. ܘܐܘܕܝ
ܕܠܘ ܐܢܐ ܐܢܐ ܡܫܝܚܐ. 21 ܘܫܐܠܘܗܝ ܬܘܒ. ܡܢܐ ܗܟܝܠ.
ܐܠܝܐ ܐܢܬ: ܘܐܡܪ ܠܐ ܐܢܐ. ܢܒܝܐ ܐܢܬ: ܘܐܡܪ ܠܐ.
22 ܘܐܡܪܘ ܠܗ. ܘܡܢܘ ܐܢܬ ܕܢܬܠ ܦܬܓܡܐ ܠܐܝܠܝܢ
ܕܫܕܪܘܢ. ܡܢܐ ܐܡܪ ܐܢܬ ܥܠ ܢܦܫܟ. 23 ܐܡܪ. ܐܢܐ ܩܠܐ
ܕܩܪܐ ܒܡܕܒܪܐ. ܕܐܫܘܘ ܐܘܪܚܗ ܕܡܪܝܐ. ܐܝܟܢܐ ܕܐܡܪ
ܐܫܥܝܐ ܢܒܝܐ. 24 ܗܢܘܢ ܕܝܢ ܕܐܫܬܠܚܘ: ܡܢ ܦܪܝܫܐ ܗܘܘ.
25 ܘܫܐܠܘܗܝ ܘܐܡܪܘ ܠܗ. ܡܢܐ ܗܟܝܠ ܡܥܡܕ ܐܢܬ:
ܐܢ ܐܢܬ ܠܐ ܐܝܬܝܟ ܡܫܝܚܐ. ܘܠܐ ܐܠܝܐ. ܘܠܐ ܢܒܝܐ. 26 ܥܢܐ
ܝܘܚܢܢ ܘܐܡܪ ܠܗܘܢ. ܐܢܐ ܡܥܡܕ ܐܢܐ ܒܡܝܐ. ܒܝܢܬܟܘܢ
ܕܝܢ ܩܐܡ: ܗܘ ܕܐܢܬܘܢ ܠܐ ܝܕܥܝܢ ܐܢܬܘܢ ܠܗ. 27 ܗܢܘ ܗܘ

ܕܒܬܪܝ ܐܬܐ. ܘܗܘܐ ܠܗ ܩܕܡܝ. ܗܘ ܕܐܢܐ ܠܐ ܫܘܐ ܐܢܐ
ܕܐܫܪܐ ܥܪܩܐ ܕܡܣܢܘܗܝ. 28 ܗܠܝܢ ܒܒܝܬ ܥܢܝܐ ܗܘܝ.
ܒܥܒܪܐ ܕܝܘܪܕܢܢ. ܐܝܟܐ ܕܡܥܡܕ ܗܘܐ ܝܘܚܢܢ ܀ 29 ܘܠܝܘܡܐ
ܕܒܬܪܗ: ܚܙܐ ܝܘܚܢܢ ܠܝܫܘܥ ܕܐܬܐ ܠܘܬܗ. ܘܐܡܪ. ܗܐ
ܐܡܪܗ ܕܐܠܗܐ ܗܘ ܕܫܩܠ ܚܛܝܬܗ ܕܥܠܡܐ. 30 ܗܢܘ
ܗܘ ܕܐܢܐ ܐܡܪܬ ܥܠܘܗܝ. ܕܒܬܪܝ ܐܬܐ ܓܒܪܐ ܘܗܘܐ ܠܗ
ܩܕܡܝ. ܡܛܠ ܕܩܕܡܝ ܗܘܐ ܡܢܝ. 31 ܘܐܢܐ ܠܐ ܝܕܥܬܗ
ܗܘܝܬ. ܐܠܐ ܕܢܬܝܕܥ ܠܐܝܣܪܝܠ: ܡܛܠ ܗܢܐ ܐܬܝܬ ܐܢܐ
ܕܒܡܝܐ ܐܥܡܕ. 32 ܘܐܣܗܕ ܝܘܚܢܢ ܘܐܡܪ. ܕܚܙܝܬ ܠܪܘܚܐ
ܕܢܚܬܐ ܡܢ ܫܡܝܐ ܐܝܟ ܝܘܢܐ ܘܩܘܝܐ ܥܠܘܗܝ. 33 ܘܐܢܐ ܠܐ
ܝܕܥܬܗ ܗܘܝܬ. ܐܠܐ ܗܘ ܕܫܕܪܢܝ ܕܐܥܡܕ ܒܡܝܐ: ܗܘ
ܐܡܪ ܠܝ. ܕܐܝܢܐ ܕܚܙܐ ܐܢܬ ܕܢܚܬܐ ܪܘܚܐ ܘܩܘܝܐ
ܥܠܘܗܝ: ܗܢܘ ܡܥܡܕ ܒܪܘܚܐ ܕܩܘܕܫܐ. 34 ܘܐܢܐ ܚܙܝܬ
ܘܐܣܗܕܬ: ܕܗܢܘ ܒܪܗ ܕܐܠܗܐ. 35 ܘܠܝܘܡܐ ܐܚܪܢܐ: ܩܐܡ
ܗܘܐ ܝܘܚܢܢ ܘܬܪܝܢ ܡܢ ܬܠܡܝܕܘܗܝ. 36 ܘܚܪ ܒܝܫܘܥ ܟܕ
ܡܗܠܟ ܘܐܡܪ. ܗܐ ܐܡܪܗ ܕܐܠܗܐ. 37 ܘܫܡܥܘ ܬܪܝܗܘܢ
ܬܠܡܝܕܘܗܝ ܟܕ ܐܡܪ. ܘܐܙܠܘ ܠܗܘܢ ܒܬܪܗ ܕܝܫܘܥ.
38 ܘܐܬܦܢܝ ܝܫܘܥ ܘܚܙܐ ܐܢܘܢ ܕܐܬܝܢ ܒܬܪܗ: ܘܐܡܪ ܠܗܘܢ.
ܡܢܐ ܒܥܝܢ ܐܢܬܘܢ: ܐܡܪܝܢ ܠܗ. ܪܒܢ ܐܝܟܐ ܗܘܐ ܐܢܬ.
39 ܐܡܪ ܠܗܘܢ ܬܘ ܘܬܚܙܘܢ. ܘܐܬܘ ܘܚܙܘ ܐܝܟܐ
ܕܗܘܐ: ܘܠܘܬܗ ܗܘܘ ܝܘܡܐ ܗܘ. ܘܐܝܬ ܗܘܬ ܐܝܟ ܫܥܐ
ܥܣܪ. 40 ܚܕ ܕܝܢ ܡܢ ܗܢܘܢ ܕܫܡܥܘ ܡܢ ܝܘܚܢܢ ܘܐܙܠܘ
ܒܬܪܗ ܕܝܫܘܥ: ܐܝܬܘܗܝ ܗܘܐ ܐܢܕܪܐܘܣ ܐܚܘܗܝ ܕܫܡܥܘܢ.
41 ܗܢܐ ܚܙܐ ܠܘܩܕܡ ܠܫܡܥܘܢ ܐܚܘܗܝ ܘܐܡܪ ܠܗ.
ܐܫܟܚܢܝܗܝ ܠܡܫܝܚܐ. 42 ܘܐܝܬܝܗ ܠܘܬ ܝܫܘܥ. ܚܪ
ܒܗ ܝܫܘܥ ܘܐܡܪ. ܐܢܬ ܗܘ ܫܡܥܘܢ ܒܪܗ ܕܝܘܢܐ. ܐܢܬ
ܬܬܩܪܐ ܟܐܦܐ ܀ 43 ܘܠܝܘܡܐ ܐܚܪܢܐ: ܨܒܐ ܝܫܘܥ ܠܡܦܩ
ܠܓܠܝܠܐ. ܘܐܫܟܚ ܠܦܝܠܝܦܘܣ. ܘܐܡܪ ܠܗ ܬܐ ܒܬܪܝ.

44 ܗܘ ܕܝܢ ܦܝܠܝܦܘܣ ܐܝܬܘܗܝ ܗܘܐ ܡܢ ܒܝܬ ܨܝܕܐ. ܡܢ
ܡܕܝܢܬܗ ܕܐܢܕܪܐܘܣ ܘܕܫܡܥܘܢ. 45 ܘܦܝܠܝܦܘܣ ܐܫܟܚ
ܠܢܬܢܝܐܝܠ. ܘܐܡܪ ܠܗ. ܗܘ̇ ܕܟܬܒ ܥܠܘܗܝ ܡܘܫܐ
ܒܢܡܘܣܐ ܘܒܢܒܝܐ. ܐܫܟܚܢܝܗܝ ܕܝܫܘܥ ܗܘ ܒܪ ܝܘܣܦ
ܕܡܢ ܢܨܪܬ. 46 ܐܡܪ ܠܗ ܢܬܢܝܐܝܠ. ܡܢ ܢܨܪܬ ܡܫܟܚ ܡܕܡ
ܕܛܒ ܠܡܗܘܐ: ܐܡܪ ܠܗ ܦܝܠܝܦܘܣ ܬܐ ܘܚܙܝ. 47 ܚܙܝܗܝ
ܝܫܘܥ ܠܢܬܢܝܐܝܠ ܟܕ ܐܬܐ ܠܘܬܗ ܘܐܡܪ ܥܠܘܗܝ. ܗܐ
ܫܪܝܪܐܝܬ ܒܪ ܐܝܣܪܝܠ ܕܢܟܠܐ ܠܝܬ ܒܗ. 48 ܐܡܪ ܠܗ
ܢܬܢܝܐܝܠ. ܡܢ ܐܝܟܐ ܝܕܥ ܐܢܬ ܠܝ. ܐܡܪ ܠܗ ܝܫܘܥ.
ܥܕܠܐ ܢܩܪܝܟ ܦܝܠܝܦܘܣ ܟܕ ܬܚܝܬ ܬܐܢܬܐ ܐܢܬ ܚܙܝܬܟ.
49 ܥܢܐ ܢܬܢܝܐܝܠ ܘܐܡܪ ܠܗ. ܪܒܝ: ܐܢܬ ܗܘ ܒܪܗ
ܕܐܠܗܐ. ܐܢܬ ܗܘ ܡܠܟܗ ܕܐܝܣܪܝܠ. 50 ܐܡܪ ܠܗ ܝܫܘܥ.
ܥܠ ܕܐܡܪܬ ܠܟ ܕܚܙܝܬܟ ܬܚܝܬ ܬܐܢܬܐ ܡܗܝܡܢܬ ܐܢܬ: ܪܘܪܒܢ
ܡܢ ܗܠܝܢ ܬܚܙܐ ܀ 51 ܐܡܪ ܠܗ. ܐܡܝܢ ܐܡܝܢ ܐܡܪ ܐܢܐ
ܠܟܘܢ: ܕܡܢ ܗܫܐ ܬܚܙܘܢ ܫܡܝܐ ܕܦܬܝܚܝܢ: ܘܡܠܐܟܘܗܝ
ܕܐܠܗܐ ܟܕ ܣܠܩܝܢ ܘܢܚܬܝܢ ܠܘܬ ܒܪܗ ܕܐܢܫܐ ܀

ܩܦܠܐܘܢ ܀ ܒ ܀

1 ܘܠܝܘܡܐ ܕܬܠܬܐ: ܗܘܬ ܡܫܬܘܬܐ ܒܩܛܢܐ ܡܕܝܢܬܐ
ܕܓܠܝܠܐ. ܘܐܡܗ ܕܝܫܘܥ ܬܡܢ ܗܘܬ. 2 ܘܐܦ ܗܘ ܝܫܘܥ
ܘܬܠܡܝܕܘܗܝ ܐܬܩܪܝܘ ܠܡܫܬܘܬܐ. 3 ܘܚܣܪ ܗܘܐ
ܚܡܪܐ. ܘܐܡܪܐ ܠܗ ܐܡܗ ܠܝܫܘܥ: ܚܡܪܐ ܠܝܬ ܠܗܘܢ.
4 ܐܡܪ ܠܗ̇ ܝܫܘܥ. ܡܐ ܠܝ ܘܠܟܝ ܐܢܬܬܐ: ܠܐ ܥܕܟܝܠ
ܐܬܬ ܫܥܬܝ: 5 ܐܡܪܐ ܐܡܗ ܠܡܫܡܫܢܐ. ܡܕܡ ܕܐܡܪ
ܠܟܘܢ ܥܒܕܘ. 6 ܐܝܬ ܗܘܘ ܕܝܢ ܬܡܢ ܐܓܢܐ ܕܟܐܦܐ ܫܬ.
ܕܣܝܡܢ ܠܬܕܟܝܬܐ ܕܝܗܘܕܝܐ. ܕܐܚܕܢ ܬܪܬܝܢ ܡܬܪܝܢ. ܐܘ
ܬܠܬܐ. 7 ܐܡܪ ܠܗܘܢ ܝܫܘܥ. ܡܠܘ ܐܢܘܢ ܡܝܐ ܠܐܓܢܐ.

[illegible] 8 [illegible]
[illegible] 9 [illegible]
[illegible]
[illegible]
[illegible] 10 [illegible]
[illegible]
[illegible]
[illegible] 11 [illegible]
[illegible] ܀
12 [illegible]
[illegible] 13 [illegible]
[illegible] 14 [illegible]
[illegible]
[illegible] 15 [illegible]
[illegible]
[illegible] 16 [illegible]
[illegible]
[illegible] 17 [illegible]
[illegible] 18 [illegible]
[illegible]
19 [illegible]
[illegible] 20 [illegible]
[illegible]
[illegible] 21 [illegible]
[illegible] 22 [illegible]
[illegible]
[illegible] 23 [illegible]
[illegible]

ܕܚܙܘ ܐܬܘܬܐ ܕܥܒܕ. 24 ܗܘ ܕܝܢ ܝܫܘܥ ܠܐ ܡܗܝܡܢ ܗܘܐ
ܠܗܘܢ ܢܦܫܗ. ܡܛܠ ܕܗܘ ܝܕܥ ܗܘܐ ܠܟܠܗܘܢ. 25 ܘܠܐ
ܣܢܝܩ ܗܘܐ ܕܐܢܫ ܢܣܗܕ ܠܗ ܥܠ ܟܠ ܒܪܢܫ. ܗܘ
ܓܝܪ ܝܕܥ ܗܘܐ ܡܢܐ ܐܝܬ ܒܒܪܢܫܐ ܀

ܩܦܠܐܘܢ ܀ ܓ ܀

1 ܐܝܬ ܗܘܐ ܕܝܢ ܐܢܫ ܚܕ ܡܢ ܦܪܝܫܐ. ܢܝܩܕܝܡܘܣ
ܫܡܗ ܗܘܐ: ܐܪܟܘܢܐ ܕܝܗܘܕܝܐ. 2 ܗܢܐ ܐܬܐ ܠܘܬ ܝܫܘܥ
ܒܠܠܝܐ. ܘܐܡܪ ܠܗ. ܪܒܝ: ܝܕܥܝܢ ܚܢܢ ܕܡܢ ܐܠܗܐ ܐܫܬܕܪܬ
ܡܠܦܢܐ. ܠܐ ܓܝܪ ܐܢܫ ܡܫܟܚ ܗܠܝܢ ܐܬܘܬܐ ܠܡܥܒܕ
ܕܐܢܬ ܥܒܕ ܐܢܬ. ܐܠܐ ܡܢ ܕܐܠܗܐ ܥܡܗ. 3 ܥܢܐ ܝܫܘܥ
ܘܐܡܪ ܠܗ. ܐܡܝܢ ܐܡܝܢ ܐܡܪ ܐܢܐ ܠܟ: ܕܐܢ ܐܢܫ ܠܐ
ܡܬܝܠܕ ܡܢ ܕܪܝܫ: ܠܐ ܡܫܟܚ ܕܢܚܙܐ ܡܠܟܘܬܗ ܕܐܠܗܐ.
4 ܐܡܪ ܠܗ ܢܝܩܕܝܡܘܣ: ܐܝܟܢܐ ܡܫܟܚ ܕܢܬܝܠܕ ܓܒܪܐ
ܣܒܐ. ܕܠܡܐ ܡܫܟܚ ܬܘܒ ܠܟܪܣܐ ܕܐܡܗ ܕܬܪܬܝܢ ܙܒܢܝܢ
ܠܡܥܠ ܘܢܬܝܠܕ ܀ 5 ܥܢܐ ܝܫܘܥ ܘܐܡܪ ܠܗ. ܐܡܝܢ ܐܡܝܢ
ܐܡܪ ܐܢܐ ܠܟ: ܕܐܢ ܐܢܫ ܠܐ ܡܬܝܠܕ ܡܢ ܡܝܐ ܘܪܘܚܐ. ܠܐ
ܡܫܟܚ ܕܢܥܘܠ ܠܡܠܟܘܬܐ ܕܐܠܗܐ. 6 ܡܕܡ ܕܝܠܝܕ ܡܢ
ܒܣܪܐ. ܒܣܪܐ ܗܘ. ܘܡܕܡ ܕܝܠܝܕ ܡܢ ܪܘܚܐ. ܪܘܚܐ ܗܘ.
7 ܠܐ ܬܬܕܡܪ ܕܐܡܪܬ ܠܟ ܕܘܠܐ ܠܟܘܢ ܠܡܬܝܠܕܘ ܡܢ ܕܪܝܫ.
8 ܪܘܚܐ ܐܝܟܐ ܕܨܒܝܐ ܢܫܒܐ. ܘܩܠܗ ܫܡܥ ܐܢܬ. ܐܠܐ ܠܐ ܝܕܥ
ܐܢܬ ܡܢܐ ܐܬܝܐ. ܘܠܐܝܟܐ ܐܙܠܐ. ܗܟܢܐ ܐܝܬܘܗܝ ܟܠܢܫ
ܕܝܠܝܕ ܡܢ ܪܘܚܐ ܀ 9 ܥܢܐ ܢܝܩܕܝܡܘܣ ܘܐܡܪ ܠܗ. ܐܝܟܢܐ
ܡܫܟܚܢ ܗܠܝܢ ܠܡܗܘܐ. 10 ܥܢܐ ܝܫܘܥ ܘܐܡܪ ܠܗ.
ܐܢܬ ܗܘ ܡܠܦܢܗ ܕܐܝܣܪܝܠ ܘܗܠܝܢ ܠܐ ܝܕܥ ܐܢܬ. 11 ܐܡܝܢ
ܐܡܝܢ ܐܡܪ ܐܢܐ ܠܟ. ܕܡܕܡ ܕܝܕܥܝܢ ܚܢܢ ܡܡܠܠܝܢܢ. ܘܡܕܡ
ܕܚܙܝܢ ܡܣܗܕܝܢܢ. ܘܣܗܕܘܬܢ ܠܐ ܡܩܒܠܝܢ ܐܢܬܘܢ. 12 ܐܢ

ܕܒܐܪܥܐ ܐܡܪܬ ܠܟܘܢ ܘܠܐ ܡܗܝܡܢܝܢ ܐܢܬܘܢ. ܐܝܟܢܐ ܐܢ
ܐܡܪ ܠܟܘܢ ܕܒܫܡܝܐ ܡܗܝܡܢܝܬܘܢ. [13] ܘܠܐ ܐܢܫ ܣܠܩ
ܠܫܡܝܐ ܐܠܐ ܗܘ ܕܢܚܬ ܡܢ ܫܡܝܐ. ܒܪܗ ܕܐܢܫܐ ܗܘ
ܕܐܝܬܘܗܝ ܒܫܡܝܐ. [14] ܘܐܝܟܢܐ ܕܐܪܝܡ ܡܘܫܐ ܚܘܝܐ ܒܡܕܒܪܐ.
ܗܟܢܐ ܥܬܝܕ ܠܡܬܬܪܡܘ ܒܪܗ ܕܐܢܫܐ. [15] ܕܟܠ
ܕܡܗܝܡܢ ܒܗ ܠܐ ܢܐܒܕ. ܐܠܐ ܢܗܘܘܢ ܠܗ ܚܝܐ ܕܠܥܠܡ.
[16] ܗܟܢܐ ܓܝܪ ܐܚܒ ܐܠܗܐ ܠܥܠܡܐ. ܐܝܟܢܐ ܕܠܒܪܗ
ܝܚܝܕܝܐ ܢܬܠ. ܕܟܠ ܡܢ ܕܡܗܝܡܢ ܒܗ ܠܐ ܢܐܒܕ. ܐܠܐ
ܢܗܘܘܢ ܠܗ ܚܝܐ ܕܠܥܠܡ. [17] ܠܐ ܓܝܪ ܫܕܪ ܐܠܗܐ ܠܒܪܗ
ܠܥܠܡܐ ܕܢܕܘܢܝܘܗܝ ܠܥܠܡܐ. ܐܠܐ ܕܢܚܐ ܥܠܡܐ ܒܐܝܕܗ.
[18] ܡܢ ܕܡܗܝܡܢ ܒܗ ܠܐ ܡܬܕܝܢ. ܘܡܢ ܕܠܐ ܡܗܝܡܢ.
ܡܢ ܟܕܘ ܕܝܢ ܗܘ. ܕܠܐ ܗܝܡܢ ܒܫܡܗ ܕܝܚܝܕܝܐ
ܒܪܗ ܕܐܠܗܐ. [19] ܗܢܘ ܕܝܢ ܕܝܢܐ. ܕܢܘܗܪܐ ܐܬܐ ܠܥܠܡܐ.
ܘܪܚܡܘ ܒܢܝܢܫܐ ܠܚܫܘܟܐ ܝܬܝܪ ܡܢ ܕܠܢܘܗܪܐ.
ܐܝܬܝܗܘܢ ܗܘܘ ܓܝܪ ܥܒܕܝܗܘܢ ܒܝܫܐ. [20] ܟܠ ܓܝܪ
ܕܣܢܝܬܐ ܥܒܕ. ܣܢܐ ܠܢܘܗܪܐ. ܘܠܐ ܐܬܐ ܠܘܬ ܢܘܗܪܐ. ܕܠܐ
ܢܬܟܣܣܘܢ ܥܒܕܘܗܝ. [21] ܗܘ ܕܝܢ ܕܥܒܕ ܩܘܫܬܐ. ܐܬܐ ܠܘܬ
ܢܘܗܪܐ ܕܢܬܝܕܥܘܢ ܥܒܕܘܗܝ ܕܒܐܠܗܐ ܡܬܥܒܕܝܢ. [22] ܒܬܪ
ܗܠܝܢ: ܐܬܐ ܝܫܘܥ ܘܬܠܡܝܕܘܗܝ ܠܐܪܥܐ ܕܝܗܘܕ. ܘܬܡܢ
ܡܬܗܦܟ ܗܘܐ ܥܡܗܘܢ ܘܡܥܡܕ. [23] ܐܦ ܝܘܚܢܢ ܕܝܢ
ܡܥܡܕ ܗܘܐ: ܒܥܝܢ ܝܘܢ ܕܒܨܕ ܫܠܝܡ. ܡܛܠ
ܕܡܝܐ ܐܝܬ ܗܘܘ ܬܡܢ ܣܓܝܐܐ. ܘܐܬܝܢ ܗܘܘ ܘܥܡܕܝܢ.
[24] ܠܐ ܓܝܪ ܥܕܟܝܠ ܢܦܠ ܗܘܐ ܝܘܚܢܢ ܒܝܬ ܐܣܝܪܐ.
[25] ܗܘܬ ܗܘܬ ܕܝܢ ܒܥܝܐ ܠܚܕ ܡܢ ܬܠܡܝܕܘܗܝ ܕܝܘܚܢܢ
ܥܡ ܝܗܘܕܝܐ ܚܕ ܥܠ ܬܕܟܝܬܐ. [26] ܘܐܬܘ ܠܘܬ ܝܘܚܢܢ ܘܐܡܪܘ
ܠܗ ܪܒܢ: ܗܘ ܕܥܡܟ ܗܘܐ ܒܥܒܪܐ ܕܝܘܪܕܢܢ ܕܐܢܬ ܣܗܕܬ
ܠܗ: ܗܐ ܐܦ ܗܘ ܡܥܡܕ: ܘܣܓܝܐܐ ܐܬܝܢ ܠܘܬܗ.
[27] ܥܢܐ ܝܘܚܢܢ ܘܐܡܪ ܠܗܘܢ. ܠܐ ܡܫܟܚ ܒܪܢܫܐ ܠܡܣܒ

ܡܢ ܨܒܘܬܐ ܢܣܒܘ ܡܕܡ: ܐܠܐ ܐܢ ܐܬܝܗܒ ܠܗ ܡܢ ܫܡܝܐ.
28 ܐܢܬܘܢ ܣܗܕܝܢ ܐܢܬܘܢ ܠܝ ܕܐܡܪܬ ܕܐܢܐ ܠܐ ܗܘܝܬ ܡܫܝܚܐ.
ܐܠܐ ܫܠܝܚܐ ܐܢܐ ܕܩܕܡܘܗܝ. 29 ܡܢ ܕܐܝܬ ܠܗ ܟܠܬܐ ܚܬܢܐ
ܗܘ. ܫܘܫܒܝܢܗ ܕܝܢ ܕܚܬܢܐ ܗܘ ܕܩܐܡ ܘܨܐܬ ܠܗ: ܚܕܘܬܐ
ܪܒܬܐ ܚܕܐ ܡܛܠ ܩܠܗ ܕܚܬܢܐ. ܗܕܐ ܗܟܝܠ ܚܕܘܬܐ ܕܝܠܝ
ܗܐ ܡܫܡܠܝܐ. 30 ܠܗܘ ܗܘ ܘܠܐ ܗܘܐ ܠܡܪܒܐ ܘܠܝ
ܠܡܒܨܪܘ. 31 ܗܘ ܓܝܪ ܕܡܢ ܠܥܠ ܐܬܐ ܠܥܠ ܡܢ ܟܠ
ܗܘ. ܘܗܘ ܕܡܢ ܐܪܥܐ ܡܢ ܐܪܥܐ ܗܘ. ܘܡܢ ܐܪܥܐ ܡܡܠܠ.
ܗܘ ܕܝܢ ܕܡܢ ܫܡܝܐ ܐܬܐ ܠܥܠ ܡܢ ܟܠ ܗܘ. 32 ܘܡܕܡ ܕܚܙܐ
ܘܫܡܥ ܡܣܗܕ: ܘܣܗܕܘܬܗ ܠܐ ܐܢܫ ܡܩܒܠ. 33 ܗܘ
ܕܝܢ ܕܩܒܠ ܣܗܕܘܬܗ: ܚܬܡ ܕܐܠܗܐ ܫܪܝܪܐ ܗܘ. 34 ܐܝܢܐ
ܓܝܪ ܕܐܠܗܐ ܫܕܪܗ ܡܠܘܗܝ ܕܐܠܗܐ ܡܡܠܠ. ܠܐ ܗܘܐ
ܓܝܪ ܒܟܝܠܐ ܝܗܒ ܐܠܗܐ ܪܘܚܐ. 35 ܐܒܐ ܡܚܒ ܠܒܪܐ.
ܘܟܠ ܡܕܡ ܝܗܒ ܒܐܝܕܘܗܝ. 36 ܡܢ ܕܡܗܝܡܢ ܒܒܪܐ
ܐܝܬ ܠܗ ܚܝܐ ܕܠܥܠܡ. ܘܡܢ ܕܠܐ ܡܬܛܦܝܣ ܠܒܪܐ ܠܐ
ܢܚܙܐ ܚܝܐ. ܐܠܐ ܪܘܓܙܗ ܕܐܠܗܐ ܢܩܘܐ ܥܠܘܗܝ ܀

ܩܦܠܐܘܢ ܀ ܕ ܀

1 ܝܕܥ ܕܝܢ ܝܫܘܥ ܕܫܡܥܘ ܦܪܝܫܐ ܕܬܠܡܝܕܐ ܣܓܝܐܐ
ܥܒܕ: ܘܡܥܡܕ ܝܬܝܪ ܡܢ ܝܘܚܢܢ. 2 ܟܕ ܠܐ ܗܘܐ ܗܘ ܝܫܘܥ
ܡܥܡܕ ܗܘܐ ܐܠܐ ܬܠܡܝܕܘܗܝ. 3 ܘܫܒܩܗ ܠܝܗܘܕ: ܘܐܙܠ
ܠܗ ܬܘܒ ܠܓܠܝܠܐ ܀ 4 ܡܥܒܪܘ ܗܘܐ ܠܗ ܕܝܢ ܕܢܐܬܐ
ܢܥܒܪ ܥܠ ܒܝܬ ܫܡܪܝܐ. 5 ܘܐܬܐ ܠܡܕܝܢܬܐ ܕܫܡܪܝܐ
ܕܡܬܩܪܝܐ ܫܟܪ. ܥܠ ܓܢܒ ܩܪܝܬܐ ܕܝܗܒ ܗܘܐ ܝܥܩܘܒ
ܠܝܘܣܦ ܒܪܗ. 6 ܘܐܝܬ ܗܘܐ ܬܡܢ ܡܥܝܢܐ ܕܡܝܐ ܕܝܥܩܘܒ.
ܗܘ ܕܝܢ ܝܫܘܥ ܠܐܐ ܗܘܐ ܡܢ ܥܡܠܐ ܕܐܘܪܚܐ. ܘܝܬܒ ܗܘܐ
ܠܗ ܥܠ ܡܥܝܢܐ. ܘܐܝܬ ܗܘܬ ܫܥܐ ܫܬ. 7 ܘܐܬܬ ܐܢܬܬܐ
ܡܢ ܫܡܪܝܢ ܕܬܡܠܐ ܡܝܐ. ܘܐܡܪ ܠܗ ܝܫܘܥ. ܗܒܝ ܠܝ

ܡܝܐ ܐܫܬܐ. 8 ܬܠܡܝܕܘܗܝ ܓܝܪ ܥܠܘ ܗܘܘ ܠܡܕܝܢܬܐ
ܕܢܙܒܢܘܢ ܠܗܘܢ ܣܝܒܪܬܐ. 9 ܐܡܪܐ ܠܗ ܗܝ ܐܢܬܬܐ
ܫܡܪܝܬܐ. ܐܝܟܢܐ ܐܢܬ ܝܗܘܕܝܐ ܐܢܬ: ܘܡܢܝ ܫܐܠ ܐܢܬ
ܠܡܫܬܐ. ܕܐܢܬܬܐ ܫܡܪܝܬܐ ܐܢܐ. ܠܐ ܓܝܪ ܡܬܚܠܛܝܢ
ܝܗܘܕܝܐ ܥܡ ܫܡܪܝܐ. 10 ܥܢܐ ܝܫܘܥ ܘܐܡܪ ܠܗ. ܐܠܘ
ܝܕܥܬܝ ܗܘܝܬܝ ܡܘܗܒܬܗ ܕܐܠܗܐ: ܘܡܢܘ ܗܢܐ ܕܐܡܪ
ܠܟܝ ܗܒܝ ܠܝ ܐܫܬܐ: ܐܢܬܝ ܫܐܠܐ ܗܘܝܬܝ ܠܗ:
ܘܝܗܒ ܗܘܐ ܠܟܝ ܡܝܐ ܚܝܐ. 11 ܐܡܪܐ ܠܗ ܐܢܬܬܐ ܗܝ.
ܡܪܝ: ܠܐ ܕܘܠܐ ܐܝܬ ܠܟ ܘܒܐܪܐ ܥܡܝܩܐ. ܐܝܟܐ ܠܟ ܡܝܐ
ܚܝܐ. 12 ܠܡܐ ܐܢܬ ܪܒ ܐܢܬ ܡܢ ܐܒܘܢ ܝܥܩܘܒ. ܗܘ ܕܗܘ
ܝܗܒ ܠܢ ܒܐܪܐ ܗܕܐ: ܘܡܢܗ ܫܬܝ ܗܘ ܘܒܢܘܗܝ
ܘܥܢܗ: 13 ܥܢܐ ܝܫܘܥ ܘܐܡܪ ܠܗ. ܟܠ ܕܢܫܬܐ ܡܢ
ܗܠܝܢ ܡܝܐ: ܬܘܒ ܨܗܐ. 14 ܟܠ ܕܝܢ ܕܢܫܬܐ ܡܢ ܡܝܐ
ܕܐܢܐ ܐܬܠ ܠܗ: ܠܐ ܨܗܐ ܠܥܠܡ. ܐܠܐ ܡܝܐ ܗܢܘܢ ܕܝܗܒ
ܐܢܐ ܠܗ: ܢܗܘܘܢ ܠܗ ܡܒܘܥܐ ܕܡܝܐ ܕܢܒܥܝܢ ܠܚܝܐ
ܕܠܥܠܡ. 15 ܐܡܪܐ ܠܗ ܐܢܬܬܐ ܗܝ. ܡܪܝ: ܗܒ ܠܝ ܡܢ
ܗܠܝܢ ܡܝܐ ܕܠܐ ܬܘܒ ܐܨܗܐ. ܘܠܐ ܐܗܠܟ ܐܬܐ ܕܐܡܠܐ ܡܢ
ܗܪܟܐ. 16 ܐܡܪ ܠܗ ܝܫܘܥ: ܙܠܝ ܩܪܝ ܠܒܥܠܟܝ ܘܬܝ
ܠܗܪܟܐ. 17 ܐܡܪܐ ܠܗ: ܠܝܬ ܠܝ ܒܥܠܐ. ܐܡܪ ܠܗ
ܝܫܘܥ. ܫܦܝܪ ܐܡܪܬܝ ܕܠܝܬ ܠܝ ܒܥܠܐ. 18 ܚܡܫܐ ܓܝܪ
ܒܥܠܝܢ ܗܘܘ ܠܟܝ. ܘܗܢܐ ܕܐܝܬ ܠܟܝ ܗܫܐ ܠܐ ܗܘܐ
ܒܥܠܟܝ. ܗܕܐ ܫܪܝܪܬܐ ܐܡܪܬܝ. 19 ܐܡܪܐ ܠܗ ܗܝ ܐܢܬܬܐ.
ܡܪܝ: ܚܙܝܐ ܐܢܐ ܕܢܒܝܐ ܐܢܬ. 20 ܐܒܗܝܢ ܒܛܘܪܐ ܗܢܐ
ܣܓܕܘ. ܘܐܢܬܘܢ ܐܡܪܝܢ ܐܢܬܘܢ ܕܒܐܘܪܫܠܡ ܗܘ ܐܬܪܐ ܕܘܠܐ
ܠܡܣܓܕ. 21 ܐܡܪ ܠܗ ܝܫܘܥ. ܐܢܬܬܐ ܗܝܡܢܝܢܝ ܕܐܬܝܐ
ܫܥܬܐ. ܕܠܐ ܒܛܘܪܐ ܗܢܐ: ܐܦ ܠܐ ܒܐܘܪܫܠܡ ܬܣܓܕܘܢ
ܠܐܒܐ. 22 ܐܢܬܘܢ ܣܓܕܝܢ ܐܢܬܘܢ ܠܡܕܡ ܕܠܐ ܝܕܥܝܢ ܐܢܬܘܢ.
ܚܢܢ ܕܝܢ ܣܓܕܝܢܢ. ܠܡܐ ܕܝܕܥܝܢܢ. ܕܚܝܐ ܡܢ ܝܗܘܕܝܐ

ܐܝܟܝ. 23 ܐܠܐ ܐܬܝܐ ܫܥܬܐ ܘܗܫܐ ܐܝܬܝܗ̇: ܐܡܬܝ ܕܣܓܘܕܐ
ܫܪܝܪܐ ܢܣܓܕܘܢ ܠܐܒܐ ܒܪܘܚܐ ܘܒܫܪܪܐ. ܐܦ ܐܒܐ ܓܝܪ
ܕܐܝܟ ܗܠܝܢ ܗܘ ܣܓܘܕܐ ܒܥܐ. 24 ܪܘܚܐ ܗܘ ܓܝܪ ܐܠܗܐ.
ܘܐܝܠܝܢ ܕܣܓܕܝܢ ܠܗ: ܒܪܘܚܐ ܘܒܫܪܪܐ ܘܠܐ ܕܢܣܓܕܘܢ.
25 ܐܡܪܐ ܠܗ ܐܢܬܬܐ ܗܝ. ܝܕܥܐ ܐܢܐ ܕܡܫܝܚܐ ܐܬܐ. ܘܡܐ
ܕܐܬܐ ܗܘ ܡܠܦ ܠܢ ܟܠܡܕܡ. 26 ܐܡܪ ܠܗ̇ ܝܫܘܥ. ܐܢܐ
ܐܢܐ ܕܡܡܠܠ ܐܢܐ ܥܡܟܝ. 27 ܘܟܕ ܡܡܠܠ ܐܬܘ ܬܠܡܝܕܘܗܝ.
ܘܡܬܕܡܪܝܢ ܗܘܘ ܕܥܡ ܐܢܬܬܐ ܡܡܠܠ. ܠܐ ܕܝܢ ܐܢܫ ܐܡܪ
ܡܢܐ ܒܥܐ ܐܢܬ: ܐܘ ܡܢܐ ܡܡܠܠ ܐܢܬ ܥܡܗ̇. 28 ܘܫܒܩܬ
ܡܩܠܬܗ̇ ܐܢܬܬܐ ܘܐܙܠܬ ܠܡܕܝܢܬܐ. ܘܐܡܪܐ. 29 ܬܘ ܚܙܘ
ܓܒܪܐ ܕܐܡܪ ܠܝ ܟܠ ܡܕܡ ܕܥܒܕܬ. ܠܡܐ ܗܘܝܘ
ܡܫܝܚܐ. 30 ܘܢܦܩܘ ܐܢܫܐ ܡܢ ܡܕܝܢܬܐ ܘܐܬܝܢ ܗܘܘ
ܠܘܬܗ ✤ 31 ܘܒܝܢܬ ܗܠܝܢ: ܒܥܝܢ ܗܘܘ ܡܢܗ
ܬܠܡܝܕܘܗܝ ܘܐܡܪܝܢ ܠܗ. ܪܒܢ ܠܥܣ. 32 ܗܘ ܕܝܢ ܐܡܪ
ܠܗܘܢ. ܐܝܬ ܠܝ ܡܐܟܘܠܬܐ ܕܐܟܘܠ: ܐܝܕܐ ܕܐܢܬܘܢ ܠܐ
ܝܕܥܝܢ ܐܢܬܘܢ. 33 ܐܡܪܝܢ ܬܠܡܝܕܐ ܒܝܢܬܗܘܢ: ܠܡܐ ܐܢܫ
ܐܝܬܝ ܠܗ ܡܕܡ ܠܡܐܟܠ: 34 ܐܡܪ ܠܗܘܢ ܝܫܘܥ.
ܡܐܟܘܠܬܝ ܕܝܠܝ ܐܝܬܝܗ̇: ܕܐܥܒܕ ܨܒܝܢܗ ܕܡܢ ܕܫܕܪܢܝ
ܘܐܫܠܡܝܘܗܝ ܠܥܒܕܗ. 35 ܠܐ ܐܢܬܘܢ ܐܡܪܝܢ ܕܒܬܪ ܐܪܒܥܐ
ܝܪܚܝܢ ܐܬܐ ܚܨܕܐ: ܗܐ ܐܡܪ ܐܢܐ ܠܟܘܢ: ܕܐܪܝܡܘ ܥܝܢܝܟܘܢ:
ܘܚܙܘ ܐܪܥܬܐ ܕܚܘܪ ܘܡܛܝ ܠܚܨܕܐ. ܡܢ ܟܕܘ. 36 ܘܐܝܢܐ
ܕܚܨܕ ܐܓܪܐ ܢܣܒ. ܘܟܢܫ ܦܐܪܐ ܠܚܝܐ ܕܠܥܠܡ. ܘܙܪܘܥܐ
ܘܚܨܘܕܐ ܐܟܚܕܐ ܢܚܕܘܢ. 37 ܒܗܕܐ ܓܝܪ ܐܝܬܝܗ̇ ܡܠܬܐ
ܕܫܪܪܐ. ܕܐܚܪܝܢ ܗܘ ܙܪܥ ܘܐܚܪܝܢ ܚܨܕ. 38 ܐܢܐ ܫܕܪܬܟܘܢ
ܠܡܚܨܕ: ܡܕܡ ܕܠܐ ܗܘܝܬܘܢ ܠܐܝܬܘܢ ܒܗ. ܐܚܪܢܐ ܓܝܪ
ܠܐܝܘ: ܘܐܢܬܘܢ ܥܠܬܘܢ ܥܠ ܥܡܠܗܘܢ. 39 ܡܢ
ܗܝ ܕܝܢ ܡܕܝܢܬܐ: ܣܓܝܐܐ ܗܝܡܢܘ ܒܗ ܫܡܪܝܐ. ܡܛܠ
ܡܠܬܗ̇ ܕܐܢܬܬܐ ܗܝ: ܕܡܣܗܕܐ ܗܘܬ ܕܐܡܪ ܠܝ ܟܠܡܕܡ

ܘܗܢܢܗ ܚܒܘ: ܡܥܪܬܐ ܗܘܢܩ ܠܟܠܗ ܐܬܐ ܘܟܕ 40 ܕܟܒܪܐ.
41 ܐܠܬܚܫܘܡ ܕܡܫܝܚܐ ܝܫܘܥ ܐܡܪ ܠܟܠܗܘܢ. ܘܥܕܡܐ ܠܟܠܗܘܢ ܕܢܓܕܐ
ܗܘ ܐܢܫܐ ܠܚܝܠܐ ܕܗܘܐ ܐܡܪ 42 ܗܘܬܠܡܝܕ ܗܘ ܥܠ ܡܢ ܗܘ ܦܫܩܘܗܝ.
ܘܫܠܚ ܝܫܘܥ. ܠܗ ܡܫܬܥܝܐ ܘܡܬܠܡܕܐ ܗܘܐ ܠܐ ܘܡܢܗ
ܡܛܝܐ ܐܬܝܐ: ܘܗܘܐ ܐܝܬܘܗܝ ܐܦܣܝܢܝ ܡܫܝܚ ܘܫܟܚ ܡܢ
ܠܬܠܡܝܕܘܗܝ ܝܫܘܥ ܐܡܪ ܕܝܢ ܘܟܕ 43 ܠܟܠܗܘܢ ܘܬܡܗܘ ܡܚܝܠܐ.
ܘܗܘܢ ܝܫܘܥ ܐܡܪ ܗܘ 44 ܠܒܪܢܫܐ ܘܐܬܐ ܠܐܝܕܝ ܡܢ:
ܠܒܪܢܫܐ ܐܢܐ ܕܡܢ ܟܕ 45 ܕܡܫܬܥܐ ܠܐ ܕܡܕܝܢܬܐ ܒܐܢܫܐ:
ܒܐܘܪܚܐ ܕܟܠ ܟܠ ܐܬܘܬܐ ܘܚܙܘ. ܒܥܠܕܒܒܐ ܠܗܘܢ ܡܠܠ
46 ܐܬܐ ܕܟܪܝܬܐ ܠܗܘܢ ܩܪܒ ܐܡܪ ܗܘܐ ܐܝܬܘ. ܕܟܪܝܬܐ ܠܒ
ܬܠܡܝܕܐ ܟܠܢܫ ܕܒܪܢܫܐ ܠܥܠܡܐ ܝܫܘܥ ܐܡܪ ܕܗܘ
ܝܠܕܐ ܐܢܫ ܡܢ ܘܗܘܐ ܠܐܟܠ ܕܠܐ ܚܘܪܐ. ܘܐܬܐ ܒܡܕܝܢܬܐ
ܝܫܘܥ ܗܘܐ ܕܐܬܐ ܡܢܗ ܗܘܬ 47 :ܗܘܐ ܥܡܗ ܕܡܠܟܐ
ܕܗܘ ܒܠܒܗܘܢ: ܘܐܢܫܐ ܠܟܠܗ ܘܐܚܪܢܐ ܗܘܐ ܡܢܗܘܢ:
ܕܢܦܩ ܘܐܬܬܣܝ ܒܥܠܡܐ. ܡܢܟ ܗܘܐ ܒܪܢܫܐ ܒܥܠܡܐ.
48 ܐܡܪ ܠܗ ܝܫܘܥ. ܠܐ ܐܢܬܘܢ ܘܐܢܫܐ ܠܐ ܐܝܬܘܗܝ ܠܐ ܥܠܡܝܢ.
49 ܐܡܪ ܠܗ ܗܘ ܕܡܢ ܡܕܝܢܬܐ. ܡܪܝ: ܫܡܥ ܟܕ ܠܐ ܡܢܐ ܠܗ
ܬܠܡܝܕܐ. 50 ܐܡܪ ܠܗ ܝܫܘܥ. ܠܐ ܒܪܢܫ ܐܢܫ ܗܘ. ܘܗܘܐ
ܗܘ ܠܒܪܢܫܐ ܒܥܠܡܐ ܕܐܡܪ ܠܗ ܝܫܘܥ ܕܐܬܐ. 51 ܟܕ ܕܝܢ
ܫܡܥ ܗܘܐ: ܐܬܐ ܒܐܘܪܚܐ ܘܡܢܗܘܢ ܘܐܡܪ ܠܗ.
ܒܪܢܫ ܐܢܐ. 52 ܘܫܠܚ ܐܢܫ ܕܡܠܐܟܐ ܩܕܡܘܗܝ. ܐܡܪ
ܠܗ. ܐܬܟܠܒ ܠܡܠܟܐ ܡܢܝܢ ܡܠܡܕܐ ܐܝܟܐ. 53 ܘܫܡܥ
ܐܬܐ ܕܡܪܢ ܡܢܐ ܕܡܢ ܐܡܪ ܠܗ ܝܫܘܥ ܕܒܪܢܫ ܐܢܐ.
ܘܗܘ ܗܘ ܘܡܠܟܐ ܟܠܗ. 54 ܗܘܕܐ ܐܬܐ ܐܢܐ ܕܐܬܝܬ ܠܟܠ
ܝܫܘܥ: ܟܕ ܐܢܐ ܡܢ ܗܘܐ ܠܒܪܢܫܐ܀

ܩܦܠܐܘܢ ܀ ܗ ܀

¹ ܒܬܪ ܗܠܝܢ ܗܘܐ ܥܐܕܐ ܕܝܗܘܕܝܐ. ܘܣܠܩ ܝܫܘܥ
ܠܐܘܪܫܠܡ. ² ܐܝܬ ܗܘܐ ܕܝܢ ܬܡܢ ܒܐܘܪܫܠܡ ܕܘܟܬܐ ܚܕܐ
ܕܡܥܡܘܕܝܬܐ: ܕܡܬܩܪܝܐ ܥܒܪܐܝܬ ܒܝܬ ܚܣܕܐ. ܘܐܝܬ
ܗܘܐ ܒܗ̇ ܚܡܫܐ ܐܣܛܘܢ. ³ ܘܒܗܠܝܢ ܪܡܝܢ ܗܘܘ ܟܢܫܐ
ܣܓܝܐܐ ܕܟܪܝܗܐ. ܘܥܘܝܪܐ. ܘܚܓܝܪܐ. ܘܝܒܝܫܐ. ܘܡܣܟܝܢ
ܗܘܘ ܠܙܘܥܐ ܕܡܝܐ. ⁴ ܡܠܐܟܐ ܓܝܪ ܒܙܒܢ ܙܒܢ ܢܚܬ ܗܘܐ
ܠܗ̇ ܠܡܥܡܘܕܝܬܐ: ܘܡܙܝܥ ܗܘܐ ܠܗܘܢ ܠܡܝܐ. ܘܐܝܢܐ
ܕܩܕܡܝܐ. ܢܚܬ ܗܘܐ ܡܢ ܒܬܪ ܙܘܥܐ ܕܡܝܐ: ܡܬܚܠܡ
ܗܘܐ ܟܠ ܟܐܒܐ ܐܝܢܐ ܕܐܝܬ ܗܘܐ ܠܗ. ⁵ ܐܝܬ ܗܘܐ ܕܝܢ
ܬܡܢ ܓܒܪܐ ܚܕ: ܕܬܠܬܝܢ ܘܬܡܢܐ ܫܢܝܢ ܐܝܬܘܗܝ ܗܘܐ
ܒܟܘܪܗܢܐ. ⁶ ܠܗܢܐ ܚܙܐ ܝܫܘܥ ܕܪܡܐ: ܘܝܕܥ ܕܙܒܢܐ
ܣܓܝܐܐ ܐܝܬ ܠܗ. ܘܐܡܪ ܠܗ. ܨܒܐ ܐܢܬ ܕܬܬܚܠܡ: ⁷ ܥܢܐ
ܗܘ ܟܪܝܗܐ ܘܐܡܪ. ܐܝܢ ܡܪܝ. ܠܝܬ ܠܝ ܐܢܫ ܕܡܐ
ܕܐܬܙܝܥܘ ܡܝܐ ܢܪܡܝܢܝ ܠܡܥܡܘܕܝܬܐ. ܐܠܐ ܥܕ ܐܢܐ ܐܬܐ
ܐܢܐ: ܐܚܪܝܢ ܡܢ ܩܕܡܝ ܢܚܬ. ⁸ ܐܡܪ ܠܗ ܝܫܘܥ. ܩܘܡ
ܫܩܘܠ ܥܪܣܟ ܘܗܠܟ. ⁹ ܘܒܪ ܫܥܬܗ ܐܬܚܠܡ ܓܒܪܐ
ܗܘ. ܘܩܡ ܫܩܠ ܥܪܣܗ ܘܗܠܟ. ܘܒܗܘ ܝܘܡܐ
ܫܒܬܐ ܗܘܬ. ¹⁰ ܘܐܡܪܝܢ ܠܗ ܝܗܘܕܝܐ ܠܗܘ ܕܐܬܐܣܝ.
ܫܒܬܐ ܗܝ ܠܐ ܫܠܝܛ ܠܟ ܕܬܫܩܘܠ ܥܪܣܟ. ¹¹ ܗܘ ܕܝܢ
ܥܢܐ ܘܐܡܪ ܠܗܘܢ. ܗܘ ܕܥܒܕܢܝ ܚܠܝܡܐ: ܗܘ ܐܡܪ ܠܝ
ܕܫܩܘܠ ܥܪܣܟ ܘܗܠܟ. ¹² ܘܫܐܠܘܗܝ ܡܢܘ ܓܒܪܐ ܗܢܐ
ܕܐܡܪ ܠܟ ܕܫܩܘܠ ܥܪܣܟ ܘܗܠܟ. ¹³ ܗܘ ܕܝܢ ܕܐܬܐܣܝ ܠܐ
ܝܕܥ ܗܘܐ ܡܢܘ. ܝܫܘܥ ܓܝܪ ܐܬܓܢܒ ܗܘܐ ܠܗ ܒܟܢܫܐ
ܣܓܝܐܐ ܕܐܝܬ ܗܘܐ ܒܕܘܟܬܐ ܗܝ. ¹⁴ ܒܬܪ ܙܒܢ: ܐܫܟܚܗ
ܝܫܘܥ ܒܗܝܟܠܐ ܘܐܡܪ ܠܗ. ܗܐ ܚܠܝܡ ܐܢܬ ܬܘܒ ܠܐ
ܬܚܛܐ. ܕܠܡܐ ܢܗܘܐ ܠܟ ܡܕܡ ܕܒܝܫ ܡܢ ܩܕܡܝܐ.
¹⁵ ܘܐܙܠ ܗܘ ܓܒܪܐ ܘܐܡܪ ܠܝܗܘܕܝܐ: ܕܝܫܘܥ ܗܘ ܗܘ

ܕܐܚܠܡܗ. 16 ܘܡܛܠ ܗܕܐ ܪܕܦܝܢ ܗܘܘ ܝܗܘܕܝܐ ܠܝܫܘܥ
ܘܒܥܝܢ ܗܘܘ ܠܡܩܛܠܗ: ܕܗܠܝܢ ܥܒܕ ܗܘܐ ܒܫܒܬܐ.
17 ܗܘ ܕܝܢ ܝܫܘܥ ܐܡܪ ܠܗܘܢ. ܐܒܝ ܥܕܡܐ ܠܗܫܐ ܥܒܕ:
ܐܦ ܐܢܐ ܥܒܕ ܐܢܐ. 18 ܘܡܛܠ ܗܕܐ ܝܬܝܪܐܝܬ ܒܥܝܢ ܗܘܘ
ܝܗܘܕܝܐ ܠܡܩܛܠܗ. ܠܐ ܒܠܚܘܕ ܕܫܪܐ ܗܘܐ ܫܒܬܐ: ܐܠܐ
ܐܦ ܕܥܠ ܐܠܗܐ ܐܒܘܗܝ ܐܡܪ ܗܘܐ. ܘܡܫܘܐ
ܗܘܐ ܢܦܫܗ ܥܡ ܐܠܗܐ܀ 19 ܥܢܐ ܕܝܢ ܝܫܘܥ ܘܐܡܪ ܠܗܘܢ.
ܐܡܝܢ ܐܡܝܢ ܐܡܪ ܐܢܐ ܠܟܘܢ: ܕܠܐ ܡܫܟܚ ܒܪܐ ܕܢܥܒܕ ܡܕܡ
ܡܢ ܨܒܝܢ ܢܦܫܗ. ܐܠܐ ܡܕܡ ܕܚܙܐ ܠܐܒܐ ܕܥܒܕ: ܐܝܠܝܢ
ܓܝܪ ܕܐܒܐ ܥܒܕ: ܗܠܝܢ ܐܦ ܒܪܐ ܐܟܘܬܗ ܥܒܕ. 20 ܐܒܐ
ܓܝܪ ܪܚܡ ܠܒܪܗ: ܘܟܠܡܕܡ ܕܥܒܕ ܡܚܘܐ ܠܗ ܘܐܝܬܝܗܘܢ
ܬܬܕܡܪܘܢ. 21 ܐܝܟܢܐ ܓܝܪ ܕܐܒܐ ܡܩܝܡ ܡܝܬܐ ܘܡܚܐ
ܠܗܘܢ: ܗܟܢܐ ܐܦ ܒܪܐ ܠܐܝܠܝܢ ܕܨܒܐ ܡܚܐ. 22 ܠܐ ܗܘܐ
ܓܝܪ ܐܒܐ ܕܐܢ ܠܐܢܫ. ܐܠܐ ܟܠܗ ܕܝܢܐ ܝܗܒܗ ܠܒܪܐ.
23 ܕܟܠܢܫ ܢܝܩܪ ܠܒܪܐ ܐܝܟ ܕܡܝܩܪ ܠܐܒܐ. ܗܘ ܕܠܐ ܡܝܩܪ
ܠܒܪܐ: ܠܐ ܡܝܩܪ ܠܐܒܐ ܕܫܕܪܗ܀ 24 ܐܡܝܢ ܐܡܝܢ ܐܡܪ ܐܢܐ
ܠܟܘܢ: ܕܡܢ ܕܫܡܥ ܡܠܬܝ ܘܡܗܝܡܢ ܠܡܢ ܕܫܕܪܢܝ:
ܐܝܬ ܠܗ ܚܝܐ ܕܠܥܠܡ. ܘܠܕܝܢܐ ܠܐ ܐܬܐ. ܐܠܐ ܫܢܝ ܠܗ
ܡܢ ܡܘܬܐ ܠܚܝܐ. 25 ܐܡܝܢ ܐܡܝܢ ܐܡܪ ܐܢܐ ܠܟܘܢ: ܕܐܬܝܐ
ܫܥܬܐ ܐܦ ܗܫܐ ܐܝܬܝܗ: ܐܡܬܝ ܕܡܝܬܐ ܢܫܡܥܘܢ ܩܠܗ
ܕܒܪܗ ܕܐܠܗܐ: ܘܗܢܘܢ ܕܫܡܥܝܢ ܢܚܘܢ. 26 ܐܝܟܢܐ ܓܝܪ
ܕܠܐܒܐ ܐܝܬ ܚܝܐ ܒܩܢܘܡܗ: ܗܟܢܐ ܝܗܒ ܐܦ ܠܒܪܐ
ܕܢܗܘܘܢ ܚܝܐ ܒܩܢܘܡܗ. 27 ܘܐܫܠܛܗ ܕܢܗܘܐ ܥܒܕ
ܐܦ ܕܝܢܐ. 28 ܕܒܪܗ ܗܘ ܕܝܢ ܕܐܢܫܐ. ܠܐ ܬܬܕܡܪܘܢ ܒܗܕܐ.
ܕܐܬܝܐ ܫܥܬܐ: ܐܡܬܝ ܕܟܠܗܘܢ ܐܝܠܝܢ ܕܒܩܒܪܐ ܐܢܘܢ
ܢܫܡܥܘܢ ܩܠܗ. 29 ܘܢܦܩܘܢ ܐܝܠܝܢ ܕܥܒܕܘ ܛܒܬܐ
ܠܩܝܡܬܐ ܕܚܝܐ: ܘܐܝܠܝܢ ܕܥܒܕܘ ܒܝܫܬܐ ܠܩܝܡܬܐ ܕܕܝܢܐ܀
30 ܠܐ ܡܫܟܚ ܐܢܐ ܡܢ ܨܒܝܢ ܢܦܫܝ ܡܕܡ ܠܡܥܒܕ. ܐܠܐ

ܐܝܟܢܐ ܕܫܡܥ ܐܢܐ ܕܐܢ ܐܢܐ. ܘܕܝܢܝ ܟܐܢ ܗܘ. ܠܐ ܓܝܪ ܒܥܐ
ܐܢܐ ܨܒܝܢܝ. ܐܠܐ ܨܒܝܢܗ ܕܡܢ ܕܫܕܪܢܝ. 31 ܐܢ ܐܢܐ ܡܣܗܕ
ܐܢܐ ܥܠ ܢܦܫܝ: ܣܗܕܘܬܝ ܠܐ ܗܘܬ ܫܪܝܪܐ. 32 ܐܚܪܝܢ ܗܘ
ܗܘ ܕܡܣܗܕ ܥܠܝ. ܘܝܕܥ ܐܢܐ ܕܫܪܝܪܐ ܗܝ ܣܗܕܘܬܗ
ܕܡܣܗܕ ܥܠܝ. 33 ܐܢܬܘܢ ܫܕܪܬܘܢ ܠܘܬ ܝܘܚܢܢ ܘܐܣܗܕ
ܥܠ ܫܪܪܐ. 34 ܐܢܐ ܕܝܢ ܠܐ ܗܘܐ ܡܢ ܒܪܢܫܐ ܢܣܒ ܐܢܐ
ܣܗܕܘܬܐ. ܐܠܐ ܗܠܝܢ ܐܡܪ ܐܢܐ ܕܐܢܬܘܢ ܬܚܘܢ. 35 ܗܘ ܫܪܓܐ
ܗܘܐ ܕܕܠܩ ܘܡܢܗܪ. ܘܐܢܬܘܢ ܨܒܝܬܘܢ ܕܬܫܬܒܗܪܘܢ
ܒܫܥܬܐ ܒܢܘܗܪܗ. 36 ܠܝ ܕܝܢ ܐܝܬ ܠܝ ܣܗܕܘܬܐ ܕܪܒܐ
ܡܢ ܕܝܘܚܢܢ. ܥܒܕܐ ܓܝܪ ܕܝܗܒ ܠܝ ܐܒܝ ܕܐܫܠܡ ܐܢܘܢ:
ܗܢܘܢ ܥܒܕܐ ܕܥܒܕ ܐܢܐ ܣܗܕܝܢ ܥܠܝ ܕܐܒܐ ܫܠܚܢܝ.
37 ܘܐܒܐ ܕܫܠܚܢܝ. ܗܘ ܣܗܕ ܥܠܝ. ܠܐ ܩܠܗ ܡܢ ܡܡܬܘܡ
ܫܡܥܬܘܢ: ܘܠܐ ܚܙܘܗ ܚܙܝܬܘܢ. 38 ܘܡܠܬܗ ܠܐ ܩܘܝܐ
ܒܟܘܢ. ܡܛܠ ܕܒܗܘ ܕܗܘ ܫܕܪ ܐܢܬܘܢ ܠܐ ܡܗܝܡܢܝܢ
ܐܢܬܘܢ. 39 ܒܨܘ ܟܬܒܐ ܕܒܗܘܢ ܡܣܬܒܪܝܢ ܐܢܬܘܢ ܕܚܝܐ
ܕܠܥܠܡ ܐܝܬ ܠܟܘܢ: ܘܗܢܘܢ ܣܗܕܝܢ ܥܠܝ. 40 ܘܠܐ ܨܒܝܢ
ܐܢܬܘܢ ܕܬܐܬܘܢ ܠܘܬܝ: ܕܚܝܐ ܕܠܥܠܡ ܢܗܘܘܢ ܠܟܘܢ.
41 ܫܘܒܚܐ ܡܢ ܒܢܝܢܫܐ ܠܐ ܢܣܒ ܐܢܐ. 42 ܐܠܐ ܝܕܥܬܟܘܢ
ܕܚܘܒܗ ܕܐܠܗܐ ܠܝܬ ܒܟܘܢ. 43 ܐܢܐ ܐܬܝܬ ܒܫܡܗ ܕܐܒܝ.
ܘܠܐ ܡܩܒܠܝܢ ܐܢܬܘܢ ܠܝ. ܐܢ ܐܚܪܝܢ ܢܐܬܐ ܒܫܡ ܢܦܫܗ:
ܠܗܘ ܬܩܒܠܘܢ. 44 ܐܝܟܢܐ ܡܫܟܚܝܢ ܐܢܬܘܢ ܠܡܗܝܡܢܘ:
ܕܫܘܒܚܐ ܚܕ ܡܢ ܚܕ ܡܩܒܠܝܢ ܐܢܬܘܢ: ܘܫܘܒܚܐ ܕܡܢ
ܚܕ ܐܠܗܐ ܠܐ ܒܥܝܢ ܐܢܬܘܢ. 45 ܠܡܐ ܣܒܪܝܢ ܐܢܬܘܢ ܕܐܢܐ
ܡܩܛܪܓ ܐܢܐ ܠܟܘܢ ܩܕܡ ܐܒܐ: ܐܝܬܘܗܝ ܡܢ ܕܡܩܛܪܓ
ܠܟܘܢ. ܡܘܫܐ ܗܘ ܕܒܗ ܣܒܪܬܘܢ. 46 ܐܠܘ ܓܝܪ ܒܡܘܫܐ
ܗܝܡܢܬܘܢ: ܐܦ ܠܝ ܡܗܝܡܢܝܢ ܗܘܝܬܘܢ. ܡܘܫܐ ܓܝܪ
ܥܠܝ ܟܬܒ. 47 ܘܐܢ ܠܟܬܒܘܗܝ ܕܗܘ ܠܐ ܡܗܝܡܢܝܢ
ܐܢܬܘܢ: ܐܝܟܢܐ ܠܡܠܝ ܕܝܠܝ ܬܗܝܡܢܘܢ ❖

ܩܦܠܐܘܢ ܀ ܘ ܀

1 ܒܬܪ ܗܠܝܢ: ܐܙܠ ܝܫܘܥ ܠܥܒܪܐ ܕܝܡܐ ܕܓܠܝܠܐ
ܕܛܒܪܝܘܣ. 2 ܘܐܙܠܘ ܒܬܪܗ ܟܢܫܐ ܣܓܝܐܐ. ܡܛܠ ܕܚܙܝܢ
ܗܘܘ ܐܬܘܬܐ ܕܥܒܕ ܒܟܪܝܗܐ. 3 ܘܣܠܩ ܝܫܘܥ ܠܛܘܪܐ:
ܘܬܡܢ ܝܬܒ ܗܘܐ ܥܡ ܬܠܡܝܕܘܗܝ. 4 ܩܪܝܒ ܗܘܐ ܕܝܢ
ܥܐܕܐ ܕܦܨܚܐ ܕܝܗܘܕܝܐ. 5 ܘܐܪܝܡ ܝܫܘܥ ܥܝܢܘܗܝ ܀
ܘܚܙܐ ܟܢܫܐ ܣܓܝܐܐ ܕܐܬܐ ܠܘܬܗ: ܘܐܡܪ ܠܦܝܠܝܦܘܣ.
ܐܝܟܐ ܢܙܒܢ ܠܚܡܐ ܕܢܐܟܠܘܢ ܗܠܝܢ. 6 ܗܕܐ ܕܝܢ ܐܡܪ ܟܕ
ܡܢܣܐ ܠܗ. ܗܘ ܓܝܪ ܝܕܥ ܗܘܐ ܡܢܐ ܥܬܝܕ ܠܡܥܒܕ.
7 ܐܡܪ ܠܗ ܦܝܠܝܦܘܣ. ܕܡܐܬܝܢ ܕܝܢܪܝܢ ܠܚܡܐ ܠܐ ܣܦܩ
ܠܗܘܢ. ܟܕ ܡܫܩܠ ܚܕ ܚܕ ܩܠܝܠ ܢܣܒ.
8 ܐܡܪ ܠܗ ܚܕ ܡܢ ܬܠܡܝܕܘܗܝ. ܐܢܕܪܐܘܣ ܐܚܘܗܝ
ܕܫܡܥܘܢ ܟܐܦܐ. 9 ܐܝܬ ܬܢܢ ܛܠܝܐ ܚܕ: ܕܐܝܬ ܠܘܬܗ
ܚܡܫ ܓܪܝܨܢ ܕܣܥܪܐ ܘܬܪܝܢ ܢܘܢܝܢ. ܐܠܐ ܗܠܝܢ ܡܢܐ ܐܝܬܝܗܝܢ
ܠܗܠܝܢ ܟܠܗܘܢ. 10 ܐܡܪ ܠܗܘܢ ܝܫܘܥ. ܥܒܕܘ ܐܢܫܐ
ܟܠܗܘܢ ܕܢܣܬܡܟܘܢ. ܥܣܒܐ ܕܝܢ ܣܓܝ ܗܘܐ ܒܕܘܟܬܐ
ܗܝ. ܘܐܣܬܡܟܘ ܓܒܪܐ ܒܡܢܝܢܐ ܚܡܫܐ ܐܠܦܝܢ.
11 ܘܫܩܠ ܝܫܘܥ ܠܚܡܐ: ܘܒܪܟ ܘܦܠܓ ܠܗܠܝܢ
ܕܣܡܝܟܝܢ: ܘܗܟܢܐ ܐܦ ܡܢ ܢܘܢܐ ܟܡܐ ܕܨܒܘ. 12 ܘܟܕ
ܣܒܥܘ ܐܡܪ ܠܬܠܡܝܕܘܗܝ. ܟܢܫܘ ܩܨܝܐ ܕܝܬܪܘ ܕܠܐ ܢܐܒܕ
ܡܕܡ. 13 ܘܟܢܫܘ ܘܡܠܘ ܬܪܥܣܪ ܩܘܦܝܢܝܢ ܕܩܨܝܐ:
ܐܝܠܝܢ ܕܝܬܪܘ ܠܗܢܘܢ ܕܐܟܠܘ ܡܢ ܚܡܫ ܠܚܡܝܢ ܕܣܥܪܐ܀
14 ܗܢܘܢ ܕܝܢ ܐܢܫܐ ܕܚܙܘ ܐܬܐ ܕܥܒܕ ܝܫܘܥ: ܐܡܪܝܢ ܗܘܘ.
ܫܪܝܪܐܝܬ ܗܢܘ ܢܒܝܐ ܕܐܬܐ ܠܥܠܡܐ. 15 ܝܫܘܥ ܕܝܢ ܝܕܥ
ܕܥܬܝܕܝܢ ܕܢܐܬܘܢ ܢܚܛܦܘܢܝܗܝ ܘܢܥܒܕܘܢܝܗܝ ܡܠܟܐ:
ܘܫܢܝ ܠܗ ܠܛܘܪܐ ܗܘ ܒܠܚܘܕܘܗܝ ܀ 16 ܘܟܕ ܗܘܐ
ܪܡܫܐ: ܢܚܬܘ ܬܠܡܝܕܘܗܝ ܠܝܡܐ. 17 ܘܝܬܒܘ ܒܣܦܝܢܬܐ.

ܘܐܬܝܢ ܗܘܘ ܠܥܒܪܐ ܠܟܦܪܢܚܘܡ. ܘܚܫܘܟܐ ܗܘܐ ܠܗ. ܘܠܐ
ܐܬܐ ܗܘܐ ܠܘܬܗܘܢ ܝܫܘܥ. [18] ܝܡܐ ܕܝܢ ܐܙܕܩܦ ܗܘܐ ܥܠܝܗܘܢ.
ܡܛܠ ܕܪܘܚܐ ܪܒܬܐ ܢܫܒܐ ܗܘܬ. [19] ܘܕܒܪܘ ܐܝܟ ܐܣܛܕܘܬܐ
ܥܣܪܝܢ ܘܚܡܫܐ ܐܘ ܬܠܬܝܢ. ܘܚܙܘ ܠܝܫܘܥ ܟܕ ܡܗܠܟ
ܥܠ ܝܡܐ. ܘܟܕ ܡܛܐ ܠܘܬ ܐܠܦܐ ܕܚܠܘ. [20] ܗܘ
ܕܝܢ ܝܫܘܥ ܐܡܪ ܠܗܘܢ: ܐܢܐ ܐܢܐ ܠܐ ܬܕܚܠܘܢ. [21] ܘܨܒܘ ܗܘܘ
ܕܢܩܒܠܘܢܝܗܝ ܠܣܦܝܢܬܐ. ܘܡܚܕܐ ܒܡܚܕܐ. ܣܦܝܢܬܐ
ܗܝ: ܗܘܬ ܠܘܬ ܐܪܥܐ ܗܝ ܕܐܙܠܝܢ ܗܘܘ ܠܗ܀ [22] ܘܠܝܘܡܐ
ܕܒܬܪܗ. ܗܘ ܟܢܫܐ ܕܩܐܡ ܗܘܐ ܠܥܒܪܐ ܕܝܡܐ: ܚܙܘ
ܕܣܦܝܢܬܐ ܐܚܪܬܐ ܠܝܬ ܗܘܬ ܬܡܢ: ܐܠܐ ܐܢ ܗܝ ܕܣܠܩܘ
ܒܗ ܬܠܡܝܕܐ. ܘܕܠܐ ܥܠ ܗܘܐ ܥܡܗܘܢ ܝܫܘܥ ܥܡ
ܬܠܡܝܕܘܗܝ ܠܣܦܝܢܬܐ: [23] ܐܬܝ ܗܘܝ ܕܝܢ ܐܠܦܐ ܐܚܪܢܝܬܐ
ܡܢ ܛܝܒܪܝܘܣ: ܠܘܬ ܓܢܒ ܕܘܟܬܐ ܗܝ ܕܐܟܠܘ ܒܗ
ܠܚܡܐ ܟܕ ܒܪܟ ܝܫܘܥ. [24] ܘܟܕ ܚܙܐ ܗܘ ܟܢܫܐ ܕܠܐ ܗܘܐ
ܬܡܢ ܝܫܘܥ ܐܦܠܐ ܬܠܡܝܕܘܗܝ: ܣܠܩܘ ܠܗܘܢ ܠܗܠܝܢ ܐܠܦܐ
ܘܐܬܘ ܠܟܦܪܢܚܘܡ. ܘܒܥܝܢ ܗܘܘ ܠܗ ܠܝܫܘܥ. [25] ܘܟܕ
ܐܫܟܚܘܗܝ ܒܥܒܪܐ ܕܝܡܐ ܐܡܪܝܢ ܠܗ. ܪܒܢ ܐܡܬܝ ܐܬܝܬ
ܠܗܪܟܐ. [26] ܥܢܐ ܝܫܘܥ ܘܐܡܪ ܠܗܘܢ. ܐܡܝܢ ܐܡܝܢ ܐܡܪ
ܐܢܐ ܠܟܘܢ: ܕܒܥܝܢ ܐܢܬܘܢ ܠܝ: ܠܐ ܗܘܐ ܡܛܠ ܕܚܙܝܬܘܢ
ܐܬܘܬܐ. ܐܠܐ ܕܐܟܠܬܘܢ ܠܚܡܐ ܘܣܒܥܬܘܢ. [27] ܠܐ ܬܦܠܚܘܢ
ܡܐܟܘܠܬܐ ܕܐܒܕܐ. ܐܠܐ ܡܐܟܘܠܬܐ ܕܡܩܘܝܐ ܠܚܝܐ ܕܠܥܠܡ.
ܐܝܕܐ ܕܒܪܗ ܕܐܢܫܐ ܢܬܠ ܠܟܘܢ. ܠܗܢܐ ܓܝܪ ܐܒܐ ܚܬܡ
ܐܠܗܐ. [28] ܐܡܪܝܢ ܠܗ ܡܢܐ ܢܥܒܕ ܕܢܦܠܘܚ ܥܒܕܐ
ܕܐܠܗܐ. [29] ܥܢܐ ܝܫܘܥ ܘܐܡܪ ܠܗܘܢ. ܗܢܘ ܥܒܕܐ
ܕܐܠܗܐ: ܕܬܗܝܡܢܘܢ ܒܡܢ ܕܗܘ ܫܕܪ܀ [30] ܐܡܪܝܢ ܠܗ.
ܡܢܐ ܐܬܐ ܥܒܕ ܐܢܬ ܕܢܚܙܐ ܘܢܗܝܡܢ ܒܟ. ܡܢܐ ܥܒܕ ܐܢܬ.
[31] ܐܒܗܬܢ ܡܢܢܐ ܐܟܠܘ ܒܡܕܒܪܐ. ܐܝܟܢܐ ܕܟܬܝܒ.
ܕܠܚܡܐ ܡܢ ܫܡܝܐ ܝܗܒ ܠܗܘܢ ܠܡܐܟܠ. [32] ܐܡܪ ܠܗܘܢ

ܝܫܘܥ. ܐܡܝܢ ܐܡܝܢ ܐܡܪ ܐܢܐ ܠܟܘܢ: ܕܠܐ ܗܘܐ ܡܘܫܐ
ܝܗܒ ܠܟܘܢ ܠܚܡܐ ܡܢ ܫܡܝܐ. ܐܠܐ ܐܒܝ ܝܗܒ ܠܟܘܢ
ܠܚܡܐ ܕܩܘܫܬܐ ܡܢ ܫܡܝܐ. 33 ܠܚܡܗ ܓܝܪ ܕܐܠܗܐ
ܐܝܬܘܗܝ: ܗܘ ܕܢܚܬ ܡܢ ܫܡܝܐ: ܘܝܗܒ ܚܝܐ ܠܥܠܡܐ.
34 ܐܡܪܝܢ ܠܗ. ܡܪܢ: ܒܟܠܙܒܢ ܗܒ ܠܢ ܠܚܡܐ ܗܢܐ.
35 ܐܡܪ ܠܗܘܢ ܝܫܘܥ. ܐܢܐ ܐܢܐ ܠܚܡܐ ܕܚܝܐ. ܡܢ ܕܐܬܐ
ܠܘܬܝ ܠܐ ܢܟܦܢ. ܘܡܢ ܕܡܗܝܡܢ ܒܝ ܠܐ ܢܨܗܐ ܠܥܠܡ.
36 ܐܠܐ ܐܡܪܬ ܠܟܘܢ: ܕܚܙܝܬܘܢܢܝ. ܘܠܐ ܡܗܝܡܢܝܢ ܐܝܬܝܟܘܢ.
37 ܟܠ ܕܝܗܒ ܠܝ ܐܒܝ ܠܘܬܝ ܢܐܬܐ. ܘܡܢ ܕܠܘܬܝ ܢܐܬܐ ܠܐ
ܐܦܩܗ ܠܒܪ. 38 ܕܢܚܬܬ ܡܢ ܫܡܝܐ ܠܐ ܗܘܐ ܕܐܥܒܕ ܨܒܝܢܝ.
ܐܠܐ ܨܒܝܢܗ ܕܡܢ ܕܫܕܪܢܝ: 39 ܕܟܠ ܕܝܗܒ ܠܝ ܠܐ ܐܘܒܕ
ܡܢܗ. ܐܠܐ ܐܩܝܡܝܘܗܝ ܒܝܘܡܐ ܐܚܪܝܐ. 40 ܗܢܘ ܓܝܪ
ܨܒܝܢܗ ܕܐܒܝ. ܕܟܠ ܕܚܙܐ ܠܒܪܐ ܘܡܗܝܡܢ ܒܗ: ܢܗܘܘܢ
ܠܗ ܚܝܐ ܕܠܥܠܡ: ܘܐܢܐ ܐܩܝܡܝܘܗܝ ܒܝܘܡܐ ܐܚܪܝܐ.
41 ܝܗܘܕܝܐ ܕܝܢ ܪܛܢܝܢ ܗܘܘ ܥܠܘܗܝ: ܕܐܡܪ ܕܐܢܐ ܐܢܐ
ܠܚܡܐ ܕܢܚܬ ܡܢ ܫܡܝܐ. 42 ܘܐܡܪܝܢ ܗܘܘ. ܠܐ ܗܘܐ ܗܢܐ
ܝܫܘܥ ܒܪ ܝܘܣܦ: ܗܘ ܕܚܢܢ ܝܕܥܝܢܢ ܠܐܒܘܗܝ ܘܠܐܡܗ:
ܘܐܝܟܢܐ ܐܡܪ ܗܢܐ ܕܡܢ ܫܡܝܐ ܢܚܬܬ. 43 ܥܢܐ ܝܫܘܥ ܘܐܡܪ
ܠܗܘܢ. ܠܐ ܬܪܛܢܘܢ ܚܕ ܥܡ ܚܕ. 44 ܠܐ ܐܢܫ ܡܫܟܚ ܕܢܐܬܐ
ܠܘܬܝ: ܐܠܐ ܐܢ ܢܓܪܘܗܝ ܐܒܐ ܕܫܕܪܢܝ. ܘܐܢܐ ܐܩܝܡܝܘܗܝ
ܒܝܘܡܐ ܐܚܪܝܐ. 45 ܟܬܝܒ ܓܝܪ ܒܢܒܝܐ: ܕܢܗܘܘܢ ܟܠܗܘܢ
ܡܠܦܐ ܕܐܠܗܐ. ܟܠ ܡܢ ܕܫܡܥ ܗܟܝܠ ܡܢ ܐܒܐ.
ܘܝܠܦ ܡܢܗ ܐܬܐ ܠܘܬܝ. 46 ܠܐ ܗܘܐ ܕܚܙܐ ܐܢܫ ܠܐܒܐ. ܐܠܐ
ܡܢ ܕܡܢ ܐܠܗܐ ܐܝܬܘܗܝ: ܗܘ ܗܘ ܚܙܐ ܠܐܒܐ܀ 47 ܐܡܝܢ
ܐܡܝܢ ܐܡܪ ܐܢܐ ܠܟܘܢ: ܕܡܢ ܕܡܗܝܡܢ ܒܝ ܐܝܬ ܠܗ ܚܝܐ
ܕܠܥܠܡ. 48 ܐܢܐ ܐܢܐ ܠܚܡܐ ܕܚܝܐ. 49 ܐܒܗܝܟܘܢ ܐܟܠܘ
ܡܢܐ ܒܡܕܒܪܐ ܘܡܝܬܘ. 50 ܗܢܘ ܕܝܢ ܠܚܡܐ ܕܢܚܬ ܡܢ
ܫܡܝܐ: ܕܢܐܟܘܠ ܐܢܫ ܡܢܗ ܘܠܐ ܢܡܘܬ. 51 ܐܢܐ ܐܢܐ ܠܚܡܐ

ܚܝܐ ܕܡܢ ܫܡܝܐ ܢܚܬܬ. ܘܐܢ ܐܢܫ ܢܐܟܘܠ ܡܢ ܗܢܐ
ܠܚܡܐ ܢܚܐ ܠܥܠܡ. ܘܠܚܡܐ ܐܝܢܐ ܕܐܢܐ ܐܬܠ: ܦܓܪܝ ܗܘ
ܕܥܠ ܐܦܝ ܚܝܘܗܝ ܕܥܠܡܐ ܝܗܒ ܐܢܐ. 52 ܢܨܝܢ ܗܘܘ
ܕܝܢ ܝܗܘܕܝܐ ܚܕ ܥܡ ܚܕ ܘܐܡܪܝܢ. ܐܝܟܢܐ ܡܫܟܚ ܗܢܐ
ܦܓܪܗ ܕܢܬܠ ܠܢ ܠܡܐܟܘܠ. 53 ܘܐܡܪ ܠܗܘܢ ܝܫܘܥ.
ܐܡܝܢ ܐܡܝܢ ܐܡܪ ܐܢܐ ܠܟܘܢ: ܕܐܢ ܠܐ ܬܐܟܠܘܢ ܦܓܪܗ ܕܒܪܗ
ܕܐܢܫܐ: ܘܬܫܬܘܢ ܕܡܗ: ܠܝܬ ܠܟܘܢ ܚܝܐ ܒܩܢܘܡܟܘܢ.
54 ܕܐܟܠ ܕܝܢ ܡܢ ܦܓܪܝ ܘܫܬܐ ܡܢ ܕܡܝ: ܐܝܬ ܠܗ ܚܝܐ
ܕܠܥܠܡ. ܘܐܢܐ ܐܩܝܡܝܘܗܝ ܒܝܘܡܐ ܐܚܪܝܐ. 55 ܦܓܪܝ ܓܝܪ
ܫܪܝܪܐܝܬ ܐܝܬܘܗܝ ܡܐܟܘܠܬܐ. ܘܕܡܝ ܫܪܝܪܐܝܬ ܐܝܬܘܗܝ
ܡܫܬܝܐ. 56 ܡܢ ܕܐܟܠ ܦܓܪܝ ܘܫܬܐ ܕܡܝ: ܒܝ ܡܩܘܐ ܘܐܢܐ
ܒܗ. 57 ܐܝܟܢܐ ܕܫܕܪܢܝ ܐܒܐ ܚܝܐ. ܘܐܢܐ ܚܝ ܐܢܐ ܡܛܠ
ܐܒܐ. ܘܡܢ ܕܢܐܟܠܢܝ ܐܦ ܗܘ ܢܚܐ ܡܛܠܬܝ. 58 ܗܢܘ ܠܚܡܐ
ܕܢܚܬ ܡܢ ܫܡܝܐ. ܠܐ ܗܘܐ ܐܝܟ ܕܐܟܠܘ ܐܒܗܝܟܘܢ ܡܢܢܐ
ܘܡܝܬܘ. ܡܢ ܕܐܟܠ ܡܢ ܗܢܐ ܠܚܡܐ ܢܚܐ ܠܥܠܡ ܀
59 ܗܠܝܢ ܐܡܪ ܒܟܢܘܫܬܐ ܟܕ ܡܠܦ ܒܟܦܪܢܚܘܡ.
60 ܘܣܓܝܐܐ ܕܫܡܥܘ ܡܢ ܬܠܡܝܕܘܗܝ ܐܡܪܝܢ. ܩܫܝܐ
ܗܝ ܡܠܬܐ ܗܕܐ. ܡܢܘ ܡܫܟܚ ܠܡܫܡܥܗ ܀ 61 ܝܕܥ
ܕܝܢ ܝܫܘܥ ܒܢܦܫܗ ܕܪܛܢܝܢ ܥܠ ܗܕܐ ܬܠܡܝܕܘܗܝ. ܘܐܡܪ
ܠܗܘܢ. ܗܕܐ ܡܟܫܠܐ ܠܟܘܢ: 62 ܐܢ ܬܚܙܘܢ ܗܟܝܠ ܠܒܪܗ
ܕܐܢܫܐ ܕܣܠܩ ܠܐܬܪ ܕܐܝܬܘܗܝ ܗܘܐ ܡܢ ܩܕܝܡ. 63 ܪܘܚܐ
ܗܝ ܕܡܚܝܐ. ܦܓܪܐ ܠܐ ܡܘܬܪ ܡܕܡ. ܡܠܐ ܕܐܢܐ ܡܠܠܬ
ܥܡܟܘܢ: ܪܘܚܐ ܐܢܝܢ ܘܚܝܐ ܐܢܝܢ: 64 ܐܠܐ ܐܝܬ ܐܢܫܐ ܡܢܟܘܢ
ܕܠܐ ܡܗܝܡܢܝܢ. ܝܕܥ ܗܘܐ ܓܝܪ ܝܫܘܥ ܡܢ ܩܕܝܡ.
ܡܢ ܐܢܘܢ ܐܝܠܝܢ ܕܠܐ ܡܗܝܡܢܝܢ: ܘܡܢܘ ܗܘ ܕܡܫܠܡ
ܠܗ. 65 ܘܐܡܪ ܗܘܐ ܠܗܘܢ. ܡܛܠ ܗܢܐ ܐܡܪܬ ܠܟܘܢ.
ܕܠܐ ܐܢܫ ܡܫܟܚ ܕܢܐܬܐ ܠܘܬܝ. ܐܢ ܠܐ ܝܗܝܒ ܠܗ ܡܢ
ܐܒܝ. 66 ܡܛܠ ܗܕܐ ܣܓܝܐܐ ܡܢ ܬܠܡܝܕܘܗܝ

ܐܙܠܘ ܠܒܣܬܪܗܘܢ. ܘܠܐ ܡܗܠܟܝܢ ܗܘܘ ܥܡܗ. 67 ܘܐܡܪ
ܝܫܘܥ ܠܬܪܥܣܪܬܗ. ܠܡܐ ܐܦ ܐܢܬܘܢ ܨܒܝܢ ܐܢܬܘܢ
ܠܡܐܙܠ: 68 ܥܢܐ ܫܡܥܘܢ ܟܐܦܐ ܘܐܡܪ. ܡܪܝ: ܠܘܬ ܡܢ
ܢܐܙܠ. ܡܠܐ ܕܚܝܐ ܕܠܥܠܡ ܐܝܬ ܠܟ. 69 ܘܚܢܢ ܗܝܡܢܢ
ܘܝܕܥܢ: ܕܐܢܬ ܗܘ ܡܫܝܚܐ ܒܪܗ ܕܐܠܗܐ ܚܝܐ. 70 ܐܡܪ
ܠܗܘܢ ܝܫܘܥ. ܠܐ ܗܘܐ ܐܢܐ ܓܒܝܬܟܘܢ ܠܬܪܥܣܪܬܟܘܢ. ܘܡܢܟܘܢ
ܚܕ ܣܛܢܐ ܗܘ. 71 ܐܡܪ ܗܘܐ ܕܝܢ ܥܠ ܝܗܘܕܐ ܒܪ ܫܡܥܘܢ
ܣܟܪܝܘܛܐ. ܗܘ ܓܝܪ ܥܬܝܕ ܗܘܐ ܕܢܫܠܡܝܘܗܝ ܚܕ ܡܢ
ܬܪܥܣܪܬܗܘܢ ܀

ܩܦܠܐܘܢ ܀ ܙ ܀

1 ܒܬܪ ܗܠܝܢ ܡܗܠܟ ܗܘܐ ܝܫܘܥ ܒܓܠܝܠܐ. ܠܐ ܓܝܪ
ܨܒܐ ܗܘܐ ܠܡܗܠܟܘ ܒܝܗܘܕ: ܡܛܠ ܕܝܗܘܕܝܐ ܒܥܝܢ
ܗܘܘ ܠܡܩܛܠܗ. 2 ܘܩܪܝܒ ܗܘܐ ܥܐܕܐ ܕܡܛܠܐ
ܕܝܗܘܕܝܐ. 3 ܘܐܡܪܘ ܠܗ ܐܚܘܗܝ ܠܝܫܘܥ. ܫܢܐ ܠܟ ܡܟܐ
ܘܙܠ ܠܝܗܘܕ. ܕܢܚܙܘܢ ܬܠܡܝܕܝܟ ܥܒܕܐ ܕܥܒܕ ܐܢܬ. 4 ܠܝܬ
ܓܝܪ ܐܢܫ ܕܥܒܕ ܡܕܡ ܒܛܘܫܝܐ: ܘܨܒܐ ܗܘ ܕܒܓܠܝܐ
ܢܗܘܐ. ܐܢ ܗܠܝܢ ܥܒܕ ܐܢܬ: ܚܘܐ ܢܦܫܟ ܠܥܠܡܐ.
5 ܐܦ ܠܐ ܓܝܪ ܐܚܘܗܝ ܡܗܝܡܢܝܢ ܗܘܘ ܒܗ ܒܝܫܘܥ ܀
6 ܐܡܪ ܠܗܘܢ ܝܫܘܥ. ܙܒܢܝ ܕܝܠܝ ܥܕܟܐ ܠܐ ܡܛܐ.
ܙܒܢܟܘܢ ܕܝܢ ܕܝܠܟܘܢ ܒܟܠܙܒܢ ܡܛܝܒ. 7 ܠܐ ܡܫܟܚ
ܥܠܡܐ ܠܡܣܢܝܟܘܢ. ܠܝ ܕܝܢ ܣܢܐ. ܡܛܠ ܕܐܢܐ ܡܣܗܕ
ܐܢܐ ܥܠܘܗܝ. ܕܥܒܕܘܗܝ ܒܝܫܝܢ ܐܢܘܢ. 8 ܐܢܬܘܢ ܣܩܘ
ܠܥܐܕܐ ܗܢܐ. ܐܢܐ ܠܐ ܣܠܩ ܐܢܐ ܗܫܐ ܠܥܐܕܐ ܗܢܐ.
ܡܛܠ ܕܙܒܢܝ ܠܐ ܥܕܟܐ ܫܠܡ. 9 ܗܠܝܢ ܐܡܪ
ܘܦܫ ܠܗ ܒܓܠܝܠܐ. 10 ܟܕ ܕܝܢ ܣܠܩܘ ܐܚܘܗܝ
ܠܥܐܕܐ. ܗܝܕܝܢ ܐܦ ܗܘ ܣܠܩ. ܠܐ ܒܓܠܝܐ ܐܠܐ ܐܝܟ
ܕܒܛܘܫܝܐ. 11 ܝܗܘܕܝܐ ܕܝܢ ܒܥܝܢ ܗܘܘ ܠܗ ܒܥܐܕܐ.
ܘܐܡܪܝܢ ܗܘܘ. ܐܝܟܘ ܗܢܘ. 12 ܘܪܛܢܐ ܣܓܝܐܐ ܥܠܘܗܝ

ܐܝܬ ܗܘܐ ܒܥܠܡܐ. ܐܝܬ ܗܘܐ ܓܒܪܐ ܕܐܡܪܝܢ ܕܠܗ ܗܘ:
ܘܐܢܫܝܢ ܐܡܪܝܢ ܗܘܘ ܠܗ. ܐܠܐ ܡܫܝܚܐ ܠܥܠܡܐ. 13 ܠܐ ܓܝܪ ܐܝܟ
ܓܒܪܝܢ ܡܫܝܚܐ ܗܘܐ ܒܥܘܗܝ. ܡܛܠ ܕܥܒܕܐ ܕܝܗܘܕܝܐ.
14 ܟܕ ܓܝܪ ܡܠܝܘ ܝܘܡܬܐ ܕܝܠܕܬܐ: ܡܢܗܘܢ ܬܡܢܝܐ
ܠܗܝܟܠܐ ܘܡܠܟܝܢ ܗܘܐ: 15 ܘܡܬܪܒܝܢ ܗܘܘ ܒܗܘܢܝܐ
ܘܐܡܪܝܢ. ܐܢܫܐ ܢܒܝܐ ܗܢܐ ܫܡܥܐ ܟܕ ܠܐ ܝܠܦ. 16 ܒܢܝܐ
ܝܡܡܐ ܘܐܡܪ. ܢܘܠܡܢܝܢ ܠܐ ܗܘܐ ܕܝܠܗ. ܐܠܐ ܕܗܘ ܕܡܪܢܐ.
17 ܡܢ ܕܢܦܩ ܕܝܠܕܐ ܕܒܢܝܢܘܗܝ: ܡܛܠܬܗ ܢܘܠܡܢܝܢ ܐܝ
ܡܢ ܐܠܗܐ ܗܘ: ܐܘ ܐܢܐ ܡܢ ܒܢܝܐ ܝܠܝܦ ܡܫܝܚܐ ܐܢܐ.
18 ܡܢ ܕܡܢ ܒܢܝܐ ܕܒܢܘܗܝ ܡܫܝܚܐ. ܡܘܫܐ ܠܒܢܝܗܘ
ܟܠܐ. ܗܘ ܓܝܪ ܕܡܘܫܐ ܕܡܢ ܕܡܪܢܐ ܟܠܐ ܡܢܗ ܗܘ:
ܘܟܘܠܐ ܒܒܢܝܗ ܠܐ ܐܝܬ. 19 ܠܐ ܗܘܐ ܡܘܫܐ ܝܗܒ ܠܒܢܝ
ܢܡܘܣܐ: ܘܠܐ ܐܢܫ ܡܢܗܘܢ ܢܛܪ ܢܡܘܣܐ. 20 ܗܢܐ ܟܠܗܘܢ
ܐܝܬܝ ܠܡܫܝܚܐ. ܒܢܝܐ ܩܕܡܝܐ ܘܐܡܪܝܢ. ܕܗܘܐ ܐܝܬ ܒܗ:
ܡܢܘ ܟܠܐ ܠܡܫܝܚܐ. 21 ܒܢܝܐ ܝܡܡܐ ܘܐܡܪ ܠܗܘܢ. ܢܒ
ܒܟܝܪܐ ܝܠܝܕܐ: ܘܠܒܠܒܗܘܢ ܡܬܪܒܝܢ ܐܝܬܘܗܝ. 22 ܡܛܠ ܗܢܐ
ܡܘܫܐ ܝܗܒ ܠܒܢܝ ܓܙܘܪܬܐ: ܠܐ ܗܘܐ ܡܛܠ ܕܡܢܗ ܗܘ
ܡܢ ܡܘܫܐ. ܐܠܐ ܡܢ ܐܒܗܬܐ ܗܘ. ܘܡܫܡܫܬܐ ܓܒܪܝܢ
ܐܝܬܘܗܝ ܒܫܒܬܐ. 23 ܘܐܢ ܒܫܒܬܐ ܡܩܒܠ ܒܢܘܗܐ ܕܡܫܚܬܐ:
ܡܛܠ ܕܠܐ ܢܬܒܪܐ ܢܡܘܣܐ ܕܡܘܫܐ: ܥܠܝ ܪܓܙܝܢ ܐܝܬܘܗܝ
ܕܟܠܗ ܒܫܒܬܐ ܐܚܠܡܬ ܒܢܘܗܐ ܕܡܫܚܬܐ: 24 ܠܐ ܬܕܘܢܘܢ
ܕܝܢ ܒܡܣܒ ܒܐܦܐ. ܐܠܐ ܕܝܢܐ ܟܐܢܐ ܕܘܢܘ. 25 ܘܐܡܪܝܢ ܗܘܘ
ܐܢܫܐ ܡܢ ܐܘܪܫܠܡ. ܠܘ ܗܢܘ ܗܘ ܕܒܥܝܢ ܠܡܩܛܠܗ:
26 ܘܗܐ ܓܠܝܐܝܬ ܡܡܠܠ. ܘܡܕܡ ܠܐ ܐܡܪܝܢ ܠܗ. ܕܠܡܐ
ܫܪܝܪܐܝܬ ܝܕܥܘ ܕܗܢܘ ܡܫܝܚܐ: 27 ܐܠܐ ܠܗܢܐ
ܝܕܥܝܢܢ ܡܢ ܐܝܟܐ ܗܘ. ܡܫܝܚܐ ܕܝܢ ܐܡܬܝ ܕܐܬܐ: ܠܐ
ܐܢܫ ܝܕܥ ܡܢ ܐܝܟܐ ܗܘ ܀ 28 ܘܐܪܝܡ ܝܫܘܥ ܩܠܗ ܟܕ
ܡܠܦ ܒܗܝܟܠܐ ܘܐܡܪ. ܘܠܝ ܝܕܥܝܢ ܐܢܬܘܢ. ܘܡܢ ܐܝܟܐ

ܐܢܐ ܝܕܥܝܢ ܐܢܬܘܢ. ܘܡܢ ܨܒܝܢܝ ܠܐ ܐܬܝܬ. ܐܠܐ ܫܪܝܪ
ܗܘ ܡܢ ܕܫܕܪܢܝ. ܗܘ ܕܐܢܬܘܢ ܠܐ ܝܕܥܝܢ ܐܢܬܘܢ ܠܗ.
29 ܐܢܐ ܕܝܢ ܝܕܥ ܐܢܐ ܠܗ. ܕܡܢ ܠܘܬܗ ܐܢܐ ܘܗܘ ܫܕܪܢܝ.
30 ܘܒܥܘ ܠܡܐܚܕܗ: ܘܠܐ ܐܢܫ ܐܪܡܝ ܒܗ ܐܝܕܝܐ.
ܡܛܠ ܕܠܐ ܥܕܟܝܠ ܐܬܬ ܗܘܬ ܫܥܬܗ. 31 ܣܓܝܐܐ ܕܝܢ ܡܢ
ܟܢܫܐ ܗܝܡܢܘ ܒܗ ܘܐܡܪܝܢ. ܡܫܝܚܐ ܡܐ ܕܐܬܐ: ܠܡܐ
ܕܢܣܓܐ ܡܢ ܗܠܝܢ ܐܬܘܬܐ ܕܥܒܕ ܗܢܐ ܥܒܕ. 32 ܘܫܡܥܘ
ܦܪܝܫܐ ܠܟܢܫܐ ܕܡܬܡܠܠܝܢ ܥܠܘܗܝ ܗܠܝܢ. ܘܫܕܪܘ
ܗܢܘܢ ܘܪܒܝ ܟܗܢܐ ܕܚܫܐ ܕܢܐܚܕܘܢܝܗܝ ❖ 33 ܘܐܡܪ ܝܫܘܥ.
ܩܠܝܠ ܬܘܒ ܙܒܢܐ ܥܡܟܘܢ ܐܢܐ. ܘܐܙܠ ܐܢܐ ܠܘܬ ܡܢ
ܕܫܕܪܢܝ. 34 ܘܬܒܥܘܢܢܝ ܘܠܐ ܬܫܟܚܘܢܢܝ. ܘܐܝܟܐ ܕܐܢܐ
ܐܝܬܝ ܠܐ ܡܫܟܚܝܢ ܐܢܬܘܢ ܠܡܐܬܐ. 35 ܐܡܪܝܢ ܝܗܘܕܝܐ
ܒܢܦܫܗܘܢ: ܠܐܝܟܐ ܥܬܝܕ ܗܢܐ ܠܡܐܙܠ ܕܚܢܢ ܠܐ ܡܫܟܚܝܢܢ
ܠܗ. ܠܡܐ ܠܒܕܪܐ ܕܥܡܡܐ ܥܬܝܕ ܕܢܐܙܠ ܘܢܠܦ
ܠܚܢܦܐ. 36 ܡܢܐ ܗܝ ܗܕܐ ܡܠܬܐ ܕܐܡܪ. ܕܬܒܥܘܢܢܝ ܘܠܐ
ܬܫܟܚܘܢܢܝ. ܘܐܝܟܐ ܕܐܢܐ ܐܝܬܝ. ܐܢܬܘܢ ܠܐ ܡܫܟܚܝܢ ܐܢܬܘܢ
ܠܡܐܬܐ ❖ 37 ܒܝܘܡܐ ܕܝܢ ܪܒܐ ܕܐܝܬܘܗܝ ܐܚܪܝܐ ܕܥܐܕܐ.
ܩܐܡ ܗܘܐ ܝܫܘܥ ܘܩܥܐ ܘܐܡܪ. ܐܢ ܐܢܫ ܨܗܐ ܢܐܬܐ ܠܘܬܝ
ܘܢܫܬܐ. 38 ܟܠ ܡܢ ܕܡܗܝܡܢ ܒܝ ܐܝܟܢܐ ܕܐܡܪܘ ܟܬܒܐ.
ܢܗܪܘܬܐ ܕܡܝܐ ܚܝܐ ܢܪܕܘܢ ܡܢ ܟܪܣܗ. 39 ܗܕܐ ܕܝܢ ܐܡܪ
ܥܠ ܪܘܚܐ ܕܥܬܝܕܝܢ ܗܘܘ ܠܡܩܒܠܘ ܐܝܠܝܢ ܕܡܗܝܡܢܝܢ
ܒܗ. ܠܐ ܓܝܪ ܥܕܟܝܠ ܐܬܝܗܒܬ ܗܘܬ ܪܘܚܐ. ܡܛܠ ܕܠܐ
ܥܕܟܝܠ ܐܫܬܒܚ ܗܘܐ ܝܫܘܥ. 40 ܣܓܝܐܐ ܕܝܢ ܡܢ ܟܢܫܐ
ܕܫܡܥܘ ܡܠܘܗܝ ܐܡܪܝܢ ܗܘܘ. ܗܢܘ ܫܪܝܪܐܝܬ ܢܒܝܐ.
41 ܐܚܪܢܐ ܐܡܪܝܢ ܗܘܘ ܗܢܘ ܡܫܝܚܐ: ܐܚܪܢܐ ܐܡܪܝܢ. ܕܠܡܐ
ܡܢ ܓܠܝܠܐ ܐܬܐ ܡܫܝܚܐ. 42 ܠܐ ܗܘܐ ܟܬܒܐ ܐܡܪ. ܕܡܢ
ܙܪܥܗ ܕܕܘܝܕ. ܘܡܢ ܒܝܬ ܠܚܡ ܩܪܝܬܐ ܕܒܝܬܗ ܕܕܘܝܕ ܐܬܐ
ܡܫܝܚܐ. 43 ܘܗܘܬ ܗܘܬ ܦܠܓܘܬܐ ܡܛܠܬܗ ܒܟܢܫܐ.

44 ܘܐܝܬ ܗܘܘ ܐܢܫܝܢ ܡܢܗܘܢ ܕܨܒܝܢ ܗܘܘ ܕܢܐܚܕܘܢܝܗܝ.
ܐܠܐ ܠܐ ܐܢܫ ܐܪܡܝ ܥܠܘܗܝ ܐܝܕܝܐ ܀ 45 ܘܐܬܘ ܕܚܫܐ ܗܢܘܢ
ܠܘܬ ܪܒܝ ܟܗܢܐ ܘܦܪܝܫܐ. ܘܐܡܪܘ ܠܗܘܢ ܟܗܢܐ. ܠܡܢܐ ܠܐ
ܐܝܬܝܬܘܢܝܗܝ. 46 ܐܡܪܝܢ ܠܗܘܢ ܕܚܫܐ. ܠܐ ܡܡܬܘܡ ܗܟܢܐ
ܡܠܠ ܒܪܢܫܐ ܐܝܟ ܕܡܡܠܠ ܗܢܐ ܓܒܪܐ. 47 ܐܡܪܝܢ ܠܗܘܢ
ܦܪܝܫܐ. ܠܡܐ ܐܦ ܐܢܬܘܢ ܐܛܥܝܬܘܢ. 48 ܠܡܐ ܐܢܫ ܡܢ ܪܝܫܢܐ
ܐܘ ܡܢ ܦܪܝܫܐ ܗܝܡܢ ܒܗ. 49 ܐܠܐ ܐܢ ܥܡܐ ܗܢܐ ܕܠܐ ܝܕܥ
ܢܡܘܣܐ ܠܝܛܝܢ ܐܢܘܢ ܀ 50 ܐܡܪ ܠܗܘܢ ܢܝܩܕܝܡܘܣ ܚܕ
ܡܢܗܘܢ ܗܘ ܕܐܬܐ ܗܘܐ ܠܘܬ ܝܫܘܥ ܒܠܠܝܐ. 51 ܕܠܡܐ
ܢܡܘܣܢ ܕܐܢ ܡܫܝܢ ܠܒܪܢܫܐ. ܐܠܐ ܐܢ ܢܫܡܥ ܡܢܗ
ܠܘܩܕܡ ܘܢܕܥ ܡܢܐ ܥܒܕ. 52 ܥܢܘ ܘܐܡܪܝܢ ܠܗ. ܠܡܐ
ܐܦ ܐܢܬ ܡܢ ܓܠܝܠܐ ܐܢܬ. ܒܨܝ ܘܚܙܝ ܕܢܒܝܐ ܡܢ ܓܠܝܠܐ
ܠܐ ܩܐܡ. [53 ܘܐܙܠ ܗܘܐ ܟܠܢܫ ܠܒܝܬܗ ܀

ܦܪܩܐ ܀ ܚ ܀

1 ܝܫܘܥ ܕܝܢ ܐܙܠ ܠܛܘܪܐ ܕܙܝܬܐ. 2 ܒܨܦܪܐ ܕܝܢ ܬܘܒ ܐܬܐ
ܠܗܝܟܠܐ ܘܟܠܗ ܥܡܐ ܐܬܐ ܗܘܐ ܠܘܬܗ. ܘܟܕ ܝܬܒ ܡܠܦ
ܗܘܐ ܠܗܘܢ. 3 ܐܝܬܝܘ ܕܝܢ ܣܦܪܐ ܘܦܪܝܫܐ ܠܐܢܬܬܐ ܕܐܬܐܚܕܬ
ܒܓܘܪܐ. ܘܟܕ ܐܩܝܡܘܗ ܒܡܨܥܬܐ. 4 ܐܡܪܝܢ ܠܗ.
ܡܠܦܢܐ. ܗܕܐ ܐܢܬܬܐ ܐܬܐܚܕܬ ܓܠܝܐܝܬ ܒܗ ܒܥܒܕܐ
ܕܓܘܪܐ. 5 ܘܒܢܡܘܣܐ ܕܝܢ ܕܡܘܫܐ ܦܩܕ ܕܠܕܐܝܟ ܗܠܝܢ
ܢܪܓܘܡ. ܐܢܬ ܗܟܝܠ ܡܢܐ ܐܡܪ ܐܢܬ. 6 ܗܕܐ ܐܡܪܘ ܟܕ
ܡܢܣܝܢ ܠܗ. ܐܝܟܢܐ ܕܢܗܘܐ ܠܗܘܢ ܕܢܩܛܪܓܘܢܝܗܝ:
ܝܫܘܥ ܕܝܢ ܟܕ ܓܚܢ ܒܨܒܥܗ ܟܬܒ ܗܘܐ ܥܠ ܐܪܥܐ.
7 ܟܕ ܕܝܢ ܟܬܪܘ ܟܕ ܡܫܐܠܝܢ ܠܗ. ܐܬܦܫܛ ܘܐܡܪ ܠܗܘܢ.
ܐܝܢܐ ܡܢܟܘܢ ܕܐܝܬܘܗܝ ܕܠܐ ܚܛܗܐ. ܩܕܡܝܐ ܢܫܕܐ ܥܠܝܗ
ܟܐܦܐ. 8 ܘܬܘܒ ܟܕ ܐܬܓܚܢ ܟܬܒ ܗܘܐ ܥܠ ܐܪܥܐ. 9 ܗܢܘܢ
ܕܝܢ ܟܕ ܫܡܥܘ ܢܦܩܝܢ ܗܘܘ ܚܕ ܚܕ ܟܕ ܫܪܝܘ ܡܢ ܩܫܝܫܐ

ܘܐܡܠܚܡܠܗ ܐܝܡܬܐ ܠܣܘܪܝܗ: ܟܕ ܐܝܡܢ ܟܡܥܠܝܬܐ.
10 ܟܕ ܕܝܢ ܐܬܦܩܗ ܝܫܘܥ ܐܡܪ ܓܘܗ ܠܐܝܡܬܐ. ܐܝܟܐ ܐܝܬܝܘܗܝ
ܠܐ ܐܢܫ ܣܡܟܝܢ. 11 ܗܘܢ ܕܝܢ ܐܡܪܝܢ. ܘܠܐ ܐܢܫ ܦܬܝܐ. ܐܡܪ
ܕܝܢ ܝܫܘܥ. ܐܝܟܐ ܐܢܐ ܡܫܬܒܚ ܐܢܐ ܓܒܢ. ܐܟܒ ܘܩܡ ܗܘܐ
ܠܐܘܒ ܠܐ ܐܬܩܝܡ܀] 12 ܠܐܘܒ ܕܝܢ ܦܠܓ ܓܒܗܘܢ ܝܫܘܥ ܘܐܡܪ.
ܐܢܐ ܐܢܐ ܢܘܗܪܗ ܕܥܠܡܐ. ܡܢ ܕܒܬܪܝ ܐܬܐ ܠܐ ܢܗܠܟ
ܒܚܫܘܟܐ. ܐܠܐ ܢܫܟܚ ܓܒܗ ܢܘܗܪܐ ܕܚܝܐ. 13 ܐܡܪܝܢ ܓܒܗ
ܦܪܝܫܐ. ܐܝܟ ܓܠܟ ܢܫܗܕ ܣܗܕܘܬ ܐܝܟ. ܣܗܕܘܬܟ ܠܐ
ܗܘܬ ܫܪܝܪܐ܀ 14 ܥܢܐ ܝܫܘܥ ܘܐܡܪ ܠܗܘܢ. ܐܦܢ ܐܢܐ
ܣܗܕܬ ܐܢܐ ܓܠܝ ܢܦܫܝ: ܫܪܝܪܐ ܗܝ ܣܗܕܘܬܝ. ܡܛܠ
ܕܝܕܥ ܐܢܐ ܡܢ ܐܝܟܐ ܐܬܝܬ ܘܠܐܝܟܐ ܐܙܠ ܐܢܐ. ܐܢܬܘܢ ܕܝܢ ܠܐ
ܝܕܥܝܢ ܐܢܬܘܢ ܡܢ ܐܝܟܐ ܐܬܝܬ ܘܠܐ ܠܐܝܟܐ ܐܙܠ ܐܢܐ. 15 ܐܢܬܘܢ
ܦܓܪܢܐܝܬ ܕܝܢܝܢ ܐܢܬܘܢ. ܐܢܐ ܠܐܢܫ ܠܐ ܕܐܢ ܐܢܐ. 16 ܘܐܢ ܕܐܢ
ܕܝܢ: ܕܝܢܝ ܫܪܝܪ ܗܘ. ܡܛܠ ܕܠܐ ܗܘܝܬ ܒܠܚܘܕܝ. ܐܠܐ ܐܢܐ
ܘܐܒܝ ܕܫܕܪܢܝ. 17 ܘܒܢܡܘܣܟܘܢ ܕܝܢ ܟܬܝܒ. ܕܣܗܕܘܬܐ
ܕܬܪܝܢ ܒܢܝܢܫܝܢ ܫܪܝܪܐ ܗܝ. 18 ܐܢܐ ܐܢܐ ܕܣܗܕ ܐܢܐ ܥܠ
ܢܦܫܝ. ܘܐܒܝ ܕܫܕܪܢܝ ܣܗܕ ܥܠܝ. 19 ܐܡܪܝܢ ܓܒܗ ܐܝܟܘ
ܐܒܘܟ. ܥܢܐ ܝܫܘܥ ܘܐܡܪ ܠܗܘܢ. ܘܠܐ ܠܝ ܝܕܥܝܢ ܐܢܬܘܢ
ܘܠܐ ܠܐܒܝ. ܐܠܘ ܠܝ ܝܕܥܝܢ ܗܘܝܬܘܢ: ܐܦ ܠܐܒܝ ܝܕܥܝܢ
ܗܘܝܬܘܢ. 20 ܗܠܝܢ ܡܠܐ ܡܠܠ ܓܒܗ ܒܝܬ ܓܙܐ ܟܕ ܡܠܦ
ܒܗܝܟܠܐ. ܘܠܐ ܐܢܫ ܐܚܕܗ. ܠܐ ܓܝܪ ܡܛܠ ܐܬܐ ܗܘܬ
ܫܥܬܗ. 21 ܐܡܪ ܠܗܘܢ ܬܘܒ ܝܫܘܥ. ܐܢܐ ܐܙܠ ܐܢܐ.
ܘܬܒܥܘܢܢܝ ܘܬܡܘܬܘܢ ܒܚܛܗܝܟܘܢ. ܘܐܝܟܐ ܕܐܢܐ ܐܙܠ ܐܢܐ:
ܐܢܬܘܢ ܠܐ ܡܫܟܚܝܢ ܐܢܬܘܢ ܠܡܐܬܐ. 22 ܐܡܪܝܢ ܝܗܘܕܝܐ.
ܠܡܐ ܟܕ ܢܩܛܘܠ ܢܦܫܗ: ܕܐܡܪ ܕܐܝܟܐ ܕܐܢܐ ܐܙܠ ܐܢܐ:
ܐܢܬܘܢ ܠܐ ܡܫܟܚܝܢ ܐܢܬܘܢ ܠܡܐܬܐ: 23 ܘܐܡܪ ܠܗܘܢ.
ܐܢܬܘܢ ܡܢ ܕܠܬܚܬ ܐܢܬܘܢ. ܘܐܢܐ ܡܢ ܕܠܥܠ ܐܢܐ. ܐܢܬܘܢ
ܡܢ ܗܢܐ ܐܢܬܘܢ ܥܠܡܐ. ܐܢܐ ܠܐ ܗܘܝܬ ܡܢ ܗܢܐ ܥܠܡܐ.

24 ܐܡܪܬ ܠܟܘܢ ܕܬܡܘܬܘܢ ܒܚܛܗܝܟܘܢ. ܐܢ ܠܐ ܓܝܪ
ܬܗܝܡܢܘܢ ܕܐܢܐ ܐܢܐ. ܬܡܘܬܘܢ ܒܚܛܗܝܟܘܢ. 25 ܐܡܪܝܢ
ܠܗ ܝܗܘܕܝܐ. ܐܢܬ ܡܢ ܐܢܬ. ܐܡܪ ܠܗܘܢ ܝܫܘܥ. ܐܦܢ ܕܫܪܝܬ
ܕܐܡܠܠ ܥܡܟܘܢ: 26 ܣܓܝ ܐܝܬ ܠܝ ܥܠܝܟܘܢ ܠܡܡܠܠܘ
ܘܠܡܕܢ. ܐܠܐ ܡܢ ܕܫܕܪܢܝ ܫܪܝܪ ܗܘ. ܘܐܢܐ ܐܝܠܝܢ ܕܫܡܥܬ
ܡܢܗ: ܗܠܝܢ ܗܘ ܡܡܠܠ ܐܢܐ ܒܥܠܡܐ. 27 ܘܠܐ ܝܕܥܘ
ܕܥܠ ܐܒܐ ܐܡܪ ܠܗܘܢ ✤ 28 ܐܡܪ ܠܗܘܢ ܬܘܒ ܝܫܘܥ.
ܐܡܬܝ ܕܬܪܝܡܘܢܝܗܝ ܠܒܪܗ ܕܐܢܫܐ: ܗܝܕܝܢ ܬܕܥܘܢ. ܕܐܢܐ
ܐܢܐ. ܘܡܕܡ ܡܢ ܨܒܝܢ ܢܦܫܝ ܠܐ ܥܒܕ ܐܢܐ. ܐܠܐ ܐܝܟܢܐ
ܕܐܠܦܢܝ ܐܒܝ ܗܟܢܐ ܗܘ ܡܡܠܠ ܐܢܐ. 29 ܘܡܢ ܕܫܕܪܢܝ
ܥܡܝ ܐܝܬܘܗܝ. ܘܠܐ ܫܒܩܢܝ ܠܚܘܕܝ ܐܒܝ: ܡܛܠ
ܕܐܢܐ ܡܕܡ ܕܫܦܪ ܠܗ ܥܒܕ ܐܢܐ ܒܟܠܙܒܢ. 30 ܘܟܕ ܗܠܝܢ
ܡܡܠܠ ܗܘܐ: ܣܓܝܐܐ ܗܝܡܢܘ ܒܗ. 31 ܘܐܡܪ ܝܫܘܥ
ܠܝܗܘܕܝܐ ܕܗܝܡܢܘ ܒܗ. ܐܢ ܐܢܬܘܢ ܬܩܘܘܢ
ܒܡܠܬܝ: ܫܪܝܪܐܝܬ ܬܠܡܝܕܝ ܐܢܬܘܢ. 32 ܘܬܕܥܘܢ ܫܪܪܐ.
ܘܗܘ ܫܪܪܐ ܢܚܪܪܟܘܢ. 33 ܐܡܪܝܢ ܠܗ. ܙܪܥܗ ܚܢܢ
ܕܐܒܪܗܡ. ܘܡܢܡ ܠܥܒܕܘܬܐ ܠܐܢܫ ܠܐ ܫܥܒܕܢ ܠܢ.
ܐܝܟܢܐ ܐܡܪ ܐܢܬ ܕܒܢܝ ܚܐܪܐ ܬܗܘܘܢ. 34 ܐܡܪ ܠܗܘܢ
ܝܫܘܥ. ܐܡܝܢ ܐܡܝܢ ܐܡܪ ܐܢܐ ܠܟܘܢ: ܕܟܠܡܢ ܕܥܒܕ
ܚܛܝܬܐ ܥܒܕܐ ܗܘ ܕܚܛܝܬܐ. 35 ܘܥܒܕܐ ܠܐ ܡܩܘܐ ܠܥܠܡ
ܒܒܝܬܐ: ܒܪܐ ܕܝܢ ܠܥܠܡ ܡܩܘܐ. 36 ܐܢ ܗܘ ܗܟܝܠ ܕܒܪܐ
ܢܚܪܪܟܘܢ: ܫܪܝܪܐܝܬ ܬܗܘܘܢ ܒܢܝ ܚܐܪܐ. 37 ܝܕܥ ܐܢܐ ܕܙܪܥܗ
ܐܝܬܝܟܘܢ ܕܐܒܪܗܡ. ܐܠܐ ܒܥܝܢ ܐܝܬܝܟܘܢ ܠܡܩܛܠܢܝ: ܡܛܠ
ܕܡܠܬܝ ܠܐ ܡܫܬܟܚܐ ܒܟܘܢ. 38 ܐܢܐ ܡܕܡ ܕܚܙܝܬ ܠܘܬ ܐܒܝ
ܡܡܠܠ ܐܢܐ. ܘܐܝܬܝܟܘܢ ܡܕܡ ܕܚܙܝܬܘܢ ܠܘܬ ܐܒܘܟܘܢ ܥܒܕܝܢ
ܐܝܬܝܟܘܢ. 39 ܥܢܘ ܘܐܡܪܝܢ ܠܗ. ܐܒܘܢ ܕܝܠܢ ܐܒܪܗܡ ܗܘ.
ܐܡܪ ܠܗܘܢ ܝܫܘܥ. ܐܠܘ ܒܢܘܗܝ ܗܘܝܬܘܢ ܕܐܒܪܗܡ:
ܥܒܕܘܗܝ ܕܐܒܪܗܡ ܥܒܕܝܢ ܗܘܝܬܘܢ. 40 ܗܫܐ ܕܝܢ ܗܐ

ܒܥܝܢ ܐܢܬܘܢ ܠܡܩܛܠܢܝ: ܠܓܒܪܐ ܕܫܪܪܐ ܡܠܠܬ
ܥܡܟܘܢ. ܐܝܢܐ ܕܫܡܥܬ ܡܢ ܐܠܗܐ. ܗܕܐ ܐܒܪܗܡ ܠܐ
ܥܒܕ: 41 ܐܢܬܘܢ ܕܝܢ ܥܒܕܝܢ ܐܢܬܘܢ ܥܒ̈ܕܐ ܕܐܒܘܟܘܢ.
ܐܡܪܝܢ ܠܗ. ܚܢܢ ܡܢ ܙܢܝܘܬܐ ܠܐ ܗܘܝܢ. ܚܕ ܐܒܐ ܐܝܬ ܠܢ
ܐܠܗܐ. 42 ܐܡܪ ܠܗܘܢ ܝܫܘܥ. ܐܠܘ ܐܠܗܐ ܗܘܐ ܐܒܘܟܘܢ
ܡܚܒܝܢ ܗܘܝܬܘܢ ܠܝ. ܐܢܐ ܓܝܪ ܡܢ ܐܠܗܐ ܢܦܩܬ ܘܐܬܝܬ.
ܘܠܐ ܗܘܐ ܡܢ ܨܒܝܢ ܢܦܫܝ ܐܬܝܬ. ܐܠܐ ܗܘ ܫܕܪܢܝ. 43 ܡܛܠ
ܡܢܐ ܡܡܠܠܝ ܠܐ ܡܫܬܘܕܥܝܢ ܐܢܬܘܢ: ܡܛܠ ܕܠܐ ܡܫܟܚܝܢ
ܐܢܬܘܢ ܠܡܫܡܥ ܡܠܬܝ. 44 ܐܢܬܘܢ ܡܢ ܐܒܐ ܐܟܠܩܪܨܐ
ܐܝܬܝܟܘܢ. ܘܪܓܝܓܬܗ ܕܐܒܘܟܘܢ ܨܒܝܢ ܐܢܬܘܢ ܠܡܥܒܕ: ܗܘ
ܕܡܢ ܒܪܫܝܬ ܩܛܘܠ ܐܢܫܐ ܗܘܐ. ܘܒܫܪܪܐ ܠܐ ܩܡ. ܡܛܠ
ܕܫܪܪܐ ܠܝܬ ܒܗ. ܘܡܐ ܕܡܡܠܠ ܕܓܠܘܬܐ. ܡܢ ܕܝܠܗ
ܗܘ ܡܡܠܠ. ܡܛܠ ܕܕܓܠܐ ܗܘ ܐܦ ܐܒܘܗ. 45 ܐܢܐ ܕܝܢ
ܕܫܪܪܐ ܡܡܠܠ ܐܢܐ: ܠܐ ܡܗܝܡܢܝܢ ܐܢܬܘܢ ܠܝ. 46 ܡܢܘ
ܡܢܟܘܢ ܡܟܣܣ ܠܝ ܥܠ ܚܛܝܬܐ. ܘܐܢ ܫܪܪܐ ܡܡܠܠ ܐܢܐ:
ܐܢܬܘܢ ܠܡܢܐ ܠܐ ܡܗܝܡܢܝܢ ܐܢܬܘܢ ܠܝ. 47 ܡܢ ܕܡܢ ܐܠܗܐ
ܐܝܬܘܗܝ: ܡܠܘ̈ܗܝ ܕܐܠܗܐ ܫܡܥ. ܡܛܠ ܗܢܐ ܐܢܬܘܢ ܠܐ
ܫܡܥܝܢ ܐܢܬܘܢ: ܡܛܠ ܕܠܐ ܗܘܝܬܘܢ ܡܢ ܐܠܗܐ܀ 48 ܥܢܘ
ܝܗܘܕܝ̈ܐ ܘܐܡܪܝܢ ܠܗ. ܠܐ ܫܦܝܪ ܐܡܪܝܢ: ܕܫܡܪܝܐ ܐܢܬ
ܘܕܝܘܐ ܐܝܬ ܠܟ: 49 ܐܡܪ ܠܗܘܢ ܝܫܘܥ. ܠܝ ܕܝܘܐ ܠܐ ܐܝܬ:
ܐܠܐ ܠܐܒܝ ܡܝܩܪ ܐܢܐ. ܘܐܢܬܘܢ ܡܨܥܪܝܢ ܠܝ. 50 ܐܢܐ ܕܝܢ ܠܐ ܒܥܐ
ܐܢܐ ܫܘܒܚܝ. ܐܝܬ ܗܘ ܕܒܥܐ ܘܕܐܢ. 51 ܐܡܝܢ ܐܡܝܢ ܐܡܪ
ܐܢܐ ܠܟܘܢ: ܕܡܢ ܕܡܠܬܝ ܢܛܪ ܡܘܬܐ ܠܐ ܢܚܙܐ ܠܥܠܡ.
52 ܐܡܪܝܢ ܠܗ ܝܗܘܕܝ̈ܐ. ܗܫܐ ܝܕܥܢ ܕܕܝܘܐ ܐܝܬ ܠܟ.
ܐܒܪܗܡ ܡܝܬ ܘܢܒܝ̈ܐ: ܘܐܢܬ ܐܡܪ ܐܢܬ ܕܡܢ ܕܡܠܬܝ ܢܛܪ
ܡܘܬܐ ܠܐ ܢܛܥܡ ܠܥܠܡ. 53 ܠܡܐ ܐܢܬ ܪܒ ܐܢܬ ܡܢ ܐܒܘܢ
ܐܒܪܗܡ ܕܡܝܬ ܘܡܢ ܢܒܝ̈ܐ ܕܡܝܬܘ. ܡܢܘ ܥܒܕ ܐܢܬ
ܢܦܫܟ. 54 ܐܡܪ ܠܗܘܢ ܝܫܘܥ. ܐܢ ܐܢܐ ܡܫܒܚ ܐܢܐ ܢܦܫܝ:

ܫܘܒܚܝ ܠܐ ܗܘܐ ܡܕܡ. ܐܝܬܘܗܝ ܐܒܝ ܕܡܫܒܚ ܠܝ
ܗܘ ܕܐܡܪܝܢ ܐܢܬܘܢ ܕܐܠܗܢ ܗܘ. 55 ܘܠܐ ܝܕܥܬܘܢܝܗܝ. ܐܢܐ
ܕܝܢ ܝܕܥ ܐܢܐ ܠܗ. ܘܐܢ ܐܡܪ ܐܢܐ ܕܠܐ ܝܕܥ ܐܢܐ ܠܗ: ܗܘܐ
ܐܢܐ ܠܝ ܟܕܒܐ ܐܟܘܬܟܘܢ. ܐܠܐ ܝܕܥ ܐܢܐ ܠܗ ܘܡܠܬܗ ܢܛܪ
ܐܢܐ. 56 ܐܒܪܗܡ ܐܒܘܟܘܢ: ܡܣܘܚ ܗܘܐ ܕܢܚܙܐ ܝܘܡܝ.
ܘܚܙܐ ܘܚܕܝ. 57 ܐܡܪܝܢ ܠܗ ܝܗܘܕܝܐ. ܥܕܟܝܠ ܒܪ ܚܡܫܝܢ
ܫܢܝܢ ܠܐ ܗܘܝܬ ܘܠܐܒܪܗܡ ܚܙܝܬ: 58 ܐܡܪ ܠܗܘܢ ܝܫܘܥ.
ܐܡܝܢ ܐܡܝܢ ܐܡܪ ܐܢܐ ܠܟܘܢ: ܕܥܕܠܐ ܢܗܘܐ ܐܒܪܗܡ ܐܢܐ ܐܝܬܝ.
59 ܘܫܩܠܘ ܟܐܦܐ ܕܢܪܓܡܘܢܝܗܝ. ܘܝܫܘܥ ܐܛܫܝ
ܘܢܦܩ ܡܢ ܗܝܟܠܐ. ܘܥܒܪ ܒܡܨܥܬܗܘܢ ܘܐܙܠ ܀

ܩܦܠܐܘܢ ܀ ܛ ܀

1 ܘܟܕ ܥܒܪ: ܚܙܐ ܓܒܪܐ ܣܡܝܐ ܕܡܢ ܟܪܣ ܐܡܗ.
2 ܘܫܐܠܘܗܝ ܬܠܡܝܕܘܗܝ ܘܐܡܪܝܢ. ܪܒܢ ܡܢܘ ܚܛܐ. ܗܢܐ
ܐܘ ܐܒܗܘܗܝ ܕܟܕ ܣܡܝܐ ܢܬܝܠܕ. 3 ܐܡܪ ܠܗܘܢ ܝܫܘܥ. ܠܐ
ܗܘ ܚܛܐ ܘܠܐ ܐܒܗܘܗܝ. ܐܠܐ ܕܢܬܚܙܘܢ ܒܗ ܥܒܕܘܗܝ
ܕܐܠܗܐ. 4 ܠܝ ܘܠܐ ܠܡܥܒܕ ܥܒܕܐ ܕܡܢ ܕܫܕܪܢܝ ܥܕ
ܐܝܡܡܐ ܗܘ. ܐܬܐ ܠܠܝܐ ܕܐܢܫ ܠܐ ܡܫܟܚ ܠܡܦܠܚ. 5 ܟܡܐ
ܕܒܥܠܡܐ ܐܢܐ ܢܘܗܪܗ ܐܢܐ ܕܥܠܡܐ. 6 ܘܟܕ ܐܡܪ ܗܠܝܢ:
ܪܩ ܥܠ ܐܪܥܐ ܘܓܒܠ ܛܝܢܐ ܡܢ ܪܘܩܗ: ܘܛܫ ܥܠ
ܥܝܢܘܗܝ ܕܗܘ ܣܡܝܐ. 7 ܘܐܡܪ ܠܗ. ܙܠ ܐܫܝܓ
ܒܡܥܡܘܕܝܬܐ ܕܫܝܠܘܚܐ. ܘܐܙܠ ܐܫܝܓ ܘܐܬܐ ܟܕ ܚܙܐ.
8 ܡܫܒܒܘܗܝ ܕܝܢ ܘܐܝܠܝܢ ܕܚܙܐ ܗܘܘ ܠܗ ܡܢ ܩܕܝܡ
ܕܡܚܕܪ ܗܘܐ: ܐܡܪܝܢ ܗܘܘ. ܠܐ ܗܘܐ ܗܢܘ ܗܢܐ ܕܝܬܒ ܗܘܐ
ܘܡܚܕܪ: 9 ܐܝܬ ܕܐܡܪܝܢ ܗܘܘ ܕܗܘܝܘ. ܘܐܝܬ ܕܐܡܪܝܢ ܗܘܘ ܠܐ.
ܐܠܐ ܡܕܡܐ ܕܡܐ ܠܗ. ܗܘ ܕܝܢ ܐܡܪ ܗܘܐ ܕܐܢܐ ܐܢܐ. 10 ܐܡܪܝܢ
ܠܗ. ܐܝܟܢܐ ܐܬܦܬܚ ܥܝܢܝܟ. 11 ܥܢܐ ܘܐܡܪ ܠܗܘܢ.
ܓܒܪܐ ܕܫܡܗ ܝܫܘܥ: ܛܝܢܐ ܓܒܠ ܘܛܫ ܠܝ ܥܝܢܝ:

ܘܐܡܪ ܠܝ. ܙܠ ܐܫܝܓ ܒܡܝܐ ܕܫܝܠܘܚܐ. ܘܐܙܠܬ ܐܫܝܓܬ
ܘܐܬܚܙܝ ܠܝ. 12 ܐܡܪܝܢ ܠܗ ܐܝܟܘ. ܐܡܪ ܠܗܘܢ ܠܐ ܝܕܥ ܐܢܐ.
13 ܘܐܝܬܝܘܗܝ ܠܗܘ ܕܡܢ ܩܕܝܡ ܣܡܝܐ ܗܘܐ ܠܘܬ ܦܪܝܫܐ.
14 ܐܝܬܝܗ ܗܘܬ ܕܝܢ ܫܒܬܐ. ܟܕ ܥܒܕ ܝܫܘܥ ܛܝܢܐ ܘܦܬܚ
ܠܗ ܥܝܢܘܗܝ. 15 ܘܬܘܒ ܫܐܠܘܗܝ ܦܪܝܫܐ: ܐܝܟܢܐ
ܐܬܚܙܝ ܠܟ. ܗܘ ܕܝܢ ܐܡܪ ܠܗܘܢ. ܛܝܢܐ ܣܡ ܥܠ ܥܝܢܝ:
ܘܐܫܝܓܬ ܘܐܬܚܙܝ ܠܝ. 16 ܘܐܡܪܝܢ ܗܘܘ ܐܢܫܝܢ ܡܢ
ܦܪܝܫܐ. ܗܢܐ ܓܒܪܐ ܠܐ ܗܘܐ ܡܢ ܐܠܗܐ ܗܘ ܕܫܒܬܐ ܠܐ ܢܛܪ.
ܐܚܪܢܐ ܕܝܢ ܐܡܪܝܢ ܗܘܘ. ܐܝܟܢܐ ܡܫܟܚ ܓܒܪܐ ܚܛܝܐ ܗܠܝܢ
ܐܬܘܬܐ ܠܡܥܒܕ. ܘܦܠܓܘܬܐ ܐܝܬ ܗܘܬ ܒܝܢܬܗܘܢ. 17 ܐܡܪܝܢ
ܬܘܒ ܠܗܘ ܣܡܝܐ. ܐܢܬ ܡܢܐ ܐܡܪ ܐܢܬ ܥܠܘܗܝ ܕܦܬܚ
ܠܟ ܥܝܢܝܟ. ܐܡܪ ܠܗܘܢ. ܐܢܐ ܐܡܪ ܐܢܐ ܕܢܒܝܐ ܗܘ. 18 ܠܐ ܕܝܢ
ܗܝܡܢܘ ܗܘܘ ܥܠܘܗܝ ܝܗܘܕܝܐ ܕܣܡܝܐ ܗܘܐ ܘܚܙܐ: ܥܕܡܐ
ܕܩܪܘ ܠܐܒܗܘܗܝ ܕܗܘ ܕܚܙܐ. 19 ܘܫܐܠܘ ܐܢܘܢ. ܐܢ ܗܢܘ ܒܪܟܘܢ
ܗܘ ܕܐܡܪܝܢ ܐܢܬܘܢ ܕܟܕ ܣܡܐ ܐܬܝܠܕ: ܐܝܟܢܐ ܗܫܐ
ܚܙܐ. 20 ܥܢܘ ܕܝܢ ܐܒܗܘܗܝ ܘܐܡܪܘ. ܝܕܥܝܢܢ ܕܗܢܘ ܒܪܢ.
ܘܕܟܕ ܣܡܐ ܐܬܝܠܕ: 21 ܐܝܟܢܐ ܕܝܢ ܗܫܐ ܚܙܐ ܐܘ ܡܢܘ ܦܬܚ ܠܗ
ܥܝܢܘܗܝ ܠܐ ܝܕܥܝܢܢ. ܐܦ ܗܘ ܡܠܐ ܠܗ ܫܢܘܗܝ
ܠܗ ܫܐܠܘ. ܗܘ ܚܠܦ ܢܦܫܗ ܢܡܠܠ. 22 ܗܠܝܢ ܐܡܪܘ
ܐܒܗܘܗܝ: ܡܛܠ ܕܕܚܠܝܢ ܗܘܘ ܡܢ ܝܗܘܕܝܐ. ܦܣܩܘ
ܗܘܘ ܓܝܪ ܝܗܘܕܝܐ: ܕܐܢ ܐܢܫ ܢܘܕܐ ܒܗ ܕܡܫܝܚܐ ܗܘ:
ܢܦܩܘܢܝܗܝ ܡܢ ܟܢܘܫܬܐ. 23 ܡܛܠ ܗܢܐ ܐܡܪܘ ܐܒܗܘܗܝ
ܕܫܢܘܗܝ ܠܗ ܫܐܠܘܗܝ. 24 ܘܩܪܐܘܗܝ ܠܓܒܪܐ
ܕܬܪܬܝܢ ܙܒܢܝܢ ܗܘ ܕܐܝܬܘܗܝ ܗܘܐ ܣܡܝܐ. ܘܐܡܪܝܢ ܠܗ.
ܗܒ ܬܫܒܘܚܬܐ ܠܐܠܗܐ. ܚܢܢ ܓܝܪ ܝܕܥܝܢܢ ܕܗܢܐ ܓܒܪܐ ܚܛܝܐ ܗܘ.
25 ܥܢܐ ܗܘ ܘܐܡܪ ܠܗܘܢ. ܐܢ ܚܛܝܐ ܗܘ ܠܐ ܝܕܥ ܐܢܐ. ܚܕܐ
ܕܝܢ ܝܕܥ ܐܢܐ: ܕܣܡܝܐ ܗܘܝܬ ܘܗܫܐ ܗܐ ܚܙܐ ܐܢܐ. 26 ܐܡܪܝܢ
ܠܗ ܬܘܒ. ܡܢܐ ܥܒܕ ܠܟ. ܐܝܟܢܐ ܦܬܚ ܠܟ ܥܝܢܝܟ.

27 ܐܡܪ ܠܗܘܢ. ܐܡܪܬ ܠܟܘܢ ܘܠܐ ܫܡܥܬܘܢ. ܡܢܐ ܨܒܝܢ
ܐܢܬܘܢ ܠܡܫܡܥ. ܠܡܐ ܐܦ ܐܢܬܘܢ ܬܠܡܝܕܐ ܨܒܝܢ ܐܢܬܘܢ
ܠܡܗܘܐ ܠܗ: 28 ܗܢܘܢ ܕܝܢ ܨܚܝܘܗܝ ܘܐܡܪܝܢ ܠܗ.
ܐܢܬ ܗܘ ܬܠܡܝܕܗ ܕܗܘ. ܚܢܢ ܓܝܪ ܬܠܡܝܕܐ ܚܢܢ ܕܡܘܫܐ.
29 ܘܚܢܢ ܝܕܥܝܢ ܕܥܡ ܡܘܫܐ ܡܠܠ ܐܠܗܐ. ܠܗܢܐ ܕܝܢ ܠܐ
ܝܕܥܝܢ ܡܢ ܐܝܡܟܐ ܗܘ. 30 ܥܢܐ ܗܘ ܓܒܪܐ ܘܐܡܪ ܠܗܘܢ.
ܒܗܕܐ ܗܘ ܬܕܡܘܪܬܐ ܠܬܕܡܘܪܘ. ܕܐܢܬܘܢ ܠܐ ܝܕܥܝܢ ܐܢܬܘܢ
ܡܢ ܐܝܡܟܐ ܗܘ: ܘܥܝܢܝ ܕܝܠܝ ܦܬܚ. 31 ܝܕܥܝܢ ܕܝܢ
ܕܐܠܗܐ ܩܠܐ ܕܚܛܝܐ ܠܐ ܫܡܥ. ܐܠܐ ܠܡܢ ܕܕܚܠ ܠܗ ܘܥܒܕ
ܨܒܝܢܗ. ܠܗܢܐ ܗܘ ܫܡܥ. 32 ܡܢ ܥܠܡ ܠܐ ܐܫܬܡܥܬ
ܕܦܬܚ ܐܢܫ ܥܝܢܐ ܕܣܡܝܐ ܕܐܬܝܠܕ: 33 ܐܠܘ ܠܐ ܡܢ ܐܠܗܐ
ܗܘܐ ܗܢܐ: ܠܐ ܡܫܟܚ ܗܘܐ ܗܕܐ ܠܡܥܒܕ. 34 ܥܢܘ
ܘܐܡܪܝܢ ܠܗ. ܐܢܬ ܟܠܟ ܒܚܛܗܐ ܐܬܝܠܕܬ: ܘܐܢܬ ܡܠܦ
ܐܢܬ ܠܢ: ܘܐܦܩܘܗܝ ܠܒܪ. 35 ܘܫܡܥ ܝܫܘܥ ܕܐܦܩܘܗܝ
ܠܒܪ: ܘܐܫܟܚܗ ܘܐܡܪ ܠܗ. ܐܢܬ ܡܗܝܡܢ ܐܢܬ ܒܒܪܗ
ܕܐܠܗܐ. 36 ܥܢܐ ܗܘ ܕܐܬܐܣܝ ܘܐܡܪ. ܡܢܘ ܡܪܝ ܕܐܗܝܡܢ
ܒܗ. 37 ܐܡܪ ܠܗ ܝܫܘܥ. ܚܙܝܬܝܗܝ. ܘܗܘ ܕܡܡܠܠ
ܥܡܟ ܗܘܝܘ. 38 ܗܘ ܕܝܢ ܐܡܪ. ܡܗܝܡܢ ܐܢܐ ܡܪܝ.
ܘܢܦܠ ܣܓܕ ܠܗ: 39 ܘܐܡܪ ܝܫܘܥ. ܠܕܝܢܗ ܕܥܠܡܐ
ܗܢܐ ܐܬܝܬ. ܕܐܝܠܝܢ ܕܠܐ ܚܙܝܢ ܢܚܙܘܢ. ܘܐܝܠܝܢ ܕܚܙܝܢ ܢܬܥܘܪܘܢ.
40 ܘܫܡܥܘ ܡܢ ܦܪܝܫܐ ܐܝܠܝܢ ܕܥܡܗ ܗܘܘ ܗܠܝܢ:
ܘܐܡܪܘ ܠܗ. ܠܡܐ ܐܦ ܚܢܢ ܥܘܝܪܐ ܚܢܢ: 41 ܐܡܪ ܠܗܘܢ
ܝܫܘܥ: ܐܠܘ ܥܘܝܪܐ ܗܘܝܬܘܢ: ܠܝܬ ܗܘܐ ܠܟܘܢ ܚܛܝܬܐ.
ܗܫܐ ܕܝܢ ܐܡܪܝܢ ܐܢܬܘܢ ܕܚܙܝܢܢ: ܡܛܠ ܗܢܐ ܚܛܝܬܟܘܢ
ܩܝܡܐ ܗܝ ❖

ܩܦܠܐܘܢ ❖ ܝ ❖

1 ܐܡܝܢ ܐܡܝܢ ܐܡܪ ܐܢܐ ܠܟܘܢ: ܕܡܢ ܕܠܐ ܥܐܠ ܡܢ ܬܪܥܐ
ܠܛܝܪܐ ܕܥܢܐ. ܐܠܐ ܣܠܩ ܡܢ ܕܘܟܐ ܐܚܪܢܐ. ܗܘ ܓܢܒܐ ܗܘ

ܘܓܝܣܐ. 2 ܗܘ ܕܝܢ ܕܥܐܠ ܡܢ ܬܪܥܐ ܪܥܝܐ ܗܘ ܕܥܢܐ.
3 ܘܠܗܢܐ ܢܛܪ ܬܪܥܐ ܦܬܚ ܠܗ ܬܪܥܐ. ܘܥܢܐ ܫܡܥܐ
ܩܠܗ. ܘܐܡܪܘܗܝ ܩܪܐ ܒܫܡܗܝܗܝܢ. ܘܡܦܩ ܠܗܝܢ.
4 ܘܡܐ ܕܐܦܩ ܥܢܗ ܩܕܡܝܗܝܢ ܐܙܠ. ܘܐܡܪܘܗܝ ܕܝܠܗ
ܐܙܠܢ ܒܬܪܗ. ܡܛܠ ܕܝܕܥܢ ܩܠܗ. 5 ܒܬܪ ܢܘܟܪܝܐ ܕܝܢ
ܠܐ ܐܙܠܢ ܥܢܐ. ܐܠܐ ܥܪܩܢ ܡܢܗ ܕܠܐ ܝܕܥܢ ܩܠܗ ܕܢܘܟܪܝܐ.
6 ܗܕܐ ܦܠܐܬܐ ܐܡܪ ܠܗܘܢ ܝܫܘܥ. ܗܢܘܢ ܕܝܢ ܠܐ ܝܕܥܘ ܡܢܐ
ܡܡܠܠ ܥܡܗܘܢ. 7 ܐܡܪ ܠܗܘܢ ܕܝܢ ܬܘܒ ܝܫܘܥ. ܐܡܝܢ
ܐܡܝܢ ܐܡܪ ܐܢܐ ܠܟܘܢ. ܕܐܢܐ ܐܢܐ ܬܪܥܗ ܕܥܢܐ. 8 ܘܟܠܗܘܢ
ܐܝܠܝܢ ܕܐܬܘ: ܓܢܒܐ ܐܢܘܢ ܘܓܝܣܐ. ܐܠܐ ܠܐ ܫܡܥܬ ܐܢܘܢ
ܥܢܐ. 9 ܐܢܐ ܐܢܐ ܬܪܥܐ. ܘܒܝ ܐܢ ܐܢܫ ܢܥܘܠ ܢܚܐ.
ܘܢܥܘܠ ܘܢܦܘܩ. ܘܪܥܝܐ ܢܫܟܚ. 10 ܓܢܒܐ ܠܐ ܐܬܐ ܐܠܐ
ܕܢܓܢܘܒ ܘܢܩܛܘܠ ܘܢܘܒܕ: ܐܢܐ ܐܬܝܬ ܕܚܝܐ ܢܗܘܘܢ
ܠܗܘܢ. ܘܡܐ ܕܝܬܝܪ ܢܗܘܐ ܠܗܘܢ. 11 ܐܢܐ ܐܢܐ ܪܥܝܐ ܛܒܐ.
ܪܥܝܐ ܛܒܐ ܢܦܫܗ ܣܐܡ ܚܠܦ ܥܢܗ. 12 ܐܓܝܪܐ ܕܝܢ ܕܠܐ
ܗܘܐ ܪܥܝܐ: ܘܠܘ ܕܝܠܗ ܐܢܝܢ ܥܢܐ: ܡܐ ܕܚܙܐ ܕܐܒܐ ܕܐܬܐ:
ܫܒܩ ܥܢܐ ܘܥܪܩ. ܘܕܐܒܐ ܐܬܐ ܚܛܦ ܘܡܒܕܪ ܠܗ
ܠܥܢܐ. 13 ܐܓܝܪܐ ܕܝܢ ܥܪܩ ܡܛܠ ܕܐܓܝܪܐ ܗܘ. ܘܠܐ
ܪܢܐ ܠܗ ܥܠ ܥܢܐ. 14 ܐܢܐ ܐܢܐ ܪܥܝܐ ܛܒܐ. ܘܝܕܥ ܐܢܐ
ܠܕܝܠܝ: ܘܡܬܝܕܥ ܐܢܐ ܡܢ ܕܝܠܝ. 15 ܐܝܟܢܐ ܕܝܕܥ ܠܝ
ܐܒܝ. ܘܐܢܐ ܝܕܥ ܐܢܐ ܠܐܒܝ. ܘܢܦܫܝ ܣܐܡ ܐܢܐ ܚܠܦ ܥܢܐ.
16 ܐܝܬ ܠܝ ܕܝܢ ܐܦ ܥܪܒܐ ܐܚܪܢܝܬܐ. ܐܝܠܝܢ ܕܠܐ ܗܘܝ ܡܢ
ܗܢܐ ܛܝܪܐ. ܘܐܦ ܠܗܘܢ ܘܠܐ ܠܝ ܠܡܝܬܝܘ ܐܢܝܢ. ܘܢܫܡܥܢ
ܩܠܝ. ܘܬܗܘܐ ܟܠܗ ܥܢܐ ܚܕܐ ܘܪܥܝܐ ܚܕ. 17 ܡܛܠ
ܗܢܐ ܐܒܝ ܪܚܡ ܠܝ: ܕܐܢܐ ܣܐܡ ܐܢܐ ܢܦܫܝ ܕܬܘܒ ܐܣܒܝܗ̇
18 ܠܐ ܗܘܐ ܐܢܫ ܫܩܠ ܠܗ̇ ܡܢܝ. ܐܠܐ ܐܢܐ ܣܐܡ ܐܢܐ ܠܗ̇
ܡܢ ܨܒܝܢܝ. ܫܠܝܛ ܐܢܐ ܕܐܣܝܡܝܗ̇: ܘܫܠܝܛ ܐܢܐ
ܕܬܘܒ ܐܣܒܝܗ̇. ܕܗܕܐ ܦܘܩܕܢܐ ܩܒܠܬ ܡܢ ܐܒܝ.

19 ܘܗܘܬ ܬܘܒ ܦܠܓܘܬܐ ܒܝܢܝ ܝܗܘܕܝܐ ܡܛܠ ܡܠܐ
ܗܠܝܢ. 20 ܘܐܡܪܝܢ ܗܘܘ ܣܓܝܐܐ ܡܢܗܘܢ: ܕܕܝܘܐ ܐܝܬ ܠܗ
ܘܫܢܝܐ ܫܢܐ. ܡܢܐ ܡܫܬܡܥܝܢ ܐܢܬܘܢ ܠܗ. 21 ܐܚܪܢܐ ܕܝܢ
ܐܡܪܝܢ ܗܘܘ: ܗܠܝܢ ܡܠܐ ܠܐ ܗܘܝ ܕܕܝܘܢܐ. ܠܡܐ ܕܝܘܐ
ܡܫܟܚ ܥܝܢܐ ܕܣܡܝܐ ܠܡܦܬܚܘ ✤ 22 ܗܘܐ ܗܘܐ ܕܝܢ ܥܐܕܐ
ܕܚܘܕܬܐ ܒܐܘܪܫܠܡ ܘܣܬܘܐ ܗܘܐ. 23 ܘܡܗܠܟ ܗܘܐ ܝܫܘܥ
ܒܗܝܟܠܐ ܒܐܣܛܘܐ ܕܫܠܝܡܘܢ. 24 ܘܐܚܕܘܗܝ ܝܗܘܕܝܐ
ܘܐܡܪܝܢ ܠܗ. ܥܕܡܐ ܠܐܡܬܝ ܢܦܫܢ ܐܢܬ ܫܩܠ. ܐܢ ܐܢܬ
ܗܘ ܡܫܝܚܐ ܐܡܪ ܠܢ ܒܓܠܝܐܝܬ. 25 ܥܢܐ ܝܫܘܥ ܘܐܡܪ
ܠܗܘܢ. ܐܡܪܬ ܠܟܘܢ ܘܠܐ ܡܗܝܡܢܝܢ ܐܢܬܘܢ. ܘܥܒܕܐ ܕܐܢܐ
ܥܒܕ ܐܢܐ ܒܫܡܗ ܕܐܒܝ: ܗܢܘܢ ܣܗܕܝܢ ܥܠܝ. 26 ܐܠܐ
ܐܢܬܘܢ ܠܐ ܡܗܝܡܢܝܢ ܐܢܬܘܢ. ܡܛܠ ܕܠܐ ܗܘܝܬܘܢ ܡܢ ܥܪܒܝ.
ܐܝܟܢܐ ܕܐܡܪܬ ܠܟܘܢ. 27 ܥܪܒܐ ܕܝܠܝ ܩܠܝ ܫܡܥܝܢ.
ܘܐܢܐ ܝܕܥ ܐܢܐ ܠܗܘܢ. ܘܗܢܘܢ ܐܬܝܢ ܒܬܪܝ. 28 ܘܐܢܐ ܝܗܒ
ܐܢܐ ܠܗܘܢ ܚܝܐ ܕܠܥܠܡ. ܘܠܐ ܢܐܒܕܘܢ ܠܥܠܡ. ܘܠܐ ܐܢܫ
ܢܚܛܘܦ ܐܢܘܢ ܡܢ ܐܝܕܝ. 29 ܐܒܝ ܓܝܪ ܕܝܗܒ ܠܝ ܡܢ
ܟܠ ܪܒ ܗܘ. ܘܠܐ ܐܢܫ ܡܫܟܚ ܕܡܢ ܐܝܕܗ ܕܐܒܝ
ܢܚܛܘܦ. 30 ܐܢܐ ܘܐܒܝ ܚܕ ܚܢܢ. 31 ܘܫܩܠܘ ܬܘܒ
ܝܗܘܕܝܐ ܟܐܦܐ ܠܡܪܓܡܘܗܝ ✤ 32 ܐܡܪ ܠܗܘܢ ܝܫܘܥ.
ܣܓܝܐܐ ܥܒܕܐ ܫܦܝܪܐ ܡܢ ܠܘܬ ܐܒܝ ܚܘܝܬܟܘܢ. ܡܛܠ
ܐܝܢܐ ܥܒܕܐ ܡܢܗܘܢ ܪܓܡܝܢ ܐܢܬܘܢ ܠܝ. 33 ܐܡܪܝܢ ܠܗ
ܝܗܘܕܝܐ. ܠܐ ܗܘܐ ܡܛܠ ܥܒܕܐ ܫܦܝܪܐ ܪܓܡܝܢܢ ܠܟ. ܐܠܐ
ܡܛܠ ܕܡܓܕܦ ܐܢܬ ܘܟܕ ܐܢܬ ܒܪܢܫܐ: ܥܒܕ ܐܢܬ
ܢܦܫܟ ܐܠܗܐ. 34 ܐܡܪ ܠܗܘܢ ܝܫܘܥ. ܠܐ ܗܘܐ ܗܟܢܐ
ܟܬܝܒ ܒܢܡܘܣܟܘܢ: ܕܐܢܐ ܐܡܪܬ ܕܐܠܗܐ ܐܢܬܘܢ. 35 ܐܢ
ܠܗܢܘܢ ܐܡܪ ܐܠܗܐ: ܡܛܠ ܕܠܘܬܗܘܢ ܗܘܬ ܡܠܬܗ
ܕܐܠܗܐ: ܘܠܐ ܡܫܟܚ ܟܬܒܐ ܕܢܫܬܪܐ: 36 ܠܐܝܢܐ ܕܐܒܐ
ܩܕܫܗ ܘܫܕܪܗ ܠܥܠܡܐ: ܐܢܬܘܢ ܐܡܪܝܢ ܐܢܬܘܢ ܕܡܓܕܦ

ܐܝܬ: ܟܠ ܕܐܡܪܬ ܠܟܘܢ ܕܒܪܗ ܐܢܐ ܕܐܠܗܐ. 37 ܐܢ ܠܐ
ܥܒܕ ܐܢܐ ܥܒܕܐ ܕܐܒܝ ܠܐ ܬܗܝܡܢܘܢܢܝ. 38 ܐܢ ܕܝܢ ܥܒܕ
ܐܢܐ: ܐܦܢ ܠܝ ܠܐ ܡܗܝܡܢܝܢ ܐܢܬܘܢ: ܠܗܘܢ ܠܥܒܕܐ
ܗܝܡܢܘ. ܕܬܕܥܘܢ ܘܬܗܝܡܢܘܢ: ܕܐܒܐ ܒܝ ܘܐܢܐ ܒܐܒܝ.
39 ܘܒܥܘ ܗܘܘ ܬܘܒ ܕܢܐܚܕܘܢܝܗܝ: ܘܢܦܩ ܠܗ ܡܢ
ܒܝܬ ܐܝܕܝܗܘܢ. 40 ܘܐܙܠ ܠܗ ܠܥܒܪܐ ܕܝܘܪܕܢܢ: ܠܕܘܟܬܐ
ܐܝܟܐ ܕܐܝܬܘܗܝ ܗܘܐ ܝܘܚܢܢ ܡܢ ܩܕܝܡ ܟܕ ܡܥܡܕ ܗܘܐ.
ܘܩܘܐ ܬܡܢ. 41 ܘܐܬܘ ܐܢܫܐ ܣܓܝܐܐ ܠܘܬܗ ܘܐܡܪܝܢ ܗܘܘ.
ܕܝܘܚܢܢ ܐܦ ܠܐ ܚܕܐ ܐܬܐ ܥܒܕ. ܟܠܡܕܡ ܕܝܢ ܕܐܡܪ ܝܘܚܢܢ
ܥܠ ܓܒܪܐ ܗܢܐ ܫܪܝܪ ܗܘܐ. 42 ܘܣܓܝܐܐ ܗܝܡܢܘ ܒܗ ܀

ܩܦܠܐܘܢ ܀ ܝܐ ܀

1 ܐܝܬ ܗܘܐ ܕܝܢ ܚܕ ܕܟܪܝܗ: ܠܥܙܪ ܡܢ ܒܝܬ ܥܢܝܐ
ܡܕܝܢܬܐ. ܐܚܘܗܝܢ ܕܡܪܝܡ ܘܕܡܪܬܐ. 2 ܡܪܝܡ ܕܝܢ ܗܝ ܐܝܬܝܗ̇
ܗܝ ܕܡܫܚܬ ܒܡܫܚܐ ܪ̈ܓܠܘܗܝ ܕܝܫܘܥ ܘܫܘܝܬ
ܒܣܥܪܗ̇. ܐܚܘܗ̇ ܗܘܐ ܕܝܠܗ̇ ܠܥܙܪ ܕܟܪܝܗ ܗܘܐ.
3 ܘܫܕܪ ܬܪ̈ܬܝܗܝܢ ܐܚ̈ܘܬܗ ܠܘܬ ܝܫܘܥ ܘܐܡ̈ܪܢ. ܡܪܢ:
ܗܐ ܗܘ ܕܪܚܡ ܐܢܬ ܟܪܝܗ. 4 ܝܫܘܥ ܕܝܢ ܐܡܪ. ܗܕܐ
ܟܘܪܗܢܐ ܠܐ ܗܘܐ ܕܡܘܬܐ. ܐܠܐ ܚܠܦ ܫܘܒܚܗ ܕܐܠܗܐ.
ܕܢܫܬܒܚ ܒܪܗ ܕܐܠܗܐ ܒܝܕܗ. 5 ܪܚܡ ܗܘܐ ܕܝܢ
ܗܘ ܝܫܘܥ ܠܡܪܬܐ ܘܠܡܪܝܡ ܘܠܠܥܙܪ. 6 ܘܟܕ ܫܡܥ
ܕܟܪܝܗ: ܩܘܝ ܒܕܘܟܬܐ ܕܐܝܬܘܗܝ ܗܘܐ ܬܪܝܢ ܝܘܡܝܢ.
7 ܘܒܬܪܟܢ ܐܡܪ ܠܬܠܡܝܕܘܗܝ. ܬܘ ܢܐܙܠ ܬܘܒ ܠܝܗܘܕ:
8 ܐܡܪܝܢ ܠܗ ܬܠܡܝܕܘܗܝ. ܪܒܢ: ܗܫܐ ܝܗܘܕܝܐ ܒܥܝܢ
ܗܘܘ ܠܡܪܓܡܟ: ܘܬܘܒ ܐܙܠ ܐܢܬ ܠܬܡܢ. 9 ܐܡܪ ܠܗܘܢ
ܝܫܘܥ. ܠܐ ܬܪ̈ܬܥܣܪܐ ܫܥ̈ܝܢ ܐܝܬ ܒܐܝܡܡܐ: ܐܢ ܐܢܫ
ܡܗܠܟ ܒܐܝܡܡܐ ܠܐ ܡܬܬܩܠ. ܡܛܠ ܕܚܙܐ ܢܘܗܪܗ
ܕܥܠܡܐ ܗܢܐ. 10 ܐܢ ܐܢܫ ܕܝܢ ܒܠܠܝܐ ܡܗܠܟ ܡܬܬܩܠ.

ܡܛܠ ܕܢܘܗܪܐ ܠܝܬ ܒܗ. 11 ܗܠܝܢ ܐܡܪ ܝܫܘܥ:
ܘܒܬܪܟܢ ܐܡܪ ܠܗܘܢ. ܠܥܙܪ ܪܚܡܢ ܕܡܟ. ܐܠܐ ܐܙܠ ܐܢܐ
ܕܐܥܝܪܝܘܗܝ. 12 ܐܡܪܝܢ ܠܗ ܬܠܡܝܕܘܗܝ. ܡܪܢ: ܐܢ ܕܡܟ
ܡܬܚܠܡ. 13 ܗܘ ܕܝܢ ܝܫܘܥ ܐܡܪ ܥܠ ܡܘܬܗ. ܘܗܢܘܢ
ܣܒܪܘ ܕܥܠ ܡܕܡܟܐ ܗܘ ܕܫܢܬܐ ܐܡܪ. 14 ܗܝܕܝܢ ܐܡܪ
ܠܗܘܢ ܝܫܘܥ ܦܫܝܩܐܝܬ. ܠܥܙܪ ܡܝܬ ܠܗ. 15 ܘܚܕܐ ܐܢܐ
ܕܠܐ ܗܘܝܬ ܬܡܢ: ܡܛܠܬܟܘܢ ܕܬܗܝܡܢܘܢ. ܐܠܐ ܗܠܟܘ
ܠܬܡܢ. 16 ܐܡܪ ܬܐܘܡܐ ܕܡܬܐܡܪ ܬܐܡܐ ܠܬܠܡܝܕܐ
ܚܒܪܘܗܝ. ܢܐܙܠ ܐܦ ܚܢܢ ܢܡܘܬ ܥܡܗ. 17 ܘܐܬܐ ܝܫܘܥ
ܠܒܝܬ ܥܢܝܐ: ܘܐܫܟܚ ܕܐܪܒܥܐ ܠܗ ܝܘܡܝܢ ܕܐܝܬܘܗܝ
ܒܒܝܬ ܩܒܘܪܐ. 18 ܐܝܬܝܗ ܗܘܬ ܕܝܢ ܒܝܬ ܥܢܝܐ ܥܠ
ܐܘܪܫܠܡ. ܟܕ ܪܚܝܩܐ ܡܢܗ ܐܝܟ ܐܣܛܕܘܬܐ
ܚܡܫܬܥܣܪ. 19 ܘܣܓܝܐܐ ܡܢ ܝܗܘܕܝܐ ܐܬܝܢ ܗܘܘ ܠܘܬ
ܡܪܬܐ ܘܡܪܝܡ: ܕܢܒܝܐܘܢ ܠܒܗܝܢ ܥܠ ܐܚܘܗܝܢ.
20 ܡܪܬܐ ܕܝܢ ܟܕ ܫܡܥܬ ܕܝܫܘܥ ܐܬܐ ܢܦܩܬ ܠܐܘܪܥܗ.
ܡܪܝܡ ܕܝܢ ܒܒܝܬܐ ܝܬܒܐ ܗܘܬ. 21 ܘܐܡܪܬ ܡܪܬܐ ܠܝܫܘܥ.
ܡܪܝ. ܐܠܘ ܬܢܢ ܗܘܝܬ. ܠܐ ܡܝܬ ܗܘܐ ܐܚܝ. 22 ܐܠܐ ܐܦ
ܗܫܐ ܝܕܥܐ ܐܢܐ: ܕܟܠ ܡܐ ܕܬܫܐܠܝܘܗܝ ܠܐܠܗܐ ܢܬܠ ܠܟܝ. 23 ܐܡܪ
ܠܗ ܝܫܘܥ. ܩܐܡ ܐܚܘܟܝ. 24 ܐܡܪܐ ܠܗ ܡܪܬܐ. ܝܕܥܐ
ܐܢܐ ܕܩܐܡ ܒܩܝܡܬܐ ܒܝܘܡܐ ܐܚܪܝܐ. 25 ܐܡܪ ܠܗ ܝܫܘܥ.
ܐܢܐ ܐܢܐ ܩܝܡܬܐ ܘܚܝܐ. ܘܡܢ ܕܡܗܝܡܢ ܒܝ. ܐܦܢ ܢܡܘܬ
ܢܚܐ. 26 ܘܟܠ ܕܚܝ ܘܡܗܝܡܢ ܒܝ ܠܥܠܡ ܠܐ ܢܡܘܬ.
ܡܗܝܡܢܐ ܐܢܬܝ ܗܕܐ: 27 ܐܡܪܐ ܠܗ. ܐܝܢ ܡܪܝ. ܐܢܐ
ܡܗܝܡܢܐ ܐܢܐ: ܕܐܢܬ ܗܘ ܡܫܝܚܐ ܒܪܗ ܕܐܠܗܐ ܕܐܬܐ
ܠܥܠܡܐ. 28 ܘܟܕ ܐܡܪܐ ܗܠܝܢ: ܐܙܠܬ ܩܪܬ ܠܡܪܝܡ
ܚܬܗ ܒܛܠܢܝܐ. ܘܐܡܪܐ ܠܗ. ܪܒܢ ܐܬܐ ܘܩܪܐ ܠܟܝ.
29 ܘܡܪܝܡ ܟܕ ܫܡܥܬ: ܩܡܬ ܒܥܓܠ ܘܐܬܝܐ ܗܘܬ ܠܘܬܗ.
30 ܗܘ ܕܝܢ ܝܫܘܥ ܠܐ ܥܕܟܝܠ ܐܬܐ ܗܘܐ ܠܩܪܝܬܐ: ܐܠܐ ܒܗ ܗܘܐ

ܒܗܘ ܕܘܟܬܐ ܕܐܪܥܬܗ ܡܪܬܐ܂ ³¹ ܐܦ ܗܢܘܢ ܕܝܢ ܝܗܘܕ̈ܝܐ
ܕܐܝܬ ܗܘܘ ܥܡܗ ܒܒܝܬܐ ܘܡܒܝܐܝܢ ܗܘܘ ܠܗ: ܘܚܙܘ
ܠܡܪܝܡ ܕܒܥܓܠ ܩܡܬ ܢܦܩܬ: ܐܙܠܘ ܠܗܘܢ ܒܬܪܗ܂
ܣܒܪܘ ܠܗܘܢ ܓܝܪ ܕܠܩܒܪܐ ܐܙܠܐ ܠܡܒܟܐ܂ ³² ܗܝ ܕܝܢ
ܡܪܝܡ ܟܕ ܐܬܬ ܐܝܟܐ ܕܐܝܬܘܗܝ ܗܘܐ ܝܫܘܥ ܘܚܙܬܗ:
ܢܦܠܬ ܥܠ ܪ̈ܓܠܘܗܝ ܘܐܡܪܐ ܠܗ܂ ܡܪܝ ܐܠܘ ܗܘܝܬ
ܗܪܟܐ ܠܐ ܡܝܬ ܗܘܐ ܐܚܝ܂ ³³ ܝܫܘܥ ܕܝܢ ܟܕ ܚܙܗ ܕܒܟܝܐ:
ܘܝܗܘܕ̈ܝܐ ܗܢܘܢ ܕܐܬܘ ܥܡܗ ܕܒܟܝܢ: ܐܬܥܙܙ ܒܪܘܚܗ
ܘܐܬܕܠܚ ܒܢܦܫܗ܂ ³⁴ ܘܐܡܪ܂ ܐܝܟܐ ܣܡܬܘܢܝܗܝ܂ ܘܐܡܪܝܢ
ܠܗ܂ ܡܪܢ ܬܐ ܚܙܝ܂ ³⁵ ܘܐܬܝ̈ܢ ܗܘܝ̈ ܕܡ̈ܥܘܗܝ ܕܝܫܘܥ܂
³⁶ ܘܐܡܪܝܢ ܗܘܘ ܝܗܘܕ̈ܝܐ܂ ܚܙܘ ܟܡܐ ܪܚܝܡ ܗܘܐ ܠܗ܂
³⁷ ܐܢܫܝܢ ܕܝܢ ܡܢܗܘܢ ܐܡܪܘ܂ ܠܐ ܡܫܟܚ ܗܘܐ ܗܢܐ ܕܦܬܚ
ܥܝܢ̈ܘܗܝ ܕܗܘ ܣܡܝܐ: ܕܢܥܒܕ ܕܐܦ ܗܢܐ ܠܐ ܢܡܘܬ:
³⁸ ܝܫܘܥ ܕܝܢ ܟܕ ܡܬܥܙܙ ܒܢܦܫܗ ܘܒܗ ܐܬܐ ܠܒܝܬ
ܩܒܘܪܐ܂ ܘܗܘ ܒܝܬ ܩܒܘܪܐ ܐܝܬܘܗܝ ܗܘܐ ܡܥܪܬܐ܂ ܘܟܐܦܐ
ܣܝܡܐ ܗܘܬ ܥܠ ܬܪܥܗ ܀ ³⁹ ܘܐܡܪ ܝܫܘܥ܂ ܫܩܘܠܘ
ܟܐܦܐ ܗܕܐ܂ ܐܡܪܐ ܠܗ ܡܪܬܐ ܚܬܗ ܕܗܘ ܡܝܬܐ܂ ܡܪܝ:
ܗܐ ܣܪܝ ܠܗ܂ ܐܪܒܥܐ ܠܗ ܓܝܪ ܝܘܡܝܢ܂ ⁴⁰ ܐܡܪ
ܠܗ ܝܫܘܥ܂ ܠܐ ܐܡܪܬ ܠܟܝ ܕܐܢ ܬܗܝܡܢܝܢ ܚܙܝܐ ܫܘܒܚܗ
ܕܐܠܗܐ: ⁴¹ ܘܫܩܠܘ ܟܐܦܐ ܗܝ܂ ܘܝܫܘܥ ܐܪܝܡ
ܥܝܢ̈ܘܗܝ ܠܥܠ ܘܐܡܪ܂ ܐܒܐ: ܡܘܕܐ ܐܢܐ ܠܟ ܕܫܡܥܬܢܝ܂
⁴² ܘܐܢܐ ܝܕܥ ܐܢܐ ܕܒܟܠܙܒܢ ܫܡܥ ܐܢܬ ܠܝ܂ ܐܠܐ ܡܛܠ
ܟܢܫܐ ܗܢܐ ܕܩܐܡ ܐܡܪ ܐܢܐ ܗܠܝܢ܂ ܕܢܗܝܡܢܘܢ ܕܐܢܬ
ܫܕܪܬܢܝ܂ ⁴³ ܘܟܕ ܐܡܪ ܗܠܝܢ: ܩܥܐ ܒܩܠܐ ܪܡܐ܂ ܠܥܙܪ ܬܐ
ܠܒܪ܂ ⁴⁴ ܘܢܦܩ ܗܘ ܡܝܬܐ: ܟܕ ܐܣܝܪܢ ܐܝܕ̈ܘܗܝ
ܘܪ̈ܓܠܘܗܝ ܒܬܟܪ̈ܟܐ܂ ܘܐܦ̈ܘܗܝ ܒܣܘܕܪܐ܂ ܐܡܪ ܠܗܘܢ
ܝܫܘܥ܂ ܫܪܘܗܝ ܘܫܒܘܩܘܗܝ ܢܐܙܠ܂ ⁴⁵ ܘܣܓܝܐܐ ܡܢ ܝܗܘܕ̈ܝܐ
ܕܐܬܘ ܠܘܬ ܡܪܝܡ܂ ܟܕ ܚܙܘ ܡܕܡ ܕܥܒܕ ܝܫܘܥ܂ ܗܝܡܢܘ

ܒܗ. 46 ܘܐܢܫܝܢ ܡܢܗܘܢ ܐܙܠܘ ܠܘܬ ܦܪܝܫܐ: ܘܐܡܪܘ
ܠܗܘܢ ܡܕܡ ܕܥܒܕ ܝܫܘܥ ❖ 47 ܘܐܬܟܢܫܘ ܪܒܝ ܟܗܢܐ
ܘܦܪܝܫܐ ܘܐܡܪܝܢ ܗܘܘ. ܡܢܐ ܢܥܒܕ ܕܗܢܐ ܓܒܪܐ ܐܬܘܬܐ
ܣܓܝܐܬܐ ܥܒܕ. 48 ܘܐܢ ܫܒܩܝܢܢ ܠܗ ܗܟܢܐ. ܟܠܗܘܢ
ܐܢܫܐ ܡܗܝܡܢܝܢ ܒܗ. ܘܐܬܝܢ ܪܗܘܡܝܐ ܫܩܠܝܢ ܐܬܪܢ
ܘܥܡܢ. 49 ܚܕ ܕܝܢ ܡܢܗܘܢ ܕܫܡܗ ܩܝܦܐ: ܪܒ ܟܗܢܐ ܗܘܐ
ܕܗܝ ܫܢܬܐ. ܘܐܡܪ ܠܗܘܢ. ܐܢܬܘܢ ܠܐ ܝܕܥܝܢ ܐܢܬܘܢ ܡܕܡ.
50 ܘܠܐ ܡܬܚܫܒܝܢ ܐܢܬܘܢ ܕܦܩܚ ܠܢ ܕܚܕ ܓܒܪܐ ܢܡܘܬ
ܚܠܦ ܥܡܐ: ܘܠܐ ܟܠܗ ܥܡܐ ܬܐܒܕ. 51 ܗܕܐ ܕܝܢ ܡܢ
ܨܒܘܬ ܢܦܫܗ ܠܐ ܐܡܪ. ܐܠܐ ܡܛܠ ܕܪܒ ܟܗܢܐ ܗܘܐ ܕܗܝ
ܫܢܬܐ: ܐܬܢܒܝ ܕܥܬܝܕ ܗܘܐ ܝܫܘܥ ܕܢܡܘܬ ܚܠܦ ܥܡܐ.
52 ܘܠܐ ܚܠܦ ܥܡܐ ܒܠܚܘܕ. ܐܠܐ ܕܐܦ ܠܒܢܝܐ ܕܐܠܗܐ ܕܡܒܕܪܝܢ
ܢܟܢܫ ܠܚܕܐ. 53 ܘܡܢ ܗܘ ܝܘܡܐ: ܐܬܚܫܒܘ ܗܘܘ
ܕܢܩܛܠܘܢܝܗܝ. 54 ܗܘ ܕܝܢ ܝܫܘܥ: ܠܐ ܡܗܠܟ ܗܘܐ
ܓܠܝܐܝܬ ܒܝܢܬ ܝܗܘܕܝܐ. ܐܠܐ ܐܙܠ ܠܗ ܡܢ ܬܡܢ ܠܐܬܪܐ
ܕܩܪܝܒ ܠܡܕܒܪܐ. ܠܟܦܪܐ ܕܡܬܩܪܝܐ ܐܦܪܝܡ. ܘܬܡܢ
ܡܬܟܪܟ ܗܘܐ ܥܡ ܬܠܡܝܕܘܗܝ ❖ 55 ܩܪܝܒ ܗܘܐ ܕܝܢ
ܦܨܚܐ ܕܝܗܘܕܝܐ. ܘܣܠܩܘ ܣܓܝܐܐ ܡܢ ܩܘܪܝܐ ܠܐܘܪܫܠܡ:
ܩܕܡ ܥܐܕܐ ܕܢܕܟܘܢ ܢܦܫܗܘܢ. 56 ܘܒܥܝܢ ܗܘܘ ܠܗ
ܠܝܫܘܥ. ܘܐܡܪܝܢ ܗܘܘ ܚܕ ܠܚܕ ܒܗܝܟܠܐ. ܡܢܐ ܡܣܬܒܪܝܢ
ܐܢܬܘܢ. ܕܠܐ ܐܬܐ ܠܥܐܕܐ. 57 ܪܒܝ ܟܗܢܐ ܕܝܢ ܘܦܪܝܫܐ
ܦܩܕܘ ܗܘܘ: ܕܐܢ ܐܢܫ ܢܕܥ ܐܝܟܘ: ܢܓܠܝܘܗܝ ܠܗܘܢ ܐܝܟ
ܕܢܐܚܕܘܢܝܗܝ ❖

ܩܦܠܐܘܢ ❖ ܝܒ ❖

1 ܝܫܘܥ ܕܝܢ ܩܕܡ ܫܬܐ ܝܘܡܝܢ ܕܦܨܚܐ: ܐܬܐ ܠܒܝܬ ܥܢܝܐ
ܐܝܟܐ ܕܐܝܬܘܗܝ ܗܘܐ ܠܥܙܪ: ܗܘ ܕܐܩܝܡ ܡܢ ܒܝܬ ܡܝܬܐ
ܗܘ ܝܫܘܥ. 2 ܘܥܒܕܘ ܠܗ ܬܡܢ ܚܫܡܝܬܐ. ܘܡܪܬܐ
ܡܫܡܫܐ ܗܘܬ. ܘܠܥܙܪ ܚܕ ܡܢ ܣܡܝܟܐ ܗܘܐ ܕܥܡܗ.

3 ܡܪܝܡ ܕܝܢ ܢܣܒܬ ܠܝܛܪܐ ܕܒܣܡܐ ܕܢܪܕܝܢ ܪܫܝܐ
ܣܓܝ ܕܡܝܐ: ܘܡܫܚܬ ܪܓܠܘܗܝ ܕܝܫܘܥ. ܘܫܘܝܬ
ܒܣܥܪܗ̇ ܪܓܠܘܗܝ. ܘܐܬܡܠܝ ܒܝܬܐ ܡܢ ܪܝܚܗ
ܕܒܣܡܐ. 4 ܘܐܡܪ ܝܗܘܕܐ ܣܟܪܝܘܛܐ ܚܕ ܡܢ ܬܠܡܝܕܘܗܝ.
ܗܘ ܕܥܬܝܕ ܗܘܐ ܕܢܫܠܡܝܘܗܝ. 5 ܠܡܢܐ ܠܐ ܐܙܕܒܢ
ܡܫܚܐ ܗܢܐ ܒܬܠܬܡܐܐ ܕܝܢܪܝܢ ܘܐܬܝܗܒ ܠܡܣܟܢܐ.
6 ܗܕܐ ܕܝܢ ܐܡܪ: ܠܐ ܗܘܐ ܡܛܠ ܕܥܠ ܡܣܟܢܐ ܒܛܝܠ
ܗܘܐ ܠܗ. ܐܠܐ ܡܛܠ ܕܓܢܒܐ ܗܘܐ. ܘܓܠܘܣܩܡܐ
ܠܘܬܗ ܗܘܐ. ܘܡܕܡ ܕܢܦܠ ܗܘܐ ܒܗ ܗܘ ܫܩܠ ܗܘܐ.
7 ܐܡܪ ܕܝܢ ܝܫܘܥ ܫܒܘܩܝܗ̇. ܠܝܘܡܐ ܕܡܩܒܪܝ ܢܛܪܬܗ.
8 ܒܟܠܙܒܢ ܓܝܪ ܡܣܟܢܐ ܐܝܬ ܠܟܘܢ ܥܡܟܘܢ. ܠܝ ܕܝܢ
ܠܐ ܒܟܠܙܒܢ ܐܝܬ ܠܟܘܢ. 9 ܘܫܡܥܘ ܟܢܫܐ ܣܓܝܐܐ ܡܢ
ܝܗܘܕܝܐ ܕܐܝܬܘܗܝ ܬܡܢ ܝܫܘܥ: ܘܐܬܘ. ܠܐ ܡܛܠ ܝܫܘܥ ܒܠܚܘܕ:
ܐܠܐ ܐܦ ܕܢܚܙܘܢ ܠܠܥܙܪ ܗܘ ܕܐܩܝܡ ܡܢ ܒܝܬ ܡܝܬܐ.
10 ܘܐܬܪܥܝܘ ܪܒܝ ܟܗܢܐ: ܕܐܦ ܠܠܥܙܪ ܢܩܛܠܘܢܝܗܝ.
11 ܡܛܠ ܕܣܓܝܐܐ ܡܢ ܝܗܘܕܝܐ: ܡܛܠܬܗ ܐܙܠܝܢ ܗܘܘ
ܘܡܗܝܡܢܝܢ ܒܝܫܘܥ ❖ 12 ܘܠܝܘܡܐ ܐܚܪܢܐ: ܟܢܫܐ ܣܓܝܐܐ
ܐܢܫܐ ܕܐܬܐ ܗܘܐ ܠܥܐܕܐ: ܟܕ ܫܡܥܘ ܕܝܫܘܥ ܐܬܐ
ܠܐܘܪܫܠܡ: 13 ܢܣܒܘ ܣܘܟܐ ܕܕܩܠܐ ܘܢܦܩܘ ܠܐܘܪܥܗ.
ܘܩܥܝܢ ܗܘܘ ܘܐܡܪܝܢ. ܐܘܫܥܢܐ. ܒܪܝܟ ܗܘ ܕܐܬܐ ܒܫܡܗ
ܕܡܪܝܐ ܡܠܟܗ ܕܐܝܣܪܝܠ. 14 ܐܫܟܚ ܕܝܢ ܝܫܘܥ ܚܡܪܐ ܘܪܟܒ
ܥܠܘܗܝ. ܐܝܟܢܐ ܕܟܬܝܒ. 15 ܠܐ ܬܕܚܠܝܢ ܒܪܬ ܨܗܝܘܢ.
ܗܐ ܡܠܟܟܝ ܐܬܐ ܠܟܝ. ܘܪܟܝܒ ܥܠ ܥܝܠܐ ܒܪ ܐܬܢܐ.
16 ܗܠܝܢ ܕܝܢ ܠܐ ܝܕܥܘ ܬܠܡܝܕܘܗܝ ܗܝܕܝܢ. ܐܠܐ ܟܕ
ܐܫܬܒܚ ܝܫܘܥ: ܐܬܕܟܪܘ ܬܠܡܝܕܘܗܝ ܕܗܠܝܢ ܟܬܝܒܢ
ܗܘܝ ܥܠܘܗܝ. ܘܗܠܝܢ ܥܒܕܘ ܠܗ. 17 ܘܣܗܕ ܗܘܐ ܟܢܫܐ
ܗܘ ܕܥܡܗ ܗܘܐ. ܕܩܪܐ ܠܠܥܙܪ ܡܢ ܩܒܪܐ: ܘܐܩܝܡܗ
ܡܢ ܒܝܬ ܡܝܬܐ. 18 ܘܡܛܠ ܗܕܐ ܢܦܩܘ ܠܐܘܪܥܗ

ܟܢ̈ܫܐ ܣܓܝ̈ܐܐ: ܕܫܡܥܘ ܕܐܬܐ ܗܕܐ ܥܒܕ. 19 ܦܪ̈ܝܫܐ ܕܝܢ
ܐܡܪܝܢ ܗܘܘ ܚܕ ܠܚܕ: ܚܙܝܢ ܐܢܬܘܢ ܕܠܐ ܡܘܬܪܝܢ ܐܢܬܘܢ
ܡܕܡ. ܕܗܐ ܥܠܡܐ ܟܠܗ ܒܬܪܗ ܐܙܠ: 20 ܐܝܬ
ܗܘܘ ܕܝܢ ܐܦ ܡܢ ܥܡ̈ܡܐ ܐܢܫ̈ܐ ܕܣܠܩܘ ܠܡܣܓܕ
ܒܥܐܕܐ. 21 ܗܠܝܢ ܐܬܘ ܩܪܒܘ ܠܘܬ ܦܝܠܝܦܘܣ. ܗܘ
ܕܡܢ ܒܝܬ ܨܝܕܐ ܕܓܠܝܠܐ: ܘܒܥܘ ܡܢܗ ܘܐܡܪܝܢ ܠܗ. ܡܪܢ
ܨܒܝܢ ܕܢܚܙܐ ܠܝܫܘܥ. 22 ܘܐܬܐ ܗܘ ܦܝܠܝܦܘܣ ܘܐܡܪ
ܠܐܢܕܪܐܘܣ: ܘܐܢܕܪܐܘܣ ܘܦܝܠܝܦܘܣ ܐܡܪܘ ܠܝܫܘܥ ܀
23 ܝܫܘܥ ܕܝܢ ܥܢܐ ܘܐܡܪ ܠܗܘܢ. ܐܬܬ ܫܥܬܐ ܕܢܫܬܒܚ
ܒܪܗ ܕܐܢܫܐ. 24 ܐܡܝܢ ܐܡܝܢ ܐܡܪ ܐܢܐ ܠܟܘܢ: ܕܦܪܕܬܐ
ܕܚܛܬܐ. ܐܢ ܠܐ ܢܦܠܐ ܘܡܝܬܐ ܒܐܪܥܐ. ܗܝ ܒܠܚܘܕܝܗ ܦܝܫܐ. ܐܢ
ܕܝܢ ܡܝܬܐ: ܦܐܪ̈ܐ ܣܓܝ̈ܐܐ ܡܝܬܝܐ. 25 ܡܢ ܕܪܚܡ ܢܦܫܗ
ܢܘܒܕܝܗ. ܘܡܢ ܕܣܢܐ ܢܦܫܗ ܒܥܠܡܐ ܗܢܐ ܢܢܛܪܝܗ
ܠܚܝ̈ܐ ܕܠܥܠܡ. 26 ܐܢ ܠܝ ܐܢܫ ܡܫܡܫ ܢܐܬܐ ܒܬܪܝ.
ܘܐܝܟܐ ܕܐܢܐ ܐܝܬܝ: ܬܡܢ ܢܗܘܐ ܐܦ ܡܫܡܫܢܝ. ܡܢ ܕܠܝ
ܡܫܡܫ. ܢܝܩܪܝܘܗܝ ܐܒܐ. 27 ܗܫܐ ܢܦܫܝ ܗܐ ܫܓܝܫܐ.
ܘܡܢܐ ܐܡܪ. ܐܒܝ ܦܨܢܝ ܡܢ ܗܕܐ ܫܥܬܐ: ܐܠܐ ܡܛܠ ܗܕܐ
ܐܬܝܬ ܠܗܕܐ ܫܥܬܐ. 28 ܐܒܐ ܫܒܚ ܫܡܟ. ܘܩܠܐ ܐܫܬܡܥ
ܡܢ ܫܡܝܐ: ܫܒܚܬ ܘܬܘܒ ܡܫܒܚ ܐܢܐ. 29 ܘܟܢܫܐ ܕܩܐܡ
ܗܘܐ ܘܫܡܥ: ܐܡܪܝܢ ܗܘܘ ܪܥܡܐ ܗܘܐ. ܐܚܪ̈ܢܐ ܕܝܢ ܐܡܪܝܢ
ܗܘܘ ܕܡܠܐܟܐ ܡܠܠ ܥܡܗ ܀ 30 ܥܢܐ ܝܫܘܥ ܘܐܡܪ ܠܗܘܢ. ܠܐ
ܡܛܠܬܝ ܗܘܐ ܩܠܐ ܗܢܐ. ܐܠܐ ܡܛܠܬܟܘܢ. 31 ܗܫܐ ܕܝܢܗ
ܗܘ ܕܥܠܡܐ ܗܢܐ. ܗܫܐ ܐܪܟܘܢܗ ܕܥܠܡܐ ܗܢܐ ܡܫܬܕܐ
ܠܒܪ. 32 ܘܐܢܐ ܡܐ ܕܐܬܬܪܝܡܬ ܡܢ ܐܪܥܐ: ܐܓܪܘܪ ܟܠܢܫ
ܠܘܬܝ. 33 ܗܕܐ ܕܝܢ ܐܡܪ ܕܢܚܘܐ ܒܐܝܢܐ ܡܘܬܐ ܡܐܬ.
34 ܐܡܪܝܢ ܠܗ ܟܢܫܐ. ܚܢܢ ܫܡܥܢ ܡܢ ܢܡܘܣܐ: ܕܡܫܝܚܐ
ܠܥܠܡ ܩܐܡ. ܘܐܝܟܢܐ ܐܡܪ ܐܢܬ ܕܥܬܝܕ ܗܘ ܕܢܬܬܪܝܡ
ܒܪܗ ܕܐܢܫܐ. ܡܢܘ ܗܢܐ ܒܪܗ ܕܐܢܫܐ. 35 ܐܡܪ ܠܗܘܢ

ܝܫܘܥ. ܩܠܝܠ ܐܚܪܢ ܙܒܢܐ ܢܘܗܪܐ ܥܡܟܘܢ ܗܘ. ܗܠܟܘ
ܟܕ ܐܝܬ ܠܟܘܢ ܢܘܗܪܐ: ܕܠܐ ܚܫܘܟܐ ܢܕܪܟܟܘܢ. ܘܡܢ
ܕܡܗܠܟ ܒܚܫܘܟܐ ܠܐ ܝܕܥ ܠܐܝܟܐ ܐܙܠ. 36 ܟܕ ܐܝܬ ܠܟܘܢ
ܢܘܗܪܐ: ܗܝܡܢܘ ܒܢܘܗܪܐ ܕܒܢܘܗܝ ܕܢܘܗܪܐ ܬܗܘܘܢ.
ܗܠܝܢ ܡܠܠ ܝܫܘܥ: ܘܐܙܠ ܐܛܫܝ ܡܢܗܘܢ. 37 ܘܟܕ
ܗܠܝܢ ܟܠܗܝܢ ܐܬܘܬܐ ܥܒܕ ܩܕܡܝܗܘܢ ܠܐ ܗܝܡܢܘ ܒܗ.
38 ܕܬܬܡܠܐ ܡܠܬܐ ܕܐܫܥܝܐ ܢܒܝܐ ܕܐܡܪ. ܡܪܝ: ܡܢܘ
ܗܝܡܢ ܠܫܡܥܢ: ܘܕܪܥܗ ܕܡܪܝܐ ܠܡܢ ܐܬܓܠܝܬ.
39 ܡܛܠ ܗܢܐ ܠܐ ܡܫܟܚܝܢ ܗܘܘ ܠܡܗܝܡܢܘ. ܡܛܠ ܕܬܘܒ
ܐܡܪ ܐܫܥܝܐ: 40 ܕܥܘܪܘ ܥܝܢܝܗܘܢ ܘܐܚܫܟܘ ܠܒܗܘܢ:
ܕܠܐ ܢܚܙܘܢ ܒܥܝܢܝܗܘܢ ܘܢܣܬܟܠܘܢ ܒܠܒܗܘܢ: ܘܢܬܦܢܘܢ
ܘܐܐܣܐ ܐܢܘܢ. 41 ܗܠܝܢ ܐܡܪ ܐܫܥܝܐ: ܟܕ ܚܙܐ ܫܘܒܚܗ
ܘܡܠܠ ܥܠܘܗܝ. 42 ܐܦ ܡܢ ܪܫܢܐ ܕܝܢ ܣܓܝܐܐ ܗܝܡܢܘ
ܒܗ. ܐܠܐ ܡܛܠ ܦܪܝܫܐ ܠܐ ܡܘܕܝܢ ܗܘܘ. ܕܠܐ ܢܗܘܘܢ ܠܒܪ
ܡܢ ܟܢܘܫܬܐ. 43 ܪܚܡܘ ܓܝܪ ܫܘܒܚܐ ܕܒܢܝܢܫܐ: ܝܬܝܪ
ܡܢ ܫܘܒܚܗ ܕܐܠܗܐ. 44 ܝܫܘܥ ܕܝܢ ܩܥܐ ܘܐܡܪ. ܡܢ
ܕܡܗܝܡܢ ܒܝ. ܠܐ ܗܘܐ ܒܝ ܡܗܝܡܢ. ܐܠܐ ܒܡܢ ܕܫܕܪܢܝ.
45 ܘܡܢ ܕܚܙܐ ܠܝ ܚܙܐ ܠܡܢ ܕܫܕܪܢܝ. 46 ܐܢܐ ܢܘܗܪܐ ܐܬܝܬ
ܠܥܠܡܐ. ܕܟܠ ܡܢ ܕܡܗܝܡܢ ܒܝ ܠܐ ܢܩܘܐ ܒܚܫܘܟܐ.
47 ܘܡܢ ܕܫܡܥ ܡܠܝ ܘܠܐ ܢܛܪ ܠܗܝܢ: ܐܢܐ ܠܐ ܕܐܢ ܐܢܐ ܠܗ.
ܠܐ ܓܝܪ ܐܬܝܬ ܕܐܕܘܢ ܠܥܠܡܐ. ܐܠܐ ܕܐܚܐ ܠܥܠܡܐ. 48 ܡܢ
ܕܛܠܡ ܠܝ ܘܠܐ ܡܩܒܠ ܡܠܝ: ܐܝܬ ܡܢ ܕܕܐܢ ܠܗ. ܡܠܬܐ
ܕܡܠܠܬ ܗܝ ܕܐܢܐ ܠܗ ܒܝܘܡܐ ܐܚܪܝܐ. 49 ܕܐܢܐ ܡܢ ܢܦܫܝ
ܠܐ ܡܠܠܬ. ܐܠܐ ܐܒܐ ܕܫܕܪܢܝ: ܗܘ ܝܗܒ ܠܝ ܦܘܩܕܢܐ
ܡܢܐ ܐܡܪ ܘܡܢܐ ܐܡܠܠ. 50 ܘܝܕܥ ܐܢܐ ܕܦܘܩܕܢܗ ܚܝܐ ܐܢܘܢ
ܕܠܥܠܡ. ܗܠܝܢ ܗܟܝܠ ܕܡܡܠܠ ܐܢܐ: ܐܝܟܢܐ ܕܐܡܪ ܠܝ
ܐܒܝ. ܗܟܢܐ ܡܡܠܠ ܐܢܐ܀

ܩܦܠܐܘܢ ✤ ܝܓ ✤

1 ܩܕܡ ܕܝܢ ܥܐܕܐ ܕܦܨܚܐ: ܝܕܥ ܗܘܐ ܝܫܘܥ ܕܡܛܬ
ܫܥܬܐ: ܕܢܫܢܐ ܡܢ ܗܢܐ ܥܠܡܐ ܠܘܬ ܐܒܘܗܝ. ܘܐܚܒ
ܠܕܝܠܗ ܕܒܗܢܐ ܥܠܡܐ. ܘܥܕܡܐ ܠܚܪܬܐ ܐܚܒ ܐܢܘܢ.
2 ܘܟܕ ܗܘܬ ܚܫܡܝܬܐ: ܪܡܐ ܗܘܐ ܒܗ ܠܣܛܢܐ ܒܠܒܗ
ܕܝܗܘܕܐ ܒܪ ܫܡܥܘܢ ܣܟܪܝܘܛܐ ܕܢܫܠܡܝܘܗܝ ✤ 3 ܗܘ ܕܝܢ
ܝܫܘܥ: ܟܕ ܝܕܥ ܗܘܐ ܕܟܠ ܡܕܡ ܝܗܒ ܐܒܐ
ܒܐܝܕܘܗܝ: ܘܕܡܢ ܐܠܗܐ ܢܦܩ ܘܠܘܬ ܐܠܗܐ ܐܙܠ: 4 ܩܡ
ܡܢ ܚܫܡܝܬܐ ܘܣܡ ܢܚܬܘܗܝ. ܘܫܩܠ ܣܘܕܪܐ ܐܣܪ
ܚܨܘܗܝ. 5 ܘܐܪܡܝ ܡܝܐ ܒܡܫܓܬܐ ܘܫܪܝ ܠܡܫܓܘ ܪ̈ܓܠܝ
ܬܠܡܝ̈ܕܘܗܝ. ܘܡܫܘܐ ܗܘܐ ܒܣܘܕܪܐ ܕܐܣܝܪ ܒܚܨܘܗܝ.
6 ܟܕ ܕܝܢ ܐܬܐ ܠܘܬ ܫܡܥܘܢ ܟܐܦܐ: ܐܡܪ ܠܗ ܫܡܥܘܢ. ܐܢܬ
ܡܪܝ ܪ̈ܓܠܝ ܡܫܓ ܐܢܬ ܠܝ: 7 ܥܢܐ ܝܫܘܥ ܘܐܡܪ ܠܗ.
ܡܕܡ ܕܥܒܕ ܐܢܐ ܐܢܬ ܠܐ ܝܕܥ ܐܢܬ ܗܫܐ. ܠܒܬܪ ܕܝܢ ܬܕܥ.
8 ܐܡܪ ܠܗ ܫܡܥܘܢ ܟܐܦܐ. ܠܥܠܡ ܠܐ ܡܫܓ ܐܢܬ ܠܝ
ܪ̈ܓܠܝ. ܐܡܪ ܠܗ ܝܫܘܥ. ܐܢ ܠܐ ܡܫܓ ܐܢܐ ܠܟ: ܠܝܬ
ܠܟ ܥܡܝ ܡܢܬܐ. 9 ܐܡܪ ܠܗ ܫܡܥܘܢ ܟܐܦܐ. ܡܪܝ
ܠܐ ܒܠܚܘܕ ܪ̈ܓܠܝ ܐܫܝܓ ܠܝ: ܐܠܐ ܐܦ ܐܝ̈ܕܝ ܐܦ
ܪܫܝ. 10 ܐܡܪ ܠܗ ܝܫܘܥ. ܗܘ ܕܣܚܐ: ܠܐ ܣܢܝܩ ܐܠܐ
ܪ̈ܓܠܘܗܝ ܒܠܚܘܕ ܢܫܘܓ. ܟܠܗ ܓܝܪ ܕܟܐ ܗܘ. ܐܦ
ܐܢܬܘܢ ܕܟܝܢ ܐܢܬܘܢ. ܐܠܐ ܠܐ ܟܠܟܘܢ. 11 ܝܕܥ ܗܘܐ
ܓܝܪ ܝܫܘܥ ܠܗܘ ܕܡܫܠܡ ܠܗ. ܡܛܠ ܗܢܐ ܐܡܪ. ܕܠܐ
ܗܘܐ ܟܠܟܘܢ ܕܟܝܢ ܐܢܬܘܢ. 12 ܟܕ ܕܝܢ ܐܫܝܓ ܪ̈ܓܠܝܗܘܢ:
ܫܩܠ ܢܚܬܘܗܝ ܘܐܣܬܡܟ. ܘܐܡܪ ܠܗܘܢ. ܝܕܥܝܢ
ܐܢܬܘܢ ܡܢܐ ܥܒܕܬ ܠܟܘܢ: 13 ܐܢܬܘܢ ܩܪܝܢ ܐܢܬܘܢ
ܠܝ ܪܒܢ ܘܡܪܢ. ܘܫܦܝܪ ܐܡܪܝܢ ܐܢܬܘܢ. ܐܝܬܝ ܓܝܪ.
14 ܐܢ ܐܢܐ ܗܟܝܠ ܡܪܟܘܢ ܘܪܒܟܘܢ ܐܫܝܓܬ ܠܟܘܢ
ܪ̈ܓܠܝܟܘܢ: ܟܡܐ ܐܢܬܘܢ ܚܝܒܝܢ ܐܢܬܘܢ ܕܬܫܘܓܘܢ ܪ̈ܓܠܐ

ܚܕ ܕܚܕ. 15 ܗܢܐ ܓܝܪ ܛܘܦܣܐ ܝܗܒܬ ܠܟܘܢ. ܕܐܝܟܢܐ
ܕܐܢܐ ܥܒܕܬ ܠܟܘܢ: ܐܦ ܐܢܬܘܢ ܬܥܒܕܘܢ ܀ 16 ܐܡܝܢ ܐܡܝܢ
ܐܡܪ ܐܢܐ ܠܟܘܢ: ܕܠܝܬ ܥܒܕܐ ܕܪܒ ܡܢ ܡܪܗ. ܘܠܐ
ܫܠܝܚܐ ܕܪܒ ܡܢ ܡܢ ܕܫܕܪܗ. 17 ܐܢ ܗܠܝܢ ܝܕܥܬܘܢ.
ܛܘܒܝܟܘܢ ܐܢ ܬܥܒܕܘܢ ܐܢܝܢ. 18 ܠܐ ܗܘܐ ܥܠ ܟܠܟܘܢ
ܐܡܪ ܐܢܐ. ܝܕܥ ܐܢܐ ܓܝܪ ܠܐܝܠܝܢ ܕܓܒܝܬ. ܐܠܐ ܕܢܫܬܡܠܐ
ܟܬܒܐ. ܕܗܘ ܕܐܟܠ ܥܡܝ ܠܚܡܐ: ܐܪܝܡ ܥܠܝ ܥܩܒܗ.
19 ܡܢ ܗܫܐ ܐܡܪ ܐܢܐ ܠܟܘܢ ܡܢ ܩܕܡ ܕܬܗܘܐ. ܕܡܐ ܕܗܘܬ
ܬܗܝܡܢܘܢ ܕܐܢܐ ܐܢܐ. 20 ܐܡܝܢ ܐܡܝܢ ܐܡܪ ܐܢܐ ܠܟܘܢ: ܕܡܢ
ܕܡܩܒܠ ܠܡܢ ܕܡܫܕܪ ܐܢܐ ܠܝ ܡܩܒܠ. ܘܡܢ ܕܠܝ
ܡܩܒܠ ܡܩܒܠ ܠܡܢ ܕܫܕܪܢܝ. 21 ܗܠܝܢ ܐܡܪ ܝܫܘܥ:
ܘܐܬܥܙܙ ܒܪܘܚܗ ܘܐܣܗܕ ܘܐܡܪ: ܐܡܝܢ ܐܡܝܢ ܐܡܪ ܐܢܐ
ܠܟܘܢ: ܕܚܕ ܡܢܟܘܢ ܢܫܠܡܢܝ. 22 ܚܪܘ ܕܝܢ ܬܠܡܝܕܐ
ܚܕ ܒܚܕ. ܡܛܠ ܕܠܐ ܝܕܥܝܢ ܗܘܘ ܕܥܠ ܡܢܘ ܐܡܪ.
23 ܐܝܬ ܗܘܐ ܕܝܢ ܡܢ ܬܠܡܝܕܘܗܝ ܚܕ ܕܡܣܬܡܟ ܗܘܐ
ܒܥܘܒܗ: ܗܘ ܕܪܚܡ ܗܘܐ ܠܗ ܝܫܘܥ. 24 ܠܗܢܐ ܪܡܙ
ܫܡܥܘܢ ܟܐܦܐ: ܕܢܫܐܠܝܘܗܝ. ܡܢܘ ܗܘ ܕܐܡܪ ܥܠܘܗܝ.
25 ܘܢܦܠ ܗܘ ܬܠܡܝܕܐ ܥܠ ܚܕܝܗ ܕܝܫܘܥ. ܘܐܡܪ ܠܗ.
ܡܪܝ. ܡܢܘ ܗܢܐ. 26 ܥܢܐ ܝܫܘܥ ܘܐܡܪ. ܗܘ ܗܘ ܕܨܒܥ
ܐܢܐ ܠܚܡܐ ܘܝܗܒ ܐܢܐ ܠܗ. ܘܨܒܥ ܝܫܘܥ ܠܚܡܐ:
ܘܝܗܒ ܠܝܗܘܕܐ ܒܪ ܫܡܥܘܢ ܣܟܪܝܘܛܐ. 27 ܘܒܬܪ ܠܚܡܐ
ܗܝܕܝܢ ܥܠ ܒܗ ܣܛܢܐ. ܘܐܡܪ ܠܗ ܝܫܘܥ. ܡܕܡ
ܕܥܒܕ ܐܢܬ ܥܒܕ ܥܓܠ. 28 ܗܕܐ ܕܝܢ ܠܐ ܐܢܫ ܝܕܥ ܡܢ
ܗܢܘܢ ܕܣܡܝܟܝܢ ܕܥܠ ܡܢܐ ܐܡܪ ܠܗ. 29 ܐܢܫܝܢ ܓܝܪ
ܣܒܪܘ: ܡܛܠ ܕܓܠܘܣܩܡܐ ܠܘܬܗ ܗܘܐ ܕܝܗܘܕܐ:
ܕܦܩܕ ܦܩܕ ܠܗ ܕܢܙܒܢ ܡܕܡ ܕܡܬܒܥܐ ܠܥܐܕܐ: ܐܘ
ܕܢܬܠ ܡܕܡ ܠܡܣܟܢܐ. 30 ܗܘ ܕܝܢ ܝܗܘܕܐ: ܢܣܒ ܠܚܡܐ
ܡܢ ܡܚܕܐ ܘܢܦܩ ܠܗ ܠܒܪ. ܠܠܝܐ ܗܘܐ ܕܝܢ ܟܕ ܢܦܩ ܀

31 ܘܐܡܪ ܝܫܘܥ. ܗܫܐ ܐܫܬܒܚ ܒܪܗ ܕܐܢܫܐ. ܘܐܠܗܐ
ܐܫܬܒܚ ܒܗ. 32 ܘܐܢ ܐܠܗܐ ܐܫܬܒܚ ܒܗ: ܘܐܦ ܐܠܗܐ
ܡܫܒܚ ܠܗ ܒܗ: ܘܡܚܕܐ ܡܫܒܚ ܠܗ. 33 ܒܢܝ̈:
ܩܠܝܠ ܐܚܪܢ ܥܡܟܘܢ ܐܢܐ. ܘܬܒܥܘܢܢܝ. ܘܐܝܟܢܐ ܕܐܡܪܬ
ܠܝܗܘܕܝ̈ܐ: ܕܠܐܝܟܐ ܕܐܢܐ ܐܙܠ ܐܢܐ: ܐܢܬܘܢ ܠܐ ܡܫܟܚܝܢ ܐܢܬܘܢ
ܠܡܐܬܐ: ܐܦ ܠܟܘܢ ܐܡܪ ܐܢܐ ܗܫܐ. 34 ܦܘܩܕܢܐ ܚܕܬܐ
ܝܗܒ ܐܢܐ ܠܟܘܢ: ܕܬܗܘܘܢ ܡܚܒܝܢ ܚܕ ܠܚܕ. ܐܝܟܢܐ
ܕܐܢܐ ܐܚܒܬܟܘܢ: ܐܦ ܐܢܬܘܢ ܬܚܒܘܢ ܚܕ ܠܚܕ. 35 ܒܗܕܐ
ܢܕܥܘܢ ܟܠܢܫ ܕܬܠܡܝܕ̈ܝ ܐܢܬܘܢ: ܐܢ ܚܘܒܐ ܢܗܘܐ ܒܟܘܢ
ܚܕ ܠܘܬ ܚܕ: 36 ܐܡܪ ܠܗ ܫܡܥܘܢ ܟܐܦܐ. ܡܪܝ ܠܐܝܟܐ
ܐܙܠ ܐܢܬ. ܥܢܐ ܝܫܘܥ ܘܐܡܪ ܠܗ. ܠܐܝܟܐ ܕܐܙܠ ܐܢܐ ܠܐ
ܡܫܟܚ ܐܢܬ ܗܫܐ ܕܬܐܬܐ ܒܬܪܝ. ܠܚܪܬܐ ܕܝܢ ܬܐܬܐ. 37 ܐܡܪ
ܠܗ ܫܡܥܘܢ ܟܐܦܐ. ܡܪܝ. ܠܡܢܐ ܠܐ ܡܫܟܚ ܐܢܐ ܕܐܬܐ
ܒܬܪܟ ܗܫܐ. ܢܦܫܝ ܚܠܦܝܟ ܣܐܡ ܐܢܐ. 38 ܐܡܪ ܠܗ
ܝܫܘܥ: ܢܦܫܟ ܚܠܦܝ ܣܐܡ ܐܢܬ. ܐܡܝܢ ܐܡܝܢ ܐܡܪ ܐܢܐ
ܠܟ. ܕܠܐ ܬܩܪܐ ܬܪܢܓܠܬܐ ܥܕܡܐ ܕܬܟܦܪ ܒܝ ܬܠܬ ܙܒܢ̈ܝܢ ܀

ܩܦܠܐܘܢ ܀ ܝܕ ܀

1 ܠܐ ܢܬܕܘܕ ܠܒܟܘܢ. ܗܝܡܢܘ ܒܐܠܗܐ ܘܒܝ ܗܝܡܢܘ.
2 ܣܓܝܐܝܢ ܐܢܘܢ ܐܘܢ̈ܐ ܒܝܬ ܐܒܝ. ܘܐܠܐ ܐܡܪ ܗܘܝܬ
ܠܟܘܢ: ܕܐܙܠ ܐܢܐ ܕܐܛܝܒ ܠܟܘܢ ܐܬܪܐ: 3 ܬܘܒ ܐܬܐ ܘܕܒܪܟܘܢ
ܠܘܬܝ. ܕܐܝܟܐ ܕܐܢܐ ܐܝܬܝ. ܐܦ ܐܢܬܘܢ ܬܗܘܘܢ. 4 ܘܠܐܝܟܐ
ܕܐܢܐ ܐܙܠ ܝܕܥܝܢ ܐܢܬܘܢ. ܘܐܘܪܚܐ ܝܕܥܝܢ ܐܢܬܘܢ. 5 ܐܡܪ
ܠܗ ܬܐܘܡܐ. ܡܪܝ. ܠܐ ܝܕܥܝܢܢ ܠܐܝܟܐ ܐܙܠ ܐܢܬ. ܘܐܝܟܢܐ
ܡܫܟܚܝܢܢ ܐܘܪܚܐ ܠܡܕܥ. 6 ܐܡܪ ܠܗ ܝܫܘܥ. ܐܢܐ ܐܢܐ
ܐܘܪܚܐ ܘܫܪܪܐ ܘܚܝ̈ܐ. ܠܐ ܐܢܫ ܐܬܐ ܠܘܬ ܐܒܝ ܐܠܐ ܐܢ ܒܝ.
7 ܐܠܘ ܠܝ ܝܕܥܬܘܢ ܗܘܝܬܘܢ: ܐܦ ܠܐܒܝ ܝܕܥܬܘܢ ܗܘܝܬܘܢ.
ܘܡܢ ܗܫܐ ܝܕܥܝܢ ܐܢܬܘܢ ܠܗ ܘܚܙܝܬܘܢܝܗܝ. 8 ܐܡܪ ܠܗ

ܦܝܠܝܦܘܣ. ܡܪܢ: ܚܘܝܢ ܐܒܐ ܘܣܦܩ ܠܢ. 9 ܐܡܪ ܠܗ
ܝܫܘܥ. ܗܐ ܟܡܐ ܙܒܢܐ ܥܡܟܘܢ ܐܢܐ: ܘܠܐ ܝܕܥܬܢܝ
ܦܝܠܝܦܐ: ܡܢ ܕܚܙܢܝ ܚܙܐ ܠܐܒܐ. ܘܐܝܟܢܐ ܐܢܬ ܐܡܪ ܐܢܬ
ܚܘܝܢ ܐܒܐ. 10 ܠܐ ܡܗܝܡܢ ܐܢܬ ܕܐܢܐ ܒܐܒܝ. ܘܐܒܝ ܒܝ:
ܘܡܠܐ ܐܝܠܝܢ ܕܐܢܐ ܡܡܠܠ ܐܢܐ: ܡܢ ܢܦܫܝ ܠܐ ܡܡܠܠ ܐܢܐ.
ܐܒܝ ܕܝܢ ܕܒܝ ܥܡܪ: ܗܘ ܥܒܕ ܥܒ̈ܕܐ ܗܠܝܢ. 11 ܗܝܡܢܘ
ܕܐܢܐ ܒܐܒܝ ܘܐܒܝ ܒܝ. ܘܐܠܐ ܐܦܠܐ ܡܛܠ ܥܒ̈ܕܐ ܗܝܡܢܘ.
12 ܐܡܝܢ ܐܡܝܢ ܐܡܪ ܐܢܐ ܠܟܘܢ: ܕܡܢ ܕܡܗܝܡܢ ܒܝ:
ܥܒ̈ܕܐ ܐܝܠܝܢ ܕܐܢܐ ܥܒܕ ܐܢܐ ܐܦ ܗܘ ܢܥܒܕ. ܘܕܝܬܝܪܢ ܡܢ
ܗܠܝܢ ܢܥܒܕ. ܕܐܢܐ ܠܘܬ ܐܒܝ ܐܙܠ ܐܢܐ. 13 ܘܡܕܡ ܕܬܫܐܠܘܢ
ܒܫܡܝ ܐܥܒܕ ܠܟܘܢ. ܕܢܫܬܒܚ ܐܒܐ ܒܒܪܗ. 14 ܘܐܢ
ܬܫܐܠܘܢܢܝ ܒܫܡܝ ܐܢܐ ܥܒܕ ܐܢܐ ܀ 15 ܐܢ ܪܚܡܝܢ ܐܢܬܘܢ
ܠܝ. ܦܘܩܕܢܝ ܛܪܘ. 16 ܘܐܢܐ ܐܒܥܐ ܡܢ ܐܒܝ: ܘܐܚܪܢܐ
ܦܪܩܠܛܐ ܢܬܠ ܠܟܘܢ: ܕܢܗܘܐ ܥܡܟܘܢ ܠܥܠܡ. 17 ܪܘܚܐ
ܕܫܪܪܐ. ܗܘ ܕܥܠܡܐ ܠܐ ܡܫܟܚ ܠܡܩܒܠܘܬܗ. ܡܛܠ ܕܠܐ
ܚܙܝܗܝ ܘܠܐ ܝܕܥܗ. ܐܢܬܘܢ ܕܝܢ ܝܕܥܝܬܘܢ ܠܗ.
ܕܠܘܬܟܘܢ ܥܡܪ: ܘܒܟܘܢ ܗܘ. 18 ܠܐ ܫܒܩ ܐܢܐ ܠܟܘܢ ܝܬܡܐ.
ܐܬܐ ܐܢܐ ܓܝܪ ܠܘܬܟܘܢ ܙܥܘܪ ܐܚܪܢ: 19 ܘܥܠܡܐ ܠܐ ܚܙܐ
ܠܝ. ܐܢܬܘܢ ܕܝܢ ܬܚܙܘܢܢܝ. ܕܐܢܐ ܚܝ. ܐܦ ܐܢܬܘܢ ܬܚܘܢ.
20 ܒܗܘ ܝܘܡܐ ܬܕܥܘܢ ܕܐܢܐ ܒܐܒܝ: ܘܐܢܬܘܢ ܒܝ ܐܢܬܘܢ:
ܘܐܢܐ ܒܟܘܢ ܐܢܐ ܀ 21 ܡܢ ܕܐܝܬ ܠܘܬܗ ܦܘܩܕܢܝ ܘܢܛܪ
ܠܗܘܢ: ܗܘ ܗܘ ܡܚܒ ܠܝ. ܗܘ ܕܝܢ ܕܪܚܡ ܠܝ. ܢܬܪܚܡ
ܡܢ ܐܒܝ. ܘܐܢܐ ܐܪܚܡܝܘܗܝ ܘܐܚܘܝܘܗܝ ܢܦܫܝ. 22 ܐܡܪ
ܠܗ ܝܗܘܕܐ. ܠܐ ܗܘܐ ܣܟܪܝܘܛܐ. ܡܪܝ: ܡܢܘ ܠܡ ܕܠܢ
ܐܝܬ ܠܡܚܘܝܘ ܢܦܫܟ ܘܠܐ ܗܘܐ ܠܥܠܡܐ. 23 ܥܢܐ ܝܫܘܥ
ܘܐܡܪ ܠܗ. ܡܢ ܕܪܚܡ ܠܝ. ܡܠܬܝ ܢܛܪ. ܘܐܒܝ
ܢܪܚܡܝܘܗܝ. ܘܠܘܬܗ ܐܬܝܢ: ܘܐܘܢܐ ܠܘܬܗ ܥܒܕܝܢ
24 ܗܘ ܕܝܢ ܕܠܐ ܪܚܡ ܠܝ ܡܠܝ ܠܐ ܢܛܪ. ܘܡܠܬܐ ܗܕܐ

ܕܫܡܥܝܢ ܐܢܬܘܢ ܠܐ ܗܘܬ ܕܝܠܝ. ܐܠܐ ܕܐܒܐ ܕܫܕܪܢܝ.
25 ܗܠܝܢ ܡܠܠܬ ܥܡܟܘܢ ܟܕ ܠܘܬܟܘܢ ܐܢܐ. 26 ܗܘ
ܕܝܢ ܦܪܩܠܝܛܐ ܪܘܚܐ ܕܩܘܕܫܐ: ܗܘ ܕܡܫܕܪ ܐܒܐ ܒܫܡܝ:
ܗܘ ܢܠܦܟܘܢ ܟܠܡܕܡ. ܘܗܘ ܢܥܗܕܟܘܢ ܟܠ ܡܐ ܕܐܡܪ
ܐܢܐ ܠܟܘܢ. 27 ܫܠܡܐ ܫܒܩ ܐܢܐ ܠܟܘܢ. ܫܠܡܐ ܕܝܠܝ
ܝܗܒ ܐܢܐ ܠܟܘܢ. ܠܐ ܗܘܐ ܐܝܟܢܐ ܕܝܗܒ ܥܠܡܐ ܐܢܐ ܝܗܒ
ܐܢܐ ܠܟܘܢ. ܠܐ ܢܬܕܠܚ ܠܒܟܘܢ ܘܠܐ ܢܕܚܠ. 28 ܫܡܥܬܘܢ ܕܐܢܐ
ܐܡܪܬ ܠܟܘܢ: ܕܐܙܠ ܐܢܐ ܘܐܬܐ ܐܢܐ ܠܘܬܟܘܢ. ܐܠܘ ܪܚܡܝܢ
ܗܘܝܬܘܢ ܠܝ: ܚܕܐ ܗܘܝܬܘܢ ܕܐܙܠ ܐܢܐ ܠܘܬ ܐܒܝ. ܕܐܒܝ
ܪܒ ܗܘ ܡܢܝ. 29 ܘܗܫܐ ܗܐ ܐܡܪܬ ܠܟܘܢ ܥܕܠܐ ܬܗܘܐ.
ܕܡܐ ܕܗܘܬ ܬܗܝܡܢܘܢ. 30 ܡܟܝܠ ܠܐ ܐܡܠܠ ܥܡܟܘܢ
ܣܓܝܐܬܐ. ܐܬܐ ܓܝܪ ܐܪܟܘܢܗ ܕܥܠܡܐ: ܘܒܝ ܠܝܬ ܠܗ
ܡܕܡ. 31 ܐܠܐ ܕܢܕܥ ܥܠܡܐ ܕܪܚܡ ܐܢܐ ܠܐܒܝ. ܘܐܝܟܢܐ
ܕܦܩܕܢܝ ܐܒܝ ܗܟܢܐ ܥܒܕ ܐܢܐ. ܩܘܡܘ ܢܐܙܠ ܡܟܐ ܀

ܩܦܠܐܘܢ ܀ ܝܗ ܀

1 ܐܢܐ ܐܢܐ ܓܦܬܐ ܕܫܪܪܐ. ܘܐܒܝ ܗܘ ܦܠܚܐ. 2 ܟܠ
ܫܒܫܬܐ ܕܒܝ ܦܐܪܐ ܠܐ ܝܗܒܐ: ܫܩܠ ܠܗ. ܘܐܝܕܐ ܕܝܗܒܐ
ܦܐܪܐ: ܡܕܟܐ ܠܗ ܕܦܐܪܐ ܣܓܝܐܐ ܬܐܬܠ. 3 ܐܢܬܘܢ ܡܢ ܟܒܪ
ܕܟܝܢ ܐܢܬܘܢ. ܡܛܠ ܡܠܬܐ ܕܡܠܠܬ ܥܡܟܘܢ. 4 ܩܘܘ
ܒܝ ܘܐܢܐ ܒܟܘܢ. ܐܝܟܢܐ ܕܫܒܫܬܐ ܠܐ ܡܫܟܚܐ ܕܬܬܠ ܦܐܪܐ
ܡܢ ܢܦܫܗ: ܐܠܐ ܠܐ ܡܩܘܝܐ ܒܓܦܬܐ: ܗܟܢܐ ܐܦ ܠܐ ܐܢܬܘܢ
ܐܠܐ ܠܐ ܬܩܘܘܢ ܒܝ. 5 ܐܢܐ ܐܢܐ ܓܦܬܐ ܘܐܢܬܘܢ ܫܒܫܬܐ. ܡܢ
ܕܡܩܘܐ ܒܝ ܘܐܢܐ ܒܗ: ܗܢܐ ܡܝܬܐ ܦܐܪܐ ܣܓܝܐܐ. ܡܛܠ
ܕܒܠܥܕܝ ܐܢܐ ܠܐ ܡܫܟܚܝܢ ܐܢܬܘܢ ܠܡܥܒܕ ܡܕܡ. 6 ܐܠܐ ܠܐ ܕܝܢ
ܐܢܫ ܡܩܘܐ ܒܝ: ܡܫܬܕܐ ܠܒܪ. ܐܝܟ ܫܒܫܬܐ ܕܝܒܫܬ:
ܘܠܩܛܝܢ ܠܗ ܘܪܡܝܢ ܠܗ ܒܢܘܪܐ ܕܬܐܩܕ. 7 ܐܢ ܕܝܢ ܬܩܘܘܢ ܒܝ
ܘܡܠܝ ܢܩܘܝܢ ܒܟܘܢ: ܟܠ ܡܐ ܕܬܨܒܘܢ ܠܡܫܐܠ ܢܗܘܐ

ܠܟܘܢ ܀ 8 ܒܗܕܐ ܡܫܬܒܚ ܐܒܐ. ܕܦܐܪܐ ܣܓܝܐܐ ܬܐܬܘܢ.
ܘܬܗܘܘܢ ܬܠܡܝܕܝ. 9 ܐܝܟܢܐ ܕܐܚܒܢܝ ܐܒܝ: ܐܦ ܐܢܐ
ܐܚܒܬܟܘܢ. ܩܘܘ ܒܚܘܒܐ ܕܝܠܝ. 10 ܐܢ ܦܘܩܕܢܝ ܬܛܪܘܢ
ܬܩܘܘܢ ܒܚܘܒܐ ܕܝܠܝ. ܐܝܟܢܐ ܕܐܢܐ ܢܛܪܬ ܦܘܩܕܢܘܗܝ
ܕܐܒܝ. ܘܩܐܡ ܐܢܐ ܒܚܘܒܗ. 11 ܗܠܝܢ ܡܠܠܬ ܥܡܟܘܢ:
ܕܬܗܘܐ ܚܕܘܬܝ ܒܟܘܢ. ܘܬܬܡܠܐ ܚܕܘܬܟܘܢ. 12 ܗܢܘ
ܦܘܩܕܢܝ ܕܬܚܒܘܢ ܚܕ ܠܚܕ. ܐܝܟܢܐ ܕܐܢܐ ܐܚܒܬܟܘܢ.
13 ܚܘܒܐ ܕܪܒ ܡܢ ܗܢܐ ܠܝܬ. ܕܐܢܫ ܢܣܝܡ ܢܦܫܗ ܚܠܦ
ܪܚܡܘܗܝ. 14 ܐܢܬܘܢ ܪܚܡܝ ܐܢܬܘܢ: ܐܢ ܬܥܒܕܘܢ ܟܠ
ܕܡܦܩܕ ܐܢܐ ܠܟܘܢ. 15 ܠܐ ܡܟܝܠ ܩܪܐ ܐܢܐ ܠܟܘܢ ܥܒܕܐ.
ܡܛܠ ܕܥܒܕܐ ܠܐ ܝܕܥ ܡܢܐ ܥܒܕ ܡܪܗ. ܪܚܡܝ ܕܝܢ
ܩܪܝܬܟܘܢ: ܡܛܠ ܕܟܠ ܕܫܡܥܬ ܡܢ ܐܒܝ ܐܘܕܥܬܟܘܢ.
16 ܠܐ ܗܘܐ ܐܢܬܘܢ ܓܒܝܬܘܢܢܝ. ܐܠܐ ܐܢܐ ܗܘ ܓܒܝܬܟܘܢ.
ܘܣܡܬܟܘܢ ܕܐܦ ܐܢܬܘܢ ܬܐܙܠܘܢ ܬܐܬܘܢ ܦܐܪܐ. ܘܦܐܪܝܟܘܢ
ܢܩܘܐ. ܕܟܠ ܕܬܫܐܠܘܢ ܠܐܒܝ ܒܫܡܝ ܢܬܠ ܠܟܘܢ.
17 ܗܠܝܢ ܡܦܩܕ ܐܢܐ ܠܟܘܢ: ܕܬܚܒܘܢ ܚܕ ܠܚܕ. 18 ܘܐܢ
ܥܠܡܐ ܣܢܐ ܠܟܘܢ: ܕܥܘ ܕܠܝ ܩܕܡܝܟܘܢ ܣܢܐ. 19 ܘܐܠܘ
ܡܢ ܥܠܡܐ ܗܘܝܬܘܢ: ܥܠܡܐ ܠܕܝܠܗ ܪܚܡ ܗܘܐ.
ܐܠܐ ܠܐ ܗܘܝܬܘܢ ܡܢ ܥܠܡܐ. ܐܢܐ ܓܝܪ ܓܒܝܬܟܘܢ ܡܢ
ܥܠܡܐ: ܡܛܠ ܗܢܐ ܣܢܐ ܠܟܘܢ ܥܠܡܐ. 20 ܐܬܕܟܪܘ
ܡܠܬܐ ܕܐܢܐ ܐܡܪܬ ܠܟܘܢ: ܕܠܝܬ ܥܒܕܐ ܕܪܒ ܡܢ ܡܪܗ.
ܐܢ ܠܝ ܪܕܦܘ ܐܦ ܠܟܘܢ ܢܪܕܦܘܢ. ܘܐܢ ܡܠܬܝ ܢܛܪܘ ܐܦ
ܕܝܠܟܘܢ ܢܛܪܘܢ. 21 ܐܠܐ ܗܠܝܢ ܟܠܗܝܢ ܢܥܒܕܘܢ ܒܟܘܢ.
ܡܛܠ ܫܡܝ ܕܝܠܝ. ܕܠܐ ܝܕܥܝܢ ܠܡܢ ܕܫܕܪܢܝ. 22 ܐܠܘ ܐܢܐ
ܠܐ ܐܬܝܬ ܡܠܠܬ ܥܡܗܘܢ: ܠܝܬ ܗܘܬ ܠܗܘܢ ܚܛܝܬܐ.
ܗܫܐ ܕܝܢ ܠܝܬ ܥܠܬܐ ܠܚܛܗܝܗܘܢ. 23 ܡܢ ܕܠܝ
ܣܢܐ ܐܦ ܠܐܒܝ ܣܢܐ. 24 ܘܐܠܘ ܥܒܕܐ ܠܐ ܥܒܕܬ ܠܥܝܢܝܗܘܢ:
ܐܝܠܝܢ ܕܐܢܫ ܐܚܪܢ ܠܐ ܥܒܕ. ܠܝܬ ܗܘܬ ܠܗܘܢ ܚܛܝܬܐ.

ܗܫܐ ܕܝܢ ܚܙܘ ܘܣܢܘ ܐܦ ܠܝ ܘܐܦ ܠܐܒܝ. 25 ܕܬܬܡܠܐ
ܡܠܬܐ ܕܟܬܝܒܐ ܒܢܡܘܣܗܘܢ ܕܣܢܐܘܢܝ ܡܓܢ. 26 ܡܐ
ܕܝܢ ܕܐܬܐ ܦܪܩܠܝܛܐ: ܗܘ ܕܐܢܐ ܡܫܕܪ ܐܢܐ ܠܟܘܢ ܡܢ ܠܘܬ
ܐܒܝ: ܪܘܚܐ ܕܫܪܪܐ ܗܘ ܕܡܢ ܠܘܬ ܐܒܝ ܢܦܩ: ܗܘ ܢܣܗܕ
ܥܠܝ. 27 ܐܦ ܐܢܬܘܢ ܣܗܕܝܢ ܐܢܬܘܢ. ܕܡܢ ܫܘܪܝܐ ܥܡܝ
ܐܢܬܘܢ ܀

ܩܦܠܐܘܢ ܀ ܝܘ ܀

1 ܗܠܝܢ ܡܠܠܬ ܥܡܟܘܢ ܕܠܐ ܬܬܟܫܠܘܢ. 2 ܢܦܩܘܢܟܘܢ
ܓܝܪ ܡܢ ܟܢܘܫܬܗܘܢ. ܘܬܐܬܐ ܫܥܬܐ ܕܟܠ ܕܢܩܛܘܠܟܘܢ:
ܢܣܒܪ ܕܩܘܪܒܢܐ ܡܩܪܒ ܠܐܠܗܐ. 3 ܘܗܠܝܢ ܢܥܒܕܘܢ
ܡܛܠ ܕܠܐ ܝܕܥܘ ܘܠܐ ܠܐܒܝ ܘܠܐ ܠܝ ܀ 4 ܗܠܝܢ ܡܠܠܬ
ܥܡܟܘܢ: ܕܡܐ ܕܐܬܐ ܥܕܢܗܝܢ ܬܬܕܟܪܘܢ ܐܢܝܢ. ܕܐܢܐ ܐܡܪܬ
ܠܟܘܢ. ܗܠܝܢ ܕܝܢ ܡܢ ܩܕܝܡ ܠܐ ܐܡܪܬ ܠܟܘܢ ܕܥܡܟܘܢ
ܗܘܝܬ. 5 ܗܫܐ ܕܝܢ ܐܙܠ ܐܢܐ ܠܘܬ ܡܢ ܕܫܕܪܢܝ. ܘܠܐ
ܐܢܫ ܡܢܟܘܢ ܡܫܐܠ ܠܝ ܠܐܝܟܐ ܐܙܠ ܐܢܬ. 6 ܐܡܪܬ ܠܟܘܢ
ܓܝܪ ܗܠܝܢ: ܘܐܬܬ ܟܪܝܘܬܐ ܘܡܠܬ ܠܒܘܬܟܘܢ. 7 ܐܠܐ ܐܢܐ
ܫܪܪܐ ܐܡܪ ܐܢܐ ܠܟܘܢ: ܕܦܩܚ ܠܟܘܢ ܕܐܢܐ ܐܙܠ. ܐܢ ܓܝܪ
ܐܢܐ ܠܐ ܐܙܠ ܐܢܐ: ܦܪܩܠܝܛܐ ܠܐ ܐܬܐ ܠܘܬܟܘܢ. ܐܢ ܕܝܢ ܐܙܠ
ܐܫܕܪܝܘܗܝ ܠܘܬܟܘܢ. 8 ܘܡܐ ܕܐܬܐ ܗܘ ܢܟܣܝܘܗܝ ܠܥܠܡܐ.
ܥܠ ܚܛܝܬܐ: ܘܥܠ ܙܕܝܩܘܬܐ: ܘܥܠ ܕܝܢܐ. 9 ܥܠ
ܚܛܝܬܐ ܕܠܐ ܡܗܝܡܢܝܢ ܒܝ. 10 ܥܠ ܙܕܝܩܘܬܐ ܕܝܢ ܕܠܘܬ ܐܒܝ
ܐܙܠ ܐܢܐ. ܘܠܐ ܬܘܒ ܚܙܝܢ ܐܢܬܘܢ ܠܝ. 11 ܥܠ ܕܝܢܐ ܕܝܢ:
ܕܐܪܟܘܢܐ ܕܥܠܡܐ ܗܢܐ ܕܝܢ ܗܘ. 12 ܬܘܒ ܣܓܝ ܐܝܬ ܠܝ
ܠܡܐܡܪ ܠܟܘܢ. ܐܠܐ ܠܐ ܡܫܟܚܝܢ ܐܢܬܘܢ ܠܡܐܚܕ ܗܫܐ.
13 ܡܐ ܕܐܬܐ ܕܝܢ ܪܘܚܐ ܕܫܪܪܐ. ܗܘ ܢܕܒܪܟܘܢ ܒܟܠܗ ܫܪܪܐ:
ܠܐ ܓܝܪ ܢܡܠܠ ܡܢ ܪܥܝܢ ܢܦܫܗ. ܐܠܐ ܟܠ ܕܢܫܡܥ ܗܘ
ܢܡܠܠ. ܘܥܬܝܕܬܐ ܢܘܕܥܟܘܢ. 14 ܗܘ ܢܫܒܚܢܝ. ܡܛܠ
ܕܡܢ ܕܝܠܝ ܢܣܒ. 15 ܟܠ ܡܕܡ ܕܐܝܬ ܠܐܒܝ ܕܝܠܝ ܗܘ.

ܡܛܠ ܗܢܐ ܐܡܪܬ ܠܟܘܢ ܕܡܢ ܕܝܠܝ ܢܣܒ ܘܢܚܘܝܟܘܢ ܀
16 ܩܠܝܠ ܘܠܐ ܬܚܙܘܢܢܝ. ܘܬܘܒ ܩܠܝܠ ܘܬܚܙܘܢܢܝ:
ܕܐܙܠ ܐܢܐ ܠܘܬ ܐܒܐ. 17 ܘܐܡܪܘ ܗܘܘ ܬܠܡܝܕܘܗܝ ܚܕ
ܠܚܕ. ܡܢܐ ܗܝ ܗܕܐ ܕܐܡܪ ܠܢ ܕܩܠܝܠ ܘܠܐ ܬܚܙܘܢܢܝ.
ܘܬܘܒ ܩܠܝܠ ܘܬܚܙܘܢܢܝ: ܘܕܐܙܠ ܐܢܐ ܠܘܬ ܐܒܝ.
18 ܘܐܡܪܝܢ ܗܘܘ: ܡܢܐ ܗܝ ܗܕܐ ܩܠܝܠܐ ܕܐܡܪ. ܠܐ ܝܕܥܝܢ
ܚܢܢ ܡܢܐ ܡܡܠܠ. 19 ܝܫܘܥ ܕܝܢ ܝܕܥ ܕܒܥܝܢ ܗܘܘ ܠܡܫܐܠܘܗܝ:
ܘܐܡܪ ܠܗܘܢ. ܥܠ ܗܕܐ ܒܥܝܢ ܐܢܬܘܢ ܥܡ ܚܕܕܐ: ܕܐܡܪܬ
ܠܟܘܢ ܕܩܠܝܠ ܘܠܐ ܬܚܙܘܢܢܝ: ܘܬܘܒ ܩܠܝܠ ܘܬܚܙܘܢܢܝ:
20 ܐܡܝܢ ܐܡܝܢ ܐܡܪ ܐܢܐ ܠܟܘܢ: ܕܬܒܟܘܢ ܐܢܬܘܢ ܘܬܐܠܘܢ:
ܘܥܠܡܐ ܢܚܕܐ ܘܠܟܘܢ ܬܟܪܐ ܠܟܘܢ. ܐܠܐ ܟܪܝܘܬܟܘܢ ܠܚܕܘܬܐ ܬܗܘܐ.
21 ܐܢܬܬܐ ܡܐ ܕܝܠܕܐ: ܟܪܝܐ ܠܗ ܕܡܛܬ ܝܘܡܐ ܕܡܘܠܕܗ.
ܡܐ ܕܝܠܕܬ ܕܝܢ ܒܪܐ: ܠܐ ܥܗܕܐ ܐܘܠܨܢܗ. ܡܛܠ ܚܕܘܬܐ
ܕܐܬܝܠܕ ܒܪܢܫܐ ܒܥܠܡܐ. 22 ܐܦ ܐܢܬܘܢ ܗܫܐ ܟܪܝܐ ܠܟܘܢ.
ܬܘܒ ܕܝܢ ܐܚܙܝܟܘܢ ܘܢܚܕܐ ܠܒܟܘܢ: ܘܚܕܘܬܟܘܢ ܠܐ ܐܢܫ
ܢܣܒ ܡܢܟܘܢ. 23 ܘܒܗܘ ܝܘܡܐ ܠܝ ܠܐ ܬܫܐܠܘܢ ܡܕܡ.
ܐܡܝܢ ܐܡܝܢ ܐܡܪ ܐܢܐ ܠܟܘܢ: ܕܟܠ ܡܕܡ ܕܬܫܐܠܘܢ ܠܐܒܝ
ܒܫܡܝ ܢܬܠ ܠܟܘܢ. 24 ܥܕܡܐ ܠܗܫܐ ܠܐ ܫܐܠܬܘܢ ܡܕܡ
ܒܫܡܝ. ܫܐܠܘ ܘܬܣܒܘܢ. ܕܬܗܘܐ ܚܕܘܬܟܘܢ
ܡܫܡܠܝܐ. 25 ܗܠܝܢ ܒܦܠܐܬܐ ܡܠܠܬ ܥܡܟܘܢ. ܐܬܝܐ ܕܝܢ
ܫܥܬܐ ܐܡܬܝ ܕܠܐ ܐܡܠܠ ܥܡܟܘܢ ܒܦܠܐܬܐ. ܐܠܐ ܓܠܝܐܝܬ
ܐܚܘܐ ܠܟܘܢ ܥܠ ܐܒܐ. 26 ܒܗܘ ܝܘܡܐ ܒܫܡܝ ܬܫܐܠܘܢ.
ܘܠܐ ܐܡܪ ܐܢܐ ܠܟܘܢ ܕܐܢܐ ܐܒܥܐ ܡܢ ܐܒܐ ܥܠܝܟܘܢ. 27 ܗܘ
ܓܝܪ ܐܒܐ ܪܚܡ ܠܟܘܢ ܕܐܢܬܘܢ ܪܚܡܬܘܢܢܝ. ܘܗܝܡܢܬܘܢ
ܕܐܢܐ ܡܢ ܠܘܬ ܐܒܐ ܢܦܩܬ. 28 ܢܦܩܬ ܡܢ ܠܘܬ ܐܒܐ ܘܐܬܝܬ
ܠܥܠܡܐ: ܘܬܘܒ ܫܒܩ ܐܢܐ ܠܥܠܡܐ ܘܐܙܠ ܐܢܐ ܠܘܬ
ܐܒܐ. 29 ܐܡܪܝܢ ܠܗ ܬܠܡܝܕܘܗܝ. ܗܐ ܗܫܐ ܓܠܝܐܝܬ
ܡܡܠܠ ܐܢܬ. ܘܦܠܐܬܐ ܘܠܐ ܚܕܐ ܐܡܪ ܐܢܬ. 30 ܗܫܐ ܝܕܥܝܢ

ܕܟܠܡܕܡ ܝܕܥ ܐܢܬ. ܘܠܐ ܣܢܝܩ ܐܢܬ ܕܐܢܫ ܢܫܐܠܟ.
ܒܗܕܐ ܡܗܝܡܢܝܢ ܚܢܢ ܕܡܢ ܐܠܗܐ ܢܦܩܬ ܀ 31 ܐܡܪ
ܠܗܘܢ ܝܫܘܥ. ܗܝܡܢܘ. 32 ܕܗܐ ܐܬܝܐ ܫܥܬܐ ܘܗܫܐ ܐܬܬ:
ܕܬܬܒܕܪܘܢ ܐܢܫ ܠܐܬܪܗ. ܘܬܫܒܩܘܢܢܝ ܒܠܚܘܕܝ. ܘܠܐ ܗܘܝܬ
ܒܠܚܘܕܝ ܕܐܒܐ ܥܡܝ ܗܘ. 33 ܗܠܝܢ ܐܡܪܬ ܠܟܘܢ: ܕܒܝ
ܢܗܘܐ ܠܟܘܢ ܫܠܡܐ. ܒܥܠܡܐ ܗܘܐ ܠܟܘܢ ܐܘܠܨܢܐ. ܐܠܐ
ܐܬܠܒܒܘ ܐܢܐ ܙܟܝܬܗ ܠܥܠܡܐ ܀

ܩܦܠܐܘܢ ܀ ܝܙ ܀

1 ܗܠܝܢ ܡܠܠ ܝܫܘܥ: ܘܐܪܝܡ ܥܝܢܘܗܝ ܠܫܡܝܐ ܘܐܡܪ.
ܐܒܝ. ܐܬܬ ܫܥܬܐ ܫܒܚ ܒܪܟ ܕܒܪܟ ܢܫܒܚܟ. 2 ܐܝܟܢܐ ܕܝܗܒܬ
ܠܗ ܫܘܠܛܢܐ ܥܠ ܟܠ ܒܣܪ. ܕܟܠ ܡܐ ܕܝܗܒܬ ܠܗ
ܢܬܠ ܠܗ ܚܝܐ ܕܠܥܠܡ. 3 ܗܠܝܢ ܐܢܝܢ ܕܝܢ ܚܝܐ ܕܠܥܠܡ:
ܕܢܕܥܘܢܟ ܕܐܢܬ ܐܝܬܝܟ ܐܠܗܐ ܕܫܪܪܐ ܒܠܚܘܕܝܟ: ܘܡܢ ܕܫܕܪܬ
ܝܫܘܥ ܡܫܝܚܐ. 4 ܐܢܐ ܫܒܚܬܟ ܒܐܪܥܐ. ܥܒܕܐ ܗܘ
ܕܝܗܒܬ ܠܝ ܕܐܥܒܕ ܫܡܠܝܬܗ. 5 ܘܗܫܐ ܫܒܚܝܢܝ ܐܢܬ
ܐܒܝ ܠܘܬܟ: ܒܗܘ ܫܘܒܚܐ ܕܐܝܬ ܗܘܐ ܠܝ ܠܘܬܟ: ܥܕ
ܠܐ ܢܗܘܐ ܥܠܡܐ. 6 ܐܘܕܥܬ ܫܡܟ ܠܒܢܝܢܫܐ: ܗܢܘܢ
ܕܝܗܒܬ ܠܝ ܡܢ ܥܠܡܐ. ܕܝܠܟ ܗܘܘ ܘܠܝ ܝܗܒܬ ܐܢܘܢ.
ܘܡܠܬܟ ܢܛܪܘ. 7 ܗܫܐ ܝܕܥܘ ܕܟܠ ܡܐ ܕܝܗܒܬ ܠܝ ܡܢ
ܠܘܬܟ ܗܘ. 8 ܕܡܠܐ ܕܝܗܒܬ ܠܝ ܝܗܒܬ ܠܗܘܢ. ܘܗܢܘܢ
ܩܒܠܘ ܘܝܕܥܘ ܫܪܝܪܐܝܬ ܕܡܢ ܠܘܬܟ ܢܦܩܬ. ܘܗܝܡܢܘ
ܕܐܢܬ ܫܕܪܬܢܝ. 9 ܘܐܢܐ ܡܛܠܬܗܘܢ ܒܥܐ ܐܢܐ. ܠܐ ܗܘܐ ܥܠ
ܥܠܡܐ ܒܥܐ ܐܢܐ. ܐܠܐ ܥܠ ܗܢܘܢ ܕܝܗܒܬ ܠܝ: ܕܕܝܠܟ ܐܢܘܢ.
10 ܘܟܠ ܕܝܠܝ ܕܝܠܟ ܗܘ. ܘܕܝܠܟ ܕܝܠܝ ܗܘ.
ܘܡܫܬܒܚ ܐܢܐ ܒܗܘܢ. 11 ܡܟܝܠ ܠܐ ܗܘܐ ܒܥܠܡܐ.
ܘܗܢܘܢ ܒܥܠܡܐ ܐܢܘܢ. ܘܐܢܐ ܠܘܬܟ ܐܬܐ ܐܢܐ. ܐܒܐ ܩܕܝܫܐ
ܛܪ ܐܢܘܢ ܒܫܡܟ ܗܘ ܕܝܗܒܬ ܠܝ. ܕܢܗܘܘܢ ܚܕ ܐܝܟܢܐ

ܕܚܢܢ ܀ 12 ܟܕ ܥܡܗܘܢ ܗܘܝܬ ܒܥܠܡܐ. ܐܢܐ ܢܛܪ ܗܘܝܬ
ܠܗܘܢ ܒܫܡܟ. ܠܐܝܠܝܢ ܕܝܗܒܬ ܠܝ ܢܛܪܬ. ܘܐܢܫ ܡܢܗܘܢ
ܠܐ ܐܒܕ: ܐܠܐ ܒܪܗ ܕܐܒܕܢܐ ܕܢܫܠܡ ܟܬܒܐ ܀ 13 ܗܫܐ ܕܝܢ
ܠܘܬܟ ܐܬܐ ܐܢܐ. ܘܗܠܝܢ ܡܡܠܠ ܐܢܐ ܒܥܠܡܐ: ܕܬܗܘܐ ܚܕܘܬܝ
ܡܫܡܠܝܐ ܒܗܘܢ. 14 ܐܢܐ ܝܗܒܬ ܠܗܘܢ ܡܠܬܟ. ܘܥܠܡܐ
ܣܢܐ ܐܢܘܢ. ܕܠܐ ܗܘܘ ܡܢ ܥܠܡܐ. ܐܝܟܢܐ ܕܐܢܐ ܠܐ ܗܘܝܬ ܡܢ
ܥܠܡܐ. 15 ܠܐ ܗܘܐ ܕܬܫܩܘܠ ܐܢܘܢ ܡܢ ܥܠܡܐ ܒܥܐ ܐܢܐ. ܐܠܐ
ܕܬܛܪ ܐܢܘܢ ܡܢ ܒܝܫܐ. 16 ܠܐ ܗܘܘ ܓܝܪ ܡܢ ܥܠܡܐ: ܐܝܟܢܐ
ܕܐܢܐ ܠܐ ܗܘܝܬ ܡܢ ܥܠܡܐ. 17 ܐܒܐ ܩܕܫ ܐܢܘܢ ܒܫܪܪܟ.
ܕܡܠܬܟ ܕܝܠܟ ܫܪܪܐ ܗܝ. 18 ܐܝܟܢܐ ܕܠܝ ܫܕܪܬ ܠܥܠܡܐ:
ܐܦ ܐܢܐ ܫܕܪܬ ܐܢܘܢ ܠܥܠܡܐ. 19 ܘܡܛܠܬܗܘܢ ܐܢܐ ܡܩܕܫ
ܐܢܐ ܢܦܫܝ. ܕܢܗܘܘܢ ܐܦ ܗܢܘܢ ܡܩܕܫܝܢ ܒܫܪܪܐ. 20 ܘܠܐ
ܗܘܐ ܥܠ ܗܠܝܢ ܒܠܚܘܕ ܒܥܐ ܐܢܐ: ܐܠܐ ܐܦ ܥܠ
ܐܝܠܝܢ ܕܡܗܝܡܢܝܢ ܒܝ ܒܡܠܬܗܘܢ. 21 ܕܟܠܗܘܢ
ܢܗܘܘܢ ܚܕ. ܐܝܟܢܐ ܕܐܢܬ ܐܒܝ ܒܝ ܘܐܢܐ ܒܟ. ܕܐܦ ܗܢܘܢ
ܒܢ ܢܗܘܘܢ ܚܕ. ܕܢܗܝܡܢ ܥܠܡܐ ܕܐܢܬ ܫܕܪܬܢܝ. 22 ܘܐܢܐ
ܬܫܒܘܚܬܐ ܕܝܗܒܬ ܠܝ ܝܗܒܬ ܠܗܘܢ. ܕܢܗܘܘܢ ܚܕ ܐܝܟܢܐ
ܕܚܢܢ ܚܕ ܚܢܢ. 23 ܐܢܐ ܒܗܘܢ ܘܐܢܬ ܒܝ. ܕܢܗܘܘܢ ܓܡܝܪܝܢ
ܠܚܕ. ܘܢܕܥ ܥܠܡܐ ܕܐܢܬ ܫܕܪܬܢܝ. ܘܐܚܒܬ ܐܢܘܢ ܐܝܟܢܐ
ܕܐܦ ܠܝ ܐܚܒܬ. 24 ܐܒܐ. ܐܝܠܝܢ ܕܝܗܒܬ ܠܝ: ܨܒܐ ܐܢܐ
ܕܐܝܟܐ ܕܐܢܐ ܐܝܬܝ ܐܦ ܗܢܘܢ ܢܗܘܘܢ ܥܡܝ. ܕܢܗܘܘܢ ܚܙܝܢ ܬܫܒܘܚܬܝ
ܗܝ ܕܝܗܒܬ ܠܝ: ܕܐܚܒܬܢܝ ܡܢ ܩܕܡ ܬܪܡܝܬܗ
ܕܥܠܡܐ. 25 ܐܒܐ ܟܐܢܐ: ܘܥܠܡܐ ܠܐ ܝܕܥܟ. ܐܢܐ ܕܝܢ ܝܕܥܬܟ.
ܘܗܢܘܢ ܝܕܥܘ ܕܐܢܬ ܫܕܪܬܢܝ. 26 ܘܐܘܕܥܬ ܐܢܘܢ ܫܡܟ
ܘܡܘܕܥ ܐܢܐ. ܕܚܘܒܐ ܗܘ ܕܐܚܒܬܢܝ ܢܗܘܐ ܒܗܘܢ. ܘܐܢܐ
ܐܗܘܐ ܒܗܘܢ ܀

ܩܦܠܐܘܢ ܀ ܝܚ ܀

1 ܗܠܝܢ ܐܡܪ ܝܫܘܥ. ܘܢܦܩ ܥܡ ܬܠܡܝܕܘܗܝ ܠܥܒܪܐ
ܕܢܚܠܐ ܕܩܕܪܘܢ: ܐܬܪ ܕܐܝܬ ܗܘܐ ܓܢܬܐ. ܐܝܟܐ ܕܥܠ ܗܘ
ܘܬܠܡܝܕܘܗܝ. 2 ܝܕܥ ܗܘܐ ܕܝܢ ܐܦ ܝܗܘܕܐ ܡܫܠܡܢܐ
ܠܕܘܟܬܐ ܗܝ. ܡܛܠ ܕܣܓܝܐܢ ܙܒܢܝܢ ܟܢܫ ܗܘܐ ܬܡܢ
ܝܫܘܥ ܥܡ ܬܠܡܝܕܘܗܝ. 3 ܗܘ ܗܟܝܠ ܝܗܘܕܐ ܕܒܪ
ܐܣܦܝܪ: ܘܡܢ ܠܘܬ ܪܒܝ ܟܗܢܐ ܘܦܪܝܫܐ ܕܒܪ ܕܚܫܐ.
ܘܐܬܐ ܠܬܡܢ ܥܡ ܢܦܛܐ ܘܠܡܦܐܕܐ ܘܙܝܢܐ. 4 ܝܫܘܥ ܕܝܢ ܕܝܕܥ
ܗܘܐ ܟܠ ܡܕܡ ܕܐܬܐ ܥܠܘܗܝ: ܢܦܩ ܘܐܡܪ ܠܗܘܢ. ܠܡܢ
ܒܥܝܢ ܐܢܬܘܢ. 5 ܐܡܪܝܢ ܠܗ: ܠܝܫܘܥ ܢܨܪܝܐ. ܐܡܪ ܠܗܘܢ
ܝܫܘܥ ܐܢܐ ܐܢܐ. ܩܐܡ ܗܘܐ ܕܝܢ ܐܦ ܝܗܘܕܐ ܡܫܠܡܢܐ
ܥܡܗܘܢ. 6 ܘܟܕ ܐܡܪ ܠܗܘܢ ܝܫܘܥ ܕܐܢܐ ܐܢܐ: ܐܙܠܘ
ܠܒܣܬܪܗܘܢ ܘܢܦܠܘ ܥܠ ܐܪܥܐ. 7 ܘܬܘܒ ܫܐܠ ܐܢܘܢ
ܝܫܘܥ ܠܡܢ ܒܥܝܢ ܐܢܬܘܢ. ܗܢܘܢ ܕܝܢ ܐܡܪܘ: ܠܝܫܘܥ
ܢܨܪܝܐ. 8 ܐܡܪ ܠܗܘܢ ܝܫܘܥ. ܐܡܪܬ ܠܟܘܢ ܕܐܢܐ ܐܢܐ. ܘܐܢ
ܠܝ ܒܥܝܢ ܐܢܬܘܢ: ܫܒܘܩܘ ܠܗܠܝܢ ܢܐܙܠܘܢ. 9 ܕܬܫܬܠܡ
ܡܠܬܐ ܕܐܡܪ. ܕܐܝܠܝܢ ܕܝܗܒܬ ܠܝ ܠܐ ܐܘܒܕܬ ܡܢܗܘܢ
ܐܦܠܐ ܚܕ. 10 ܫܡܥܘܢ ܕܝܢ ܟܐܦܐ. ܐܝܬ ܗܘܐ ܥܠܘܗܝ
ܣܦܣܪܐ. ܘܫܡܛܗ. ܘܡܚܝܗܝ ܠܥܒܕܗ ܕܪܒ ܟܗܢܐ:
ܘܫܩܠܗ ܐܕܢܗ ܕܝܡܝܢܐ. ܫܡܗ ܕܝܢ ܕܥܒܕܐ ܡܠܟܐ.
11 ܘܐܡܪ ܝܫܘܥ ܠܟܐܦܐ. ܣܝܡ ܣܦܣܪܐ ܒܬܠܝܬܗ. ܟܣܐ
ܕܝܗܒ ܠܝ ܐܒܐ: ܠܐ ܐܫܬܝܘܗܝ. 12 ܗܝܕܝܢ ܐܣܦܝܪ
ܘܟܠܝܪܟܐ. ܘܕܚܫܐ ܕܝܗܘܕܝܐ. ܐܚܕܘܗܝ ܠܝܫܘܥ ܘܐܣܪܘܗܝ.
13 ܘܐܝܬܝܘܗܝ ܠܘܬ ܚܢܢ ܠܘܩܕܡ. ܡܛܠ ܕܚܡܘܗܝ ܗܘܐ
ܕܩܝܦܐ: ܗܘ ܕܐܝܬܘܗܝ ܗܘܐ ܪܒ ܟܗܢܐ ܕܫܢܬܐ ܗܝ.
14 ܐܝܬܘܗܝ ܗܘܐ ܕܝܢ ܩܝܦܐ. ܗܘ ܕܡܠܟ ܠܝܗܘܕܝܐ: ܕܦܩܚ
ܕܚܕ ܓܒܪܐ ܢܡܘܬ ܚܠܦ ܥܡܐ. 15 ܫܡܥܘܢ ܕܝܢ ܟܐܦܐ. ܘܚܕ
ܡܢ ܬܠܡܝܕܐ ܐܚܪܢܐ. ܐܬܝܢ ܗܘܘ ܒܬܪܗ ܕܝܫܘܥ. ܠܗܘ ܕܝܢ

ܬܠܡܝܕܐ ܝܕܝܥ ܗܘܐ ܠܗ ܠܪܒ ܟܗܢܐ. ܘܥܠ ܥܡ ܝܫܘܥ
ܠܕܪܬܐ. 16 ܫܡܥܘܢ ܕܝܢ ܩܐܡ ܗܘܐ ܠܒܪ ܠܘܬ ܬܪܥܐ. ܘܢܦܩ
ܗܘ ܬܠܡܝܕܐ ܐܚܪܢܐ ܕܝܕܝܥ ܗܘܐ ܠܗ ܠܪܒ ܟܗܢܐ. ܘܐܡܪ
ܠܢܛܘܪܬ ܬܪܥܐ ܘܐܥܠܗ ܠܫܡܥܘܢ. 17 ܐܡܪܐ ܕܝܢ ܥܠܝܡܬܐ
ܢܛܘܪܬ ܬܪܥܐ ܠܫܡܥܘܢ. ܠܡܐ ܐܦ ܐܢܬ ܡܢ ܬܠܡܝܕܘܗܝ ܐܢܬ
ܕܗܢܐ ܓܒܪܐ: ܐܡܪ ܠܗ ܠܐ. 18 ܘܩܝܡܝܢ ܗܘܘ ܥܒܕܐ
ܘܕܚܫܐ. ܘܣܝܡܝܢ ܗܘܘ ܢܘܪܐ ܕܢܫܚܢܘܢ. ܡܛܠ ܕܩܪܝܫ
ܗܘܐ. ܩܐܡ ܗܘܐ ܕܝܢ ܐܦ ܫܡܥܘܢ ܥܡܗܘܢ ܘܫܚܢ. 19 ܪܒ
ܟܗܢܐ ܕܝܢ ܫܐܠܗ ܠܝܫܘܥ ܥܠ ܬܠܡܝܕܘܗܝ ܘܥܠ
ܝܘܠܦܢܗ. 20 ܘܐܡܪ ܠܗ ܝܫܘܥ. ܐܢܐ ܓܠܝܐܝܬ ܡܠܠܬ
ܥܡ ܥܠܡܐ. ܘܒܟܠܙܒܢ ܐܠܦܬ ܒܟܢܘܫܬܐ ܘܒܗܝܟܠܐ: ܐܝܟܐ
ܕܟܠܗܘܢ ܝܗܘܕܝܐ ܡܬܟܢܫܝܢ. ܘܡܕܡ ܒܛܘܫܝܐ ܠܐ ܡܠܠܬ.
21 ܡܢܐ ܫܐܠ ܐܢܬ ܠܝ. ܫܐܠ ܠܗܢܘܢ ܕܫܡܥܘ ܡܢܐ
ܡܠܠܬ ܥܡܗܘܢ. ܗܐ ܗܢܘܢ ܝܕܥܝܢ ܟܠ ܡܕܡ ܕܐܡܪܬ.
22 ܘܟܕ ܗܠܝܢ ܐܡܪ: ܚܕ ܡܢ ܕܚܫܐ ܕܩܐܡ ܗܘܐ: ܡܚܝܗ
ܥܠ ܦܟܗ ܠܝܫܘܥ ܘܐܡܪ ܠܗ. ܗܟܢܐ ܡܦܢܐ ܐܢܬ
ܦܬܓܡܐ ܠܪܒ ܟܗܢܐ. 23 ܥܢܐ ܝܫܘܥ ܘܐܡܪ ܠܗ. ܐܢ
ܒܝܫܐܝܬ ܡܠܠܬ ܐܣܗܕ ܥܠ ܒܝܫܬܐ. ܘܐܢ ܕܝܢ ܫܦܝܪ
ܠܡܢܐ ܡܚܝܬܢܝ ✤ 24 ܚܢܢ ܕܝܢ ܫܕܪܗ ܠܝܫܘܥ ܟܕ ܐܣܝܪ
ܠܘܬ ܩܝܦܐ ܪܒ ܟܗܢܐ. 25 ܘܫܡܥܘܢ ܟܐܦܐ ܩܐܡ ܗܘܐ
ܘܫܚܢ. ܘܐܡܪܝܢ ܠܗ. ܠܡܐ ܐܦ ܐܢܬ ܡܢ ܬܠܡܝܕܘܗܝ
ܐܢܬ: ܘܗܘ ܟܦܪ ܘܐܡܪ: ܠܐ ܗܘܝܬ. 26 ܐܡܪ ܠܗ ܚܕ ܡܢ
ܥܒܕܘܗܝ ܕܪܒ ܟܗܢܐ. ܐܚܝܢܗ ܕܗܘ ܕܦܣܩ ܗܘܐ ܫܡܥܘܢ
ܐܕܢܗ. ܠܐ ܐܢܐ ܚܙܝܬܟ ܥܡܗ ܒܓܢܬܐ: 27 ܘܬܘܒ ܟܦܪ
ܫܡܥܘܢ. ܘܒܗ ܒܫܥܬܐ ܩܪܐ ܬܪܢܓܠܐ ✤ 28 ܐܝܬܝܘܗܝ ܕܝܢ
ܠܝܫܘܥ ܡܢ ܠܘܬ ܩܝܦܐ ܠܦܪܛܘܪܝܢ. ܘܐܝܬܘܗܝ ܗܘܐ
ܨܦܪܐ. ܘܗܢܘܢ ܠܐ ܥܠܘ ܠܦܪܛܘܪܝܢ: ܕܠܐ ܢܬܛܘܫܘܢ ܥܕ
ܐܟܠܝܢ ܦܨܚܐ. 29 ܢܦܩ ܕܝܢ ܦܝܠܛܘܣ ܠܒܪ ܠܘܬܗܘܢ

ܘܐܡܪ ܠܗܘܢ. ܡܢܐ ܐܟܠ ܩܪܨܐ ܐܝܬ ܠܟܘܢ ܥܠ ܓܒܪܐ
ܗܢܐ. 30 ܥܢܘ ܘܐܡܪܝܢ ܠܗ. ܐܠܘ ܠܐ ܥܒܕ ܒܝܫܬܐ ܗܘܐ:
ܐܦܠܐ ܠܟ ܡܫܠܡܝܢ ܗܘܝܢ ܠܗ. 31 ܐܡܪ ܠܗܘܢ ܦܝܠܛܘܣ.
ܕܒܪܘܗܝ ܐܢܬܘܢ ܘܕܘܢܘܗܝ ܐܝܟ ܢܡܘܣܟܘܢ. ܐܡܪܝܢ ܠܗ
ܝܗܘܕܝܐ. ܠܐ ܫܠܝܛ ܠܢ ܠܡܩܛܠ ܠܐܢܫ. 32 ܕܬܫܬܠܡ ܡܠܬܐ
ܕܐܡܪ ܝܫܘܥ: ܟܕ ܡܘܕܥ ܒܐܝܢܐ ܡܘܬܐ ܥܬܝܕ ܕܢܡܘܬ.
33 ܥܠ ܕܝܢ ܦܝܠܛܘܣ ܠܦܪܛܘܪܝܢ: ܘܩܪܐ ܠܝܫܘܥ ܘܐܡܪ
ܠܗ. ܐܢܬ ܗܘ ܡܠܟܗܘܢ ܕܝܗܘܕܝܐ. 34 ܐܡܪ ܠܗ ܝܫܘܥ
ܡܢ ܢܦܫܟ ܐܡܪܬ ܗܕܐ: ܐܘ ܐܚܪ̈ܢܐ ܐܡܪܘ ܠܟ ܥܠܝ. 35 ܐܡܪ
ܠܗ ܦܝܠܛܘܣ. ܠܡܐ ܐܢܐ ܝܗܘܕܝܐ ܐܢܐ: ܒܢܝ̈ ܥܡܟ
ܘܪ̈ܒܝ ܟܗ̈ܢܐ ܐܫܠܡܘܟ ܠܝ. ܡܢܐ ܥܒܕܬ. 36 ܐܡܪ ܠܗ
ܝܫܘܥ. ܡܠܟܘܬܝ ܕܝܠܝ ܠܐ ܗܘܬ ܡܢ ܗܢܐ ܥܠܡܐ. ܐܠܘ
ܡܢ ܥܠܡܐ ܗܘܬ ܗܕܐ ܡܠܟܘܬܝ: ܡܫܡ̈ܫܢܝ ܗܘܘ
ܡܬܟܬܫܝܢ ܕܠܐ ܐܫܬܠܡ ܠܝܗܘܕܝܐ. ܗܫܐ ܕܝܢ ܡܠܟܘܬܝ
ܕܝܠܝ ܠܐ ܗܘܬ ܡܟܐ. 37 ܐܡܪ ܠܗ ܦܝܠܛܘܣ. ܡܕܝܢ
ܡܠܟܐ ܐܢܬ. ܐܡܪ ܠܗ ܝܫܘܥ. ܐܢܬ ܐܡܪܬ ܕܡܠܟܐ ܐܢܐ.
ܠܗܕܐ ܐܢܐ ܝܠܝܕ ܐܢܐ. ܘܠܗܕܐ ܐܬܝܬ ܠܥܠܡܐ ܕܐܣܗܕ ܥܠ
ܫܪܪܐ. ܟܠ ܡܢ ܕܐܝܬܘܗܝ ܡܢ ܫܪܪܐ ܫܡܥ ܩܠܝ. 38 ܐܡܪ
ܠܗ ܦܝܠܛܘܣ. ܡܢܘ ܫܪܪܐ. ܘܟܕ ܐܡܪ ܗܕܐ: ܢܦܩ
ܠܗ ܬܘܒ ܠܘܬ ܝܗܘܕܝܐ ܘܐܡܪ ܠܗܘܢ. ܐܢܐ ܐܦܠܐ ܚܕܐ ܥܠܬܐ
ܡܫܟܚ ܐܢܐ ܒܗ. 39 ܥܝܕܐ ܕܝܢ ܐܝܬ ܠܟܘܢ: ܕܚܕ ܐܫܪܐ
ܠܟܘܢ ܒܦܨܚܐ. ܨܒܝܢ ܐܢܬܘܢ ܗܟܝܠ ܐܫܪܐ ܠܟܘܢ ܠܡܠܟܐ
ܕܝܗܘܕܝܐ: 40 ܘܩܥܘ ܟܠܗܘܢ ܘܐܡܪܝܢ. ܠܐ ܠܗܢܐ ܐܠܐ
ܠܒܪ ܐܒܐ. ܐܝܬܘܗܝ ܗܘܐ ܕܝܢ ܗܢܐ ܒܪ ܐܒܐ ܓܝܣܐ ܀

ܩܦܠܐܘܢ ܀ ܝܛ ܀

1 ܗܝܕܝܢ ܦܝܠܛܘܣ ܢܓܕܗ ܠܝܫܘܥ. 2 ܘܐܣܛܪܛܝܘܛܐ
ܓܕܠܘ ܟܠܝܠܐ ܡܢ ܟܘܒܐ ܘܣܡܘ ܠܗ ܒܪܫܗ.

ܘܐܟܣܝܘܗܝ ܢܚܬܐ ܕܐܪܓܘܢܐ. 3 ܘܐܡܪܝܢ ܗܘܘ: ܫܠܡ ܠܟ
ܡܠܟܐ ܕܝܗܘܕܝܐ. ܘܡܚܝܢ ܗܘܘ ܠܗ ܥܠ ܦܕܟܘܗܝ.
4 ܘܢܦܩ ܦܝܠܛܘܣ ܬܘܒ ܠܒܪ. ܘܐܡܪ ܠܗܘܢ. ܗܐ ܡܦܩ
ܐܢܐ ܠܗ ܠܟܘܢ ܠܒܪ. ܕܬܕܥܘܢ ܕܠܐ ܡܫܟܚ ܐܢܐ ܥܠܘܗܝ
ܐܦܠܐ ܚܕܐ ܥܠܬܐ܀ 5 ܘܢܦܩ ܝܫܘܥ ܠܒܪ: ܟܕ ܐܝܬ ܥܠܘܗܝ
ܟܠܝܠܐ ܕܟܘܒܐ ܘܢܚܬܐ ܕܐܪܓܘܢܐ. ܘܐܡܪ ܠܗܘܢ ܦܝܠܛܘܣ.
ܗܐ ܓܒܪܐ. 6 ܟܕ ܕܝܢ ܚܙܐܘܗܝ ܪ̈ܒܝ ܟܗܢܐ ܘܕ̈ܚܫܐ: ܩܥܘ
ܘܐܡܪܝܢ. ܨܠܘܒܝܗܝ ܨܠܘܒܝܗܝ. ܐܡܪ ܠܗܘܢ ܦܝܠܛܘܣ.
ܕܒܪܘ ܐܢܬܘܢ ܘܙܩܘܦܘܗܝ. ܐܢܐ ܓܝܪ ܠܐ ܡܫܟܚ ܐܢܐ ܒܗ
ܥܠܬܐ܀ 7 ܐܡܪܝܢ ܠܗ ܝܗܘܕܝܐ. ܠܢ ܢܡܘܣܐ ܐܝܬ ܠܢ. ܘܐܝܟ
ܕܒܢܡܘܣܢ ܚܝܒ ܗܘ ܡܘܬܐ. ܕܥܒܕ ܢܦܫܗ ܒܪܗ
ܕܐܠܗܐ. 8 ܟܕ ܫܡܥ ܕܝܢ ܦܝܠܛܘܣ ܗܕܐ ܡܠܬܐ: ܝܬܝܪܐܝܬ
ܕܚܠ. 9 ܘܥܠ ܬܘܒ ܠܦܪܛܘܪܝܢ. ܘܐܡܪ ܠܝܫܘܥ. ܐܝܡܟܐ
ܐܢܬ. ܝܫܘܥ ܕܝܢ ܦܬܓܡܐ ܠܐ ܝܗܒ ܠܗ. 10 ܐܡܪ ܠܗ
ܦܝܠܛܘܣ. ܥܡܝ ܠܐ ܡܡܠܠ ܐܢܬ. ܠܐ ܝܕܥ ܐܢܬ ܕܫܠܝܛ ܐܢܐ
ܕܐܫܪܝܟ ܘܫܠܝܛ ܐܢܐ ܕܐܙܩܦܟ: 11 ܐܡܪ ܠܗ ܝܫܘܥ: ܠܝܬ
ܗܘܐ ܠܟ ܥܠܝ ܫܘܠܛܢܐ ܐܦ ܠܐ ܚܕ: ܐܠܘ ܠܐ ܝܗܝܒ ܗܘܐ
ܠܟ ܡܢ ܠܥܠ. ܡܛܠ ܗܢܐ ܡܢ ܕܐܫܠܡܢܝ ܠܟ ܪܒܐ ܗܘ
ܚܛܗܗ ܡܢ ܕܝܠܟ. 12 ܘܡܛܠ ܗܕܐ ܨܒܐ ܗܘܐ ܦܝܠܛܘܣ
ܕܢܫܪܝܘܗܝ. ܝܗܘܕܝܐ ܕܝܢ ܩܥܝܢ ܗܘܘ. ܕܐܢ ܠܗܢܐ ܫܪܐ
ܐܢܬ: ܠܐ ܗܘܝܬ ܪܚܡܗ ܕܩܣܪ. ܟܠ ܡܢ ܓܝܪ ܕܢܦܫܗ
ܡܠܟܐ ܥܒܕ: ܣܩܘܒܠܐ ܗܘ ܕܩܣܪ. 13 ܟܕ ܫܡܥ ܕܝܢ
ܦܝܠܛܘܣ ܗܕܐ ܡܠܬܐ: ܐܦܩܗ ܠܝܫܘܥ ܠܒܪ. ܘܝܬܒ
ܥܠ ܒܝܡ. ܒܕܘܟܬܐ ܕܡܬܩܪܝܐ ܪܨܝܦܐ ܕܟܐܦܐ. ܥܒܪܐܝܬ ܕܝܢ
ܡܬܐܡܪܐ ܓܦܝܦܬܐ. 14 ܥܪܘܒܬܐ ܗܘܬ ܕܦܨܚܐ܀ ܘܐܝܬ ܗܘܝ
ܐܝܟ ܫܬ ܫܥܝܢ: ܘܐܡܪ ܠܝܗܘܕܝܐ. ܗܐ ܡܠܟܟܘܢ. 15 ܗܢܘܢ
ܕܝܢ ܩܥܝܢ ܗܘܘ. ܫܩܘܠܝܗܝ. ܨܠܘܒܝܗܝ
ܨܠܘܒܝܗܝ. ܐܡܪ ܠܗܘܢ ܦܝܠܛܘܣ. ܠܡܠܟܟܘܢ

ܐܙܩܘܦ: ܐܡܪܝܢ ܠܗ ܪܒܝ ܟܘܡܪܐ. ܠܝܬ ܠܢ ܡܠܟܐ ܐܠܐ ܠ
ܩܣܪ. 16 ܗܝܕܝܢ ܐܫܠܡܗ ܠܗܘܢ ܕܢܙܕܩܦܝܘܗܝ.
ܘܕܒܪܘܗܝ ܠܝܫܘܥ: ܘܐܘܒܠܘܗܝ. 17 ܟܕ ܫܩܝܠ ܙܩܝܦܗ:
ܠܕܘܟܬܐ ܕܡܬܩܪܝܐ ܩܪܩܦܬܐ. ܥܒܪܐܝܬ ܕܝܢ ܡܬܐܡܪܐ
ܓܓܘܠܬܐ. 18 ܐܬܪ ܕܙܩܦܘܗܝ. ܘܥܡܗ ܬܪܝܢ ܐܚܪܢܝܢ.
ܚܕ ܡܟܐ ܘܚܕ ܡܟܐ. ܘܠܝܫܘܥ ܒܡܨܥܬܐ. 19 ܘܟܬܒ ܐܦ
ܠܘܚܐ ܦܝܠܛܘܣ ܘܣܡ ܥܠ ܙܩܝܦܗ. ܟܬܝܒ ܗܘܐ ܕܝܢ
ܗܟܢܐ. ܗܢܐ ܝܫܘܥ ܢܨܪܝܐ ܡܠܟܐ ܕܝܗܘܕܝܐ. 20 ܘܠܗܢܐ
ܛܒܐ. ܩܪܘ ܡܢ ܝܗܘܕܝܐ ܡܛܠ ܕܩܪܝܒ ܗܘܐ
ܠܡܕܝܢܬܐ ܕܘܟܬܐ ܕܐܙܕܩܦ ܒܗ ܝܫܘܥ. ܘܟܬܝܒ ܗܘܐ
ܥܒܪܐܝܬ ܘܝܘܢܐܝܬ ܘܪܗܘܡܐܝܬ. 21 ܘܐܡܪܝܢ ܪܒܝ ܟܘܡܪܐ
ܠܦܝܠܛܘܣ. ܠܐ ܬܟܬܘܒ ܕܡܠܟܐ ܗܘ ܕܝܗܘܕܝܐ. ܐܠܐ ܕܗܘ
ܐܡܪ ܕܡܠܟܐ ܐܢܐ ܕܝܗܘܕܝܐ. 22 ܐܡܪ ܦܝܠܛܘܣ. ܡܕܡ
ܕܟܬܒܬ ܟܬܒܬ܀ 23 ܐܣܛܪܛܝܘܛܐ ܕܝܢ ܟܕ ܙܩܦܘܗܝ
ܠܝܫܘܥ: ܫܩܠܘ ܢܚܬܘܗܝ ܘܥܒܕܘ ܐܪܒܥ ܡܢܘܢ. ܡܢܬܐ
ܠܚܕ ܡܢ ܐܣܛܪܛܝܘܛܐ. ܟܘܬܝܢܗ ܕܝܢ ܐܝܬܝܗ ܗܘܬ ܕܠܐ
ܚܝܛܐ ܡܢ ܠܥܠ. ܙܩܘܪܬܐ ܟܠܗ. 24 ܘܐܡܪܘ ܚܕ ܠܚܕ ܠܐ
ܢܨܪܝܗ. ܐܠܐ ܢܪܡܐ ܥܠܝܗ ܦܣܐ ܕܡܢܘ ܬܗܘܐ. ܘܫܠܡ
ܟܬܒܐ ܕܐܡܪ: ܕܦܠܓܘ ܢܚܬܝ ܒܝܢܬܗܘܢ: ܘܥܠ ܠܒܘܫܝ
ܐܪܡܝܘ ܦܣܐ. ܗܠܝܢ ܥܒܕܘ ܐܣܛܪܛܝܘܛܐ. 25 ܩܝܡܢ ܗܘܝ
ܕܝܢ ܠܘܬ ܙܩܝܦܗ ܕܝܫܘܥ ܐܡܗ ܘܚܬܗ ܕܐܡܗ. ܘܡܪܝܡ
ܗܝ ܕܩܠܝܘܦܐ ܘܡܪܝܡ ܡܓܕܠܝܬܐ. 26 ܝܫܘܥ ܕܝܢ ܚܙܐ
ܠܐܡܗ. ܘܠܬܠܡܝܕܐ ܗܘ ܕܪܚܡ ܗܘܐ ܕܩܐܡ. ܘܐܡܪ ܠܐܡܗ.
ܐܢܬܬܐ ܗܐ ܒܪܟܝ: 27 ܘܐܡܪ ܠܬܠܡܝܕܐ ܗܘ ܗܐ ܐܡܟ.
ܘܡܢ ܗܝ ܫܥܬܐ ܕܒܪܗ ܬܠܡܝܕܐ ܗܘ ܠܘܬܗ: 28 ܒܬܪ
ܗܠܝܢ ܝܕܥ ܝܫܘܥ ܕܟܠܡܕܡ ܐܫܬܠܡ. ܘܕܢܫܬܠܡ ܟܬܒܐ
ܐܡܪ. ܨܗܐ ܐܢܐ. 29 ܘܡܐܢܐ ܣܝܡ ܗܘܐ ܕܡܠܐ ܚܠܐ. ܗܢܘܢ
ܕܝܢ ܡܠܘ ܐܣܦܘܓܐ ܡܢ ܚܠܐ. ܘܣܡܘ ܥܠ ܙܘܦܐ ܘܩܪܒܘ

ܠܘܬ ܦܘܡܗ. 30 ܟܕ ܕܝܢ ܢܣܒ ܗܘ ܚܠܐ ܝܫܘܥ: ܐܡܪ ܗܐ
ܡܫܠܡܢ. ܘܐܪܟܢ ܪܫܗ ܘܐܫܠܡ ܪܘܚܗ܀ 31 ܝܗܘܕܝܐ ܕܝܢ
ܡܛܠ ܕܥܪܘܒܬܐ ܗܘܬ ܐܡܪܝܢ: ܠܐ ܢܒܘܬܘܢ ܦܓܪ̈ܐ ܗܠܝܢ
ܥܠ ܙܩܝܦܐ. ܡܛܠ ܕܫܒܬܐ ܢܓܗܐ: ܝܘܡܐ ܗܘܐ ܓܝܪ
ܪܒܐ ܝܘܡܐ ܕܫܒܬܐ ܗܘ. ܘܒܥܘ ܡܢ ܦܝܠܛܘܣ ܕܢܬܒܪܘܢ
ܫܩ̈ܝܗܘܢ ܕܗܠܝܢ ܕܙܩܝܦܝܢ ܘܢܫܩܠܘܢ ܐܢܘܢ. 32 ܘܐܬܘ ܐܣܛܪܛܝܘܛܐ.
ܘܬܒܪܘ ܫܩ̈ܘܗܝ ܕܩܕܡܝܐ: ܘܕܗܘ ܐܚܪܢܐ ܕܐܙܕܩܦ ܥܡܗ.
33 ܘܟܕ ܐܬܘ ܠܘܬ ܝܫܘܥ. ܚܙܘ ܕܡܝܬ ܠܗ ܡܢ ܟܕܘ ܘܠܐ
ܬܒܪܘ ܫܩ̈ܘܗܝ. 34 ܐܠܐ ܚܕ ܡܢ ܐܣܛܪܛܝܘܛܐ ܡܚܝܗܝ
ܒܓܒܗ ܒܠܘܟܝܬܐ ܘܡܚܕܐ ܢܦܩ ܕܡܐ ܘܡܝܐ. 35 ܘܡܢ
ܕܚܙܐ ܐܣܗܕ ܘܫܪܝܪܐ ܗܝ ܣܗܕܘܬܗ. ܘܗܘ ܝܕܥ ܕܫܪܝܪܐ
ܐܡܪ. ܕܐܦ ܐܢܬܘܢ ܬܗܝܡܢܘܢ. 36 ܗܠܝܢ ܓܝܪ ܗܘܝ ܕܬܫܠܡ
ܟܬܒܐ ܕܐܡܪ. ܕܓܪܡܐ ܠܐ ܢܬܬܒܪ ܒܗ. 37 ܘܬܘܒ ܟܬܒܐ
ܐܚܪܢܐ ܕܐܡܪ: ܕܢܚܙܘܢ ܠܡܢ ܕܕܩܪܘ. 38 ܒܬܪ ܗܠܝܢ:
ܝܘܣܦ ܗܘ ܕܡܢ ܪܡܬܐ ܒܥܐ ܡܢ ܦܝܠܛܘܣ ܡܛܠ
ܕܐܬܠܡܝܕ ܗܘܐ ܕܝܫܘܥ: ܘܡܛܫܐ ܗܘܐ ܡܢ ܕܚܠܬܐ ܕܝܗܘܕܝܐ:
ܕܢܫܩܘܠ ܦܓܪܗ ܕܝܫܘܥ. ܘܐܦܣ ܦܝܠܛܘܣ: ܘܐܬܐ
ܘܫܩܠ ܦܓܪܗ ܕܝܫܘܥ. 39 ܘܐܬܐ ܐܦ ܢܝܩܕܡܘܣ: ܗܘ
ܕܐܬܐ ܗܘܐ ܡܢ ܩܕܝܡ ܠܘܬ ܝܫܘܥ ܒܠܠܝܐ. ܘܐܝܬܝ ܥܡܗ
ܚܢܘܛܐ ܕܡܘܪܐ ܘܕܥܠܘܝ ܐܝܟ ܡܐܐ ܠܝܛܪ̈ܝܢ. 40 ܘܫܩܠܘܗܝ
ܠܦܓܪܗ ܕܝܫܘܥ: ܘܟܪܟܘܗܝ ܒܟܬ̈ܢܐ ܘܒܒܣܡ̈ܐ.
ܐܝܟ ܕܥܝܕܐ ܠܗܘܢ ܠܝܗܘܕܝܐ ܕܢܩܒܪܘܢ. 41 ܐܝܬ ܗܘܐ ܕܝܢ
ܒܕܘܟܬܐ ܕܐܙܕܩܦ ܒܗ ܝܫܘܥ ܓܢܬܐ. ܘܒܗ ܒܓܢܬܐ
ܒܝܬ ܩܒܘܪܐ ܚܕܬܐ. ܕܐܢܫ ܒܗ ܠܐ ܐܬܬܣܝܡ ܗܘܐ ܒܗ.
42 ܘܬܡܢ ܫܒܩܘܗܝ ܠܝܫܘܥ. ܡܛܠ ܕܫܒܬܐ ܥܠܬ ܗܘܬ.
ܘܡܛܠ ܕܩܪܝܒ ܗܘܐ ܩܒܪܐ܀

ܩܦܠܐܘܢ ܀ ܟ ܀

1 ܚܕ ܒܫܒܐ ܕܝܢ ܐܬܬ ܡܪܝܡ ܡܓܕܠܝܬܐ ܒܨܦܪܐ ܟܕ
ܚܫܘܟ ܠܒܝܬ ܩܒܪܐ: ܘܚܙܬ ܠܟܐܦܐ. ܕܫܩܝܠܐ ܡܢ ܩܒܪܐ.
2 ܘܪܗܛܬ ܐܬܬ ܠܘܬ ܫܡܥܘܢ ܟܐܦܐ: ܘܠܘܬ ܗܘ ܬܠܡܝܕܐ
ܐܚܪܢܐ ܕܪܚܡ ܗܘܐ ܝܫܘܥ. ܘܐܡܪܐ ܠܗܘܢ. ܕܫܩܠܘܗܝ
ܠܡܪܢ ܡܢ ܗܘ ܒܝܬ ܩܒܪܐ: ܘܠܐ ܝܕܥܐ ܐܢܐ ܐܝܟܐ
ܣܡܘܗܝ. 3 ܘܢܦܩ ܫܡܥܘܢ ܘܗܘ ܬܠܡܝܕܐ ܐܚܪܢܐ: ܘܐܬܝܢ
ܗܘܘ ܠܒܝܬ ܩܒܪܐ. 4 ܘܪܗܛܝܢ ܗܘܘ ܬܪܝܗܘܢ ܐܟܚܕܐ:
ܗܘ ܕܝܢ ܬܠܡܝܕܐ ܪܗܛ ܩܕܡܘܗܝ ܠܫܡܥܘܢ. ܘܐܬܐ ܩܕܡܝܐ
ܠܒܝܬ ܩܒܪܐ: 5 ܘܐܕܝܩ ܚܙܐ ܟܬܢܐ ܟܕ ܣܝܡܝܢ. ܠܡܥܠ
ܕܝܢ ܠܐ ܥܠ. 6 ܐܬܐ ܕܝܢ ܫܡܥܘܢ ܒܬܪܗ ܘܥܠ ܠܒܝܬ ܩܒܪܐ.
ܘܚܙܐ ܟܬܢܐ ܟܕ ܣܝܡܝܢ. 7 ܘܣܘܕܪܐ ܗܘ ܕܐܣܝܪ ܗܘܐ
ܒܪܫܗ: ܠܐ ܥܡ ܟܬܢܐ. ܐܠܐ ܟܕ ܟܪܝܟ ܘܣܝܡ ܒܓܒܐ
ܚܕ ܕܘܟܐ. 8 ܗܝܕܝܢ ܥܠ ܐܦ ܗܘ ܬܠܡܝܕܐ ܕܐܬܐ ܩܕܡܝܐ
ܠܒܝܬ ܩܒܪܐ. ܘܚܙܐ ܘܗܝܡܢ. 9 ܠܐ ܓܝܪ ܥܕܟܝܠ ܝܕܥܝܢ
ܗܘܘ ܡܢ ܟܬܒܐ ܕܥܬܝܕ ܗܘܐ ܠܡܩܡ ܡܢ ܒܝܬ ܡܝܬܐ. 10 ܘܐܙܠܘ
ܬܘܒ ܬܠܡܝܕܐ ܠܘܬ ܕܝܠܗܘܢ. 11 ܡܪܝܡ ܕܝܢ ܩܝܡܐ
ܗܘܬ ܠܘܬ ܩܒܪܐ ܘܒܟܝܐ. ܘܟܕ ܒܟܝܐ ܐܕܝܩܬ ܠܩܒܪܐ:
12 ܘܚܙܬ ܬܪܝܢ ܡܠܐܟܐ ܒܚܘܪܐ: ܕܝܬܒܝܢ: ܚܕ ܡܢ
ܐܣܕܘܗܝ ܘܚܕ ܡܢ ܪܓܠܘܗܝ. ܐܝܟܐ ܕܣܝܡ ܗܘܐ ܦܓܪܗ
ܕܝܫܘܥ. 13 ܘܐܡܪܝܢ ܠܗ. ܐܢܬܬܐ: ܡܢܐ ܒܟܝܐ ܐܢܬܝ.
ܐܡܪܐ ܠܗܘܢ: ܕܫܩܠܘܗܝ ܠܡܪܝ ܘܠܐ ܝܕܥܐ ܐܢܐ ܐܝܟܐ
ܣܡܘܗܝ. 14 ܗܕܐ ܐܡܪܬ. ܘܐܬܦܢܝܬ ܠܒܣܬܪܗ: ܘܚܙܬܗ
ܠܝܫܘܥ ܕܩܐܡ. ܘܠܐ ܝܕܥܐ ܗܘܬ ܕܝܫܘܥ ܗܘ. 15 ܐܡܪ ܠܗ
ܝܫܘܥ. ܐܢܬܬܐ ܡܢܐ ܒܟܝܐ ܐܢܬܝ. ܘܠܡܢ ܒܥܝܐ ܐܢܬܝ.
ܗܝ ܕܝܢ ܣܒܪܐ ܕܓܢܢܐ ܗܘ. ܘܐܡܪܐ ܠܗ: ܡܪܝ ܐܢ ܐܢܬ
ܫܩܠܬܝܗܝ: ܐܡܪ ܠܝ ܐܝܟܐ ܣܡܬܝܗܝ. ܐܙܠ ܐܫܩܠܝܘܗܝ.
16 ܐܡܪ ܠܗ ܝܫܘܥ. ܡܪܝܡ: ܘܐܬܦܢܝܬ ܘܐܡܪܐ ܠܗ

ܥܒܪܐܝܬ ܪܒܘܠܝ ܕܡܬܐܡܪ ܡܠܦܢܐ. 17 ܐܡܪ ܠܗ ܝܫܘܥ.
ܠܐ ܬܬܩܪܒܝܢ ܠܝ. ܠܐ ܓܝܪ ܥܕܟܝܠ ܣܠܩܬ ܠܘܬ ܐܒܝ.
ܙܠܝ ܕܝܢ ܠܘܬ ܐܚܝ ܘܐܡܪܝ ܠܗܘܢ. ܣܠܩ ܐܢܐ ܠܘܬ ܐܒܝ
ܘܐܒܘܟܘܢ ܘܐܠܗܝ ܘܐܠܗܟܘܢ. 18 ܗܝܕܝܢ ܐܬܬ ܡܪܝܡ
ܡܓܕܠܝܬܐ: ܘܣܒܪܬ ܠܬܠܡܝܕܐ ܕܚܙܬ ܠܡܪܢ. ܘܗܠܝܢ
ܐܡܪ ܠܗ ܀ 19 ܟܕ ܗܘܐ ܕܝܢ ܪܡܫܐ ܕܝܘܡܐ ܗܘ ܕܚܕ ܒܫܒܐ:
ܘܬܪܥܐ ܐܚܝܕܝܢ ܗܘܘ ܕܐܝܟܐ ܕܐܝܬܝܗܘܢ ܗܘܘ ܬܠܡܝܕܐ: ܡܛܠ
ܕܚܠܬܐ ܕܝܗܘܕܝܐ: ܐܬܐ ܝܫܘܥ ܩܡ ܒܡܨܥܬܗܘܢ ܘܐܡܪ ܠܗܘܢ.
ܫܠܡܐ ܥܡܟܘܢ. 20 ܗܕܐ ܐܡܪ: ܘܚܘܝ ܐܢܘܢ ܐܝܕܘܗܝ
ܘܓܒܗ. ܘܚܕܝܘ ܬܠܡܝܕܐ ܕܚܙܘ ܠܡܪܢ. 21 ܐܡܪ ܠܗܘܢ
ܕܝܢ ܝܫܘܥ. ܫܠܡܐ ܥܡܟܘܢ. ܐܝܟܢܐ ܕܫܕܪܢܝ ܐܒܝ ܐܦ
ܐܢܐ ܡܫܕܪ ܐܢܐ ܠܟܘܢ. 22 ܘܟܕ ܐܡܪ ܗܠܝܢ: ܢܦܚ ܒܗܘܢ
ܘܐܡܪ ܠܗܘܢ. ܩܒܠܘ ܪܘܚܐ ܕܩܘܕܫܐ. 23 ܐܢ ܬܫܒܩܘܢ
ܚܛܗܐ ܠܐܢܫ ܢܫܬܒܩܘܢ ܠܗ. ܘܐܢ ܬܐܚܕܘܢ ܕܐܢܫ ܐܚܝܕܝܢ.
24 ܬܐܘܡܐ ܕܝܢ ܚܕ ܡܢ ܬܪܥܣܪܬܐ. ܗܘ ܕܡܬܐܡܪ ܬܐܡܐ. ܠܐ ܗܘܐ
ܬܡܢ ܗܘܐ ܥܡܗܘܢ ܟܕ ܐܬܐ ܝܫܘܥ. 25 ܘܐܡܪܝܢ ܠܗ ܬܠܡܝܕܐ.
ܚܙܝܢ ܠܡܪܢ. ܗܘ ܕܝܢ ܐܡܪ ܠܗܘܢ. ܐܢ ܠܐ ܚܙܐ ܐܢܐ ܒܐܝܕܘܗܝ
ܕܘܟܬܐ ܕܨܨܐ: ܘܪܡܐ ܐܢܐ ܒܗܝܢ ܨܒܥܬܝ: ܘܡܘܫܛ ܐܢܐ ܐܝܕܝ
ܒܓܒܗ: ܠܐ ܡܗܝܡܢ ܐܢܐ ܀ 26 ܘܒܬܪ ܬܡܢܝܐ ܝܘܡܝܢ:
ܬܘܒ ܠܓܘ ܗܘܘ ܬܠܡܝܕܐ ܘܬܐܘܡܐ ܥܡܗܘܢ. ܘܐܬܐ ܝܫܘܥ
ܟܕ ܐܚܝܕܝܢ ܬܪܥܐ. ܩܡ ܒܡܨܥܬܐ ܘܐܡܪ ܠܗܘܢ. ܫܠܡܐ
ܥܡܟܘܢ. 27 ܘܐܡܪ ܠܬܐܘܡܐ. ܐܝܬܐ ܨܒܥܟ ܠܗܪܟܐ. ܘܚܙܝ
ܐܝܕܝ. ܘܐܝܬܐ ܐܝܕܟ ܘܐܘܫܛ ܒܓܒܝ. ܘܠܐ ܬܗܘܐ ܠܐ ܡܗܝܡܢܐ
ܐܠܐ ܡܗܝܡܢܐ. 28 ܘܥܢܐ ܬܐܘܡܐ ܘܐܡܪ ܠܗ. ܡܪܝ ܘܐܠܗܝ.
29 ܐܡܪ ܠܗ ܝܫܘܥ. ܗܫܐ ܕܚܙܝܬܢܝ ܗܝܡܢܬ: ܛܘܒܝܗܘܢ
ܠܐܝܠܝܢ ܕܠܐ ܚܙܐܘܢܝ ܘܗܝܡܢܘ. 30 ܣܓܝܐܬܐ ܕܝܢ ܐܬܘܬܐ ܐܚܪܢܝܬܐ
ܥܒܕ ܝܫܘܥ ܩܕܡ ܬܠܡܝܕܘܗܝ: ܐܝܠܝܢ ܕܠܐ ܟܬܝܒܢ ܒܟܬܒܐ
ܗܢܐ. 31 ܐܦ ܗܠܝܢ ܕܝܢ ܕܟܬܝܒܢ: ܕܬܗܝܡܢܘܢ ܕܝܫܘܥ ܗܘ

ܡܫܝܚܐ ܒܪܗ ܕܐܠܗܐ. ܘܡܐ ܕܗܝܡܢܬܘܢ: ܢܗܘܘܢ ܠܟܘܢ
ܒܫܡܗ ܚܝܐ ܕܠܥܠܡ ❖

ܩܦܠܐܘܢ ❖ ܟܐ ❖

¹ ܒܬܪ ܗܠܝܢ: ܚܘܝ ܬܘܒ ܢܦܫܗ ܝܫܘܥ
ܠܬܠܡܝܕܘܗܝ. ܥܠ ܝܡܐ ܕܛܒܪܝܘܣ. ܚܘܝ ܕܝܢ ܗܟܢܐ.
² ܐܝܬܝܗܘܢ ܗܘܘ ܐܟܚܕܐ. ܫܡܥܘܢ ܟܐܦܐ. ܘܬܐܘܡܐ ܕܡܬܐܡܪ
ܬܐܡܐ. ܘܢܬܢܐܝܠ ܗܘ ܕܡܢ ܩܛܢܐ ܕܓܠܝܠܐ. ܘܒܢܝ ܙܒܕܝ.
ܘܬܪܝܢ ܐܚܪܢܝܢ ܡܢ ܬܠܡܝܕܐ. ³ ܐܡܪ ܠܗܘܢ ܫܡܥܘܢ ܟܐܦܐ.
ܐܙܠ ܐܢܐ ܐܨܘܕ ܢܘܢܐ. ܐܡܪܝܢ ܠܗ ܐܦ ܚܢܢ ܐܬܝܢ ܥܡܟ.
ܘܢܦܩܘ ܘܣܠܩܘ ܠܣܦܝܢܬܐ. ܘܒܗܘ ܠܠܝܐ ܡܕܡ ܠܐ ܨܕܘ.
⁴ ܟܕ ܕܝܢ ܗܘܐ ܨܦܪܐ: ܩܡ ܝܫܘܥ ܥܠ ܣܦ ܝܡܐ. ܘܠܐ ܝܕܥܘ
ܬܠܡܝܕܐ ܕܝܫܘܥ ܗܘ. ⁵ ܘܐܡܪ ܠܗܘܢ ܝܫܘܥ. ܛܠܝܐ.
ܠܡܐ ܐܝܬ ܠܟܘܢ ܡܕܡ ܠܡܠܥܣ: ܐܡܪܝܢ ܠܗ ܠܐ. ⁶ ܐܡܪ
ܠܗܘܢ. ܐܪܡܘ ܡܨܝܕܬܟܘܢ ܡܢ ܓܒܐ ܕܝܡܝܢܐ ܕܣܦܝܢܬܐ
ܘܡܫܟܚܝܢ ܐܢܬܘܢ. ܘܐܪܡܝܘ ܘܠܐ ܐܫܟܚܘ ܠܡܓܪܕܗ
ܠܡܨܝܕܬܐ ܡܢ ܣܘܓܐܐ ܕܢܘܢܐ ܕܐܚܕܬ: ⁷ ܘܐܡܪ ܬܠܡܝܕܐ
ܗܘ ܕܪܚܡ ܗܘܐ ܠܗ ܝܫܘܥ ܠܟܐܦܐ. ܗܢܐ ܡܪܢ ܗܘ.
ܫܡܥܘܢ ܕܝܢ ܟܕ ܫܡܥ ܕܡܪܢ ܗܘ: ܢܣܒ ܟܘܬܝܢܗ ܚܙܩ
ܒܚܨܘܗܝ: ܡܛܠ ܕܥܪܛܠܝ ܗܘܐ. ܘܫܘܪ ܠܝܡܐ ܕܢܐܬܐ
ܠܘܬ ܝܫܘܥ. ⁸ ܐܚܪܢܐ ܕܝܢ ܬܠܡܝܕܐ ܒܣܦܝܢܬܐ ܐܬܘ.
ܠܐ ܓܝܪ ܪܚܝܩܝܢ ܗܘܘ ܡܢ ܝܒܫܐ: ܐܠܐ ܐܝܟ ܡܐܬܝܢ
ܐܡܝܢ. ܘܢܓܕܘ ܗܘܘ ܠܗ ܠܡܨܝܕܬܐ ܗܝ ܕܢܘܢܐ. ⁹ ܟܕ ܕܝܢ
ܣܠܩܘ ܠܝܒܫܐ: ܚܙܘ ܓܘܡܪܐ ܟܕ ܣܝܡܢ: ܘܢܘܢܐ ܟܕ ܣܝܡ
ܥܠܝܗܝܢ ܘܠܚܡܐ. ¹⁰ ܘܐܡܪ ܠܗܘܢ ܝܫܘܥ. ܐܝܬܘ ܡܢ
ܢܘܢܐ ܕܨܕܬܘܢ ܗܫܐ. ¹¹ ܘܣܠܩ ܫܡܥܘܢ ܟܐܦܐ ܘܢܓܕܗ
ܠܡܨܝܕܬܐ ܠܝܒܫܐ. ܟܕ ܡܠܝܐ ܢܘܢܐ ܪܘܪܒܐ: ܡܐܐ ܘܚܡܫܝܢ
ܘܬܠܬܐ. ܘܒܗܕܐ ܟܠܗ ܝܘܩܪܐ ܠܐ ܐܨܛܪܝܬ. ܡܨܝܕܬܐ ܗܝ.

12 ܘܐܡܪ ܠܗܘܢ ܝܫܘܥ: ܬܘ ܐܫܬܪܘ. ܐܢܫ ܕܝܢ ܡܢ ܬܠܡܝܕܐ:
ܠܐ ܡܡܪܚ ܗܘܐ ܕܢܫܐܠܝܘܗܝ ܕܡܢܘ. ܝܕܥܝܢ ܗܘܘ
ܕܡܪܢ ܗܘ. 13 ܩܪܒ ܕܝܢ ܝܫܘܥ ܘܫܩܠ ܠܚܡܐ ܘܢܘܢܐ
ܘܝܗܒ ܠܗܘܢ. 14 ܗܕܐ ܕܬܠܬ ܙܒܢܝܢ ܐܬܚܙܝ ܝܫܘܥ
ܠܬܠܡܝܕܘܗܝ. ܟܕ ܩܡ ܡܢ ܒܝܬ ܡܝܬܐ ܀ 15 ܟܕ ܕܝܢ
ܐܫܬܪܝܘ: ܐܡܪ ܝܫܘܥ ܠܫܡܥܘܢ ܟܐܦܐ. ܫܡܥܘܢ ܒܪ ܝܘܢܐ:
ܪܚܡ ܐܢܬ ܠܝ ܝܬܝܪ ܡܢ ܗܠܝܢ: ܐܡܪ ܠܗ ܐܝܢ ܡܪܝ. ܐܢܬ
ܝܕܥ ܐܢܬ ܕܪܚܡ ܐܢܐ ܠܟ. ܐܡܪ ܠܗ ܝܫܘܥ. ܪܥܝ ܠܝ
ܐܡܪܝ. 16 ܐܡܪ ܠܗ ܬܘܒ ܕܬܪܬܝܢ ܙܒܢܝܢ. ܫܡܥܘܢ ܒܪ ܝܘܢܐ
ܪܚܡ ܐܢܬ ܠܝ: ܐܡܪ ܠܗ ܐܝܢ ܡܪܝ: ܐܢܬ ܝܕܥ ܐܢܬ ܕܪܚܡ
ܐܢܐ ܠܟ. ܐܡܪ ܠܗ ܝܫܘܥ. ܪܥܝ ܠܝ ܢܩܘܬܝ. 17 ܐܡܪ
ܠܗ ܝܫܘܥ ܬܘܒ ܕܬܠܬ ܙܒܢܝܢ. ܫܡܥܘܢ ܒܪ ܝܘܢܐ ܪܚܡ
ܐܢܬ ܠܝ: ܘܟܪܝܬ ܠܗ ܠܟܐܦܐ ܕܐܡܪ ܠܗ ܕܬܠܬ ܙܒܢܝܢ
ܕܪܚܡ ܐܢܬ ܠܝ. ܘܐܡܪ ܠܗ. ܡܪܝ. ܟܠ ܡܕܡ ܐܢܬ
ܝܕܥ ܐܢܬ. ܐܢܬ ܝܕܥ ܐܢܬ ܕܪܚܡ ܐܢܐ ܠܟ. ܐܡܪ ܠܗ ܝܫܘܥ.
ܪܥܝ ܠܝ ܢܥܒܬܝ. 18 ܐܡܝܢ ܐܡܝܢ ܐܡܪ ܐܢܐ ܠܟ: ܕܟܕ ܛܠܐ
ܗܘܝܬ: ܐܢܬ ܠܟ ܐܣܪ ܗܘܝܬ ܚܨܝܟ: ܘܡܗܠܟ ܗܘܝܬ
ܠܐܝܟܐ ܕܨܒܐ ܐܢܬ. ܡܐ ܕܝܢ ܕܣܒܬ: ܬܦܫܘܛ ܐܝܕܝܟ ܘܐܚܪܝܢ
ܢܐܣܪܘܢ ܠܟ ܚܨܝܟ ܘܢܘܒܠܘܢܟ ܠܐܝܟܐ ܕܠܐ ܨܒܐ ܐܢܬ. 19 ܗܕܐ
ܕܝܢ ܐܡܪ: ܕܢܚܘܐ ܒܐܝܢܐ ܡܘܬܐ ܥܬܝܕ ܕܢܫܒܚ ܠܐܠܗܐ.
ܘܟܕ ܐܡܪ ܗܠܝܢ: ܐܡܪ ܠܗ ܬܐ ܒܬܪܝ. 20 ܘܐܬܦܢܝ
ܫܡܥܘܢ: ܘܚܙܐ ܠܬܠܡܝܕܐ ܗܘ ܕܪܚܡ ܗܘܐ ܝܫܘܥ ܕܐܬܐ
ܒܬܪܗ. ܗܘ ܕܢܦܠ ܗܘܐ ܒܚܫܡܝܬܐ ܥܠ ܚܕܝܗ ܕܝܫܘܥ:
ܘܐܡܪ ܡܪܝ: ܡܢܘ ܡܫܠܡ ܠܟ. 21 ܠܗܢܐ ܟܕ ܚܙܐ ܟܐܦܐ
ܐܡܪ ܠܝܫܘܥ. ܡܪܝ ܘܗܢܐ ܡܢܐ. 22 ܐܡܪ ܠܗ ܝܫܘܥ.
ܐܢ ܨܒܐ ܐܢܐ ܕܢܩܘܐ ܗܢܐ ܥܕܡܐ ܕܐܬܐ ܐܢܐ ܠܟ ܡܐ ܠܟ. ܐܢܬ
ܬܐ ܒܬܪܝ. 23 ܘܢܦܩܬ ܗܕܐ ܡܠܬܐ ܒܝܬ ܐܚܐ: ܕܗܘ ܬܠܡܝܕܐ
ܠܐ ܡܐܬ. ܝܫܘܥ ܕܝܢ ܠܐ ܗܘܐ ܕܠܐ ܡܐܬ ܐܡܪ. ܐܠܐ ܐܢ ܨܒܐ ܐܢܐ

ܕܢܩܘܐ ܗܢܐ ܥܕܡܐ ܕܐܬܐ ܐܢܐ ܡܢܐ ܠܟ. 24 ܗܢܘ
ܬܠܡܝܕܐ ܕܐܣܗܕ ܥܠ ܗܠܝܢ ܟܠܗܝܢ: ܘܐܦ ܟܬܒ ܐܢܝܢ.
ܘܝܕܥܝܢ ܚܢܢ ܕܫܪܝܪܐ ܗܝ ܣܗܕܘܬܗ ܀ 25 ܐܝܬ ܕܝܢ ܐܦ
ܐܚܪܢܝܬܐ ܣܓܝܐܬܐ ܕܥܒܕ ܝܫܘܥ: ܐܝܠܝܢ ܕܐܠܘ ܚܕܐ ܚܕܐ
ܡܬܟܬܒܢ ܗܘܝ. ܐܦ ܠܐ ܗܘ ܥܠܡܐ ܐܟܙܢܐ ܕܣܒܪ ܐܢܐ ܡܣܦܩ
ܗܘܐ ܠܟܬܒܐ ܕܡܬܟܬܒܝܢ ܗܘܘ ܀

ܫܠܡ ܐܘܢܓܠܝܘܢ ܩܕܝܫܐ ܟܪܘܙܘܬܐ ܕܝܘܚܢܢ ܐܘܢܓܠܝܣܛܐ
ܕܡܠܠ ܝܘܢܐܝܬ ܒܐܦܣܘܣ ܀

ܟܬܒܐ ܕܦܪܟܣܝܣ: ܗܢܘ ܕܝܢ ܐܫܬܥܝܬܗܘܢ ܕܫܠܝܚܐ
ܛܘܒܢܐ. ܕܟܬܒ ܠܩܕܝܫܐ ܡܪܝ ܠܘܩܐ ܐܘܢܓܠܝܣܛܐ܀

ܩܦܠܐܘܢ ܀ ܐ ܀

1 ܠܟܬܒܐ ܩܕܡܝܐ ܥܒܕܬ ܐܘ ܬܐܘܦܝܠܐ ܥܠ ܟܠܗܝܢ
ܐܝܠܝܢ ܕܫܪܝ ܡܪܢ ܝܫܘܥ ܡܫܝܚܐ ܠܡܥܒܕ ܘܠܡܠܦܘ:
2 ܥܕܡܐ ܠܝܘܡܐ ܗܘ ܕܒܗ ܐܣܬܠܩ. ܡܢ ܒܬܪ ܕܦܩܕ
ܗܘܐ ܐܢܘܢ ܠܫܠܝܚܐ ܐܝܠܝܢ ܕܓܒܐ ܒܪܘܚܐ ܕܩܘܕܫܐ.
3 ܗܢܘܢ ܕܐܦ ܚܘܝ ܠܗܘܢ ܢܦܫܗ ܟܕ ܚܝ ܡܢ ܒܬܪ
ܕܚܫ: ܒܐܬܘܬܐ ܣܓܝܐܬܐ ܒܐܪܒܥܝܢ ܝܘܡܝܢ. ܟܕ ܡܬܚܙܐ
ܗܘܐ ܠܗܘܢ ܘܐܡܪ ܥܠ ܡܠܟܘܬܐ ܕܐܠܗܐ: 4 ܘܟܕ ܐܟܠ
ܠܚܡܐ ܥܡܗܘܢ. ܦܩܕ ܐܢܘܢ ܕܡܢ ܐܘܪܫܠܡ ܠܐ ܬܦܪܩܘܢ.
ܐܠܐ ܬܩܘܘܢ ܠܫܘܘܕܝܗ ܕܐܒܐ. ܗܘ ܕܫܡܥܬܘܢ ܡܢܝ.

5 ܕܝܘܚܢܢ ܐܥܡܕ ܒܡܝ̈ܐ: ܘܐܢܬܘܢ ܬܬܥܡܕܘܢ ܒܪܘܚܐ ܕܩܘܕܫܐ.
ܠܐ ܒܬܪ ܣܘܓܐܐ ܕܝܘܡ̈ܬܐ. 6 ܗܢܘܢ ܕܝܢ ܟܕ ܟܢܝܫܝܢ:
ܫܐܠܝܢ ܗܘܘ ܠܗ ܘܐܡܪܝܢ ܠܗ. ܡܪܢ: ܐܢ ܒܗܢܐ ܙܒܢܐ ܡܦܢܐ
ܐܢܬ ܡܠܟܘܬܐ ܠܐܝܣܪܝܠ. 7 ܐܡܪ ܠܗܘܢ ܗܘ. ܠܐ ܗܘܐ
ܕܝܠܟܘܢ ܗܝ ܠܡܕܥ ܙܒܢܐ ܐܘ ܙܒ̈ܢܐ: ܐܝܠܝܢ ܕܐܒܐ ܣܡ
ܐܢܘܢ ܒܫܘܠܛܢܐ ܕܝܠܗ. 8 ܐܠܐ ܟܕ ܬܐܬܐ ܥܠܝܟܘܢ ܪܘܚܐ
ܕܩܘܕܫܐ: ܬܣܒܘܢ ܚܝܠܐ. ܘܬܗܘܘܢ ܠܝ ܣܗ̈ܕܐ. ܒܐܘܪܫܠܡ
ܘܒܟܠܗ ܝܗܘܕ. ܘܐܦ ܒܝܬ ܫܡܪܝ̈ܐ. ܘܥܕܡܐ ܠܣܘܦܗ
ܕܐܪܥܐ. 9 ܘܟܕ ܗܠܝܢ ܐܡܪ: ܟܕ ܚܙܝܢ ܠܗ ܐܫܬܩܠ.
ܘܥܢܢܐ ܩܒܠܬܗ ܘܐܬܟܣܝ ܡܢ ܥܝܢܝܗܘܢ. 10 ܘܟܕ ܚܝܪܝܢ
ܗܘܘ ܒܫܡܝܐ ܟܕ ܗܘ ܐܙܠ ܗܘܐ: ܐܫܬܟܚܘ ܠܗܘܢ ܬܪܝܢ ܓܒܪ̈ܝܢ
ܩܝܡܝܢ ܠܘܬܗܘܢ. ܒܢܚܬ̈ܐ ܚܘܪ̈ܐ. 11 ܘܐܡܪܝܢ ܠܗܘܢ.
ܓܒܪ̈ܐ ܓܠܝܠܝ̈ܐ: ܡܢܐ ܩܝܡܝܢ ܐܢܬܘܢ ܘܚܝܪܝܢ ܒܫܡܝܐ.
ܗܢܐ ܝܫܘܥ ܕܐܣܬܠܩ ܡܢܟܘܢ ܠܫܡܝܐ. ܗܟܢܐ ܐܬܐ ܐܝܟ
ܡܐ ܕܚܙܝܬܘܢܝܗܝ ܕܣܠܩ ܠܫܡܝܐ. 12 ܘܒܬܪܟܢ
ܗܦܟܘ ܠܗܘܢ ܠܐܘܪܫܠܡ: ܡܢ ܛܘܪܐ ܕܡܬܩܪܐ ܕܒܝܬ
ܙܝ̈ܬܐ. ܕܐܝܬܘܗܝ ܠܘܩܒܠ ܐܘܪܫܠܡ. ܘܪܚܝܩ ܡܢܗ
ܐܝܟ ܡܪܕܐ ܕܫܒܬܐ. 13 ܘܟܕ ܥܠܘ ܠܡܕܝܢܬܐ: ܣܠܩܘ
ܠܗܘܢ ܠܥܠܝܬܐ ܗܝ ܕܒܗ ܗܘܘ ܥܡܪܝܢ. ܦܛܪܘܣ
ܘܝܘܚܢܢ. ܘܝܥܩܘܒ ܘܐܢܕܪܐܘܣ. ܘܦܝܠܝܦܘܣ ܘܬܐܘܡܐ.
ܘܡܬܝ ܘܒܪ ܬܘܠܡܝ. ܘܝܥܩܘܒ ܒܪ ܚܠܦܝ. ܘܫܡܥܘܢ
ܩܢܢܝܐ. ܘܝܗܘܕܐ ܒܪ ܝܥܩܘܒ. 14 ܗܠܝܢ ܟܠܗܘܢ: ܐܟܚܕܐ
ܐܚܝܕܝܢ ܗܘܘ ܒܨܠܘܬܐ ܒܚܕܐ ܢܦܫ. ܥܡ ܢܫ̈ܐ. ܘܥܡ
ܡܪܝܡ ܐܡܗ ܕܝܫܘܥ. ܘܥܡ ܐܚܘ̈ܗܝ ܀ 15 ܘܒܗܘܢ
ܒܝܘܡ̈ܬܐ ܗܠܝܢ: ܩܡ ܫܡܥܘܢ ܟܐܦܐ ܒܡܨܥܬ ܬܠܡܝ̈ܕܐ.
ܐܝܬ ܗܘܐ ܕܝܢ ܬܡܢ ܟܢܫܐ ܕܐܢܫܐ ܐܝܟ ܡܐܐ ܘܥܣܪܝܢ. ܘܐܡܪ:
16 ܓܒܪ̈ܐ ܐܚ̈ܝܢ: ܘܠܐ ܗܘܐ ܕܢܬܡܠܐ ܟܬܒܐ ܗܢܐ ܕܩܕܡ
ܐܡܪ ܪܘܚܐ ܕܩܘܕܫܐ ܒܦܘܡܗ ܕܕܘܝܕ: ܥܠ ܝܗܘܕܐ ܗܘ

ܕܗܘܐ ܡܕܒܪܢܐ ܠܗܘܢ ܕܐܚܕܘܗܝ ܠܝܫܘܥ. 17 ܡܛܠ ܕܡܢܝܢܐ
ܗܘܐ ܥܡܢ. ܘܐܝܬ ܗܘܐ ܠܗ ܦܣܐ ܒܬܫܡܫܬܐ ܗܕܐ.
18 ܗܢܐ ܗܘ ܕܩܢܐ ܠܗ ܩܪܝܬܐ ܡܢ ܐܓܪܐ ܕܥܘܠܐ. ܘܢܦܠ
ܥܠ ܐܦܘܗܝ ܥܠ ܐܪܥܐ. ܘܐܬܦܠܓ ܡܢ ܡܨܥܬܗ. ܘܐܬܐܫܕ
ܟܠܗ ܡܥܘܗܝ. 19 ܘܝܕܝܥܐ ܗܕܐ ܐܬܥܒܕܬ ܠܟܠܗܘܢ ܕܥܡܪܝܢ
ܒܐܘܪܫܠܡ. ܘܐܬܩܪܝܬ ܩܪܝܬܐ ܗܝ ܒܠܫܢܗܘܢ ܕܐܬܪܐ.
ܚܩܠ ܕܡܐ. ܕܐܝܬܝܗ̇ ܐܓܘܪܣܐ ܕܕܡܐ. 20 ܟܬܝܒ
ܓܝܪ ܒܟܬܒܐ ܕܡܙܡܘܪܐ: ܕܬܗܘܐ ܕܝܪܬܗ ܚܪܒܐ: ܘܡܥܡܘܪ
ܠܐ ܢܗܘܐ ܒܗ̇. ܘܬܫܡܫܬܗ ܢܣܒ ܐܚܪܢ. 21 ܘܙܕܩ ܗܘ
ܕܚܕ ܡܢ ܗܠܝܢ ܓܒܪܐ: ܕܗܘܘ ܥܡܢ ܒܟܠܗ
ܙܒܢܐ ܕܥܠ ܘܢܦܩ ܠܘܬܢ ܡܪܢ ܝܫܘܥ:
22 ܕܫܪܐ ܡܢ ܡܥܡܘܕܝܬܗ ܕܝܘܚܢܢ: ܥܕܡܐ ܠܝܘܡܐ
ܕܐܣܬܠܩ ܡܢ ܠܘܬܢ: ܢܗܘܐ ܥܡܢ ܣܗܕܐ ܕܩܝܡܬܗ.
23 ܘܐܩܝܡܘ ܬܪܝܢ. ܠܝܘܣܦ ܕܡܬܩܪܐ ܒܪ ܫܒܐ. ܕܐܬܟܢܝ
ܝܘܣܛܘܣ: ܘܠܡܬܝܐ. 24 ܘܨܠܝܘ ܘܐܡܪܘ. ܐܢܬ ܡܪܝܐ
ܝܕܥ ܠܒܘܬܐ ܕܟܠ. ܚܘܐ ܚܕ ܐܢܐ ܕܓܒܝܬ ܐܢܬ ܡܢ
ܗܠܝܢ ܬܪܝܗܘܢ: 25 ܕܢܣܒ ܦܣܐ ܕܬܫܡܫܬܐ:
ܘܕܫܠܝܚܘܬܐ ܕܡܢܗ̇ ܦܠܛ ܝܗܘܕܐ ܕܢܐܙܠ ܠܗ ܠܐܬܪܗ.
26 ܘܐܪܡܝܘ ܦܣܐ: ܘܢܦܠܬ ܠܡܬܝܐ. ܘܐܬܡܢܝ ܥܡ
ܚܕܥܣܪ ܫܠܝܚܐ ܀

ܩܦܠܐܘܢ ܀ ܒ ܀

1 ܘܟܕ ܐܬܡܠܝܘ ܝܘܡܝ ܦܢܛܩܘܣܛܐ: ܟܕ ܟܢܝܫܝܢ
ܗܘܘ ܟܠܗܘܢ ܐܟܚܕܐ. 2 ܗܘܐ ܡܢ ܫܡܝܐ ܡܢ ܫܠܝ. ܩܠܐ
ܐܝܟ ܪܘܚܐ ܥܙܝܙܬܐ. ܘܐܬܡܠܝ ܗܘܐ ܟܠܗ ܒܝܬܐ
ܗܘ ܕܒܗ ܝܬܒܝܢ ܗܘܘ. 3 ܘܐܬܚܙܝܘ ܠܗܘܢ ܠܫܢܐ
ܕܡܬܦܠܓܝܢ ܗܘܘ ܐܝܟ ܢܘܪܐ. ܘܝܬܒܘ ܥܠ ܚܕ ܚܕ
ܡܢܗܘܢ. 4 ܘܐܬܡܠܝܘ ܟܠܗܘܢ ܪܘܚܐ ܕܩܘܕܫܐ. ܘܫܪܝܘ

ܗܘܘ ܠܡܡܠܠܘ ܒܠܫܢ ܠܫܢ: ܐܝܟ ܡܐ ܕܪܘܚܐ ܝܗܒܐ
ܗܘܬ ܠܗܘܢ ܠܡܡܠܠܘ. 5 ܐܝܬ ܗܘܘ ܕܝܢ ܓܒܪ̈ܐ ܕܥܡܪܝܢ
ܒܐܘܪܫܠܡ ܕܕܚܠܝܢ ܡܢ ܐܠܗܐ. ܝܗܘܕ̈ܝܐ ܡܢ ܟܠ ܥܡ̈ܡܐ
ܕܬܚܝܬ ܫܡܝܐ. 6 ܘܟܕ ܗܘܐ ܩܠܐ ܗܢܐ: ܐܬܟܢܫ ܟܠܗ ܥܡܐ
ܘܐܫܬܓܫ. ܡܛܠ ܕܫܡܥܝܢ ܗܘܘ ܐܢܫ ܐܢܫ ܡܢܗܘܢ
ܕܡܡܠܠܝܢ ܗܘܘ ܒܠܫܢܝܗܘܢ. 7 ܘܬܡܗܝܢ ܗܘܘ ܟܠܗܘܢ
ܘܡܬܕܡܪܝܢ. ܟܕ ܐܡܪܝܢ ܚܕ ܠܚܕ: ܗܐ ܟܠܗܘܢ
ܕܡܡܠܠܝܢ: ܠܐ ܗܘܐ ܓܠܝܠܝ̈ܐ ܐܢܘܢ: 8 ܐܝܟܢܐ ܚܢܢ
ܫܡܥܝܢ ܚܢܢ ܐܢܫ ܐܢܫ ܠܫܢܗ ܕܒܗ ܝܠܝܕܝܢ ܚܢܢ.
9 ܦܪ̈ܬܘܝܐ: ܘܡܕ̈ܝܐ ܘܐܠܢ̈ܝܐ. ܘܐܝܠܝܢ ܕܥܡܪܝܢ ܒܝܬ
ܢܗܪ̈ܝܢ. ܝܗܘܕ̈ܝܐ ܘܩܦܘܕ̈ܩܝܐ. ܘܕܡܢ ܐܬܪܐ ܕܦܢܛܘܣ
ܘܕܐܣܝܐ. 10 ܘܕܡܢ ܐܬܪܐ ܕܦܪܘܓܝܐ ܘܕܦܡܦܘܠܝܐ. ܘܕܡܢ ܡܨܪܝܢ.
ܘܕܐܬܪ̈ܘܬܐ ܕܠܘܒܐ ܕܩܪܝܒܝܢ ܠܩܘܪܝܢܐ. ܘܐܝܠܝܢ ܕܐܬܘ ܡܢ
ܪܗܘܡܐ. 11 ܝܗܘܕ̈ܝܐ ܘܓܝܘܪ̈ܐ. ܘܕܡܢ ܩܪܛܐ ܘܥܪ̈ܒܝܐ.
ܗܐ ܫܡܥܝܢ ܚܢܢ ܕܡܡܠܠܝܢ ܒܠܫܢܝ ܕܝܠܢ ܬܕܡܪ̈ܬܗ
ܕܐܠܗܐ. 12 ܘܡܬܕܡܪܝܢ ܗܘܘ ܟܠܗܘܢ ܘܡܬܦܠܓܝܢ. ܟܕ
ܐܡܪܝܢ ܚܕ ܠܚܕ: ܕܡܢܐ ܗܝ ܗܕܐ ܨܒܘܬܐ. 13 ܐܢܫ̈ܝܢ ܕܝܢ
ܡܒܙܚܝܢ ܗܘܘ ܒܗܘܢ ܟܕ ܐܡܪܝܢ. ܗܠܝܢ ܚܡܪܐ ܫܬܝܘ
ܘܪܘܝܘ. 14 ܘܒܬܪ ܟܢ ܩܡ ܫܡܥܘܢ ܟܐܦܐ ܥܡ ܚܕܥܣܪ
ܫܠܝܚܝܢ: ܘܐܪܝܡ ܩܠܗ ܘܐܡܪ ܠܗܘܢ. ܓܒܪ̈ܐ ܝܗܘܕ̈ܝܐ
ܘܟܠܟܘܢ ܕܥܡܪܝܢ ܒܐܘܪܫܠܡ. ܗܕܐ ܬܗܘܐ ܝܕܝܥܐ ܠܟܘܢ ܘܨܘܬܘ
ܡܠ̈ܝ. 15 ܠܐ ܓܝܪ ܐܝܟܢܐ ܕܐܢܬܘܢ ܣܒܪܝܢ ܗܠܝܢ ܪܘܝܢ.
ܕܗܐ ܥܕܟܝܠ ܫܥܐ ܐܝܬܝܗ ܬܠܬ. 16 ܐܠܐ ܗܕܐ ܗܝ
ܕܐܡܝܪܐ ܒܝܕ ܝܘܐܝܠ ܢܒܝܐ. 17 ܕܢܗܘܐ ܒܝܘܡܬܐ ܐܚܪ̈ܝܐ ܐܡܪ
ܐܠܗܐ: ܐܫܘܕ ܪܘܚܝ ܥܠ ܟܠ ܒܣܪ. ܘܢܬܢܒܘܢ ܒܢܝ̈ܟܘܢ
ܘܒܢܬ̈ܟܘܢ. ܘܛܠܝ̈ܟܘܢ ܚܙܘܢܐ ܢܚܙܘܢ. ܘܣܒ̈ܝܟܘܢ
ܚܠܡܐ ܢܚܠܡܘܢ. 18 ܘܥܠ ܥܒܕ̈ܝ ܘܥܠ ܐܡܗ̈ܬܝ
ܐܫܘܕ ܒܝܘܡܬܐ ܗܢܘܢ ܪܘܚܝ. ܘܢܬܢܒܘܢ. 19 ܘܐܬܠ ܐܬܘܬܐ

ܒܫܡܝܐ ܘܐܬܘܬܐ ܥܠ ܐܪܥܐ. ܕܡܐ ܘܢܘܪܐ ܘܥܠܬܐ ܕܬܢܢܐ:
20 ܫܡܫܐ ܢܬܗܦܟ ܠܚܫܘܟܐ ܘܣܗܪܐ ܠܕܡܐ. ܥܕ ܠܐ ܢܐܬܐ
ܝܘܡܗ ܕܡܪܝܐ ܪܒܐ ܘܕܚܝܠܐ. 21 ܘܢܗܘܐ ܟܠ ܕܢܩܪܐ ܫܡܗ
ܕܡܪܝܐ ܢܚܐ❖ 22 ܓܒܪܐ ܒܢܝ ܐܝܣܪܝܠ: ܫܡܥܘ ܡܠܐ
ܗܠܝܢ. ܝܫܘܥ ܢܨܪܝܐ: ܓܒܪܐ ܕܡܢ ܐܠܗܐ ܐܬܚܙܝ ܠܘܬܟܘܢ:
ܒܚܝܠܐ ܘܒܬܕܡܪܬܐ ܐܝܠܝܢ ܕܐܠܗܐ ܥܒܕ ܒܝܢܬܟܘܢ ܒܐܝܕܗ.
ܐܝܟ ܕܐܢܬܘܢ ܝܕܥܝܢ ܐܢܬܘܢ. 23 ܠܗܢܐ ܕܦܪܝܫ ܗܘܐ ܠܗ
ܠܗܕܐ: ܒܡܨܒܝܢܘܬܗ ܘܒܝܕܥܬܗ ܕܐܠܗܐ:
ܐܫܠܡܬܘܢܝܗܝ ܒܐܝܕܝ ܪܘܫܥܐ. ܘܙܩܦܬܘܢܝܗܝ ܘܩܛܠܬܘܢܝܗܝ.
24 ܐܠܗܐ ܕܝܢ ܐܩܝܡܗ. ܘܫܪܐ ܚܒܠܝܗ ܕܫܝܘܠ. ܡܛܠ
ܕܠܐ ܡܫܟܚܐ ܗܘܬ ܕܬܬܐܚܕ ܒܗ ܫܝܘܠ. 25 ܕܘܝܕ ܓܝܪ
ܐܡܪ ܥܠܘܗܝ. ܡܩܕܡ ܗܘܝܬ ܚܙܐ ܠܡܪܝ ܒܟܠܙܒܢ.
ܕܥܠ ܝܡܝܢܝ ܗܘ ܕܠܐ ܐܙܘܥ. 26 ܡܛܠ ܗܢܐ ܐܬܒܣܡ ܠܒܝ
ܘܪܘܙ ܫܘܒܚܝ. ܘܐܦ ܦܓܪܝ ܢܫܪܐ ܥܠ ܣܒܪܐ.
27 ܕܠܐ ܫܒܩܬ ܐܢܬ ܠܢܦܫܝ ܒܫܝܘܠ: ܘܠܐ ܝܗܒܬ ܐܢܬ
ܠܚܣܝܕܟ ܕܢܚܙܐ ܚܒܠܐ. 28 ܓܠܝܬ ܠܝ ܐܘܪܚܐ ܕܚܝܐ.
ܬܡܠܝܢܢܝ ܚܕܘܬܐ ܥܡ ܦܪܨܘܦܟ. 29 ܓܒܪܐ ܐܚܝ:
ܫܒܘܩܘ ܠܡܐܡܪ ܥܡ ܓܠܝܐ ܠܘܬܟܘܢ: ܥܠ ܪܝܫ ܐܒܗܬܐ
ܕܘܝܕ. ܕܡܝܬ ܘܐܦ ܐܬܩܒܪ. ܘܒܝܬ ܩܒܘܪܗ ܐܝܬܘܗܝ
ܠܘܬܢ ܥܕܡܐ ܠܝܘܡܢܐ. 30 ܢܒܝܐ ܗܘܐ ܓܝܪ. ܘܝܕܥ ܗܘܐ
ܕܡܘܡܬܐ ܝܡܐ ܠܗ ܐܠܗܐ. ܕܡܢ ܦܐܪܐ ܕܟܪܣܗ ܐܩܝܡ ܥܠ
ܟܘܪܣܝܗ. 31 ܘܩܕܡ ܚܙܐ ܘܡܠܠ ܥܠ ܩܝܡܬܗ ܕܡܫܝܚܐ.
ܕܠܐ ܐܫܬܒܩ ܒܫܝܘܠ: ܐܦܠܐ ܦܓܪܗ ܚܙܐ ܚܒܠܐ. 32 ܠܗܢܐ
ܝܫܘܥ ܐܩܝܡ ܐܠܗܐ. ܘܟܠܢ ܣܗܕܘܗܝ. 33 ܘܗܘܝܘ
ܕܒܝܡܝܢܗ ܕܐܠܗܐ ܐܬܐܪܝܡ. ܘܢܣܒ ܡܢ ܐܒܐ ܡܘܠܟܢܐ
ܕܪܘܚܐ ܕܩܘܕܫܐ. ܘܐܫܕ ܡܘܗܒܬܐ ܗܕܐ: ܕܗܐ ܚܙܝܢ
ܐܢܬܘܢ ܘܫܡܥܝܢ ܐܢܬܘܢ. 34 ܠܐ ܗܘܐ ܓܝܪ ܕܘܝܕ ܣܠܩ
ܠܫܡܝܐ. ܡܛܠ ܕܗܘ ܐܡܪ ܕܐܡܪ ܡܪܝܐ ܠܡܪܝ ܕܬܒ ܡܢ

ܡܢ ܝܡܝܢܝ. 35 ܥܕܡܐ ܕܐܣܝܡ ܒܥܠܕܒܒ̈ܝܟ ܟܘܒܫܐ
ܠܪ̈ܓܠܝܟ. 36 ܫܪܝܪܐܝܬ ܗܟܝܠ ܢܕܥ ܟܠܗ ܒܝܬ
ܐܝܣܪܝܠ. ܕܡܪܝܐ ܘܡܫܝܚܐ ܥܒܕܗ ܐܠܗܐ: ܠܗܢܐ
ܝܫܘܥ ܕܐܢܬܘܢ ܙܩܦܬܘܢܝܗܝ ܀ 37 ܘܟܕ ܫܡܥܘ ܗܠܝܢ
ܐܬܟܪܝܘ ܒܠܒܗܘܢ. ܘܐܡܪܘ ܠܫܡܥܘܢ ܘܠܫܪܟܐ
ܕܫܠܝ̈ܚܐ. ܡܢܐ ܢܥܒܕ ܐܚ̈ܝܢ: 38 ܐܡܪ ܠܗܘܢ ܫܡܥܘܢ.
ܬܘܒܘ ܘܥܡܕܘ ܐܢܫ ܡܢܟܘܢ: ܠܫܘܒܩܢܐ ܕܚܛܗ̈ܐ.
ܕܬܫܬܒܩܘܢ ܘܬܩܒܠܘܢ ܡܘܗܒܬܐ ܕܪܘܚܐ ܕܩܘܕܫܐ. 39 ܠܟܘܢ ܓܝܪ
ܗܘܬ ܡܘܠܟܢܐ ܘܠܒܢ̈ܝܟܘܢ. ܘܠܟܠܗܘܢ ܐܝܠܝܢ ܕܪ̈ܚܝܩܝܢ.
ܐܝܠܝܢ ܕܗܘ ܐܠܗܐ ܢܩܪܐ ܐܢܘܢ. 40 ܘܒܡ̈ܠܐ ܐܚܪ̈ܢܝܬܐ
ܣܓܝ̈ܐܬܐ ܡܣܗܕ ܗܘܐ ܠܗܘܢ. ܘܒܥܐ ܗܘܐ ܡܢܗܘܢ ܟܕ
ܐܡܪ. ܚܝܘ ܡܢ ܫܪܒܬܐ ܗܕܐ ܡܥܩܡܬܐ. 41 ܘܐܢܫ̈ܝܢ
ܡܢܗܘܢ ܒܛܝܒܘܬ ܩܒܠܘ ܡܠܬܗ ܘܗܝܡܢܘ ܘܥܡܕܘ.
ܘܐܬܬܘܣܦܘ ܒܗܘ ܝܘܡܐ: ܐܝܟ ܬܠܬܐ ܐܠܦ̈ܝܢ ܢܦ̈ܫܢ:
42 ܘܐܩܘܝܘ ܗܘܘ ܒܝܘܠܦܢܐ ܕܫܠܝ̈ܚܐ. ܘܡܫܬܘܬܦܝܢ
ܗܘܘ ܒܨܠܘܬܐ ܘܒܩܨܝܐ ܕܐܘܟܪܣܛܝܐ. 43 ܘܗܘܬ ܗܘܬ
ܕܚܠܬܐ ܠܟܠ ܢܦܫ. ܘܐܬܘ̈ܬܐ ܣܓܝ̈ܐܬܐ ܘܚܝ̈ܠܘܬܐ: ܗܘ̈ܝ
ܗܘ̈ܝ ܒܝܕ ܫܠܝ̈ܚܐ ܒܐܘܪܫܠܡ. 44 ܘܟܠܗܘܢ ܐܝܠܝܢ
ܕܗܝܡܢܘ ܗܘܘ ܐܟܚܕܐ ܗܘܘ. ܘܟܠܡܕܡ ܕܐܝܬ ܗܘܐ ܠܗܘܢ
ܕܟܠܢܫ ܗܘܐ. 45 ܘܐܝܠܝܢ ܕܐܝܬ ܗܘܐ ܠܗܘܢ ܩܢܝܢܐ. ܡܙܒܢܝܢ
ܗܘܘ ܠܗ: ܘܡܦܠܓܝܢ ܗܘܘ ܠܐܢܫ ܐܝܟ ܡܐ
ܕܣܢܝܩ ܗܘܐ. 46 ܘܟܠܝܘܡ ܐܡܝܢܝܢ ܗܘܘ ܒܗܝܟܠܐ.
ܒܚܕܐ ܢܦܫ. ܘܒܒܝܬܐ ܩܨܝܢ ܗܘܘ ܦܬܘܪܐ. ܘܡܫܬܘܬܦܝܢ
ܗܘܘ ܒܣܝܒܪܬܐ ܒܚܕܘܬܐ. ܘܒܦܫܝܛܘܬ ܠܒܗܘܢ.
47 ܡܫܒܚܝܢ ܗܘܘ ܠܐܠܗܐ: ܟܕ ܝܗܒܝܢ ܛܝܒܘܬܐ ܡܢ
ܟܠܗ ܥܡܐ. ܡܪܢ ܕܝܢ ܡܘܣܦ ܗܘܐ ܟܠܝܘܡ ܠܐܝܠܝܢ ܕܚܝܝܢ
ܗܘܘ ܒܥܕܬܐ ܀

ܩܦܠܐܘܢ ❖ ܒ ❖

¹ ܘܗܘܐ ܕܟܕ ܣܠܩܝܢ ܫܡܥܘܢ ܟܐܦܐ ܘܝܘܚܢܢ ܐܟܚܕܐ
ܠܗܝܟܠܐ: ܒܥܕܢܐ ܕܨܠܘܬܐ ܕܬܫܥ ܫܥܝܢ: ² ܘܗܘܐ ܓܒܪܐ
ܚܕ ܚܓܝܪܐ ܕܡܢ ܟܪܣ ܐܡܗ: ܡܫܩܠܝܢ ܗܘܘ ܐܢܫܐ
ܐܝܟܢ ܕܡܝܬܝܢ ܗܘܘ ܠܗ ܘܡܣܝܡܝܢ ܠܗ: ܟܠܝܘܡ
ܒܬܪܥܐ ܕܗܝܟܠܐ ܫܦܝܪܐ. ܕܢܗܘܐ ܫܐܠ ܙܕܩܬܐ ܡܢ ܗܠܝܢ
ܕܥܐܠܝܢ ܠܗܝܟܠܐ. ³ ܗܢܐ ܟܕ ܚܙܐ ܠܫܡܥܘܢ ܘܠܝܘܚܢܢ
ܕܥܐܠܝܢ ܠܗܝܟܠܐ: ܒܥܐ ܗܘܐ ܡܢܗܘܢ ܕܢܬܠܘܢ ܠܗ
ܙܕܩܬܐ. ⁴ ܘܚܪܘ ܒܗ ܫܡܥܘܢ ܘܝܘܚܢܢ ܘܐܡܪܘ ܠܗ. ܚܘܪ
ܒܢ. ⁵ ܗܘ ܕܝܢ ܚܪ ܒܗܘܢ: ܟܕ ܡܣܟܐ ܗܘܐ ܠܡܣܒ
ܡܢܗܘܢ ܡܕܡ. ⁶ ܐܡܪ ܠܗ ܫܡܥܘܢ: ܕܗܒܐ ܘܣܐܡܐ
ܠܝܬ ܠܝ: ܐܠܐ ܡܕܡ ܕܐܝܬ ܠܝ ܝܗܒ ܐܢܐ ܠܟ. ܒܫܡܗ
ܕܡܪܢ ܝܫܘܥ ܡܫܝܚܐ ܢܨܪܝܐ ܩܘܡ ܗܠܟ. ⁷ ܘܐܚܕܗ
ܒܐܝܕܗ ܕܝܡܝܢܐ ܘܐܩܝܡܗ. ܘܡܚܕܐ ܐܬܚܝܠܝ ܥܩ̈ܒܘܗܝ
ܘܩܘܪ̈ܨܠܘܗܝ. ⁸ ܘܫܘܪ ܩܡ ܗܠܟ. ܘܥܠ ܥܡܗܘܢ
ܠܗܝܟܠܐ. ܟܕ ܡܗܠܟ ܘܫܘܪ ܘܡܫܒܚ ܠܐܠܗܐ.
⁹ ܘܚܙܝܗܝ ܟܠܗ ܥܡܐ ܟܕ ܡܗܠܟ ܘܡܫܒܚ ܠܐܠܗܐ.
¹⁰ ܐܫܬܘܕܥܘܗ ܕܗܘܝܘ ܗܘ ܚܓܝܪܐ ܕܝܬܒ ܗܘܐ ܫܐܠ
ܘܙܕܩܬܐ ܗܘܐ ܐܝܟܢܐ: ܥܠ ܬܪܥܐ ܕܗܝܟܠܐ ܫܦܝܪܐ. ܘܐܬܡܠܝܘ
ܬܗܪܐ ܘܬܡܗܐ ܥܠ ܡܕܡ ܕܗܘܐ ❖ ¹¹ ܘܟܕ ܐܚܝܕ ܗܘܐ
ܠܫܡܥܘܢ ܘܠܝܘܚܢܢ: ܪܗܛܘ ܥܡܐ ܟܠܗ ܟܕ ܬܡܝܗܝܢ
ܠܘܬܗܘܢ. ܠܐܣܛܘܐ ܕܫܠܝܡܘܢ ❖ ¹² ܘܟܕ ܚܙܐ
ܫܡܥܘܢ ܥܢܐ ܘܐܡܪ ܠܗܘܢ. ܓܒܪ̈ܐ ܒܢܝ ܐܝܣܪܝܠ ܡܢܐ
ܡܬܕܡܪܝܢ ܐܢܬܘܢ ܒܗܢܐ. ܐܘ ܠܢ ܡܢܐ ܚܝܪܝܢ ܐܢܬܘܢ: ܐܝܟ
ܗܘ ܕܒܚܝܠܢ ܕܝܠܢ ܐܘ ܒܐܠܗܘܬܢ ܥܒܕܢ ܗܕܐ ܕܢܗܠܟ ܗܢܐ.
¹³ ܐܠܗܗ ܕܐܒܪܗܡ ܘܕܐܝܣܚܩ ܘܕܝܥܩܘܒ. ܐܠܗܐ
ܕܐܒܗ̈ܬܢ ܫܒܚ ܠܒܪܗ ܝܫܘܥ: ܗܘ ܕܐܢܬܘܢ ܐܫܠܡܬܘܢ
ܘܟܦܪܬܘܢ ܒܗ ܩܕܡ ܐܦܘܗܝ ܕܦܝܠܛܘܣ. ܟܕ ܗܘ ܙܕܩ

ܗܘܐ ܕܢܫܪܝܘܗܝ. 14 ܐܢܬܘܢ ܕܝܢ ܠܩܕܝܫܐ ܘܠܙܕܝܩܐ ܟܦܪܬܘܢ.
ܘܫܐܠܬܘܢ ܠܟܘܢ ܠܓܒܪܐ ܩܛܘܠܐ ܕܢܬܝܗܒ ܠܟܘܢ.
15 ܘܠܗܘ ܪܫܐ ܕܚܝܐ ܩܛܠܬܘܢ. ܕܠܗ ܐܩܝܡ ܐܠܗܐ ܡܢ
ܒܝܬ ܡܝܬܐ. ܘܚܢܢ ܟܠܢ ܣܗܕܘܗܝ. 16 ܘܒܗܝܡܢܘܬܐ
ܕܫܡܗ. ܠܗܢܐ ܕܚܙܝܢ ܐܢܬܘܢ ܘܝܕܥܝܢ ܐܢܬܘܢ: ܫܪܪ ܘܐܚܠܡ
ܫܡܗ. ܘܗܝܡܢܘܬܐ ܕܒܗ ܝܗܒܬ ܠܗ ܗܕܐ ܚܘܠܡܢܐ
ܩܕܡ ܟܠܟܘܢ. 17 ܒܪܡ ܗܫܐ ܐܚܝ. ܝܕܥ ܐܢܐ ܕܒܛܘܥܝܝܐ
ܥܒܕܬܘܢ ܗܕܐ. ܐܝܟ ܕܥܒܕܘ ܪܫܢܝܟܘܢ. 18 ܘܐܠܗܐ ܐܝܟ
ܡܕܡ ܕܩܕܡ ܐܟܪܙ ܒܦܘܡ ܟܠܗܘܢ ܢܒܝܐ ܕܢܚܫ ܡܫܝܚܗ:
ܗܟܢܐ ܫܡܠܝ. 19 ܬܘܒܘ ܗܟܝܠ ܘܐܬܦܢܘ. ܐܢܫܐ ܕܢܬܚܣܘܢ
ܚܛܗܝܟܘܢ. 20 ܘܢܐܬܘܢ ܠܟܘܢ ܙܒܢܐ ܕܢܝܚܐ ܡܢ ܩܕܡ
ܦܪܨܘܦܗ ܕܡܪܝܐ. ܘܢܫܕܪ ܠܟܘܢ ܠܗܘ ܕܡܛܝܒ ܗܘܐ
ܠܟܘܢ. ܠܝܫܘܥ ܡܫܝܚܐ. 21 ܕܠܗ ܘܠܐ ܠܫܡܝܐ ܕܢܩܒܠܘܢܝܗܝ:
ܥܕܡܐ ܠܫܘܡܠܝܐ ܕܙܒܢܐ. ܕܟܠܗܝܢ ܐܝܠܝܢ ܕܡܠܠ ܐܠܗܐ
ܒܦܘܡܐ ܕܢܒܝܘܗܝ ܩܕܝܫܐ ܕܡܢ ܥܠܡ. 22 ܡܘܫܐ ܓܝܪ
ܐܡܪ: ܕܢܒܝܐ ܢܩܝܡ ܠܟܘܢ ܡܪܝܐ ܡܢ ܐܚܝܟܘܢ ܐܟܘܬܝ.
ܠܗ ܫܡܥܘ ܒܟܠܡܕܡ ܕܢܡܠܠ ܥܡܟܘܢ. 23 ܘܢܗܘܐ ܟܠ
ܢܦܫܐ ܕܠܐ ܬܫܡܥ ܠܢܒܝܐ ܗܘ: ܬܐܒܕ ܢܦܫܐ ܗܝ ܡܢ
ܥܡܗ. 24 ܘܢܒܝܐ ܟܠܗܘܢ ܕܡܢ ܫܡܘܐܝܠ ܘܐܝܠܝܢ ܕܡܢ
ܒܬܪܗ ܗܘܘ: ܡܠܠܘ ܘܐܟܪܙܘ ܥܠ ܝܘܡܬܐ ܗܠܝܢ.
25 ܐܢܬܘܢ ܐܢܘܢ ܒܢܝܗܘܢ ܕܢܒܝܐ: ܘܕܕܝܬܩܐ ܐܝܕܐ ܕܣܡ
ܐܠܗܐ ܠܐܒܗܝܢ. ܟܕ ܐܡܪ ܠܐܒܪܗܡ: ܕܒܙܪܥܟ ܢܬܒܪܟܘܢ
ܟܠܗܘܢ ܫܪܒܬܐ ܕܐܪܥܐ. 26 ܠܟܘܢ ܗܘ ܡܢ ܩܕܡ ܐܩܝܡ. ܘܫܕܪ
ܐܠܗܐ ܠܒܪܗ ܟܕ ܡܒܪܟ ܠܟܘܢ. ܐܢ ܬܬܦܢܘܢ ܘܬܬܘܒܘܢ
ܡܢ ܒܝܫܬܟܘܢ ܀

ܩܦܠܐܘܢ ܀ ܕ ܀

1 ܘܟܕ ܗܠܝܢ ܡܠܠܝܢ ܗܘܘ ܠܥܡܐ: ܩܡܘ
ܥܠܝܗܘܢ ܟܗܢܐ ܘܪܒܢܝ ܗܝܟܠܐ ܘܨܕܘܩܝܐ: 2 ܟܕ

ܡܬܚܡܬܝܢ ܗܘܘ ܥܠܝܗܘܢ ܕܡܠܦܝܢ ܠܥܡܐ: ܘܡܟܪܙܝܢ
ܒܡܫܝܚܐ ܥܠ ܩܝܡܬܐ ܕܡܢ ܒܝܬ ܡܝ̈ܬܐ. 3 ܘܐܪܡܝܘ
ܒܗܘܢ ܐܝ̈ܕܝܐ. ܘܢܛܪܘ ܐܢܘܢ ܠܝܘܡܐ ܐܚܪܢܐ. ܡܛܠ
ܕܪܡܫ ܗܘܐ ܠܗ ܝܘܡܐ. 4 ܘܣܓܝ̈ܐܐ ܕܫܡܥܘ ܗܘܘ ܡܠܬܐ
ܗܝܡܢܘ ܗܘܘ. ܘܐܝܬܝܗܘܢ ܗܘܘ ܒܡܢܝܢܐ: ܐܝܟ ܚܡܫܐ
ܐܠܦܝ̈ܢ ܓܒܪ̈ܝܢ. 5 ܘܠܝܘܡܐ ܐܚܪܢܐ: ܐܬܟܢܫܘ ܐܪ̈ܟܘܢܐ
ܘܩܫܝ̈ܫܐ ܘܣܦܪ̈ܐ. 6 ܘܐܦ ܚܢܢ ܪܒ ܟܘ̈ܡܪܐ ܘܩܝܦܐ.
ܘܝܘܚܢܢ ܘܐܠܟܣܢܕܪܘܣ. ܘܐܝܠܝܢ ܕܐܝܬܝܗܘܢ ܗܘܘ ܡܢ
ܫܪܒܬܐ ܕܪ̈ܒܝ ܟܘ̈ܡܪܐ. 7 ܘܟܕ ܐܩܝܡܘ ܐܢܘܢ ܒܡܨܥܬܐ:
ܡܫܐܠܝܢ ܗܘܘ ܠܗܘܢ: ܕܒܐܝܢܐ ܚܝܠܐ ܐܘ ܒܐܝܢܐ ܫܡ
ܥܒܕܬܘܢ ܗܕܐ. 8 ܗܝܕܝܢ ܫܡܥܘܢ ܟܐܦܐ: ܐܬܡܠܝ ܪܘܚܐ
ܕܩܘܕܫܐ ܘܐܡܪ ܠܗܘܢ. ܐܪ̈ܟܘܢܘܗܝ ܕܥܡܐ ܘܩܫܝ̈ܫܐ ܕܒܝܬ
ܐܝܣܪܝܠ ܫܡܥܘ. 9 ܐܢ ܚܢܢ ܝܘܡܢܐ ܡܬܕܝܢܝܢܢ ܡܢܟܘܢ:
ܥܠ ܛܝܒܘܬܐ ܕܗܘܬ ܠܒܪܢܫܐ ܟܪܝܗܐ: ܕܒܡܢܐ ܗܢܐ
ܐܬܐܣܝ: 10 ܗܕܐ ܬܗܘܐ ܝܕܝܥܐ ܠܟܘܢ ܘܠܟܠܗ ܥܡܐ ܕܐܝܣܪܝܠ:
ܕܒܫܡܗ ܕܝܫܘܥ ܡܫܝܚܐ ܢܨܪܝܐ ܗܘ ܕܐܢܬܘܢ ܙܩܦܬܘܢܝܗܝ:
ܗܘ ܕܐܩܝܡܗ ܐܠܗܐ ܡܢ ܒܝܬ ܡܝ̈ܬܐ. ܒܗ ܒܗܘ ܗܢܐ ܩܐܡ
ܗܢܐ ܩܕܡܝܟܘܢ ܟܕ ܚܠܝܡ. 11 ܗܢܘ ܟܐܦܐ ܕܐܣܠܝܬܘܢܝܗܝ
ܐܢܬܘܢ ܒܢܝ̈ܐ. ܘܗܘܐ ܠܪܝܫ ܩܪܢܐ. 12 ܘܠܝܬ ܒܐܢܫ
ܐܚܪܝܢ ܦܘܪܩܢܐ. ܠܐ ܓܝܪ ܐܝܬ ܫܡܐ ܐܚܪܢܐ ܬܚܝܬ ܫܡܝܐ
ܕܐܬܝܗܒ ܠܒܢܝ̈ܢܫܐ: ܕܒܗ ܘܠܐ ܠܡܚܐ. 13 ܘܟܕ ܫܡܥܘ
ܡܠܬܗ ܕܫܡܥܘܢ ܘܕܝܘܚܢܢ ܕܟܕ ܓܠܐ ܐܡܪܝܢ: ܐܣܬܟܠܘ
ܕܠܐ ܝܕܥܝܢ ܣܦܪܐ ܘܗܕܝܘܛܐ ܐܢܘܢ. ܘܐܬܕܡܪܘ ܒܗܘܢ.
ܘܐܫܬܘܕܥܘ ܐܢܘܢ ܕܥܡ ܝܫܘܥ ܡܬܗܦܟܝܢ ܗܘܘ. 14 ܘܚܙܝܢ
ܗܘܘ ܕܩܐܡ ܗܘܐ ܥܡܗܘܢ ܚܓܝܪܐ ܗܘ ܕܐܬܐܣܝ: ܘܠܐ
ܡܫܟܚܝܢ ܗܘܘ ܡܕܡ ܠܡܐܡܪ ܠܘܩܒܠܗܘܢ. 15 ܗܝܕܝܢ
ܦܩܕܘ ܕܢܦܩܘܢ ܐܢܘܢ ܡܢ ܟܢܫܗܘܢ. ܘܐܡܪܝܢ ܗܘܘ ܚܕ
ܠܚܕ: 16 ܡܢܐ ܢܥܒܕ ܠܗܘܢ ܠܓܒܪ̈ܐ ܗܠܝܢ. ܗܐ ܓܝܪ

ܐܬܐ ܠܓܙܪܬܐ ܕܩܘܕܐ ܕܐܝܬܝܗܘܢ : ܠܟܠܗܘܢ ܒܥܡܘܪܢ
ܘܐܬܪܡܝܢ ܐܠܐ ܒܥܠܬܐ. ܘܠܐ ܡܫܟܚܝܢ ܕܢܥܒܪ. 17 ܐܠܐ ܕܠܐ
ܬܬܚܪܐܝܬ ܢܥܘܠ ܡܚܠ ܗܢܐ: ܢܬܓܢܒ ܠܗܘܢ : ܕܐܘܦ ܠܐ
ܢܫܟܚܘܢ ܠܡܦܠ ܗܢܐ ܠܐܢܫ ܡܢ ܒܢܝܢܫܐ. 18 ܘܐܡܪܘ ܐܝܟ
ܘܩܒܪܘ ܐܝܟ: ܕܢܦܩܘܢ ܠܐ ܢܫܟܚܘܢ ܘܠܐ ܢܬܚܙܘܢ ܒܗܘܢ
ܢܦܩܘ ❖ 19 ܒܗ ܡܫܒܚܘܢ ܩܠܐ ܘܡܢܗܘܢ ܘܐܡܪܘ ܠܗܘܢ.
ܐܝܟ ܩܠܐ ܡܢ ܐܠܗܐ ܕܠܒܗܘܢ ܢܫܒܚܘܢ ܬܢܝܢ ܡܢ ܐܠܗܐ ܕܗܘܝܘ.
20 ܠܐ ܝܘܢ ܡܫܒܚܝܢ ܕܡܠܐ ܕܚܝܠ ܘܡܫܒܚ ܕܠܐ
ܢܫܟܚܘܢܝܗܝ. 21 ܘܐܬܚܫܒܘ ܠܗܘܢ ܘܐܡܪܘ ܐܝܟ. ܠܐ ܝܘܢ
ܐܡܪܘ ܠܗܘܢ ܟܠܬܐ ܕܢܦܫܗܘܢ ܒܥܡܠܗܘܢ ܡܛܠ ܟܠ.
ܟܠܢܫ ܝܘܢ ܡܫܒܚ ܗܘܐ ܠܐܠܗܐ ܟܠ ܡܢܝܢ ܕܗܘܐ.
22 ܬܚܢ ܝܘܢ ܡܢ ܟܢ ܐܪܒܥܝܢ ܝܘܡܝܢ ܐܝܬܝܗܘܢ ܗܘܐ ܠܥܠܡܐ
ܗܢܘ: ܕܗܘܐ ܒܗ ܗܘܐ ܐܝܟ ܕܐܫܬܘܝ. 23 ܘܟܕ ܐܫܬܪܝܘ ܐܝܟ
ܠܟܠ ܐܢܫܝܗܘܢ. ܘܐܬܚܙܝܘ ܠܗܘܢ ܟܠ ܟܠ ܕܐܡܪܘ ܟܝܢܬܐ
ܘܡܝܬܢܐ❖ 24 ܘܗܘܝܢ ܟܕ ܡܚܝܢܘ: ܐܚܝܕ ܐܪܥܝܘ ܟܠܗܘܢ
ܠܟܠ ܐܠܗܐ ܘܐܡܪܘ. ܟܢܐ. ܐܝܬ ܗܘ ܐܠܗܐ ܕܥܒܕ ܫܡܝܐ
ܘܐܪܥܐ. ܘܢܦܫܐ ܘܟܠ ܕܐܝܬ ܒܗܘܢ. 25 ܘܐܝܬ ܗܘ ܕܡܬܟܠܬ
ܒܗ ܢܘܪܐ ܕܡܘܪܐ ܒܗܘܢ ܕܗܘܐ ܟܒܪ. ܠܟܢܐ ܢܦܫܘ
ܟܝܢܬܐ: ܘܐܬܦܪܫ ܬܠܬ ܡܢ ܣܛܪܐ: 26 ܦܬܘ ܡܬܠܓܝܐ
ܕܐܪܥܐ ܘܡܬܝܢܐ: ܘܐܬܟܬܒܘ ܐܚܝܕܐ ܟܠ ܟܢܐ ܘܒܝܬ
ܡܫܝܚܘ. 27 ܐܬܚܙܝܘ ܝܘܢ ܡܢ ܐܝܬ ܟܡܐ ܕܡܬܝܢܐ ܗܘܐ:
ܒܠ ܡܕܝܢܐ ܒܢܝ ܢܦܩܘ ܐܢܫܐ ܕܐܝܬ ܡܫܝܚ. ܗܘܢܘܗܝ
ܘܐܒܗܬܗܘܢ ܟܡ ܒܝܬܢܐ. ܘܥܒܕܐ ܕܝܡܬܠܐ. 28 ܠܥܠܡܝܢ
ܟܠܗܐ ܕܐܝܬܝ ܘܒܢܝܢܝ ܟܠܗܘܢ ܢܦܩ ܕܢܦܫܐ. 29 ܘܐܦ ܗܢܐ
ܟܢܐ`` ܣܡܝ ܟܣܝ ܠܟܠܡܢܬܝܗܘܢ. ܘܗܘܐ ܠܒܢܝܢܝ:
ܕܐܢ ܟܠ ܢܦܫܗܘܢ ܟܡܢܐ ܟܠܒܪ. 30 ܟܕ ܐܝܬܝ ܟܡܫܝܚ
ܐܝܬ ܠܐܣܟܠܐ ܘܠܡܬܟܢܫܐ: ܕܢܦܩܘܢ ܟܡܫܝܚܘ ܕܒܢܝ
ܟܕܝܢܐ ܢܦܩܘ. 31 ܘܟܕ ܒܟܘ ܘܐܬܟܡܫܘ: ܐܬܐܝܟ ܐܬܪܐ

ܕܒܗ ܟܢܝܫܝܢ ܗܘܘ. ܘܐܬܡܠܝܘ ܟܠܗܘܢ ܒܪܘܚܐ ܕܩܘܕܫܐ.
ܘܡܡܠܠܝܢ ܗܘܘ ܥܡ ܓܠܝܐ ܡܠܬܐ ܕܐܠܗܐ ܀ 32 ܐܝܬ
ܗܘܐ ܕܝܢ ܠܟܢܫܐ ܕܐܢܫܐ ܐܝܠܝܢ ܕܗܝܡܢܘ ܗܘܘ ܚܕܐ ܢܦܫ.
ܘܚܕ ܠܒܐ. ܘܠܐ ܐܢܫ ܡܢܗܘܢ ܐܡܪ ܗܘܐ ܥܠ ܩܢܝܢܐ ܕܩܢܐ
ܗܘܐ ܕܕܝܠܗ ܐܝܬܘܗܝ. ܐܠܐ ܟܠ ܡܕܡ ܕܐܝܬ ܗܘܐ ܠܗܘܢ.
ܕܓܘܐ ܗܘܐ. 33 ܘܒܚܝܠܐ ܪܒܐ ܡܣܗܕܝܢ ܗܘܘ ܗܢܘܢ
ܫܠܝ̈ܚܐ: ܥܠ ܩܝܡܬܗ ܕܝܫܘܥ ܡܫܝܚܐ. ܘܛܝܒܘܬܐ
ܪܒܬܐ ܐܝܬ ܗܘܬ ܥܡ ܟܠܗܘܢ. 34 ܘܐܢܫ ܠܝܬ ܗܘܐ
ܒܗܘܢ ܕܚܣܝܪ. ܐܝܠܝܢ ܓܝܪ ܕܩܢܝܢ ܗܘܘ ܩܘܪ̈ܝܐ ܘܒ̈ܬܐ.
ܡܙܒܢܝܢ ܗܘܘ ܘܡܝܬܝܢ ܗܘܘ ܕܡ̈ܝܐ ܕܡܕܡ ܕܙܒܢܘ: 35 ܘܣܝܡܝܢ
ܗܘܘ ܠܗܘܢ ܩܕܡ ܪ̈ܓܠܝܗܘܢ ܕܫܠܝ̈ܚܐ: ܘܡܬܝܗܒ ܗܘܐ ܠܐܢܫ
ܐܢܫ ܐܝܟ ܡܕܡ ܕܣܢܝܩ ܗܘܐ. 36 ܝܘܣܦ ܕܝܢ ܗܘ ܕܐܬܟܢܝ
ܒܪܢܒܐ ܡܢ ܫܠܝ̈ܚܐ ܕܡܬܬܪܓܡ ܒܪ ܒܘܝܐܐ: ܠܘܝܐ ܡܢ
ܐܬܪܐ ܕܩܘܦܪܘܣ: 37 ܐܝܬ ܗܘܐ ܠܗ ܩܪܝܐ ܘܙܒܢܗ.
ܘܐܝܬܝ ܕܡ̈ܝܗ ܘܣܡ ܩܕܡ ܪ̈ܓܠܝܗܘܢ ܕܫܠܝ̈ܚܐ ܀

ܩܦܠܐܘܢ ܀ ܗ ܀

1 ܘܓܒܪܐ ܚܕ ܕܫܡܗ ܗܘܐ ܚܢܢܝܐ. ܥܡ ܐܢܬܬܗ
ܕܫܡܗ ܗܘܐ ܫܦܝܪܐ: ܙܒܢ ܗܘܐ ܩܪܝܬܗ: 2 ܘܛܫܐ ܡܢ
ܕܡ̈ܝܗ ܘܟܣܝ. ܟܕ ܝܕܥܐ ܗܘܬ ܐܢܬܬܗ. ܘܐܝܬܝ
ܡܢܬܐ ܡܢ ܕܡ̈ܝܐ ܘܣܡ ܩܕܡ ܪ̈ܓܠܝܗܘܢ ܕܫܠܝ̈ܚܐ.
3 ܘܐܡܪ ܠܗ ܫܡܥܘܢ. ܚܢܢܝܐ: ܠܡܢܐ ܕܡܠܐ ܣܛܢܐ
ܠܒܟ. ܕܬܕܓܠ ܒܪܘܚܐ ܕܩܘܕܫܐ: ܘܬܛܫܐ ܡܢ ܕܡ̈ܝܐ
ܕܩܪܝܬܐ. 4 ܠܐ ܗܘܐ ܕܝܠܟ ܗܘܬ ܥܕ ܠܐ ܬܙܕܒܢ: ܘܡܢ
ܕܐܙܕܒܢܬ ܬܘܒ ܐܝܬ ܡܫܠܛ ܗܘܝܬ ܥܠ ܕܡ̈ܝܗ: ܠܡܢܐ
ܣܡܬ ܒܠܒܟ ܕܬܥܒܕ ܨܒܘܬܐ ܗܕܐ. ܠܐ ܕܓܠܬ ܠܒܢ̈ܝ
ܐܢܫܐ. ܐܠܐ ܠܐܠܗܐ. 5 ܘܟܕ ܫܡܥ ܚܢܢܝܐ ܗܠܝܢ ܡ̈ܠܐ.
ܢܦܠ ܘܡܝܬ: ܘܗܘܬ ܕܚܠܬܐ ܪܒܬܐ ܥܠ ܟܠܗܘܢ ܗܠܝܢ

ܕܫܡܥܘ. 6 ܘܩܡܘ ܐܝܠܝܢ ܕܥܠܝܡܝܢ ܗܘܘ ܘܟܪܟܘܗܝ
ܘܐܦܩܘ ܩܒܪܘܗܝ. 7 ܘܟܕ ܗܘܬ ܕܗܘܝ ܬܠܬ ܫܥܝܢ: ܐܦ
ܐܢܬܬܗ ܥܠܬ. ܟܕ ܠܐ ܝܕܥܐ ܡܕܡ ܕܗܘܐ. 8 ܐܡܪ ܠܗ
ܫܡܥܘܢ. ܐܡܪܝ ܠܝ ܐܢ ܒܗܠܝܢ ܕܡܝܐ ܙܒܢܬܘܢ ܩܪܝܬܐ.
ܗܝ ܕܝܢ ܐܡܪܬ. ܐܝܢ ܒܗܠܝܢ ܕܡܝܐ. 9 ܐܡܪ ܠܗ ܫܡܥܘܢ.
ܡܛܠ ܕܐܫܬܘܝܬܘܢ ܠܡܢܣܝܘ ܠܪܘܚܗ ܕܡܪܝܐ: ܗܐ
ܪ̈ܓܠܝܗܘܢ ܕܩܒܪܘܗܝ ܕܒܥܠܟܝ ܒܬܪܥܐ. ܘܐܦ ܠܟܝ
ܢܦܩܘܢܟܝ. 10 ܘܒܗ ܒܫܥܬܐ ܢܦܠܬ ܩܕܡ ܪ̈ܓܠܝܗܘܢ
ܘܡܝܬܬ: ܘܥܠܘ ܥܠܝ̈ܡܐ ܗܢܘܢ ܘܐܫܟܚܘܗ ܟܕ ܡܝܬܐ.
ܘܐܦܩܘܗ ܩܒܪܘܗ ܥܠ ܓܢܒ ܒܥܠܗ. 11 ܘܗܘܬ
ܕܚܠܬܐ ܪܒܬܐ ܒܥܕܬܐ ܟܠܗ. ܘܠܟܠܗܘܢ ܗܢܘܢ ܕܫܡܥܘ✤
12 ܘܗܘܝܢ ܗܘܝ ܒܐܝܕܝ ܫܠܝ̈ܚܐ: ܐܬܘ̈ܬܐ ܘܬܕܡܪ̈ܬܐ ܣܓܝ̈ܐܬܐ
ܒܥܡܐ. ܘܡܟܢܫܝܢ ܗܘܘ ܟܠܗܘܢ ܐܟܚܕܐ ܒܐܣܛܘܐ
ܕܫܠܝܡܘܢ. 13 ܘܡܢ ܐܢܫ̈ܐ ܐܚܪ̈ܢܐ: ܐܢܫ ܠܐ ܡܡܪܚ ܗܘܐ ܕܢܬܩܪܒ
ܠܘܬܗܘܢ. ܐܠܐ ܡܫܒܚ ܗܘܐ ܠܗܘܢ ܥܡܐ. 14 ܘܝܬܝܪ
ܡܬܬܘܣܦܝܢ ܗܘܘ ܐܝܠܝܢ ܕܡܗܝܡܢܝܢ ܗܘܘ ܒܡܪܝܐ:
ܟܢܫܐ ܕܓܒܪ̈ܐ ܘܢܫ̈ܐ. 15 ܐܝܟܢܐ ܕܒܫܘ̈ܩܐ ܡܦܩܝܢ ܗܘܘ
ܟܪ̈ܝܗܐ ܟܕ ܪܡܝܢ ܗܘܘ ܒܥܪ̈ܣܬܐ. ܕܡܐ ܕܥܒܪ ܐܬܐ
ܫܡܥܘܢ: ܐܦ ܛܠܠܗ ܢܓܢ ܥܠܝܗܘܢ. 16 ܐܬܝܢ ܗܘܘ
ܕܝܢ ܣܓܝܐܐ ܠܘܬܗܘܢ: ܡܢ ܡܕܝ̈ܢܬܐ ܐܚܪ̈ܢܝܬܐ ܕܚܕܪܝܗ
ܐܘܪܫܠܡ. ܟܕ ܡܝܬܝܢ ܗܘܘ ܟܪ̈ܝܗܐ ܘܐܝܠܝܢ ܕܗܘܝ
ܗܘܝ ܠܗܘܢ ܪ̈ܘܚܐ ܛܢ̈ܦܬܐ: ܘܡܬܐܣܝܢ ܗܘܘ ܟܠܗܘܢ.
17 ܘܐܬܡܠܝ ܗܘܐ ܚܣܡܐ ܪܒ ܟܘܡܪ̈ܐ ܘܟܠܗܘܢ ܕܥܡܗ.
ܕܐܝܬܝܗܘܢ ܗܘܘ ܡܢ ܝܘܠܦܢܐ ܕܙܕܘܩܝ̈ܐ. 18 ܘܐܪܡܝܘ ܐܝ̈ܕܝܐ
ܥܠ ܫܠܝ̈ܚܐ: ܘܐܚܕܘ ܐܢܘܢ ܒܝܬ ܐܣܝܪ̈ܐ. 19 ܗܝܕܝܢ
ܡܠܐܟܐ ܕܡܪܝܐ ܒܠܠܝܐ: ܦܬܚ ܬܪܥܐ ܕܒܝܬ ܐܣܝܪ̈ܐ ܘܐܦܩ
ܐܢܘܢ. ܘܐܡܪ ܠܗܘܢ. 20 ܙܠܘ ܩܘܡܘ ܒܗܝܟܠܐ: ܘܡܠܠܘ
ܠܥܡܐ ܟܠܗܘܢ ܡ̈ܠܐ ܗܠܝܢ ܕܚܝܐ. 21 ܘܢܦܩܘ ܒܨܦܪ

ܨܦܪܐ. ܘܥܠܘ ܠܗܝܟܠܐ ܘܡܠܦܝܢ ܗܘܘ. ܪܒ ܟܘܡܪܐ ܕܝܢ
ܘܐܝܠܝܢ ܕܥܡܗ: ܩܪܘ ܠܐܚܝܗܘܢ ܘܠܩܫܝܫܐ ܕܐܝܣܪܝܠ:
ܘܫܕܪܘ ܠܒܝܬ ܐܣܝܪܐ ܕܢܝܬܘܢ ܐܢܘܢ ܠܫܠܝܚܐ. 22 ܘܟܕ
ܐܙܠܘ ܐܝܠܝܢ ܕܐܫܬܕܪܘ ܡܢܗܘܢ: ܠܐ ܐܫܟܚܘ ܐܢܘܢ ܒܝܬ
ܐܣܝܪܐ. ܘܗܦܟܘ ܐܬܘ. 23 ܘܐܡܪܝܢ. ܐܫܟܚܢ ܒܝܬ ܐܣܝܪܐ
ܕܐܚܝܕ ܒܙܗܝܪܘܬܐ. ܘܐܦ ܠܢܛܘܪܐ ܕܩܝܡܝܢ ܥܠ ܬܪܥܐ.
ܘܦܬܚܢ ܘܐܢܫ ܠܐ ܐܫܟܚܢ ܬܡܢ. 24 ܘܟܕ ܫܡܥܘ ܗܠܝܢ
ܡܠܐ ܪܒ ܟܘܡܪܐ ܘܐܪܟܘܢܐ ܕܗܝܟܠܐ: ܬܡܝܗܝܢ ܗܘܘ
ܥܠܝܗܘܢ. ܘܡܬܒܨܝܢ ܗܘܘ ܕܡܢܐ ܗܝ ܗܕܐ. 25 ܘܐܬܐ
ܐܢܫ ܐܘܕܥ ܐܢܘܢ. ܕܗܢܘܢ ܓܒܪܐ ܕܚܒܫܬܘܢ ܒܝܬ ܐܣܝܪܐ:
ܗܐ ܩܝܡܝܢ ܒܗܝܟܠܐ ܘܡܠܦܝܢ ܠܥܡܐ. 26 ܗܝܕܝܢ ܐܙܠܘ
ܐܪܟܘܢܐ ܥܡ ܦܠܚܐ ܕܢܝܬܘܢ ܐܢܘܢ. ܠܐ ܒܩܛܝܪܐ. ܕܕܚܠܝܢ
ܗܘܘ ܓܝܪ ܕܠܡܐ ܢܪܓܡܘܢ ܐܢܘܢ ܥܡܐ. 27 ܘܟܕ ܐܝܬܝܘ
ܐܢܘܢ: ܐܩܝܡܘ ܐܢܘܢ ܩܕܡ ܟܠܗ ܟܢܫܐ. ܘܫܩܠ ܗܘܐ ܪܒ
ܟܘܡܪܐ ܠܡܫܐܠ ܠܗܘܢ. 28 ܠܐ ܗܘܐ ܦܩܕܐ ܦܩܕܢ ܠܟܘܢ:
ܕܠܐܢܫ ܠܐ ܬܠܦܘܢ ܒܫܡܐ ܗܢܐ: ܐܢܬܘܢ ܕܝܢ ܗܐ ܡܠܝܬܘܢܗ
ܠܐܘܪܫܠܡ ܒܝܘܠܦܢܟܘܢ. ܘܨܒܝܢ ܐܢܬܘܢ ܕܬܝܬܘܢ ܥܠܝܢ
ܕܡܗ ܕܓܒܪܐ ܗܢܐ. 29 ܥܢܐ ܫܡܥܘܢ ܥܡ ܫܠܝܚܐ
ܘܐܡܪ ܠܗܘܢ. ܠܐܠܗܐ ܘܠܐ ܠܡܫܬܡܥܘ ܝܬܝܪ ܡܢ
ܒܢܝܢܫܐ. 30 ܐܠܗܐ ܕܐܒܗܬܢ ܐܩܝܡ ܠܝܫܘܥ: ܐܝܢܐ
ܕܐܢܬܘܢ ܩܛܠܬܘܢܗ ܟܕ ܬܠܝܬܘܢܝܗܝ ܥܠ ܩܝܣܐ. 31 ܠܗ
ܠܗܢܐ ܐܩܝܡ ܐܠܗܐ ܪܫܐ ܘܡܚܝܢܐ. ܘܐܪܝܡܗ ܒܝܡܝܢܗ:
ܐܝܟ ܕܢܬܠ ܬܝܒܘܬܐ ܘܫܘܒܩܢ ܚܛܗܐ ܠܐܝܣܪܝܠ. 32 ܘܚܢܢ
ܣܗܕܘܗܝ ܚܢܢ ܕܡܠܐ ܗܠܝܢ. ܘܪܘܚܐ ܕܩܘܕܫܐ ܗܝ ܕܝܗܒ
ܐܠܗܐ ܠܐܝܠܝܢ ܕܡܬܛܦܝܣܝܢ ܠܗ ܀ 33 ܘܟܕ ܫܡܥܘ ܗܘܘ
ܗܠܝܢ ܡܠܐ. ܡܬܚܡܬܝܢ ܗܘܘ ܒܢܦܫܗܘܢ. ܘܡܬܪܢܝܢ
ܗܘܘ ܠܡܩܛܠ ܐܢܘܢ. 34 ܘܩܡ ܗܘܐ ܚܕ ܡܢ ܦܪܝܫܐ
ܕܫܡܗ ܗܘܐ ܓܡܠܝܐܝܠ ܡܠܦ ܢܡܘܣܐ ܘܡܝܩܪ ܡܢ

ܟܠܗ ܥܡܐ: ܘܦܩܕ ܕܢܦܩܘܢ ܐܢܘܢ ܠܫܠܝܚܐ ܠܒܪ: ܩܠܝܠ
ܙܒܢܐ. 35 ܘܐܡܪ ܠܗܘܢ. ܓܒܪܐ ܒܢܝ ܐܝܣܪܝܠ: ܐܙܕܗܪܘ
ܒܢܦܫܟܘܢ. ܘܚܙܘ ܡܢܐ ܘܠܐ ܠܟܘܢ ܠܡܥܒܕ ܥܠ ܗܠܝܢ
ܐܢܫܐ. 36 ܡܢ ܩܕܡ ܓܝܪ ܗܠܝܢ ܝܘܡܬܐ: ܩܡ ܗܘܐ ܬܘܕܐ
ܘܐܡܪ ܥܠ ܢܦܫܗ ܕܗܘ ܪܒ ܗܘ. ܘܐܬܢܩܦܘ ܠܗ ܐܝܟ
ܐܪܒܥܡܐܐ ܓܒܪܝܢ. ܘܗܘ ܐܬܩܛܠ. ܘܐܝܠܝܢ ܕܐܬܛܦܝܣܘ ܗܘܘ
ܠܗ ܐܬܒܕܪܘ. ܘܗܘܘ ܐܝܟ ܠܐ ܡܕܡ. 37 ܘܩܡ ܡܢ ܒܬܪܗ
ܝܗܘܕܐ ܓܠܝܠܝܐ: ܒܝܘܡܬܐ ܕܡܟܬܒܢܘܬܐ ܘܐܛܥܝ ܥܡܐ
ܣܓܝܐܐ ܒܬܪܗ. ܘܐܦ ܗܘ ܐܒܕ.
ܘܟܠܗܘܢ ܐܝܠܝܢ ܕܐܬܛܦܝܣܘ ܗܘܘ ܠܗ ܐܬܒܕܪܘ. 38 ܘܗܫܐ
ܐܡܪ ܐܢܐ ܠܟܘܢ. ܦܪܘܩܘ ܠܟܘܢ ܡܢ ܗܠܝܢ ܐܢܫܐ
ܘܫܒܘܩܘ ܠܗܘܢ. ܐܢ ܗܘ ܓܝܪ ܕܡܢ ܒܢܝܢܫܐ ܐܝܬܝܗ ܗܕܐ
ܡܚܫܒܬܐ ܘܗܢܐ ܥܒܕܐ: ܡܫܬܪܝܐ ܘܥܒܪܐ. 39 ܐܢ ܕܝܢ
ܡܢ ܐܠܗܐ ܗܝ: ܠܐ ܡܫܟܚܝܢ ܐܢܬܘܢ ܠܡܫܪܝܘܬܗ.
ܕܠܡܐ ܬܫܬܟܚܘܢ ܠܘܩܒܠ ܐܠܗܐ ܩܝܡܝܢ ܐܝܬܝܟܘܢ.
ܘܐܬܛܦܝܣܘ ܠܗ. 40 ܘܩܪܘ ܠܫܠܝܚܐ ܘܢܓܕܘ ܐܢܘܢ.
ܘܦܩܕܘ ܐܢܘܢ ܕܠܐ ܢܗܘܘܢ ܡܡܠܠܝܢ ܒܫܡܐ ܕܝܫܘܥ. ܘܫܪܘ
ܐܢܘܢ. 41 ܘܢܦܩܘ ܡܢ ܩܕܡ ܟܢܘܫܬܗܘܢ ܟܕ ܚܕܝܢ. ܕܫܘܘ ܗܘܘ
ܡܛܠ ܫܡܐ ܕܢܬܨܥܪܘܢ. 42 ܘܠܐ ܫܠܝܢ ܗܘܘ ܟܠܝܘܡ
ܠܡܠܦܘ ܒܗܝܟܠܐ ܘܒܒܝܬܐ: ܘܠܡܣܒܪܘ ܥܠ ܡܪܢ
ܝܫܘܥ ܡܫܝܚܐ ✤

ܩܦܠܐܘܢ ✤ ܘ ✤

1 ܘܒܗܘܢ ܒܝܘܡܬܐ ܗܠܝܢ ܟܕ ܣܓܝܘ ܬܠܡܝܕܐ: ܪܛܢܘ
ܗܘܘ ܝܘܢܝܐ ܬܠܡܝܕܐ ܥܠ ܥܒܪܝܐ. ܕܡܬܒܣܝܢ ܗܘܝ
ܐܪܡܠܬܗܘܢ ܒܬܫܡܫܬܐ ܕܟܠܝܘܡ. 2 ܘܩܪܘ ܬܪܥܣܪ
ܫܠܝܚܐ ܠܟܠܗ ܟܢܫܐ ܕܬܠܡܝܕܐ ܘܐܡܪܘ ܠܗܘܢ. ܠܐ
ܫܦܝܪ ܕܢܫܒܘܩ ܡܠܬܗ ܕܐܠܗܐ ܘܢܫܡܫ ܦܬܘܪܐ. 3 ܒܥܘ
ܗܟܝܠ ܐܚܝ. ܓܒܪܝܢ ܡܢܟܘܢ ܫܒܥܐ. ܕܐܝܬ

ܥܠܝܗܘܢ ܣܗܕܘܬܐ: ܘܡܠܝܢ ܪܘܚܐ ܕܩܘܕܫܐ ܘܚܟܡܬܐ:
ܘܢܩܝܡ ܐܢܘܢ ܥܠ ܗܕܐ ܨܒܘܬܐ. 4 ܘܚܢܢ ܢܗܘܐ ܐܡܝܢܝܢ
ܒܨܠܘܬܐ ܘܒܬܫܡܫܬܐ ܕܡܠܬܐ. 5 ܘܫܦܪܬ ܗܕܐ ܡܠܬܐ
ܩܕܡ ܟܠܗ ܥܡܐ. ܘܓܒܘ ܠܐܣܛܦܢܘܣ. ܓܒܪܐ ܕܡܠܐ
ܗܘܐ ܗܝܡܢܘܬܐ ܘܪܘܚܐ ܕܩܘܕܫܐ. ܘܠܦܝܠܝܦܘܣ
ܘܠܦܪܟܪܘܣ. ܘܠܢܝܩܢܘܪ ܘܠܛܝܡܘܢ ܘܠܦܪܡܢܐ.
ܘܠܢܝܩܠܐܘܣ ܓܝܘܪܐ ܐܢܛܝܘܟܝܐ. 6 ܗܠܝܢ ܩܡܘ ܩܕܡܝܗܘܢ
ܕܫܠܝ̈ܚܐ. ܘܟܕ ܨܠܝܘ ܣܡܘ ܥܠܝܗܘܢ ܐܝܕܐ. 7 ܘܡܠܬܗ
ܕܐܠܗܐ ܪܒܝܐ ܗܘܬ. ܘܣܓܝܐ ܗܘܐ ܡܢܝܢܐ ܕܬܠܡܝ̈ܕܐ
ܒܐܘܪܫܠܡ ܛܒ. ܘܥܡܐ ܣܓܝܐܐ ܡܢ ܝܗܘ̈ܕܝܐ ܡܫܬܡܥܝܢ
ܗܘܘ ܠܗܝܡܢܘܬܐ. 8 ܐܣܛܦܢܘܣ ܕܝܢ: ܡܠܐ ܗܘܐ ܛܝܒܘܬܐ
ܘܚܝܠܐ. ܘܥܒܕ ܗܘܐ ܐܬܘ̈ܬܐ ܘܓܒܪ̈ܘܬܐ ܒܥܡܐ. 9 ܘܩܡܘ ܗܘܘ
ܐܢܫܐ ܡܢ ܟܢܘܫܬܐ ܕܡܬܩܪܝܐ ܕܠܝܒܪܛܝܢܘ: ܘܩܘܪ̈ܝܢܝܐ
ܘܐܠܟܣܢܕܪ̈ܝܐ. ܘܕܡܢ ܩܝܠܝܩܝܐ ܘܡܢ ܐܣܝܐ. ܘܕܪܫܝܢ ܗܘܘ
ܥܡ ܐܣܛܦܢܘܣ: 10 ܘܠܐ ܡܫܟܚܝܢ ܗܘܘ ܠܡܩܡ
ܠܘܩܒܠ ܚܟܡܬܐ ܘܪܘܚܐ ܕܡܡܠܠ ܗܘܐ ܒܗ. 11 ܗܝܕܝܢ
ܡܕܪܘ ܠܓܒܪ̈ܐ ܘܐܠܦܘ ܐܢܘܢ ܕܢܐܡܪܘܢ: ܕܫܡܥܢܝܗܝ
ܕܐܡܪ ܡ̈ܠܐ ܕܓܘܕܦܐ ܥܠ ܡܘܫܐ ܘܥܠ ܐܠܗܐ. 12 ܘܓܙܡܘ
ܠܥܡܐ ܘܠܩܫܝ̈ܫܐ ܘܠܣܦܪ̈ܐ. ܘܐܬܘ ܘܚܛܦܘܗܝ.
ܘܐܝܬܝܘܗܝ ܠܒܝܬ ܟܢܘܫܬܐ ܀ 13 ܘܐܩܝܡܘ ܣܗ̈ܕܐ
ܕܓܠܐ ܕܐܡܪܝܢ: ܗܢܐ ܓܒܪܐ ܠܐ ܫܠܐ ܠܡܡܠܠܘ ܡ̈ܠܐ
ܠܘܩܒܠ ܢܡܘܣܐ: ܘܥܠ ܐܬܪܐ ܗܢܐ ܩܕܝܫܐ. 14 ܚܢܢ
ܓܝܪ ܫܡܥܢܝܗܝ ܕܐܡܪ. ܕܝܫܘܥ ܗܢܐ ܢܨܪܝܐ: ܗܘ
ܢܣܬܪܝܗ ܠܐܬܪܐ ܗܢܐ. ܘܢܫܚܠܦ ܥܝ̈ܕܐ ܕܐܫܠܡ ܠܟܘܢ
ܡܘܫܐ. 15 ܘܚܪܘ ܒܗ ܟܠܗܘܢ ܗܢܘܢ ܕܝܬܒܝܢ ܗܘܘ
ܒܟܢܘܫܬܐ. ܘܚܙܘ ܦܪܨܘܦܗ ܐܝܟ ܦܪܨܘܦܐ ܕܡܠܐܟܐ ܀

ܩܦܠܐܘܢ ܀ ܐ ܀

1 ܘܫܐܠܗ ܪܒ ܟܗ̈ܢܐ ܕܐܢ ܗܘ ܕܗܠܝܢ ܗܟܢܐ ܐܝܬܝܢ.
2 ܗܘ ܕܝܢ ܐܡܪ. ܓܒܪ̈ܐ ܐܚ̈ܝܢ ܘܐܒܗ̈ܬܐ ܫܡܥܘ. ܐܠܗܐ
ܕܫܘܒܚܐ ܐܬܚܙܝ ܠܐܒܘܢ ܐܒܪܗܡ ܟܕ ܐܝܬܘܗܝ ܗܘܐ ܒܝܬ
ܢܗܪ̈ܝܢ. ܥܕ ܠܐ ܢܐܬܐ ܢܥܡܪ ܒܚܪܢ. 3 ܘܐܡܪ ܗܘܐ ܠܗ.
ܕܦܘܩ ܡܢ ܐܪܥܟ ܘܡܢ ܠܘܬ ܒܢ̈ܝ ܛܘܗܡܟ: ܘܬܐ ܠܐܪܥܐ
ܐܝܕܐ ܕܐܚܘܝܟ. 4 ܘܗܝܕܝܢ ܢܦܩ ܐܒܪܗܡ ܡܢ ܐܪܥܐ ܕܟܠܕܝ̈ܐ:
ܘܐܬܐ ܥܡܪ ܒܚܪܢ. ܘܡܢ ܬܡܢ ܒܬܪ ܕܡܝܬ ܐܒܘܗܝ: ܫܢܝܗ
ܐܠܗܐ ܠܐܪܥܐ ܗܕܐ: ܕܒܗ̇ ܥܡܝܪܝܢ ܐܢܬܘܢ ܝܘܡܢܐ. 5 ܘܠܐ ܝܗܒ
ܠܗ ܝܪܬܘܬܐ ܒܗ̇ ܐܦ ܠܐ ܕܘܪܟܬܐ ܕܪܓܠܐ. ܘܐܫܬܘܕܝ ܗܘܐ
ܕܢܬܠܝܗ̇ ܠܗ ܐܝܟ ܕܠܝܪܬܘܬܗ ܠܗ. ܘܠܙܪܥܗ. ܟܕ ܠܝܬ
ܗܘܐ ܠܗ ܒܪܐ. 6 ܘܡܠܠ ܗܘܐ ܥܡܗ ܐܠܗܐ ܟܕ ܐܡܪ
ܠܗ: ܕܢܗܘܐ ܙܪܥܟ ܬܘܬܒܐ ܒܐܪܥܐ ܢܘܟܪܝܬܐ.
ܘܢܫܬܥܒܕܘܢܗܝ ܘܢܒܐܫܘܢ ܠܗ ܐܪܒܥܡܐܐ ܫܢܝ̈ܢ.
7 ܘܠܥܡܐ ܕܢܦܠܚܘܢ ܒܥܒܕܘܬܐ: ܐܕܝܢܘܗܝ ܐܢܐ ܐܡܪ
ܐܠܗܐ. ܘܡܢ ܒܬܪ ܗܠܝܢ: ܢܦܩܘܢ ܘܢܦܠܚܘܢ ܠܝ
ܒܐܬܪܐ ܗܢܐ. 8 ܘܝܗܒ ܠܗ ܕܝܬܩܐ ܕܓܙܘܪܬܐ. ܘܗܝܕܝܢ
ܐܘܠܕ ܠܐܝܣܚܩ ܘܓܙܪܗ ܒܝܘܡܐ ܬܡܝܢܝܐ. ܘܐܝܣܚܩ
ܐܘܠܕ ܠܝܥܩܘܒ. ܘܝܥܩܘܒ ܐܘܠܕ ܠܬܪܥܣܪ ܐܒܗ̈ܬܐ.
9 ܘܗܢܘܢ ܐܒܗ̈ܬܐ ܛܢܘ ܒܝܘܣܦ ܘܙܒܢܘܗܝ ܠܡܨܪܝܢ.
ܘܐܠܗܐ ܥܡܗ ܗܘܐ. 10 ܘܦܪܩܗ ܗܘܐ ܡܢ ܟܠܗܘܢ
ܐܘܠܨܢܘܗܝ. ܘܝܗܒ ܠܗ ܛܝܒܘܬܐ ܘܚܟܡܬܐ ܩܕܡ ܦܪܥܘܢ
ܡܠܟܐ ܕܡܨܪܝܢ. ܘܐܩܝܡܗ ܪܝܫܐ ܥܠ ܡܨܪܝܢ ܘܥܠ ܟܠܗ
ܒܝܬܗ ܀ 11 ܘܗܘܐ ܟܦܢܐ ܘܐܘܠܨܢܐ ܪܒܐ ܒܟܠܗ̇ ܡܨܪܝܢ.
ܘܒܐܪܥܐ ܕܟܢܥܢ. ܘܠܝܬ ܗܘܐ ܠܗܘܢ ܠܡܣܒܥ ܠܐܒܗ̈ܬܢ.
12 ܘܟܕ ܫܡܥ ܝܥܩܘܒ ܕܐܝܬ ܥܒܘܪܐ ܒܡܨܪܝܢ: ܫܕܪ ܗܘܐ
ܠܐܒܗ̈ܬܢ ܠܘܩܕܡ. 13 ܘܟܕ ܐܙܠܘ ܕܬܪܬܝܢ ܙܒܢܝ̈ܢ: ܐܘܕܥ ܝܘܣܦ
ܢܦܫܗ ܠܐܚܘܗܝ. ܘܐܬܝܕܥ ܠܦܪܥܘܢ ܛܘܗܡܗ ܕܝܘܣܦ.

14ܘܫܕܪ ܗܘܐ ܝܘܣܦ: ܘܐܝܬܝܗ ܠܐܒܘܗܝ ܝܥܩܘܒ ܘܠܟܠܗ
ܫܪܒܬܗ. ܘܗܘܝ ܗܘܘ ܒܡܢܝܢܐ ܫܒܥܝܢ ܘܚܡܫ ܢܦܫܢ.
15 ܘܢܚܬ ܝܥܩܘܒ ܠܡܨܪܝܢ. ܘܡܝܬ ܬܡܢ ܗܘ ܘܐܒܗܬܢ.
16 ܘܐܫܬܢܝܘ ܠܫܟܝܡ: ܘܐܬܬܣܝܡܘ ܗܘܘ ܒܩܒܪܐ ܕܙܒܢ ܗܘܐ
ܐܒܪܗܡ ܒܟܣܦܐ ܡܢ ܒܢܝ ܚܡܘܪ. 17 ܘܟܕ ܡܛܐ ܗܘܐ
ܙܒܢܐ ܕܩܝܡ ܕܐܫܬܘܕܝ ܗܘܐ ܒܡܘܡܬܐ ܐܠܗܐ ܠܐܒܪܗܡ.
ܣܓܝ ܗܘܐ ܥܡܐ ܘܐܬܥܫܢ ܒܡܨܪܝܢ. 18 ܥܕܡܐ ܕܩܡ ܡܠܟܐ
ܐܚܪܢܐ ܥܠ ܡܨܪܝܢ: ܐܝܢܐ ܕܠܐ ܝܕܥ ܗܘܐ ܠܗ ܠܝܘܣܦ.
19 ܘܐܨܛܢܥ ܥܠ ܫܪܒܬܢ ܘܐܒܐܫ ܠܐܒܗܬܢ. ܘܦܩܕ ܕܢܗܘܘܢ
ܫܕܝܢ ܝܠܘܕܝܗܘܢ ܕܠܐ ܢܚܘܢ. 20 ܒܗ ܒܙܒܢܐ ܗܘ ܐܬܝܠܕ
ܡܘܫܐ ܘܫܦܝܪ ܗܘܐ ܠܐܠܗܐ. ܘܐܬܪܒܝ ܬܠܬܐ ܝܪܚܝܢ ܒܒܝܬ
ܐܒܘܗܝ. 21 ܘܟܕ ܐܫܬܕܝ ܡܢ ܐܡܗ: ܐܫܟܚܬܗ ܒܪܬܗ ܕܦܪܥܘܢ
ܘܪܒܝܬܗ ܠܗ ܠܒܪܐ. 22 ܘܐܬܪܕܝ ܡܘܫܐ ܒܟܠܗ ܚܟܡܬܐ
ܕܡܨܪܝܐ. ܘܡܛܝܒ ܗܘܐ ܒܡܠܘܗܝ. ܐܦ ܒܥܒܕܘܗܝ.
23 ܘܟܕ ܗܘܐ ܒܪ ܐܪܒܥܝܢ ܫܢܝܢ: ܣܠܩ ܗܘܐ ܥܠ ܠܒܗ
ܕܢܣܥܘܪ ܠܐܚܘܗܝ ܒܢܝ ܐܝܣܪܝܠ. 24 ܘܚܙܐ ܠܚܕ ܡܢ ܒܢܝ
ܫܪܒܬܗ ܕܡܬܥܠܒ ܠܡܨܪܝܐ: ܘܦܪܩܗ ܘܥܒܕ ܠܗ ܕܝܢܐ.
ܘܩܛܠܗ ܠܡܨܪܝܐ ܗܘ ܕܡܥܠܒ ܗܘܐ ܠܗ. 25 ܘܣܒܪ
ܕܡܣܬܟܠܝܢ ܐܚܘܗܝ ܒܢܝ ܐܝܣܪܝܠ: ܕܐܠܗܐ ܒܐܝܕܗ
ܝܗܒ ܠܗܘܢ ܦܘܪܩܢܐ ܘܠܐ ܐܣܬܟܠܘ. 26 ܘܠܝܘܡܐ ܐܚܪܢܐ
ܐܬܚܙܝ ܠܗܘܢ ܟܕ ܢܨܝܢ ܗܘܘ ܚܕ ܥܡ ܚܕ. ܘܡܦܝܣ
ܗܘܐ ܠܗܘܢ ܕܢܫܬܝܢܘܢ ܟܕ ܐܡܪ: ܓܒܪܐ ܐܚܐ ܐܢܬܘܢ:
ܠܡܢܐ ܡܥܠܒܝܢ ܐܢܬܘܢ ܚܕ ܠܚܕ. 27 ܗܘ ܕܝܢ
ܕܡܥܠܒ ܗܘܐ ܠܚܒܪܗ: ܕܚܩܗ ܡܢ ܠܘܬܗ ܘܐܡܪ ܠܗ.
ܡܢܘ ܐܩܝܡܟ ܥܠܝܢ ܪܫܐ ܘܕܝܢܐ. 28 ܕܠܡܐ ܠܡܩܛܠܢܝ
ܒܥܐ ܐܢܬ: ܐܝܟ ܕܩܛܠܬ ܐܬܡܠܝ ܠܡܨܪܝܐ: 29 ܘܥܪܩ
ܡܘܫܐ ܒܡܠܬܐ ܗܕܐ. ܘܗܘܐ ܬܘܬܒܐ ܒܐܪܥܐ ܕܡܕܝܢ.
ܘܗܘܘ ܠܗ ܬܪܝܢ ܒܢܝܢ ܀ 30 ܘܟܕ ܫܠܡ ܠܗ ܬܡܢ ܐܪܒܥܝܢ

ܫܢ̈ܝܢ: ܐܬܚܙܝ ܠܗ ܒܡܕܒܪܐ ܕܛܘܪ ܣܝܢܝ܆ ܡܠܐܟܗ
ܕܡܪܝܐ ܒܢܘܪܐ ܕܝܩܕܐ ܒܣܢܝܐ. 31 ܘܟܕ ܚܙܐ ܡܘܫܐ ܐܬܕܡܪ
ܒܚܙܘܐ܀ ܘܟܕ ܐܬܩܪܒ ܠܗ ܕܢܚܙܐ. ܐܡܪ ܠܗ ܡܪܝܐ
ܒܩܠܐ. 32 ܐܢܐ ܐܢܐ ܐܠܗܐ ܕܐܒܗ̈ܝܟ. ܐܠܗܗ ܕܐܒܪܗܡ
ܘܕܐܝܣܚܩ ܘܕܝܥܩܘܒ. ܘܟܕ ܪܬܝܬ ܗܘܐ ܡܘܫܐ: ܠܐ ܡܡܪܚ
ܗܘܐ ܕܢܚܘܪ ܒܚܙܘܐ. 33 ܘܐܡܪ ܠܗ ܡܪܝܐ. ܫܪܝ ܡܣܐܢܝܟ
ܡܢ ܪ̈ܓܠܝܟ. ܐܬܪܐ ܓܝܪ ܕܩܐܡ ܐܢܬ ܒܗ ܩܕܝܫܐ ܗܘ.
34 ܡܚܙܐ ܚܙܝܬ ܐܘܠܨܢܗ ܕܥܡܝ ܕܒܡܨܪܝܢ: ܘܬܢ̈ܚܬܗܘܢ
ܫܡܥܬ. ܘܢܚܬܬ ܕܐܦܪܘܩ ܐܢܘܢ. ܘܗܫܐ ܬܐ ܐܫܕܪܟ ܠܡܨܪܝܢ.
35 ܠܗܢܐ ܡܘܫܐ ܕܟܦܪܘ ܒܗ ܟܕ ܐܡܪܝܢ: ܕܡܢܘ ܐܩܝܡܟ
ܥܠܝܢ ܪܫܐ ܘܕܝܢܐ: ܠܗ ܠܗܢܐ ܐܠܗܐ ܪܫܐ ܘܦܪܘܩܐ ܫܕܪ
ܠܘܬܗܘܢ. ܒܐܝܕܝ ܡܠܐܟܐ ܗܘ ܕܐܬܚܙܝ ܠܗ ܒܣܢܝܐ. 36 ܗܢܘ
ܕܐܦܩ ܐܢܘܢ: ܟܕ ܥܒܕ ܐܬܘ̈ܬܐ ܘܬܕܡܪ̈ܬܐ: ܒܐܪܥܐ
ܕܡܨܪܝܢ ܘܒܝܡܐ ܕܣܘܦ ܘܒܡܕܒܪܐ ܐܪܒܥܝܢ ܫܢ̈ܝܢ܀
37 ܗܢܘ ܡܘܫܐ ܗܘ ܕܐܡܪ ܠܒܢ̈ܝ ܐܝܣܪܝܠ: ܕܢܒܝܐ ܢܩܝܡ
ܠܟܘܢ ܡܪܝܐ ܐܠܗܐ ܡܢ ܐܚܝܟܘܢ ܐܟܘܬܝ. ܠܗ ܬܫܡܥܘܢ.
38 ܗܢܘ ܕܗܘܐ ܒܥܕܬܐ ܒܡܕܒܪܐ ܥܡ ܡܠܐܟܐ ܗܘ ܕܡܡܠܠ
ܗܘܐ ܥܡܗ ܘܥܡ ܐܒܗ̈ܬܢ ܒܛܘܪܐ ܕܣܝܢܝ. ܘܗܘܝܘ
ܕܩܒܠ ܡ̈ܠܐ ܚ̈ܝܬܐ ܕܢܬܠ ܠܢ. 39 ܘܠܐ ܨܒܘ ܠܡܫܬܡܥܘ
ܠܗ ܐܒܗ̈ܬܢ. ܐܠܐ ܫܒܩܘܗܝ: ܘܒܠܒܗܘܢ ܗܦܟܘ
ܠܗܘܢ ܠܡܨܪܝܢ. 40 ܟܕ ܐܡܪܝܢ ܠܐܗܪܘܢ: ܥܒܕ ܠܢ ܐܠܗ̈ܐ
ܕܢܐܙܠܘܢ ܩܕܡܝܢ. ܡܛܠ ܕܗܢܐ ܡܘܫܐ ܕܐܦܩܢ ܡܢ ܐܪܥܐ
ܕܡܨܪܝܢ: ܠܐ ܝܕܥܝܢܢ ܡܢܐ ܗܘܐ ܠܗ. 41 ܘܥܒܕܘ ܠܗܘܢ
ܥܓܠܐ ܒܝܘ̈ܡܬܐ ܗܢܘܢ: ܘܕܒܚܘ ܕܒ̈ܚܐ ܠܦܬܟܪܐ.
ܘܡܬܒܣܡܝܢ ܗܘܘ ܒܥܒ̈ܕܐ ܐܝܕܝܗܘܢ. 42 ܘܗܦܟ ܐܠܗܐ
ܘܐܫܠܡ ܐܢܘܢ: ܕܢܗܘܘܢ ܦܠܚܝܢ ܠܚܝܠܘܬܐ ܕܫܡܝܐ. ܐܝܟ
ܕܟܬܝܒ ܒܟܬܒܐ ܕܢܒܝ̈ܐ. ܕܠܡܐ ܐܪܒܥܝܢ ܫܢ̈ܝܢ ܒܡܕܒܪܐ:
ܢܟܣܬܐ ܐܘ ܕܒܚܬܐ ܩܪܒܬܘܢ ܠܝ ܒܝܬ ܐܝܣܪܝܠ: 43 ܐܠܐ

ܡܫܟܢܗ ܕܡܠܟܘܡ: ܘܟܘܟܒܐ ܕܐܠܗܐ ܪܐܦܢ.
ܕܡܘܬܐ ܕܥܒܕܬܘܢ ܕܬܣܓܕܘܢ ܠܗܝܢ. ܐܫܢܝܟܘܢ
ܠܗܠ ܡܢ ܒܒܠ ❖ 44 ܗܐ ܡܫܟܢܐ ܕܣܗܕܘܬܐ ܕܐܒܗܝܢ
ܒܡܕܒܪܐ ܐܝܬܘܗܝ ܗܘܐ. ܐܝܟ ܡܐ ܕܦܩܕ ܗܘ ܕܡܡܠܠ ܥܡ
ܡܘܫܐ ܠܡܥܒܕܗ ܒܕܡܘܬܐ ܕܚܘܝܗ. 45 ܘܠܗ ܠܗܢܐ
ܡܫܟܢܐ: ܐܦ ܐܥܠܘܗܝ ܐܒܗܝܢ ܥܡ ܝܫܘܥ:
ܠܐܪܥܐ ܕܝܗܒ ܠܗܘܢ ܐܠܗܐ ܝܪܬܘܬܐ ܡܢ ܥܡܡܐ ܗܢܘܢ ܕܐܦܩ
ܡܢ ܩܕܡܝܗܘܢ. ܘܐܬܩܝܡ ܥܕܡܐ ܠܝܘܡܘܗܝ ܕܕܘܝܕ:
46 ܗܘ ܕܐܫܟܚ ܪܚܡܐ ܩܕܡܘܗܝ ܕܐܠܗܐ. ܘܫܐܠ ܕܢܫܟܚ
ܡܫܟܢܐ ܠܐܠܗܗ ܕܝܥܩܘܒ. 47 ܫܠܝܡܘܢ ܕܝܢ ܒܢܐ ܒܝܬܐ:
48 ܘܡܪܝܡܐ ܠܐ ܥܡܪ ܒܥܒܕ ܐܝܕܝܐ. ܐܝܟ ܕܐܡܪ ܢܒܝܐ.
49 ܕܫܡܝܐ ܟܘܪܣܝ. ܘܐܪܥܐ ܟܘܒܫܐ ܕܬܚܝܬ ܪܓܠܝ. ܐܝܢܘ
ܒܝܬܐ ܕܬܒܢܘܢ ܠܝ ܐܡܪ ܡܪܝܐ: ܐܘ ܐܝܢܘ ܐܬܪܐ ܕܢܝܚܬܝ.
50 ܠܐ ܗܐ ܐܝܕܝ ܥܒܕܬ ܗܠܝܢ ܟܠܗܝܢ. 51 ܐܘ ܩܫܝܐ
ܩܕܠܐ ܘܠܐ ܓܙܝܪܝ ܒܠܒܗܘܢ ܘܒܡܫܡܥܬܗܘܢ. ܐܢܬܘܢ
ܒܟܠܙܒܢ ܠܘܩܒܠ ܪܘܚܐ ܕܩܘܕܫܐ ܩܝܡܝܢ ܐܢܬܘܢ. ܐܝܟ
ܐܒܗܝܟܘܢ ܐܦ ܐܢܬܘܢ. 52 ܠܐܝܢܐ ܓܝܪ ܡܢ ܢܒܝܐ ܠܐ ܪܕܦܘ
ܘܩܛܠܘ ܐܒܗܝܟܘܢ: ܠܐܝܠܝܢ ܕܩܕܡܘ ܐܟܪܙܘ ܥܠ ܡܐܬܝܬܗ
ܕܙܕܝܩܐ. ܗܘ ܕܐܢܬܘܢ ܐܫܠܡܬܘܢܝܗܝ ܘܩܛܠܬܘܢܝܗܝ:
53 ܘܢܣܒܬܘܢ ܢܡܘܣܐ ܒܦܘܩܕܢܐ ܕܡܠܐܟܐ ܘܠܐ
ܢܛܪܬܘܢܝܗܝ ❖ 54 ܘܟܕ ܫܡܥܘ ܗܠܝܢ. ܐܬܡܠܝܘ ܚܡܬܐ
ܒܢܦܫܗܘܢ. ܘܡܚܪܩܝܢ ܗܘܘ ܫܢܝܗܘܢ ܥܠܘܗܝ.
55 ܘܗܘ ܟܕ ܡܠܐ ܗܘܐ ܗܝܡܢܘܬܐ ܘܪܘܚܐ ܕܩܘܕܫܐ. ܚܪ
ܒܫܡܝܐ ܘܚܙܐ ܫܘܒܚܐ ܕܐܠܗܐ: ܘܠܝܫܘܥ ܟܕ ܩܐܡ ܡܢ
ܝܡܝܢܐ ܕܐܠܗܐ. 56 ܘܐܡܪ. ܗܐ ܚܙܐ ܐܢܐ ܫܡܝܐ ܟܕ ܦܬܝܚܝܢ:
ܘܠܒܪܗ ܕܐܢܫܐ ܟܕ ܩܐܡ ܡܢ ܝܡܝܢܐ ܕܐܠܗܐ. 57 ܘܩܥܘ
ܒܩܠܐ ܪܡܐ ܘܣܟܪܘ ܐܕܢܝܗܘܢ. ܘܐܬܚܡܛܘ ܟܠܗܘܢ ܥܠܘܗܝ.
58 ܘܐܦܩܘܗܝ ܠܒܪ ܡܢ ܡܕܝܢܬܐ ܘܪܓܡܝܢ ܗܘܘ

ܠܗ. ܘܐܢܫܝܢ ܕܣܗܕܘ ܥܠܘܗܝ: ܣܡܘ ܢܚ̈ܬܝܗܘܢ ܠܘܬ
ܪ̈ܓܠܘܗܝ ܕܥܠܝܡܐ ܚܕ ܕܡܬܩܪܐ ܫܐܘܠ. 59 ܘܪܓܡܝܢ
ܗܘܘ ܠܗ ܠܐܣܛܦܢܘܣ. ܟܕ ܡܨܠܐ ܘܐܡܪ. ܡܪܝ ܝܫܘܥ
ܩܒܠ ܪܘܚܝ. 60 ܘܟܕ ܣܡ ܒܘܪܟܐ: ܩܥܐ ܒܩܠܐ ܪܡܐ
ܘܐܡܪ. ܡܪܝ ܠܐ ܬܩܝܡ ܠܗܘܢ ܗܕܐ ܚܛܝܬܐ. ܘܟܕ ܗܕܐ
ܐܡܪ ܫܟܒ. 61 ܫܐܘܠ ܕܝܢ ܨܒܐ ܗܘܐ ܘܫܘܬܦ ܗܘܐ
ܒܩܛܠܗ ✤

ܩܦܠܐܘܢ ✤ ܚ ✤

1 ܘܗܘܐ ܗܘܐ ܒܗܘ ܝܘܡܐ ܪܕܘܦܝܐ ܪܒܐ ܠܥܕܬܐ
ܕܒܐܘܪܫܠܡ. ܘܐܬܒܕܪܘ ܟܠܗܘܢ ܒܡܕܝܢ̈ܬܐ ܕܝܗܘܕ. ܘܐܦ
ܒܝܬ ܫܡܪ̈ܝܐ. ܠܒܪ ܡܢ ܫܠܝ̈ܚܐ ܒܠܚܘܕ. 2 ܘܩܒܪܘ
ܡܒܪ̈ܘܗܝ ܠܐܣܛܦܢܘܣ ܓܒܪ̈ܐ ܡܗܝܡ̈ܢܐ: ܘܐܬܐܒܠܘ
ܥܠܘܗܝ ܪܘܪܒܐܝܬ ✤ 3 ܫܐܘܠ ܕܝܢ ܪܕܦ ܗܘܐ ܠܥܕܬܗ
ܕܐܠܗܐ. ܟܕ ܥܐܠ ܗܘܐ ܠܒ̈ܬܐ: ܘܡܓܪܓܪ ܠܓܒܪ̈ܐ
ܘܠܢܫ̈ܐ: ܘܡܫܠܡ ܗܘܐ ܠܗܘܢ ܠܒܝܬ ܐܣܝ̈ܪܐ. 4 ܘܗܢܘܢ
ܕܐܬܒܕܪܘ: ܡܟܪܙܝܢ ܗܘܘ ܘܡܣܒܪܝܢ ܡܠܬܐ ܕܐܠܗܐ.
5 ܦܝܠܝܦܘܣ ܕܝܢ ܢܚܬ ܠܗ ܠܡܕܝܢܬܐ ܕܫܡܪ̈ܝܐ: ܘܡܟܪܙ
ܗܘܐ ܥܠ ܡܫܝܚܐ. 6 ܘܟܕ ܫܡܥܝܢ ܗܘܘ ܡܠܘ̈ܗܝ ܟܢܫ̈ܐ
ܕܐܢܫܐ: ܪܢܝܢ ܗܘܘ ܒܗ. ܘܡܬܛܦܝܣܝܢ ܗܘܘ ܠܟܠ
ܕܐܡܪ ܗܘܐ. ܕܚܙܝܢ ܗܘܘ ܐܬ̈ܘܬܐ ܕܥܒܕ ܗܘܐ. 7 ܣܓܝܐܐ
ܓܝܪ ܕܐܝܬ̈ܝܗܘܢ ܗܘܘ ܠܗܘܢ ܪ̈ܘܚܐ ܛܢ̈ܦܬܐ: ܩܥܝܢ ܗܘܘ
ܒܩܠܐ ܪܡܐ ܘܢܦܩܢ ܗܘܝ ܡܢܗܘܢ. ܘܐܚܪ̈ܢܐ ܡܫܪ̈ܝܐ
ܘܚܓܝܪ̈ܐ ܐܬܐܣܝܘ. 8 ܘܚܕܘܬܐ ܪܒܬܐ ܗܘܬ ܗܘܬ ܒܗ̇ܝ
ܡܕܝܢܬܐ ✤ 9 ܐܝܬ ܗܘܐ ܕܝܢ ܬܡܢ ܓܒܪܐ ܚܕ ܕܫܡܗ ܫܡܥܘܢ:
ܕܥܡܪ ܗܘܐ ܒܗ ܒܗ̇ܝ ܡܕܝܢܬܐ ܙܒܢܐ ܣܓܝܐܐ.
ܘܡܛܥܐ ܗܘܐ ܠܥܡܐ ܕܫܡܪ̈ܝܐ. ܟܕ ܡܥܒܪ
ܗܘܐ ܢܦܫܗ ܘܐܡܪ ܕܐܢܐ ܐܢܐ ܪܒܐ. 10 ܘܨܐܝܬܝܢ ܗܘܘ ܠܗ
ܟܠܗܘܢ ܙܥܘܪܐ ܘܪܒܐ. ܘܐܡܪܝܢ ܗܘܘ: ܗܢܐ ܚܝܠܗ

ܪܒܐ ܕܐܠܗܐ. 11 ܘܡܬܛܦܝܣܝܢ ܗܘܘ ܠܗ. ܡܛܠ ܕܙܒܢܐ
ܣܓܝܐܐ ܒܚܪܫܘܬܗ ܐܬܡܗ ܗܘܐ ܐܢܘܢ. 12 ܟܕ ܕܝܢ ܗܝܡܢܘ
ܠܦܝܠܝܦܘܣ ܕܡܣܒܪ ܗܘܐ ܡܠܟܘܬܐ ܕܐܠܗܐ: ܒܫܡܗ
ܕܡܪܢ ܝܫܘܥ ܡܫܝܚܐ ܥܡܕܝܢ ܗܘܘ ܓܒܪܐ ܘܢܫܐ. 13 ܘܐܦ
ܗܘ ܫܡܥܘܢ ܗܝܡܢ ܗܘܐ ܘܥܡܕ ܘܢܩܝܦ ܗܘܐ ܠܗ
ܠܦܝܠܝܦܘܣ. ܘܟܕ ܚܙܐ ܗܘܐ ܐܬܘܬܐ ܘܚܝܠܐ ܪܘܪܒܐ ܕܗܘܝܢ
ܗܘܝ ܒܐܝܕܗ ܬܡܗ ܗܘܐ ܘܡܬܕܡܪ. 14 ܘܟܕ ܫܡܥܘ
ܫܠܝܚܐ ܕܒܐܘܪܫܠܡ: ܕܩܒܠܬ ܫܡܪܝܐ ܡܠܬܗ
ܕܐܠܗܐ: ܫܕܪܘ ܠܘܬܗܘܢ ܠܫܡܥܘܢ ܟܐܦܐ ܘܠܝܘܚܢܢ.
15 ܘܢܚܬܘ ܘܨܠܝܘ ܥܠܝܗܘܢ. ܐܝܟ ܕܢܩܒܠܘܢ ܪܘܚܐ ܕܩܘܕܫܐ.
16 ܠܝܬ ܗܘܬ ܓܝܪ ܥܠ ܚܕ ܡܢܗܘܢ ܕܢܚܬܬ. ܠܚܘܕ
ܕܝܢ ܥܡܝܕܝܢ ܗܘܘ ܒܫܡܗ ܕܡܪܢ ܝܫܘܥ. 17 ܗܝܕܝܢ ܣܡܝܢ
ܗܘܘ ܥܠܝܗܘܢ ܐܝܕܐ: ܘܡܩܒܠܝܢ ܗܘܘ ܪܘܚܐ ܕܩܘܕܫܐ.
18 ܘܟܕ ܚܙܐ ܫܡܥܘܢ ܕܒܣܝܡ ܐܝܕܐ ܕܫܠܝܚܐ ܡܬܝܗܒܐ ܪܘܚܐ
ܕܩܘܕܫܐ. ܩܪܒ ܠܗܘܢ ܟܣܦܐ. 19 ܟܕ ܐܡܪ. ܗܒܘ ܐܦ
ܠܝ ܫܘܠܛܢܐ ܗܢܐ: ܕܐܝܢܐ ܕܐܣܝܡ ܥܠܘܗܝ ܐܝܕܐ. ܢܗܘܐ
ܡܩܒܠ ܪܘܚܐ ܕܩܘܕܫܐ: 20 ܐܡܪ ܠܗ ܫܡܥܘܢ ܟܐܦܐ.
ܟܣܦܟ ܥܡܟ ܢܗܘܐ ܠܐܒܕܢܐ. ܡܛܠ ܕܡܘܗܒܬܗ
ܕܐܠܗܐ ܒܩܢܝܢܐ ܕܥܠܡܐ ܡܬܩܢܝܐ. 21 ܠܝܬ ܠܟ ܡܢܬܐ
ܐܦܠܐ ܦܣܬܐ ܒܗܝܡܢܘܬܐ ܗܕܐ. ܡܛܠ ܕܠܒܟ ܠܐ ܗܘܐ ܬܪܝܨ
ܩܕܡ ܐܠܗܐ. 22 ܒܪܡ ܬܘܒ ܡܢ ܒܝܫܘܬܟ ܗܕܐ. ܘܒܥܝ
ܡܢ ܐܠܗܐ: ܕܠܡܐ ܢܫܬܒܩ ܠܟ ܢܟܠܐ ܕܠܒܟ. 23 ܒܡܪܪܬܐ
ܓܝܪ ܡܪܝܪܬܐ ܘܒܩܛܪܐ ܕܥܘܠܐ ܚܙܐ ܐܢܐ ܕܐܝܬܝܟ. 24 ܥܢܐ
ܫܡܥܘܢ ܘܐܡܪ. ܒܥܘ ܐܢܬܘܢ ܥܠܝ ܡܢ ܐܠܗܐ: ܕܠܐ ܢܐܬܐ
ܥܠܝ ܡܕܡ ܡܢ ܗܠܝܢ ܕܐܡܪܬܘܢ. 25 ܫܠܝܚܐ ܕܝܢ ܘܣܗܕܘ:
ܟܕ ܡܠܠܘ ܐܝܟ ܘܐܠܦܘ ܡܠܬܗ ܕܐܠܗܐ. ܗܦܟܘ ܠܗܘܢ
ܠܐܘܪܫܠܡ. ܘܣܒܪܘ ܩܘܪܝܐ ܣܓܝܐܬܐ ܕܫܡܪܝܐ ✤ 26 ܘܡܠܠ
ܡܠܐܟܐ ܕܡܪܝܐ ܥܡ ܦܝܠܝܦܘܣ ܘܐܡܪ ܠܗ. ܩܘܡ ܙܠ.

ܠܬܝܡܢܐ ܠܐܘܪܚܐ ܡܕܒܪܢܝܬܐ ܕܢܚܬܐ ܡܢ ܐܘܪܫܠܡ ܠܥܙܐ.
27 ܘܩܡ ܐܙܠ. ܘܐܪܥܗ ܡܗܝܡܢܐ ܚܕ ܕܐܬܐ ܗܘܐ ܡܢ ܟܘܫ:
ܫܠܝܛܐ ܕܩܢܕܩ ܡܠܟܬܐ ܕܟܘܫܝ̈ܐ. ܘܗܘ ܫܠܝܛ ܗܘܐ
ܥܠ ܟܠܗ ܓܙܗ. ܘܐܬܐ ܗܘܐ ܕܢܣܓܘܕ ܒܐܘܪܫܠܡ.
28 ܘܟܕ ܗܦܟ ܕܢܐܙܠ. ܝܬܒ ܗܘܐ ܥܠ ܡܪܟܒܬܐ ܘܩܪܐ
ܗܘܐ ܒܐܫܥܝܐ ܢܒܝܐ. 29 ܘܐܡܪܬ ܪܘܚܐ ܕܩܘܕܫܐ
ܠܦܝܠܝܦܘܣ. ܐܬܩܪܒ ܘܩܘܦ ܠܡܪܟܒܬܐ. 30 ܘܟܕ
ܐܬܩܪܒ: ܫܡܥܗ ܕܩܪܐ ܒܐܫܥܝܐ ܢܒܝܐ. ܘܐܡܪ ܠܗ: ܕܐܢ
ܡܫܬܟܠ ܐܝܬ ܡܢܐ ܩܪܐ ܐܝܬ. 31 ܘܗܘ ܐܡܪ. ܐܝܟܢܐ
ܡܫܟܚ ܐܢܐ ܕܐܫܬܟܠ ܐܠܐ ܐܢ ܐܢܫ ܢܕܒܪܢܝ ܘܒܥܐ ܡܢܗ
ܡܢ ܦܝܠܝܦܘܣ: ܕܢܣܩ ܘܢܬܒ ܥܡܗ. 32 ܦܣܘܩܐ ܕܝܢ
ܕܟܬܒܐ ܕܩܪܐ ܗܘܐ ܒܗ: ܐܝܬܘܗܝ ܗܢܐ. ܐܝܟ ܐܡܪܐ
ܠܢܟܣܬܐ ܐܬܕܒܪ. ܘܐܝܟ ܢܩܝܐ ܩܕܡ ܓܙܘܙܐ ܫܬܝܩ ܗܘܐ.
ܘܗܟܢܐ ܠܐ ܦܬܚ ܦܘܡܗ ܒܡܘܟܟܗ. 33 ܡܢ ܚܒܘܫܝܐ
ܘܡܢ ܕܝܢܐ ܐܬܕܒܪ: ܘܕܪܗ ܡܢܘ ܢܫܬܥܐ. ܕܡܫܬܩܠܝܢ
ܚܝ̈ܘܗܝ ܡܢ ܐܪܥܐ. 34 ܘܐܡܪ ܗܘ ܡܗܝܡܢܐ ܠܦܝܠܝܦܘܣ.
ܒܥܐ ܐܢܐ ܡܢܟ܆ ܥܠ ܡܢܘ ܐܡܪ ܗܕܐ ܢܒܝܐ. ܥܠ
ܢܦܫܗ ܐܘ ܥܠ ܐܢܫ ܐܚܪܝܢ ✤ 35 ܗܘ ܕܝܢ ܦܝܠܝܦܘܣ ܦܬܚ
ܦܘܡܗ: ܘܫܪܝ ܡܢܗ ܡܢ ܗܢܐ ܟܬܒܐ: ܡܣܒܪ ܠܗ
ܥܠ ܡܪܢ ܝܫܘܥ. 36 ܘܟܕ ܗܠܟܘ ܐܙܠܝܢ ܒܐܘܪܚܐ: ܡܛܘ
ܠܕܘܟܬܐ ܚܕܐ ܕܐܝܬ ܒܗ ܡܝ̈ܐ. ܘܐܡܪ ܡܗܝܡܢܐ ܗܘ.
ܗܐ ܡܝ̈ܐ ܡܢܐ ܗܘ ܟܠܝܐ ܕܐܥܡܕ. [37 ܘܐܡܪ ܦܝܠܝܦܘܣ
ܐܢ ܡܗܝܡܢ ܐܝܬ ܡܢ ܟܠܗ ܠܒܟ ܫܠܝܛ: ܘܥܢܐ ܘܐܡܪ
ܐܢܐ ܡܗܝܡܢ ܐܢܐ ܕܝܫܘܥ ܡܫܝܚܐ ܒܪܗ ܕܐܠܗܐ ܗܘ.]
38 ܘܦܩܕ ܗܘܐ ܕܬܩܘܡ ܡܪܟܒܬܐ. ܘܢܚܬܘ ܬܪ̈ܝܗܘܢ ܠܡܝ̈ܐ.
ܘܐܥܡܕܗ ܦܝܠܝܦܘܣ ܠܡܗܝܡܢܐ ܗܘ. 39 ܘܟܕ ܣܠܩܘ
ܡܢ ܡܝ̈ܐ: ܪܘܚܗ ܕܡܪܝܐ ܚܛܦܬܗ ܠܦܝܠܝܦܘܣ: ܘܬܘܒ
ܠܐ ܚܙܝܗܝ ܡܗܝܡܢܐ ܗܘ. ܐܠܐ ܐܙܠ ܗܘܐ ܒܐܘܪܚܗ ܟܕ ܚܕܐ.

40 ܦܝܠܝܦܘܣ ܕܝܢ ܐܫܬܟܚ ܒܐܙܘܛܘܣ. ܘܡܢ ܬܡܢ
ܡܬܟܪܟ ܗܘܐ ܘܡܣܒܪ ܒܡܕܝܢܬܐ ܟܠܗܝܢ: ܥܕܡܐ ܕܐܬܐ
ܠܩܣܪܝܐ ܀

ܩܦܠܐܘܢ ܀ ܛ ܀

1 ܫܐܘܠ ܕܝܢ ܥܕܟܝܠ ܡܠܐ ܗܘܐ ܠܓܘܡܐ ܘܚܡܬܐ ܕܩܛܠܐ
ܥܠ ܬܠܡܝܕܘܗܝ ܕܡܪܢ. 2 ܘܫܐܠ ܠܗ ܐܓܪܬܐ ܡܢ ܪܒ
ܟܗܢܐ: ܕܢܬܠ ܠܗ ܠܕܪܡܣܘܩ ܠܟܢܘܫܬܐ. ܕܐܢ ܗܘ
ܕܢܫܟܚ ܕܪܕܝܢ ܒܗܕܐ ܐܘܪܚܐ ܓܒܪܐ ܐܘ ܢܫܐ: ܢܐܣܘܪ
ܢܝܬܐ ܐܢܘܢ ܠܐܘܪܫܠܡ. 3 ܘܟܕ ܐܙܠ ܗܘܐ ܘܫܪܝ ܡܬܩܪܒ
ܠܕܪܡܣܘܩ. ܡܢ ܫܠܝܐ ܡܚܢܐ: ܐܙܠܓ ܗܘܐ ܥܠܘܗܝ
ܢܘܗܪܐ ܡܢ ܫܡܝܐ. 4 ܘܢܦܠ ܥܠ ܐܪܥܐ. ܘܫܡܥ ܩܠܐ ܕܐܡܪ
ܗܘܐ ܠܗ: ܫܐܘܠ ܫܐܘܠ. ܡܢܐ ܪܕܦ ܐܢܬ ܠܝ. ܩܫܐ ܗܘ
ܠܟ ܠܡܒܥܛܘ ܠܥܘܩܣܐ. 5 ܥܢܐ ܗܘ ܘܐܡܪ. ܡܢ ܐܢܬ ܡܪܝ:
ܘܡܪܢ ܐܡܪ. ܐܢܐ ܝܫܘܥ ܢܨܪܝܐ ܗܘ ܕܐܢܬ ܪܕܦ ܐܢܬ. 6 ܐܠܐ ܩܘܡ
ܥܘܠ ܠܡܕܝܢܬܐ: ܘܬܡܢ ܢܬܡܠܠ ܥܡܟ ܥܠ ܡܐ ܕܘܠܐ ܗܘܐ
ܠܟ ܠܡܥܒܕ. 7 ܘܓܒܪܐ ܕܐܙܠܝܢ ܗܘܘ ܥܡܗ ܒܐܘܪܚܐ:
ܩܝܡܝܢ ܗܘܘ ܟܕ ܬܡܝܗܝܢ. ܕܩܠܐ ܒܠܚܘܕ ܫܡܥܝܢ
ܗܘܘ. ܐܢܫ ܕܝܢ ܠܐ ܡܬܚܙܐ ܗܘܐ ܠܗܘܢ. 8 ܘܩܡ ܫܐܘܠ ܡܢ
ܐܪܥܐ ܘܠܐ ܡܬܚܙܐ ܗܘܐ ܠܗ ܡܕܡ. ܟܕ ܥܝܢܘܗܝ ܦܬܝܚܢ
ܗܘܝ. ܘܟܕ ܐܚܝܕܝܢ ܒܐܝܕܘܗܝ ܐܥܠܘܗܝ ܠܕܪܡܣܘܩ.
9 ܘܠܐ ܡܬܚܙܐ ܗܘܐ ܠܗ ܬܠܬܐ ܝܘܡܝܢ. ܘܠܐ ܐܟܠ ܘܠܐ ܐܫܬܝ.
10 ܐܝܬ ܗܘܐ ܕܝܢ ܬܡܢ ܒܕܪܡܣܘܩ ܬܠܡܝܕܐ ܚܕ ܕܫܡܗ
ܗܘܐ ܚܢܢܝܐ. ܘܡܪܢ ܐܡܪ ܠܗ ܒܚܙܘܐ. ܚܢܢܝܐ: ܘܐܡܪ.
ܗܐ ܐܢܐ ܡܪܝ. 11 ܘܡܪܢ ܐܡܪ ܠܗ. ܩܘܡ ܙܠ ܠܫܘܩܐ
ܕܡܬܩܪܐ ܬܪܝܨܐ: ܘܒܥܝ ܒܒܝܬܐ ܕܝܗܘܕܐ ܠܫܐܘܠ ܕܐܝܬܘܗܝ
ܡܢ ܛܪܣܘܣ ܡܕܝܢܬܐ. 12 ܗܐ ܓܝܪ ܟܕ ܗܘ ܡܨܠܐ: ܚܙܐ
ܒܚܙܘܐ ܠܓܒܪܐ ܕܫܡܗ ܚܢܢܝܐ: ܕܥܠ ܘܣܡ ܥܠܘܗܝ
ܐܝܕܐ ܐܝܟ ܕܢܬܦܬܚܢ ܥܝܢܘܗܝ. 13 ܘܐܡܪ ܚܢܢܝܐ. ܡܪܝ.

ܫܡܥܬ ܡܢ ܣܓܝ̈ܐܐ ܥܠ ܓܒܪܐ ܗܢܐ. ܕܟܡܐ ܒܝ̈ܫܬܐ
ܐܣܥܪ ܠܩܕ̈ܝܫܝܟ ܒܐܘܪܫܠܡ. 14 ܘܗܐ ܐܦ ܗܪܟܐ ܐܝܬ
ܠܗ ܫܘܠܛܢܐ ܡܢ ܪ̈ܒܝ ܟܗ̈ܢܐ: ܕܢܐܣܘܪ ܠܟܠܗܘܢ
ܐܝܠܝܢ ܕܩܪܝܢ ܒܫܡܟ. 15 ܐܡܪ ܠܗ ܡܪܢ. ܩܘܡ ܙܠ. ܡܛܠ
ܕܡܐܢܐ ܗܘ ܠܝ ܓܒܝܐ. ܕܢܛܥܘܢ ܫܡܝ ܠܥܡ̈ܡܐ
ܘܠܡ̈ܠܟܐ. ܘܠܒ̈ܢܝ ܐܝܣܪܝܠ. 16 ܐܢܐ ܓܝܪ ܐܚܘܝܘܗܝ
ܟܡܐ ܥܬܝܕ ܠܡܚܫ ܚܠܦ ܫܡܝ. 17 ܗܝܕܝܢ ܚܢܢܝܐ ܐܙܠ
ܠܒܝܬܐ ܠܘܬܗ: ܘܣܡ ܥܠܘܗܝ ܐܝܕܐ ܘܐܡܪ ܠܗ. ܫܐܘܠ
ܐܚܝ: ܡܪܢ ܝܫܘܥ ܫܕܪܢܝ: ܗܘ ܕܐܬܚܙܝ ܠܟ ܒܐܘܪܚܐ ܟܕ
ܐܬܐ ܐܢܬ. ܐܝܟ ܕܬܬܦܬܚܢ ܥܝ̈ܢܝܟ ܘܬܬܡܠܐ ܪܘܚܐ ܕܩܘܕܫܐ.
18 ܘܡܚܕܐ ܢܦܠܘ ܡܢ ܥܝ̈ܢܘܗܝ ܡܕܡ ܕܕܡܐ ܠܩܠܦܐ:
ܘܐܬܦܬܚ ܥܝ̈ܢܘܗܝ. ܘܩܡ ܥܡܕ: 19 ܘܩܒܠ ܣܝܒܪܬܐ
ܘܐܬܚܝܠ: ܘܗܘܐ ܝܘܡ̈ܬܐ ܩܠܝ̈ܠܐ ܥܡ ܬܠܡ̈ܝܕܐ ܗܢܘܢ ܕܐܝܬ ܗܘܘ
ܒܕܪܡܣܘܩ. 20 ܘܡܚܕܐ ܡܟܪܙ ܗܘܐ ܒܟܢܘ̈ܫܬܐ
ܕܝܗܘ̈ܕܝܐ ܥܠ ܝܫܘܥ: ܕܗܘܝܘ ܒܪܐ ܕܐܠܗܐ. 21 ܘܬܡܝܗܝܢ
ܗܘܘ ܟܠܗܘܢ ܐܝܠܝܢ ܕܫܡܥܝܢ ܗܘܘ ܠܗ. ܘܐܡܪܝܢ ܗܘܘ.
ܠܐ ܗܘܐ ܗܢܘ ܗܘ ܕܪܕܦ ܗܘܐ ܠܟܠܗܘܢ ܐܝܠܝܢ ܕܩܪܝܢ
ܗܘܘ ܒܫܡܐ ܗܢܐ ܒܐܘܪܫܠܡ: ܘܗܐ ܐܦ ܠܗܪܟܐ ܥܠܝܗ
ܥܠ ܗܕܐ ܡܛܠ ܗܘܐ: ܐܝܟ ܕܢܐܣܘܪ ܢܘܒܠ ܐܢܘܢ ܠܪ̈ܒܝ
ܟܗ̈ܢܐ. 22 ܫܐܘܠ ܕܝܢ ܛܒ ܡܬܚܝܠ ܗܘܐ: ܘܡܕܠܚ ܗܘܐ
ܠܗܘܢ ܠܝܗ̈ܘܕܝܐ ܗܢܘܢ ܕܥܡܪܝܢ ܗܘܘ ܒܕܪܡܣܘܩ. ܟܕ
ܡܚܘܐ ܗܘܐ ܕܗܢܘ ܗܘ ܡܫܝܚܐ. 23 ܘܟܕ ܣܓܝܘ ܠܗ
ܝܘܡ̈ܬܐ: ܡܠܟܘ ܥܠܘܗܝ ܝܗܘ̈ܕܝܐ
ܕܢܩܛܠܘܢܝܗܝ. 24 ܐܬܝܕܥܬ ܠܗ ܕܝܢ ܠܫܐܘܠ ܐܦܪܣܢܐ
ܕܥܒܕܝܢ ܗܘܘ ܠܗ ܥܠܘܗܝ. ܘܢܛܪܝܢ ܗܘܘ ܬܪ̈ܥܐ ܕܡܕܝܢܬܐ.
ܐܝܡܡܐ ܘܠܠܝܐ ܕܢܩܛܠܘܢܝܗܝ. 25 ܗܝܕܝܢ ܬܠܡ̈ܝܕܘܗܝ
ܐܚܬܘܗܝ ܒܣܦܪܬܐ: ܘܫܒܩܘܗܝ ܡܢ ܫܘܪܐ ܒܠܠܝܐ.
26 ܘܐܙܠ ܠܗ ܠܐܘܪܫܠܡ. ܘܨܒܐ ܗܘܐ ܠܡܬܢܩܦܘ

ܠܬܠܡܝܕܐ: ܘܟܠܗܘܢ ܕܚܠܝܢ ܗܘܘ ܡܢܗ ܘܠܐ ܡܗܝܡܢܝܢ
ܗܘܘ ܕܬܠܡܝܕܐ ܗܘ. 27 ܒܪܢܒܐ ܕܝܢ ܐܚܕܗ ܘܐܝܬܝܗ ܠܘܬ
ܫܠܝܚܐ. ܘܐܫܬܥܝ ܠܗܘܢ ܐܝܟܢܐ ܒܐܘܪܚܐ ܚܙܐ ܠܡܪܢ:
ܘܐܝܟܢܐ ܡܠܠ ܥܡܗ. ܘܐܝܟܢܐ ܒܕܪܡܣܘܩ ܒܓܠܐ ܡܠܠ
ܒܫܡܗ ܕܝܫܘܥ. 28 ܘܥܐܠ ܗܘܐ ܥܡܗܘܢ ܘܢܦܩ ܒܐܘܪܫܠܡ.
29 ܘܡܡܠܠ ܗܘܐ ܒܫܡܗ ܕܝܫܘܥ ܒܓܠܐ. ܘܕܪܫ ܗܘܐ
ܥܡ ܝܗܘܕܝܐ ܐܝܠܝܢ ܕܝܕܥܝܢ ܗܘܘ ܝܘܢܐܝܬ. ܗܢܘܢ ܕܝܢ ܨܒܝܢ
ܗܘܘ ܠܡܩܛܠܗ. 30 ܘܟܕ ܝܕܥܘ ܐܚܐ: ܐܘܒܠܘܗܝ ܒܠܠܝܐ
ܠܩܣܪܝܐ. ܘܡܢ ܬܡܢ ܫܕܪܘܗܝ ܠܛܪܣܘܣ. 31 ܥܕܬܐ ܕܝܢ
ܕܒܟܠܗ ܝܗܘܕ ܘܓܠܝܠܐ ܘܫܡܪܝܢ: ܐܝܬ ܗܘܐ ܠܗ
ܫܝܢܐ. ܟܕ ܡܬܒܢܝܐ ܗܘܬ ܘܪܕܝܐ ܒܕܚܠܬܗ ܕܐܠܗܐ.
ܘܒܒܘܝܐܐ ܕܪܘܚܐ ܕܩܘܕܫܐ ܣܓܝܐ ܗܘܬ܀ 32 ܘܗܘܐ ܕܟܕ
ܡܬܟܪܟ ܗܘܐ ܫܡܥܘܢ ܒܡܕܝܢܬܐ. ܢܚܬ ܐܦ ܠܘܬ ܩܕܝܫܐ
ܕܥܡܪܝܢ ܒܠܘܕ ܡܕܝܢܬܐ. 33 ܘܐܫܟܚ ܓܒܪܐ ܚܕ ܕܫܡܗ
ܐܝܢܝܣ: ܕܪܡܐ ܗܘܐ ܒܥܪܣܐ ܘܡܫܪܐ ܬܡܢܐ ܫܢܝܢ. 34 ܘܐܡܪ
ܠܗ ܫܡܥܘܢ. ܐܝܢܝܣ ܡܐܣܐ ܠܟ ܝܫܘܥ ܡܫܝܚܐ. ܩܘܡ
ܘܫܘܐ ܥܪܣܟ. ܘܒܗ ܒܫܥܬܐ ܩܡ. 35 ܘܚܙܐܘܗܝ ܟܠܗܘܢ
ܕܥܡܪܝܢ ܒܠܘܕ ܘܒܣܪܘܢܐ ܘܐܬܦܢܝܘ ܠܘܬ ܐܠܗܐ܀ 36 ܐܝܬ
ܗܘܬ ܕܝܢ ܒܝܘܦܐ ܬܠܡܝܕܬܐ ܚܕܐ ܕܫܡܗ ܛܒܝܬܐ.
ܗܕܐ ܥܬܝܪܐ ܗܘܬ ܒܥܒܕܐ ܛܒܐ. ܘܒܙܕܩܬܐ ܕܥܒܕܐ
ܗܘܬ. 37 ܐܬܟܪܗܬ ܕܝܢ ܒܗܘܢ ܒܝܘܡܬܐ ܘܡܝܬܬ.
ܘܐܣܚܘܗ ܘܣܡܘܗ ܒܥܠܝܬܐ. 38 ܘܫܡܥܘ ܗܘܘ
ܬܠܡܝܕܐ ܕܫܡܥܘܢ ܒܠܘܕ ܗܝ ܡܕܝܢܬܐ: ܗܝ ܕܩܪܝܒܐ
ܠܝܘܦܐ: ܘܫܕܪܘ ܗܘܘ ܠܘܬܗ ܓܒܪܐ ܬܪܝܢ
ܕܢܒܥܘܢ ܡܢܗ: ܕܠܐ ܬܬܡܛܠ ܠܡܐܬܐ ܠܘܬܗܘܢ. 39 ܘܩܡ
ܫܡܥܘܢ ܘܐܙܠ ܥܡܗܘܢ. ܘܟܕ ܐܬܐ ܐܣܩܘܗܝ ܠܥܠܝܬܐ.
ܘܩܝܡܢ ܗܘܝ ܠܘܬܗ ܟܠܗܝܢ ܐܪܡܠܬܐ. ܟܕ
ܒܟܝܢ: ܘܡܚܘܝܢ ܗܘܝ ܠܗ ܟܘܬܝܢܐ ܘܡܪܛܘܛܐ:

ܗܠܝܢ ܕܥܒܕܐ ܗܘܬ ܠܗܝܢ ܛܒܝܬܐ ܟܕ ܚܝܐ. 40 ܫܡܥܘܢ
ܕܝܢ ܐܦܩ ܠܟܠܗܝܢ ܠܒܪ. ܘܣܡ ܥܠ ܒܘܪܟܘܗܝ
ܘܨܠܝ. ܘܐܬܦܢܝ ܠܘܬ ܦܓܪܐ ܘܐܡܪ. ܛܒܝܬܐ ܩܘܡܝ.
ܗܝ ܕܝܢ ܦܬܚܬ ܥܝܢܝܗ. ܘܟܕ ܚܙܬܗ ܠܫܡܥܘܢ ܝܬܒܬ.
41 ܘܐܘܫܛ ܠܗ ܐܝܕܗ ܘܐܩܝܡܗ. ܘܩܪܐ ܠܩܕܝܫܐ
ܘܠܐܪܡܠܬܐ. ܘܐܩܝܡܗ ܠܗܘܢ ܟܕ ܚܝܐ. 42 ܘܐܬܝܕܥܬ ܗܕܐ
ܒܟܠܗ ܝܘܦܐ. ܘܣܓܝܐܐ ܗܝܡܢܘ ܒܡܪܢ. 43 ܗܘܐ ܕܝܢ
ܠܗ ܬܡܢ ܝܘܡܬܐ ܠܐ ܙܥܘܪܐ. ܟܕ ܫܪܐ ܗܘܐ ܒܒܝܬܗ
ܕܫܡܥܘܢ ܒܘܪܣܝܐ ܀

ܩܦܠܐܘܢ ܀ ܝ ܀

1 ܒܩܣܪܝܐ ܕܝܢ ܐܝܬ ܗܘܐ ܓܒܪܐ ܚܕ ܩܢܛܪܘܢܐ: ܕܫܡܗ
ܗܘܐ ܩܘܪܢܠܝܘܣ. ܡܢ ܣܦܝܪܐ ܗܝ ܕܡܬܩܪܝܐ ܐܝܛܠܝܩܝ.
2 ܘܙܕܝܩ ܗܘܐ ܘܕܚܠ ܗܘܐ ܡܢ ܐܠܗܐ. ܗܘ ܘܟܠܗ ܒܝܬܗ.
ܥܒܕ ܗܘܐ ܙܕܩܬܐ ܣܓܝܐܬܐ ܒܥܡܐ. ܘܒܟܠܥܕܢ ܒܥܐ ܗܘܐ
ܡܢ ܐܠܗܐ. 3 ܗܢܐ ܚܙܐ ܡܠܐܟܐ ܕܐܠܗܐ ܒܚܙܘܐ ܓܠܝܐܝܬ: ܠܐܦܝ
ܐܝܟ ܬܫܥ ܫܥܝܢ ܒܝܘܡܐ. ܕܥܠ ܠܘܬܗ ܘܐܡܪ ܠܗ. ܩܘܪܢܝܠܝܐ
4 ܘܗܘ ܚܪ ܒܗ ܘܕܚܠ: ܘܐܡܪ. ܡܢܐ ܡܪܝ. ܘܐܡܪ ܠܗ
ܡܠܐܟܐ. ܨܠܘܬܟ ܘܙܕܩܬܟ ܣܠܩܘ ܠܕܘܟܪܢܐ ܩܕܡ ܐܠܗܐ.
5 ܘܗܫܐ ܫܕܪ ܓܒܪܐ ܠܝܘܦܐ ܡܕܝܢܬܐ: ܘܐܝܬܝ ܠܫܡܥܘܢ
ܕܡܬܩܪܐ ܟܐܦܐ. 6 ܗܐ ܫܪܐ ܒܒܝܬܗ ܕܫܡܥܘܢ ܒܘܪܣܝܐ ܗܘ
ܕܐܝܬܘܗܝ ܥܠ ܝܕ ܝܡܐ. 7 ܘܟܕ ܐܙܠ ܠܗ ܡܠܐܟܐ ܕܡܠܠ
ܥܡܗ: ܩܪܐ ܬܪܝܢ ܡܢ ܒܢܝ ܒܝܬܗ: ܘܦܠܚܐ ܚܕ ܕܕܚܠ
ܠܐܠܗܐ. ܐܝܠܝܢ ܕܡܫܬܡܫܝܢ ܗܘܘ ܠܗ: 8 ܘܐܫܥܝ ܠܗܘܢ
ܟܠܡܕܡ ܕܚܙܐ. ܘܫܕܪ ܐܢܘܢ ܠܝܘܦܐ ܀ 9 ܘܠܝܘܡܐ ܐܚܪܢܐ
ܟܕ ܗܢܘܢ ܪܕܝܢ ܒܐܘܪܚܐ ܘܡܬܩܪܒܝܢ ܠܡܕܝܢܬܐ: ܣܠܩ
ܫܡܥܘܢ ܠܐܓܪܐ ܕܢܨܠܐ ܒܫܬ ܫܥܝܢ. 10 ܘܟܦܢ ܘܨܒܐ ܗܘܐ
ܕܢܛܥܡ. ܘܟܕ ܗܢܘܢ ܡܛܝܒܝܢ ܠܗ: ܢܦܠ ܥܠܘܗܝ

ܐܬܕܡܪ. 11 ܘܚܙܐ ܫܡܝܐ ܕܦܬܝܚ: ܘܡܐܢܐ ܚܕ ܟܕ
ܐܣܝܪ ܒܐܪܒܥ ܩܪ̈ܢܬܗ. ܘܕܡܐ ܗܘܐ ܠܟܬܢܐ ܪܒܐ. ܘܢܚܬ
ܗܘܐ ܡܢ ܫܡܝܐ ܥܠ ܐܪܥܐ. 12 ܘܐܝܬ ܗܘܐ ܒܗ ܟܠܗܘܢ
ܚܝܘܬܐ ܕܐܪܒܥ ܪ̈ܓܠܝܗܝܢ. ܘܪ̈ܚܫܐ ܕܐܪܥܐ ܘܦܪ̈ܚܬܐ ܕܫܡܝܐ.
13 ܘܩܠܐ ܐܬܐ ܠܗ ܕܐܡܪ. ܫܡܥܘܢ: ܩܘܡ ܢܟܘܣ ܘܐܟܘܠ.
14 ܘܫܡܥܘܢ ܐܡܪ: ܚܣ ܡܪܝ. ܕܡܡܬܘܡ ܠܐ ܐܟܠܬ ܟܠ
ܕܛܡܐ ܘܕܣܢܐ. 15 ܘܬܘܒ ܕܬܪ̈ܬܝܢ ܙܒ̈ܢܝܢ ܩܠܐ ܗܘܐ ܠܘܬܗ.
ܐܝܠܝܢ ܕܐܠܗܐ ܕܟܝ ܐܢܬ ܠܐ ܬܛܡܐ. 16 ܗܕܐ ܕܝܢ ܗܘܬ
ܬܠܬ ܙܒ̈ܢܝܢ: ܘܐܣܬܠܩ ܠܗ ܡܐܢܐ ܠܫܡܝܐ. 17 ܘܟܕ
ܡܬܕܡܪ ܫܡܥܘܢ ܒܢܦܫܗ ܕܡܢܘ ܚܙܘܐ ܕܚܙܐ: ܡܛܘ
ܓܒ̈ܪܐ ܗܢܘܢ ܕܐܫܬܕܪܘ ܗܘܘ ܡܢ ܩܘܪܢܠܝܘܣ: ܘܡܫܐܠܝܢ
ܥܠ ܒܝܬܐ ܕܫܡܥܘܢ. ܘܐܬܘ ܘܩܡܘ ܥܠ ܬܪܥܐ
ܕܕܪܬܐ. 18 ܘܩܪܝܢ ܗܘܘ ܬܡܢ ܘܡܫܐܠܝܢ: ܕܐܢ ܫܡܥܘܢ
ܕܡܬܩܪܐ ܟܐܦܐ ܬܢܢ ܫܪܐ. 19 ܘܟܕ ܫܡܥܘܢ ܪܢܐ ܗܘܐ
ܒܚܙܘܐ: ܐܡܪܐ ܠܗ ܪܘܚܐ. ܗܐ ܓܒ̈ܪܐ ܬܠܬܐ ܒܥܝܢ ܠܟ.
20 ܩܘܡ ܢܚܘܬ ܘܙܠ ܥܡܗܘܢ. ܟܕ ܠܐ ܡܬܦܠܓܬ ܒܪܥܝܢܟ.
ܡܛܠ ܕܐܢܐ ܗܘ ܫܕܪܬ ܐܢܘܢ ✤ 21 ܗܝܕܝܢ ܢܚܬ ܫܡܥܘܢ
ܠܘܬ ܓܒ̈ܪܐ ܗܢܘܢ ܘܐܡܪ ܠܗܘܢ. ܐܢܐ ܗܘ ܕܒܥܝܢ ܐܢܬܘܢ.
ܐܝܕܐ ܗܝ ܥܠܬܐ ܕܡܛܠܬܗ ܐܬܝܬܘܢ. 22 ܐܡܪܝܢ ܠܗ. ܓܒ̈ܪܐ
ܚܕ ܕܫܡܗ ܩܘܪܢܠܝܘܣ: ܩܢܛܪܘܢܐ ܕܕܚܠ ܡܢ ܐܠܗܐ.
ܘܡܣܗܕܝܢ ܥܠܘܗܝ ܟܠܗ ܥܡܐ ܕܝܗܘܕܝܐ. ܐܬܐܡܪ ܠܗ
ܒܚܙܘܐ ܡܢ ܡܠܐܟܐ ܩܕܝܫܐ: ܕܢܫܕܪ ܢܩܪܝܟ ܠܒܝܬܗ:
ܘܢܫܡܥ ܡܠܝܐ ܡܢܟ. 23 ܘܐܥܠ ܐܢܘܢ ܫܡܥܘܢ: ܘܩܒܠ
ܐܢܘܢ ܐܝܟ ܕܙܕܩ ܗܘܐ. ܘܩܡ ܠܝܘܡܐ ܕܒܬܪܗ. ܘܢܦܩ
ܘܐܙܠ ܥܡܗܘܢ. ܘܐܙܠܘ ܥܡܗ ܐܢܫܝܢ ܡܢ ܐܚ̈ܐ
ܕܝܘܦܐ. 24 ܘܠܝܘܡܐ ܐܚܪܢܐ ܥܠ ܠܩܣܪܝܐ. ܩܘܪܢܠܝܘܣ
ܕܝܢ ܡܣܟܐ ܗܘܐ ܠܗܘܢ: ܟܕ ܡܟܢܫܝܢ ܠܗ ܟܠܗܘܢ
ܒܢ̈ܝ ܛܘܗܡܗ. ܘܐܦ ܪ̈ܚܡܐ ܡܝܩܪ̈ܐ ܕܐܝܬ ܗܘܘ ܠܗ ✤

25 ܘܟܕ ܥܐܠ ܫܡܥܘܢ. ܐܪܥܗ ܩܘܪܢܠܝܘܣ: ܘܢܦܠ ܣܓܕ
ܠܪܓܠܘܗܝ. 26 ܘܫܡܥܘܢ ܐܩܝܡܗ ܘܐܡܪ ܠܗ. ܩܘܡ
ܠܟ. ܘܐܦ ܐܢܐ ܒܪܢܫܐ ܐܢܐ. 27 ܘܟܕ ܡܡܠܠ ܥܡܗ: ܥܠ
ܘܐܫܟܚ ܣܓܝܐܐ ܕܐܬܘ ܗܘܘ ܠܬܡܢ. 28 ܘܐܡܪ ܠܗܘܢ.
ܐܢܬܘܢ ܝܕܥܝܢ ܐܢܬܘܢ: ܕܠܐ ܫܠܝܛ ܠܓܒܪܐ ܝܗܘܕܝܐ: ܕܢܬܩܦ
ܠܐܢܫܐ ܢܘܟܪܝܐ ܕܠܐ ܗܘܐ ܒܪ ܫܪܒܬܗ. ܘܠܝ ܐܠܗܐ ܚܘܝܢܝ:
ܕܠܐ ܐܡܪ ܥܠ ܐܢܫ ܕܛܡܐ ܐܘ ܡܣܐܒ. 29 ܡܛܠ ܗܢܐ
ܕܠܐ ܦܠܓܘܬ ܐܬܝܬ ܟܕ ܫܕܪܬܘܢ ܒܬܪܝ. ܗܫܐ ܫܐܠ ܐܢܐ
ܠܟܘܢ: ܡܛܠ ܡܢܐ ܫܕܪܬܘܢ ܒܬܪܝ ܀ 30 ܘܐܡܪ ܠܗ
ܩܘܪܢܠܝܘܣ. ܐܪܒܥܐ ܝܘܡܝܢ ܐܝܬ ܠܝ ܠܫܥܬܐ ܗܕܐ
ܕܨܐܡ ܐܢܐ. ܘܡܨܠܐ ܗܘܝܬ ܒܬܫܥ ܫܥܝܢ ܒܒܝܬܝ: ܗܐ
ܓܒܪܐ ܚܕ ܩܡ ܠܘܩܒܠܝ ܟܕ ܠܒܝܫ ܚܘܪܐ. 31 ܘܐܡܪ ܠܝ.
ܩܘܪܢܠܝܐ: ܐܫܬܡܥܬ ܨܠܘܬܟ. ܘܐܬܕܟܪܬ ܙܕܩܬܟ ܗܘܬ
ܩܕܡ ܐܠܗܐ. 32 ܫܕܪ ܗܟܝܠ ܠܝܘܦܐ ܡܕܝܢܬܐ: ܘܐܝܬܐ
ܠܫܡܥܘܢ ܕܡܬܩܪܐ ܟܐܦܐ. ܗܐ ܗܢܐ ܫܪܐ ܒܒܝܬܗ ܕܫܡܥܘܢ
ܒܘܪܣܝܐ ܕܥܠ ܝܕ ܝܡܐ. ܘܗܘ ܢܐܬܐ ܢܡܠܠ ܥܡܟ. 33 ܘܒܗ
ܒܫܥܬܐ ܫܕܪܬ ܠܘܬܟ. ܘܐܢܬ ܫܦܝܪ ܥܒܕܬ ܕܐܬܝܬ. ܘܗܐ
ܚܢܢ ܟܠܢ ܩܕܡܝܟ. ܘܨܒܝܢ ܕܢܫܡܥ ܟܠ ܡܐ ܕܐܬܦܩܕ
ܠܟ ܡܢ ܠܘܬ ܐܠܗܐ ܀ 34 ܦܬܚ ܕܝܢ ܫܡܥܘܢ ܦܘܡܗ
ܘܐܡܪ. ܒܩܘܫܬܐ ܐܕܪܟܬ: ܕܠܐ ܗܘܐ ܢܣܒ ܒܐܦܐ ܐܠܗܐ. 35 ܐܠܐ
ܒܟܠܗܘܢ ܥܡܡܐ ܐܢܫ ܕܕܚܠ ܡܢܗ ܘܦܠܚ ܟܐܢܘܬܐ.
ܡܩܒܠ ܗܘ ܠܘܬܗ. 36 ܡܠܬܐ ܓܝܪ ܕܫܕܪ ܠܒܢܝ ܐܝܣܪܝܠ:
ܘܣܒܪ ܐܢܘܢ ܫܠܡܐ ܘܫܝܢܐ ܒܝܕ ܝܫܘܥ ܡܫܝܚܐ: ܗܢܘ
ܡܪܐ ܕܟܠ. 37 ܘܐܦ ܐܢܬܘܢ ܝܕܥܝܢ ܐܢܬܘܢ ܡܠܬܐ
ܕܗܘܬ ܒܟܠܗ ܝܗܘܕ: ܕܡܢ ܓܠܝܠܐ ܫܪܝܬ ܡܢ ܒܬܪ ܡܥܡܘܕܝܬܐ
ܕܐܟܪܙ ܝܘܚܢܢ: 38 ܥܠ ܝܫܘܥ ܕܡܢ ܢܨܪܬ. ܕܐܠܗܐ
ܡܫܚܗ ܒܪܘܚܐ ܕܩܘܕܫܐ ܘܒܚܝܠܐ. ܘܗܘܝܘ ܕܡܗܠܟ
ܗܘܐ ܘܡܐܣܐ ܠܗܢܘܢ ܕܐܬܢܟܝܘ ܡܢ ܣܛܢܐ. ܡܛܠ ܕܐܠܗܐ

ܗܘܳܐ ܠܥܶܠܗ. 39 ܘܩܳܝܶܡ ܩܶܢܛܽܘܪܝܽܘܢ ܕܠܩܽܘܒܠܶܗ ...
ܠܽܘܩܒܠܶܗ ܐܰܝܟܢܳܐ ܕܗܳܟܰܢܳܐ ܐܶܫܬܢܺܝ. ...
... 40 ܘܗ̱ܘܰܘ ܐܳܦ ܐܰܢ̈ܬܳܐ
...ܚܳܙܝܳܢ. ... 41
... 42 ...
...
43 ...
... 44 ܘܟܰܕ ...
...
... 45 ...
...
... 46 ...
...
47 ...
...
... 48 ...
...
❖

ܩܦܠܐܘܢ ❖ ܝܘ ❖

1 ...
... 2 ...
... 3 ...
... 4 ...
... 5 ...
...

ܐܢܐ ܕܢܚܬ ܗܘܐ ܠܟܬܢܐ. ܘܐܣܝܪ ܗܘܐ ܒܐܪܒܥ ܦܢܝܬܗ
ܘܫܩܝܠ ܗܘܐ ܡܢ ܫܡܝܐ. ܘܐܬܐ ܥܕܡܐ ܠܘܬܝ. 6 ܘܚܪܬ ܒܗ.
ܘܚܙܝܬ ܗܘܝܬ ܕܐܝܬ ܒܗ ܚܝܘܬܐ ܕܐܪܒܥ ܪ̈ܓܠܝܗܝܢ. ܘܪ̈ܚܫܐ
ܕܐܪܥܐ ܘܦ̈ܪܚܬܐ ܕܫܡܝܐ. 7 ܘܫܡܥܬ ܗܘܝܬ ܩܠܐ ܕܐܡܪ ܗܘܐ
ܠܝ. ܫܡܥܘܢ ܩܘܡ ܢܟܘܣ ܘܐܟܘܠ. ܘܐܡܪܬ ܚܣ ܡܪܝ.
ܕܡܡܬܘܡ ܠܐ ܥܠ ܠܦܘܡܝ ܕܛܡܐ ܘܕܡܣܐܒ. 9 ܘܥܢܐ
ܩܠܐ ܬܘܒ ܡܢ ܫܡܝܐ: ܕܡܕܡ ܕܐܠܗܐ ܕܟܝ ܐܢܬ ܠܐ
ܬܣܐܒ. 10 ܗܕܐ ܗܘܬ ܬܠܬ ܙ̈ܒܢܝܢ: ܘܐܣܬܠܩ ܟܠܗ
ܡܐܢܐ ܠܫܡܝܐ. 11 ܘܒܗ ܒܫܥܬܐ: ܬܠܬܐ ܓܒܪܝܢ
ܕܐܫܬܕܪܘ ܠܘܬܝ ܡܢ ܩܘܪܢܠܝܘܣ ܡܢ ܩܣܪܝܐ. ܐܬܘ ܘܩܡܘ
ܥܠ ܬܪܥܐ ܕܒܝܬܐ ܕܐܝܬ ܗܘܝܬ ܒܗ. 12 ܘܐܡܪ ܠܝ ܪܘܚܐ.
ܕܙܠ ܥܡܗܘܢ ܕܠܐ ܦܘܠܓܐ. ܘܐܬܘ ܥܡܝ ܐܦ ܗܠܝܢ ܫܬܐ
ܐܚ̈ܝܢ. ܘܥܠܢ ܠܒܝܬܗ ܕܓܒܪܐ. 13 ܘܐܫܬܥܝ ܠܢ ܐܝܟܢܐ
ܚܙܐ ܒܒܝܬܗ ܡܠܐܟܐ: ܕܩܡ ܘܐܡܪ ܠܗ. ܫܕܪ ܠܝܘܦܐ
ܡܕܝܢܬܐ. ܘܐܝܬܐ ܠܫܡܥܘܢ ܕܡܬܩܪܐ ܟܐܦܐ. 14 ܘܗܘ
ܢܡܠܠ ܥܡܟ ܡ̈ܠܐ ܕܒܗܝܢ ܬܚܐ. ܐܢܬ ܘܟܠܗ ܒܝܬܟ.
15 ܘܟܕ ܫܪܝܬ ܗܘܝܬ ܬܡܢ ܠܡܡܠܠܘ: ܐܓܢܬ ܪܘܚܐ
ܕܩܘܕܫܐ ܥܠܝܗܘܢ. ܐܝܟ ܕܥܠܝܢ ܡܢ ܠܘܩܕܡ. 16 ܘܐܬܕܟܪܬ
ܡܠܬܗ ܕܡܪܢ ܕܐܡܪ ܗܘܐ. ܕܝܘܚܢܢ ܐܥܡܕ ܒܡ̈ܝܐ: ܐܢܬܘܢ
ܕܝܢ ܬܬܥܡܕܘܢ ܒܪܘܚܐ ܕܩܘܕܫܐ. 17 ܐܢ ܗܟܝܠ ܐܠܗܐ
ܫܘܝܐܝܬ ܝܗܒ ܡܘܗܒܬܐ ܠܥܡܡ̈ܐ: ܐܝܟܢ ܕܗܝܡܢܘ
ܒܡܪܢ ܝܫܘܥ ܡܫܝܚܐ ܐܝܟ ܕܐܦ ܠܢ. ܐܢܐ ܡܢ ܗܘܝܬ
ܕܐܫܟܚ ܕܐܟܠܐ ܠܐܠܗܐ. 18 ܘܟܕ ܗܠܝܢ ܡ̈ܠܐ ܫܡܥܘ:
ܫܠܝܘ ܠܗܘܢ ܘܫܒܚܘ ܠܐܠܗܐ. ܘܐܡܪܝܢ ܗܘܘ: ܕܟܒܪ
ܐܦ ܠܥܡܡ̈ܐ ܐܠܗܐ ܝܗܒ. ܬܝܒܘܬܐ ܠܚܝ̈ܐ ❖ 19 ܗܢܘܢ
ܕܝܢ ܕܐܬܒܕܪܘ ܗܘܘ ܡܢ ܐܘܠܨܢܐ ܕܗܘܐ ܥܠ ܐܣܛܦܢܘܣ:
ܥܒܪܘ ܗܘܘ ܥܕܡܐ ܠܦܘܢܝܩܐ. ܐܦ ܠܩܘܦܪܘܣ ܘܠܐܢܛܝܘܟܝܐ.
ܟܕ ܥܡ ܐܢܫ ܠܐ ܡܡܠܠܝܢ ܗܘܘ ܡܠܬܐ:

ܐܠܐ ܒܠܚܘܕ ܥܡ ܝܗܘܕܝܐ. 20 ܐܝܬ ܗܘܘ ܕܝܢ ܐܢܫܐ ܡܢܗܘܢ
ܡܢ ܩܘܦܪܘܣ ܘܡܢ ܩܘܪܝܢܐ. ܗܠܝܢ ܥܠܘ ܗܘܘ
ܠܐܢܛܝܘܟܝ: ܘܡܡܠܠܝܢ ܗܘܘ ܥܡ ܝܘܢܝܐ. ܘܡܣܒܪܝܢ ܗܘܘ
ܥܠ ܡܪܢ ܝܫܘܥ. 21 ܘܐܝܬ ܗܘܬ ܥܡܗܘܢ ܐܝܕܗ ܕܡܪܝܐ.
ܘܣܓܝܐܐ ܗܝܡܢܘ ܘܐܬܦܢܝܘ ܠܘܬ ܡܪܝܐ ܀ 22 ܘܐܫܬܡܥܬ
ܗܕܐ ܠܒܢܝ̈ ܥܕܬܐ ܕܒܐܘܪܫܠܡ. ܘܫܕܪܘ
ܠܒܪܢܒܐ ܠܐܢܛܝܘܟܝ. 23 ܘܟܕ ܐܬܐ ܠܬܡܢ ܘܚܙܐ ܛܝܒܘܬܐ
ܕܐܠܗܐ. ܚܕܝ ܘܒܥܐ ܗܘܐ ܡܢܗܘܢ: ܕܒܟܠܗ ܠܒܗܘܢ
ܢܩܘܡܘܢ ܒܡܪܢ. 24 ܡܛܠ ܕܓܒܪܐ ܗܘܐ ܛܒܐ.
ܘܡܠܐ ܗܘܐ ܒܪܘܚܐ ܕܩܘܕܫܐ ܘܒܗܝܡܢܘܬܐ. ܘܐܬܬܘܣܦ
ܗܘܐ ܥܡܐ ܣܓܝܐܐ ܠܡܪܢ. 25 ܘܢܦܩ ܗܘܐ ܠܛܪܣܘܣ
ܠܡܒܥܝܗ ܠܫܐܘܠ. 26 ܘܟܕ ܐܫܟܚܗ ܐܝܬܝܗ ܥܡܗ
ܠܐܢܛܝܘܟܝܐ. ܘܫܢܬܐ ܟܠܗ ܐܟܚܕܐ ܟܢܝܫܝܢ ܗܘܘ ܒܥܕܬܐ.
ܘܐܠܦܘ ܥܡܐ ܣܓܝܐܐ. ܡܢ ܗܝܕܝܢ ܩܕܡܝܬ ܐܬܩܪܝܘ
ܒܐܢܛܝܘܟܝ ܬܠܡܝ̈ܕܐ ܟܪܣܛܝܢܐ ܀ 27 ܘܒܝܘܡܬܐ ܗܠܝܢ.
ܐܬܘ ܡܢ ܐܘܪܫܠܡ ܠܐܢܛܝܘܟܝ ܢܒܝ̈ܐ: 28 ܘܩܡ ܗܘܐ ܚܕ ܡܢܗܘܢ
ܕܫܡܗ ܗܘܐ ܐܓܒܘܣ. ܘܐܘܕܥ ܐܢܘܢ ܒܪܘܚ: ܕܟܦܢܐ
ܪܒܐ ܗܘܐ ܥܬܝܕ ܠܡܗܘܐ ܒܟܠܗ ܐܪܥܐ. ܘܗܘܐ ܟܦܢܐ ܗܢܐ. ܒܝܘܡܝ
ܩܠܘܕܝܘܣ ܩܣܪ. 29 ܒܢܝ̈ ܕܝܢ ܬܠܡܝ̈ܕܐ ܐܝܟ ܡܐ ܕܐܝܬ ܗܘܐ
ܠܐܢܫ ܡܢܗܘܢ: ܦܪܫܘ ܕܢܫܕܪܘܢ ܠܬܫܡܫܬܐ ܕܐܚܐ
ܕܥܡܪܝܢ ܒܝܗܘܕ. 30 ܘܫܕܪܘ ܒܝܕ ܒܪܢܒܐ ܘܫܐܘܠ
ܠܩܫܝ̈ܫܐ ܕܬܡܢ ܀

ܩܦܠܐܘܢ ܀ ܝܒ ܀

1 ܒܗܘ ܕܝܢ ܙܒܢܐ: ܐܪܡܝ ܗܘܐ ܐܝܕܐ ܥܠ ܐܢܫܝܢ
ܕܒܥܕܬܐ: ܐܝܟ ܕܢܒܐܫ ܠܗܘܢ ܗܪܘܕܣ ܡܠܟܐ: ܗܘ
ܕܡܬܩܪܐ ܐܓܪܦܘܣ. 2 ܘܩܛܠ ܒܣܝܦܐ ܠܝܥܩܘܒ
ܐܚܘܗܝ ܕܝܘܚܢܢ. 3 ܘܟܕ ܚܙܐ ܕܫܦܪܐ ܗܕܐ ܠܝܗܘܕܝܐ:
ܐܘܣܦ ܗܘܐ ܠܡܐܚܕ ܐܦ ܠܫܡܥܘܢ ܟܐܦܐ. ܘܐܝܬܝܗܘܢ

ܗܘܘ ܝܘܡܬܐ ܕܦܛܝܪ̈ܐ. 4 ܘܐܚܕܗ ܘܐܪܡܝܗ ܒܝܬ ܐܣܝܪ̈ܐ.
ܘܐܫܠܡ ܠܗ ܠܫܬܬܥܣܪ ܐܣܛܪ̈ܛܝܘܛܝܢ ܕܢܛܪܘܢܝܗܝ. ܕܡܢ
ܒܬܪ ܦܨܚܐ ܢܫܠܡܝܘܗܝ ܠܥܡܐ ܕܝܗܘ̈ܕܝܐ. 5 ܘܟܕ ܗܘ
ܫܡܥܘܢ ܡܬܢܛܪ ܗܘܐ ܒܝܬ ܐܣܝܪ̈ܐ: ܨܠܘܬܐ ܐܡܝܢܬܐ
ܡܬܩܪܒܐ ܗܘܬ ܡܢ ܥܕܬܐ ܚܠܦܘܗܝ ܠܐܠܗܐ. 6 ܘܒܗ
ܒܗܘ ܠܠܝܐ ܕܠܨܦܪܐ ܥܬܝܕ ܗܘܐ ܕܢܫܠܡܝܘܗܝ: ܟܕ ܕܡܟ
ܗܘܐ ܫܡܥܘܢ ܒܝܬ ܬܪܝܢ ܐܣܛܪ̈ܛܝܘܛܝܢ: ܘܐܣܝܪ ܗܘܐ
ܒܬܪܬܝܢ ܫܫܠܣܠܢ: ܘܐܚܪ̈ܢܐ ܢܛܪܝܢ ܗܘܘ ܬܪܥܐ ܕܒܝܬ
ܐܣܝܪ̈ܐ: 7 ܡܠܐܟܐ ܕܡܪܝܐ ܩܡ ܠܥܠ ܡܢܗ. ܘܢܘܗܪܐ
ܐܙܠܓ ܒܟܠܗ ܒܝܬܐ: ܘܢܩܫܗ ܒܓܒܗ ܘܐܩܝܡܗ.
ܘܐܡܪ ܠܗ ܩܘܡ ܒܥܓܠ. ܘܢܦܠ ܫܫܠܣܠܬܐ ܡܢ ܐܝܕܘܗܝ.
8 ܘܐܡܪ ܠܗ ܡܠܐܟܐ. ܐܣܘܪ ܚܨܝܟ ܘܣܐܢ ܡܣܐܢܝܟ. ܘܥܒܕ
ܗܟܢܐ. ܘܬܘܒ ܐܡܪ ܠܗ. ܐܬܥܛܦ ܬܟܣܝܬܟ ܘܬܐ ܒܬܪܝ.
9 ܘܢܦܩ ܘܐܙܠ ܗܘܐ ܒܬܪܗ: ܟܕ ܠܐ ܝܕܥ ܗܘܐ ܕܫܪܝܪܐ ܗܘ
ܗܘ ܕܗܘܝܐ ܗܘܐ ܒܝܕ ܡܠܐܟܐ. ܣܒܪ ܗܘܐ ܓܝܪ ܕܚܙܘܐ
ܚܙܐ ܗܘܐ. 10 ܘܟܕ ܥܒܪܘ ܡܛܪܬܐ ܩܕܡܝܬܐ ܘܕܬܪܬܝܢ: ܐܬܘ
ܥܕܡܐ ܠܬܪܥܐ ܕܦܪܙܠܐ. ܘܐܬܦܬܚ ܠܗܘܢ ܡܢ ܨܒܘܬܗ ܢܦܫܗ.
ܘܟܕ ܢܦܩܘ ܘܥܒܪܘ ܫܘܩܐ ܚܕ: ܦܪܩ ܡܢ ܠܘܬܗ ܡܠܐܟܐ.
11 ܗܝܕܝܢ ܐܣܬܟܠ ܫܡܥܘܢ ܘܐܡܪ. ܗܫܐ ܝܕܥܬ ܒܩܘܫܬܐ
ܕܡܪܝܐ ܫܕܪ ܡܠܐܟܗ ܘܦܪܩܢܝ ܡܢ ܐܝܕܘܗܝ ܕܗܪܘܕܣ ܡܠܟܐ:
ܘܡܢ ܡܕܡ ܕܡܣܬܟܝܢ ܗܘܘ ܠܝ ܝܗܘ̈ܕܝܐ. 12 ܘܟܕ
ܐܣܬܟܠ: ܐܬܐ ܠܗ ܠܒܝܬܐ ܕܡܪܝܡ ܐܡܗ ܕܝܘܚܢܢ ܗܘ
ܕܐܬܟܢܝ ܡܪܩܘܣ. ܡܛܠ ܕܬܡܢ ܐܚ̈ܐ ܣܓܝܐܐ ܟܢܝܫܝܢ
ܗܘܘ ܘܡܨܠܝܢ. 13 ܘܢܩܫ ܒܬܪܥܐ ܕܕܪܬܐ: ܘܢܦܩܬ
ܕܬܥܢܝܘܗܝ ܛܠܝܬܐ ܕܫܡܗ ܪܘܕܐ. 14 ܘܐܫܬܘܕܥܬ ܩܠܗ
ܕܫܡܥܘܢ: ܘܒܚܕܘܬܗ ܠܐ ܦܬܚܬ ܠܗ ܬܪܥܐ. ܐܠܐ ܗܦܟܬ
ܪܗܛܬ ܘܐܡܪܐ ܠܗܘܢ. ܫܡܥܘܢ ܗܐ ܩܐܡ ܥܠ ܬܪܥܐ ܕܕܪܬܐ.
15 ܐܡܪܝܢ ܠܗ. ܫܢܝܬܝ ܠܟܝ: ܘܗܝ ܡܬܚܡܬܐ ܗܘܬ

ܕܗܟܢܐ ܗܝ. ܐܡܪܝܢ ܠܗ̇ ܗܢܘܢ. ܡܠܐܟܗ ܗܘ.
16 ܘܫܡܥܘܢ ܢܩܫ ܗܘܐ ܒܬܪܥܐ. ܘܢܦܩܘ ܚܙܐܘܗܝ
ܘܐܬܕܡܪܘ ܒܗ. 17 ܘܡܢܝܦ ܗܘܐ ܠܗܘܢ ܐܝܕܗ ܐܝܟ
ܕܢܫܬܠܩܘܢ ܠܗܘܢ. ܘܥܠ ܘܐܫܬܥܝ ܠܗܘܢ ܐܝܟܢܐ ܡܪܝܐ
ܐܦܩܗ ܡܢ ܒܝܬ ܐܣܝܪܐ. ܘܐܡܪ ܠܗܘܢ. ܐܫܬܥܘ ܗܠܝܢ
ܠܝܥܩܘܒ ܘܠܐܚܝܢ. ܘܢܦܩ ܐܙܠ ܠܗ ܠܐܬܪ ܐܚܪܢ. 18 ܘܟܕ
ܗܘܐ ܨܦܪܐ. ܗܘܐ ܗܘܐ ܪܘܒܐ ܣܓܝܐܐ ܒܝܬ ܐܣܛܪܛܝܘܛܐ:
ܥܠ ܫܡܥܘܢ ܕܡܢܐ ܗܘܐ ܠܗ. 19 ܗܪܘܕܣ ܕܝܢ ܟܕ
ܒܥܝܗܝ ܘܠܐ ܐܫܟܚܗ: ܕܢ ܐܢܘܢ ܠܢܛܘܪܐ ܘܦܩܕ ܕܢܬܩܛܠܘܢ.
ܘܢܦܩ ܠܗ ܡܢ ܝܗܘܕ: ܘܐܬܬܘܝ ܗܘܐ ܒܩܣܪܝܐ.
20 ܘܡܛܠ ܕܪܓܝܙ ܗܘܐ ܥܠ ܨܘܪܝܐ ܘܥܠ ܨܝܕܢܝܐ. ܐܬܟܢܫܘ
ܘܐܬܘ ܠܘܬܗ ܐܟܚܕܐ ܘܐܦܝܣܘ ܠܒܠܣܛܘܣ ܩܝܘܡܢܗ
ܕܡܠܟܐ. ܘܫܐܠܘ ܡܢܗ ܕܢܗܘܐ ܠܗܘܢ ܫܝܢܐ. ܡܛܠ
ܕܦܘܪܢܣܐ ܕܐܬܪܗܘܢ ܡܢ ܡܠܟܘܬܗ ܗܘܐ ܕܗܪܘܕܣ ✤
21 ܒܝܘܡܐ ܕܝܢ ܝܕܝܥܐ: ܠܒܫ ܗܘܐ ܗܪܘܕܣ ܠܒܘܫܐ
ܕܡܠܟܘܬܐ ܘܝܬܒ ܥܠ ܒܝܡ. ܘܡܡܠܠ ܗܘܐ ܥܡ ܟܢܫܐ.
22 ܥܡܐ ܕܝܢ ܟܠܗ ܩܥܐ ܗܘܐ ܘܐܡܪ. ܗܠܝܢ ܩܠܐ ܡ̈ܠܐ
ܕܐܠܗܐ ܐܢܝܢ ܘܠܐ ܗܘܝ ܕܒܪܢܫܐ. 23 ܘܡܛܠ ܕܠܐ ܝܗܒ
ܬܫܒܘܚܬܐ ܠܐܠܗܐ: ܡܚܝܗܝ ܡܠܐܟܗ
ܕܡܪܝܐ: ܘܐܬܪܡܝ ܒܬܘܠܥܐ ܘܡܝܬ. 24 ܘܣܒܪܬܐ ܕܐܠܗܐ
ܡܬܟܪܙܐ ܗܘܬ ܘܪܒܝܐ ✤ 25 ܒܪܢܒܐ ܕܝܢ ܘܫܐܘܠ: ܗܦܟܘ ܡܢ
ܐܘܪܫܠܡ ܠܐܢܛܝܘܟܝ: ܡܢ ܒܬܪ ܕܫܠܡܘ ܬܫܡܫܬܗܘܢ.
ܘܕܒܪܘ ܥܡܗܘܢ ܠܝܘܚܢܢ ܗܘ ܕܐܬܟܢܝ ܡܪܩܘܣ ✤

ܩܦܠܐܘܢ ✤ ܝܓ ✤

1 ܐܝܬ ܗܘܐ ܕܝܢ ܒܥܕܬܐ ܕܐܢܛܝܘܟܝܐ ܢܒܝܐ ܘܡܠܦܢܐ.
ܒܪܢܒܐ ܘܫܡܥܘܢ ܕܡܬܩܪܐ ܢܓܪ. ܘܠܘܩܝܘܣ ܕܡܢ
ܩܘܪܝܢܐ ܡܕܝܢܬܐ. ܘܡܢܐܝܠ ܒܪ ܡܪܒܝܢܘܬܗ ܕܗܪܘܕܣ

ܛܛܪܪܟܐ ܘܫܐܘܠ. 2 ܘܟܕ ܗܢܘܢ ܨܝܡܝܢ ܗܘܘ ܘܡܫܬܡܫܝܢ
ܠܐܠܗܐ: ܐܡܪܐ ܠܗܘܢ ܪܘܚܐ ܕܩܘܕܫܐ. ܦܪܘܫܘ ܠܝ
ܠܫܐܘܠ ܘܠܒܪܢܒܐ. ܠܥܒܕܐ ܐܝܢܐ ܕܐܢܐ ܩܪܝܬ ܐܢܘܢ.
3 ܘܒܬܪ ܕܨܡܘ ܘܨܠܝܘ. ܣܡܘ ܥܠܝܗܘܢ ܐܝܕܐ ܘܫܕܪܘ ܐܢܘܢ ✤
4 ܘܗܢܘܢ ܟܕ ܐܫܬܠܚܘ ܡܢ ܪܘܚܐ ܕܩܘܕܫܐ: ܢܚܬܘ ܠܗܘܢ
ܠܣܠܘܩܝܐ. ܘܡܢ ܬܡܢ ܪܕܘ ܒܝܡܐ ܠܩܘܦܪܘܣ.
5 ܘܟܕ ܥܠܘ ܠܣܠܡܝܣ ܡܟܪܙܝܢ ܗܘܘ ܡܠܬܗ
ܕܡܪܝܐ ܒܟܢܘ̈ܫܬܐ ܕܝܗܘ̈ܕܝܐ. ܘܝܘܚܢܢ ܡܫܡܫ ܗܘܐ ܠܗܘܢ.
6 ܘܟܕ ܐܬܟܪܟܘ ܠܟܠܗ ܓܙܪܬܐ: ܥܕܡܐ ܠܦܦܘܣ
ܡܕܝܢܬܐ: ܐܫܟܚܘ ܓܒܪܐ ܚܕ ܚܪܫܐ ܝܗܘܕܝܐ ܕܐܝܬܘܗܝ
ܗܘܐ ܢܒܝܐ ܕܓܠܐ. ܕܫܡܗ ܗܘܐ ܒܪ ܫܘܡܐ. 7 ܗܢܐ
ܕܒܝܩ ܗܘܐ ܠܓܒܪܐ ܚܟܝܡܐ ܕܐܝܬܘܗܝ ܗܘܐ ܐܢܬܘܦܛܘܣ
ܕܫܡܗ ܗܘܐ ܣܪܓܝܘܣ ܦܘܠܘܣ. ܘܩܪܐ ܗܘܐ
ܐܢܬܘܦܛܘܣ ܠܫܐܘܠ ܘܠܒܪܢܒܐ. ܘܒܥܐ ܗܘܐ ܕܢܫܡܥ
ܡܢܗܘܢ ܡܠܬܐ ܕܐܠܗܐ. 8 ܩܡ ܗܘܐ ܕܝܢ ܠܘܩܒܠܗܘܢ
ܗܘ ܚܪܫܐ ܒܪ ܫܘܡܐ: ܕܡܬܬܪܓܡ ܫܡܗ
ܐܠܘܡܐ. ܡܛܠ ܕܨܒܐ ܗܘܐ ܕܢܗܦܟܝܘܗܝ ܠܐܢܬܘܦܛܘܣ
ܡܢ ܗܝܡܢܘܬܐ. 9 ܫܐܘܠ ܕܝܢ ܗܘ ܕܐܬܩܪܝ ܦܘܠܘܣ:
ܐܬܡܠܝ ܗܘܐ ܒܪܘܚܐ ܕܩܘܕܫܐ ܘܚܪ ܒܗ 10 ܘܐܡܪ. ܐܘ
ܕܡܠܐ ܟܠ ܢܟܠܝܢ ܘܟܠܗܘܢ ܒܝܫܬܐ. ܒܪܗ ܕܐܟܠܩܪܨܐ
ܘܒܥܠܕܒܒܐ ܕܟܠܗ ܟܐܢܘܬܐ: ܠܐ ܫܠܝܬ ܠܡܥܩܡܘ
ܐܘܪ̈ܚܬܗ ܬܪ̈ܝܨܬܐ ܕܡܪܝܐ: 11 ܘܗܫܐ ܐܝܕܗ ܕܡܪܝܐ ܥܠܝܟ:
ܘܬܗܘܐ ܣܡܝܐ ܘܠܐ ܬܚܙܐ ܫܡܫܐ ܥܕܡܐ ܠܙܒܢܐ. ܘܒܗ
ܒܫܥܬܐ ܢܦܠ ܥܠܘܗܝ ܥܡܛܢܐ ܘܚܫܘܟܐ. ܘܡܬܟܪܟ
ܗܘܐ ܘܒܥܐ ܡܢ ܕܢܐܚܘܕ ܒܐܝܕܗ. 12 ܘܟܕ ܚܙܐ
ܐܢܬܘܦܛܘܣ ܡܕܡ ܕܗܘܐ: ܐܬܕܡܪ ܘܗܝܡܢ ܒܝܘܠܦܢܗ
ܕܡܪܝܐ ✤ 13 ܦܘܠܘܣ ܕܝܢ ܘܒܪܢܒܐ: ܪܕܘ ܒܝܡܐ ܡܢ ܦܦܘܣ
ܡܕܝܢܬܐ: ܘܐܬܘ ܠܗܘܢ ܠܦܪܓܐ ܡܕܝܢܬܐ ܕܦܡܦܘܠܝܐ.

ܘܦܪܫ ܡܢܗܘܢ ܝܘܚܢܢ ܘܐܙܠ ܠܗ ܠܐܘܪܫܠܡ. 14 ܗܢܘܢ
ܕܝܢ ܢܦܩܘ ܡܢ ܦܪܓܐ: ܘܐܬܘ ܠܐܢܛܝܘܟܝܐ ܡܕܝܢܬܐ ܕܦܝܣܝܕܝܐ.
ܘܥܠܘ ܠܟܢܘܫܬܐ ܘܝܬܒܘ ܒܝܘܡܐ ܕܫܒܬܐ. 15 ܘܒܬܪ
ܕܐܬܩܪܝ ܢܡܘܣܐ ܘܢܒܝܐ: ܫܠܚܘ ܠܘܬܗܘܢ ܩܫܝܫܐ ܕܟܢܘܫܬܐ
ܘܐܡܪܝܢ. ܓܒܪܐ ܐܚܝܢ ܐܢ ܐܝܬ ܠܟܘܢ ܡܠܬܐ ܕܒܘܝܐܐ
ܡܠܠܘ ܥܡ ܥܡܐ ✣ 16 ܘܩܡ ܦܘܠܘܣ ܘܐܢܝܦ ܐܝܕܗ
ܘܐܡܪ. ܓܒܪܐ ܒܢܝ ܐܝܣܪܝܠ ܘܐܝܠܝܢ ܕܕܚܠܝܢ ܡܢ ܐܠܗܐ
ܫܡܥܘ. 17 ܐܠܗܗ ܕܥܡܐ ܗܢܐ ܓܒܐ ܠܐܒܗܬܢ: ܘܐܪܝܡ
ܘܐܪܒܝ ܐܢܘܢ ܟܕ ܗܘܘ ܬܘܬܒܐ ܒܐܪܥܐ ܕܡܨܪܝܢ: ܘܒܕܪܥܐ
ܪܡܐ ܐܦܩ ܐܢܘܢ ܡܢܗ. 18 ܘܬܪܣܝ ܐܢܘܢ ܒܡܕܒܪܐ ܐܪܒܥܝܢ
ܫܢܝܢ. 19 ܘܐܘܒܕ ܫܒܥܐ ܥܡܡܝܢ ܒܐܪܥܐ ܕܟܢܥܢ:
ܘܝܗܒ ܠܗܘܢ ܐܪܥܗܘܢ ܝܘܪܬܢܐ. 20 ܘܐܪܒܥ ܡܐܐ ܘܚܡܫܝܢ
ܫܢܝܢ ܝܗܒ ܠܗܘܢ ܕܝܢܐ: ܥܕܡܐ ܠܫܡܘܐܝܠ ܢܒܝܐ.
21 ܘܗܝܕܝܢ ܫܐܠܘ ܠܗܘܢ ܡܠܟܐ. ܘܝܗܒ ܠܗܘܢ ܐܠܗܐ
ܠܫܐܘܠ ܒܪ ܩܝܫ. ܓܒܪܐ ܡܢ ܫܒܛܐ ܕܒܢܝܡܝܢ: ܫܢܝܢ
ܐܪܒܥܝܢ. 22 ܘܫܢܝܗ. ܘܐܩܝܡ ܠܗܘܢ ܠܕܘܝܕ ܡܠܟܐ.
ܘܐܣܗܕ ܥܠܘܗܝ ܘܐܡܪ. ܕܐܫܟܚܬ ܠܕܘܝܕ ܒܪܗ ܕܐܝܫܝ
ܓܒܪܐ ܐܝܟ ܠܒܝ: ܗܘ ܢܥܒܕ ܟܠܗ ܨܒܝܢܝ. 23 ܡܢ
ܙܪܥܗ ܕܗܢܐ ܐܩܝܡ ܐܠܗܐ ܠܐܝܣܪܝܠ: ܐܝܟ ܡܐ ܕܐܫܬܘܕܝ.
ܠܝܫܘܥ ܦܪܘܩܐ. 24 ܘܫܕܪ ܠܝܘܚܢܢ ܕܢܟܪܙ ܩܕܡ ܡܐܬܝܬܗ:
ܡܥܡܘܕܝܬܐ ܕܬܝܒܘܬܐ ܠܟܠܗ ܥܡܐ ܕܐܝܣܪܝܠ. 25 ܘܟܕ
ܡܫܠܡ ܗܘܐ ܝܘܚܢܢ ܬܫܡܫܬܗ. ܐܡܪ ܗܘܐ. ܠܡܢܘ
ܣܒܪܝܢ ܐܢܬܘܢ ܕܐܝܬܝ. ܠܐ ܗܘܝܬ ܐܢܐ. ܐܠܐ ܗܐ ܐܬܐ ܒܬܪܝ:
ܗܘ ܕܠܐ ܫܘܐ ܐܢܐ ܕܐܫܪܐ ܥܪܩܐ ܕܡܣܢܘܗܝ ✣ 26 ܓܒܪܐ
ܐܚܝܢ: ܒܢܝ ܫܪܒܬܗ ܕܐܒܪܗܡ ܘܐܝܠܝܢ ܕܕܚܠܝܢ ܒܟܘܢ
ܠܐܠܗܐ. ܠܟܘܢ ܗܘ ܐܫܬܕܪܬ ܡܠܬܐ ܕܚܝܐ. 27 ܗܢܘܢ
ܓܝܪ ܥܡܘܪܐ ܕܐܘܪܫܠܡ ܘܪܫܢܝܗܘܢ: ܠܐ ܐܣܬܟܠܘ ܒܗ.
ܐܦܠܐ ܒܟܬܒܐ ܕܢܒܝܐ ܕܡܬܩܪܝܢ ܒܟܠ ܫܒܐ. ܐܠܐ ܕܢܘܗܝ

ܘܫܠܡܘ ܟܠܗܝܢ ܕܟܬܝ̈ܒܢ. 28 ܘܟܕ ܠܐ ܐܫܟܚܘ ܥܠܬܐ
ܕܡܘܬܐ ܡܕܡ. ܫܐܠܘ ܡܢ ܦܝܠܛܘܣ ܕܢܩܛܠܘܢܝܗܝ.
29 ܘܟܕ ܫܠܡܘ ܟܠܡܕܡ ܕܟܬܝܒ ܗܘܐ ܥܠܘܗܝ: ܐܚܬܘܗܝ
ܡܢ ܙܩܝܦܐ ܘܣܡܘܗܝ ܒܝܬ ܩܒܘܪܐ. 30 ܐܠܗܐ ܕܝܢ ܐܩܝܡܗ
ܡܢ ܒܝܬ ܡܝ̈ܬܐ. 31 ܘܐܬܚܙܝ ܝܘܡܬܐ ܣܓܝܐܐ: ܠܐܝܠܝܢ
ܕܣܠܩܘ ܥܡܗ ܡܢ ܓܠܝܠܐ ܠܐܘܪܫܠܡ. ܘܗܢܘܢ ܐܢܘܢ ܗܫܐ
ܣܗ̈ܕܘܗܝ ܠܘܬ ܥܡܐ. 32 ܘܐܦ ܚܢܢ ܗܐ ܡܣܒܪܝܢܢ ܠܟܘܢ.
ܕܫܘܘܕܝܐ ܗܘ ܕܗܘܐ ܠܘܬ ܐܒܗ̈ܝܢ: 33 ܗܐ ܫܡܠܝܗ
ܐܠܗܐ ܠܢ ܠܒܢܝ̈ܗܘܢ. ܕܐܩܝܡ ܠܝܫܘܥ: ܐܝܟ ܕܟܬܝܒ
ܒܡܙܡܘܪܐ ܕܬܪܝܢ. ܕܒܪܝ ܐܢܬ ܐܢܐ ܝܘܡܢܐ ܝܠܕܬܟ.
34 ܘܗܟܢܐ ܐܩܝܡܗ ܐܠܗܐ ܡܢ ܒܝܬ ܡܝ̈ܬܐ. ܕܬܘܒ ܠܐ ܢܗܦܘܟ
ܢܚܙܐ ܚܒܠܐ. ܐܝܟ ܕܐܡܪ. ܕܐܬܠ ܠܟܘܢ ܛܝܒܘܬܗ ܕܕܘܝܕ
ܡܗܝܡܢܬܐ. 35 ܘܬܘܒ ܐܡܪ ܒܕܘܟܬܐ ܐܚܪܬܐ: ܕܠܐ ܝܗܒܬ
ܠܚܣܝܟ ܕܢܚܙܐ ܚܒܠܐ. 36 ܕܘܝܕ ܓܝܪ ܒܫܪܒܬܗ: ܫܡܫ
ܨܒܝܢܗ ܕܐܠܗܐ ܘܫܟܒ. ܘܐܬܬܘܣܦ ܠܘܬ ܐܒܗ̈ܘܗܝ
ܘܚܙܐ ܚܒܠܐ. 37 ܗܢܐ ܕܝܢ ܕܐܩܝܡ ܐܠܗܐ ܠܐ ܚܙܐ ܚܒܠܐ. 38 ܕܥܘ
ܗܟܝܠ ܐܚ̈ܝ. ܕܒܗ ܒܗܢܐ ܡܬܟܪܙ ܠܟܘܢ ܫܘܒܩܢ
ܚܛܗ̈ܐ. 39 ܘܡܢ ܟܠ ܕܠܐ ܐܫܟܚܬܘܢ ܒܢܡܘܣܐ ܕܡܘܫܐ
ܠܡܙܕܕܩܘ: ܒܗܢܐ ܟܠ ܕܡܗܝܡܢ ܡܙܕܕܩ. 40 ܐܙܕܗܪܘ
ܗܟܝܠ ܕܠܐ ܢܐܬܐ ܥܠܝܟܘܢ ܡܕܡ ܕܟܬܝܒ ܒܢܒܝ̈ܐ:
41 ܚܙܘ ܡܒܣܪ̈ܢܐ. ܘܐܬܕܡܪܘ ܘܐܬܚܒܠܘ. ܕܥܒܕܐ ܥܒܕ
ܐܢܐ ܒܝܘܡܝ̈ܟܘܢ: ܥܒܕܐ ܕܠܐ ܡܗܝܡܢܝܬܘܢ ܐܢ ܐ̱ܢܫ ܢܫܬܥܐ
ܠܟܘܢ. 42 ܘܟܕ ܢܦܩܝܢ ܗܘܘ ܡܢ ܠܘܬܗܘܢ: ܒܥܝܢ
ܗܘܘ ܡܢܗܘܢ. ܕܠܫܒܬܐ ܐܚܪܬܐ ܢܡܠܠܘܢ ܥܡܗܘܢ ܗܠܝܢ ܡ̈ܠܐ.
43 ܘܟܕ ܐܫܬܪܝܬ ܟܢܘܫܬܐ: ܣܓܝܐܐ ܝܗܘܕܝ̈ܐ ܐܙܠܘ
ܒܬܪܝܗܘܢ. ܘܐܦ ܓܝܘܪ̈ܐ ܕܕܚܠܝܢ ܗܘܘ ܠܐܠܗܐ. ܘܗܢܘܢ
ܡܡܠܠܝܢ ܗܘܘ ܘܡܦܝܣܝܢ ܠܗܘܢ: ܕܢܗܘܘܢ ܢܩܝܦܝܢ
ܠܛܝܒܘܬܗ ܕܐܠܗܐ܀ 44 ܘܠܫܒܬܐ ܐܚܪܬܐ: ܟܠܗ ܡܕܝܢܬܐ

ܡܕܝܢܬܐ ܠܡܫܡܥ ܡܠܬܗ ܕܐܠܗܐ. 45 ܘܟܕ ܚܙܘ ܝܗܘܕܝܐ
ܟܢܫܐ ܣܓܝܐܐ: ܐܬܡܠܝܘ ܚܣܡܐ. ܘܩܝܡܝܢ ܗܘܘ ܠܘܩܒܠ
ܡܠܐ ܕܐܡܪ ܗܘܐ ܦܘܠܘܣ ܘܡܓܕܦܝܢ ܗܘܘ. 46 ܐܡܪ ܕܝܢ
ܦܘܠܘܣ ܘܒܪܢܒܐ ܒܓܠܝܐ. ܠܟܘܢ ܗܘ ܘܠܐ ܗܘܐ
ܡܛܝܐ ܕܬܬܐܡܪ ܡܠܬܗ ܕܐܠܗܐ. ܐܠܐ ܡܛܠ ܕܕܚܩܝܢ ܐܢܬܘܢ
ܠܗ ܡܢܟܘܢ. ܘܦܣܩܬܘܢ ܥܠ ܢܦܫܟܘܢ ܕܠܐ ܫܘܝܢ ܐܢܬܘܢ
ܠܚܝܐ ܕܠܥܠܡ: ܗܐ ܡܬܦܢܝܢܢ ܠܢ ܠܘܬ ܥܡܡܐ.
47 ܗܟܢܐ ܓܝܪ ܦܩܕ ܠܢ ܡܪܢ. ܐܝܟ ܕܟܬܝܒ. ܕܣܡܬܟ
ܢܘܗܪܐ ܠܥܡܡܐ. ܕܬܗܘܐ ܠܚܝܐ ܥܕܡܐ ܠܣܘܦܝܗ ܕܐܪܥܐ.
48 ܘܟܕ ܫܡܥܝܢ ܗܘܘ ܥܡܡܐ: ܚܕܝܢ ܗܘܘ: ܘܡܫܒܚܝܢ
ܠܐܠܗܐ. ܘܗܝܡܢܘ ܐܝܠܝܢ ܕܦܣܝܩܝܢ ܗܘܘ ܠܚܝܐ ܕܠܥܠܡ:
49 ܘܡܠܬܗ ܕܡܪܝܐ ܡܬܡܠܠܐ ܗܘܬ ܒܟܠܗ ܗܘ ܐܬܪܐ.
50 ܝܗܘܕܝܐ ܕܝܢ ܓܪܓܘ ܠܢܫܐ ܕܡܕܝܢܬܐ ܘܠܥܬܝܪܬܐ
ܐܝܠܝܢ ܕܕܚܠܢ ܗܘܝ ܡܢܗܘܢ ܠܐܠܗܐ: ܘܐܩܝܡܘ ܪܕܘܦܝܐ
ܥܠ ܦܘܠܘܣ ܘܥܠ ܒܪܢܒܐ: ܘܐܦܩܘ ܐܢܘܢ ܡܢ
ܬܚܘܡܗܘܢ. 51 ܘܟܕ ܢܦܩܘ: ܢܦܨܘ ܥܠܝܗܘܢ ܚܠܐ
ܕܪܓܠܝܗܘܢ. ܘܐܬܘ ܠܗܘܢ ܠܐܝܩܢܘܢ ܡܕܝܢܬܐ. 52 ܘܬܠܡܝܕܐ
ܡܬܡܠܝܢ ܗܘܘ ܚܕܘܬܐ ܘܪܘܚܐ ܕܩܘܕܫܐ ✣

ܩܦܠܐܘܢ ✣ ܝܕ ✣

1 ܘܐܬܘ ܘܥܠܘ ܠܗܘܢ ܠܟܢܘܫܬܐ ܕܝܗܘܕܝܐ. ܘܗܟܢܐ
ܡܠܠܘ ܥܡܗܘܢ: ܐܝܟ ܕܢܗܝܡܢܘܢ ܣܓܝܐܐ ܡܢ ܝܗܘܕܝܐ
ܘܡܢ ܝܘܢܝܐ. 2 ܝܗܘܕܝܐ ܕܝܢ ܐܝܠܝܢ ܕܠܐ ܡܬܛܦܝܣܝܢ ܗܘܘ:
ܓܪܓܘ ܠܥܡܡܐ ܕܢܒܐܫܘܢ ܠܗܘܢ ܠܐܚܐ. 3 ܘܗܢܘܢ ܟܒܪ
ܣܓܝܐܐ ܗܘܘ ܬܡܢ. ܘܟܕ ܓܠܝܐ ܡܡܠܠܝܢ ܗܘܘ ܥܠ
ܡܪܝܐ. ܘܗܘ ܡܣܗܕ ܗܘܐ ܥܠ ܡܠܬܐ ܕܛܝܒܘܬܗ.
ܒܐܬܘܬܐ ܘܒܬܕܡܪܬܐ ܕܥܒܕ ܗܘܐ ܒܐܝܕܝܗܘܢ. 4 ܘܐܬܦܠܓ ܟܢܫܐ
ܕܡܕܝܢܬܐ ܗܝ. ܡܢܗܘܢ ܐܝܬ ܗܘܘ ܥܡ ܝܗܘܕܝܐ:

ܘܡܢܗܘܢ ܢܩܝܦܝܢ ܗܘܘ ܠܫܠܝ̈ܚܐ. 5 ܗܘܐ ܕܝܢ ܥܠܝܗܘܢ
ܓܘܫܐ ܡܢ ܥܡܡ̈ܐ: ܘܡܢ ܝܗܘ̈ܕܝܐ ܘܪ̈ܝܫܢܝܗܘܢ. ܕܢܨܥܪܘܢ
ܐܢܘܢ ܘܢܪܓܡܘܢ ܐܢܘܢ ܒܟܐܦ̈ܐ. 6 ܘܟܕ ܝܕܥܘ ܥܪܩܘ.
ܘܐܬܓܘܣܘ ܠܡܕܝܢ̈ܬܐ ܕܠܘܩܘܢܝܐ ܘܠܘܣܛܪܐ ܘܕܪܒܐ ܘܩܘܪ̈ܝܐ
ܕܚܕܪ̈ܝܗܝܢ. ܘܬܡܢ ܡܣܒܪܝܢ ܗܘܘ ✤ 7 ܘܓܒܪܐ ܚܕ ܝܬܒ
ܗܘܐ ܒܠܘܣܛܪܐ ܡܚܝܠܐ. ܕܡܫܓܦ ܗܘܐ ܒܪ̈ܓܠܘܗܝ.
ܚܓܝܪܐ ܕܡܢ ܟܪܣ ܐܡܗ. ܕܡܡܬܘܡ ܠܐ ܗܠܟ ܗܘܐ.
8 ܗܢܐ ܫܡܥ ܠܦܘܠܘܣ ܕܡܡܠܠ. ܘܟܕ ܚܙܝܗܝ ܦܘܠܘܣ
ܘܐܫܬܘܕܥ ܕܐܝܬ ܒܗ ܗܝܡܢܘܬܐ ܕܚܝܐ. 9 ܐܡܪ ܒܗ ܒܩܠܐ
ܪܡܐ. ܠܟ ܐܡܪ ܐܢܐ. ܒܫܡܗ ܕܡܪܢ ܝܫܘܥ ܡܫܝܚܐ ܩܘܡ
ܥܠ ܪ̈ܓܠܝܟ. ܘܫܘܪ ܩܡ ܘܗܠܟ. 10 ܘܟܢ̈ܫܐ ܕܝܢ ܟܕ
ܚܙܘ ܡܕܡ ܕܥܒܕ ܦܘܠܘܣ. ܐܪܝܡܘ ܩܠܗܘܢ ܒܠܫܢܗ
ܕܐܬܪܐ ܘܐܡܪܝܢ. ܐܠܗ̈ܐ ܐܬܕܡܝܘ ܠܒܢܝ̈ ܐܢܫܐ ܘܢܚܬܘ ܠܘܬܢ.
11 ܘܩܪܝܢ ܗܘܘ ܠܒܪܢܒܐ ܙܘܣ ܐܠܗܐ. ܘܠܦܘܠܘܣ
ܗܪܡܝܣ. ܡܛܠ ܕܗܘ ܡܫܪܐ ܗܘܐ ܒܡܠܬܐ. 12 ܘܟܘܡܪܐ
ܕܙܘܣ ܐܠܗܐ ܗܘ ܕܐܝܬ ܗܘܐ ܠܒܪ ܡܢ ܡܕܝܢܬܐ: ܐܝܬܝ
ܬܘܪ̈ܐ ܘܟܠܝ̈ܠܐ ܠܬܪ̈ܥܐ ܕܕܪܬܐ ܐܬܐ ܕܢܕܒܚ ܗܘܐ: ܘܨܒܐ ܗܘܐ
ܕܢܕܒܚ ܠܗܘܢ. 13 ܒܪܢܒܐ ܕܝܢ ܘܦܘܠܘܣ. ܟܕ ܫܡܥܘ
ܨܪܝܘ ܢܚܬܝܗܘܢ. ܘܫܘܪܘ ܘܢܦܩܘ ܠܘܬܗܘܢ ܠܓܘ ܐܟܠܘܣ
14 ܘܩܥܝܢ ܗܘܘ ܘܐܡܪܝܢ. ܓܒܪ̈ܐ: ܡܢܐ ܥܒܕܝܢ ܐܢܬܘܢ
ܐܦ ܚܢܢ ܒܢܝ̈ܢܫܐ ܚܫܘܫܐ ܐܟܘܬܟܘܢ. ܕܡܣܒܪܝܢ
ܠܟܘܢ ܕܡܢ ܗܠܝܢ ܣܪ̈ܝܩܬܐ: ܬܬܦܢܘܢ ܠܘܬ ܐܠܗܐ ܚܝܐ: ܗܘ
ܕܥܒܕ ܫܡܝܐ ܘܐܪܥܐ: ܘܝܡܡܐ ܘܟܠ ܕܐܝܬ ܒܗܘܢ. 15 ܗܘ
ܕܒܕܪ̈ܐ ܩܕܡܝ̈ܐ: ܫܒܩ ܗܘܐ ܐܢܘܢ ܠܟܠܗܘܢ ܥܡܡ̈ܐ:
ܕܢܐܙܠܘܢ ܒܐܘܪܚܬܐ ܕܢܦܫܗܘܢ. 16 ܟܕ ܠܐ ܫܒܩ ܢܦܫܗ ܕܠܐ
ܣܗܕܘ. ܟܕ ܛܒ ܗܘܐ ܠܗܘܢ ܡܛܪ̈ܐ ܡܢ ܫܡܝܐ: ܘܡܫܡܠܐ
ܗܘܐ ܙܒܢ̈ܐ: ܘܡܣܒܥ ܗܘܐ ܦܐܪ̈ܐ ܒܙܒܢ̈ܝܗܘܢ: ܘܡܠܐ ܗܘܐ
ܣܘܒܪܐ ܘܚܕܘܬܐ ܠܠܒܘܬܗܘܢ. 17 ܘܟܕ ܗܠܝܢ ܐܡܪܝܢ

ܗܘܘ: ܟܕ ܡܦܝܣܝܢ ܥܡܗ ܠܟܢܫܐ ܕܐܢܫ ܠܐ ܢܕܒܚ ܠܗܘܢ.
18 ܐܬܘ ܕܝܢ ܠܬܡܢ ܝܗܘܕܝܐ ܡܢ ܐܝܩܘܢܝܘܢ ܘܡܢ ܐܢܛܝܘܟܝܐ:
ܘܐܓܝܣܘ ܒܠܒܗܘܢ ܠܟܢܫܐ ܘܪܓܡܘܗܝ ܠܦܘܠܘܣ
ܘܓܪܘܗܝ ܠܒܪ ܡܢ ܡܕܝܢܬܐ. ܡܛܠ ܕܣܒܪܝܢ ܗܘܘ ܕܡܝܬ
ܠܗ. 19 ܘܟܕ ܐܬܟܢܫܘ ܠܘܬܗ ܬܠܡܝܕܐ ܘܩܡ ܥܠ ܠܡܕܝܢܬܐ܀
ܘܠܝܘܡܐ ܐܚܪܢܐ. ܢܦܩ ܠܗ ܥܡ ܒܪܢܒܐ ܘܐܬܘ
ܠܕܪܒܐ ܡܕܝܢܬܐ. 20 ܘܟܕ ܡܣܒܪܝܢ ܗܘܘ ܠܒܢܝ ܡܕܝܢܬܐ
ܗܝ: ܐܬܠܡܕܘ ܗܘܘ ܠܣܓܝܐܐ. ܘܗܦܟܘ ܐܬܘ ܠܗܘܢ
ܠܠܘܣܛܪܐ ܡܕܝܢܬܐ ܘܠܐܝܩܘܢܝܘܢ ܘܠܐܢܛܝܘܟܝܐ. 21 ܟܕ ܡܫܪܪܝܢ
ܗܘܘ ܢܦܫܬܗܘܢ ܕܬܠܡܝܕܐ: ܘܒܥܝܢ ܗܘܘ ܡܢܗܘܢ ܕܢܩܘܘܢ
ܒܗܝܡܢܘܬܐ. ܘܐܡܪܝܢ ܗܘܘ ܠܗܘܢ ܕܒܐܘܠܨܢܐ ܣܓܝܐܐ ܘܠܐ
ܠܡܥܠ ܠܡܠܟܘܬܐ ܕܐܠܗܐ. 22 ܘܐܩܝܡܘ ܠܗܘܢ ܒܟܠ
ܥܕܬܐ ܩܫܝܫܐ ܟܕ ܨܝܡܝܢ ܗܘܘ ܥܡܗܘܢ ܘܡܨܠܝܢ.
ܘܡܓܥܠܝܢ ܗܘܘ ܠܗܘܢ ܠܡܪܢ ܗܘ ܕܗܝܡܢܘ ܒܗ.
23 ܘܟܕ ܐܬܟܪܟܘ ܒܐܬܪܐ ܕܦܝܣܝܕܝܐ. ܐܬܘ ܠܗܘܢ ܠܦܡܦܘܠܝܐ.
24 ܘܟܕ ܡܠܠܘ ܒܦܪܓܐ ܡܕܝܢܬܐ ܡܠܬܐ ܕܡܪܝܐ: ܢܚܬܘ
ܠܗܘܢ ܠܐܛܠܝܐ. 25 ܘܡܢ ܬܡܢ ܪܕܘ ܒܝܡܐ ܘܐܬܘ ܠܗܘܢ
ܠܐܢܛܝܘܟܝܐ. ܡܛܠ ܕܡܢ ܬܡܢ ܡܫܠܡܝܢ ܗܘܘ ܠܛܝܒܘܬܗ
ܕܡܪܝܐ: ܠܥܒܕܐ ܗܘ ܕܫܠܡܘ. 26 ܘܟܕ ܟܢܫܘ ܠܟܠܗ
ܥܕܬܐ. ܡܫܬܥܝܢ ܗܘܘ ܟܠܡܕܡ ܕܥܒܕ ܐܠܗܐ ܥܡܗܘܢ.
ܘܕܦܬܚ ܬܪܥܐ ܕܗܝܡܢܘܬܐ ܠܥܡܡܐ. 27 ܘܙܒܢܐ ܣܓܝܐܐ
ܗܘܘ ܬܡܢ ܥܡ ܬܠܡܝܕܐ܀

ܩܦܠܐܘܢ ܀ ܝܗ ܀

1 ܢܚܬܘ ܗܘܘ ܕܝܢ ܐܢܫܐ ܡܢ ܝܗܘܕ: ܘܡܠܦܝܢ ܗܘܘ
ܠܗܘܢ ܠܐܚܐ. ܕܐܢܗܘ ܕܠܐ ܓܙܪܝܢ ܐܢܬܘܢ ܒܥܝܕܐ ܕܢܡܘܣܐ:
ܠܐ ܡܫܟܚܝܢ ܐܢܬܘܢ ܠܡܚܐ. 2 ܘܗܘܬ ܐܫܬܘܩܦܐ ܣܓܝܐܐ
ܘܒܥܬܐ ܠܦܘܠܘܣ ܘܠܒܪܢܒܐ ܥܡܗܘܢ. ܘܗܘܐ ܕܢܣܩܘܢ

ܦܘܠܘܣ ܘܒܪܢܒܐ ܘܐܚܪ̈ܢܐ ܥܡܗܘܢ : ܠܘܬ ܫܠܝ̈ܚܐ
ܘܩܫܝ̈ܫܐ ܕܒܐܘܪܫܠܡ ܡܛܠ ܗܕܐ ܒܥܬܐ. 3 ܘܥܕܬܐ ܫܕܪܬ
ܐ̱ܢܘܢ ܟܕ ܠܘܝܐ. ܘܪܕܝܢ ܗܘܘ ܒܦܘܢܝܩܐ. ܘܐܦ ܒܝܬ ܫܡܪ̈ܝܐ.
ܟܕ ܡܫܥܝܢ ܗܘܘ ܥܠ ܦܘܢܝܐ ܕܥܡ̈ܡܐ. ܘܥܒܕܝܢ ܗܘܘ
ܚܕܘܬܐ ܪܒܬܐ ܠܟܠܗܘܢ ܐܚ̈ܐ܀ 4 ܘܟܕ ܐܬܘ ܠܐܘܪܫܠܡ: ܐܬܩܒܠܘ
ܡܢ ܥܕܬܐ ܘܡܢ ܫܠܝ̈ܚܐ ܘܡܢ ܩܫܝ̈ܫܐ. ܘܐܫܬܥܝܘ ܠܗܘܢ
ܟܠܡܐ ܕܥܒܕ ܥܡܗܘܢ ܐܠܗܐ. 5 ܩܡܘ ܕܝܢ ܐ̱ܢܫ̈ܐ ܐܝܠܝܢ
ܕܗܝܡܢܘ ܗܘܘ ܡܢ ܗܪܣܝܣ ܕܦܪ̈ܝܫܐ ܘܐܡܪܝܢ: ܕܘܠܐ ܗܘܐ
ܠܗܘܢ ܠܡܓܙܪ ܐܢܘܢ. ܘܠܡܦܩܕܘ ܐܢܘܢ ܕܢܛܪܘܢ ܢܡܘܣܐ
ܕܡܘܫܐ. 6 ܐܬܟܢܫܘ ܕܝܢ ܫܠܝ̈ܚܐ ܘܩܫܝ̈ܫܐ ܕܢܚܙܘܢ ܥܠ
ܡܠܬܐ ܗܕܐ. 7 ܘܟܕ ܗܘܬ ܒܥܬܐ ܣܓܝܐܬܐ: ܩܡ ܫܡܥܘܢ
ܘܐܡܪ ܠܗܘܢ. ܓܒܪ̈ܐ ܐܚܝ̈ܢ: ܐܢܬܘܢ ܝܕܥܝܢ ܐܢܬܘܢ ܕܡܢ
ܝܘܡܬܐ ܩܕܡܝܐ: ܡܢ ܒܟܘܢ ܓܒܐ ܐܠܗܐ ܕܡܢ ܦܘܡܝ ܢܫܡܥܘܢ
ܥܡ̈ܡܐ. ܡܠܬܐ ܕܣܒܪܬܐ ܘܢܗܝܡܢܘܢ. 8 ܘܐܠܗܐ ܕܝܕܥ
ܕܒܠܒܘ̈ܬܐ ܐܣܗܕ ܥܠܝܗܘܢ. ܘܝܗܒ ܠܗܘܢ ܪܘܚܐ ܕܩܘܕܫܐ
ܐܝܟ ܕܠܢ. 9 ܘܡܕܡ ܠܐ ܦܪܫ ܒܝܢܝܢ ܘܠܗܘܢ. ܡܛܠ ܕܕܟܝ
ܒܗܝܡܢܘܬܐ ܠܒܘ̈ܬܗܘܢ. 10 ܘܗܫܐ ܠܡܢܐ ܗܟܢܐ ܡܢܣܝܢ
ܐܢܬܘܢ ܠܐܠܗܐ: ܐܝܟ ܕܬܣܝܡܘܢ ܢܝܪܐ ܥܠ ܨܘܪ̈ܝܗܘܢ
ܕܬܠܡܝ̈ܕܐ: ܐܝܢܐ ܕܐܦܠܐ ܐܒܗ̈ܝܢ ܐܦܠܐ ܚܢܢ ܐܫܟܚܢ ܠܡܫܩܠܗ.
11 ܐܠܐ ܒܛܝܒܘܬܗ ܕܡܪܢ ܝܫܘܥ ܡܫܝܚܐ: ܡܗܝܡܢܝܢ
ܕܢܚܐ ܐܝܟܘܬܗܘܢ. 12 ܘܫܬܩܘ ܟܠܗ ܟܢܫܐ. ܘܫܡܥܝܢ
ܗܘܘ ܠܦܘܠܘܣ ܘܠܒܪܢܒܐ: ܕܡܫܬܥܝܢ ܗܘܘ ܟܠ ܡܐ
ܕܥܒܕ ܐܠܗܐ ܒܐܝܕܝܗܘܢ: ܐܬܘ̈ܬܐ ܘܓܒܪ̈ܘܬܐ ܒܥܡ̈ܡܐ܀
13 ܘܒܬܪ ܕܫܬܩܘ: ܩܡ ܝܥܩܘܒ ܘܐܡܪ. ܓܒܪ̈ܐ ܐܚܝ̈ܢ:
ܫܡܥܘܢܝ. 14 ܫܡܥܘܢ ܐܫܬܥܝ ܠܟܘܢ ܐܝܟܢܐ ܫܪܝ
ܐܠܗܐ ܠܡܓܒܐ ܡܢ ܥܡ̈ܡܐ ܥܡܐ ܠܫܡܗ. 15 ܘܠܗܕܐ
ܡܫܬܠܡܢ ܡܠ̈ܝܗܘܢ ܕܢܒܝ̈ܐ. ܐܝܟ ܡܐ ܕܟܬܝܒ. 16 ܕܡܢ ܒܬܪ
ܗܠܝܢ ܐܬܦܢܐ ܘܐܩܝܡ ܡܫܟܢܗ ܕܕܘܝܕ ܐܝܢܐ ܕܢܦܠ.

ܘܐܒܢܐ ܡܕܡ ܕܢܦܠ ܡܢܗ. ܘܐܩܝܡܝܗܝ. 17 ܐܝܟ ܕܢܒܥܘܢ
ܫܪܟܗܘܢ ܕܒܢܝܢܫܐ ܠܡܪܝܐ. ܘܟܠܗܘܢ ܥܡܡܐ ܐܝܠܝܢ
ܕܐܬܩܪܝ ܫܡܝ ܥܠܝܗܘܢ. ܐܡܪ ܡܪܝܐ ܕܥܒܕ ܗܠܝܢ
ܟܠܗܝܢ. 18 ܝܕܝܥܝܢ ܐܢܘܢ ܡܢ ܥܠܡ ܥܒܕܘܗܝ ܕܐܠܗܐ.
19 ܡܛܠ ܗܢܐ ܐܢܐ ܐܡܪ ܐܢܐ: ܕܠܐ ܢܗܘܘܢ ܡܥܝܩܝܢ ܠܐܝܠܝܢ
ܕܡܢ ܥܡܡܐ ܡܬܦܢܝܢ ܠܘܬ ܐܠܗܐ. 20 ܐܠܐ ܢܫܬܠܚ
ܠܗܘܢ: ܕܢܗܘܘܢ ܦܪܝܩܝܢ ܡܢ ܛܢܦܘܬܐ ܕܕܚܠܬܐ. ܘܡܢ
ܙܢܝܘܬܐ. ܘܡܢ ܕܚܢܝܩܐ. ܘܡܢ ܕܡܐ. 21 ܡܘܫܐ ܓܝܪ ܡܢ
ܕܪܐ ܩܕܡܝܐ: ܒܟܠ ܡܕܝܢܐ ܐܝܬ ܗܘܐ ܠܗ ܟܪܘܙܐ
ܒܟܢܘܫܬܐ: ܕܒܟܠ ܫܒܬܐ ܩܪܝܢ ܠܗ. 22 ܗܝܕܝܢ ܫܠܝܚܐ
ܘܩܫܝܫܐ ܥܡ ܟܠܗ ܥܕܬܐ: ܓܒܘ ܓܒܪܐ ܡܢܗܘܢ.
ܘܫܕܪܘ ܠܐܢܛܝܘܟܝ ܥܡ ܦܘܠܘܣ ܘܒܪܢܒܐ: ܠܝܗܘܕܐ
ܕܡܬܩܪܐ ܒܪ ܫܒܐ. ܘܠܫܝܠܐ: ܓܒܪܐ ܕܪܫܢܐ ܗܘܘ ܒܗܘܢ
ܒܐܚܐ. 23 ܘܟܬܒܘ ܐܓܪܬܐ ܒܐܝܕܝܗܘܢ ܗܟܢܐ. ܫܠܝܚܐ
ܘܩܫܝܫܐ ܘܐܚܐ: ܠܐܝܠܝܢ ܕܐܝܬ ܒܐܢܛܝܘܟܝ ܘܒܣܘܪܝܐ
ܘܒܩܝܠܝܩܝܐ: ܐܚܐ ܕܡܢ ܥܡܡܐ ܫܠܡ. 24 ܫܡܥܢ ܓܝܪ
ܕܐܢܫܝܢ ܡܢܢ ܢܦܩܘ ܘܕܠܚܘܟܘܢ ܒܡܠܐ. ܘܐܗܦܟܘ ܢܦܫܬܟܘܢ
ܟܕ ܐܡܪܝܢ ܕܬܬܓܙܪܘܢ ܘܬܛܪܘܢ ܢܡܘܣܐ. ܐܝܠܝܢ ܕܡܕܡ
ܠܐ ܦܩܕܢ ܐܢܘܢ. 25 ܡܛܠ ܗܢܐ ܐܬܚܙܝ ܠܢ ܟܕ
ܟܢܝܫܝܢ: ܕܢܓܒܐ ܓܒܪܐ ܘܢܫܕܪ ܠܘܬܟܘܢ: ܥܡ
ܦܘܠܘܣ ܘܒܪܢܒܐ ܚܒܝܒܝܢ. 26 ܐܢܫܐ ܕܐܫܠܡܘ ܢܦܫܬܗܘܢ
ܚܠܦ ܫܡܗ ܕܡܪܢ ܝܫܘܥ ܡܫܝܚܐ. 27 ܘܫܕܪܢ ܥܡܗܘܢ
ܠܝܗܘܕܐ ܘܠܫܝܠܐ. ܕܒܦܘܡܗܘܢ ܢܫܡܥܘܢܟܘܢ ܗܠܝܢ
ܗܠܝܢ. 28 ܗܘܐ ܓܝܪ ܨܒܝܢܐ ܠܪܘܚܐ ܕܩܘܕܫܐ ܘܐܦ ܠܢ.
ܕܠܐ ܢܬܬܣܝܡ ܥܠܝܟܘܢ ܝܘܩܪܐ ܝܬܝܪܐ ܠܒܪ ܡܢ ܗܠܝܢ
ܕܐܠܨܢ. 29 ܕܬܬܪܚܩܘܢ ܡܢ ܕܕܒܝܚܐ. ܘܡܢ ܕܡܐ. ܘܡܢ
ܚܢܝܩܐ. ܘܡܢ ܙܢܝܘܬܐ. ܘܟܕ ܬܛܪܘܢ ܢܦܫܟܘܢ ܡܢ ܗܠܝܢ
ܫܦܝܪ ܬܗܘܘܢ. ܗܘܘ ܫܪܝܪܝܢ ܒܡܪܢ ✤ 30 ܗܢܘܢ ܕܝܢ

ܕܐܫܬܠܚܘ ܐܬܘ ܠܗܘܢ ܠܐܢܛܝܘܟܝܐ. ܘܟܢܫܘ ܟܠܗ ܥܡܐ
ܘܝܗܒܘ ܐܓܪܬܐ. 31 ܘܟܕ ܩܪܘ ܚܕܝܘ ܘܐܬܒܝܐܘ. 32 ܘܒܡܠܬܐ
ܣܓܝܐܬܐ ܥܫܢܘ ܠܐܚܐ. ܘܫܪܪܘ ܐܢܘܢ ܕܟܝܠ ܝܗܘܕܐ ܘܫܝܠܐ.
ܡܛܠ ܕܐܦ ܗܢܘܢ ܢܒܝܐ ܗܘܘ. 33 ܘܟܕ ܗܘܘ ܬܡܢ ܙܒܢܐ.
ܫܪܘ ܐܢܘܢ ܐܚܐ ܒܫܠܡܐ ܠܘܬ ܫܠܝܚܐ ܀ [34 ܒܪܡ ܗܘܐ
ܨܒܝܢܗ ܕܫܝܠܐ ܕܢܩܘܐ ܬܡܢ:] 35 ܦܘܠܘܣ ܕܝܢ ܘܒܪܢܒܐ
ܩܘܝܘ ܗܘܘ ܒܐܢܛܝܘܟܝ. ܘܡܠܦܝܢ ܗܘܘ ܘܡܣܒܪܝܢ
ܥܡ ܐܚܪܢܐ ܣܓܝܐܐ ܡܠܬܗ ܕܐܠܗܐ. 36 ܘܒܬܪ ܝܘܡܬܐ
ܐܡܪ ܦܘܠܘܣ ܠܒܪܢܒܐ. ܢܗܦܘܟ ܘܢܣܥܘܪ ܠܐܚܐ ܕܒܟܠ
ܡܕܝܢܐ ܕܐܟܪܙܢ ܒܗܝܢ ܡܠܬܗ ܕܐܠܗܐ. ܘܢܚܙܐ ܡܢܐ ܥܒܕܝܢ.
37 ܒܪܢܒܐ ܕܝܢ ܨܒܐ ܗܘܐ ܕܢܕܒܪ ܠܝܘܚܢܢ ܗܘ ܕܐܬܟܢܝ
ܡܪܩܘܣ. 38 ܦܘܠܘܣ ܕܝܢ ܠܐ ܨܒܐ ܗܘܐ ܕܢܕܒܪܝܘܗܝ
ܥܡܗܘܢ. ܡܛܠ ܕܫܒܩ ܗܘܐ ܐܢܘܢ ܟܕ ܗܢܘܢ ܒܦܡܦܘܠܝܐ.
ܘܠܐ ܐܙܠ ܥܡܗܘܢ. 39 ܡܛܠ ܗܕܐ ܚܪܝܢܐ ܦܠܓܘ ܚܕ ܡܢ
ܚܕ. ܘܒܪܢܒܐ ܕܒܪ ܠܡܪܩܘܣ ܘܪܕܘ ܒܝܡܐ ܘܐܙܠܘ ܠܗܘܢ
ܠܩܘܦܪܘܣ. 40 ܦܘܠܘܣ ܕܝܢ ܓܒܐ ܠܗ ܠܫܝܠܐ
ܘܢܦܩ ܟܕ ܡܫܠܡ ܡܢ ܐܚܐ ܠܛܝܒܘܬܗ ܕܐܠܗܐ.
41 ܘܪܕܐ ܗܘܐ ܒܣܘܪܝܐ ܘܒܩܝܠܝܩܝܐ ܘܡܫܪܪ ܥܕܬܐ ܀

ܩܦܠܐܘܢ ܀ ܝܘ ܀

1 ܘܡܛܐ ܗܘܐ ܠܕܪܒܐ ܡܕܝܢܬܐ ܘܠܠܘܣܛܪܐ ܀ ܐܝܬ ܗܘܐ
ܕܝܢ ܬܡܢ ܬܠܡܝܕܐ ܚܕ ܕܫܡܗ ܛܝܡܬܐܘܣ. ܒܪܗ ܕܝܗܘܕܝܬܐ
ܚܕܐ ܡܗܝܡܢܬܐ. ܘܐܒܘܗܝ ܐܪܡܝܐ. 2 ܘܟܠܗܘܢ ܬܠܡܝܕܐ
ܕܒܠܘܣܛܪܐ ܘܕܒܐܝܩܢܝܘܢ. ܡܣܗܕܝܢ ܗܘܘ ܥܠܘܗܝ.
3 ܠܗܢܐ ܨܒܐ ܗܘܐ ܦܘܠܘܣ ܕܢܕܒܪܝܘܗܝ ܥܡܗ:
ܘܢܣܒ ܓܙܪܗ. ܡܛܠ ܝܗܘܕܝܐ ܕܐܝܬ ܗܘܘ ܒܐܬܪܐ.
ܝܕܥܝܢ ܗܘܘ ܓܝܪ ܟܠܗܘܢ ܠܐܒܘܗܝ ܕܐܪܡܝܐ ܗܘܐ. 4 ܘܟܕ
ܐܙܠܝܢ ܗܘܘ ܒܡܕܝܢܬܐ: ܡܟܪܙܝܢ ܗܘܘ ܘܡܠܦܝܢ ܠܗܘܢ

ܕܢܛܪܘܢ ܦܘܩܕܢܐ ܐܝܠܝܢ ܕܟܬܒܘ ܫܠܝܚܐ ܘܩܫܝܫܐ
ܕܒܐܘܪܫܠܡ. 5 ܒܪܡ ܥܕܬܐ ܡܬܚܝܠܢ ܗܘܝ ܒܗܝܡܢܘܬܐ.
ܘܣܓܝܢ ܗܘܝ ܒܡܢܝܢܐ ܟܠܝܘܡ. 6 ܘܗܠܟܘ ܕܝܢ ܒܐܬܪܘܬܐ
ܕܦܪܘܓܝܐ ܘܕܓܠܛܝܐ. ܘܟܠܝܘ ܐܢܘܢ ܪܘܚܐ ܕܩܘܕܫܐ: ܕܠܐ
ܢܡܠܠܘܢ ܡܠܬܐ ܕܐܠܗܐ ܒܐܣܝܐ. 7 ܘܟܕ ܐܬܘ ܠܡܘܣܝܐ
ܨܒܝܢ ܗܘܘ ܕܢܐܙܠܘܢ ܡܢ ܬܡܢ ܠܒܝܬܘܢܝܐ. ܘܠܐ
ܐܫܒܩܗ ܠܗܘܢ ܪܘܚܐ ܕܝܫܘܥ ✤ 8 ܘܟܕ ܢܦܩܘ ܡܢ
ܡܘܣܝܐ: ܐܬܘ ܠܗܘܢ ܠܛܪܘܐܣ ܡܕܝܢܬܐ. 9 ܘܒܚܙܘܐ ܕܠܠܝܐ:
ܐܬܚܙܝ ܠܦܘܠܘܣ ܐܝܟ ܓܒܪܐ ܚܕ ܡܩܕܘܢܝܐ. ܕܩܐܡ ܘܒܥܐ
ܡܢܗ ܘܐܡܪ. ܕܬܐ ܠܡܩܕܘܢܝܐ ܘܥܕܪܝܢܝ ✤ 10 ܟܕ ܕܝܢ
ܚܙܐ ܦܘܠܘܣ ܚܙܘܐ ܗܢܐ. ܡܚܕܐ ܨܒܝܢ ܠܡܦܩ
ܠܡܩܕܘܢܝܐ: ܡܛܠ ܕܐܣܬܟܠܢ ܕܡܪܢ ܩܪܢ ܕܢܣܒܪ ܐܢܘܢ.
11 ܘܪܕܝܢ ܡܢ ܛܪܘܐܣ ܘܐܬܬܪܝܨܢ ܠܣܡܘܬܪܩܐ. ܘܡܢ ܒܬܪ
ܝܘܡܐ ܐܚܪܢܐ: ܐܬܝܢ ܠܢܝܐܦܘܠܝܣ ܡܕܝܢܬܐ. 12 ܘܡܢ
ܬܡܢ ܠܦܝܠܝܦܘܣ. ܕܗܝ ܗܝ ܪܝܫܐ ܕܡܩܕܘܢܝܐ. ܘܐܝܬܝܗ
ܡܥܡܪܬܐ. ܗܘܝܢ ܕܝܢ ܒܗ ܒܗܕܐ ܡܕܝܢܬܐ ܝܘܡܬܐ ܡܢܝܢܐ.
13 ܘܢܦܩܢ ܒܝܘܡܐ ܕܫܒܬܐ ܠܒܪ ܡܢ ܬܪܥܐ ܕܡܕܝܢܬܐ ܥܠ
ܝܕ ܢܗܪܐ. ܡܛܠ ܕܬܡܢ ܡܬܚܙܝܐ ܗܘܬ ܒܝܬ ܨܠܘܬܐ. ܘܟܕ
ܝܬܒܢ: ܡܡܠܠܝܢ ܗܘܝܢ ܥܡ ܢܫܐ ܕܟܢܝܫܢ ܗܘܝ ܬܡܢ.
14 ܘܐܢܬܬܐ ܚܕܐ ܡܕܚܠܬ ܐܠܗܐ ܕܫܡܗ ܗܘܐ ܠܘܕܝܐ.
ܙܒܢܬ ܗܘܬ ܐܪܓܘܢܐ. ܡܢ ܬܐܘܛܝܪܐ ܡܕܝܢܬܐ. ܗܕܐ ܦܬܚ
ܠܒܗ ܡܪܢ: ܘܫܡܥܬ ܗܘܬ ܡܕܡ ܕܐܡܪ ܗܘܐ ܦܘܠܘܣ.
15 ܘܥܡܕܬ ܗܝ ܘܒܢܝ ܒܝܬܗ. ܘܒܥܝܐ ܗܘܬ ܡܢܢ ܘܐܡܪܐ.
ܐܢ ܫܪܝܪܐܝܬ ܡܗܝܡܢܬ ܐܢܐ ܒܡܪܝܐ. ܥܘܠܘ ܫܪܘ
ܠܟܘܢ ܒܒܝܬܝ. ܘܐܠܨܬܢ ✤ 16 ܘܗܘܐ ܕܟܕ ܐܙܠܝܢ
ܠܒܝܬ ܨܠܘܬܐ: ܦܓܥܬ ܒܢ ܛܠܝܬܐ ܚܕܐ: ܕܐܝܬ ܗܘܐ
ܠܗ ܪܘܚܐ ܕܩܨܡܐ. ܘܡܥܠܝܐ ܗܘܬ ܠܡܪܝܗ ܐܪܓܘܬܐ
ܣܓܝܐܬܐ ܒܩܨܡܐ ܕܩܨܡܐ ܗܘܬ. 17 ܘܐܬܝܐ ܗܘܬ ܒܬܪ

ܦܘܠܘܣ ܘܠܢ: ܘܩܥܝܐ ܗܘܬ ܘܐܡܪܐ. ܗܠܝܢ ܐܢܫܐ
ܥܒܕܘܗܝ ܐܢܘܢ ܕܐܠܗܐ ܡܪܝܡܐ. ܘܡܟܪܙܝܢ ܠܟܘܢ ܐܘܪܚܐ
ܕܚܝܐ. 18 ܘܗܕܐ ܥܒܕܐ ܗܘܬ ܝܘܡܬܐ ܣܓܝܐܐ. ܘܐܬܟܪܝ
ܦܘܠܘܣ ܘܐܡܪ ܠܗ ܠܪܘܚܐ ܗܝ. ܦܩܕ ܐܢܐ ܠܟ ܒܫܡܗ
ܕܝܫܘܥ ܡܫܝܚܐ ܕܬܦܘܩ ܡܢܗ. ܘܒܗ ܒܫܥܬܐ ܢܦܩܬ.
19 ܘܟܕ ܚܙܘ ܡܪܘܗ ܕܢܦܩ ܡܢܗ ܣܒܪܐ ܕܐܬܓܘܪܬܗܘܢ:
ܐܚܕܘܗܝ ܠܦܘܠܘܣ ܘܠܫܝܠܐ: ܘܓܪܘ ܐܝܬܝܘ ܐܢܘܢ
ܠܫܘܩܐ: 20 ܘܩܪܒܘ ܐܢܘܢ ܠܐܣܛܪܛܓܐ ܘܠܪܫܐ ܕܡܕܝܢܬܐ.
ܘܐܡܪܝܢ ܗܘܘ: ܕܗܠܝܢ ܐܢܫܐ ܡܕܠܚܝܢ ܠܗ ܠܡܕܝܢܬܢ
ܡܛܠ ܕܝܗܘܕܝܐ ܐܢܘܢ. 21 ܘܡܟܪܙܝܢ ܠܢ ܥܝܕܐ ܐܝܠܝܢ ܕܠܐ
ܫܠܝܛ ܠܢ ܠܡܩܒܠܘ ܘܠܡܥܒܕ. ܡܛܠ ܕܪܗܘܡܝܐ ܚܢܢ.
22 ܘܟܢܫܐ ܣܓܝܐܐ ܐܬܟܢܫ ܥܠܝܗܘܢ. ܗܝܕܝܢ ܐܣܛܪܛܓܐ
ܨܪܝܘ ܢܚܬܝܗܘܢ: ܘܦܩܕܘ ܕܢܢܓܕܘܢ ܐܢܘܢ. 23 ܘܟܕ
ܢܓܕܘ ܐܢܘܢ ܣܓܝ: ܐܪܡܝܘ ܐܢܘܢ ܒܝܬ ܐܣܝܪܐ. ܘܦܩܕܘ
ܠܢܛܪ ܒܝܬ ܐܣܝܪܐ ܕܢܛܪ ܐܢܘܢ ܒܚܦܝܛܘܬܐ. 24 ܗܘ ܕܝܢ ܟܕ
ܩܒܠ ܗܢܐ ܦܘܩܕܢܐ: ܐܥܠ ܐܢܘܢ ܠܒܝܬܐ ܓܘܝܐ
ܕܒܝܬ ܐܣܝܪܐ. ܘܐܣܪ ܪܓܠܝܗܘܢ ܒܩܝܣܐ. 25 ܘܒܦܠܓܘܬܗ
ܕܠܠܝܐ: ܦܘܠܘܣ ܘܫܝܠܐ ܡܨܠܝܢ ܗܘܘ ܘܡܫܒܚܝܢ
ܠܐܠܗܐ. ܘܡܫܬܡܥܝܢ ܗܘܘ ܠܗܘܢ ܐܣܝܪܐ. 26 ܘܡܢ ܫܠܝܐ
ܙܘܥܐ ܪܒܐ ܗܘܐ. ܘܐܬܬܙܝܥܘ ܫܬܐܣܐ ܕܒܝܬ ܐܣܝܪܐ. ܘܐܬܦܬܚܘ
ܡܚܕܐ ܬܪܥܐ ܟܠܗܘܢ. ܘܐܣܘܪܝܗܘܢ ܕܟܠܗܘܢ ܐܫܬܪܝܘ.
27 ܘܟܕ ܐܬܬܥܝܪ ܢܛܪ ܒܝܬ ܐܣܝܪܐ: ܘܚܙܐ ܕܦܬܝܚܝܢ ܬܪܥܐ
ܕܒܝܬ ܐܣܝܪܐ. ܢܣܒ ܣܦܣܪܐ ܘܒܥܐ ܕܢܩܛܘܠ ܢܦܫܗ.
ܡܛܠ ܕܣܒܪ ܗܘܐ ܕܥܪܩܘ ܠܗܘܢ ܐܣܝܪܐ. 28 ܘܩܪܝܗ
ܦܘܠܘܣ ܒܩܠܐ ܪܡܐ ܘܐܡܪ ܠܗ. ܠܐ ܬܥܒܕ ܠܢܦܫܟ
ܡܕܡ ܕܒܝܫ. ܡܛܠ ܕܟܠܢ ܗܪܟܐ ܚܢܢ. 29 ܘܐܢܗܪ ܠܗ
ܫܪܓܐ ܘܫܘܪ ܘܥܠ ܟܕ ܪܬܝܬ. ܘܢܦܠ ܥܠ ܪܓܠܝܗܘܢ
ܕܦܘܠܘܣ ܘܕܫܝܠܐ: 30 ܘܐܦܩ ܐܢܘܢ ܠܒܪ. ܘܐܡܪ ܗܘܐ

ܠܗܘܢ. ܡܪ̈ܝ: ܡܢܐ ܘܠܐ ܠܝ ܠܡܥܒܕ ܐܝܟ ܕܐܚܐ. 31 ܗܢܘܢ
ܐܡܪܝܢ ܗܘܘ ܠܗ. ܗܝܡܢ ܒܡܪܢ ܝܫܘܥ ܡܫܝܚܐ: ܘܬܚܐ
ܐܢܬ ܘܒܝܬܟ. 32 ܘܡܠܠܘ ܥܡܗ ܡܠܬܗ ܕܡܪܝܐ ܘܥܡ
ܟܠܗܘܢ ܒܢ̈ܝ ܒܝܬܗ. 33 ܘܕܒܪ ܒܫܥܬܐ ܒܗ ܒܠܠܝܐ:
ܘܐܣܚܝ ܐܢܘܢ ܡܢ ܡܚܘ̈ܬܗܘܢ. ܘܥܡܕ ܡܚܕܐ ܗܘ
ܗܘ ܘܒܢ̈ܝ ܒܝܬܗ ܟܠܗܘܢ. 34 ܘܕܒܪ ܐܣܩ ܐܢܘܢ
ܠܒܝܬܗ: ܘܣܡ ܠܗܘܢ ܦܬܘܪܐ. ܘܪܘܙ ܗܘܐ ܗܘ ܘܒܢ̈ܝ
ܒܝܬܗ ܟܠܗܘܢ ܒܗܝܡܢܘܬܐ ܕܐܠܗܐ. 35 ܘܟܕ ܗܘܐ ܨܦܪܐ
ܫܕܪܘ ܐܣܛܪ̈ܛܓܐ ܠܡܫܡ̈ܫܢܐ ܕܢܐܡܪܘܢ ܠܪܒ ܒܝܬ
ܐܣܝܪ̈ܐ. ܫܪܝ ܠܗܠܝܢ ܐܢܫܐ ܀ 36 ܘܟܕ ܫܡܥ ܪܒ ܒܝܬ
ܐܣܝܪ̈ܐ: ܥܠ ܐܡܪ ܠܗ ܗܠܝܢ ܡ̈ܠܐ ܠܦܘܠܘܣ.
ܕܫܕܪܘ ܐܣܛܪ̈ܛܓܐ ܐܝܟ ܕܬܫܬܪܘܢ. ܘܗܫܐ ܦܘܩܘ ܐܙܠܘ
ܒܫܠܡܐ. 37 ܐܡܪ ܠܗ ܦܘܠܘܣ. ܕܠܐ ܚܛܝܢ ܢܓܕܘܢ
ܠܢ ܒܥܠܡܐ ܩܕܡ ܐܢܫܐ ܪ̈ܗܘܡܝܐ. ܘܐܪܡܝܘܢ ܒܝܬ ܐܣܝܪ̈ܐ:
ܘܗܫܐ ܡܛܫܝܐܝܬ ܡܦܩܝܢ ܠܢ. ܠܐ ܗܟܢܐ. ܐܠܐ ܗܢܘܢ ܢܐܬܘܢ
ܢܦܩܘܢܢ. 38 ܘܐܙܠܘ ܡܫܡ̈ܫܢܐ: ܘܐܡܪܘ ܠܐܣܛܪ̈ܛܓܐ
ܡ̈ܠܐ ܗܠܝܢ ܕܐܬܐܡܪ̈ܝ ܠܗܘܢ. ܘܟܕ ܫܡܥܘ ܕܪ̈ܗܘܡܝܐ
ܐܢܘܢ ܕܚܠܘ. 39 ܘܐܬܘ ܠܘܬܗܘܢ ܘܒܥܘ ܡܢܗܘܢ: ܕܢܦܩܘܢ
ܘܢܦܩܘܢ ܠܗܘܢ ܡܢ ܡܕܝܢܬܐ. 40 ܘܟܕ ܢܦܩܘ ܡܢ ܒܝܬ
ܐܣܝܪ̈ܐ: ܥܠܘ ܠܘܬ ܠܘܕܝܐ. ܘܚܙܘ ܬܡܢ ܠܐܚ̈ܐ ܘܒܝܐܘ ܐܢܘܢ.
ܘܢܦܩܘ ܀

ܩܦܠܐܘܢ ܀ ܝܙ ܀

1 ܘܥܒܪܘ ܥܠ ܐܡܦܝܦܘܠܝܣ ܘܐܦܘܠܘܢܝܐ ܡܕܝܢܬܐ.
ܘܐܬܘ ܠܬܣܠܘܢܝܩܐ: ܐܝܟܐ ܕܐܝܬ ܗܘܐ ܒܗ ܟܢܘܫܬܐ ܕܝܗܘܕܝܐ.
2 ܘܦܘܠܘܣ ܐܝܟܢܐ ܕܡܥܕ ܗܘܐ ܠܘܬܗܘܢ. ܘܬܠܬ
ܫܒ̈ܐ ܡܡܠܠ ܗܘܐ ܥܡܗܘܢ ܡܢ ܟܬܒ̈ܐ. 3 ܟܕ ܡܦܫܩ ܗܘܐ
ܘܡܚܘܐ: ܕܡܫܝܚܐ ܥܬܝܕ ܗܘܐ ܠܡܚܫ ܘܠܡܩܡ ܡܢ ܒܝܬ
ܡܝ̈ܬܐ. ܘܗܘܝܘ ܝܫܘܥ ܡܫܝܚܐ ܗܢܐ ܕܡܣܒܪ ܐܢܐ ܠܟܘܢ.

4 ܘܐܢܫܝܢ ܡܢܗܘܢ ܗܝܡܢܘ ܘܢܩܦܘ ܠܦܘܠܘܣ ܘܠܫܝܠܐ.
ܘܣܓܝܐܐ ܡܢ ܝܘܢܝܐ ܐܝܠܝܢ ܕܕܚܠܝܢ ܗܘܘ ܠܐܠܗܐ. ܘܐܦ
ܢܫܐ ܝܕܝܥܬܐ ܠܐ ܙܥܘܪܝܢ. 5 ܘܐܬܚܣܡܘ ܗܘܘ ܝܗܘܕܝܐ ܘܟܢܫܘ
ܠܗܘܢ ܐܢܫܐ ܒܝܫܐ ܡܢ ܫܘܩܐ ܕܡܕܝܢܬܐ: ܘܥܒܕܘ ܐܘܟܠܘܣ
ܣܓܝܐܐ. ܘܪܥܫܘ ܗܘܘ ܠܡܕܝܢܬܐ. ܘܐܬܘ ܘܩܡܘ ܠܗܘܢ
ܥܠ ܒܝܬܗ ܕܐܝܣܘܢ. ܘܒܥܝܢ ܗܘܘ ܕܢܦܩܘܢ ܐܢܘܢ ܡܢ ܬܡܢ:
ܘܢܫܠܡܘܢ ܐܢܘܢ ܠܐܘܟܠܘܣ. 6 ܘܟܕ ܠܐ ܐܫܟܚܘ ܐܢܘܢ ܬܡܢ:
ܓܪܘܗܝ ܗܘܘ ܠܐܝܣܘܢ ܘܠܐܚܐ ܕܐܝܬ ܗܘܘ ܬܡܢ. ܘܐܝܬܝܘ
ܐܢܘܢ ܠܘܬ ܪܝܫܐ ܕܡܕܝܢܬܐ. ܟܕ ܩܥܝܢ ܗܘܘ ܕܗܠܝܢ ܐܢܘܢ
ܕܠܥܠܡܐ ܟܠܗ ܫܓܫܘ. ܗܐ ܐܦ ܠܗܪܟܐ ܐܬܘ.
7 ܘܡܩܒܠ ܐܢܘܢ ܗܢܐ ܐܝܣܘܢ. ܘܟܠܗܘܢ ܗܠܝܢ ܠܘܩܒܠ
ܦܘܩܕܢܘܗܝ ܕܩܣܪ ܩܝܡܝܢ. ܟܕ ܐܡܪܝܢ ܕܐܝܬ ܡܠܟܐ
ܐܚܪܢܐ ܝܫܘܥ. 8 ܐܬܕܠܚܘ ܕܝܢ ܪܝܫܐ ܕܡܕܝܢܬܐ ܘܟܠܗ ܥܡܐ
ܟܕ ܫܡܥܘ ܗܠܝܢ. 9 ܘܢܣܒܘ ܥܪܒܐ ܡܢ ܐܝܣܘܢ ܘܐܦ
ܡܢ ܐܚܐ: ܘܗܝܕܝܢ ܫܪܘ ܐܢܘܢ܀ 10 ܐܚܐ ܕܝܢ ܡܚܕܐ ܒܗ
ܒܠܠܝܐ: ܫܕܪܘ ܠܦܘܠܘܣ ܘܠܫܝܠܐ ܠܒܪܘܐ ܡܕܝܢܬܐ. ܘܟܕ
ܐܬܘ ܠܬܡܢ: ܥܐܠܝܢ ܗܘܘ ܠܟܢܘܫܬܐ ܕܝܗܘܕܝܐ. 11 ܡܝܬܪܝܢ
ܗܘܘ ܓܝܪ ܗܢܘܢ ܝܗܘܕܝܐ ܕܬܡܢ: ܡܢ ܝܗܘܕܝܐ ܗܢܘܢ
ܕܐܝܬ ܗܘܘ ܒܬܣܠܘܢܝܩܝ. ܘܫܡܥܝܢ ܗܘܘ ܡܢܗܘܢ ܡܠܬܐ
ܒܠܒܐ ܫܦܝܐ. ܟܕ ܡܦܪܫܝܢ ܗܘܘ ܡܢ ܟܬܒܐ ܕܐܢ ܗܠܝܢ
ܗܟܢܐ ܐܝܬܝܗܝܢ. 12 ܘܣܓܝܐܐ ܡܢܗܘܢ ܗܝܡܢܘ. ܘܗܟܢܐ
ܐܦ ܡܢ ܝܘܢܝܐ: ܓܒܪܐ ܣܓܝܐܐ ܘܢܫܐ ܝܕܝܥܬܐ. 13 ܘܟܕ
ܝܕܥܘ ܗܢܘܢ ܝܗܘܕܝܐ ܕܡܢ ܬܣܠܘܢܝܩܝ: ܕܡܠܬܗ ܕܐܠܗܐ
ܐܬܟܪܙܬ ܡܢ ܦܘܠܘܣ ܒܒܪܘܐ ܡܕܝܢܬܐ: ܐܬܘ ܐܦ ܠܬܡܢ.
ܘܠܐ ܫܠܝܘ ܠܡܙܝܥܘ ܘܠܡܕܠܚܘ ܠܐܢܫܘܬܐ. 14 ܘܠܦܘܠܘܣ
ܫܕܪܘܗܝ ܐܚܐ ܕܢܐܙܠ ܠܗ ܠܝܡܐ. ܘܩܘܝ ܗܘܐ ܬܡܢ
ܒܡܕܝܢܬܐ ܗܝ: ܫܝܠܐ ܘܛܝܡܬܐܘܣ ܀ 15 ܘܗܢܘܢ ܕܐܠܘܝܘ
ܥܡ ܦܘܠܘܣ: ܐܬܘ ܥܡܗ ܥܕܡܐ ܠܐܬܢܘܣ ܡܕܝܢܬܐ

ܘܟܕ ܢܦܩܘ ܡܢ ܠܘܬܗ : ܢܣܒܘ ܡܢܗ ܐܓܪܬܐ ܠܘܬ
ܫܝܠܐ ܘܛܝܡܬܐܘܣ : ܕܒܥܓܠ ܢܐܬܘܢ ܠܘܬܗ. 16 ܗܘ ܕܝܢ
ܦܘܠܘܣ ܟܕ ܡܣܟܐ ܗܘܐ ܠܐܬܝܬܗܘܢ : ܡܬܡܪܡܪ ܗܘܐ
ܒܪܘܚܗ : ܟܕ ܚܙܐ ܗܘܐ ܕܡܠܝܐ ܟܠܗ ܡܕܝܢܬܐ ܦܬܟܪܐ.
17 ܘܡܬܟܬܫ ܗܘܐ ܒܟܢܘܫܬܐ ܥܡ ܝܗܘܕܝܐ ܘܥܡ ܐܝܠܝܢ
ܕܕܚܠܝܢ ܡܢ ܐܠܗܐ. ܘܒܫܘܩܐ ܥܡ ܐܝܠܝܢ ܕܡܫܟܚܝܢ
ܗܘܘ ܠܟܠܝܘܡ : 18 ܘܐܦ ܦܝܠܘܣܘܦܐ ܕܡܢ ܝܘܠܦܢܗ
ܕܐܦܝܩܘܪܘܣ. ܘܐܚܪܢܐ ܕܡܬܩܪܝܢ ܐܣܛܘܐܝܩܘ ܕܪܫܝܢ ܗܘܘ
ܥܡܗ. ܘܐܢܫ ܐܢܫ ܡܢܗܘܢ ܐܡܪܝܢ ܗܘܘ : ܡܢܐ ܨܒܐ
ܗܢܐ ܡܠܩܛ ܡܠܐ. ܘܐܚܪܢܐ ܐܡܪܝܢ ܗܘܘ : ܠܐܠܗܐ ܢܘܟܪܝܐ
ܡܟܪܙ. ܡܛܠ ܕܠܝܫܘܥ ܘܠܩܝܡܬܗ ܡܣܒܪ ܗܘܐ ܠܗܘܢ.
19 ܘܐܚܕܘܗܝ ܘܐܝܬܝܘܗܝ ܠܒܝܬ ܕܝܢܐ ܕܡܬܩܪܐ ܐܪܝܘܣ
ܦܓܘܣ. ܟܕ ܐܡܪܝܢ ܠܗ. ܡܫܟܚܝܢܢ ܠܡܕܥ ܡܢܘ
ܗܢܐ ܝܘܠܦܢܐ ܚܕܬܐ ܕܡܟܪܙ ܐܢܬ. 20 ܡܛܠ ܓܝܪ ܢܘܟܪܝܬܐ
ܪܡܙ ܐܝܬ ܒܡܫܡܥܬܢ : ܘܨܒܝܢܢ ܠܡܕܥ ܡܢܐ ܐܢܝܢ ܗܠܝܢ.
21 ܐܬܝܢܝܐ ܕܝܢ ܟܠܗܘܢ ܘܐܝܠܝܢ ܕܐܬܝܢ ܠܬܡܢ ܢܘܟܪܝܐ : ܠܟܠ
ܥܕܢ ܐܚܪܢ ܠܐ ܒܛܝܠ ܠܗܘܢ : ܐܠܐ ܠܡܐܡܪ ܘܠܡܫܡܥ
ܡܕܡ ܚܕܬ ✣ 22 ܘܟܕ ܩܡ ܦܘܠܘܣ ܒܐܪܝܘܣ ܦܓܘܣ ܐܡܪ :
ܓܒܪܐ ܐܬܝܢܝܐ : ܚܙܐ ܐܢܐ ܠܟܘܢ : ܕܒܟܠܡܕܡ ܝܬܝܪܝܢ ܐܝܬܝܟܘܢ
ܒܕܚܠܬ ܫܐܕܐ. 23 ܟܕ ܡܬܟܪܟ ܗܘܝܬ ܘܚܙܐ ܗܘܝܬ ܒܝܬ
ܕܚܠܬܟܘܢ. ܐܫܟܚܬ ܡܕܒܚܐ ܚܕ : ܕܟܬܝܒ ܗܘܐ ܥܠܘܗܝ.
ܕܐܠܗܐ ܟܣܝܐ. ܗܘ ܗܟܝܠ ܕܟܕ ܠܐ ܝܕܥܝܢ ܐܢܬܘܢ ܕܚܠܝܢ
ܐܢܬܘܢ ܠܗ : ܠܗܢܐ ܐܢܐ ܡܟܪܙ ܐܢܐ ܠܟܘܢ.
24 ܐܠܗܐ ܓܝܪ ܕܥܒܕ ܥܠܡܐ ܘܟܠܡܐ ܕܐܝܬ ܒܗ. ܘܗܘܝܘ
ܡܪܐ ܕܫܡܝܐ ܘܕܐܪܥܐ : ܒܗܝܟܠܐ ܕܥܒܕ ܐܝܕܝܐ ܠܐ ܥܡܪ. 25 ܘܠܐ
ܡܬܬܫܡܫ ܡܢ ܐܝܕܝ ܒܢܝܢܫܐ. ܘܠܟܠ ܡܕܡ ܠܐ ܣܢܝܩ.
ܡܛܠ ܕܗܘ ܝܗܒ ܠܟܠܢܫ ܚܝܐ ܘܢܦܫܐ. 26 ܘܡܢ ܚܕ
ܕܡܐ ܥܒܕ ܟܠܗ ܥܠܡܐ ܕܒܢܝܢܫܐ : ܕܢܗܘܘܢ ܥܡܪܝܢ ܥܠ

ܐܦ̈ܝ ܐܪܥܐ ܟܠܗ. ܘܦܪܫ ܙܒܢ̈ܐ ܒܦܘܩܕܢܗ: ܘܣܡ ܬܚܘܡܐ
ܠܡܥܡܪܬܐ ܕܒܢܝ̈ܢܫܐ. 27 ܕܢܗܘܘܢ ܒܥܝܢ ܠܐܠܗܐ ܘܡܬܥܩܒܝܢ:
ܘܡܢ ܒܪ̈ܝܬܗ ܡܫܟܚܝܢ ܠܗ. ܡܛܠ ܕܐܦ ܠܐ ܗܘܐ ܪܚܝܩ
ܡܢ ܟܠ ܚܕ ܡܢܢ. 28 ܒܗ ܗܘ ܓܝܪ ܚܝܝܢ ܘܡܬܬܙܝܥܝܢ
ܘܐܝܬܝܢ. ܐܝܟ ܕܐܦ ܐܢܫܐ ܡܢ ܚܟܝ̈ܡܐ ܕܠܘܬܟܘܢ ܐܡܪܝܢ ܕܡܢܗ
ܗܘ ܓܢܣܢ. 29 ܐܢܫܐ ܗܟܝܠ ܕܓܢܣܐ ܡܢ ܐܠܗܐ
ܗܘ܆ ܠܐ ܘܠܐ ܠܢ ܠܡܣܒܪ ܕܠܕܗܒܐ ܐܘ ܠܣܐܡܐ: ܐܘ
ܠܟܐܦܐ ܕܓܠܝܦܐ ܒܐܘܡܢܘܬܐ ܘܒܪܥܝܢܐ ܕܒܪܢܫܐ ܕܕܡܝܐ
ܐܠܗܘܬܐ. 30 ܙܒ̈ܢܐ ܓܝܪ ܕܛܥܝܘܬܐ ܐܥܒܪ ܐܠܗܐ. ܘܒܗܢܐ
ܙܒܢܐ ܡܦܩܕ ܠܟܠܗܘܢ ܒܢܝ̈ܢܫܐ: ܕܟܠ ܐܢܫ ܒܟܠ ܕܘܟ
ܢܬܘܒ. 31 ܡܛܠ ܕܐܩܝܡ ܝܘܡܐ ܕܒܗ ܥܬܝܕ ܕܢܕܘܢ ܐܪܥܐ
ܟܠܗ ܒܟܐܢܘܬܐ: ܒܝܕ ܓܒܪܐ ܐܝܢܐ ܕܦܪܫ: ܘܐܦܢܝ ܠܟܠ
ܐܢܫ ܠܗܝܡܢܘܬܗ ܒܕܐܩܝܡܗ ܡܢ ܒܝܬ ܡܝ̈ܬܐ. 32 ܘܟܕ
ܫܡܥܘ ܩܝܡܬܐ ܕܡܢ ܒܝܬ ܡܝ̈ܬܐ: ܡܢܗܘܢ ܡܒܙܚܝܢ ܗܘܘ.
ܘܡܢܗܘܢ ܐܡܪܝܢ ܗܘܘ. ܙܒܢܐ ܐܚܪܢܐ ܫܡܥܝܢܢ ܠܟ ܥܠ
ܗܕܐ. 33 ܘܗܟܢܐ ܢܦܩ ܦܘܠܘܣ ܡܢ ܒܝܢܬܗܘܢ. 34 ܘܐܢܫ̈ܝܢ
ܡܢܗܘܢ ܢܩܦܘܗܝ ܘܗܝܡܢܘ. ܚܕ ܕܝܢ ܡܢܗܘܢ ܐܝܬܘܗܝ
ܗܘܐ ܕܝܘܢܘܣܝܘܣ. ܡܢ ܕܝ̈ܢܐ ܕܐܪܝܘܣ ܦܓܘܣ. ܘܐܢܬܬܐ
ܚܕܐ ܕܫܡܗ ܕܡܪܝܣ. ܘܐܚܪ̈ܢܝܬܐ ܥܡܗܘܢ ܀

ܩܦܠܐܘܢ ܀ ܝܚ ܀

1 ܘܟܕ ܢܦܩ ܦܘܠܘܣ ܡܢ ܐܬܝܢܘܣ: ܐܬܐ ܠܗ
ܠܩܘܪܢܬܘܣ. 2 ܘܐܫܟܚ ܬܡܢ ܓܒܪܐ ܚܕ ܝܗܘܕܝܐ:
ܕܫܡܗ ܗܘܐ ܐܩܠܘܣ. ܕܐܬܝܠܝܕ ܗܘܐ ܡܢ ܦܢܛܘܣ
ܐܬܪܐ. ܕܗܘ ܗܝܕܝܢ ܐܬܐ ܗܘܐ ܡܢ ܐܝܛܠܝܐ. ܗܘ
ܘܦܪܝܣܩܠܐ ܐܢܬܬܗ. ܡܛܠ ܕܦܩܕ ܗܘܐ ܩܠܘܕܝܘܣ ܩܣܪ:
ܕܢܦܩܘܢ ܟܠܗܘܢ ܝܗܘ̈ܕܝܐ ܡܢ ܪܗܘܡܝ. ܘܐܬܩܪܒ ܠܘܬܗܘܢ.
3 ܡܛܠ ܕܒܪ ܐܘܡܢܘܬܗܘܢ ܗܘܐ. ܫܪܐ ܠܗ ܠܘܬܗܘܢ.

ܘܦܠܚ ܗܘܐ ܥܡܗܘܢ. ܐܘܡܢܘܬܗܘܢ ܕܝܢ ܐܣܟܢ̈ܝܐ ܗܘܘ.
4 ܘܡܡܠܠ ܗܘܐ ܒܟܢܘܫܬܐ ܒܟܠ ܫܒܐ. ܘܡܦܝܣ ܗܘܐ
ܠܝܗܘܕ̈ܝܐ ܘܠܚܢ̈ܦܐ. 5 ܘܟܕ ܐܬܘ ܗܘܘ ܡܢ ܡܩܕܘܢܝܐ ܫܝܠܐ
ܘܛܝܡܬܐܘܣ: ܐܠܝܨ ܗܘܐ ܒܡܠܬܐ ܗܘ ܦܘܠܘܣ. ܡܛܠ
ܕܩܝܡܝܢ ܗܘܘ ܠܘܩܒܠܗ ܝܗܘܕ̈ܝܐ ܘܡܓܕܦܝܢ ܗܘܘ. ܟܕ
ܡܚܘܐ ܗܘܐ ܠܗܘܢ ܕܝܫܘܥ ܗܘܝܘ ܡܫܝܚܐ. 6 ܘܢܦܨ
ܡܐܢ̈ܘܗܝ ܘܐܡܪ ܠܗܘܢ. ܡܢ ܗܫܐ ܐܢܐ ܕܟܐ ܐܢܐ. ܐܙܠ ܐܢܐ
ܠܝ ܠܘܬ ܥܡ̈ܡܐ. 7 ܘܫܢܝ ܡܢ ܬܡܢ ܘܥܠ ܠܒܝܬܗ
ܕܓܒܪܐ ܕܫܡܗ ܛܝܛܘܣ. ܐܢܫܐ ܕܕܚܠ ܗܘܐ ܡܢ ܐܠܗܐ.
ܘܒܝܬܗ ܢܩܝܦ ܗܘܐ ܠܟܢܘܫܬܐ. 8 ܘܩܪܝܣܦܘܣ ܪܒ
ܟܢܘܫܬܐ ܗܝܡܢ ܗܘܐ ܒܡܪܢ: ܗܘ ܘܒܢ̈ܝ ܒܝܬܗ ܟܠܗܘܢ.
ܘܣܓܝ̈ܐܐ ܩܘܪ̈ܢܬܝܐ ܫܡܥܝܢ ܗܘܘ ܘܡܗܝܡܢܝܢ ܠܐܠܗܐ
ܘܡܬܥܡܕܝܢ ✤ 9 ܘܐܡܪ ܡܪܝܐ ܒܚܙܘܐ ܠܦܘܠܘܣ. ܠܐ ܬܕܚܠ.
ܐܠܐ ܡܠܠ ܘܠܐ ܬܫܬܘܩ. 10 ܡܛܠ ܕܐܢܐ ܥܡܟ ܐܢܐ. ܘܐܢܫ ܠܐ
ܡܫܟܚ ܠܡܒܐܫܘܬܟ. ܘܥܡܐ ܣܓܝܐܐ ܐܝܬ ܠܝ ܒܡܕܝܢܬܐ
ܗܕܐ. 11 ܝܬܒ ܗܘܐ ܕܝܢ ܫܢܬܐ ܘܫܬܐ ܝܪ̈ܚܐ ܒܩܘܪܢܬܘܣ.
ܘܡܠܦ ܗܘܐ ܠܗܘܢ ܡܠܬܐ ܕܐܠܗܐ ✤ 12 ܘܟܕ ܐܬܡܢܝ
ܗܘܐ ܓܐܠܝܘܢ ܐܢܬܘܦܛܘܣ ܕܐܟܐܝܐ. ܐܬܟܢܫܘ ܐܟܚܕܐ ܥܠ
ܦܘܠܘܣ. ܘܐܝܬܝܘܗܝ ܩܕܡ ܒܝܡ. 13 ܟܕ ܐܡܪܝܢ: ܕܗܢܐ ܠܒܪ
ܡܢ ܢܡܘܣܐ ܡܦܝܣ ܠܒܢܝ̈ܢܫܐ ܕܢܗܘܘܢ ܕܚܠܝܢ ܠܐܠܗܐ.
14 ܘܟܕ ܨܒܐ ܗܘܐ ܦܘܠܘܣ ܕܢܦܬܚ ܦܘܡܗ ܘܢܡܠܠ. ܐܡܪ
ܓܐܠܝܘܢ ܠܝܗܘܕ̈ܝܐ. ܐܠܘ ܥܠ ܥܘܠ ܕܝܢ ܐܘ ܕܢܟܠܐ
ܐܘ ܕܥܒܕܐ ܒܝܫܐ ܡܩܒܠܝܢ ܗܘܝܬܘܢ ܐܘ ܝܗܘܕ̈ܝܐ. ܒܙܕܩܐ
ܡܫܬܡܥ ܗܘܝܬ ܠܟܘܢ. 15 ܐܢ ܕܝܢ ܙܛܡ̈ܐ ܐܝܬ ܥܠ ܡܠܬܐ
ܘܥܠ ܫܡܗ̈ܐ ܘܥܠ ܢܡܘܣܐ ܕܝܠܟܘܢ: ܐܢܬܘܢ ܝܕܥܝܢ ܐܢܬܘܢ.
ܐܢܐ ܓܝܪ ܠܐ ܨܒܐ ܐܢܐ ܕܐܗܘܐ ܕܝܢܐ ܕܗܠܝܢ ܨ̈ܒܘܬܐ.
16 ܘܛܪܕ ܐܢܘܢ ܡܢ ܒܝܡ ܕܝܠܗ. 17 ܘܐܚܕܘ ܗܘܘ ܟܠܗܘܢ
ܚܢ̈ܦܐ ܠܣܘܣܬܢܝܣ ܩܫܝܫܐ ܕܟܢܘܫܬܐ: ܘܡܚܝܢ ܗܘܘ

ܠܗ ܩܕܡ ܒܝܡ. ܘܓܠܝܘܢ ܡܒܣܪ ܗܘܐ ܒܗܠܝܢ.
18 ܘܟܕ ܗܘܐ ܦܘܠܘܣ ܬܡܢ ܝܘܡܬܐ ܣܓܝܐܐ: ܫܐܠ
ܫܠܡܐ ܠܐܚܐ: ܘܪܕܐ ܒܝܡܐ ܕܢܐܙܠ ܠܣܘܪܝܐ. ܘܐܙܠܘ ܥܡܗ
ܦܪܝܣܩܠܐ ܘܐܩܝܠܘܣ. ܟܕ ܓܪܥ ܪܫܗ ܒܩܢܟܪܐܘܣ.
ܡܛܠ ܕܢܕܪ ܢܕܪ ܗܘܐ ܠܗ. 19 ܘܡܛܝܘ ܠܐܦܣܘܣ܀ ܘܥܠ
ܦܘܠܘܣ ܠܟܢܘܫܬܐ: ܘܡܡܠܠ ܗܘܐ ܥܡ ܝܗܘܕܝܐ.
20 ܘܒܥܝܢ ܗܘܘ ܡܢܗ ܕܢܩܘܐ ܠܘܬܗܘܢ ܘܠܐ ܐܬܛܦܝܣ.
21 ܟܕ ܐܡܪ. ܕܘܠܐ ܠܝ ܐܦܢܝܬܗ ܕܥܐܕܐ ܕܐܬܐ ܒܐܘܪܫܠܡ
ܐܥܒܕܝܘܗܝ. ܘܐܢ ܐܠܗܐ ܢܨܒܐ ܬܘܒ ܐܬܐ ܠܘܬܟܘܢ.
22 ܘܠܐܩܝܠܘܣ ܘܠܦܪܝܣܩܠܐ: ܫܒܩ ܐܢܘܢ ܒܐܦܣܘܣ.
ܘܗܘ ܪܕܐ ܒܝܡܐ ܘܐܬܐ ܠܩܣܪܝܐ: ܘܣܠܩ ܘܫܐܠ ܒܫܠܡܐ
ܕܒܢܝ ܥܕܬܐ. ܘܐܙܠ ܠܗ ܠܐܢܛܝܘܟܝ. 23 ܘܟܕ ܥܒܕ ܗܘܐ ܬܡܢ
ܙܒܢܐ ܩܠܝܠ: ܢܦܩ ܘܐܬܟܪܟ ܟܕ ܪܕܐ. ܒܐܬܪܐ
ܕܓܠܛܝܐ ܘܕܦܪܘܓܝܐ. ܟܕ ܡܫܪܪ ܗܘܐ ܠܟܠܗܘܢ
ܬܠܡܝܕܐ. 24 ܘܓܒܪܐ ܚܕ ܕܫܡܗ ܗܘܐ ܐܦܠܘ ܝܗܘܕܝܐ:
ܕܐܬܘܗܝ ܗܘܐ ܡܘܠܕܗ ܡܢ ܐܠܟܣܢܕܪܝܐ: ܡܗܝܪ ܗܘܐ
ܒܡܠܬܐ ܘܝܕܥ ܗܘܐ ܒܟܬܒܐ: ܐܬܐ ܠܐܦܣܘܣ. 25 ܗܢܐ
ܡܬܠܡܕ ܗܘܐ ܠܐܘܪܚܗ ܕܡܪܝܐ. ܘܪܬܚ ܗܘܐ ܒܪܘܚ.
ܘܡܡܠܠ ܗܘܐ ܘܡܠܦ ܚܦܝܛܐܝܬ ܥܠ ܝܫܘܥ. ܟܕ ܡܕܡ
ܠܐ ܝܕܥ ܗܘܐ: ܐܠܐ ܐܢ ܡܥܡܘܕܝܬܐ ܕܝܘܚܢܢ. 26 ܘܫܪܝ ܟܕ
ܓܠܐ ܡܡܠܠ ܒܟܢܘܫܬܐ. ܘܟܕ ܫܡܥܘܗܝ ܐܩܝܠܘܣ
ܘܦܪܝܣܩܠܐ ܐܝܬܝܘܗܝ ܠܒܝܬܗܘܢ. ܘܚܦܝܛܐܝܬ ܚܘܝܘܗܝ
ܐܘܪܚܗ ܕܡܪܝܐ. 27 ܘܟܕ ܨܒܐ ܕܢܐܙܠ ܠܐܟܐܝܐ ܦܝܣܘܗܝ ܐܚܐ.
ܘܟܬܒܘ ܠܬܠܡܝܕܐ ܕܢܩܒܠܘܢܝܗܝ. ܘܟܕ ܐܙܠ: ܥܕܪ
ܣܓܝ ܒܝܕ ܛܝܒܘܬܐ ܠܟܠܗܘܢ ܡܗܝܡܢܐ. 28 ܐܦܠܘܣ
ܓܝܪ ܕܪܫ ܗܘܐ ܠܝܗܘܕܝܐ ܬܚܘܝܬܐ ܩܕܡ ܟܢܫܐ. ܟܕ ܡܚܘܐ
ܗܘܐ ܡܢ ܟܬܒܐ ܥܠ ܝܫܘܥ ܕܡܫܝܚܐ ܗܘ܀

ܩܦܠܐܘܢ ܀ ܝܛ ܀

1 ܘܟܕ ܐܝܬܘܗܝ ܗܘܐ ܐܦܠܘ ܒܩܘܪܢܬܘܣ. ܐܬܚܕܪ
ܦܘܠܘܣ ܒܐܬܪ̈ܘܬܐ ܓܒ̈ܝܐ: ܠܐܦܣܘܣ. ܘܐܫܟܚ ܗܘܐ
ܠܬܠܡ̈ܝܕܐ ܐܝܠܝܢ ܕܐܡܟܝܢ ܐܝܟ. 2 ܐܦ ܫܐܠܗܘܢ ܪܘܚܐ
ܕܩܘܕܫܐ ܟܕ ܗܝܡܢܬܘܢ. ܗܢܘܢ ܐܡܪܝܢ ܠܗ. ܘܐܦܠܐ ܐܢ
ܐܝܬ ܪܘܚܐ ܩܕܝܫܐ ܫܡܥܢ. 3 ܐܡܪ ܠܗܘܢ. ܘܒܡܢܐ ܥܡܕܬܘܢ.
ܐܡܪܝܢ. ܒܡܥܡܘܕܝܬܗ ܕܝܘܚܢܢ. 4 ܐܡܪ ܠܗܘܢ ܦܘܠܘܣ.
ܝܘܚܢܢ ܐܥܡܕ ܡܥܡܘܕܝܬܐ ܕܬܝܒܘܬܐ ܠܥܡܐ ܟܕ ܐܡܪ
ܕܢܗܝܡܢܘܢ ܒܗܢܐ ܕܐܬܐ ܒܬܪܗ: ܕܐܝܬܘܗܝ ܝܫܘܥ ܡܫܝܚܐ.
5 ܘܟܕ ܫܡܥܘ ܗܠܝܢ. ܥܡܕܘ ܒܫܡܗ ܕܡܪܢ ܝܫܘܥ
ܡܫܝܚܐ. 6 ܘܣܡ ܥܠܝܗܘܢ ܐܝܕܐ ܦܘܠܘܣ. ܘܐܬܬ ܪܘܚܐ
ܕܩܘܕܫܐ ܥܠܝܗܘܢ. ܘܡܡܠܠܝܢ ܗܘܘ ܒܠܫܢ ܠܫܢ.
ܘܡܬܢܒܝܢ ܗܘܘ. 7 ܗܘܘ ܗܘܘ ܕܝܢ ܟܠܗܘܢ ܐܢܫ̈ܐ ܬܪܥܣܪ.
8 ܘܥܠ ܗܘܐ ܦܘܠܘܣ ܠܟܢܘܫܬܐ. ܘܡܡܠܠ ܗܘܐ ܥܡ
ܓܠܝܐ ܬܠܬܐ ܝܪ̈ܚܐ. ܘܡܦܝܣ ܗܘܐ ܥܠ ܡܠܟܘܬܗ
ܕܐܠܗܐ. 9 ܘܐܢܫܝܢ ܡܢܗܘܢ ܡܬܩܫܝܢ ܗܘܘ ܘܡܚܣܕܝܢ.
ܘܡܨܚܝܢ ܠܐܘܪܚܐ ܕܐܠܗܐ ܩܕܡ ܟܢܫܐ ܕܥܡܡ̈ܐ. ܗܝܕܝܢ
ܐܦܪܫ ܦܘܠܘܣ: ܘܦܪܫ ܡܢܗܘܢ ܠܬܠܡ̈ܝܕܐ. ܘܟܠܝܘܡ
ܡܡܠܠ ܗܘܐ ܠܗܘܢ: ܒܐܣܟܘܠܐ ܕܓܒܪܐ ܕܫܡܗ ܛܘܪܢܘܣ.
10 ܘܗܕܐ ܗܘܬ ܫܢ̈ܝܢ ܬܪܬܝܢ. ܥܕܡܐ ܕܫܡܥܘ ܡܠܬܐ ܕܡܪܢ
ܟܠܗܘܢ ܕܥܡܪܝܢ ܒܐܣܝܐ: ܝܗܘܕ̈ܝܐ ܘܐܪܡ̈ܝܐ. 11 ܘܚܝܠܐ
ܪܘܪ̈ܒܐ ܥܒܕ ܗܘܐ ܐܠܗܐ ܒܐܝܕܘܗܝ ܕܦܘܠܘܣ. 12 ܐܝܟܢܐ
ܕܐܦ ܡܢ ܢܚܬ̈ܐ ܕܥܠ ܦܓܪܗ: ܣܘܕܪ̈ܐ ܐܘ ܙܘܢܪ̈ܐ
ܡܝܬܝܢ ܗܘܘ ܘܡܣܡܝܢ ܥܠ ܟܪ̈ܝܗܐ: ܘܦܪܩܝܢ ܗܘܘ
ܡܢܗܘܢ ܟܘܪ̈ܗܢܐ. ܘܐܦ ܫܐܕ̈ܐ ܢܦܩܝܢ ܗܘܘ ܀ 13 ܙܟܒ
ܗܘܘ ܕܝܢ ܐܦ ܐܢܫ̈ܐ ܝܗܘܕ̈ܝܐ: ܐܝܠܝܢ ܕܡܬܟܪܟܝܢ ܗܘܘ
ܘܡܫܒܥܝܢ ܥܠ ܫܐܕ̈ܐ. ܕܢܩܪܘܢ ܒܫܡܗ ܕܡܪܢ ܝܫܘܥ:
ܥܠ ܐܝܠܝܢ ܕܐܝܬ ܠܗܘܢ ܪܘܚܐ ܛܢܦܬܐ. ܟܕ ܐܡܪܝܢ

ܗܘܘ. ܡܘܡܝܢܢ ܠܟܘܢ ܒܝܫܘܥ ܕܝܫܘܥ ܐܢܫܐ ܕܡܟܪܙ
ܦܘܠܘܣ. 14 ܐܝܬ ܗܘܐ ܕܝܢ ܫܒܥܐ ܒܢܝܐ ܕܓܒܪܐ ܚܕ
ܝܗܘܕܝܐ ܪܒ ܟܗܢܐ: ܕܥܒܕܝܢ ܗܘܘ ܗܟܢܐ. ܘܥܒܕܝܢ ܗܘܘ
ܗܕܐ. 15 ܘܥܢܬ ܪܘܚܐ ܗܝ ܒܝܫܬܐ ܘܐܡܪܐ ܠܗܘܢ. ܠܝܫܘܥ
ܡܫܬܘܕܥ ܐܢܐ. ܘܠܦܘܠܘܣ ܝܕܥ ܐܢܐ. ܐܢܬܘܢ ܕܝܢ ܡܢ
ܐܢܬܘܢ. 16 ܘܫܘܪ ܥܠܝܗܘܢ ܓܒܪܐ ܗܘ ܕܐܝܬ ܗܘܐ ܒܗ
ܪܘܚܐ ܒܝܫܬܐ: ܘܐܬܚܝܠ ܥܠܝܗܘܢ. ܘܚܒܠ ܐܢܘܢ. ܘܟܕ
ܡܥܪܛܠܝܢ ܘܡܦܨܥܝܢ ܢܦܩܘ ܡܢ ܒܝܬܐ ܗܘ. 17 ܘܗܕܐ
ܐܬܝܕܥܬ ܗܘܬ ܠܟܠܗܘܢ ܝܗܘܕܝܐ ܘܐܪܡܝܐ ܕܥܡܪܝܢ
ܒܐܦܣܘܣ. ܘܢܦܠܬ ܕܚܠܬܐ ܥܠ ܟܠܗܘܢ. ܘܡܬܪܘܪܒ
ܗܘܐ ܫܡܗ ܕܡܪܢ ܝܫܘܥ ܡܫܝܚܐ. 18 ܘܣܓܝܐܐ ܡܢ
ܐܝܠܝܢ ܕܗܝܡܢܘ: ܐܬܝܢ ܗܘܘ ܘܡܫܬܘܕܝܢ ܥܒܕܐܬܗܘܢ.
ܘܡܚܘܝܢ ܒܓܠܝܐ ܕܥܒܕܝܢ ܗܘܘ. 19 ܣܓܝܐܐ ܕܝܢ ܐܦ ܚܪܫܐ
ܟܢܫܘ ܟܬܒܝܗܘܢ: ܘܐܘܩܕܘ ܐܢܘܢ ܩܕܡ ܟܠܢܫ.
ܘܚܫܒܘ ܕܡܝܗܘܢ: ܘܐܫܟܚܘ ܟܣܦܐ ܪܒܘܬܐ ܚܡܫ.
20 ܘܗܟܢܐ ܒܚܝܠܐ ܕܡܪܝܐ ܪܒܝܐ ܗܘܬ ܘܡܬܚܝܠܐ ܗܘܬ ܗܝ ܡܠܬܐ
ܕܐܠܗܐ. 21 ܟܕ ܕܝܢ ܐܫܬܠܡ ܗܠܝܢ: ܣܡ ܦܘܠܘܣ
ܒܪܘܚܗ: ܕܢܥܒܪ ܒܡܩܕܘܢܝܐ ܘܒܐܟܐܝܐ: ܘܢܐܙܠ
ܠܐܘܪܫܠܡ. ܘܐܡܪ. ܕܒܬܪ ܕܐܬܝܬ ܠܬܡܢ: ܘܠܐ ܠܝ ܕܐܦ
ܠܪܗܘܡܐ ܐܚܙܐ. 22 ܘܫܕܪ ܗܘܐ ܠܬܪܝܢ ܐܢܫܝܢ ܡܢ ܗܢܘܢ
ܕܡܫܡܫܝܢ ܗܘܘ ܠܗ ܠܡܩܕܘܢܝܐ. ܠܛܝܡܬܐܘܣ.
ܘܠܐܪܣܛܘܣ. ܗܘ ܕܝܢ ܩܘܝ ܙܒܢܐ ܒܐܣܝܐ. 23 ܗܘܐ ܗܘܐ
ܕܝܢ ܒܗܘ ܙܒܢܐ ܫܓܘܫܝܐ ܣܓܝܐܐ ܥܠ ܐܘܪܚܗ ܕܐܠܗܐ.
24 ܐܝܬ ܗܘܐ ܕܝܢ ܐܢܫ ܕܫܡܗ ܕܡܛܪܝܘܣ ܚܕ: ܐܘܡܢܐ ܗܘܐ
ܕܣܐܡܐ. ܘܥܒܕ ܗܘܐ ܢܘܣܐ ܕܣܐܡܐ ܠܐܪܛܡܝܣ. ܘܡܘܬܪ
ܗܘܐ ܠܒܢܝ ܐܘܡܢܘܬܐ ܥܒܕܢܐ ܪܒܐ. 25 ܗܢܘܢ ܟܢܫ ܐܢܘܢ
ܠܒܢܝ ܐܘܡܢܘܬܐ ܟܠܗܘܢ. ܘܠܐܝܠܝܢ ܕܦܠܚܝܢ ܒܗܠܝܢ:
ܘܐܡܪ ܠܗܘܢ. ܓܒܪܐ: ܝܕܥܝܢ ܐܝܬܝܟܘܢ ܕܐܬܝܬܪܢ ܦܠܚܢ

ܡܢ ܗܢܐ ܗܘ ܣܘܠܩܢܢ. 26 ܘܐܦ ܐܝܬܝܟܘܢ ܫܡܥܝܢ ܐܝܬܝܟܘܢ
ܘܚܙܝܢ ܐܝܬܝܟܘܢ. ܕܠܐ ܗܘܐ ܒܠܚܘܕ ܒܢܝ̈ ܐܦܣܘܣ. ܐܠܐ ܐܦ
ܠܣܘܓܐܐ ܕܟܠܗ̇ ܐܣܝܐ. ܐܦܝܣ ܗܢܐ ܦܘܠܘܣ. ܘܐܗܦܟ
ܟܕ ܐܡܪ: ܕܠܘ ܐܠܗ̈ܐ ܐܢܘܢ ܗܢܘܢ ܕܒܐܝ̈ܕܝܐ
ܡܬܥܒܕܝܢ. 27 ܘܠܘ ܗܕܐ ܒܠܚܘܕ ܐܘܡܢܘܬܢ ܡܬܬܦܪܣܢܐ
ܘܫܝܛܐ. ܐܠܐ ܐܦ ܗܘ ܗܝܟܠܐ ܕܐܪܛܡܝܣ ܐܠܗܬܐ ܪܒܬܐ:
ܡܬܚܫܒ ܠܗ ܐܝܟ ܠܐ ܡܕܡ. ܘܐܦ ܗܝ ܐܠܗܬܐ ܕܟܠܗ̇
ܐܣܝܐ. ܘܟܠܗܘܢ ܥܡ̈ܡܐ ܣܓܕܝܢ ܠܗ̇ ܡܬܒܛܠܐ. 28 ܘܟܕ
ܫܡܥܘ ܗܠܝܢ ܐܬܡܠܝܘ ܚܡܬܐ. ܘܩܥܝܢ ܗܘܘ ܘܐܡܪܝܢ.
ܪܒܐ ܗܝ ܐܪܛܡܝܣ ܕܐܦܣܝ̈ܐ. 29 ܘܐܫܬܓܫܬ ܟܠܗ̇
ܡܕܝܢܬܐ. ܘܪܗܛܘ ܐܟܚܕܐ ܘܐܙܠܘ ܠܬܐܛܪܘܢ. ܘܚܛܦܘ
ܐܘܒܠܘ ܥܡܗܘܢ: ܠܓܐܝܘܣ ܘܠܐܪܣܛܪܟܘܣ. ܓܒܪ̈ܐ
ܡܩܕܘܢܝ̈ܐ ܒܢܝ̈ ܠܘܝܬܗ ܕܦܘܠܘܣ ❖ 30 ܘܦܘܠܘܣ ܨܒܐ
ܗܘܐ ܕܢܥܘܠ ܠܬܐܛܪܘܢ: ܘܟܠܐܘܗܝ ܬܠܡܝ̈ܕܐ: 31 ܘܐܦ
ܪ̈ܫܝ ܕܐܣܝܐ ܡܛܠ ܕܪ̈ܚܡܘܗܝ ܗܘܘ: ܫܕܪܘ ܒܥܘ ܡܢܗ:
ܕܠܐ ܢܬܠ ܢܦܫܗ ܕܢܥܘܠ ܠܬܐܛܪܘܢ. 32 ܟܢܫܐ ܕܝܢ ܕܐܬܐ
ܗܘܐ ܒܬܐܛܪܘܢ ܟܠ ܡܫܓܫ ܗܘܐ. ܘܐܢ̈ܫܝܢ ܐܚܪ̈ܢܝܬܐ
ܩܥܝܢ ܗܘܘ. ܣܓܝܐܐ ܕܝܢ ܡܢܗܘܢ: ܠܐ ܝܕܥܝܢ ܗܘܘ
ܡܛܠ ܡܢܐ ܐܬܟܢܫܘ. 33 ܥܡܐ ܕܝܢ ܕܝܗܘܕ̈ܝܐ ܕܐܬܐ ܗܘܘ
ܐܟܡܐ. ܐܩܝܡܘ ܡܢܗܘܢ ܠܓܒܪܐ ܝܗܘܕܝܐ ܕܫܡܗ ܗܘܐ
ܐܠܟܣܢܕܪܘܣ. ܘܟܕ ܩܡ ܐܫܬܥܝ ܐܝܕܗ: ܘܨܒܐ ܗܘܐ
ܕܢܦܩ ܪܘܚܐ ܠܥܡܐ. 34 ܘܟܕ ܝܕܥܘ ܕܝܗܘܕܝܐ ܗܘ: ܩܥܘ
ܟܠܗܘܢ ܒܚܕ ܩܠܐ ܐܝܟ ܫܥ̈ܐ ܬܪ̈ܬܝܢ. ܕܪܒܐ ܗܝ ܐܪܛܡܝܣ
ܕܐܦܣܝ̈ܐ. 35 ܘܫܬܩ ܐܢܘܢ ܪܫܐ ܕܡܕܝܢܬܐ ܟܕ ܐܡܪ. ܓܒܪ̈ܐ
ܐܦܣܝ̈ܐ: ܡܢܘ ܓܒܪܐ ܡܢ ܒܢܝ̈ܢܫܐ ܕܠܐ ܝܕܥ ܠܡܕܝܢܬܐ
ܕܐܦܣܝ̈ܐ: ܕܟܘܡܪܬܐ ܗܝ ܕܐܪܛܡܝܣ ܪܒܬܐ: ܘܕܨܠܡܗ̇
ܕܡܢ ܫܡܝܐ ܢܚܬ. 36 ܡܛܠ ܗܟܝܠ ܕܠܘܩܒܠ ܗܕܐ ܐܢܫ
ܠܐ ܡܡܠܠ: ܘܠܐ ܠܟܘܢ ܕܬܗܘܘܢ ܫܠܝܢ ܘܠܐ ܬܥܒܕܘܢ

ܡܢܗ ܒܐܫܬܝܡܐ. 37 ܐܝܬܘܗܝ ܗܘܐ ܠܡܠܟܐ ܗܘܝܘ: ܟܕ
ܠܐ ܗܘܠܐ ܢܦܫܗ: ܘܠܐ ܙܟܝܘ ܠܐܠܗܐ. 38 ܐܦ ܕܝܢ ܗܢܘܢ
ܕܨܠܝܒܝܢ ܗܘܘ ܥܡܗ ܐܘܚܕܬܘܗܝ ܐܝܬ ܒܗܘܢ ܕܐܢܐ ܟܡ ܐܢܬ:
ܗܐ ܐܬܘܬܗܘܢ ܟܡܪܝܬܐ. ܐܘܚܕܬܐ ܐܝܬܝ. ܬܡܪܟܢ
ܘܡܘܬܝ ܚܕ ܟܡ ܚܕ. 39 ܘܐܦ ܗܘ ܕܝܢܡ ܐܝܟܢ ܟܟܢ
ܐܝܬܝ ܒܡܘܬܐ ܕܝܗܒܠܐ ܡܢ ܢܟܘܬܐ ܠܒܢܝܡܢܐ ܡܬܐܪܐ.
40 ܡܛܠ ܕܐܦ ܗܘܢܐ ܒܝܠܘܬܗܘܢ ܡܩܒܠ. ܕܬܐܪܐ ܐܝܟ
ܡܬܩܪܐ. ܕܠܐ ܡܩܒܠܝܢ ܕܢܩܘܡ ܪܘܚܐ ܟܠܗ ܩܢܡܐ ܕܢܘܡܐ
ܗܘܢܐ ܕܐܬܟܝܢ ܟܡܬܝܬܐ. ܘܐܬܡܨܝܢ ܕܠܐ ܟܠܒܬܐ. ܘܟܕ
ܗܘܝܢ ܐܡܪ ܗܕܐ ܠܟܝܢܐ ܀

ܩܛܠܝܘ ܀ ܟܘ ܀

1 ܘܒܬܪ ܕܫܠܡ ܡܦܩܢܐ. ܗܕܐ ܟܬܒܘܗ̇ ܠܬܠܡܝܕܐ:
ܘܟܢܐ ܐܝܬܝ ܘܢܩܡ ܐܝܬܝ. ܘܢܦܫ ܐܪܐ ܒܗ ܠܡܦܪܘܩܢܐ.
2 ܘܟܕ ܐܬܚܙܝ ܐܝܬܝ ܠܐܬܘܬܐ ܗܘܝܢ: ܘܟܢܐ ܐܝܬܝ ܚܟܠܐ
ܡܬܢܛܪܐ: ܐܬܐ ܒܗ ܠܗܘܝܢ ܐܬܪܐ. 3 ܘܗܘܐ ܐܦܢ ܠܐܢܬܐ
ܢܫܝܢ. ܒܟܘ ܕܝܢ ܒܝܘܡܝ ܢܟܠܐ ܗܘܬܐ: ܟܕ ܒܠܥܕ
ܗܘܐ ܠܩܐܪܐ ܠܫܘܪܐ. ܘܐܬܢܩܒ ܕܢܗܘܝ ܒܗ
ܠܡܦܪܘܩܢܐ. 4 ܘܢܦܫܘ ܟܢܫܗ ܒܪܘܚܐ ܠܐܦܝܐ: ܫܘܦܛܢܘܢ
ܕܡܢ ܒܢܘܪܐ ܡܕܝܢܬܐ. ܘܐܪܫܛܢܘܢ ܘܡܫܡܫܢܘܢ ܕܡܢ
ܐܟܒܘܫܝܐ: ܘܛܥܢܘܢ ܕܡܢ ܕܝܢ ܡܕܝܢܬܐ. ܘܫܡܠܝܬܘܢ
ܕܡܢ ܠܟܫܛܪܐ. ܘܡܢ ܐܦܝܐ: ܢܦܝܩܘܢ ܘܬܪܦܘܢ.
5 ܗܘܝܢ ܐܪܟܗ ܡܕܡܝܢ: ܘܡܩܘܡ ܠܝ ܟܬܪܘܬܗܘܢ. 6 ܚܝܠ
ܕܝܢ ܢܦܫ ܡܢ ܦܠܝܦܘܢ. ܡܕܝܢܬܐ ܕܡܦܪܘܩܢܐ ܟܬܪ
ܢܦܩܬܐ ܕܟܬܪܐ. ܘܪܕܝܢ ܒܟܢܐ: ܘܐܝܟܢ ܠܬܪܘܬܗܘܢ ܠܢܦܩܬܐ
ܢܡܘܣܐ. ܘܗܘܐ ܐܦܢ ܢܦܩܬܐ ܡܟܠܐ ܀ 7 ܘܒܢܘܡܐ ܕܚܕ
ܒܡܟܠܐ ܟܕ ܒܝܢܝܢ ܕܢܩܪܐ ܐܘܟܪܣܛܝܢܐ. ܡܫܠܠ ܗܘܐ
ܟܡܗܘ ܦܘܠܘܣ. ܡܛܠ ܕܒܢܘܡܐ ܐܝܟܢܐ ܒܟܠܝ ܗܘܐ

ܕܢܦܘܩ ܡܢܗ . ܘܐܓܪ ܗܘܐ ܠܡܡܠܠܘ ܥܕܡܐ ܠܦܠܓܗ
ܕܠܠܝܐ. 8 ܘܐܝܬ ܗܘܐ ܬܡܢ ܠܡܦܐܕܐ ܕܢܘܪܐ ܣܓܝܐܬܐ:
ܒܥܠܝܬܐ ܗܝ ܕܟܢܝܫܝܢ ܗܘܝܢ ܬܡܢ. 9 ܘܝܬܒ ܗܘܐ
ܥܠܝܡܐ ܚܕ ܕܫܡܗ ܗܘܐ ܐܘܛܝܟܘܣ ܒܟܘܬܐ ܘܫܡܥ. ܘܕܡܟ
ܫܢܬܐ ܥܡܝܩܬܐ: ܟܕ ܐܓܪ ܗܘܐ ܒܡܠܬܐ ܗܘ ܦܘܠܘܣ.
ܘܟܕ ܕܡܟ ܢܦܠ ܗܘܐ ܡܢ ܬܠܬ ܡܛܠܠܝܢ: ܘܐܫܩܠܘܗܝ ܟܕ
ܡܝܬ. 10 ܘܢܚܬ ܦܘܠܘܣ ܢܦܠ ܥܠܘܗܝ ܘܓܦܗ
ܘܐܡܪ. ܠܐ ܬܬܥܪܒܠܘܢ ܡܛܠ ܕܢܦܫܗ ܒܗ ܗܝ. 11 ܘܟܕ ܣܠܩ
ܩܨܐ ܠܚܡܐ ܘܛܥܡ. ܘܐܓܪ ܡܡܠܠ ܥܕܡܐ ܕܕܢܚ
ܫܡܫܐ. ܘܗܝܕܝܢ ܢܦܩ ܕܐܙܠ ܒܝܒܫܐ. 12 ܘܕܒܪܘܗܝ
ܠܥܠܝܡܐ ܟܕ ܚܝ: ܘܚܕܝܘ ܒܗ ܪܘܪܒܐܝܬ. 13 ܚܢܢ ܕܝܢ ܢܚܬܢ
ܠܐܠܦܐ: ܘܪܕܝܢ ܠܩܘܒܠ ܕܐܣܘܣ. ܡܛܠ ܕܬܡܢ ܥܬܝܕܝܢ
ܗܘܝܢ ܕܢܩܒܠܝܘܗܝ ܠܦܘܠܘܣ. ܗܟܢܐ ܓܝܪ ܦܩܕ ܗܘܐ
ܠܢ ܟܕ ܐܙܠ ܗܘܐ ܗܘ ܒܝܒܫܐ. 14 ܘܟܕ ܩܒܠܢܝܗܝ
ܡܢ ܐܣܘܣ: ܫܩܠܢܝܗܝ ܒܐܠܦܐ: ܘܐܬܝܢ ܠܡܝܛܘܠܝܢܝ.
15 ܘܡܢ ܬܡܢ ܠܝܘܡܐ ܐܚܪܢܐ: ܪܕܝܢ ܠܘܩܒܠ ܟܝܘܣ
ܓܙܪܬܐ. ܘܬܘܒ ܠܝܘܡܐ ܐܚܪܢܐ ܐܬܝܢ ܠܣܡܘܣ. ܘܩܘܝܢ
ܒܛܪܘܓܘܠܝܘܢ. ܘܠܝܘܡܐ ܐܚܪܢܐ ܐܬܝܢ ܠܡܝܠܝܛܘܣ.
16 ܦܣܩ ܗܘܐ ܠܗ ܓܝܪ ܦܘܠܘܣ ܕܢܥܒܪܝܗ̇ ܠܐܦܣܘܣ.
ܕܠܐ ܢܬܥܘܩ ܠܗ ܬܡܢ. ܡܛܠ ܕܡܬܬܣܝܒ ܗܘܐ ܕܐܢ
ܡܫܟܚܐ: ܝܘܡܐ ܕܦܢܛܩܘܣܛܐ ܒܐܘܪܫܠܡ ܢܥܒܕܝܘܗܝ ܀
17 ܘܡܢ ܡܝܠܝܛܘܣ: ܫܕܪ ܐܝܬܝ ܠܩܫܝܫܐ ܕܥܕܬܐ
ܕܐܦܣܘܣ. 18 ܘܟܕ ܐܬܘ ܠܘܬܗ. ܐܡܪ ܠܗܘܢ. ܐܢܬܘܢ
ܝܕܥܝܢ ܐܢܬܘܢ ܕܡܢ ܝܘܡܐ ܩܕܡܝܐ ܕܥܠܬ ܠܐܣܝܐ: ܐܝܟܢܐ
ܗܘܝܬ ܥܡܟܘܢ ܟܠܗ ܙܒܢܐ: 19 ܟܕ ܦܠܚ ܐܢܐ ܠܐܠܗܐ
ܒܡܟܝܟܘܬܐ ܣܓܝܐܬܐ ܘܒܕܡܥܐ: ܘܒܢܣܝܘܢܐ ܐܝܠܝܢ ܕܗܘܝ
ܗܘܘ ܠܝ ܒܢܟܠܝܗܘܢ ܕܝܗܘܕܝܐ: 20 ܘܠܐ ܟܣܝܬ ܡܕܡ
ܕܦܩܚ ܗܘܐ ܠܢܦܫܬܟܘܢ ܕܐܟܪܙ ܠܟܘܢ: ܘܐܠܦ ܒܫܘܩܐ

ܘܡܟܬܒܬܐ. 21 ܟܕ ܡܚܘܝܢ ܗܘܢܬ ܒܝܘܪܢܐ ܘܠܐܘܪܚܬܐ ܟܠ
ܐܢܫܐ ܕܒܠܐ ܐܠܗܐ: ܘܡܫܒܚܘܬܐ ܕܒܝܬܐ، ܢܡܘܣܐ ܡܫܝܚܐ܀
22 ܘܗܘܐ ܐܢܐ ܐܡܪ ܐܢܐ ܒܪܘܚܐ: ܘܐܙܠ ܐܢܐ ܠܐܘܪܫܠܡ. ܘܠܐ ܝܕܥ
ܐܢܐ ܡܢܐ ܐܪܥ ܒܝ ܬܡܢ. 23 ܒܪܡ ܪܘܚܐ ܕܩܘܕܫܐ ܒܟܠ ܡܕܝܢܐ
ܡܣܗܕܐ ܠܝ ܘܐܡܪܐ: ܕܐܣܘܪܐ ܘܐܘܠܨܢܐ ܡܛܝܒܝܢ ܠܝ. 24 ܐܠܐ ܠܝ
ܠܐ ܚܫܝܒܐ ܢܦܫܝ ܡܕܡ: ܐܝܟ ܕܐܫܠܡ ܪܗܛܝ ܘܐܫܡܫܘܬܐ
ܕܩܒܠܬ ܡܢ ܡܪܢ، ܝܫܘܥ: ܕܐܣܗܕ ܒܗ ܣܒܪܬܐ ܕܛܝܒܘܬܗ
ܕܐܠܗܐ. 25 ܘܗܫܐ ܐܢܐ ܝܕܥ ܐܢܐ ܕܬܘܒ ܦܪܨܘܦܝ ܠܐ ܚܙܝܢ ܐܢܬܘܢ.
ܟܠܟܘܢ ܐܝܠܝܢ ܕܐܬܟܪܟܬ ܒܝܢܬܟܘܢ ܘܐܟܪܙܬ ܡܠܟܘܬܗ ܕܐܠܗܐ.
26 ܡܛܠ ܗܢܐ ܐܢܐ ܠܟܘܢ ܣܗܕ ܕܝܘܡܢܐ. ܕܕܟܐ ܐܢܐ ܡܢ ܕܡܐ
ܕܟܠܟܘܢ. 27 ܠܐ ܓܝܪ ܐܬܟܠܝܬ ܕܐܘܕܥܟܘܢ ܟܠܗ ܨܒܝܢܗ
ܕܐܠܗܐ. 28 ܐܙܕܗܪܘ ܗܟܝܠ ܒܢܦܫܟܘܢ: ܘܒܟܠܗ ܡܪܥܝܬܐ.
ܗܝ ܕܐܩܝܡܟܘܢ ܒܗ ܪܘܚܐ ܕܩܘܕܫܐ ܐܦܝܣܩܘܦܐ: ܕܬܪܥܘܢ
ܠܥܕܬܗ ܕܡܫܝܚܐ ܗܝ ܕܩܢܗ ܒܕܡܗ. 29 ܐܢܐ ܓܝܪ
ܝܕܥ ܐܢܐ ܕܡܢ ܒܬܪ ܕܐܙܠ ܐܢܐ. ܢܥܠܘܢ ܥܠܝܟܘܢ ܕܐܒܐ
ܐܥܫܢܐ: ܕܠܐ ܚܝܣܝܢ ܥܠ ܡܪܥܝܬܐ. 30 ܘܐܦ ܡܢܟܘܢ
ܕܝܠܟܘܢ ܢܩܘܡܘܢ ܓܒܪܐ ܡܡܠܠܝܢ ܡܥܩܡܬܐ: ܐܝܟ
ܕܢܗܦܟܘܢ ܠܬܠܡܝܕܐ ܕܢܐܙܠܘܢ ܒܬܪܗܘܢ. 31 ܡܛܠ ܗܢܐ
ܗܘܝܬܘܢ ܥܝܪܝܢ ܘܐܬܕܟܪܘ. ܕܬܠܬ ܫܢܝܢ ܠܐ ܫܠܝܬ ܒܠܠܝܐ
ܘܒܐܝܡܡܐ: ܟܕ ܒܕܡܥܐ ܡܙܗܪ ܐܢܐ ܠܟܠ ܐܢܫ ܡܢܟܘܢ.
32 ܘܗܫܐ ܡܓܥܠ ܐܢܐ ܠܟܘܢ ܠܐܠܗܐ ܘܠܡܠܬܐ ܕܛܝܒܘܬܗ.
ܕܗܘ ܡܫܟܚ ܕܢܒܢܐ ܠܟܘܢ: ܘܢܬܠ ܠܟܘܢ ܝܪܬܘܬܐ ܒܝܢ
ܟܠܗܘܢ ܩܕܝܫܐ. 33 ܟܣܦܐ ܐܘ ܕܗܒܐ ܐܘ ܠܒܘܫܐ ܠܐ ܪܓܬ.
34 ܘܐܝܬܝܟܘܢ ܝܕܥܝܢ ܐܢܬܘܢ ܕܠܚܫܚܬܝ ܘܠܐܝܠܝܢ ܕܐܝܬ ܥܡܝ.
ܫܡܫ ܗܠܝܢ ܐܝܕܝ. 35 ܘܚܘܝܬܟܘܢ ܟܠܡܕܡ. ܕܗܟܢܐ ܘܠܐ
ܠܡܠܐܐ ܘܠܡܥܕܪܘ ܠܐܝܠܝܢ ܕܡܬܟܪܗܝܢ. ܘܠܡܥܗܕܘ ܡܠܬܗ
ܕܡܪܢ، ܝܫܘܥ. ܡܛܠ ܕܗܘ ܐܡܪ: ܕܛܘܒܘܗܝ ܠܐܝܢܐ ܕܝܗܒ
ܝܬܝܪ ܡܢ ܐܝܢܐ ܕܢܣܒ. 36 ܘܟܕ ܗܠܝܢ ܐܡܪ: ܩܡ ܟܠ

ܒܘܪܟܘܗܝ ܘܨܠܝ. ܘܥܡܗܘܢ ܐܢܫܐ ܟܠܗܘܢ. 37 ܘܗܘܐ
ܒܟܝܐ ܪܒܐ ܒܟܠܗܘܢ. ܘܓܦܦܘܗܝ ܘܡܢܫܩܝܢ ܗܘܘ
ܠܗ. 38 ܒܝܫܐܝܬ ܕܝܢ ܡܬܬܥܝܩܝܢ ܗܘܘ ܥܠ ܗܝ ܡܠܬܐ
ܕܐܡܪ: ܕܬܘܒ ܠܐ ܚܙܝܢ ܐܢܬܘܢ ܦܪܨܘܦܗ. ܘܠܘܝܘܗܝ
ܥܕܡܐ ܠܐܠܦܐ ✤

ܩܦܠܐܘܢ ✤ ܟܐ ✤

1 ܘܦܪܫܢ ܡܢܗܘܢ: ܘܪܕܝܢ ܐܬܝܢ ܠܩܘ ܓܙܪܬܐ. ܘܠܝܘܡܐ
ܐܚܪܢܐ ܐܬܝܢ ܠܪܘܕܘܣ. ܘܡܢ ܬܡܢ ܠܦܛܪܐ. 2 ܘܐܫܟܚܢ
ܬܡܢ ܐܠܦܐ ܕܐܙܠܐ ܠܦܘܢܝܩܐ. ܘܣܠܩܢ ܠܗ. ܘܪܕܝܢ.
3 ܘܡܛܝܢ ܠܩܘܦܪܘܣ ܓܙܪܬܐ. ܘܫܒܩܢܝܗ
ܠܣܡܠܐ. ܘܐܬܝܢ ܠܣܘܪܝܐ. ܘܡܢ ܬܡܢ ܢܚܬܢ ܠܨܘܪ. ܬܡܢ
ܓܝܪ ܐܝܬ ܗܘܐ ܠܗ ܠܐܠܦܐ ܠܡܦܪܩܘ ܛܥܢܗ. 4 ܘܟܕ
ܐܫܟܚܢ ܬܡܢ ܬܠܡܝܕܐ: ܩܘܝܢ ܠܘܬܗܘܢ ܫܒܥܐ ܝܘܡܝܢ.
ܘܗܢܘܢ ܐܡܪܝܢ ܗܘܘ ܠܦܘܠܘܣ ܒܪܘܚ: ܕܠܐ
ܢܐܙܠ ܠܐܘܪܫܠܡ. 5 ܘܒܬܪ ܝܘܡܬܐ ܗܠܝܢ ܢܦܩܢ: ܘܐܙܠܢ
ܕܢܐܙܠ ܒܐܘܪܚܐ. ܘܠܘܝܢ ܗܘܘ ܠܢ ܟܠܗܘܢ. ܗܢܘܢ
ܘܢܫܝܗܘܢ ܘܒܢܝܗܘܢ: ܥܕܡܐ ܠܒܪ ܡܢ ܡܕܝܢܬܐ. ܘܩܡܢ
ܥܠ ܒܘܪܟܝܢ ܥܠ ܝܕ ܝܡܐ ܘܨܠܝܢ. 6 ܘܢܫܩܢ ܠܚܕܕܐ.
ܘܣܠܩܢ ܠܐܠܦܐ: ܘܗܢܘܢ ܗܦܟܘ ܠܕܝܠܗܘܢ. 7 ܚܢܢ ܕܝܢ
ܪܕܝܢ ܡܢ ܨܘܪ: ܘܐܬܝܢ ܠܥܟܘ ܡܕܝܢܬܐ. ܘܫܐܠܢ ܒܫܠܡܐ
ܠܐܚܐ ܕܬܡܢ. ܘܩܘܝܢ ܠܘܬܗܘܢ: ܝܘܡܐ ܚܕ. 8 ܘܠܝܘܡܐ
ܐܚܪܢܐ: ܢܦܩܢ ܘܐܬܝܢ ܠܩܣܪܝܐ. ܘܥܠܢ ܫܪܝܢ ܒܒܝܬܗ
ܕܦܝܠܝܦܘܣ ܡܣܒܪܢܐ: ܐܝܢܐ ܕܐܝܬܘܗܝ ܗܘܐ ܡܢ ܫܒܥܐ.
9 ܘܐܝܬ ܗܘܝ ܠܗ ܒܢܬܐ ܒܬܘܠܬܐ ܐܪܒܥ ܕܡܬܢܒܝܢ ܗܘܝ.
10 ܘܟܕ ܐܝܬܝܢ ܬܡܢ ܝܘܡܬܐ ܣܓܝܐܐ: ܢܚܬ ܗܘܐ ܡܢ ܝܗܘܕ
ܢܒܝܐ ܚܕ. ܕܫܡܗ ܗܘܐ ܐܓܒܘܣ. 11 ܘܥܠ ܠܘܬܢ.
ܘܫܩܠ ܐܣܪܐ ܕܚܨܘܗܝ ܕܦܘܠܘܣ. ܘܐܣܪ ܪܓܠܘܗܝ ܘܐܝܕܘܗܝ
ܕܝܠܗ ܘܐܡܪ. ܗܟܢܐ ܐܡܪ ܪܘܚܐ ܕܩܘܕܫܐ. ܕܓܒܪܐ

ܡܪܗ ܕܐܣܪܐ ܗܢܐ: ܗܟܢܐ ܢܐܣܪܘܢܗ ܝܗ̈ܘܕܝܐ ܒܐܘܪܫܠܡ:
ܘܢܫܠܡܘܢܗ ܒܐܝ̈ܕܝ ܥܡ̈ܡܐ. 12 ܘܟܕ ܫܡܥܢ ܡ̈ܠܐ ܗܠܝܢ:
ܒܥܝܢ ܡܢܗ ܚܢܢ ܘܒ̈ܢܝ ܐܬܪܐ ܕܠܐ ܢܐܙܠ ܠܐܘܪܫܠܡ ܀
13 ܗܝܕܝܢ ܥܢܐ ܘܐܡܪ ܦܘܠܘܣ: ܡܢܐ ܥܒܕܝܢ ܐܢܬܘܢ ܕܒܟܝܢ
ܐܢܬܘܢ ܘܡܫܒܪܝܢ ܐܢܬܘܢ ܠܗ ܠܠܒܝ. ܐܢܐ ܓܝܪ ܠܐ ܗܘܐ
ܕܐܬܐܣܪ ܒܠܚܘܕ ܡܛܝܒ ܐܢܐ: ܐܠܐ ܐܦ ܕܐܡܘܬ ܒܐܘܪܫܠܡ
ܚܠܦ ܫܡܗ ܕܡܪܢ ܝܫܘܥ ܡܫܝܚܐ. 14 ܘܟܕ ܠܐ ܐܬܛܦܝܣ
ܠܢ ܫܠܝܢ ܠܗ. ܘܐܡܪܢ ܕܨܒܝܢܗ ܕܡܪܢ ܢܗܘܐ. 15 ܘܒܬܪ
ܝܘܡܬܐ ܗܠܝܢ: ܐܬܛܝܒܢ ܘܣܠܩܢ ܠܢ ܠܐܘܪܫܠܡ. 16 ܘܐܬܘ
ܗܘܘ ܥܡܢ ܐܢܫܐ ܕܬܠܡܝ̈ܕܐ ܡܢ ܩܣܪܝܐ. ܟܕ ܕܒܝܪܝܢ
ܥܡܗܘܢ ܐܢܫ ܚܕ ܡܢ ܬܠܡܝ̈ܕܐ ܩܕܡܝ̈ܐ: ܕܫܡܗ ܗܘܐ
ܡܢܣܘܢ. ܘܐܬܐܘܗܝ ܗܘܐ ܡܢ ܩܘܦܪܘܣ: ܕܢܩܒܠܢ
ܒܒܝܬܗ. 17 ܘܟܕ ܐܬܝܢ ܠܐܘܪܫܠܡ: ܩܒܠܘܢ ܐܚ̈ܐ ܒܚܕܘܬܐ.
18 ܘܠܝܘܡܐ ܐܚܪܢܐ: ܥܠܢ ܥܡ ܦܘܠܘܣ ܠܘܬ ܝܥܩܘܒ.
ܟܕ ܐܝܬ ܗܘܘ ܠܘܬܗ ܟܠܗܘܢ ܩܫܝ̈ܫܐ. 19 ܘܫܐܠ ܠܗܘܢ
ܫܠܡܐ. ܘܡܫܬܥܐ ܗܘܐ ܠܗܘܢ ܦܘܠܘܣ ܚܕ ܚܕ:
ܟܠ ܡܐ ܕܥܒܕ ܐܠܗܐ ܒܥ̈ܡܡܐ ܒܬܫܡܫܬܗ. 20 ܘܟܕ
ܫܡܥܘ ܫܒܚܘ ܠܐܠܗܐ ܘܐܡܪܘ ܠܗ. ܚܙܐ ܐܝܬ ܐܚܢ: ܟܡܐ
ܪ̈ܒܘ ܐܝܬ ܒܝܗܘܕ ܐܝܠܝܢ ܕܗܝܡܢܘ: ܘܟܠܗܘܢ ܗܠܝܢ:
ܛܢܢ̈ܐ ܐܢܘܢ ܕܢܡܘܣܐ. 21 ܐܬܐܡܪ ܠܗܘܢ ܕܝܢ ܥܠܝܟ: ܕܡܠܦ
ܐܢܬ ܕܢܦܪܩܘܢ ܡܢ ܡܘܫܐ. ܟܠܗܘܢ ܝܗ̈ܘܕܝܐ ܕܒܥ̈ܡܡܐ. ܟܕ
ܐܡܪ ܐܢܬ ܕܠܐ ܢܗܘܘܢ ܓܙܪܝܢ ܒ̈ܢܝܗܘܢ: ܘܠܐ ܒܥ̈ܝܕܐ ܕܢܡܘܣܐ
ܢܗܘܘܢ ܡܗܠܟܝܢ. 22 ܗܫܐ ܗܟܝܠ ܕܫܡܥܝܢ ܗܘܘ ܠܗܘܢ
ܕܐܬܝܬ ܠܟܐ: 23 ܥܒܕ ܡܕܡ ܕܐܡܪܝܢܢ ܠܟ. ܐܝܬ ܠܢ ܓܒܪ̈ܐ
ܐܪܒܥܐ: ܕܢܕܝܪ ܠܗܘܢ ܕܢܕܟܘܢ. 24 ܕܒܪ ܐܢܘܢ ܘܙܠ ܐܬܕܟܐ
ܥܡܗܘܢ. ܘܐܦܩ ܥܠܝܗܘܢ ܢܦܩܬܐ ܐܝܟ ܕܢܓܠܚܘܢ
ܪ̈ܫܝܗܘܢ. ܘܡܬܝܕܥܐ ܠܟܠܢܫ: ܕܡܕܡ ܕܐܬܐܡܪ ܥܠܝܟ
ܕܓܠܐ ܗܘ. ܘܐܦ ܠܢܡܘܣܐ ܡܛܪ ܐܢܬ ܘܢܛܪ. 25 ܥܠ

ܐܝܠܝܢ ܕܗܝܡܢܘ ܡܢ ܥܡ̈ܡܐ ܚܢܢ ܟܬܒܢ: ܕܢܗܘܘܢ ܢܛܝܪܝܢ
ܢܦܫܗܘܢ: ܡܢ ܕܒܚܐ ܘܡܢ ܙܢܝܘܬܐ. ܘܡܢ ܚܢܝܩܐ ܘܡܢ
ܕܡܐ. 26 ܗܝܕܝܢ ܦܘܠܘܣ ܕܒܪ ܐܢܘܢ ܠܓܒܪ̈ܐ ܗܠܝܢ
ܒܝܘܡܐ ܐܚܪܢܐ ܘܐܬܕܟܝ ܥܡܗܘܢ. ܘܥܠ ܐܙܠ ܠܗܝܟܠܐ:
ܟܕ ܡܘܕܥ ܠܗܘܢ ܡܫܠܡܢܘܬܐ ܕܝܘ̈ܡܬܐ ܕܕܘܟܝܘܬܐ. ܥܕܡܐ
ܕܐܬܩܪܒ ܩܘܪܒܢܐ ܕܐܢܫ ܐܢܫ ܡܢܗܘܢ ܀ 27 ܘܟܕ ܫܠܡܘ
ܝܘܡܐ ܕܫܒܥܐ: ܝܗܘܕܝ̈ܐ ܕܡܢ ܐܣܝܐ ܚܙܐܘܗܝ ܒܗܝܟܠܐ
ܘܓܙܡܘ ܥܠܘܗܝ ܠܟܠܗ ܥܡܐ: ܘܐܪܡܝܘ ܥܠܘܗܝ ܐܝ̈ܕܝܐ.
28 ܟܕ ܩܥܝܢ ܘܐܡܪܝܢ: ܓܒܪ̈ܐ ܒܢܝ̈ ܐܝܣܪܝܠ ܥܕܪܘ.
ܗܢܐ ܗܘ ܓܒܪܐ ܕܠܘܩܒܠ ܥܡܐ ܕܝܠܢ ܡܠܦ ܒܟܠ
ܕܘܟ: ܘܠܘܩܒܠ ܢܡܘܣܐ ܘܠܘܩܒܠ ܐܬܪܐ ܗܢܐ. ܘܐܦ
ܠܐܪ̈ܡܝܐ ܐܥܠ ܠܗܝܟܠܐ. ܘܛܡܝܗ ܠܐܬܪܐ ܗܢܐ ܩܕܝܫܐ.
29 ܩܕܡܘ ܗܘܘ ܓܝܪ ܚܙܘ ܠܗ ܠܛܪܘܦܝܡܘܣ ܐܦܣܝܐ
ܒܡܕܝܢܬܐ: ܘܣܒܪܝܢ ܗܘܘ ܕܥܡ ܦܘܠܘܣ ܥܠ ܠܗܝܟܠܐ:
30 ܘܐܬܬܙܝܥܬ ܟܠܗ ܡܕܝܢܬܐ. ܘܐܬܟܢܫܘ ܟܠܗ ܥܡܐ.
ܘܐܚܕܘܗܝ ܠܦܘܠܘܣ ܘܓܪܘܗܝ ܠܒܪ ܡܢ ܗܝܟܠܐ. ܘܡܚܕܐ
ܐܬܬܚܕܘ ܬܪ̈ܥܐ. 31 ܘܟܕ ܒܥܐ ܗܘܐ ܟܢܫܐ ܠܡܩܛܠܗ:
ܐܫܬܡܥܬ ܠܟܠܝܪܟܐ ܕܐܣܦܝܪܐ: ܕܟܠܗ ܡܕܝܢܬܐ ܐܬܬܙܝܥܬ
ܟܠܗ. 32 ܘܡܚܕܐ ܕܒܪ ܩܢܛܪ̈ܘܢܐ ܘܐܣܛܪܛܝ̈ܘܛܐ
ܦܠܚ̈ܐ ܘܪܗܛ ܠܘܬܗܘܢ. ܘܟܕ ܚܙܘ ܠܟܠܝܪܟܐ
ܘܠܐܣܛܪܛܝ̈ܘܛܐ: ܫܠܝܘ ܡܢ ܕܡܚܝܢ ܗܘܘ ܠܦܘܠܘܣ.
33 ܘܩܪܒ ܠܘܬܗ ܟܠܝܪܟܐ ܘܐܚܕܗ. ܘܦܩܕ ܕܢܐܣܪܘܢܗ
ܒܫ̈ܫܠܢ ܬܪ̈ܬܝܢ. ܘܡܫܐܠ ܗܘܐ ܡܢܗܘܢ: ܕܡܢܘ ܘܡܢܐ
ܥܒܕ. 34 ܘܩܥܝܢ ܗܘܘ ܡܢܗܘܢ ܐܢ̈ܫܐ ܡܢ ܐܟܠܘܣ
ܡܕܡ ܡܕܡ. ܘܡܛܠ ܡܫܓܫܘܬܗܘܢ ܠܐ ܡܫܟܚ ܗܘܐ ܠܡܕܥ
ܐܝܕܐ ܗܝ ܫܪܪܐ. ܘܦܩܕ ܕܢܘܒܠܘܢܗ ܠܡܫܪܝܬܐ. 35 ܘܟܕ
ܡܛܝ ܦܘܠܘܣ ܠܕܪ̈ܓܐ: ܫܩܠܘܗܝ ܐܣܛܪܛܝ̈ܘܛܐ ܡܛܠ
ܥܘܫܢܐ ܕܥܡܐ. 36 ܐܬܐ ܗܘܐ ܓܝܪ ܒܬܪܗ ܥܡܐ ܣܓܝܐܐ.

ܘܩܥܝܢ ܗܘܘ ܘܐܡܪܝܢ: ܫܩܘܠܝܗܝ. 37 ܘܟܕ ܡܛܝ
ܕܢܥܘܠ ܠܡܫܪܝܬܐ ܗܘܐ ܦܘܠܘܣ. ܐܡܪ ܠܟܠܝܪܟܐ.
ܐܢ ܫܠܝܛ ܐܝܬ ܠܝ. ܐܡܠܠ ܥܡܟ. ܗܘ ܕܝܢ ܐܡܪ ܠܗ.
ܝܘܢܐܝܬ ܝܕܥ ܐܢܬ: 38 ܠܐ ܗܘܝܬ ܐܢܬ ܗܘ ܡܨܪܝܐ: ܕܩܕܡ
ܝܘܡܬܐ ܗܠܝܢ ܐܙܝܥܬ ܘܐܦܩܬ ܠܡܕܒܪܐ: ܐܪܒܥܐ ܐܠܦܝܢ
ܓܒܪܝܢ ܥܒܕܝ ܒܝܫܬܐ: 39 ܐܡܪ ܠܗ ܦܘܠܘܣ. ܐܢܐ
ܓܒܪܐ ܐܢܐ ܝܗܘܕܝܐ. ܡܢ ܛܪܣܘܣ ܕܩܝܠܝܩܝܐ ܡܕܝܢܬܐ
ܝܕܝܥܬܐ ܕܒܗ̇ ܝܠܝܕ ܐܢܐ. ܒܥܐ ܐܢܐ ܡܢܟ ܐܦܣ ܠܝ
ܕܐܡܠܠ ܠܥܡܐ. 40 ܘܟܕ ܐܦܣ ܠܗ: ܩܡ ܦܘܠܘܣ
ܥܠ ܕܪܓܐ: ܘܐܘܫܛ ܗܘܐ ܠܗܘܢ ܐܝܕܗ. ܘܟܕ ܫܠܝܘ:
ܡܠܠ ܥܡܗܘܢ ܥܒܪܐܝܬ ܘܐܡܪ ܠܗܘܢ ܀

ܩܦܠܐܘܢ ܀ ܟܒ ܀

1 ܐܚܝ̈ ܘܐܒܗ̈ܬܝ ܫܡܥܘ ܡܦܩ ܒܪܘܚ ܕܠܘܬܟܘܢ.
2 ܘܟܕ ܫܡܥܘ ܕܒܥܒܪܐܝܬ ܡܡܠܠ ܗܘܐ ܥܡܗܘܢ: ܝܬܝܪܐܝܬ
ܫܠܝܘ. ܘܐܡܪ ܠܗܘܢ. 3 ܐܢܐ ܓܒܪܐ ܐܢܐ ܝܗܘܕܝܐ. ܘܝܠܝܕ
ܐܢܐ ܒܛܪܣܘܣ ܕܩܝܠܝܩܝܐ. ܐܬܪܒܝܬ ܕܝܢ ܒܗܕܐ ܡܕܝܢܬܐ
ܥܠ ܓܝܪ ܪ̈ܓܠܘܗܝ ܕܓܡܠܝܐܝܠ. ܘܐܬܪܕܝܬ ܫܪܝܪܐܝܬ
ܒܢܡܘܣܐ ܕܐܒܗ̈ܬܐ. ܘܐܝܬܝ ܗܘܝܬ ܛܢܢܐ ܕܐܠܗܐ: ܐܝܟ ܡܐ
ܕܐܦ ܐܢܬܘܢ ܟܠܟܘܢ ܐܝܬܝܟܘܢ. 4 ܘܠܗܕܐ ܐܘܪܚܐ ܪܕܦܬ ܥܕܡܐ
ܠܡܘܬܐ. ܟܕ ܐܣܪ ܗܘܝܬ ܘܡܫܠܡ ܗܘܝܬ ܠܒܝܬ ܐܣܝܪ̈ܐ.
ܓܒܪ̈ܐ ܘܢܫ̈ܐ: 5 ܐܝܟܢܐ ܕܣܗܕ ܥܠܝ ܪܒ ܟܗ̈ܢܐ ܘܟܠܗܘܢ
ܩܫܝ̈ܫܐ: ܕܡܢܗܘܢ ܩܒܠܬ ܐܓܪ̈ܬܐ ܕܐܙܠ ܠܘܬ ܐܚ̈ܐ
ܕܒܕܪܡܣܘܩ. ܕܐܦ ܠܗܢܘܢ ܕܐܝܬ ܗܘܘ ܬܡܢ. ܐܝܬܐ ܐܢܘܢ
ܠܐܘܪܫܠܡ ܟܕ ܐܣܝܪܝܢ. ܘܢܬܦܪܥܘܢ ܡܢܗܘܢ ܕܝܢܐ. 6 ܘܟܕ
ܐܙܠ ܗܘܝܬ ܘܡܩܪܒܬ ܐܢܐ ܠܕܪܡܣܘܩ. ܒܦܠܓܗ
ܕܝܘܡܐ ܡܢ ܠܥܠ ܡܢ ܫܡܝܐ: ܐܙܠܓ ܥܠܝ ܢܘܗܪܐ
ܣܓܝܐܐ. 7 ܘܢܦܠܬ ܥܠ ܐܪܥܐ. ܘܫܡܥܬ ܩܠܐ ܕܐܡܪ ܗܘܐ

ܠܝ : ܫܐܘܠ ܫܐܘܠ . ܠܡܢܐ ܪܕܦ ܐܢܬ ܠܝ . 8 ܐܢܐ ܕܝܢ ܥܢܝܬ
ܘܐܡܪܬ . ܡܢ ܐܢܬ ܡܪܝ : ܘܗܘ ܐܡܪ ܠܝ . ܐܢܐ ܗܘ ܝܫܘܥ
ܢܨܪܝܐ ܕܐܢܬ ܪܕܦ ܐܢܬ . 9 ܘܐܢܫܐ ܕܐܝܬ ܗܘܘ ܥܡܝ ܚܙܘ
ܢܘܗܪܐ . ܩܠܐ ܕܝܢ ܠܐ ܫܡܥܘ ܕܗܘ ܕܡܡܠܠ ܗܘܐ ܥܡܝ .
10 ܘܐܡܪܬ ܡܢܐ ܐܥܒܕ ܡܪܝ : ܘܡܪܢ ܐܡܪ ܠܝ . ܩܘܡ ܙܠ
ܠܕܪܡܣܘܩ : ܘܬܡܢ ܢܬܡܠܠ ܥܡܟ ܥܠ ܟܠ ܡܕܡ
ܕܡܦܩܕ ܠܟ ܕܬܥܒܕ . 11 ܘܟܕ ܠܐ ܡܬܚܙܐ ܗܘܐ ܠܝ ܡܛܠ
ܫܘܒܚܗ ܕܢܘܗܪܐ ܗܘ : ܘܥܠܬ ܠܕܪܡܣܘܩ . 12 ܘܓܒܪܐ
ܚܕ ܚܢܢܝܐ ܟܐܢܐ ܒܢܡܘܣܐ : ܐܝܟ ܕܣܗܕܝܢ ܥܠܘܗܝ
ܟܠܗܘܢ ܝܗܘܕܝܐ ܕܐܡܝܢ : ܐܬܐ ܠܘܬܝ . 13 ܘܐܡܪ ܠܝ . ܫܐܘܠ
ܐܚܝ : ܚܘܝܪ ܒܥܝܢܝܟ . ܘܒܗ ܒܫܥܬܐ ܐܬܦܬܚ ܥܝܢܝ
ܘܚܙܝܬ ܠܗ . 14 ܘܐܡܪ ܠܝ . ܐܠܗܐ ܕܐܒܗܬܢ ܐܩܕܡܟ
ܠܡܕܥ ܨܒܝܢܗ . ܘܬܚܙܐ ܠܙܕܝܩܐ ܘܬܫܡܥ ܩܠܐ ܡܢ ܦܘܡܗ .
15 ܘܬܗܘܐ ܠܗ ܣܗܕܐ ܠܘܬ ܟܠܗܘܢ ܒܢܝܢܫܐ . ܥܠ ܟܠ
ܡܐ ܕܚܙܝܬ ܘܫܡܥܬ . 16 ܘܗܫܐ ܡܢܐ ܡܬܡܗܡܗ ܐܢܬ .
ܩܘܡ ܥܡܕ ܘܐܬܕܟܐ ܡܢ ܚܛܗܝܟ : ܟܕ ܩܪܐ ܐܢܬ ܫܡܗ .
17 ܘܗܦܟܬ ܐܬܝܬ ܠܗ ܠܐܘܪܫܠܡ : ܘܨܠܝܬ ܒܗܝܟܠܐ .
18 ܘܚܙܝܬܗ ܒܚܙܘܐ ܟܕ ܐܡܪ ܠܝ : ܐܣܬܪܗܒ ܘܦܘܩ ܠܟ
ܡܢ ܐܘܪܫܠܡ . ܡܛܠ ܕܠܐ ܡܩܒܠܝܢ ܣܗܕܘܬܟ ܕܥܠܝ .
19 ܘܐܢܐ ܐܡܪܬ . ܡܪܝ ܐܦ ܗܢܘܢ ܝܕܥܝܢ ܕܐܢܐ ܡܫܠܡ
ܗܘܝܬ ܠܒܝܬ ܐܣܝܪܐ . ܘܡܚܐ ܗܘܝܬ ܒܟܠ ܟܢܘܫܬܐ
ܠܐܝܠܝܢ ܕܡܗܝܡܢܝܢ ܗܘܘ ܒܟ . 20 ܘܟܕ ܡܬܐܫܕ ܗܘܐ ܕܡܗ
ܕܐܣܛܦܢܘܣ ܣܗܕܟ : ܐܦ ܐܢܐ ܥܡܗܘܢ ܩܐܡ ܗܘܝܬ
ܘܫܠܡ ܗܘܝܬ ܠܨܒܝܢܗܘܢ ܕܩܛܘܠܘܗܝ . ܘܢܛܪ ܗܘܝܬ
ܡܐܢܐ ܕܐܝܠܝܢ ܕܪܓܡܝܢ ܗܘܘ ܠܗ . 21 ܘܐܡܪ ܠܝ ܙܠ .
ܕܐܢܐ ܡܫܕܪ ܐܢܐ ܠܟ ܠܪܘܚܩܐ ܠܥܡܡܐ . 22 ܘܟܕ
ܫܡܥܘܗܝ ܠܗܠܝܢ ܥܕܡܐ ܠܗܕܐ ܡܠܬܐ : ܐܪܝܡܘ
ܩܠܗܘܢ ܘܐܡܪܘ . ܢܬܢܣܒ ܡܢ ܐܪܥܐ ܐܝܢܐ ܕܐܟܘܬ ܗܢܐ :

ܠܐ ܙܕܩ ܗܘܐ ܠܗ ܠܡܚܐ. 23 ܘܟܕ ܡܩܥܝܢ ܗܘܘ. ܘܫܕܝܢ
ܗܘܘ ܠܒܘܫܝܗܘܢ. ܘܡܫܕܝܢ ܗܘܘ ܥܦܪܐ ܠܫܡܝܐ: 24 ܦܩܕ
ܟܠܝܪܟܐ ܕܢܥܠܘܢܝܗܝ ܠܡܫܪܝܬܐ. ܘܦܩܕ ܕܒܢܓܕܐ
ܢܬܒܥܐ. ܐܝܟ ܕܢܕܥ ܡܛܠ ܐܝܕܐ ܥܠܬܐ ܩܥܝܢ ܗܘܘ
ܥܠܘܗܝ. 25 ܘܟܕ ܡܬܚܘܗܝ ܒܥܪ̈ܩܐ: ܐܡܪ ܗܘ ܦܘܠܘܣ
ܠܩܢܛܪܘܢܐ ܕܩܐܡ ܗܘܐ ܥܠܘܗܝ. ܡܫܟܚ ܠܟܘܢ ܠܓܒܪܐ
ܪܗܘܡܝܐ ܕܠܐ ܡܫܬܐܠ ܕܬܢܓܕܘܢܝܗܝ. 26 ܘܟܕ ܫܡܥ ܩܢܛܪܘܢܐ
ܩܪܒ ܠܘܬ ܟܠܝܪܟܐ ܘܐܡܪ ܠܗ. ܡܢܐ ܥܒܕ ܐܢܬ. ܗܢܐ
ܓܝܪ ܓܒܪܐ ܪܗܘܡܝܐ ܗܘ. 27 ܘܩܪܒ ܠܘܬܗ ܟܠܝܪܟܐ
ܘܐܡܪ ܠܗ. ܐܡܪ ܠܝ ܐܢܬ ܪܗܘܡܝܐ ܐܢܬ: ܐܡܪ ܠܗ ܐܝܢ.
28 ܘܥܢܐ ܟܠܝܪܟܐ ܘܐܡܪ ܠܗ. ܐܢܐ ܒܟܣܦܐ ܣܓܝܐܐ
ܩܢܝܬܗ ܠܒܪܗܘܡܝܘܬܐ. ܐܡܪ ܠܗ ܦܘܠܘܣ. ܐܢܐ ܕܝܢ
ܐܦ ܝܠܝܕ ܐܢܐ ܒܗ. 29 ܘܡܚܕܐ ܦܪܩܘ ܠܗܘܢ ܡܢܗ ܗܢܘܢ
ܕܥܬܝܕܝܢ ܗܘܘ ܠܡܒܨܝܘܬܗ. ܘܕܚܠ ܟܠܝܪܟܐ ܟܕ ܝܕܥ
ܕܪܗܘܡܝܐ ܗܘ ܘܥܠ ܕܐܣܪܗ ܗܘܐ ܀ 30 ܘܠܝܘܡܐ ܐܚܪܢܐ:
ܨܒܐ ܗܘܐ ܠܡܕܥ ܫܪܝܪܐܝܬ: ܕܡܢܐ ܗܝ ܩܛܪܓܢܘܬܐ
ܕܡܟܠܝܢ ܗܘܘ ܥܠܘܗܝ ܝܗܘܕܝܐ. ܘܫܪܝܗܝ ܘܦܩܕ ܕܢܐܬܘܢ
ܪ̈ܒܝ ܟܗ̈ܢܐ ܘܟܠܗ ܟܢܫܐ ܕܪ̈ܝܫܢܝܗܘܢ. ܘܕܒܪܗ ܠܦܘܠܘܣ
ܘܐܩܝܡܗ ܒܡܨܥܬܗܘܢ ܀

ܩܦܠܐܘܢ ܀ ܟܓ ܀

1 ܘܟܕ ܚܪ ܦܘܠܘܣ ܒܟܢܫܗܘܢ ܐܡܪ. ܓܒܪ̈ܐ ܐܚ̈ܝ.
ܐܢܐ ܒܟܠ ܬܐܪܬܐ ܛܒܬܐ ܐܬܕܒܪܬ ܩܕܡ ܐܠܗܐ ܥܕܡܐ ܠܝܘܡܢܐ.
2 ܘܚܢܢܝܐ ܟܘܡܪܐ: ܦܩܕ ܠܗܢܘܢ ܕܩܝܡܝܢ ܗܘܘ ܥܠ
ܓܒܗ: ܕܢܡܚܘܢܝܗܝ ܠܦܘܠܘܣ ܥܠ ܦܘܡܗ. 3 ܘܦܘܠܘܣ
ܐܡܪ ܠܗ. ܥܬܝܕ ܗܘ ܐܠܗܐ ܕܢܡܚܝܟ ܐܫܝܬܐ ܡܫܘܥܬܐ.
ܘܐܢܬ ܝܬܒ ܐܢܬ ܕܬܕܘܢ ܠܝ ܐܝܟ ܢܡܘܣܐ: ܟܕ ܥܒܪ
ܐܢܬ ܥܠ ܢܡܘܣܐ ܘܦܩܕ ܐܢܬ ܕܢܡܚܘܢܢܝ. 4 ܘܐܠܝܢ

ܕܩܝܡܝܢ ܗܘܘ ܐܡܪܝܢ ܠܗ. ܠܟܘܡܪܐ ܕܐܠܗܐ ܡܨܥܪ
ܐܢܬ: 5 ܐܡܪ ܠܗܘܢ ܦܘܠܘܣ. ܠܐ ܝܕܥ ܗܘܝܬ ܐܚܝ ܕܟܘܡܪܐ
ܗܘ. ܟܬܝܒ ܗܘ ܓܝܪ ܕܪܝܫܐ ܕܥܡܟ ܠܐ ܬܠܘܛ. 6 ܘܟܕ
ܝܕܥ ܦܘܠܘܣ ܕܡܢܗܘܢ ܕܥܡܐ ܐܝܬܝܗܘܢ ܙܕܘܩܝܐ ܘܡܢܗܘܢ
ܦܪܝܫܐ. ܩܥܐ ܗܘܐ ܒܟܢܘܫܬܐ. ܓܒܪܐ ܐܚܝ. ܐܢܐ ܦܪܝܫܐ
ܐܢܐ ܒܪ ܦܪܝܫܐ. ܘܥܠ ܣܒܪܐ ܕܩܝܡܬܐ ܕܡܝܬܐ ܡܬܕܝܢ ܐܢܐ.
7 ܘܟܕ ܗܕܐ ܐܡܪ: ܢܦܠܘ ܚܕ ܒܚܕ ܦܪܝܫܐ ܘܙܕܘܩܝܐ.
ܘܐܬܦܠܓ ܥܡܐ. 8 ܙܕܘܩܝܐ ܓܝܪ ܐܡܪܝܢ: ܕܠܝܬ ܩܝܡܬܐ ܘܠܐ
ܡܠܐܟܐ ܘܠܐ ܪܘܚܐ. ܦܪܝܫܐ ܕܝܢ ܡܘܕܝܢ ܒܟܠܗܝܢ. 9 ܘܗܘܐ
ܩܠܐ ܪܒܐ. ܘܩܡܘ ܐܢܫܐ ܣܦܪܐ ܡܢ ܓܒܐ ܕܦܪܝܫܐ. ܘܢܨܝܢ
ܗܘܘ ܥܡܗܘܢ. ܘܐܡܪܝܢ. ܠܐ ܡܫܟܚܝܢܢ ܡܕܡ ܕܒܝܫ
ܒܗܢܐ ܓܒܪܐ. ܐܠܐ ܪܘܚܐ ܐܘ ܡܠܐܟܐ ܡܠܠ ܥܡܗ: ܡܢܐ
ܐܝܬ ܠܢ ܒܗܕܐ. 10 ܘܟܕ ܗܘܬ ܡܚܠܩܘܬܐ ܪܒܬܐ ܒܝܢܬܗܘܢ.
ܕܚܠ ܗܘܐ ܟܠܝܪܟܐ ܕܠܡܐ ܢܫܡܛܘܢܝܗ ܠܦܘܠܘܣ.
ܘܫܕܪ ܠܪܗܘܡܝܐ ܕܢܐܬܘܢ ܢܚܛܦܘܢܝܗ ܡܢ ܡܨܥܬܗܘܢ.
ܘܢܥܠܘܢܝܗ ܠܡܫܪܝܬܐ. 11 ܘܟܕ ܗܘܐ ܠܠܝܐ. ܐܬܚܙܝ ܠܗ
ܡܪܢ ܠܦܘܠܘܣ. ܘܐܡܪ ܠܗ ܐܬܚܝܠ. ܐܝܟܢܐ ܕܐܣ
ܗܕܬ ܥܠܝ ܒܐܘܪܫܠܡ. ܗܟܢܐ ܥܬܝܕ ܐܢܬ ܕܐܦ
ܒܪܗܘܡܝ ܬܣܗܕ ◆ 12 ܘܟܕ ܗܘܐ ܨܦܪܐ. ܐܬܟܢܫܘ ܗܘܘ
ܐܢܫܝܢ ܡܢ ܝܗܘܕܝܐ. ܘܐܚܪܡܘ ܢܦܫܗܘܢ. ܕܠܐ ܢܐܟܠܘܢ ܘܠܐ
ܢܫܬܘܢ. ܥܕܡܐ ܕܢܩܛܠܘܢܝܗ ܠܦܘܠܘܣ. 13 ܐܝܬ ܗܘܘ
ܕܝܢ ܗܢܘܢ ܕܐܚܪܡܘ ܒܗܢܐ ܡܘܡܬܐ. ܝܬܝܪ ܡܢ ܐܪܒܥܝܢ
ܓܒܪܝܢ. 14 ܘܐܬܩܪܒܘ ܠܘܬ ܪܒܝ ܟܗܢܐ ܘܠܘܬ ܩܫܝܫܐ. ܘܐܡܪܝܢ
ܗܘܘ ܕܒܚܪܡܐ ܐܚܪܡܢ ܢܦܫܢ. ܕܡܕܡ ܠܐ ܢܛܥܡ ܥܕܡܐ
ܕܢܩܛܘܠ ܠܦܘܠܘܣ. 15 ܘܗܫܐ ܒܥܘ ܐܢܬܘܢ ܘܪܫܐ
ܕܟܢܘܫܬܐ ܡܢ ܟܠܝܪܟܐ ܕܢܕܒܪܝܘܗܝ ܠܘܬܟܘܢ ܐܝܟ ܕܟܕ
ܐܝܬܝܟܘܢ ܕܒܥܝܢ ܡܬܒܥܝܬ ܣܘܥܪܢܗ. ܘܚܢܢ ܡܛܝܒܝܢ
ܕܢܩܛܠܘܢܝܗ ܥܕܠܐ ܢܡܛܐ ܠܘܬܟܘܢ. 16 ܘܫܡܥ ܗܘܐ ܒܪ

ܚܬܗ ܕܦܘܠܘܣ ܐܦܪܣܐ ܗܢܐ. ܘܥܠ ܠܡܫܪܝܬܐ ܘܚܘܝ
ܠܦܘܠܘܣ. 17 ܘܩܪܐ ܦܘܠܘܣ ܠܚܕ ܡܢ ܩܢܛܪܘܢܐ
ܘܐܡܪ ܠܗ. ܐܘܒܠ ܠܥܠܝܡܐ ܗܢܐ ܠܘܬ ܟܠܝܪܟܐ. ܐܝܬ
ܠܗ ܓܝܪ ܡܕܡ ܕܢܐܡܪ ܠܗ. 18 ܘܕܒܪܗ ܩܢܛܪܘܢܐ
ܠܥܠܝܡܐ. ܘܐܝܬܝܗ ܠܘܬ ܟܠܝܪܟܐ ܘܐܡܪ. ܦܘܠܘܣ
ܐܣܝܪܐ ܩܪܢܝ: ܘܒܥܐ ܡܢܝ ܕܐܝܬܐ ܗܢܐ ܥܠܝܡܐ ܠܘܬܟ.
ܕܐܝܬ ܠܗ ܡܕܡ ܕܢܐܡܪ ܠܟ. 19 ܘܐܚܕܗ ܒܐܝܕܗ ܟܠܝܪܟܐ
ܠܥܠܝܡܐ: ܘܢܓܕܗ ܠܚܕ ܓܒܐ. ܘܫܐܠܗ ܗܘܐ ܠܗ:
ܕܡܢܐ ܐܝܬ ܠܟ ܕܬܐܡܪ ܠܝ. 20 ܘܐܡܪ ܠܗ ܥܠܝܡܐ.
ܝ̈ܗܘܕܝܐ ܐܫܬܘܝܘ ܕܢܒܥܘܢ ܡܢܟ. ܕܬܐܚܘܬ ܠܦܘܠܘܣ
ܡܚܪ ܠܟܢܘܫܬܗܘܢ. ܐܝܟ ܕܨܒܝܢ ܡܕܡ ܝܬܝܪ ܕܢܐܠܦܘܢ ܡܢܗ.
21 ܐܢܬ ܕܝܢ ܠܐ ܬܬܛܦܝܣ ܠܗܘܢ. ܗܐ ܓܝܪ ܝܬܝܪ ܡܢ
ܐܪܒܥܝܢ ܓܒܪܝܢ ܡܢܗܘܢ ܟܡܝܢ ܠܗ ܒܟܡܐܢܐ. ܘܐܚܪܡܘ
ܥܠ ܢܦܫܗܘܢ. ܕܠܐ ܢܐܟܠܘܢ ܘܠܐ ܢܫܬܘܢ ܥܕܡܐ
ܕܢܩܛܠܘܢܝܗܝ. ܘܗܐ ܡܛܝܒܝܢ. ܘܡܣܟܝܢ ܠܫܘܘܕܝܟ.
22 ܘܫܪܝܗ ܟܠܝܪܟܐ ܠܥܠܝܡܐ ܟܕ ܦܩܕܗ. ܕܐܢܫ ܠܐ ܢܕܥ
ܕܗܠܝܢ ܚܘܝܬ ܠܝ. 23 ܘܩܪܐ ܠܬܪܝܢ ܩܢܛܪ̈ܘܢܝܢ ܘܐܡܪ
ܠܗܘܢ. ܐܙܠܘ ܛܝܒܘ ܪ̈ܗܘܡܝܐ ܡܐܬܝܢ ܕܢܐܙܠܘܢ ܠܩܣܪܝܐ.
ܘܦܪ̈ܫܐ ܫܒܥܝܢ. ܘܫܩܠܝ ܪ̈ܘܡܚܐ ܡܐܬܝܢ. ܕܢܦܩܘܢ ܡܢ
ܬܠܬ ܫ̈ܥܝܢ ܕܠܠܝܐ: 24 ܘܛܝܒܘ ܙܢ ܐܦ ܒܥܝܪܐ ܐܝܟ
ܕܢܪܟܒܘܢܝܗܝ ܠܦܘܠܘܣ ܘܢܦܠܛܘܢܝܗܝ ܠܘܬ ܦܝܠܟܣ
ܗܓܡܘܢܐ. 25 ܘܟܬܒ ܐܓܪܬܐ ܘܝܗܒ ܠܗܘܢ. ܕܐܝܬ ܒܗ̇
ܗܟܢܐ. 26 ܩܠܘܕܝܘܣ ܠܘܣܝܘܣ ܠܦܝܠܟܣ ܗܓܡܘܢܐ
ܢܨܝܚܐ ܫܠܡ. 27 ܠܓܒܪܐ ܗܢܐ ܐܚܕܘ ܝ̈ܗܘܕܝܐ ܐܝܟ
ܕܢܩܛܠܘܢܝܗܝ. ܘܩܡܬ ܐܢܐ ܥܡ ܪ̈ܗܘܡܝܐ ܘܦܪܩܬܗ. ܟܕ
ܝܕܥܬ ܕܪ̈ܗܘܡܝܐ ܗܘ. 28 ܘܟܕ ܨܒܝܬ ܠܡܕܥ ܥܠܬܐ
ܕܡܛܠܬܗ ܡܪܫܝܢ ܗܘܘ ܠܗ. ܐܚܬܬܗ ܠܟܢܘܫܬܗܘܢ.
29 ܘܐܫܟܚܬ ܕܥܠ ܙ̈ܛܡܐ ܕܢܡܘܣܗܘܢ ܡܪܫܝܢ ܗܘܘ ܠܗ.

ܘܥܠܬܐ ܕܫܘܝܐ ܠܡܘܬܐ ܐܘ ܠܐܣܘܪ̈ܐ ܠܝܬ ܗܘܐ ܠܗ.
30 ܘܟܕ ܐܬܒܕܩ ܠܝ ܢܟܠܐ ܕܥܒܕܘ ܥܠܘܗܝ
ܝܗܘܕ̈ܝܐ. ܡܚܕܐ ܫܕܪܬܗ ܠܘܬܟ. ܘܦܩܕܬ ܠܡܩܛܪ̈ܓܢܘܗܝ.
ܕܢܐܬܘܢ ܘܢܬܕܝܢܘܢ ܥܡܗ ܩܕܡܝܟ. ܗܘܝ ܚܠܝܡ ܀ 31 ܗܝܕܝܢ
ܐܣܛܪ̈ܛܝܘܛܐ ܐܝܟ ܕܐܬܦܩܕܘ. ܕܒܪܘܗܝ ܠܦܘܠܘܣ ܒܠܠܝܐ.
ܘܐܝܬܝܘܗܝ ܠܐܢܛܝܦܛܪܝܣ ܡܕܝܢܬܐ. 32 ܘܠܝܘܡܐ ܐܚܪܢܐ.
ܗܢܘ ܦܪ̈ܫܐ ܠܪ̈ܓܠܝܐ ܫܕܪܘ ܕܢܗܦܟܘܢ ܠܡܫܪܝܬܐ.
33 ܘܐܝܬܝܘܗܝ ܠܩܣܪܝܐ. ܘܝܗܒܘ ܐܓܪܬܐ ܠܗܓܡܘܢܐ.
ܘܐܩܝܡܘܗܝ ܩܕܡܘܗܝ ܠܦܘܠܘܣ. 34 ܘܟܕ ܩܪܐ ܐܓܪܬܐ.
ܫܐܠܗ ܗܘܐ ܠܗ ܕܡܢ ܐܝܕܐ ܗܘ ܐܦܪܟܝܐ ܐܝܬܘܗܝ. ܘܟܕ
ܝܠܦ ܕܡܢ ܩܝܠܝܩܝܐ. 35 ܐܡܪ ܠܗ. ܫܡܥ ܐܢܐ ܠܟ ܡܐ
ܕܐܬܘ ܡܩܛܪ̈ܓܢܝܟ. ܘܦܩܕ ܕܢܬܢܛܪ ܒܦܪܛܘܪܝܢ ܕܗܪܘܕܣ ܀

ܩܦܠܐܘܢ ܀ ܟܕ ܀

1 ܘܡܢ ܒܬܪ ܚܡܫܐ ܝܘܡܝܢ. ܢܚܬ ܚܢܢܝܐ ܪܒ ܟܘܡܪ̈ܐ
ܥܡ ܩܫܝ̈ܫܐ: ܘܥܡ ܪܗܛܘܪܐ ܛܪܛܘܠܘܣ. ܘܐܘܕܥܘ
ܠܗܓܡܘܢܐ ܥܠ ܦܘܠܘܣ. 2 ܘܟܕ ܐܬܩܪܝ: ܫܪܝ ܗܘܐ
ܛܪܛܘܠܘܣ ܡܩܛܪܓ ܠܗ ܘܐܡܪ. 3 ܒܣܘܓܐܐ ܕܫܝܢܐ
ܥܡܝܪܝܢ ܚܢܢ ܒܝܕܟ. ܘܐܬܩܢܬܐ ܣܓܝ̈ܐܬܐ ܗܘܝ ܠܥܡܐ ܗܢܐ
ܒܝܘܬܪܢ ܗܘܢܟ. ܘܒܟܠ ܕܘܟ: ܡܩܒܠܝܢܢ ܛܝܒܘܬܟ
ܢܨܝܚܐ ܦܝܠܟܣ. 4 ܕܠܐ ܕܝܢ ܢܠܐܝܟ ܒܣܓܝܐܬܐ. ܒܥܐ ܐܢܐ ܡܢܟ
ܕܬܫܡܥ ܠܡܟܝܟܘܬܢ ܒܦܣܝܩܬܐ. 5 ܐܫܟܚܢ ܓܝܪ ܠܓܒܪܐ
ܗܢܐ ܕܐܝܬܘܗܝ ܡܚܒܠܢܐ: ܘܡܥܝܪ ܐܓܘܢܐ ܠܟܠܗܘܢ
ܝܗܘܕ̈ܝܐ ܕܒܟܠܗ ܐܪܥܐ. ܪܫܐ ܗܘ ܓܝܪ ܕܝܘܠܦܢܐ ܕܢܨܪ̈ܝܐ.
6 ܘܠܗܝܟܠܐ ܒܥܐ ܠܡܛܡܝܘ. ܘܟܕ ܐܚܕܢܝܗܝ: ܨܒܝܢ
ܕܢܕܘܢܝܘܗܝ ܐܝܟ ܕܒܢܡܘܣܢ. 7 ܐܬܐ ܕܝܢ ܠܘܣܝܘܣ
ܟܠܝܪܟܐ. ܘܒܩܛܝܪܐ ܣܓܝܐܐ ܡܢ ܐܝܕ̈ܝܢ ܐܥܒܪܗ. ܘܠܘܬܟ
ܫܕܪܗ. 8 ܘܦܩܕ ܠܡܩܛܪ̈ܓܢܘܗܝ ܕܢܐܬܘܢ ܠܘܬܟ. ܘܡܥܩܒ

ܐܢܬ ܟܕ ܡܫܬܐܠ ܐܢܬ ܠܗ ܕܬܐܠܦ ܡܢܗ: ܥܠ ܟܠܗܝܢ
ܗܠܝܢ ܕܡܩܛܪܓܝܢܢ ܠܗ. 9 ܐܡܪܘ ܕܝܢ ܥܠܘܗܝ ܐܦ
ܗܢܘܢ ܝܗܘܕܝܐ ܟܕ ܐܡܪܝܢ: ܕܗܠܝܢ ܗܟܢܐ ܐܝܬܝܗܝܢ. 10 ܘܪܡܙ
ܗܓܡܘܢܐ ܠܦܘܠܘܣ ܕܢܡܠܠ. ܘܥܢܐ ܦܘܠܘܣ ܘܐܡܪ:
ܡܢ ܫܢܝܐ ܣܓܝܐܬܐ ܝܕܥ ܐܢܐ ܕܐܝܬܝܟ ܕܝܢܐ ܠܥܡܐ ܗܢܐ.
ܘܡܛܠ ܗܢܐ ܚܕܝܐܝܬ ܢܦܩ ܐܢܐ ܪܘܚܐ ܥܠ ܐܦܝ ܢܦܫܝ.
11 ܟܕ ܡܫܟܚ ܐܢܬ ܠܡܕܥ ܕܠܝܬ ܠܝ ܝܬܝܪ ܡܢ ܬܪܬܥܣܪ
ܝܘܡܝܢ ܕܣܠܩܬ ܠܐܘܪܫܠܡ ܠܡܣܓܕ: 12 ܘܠܐ ܐܫܟܚܘܢܝ
ܕܡܡܠܠ ܐܢܐ ܥܡ ܐܢܫ ܒܗܝܟܠܐ. ܐܘܦܠܐ ܟܢܫܐ ܕܥܒܕ ܐܢܐ.
ܠܐ ܒܟܢܘܫܬܗܘܢ ܘܠܐ ܒܡܕܝܢܬܐ. 13 ܘܠܐ ܕܢܚܘܘܢ ܡܫܟܚܝܢ
ܠܐܒܕܬܗܘܢ ܡܩܕܡܝܢ. ܥܠ ܡܕܡ ܕܗܫܐ ܡܩܛܪܓܝܢ ܠܝ.
14 ܒܪܡ ܕܝܢ ܗܕܐ ܡܘܕܐ ܐܢܐ. ܕܒܗ ܒܗܕܐ ܢܟܠܐ ܕܐܡܪܝܢ:
ܒܗ ܦܠܚ ܐܢܐ ܠܐܠܗܐ ܕܐܒܗܬܝ. ܟܕ ܡܗܝܡܢ ܐܢܐ
ܠܟܠܗܝܢ ܕܟܬܝܒܢ ܒܢܡܘܣܐ ܘܒܢܒܝܐ. 15 ܘܟܕ ܐܝܬ ܠܝ
ܣܒܪܐ ܥܠ ܐܠܗܐ: ܐܝܟܢܐ ܕܐܦ ܗܢܘܢ ܗܠܝܢ ܡܣܟܝܢ.
ܕܥܬܝܕܐ ܕܬܗܘܐ ܢܘܚܡܐ ܕܡܢ ܒܝܬ ܡܝܬܐ. ܕܙܕܝܩܐ ܘܕܥܘܠܐ.
16 ܡܛܠ ܗܢܐ ܐܦ ܟܘܫܠܐ ܐܢܐ ܕܬܐܪܬܐ ܕܟܝܬܐ ܬܗܘܐ ܠܝ ܩܕܡ
ܐܠܗܐ. ܘܩܕܡ ܒܢܝ ܐܢܫܐ ܐܟܚܕܐ. 17 ܒܫܢܝܐ ܕܝܢ
ܣܓܝܐܬܐ ܐܝܬܝܬ ܠܗܘܢ ܠܒܢܝ ܥܡܝ: ܙܕܩܬܐ ܘܩܘܪܒܢܐ
ܘܐܩܪܒܬ ܩܘܪܒܢܐ. 18 ܘܐܫܟܚܘܢܝ ܗܠܝܢ ܒܗܝܟܠܐ ܟܕ
ܡܕܟܝ ܐܢܐ. ܠܐ ܥܡ ܟܢܫܐ ܘܐܦܠܐ ܥܡ ܫܓܘܫܝܐ. 19 ܐܠܐ ܠܝ
ܕܐܫܬܟܚܘ ܐܢܫܝܢ ܝܗܘܕܝܐ ܕܐܬܘ ܡܢ ܐܣܝܐ. ܐܝܠܝܢ ܕܘܠܐ ܗܘܐ
ܕܢܩܘܡܘܢ ܥܡܝ ܩܕܡܝܟ: ܘܢܩܛܪܓܘܢ ܡܕܡ ܕܐܝܬ ܠܗܘܢ.
20 ܐܘ ܗܢܘܢ ܗܠܝܢ ܢܐܡܪܘܢ ܡܢܐ ܐܫܟܚܘ ܒܝ ܣܟܠܘܬܐ:
ܟܕ ܩܡܬ ܩܕܡ ܟܢܫܗܘܢ. 21 ܐܠܐ ܠܝ ܗܕܐ ܚܕܐ ܡܠܬܐ ܕܩܥܝܬ
ܟܕ ܩܐܡ ܐܢܐ ܒܝܢܬܗܘܢ: ܕܥܠ ܢܘܚܡܐ ܕܡܝܬܐ ܡܬܕܝܢ
ܐܢܐ ܝܘܡܢܐ ܩܕܡܝܟܘܢ ܀ 22 ܦܝܠܟܣ ܕܝܢ ܡܛܠ ܕܝܕܥ ܗܘܐ
ܛܒ ܠܐܘܪܚܐ ܗܕܐ ܥܠܝܡܐܝܬ. ܐܘܚܪ ܐܢܘܢ ܟܕ ܐܡܪ. ܕܡܐ ܕܐܬܐ

ܟܠܝܪܟܐ. ܫܡܥ ܐܢܐ ܒܝܢܬܟܘܢ. 23 ܘܦܩܕ ܠܩܢܛܪܘܢܐ
ܕܢܛܪܝܘܗܝ ܠܦܘܠܘܣ ܒܢܝܚܐ. ܘܠܐ ܐܢܫ ܡܢ ܝܕ̈ܥܘܗܝ
ܢܟܠܐ ܕܢܗܘܘܢ ܡܫܡܫܝܢ ܠܗ. 24 ܘܡܢ ܒܬܪ ܩܠܝܠ
ܝܘ̈ܡܬܐ: ܫܕܪ ܦܝܠܟܣ ܘܕܪܘܣܝܠܐ ܐܢܬܬܗ ܕܐܝܬܝܗ ܗܘܬ
ܝܗܘܕܝܬܐ. ܘܩܪܐ ܠܗ ܠܦܘܠܘܣ. ܘܫܡܥܘ ܡܢܗ ܥܠ
ܗܝܡܢܘܬܐ ܕܡܫܝܚܐ. 25 ܘܟܕ ܡܡܠܠ ܗܘܐ ܥܡܗܘܢ ܥܠ
ܟܐܢܘܬܐ ܘܥܠ ܩܕܝܫܘܬܐ ܘܥܠ ܕܝܢܐ ܕܥܬܝܕ: ܐܬܕܚܠ
ܕܚܠܬܐ ܦܝܠܟܣ. ܘܐܡܪ ܕܗܫܐ ܙܠ. ܘܐܡܬܝ ܕܢܗܘܐ ܠܝ
ܐܦܢܐ. ܐܫܕܪ ܒܬܪܟ. 26 ܡܣܟܐ ܗܘܐ ܓܝܪ ܕܫܘܚܕܐ ܢܬܝܗܒ
ܗܘܐ ܠܗ ܡܢ ܦܘܠܘܣ. ܡܛܠ ܗܢܐ ܐܡܝܢܐܝܬ ܡܫܕܪ
ܗܘܐ ܩܪܐ ܠܗ ܘܡܡܠܠ ܗܘܐ ܥܡܗ. 27 ܘܟܕ ܫܠܡ
ܠܗ ܬܪܬܝܢ ܫܢ̈ܝܢ: ܐܚܪܢܐ ܡܚܠܦܢܐ ܐܬܐ ܗܘܐ ܒܕܘܟܬܗ.
ܕܡܬܩܪܐ ܗܘܐ ܦܘܪܩܝܘܣ ܦܗܣܛܘܣ. ܦܝܠܟܣ ܕܝܢ ܐܝܟ
ܕܢܥܒܕ ܛܝܒܘܬܐ ܠܝܗܘܕ̈ܝܐ: ܫܒܩܗ ܠܦܘܠܘܣ ܟܕ
ܐܣܝܪ ܀

ܩܦܠܐܘܢ ܀ ܟܗ ܀

ܘܟܕ ܐܬܐ ܦܗܣܛܘܣ ܠܩܣܪܝܐ: ܒܬܪ ܬܠܬܐ ܝܘܡܝܢ
ܣܠܩ ܠܐܘܪܫܠܡ. 2 ܘܐܬܒܠܥܘܗܝ ܪ̈ܫܝ ܟܗ̈ܢܐ ܘܪ̈ܝܫܢܐ
ܕܝܗܘܕ̈ܝܐ ܥܠ ܦܘܠܘܣ. 3 ܘܒܥܝܢ ܗܘܘ ܡܢܗ ܟܕ ܡܬܟܫܦܝܢ
ܠܗ ܗܕܐ ܡܘܗܒܬܐ: ܕܢܫܕܪ ܢܝܬܝܘܗܝ ܠܐܘܪܫܠܡ. ܟܕ
ܥܒܕܝܢ ܗܘܘ ܢܟܐܠܐ ܒܐܘܪܚܐ ܕܢܩܛܠܘܢܝܗܝ.
4 ܘܦܗܣܛܘܣ ܥܢܐ ܦܬܓܡܐ: ܕܦܘܠܘܣ ܢܬܢܛܪ
ܒܩܣܪܝܐ. ܘܐܦ ܐܢܐ ܡܣܪܗܒ ܐܢܐ ܕܐܙܠ. 5 ܐܝܠܝܢ ܗܟܝܠ
ܕܐܝܬ ܠܟܘܢ ܕܡܫܟܚܝܢ ܢܚܬܘܢ ܥܡܝ: ܘܐܢ ܥܠ
ܡܕܡ ܕܐܝܬ ܒܗ ܒܓܒܪܐ ܠܩܛܪܓܘܗܝ. 6 ܘܟܕ ܥܒܕ ܗܘܐ ܬܡܢ
ܝܘ̈ܡܬܐ ܬܡܢܝܐ ܐܘ ܥܣܪܐ: ܢܚܬ ܠܗ ܠܩܣܪܝܐ. ܘܠܝܘܡܐ
ܐܚܪܢܐ ܝܬܒ ܥܠ ܒܝܡ. ܘܦܩܕ ܕܢܝܬܘܢܗ ܠܦܘܠܘܣ.
7 ܘܟܕ ܐܬܐ: ܚܕܪܘܗܝ ܝܗܘܕ̈ܝܐ ܕܢܚܬܘ ܡܢ ܐܘܪܫܠܡ.

ܘܥܠ̈ܬܐ ܣܓܝ̈ܐܬܐ ܘܩܫܝ̈ܬܐ ܡܢܝܢ ܗܘܘ ܥܠܘܗܝ: ܐܝܟ ܕܠܐ
ܡܫܟܚܝܢ ܗܘܘ ܕܢܚܘܘܢ. 8 ܘܟܕ ܦܘܠܘܣ ܡܦܩ ܗܘܐ
ܪܘܚܐ ܕܠܐ ܐܣܟܠ ܡܕܡ: ܠܐ ܒܢܡܘܣܐ ܕܝܗܘ̈ܕܝܐ ܘܠܐ ܒܗܝܟܠܐ
ܘܠܐ ܒܩܣܪ: 9 ܦܗܣܛܘܣ ܕܝܢ ܡܛܠ ܕܨܒܐ ܗܘܐ ܕܢܥܒܕ
ܛܝܒܘܬܐ ܠܝܗܘ̈ܕܝܐ: ܐܡܪ ܠܗ ܠܦܘܠܘܣ. ܨܒܐ ܐܢܬ
ܕܬܣܩ ܠܐܘܪܫܠܡ: ܘܬܡܢ ܥܠ ܗܠܝܢ ܬܬܕܝܢ ܩܕܡܝ. 10 ܥܢܐ
ܦܘܠܘܣ ܘܐܡܪ. ܥܠ ܒܝܡ ܩܣܪ ܩܐܡ ܐܢܐ. ܗܪܟܐ ܗܘ
ܙܕܩ ܠܝ ܠܡܬܕܝܢܘ. ܠܐ ܥܒܕܬ ܣܟܠܘ ܒܝܗܘ̈ܕܝܐ. ܐܝܟ ܕܐܦ
ܐܢܬ ܝܕܥ ܐܢܬ. 11 ܘܐܢ ܡܥܒܕܘܬܐ ܒܝܫܬܐ ܐܘ ܡܕܡ ܕܫܘܐ
ܠܡܘܬܐ: ܠܐ ܡܫܬܐܠ ܐܢܐ ܡܢ ܡܘܬܐ. ܐܢ ܕܝܢ ܠܝܬ ܕܐܝܬ
ܡܕܡ ܡܢ ܗܠܝܢ ܕܡܩܛܪܓܝܢ ܠܝ: ܠܐ ܐܢܫ ܢܫܠܡ ܠܝ
ܠܗܘܢ ܡܘܗܒܬܐ. ܠܕܝܢܗ ܕܩܣܪ ܩܥܐ ܐܢܐ. 12 ܗܝܕܝܢ
ܦܗܣܛܘܣ ܡܠܟ ܥܡ ܒܢ̈ܝ ܡܠܟܗ ܘܐܡܪ. ܠܩܣܪ ܩܥܝܬ
ܡܢܗ: ܠܘܬ ܩܣܪ ܬܐܙܠ ܐܢܬ܀ 13 ܘܟܕ ܗܘܘ ܝܘܡܬܐ: ܐܬܐ
ܐܓܪܦܘܣ ܡܠܟܐ ܘܒܪܢܝܩܐ ܠܩܣܪܝܐ ܕܢܫܐܠܘܢ ܒܫܠܡܗ
ܕܦܗܣܛܘܣ. 14 ܘܟܕ ܗܘܘ ܠܘܬܗ ܝܘܡܬܐ. ܐܫܬܥܝ
ܦܗܣܛܘܣ ܠܡܠܟܐ ܕܝܢܗ ܕܦܘܠܘܣ. ܟܕ ܐܡܪ: ܓܒܪܐ
ܚܕ ܐܣܝܪܐ ܐܫܬܒܩ ܡܢ ܐܝܕ̈ܝ ܦܝܠܝܩܘܣ. 15 ܘܟܕ ܗܘܝܬ
ܒܐܘܪܫܠܡ: ܐܘܕܥܘ ܠܝ ܥܠܘܗܝ ܪ̈ܒܝ ܟܗ̈ܢܐ ܘܩܫܝ̈ܫܐ
ܕܝܗܘ̈ܕܝܐ. ܘܒܥܘ ܕܐܬܒܥ ܠܗܘܢ ܕܝܢܐ ܡܢܗ. 16 ܘܐܡܪܬ
ܠܗܘܢ: ܕܠܝܬ ܥܝܕܐ ܠܪ̈ܗܘܡܝܐ ܕܢܬܠܠܘܢ ܓܒܪܐ ܡܘܗܒܬܐ
ܠܩܛܠܐ: ܥܕܡܐ ܕܢܩܘܡ ܗܘ ܕܡܬܥܕܠ ܥܡ ܒܥܠܕܝܢܘܗܝ ܐܦܝܢ ܠܐܦܝܢ:
ܘܢܬܝܗܒ ܠܗ ܐܬܪܐ ܠܡܦܩ ܒܪܘܚܗ ܥܠ ܡܐ ܕܡܬܩܛܪܓ.
17 ܘܟܕ ܐܬܝܬ ܠܗܪܟܐ: ܕܠܐ ܡܘܪܟܢܐ ܠܝܘܡܐ ܐܚܪܢܐ ܝܬܒܬ ܥܠ
ܒܝܡ. ܘܦܩܕܬ ܕܢܐܬܘܢܝܗܝ ܠܝ ܠܓܒܪܐ. 18 ܘܩܡܘ ܥܡܗ
ܡܩܛܪ̈ܓܢܘܗܝ: ܘܠܐ ܐܡܛܝܘ ܡܕܡ ܕܥܠܬܐ ܒܝܫܬܐ ܕܫܘܐ
ܒܓܘܗܝ ܐܝܟ ܡܐ ܕܡܣܒܪ ܗܘܝܬ. 19 ܙܛ̈ܡܐ ܕܝܢ ܡܕܡ ܡܕܡ
ܥܠ ܕܚܠܬܗܘܢ ܐܝܬ ܗܘܐ ܠܗܘܢ ܥܡܗ. ܘܥܠ ܝܫܘܥ

ܐܢܫ ܕܡܝܬ. ܗܘ ܕܐܡܪ ܗܘܐ ܦܘܠܘܣ ܕܚܝ ܗܘ.
20 ܘܡܛܠ ܕܠܐ ܦܠܐܬ ܗܘܝܬ ܐܢܐ ܥܠ ܒܥܬܐ ܕܗܠܝܢ: ܐܡܪܬ
ܗܘܝܬ ܠܦܘܠܘܣ. ܕܐܢ ܨܒܐ ܐܝܬ ܕܢܐܙܠ ܠܐܘܪܫܠܡ:
ܘܬܡܢ ܢܬܕܝܢ ܥܠ ܗܠܝܢ. 21 ܗܘ ܕܝܢ ܒܥܐ ܕܢܬܢܛܪ ܠܕܝܢܗ
ܕܩܣܪ. ܘܦܩܕܬ ܕܢܬܢܛܪ ܥܕܡܐ ܕܐܫܕܪܝܘܗܝ ܠܘܬ ܩܣܪ.
22 ܘܐܡܪ ܐܓܪܦܘܣ. ܨܒܐ ܗܘܝܬ ܕܐܫܡܥܝܘܗܝ ܠܓܒܪܐ
ܗܢܐ. ܘܦܗܣܛܘܣ ܐܡܪ: ܕܠܡܚܪ ܫܡܥ ܐܢܬ ܠܗ.
23 ܘܠܝܘܡܐ ܐܚܪܢܐ: ܐܬܐ ܐܓܪܦܘܣ ܘܒܪܢܝܩܐ ܒܙܝܚܐ
ܣܓܝܐܐ. ܘܥܠ ܠܒܝܬ ܕܝܢܐ: ܥܡ ܟܠܝܪ̈ܟܐ ܘܪ̈ܝܫܢܐ
ܕܡܕܝܢܬܐ. ܘܦܩܕ ܦܗܣܛܘܣ ܘܐܬܐ ܦܘܠܘܣ. 24 ܘܐܡܪ
ܦܗܣܛܘܣ. ܐܓܪܦܘܣ ܡܠܟܐ ܘܟܠܗܘܢ ܓܒܪ̈ܐ
ܕܐܝܬܝܟܘܢ ܥܡܢ܆ ܥܠ ܗܢܐ ܓܒܪܐ ܕܚܙܝܢ ܐܢܬܘܢ: ܟܠܗ
ܥܡܐ ܕܝܗܘܕܝ̈ܐ ܡܥܝܩ ܠܝ ܒܐܘܪܫܠܡ ܘܗܪܟܐ. ܟܕ ܩܥܝܢ ܕܠܐ
ܘܠܐ ܠܗ ܕܢܚܐ ܬܘܒ. 25 ܐܢܐ ܕܝܢ ܐܕܪܟܬ: ܕܡܕܡ ܕܫܘܐ
ܠܡܘܬܐ ܠܐ ܣܥܪ ܗܘ. ܘܡܛܠ ܕܗܘ ܒܥܐ ܕܢܬܢܛܪ
ܠܕܝܢܗ ܕܩܣܪ: ܦܩܕܬ ܕܢܫܬܕܪ. 26 ܘܠܐ ܝܕܥ ܐܢܐ ܡܢܐ
ܐܟܬܘܒ ܥܠܘܗܝ ܠܡܪܝ. ܡܛܠ ܗܢܐ ܨܒܝܬ ܠܡܝܬܝܘܬܗ
ܩܕܡܝܟܘܢ: ܘܝܬܝܪܐܝܬ ܩܕܡܝܟ ܡܠܟܐ ܐܓܪܦܐ. ܕܟܕ
ܕܐܬܒܨܝ ܕܝܢܗ: ܐܫܟܚ ܡܕܡ ܐܟܬܘܒ. 27 ܠܐ ܓܝܪ ܦܐܐ ܕܟܕ
ܡܫܕܪܝܢ ܓܒܪܐ ܐܣܝܪܐ. ܕܠܐ ܢܟܬܘܒ ܥܠܠܬܗ ܀

ܩܦܠܐܘܢ ܀ ܟܘ ܀

1 ܘܐܡܪ ܐܓܪܦܘܣ ܠܦܘܠܘܣ. ܡܦܣ ܠܟ ܠܡܡܠܠܘ
ܥܠ ܐܦܝ ܢܦܫܟ. ܗܝܕܝܢ ܦܘܠܘܣ ܦܫܛ ܐܝܕܗ:
ܘܢܦܩ ܗܘܐ ܪܘܚܐ ܘܐܡܪ. 2 ܥܠ ܟܠ ܡܐ ܕܡܬܒܥܐ ܐܢܐ ܡܢ
ܝܗܘܕ̈ܝܐ ܡܠܟܐ ܐܓܪܦܐ. ܡܣܒܪ ܐܢܐ ܥܠ ܢܦܫܝ ܕܛܘܒܢܐ
ܐܢܐ. ܕܩܕܡܝܟ ܝܘܡܢܐ ܢܦܩ ܐܢܐ ܪܘܚܐ. 3 ܝܬܝܪܐܝܬ ܕܝܕܥ
ܐܢܐ ܕܡܦܣ ܐܢܬ ܒܟܠܗܘܢ ܙܛܡ̈ܐ ܘܢܡܘ̈ܣܐ ܕܝܗܘܕܝ̈ܐ.

ܡܛܠ ܗܢܐ ܒܥܐ ܐܢܐ ܡܢܟ ܕܒܢܓܝܪܘܬ ܪܘܚܐ ܬܫܡܥܢܝ.
4 ܝܕܥܝܢ ܐܢܘܢ ܓܝܪ ܐܦ ܗܢܘܢ ܝܗܘܕ̈ܝܐ ܐܢ ܨܒܝܢ ܕܢܣܗܕܘܢ
ܕܘܒܪ̈ܝ ܕܡܢ ܛܠܝܘܬܝ ܕܗܘܘ ܠܝ ܡܢ ܫܘܪܝܐ ܒܥܡܝ
ܘܒܐܘܪܫܠܡ. 5 ܡܛܠ ܕܡܢ ܢܓܝܪܐ ܡܩܕܡܝܢ ܠܝ. ܘܝܕܥܝܢ
ܕܒܝܘܠܦܢܐ ܪܫܝܐ ܕܦܪ̈ܝܫܐ ܚܝܬ. 6 ܘܗܫܐ ܥܠ ܣܒܪܐ
ܕܡܘܠܟܢܐ ܕܗܘܐ ܗܘܐ ܠܐܒܗ̈ܬܢ ܡܢ ܐܠܗܐ: ܩܐܡ ܐܢܐ
ܘܡܬܕܝܢ ܐܢܐ. 7 ܕܥܠ ܗܢܐ ܣܒܪܐ: ܬܪܬܥܣܪܐ ܫܪ̈ܒܢ
ܡܣܟ̈ܝܢ ܕܢܡܛܘܢ: ܒܨܠܘܬܐ ܚܦܝܛܬܐ ܕܐܝܡܡܐ ܘܕܠܠܝܐ.
ܘܥܠܘܗܝ ܥܠ ܗܢܐ ܣܒܪܐ ܡܬܪܫܐ ܐܢܐ ܡܢ ܐܝܕܝ̈ ܝܗܘܕ̈ܝܐ
ܡܠܟܐ ܐܓܪܦܐ: 8 ܡܢܐ ܕܝܢ ܐܝܬܘܗܝ. ܠܐ ܘܠܐ ܕܢܗܘܐ
ܕܢܩܝܡ ܐܠܗܐ ܡܝ̈ܬܐ: 9 ܐܢܐ ܓܝܪ ܡܢ ܩܕܝܡ ܣܡܬ
ܒܪܥܝܢܝ: ܕܣܩܘܒܠܝܬܐ ܣܓܝܐܬܐ ܐܥܒܕ ܠܘܩܒܠ ܫܡܗ
ܕܝܫܘܥ ܢܨܪܝܐ. 10 ܗܕܐ ܕܥܒܕܬ ܐܦ ܒܐܘܪܫܠܡ. ܘܩ̈ܕܝܫܐ
ܣܓܝܐܐ ܐܣܪܬ ܒܒܝܬ ܐܣܝܪ̈ܐ: ܒܫܘܠܛܢܐ ܕܢܣܒܬ ܡܢ
ܪ̈ܒܝ ܟܗ̈ܢܐ. ܘܟܕ ܡܬܩܛܠܝܢ ܗܘܘ ܡܢܗܘܢ: ܐܫܬܘܬܦܬ
ܠܐܝܠܝܢ ܕܚܝܒܘ ܐܢܘܢ. 11 ܘܒܟܠ ܟܢܘܫܬܐ ܡܫܢܩ ܗܘܝܬ
ܠܗܘܢ. ܟܕ ܐܠܨ ܗܘܝܬ ܕܢܗܘܘܢ ܡܓܕܦܝܢ ܒܫܡܗ
ܕܝܫܘܥ. ܘܒܪܘܓܙܐ ܣܓܝܐܐ ܕܡܠܐ ܗܘܝܬ ܥܠܝܗܘܢ. ܐܦ
ܠܡܕ̈ܝܢܬܐ ܐܚܪ̈ܢܝܬܐ ܢܦܩ ܗܘܝܬ ܠܡܪܕܦ ܐܢܘܢ. 12 ܘܟܕ
ܐܙܠ ܗܘܝܬ ܡܛܠ ܗܕܐ ܠܕܪܡܣܘܩ ܒܫܘܠܛܢܐ
ܘܒܦܣܩܢܘܬܐ ܕܪ̈ܒܝ ܟܗ̈ܢܐ: 13 ܒܦܠܓܗ ܕܝܘܡܐ ܒܐܘܪܚܐ
ܚܙܝܬ ܡܢ ܫܡܝܐ ܐܘ ܡܠܟܐ܇ ܕܐܙܠܓ ܥܠܝ ܘܥܠ ܟܠ
ܕܥܡܝ ܗܘܘ: ܢܘܗܪܐ ܕܝܬܝܪ ܡܢ ܕܫܡܫܐ. 14 ܘܢܦܠܢ ܟܠܢ
ܥܠ ܐܪܥܐ. ܘܫܡܥܬ ܩܠܐ ܟܕ ܐܡܪ ܠܝ ܥܒܪܐܝܬ: ܫܐܘܠ
ܫܐܘܠ ܡܢܐ ܪܕܦ ܐܢܬ ܠܝ. ܩܫܐ ܗܘ ܠܟ ܠܡܒܥܛܘ
ܠܥܘܩܣܐ. 15 ܘܐܢܐ ܐܡܪܬ. ܡܢ ܐܢܬ ܡܪܝ. ܘܡܪܢ ܐܡܪ
ܠܝ. ܐܢܐ ܗܘ ܝܫܘܥ ܢܨܪܝܐ ܕܐܢܬ ܪܕܦ ܐܢܬ. 16 ܘܐܡܪ ܠܝ
ܩܘܡ ܥܠ ܪܓܠܝܟ. ܡܛܠ ܗܕܐ ܗܘ ܓܝܪ ܐܬܚܙܝܬ ܠܟ:

ܕܐܩܝܡܟ ܡܫܡܫܢܐ ܘܣܗܕܐ ܕܚܙܝܬܢܝ: ܘܕܥܬܝܕ ܐܢܬ
ܕܬܚܙܝܢܝ. 17 ܘܐܦܨܝܟ ܡܢ ܥܡܐ ܕܝܗܘܕܝܐ: ܘܡܢ ܥܡܡ̈ܐ
ܐܚܪ̈ܢܐ ܕܠܘܬܗܘܢ ܡܫܕܪ ܐܢܐ ܠܟ. 18 ܕܬܦܬܚ ܥܝܢ̈ܝܗܘܢ: ܐܝܟ
ܕܢܬܗܦܟܘܢ ܡܢ ܚܫܘܟܐ ܠܢܘܗܪܐ: ܘܡܢ ܫܘܠܛܢܗ ܕܣܛܢܐ
ܠܘܬ ܐܠܗܐ. ܘܢܩܒܠܘܢ ܫܘܒܩܢܐ ܕܚܛܗ̈ܐ. ܘܦܣܐ ܥܡ
ܩܕܝܫ̈ܐ ܒܗܝܡܢܘܬܐ ܕܒܝ. 19 ܡܛܠ ܗܢܐ ܡܠܟܐ ܐܓܪܝܦܐ.
ܠܐ ܗܘܝܬ ܡܣܪܗܒ ܠܚܙܘܐ ܫܡܝܢܝܐ. 20 ܐܠܐ ܐܟܪܙܬ ܡܢ
ܠܡܩܕܡ. ܠܗܠܝܢ ܕܒܕܪܡܣܘܩ ܘܠܗܠܝܢ ܕܒܐܘܪܫܠܡ.
ܘܒܟܠܗܝܢ ܩܘܪ̈ܝܐ ܕܝܗܘܕ: ܘܐܦ ܠܥܡܡ̈ܐ ܐܟܪܙܬ:
ܕܢܬܘܒܘܢ ܘܢܬܦܢܘܢ ܠܘܬ ܐܠܗܐ. ܘܢܥܒܕܘܢ ܥܒܕ̈ܐ ܕܫܘܝܢ
ܠܬܝܒܘܬܐ. 21 ܘܡܛܠ ܗܠܝܢ ܐܚܕܘܢܝ: ܝܗܘܕ̈ܝܐ
ܒܗܝܟܠܐ ܘܨܒܝܢ ܗܘܘ ܠܡܩܛܠܢܝ. 22 ܥܕܪܢܝ ܕܝܢ ܐܠܗܐ
ܥܕܡܐ ܠܝܘܡܢܐ. ܘܗܐ ܩܐܡ ܐܢܐ ܘܡܣܗܕ ܐܢܐ ܠܙܥܘܪܐ
ܘܠܪܒܐ. ܟܕ ܡܕܡ ܠܒܪ ܡܢ ܡܘܫܐ ܘܢܒܝ̈ܐ ܠܐ ܐܡܪ ܐܢܐ. ܐܠܐ
ܐܝܠܝܢ ܕܗܢܘܢ ܐܡܪܘ ܕܥܬܝܕ̈ܢ ܕܢܗܘ̈ܝܢ. 23 ܕܢܚܫ ܡܫܝܚܐ.
ܘܕܢܗܘܐ ܪܝܫܐ ܕܩܝܡܬܐ ܕܡܢ ܒܝܬ ܡܝ̈ܬܐ. ܘܕܥܬܝܕ ܕܢܟܪܙ
ܢܘܗܪܐ ܠܥܡܐ ܘܠܥܡܡ̈ܐ܀ 24 ܘܟܕ ܗܠܝܢ ܡܦܩ ܗܘܐ
ܪܘܚܐ. ܩܥܐ ܦܗܣܛܘܣ ܒܩܠܐ ܪܡܐ: ܫܢܝܬ
ܠܟ ܦܘܠܘܣ: ܣܦܪ̈ܐ ܣܓܝܐ̈ܐ ܥܒܕܘܟ ܕܬܫܢܐ. 25 ܐܡܪ ܠܗ
ܦܘܠܘܣ. ܠܐ ܫܢܝܬ ܢܨܝܚܐ ܦܗܣܛܘܣ. ܐܠܐ ܡܠ̈ܐ ܕܫܪܪܐ
ܘܕܦܟܝܗܘܬܐ ܡܡܠܠ ܐܢܐ. 26 ܘܐܦ ܡܠܟܐ ܐܓܪܝܦܐ ܝܕܥ ܗܘ
ܗܠܝܢ ܒܠܚܘܕܘܗܝ. ܘܡܛܠ ܗܢܐ ܐܦ ܓܠܐܝܬ ܡܡܠܠ
ܐܢܐ ܩܕܡܘܗܝ. ܡܛܠ ܕܚܕܐ ܡܢ ܗܠܝܢ ܡܠ̈ܐ: ܠܐ ܣܒܪ
ܐܢܐ ܕܛܥܝܐ ܠܗ. ܕܠܐ ܗܘܬ ܒܙܘܝܬܐ ܡܬܥܒܕܐ. 27 ܡܗܝܡܢ
ܐܢܬ ܡܠܟܐ ܐܓܪܝܦܐ ܠܢܒܝ̈ܐ. ܝܕܥ ܐܢܐ ܕܡܗܝܡܢ ܐܢܬ.
28 ܐܡܪ ܠܗ ܡܠܟܐ ܐܓܪܝܦܘܣ. ܒܩܠܝܠ ܡܦܝܣ
ܐܢܬ ܠܝ ܕܐܗܘܐ ܟܪܣܛܝܢܐ. 29 ܘܦܘܠܘܣ ܐܡܪ. ܨܠܐ
ܗܘܝܬ ܡܢ ܐܠܗܐ ܒܩܠܝܠ ܘܒܣܓܝ. ܠܐ ܗܘܐ ܠܟ

ܒܠܚܘܕ܆ ܐܠܐ ܐܦ ܠܟܠܗܘܢ ܕܫܡܥܝܢ ܠܝ ܝܘܡܢܐ:
ܕܢܗܘܘܢ ܐܟܘܬܝ ܠܒܪ ܡܢ ܐܣܘܪܐ ܗܠܝܢ. 30 ܘܩܡ ܠܗ
ܡܠܟܐ ܘܗܓܡܘܢܐ ܘܒܪܢܝܩܐ: ܘܐܝܠܝܢ ܕܝܬܒܝܢ ܗܘܘ
ܥܡܗܘܢ. 31 ܘܟܕ ܦܪܩܘ ܡܢ ܬܡܢ. ܡܡܠܠܝܢ ܗܘܘ ܚܕ
ܥܡ ܚܕ ܘܐܡܪܝܢ. ܕܡܕܡ ܕܫܘܐ ܠܡܘܬܐ ܐܘ ܠܐܣܘܪܐ ܠܐ ܥܒܕ
ܓܒܪܐ ܗܢܐ. 32 ܘܐܡܪ ܐܓܪܦܘܣ ܠܦܗܣܛܘܣ ܡܫܟܚ
ܗܘܐ ܓܒܪܐ ܗܢܐ ܕܢܫܬܪܐ: ܐܠܘ ܠܩܣܪ ܠܐ ܩܪܐ ܀

ܩܦܠܐܘܢ ܀ ܟܙ ܀

1 ܘܦܩܕ ܦܗܣܛܘܣ ܕܢܫܬܕܪ ܠܘܬ ܩܣܪ
ܠܐܝܛܠܝܐ. ܘܐܫܠܡܗ ܠܦܘܠܘܣ ܘܠܐܣܝܪܐ ܐܚܪܢܐ ܥܡܗ:
ܠܓܒܪܐ ܚܕ ܩܢܛܪܘܢܐ ܡܢ ܐܣܦܝܪ ܣܒܣܛܝܐ. ܕܫܡܗ ܗܘܐ
ܝܘܠܝܘܣ. 2 ܘܟܕ ܗܘܐ ܕܢܦܩܢ: ܝܬܒܢ ܒܐܠܦܐ ܕܐܬܝܐ ܡܢ
ܐܕܪܡܘܛܝܘܣ ܡܕܝܢܬܐ. ܘܐܙܠܐ ܗܘܬ ܠܐܬܪܐ ܕܐܣܝܐ. ܘܥܠ ܗܘܐ
ܥܡܢ ܠܐܠܦܐ. ܐܪܣܛܪܟܘܣ ܡܩܕܘܢܝܐ ܕܡܢ ܬܣܠܘܢܝܩܐ
ܡܕܝܢܬܐ. 3 ܘܠܝܘܡܐ ܐܚܪܢܐ ܡܛܝܢ ܠܨܝܕܢ. ܘܐܬܪܚܡ
ܩܢܛܪܘܢܐ ܒܡܪܚܡܢܘܬܐ ܥܠ ܦܘܠܘܣ: ܘܐܦܣ ܠܗ
ܕܢܐܙܠ ܥܠ ܪܚܡܘܗܝ. ܘܢܬܢܝܚ. 4 ܘܡܢ ܬܡܢ ܪܕܝܢ:
ܘܡܛܠ ܕܪܘܚܐ ܩܘܒܠܢ ܗܘܬ. ܐܬܟܪܟܢ ܥܠ ܩܘܦܪܘܣ.
5 ܘܥܒܪܢ ܝܡܐ ܕܩܝܠܝܩܝܐ ܘܕܦܡܦܘܠܝܐ. ܘܡܛܝܢ ܠܡܘܪܐ
ܡܕܝܢܬܐ ܕܠܘܩܝܐ. 6 ܘܐܫܟܚ ܬܡܢ ܩܢܛܪܘܢܐ ܐܠܦܐ ܡܢ
ܐܠܟܣܢܕܪܝܐ: ܕܐܙܠܐ ܗܘܬ ܠܐܝܛܠܝܐ. ܘܐܣܩܢ ܒܗ. 7 ܘܡܛܠ
ܕܒܢܝܚܐܝܬ ܪܕܝܐ ܗܘܬ: ܠܝܘܡܬܐ ܣܓܝܐܐ: ܒܥܡܠܐ ܡܛܝܢ
ܠܘܩܒܠ ܩܢܝܕܘܣ. ܘܡܛܠ ܕܠܐ ܫܒܩܐ ܗܘܬ
ܪܘܚܐ ܕܢܐܙܠ ܬܪܝܨܐܝܬ: ܐܬܟܪܟܢ ܥܠ ܩܪܛܐ. ܠܘܩܒܠ
ܣܠܡܘܢܐ ܡܕܝܢܬܐ. 8 ܘܠܚܝܫ ܟܕ ܪܕܝܢ ܚܕܪܝܗ: ܡܛܝܢ
ܠܕܘܟܬܐ ܕܡܬܩܪܝܐ ܠܡܐܢܐ ܫܦܝܪܐ ܀ ܘܩܪܝܒܐ ܗܘܬ ܠܗ
ܡܕܝܢܬܐ ܕܫܡܗ ܠܐܣܐܐ. 9 ܘܗܘܐ ܠܗ ܙܒܢܐ ܣܓܝܐܐ:

ܥܕܡܐ ܠܝܘܡܐ ܕܥܒܪ: ܐܦ ܝܘܡܐ ܕܨܘܡܐ ܕܝܗܘܕܝܐ. ܘܗܘܐ
ܠܗ ܕܚܠܬܐ ܕܢܪܕܐ ܐܢܫ ܒܝܡܐ. ܘܡܠܟ ܗܘܐ ܠܗܘܢ
ܦܘܠܘܣ. 10 ܘܐܡܪ. ܓܒܪܐ: ܚܙܐ ܐܢܐ ܕܒܐܘܠܨܢܐ
ܘܒܚܘܣܪܢܐ ܣܓܝܐܐ ܗܘܝܐ ܪܕܝܬܢ. ܠܐ ܒܠܚܘܕ
ܕܡܘܒܠܗ ܕܐܠܦܐ: ܐܠܐ ܐܦ ܕܢܦܫܬܢ ܕܝܠܢ. 11 ܩܢܛܪܘܢܐ
ܕܝܢ ܠܡܕܒܪܢܐ ܘܠܡܪܗ ܕܐܠܦܐ ܡܬܛܦܝܣ ܗܘܐ ܝܬܝܪ ܡܢ
ܡܠܘܗܝ ܕܦܘܠܘܣ. 12 ܘܡܛܠ ܕܠܐ ܫܦܝܪ ܗܘܐ ܗܘ ܠܡܐܢܐ
ܠܡܣܬܘܘ ܒܗ ܣܬܘܐ: ܣܓܝܐܐ ܨܒܝܢ ܗܘܘ ܕܢܪܕܐ
ܡܢ ܬܡܢ. ܘܐܢ ܡܫܟܚܝܢ ܕܢܡܛܘܢ ܘܢܣܬܘܘܢ ܒܠܡܐܢܐ
ܚܕ ܕܐܝܬܘܗܝ ܗܘܐ ܕܟܪܬܐ. ܘܫܡܗ ܗܘܐ ܦܘܢܝܩܣ.
ܘܚܐܪ ܗܘܐ ܠܬܝܡܢܐ. 13 ܘܟܕ ܢܫܒܬ ܪܘܚܐ ܕܬܝܡܢܐ:
ܘܣܒܪܘ ܕܡܬܩܢܐ ܐܝܟ ܨܒܝܢܗܘܢ. ܪܕܝܢ ܗܘܝܢ ܣܪܝܩܝ ܟܪܬܐ.
14 ܘܒܬܪ ܩܠܝܠ ܢܫܒ ܥܠܝܢ ܪܘܚܐ ܕܥܠܥܠܐ:
ܕܡܬܩܪܝܐ ܛܘܦܘܢܝܩܘܣ ܐܘܪܩܠܝܕܘܢ. 15 ܘܐܬܚܛܦܬ ܐܠܦܐ
ܘܠܐ ܐܫܟܚܬ ܕܬܩܘܡ ܠܘܩܒܠ ܪܘܚܐ ܘܡܫܕܝܢ ܠܐܠܦܐ ܕܬܗܐ.
16 ܘܟܕ ܥܒܪܢ ܠܓܙܪܬܐ ܚܕܐ ܕܡܬܩܪܝܐ ܩܘܕܐ ܠܡܚܣܢ ܐܫܟܚܢ
ܐܚܝܕ ܠܩܪܩܘܪܐ. 17 ܘܟܕ ܫܩܠܢܗ̇: ܡܫܪܝܢ ܗܘܘ
ܘܡܬܚܡܨܝܢ ܒܗ̇ ܠܐܠܦܐ. ܘܡܛܠ ܕܕܚܠܝܢ ܗܘܘ ܕܢܦܠܐ
ܢܦܠ ܒܡܫܬܩܐ ܕܝܡܐ: ܐܫܬܪܝܘ ܠܐܪܡܠܘܢ. ܘܗܟܢܐ
ܪܕܝܢ ܗܘܘ. 18 ܘܟܕ ܩܡ ܥܠܝܢ ܥܠܥܠܐ ܩܫܝܐ:
ܠܝܘܡܐ ܐܚܪܢܐ ܫܕܝܢ ܡܐܢ̈ܝ ܒܝܡܐ. 19 ܘܠܝܘܡܐ ܕܬܠܬܐ:
ܡܐܢ̈ܝ ܕܝܠܗ̇ ܕܐܠܦܐ ܒܐܝܕ̈ܝܢ ܫܕܝܢ. 20 ܘܟܕ ܐܝܟ ܥܠܝܢ
ܣܓܝܐܐ ܝܘܡ̈ܬܐ ܢܗܝܪ̈ܐ: ܘܠܐ ܫܡܫܐ ܡܬܚܙܝܐ ܗܘܐ ܘܠܐ ܣܗܪܐ
ܘܠܐ ܟܘܟܒܐ: ܣܒܪܐ ܕܚܝܝܢ ܟܠ ܡܢܢ ܐܬܦܣܩ ܗܘܐ
ܠܗ. 21 ܘܟܕ ܐܢܫ ܡܕܡ ܠܐ ܡܬܛܥܡ ܗܘܐ: ܗܝܕܝܢ ܩܡ
ܦܘܠܘܣ ܒܝܢܬܗܘܢ ܘܐܡܪ. ܐܠܘ ܐܬܛܦܝܣܬܘܢ ܠܝ
ܓܒܪܐ: ܠܐ ܪܕܝܢ ܗܘܝܢ ܡܢ ܩܪܛܐ. ܘܡܬܚܣܟܝܢ ܗܘܝܢ ܗܢܐ
ܚܘܣܪܢܐ ܘܗܢܐ ܐܘܠܨܢܐ ܗܢܐ. 22 ܘܗܫܐ ܡܒܥܐ ܐܢܐ ܠܟܘܢ

ܕܬܬܒܝܐܘܢ ܒܠܐ ܟܡܪܐ. ܢܦܫܐ ܗܟܝܠ ܚܕܐ ܡܢܟܘܢ ܠܐ ܐܒܕܐ. ܐܠܐ ܐܢ
ܐܠܦܐ. 23 ܐܬܚܙܝ ܓܝܪ ܒܠܠܝܐ ܗܢܐ ܡܠܐܟܗ ܕܐܠܗܐ: ܗܘ
ܕܕܝܠܗ ܐܢܐ ܘܠܗ ܦܠܚ ܐܢܐ. 24 ܘܐܡܪ ܠܝ. ܠܐ ܬܕܚܠ
ܦܘܠܐ. ܕܥܬܝܕ ܗܘ ܠܟ ܠܡܩܡ ܩܕܡ ܩܣܪ. ܘܗܐ ܝܗܒ ܠܟ
ܐܠܗܐ ܡܘܗܒܬܐ ܠܟܠܗܘܢ ܕܪܕܝܢ ܥܡܟ. 25 ܡܛܠ ܗܢܐ
ܐܬܠܒܒܘ ܓܒܪܐ. ܡܗܝܡܢ ܐܢܐ ܓܝܪ ܒܐܠܗܐ: ܕܗܟܢܐ
ܗܘܐ ܐܝܟܢܐ ܕܐܬܡܠܠ ܥܡܝ. 26 ܒܪܡ ܠܓܙܪܬܐ ܚܕܐ ܐܝܬ ܠܢ
ܕܢܬܡܛܐ ✤ 27 ܘܡܐ ܕܗܘܐ ܐܪܒܥܣܪ: ܝܘܡܝܢ ܕܛܥܝܢ ܘܐܬܛܪܦܢ
ܒܐܕܪܝܘܣ ܝܡܐ: ܒܦܠܓܗ ܕܠܠܝܐ: ܣܒܪܘ ܡܠܚܐ
ܕܠܐܪܥܐ ܡܬܩܪܒܝܢ ܗܘܘ. 28 ܘܐܪܡܝܘ ܐܒܪܐܢܐ: ܘܐܫܟܚܘ
ܥܣܪܝܢ ܐܡܝܢ. ܘܟܕ ܩܠܝܠ ܥܒܪܘ: ܘܐܫܟܚܘ ܚܡܫܥܣܪ
ܒܡܫܘܚܬܐ. 29 ܘܟܕ ܕܚܝܠܝܢ ܗܘܘ ܕܠܡܐ ܢܬܩܠ ܒܢ
ܒܕܘܟܬܐ ܕܐܝܬ ܒܗ ܟܐܦܐ: ܐܪܡܝܘ ܡܢ ܚܪܬܗ ܕܐܠܦܐ
ܐܓܘܪܝܢ ܐܪܒܥ. ܘܡܨܠܝܢ ܗܘܘ ܕܢܗܘܐ ܐܝܡܡܐ. 30 ܡܠܚܐ
ܕܝܢ ܒܥܘ ܠܡܥܪܩ ܡܢܗ ܡܢ ܐܠܦܐ. ܘܐܚܬܘ ܩܢܗ
ܠܩܪܩܘܪܐ ܠܝܡܐ ܒܥܠܬܐ ܕܐܝܟ ܟܐܢ ܕܢܦܩܘܢ ܠܐܓܘܪܐ
ܩܕܡܝܐ. 31 ܘܟܕ ܚܙܐ ܦܘܠܘܣ: ܐܡܪ ܠܩܢܛܪܘܢܐ
ܘܠܐܣܛܪܛܝܘܛܐ. ܕܐܢ ܗܠܝܢ ܒܐܠܦܐ ܠܐ ܡܟܬܪܝܢ: ܐܝܟܢܐ ܠܐ
ܡܫܟܚܝܢ ܕܬܚܘܢ. 32 ܗܝܕܝܢ ܦܣܩܘ ܐܣܛܪܛܝܘܛܐ
ܠܚܒܠܝܗ ܕܩܪܩܘܪܐ ܡܢ ܐܠܦܐ ܘܫܒܩܘܗ ܕܬܦܠ ✤ 33 ܥܕ
ܕܝܢ ܦܘܠܘܣ ܒܥܐ ܕܢܗܘܐ ܨܦܪܐ: ܡܦܝܣ ܗܘܐ ܠܟܠܗܘܢ
ܕܢܛܥܡܘܢ ܣܝܒܪܬܐ. ܟܕ ܐܡܪ ܠܗܘܢ: ܝܘܡܢܐ ܗܐ
ܐܪܒܥܣܪ ܝܘܡܝܢ: ܡܢ ܩܝܡܐ ܩܕܡ ܠܐ ܛܥܡܬܘܢ ܠܟܘܢ.
34 ܡܛܠ ܗܕܐ ܒܥܐ ܐܢܐ ܡܢܟܘܢ: ܕܬܛܥܡܘܢ ܣܝܒܪܬܐ
ܠܩܘܝܡܐ ܕܚܝܝܟܘܢ. ܡܢܬܐ ܓܝܪ ܡܢ ܣܥܪܐ ܕܪܫܐ ܡܢܟܘܢ
ܠܐ ܐܒܕܐ. 35 ܘܟܕ ܗܠܝܢ ܐܡܪ: ܢܣܒ ܠܚܡܐ ܘܐܘܕܝ
ܠܐܠܗܐ ܩܕܡ ܟܠܗܘܢ: ܘܩܨܐ ܘܫܪܝ ܠܡܐܟܠ. 36 ܘܐܬܒܝܐܘ
ܟܠܗܘܢ ܘܢܣܒܘ ܬܘܪܣܝܐ. 37 ܐܝܬܝܢ ܗܘܝܢ ܕܝܢ ܒܐܠܦܐ:

ܡܐܬܝܢ ܘܫܒܥܝܢ ܘܫܬ ܢܦܫܢ. 38 ܘܟܕ ܣܒܥܘ ܡܐܟܘܠܬܐ
ܐܩܠܘ ܡܢ ܐܠܦܐ. ܘܫܩܠܘ ܚܛܐ ܘܫܕܘ ܒܝܡܐ. 39 ܘܟܕ
ܗܘܐ ܐܝܡܡܐ: ܡܠܚ̈ܐ ܐܝܕܐ ܗܝ ܐܪܥܐ ܠܐ ܐܫܬܘܕܥܘܗ. ܐܠܐ ܚܙܘ
ܕܠܐ ܓܝܒ ܬܚܡܐ ܩܒܠܐ ܚܕ ܕܝܡܐ. ܐܝܟܐ ܕܪܕܝܢ ܗܘܘ ܕܐܢ
ܡܫܟܚܝܢ ܢܩܪܒܘܢ ܠܐܠܦܐ. 40 ܘܦܣܩܘ ܐܓܘܪ̈ܝܣ ܡܢ
ܐܠܦܐ: ܘܐܪܦܝܘ ܐܢܘܢ ܒܝܡܐ. ܘܫܪܘ ܙܘ̈ܓܐ ܕܡܫ̈ܘܛܐ: ܘܐܩܝܡܘ
ܐܪܡܘܢ ܙܥܘܪܐ ܠܪܘܚܐ ܕܢܫܒ. ܘܕܒܪܝܢ ܗܘܘ ܠܐܦܝ ܝܒܫܐ.
41 ܘܢܓܫܬ ܐܠܦܐ ܒܥܘܒܬܐ ܕܝܡܐ: ܟܕ ܐܬܪ ܒܥܘܡܩܝܢ
ܕܝܡܐ. ܘܐܬܬܚܕܬ ܩܕܡܗ. ܘܩܡܬ ܒܓܝܢܗ ܓܒܗ ܡܕܥܟܐ. ܘܠܐ
ܡܬܬܙܝܥܐ ܗܘܬ. ܓܒܗ ܕܝܢ ܐܚܪܢܐ ܐܬܦܪܩ ܡܢ ܡܚܘܬܐ
ܕܓܠܠܐ. 42 ܘܨܒܘ ܗܘܘ ܐܣܛܪ̈ܛܝܘܛܐ ܕܢܩܛܠܘܢ ܐܢܘܢ
ܠܐܣܝܪ̈ܐ: ܕܠܐ ܢܣܚܘܢ ܣܚܝܐ ܘܢܥܪܩܘܢ ܠܗܘܢ ܡܢܗܘܢ.
43 ܘܩܢܛܪܘܢܐ ܟܠܐ ܐܢܘܢ ܡܢ ܗܕܐ. ܡܛܠ ܕܨܒܐ ܗܘܐ ܕܢܚܐ
ܠܦܘܠܘܣ. ܘܠܐܝܠܝܢ ܕܡܫܟܚܝܢ ܗܘܘ ܕܢܣܚܘܢ ܣܚܝܐ.
ܦܩܕ ܠܗܘܢ ܕܒܩܕܡܝܬܐ ܢܣܚܘܢ ܘܢܥܒܪܘܢ ܠܝܒܫܐ.
44 ܘܠܫܪܟܐ ܥܠ ܕܦܐ ܘܥܠ ܩܝ̈ܣܐ ܐܚܪ̈ܢܐ ܕܐܠܦܐ ܐܡܪ ܐܢܘܢ.
ܘܗܟܢܐ ܟܠܗܘܢ ܐܫܬܘܙܒܘ ܠܝܒܫܐ ܀

ܩܦܠܐܘܢ ܀ ܟܚ ܀

1 ܘܡܢ ܒܬܪܟܢ ܝܕܥܢ. ܕܡܠܝܛܐ ܡܬܩܪܝܐ ܗܝ ܓܙܪܬܐ.
ܘܒܪ̈ܒܪܝܐ ܕܥܡܪܝܢ ܗܘܘ ܒܗ: ܪ̈ܚܡܐ ܣܓܝ̈ܐܐ ܚܘܝܘ ܠܘܬܢ.
2 ܘܐܢܗܪܘ ܢܘܪܐ: ܘܩܪܘܢ ܠܟܠܢ ܕܢܫܚܢ. ܡܛܠ ܡܛܪܐ
ܣܓܝܐܐ ܘܩܘܪܫܐ ܕܐܝܬ ܗܘܐ. 3 ܘܦܘܠܘܣ ܡܠܐ ܣܓܝ̈ܐܐ
ܕܩܝ̈ܣܐ ܘܣܡ ܥܠ ܢܘܪܐ. ܘܢܦܩܬ ܡܢܗܘܢ ܐܟܕܢܐ ܡܢ
ܚܘܡܐ ܕܢܘܪܐ ܘܢܟܬܬܗ ܒܐܝܕܗ. 4 ܘܟܕ ܚܙܐܘܗ ܒܪ̈ܒܪܝܐ ܕܬܠܝܐ
ܒܐܝܕܗ ܐܡܪܝܢ ܗܘܘ. ܕܠܡܐ ܗܢܐ ܓܒܪܐ ܩܛܘܠܐ ܗܘ. ܕܟܕ
ܐܫܬܘܙܒ ܡܢ ܝܡܐ. ܟܐܢܘܬܐ ܠܐ ܫܒܩܬܗ ܕܢܚܐ. 5 ܗܘ ܕܝܢ
ܦܘܠܘܣ ܐܦܨ ܐܝܕܗ ܘܫܕܝܗ ܠܐܟܕܢܐ ܒܢܘܪܐ. ܘܡܕܡ ܕܒܝܫ

ܠܐ ܕܘܝܗܝ. 6 ܡܣܟܝܢ ܗܘܘ ܕܝܢ ܒܢܝܢܫܐ ܕܬܡܢ ܡܚܕܐ
ܡܬܡܚܐ ܘܢܦܠ ܟܕ ܡܝܬ ܥܠ ܐܪܥܐ. ܘܟܕ ܙܒܢܐ ܣܓܝܐܐ
ܣܟܝܘ ܘܚܙܘ ܕܡܕܡ ܕܒܝܫ ܠܐ ܕܘܝܗܝ: ܐܬܗܦܟܘ ܬܪܥܝܬܗܘܢ
ܘܐܡܪܝܢ ܕܐܠܗܐ ܗܘ. 7 ܐܝܬ ܗܘܐ ܕܝܢ ܩܘܪܝܐ ܬܡܢ ܒܗܘ
ܐܪܥܐ: ܠܓܒܪܐ ܚܕ ܕܫܡܗ ܗܘܐ ܦܘܦܠܝܘܣ. ܕܗܘ ܗܘܐ
ܪܝܫܐ ܕܓܙܪܬܐ. ܘܩܒܠܢ ܒܒܝܬܗ ܝܘܡܬܐ ܬܠܬܐ. ܚܒܝܒܐܝܬ.
8 ܐܒܘܗܝ ܕܝܢ ܕܦܘܦܠܝܘܣ: ܒܐܫܬܐ ܘܒܟܐܒ ܡܥܝܐ
ܟܪܝܗ ܗܘܐ. ܘܥܠ ܠܘܬܗ ܦܘܠܘܣ ܘܨܠܝ. ܘܣܡ
ܥܠܘܗܝ ܐܝܕܗ ܘܐܣܝܗ. 9 ܘܟܕ ܗܘܬ ܗܕܐ: ܐܦ
ܫܪܟܐ ܐܢܫܝܢ ܕܐܝܬ ܗܘܘ ܠܗܘܢ ܟܘܪܗܢܐ ܒܓܙܪܬܐ: ܩܪܒܝܢ
ܗܘܘ ܠܘܬܗ ܘܡܬܐܣܝܢ ܗܘܘ. 10 ܘܐܝܩܪܐ ܪܘܪܒܐ ܝܩܪܘܢ.
ܘܟܕ ܢܦܩܝܢ ܗܘܝܢ ܡܢ ܬܡܢ ܙܘܕܘܢ ܀ 11 ܢܦܩܢ ܕܝܢ ܒܬܪ
ܬܠܬܐ ܝܪܚܝܢ. ܘܪܕܝܢ ܒܐܠܦܐ ܐܠܟܣܢܕܪܝܬܐ: ܕܐܣܬܬܝܬ ܗܘܬ
ܒܗ ܒܓܙܪܬܐ. ܘܐܝܬ ܗܘܬ ܥܠܝܗ ܐܬܐ ܕܬܐܡܐ. 12 ܘܐܬܝܢ
ܠܣܘܪܩܘܣܐ ܡܕܝܢܬܐ. ܘܩܘܝܢ ܬܡܢ ܝܘܡܬܐ ܬܠܬܐ. 13 ܘܡܢ
ܬܡܢ ܚܕܪܢ ܐܬܝܢ: ܘܡܛܝܢ ܠܪܝܓܘܢ ܡܕܝܢܬܐ. ܘܒܬܪ ܝܘܡܐ
ܚܕ: ܢܫܒܬ ܠܢ ܪܘܚܐ ܕܬܝܡܢܐ. ܘܒܬܪ ܝܘܡܝܢ: ܐܬܝܢ
ܠܦܘܛܝܘܠܘܣ ܡܕܝܢܬܐ ܕܐܝܛܠܝܐ. 14 ܘܐܫܟܚܢ ܬܡܢ ܐܚܐ.
ܘܒܥܘ ܡܢܢ: ܘܩܘܝܢ ܠܘܬܗܘܢ ܝܘܡܬܐ ܫܒܥܐ. ܘܗܝܕܝܢ
ܐܙܠܢ ܠܪܗܘܡܐ. 15 ܘܟܕ ܫܡܥܘ ܐܚܐ ܕܬܡܢ: ܢܦܩܘ
ܠܐܘܪܥܢ ܥܕܡܐ ܠܫܘܩܐ ܕܡܬܩܪܐ ܐܦܝܘܣ ܦܘܪܘܣ. ܘܥܕܡܐ
ܠܬܠܬ ܚܢܘܬܐ. ܘܟܕ ܚܙܐ ܐܢܘܢ ܦܘܠܘܣ: ܐܘܕܝ ܠܐܠܗܐ
ܘܐܬܠܒܒ. 16 ܘܥܠܢ ܠܪܗܘܡܐ. ܘܐܦܣ ܩܢܛܪܘܢܐ
ܠܦܘܠܘܣ. ܕܢܗܘܐ ܐܝܟܐ ܕܨܒܐ. ܥܡ ܐܣܛܪܛܝܘܛܐ ܗܘ
ܕܢܛܪ ܗܘܐ ܠܗ ܀ 17 ܘܡܢ ܒܬܪ ܬܠܬܐ ܝܘܡܝܢ: ܩܪܐ
ܦܘܠܘܣ ܡܢܐ ܠܪܫܢܗܘܢ ܕܝܗܘܕܝܐ. ܘܟܕ ܐܬܟܢܫܘ ܐܡܪ
ܠܗܘܢ. ܓܒܪܐ ܐܚܝ: ܐܢܐ ܟܕ ܡܕܡ ܠܐ ܥܒܕܬ ܠܘܩܒܠ
ܥܡܐ ܘܢܡܘܣܐ ܕܐܒܗܬܢ: ܟܐܣܝܪܐ ܐܫܬܠܡܬ ܡܢ ܐܘܪܫܠܡ

ܠܐܝܕܝܐ ܕܪ̈ܗܘܡܝܐ. 18 ܘܗܢܘܢ ܟܕ ܡܫܐܠܘܢܝ. ܨܒܘ ܕܢܫܪܘܢܢܝ.
ܡܛܠ ܕܠܐ ܐܫܟܚܘ ܒܝ ܥܠܬܐ ܡܕܡ ܕܫܘܝܐ ܠܡܘܬܐ.
19 ܘܟܕ ܩܥܝܢ ܗܘܘ ܠܘܩܒܠܝ ܝܗܘܕ̈ܝܐ: ܐܬܐܠܨܬ ܕܐܩܪܐ
ܠܩܣܪ. ܠܐ ܐܝܟ ܐܝܬ ܠܝ ܕܐܩܛܪܓ ܡܕܡ ܠܒܢ̈ܝ
ܥܡܝ. 20 ܡܛܠ ܗܢܐ ܒܥܝܬ ܡܢܟܘܢ ܕܐܬܘܢ ܘܐܚܙܝܟܘܢ
ܘܐܡܠܠ ܥܡܟܘܢ ܗܟܝܠ. ܡܛܠ ܓܝܪ ܣܒܪܐ ܕܐܝܣܪܝܠ ܐܣܝܪ
ܐܢܐ ܒܫܫܠܬܐ ܗܕܐ. 21 ܐܡܪܝܢ ܠܗ ܗܢܘܢ. ܣܦܪ̈ܐ ܐܓܪ̈ܬܐ
ܥܠܝܟ ܠܐ ܩܒܠܢ ܡܢ ܝܗܘܕ. ܐܦܠܐ ܐܢܫ ܡܢ ܐܚ̈ܐ ܕܐܬܘ ܡܢ
ܐܘܪܫܠܡ: ܐܡܪܘ ܠܢ ܡܕܡ ܕܒܝܫ ܥܠܝܟ. 22 ܨܒܝܢ ܕܝܢ
ܕܢܫܡܥ ܡܢܟ ܡܕܡ ܕܡܬܪܥܐ ܐܢܬ. ܡܛܠ ܕܝܘܠܦܢܐ ܗܢܐ:
ܝܕܥܝܢ ܕܠܟܠ ܐܢܫ ܠܐ ܡܫܬܠܡ܀ 23 ܘܩܒܥܘ ܠܗ ܝܘܡܐ:
ܘܟܢܫܘ ܘܐܬܘ ܠܘܬܗ ܣܓܝ̈ܐܐ ܟܕ ܫܪܐ ܗܘܐ. ܘܓܠܐ ܠܗܘܢ
ܥܠ ܡܠܟܘܬܐ ܕܐܠܗܐ. ܟܕ ܡܣܗܕ ܘܡܦܝܣ ܠܗܘܢ ܥܠ
ܝܫܘܥ. ܡܢ ܢܡܘܣܐ ܕܡܘܫܐ ܘܡܢ ܢܒܝ̈ܐ. ܡܢ ܨܦܪܐ
ܘܥܕܡܐ ܠܪܡܫܐ. 24 ܘܐܢܫ̈ܝܢ ܡܢܗܘܢ ܡܬܛܦܝܣܝܢ ܗܘܘ
ܠܡܠ̈ܘܗܝ. ܘܐܢܫ̈ܝܢ ܠܐ ܡܬܛܦܝܣܝܢ ܗܘܘ. 25 ܘܐܫܬܪܝܘ
ܡܢ ܠܘܬܗ ܟܕ ܠܐ ܡܫܠܡܝܢ ܥܡ ܚܕ̈ܕܐ. ܘܐܡܪ ܠܗܘܢ ܗܘ
ܦܘܠܘܣ ܡܠܬܐ ܗܕܐ. ܫܦܝܪ ܡܠܠ ܪܘܚܐ ܕܩܘܕܫܐ. ܒܦܘܡ
ܐܫܥܝܐ ܢܒܝܐ ܠܘܬ ܐܒܗ̈ܝܟܘܢ: 26 ܟܕ ܐܡܪ: ܕܙܠ ܠܘܬ
ܥܡܐ ܗܢܐ ܘܐܡܪ ܠܗܘܢ. ܕܡܫܡܥ ܬܫܡܥܘܢ ܘܠܐ ܬܣܬܟܠܘܢ.
ܘܬܚܙܘܢ ܘܠܐ ܬܪܓܫܘܢ. 27 ܐܬܥܒܝ ܠܗ ܓܝܪ ܠܒܗ ܕܥܡܐ
ܗܢܐ. ܘܒܡܫܡܥܬܗܘܢ ܐܝܩܪܘ. ܘܥܝ̈ܢܝܗܘܢ ܥܡܨܘ. ܕܠܐ
ܢܚܙܘܢ ܒܥܝ̈ܢܝܗܘܢ. ܘܢܫܡܥܘܢ ܒܐܕܢ̈ܝܗܘܢ: ܘܢܣܬܟܠܘܢ
ܒܠܒܗܘܢ. ܘܢܬܦܢܘܢ ܠܘܬܝ ܘܐܐܣܐ ܠܗܘܢ. 28 ܬܗܘܐ
ܠܟܘܢ ܝܕܝܥܐ ܗܕܐ: ܕܠܥܡ̈ܡܐ ܐܫܬܕܪ ܗܢܐ ܦܘܪܩܢܐ.
ܗܢܘܢ ܓܝܪ ܘܐܦ ܫܡܥܝܢ ܠܗ܀ [29 ܘܟܕ ܗܠܝܢ ܐܡܪ
ܢܦܩܘ ܝܗܘܕ̈ܝܐ. ܘܣܓܝ ܕܪܫܝܢ ܗܘܘ ܒܝܢܬܗܘܢ:]
30 ܘܐܓܪ ܠܗ ܦܘܠܘܣ ܡܢ ܕܝܠܗ ܒܝܬܐ: ܘܗܘܐ ܒܗ

ܬܪ̈ܬܝܢ ܫܢܝ̈ܢ. ܘܡܩܒܠ ܗܘܐ ܬܡܢ ܠܟܠܗܘܢ ܐܝܠܝܢ ܕܐܬܝܢ
ܗܘܘ ܠܘܬܗ. 31 ܘܡܟܪܙ ܗܘܐ ܥܠ ܡܠܟܘܬܗ ܕܐܠܗܐ:
ܘܡܠܦ ܗܘܐ ܓܠܝܐܝܬ ܥܠ ܡܪܢ ܝܫܘܥ ܡܫܝܚܐ ܕܠܐ
ܟܠܝܢ ܀

ܫܠܡ ܦܪܟܣܝܣ ܕܫܠܝ̈ܚܐ ܩܕܝ̈ܫܐ. ܗܢܘ ܕܝܢ ܐܟܬܒܬܗܘܢ ܀

ܐܓܪܬܐ ܕܦܘܠܘܣ ܫܠܝܚܐ ܕܠܘܬ ܪ̈ܗܘܡܝܐ ܀

ܩܦܠܐܘܢ ܀ ܐ ܀

1 ܦܘܠܘܣ ܥܒܕܐ ܕܝܫܘܥ ܡܫܝܚܐ. ܩܪܝܐ ܘܫܠܝܚܐ.
ܕܐܬܦܪܫ ܠܐܘܢܓܠܝܘܢ ܕܐܠܗܐ. 2 ܕܡܢ ܩܕܝܡ ܡܠܟ ܒܝܕ
ܢܒܝܘܗܝ ܒܟܬܒܐ ܩܕܝܫܐ. 3 ܥܠ ܒܪܗ ܗܘ ܕܐܬܝܠܕ
ܒܒܣܪ ܡܢ ܙܪܥܐ ܕܒܝܬ ܕܘܝܕ: 4 ܘܐܬܝܕܥ ܒܪܐ ܕܐܠܗܐ:
ܒܚܝܠܐ ܘܒܪܘܚ ܩܕܝܫܐ. ܕܩܡ ܡܢ ܒܝܬ ܡܝ̈ܬܐ ܝܫܘܥ
ܡܫܝܚܐ ܡܪܢ. 5 ܕܒܗ ܢܣܒܢ ܛܝܒܘܬܐ ܘܫܠܝܚܘܬܐ
ܒܟܠܗܘܢ ܥܡܡ̈ܐ. ܐܝܟ ܕܢܫܬܡܥܘܢ ܠܗܝܡܢܘܬܐ ܕܫܡܗ.
6 ܕܐܦ ܐܢܬܘܢ ܡܢܗܘܢ ܐܢܬܘܢ. ܩܪ̈ܝܐ ܒܝܫܘܥ ܡܫܝܚܐ.
7 ܠܟܠܗܘܢ ܕܒܪܗܘܡܝ ܚܒܝܒܘܗܝ ܕܐܠܗܐ ܩܪ̈ܝܐ ܘܩܕܝ̈ܫܐ.
ܫܠܡܐ ܘܛܝܒܘܬܐ ܥܡܟܘܢ. ܡܢ ܐܠܗܐ ܐܒܘܢ: ܘܡܢ ܡܪܢ
ܝܫܘܥ ܡܫܝܚܐ ܀ 8 ܠܘܩܕܡ ܡܘܕܐ ܐܢܐ ܠܐܠܗܝ ܒܝܫܘܥ
ܡܫܝܚܐ ܥܠ ܐܦ̈ܝ ܟܠܟܘܢ. ܕܗܝܡܢܘܬܟܘܢ ܐܫܬܡܥܬ
ܒܟܠܗ ܥܠܡܐ. 9 ܣܗܕ ܗܘ ܠܝ ܓܝܪ ܐܠܗܐ ܕܠܗ
ܡܫܡܫ ܐܢܐ ܒܪܘܚ ܒܐܘܢܓܠܝܘܢ ܕܒܪܗ: ܕܕܠܐ ܫܠܘܐ

ܒܟܠܙܒܢ ܡܬܕܟܪ ܐܢܐ ܠܟܘܢ ܒܨܠܘܬܝ. 10 ܘܡܬܟܫܦ ܐܢܐ
ܕܐܦ ܡܢ ܗܫܐ ܢܬܦܬܚ ܠܝ ܐܘܪܚܐ ܒܨܒܝܢܗ ܕܐܠܗܐ ܕܐܬܐ
ܠܘܬܟܘܢ. 11 ܡܛܠ ܕܣܓܝ ܡܣܘܚ ܐܢܐ ܕܐܚܙܝܟܘܢ. ܘܐܬܠ
ܠܟܘܢ ܡܘܗܒܬܐ ܕܪܘܚ. ܕܒܗ ܬܫܬܪܪܘܢ. 12 ܘܐܟܚܕܐ
ܢܬܒܝܐܐ ܒܗܝܡܢܘܬܐ ܕܝܠܟܘܢ ܘܕܝܠܝ ܀ 13 ܨܒܐ ܐܢܐ ܕܝܢ
ܕܬܕܥܘܢ ܐܚܝ: ܕܣܓܝܐܢ ܙܒܢܝܢ ܨܒܝܬ ܕܐܬܐ ܠܘܬܟܘܢ:
ܘܐܬܟܠܝܬ ܥܕܡܐ ܠܗܫܐ. ܕܐܦ ܒܟܘܢ ܢܗܘܐ ܠܝ ܐܕܫܐ
ܐܝܟ ܕܒܫܪܟܐ ܕܥܡܡܐ. 14 ܝܘܢܝܐ ܘܒܪܒܪܝܐ. ܚܟܝܡܐ ܘܣܟܠܐ.
ܕܠܟܠܢܫ ܚܝܒ ܐܢܐ ܕܐܣܒܪ. 15 ܘܗܟܢܐ ܡܬܚܦܛ ܐܢܐ.
ܕܐܦ ܠܟܘܢ ܕܒܪܗܘܡܝ ܐܣܒܪ. 16 ܠܐ ܓܝܪ ܒܗܬ ܐܢܐ ܒܗ
ܒܐܘܢܓܠܝܘܢ. ܡܛܠ ܕܚܝܠܐ ܗܘ ܕܐܠܗܐ. ܠܚܝܐ ܕܟܠ
ܕܡܗܝܡܢ ܒܗ. ܐܢ ܡܢ ܝܗܘܕܝܐ ܠܘܩܕܡ. ܘܐܢ ܡܢ ܐܪܡܝܐ.
17 ܙܕܝܩܘܬܗ ܓܝܪ ܕܐܠܗܐ ܒܗ ܡܬܓܠܝܐ. ܡܢ ܗܝܡܢܘܬܐ
ܠܗܝܡܢܘܬܐ. ܐܝܟ ܕܟܬܝܒ. ܕܙܕܝܩܐ ܡܢ ܗܝܡܢܘܬܐ ܢܚܐ.
18 ܡܬܓܠܐ ܗܘ ܓܝܪ ܪܘܓܙܗ ܕܐܠܗܐ ܡܢ ܫܡܝܐ: ܥܠ
ܟܠܗ ܥܘܠܗܘܢ ܘܪܘܫܥܗܘܢ ܕܒܢܝܢܫܐ: ܗܢܘܢ ܕܒܩܘܫܬܐ
ܒܥܘܠܐ ܐܚܝܕܝܢ. 19 ܡܛܠ ܕܝܕܥܬܗ ܕܐܠܗܐ ܓܠܝܐ ܗܝ
ܒܗܘܢ. ܐܠܗܐ ܓܝܪ ܓܠܝܗ ܒܗܘܢ. 20 ܟܣܝܬܗ ܓܝܪ
ܕܐܠܗܐ ܡܢ ܬܪܡܝܬܗ ܕܥܠܡܐ. ܠܒܪܝܬܗ ܒܣܘܟܠܐ
ܡܬܚܙܝܢ. ܘܚܝܠܗ ܘܐܠܗܘܬܗ ܕܠܥܠܡ. ܕܢܗܘܘܢ ܕܠܐ
ܡܦܩ ܪܘܚ. 21 ܡܛܠ ܕܝܕܥܘ ܠܐܠܗܐ: ܘܠܐ ܐܝܟ ܕܠܐܠܗܐ
ܫܒܚܘܗܝ ܘܐܘܕܝܘ ܠܗ. ܐܠܐ ܐܣܬܪܩܘ ܒܡܚܫܒܬܗܘܢ.
ܘܐܬܚܫܟ ܠܒܗܘܢ. ܕܠܐ ܡܣܬܟܠ. 22 ܘܟܕ ܡܣܒܪܝܢ
ܒܢܦܫܗܘܢ ܕܚܟܝܡܝܢ ܐܢܘܢ: ܫܛܘ ܠܗܘܢ. 23 ܘܫܚܠܦܘ
ܫܘܒܚܗ ܕܐܠܗܐ ܕܠܐ ܡܬܚܒܠ. ܒܕܡܘܬܐ ܕܨܠܡܐ
ܕܒܪܢܫܐ ܕܡܬܚܒܠ. ܘܒܕܡܘܬܐ ܕܦܪܚܬܐ. ܘܕܐܪܒܥܬ ܪܓܠܝܗ
ܘܕܪܚܫܐ ܕܐܪܥܐ. 24 ܡܛܠ ܗܢܐ ܐܫܠܡ ܐܢܘܢ ܐܠܗܐ
ܒܪܓܝܓܬܐ ܛܢܦܬܐ ܕܠܒܗܘܢ: ܕܢܨܥܪܘܢ ܦܓܪܝܗܘܢ

ܒܗܘܢ. 25 ܘܫܚܠܦܘ ܫܪܪܗ ܕܐܠܗܐ ܒܕܓܠܘܬܐ. ܘܕܚܠܘ
ܘܫܡܫܘ ܠܒܪܝܬܐ ܝܬܝܪ ܡܢ ܕܠܒܪܘܝܗܘܢ: ܕܠܗ ܬܫܒܚܢ
ܘܒܘܪܟܢ: ܠܥܠܡ ܥܠܡܝܢ ܐܡܝܢ ܀ 26 ܡܛܠ ܗܢܐ ܐܫܠܡ
ܐܢܘܢ ܐܠܗܐ ܠܚܫܐ ܕܨܥܪܐ. ܢܩܒܬܗܘܢ ܓܝܪ ܫܚܠܦ
ܚܫܚܬܐ ܕܟܝܢܗܝܢ. ܘܒܚܫܚܬܐ ܕܠܐ ܡܢ ܟܝܢܐ ܐܬܚܫܚܝ. 27 ܘܐܦ
ܐܦ ܕܟܪ̈ܝܗܘܢ ܗܟܢܐ. ܫܒܩܘ ܚܫܚܬܐ ܕܟܝܢܐ ܕܢܩܒܬܐ:
ܘܐܬܡܪܚܘ ܒܪܓܬܐ ܚܕ ܥܠ ܚܕ. ܘܕܟܪ̈ܐ ܥܠ ܕܟܪ̈ܐ ܒܗܬܬܐ
ܥܒܕܘ. ܘܦܘܪܥܢܐ ܕܙܕܩ ܗܘܐ ܠܛܥܝܘܬܗܘܢ ܒܩܢܘܡܗܘܢ
ܩܒܠܘ. 28 ܘܐܝܟ ܕܠܐ ܕܢܘ ܒܝܕܥܬܗܘܢ ܕܢܐܚܕܘܢ ܠܐܠܗܐ:
ܐܫܠܡ ܐܢܘܢ ܐܠܗܐ ܠܡܕܥܐ ܕܨܥܪܘܬܐ. ܕܢܗܘܘܢ ܥܒܕܝܢ
ܡܕܡ ܕܠܐ ܘܠܐ. 29 ܟܕ ܡܠܝܢ ܟܠ ܥܘܠܐ ܘܙܢܝܘܬܐ
ܘܡܪܝܪܘܬܐ ܘܒܝܫܘܬܐ ܘܥܠܘܒܘܬܐ. ܡ̈ܠܝܢ ܚܣܡܐ ܘܩܛܠܐ ܘܚܪܝܢܐ.
ܘܢܟܠܐ ܘܡܚܫܒܬܐ ܒܝܫܬܐ. 30 ܘܪܛܢܐ ܘܡܥܠܥܠܢܐ.
ܘܣܢܝܢ ܠܐܠܗܐ. ܡܨܥܪܢܐ. ܫܒܗܪܐ. ܡܚܬܪܢܐ. ܡܫܟܚܝ
ܒܝܫܬܐ. ܚܣܝܪܝ ܪܥܝܢܐ. ܘܠܐܒܗܝܗܘܢ ܠܐ ܡܬܛܦܝܣܝܢ.
31 ܘܚܘܒܐ ܠܝܬ ܒܗܘܢ. ܘܠܐ ܣܘܟܠܐ ܘܠܐ ܫܝܢܐ. ܘܠܐ ܪܚܡܐ
ܐܝܬ ܒܗܘܢ. 32 ܐܝܠܝܢ ܕܟܕ ܝܕܥܝܢ ܕܝܢܗ ܕܐܠܗܐ:
ܕܠܐܝܠܝܢ ܕܐܝܟ ܗܠܝܢ ܥܒܕܝܢ ܠܡܘܬܐ ܚܝܒܝܢ: ܠܐ ܗܘܐ
ܒܠܚܘܕ ܥܒܕܝܢ ܠܗܝܢ: ܐܠܐ ܐܦ ܡܫܬܘܬܦܝܢ ܠܐܝܠܝܢ
ܕܗܠܝܢ ܥܒܕܝܢ ܀

ܩܦܠܐܘܢ ܀ ܒ ܀

1 ܡܛܠ ܗܢܐ ܠܝܬ ܠܟ ܡܦܩ ܒܪܘܚܐ ܐܘ ܒܪܢܫܐ ܕܕܐܢ
ܐܢܬ: ܒܗܘ ܓܝܪ ܕܕܐܢ ܐܢܬ ܠܚܒܪܟ: ܢܦܫܟ ܗܘ ܡܚܝܒ
ܐܢܬ. ܐܦ ܐܢܬ ܓܝܪ ܕܕܐܢ ܐܢܬ: ܒܗܝܢ ܗܘ ܡܬܗܦܟ
ܐܢܬ ܀ 2 ܘܝܕܥܝܢܢ ܕܕܝܢܗ ܕܐܠܗܐ ܒܩܘܫܬܐ:
ܥܠ ܐܝܠܝܢ ܕܒܗܠܝܢ ܡܬܗܦܟܝܢ. 3 ܡܢܐ ܕܝܢ ܡܬܪܢܐ
ܐܢܬ ܐܘ ܒܪܢܫܐ: ܕܕܐܢ ܐܢܬ ܠܐܝܠܝܢ ܕܒܗܠܝܢ ܡܬܗܦܟܝܢ:
ܟܕ ܐܦ ܐܢܬ ܒܗܝܢ ܡܬܗܦܟ ܐܢܬ. ܕܐܢܬ ܬܥܪܘܩ ܡܢ

ܕܝܢܗ ܕܐܠܗܐ. ⁴ ܐܘ ܥܠ ܥܘܬܪܐ ܕܒܣܝܡܘܬܗ ܘܥܠ
ܡܓܪܬ ܪܘܚܗ: ܘܥܠ ܐܬܪܐ ܕܝܗܒ ܠܟ ܡܒܣܪ ܐܢܬ. ܘܠܐ
ܝܕܥ ܐܢܬ ܕܒܣܝܡܘܬܗ ܕܐܠܗܐ. ܠܬܝܒܘܬܐ ܗܘ ܡܝܬܝܐ
ܠܟ. ⁵ ܐܠܐ ܡܛܠ ܩܫܝܘܬܐ ܕܠܒܟ ܕܠܐ ܬܐܒ: ܣܝܡ ܐܢܬ ܠܟ
ܣܝܡܬܐ ܕܪܘܓܙܐ ܠܝܘܡܐ ܕܪܘܓܙܐ. ܘܠܓܠܝܢܐ ܕܕܝܢܐ ܟܐܢܐ
ܕܐܠܗܐ: ⁶ ܗܘ ܕܦܪܥ ܠܟܠܢܫ ܐܝܟ ܥܒܕܘܗܝ ܀ ⁷ ܠܐܝܠܝܢ
ܕܡܣܝܒܪܢܘܬܐ ܕܥܒܕܐ ܛܒܐ: ܫܘܒܚܐ ܘܐܝܩܪܐ ܘܠܐ
ܡܬܚܒܠܢܘܬܐ ܒܥܝܢ: ܝܗܒ ܠܗܘܢ ܚܝܐ ܕܠܥܠܡ.
⁸ ܐܝܠܝܢ ܕܝܢ ܕܥܨܝܢ ܘܠܐ ܡܬܛܦܝܣܝܢ ܠܫܪܪܐ: ܐܠܐ ܠܥܘܠܐ
ܡܬܛܦܝܣܝܢ: ܢܦܪܘܥ ܐܢܘܢ ܪܘܓܙܐ ܘܚܡܬܐ. ⁹ ܘܐܘܠܨܢܐ
ܘܬܘܪܦܐ. ܠܟܠ ܒܪܢܫ ܕܦܠܚ ܒܝܫܬܐ. ܠܝܗܘܕܝܐ ܠܘܩܕܡ
ܘܠܐܪܡܝܐ. ¹⁰ ܫܘܒܚܐ ܕܝܢ ܘܐܝܩܪܐ ܘܫܠܡܐ. ܠܟܠ ܕܦܠܚ
ܛܒܬܐ. ܠܝܗܘܕܝܐ ܠܘܩܕܡ ܘܠܐܪܡܝܐ. ¹¹ ܠܐ ܓܝܪ ܐܝܬ
ܡܣܒ ܒܐܦܐ ܠܘܬ ܐܠܗܐ. ¹² ܐܝܠܝܢ ܓܝܪ ܕܕܠܐ ܢܡܘܣܐ
ܚܛܘ: ܐܦ ܕܠܐ ܢܡܘܣܐ ܢܐܒܕܘܢ. ܘܐܝܠܝܢ ܕܒܢܡܘܣܐ ܚܛܘ:
ܡܢ ܢܡܘܣܐ ܢܬܕܝܢܘܢ. ¹³ ܠܐ ܗܘܐ ܓܝܪ ܫܡܘܥܘܗܝ
ܕܢܡܘܣܐ ܟܐܢܝܢ ܩܕܡ ܐܠܗܐ. ܐܠܐ ܥܒܘܕܘܗܝ ܕܢܡܘܣܐ
ܡܙܕܕܩܝܢ ܀ ¹⁴ ܐܢ ܓܝܪ ܥܡܡܐ ܕܢܡܘܣܐ ܠܝܬ ܠܗܘܢ: ܡܢ
ܟܝܢܗܘܢ ܥܒܕܝܢ ܢܡܘܣܐ. ܗܢܘܢ ܟܕ ܢܡܘܣܐ ܠܝܬ ܗܘܐ
ܠܗܘܢ: ܠܢܦܫܗܘܢ ܗܘܘ ܢܡܘܣܐ. ¹⁵ ܘܗܢܘܢ ܡܚܘܝܢ
ܥܒܕܗ ܕܢܡܘܣܐ. ܟܕ ܟܬܝܒ ܥܠ ܠܒܗܘܢ. ܘܡܣܗܕܐ
ܥܠܝܗܘܢ ܬܐܪܬܗܘܢ. ܟܕ ܡܚܫܒܬܗܘܢ ܡܟܣܢ. ܐܘ ܡܦܩܢ
ܪܘܚܐ ܠܚܕܕܐ. ¹⁶ ܒܝܘܡܐ ܕܕܐܢ ܐܠܗܐ ܟܣܝܬܐ ܕܒܢܝܢܫܐ: ܐܝܟ
ܐܘܢܓܠܝܘܢ ܕܝܠܝ ܒܝܕ ܝܫܘܥ ܡܫܝܚܐ. ¹⁷ ܐܢ ܐܢܬ ܕܝܢ
ܕܝܗܘܕܝܐ ܡܬܩܪܐ ܐܢܬ: ܘܡܬܬܢܝܚ ܐܢܬ ܥܠ ܢܡܘܣܐ:
ܘܡܫܬܒܗܪ ܐܢܬ ܒܐܠܗܐ. ¹⁸ ܘܝܕܥ ܐܢܬ ܨܒܝܢܗ: ܘܦܪܫ
ܐܢܬ ܡܦܠܓܬܐ ܕܝܠܦ ܐܢܬ ܡܢ ܢܡܘܣܐ: ¹⁹ ܘܬܟܝܠ ܐܢܬ ܥܠ
ܢܦܫܟ ܕܡܕܒܪܢܐ ܐܢܬ ܕܣܡܝܐ: ܘܢܘܗܪܐ ܕܐܝܠܝܢ ܕܐܝܬܝܗܘܢ

ܒܚܫܘܟܐ: 20 ܘܪܕܘܝܐ ܕܣܟ̈ܠܐ ܕܚܢܝܐ ܘܡܠܦܢܐ ܕܝܠܘ̈ܕܐ.
ܘܐܝܬ ܠܘܟ ܕܡܘܬܐ ܕܝܕܥܬܐ ܘܫܪܪܐ ܒܢܡܘܣܐ. 21 ܐܝܬ
ܗܘܟܠܐ ܕܡܠܦ ܐܝܬ ܠܐܚܪ̈ܢܐ: ܠܓܢܘܟ ܠܐ ܡܠܦ ܐܝܬ:
ܘܕܡܟܪܙ ܐܝܬ ܕܠܐ ܬܓܢܒܘܢ: ܐܝܬ ܓܢܒ ܐܝܬ. 22 ܘܐܡܪ
ܐܝܬ ܕܠܐ ܬܓܘܪܘܢ: ܐܝܬ ܓܝܪ ܐܝܬ. ܘܐܝܬ ܕܡܣܠܝ ܐܝܬ
ܦܬܟܪ̈ܐ: ܡܫܟܪ ܐܝܬ ܒܝܬ ܡܩܕܫܐ. 23 ܘܐܝܬ ܕܡܫܬܒܗܪ
ܐܝܬ ܒܢܡܘܣܐ: ܒܥܒܘܪ ܕܥܠܝܐ: ܐܝܬ ܒܠܐ ܢܡܘܣܐ ܠܐܠܗܐ
ܗܘ ܡܨܥܪ ܐܝܬ. 24 ܫܡܗ ܓܝܪ ܕܐܠܗܐ: ܒܥܠܬܘܟܘܢ
ܗܘ ܡܬܓܕܦ ܒܝܢ ܥܡ̈ܡܐ ܐܝܟ ܕܟܬܝܒ. 25 ܓܙܘܪܬܐ
ܓܝܪ ܡܘܬܪܢܐ ܐܢ ܢܡܘܣܐ ܢܛܪܬ. ܐܢ ܐܥܒܪܬ ܕܝܢ ܕܡ
ܡܢ ܢܡܘܣܐ: ܓܙܘܪܬܘܟ ܗܘܝܐ ܕܝܠܗ ܠܥܘܪܠܘܬܐ. 26 ܐܢ ܗܘ
ܕܡ ܕܥܘܪܠܘܬܐ ܢܛܪ ܦܘܩܕܢ̈ܘܗܝ ܕܢܡܘܣܐ: ܠܐ ܗܘܐ ܥܘܪܠܘܬܐ
ܕܝܠܗ ܒܓܙܘܪܬܐ ܡܬܚܫܒܐ. 27 ܘܕܢܐ ܥܘܪܠܘܬܐ ܕܡܢ ܟܝܢܗ
ܓܡܪܐ ܢܡܘܣܐ: ܠܘܟ ܕܒܟܬܒܐ ܘܒܓܙܘܪܬܐ ܥܒܪ ܐܝܬ ܥܠ
ܢܡܘܣܐ ܀ 28 ܠܐ ܗܘܐ ܓܝܪ ܡܢ ܕܒܓܠܝܐ ܗܘ ܗܘ ܝܗܘܕܝܐ.
ܐܦܠܐ ܐܝܕܐ ܕܡܬܚܙܝܐ ܒܒܣܪܐ ܓܙܘܪܬܐ. 29 ܐܠܐ ܗܘ ܗܘ ܝܗܘܕܝܐ
ܐܝܢܐ ܕܒܟܣܝܐ ܗܘ. ܘܓܙܘܪܬܐ ܐܝܕܐ ܕܒܠܒܐ ܗܝ. ܒܪܘܚ ܘܠܐ
ܒܟܬܒܐ. ܐܝܕܐ ܕܬܫܒܘܚܬܗ ܠܐ ܗܘܐ ܡܢ ܒܢ̈ܝ ܐܢܫܐ. ܐܠܐ
ܡܢ ܐܠܗܐ ܀

ܩܦܠܐܘܢ ܓ ܀

1 ܡܢܐ ܗܝ ܝܬܝܪܘܬܗ ܕܝܗܘܕܝܐ. ܐܘ ܡܢܐ ܡܘܬܪܢܗ
ܕܓܙܘܪܬܐ. 2 ܣܓܝ ܒܟܠ ܦܪܩ. ܩܕܡܝܬ ܕܐܬܗܝܡܢܘ
ܡܠ̈ܘܗܝ ܕܐܠܗܐ. 3 ܐܢ ܦܠܓܗܘܢ ܓܝܪ ܠܐ ܗܝܡܢܘ: ܕܠܡܐ
ܟܠܐ ܗܝܡܢܘܬܗ ܕܐܠܗܐ ܒܛܠܗ. 4 ܚܣ. ܐܝܬܘܗܝ
ܓܝܪ ܐܠܗܐ ܫܪܝܪܐ. ܘܟܠ ܒܪܢܫ ܕܓܠܐ. ܐܝܟ ܕܟܬܝܒ:
ܕܬܙܕܕܩ ܒܡܠ̈ܝܟ: ܘܬܙܟܐ ܟܕ ܕܐܢܝܢ ܠܘܟ. 5 ܐܢ ܕܝܢ
ܥܘܠܢ ܙܕܝܩܘܬܗ ܕܐܠܗܐ ܡܩܝܡ: ܡܢܐ ܢܐܡܪ. ܠܡܐ ܥܘܠ
ܗܘ ܐܠܗܐ. ܕܡܝܬܐ ܪܘܓܙܗ: ܐܝܟ ܒܪܢܫܐ ܗܘ ܡܡܠܠ

ܠܥܠܡܐ. ܐܠܗܐ ܚܕܘ ܐܢܫܝܢ ܠܐ. ܗܘܐ. 6 ܢܚܫ. ܐܢܐ.
7 ܐܠ ܟܕ ܡܪܬܗ ܕܐܠܗܐ ܐܬܡܠܝ ܡܢ ܒܢܝ̈ܐ ܕܐܒܪܗܡ
ܕܝܢ: ܠܟܠܗ ܗܘܝܘ ܐܢܐ ܐܝܟ ܗܢܐ ܡܬܩܪܝ ܐܢܐ: 8 ܐܘ
ܕܟܠܐ ܐܝܟ ܕܡܬܩܪܝܢ ܒܢܝ̈ܢ ܐܢܫܐ ܘܐܡܪܝܢ: ܕܐܡܪܝܢ
ܕܟܠܢ ܒܢܝ̈ܢܐ ܕܫܠܡܢ ܡܠܟܘܬܐ. ܗܢܘܢ ܕܚܝܝܢ ܒܗܢ ܗܘ
ܠܚܝܠܬܐ ܀ 9 ܗܟܢܐ ܗܘܟܠ ܐܫܬܕܪܝܢ ܢܒܝ̈ܐ: ܕܩܕܡ ܗܘܘ
ܟܠ ܫܘܒܚܐ ܘܟܠ ܐܘܪܚܐ: ܕܐܫܬܡܥ ܫܡܥܬܐ ܐܝܟ ܟܠܗܘܢ.
10 ܐܝܟ ܕܟܬܝܒ. ܕܟܠܗ ܩܠܐ ܐܡܠ ܚܕ. 11 ܘܠܐ ܕܡܫܬܟܚ ܟܠ.
ܘܠܐ ܕܟܠ ܠܐܠܗܐ. 12 ܟܠܗܘܢ ܗܟܘ ܐܡܪܐ ܘܐܬܗܠܟܘ.
ܘܟܠ ܕܟܢ ܡܟܬܐ ܐܝܟ ܚܕ. 13 ܟܠܗܐ ܗܢܐ ܠܡܠܟܐ ܕܡܠܟܘܬܗܘܢ.
ܘܟܠܝܬܗܘܢ ܢܟܘܠܬܢ. ܘܢܒܝܐ ܕܐܬܦܩܣ ܠܐܢܫ
ܦܩܦܩܬܗܘܢ. 14 ܗܘܦܟܗܘܢ ܡܠܐ ܟܘܠܝܐ. ܘܡܢܪܐ.
15 ܘܐܬܟܢܗܘܢ ܡܟܢܟ ܠܟܬܦܟ ܕܟܠ. 16 ܡܢܟܐ ܘܕܘܠܐ
ܟܠܘܬܢܬܗܘܢ. 17 ܘܐܘܪܚܐ ܕܡܟܟܐ ܠܐ ܢܕܟܘ. 18 ܘܕܚܟܬܗ
ܕܐܠܗܐ ܟܠܗ ܡܕܡ ܟܢܝܬܗܘܢ ܀ 19 ܢܟܝܢ ܕܝܢ ܕܟܕܡ
ܕܐܡܪ ܢܦܫܐ: ܠܐܟܝܢ ܕܟܢܦܫܐ ܐܝܟ ܐܡܪ. ܕܟܠ ܗܘܡ
ܬܫܠܡܪ. ܘܟܠܟܐ ܟܟܘ ܬܫܬܡܥ ܠܐܠܗܐ. 20 ܡܛܠ ܕܡܢ
ܟܟܪܘܗܝ ܕܢܦܫܐ: ܠܐ ܡܠܟܘ ܟܠ ܟܡܪ ܡܕܡܘܗܝ.
ܡܢ ܢܦܫܐ ܟܕ ܐܬܟܠ ܣܡܝܟܐ. 21 ܗܘܡܐ ܕܝܢ ܕܠܐ
ܢܦܫܐ: ܩܠܝܬܗ ܕܐܠܗܐ ܐܬܟܠܝ: ܘܡܫܡܫ ܒܟܝܢܗ
ܗܘ ܢܦܫܐ ܘܟܬܪܐ. 22 ܩܠܝܬܗ ܕܝܢ ܕܐܠܗܐ: ܟܕ
ܗܘܟܠܬܐ ܗܝ ܕܢܦܠ ܡܣܝܒܪ ܠܟܠܢܫ. ܐܦ ܟܠ
ܟܠܢܫ ܕܡܗܝܡܢ ܒܗ. ܟܕ ܟܕ ܦܘܪܩܢܐ: 23 ܡܛܠ
ܕܟܠܗܘܢ ܚܛܘ. ܘܢܩܝܦܝܢ ܡܢ ܬܫܒܘܚܬܗ ܕܐܠܗܐ.
24 ܘܡܙܕܕܩܝܢ ܡܓܢ ܒܛܝܒܘܬܗ. ܒܦܘܪܩܢܐ ܕܐܝܬܘܗܝ
ܒܝܫܘܥ ܡܫܝܚܐ. 25 ܗܢܐ ܕܩܕܡ ܣܡܗ ܐܠܗܐ ܚܘܣܝܐ
ܒܗܝܡܢܘܬܐ ܕܒܕܡܗ: ܡܛܠ ܚܘܝܘܬ ܕܟܐܢܘܬܗ ܚܝܢ:
26 ܒܐܬܪܐ ܕܐܝܬ ܒܗ ܐܠܗܐ ܒܡܟܝܟܘܬܐ ܕܝܠܗ: ܠܡܚܘܝܘ

ܕܟܐܢܘܬܗ ܕܒܙܒܢܐ ܗܢܐ. ܕܢܗܘܐ ܟܐܢܐ: ܘܢܙܕܩ
ܒܟܐܢܘܬܐ ܠܡܢ ܕܒܗܝܡܢܘܬܐ ܗܘ ܕܡܪܢ ܝܫܘܥ ܡܫܝܚܐ܀
27 ܐܝܟܘ ܗܟܝܠ ܫܘܒܗܪܐ: ܐܬܒܛܠ ܠܗ. ܒܐܝܢܐ ܢܡܘܣܐ.
ܕܥܒܕܐ: ܠܐ. ܐܠܐ ܒܢܡܘܣܐ ܕܗܝܡܢܘܬܐ. 28 ܡܬܪܥܝܢܢ
ܗܟܝܠ: ܕܒܗܝܡܢܘܬܐ ܗܘ ܡܙܕܕܩ ܒܪܢܫܐ: ܘܠܐ ܒܥܒܕܐ
ܕܢܡܘܣܐ. 29 ܠܡܐ ܓܝܪ ܐܠܗܐ ܕܝܗܘܕܝܐ ܗܘ ܒܠܚܘܕ
ܘܕܥܡܡܐ ܠܐ: ܐܝܢ ܐܦ ܕܥܡܡܐ. 30 ܡܛܠ ܕܚܕ ܗܘ ܐܠܗܐ
ܕܡܙܕܩ ܓܙܘܪܬܐ ܒܗܝܡܢܘܬܐ. ܐܦ ܥܘܪܠܘܬܐ ܒܗ
ܒܗܝܡܢܘܬܐ. 31 ܠܡܐ ܗܟܝܠ ܢܡܘܣܐ ܗܘ ܡܒܛܠܝܢ
ܒܗܝܡܢܘܬܐ: ܚܣ. ܐܠܐ ܢܡܘܣܐ ܗܘ ܡܩܝܡܝܢ܀

ܩܦܠܐܘܢ ܀ ܕ ܀

1 ܡܢܐ ܗܟܝܠ ܐܡܪܝܢ ܥܠ ܐܒܪܗܡ ܪܝܫܐ ܕܐܒܗܬܐ
ܕܐܫܟܚ ܒܒܣܪ. 2 ܐܠܘ ܓܝܪ ܐܒܪܗܡ ܡܢ ܥܒܕܐ ܐܙܕܕܩ
ܗܘܐ: ܐܝܬ ܗܘܐ ܠܗ ܫܘܒܗܪܐ. ܐܠܐ ܠܐ ܠܘܬ ܐܠܗܐ. 3 ܡܢܐ
ܓܝܪ ܐܡܪ ܟܬܒܐ. ܕܗܝܡܢ ܐܒܪܗܡ ܠܐܠܗܐ: ܘܐܬܚܫܒܬ
ܠܗ ܠܙܕܝܩܘ. 4 ܠܡܢ ܕܦܠܚ ܕܝܢ: ܠܐ ܡܬܚܫܒ ܠܗ
ܐܓܪܗ ܐܝܟ ܕܒܛܝܒܘ. ܐܠܐ ܐܝܟ ܡܢ ܕܡܬܚܝܒ ܠܗ.
5 ܠܗܘ ܕܝܢ ܕܠܐ ܦܠܚ: ܐܠܐ ܗܝܡܢ ܒܠܚܘܕ ܒܡܢ ܕܡܙܕܩ
ܚܛܝܐ. ܡܬܚܫܒܐ ܠܗ ܗܝܡܢܘܬܗ ܠܙܕܝܩܘ. 6 ܐܝܟܢܐ ܕܐܦ
ܕܘܝܕ ܐܡܪ ܥܠ ܛܘܒܘܗܝ ܕܒܪܢܫܐ: ܐܝܢܐ ܕܐܠܗܐ ܚܫܒ ܠܗ
ܙܕܝܩܘܬܐ ܕܠܐ ܥܒܕܐ. ܟܕ ܐܡܪ: 7 ܕܛܘܒܝܗܘܢ ܠܐܝܠܝܢ ܕܐܫܬܒܩ
ܠܗܘܢ ܥܘܠܗܘܢ: 8 ܘܐܬܟܣܝܘ ܚܛܗܝܗܘܢ. ܘܛܘܒܘܗܝ
ܠܓܒܪܐ ܕܠܐ ܢܚܫܘܒ ܠܗ ܐܠܗܐ ܚܛܝܬܗ. 9 ܗܢܐ ܗܟܝܠ
ܛܘܒܐ: ܥܠ ܓܙܘܪܬܐ ܗܘ ܐܘ ܥܠ ܥܘܪܠܘܬܐ. ܐܡܪܝܢ ܓܝܪ
ܕܐܬܚܫܒܬ ܠܐܒܪܗܡ ܗܝܡܢܘܬܗ ܠܙܕܝܩܘ. 10 ܐܝܟܢܐ ܗܟܝܠ
ܐܬܚܫܒܬ ܠܗ ܒܓܙܘܪܬܐ ܐܘ ܒܥܘܪܠܘܬܐ. ܠܐ ܗܘܐ ܒܓܙܘܪܬܐ.
ܐܠܐ ܒܥܘܪܠܘܬܐ. 11 ܐܬܐ ܗܘ ܓܝܪ ܢܣܒ ܓܙܘܪܬܐ.

ܘܚܬܡܐ ܕܟܐܢܘܬܐ ܕܗܝܡܢܘܬܗ ܕܒܥܘܪܠܘܬܐ. ܕܢܗܘܐ ܐܒܐ
ܠܟܠܗܘܢ ܐܝܠܝܢ ܕܡܗܝܡܢܝܢ ܡܢ ܥܘܪܠܘܬܐ. ܕܬܬܚܫܒ
ܐܦ ܠܗܘܢ ܠܟܐܢܘ. 12 ܘܐܒܐ ܠܓܙܘܪܬܐ. ܠܐ ܗܘܐ ܠܐܝܠܝܢ
ܕܡܢ ܓܙܘܪܬܐ ܐܢܘܢ ܒܠܚܘܕ: ܐܠܐ ܐܦ ܠܐܝܠܝܢ ܕܫܠܡܝܢ
ܠܥܩܒܬܐ ܕܗܝܡܢܘܬܐ ܕܥܘܪܠܘܬܐ ܕܐܒܘܢ ܐܒܪܗܡ ܀ 13 ܠܐ
ܗܘܐ ܓܝܪ ܒܢܡܘܣܐ ܗܘܐ ܡܘܠܟܢܐ ܠܐܒܪܗܡ ܘܠܙܪܥܗ
ܕܢܗܘܐ ܝܪܬܐ ܠܥܠܡܐ. ܐܠܐ ܒܟܐܢܘܬܐ ܕܗܝܡܢܘܬܗ. 14 ܐܠܘ
ܓܝܪ ܗܠܝܢ ܕܡܢ ܢܡܘܣܐ. ܗܘܘ ܝܪ̈ܬܐ. ܣܪܝܩܐ ܗܘܬ
ܗܝܡܢܘܬܐ ܘܡܒܛܠ ܗܘܐ ܡܘܠܟܢܐ. 15 ܢܡܘܣܐ ܓܝܪ
ܡܓܡܪܢܐ ܗܘ ܕܪܘܓܙܐ: ܐܝܟܐ ܕܠܝܬ ܓܝܪ ܢܡܘܣܐ ܐܦܠܐ
ܥܒܪ ܢܡܘܣܐ. 16 ܡܛܠ ܗܢܐ ܒܗܝܡܢܘܬܐ ܕܒܛܝܒܘܬܐ
ܢܬܩܝܡ: ܕܢܗܘܐ ܫܪܝܪ ܡܘܠܟܢܐ ܠܟܠܗ ܙܪܥܗ. ܠܐ ܠܐܝܢܐ
ܕܡܢ ܢܡܘܣܐ ܗܘ ܒܠܚܘܕ. ܐܠܐ ܐܦ ܠܐܝܢܐ ܕܡܢ ܗܝܡܢܘܬܐ
ܗܘ ܕܐܒܪܗܡ: ܕܐܝܬܘܗܝ ܐܒܐ ܕܟܠܢ. 17 ܐܝܟܢܐ ܕܟܬܝܒ.
ܕܣܡܬܟ ܐܒܐ ܠܣܘܓܐܐ ܕܥܡܡܐ. ܩܕܡ ܐܠܗܐ ܗܘ ܕܗܝܡܢܬ
ܒܗ ܕܡܚܐ ܡܝ̈ܬܐ: ܘܩܪܐ ܠܐܝܠܝܢ ܕܠܐ ܐܝܬܝܗܘܢ ܐܝܟ ܐܝܬܝܗܘܢ.
18 ܘܕܠܐ ܣܒܪܐ ܠܣܒܪܐ ܗܝܡܢ. ܕܢܗܘܐ ܐܒܐ ܠܣܘܓܐܐ
ܕܥܡܡܐ: ܐܝܟ ܕܟܬܝܒ. ܕܗܟܢܐ ܢܗܘܐ ܙܪܥܟ. 19 ܘܠܐ ܐܬܟܪܗ
ܒܗܝܡܢܘܬܗ. ܟܕ ܡܣܬܟܠ ܒܦܓܪܗ ܡܝܬܐ ܕܗܘܐ ܒܪ
ܡܐܐ ܫܢܝܢ. ܘܒܡܪܒܥܐ ܡܝܬܐ ܕܣܪܐ. 20 ܘܒܡܘܠܟܢܐ
ܕܐܠܗܐ ܠܐ ܐܬܦܠܓ ܐܝܟ ܚܣܝܪ ܗܝܡܢܘܬܐ. ܐܠܐ ܐܬܚܝܠ
ܒܗܝܡܢܘܬܐ ܘܝܗܒ ܬܫܒܘܚܬܐ ܠܐܠܗܐ. 21 ܘܐܫܪ ܕܡܕܡ
ܕܡܠܟ ܠܗ ܐܠܗܐ ܡܫܟܚ ܠܡܫܡܠܝܘ. 22 ܡܛܠ ܗܢܐ
ܐܬܚܫܒܬ ܠܗ ܠܟܐܢܘ. 23 ܘܠܐ ܗܘܐ ܡܛܠܬܗ ܒܠܚܘܕ
ܐܬܟܬܒܬ ܗܕܐ: ܕܐܬܚܫܒܬ ܗܝܡܢܘܬܗ ܠܟܐܢܘ: 24 ܐܠܐ ܐܦ
ܡܛܠܬܢ. ܕܐܦ ܠܢ ܥܬܝܕ ܗܘ ܕܢܬܚܫܒ ܐܝܠܝܢ ܕܡܗܝܡܢܝܢ
ܒܡܢ ܕܐܩܝܡ ܠܡܪܢ ܝܫܘܥ ܡܫܝܚܐ ܡܢ ܒܝܬ ܡܝ̈ܬܐ.
25 ܕܗܘ ܐܫܬܠܡ ܡܛܠ ܚܛܗܝ̈ܢ: ܘܩܡ ܡܛܠ ܕܢܙܕܕܩ ܀

ܩܦܠܐܘܢ ܀ ܗ ܀

1 ܡܛܠ ܕܐܙܕܕܩܢ ܗܟܝܠ ܒܗܝܡܢܘܬܐ: ܢܗܘܐ ܠܢ ܫܝܢܐ
ܠܘܬ ܐܠܗܐ ܒܡܪܢ ܝܫܘܥ ܡܫܝܚܐ. 2 ܕܒܗ ܐܬܩܪܒܢ
ܒܗܝܡܢܘܬܐ ܠܛܝܒܘܬܐ ܗܕܐ ܕܒܗ ܩܝܡܝܢ. ܘܡܫܬܒܗܪܝܢܢ
ܒܣܒܪܐ ܕܬܫܒܘܚܬܐ ܕܐܠܗܐ. 3 ܘܠܐ ܗܟܢܐ ܒܠܚܘܕ. ܐܠܐ
ܐܦ ܒܐܘܠܨܢܝܢ ܡܫܬܒܗܪܝܢܢ. ܕܝܕܥܝܢܢ ܕܐܘܠܨܢܐ
ܡܣܝܒܪܢܘܬܐ ܓܡܪ ܠܢ. 4 ܘܡܣܝܒܪܢܘܬܐ ܒܘܩܝܐ.
ܘܒܘܩܝܐ ܣܒܪܐ. 5 ܣܒܪܐ ܕܝܢ ܠܐ ܡܒܗܬܐ. ܡܛܠ ܕܚܘܒܗ
ܕܐܠܗܐ ܫܦܝܥ ܠܗ ܒܠܒܘܬܢ ܒܪܘܚܐ ܕܩܘܕܫܐ ܕܐܬܝܗܒܬ
ܠܢ. 6 ܐܢ ܕܝܢ ܡܫܝܚܐ ܡܛܠ ܟܪܝܗܘܬܢ ܒܙܒܢܐ ܗܢܐ
ܚܠܦ ܪܫܝܥܐ ܡܝܬ: 7 ܠܡܫܟܚ ܓܝܪ ܐܢܫ ܚܠܦ ܪܫܝܥܐ
ܡܐܬ. ܚܠܦ ܛܒܐ ܓܝܪ ܟܒܪ ܡܡܪܚ ܐܢܫ ܠܡܡܬ.
8 ܗܪܟܐ ܡܚܘܐ ܐܠܗܐ ܚܘܒܗ ܕܠܘܬܢ. ܕܐܢ ܟܕ ܚܛܝܐ
ܐܝܬܝܢ ܗܘܝܢ: ܡܫܝܚܐ ܚܠܦܝܢ ܡܝܬ: 9 ܟܡܐ ܗܟܝܠ
ܡܝܬܪܐܝܬ ܢܙܕܕܩ ܗܫܐ ܒܕܡܗ: ܘܒܗ ܢܬܦܨܐ ܡܢ ܪܘܓܙܐ.
10 ܐܢ ܓܝܪ ܟܕ ܐܝܬܝܢ ܒܥܠܕܒܒܐ. ܐܬܪܥܝ ܥܡܢ ܐܠܗܐ
ܒܡܘܬܐ ܕܒܪܗ: ܟܡܐ ܗܟܝܠ ܒܬܪܥܘܬܗ ܢܚܐ ܒܚܝܘܗܝ.
11 ܘܠܐ ܗܟܢܐ ܒܠܚܘܕ: ܐܠܐ ܐܦ ܢܫܬܒܗܪ ܒܐܠܗܐ ܒܝܕ
ܡܪܢ ܝܫܘܥ ܡܫܝܚܐ. ܕܒܗ ܗܘ ܗܫܐ ܩܒܠܢ ܬܪܥܘܬܐ ܀
12 ܐܝܟܢܐ ܕܒܝܕ ܚܕ ܒܪܢܫܐ ܥܠܬ ܚܛܝܬܐ ܠܥܠܡܐ: ܘܒܝܕ
ܚܛܝܬܐ ܡܘܬܐ: ܗܟܢܐ ܒܟܠܗܘܢ ܒܢܝ ܐܢܫܐ ܥܒܪ ܡܘܬܐ.
ܒܗܝ ܕܟܠܗܘܢ ܚܛܘ. 13 ܥܕܡܐ ܓܝܪ ܠܢܡܘܣܐ: ܚܛܝܬܐ
ܟܕ ܐܝܬܝܗ ܗܘܬ ܒܥܠܡܐ: ܠܐ ܚܫܝܒܐ ܗܘܬ ܚܛܝܬܐ. ܡܛܠ
ܕܠܝܬ ܗܘܐ ܢܡܘܣܐ. 14 ܐܠܐ ܐܡܠܟ ܡܘܬܐ ܡܢ ܐܕܡ ܘܥܕܡܐ
ܠܡܘܫܐ: ܐܦ ܥܠ ܐܝܠܝܢ ܕܠܐ ܚܛܘ: ܒܕܡܘܬܐ ܕܥܒܪܬ
ܢܡܘܣܗ ܕܐܕܡ. ܗܘ ܕܐܝܬܘܗܝ ܕܡܘܬܐ ܕܗܘ ܕܥܬܝܕ.
15 ܐܠܐ ܠܐ ܗܘܐ ܐܝܟ ܡܣܟܠܢܘܬܐ ܗܟܢܐ ܡܘܗܒܬܐ. ܐܢ ܓܝܪ

ܡܛܠ ܣܟܠܘܬܗ ܕܚܕ ܣܓܝ̈ܐܐ ܡܝܬܘ: ܟܡܐ ܗܟܝܠ
ܝܬܝܪܐܝܬ ܛܝܒܘܬܗ ܕܐܠܗܐ ܘܡܘܗܒܬܗ: ܡܛܠ ܚܕ
ܒܪܢܫܐ ܝܫܘܥ ܡܫܝܚܐ ܒܣܓܝ̈ܐܐ ܬܬܝܬܪ. 16 ܘܠܐ ܐܝܟ
ܣܟܠܘܬܐ ܕܚܕ ܗܟܢܐ ܐܦ ܡܘܗܒܬܐ. ܕܝܢܐ ܓܝܪ ܕܡܢ
ܚܕ ܠܚܝܒܘܬܐ ܗܘܐ. ܡܘܗܒܬܐ ܕܝܢ ܕܡܢ ܚܛܗ̈ܐ ܣܓܝ̈ܐܐ
ܗܘܬ ܠܙܟܘܬܐ. 17 ܐܢ ܓܝܪ ܡܛܠ ܣܟܠܘܬܐ ܕܚܕ ܐܡܠܟ
ܡܘܬܐ: ܝܬܝܪܐܝܬ ܐܝܠܝܢ ܕܢܣܒܘ ܣܘܓܐܐ ܕܛܝܒܘܬܐ
ܘܕܡܘܗܒܬܐ ܘܕܟܐܢܘܬܐ. ܒܚܝ̈ܐ ܢܡܠܟܘܢ ܒܝܕ ܚܕ ܝܫܘܥ
ܡܫܝܚܐ. 18 ܐܝܟܢܐ ܗܟܝܠ ܕܡܛܠ ܣܟܠܘܬܐ ܕܚܕ ܗܘܐ
ܚܝܒܘܬܐ ܠܟܠܗܘܢ ܒܢܝ̈ܢܫܐ: ܗܟܢܐ ܡܛܠ ܟܐܢܘܬܐ ܕܚܕ
ܬܗܘܐ ܙܟܘܬܐ ܠܚܝ̈ܐ ܠܟܠܗܘܢ ܒܢܝ̈ܢܫܐ. 19 ܐܝܟܢܐ ܓܝܪ
ܕܡܛܠ ܠܐ ܡܫܬܡܥܢܘܬܗ ܕܚܕ ܒܪܢܫܐ ܚܛܝ̈ܐ ܣܓܝ̈ܐܐ ܗܘܘ:
ܗܟܢܐ ܐܦ ܡܛܠ ܡܫܬܡܥܢܘܬܗ ܕܚܕ ܣܓܝ̈ܐܐ ܟܐܢ̈ܐ
ܢܗܘܘܢ. 20 ܡܥܠܬܐ ܕܝܢ ܕܢܡܘܣܐ ܕܬܣܓܐ ܚܛܝܬܐ:
ܘܐܝܟܐ ܕܣܓܝܬ ܚܛܝܬܐ ܬܡܢ ܐܬܝܬܪܬ ܛܝܒܘܬܐ. 21 ܕܐܝܟ
ܕܐܡܠܟܬ ܚܛܝܬܐ ܒܡܘܬܐ: ܗܟܢܐ ܬܡܠܟ ܛܝܒܘܬܐ ܒܟܐܢܘܬܐ
ܠܚܝ̈ܐ ܕܠܥܠܡ. ܒܝܕ ܡܪܢ ܝܫܘܥ ܡܫܝܚܐ ✣

ܩܦܠܐܘܢ ✣ ܘ ✣

1 ܡܢܐ ܗܟܝܠ ܢܐܡܪ. ܢܩܘܐ ܒܚܛܝܬܐ ܕܛܝܒܘܬܐ
ܬܣܓܐ. 2 ܚܣ. ܐܝܠܝܢ ܓܝܪ ܕܡܝܬܢ ܠܚܛܝܬܐ: ܐܝܟܢܐ
ܬܘܒ ܒܗ ܢܚܐ. 3 ܐܘ ܠܐ ܝܕܥܝܢ ܐܢܬܘܢ ܕܐܝܠܝܢ ܕܒܝܫܘܥ
ܡܫܝܚܐ ܥܡܕܢ. ܒܡܘܬܗ ܗܘ ܥܡܕܢ. 4 ܐܬܩܒܪܢ ܓܝܪ
ܥܡܗ ܒܡܥܡܘܕܝܬܐ ܠܡܘܬܐ. ܕܐܝܟܢܐ ܕܩܡ ܝܫܘܥ
ܡܫܝܚܐ ܡܢ ܒܝܬ ܡܝ̈ܬܐ ܒܫܘܒܚܐ ܕܐܒܘܗܝ: ܗܟܢܐ
ܐܦ ܚܢܢ ܒܚܝ̈ܐ ܚܕ̈ܬܐ ܢܗܠܟ. 5 ܐܢ ܓܝܪ ܐܬܢܨܒܢ
ܥܡܗ ܒܕܡܘܬ ܡܘܬܗ: ܗܟܢܐ ܐܦ ܒܩܝܡܬܗ ܢܗܘܐ.
6 ܝܕܥܝܢ ܓܝܪ ܕܒܪܢܫܢ ܥܬܝܩܐ ܐܙܕܩܦ ܥܡܗ. ܕܢܒܛܠ

ܦܓܪܐ ܕܚܛܝܬܐ. ܕܬܘܒ ܠܐ ܢܫܡܫ ܠܚܛܝܬܐ. 7 ܐܝܢܐ ܕܡܝܬ
ܓܝܪ ܐܬܚܪܪ ܠܗ ܡܢ ܚܛܝܬܐ. 8 ܐܢ ܗܟܝܠ ܡܝܬܢ ܥܡ
ܡܫܝܚܐ: ܢܗܝܡܢ ܕܢܚܐ ܥܡ ܡܫܝܚܐ ܬܘܒ. 9 ܝܕܥܝܢ
ܓܝܪ ܕܡܫܝܚܐ ܩܡ ܡܢ ܒܝܬ ܡܝܬܐ. ܘܬܘܒ ܠܐ ܡܐܬ.
ܘܡܘܬܐ ܠܐ ܫܠܛ ܒܗ. 10 ܕܡܝܬ ܓܝܪ ܠܚܛܝܬܐ ܗܘ
ܡܝܬ ܚܕܐ ܙܒܢ. ܘܕܚܝ ܚܝ ܗܘ ܠܐܠܗܐ. 11 ܗܟܢܐ ܐܦ
ܐܢܬܘܢ. ܚܫܘܒܘ ܢܦܫܟܘܢ ܕܡܝܬܐ ܐܢܬܘܢ ܠܚܛܝܬܐ:
ܘܚܝܐ ܐܢܬܘܢ ܠܐܠܗܐ: ܒܡܪܢ ܝܫܘܥ ܡܫܝܚܐ ܀ 12 ܠܐ
ܗܟܝܠ ܬܡܠܟ ܚܛܝܬܐ ܒܦܓܪܟܘܢ ܡܝܘܬܐ: ܐܝܟ ܕܬܫܬܡܥܘܢ
ܠܪܓܝܓܬܗ. 13 ܘܐܦ ܠܐ ܬܛܝܒܘܢ ܗܕܡܝܟܘܢ ܙܝܢܐ ܕܥܘܠܐ
ܠܚܛܝܬܐ. ܐܠܐ ܛܝܒܘ ܢܦܫܟܘܢ ܠܐܠܗܐ: ܐܝܟ ܐܢܫܐ ܕܡܢ
ܡܝܬܐ ܚܝܝܬܘܢ. ܘܗܕܡܝܟܘܢ ܙܝܢܐ ܢܗܘܘܢ ܠܟܐܢܘܬܗ
ܕܐܠܗܐ: 14 ܘܚܛܝܬܐ ܠܐ ܬܫܬܠܛ ܒܟܘܢ. ܠܐ ܓܝܪ
ܐܝܬܝܟܘܢ ܬܚܝܬ ܢܡܘܣܐ: ܐܠܐ ܬܚܝܬ ܛܝܒܘܬܐ. 15 ܡܢܐ
ܗܟܝܠ. ܢܚܛܐ ܕܠܐ ܗܘܝܢ ܬܚܝܬ ܢܡܘܣܐ ܐܠܐ ܬܚܝܬ ܛܝܒܘܬܐ.
ܚܣ. 16 ܠܐ ܝܕܥܝܢ ܐܢܬܘܢ ܕܠܡܢ ܕܡܛܝܒܝܢ ܐܢܬܘܢ ܢܦܫܟܘܢ
ܕܬܫܬܥܒܕܘܢ ܠܗ ܠܥܒܕܘܬܐ. ܥܒܕܐ ܐܢܬܘܢ ܕܗܘ
ܕܡܫܬܡܥܝܢ ܐܢܬܘܢ ܠܗ: ܐܘ ܠܚܛܝܬܐ ܗܝ ܠܡܘܬܐ
ܐܘ ܠܫܡܥܬܐ ܕܟܐܢܘܬܐ. 17 ܛܝܒܘ ܕܝܢ ܠܐܠܗܐ: ܕܥܒܕܐ ܗܘܝܬܘܢ
ܕܚܛܝܬܐ: ܘܐܫܬܡܥܬܘܢ ܡܢ ܠܒܐ ܠܕܡܘܬܐ ܕܝܘܠܦܢܐ
ܕܐܫܬܠܡܬܘܢ ܠܗ. 18 ܘܟܕ ܐܬܚܪܪܬܘܢ ܡܢ ܚܛܝܬܐ:
ܐܫܬܥܒܕܬܘܢ ܠܟܐܢܘܬܐ. 19 ܐܝܟ ܕܒܒܢܝܢܫܐ ܐܡܪ ܐܢܐ.
ܡܛܠ ܟܪܝܗܘܬܐ ܕܒܣܪܟܘܢ. ܕܐܝܟܢܐ ܕܛܝܒܬܘܢ ܗܕܡܝܟܘܢ
ܠܥܒܕܘܬܐ ܕܛܢܦܘܬܐ ܘܕܥܘܠܐ: ܗܟܢܐ ܐܦ ܗܫܐ ܛܝܒܘ
ܗܕܡܝܟܘܢ ܠܥܒܕܘܬܐ ܕܟܐܢܘܬܐ ܘܕܩܕܝܫܘܬܐ. 20 ܟܕ ܥܒܕܐ
ܗܘܝܬܘܢ ܓܝܪ ܕܚܛܝܬܐ: ܚܐܪܐ ܗܘܝܬܘܢ ܠܟܐܢܘܬܐ.
21 ܘܡܢܐ ܐܕܫܐ ܐܝܬ ܗܘܐ ܠܟܘܢ ܗܝܕܝܢ: ܐܝܠܝܢ ܕܝܘܡܢܐ
ܒܗܬܝܢ ܐܢܬܘܢ ܒܗܘܢ. ܚܪܬܗܝܢ ܓܝܪ ܐܝܬܝܗ ܡܘܬܐ. 22 ܘܗܫܐ

ܘܐܫܬܚܪܪܬܘܢ ܡܢ ܚܛܝܬܐ ܘܗܘܝܬܘܢ ܥܒ̈ܕܐ ܠܐܠܗܐ. ܐܝܬ ܠܟܘܢ
ܦܐܪ̈ܐ ܩܕ̈ܝܫܐ: ܕܚܪܬܗܘܢ ܚܝ̈ܐ ܕܠܥܠܡ. 23 ܐܦܣܢܘܬܐ ܕܝܢ
ܕܚܛܝܬܐ ܡܘܬܐ ܗܘ. ܘܡܘܗܒܬܗ ܕܐܠܗܐ ܚܝ̈ܐ ܕܠܥܠܡ
ܒܡܪܢ ܝܫܘܥ ܡܫܝܚܐ ◆

ܩܦܠܐܘܢ ◆ ܙ ◆

1 ܐܘ ܠܐ ܝܕܥܝܢ ܐܢܬܘܢ ܐܚܝ̈. ܠܝܕ̈ܥܝ ܢܡܘܣܐ ܓܝܪ
ܡܡܠܠ ܐܢܐ. ܕܢܡܘܣܐ ܫܠܝܛ ܗܘ ܥܠ ܓܒܪܐ ܟܡܐ
ܕܚܝ. 2 ܐܝܟ ܐܢܬܬܐ ܕܐܣܝܪܐ ܗܝ ܒܒܥܠܗ ܟܡܐ ܕܚܝ
ܒܢܡܘܣܐ. ܐܢ ܕܝܢ ܡܝܬ ܒܥܠܗ: ܐܫܬܪܝܬ ܡܢ ܢܡܘܣܐ
ܕܒܥܠܗ. 3 ܐܢ ܕܝܢ ܟܕ ܚܝ ܒܥܠܗ ܐܙܠܐ ܠܓܒܪ
ܐܚܪܝܢ: ܗܘܬ ܠܗ ܓܝܪܬܐ. ܐܢ ܕܝܢ ܢܡܘܬ ܒܥܠܗ:
ܐܬܚܪܪܬ ܡܢ ܢܡܘܣܐ. ܘܠܐ ܐܝܬܝܗ ܓܝܪܬܐ ܐܢ ܬܗܘܐ ܠܓܒܪܐ
ܐܚܪܢܐ. 4 ܘܗܫܐ ܐܚܝ̈ ܐܦ ܐܢܬܘܢ ܡܝܬܬܘܢ ܠܢܡܘܣܐ
ܒܦܓܪܗ ܕܡܫܝܚܐ. ܕܬܗܘܘܢ ܠܐܚܪܢܐ ܕܩܡ ܡܢ ܒܝܬ
ܡܝ̈ܬܐ. ܕܬܬܠܘܢ ܦܐܪ̈ܐ ܠܐܠܗܐ: 5 ܟܕ ܒܒܣܪܐ ܗܘܝܢ ܓܝܪ:
ܚ̈ܫܐ ܕܚܛܗ̈ܐ ܕܒܢܡܘܣܐ ܡܬܚܦܛܝܢ ܗܘܘ ܒܗܕ̈ܡܝܢ:
ܕܦܐܪ̈ܐ ܢܬܠܘܢ ܠܡܘܬܐ. 6 ܗܫܐ ܕܝܢ ܐܬܒܛܠܢ ܡܢ ܢܡܘܣܐ.
ܘܡܝܬܢ ܠܗܘ ܕܐܚܝܕ ܗܘܐ ܠܢ. ܕܢܦܠܘܚ ܡܟܝܠ
ܒܚܕܬܘܬܐ ܕܪܘܚܐ. ܘܠܐ ܒܥܬܝܩܘܬܐ ܕܟܬܒܐ ◆ 7 ܡܢܐ ܗܟܝܠ
ܐܡܪܝܢܢ. ܢܡܘܣܐ ܚܛܝܬܐ ܗܘ: ܚܣ. ܐܠܐ ܠܚܛܝܬܐ ܠܐ
ܝܠܦܬ ܐܠܐ ܒܝܕ ܢܡܘܣܐ. ܠܐ ܓܝܪ ܪܓܬܐ ܝܕܥ ܗܘܝܬ:
ܐܠܘ ܠܐ ܢܡܘܣܐ ܕܐܡܪ ܕܠܐ ܬܪܓ. 8 ܘܒܗܕܐ ܥܠܬܐ
ܐܫܟܚܬ ܒܗ ܚܛܝܬܐ ܒܦܘܩܕܢܐ: ܘܓܡܪܬ ܒܝ ܟܠ ܪܓܐ.
ܕܠܐ ܢܡܘܣܐ ܓܝܪ ܚܛܝܬܐ ܡܝܬܐ ܗܘܬ. 9 ܐܢܐ ܕܝܢ ܚܝ
ܗܘܝܬ ܕܠܐ ܢܡܘܣܐ ܡܢ ܩܕܝܡ. ܟܕ ܐܬܐ ܕܝܢ ܦܘܩܕܢܐ:
ܚܛܝܬܐ ܚܝܬ. 10 ܘܐܢܐ ܡܝܬܬ. ܘܐܫܬܟܚ ܠܝ ܦܘܩܕܢܐ
ܗܘ ܕܚܝ̈ܐ ܠܡܘܬܐ. 11 ܚܛܝܬܐ ܓܝܪ ܒܥܠܬܐ ܕܐܫܟܚܬ

ܒܗ ܒܝܕ ܦܘܩܕܢܐ܆ ܐܛܥܝܬܢܝ. ܘܒܗ ܩܛܠܬܢܝ.
12 ܢܡܘܣܐ ܡܕܝܢ ܩܕܝܫ ܗܘ. ܘܦܘܩܕܢܐ ܩܕܝܫ ܗܘ ܘܟܐܢ
ܘܛܒ. 13 ܛܒܬܐ ܗܟܝܠ ܠܝ ܠܡܘܬܐ ܗܘܐ ܗܘܬ܆ ܚܣ.
ܐܠܐ ܚܛܝܬܐ ܕܬܬܚܙܐ ܕܚܛܝܬܐ ܗܝ. ܕܒܛܒܬܐ ܓܡܪܐ ܠܝ ܡܘܬܐ.
ܘܬܬܝܪ ܬܬܚܝܒ ܚܛܝܬܐ ܒܦܘܩܕܢܐ. 14 ܝܕܥܝܢ ܓܝܪ
ܕܢܡܘܣܐ ܕܪܘܚ ܗܘ. ܐܢܐ ܕܝܢ ܕܒܣܪ ܐܢܐ. ܘܡܙܒܢ ܐܢܐ
ܠܚܛܝܬܐ. 15 ܡܕܡ ܕܥܒܕ ܐܢܐ ܓܝܪ ܠܐ ܝܕܥ ܐܢܐ. ܘܠܐ ܗܘܐ
ܡܕܡ ܕܨܒܐ ܐܢܐ ܥܒܕ ܐܢܐ. ܐܠܐ ܡܕܡ ܕܣܢܐ ܐܢܐ ܠܗ ܗܘ
ܥܒܕ ܐܢܐ. 16 ܘܐܢ ܡܕܡ ܕܠܐ ܨܒܐ ܐܢܐ ܥܒܕ ܐܢܐ܆ ܡܣܗܕ ܐܢܐ
ܥܠ ܢܡܘܣܐ ܕܫܦܝܪ ܗܘ. 17 ܗܫܐ ܕܝܢ ܠܐ ܗܘܐ ܐܢܐ ܡܥܒܕ
ܐܢܐ ܠܗ. ܐܠܐ ܚܛܝܬܐ ܕܥܡܪܐ ܒܝ. 18 ܝܕܥ ܐܢܐ ܗܘ ܓܝܪ
ܕܠܐ ܥܡܪܐ ܒܝ. ܗܢܘ ܕܝܢ ܒܒܣܪܝ ܛܒܬܐ. ܕܐܨܒܐ ܓܝܪ
ܒܛܒܬܐ ܩܪܝܒ ܠܝ. ܕܐܣܥܪܝܗ ܕܝܢ ܠܐ ܡܫܟܚ ܐܢܐ.
19 ܠܐ ܗܘܐ ܓܝܪ ܠܛܒܬܐ ܕܨܒܐ ܐܢܐ ܕܐܥܒܕ ܥܒܕ ܐܢܐ. ܐܠܐ
ܒܝܫܬܐ ܕܠܐ ܨܒܐ ܐܢܐ ܕܐܥܒܕ ܠܗ ܗܘ ܥܒܕ ܐܢܐ. 20 ܘܐܢ
ܡܕܡ ܕܠܐ ܨܒܐ ܐܢܐ ܥܒܕ ܐܢܐ. ܠܐ ܗܘܐ ܐܢܐ ܥܒܕ ܐܢܐ܆ ܐܠܐ
ܚܛܝܬܐ ܕܥܡܪܐ ܒܝ. 21 ܡܫܟܚ ܐܢܐ ܗܟܝܠ ܠܢܡܘܣܐ܆
ܕܡܛܐ ܠܪܥܝܢܝ܆ ܗܘ ܕܨܒܐ ܕܐܥܒܕ ܛܒܬܐ. ܡܛܠ
ܕܒܝܫܬܐ ܩܪܝܒܐ ܗܝ ܠܝ. 22 ܚܕܐ ܐܢܐ ܓܝܪ ܒܢܡܘܣܗ
ܕܐܠܗܐ ܒܒܪܢܫܐ ܕܠܓܘ. 23 ܚܙܐ ܐܢܐ ܕܝܢ ܢܡܘܣܐ ܐܚܪܢܐ
ܒܗܕ̈ܡܝ܆ ܕܡܩܪܒ ܠܘܩܒܠ ܢܡܘܣܐ ܕܪܥܝܢܝ܆ ܘܫܒܐ
ܠܝ ܠܢܡܘܣܐ ܕܚܛܝܬܐ ܕܐܝܬ ܒܗܕ̈ܡܝ. 24 ܕܘܝܐ ܐܢܐ ܒܪܢܫܐ.
ܡܢܘ ܢܦܨܢܝ ܡܢ ܦܓܪܐ ܗܢܐ ܕܡܘܬܐ. 25 ܡܘܕܐ ܐܢܐ ܠܐܠܗܐ
ܒܝܕ ܡܪܢ ܝܫܘܥ ܡܫܝܚܐ ܀ 26 ܗܫܐ ܗܟܝܠ ܐܢܐ
ܒܪܥܝܢܝ܆ ܥܒܕܐ ܐܢܐ ܕܢܡܘܣܐ ܕܐܠܗܐ. ܒܒܣܪܝ ܕܝܢ
ܐܝܬܝ ܥܒܕܐ ܕܢܡܘܣܐ ܕܚܛܝܬܐ ܀

ܩܦܠܐܘܢ ܀ ܚ ܀

1 ܡܟܝܠ ܠܝܬ ܚܝܒܘܬܐ ܠܐܝܠܝܢ ܕܠܐ ܡܗܠܟܝܢ ܒܒܣܪ
ܒܝܫܘܥ ܡܫܝܚܐ. 2 ܢܡܘܣܐ ܓܝܪ ܕܪܘܚܐ ܕܚܝܐ ܕܒܝܫܘܥ
ܡܫܝܚܐ. ܚܪܪܟ ܡܢ ܢܡܘܣܐ ܕܚܛܝܬܐ ܘܕܡܘܬܐ. 3 ܡܛܠ
ܕܡܚܝܠ ܗܘܐ ܓܝܪ ܢܡܘܣܐ ܒܝܕ ܟܝܗܘܬܗ ܕܒܣܪܐ: ܫܕܪ
ܐܠܗܐ ܠܒܪܗ ܒܕܡܘܬܐ ܕܒܣܪܐ ܕܚܛܝܬܐ: ܡܛܠܬܗ ܕܚܛܝܬܐ
ܘܕܢܗ ܠܚܛܝܬܐ ܒܒܣܪܗ 4 ܕܟܐܢܘܬܐ ܕܢܡܘܣܐ ܒܢ ܬܬܡܠܐ.
ܕܠܐ ܗܘܐ ܒܒܣܪ ܡܗܠܟܝܢܢ ܐܠܐ ܒܪܘܚ. 5 ܐܝܠܝܢ ܓܝܪ
ܕܒܒܣܪ ܐܢܘܢ ܕܒܣܪ ܗܘ ܡܬܪܥܝܢ. ܘܐܝܠܝܢ ܕܪܘܚ ܐܢܘܢ
ܕܪܘܚ ܗܘ ܡܬܪܥܝܢ. 6 ܬܪܥܝܬܐ ܓܝܪ ܕܒܣܪܐ ܡܘܬܐ ܗܘ.
ܘܬܪܥܝܬܐ ܕܪܘܚܐ ܚܝܐ ܘܫܠܡܐ. 7 ܡܛܠ ܕܬܪܥܝܬܐ ܕܒܣܪܐ
ܒܥܠܕܒܒܘܬܐ ܗܝ ܠܘܬ ܐܠܗܐ. ܠܢܡܘܣܐ ܓܝܪ ܕܐܠܗܐ ܠܐ
ܡܫܬܥܒܕܐ. ܡܛܠ ܕܠܐ ܡܫܟܚܐ. 8 ܘܐܝܠܝܢ ܕܒܒܣܪ ܐܢܘܢ:
ܠܡܫܦܪ ܠܐܠܗܐ ܠܐ ܡܫܟܚܝܢ. 9 ܐܢܬܘܢ ܕܝܢ ܠܐ ܗܘܝܬܘܢ ܒܒܣܪ
ܐܠܐ ܒܪܘܚ. ܐܢ ܫܪܝܐ ܪܘܚܗ ܕܐܠܗܐ ܒܟܘܢ. ܐܢ ܕܝܢ
ܐܢܫ ܠܝܬ ܒܗ ܪܘܚܗ ܕܡܫܝܚܐ: ܗܢܐ ܠܐ ܗܘܐ ܕܝܠܗ.
10 ܘܐܢ ܕܝܢ ܡܫܝܚܐ ܒܟܘܢ: ܦܓܪܐ ܡܝܬ ܗܘ ܡܛܠ
ܚܛܝܬܐ. ܪܘܚܐ ܕܝܢ ܚܝܐ ܗܝ ܡܛܠ ܟܐܢܘܬܐ. 11 ܘܐܢ ܪܘܚܗ
ܕܗܘ ܡܢ ܕܐܩܝܡ ܠܝܫܘܥ ܡܢ ܒܝܬ ܡܝ̈ܬܐ
ܥܡܪܐ ܒܟܘܢ. ܗܘ ܡܢ ܕܐܩܝܡܗ ܠܝܫܘܥ ܡܫܝܚܐ
ܡܢ ܒܝܬ ܡܝ̈ܬܐ. ܐܦ ܠܦܓܪ̈ܝܟܘܢ ܡܝ̈ܬܐ ܢܚܐ: ܡܛܠ
ܪܘܚܗ ܕܥܡܪܐ ܒܟܘܢ ܀ 12 ܗܫܐ ܐܚܝ ܚܝܒܝܢܢ: ܠܘ
ܠܒܣܪܐ ܕܒܒܣܪ ܢܗܠܟ. 13 ܐܢ ܓܝܪ ܒܒܣܪ ܚܝܝܢ ܐܢܬܘܢ:
ܥܬܝܕܝܢ ܐܢܬܘܢ ܗܘ ܠܡܡܬ: ܐܢ ܕܝܢ ܒܪܘܚ ܗܘܦܟܐ ܕܦܓܪܐ
ܡܡܝܬܝܢ ܐܢܬܘܢ. ܚܝܝܢ ܐܢܬܘܢ. 14 ܐܝܠܝܢ ܓܝܪ ܕܒܪܘܚܐ
ܕܐܠܗܐ ܡܬܕܒܪܝܢ: ܗܢܘܢ ܒܢ̈ܝܐ ܐܢܘܢ ܕܐܠܗܐ. 15 ܠܐ ܓܝܪ
ܢܣܒܬܘܢ ܪܘܚܐ ܕܥܒܕܘܬܐ ܬܘܒ ܠܕܚܠܬܐ. ܐܠܐ ܢܣܒܬܘܢ
ܪܘܚܐ ܕܣܝܡܘܬ ܒܢ̈ܝܐ. ܕܒܗ ܩܥܝܢܢ ܐܒܐ ܐܒܘܢ. 16 ܗܝ

ܪܘܚܐ ܣܗܕܐ ܠܪܘܚܢ ܕܐܝܬܝܢ ܒ̈ܢܝܐ ܕܐܠܗܐ. 17 ܘܐܢ ܒ̈ܢܝܐ
ܐܦ ܝܪ̈ܬܐ. ܝܪ̈ܬܐ ܕܐܠܗܐ. ܘܒ̈ܢܝ ܝܪ̈ܬܘܬܗ ܕܡܫܝܚܐ.
ܕܐܢ ܢܚܫ ܥܡܗ ܐܦ ܥܡܗ ܢܫܬܒܚ. 18 ܡܬܪܥܐ ܐܢܐ
ܓܝܪ: ܕܠܐ ܫܘܝܢ ܚ̈ܫܘܗܝ ܕܙܒܢܐ ܗܢܐ: ܠܬܫܒܘܚܬܐ ܐܝܕܐ
ܕܥܬܝܕܐ ܕܬܬܓܠܐ ܒܢ. 19 ܣܘܟܝܗ ܓܝܪ ܕܒܪܝܬܐ ܡܣܟܝܐ
ܘܡܣܟܝܐ ܠܓܠܝܢܐ ܕܒܢܘ̈ܗܝ ܕܐܠܗܐ. 20 ܒܪܝܬܐ ܓܝܪ
ܐܫܬܥܒܕܬ ܠܣܪܝܩܘܬܐ. ܠܐ ܒܨܒܝܢܗ: ܐܠܐ ܡܛܠ ܗܘ
ܕܫܥܒܕܗ ܥܠ ܣܒܪܐ. 21 ܕܐܦ ܗܝ ܒܪܝܬܐ ܬܬܚܪܪ ܡܢ
ܫܥܒܘܕܐ ܕܚܒܠܐ: ܠܚܐܪܘܬܐ ܕܫܘܒܚܐ ܕܒ̈ܢܝܐ ܕܐܠܗܐ ܀
22 ܝܕܥܝܢܢ ܓܝܪ ܕܟܠܗܝܢ ܒܪ̈ܝܬܐ: ܡܬܬܢܚܢ ܘܡܚܒܠܢ
ܥܕܡܐ ܠܗܫܐ. 23 ܘܠܐ ܒܠܚܘܕ ܗܢܝܢ. ܐܠܐ ܐܦ ܚܢܢ ܕܐܝܬ
ܠܢ ܪܫܝܬܐ ܕܪܘܚܐ: ܡܬܬܢܚܝܢܢ ܒܢܦܫܢ. ܘܡܣܟܝܢܢ
ܠܣܝܡܬ ܒ̈ܢܝܐ. ܠܦܘܪܩܢܐ ܕܦܓܪܢ. 24 ܡܛܠ ܕܒܣܒܪܐ
ܗܘ ܚܝܝܢ. ܣܒܪܐ ܕܝܢ ܕܡܬܚܙܐ ܠܐ ܗܘܐ ܣܒܪܐ. ܐܢ ܓܝܪ
ܚܙܝܢ ܠܗ: ܡܢܐ ܡܣܟܝܢܢ ܠܗ. 25 ܐܢ ܕܝܢ ܠܡܕܡ ܕܠܐ
ܡܬܚܙܐ ܡܣܟܝܢܢ: ܒܡܣܝܒܪܢܘܬܐ ܡܩܘܝܢ. 26 ܗܟܢܐ
ܐܦ ܗܝ ܪܘܚܐ ܡܥܕܪܐ ܠܟܪܝܗܘܬܢ. ܡܢܐ ܓܝܪ ܢܨܠܐ ܐܝܟ
ܡܐ ܕܘܠܐ ܠܐ ܝܕܥܝܢ. ܐܠܐ ܗܝ ܪܘܚܐ ܡܬܟܫܦܐ ܚܠܦܝܢ:
ܒܬܢܚ̈ܬܐ ܕܠܐ ܡܬܡܠܠܢ: 27 ܘܒܨܝܐ ܕܝܢ ܠܒ̈ܘܬܐ: ܗܘ
ܝܕܥ ܡܢܐ ܗܝ ܬܪܥܝܬܐ ܕܪܘܚܐ: ܕܐܝܟ ܨܒܝܢܗ ܗܘ ܕܐܠܗܐ
ܡܬܟܫܦܐ ܚܠܦ ܩܕ̈ܝܫܐ ܀ 28 ܝܕܥܝܢܢ ܕܝܢ ܕܐܝܠܝܢ ܕܪܚܡܝܢ
ܠܐܠܗܐ: ܒܟܠ ܡܕܡ ܡܥܕܪ ܠܗܘܢ ܠܛܒܬܐ. ܠܐܝܠܝܢ
ܕܩܕܡ ܫܡ ܕܢܗܘܘܢ ܩܪ̈ܝܐ: 29 ܘܡܢ ܠܘܩܕܡ ܝܕܥ ܐܢܘܢ:
ܘܪܫܡ ܐܢܘܢ ܒܕܡܘܬܐ ܕܨܘܪܬܐ ܕܒܪܗ. ܕܗܘ ܢܗܘܐ ܒܘܟܪܐ
ܕܐܚ̈ܐ ܣܓܝܐܐ. 30 ܘܐܝܠܝܢ ܕܝܢ ܕܩܕܡ ܪܫܡ. ܠܗܘܢ ܩܪܐ.
ܘܐܝܠܝܢ ܕܩܪܐ. ܠܗܘܢ ܙܕܩ. ܘܐܝܠܝܢ ܕܙܕܩ. ܠܗܘܢ
ܫܒܚ. 31 ܡܢܐ ܗܟܝܠ ܢܐܡܪ ܥܠ ܗܠܝܢ. ܐܢ ܐܠܗܐ
ܚܠܦܝܢ ܡܢܘ ܕܠܘܩܒܠܢ. 32 ܘܐܢ ܥܠ ܒܪܗ ܠܐ ܚܣ:

ܐܠܐ ܚܠܦ ܟܠܢ ܐܫܠܡܗ: ܐܝܟܢܐ ܠܐ ܟܠ ܡܕܡ ܥܡܗ
ܢܬܠ ܠܢ. 33 ܡܢܘ ܢܩܪܒ ܥܠ ܓܒܝܐ ܕܐܠܗܐ. ܐܠܗܐ
ܡܙܕܩ. 34 ܡܢܘ ܡܚܝܒ. ܡܫܝܚܐ ܡܝܬ ܘܩܡ. ܘܐܝܬܘܗܝ
ܠܝܡܝܢܐ ܕܐܠܗܐ ܘܒܥܐ ܚܠܦܝܢ. 35 ܡܢܘ ܢܦܪܫܢ ܡܢ
ܚܘܒܗ ܕܡܫܝܚܐ. ܐܘܠܨܢܐ: ܐܘ ܚܒܘܫܝܐ. ܐܘ ܪܕܘܦܝܐ.
ܐܘ ܟܦܢܐ. ܐܘ ܥܪܛܠܝܘܬܐ. ܐܘ ܩܘܕܝܢܘܣ. ܐܘ ܣܝܦܐ.
36 ܐܝܟ ܕܟܬܝܒ. ܕܡܛܠܬܟ ܟܠܗ ܝܘܡ ܡܬܩܛܠܝܢܢ: ܘܐܬܚܫܒܢ
ܐܝܟ ܐܡܪܐ ܠܢܟܣܬܐ. 37 ܐܠܐ ܒܗܠܝܢ ܟܠܗܝܢ: ܙܟܝܢܢ
ܒܝܕ ܗܘ ܕܐܚܒܢ. 38 ܡܬܛܦܝܣ ܐܢܐ ܓܝܪ ܕܠܐ ܡܘܬܐ ܘܠܐ ܚܝܐ.
ܘܠܐ ܡܠܐܟܐ. ܘܠܐ ܫܘܠܛܢܐ. ܘܠܐ ܚܝܠܐ. ܘܠܐ ܕܩܝܡܢ ܘܠܐ
ܕܥܬܝܕܢ. 39 ܘܠܐ ܪܘܡܐ ܘܠܐ ܥܘܡܩܐ. ܘܐܦܠܐ ܒܪܝܬܐ ܐܚܪܬܐ.
ܬܫܟܚ ܠܡܦܪܫܘ ܡܢ ܚܘܒܗ ܕܐܠܗܐ ܕܒܡܪܢ ܝܫܘܥ
ܡܫܝܚܐ.

ܩܦܠܐܘܢ ✤ ܛ ✤

1 ܫܪܪܐ ܐܡܪ ܐܢܐ ܒܡܫܝܚܐ ܘܠܐ ܡܕܓܠ ܐܢܐ. ܘܣܗܕܐ
ܬܐܪܬܝ ܠܝ: ܒܪܘܚܐ ܕܩܘܕܫܐ. 2 ܕܟܪܝܘܬܐ ܗܝ ܠܝ
ܪܒܬܐ. ܘܟܐܒܐ ܕܠܒܝ ܠܐ ܫܠܐ. 3 ܡܨܠܐ ܗܘܝܬ ܓܝܪ ܕܐܢܐ
ܢܦܫܝ ܚܪܡܐ ܐܗܘܐ ܡܢ ܡܫܝܚܐ: ܚܠܦ ܐܚܝ ܘܐܚܝܢܝ
ܕܒܒܣܪ. 4 ܕܐܝܬܝܗܘܢ ܒܢܝ ܐܝܣܪܝܠ ܕܕܝܠܗܘܢ ܗܘܬ
ܣܝܡܬ ܒܢܝܐ ܘܫܘܒܚܐ ܘܕܝܬܩܐ ܘܢܡܘܣܐ ܘܬܫܡܫܬܐ.
ܘܡܘܠܟܢܐ ܘܐܒܗܬܐ. 5 ܘܡܢܗܘܢ ܐܬܚܙܝ ܡܫܝܚܐ ܒܒܣܪ:
ܕܐܝܬܘܗܝ ܐܠܗܐ ܕܥܠ ܟܠ. ܕܠܗ ܬܫܒܚܢ ܘܒܘܪܟܢ
ܠܥܠܡ ܥܠܡܝܢ ܐܡܝܢ ✤ 6 ܠܐ ܗܘܐ ܓܝܪ ܐܝܟܢܐ ܕܢܦܠܬ
ܡܠܬܗ ܕܐܠܗܐ. ܠܐ ܗܘܐ ܓܝܪ ܟܠܗܘܢ ܕܡܢ ܐܝܣܪܝܠ
ܐܝܬܝܗܘܢ ܐܝܣܪܝܠ. 7 ܘܐܦܠܐ ܡܛܠ ܕܡܢ ܙܪܥܗ ܐܢܘܢ ܕܐܒܪܗܡ
ܟܠܗܘܢ ܒܢܝܐ. ܡܛܠ ܕܐܬܐܡܪ ܕܒܐܝܣܚܩ ܢܬܩܪܐ ܠܟ
ܙܪܥܐ. 8 ܗܢܘ ܕܝܢ: ܠܐ ܗܘܐ ܒܢܝܐ ܕܒܣܪܐ ܐܝܬܝܗܘܢ ܒܢܝܐ
ܕܐܠܗܐ. ܐܠܐ ܒܢܝܐ ܕܡܘܠܟܢܐ ܡܬܚܫܒܝܢ ܠܙܪܥܐ.

9 ܕܡܘܠܟܢܐ ܓܝܪ ܐܝܬܘܗܝ ܡܠܬܐ ܗܕܐ: ܕܒܙܒܢܐ ܗܢܐ ܐܬܐ
ܘܢܗܘܐ ܒܪܐ ܠܣܪܐ. 10 ܘܠܘ ܗܕܐ ܒܠܚܘܕ. ܐܠܐ ܐܦ ܪܦܩܐ:
ܟܕ ܥܡ ܚܕ ܐܒܘܢ ܐܝܣܚܩ ܐܝܬ ܗܘܐ ܠܗ̇ ܡܘܙܓܘܬܐ:
11 ܥܕܠܐ ܢܬܝܠܕܘܢ ܒܢܝܗ̇: ܘܠܐ ܢܥܒܕܘܢ ܛܒܬܐ ܐܘ ܒܝܫܬܐ:
ܐܬܩܕܡܬ ܐܬܝܕܥܬ ܓܒܝܘܬܗ ܕܐܠܗܐ. ܕܬܩܘܡ ܠܥܠܡ. ܠܐ
ܡܢ ܥܒ̈ܕܐ. ܐܠܐ ܡܢ ܗܘ ܕܩܪܐ. 12 ܐܬܐܡܪ ܓܝܪ ܕܩܫܝܫܐ ܢܗܘܐ
ܥܒܕܐ ܠܙܥܘܪܐ. 13 ܐܝܟ ܕܟܬܝܒ. ܕܠܝܥܩܘܒ ܪܚܡܬ
ܘܠܥܣܘ ܣܢܝܬ܀ 14 ܡܢܐ ܗܟܝܠ ܢܐܡܪ. ܕܥܘܠܐ
ܐܝܬ ܠܘܬ ܐܠܗܐ: ܚܣ. 15 ܗܐ ܐܦ ܠܡܘܫܐ ܐܡܪ. ܐܪܚܡ
ܥܠ ܐܝܢܐ ܕܡܪܚܡ ܐܢܐ. ܘܐܚܘܣ ܠܐܝܢܐ ܕܚܐܣ ܐܢܐ. 16 ܠܐ ܗܟܝܠ
ܒܐܝܕܝ ܡܢ ܕܨܒܐ ܘܠܐ ܒܐܝܕܝ ܡܢ ܕܪܗܛ. ܐܠܐ ܒܐܝܕܝ ܐܠܗܐ
ܡܪܚܡܢܐ. 17 ܐܡܪ ܓܝܪ ܒܟܬܒܐ ܠܦܪܥܘܢ: ܕܠܗܕܐ
ܐܩܝܡܬܟ ܕܐܚܘܐ ܒܟ ܚܝܠܝ. ܘܕܢܬܟܪܙ ܫܡܝ ܒܐܪܥܐ
ܟܠܗ̇. 18 ܡܕܝܢ ܠܡܢ ܕܨܒܐ ܗܘ ܡܪܚܡ: ܘܠܡܢ
ܕܨܒܐ ܡܩܫܐ. 19 ܘܬܐܡܪ ܠܝ ܕܥܠ ܡܢܐ ܪܫܐ. ܡܢܘ ܓܝܪ
ܕܩܡ ܠܘܩܒܠ ܨܒܝܢܗ. 20 ܐܢܬ ܗܟܝܠ ܡܢ ܐܢܬ ܐܘ
ܒܪܢܫܐ: ܕܡܬܕܝܢ ܐܢܬ ܥܡ ܐܠܗܐ. ܠܡܐ ܐܡܪܐ
ܓܒܝܠܬܐ ܠܗ ܠܓܒܠܗ̇ ܕܠܡܢܐ ܗܟܢܐ ܥܒܕܬܢܝ.
21 ܐܘ ܠܐ ܫܠܝܛ ܦܚܪܐ ܥܠ ܛܝܢܗ: ܕܡܢܗ ܡܢ ܓܒܝܠܬܐ
ܢܥܒܕ ܡܐܢܐ: ܚܕ ܠܐܝܩܪܐ ܘܚܕ ܠܨܥܪܐ܀ 22 ܐܢ ܕܝܢ ܨܒܐ
ܐܠܗܐ ܕܢܚܘܐ ܪܘܓܙܗ ܘܢܘܕܥ ܚܝܠܗ: ܐܝܬܝ ܒܣܘܓܐܐ
ܕܡܓܪܬ ܪܘܚܗ ܘܪܘܓܙܐ: ܥܠ ܡܐܢܐ ܕܪܘܓܙܐ ܕܡܫܠܡܝܢ
ܠܐܒܕܢܐ. 23 ܘܐܫܦܥ ܪܚܡܘܗܝ ܥܠ ܡܐܢܐ ܕܪܚܡܐ.
ܕܡܛܝܒܝܢ ܗܘܘ ܠܐܠܗܐ ܠܫܘܒܚܐ. 24 ܕܐܝܠܝܢ ܚܢܢ ܩܪܝܢܐ.
ܠܐ ܗܘܐ ܒܠܚܘܕ ܡܢ ܝܗܘܕܝܐ: ܐܠܐ ܐܦ ܡܢ ܥܡܡܐ. 25 ܐܝܟܢܐ
ܕܐܦ ܒܗܘܫܥ ܐܡܪ. ܕܐܩܪܐ ܠܐܝܠܝܢ ܕܠܐ ܗܘܘ ܥܡܝ ܥܡܐ
ܕܝܠܝ. ܘܠܐ ܐܬܪܚܡܬ ܐܬܪܚܡܬ. 26 ܢܗܘܐ ܓܝܪ ܒܕܘܟܬܐ ܕܒ
ܕܐܬܐܡܪ ܗܘܐ ܠܐ ܥܡܝ: ܬܡܢ ܢܬܩܪܘܢ ܒܢܝܐ ܠܐܠܗܐ ܚܝܐ.

27 ܐܫܥܝܐ ܕܝܢ ܩܥܐ ܥܠ ܒܢܝ ܝܣܪܝܠ. ܕܐܢ ܢܗܘܐ ܡܢܝܢܐ
ܕܒܢܝ ܝܣܪܝܠ ܐܝܟ ܚܠܐ ܕܒܝܡܐ: ܫܪܟܐ ܕܡܢܗܘܢ ܢܚܐ.
28 ܡܠܬܐ ܓܝܪ ܓܡܪ ܘܦܣܩ. ܘܢܥܒܕܝܗ ܡܪܝܐ ܥܠ ܐܪܥܐ.
29 ܘܐܝܟ ܗܝ ܕܩܕܡ ܐܡܪ ܗܘܐ ܐܫܥܝܐ. ܕܐܠܘ ܠܐ ܡܪܝܐ
ܨܒܐܘܬ ܐܘܬܪ ܠܢ ܣܪܝܕܐ. ܐܝܟ ܣܕܘܡ ܗܘܝܢ ܗܘܝܢ:
ܘܠܥܡܘܪܐ ܡܬܕܡܝܢ ܗܘܝܢ܀ 30 ܡܢܐ ܗܟܝܠ ܢܐܡܪ.
ܕܥܡܡܐ ܕܠܐ ܪܗܛܝܢ ܗܘܘ ܒܬܪ ܟܐܢܘܬܐ ܐܕܪܟܘ ܟܐܢܘܬܐ.
ܟܐܢܘܬܐ ܕܝܢ ܐܝܕܐ ܕܡܢ ܗܝܡܢܘܬܐ ܗܝ. 31 ܝܣܪܝܠ ܕܝܢ ܕܪܗܛ
ܗܘܐ ܒܬܪ ܢܡܘܣܐ ܕܟܐܢܘܬܐ. ܠܢܡܘܣܐ ܕܟܐܢܘܬܐ ܠܐ ܐܕܪܟ.
32 ܡܛܠ ܡܢܐ. ܡܛܠ ܕܠܐ ܗܘܐ ܡܢ ܗܝܡܢܘܬܐ. ܐܠܐ ܡܢ
ܥܒܕܘܗܝ ܕܢܡܘܣܐ. ܐܬܬܩܠܘ ܓܝܪ ܒܟܐܦܐ ܕܬܘܩܠܬܐ.
33 ܐܝܟ ܕܟܬܝܒ. ܕܗܐ ܣܐܡ ܐܢܐ ܒܨܗܝܘܢ: ܟܐܦܐ ܕܬܘܩܠܬܐ
ܘܟܐܦܐ ܕܡܟܫܘܠܐ. ܘܡܢ ܕܒܗ ܢܗܝܡܢ ܠܐ ܢܒܗܬ܀

ܩܦܠܐܘܢ ܀ ܝ ܀

1 ܐܚܝ: ܨܒܝܢܐ ܕܠܒܝ ܘܒܥܘܬܝ ܕܠܘܬ ܐܠܗܐ:
ܚܠܦܝܗܘܢ ܕܢܚܘܢ. 2 ܣܗܕ ܐܢܐ ܓܝܪ ܥܠܝܗܘܢ: ܕܛܢܢܐ
ܕܐܠܗܐ ܐܝܬ ܠܗܘܢ. ܐܠܐ ܠܐ ܒܝܕܥܬܐ. 3 ܟܐܢܘܬܗ ܓܝܪ
ܕܐܠܗܐ ܠܐ ܝܕܥܘ. ܐܠܐ ܒܥܘ ܕܟܐܢܘܬܐ ܕܢܦܫܗܘܢ ܢܩܝܡܘܢ.
ܘܡܛܠ ܗܢܐ ܠܟܐܢܘܬܗ ܕܐܠܗܐ ܠܐ ܐܫܬܥܒܕܘ. 4 ܣܟܗ
ܓܝܪ ܕܢܡܘܣܐ ܡܫܝܚܐ ܗܘ. ܠܟܐܢܘܬܐ ܠܟܠ ܕܡܗܝܡܢ
ܒܗ܀ 5 ܡܘܫܐ ܓܝܪ ܗܟܢܐ ܟܬܒ ܟܐܢܘܬܐ ܕܒܢܡܘܣܐ.
ܕܡܢ ܕܥܒܕ ܗܠܝܢ ܢܚܐ ܒܗܝܢ. 6 ܟܐܢܘܬܐ ܕܝܢ ܕܡܢ ܗܝܡܢܘܬܐ
ܗܟܢܐ ܐܡܪܐ. ܕܠܐ ܬܐܡܪ ܒܠܒܟ ܕܡܢܘ ܣܠܩ ܠܫܡܝܐ
ܘܐܚܬ ܠܡܫܝܚܐ. 7 ܘܡܢܘ ܢܚܬ ܠܥܘܡܩܐ ܕܫܝܘܠ ܘܐܣܩ
ܠܡܫܝܚܐ ܡܢ ܒܝܬ ܡܝܬܐ. 8 ܐܠܐ ܡܢܐ ܐܡܪ. ܩܪܝܒ ܗܘ
ܠܟ ܦܬܓܡܐ ܠܦܘܡܟ ܘܠܠܒܟ. ܗܢܘ ܕܝܢ ܡܠܬܐ
ܕܗܝܡܢܘܬܐ ܕܡܟܪܙܝܢܢ. 9 ܘܐܢ ܬܘܕܐ ܒܦܘܡܟ ܒܡܪܢ ܝܫܘܥ:

ܘܬܗܝܡܢ ܒܠܒܟ ܕܐܠܗܐ ܐܩܝܡܗ ܡܢ ܒܝܬ ܡܝܬܐ ܬܐܚܐ.
10 ܠܒܐ ܓܝܪ ܕܡܗܝܡܢ ܒܗ ܡܙܕܕܩ. ܘܦܘܡܐ ܕܡܘܕܐ ܒܗ
ܚܐܐ. 11 ܐܡܪ ܓܝܪ ܟܬܒܐ: ܕܟܠ ܕܡܗܝܡܢ ܒܗ ܠܐ
ܢܒܗܬ. 12 ܘܒܗܕܐ ܠܐ ܦܪܫ ܠܐ ܝܗܘܕܝܐ ܘܠܐ ܠܐܪܡܝܐ. ܚܕ
ܗܘ ܓܝܪ ܡܪܝܐ ܕܟܠܗܘܢ. ܕܥܬܝܪ ܒܟܠ ܕܩܪܐ ܠܗ.
13 ܟܠ ܓܝܪ ܕܢܩܪܐ ܫܡܗ ܕܡܪܝܐ ܢܚܐ ܀ 14 ܐܝܟܢܐ ܗܟܝܠ
ܢܩܪܘܢܝܗܝ ܠܐܝܢܐ ܕܠܐ ܗܝܡܢܘ ܒܗ. ܐܘ ܐܝܟܢܐ ܢܗܝܡܢܘܢ ܠܗܘ ܕܠܐ
ܫܡܥܘܗܝ. ܐܘ ܐܝܟܢܐ ܢܫܡܥܘܢ ܕܠܐ ܡܟܪܙܢܐ. 15 ܐܘ ܐܝܟܢܐ
ܢܟܪܙܘܢ ܐܢ ܠܐ ܢܫܬܠܚܘܢ. ܐܝܟ ܕܟܬܝܒ. ܕܡܐ ܝܐܝܢ
ܪܓܠܝܗܘܢ ܕܡܣܒܪܝ ܫܠܡܐ ܘܕܡܣܒܪܝ ܛܒܬܐ. 16 ܐܠܐ
ܠܐ ܗܘܐ ܟܠܗܘܢ ܐܫܬܡܥܘ ܠܣܒܪܬܐ ܕܐܘܢܓܠܝܘܢ. ܐܫܥܝܐ
ܓܝܪ ܐܡܪ. ܡܪܝ ܡܢܘ ܗܝܡܢ ܠܫܡܥܢ. 17 ܡܟܝܠ
ܗܝܡܢܘܬܐ ܡܢ ܫܡܥܐ ܐܝܬܝܗ. ܘܫܡܥܐ ܐܝܬܘܗܝ ܡܢ
ܡܠܬܐ ܕܐܠܗܐ. 18 ܐܠܐ ܐܡܪ ܐܢܐ. ܕܠܡܐ ܠܐ ܫܡܥܘ. ܘܗܐ
ܒܟܠܗ ܐܪܥܐ ܢܦܩ ܩܠܗܘܢ. ܘܒܣܘܦܝܗ ܕܬܐܒܝܠ
ܡܠܝܗܘܢ. 19 ܐܠܐ ܐܡܪ ܐܢܐ. ܕܠܡܐ ܠܐ ܝܕܥ ܐܝܣܪܝܠ: ܩܕܡܝܐ
ܡܘܫܐ ܐܡܪ. ܐܛܢܟܘܢ ܒܥܡܐ ܕܠܐ ܥܡ. ܘܒܥܡܐ ܕܠܐ
ܡܣܬܟܠ ܐܪܓܙܟܘܢ. 20 ܐܫܥܝܐ ܕܝܢ ܐܡܪܚ ܘܐܡܪ.
ܕܐܫܬܟܚܬ ܠܐܝܠܝܢ ܕܠܐ ܒܥܐܘܢܝ. ܘܐܬܚܙܝܬ ܠܐܝܠܝܢ ܕܥܠܝ
ܠܐ ܫܐܠܘ. 21 ܠܐܝܣܪܝܠ ܕܝܢ ܐܡܪ. ܕܦܫܛܬ ܐܝܕܝ ܟܠܗ
ܝܘܡܐ: ܠܘܬ ܥܡܐ ܕܡܬܚܪܐ ܘܠܐ ܡܬܛܦܝܣ ܀

ܩܦܠܐܘܢ ܀ ܚ ܀

1 ܐܠܐ ܐܡܪ ܐܢܐ. ܕܠܡܐ ܕܚܩܗ ܐܠܗܐ ܠܥܡܗ. ܚܣ.
ܐܦ ܐܢܐ ܓܝܪ ܡܢ ܐܝܣܪܝܠ ܐܢܐ. ܡܢ ܙܪܥܗ ܕܐܒܪܗܡ. ܡܢ
ܫܒܛܐ ܕܒܢܝܡܝܢ. 2 ܠܐ ܕܚܩ ܐܠܗܐ ܠܥܡܗ ܐܝܠܢ ܕܡܢ
ܡܩܕܡ ܝܕܥ ܗܘܐ ܠܗ. ܐܘ ܠܐ ܝܕܥܝܢ ܐܢܬܘܢ ܟܬܒܐ ܕܐܠܝܐ
ܡܢܐ ܐܡܪ. ܟܕ ܡܩܒܠ ܗܘܐ ܠܐܠܗܐ ܥܠ ܐܝܣܪܝܠ ܘܐܡܪ.

³ ܡܪܝ ܠܢܒܝ̈ܝܟ ܩܛܠܘ. ܘܠܡܕܒ̈ܚܝܟ ܣܚܦܘ. ܘܐܢܐ ܗܘ
ܒܠܚܘܕܝ ܐܫܬܚܪܬ. ܘܒܥܝܢ ܠܢܦܫܝ. ⁴ ܘܐܬܐܡܪ ܠܗ
ܒܓܠܝܢܐ: ܕܗܐ ܫܒܩܬ ܠܢܦܫܝ ܫܒܥܐ ܐܠܦ̈ܝܢ ܓܒܪ̈ܝܢ.
ܐܝܠܝܢ ܕܥܠ ܒܘܪ̈ܟܝܗܘܢ ܠܐ ܒܪܟܘ ܘܠܐ ܣܓܕܘ ܠܒܥܠܐ.
⁵ ܗܟܢܐ ܐܦ ܒܙܒܢܐ ܗܢܐ. ܫܪܟܐ ܗܘ ܐܫܬܚܪ ܒܓܒܝܘܬܐ
ܕܛܝܒܘܬܐ. ⁶ ܐܢ ܕܝܢ ܒܛܝܒܘܬܐ ܠܐ ܗܘܐ ܡܢ ܥܒ̈ܕܐ. ܘܐܠܐ ܠܐ:
ܛܝܒܘܬܐ ܠܐ ܐܝܬܝܗ ܛܝܒܘܬܐ. ܐܢ ܕܝܢ ܒܥܒ̈ܕܐ ܠܐ ܗܘܐ ܡܢ
ܛܝܒܘܬܐ. ܘܐܠܐ ܠܐ: ܥܒܕܐ ܠܐ ܐܝܬܘܗܝ ܥܒܕܐ. ⁷ ܡܢܐ ܗܟܝܠ.
ܗܝ ܕܒܥܐ ܗܘܐ ܐܝܣܪܝܠ ܠܐ ܐܕܪܟ. ܓܒܝܬܐ ܕܝܢ ܐܕܪܟܬ.
ܫܪܟܐ ܕܝܢ ܐܬܥܘܪܘ ܒܠܒܗܘܢ. ⁸ ܐܝܟܢܐ ܕܟܬܝܒ. ܕܝܗܒ
ܠܗܘܢ ܐܠܗܐ ܪܘܚܐ ܡܕܡܟܢܝܬܐ. ܘܥܝ̈ܢܐ ܕܠܐ ܢܚܙܘܢ ܒܗܝܢ.
ܘܐܕܢ̈ܐ ܕܠܐ ܢܫܡܥܘܢ. ܥܕܡܐ ܠܝܘܡܐ ܕܝܘܡܢܐ. ⁹ ܘܕܘܝܕ
ܬܘܒ ܐܡܪ: ܢܗܘܐ ܦܬܘܪܗܘܢ ܩܕܡܝܗܘܢ ܠܦܚܐ.
ܘܬܘܩܠܬܗܘܢ ܠܦܘܪܥܢܘܬܐ. ¹⁰ ܢܚܫܟܢ ܥܝ̈ܢܝܗܘܢ ܕܠܐ ܢܚܙܘܢ.
ܘܚܨܗܘܢ ܒܟܠܙܒܢ ܢܗܘܐ ܟܦܝܦ. ¹¹ ܐܡܪ ܐܢܐ ܕܝܢ: ܕܠܡܐ
ܐܬܬܩܠܘ ܐܝܟ ܕܢܦܠܘܢ. ܚܣ. ܐܠܐ ܒܬܘܩܠܬܗܘܢ ܕܝܠܗܘܢ:
ܗܘܐ ܚܝ̈ܐ ܠܥܡ̈ܡܐ ܠܛܢܢܗܘܢ. ¹² ܘܐܢ ܬܘܩܠܬܗܘܢ
ܗܘܬ ܥܘܬܪܐ ܠܥܠܡܐ: ܘܒܨܝܪܘܬܗܘܢ ܥܘܬܪܐ ܠܥܡ̈ܡܐ.
ܟܡܐ ܗܟܝܠ ܡܘܫܠܡܘܬܗܘܢ ❖ ¹³ ܠܟܘܢ ܕܝܢ ܐܡܪ ܐܢܐ
ܠܥܡ̈ܡܐ. ܐܢܐ ܕܐܝܬܝ ܫܠܝܚܐ ܕܥܡ̈ܡܐ. ܠܬܫܡܫܬܝ
ܡܫܒܚ ܐܢܐ. ¹⁴ ܕܠܡܐ ܐܛܢ ܠܒܢܝ̈ ܒܣܪܝ: ܘܐܚܐ ܐܢܫ̈ܝܢ
ܡܢܗܘܢ. ¹⁵ ܐܢ ܓܝܪ ܫܘܕܠܢܘܬܗܘܢ ܬܪܥܘܬܐ ܠܥܠܡܐ
ܗܘܬ: ܟܡܐ ܗܟܝܠ ܩܘܒܠܗܘܢ. ܐܠܐ ܚܝ̈ܐ ܕܡܢ ܒܝܬ ܡܝ̈ܬܐ ❖
¹⁶ ܐܢ ܕܝܢ ܪܫܝܬܐ ܩܕܝܫܐ. ܐܦ ܓܒܝܠܬܐ. ܘܐܢ ܥܩܪܐ
ܩܕܝܫ ܗܘ ܐܦ ܣܘ̈ܟܐ. ¹⁷ ܘܐܢ ܡܢ ܣܘ̈ܟܐ ܐܬܦܫܚ ܘܐܢܬ
ܕܙܝܬܐ ܐܝܬ ܕܒܪܐ ܐܬܛܥܡܬ ܒܕܘܟܬܗܘܢ. ܘܗܘܝܬ ܫܘܬܦܐ
ܠܥܩܪܗ ܘܠܫܘܡܢܗ ܕܙܝܬܐ. ¹⁸ ܠܐ ܬܫܬܒܗܪ ܥܠ ܣܘ̈ܟܐ.
ܐܢ ܕܝܢ ܡܫܬܒܗܪ ܐܢܬ: ܠܐ ܗܘܐ ܐܢܬ ܫܩܝܠ ܠܗ

ܒܟܢ̈ܫܐ. ܐܠܐ ܗܘ ܟܢ̈ܫܐ ܡܫܝܚܐ ܓܒܝ. 19 ܘܟܕ ܝܐܡܪ ܕܩܘܫܬܐ
ܕܐܬܐܡܣ : ܕܐܢܐ ܒܪܘܚܢܝܘܬܝ ܐܬܚܙܝܬ. 20 ܡܛܝܒ. ܗܘܝܢ
ܡܛܠ ܕܠܐ ܗܘܝܬܘܢ ܐܬܐܡܣܘ. ܐܝܬ ܕܝܢ ܒܗܝܡܢܘܬܐ ܡܢܗ.
ܠܐ ܡܬܐܙܝܡ ܒܪܘܚܢܝ ܐܠܐ ܕܝܠܗ. 21 ܐܢ ܐܚܘܢ ܓܝܪ ܟܠ ܡܛܠܬܐ
ܕܡܢ ܒܢܝܗܘܢ ܠܐ ܢܦܫ : ܕܠܟܠܐ ܐܦܠܐ ܒܟܝܢ ܢܣܘܣ.
22 ܐܢ ܗܘܝܠܐ ܠܡܫܡܫܘܬܐ ܘܡܫܡܫܘܬܐ ܕܐܚܘܢ. ܟܠܐ
ܐܝܟܢ ܕܢܦܠܘ ܡܫܡܫܘܬܐ. ܒܟܝܢ ܕܝܢ ܠܡܫܡܫܘܬܐ. ܐܢ ܐܠܗܐ
ܠܗ ܒܠܡܫܡܫܘܬܐ. ܗܘ ܠܐ: ܐܦ ܐܝܬ ܕܐܬܐܡܣ. 23 ܗܘܝܢ
ܐܢ ܠܐ ܢܦܫܘܢ ܒܫܡܫܬܐ ܗܘܝܢܘܬܗܘܢ: ܐܦ ܗܘܝܢ
ܢܬܡܠܟܘܢ. ܡܫܡܫ ܓܝܪ ܐܚܘܢ ܕܐܘܠ ܢܬܚܙܘܢ ܐܝܟܢ.
24 ܐܢ ܓܝܪ ܐܝܬ ܕܡܢ ܐܚܕܐ ܐܝܬ ܕܟܝܢܐ: ܗܘ ܕܒܪܘܚܢܝ
ܐܬܐܡܣܗ. ܘܕܠܐ ܒܪܘܚܢܝ ܐܬܚܙܝܬ ܒܚܕܐ ܚܕܐ: ܒܟܠ ܗܘܝܠܐ
ܗܘܝܢ ܐܢ ܢܬܡܠܟܘܢ ܒܚܕܐ ܕܒܢܝܗܘܢ ܀ 25 ܕܝܢ ܐܢܐ ܕܝܢ
ܕܐܬܐܡܣܘ ܐܝܬܝܢ ܐܘܪܐ ܗܘܝܐ. ܕܠܐ ܐܬܐܡܪܘ ܢܬܚܙܘܢ ܒܪܘܚܢܝ
ܢܬܚܙܘܢ. ܕܒܣܪܬܐ ܒܟܠ ܡܢ ܐܘܪ ܡܫܝܚܐ ܗܘܬܐ ܒܫܪܝܠܐ
ܒܪܘܚܐ ܕܢܦܫܠܐ ܡܫܟܚܐ ܕܒܝܫܬܐ: 26 ܗܘܝܢ ܟܕܝܢ
ܡܫܪܝܠܐ ܢܦܫܐ. ܐܢܫܐ ܕܒܝܬ. ܕܢܦܫܐ ܡܢ ܕܗܘܝܢ ܡܪܘܬܐ:
ܘܢܗܘܘܢ ܒܠܐ ܡܢ ܢܬܚܙܘܢ. 27 ܗܘܝܢ ܐܬܗܘܐ ܠܗܘܢ
ܕܢܦܫܐ ܗܘܢ ܕܡܢ ܠܟܠܝ. ܟܠ ܕܡܫܟܚ ܠܗܘܢ ܫܡܝܥܘܬܗܘܢ.
28 ܒܐܘܪܚܐ ܕܝܢ: ܒܟܠܒܪܟܬܐ ܐܝܟܢ ܡܬܒܪܟܘܢ.
ܘܡܬܒܪܟܐ ܢܬܒܪܟܘܢ ܐܝܟܢ ܡܛܠ ܐܚܘܬܐ. 29 ܠܐ ܓܝܪ
ܗܘܝܢ ܐܚܘܢ ܒܫܘܒܚܗ ܘܒܬܘܕܝܬܗ. 30 ܐܢܫܐ ܓܝܪ ܕܐܦ
ܐܝܬܝܢ ܠܐ ܡܬܚܫܒܝܢ ܗܘܝܬܘܢ ܠܐܚܘܢ ܡܢ ܡܕܡ: ܗܘܝܢܐ
ܐܬܬܠܗܘܢ ܡܛܠ ܠܐ ܡܬܚܫܒܝܢܘܬܗܘܢ ܕܗܘܝܢ: 31 ܗܘܝܢܐ
ܐܦ ܕܗܘܝܢ ܠܐ ܐܬܚܫܒܘ ܗܘܝܐ ܠܫܡܫܐ ܕܒܟܝܢܗܘܢ: ܕܐܦ
ܒܟܝܢܗܘܢ ܢܬܗܘܘܢ ܕܫܡܫܐ. 32 ܡܟܝܠ ܓܝܪ ܐܚܘܢ ܠܡܠܟܘܬܐ
ܒܠܐ ܡܬܚܫܒܢܘܬܐ ܕܟܠ ܟܠ ܐܢܫ ܢܬܒܝܢ. 33 ܐܘ ܒܟܘܬܐ
ܕܫܘܪܐ ܡܫܒܩܐ ܘܡܢ ܕܐܚܘܢ. ܕܐܢܫ ܠܐ ܡܢ ܕܢܦܩܘܢ.

ܘܐܘܪ̈ܚܬܗ ܠܐ ܡܬܥܩ̈ܒܢ. [34]ܡܢܘ ܓܝܪ ܝܕܥ ܪܥܝܢܗ
ܕܡܪܝܐ. ܐܘ ܡܢܘ ܗܘܐ ܠܗ ܒܥܠ ܡܠܟܐ. [35]ܘܡܢܘ
ܩܕܡ ܝܗܒ ܠܗ ܘܦ ܢܣܒ ܡܢܗ. [36]ܡܛܠ ܕܟܠ ܡܢܗ
ܘܟܠ ܒܗ ܘܟܠ ܒܐܝܕܗ. ܕܠܗ ܐܫܬܒܚ ܘܡܒܪܟ. ܠܥܠܡ
ܥܠܡܝܢ ܐܡܝܢ ܀

ܩܦܠܐܘܢ ܀ ܝܒ ܀

[1]ܒܥܐ ܗܟܝܠ ܡܢܟܘܢ ܐܚ̈ܝ ܒܪ̈ܚܡܘܗܝ ܕܐܠܗܐ.
ܕܬܩܝܡܘܢ ܦܓܪ̈ܝܟܘܢ ܕܒܚܬܐ ܚܝܬܐ ܘܩܕܝܫܬܐ ܘܡܩܒܠܬܐ
ܠܐܠܗܐ: ܒܬܫܡܫܬܐ ܡܠܝܠܬܐ. [2]ܘܠܐ ܬܬܕܡܘܢ ܠܥܠܡܐ
ܗܢܐ. ܐܠܐ ܐܫܬܚܠܦܘ ܒܚܘܕܬܐ ܕܪ̈ܥܝܢܝܟܘܢ. ܕܬܗܘܘܢ
ܦܪ̈ܫܝܢ ܐܝܢܐ ܗܘ ܨܒܝܢܗ ܕܐܠܗܐ: ܛܒܐ ܘܡܩܒܠܐ ܘܓܡܝܪܐ.
[3]ܐܡܪ ܐܢܐ ܕܝܢ ܒܛܝܒܘܬܐ ܕܐܬܝܗܒܬ ܠܝ ܠܟܠܟܘܢ. ܕܠܐ
ܬܗܘܘܢ ܡܬܪ̈ܥܝܢ ܠܒܪ ܡܢ ܡܐ ܕܘܠܐ ܕܬܬܪܥܘܢ. ܐܠܐ ܬܗܘܘܢ
ܡܬܪ̈ܥܝܢ ܒܢܟܦܘܬܐ. ܟܠܢܫ ܐܝܟ ܕܦܠܓ ܠܗ ܐܠܗܐ
ܡܫܘܚܬܐ ܕܗܝܡܢܘܬܐ. [4]ܐܝܟܢܐ ܓܝܪ ܕܒܚܕ ܦܓܪܐ
ܗܕ̈ܡܐ ܣܓܝܐܐ ܐܝܬ ܠܢ: ܘܟܠܗܘܢ ܗܕ̈ܡܐ ܠܐ ܗܘܐ ܚܕ
ܣܘܥܪܢܐ ܐܝܬ ܠܗܘܢ. [5]ܗܟܢܐ ܐܦ ܚܢܢ ܕܣܓܝܐܐ ܚܢܢ:
ܚܕ ܚܢܢ ܦܓܪ ܒܡܫܝܚܐ. ܚܕ ܚܕ ܡܢܢ ܕܝܢ: ܗܕ̈ܡܐ
ܚܢܢ ܕܚܕ̈ܕܐ. [6]ܐܠܐ ܐܝܬ ܠܢ ܡܘܗ̈ܒܬܐ ܡܫܚ̈ܠܦܬܐ: ܐܝܟ
ܛܝܒܘܬܐ ܕܐܬܝܗܒܬ ܠܢ. ܐܝܬ ܕܢܒܝܘܬܐ ܐܝܟ ܡܫܘܚܬܐ
ܕܗܝܡܢܘܬܗ. [7]ܘܐܝܬ ܕܬܫܡܫܬܐ ܐܝܬ ܠܗ ܒܬܫܡܫܬܗ.
ܘܐܝܬ ܕܡܠܦܢܐ ܗܘ ܒܡܘܠܦܢܗ. [8]ܘܐܝܬ ܕܡܒܝܐܢܐ ܗܘ
ܒܒܘܝܐܗ. ܘܕܝܗܒ ܒܦܫܝܛܘܬܐ: ܘܕܩܐܡ ܪܝܫܐ
ܒܚܦܝܛܘܬܐ. ܘܕܡܪܚܡ ܒܚܕܘܬܐ. [9]ܘܠܐ ܬܗܘܐ ܢܟܠܐ
ܒܚܘܒܟܘܢ. ܐܠܐ ܗܘܝܬܘܢ ܣܢܝܢ ܠܒܝܫܬܐ ܘܡܬܢܩܦܝܢ
ܠܛܒ̈ܬܐ. [10]ܗܘܝܬܘܢ ܪܚܡܝܢ ܠܐܚ̈ܝܟܘܢ ܘܡܚܒܝܢ ܚܕ
ܠܚܕ. ܗܘܝܬܘܢ ܡܩܕܡܝܢ ܡܝܩܪܝܢ ܚܕ ܠܚܕ. [11]ܗܘܝܬܘܢ
ܚܦܝܛܝܢ ܘܠܐ ܚܓܝܢ. ܗܘܝܬܘܢ ܪܬܚܝܢ ܒܪܘܚ. ܗܘܝܬܘܢ

ܦܠܚܝܢ ܠܡܪܟܘܢ. 12 ܘܗܘܝܬܘܢ ܚܕܝܢ ܒܣܒܪܟܘܢ. ܘܗܘܝܬܘܢ
ܡܣܝܒܪܝܢ ܠܐܘܠܨܢܝܟܘܢ. ܘܗܘܝܬܘܢ ܐܡܝܢܝܢ ܒܨܠܘܬܐ.
13 ܘܗܘܝܬܘܢ ܡܫܬܘܬܦܝܢ ܒܣܘܢܩܢܘܬܐ ܕܩܕ̈ܝܫܐ. ܘܗܘܝܬܘܢ
ܪܚܡܝܢ ܐܟܣܢܝܐ. 14 ܒܪܟܘ ܠܪ̈ܕܘܦܝܟܘܢ. ܒܪܟܘ ܘܠܐ
ܬܠܘܛܘܢ. 15 ܚܕܘ ܥܡ ܕܚܕܝܢ. ܘܒܟܘ ܥܡ ܕܒܟܝܢ.
16 ܘܡܕܡ ܕܡܬܪܥܝܢ ܐܢܬܘܢ ܥܠ ܢܦܫܟܘܢ. ܐܦ ܥܠ ܐܚ̈ܝܟܘܢ.
ܘܠܐ ܬܬܪܥܘܢ ܪ̈ܡܬܐ. ܐܠܐ ܗܘܘ ܠܐܝܠܝܢ ܕܡܟ̈ܝܟܝܢ. ܘܠܐ
ܬܗܘܘܢ ܚܟܝܡܝܢ ܒܪܥܝܢܟܘܢ. 17 ܘܠܐ ܬܦܪܥܘܢ ܠܐܢܫ
ܒܝܫܬܐ ܚܠܦ ܒܝܫܬܐ. ܐܠܐ ܢܬܒܛܠ ܠܟܘܢ: ܕܬܥܒܕܘܢ
ܛܒ̈ܬܐ ܩܕܡ ܒܢܝ̈ܢܫܐ ܟܠܗܘܢ. 18 ܘܐܢ ܡܫܟܚܐ ܐܝܟ ܕܡܢ
ܠܘܬܟܘܢ: ܥܡ ܟܠܒܪܢܫ ܫܠܡܐ ܥܒܕܘ. 19 ܘܠܐ ܬܗܘܘܢ
ܬܒܥܝܢ ܢܦܫܟܘܢ ܚܒ̈ܝܒܝ: ܐܠܐ ܗܒܘ ܐܬܪܐ ܠܪܘܓܙܐ.
ܟܬܝܒ ܗܘ ܓܝܪ: ܕܐܢ ܠܐ ܬܬܒܥ ܕܝܢܟ ܠܝ ܫܒܘܩ: ܐܢܐ ܐܬܒܥ
ܕܝܢܟ ܐܡܪ ܡܪܝܐ. 20 ܘܐܢ ܟܦܢ ܒܥܠܕܒܒܟ: ܐܘܟܠܝܗܝ.
ܘܐܢ ܨܗܐ ܐܫܩܝܗܝ. ܘܐܢ ܗܠܝܢ ܬܥܒܕ ܠܗ: ܓܘܡܪ̈ܐ
ܕܢܘܪܐ ܬܩܒܪ ܥܠ ܩܪܩܦܬܗ. 21 ܠܐ ܬܙܟܝܟ ܒܝܫܬܐ. ܐܠܐ
ܙܟܝܗ ܠܒܝܫܬܐ ܒܛܒܬܐ ܀

ܩܦܠܐܘܢ ܀ ܝܓ ܀

1 ܟܠ ܢܦܫ ܠܫܘܠܛܢܐ ܕܪ̈ܒܘܬܐ ܐܫܬܥܒܕܘ. ܠܝܬ ܓܝܪ
ܫܘܠܛܢܐ ܕܠܐ ܗܘܐ ܡܢ ܐܠܗܐ ܗܘ. ܘܐܝܠܝܢ ܫܘܠܛܢܐ
ܕܐܝܬܝܗܘܢ ܡܢ ܐܠܗܐ ܗܘ ܡܦܩܕܝܢ. 2 ܡܢ ܕܩܐܡ ܗܟܝܠ
ܠܘܩܒܠ ܫܘܠܛܢܐ: ܠܘܩܒܠ ܦܘܩܕܢܐ ܕܐܠܗܐ ܩܐܡ.
ܘܗܠܝܢ ܕܩܝܡܝܢ ܠܘܩܒܠܗܘܢ ܕܝܢܐ ܢܣܒܘܢ. 3 ܕܝ̈ܢܐ
ܓܝܪ: ܠܐ ܗܘܘ ܕܚܠܬܐ ܠܥܒ̈ܕܐ ܛܒ̈ܐ ܐܠܐ ܠܒܝ̈ܫܐ. ܨܒܐ
ܐܢܬ ܗܟܝܠ ܕܠܐ ܬܕܚܠ ܡܢ ܫܘܠܛܢܐ: ܥܒܕ ܛܒܬܐ
ܘܬܫܒܘܚܬܐ ܬܗܘܐ ܠܟ ܡܢܗ. 4 ܡܫܡܫܢܐ ܗܘ ܓܝܪ
ܕܐܠܗܐ. ܐܠܐ ܠܟ ܠܛܒ̈ܬܐ. ܘܐܢ ܒܝܫܬܐ ܥܒܕ ܐܢܬ ܕܚܠ.

ܠܐ ܗܘܐ ܓܝܪ ܡܣܪܩܐܝܬ ܐܣܝܪ ܣܝܦܐ. ܡܫܡܫܢܐ ܗܘ
ܓܝܪ ܕܐܠܗܐ. ܘܬܒܘܥܐ ܕܪܘܓܙܐ ܠܗܢܘܢ ܕܥܒܕܝܢ ܒܝܫܬܐ.
5 ܘܡܛܠ ܗܢܐ ܐܠܨܐ ܠܢ ܕܢܫܬܥܒܕ. ܠܐ ܡܛܠ ܪܘܓܙܐ
ܒܠܚܘܕ. ܐܠܐ ܐܦ ܡܛܠ ܬܐܪܬܢ. 6 ܡܛܠ ܗܢܐ ܐܦ ܟܣܦ
ܪܫܐ ܝܗܒܝܢ ܐܢܬܘܢ. ܡܫܡܫܢܐ ܐܢܘܢ ܓܝܪ ܕܐܠܗܐ
ܕܥܠ ܗܠܝܢ ܩܝܡܝܢ. 7 ܦܪܘܥܘ ܗܟܝܠ ܠܟܠܢܫ
ܐܝܟ ܕܡܚܝܒ ܠܗ. ܠܡܢ ܕܟܣܦ ܪܫܐ. ܟܣܦ ܪܫܐ.
ܘܠܡܢ ܕܡܟܣܐ ܡܟܣܐ. ܘܠܡܢ ܕܕܚܠܬܐ ܕܚܠܬܐ: ܘܠܡܢ
ܕܐܝܩܪܐ ܐܝܩܪܐ. 8 ܘܠܐܢܫ ܡܕܡ ܠܐ ܬܚܘܒܘܢ. ܐܠܐ ܚܕ ܠܚܕ
ܠܡܚܒܘ ܀ ܡܢ ܕܡܚܒ ܓܝܪ ܠܚܒܪܗ. ܢܡܘܣܐ ܡܠܝ.
9 ܐܦ ܗܝ ܓܝܪ ܕܐܡܪ ܕܠܐ ܬܓܘܪ ܘܠܐ ܬܩܛܘܠ: ܘܠܐ ܬܓܢܘܒ.
ܘܠܐ ܬܪܓ: ܘܐܢ ܐܝܬ ܦܘܩܕܢܐ ܐܚܪܢܐ ܒܗܕܐ ܡܠܬܐ
ܡܫܬܡܠܝܐ. ܕܬܪܚܡ ܠܩܪܝܒܟ ܐܝܟ ܢܦܫܟ. 10 ܚܘܒܐ ܠܩܪܝܒܗ
ܒܝܫܬܐ ܠܐ ܣܥܪ. ܡܛܠ ܕܚܘܒܐ ܡܘܠܝܗ ܗܘ ܕܢܡܘܣܐ ܀
11 ܘܐܦ ܗܕܐ ܕܥܘ: ܕܐܘܢܐ ܗܘ ܘܫܥܬܐ ܗܝ ܡܟܝܠ
ܕܢܬܬܥܝܪ ܡܢ ܫܢܬܢ. ܗܫܐ ܗܘ ܓܝܪ ܐܬܩܪܒܘ ܠܢ ܚܝܝܢ
ܝܬܝܪ ܡܢ ܕܟܕ ܗܝܡܢܢ. 12 ܠܠܝܐ ܢܓܕ ܘܐܝܡܡܐ
ܩܪܒ. ܢܢܚܬ ܗܟܝܠ ܡܢܢ ܥܒ̈ܕܐ ܕܚܫܘܟܐ: ܘܢܠܒܫ
ܙܝܢܐ ܕܢܘܗܪܐ. 13 ܘܐܝܟ ܕܒܐܝܡܡܐ ܒܐܣܟܡܐ ܢܗܠܟ. ܠܐ
ܒܙܡܪܐ ܘܠܐ ܒܪܘܝܘܬܐ. ܘܠܐ ܒܡܫܟܒܐ ܛܢܦܐ. ܘܠܐ ܒܚܣܡܐ
ܘܚܪܝܢܐ. 14 ܐܠܐ ܠܒܘܫܘ ܠܡܪܢ ܝܫܘܥ ܡܫܝܚܐ: ܘܠܐ
ܬܬܪܥܘܢ ܒܦܓܪܟܘܢ ܠܪ̈ܓܝܓܬܐ ܀

ܦܨܠܐ ܀ ܝܕ ܀

1 ܠܐܢܫܐ ܕܝܢ ܕܟܪܝܗ ܒܗܝܡܢܘܬܐ. ܩܪܒܘ ܠܗ ܐܝܕܐ. ܘܠܐ
ܬܗܘܘܢ ܦܠܝܓܝܢ ܒܡܚܫܒܬܗܘܢ. 2 ܐܝܬ ܓܝܪ ܕܡܗܝܡܢ
ܕܟܠܡܕܡ ܢܐܟܘܠ. ܘܕܟܪܝܗ ܝܪܩܐ ܗܘ ܐܟܠ. 3 ܗܘ ܕܝܢ
ܕܐܟܠ. ܠܗܘ ܕܠܐ ܐܟܠ. ܠܐ ܢܒܣܐ. ܘܗܘ ܕܠܐ ܐܟܠ.

ܠܗܘ ܡܢ ܕܐܟܠ. ܠܐ ܢܕܘܢ. ܐܠܗܐ ܓܝܪ ܩܪܒܗ. 4 ܐܢܬ
ܡܢ ܐܢܬ ܕܕܐܢ ܐܢܬ ܠܥܒܕܐ ܕܠܐ ܕܝܠܟ. ܐܢ ܩܐܡ ܠܡܪܗ
ܩܐܡ. ܘܐܢ ܢܦܠ ܠܡܪܗ ܢܦܠ. ܡܩܡ ܗܘ ܕܝܢ ܩܐܡ.
ܡܫܟܚ ܓܝܪ ܡܪܗ ܕܢܩܝܡܝܘܗܝ. 5 ܐܝܬ ܕܦܪܫ
ܝܘܡܐ ܡܢ ܝܘܡܐ. ܘܐܝܬ ܕܦܪܫ ܟܠܗܘܢ ܝܘܡܬܐ. ܟܠܢܫ
ܕܝܢ ܒܡܕܥܐ ܕܢܦܫܗ ܢܬܚܪܙ. 6 ܡܢ ܕܡܬܪܥܐ ܕܝܘܡܐ ܠܡܪܗ
ܡܬܪܥܐ. ܘܡܢ ܕܠܐ ܡܬܪܥܐ ܕܝܘܡܐ. ܠܡܪܗ ܠܐ ܡܬܪܥܐ.
ܘܕܐܟܠ ܠܡܪܗ ܐܟܠ ܘܠܐܠܗܐ ܡܘܕܐ. ܘܕܠܐ ܐܟܠ ܠܡܪܗ
ܠܐ ܐܟܠ ܘܡܘܕܐ ܠܐܠܗܐ. 7 ܠܝܬ ܓܝܪ ܐܢܫ ܡܢܢ ܕܠܢܦܫܗ
ܚܝ. ܘܠܝܬ ܐܢܫ ܕܠܢܦܫܗ ܡܐܬ. 8 ܡܛܠ ܕܐܢ ܚܝܝܢ.
ܠܡܪܢ ܗܘ ܚܝܝܢ. ܘܐܢ ܡܝܬܝܢ. ܠܡܪܢ ܗܘ ܡܝܬܝܢ.
ܐܢ ܚܝܝܢ ܗܟܝܠ ܐܢ ܡܝܬܝܢ ܕܡܪܢ ܚܢܢ. 9 ܡܛܠ
ܗܢܐ ܐܦ ܡܫܝܚܐ ܡܝܬ ܘܚܝܐ : ܘܩܡ. ܕܢܗܘܐ ܡܪܐ
ܠܡܝ̈ܬܐ ܘܠܚܝ̈ܐ ܀ 10 ܐܢܬ ܕܝܢ ܡܢܐ ܕܐܢ ܐܢܬ ܠܐܚܘܟ.
ܐܘ ܐܦ ܐܢܬ ܠܡܢܐ ܫܐܛ ܐܢܬ ܠܐܚܘܟ. ܟܠܢ ܓܝܪ ܥܬܝܕܝܢ
ܕܢܩܘܡ ܩܕܡ ܒܝܡ ܕܡܫܝܚܐ. 11 ܐܝܟ ܕܟܬܝܒ. ܕܚܝ ܐܢܐ
ܐܡܪ ܡܪܝܐ: ܕܠܝ ܬܟܘܦ ܟܠ ܒܘܪܟ. ܘܠܝ ܬܘܕܐ ܟܠ
ܠܫܢ. 12 ܡܕܝܢ ܟܠ ܐܢܫ ܡܢܢ: ܦܬܓܡܐ ܚܠܦ ܢܦܫܗ
ܢܬܠ ܠܐܠܗܐ. 13 ܠܐ ܡܟܝܠ ܢܕܘܢ ܚܕ ܠܚܕ. ܐܠܐ ܗܕܐ ܕܘܢܘ
ܝܬܝܪܐܝܬ: ܕܬܘܩܠܬܐ ܠܐܚܘܟ ܠܐ ܬܣܝܡ. 14 ܝܕܥ ܐܢܐ ܓܝܪ
ܘܡܦܝܣ ܐܢܐ ܒܡܪܢ ܝܫܘܥ. ܕܡܕܡ ܕܡܣܐܒ ܡܢ ܠܘܬܗ
ܠܝܬ. ܐܠܐ ܠܐܢܫ ܕܪܢܐ ܥܠ ܡܕܡ ܕܡܣܐܒ: ܠܗܘ ܗܘ ܡܣܐܒ
ܗܘ. 15 ܐܢ ܕܝܢ ܡܛܠ ܡܐܟܘܠܬܐ ܡܥܝܩ ܐܢܬ ܠܐܚܘܟ:
ܠܐ ܗܘܝܬ ܒܚܘܒܐ ܡܗܠܟ ܐܢܬ. ܠܐ ܬܘܒܕ ܒܡܐܟܘܠܬܟ ܠܗܘ
ܕܡܛܠܬܗ ܡܝܬ ܡܫܝܚܐ. 16 ܘܠܐ ܬܬܓܕܦ ܛܒܬܢ.
17 ܡܠܟܘܬܗ ܓܝܪ ܕܐܠܗܐ: ܠܐ ܗܘܬ ܡܐܟܘܠܬܐ ܘܡܫܬܝܐ
ܐܠܐ ܟܐܢܘܬܐ ܘܫܝܢܐ. ܘܚܕܘܬܐ ܒܪܘܚܐ ܕܩܘܕܫܐ. 18 ܡܢ
ܕܒܗܠܝܢ ܓܝܪ ܡܫܡܫ ܠܡܫܝܚܐ: ܫܦܪ ܠܐܠܗܐ. ܘܡܒܩܐ

ܠܒܢܝܢܫܐ ܟܠܗ. 19 ܗܫܐ ܒܬܪ ܫܠܡܐ ܢܪܗܛ. ܘܒܬܪ ܒܢܝܢܐ
ܕܚܕ ܚܕ. 20 ܘܠܐ ܡܛܠ ܡܐܟܘܠܬܐ ܢܣܬܪ ܥܒܕܐ ܕܐܠܗܐ.
ܟܠܡܕܡ ܓܝܪ ܕܟܐ ܗܘ. ܐܠܐ ܒܝܫ ܗܘ ܠܒܪܢܫܐ ܕܒܬܘܩܠܬܐ
ܐܟܠ. 21 ܫܦܝܪ ܗܘ ܕܠܐ ܬܐܟܘܠ ܒܣܪܐ ܘܠܐ ܬܫܬܐ ܚܡܪܐ. ܘܠܐ
ܡܕܡ ܕܡܬܬܩܠ ܒܗ ܐܚܘܟ. 22 ܐܝܬ ܕܐܝܬ ܠܟ ܗܝܡܢܘܬܐ:
ܒܢܦܫܟ ܐܚܘܕܝܗ ܩܕܡ ܐܠܗܐ. ܛܘܒܘܗܝ ܠܡܢ ܕܠܐ ܕܢ
ܢܦܫܗ ܒܡܕܡ ܕܦܪܫ. 23 ܐܢܫ ܓܝܪ ܕܡܬܦܠܓ ܘܐܟܠ
ܐܬܚܝܒ ܠܗ. ܡܛܠ ܕܠܘ ܒܗܝܡܢܘܬܐ. ܟܠ ܡܕܡ ܓܝܪ
ܕܠܐ ܗܘܐ ܡܢ ܗܝܡܢܘܬܐ. ܚܛܝܬܐ ܗܘ ܀

ܩܦܠܐܘܢ ܀ ܝܗ ܀

1 ܚܝܒܝܢ ܗܟܝܠ ܚܢܢ ܚܝܠܬܢܐ: ܕܟܘܪܗܢܐ ܕܟܪܝܗܐ
ܢܫܩܘܠ. ܘܠܐ ܠܢܦܫܢ ܢܫܦܪ. 2 ܐܠܐ ܐܢܫ ܡܢܢ ܠܩܪܝܒܗ
ܢܫܦܪ ܒܛܒܬܐ. ܐܝܟ ܕܠܒܢܝܢܐ. 3 ܡܛܠ ܕܐܦ ܡܫܝܚܐ
ܠܐ ܗܘܐ ܠܢܦܫܗ ܫܦܪ. ܐܠܐ ܐܝܟ ܕܟܬܝܒ ܕܚܣܕܐ ܕܡܚܣܕܢܝܟ
ܢܦܠ ܥܠܝ. 4 ܟܠ ܡܕܡ ܓܝܪ ܕܡܢ ܩܕܝܡ ܐܬܟܬܒ:
ܠܝܘܠܦܢܐ ܗܘ ܕܝܠܢ ܐܬܟܬܒ. ܕܒܡܣܝܒܪܢܘܬܐ ܘܒܒܘܝܐܐ
ܕܟܬܒܐ ܣܒܪܐ ܢܗܘܐ ܠܢ. 5 ܐܠܗܐ ܕܝܢ ܕܡܣܝܒܪܢܘܬܐ
ܘܕܒܘܝܐܐ: ܢܬܠ ܠܟܘܢ ܕܬܬܪܥܘܢ ܚܕ ܥܡ ܚܕ
ܒܝܫܘܥ ܡܫܝܚܐ. 6 ܕܒܚܕ ܪܥܝܢܐ ܘܒܚܕ ܦܘܡ: ܬܫܒܚܘܢ
ܠܐܠܗܐ ܐܒܘܗܝ ܕܡܪܢ ܝܫܘܥ ܡܫܝܚܐ. 7 ܡܛܠ ܗܢܐ
ܗܘܘ ܡܩܪܒܝܢ ܘܡܩܒܠܝܢ ܠܚܕܕܐ: ܐܝܟܢܐ ܕܐܦ ܡܫܝܚܐ
ܩܪܒܟܘܢ ܠܬܫܒܘܚܬܗ ܕܐܠܗܐ. 8 ܐܡܪ ܐܢܐ ܕܝܢ ܕܝܫܘܥ
ܡܫܝܚܐ ܡܫܡܫ ܓܙܘܪܬܐ ܚܠܦ ܫܪܪܗ ܕܐܠܗܐ. ܐܝܟܢܐ
ܕܢܫܪܪ ܡܘܠܟܢܐ ܕܐܒܗܬܐ. 9 ܘܥܡܡܐ ܢܫܒܚܘܢ ܠܐܠܗܐ
ܚܠܦ ܪܚܡܐ ܕܗܘܘ ܥܠܝܗܘܢ. ܐܝܟ ܕܟܬܝܒ. ܕܐܘܕܐ ܠܟ
ܒܥܡܡܐ ܘܠܫܡܟ ܐܙܡܪ. 10 ܘܬܘܒ ܐܡܪ: ܐܬܒܣܡܘ
ܥܡܡܐ ܥܡ ܥܡܗ. 11 ܘܬܘܒ ܐܡܪ: ܫܒܚܘ ܠܡܪܝܐ

ܟܠܗܘܢ ܥܡܡܐ. ܘܢܫܒܚܘܢܝܗܝ ܟܠܗܘܢ ܐܡܘܬܐ: 12 ܘܬܘܒ
ܐܫܥܝܐ ܐܡܪ. ܕܢܗܘܐ ܥܩܪܐ ܠܐܝܫܝ. ܘܡܢ ܕܢܩܘܡ ܢܗܘܐ
ܪܝܫܐ ܠܥܡܡܐ. ܘܥܠܘܗܝ ܢܣܒܪܘܢ ܥܡܡܐ. 13 ܐܠܗܐ
ܕܝܢ ܕܣܒܪܐ. ܢܡܠܝܟܘܢ ܟܠ ܚܕܘܬܐ ܘܫܠܡܐ ܒܗܝܡܢܘܬܐ.
ܕܬܬܝܬܪܘܢ ܒܣܒܪܗ ܒܚܝܠܐ ܕܪܘܚܐ ܕܩܘܕܫܐ. 14 ܡܦܝܣ ܐܢܐ
ܕܝܢ ܐܦ ܐܢܐ ܥܠܝܟܘܢ ܐܚܝ. ܕܐܦ ܐܢܬܘܢ ܡܠܝܢ ܐܢܬܘܢ ܛܒܘ
ܬܐ. ܘܡܫܡܠܝܬܘܢ ܒܟܠܗ ܝܕܥܬܐ. ܘܡܫܟܚܝܢ ܐܢܬܘܢ
ܐܦ ܠܐܚܪܢܐ ܠܡܪܬܝܘ. 15 ܩܠܝܠ ܕܝܢ ܡܪܚܐܝܬ ܟܬܒܬ
ܠܟܘܢ ܐܚܝ. ܐܝܟ ܕܐܥܗܕܟܘܢ ܒܛܝܒܘܬܐ ܕܐܬܝܗܒܬ ܠܝ
ܡܢ ܐܠܗܐ: 16 ܕܐܗܘܐ ܡܫܡܫܢܐ ܠܝܫܘܥ ܡܫܝܚܐ
ܒܥܡܡܐ. ܘܐܦܠܘܚ ܠܐܘܢܓܠܝܘܢ ܕܐܠܗܐ. ܕܢܗܘܐ ܩܘܪܒܢܐ
ܕܥܡܡܐ. ܡܩܒܠ ܘܡܩܕܫ ܒܪܘܚܐ ܕܩܘܕܫܐ. 17 ܐܝܬ ܠܝ
ܗܟܝܠ ܫܘܒܗܪܐ ܒܝܫܘܥ ܡܫܝܚܐ ܠܘܬ ܐܠܗܐ. 18 ܠܐ
ܓܝܪ ܡܡܪܚ ܐܢܐ ܕܐܡܪ ܡܕܡ ܕܠܐ ܥܒܕ ܒܐܝܕܝ ܡܫܝܚܐ
ܠܡܫܡܥܬܐ ܕܥܡܡܐ: ܒܡܠܬܐ ܘܒܥܒܕܐ. 19 ܒܚܝܠܐ
ܕܐܬܘܬܐ ܘܕܬܕܡܪܬܐ. ܘܒܚܝܠܐ ܕܪܘܚܗ ܕܐܠܗܐ. ܐܝܟܢܐ ܕܡܢ
ܐܘܪܫܠܡ ܐܫܬܘܚܪܬ: ܟܕ ܟܪܙܬ ܠܐܠܘܪܝܩܘܢ. ܘܐܫܠܡܬ ܣܒܪܬܗ
ܕܡܫܝܚܐ. 20 ܟܕ ܡܬܚܦܛ ܐܢܐ ܕܐܣܒܪ. ܠܐ ܟܕ ܕܐܬܩܪܝ
ܫܡܗ ܕܡܫܝܚܐ. ܕܠܐ ܐܒܢܐ ܥܠ ܫܬܐܣܬܐ ܢܘܟܪܝܬܐ.
21 ܐܠܐ ܐܝܟܢܐ ܕܟܬܝܒ. ܕܐܝܠܝܢ ܕܠܐ ܐܫܬܥܝ ܠܗܘܢ ܡܛܠܬܗ
ܢܚܙܘܢܝܗܝ. ܘܐܝܠܝܢ ܕܠܐ ܫܡܥܘ ܢܬܒܝܢܘܢ. 22 ܡܛܠ
ܗܢܐ ܐܬܟܠܝܬ ܙܒܢܝܢ ܣܓܝܐܝܢ ܕܐܬܐ ܠܘܬܟܘܢ. 23 ܗܫܐ
ܕܝܢ ܡܛܠ ܕܐܬܪܐ ܠܝܬ ܠܝ ܒܗܠܝܢ ܐܬܪܘܬܐ: ܘܪܓܐ
ܗܘܐ ܠܝ ܡܢ ܫܢܝܐ ܣܓܝܐܬܐ. ܕܐܬܐ ܠܘܬܟܘܢ: 24 ܟܕ
ܐܙܠ ܐܢܐ ܠܐܣܦܢܝܐ. ܡܣܒܪ ܐܢܐ ܕܐܬܐ ܘܐܚܙܝܟܘܢ: ܘܐܢܬܘܢ
ܬܠܘܘܢܢܝ ܠܬܡܢ. ܟܕ ܕܩܠܝܠ ܡܢ ܣܒܥܬ ܐܬܒܣܡ
ܥܡܟܘܢ. 25 ܗܫܐ ܕܝܢ ܐܙܠ ܐܢܐ ܠܐܘܪܫܠܡ ܕܐܫܡܫ ܠܩܕܝܫܐ.
26 ܨܒܘ ܓܝܪ ܗܢܘܢ ܕܒܡܩܕܘܢܝܐ. ܘܕܒܐܟܐܝܐ ܕܫܘܬܦܘܬܐ

ܬܗܘܐ ܠܗܘܢ ܥܡ ܡܣ̈ܟܢܐ ܘܩܕ̈ܝܫܐ ܕܐܝܬ ܒܐܘܪܫܠܡ.
27 ܨܒܘ ܡܛܠ ܕܐܦ ܚܝ̈ܒܝܢ ܠܗܘܢ. ܐܢ ܓܝܪ ܒܪ̈ܘܚ
ܐܫܬܘܬܦܘ ܥܡܗܘܢ ܥܡ̈ܡܐ: ܚܝ̈ܒܝܢ ܐܢܘܢ ܕܐܦ ܒܦܓܪ̈ܢܝܬܐ
ܢܫܡܫܘܢ ܐܢܘܢ. 28 ܗܕܐ ܗܟܝܠ ܡܐ ܕܫܡܠܝܬ ܘܚܬܡܬ
ܠܗܘܢ ܐܕܫܐ ܗܢܐ: ܥܒܪ ܐܢܐ ܥܠܝܟܘܢ ܠܐܣܦܢܝܐ. 29 ܝܕܥ
ܐܢܐ ܓܝܪ ܕܡܐ ܕܐܬܐ ܐܢܐ ܠܘܬܟܘܢ. ܒܡܫܘܡܠܝܘܬܐ ܗܘ ܕܒܘܪܟܬܐ
ܕܐܘܢܓܠܝܘܢ ܕܡܫܝܚܐ ܐܬܐ ܐܢܐ. 30 ܒܥܐ ܐܢܐ ܕܝܢ ܡܢܟܘܢ
ܐܚ̈ܝ ܒܡܪܢ ܝܫܘܥ ܡܫܝܚܐ ܘܒܚܘܒܐ ܕܪܘܚܐ: ܕܬܬܥܡܠܘܢ
ܥܡܝ ܒܨܠܘܬܐ ܕܡܛܠܬܝ ܠܘܬ ܐܠܗܐ: 31 ܕܐܬܦܨܐ ܡܢ ܐܝܠܝܢ
ܕܠܐ ܡܬܛܦܝܣܝܢ ܕܒܝܗܘܕ. ܘܬܫܡܫܬܐ ܕܡܘܒܠ ܐܢܐ
ܠܩܕ̈ܝܫܐ ܕܐܘܪܫܠܡ ܬܬܩܒܠ ܫܦܝܪ: 32 ܘܐܬܐ ܠܘܬܟܘܢ
ܒܚܕܘܬܐ ܒܨܒܝܢܗ ܕܐܠܗܐ. 33 ܘܐܬܢܝܚ ܥܡܟܘܢ. ܐܠܗܐ
ܕܫܠܡܐ: ܢܗܘܐ ܥܡ ܟܠܟܘܢ ܐܡܝܢ ✤

ܩܦܠܐܘܢ ✤ ܝܘ ✤

1 ܡܫܠܡ ܐܢܐ ܠܟܘܢ ܕܝܢ ܠܦܘܒܐ ܚܬܢ. ܕܐܝܬܝܗ̇
ܡܫܡܫܢܝܬܐ ܕܥܕܬܐ ܕܩܢܟܪܐܘܣ. 2 ܕܬܩܒܠܘܢܗ̇ ܒܡܪܢ
ܐܝܟ ܕܫܘܐ ܠܩܕ̈ܝܫܐ. ܘܒܟܠ ܨܒܘ ܕܒܥܝܐ ܡܢܟܘܢ ܬܩܘܡܘܢ
ܥܡܗ̇. ܡܛܠ ܕܐܦ ܗܝ ܩܝܡܬܐ ܗܘܬ ܠܣܓ̈ܝܐܐ ܐܦ ܠܝ.
3 ܫܐܠܘ ܒܫܠܡܐ ܕܦܪܝܣܩܠܐ ܘܕܐܩܘܠܘܣ ܦܠܚ̈ܐ ܕܥܡܝ
ܒܡܫܝܚܐ ܝܫܘܥ. 4 ܕܗܢܘܢ ܗܠܝܢ ܚܠܦ ܢܦܫܝ ܝܗܒܘ ܨܘܪ̈ܗܘܢ
ܢܬܠܘ. ܘܠܐ ܗܘܐ ܐܢܐ ܠܒܠܚܘܕ ܡܘܕܐ ܐܢܐ ܠܗܘܢ: ܐܠܐ ܐܦ
ܟܠܗܝܢ ܥܕ̈ܬܐ ܕܥܡ̈ܡܐ. 5 ܘܫܐܠܘ ܫܠܡܐ ܠܥܕܬܐ
ܕܒܒܝܬܗܘܢ. ܫܐܠܘ ܒܫܠܡܐ ܕܐܦܐܢܛܘܣ ܚܒܝܒܝ. ܐܝܢܐ
ܕܐܝܬܘܗܝ ܪܫܝܬܐ ܕܐܟܐܝܐ ܒܡܫܝܚܐ. 6 ܫܐܠܘ ܒܫܠܡܐ
ܕܡܪܝܡ. ܐܝܕܐ ܕܣܓܝ ܠܐܝܬ ܒܟܘܢ. 7 ܫܐܠܘ ܒܫܠܡܐ
ܕܐܢܕܪܘܢܝܩܘܣ ܘܕܝܘܢܝܐ ܐܚ̈ܝܢܝ. ܕܗܘܘ ܫܒ̈ܝܐ ܥܡܝ:
ܘܝܕܝܥܝܢ ܐܢܘܢ ܒܫܠܝ̈ܚܐ. ܘܡܢ ܩܕܡܝ ܗܘܘ.

8 ܫܐܠܘ ܒܫܠܡܐ ܕܐܡܦܠܝܐܣ ܚܒܝܒܝ ܒܡܪܢ. 9 ܫܐܠܘ
ܒܫܠܡܐ ܕܐܘܪܒܢܘܣ ܦܠܚܐ ܕܥܡܢ ܒܡܫܝܚܐ. ܘܕܐܣܛܟܘܣ
ܚܒܝܒܝ. 10 ܫܐܠܘ ܒܫܠܡܐ ܕܐܦܠܐ ܓܒܝܐ ܒܡܪܢ. ܫܐܠܘ
ܒܫܠܡܐ ܕܒܢܝ ܒܝܬܗ ܕܐܪܣܛܘܒܘܠܘܣ. 11 ܫܐܠܘ
ܒܫܠܡܐ ܕܗܪܘܕܝܘܢ ܐܚܝܢ. ܫܐܠܘ ܒܫܠܡܐ ܕܒܢܝ ܒܝܬܗ
ܕܢܪܩܝܣܘܣ. ܐܝܠܝܢ ܕܐܝܬܝܗܘܢ ܒܡܪܢ. 12 ܫܐܠܘ ܒܫܠܡܐ
ܕܛܪܘܦܝܢܐ ܘܛܪܘܦܣܐ ܕܠܐܝܝܢ ܒܡܪܢ. ܫܐܠܘ ܒܫܠܡܐ ܕܦܪܣܝܣ
ܚܒܝܒܬܝ. ܐܝܕܐ ܕܣܓܝ ܠܐܝܬ ܒܡܪܢ. 13 ܫܐܠܘ ܒܫܠܡܐ
ܕܪܘܦܘܣ ܓܒܝܐ ܒܡܪܢ. ܘܕܐܡܗ ܕܝܠܗ ܘܕܝܠܝ. 14 ܫܐܠܘ
ܒܫܠܡܐ ܕܐܣܘܢܩܪܝܛܘܣ ܘܕܦܠܓܘܢ ܘܕܐܪܡܐ ܘܕܦܛܪܘܒܐ.
ܘܕܗܪܡܐ. ܘܕܐܚܐ ܕܥܡܗܘܢ. 15 ܫܐܠܘ ܒܫܠܡܐ ܕܦܝܠܘܠܓܘܣ
ܘܕܝܘܠܝܐ. ܘܕܢܪܐܘܣ ܘܕܚܬܗ ܘܕܐܘܠܘܡܦܐ. ܘܕܟܠܗܘܢ
ܩܕܝܫܐ ܕܥܡܗܘܢ. 16 ܫܐܠܘ ܒܫܠܡܐ ܚܕ ܕܚܕ ܒܢܘܫܩܬܐ
ܩܕܝܫܬܐ. ܫܐܠܝܢ ܒܫܠܡܟܘܢ ܟܠܗܝܢ ܥܕܬܗ ܕܡܫܝܚܐ.
17 ܒܥܐ ܕܝܢ ܡܢܟܘܢ ܐܚܝ܆ ܕܬܙܕܗܪܘܢ ܡܢ ܐܝܠܝܢ
ܕܦܠܓܘܬܐ ܘܡܟܫܘܠܐ ܥܒܕܝܢ. ܠܒܪ ܡܢ ܝܘܠܦܢܐ ܕܐܝܠܦܬܘܢ
ܬܬܪܚܩܘܢ. ܕܐܬܪܚܩܘ ܠܟܘܢ ܡܢܗܘܢ. 18 ܐܝܠܝܢ ܓܝܪ
ܕܗܟܢܐ ܐܢܘܢ. ܠܐ ܡܫܡܫܝܢ ܠܡܪܢ ܝܫܘܥ ܡܫܝܚܐ. ܐܠܐ
ܠܟܪܣܗܘܢ. ܘܒܡܠܐ ܒܣܝܡܬܐ ܘܒܒܘܪܟܬܐ ܡܛܥܝܢ
ܠܒܘܬܐ ܕܦܫܝܛܐ. 19 ܫܡܥܬ ܡܫܡܥܢܘܬܟܘܢ ܕܝܢ ܕܠܟܘܢ.
ܒܟܠ ܕܘܟ ܐܬܝܕܥܬ. ܚܕܐ ܐܢܐ ܗܟܝܠ ܒܟܘܢ. ܘܨܒܐ
ܐܢܐ ܕܬܗܘܘܢ ܚܟܝܡܝܢ ܠܛܒܬܐ ܘܬܡܝܡܝܢ ܠܒܝܫܬܐ.
20 ܐܠܗܐ ܕܝܢ ܕܫܠܡܐ. ܢܫܚܩܝܘܗܝ ܠܣܛܢܐ
ܠܬܚܬ ܪܓܠܝܟܘܢ. ܛܝܒܘܬܗ ܕܡܪܢ ܝܫܘܥ ܡܫܝܚܐ ܬܗܘܐ
ܥܡܟܘܢ. 21 ܫܐܠܝܢ ܒܫܠܡܟܘܢ. ܛܝܡܬܐܘܣ ܦܠܚܐ
ܕܥܡܝ. ܘܠܘܩܝܘܣ ܘܝܐܣܘܢ. ܘܣܘܣܝܦܛܪܘܣ ܐܚܝܢ.
22 ܫܐܠ ܐܢܐ ܒܫܠܡܟܘܢ. ܐܢܐ ܛܪܛܝܘܣ ܕܟܬܒܬ ܐܓܪܬܐ
ܒܡܪܢ. 23 ܫܐܠ ܒܫܠܡܟܘܢ: ܓܐܝܘܣ ܡܩܒܠܢ ܘܕܟܠܗ

ܥܕܬܐ. ܫܐܠ ܒܫܠܡܟܘܢ: ܐܪܣܛܘܣ ܪܒܝܬܐ ܕܡܕܝܢܬܐ
ܘܩܘܐܪܛܘܣ ܐܚܐ ✤ 25 ܠܐܠܗܐ ܕܝܢ ܗܘ ܕܡܫܟܚ ܕܢܫܪܪܟܘܢ
ܒܐܘܢܓܠܝܘܢ ܕܝܠܝ. ܗܘ ܕܐܬܟܪܙ ܥܠ ܝܫܘܥ ܡܫܝܚܐ
ܒܓܠܝܢܐ ܕܐܪܙܐ. ܕܡܢ ܩܕܡ ܙܒܢ̈ܐ ܥܠܡܝ̈ܐ ܟܣܐ ܗܘܐ: 26 ܐܬܓܠܝ
ܕܝܢ ܒܙܒܢܐ ܗܢܐ ܒܝܕ ܟܬܒ̈ܐ ܕܢܒܝ̈ܐ. ܘܒܦܘܩܕܢܗ ܕܐܠܗܐ
ܕܠܥܠܡ. ܐܫܬܘܕܥ ܠܟܠܗܘܢ ܥܡ̈ܡܐ ܠܡܫܡܥܬܐ
ܕܗܝܡܢܘܬܐ. 27 ܕܗܘܝܘ ܚܟܝܡܐ ܒܠܚܘܕܘܗܝ. ܫܘܒܚܐ
ܒܝܕ ܝܫܘܥ ܡܫܝܚܐ ܠܥܠܡܥܠܡܝܢ ܐܡܝܢ ✤ 28 ܛܝܒܘܬܗ
ܕܡܪܢ ܝܫܘܥ ܡܫܝܚܐ ܥܡ ܟܠܟܘܢ ܐܡܝܢ ✤

ܫܠܡܬ ܐܓܪܬܐ ܕܠܘܬ ܪ̈ܗܘܡܝܐ ܕܐܬܟܬܒܬ ܡܢ ܩܘܪܢܬܘܣ. ܘܐܫܬܕܪܬ ܒܝܕ ܦܘܒܐ ܡܫܡܫܢܝܬܐ ܕܩܢܟܪܝܐ ✤

ܐܓܪܬܐ ܕܦܘܠܘܣ ܕܠܘܬ ܩܘܪܢܬܝ̈ܐ ܩܕܡܝܬܐ ✤

ܩܦܠܐܘܢ ✤ ܐ ✤

1 ܦܘܠܘܣ ܩܪܝܐ ܘܫܠܝܚܐ ܕܝܫܘܥ ܡܫܝܚܐ. ܒܨܒܝܢܗ
ܕܐܠܗܐ. ܘܣܘܣܬܢܝܣ ܐܚܐ. 2 ܠܥܕܬܐ ܕܐܠܗܐ
ܕܒܩܘܪܢܬܘܣ. ܩܪ̈ܝܐ ܘܩܕ̈ܝܫܐ ܕܒܝܫܘܥ ܡܫܝܚܐ
ܡܩܕܫܝܢ. ܘܠܟܠܗܘܢ ܐܝܠܝܢ ܕܩܪܝܢ ܫܡܗ ܕܡܪܢ ܝܫܘܥ
ܡܫܝܚܐ ܒܟܠ ܐܬܪ. ܕܠܗܘܢ ܘܕܝܠܢ. 3 ܫܠܡܐ ܥܡܟܘܢ
ܘܛܝܒܘܬܐ. ܡܢ ܐܠܗܐ ܐܒܘܢ: ܘܡܢ ܡܪܢ ܝܫܘܥ ܡܫܝܚܐ ✤
4 ܡܘܕܐ ܐܢܐ ܠܐܠܗܝ ܒܟܠܙܒܢ ܚܠܦܝܟܘܢ: ܥܠ ܛܝܒܘܬܐ

ܕܐܠܗܐ ܕܐܬܝܗܒܬ ܠܟܘܢ ܒܝܫܘܥ ܡܫܝܚܐ. 5 ܕܒܟܠ
ܡܕܡ ܐܬܥܬܪܬܘܢ ܒܗ. ܒܟܠ ܡܠܐ ܘܒܟܠ ܝܕܥܬܐ. 6 ܐܝܟ
ܕܣܗܕܘܬܗ ܕܡܫܝܚܐ ܕܐܫܬܪܪܬ ܒܟܘܢ. 7 ܕܠܐ ܐܬܒܨܪܬܘܢ ܒܚܕܐ
ܡܢ ܡܘܗܒܬܗ. ܐܠܐ ܡܣܟܝܢ ܐܢܬܘܢ ܠܓܠܝܢܗ ܕܡܪܢ
ܝܫܘܥ ܡܫܝܚܐ. 8 ܕܗܘ ܢܫܪܪܟܘܢ ܥܕܡܐ ܠܚܪܬܐ ܕܠܐ
ܪܫܝܢ ܬܗܘܘܢ ܒܝܘܡܗ ܕܡܪܢ ܝܫܘܥ ܡܫܝܚܐ. 9 ܡܗܝܡܢ
ܗܘ ܐܠܗܐ ܕܒܐܝܕܗ ܐܬܩܪܝܬܘܢ ܠܫܘܬܦܘܬܐ ܕܒܪܗ ܝܫܘܥ
ܡܫܝܚܐ ܡܪܢ ܀ 10 ܒܥܐ ܐܢܐ ܕܝܢ ܡܢܟܘܢ ܐܚܝ. ܒܫܡܗ
ܕܡܪܢ ܝܫܘܥ ܡܫܝܚܐ: ܕܬܗܘܐ ܚܕܐ ܡܠܬܐ ܠܟܠܟܘܢ. ܘܠܐ
ܢܗܘܝܢ ܒܟܘܢ ܦܠܓܘܬܐ. ܐܠܐ ܕܬܗܘܘܢ ܡܫܡܠܝܢ ܒܚܕ
ܬܪܥܝܬܐ ܘܒܚܕ ܪܥܝܢܐ. 11 ܫܡܥܬ ܓܝܪ ܥܠܝܟܘܢ
ܐܚܝ ܡܢ ܒܝܬ ܟܠܘܐ: ܕܚܪܝܢܐ ܐܝܬ ܒܝܢܬܟܘܢ: 12 ܗܕܐ
ܕܝܢ ܐܡܪ ܐܢܐ. ܕܐܝܬ ܡܢܟܘܢ ܕܐܡܪ ܐܢܐ ܕܦܘܠܘܣ ܐܢܐ. ܘܐܝܬ
ܕܐܡܪ ܐܢܐ ܕܐܦܠܘ ܐܢܐ. ܘܐܝܬ ܕܐܡܪ ܐܢܐ ܕܟܐܦܐ ܐܢܐ. ܘܐܝܬ
ܕܐܡܪ ܐܢܐ ܕܡܫܝܚܐ ܐܢܐ. 13 ܕܠܡܐ ܐܬܦܠܓ ܠܗ ܡܫܝܚܐ.
ܐܘ ܠܡܐ ܦܘܠܘܣ ܐܙܕܩܦ ܚܠܦܝܟܘܢ. ܐܘ ܒܫܡܗ
ܕܦܘܠܘܣ ܥܡܕܬܘܢ. 14 ܡܘܕܐ ܐܢܐ ܠܐܠܗܐ ܕܠܐܢܫ ܡܢܟܘܢ
ܠܐ ܐܥܡܕܬ: ܐܠܐ ܠܟܪܝܣܦܘܣ ܘܠܓܐܝܘܣ. 15 ܕܠܐ ܐܢܫ
ܢܐܡܪ ܕܒܫܡܝ ܐܥܡܕܬ. 16 ܐܥܡܕܬ ܕܝܢ ܠܒܝܬܗ ܕܐܣܛܦܢܐ.
ܝܬܝܪ ܕܝܢ ܠܐ ܝܕܥ ܐܢܐ ܐܢ ܠܐܢܫ ܐܚܪܝܢ ܐܥܡܕܬ. 17 ܠܐ ܓܝܪ
ܫܕܪܢܝ ܡܫܝܚܐ ܠܡܥܡܕܘ ܐܠܐ ܠܡܣܒܪܘ. ܠܐ ܒܚܟܡܬ
ܡܠܐ. ܕܠܐ ܢܬܣܪܩ ܙܩܝܦܗ ܕܡܫܝܚܐ ܀ 18 ܡܠܬܐ ܓܝܪ
ܕܙܩܝܦܐ ܠܐܒܝܕܐ ܫܛܝܘܬܐ ܗܝ. ܠܢ ܕܝܢ ܠܐܝܠܝܢ ܕܚܝܝܢ
ܚܝܠܐ ܗܝ ܕܐܠܗܐ. 19 ܟܬܝܒ ܓܝܪ ܕܐܘܒܕ ܚܟܡܬܐ
ܕܚܟܝܡܐ. ܘܠܣܘܟܠܗ ܐܣܠܐ ܕܣܘܟܠܬܢܐ. 20 ܐܝܟܐ ܗܘ
ܚܟܝܡܐ. ܐܘ ܐܝܟܐ ܗܘ ܣܦܪܐ. ܐܘ ܐܝܟܐ ܗܘ ܕܪܘܫܐ ܕܥܠܡܐ
ܗܢܐ. ܠܐ ܗܐ ܐܫܛܝܗ̇ ܐܠܗܐ: ܠܚܟܡܬܗ ܕܥܠܡܐ ܗܢܐ.
21 ܡܛܠ ܓܝܪ ܕܒܚܟܡܬܗ ܕܐܠܗܐ: ܠܐ ܝܕܥ ܥܠܡܐ

ܒܚܟܡܬܐ ܠܐܠܗܐ: ܨܒܐ ܐܠܗܐ ܕܒܫܛܝܘܬܐ ܕܟܪܘܙܘܬܐ
ܢܚܐ ܠܐܝܠܝܢ ܕܡܗܝܡܢܝܢ. 22 ܡܛܠ ܕܝܗܘܕܝܐ ܐܬܘܬܐ ܫܐܠܝܢ.
ܘܐܪܡܝܐ ܚܟܡܬܐ ܒܥܝܢ. 23 ܚܢܢ ܕܝܢ ܡܟܪܙܝܢܢ ܡܫܝܚܐ
ܟܕ ܙܩܝܦ. ܠܝܗܘܕܝܐ ܬܘܩܠܬܐ. ܘܠܐܪܡܝܐ ܫܛܝܘܬܐ ܗܘ.
24 ܠܗܘܢ ܕܝܢ ܕܩܪܝܢ ܝܗܘܕܝܐ ܘܐܪܡܝܐ: ܡܫܝܚܐ ܚܝܠܐ ܗܘ
ܕܐܠܗܐ ܘܚܟܡܬܐ ܕܐܠܗܐ. 25 ܡܛܠ ܕܫܛܝܘܬܗ ܕܐܠܗܐ
ܚܟܝܡܐ ܗܝ ܡܢ ܒܢܝܢܫܐ. ܘܟܪܝܗܘܬܗ ܕܐܠܗܐ ܚܝܠܬܢܐ
ܗܝ ܡܢ ܒܢܝ ܐܢܫܐ. 26 ܚܙܘ ܓܝܪ ܐܦ ܩܪܝܢܘܬܟܘܢ ܐܚܝ:
ܕܠܐ ܣܓܝܐܝܢ ܒܟܘܢ ܚܟܝܡܐ ܒܒܣܪ. ܘܠܐ ܣܓܝܐܝܢ ܒܟܘܢ
ܚܝܠܬܢܐ. ܘܠܐ ܣܓܝܐܝܢ ܒܟܘܢ ܒܢܝ ܫܪܒܬܐ ܪܒܐ. 27 ܐܠܐ
ܓܒܐ ܐܠܗܐ ܠܣܟܠܝܗ ܕܥܠܡܐ ܕܢܒܗܬ ܠܚܟܝܡܐ.
ܘܓܒܐ ܡܚܝܠܘܗܝ ܕܥܠܡܐ ܕܢܒܗܬ ܠܚܝܠܬܢܐ. 28 ܘܓܒܐ
ܠܐܝܠܝܢ ܕܒܨܝܪ ܫܪܒܬܗܘܢ ܒܥܠܡܐ: ܘܠܫܝܛܐ ܘܠܐܝܠܝܢ
ܕܠܐ ܐܝܬܝܗܘܢ: ܕܢܒܛܠ ܠܐܝܠܝܢ ܕܐܝܬܝܗܘܢ. 29 ܕܠܐ ܢܫܬܒܗܪ ܟܠ
ܒܣܪ ܩܕܡܘܗܝ. 30 ܐܦ ܐܢܬܘܢ ܕܝܢ ܡܢܗ ܐܢܬܘܢ ܒܝܫܘܥ
ܡܫܝܚܐ. ܗܘ ܕܗܘܐ ܠܢ ܚܟܡܬܐ ܡܢ ܐܠܗܐ: ܘܙܕܝܩܘܬܐ
ܘܩܕܝܫܘܬܐ ܘܦܘܪܩܢܐ. 31 ܐܝܟ ܕܟܬܝܒ. ܕܡܢ ܕܡܫܬܒܗܪ.
ܒܡܪܝܐ ܢܫܬܒܗܪ܀

ܩܦܠܐܘܢ ܀ ܒ ܀

1 ܘܐܢܐ ܐܚܝ ܟܕ ܐܬܝܬ ܠܘܬܟܘܢ: ܠܐ ܒܡܡܠܠܐ ܪܘܪܒܐ.
ܐܘ ܒܚܟܡܬܐ ܣܒܪܬ ܠܟܘܢ ܐܪܙܗ ܕܐܠܗܐ. 2 ܘܠܐ ܕܢܬ ܕܐܕܥ
ܒܝܢܬܟܘܢ ܐܝܟ ܕܝܕܥ ܐܢܐ. ܐܠܐ ܠܝܫܘܥ ܡܫܝܚܐ. ܐܦ
ܠܗ ܟܕ ܙܩܝܦ. 3 ܘܐܢܐ ܒܕܚܠܬܐ ܣܓܝܐܬܐ ܘܒܪܬܝܬܐ ܗܘܝܬ
ܠܘܬܟܘܢ. 4 ܘܡܠܬܝ ܘܟܪܘܙܘܬܝ: ܠܐ ܗܘܬ ܒܡܦܝܣܢܘܬܐ
ܕܡܠܐ ܕܚܟܡܬܐ. ܐܠܐ ܒܬܚܘܝܬܐ ܕܪܘܚܐ ܘܕܚܝܠܐ. 5 ܕܠܐ ܬܗܘܐ
ܗܝܡܢܘܬܟܘܢ ܒܚܟܡܬܐ ܕܒܢܝܢܫܐ. ܐܠܐ ܒܚܝܠܐ ܕܐܠܗܐ܀
6 ܚܟܡܬܐ ܕܝܢ ܡܡܠܠܝܢܢ ܒܓܡܝܪܐ. ܚܟܡܬܐ ܠܐ ܕܗܢܐ
ܥܠܡܐ. ܐܦܠܐ ܕܫܠܝܛܢܘܗܝ ܕܥܠܡܐ ܗܢܐ ܕܡܬܒܛܠܝܢ.

7 ܐܠܐ ܡܡܠܠܝܢܢ ܚܟܡܬܗ ܕܐܠܗܐ ܒܐܪܙܐ ܗܝ ܕܡܛܫܝܐ
ܗܘܬ. ܘܩܕܡ ܗܘܐ ܦܪܫܗ ܐܠܗܐ ܡܢ ܩܕܡ ܥܠܡܐ
ܠܫܘܒܚܐ ܕܝܠܢ. 8 ܗܝ ܕܚܕ ܡܢ ܫܠܝܛܢܐ ܕܥܠܡܐ ܗܢܐ ܠܐ
ܝܕܥܗ. ܐܠܘ ܓܝܪ ܝܕܥܘܗ. ܠܘ ܠܡܪܢ ܕܫܘܒܚܐ
ܙܩܦܝܢ ܗܘܘ. 9 ܐܠܐ ܐܝܟ ܕܟܬܝܒ. ܕܡܕܡ ܕܥܝܢܐ ܠܐ ܚܙܬ. ܘܐܕܢܐ ܠܐ
ܫܡܥܬ. ܘܥܠ ܠܒܐ ܕܒܪܢܫܐ ܠܐ ܣܠܩ. ܡܕܡ ܕܛܝܒ
ܐܠܗܐ ܠܐܝܠܝܢ ܕܪܚܡܝܢ ܠܗ. 10 ܠܢ ܕܝܢ ܓܠܐ ܐܠܗܐ
ܒܪܘܚܗ. ܪܘܚܐ ܓܝܪ ܟܠܡܕܡ ܒܨܝܐ ܐܦ ܥܘܡܩܘܗܝ
ܕܐܠܗܐ. 11 ܐܝܢܐ ܗܘ ܓܝܪ ܒܪܢܫܐ ܕܝܕܥ ܡܕܡ ܕܒܒܪܢܫܐ: ܐܠܐ
ܐܢ ܪܘܚܐ ܕܒܪ ܐܢܫܐ ܕܒܗ. ܗܟܢܐ ܐܦ ܕܒܐܠܗܐ ܐܢܫ ܠܐ
ܝܕܥ: ܐܠܐ ܐܢ ܪܘܚܗ ܕܐܠܗܐ. 12 ܚܢܢ ܕܝܢ ܠܐ ܗܘܐ ܪܘܚܐ
ܕܥܠܡܐ ܢܣܒܢ. ܐܠܐ ܪܘܚܐ ܕܡܢ ܐܠܗܐ. ܕܢܕܥ ܡܘܗܒܬܐ
ܡܢ ܐܠܗܐ ܐܬܝܗܒ ܠܢ. 13 ܐܝܠܝܢ ܕܐܦ ܡܡܠܠܝܢܢ: ܠܐ
ܗܘܐ ܒܡܠܦܢܘܬܐ ܕܡܠܐ ܕܚܟܡܬܐ ܕܒܢܝܢܫܐ. ܐܠܐ ܒܡܠܦܢܘܬܐ
ܕܪܘܚܐ. ܘܒܪܘܚܢܝܬܐ ܪܘܚܢܝܬܐ ܡܦܚܡܝܢ. 14 ܒܪܢܫܐ ܓܝܪ
ܢܦܫܢܝܐ ܗܘ: ܠܐ ܡܩܒܠ ܪܘܚܢܝܬܐ. ܫܛܝܘܬܐ ܐܢܝܢ ܓܝܪ
ܠܗ. ܘܠܐ ܡܫܟܚ ܕܢܕܥ ܕܒܪܘܚ ܡܬܒܥܝܢ. 15 ܪܘܚܢܐ ܕܝܢ
ܟܠ ܡܕܡ ܕܐܢ. ܘܗܘ ܡܢ ܐܢܫ ܠܐ ܡܬܕܝܢ. 16 ܡܢܘ ܓܝܪ
ܝܕܥ ܪܥܝܢܗ ܕܡܪܝܐ ܕܢܠܦܝܘܗܝ. ܚܢܢ ܕܝܢ ܪܥܝܢܗ ܕܡܫܝܚܐ
ܐܝܬ ܠܢ ܀

ܩܦܠܐܘܢ ܀ ܓ ܀

1 ܘܐܢܐ ܐܚܝ: ܠܐ ܐܫܟܚܬ ܕܐܡܠܠ ܥܡܟܘܢ ܐܝܟ ܕܥܡ
ܪܘܚܢܐ. ܐܠܐ ܐܝܟ ܕܥܡ ܦܓܪܢܐ. ܘܐܝܟ ܕܠܫܒܪܐ ܒܡܫܝܚܐ.
2 ܚܠܒܐ ܐܫܩܝܬܟܘܢ. ܘܠܐ ܡܐܟܘܠܬܐ. ܠܐ
ܓܝܪ ܡܫܟܚܝܢ ܗܘܝܬܘܢ. ܐܠܐ ܐܦܠܐ ܗܫܐ
ܡܫܟܚܝܢ ܐܢܬܘܢ. 3 ܦܓܪܢܐ ܓܝܪ ܥܕܟܝܠ ܐܢܬܘܢ. ܐܝܟܐ
ܓܝܪ ܕܐܝܬ ܒܟܘܢ ܚܣܡܐ ܘܚܪܝܢܐ ܘܦܠܓܘܬܐ: ܠܐ ܗܘܐ ܦܓܪܢܐ
ܐܝܬܝܟܘܢ. ܘܒܒܢܝܢܫܐ ܡܗܠܟܝܢ ܐܝܬܝܟܘܢ. 4 ܡܐ ܕܐܡܪ ܓܝܪ ܐܢܫ

ܐܢܫ ܡܢܟܘܢ: ܐܢܐ ܕܦܘܠܘܣ ܐܢܐ: ܘܐܚܪܢܐ ܐܡܪ ܐܢܐ
ܕܐܦܠܘ ܐܢܐ: ܠܐ ܗܘܐ ܦܓܪܢܝܐ ܐܝܬܝܟܘܢ: 5 ܡܢܘ ܓܝܪ ܦܘܠܘܣ
ܐܘ ܡܢܘ ܐܦܠܘ. ܐܠܐ ܡܫܡܫܢܐ ܕܒܐܝܕܝܗܘܢ ܗܝܡܢܬܘܢ.
ܘܐܢܫ ܐܢܫ ܐܝܟ ܕܝܗܒ ܠܗ ܡܪܢ. 6 ܐܢܐ ܢܨܒܬ ܘܐܦܠܘ
ܐܫܩܝ. ܐܠܐ ܐܠܗܐ ܪܒܝ. 7 ܠܐ ܗܟܝܠ ܗܘ ܕܢܨܒ ܐܝܬܘܗܝ
ܡܕܡ ܘܠܐ ܗܘ ܕܡܫܩܐ. ܐܠܐ ܐܠܗܐ ܕܡܪܒܐ. 8 ܡܢ ܕܢܨܒ
ܕܝܢ ܘܡܢ ܕܡܫܩܐ ܚܕ ܐܢܘܢ. ܐܢܫ ܐܝܟ ܥܡܠܗ ܐܓܪܗ
ܡܩܒܠ. 9 ܥܡ ܐܠܗܐ ܓܝܪ ܦܠܚܝܢܢ. ܘܦܠܚܘܬܐ
ܕܐܠܗܐ ܘܒܢܝܢܐ ܕܐܠܗܐ ܐܝܬܝܟܘܢ. 10 ܘܐܝܟ ܛܝܒܘܬܐ
ܕܐܠܗܐ ܕܐܬܝܗܒܬ ܠܝ: ܣܡܬ ܫܬܐܣܬܐ ܐܝܟ ܐܪܕܝܟܠܐ
ܚܟܝܡܐ. ܐܚܪܢܐ ܕܝܢ ܒܢܐ ܥܠܝܗ. ܟܠܢܫ ܕܝܢ ܢܚܙܐ ܐܝܟܢܐ
ܒܢܐ ܥܠܝܗ. 11 ܫܬܐܣܬܐ ܓܝܪ ܐܚܪܬܐ ܣܛܪ ܡܢ ܗܕܐ
ܕܣܝܡܐ: ܐܢܫ ܠܐ ܡܫܟܚ ܠܡܣܡ. ܕܐܝܬܝܗ ܝܫܘܥ
ܡܫܝܚܐ. 12 ܐܢ ܐܢܫ ܕܝܢ ܒܢܐ ܥܠ ܗܕܐ ܫܬܐܣܬܐ: ܕܗܒܐ
ܐܘ ܣܐܡܐ. ܐܘ ܟܐܦܐ ܝܩܝܪܬܐ: ܐܘ ܩܝܣܐ ܐܘ ܚܫܝܫܐ. ܐܘ
ܩܫܐ: 13 ܥܒܕܐ ܕܟܠܢܫ ܡܬܓܠܐ. ܝܘܡܐ ܓܝܪ ܗܘ ܡܓܠܐ
ܠܗ. ܡܛܠ ܕܒܢܘܪܐ ܡܬܓܠܐ. ܘܥܒܕܗ ܕܟܠܢܫ ܐܝܟܢܐ
ܐܝܬܘܗܝ. ܢܘܪܐ ܬܒܩܝܘܗܝ. 14 ܘܐܝܢܐ ܕܢܩܘܐ ܥܒܕܗ:
ܗܘ ܕܒܢܐ ܐܓܪܐ ܢܣܒ. 15 ܘܐܝܢܐ ܕܥܒܕܗ ܢܐܩܕ ܢܚܣܪ.
ܗܘ ܕܝܢ ܢܬܦܨܐ. ܗܟܢܐ ܕܝܢ ܐܝܟ ܕܡܢ ܢܘܪܐ ✥ 16 ܠܐ ܝܕܥܝܢ
ܐܢܬܘܢ ܕܗܝܟܠܗ ܐܢܬܘܢ ܕܐܠܗܐ: ܘܪܘܚܗ ܕܐܠܗܐ ܥܡܪܐ
ܒܟܘܢ. 17 ܡܢ ܕܡܚܒܠ ܗܝܟܠܗ ܕܐܠܗܐ ܡܚܒܠ ܠܗ
ܐܠܗܐ. ܗܝܟܠܗ ܓܝܪ ܕܐܠܗܐ ܩܕܝܫ ܗܘ ܕܐܝܬܝܟܘܢ ܐܢܬܘܢ.
18 ܐܢܫ ܠܐ ܢܛܥܐ ܢܦܫܗ. ܡܢ ܕܣܒܪ ܒܟܘܢ ܕܚܟܝܡ ܗܘ
ܒܥܠܡܐ ܗܢܐ: ܢܗܘܐ ܠܗ ܣܟܠܐ. ܕܢܗܘܐ ܚܟܝܡܐ.
19 ܚܟܡܬܗ ܓܝܪ ܕܥܠܡܐ ܗܢܐ ܫܛܝܘܬܐ ܗܝ ܠܘܬ ܐܠܗܐ.
ܟܬܝܒ ܗܘ ܓܝܪ: ܕܐܚܕ ܚܟܝܡܐ ܒܚܪܝܥܘܬܗܘܢ. 20 ܘܬܘܒ.
ܡܪܝܐ ܝܕܥ ܡܚܫܒܬܗܘܢ ܕܚܟܝܡܐ ܕܣܪܝܩܢ ܐܢܝܢ. 21 ܡܛܠ

ܫܠܡ ܐܨܚܚܐ ܕܟܠܗ ܡܕܪܫܬܐ ܩܕܡܝܬܐ ❖ ܓ ❖

ܗܘܝܐ ܠܐ ܐܢܫ ܢܫܬܒܗܪ ܒܒܢܝܢܫܐ. ܟܠܡܕܡ ܓܝܪ ܕܝܠܟܘܢ
ܗܘ. 22 ܐܢ ܦܘܠܘܣ ܐܢ ܐܦܠܘ. ܐܢ ܟܐܦܐ. ܐܢ ܥܠܡܐ.
ܐܢ ܚܝܐ ܐܢ ܡܘܬܐ. ܐܢ ܕܩܝܡܢ ܐܢ ܕܥܬܝܕܢ. ܟܠ
ܡܕܡ ܕܝܠܟܘܢ ܗܘ. 23 ܘܐܢܬܘܢ ܕܡܫܝܚܐ. ܘܡܫܝܚܐ
ܕܐܠܗܐ ❖

ܩܦܠܐܘܢ ❖ ܕ ❖

1 ܗܟܢܐ ܢܗܘܐ ܚܫܝܒܝܢ ܠܟܘܢ: ܐܝܟ ܡܫܡܫܢܐ
ܕܡܫܝܚܐ. ܘܪܒܝ ܒܝܬܐ ܕܐܪ̈ܙܘܗܝ ܕܐܠܗܐ. 2 ܗܪܟܐ
ܕܝܢ ܡܬܒܥܐ ܒܪ̈ܒܝ ܒܝܬܐ: ܕܐܢܫ ܡܢ ܡܗܝܡܢ
ܢܫܬܟܚ. 3 ܠܝ ܕܝܢ ܗܕܐ ܒܨܝܪܐ ܗܝ ܠܝ ܕܡܢܟܘܢ
ܐܬܕܝܢ. ܐܘ ܡܢ ܟܠ ܒܪ ܐܢܫ. ܐܠܐ ܐܦܠܐ ܐܢܐ ܢܦܫܝ ܕܐܢ ܐܢܐ.
4 ܠܐ ܓܝܪ ܡܕܡ ܒܢܦܫܝ ܝܕܥ ܐܢܐ. ܐܠܐ ܠܘ ܒܗܕܐ
ܐܙܕܕܩܬ. ܕܕܐܢ ܠܝ ܓܝܪ ܡܪܝܐ ܗܘ. 5 ܡܛܠ ܗܢܐ ܠܐ ܡܢ ܩܕܡ
ܙܒܢܐ ܬܕܘܢܘܢ ܕܝܢ: ܥܕܡܐ ܕܢܐܬܐ ܡܪܢ. ܗܘ ܕܢܢܗܪ
ܟܣܝܬܗ ܕܚܫܘܟܐ: ܘܢܓܠܐ ܬܪ̈ܥܝܬܗܘܢ ܕܠܒܘܬܐ. ܘܗܝܕܝܢ
ܬܗܘܐ ܫܘܒܚܐ: ܠܐܢܫ ܡܢ ܐܠܗܐ ❖ 6 ܗܠܝܢ ܕܝܢ
ܐܚܝ: ܐܣܟܡܬ ܗܘܐ ܥܠ ܦܪܨܘܦܐ ܕܝܠܝ
ܘܕܐܦܠܘ. ܕܒܢ ܬܐܠܦܘܢ. ܕܠܐ ܬܬܪܥܘܢ ܝܬܝܪ ܡܢ ܡܐ ܕܟܬܝܒ.
ܘܐܢܫ ܥܠ ܚܒܪܗ ܠܐ ܢܬܪܝܡ ܡܛܠ ܐܢܫ. 7 ܡܢܘ ܓܝܪ
ܦܪܫܟ. ܐܘ ܡܢܐ ܐܝܬ ܠܟ ܕܠܐ ܢܣܒܬ. ܘܐܢ ܢܣܒܬ ܠܟܡܢܐ
ܡܫܬܒܗܪ ܐܢܬ ܐܝܟ ܗܘ ܕܠܐ ܢܣܒܬ. 8 ܡܢ ܟܒܪ ܣܒܥܬܘܢ
ܠܟܘܢ ܘܥܬܪܬܘܢ: ܘܕܠܥܕܝܢ ܐܡܠܟܬܘܢ: ܐܝܠܘ ܕܝܢ
ܐܡܠܟܬܘܢ. ܕܐܦ ܚܢܢ ܢܡܠܟ ܥܡܟܘܢ. 9 ܣܒܪ ܐܢܐ ܕܝܢ
ܕܠܢ ܠܫܠܝܚܐ: ܐܚܪ̈ܝܐ ܗܘ ܣܡܢ ܐܠܗܐ ܐܝܟ ܕܠܡܘܬܐ.
ܕܗܘܝܢ ܬܐܛܪܘܢ ܠܥܠܡܐ. ܘܠܡܠܐܟܐ ܘܠܒܢܝܢܫܐ. 10 ܚܢܢ
ܫܛܝܐ ܡܛܠ ܡܫܝܚܐ. ܐܢܬܘܢ ܕܝܢ ܚܟܝܡܐ ܒܡܫܝܚܐ.
ܚܢܢ ܟܪܝܗܐ. ܘܐܢܬܘܢ ܚܝܠܬܢܐ. ܐܢܬܘܢ ܡܫܬܒܚܝܢ.
ܘܚܢܢ ܡܨܛܥܪܝܢ. 11 ܥܕܡܐ ܠܗܕܐ ܫܥܬܐ: ܟܦܢܝܢ

ܥܪ̈ܛܠܝܢ. ܘܡܬܢܩܦܝܢ. ܘܡܛܠܛܠܝܢ. ܘܠܝܬ ܕܘܟܐ
ܕܩܐܡܐ ܠܢ. 12 ܘܠܐܝܢ ܟܕ ܦܠܚܝܢ ܒܐܝ̈ܕܝܢ. ܡܨܚܪܝܢ ܠܢ
ܘܡܒܪ̈ܟܝܢܢ. ܪܕܦܝܢ ܠܢ ܘܡܣܝܒܪܝܢܢ. 13 ܡܓܕܦܝܢ ܠܢ
ܘܒܥܝܢܢ ܡܢܗܘܢ. ܐܝܟ ܣܚܦܐ ܕܥܠܡܐ ܗܘܝܢ. ܘܡܕܘܫܐ
ܕܟܠܢܫ ܥܕܡܐ ܠܗܫܐ. 14 ܠܐ ܗܘܐ ܐܝܟ ܕܐܒܗܬܟܘܢ ܟܬܒ
ܐܢܐ ܗܠܝܢ. ܐܠܐ ܐܝܟ ܕܠܒܢܝ̈ܐ ܚܒܝ̈ܒܐ ܡܪܬܐ ܐܢܐ. 15 ܐܢ ܓܝܪ
ܪܒܘ ܪ̈ܒܘܢ ܢܗܘܘܢ ܠܟܘܢ ܒܡܫܝܚܐ: ܐܠܐ ܠܐ ܣܓܝ̈ܐܐ ܐܒ̈ܗܐ:
ܒܝܫܘܥ ܓܝܪ ܡܫܝܚܐ: ܐܢܐ ܗܘ ܐܘܠܕܬܟܘܢ ܒܣܒܪܬܐ.
16 ܒܥܐ ܐܢܐ ܗܟܝܠ ܡܢܟܘܢ ܕܬܕܡܘܢ ܠܝ. 17 ܡܛܠ ܗܢܐ
ܫܕܪܬ ܠܘܬܟܘܢ ܠܛܝܡܬܐܘܣ: ܕܐܝܬܘܗܝ ܒܪܝ ܚܒܝܒܐ
ܘܡܗܝܡܢܐ ܒܡܪܢ. ܕܗܘ ܢܥܗܕܟܘܢ ܐܘܪ̈ܚܬܝ
ܕܒܡܫܝܚܐ. ܐܝܟ ܕܡܠܦ ܐܢܐ ܒܟܠܗܝܢ ܥܕ̈ܬܐ.
18 ܐܝܟ ܗܘ ܕܠܐ ܐܬܐ ܐܢܐ ܠܘܬܟܘܢ ܐܬܚܬܪܘ ܐܢܫܐ ܡܢܟܘܢ.
19 ܐܠܐ ܐܢ ܡܪܝܐ ܨܒܐ ܥܓܠܐܝܬ ܐܬܐ ܐܢܐ ܠܘܬܟܘܢ. ܘܐܕܥ ܠܐ
ܡܠܬܗܘܢ ܕܗܠܝܢ ܕܡܬܚܬܪܝܢ ܐܠܐ ܚܝܠܗܘܢ.
20 ܡܠܟܘܬܐ ܓܝܪ ܕܐܠܗܐ ܠܐ ܗܘܬ ܒܡܠܬܐ ܐܠܐ ܒܚܝܠܐ.
21 ܐܝܢܐ ܨܒܝܢ ܐܢܬܘܢ. ܒܫܒܛܐ ܐܬܐ ܠܘܬܟܘܢ. ܐܘ ܒܚܘܒܐ
ܘܒܪܘܚܐ ܡܟܝܟܬܐ ܀

ܩܦܠܐܘܢ ܀ ܗ ܀

1 ܦܣܩܐ ܫܡܝܥܐ ܒܝܢܬܟܘܢ ܙܢܝܘܬܐ. ܘܐܝܟ ܗܕܐ ܙܢܝܘܬܐ:
ܐܝܕܐ ܕܐܦܠܐ ܒܝܢ ܥܡ̈ܡܐ ܫܡܝܥܐ. ܥܕܡܐ ܕܢܣܒ ܒܪܐ ܐܢܬܬ
ܐܒܘܗܝ: 2 ܘܐܢܬܘܢ ܡܬܚܬܪܝܢ ܐܢܬܘܢ: ܘܠܐ ܟܕ ܐܬܐܒܠܬܘܢ
ܒܐܒܠܐ ܕܢܫܬܩܠ ܡܢ ܒܝܢܬܟܘܢ ܗܘ ܡܢ ܕܗܢܐ ܥܒܕܐ
ܥܒܕ. 3 ܐܢܐ ܓܝܪ ܟܕ ܪܚܝܩ ܐܢܐ ܡܢܟܘܢ ܒܦܓܪ ܘܩܪܝܒ
ܐܢܐ ܠܟܘܢ ܒܪܘܚ: ܡܢ ܟܕܘ ܕܢܬ ܐܝܟ ܩܪܝܒܐ ܠܗܘ ܡܢ ܕܗܢܐ
ܥܒܕ. 4 ܕܒܫܡܗ ܕܡܪܢ ܝܫܘܥ ܡܫܝܚܐ ܬܬܟܢܫܘܢ
ܟܠܟܘܢ. ܘܐܢܐ ܥܡܟܘܢ ܒܪܘܚ. ܥܡ ܚܝܠܗ ܕܡܪܢ ܝܫܘܥ
ܡܫܝܚܐ. 5 ܘܬܫܠܡܘܢܝܗܝ ܠܗܢܐ ܠܣܛܢܐ ܠܚܒܠܐ

ܕܦܓܪܗ : ܕܒܪܘܚ ܢܚܐ ܒܝܘܡܗ ܕܡܪܢ ܝܫܘܥ ܡܫܝܚܐ ✤
6 ܠܐ ܫܦܝܪ ܫܘܒܗܪܟܘܢ ܐܚܝ: ܠܐ ܝܕܥܝܢ ܐܢܬܘܢ ܕܚܡܝܪܐ
ܩܠܝܠ ܟܠܗ ܠܥܝܣܐ ܡܚܡܥ. 7 ܕܟܘ ܡܢܟܘܢ ܚܡܝܪܐ
ܥܬܝܩܐ: ܕܬܗܘܘܢ ܠܥܝܣܬܐ ܚܕܬܐ. ܐܝܟܢܐ ܕܐܝܬܝܟܘܢ
ܦܛܝܪܐ. ܦܨܚܐ ܓܝܪ ܕܝܠܢ: ܡܫܝܚܐ ܗܘ ܕܐܬܢܟܣ ܚܠܦܝܢ.
8 ܡܛܠ ܗܢܐ ܢܥܒܕ ܥܐܕܐ: ܠܐ ܒܚܡܝܪܐ ܥܬܝܩܐ. ܘܠܐ
ܒܚܡܝܪܐ ܕܒܝܫܘܬܐ ܘܕܡܪܝܪܘܬܐ. ܐܠܐ ܒܚܡܝܪܐ ܕܕܟܝܘܬܐ
ܘܕܩܕܝܫܘܬܐ. 9 ܟܬܒܬ ܠܟܘܢ ܒܐܓܪܬܐ: ܕܠܐ ܬܬܚܠܛܘܢ
ܥܡ ܙܢܝܐ. 10 ܠܐ ܕܝܢ ܐܡܪ ܐܢܐ ܥܠ ܙܢܝܐ ܕܒܥܠܡܐ ܗܢܐ. ܐܘ
ܥܠ ܥܠܘܒܐ ܐܘ ܥܠ ܚܛܘܦܐ. ܐܘ ܥܠ ܦܠܚܝ ܦܬܟܪܐ.
ܐܘ ܠܐ ܚܝܒܝܢ ܗܘܝܬܘܢ ܐܦ ܡܢ ܥܠܡܐ ܠܡܦܩ. 11 ܗܫܐ
ܕܝܢ ܟܬܒܬ ܠܟܘܢ ܕܠܐ ܬܬܚܠܛܘܢ: ܐܢ ܐܝܬ ܕܡܬܩܪܐ ܐܚܐ.
ܘܐܝܬܘܗܝ ܙܢܝܐ. ܐܘ ܥܠܘܒܐ. ܐܘ ܦܠܚ ܦܬܟܪܐ. ܐܘ ܡܨܚܢܐ.
ܐܘ ܪܘܝ. ܐܘ ܚܛܘܦ. ܥܡ ܐܢܫ ܕܗܟܢܐ ܗܘ. ܐܦܠܐ ܒܠܚܡܐ
ܠܡܬܠܥܣ :: 12 ܡܢܐ ܠܝ ܓܝܪ ܕܐܕܘܢ ܠܒܪܝܐ. ܐܝܠܝܢ ܕܝܢ
ܠܓܘܝܐ ܕܘܢܘ. 13 ܠܒܪܝܐ ܕܝܢ ܐܠܗܐ ܕܐܢ. ܘܐܦܩܘܗܝ
ܠܒܝܫܐ ܡܢ ܒܝܢܬܟܘܢ ✤

ܩܦܠܐܘܢ ✤ ܘ ✤

1 ܡܡܪܚ ܐܢܫ ܡܢܟܘܢ ܟܕ ܐܝܬ ܠܗ ܕܝܢܐ ܥܡ ܐܚܘܗܝ:
ܕܢܕܘܢ ܩܕܡ ܥܘܠܐ ܘܠܐ ܩܕܡ ܩܕܝܫܐ. 2 ܐܘ ܠܐ ܝܕܥܝܢ ܐܢܬܘܢ
ܕܩܕܝܫܐ ܠܥܠܡܐ ܕܝܢܝܢ. ܘܐܢ ܥܠܡܐ ܒܟܘܢ ܡܬܕܝܢ: ܠܐ
ܫܘܝܢ ܐܢܬܘܢ ܠܕܝܢܐ ܙܥܘܪܐ. 3 ܠܐ ܝܕܥܝܢ ܐܢܬܘܢ ܕܠܡܠܐܟܐ
ܕܝܢܝܢܢ. ܚܕ ܟܡܐ ܕܝܢ ܕܥܠܡܐ ܗܢܐ. 4 ܐܠܐ ܐܢ ܐܝܬ ܠܟܘܢ
ܕܝܢܐ ܟܠ ܕܥܠܡܐ: ܠܐܝܠܝܢ ܕܡܣܠܝܢ ܒܥܕܬܐ ܐܘܬܒܘ ܠܟܘܢ
ܠܕܝܢܐ. 5 ܠܒܗܬܬܟܘܢ ܕܝܢ ܐܡܪ ܐܢܐ ܠܟܘܢ. ܗܟܢܐ ܠܝܬ
ܒܟܘܢ ܐܦܠܐ ܚܕ ܚܟܝܡܐ: ܕܢܫܟܚ ܢܦܣܘܩ ܒܝܬ ܐܚܐ ܠܐܚܘܗܝ.
6 ܐܠܐ ܐܚܐ ܥܡ ܐܚܘܗܝ ܡܬܕܝܢ. ܘܗܠܝܢ ܩܕܡ ܐܝܠܝܢ ܕܠܐ

ܡܗܝܡܢܝܢ. 7 ܡܢ ܟܕܘ ܗܘ ܟܠ ܡܢܟܘܢ ܚܛܗܐ ܠܟܘܢ.
ܕܕܝܢܐ ܚܕ ܥܡ ܚܕ ܐܝܬ ܠܟܘܢ. ܡܛܠ ܡܢܐ ܓܝܪ ܠܐ
ܡܬܥܠܒܝܢ ܐܢܬܘܢ. ܘܡܛܠ ܡܢܐ ܠܐ ܡܬܛܠܡܝܢ ܐܢܬܘܢ.
8 ܐܠܐ ܐܢܬܘܢ ܥܠܒܝܢ ܐܢܬܘܢ ܘܛܠܡܝܢ ܐܢܬܘܢ ܐܦ ܠܐܚܝܟܘܢ.
9 ܐܘ ܠܐ ܝܕܥܝܢ ܐܢܬܘܢ ܕܥܘܠܐ ܡܠܟܘܬܗ ܕܐܠܗܐ ܠܐ ܝܪܬܝܢ.
ܠܐ ܬܛܥܘܢ. ܠܐ ܙܢܝܐ. ܘܠܐ ܦܠܚܝ ܦܬܟܪܐ. ܘܠܐ ܓܝܪܐ. ܘܠܐ
ܡܚܒܠܐ. ܘܠܐ ܡܫܟܒܝ ܥܡ ܕܟܪܐ. 10 ܘܠܐ ܥܠܘܒܐ. ܘܠܐ ܓܢܒܐ.
ܘܠܐ ܪܘܝܐ. ܘܠܐ ܡܨܚܝܢܐ. ܘܠܐ ܚܛܘܦܐ. ܗܠܝܢ ܡܠܟܘܬܗ
ܕܐܠܗܐ ܠܐ ܝܪܬܝܢ. 11 ܘܗܠܝܢ ܐܝܬ ܗܘܐ ܒܟܘܢ ܐܢܫ ܐܢܫ
ܡܢܟܘܢ. ܐܠܐ ܐܣܬܚܝܬܘܢ ܘܐܬܩܕܫܬܘܢ ܘܐܙܕܕܩܬܘܢ: ܒܫܡܗ
ܕܡܪܢ ܝܫܘܥ ܡܫܝܚܐ. ܘܒܪܘܚܗ ܕܐܠܗܢ ◆ 12 ܟܠ
ܡܫܠܛ ܠܝ. ܐܠܐ ܠܐ ܟܠ ܦܩܚ ܠܝ. ܟܠ ܡܫܠܛ ܠܝ.
ܐܠܐ ܒܝ ܐܢܫ ܠܐ ܢܫܬܠܛ. 13 ܡܐܟܘܠܬܐ ܠܟܪܣܐ. ܘܟܪܣܐ
ܠܡܐܟܘܠܬܐ. ܐܠܗܐ ܕܝܢ ܠܬܪܬܝܗܝܢ ܡܒܛܠ. ܦܓܪܐ ܕܝܢ
ܠܐ ܠܙܢܝܘܬܐ ܐܠܐ ܠܡܪܢ. ܘܡܪܢ ܠܦܓܪܐ. 14 ܐܠܗܐ ܕܝܢ ܠܡܪܢ
ܐܩܝܡ: ܘܠܢ ܡܩܝܡ ܒܚܝܠܗ. 15 ܠܐ ܝܕܥܝܢ ܐܢܬܘܢ
ܕܦܓܪܝܟܘܢ ܗܕܡܐ ܐܢܘܢ ܕܡܫܝܚܐ. ܢܣܒ ܗܕܡܐ
ܕܡܫܝܚܐ ܢܥܒܕ ܗܕܡܐ ܕܙܢܝܬܐ: ܚܣ. 16 ܐܘ ܠܐ
ܝܕܥܝܢ ܐܢܬܘܢ ܕܡܢ ܕܢܩܦ ܠܙܢܝܬܐ ܚܕ ܗܘ ܦܓܪ. ܐܡܝܪ
ܓܝܪ ܕܢܗܘܘܢ ܬܪܝܗܘܢ ܚܕ ܦܓܪ. 17 ܡܢ ܕܢܩܦ ܕܝܢ
ܠܡܪܢ: ܗܘܐ ܥܡܗ ܚܕ ܪܘܚ. 18 ܥܪܘܩܘ ܡܢ ܙܢܝܘܬܐ.
ܟܠ ܚܛܝܬܐ ܓܝܪ ܕܥܒܕ ܒܪܢܫܐ. ܠܒܪ ܡܢ ܦܓܪܗ
ܗܝ. ܡܢ ܕܙܢܐ ܕܝܢ ܒܦܓܪܗ ܗܘ ܚܛܐ. 19 ܐܘ ܠܐ ܝܕܥܝܢ
ܐܢܬܘܢ ܕܦܓܪܟܘܢ ܗܝܟܠܐ ܗܘ ܕܪܘܚܐ ܕܩܘܕܫܐ ܕܒܓܘܟܘܢ:
ܗܘ ܕܢܣܒܬܘܢ ܡܢ ܐܠܗܐ. ܘܠܐ ܗܘܝܬܘܢ ܕܢܦܫܟܘܢ.
20 ܐܙܕܒܢܬܘܢ ܓܝܪ ܒܛܝܡܐ. ܗܘܝܬܘܢ ܗܟܝܠ ܡܫܒܚܝܢ
ܠܐܠܗܐ ܒܦܓܪܟܘܢ ܘܒܪܘܚܟܘܢ. ܗܠܝܢ ܕܐܝܬܝܗܘܢ ܕܐܠܗܐ◆

ܩܦܠܐܘܢ ✤ ܙ ✤

¹ ܘܥܠ ܐܝܠܝܢ ܕܟܬܒܬܘܢ ܠܝ ܕܝܢ: ܫܦܝܪ ܗܘ ܠܓܒܪܐ
ܕܠܐܢܬܬܐ ܠܐ ܢܬܩܪܒ. ² ܐܠܐ ܡܛܠ ܙܢܝܘܬܐ ܐܢܫ ܐܢܬܬܗ
ܢܐܚܘܕ. ܘܐܢܬܬܐ ܠܒܥܠܗ ܬܐܚܘܕ. ³ ܘܓܒܪܐ ܠܐܢܬܬܗ
ܚܘܒܐ ܕܡܫܬܐܠ ܢܦܪܘܥ. ܗܟܢܐ ܐܦ ܗܝ ܐܢܬܬܐ
ܠܒܥܠܗ. ⁴ ܐܢܬܬܐ ܠܐ ܡܫܠܛܐ ܥܠ ܦܓܪܗ ܐܠܐ ܒܥܠܗ.
ܗܟܢܐ ܐܦ ܓܒܪܐ ܠܐ ܡܫܠܛ ܥܠ ܦܓܪܗ ܐܠܐ ܐܢܬܬܗ.
⁵ ܠܐ ܗܟܝܠ ܬܬܓܠܙܘܢ ܚܕ ܡܢ ܚܕ. ܐܠܐ ܐܡܬܝ ܕܫܘܝܢ ܐܢܬܘܢ
ܒܙܒܢ ܕܬܬܦܢܘܢ ܠܨܘܡܐ ܘܠܨܠܘܬܐ: ܘܬܘܒ ܠܚܕܕܐ
ܬܗܘܘܢ. ܕܠܐ ܢܢܣܝܟܘܢ ܣܛܢܐ ܡܛܠ ܪܓܬܐ ܕܦܓܪܟܘܢ.
⁶ ܗܕܐ ܕܝܢ ܐܡܪ ܐܢܐ ܐܝܟ ܕܠܡܬܝܣܢܘ. ܠܘ ܡܢ ܦܘܩܕܢܐ.
⁷ ܐܢܐ ܓܝܪ ܨܒܐ ܐܢܐ: ܕܟܠܗܘܢ ܒܢܝܢܫܐ ܐܟܘܬܝ ܢܗܘܘܢ
ܒܕܟܝܘܬܐ. ܐܠܐ ܟܠܢܫ ܡܘܗܒܬܐ ܝܗܝܒܐ ܠܗ ܡܢ
ܐܠܗܐ. ܐܝܬ ܕܗܟܢܐ ܘܐܝܬ ܕܗܟܢܐ. ⁸ ܐܡܪ ܐܢܐ ܕܝܢ ܠܐܝܠܝܢ
ܕܠܝܬ ܠܗܘܢ ܢܫ̈ܐ ܘܠܐܪ̈ܡܠܬܐ. ܕܫܦܝܪ ܠܗܘܢ ܐܢ ܢܩܘܘܢ
ܐܟܘܬܝ. ⁹ ܐܢ ܠܐ ܕܝܢ ܡܫܬܡܥܝܢ ܢܙܕܘܓܘܢ. ܫܦܝܪ ܓܝܪ
ܠܡܙܕܘܓܘ ܐܝܬܝܗ ܝܬܝܪ ܡܢ ܕܠܡܬܚܡܡܘ ܒܪܓܬܐ. ¹⁰ ܠܐܝܠܝܢ ܕܝܢ
ܕܐܝܬ ܠܗܘܢ ܢܫ̈ܐ ܡܦܩܕ ܐܢܐ ܠܐ ܐܢܐ ܐܠܐ ܡܪܝ. ܕܐܢܬܬܐ ܡܢ
ܒܥܠܗ ܠܐ ܬܦܪܘܩ. ¹¹ ܘܐܢ ܬܦܪܘܩ ܬܩܘܐ ܕܠܐ ܓܒܪܐ.
ܐܘ ܠܒܥܠܗ ܬܬܪܥܐ. ܘܓܒܪܐ ܠܐܢܬܬܗ ܠܐ ܢܫܒܘܩ.
¹² ܠܫܪܟܐ ܕܝܢ ܐܡܪ ܐܢܐ ܠܐ ܡܪܝ. ܐܢ ܐܝܬ ܐܚܐ ܕܐܝܬ ܠܗ
ܐܢܬܬܐ ܕܠܐ ܡܗܝܡܢܐ: ܘܗܝ ܨܒܝܐ ܕܬܥܡܪ ܥܡܗ: ܠܐ
ܢܫܒܩܝܗ. ¹³ ܘܐܢܬܬܐ ܐܝܢܐ ܕܐܝܬ ܠܗ ܒܥܠܐ ܕܠܐ ܡܗܝܡܢ:
ܘܗܘ ܨܒܐ ܕܢܥܡܪ ܥܡܗ. ܠܐ ܬܫܒܩܝܘܗܝ ܠܒܥܠܗ.
¹⁴ ܡܬܩܕܫ ܗܘ ܓܝܪ ܓܒܪܐ ܐܝܢܐ ܕܠܐ ܡܗܝܡܢ ܒܐܢܬܬܐ
ܕܡܗܝܡܢܐ. ܘܡܬܩܕܫܐ ܗܝ ܐܢܬܬܐ ܐܝܢܐ ܕܠܐ ܡܗܝܡܢܐ
ܒܓܒܪܐ ܕܡܗܝܡܢ. ܐܠܘ ܠܐ: ܒܢܝܟܘܢ ܛܢ̈ܦܝܢ ܐܢܘܢ.
ܗܫܐ ܕܝܢ ܕܟܝܢ ܐܢܘܢ. ¹⁵ ܐܢ ܕܝܢ ܗܘ ܕܠܐ ܡܗܝܡܢ ܦܪܫ

ܢܦܪܘܫ. ܠܐ ܡܫܬܥܒܕ ܐܚܐ ܐܘ ܚܬܐ ܒܗܠܝܢ. ܠܫܝܢܐ
ܗܘ ܩܪܢ ܐܠܗܐ. 16 ܡܢܐ ܓܝܪ ܝܕܥܐ ܐܢܬܝ ܐܢܬܬܐ ܐܢ
ܠܒܥܠܟܝ ܡܚܝܐ ܐܢܬܝ. ܐܘ ܐܢܬ ܓܒܪܐ ܝܕܥ ܐܢܬ ܐܢ ܠܐܢܬܬܟ
ܡܚܐ ܐܢܬ. 17 ܐܠܐ ܐܢܫ ܐܢܫ ܐܝܟ ܕܦܠܓ ܠܗ ܡܪܝܐ. ܘܐܢܫ
ܐܢܫ ܐܝܟ ܕܩܪܝܗ ܐܠܗܐ ܗܟܢܐ ܢܗܠܟ. ܘܐܦ ܠܟܠܗܝܢ
ܥܕܬܐ ܗܟܢܐ ܡܦܩܕ ܐܢܐ. 18 ܐܢ ܟܕ ܓܙܝܪ ܐܢܫ ܐܬܩܪܝ:
ܠܐ ܢܗܦܘܟ ܠܗ ܠܥܘܪܠܘܬܐ. ܘܐܢ ܒܥܘܪܠܘܬܐ ܐܬܩܪܝ ܠܐ
ܢܓܙܘܪ. 19 ܓܙܘܪܬܐ ܓܝܪ ܠܐ ܗܘܬ ܡܕܡ ܐܦ ܠܐ ܥܘܪܠܘܬܐ. ܐܠܐ
ܢܛܘܪܬܐ ܕܦܘܩܕܢܘܗܝ ܕܐܠܗܐ. 20 ܟܠܢܫ ܒܩܪܝܢܐ ܕܐܬܩܪܝ
ܒܗ ܢܩܘܐ. 21 ܐܢ ܥܒܕܐ ܐܬܩܪܝܬ ܠܐ ܢܒܛܠ ܠܟ. ܐܠܐ ܐܦ
ܡܫܟܚ ܐܝܬ ܠܡܬܚܪܪܘ. ܓܒܝ ܠܟ ܕܬܦܠܚ. 22 ܐܝܢܐ
ܓܝܪ ܕܥܒܕܐ ܐܬܩܪܝ ܒܡܪܢ: ܡܚܪܪܐ ܗܘ ܕܐܠܗܐ. ܗܟܢܐ
ܐܝܢܐ ܕܒܪ ܚܐܪܐ ܐܬܩܪܝ. ܥܒܕܐ ܗܘ ܕܡܫܝܚܐ. 23 ܒܙܒܢܐ
ܐܙܕܒܢܬܘܢ. ܠܐ ܬܗܘܘܢ ܥܒܕܐ ܕܒܢܝܢܫܐ. 24 ܟܠܢܫ ܒܡܕܡ
ܕܐܬܩܪܝ ܐܚܝ܆ ܒܗ ܢܩܘܐ ܠܘܬ ܐܠܗܐ ✤ 25 ܥܠ
ܒܬܘܠܘܬܐ ܕܝܢ ܦܘܩܕܢܐ ܡܢ ܐܠܗܐ ܠܐ ܐܝܬ ܠܝ. ܡܠܟܐ
ܕܝܢ ܝܗܒ ܐܢܐ܆ ܐܝܟ ܓܒܪܐ ܕܐܬܪܚܡ ܡܢ ܐܠܗܐ ܕܐܗܘܐ
ܡܗܝܡܢ. 26 ܘܡܣܒܪ ܐܢܐ ܕܗܕܐ ܫܦܝܪܐ. ܡܛܠ ܐܢܢܩܐ ܕܐܝܬܝܐ.
ܕܫܦܝܪ ܗܘ ܠܒܪܢܫܐ ܕܗܟܢܐ ܢܗܘܐ. 27 ܐܣܝܪ ܐܢܬ
ܒܐܢܬܬܐ ܠܐ ܬܒܥܐ ܫܪܝܐ. ܫܪܐ ܐܢܬ ܡܢ ܐܢܬܬܐ ܠܐ ܬܒܥܐ ܐܢܬܬܐ.
28 ܘܐܢ ܬܣܒ ܐܢܬܬܐ ܠܐ ܚܛܐ ܐܢܬ: ܘܐܢ ܒܬܘܠܬܐ ܬܗܘܐ
ܠܓܒܪܐ ܠܐ ܚܛܝܐ: ܐܘܠܨܢܐ ܓܝܪ ܒܒܣܪ ܢܗܘܐ ܠܐܝܠܝܢ
ܕܗܟܢܐ ܐܝܬܘ. ܐܢܐ ܕܝܢ ܒܟܝܢܟܘܢ ܚܐܣ ܐܢܐ. 29 ܗܕܐ ܕܝܢ ܐܡܪ
ܐܢܐ ܐܚܝ. ܕܙܒܢܐ ܡܟܝܠ ܐܬܟܪܝ ܠܗ. ܕܐܝܠܝܢ ܕܐܝܬ
ܠܗܘܢ ܢܫܐ: ܢܗܘܘܢ ܐܝܟ ܕܠܝܬ ܠܗܘܢ. 30 ܘܐܝܠܝܢ
ܕܒܟܝܢ ܐܝܟ ܠܐ ܒܟܝܢ. ܘܐܝܠܝܢ ܕܚܕܝܢ ܐܝܟ ܠܐ ܚܕܝܢ.
ܘܐܝܠܝܢ ܕܙܒܢܝܢ ܐܝܟ ܠܐ ܡܩܢܝܢ. 31 ܘܐܝܠܝܢ ܕܡܬܚܫܚܝܢ
ܒܥܠܡܐ ܗܢܐ: ܠܐ ܢܥܒܪ ܡܢ ܐܣܟܐ ܕܚܫܚܬܐ. ܥܒܪ ܓܝܪ

ܓܝܪ ܐܣܟܡܗ ܕܥܠܡܐ ܗܢܐ. 32 ܗܟܝܠ ܨܒܐ ܕܝܢ ܐܢܐ ܕܕܠܐ
ܝܨܦܐ ܬܗܘܘܢ. ܐܢܫ ܓܝܪ ܕܠܝܬ ܠܗ ܐܢܬܬܐ: ܝܨܦ ܒܕܡܪܗ
ܘܐܝܟܢܐ ܢܫܦܪ ܠܡܪܗ. 33 ܘܐܝܢܐ ܕܐܝܬ ܠܗ ܐܢܬܬܐ. ܝܨܦ
ܒܕܥܠܡܐ ܘܐܝܟܢܐ ܢܫܦܪ ܠܐܢܬܬܗ. 34 ܘܦܘܪܫܢܐ ܕܝܢ ܐܝܬ ܒܝܢܬ
ܐܢܬܬܐ ܠܒܬܘܠܬܐ. ܐܝܕܐ ܕܠܐ ܒܥܠܐ ܗܘܬ: ܝܨܦܐ ܒܕܡܪܗ̇.
ܕܬܗܘܐ ܩܕܝܫܐ ܒܦܓܪܗ̇ ܘܒܪܘܚܗ̇. ܘܐܝܕܐ ܕܐܝܬ ܠܗ̇
ܒܥܠܐ. ܝܨܦܐ ܒܕܥܠܡܐ: ܘܐܝܟܢܐ ܬܫܦܪ ܠܒܥܠܗ̇. 35 ܗܕܐ
ܕܝܢ ܠܥܘܕܪܢܟܘܢ ܗܘ ܕܝܠܟܘܢ ܐܡܪ ܐܢܐ. ܠܐ ܗܘܐ ܡܨܝܕܘܬܐ
ܕܐܪܡܐ ܐܢܐ ܠܟܘܢ. ܐܠܐ ܕܬܗܘܘܢ ܐܫܟܝܡܝܢ ܠܘܬ ܡܪܢ ܒܐܣܟܝܡܐ
ܡܩܒܠܐ: ܟܕ ܠܐ ܦܠܝܓ ܐܝܬܝܟܘܢ ܒܪܥܝܢܐ. 36 ܐܢ ܐܢܫ ܕܝܢ ܣܒܪ
ܕܡܬܒܗܬ ܒܒܬܘܠܘܬܗ: ܕܥܒܪ ܙܒܢܗ̇ ܘܠܐ ܡܘܗܒ ܠܗ̇ ܠܓܒܪܐ:
ܘܘܠܐ ܗܘ ܕܢܬܠܝܗ̇: ܐܝܟ ܕܨܒܐ ܢܥܒܕ. ܠܐ ܚܛܐ. ܬܙܕܘܓ.
37 ܐܢܫ ܕܝܢ ܕܩܡ ܫܪܝܪܐܝܬ ܒܪܥܝܢܗ: ܘܠܐ ܐܠܨܐ ܠܗ
ܨܒܘܬܐ: ܘܫܠܝܛ ܥܠ ܨܒܝܢܗ: ܘܗܕܐ ܕܢ ܒܠܒܗ
ܕܢܛܪ ܒܬܘܠܘܬܗ: ܫܦܝܪ ܥܒܕ. 38 ܘܐܝܢܐ ܗܟܝܠ ܕܝܗܒ
ܒܬܘܠܘܬܗ. ܫܦܝܪ ܥܒܕ. 39 ܐܢܬܬܐ ܟܡܐ ܕܚܝ ܒܥܠܗ̇.
ܐܣܝܪܐ ܗܝ ܒܢܡܘܣܐ. ܐܢ ܕܝܢ ܢܕܡܟ ܒܥܠܗ̇: ܡܚܪܪܐ
ܗܝ ܕܬܗܘܐ ܠܡܢ ܕܨܒܝܐ. ܒܠܚܘܕ ܒܡܪܢ. 40 ܛܘܒܝܗ̇ ܕܝܢ
ܐܢ ܗܟܢܐ ܬܩܘܐ ܐܝܟ ܕܡܠܟ ܐܢܐ. ܣܒܪ ܐܢܐ ܕܝܢ ܐܦ ܐܢܐ:
ܕܪܘܚܐ ܕܐܠܗܐ ܐܝܬ ܠܝ ܀

ܩܦܠܐܘܢ ܀ ܚ ܀

1 ܥܠ ܕܒܚ̈ܐ ܕܝܢ ܕܦܬܟܪ̈ܐ: ܝܕܥܝܢ ܕܟܠܢ ܐܝܬ
ܝܕܥܬܐ. ܘܝܕܥܬܐ ܡܚܬܪܐ. ܚܘܒܐ ܕܝܢ ܒܢܐ. 2 ܐܢ ܐܢܫ
ܕܝܢ ܣܒܪ ܕܝܕܥ ܡܕܡ: ܠܐ ܝܕܥ ܡܕܡ ܐܝܟ ܡܐ ܕܘܠܐ
ܠܗ ܠܡܕܥ. 3 ܐܢ ܐܢܫ ܕܝܢ ܡܚܒ ܠܐܠܗܐ: ܗܢܐ ܐܬܝܕܥ
ܠܗ ܡܢܗ. 4 ܥܠ ܡܐܟܘܠܬܐ ܗܟܝܠ ܕܕܒܚ̈ܐ ܕܦܬܟܪ̈ܐ.
ܝܕܥܝܢ ܕܠܐ ܗܘܐ ܡܕܡ ܗܘ ܦܬܟܪܐ ܒܥܠܡܐ. ܘܕܠܝܬ ܐܠܗܐ

ܐܚܪܢ ܐܠܐ ܐܢ ܚܕ. 5 ܐܦ ܓܝܪ ܐܝܬ ܕܡܫܬܡܗܝܢ ܐܠܗܐ ܐܘ
ܒܫܡܝܐ ܐܘ ܒܐܪܥܐ: ܐܝܟܢܐ ܕܐܝܬ ܐܠܗܐ ܣܓܝܐܐ ܘܡܪܘܬܐ
ܣܓܝܐܐ: 6 ܐܠܐ ܠܢ ܕܝܠܢ ܚܕ ܗܘ ܐܠܗܐ ܐܒܐ. ܕܟܠ ܡܢܗ
ܘܚܢܢ ܒܗ. ܘܚܕ ܡܪܝܐ ܝܫܘܥ ܡܫܝܚܐ. ܕܟܠ ܒܐܝܕܗ
ܐܦ ܚܢܢ ܒܐܝܕܗ. 7 ܐܠܐ ܠܐ ܗܘܐ ܒܟܠܢܫ ܐܝܬ ܝܕܥܬܐ. ܐܝܬ
ܓܝܪ ܐܢܫܐ ܕܒܬܐܪܬܗܘܢ ܥܕܡܐ ܠܗܫܐ: ܕܟܠ ܕܦܬܟܪܐ
ܐܝܟ ܕܕܒܝܚܐ ܐܟܠܝܢ. ܘܡܛܠ ܕܟܪܝܗܐ ܬܐܪܬܗܘܢ ܡܬܛܘܫܐ.
8 ܡܐܟܘܠܬܐ ܕܝܢ ܠܐ ܡܩܪܒܐ ܠܢ ܠܐܠܗܐ. ܠܐ ܓܝܪ ܐܢ
ܐܟܠܝܢ ܡܬܝܬܪܝܢܢ: ܘܠܐ ܐܢ ܠܐ ܐܟܠܝܢ ܡܬܒܨܪܝܢܢ. 9 ܚܙܘ
ܕܝܢ ܕܠܡܐ ܫܘܠܛܢܟܘܢ ܗܢܐ: ܢܗܘܐ ܠܬܘܩܠܬܐ ܠܟܪܝܗܐ.
10 ܐܢ ܐܢܫ ܓܝܪ ܢܚܙܝܟ ܕܐܝܬ ܠܟ ܝܕܥܬܐ ܕܣܡܝܟ ܐܢܬ
ܒܒܝܬ ܦܬܟܪܐ: ܠܐ ܗܐ ܬܐܪܬܗ ܡܛܠ ܕܟܪܝܗ ܗܘ: ܡܬܥܫܢܐ
ܠܡܐܟܠ ܕܕܒܝܚܐ: 11 ܘܐܒܕ ܠܗ ܒܝܕܥܬܟ ܕܝܠܟ ܗܘ
ܐܚܐ ܕܟܪܝܗ: ܕܡܛܠܬܗ ܡܝܬ ܡܫܝܚܐ. 12 ܘܐܢ ܗܟܢܐ
ܚܛܝܢ ܐܢܬܘܢ ܠܐܚܝܟܘܢ: ܘܡܟܐܒܝܢ ܐܢܬܘܢ ܬܐܪܬܗܘܢ
ܟܪܝܗܬܐ. ܠܡܫܝܚܐ ܗܘ ܚܛܝܢ ܐܢܬܘܢ. 13 ܡܛܠ
ܗܢܐ ܐܢ ܡܐܟܘܠܬܐ ܡܟܫܠܐ ܠܐܚܝ: ܠܥܠܡ ܒܣܪܐ ܠܐ ܐܟܘܠ
ܕܠܐ ܐܟܫܠ ܠܐܚܝ ❖

ܩܦܠܐܘܢ ❖ ܛ ❖

1 ܠܡܐ ܠܐ ܗܘܝܬ ܒܪ ܚܐܪܐ: ܐܘ ܠܐ ܗܘܝܬ ܫܠܝܚܐ. ܐܘ
ܠܝܫܘܥ ܡܫܝܚܐ ܡܪܢ ܠܐ ܚܙܝܬ. ܐܘ ܠܐ ܗܘܝܬܘܢ ܥܒܕܝ
ܒܡܪܝ: 2 ܘܐܢ ܠܐܚܪܢܐ ܠܐ ܗܘܝܬ ܫܠܝܚܐ. ܐܠܐ ܠܟܘܢ ܐܝܬܝ.
ܘܚܬܡܐ ܕܫܠܝܚܘܬܝ ܐܝܬܝܟܘܢ ܐܢܬܘܢ. 3 ܘܡܦܩ ܒܪܘܚ
ܠܐܝܠܝܢ ܕܕܝܢܝܢ ܠܝ ܗܢܘ. 4 ܠܡܐ ܠܐ ܫܠܝܛ ܠܢ ܠܡܐܟܠ
ܘܠܡܫܬܐ. 5 ܐܘ ܠܡܐ ܠܐ ܫܠܝܛ ܠܢ ܕܐܚܬܐ ܐܢܬܬܐ ܠܡܚܕܪܘ
ܥܡܢ: ܐܝܟ ܫܪܟܐ ܕܫܠܝܚܐ. ܘܐܝܟ ܐܚܘܗܝ ܕܡܪܢ. ܘܐܝܟ
ܟܐܦܐ. 6 ܐܘ ܐܢܐ ܠܚܘܕܝ ܘܒܪܢܒܐ ܠܝܬ ܠܢ ܫܘܠܛܢܐ ܕܠܐ
ܢܦܠܘܚ. 7 ܡܢܘ ܕܡܦܠܚ ܦܠܚܘܬܐ ܒܢܦܩܬܐ ܕܢܦܫܗ.

ܐܘ ܡܢܘ ܕܢܨܒ ܟܪܡܐ. ܘܡܢ ܦܐܪܘܗܝ ܠܐ ܐܟܠ. ܐܘ ܡܢܘ
ܕܪܥܐ ܥܢܐ. ܘܡܢ ܚܠܒܐ ܕܥܢܗ ܠܐ ܐܟܠ. 8 ܕܠܡܐ ܐܝܟ
ܒܪܢܫܐ ܗܠܝܢ ܐܡܪ ܐܢܐ. ܗܐ ܐܦ ܢܡܘܣܐ ܗܠܝܢ ܐܡܪ.
9 ܟܬܝܒ ܓܝܪ ܒܗ ܒܢܡܘܣܐ ܕܡܘܫܐ. ܕܠܐ ܬܚܒܘܫ ܬܘܪܐ
ܕܕܝܫ. ܠܡܐ ܥܠ ܬܘܪܐ ܚܦܝܛ ܗܘ ܐܠܗܐ. 10 ܐܠܐ ܝܕܝܥܐ
ܕܡܛܠܬܢ ܗܘ ܐܡܪ. ܘܡܛܠܬܢ ܓܝܪ ܐܬܟܬܒܬ: ܡܛܠ ܕܥܠ
ܣܒܪܐ ܘܠܐ ܗܘ ܟܪܒܐ ܕܢܟܪܘܒ. ܘܕܕܐܫ ܥܠ
ܣܒܪܐ ܕܢܣܒ. 11 ܐܢ ܚܢܢ ܕܪܘܚܢܐ ܙܪܥܢ ܠܟܘܢ: ܪܒܐ ܗܝ
ܐܢ ܡܢ ܕܝܠܟܘܢ ܕܦܓܪܐ ܚܨܕܝܢܢ. 12 ܘܐܢ ܐܚܪ̈ܢܐ ܐܝܬ ܠܗܘܢ
ܫܘܠܛܢܐ ܥܠܝܟܘܢ: ܠܐ ܗܘ ܚܢܢ ܝܬܝܪܐܝܬ: ܐܠܐ ܠܐ ܐܬܚܫܚܢ
ܒܫܘܠܛܢܐ ܗܢܐ. ܐܠܐ ܒܟܠܡܕܡ ܡܣܝܒܪܝܢܢ: ܕܠܡܐ ܠܐ
ܢܥܘܩ ܠܣܒܪܬܗ ܕܡܫܝܚܐ ܀ 13 ܠܐ ܝܕܥܝܢ ܐܢܬܘܢ ܕܐܝܠܝܢ
ܕܒܒܝܬ ܩܘܕܫܐ ܦܠܚܝܢ. ܡܢ ܒܝܬ ܩܘܕܫܐ ܡܬܬܪܣܝܢ.
ܘܐܝܠܝܢ ܕܠܡܕܒܚܐ ܦܠܚܝܢ. ܥܡ ܡܕܒܚܐ ܡܬܦܠܓܝܢ.
14 ܗܟܢܐ ܐܦ ܡܪܢ ܦܩܕ. ܕܐܝܠܝܢ ܕܡܟܪܙܝܢ ܣܒܪܬܗ. ܡܢ
ܣܒܪܬܗ ܢܚܘܢ. 15 ܐܢܐ ܕܝܢ ܠܐ ܐܬܚܫܚܬ ܒܚܕܐ ܡܢ ܗܠܝܢ.
ܘܠܐ ܟܬܒܬ ܗܠܝܢ ܕܗܟܢܐ ܢܗܘܐ ܠܝ. ܛܒ ܠܝ
ܓܝܪ ܕܐܡܘܬ ܐܢܐ: ܐܘ ܕܫܘܒܗܪܝ ܐܢܫ ܢܣܪܩ. 16 ܐܢ
ܕܡܣܒܪ ܐܢܐ ܓܝܪ ܠܝܬ ܠܝ ܫܘܒܗܪܐ. ܐܢܢܩܐ ܓܝܪ ܣܝܡܐ
ܠܝ. ܘܘܝ ܠܝ ܕܝܢ ܐܢ ܠܐ ܐܣܒܪ. 17 ܐܢ ܓܝܪ ܒܨܒܝܢܝ ܗܕܐ
ܥܒܕ ܐܢܐ: ܐܓܪܐ ܐܝܬ ܠܝ. ܐܢ ܕܝܢ ܕܠܐ ܒܨܒܝܢܝ: ܗܟܝܠ
ܡܕܒܪܢܘܬܐ ܗܝ ܡܗܝܡܢ ܐܢܐ. 18 ܐܝܢܐ ܗܘ ܗܟܝܠ ܐܓܪܝ:
ܕܟܕ ܡܣܒܪ ܐܢܐ ܕܠܐ ܢܦܩܬܐ ܐܥܒܕܝܗ ܠܣܒܪܬܗ ܕܡܫܝܚܐ.
ܘܠܐ ܐܬܚܫܚ ܒܫܘܠܛܢܐ ܕܝܗܝܒ ܠܝ ܒܣܒܪܬܐ. 19 ܟܕ
ܡܚܪܪ ܐܢܐ ܓܝܪ ܡܢ ܟܠܗܘܢ. ܠܟܠܗܘܢ ܡܫܥܒܕ ܢܦܫܝ:
ܕܠܣܓܝܐܐ ܐܬܪ. 20 ܘܗܘܝܬ ܥܡ ܝܗܘܕܝܐ ܐܝܟ ܝܗܘܕܝܐ.
ܕܠܝܗܘܕܝܐ ܐܬܪ. ܘܥܡ ܕܬܚܝܬ ܢܡܘܣܐ ܐܝܬܝܗܘܢ: ܗܘܝܬ ܐܝܟ
ܕܬܚܝܬ ܢܡܘܣܐ. ܕܠܐܝܠܝܢ ܕܬܚܝܬ ܢܡܘܣܐ ܐܝܬܝܗܘܢ ܐܬܪ.

21 ܘܠܐܝܠܝܢ ܕܢܡܘܣܐ ܠܝܬ ܠܗܘܢ: ܗܘܝܬ ܐܝܟ ܕܠܐ ܢܡܘܣܐ:
ܟܕ ܠܐ ܐܝܬܝ ܠܐܠܗܐ ܕܠܐ ܢܡܘܣܐ. ܐܠܐ ܒܢܡܘܣܐ ܕܡܫܝܚܐ
ܕܐܦ ܠܗܢܘܢ ܕܕܠܐ ܢܡܘܣܐ ܐܩܢܐ ܐܢܘܢ. 22 ܗܘܝܬ ܥܡ ܟܪܝܗܐ
ܐܝܟ ܟܪܝܗܐ: ܕܠܟܪܝܗܐ ܐܩܢܐ. ܠܟܠܟܠܢܫ ܗܘܝܬ ܕܠܟܠܟܠܢܫ
ܐܚܐ. 23 ܗܕܐ ܕܝܢ ܥܒܕ ܐܢܐ: ܡܛܠ ܕܐܗܘܐ ܫܘܬܦܐ ܠܣܒܪܬܐ.
24 ܠܐ ܝܕܥܝܢ ܐܢܬܘܢ ܕܐܝܠܝܢ ܕܒܐܣܛܕܝܘܢ ܪܗܛܝܢ ܟܠܗܘܢ ܗܘܘ
ܪܗܛܝܢ. ܐܠܐ ܚܕ ܗܘ ܢܣܒ ܠܗ ܙܟܘܬܐ. ܗܟܢܐ ܪܗܛܘ ܐܝܟ
ܕܬܕܪܟܘܢ. 25 ܟܠ ܐܢܫ ܓܝܪ ܕܐܬܟܬܫ ܟܒܫ. ܡܢ ܟܠ ܡܕܡ
ܐܢܫ ܪܥܝܢܗ. ܘܗܢܘܢ ܕܪܗܛܝܢ ܕܢܣܒܘܢ ܟܠܝܠܐ ܕܡܬܚܒܠ.
ܚܢܢ ܕܝܢ ܕܠܐ ܡܬܚܒܠ. 26 ܐܢܐ ܗܟܢܐ ܪܗܛ ܐܢܐ. ܠܐ
ܗܘܐ ܐܝܟ ܕܥܠ ܡܕܡ ܕܠܐ ܝܕܝܥ. ܘܗܟܢܐ ܡܬܟܬܫ ܐܢܐ. ܠܐ
ܗܘܐ ܐܝܟ ܗܘ ܕܠܐܐܪ ܡܚܐ. 27 ܐܠܐ ܡܫܥܒܕ ܗܘ ܦܓܪܝ ܐܢܐ
ܘܡܫܥܒܕ ܐܢܐ: ܕܠܡܐ ܐܢܐ ܕܠܐܚܪ̈ܢܐ ܐܟܪܙܬ: ܐܢܐ ܡܣܬܠܐ
ܐܫܬܟܚ ܠܝ ܀

ܩܦܠܐܘܢ ܀ ܝ ܀

1 ܨܒܐ ܐܢܐ ܕܝܢ ܕܬܕܥܘܢ ܐܚܝ: ܕܐܒܗܝܢ ܟܠܗܘܢ ܬܚܝܬ
ܥܢܢܐ ܗܘܘ. ܘܟܠܗܘܢ ܒܝܡܐ ܥܒܪܘ. 2 ܘܟܠܗܘܢ ܒܝܕ
ܡܘܫܐ ܥܡܕܘ ܒܥܢܢܐ ܘܒܝܡܐ. 3 ܘܟܠܗܘܢ ܚܕ ܡܐܟܘܠܬܐ
ܕܪܘܚ ܐܟܠܘ. 4 ܘܟܠܗܘܢ ܚܕ ܡܫܬܝܐ ܕܪܘܚ ܐܫܬܝܘ. ܫܬܝܢ
ܗܘܘ ܓܝܪ ܡܢ ܟܐܦܐ ܕܪܘܚ ܕܐܬܝܐ ܗܘܬ ܥܡܗܘܢ. ܟܐܦܐ ܕܝܢ
ܗܝ ܗܘ ܗܘܬ ܡܫܝܚܐ. 5 ܐܠܐ ܠܐ ܗܘܐ ܒܣܘܓܐܗܘܢ ܐܨܛܒܝ
ܐܠܗܐ. ܢܦܠܘ ܓܝܪ ܒܡܕܒܪܐ. 6 ܗܠܝܢ ܕܝܢ ܛܘܦܣܐ ܠܢ
ܗܘܘ. ܕܠܐ ܗܘܝܢ ܪܓܝܓܝܢ ܒܝܫܬܐ ܐܝܟܢܐ ܕܗܢܘܢ ܪܓܝܘ.
7 ܘܐܦܠܐ ܢܗܘܐ ܦܠܚܝ ܦܬܟܪ̈ܐ: ܐܝܟܢܐ ܕܐܦ ܡܢܗܘܢ
ܦܠܚܘ. ܐܝܟ ܕܟܬܝܒ. ܕܝܬܒ ܥܡܐ ܠܡܐܟܠ ܘܠܡܫܬܐ:
ܘܩܡܘ ܠܡܫܬܥܝܘ. 8 ܘܐܦܠܐ ܢܙܢܐ ܐܝܟܢܐ ܕܡܢܗܘܢ ܙܢܝܘ:
ܘܢܦܠܘ ܒܚܕ ܝܘܡܐ ܥܣܪܝܢ ܘܬܠܬܐ ܐܠܦܝܢ. 9 ܘܠܐ ܢܢܣܐ
ܠܡܫܝܚܐ ܐܝܟܢܐ ܕܐܦ ܡܢܗܘܢ ܢܣܘ. ܘܐܘܒܕܘ ܐܢܘܢ

ܚܘܘܬܐ. 10 ܐܦܠܐ ܬܪܛܢܘܢ ܐܝܟܢܐ ܕܡܢܗܘܢ ܪܛܢܘ. ܘܐܒܕܘ
ܒܐܝܕܝ ܡܚܒܠܢܐ. 11 ܗܠܝܢ ܟܠܗܝܢ ܕܓܕܫ ܠܗܘܢ
ܠܛܘܦܣܐ ܗܘܝ. ܘܐܬܟܬܒ ܡܛܠ ܡܪܬܝܢܘܬܐ ܕܝܠܢ: ܕܫܘܠܡܗ
ܕܥܠܡܐ ܥܠܝܢ ܡܛܬ. 12 ܡܛܠ ܡܢ ܕܣܒܪ ܕܩܐܡ:
ܢܙܕܗܪ ܕܠܐ ܢܦܠ. 13 ܢܣܝܘܢܐ ܠܐ ܡܛܝܟܘܢ ܐܠܐ ܕܒܢܝܢܫܐ.
ܡܗܝܡܢ ܗܘ ܕܝܢ ܐܠܗܐ: ܕܠܐ ܢܫܒܘܩܟܘܢ ܕܬܬܢܣܘܢ ܝܬܝܪ ܡܢ
ܡܕܡ ܕܡܫܟܚܝܢ ܐܢܬܘܢ. ܐܠܐ ܢܥܒܕ ܠܢܣܝܘܢܟܘܢ ܡܦܩܢܐ:
ܐܝܟܢܐ ܕܬܫܟܚܘܢ ܠܡܣܝܒܪܘ ❖ 14 ܡܛܠ ܗܢܐ ܚܒܝܒܝ:
ܥܪܘܩܘ ܡܢ ܦܘܠܚܢܐ ܕܦܬܟܪ̈ܐ. 15 ܐܝܟ ܕܠܚܟܝܡ̈ܐ ܐܡܪ
ܐܢܐ. ܕܘܢܘ ܐܢܬܘܢ ܡܕܡ ܕܐܡܪ ܐܢܐ. 16 ܟܣܐ ܗܘ ܕܬܘܕܝܬܐ
ܕܡܒܪܟܝܢܢ. ܠܐ ܗܘܐ ܫܘܬܦܘܬܐ ܐܝܬܘܗܝ ܕܕܡܗ ܕܡܫܝܚܐ:
ܘܠܚܡܐ ܗܘ ܕܩܨܝܢܢ: ܠܐ ܗܘܐ ܫܘܬܦܘܬܐ ܐܝܬܘܗܝ ܕܦܓܪܗ
ܕܡܫܝܚܐ: 17 ܐܝܟܢܐ ܗܟܝܠ. ܕܚܕ ܗܘ ܠܚܡܐ ܗܘ: ܗܟܢܐ
ܟܠܢ ܚܕ ܚܢܢ ܦܓܪܐ. ܟܠܢ ܓܝܪ ܡܢ ܗܘ ܗܘ ܚܕ ܠܚܡܐ
ܢܣܒܝܢܢ. 18 ܚܙܘ ܠܝܣܪܝܠ ܕܒܒܣܪܐ. ܠܐ ܗܘܐ ܐܝܠܝܢ
ܕܐܟܠܝܢ ܕܒܚ̈ܐ ܗܢܘܢ ܫܘܬܦ̈ܐ ܠܡܕܒܚܐ: 19 ܡܢܐ ܗܟܝܠ
ܐܡܪ ܐܢܐ. ܕܦܬܟܪܐ ܡܕܡ ܐܝܬܘܗܝ: ܐܘ ܕܕܒܚܐ ܕܦܬܟܪ̈ܐ ܡܕܡ
ܗܘ: ܠܐ. 20 ܐܠܐ ܗܢܐ ܡܕܡ ܕܕܒܚܝܢ ܚܢܦ̈ܐ. ܠܫܐ̈ܕܐ ܗܘ
ܕܕܒܚܝܢ ܘܠܐ ܠܐܠܗܐ. ܠܐ ܕܝܢ ܨܒܐ ܐܢܐ ܕܬܗܘܘܢ ܫܘܬܦ̈ܐ ܠܫܐ̈ܕܐ.
21 ܠܐ ܡܫܟܚܝܢ ܐܢܬܘܢ ܕܬܫܬܘܢ ܟܣܐ ܕܡܪܢ ܘܟܣܐ ܕܫܐ̈ܕܐ.
ܘܠܐ ܡܫܟܚܝܢ ܐܢܬܘܢ ܕܬܫܬܘܬܦܘܢ ܒܦܬܘܪܐ ܕܡܪܢ
ܘܒܦܬܘܪܐ ܕܫܐ̈ܕܐ. 22 ܐܘ ܕܠܡܐ ܡܚܡܬܝܢܢ ܠܡܪܢ.
ܕܠܡܐ ܡܥܫܢܝܢܢ ܡܢܗ: 23 ܟܠ ܡܕܡ ܫܠܝܛ ܠܝ: ܐܠܐ
ܠܐ ܟܠ ܡܕܡ ܦܩܚ. ܟܠ ܡܕܡ ܫܠܝܛ ܠܝ. ܐܠܐ ܠܐ ܟܠ
ܡܕܡ ܡܒܢܐ. 24 ܠܐ ܐܢܫ ܕܢܦܫܗ ܢܒܥܐ ܒܠܚܘܕ. ܐܠܐ ܟܠܢܫ
ܐܦ ܕܚܒܪܗ. 25 ܟܠ ܡܕܡ ܕܡܙܕܒܢ ܒܡܩܘܠܝܢ ܐܟܘܠܘ
ܐܟܠܝܢ. ܘܠܐ ܬܒܨܘܢ ܡܛܠ ܬܐܘܪܬܐ. 26 ܕܡܪܝܐ ܗܝ ܓܝܪ
ܐܪܥܐ ܒܡܠܝܗ. 27 ܐܢ ܐܢܫ ܕܝܢ ܡܢ ܚܢܦ̈ܐ. ܩܪܐ ܠܟܘܢ

ܘܨܒܐ ܐܢܬܘܢ ܠܡܐܙܠ. ܟܠܡܕܡ ܕܡܬܬܣܝܡ ܩܕܡܝܟܘܢ
ܐܟܘܠܘ. ܕܠܐ ܒܘܨܝܐ. ܡܛܠ ܬܐܪܬܐ. 28 ܐܢ ܐܢܫ ܕܝܢ ܢܐܡܪ
ܠܟܘܢ ܕܗܢܐ ܕܕܒܝܚܐ ܗܘ. ܠܐ ܬܐܟܠܘܢ. ܡܛܠ ܗܘ ܕܐܡܪ
ܠܟܘܢ ܘܡܛܠ ܬܐܪܬܐ. 29 ܬܐܪܬܐ ܕܝܢ ܐܡܪ ܐܢܐ ܠܐ ܗܝ
ܕܝܠܟܘܢ. ܐܠܐ ܕܗܘ ܕܐܡܪ. ܠܡܢܐ ܓܝܪ ܚܐܪܘܬܝ ܡܬܕܝܢܐ ܡܢ
ܬܐܪܬܐ ܕܐܚܪܢܐ. 30 ܐܢ ܐܢܐ ܒܛܝܒܘܬܐ ܡܫܬܘܬܦ ܐܢܐ. ܡܢܐ
ܡܬܓܕܦ ܐܢܐ ܥܠ ܕܡܢ ܕܐܢܐ ܡܘܕܐ. 31 ܐܢ ܐܟܠܝܢ ܐܢܬܘܢ
ܘܐܢ ܫܬܝܢ ܐܢܬܘܢ: ܘܐܢ ܡܕܡ ܥܒܕܝܢ ܐܢܬܘܢ:
ܟܠܡܕܡ ܠܬܫܒܘܚܬܐ ܕܐܠܗܐ ܗܘܝܬܘܢ ܥܒܕܝܢ. 32 ܕܠܐ
ܬܘܩܠܐ ܗܘܘ ܠܝܗܘܕܝܐ ܘܠܐܪܡܝܐ ܘܠܥܕܬܗ ܕܐܠܗܐ. 33 ܐܝܟ
ܕܐܦ ܐܢܐ ܒܟܠ ܡܕܡ ܠܟܠܢܫ ܫܦܪ ܐܢܐ. ܘܠܐ ܒܥܐ ܐܢܐ
ܡܕܡ ܕܠܝ ܦܩܚ. ܐܠܐ ܡܕܡ ܕܠܣܓܝܐܐ ܦܩܚ ܕܢܚܘܢ ❖

ܩܦܠܐܘܢ ❖ ܝܐ ❖

1 ܐܬܕܡܘ ܒܝ ܐܝܟܢܐ ܕܐܦ ܐܢܐ ܒܡܫܝܚܐ. 2 ܡܫܒܚ
ܐܢܐ ܠܟܘܢ ܕܝܢ ܐܚܝ ܕܒܟܠܡܕܡ ܥܗܝܕܝܢ ܐܢܬܘܢ ܠܝ.
ܘܐܝܟܢܐ ܕܐܫܠܡܬ ܠܟܘܢ ܦܘܩܕܢܐ ܐܚܝܕܝܢ ܐܢܬܘܢ. 3 ܨܒܐ
ܐܢܐ ܕܝܢ ܕܬܕܥܘܢ: ܕܟܠ ܓܒܪ ܪܫܗ ܡܫܝܚܐ ܗܘ.
ܘܪܫܗ ܕܐܢܬܬܐ ܓܒܪܐ ܗܘ. ܘܪܫܗ ܕܡܫܝܚܐ ܐܠܗܐ
ܗܘ. 4 ܟܠ ܓܒܪܐ ܕܡܨܠܐ ܐܘ ܡܬܢܒܐ ܟܕ ܡܟܣܝ ܪܫܗ.
ܡܒܗܬ ܪܫܗ. 5 ܘܟܠ ܐܢܬܬܐ ܕܡܨܠܝܐ ܐܘ ܡܬܢܒܝܐ ܟܕ
ܓܠܐ ܪܫܗ. ܡܒܗܬܐ ܪܫܗ. ܫܘܝܐ ܗܝ ܓܝܪ ܥܡ ܗܝ
ܕܓܪܝܥ ܪܫܗ. 6 ܐܢ ܓܝܪ ܠܐ ܡܬܟܣܝܐ ܐܢܬܬܐ ܐܦ
ܬܣܬܦܪ. ܘܐܢ ܕܝܢ ܡܨܥܪ ܗܘ ܠܐܢܬܬܐ ܠܡܣܬܦܪܘ ܐܘ
ܠܡܓܪܥܘ ܬܬܟܣܐ. 7 ܓܒܪܐ ܓܝܪ ܠܐ ܚܝܒ ܕܢܟܣܐ ܪܫܗ.
ܡܛܠ ܕܕܡܘܬܐ ܗܘ ܘܫܘܒܚܐ ܕܐܠܗܐ. ܐܢܬܬܐ ܕܝܢ
ܫܘܒܚܐ ܗܝ ܕܓܒܪܐ. 8 ܠܐ ܓܝܪ ܐܬܒܪܝ ܓܒܪܐ ܡܢ
ܐܢܬܬܐ. ܐܠܐ ܐܢܬܬܐ ܡܢ ܓܒܪܐ. 9 ܐܦܠܐ ܓܝܪ ܓܒܪܐ ܐܬܒܪܝ

ܡܛܠ ܐܢܬܬܐ. ܐܠܐ ܐܢܬܬܐ ܡܛܠ ܓܒܪܐ. 10 ܡܛܠ ܗܢܐ
ܚܝܒܐ ܐܢܬܬܐ. ܕܫܘܠܛܢܐ ܢܗܘܐ ܥܠ ܪܫܗ̇. ܡܛܠ
ܡܠܐܟ̈ܐ. 11 ܒܪܡ ܕܝܢ ܠܐ ܓܒܪܐ ܠܒܪ ܡܢ ܐܢܬܬܐ: ܐܦܠܐ
ܐܢܬܬܐ ܠܒܪ ܡܢ ܓܒܪܐ ܒܡܪܢ. 12 ܐܝܟܢܐ ܓܝܪ ܕܐܢܬܬܐ ܡܢ
ܓܒܪܐ: ܗܟܢܐ ܓܒܪܐ ܒܝܕ ܐܢܬܬܐ. ܘܟܠܡܕܡ ܕܝܢ ܡܢ
ܐܠܗܐ ܗܘ: 13 ܕܘܢܘ ܒܝܢܝܟܘܢ ܠܢܦܫܟܘܢ. ܝܐܐ ܠܐܢܬܬܐ
ܕܟܕ ܓܠܐ ܪܫܗ̇ ܬܨܠܐ ܠܐܠܗܐ: 14 ܐܦܠܐ ܗܝ ܟܝܢܐ ܡܠܦܐ
ܠܟܘܢ. ܕܓܒܪܐ ܟܕ ܡܪܒܐ ܣܥܪܗ. ܨܥܪܐ ܗܘ ܠܗ.
15 ܘܐܢܬܬܐ ܟܕ ܡܪܒܝܐ ܣܥܪܗ̇. ܫܘܒܚܐ ܗܘ ܠܗ̇.
ܡܛܠ ܕܣܥܪܗ̇ ܚܠܦ ܬܟܣܝܬܐ ܗܘ ܐܬܝܗܒ ܠܗ̇. 16 ܐܢ
ܐܢܫ ܕܝܢ ܡܬܚܪܐ ܥܠ ܗܠܝܢ: ܠܢ ܠܝܬ ܠܢ ܥܝܕܐ ܕܐܝܟ
ܗܢܐ: ܘܠܐ ܠܥܕܬܗ ܕܐܠܗܐ ܀ 17 ܗܕܐ ܕܝܢ ܕܡܦܩܕ ܐܢܐ: ܠܐ
ܐܝܟ ܡܫܒܚ ܐܢܐ ܠܟܘܢ. ܡܛܠ ܕܠܐ ܗܘܐ ܠܡܬܝܪܘܬܟܘܢ
ܐܬܝܬܘܢ. ܐܠܐ ܠܒܨܝܪܘܬܐ ܗܘ ܢܚܬܬܘܢ. 18 ܠܘܩܕܡ ܓܝܪ ܟܕ
ܕܡܬܟܢܫܝܢ ܐܢܬܘܢ ܒܥܕܬܐ: ܦܠܓܘܬܐ ܫܡܥ ܐܢܐ ܕܐܝܬ
ܒܝܢܬܟܘܢ. ܘܡܕܡ ܡܕܡ ܡܗܝܡܢ ܐܢܐ. 19 ܥܬܝܕܝܢ ܐܢܘܢ
ܐܦ ܚܪ̈ܝܢܐ ܕܢܗܘܘܢ ܒܝܢܬܟܘܢ. ܕܐܝܠܝܢ ܕܒܚܝܪܝܢ ܒܟܘܢ
ܢܬܝܕܥܘܢ. 20 ܡܐ ܗܟܝܠ ܕܡܬܟܢܫܝܢ ܐܢܬܘܢ: ܠܐ ܐܝܟ
ܕܙܕܩ ܠܝܘܡܗ ܕܡܪܢ. ܐܟܠܝܢ ܐܢܬܘܢ ܘܫܬܝܢ. 21 ܐܠܐ ܐܢܫ
ܐܢܫ ܚܫܡܝܬܗ ܩܕܡ ܐܟܠ ܠܗ. ܘܗܘܐ ܚܕ ܟܦܢ ܘܚܕ
ܪܘܐ. 22 ܕܠܡܐ ܒܬ̈ܐ ܠܝܬ ܠܟܘܢ ܕܬܐܟܠܘܢ ܘܬܫܬܘܢ. ܐܘ
ܠܥܕܬܗ ܕܐܠܗܐ ܒܣܝܢ ܐܢܬܘܢ: ܘܡܒܗܬܝܢ ܐܢܬܘܢ ܠܐܝܠܝܢ
ܕܠܝܬ ܠܗܘܢ. ܡܢܐ ܐܡܪ ܠܟܘܢ: ܐܫܒܚܟܘܢ ܒܗܕܐ ܠܐ
ܡܫܒܚ ܐܢܐ ܀ 23 ܐܢܐ ܓܝܪ ܩܒܠܬ ܡܢ ܡܪܢ: ܗܝ ܡܕܡ
ܕܐܫܠܡܬ ܠܟܘܢ. ܕܡܪܢ ܝܫܘܥ ܒܗܘ ܠܠܝܐ ܕܡܫܬܠܡ
ܗܘܐ: ܢܣܒ ܗܘܐ ܠܚܡܐ. 24 ܘܒܪܟ ܘܩܨܐ. ܘܐܡܪ ܣܒܘ
ܐܟܘܠܘ. ܗܢܘ ܦܓܪܝ ܕܥܠ ܐܦܝܟܘܢ ܡܬܩܨܐ. ܗܟܢܐ
ܗܘܝܬܘܢ ܥܒܕܝܢ ܠܕܘܟܪܢܝ. 25 ܗܟܢܐ ܡܢ ܒܬܪ ܕܐܚܫܡܘ.

ܐܦ ܟܣܐ ܒܬܪ ܕܐܚܫܡܘ ܘܐܡܪ. ܗܢܐ ܟܣܐ ܐܝܬܘܗܝ ܕܝܬܩܐ ܚܕܬܐ
ܒܕܡܝ. ܗܟܢܐ ܗܘܝܬܘܢ ܥܒܕܝܢ. ܟܠ ܐܡܬܝ ܕܫܬܝܢ
ܐܢܬܘܢ ܠܥܘܗܕܢܝ. 26 ܟܠ ܐܡܬܝ ܓܝܪ ܕܐܟܠܝܢ ܐܢܬܘܢ
ܠܚܡܐ ܗܢܐ. ܘܫܬܝܢ ܐܢܬܘܢ ܟܣܐ ܗܢܐ. ܡܘܬܗ ܗܘ ܕܡܪܢ
ܡܟܪܙܝܢ ܐܢܬܘܢ ܥܕܡܐ ܠܡܐܬܝܬܗ. 27 ܐܝܢܐ ܗܟܝܠ ܕܐܟܠ
ܡܢ ܠܚܡܗ ܕܡܪܢ ܘܫܬܐ ܡܢ ܟܣܗ ܘܠܐ ܫܘܐ ܠܗ.
ܡܚܝܒ ܗܘ ܠܦܓܪܗ ܕܡܪܢ ܘܠܕܡܗ. 28 ܡܛܠ ܗܢܐ
ܢܒܩܐ ܐܢܫ ܢܦܫܗ: ܘܗܝܕܝܢ ܢܐܟܘܠ ܡܢ ܠܚܡܐ ܗܢܐ
ܘܢܫܬܐ ܡܢ ܟܣܐ ܗܢܐ. 29 ܡܢ ܕܐܟܠ ܓܝܪ ܘܫܬܐ ܡܢܗ
ܟܕ ܠܐ ܫܘܐ: ܚܘܝܒܐ ܗܘ ܠܢܦܫܗ ܐܟܠ ܘܫܬܐ. ܕܠܐ ܦܪܫ
ܦܓܪܗ ܕܡܪܢ. 30 ܡܛܠ ܗܢܐ ܣܓܝܐܝܢ ܒܟܘܢ ܟܪܝܗܐ
ܘܡܪܥܐ: ܘܣܓܝܐܐ ܕܕܡܟܝܢ. 31 ܐܠܘ ܓܝܪ ܢܦܫܢ ܕܐܢܝܢ
ܗܘܝܢ: ܠܐ ܡܬܕܝܢܝܢ ܗܘܝܢ. 32 ܟܕ ܡܬܕܝܢܝܢ ܕܝܢ ܡܢ
ܡܪܢ: ܡܬܪܕܝܢܢ. ܕܠܐ ܥܡ ܥܠܡܐ ܢܬܚܝܒ.
33 ܡܟܝܠ ܐܚܝ ܡܐ ܕܡܬܟܢܫܝܢ ܐܢܬܘܢ ܠܡܐܟܠ:
ܗܘܝܬܘܢ ܡܩܘܝܢ ܚܕ ܠܚܕ. 34 ܡܢ ܕܝܢ ܕܟܦܢ ܒܒܝܬܗ
ܢܐܟܘܠ. ܕܠܐ ܠܚܘܝܒܐ ܬܗܘܘܢ ܡܬܟܢܫܝܢ. ܥܠ ܫܪܟܐ
ܕܝܢ ܡܐ ܕܐܬܐ ܐܦܩܕܟܘܢ ܀

ܩܦܠܐܘܢ ܀ ܝܒ ܀

1 ܥܠ ܪܘܚܢܝܬܐ ܕܝܢ ܐܚܝ. ܨܒܐ ܐܢܐ ܕܬܕܥܘܢ. 2 ܕܚܢܦܐ
ܗܘܝܬܘܢ. ܘܠܦܬܟܪܐ ܕܠܝܬ ܒܗܘܢ ܡܠܐ: ܕܠܐ
ܦܘܪܫܢ ܡܬܕܒܪܝܢ ܗܘܝܬܘܢ. 3 ܡܛܠ ܗܢܐ ܡܘܕܥ ܐܢܐ
ܠܟܘܢ. ܕܠܝܬ ܐܢܫ ܕܒܪܘܚܐ ܕܐܠܗܐ ܡܡܠܠ: ܘܐܡܪ ܕܚܪܡ
ܗܘ ܝܫܘܥ. ܘܐܦܠܐ ܐܢܫ ܡܫܟܚ ܠܡܐܡܪ ܕܡܪܝܐ ܗܘ
ܝܫܘܥ: ܐܠܐ ܐܢ ܒܪܘܚܐ ܕܩܘܕܫܐ. 4 ܦܘܠܓܐ ܕܝܢ ܕܡܘܗܒܬܐ
ܐܝܬܝܗܘܢ. ܐܠܐ ܚܕܐ ܗܝ ܪܘܚܐ. 5 ܘܦܘܠܓܐ ܕܬܫܡܫܬܐ
ܐܝܬܝܗܘܢ. ܐܠܐ ܚܕ ܗܘ ܡܪܝܐ. 6 ܘܦܘܠܓܐ ܕܚܝܠܘܬܐ ܐܝܬ.

ܐܠܐ ܚܕ ܗܘ ܐܠܗܐ ܕܡܥܒܕ ܟܠ ܒܟܠܢܫ. 7 ܠܐܢܫ ܐܢܫ
ܕܝܢ: ܡܬܝܗܒܐ ܠܗ ܓܠܝܢܐ ܕܪܘܚܐ ܐܝܟ ܕܥܕܪܐ ܠܗ.
8 ܐܝܬ ܕܡܬܝܗܒܐ ܠܗ ܒܪܘܚܐ ܡܠܬܐ ܕܚܟܡܬܐ. ܠܐܚܪܢܐ
ܕܝܢ ܡܠܬܐ ܕܝܕܥܬܐ ܒܗ ܒܪܘܚܐ. 9 ܠܐܚܪܢܐ ܗܝܡܢܘܬܐ
ܒܗ ܒܪܘܚܐ. ܠܐܚܪܢܐ ܡܘܗܒܬܐ ܕܐܣܝܘܬܐ ܒܗ
ܒܪܘܚܐ: 10 ܠܐܚܪܢܐ ܕܝܢ ܚܝܠܐ. ܠܐܚܪܢܐ ܕܝܢ ܢܒܝܘܬܐ.
ܠܐܚܪܢܐ ܕܝܢ ܦܘܪܫܢܘܬܐ ܕܪܘܚܐ. ܠܐܚܪܢܐ ܕܝܢ ܓܢܣܐ ܕܠܫܢܐ.
ܠܐܚܪܢܐ ܕܝܢ ܦܘܫܩܐ ܕܠܫܢܐ. 11 ܟܠܗܝܢ ܕܝܢ ܗܠܝܢ ܚܕܐ
ܗܝ ܪܘܚܐ ܡܥܒܕܐ. ܘܡܦܠܓܐ ܠܟܠܢܫ ܐܝܟ ܕܗܝ ܨܒܝܐ.
12 ܐܝܟܢܐ ܓܝܪ ܕܦܓܪܐ ܚܕ ܗܘ. ܘܐܝܬ ܠܗ ܗܕܡܐ
ܣܓܝܐܐ. ܟܠܗܘܢ ܕܝܢ ܗܕܡܐ ܕܦܓܪܐ ܟܕ ܣܓܝܐܐ ܐܝܬܝܗܘܢ
ܚܕ ܐܢܘܢ ܦܓܪ. ܗܟܢܐ ܐܦ ܡܫܝܚܐ. 13 ܐܦ ܚܢܢ ܓܝܪ
ܟܠܢ: ܒܚܕܐ ܪܘܚ ܠܚܕ ܦܓܪ ܥܡܕܢ. ܐܢ ܝܗܘܕܝܐ ܘܐܢ
ܐܪܡܝܐ. ܘܐܢ ܥܒܕܐ ܘܐܢ ܒܢܝ ܚܐܪܐ. ܘܟܠܢ ܚܕܐ ܪܘܚܐ
ܐܫܬܝܢ. 14 ܐܦ ܦܓܪܐ ܓܝܪ ܠܐ ܗܘܐ ܚܕ ܗܕܡ ܐܠܐ ܣܓܝܐܐ:
15 ܐܢ ܬܐܡܪ ܓܝܪ ܪܓܠܐ: ܕܡܛܠ ܕܠܐ ܗܘܝܬ ܐܝܕܐ ܠܐ ܗܘܝܬ
ܡܢܗ ܡܢ ܦܓܪܐ. ܠܘ ܡܛܠ ܗܕܐ ܠܝܬܝܗ ܡܢܗ ܡܢ
ܦܓܪܐ. 16 ܘܐܢ ܬܐܡܪ ܐܕܢܐ: ܡܛܠ ܕܠܐ ܗܘܝܬ ܥܝܢܐ ܠܐ ܗܘܝܬ
ܡܢܗ ܡܢ ܦܓܪܐ. ܠܘ ܡܛܠ ܗܕܐ ܠܝܬܝܗ ܡܢܗ ܡܢ
ܦܓܪܐ. 17 ܐܠܘ ܓܝܪ ܟܠܗ ܦܓܪܐ ܥܝܢܐ ܗܘܐ. ܐܝܟܐ
ܗܘܬ ܫܡܥܬܐ. ܘܐܠܘ ܟܠܗ ܫܡܥܬܐ ܗܘܐ. ܐܝܟܢܐ
ܡܪܝܚ ܗܘܐ. 18 ܗܫܐ ܕܝܢ ܐܠܗܐ ܣܡ ܟܠ ܚܕ ܚܕ ܡܢ
ܗܕܡܐ ܒܦܓܪܐ: ܐܝܟܢܐ ܕܨܒܐ ܗܘ. 19 ܐܠܘ ܕܝܢ ܟܠܗܘܢ
ܚܕ ܗܘܘ ܗܕܡܐ: ܐܝܟܐ ܗܘܐ ܦܓܪܐ. 20 ܗܫܐ ܕܝܢ ܗܕܡܐ
ܐܝܬܝܗܘܢ ܣܓܝܐܐ. ܚܕ ܗܘ ܕܝܢ ܦܓܪܐ. 21 ܠܐ ܡܫܟܚܐ ܥܝܢܐ
ܕܬܐܡܪ ܠܐܝܕܐ ܕܠܐ ܡܬܒܥܝܐ ܐܢܬܝ ܠܝ. ܐܦܠܐ ܪܝܫܐ ܡܫܟܚ
ܠܡܐܡܪ ܠܪܓܠܐ ܕܠܐ ܡܬܒܥܝܢ ܐܢܬܝܢ ܠܝ. 22 ܐܠܐ ܝܬܝܪܐܝܬ
ܐܝܠܝܢ ܗܕܡܐ ܕܡܬܚܙܝܢ ܕܡܚܝܠܝܢ. ܒܟܝܢܗܘܢ ܗܘ

ܣܘܢܩܢܐ. 23 ܘܐܝܠܝܢ ܕܡܣܒܪܝܢ ܕܡܨܥܪܝܢ ܐܢܘܢ ܒܦܓܪܐ:
ܠܗܠܝܢ ܐܝܩܪܐ ܝܬܝܪܐ ܡܩܪܒܝܢܢ. ܘܐܝܠܝܢ ܕܒܗܬܬܐ ܐܢܘܢ
ܐܣܟܡܐ ܝܬܝܪܐ ܥܒܕܝܢܢ ܠܗܘܢ. 24 ܐܝܠܝܢ ܕܝܢ ܗܕܡܐ ܕܐܝܬ
ܠܗ ܕܡܥܠܝܢ: ܠܐ ܡܬܒܥܐ ܠܗܘܢ ܐܝܩܪܐ. ܐܠܗܐ ܓܝܪ
ܡܙܓ ܦܓܪܐ. ܘܝܗܒ ܐܝܩܪܐ ܝܬܝܪܐ ܠܗܕܡܐ ܐܝܢܐ
ܕܙܥܘܪ. 25 ܕܠܐ ܢܗܘܐ ܦܠܓܘܬܐ ܒܦܓܪܐ. ܐܠܐ ܟܠܗܘܢ ܗܕܡܐ
ܫܘܝܐܝܬ: ܚܕ ܥܠ ܚܕ ܢܗܘܘܢ ܢܨܦܘܢ. 26 ܘܐܡܬܝ ܕܚܕ
ܗܕܡ ܢܗܘܐ ܟܐܒ: ܟܠܗܘܢ ܢܗܘܘܢ ܚܫܝܢ. ܘܐܢ ܡܫܬܒܚ
ܚܕ ܗܕܡ: ܟܠܗܘܢ ܗܕܡܐ ܢܗܘܘܢ ܡܫܬܒܚܝܢ. 27 ܐܢܬܘܢ
ܕܝܢ ܦܓܪܗ ܐܢܬܘܢ ܕܡܫܝܚܐ ܘܗܕܡܐ ܒܕܘܟܬܟܘܢ ✤
28 ܘܣܡ ܐܠܗܐ ܒܥܕܬܗ: ܠܘܩܕܡ ܫܠܝܚܐ. ܒܬܪܗܘܢ
ܢܒܝܐ. ܒܬܪܗܘܢ ܡܠܦܢܐ. ܒܬܪܗܘܢ ܥܒܕܝ ܚܝܠܐ.
ܒܬܪܗܘܢ ܡܘܗܒܬܐ ܕܐܣܝܘܬܐ. ܘܡܥܕܪܢܘܬܐ. ܘܡܕܒܪܢܘܬܐ.
ܘܙܢܝܐ ܕܠܫܢܐ. 29 ܕܠܡܐ ܟܠܗܘܢ ܢܒܝܐ: ܠܡܐ ܟܠܗܘܢ
ܡܠܦܢܐ: ܠܡܐ ܟܠܗܘܢ ܥܒܕܝ ܚܝܠܐ: 30 ܠܡܐ ܠܟܠܗܘܢ
ܐܝܬ ܠܗܘܢ ܡܘܗܒܬܐ ܕܐܣܝܘܬܐ: ܠܡܐ ܟܠܗܘܢ ܒܠܫܢܐ
ܡܡܠܠܝܢ: ܐܘ ܠܡܐ ܟܠܗܘܢ ܡܦܫܩܝܢ. 31 ܐܢ ܕܝܢ ܛܢܝܢ
ܐܢܬܘܢ ܒܡܘܗܒܬܐ ܪܘܪܒܬܐ: ܐܢܐ ܬܘܒ ܐܚܘܝܟܘܢ ܐܘܪܚܐ
ܕܡܝܬܪܐ ✤

ܩܦܠܐܘܢ ✤ ܝܓ ✤

1 ܐܢ ܒܟܠ ܠܫܢ ܕܒܢܝܢܫܐ ܐܡܠܠ ܘܕܡܠܐܟܐ: ܘܚܘܒܐ
ܠܐ ܢܗܘܐ ܒܝ: ܗܘܝܬ ܠܝ ܐܝܟ ܢܚܫܐ ܕܐܩܐ: ܐܘ ܙܠܙܠܐ ܕܢܩܫ
ܩܠܐ. 2 ܘܐܢ ܢܗܘܐ ܒܝ ܢܒܝܘܬܐ: ܘܐܕܥ ܐܪܙܐ ܟܠܗܘܢ
ܘܟܠܗ ܝܕܥܬܐ: ܘܐܢ ܢܗܘܐ ܒܝ ܟܠܗ ܗܝܡܢܘܬܐ. ܐܝܟܢܐ
ܕܛܘܪܐ ܐܫܢܐ: ܘܚܘܒܐ ܠܝܬ ܒܝ: ܠܐ ܗܘܝܬ ܡܕܡ. 3 ܘܐܢ
ܐܘܟܠ ܟܠ ܕܐܝܬ ܠܝ ܠܡܣܟܢܐ ܘܐܢ ܐܫܠܡ ܦܓܪܝ ܕܐܬܝܩܕ:
ܘܚܘܒܐ ܠܐ ܢܗܘܐ ܒܝ: ܡܕܡ ܠܐ ܥܕܪ ܐܢܐ ✤ 4 ܚܘܒܐ ܢܓܝܪ
ܪܘܚܗ ܘܡܒܣܡ. ܚܘܒܐ ܠܐ ܚܣܡ. ܚܘܒܐ ܠܐ ܡܫܬܓܫ

ܘܠܐ ܬܣܗܕ. 5 ܘܠܐ ܬܓܢܒ ܕܒܥܠܬܐ ܘܠܐ ܬܟܠܐ ܐܓܪܐ. ܠܐ
ܬܬܕܘܢ. ܘܠܐ ܬܬܦܪܥ ܕܓܒܪ. 6 ܠܐ ܬܗܘܐ ܒܥܘܠܐ. ܐܠܐ ܬܗܘܐ
ܒܡܗܝܡܢܘܬܐ. 7 ܟܠ ܕܫܐܠ ܡܢܟ. ܟܠܟܕܡ ܡܢܘܗܝ.
ܟܠ ܡܢܟ. ܟܠ ܕܒܥܐ. 8 ܫܘܒܚܐ ܕܝ ܡܢܗܘܢ ܠܐ ܢܣܒ.
ܬܟܝܒܘܬܐ ܓܝܪ ܬܬܚܫܒܢ. ܘܥܡܠܐ ܬܬܚܫܒܘܢ. ܘܦܪܥܬܐ
ܬܬܬܥܒܕ. 9 ܘܡܛܠ ܗܢܐ ܓܝܪ ܕܝ ܦܘܩܕܢ ܢܒܥܐ.
ܘܡܛܠ ܕܝ ܦܘܩܕܢ ܡܬܬܒܥܝܢ. 10 ܐܦܠܐ ܕܝܢ ܕܬܐܬܐ
ܠܪܓܝܓܘܬܐ: ܗܢܘܢ ܬܬܚܫܒ ܗܘ ܡܢܟ ܕܡܛܠ ܗܢܐ.
11 ܟܕ ܬܗܘܐ ܗܘܝܬ. ܐܦ ܬܗܘܐ ܡܗܝܡܢܐ ܗܘܝܬ. ܘܐܦ
ܬܗܘܐ ܬܬܦܪܫ ܗܘܝܬ. ܘܐܦ ܬܗܘܐ ܬܬܢܦܩ ܗܘܝܬ. ܟܕ
ܗܘܝܬ ܕܝܢ ܠܒܪܐ: ܟܡܐ ܗܟܝܠ ܕܒܟܘܬܐ. 12 ܗܟܢܐ ܕܝܢ
ܐܝܟ ܕܒܚܝܪܬܐ ܫܪܝܪ ܒܟܠܝܬܐ. ܗܢܘܢ ܕܝܢ ܐܦܝ ܠܟܡܠ
ܐܦܝ. ܗܟܢܐ ܢܗܘܐ ܡܛܠ ܡܛܠ ܕܝ ܦܘܩܕܢ: ܗܢܘܢ ܕܝܢ
ܐܝܟ ܐܝܟ ܗܠ ܕܐܬܒܪܟ. 13 ܗܟܢ ܐܢܬ ܓܝܪ ܐܬܟ ܕܬܥܒܕ.
ܗܝܡܢܘܬܐ ܘܡܟܝܟܘܬܐ ܘܫܘܒܚܐ. ܕܝܠܟ ܕܝܢ ܡܢ ܗܘ ܫܘܒܚܐ ܀

ܦܨܠܘ ܀ ܒ ܀

1 ܗܟܢܐ ܟܬܒ ܫܘܒܚܐ. ܘܐܝܟ ܒܡܗܝܡܢܘܬܐ ܕܪܘܚܐ.
ܬܬܚܫܒ ܕܝܢ ܕܬܬܢܚܘܢ. 2 ܟܕ ܕܡܬܠ ܓܝܪ ܒܟܢܫܐ: ܠܐ
ܗܘܐ ܒܟܝܢܘܬܐ ܡܬܠ ܐܠܐ ܠܐܟܘܬܐ. ܠܐ ܓܝܪ ܐܢܫ ܡܬܠ
ܡܢܗ ܕܡܬܠ. ܐܠܐ ܒܪܘܚ ܐܪܙܐ ܡܬܠ. 3 ܐܢܐ ܕܝܢ ܕܡܬܢܒܐ
ܒܟܝܢܘܬܐ ܡܬܠ ܒܢܝܐ ܘܠܒܘܝܐ ܘܠܒܘܝܐ. 4 ܕܡܬܠ
ܒܟܢܫܐ. ܢܦܫܗ ܗܘ ܒܢܐ. ܘܕܡܬܢܒܐ ܥܕܬܐ ܒܢܐ.
5 ܨܒܐ ܐܢܐ ܕܝܢ ܕܟܠܟܘܢ ܬܡܠܠܘܢ ܒܠܫܢܐ. ܬܬܚܫܒ ܕܝܢ
ܕܬܬܢܒܘܢ. ܪܒ ܗܘ ܓܝܪ ܐܢܐ ܕܡܬܢܒܐ: ܡܢ ܗܘ ܕܡܡܠܠ
ܒܠܫܢܐ ܐܠܐ ܡܦܫܩ. ܐܢ ܕܝܢ ܡܦܫܩ ܥܕܬܐ ܒܢܝܐ.
6 ܘܗܫܐ ܐܚܝ ܐܢ ܐܬܐ ܠܘܬܟܘܢ ܘܐܡܠܠ ܥܡܟܘܢ ܒܠܫܢܐ:
ܡܢܐ ܡܘܬܪ ܐܢܐ ܠܟܘܢ. ܐܠܐ ܐܢ ܐܡܠܠ ܥܡܟܘܢ. ܐܘ

ܒܓܠܝܢܐ ܐܘ ܒܝܕܥܬܐ. ܐܘ ܒܢܒܝܘܬܐ ܐܘ ܒܡܠܦܢܘܬܐ.
7 ܐܦ ܕܨܒܘܬܐ ܓܝܪ ܐܝܟܢ ܕܠܝܬ ܒܗܝܢ ܢܦܫܐ. ܘܝܗܒܢ
ܩܠܐ: ܐܝ ܐܒܘܒܐ ܐܘ ܟܢܪܐ: ܐܢ ܦܘܪܫܢܐ ܠܐ ܝܗܒܢ ܒܝܬ
ܩܠܐ ܠܫܡܥܬܗܘܢ: ܐܝܟܢܐ ܡܬܝܕܥ ܡܕܡ ܕܡܙܡܪ ܐܘ
ܡܕܡ ܕܡܬܢܩܫ. 8 ܐܦ ܩܪܢܐ ܢܬܠ ܩܠܐ ܕܠܐ ܦܪܝܫ: ܡܢܘ
ܢܬܛܝܒ ܠܩܪܒܐ. 9 ܗܟܢܐ ܐܦ ܐܢܬܘܢ. ܐܢ ܬܐܡܪܘܢ ܡܠܬܐ
ܒܠܫܢܐ ܘܠܐ ܬܗܘܐ ܡܦܫܩܐ: ܐܝܟܢܐ ܡܬܝܕܥ ܡܕܡ ܕܐܡܪܝܢ
ܐܢܬܘܢ. ܗܘܝܬܘܢ ܠܗܘܢ ܐܝܟ ܕܥܡ ܐܐܪ ܡܡܠܠܝܢ ܐܢܬܘܢ.
10 ܗܐ ܓܝܪ ܓܢܣܐ ܕܠܫܢܐ ܣܓܝܐܐ ܐܝܬ ܒܥܠܡܐ. ܘܠܝܬ
ܚܕ ܡܢܗܘܢ ܕܠܐ ܩܠܐ. 11 ܐܢ ܠܐ ܝܕܥ ܐܢܐ ܚܝܠܗ ܕܩܠܐ:
ܗܘܐ ܐܢܐ ܠܝ ܒܪܒܪܝܐ ܠܗܘ ܕܡܡܠܠ. ܘܐܦ ܗܘ ܕܡܡܠܠ
ܗܘܐ ܠܗ ܠܝ ܒܪܒܪܝܐ. 12 ܗܟܢܐ ܐܦ ܐܢܬܘܢ. ܡܛܠ
ܕܛܢܢܐ ܐܢܬܘܢ ܕܡܘܗܒܬܐ ܕܪܘܚܐ ܠܒܢܝܢܐ ܕܥܕܬܐ ܒܥܘ
ܕܬܬܝܬܪܘܢ. 13 ܘܗܘ ܕܡܡܠܠ ܒܠܫܢܐ. ܢܨܠܐ ܕܢܦܫܩ. 14 ܐܢ
ܓܝܪ ܕܡܨܠܐ ܐܢܐ ܒܠܫܢܐ. ܪܘܚܝ ܗܝ ܡܨܠܝܐ.
ܡܕܥܝ ܕܝܢ ܕܠܐ ܦܐܪܐ ܗܘ. 15 ܡܢܐ ܗܟܝܠ ܐܥܒܕ؟ ܐܨܠܐ
ܒܪܘܚ. ܘܐܨܠܐ ܐܦ ܒܡܕܥܝ: ܘܐܙܡܪ ܒܪܘܚ. ܘܐܙܡܪ
ܐܦ ܒܡܕܥܝ. 16 ܐܢ ܠܐ ܐܢ ܡܒܪܟ ܐܢܬ ܒܪܘܚ ܗܘ
ܕܡܡܠܐ ܕܘܟܬܗ ܕܗܕܝܘܛܐ. ܐܝܟܢܐ ܢܐܡܪ ܐܡܝܢ ܥܠ ܬܘܕܝܬܟ
ܕܝܠܟ. ܡܛܠ ܕܡܢܐ ܐܡܪ ܐܢܬ ܠܐ ܝܕܥ. 17 ܐܢܬ ܓܝܪ
ܫܦܝܪ ܡܒܪܟ ܐܢܬ. ܐܠܐ ܚܒܪܟ ܠܐ ܡܬܒܢܐ. 18 ܡܘܕܐ ܐܢܐ
ܠܐܠܗܐ ܕܝܬܝܪ ܡܢ ܟܠܟܘܢ ܡܡܠܠ ܐܢܐ ܒܠܫܢܐ. 19 ܐܠܐ
ܒܥܕܬܐ ܨܒܐ ܐܢܐ ܕܚܡܫ ܡܠܝܢ ܒܡܕܥܝ ܐܡܠܠ. ܕܐܦ
ܠܐܚܪܢܐ ܐܠܦ: ܝܬܝܪ ܡܢ ܪܒܘ ܡܠܝܢ ܒܠܫܢܐ ⁘ 20 ܐܚܝ
ܠܐ ܬܗܘܘܢ ܛܠܝܐ ܒܪܥܝܢܝܟܘܢ. ܐܠܐ ܠܒܝܫܬܐ ܗܘܘ ܝܠܘܕܐ:
ܘܒܪܥܝܢܝܟܘܢ ܗܘܘ ܓܡܝܪܝܢ. 21 ܒܢܡܘܣܐ ܟܬܝܒ.
ܕܒܡܡܠܠܐ ܢܘܟܪܝܐ ܘܒܠܫܢܐ ܐܚܪܢܐ ܐܡܠܠ ܥܡܗ ܥܡ ܥܡܐ
ܗܢܐ. ܐܦܠܐ ܗܟܢܐ ܢܫܡܥܘܢܢܝ. ܐܡܪ ܡܪܝܐ. 22 ܡܕܝܢ

ܠܫܢ̈ܐ ܠܐܬܐ ܗܘ ܩܝܡܝܢ. ܠܐ ܠܡܗܝܡܢ̈ܐ. ܐܠܐ ܠܐܝܠܝܢ ܕܠܐ
ܡܗܝܡܢܝܢ. ܢܒܝܘܬܐ ܕܝܢ ܠܐ ܗܘܬ ܠܐܝܠܝܢ ܕܠܐ ܡܗܝܡܢܝܢ.
ܐܠܐ ܠܐܝܠܝܢ ܕܡܗܝܡܢܝܢ. 23 ܐܢܗܘ ܗܟܝܠ ܕܬܬܟܢܫ ܟܠܗ
ܥܕܬܐ: ܘܟܠܗܘܢ ܒܠܫܢ̈ܐ ܢܡܠܠܘܢ: ܘܢܥܠܘܢ ܗܕܝܘܛܐ
ܐܘ ܐܝܠܝܢ ܕܠܐ ܡܗܝܡܢܝܢ: ܠܐ ܐܡܪܝܢ ܕܫܢܝܬܘܢ ܠܟܘܢ.
24 ܐܠܐ ܟܠܟܘܢ ܬܗܘܘܢ ܡܬܢܒܝܢ. ܘܢܥܘܠ ܠܘܬܟܘܢ
ܗܕܝܘܛܐ ܐܘ ܡܢ ܕܠܐ ܡܗܝܡܢ. ܡܬܟܣܐ ܡܢ ܟܠܟܘܢ.
ܘܡܬܕܝܢ ܡܢ ܟܠܟܘܢ. 25 ܘܟܣܝ̈ܬܐ ܕܠܒܗ ܡܬܓܠܝ̈ܢ.
ܘܗܝܕܝܢ ܢܦܠ ܥܠ ܐܦܘܗܝ: ܘܢܣܓܘܕ ܠܐܠܗܐ ܘܢܐܡܪ:
ܕܫܪܝܪܐܝܬ ܐܠܗܐ ܐܝܬ ܒܟܘܢ. 26 ܐܡܪ ܐܢܐ ܗܟܝܠ ܐܚ̈ܝ.
ܕܡܐ ܕܡܬܟܢܫܝܢ ܐܢܬܘܢ. ܠܐܢܫ ܡܢܟܘܢ ܕܐܝܬ ܠܗ
ܡܙܡܘܪܐ ܢܐܡܪ. ܘܐܢܫ ܕܐܝܬ ܠܗ ܝܘܠܦܢܐ. ܘܐܢܫ ܕܐܝܬ
ܠܗ ܓܠܝܢܐ. ܘܐܢܫ ܕܐܝܬ ܠܗ ܠܫܢܐ. ܘܐܢܫ ܕܐܝܬ ܠܗ
ܦܘܫܩܐ. ܟܠܗܝܢ ܠܒܢܝܢܐ ܢܗܘܝܢ. 27 ܘܐܢ ܒܠܫܢܐ ܐܢܫ
ܡܡܠܠ. ܬܪܝܢ ܢܡܠܠܘܢ. ܘܐܢ ܣܓܝ ܬܠܬܐ. ܘܚܕ ܚܕ
ܢܡܠܠܘܢ. ܘܚܕ ܢܦܫܩ. 28 ܘܐܢ ܠܝܬ ܕܡܦܫܩ. ܢܫܬܘܩ
ܠܗ ܒܥܕܬܐ ܗܘ ܕܡܡܠܠ ܒܠܫܢܐ. ܘܢܡܠܠ ܒܝܢܘܗܝ
ܘܠܐܠܗܐ ܢܡܠܠ. 29 ܢܒܝ̈ܐ ܕܝܢ ܬܪܝܢ ܐܘ ܬܠܬܐ ܢܡܠܠܘܢ.
ܘܐܚܪ̈ܢܐ ܢܦܪܫܘܢ. 30 ܘܐܢ ܠܐܚܪܢܐ ܢܬܓܠܐ ܟܕ ܝܬܒ.
ܩܕܡܝܐ ܢܫܬܘܩ ܠܗ. 31 ܡܫܟܚܝܢ ܐܝܬܝܟܘܢ ܓܝܪ ܟܠܟܘܢ
ܚܕ ܚܕ ܠܡܬܢܒܝܘ. ܕܟܠܢܫ ܢܐܠܦ ܘܟܠܢܫ ܢܬܒܝܐ.
32 ܪܘܚܐ ܓܝܪ ܕܢܒܝ̈ܐ ܠܢܒܝ̈ܐ ܡܫܬܥܒܕܐ. 33 ܡܛܠ ܕܐܠܗܐ
ܠܐ ܗܘܐ ܕܫܓܘܫܝܐ. ܐܠܐ ܕܫܝܢܐ. ܐܝܟ ܕܒܟܠܗܝܢ ܥܕ̈ܬܐ
ܕܩܕ̈ܝܫܐ ✤ 34 ܢܫܝܟܘܢ ܒܥܕܬܐ ܢܗܘܝܢ ܫܬܝܩܢ. ܠܐ ܓܝܪ
ܡܦܣ ܠܗܝܢ ܕܢܡܠܠܢ ܐܠܐ ܕܢܫܬܥܒܕܢ: ܐܝܟܢܐ ܕܐܦ
ܢܡܘܣܐ ܐܡܪ: 35 ܘܐܢ ܨܒܝܢ ܕܢܐܠܦܢ: ܒܒܝܬܗܝܢ
ܢܫܐܠܢ ܠܒܥܠܝܗܝܢ. ܨܥܪܐ ܗܘ ܓܝܪ ܕܢܫ̈ܐ ܒܥܕܬܐ
ܢܡܠܠܢ 36 ܐܘ ܕܠܡܐ ܡܢܟܘܢ ܗܘ ܢܦܩܬ ܡܠܬܗ ܕܐܠܗܐ.

ܐܘ ܠܘܬܟܘܢ ܗܘ ܒܠܚܘܕܝܟܘܢ ܡܛܬ. 37 ܐܢ ܐܢܫ ܕܝܢ
ܡܣܒܪ ܕܢܒܝܐ ܗܘ ܐܘ ܕܪܘܚܢܐ ܗܘ: ܢܕܥ ܗܠܝܢ ܕܟܬܒ ܐܢܐ
ܠܟܘܢ: ܕܦܘܩܕܢܐ ܐܢܘܢ ܕܡܪܢ. 38 ܐܢ ܐܢܫ ܕܝܢ ܠܐ ܝܕܥ ܠܐ
ܢܕܥ. 39 ܗܫܐ ܐܚܝ ܛܢܘ ܠܡܬܢܒܝܘ. ܘܠܡܡܠܠܘ
ܒܠܫܢܐ ܠܐ ܬܟܠܘܢ. 40 ܟܠܡܕܡ ܕܝܢ ܒܐܣܟܡܐ ܘܒܛܟܣܐ
ܢܗܘܐ ܀

ܩܦܠܐܘܢ ܀ ܝܗ ܀

1 ܡܘܕܥ ܐܢܐ ܠܟܘܢ ܕܝܢ ܐܚܝ: ܐܘܢܓܠܝܘܢ ܕܐܣܒܪܬܟܘܢ
ܘܩܒܠܬܘܢܝܗܝ. ܘܩܡܬܘܢ ܒܗ. 2 ܘܒܗ ܚܝܝܢ ܐܢܬܘܢ.
ܒܐܝܢܐ ܡܠܬܐ ܐܣܒܪܬܟܘܢ. ܐܢ ܐܚܝܕܝܢ ܐܢܬܘܢ: ܐܢ ܠܐ ܗܘܐ
ܣܪܝܩܐܝܬ ܗܝܡܢܬܘܢ. 3 ܐܫܠܡܬ ܠܟܘܢ ܓܝܪ ܡܢ ܠܘܩܕܡ
ܐܝܟ ܡܐ ܕܩܒܠܬ. ܕܡܫܝܚܐ ܡܝܬ ܚܠܦ ܚܛܗܝܢ
ܐܝܟ ܕܟܬܝܒ. 4 ܘܕܐܬܩܒܪ: ܘܩܡ ܠܬܠܬܐ ܝܘܡܝܢ ܐܝܟ
ܕܟܬܝܒ. 5 ܘܐܬܚܙܝ ܠܟܐܦܐ. ܘܒܬܪܗ ܠܬܪܥܣܪ. 6 ܘܒܬܪܟܢ
ܐܬܚܙܝ ܠܝܬܝܪ ܡܢ ܚܡܫܡܐܐ ܐܚܝܢ ܐܟܚܕܐ. ܕܣܓܝܐܐ
ܡܢܗܘܢ ܡܩܘܝܢ ܐܝܟ ܗܫܐ. ܘܙܥܘܪܐ ܡܢܗܘܢ ܫܟܒܘ.
7 ܘܡܢ ܒܬܪ ܗܠܝܢ ܐܬܚܙܝ ܠܝܥܩܘܒ. ܘܒܬܪܗ ܠܫܠܝܚܐ
ܟܠܗܘܢ. 8 ܠܚܪܬܐ ܕܝܢ ܕܟܠܗܘܢ: ܐܝܟ ܕܠܟܠܚܝܢܐ ܐܬܚܙܝ
ܐܦ ܠܝ. 9 ܐܢܐ ܓܝܪ ܐܢܐ ܙܥܘܪܐ ܕܫܠܝܚܐ. ܘܠܐ ܫܘܐ ܐܢܐ
ܕܐܬܩܪܐ ܫܠܝܚܐ. ܡܛܠ ܕܪܕܦܬ ܠܥܕܬܗ ܕܐܠܗܐ.
10 ܒܛܝܒܘܬܗ ܕܝܢ ܕܐܠܗܐ ܐܝܬܝ ܡܕܡ ܕܐܝܬܝ. ܘܛܝܒܘܬܗ
ܕܒܝ ܠܐ ܗܘܬ ܣܪܝܩܐ. ܐܠܐ ܝܬܝܪ ܡܢ ܟܠܗܘܢ ܠܐܝܬ. ܠܐ ܐܢܐ
ܐܠܐ ܛܝܒܘܬܗ ܕܥܡܝ. 11 ܐܢ ܐܢܐ ܡܟܝܠ ܘܐܢ ܗܢܘܢ. ܗܟܢܐ
ܡܟܪܙܝܢܢ. ܘܗܟܢܐ ܗܝܡܢܬܘܢ. 12 ܐܢ ܕܝܢ ܡܫܝܚܐ ܡܬܟܪܙ
ܕܩܡ ܡܢ ܒܝܬ ܡܝܬܐ: ܐܝܟܢܐ ܐܝܬ ܒܟܘܢ ܐܢܫܐ ܕܐܡܪܝܢ
ܕܠܝܬ ܚܝܬ ܡܝܬܐ. 13 ܘܐܢ ܚܝܬ ܡܝܬܐ ܠܝܬ ܐܦܠܐ ܡܫܝܚܐ
ܩܡ. 14 ܘܐܢ ܡܫܝܚܐ ܠܐ ܩܡ. ܣܪܝܩܐ ܗܝ ܟܪܘܙܘܬܢ.
ܣܪܝܩܐ ܐܦ ܗܝܡܢܘܬܟܘܢ. 15 ܘܡܫܬܟܚܝܢ ܚܢܢ ܕܝܢ ܐܦ

ܣܗ̈ܕܐ ܕܓ̈ܠܐ ܕܐܠܗܐ : ܕܐܣܗܕܢ ܥܠ ܐܠܗܐ ܕܐܩܝܡ
ܠܡܫܝܚܐ ܟܕ ܠܐ ܐܩܝܡ. 16 ܐܢ ܡ̈ܝܬܐ ܓܝܪ ܠܐ ܩܝܡܝܢ :
ܐܦܠܐ ܡܫܝܚܐ ܩܡ. 17 ܘܐܢ ܡܫܝܚܐ ܠܐ ܩܡ : ܣܪܝܩܐ ܗܝ
ܗܝܡܢܘܬܟܘܢ. ܘܥܕܟܝܠ ܒܚܛ̈ܗܝܟܘܢ ܐܢܬܘܢ. 18 ܘܟܒܪ
ܐܦ ܐܝܠܝܢ ܕܕܡܟܘ ܒܡܫܝܚܐ ܐܒܕܘ ܠܗܘܢ. 19 ܘܐܢ
ܒܗܠܝܢ ܗܘ ܚܝ̈ܐ ܒܠܚܘܕ ܡܣܒܪܝܢܢ ܒܡܫܝܚܐ : ܕܘܝܢܝܢ
ܗܘ ܡܢ ܟܠܗܘܢ ܒܢܝ̈ܢܫܐ ✣ 20 ܗܫܐ ܕܝܢ ܡܫܝܚܐ ܩܡ ܡܢ
ܒܝܬ ܡ̈ܝܬܐ. ܘܗܘܐ ܪܫܝܬܐ ܕܕܡ̈ܟܐ. 21 ܘܐܝܟܢܐ ܕܒܝܕ ܒܪܢܫܐ
ܗܘܐ ܡܘܬܐ : ܗܟܢܐ ܐܦ ܒܝܕ ܒܪܢܫܐ ܗܘܬ ܚܝܬܐ ܕܡ̈ܝܬܐ.
22 ܐܝܟܢܐ ܓܝܪ ܕܒܐܕܡ ܟܠܗܘܢ ܒܢܝ̈ܢܫܐ ܡܝܬܝܢ : ܗܟܢܐ
ܐܦ ܒܡܫܝܚܐ ܟܠܗܘܢ ܚܝܝܢ. 23 ܐܢܫ ܐܢܫ ܒܛܟܣܗ.
ܪܫܝܬܐ ܗܘܐ ܡܫܝܚܐ. ܒܬܪܗ ܐܝܠܝܢ ܕܠܡܫܝܚܐ ܐܢܘܢ
ܒܡܐܬܝܬܗ. 24 ܘܗܝܕܝܢ ܢܗܘܐ ܫܘܠܡܐ : ܡܐ ܕܡܫܠܡ
ܡܠܟܘܬܐ ܠܐܠܗܐ ܐܒܐ. ܡܐ ܕܒܛܠ ܟܠ ܪܝܫ ܘܟܠ
ܫܘܠܛܢ ܘܟܠ ܚܝ̈ܠܝܢ. 25 ܥܬܝܕ ܗܘ ܓܝܪ ܕܢܡܠܟ ܥܕܡܐ
ܕܢܣܝܡ ܒܥܠܕܒܒ̈ܘܗܝ ܟܠܗܘܢ ܬܚܝܬ ܪ̈ܓܠܘܗܝ.
26 ܘܐܚܪܝܐ ܒܥܠܕܒܒܐ ܡܬܒܛܠ ܡܘܬܐ. 27 ܟܠ ܓܝܪ
ܫܥܒܕ ܬܚܝܬ ܪ̈ܓܠܘܗܝ. ܡܐ ܕܐܡܪ ܕܝܢ ܕܟܠܡܕܡ
ܡܫܥܒܕ ܠܗ : ܝܕܝܥܐ ܗܝ ܕܣܛܪ ܡܢ ܗܘ ܕܫܥܒܕ ܠܗ
ܟܠ. 28 ܘܡܐ ܕܐܫܬܥܒܕ ܠܗ ܟܠ : ܗܝܕܝܢ ܗܘ ܒܪܐ
ܢܫܬܥܒܕ ܠܗܘ ܕܫܥܒܕ ܠܗ ܟܠ. ܕܢܗܘܐ ܐܠܗܐ ܟܠ
ܒܟܠ ✣ 29 ܘܐܠܐ ܡܢܐ ܢܥܒܕܘܢ ܗܢܘܢ ܕܥܡܕܝܢ ܚܠܦ ܡ̈ܝܬܐ.
ܐܢ ܡ̈ܝܬܐ ܠܐ ܩܝܡܝܢ. ܡܢܐ ܥܡܕܝܢ ܚܠܦ ܡ̈ܝܬܐ. 30 ܘܠܡܢܐ
ܐܦ ܚܢܢ ܒܟܠ ܫܥܐ ܒܩܢܕܝܢܘܣ ܩܝܡܝܢܢ. 31 ܝܡܐ ܐܢܐ
ܒܫܘܒܗܪܟܘܢ ܐܚ̈ܝ : ܕܐܝܬ ܠܝ ܒܡܪܢ ܝܫܘܥ ܡܫܝܚܐ .
ܕܒܟܠܝܘܡ ܡܐܬ ܐܢܐ. 32 ܐܢ ܐܝܟ ܕܥܡ ܒܢܝ̈ܢܫܐ : ܐܬܟܬܫܬ
ܠܚܝ̈ܘܬܐ ܒܐܦܣܘܣ. ܡܢܐ ܐܘܬܪܬ ܐܢ ܡ̈ܝܬܐ ܠܐ ܩܝܡܝܢ
ܢܐܟܘܠ ܘܢܫܬܐ. ܡܚܪ ܓܝܪ ܡܝܬܝܢܢ. 33 ܠܐ ܬܛܥܘܢ

ܡܚܒܠܝܢ ܓܝܪ ܕܘ̈ܒܪܐ ܒܣܝ̈ܡܐ ܡܡ̈ܠܠܐ ܒܝ̈ܫܐ ܀ 34 ܐܬܥܝܪܘ
ܒܠܒܟܘܢ ܟܐܢܐܝܬ ܘܠܐ ܬܚܛܘܢ. ܐܝܬ ܓܝܪ ܐ̱ܢܫܐ ܕܝܕܥܬܐ ܕܐܠܗܐ
ܠܝܬ ܒܗܘܢ. ܠܒܗܬܬܟܘܢ ܗ̱ܘ ܐܡܪ ܐ̱ܢܐ. 35 ܢܐܡܪ ܐ̱ܢܫ
ܡܢܟܘܢ ܕܐܝܟܢܐ ܩܝܡܝܢ ܡܝ̈ܬܐ: ܘܒܐܝܢܐ ܦܓܪܐ ܐܬܝܢ: 36 ܣܟܠܐ.
ܙܪܥܐ ܕܙܪܥ ܐܢ̱ܬ: ܐܢ ܠܐ ܡܐܬ ܠܐ ܚܝܐ. 37 ܘܗܘ ܡܕܡ ܕܙܪܥ ܐܢ̱ܬ:
ܠܐ ܗܘܐ ܗܘ ܦܓܪܐ ܕܥܬܝܕ ܠܡܗܘܐ ܙܪܥ ܐܢ̱ܬ. ܐܠܐ ܦܪܕܬܐ
ܥܪܛܠܝܬܐ ܕܚܛܐ ܐܘ ܕܣܥܪ̈ܐ: ܐܘ ܕܫܪܟܐ ܕܙܪ̈ܥܘܢܐ. 38 ܐܠܗܐ ܕܝܢ
ܝܗܒ ܠܗ ܦܓܪܐ ܐܝܟܢܐ ܕܨܒܐ. ܘܠܟܠ ܚܕ ܡܢ ܙܪ̈ܥܘܢܐ ܦܓܪܐ
ܕܟܝܢܗ. 39 ܠܐ ܗܘܐ ܕܝܢ ܟܠ ܒܣܪ ܫܘܐ. ܐܝܬ ܗܘ
ܓܝܪ ܒܣܪܐ ܕܒܢܝ̈ܢܫܐ. ܘܐܝܬ ܕܒܥܝܪܐ. ܘܐܝܬ ܕܦܪܚܬܐ.
ܘܐܝܬ ܕܢܘ̈ܢܐ. 40 ܘܐܝܬ ܦܓܪ̈ܐ ܫܡܝ̈ܢܐ. ܘܐܝܬ ܦܓܪ̈ܐ ܐܪܥܢܝ̈ܐ.
ܐܠܐ ܐܚܪܝܢ ܗܘ ܫܘܒܚܐ ܕܫܡܝ̈ܢܐ. ܘܐܚܪܝܢ ܕܐܪܥܢܝ̈ܐ. 41 ܘܐܚܪܝܢ
ܗܘ ܫܘܒܚܐ ܕܫܡܫܐ. ܘܐܚܪܝܢ ܗܘ ܫܘܒܚܐ ܕܣܗܪܐ.
ܘܐܚܪܝܢ ܫܘܒܚܐ ܕܟܘ̈ܟܒܐ. ܘܟܘܟܒܐ ܡܢ ܟܘܟܒܐ ܡܝܬܪ
ܗܘ ܒܫܘܒܚܐ. 42 ܗܟܢܐ ܐܦ ܚܝܢܗ ܡܝ̈ܬܐ. ܡܙܕܪܥܝܢ
ܒܚܒܠܐ. ܩܝܡܝܢ ܕܠܐ ܚܒܠܐ. 43 ܡܙܕܪܥܝܢ ܒܨܥܪܐ ܩܝܡܝܢ
ܒܫܘܒܚܐ. ܡܙܕܪܥܝܢ ܒܟܪܝܗܘܬܐ ܩܝܡܝܢ ܒܚܝܠܐ. 44 ܡܙܕܪܥ
ܦܓܪܐ ܢܦܫܢܝܐ: ܩܐܡ ܦܓܪܐ ܪܘܚܢܝܐ. ܐܝܬ ܓܝܪ ܦܓܪܐ
ܕܢܦܫ ܘܐܝܬ ܦܓܪܐ ܕܪܘܚ. 45 ܗܟܢܐ ܐܦ ܟܬܝܒ. ܗܘܐ ܐܕܡ
ܒܪܢܫܐ ܩܕܡܝܐ ܠܢܦܫ ܚܝܐ. ܘܐܕܡ ܐܚܪܝܐ ܠܪܘܚܐ
ܡܚܝܢܝܬܐ. 46 ܐܠܐ ܠܐ ܗܘܐ ܠܘܩܕܡ ܪܘܚܢܝܐ. ܐܠܐ ܢܦܫܢܝܐ
ܘܗܝܕܝܢ ܪܘܚܢܝܐ. 47 ܒܪܢܫܐ ܩܕܡܝܐ ܥܦܪܢܝܐ ܕܡܢ ܐܪܥܐ:
ܒܪܢܫܐ ܕܬܪܝܢ ܡܪܝܐ ܡܢ ܫܡܝܐ. 48 ܐܝܟܢܐ ܕܐܝܬܘܗܝ ܗܘ
ܥܦܪܢܝܐ: ܗܟܢܐ ܐܦ ܥܦܪ̈ܢܝܐ. ܘܐܝܟܢܐ ܕܐܝܬܘܗܝ ܗܘ ܕܡܢ
ܫܡܝܐ: ܗܟܢܐ ܐܦ ܫܡܝ̈ܢܐ. 49 ܘܐܝܟ ܕܠܒܫܢ ܕܡܘܬܐ ܕܗܘ
ܕܡܢ ܥܦܪܐ: ܗܟܢܐ ܢܠܒܫ ܕܡܘܬܐ ܕܗܘ ܕܡܢ ܫܡܝܐ.
50 ܗܕܐ ܕܝܢ ܐܡܪ ܐܢܐ ܐܚܝ̈. ܕܒܣܪܐ ܘܕܡܐ ܡܠܟܘܬܐ ܕܫܡܝܐ
ܠܡܐܪܬ. ܠܐ ܡܫܟܚܝܢ. ܘܠܐ ܚܒܠܐ ܝܪܬ ܠܐ ܡܬܚܒܠܢܘܬܐ.

51 ܗܐ ܐܡܪ ܐܢܐ ܠܟܘܢ ܐܪܙܐ. ܠܘ ܟܠܢ ܢܕܡܟ. ܟܠܢ ܕܝܢ
ܢܬܚܠܦ. 52 ܒܪܫܥܐ ܐܝܟ ܪܦܦ ܥܝܢܐ ܒܩܪܢܐ ܐܚܪܝܬܐ ܟܕ
ܢܩܪܐ: ܘܢܩܘܡܘܢ ܡܝܬܐ ܕܠܐ ܚܒܠܐ. ܘܚܢܢ ܢܬܚܠܦ.
53 ܥܬܝܕ ܗܘ ܓܝܪ ܗܢܐ ܕܡܬܚܒܠ ܕܢܠܒܫ ܠܐ
ܡܬܚܒܠܢܘܬܐ: ܘܗܢܐ ܕܡܐܬ ܕܢܠܒܫ ܠܐ ܡܝܘܬܘܬܐ.
54 ܡܐ ܕܠܒܫ ܕܝܢ ܗܢܐ ܕܡܬܚܒܠ ܠܐ ܡܬܚܒܠܢܘܬܐ:
ܘܗܢܐ ܕܡܐܬ ܠܐ ܡܝܘܬܘܬܐ. ܗܝܕܝܢ ܬܗܘܐ ܡܠܬܐ ܗܝ
ܕܟܬܝܒܐ: ܕܐܬܒܠܥ ܡܘܬܐ ܒܙܟܘܬܐ. 55 ܐܝܟܘ ܥܘܩܣܟ
ܡܘܬܐ. ܘܐܝܟܐ ܗܝ ܙܟܘܬܟ ܫܝܘܠ. 56 ܥܘܩܣܗ ܕܝܢ
ܕܡܘܬܐ ܚܛܝܬܐ ܗܝ. ܘܚܝܠܐ ܕܚܛܝܬܐ ܢܡܘܣܐ ܗܘ. 57 ܛܝܒܘ
ܕܝܢ ܠܐܠܗܐ: ܕܝܗܒ ܠܢ ܙܟܘܬܐ ܒܝܕ ܡܪܢ ܝܫܘܥ ܡܫܝܚܐ.
58 ܡܟܝܠ ܐܚܝ ܘܚܒܝܒܝ. ܗܘܘ ܡܫܪܪܝܢ. ܘܠܐ ܬܗܘܘܢ
ܡܬܙܝܥܝܢ. ܐܠܐ ܗܘܘ ܡܬܝܬܪܝܢ ܒܥܒܕܗ ܕܡܪܝܐ.
ܟܕ ܝܕܥܝܢ ܐܢܬܘܢ: ܕܥܡܠܟܘܢ ܠܐ ܗܘܐ ܣܪܝܩ ܒܡܪܝܐ ܀

ܩܦܠܐܘܢ ܀ ܝܘ ܀

1 ܥܠ ܟܢܫܐ ܕܝܢ ܕܡܬܟܢܫ ܠܩܕܝܫܐ: ܐܝܟܢܐ ܕܦܩܕܬ
ܠܥܕܬܐ ܕܓܠܛܝܐ: ܗܟܢܐ ܐܦ ܐܢܬܘܢ ܥܒܕܘ. 2 ܒܟܠ
ܚܕ ܒܫܒܐ ܐܢܫ ܡܢܟܘܢ ܒܒܝܬܗ ܢܗܘܐ ܣܐܡ ܘܢܛܪ ܗܘ
ܡܕܡ ܕܡܛܝܐ ܒܐܝܕܘܗܝ. ܕܠܐ ܡܐ ܕܐܬܝܬ ܗܝܕܝܢ ܢܗܘܘܢ
ܟܢܫܐ. 3 ܘܡܐ ܕܐܬܝܬ ܠܐܝܠܝܢ ܕܓܒܝܢ ܐܢܘܢ: ܠܗܘܢ
ܐܫܕܪ ܒܐܓܪܬܐ ܕܢܘܒܠܘܢ ܛܝܒܘܬܟܘܢ ܠܐܘܪܫܠܡ. 4 ܐܢ
ܕܝܢ ܫܘܐ ܗܘ ܕܐܦ ܐܢܐ ܐܙܠ. ܐܦ ܥܡܝ ܢܐܙܠܘܢ.
5 ܐܬܐ ܐܢܐ ܕܝܢ ܠܘܬܟܘܢ: ܡܐ ܕܥܒܪܬ ܡܢ ܡܩܕܘܢܝܐ. ܥܒܪ
ܐܢܐ ܓܝܪ ܠܡܩܕܘܢܝܐ. 6 ܘܟܒܪ ܐܦ ܠܘܬܟܘܢ ܐܩܘܐ.
ܐܘ ܐܣܬܐ ܠܘܬܟܘܢ. ܕܐܢܬܘܢ ܬܠܘܘܢܢܝ ܠܐܬܪ ܕܐܙܠ ܐܢܐ. 7 ܠܐ
ܨܒܐ ܐܢܐ ܕܗܫܐ ܐܝܟ ܥܒܪ ܐܘܪܚܐ ܐܚܙܝܟܘܢ. ܡܣܒܪ ܐܢܐ
ܓܝܪ ܕܐܩܘܐ ܙܒܢܐ ܠܘܬܟܘܢ. ܐܢ ܡܪܢ ܢܦܣ ܠܝ. 8 ܡܩܘܐ

ܐܢܐ ܕܝܢ ܒܐܦܣܘܣ ܥܕܡܐ ܠܦܢܛܩܘܣܛܐ. 9 ܬܪܥܐ ܕܝܢ
ܪܒܐ ܐܬܦܬܚ ܠܝ ܕܡܠܐ ܡܥܕܪܢܘܬܐ: ܘܣܩܘܒܠܝ ܣܓܝܐܐ.
10 ܐܢ ܕܝܢ ܐܬܐ ܠܘܬܟܘܢ ܛܝܡܬܐܘܣ. ܚܙܘ ܕܕܠܐ ܕܚܠܐ ܢܗܘܐ
ܠܘܬܟܘܢ. ܥܒܕܐ ܓܝܪ ܕܡܪܝܐ ܦܠܚ ܐܝܟܘܬܝ. 11 ܠܡܐ
ܡܕܡ ܐܢܫ ܢܫܘܛܝܘܗܝ. ܐܠܐ ܠܘܘܗܝ ܒܫܠܡܐ ܕܢܐܬܐ
ܠܘܬܝ. ܡܣܟܐ ܐܢܐ ܠܗ ܓܝܪ ܥܡ ܐܚܐ. 12 ܥܠ ܐܦܠܘ
ܕܝܢ ܐܚܘܢ: ܣܓܝ ܒܥܝܬ ܡܢܗ ܕܢܐܬܐ ܠܘܬܟܘܢ ܥܡ ܐܚܐ.
ܘܨܒܘ ܠܐ ܗܘܐ ܨܒܝܢܗ ܕܢܐܬܐ ܠܘܬܟܘܢ. ܐܡܬܝ ܕܝܢ ܕܢܗܘܐ
ܠܗ ܐܦܢܝܐ. ܐܬܐ ܠܘܬܟܘܢ ܀ 13 ܐܬܬܥܝܪܘ ܘܩܘܡܘ ܒܗܝܡܢܘܬܐ.
ܐܬܓܒܪܘ ܐܬܚܝܠܘ. 14 ܘܟܠܗܘܢ ܨܒܘܬܟܘܢ ܒܚܘܒܐ
ܢܗܘܝܢ. 15 ܒܥܐ ܐܢܐ ܕܝܢ ܡܢܟܘܢ ܐܚܝ: ܥܠ ܒܝܬܐ
ܕܐܣܛܦܢܐ. ܡܛܠ ܕܝܕܥܝܢ ܐܢܬܘܢ ܕܗܘܝܘ ܐܢܘܢ ܪܝܫܝܬܐ
ܕܐܟܐܝܐ. ܘܫܡܘ ܢܦܫܗܘܢ ܠܬܫܡܫܬܐ ܕܩܕܝܫܐ. 16 ܕܐܦ
ܐܢܬܘܢ ܬܫܬܡܥܘܢ ܠܐܝܠܝܢ ܕܗܟܢܐ ܐܢܘܢ. ܘܠܟܠܢܫ
ܕܥܡܢ ܡܥܕܪ ܘܠܐܐ. 17 ܚܕܐ ܐܢܐ ܕܝܢ ܒܡܐܬܝܬܗ ܕܐܣܛܦܢܐ.
ܘܕܦܪܛܘܢܛܘܣ ܘܕܐܟܐܝܩܘܣ. ܕܒܨܝܪܘܬܟܘܢ ܠܘܬܝ ܗܢܘܢ
ܡܠܘ. 18 ܐܢܝܚܘ ܓܝܪ ܪܘܚܝ ܘܪܘܚܟܘܢ. ܗܘܝܬܘܢ
ܗܟܝܠ ܡܫܬܘܕܥܝܢ ܠܐܝܠܝܢ ܕܗܟܢܐ ܐܢܘܢ ܀ 19 ܫܐܠܝܢ
ܒܫܠܡܟܘܢ: ܥܕܬܐ ܟܠܗܝܢ ܕܐܣܝܐ. ܫܐܠ ܒܫܠܡܟܘܢ
ܣܓܝ ܒܡܪܢ: ܐܩܘܠܘܣ ܘܦܪܝܣܩܠܐ. ܥܡ ܥܕܬܐ
ܕܒܒܝܬܗܘܢ. 20 ܫܐܠܝܢ ܒܫܠܡܟܘܢ ܐܚܝܢ ܟܠܗܘܢ. ܫܐܠܘ
ܒܫܠܡܐ ܚܕ ܠܚܕ ܒܢܘܫܩܬܐ ܩܕܝܫܬܐ. 21 ܫܠܡܐ ܒܟܬܒܬ
ܐܝܕܝ ܕܦܘܠܘܣ. 22 ܡܢ ܕܠܐ ܪܚܡ ܠܡܪܢ ܝܫܘܥ ܡܫܝܚܐ
ܢܗܘܐ ܚܪܡ. ܡܪܢ ܐܬܐ. 23 ܛܝܒܘܬܗ ܕܡܪܢ ܝܫܘܥ ܡܫܝܚܐ
ܥܡܟܘܢ: 24 ܘܚܘܒܝ ܥܡ ܟܠܟܘܢ ܒܡܫܝܚܐ ܝܫܘܥ ܐܡܝܢ ܀

ܫܠܡܬ ܐܓܪܬܐ ܕܠܘܬ ܩܘܪܢܬܝܐ ܩܕܡܝܬܐ: ܕܐܬܟܬܒܬ
ܡܢ ܐܦܣܘܣ ܀

ܐܓܪܬܐ ܕܦܘܠܘܣ ܕܠܘܬ ܩܘܪܢܬܝܐ ܕܬܪܬܝܢ ❖

ܩܦܠܐܘܢ ❖ ܐ ❖

1 ܦܘܠܘܣ ܫܠܝܚܐ ܕܝܫܘܥ ܡܫܝܚܐ ܒܨܒܝܢܗ
ܕܐܠܗܐ. ܘܛܝܡܬܐܘܣ ܐܚܐ ܠܥܕܬܐ ܕܐܠܗܐ ܕܐܝܬܝܗ
ܒܩܘܪܢܬܘܣ. ܘܠܟܠܗܘܢ ܩܕܝܫܐ ܕܐܝܬ ܒܐܟܐܝܐ ܟܠܗ.
2 ܫܠܡܐ ܥܡܟܘܢ. ܘܛܝܒܘܬܐ ܡܢ ܐܠܗܐ ܐܒܘܢ: ܘܡܢ
ܡܪܢ ܝܫܘܥ ܡܫܝܚܐ. 3 ܡܒܪܟ ܗܘ ܐܠܗܐ ܐܒܘܗܝ ܕܡܪܢ
ܝܫܘܥ ܡܫܝܚܐ: ܐܒܐ ܕܪ̈ܚܡܐ: ܘܐܠܗܐ ܕܟܠ ܒܘܝܐܐ.
4 ܗܘ ܕܡܒܝܐ ܠܢ ܒܟܠܗܘܢ ܐܘܠܨܢܝܢ. ܕܐܦ ܚܢܢ ܢܫܟܚ
ܠܡܒܝܐܘ ܠܐܝܠܝܢ ܕܒܟܠ ܐܘܠܨܢܝܢ ܐܢܘܢ: ܒܗܘ ܒܘܝܐܐ ܕܚܢܢ
ܡܬܒܝܐܝܢ ܡܢ ܐܠܗܐ. 5 ܐܝܟܢܐ ܓܝܪ ܕܡܬܝܬܪܝܢ ܒܢ
ܚܫܘ̈ܗܝ ܕܡܫܝܚܐ: ܗܟܢܐ ܒܝܕ ܡܫܝܚܐ ܡܬܝܬܪ ܐܦ
ܒܘܝܐܢ. 6 ܐܢ ܕܝܢ ܡܬܐܠܨܝܢܢ: ܥܠ ܐܦܝ ܒܘܝܐܟܘܢ ܗܘ
ܘܥܠ ܐܦܝ ܚ̈ܝܝܟܘܢ ܡܬܐܠܨܝܢܢ. ܘܐܢ ܡܬܒܝܐܝܢܢ ܡܛܠ
ܕܐܝܬܘܗܝ ܠܒܘܝܐܟܘܢ. ܘܡܬܥܒܕܐ ܒܟܘܢ ܡܣܝܒܪܢܘܬܐ ܕܐܣܝܒܪܘ ܐܝܟ
ܠܚܫܐ: ܗܢܘܢ ܕܐܦ ܚܢܢ ܚܫܝܢ ܠܗܘܢ. 7 ܘܣܒܪܢ
ܕܥܠܝܟܘܢ ܡܫܪܪ ܗܘ. ܝܕܥܝܢ ܓܝܪ ܕܐܢ ܫܘܬܦܝܢ ܐܝܬܝܟܘܢ
ܒܚܫܐ. ܫܘܬܦܝܢ ܐܝܬܝܟܘܢ ܐܦ ܒܒܘܝܐܐ ❖ 8 ܨܒܝܢ ܕܝܢ ܕܬܕܥܘܢ
ܐܚܝ ܥܠ ܐܘܠܨܢܐ ܕܗܘܐ ܠܢ ܒܐܣܝܐ. ܕܝܩܝܪ ܠܢ ܛܒ
ܝܬܝܪ ܡܢ ܚܝܠܢ. ܥܕܡܐ ܕܦܣܩܢ ܗܘܘ ܚܝܝܢ ܠܡܚܝܐ.
9 ܘܥܠ ܢܦܫܢ ܦܣܩܢ ܡܘܬܐ. ܕܠܐ ܢܗܘܐ ܠܢ ܬܘܟܠܢܐ ܥܠ
ܢܦܫܢ. ܐܠܐ ܥܠ ܐܠܗܐ ܗܘ ܕܡܩܝܡ ܡܝ̈ܬܐ. 10 ܗܘ ܕܡܢ
ܡܘܬܐ ܢܟܝܠܐ ܦܪܩܢ. ܘܬܘܒ ܡܣܒܪܝܢ ܕܦܪܩ ܠܢ.
11 ܒܡܥܕܪܢܘܬܐ ܕܨܠܘܬܟܘܢ ܕܥܠ ܐܦܝܢ. ܕܬܗܘܐ ܡܘܗܒܬܗ
ܕܠܘܬܢ ܬܘܕܝܬܐ ܕܣܓܝܐܐ ܐܦܝ ܡܣܓܝܐܐ. ܘܣܓܝܐܐ ܢܘܕܘܢ

ܒܗ ܥܠ ܐܦܝܢ ܀ 12 ܫܘܒܗܪܢ ܓܝܪ ܗܢܘ: ܣܗܕܘܬܐ
ܕܬܐܪܬܢ ܕܒܦܫܝܛܘܬܐ ܘܒܕܟܝܘܬܐ ܕܐܠܗܐ
ܐܬܗܦܟܢ ܒܥܠܡܐ. ܠܐ ܒܚܟܡܬܐ ܕܒܣܪܐ. ܘܝܬܝܪܐܝܬ
ܠܘܬܟܘܢ ܕܝܠܟܘܢ. 13 ܠܐ ܗܘܐ ܐܚܪ̈ܢܝܬܐ ܟܬܒܝܢܢ ܠܟܘܢ.
ܐܠܐ ܐܝܠܝܢ ܕܩܪܝܢ ܐܢܬܘܢ ܐܦ ܡܫܬܘܕܥܝܢ ܐܢܬܘܢ. ܡܣܒܪ
ܐܢܐ ܕܝܢ ܕܥܕܡܐ ܠܫܘܠܡܐ ܬܫܬܘܕܥܘܢ. 14 ܐܝܟܢܐ ܕܐܦ
ܐܫܬܘܕܥܬܘܢ ܩܠܝܠ ܡܢ ܡܢܬ ܕܫܘܒܗܪܟܘܢ ܚܢܢ. ܐܝܟ
ܕܐܦ ܐܢܬܘܢ ܕܝܠܢ ܒܝܘܡܗ ܕܡܪܢ ܝܫܘܥ ܡܫܝܚܐ.
15 ܘܒܗܢܐ ܬܘܟܠܢܐ ܨܒܐ ܗܘܝܬ ܡܢ ܩܕܝܡ ܕܐܬܐ ܠܘܬܟܘܢ.
ܕܐܬܦܠܝܬ ܠܛܝܒܘܬܟܘܢ ܥܦܝܦܬܐ. 16 ܘܐܥܒܪ ܒܠܘܬܟܘܢ
ܠܡܩܕܘܢܝܐ. ܘܬܘܒ ܡܢ ܡܩܕܘܢܝܐ ܠܘܬܟܘܢ ܐܬܐ. ܘܐܢܬܘܢ
ܬܠܘܘܢܢ ܠܝܗܘܕ. 17 ܗܕܐ ܗܟܝܠ ܕܐܬܪܥܝܬ. ܠܡܐ ܐܝܟ
ܡܫܪܗܒܐ ܐܬܪܥܝܬ. ܐܘ ܕܠܡܐ ܕܡܬܪܥܐ ܐܢܐ ܐܝܟ ܕܒܣܪܐ
ܐܢܐ. ܡܛܠ ܕܠܐ ܗܘܐ ܕܢܗܘܐ ܒܗܘܢ ܐܝܢ ܐܝܢ ܘܠܐ ܠܐ.
18 ܡܗܝܡܢ ܗܘ ܐܠܗܐ: ܕܠܐ ܗܘܬ ܡܠܬܢ ܕܠܘܬܟܘܢ ܐܝܢ
ܘܠܐ. 19 ܒܪܗ ܓܝܪ ܕܐܠܗܐ ܝܫܘܥ ܡܫܝܚܐ. ܗܘ ܕܒܐܝܕܝ
ܐܬܟܪܙ ܠܟܘܢ: ܒܝ ܘܒܣܝܠܘܢܘܣ ܘܒܛܝܡܬܐܘܣ ܠܐ ܗܘܐ ܐܝܢ
ܘܠܐ. ܐܠܐ ܐܝܢ ܗܘܐ ܒܗ. 20 ܟܠܗܘܢ ܓܝܪ ܡܘܠܟܢܘܗܝ
ܕܐܠܗܐ: ܒܗ ܗܘ ܗܢܘܢ ܐܝܢ. ܡܛܠ ܗܢܐ ܒܐܝܕܗ
ܝܗܒܝܢܢ ܐܡܝܢ ܠܬܫܒܘܚܬܗ ܕܐܠܗܐ. 21 ܐܠܗܐ
ܗܘ ܕܝܢ ܡܫܪܪ ܠܢ ܥܡܟܘܢ ܒܡܫܝܚܐ. ܗܘ ܕܡܫܚܢ ܡܫܚܐ.
22 ܘܚܬܡܢ: ܘܝܗܒ ܪܗܒܘܢܐ ܕܪܘܚܗ ܒܠܒܘܬܢ ܀ 23 ܐܢܐ
ܕܝܢ ܠܐܠܗܐ ܡܣܗܕ ܐܢܐ ܥܠ ܢܦܫܝ. ܕܟܕ ܚܐܣ ܐܢܐ
ܥܠܝܟܘܢ ܠܐ ܐܬܝܬ ܠܩܘܪܢܬܘܣ. 24 ܠܐ ܗܘܐ ܡܛܠ ܕܡܪ̈ܐ
ܚܢܢ ܠܗܝܡܢܘܬܟܘܢ. ܐܠܐ ܥܕܘܪ̈ܐ ܚܢܢ ܠܚܕܘܬܟܘܢ.
ܒܗܝܡܢܘܬܐ ܓܝܪ ܩܝܡܝܢ ܐܢܬܘܢ ܀

ܩܦܠܐܘܢ ܆ ܒ ܆

1 ܕܢܬ ܕܝܢ ܗܕܐ ܒܢܦܫܝ. ܕܠܐ ܬܘܒ ܒܥܨܝܒܘܬܐ ܐܬܐ
ܠܘܬܟܘܢ. 2 ܐܢ ܐܢܐ ܓܝܪ ܡܥܝܩ ܐܢܐ ܠܟܘܢ ܡܢܘ ܡܚܕܐ ܠܝ.
ܐܠܐ ܗܘ ܕܐܢܐ ܐܥܝܩܬ ܠܗ. 3 ܘܟܬܒܬ ܠܟܘܢ ܗܝ ܗܕܐ: ܕܠܐ
ܟܕ ܐܬܐ ܐܢܐ ܢܥܝܩܘܢ ܠܝ: ܗܢܘܢ ܐܝܠܝܢ ܕܘܠܐ ܗܘܐ ܠܗܘܢ ܕܢܚܕܘܢ
ܢܝ. ܬܟܝܠ ܐܢܐ ܕܝܢ ܒܟܠܟܘܢ. ܕܚܕܘܬܝ ܕܟܠܟܘܢ
ܗܝ. 4 ܘܡܢ ܐܘܠܨܢܐ ܪܒܐ. ܘܡܢ ܐܝܩܬܐ ܕܠܒܐ ܟܬܒܬ
ܠܟܘܢ ܗܠܝܢ ܒܕܡܥܐ ܣܓܝܐܬܐ. ܠܐ ܡܛܠ ܕܐܟܪܐ ܠܟܘܢ.
ܐܠܐ ܡܛܠ ܕܬܕܥܘܢ ܚܘܒܐ ܝܬܝܪܐ ܕܐܝܬ ܠܝ ܠܘܬܟܘܢ. 5 ܐܢ
ܕܝܢ ܐܢܫ ܐܥܝܩ. ܠܐ ܗܘܐ ܠܝ ܐܥܝܩ. ܐܠܐ ܒܨܝܪ ܡܛܠ
ܠܟܠܟܘܢ. ܕܠܐ ܬܐܩܪ ܡܠܬܐ ܥܠܝܟܘܢ: 6 ܣܦܩ ܠܗ ܕܝܢ
ܠܗܢܐ ܟܐܬܐ ܕܡܢ ܣܓܝܐܐ. 7 ܘܡܟܝܠ ܐܫܬܐܠܘ ܘܠܐ
ܕܬܫܒܩܘܢ ܠܗ ܘܬܒܝܐܘܢܝܗܝ. ܕܠܡܐ ܒܥܨܝܒܘܬܐ ܝܬܝܪܬܐ
ܢܬܒܠܥ ܠܗ ܗܘ ܡܢ ܕܗܟܢܐ ܗܘ. 8 ܡܛܠ ܗܢܐ ܒܥܐ
ܐܢܐ ܡܢܟܘܢ. ܕܬܫܪܪܘܢ ܠܗ ܚܘܒܟܘܢ. 9 ܡܛܠ ܗܢܐ ܓܝܪ
ܟܬܒܬ ܐܦ ܕܐܕܥ ܒܢܣܝܢܐ ܐܢ ܒܟܠܡܕܡ ܡܫܬܡܥܝܢ
ܐܝܬܝܟܘܢ ܠܝ. 10 ܠܡܢ ܕܫܒܩܬܘܢ ܕܝܢ ܫܒܩܬ ܐܦ ܐܢܐ.
ܐܦ ܐܢܐ ܓܝܪ ܡܕܡ ܕܫܒܩܬ ܡܛܠܬܟܘܢ ܗܘ ܫܒܩܬ
ܒܦܪܨܘܦܗ ܕܡܫܝܚܐ. 11 ܕܠܐ ܢܥܠܒܢ ܣܛܢܐ. ܝܕܥܝܢ
ܓܝܪ ܡܚܫܒܬܗ ܆ 12 ܟܕ ܐܬܝܬ ܕܝܢ ܠܛܪܘܐܣ ܒܣܒܪܬܗ
ܕܡܫܝܚܐ: ܘܐܬܦܬܚ ܠܝ ܬܪܥܐ ܒܡܪܢ܁ 13 ܠܐ ܗܘܐ ܠܝ
ܢܝܚܐ ܒܪܘܚܝ. ܕܠܐ ܐܫܟܚܬ ܠܛܛܘܣ ܐܚܝ. ܐܠܐ ܫܐܠܬ
ܐܢܘܢ ܘܢܦܩܬ ܠܝ ܠܡܩܕܘܢܝܐ. 14 ܛܝܒܘܬܐ ܕܝܢ ܠܐܠܗܐ.
ܕܒܟܠ ܙܒܢ ܥܒܕ ܠܢ ܚܝܠ ܒܡܫܝܚܐ. ܘܚܠܐ ܒܢ ܪܝܚܐ
ܕܝܕܥܬܗ ܒܟܠ ܐܬܪ. 15 ܪܝܚܐ ܚܢܢ ܓܝܪ ܒܣܝܡܐ
ܒܡܫܝܚܐ ܠܐܠܗܐ. ܒܐܝܠܝܢ ܕܚܝܝܢ. ܘܒܐܝܠܝܢ ܕܐܒܕܝܢ.
16 ܠܐܝܠܝܢ ܕܪܝܚܐ ܕܡܘܬܐ ܠܡܘܬܐ. ܘܠܐܝܠܝܢ ܕܪܝܚܐ ܕܚܝܐ

ܓܒܪܐ ܕܠܟܠ ܡܩܪܒܢܘܬܐ ܠܐܪܝܚܬܐ ܀ ܓ ܀ ܡܚܝ
ܠܚܝܐ. ܘܠܗܠܝܢ ܡܢܘ ܫܘܐ. [17] ܠܐ ܗܘܝܢ ܓܝܪ ܐܝܟ
ܫܪܟܐ ܕܡܙܠܓܝܢ ܡܠܬܗ ܕܐܠܗܐ. ܐܠܐ ܐܝܟ ܕܒܫܪܪܐ.
ܘܐܝܟ ܕܡܢ ܐܠܗܐ ܩܕܡ ܐܠܗܐ ܒܡܫܝܚܐ ܡܡܠܠܝܢܢ ܀

ܩܦܠܐܘܢ ܀ ܓ ܀

[1] ܡܫܪܝܢܢ ܠܢ ܬܘܒ ܡܢ ܕܪܝܫ ܕܢܫܬܒܚܘܢ ܩܢܘܡܢ ܣܝܡ.
ܐܘ ܕܠܡܐ ܣܢܝܩܝܢܢ ܐܝܟ ܐܢܫܝܢ: ܕܐܓܪܬܐ ܕܦܘܩܕܢܐ
ܢܬܟܬܒܢ ܠܟܘܢ ܥܠܝܢ: ܐܘ ܕܐܢܬܘܢ ܬܟܬܒܘܢ ܠܦܘܩܕܢ
ܥܠܝܢ. [2] ܐܓܪܬܢ ܕܝܢ ܕܝܠܢ ܐܢܬܘܢ ܐܢܘܢ. ܕܟܬܝܒܐ ܒܠܒܢ.
ܘܝܕܝܥܐ ܘܡܬܩܪܝܐ ܡܢ ܟܠܢܫ. [3] ܝܕܝܥܝܢ ܓܝܪ ܕܐܓܪܬܗ
ܐܝܬܝܟܘܢ ܕܡܫܝܚܐ. ܕܐܫܬܡܫܬ ܡܢܢ. ܕܟܬܝܒܐ ܠܐ ܒܕܝܘܬܐ.
ܐܠܐ ܒܪܘܚܐ ܕܐܠܗܐ ܚܝܐ. ܠܐ ܒܠܘܚܐ ܕܟܐܦܐ. ܐܠܐ ܒܠܘܚܐ
ܕܠܒܐ ܕܒܣܪܐ ܀ [4] ܬܘܟܠܢܐ ܕܝܢ. ܗܟܢܐ ܐܝܬ ܠܢ ܒܡܫܝܚܐ
ܠܘܬ ܐܠܗܐ. [5] ܠܘ ܕܚܝܠܢ ܣܦܩܝܢ ܕܢܬܪܥܐ ܡܕܡ ܐܝܟ
ܕܡܢ ܢܦܫܢ. ܐܠܐ ܚܝܠܢ ܡܢ ܐܠܗܐ ܗܘ. [6] ܗܘ ܕܐܫܘܝܢ
ܕܢܗܘܐ ܡܫܡܫܢܐ ܕܕܝܬܩܐ ܚܕܬܐ. ܠܐ ܒܟܬܒܐ ܐܠܐ ܒܪܘܚܐ.
ܟܬܒܐ ܓܝܪ ܩܛܠ. ܪܘܚܐ ܕܝܢ ܡܚܝܐ. [7] ܐܢ ܕܝܢ ܬܫܡܫܬܐ
ܕܡܘܬܐ ܒܟܬܒܐ ܐܬܪܫܡܬ ܒܟܐܦܐ ܗܘܬ ܒܫܘܒܚܐ:
ܐܝܟܢܐ ܕܠܐ ܢܫܟܚܘܢ ܒܢܝ ܝܣܪܝܠ ܠܡܚܪ ܒܐܦܘܗܝ
ܕܡܘܫܐ: ܡܛܠ ܫܘܒܚܐ ܕܐܦܘܗܝ ܗܘ ܕܐܬܒܛܠ. [8] ܐܝܟܢܐ
ܗܟܝܠ ܬܫܡܫܬܐ ܕܪܘܚܐ: ܠܐ ܝܬܝܪܐܝܬ ܬܗܘܐ ܒܫܘܒܚܐ.
[9] ܐܢ ܓܝܪ ܠܬܫܡܫܬܐ ܕܚܝܒܘܬܐ ܗܘܐ ܫܘܒܚܐ: ܛܒ ܗܟܝܠ
ܬܬܝܬܪ ܬܫܡܫܬܐ ܕܙܕܝܩܘܬܐ ܒܫܘܒܚܐ. [10] ܐܝܟ ܗܘ ܓܝܪ
ܕܐܦܠܐ ܡܫܒܚܐ ܗܘ ܕܐܫܬܒܚ: ܒܡܩܒܠܐ ܕܗܢܐ ܫܘܒܚܐ
ܕܡܝܬܪ. [11] ܐܢ ܓܝܪ ܗܘ ܕܐܬܒܛܠ. ܒܫܘܒܚܐ ܗܘܐ:
ܝܬܝܪܐܝܬ ܗܢܐ ܕܩܝܡܐ ܒܫܘܒܚܐ ܢܗܘܐ. [12] ܡܛܠ ܕܐܝܬ ܠܢ
ܣܒܪܐ ܗܢܐ ܗܟܢܐ. ܝܬܝܪܐܝܬ ܒܓܠܐ ܗܘ ܡܡܠܠܝܢܢ.

13 ܘܠܐ ܐܝܟ ܡܘܫܐ ܕܣܡ ܗܘܐ ܬܚܦܝܬܐ ܥܠ ܐܦܘܗܝ. ܕܠܐ
ܢܚܘܪܘܢ ܒܢ̈ܝ ܝܣܪܝܠ ܒܫܘܠܡܗ ܕܗܘ ܕܡܫܬܪܐ.
14 ܐܠܐ ܐܬܥܘܪܘ ܒܪ̈ܥܝܢܝܗܘܢ. ܕܥܕܡܐ ܓܝܪ ܠܝܘܡܢܐ: ܐܡܬܝ
ܕܕܝܬܩܐ ܥܬܝܩܬܐ ܡܬܩܪܝܐ: ܗ̇ܝ ܗ̇ܝ ܬܚܦܝܬܐ ܩܝܡܐ
ܥܠܝܗܘܢ. ܘܠܐ ܡܬܓܠܝܐ ܕܒܡܫܝܚܐ ܗܘ ܡܫܬܪܝܐ.
15 ܘܥܕܡܐ ܠܝܘܡܢܐ. ܐܡܬܝ ܕܡܬܩܪܐ ܡܘܫܐ: ܬܚܦܝܬܐ
ܥܠ ܠܒܗܘܢ ܪܡܝܐ. 16 ܘܐܡܬܝ ܕܐܢܫ ܡܢܗܘܢ ܢܬܦܢܐ
ܠܘܬ ܡܪܝܐ: ܡܫܬܩܠܐ ܡܢܗ ܬܚܦܝܬܐ. 17 ܡܪܝܐ ܕܝܢ
ܗܘܝܘ ܪܘܚܐ. ܘܐܝܟܐ ܕܪܘܚܗ ܕܡܪܝܐ ܚܐܪܘܬܐ ܬܡܢ. 18 ܚܢܢ
ܕܝܢ ܟܠܢ ܒܐܦ̈ܐ ܓܠܝ̈ܬܐ: ܐܝܩܪܗ ܕܡܪܝܐ ܐܝܟ
ܕܒܡܚܙܝܬܐ ܚܙܝܢ. ܘܒܗ̇ ܒܕܡܘܬܐ ܡܫܬܚܠܦܝܢܢ. ܡܢ
ܫܘܒܚܐ ܠܫܘܒܚܐ. ܐܝܟ ܕܡܢ ܡܪܝܐ ܪܘܚܐ ܀

ܩܦܠܐܘܢ ܀ ܕ ܀

1 ܡܛܠ ܗܢܐ ܠܐ ܡܐܢܐ ܠܢ ܒܬܫܡܫܬܐ ܗܕܐ ܕܐܬܬܚܕܢ.
ܐܝܟ ܪ̈ܚܡܐ ܕܗܘܘ ܥܠܝܢ. 2 ܐܠܐ ܐܫܬܠܝܢ ܟܣܝܘܬܗ ܕܒܗܬܬܐ.
ܘܠܐ ܡܗܠܟܝܢ ܒܢܟܠܘܬܐ. ܘܠܐ ܢܟܠܝܢ ܡܠܬܗ ܕܐܠܗܐ.
ܐܠܐ ܒܓܠܝܘܬܐ ܕܫܪܪܐ ܡܚܘܝܢ ܢܦܫܢ: ܠܟܠܗܘܢ ܪ̈ܥܝܢܐ
ܕܒܢ̈ܝܢܫܐ ܩܕܡ ܐܠܗܐ. 3 ܘܐܢ ܕܝܢ ܡܟܣܝ ܗܘ ܐܘܢܓܠܝܘܢ
ܕܝܠܢ. ܠܐܝܠܝܢ ܕܐܒܕܝܢ ܗܘ ܡܟܣܝ. 4 ܐܝܠܝܢ ܕܐܠܗܗ
ܕܥܠܡܐ ܗܢܐ ܥܘܪ ܪ̈ܥܝܢܝܗܘܢ. ܡܛܠ ܕܠܐ ܡܗܝܡܢܝܢ. ܕܠܐ
ܬܕܢܚ ܠܗܘܢ ܢܘܗܪܗ ܕܐܘܢܓܠܝܘܢ ܕܫܘܒܚܗ ܕܡܫܝܚܐ:
ܕܐܝܬܘܗܝ ܕܡܘܬܗ ܕܐܠܗܐ. 5 ܠܐ ܗܘܐ ܓܝܪ ܢܦܫܢ ܡܟܪܙܝܢܢ.
ܐܠܐ ܠܡܫܝܚܐ ܝܫܘܥ ܡܪܢ. ܠܢܦܫܢ ܕܝܢ ܕܥܒܕܝܟܘܢ ܚܢܢ
ܡܛܠ ܝܫܘܥ. 6 ܡܛܠ ܕܐܠܗܐ ܗܘ ܕܐܡܪ ܕܡܢ ܚܫܘܟܐ
ܢܘܗܪܐ ܢܕܢܚ: ܗܘ ܕܢܚ ܒܠܒ̈ܘܬܢ. ܕܢܬܢܗܪ ܒܝܕܥܬܐ
ܕܫܘܒܚܗ ܕܐܠܗܐ: ܒܦܪ̈ܨܘܦܘܗܝ ܕܝܫܘܥ ܡܫܝܚܐ ܀ 7 ܐܝܬ

ܠܢ ܕܝܢ ܣܝܡܬܐ ܗܕܐ ܒܡܐܢܐ ܕܦܚܪܐ: ܕܪܒܘܬܐ ܕܚܝܠܐ ܡܢ
ܐܠܗܐ ܬܗܘܐ ܘܠܐ ܡܢܢ. 8 ܒܟܠܡܕܡ ܕܝܢ ܡܬܐܠܨܝܢܢ. ܐܠܐ ܠܐ
ܡܬܚܢܩܝܢܢ. ܡܬܛܪܦܝܢܢ. ܐܠܐ ܠܐ ܦܣܩܝܢܢ. 9 ܡܬܪܕܦܝܢܢ.
ܐܠܐ ܠܐ ܡܫܬܒܩܝܢܢ. ܡܬܡܟܟܝܢܢ. ܐܠܐ ܠܐ ܐܒܕܝܢܢ. 10 ܒܟܠܙܒܢ
ܓܝܪ ܡܘܬܗ ܕܝܫܘܥ ܒܦܓܪܢ ܡܩܒܠܝܢܢ: ܕܐܦ ܚܝܘܗܝ
ܕܝܫܘܥ ܒܦܓܪܢ ܢܬܓܠܘܢ. 11 ܐܢ ܚܢܢ ܓܝܪ ܚܝܐ ܠܡܘܬܐ
ܡܫܬܠܡܝܢܢ ܡܛܠ ܝܫܘܥ. ܗܟܢܐ ܐܦ ܚܝܘܗܝ ܕܝܫܘܥ
ܢܬܓܠܘܢ ܒܦܓܪܢ ܗܢܐ ܕܡܝܬܐ. 12 ܗܫܐ ܡܘܬܐ ܒܢ
ܡܬܚܦܛ: ܘܚܝܐ ܒܟܘܢ. 13 ܐܦ ܚܢܢ ܗܟܝܠ ܕܚܕܐ ܗܝ
ܪܘܚܐ ܕܗܝܡܢܘܬܐ ܐܝܬ ܠܢ ܐܝܟ ܕܟܬܝܒ: ܕܗܝܡܢܬ ܡܛܠܗܢܐ
ܐܦ ܡܠܠܬ. ܗܝܡܢܝܢܢ. ܡܛܠ ܗܢܐ ܐܦ ܡܡܠܠܝܢܢ.
14 ܘܝܕܥܝܢܢ ܕܗܘ ܡܢ ܕܐܩܝܡ ܠܡܪܢ ܝܫܘܥ. ܐܦܠܢ ܠܢ
ܢܩܝܡ ܒܝܫܘܥ: ܘܢܩܝܡܢ ܠܘܬܗ ܥܡܟܘܢ. 15 ܟܠܡܕܡ
ܓܝܪ ܡܛܠܬܟܘܢ ܗܘܐ. ܕܟܕ ܡܣܓܝܐ ܛܝܒܘܬܐ ܒܝܕ
ܣܓܝܐܐ: ܬܣܓܐ ܬܘܕܝܬܐ ܠܫܘܒܚܗ ܕܐܠܗܐ ܀ 16 ܡܛܠ
ܗܢܐ ܠܐ ܡܬܡܐܢܝܢܢ. ܐܦ ܐܢ ܒܪܢܫܢ ܓܝܪ ܒܪܝܐ ܡܬܚܒܠ.
ܐܠܐ ܕܠܓܘ ܡܬܚܕܬ ܝܘܡ ܡܢ ܝܘܡ. 17 ܐܘܠܨܢܗܘܢ ܓܝܪ
ܕܙܒܢܐ ܗܢܐ ܟܕ ܩܠܝܠ ܗܘ ܘܩܠܝܠܐ: ܡܘܗܒܬܐ ܕܠܐ ܣܟܐ
ܠܥܠܡ ܕܥܠܡܝܢ ܡܛܝܒ ܠܢ. 18 ܕܠܐ ܚܙܝܢܢ ܒܗܠܝܢ
ܕܡܬܚܙܝܢ. ܕܡܬܚܙܝܢ ܕܝܢ ܕܙܒܢܐ ܐܢܝܢ. ܕܠܐ ܡܬܚܙܝܢ ܕܝܢ
ܕܠܥܠܡ ܐܢܝܢ ܀

ܩܦܠܐܘܢ ܀ ܗ ܀

1 ܝܕܥܝܢܢ ܓܝܪ ܕܐܢ ܒܝܬܢ ܕܒܐܪܥܐ ܗܢܐ ܕܦܓܪܐ ܢܫܬܪܐ:
ܐܝܬ ܠܢ ܒܢܝܢܐ ܕܡܢ ܐܠܗܐ: ܒܝܬܐ ܕܠܐ ܒܐܝܕܝܐ ܥܒܝܕ
ܕܠܥܠܡ ܒܫܡܝܐ. 2 ܐܦ ܥܠ ܗܕܐ ܓܝܪ ܡܬܬܢܚܝܢܢ:
ܘܡܬܪܓܪܓܝܢܢ ܕܒܝܬܢ ܕܡܢ ܫܡܝܐ ܢܠܒܫ. 3 ܐܠܐ ܐܦ ܟܕ ܠܒܝܫܝܢ
ܢܫܬܟܚ ܠܢ ܥܪ̈ܛܠܝܐ. 4 ܟܕ ܐܝܬܝܢ ܓܝܪ ܗܫܐ ܒܗܢܐ ܒܝܬܐ:

ܡܬܬܢܚܝܢ ܡܢ ܝܩܪܗ. ܘܠܐ ܨܒܝܢ ܠܡܫܠܚܗ. ܐܠܐ
ܕܢܠܒܫ ܠܟܠ ܥܠܘܗܝ. ܕܢܬܒܠܥ ܡܝܘܬܘܬܐ ܒܚܝܐ.
5 ܘܡܛܝܒ ܠܢ ܠܗ ܠܗܕܐ ܐܠܗܐ ܗܘ. ܗܘ ܕܝܗܒ ܠܢ
ܪܗܒܘܢܐ ܕܪܘܚܗ. 6 ܡܛܠ ܕܝܕܥܝܢ ܗܟܝܠ ܘܡܬܦܝܣܝܢ:
ܕܟܡܐ ܕܒܦܓܪܐ ܥܡܝܪܝܢ ܓܠܝܢ ܡܢ ܡܪܢ: 7 ܒܗܝܡܢܘܬܐ
ܗܘ ܓܝܪ ܡܗܠܟܝܢ ܘܠܐ ܒܚܙܘܐ. 8 ܡܛܠ ܗܢܐ ܡܬܠܒܒܝܢ
ܘܡܬܦܝܣܝܢ: ܕܢܬܢܟܪ ܡܢ ܦܓܪܐ ܘܢܗܘܐ ܠܘܬ ܡܪܢ.
9 ܡܬܚܦܛܝܢ. ܕܐܦ ܒܢܘܟܪܝܐ ܚܢܢ ܐܦ ܒܡܥܡܪܐ: ܠܗ ܢܗܘܐ
ܫܦܝܪ. 10 ܟܠܢ ܓܝܪ ܥܬܝܕܝܢ ܠܡܩܡ ܩܕܡ ܒܝܡ
ܕܡܫܝܚܐ. ܕܢܬܦܪܥ ܐܢܫ ܒܦܓܪܗ ܡܕܡ ܕܥܒܕ
ܒܗ. ܐܢ ܕܛܒ ܐܘ ܕܒܝܫ ✤ 11 ܡܛܠ ܕܝܕܥܝܢ ܗܟܝܠ
ܕܚܠܬܗ ܕܡܪܢ: ܠܒܢܝ̈ܢܫܐ ܗܘ ܡܦܝܣܝܢ. ܠܐܠܗܐ ܕܝܢ
ܓܠܝܢ. ܡܣܟܐ ܐܢܐ ܕܝܢ ܕܐܦ ܠܬܐܪ̈ܬܟܘܢ ܕܝܠܟܘܢ ܓܠܝܢ.
12 ܠܐ ܗܘܐ ܬܘܒ ܢܦܫܢ ܡܫܒܚܝܢ ܠܟܘܢ. ܐܠܐ ܥܠܬܐ ܗܘ
ܝܗܒܝܢ ܠܟܘܢ: ܕܒܫܘܒܗܪܢ ܬܫܬܒܗܪܘܢ ܒܢ: ܠܘܩܒܠ ܗܢܘܢ
ܕܒܐܦܐ ܗܘ ܡܫܬܒܗܪܝܢ ܘܠܐ ܒܠܒܐ. 13 ܐܢ ܓܝܪ ܫܢܝܢ.
ܠܐܠܗܐ. ܐܘ ܡܦܟܚܝܢ. ܠܟܘܢ. 14 ܚܘܒܗ ܓܝܪ ܕܡܫܝܚܐ
ܐܠܨ ܠܢ ܕܕܢܝܢ ܗܕܐ. ܕܚܕ ܚܠܦ ܟܠܢܫ ܡܝܬ. ܡܕܝܢ
ܟܠܢܫ ܡܝܬ ܠܗ. 15 ܘܚܠܦ ܟܠܢܫ ܗܘ ܡܝܬ. ܕܐܝܠܝܢ
ܕܚܝܝܢ ܠܐ ܠܢܦܫܗܘܢ ܢܚܘܢ. ܐܠܐ ܠܐܝܢܐ ܕܡܛܠ ܐܦܝ̈ܗܘܢ ܡܝܬ
ܘܩܡ. 16 ܘܡܟܝܠ ܚܢܢ ܠܐܢܫ ܒܒܣܪ ܠܐ ܝܕܥܝܢ. ܐܦ
ܝܕܥܢ ܒܒܣܪ ܠܡܫܝܚܐ: ܐܠܐ ܡܢ ܗܫܐ ܠܐ ܝܕܥܝܢ. 17 ܟܠ
ܡܢ ܕܒܡܫܝܚܐ ܗܘ ܗܘܟܠ: ܒܪܝܬܐ ܗܘ ܚܕܬܐ.
ܥܬܝܩܬܐ ܥܒܪ ܠܗܝܢ. 18 ܘܟܠ ܡܕܡ ܗܘܐ ܚܕܬܐ ܡܢ
ܐܠܗܐ. ܗܘ ܕܪܥܢ ܠܗ ܒܡܫܝܚܐ. ܘܝܗܒ ܠܢ ܬܫܡܫܬܐ
ܕܬܪܥܘܬܐ. 19 ܐܠܗܐ ܗܘ ܓܝܪ ܒܡܫܝܚܐ: ܗܘ ܕܪܥܐ
ܠܥܠܡܐ ܥܡ ܢܦܫܗ. ܘܠܐ ܚܫܒ ܠܗܘܢ ܣܟܠܘܬܗܘܢ:
ܘܣܡ ܒܢ ܕܝܠܗ ܡܠܬܐ ܕܬܪܥܘܬܐ ✤ 20 ܐܝܙܓܕܐ ܚܢܢ ܗܟܝܠ

ܚܠܦ ܡܫܝܚܐ. ܘܐܝܟ ܗܘ ܕܐܠܗܐ ܒܥܐ ܡܢܟܘܢ ܒܐܝܕܢ:
ܚܠܦ ܡܫܝܚܐ ܗܟܝܠ ܒܥܝܢܢ ܐܬܪܥܘ ܠܐܠܗܐ. 21 ܗܘ
ܓܝܪ ܕܠܐ ܝܕܥ ܗܘܐ ܚܛܝܬܐ. ܡܛܠܬܟܘܢ ܚܛܝܬܐ ܥܒܕܗ.
ܕܚܢܢ ܢܗܘܐ ܒܗ ܙܕܝܩܘܬܐ ܕܐܠܗܐ ✣

ܩܦܠܐܘܢ ✣ ܘ ✣

1 ܘܐܝܟ ܡܥܕܪ̈ܢܐ ܒܥܝܢܢ ܡܢܟܘܢ܀ ܕܠܐ ܬܣܪܩܘܢ ܒܟܘܢ
ܛܝܒܘܬܐ ܕܐܠܗܐ ܕܩܒܠܬܘܢ. 2 ܐܡܪ ܓܝܪ ܕܒܥܕܢܐ ܡܩܒܠܐ
ܥܢܝܬܟ. ܘܒܝܘܡܐ ܕܚܝܐ ܥܕܪܬܟ. ܗܐ ܗܫܐ ܥܕܢܐ ܡܩܒܠܐ.
ܘܗܐ ܗܫܐ ܝܘܡܐ ܕܚܝܐ. 3 ܠܟܠ ܒܡܕܡ ܝܗܒܝܢ ܠܐܢܫ
ܬܩܠܬܐ ܕܐܘܟܠܬܐ. ܕܠܐ ܬܗܘܐ ܡܘܡܐ ܒܬܫܡܫܬܢ. 4 ܐܠܐ
ܒܟܠ ܡܕܡ ܢܚܘܐ ܢܦܫܢ܀ ܕܡܫܡܫܢ̈ܐ ܚܢܢ ܕܐܠܗܐ.
ܒܡܣܝܒܪܢܘܬܐ ܣܓܝܐܬܐ. ܒܐܘܠܨ̈ܢܐ. ܒܐܢܢܩ̈ܐ.
ܒܚܒܘܫܝ̈ܐ. 5 ܒܡܚ̈ܘܬܐ. ܒܐܣܘܪ̈ܐ. ܒܫܓܘܫܝ̈ܐ. ܒܠܐܘܬܐ.
ܒܫܗܪܐ. ܒܨܘܡܐ. 6 ܒܕܟܝܘܬܐ. ܒܝܕܥܬܐ. ܒܢܓܝܪܘܬ
ܪܘܚܐ. ܒܒܣܝܡܘܬܐ. ܒܪܘܚܐ ܕܩܘܕܫܐ. ܒܚܘܒܐ ܕܠܐ ܢܟܠܐ.
7 ܒܡܠܬܐ ܕܫܪܪܐ. ܒܚܝܠܐ ܕܐܠܗܐ. ܒܙܝܢܐ ܕܙܕܝܩܘܬܐ
ܕܝܡܝܢܐ ܘܕܣܡܠܐ. 8 ܒܫܘܒܚܐ ܘܒܨܥܪܐ. ܒܫܘܓܫܐ
ܘܒܛܘܒܢܐ. ܐܝܟ ܡܛܥܝܢ̈ܐ ܘܫܪܝܪ̈ܐ. 9 ܐܝܟ ܠܐ ܝܕܝܥܐ
ܘܝܕܝܥܝܢ. ܐܝܟ ܡܝܬܝܢ ܘܗܐ ܚܝܝܢ. ܐܝܟ ܕܡܬܪܕܝܢ ܘܠܐ
ܡܝܬܝܢ. 10 ܘܐܝܟ ܕܟܪܝܢ ܠܢ ܘܒܟܠܙܒܢ ܚܕܝܢ. ܘܐܝܟ
ܡܣܟܢ̈ܐ ܘܠܣܓܝܐ̈ܐ ܡܥܬܪܝܢ. ܐܝܟ ܕܡܕܡ ܠܝܬ ܠܢ ܘܟܠ
ܡܕܡ ܐܚܝܕܝܢ. 11 ܦܘܡܢ ܦܬܝܚ ܗܘ ܠܘܬܟܘܢ
ܩܘܪ̈ܢܬܝܐ. ܘܠܒܢ ܪܘܝܚ. 12 ܠܐ ܐܬܥܠܨܬܘܢ ܒܢ. ܐܬܥܠܨܬܘܢ
ܕܝܢ ܒܪ̈ܚܡܝܟܘܢ. 13 ܐܝܟ ܕܠܒܢ̈ܝܐ ܕܝܢ ܐܡܪ ܐܢܐ. ܦܘܪܥܘܢ
ܫܘܚܠܦ ܕܠܘܬܟܘܢ. ܘܪܘܚܘ ܫܘܚܠܦܟܘܢ ܠܘܬܝ. 14 ܠܐ
ܬܗܘܘܢ ܒܢܝ ܙܘܓܐ ܠܐܝܠܝܢ ܕܠܐ ܡܗܝܡܢܝܢ. ܐܝܕܐ ܓܝܪ
ܫܘܬܦܘܬܐ ܐܝܬ ܠܙܕܝܩܘܬܐ ܥܡ ܥܘܠܐ. ܐܘ ܐܝܢܐ ܫܘܬܦܘܬܐ ܐܝܬ

ܠܢܘܗܪܐ ܥܡ ܚܫܘܟܐ. 15 ܐܘ ܐܝܢܐ ܫܘܝܘܬܐ ܐܝܬ ܠܡܫܝܚܐ
ܥܡ ܣܛܢܐ. ܐܘ ܐܝܢܐ ܡܢܬܐ ܐܝܬ ܠܡܗܝܡܢܐ ܥܡ ܠܐ
ܡܗܝܡܢܐ. 16 ܐܘ ܐܝܢܐ ܕܝܢ ܫܘܝܘܬܐ ܐܝܬ ܠܗܝܟܠܗ ܕܐܠܗܐ
ܥܡ ܕܦܬܟܪܐ. ܐܢܬܘܢ ܓܝܪ ܗܝܟܠܗ ܐܢܬܘܢ ܕܐܠܗܐ ܚܝܐ.
ܐܝܟܢܐ ܕܐܡܝܪ. ܕܐܥܡܪ ܒܗܘܢ. ܘܐܗܠܟ ܒܗܘܢ. ܘܐܗܘܐ
ܐܠܗܗܘܢ ܘܗܢܘܢ ܢܗܘܘܢ ܠܝ ܥܡܐ. 17 ܡܛܠ ܗܢܐ ܦܘܩܘ
ܡܢ ܒܝܢܬܗܘܢ: ܘܐܬܦܪܫܘ ܡܢܗܘܢ ܐܡܪ ܡܪܝܐ. ܘܠܛܡܐܐ
ܠܐ ܬܬܩܪܒܘܢ ܘܐܢܐ ܐܩܒܠܟܘܢ. 18 ܘܐܗܘܐ ܠܟܘܢ ܠܐܒܐ. ܘܐܢܬܘܢ
ܬܗܘܘܢ ܠܝ ܠܒܢܝܐ ܘܠܒܢܬܐ: ܐܡܪ ܡܪܝܐ ܕܟܠ ܐܚܝܕ ✤

ܩܦܠܐܘܢ ✤ ܙ ✤

1 ܡܛܠ ܕܐܝܬ ܠܢ ܗܟܝܠ ܗܠܝܢ ܫܘܘܕܝܐ ܚܒܝܒܝ.
ܟܕ ܢܕܟܐ ܢܦܫܢ ܡܢ ܟܠܗ ܛܘܠܫܐ ܕܒܣܪܐ ܘܕܪܘܚܐ.
ܘܢܓܡܘܪ ܩܕܝܫܘܬܐ ܒܕܚܠܬܗ ܕܐܠܗܐ. 2 ܣܝܒܪܘܢ ܐܚܝ:
ܠܐܢܫ ܠܐ ܐܥܘܠܢ ܠܐܢܫ ܠܐ ܚܒܠܢ. ܠܐܢܫ ܠܐ ܥܠܒܢ. 3 ܠܐ ܗܘܐ
ܠܡܚܝܒܘܬܟܘܢ ܐܡܪ ܐܢܐ. ܩܕܡܬ ܓܝܪ ܐܡܪܬ ܕܒܠܒܢ
ܩܒܝܥܝܢ ܐܝܬܝܟܘܢ ܠܡܡܬ ܐܟܚܕܐ ܘܠܡܚܐ ✤ 4 ܣܓܝ ܦܪܗܣܝܐ
ܐܝܬ ܠܝ ܠܘܬܟܘܢ. ܘܣܓܝ ܐܝܬ ܠܝ ܒܟܘܢ
ܫܘܒܗܪܐ. ܘܡܠܐ ܐܢܐ ܒܘܝܐܐ ✤ ܘܡܝܬܪܐ ܗܘܬ ܠܝ
ܚܕܘܬܐ ܒܟܠܗܘܢ ܐܘܠܨܢܝ. 5 ܐܦ ܡܢ ܕܐܬܝܢ ܓܝܪ ܠܡܩܕܘܢܝܐ.
ܐܦܠܐ ܚܕ ܢܝܚ ܗܘܐ ܠܦܓܪܢ. ܐܠܐ ܒܟܠ ܡܕܡ ܐܬܐܠܨܢ:
ܡܢ ܠܒܪ ܩܪܒܐ ܘܡܢ ܠܓܘ ܕܚܠܬܐ. 6 ܐܠܐ ܐܠܗܐ ܗܘ
ܕܡܒܝܐ ܠܡܟܝܟܐ. ܒܝܐܢ ܒܡܐܬܝܬܗ ܕܛܛܘܣ. 7 ܘܠܐ
ܒܠܚܘܕ ܒܡܐܬܝܬܗ: ܐܠܐ ܐܦ ܒܢܝܚܘܬܗ ܗܝ ܕܐܬܬܢܝܚ
ܒܟܘܢ. ܡܣܒܪ ܓܝܪ ܟܠ ܚܘܒܟܘܢ ܕܠܘܬܝ. ܘܟܠ ܐܒܠܟܘܢ
ܘܛܢܢܟܘܢ ܕܥܠ ܐܦܝ. ܘܟܕ ܫܡܥܬ. ܚܕܘܬܐ ܣܓܝܐܬܐ
ܗܘܬ ܠܝ. 8 ܕܐܦܢ ܐܥܝܩܬ ܠܟܘܢ ܒܐܓܪܬܐ: ܠܐ ܬܘܐ ܠܝ

ܬܘܝܬ: ܐܦܢ ܬܘܝܬ ܗܘܝܬ. ܚܙܐ ܐܢܐ ܓܝܪ ܕܗܝ ܐܓܪܬܐ ܐܦܢ
ܕܠܫܥܬܐ ܐܥܝܩܬ ܠܟܘܢ: 9 ܗܫܐ ܚܕܐ ܐܢܐ. ܠܐ ܥܠ
ܕܥܝܩܬ ܠܟܘܢ. ܐܠܐ ܡܛܠ ܕܐܬܥܝܩܬܘܢ ܠܬܝܒܘܬܐ ܗܘ
ܐܬܬܥܝܩܬܘܢ. ܥܝܩܬ ܠܟܘܢ ܓܝܪ ܟܐܠܗܐ. ܐܝܟܢܐ ܕܒܡܕܡ
ܠܐ ܬܬܚܣܪܘܢ ܡܢܢ. 10 ܥܝܩܘܬܐ ܓܝܪ ܕܡܛܠ ܐܠܗܐ. ܬܝܒܘ
ܬܐ ܠܚܝܐ ܕܠܐ ܬܘܝܐ. ܘܡܥܒܕܐ ܠܚܝܐ. ܥܝܩܘܬܐ ܕܝܢ
ܕܥܠܡܐ ܡܘܬܐ ܗܘ ܥܒܕܐ. 11 ܗܐ ܓܝܪ ܗܝ ܗܕܐ
ܕܐܬܬܥܝܩܬܘܢ ܡܛܠ ܐܠܗܐ: ܟܡܐ ܐܣܩܬ ܠܟܘܢ ܚܦܝܛܘܬܐ
ܘܡܦܩ ܒܪܘܚܐ: ܘܪܘܓܙܐ ܘܕܚܠܬܐ: ܘܚܘܒܐ ܘܛܢܢܐ
ܘܬܒܥܬܐ. ܘܒܟܠܡܕܡ ܚܘܝܬܘܢ ܢܦܫܟܘܢ. ܕܕܟܝܢ ܐܝܬܝܟܘܢ
ܒܗ ܒܨܒܘܬܐ. 12 ܐܢܗܘ ܕܝܢ ܗܕܐ ܕܟܬܒܬ ܠܟܘܢ. ܕܠܐ ܗܘܐ
ܡܛܠ ܡܣܟܠܢܐ. ܐܦ ܠܐ ܡܛܠ ܗܘ ܡܢ ܕܐܣܬܟܠ ܒܗ.
ܐܠܐ ܡܛܠ ܕܬܬܓܠܐ ܩܕܡ ܐܠܗܐ ܚܦܝܛܘܬܟܘܢ ܕܡܛܠܬܢ.
13 ܡܛܠ ܗܢܐ ܐܬܒܝܐܢ. ܘܥܡ ܒܘܝܐܢ ܚܕܝܢ ܝܬܝܪ
ܒܚܕܘܬܗ ܕܛܛܘܣ. ܕܐܬܬܢܝܚܬ ܪܘܚܗ ܡܢ ܟܠܟܘܢ.
14 ܕܡܕܡ ܕܐܫܬܒܗܪܬ ܒܗ ܥܠ ܐܦܝܟܘܢ ܠܐ ܒܗܬܬ. ܐܠܐ
ܐܝܟ ܕܟܠܡܕܡ ܒܩܘܫܬܐ ܡܠܠܢ ܥܡܟܘܢ. ܗܟܢܐ ܐܦ
ܫܘܒܗܪܢ ܕܥܠ ܛܛܘܣ ܒܩܘܫܬܐ ܐܫܬܟܚ. 15 ܘܐܦ
ܪܚܡܘܗܝ ܝܬܝܪܐܝܬ ܣܓܝܘ ܒܟܘܢ. ܟܕ ܡܬܕܟܪ
ܡܫܬܡܥܢܘܬܐ ܕܟܠܟܘܢ: ܕܒܕܚܠܬܐ ܘܒܪܬܝܬܐ
ܩܒܠܬܘܢܝܗܝ. 16 ܚܕܐ ܐܢܐ ܕܒܟܠ ܡܕܡ ܡܬܬܟܠ ܐܢܐ
ܒܟܘܢ ✤

ܦܨܠܐ ✤ ܚ ✤

1 ܡܘܕܥܝܢܢ ܠܟܘܢ ܕܝܢ ܐܚܝ. ܛܝܒܘܬܗ ܕܐܠܗܐ
ܕܐܬܝܗܒܬ ܒܥܕܬܐ ܕܡܩܕܘܢܝܐ. 2 ܕܒܣܘܓܐܐ ܕܢܣܝܘܢܐ
ܕܐܘܠܨܢܗܘܢ. ܝܬܝܪܘܬܐ ܗܘܬ ܠܚܕܘܬܗܘܢ. ܘܥܘܡܩܐ
ܕܡܣܟܢܘܬܗܘܢ ܐܬܝܬܪ ܒܥܘܬܪܐ ܕܦܫܝܛܘܬܗܘܢ. 3 ܡܣܗܕ
ܐܢܐ ܓܝܪ ܕܐܝܟ ܚܝܠܗܘܢ ܘܝܬܝܪ ܡܢ ܚܝܠܗܘܢ: ܨܒܝܢܝܐ

ܢܦܫܗܘܢ. 4 ܒܥܘ ܡܢܢ ܒܒܥܘܬܐ ܣܓܝܐܬܐ: ܕܢܫܬܘܬܦܘܢ
ܒܬܫܡܫܬܐ ܕܩܕܝܫܐ. 5 ܘܠܐ ܐܝܟ ܡܐ ܕܣܒܪܝܢ
ܗܘܝܢ. ܐܠܐ ܢܦܫܗܘܢ ܐܫܠܡܘ ܠܘܩܕܡ ܠܡܪܢ. ܘܐܦ ܠܢ
ܒܨܒܝܢܗ ܕܐܠܗܐ. 6 ܘܒܥܝܢ ܗܘܝܢ ܡܢ ܛܛܘܣ. ܕܐܝܟ
ܕܫܪܝ ܗܟܢܐ ܢܫܠܡ ܒܟܘܢ ܐܦ ܛܝܒܘܬܐ ܗܕܐ. 7 ܐܠܐ
ܐܝܟܢܐ ܕܒܟܠܡܕܡ ܡܝܬܪܝܢ ܐܢܬܘܢ ܒܗܝܡܢܘܬܐ ܘܒܡܠܬܐ
ܘܒܝܕܥܬܐ: ܘܒܟܠ ܚܦܝܛܘ ܘܒܚܘܒܢ ܕܠܘܬܟܘܢ:
ܗܟܢܐ ܐܦ ܒܗܕܐ ܛܝܒܘܬܐ ܬܬܝܬܪܘܢ. 8 ܠܐ ܗܘܐ ܦܩܕ
ܦܩܕ ܐܢܐ ܠܟܘܢ. ܐܠܐ ܒܚܦܝܛܘܬܐ ܕܚܒܪܝܟܘܢ: ܫܪܪܐ
ܕܚܘܒܟܘܢ ܡܒܩܐ ܐܢܐ ܀ 9 ܝܕܥܝܢ ܐܢܬܘܢ ܓܝܪ ܛܝܒܘܬܗ
ܕܡܪܢ ܝܫܘܥ ܡܫܝܚܐ. ܕܡܛܠܬܟܘܢ ܐܬܡܣܟܢ ܟܕ
ܐܝܬܘܗܝ ܥܬܝܪܐ. ܕܐܢܬܘܢ ܒܡܣܟܢܘܬܗ ܬܬܥܬܪܘܢ.
10 ܡܠܟܐ ܕܝܢ ܡܠܟ ܐܢܐ ܠܟܘܢ ܗܕܐ ܕܡܥܕܪܐ ܠܟܘܢ.
ܡܛܠ ܕܡܢ ܐܫܬܩܕ ܫܪܝܬܘܢ. ܠܘ ܠܡܥܒܕ ܒܠܚܘܕ: ܐܠܐ
ܐܦ ܠܡܨܒܐ. 11 ܗܫܐ ܕܝܢ ܫܠܡܘ ܠܡܥܒܕܐ ܗܘ ܡܕܡ
ܕܨܒܝܬܘܢ. ܕܐܝܟܢܐ ܕܗܘܐ ܠܟܘܢ ܠܒܐ ܠܡܨܒܐ. ܗܟܢܐ
ܬܫܡܠܘܢ ܠܡܥܒܕܗ ܡܢ ܡܐ ܕܐܝܬ ܠܟܘܢ. 12 ܐܢ ܓܝܪ ܨܒܝܢܐ
ܐܝܬܘܗܝ: ܐܝܟ ܡܐ ܕܐܝܬ ܠܗ ܗܘܟܢܐ ܡܬܩܒܠ. ܠܐ ܗܘܐ
ܐܝܟ ܡܐ ܕܠܝܬ ܠܗ. 13 ܠܐ ܗܘܐ ܓܝܪ ܕܠܐܚܪܢܐ ܬܗܘܐ
ܢܝܚܐ ܘܠܟܘܢ ܐܘܠܨܢܐ: ܐܠܐ ܒܫܘܝܘܬܐ ܗܘܘ ܒܙܒܢܐ ܗܢܐ:
ܕܝܬܝܪܘܬܟܘܢ ܕܝܠܟܘܢ ܬܗܘܐ ܠܚܣܝܪܘܬܗܘܢ ܕܗܢܘܢ.
14 ܘܐܦ ܝܬܝܪܘܬܗܘܢ ܕܗܢܘܢ ܬܗܘܐ ܠܚܣܝܪܘܬܟܘܢ ܕܝܠܟܘܢ.
ܕܬܗܘܐ ܫܘܝܘܬܐ. 15 ܐܝܟ ܕܟܬܝܒ. ܕܗܘ ܕܐܣܓܝ ܡܟܠ ܠܐ
ܐܘܬܪ ܠܗ. ܘܗܘ ܕܒܨܝܪ ܡܟܠ ܠܐ ܐܚܣܪ ܠܗ. 16 ܛܝܒܘ
ܕܝܢ ܠܐܠܗܐ ܕܝܗܒ ܚܦܝܛܘܬܐ ܗܕܐ ܚܠܦܝܟܘܢ ܒܠܒܗ
ܕܛܛܘܣ. 17 ܕܒܥܘܬܝ ܓܝܪ ܩܒܠ. ܘܡܛܠ ܕܣܓܝ ܚܦܝܛ
ܗܘ: ܡܢ ܨܒܝܢܗ ܢܦܩ ܠܘܬܟܘܢ. 18 ܫܕܪܢ ܕܝܢ ܥܡܗ
ܠܐܚܘܢ: ܐܢܫܐ ܕܐܫܬܒܚܬܗ ܒܐܘܢܓܠܝܘܢ. ܒܟܠܗܝܢ

ܒܥܕ̈ܬܐ. 19 ܗܟܢܐ ܕܐܦ ܐܬܓܒܝ ܡܢ ܥܕ̈ܬܐ: ܕܢܦܘܩ
ܥܡܢ ܒܡܘܗܒܬܐ ܗܕܐ ܕܡܫܬܡܫܐ ܡܢܢ ܠܫܘܒܚܗ ܕܝܠܗ
ܕܐܠܗܐ. ܘܠܡܘܕܥܢܘܬܢ ܕܝܠܢ. 20 ܡܣܬܝܟܝܢ ܕܝܢ ܒܗܕܐ: ܕܠܐ
ܐܢܫ ܢܣܝܡ ܒܢ ܡܘܡܐ ܒܗܕܐ ܕܒܘܪܟܬܐ ܕܡܫܬܡܫܐ ܡܢܢ.
21 ܝܨܦܝܢ ܓܝܪ ܕܫܦܝܪ̈ܬܐ. ܠܐ ܩܕܡ ܐܠܗܐ ܒܠܚܘܕ: ܐܠܐ
ܐܦ ܩܕܡ ܒܢܝ̈ܢܫܐ. 22 ܫܕܪܢ ܕܝܢ ܥܡܗܘܢ ܐܦ ܠܐܚܘܢ ܐܢܫܐ
ܕܒܗ ܒܟܠ ܒܣܓܝ̈ܐܢ ܒܩܝܢܢܝܗܝ. ܕܚܦܝܛ ܗܘ. ܗܫܐ ܕܝܢ
ܝܬܝܪܐܝܬ ܚܦܝܛ ܒܬܘܟܠܢܐ ܣܓܝܐܐ ܕܥܠܝܟܘܢ. 23 ܐܢ
ܗܟܝܠ ܛܝܛܘܣ: ܫܘܬܦܐ ܗܘ ܕܝܠܝ ܘܡܥܕܪܢܐ ܒܟܘܢ.
ܐܘ ܐܚ̈ܝܢ ܐܚܪ̈ܢܐ: ܫܠܝ̈ܚܐ ܐܢܘܢ ܕܥܕ̈ܬܐ ܕܫܘܒܚܗ
ܕܡܫܝܚܐ. 24 ܗܟܝܠ ܚܘܝܬܐ ܕܚܘܒܟܘܢ ܘܫܘܒܗܪܢ
ܕܥܠܝܟܘܢ ܒܗܘܢ ܚܘܘ ܒܦܪܨܘܦ ܥܕ̈ܬܐ ܟܠܗܝܢ ✤

ܩܦܠܐܘܢ ✤ ܛ ✤

1 ܥܠ ܬܫܡܫܬܐ ܕܝܢ ܕܩܕܝ̈ܫܐ: ܝܬܝܪܐ ܚܫܒ ܐܢܐ ܠܝ
ܟܬܒ ܐܢܐ ܠܟܘܢ. 2 ܝܕܥ ܐܢܐ ܓܝܪ ܛܘܝܒܗ ܕܪܥܝܢܟܘܢ.
ܘܥܠܝܗ ܗܘܐ ܐܫܬܒܗܪܬ ܒܟܘܢ ܠܡܩܕܘܢܝ̈ܐ. ܕܐܟܐܝܐ ܡܛܝܒܐ
ܗܝ ܡܢ ܐܫܬܩܕ. ܘܛܢܢܐ ܕܝܠܟܘܢ ܠܣܓܝ̈ܐܐ ܓܪܓ.
3 ܫܕܪܬ ܕܝܢ ܠܐܚ̈ܐ: ܕܠܐ ܢܣܬܪܩ ܫܘܒܗܪܐ ܕܐܫܬܒܗܪܢ ܒܟܘܢ
ܥܠ ܗܕܐ ܡܠܬܐ. ܕܐܝܟܢܐ ܕܐܡܪܬ ܬܗܘܘܢ ܡܛܝܒܝܢ. 4 ܕܠܡܐ
ܢܐܬܘܢ ܥܡܝ ܡܩܕܘܢܝ̈ܐ: ܘܢܫܟܚܘܢܟܘܢ ܟܕ ܠܐ ܡܛܝܒܝܢ
ܐܢܬܘܢ: ܘܢܒܗܬ ܚܢܢ: ܕܠܐ ܢܐܡܪ ܕܐܢܬܘܢ ܐܬܒܗܬܘܢ:
ܒܫܘܒܗܪܐ ܗܢܐ ܕܐܫܬܒܗܪܢ. 5 ܚܫܚܬ ܗܘܬ ܐܬܒܥܝ ܠܝ
ܕܐܒܥܐ ܡܢ ܐܚ̈ܝ ܗܠܝܢ: ܕܢܐܬܘܢ ܩܕܡܝ ܠܘܬܟܘܢ.
ܘܢܛܝܒܘܢ ܒܘܪܟܬܐ ܗܝ ܕܡܢ ܩܕܝܡ ܐܫܬܡܥܬܘܢ ܕܬܗܘܐ
ܡܛܝܒܐ. ܗܟܢܐ ܐܝܟ ܒܘܪܟܬܐ. ܠܐ ܗܘܐ ܐܝܟ ܥܠܘܒܘܬܐ.
6 ܗܕܐ ܕܝܢ ܡܢ ܕܙܪܥ ܒܚܘܣܢܐ. ܐܦ ܒܚܘܣܢܐ ܢܚܨܕ. ܘܡܢ

ܕܙܪܥ ܒܒܘܪܟܬܐ. ܐܦ ܒܒܘܪܟܬܐ ܢܚܨܘܕ. 7 ܟܠ ܐܢܫ ܐܝܟ
ܕܐܬܐ ܒܪܥܝܢܗ. ܠܐ ܗܘܐ ܐܝܟ ܕܡܢ ܥܨܝܢܘܬܐ. ܐܘ ܐܝܟ ܕܡܢ
ܩܛܝܪܐ. ܠܝܗܘܒܐ ܓܝܪ ܚܕܝܐ ܪܚܡ ܐܠܗܐ. 8 ܡܨܐ ܗܘ
ܓܝܪ ܡܝܬܪܘ ܐܠܗܐ. ܟܠ ܛܝܒܘ ܕܢܬܪ ܒܟܘܢ. ܕܒܟܠܙܒܢ
ܒܟܠܡܕܡ ܗܘ ܟܠ ܕܣܦܩ ܠܟܘܢ ܢܗܘܐ ܠܟܘܢ. ܘܬܬܝܬܪܘܢ
ܒܟܠ ܥܒܕ ܛܒ. 9 ܐܝܟ ܕܟܬܝܒ. ܕܒܕܪ ܘܝܗܒ ܠܡܣܟܢܐ.
ܘܙܕܝܩܘܬܗ ܩܝܡܐ ܠܥܠܡ. 10 ܗܘ ܕܝܢ ܕܝܗܒ ܙܪܥܐ
ܠܙܪܘܥܐ ܘܠܚܡܐ ܠܡܐܟܘܠܬܐ: ܗܘ ܢܬܠ ܘܢܣܓܐ ܙܪܥܟܘܢ.
ܘܢܪܒܐ ܦܐܪܐ ܕܙܕܝܩܘܬܟܘܢ. 11 ܕܒܟܠ ܡܕܡ ܬܬܥܬܪܘܢ ܒܟܠܗ
ܦܫܝܛܘܬܐ. ܕܗܝ ܓܡܪܐ ܒܝܕܢ ܬܘܕܝܬܐ ܠܐܠܗܐ. 12 ܡܛܠ
ܕܬܫܡܫܬܐ ܕܬܫܡܫܬܐ ܗܕܐ. ܠܐ ܗܘܐ ܒܠܚܘܕ ܚܣܝܪܘܬܐ
ܕܩܕܝܫܐ ܡܡܠܝܐ. ܐܠܐ ܐܦ ܡܣܓܝܐ ܒܬܘܕܝܬܐ ܣܓܝܐܬܐ ܠܐܠܗܐ.
13 ܡܛܠ ܒܘܚܪܢܐ ܓܝܪ ܕܬܫܡܫܬܐ ܗܕܐ ܠܐܠܗܐ ܡܫܒܚܝܢ.
ܕܐܫܬܥܒܕܬܘܢ ܠܬܘܕܝܬܐ ܕܣܒܪܬܗ ܕܡܫܝܚܐ. ܘܐܫܬܘܬܦܬܘܢ
ܒܦܫܝܛܘܬܐ ܥܡܗܘܢ ܘܥܡ ܟܠܢܫ. 14 ܘܨܠܘܬܐ
ܡܩܪܒܝܢ ܚܠܦܝܟܘܢ ܒܚܘܒܐ ܣܓܝܐܐ. ܡܛܠ ܡܘܬܪܐ
ܕܛܝܒܘܬܗ ܕܐܠܗܐ ܕܥܠܝܟܘܢ. 15 ܛܝܒܘܬܐ ܕܝܢ ܠܐܠܗܐ ܥܠ
ܡܘܗܒܬܗ ܕܠܐ ܡܬܡܠܠܐ ܀

ܩܦܠܐܘܢ ܀ ܝ ܀

1 ܐܢܐ ܕܝܢ ܦܘܠܘܣ ܒܥܐ ܐܢܐ ܡܢܟܘܢ: ܒܢܝܚܘܬܗ
ܘܒܡܟܝܟܘܬܗ ܕܡܫܝܚܐ. ܕܐܦ ܒܐܦܝܟܘܢ ܡܟܝܟ ܐܢܐ
ܠܘܬܟܘܢ. ܐܠܐ ܟܕ ܪܚܝܩ ܐܢܐ ܡܬܠܒܒ ܐܢܐ ܥܠܝܟܘܢ. 2 ܒܥܐ
ܐܢܐ ܕܝܢ ܡܢܟܘܢ: ܕܠܐ ܟܕ ܐܬܝܬ ܐܬܠܒܒ ܒܬܘܟܠܢܐ ܕܐܝܬ ܠܝ.
ܕܐܬܚܫܒ ܐܝܟ ܕܡܬܚܫܒ ܐܢܐ: ܥܠ ܐܢܫܐ ܐܝܠܝܢ ܕܚܫܒܝܢ
ܠܝ ܕܐܝܟ ܕܒܒܣܪ ܡܗܠܟܝܢܢ. 3 ܐܠܐ ܠܐ ܗܘܐ ܕܒܒܣܪܐ ܡܗܠܟܝܢ.
4 ܙܝܢܐ ܓܝܪ ܕܦܘܠܚܢܢ. ܠܐ ܗܘܐ ܕܒܣܪܐ. ܐܠܐ ܕܚܝܠܐ ܕܐܠܗܐ.
ܘܒܗ ܡܦܟܝܢܢ ܚܘܣܢܐ ܡܪܝܕܐ. 5 ܘܡܬܪܥܝܢ ܡܬܪܥܝܬܐ.

ܘܟܠ ܪܘܡܐ ܕܡܬܬܪܝܡ ܠܩܘܒܠ ܝܕܥܬܗ ܕܐܠܗܐ.
ܘܫܒܝܢܢ ܟܠ ܪ̈ܥܝܢܐ ܠܡܫܡܥܬܗ ܕܡܫܝܚܐ. 6 ܘܡܛܝܒܝܢ
ܠܡܥܒܕ ܬܒܥܬܐ ܡܢ ܐܝܠܝܢ ܕܠܐ ܡܫܬܡܥܝܢ: ܡܐ ܕܐܫܬܡܠܝܬ
ܡܫܬܡܥܢܘܬܟܘܢ. 7 ܒܦܪܨܘܦܐ ܚܙܝܢ ܐܢܬܘܢ. ܐܢ ܐܢܫ
ܬܟܝܠ ܥܠ ܢܦܫܗ ܕܕܡܫܝܚܐ ܗܘ. ܗܕܐ ܢܕܥ ܡܢ
ܢܦܫܗ. ܕܐܝܟ ܕܗܘ ܕܡܫܝܚܐ ܗܘ: ܗܟܢܐ ܐܦ ܚܢܢ.
8 ܐܢ ܓܝܪ ܐܦ ܡܕܡ ܝܬܝܪ ܐܫܬܒܗܪ ܥܠ ܫܘܠܛܢܐ ܕܝܗܒ
ܠܢ ܡܪܢ. ܠܐ ܒܗܬܐ ܐܢܐ. ܡܛܠ ܕܠܒܢܝܢܟܘܢ ܗܘ ܕܝܠܟܘܢ
ܝܗܒ ܠܢ ܘܠܐ ܠܣܘܚܦܟܘܢ. 9 ܘܡܚܫܒ ܐܢܐ ܕܝܢ: ܕܠܐ ܐܬܚܙܐ
ܐܝܟ ܗܘ ܕܡܕܚܠ ܐܢܐ ܠܟܘܢ ܒܐܓܪ̈ܬܐ. 10 ܡܛܠ
ܕܐܝܬ ܐܢܫܐ ܕܐܡܪܝܢ: ܕܐܓܪ̈ܬܐ ܝܩܝܪ̈ܢ ܘܥܫܝ̈ܢ. ܡܐܬܝܬܗ
ܕܝܢ ܕܦܓܪܐ ܟܪܝܗ ܘܡܠܬܗ ܫܝܛܐ. 11 ܐܠܐ ܗܕܐ ܢܬܪܥܐ
ܡܢ ܕܗܟܢܐ ܐܡܪ. ܕܐܝܟܢܐ ܕܐܝܬܝܢ ܒܡܠܬܐ ܕܐܓܪ̈ܬܢ
ܟܕ ܪ̈ܚܝܩܝܢ. ܗܟܢܐ ܐܝܬܝܢ ܐܦ ܗܪܟܐ ܕܩܪ̈ܝܒܝܢ ܠܘܬܟܘܢ.
12 ܠܐ ܓܝܪ ܡܡܪܚܝܢܢ ܕܢܫܘܐ ܐܘ ܕܢܦܚܡ ܢܦܫܢ ܥܡ
ܗܢܘܢ ܕܡܫܒܚܝܢ ܢܦܫܗܘܢ. ܐܠܐ ܡܛܠ ܕܗܢܘܢ ܒܗܘܢ
ܠܗܘܢ ܡܦܚܡܝܢ ܠܐ ܡܣܬܟܠܝܢ. 13 ܚܢܢ ܠܐ ܡܫܬܒܗܪܝܢܢ
ܝܬܝܪ ܡܢ ܡܫܘܚܬܢ. ܐܠܐ ܒܡܫܘܚܬܐ ܕܐܬܚܡܐ ܕܦܠܓ ܠܢ
ܐܠܗܐ. ܕܢܡܛܐ ܐܦ ܥܕܡܐ ܠܘܬܟܘܢ. 14 ܠܐ ܗܘܐ ܓܝܪ ܐܝܟ
ܕܠܐ ܡܬܡܛܝܢܢ ܠܘܬܟܘܢ ܡܬܡܬܚܝܢ ܢܦܫܢ. ܥܕܡܐ ܓܝܪ
ܠܘܬܟܘܢ ܡܛܝܢ ܒܣܒܪܬܗ ܕܡܫܝܚܐ. 15 ܘܠܐ ܡܫܬܒܗܪܝܢܢ
ܠܒܪ ܡܢ ܡܫܘܚܬܢ ܒܥܡܠܐ ܕܐܚܪ̈ܢܐ. ܐܠܐ ܐܝܬ ܠܢ ܣܒܪܐ.
ܕܟܕ ܪܒܐ ܗܝܡܢܘܬܟܘܢ ܒܟܘܢ ܢܬܪܘܪܒ ܐܝܟ ܡܫܘܚܬܢ.
16 ܘܢܣܓܐ ܐܦ ܠܗܠ ܡܢܟܘܢ ܠܡܣܒܪܘ. ܠܐ ܒܡܫܘܚܬܐ
ܕܐܚܪ̈ܢܐ. ܠܡܐܠܝܢ ܕܡܛܝܒܢ ܢܫܬܒܗܪ. 17 ܗܘ ܕܝܢ ܕܡܫܬܒܗܪ
ܒܡܪܝܐ ܢܫܬܒܗܪ. 18 ܠܐ ܗܘܐ ܓܝܪ ܡܢ ܕܢܦܫܗ ܡܫܒܚ
ܗܘ ܗܘ ܒܚܝܪ. ܐܠܐ ܡܢ ܕܡܪܝܐ ܡܫܒܚܝܘܗܝ ❖

ܩܦܠܐܘܢ ܀ ܝܐ ܀

[1] ܐܝܠܘܦ ܕܝܢ ܡܣܝܒܪܝܢ ܗܘܝܬܘܢ ܠܝ ܩܠܝܠ ܕܐܦܠܐ
ܒܫܛܝܘܬܐ. ܐܠܐ ܐܦ ܡܣܝܒܪܝܢ ܐܝܬܝܟܘܢ ܗܘܘ ܠܝ. [2] ܛܐܢ ܐܢܐ
ܓܝܪ ܥܠܝܟܘܢ ܛܢܢܐ ܕܐܠܗܐ. ܡܟܪܬܟܘܢ ܓܝܪ ܠܓܒܪܐ
ܚܕ ܠܒܬܘܠܬܐ ܕܟܝܬܐ ܕܐܩܪܒ ܠܡܫܝܚܐ. [3] ܕܚܠ ܐܢܐ ܕܝܢ.
ܕܠܡܐ ܐܝܟ ܕܐܛܥܝܗ̇ ܚܘܝܐ ܠܚܘܐ ܒܢܟܝܠܘܬܗ̇: ܗܟܢܐ
ܢܬܚܒܠܘܢ ܪ̈ܥܝܢܝܟܘܢ ܡܢ ܦܫܝܛܘܬܐ. ܕܠܘܬ ܡܫܝܚܐ.
[4] ܐܢ ܓܝܪ ܗܘ ܕܐܬܐ ܠܘܬܟܘܢ: ܐܚܪܢܐ ܢܟܪܘܙ ܐܝܫܘܥ ܠܟܘܢ
ܐܝܟܢ ܕܚܢܢ ܠܐ ܐܟܪܙܢ. ܐܘ ܪܘܚܐ ܐܚܪܬܐ ܢܣܒܝܬܘܢ ܐܝܕܐ ܕܠܐ
ܢܣܒܬܘܢ. ܐܘ ܣܒܪܬܐ ܐܚܪܬܐ ܐܝܕܐ ܕܠܐ ܩܒܠܬܘܢ: ܫܦܝܪ
ܡܣܝܒܪܝܢ ܗܘܝܬܘܢ. [5] ܚܫܒ ܐܢܐ ܓܝܪ: ܕܡܕܡ ܠܐ ܒܨܪܬ ܡܢ
ܡܝܬܪ̈ܐ ܐܝܠܝܢ ܕܝܬܝܪ ܫܠܝܚܝܢ. [6] ܐܦ ܓܝܪ ܗܕܝܘܛܐ ܐܢܐ
ܒܡܠܬܐ: ܐܠܐ ܠܐ ܒܝܕܥܬܐ. ܐܠܐ ܒܟܠܡܕܡ ܐܬܓܠܝܢ ܠܘܬܟܘܢ.
[7] ܐܘ ܕܠܡܐ ܣܟܠܘܬܐ ܥܒܕܬ ܕܡܟܟܬ ܢܦܫܝ ܕܐܢܬܘܢ
ܬܬܪܝܡܘܢ. ܘܡܓܢ ܐܣܒܪܬ ܠܟܘܢ ܣܒܪܬܗ ܕܐܠܗܐ.
[8] ܘܥܕ̈ܬܐ ܐܚܪ̈ܢܝܬܐ ܒܙܙܬ: ܘܢܣܒܬ ܢܦܩܬܐ ܠܬܫܡܫܬܐ
ܕܝܠܟܘܢ. [9] ܘܟܕ ܐܝܬܝ ܕܐܬܒܨܪܬ ܠܐ ܐܝܩܪܬ ܥܠ ܐܢܫ ܡܢܟܘܢ.
ܚܣܝܪܘܬܝ ܓܝܪ ܡܠܝܘ ܐܚ̈ܐ ܕܐܬܘ ܡܢ ܡܩܕܘܢܝܐ. ܘܒܟܠ
ܡܕܡ ܢܛܪܬ ܢܦܫܝ ܘܢܛܪ ܐܢܐ: ܕܠܐ ܐܝܩܪ ܥܠܝܟܘܢ. [10] ܐܝܬܝܗ̇ܘܝ
ܒܝ ܫܪܪܗ ܕܡܫܝܚܐ. ܕܗܢܐ ܫܘܒܗܪܐ ܠܐ ܬܬܟܠܐ ܒܝ
ܒܐܬܪ̈ܘܬܐ ܕܐܟܐܝܐ. [11] ܠܡܢܐ. ܡܛܠ ܕܠܐ ܪܚܡ ܐܢܐ ܠܟܘܢ.
ܐܠܗܐ ܗܘ ܝܕܥ. [12] ܐܠܐ ܗܕܐ ܕܥܒܕ ܐܢܐ ܐܦ ܐܥܒܕ.
ܕܐܦܣܘܩ ܗܘ ܥܠܬܗܘܢ ܕܐܝܠܝܢ ܕܨܒܝܢ ܥܠܬܐ. ܕܒܗܘ
ܡܕܡ ܕܡܫܬܒܗܪܝܢ ܢܫܬܟܚܘܢ ܐܟܘܬܢ. [13] ܐܝܬܝܗܘܢ ܓܝܪ
ܗܠܝܢ: ܫܠܝܚܐ ܕܓܠܐ ܘܦܥܠܐ ܢܟܠܢܐ. ܘܡܬܕܡܝܢ ܢܦܫܗܘܢ
ܠܫܠܝܚܐ ܕܡܫܝܚܐ. [14] ܘܠܝܬ ܠܬܕܡܘܪܬܐ ܗܕܐ. ܐܦ
ܗܘ ܓܝܪ ܕܣܛܢܐ ܡܬܕܡܐ ܠܡܠܐܟܐ ܕܢܘܗܪܐ. [15] ܠܐ ܗܕܐ ܪܒܐ

ܠܡܫܡܫܢܐ ܡܬܕܡܝܢ ܡܫܡܫܢܘܗܝ ܐܦ ܐܢ ܪܒܬܐ:
ܕܟܐܢܘܬܐ. ܗܠܝܢ ܕܚܪܬܗܘܢ ܬܗܘܐ ܐܝܟ ܥܒ̈ܕܝܗܘܢ ܀ 16 ܬܘܒ
ܕܝܢ ܐܡܪ ܐܢܐ: ܠܡܐ ܐܢܫ ܢܣܒܪ ܠܝ ܐܝܟ ܕܣܟܠܐ ܐܢܐ:
ܘܐܢ ܠܐ ܐܦܢ ܐܝܟ ܕܠܣܟܠܐ ܩܒܠܘܢܝ. ܕܐܦ ܐܢܐ ܩܠܝܠ
ܐܫܬܒܗܪ. 17 ܡܕܡ ܕܡܡܠܠ ܐܢܐ ܠܐ ܗܘܐ ܒܡܪܢ ܡܡܠܠ ܐܢܐ.
ܐܠܐ ܐܝܟ ܕܒܣܟܠܘܬܐ: ܒܗܕܐ ܕܩܝܡܐ ܕܫܘܒܗܪܐ. 18 ܡܛܠ
ܕܣܓܝ̈ܐܐ ܡܫܬܒܗܪܝܢ ܒܒܣܪܐ: ܘܐܦ ܐܢܐ ܐܫܬܒܗܪ.
19 ܗܢܝܚܝܢ ܐܢܬܘܢ ܓܝܪ ܠܡܣܝܒܪܘ ܠܣܟ̈ܠܐ ܕܚܟܝܡܐ:
ܟܕ ܐܢܬܘܢ ܚܟܝ̈ܡܐ ܐܢܬܘܢ. 20 ܡܣܝܒܪܝܢ ܐܢܬܘܢ ܠܡܢ
ܕܡܫܥܒܕ ܠܟܘܢ. ܘܠܡܢ ܕܐܟܠ ܠܟܘܢ. ܘܠܡܢ ܕܢܣܒ
ܡܢܟܘܢ. ܘܠܡܢ ܕܡܬܪܝܡ ܥܠܝܟܘܢ. ܘܠܡܢ ܕܡܚܐ ܠܟܘܢ
ܥܠ ܐܦ̈ܝܟܘܢ. 21 ܐܝܟ ܕܒܨܥܪܐ ܐܡܪ ܐܢܐ. ܐܝܟ ܗܘ ܕܚܢܢ
ܡܚܝܠܝܢ ܗܘܝܢ: ܒܣܟܠܘܬܐ ܕܒܢܝܐ ܐܡܪ ܐܢܐ. ܕܒܟܠܡܕܡ
ܕܡܡܪܚ ܐܢܫ: ܐܦ ܐܢܐ ܡܡܪܚ ܐܢܐ. 22 ܐܢ ܥܒܪ̈ܝܐ ܐܢܘܢ.
ܐܦ ܐܢܐ. ܐܢ ܐܝܣܪܝܠ̈ܝܐ ܐܢܘܢ ܐܦ ܐܢܐ. ܐܢ ܙܪܥܗ ܐܢܘܢ
ܕܐܒܪܗܡ ܐܦ ܐܢܐ. 23 ܐܢ ܡܫܡܫܢ̈ܐ ܐܢܘܢ ܕܡܫܝܚܐ
ܒܣܟܠܘܬܐ ܕܒܢܝܐ ܐܡܪ ܐܢܐ: ܕܝܬܝܪ ܡܢܗܘܢ ܐܢܐ: ܒܥܡܠܐ
ܝܬܝܪ ܡܢܗܘܢ. ܒܡܚܘ̈ܬܐ ܝܬܝܪ ܡܢܗܘܢ. ܒܐܣܘܪ̈ܐ ܝܬܝܪ
ܡܢܗܘܢ. ܒܡܘ̈ܬܐ ܙܒ̈ܢܝܢ ܣܓܝ̈ܐܢ. 24 ܡܢ ܝܗܘ̈ܕܝܐ ܚܡܫ
ܙܒ̈ܢܝܢ. ܐܪܒܥܝܢ ܢܓܕ̈ܝܢ ܚܕܐ ܩܒܠܬ. 25 ܬܠܬ
ܙܒ̈ܢܝܢ ܒܫܒ̈ܛܐ ܐܬܢܓܕܬ. ܚܕܐ ܙܒܢ ܐܬܪܓܡܬ. ܬܠܬ
ܙܒ̈ܢܝܢ ܗܘܝܬ ܒܬܒܪܐ ܐܠܦܐ ܘܥܒܕܬ. ܘܠܐ ܣܦܝܢܬܐ
ܒܝܡܐ ܗܘܝܬ. 26 ܒܡܪܕ̈ܘܬܐ ܣܓܝ̈ܐܬܐ. ܒܩܘܢܕܝܢܘܣ
ܕܢܗܪ̈ܘܬܐ. ܒܩܘܢܕܝܢܘܣ ܕܓܝ̈ܣܐ. ܒܩܘܢܕܝܢܘܣ ܕܡܢ
ܛܘܗܡܐ. ܒܩܘܢܕܝܢܘܣ ܕܡܢ ܥܡ̈ܡܐ. ܒܩܘܢܕܝܢܘܣ
ܗܘܝܬ ܒܡܕܝܢܬܐ. ܒܩܘܢܕܝܢܘܣ ܗܘܝܬ ܒܡܕܒܪܐ.
ܒܩܘܢܕܝܢܘܣ ܒܝܡܐ. ܒܩܘܢܕܝܢܘܣ ܕܡܢ ܐܚ̈ܐ ܕܓܠܐ.
27 ܒܥܡܠܐ ܘܒܠܐܘܬܐ. ܒܫܗܪ̈ܐ ܣܓܝ̈ܐܐ. ܒܟܦܢܐ ܘܒܨܗܝܐ.

ܒܨܘܡܐ ܣܓܝܐܐ. ܒܩܘܪܫܐ ܘܒܥܪܛܠܝܘܬܐ. 28 ܣܛܪ ܡܢ
ܐܚܪ̈ܢܝܬܐ. ܘܣܘܥܪܢܐ ܕܥܠܝ ܕܟܠܝܘܡ. ܘܨܦܬܐ ܕܥܠ ܐܦ̈ܝ
ܟܠܗܝܢ ܥܕ̈ܬܐ. 29 ܡܢܘ ܡܬܟܪܗ ܘܠܐ ܐܢܐ ܡܬܟܪܗ ܐܢܐ.
ܡܢܘ ܡܬܟܫܠ: ܘܠܐ ܐܢܐ ܝܩܕ ܐܢܐ. 30 ܐܢ ܠܡܫܬܒܗܪܘ
ܘܠܐ. ܒܟܘܪ̈ܗܢܝ ܐܫܬܒܗܪ. 31 ܝܕܥ ܗܘ ܐܠܗܐ ܐܒܘܗܝ
ܕܡܪܢ ܝܫܘܥ ܡܫܝܚܐ. ܡܒܪܟܐ ܕܠܥܠܡ ܥܠܡܝܢ. ܕܠܐ
ܡܕܓܠ ܐܢܐ. 32 ܒܕܪܡܣܘܩ ܪܒ ܚܝܠܐ ܕܐܪܝܛܐ ܡܠܟܐ.
ܢܛܪ ܗܘܐ ܡܕܝܢܬܐ ܕܕܪܡܣܘܩܝ̈ܐ ܠܡܐܚܕܢܝ. 33 ܘܡܢ ܟܘܬܐ
ܒܣܦܝܪܬܐ ܫܒܩܘܢܝ ܡܢ ܫܘܪܐ ܘܐܫܬܘܙܒܬ ܡܢ ܐܝܕܘܗܝ ❖

ܩܦܠܐܘܢ ❖ ܝܒ ❖

1 ܠܡܫܬܒܗܪܘ ܘܠܐ ܐܠܐ ܠܐ ܦܩܚ. ܐܬܐ ܐܢܐ ܕܝܢ ܓܝܪ
ܠܚܙܘ̈ܢܐ ܘܠܓܠܝ̈ܢܘܗܝ ܕܡܪܢ. 2 ܝܕܥܢܐ ܓܒܪܐ ܒܡܫܝܚܐ
ܡܢ ܩܕܡ ܐܪܒܥܣܪܐ ܫܢܝ̈ܢ. ܐܢ ܒܦܓܪ ܕܝܢ ܗܘܐ ܘܠܐ ܦܓܪ
ܠܐ ܝܕܥ ܐܢܐ. ܐܠܗܐ ܗܘ ܝܕܥ. ܕܐܬܚܛܦ ܗܘܐ ܗܢܐ ܥܕܡܐ
ܠܫܡܝܐ ܕܬܠܬܐ. 3 ܘܝܕܥ ܐܢܐ ܠܗ ܠܗܢܐ ܒܪܢܫܐ. ܐܢ
ܒܦܓܪ ܕܝܢ ܗܘܐ ܘܠܐ ܦܓܪ ܠܐ ܝܕܥ ܐܢܐ ܐܠܗܐ ܗܘ ܝܕܥ.
4 ܕܐܬܚܛܦ ܠܦܪܕܝܣܐ: ܘܫܡܥ ܡܠ̈ܐ ܕܠܐ ܡܬܡܠܠܢ. ܐܝܠܝܢ
ܕܠܐ ܫܠܝܛ ܠܒܪܢܫܐ ܠܡܡܠܠܘ ܐܢܝܢ. 5 ܥܠ ܗܢܐ
ܐܫܬܒܗܪ: ܥܠ ܢܦܫܝ ܕܝܢ ܠܐ ܐܫܬܒܗܪ ܐܠܐ ܐܢ ܒܟܘܪ̈ܗܢܐ.
6 ܐܢ ܐܨܒܐ ܓܝܪ ܕܐܫܬܒܗܪ: ܠܐ ܗܘܐ ܐܢܐ ܫܛܝܐ. ܫܪܪܐ ܗܘ
ܓܝܪ ܐܡܪ ܐܢܐ. ܚܐܣܢܐ ܕܝܢ: ܕܠܡܐ ܐܢܫ ܢܚܫܘܒ ܥܠܝ
ܝܬܝܪ ܡܢ ܡܐ ܕܚܙܐ ܠܝ ܘܫܡܥ ܡܢܝ. 7 ܘܕܠܐ ܐܬܬܪܝܡ
ܒܝܬܝܪܘܬܐ ܕܓܠܝ̈ܢܐ. ܐܬܝܗܒ ܠܝ ܡܚܘܐ ܠܒܣܪܝ ܡܠܐܟܗ
ܕܣܛܢܐ. ܕܢܗܘܐ ܡܩܦܚ ܠܝ ܕܠܐ ܐܬܬܪܝܡ. 8 ܥܠ ܗܢܐ
ܬܠܬ ܙܒ̈ܢܝܢ ܒܥܝܬ ܡܢ ܡܪܝ ܕܢܦܪܘܩ ܡܢܝ. 9 ܘܐܡܪ ܠܝ
ܣܦܩܐ ܠܟ ܛܝܒܘܬܝ. ܚܝܠܝ ܓܝܪ ܒܟܪܝܗܘܬܐ ܗܘ

ܡܫܬܡܠܐ. ܒܣܝܡܐܝܬ ܗܟܝܠ ܐܫܬܒܗܪ ܒܟܘܪ̈ܗܢܝ. ܕܬܓܢ
ܥܠܝ ܚܝܠܗ ܕܡܫܝܚܐ. 10 ܡܛܠ ܗܢܐ ܪܓܐ ܐܢܐ
ܒܟܘܪ̈ܗܢܐ. ܒܨܥܪ̈ܐ ܒܐܘܠܨ̈ܢܐ. ܒܪ̈ܕܘܦܝܐ. ܒܚܒܘܫܝ̈ܐ ܕܥܠ
ܐܦܝ̈ ܡܫܝܚܐ. ܐܡܬܝ ܕܡܬܟܪܗ ܐܢܐ ܓܝܪ ܗܝܕܝܢ ܗܘ
ܚܝܠܬܢ ܐܢܐ. 11 ܗܐ ܗܘܝܬ ܫܛܝܐ ܒܫܘܒܗܪܝ
ܕܐܢܬܘܢ ܐܠܨܬܘܢܢܝ. ܚܝܒܝܢ ܗܘܝܬܘܢ ܓܝܪ ܕܐܢܬܘܢ ܬܣܗܕܘܢ
ܥܠܝ. ܡܛܠ ܕܠܐ ܒܨܪܬ ܡܕܡ ܡܢ ܫܠܝ̈ܚܐ ܐܝܠܝܢ ܕܝܬܝܪ
ܡܝܬܪܝܢ. ܐܦܢ ܠܐ ܗܘܝܬ ܡܕܡ: 12 ܐܬܘܬܐ ܕܫܠܝܚܘܬܐ ܥܒܕܬ
ܒܝܢܬܟܘܢ. ܒܟܠ ܡܣܝܒܪܢܘ ܘܒܐܬܘ̈ܬܐ. ܘܒܬܕܡܪ̈ܬܐ
ܘܒܚܝ̈ܠܐ. 13 ܒܡܢܐ ܓܝܪ ܐܬܒܨܪܬܘܢ ܡܢ ܥܕ̈ܬܐ ܐܚܪ̈ܢܝܬܐ.
ܐܠܐ ܐܢ ܒܗܕܐ ܕܐܢܐ ܠܐ ܝܩܪܬ ܥܠܝܟܘܢ. ܫܒܘܩܘ ܠܝ ܗܕܐ
ܣܟܠܘܬܐ. 14 ܗܐ ܗܕܐ ܕܬܠܬ ܙܒܢܝܢ ܡܛܝܒ ܐܢܐ ܕܐܬܐ
ܠܘܬܟܘܢ: ܘܠܐ ܐܝܩܪ ܥܠܝܟܘܢ. ܡܛܠ ܕܠܐ ܒܥܐ ܐܢܐ ܕܝܠܟܘܢ.
ܐܠܐ ܠܟܘܢ. ܠܐ ܓܝܪ ܚܝܒܝܢ ܒܢܝ̈ܐ ܕܢܣܝܡܘܢ ܣܝܡ̈ܬܐ ܠܐܒܗ̈ܬܐ.
ܐܠܐ ܐܒܗ̈ܬܐ ܠܒܢܝ̈ܗܘܢ. 15 ܐܢܐ ܕܝܢ ܚܕܝܐܝܬ. ܘܢܦܩܬܐ ܐܦܩ.
ܘܐܦ ܡܢܦܫܝ ܐܬܠ ܚܠܦ ܐܦܝ̈ ܢܦܫܬܟܘܢ. ܐܢ ܟܕ
ܝܬܝܪܐܝܬ ܡܚܒ ܐܢܐ ܠܟܘܢ. ܐܝܬܝܟܘܢ ܒܨܝܪܐܝܬ ܡܚܒܝܢ ܐܝܬܝܟܘܢ
ܠܝ. 16 ܘܗܘܐ ܐܢܐ ܠܐ ܝܩܪܬ ܥܠܝܟܘܢ. ܐܠܐ ܐܝܟ ܨܢܝܥܐ ܚܛܦܬ
ܒܢܟܠܐ ܚܛܦܬܟܘܢ. 17 ܠܡܐ ܒܝܕ ܐܢܫ ܐܚܪܝܢ ܕܫܕܪܬ
ܠܘܬܟܘܢ. ܐܬܥܠܒܬܟܘܢ. 18 ܒܥܝܬ ܡܢ ܛܝܛܘܣ ܘܫܕܪܬ
ܥܡܗ ܠܐܚܢܐ. ܠܡܐ ܒܡܕܡ ܐܬܥܠܒܟܘܢ ܛܝܛܘܣ.
ܠܘ ܒܚܕܐ ܪܘܚܐ ܗܠܟܢ ܘܒܗܝܢ ܒܥܩܒ̈ܬܐ ܀ 19 ܠܡܐ
ܬܘܒ ܡܣܒܪܝܢ ܐܝܬܝܟܘܢ ܕܠܟܘܢ ܡܦܩܝܢܢ ܪܘܚܐ: ܩܕܡ ܐܠܗܐ
ܒܡܫܝܚܐ ܡܡܠܠܝܢܢ. ܘܟܠܗܝܢ ܚܒܝܒܝ. ܡܛܠ
ܒܢܝܢܐ ܗܘ ܕܝܠܟܘܢ. 20 ܕܚܠ ܐܢܐ ܓܝܪ ܕܠܡܐ ܐܬܐ ܠܘܬܟܘܢ:
ܘܠܐ ܐܫܟܚܟܘܢ ܐܝܟ ܕܨܒܐ ܐܢܐ: ܘܐܫܬܟܚ ܠܟܘܢ ܐܦ ܐܢܐ
ܐܝܟܢܐ ܕܠܐ ܨܒܝܬܘܢ. ܕܠܡܐ ܚܪܝܢܐ ܘܚܣܡܐ: ܘܚܡܬܐ ܘܥܨܝܢܐ.
ܘܡܐܟܠܩܪ̈ܨܐ ܘܪ̈ܛܢܐ: ܘܫܘܫܛܐ ܘܫܓܘ̈ܫܝܐ. 21 ܕܠܡܐ ܟܕ

ܡܢ: ܐܓܪܬܐ ܕܠܘܬ ܩܘܪܢܬܝܐ ܬܪܝܢܝܬܐ ܀ ܝܒ ܀

ܐܬܐ ܠܘܬܟܘܢ ܢܡܟܟܢܝ ܐܠܗܝ. ܘܐܬܐܒܠ ܥܠ ܣܓܝܐܐ ܐܝܠܝܢ ܕܚܛܘ ܘܠܐ ܬܒܘ. ܡܢ ܛܢܦܘܬܐ ܘܡܢ ܙܢܝܘܬܐ ܘܡܢ ܦܚܙܘܬܐ. ܕܥܒܕܘ ܀

ܩܦܠܐܘܢ ܀ ܝܓ ܀

[1] ܗܕܐ ܕܬܠܬ ܗܝ ܙܒܢܝܢ ܕܡܛܝܒ ܐܢܐ ܕܐܬܐ ܠܘܬܟܘܢ.
ܕܥܠ ܦܘܡ ܬܪܝܢ ܘܬܠܬܐ ܣܗܕܝܢ ܬܩܘܡ ܟܠ ܡܠܐ.
[2] ܡܢ ܩܕܝܡ ܐܡܪܬ ܗܘܝܬ ܠܟܘܢ. ܘܬܘܒ ܡܩܕܡ ܐܢܐ ܐܡܪ
ܐܢܐ ܠܟܘܢ ܐܝܟ ܕܐܦ ܬܪܬܝܢ ܙܒܢܝܢ ܕܗܘܝܬ ܠܘܬܟܘܢ ܐܡܪܬ
ܠܟܘܢ. ܐܦ ܗܫܐ ܟܕ ܪܚܝܩ ܐܢܐ ܟܬܒܢܐ: ܠܐܝܠܝܢ ܕܚܛܘ.
ܘܠܫܪܟܐ ܕܐܢܫܐ. ܕܐܢ ܐܬܐ ܬܘܒ ܠܐ ܐܚܘܣ. [3] ܡܛܠ ܕܒܘܩܝܐ
ܒܥܝܬܘܢ ܕܡܫܝܚܐ ܕܡܡܠܠ ܒܝ. ܗܘ ܕܠܐ ܗܘܐ ܡܚܝܠ
ܒܟܘܢ. ܐܠܐ ܚܝܠܬܢ ܗܘ ܒܟܘܢ. [4] ܐܦܢ ܐܙܕܩܦ ܓܝܪ
ܒܟܘܪܗܢܐ: ܐܠܐ ܚܝ ܗܘ ܒܚܝܠܐ ܕܐܠܗܐ. ܐܦ ܚܢܢ
ܡܚܝܠܝܢ ܒܗ. ܐܠܐ ܚܝܝܢ ܥܡܗ ܒܚܝܠܐ ܕܐܠܗܐ ܕܒܟܘܢ.
[5] ܢܦܫܟܘܢ ܢܣܘ: ܐܢ ܗܘ ܒܗܝܡܢܘܬܐ ܩܝܡܝܢ ܐܢܬܘܢ.
ܢܦܫܟܘܢ ܒܩܘ: ܐܘ ܠܐ ܡܫܬܘܕܥܝܬܘܢ ܕܝܫܘܥ ܡܫܝܚܐ
ܒܟܘܢ ܗܘ: ܐܠܐ ܠܐ ܡܒܩܝܢܐ ܐܝܬܝܟܘܢ. [6] ܡܣܒܪ ܐܢܐ ܕܝܢ
ܕܬܕܥܘܢ: ܕܚܢܢ ܠܐ ܗܘܝܢ ܡܒܩܝܢ. [7] ܡܨܠܐ ܐܢܐ ܕܝܢ ܡܢ
ܐܠܗܐ: ܕܠܐ ܬܥܒܕܘܢ ܒܟܘܢ ܡܕܡ ܕܒܝܫ: ܐܝܟ ܕܒܩܝܩܝܢ ܕܚܢܢ
ܢܬܚܙܐ. ܐܠܐ ܕܐܢܬܘܢ ܬܥܒܕܘܢ ܡܕܡ ܫܦܝܪܐ. ܚܢܢ ܕܝܢ ܢܗܘܐ
ܐܝܟ ܡܒܩܝܢܐ. [8] ܠܐ ܓܝܪ ܡܫܟܚܝܢ ܕܢܥܒܕ ܡܕܡ ܠܘܩܒܠ
ܫܪܪܐ. ܐܠܐ ܚܠܦ ܫܪܪܐ. [9] ܚܕܝܢ ܕܝܢ ܟܕ ܕܚܢܢ ܡܚܝܠܝܢ:
ܘܐܢܬܘܢ ܚܝܠܬܢܝܢ. ܗܕܐ ܕܝܢ ܐܦ ܡܨܠܝܢ ܕܐܢܬܘܢ
ܬܬܓܡܪܘܢ. [10] ܡܛܠ ܗܢܐ ܟܕ ܪܚܝܩ ܐܢܐ ܗܠܝܢ ܟܬܒ
ܐܢܐ: ܕܠܐ ܟܕ ܕܐܬܐ ܐܬܚܫܚ ܐܝܟ ܫܘܠܛܢܐ ܕܝܗܒ
ܠܝ ܡܪܢ: ܠܒܢܝܢܟܘܢ ܘܠܐ ܠܣܘܚܦܟܘܢ. [11] ܡܟܝܠ

ܐܚܝ̈. ܚܕܘ ܘܐܬܓܡܪܘ ܘܐܬܒܝܐܘ. ܘܚܕ ܪܥܝܢܐ ܗܘܘ
ܘܒܫܠܡܐ ܗܘܘ. ܘܐܠܗܐ ܕܚܘܒܐ ܘܕܫܠܡܐ ܢܗܘܐ ܥܡܟܘܢ.
12 ܫܐܠܘ ܒܫܠܡܐ ܚܕ ܕܚܕ ܒܢܘܫܩܬܐ ܩܕܝܫܬܐ. ܫܐܠܝܢ
ܒܫܠܡܟܘܢ ܟܠܗܘܢ ܩܕܝ̈ܫܐ. 13 ܛܝܒܘܬܗ ܕܡܪܢ ܝܫܘܥ
ܡܫܝܚܐ ܘܚܘܒܗ ܕܐܠܗܐ ܘܫܘܬܦܘܬܐ ܕܪܘܚܐ ܕܩܘܕܫܐ
ܥܡ ܟܠܟܘܢ ܐܡܝܢ ❖

ܫܠܡܬ ܐܓܪܬܐ ܕܠܘܬ ܩܘܪܢܬܝܐ ܕܬܪܬܝܢ ܕܐܬܟܬܒܬ ܡܢ ܦܝܠܝܦܘܣ ܕܡܩܕܘܢܝܐ ❖

ܐܓܪܬܐ ܕܦܘܠܘܣ ܕܠܘܬ ܓܠܛܝܐ ❖

ܩܦܠܐܘܢ ❖ ܐ ❖

1 ܦܘܠܘܣ ܫܠܝܚܐ ܠܐ ܡܢ ܒܢܝܢܫܐ ܘܠܐ ܒܝܕ ܒܪܢܫܐ ܐܠܐ
ܒܝܕ ܝܫܘܥ ܡܫܝܚܐ. ܘܐܠܗܐ ܐܒܘܗܝ ܗܘ ܕܐܩܝܡܗ ܡܢ
ܒܝܬ ܡܝ̈ܬܐ. 2 ܘܟܠܗܘܢ ܐܚ̈ܐ ܕܥܡܝ. ܠܥ̈ܕܬܐ ܕܒܝܬ
ܓܠܛܝܐ. 3 ܛܝܒܘܬܐ ܥܡܟܘܢ. ܘܫܠܡܐ ܡܢ ܐܠܗܐ ܐܒܐ:
ܘܡܢ ܡܪܢ ܝܫܘܥ ܡܫܝܚܐ. 4 ܗܘ ܕܝܗܒ ܢܦܫܗ ܚܠܦ
ܚܛܗܝ̈ܢ: ܕܢܦܨܝܢ ܡܢ ܥܠܡܐ ܗܢܐ ܒܝܫܐ: ܐܝܟ ܨܒܝܢܗ
ܕܐܠܗܐ ܐܒܘܢ. 5 ܕܠܗ ܬܫܒܘܚܬܐ ܠܥܠܡ ܥܠܡܝܢ ܐܡܝܢ ❖
6 ܬܗܪ ܐܢܐ ܐܝܟܢܐ ܒܥܓܠ ܡܬܗܦܟܝܢ ܐܢܬܘܢ ܡܢ
ܡܫܝܚܐ ܗܘ ܕܩܪܟܘܢ ܒܛܝܒܘܬܗ: ܠܣܒܪܬܐ ܐܚܪܬܐ.
7 ܐܝܕܐ ܕܠܐ ܐܝܬܝܗ. ܐܠܐ ܐܝܬ ܐܢܫܐ ܗܢܘܢ ܕܕܠܚܝܢ ܠܟܘܢ.
ܘܨܒܝܢ ܕܢܫܚܠܦܘܢ ܣܒܪܬܗ ܕܡܫܝܚܐ. 8 ܐܦ ܐܢ ܚܢܢ ܐܘ

ܐܘ ܡܠܐܟܐ ܡܢ ܫܡܝܐ. ܢܣܒܪܟܘܢ ܠܒܪ ܡܢ ܗܝ ܕܣܒܪܢܟܘܢ:
ܢܗܘܐ ܚܪܡ. 9 ܐܝܟܢܐ ܕܡܢ ܩܕܝܡ ܐܡܪܢ: ܘܗܫܐ ܬܘܒ
ܐܡܪ ܐܢܐ. ܕܐܢ ܐܢܫ ܡܣܒܪ ܠܟܘܢ ܠܒܪ ܡܢ ܗܝ ܕܩܒܠܬܘܢ.
ܢܗܘܐ ܚܪܡ. 10 ܗܫܐ ܓܝܪ ܠܒܢ̈ܝܢܫܐ ܗܘ ܡܦܝܣ ܐܢܐ ܐܘ
ܠܐܠܗܐ. ܐܘ ܠܒܢ̈ܝܢܫܐ ܒܥܐ ܐܢܐ ܕܐܫܦܪ. ܐܠܘ ܓܝܪ ܥܕܡܐ
ܠܗܫܐ ܠܒܢ̈ܝܢܫܐ ܡܫܦܪ ܗܘܝܬ: ܥܒܕܗ ܕܡܫܝܚܐ ܠܐ ܗܘܐ
ܗܘܝܬ ✤ 11 ܡܘܕܥ ܐܢܐ ܠܟܘܢ ܕܝܢ ܐܚܝ̈. ܕܣܒܪܬܐ ܕܐܣܬܒܪܬ
ܡܢܝ: ܠܐ ܗܘܬ ܡܢ ܒܪܢܫܐ. 12 ܐܦܠܐ ܐܢܐ ܓܝܪ ܡܢ ܒܪܢܫܐ
ܩܒܠܬܗ ܘܝܠܦܬܗ. ܐܠܐ ܒܓܠܝܢܐ ܕܝܫܘܥ ܡܫܝܚܐ.
13 ܫܡܥܬܘܢ ܓܝܪ ܗܦܘܟܝ ܕܡܢ ܩܕܝܡ ܕܒܝܗܘܕܝܘܬܐ.
ܕܝܬܝܪܐܝܬ ܪܕܦ ܗܘܝܬ ܥܕܬܗ ܕܐܠܗܐ. ܘܡܚܪܒ ܗܘܝܬ ܠܗ.
14 ܘܡܬܝܬܪ ܗܘܝܬ ܒܝܗܘܕܝܘܬܐ: ܝܬܝܪ ܡܢ ܣܓܝܐܐ ܒܢܝ̈
ܫܢܝ ܕܐܝܬ ܗܘܘ ܒܛܘܗܡܝ. ܘܝܬܝܪܐܝܬ ܛܢܢ ܗܘܝܬ
ܒܡܫܠܡܢܘܬܐ ܕܐܒܗ̈ܝ. 15 ܟܕ ܨܒܐ ܕܝܢ ܗܘ ܡܢ ܕܦܪܫܢܝ ܡܢ
ܟܪܣ ܐܡܝ: ܘܩܪܢܝ ܒܛܝܒܘܬܗ. 16 ܕܢܓܠܐ ܒܪܗ ܒܝ
ܕܐܟܪܙܝܘܗܝ ܒܥܡܡܐ. ܒܪ ܫܥܬܗ ܠܐ ܓܠܝܬ ܠܒܣܪܐ
ܘܕܡܐ. 17 ܘܠܐ ܐܙܠܬ ܠܐܘܪܫܠܡ ܠܘܬ ܫܠܝܚܐ ܕܩܕܡܝ.
ܐܠܐ ܐܙܠܬ ܠܐܪܒܝܐ. ܘܬܘܒ ܗܦܟܬ ܠܕܪܡܣܘܩ. 18 ܘܡܢ
ܒܬܪ ܬܠܬ ܫܢܝ̈ܢ. ܐܙܠܬ ܠܐܘܪܫܠܡ ܕܐܚܙܐ ܠܟܐܦܐ. ܘܩܘܝܬ
ܠܘܬܗ ܝܘܡܬܐ ܚܡܫܬܥܣܪ. 19 ܠܐܚܪܢܐ ܕܝܢ ܡܢ ܫܠܝܚܐ
ܠܐ ܚܙܝܬ: ܐܠܐ ܠܝ ܠܝܥܩܘܒ ܐܚܘܗܝ ܕܡܪܢ. 20 ܗܠܝܢ ܕܝܢ
ܕܟܬܒ ܐܢܐ ܠܟܘܢ: ܗܐ ܩܕܡ ܐܠܗܐ ܕܠܐ ܡܕܓܠ ܐܢܐ.
21 ܘܡܢ ܒܬܪ ܗܠܝܢ: ܐܬܝܬ ܠܐܬܪ̈ܘܬܐ ܕܣܘܪܝܐ ܘܕܩܝܠܝܩܝܐ.
22 ܘܠܐ ܝܕܥܝܢ ܗܘܝ ܒܝ ܒܐܦ̈ܐ ܥܕ̈ܬܐ ܕܒܝܗܘܕ ܗܠܝܢ
ܕܒܡܫܝܚܐ. 23 ܐܠܐ ܗܕܐ ܒܠܚܘܕ ܫܡܥܝܢ ܗܘܘ ܕܗܘ ܕܡܢ
ܩܕܝܡ ܪܕܦ ܗܘܐ ܠܢ: ܗܫܐ ܗܐ ܡܣܒܪ ܗܝܡܢܘܬܐ: ܗܝ
ܕܡܢ ܩܕܝܡ ܣܚܦ ܗܘܐ. 24 ܘܡܫܒܚܝܢ ܗܘܘ ܒܝ
ܠܐܠܗܐ ✤

ܩܦܠܐܘܢ ✤ ܒ ✤

[1] ܒܬܪ ܕܝܢ ܡܢ ܐܪܒܥܣܪܐ ܫܢܝܢ: ܣܠܩܬ
ܠܐܘܪܫܠܡ ܥܡ ܒܪܢܒܐ. ܘܕܒܪܬ ܥܡܝ ܠܛܝܛܘܣ. [2] ܣܠܩܬ
ܕܝܢ ܒܓܠܝܢܐ. ܘܓܠܝܬ ܠܗܘܢ ܣܒܪܬܐ ܕܡܟܪܙ ܐܢܐ
ܒܥܡܡܐ. ܘܚܘܝܬܗ ܠܐܝܠܝܢ ܕܡܣܬܒܪܝܢ ܗܘܘ ܕܡܕܡ
ܐܝܬܝܗܘܢ ܒܝܢܝ ܘܠܗܘܢ. ܕܠܡܐ ܣܪܝܩܐܝܬ ܪܗܛܬ ܐܘ ܪܗܛ
ܐܢܐ. [3] ܐܦ ܛܝܛܘܣ ܕܥܡܝ ܕܐܪܡܝܐ ܗܘܐ: ܠܐ ܐܬܐܠܨ ܕܢܓܙܘܪ.
[4] ܡܛܠ ܕܝܢ ܐܚܐ ܕܓܠܐ ܕܥܠܘ ܠܘܬܢ: ܕܢܪܓܠܘܢ ܚܐܪܘܬܐ
ܕܐܝܬ ܠܢ ܒܝܫܘܥ ܡܫܝܚܐ. ܐܝܟܢܐ ܕܢܫܥܒܕܘܢܢ.
[5] ܐܦܠܐ ܠܫܥܐ ܐܬܪܟܢ ܠܫܘܥܒܕܗܘܢ. ܕܬܩܘܐ ܕܣܒܪܬܐ
ܫܪܪܐ ܠܘܬܟܘܢ. [6] ܗܢܘܢ ܕܝܢ ܕܡܣܬܒܪܝܢ ܕܐܝܬܝܗܘܢ ܡܕܡ:
ܡܢ ܕܝܢ ܐܝܬܝܗܘܢ ܠܐ ܒܛܝܠ ܠܝ. ܐܠܗܐ ܓܝܪ ܒܐܦܐ
ܕܒܢܝܢܫܐ ܠܐ ܢܣܒ. ܗܢܘܢ ܕܝܢ ܗܠܝܢ: ܡܕܡ ܠܐ ܐܘܣܦܘ
ܠܝ. [7] ܐܠܐ ܐܣܬܟܠܘ. ܚܙܘ ܓܝܪ ܕܐܬܗܝܡܢܬ ܣܒܪܬܐ
ܕܥܘܪܠܘܬܐ: ܐܝܟ ܕܐܬܗܝܡܢ ܟܐܦܐ ܕܓܙܘܪܬܐ. [8] ܗܘ ܓܝܪ
ܕܥܒܕ ܠܟܐܦܐ ܫܠܝܚܘܬܐ ܕܓܙܘܪܬܐ: ܥܒܕ ܐܦ ܠܝ
ܫܠܝܚܘܬܐ ܕܥܡܡܐ. [9] ܘܟܕ ܝܕܥܘ ܛܝܒܘܬܐ ܕܐܬܝܗܒܬ
ܠܝ: ܝܥܩܘܒ ܘܟܐܦܐ ܘܝܘܚܢܢ: ܗܢܘܢ ܕܡܣܬܒܪܝܢ ܗܘܘ
ܕܐܝܬܝܗܘܢ ܥܡܘܕܐ: ܝܡܝܢܐ ܕܫܘܬܦܘܬܐ ܝܗܒܘ ܠܝ
ܘܠܒܪܢܒܐ. ܕܚܢܢ ܒܥܡܡܐ ܘܗܢܘܢ ܒܓܙܘܪܬܐ. [10] ܒܠܚܘܕ
ܕܠܡܣܟܢܐ ܗܘܝܢ ܥܗܝܕܝܢ. ܘܐܬܚܦܛܬ ܠܝ ܕܐܥܒܕ ܗܕܐ
ܐܥܒܕܝܗ ✤ [11] ܟܕ ܐܬܐ ܕܝܢ ܟܐܦܐ ܠܐܢܛܝܘܟܝ. ܒܐܦܘܗܝ
ܐܩܘܡܬܗ. ܡܛܠ ܕܡܬܟܣܣ ܗܘܐ ܒܗ. [12] ܕܩܕܡ ܕܢܐܬܘܢ
ܐܢܫܐ ܡܢ ܠܘܬ ܝܥܩܘܒ. ܥܡ ܥܡܡܝܐ ܐܟܠ ܗܘܐ. ܟܕ
ܐܬܘ ܕܝܢ: ܢܓܕ ܗܘܐ ܢܦܫܗ ܘܦܪܫ. ܡܛܠ ܕܕܚܠ ܗܘܐ
ܡܢ ܗܢܘܢ ܕܡܢ ܓܙܘܪܬܐ. [13] ܘܐܬܪܥܝܘ ܗܘܘ ܥܡܗ ܠܗܕܐ.
ܐܦ ܫܪܟܐ ܕܝܗܘܕܝܐ. ܗܟܢܐ ܕܐܦ ܒܪܢܒܐ ܐܬܕܒܪ ܗܘܐ

ܠܡܤܒ ܒܐܦܝܗܘܢ ܀ 14 ܘܟܕ ܚܙܝܬ ܕܠܐ ܪܕܝܢ ܬܪܝܨܐܝܬ
ܒܫܪܪܐ ܕܐܘܢܓܠܝܘܢ: ܐܡܪܬ ܠܟܐܦܐ ܠܥܝܢ ܟܠܗܘܢ. ܐܢ
ܐܢܬ ܝܗܘܕܝܐ ܐܢܬ ܐܪܡܐܝܬ ܚܝܐ ܐܢܬ ܘܠܐ ܝܗܘܕܐܝܬ: ܐܝܟܢܐ
ܐܠܨ ܐܢܬ ܠܥܡܡܐ ܕܢܬܝܗܘܕܘܢ ܐܝܟܘܬܟ. 15 ܐܢ ܚܢܢ ܓܝܪ
ܕܡܢ ܟܝܢܢ ܝܗܘܕܝܐ ܚܢܢ: ܘܠܐ ܗܘܝܢ ܡܢ ܥܡܡܐ ܚܛܝܐ:
16 ܡܛܠ ܕܝܕܥܝܢ ܕܠܐ ܡܙܕܕܩ ܒܪܢܫܐ ܡܢ ܥܒܕܐ ܕܢܡܘܣܐ:
ܐܠܐ ܒܗܝܡܢܘܬܐ ܕܝܫܘܥ ܡܫܝܚܐ. ܐܦ ܚܢܢ ܒܗ ܒܝܫܘܥ
ܡܫܝܚܐ ܗܝܡܢܢ. ܕܡܢ ܗܝܡܢܘܬܗ ܕܡܫܝܚܐ ܢܙܕܕܩ:
ܘܠܐ ܡܢ ܥܒܕܐ ܕܢܡܘܣܐ. ܡܛܠ ܕܡܢ ܥܒܕܐ ܕܢܡܘܣܐ: ܠܐ
ܡܙܕܕܩ ܟܠ ܒܤܪ ܀ 17 ܐܢ ܕܝܢ ܟܕ ܒܥܝܢܢ ܕܢܙܕܕܩ
ܒܡܫܝܚܐ: ܐܫܬܟܚܢ ܠܢ ܐܦ ܚܢܢ ܚܛܝܐ. ܟܒܪ ܝܫܘܥ
ܡܫܝܚܐ ܡܫܡܫܢܐ ܗܘ ܕܚܛܝܬܐ. ܚܤ. 18 ܐܢ ܓܝܪ
ܠܐܝܠܝܢ ܕܫܪܝܬ ܬܘܒ ܒܢܐ ܐܢܐ: ܚܘܝܬ ܥܠ ܢܦܫܝ
ܕܥܒܪ ܥܠ ܦܘܩܕܢܐ ܐܢܐ. 19 ܐܢܐ ܓܝܪ ܒܢܡܘܣܐ ܠܢܡܘܣܐ
ܡܝܬܬ ܕܠܐܠܗܐ ܐܚܐ. ܘܥܡ ܡܫܝܚܐ ܙܩܝܦ ܐܢܐ. 20 ܘܡܟܝܠ
ܠܐ ܗܘܐ ܐܢܐ ܚܝ ܐܢܐ. ܐܠܐ ܚܝ ܒܝ ܡܫܝܚܐ. ܘܗܫܐ ܕܗܫܐ
ܚܝ ܐܢܐ ܒܒܤܪ: ܒܗܝܡܢܘܬܐ ܗܝ ܕܒܪܗ ܕܐܠܗܐ ܚܝ
ܐܢܐ. ܗܘ ܕܐܚܒܢܝ ܘܐܫܠܡ ܢܦܫܗ ܚܠܦܝ. 21 ܠܐ ܟܦܪ ܐܢܐ
ܒܛܝܒܘܬܗ ܕܐܠܗܐ. ܐܢ ܓܝܪ ܒܝܕ ܢܡܘܣܐ ܗܝ ܙܕܝܩܘܬܐ:
ܡܫܝܚܐ ܡܓܢ ܡܝܬ ܀

ܩܦܠܐܘܢ ܀ ܓ ܀

1 ܐܘ ܚܤܝܪܝ ܪܥܝܢܐ ܓܠܛܝܐ. ܡܢܘ ܚܤܡ ܒܟܘܢ. ܕܗܐ
ܐܝܟ ܗܘ ܕܨܝܪ ܗܘܐ ܩܕܡ ܥܝܢܝܟܘܢ ܝܫܘܥ ܡܫܝܚܐ
ܟܕ ܙܩܝܦ. 2 ܗܕܐ ܒܠܚܘܕ ܨܒܐ ܐܢܐ ܕܐܕܥ ܡܢܟܘܢ. ܡܢ
ܥܒܕܐ ܕܢܡܘܣܐ ܩܒܠܬܘܢ ܪܘܚܐ: ܐܘ ܡܢ ܫܡܥܐ
ܕܗܝܡܢܘܬܐ. 3 ܗܟܢܐ ܤܟܠܝܢ ܐܝܬܝܟܘܢ: ܕܫܪܝܬܘܢ ܒܪܘܚܐ:
ܘܗܫܐ ܒܒܤܪܐ ܡܫܬܠܡܝܢ ܐܢܬܘܢ. 4 ܘܗܠܝܢ ܟܠܗܝܢ ܐܚܫ

ܗܘ ܡܣܒܪܢܘܬܐ. ܘܐܦܠܐ ܕܝܢ ܐܝܩܐ. 5 ܗܘ ܗܟܝܠ ܕܝܗܒ
ܠܟܘܢ ܪܘܚܐ. ܘܣܥܪ ܒܟܘܢ ܚܝܠܐ: ܡܢ ܥܒܕܐ ܕܢܡܘܣܐ
ܐܘ ܡܢ ܫܡܥܐ ܕܗܝܡܢܘܬܐ. 6 ܐܝܟܢܐ ܕܗܝܡܢ ܐܒܪܗܡ
ܠܐܠܗܐ: ܘܐܬܚܫܒܬ ܠܗ ܠܟܐܢܘܬܐ. 7 ܕܥܘ ܗܟܝܠ ܕܐܝܠܝܢ
ܕܡܢ ܗܝܡܢܘܬܐ ܐܢܘܢ: ܗܢܘܢ ܐܢܘܢ ܒܢܝܐ ܕܐܒܪܗܡ.
8 ܡܛܠ ܓܝܪ ܕܩܕܡ ܝܕܥ ܐܠܗܐ ܕܒܗܝܡܢܘܬܐ ܗܘ
ܡܙܕܕܩܝܢ ܥܡܡܐ: ܩܕܡ ܣܒܪ ܠܐܒܪܗܡ. ܐܝܟ ܕܐܡܪ ܒܟܬܒܐ
ܩܕܝܫܐ. ܕܒܟ ܢܬܒܪܟܘܢ ܟܠܗܘܢ ܥܡܡܐ. 9 ܡܟܝܠ
ܡܗܝܡܢܐ ܗܘ ܡܬܒܪܟܝܢ ܥܡ ܐܒܪܗܡ ܡܗܝܡܢܐ. 10 ܐܝܠܝܢ
ܓܝܪ ܕܡܢ ܥܒܕܐ ܐܢܘܢ ܕܢܡܘܣܐ. ܬܚܝܬ ܠܘܛܬܐ ܐܢܘܢ.
ܟܬܝܒ ܓܝܪ: ܕܠܝܛ ܗܘ ܟܠܢܫ ܕܠܐ ܢܩܘܡ ܒܟܠ ܕܟܬܝܒ
ܒܢܡܘܣܐ ܗܢܐ. 11 ܕܠܐ ܕܝܢ ܡܙܕܕܩ ܐܢܫ ܒܢܡܘܣܐ ܠܘܬ
ܐܠܗܐ: ܗܕܐ ܓܠܝܐ ܗܝ. ܡܛܠ ܕܟܬܝܒ: ܕܙܕܝܩܐ
ܒܗܝܡܢܘܬܐ ܢܚܐ. 12 ܢܡܘܣܐ ܕܝܢ ܠܐ ܗܘܐ ܡܢ ܗܝܡܢܘܬܐ.
ܐܠܐ ܡܢ ܕܢܥܒܕ ܐܝܠܝܢ ܕܟܬܝܒܢ ܒܗ ܢܚܐ ܒܗܝܢ. 13 ܠܢ ܕܝܢ
ܡܫܝܚܐ ܙܒܢ ܡܢ ܠܘܛܬܐ ܕܢܡܘܣܐ: ܘܗܘܐ ܗܘܐ ܚܠܦܝܢ
ܠܘܛܬܐ. ܟܬܝܒ ܓܝܪ. ܕܠܝܛ ܗܘ ܟܠܢܫ ܕܡܬܬܠܐ ܥܠ ܩܝܣܐ:
14 ܕܒܥܡܡܐ ܬܗܘܐ ܒܘܪܟܬܗ ܕܐܒܪܗܡ ܒܝܫܘܥ ܡܫܝܚܐ.
ܘܢܩܒܠ ܡܘܠܟܢܐ ܕܪܘܚܐ ܒܗܝܡܢܘܬܐ ܀ 15 ܐܚܝ: ܐܝܟ
ܕܒܝܬ ܒܢܝܢܫܐ ܐܡܪ ܐܢܐ. ܕܕܝܬܝܩܐ ܕܒܪܢܫܐ ܕܐܫܬܪܪܬ:
ܐܢܫ ܠܐ ܡܒܛܠ ܐܘ ܡܫܚܠܦ ܠܗ ܡܕܡ. 16 ܠܐܒܪܗܡ ܕܝܢ
ܐܬܡܠܟܘ ܡܘܠܟܢܐ ܘܠܙܪܥܗ. ܘܠܐ ܐܡܪ ܠܗ ܕܠܙܪܥܝܟ ܐܝܟ
ܕܠܣܓܝܐܐ. ܐܠܐ ܠܙܪܥܟ ܐܝܟ ܕܠܚܕ: ܗܘ ܕܐܝܬܘܗܝ ܡܫܝܚܐ.
17 ܗܕܐ ܕܝܢ ܐܡܪ ܐܢܐ. ܕܕܝܬܝܩܐ ܕܡܢ ܩܕܝܡ ܐܫܬܪܪܬ ܡܢ
ܐܠܗܐ ܒܡܫܝܚܐ: ܢܡܘܣܐ ܗܘ ܕܗܘܐ ܡܢ ܒܬܪ ܐܪܒܥ
ܡܐܐ ܘܬܠܬܝܢ ܫܢܝܢ: ܠܐ ܡܫܟܚ ܕܢܥܒܕܝܗ ܘܢܒܛܠ
ܡܘܠܟܢܐ. 18 ܐܢ ܕܝܢ ܡܢ ܢܡܘܣܐ ܗܝ ܝܪܬܘܬܐ. ܡܟܝܠ ܠܐ
ܗܘܬ ܡܢ ܡܘܠܟܢܐ. ܠܐܒܪܗܡ ܕܝܢ ܒܡܘܠܟܢܐ ܗܘ ܝܗܒ

ܠܗ ܐܠܗܐ. 19 ܡܢܐ ܗܟܝܠ ܢܡܘܣܐ. ܡܛܠ ܡܣܟܠܢܘܬܐ
ܐܬܬܘܣܦ. ܥܕܡܐ ܕܢܐܬܐ ܙܪܥܐ ܗܘ ܕܠܗ ܗܘܐ ܡܘܠܟܢܐ.
ܘܐܬܝܗܒ ܗܘ ܢܡܘܣܐ ܒܝܕ ܡܠܐܟܐ ܒܐܝܕܐ ܕܡܨܥܝܐ.
20 ܡܨܥܝܐ ܕܝܢ ܠܐ ܗܘܐ ܕܚܕ. ܐܠܗܐ ܕܝܢ ܚܕ ܗܘ. 21 ܢܡܘܣܐ
ܗܟܝܠ ܣܩܘܒܠܐ ܗܘ ܕܡܘܠܟܢܐ ܕܐܠܗܐ. ܚܣ. ܐܠܘ
ܓܝܪ ܐܬܝܗܒ ܗܘܐ ܢܡܘܣܐ ܐܝܢܐ ܕܡܫܟܚ ܗܘܐ ܠܡܚܝܘ.
ܫܪܝܪܐܝܬ ܡܢ ܢܡܘܣܐ ܗܘܐ ܗܘܬ ܟܐܢܘܬܐ. 22 ܐܠܐ ܚܒܫ
ܟܬܒܐ ܠܟܠܡܕܡ ܬܚܝܬ ܚܛܝܬܐ: ܕܡܘܠܟܢܐ ܒܗܝܡܢܘܬܐ
ܕܝܫܘܥ ܡܫܝܚܐ ܢܬܝܗܒ ܠܐܝܠܝܢ ܕܡܗܝܡܢܝܢ ܀ 23 ܥܕܠܐ
ܕܝܢ ܬܐܬܐ ܗܝܡܢܘܬܐ: ܢܡܘܣܐ ܢܛܪ ܗܘܐ ܠܢ. ܟܕ ܚܒܝܫܝܢ
ܠܗܝܡܢܘܬܐ ܕܥܬܝܕܐ ܗܘܬ ܠܡܬܓܠܝܘ. 24 ܢܡܘܣܐ
ܗܟܝܠ ܬܪܒܝܐ ܗܘܐ ܠܢ ܠܘܬ ܡܫܝܚܐ. ܕܡܢ ܗܝܡܢܘܬܐ
ܢܙܕܕܩ. 25 ܟܕ ܐܬܬ ܕܝܢ ܗܝܡܢܘܬܐ: ܠܐ ܗܘܝܢ ܬܚܝܬ ܬܪܒܝܐ.
26 ܟܠܟܘܢ ܓܝܪ ܒܢܝܐ ܐܢܬܘܢ ܕܐܠܗܐ ܒܗܝܡܢܘܬܐ ܕܝܫܘܥ
ܡܫܝܚܐ. 27 ܐܝܠܝܢ ܓܝܪ ܕܠܡܫܝܚܐ ܥܡܕܬܘܢ ܠܡܫܝܚܐ
ܠܒܫܬܘܢ. 28 ܠܝܬ ܝܗܘܕܝܐ ܐܦ ܠܐ ܐܪܡܝܐ. ܠܝܬ ܥܒܕܐ ܐܦ ܠܐ ܒܪ
ܚܐܪܐ. ܠܝܬ ܕܟܪܐ ܐܦ ܠܐ ܢܩܒܬܐ. ܟܠܟܘܢ ܓܝܪ ܚܕ ܐܢܬܘܢ
ܒܝܫܘܥ ܡܫܝܚܐ. 29 ܘܐܢ ܕܡܫܝܚܐ ܐܢܬܘܢ: ܗܟܝܠ
ܙܪܥܗ ܐܢܬܘܢ ܕܐܒܪܗܡ ܘܝܪܬܐ ܒܡܘܠܟܢܐ ܀

ܩܦܠܐܘܢ ܀ ܕ ܀

1 ܐܡܪ ܐܢܐ ܕܝܢ ܕܟܡܐ ܕܙܒܢܐ ܕܝܪܬܐ ܛܠܝܐ: ܠܐ ܦܪܝܫ ܡܢ
ܥܒܕܐ. ܟܕ ܡܪܐ ܗܘ ܕܟܠܗ. 2 ܐܠܐ ܬܚܝܬ ܐܦܛܪܘܦܐ
ܐܝܬܘܗܝ ܘܪܒܝ ܒܬܐ: ܥܕܡܐ ܠܙܒܢܐ ܕܣܡ ܐܒܘܗܝ.
3 ܗܟܢܐ ܐܦ ܚܢܢ. ܟܕ ܛܠܝܐ ܗܘܝܢ: ܬܚܝܬ ܐܣܛܘܟܣܘܗܝ
ܕܥܠܡܐ ܡܫܥܒܕܝܢ ܗܘܝܢ. 4 ܟܕ ܡܠܐ ܕܝܢ ܡܘܠܝܗ ܕܙܒܢܐ.
ܫܕܪ ܐܠܗܐ ܠܒܪܗ ܘܗܘܐ ܡܢ ܐܢܬܬܐ. ܘܗܘܐ ܬܚܝܬ
ܢܡܘܣܐ. 5 ܕܠܐܝܠܝܢ ܕܬܚܝܬ ܢܡܘܣܐ ܐܢܘܢ ܢܙܒܢ. ܘܢܩܒܠ

ܣܝܡܬ ܒܢܝܐ. 6 ܘܕܐܝܬܝܟܘܢ ܕܝܢ ܒܢܝܐ. ܫܕܪ ܐܠܗܐ ܪܘܚܐ
ܕܒܪܗ ܠܠܒܘܬܟܘܢ. ܗܝ ܕܩܥܝܐ ܐܒܐ ܐܒܘܢ. 7 ܡܟܝܠ ܠܐ
ܗܘܝܬܘܢ ܥܒܕܐ ܐܠܐ ܒܢܝܐ. ܘܐܢ ܒܢܝܐ ܐܦ ܝܪܬܐ ܕܐܠܗܐ ܒܝܕ
ܝܫܘܥ ܡܫܝܚܐ. 8 ܗܝܕܝܢ ܓܝܪ ܟܕ ܠܐ ܝܕܥܝܢ ܗܘܝܬܘܢ
ܠܐܠܗܐ. ܫܡܫܬܘܢ ܠܗܢܘܢ ܕܒܟܝܢܗܘܢ ܠܐ ܗܘܘ
ܐܠܗܐ. 9 ܗܫܐ ܕܝܢ ܕܝܕܥܬܘܢ ܠܐܠܗܐ. ܘܝܬܝܪܐܝܬ ܕܐܬܝܕܥܬܘܢ
ܡܢ ܐܠܗܐ: ܬܘܒ ܗܦܟܬܘܢ ܠܟܘܢ ܥܠ ܗܢܘܢ ܐܣܛܘܟܣܐ
ܟܪ̈ܝܗܐ ܘܡܣܟ̈ܢܐ: ܘܡܢ ܕܪܝܫ ܨܒܝܬܘܢ ܠܡܫܬܥܒܕܘ
ܠܗܘܢ. 10 ܝܘܡ̈ܐ ܘܝܪ̈ܚܐ ܘܙܒ̈ܢܐ ܘܫܢ̈ܝܐ ܢܛܪܝܬܘܢ. 11 ܕܚܠ
ܐܢܐ ܕܠܡܐ ܣܪܝܩܐܝܬ ܠܐܝܬ ܒܟܘܢ. 12 ܗܘܘ ܐܝܟܘܬܝ ܡܛܠ
ܕܐܦ ܐܢܐ ܐܝܟܘܬܟܘܢ ܗܘܝܬ ❖ ܐܚ̈ܝ ܒܥܐ ܐܢܐ ܡܢܟܘܢ ܠܐ ܡܕܡ
ܐܣܟܠܬܘܢ ܒܝ. 13 ܝܕܥܝܢ ܐܢܬܘܢ ܓܝܪ ܕܒܟܪܝܗܘܬܐ ܕܒܣܪܝ
ܣܒܪܬܟܘܢ ܗܘܝܬ ܡܢ ܩܕܝܡ. 14 ܘܢܣܝܘܢܐ ܕܒܣܪܝ ܠܐ
ܫܛܬܘܢ ܘܠܐ ܢܕܬܘܢ. ܐܠܐ ܐܝܟ ܕܠܡܠܐܟܐ ܕܐܠܗܐ ܩܒܠܬܘܢܢܝ.
ܘܐܝܟ ܕܠܝܫܘܥ ܡܫܝܚܐ. 15 ܐܝܟܘ ܗܟܝܠ ܛܘܒܟܘܢ. ܣܗܕ
ܐܢܐ ܓܝܪ ܠܟܘܢ ܕܐܠܘ ܡܫܟܚܐ ܗܘܬ: ܥܝ̈ܢܝܟܘܢ ܢܩܪܬܘܢ
ܗܘܝܬܘܢ ܘܝܗܒܬܘܢ ܠܝ. 16 ܕܠܡܐ ܒܥܠܕܒܒܐ ܗܘܝܬ ܠܟܘܢ
ܕܐܡܪܬ ܠܟܘܢ ܫܪܪܐ: 17 ܛܢܝܢ ܒܟܘܢ ܠܐ ܗܘܐ ܠܫܦܝܪܐ.
ܐܠܐ ܠܡܣܚܦܟܘܢ ܗܘ ܨܒܝܢ. ܕܐܢܬܘܢ ܬܗܘܘܢ ܛܢܝܢ
ܒܗܘܢ. 18 ܫܦܝܪ ܗܘ ܕܝܢ ܕܬܬܛܢܢܘܢ ܒܛܒ̈ܬܐ ܒܟܠܙܒܢ.
ܘܠܐ ܐܡܬܝ ܕܠܘܬܟܘܢ ܐܢܐ ܒܠܚܘܕ ❖ 19 ܒܢ̈ܝ ܐܝܠܝܢ ܕܡܢ
ܕܪܝܫ ܡܚܒܠ ܐܢܐ: ܒܚܒ̈ܠܐ ܕܢܬܨܝܪ ܒܟܘܢ ܡܫܝܚܐ.
20 ܨܒܐ ܗܘܝܬ ܓܝܪ ܕܐܗܘܐ ܠܘܬܟܘܢ ܗܫܐ: ܘܐܫܚܠܦ
ܩܠܐ ܡܢܝ. ܡܛܠ ܕܬܡܝܗ ܐܢܐ ܒܟܘܢ. 21 ܐܡܪܘ ܠܝ
ܐܢܬܘܢ ܐܝܠܝܢ ܕܨܒܝܢ ܕܬܗܘܘܢ ܬܚܝܬ ܢܡܘܣܐ. ܠܗ
ܠܢܡܘܣܐ ܠܐ ܫܡܥܝܢ ܐܢܬܘܢ: 22 ܟܬܝܒ ܓܝܪ ܕܠܐܒܪܗܡ
ܬܪܝܢ ܒܢܝܢ ܗܘܘ ܠܗ. ܚܕ ܡܢ ܐܡܬܐ ܘܚܕ ܡܢ ܚܐܪܬܐ.
23 ܐܠܐ ܗܘ ܕܡܢ ܐܡܬܐ ܒܒܣܪ ܐܬܝܠܕ. ܗܘ ܕܝܢ ܕܡܢ ܚܐܪܬܐ

ܒܡܘܠܟܢܐ ܗܘܐ. 24 ܗܠܝܢ ܕܝܢ ܐܝܬܝܗܝܢ ܐܬ̈ܘܬܐ ܠܬܪ̈ܬܝܢ
ܕܝܬܩ̈ܝܢ. ܚܕܐ ܕܡܢ ܛܘܪܐ ܕܣܝܢܝ ܝܠܕܐ ܠܥܒܕܘܬܐ. ܕܐܝܬܝܗ
ܗܓܪ. 25 ܗܓܪ ܓܝܪ ܛܘܪܐ ܗܘ ܕܣܝܢܝ. ܕܒܐܪܒܝܐ.
ܘܡܠܝܐ ܠܗܝ ܐܘܪܫܠܡ. ܘܦܠܚܐ ܥܒܕܘܬܐ ܗܝ ܘܒܢ̈ܝܗ.
26 ܗܝ ܕܝܢ ܐܘܪܫܠܡ ܕܠܥܠ ܒܪܬ ܚܐܪܐ ܗܝ. ܕܐܝܬܝܗ ܐܡܢ.
27 ܟܬܝܒ ܓܝܪ: ܕܐܬܒܣܡܝ ܥܩܪܬܐ ܗܝ ܕܠܐ ܝܠܕܐ.
ܘܐܬܦܨܚܝ ܘܩܥܝ ܗܝ ܕܠܐ ܡܚܒܠܐ. ܡܛܠ ܕܣܓܝܐܝܢ
ܒܢ̈ܝܗ ܕܨܕܝܬܐ ܝܬܝܪ ܡܢ ܒ̈ܢܝܗ ܕܒܥܝܠܬܐ ܀ 28 ܚܢܢ ܕܝܢ
ܐܚ̈ܝ ܐܝܟ ܐܝܣܚܩ ܒ̈ܢܝ ܡܘܠܟܢܐ ܚܢܢ. 29 ܘܐܝܟ ܕܗܝܕܝܢ
ܗܘ ܕܝܠܝܕ ܗܘܐ ܒܒܣܪܐ ܪܕܦ ܗܘܐ ܠܗܘ ܕܒܪܘܚܐ: ܗܟܢܐ
ܐܦ ܗܫܐ: 30 ܐܠܐ ܡܢܐ ܐܡܪ ܟܬܒܐ. ܐܦܩܝܗ ܠܐܡܬܐ
ܘܠܒܪܗ. ܡܛܠ ܕܠܐ ܢܐܪܬ ܒܪܗ ܕܐܡܬܐ ܥܡ ܒܪܗ ܕܚܐܪܬܐ ܀
[31 ܚܢܢ ܗܟܝܠ ܐܚ̈ܝ ܠܐ ܗܘܝܢ ܒ̈ܢܝ ܐܡܬܐ ܐܠܐ ܒ̈ܢܝ
ܚܐܪܬܐ ܀]

ܩܦܠܐܘܢ ܀ ܗ ܀

1 ܩܘܡܘ ܗܟܝܠ ܒܚܐܪܘܬܐ ܗܝ ܕܡܫܝܚܐ ܚܪܪܢ. ܘܠܐ
ܬܬܥܒܕܘܢ ܬܘܒ ܒܢܝܪܐ ܕܥܒܕܘܬܐ ܀ 2 ܗܐ ܐܢܐ ܦܘܠܘܣ ܐܡܪ ܐܢܐ
ܠܟܘܢ. ܕܐܢ ܬܬܓܙܪܘܢ. ܡܫܝܚܐ ܡܕܡ ܠܐ ܡܘܬܪ ܠܟܘܢ.
3 ܡܣܗܕ ܐܢܐ ܕܝܢ ܬܘܒ ܠܟܠ ܒܪܢܫ ܕܓܙܪ: ܕܚܝܒ ܗܘ
ܕܟܠܗ ܢܡܘܣܐ ܢܥܒܕ. 4 ܐܬܒܛܠܬܘܢ ܠܟܘܢ ܡܢ ܡܫܝܚܐ
ܐܝܠܝܢ ܕܒܢܡܘܣܐ ܡܙܕܕܩܝܬܘܢ. ܘܡܢ ܛܝܒܘܬܐ ܢܦܠܬܘܢ.
5 ܚܢܢ ܓܝܪ ܒܪܘܚܐ ܕܡܢ ܗܝܡܢܘܬܐ ܠܣܒܪܐ ܕܙܕܝܩܘܬܐ
ܡܣܟܝܢܢ. 6 ܒܡܫܝܚܐ ܓܝܪ ܝܫܘܥ: ܠܐ ܓܙܘܪܬܐ ܡܕܡ
ܐܝܬܝܗ ܘܠܐ ܥܘܪܠܘܬܐ. ܐܠܐ ܗܝܡܢܘܬܐ ܕܡܫܬܡܠܝܐ ܒܚܘܒܐ.
7 ܪܗܛܝܢ ܗܘܝܬܘܢ ܫܦܝܪ. ܡܢܘ ܥܘܟܒܟܘܢ: ܕܠܫܪܪܐ ܠܐ
ܬܬܛܦܝܣܘܢ. 8 ܡܦܝܣܢܘܬܟܘܢ ܠܐ ܗܘܬ ܡܢ ܗܘ ܕܩܪܟܘܢ. 9 ܚܡܝܪܐ
ܩܠܝܠ ܠܟܠܗ ܠܝܫܐ ܡܚܡܥ. 10 ܐܢܐ ܬܘܟܠ ܐܢܐ
ܥܠܝܟܘܢ ܒܡܪܢ: ܕܡܕܡ ܐܚܪܢ ܠܐ ܬܬܪܥܘܢ. ܘܐܢܐ

ܕܕܠܚ ܠܟܘܢ: ܗܘ ܢܩܒܠܝܘܗܝ ܠܕܝܢܐ ܡܢ ܕܐܝܬܘܗܝ.
11 ܐܢܐ ܕܝܢ ܐܚܝ: ܐܠܘ ܥܕܟܝܠ ܓܙܘܪܬܐ ܡܟܪܙ ܗܘܝܬ:
ܠܡܢܐ ܡܬܪܕܦ ܗܘܝܬ. ܕܗܫܐ ܐܬܒܛܠ ܠܗ ܬܘܩܠܬܗ
ܕܙܩܝܦܐ: 12 ܐܬܠܘܦ ܕܝܢ ܐܦ ܡܫܓܫܝܢ ܢܬܦܣܩܘܢ ܗܢܘܢ
ܕܕܠܚܝܢ ܠܟܘܢ :: 13 ܐܢܬܘܢ ܕܝܢ ܠܚܐܪܘܬܐ ܗܘ ܐܬܩܪܝܬܘܢ
ܐܚܝ: ܒܠܚܘܕ ܠܐ ܬܗܘܐ ܚܐܪܘܬܟܘܢ ܠܥܠܬܐ ܕܒܣܪܐ. ܐܠܐ
ܒܚܘܒܐ ܗܘܝܬܘܢ ܡܫܬܥܒܕܝܢ ܚܕ ܠܚܕ: 14 ܟܠܗ ܓܝܪ
ܢܡܘܣܐ ܒܚܕܐ ܡܠܬܐ ܡܬܡܠܐ: ܒܗܝ ܕܬܚܒ ܠܩܪܝܒܟ
ܐܝܟ ܢܦܫܟ. 15 ܐܢ ܕܝܢ ܚܕ ܠܚܕ ܡܢܟܬܝܬܘܢ ܘܐܟܠܝܬܘܢ.
ܚܙܘ ܕܠܡܐ ܚܕ ܡܢ ܚܕ ܬܣܬܘܦܘܢ. 16 ܐܡܪ ܐܢܐ ܕܝܢ ܕܒܪܘܚܐ
ܗܘܝܬܘܢ ܡܗܠܟܝܢ. ܘܪܓܬܐ ܕܒܣܪܐ ܠܐ ܬܗܘܘܢ ܡܫܡܠܝܢ.
17 ܒܣܪܐ ܓܝܪ ܪܓܐ ܡܕܡ ܕܣܢܐ ܠܪܘܚܐ. ܘܪܘܚܐ ܪܓܐ
ܡܕܡ ܕܣܢܐ ܠܒܣܪܐ. ܘܬܪܝܗܘܢ ܡܣܩܘܒܠܐ ܐܝܬܝ ܚܕ ܕܚܕ.
ܕܠܐ ܡܕܡ ܕܨܒܝܬܘܢ ܬܗܘܘܢ ܥܒܕܝܢ. 18 ܐܢ ܕܝܢ ܒܪܘܚܐ
ܡܬܕܒܪܝܢ ܐܢܬܘܢ. ܠܐ ܗܘܝܬܘܢ ܬܚܝܬ ܢܡܘܣܐ. 19 ܝܕܝܥܝܢ
ܐܢܘܢ ܓܝܪ ܥܒܕܘܗܝ ܕܒܣܪܐ. ܕܐܝܬܝܗܘܢ: ܙܢܝܘܬܐ:
ܛܢܦܘܬܐ. ܙܠܝܠܘܬܐ: 20 ܦܘܠܚܢܐ ܕܦܬܟܪܐ. ܚܪܫܘܬܐ.
ܒܥܠܕܒܒܘܬܐ. ܚܪܝܢܐ. ܛܢܢܐ. ܚܡܬܐ. ܟܪܝܢܐ. ܦܠܓܘܬܐ.
ܦܪܝܫܘܬܐ. 21 ܚܣܡܐ. ܩܛܠܐ. ܪܘܝܘܬܐ. ܨܦܪܐ. ܘܟܠ ܕܠܗܠܝܢ
ܕܡܝܢ. ܗܠܝܢ ܕܗܘܝܢ ܡܩܕܡ. ܐܝܟ ܕܡܢ ܠܘܩܕܡ ܐܡܪܬ
ܠܟܘܢ: ܐܦ ܗܫܐ ܐܡܪ ܐܢܐ: ܕܥܒܕܝܗܝܢ ܕܗܠܝܢ ܠܐ ܝܪܬܝܢ.
22 ܦܐܪܐ ܕܝܢ ܕܪܘܚܐ ܐܝܬܘܗܝ: ܚܘܒܐ. ܚܕܘܬܐ. ܫܠܡܐ.
ܡܓܪܬ ܪܘܚܐ. ܒܣܝܡܘܬܐ. ܛܒܘܬܐ. ܗܝܡܢܘܬܐ. ܡܟܝܟܘܬܐ.
ܡܣܝܒܪܢܘܬܐ. 23 ܥܠ ܗܠܝܢ ܢܡܘܣܐ ܠܐ ܣܝܡ. 24 ܐܝܠܝܢ ܕܝܢ
ܕܡܫܝܚܐ ܐܢܘܢ: ܒܣܪܗܘܢ ܨܠܒܘ ܥܡ ܚܫܘܗܝ ܟܐܒܘܗܝ
ܘܪܓܝܓܬܗ. 25 ܢܚܐ ܗܟܝܠ ܒܪܘܚܐ. ܘܒܪܘܚܐ ܢܗܠܟ.
26 ܘܠܐ ܢܗܘܐ ܣܪܩܝ ܫܘܒܚܐ: ܕܡܓܪܝܢ ܚܕ ܥܠ ܚܕ
ܘܚܣܡܝܢ ܚܕ ܒܚܕ ܀

ܩܦܠܐܘܢ ܀ ܘ ܀

1 ܐܚܝ̈. ܐܢ ܐܢܫ ܡܢܟܘܢ ܢܬܩܕܡ ܒܣܟܠܘܬܐ: ܐܢܬܘܢ
ܐܝܠܝܢ ܕܒܪܘܚ ܐܝܬܝܟܘܢ: ܐܬܩܢܘܗܝ ܒܪܘܚܐ ܡܟܝܟܬܐ.
ܘܐܙܕܗܪ ܒܢܦܫܟ: ܕܠܡܐ ܐܦ ܐܢܬ ܬܬܢܣܐ. 2 ܘܐܬܛܥܢܘ
ܝܩܪܐ ܕܚܕ̈ܕܐ. ܘܗܟܢܐ ܫܡܠܘ ܢܡܘܣܗ ܕܡܫܝܚܐ.
3 ܐܢ ܐܢܫ ܓܝܪ ܣܒܪ ܕܐܝܬܘܗܝ ܡܕܡ ܟܕ ܠܐ ܐܝܬܘܗܝ.
ܢܦܫܗ ܡܛܥܐ. 4 ܐܠܐ ܐܢܫ ܥܒܕܗ ܢܒܩܐ ܟܠ. ܘܗܝܕܝܢ
ܠܢܦܫܗ ܢܗܘܐ ܠܗ ܫܘܒܗܪܗ. ܘܠܐ ܒܐܚܪ̈ܢܐ.
5 ܟܠܢܫ ܓܝܪ ܡܘܒܠܐ ܕܢܦܫܗ ܢܫܩܘܠ. 6 ܢܫܬܘܬܦ ܕܝܢ
ܗܘ ܕܫܡܥ ܡܠܬܐ ܠܗܘ ܡܢ ܕܡܫܡܥ ܠܗ. ܒܟܠܗܘܢ
ܛܒ̈ܬܐ:: 7 ܠܐ ܬܛܥܘܢ. ܐܠܗܐ ܠܐ ܡܬܒܙܚ. ܡܕܡ ܕܙܪܥ
ܓܝܪ ܒܪ ܐܢܫܐ ܗܘ ܗܘ ܚܨܕ. 8 ܡܢ ܕܒܒܣܪܗ ܙܪܥ: ܡܢ
ܒܣܪܐ ܚܒܠܐ ܗܘ ܚܨܕ. ܘܡܢ ܕܒܪܘܚ ܙܪܥ: ܡܢ ܪܘܚܐ ܚ̈ܝܐ
ܕܠܥܠܡ ܚܨܕ. 9 ܘܟܕ ܥܒܕܝܢܢ ܕܫܦܝܪ ܠܐ ܢܡܐܢ' ܡܛܐ ܠܢ.
ܢܗܘܐ ܓܝܪ ܥܕܢܐ ܕܢܚܨܘܕ ܘܠܐ ܢܬܡܐܢ ܠܢ. 10 ܗܫܐ ܗܟܝܠ
ܟܕ ܥܕܢܐ ܐܝܬ ܠܢ: ܢܥܒܕ ܛܒ̈ܬܐ ܠܘܬ ܟܠܢܫ.
ܘܝܬܝܪܐܝܬ ܠܘܬ ܒܢܝ̈ ܒܝܬܐ ܕܗܝܡܢܘܬܐ. 11 ܚܙܘ ܐܝܠܝܢ
ܟܬܒ̈ܢ ܟܬܒܬ ܠܟܘܢ ܒܐܝܕܝ. 12 ܐܝܠܝܢ ܕܨܒܝܢ ܕܢܫܬܒܗܪܘܢ
ܒܒܣܪܐ: ܗܢܘܢ ܐܠܨܝܢ ܠܟܘܢ. ܕܬܬܓܙܪܘܢ. ܕܒܠܚܘܕ
ܒܙܩܝܦܗ ܕܡܫܝܚܐ ܠܐ ܢܬܪܕܦܘܢ. 13 ܐܦܠܐ ܓܝܪ ܗܢܘܢ
ܗܠܝܢ ܕܓܙܝܪܝܢ ܢܛܪܝܢ ܢܡܘܣܐ. ܐܠܐ ܨܒܝܢ ܕܬܬܓܙܪܘܢ.
ܕܒܒܣܪܟܘܢ ܢܫܬܒܗܪܘܢ. 14 ܠܝ ܕܝܢ ܠܐ ܢܗܘܐ ܠܝ
ܕܐܫܬܒܗܪ. ܐܠܐ ܐܢ ܒܙܩܝܦܗ ܕܡܪܢ ܝܫܘܥ ܡܫܝܚܐ. ܕܒܗ
ܥܠܡܐ ܙܩܝܦ ܠܝ: ܘܐܢܐ ܙܩܝܦ ܐܢܐ ܠܥܠܡܐ. 15 ܠܐ ܓܝܪ
ܓܙܘܪܬܐ ܐܝܬܝܗ̇ ܡܕܡ ܘܠܐ ܥܘܪܠܘܬܐ. ܐܠܐ ܒܪܝܬܐ ܚܕܬܐ.
16 ܘܐܝܠܝܢ ܕܠܗܢܐ ܫܒܝܠܐ ܡܫܬܘܝܢ: ܫܠܡܐ ܢܗܘܐ ܥܠܝܗܘܢ
ܘܪܚܡܐ. ܘܥܠ ܐܝܣܪܝܠ ܕܐܠܗܐ. 17 ܡܟܝܠ ܠܝ ܐܢܫ

ܥܡܠܐ ܠܐ ܢܪܡܐ. ܐܢܐ ܓܝܪ ܫܘܡܬܗ ܕܡܪܢ ܝܫܘܥ ܡܫܝܚܐ
ܒܦܓܪܝ ܡܣܝܒܠ ܐܢܐ. 18 ܛܝܒܘܬܗ ܕܡܪܢ ܝܫܘܥ ܡܫܝܚܐ:
ܥܡ ܪܘܚܟܘܢ ܐܚܝ ܐܡܝܢ ::

ܫܠܡܬ ܐܓܪܬܐ ܕܠܘܬ ܓܠܛܝܐ ܕܐܬܟܬܒܬ ܡܢ ܪܗܘܡܐ ❖

ܐܓܪܬܐ ܕܦܘܠܘܣ ܕܠܘܬ ܐܦܣܝܐ ❖

ܩܦܠܐܘܢ ❖ ܐ ❖

1 ܦܘܠܘܣ ܫܠܝܚܐ ܕܝܫܘܥ ܡܫܝܚܐ. ܒܨܒܝܢܗ
ܕܐܠܗܐ. ܠܐܝܠܝܢ ܕܐܝܬܝܗܘܢ ܒܐܦܣܘܣ. ܩܕܝܫܐ ܘܡܗܝܡܢܐ
ܒܝܫܘܥ ܡܫܝܚܐ. 2 ܫܠܡܐ ܥܡܟܘܢ. ܘܛܝܒܘܬܐ ܡܢ
ܐܠܗܐ ܐܒܘܢ: ܘܡܢ ܡܪܢ ܝܫܘܥ ܡܫܝܚܐ. 3 ܡܒܪܟ ܗܘ
ܐܠܗܐ ܐܒܘܗܝ ܕܡܪܢ ܝܫܘܥ ܡܫܝܚܐ: ܗܘ ܕܒܪܟܢ ܒܟܠ
ܒܘܪܟܢ ܕܪܘܚ ܒܫܡܝܐ ܒܡܫܝܚܐ. 4 ܐܝܟܢܐ ܕܩܕܡ ܓܒܢ
ܒܗ ܡܢ ܩܕܡ ܬܪܡܝܬܗ ܕܥܠܡܐ: ܕܢܗܘܐ ܩܕܝܫܐ ܘܕܠܐ
ܡܘܡ ܩܕܡܘܗܝ. ܘܒܚܘܒܐ ܩܕܡ ܪܫܡܢ ܒܗ. 5 ܘܣܡܢ
ܠܒܢܝܐ ܒܝܫܘܥ ܡܫܝܚܐ ܐܝܟ ܕܨܒܐ ܒܨܒܝܢܗ. 6 ܕܢܫܬܒܚ
ܫܘܒܚܐ ܕܛܝܒܘܬܗ: ܗܝ ܕܐܫܦܥ ܥܠܝܢ ܒܝܕ ܚܒܝܒܗ.
7 ܕܒܗ ܐܝܬ ܠܢ ܦܘܪܩܢܐ: ܘܒܕܡܗ ܫܘܒܩܢܐ ܕܚܛܗܐ.
ܐܝܟ ܥܘܬܪܐ ܕܛܝܒܘܬܗ. 8 ܗܝ ܕܐܬܝܬܪܬ ܒܢ: ܒܟܠ ܚܟܡܐ
ܘܒܟܠ ܣܘܟܠ ܕܪܘܚ. 9 ܘܐܘܕܥܢ ܐܪܙܐ ܕܨܒܝܢܗ: ܗܘ
ܕܡܢ ܩܕܝܡ ܣܡ ܕܢܫܡܠܐ ܒܗ. 10 ܒܡܕܒܪܢܘܬܐ

ܕܫܘܡܠܝܗܘܢ ܕܙܒܢܐ. ܕܢܬܚܕܬ ܡܢ ܕܪܝܫ ܟܠܡܕܡ
ܒܡܫܝܚܐ. ܕܒܫܡܝܐ ܘܕܒܐܪܥܐ. 11 ܘܒܗ ܓܒܢ ܐܠܗܐ.
ܐܝܟ ܕܩܕܡ ܪܫܡܢ. ܘܨܒܐ ܗܘ ܕܟܠ ܥܒܕ ܐܝܟ ܬܪܥܝܬܐ
ܕܨܒܝܢܗ: 12 ܕܢܗܘܐ ܚܢܢ ܐܝܠܝܢ ܕܩܕܡ ܣܒܪܢ ܒܡܫܝܚܐ
ܠܫܘܒܚܐ ܕܐܝܩܪܗ. 13 ܕܐܦ ܐܢܬܘܢ ܒܗ ܫܡܥܬܘܢ ܡܠܬܐ
ܕܩܘܫܬܐ: ܕܐܝܬܝܗ ܣܒܪܬܐ ܕܚܝܝܟܘܢ. ܘܒܗ ܗܝܡܢܬܘܢ:
ܘܐܬܚܬܡܬܘܢ ܒܪܘܚܐ ܕܩܘܕܫܐ ܕܡܫܬܘܕܥܐ ܗܘܬ: 14 ܗܝ
ܕܐܝܬܝܗ ܪܗܒܘܢܐ ܕܝܪܬܘܬܢ. ܠܦܘܪܩܢܐ ܕܐܝܠܝܢ ܕܚܝܝܢ
ܘܠܫܘܒܚܐ ܕܐܝܩܪܗ ܀ 15 ܡܛܠ ܗܢܐ ܐܦ ܐܢܐ ܗܐ ܡܢ
ܕܫܡܥܬ ܗܝܡܢܘܬܟܘܢ ܕܒܡܪܢ ܝܫܘܥ ܡܫܝܚܐ: ܘܚܘܒܟܘܢ
ܕܠܘܬ ܟܠܗܘܢ ܩܕܝܫܐ. 16 ܠܐ ܫܠܝܬ ܐܢܐ ܠܡܘܕܝܘ ܥܠ
ܐܦܝܟܘܢ. ܘܠܡܥܗܕܘܬܟܘܢ ܒܨܠܘܬܝ. 17 ܕܐܠܗܗ ܕܡܪܢ
ܝܫܘܥ ܡܫܝܚܐ ܐܒܐ ܕܫܘܒܚܐ: ܢܬܠ ܠܟܘܢ ܪܘܚܐ
ܕܚܟܡܬܐ ܘܕܓܠܝܢܐ ܒܝܕܥܬܗ. 18 ܘܢܢܗܪܢ ܥܝܢܐ
ܕܠܒܘܬܟܘܢ. ܕܬܕܥܘܢ ܡܢܘ ܣܒܪܐ ܕܩܪܝܢܗ. ܘܡܢܘ
ܥܘܬܪܐ ܕܫܘܒܚܐ ܕܝܪܬܘܬܗ ܒܩܕܝܫܐ. 19 ܘܡܢܐ ܗܝ ܝܬܝܪܘܬܐ
ܕܚܝܠܗ: ܒܢ ܒܐܝܠܝܢ ܕܡܗܝܡܢܝܢ. ܐܝܟ ܡܥܒܕܢܘܬܐ
ܕܬܘܩܦܐ ܕܚܝܠܗ. 20 ܕܥܒܕ ܒܡܫܝܚܐ. ܘܐܩܝܡܗ ܡܢ
ܒܝܬ ܡܝܬܐ. ܘܐܘܬܒܗ ܡܢ ܝܡܝܢܗ ܒܫܡܝܐ. 21 ܠܥܠ
ܡܢ ܟܠܗܝܢ ܐܪܟܘܣ ܘܫܘܠܛܢܐ. ܘܚܝܠܐ ܘܡܪܘܬܐ. ܘܠܥܠ
ܡܢ ܟܠ ܫܡ ܕܡܬܫܡܗ. ܠܐ ܒܠܚܘܕ ܒܥܠܡܐ ܗܢܐ. ܐܠܐ
ܐܦ ܒܕܥܬܝܕ. 22 ܘܟܠܡܕܡ ܫܥܒܕ ܬܚܝܬ ܪܓܠܘܗܝ.
ܘܗܘ ܕܐܝܬܘܗܝ ܠܥܠ ܡܢ ܟܠ: ܝܗܒܗ ܪܫܐ ܠܥܕܬܐ.
23 ܕܐܝܬܝܗ ܦܓܪܗ. ܘܡܘܠܝܐ ܕܗܘ ܕܟܠ ܒܟܠ
ܡܫܡܠܐ ܀

ܩܦܠܐܘܢ ܀ ܒ ܀

1 ܐܦ ܠܟܘܢ ܕܡܝܬܝܢ ܗܘܝܬܘܢ ܒܚܛܗܝܟܘܢ
ܘܒܣܟܠܘܬܟܘܢ: 2 ܗܠܝܢ ܕܡܢ ܩܕܝܡ ܗܠܟܬܘܢ ܗܘܝܬܘܢ

ܒܗܘܢ܂ ܐܝܟ ܥܠܡܘܬܗ ܕܥܠܡܐ ܗܢܐ܂ ܘܐܝܟ ܨܒܝܢܗ
ܕܪܝܫ ܫܘܠܛܢܐ ܕܐܐܪ܂ ܕܪܘܚܐ ܗܕܐ ܕܡܬܚܦܛܐ ܒܒܢܝܐ ܕܠܐ
ܡܬܛܦܝܣܢܘܬܐ܂ 3 ܒܗܠܝܢ ܟܠܢ ܐܦ ܚܢܢ ܐܬܗܦܟܢ
ܒܗܘܢ ܡܢ ܩܕܝܡ ܒܪ̈ܓܝܓܬܐ ܕܒܣܪܢ܂ ܘܥܒܕܝܢ ܗܘܝܢ
ܨܒܝܢܐ ܕܒܣܪܢ܂ ܘܕܪ̈ܥܝܢܝܢ܂ ܒܢܝܐ ܗܘܝܢ ܕܪܘܓܙܐ ܡܢ ܟܝܢܢ
ܐܝܟ ܫܪܟܐ܀ 4 ܐܠܗܐ ܕܝܢ ܕܥܬܝܪ ܒܪ̈ܚܡܘܗܝ܂ ܡܛܠ
ܣܘܓܐܐ ܕܚܘܒܗ ܕܐܚܒܢ܂ 5 ܟܕ ܡܝܬܝܢ ܗܘܝܢ ܒܚܛܗܝܢ
ܐܚܝܢ ܥܡ ܡܫܝܚܐ܂ ܘܒܛܝܒܘܬܗ ܦܪܩܢ܂ 6 ܘܐܩܝܡܢ
ܥܡܗ܂ ܘܐܘܬܒܢ ܥܡܗ ܒܫܡܝܐ܂ ܒܝܫܘܥ ܡܫܝܚܐ܂
7 ܕܢܚܘܐ ܠܥܠܡܐ ܕܐܬܝܢ܂ ܥܘܬܪܐ ܕܪܒܘܬܐ ܕܛܝܒܘܬܗ܂
ܘܒܒܣܝܡܘܬܗ ܕܗܘܬ ܥܠܝܢ ܒܝܫܘܥ ܡܫܝܚܐ܂ 8 ܒܛܝܒܘܬܗ
ܗܘ ܓܝܪ ܐܬܦܪܩܢ ܒܗܝܡܢܘܬܐ܂ ܘܗܕܐ ܠܐ ܗܘܬ ܡܢܟܘܢ܂
ܐܠܐ ܡܘܗܒܬܐ ܗܝ ܕܐܠܗܐ܂ 9 ܠܐ ܡܢ ܥܒܕܐ܂ ܕܠܐ ܐܢܫ
ܢܫܬܒܗܪ܂ 10 ܒܪܝܬܐ ܓܝܪ ܚܢܢ ܕܝܠܗ܂ ܕܐܬܒܪܝܢ
ܒܝܫܘܥ ܡܫܝܚܐ ܠܥܒܕܐ ܛܒܐ܂ ܗܠܝܢ ܕܡܢ ܩܕܝܡ ܛܝܒ
ܐܠܗܐ ܕܒܗܘܢ ܢܗܠܟ܂ 11 ܡܛܠ ܗܢܐ ܗܘܝܬܘܢ ܥܗܕܝܢ܂
ܕܐܝܬܝܟܘܢ ܥܡ̈ܡܐ ܡܢ ܩܕܝܡ ܒܒܣܪܟܘܢ܂ ܘܡܬܩܪܝܢ
ܗܘܝܬܘܢ ܥܘܪܠܘܬܐ܂ ܡܢ ܗܝ ܕܡܬܩܪܝܐ ܓܙܘܪܬܐ܂ ܕܥܒܝܕܐ
ܒܐܝܕܝܐ ܒܒܣܪܐ܂ 12 ܘܐܝܬܝܟܘܢ ܗܘܝܬܘܢ ܒܗܘ ܙܒܢܐ
ܕܠܐ ܡܫܝܚܐ܂ ܘܢܘܟܪ̈ܝܐ ܗܘܝܬܘܢ ܡܢ ܕܘܒܪ̈ܐ ܕܐܝܣܪܝܠ܂
ܘܐܟܣ̈ܢܝܐ ܗܘܝܬܘܢ ܠܕܝܬܩ̈ܐ ܕܡܘܠܟܢܐ܂ ܘܕܠܐ ܣܒܪܐ ܗܘܝܬܘܢ
ܘܕܠܐ ܐܠܗܐ ܒܥܠܡܐ܂ 13 ܗܫܐ ܕܝܢ ܒܝܫܘܥ ܡܫܝܚܐ܂
ܐܢܬܘܢ ܕܡܢ ܩܕܝܡ ܪ̈ܚܝܩܝܢ ܗܘܝܬܘܢ܂ ܩܪ̈ܝܒܐ ܗܘܝܬܘܢ
ܒܕܡܗ ܕܡܫܝܚܐ܂ 14 ܗܘܝܘ ܓܝܪ ܫܝܢܢ܂ ܗܘ ܕܥܒܕ
ܠܬܪܝܗܘܢ ܚܕ܂ ܘܫܪܐ ܣܝܓܐ ܕܩܐܡ ܗܘܐ ܒܡܨܥܬܐ܂
ܘܒܥܠܕܒܒܘܬܐ ܒܒܣܪܗ܂ 15 ܘܢܡܘܣܐ ܕܦܘܩܕܢܐ
ܒܦܘܩܕܢܘܗܝ ܒܛܠ܂ ܕܠܬܪܝܗܘܢ ܢܒܪܐ ܒܩܢܘܡܗ ܠܚܕ
ܒܪܢܫܐ ܚܕܬܐ܂ ܘܥܒܕ ܫܝܢܐ܂ 16 ܘܢܪܥܐ ܠܬܪܝܗܘܢ ܠܚܕ

ܦܓܪ: ܥܡ ܐܠܗܐ. ܘܩܛܠ ܒܨܠܝܒܗ ܠܒܥܠܕܒܒܘܬܐ.
17 ܘܐܬܐ ܣܒܪ ܫܠܡܐ ܠܟܘܢ ܠܪ̈ܚܝܩܐ ܘܠܩܪ̈ܝܒܐ. 18 ܡܛܠ
ܕܒܗ ܗܘ ܗܘܐ ܠܢ ܩܘܪܒܐ ܠܬܪܘܝܢ ܒܚܕܐ ܪܘܚ ܠܘܬ ܐܒܐ ܀
19 ܡܟܝܠ ܠܐ ܗܘܝܬܘܢ ܐܟܣܢܝ̈ܐ ܘܠܐ ܬܘܬܒ̈ܐ. ܐܠܐ ܒܢ̈ܝ ܡܕܝܢܬܐ
ܕܩܕܝ̈ܫܐ. ܘܒܢ̈ܝ ܒܝܬܗ ܕܐܠܗܐ. 20 ܘܐܬܒܢܝܬܘܢ ܥܠ
ܫܬܐܣܬܐ ܕܫܠܝ̈ܚܐ ܘܕܢܒܝ̈ܐ. ܘܗܘ ܗܘܐ ܪܝܫ ܩܪܢܐ
ܕܒܢܝܢܐ ܝܫܘܥ ܡܫܝܚܐ. 21 ܘܒܗ ܡܬܪܟܒ ܟܠܗ
ܒܢܝܢܐ: ܘܪܒܐ ܠܗܝܟܠܐ ܩܕܝܫܐ ܒܡܪܝܐ. 22 ܟܕ ܐܦ ܐܢܬܘܢ
ܒܗ ܡܬܒܢܝܢ ܐܢܬܘܢ: ܠܡܥܡܪܐ ܕܐܠܗܐ ܒܪܘܚ ܀

ܩܦܠܐܘܢ ܀ ܓ ܀

1 ܡܛܠ ܗܢܐ ܐܢܐ ܦܘܠܘܣ: ܐܣܝܪܐ ܐܢܐ ܕܝܫܘܥ
ܡܫܝܚܐ ܚܠܦ ܐܦܝܟܘܢ ܥܡ̈ܡܐ. 2 ܐܢ ܫܡܥܬܘܢ ܡܕܒܪܢܘܬܐ
ܕܛܝܒܘܬܗ ܕܐܠܗܐ ܕܐܬܝܗܒܬ ܠܝ ܒܟܘܢ. 3 ܕܒܓܠܝܢܐ
ܐܬܝܕܥ ܠܝ ܐܪܙܐ. ܐܝܟܢܐ ܕܟܬܒܬ ܠܟܘܢ ܒܒܘܨܪܐ. 4 ܐܝܟ
ܗܝ ܕܡܫܟܚܝܢ ܐܢܬܘܢ ܟܕ ܩܪܝܢ ܐܢܬܘܢ ܠܡܣܬܟܠܘ: ܝܕܥܬܝ
ܕܒܐܪܙܗ ܕܡܫܝܚܐ. 5 ܗܘ ܕܒܫܪܒܬܐ ܐܚܪ̈ܢܝܬܐ ܠܐ ܐܬܝܕܥ ܠܒܢܝ̈ܢܫܐ:
ܐܝܟ ܕܗܫܐ ܐܬܓܠܝ ܠܫܠܝ̈ܚܘܗܝ ܩܕܝ̈ܫܐ ܘܠܢܒܝ̈ܘܗܝ
ܒܪܘܚ. 6 ܕܢܗܘܘܢ ܥܡ̈ܡܐ ܒܢ̈ܝ ܝܪܬܘܬܗ ܘܫܘܬܦܐ
ܕܦܓܪܗ. ܘܫܘܬܦܘܬܐ ܕܐܬܝܗܒ ܒܗ ܒܝܕ ܐܘܢܓܠܝܘܢ:
7 ܗܘ ܕܐܢܐ ܗܘܝܬ ܡܫܡܫܢܗ. ܐܝܟ ܡܘܗܒܬܐ ܕܛܝܒܘܬܗ
ܕܐܠܗܐ: ܕܐܬܝܗܒܬ ܠܝ ܡܢ ܡܥܒܕܢܘܬܐ ܕܚܝܠܗ:
8 ܠܝ ܕܒܨܝܪ ܐܢܐ ܕܟܠܗܘܢ ܩܕܝ̈ܫܐ: ܐܬܝܗܒܬ ܛܝܒܘܬܐ
ܗܕܐ ܕܐܣܒܪ ܒܥܡ̈ܡܐ. ܥܘܬܪܗ ܕܡܫܝܚܐ ܗܘ ܕܠܐ
ܡܬܥܩܒ. 9 ܘܐܢܗܪ ܠܟܠܢܫ. ܐܝܕܐ ܗܝ ܡܕܒܪܢܘܬܐ
ܕܐܪܙܐ: ܗܘ ܕܟܣܐ ܗܘܐ ܡܢ ܥܠ̈ܡܐ ܒܐܠܗܐ ܕܟܠ ܒܪܐ.
10 ܕܟܕ ܗܫܐ ܬܬܝܕܥ ܒܥܕܬܗ ܕܐܠܗܐ ܚܟܡܬܗ ܡܠܝܬ ܦܘܪ̈ܫܢܐ:
ܠܪ̈ܝܫܘܬܐ ܘܠܫܘܠܛܢ̈ܐ ܕܒܫܡܝܐ. 11 ܗܝ ܕܛܝܒ ܗܘܐ ܡܢ

ܠܥܠܡܐ: ܘܥܒܕܗ ܒܝܫܘܥ ܡܪܢ. 12 ܗܘ ܕܒܗ ܐܝܬ ܠܢ
ܦܪܗܣܝܐ ܘܩܪܝܒܘܬܐ ܒܬܘܟܠܢܐ ܕܗܝܡܢܘܬܗ ܀ 13 ܡܛܠ
ܗܢܐ ܫܐܠܢܐ ܕܠܐ ܐܡܐܢ ܡܢ ܐܘܠܨܢܝ ܕܥܠ ܐܦܝܟܘܢ. ܕܗܘܝܐ
ܗܝ ܬܫܒܘܚܬܟܘܢ. 14 ܘܡܬܟܢܥܢܐ ܒܒܘܪܟܝ ܠܘܬ ܐܒܘܗܝ
ܕܡܪܢ ܝܫܘܥ ܡܫܝܚܐ. 15 ܗܘ ܕܡܢܗ ܡܫܬܡܗܐ ܟܠ
ܐܒܗܘܬܐ ܕܒܫܡܝܐ ܘܒܐܪܥܐ܂ 16 ܕܢܬܠ ܠܟܘܢ ܐܝܟ ܥܘܬܪܐ
ܕܫܘܒܚܗ. ܕܒܚܝܠܐ ܬܫܬܪܪܘܢ ܒܪܘܚܗ. ܕܒܒܪܢܫܟܘܢ
ܕܠܓܘ. 17 ܢܥܡܪ ܡܫܝܚܐ ܒܗܝܡܢܘܬܐ. ܘܒܠܒܘܬܟܘܢ
ܒܚܘܒܐ. ܟܕ ܢܥܒܐ ܥܩܪܝܟܘܢ ܘܡܫܬܐܣܬܟܘܢ.
18 ܕܬܫܟܚܘܢ ܠܡܕܪܟ ܥܡ ܟܠܗܘܢ ܩܕܝܫܐ: ܡܢܘ ܦܬܝܐ
ܘܐܘܪܟܐ ܘܪܘܡܐ ܘܥܘܡܩܐ. 19 ܘܬܕܥܘܢ ܪܒܘܬܐ ܕܚܘܒܗ
ܕܡܫܝܚܐ. ܘܬܬܡܠܘܢ ܒܟܠܗ ܡܘܠܝܐ ܕܐܠܗܐ. 20 ܠܗܘ
ܕܝܢ ܕܡܨܐ ܒܚܝܠܐ ܝܬܝܪ ܡܢ ܟܠ ܠܡܥܒܕ ܠܢ: ܘܝܬܝܪ ܡܢ
ܡܐ ܕܫܐܠܝܢܢ ܘܪܢܝܢܢ: ܐܝܟ ܚܝܠܗ ܕܡܫܬܡܠܐ ܒܢ:
21 ܠܗ ܬܫܒܘܚܬܐ ܒܥܕܬܗ ܒܝܫܘܥ ܡܫܝܚܐ: ܠܟܠܗܘܢ
ܕܪܐ ܕܥܠܡܝ ܥܠܡܝܢ ܐܡܝܢ ܀

ܩܦܠܐܘܢ ܀ ܕ ܀

1 ܒܥܐ ܐܢܐ ܗܟܝܠ ܡܢܟܘܢ ܐܢܐ ܐܤܝܪܐ ܒܡܪܢ: ܕܬܗܠܟܘܢ
ܐܝܟܢܐ ܕܫܘܐ ܠܩܪܝܢܐ ܕܐܬܩܪܝܬܘܢ. 2 ܒܟܠܗ ܡܟܝܟܘܬܐ
ܘܢܝܚܘܬܐ. ܘܒܢܓܝܪܘܬ ܪܘܚܐ. ܘܬܗܘܘܢ ܡܣܝܒܪܝܢ
ܚܕ ܠܚܕ ܒܚܘܒܐ. 3 ܘܬܗܘܘܢ ܚܦܝܛܝܢ ܠܡܛܪ ܐܘܝܘܬܐ
ܕܪܘܚܐ ܒܐܤܪܐ ܕܫܠܡܐ. 4 ܕܬܗܘܘܢ ܒܚܕ ܦܓܪܐ ܘܒܚܕܐ
ܪܘܚܐ. ܐܝܟܢܐ ܕܐܬܩܪܝܬܘܢ ܒܚܕ ܣܒܪܐ ܕܩܪܝܢܟܘܢ. 5 ܚܕ ܗܘ
ܡܪܝܐ. ܚܕܐ ܗܝܡܢܘܬܐ. ܚܕܐ ܡܥܡܘܕܝܬܐ.
6 ܘܚܕ ܐܠܗܐ ܐܒܐ ܕܟܠ. ܘܥܠ ܟܠ ܘܒܟܠ ܘܒܟܠܢ.
7 ܠܟܠ ܚܕ ܕܝܢ ܡܢܢ ܐܬܝܗܒܬ ܛܝܒܘܬܐ: ܐܝܟ ܡܫܘܚܬܐ
ܕܡܘܗܒܬܗ ܕܡܫܝܚܐ. 8 ܡܛܠ ܗܢܐ ܐܡܝܪ: ܕܤܠܩ

ܠܪܘܡܐ ܘܫܒܐ ܫܒܝܬܐ ܘܝܗܒ ܡܘܗܒܬܐ ܠܒܢܝܢܫܐ܂
9 ܕܤܠܩ ܕܝܢ ܡܢܐ ܗܘ܂ ܐܠܐ ܐܠ ܕܐܦ ܢܚܬ ܠܘܩܕܡ
ܠܬܚܬܝܬܗ ܕܐܪܥܐ܂ 10 ܗܘ ܕܢܚܬ܆ ܗܘܝܘ ܗܘ ܕܐܦ ܤܠܩ܂
ܠܥܠ ܡܢ ܟܠܗܘܢ ܫܡܝܐ ܕܢܡܠܐ ܟܠ܂ 11 ܘܗܘ ܝܗܒ܂
ܐܝܬ ܕܫܠܝܚܐ܂ ܘܐܝܬ ܕܢܒܝܐ܂ ܘܐܝܬ ܕܡܤܒܪܢܐ܂ ܘܐܝܬ
ܕܪܥܝܐ܂ ܘܐܝܬ ܕܡܠܦܢܐ܂ 12 ܠܓܘܡܪܐ ܕܩܕܝܫܐ܂ ܠܦܘܠܚܢܐ
ܕܬܫܡܫܬܐ܂ ܠܒܢܝܢܐ ܕܦܓܪܗ ܕܡܫܝܚܐ܂ 13 ܥܕܡܐ ܕܢܗܘܐ ܟܠܢ
ܚܕ ܒܗܝܡܢܘܬܐ ܘܒܝܕܥܬܐ ܕܒܪܗ ܕܐܠܗܐ܂ ܘܚܕ
ܓܒܪܐ ܓܡܝܪܐ ܒܡܫܘܚܬܐ ܕܫܘܡܠܝܗ ܕܡܫܝܚܐ܂ 14 ܘܠܐ
ܢܗܘܐ ܝܠܘܕܐ ܕܡܬܬܙܝܥܝܢ ܘܡܬܦܢܝܢ ܠܟܠ ܪܘܚ܆
ܕܡܠܦܢܘܬܐ ܕܒܢܝܢܫܐ܆ ܗܢܘܢ ܕܒܢܟܠܝܗܘܢ ܡܬܛܟܤܝܢ
ܕܢܛܥܘܢ܂ 15 ܐܠܐ ܢܗܘܐ ܫܪܝܪܝܢ ܒܚܘܒܢ܂ ܘܟܠ ܡܕܡ ܢܪܒܐ
ܒܡܫܝܚܐ܂ ܕܗܘܝܘ ܪܫܐ܂ 16 ܘܡܢܗ ܟܠܗ ܦܓܪܐ
ܡܬܪܟܒ ܘܡܬܚܒܫ ܒܟܠ ܚܘܩ܆ ܐܝܟ ܡܘܗܒܬܐ ܕܡܬܝܗܒܐ
ܒܡܫܘܚܬܐ ܠܟܠ ܗܕܡ܆ ܠܬܪܒܝܬܐ ܕܝܠܗ ܕܦܓܪܐ܂
ܕܒܚܘܒܐ ܢܫܬܟܠܠ ܒܢܝܢܗ ✤ 17 ܗܕܐ ܕܝܢ ܐܡܪ ܐܢܐ ܘܡܤܗܕ
ܐܢܐ ܒܡܪܝܐ܆ ܕܡܟܝܠ ܠܐ ܬܗܘܘܢ ܡܗܠܟܝܢ ܐܝܟ ܫܪܟܐ
ܕܥܡܡܐ܆ ܕܡܗܠܟܝܢ ܒܤܪܝܩܘܬܐ ܕܪܥܝܢܗܘܢ܂ 18 ܘܚܫܘܟܝܢ
ܒܡܕܥܝܗܘܢ܆ ܘܢܘܟܪܝܝܢ ܐܢܘܢ ܡܢ ܚܝܘܗܝ ܕܐܠܗܐ܂
ܘܡܛܠ ܕܠܝܬ ܒܗܘܢ ܝܕܥܬܐ܂ ܘܡܛܠ ܥܘܪܘܬܐ ܕܠܒܗܘܢ܂
19 ܗܢܘܢ ܕܦܤܩܘ ܤܒܪܗܘܢ܆ ܘܐܫܠܡܘ ܢܦܫܗܘܢ
ܠܦܚܙܘܬܐ܂ ܘܠܥܒܕܐ ܕܟܠܗ ܛܢܦܘܬܐ ܒܥܘܠܒܢܗܘܢ܂
20 ܐܢܬܘܢ ܕܝܢ ܠܐ ܗܟܢܐ ܝܠܦܬܘܢܝܗܝ ܠܡܫܝܚܐ܂
21 ܐܢ ܫܪܝܪܐܝܬ ܫܡܥܬܘܢܝܗܝ ܘܒܗ ܐܠܦܬܘܢ܂ ܐܝܟܢܐ ܕܐܝܬܘܗܝ
ܫܪܪܐ ܒܝܫܘܥ܂ 22 ܐܠܐ ܕܬܚܠܦܘܢ ܡܢܟܘܢ ܗܘܦܟܟܘܢ
ܩܕܡܝܐ܆ ܠܒܪܢܫܐ ܗܘ ܥܬܝܩܐ ܕܡܬܚܒܠ ܒܪܓܝܓܬܐ
ܕܛܘܥܝܝ܂ 23 ܘܬܬܚܕܬܘܢ ܒܪܘܚܐ ܕܡܕܥܟܘܢ܂ 24 ܘܬܠܒܫܘܢ
ܠܒܪܢܫܐ ܚܕܬܐ ܗܘ ܕܒܐܠܗܐ ܐܬܒܪܝ܆ ܒܙܕܝܩܘܬܐ ܘܚܤܝܕܘܬܐ

ܕܩܘܫܬܐ܀ 25 ܡܛܠ ܗܢܐ ܐܪܚܩܘ ܡܢܟܘܢ ܕܓܠܘܬܐ ܘܡܠܠܘ
ܩܘܫܬܐ ܐܢܫ ܥܡ ܩܪܝܒܗ. ܗܕܡܐ ܓܝܪ ܚܢܢ ܚܕ ܕܚܕ.
26 ܪܓܙܘ ܘܠܐ ܬܚܛܘܢ. ܘܫܡܫܐ ܥܠ ܪܘܓܙܟܘܢ ܠܐ ܬܥܪܒ.
27 ܘܠܐ ܬܬܠܘܢ ܐܬܪܐ ܠܐܟܠܩܪܨܐ. 28 ܘܐܝܢܐ ܕܓܢܒ ܗܘܐ ܡܟܝܠ
ܠܐ ܢܓܢܘܒ. ܐܠܐ ܢܠܐܐ ܒܐܝܕܘܗܝ ܘܢܦܠܘܚ ܛܒܬܐ. ܕܢܗܘܐ
ܠܗ ܠܡܬܠ ܠܡܢ ܕܣܢܝܩ܀ 29 ܟܠ ܡܠܐ ܣܢܝܐ ܡܢ
ܦܘܡܟܘܢ ܠܐ ܬܦܘܩ. ܐܠܐ ܐܝܕܐ ܕܫܦܝܪܐ ܘܡܥܕܪܐ ܠܒܢܝܢܐ.
ܕܬܬܠ ܛܝܒܘܬܐ ܠܐܝܠܝܢ ܕܫܡܥܝܢ. 30 ܘܠܐ ܬܗܘܘܢ ܡܥܝܩܝܢ
ܠܪܘܚܐ ܩܕܝܫܐ ܕܐܠܗܐ: ܕܐܬܚܬܡܬܘܢ ܒܗ ܠܝܘܡܐ
ܕܦܘܪܩܢܐ. 31 ܟܠ ܡܪܝܪܘܬܐ ܘܚܡܬܐ ܘܪܘܓܙܐ ܘܩܥܬܐ
ܘܓܘܕܦܐ ܢܫܬܩܠܘܢ ܡܢܟܘܢ. ܥܡ ܟܠܗ ܒܝܫܘܬܐ.
32 ܘܗܘܝܬܘܢ ܒܣܝܡܝܢ ܚܕ ܠܘܬ ܚܕ ܘܡܪܚܡܢܝܢ. ܘܗܘܝܬܘܢ
ܫܒܩܝܢ ܚܕ ܠܚܕ: ܐܝܟܢܐ ܕܐܠܗܐ ܒܡܫܝܚܐ ܫܒܩ ܠܢ܀

ܩܦܠܐܘܢ ܀ ܗ ܀

1 ܗܘܝܬܘܢ ܗܟܝܠ ܡܬܕܡܝܢ ܒܐܠܗܐ ܐܝܟ ܒܢܝܐ ܚܒܝܒܐ.
2 ܘܗܠܟܘ ܒܚܘܒܐ: ܐܝܟ ܕܐܦ ܡܫܝܚܐ ܐܚܒܢ ܘܐܫܠܡ
ܢܦܫܗ ܚܠܦܝܢ: ܩܘܪܒܢܐ ܘܕܒܚܬܐ ܠܐܠܗܐ ܠܪܝܚܐ
ܒܣܝܡܐ܀ 3 ܙܢܝܘܬܐ ܕܝܢ ܘܟܠܗ ܛܢܦܘܬܐ ܘܥܠܘܒܘܬܐ:
ܐܦܠܐ ܡܫܬܡܥܐ ܬܫܬܡܥ ܒܝܢܬܟܘܢ. ܐܝܟ ܕܝܐܐ ܠܩܕܝܫܐ.
4 ܘܠܐ ܨܥܪܢܘܬܐ. ܘܠܐ ܡܠܐ ܕܫܛܝܘܬܐ ܐܘ ܕܒܙܚܐ ܐܘ ܕܡܓܚܟܐ.
ܗܠܝܢ ܕܠܐ ܡܬܚܫܚܢ. ܐܠܐ ܒܕܠ ܗܠܝܢ ܬܘܕܝܬܐ. 5 ܗܕܐ ܕܝܢ
ܗܘܝܬܘܢ ܝܕܥܝܢ. ܕܟܠܢ ܕܐܝܬܘܗܝ ܙܢܝܐ ܐܘ ܛܢܦܐ: ܐܘ
ܥܠܘܒܐ ܐܘ ܦܠܚ ܦܬܟܪܐ: ܠܝܬ ܠܗ ܝܪܬܘܬܐ ܒܡܠܟܘܬܐ
ܕܡܫܝܚܐ ܘܕܐܠܗܐ. 6 ܕܠܡܐ ܐܢܫ ܢܛܥܝܟܘܢ. ܒܡܠܐ
ܣܪܝܩܬܐ. ܡܛܠ ܗܠܝܢ ܓܝܪ ܐܬܐ ܪܘܓܙܗ ܕܐܠܗܐ
ܥܠ ܒܢܝܐ ܕܠܐ ܡܬܛܦܝܣܢܘܬܐ. 7 ܠܐ ܗܟܝܠ ܬܗܘܘܢ ܠܗܘܢ
ܫܘܬܦܐ. 8 ܐܝܬܝܟܘܢ ܗܘܝܬܘܢ ܓܝܪ ܡܢ ܠܩܕܡ ܚܫܘܟܐ.

ܗܫܐ ܕܝܢ ܢܘܗܪܐ ܐܢܬܘܢ ܒܡܪܢ. ܐܝܟ ܒܢܝ ܢܘܗܪܐ ܗܟܢܐ
ܗܠܟܘ. 9 ܦܐܪܘܗܝ ܓܝܪ ܕܢܘܗܪܐ: ܒܟܠܗܘܢ ܐܝܬܝܗ̇
ܛܝܒܘܬܐ ܘܟܐܢܘܬܐ ܘܩܘܫܬܐ. 10 ܘܗܘܝܬܘܢ ܦܪܫܝܢ ܡܢܐ
ܫܦܪ ܩܕܡ ܡܪܢ. 11 ܘܠܐ ܬܗܘܘܢ ܡܫܬܘܬܦܝܢ ܥܡ ܥܒܕܐ
ܕܚܫܘܟܐ ܕܦܐܪܐ ܠܝܬ ܒܗܘܢ. ܐܠܐ ܬܗܘܘܢ ܡܟܣܝܢ ܠܗܘܢ.
12 ܡܛܠ ܓܝܪ ܕܒܛܘܫܝܐ ܥܒܕܝܢ: ܨܥܪܐ ܗܘ ܐܦ
ܠܡܡܠܠܘܬܗܝܢ. 13 ܟܠ ܡܕܡ ܓܝܪ ܡܬܟܣܐ ܡܢ ܢܘܗܪܐ
ܘܡܬܓܠܐ. ܘܟܠܡܕܡ ܕܓܠܐ ܢܘܗܪܐ ܗܘ. 14 ܡܛܠ ܗܢܐ
ܐܡܝܪ. ܐܬܬܥܝܪ ܕܡܟ ܘܩܘܡ ܡܢ ܒܝܬ ܡܝܬܐ ܘܢܢܗܪ ܠܟ
ܡܫܝܚܐ. 15 ܚܙܘ ܗܟܝܠ ܐܝܟܢܐ ܬܗܠܟܘܢ ܙܗܝܪܐܝܬ. ܠܐ ܐܝܟ
ܣܟܠܐ. 16 ܐܠܐ ܐܝܟ ܚܟܝܡܐ ܕܙܒܢܝܢ ܙܒܢܗܘܢ. ܡܛܠ ܕܝܘܡܬܐ
ܒܝܫܢ ܐܢܝܢ. 17 ܡܛܠ ܗܢܐ ܠܐ ܬܗܘܘܢ ܚܣܝܪܝ ܪܥܝܢܐ. ܐܠܐ
ܐܣܬܟܠܘ ܡܢܘ ܨܒܝܢܗ ܕܐܠܗܐ. 18 ܘܠܐ ܬܗܘܘܢ ܪܘܝܢ
ܒܚܡܪܐ ܕܒܗ ܐܝܬ ܐܣܘܛܘܬܐ. ܐܠܐ ܐܬܡܠܘ ܒܪܘܚܐ.
19 ܘܡܠܠܘ ܥܡ ܢܦܫܟܘܢ ܒܡܙܡܘܪܐ ܘܒܬܫܒܘܚܬܐ.
ܘܒܙܡܝܪܬܐ ܕܪܘܚܐ ܗܘܝܬܘܢ ܙܡܪܝܢ ܒܠܒܘܬܟܘܢ ܠܡܪܝܐ.
20 ܘܗܘܝܬܘܢ ܡܘܕܝܢ ܒܟܠܙܒܢ ܥܠ ܐܦܝ ܟܠܢܫ:
ܒܫܡܗ ܕܡܪܢ ܝܫܘܥ ܡܫܝܚܐ ܠܐܠܗܐ ܐܒܐ. 21 ܘܗܘܝܬܘܢ
ܡܫܬܥܒܕܝܢ ܚܕ ܠܚܕ ܒܕܚܠܬܗ ܕܡܫܝܚܐ ܀ 22 ܢܫܐ
ܗܘܝܝܢ ܡܫܬܥܒܕܢ ܠܒܥܠܝܗܝܢ. ܐܝܟ ܕܠܡܪܢ. 23 ܡܛܠ
ܕܓܒܪܐ ܪܫܗ ܗܘ ܕܐܢܬܬܐ. ܐܝܟܢܐ ܕܐܦ ܡܫܝܚܐ ܪܫܐ ܗܘ
ܕܥܕܬܐ. ܘܗܘܝܘ ܡܚܝܢܐ ܕܦܓܪܐ. 24 ܐܠܐ ܐܝܟܢܐ ܕܥܕܬܐ
ܡܫܬܥܒܕܐ ܠܡܫܝܚܐ. ܗܟܢܐ ܐܦ ܢܫܐ ܠܒܥܠܝܗܝܢ
ܒܟܠܡܕܡ. 25 ܓܒܪܐ ܐܚܒܘ ܢܫܝܟܘܢ. ܐܝܟ ܕܐܦ ܡܫܝܚܐ
ܐܚܒ ܠܥܕܬܗ. ܘܢܦܫܗ ܐܫܠܡ ܥܠ ܐܦܝܗ̇: 26 ܕܢܩܕܫܝܗ̇
ܘܢܕܟܝܗ̇ ܒܣܚܝܐ ܕܡܝܐ ܘܒܡܠܬܐ. 27 ܘܢܩܝܡܝܗ̇ ܥܕܬܐ
ܠܢܦܫܗ ܟܕ ܡܫܒܚܐ. ܘܠܝܬ ܒܗ̇ ܛܘܠܫܐ ܘܠܐ ܥܘܓܐ.
ܘܠܐ ܡܕܡ ܕܐܝܟ ܗܠܝܢ. ܐܠܐ ܕܬܗܘܐ ܩܕܝܫܐ ܘܕܠܐ ܡܘܡ.

28 ܗܟܢܐ ܘܠܐ ܠܓܒܪܐ ܕܢܚܒܘܢ ܢܫܝܗܘܢ ܐܝܟ ܦܓܪܝܗܘܢ.
ܡܢ ܕܠܐܢܬܬܗ ܓܝܪ ܡܚܒ ܠܢܦܫܗ ܗܘ ܡܚܒ. 29 ܠܐ ܓܝܪ
ܐܢܫ ܡܡܬܘܡ ܣܢܐ ܦܓܪܗ. ܐܠܐ ܡܬܪܣܐ ܠܗ ܘܡܝܨܦ
ܠܗ. ܐܝܟܢܐ ܕܐܦ ܡܫܝܚܐ ܠܥܕܬܗ. 30 ܡܛܠ ܕܗܕܡܐ
ܚܢܢ ܕܦܓܪܗ. ܘܡܢ ܒܣܪܗ ܚܢܢ ܘܡܢ ܓܪܡܘܗܝ.
31 ܡܛܠ ܗܢܐ ܢܫܒܘܩ ܓܒܪܐ ܠܐܒܘܗܝ ܘܠܐܡܗ ܘܢܩܦ
ܠܐܢܬܬܗ. ܘܢܗܘܘܢ ܬܪܝܗܘܢ ܒܣܪ ܚܕ. 32 ܗܢܐ ܐܪܙܐ ܪܒ ܗܘ.
ܐܢܐ ܕܝܢ ܐܡܪ ܐܢܐ ܥܠ ܡܫܝܚܐ ܘܥܠ ܥܕܬܗ. 33 ܒܪܡ ܐܦ
ܐܢܬܘܢ ܟܠ ܚܕ ܚܕ ܡܢܟܘܢ: ܗܟܢܐ ܢܚܒ ܐܢܬܬܗ ܐܝܟ
ܢܦܫܗ. ܐܢܬܬܐ ܕܝܢ. ܬܕܚܠ ܡܢ ܒܥܠܗ ❖

ܩܦܠܐܘܢ ❖ ܘ ❖

1 ܒܢܝܐ ܐܫܬܡܥܘ ܠܐܒܗܝܟܘܢ ܒܡܪܢ. ܗܕܐ ܓܝܪ ܟܐܢܐ.
ܘܗܢܘ ܦܘܩܕܢܐ ܩܕܡܝܐ ܕܒܡܘܠܟܢܐ. 2 ܝܩܪ ܠܐܒܘܟ ܘܠܐܡܟ:
3 ܕܢܗܘܐ ܠܟ ܛܒܬܐ. ܘܢܐܪܟܘܢ ܝܘܡܝܟ ܥܠ ܐܪܥܐ. 4 ܐܒܗܬܐ
ܠܐ ܬܪܓܙܘܢ ܠܒܢܝܟܘܢ. ܐܠܐ ܪܒܘ ܐܢܘܢ ܒܡܪܕܘܬܐ ܘܒܡܪܬܝܢܘܬܐ
ܕܡܪܢ. 5 ܥܒܕܐ ܐܫܬܡܥܘ ܠܡܪܝܟܘܢ ܕܒܒܣܪ. ܒܕܚܠܬܐ
ܘܒܪܬܝܬܐ ܘܒܦܫܝܛܘܬܐ ܕܠܒܐ ܐܝܟ ܕܠܡܫܝܚܐ. 6 ܠܐ ܒܚܙܝܐ
ܕܥܝܢܐ ܐܝܟ ܗܢܘܢ ܕܠܒܢܝܢܫܐ ܡܫܦܪܝܢ ܐܢܘܢ. ܐܠܐ ܐܝܟ ܥܒܕܐ
ܕܡܫܝܚܐ ܕܥܒܕܝܢ ܨܒܝܢܐ ܕܐܠܗܐ. 7 ܘܡܫܡܫܝܢ ܐܢܘܢ ܡܢ
ܟܠܗ ܢܦܫܗܘܢ ܒܚܘܒܐ. ܐܝܟ ܕܠܡܪܢ. ܘܠܐ ܐܝܟ ܕܠܒܢܝܢܫܐ.
8 ܟܕ ܝܕܥܝܢ ܐܢܬܘܢ ܕܟܠ ܡܐ ܕܥܒܕ ܐܢܫ ܕܛܒ: ܗܘ ܗܘ
ܡܬܦܪܥ ܡܢ ܡܪܢ. ܐܢ ܥܒܕܐ ܗܘ ܘܐܢ ܒܪ ܚܐܪܐ. 9 ܘܐܦ
ܐܢܬܘܢ ܡܪܘܬܐ: ܗܟܢܐ ܗܘܝܬܘܢ ܥܒܕܝܢ ܠܥܒܕܝܟܘܢ.
ܘܫܒܩܝܢ ܠܗܘܢ ܡܢ ܠܘܚܡܐ. ܡܛܠ ܕܝܕܥܝܢ ܐܢܬܘܢ
ܕܐܦ ܡܪܟܘܢ ܕܠܗܘܢ. ܒܫܡܝܐ ܐܝܬܘܗܝ. ܘܡܣܒ ܒܐܦܐ
ܠܝܬ ܠܘܬܗ ❖ 10 ܡܟܝܠ ܐܚܝ ܐܬܚܝܠܘ ܒܡܪܢ. ܘܒܥܘܫܢܐ
ܕܚܝܠܗ. 11 ܘܠܒܫܘ ܟܠܗ ܙܝܢܐ ܕܐܠܗܐ. ܐܝܟܢܐ ܕܬܫܟܚܘܢ

ܠܡܩܡ ܠܘܩܒܠ ܢܟܠܘܗܝ ܕܐܟܠܩܪܨܐ. 12 ܡܛܠ
ܕܬܟܬܘܫܢ. ܠܐ ܗܘܐ ܥܡ ܒܣܪܐ ܘܕܡܐ. ܐܠܐ ܥܡ ܐܪܟܘܣ
ܘܥܡ ܫܠܝܛܢܐ. ܘܥܡ ܐܚܝܕܝ ܥܠܡܐ ܗܢܐ ܚܫܘܟܐ. ܘܥܡ
ܪܘܚܐ ܒܝܫܬܐ ܕܬܚܝܬ ܫܡܝܐ. 13 ܡܛܠ ܗܢܐ ܠܒܫܘ ܟܠܗ
ܙܝܢܗ ܕܐܠܗܐ. ܕܬܫܟܚܘܢ ܠܡܦܓܥ ܒܝܫܐ. ܘܟܕ ܡܛܝܒܝܢ
ܐܢܬܘܢ ܒܟܠܡܕܡ ܬܩܘܡܘܢ. 14 ܩܘܡܘ ܗܟܝܠ ܘܐܣܘܪܘ
ܚܨܝܟܘܢ ܒܩܘܫܬܐ. ܘܠܒܫܘ ܫܪܝܢܐ ܕܙܕܝܩܘܬܐ. 15 ܘܣܝܡܘ
ܒܪܓܠܝܟܘܢ ܛܝܒܘܬܐ ܕܣܒܪܬܐ ܕܫܠܡܐ. 16 ܘܥܡ
ܗܠܝܢ: ܣܒܘ ܠܟܘܢ ܬܪܣܐ ܕܗܝܡܢܘܬܐ. ܕܒܗ ܬܫܟܚܘܢ
ܠܡܕܥܟܘ ܟܠܗܘܢ ܓܐܪܘܗܝ ܡܫܚܢܐ ܕܒܝܫܐ.
17 ܘܣܝܡܘ ܩܘܢܣܐ ܕܦܘܪܩܢܐ. ܘܐܚܘܕܘ ܣܝܦܐ ܕܪܘܚܐ
ܕܐܝܬܘܗܝ ܡܠܬܐ ܕܐܠܗܐ. 18 ܘܒܟܠ ܨܠܘ ܘܒܟܠ
ܒܥܘ ܨܠܘ ܒܟܠܥܕܢ ܒܪܘܚ. ܘܒܗ ܒܨܠܘܬܐ
ܐܬܥܝܪܘ ܒܟܠܙܒܢ. ܟܕ ܡܨܠܝܢ ܐܢܬܘܢ ܬܕܝܪܐܝܬ. ܘܡܬܟܫܦܝܢ
ܥܠ ܐܦܝ ܟܠܗܘܢ ܩܕܝܫܐ. 19 ܐܦ ܥܠܝ ܕܢܬܝܗܒ ܠܝ
ܡܠܬܐ ܒܦܬܚܐ ܕܦܘܡܝ. ܕܒܓܠܐ ܐܟܪܙ ܐܪܙܐ ܕܣܒܪܬܐ.
20 ܗܘ ܕܐܢܐ ܐܝܙܓܕܗ ܒܫܫܠܬܐ. ܕܒܦܪܗܣܝܐ ܐܡܠܠܝܘܗܝ.
ܐܝܟ ܕܘܠܐ ܠܝ ܠܡܡܠܠܘܬܗ. 21 ܕܬܕܥܘܢ ܕܝܢ ܐܦ ܐܢܬܘܢ
ܡܕܡ ܕܠܘܬܝ ܘܡܕܡ ܕܥܒܕ ܐܢܐ: ܗܐ ܡܘܕܥ ܠܟܘܢ
ܛܘܟܝܩܘܣ ܐܚܐ ܚܒܝܒܐ ܘܡܗܝܡܢܐ ܡܫܡܫܢܐ ܒܡܪܢ.
22 ܕܠܗ ܫܕܪܬ ܠܘܬܟܘܢ ܡܛܠ ܗܕܐ. ܕܬܕܥܘܢ ܡܐ
ܕܠܘܬܝ. ܘܢܒܝܐ ܠܒܘܬܟܘܢ. 23 ܫܠܡܐ ܥܡ ܐܚܝܢ ܘܚܘܒܐ
ܥܡ ܗܝܡܢܘܬܐ. ܡܢ ܐܠܗܐ ܐܒܐ ܘܡܢ ܡܪܢ ܝܫܘܥ
ܡܫܝܚܐ. 24 ܛܝܒܘܬܐ ܥܡ ܟܠܗܘܢ ܐܝܠܝܢ ܕܡܚܒܝܢ ܠܡܪܢ
ܝܫܘܥ ܡܫܝܚܐ: ܕܠܐ ܚܒܠܐ ܐܡܝܢ ܀

ܫܠܡܬ ܐܓܪܬܐ ܕܠܘܬ ܐܦܣܝܐ. ܕܐܬܟܬܒܬ ܡܢ ܪܗܘܡܝ
ܘܐܫܬܕܪܬ ܒܝܕ ܛܘܟܝܩܘܣ ܀

ܐܓܪܬܐ ܕܦܘܠܘܣ ܕܠܘܬ ܦܝܠܝܦܣܝܐ ❖

ܩܦܠܐܘܢ ❖ ܐ ❖

1 ܦܘܠܘܣ ܘܛܝܡܬܐܘܣ ܥܒܕܐ ܕܝܫܘܥ ܡܫܝܚܐ.
ܠܟܠܗܘܢ ܩܕܝܫܐ ܕܒܝܫܘܥ ܡܫܝܚܐ ܕܐܝܬ ܒܦܝܠܝܦܘܣ.
ܥܡ ܩܫܝܫܐ ܘܡܫܡܫܢܐ. 2 ܛܝܒܘܬܐ ܥܡܟܘܢ ܘܫܠܡܐ.
ܡܢ ܐܠܗܐ ܐܒܘܢ: ܘܡܢ ܡܪܢ ܝܫܘܥ ܡܫܝܚܐ. 3 ܡܘܕܐ
ܐܢܐ ܠܐܠܗܝ ܥܠ ܕܘܟܪܢܟܘܢ ܐܡܝܢܐ: 4 ܕܒܟܠ ܒܥܘܬܝ
ܕܥܠ ܐܦܝܟܘܢ. ܘܟܕ ܚܕܐ ܐܢܐ ܡܬܟܫܦ ܐܢܐ. 5 ܥܠ
ܫܘܬܦܘܬܟܘܢ ܕܒܐܘܢܓܠܝܘܢ. ܡܢ ܝܘܡܐ ܩܕܡܝܐ ܘܥܕܡܐ
ܠܝܘܡܢܐ. 6 ܡܛܠ ܕܬܟܝܠ ܐܢܐ ܥܠ ܗܕܐ. ܕܗܘ ܡܢ ܕܫܪܝ
ܒܟܘܢ ܥܒܕܐ ܛܒܐ: ܗܘ ܢܫܠܡܝܗ ܥܕܡܐ ܠܝܘܡܗ ܕܡܪܢ
ܝܫܘܥ ܡܫܝܚܐ. 7 ܗܟܢܐ ܓܝܪ ܙܕܩ ܠܝ ܠܡܬܪܥܝܘ ܥܠ
ܟܠܟܘܢ. ܡܛܠ ܕܒܠܒܝ ܣܝܡܝܢ ܐܢܬܘܢ. ܘܒܐܣܘܪܝ
ܘܒܡܦܩ ܒܪܘܚܝ. ܕܥܠ ܫܪܪܗ ܕܐܘܢܓܠܝܘܢ. ܕܫܘܬܦܝ
ܐܢܬܘܢ ܒܛܝܒܘܬܐ. 8 ܣܗܕ ܗܘ ܠܝ ܓܝܪ ܐܠܗܐ. ܕܐܝܟܢܐ
ܪܚܝܡ ܐܢܐ ܠܟܘܢ ܒܪܚܡܘܗܝ ܕܝܫܘܥ ܡܫܝܚܐ. 9 ܘܗܕܐ
ܡܨܠܐ ܐܢܐ: ܕܚܘܒܟܘܢ ܢܣܓܐ ܘܢܬܝܬܪ ܒܝܕܥܬܐ.
ܘܒܟܠ ܣܘܟܠ ܕܪܘܚ. 10 ܕܬܗܘܘܢ ܦܪܫܝܢ ܐܝܠܝܢ ܕܫܦܝܪܢ.
ܘܬܗܘܘܢ ܕܟܝܢ ܕܠܐ ܬܘܩܠܐ ܠܝܘܡܗ ܕܡܫܝܚܐ. 11 ܘܡܠܝܢ
ܦܐܪܐ ܕܟܐܢܘܬܐ ܕܒܝܫܘܥ ܡܫܝܚܐ ܠܫܘܒܚܐ ܘܠܐܝܩܪܐ
ܕܐܠܗܐ ❖ 12 ܨܒܐ ܐܢܐ ܕܝܢ ܕܬܕܥܘܢ ܐܚܝ: ܕܫܘܥܒܕܝ ܕܝܠܝ
ܝܬܝܪܐܝܬ ܐܬܐ ܠܡܘܬܪܢܗ ܕܐܘܢܓܠܝܘܢ. 13 ܗܟܢܐ ܕܐܦ
ܐܣܘܪܝ ܐܬܓܠܝܘ ܒܡܫܝܚܐ ܠܟܠܗ ܦܪܛܘܪܝܢ. ܘܠܫܪܟܐ
ܕܟܠܗܘܢ. 14 ܘܣܓܝܐܐ ܕܐܚܐ ܕܒܡܪܢ. ܐܬܬܟܠܘ ܥܠ ܐܣܘܪܝ.
ܘܐܬܚܣܢܘ ܝܬܝܪܐܝܬ ܕܕܠܐ ܕܚܠܐ ܢܡܠܠܘܢ ܡܠܬܗ ܕܐܠܗܐ.
15 ܘܐܝܬ ܐܢܫ ܡܢ ܚܣܡܐ ܘܚܪܝܢܐ. ܐܝܬ ܐܢܫ ܕܝܢ܀

ܒܨܒܝܢܐ ܛܒܐ ܘܒܚܘܒܐ ܠܡܫܝܚܐ ܡܟܪܙܝܢ. 16 ܗܢܘܢ
ܕܝܕܥܝܢ ܠܡܦܩ ܒܪܘܚܐ ܕܐܘܢܓܠܝܘܢ ܣܝܡ ܐܢܐ. 17 ܗܢܘܢ
ܕܝܢ ܕܒܚܪܝܢܐ ܠܡܫܝܚܐ ܡܟܪܙܝܢ: ܠܐ ܗܘܐ ܕܒܕܟܝܘܬܐ. ܐܠܐ
ܕܡܣܒܪܝܢ ܕܡܘܣܦܝܢ ܐܘܠܨܢܐ ܠܐܣܘܪ̈ܝ. 18 ܘܒܗܕܐ ܚܕܐ
ܐܢܐ. ܕܒܟܠ ܦܪܨܘܦ ܐܢ ܒܥܠܬܐ ܘܐܢ ܒܫܪܪܐ
ܡܫܝܚܐ ܡܬܟܪܙ. 19 ܝܕܥ ܐܢܐ ܓܝܪ ܕܗܕܐ ܠܚܝ̈ܐ ܗܝ
ܡܬܦܢܝܐ ܠܝ ܒܒܥܘܬܟܘܢ. ܘܒܡܘܗܒܬܐ ܕܪܘܚܐ ܕܝܫܘܥ
ܡܫܝܚܐ. 20 ܐܝܟܢܐ ܕܡܣܟܐ ܐܢܐ ܘܡܣܒܪ ܐܢܐ ܕܒܡܕܡ ܠܐ
ܐܒܗܬ: ܐܠܐ ܒܓܠܝܘܬ ܐܦܐ ܐܝܟ ܕܒܟܠܙܒܢ ܐܦ ܗܫܐ ܢܬܪܘܪܒ
ܡܫܝܚܐ ܒܦܓܪܝ. ܐܢ ܒܚܝ̈ܐ ܘܐܢ ܒܡܘܬܐ. 21 ܚܝ̈ܝ ܓܝܪ
ܕܝܠܝ ܡܫܝܚܐ ܗܘ. ܘܐܢ ܐܡܘܬ ܝܘܬܪܢܐ ܗܘ ܠܝ. 22 ܐܢ
ܕܝܢ ܐܦ ܒܗܠܝܢ ܚܝ̈ܐ ܕܒܒܣܪܐ. ܦܐܪ̈ܐ ܐܝܬ ܠܝ ܒܥܒܕܝ:
ܠܐ ܝܕܥ ܐܢܐ ܡܢܐ ܐܓܒܐ ܠܝ. 23 ܐܠܝܨ ܠܝ ܓܝܪ
ܡܢ ܬܪ̈ܬܝܗܝܢ. ܠܡܫܪܐ ܪܓܝܓ ܐܢܐ. ܕܥܡ ܡܫܝܚܐ ܐܗܘܐ.
ܘܗܕܐ ܛܒ ܦܩܚܐ ܗܘܬ ܠܝ. 24 ܐܠܐ ܐܦ ܕܐܩܘܐ ܒܒܣܪܐ:
ܐܠܨܐ ܠܝ ܡܛܠܬܟܘܢ. 25 ܘܗܕܐ ܬܟܝܠܐܝܬ ܝܕܥ ܐܢܐ.
ܕܩܐܡ ܐܢܐ ܘܡܩܘܐ ܐܢܐ: ܠܚܕܘܬܐ ܕܟܠܟܘܢ ܘܠܬܘܣܦܬܐ
ܕܗܝܡܢܘܬܟܘܢ. 26 ܘܟܕ ܐܬܐ ܬܘܒ ܠܘܬܟܘܢ: ܢܬܝܬܪ ܒܝ
ܫܘܒܗܪܟܘܢ ܕܒܝܫܘܥ ܡܫܝܚܐ ܡܪܢ. 27 ܐܝܟܢܐ ܕܝܐܐ
ܠܣܒܪܬܐ ܕܡܫܝܚܐ ܗܟܢܐ ܗܘܘ ܡܬܕܒܪܝܢ. ܕܐܢ ܐܬܐ ܐܚܙܝܟܘܢ.
ܘܐܢ ܪܚܝܩ ܐܢܐ ܐܫܡܥ ܥܠܝܟܘܢ. ܕܩܝܡܝܢ ܐܢܬܘܢ ܒܪܘܚܐ
ܚܕܐ. ܘܒܢܦܫܐ ܚܕܐ. ܘܡܬܟܬܫܝܢ ܐܢܬܘܢ ܐܟܚܕܐ. ܒܗܝܡܢܘܬܐ
ܕܐܘܢܓܠܝܘܢ. 28 ܘܒܡܕܡ ܠܐ ܡܬܬܙܝܥܝܢ ܐܢܬܘܢ ܡܢ ܗܢܘܢ
ܕܩܝܡܝܢ ܠܘܩܒܠܟܘܢ: ܠܡܘܚܬܐ ܕܐܒܕܢܗܘܢ. ܘܠܚܝ̈ܐ
ܕܝܠܟܘܢ. 29 ܘܗܕܐ ܡܢ ܐܠܗܐ ܗܝ. ܐܬܝܗܒܬ ܠܟܘܢ. ܕܠܐ
ܒܠܚܘܕ ܕܬܗܝܡܢܘܢ ܒܗ ܒܡܫܝܚܐ. ܐܠܐ ܐܦ
ܕܡܛܠܬܗ ܬܚܫܘܢ. 30 ܘܬܩܘܡܘܢ ܒܐܓܘܢܐ ܐܝܟ ܗܘ
ܕܚܙܝܬܘܢ ܒܝ. ܘܗܫܐ ܫܡܥܝܬܘܢ ܥܠܝ ✤

ܩܦܠܐܘܢ ܀ ܒ ܀

[1] ܐܢ ܐܝܬ ܠܟܘܢ ܗܟܝܠ ܒܘܝܐܐ ܒܡܫܝܚܐ: ܐܘ ܡܠܝܐ
ܕܠܒܐ ܒܚܘܒܐ: ܐܘ ܫܘܬܦܘܬܐ ܕܪܘܚܐ. ܐܘ ܪܚܡܐ ܐܘ
ܪ̈ܚܡܐ: [2] ܫܡܠܘ ܚܕܘܬܝ ܕܚܕ ܪܥܝܢܐ ܬܗܘܘܢ ܠܟܘܢ ܘܚܕ
ܚܘܒܐ. ܘܚܕܐ ܢܦܫ ܘܚܕܐ ܬܪܥܝܬܐ. [3] ܘܡܕܡ ܒܚܪܝܢܐ ܐܘ
ܒܫܘܒܗܪܐ ܣܪܝܩܐ ܠܐ ܬܥܒܕܘܢ. ܐܠܐ ܒܡܟܝܟܘܬܐ ܪܥܝܢܐ:
ܟܠܢܫ ܠܚܒܪܗ ܐܝܟ ܕܡܝܬܪ ܡܢܗ ܢܚܫܘܒ. [4] ܘܠܐ ܐܢܫ
ܕܢܦܫܗ ܢܬܒܥ. ܐܠܐ ܟܠܢܫ ܐܦ ܕܚܒܪܗ. [5] ܘܗܕܐ ܐܬܪܥܘ
ܒܢܦܫܟܘܢ: ܗܝ ܕܐܦ ܝܫܘܥ ܡܫܝܚܐ. [6] ܗܘ ܕܟܕ
ܐܝܬܘܗܝ ܒܕܡܘܬܐ ܕܐܠܗܐ. ܠܐ ܗܘܐ ܚܛܘܦܝܐ ܚܫܒܗ̇
ܠܗܕܐ ܕܐܝܬܘܗܝ ܫܘܝܐ ܕܐܠܗܐ. [7] ܐܠܐ ܢܦܫܗ ܣܪܩ
ܘܕܡܘܬܐ ܕܥܒܕܐ ܢܣܒ. ܘܗܘܐ ܒܕܡܘܬܐ ܕܒܢܝܢܫܐ.
ܘܒܐܣܟܝܡܐ ܐܫܬܟܚ ܐܝܟ ܒܪܢܫܐ. [8] ܘܡܟܟ ܢܦܫܗ
ܘܐܫܬܡܥ ܥܕܡܐ ܠܡܘܬܐ. ܡܘܬܐ ܕܝܢ ܕܙܩܝܦܐ. [9] ܡܛܠ
ܗܕܐ ܐܦ ܐܠܗܐ ܐܣܓܝ ܐܪܝܡܗ. ܘܝܗܒ ܠܗ ܫܡܐ
ܕܡܝܬܪ ܡܢ ܟܠ ܫܡ̈ܗܝܢ: [10] ܕܒܫܡܗ ܕܝܫܘܥ ܟܠ ܒܘܪܟ
ܬܬܟܦܦ ܕܒܫܡܝܐ ܘܕܒܐܪܥܐ ܘܕܠܬܚܬ ܡܢ ܐܪܥܐ. [11] ܘܟܠ
ܠܫܢ ܢܘܕܐ ܕܡܪܝܐ ܗܘ ܝܫܘܥ ܡܫܝܚܐ ܠܫܘܒܚܐ ܕܐܠܗܐ
ܐܒܘܗܝ ܀ [12] ܡܛܠ ܗܢܐ ܚܒܝܒܝ: ܐܝܟܢܐ ܕܒܟܠܙܒܢ
ܐܫܬܡܥܬܘܢ: ܠܐ ܟܕ ܩܪܝܒ ܐܢܐ ܠܟܘܢ ܒܠܚܘܕ. ܐܠܐ ܗܫܐ
ܕܪܚܝܩ ܐܢܐ ܡܢܟܘܢ: ܒܕܚܠܬܐ ܘܒܪܬܝܬܐ ܦܠܘܚܘ
ܦܘܠܚܢܐ ܕܚܝ̈ܝܟܘܢ. [13] ܐܠܗܐ ܗܘ ܓܝܪ ܡܥܒܕ ܒܟܘܢ.
ܐܦ ܠܡܨܒܐ ܐܦ ܠܡܥܒܕ: ܗܘ ܡܕܡ ܕܨܒܐ ܐܢܬܘܢ:
[14] ܟܠܡܕܡ ܗܘܝܬܘܢ ܥܒܕܝܢ: ܕܠܐ ܪܛܢܐ ܘܕܠܐ ܦܠܓܘܬܐ.
[15] ܕܬܗܘܘܢ ܬܡܝ̈ܡܐ ܘܕܠܐ ܡܘܡ. ܐܝܟ ܒܢ̈ܝܐ ܕܟ̈ܝܐ ܕܐܠܗܐ.
ܒܡܨܥܬ ܫܪܒܬܐ ܥܩܡܬܐ ܘܡܥܩܡܬܐ. ܘܐܬܚܙܘ ܒܝܢܬܗܘܢ ܐܝܟ
ܢܗܝܪܐ ܒܥܠܡܐ. [16] ܕܐܝܬܝܟܘܢ ܠܗܘܢ ܒܕܘܟܬ ܚܝܐ

ܠܫܘܒܗܪܝ ܕܝܠܝ ܒܝܘܡܗ ܕܡܫܝܚܐ. ܕܠܐ ܗܘܐ ܐܝܟ
ܕܪܗܛܬ ܘܠܐ ܣܪܝܩܐܝܬ ܠܐܝܬ. 17 ܐܠܐ ܐܦ ܡܬܢܩܐ ܐܢܐ ܥܠ
ܕܒܚܬܐ ܘܬܫܡܫܬܐ ܕܗܝܡܢܘܬܟܘܢ. ܚܕܐ ܐܢܐ ܘܪܘܙ ܐܢܐ.
ܥܡ ܟܠܟܘܢ. 18 ܗܟܢܐ ܐܦ ܐܢܬܘܢ ܚܕܘ ܘܪܘܙܘ ܥܡܝ.
19 ܡܣܒܪ ܐܢܐ ܕܝܢ ܒܡܪܢ ܝܫܘܥ: ܕܐܫܕܪ ܠܘܬܟܘܢ ܠܛܝܡܬܐܘܣ
ܥܓܠ. ܕܐܦ ܠܝ ܬܗܘܐ ܠܝ ܢܝܚܐ ܟܕ ܐܝܠܦ ܡܛܠܬܟܘܢ.
20 ܠܝܬ ܠܝ ܓܝܪ ܐܚܪܢ ܗܪܟܐ ܕܐܝܟ ܢܦܫܝ ܗܘ. ܕܬܟܝܠܐܝܬ
ܢܨܦ ܕܝܠܟܘܢ. 21 ܟܠܗܘܢ ܓܝܪ ܕܢܦܫܗܘܢ ܗܘ ܒܥܝܢ ܘܠܐ
ܕܝܫܘܥ ܡܫܝܚܐ. 22 ܒܘܩܝܗ ܕܝܢ ܕܗܢܐ ܝܕܥܝܢ ܐܢܬܘܢ. ܕܐܝܟ
ܒܪܐ ܥܡ ܐܒܘܗܝ: ܗܟܢܐ ܦܠܚ ܥܡܝ ܒܣܒܪܬܐ. 23 ܠܗܢܐ
ܡܣܒܪ ܐܢܐ ܕܐܫܕܪ ܠܘܬܟܘܢ ܥܓܠ ܡܐ ܕܚܙܝܬ ܡܐ ܕܠܘܬܝ.
24 ܘܬܟܝܠ ܐܢܐ ܥܠ ܡܪܝ. ܕܐܦ ܐܢܐ ܥܓܠ ܐܬܐ ܐܢܐ
ܠܘܬܟܘܢ. 25 ܗܫܐ ܕܝܢ ܐܠܨܐܝܬ ܚܫܒܬ: ܕܐܫܕܪ ܠܘܬܟܘܢ
ܠܐܦܦܪܘܕܝܛܘܣ ܐܚܐ. ܕܐܝܬܘܗܝ ܡܥܕܪܢܐ ܘܦܠܚܐ ܕܥܡܝ.
ܕܝܠܟܘܢ ܕܝܢ ܫܠܝܚܐ ܘܡܫܡܫܢܐ ܕܚܫܚܬܝ. 26 ܡܛܠ
ܕܡܣܘܚ ܗܘܐ ܠܡܚܙܐ ܠܟܠܟܘܢ. ܘܡܟܪܝ ܗܘܐ ܕܝܕܥ
ܕܫܡܥܬܘܢ ܕܐܬܟܪܗ. 27 ܐܦ ܐܬܟܪܗ ܩܪܝܒ ܠܡܘܬܐ. ܐܠܐ
ܐܠܗܐ ܪܚܡ ܥܠܘܗܝ. ܠܐ ܗܘܐ ܕܝܢ ܥܠܘܗܝ ܒܠܚܘܕ: ܐܠܐ
ܐܦ ܥܠܝ. ܕܠܐ ܬܗܘܐ ܠܝ ܥܩܐ ܥܠ ܥܩܐ. 28 ܒܝܨܝܦܐܝܬ
ܗܟܝܠ ܫܕܪܬܗ ܠܘܬܟܘܢ. ܕܟܕ ܬܚܙܘܢܝܗܝ ܬܘܒ ܬܚܕܘܢ. ܘܐܦ
ܐܢܐ ܬܗܘܐ ܕܐܬܒܝܐ. 29 ܩܒܠܘܗܝ ܗܟܝܠ ܒܡܪܢ ܒܟܠ
ܚܕܘܐ. ܘܠܐܝܠܝܢ ܕܗܟܢܐ ܐܢܘܢ: ܐܝܩܪܘ ܐܢܘܢ. 30 ܡܛܠ
ܠܥܒܕܐ ܓܝܪ ܕܡܫܝܚܐ ܥܕܡܐ ܠܡܘܬܐ ܡܛܐ. ܘܒܣܪ ܥܠ
ܢܦܫܗ ܕܢܡܠܐ ܡܐ ܕܒܨܝܪ ܗܘܐ ܠܟܘܢ ܒܬܫܡܫܬܐ ܕܝܠܝ ܀

ܩܦܠܐܘܢ ܀ ܓ ܀

1 ܡܟܝܠ ܐܚܝ ܚܕܘ ܒܡܪܢ. ܗܢܝܢ ܓܝܪ ܗܢܝܢ ܕܐܟܬܘܒ
ܠܟܘܢ ܠܐ ܡܐܢܐ ܠܝ ܡܛܠ ܕܠܟܘܢ ܡܙܗܪܢ. 2 ܐܙܕܗܪܘ ܡܢ

ܟܠܒܐ. ܐܙܕܗܪܘ ܡܢ ܦܥܠܐ ܒܝܫܐ. ܐܙܕܗܪܘ ܡܢ ܦܣܩܘܬ
ܒܣܪܐ. 3 ܓܙܘܪܬܐ ܓܝܪ ܚܢܢ ܐܝܬܝܢ: ܐܝܠܝܢ ܕܦܠܚܝܢܢ
ܠܐܠܗܐ ܒܪܘܚܐ: ܘܡܫܬܒܗܪܝܢ ܒܝܫܘܥ ܡܫܝܚܐ. ܘܠܐ
ܬܟܝܠܝܢ ܥܠ ܒܣܪܐ. 4 ܟܕ ܕܝܢ ܐܝܬ ܗܘܐ ܠܝ ܬܘܟܠܢܐ
ܐܦ ܥܠ ܒܣܪܐ. ܐܢ ܓܝܪ ܐܢܫ ܣܒܪ ܕܬܘܟܠܢܗ ܒܒܣܪܐ
ܗܘ. ܝܬܝܪ ܡܢܗ ܐܢܐ. 5 ܓܙܝܪܐ ܒܪ ܬܡܢܝܐ ܝܘܡܝܢ. ܡܢ
ܫܪܒܬܐ ܕܐܝܣܪܝܠ. ܡܢ ܫܒܛܐ ܕܒܢܝܡܝܢ. ܥܒܪܝܐ ܒܪ
ܥܒܪܝܐ. ܒܢܡܘܣܐ ܦܪܝܫܐ. 6 ܒܛܢܢܐ ܪܕܘܦܐ ܕܥܕܬܐ.
ܘܒܙܕܝܩܘܬܐ ܕܢܡܘܣܐ. ܕܠܐ ܪܫܝܢ ܗܘܝܬ. 7 ܐܠܐ ܗܠܝܢ ܕܝܘܬܪܢܐ
ܗܘܝ ܠܝ. ܚܘܣܪܢܐ ܚܫܒܬ ܐܢܝܢ ܡܛܠ ܡܫܝܚܐ.
8 ܘܐܦ ܚܫܒ ܐܢܐ ܠܟܠܗܝܢ ܚܘܣܪܢܐ. ܡܛܠ ܪܒܘܬܐ
ܕܝܕܥܬܗ ܕܝܫܘܥ ܡܫܝܚܐ ܡܪܝ. ܗܘ ܕܡܛܠܬܗ ܠܟܠܗܝܢ
ܚܣܪܬ. ܘܐܝܟ ܙܒܠܐ ܚܫܒܬ: ܕܠܡܫܝܚܐ ܐܬܪ. 9 ܘܐܫܬܟܚ
ܒܗ: ܟܕ ܠܝܬ ܙܕܝܩܘܬܐ ܕܝܠܝ ܗܝ ܕܡܢ ܢܡܘܣܐ. ܐܠܐ
ܗܝ ܕܡܢ ܗܝܡܢܘܬܐ ܕܡܫܝܚܐ: ܕܐܝܬܝܗ ܙܕܝܩܘܬܐ ܕܡܢ
ܐܠܗܐ. 10 ܕܒܗ ܐܫܬܘܕܥ ܠܝܫܘܥ ܘܠܚܝܠܐ ܕܩܝܡܬܗ.
ܘܐܫܬܘܬܦ ܒܚܫܘܗܝ ܘܐܬܕܡܐ ܒܡܘܬܗ. 11 ܕܠܡܐ ܐܫܟܚ
ܐܡܛܐ ܠܩܝܡܬܐ ܕܡܢ ܒܝܬ ܡܝܬܐ. 12 ܠܐ ܗܘܐ ܡܢ ܟܕܘ
ܢܣܒܬ. ܐܘ ܡܢ ܟܕܘ ܐܬܓܡܪܬ. ܐܠܐ ܪܗܛ ܐܢܐ ܕܠܡܐ ܐܕܪܟ
ܠܡܕܡ ܕܡܛܠܬܗ ܐܬܕܪܟܬ ܝܫܘܥ ܡܫܝܚܐ ✤ 13 ܐܚܝ:
ܐܢܐ ܥܠ ܢܦܫܝ ܠܐ ܪܢܐ ܐܢܐ ܕܐܕܪܟܬ. ܚܕܐ ܕܝܢ ܝܕܥ ܐܢܐ.
ܕܒܣܬܪܝ ܡܛܥܐ ܐܢܐ ܘܠܩܕܡܝ ܡܬܡܬܚ ܐܢܐ. 14 ܘܪܗܛ
ܐܢܐ ܠܘܩܒܠ ܢܝܫܐ: ܕܐܙܠ ܠܙܟܘܬܐ ܕܩܪܝܢܐ ܕܠܥܠ ܕܐܠܗܐ
ܒܝܫܘܥ ܡܫܝܚܐ. 15 ܐܝܠܝܢ ܕܓܡܝܪܝܢ ܗܟܝܠ ܗܠܝܢ
ܢܬܪܥܘܢ. ܘܐܢ ܡܕܡ ܐܚܪܢܐ ܡܬܪܥܝܢ ܐܢܬܘܢ: ܐܦ ܗܕܐ
ܐܠܗܐ ܢܓܠܐ ܠܟܘܢ. 16 ܒܪܡ ܠܗܕܐ ܕܡܛܝܢ: ܒܚܕ
ܫܒܝܠܐ ܢܗܠܟ ܘܒܚܕܐ ܐܪܥܝܬܐ. 17 ܐܬܕܡܘ ܒܝ ܐܚܝ.
ܘܚܘܪܘ ܒܐܝܠܝܢ ܕܗܟܢܐ ܡܗܠܟܝܢ. ܐܝܟ

ܕܡܘܬܐ ܕܒܢ ܚܙܝܬܘܢ. 18 ܐܝܬ ܓܝܪ ܣܓܝܐܐ ܕܐܚܪܢܐܝܬ
ܡܗܠܟܝܢ. ܗܢܘܢ ܕܙܒ̈ܢܝܢ ܣܓܝ̈ܐܢ ܐܡܪܬ ܠܟܘܢ ܥܠܝܗܘܢ
ܘܗܫܐ ܟܕ ܒܟܐ ܐܢܐ ܐܡܪ ܐܢܐ. ܗܢܘܢ ܕܒܥܠܕܒܒܐ ܐܢܘܢ
ܕܙܩܝܦܗ ܕܡܫܝܚܐ. 19 ܗܢܘܢ ܕܚܪܬܗܘܢ ܐܒܕܢܐ ܗܝ.
ܗܢܘܢ ܕܐܠܗܗܘܢ ܟܪܣܗܘܢ ܘܫܘܒܚܗܘܢ ܒܗܬܬܗܘܢ.
ܗܢܘܢ ܕܬܪܥܝܬܗܘܢ ܒܐܪܥܐ ܗܝ. 20 ܕܝܠܢ ܕܝܢ ܦܘܠܛܝܢ
ܒܫܡܝܐ ܗܝ. ܘܡܢ ܬܡܢ ܡܣܟܝܢܢ ܠܡܚܝܢܢ ܠܡܪܢ
ܝܫܘܥ ܡܫܝܚܐ: 21 ܕܗܘ ܢܫܚܠܦ ܦܓܪܐ ܕܡܘܟܟܢ. ܕܢܗܘܐ
ܒܕܡܘܬܐ ܕܦܓܪܐ ܕܫܘܒܚܗ. ܐܝܟ ܚܝܠܗ ܪܒܐ ܗܘ ܕܒܗ
ܟܠ ܐܫܬܥܒܕ ܒܗ ܀

ܩܦܠܐܘܢ ܀ ܕ ܀

1 ܡܟܝܠ ܐܚܝ ܚܒܝܒܐ ܘܪ̈ܚܝܡܐ: ܚܕܘܬܝ ܘܟܠܝܠܝ
ܗܟܢܐ ܩܘܡܘ ܒܡܪܢ ܚܒܝܒܝ: 2 ܠܐܘܐܕܝܐ ܒܥܐ ܐܢܐ
ܘܠܣܘܢܛܝܟܐ: ܕܚܕ ܪܥܝܢܐ ܢܗܘܐ ܠܗܝܢ ܒܡܪܢ.
3 ܐܦ ܡܢܟ ܒܥܐ ܐܢܐ ܒܪ ܙܘܓܝ ܫܪܝܪܐ. ܕܬܗܘܐ ܡܥܕܪ
ܠܗܝܢ. ܕܗܠܝܢ ܐܬܥܡܠ ܥܡܝ ܒܣܒܪܬܐ ܥܡ ܩܠܝܡܝܣ
ܘܥܡ ܫܪܟܐ ܕܡܥܕܪ̈ܢܝ. ܗܢܘܢ ܕܫܡܗܝܗܘܢ ܟܬܝܒܝܢ
ܒܟܬܒܐ ܕܚܝܐ. 4 ܚܕܘ ܒܡܪܢ ܒܟܠܥܕܢ. ܘܬܘܒ ܐܡܪ ܐܢܐ
ܚܕܘ. 5 ܘܡܟܝܟܘܬܟܘܢ ܬܬܝܕܥ ܠܟܠ ܒܢܝܢܫܐ. ܡܪܢ ܩܪܝܒ
ܗܘ. 6 ܒܡܕܡ ܠܐ ܬܐܨܦܘܢ. ܐܠܐ ܒܟܠܥܕܢ ܒܨܠܘܬܐ ܘܒܒܥܘܬܐ:
ܫܐܠܬܟܘܢ ܬܬܝܕܥܢ ܩܕܡ ܐܠܗܐ. 7 ܘܫܠܡܗ ܕܐܠܗܐ
ܗܘ ܕܝܬܝܪ ܡܢ ܟܠ ܡܕܥ: ܢܛܪ ܠܠܒܘܬܟܘܢ ܘܡܚܫ̈ܒܬܟܘܢ
ܒܝܫܘܥ ܡܫܝܚܐ ܀ 8 ܡܟܝܠ ܐܚܝ. ܐܝܠܝܢ ܕܫܪܝܪ̈ܢ.
ܘܐܝܠܝܢ ܕܢܟܦ̈ܢ. ܘܐܝܠܝܢ ܕܟ̈ܐܢ ܘܐܝܠܝܢ ܕܕܟ̈ܝܢ. ܘܐܝܠܝܢ
ܕܪ̈ܚܝܡܢ ܘܐܝܠܝܢ ܕܡܫܒ̈ܚܢ. ܘܐܝܠܝܢ ܥܒ̈ܕܐ ܕܫܘܒܚܐ
ܘܕܬܫܒܘܚܬܐ. ܗܠܝܢ ܐܬܪܥܘ. 9 ܗܠܝܢ ܕܝܠܦܬܘܢ ܘܩܒܠܬܘܢ
ܘܫܡܥܬܘܢ ܘܚܙܝܬܘܢ ܒܝ: ܗܠܝܢ ܥܒܕܘ ܘܐܠܗܐ

ܕܫܠܡܐ ܢܗܘܐ ܥܡܟܘܢ. 10 ܪܘܙܝܬ ܕܝܢ ܣܓܝ ܒܡܪܢ.
ܕܐܦܠܚܬܘܢ ܠܡܬܪܥܘ ܕܝܠܝ. ܐܝܟܢܐ ܕܐܦ ܪܢܝܬܘܢ ܗܘܝܬܘܢ. ܐܠܐ
ܠܐ ܡܫܟܚܝܢ ܗܘܝܬܘܢ. 11 ܠܐ ܗܘܐ ܕܝܢ ܡܛܠ ܕܚܣܝܪ ܠܝ ܐܡܪ
ܐܢܐ. ܐܢܐ ܓܝܪ ܝܠܦܬ: ܕܢܗܘܐ ܡܣܦܩ ܠܝ ܗܘ ܡܕܡ
ܕܐܝܬ ܠܝ. 12 ܝܕܥ ܐܢܐ ܕܐܬܡܟܟ. ܝܕܥ ܐܢܐ ܘܐܦ ܕܐܬܝܬܪ
ܒܟܠ. ܘܒܟܠ ܡܕܡ ܡܬܪܙ ܐܢܐ. ܐܦ ܠܡܣܒܥ ܐܦ
ܠܡܟܦܢ. ܠܡܬܝܬܪܘ ܘܠܡܬܚܣܪܘ. 13 ܘܟܠ ܡܕܡ ܡܨܐ
ܐܢܐ ܚܝܠܐ: ܒܡܫܝܚܐ ܕܡܚܝܠ ܠܝ. 14 ܒܪܡ ܫܦܝܪ
ܥܒܕܬܘܢ ܕܐܫܬܘܬܦܬܘܢ ܠܐܘܠܨܢܝ. 15 ܝܕܥܝܢ ܐܢܬܘܢ ܕܝܢ ܐܦ
ܐܢܬܘܢ ܦܝܠܝܦܣܝܐ. ܕܒܫܘܪܝܐ ܕܣܒܪܬܐ ܟܕ ܢܦܩܬ ܡܢ
ܡܩܕܘܢܝܐ: ܐܦܠܐ ܚܕܐ ܡܢ ܥܕܬܐ ܐܫܬܘܬܦܬ ܠܝ ܒܚܘܫܒܢܐ
ܡܬܠܐ ܘܡܣܒ. ܐܠܐ ܐܢܬܘܢ ܒܠܚܘܕ: 16 ܕܐܦ ܒܬܣܠܘܢܝܩܐ
ܚܕܐ ܙܒܢ ܘܬܪܬܝܢ: ܫܕܪܬܘܢ ܠܣܘܢܩܢܝ. 17 ܠܘ ܕܡܘܗܒܬܐ
ܒܥܐ ܐܢܐ. ܐܠܐ ܒܥܐ ܐܢܐ ܕܦܐܪܐ ܢܣܓܐ ܠܟܘܢ. 18 ܩܒܠܬ ܟܠܡܕܡ
ܡܩܒܠ. ܘܡܝܬܪ ܠܝ ܘܡܠܐ ܐܢܐ. ܘܢܣܒܬ ܟܠ ܕܡܢܘܬܟܘܢ
ܡܢ ܝܕ ܐܦܦܪܘܕܝܛܘܣ: ܪܝܚܐ ܒܣܝܡܐ ܘܕܒܚܐ ܡܩܒܠܐ
ܘܫܦܝܪ ܠܐܠܗܐ. 19 ܐܠܗܝ ܢܡܠܐ ܟܠܗ ܣܘܢܩܢܟܘܢ. ܐܝܟ
ܥܘܬܪܗ. ܒܫܘܒܚܐ ܕܒܝܫܘܥ ܡܫܝܚܐ. 20 ܠܐܠܗܐ ܕܝܢ ܐܒܘܢ܃
ܫܘܒܚܐ ܘܐܝܩܪܐ ܠܥܠܡ ܥܠܡܝܢ ܐܡܝܢ ❖ 21 ܫܐܠܘ ܒܫܠܡܐ
ܕܟܠܗܘܢ ܩܕܝܫܐ ܕܒܝܫܘܥ ܡܫܝܚܐ. ܫܐܠܝܢ ܒܫܠܡܟܘܢ
ܐܚܐ ܕܥܡܝ. 22 ܫܐܠܝܢ ܒܫܠܡܟܘܢ ܟܠܗܘܢ ܩܕܝܫܐ.
ܝܬܝܪܐܝܬ ܗܠܝܢ ܕܡܢ ܒܝܬܗ ܕܩܣܪ. 23 ܛܝܒܘܬܗ ܕܡܪܢ
ܝܫܘܥ ܡܫܝܚܐ ܥܡ ܟܠܟܘܢ ܐܡܝܢ ❖

ܫܠܡܬ ܐܓܪܬܐ ܕܠܘܬ ܦܝܠܝܦܣܝܐ. ܕܐܬܟܬܒܬ
ܡܢ ܪܗܘܡܐ ❖

ܐܓܪܬܐ ܕܦܘܠܘܣ ܕܠܘܬ ܩܘܠܘܣܝܐ ܀

ܩܦܠܐܘܢ ܀ ܐ ܀

1 ܦܘܠܘܣ ܫܠܝܚܐ ܕܝܫܘܥ ܡܫܝܚܐ ܒܨܒܝܢܗ
ܕܐܠܗܐ. ܘܛܝܡܬܐܘܣ ܐܚܐ. 2 ܠܐܝܠܝܢ ܕܐܝܬ ܒܩܘܠܘܣܘܣ.
ܐܚܐ ܩܕܝܫܐ ܘܡܗܝܡܢܐ ܒܝܫܘܥ ܡܫܝܚܐ. ܫܠܡܐ ܥܡܟܘܢ
ܘܛܝܒܘܬܐ ܡܢ ܐܠܗܐ ܐܒܘܢ. 3 ܡܘܕܝܢܢ ܠܐܠܗܐ ܐܒܘܗܝ
ܕܡܪܢ ܝܫܘܥ ܡܫܝܚܐ ܒܟܠܙܒܢ. ܘܡܨܠܝܢܢ ܥܠܝܟܘܢ:
4 ܗܐ ܡܢ ܕܫܡܥܢ ܗܝܡܢܘܬܟܘܢ ܕܒܝܫܘܥ ܡܫܝܚܐ.
ܘܚܘܒܟܘܢ ܕܥܠ ܟܠܗܘܢ ܩܕܝܫܐ. 5 ܡܛܠ ܣܒܪܐ ܗܘ
ܕܢܛܝܪ ܠܟܘܢ ܒܫܡܝܐ: ܗܘ ܕܡܢ ܩܕܝܡ ܫܡܥܬܘܢ.
ܒܡܠܬܐ ܕܩܘܫܬܐ ܕܣܒܪܬܐ: 6 ܗܝ ܕܐܬܟܪܙܬ ܠܘܬܟܘܢ ܐܝܟ
ܕܐܦ ܠܟܠܗ ܥܠܡܐ. ܘܝܗܒܐ ܦܐܪܐ ܘܪܒܝܐ. ܐܝܟܢܐ ܕܐܦ
ܒܟܘܢ ܡܢ ܝܘܡܐ ܕܫܡܥܬܘܢ. ܘܐܫܬܘܕܥܬܘܢ ܛܝܒܘܬܗ
ܕܐܠܗܐ ܒܩܘܫܬܐ. 7 ܐܝܟ ܕܝܠܦܬܘܢ ܡܢ ܐܦܦܪܐ
ܟܢܬܢ ܚܒܝܒܐ: ܕܗܘܝܘ ܠܚܠܦܝܢ ܡܫܡܫܢܐ
ܡܗܝܡܢܐ ܕܡܫܝܚܐ. 8 ܘܗܘ ܐܘܕܥܢ ܚܘܒܟܘܢ ܕܒܪܘܚܐ ܀
9 ܡܛܠܗܢܐ ܐܦ ܚܢܢ ܡܢ ܝܘܡܐ ܕܫܡܥܢ: ܠܐ ܫܠܝܢ
ܠܡܨܠܝܘ ܥܠܝܟܘܢ: ܘܠܡܫܐܠ ܕܬܬܡܠܘܢ ܝܕܥܬܐ ܕܨܒܝܢܗ
ܕܐܠܗܐ. ܒܟܠ ܚܟܡܐ ܘܒܟܠ ܣܘܟܠ ܕܪܘܚ. 10 ܕܬܗܠܟܘܢ
ܐܝܟ ܕܙܕܩ. ܘܬܫܦܪܘܢ ܠܐܠܗܐ ܒܟܠܗܘܢ ܥܒܕܐ ܛܒܐ.
ܘܬܬܠܘܢ ܦܐܪܐ. ܘܬܪܒܘܢ ܒܝܕܥܬܐ ܕܐܠܗܐ. 11 ܘܒܟܠ
ܚܝܠ ܬܬܚܝܠܘܢ ܐܝܟ ܪܒܘܬܐ ܕܫܘܒܚܗ. ܒܟܠ ܡܣܝܒܪܢܘ
ܘܡܓܪܬ ܪܘܚ. 12 ܘܒܚܕܘܬܐ ܬܘܕܘܢ ܠܐܠܗܐ ܐܒܐ:
ܕܐܫܘܝܢ ܠܡܢܬܐ ܕܝܪܬܘܬܐ ܕܩܕܝܫܐ ܒܢܘܗܪܐ. 13 ܘܦܪܩܢ
ܡܢ ܫܘܠܛܢܗ ܕܚܫܘܟܐ. ܘܐܥܠܢ ܠܡܠܟܘܬܐ ܕܒܪܗ
ܚܒܝܒܐ. 14 ܗܘ ܕܒܗ ܐܝܬ ܠܢ ܦܘܪܩܢܐ ܘܫܘܒܩܢܐ ܕܚܛܗܐ.

15 ܗܘ ܕܐܝܬܘܗܝ ܨܠܡܐ ܕܐܠܗܐ ܕܠܐ ܡܬܚܙܐ܆ ܘܒܘܟܪܐ
ܕܟܠܗܘܢ ܒܪ̈ܝܬܐ. 16 ܘܒܗ ܐܬܒܪܝ ܟܠܡܕܡ ܕܒܫܡܝܐ
ܘܒܐܪܥܐ. ܟܠ ܕܡܬܚܙܐ ܘܟܠ ܕܠܐ ܡܬܚܙܐ. ܐܢ ܟܘܪ̈ܣܘܬܐ ܐܘ
ܡܪ̈ܘܬܐ. ܐܘ ܪ̈ܫܘܬܐ. ܐܘ ܫܘܠܛ̈ܢܐ. ܟܠܡܕܡ ܒܐܝܕܗ
ܘܒܗ ܐܬܒܪܝ. 17 ܘܗܘ ܩܕܡ ܟܠ. ܘܟܠܡܕܡ ܒܗ
ܩܐܡ. 18 ܘܗܘ ܪܫܐ ܕܦܓܪܐ ܕܥܕܬܐ܆ ܕܐܝܬܘܗܝ ܪܫܐ
ܘܒܘܟܪܐ ܕܡܢ ܒܝܬ ܡܝ̈ܬܐ. ܕܢܗܘܐ ܩܕܡܝ ܒܟܠ. 19 ܕܒܗ
ܨܒܐ ܟܠܗ ܡܘܠܝܐ ܠܡܥܡܪ. 20 ܘܒܐܝܕܗ ܠܡܪܥܝܘ
ܠܗ ܟܠܡܕܡ. ܘܫܝܢ ܥܒܕ ܒܕܡܐ ܕܙܩܝܦܗ ܒܐܝܕܗ܆ ܐܢ
ܕܒܐܪܥܐ ܘܐܢ ܕܒܫܡܝܐ ܀ 21 ܐܦ ܠܟܘܢ ܕܡܢ ܩܕܝܡ ܢܘܟܪ̈ܝܐ
ܗܘܝܬܘܢ. ܘܒܥܠܕܒ̈ܒܐ ܒܪ̈ܥܝܢܝܟܘܢ. ܡܛܠ ܥܒ̈ܕܝܟܘܢ
ܒ̈ܝܫܐ܆ 22 ܫܝܢܟܘܢ ܗܫܐ ܒܦܓܪܐ ܕܒܣܪܗ ܘܒܡܘܬܗ.
ܕܢܩܝܡܟܘܢ ܩܕ̈ܝܫܝܢ ܘܕܠܐ ܡܘܡ ܘܕܠܐ ܪܫܝܢ.
23 ܐܢ ܬܩܘܘܢ ܒܗܝܡܢܘܬܟܘܢ ܟܕ ܫܪܝܪܐ ܫܬܐܤܬܟܘܢ܆ ܘܠܐ
ܡܬܬܙܝܥܝܢ ܡܢ ܣܒܪܐ ܕܐܘܢܓܠܝܘܢ܆ ܗܘ ܕܫܡܥܬܘܢ
ܕܐܬܟܪܙ ܒܟܠܗ ܒܪܝܬܐ ܕܬܚܝܬ ܫܡܝܐ. ܗܘ ܕܐܢܐ ܦܘܠܘܣ
ܗܘܝܬ ܡܫܡܫܢܗ. 24 ܘܚܕܐ ܐܢܐ ܒܚܫ̈ܐ ܕܥܠ ܐܦܝܟܘܢ.
ܘܡܡܠܐ ܐܢܐ ܚܘܣܪܢܐ ܕܐܘܠܨ̈ܢܘܗܝ ܕܡܫܝܚܐ ܒܒܣܪܝ܆
ܚܠܦ ܦܓܪܗ ܕܐܝܬܘܗܝ ܥܕܬܐ. 25 ܗܝ ܕܐܢܐ ܗܘܝܬ
ܡܫܡܫܢܗ. ܐܝܟ ܡܕܒܪܢܘܬܐ ܕܐܠܗܐ ܕܐܬܝܗܒܬ ܠܝ ܒܟܘܢ.
ܕܐܫܡܠܐ ܡܠܬܗ ܕܐܠܗܐ܆ 26 ܐܪܙܐ ܗܘ ܕܡܟܣܝ ܗܘܐ ܡܢ
ܥܠܡ̈ܐ ܘܡܢ ܕܪ̈ܐ. ܗܫܐ ܕܝܢ ܐܬܓܠܝ ܠܩܕܝ̈ܫܘܗܝ܆
27 ܠܐܝܠܝܢ ܕܨܒܐ ܐܠܗܐ ܕܢܘܕܥ܆ ܡܢܘ ܥܘܬܪܐ ܕܫܘܒܚܐ
ܕܐܪܙܐ ܗܢܐ ܒܥܡ̈ܡܐ. ܕܐܝܬܘܗܝ ܡܫܝܚܐ ܕܒܟܘܢ ܣܒܪܐ
ܕܫܘܒܚܢ. 28 ܗܘ ܕܚܢܢ ܡܟܪܙܝܢܢ ܘܡܠܦܝܢܢ܆ ܘܡܙܗܪܝܢܢ
ܠܟܠ ܒܪܢܫ ܒܟܠ ܚܟܡܐ. ܕܢܩܝܡ ܠܟܠ ܒܪܢܫ ܟܕ
ܓܡܝܪ ܒܝܫܘܥ ܡܫܝܚܐ. 29 ܒܗܕܐ ܗܘ ܓܝܪ ܐܦ ܠܐܐ
ܐܢܐ ܘܡܬܟܬܫ ܐܢܐ ܐܝܟ ܡܥܕܪܢܘܬܐ ܕܚܝܠܗ ܕܡܬܥܕܪܐ ܒܝ ܀

ܩܦܠܐܘܢ ܀ ܒ ܀

1 ܨܒܐ ܐܢܐ ܕܝܢ ܕܬܕܥܘܢ: ܐܝܢܐ ܐܓܘܢܐ ܐܝܬ ܠܝ
ܚܠܦܝܟܘܢ. ܘܚܠܦ ܗܢܘܢ ܕܒܠܐܕܝܩܝܐ: ܘܚܠܦ ܫܪܟܐ
ܐܚܪܢܐ ܕܦܪܨܘܦܝ ܠܐ ܚܙܘ ܒܒܣܪ. 2 ܕܢܬܒܝܐܘܢ ܠܒܘܬܗܘܢ
ܘܢܬܩܪܒܘܢ ܒܚܘܒܐ ܠܟܠܗ ܥܘܬܪܐ ܕܦܝܣܐ. ܘܠܣܘܟܠܐ
ܕܢܕܥܘܢ ܐܪܙܐ ܕܐܠܗܐ ܐܒܐ. ܘܕܡܫܝܚܐ. 3 ܗܘ ܕܒܗ
ܟܣܝܢ ܟܠܗܘܢ ܣܝܡܬܐ ܕܚܟܡܬܐ ܘܕܝܕܥܬܐ. 4 ܗܕܐ ܕܝܢ
ܐܡܪ ܐܢܐ. ܕܠܐ ܐܢܫ ܢܛܥܝܟܘܢ ܒܦܝܣܐ ܕܡܠܐ.
5 ܐܢ ܓܝܪ ܒܦܓܪ ܦܪܝܩ ܐܢܐ ܡܢܟܘܢ. ܐܠܐ ܒܪܘܚ ܥܡܟܘܢ
ܐܢܐ: ܘܚܕܐ ܐܢܐ ܕܚܙܐ ܐܢܐ ܡܬܛܟܣܢܘܬܟܘܢ ܘܫܪܝܪܘܬܐ
ܕܗܝܡܢܘܬܟܘܢ ܕܒܡܫܝܚܐ܀ 6 ܐܝܟܢܐ ܗܟܝܠ ܕܩܒܠܬܘܢ
ܠܝܫܘܥ ܡܫܝܚܐ ܡܪܢ. ܒܗ ܗܠܟܘ: 7 ܟܕ ܡܫܪܪܝܢ
ܥܩܪܝܟܘܢ ܘܡܬܒܢܝܢ ܐܢܬܘܢ ܒܗ. ܘܡܬܩܝܡܝܢ ܐܢܬܘܢ
ܒܗܝܡܢܘܬܐ ܗܝ ܕܝܠܦܬܘܢ: ܕܬܬܝܬܪܘܢ ܒܗ ܒܬܘܕܝܬܐ.
8 ܐܙܕܗܪܘ ܕܠܡܐ ܐܢܫ ܢܚܠܨܟܘܢ ܒܦܝܠܣܘܦܘܬܐ
ܘܒܛܘܥܝܘܬܐ ܣܪܝܩܬܐ: ܐܝܟ ܡܘܠܦܢܐ ܕܒܢܝܢܫܐ. ܘܐܝܟ
ܐܣܛܘܟܣܘܗܝ ܕܥܠܡܐ: ܘܠܐ ܐܝܟ ܡܫܝܚܐ. 9 ܕܒܗ ܥܡܪ
ܟܠܗ ܡܘܡܠܝܐ ܕܐܠܗܘܬܐ ܓܘܫܡܢܐܝܬ: 10 ܘܒܗ ܐܦ
ܐܢܬܘܢ ܡܫܬܡܠܝܢ ܐܢܬܘܢ. ܕܗܘ ܐܝܬܘܗܝ ܪܝܫܐ ܕܟܠܗܝܢ
ܐܪܟܘܣ ܘܫܘܠܛܢܐ. 11 ܘܒܗ ܐܬܓܙܪܬܘܢ ܓܙܘܪܬܐ ܕܠܐ ܒܐܝܕܝܢ:
ܒܡܫܠܚ ܒܣܪܐ ܕܚܛܗܐ ܒܓܙܘܪܬܗ ܕܡܫܝܚܐ. 12 ܘܐܬܩܒܪܬܘܢ
ܥܡܗ ܒܡܥܡܘܕܝܬܐ. ܘܒܗ ܩܡܬܘܢ ܥܡܗ. ܕܗܝܡܢܬܘܢ
ܒܚܝܠܐ ܕܐܠܗܐ ܕܐܩܝܡܗ ܡܢ ܒܝܬ ܡܝܬܐ. 13 ܘܠܟܘܢ
ܕܡܝܬܝܢ ܗܘܝܬܘܢ ܒܚܛܗܝܟܘܢ. ܘܒܠܐ ܥܘܪܠܘܬܐ ܕܒܣܪܟܘܢ.
ܐܚܝܟܘܢ ܥܡܗ. ܘܫܒܩ ܠܢ ܟܠܗܘܢ ܚܛܗܝܢ. 14 ܘܥܛܗ
ܒܦܘܩܕܢܘܗܝ ܫܛܪ ܚܘܒܝܢ. ܗܘ ܕܐܝܬܘܗܝ ܗܘܐ
ܣܩܘܒܠܢ. ܘܫܩܠܗ ܡܢ ܡܨܥܬܐ ܘܩܒܥܗ ܒܙܩܝܦܗ.

15ܘܟܡܝܢ ܗܘܪܘ ܡܢܗܘܢ ܠܐܘܪܚܗܘܢ ܘܠܡܫܝܚܝܢܐ. ܘܐܝܟܢܐ
ܐܝܟ ܕܚܙܝܬ ܠܡܫܡܥܗ ܀ 16ܠܐ ܗܟܝܠ ܐܢܫ ܢܕܘܢܟܘܢ
ܒܡܐܟܘܠܬܐ ܘܒܡܫܬܝܬܐ: ܐܘ ܒܡܢܬܐ ܕܥܐܕܐ ܘܕܪܝܫ ܝܪܚܐ
ܘܕܫܒܬܐ: 17ܗܠܝܢ ܕܐܝܬܝܗܝܢ ܛܠܢܝܬܐ ܕܐܝܠܝܢ ܕܥܬܝܕܢ.
ܦܓܪܐ ܕܝܢ ܡܫܝܚܐ ܗܘ. 18ܘܠܡܐ ܐܢܫ ܢܨܒܐ ܒܡܟܝܟܘܬܐ
ܕܪܥܝܢܐ ܠܡܫܥܒܕܘܬܟܘܢ. ܕܢܬܕܒܪܘܢ ܒܫܘܥܒܕܐ ܕܡܠܐܟܐ:
ܟܕ ܡܬܚܪܐ ܒܡܕܡ ܕܠܐ ܚܙܐ. ܘܡܬܢܦܚ ܡܓܢ ܒܪܥܝܢܐ
ܕܒܣܪܗ. 19ܘܠܐ ܐܚܝܕ ܪܫܐ: ܕܡܢܗ ܟܠܗ ܦܓܪܐ
ܡܬܪܟܒ ܘܡܬܩܝܡ ܒܗܕܡܐ ܘܒܫܪܝܢܐ: ܘܪܒܐ ܪܒܝܬܐ
ܕܐܠܗܐ. 20ܐܢ ܓܝܪ ܡܝܬܬܘܢ ܥܡ ܡܫܝܚܐ ܡܢ
ܐܣܛܘܟܣܘܗܝ ܕܥܠܡܐ. ܠܡܢܐ ܐܝܟ ܚܝܐ ܕܒܥܠܡܐ
ܡܬܕܢܝܢ ܐܢܬܘܢ. 21ܠܐ ܬܬܩܪܒ ܘܠܐ ܬܛܥܡ
ܘܠܐ ܬܓܫ. 22ܕܐܝܬܝܗܝܢ ܗܠܝܢ ܚܒܠܐ ܒܡܬܚܫܚܢܘܬܐ. ܘܦܘܩܕܢܐ
ܐܢܝܢ ܘܡܠܦܢܘܬܐ ܕܒܢܝܢܫܐ. 23ܘܡܬܚܙܝܢ ܕܐܝܬ ܒܗܝܢ ܡܠܬܐ
ܕܚܟܡܬܐ: ܒܡܪܢܘܬ ܪܥܝܢܐ ܘܒܡܟܝܟܘܬ ܪܥܝܢܐ. ܘܒܠܐ
ܚܘܣ ܦܓܪܐ. ܠܐ ܒܝܩܪܐ ܕܡܕܡ. ܐܠܐ ܒܬܫܡܫܬܐ
ܕܣܘܒܥܐ ܕܒܣܪܐ ܀

ܩܦܠܐܘܢ ܀ ܟ ܀

1ܐܢ ܗܟܝܠ ܩܡܬܘܢ ܥܡ ܡܫܝܚܐ: ܕܠܥܠ ܒܥܘ.
ܐܬܪ ܕܡܫܝܚܐ ܝܬܒ ܥܠ ܝܡܝܢܐ ܕܐܠܗܐ. 2ܕܠܥܠ ܐܬܪܥܘ
ܘܠܐ ܕܒܐܪܥܐ. 3ܡܝܬܬܘܢ ܠܟܘܢ ܓܝܪ. ܘܚܝܝܟܘܢ ܟܣܐ
ܥܡ ܡܫܝܚܐ ܒܐܠܗܐ. 4ܘܐܡܬܝ ܕܡܫܝܚܐ ܡܬܓܠܐ
ܕܐܝܬܘܗܝ ܚܝܝܢ: ܗܝܕܝܢ ܐܦ ܐܢܬܘܢ ܬܬܓܠܘܢ ܥܡܗ
ܒܫܘܒܚܐ. 5ܡܝܬܘ ܗܟܝܠ ܗܕܡܝܟܘܢ ܕܒܐܪܥܐ. ܙܢܝܘܬܐ
ܘܛܢܦܘܬܐ ܘܚܫܐ ܘܪܓܬܐ ܒܝܫܬܐ. ܘܥܠܘܒܘܬܐ ܕܗܝ ܗܝ
ܕܣܓܕܐ ܠܦܬܟܪܐ. 6ܡܛܠ ܗܠܝܢ ܓܝܪ ܐܬܐ ܪܘܓܙܗ ܕܐܠܗܐ
ܥܠ ܒܢܝܐ ܕܠܐ ܡܬܛܦܝܣܝܢ. 7ܒܗܠܝܢ ܐܦ ܐܢܬܘܢ

ܗܘܝܬܘܢ ܡܢ ܩܕܝܡ. ܟܕ ܡܬܗܦܟܝܢ ܗܘܝܬܘܢ ܒܗܝܢ.
8 ܗܫܐ ܕܝܢ ܐܪܚܩܘ ܟܠܗܝܢ ܗܠܝܢ. ܪܘܓܙܐ
ܘܚܡܬܐ. ܒܝܫܘܬܐ ܘܓܘܕܦܐ. ܡܡܠܠܐ ܨܢܝܦܐ. 9 ܘܠܐ ܬܗܘܘܢ
ܡܕܓܠܝܢ ܚܕ ܒܚܕ. ܐܠܐ ܡܫܠܚܝܬܘܢ ܠܒܪܢܫܐ ܥܬܝܩܐ
ܥܡ ܥܒܕܘܗܝ ܘܣܘܥܪܢܘܗܝ. 10 ܘܠܒܫܬܘ ܚܕܬܐ ܕܡܬܚܕܬܐ
ܒܝܕܥܬܐ ܠܕܡܘܬܐ ܕܒܪܝܗ. 11 ܐܝܟܐ ܕܠܝܬ ܝܘܢܝܐ ܘܝܗܘܕܝܐ.
ܘܠܐ ܓܙܘܪܬܐ ܘܥܘܪܠܘܬܐ. ܘܠܐ ܝܘܢܝܐ ܘܒܪܒܪܝܐ. ܘܠܐ ܥܒܕܐ
ܘܒܪ ܚܐܪܐ: ܐܠܐ ܟܠ ܘܒܟܠܢܫ ܡܫܝܚܐ ܗܘ. 12 ܠܒܫܘ
ܗܟܝܠ ܐܝܟ ܓܒܝܐ ܕܐܠܗܐ ܩܕܝܫܐ ܘܚܒܝܒܐ: ܪܚܡܐ
ܘܪܘܚܢܐ ܘܒܣܝܡܘܬܐ. ܘܡܟܝܟܘܬܐ ܕܪܥܝܢܐ. ܘܢܝܚܘܬܐ
ܘܢܓܝܪܘܬ ܪܘܚܐ. 13 ܘܗܘܝܬܘܢ ܡܣܝܒܪܝܢ ܚܕ ܠܚܕ ܘܡܫܒܩܝܢ
ܚܕ ܠܚܕ: ܘܐܢ ܐܝܬ ܠܐܢܫ ܥܠ ܚܒܪܗ ܪܘܥܡܐ: ܐܝܟܢܐ
ܕܡܫܝܚܐ ܫܒܩ ܠܟܘܢ: ܗܟܢܐ ܐܦ ܐܢܬܘܢ ܫܒܘܩܘ.
14 ܘܥܡ ܗܠܝܢ ܟܠܗܝܢ ܚܘܒܐ ܕܐܝܬܘܗܝ ܐܣܪܐ ܕܓܡܝܪܘܬܐ.
15 ܘܫܠܡܗ ܕܡܫܝܚܐ ܢܕܒܪ ܠܒܘܬܟܘܢ. ܕܠܗ ܐܬܩܪܝܬܘܢ
ܒܚܕ ܦܓܪ. ܘܗܘܝܬܘܢ ܡܘܕܝܢ ܠܡܫܝܚܐ: 16 ܘܡܠܬܗ
ܬܥܡܪ ܒܟܘܢ ܥܬܝܪܐܝܬ ܒܟܠ ܚܟܡܐ. ܘܗܘܝܬܘܢ ܡܠܦܝܢ
ܘܪܕܝܢ ܢܦܫܟܘܢ: ܒܡܙܡܘܪܐ ܘܒܬܫܒܚܬܐ ܘܒܙܡܝܪܬܐ
ܕܪܘܚܐ ܘܒܛܝܒܘܬܐ ܗܘܝܬܘܢ ܡܙܡܪܝܢ ܒܠܒܘܬܟܘܢ ܠܐܠܗܐ.
17 ܘܟܠ ܡܕܡ ܕܥܒܕܝܢ ܐܢܬܘܢ ܒܡܠܬܐ ܘܒܥܒܕܐ:
ܒܫܡܗ ܕܡܪܢ ܝܫܘܥ ܡܫܝܚܐ ܗܘܝܬܘܢ ܥܒܕܝܢ. ܘܗܘܝܬܘܢ
ܡܘܕܝܢ ܒܐܝܕܗ ܠܐܠܗܐ ܐܒܐ ܀ 18 ܢܫܐ ܐܫܬܥܒܕܝܢ
ܠܒܥܠܝܟܝܢ ܐܝܟ ܕܙܕܩ ܒܡܫܝܚܐ. 19 ܓܒܪܐ ܐܚܒܘ
ܢܫܝܟܘܢ ܘܠܐ ܬܗܘܘܢ ܡܡܪܪܝܢ ܥܠܝܗܝܢ. 20 ܒܢܝܐ ܐܫܬܡܥܘ
ܠܐܒܗܝܟܘܢ ܒܟܠܡܕܡ. ܗܟܢܐ ܓܝܪ ܫܦܝܪ ܩܕܡ ܡܪܢ.
21 ܐܒܗܐ ܠܐ ܬܪܓܙܘܢ ܒܢܝܟܘܢ ܕܠܐ ܢܬܡܟܟܘܢ. 22 ܥܒܕܐ
ܐܫܬܡܥܘ ܒܟܠܡܕܡ ܠܡܪܘܬܟܘܢ ܕܒܒܣܪܐ. ܠܐ ܒܚܙܬܐ ܕܥܝܢܐ
ܐܝܟ ܗܢܘܢ ܕܫܦܪܝܢ ܠܒܢܝܢܫܐ. ܐܠܐ ܒܠܒܐ ܦܫܝܛܐ ܘܒܕܚܠܬܗ

ܕܡܪܝܐ. 23 ܘܟܠ ܕܥܒܕܝܢ ܐܢܬܘܢ ܡܢ ܟܠܗ ܢܦܫܟܘܢ
ܥܒܕܘ ܐܝܟ ܕܠܡܪܢ ܘܠܐ ܐܝܟ ܕܠܒܢܝܢܫܐ. 24 ܘܕܥܘ ܕܡܢ
ܡܪܢ ܡܩܒܠܝܬܘܢ ܦܘܪܥܢܐ ܒܝܪܬܘܬܐ. ܠܡܪܝܐ ܓܝܪ
ܡܫܝܚܐ ܦܠܚܝܬܘܢ. 25 ܡܥܘܠܐ ܕܝܢ ܢܬܦܪܥ ܐܝܟ ܡܕܡ
ܕܐܥܘܠ: ܘܠܝܬ ܡܣܒ ܒܐܦܐ ❖

ܩܦܠܐܘܢ ❖ ܕ ❖

1 ܡܪܘܬܐ ܥܒܕܘ ܟܐܢܘܬܐ ܘܫܘܝܘܬܐ ܠܘܬ ܥܒܕܝܟܘܢ.
ܘܬܗܘܘܢ ܝܕܥܝܢ: ܕܐܦ ܠܟܘܢ. ܐܝܬ ܗܘ ܡܪܐ ܒܫܡܝܐ.
2 ܒܨܠܘܬܐ ܐܬܐܡܝܢܘ. ܘܬܗܘܘܢ ܥܝܪܝܢ ܒܗ ܘܡܘܕܝܢ.
3 ܘܡܨܠܝܢ ܐܦ ܥܠܝܢ: ܕܐܠܗܐ ܢܦܬܚ ܠܢ ܬܪܥܐ ܕܡܠܬܐ:
4 ܕܐܓܠܝܘܗܝ ܘܐܡܠܠܝܘܗܝ ܐܝܟܢܐ ܕܘܠܐ ܠܝ. 5 ܒܚܟܡܬܐ
ܗܠܟܘ ܠܘܬ ܒܪܝܐ. ܘܙܒܢܘ ܙܒܢܟܘܢ. 6 ܘܡܠܬܟܘܢ
ܒܟܠܙܒܢ ܒܛܝܒܘܬܐ: ܐܝܟ ܕܒܡܠܚܐ ܬܗܘܐ ܡܬܒܠܐ.
ܘܬܗܘܘܢ ܝܕܥܝܢ: ܠܐܢܫ ܐܢܫ ܐܝܟܢܐ ܘܠܐ ܠܟܘܢ ܠܡܦܢܝܘ
ܦܬܓܡܐ. 7 ܡܕܡ ܕܠܘܬܝ ܕܝܢ ܢܘܕܥܟܘܢ ܛܘܟܝܩܘܣ ܐܚܐ
ܚܒܝܒܐ: ܘܡܫܡܫܢܐ ܡܗܝܡܢܐ. ܘܟܢܬܝ ܒܡܪܢ. 8 ܕܫܕܪܬܗ
ܠܘܬܟܘܢ ܠܗܕܐ ܗܝ. ܕܢܕܥ ܡܐ ܕܠܘܬܟܘܢ. ܘܢܒܝܐ
ܠܒܘܬܟܘܢ. 9 ܥܡ ܐܘܢܣܝܡܘܣ ܐܚܐ ܡܗܝܡܢܐ ܘܚܒܝܒܐ:
ܗܘ ܕܐܝܬܘܗܝ ܡܢܟܘܢ. ܗܢܘܢ ܢܘܕܥܘܢܟܘܢ ܡܕܡ ܕܠܘܬܢ.
10 ܫܐܠ ܒܫܠܡܟܘܢ ܐܪܣܛܪܟܘܣ ܫܒܝܐ ܕܥܡܝ ܘܡܪܩܘܣ
ܒܪ ܕܕܗ ܕܒܪܢܒܐ. ܗܘ ܕܐܬܦܩܕܬܘܢ ܥܠܘܗܝ. ܕܐܢ ܐܬܐ
ܠܘܬܟܘܢ ܬܩܒܠܘܢܝܗܝ. 11 ܘܝܫܘܥ ܗܘ ܕܡܬܩܪܐ
ܝܘܣܛܘܣ. ܗܠܝܢ ܕܐܝܬܝܗܘܢ ܡܢ ܓܙܘܪܬܐ. ܘܗܠܝܢ
ܒܠܚܘܕ ܥܕܪܘܢܝ ܒܡܠܟܘܬܗ ܕܐܠܗܐ. ܘܗܠܝܢ ܗܘܘ ܠܝ
ܒܘܝܐܐ. 12 ܫܐܠ ܒܫܠܡܟܘܢ ܐܦܦܪܐ. ܗܘ ܕܡܢܟܘܢ ܥܒܕܗ
ܕܡܫܝܚܐ. ܟܕ ܒܟܠܙܒܢ ܚܫܠ ܚܠܦܝܟܘܢ ܒܨܠܘܬܐ.
ܕܬܩܘܡܘܢ ܓܡܝܪܐ ܘܡܫܡܠܝܐ ܒܟܠܗ ܨܒܝܢܗ ܕܐܠܗܐ.

13 ܣܗܕ ܐܢܐ ܓܝܪ ܥܠܘܗܝ: ܕܛܢܢܐ ܣܓܝܐܐ ܐܝܬ ܠܗ
ܚܠܦܝܟܘܢ: ܕܒܠܐܕܝܩܝܐ ܘܕܒܗܝܪܦܘܠܝܣ. 14 ܫܐܠ
ܒܫܠܡܟܘܢ ܠܘܩܐ ܐܣܝܐ ܚܒܝܒܢ ܘܕܝܡܐ. 15 ܫܐܠܘ
ܒܫܠܡܐ ܕܐܚܐ ܕܒܠܐܕܝܩܝܐ. ܘܕܢܘܡܦܐ ܘܕܥܕܬܐ ܕܒܒܝܬܗ.
16 ܘܡܐ ܕܐܬܩܪܝܬ ܐܓܪܬܐ ܗܕܐ ܠܘܬܟܘܢ: ܥܒܕܘ ܕܐܦ ܒܥܕܬܐ
ܕܠܐܕܝܩܝܐ ܬܬܩܪܐ. ܘܗܝ ܕܐܬܟܬܒܬ ܡܢ ܠܐܕܝܩܝܐ ܩܪܘܗ
ܐܢܬܘܢ. 17 ܘܐܡܪܘ ܠܐܪܟܝܦܘܣ ܕܐܙܕܗܪ ܒܬܫܡܫܬܐ ܗܝ
ܕܩܒܠܬ ܒܡܪܢ. ܕܬܗܘܐ ܡܫܡܠܐ ܠܗ. 18 ܫܠܡܐ ܗܢܐ
ܟܬܝܒܐ ܒܐܝܕܝ ܕܦܘܠܘܣ. ܗܘܝܬܘܢ ܥܗܝܕܝܢ ܠܐܣܘܪܝ.
ܛܝܒܘܬܐ ܥܡܟܘܢ ܐܡܝܢ ܀

ܫܠܡܬ ܐܓܪܬܐ ܕܠܘܬ ܩܘܠܣܝܐ ܕܐܬܟܬܒܬ ܡܢ ܪܗܘܡܝ ܀

ܐܓܪܬܐ ܕܦܘܠܘܣ ܕܠܘܬ ܬܣܠܘܢܝܩܝܐ ܩܕܡܝܬܐ ܀

ܩܦܠܐܘܢ ܀ ܐ ܀

1 ܦܘܠܘܣ ܘܣܝܠܘܢܘܣ ܘܛܝܡܬܐܘܣ. ܠܥܕܬܐ
ܕܬܣܠܘܢܝܩܝܐ ܕܒܐܠܗܐ ܐܒܐ: ܘܒܡܪܢ ܝܫܘܥ ܡܫܝܚܐ.
ܛܝܒܘܬܐ ܥܡܟܘܢ ܘܫܠܡܐ. 2 ܡܘܕܝܢܢ ܠܐܠܗܐ ܒܟܠܥܕܢ
ܥܠ ܟܠܟܘܢ. ܘܡܥܗܕܝܢܢ ܠܟܘܢ ܒܨܠܘܬܢ ܐܡܝܢܐܝܬ.
3 ܘܡܥܗܕܝܢܢ ܩܕܡ ܐܠܗܐ ܐܒܐ ܥܒܕܐ ܕܗܝܡܢܘܬܟܘܢ ܘܥܡܠܐ
ܕܚܘܒܟܘܢ: ܘܡܣܝܒܪܢܘܬܐ ܕܣܒܪܟܘܢ ܕܒܡܪܢ ܝܫܘܥ
ܡܫܝܚܐ. 4 ܝܕܥܝܢ ܓܝܪ ܚܢܢ ܐܚܝܢ ܓܒܝܘܬܟܘܢ

ܕܐܠܗܐ. 5 ܡܛܠ ܕܡܣܒܪܢܘܬܢ: ܠܐ ܗܘܬ ܒܡܠܐ ܒܠܚܘܕ
ܗܘܬ ܠܘܬܟܘܢ. ܐܠܐ ܐܦ ܒܚܝܠܐ ܘܒܪܘܚܐ ܕܩܘܕܫܐ. ܘܒܦܝܣܐ
ܫܪܝܪܐ. ܐܦ ܐܢܬܘܢ ܝܕܥܝܢ ܐܢܬܘܢ ܐܝܟܢܐ ܗܘܝܢ ܒܝܢܬܟܘܢ
ܡܛܠܬܟܘܢ. 6 ܘܐܢܬܘܢ ܒܢ ܐܬܕܡܝܬܘܢ ܘܒܡܪܢ. ܕܩܒܠܬܘܢ
ܡܠܬܐ ܒܐܘܠܨܢܐ ܣܓܝܐܐ ܘܒܚܕܘܬܐ ܕܪܘܚܐ ܕܩܘܕܫܐ. 7 ܘܗܘܝܬܘܢ
ܕܡܘܬܐ ܠܟܠܗܘܢ ܡܗܝܡ̈ܢܐ ܕܐܝܬ ܒܡܩܕܘܢܝܐ ܘܒܐܟܐܝܐ.
8 ܡܢܟܘܢ ܓܝܪ ܐܫܬܡܥܬ ܡܠܬܗ ܕܡܪܢ. ܠܐ ܒܠܚܘܕ
ܒܡܩܕܘܢܝܐ ܘܒܐܟܐܝܐ: ܐܠܐ ܒܟܠ ܐܬܪ ܗܝܡܢܘܬܟܘܢ ܕܒܐܠܗܐ
ܐܫܬܡܥܬ. ܐܝܟܢܐ ܕܠܐ ܢܣܬܢܩ ܕܢܐܡܪ: ܥܠܝܟܘܢ ܡܕܡ.
9 ܗܢܘܢ ܓܝܪ ܡܫܬܥܝܢ ܐܝܟܢܐ ܡܥܠܢܐ ܗܘܐ ܠܢ ܠܘܬܟܘܢ.
ܘܐܝܟܢܐ ܐܬܦܢܝܬܘܢ ܠܘܬ ܐܠܗܐ ܡܢ ܣܓܕܬ ܦܬܟܪ̈ܐ.
ܕܬܦܠܚܘܢ ܠܐܠܗܐ ܚܝܐ ܘܫܪܝܪܐ. 10 ܟܕ ܡܣܟܝܬܘܢ ܠܒܪܗ
ܡܢ ܫܡܝܐ: ܠܝܫܘܥ ܗܘ ܕܐܩܝܡ ܡܢ ܒܝܬ ܡܝ̈ܬܐ ܕܗܘ
ܦܪܩܢ ܠܢ ܡܢ ܪܘܓܙܐ ܕܐܬܐ ܀

ܩܦܠܐܘܢ ܀ ܒ ܀

1 ܘܐܢܬܘܢ ܝܕܥܝܢ ܐܢܬܘܢ ܐܚ̈ܝ ܕܡܥܠܢ ܕܠܘܬܟܘܢ ܠܐ
ܗܘܐ ܣܪܝܩܐܝܬ ܗܘܐ. 2 ܐܠܐ ܠܘܩܕܡ ܚܫܢ ܘܐܨܛܥܪܢ:
ܐܝܟ ܕܝܕܥܬܘܢ ܒܦܝܠܝܦܘܣ. ܘܗܝܕܝܢ ܐܬܡܪܚܢ ܒܐܠܗܢ
ܕܢܡܠܠ ܥܡܟܘܢ ܤܒܪܬܗ ܕܐܠܗܐ ܒܐܓܘܢܐ ܣܓܝܐܐ.
3 ܒܘܝܐܐ ܓܝܪ ܠܐ ܗܘܐ ܡܢ ܛܘܥܝܝ ܐܦܠܐ ܡܢ ܛܢܦܘܬܐ.
ܐܦܠܐ ܒܢܟܠܐ. 4 ܐܠܐ ܐܝܟ ܕܒܩܝܢ ܠܐܠܗܐ ܕܐܬܗܝܡܢܢ ܤܒܪܬܗ.
ܗܟܢܐ ܡܡܠܠܝܢܢ. ܠܐ ܐܝܟ ܕܠܒܢܝܢܫܐ ܢܫܦܪ: ܐܠܐ
ܠܐܠܗܐ ܗܘ ܕܒܚܪ ܠܒܘܬܢ. 5 ܐܦܠܐ ܓܝܪ ܒܡܠܬܐ
ܐܫܬܥܝܢ ܒܡܫܥܠܐ ܐܝܟ ܕܝܕܥܝܢ ܐܢܬܘܢ. ܘܠܐ ܒܥܠܬܐ
ܕܥܘܠܐ. ܐܠܗܐ ܤܗܕ. 6 ܘܠܐ ܒܥܝܢ ܫܘܒܚܐ ܡܢ
ܒܢܝ̈ܢܫܐ. ܠܐ ܡܢܟܘܢ ܘܠܐ ܡܢ ܐܚܪ̈ܢܐ. ܟܕ ܡܫܟܚܝܢ ܗܘܝܢ

ܝܩܝܪ̈ܐ ܠܡܗܘܐ ܐܝܟ ܫܠܝ̈ܚܐ ܕܡܫܝܚܐ. 7 ܐܠܐ ܗܘܝܢ
ܒܝܢܬܟܘܢ ܡܟܝܟ̈ܐ: ܐܝܟ ܡܪܒܝܢܝܬܐ ܕܡܪܚܡܐ ܒܢܝ̈ܗ̇:
8 ܗܟܢܐ ܐܦ ܚܢܢ ܡܚܒܒܝܢ ܘܡܫܬܘܚܕܝܢ ܠܡܬܠ ܠܟܘܢ.
ܠܐ ܒܠܚܘܕ ܣܒܪܗ ܕܐܠܗܐ: ܐܠܐ ܐܦ ܢܦܫܢ. ܡܛܠ
ܕܚܒܝ̈ܒܝܢ ܐܢ̱ܬܘܢ: 9 ܥܗܕܝܢ ܐܢ̱ܬܘܢ ܓܝܪ ܐܚ̈ܝ. ܕܠܐܝܢ
ܗܘܝܢ ܘܦܠܚܝܢ ܥܒܕ ܐܝܕ̈ܝܢ ܒܠܠܝܐ ܘܒܐܝܡܡܐ. ܕܥܠ
ܚܕ ܡܢܟܘܢ ܠܐ ܢܐܩܪ. 10 ܐܢ̱ܬܘܢ ܣܗܕܝܢ ܘܐܠܗܐ. ܕܐܝܟܢܐ
ܐܬܗܦܟܢ ܠܟܘܢ ܡܗܝܡܢ̈ܐ. ܕܟܝܘܬܐ ܘܟܐܢܘܬܐ. ܘܕܠܐ
ܪܫܝܢ ܗܘܝܢ ܠܘܬ ܟܠܟܘܢ ܡܗܝܡܢ̈ܐ. 11 ܐܝܟܢܐ ܕܝܕܥܝܢ
ܐܢ̱ܬܘܢ ܕܠܟܠ ܚܕ ܚܕ ܡܢܟܘܢ ܐܝܟ ܐܒܐ ܠܒܢ̈ܘܗ̱ܝ ܒܥܝܢ
ܗܘܝܢ ܘܡܒܝܐܝܢ ܗܘܝܢ ܠܒܒ̈ܝܟܘܢ. 12 ܘܡܣܗܕܝܢ ܠܟܘܢ
ܕܬܗܠܟܘܢ ܐܝܟ ܕܫܘܐ ܠܐܠܗܐ: ܗܘ ܕܩܪܝܟܘܢ ܠܡܠܟܘܬܗ
ܘܠܫܘܒܚܗ ܀ 13 ܡܛܠ ܗܢܐ ܐܦ ܚܢܢ: ܡܘܕܝܢ ܐܡܝܢܐܝܬ
ܠܐܠܗܐ. ܕܡܠܬܐ ܕܐܠܗܐ ܕܫܡܥܬܘܢ ܡܢܢ. ܠܐ ܗ̱ܘܬ ܐܝܟ
ܡܠܬܐ ܕܒܢܝ̈ܢܫܐ ܩܒܠܬܘܢܗ̇. ܐܠܐ ܐܝܟܢܐ ܕܐܝܬܝܗ̇ ܫܪܝܪܐܝܬ
ܡܠܬܐ ܕܐܠܗܐ. ܘܗ̇ܝ ܡܥܒܕܐ ܒܟܘܢ ܒܟܘܢ
ܕܡܗܝܡܢܝܢ. 14 ܐܢ̱ܬܘܢ ܓܝܪ ܐܚ̈ܝ: ܐܬܕܡܝܬܘܢ ܠܥܕ̈ܬܐ
ܕܐܠܗܐ ܕܝܗܘܕ ܗܠܝܢ ܕܒܝܫܘܥ ܡܫܝܚܐ. ܕܗܟܢ
ܚܫܫܬܘܢ ܐܦ ܐܢ̱ܬܘܢ ܡܢ ܒܢܝ̈ ܫܪܒܬܟܘܢ: ܐܝܟܢܐ ܕܐܦ
ܗܢܘܢ ܡܢ ܝܗܘܕܝ̈ܐ. 15 ܗܢܘܢ ܕܠܡܪܢ ܝܫܘܥ ܡܫܝܚܐ
ܩܛܠܘ. ܘܠܢܒܝ̈ܐ ܕܝܠܗܘܢ ܘܠܢ ܪܕܦܘ. ܘܠܐܠܗܐ ܠܐ ܫܦܪܝܢ
ܘܣܩܘܒܠܝܢ ܠܟܠܗܘܢ ܒܢܝ̈ܢܫܐ. 16 ܘܟܠܝܢ ܠܢ
ܕܠܐ ܢܡܠܠ ܥܡ ܥܡ̈ܡܐ ܕܢܚܘܢ. ܠܡܫܠܡܘ ܚܛܗ̈ܝܗܘܢ
ܒܟܠܙܒܢ. ܡܛܬ ܓܝܪ ܒܗܘܢ ܪܘܓܙܐ ܥܕܡܐ ܠܚܪܬܐ ܀
17 ܚܢܢ ܓܝܪ ܐܚ̈ܝ. ܗܘܝܢ ܝܬܡ̈ܐ ܡܢܟܘܢ ܙܒܢܐ ܕܫܥܬܐ.
ܒܐܦ̈ܐ ܘܠܐ ܒܠܒܐ. ܘܝܬܝܪܐܝܬ ܐܬܚܦܛܢ ܠܡܚܙܐ ܐܦ̈ܝܟܘܢ
ܒܣܘܓܐ ܕܪܓܬܐ ܀ 18 ܘܨܒܝܢ ܕܢܐܬܐ ܠܘܬܟܘܢ ܐܢܐ ܦܘܠܘܣ
ܚܕܐ ܙܒܢ ܘܬܪܬܝܢ ܘܟܠܢ ܣܛܢܐ. 19 ܐܝܢܘ ܓܝܪ ܣܒܪܢ

ܘܚܕܘܬܢ ܘܟܠܝܠܐ ܕܫܘܒܗܪܢ. ܐܠܐ ܐܢ ܐܢܬܘܢ ܩܕܡ ܡܪܢ
ܝܫܘܥ ܒܡܐܬܝܬܗ. 20 ܐܢܬܘܢ ܐܢܘܢ ܓܝܪ ܫܘܒܗܪܢ
ܘܚܕܘܬܢ ܀

ܩܦܠܐܘܢ ܀ ܓ ܀

1 ܘܡܛܠ ܕܠܐ ܡܣܝܒܪܝܢ ܨܒܝܢ ܠܡܦܫ ܒܐܬܢܘܣ
ܒܠܚܘܕܝܢ. 2 ܘܫܕܪܢ ܠܘܬܟܘܢ ܠܛܝܡܬܐܘܣ ܐܚܘܢ
ܡܫܡܫܢܐ ܕܐܠܗܐ. ܘܡܥܕܪܢܢ ܒܣܒܪܬܗ ܕܡܫܝܚܐ:
ܕܢܫܪܪܟܘܢ ܘܢܒܝܐ ܠܟܘܢ ܥܠ ܗܝܡܢܘܬܟܘܢ: 3 ܕܠܐ ܐܢܫ
ܡܢܟܘܢ ܢܬܡܚܠ ܒܗܠܝܢ ܐܘܠܨܢܐ ܕܗܘܝܢ. ܐܢܬܘܢ ܓܝܪ
ܝܕܥܝܢ ܐܢܬܘܢ ܕܠܗܕܐ ܣܝܡܝܢܢ. 4 ܐܦ ܟܕ ܠܘܬܟܘܢ
ܗܘܝܢ ܓܝܪ: ܡܩܕܡ ܐܡܪܝܢ ܠܟܘܢ: ܕܥܬܝܕܝܢ ܠܡܬܐܠܨܘ.
ܐܝܟܢܐ ܕܝܕܥܝܢ ܐܢܬܘܢ ܕܗܘܐ. 5 ܡܛܠ ܗܢܐ ܐܦ ܐܢܐ: ܠܐ
ܡܣܝܒܪܢܐ ܫܕܪܬ ܕܐܕܥ ܗܝܡܢܘܬܟܘܢ: ܕܠܡܐ
ܢܣܝܟܘܢ ܡܢܣܝܢܐ: ܘܢܗܘܐ ܥܡܠܢ ܣܪܝܩܐ ܀ 6 ܗܫܐ ܕܝܢ
ܡܢ ܕܐܬܐ ܠܘܬܢ ܛܝܡܬܐܘܣ ܡܢ ܠܘܬܟܘܢ: ܘܣܒܪܢ ܥܠ
ܗܝܡܢܘܬܟܘܢ: ܘܥܠ ܚܘܒܟܘܢ: ܘܕܐܝܬ ܠܟܘܢ ܥܘܗܕܢܐ
ܛܒܐ ܥܠܝܢ ܒܟܠ ܙܒܢ: ܘܡܬܪܓܪܓܝܢ ܐܢܬܘܢ ܠܡܚܙܝܢ ܐܦ
ܚܢܢ ܠܟܘܢ: 7 ܡܛܠ ܗܢܐ ܐܬܒܝܐܢ ܒܟܘܢ ܐܚܝܢ. ܥܠ
ܟܠܗܘܢ ܐܘܠܨܢܝܢ ܘܩܛܪܝܢ. ܒܝܕ ܗܝܡܢܘܬܟܘܢ.
8 ܘܗܫܐ ܗܘ ܚܝܝܢ: ܐܢ ܐܢܬܘܢ ܬܩܘܡܘܢ ܒܡܪܢ.
9 ܐܝܕܐ ܓܝܪ ܬܘܕܝܬܐ ܡܫܟܚܝܢ ܠܡܦܪܥ ܚܠܦܝܟܘܢ
ܠܐܠܗܐ: ܥܠ ܟܠ ܚܕܘܬܐ ܕܚܕܝܢ ܡܛܠܬܟܘܢ. 10 ܐܠܐ
ܕܩܕܡ ܐܠܗܐ ܡܬܟܫܦܝܢܢ ܒܐܝܡܡܐ ܘܒܠܠܝܐ ܕܢܚܙܐ
ܐܦܝܟܘܢ. ܘܢܫܡܠܐ ܡܕܡ ܕܒܨܝܪ ܗܝܡܢܘܬܟܘܢ. 11 ܗܘ ܕܝܢ
ܐܠܗܐ ܐܒܘܢ ܘܡܪܢ ܝܫܘܥ ܡܫܝܚܐ: ܢܬܪܘܨ ܐܘܪܚܢ
ܠܘܬܟܘܢ. 12 ܘܠܟܘܢ ܢܣܓܐ ܘܢܝܬܪ ܚܘܒܟܘܢ. ܕܚܕ ܠܘܬ ܚܕ
ܘܠܘܬ ܟܠܢܫ. ܐܝܟܢܐ ܕܐܦ ܚܢܢ ܡܚܒܝܢ ܠܟܘܢ. 13 ܘܢܩܝܡ

ܐܠܚ ܐܓܪܬܐ ܕܟܠܗ̇ ܠܬܣܠܘܢܝܩܝ̈ܐ ܩܕܡܝܬܐ ܀ ܓ ܀

ܠܒܘܬܟܘܢ ܕܠܐ ܪܘܫܡ ܒܩܕܝܫܘܬܐ ܩܕܡ ܐܠܗܐ ܐܒܘܢ:
ܒܡܐܬܝܬܗ ܕܡܪܢ ܝܫܘܥ ܡܫܝܚܐ ܥܡ ܟܠܗܘܢ
ܩܕܝܫܘ̈ܗܝ ܀

ܩܦܠܐܘܢ ܀ ܕ ܀

1 ܡܟܝܠ ܐܚ̈ܝ ܒܥܝܢܢ ܡܢܟܘܢ: ܘܡܬܟܫܦܝܢܢ ܠܟܘܢ
ܒܡܪܢ ܝܫܘܥ܆ ܕܐܝܟ ܕܩܒܠܬܘܢ ܡܢܢ ܐܝܟܢܐ ܘܠܐ ܠܟܘܢ
ܕܬܗܠܟܘܢ ܘܬܫܦܪܘܢ ܠܐܠܗܐ. ܕܬܬܝܬܪܘܢ ܝܬܝܪܐܝܬ. 2 ܝܕܥܝܢ
ܐܢܬܘܢ ܓܝܪ ܐܝܠܝܢ ܦܘܩܕ̈ܢܐ ܕܝܗܒܢ ܠܟܘܢ. ܒܡܪܢ ܝܫܘܥ
ܡܫܝܚܐ. 3 ܗܢܘ ܓܝܪ ܨܒܝܢܗ ܕܐܠܗܐ ܩܕܝܫܘܬܟܘܢ.
ܕܬܗܘܘܢ ܦܪܝܫܝܢ ܡܢ ܟܠ ܙܢܝܘܬܐ. 4 ܘܢܗܘܐ ܝܕܥ ܐܢܫ
ܐܢܫ ܡܢܟܘܢ ܠܡܩܢܐ ܡܐܢܗ ܒܩܕܝܫܘܬܐ ܘܒܐܝܩܪܐ. 5 ܘܠܐ
ܒܚܫܐ ܕܪܓܝܓܬܐ: ܐܝܟ ܫܪܟܐ ܕܥܡ̈ܡܐ ܗܢܘܢ ܕܠܐ ܝܕܥܝܢ
ܠܐܠܗܐ. 6 ܘܠܐ ܬܗܘܘܢ ܡܥܒܪܝܢ ܠܡܣܟܢܘ: ܘܠܡܛܠܡܘ
ܐܢܫ ܠܐܚܘܗܝ ܒܣܘܥܪܢܐ ܗܢܐ. ܡܛܠ ܕܡܪܝܐ ܗܘ ܬܒܘܥܐ
ܥܠ ܗܠܝܢ ܟܠܗܝܢ. ܐܝܟܢܐ ܕܐܦ ܡܢ ܩܕܡ ܐܡܪܢ
ܠܟܘܢ ܘܐܣܗܕܢ. 7 ܠܐ ܓܝܪ ܩܪܢ ܐܠܗܐ ܠܛܢܦܘܬܐ ܐܠܐ
ܠܩܕܝܫܘܬܐ. 8 ܡܛܠ ܗܢܐ ܕܫܐܛ: ܠܐ ܗܘܐ ܠܒܢܝ̈ܢܫܐ
ܫܐܛ ܐܠܐ ܠܐܠܗܐ. ܗܘ ܕܝܗܒ ܠܟܘܢ ܪܘܚܗ ܩܕܝܫܬܐ::
9 ܥܠ ܚܘܒܐ ܕܝܢ ܕܐܚ̈ܐ: ܠܐ ܣܢܝܩܝܢܬܘܢ ܠܡܟܬܒ ܠܟܘܢ.
ܐܢܬܘܢ ܓܝܪ ܡܠܦܝܢ ܐܢܬܘܢ ܡܢ ܐܠܗܐ ܕܬܚܒܘܢ
ܚܕ ܠܚܕ. 10 ܐܦ ܥܒܕܝܢ ܐܢܬܘܢ ܗܕܐ ܠܟܠܗܘܢ ܐܚ̈ܐ
ܕܒܟܠܗ̇ ܡܩܕܘܢܝܐ. ܒܥܐ ܐܢܐ ܕܝܢ ܡܢܟܘܢ ܐܚ̈ܝ ܕܬܬܝܬܪܘܢ
11 ܘܬܬܚܦܛܘܢ. ܕܬܗܘܘܢ ܫܠܝܢ ܘܥܢܝܢ ܒܨܒ̈ܘܬܟܘܢ.
ܘܬܦܠܚܘܢ ܒܐܝܕ̈ܝܟܘܢ. ܐܝܟܢܐ ܕܦܩܕܢܟܘܢ. 12 ܕܬܗܘܘܢ
ܡܗܠܟܝܢ ܒܐܣܟܝܡܐ ܠܘܬ ܒܪ̈ܝܐ: ܘܠܐ ܐܢܫ ܬܣܢܩܘܢ܀
13 ܨܒܐ ܐܢܐ ܕܝܢ ܕܬܕܥܘܢ ܐܚ̈ܝ. ܕܥܠ ܐܝܠܝܢ ܕܕܡܟܘ ܠܐ
ܬܗܘܐ ܟܪܝܐ ܠܟܘܢ: ܐܝܟ ܫܪܟܐ ܕܐܢܫܐ ܕܣܒܪܐ ܠܝܬ ܠܗܘܢ.
14 ܐܢ ܓܝܪ ܡܗܝܡܢܝܢܢ ܕܝܫܘܥ ܡܝܬ ܘܩܡ: ܗܟܢܐ ܐܦ

ܢܝܬܐ ܠܐܝܠܝܢ ܕܕܡܟܘ ܒܝܫܘܥ ܥܡܗ. 15 ܗܕܐ ܓܝܪ
ܐܡܪܝܢ ܠܟܘܢ ܒܡܠܬܗ ܕܡܪܢ. ܕܚܢܢ ܐܝܠܝܢ ܕܡܫܬܚܪܝܢ
ܒܡܐܬܝܬܗ ܕܡܪܢ ܕܚܝܝܢ: ܠܐ ܢܕܪܟ ܠܐܝܠܝܢ ܕܕܡܟܘ.
16 ܡܛܠ ܕܗܘ ܡܪܢ ܒܦܘܩܕܢܐ ܘܒܩܠܐ ܕܪܝܫ ܡܠܐܟ̈ܐ:
ܘܒܩܪܢܐ ܕܐܠܗܐ ܢܚܘܬ ܡܢ ܫܡܝܐ. ܘܡܝ̈ܬܐ ܕܒܡܫܝܚܐ
ܢܩܘܡܘܢ ܠܘܩܕܡ. 17 ܘܗܝܕܝܢ ܚܢܢ ܐܝܠܝܢ ܕܡܫܬܚܪܝܢ
ܕܚܝܝܢ: ܢܬܚܛܦ ܥܡܗܘܢ ܐܟܚܕܐ ܒܥܢܢ̈ܐ ܠܐܘܪܥܗ ܕܡܪܢ
ܒܐܐܪ. ܘܗܟܢܐ ܒܟܠܙܒܢ ܥܡ ܡܪܢ ܢܗܘܐ. 18 ܗܘܘ ܗܟܝܠ
ܡܒܝܐܝܢ ܚܕ ܠܚܕ ܒܡ̈ܠܐ ܗܠܝܢ ◆

ܩܦܠܐܘܢ ◆ ܗ ◆

1 ܥܠ ܙܒܢ̈ܐ ܕܝܢ ܘܥܕܢ̈ܐ. ܐܚܝ̈ ܠܐ ܣܢܝܩܝܬܘܢ ܠܡܟܬܒ
ܠܟܘܢ. 2 ܐܢܬܘܢ ܓܝܪ ܚܬܝܬܐܝܬ ܝܕܥܝܢ ܐܢܬܘܢ. ܕܝܘܡܗ
ܕܡܪܢ ܐܝܟ ܓܢܒܐ ܒܠܠܝܐ ܗܟܢܐ ܐܬܐ. 3 ܟܕ ܢܐܡܪܘܢ
ܕܫܠܡܐ ܗܘ ܘܫܝܢܐ. ܗܝܕܝܢ ܡܢ ܫܠܝܐ ܢܩܘܡ ܥܠܝܗܘܢ
ܐܒܕܢܐ. ܐܝܟ ܚܒܠܐ ܥܠ ܡܚܒܠܬܐ. ܘܠܐ ܢܥܪܩܘܢ. 4 ܐܢܬܘܢ
ܕܝܢ ܐܚܝ̈: ܠܐ ܗܘܝܬܘܢ ܒܚܫܘܟܐ ܕܗܘ ܝܘܡܐ ܐܝܟ ܓܢܒܐ
ܢܕܪܟܟܘܢ. 5 ܟܠܟܘܢ ܓܝܪ ܒܢ̈ܝ ܢܘܗܪܐ ܐܢܬܘܢ ܘܒܢ̈ܝ
ܐܝܡܡܐ. ܘܠܐ ܗܘܝܬܘܢ ܒܢ̈ܝ ܠܠܝܐ ܘܠܐ ܒܢ̈ܝ ܚܫܘܟܐ. 6 ܠܐ
ܢܕܡܟ ܗܟܝܠ ܐܝܟ ܫܪܟܐ. ܐܠܐ ܢܗܘܐ ܥܝܪܝܢ ܘܡܬܢܟܦܝܢ.
7 ܐܝܠܝܢ ܓܝܪ ܕܕܡܟܝܢ ܒܠܠܝܐ ܗܘ ܕܡܟܝܢ. ܘܐܝܠܝܢ ܕܪܘܝܢ
ܒܠܠܝܐ ܗܘ ܪܘܝܢ. 8 ܚܢܢ ܕܝܢ ܕܒܢ̈ܝ ܐܝܡܡܐ ܚܢܢ: ܢܗܘܐ
ܥܝܪܝܢ ܒܪܘܚܢ. ܘܠܒܝܫܝܢ ܫܪܝܢܐ ܕܗܝܡܢܘܬܐ ܘܕܚܘܒܐ.
ܘܢܣܝܡ ܣܒܪܬܐ ܕܦܘܪܩܢܐ ܕܚܝ̈ܐ. 9 ܡܛܠ ܕܠܐ ܣܡܢ ܐܠܗܐ
ܠܪܘܓܙܐ. ܐܠܐ ܠܩܢܝܢܐ ܕܚܝ̈ܐ ܒܡܪܢ ܝܫܘܥ ܡܫܝܚܐ.
10 ܗܘ ܕܡܝܬ ܥܠ ܐܦܝ̈ܢ. ܕܐܢ ܥܝܪܝܢ ܘܐܢ ܕܡܟܝܢ ܐܟܚܕܐ
ܥܡܗ ܢܚܐ. 11 ܡܛܠ ܗܢܐ ܒܥܘ ܚܕ ܠܚܕ. ܘܒܢܘ ܚܕ

ܠܚܕ. ܐܝܟܢܐ ܕܐܦ ܥܒܕܝܬܘܢ ◊ 12 ܒܥܝܢܢ ܕܝܢ ܡܢܟܘܢ
ܐܚܝ. ܕܬܗܘܘܢ ܝܕܥܝܢ ܠܐܢܫܝܢ ܕܠܐܝܢ ܒܟܘܢ: ܘܩܝܡܝܢ
ܥܠܝܟܘܢ ܘܡܠܦܝܢ ܠܟܘܢ. 13 ܕܬܗܘܘܢ ܡܚܒܝܢ ܠܗܘܢ
ܒܚܘܒܐ ܝܬܝܪܐ. ܘܡܛܠ ܥܒܕܗܘܢ ܐܫܬܝܢܘ ܥܡܗܘܢ ◊
14 ܒܥܝܢܢ ܕܝܢ ܡܢܟܘܢ ܐܚܝ: ܪܕܘ ܠܡܫܬܓܫܢܐ. ܘܠܒܒܘ
ܠܙܥܘܪܝ ܢܦܫܐ. ܘܣܥܘܕܘ ܠܡܚܝ̈ܠܐ. ܘܐܓܪܘ ܪܘܚܟܘܢ
ܠܘܬ ܟܠܢܫ. 15 ܘܐܙܕܗܪܘ ܕܠܐ ܐܢܫ ܡܢܟܘܢ ܒܝܫܬܐ
ܚܠܦ ܒܝܫܬܐ ܢܦܪܘܥ. ܐܠܐ ܒܟܠܙܒܢ ܗܘܝܬܘܢ ܪܕܦܝܢ ܛܒܬܐ:
ܠܘܬ ܚܕܕܐ ܘܠܘܬ ܟܠܢܫ. 16 ܘܗܘܝܬܘ ܚܕܝܢ ܒܟܠܙܒܢ.
17 ܘܡܨܠܝܢ ܕܠܐ ܡܫܠܐ. 18 ܘܒܟܠ ܡܕܡ ܗܘܘ ܡܘܕܝܢ.
ܗܢܘ ܓܝܪ ܨܒܝܢܗ ܕܐܠܗܐ ܒܝܫܘܥ ܡܫܝܚܐ ܒܟܘܢ.
19 ܪܘܚܐ ܠܐ ܬܕܥܟܘܢ. 20 ܢܒܝܘܬܐ ܠܐ ܬܫܛܘܢ. 21 ܟܠܡܕܡ
ܒܩܘ ܘܕܫܦܝܪ ܐܚܘܕܘ. 22 ܡܢ ܟܠ ܨܒܘ ܒܝܫܐ ܥܪܘܩܘ.
23 ܗܘ ܕܝܢ ܐܠܗܐ ܕܫܠܡܐ: ܢܩܕܫܟܘܢ ܓܡܝܪܐܝܬ ܠܟܠܟܘܢ.
ܘܒܟܠܗ ܪܘܚܟܘܢ ܘܢܦܫܟܘܢ ܘܦܓܪܟܘܢ: ܢܬܢܛܪ ܕܠܐ ܪܫܡ
ܠܡܐܬܝܬܗ ܕܡܪܢ ܝܫܘܥ ܡܫܝܚܐ. 24 ܡܗܝܡܢ ܗܘ ܡܢ
ܕܩܪܟܘܢ. ܕܗܘ ܢܥܒܕ. 25 ܐܚܝ ܨܠܘ ܥܠܝܢ. 26 ܫܐܠܘ
ܒܫܠܡܐ ܕܐܚܝܢ ܟܠܗܘܢ ܒܢܘܫܩܬܐ ܩܕܝܫܬܐ. 27 ܡܘܡܐ
ܐܢܐ ܠܟܘܢ ܒܡܪܢ. ܕܬܬܩܪܐ ܐܓܪܬܐ ܗܕܐ ܠܟܠܗܘܢ ܐܚܐ
ܩܕܝܫܐ. 28 ܛܝܒܘܬܗ ܕܡܪܢ ܝܫܘܥ ܡܫܝܚܐ ܥܡܟܘܢ
ܐܡܝܢ ◊

ܫܠܡܬ ܐܓܪܬܐ ܕܠܘܬ ܬܣܠܘܢܝܩܝܐ ܩܕܡܝܬܐ ◊

ܐܓܪܬܐ ܕܦܘܠܘܣ ܕܠܘܬ ܬܣܠܘܢܝܩܝܐ ܕܬܪܬܝܢ ܀

ܩܦܠܐܘܢ ܀ ܐ ܀

1 ܦܘܠܘܣ ܘܣܝܠܘܢܘܣ ܘܛܝܡܬܐܘܣ. ܠܥܕܬܐ
ܕܬܣܠܘܢܝܩܝܐ ܕܒܐܠܗܐ ܐܒܘܢ: ܘܡܪܢ ܝܫܘܥ ܡܫܝܚܐ.
2 ܛܝܒܘܬܐ ܥܡܟܘܢ ܘܫܠܡܐ. ܡܢ ܐܠܗܐ ܐܒܘܢ: ܘܡܢ
ܡܪܢ ܝܫܘܥ ܡܫܝܚܐ܀ 3 ܠܡܘܕܝܘ ܚܝܒܝܢܢ ܠܐܠܗܐ
ܒܟܠܙܒܢ ܥܠܝܟܘܢ ܐܚܝ: ܐܝܟ ܕܫܘܐ ܕܘܠܐ. ܕܬܪܒܐ ܛܒ
ܗܝܡܢܘܬܟܘܢ: ܘܣܓܝܐ ܚܘܒܐ ܕܟܠܟܘܢ. ܕܟܠܢܫ ܠܘܬ
ܚܒܪܗ. 4 ܐܝܟ ܕܐܦ ܚܢܢ ܒܟܘܢ ܢܗܘܐ ܡܫܬܒܗܪܝܢ
ܒܥܕܬܐ ܕܐܠܗܐ: ܥܠ ܗܝܡܢܘܬܟܘܢ ܘܥܠ ܡܣܝܒܪܢܘܬܟܘܢ:
ܕܒܟܠܗܘܢ ܪܕܘܦܝܟܘܢ ܘܐܘܠܨܢܝܟܘܢ ܕܡܣܝܒܪܝܢ ܐܢܬܘܢ.
5 ܠܬܚܘܝܬܐ ܕܕܝܢܐ ܟܐܢܐ ܕܐܠܗܐ. ܕܬܫܘܘܢ ܠܡܠܟܘܬܗ ܗܝ
ܕܥܠܝܗ ܐܢܬܘܢ ܚܫܝܢ. 6 ܐܢ ܟܐܢܐ ܩܕܡ ܐܠܗܐ: ܕܢܦܪܘܥ
ܐܘܠܨܢܐ ܠܐܠܘܨܝܟܘܢ. 7 ܘܠܟܘܢ ܕܡܬܐܠܨܝܢ ܢܝܚܐ ܥܡܢ.
ܒܓܠܝܢܗ ܕܡܪܢ ܝܫܘܥ ܡܫܝܚܐ ܕܡܢ ܫܡܝܐ. ܥܡ
ܚܝܠܐ ܕܡܠܐܟܘܗܝ: 8 ܟܕ ܝܗܒ ܬܒܥܬܐ ܒܫܠܗܒܝܬܐ ܕܢܘܪܐ
ܥܠ ܗܢܘܢ ܕܠܐ ܝܕܥܘ ܠܐܠܗܐ: ܘܥܠ ܗܢܘܢ ܕܠܐ ܐܫܬܡܥܘ
ܠܣܒܪܬܗ ܕܡܪܢ ܝܫܘܥ ܡܫܝܚܐ. 9 ܕܗܢܘܢ ܕܝܢܐ
ܢܦܪܥܘܢ ܐܒܕܢܐ ܕܠܥܠܡ. ܡܢ ܦܪܨܘܦܗ ܕܡܪܢ. ܘܡܢ
ܫܘܒܚܐ ܕܚܝܠܗ. 10 ܟܕ ܕܐܬܐ ܕܢܫܬܒܚ ܒܩܕܝܫܘܗܝ.
ܘܢܬܕܡܪ ܒܡܗܝܡܢܘܗܝ. ܕܐܬܗܝܡܢܬ ܣܗܕܘܬܢ
ܕܥܠܝܟܘܢ ܒܗܘ ܝܘܡܐ. 11 ܡܛܠܗܢܐ ܒܟܠܙܒܢ ܡܨܠܝܢܢ
ܥܠܝܟܘܢ: ܕܢܫܘܝܟܘܢ ܐܠܗܐ ܠܩܪܝܢܟܘܢ. ܘܢܡܠܐ
ܟܠܗ ܨܒܝܢܐ ܕܛܒܬܐ. ܘܥܒܕܐ ܕܗܝܡܢܘܬܐ ܒܚܝܠܐ.
12 ܕܢܫܬܒܚ ܒܟܘܢ ܫܡܗ ܕܡܪܢ ܝܫܘܥ ܡܫܝܚܐ. ܐܦ
ܐܢܬܘܢ ܒܗ ܐܝܟ ܛܝܒܘܬܗ ܕܐܠܗܢ ܘܡܪܢ ܝܫܘܥ ܡܫܝܚܐ.

ܩܦܠܐܘܢ ܀ ܒ ܀

1 ܒܥܝܢܢ ܕܝܢ ܡܢܟܘܢ ܐܚܝ: ܥܠ ܡܐܬܝܬܗ ܕܡܪܢ ܝܫܘܥ
ܡܫܝܚܐ: ܘܥܠ ܟܢܘܫܝܐ ܕܝܠܢ ܕܠܘܬܗ: 2 ܕܠܐ ܥܓܠ
ܬܬܙܝܥܘܢ ܒܬܪܥܝܬܟܘܢ. ܘܠܐ ܬܬܕܘܕܘܢ ܠܐ ܡܢ ܡܠܬܐ ܘܠܐ ܡܢ
ܪܘܚܐ. ܘܠܐ ܡܢ ܐܓܪܬܐ ܕܐܝܟ ܕܡܢ ܠܘܬܢ ܗܝ: ܕܗܐ ܠܡ
ܡܛܝ ܠܗ ܝܘܡܗ ܕܡܪܢ. 3 ܠܡܐ ܐܢܫ ܢܛܥܝܟܘܢ ܒܚܕܐ
ܡܢ ܐܣܟܡ̈ܐ. ܡܛܠ ܕܐܦ ܠܐ ܐܬܝܐ ܠܘܩܕܡ ܡܪܘܕܘܬܐ ܘܢܬܓܠܐ
ܒܪܢܫܐ ܕܚܛܝܬܐ ܒܪܗ ܕܐܒܕܢܐ: 4 ܗܘ ܕܠܘܩܒܠܐ ܗܘ.
ܘܡܫܬܥܠܐ ܥܠ ܟܠ ܡܢ ܕܡܬܩܪܐ ܐܠܗܐ ܘܕܚܠܐ. ܐܝܟܢܐ
ܕܐܦ ܒܗܝܟܠܐ ܕܐܠܗܐ ܐܝܟ ܐܠܗܐ ܢܬܒ. ܘܢܚܘܐ ܥܠ
ܢܦܫܗ ܐܝܟ ܕܐܠܗܐ ܗܘ. 5 ܠܐ ܥܗܕܝܬܘܢ ܕܟܕ ܠܘܬܟܘܢ
ܗܘܝܬ: ܗܠܝܢ ܐܡܪ ܗܘܝܬ ܠܟܘܢ. 6 ܘܗܫܐ ܝܕܥܝܢ ܐܢܬܘܢ
ܡܐ ܕܐܚܝܕ ܘܕܢܬܓܠܐ ܗܘ ܒܙܒܢܗ. 7 ܐܪܙܐ ܓܝܪ ܕܥܘܠܐ ܡܢ
ܟܕܘ ܫܪܝ ܠܡܬܥܒܕܘ. ܒܠܚܘܕ ܐܢ ܗܘ ܡܐ ܕܗܫܐ ܐܚܝܕ
ܢܫܬܩܠ ܡܢ ܡܨܥܬܐ: 8 ܘܗܝܕܝܢ ܢܬܓܠܐ ܥܘܠܐ. ܗܘ ܕܡܪܢ
ܢܫܝܨܝܘܗܝ ܒܪܘܚܐ ܕܦܘܡܗ. ܘܢܒܛܠܝܘܗܝ
ܒܓܠܝܢܐ ܕܡܐܬܝܬܗ. 9 ܡܐܬܝܬܗ ܓܝܪ ܕܗܘ ܡܥܒܕܢܘܬܐ
ܗܝ ܕܣܛܢܐ. ܒܟܠ ܚܝܠ. ܘܐܬ̈ܘܬܐ ܘܬܕܡܪ̈ܬܐ ܕܕܓܠܘܬܐ.
10 ܘܒܟܠܗ ܛܘܥܝܝ ܕܥܘܠܐ ܕܗܘܝܢ ܠܐܒܝܕ̈ܐ. ܚܠܦ ܕܠܐ
ܩܒܠܘ ܚܘܒܐ ܕܫܪܪܐ ܕܒܗ ܢܚܘܢ. 11 ܡܛܠܗܢܐ ܢܫܕܪ
ܠܗܘܢ ܐܠܗܐ ܡܥܒܕܢܘܬܐ ܕܛܘܥܝܝ: ܕܢܗܝܡܢܘܢ
ܠܕܓܠܘܬܐ. 12 ܘܢܬܕܝܢܘܢ ܟܠܗܘܢ ܐܝܠܝܢ ܕܠܐ ܗܝܡܢܘ
ܒܫܪܪܐ: ܐܠܐ ܐܨܛܒܝܘ ܒܥܘܠܐ. 13 ܚܢܢ ܕܝܢ ܚܝܒܝܢܢ
ܠܡܘܕܝܘ ܠܐܠܗܐ ܒܟܠܙܒܢ. ܥܠ ܐܦܝܟܘܢ ܐܚܝܢ ܚܒܝܒܘܗܝ
ܕܡܪܢ. ܕܓܒܟܘܢ ܐܠܗܐ ܡܢ ܪܫܝܬܐ ܠܚܝ̈ܐ. ܒܩܕܝܫܘܬܐ
ܕܪܘܚܐ ܘܒܗܝܡܢܘܬܐ ܕܫܪܪܐ. 14 ܠܗܠܝܢ ܗܘ ܓܝܪ ܩܪܟܘܢ
ܐܠܗܐ ܒܡܣܒܪܢܘܬܐ ܕܝܠܢ. ܕܬܗܘܘܢ ܡܩܢܝܢܘܬܐ ܠܡܪܢ

ܢܩܘܡ ܡܫܝܚܐ. 15 ܡܟܝܠ ܐܚܝ̈ ܐܫܬܪܪܘ ܘܐܚܘܕܘ
ܠܦܘܩܕ̈ܢܐ ܕܝܠܦܬܘܢ. ܐܢ ܒܡܠܬܐ ܘܐܢ ܒܐܓܪܬܐ ܕܝܠܢ.
16 ܗܘ ܕܝܢ ܡܪܢ ܝܫܘܥ ܡܫܝܚܐ ܘܐܠܗܐ ܐܒܘܢ: ܗܘ
ܕܐܚܒܢ ܘܝܗܒ ܠܢ ܒܘܝܐܐ ܕܠܥܠܡ: ܘܣܒܪܐ ܛܒܐ
ܒܛܝܒܘܬܗ. 17 ܢܒܝܐ ܠܒܘܬܟܘܢ. ܘܢܩܝܡ ܒܟܠ ܡܠܐ
ܘܒܟܠ ܥܒܕ ܛܒ ܀

ܩܦܠܐܘܢ ܀ ܓ ܀

1 ܡܢ ܗܫܐ ܐܚܝ̈. ܨܠܘ ܥܠܝܢ. ܕܡܠܬܗ ܕܡܪܢ ܬܪܗܛ
ܘܬܫܬܒܚ ܒܟܠ ܕܘܟ ܐܝܟ ܕܠܘܬܟܘܢ. 2 ܘܕܢܬܦܨܐ
ܡܢ ܒܢܝ̈ܢܫܐ ܒܝ̈ܫܐ ܘܥܘ̈ܠܐ. ܠܘ ܓܝܪ ܕܟܠܢܫ ܗܝ
ܗܝܡܢܘܬܐ. 3 ܡܗܝܡܢ ܗܘ ܕܝܢ ܡܪܢ: ܕܗܘ ܢܫܪܪܟܘܢ.
ܘܢܛܪܟܘܢ ܡܢ ܒܝܫܐ. 4 ܬܟܝܠܝܢ ܕܝܢ ܥܠܝܟܘܢ ܒܡܪܢ:
ܕܡܕܡ ܕܡܦܩܕܝܢ ܠܟܘܢ: ܥܒܕܝܬܘܢ ܐܦ ܥܬܝܕܝܬܘܢ.
5 ܘܡܪܢ ܢܬܪܘܨ ܠܒܘܬܟܘܢ. ܠܚܘܒܗ ܕܐܠܗܐ
ܘܠܡܣܝܒܪܢܘܬܗ ܕܡܫܝܚܐ. 6 ܡܦܩܕܝܢ ܠܟܘܢ ܕܝܢ ܐܚܝ̈
ܒܫܡܗ ܕܡܪܢ ܝܫܘܥ ܡܫܝܚܐ. ܕܬܬܪܚܩܘܢ ܡܢ
ܟܠ ܐܚܐ ܕܡܗܠܟ ܡܗܠܟ. ܘܠܐ ܐܝܟ ܡܫܠܡܢܘܬܐ
ܕܩܒܠ ܡܢܢ. 7 ܐܢܬܘܢ ܓܝܪ ܝܕܥܝܢ ܐܝܟܢܐ ܘܠܐ
ܠܡܬܕܡܝܘ ܒܢ. ܕܠܐ ܗܠܟܢ ܒܝܢ ܒܝܢܬܟܘܢ.
8 ܐܦܠܐ ܒܡܓܢ ܕܠܚܡܐ ܐܟܠܢ ܡܢ ܐܢܫ ܡܢܟܘܢ. ܐܠܐ ܒܥܡܠܐ
ܘܒܠܐܘܬܐ ܒܠܠܝܐ ܘܒܐܝܡܡܐ ܦܠܚܝܢ ܗܘܝܢ: ܕܥܠ ܐܢܫ
ܡܢܟܘܢ ܠܐ ܢܐܩܪ. 9 ܠܐ ܗܘܐ ܡܛܠ ܕܠܐ ܫܠܝܛ ܠܢ. ܐܠܐ
ܕܒܢܦܫܢ ܢܬܠ ܠܟܘܢ ܛܘܦܣܐ ܕܒܢ ܬܬܕܡܘܢ. 10 ܐܦ ܟܕ
ܠܘܬܟܘܢ ܗܘܝܢ ܓܝܪ ܗܕܐ ܡܦܩܕܝܢ ܗܘܝܢ ܠܟܘܢ. ܕܟܠ
ܕܠܐ ܨܒܐ ܕܢܦܠܘܚ. ܐܦܠܐ ܢܠܥܣ. 11 ܫܡܥܝܢ ܓܝܪ ܕܐܝܬ
ܒܟܘܢ ܐܢܫܝ̈ܐ ܕܗܠܟܝܢ ܡܗܠܟܝܢ. ܘܡܕܡ ܠܐ ܦܠܚܝܢ
ܐܠܐ ܣܪܝܩܬܐ. 12 ܠܗܠܝܢ ܕܝܢ ܕܐܝܠܝܢ ܡܦܩܕܝܢܢ.

ܘܒܥܝܢܢ ܡܢܗܘܢ ܒܡܪܢ ܝܫܘܥ ܡܫܝܚܐ: ܕܒܫܠܝܐ
ܢܗܘܘܢ ܦܠܚܝܢ ܘܐܟܠܝܢ ܠܚܡܗܘܢ. 13 ܐܢܬܘܢ ܕܝܢ ܐܚܝ:
ܠܐ ܬܡܠܘܢ ܠܡܥܒܕ ܕܫܦܝܪ. 14 ܘܐܢ ܐܢܫ ܠܐ ܡܫܬܡܥ
ܠܡܠܝܢ ܗܠܝܢ ܕܒܐܓܪܬܐ. ܢܬܦܪܫ ܠܟܘܢ ܗܢܐ. ܘܠܐ
ܬܬܚܠܛܘܢ ܥܡܗ ܕܢܒܗܬ: 15 ܘܠܐ ܐܝܟ ܒܥܠܕܒܒܐ
ܬܐܚܕܘܢܝܗܝ. ܐܠܐ ܗܘܝܬܘܢ ܡܪܬܝܢ ܠܗ ܐܝܟ ܕܠܐܚܐ. 16 ܗܘ ܕܝܢ
ܡܪܗ ܕܫܠܡܐ ܢܬܠ ܠܟܘܢ ܫܠܡܐ ܬܕܝܪܐܝܬ ܒܟܠܡܕܡ.
17 ܡܪܢ ܥܡ ܟܠܟܘܢ. 18 ܫܠܡܐ ܒܐܝܕܝ ܐܢܐ
ܦܘܠܘܣ ܟܬܒܬ. ܕܐܝܬܝܗ ܐܬܐ ܕܒܟܠܗܝܢ ܐܓܪܬܝ
ܗܟܢܐ ܟܬܒ ܐܢܐ. 19 ܛܝܒܘܬܗ ܕܡܪܢ ܝܫܘܥ ܡܫܝܚܐ:
ܥܡ ܟܠܟܘܢ ܐܚܝ ܐܡܝܢ ܀

ܫܠܡܬ ܐܓܪܬܐ ܕܠܘܬ ܬܣܠܘܢܝܩܝܐ ܕܐܬܟܬܒܬ
ܡܢ ܠܐܕܝܩܝܐ ܕܡܩܕܘܢܝܐ ܀

ܐܓܪܬܐ ܕܦܘܠܘܣ ܕܠܘܬ ܛܝܡܬܐܘܣ ܩܕܡܝܬܐ ܀

ܩܦܠܐܘܢ ܀ ܐ ܀

1 ܦܘܠܘܣ ܫܠܝܚܐ ܕܝܫܘܥ ܡܫܝܚܐ. ܒܦܘܩܕܢܐ
ܕܐܠܗܐ ܡܚܝܢܢ. ܘܕܡܫܝܚܐ ܝܫܘܥ ܣܒܪܢ. 2 ܠܛܝܡܬܐܘܣ
ܒܪܐ ܫܪܝܪܐ ܒܗܝܡܢܘܬܐ. ܛܝܒܘܬܐ ܘܪܚܡܐ ܘܫܠܡܐ: ܡܢ
ܐܠܗܐ ܐܒܘܢ: ܘܡܫܝܚܐ ܝܫܘܥ ܡܪܢ. 3 ܒܥܝܬ ܗܘܝܬ
ܡܢܟ ܟܕ ܐܙܠ ܐܢܐ ܠܡܩܕܘܢܝܐ ܕܬܩܘܐ ܒܐܦܣܘܣ. ܘܬܦܩܘܕ
ܠܐܢܫ ܐܢܫ ܕܠܐ ܢܠܦܘܢ ܝܘܠܦܢܐ ܡܫܚܠܦܐ. 4 ܘܠܐ ܢܬܦܢܘܢ

ܠܡܬܢܝܬܐ ܘܠܬܫܥܝܬܐ ܕܫܪܒܬܐ ܕܣܟܐ ܠܝܬ ܠܗܝܢ.
ܠܗܘܢ ܕܚܪܝܢܐ ܗܘ ܡܝܬܝܢ ܝܬܝܪܐܝܬ ܘܠܐ ܒܢܝܢܐ ܕܒܗܝܡܢܘܬܐ
ܕܐܠܗܐ. 5 ܫܘܠܡܗ ܕܝܢ ܕܦܘܩܕܢܐ ܐܝܬܘܗܝ ܚܘܒܐ. ܕܡܢ
ܠܒܐ ܕܟܝܐ ܘܡܢ ܬܐܪܬܐ ܛܒܬܐ. ܘܡܢ ܗܝܡܢܘܬܐ ܫܪܝܪܬܐ.
6 ܘܡܢܗܘܢ ܡܢ ܗܠܝܢ ܛܥܘ ܐܢܫܐ ܘܣܛܘ ܠܡܠܐ
ܣܪܝܩܬܐ. 7 ܘܒܥܘ ܠܡܗܘܐ ܡܠܦܢܐ ܕܢܡܘܣܐ. ܟܕ ܠܐ
ܡܣܬܟܠܝܢ ܡܕܡ ܕܡܡܠܠܝܢ: ܘܠܐ ܡܕܡ ܕܥܠܘܗܝ
ܡܬܚܦܛܝܢ. 8 ܝܕܥܝܢܢ ܕܝܢ ܕܢܡܘܣܐ ܫܦܝܪ ܗܘ. ܐܢ ܐܢܫ
ܐܝܟ ܢܡܘܣܐ ܢܬܕܒܪ ܒܗ. 9 ܟܕ ܝܕܥ ܕܠܙܕܝܩܐ ܢܡܘܣܐ
ܠܐ ܣܝܡ. ܐܠܐ ܠܥܘܠܐ ܘܠܡܪܘܕܐ ܘܠܪܫܝܥܐ ܘܠܚܛܝܐ.
ܘܠܚܢܦܐ ܘܠܐܝܠܝܢ ܕܠܐ ܕܟܝܢ. ܘܠܐܝܠܝܢ ܕܡܚܝܢ ܠܐܒܗܝܗܘܢ.
ܘܠܐܝܠܝܢ ܕܡܚܝܢ ܠܐܡܗܬܗܘܢ. ܘܠܩܛܘܠܐ. 10 ܘܠܙܢܝܐ.
ܘܠܡܫܟܒܝ ܥܡ ܕܟܪܐ. ܘܠܓܢܒܝ ܒܢܝ ܚܐܪܐ. ܘܠܕܓܠܐ
ܘܠܝܡܘܡܝ ܥܠ ܡܘܡܬܐ. ܘܠܟܠܡܕܡ ܕܐܚܪܢ ܡܣܩܘܒܠ
ܠܡܠܦܢܘܬܐ ܚܠܝܡܬܐ. 11 ܕܐܘܢܓܠܝܘܢ ܕܫܘܒܚܗ ܕܐܠܗܐ
ܡܒܪܟܐ: ܗܘ ܕܐܢܐ ܐܬܗܝܡܢܬ. 12 ܘܡܘܕܐ ܐܢܐ ܠܗ
ܕܚܝܠܢܝ ܠܡܪܢ ܝܫܘܥ ܡܫܝܚܐ. ܕܗܝܡܢܢܝ ܡܗܝܡܢܐ
ܘܣܡܢܝ ܠܬܫܡܫܬܗ. 13 ܠܝ ܕܡܢ ܩܕܝܡ ܡܓܕܦ
ܗܘܝܬ. ܘܪܕܘܦ ܘܡܨܥܪܢ. ܐܠܐ ܐܬܪܚܡܬ ܡܛܠ ܕܟܕ ܠܐ ܝܕܥ
ܗܘܝܬ ܥܒܕܬ ܕܠܐ ܗܝܡܢܘܬܐ. 14 ܣܓܝܐܬ ܕܝܢ ܛܝܒܘܬܗ
ܕܡܪܢ. ܘܗܝܡܢܘܬܐ ܘܚܘܒܐ ܕܒܝܫܘܥ ܡܫܝܚܐ. 15 ܡܗܝܡܢܐ
ܗܝ ܡܠܬܐ ܘܫܘܝܐ ܗܝ ܠܡܩܒܠܘܬܗ. ܕܝܫܘܥ ܡܫܝܚܐ
ܐܬܐ ܠܥܠܡܐ ܠܡܚܝܘ ܚܛܝܐ: ܕܩܕܡܝܗܘܢ ܐܢܐ ܐܢܐ.
16 ܐܠܐ ܡܛܠ ܗܢܐ ܐܬܪܚܡܬ ܥܠܝ. ܕܒܝ ܩܕܡܝܐ ܢܚܘܐ ܝܫܘܥ
ܡܫܝܚܐ ܟܠܗ ܡܓܪܬ ܪܘܚܗ: ܠܬܚܘܝܬܐ ܕܐܝܠܝܢ
ܕܥܬܝܕܝܢ ܕܢܗܝܡܢܘܢ ܒܗ ܠܚܝܐ ܕܠܥܠܡ. 17 ܠܡܠܟܐ
ܕܝܢ ܕܥܠܡܐ. ܗܘ ܕܠܐ ܡܬܚܒܠ ܘܠܐ ܡܬܚܙܐ: ܘܐܝܬܘܗܝ ܚܕ
ܐܠܗܐ: ܐܝܩܪܐ ܘܫܘܒܚܐ: ܠܥܠܡ ܥܠܡܝܢ ܐܡܝܢ ܀

18 ܗܢܐ ܦܘܩܕܢܐ ܡܓܥܠ ܐܢܐ ܠܟ ܒܪܝ ܛܝܡܬܐܘܣ܆ ܐܝܟ
ܢܒܝܘܬܐ ܩܕܡܝܬܐ ܕܗܘܬ ܥܠܝܟ܂ ܕܬܦܠܘܚ ܒܗܝܢ ܦܘܠܚܢܐ
ܗܢܐ ܫܦܝܪܐ܆ 19 ܒܗܝܡܢܘܬܐ ܘܒܬܐܪܬܐ ܛܒܬܐ܂ ܐܝܠܝܢ
ܓܝܪ ܕܠܗܕܐ ܕܚܩܘ ܡܢܗܘܢ܆ ܡܢ ܗܝܡܢܘܬܐ ܐܬܬܒܪܘ܂
20 ܐܝܟ ܗܘܡܢܝܐܘܣ ܘܐܠܟܣܢܕܪܘܣ ܗܠܝܢ ܕܐܫܠܡܬ
ܠܣܛܢܐ ܕܠܐ ܢܗܘܘܢ ܡܓܕܦܝܢ ܀

ܩܦܠܐܘܢ ܃ ܒ ܃

1 ܒܥܐ ܐܢܐ ܗܟܝܠ ܡܢܟ ܕܩܕܡ ܟܠܡܕܡ܂ ܒܥܘܬܐ
ܬܗܘܐ ܡܩܪܒ ܠܐܠܗܐ܂ ܘܨܠܘܬܐ ܘܬܟܫܦܬܐ ܘܬܘܕܝܬܐ ܚܠܦ
ܟܠܗܘܢ ܒܢܝܢܫܐ܂ 2 ܚܠܦ ܡܠܟܐ ܘܫܠܝܛܢܐ܆ ܕܢܕܒܪ
ܚܝܐ ܫܠܝܐ ܘܢܘܚܐ ܒܟܠܗ ܕܚܠܬ ܐܠܗܐ ܘܕܟܝܘܬܐ܂ 3 ܗܕܐ
ܓܝܪ ܫܦܝܪܐ ܘܡܩܒܠܐ ܩܕܡ ܐܠܗܐ ܡܚܝܢܢ܆ 4 ܗܘ ܕܨܒܐ
ܕܟܠܗܘܢ ܒܢܝܢܫܐ ܢܚܘܢ܂ ܘܢܬܦܢܘܢ ܠܝܕܥܬܐ ܕܫܪܪܐ܂
5 ܚܕ ܗܘ ܓܝܪ ܐܠܗܐ܂ ܘܚܕ ܗܘ ܡܨܥܝܐ ܕܐܠܗܐ
ܘܕܒܢܝܢܫܐ܆ ܒܪܢܫܐ ܝܫܘܥ ܡܫܝܚܐ܂ 6 ܗܘ ܕܝܗܒ
ܢܦܫܗ ܦܘܪܩܢܐ ܚܠܦ ܟܠ ܐܢܫ܆ ܣܗܕܘܬܐ ܕܐܬܬ ܒܙܒܢܗ܂
7 ܗܝ ܕܐܢܐ ܐܬܬܣܝܡܬ ܟܪܘܙܗ ܘܫܠܝܚܗ܂ ܩܘܫܬܐ ܐܡܪ
ܐܢܐ ܘܠܐ ܡܕܓܠ ܐܢܐ܂ ܕܗܘܝܬ ܡܠܦܢܐ ܕܥܡܡܐ ܒܗܝܡܢܘܬܐ
ܕܫܪܪܐ܂ 8 ܨܒܐ ܐܢܐ ܗܟܝܠ܆ ܕܢܗܘܘܢ ܡܨܠܝܢ ܓܒܪܐ ܒܟܠ
ܕܘܟ܂ ܟܕ ܡܪܝܡܝܢ ܐܝܕܝܗܘܢ ܕܟܝܬܐܝܬ ܕܠܐ ܪܘܓܙܐ ܘܕܠܐ
ܡܚܫܒܬܐ܂ 9 ܗܟܢܐ ܐܦ ܢܫܐ ܒܐܣܟܝܡܐ ܢܟܦܐ ܕܠܒܘܫܐ܂
ܒܢܟܦܘܬܐ ܘܒܢܟܦܘܬܐ ܢܗܘܝܢ ܨܒܝܬܢ܂ ܠܐ ܒܓܕܘܠܐ
ܘܒܕܗܒܐ܆ ܐܘ ܒܡܪܓܢܝܬܐ ܐܘ ܒܢܚܬܐ ܝܩܝܪܐ܂ 10 ܐܠܐ
ܒܥܒܕܐ ܛܒܐ܂ ܐܝܟܢܐ ܕܝܐܐ ܠܢܫܐ ܕܡܫܬܘܕܝܢ ܕܚܠܬ
ܐܠܗܐ܂ 11 ܐܢܬܬܐ ܒܫܠܝܐ ܬܗܘܐ ܝܠܦܐ ܒܟܠ ܡܫܬܥܒܕܐ܂
12 ܠܐܢܬܬܐ ܓܝܪ ܠܡܠܦܘ ܠܐ ܡܦܣ ܐܢܐ܂ ܘܠܐ ܠܡܫܠܛܘ ܥܠ
ܓܒܪܐ܂ ܐܠܐ ܬܗܘܐ ܒܫܠܝܐ܂ 13 ܐܕܡ ܓܝܪ ܐܬܓܒܠ ܠܘܩܕܡ

ܘܡܢ ܒܬܪܗ ܚܘܐ. 14 ܘܐܕܡ ܠܐ ܐܛܥܝ. ܐܢܬܬܐ ܕܝܢ ܐܛܥܝܬ ܘܥܒܪܬ
ܥܠ ܦܘܩܕܢܐ. 15 ܚܝܐ ܕܝܢ ܒܝܕ ܝܠܕܝܗ̇ ܐܢ ܢܩܘܡܘܢ
ܒܗܝܡܢܘܬܐ ܘܒܚܘܒܐ ܘܒܩܕܝܫܘܬܐ ܘܒܢܟܦܘܬܐ ∴

ܩܦܠܐܘܢ ∴ ܓ ∴

1 ܡܗܝܡܢܐ ܗܝ ܡܠܬܐ. ܕܐܢ ܐܢܫ ܪܐܓ ܩܫܝܫܘܬܐ:
ܥܒܕܐ ܛܒܐ ܪܐܓ. 2 ܘܠܐ ܕܝܢ ܕܢܗܘܐ ܩܫܝܫܐ. ܐܝܢܐ
ܕܡܘܡܐ ܠܐ ܡܫܬܟܚ ܒܗ. ܘܢܗܘܐ ܒܥܠܐ ܕܚܕܐ ܐܢܬܬܐ.
ܐܢܫܐ ܕܥܝܪ ܪܥܝܢܗ. ܘܢܟܦ ܘܡܣܬܒܪ. ܘܪܚܡ ܐܟܣܢܝܐ
ܘܡܠܦ. 3 ܘܠܐ ܥܒܪ ܥܠ ܚܡܪܐ. ܘܠܐ ܪܗܝܛ ܐܝܕܗ
ܠܡܡܚܐ. ܐܠܐ ܢܗܘܐ ܡܟܝܟ. ܘܠܐ ܢܨܝ. ܘܠܐ ܪܚܡ ܟܣܦܐ.
4 ܘܡܕܒܪ ܫܦܝܪ ܒܝܬܗ. ܘܐܚܝܕ ܒܢܘܗܝ ܒܫܥܒܕܘܬܐ
ܒܟܠܗ ܢܟܦܘܬܐ. 5 ܐܢ ܓܝܪ ܒܝܬܐ ܕܢܦܫܗ ܠܐ ܝܕܥ ܕܢܕܒܪ
ܫܦܝܪ: ܐܝܟܢܐ ܡܫܟܚ ܥܕܬܗ ܕܐܠܗܐ ܕܢܕܒܪ. 6 ܘܠܐ
ܢܗܘܐ ܛܠܝܐ ܒܬܠܡܝܕܘܬܗ: ܕܠܐ ܢܬܪܝܡ ܘܢܦܠ ܒܕܝܢܗ ܕܣܛܢܐ.
7 ܘܠܐ ܕܝܢ ܣܗܕܘܬܐ ܫܦܝܪܬܐ ܐܝܬ ܠܗ ܡܢ ܒܪ̈ܝܐ. ܕܠܐ ܢܦܠ
ܠܚܣܕܐ ܘܠܦܚܐ ܕܣܛܢܐ. 8 ܘܐܦ ܡܫܡܫܢܐ ܗܟܢܐ.
ܢܗܘܘܢ ܕܟܝܢ. ܘܠܐ ܢܦܠܓܘܢ ܠܫܢܗܘܢ. ܘܠܐ ܢܗܘܘܢ ܪܕܝܢ
ܠܚܡܪܐ ܣܓܝܐܐ. ܘܠܐ ܢܪܚܡܘܢ ܝܘܬܪܢܐ ܛܢܦܐ. 9 ܐܠܐ ܢܐܚܕܘܢ
ܐܪܙܐ ܕܗܝܡܢܘܬܐ ܒܬܐܪܬܐ ܕܟܝܬܐ. 10 ܘܗܢܘܢ ܗܟܝܠ ܢܬܒܚܪܘܢ
ܠܘܩܕܡ ܘܗܝܕܝܢ ܢܫܡܫܘܢ. ܟܕ ܐܝܬܝܗܘܢ ܕܠܐ ܪܫܢ ∴
11 ܗܟܢܐ ܐܦ ܢܫ̈ܐ ܢܗܘܝܢ ܢܟܦܢ. ܘܢܗܘܝܢ ܥܝܪ ܪܥܝܢܗܝܢ.
ܘܢܗܘܝܢ ܡܗܝܡܢܢ ܒܟܠ ܡܕܡ. ܘܠܐ ܢܗܘܝܢ ܐܟܠܝ
ܩܪܨܐ. 12 ܡܫܡܫܢܐ ܢܗܘܘܢ: ܐܢܫܐ ܕܚܕܐ ܐܢܬܬܐ ܗܘܬ
ܠܗ. ܘܕܒܪܝܢ ܒܢܝܗܘܢ ܘܒܬܝܗܘܢ ܫܦܝܪ. 13 ܐܝܠܝܢ ܓܝܪ
ܕܫܦܝܪ ܡܫܡܫܝܢ: ܕܪܓܐ ܛܒܐ ܩܢܝܢ ܠܢܦܫܗܘܢ. ܘܣܓܝܐܐ
ܦܪܗܣܝܐ ܒܗܝܡܢܘܬܐ ܕܝܫܘܥ ܡܫܝܚܐ. 14 ܗܠܝܢ
ܟܬܒ ܐܢܐ ܠܟ: ܟܕ ܡܣܒܪ ܐܢܐ ܕܒܥܓܠ ܐܬܐ ܐܢܐ ܠܘܬܟ.

15 ܘܐܢ ܗܘ ܕܝܢ ܕܡܘܚܪ ܐܢܐ: ܕܬܕܥ ܐܝܟܢܐ ܘܠܐ ܠܡܬܗܦܟܘ
ܒܒܝܬܗ ܕܐܠܗܐ ܕܐܝܬܝܗ̇ ܥܕܬܐ ܕܐܠܗܐ ܚܝܐ. ܥܡܘܕܐ
ܘܫܬܐܣܬܐ ܕܫܪܪܐ. 16 ܘܡܫܪܪܐܝܬ ܪܒ ܗܘ ܐܪܙܐ ܗܢܐ ܕܟܐܢܘܬܐ.
ܕܐܬܓܠܝ ܒܒܣܪ. ܘܐܙܕܕܩ ܒܪܘܚ. ܘܐܬܚܙܝ ܠܡܠܐܟܐ.
ܘܐܬܟܪܙ ܒܝܬ ܥܡܡܐ. ܘܐܬܗܝܡܢ ܒܥܠܡܐ. ܘܐܣܬܠܩ
ܒܫܘܒܚܐ ܀

ܩܦܠܐܘܢ ܀ ܕ ܀

1 ܪܘܚܐ ܕܝܢ ܡܦܪܫܐܝܬ ܐܡܪܐ. ܕܒܙܒܢܐ ܐܚܪܝܐ. ܢܦܪܩܘܢ
ܐܢܫ ܡܢ ܗܝܡܢܘܬܐ. ܘܢܬܐܪܟܘܢ ܠܘܬ ܪܘܚܐ ܛܥܝܬܐ
ܘܠܘܬ ܝܘܠܦܢܐ ܕܫܐܕܐ. 2 ܗܠܝܢ ܕܒܐܣܟܡܐ ܕܓܠܐ ܡܡܠܠܝܢ
ܡܫܥܠܝܢ ܟܕܒܘܬܐ. ܘܟܘܝܢ ܒܬܐܪܬܗܘܢ. 3 ܘܟܠܝܢ
ܠܡܙܕܘܓܘ. ܘܡܬܪܚܩܝܢ ܡܢ ܡܐܟܘܠܬܐ. ܐܝܠܝܢ ܕܐܠܗܐ
ܒܪܐ ܐܢܝܢ ܠܡܫܩܠܐ ܒܬܘܕܝܬܐ: ܠܐܝܠܝܢ ܕܡܗܝܡܢܝܢ
ܘܝܕܥܝܢ ܫܪܪܐ. 4 ܡܛܠ ܕܟܠ ܕܒܪܐ ܐܠܗܐ ܫܦܝܪ ܗܘ.
ܘܠܝܬ ܡܕܡ ܕܡܣܬܠܝ ܐܢ ܒܬܘܕܝܬܐ ܡܬܢܣܒ. 5 ܡܬܩܕܫ
ܗܘ ܓܝܪ ܒܡܠܬܐ ܕܐܠܗܐ ܘܒܨܠܘܬܐ. 6 ܗܠܝܢ ܐܢ ܬܣܝܡ ܐܢܬ
ܩܕܡ ܠܐܚܐ ܡܫܡܫܢܐ ܛܒܐ ܬܗܘܐ ܕܝܫܘܥ ܡܫܝܚܐ. ܟܕ
ܡܬܪܒܐ ܐܢܬ ܒܡܠܐ ܕܗܝܡܢܘܬܐ. ܘܕܝܘܠܦܢܐ ܛܒܐ ܕܢܩܦܬ
ܐܢܬ. 7 ܡܢ ܫܘܥܝܬܐ ܕܝܢ ܦܓܝܢܝܬܐ ܕܣܒܬܐ ܐܫܬܐܠ. ܘܕܪܘܫ
ܢܦܫܟ ܒܟܐܢܘܬܐ. 8 ܕܕܘܪܫܐ ܓܝܪ ܕܦܓܪܐ ܠܙܥܘܪܐ ܡܘܬܪ.
ܟܐܢܘܬܐ ܕܝܢ ܠܟܠ ܡܕܡ ܡܘܬܪܐ. ܕܐܝܬ ܠܗ̇ ܫܘܘܕܝܐ
ܕܚܝܐ: ܕܗܫܐ ܗܢܐ ܘܕܥܬܝܕ ܀ 9 ܡܗܝܡܢܐ ܗܝ ܡܠܬܐ
ܘܫܘܝܐ ܗܝ ܠܡܩܒܠܘܬܗ̇. 10 ܡܛܠ ܗܢܐ ܗܘ ܓܝܪ
ܠܐܝܢ ܘܡܬܚܣܕܝܢ: ܕܡܣܒܪܝܢ ܒܐܠܗܐ ܚܝܐ:
ܕܐܝܬܘܗܝ ܡܚܝܢܐ ܕܒܢܝܢܫܐ ܟܠܗܘܢ ܝܬܝܪܐܝܬ ܕܡܗܝܡܢܐ.
11 ܗܠܝܢ ܐܠܦ ܘܦܩܕ. 12 ܠܐ ܐܢܫ ܢܒܣܐ ܥܠ ܛܠܝܘܬܟ.
ܐܠܐ ܗܘܝ ܕܡܘܬܐ ܠܡܗܝܡܢܐ: ܒܡܠܬܐ ܘܒܗܘܦܟܐ.
ܘܒܚܘܒܐ. ܘܒܗܝܡܢܘܬܐ ܘܒܕܟܝܘܬܐ. 13 ܥܕ ܐܬܐ ܐܢܐ.

ܐܬܢܨܚ ܒܩܪܝܢܐ. ܘܒܒܥܘܬܐ ܘܒܝܘܠܦܢܐ. 14 ܘܠܐ ܬܒܣܐ
ܒܡܘܗܒܬܐ ܕܐܝܬ ܒܟ: ܗܝ ܕܐܬܝܗܒܬ ܠܟ ܒܢܒܝܘܬܐ
ܘܒܣܝܡܝܕܐ ܕܐܝܕܝܐ ܕܩܫܝܫܘܬܐ. 15 ܒܗܠܝܢ ܐܬܗܓܐ ܘܒܗܝܢ
ܗܘܝ. ܕܬܬܝܕܥ ܠܟܠܢܫ ܕܡܩܕܡ ܐܢܬ. 16 ܘܐܙܕܗܪ
ܒܢܦܫܟ ܘܒܝܘܠܦܢܟ. ܘܩܘܝ ܒܗܘܢ. ܟܕ ܗܠܝܢ ܓܝܪ
ܬܥܒܕ: ܢܦܫܟ ܬܚܐ ܘܠܐܝܠܝܢ ܕܫܡܥܝܢ ܠܟ ✤

ܩܦܠܐܘܢ ✤ ܗ ✤

ܠܩܫܝܫܐ ܠܐ ܬܟܐܐ. ܐܠܐ ܐܬܒܥܝܗܝ ܐܝܟ ܕܠܐܒܐ.
ܘܠܐܝܠܝܢ ܕܛܠܝܢ ܐܝܟ ܕܠܐܚܝܟ. 2 ܘܠܩܫܝܫܬܐ ܐܝܟ ܐܡܗܬܐ.
ܘܠܐܝܠܝܢ ܕܛܠܝܢ ܐܝܟ ܕܠܐܚܘܬܟ ܒܟܠܗ̇ ܕܟܝܘܬܐ. 3 ܠܐܪܡܠܬܐ
ܝܩܪ. ܠܐܝܠܝܢ ܕܐܪܡܠܬܐ ܐܢܝܢ ܫܪܝܪܐ. 4 ܘܐܢ ܐܪܡܠܬܐ ܕܐܝܬ
ܠܗ̇ ܒܢܝܐ ܐܘ ܒܢܝ ܒܢܝܐ ܢܐܠܦܘܢ ܠܘܩܕܡ ܕܒܒܢܝ
ܒܝܬܗܘܢ ܢܬܕܒܪܘܢ. ܘܢܦܪܥܘܢ ܚܘܒܠܐ ܠܐܒܗܝܗܘܢ. ܗܕܐ
ܓܝܪ ܡܩܒܠܐ ܩܕܡ ܐܠܗܐ. 5 ܐܝܕܐ ܕܝܢ ܕܫܪܝܪܐܝܬ ܐܪܡܠܬܐ
ܗܝ ܘܡܘܚܕܝܬܐ: ܗܕܐ ܡܣܒܪܐ ܥܠ ܐܠܗܐ ܗܝ ܘܐܡܝܢܐ
ܒܨܠܘܬܐ ܘܒܒܥܘܬܐ ܒܐܝܡܡܐ ܘܒܠܠܝܐ. 6 ܐܝܕܐ ܕܝܢ
ܕܡܫܬܦܩܐ ܒܒܣܝܡܘܬܐ: ܡܝܬܐ ܗܝ ܟܕ ܚܝܐ. 7 ܗܠܝܢ ܗܟܝܠ
ܦܩܘܕ ܠܗܝܢ ܕܢܗܘܝܢ ܕܠܐ ܪܫܢ. 8 ܐܢ ܐܢܫ ܕܝܢ ܕܐܝܠܝܢ
ܕܝܠܗ ܐܢܘܢ. ܘܝܬܝܪܐܝܬ ܕܐܝܠܝܢ ܕܐܝܬܝܗܘܢ ܒܢܝ ܒܝܬܐ
ܕܗܝܡܢܘܬܐ ܠܐ ܝܨܦ. ܗܢܐ ܟܦܪ ܠܗ ܠܗܝܡܢܘܬܐ. ܘܒܝܫ
ܗܘ ܡܢ ܐܝܠܝܢ ܕܠܐ ܡܗܝܡܢܝܢ. 9 ܬܬܓܒܐ ܗܟܝܠ ܓܒܝܬܐ
ܐܪܡܠܬܐ: ܐܝܕܐ ܕܠܐ ܒܨܝܪܐ ܡܢ ܫܬܝܢ ܫܢܝܢ. ܐܝܕܐ ܕܠܚܕ ܗܘ
ܓܒܪܐ ܗܘܬ. 10 ܘܐܝܬ ܠܗ̇ ܣܗܕܘܬܐ ܕܥܒܕܐ ܛܒܐ. ܐܢ
ܪܒܬ ܒܢܝܐ. ܐܢ ܩܒܠܬ ܐܟܣܢܝܐ. ܐܢ ܐܫܝܓܬ ܪܓܠܝܗܘܢ
ܕܩܕܝܫܐ. ܐܢ ܐܪܘܚܬ ܠܐܠܝܨܐ. ܐܢ ܗܠܟܬ ܒܟܠ ܥܒܕ ܛܒ.
11 ܡܢ ܐܪܡܠܬܐ ܕܝܢ ܐܝܠܝܢ ܕܛܠܝܢ ܐܫܬܐܠ. ܡܪܥܝܢ ܠܗܝܢ
ܓܝܪ ܥܠ ܡܫܝܚܐ: ܘܨܒܝܢ ܠܡܗܘܐ ܠܓܒܪܐ.

12 ܘܕܝܢܗܘܢ ܩܐܡ ܗܘ. ܕܫܒܩܘ ܗܝܡܢܘܬܗܘܢ ܩܕܡܝܬܐ.
13 ܝܠܦܢ ܕܝܢ ܐܦ ܒܛܝܠܘܬܐ. ܟܕ ܡܬܟܪܟܢ ܒܝܬ ܒܬܐ.
ܠܐ ܒܠܚܘܕ ܒܛܝܠܘܬܐ. ܐܠܐ ܐܦ ܕܢܫܬܥܝܢ ܡܫܬܥܝܢ ܘܢܦܩܢ
ܦܪܢܩܐ. ܘܢܡܠܠܢ ܡܕܡ ܕܠܐ ܘܠܐ. 14 ܨܒܐ ܐܢܐ ܗܟܝܠ:
ܕܐܝܠܝܢ ܕܥܠܝܡܢ ܢܬܢܣܒܢ ܘܢܐܠܕܢ ܒܢܝܐ ܘܢܕܒܪܢ ܒܬܝܗܘܢ.
ܘܠܐ ܢܬܠܘܢ ܠܒܥܠܕܒܒܐ ܐܦܠܐ ܚܕܐ ܥܠܬܐ ܕܨܘܚܝܬܐ.
15 ܡܛܠ ܕܗܫܐ ܓܝܪ: ܫܪܝܘ ܐܢܫ ܐܢܫ ܠܡܣܛܐ ܒܬܪ
ܣܛܢܐ. 16 ܐܢ ܐܢܫ ܡܗܝܡܢܐ ܐܘ ܡܗܝܡܢܬܐ ܐܝܬ ܠܗܘܢ
ܐܪܡܠܬܐ: ܢܬܪܣܘܢ ܐܢܝܢ ܘܠܐ ܢܬܝܩܪܢ ܥܠ ܥܕܬܐ. ܕܠܐܝܠܝܢ
ܕܐܪܡܠܬܐ ܐܢܝܢ ܕܫܪܝܪܐ ܬܣܦܘܩ. 17 ܩܫܝܫܐ ܐܝܠܝܢ ܕܩܝܡܝܢ
ܫܦܝܪ: ܠܐܝܩܪܐ ܥܦܝܦܐ ܢܫܘܘܢ. ܝܬܝܪܐܝܬ ܐܝܠܝܢ ܕܠܐܝܢ
ܒܡܠܬܐ ܘܒܝܘܠܦܢܐ. 18 ܐܡܪ ܓܝܪ ܟܬܒܐ. ܕܠܐ ܬܚܒܘܡ
ܬܘܪܐ ܟܕ ܕܪܫ. ܘܫܘܐ ܗܘ ܦܥܠܐ ܐܓܪܗ. 19 ܥܠ ܩܫܝܫܐ
ܩܛܪܓܐ ܠܐ ܬܩܒܠ. ܐܠܐ ܥܠ ܦܘܡ ܬܪܝܢ ܘܬܠܬܐ ܣܗܕܝܢ.
20 ܠܐܝܠܝܢ ܕܚܛܝܢ ܩܕܡ ܟܠܢܫ ܟܣܝ. ܕܐܦ ܫܪܟܐ ܕܐܢܫܐ
ܢܕܚܠܘܢ. 21 ܡܣܗܕ ܐܢܐ ܠܟ ܩܕܡ ܐܠܗܐ. ܘܡܪܢ ܝܫܘܥ
ܡܫܝܚܐ ܘܡܠܐܟܘܗܝ ܓܒܝܐ. ܕܗܠܝܢ ܬܛܪ. ܘܠܐ ܬܬܦܠܓ
ܒܪܢܝܢܐ ܠܡܕܡ. ܘܠܐ ܬܥܒܕ ܡܕܡ ܒܡܣܒ ܒܐܦܐ. 22 ܐܝܕܐ
ܒܥܓܠ ܥܠ ܐܢܫ ܠܐ ܬܣܝܡ. ܘܠܐ ܬܫܬܘܬܦ ܒܚܛܗܐ
ܢܘܟܪܝܐ. ܢܦܫܟ ܛܪ ܒܕܟܝܘܬܐ. 23 ܘܡܟܝܠ ܡܝܐ ܠܐ ܬܫܬܐ.
ܐܠܐ ܚܡܪܐ ܩܠܝܠ ܗܘܝ ܫܬܐ ܡܛܠ ܐܣܛܘܡܟܟ. ܘܡܛܠ
ܟܘܪܗܢܝܟ ܐܡܝܢܐ ✤ 24 ܐܝܬ ܒܢܝܢܫܐ ܕܚܛܗܝܗܘܢ ܝܕܝܥܝܢ
ܐܢܘܢ. ܘܡܩܕܡܝܢ ܠܗܘܢ ܠܒܝܬ ܕܝܢܐ. ܘܐܝܬ ܕܠܒܣܬܪܗܘܢ
ܐܬܝܢ. 25 ܗܟܢܐ ܐܦ ܥܒܕܐ ܛܒܐ ܝܕܝܥܝܢ ܐܢܘܢ. ܘܐܝܠܝܢ
ܕܐܚܪܢܐܝܬ ܐܢܘܢ ܠܡܛܫܝܘ ܠܐ ܡܫܟܚܝܢ ✤

ܩܦܠܐܘܢ ܀ ܘ ܀

1 ܐܝܠܝܢ ܕܐܝܬܝܗܘܢ ܬܚܝܬ ܢܝܪܐ ܕܥܒܕܘܬܐ: ܠܡܪ̈ܝܗܘܢ
ܒܟܠ ܐܝܩܪ ܢܐܚܕܘܢ. ܕܠܐ ܢܗܘܐ ܫܡܗ ܕܐܠܗܐ ܘܝܘܠܦܢܗ
ܡܬܓܕܦ. 2 ܐܝܠܝܢ ܕܝܢ ܕܐܝܬ ܠܗܘܢ ܡܪ̈ܘܬܐ ܡܗܝܡܢܐ:
ܠܐ ܢܒܣܘܢ ܒܗܘܢ ܡܛܠ ܕܐܚ̈ܝܗܘܢ ܐܢܘܢ: ܐܠܐ ܝܬܝܪܐܝܬ
ܢܫܡܫܘܢ ܐܢܘܢ: ܡܛܠ ܕܡܗܝܡܢܐ ܐܢܘܢ ܘܚܒܝܒܐ: ܗܢܘܢ
ܕܡܬܢܝܚܝܢ ܒܬܫܡܫܬܗܘܢ. ܗܠܝܢ ܐܠܦ ܘܒܥܐ
ܡܢܗܘܢ. 3 ܐܢ ܕܝܢ ܐܝܬ ܐܢܫ ܕܡܠܦ ܝܘܠܦܢܐ ܐܚܪܢܐ ܘܠܐ
ܡܬܩܪܒ ܠܡ̈ܠܐ ܚܠܝܡܬܐ ܕܡܪܢ ܝܫܘܥ ܡܫܝܚܐ.
ܘܠܝܘܠܦܢܐ ܕܕܚܠܬ ܐܠܗܐ. 4 ܗܢܐ ܕܡܬܪܝܡ ܗܘ ܡܕܡ
ܠܐ ܝܕܥ. ܐܠܐ ܟܪܝܗ ܒܥܘܩܒܐ ܘܒܚܪܝܢܐ ܕܡ̈ܠܐ. ܕܡܢܗܘܢ ܗܘܐ
ܚܣܡܐ ܘܚܪܝܢܐ ܘܓܘܕܦܐ ܘܣܘܥܪܢܐ ܕܪ̈ܥܝܢܐ ܒܝ̈ܫܐ.
5 ܘܡܚܬܐ ܕܒ̈ܢܝܢܫܐ: ܐܝܠܝܢ ܕܡܚܒܠ ܪܥܝܢܗܘܢ. ܘܓܠܝܙܝܢ
ܡܢ ܫܪܪܐ. ܘܣܒܪܝܢ ܕܬܐܓܘܪܬܐ ܗܝ ܕܚܠܬ ܐܠܗܐ.
6 ܐܝܬ ܕܝܢ ܬܐܓܘܪܬܐ ܡܢ ܗܠܝܢ. ܬܐܓܘܪܬܐ ܓܝܪ ܪܒܬܐ
ܗܝ. ܕܐܝܬܝܗ̇ ܕܚܠܬ ܐܠܗܐ ܒܣܘܦܩܐ ܕܢܦܫܐ. 7 ܡܕܡ
ܓܝܪ ܠܐ ܐܥܠܢ ܠܥܠܡܐ. ܘܝܕܝܥܐ ܕܐܦܠܐ ܕܢܦܩ ܡܢܗ
ܡܫܟܚܝܢܢ. 8 ܡܛܠ ܗܢܐ ܣܦܩܐ ܠܢ ܬܪܣܝܬܐ ܘܬܟܣܝܬܐ.
9 ܐܝܠܝܢ ܕܝܢ ܕܨܒܝܢ ܠܡܥܬܪ. ܢܦܠܝܢ ܒܢܣܝܘܢܐ ܘܒܦܚܐ.
ܘܒܪ̈ܓܝܓܬܐ ܣܓܝ̈ܐܬܐ ܕܣܟܠܢ ܘܡܣܪ̈ܚܢ. ܘܡܛܒܥܢ
ܠܒܢܝ̈ܢܫܐ ܒܚܒܠܐ ܘܒܐܒܕܢܐ. 10 ܥܩܪܐ ܓܝܪ ܕܟܠܗܝܢ ܒܝ̈ܫܬܐ
ܐܝܬܝܗ̇ ܪܚܡܬ ܟܣܦܐ. ܘܐܝܬ ܐܢܫ ܕܐܬܪܓܪܓܘ ܒܗ̇: ܘܡܢ
ܗܝܡܢܘܬܐ ܛܥܘ. ܘܢܦܫܗܘܢ ܐܥܠܘ ܠܟܐܒܐ ܣܓܝ̈ܐܐ.
11 ܐܢܬ ܕܝܢ ܐܘ ܒܪܢܫܐ ܕܐܠܗܐ. ܡܢ ܗܠܝܢ ܥܪܘܩ. ܘܗܪܛ
ܒܬܪ ܙܕܝܩܘܬܐ ܘܒܬܪ ܟܐܢܘܬܐ. ܘܒܬܪ ܗܝܡܢܘܬܐ ܘܒܬܪ
ܚܘܒܐ. ܘܒܬܪ ܡܣܝܒܪܢܘܬܐ. ܘܒܬܪ ܡܟܝܟܘܬܐ.
12 ܘܐܬܟܬܫ ܟܬܘܫܐ ܛܒܐ ܕܗܝܡܢܘܬܐ. ܘܐܕܪܟ ܚܝ̈ܐ ܕܠܥܠܡ

ܕܠܗܘܢ ܐܬܩܪܝܬ: ܘܐܘܕܝܬ ܬܘܕܝܬܐ ܛܒܬܐ ܩܕܡ ܣܗܕܐ
ܣܓܝܐܐ ܀ 13 ܡܦܩܕ ܐܢܐ ܠܟ ܩܕܡ ܐܠܗܐ ܗܘ ܕܡܚܐ
ܟܠ: ܘܩܕܡ ܝܫܘܥ ܡܫܝܚܐ: ܗܘ ܕܐܣܗܕ ܩܕܡ ܦܢܛܝܘܣ
ܦܝܠܛܘܣ ܣܗܕܘܬܐ ܛܒܬܐ ܀ 14 ܕܬܛܪܝܗ̇ ܠܦܘܩܕܢܐ ܕܠܐ
ܛܘܠܫܐ ܘܕܠܐ ܡܘܡ: ܥܕܡܐ ܠܓܠܝܢܗ ܕܡܪܢ ܝܫܘܥ
ܡܫܝܚܐ. 15 ܗܘ ܕܥܬܝܕ ܒܙܒܢܘܗܝ ܢܚܘܝܘܗܝ ܐܠܗܐ
ܡܒܪܟܐ ܘܚܝܠܬܢܐ ܒܠܚܘܕܘܗܝ: ܡܠܟܐ ܕܡܠܟܐ ܘܡܪܐ
ܕܡܪܘܬܐ. 16 ܗܘ ܕܗܘ ܒܠܚܘܕܘܗܝ ܠܐ ܡܝܘܬ. ܘܫܪܐ
ܒܢܘܗܪܐ ܕܐܢܫ ܠܐ ܡܫܟܚ ܕܢܬܩܪܒ ܠܗ. ܘܐܢܫ ܡܢ
ܒܢܝܢܫܐ ܠܐ ܚܙܝܗܝ. ܐܦܠܐ ܡܨܐ ܠܡܚܙܝܗ. ܗܘ ܕܠܗ
ܐܝܩܪܐ ܘܫܘܠܛܢܐ ܠܥܠܡ ܥܠܡܝܢ ܐܡܝܢ ܀ 17 ܠܥܬܝܪܐ
ܕܒܥܠܡܐ ܗܢܐ ܦܩܘܕ. ܕܠܐ ܢܬܪܝܡܘܢ ܒܪܥܝܢܗܘܢ. ܘܠܐ
ܢܬܬܟܠܘܢ ܥܠ ܥܘܬܪܐ ܕܠܝܬ ܠܗ ܫܘܪܪܐ. ܐܠܐ ܥܠ
ܐܠܗܐ ܚܝܐ ܗܘ ܕܝܗܒ ܠܢ ܟܠ ܥܬܝܪܐܝܬ ܠܢܘܝܚܢ.
18 ܘܢܥܒܕܘܢ ܛܒܬܐ ܘܢܥܬܪܘܢ ܒܥܒܕܐ ܫܦܝܪܐ.
ܘܢܗܘܘܢ ܕܝܗܒܝܢ ܠܡܬܠ ܘܠܡܫܘܬܦܘ 19 ܘܢܣܝܡܘܢ
ܠܢܦܫܗܘܢ ܫܬܐܣܬܐ ܛܒܬܐ ܠܕܥܬܝܕ: ܕܢܕܪܟܘܢ
ܚܝܐ ܫܪܝܪܐ. 20 ܐܘ ܛܝܡܬܐ܆ ܐܙܕܗܪ ܒܓܘܥܠܢܐ ܕܐܬܓܥܠ ܠܟ.
ܘܥܪܘܩ ܡܢ ܩܠܐ ܣܪܝܩܬܐ: ܘܡܢ ܗܘܦܟܐ ܕܝܕܥܬܐ
ܕܓܠܬܐ. 21 ܐܝܠܝܢ ܓܝܪ ܕܡܫܬܘܕܝܢ ܒܗ̇: ܛܥܘ ܠܗܘܢ
ܡܢ ܗܝܡܢܘܬܐ. ܛܝܒܘܬܐ ܥܡܟ ܐܡܝܢ ܀

ܫܠܡܬ ܐܓܪܬܐ ܕܠܘܬ ܛܝܡܬܐܘܣ ܩܕܡܝܬܐ ܕܐܬܟܬܒܬ
ܡܢ ܠܕܝܩܝܐ ܀

ܐܓܪܬܐ ܕܦܘܠܘܣ ܕܠܘܬ ܛܝܡܬܐܘܣ ܕܬܪܬܝܢ ܀

ܩܦܠܐܘܢ ܀ ܐ ܀

¹ ܦܘܠܘܣ ܫܠܝܚܐ ܕܝܫܘܥ ܡܫܝܚܐ ܒܨܒܝܢܗ ܕܐܠܗܐ.
ܘܒܡܘܠܟܢܐ ܕܚܝܐ ܕܒܝܫܘܥ ܡܫܝܚܐ. ² ܠܛܝܡܬܐܘܣ
ܒܪܐ ܚܒܝܒܐ ܛܝܒܘܬܐ ܘܪ̈ܚܡܐ ܘܫܠܡܐ: ܡܢ ܐܠܗܐ ܐܒܐ:
ܘܡܢ ܡܪܢ ܝܫܘܥ ܡܫܝܚܐ. ³ ܡܘܕܐ ܐܢܐ ܠܐܠܗܐ ܗܘ ܕܠܗ
ܡܫܡܫ ܐܢܐ ܡܢ ܐܒܗ̈ܬܝ ܒܬܕܟܝܬܐ ܕܠܒܐ: ܕܐܡܝܢܐܝܬ
ܡܬܥܗܕ ܐܢܐ ܠܟ ܒܨܠܘ̈ܬܝ ܒܠܠܝܐ ܘܒܐܝܡܡܐ. ⁴ ܘܡܣܘܚ ܐܢܐ
ܠܡܚܙܝܟ. ܘܡܬܕܟܪ ܐܢܐ ܕܡ̈ܥܝܟ ܕܐܬܡܠܐ ܚܕܘܬܐ. ⁵ ܒܥܘܗܕܢܐ
ܕܗܘܐ ܠܝ ܒܗܝܡܢܘܬܟ ܕܠܐ ܢܟܠ ܗܝ ܕܥܡܪܬ ܠܘܩܕܡ ܒܐܡܐ
ܕܐܡܟ ܠܘܐܝܣ: ܘܒܐܡܟ ܐܘܢܝܩܐ. ܡܦܝܣ ܐܢܐ ܕܐܦ ܒܟ.
⁶ ܡܛܠ ܗܢܐ ܡܥܗܕ ܐܢܐ ܠܟ ܕܬܥܝܪ ܡܘܗܒܬܐ ܕܐܠܗܐ
ܗܝ ܕܐܝܬ ܠܟ ܒܣܝܡ ܐܝ̈ܕܝ. ⁷ ܠܐ ܓܝܪ ܝܗܒ ܠܢ ܐܠܗܐ
ܪܘܚܐ ܕܕܚܠܬܐ. ܐܠܐ ܕܚܝܠܐ ܘܕܚܘܒܐ ܘܕܡܪܬܢܘܬܐ. ⁸ ܠܐ ܗܟܝܠ
ܬܒܗܬ ܒܣܗܕܘܬܗ ܕܡܪܢ. ܐܦܠܐ ܒܝ ܒܐܣܝܪܗ. ܐܠܐ ܫܘܬܦ
ܒܚ̈ܫܐ ܥܡ ܐܘܢܓܠܝܘܢ ܒܚܝܠܐ ܕܐܠܗܐ. ⁹ ܗܘ ܕܐܚܝܢ
ܘܩܪܢ ܒܩܪܝܢܐ ܩܕܝܫܐ. ܠܘ ܐܝܟ ܥܒ̈ܕܝܢ ܐܠܐ ܐܝܟ ܨܒܝܢܗ.
ܘܛܝܒܘܬܗ ܗܝ ܕܐܬܝܗܒܬ ܠܢ ܒܝܫܘܥ ܡܫܝܚܐ: ܡܢ
ܩܕܡ ܙܒܢ̈ܐ ܕܥܠܡܐ. ¹⁰ ܘܐܬܓܠܝܬ ܗܫܐ ܒܓܠܝܢܗ
ܕܡܚܝܢܢ ܝܫܘܥ ܡܫܝܚܐ. ܕܒܛܠ ܠܡܘܬܐ ܘܚܘܝ ܚ̈ܝܐ
ܘܠܐ ܡܬܚܒܠܢܘܬܐ ܒܐܘܢܓܠܝܘܢ. ¹¹ ܗܘ ܕܐܬܬܣܝܡܬ ܒܗ
ܐܢܐ ܟܪܘܙܐ ܘܫܠܝܚܐ ܘܡܠܦܢܐ ܕܥܡ̈ܡܐ. ¹² ܡܛܠ ܗܢܐ
ܡܣܝܒܪ ܐܢܐ ܗܠܝܢ. ܘܠܐ ܒܗܬ ܐܢܐ. ܝܕܥ ܐܢܐ ܒܡܢ
ܗܝܡܢܬ. ܘܡܦܝܣ ܐܢܐ ܕܡܫܟܚ ܗܘ ܦܘܩܕܢܝ
ܠܡܛܪ: ܠܝ ܠܝܘܡܐ ܗܘ. ¹³ ܢܗܘܐ ܠܟ ܕܡܘܬܐ ܡ̈ܠܐ
ܚܠܝܡ̈ܬܐ ܕܫܡܥܬ ܡܢܝ. ܒܗܝܡܢܘܬܐ ܘܒܚܘܒܐ ܕܒܝܫܘܥ
ܡܫܝܚܐ ܀ ¹⁴ ܦܘܩܕܢܐ ܛܒܐ ܢܛܪ. ܒܪܘܚܐ ܕܩܘܕܫܐ ܗܝ

ܕܥܡܪܐ ܒܢ. 15 ܝܕܥ ܐܢܬ ܗܕܐ: ܕܐܗܦܟܘ ܡܢܝ ܟܠܗܘܢ ܗܢܘܢ
ܕܒܐܣܝܐ: ܕܐܝܬܝܗܘܢ ܡܢܗܘܢ. ܦܘܓܠܘܣ ܘܗܪܡܘܓܢܝܣ.
16 ܢܬܠ ܡܪܝܐ ܪܚܡܐ ܠܒܝܬܗ ܕܐܢܣܝܦܘܪܘܣ. ܕܙܒܢܝܢ ܣܓܝܐܢ
ܐܢܝܚܢܝ. ܘܒܫܫܠܬܐ ܕܐܣܝܪܘܬܝ ܠܐ ܒܗܬ. 17 ܐܠܐ ܐܦ ܟܕ ܐܬܐ
ܠܪܗܘܡܝ: ܒܚܦܝܛܘܬܐ ܒܥܢܝ: ܘܐܫܟܚܢܝ. 18 ܢܬܠ
ܠܗ ܡܪܝܐ ܕܢܫܟܚ ܪܚܡܐ ܠܘܬ ܡܪܝܐ ܒܝܘܡܐ ܗܘ. ܘܟܡܐ
ܕܫܡܫ ܒܐܦܣܘܣ: ܝܕܝܥܐܝܬ ܝܕܥ ܐܢܬ.

ܩܦܠܐܘܢ ܒ

1 ܐܢܬ ܗܟܝܠ ܒܪܝ: ܐܬܚܝܠ ܒܛܝܒܘܬܐ ܕܒܡܫܝܚܐ
ܝܫܘܥ. 2 ܘܐܝܠܝܢ ܕܫܡܥܬ ܡܢܝ ܒܝܕ ܣܗܕܘܬܐ ܣܓܝܐܬܐ:
ܗܠܝܢ ܐܓܥܠ ܠܐܢܫܐ ܡܗܝܡܢܐ: ܐܝܠܝܢ ܕܣܦܝܩܝܢ
ܕܢܠܦܘܢ ܐܦ ܠܐܚܪ̈ܢܐ ܠܡܠܦܘ. 3 ܘܣܝܒܪ ܒܝܫܬܐ:
ܐܝܟ ܦܠܚܐ ܛܒܐ ܕܝܫܘܥ ܡܫܝܚܐ. 4 ܠܐ ܐܢܫ ܦܠܚ
ܘܡܬܚܒܟ ܒܣܘܥܪ̈ܢܐ ܕܥܠܡܐ: ܕܢܫܦܪ ܠܗܘ ܡܢ ܕܓܒܝܗܝ.
5 ܘܐܢ ܡܬܟܬܫ ܐܢܫ: ܠܐ ܡܬܟܠܠ ܐܢ ܟܢܡܘܣܐ ܠܐ
ܡܬܟܬܫ. 6 ܠܐܟܪܐ ܕܠܐܐ ܘܠܐ ܠܗ ܕܩܕܡܐ ܡܢ ܦܐܪ̈ܘܗܝ
ܢܣܒ. 7 ܐܣܬܟܠ ܡܢܐ ܕܐܡܪ ܐܢܐ. ܢܬܠ ܠܟ ܡܪܝܐ
ܣܘܟܠܐ ܒܟܠ ܡܕܡ. 8 ܐܬܕܟܪ ܠܝܫܘܥ ܡܫܝܚܐ ܕܩܡ ܡܢ
ܒܝܬ ܡܝ̈ܬܐ: ܗܘ ܕܐܝܬܘܗܝ ܡܢ ܙܪܥܐ ܕܕܘܝܕ. ܐܝܟ
ܐܘܢܓܠܝܘܢ ܕܝܠܝ. 9 ܕܒܗ ܡܫܬܚܩ ܐܢܐ ܥܕܡܐ
ܠܐܣܘܪܐ ܐܝܟ ܥܒܕ ܒܝܫܬܐ. ܐܠܐ ܡܠܬܗ ܕܐܠܗܐ ܠܐ ܐܬܐܣܪܬ.
10 ܡܛܠ ܗܢܐ ܡܣܝܒܪ ܐܢܐ ܟܠܡܕܡ ܡܛܠ ܓܒܝܐ. ܕܐܦ
ܗܢܘܢ ܢܫܟܚܘܢ ܚܝܐ ܕܒܡܫܝܚܐ ܝܫܘܥ ܥܡ ܫܘܒܚܐ
ܕܠܥܠܡ. 11 ܡܗܝܡܢܐ ܗܝ ܡܠܬܐ. ܐܢ ܓܝܪ ܡܝܬܢ ܥܡܗ
ܐܦ ܥܡܗ ܢܚܐ. 12 ܘܐܢ ܢܣܝܒܪ ܐܦ ܢܡܠܟ ܥܡܗ. ܐܢ
ܕܝܢ ܢܟܦܘܪ ܒܗ ܐܦ ܗܘ ܢܟܦܘܪ ܒܢ. 13 ܘܐܢ ܠܐ ܢܗܝܡܢ
ܒܗ: ܗܘ ܒܗܝܡܢܘܬܗ ܡܩܘܐ. ܕܢܟܦܘܪ ܓܝܪ ܒܢܦܫܗ

ܩܦܠܐܘܢ ܀ ܓ

[1] ܗܕܐ ܕܝܢ ܗܘܝܬ ܝܕܥ: ܕܒܝܘܡܬܐ ܐܚܪܝܐ. ܢܐܬܘܢ ܙܒܢ̈ܐ
ܩܫܝ̈ܐ. [2] ܘܢܗܘܘܢ ܒܢܝ̈ܢܫܐ ܪ̈ܚܡܝ ܢܦܫܗܘܢ ܘܪ̈ܚܡܝ
ܟܣܦܐ. ܫܒܗܪ̈ܢܐ. ܪ̈ܡܐ. ܡܓܕ̈ܦܢܐ. ܘܠܐܒ̈ܗܝܗܘܢ ܠܐ
ܡܫܬܡܥܝܢ. ܟܦܘܪܝ ܛܝܒܘܬܐ. ܪ̈ܫܝܥܐ. [3] ܐܟܠܝ ܩܪ̈ܨܐ.
ܡܫܬܪܝܢ ܠܚܪ̈ܝܢܐ. ܟܡܝܪ̈ܢܐ. ܣܢ̈ܝܢ ܛ̈ܒܬܐ.
[4] ܡܫܠܡ̈ܢܐ. ܡܡܪ̈ܚܢܐ. ܚ̈ܬܝܪܐ. ܘܪ̈ܚܡܝ ܪ̈ܓܝܓܬܐ ܝܬܝܪ
ܡܢ ܚܘܒܗ ܕܐܠܗܐ. [5] ܘܐܝܬ ܠܗܘܢ ܐܣܟܝܡܐ ܕܕܚܠܬ
ܐܠܗܐ: ܘܡܢ ܚܝܠܗ ܕܐܠܗܐ ܪ̈ܚܝܩܝܢ. ܕܗܟܢܐ ܐܢܘܢ:
ܥܪܘܩ ܐܢܘܢ ܡܢܗܘܢ. [6] ܡܢܗܘܢ ܐܢܘܢ ܓܝܪ ܗܠܝܢ
ܕܡܬܟܪܟܝܢ ܒܝܬ ܒ̈ܬܐ: ܘܫܒܝܢ ܢܫ̈ܐ ܕܛ̈ܥܝܢܢ ܚܛ̈ܗܐ:
ܘܡܬܕܒ̈ܪܢ ܠܪ̈ܓܝܓܬܐ ܡܫ̈ܚܠܦܬܐ. [7] ܕܒܟܠܙܒܢ ܝ̈ܠܦܢ:
ܘܠܡܐܬܐ ܠܝܕܥܬܐ ܕܫܪܪܐ. ܠܥܠܡ ܠܐ ܡܫ̈ܟܚܢ. [8] ܐܝܟܢܐ
ܕܝܢ ܕܝܢܝܣ ܘܝܡܒܪܝܣ ܩܡܘ ܠܘܩܒܠ ܡܘܫܐ: ܗܟܢܐ ܐܦ
ܗܠܝܢ ܩܝܡܝܢ ܠܘܩܒܠ ܫܪܪܐ. ܐ̈ܢܫܐ. ܕܡܚܒܠ ܪܥܝܢܗܘܢ
ܘܡܣܠܝܢ ܡܢ ܗܝܡܢܘܬܐ. [9] ܐܠܐ ܠܐ ܢܬܩܕܡܘܢ ܠܡܪܕܝܬܗܘܢ.
ܫܛܝܘܬܗܘܢ ܓܝܪ ܡܬܝܕܥܐ ܗܝ ܠܟܠܢܫ. ܐܝܟܢܐ ܕܐܦ
ܕܗܢܘܢ ܐܬܝܕܥܬ܀ [10] ܐܢܬ ܕܝܢ ܐܬܝܬ ܒܬܪ ܝܘܠܦܢܝ ܘܒܬܪ
ܕܘܒܪܝ: ܘܒܬܪ ܨܒܝܢܝ ܘܒܬܪ ܗܝܡܢܘܬܝ: ܘܒܬܪ
ܢܓܝܪܘܬ ܪܘܚܝ ܘܒܬܪ ܚܘܒܝ. ܘܒܬܪ ܡܣܝܒܪܢܘܬܝ.
[11] ܘܒܬܪ ܪܕܘܦܝܐ ܘܒܬܪ ܚ̈ܫܐ. ܘܝܕܥ ܐܢܬ ܐܝܠܝܢ ܗܘ̈ܝ ܠܝ
ܒܐܢܛܝܘܟܝܐ. ܘܒܐܝܩܘܢܝܘܢ ܘܒܠܘܣܛܪܐ. ܐܝܕܐ ܪܕܘܦܝܐ ܣܒܠܬ:
ܘܡܢ ܟܠܗܘܢ ܦܪܩܢܝ ܡܪܢ. [12] ܘܟܠܗܘܢ ܕܝܢ ܐܝܠܝܢ ܕܨܒܝܢ
ܠܡܚܝܐ ܐܠܗܐ. ܒܝܫܘܥ ܡܫܝܚܐ ܢܬܪܕܦܘܢ.
[13] ܒܢܝ̈ܢܫܐ ܕܝܢ ܒ̈ܝܫܐ ܘܡܛܥ̈ܝܢܐ: ܢܘܣܦܘܢ ܥܠ
ܒܝܫܘܬܗܘܢ. ܟܕ ܛܥܝܢ ܘܡܛܥܝܢ. [14] ܐܢܬ ܕܝܢ ܩܘܡ
ܒܐܝܠܝܢ ܕܝܠܦܬ ܘܐܬܗܝܡܢܬ. ܝܕܥ ܐܢܬ ܓܝܪ ܡܢ ܡܢܘ
ܝܠܦܬ. [15] ܘܕܡܢ ܛܠܝܘܬܟ ܣܦܪ̈ܐ ܩܕܝܫ̈ܐ ܝܕܥ ܐܢܬ.

ܕܡܫܟܚܝܢ ܕܢܚܟܡܘܢܟ ܠܚܝ̈ܐ: ܒܗܝܡܢܘܬܐ ܕܒܝܫܘܥ
ܡܫܝܚܐ ❖ 16 ܟܠ ܟܬܒ ܓܝܪ ܕܒܪܘܚܐ ܐܬܟܬܒ: ܡܘܬܪܢܐ
ܗܘ ܠܡܠܦܢܘܬܐ ܘܠܡܟܣܢܘܬܐ. ܘܠܬܪܘܨܐ ܘܠܡܪܕܘܬܐ ܕܒܟܐܢܘܬܐ.
17 ܕܢܗܘܐ ܓܡܝܪ ܓܒܪܐ ܕܐܠܗܐ: ܠܟܠ ܥܒܕ ܛܒ
ܘܡܫܡܠܝ ❖

ܩܦܠܐܘܢ ❖ ܕ ❖

1 ܡܣܗܕ ܐܢܐ ܠܟ ܩܕܡ ܐܠܗܐ ܘܡܪܢ ܝܫܘܥ ܡܫܝܚܐ.
ܗܘ ܕܥܬܝܕ ܠܡܕܢ ܚܝ̈ܐ ܘܡܝ̈ܬܐ ܒܓܠܝܢܗ ܘܒܡܠܟܘܬܗ.
2 ܐܟܪܙ ܡܠܬܐ ܘܩܘܡ ܒܚܦܝܛܘܬܐ ܒܥܕܢܐ ܘܕܠܐ ܥܕܢܐ. ܐܟܣ
ܘܟܐ: ܒܟܠܗ ܡܓܪܓ ܪܘܚܐ ܘܡܠܦܢܘܬܐ. 3 ܢܗܘܐ ܓܝܪ
ܙܒܢܐ: ܕܠܡܠܦܢܘܬܐ ܚܠܝܡܬܐ ܠܐ ܢܫܬܡܥܘܢ. ܐܠܐ ܐܝܟ
ܪ̈ܓܝܓܬܗܘܢ: ܢܣܓܘܢ ܠܗܘܢ ܡܠܦ̈ܢܐ ܒܚܘܬܡܐ
ܕܡܫܡܥܬܗܘܢ. 4 ܘܡܢ ܫܪܪܐ ܢܗܦܟܘܢ ܐܕܢܝܗܘܢ.
ܠܫܘ̈ܥܝܬܐ ܕܝܢ ܢܬܦܢܘܢ. 5 ܐܢܬ ܕܝܢ ܗܘܝܬ ܥܝܪ ܒܟܠܡܕܡ
ܘܣܝܒܪ ܒܝ̈ܫܬܐ. ܘܥܒܕܐ ܥܒܕ ܕܡܣܒܪܢܐ. ܘܬܫܡܫܬܟ
ܡܠܝ. 6 ܐܢܐ ܓܝܪ ܡܬܢܩܐ ܐܢܐ. ܘܙܒܢܐ ܕܐܫܬܪܐ ܩܪܒ.
7 ܐܓܘܢܐ ܫܦܝܪܐ ܐܬܟܬܫܬ. ܘܪ̈ܗܛܝ ܫܠܡܬ. ܘܗܝܡܢܘܬܝ
ܢܛܪܬ. 8 ܘܡܟܝܠ ܢܛܝܪ ܠܝ ܟܠܝܠܐ ܕܟܐܢܘܬܐ:
ܕܢܦܪܥܝܘܗܝ ܠܝ ܡܪܝ ܒܝܘܡܐ ܗܘ. ܕܝܢܐ ܟܐܢܐ.
ܠܐ ܕܝܢ ܠܝ ܒܠܚܘܕ: ܐܠܐ ܐܦ ܠܐܝܠܝܢ ܕܪܚܡܘ ܠܓܠܝܢܗ ❖
9 ܢܬܒܛܠ ܠܟ ܕܬܐܬܐ ܠܘܬܝ ܒܥܓܠ. 10 ܕܡܐܣ ܓܝܪ
ܫܒܩܢܝ: ܘܪܚܡ ܠܗ ܠܥܠܡܐ ܗܢܐ. ܘܐܙܠ ܠܗ ܠܬܣܠܘܢܝܩܐ.
ܩܪܣܩܣ ܠܓܠܛܝܐ. ܛܛܘܣ ܠܕܠܡܛܝܐ. 11 ܠܘܩܐ
ܗܘ ܒܠܚܘܕ ܥܡܝ. ܠܡܪܩܘܣ ܕܒܪ ܘܐܝܬܝܗܝ ܥܡܟ.
ܚܫܚ ܠܝ ܓܝܪ ܠܬܫܡܫܬܐ. 12 ܠܛܘܟܝܩܘܣ ܕܝܢ ܫܕܪܬ
ܠܐܦܣܘܣ. 13 ܦܝܢܘܠܐ ܕܝܢ ܕܫܒܩܬ ܒܛܪܘܐܣ ܠܘܬ
ܩܪܦܘܣ: ܡܐ ܕܐܬܐ ܐܝܬܝܗܝ. ܘܟܬܒܐ. ܘܡܓܠܬܐ
ܕܪ̈ܟܐ ܕܡܫܟܐ. 14 ܐܠܟܣܢܕܪܘܣ ܩܝܢܝܐ: ܒܝ̈ܫܬܐ ܣܓܝܐܬܐ

ܚܘܝܢܝ. ܡܪܝܐ ܠܗ ܢܦܪܘܥ ܐܝܟ ܥܒ̈ܕܘܗܝ. 15 ܐܦ ܐܢܬ ܕܝܢ
ܐܙܕܗܪ ܡܢܗ. ܣܓܝ ܓܝܪ ܩܡ ܠܘܩܒܠ ܡ̈ܠܝܢ.
16 ܒܡܦܩ ܒܪܘܚܝ ܩܕܡܝܐ ܠܐ ܐܢܫ ܗܘܐ ܥܡܝ. ܐܠܐ
ܟܠܗܘܢ ܫܒܩܘܢܝ. ܠܐ ܬܬܚܫܒ ܠܗܘܢ ܗܕܐ. 17 ܡܪܢ ܕܝܢ
ܩܡ ܠܝ ܘܚܝܠܢܝ. ܕܒܝ ܬܫܬܡܠܐ ܟܪܘܙܘܬܐ: ܘܢܫܡܥܘܢ
ܟܠܗܘܢ ܥܡ̈ܡܐ. ܘܐܬܦܨܝܬ ܡܢ ܦܘܡܗ ܕܐܪܝܐ. 18 ܘܢܦܨܝܢܢܝ
ܡܪܢ ܡܢ ܟܠ ܥܒܕ ܒܝܫ: ܘܢܚܝܢܢܝ ܠܡܠܟܘܬܗ
ܕܒܫܡܝܐ. ܕܠܗ ܫܘܒܚܐ ܠܥܠܡ ܥܠܡܝܢ ܐܡܝܢ. 19 ܫܐܠ
ܒܫܠܡܐ ܕܦܪܝܣܩܠܐ ܘܕܐܩܘܠܐ ܘܕܒܝܬܐ ܕܐܢܣܝܦܘܪܘܣ.
20 ܐܪܣܛܘܣ ܦܫ ܠܗ ܒܩܘܪܢܬܘܣ. ܛܪܘܦܝܡܘܣ ܕܝܢ
ܫܒܩܬܗ ܟܕ ܟܪܝܗ ܒܡܝܠܝܛܘܣ ܡܕܝܢܬܐ. 21 ܬܬܚܦܛ
ܕܩܕܡ ܣܬܘܐ ܬܐܬܐ. ܫܐܠ ܒܫܠܡܟ: ܐܘܒܘܠܘܣ
ܘܦܘܕܝܣ ܘܠܝܢܘܣ. ܘܩܠܘܕܝܐ ܘܐܚ̈ܐ ܟܠܗܘܢ. 22 ܡܪܢ
ܝܫܘܥ ܡܫܝܚܐ ܥܡ ܪܘܚܟ. ܛܝܒܘܬܐ ܥܡܟܘܢ ܐܡܝܢ ✤

ܫܠܡܬ ܐܓܪܬܐ ܕܠܘܬ ܛܝܡܬܐܘܣ ܕܬܪܬܝܢ ܕܐܬܟܬܒܬ
ܡܢ ܪܗܘܡܐ ✤

ܐܓܪܬܐ ܕܦܘܠܘܣ ܕܠܘܬ ܛܝܛܘܣ ✤

ܩܦܠܐܘܢ ✤ ܐ ✤

1 ܦܘܠܘܣ ܥܒܕܗ ܕܐܠܗܐ: ܘܫܠܝܚܗ ܕܝܫܘܥ
ܡܫܝܚܐ. ܒܗܝܡܢܘܬܐ ܕܓܒ̈ܝܐ ܕܐܠܗܐ: ܘܒܝܕܥܬܐ ܕܫܪܪܐ
ܕܒܕܚܠܬܗ ܕܐܠܗܐ. 2 ܥܠ ܣܒܪܐ ܕܚܝ̈ܐ ܕܠܥܠܡ: ܕܡܠܟ
ܐܠܗܐ ܫܪܝܪܐ ܡܢ ܩܕܡ ܙܒ̈ܢܐ ܕܥܠܡܐ: 3 ܘܓܠܝ ܒܙܒܢܗ

ܒܙܒܢܘܗܝ ܒܝܕ ܟܪܘܙܘܬܐ. ܗܝ ܕܐܬܗܝܡܢܬ ܐܢܐ ܒܦܘܩܕܢܐ
ܕܐܠܗܐ ܡܚܝܢܢ. 4 ܠܛܝܛܘܣ ܒܪܐ ܫܪܝܪܐ ܒܗܝܡܢܘܬܐ
ܕܓܘܐ. ܛܝܒܘܬܐ ܘܫܠܡܐ. ܡܢ ܐܠܗܐ ܐܒܐ. ܘܡܢ ܡܪܢ
ܝܫܘܥ ܡܫܝܚܐ ܡܚܝܢܢ. 5 ܡܛܠܗܕܐ ܗܘ ܫܒܩܬܟ
ܗܘܝܬ ܒܩܪܛܐ. ܕܐܝܠܝܢ ܕܚܣܝܪܢ ܬܬܩܢ. ܘܬܩܝܡ ܩܫܝܫܐ
ܒܟܠ ܡܕܝܢܐ ܐܝܟܢܐ ܕܦܩܕܬܟ. 6 ܐܢܫܐ ܕܠܐ ܪܫܝܢ ܗܘ. ܘܗܘܐ
ܒܥܠܐ ܕܚܕܐ ܐܢܬܬܐ. ܘܐܝܬ ܠܗ ܒܢܝܐ ܡܗܝܡܢܐ ܕܠܐ ܡܬܪܫܝܢ.
ܘܠܐ ܐܝܟ ܗܢܘܢ ܕܠܐ ܡܫܬܥܒܕܝܢ ܒܐܣܘܛܘܬܐ. 7 ܙܕܩ ܗܘ ܓܝܪ
ܩܫܝܫܐ ܕܢܗܘܐ ܕܠܐ ܪܫܝܢ. ܐܝܟ ܕܪܒܝܬܐ ܕܐܠܗܐ. ܘܠܐ ܢܗܘܐ
ܡܬܕܒܪ ܒܪܥܝܢܗ ܢܦܫܗ. ܘܠܐ ܢܗܘܐ ܚܡܬܢ. ܘܠܐ ܢܗܘܐ ܪܘܝ
ܚܡܪܐ. ܘܠܐ ܢܗܘܐ ܪܗܝܛ ܐܝܕܗ ܠܡܡܚܐ. ܘܠܐ ܢܗܘܐ ܪܚܡ
ܝܘܬܪܢܐ ܛܢܦܐ. 8 ܐܠܐ ܢܗܘܐ ܪܚܡ ܐܟܣܢܝܐ. ܘܢܗܘܐ ܪܚܡ
ܛܒܬܐ. ܘܢܗܘܐ ܢܟܦ. ܘܢܗܘܐ ܙܕܝܩ. ܘܢܗܘܐ ܚܣܝܐ
ܘܡܚܝܕ ܢܦܫܗ ܡܢ ܪܓܝܓܬܐ. 9 ܘܡܚܝܠ ܒܗ ܥܠ ܡܠܬܐ
ܕܫܪܝܪܐ ܕܝܘܠܦܢܐ. ܕܢܫܟܚ ܐܦ ܠܡܒܝܐܘ ܒܝܘܠܦܢܗ
ܚܠܝܡܐ: ܘܠܡܟܣܘ ܠܐܝܠܝܢ ܕܩܝܡܝܢ. 10 ܐܝܬ ܓܝܪ ܣܓܝܐܐ
ܕܠܐ ܡܫܬܥܒܕܝܢ ܘܦܩܪܝܢ ܡܠܝܗܘܢ. ܘܡܛܥܝܢ ܗܘܢܐ
ܕܒܢܝܢܫܐ ܡܗܦܟܝܢ ܐܝܠܝܢ ܕܡܢ ܓܙܘܪܬܐ ܐܢܘܢ. 11 ܗܠܝܢ ܕܘܠܐ
ܗܘܐ ܠܡܣܟܪܘ ܦܘܡܗܘܢ. ܒܬܐ ܣܓܝܐܐ ܡܗܦܟܝܢ.
ܘܡܠܦܝܢ ܡܕܡ ܕܠܐ ܘܠܐ ܡܛܠ ܝܘܬܪܢܐ ܛܢܦܐ. 12 ܐܡܪ ܐܢܫ
ܡܢܗܘܢ ܢܒܝܐ ܕܝܠܗܘܢ: ܕܒܢܝ ܩܪܛܐ ܒܟܠܙܒܢ ܕܓܠܝܢ
ܐܢܘܢ. ܚܝܘܬܐ ܒܝܫܬܐ ܘܟܪܣܬܐ ܒܛܝܠܬܐ. 13 ܘܫܪܝܪܐܝܬ
ܐܝܬܝܗ ܣܗܕܘܬܐ ܗܕܐ. ܡܛܠ ܗܢܐ ܩܫܝܐܝܬ ܗܘܝܬ
ܡܟܣ ܠܗܘܢ: ܕܢܗܘܘܢ ܚܠܝܡܝܢ ܒܗܝܡܢܘܬܐ. 14 ܘܠܐ
ܢܬܠܘܢ ܠܡܫܥܝܬܐ ܕܝܗܘܕܝܐ. ܘܠܦܘܩܕܢܐ ܕܒܢܝܢܫܐ ܕܡܗܦܟܝܢ
ܡܢ ܫܪܪܐ. 15 ܟܠܡܕܡ ܓܝܪ ܕܟܐ ܗܘ ܠܕܟܝܐ. ܠܐܝܠܝܢ ܕܝܢ
ܕܡܛܢܦܝܢ ܘܠܐ ܡܗܝܡܢܝܢ: ܡܕܡ ܕܕܟܐ ܠܝܬ ܠܗܘܢ. ܐܠܐ
ܡܛܢܦ ܗܘ ܪܥܝܢܗܘܢ ܘܬܐܪܬܗܘܢ. 16 ܘܡܘܕܝܢ ܕܝܕܥܝܢ

ܠܐܠܗܐ : ܒܥܒܕܝܗܘܢ ܕܝܢ ܟܦܪܝܢ ܒܗ . ܘܐܝܬܝܗܘܢ ܣܢܝܐܐ
ܘܠܐ ܦܝܣܝܢ . ܘܡܣܠܝܢ ܠܟܠ ܥܒܕ ܛܒ ܀

ܩܦܠܐܘܢ ܀ ܒ ܀

1 ܐܢܬ ܕܝܢ ܡܠܠ ܡܕܡ ܕܝܐܐ ܠܝܘܠܦܢܐ ܚܠܝܡܐ. 2 ܘܐܠܦ
ܕܢܗܘܘܢ ܩܫܝܫܐ ܥܝܪܝܢ ܒܪܥܝܢܗܘܢ. ܘܢܗܘܘܢ ܢܟܦܝܢ.
ܘܢܗܘܘܢ ܕܟܝܢ. ܘܢܗܘܘܢ ܚܠܝܡܝܢ ܒܗܝܡܢܘܬܐ ܘܒܚܘܒܐ
ܘܒܡܣܝܒܪܢܘܬܐ. 3 ܘܐܦ ܩܫܝܫܬܐ ܗܟܢܐ: ܕܢܗܘܝܢ
ܒܐܣܟܡܐ ܕܝܐܐ ܠܕܚܠܬܗ ܐܠܗܐ. ܘܠܐ ܢܗܘܝܢ ܐܟܠܢ ܩܪܨܐ.
ܘܠܐ ܢܗܘܝܢ ܡܫܥܒܕܢ ܠܚܡܪܐ ܣܓܝܐܐ. ܘܢܗܘܝܢ ܡܠܦܢ
ܛܒܬܐ. 4 ܘܡܚܟܡܢ ܠܐܝܠܝܢ ܕܛܠܝܢ: ܕܢܪܚܡܢ ܒܥܠܝܗܝܢ
ܘܒܢܝܗܝܢ. 5 ܘܢܗܘܝܢ ܢܟܦܢ ܘܩܕܝܫܢ. ܘܢܗܘܝܢ ܢܛܪܢ
ܒܬܝܗܝܢ ܘܡܫܬܥܒܕܢ ܠܒܥܠܝܗܝܢ. ܕܠܐ ܐܢܫ
ܢܓܕܦ ܥܠ ܡܠܬܗ ܕܐܠܗܐ. 6 ܘܟܢ ܐܝܠܝܢ ܕܛܠܝܢ:
ܗܘܝܬ ܒܥܐ ܕܢܗܘܘܢ ܢܟܦܝܢ. 7 ܒܟܠܡܕܡ ܕܝܢ ܕܡܘܬܐ
ܢܦܫܟ ܗܘܐ. ܒܟܠ ܥܒܕܐ ܛܒܐ. ܘܒܡܠܦܢܘܬܟ ܬܗܘܐ
ܠܟ ܡܠܬܐ ܚܠܝܡܬܐ: 8 ܘܡܠܬܐ ܕܠܐ ܡܬܚܣܕܐ. ܕܠܐ ܐܢܫ
ܢܒܣܪ ܒܟ. ܘܐܢܫ ܕܩܐܡ ܠܘܩܒܠܢ ܢܒܗܬ: ܟܕ ܠܐ ܢܫܟܚ
ܕܢܐܡܪ ܥܠܝܢ ܡܕܡ ܕܣܢܐ ܀ 9 ܥܒܕܐ ܠܡܪܝܗܘܢ ܢܫܬܥܒܕܘܢ
ܒܟܠܡܕܡ ܘܢܫܦܪܘܢ. ܘܠܐ ܢܗܘܘܢ ܡܥܢܝܢ. ܘܠܐ ܢܗܘܘܢ
ܓܢܒܝܢ. 10 ܐܠܐ ܢܚܘܘܢ ܫܪܪܗܘܢ ܛܒܐ ܒܟܠܡܕܡ. ܕܢܨܒܬܘܢ
ܒܟܠܡܕܡ ܠܡܠܦܢܘܬܗ ܕܐܠܗܐ ܡܚܝܢܢ ܀ 11 ܐܬܓܠܝܬ
ܓܝܪ ܛܝܒܘܬܗ ܕܐܠܗܐ ܡܚܝܢܬ ܟܠ ܒܢܝܢܫܐ ܟܠܗܘܢ.
12 ܘܪܕܝܐ ܠܢ ܕܢܟܦܘܪ ܒܪܘܫܥܐ ܘܒܪܓܝܓܬܐ ܕܥܠܡܐ.
ܘܢܚܐ ܒܥܠܡܐ ܗܢܐ: ܒܢܟܦܘܬܐ: ܘܒܟܐܢܘܬܐ ܘܒܕܚܠܬܗ
ܐܠܗܐ. 13 ܟܕ ܡܣܟܝܢܢ ܠܣܒܪܐ ܒܪܝܟܐ ܘܠܓܠܝܢܐ
ܕܫܘܒܚܗ ܕܐܠܗܐ ܪܒܐ ܘܡܚܝܢܢ ܝܫܘܥ ܡܫܝܚܐ
14 ܕܝܗܒ ܢܦܫܗ ܚܠܦܝܢ: ܕܢܦܪܘܩ ܢܢ ܡܢ ܟܠ ܥܘܠ

 ܥܘܠ
ܘܢܕܟܝܢ ܠܢܦܫܗ ܥܡܐ ܚܕܬܐ ܕܛܢܢ ܒܥܒܕܐ ܛܒܐ.
15 ܗܠܝܢ ܡܠܠ ܘܒܥܐ. ܘܟܣ ܒܟܠ ܫܘܠܛܢ. ܘܠܐ ܐܢܫ
ܢܒܣܐ ܥܠܝܟ ❖

ܩܦܠܐܘܢ ❖ ܓ ❖

1 ܘܗܘܝܬ ܡܥܗܕ ܠܗܘܢ ܕܠܪܫܢܐ ܘܠܫܘܠܛܢܐ ܢܫܬܥܒܕܘܢ
ܘܢܫܬܡܥܘܢ. ܘܢܗܘܘܢ ܡܛܝܒܝܢ ܠܟܠ ܥܒܕ ܛܒ.
2 ܘܥܠ ܐܢܫ ܠܐ ܢܓܕܦܘܢ. ܘܠܐ ܢܗܘܘܢ ܚܪܝܢܐ. ܐܠܐ
ܢܗܘܘܢ ܡܟܝܟܝܢ. ܘܡܚܘܝܢ ܢܗܘܘܢ ܡܟܝܟܘܬܗܘܢ
ܠܘܬ ܟܠܗܘܢ ܒܢܝܢܫܐ. 3 ܐܦ ܚܢܢ ܓܝܪ ܡܢ ܩܕܝܡ ܕܠܐ
ܪܥܝܢܐ ܗܘܝܢ ܘܕܠܐ ܦܝܣܐ ܘܛܥܝܢ ܗܘܝܢ. ܘܡܫܬܥܒܕܝܢ ܗܘܝܢ
ܠܪܓܝܓܬܐ ܡܫܚܠܦܬܐ. ܘܒܒܝܫܘܬܐ ܘܒܚܣܡܐ
ܡܬܗܦܟܝܢ ܗܘܝܢ. ܘܣܢܝܐܝܢ ܗܘܝܢ. ܐܦ ܚܕ ܠܚܕ ܣܢܝܢ
ܗܘܝܢ. 4 ܟܕ ܕܝܢ ܐܬܓܠܝܬ ܒܣܝܡܘܬܗ ܘܪܚܡܘܬܗ
ܕܐܠܗܐ ܡܚܝܢܢ: 5 ܠܐ ܒܥܒܕܐ ܕܙܕܝܩܘܬܐ ܕܥܒܕܢ: ܐܠܐ
ܒܪܚܡܘܗܝ ܕܝܠܗ ܐܚܝܢ. ܒܣܚܝܬܐ ܕܡܘܠܕܐ ܕܡܢ ܕܪܝܫ:
ܒܚܘܕܬܐ ܕܪܘܚܐ ܕܩܘܕܫܐ. 6 ܗܝ ܕܐܫܕ ܥܠܝܢ ܥܬܝܪܐܝܬ:
ܒܝܕ ܝܫܘܥ ܡܫܝܚܐ ܡܚܝܢܢ. 7 ܕܢܙܕܕܩ ܒܛܝܒܘܬܗ ܒܣܒܪܐ:
ܘܢܗܘܐ ܝܪܬܐ ܕܚܝܐ ܕܠܥܠܡ. 8 ܡܗܝܡܢܐ ܗܝ
ܡܠܬܐ. ܘܒܗܠܝܢ ܨܒܐ ܐܢܐ. ܕܐܦ ܐܢܬ ܬܗܘܐ ܡܫܪܪ
ܠܗܘܢ: ܕܢܬܒܛܠܘܢ ܠܗܘܢ ܠܡܥܒܕ ܥܒܕܐ ܛܒܐ. ܐܝܠܝܢ
ܕܗܝܡܢܘ ܒܐܠܗܐ. ܗܠܝܢ ܐܢܝܢ ܫܦܝܪܢ ܘܡܘܬܪܢ
ܠܒܢܝܢܫܐ. 9 ܡܢ ܒܥܬܐ ܕܝܢ ܣܟܠܬܐ. ܘܡܢ ܫܪܒܬܐ
ܕܫܪܒܬܐ: ܘܡܢ ܚܪܝܢܐ ܘܡܢ ܬܟܬܘܫܐ ܕܢܡܘܣܐ ܐܬܪܚܩ.
ܝܘܬܪܢ ܓܝܪ ܠܝܬ ܒܗܝܢ. ܘܣܪܝܩܢ ܐܢܝܢ. 10 ܡܢ ܓܒܪܐ
ܗܪܣܝܘܛܐ: ܡܢ ܒܬܪ ܚܕܐ ܘܬܪܬܝܢ ܕܡܪܬܝܬ ܐܝܬ ܠܗ.
ܐܫܬܐܠ. 11 ܘܗܘܝܬ ܝܕܥ ܕܡܢ ܕܗܟܢܐ ܗܘ: ܡܥܩܡ ܗܘ
ܘܚܛܐ. ܘܗܘ ܕܢ ܢܦܫܗ. 12 ܡܐ ܕܫܕܪܬ ܠܘܬܟ ܠܐܪܛܡܐ ܐܘ
ܠܛܘܟܝܩܘܣ: ܬܬܒܛܠ ܠܟ ܕܬܐܬܐ ܠܘܬܝ ܠܢܝܩܘܦܘܠܝܣ.

ܬܡܢ ܓܝܪ ܨܒܝܬ ܒܣܬܘܐ ܕܐܣܬܬܐ. 13 ܠܙܝܢܐ ܕܝܢ ܣܦܪܐ
ܘܠܐܦܠܘ: ܬܬܒܛܠ ܠܘܝ ܕܐܠܘܐ ܐܢܘܢ ܡܚܝܢ. ܕܡܕܡ ܠܐ
ܢܚܣܪ ܠܗܘܢ. 14 ܘܢܐܠܦܘܢ ܐܦ ܐܝܠܝܢ ܕܕܝܠܢ ܐܢܘܢ:
ܕܢܗܘܘܢ ܩܝܡܝܢ ܒܥܒܕܐ ܛܒܐ ܒܣܘܢܩܢܐ ܕܐܠܨܝܢ. ܕܠܐ ܢܗܘܘܢ
ܕܠܐ ܦܐܪܐ ܀ 15 ܫܐܠܝܢ ܒܫܠܡܟ ܟܠܗܘܢ ܐܝܠܝܢ ܕܥܡܝ ܐܢܘܢ.
ܫܐܠ ܒܫܠܡܐ ܕܟܠܗܘܢ ܐܝܠܝܢ ܕܪܚܡܝܢ ܠܢ ܒܗܝܡܢܘܬܐ.
ܛܝܒܘܬܐ ܥܡ ܟܠܟܘܢ ܐܡܝܢ ܀

ܫܠܡܬ ܐܓܪܬܐ ܕܠܘܬ ܛܛܘܣ ܕܐܬܟܬܒܬ ܡܢ ܢܝܩܘܦܘܠܝܣ ܀

ܐܓܪܬܐ ܕܦܘܠܘܣ ܕܠܘܬ ܦܝܠܝܡܘܢ ܀

1 ܦܘܠܘܣ ܐܣܝܪܐ ܕܝܫܘܥ ܡܫܝܚܐ ܘܛܝܡܬܐܘܣ ܐܚܐ.
ܠܦܝܠܝܡܘܢ ܚܒܝܒܐ ܦܠܚܐ ܕܥܡܢ. 2 ܘܠܐܦܦܝܐ ܚܒܝܒܬܐ.
ܘܠܐܪܟܝܦܘܣ ܦܠܚܐ ܕܥܡܢ. ܘܠܥܕܬܐ ܕܒܒܝܬܟ. 3 ܛܝܒܘܬܐ
ܥܡܟܘܢ. ܘܫܠܡܐ. ܡܢ ܐܠܗܐ ܐܒܘܢ: ܘܡܢ ܡܪܢ ܝܫܘܥ
ܡܫܝܚܐ ܀ 4 ܡܘܕܐ ܐܢܐ ܠܐܠܗܝ ܒܟܠܙܒܢ. ܘܡܬܕܟܪ ܐܢܐ
ܠܟ ܒܨܠܘܬܝ: 5 ܗܐ ܡܢ ܕܫܡܥܬ ܗܝܡܢܘܬܟ: ܘܚܘܒܐ
ܕܐܝܬ ܠܟ ܠܘܬ ܡܪܢ ܝܫܘܥ ܘܥܠ ܟܠܗܘܢ ܩܕܝܫܐ. 6 ܕܬܗܘܐ
ܫܘܬܦܘܬܐ ܕܗܝܡܢܘܬܟ: ܥܒܕܐ ܦܐܪܐ ܒܥܒܕܐ. ܘܒܝܕܥܬܐ
ܕܟܠ ܛܒܬܐ ܕܐܝܬ ܠܟܘܢ ܒܝܫܘܥ ܡܫܝܚܐ. 7 ܚܕܘܬܐ
ܓܝܪ ܣܓܝܐܬܐ ܐܝܬ ܠܝ ܘܒܘܝܐܐ. ܕܒܚܘܒܟ ܐܬܬܢܝܚܘ
ܪ̈ܚܡܐ ܕܩܕܝܫܐ. 8 ܡܛܠ ܗܢܐ ܦܪܗܣܝܐ ܣܓܝܐܬܐ ܐܝܬ ܠܝ
ܒܡܫܝܚܐ: ܕܐܦܩܘܕ ܠܟ ܐܝܠܝܢ ܕܙܕܩܢ. 9 ܡܛܠ ܚܘܒܐ

ܕܝܢ ܡܒܥܝܐ ܗܘ ܒܥܐ ܐܢܐ ܡܢܟ. ܐܢܐ ܦܘܠܘܣ ܕܐܝܬܝ ܣܒܐ
ܐܝܟ ܕܐܡܪܬ ܐܝܬ. ܗܫܐ ܕܝܢ ܐܦ ܐܣܝܪܐ ܕܝܫܘܥ ܡܫܝܚܐ.
10 ܘܒܥܐ ܐܢܐ ܡܢܟ: ܥܠ ܒܪܝ ܐܢܐ ܕܝܠܕܬ ܒܐܣܘܪܝ.
ܐܘܢܣܝܡܘܣ. 11 ܗܘ ܕܒܙܒܢ ܠܝܬ ܗܘܐ ܠܟ ܒܗ ܚܫܚܘ.
ܗܫܐ ܕܝܢ ܐܦ ܠܟ ܐܦ ܠܝ ܣܓܝ ܚܫܚ. ܘܫܕܪܬܗ ܠܟ.
12 ܐܢܬ ܕܝܢ ܐܝܟ ܕܠܒܒܐ ܕܝܠܝ ܗܟܢܐ ܩܒܠܝܗܝ. 13 ܨܒܐ
ܗܘܝܬ ܓܝܪ ܕܠܘܬܝ ܐܚܕܝܘܗܝ: ܕܢܗܘܐ ܡܫܡܫ ܠܝ
ܚܠܦܝܟ ܒܐܣܘܪܐ ܕܐܘܢܓܠܝܘܢ. 14 ܕܠܒܪ ܡܠܟܟ ܕܝܢ ܠܐ
ܨܒܝܬ ܡܕܡ ܠܡܥܒܕ. ܕܠܐ ܐܝܟ ܕܒܩܛܝܪܐ ܬܗܘܐ ܛܒܬܟ.
ܐܠܐ ܒܨܒܝܢܟ. 15 ܟܒܪ ܕܝܢ ܐܦ ܡܛܠ ܗܕܐ ܦܪܫ ܠܫܥܬܐ.
ܕܠܥܠܡ ܬܩܒܠܝܘܗܝ. 16 ܠܐ ܡܟܝܠ ܐܝܟ ܥܒܕܐ. ܐܠܐ ܝܬܝܪ
ܡܢ ܥܒܕܐ. ܐܚܐ ܚܒܝܒܐ ܕܝܠܝ ܚܕ ܟܡܐ ܕܝܠܟ. ܘܒܒܣܪ
ܘܒܡܪܢ. 17 ܐܢ ܗܟܝܠ ܐܝܬܝ ܠܟ ܫܘܬܦܐ: ܩܒܠܝܗܝ
ܐܝܟ ܕܝܠܝ. 18 ܘܐܢ ܡܕܡ ܚܣܪܟ ܐܘ ܚܝܒ: ܗܕܐ ܠܝ
ܚܫܘܒ. 19 ܐܢܐ ܦܘܠܘܣ ܟܬܒܬ ܒܐܝܕܝ ܐܢܐ ܦܪܥ ܐܢܐ. ܕܠܐ
ܐܡܪ ܠܟ ܕܐܦ ܢܦܫܟ ܚܝܒ ܐܝܬ ܠܝ. 20 ܐܝܢ ܐܚܝ. ܐܢܐ
ܐܬܬܢܝܚ ܒܟ ܒܡܪܢ. ܐܢܝܚ ܪܚܡܝܟ ܒܡܫܝܚܐ. 21 ܡܛܠ
ܕܬܟܝܠ ܐܢܐ ܕܫܡܥ ܐܢܬ ܠܝ ܟܬܒܬ ܠܟ. ܘܝܕܥ ܐܢܐ ܕܝܬܝܪ
ܡܢ ܡܐ ܕܐܡܪ ܐܢܐ ܥܒܕ ܐܢܬ. 22 ܥܡܗܕܐ ܕܝܢ ܐܦ ܛܝܒ ܠܝ
ܒܝܬ ܡܫܪܝܐ. ܡܣܒܪ ܐܢܐ ܓܝܪ ܕܒܨܠܘܬܟܘܢ ܡܬܝܗܒ
ܐܢܐ ܠܟܘܢ. 23 ܫܐܠ ܒܫܠܡܟ ܐܦܦܪܐ ܫܒܝܐ ܕܥܡܝ ܒܝܫܘܥ
ܡܫܝܚܐ. 24 ܘܡܪܩܘܣ ܘܐܪܣܛܪܟܘܣ. ܘܕܝܡܐ. ܘܠܘܩܐ
ܡܥܕܪܢܝ. 25 ܛܝܒܘܬܗ ܕܡܪܢ ܝܫܘܥ ܡܫܝܚܐ ܥܡ ܪܘܚܟܘܢ
ܐܚܝ ܐܡܝܢ ܀

ܫܠܡܬ ܐܓܪܬܐ ܕܠܘܬ ܦܝܠܝܡܘܢ ܕܐܬܟܬܒܬ ܡܢ ܪܗܘܡܝ ܀

ܐܓܪܬܐ ܕܦܘܠܘܣ ܕܠܘܬ ܥܒܪܝܐ ܀

ܩܦܠܐܘܢ ܀ ܐ ܀

1 ܒܟܠ ܡܢܘܬܐ ܘܒܟܠ ܐܕܫܝܢ ܡܠܠ ܐܠܗܐ ܥܡ ܐܒܗܬܢ
ܒܢܒܝܐ ܡܢ ܩܕܝܡ. 2 ܘܒܗܠܝܢ ܝܘܡܬܐ ܐܚܪܝܐ: ܡܠܠ
ܥܡܢ ܒܒܪܗ. ܕܠܗ ܣܡ ܝܪܬܐ ܕܟܠܡܕܡ. ܘܒܗ ܥܒܕ
ܠܥܠܡܐ. 3 ܕܗܘܝܘ ܙܠܝܓܐ ܕܫܘܒܚܗ ܘܨܠܡܐ ܕܐܝܬܘܬܗ.
ܘܐܚܝܕ ܟܠ ܒܚܝܠܐ ܕܡܠܬܗ. ܘܗܘ ܒܩܢܘܡܗ ܥܒܕ
ܕܟܝܘܬܐ ܕܚܛܗܝܢ. ܘܝܬܒ ܥܠ ܝܡܝܢܐ ܕܪܒܘܬܐ ܒܡܪܘܡܐ.
4 ܘܗܢܐ ܟܠܗ ܥܠܝ ܡܢ ܡܠܐܟܐ. ܐܝܟ ܡܐ ܕܡܝܬܪ ܫܡܐ
ܕܝܪܬ ܡܢ ܕܠܗܘܢ. 5 ܠܐܝܢܐ ܓܝܪ ܡܢ ܡܠܐܟܐ ܡܡܬܘܡ ܐܡܪ:
ܐܠܗܐ ܕܒܪܝ ܐܢܬ: ܐܢܐ ܝܘܡܢܐ ܝܠܕܬܟ. ܘܬܘܒ ܕܐܢܐ
ܐܗܘܐ ܠܗ ܠܐܒܐ: ܘܗܘ ܢܗܘܐ ܠܝ ܠܒܪܐ. 6 ܬܘܒ ܕܝܢ
ܐܡܬܝ ܕܡܥܠ ܠܒܘܟܪܐ ܠܥܠܡܐ. ܐܡܪ ܕܢܣܓܕܘܢ
ܠܗ ܟܠܗܘܢ ܡܠܐܟܘܗܝ ܕܐܠܗܐ. 7 ܥܠ ܡܠܐܟܐ ܕܝܢ ܗܟܢܐ ܐܡܪ.
ܕܥܒܕ ܡܠܐܟܘܗܝ ܪܘܚܐ: ܘܡܫܡܫܢܘܗܝ ܢܘܪܐ ܝܩܕܬܐ.
8 ܥܠ ܒܪܐ ܕܝܢ ܐܡܪ. ܕܟܘܪܣܝܟ ܐܠܗܐ ܠܥܠܡ
ܥܠܡܝܢ. ܫܒܛܐ ܦܫܝܛܐ ܫܒܛܐ ܕܡܠܟܘܬܟ. 9 ܪܚܡܬ
ܟܐܢܘܬܐ ܘܣܢܝܬ ܥܘܠܐ. ܡܛܠ ܗܢܐ ܡܫܚܟ ܐܠܗܐ ܐܠܗܟ:
ܡܫܚܐ ܕܚܕܘܬܐ ܝܬܝܪ ܡܢ ܚܒܪܝܟ. 10 ܘܬܘܒ ܐܢܬ ܡܢ
ܒܪܫܝܬ ܫܬܐܤܬܗ ܕܐܪܥܐ. ܘܫܡܝܐ ܥܒܕ ܐܝܕܝܟ
ܐܢܘܢ. 11 ܗܢܘܢ ܢܥܒܪܘܢ ܘܐܢܬ ܩܐܡ ܐܢܬ. ܘܟܠܗܘܢ ܐܝܟ
ܢܚܬܐ ܢܒܠܘܢ. 12 ܘܐܝܟ ܡܥܦܦܐ ܬܥܘܦ ܐܢܘܢ.
ܘܢܫܬܚܠܦܘܢ. ܘܐܢܬ ܐܝܟ ܕܐܝܬܝܟ ܐܝܬܝܟ. ܘܫܢܝܟ ܠܐ ܢܫܠܡܢ.
13 ܠܡܢ ܕܝܢ ܡܢ ܡܠܐܟܐ ܡܡܬܘܡ ܐܡܪ ܕܬܒ ܡܢ ܝܡܝܢܝ:
ܥܕܡܐ ܕܐܣܝܡ ܒܥܠܕܒܒܝܟ ܟܘܒܫܐ ܬܚܝܬ ܪܓܠܝܟ.
14 ܠܐ ܗܘܐ ܟܠܗܘܢ ܐܝܬܝܗܘܢ ܪܘܚܐ ܕܬܫܡܫܬܐ: ܕܡܫܬܕܪܝܢ
ܠܬܫܡܫܬܐ ܡܛܠ ܐܝܠܝܢ ܕܥܬܝܕܝܢ ܠܡܐܪܬ ܚܝܐ ܀

ܩܦܠܐܘܢ ܀ ܒ ܀

1 ܡܛܠ ܗܢܐ ܚܝܒܝܢ܆ ܕܢܬܝܬܪ ܢܗܘܐ ܙܗܝܪܝܢ
ܒܡܕܡ ܕܫܡܥܢ ܕܠܐ ܢܦܠ. 2 ܐܢ ܓܝܪ ܡܠܬܐ ܕܐܬܡܠܠܬ
ܒܝܕ ܡܠܐܟܐ ܐܫܬܪܪܬ܆ ܘܟܠ ܕܫܡܥܗ ܘܥܒܪ ܥܠܝܗ ܩܒܠ
ܦܘܪܥܢܐ ܒܟܐܢܘܬܐ܆ 3 ܐܝܟܢܐ ܚܢܢ ܢܬܦܨܐ܆ ܐܢ ܢܒܣܐ
ܥܠ ܐܝܠܝܢ ܕܗܠܝܢ ܐܝܟ ܚܝܝܢ. ܗܠܝܢ ܕܫܪܝܘ ܡܢ ܡܪܢ
ܠܡܬܡܠܠܘ. ܘܡܢ ܐܝܠܝܢ ܕܫܡܥܘܗ ܡܢܗ ܠܢ ܐܫܬܪܪܘ.
4 ܟܕ ܣܗܕ ܠܗܘܢ ܐܠܗܐ. ܒܐܬܘܬܐ ܘܒܬܕܡܪܬܐ.
ܘܒܚܝܠܐ ܡܫܚܠܦܐ. ܘܒܦܘܠܓܐ ܕܪܘܚܐ ܕܩܘܕܫܐ.
ܕܐܬܝܗܒ ܐܝܟ ܨܒܝܢܗ ܀ 5 ܠܐ ܗܘܐ ܓܝܪ ܠܡܠܐܟܐ ܫܥܒܕ
ܥܠܡܐ ܕܥܬܝܕ ܕܥܠܘܗܝ ܡܡܠܠܝܢܢ. 6 ܐܠܐ ܐܝܟ ܕܣܗܕ
ܟܬܒܐ ܘܐܡܪ܆ ܡܢܘ ܓܒܪܐ ܕܥܗܕܬܝܗܝ܆ ܐܘ ܒܪܗ ܕܐܢܫܐ
ܕܣܥܪܬܝܗܝ. 7 ܐܡܟܬܝܗܝ ܩܠܝܠ ܡܢ ܡܠܐܟܐ.
ܬܫܒܘܚܬܐ ܘܐܝܩܪܐ ܟܠܠܬ ܠܪܫܗ. ܘܐܫܠܛܬܝܗܝ ܥܠ ܥܒܕܐ
ܕܐܝܕܝܟ. 8 ܘܟܠ ܡܕܡ ܫܥܒܕܬ ܬܚܝܬ ܪܓܠܘܗܝ. ܟܕ
ܕܝܢ ܕܟܠ ܡܕܡ ܫܥܒܕ ܠܗ܆ ܠܐ ܫܒܩ ܡܕܡ ܕܠܐ ܡܫܥܒܕ܆
ܗܫܐ ܕܝܢ ܠܐ ܥܕܟܝܠ ܚܙܝܢܢ ܕܟܠ ܡܕܡ ܡܫܥܒܕ ܠܗ.
9 ܗܘ ܕܝܢ ܕܡܟ ܩܠܝܠ ܡܢ ܡܠܐܟܐ܆ ܚܙܝܢܢ ܕܗܘܝܘ ܝܫܘܥ
ܡܛܠ ܚܫܐ ܕܡܘܬܗ. ܘܬܫܒܘܚܬܐ ܘܐܝܩܪܐ ܣܝܡ ܒܪܫܗ.
ܗܘ ܓܝܪ ܐܠܗܐ ܒܛܝܒܘܬܗ ܚܠܦ ܟܠܢܫ ܛܥܡ ܡܘܬܐ.
10 ܝܐܐ ܗܘܐ ܓܝܪ ܠܗܘ ܕܟܠ ܒܐܝܕܗ ܘܟܠ ܡܛܠܬܗ܆
ܘܣܓܝܐܐ ܒܢܝܐ ܐܝܬܝ ܠܬܫܒܘܚܬܗ. ܕܪܫܐ ܕܚܝܝܗܘܢ
ܒܚܫܐ ܢܫܡܠܝܘܗܝ. 11 ܗܘ ܓܝܪ ܕܡܩܕܫ ܘܗܠܝܢ ܕܡܬܩܕܫܝܢ
ܡܢ ܚܕ ܐܢܘܢ ܟܠܗܘܢ. ܡܛܠ ܗܢܐ ܠܐ ܒܗܬ ܕܢܩܪܐ ܐܢܘܢ
ܐܚܘܗܝ. 12 ܟܕ ܐܡܪ܆ ܐܟܪܙ ܫܡܟ ܠܐܚܝ܆ ܘܒܓܘ
ܥܕܬܐ ܐܫܒܚܟ. 13 ܘܬܘܒ ܕܐܢܐ ܐܗܘܐ ܬܟܝܠ ܥܠܘܗܝ.
ܘܬܘܒ ܗܐ ܐܢܐ ܘܒܢܝܐ ܕܝܗܒ ܠܝ ܐܠܗܐ ܀ 14 ܡܛܠ
ܓܝܪ ܕܒܢܝܐ ܐܫܬܘܬܦܘ ܒܒܣܪܐ ܘܒܕܡܐ܆ ܐܦ ܗܘ ܒܗܘ

ܒܕܡܘܬܐ ܐܫܬܘܬܦ ܒܗܘܢ. ܕܒܡܘܬܗ ܢܒܛܠ
ܠܗ ܕܐܚܝܕ ܫܘܠܛܢܐ ܕܡܘܬܐ ܕܐܝܬܘܗܝ ܣܛܢܐ. 15 ܘܢܫܪܐ
ܠܗܠܝܢ ܐܝܠܝܢ ܕܒܕܚܠܬܐ ܕܡܘܬܐ: ܒܟܠܗܘܢ ܚܝܝܗܘܢ
ܡܫܥܒܕܝܢ ܗܘܘ ܠܥܒܕܘܬܐ. 16 ܠܐ ܗܘܐ ܓܝܪ ܡܢ ܡܠܐܟܐ
ܢܣܒ. ܐܠܐ ܡܢ ܙܪܥܗ ܕܐܒܪܗܡ ܢܣܒ. 17 ܡܛܠ ܗܢܐ
ܙܕܩ ܗܘܐ: ܕܒܟܠ ܡܕܡ ܢܬܕܡܐ ܠܐܚܘܗܝ. ܕܢܗܘܐ
ܡܪܚܡܢܐ ܘܪܒ ܟܘܡܪܐ ܡܗܝܡܢܐ ܒܕܐܠܗܐ. ܘܢܗܘܐ
ܡܚܣܢܐ ܥܠ ܚܛܗܘܗܝ ܕܥܡܐ. 18 ܒܗܘ ܓܝܪ ܕܚܫ ܗܘ
ܘܐܬܢܣܝ: ܡܫܟܚ ܕܢܥܕܪ ܠܐܝܠܝܢ ܕܡܬܢܣܝܢ ܀

ܩܦܠܐܘܢ ܀ ܓ ܀

1 ܡܛܠ ܗܢܐ ܐܚܝ ܩܕܝܫܐ ܕܐܬܩܪܝܬܘܢ ܒܩܪܝܢܐ ܕܡܢ ܫܡܝܐ:
ܚܘܪܘ ܒܗܢܐ ܫܠܝܚܐ ܘܪܒ ܟܘܡܪܐ ܕܬܘܕܝܬܢ ܝܫܘܥ
ܡܫܝܚܐ: 2 ܕܡܗܝܡܢ ܠܡܢ ܕܥܒܕܗ ܐܝܟ ܡܘܫܐ ܒܟܠܗ
ܒܝܬܗ. 3 ܣܓܝܐܐ ܗܘ ܐܝܩܪܗ ܕܗܢܐ ܝܬܝܪ ܡܢ
ܕܡܘܫܐ: ܐܝܟܢܐ ܕܣܓܝ ܐܝܩܪܐ ܕܒܢܝܗ ܝܬܝܪ ܡܢ
ܒܢܝܢܗ. 4 ܟܠ ܒܝܬܐ ܓܝܪ ܡܢ ܐܢܫ ܗܘ ܡܬܒܢܐ. ܗܘ
ܕܝܢ ܕܒܢܐ ܟܠ ܐܠܗܐ ܗܘ. 5 ܘܡܘܫܐ ܐܝܟ ܥܒܕܐ ܐܬܗܝܡܢ
ܒܟܠܗ ܒܝܬܗ: ܠܣܗܕܘܬܐ ܕܐܝܠܝܢ ܕܥܬܝܕܢ ܗܘܝ
ܠܡܬܡܠܠܘ ܒܐܝܕܗ. 6 ܡܫܝܚܐ ܕܝܢ ܐܝܟ ܒܪܐ ܥܠ ܒܝܬܗ.
ܘܐܝܬܝܗܘܢ ܒܝܬܗ ܚܢܢ ܐܢ ܠܗ ܠܦܪܗܣܝܐ ܘܫܘܒܗܪܐ ܕܣܒܪܐ
ܥܕܡܐ ܘܡܫܪܪܘܬܐ ܕܫܘܒܗܪܗ. 7 ܡܛܠ ܕܐܡܪܐ ܪܘܚܐ ܕܩܘܕܫܐ.
ܝܘܡܢܐ ܐܢ ܒܩܠܗ ܬܫܡܥܘܢ: 8 ܠܐ ܬܩܫܘܢ ܠܒܘܬܟܘܢ
ܠܡܪܓܙܘܬܗ: ܐܝܟ ܡܡܪܡܪܢܘܬܐ ܐܘ ܝܘܡܐ ܕܢܣܝܘܢܐ
ܕܒܡܕܒܪܐ: 9 ܕܢܣܝܘܢܝ ܐܒܗܝܟܘܢ: ܘܒܩܘ ܘܚܙܘ ܥܒܕܝ
ܐܪܒܥܝܢ ܫܢܝܢ: 10 ܡܛܠ ܗܢܐ ܡܐܣܬ ܒܗ ܒܕܪܐ ܗܘ ܘܐܡܪܬ
ܕܥܡܐ ܗܘ ܕܛܥܐ ܠܒܗܘܢ. ܘܗܢܘܢ ܠܐ ܝܕܥܘ ܐܘܪܚܬܝ.
11 ܐܝܟ ܕܝܡܝܬ ܒܪܘܓܙܝ ܕܠܐ ܢܥܠܘܢ ܠܢܝܚܬܝ. 12 ܐܙܕܗܪܘ

ܗܟܝܠ ܐܚܝ ܕܠܡܐ ܢܗܘܐ ܒܐܢܫ ܡܢܟܘܢ ܠܒܐ ܒܝܫܐ ܕܠܐ
ܡܗܝܡܢ. ܘܢܦܪܘܩ ܡܢ ܐܠܗܐ ܚܝܐ. 13 ܐܠܐ ܒܥܘ ܡܢ
ܢܦܫܟܘܢ ܟܠܗܘܢ ܝܘܡܬܐ. ܥܕܡܐ ܠܝܘܡܐ ܕܡܬܩܪܐ ܝܘܡܢܐ.
ܕܠܐ ܢܬܩܫܐ ܐܢܫ ܡܢܟܘܢ ܒܛܘܥܝܝ ܚܛܝܬܐ ܀ 14 ܐܫܬܘܬܦܢ
ܓܝܪ ܥܡ ܡܫܝܚܐ: ܐܢ ܡܢ ܪܫܝܬܐ ܘܥܕܡܐ ܠܫܘܠܡܐ:
ܒܗ ܩܝܡܐ ܗܢܐ ܫܪܝܪܐ ܢܩܘܐ. 15 ܐܝܟܢܐ ܕܐܡܝܪ.
ܕܝܘܡܢܐ ܐܢ ܒܩܠܗ ܬܫܡܥܘܢ: ܠܐ ܬܩܫܘܢ ܠܒܘܬܟܘܢ
ܠܡܪܓܙܘܬܗ. 16 ܡܢ ܐܢܘܢ ܓܝܪ ܗܢܘܢ ܕܫܡܥܘ
ܘܐܪܓܙܘܗܝ. ܠܐ ܟܠܗܘܢ ܗܢܘܢ ܕܢܦܩܘ ܡܢ ܡܨܪܝܢ ܒܝܕ
ܡܘܫܐ. 17 ܘܥܡ ܡܢܘ ܐܬܚܡܬ ܐܪܒܥܝܢ ܫܢܝܢ. ܐܠܐ ܥܡ ܗܢܘܢ
ܕܚܛܘ ܘܢܦܠܘ ܫܠܕܝܗܘܢ ܒܡܕܒܪܐ. 18 ܘܥܠ ܐܝܠܝܢ ܝܡܐ ܕܠܐ
ܢܥܠܘܢ ܠܢܝܚܗ. ܐܠܐ ܥܠ ܗܢܘܢ ܕܠܐ ܐܬܛܦܝܣܘ. 19 ܘܚܙܝܢ
ܕܠܐ ܐܫܟܚܘ ܠܡܥܠ ܡܛܠ ܕܠܐ ܗܝܡܢܘ ܢܕܚܠ ܗܟܝܠ ܀

ܩܦܠܐܘܢ ܀ ܕ ܀

1 ܕܠܡܐ ܟܕ ܩܝܡ ܫܘܘܕܝܐ ܕܡܥܠܬܐ ܠܢܝܚܗ.
ܢܫܬܟܚ ܐܢܫ ܡܢܟܘܢ ܕܡܦܓܪ ܡܢ ܕܠܡܥܠ. 2 ܐܦ ܚܢܢ ܓܝܪ
ܐܣܬܒܪܢ ܐܝܟ ܕܐܦ ܗܢܘܢ. ܐܠܐ ܠܐ ܐܘܬܪܬ ܐܢܘܢ ܠܗܢܘܢ ܡܠܬܐ
ܕܫܡܥܘ. ܡܛܠ ܕܠܐ ܡܡܙܓܐ ܗܘܬ ܒܗܝܡܢܘܬܐ ܠܗܢܘܢ
ܕܫܡܥܘܗ. 3 ܥܐܠܝܢ ܕܝܢ ܒܢܝܚܐ ܚܢܢ ܐܝܠܝܢ ܕܗܝܡܢܢ.
ܐܝܟܢܐ ܕܝܢ ܐܡܪ ܐܝܟ ܕܝܡܝܬ ܒܪܘܓܙܝ ܕܠܐ ܢܥܠܘܢ ܠܢܝܚܝ.
ܕܗܐ ܥܒܕܘܗܝ ܕܐܠܗܐ ܡܢ ܬܩܢܬܗ ܕܥܠܡܐ ܗܘܘ. 4 ܐܝܟ
ܕܐܡܪ ܥܠ ܫܒܬܐ. ܕܐܬܬܢܝܚ ܐܠܗܐ ܒܝܘܡܐ ܫܒܝܥܝܐ.
ܡܢ ܟܠܗܘܢ ܥܒܕܘܗܝ. 5 ܘܗܪܟܐ ܬܘܒ ܐܡܪ ܕܠܐ ܢܥܠܘܢ
ܠܢܝܚܝ. 6 ܡܛܠ ܗܟܝܠ ܕܐܝܬ ܗܘܐ ܐܬܪܐ ܕܐܢܫ ܐܢܫ
ܢܥܘܠ ܒܗ: ܘܗܢܘܢ ܕܐܣܬܒܪܘ ܩܕܡܝܐ ܠܐ ܥܠܘ ܥܠ ܕܠܐ
ܐܬܛܦܝܣܘ. 7 ܬܘܒ ܝܘܡܐ ܐܚܪܢܐ ܩܝܡ ܡܢ ܒܬܪ ܙܒܢܐ
ܣܓܝܐܐ. ܐܝܟܢܐ ܕܡܢ ܒܕܘܝܕ ܐܡܪ ܕܝܢ. ܕܝܘܡܢܐ

ܐܢ ܒܩܠܗ ܬܫܡܥܘܢ: ܠܐ ܬܩܫܘܢ ܠܒܘܬܟܘܢ. ⁸ ܐܠܘ ܓܝܪ
ܝܫܘܥ ܒܪ ܢܘܢ ܐܢܝܚ ܗܘܐ ܐܢܘܢ. ܠܐ ܐܡܪ ܗܘܐ ܡܢ
ܒܬܪܟܢ ܥܠ ܝܘܡܐ ܐܚܪܢܐ. ⁹ ܡܕܝܢ ܩܝܡ ܗܘ ܠܡܫܒܬܘ
ܠܥܡܗ ܕܐܠܗܐ. ¹⁰ ܐܝܢܐ ܓܝܪ ܕܥܠ ܠܢܝܚܬܗ: ܐܬܬܢܝܚ
ܐܦ ܗܘ ܡܢ ܥܒܕܘܗܝ: ܐܝܟ ܕܐܠܗܐ ܡܢ ܕܝܠܗ.
¹¹ ܢܬܚܦܛ ܗܟܝܠ ܕܢܥܘܠ ܠܗܝ ܢܝܚܬܐ. ܕܠܐ ܢܦܠ
ܒܕܡܘܬܐ ܕܗܢܘܢ ܕܠܐ ܐܬܛܦܝܣܘ. ¹² ܚܝܐ ܗܝ ܓܝܪ ܡܠܬܗ
ܕܐܠܗܐ ܘܟܠ ܡܣܥܪܐ. ܘܚܪܝܦܐ ܗܝ ܡܢ ܣܦܣܝܪܐ ܕܬܪܝܢ
ܦܘܡܝܗ. ܘܥܐܠܐ ܥܕܡܐ ܠܦܘܪܫܢܐ ܕܢܦܫܐ ܘܕܪܘܚܐ. ܘܕܗܕܡܐ
ܘܕܫܪܝܢܐ ܘܡܕܝܢܐ. ܘܕܝܢܐ ܡܚܫܒܬܐ ܘܪܥܝܢܐ ܕܠܒܐ.
¹³ ܘܠܝܬ ܒܪܝܬܐ ܕܛܫܝܐ ܡܢ ܩܕܡܘܗܝ. ܐܠܐ ܟܠ ܡܕܡ ܦܪܥܠ
ܘܓܠܐ ܩܕܡ ܥܝܢܘܗܝ. ܕܠܗ ܢܬܠ ܦܬܓܡܐ ܀
¹⁴ ܡܛܠ ܕܐܝܬ ܠܢ ܗܟܝܠ ܪܒ ܟܗܢܐ ܪܒܐ ܝܫܘܥ
ܡܫܝܚܐ ܒܪܗ ܕܐܠܗܐ ܕܣܠܩ ܠܫܡܝܐ: ܢܐܚܘܕ
ܒܬܘܕܝܬܗ. ¹⁵ ܠܐ ܓܝܪ ܐܝܬ ܠܢ ܪܒ ܟܗܢܐ ܕܠܐ ܡܨܐ ܕܢܚܫ
ܥܡ ܟܘܪܗܢܢ. ܐܠܐ ܕܡܢܣܐ ܒܟܠܡܕܡ ܐܟܘܬܢ܆ ܣܛܪ ܡܢ
ܚܛܝܬܐ. ¹⁶ ܢܬܩܪܒ ܗܟܝܠ ܒܦܪܗܣܝܐ ܠܟܘܪܣܝܐ
ܕܛܝܒܘܬܗ: ܕܢܣܒ ܪܚܡܐ ܘܢܫܟܚ ܛܝܒܘܬܐ: ܠܡܥܘܕܪܢܐ
ܒܥܕܢܐ ܕܐܘܠܨܢܐ ܀

ܩܦܠܐܘܢ ܀ ܗ ܀

¹ ܟܠ ܪܒ ܟܗܢܐ ܓܝܪ ܕܡܢ ܒܢܝܢܫܐ ܗܘܐ. ܚܠܦ
ܒܢܝܢܫܐ ܩܐܡ ܥܠ ܐܝܠܝܢ ܕܠܐܠܗܐ ܐܢܘܢ. ܕܢܩܪܒ ܩܘܪܒܢܐ
ܘܕܒܚܐ ܚܠܦ ܚܛܗܐ. ² ܘܐܝܢܐ ܡܫܟܚ ܕܢܫܘܐ ܢܦܫܗ:
ܘܢܬܪܚܡ ܥܠ ܐܝܠܝܢ ܕܠܐ ܝܕܥܝܢ ܘܛܥܝܢ. ܡܛܠ ܕܐܦ ܗܘ
ܟܪܝܗܘܬܐ ܠܒܝܫ. ³ ܘܡܛܠܗܕܐ ܚܝܒ ܗܘ. ܕܐܝܟܢܐ
ܕܚܠܦ ܥܡܐ. ܗܟܢܐ ܚܠܦ ܢܦܫܗ ܢܩܪܒ ܥܠ ܚܛܗܘܗܝ.
⁴ ܘܠܐ ܗܘܐ ܠܢܦܫܗ ܐܢܫ ܢܣܒ ܐܝܩܪܐ. ܐܠܐ ܐܝܢܐ ܕܡܬܩܪܐ
ܡܢ ܐܠܗܐ ܐܝܟܢܐ ܕܐܗܪܘܢ. ⁵ ܗܟܢܐ ܐܦ ܡܫܝܚܐ: ܠܐ ܗܘܐ

ܢܦܫܗ ܫܒܚ ܕܢܗܘܐ ܪܒ ܟܘܡܪܐ. ܐܠܐ ܗܘ ܕܐܡܪ ܠܗ
ܕܒܪܝ ܐܢܬ ܐܢܐ ܝܘܡܢܐ ܝܠܕܬܟ. 6 ܐܝܟ ܕܐܦ ܒܕܘܟܬܐ ܐܚܪܬܐ
ܐܡܪ. ܕܐܢܬ ܗܘ ܟܘܡܪܐ ܠܥܠܡ ܒܕܡܘܬܗ ܕܡܠܟܝܙܕܩ.
7 ܐܦ ܟܕ ܒܒܣܪܐ ܠܒܝܫ ܗܘܐ. ܒܥܘܬܐ ܘܬܟܫܦܬܐ ܒܩܥܬܐ
ܚܣܝܢܬܐ ܘܒܕܡܥܐ ܩܪܒ ܗܘܐ ܠܡܢ ܕܡܫܟܚ ܗܘܐ
ܡܢ ܡܘܬܐ ܕܢܚܝܘܗܝ. ܘܐܫܬܡܥ. 8 ܘܥܡ ܕܒܪܐ ܗܘܐ
ܐܝܬܘܗܝ: ܡܢ ܕܚܠܬܐ ܘܚܫܐ ܕܣܒܠ. ܝܠܦ ܠܗ
ܠܡܫܬܡܥܢܘܬܐ. 9 ܘܗܟܢܐ ܐܫܬܡܠܝ. ܘܗܘܐ ܠܟܠܗܘܢ
ܐܝܠܝܢ ܕܡܫܬܡܥܝܢ ܠܗ ܥܠܬܐ ܕܚܝܐ ܕܠܥܠܡ.
10 ܘܐܫܬܡܗ ܡܢ ܐܠܗܐ ܪܒ ܟܘܡܪܐ ܒܕܡܘܬܗ ܕܡܠܟܝܙܕܩ.
11 ܕܥܠܘܗܝ ܕܝܢ ܥܠ ܗܢܐ ܡܠܟܝܙܕܩ: ܣܓܝܐܐ ܗܝ ܠܢ
ܡܠܬܐ ܠܡܐܡܪܗ ܘܥܣܩܐ ܠܡܬܦܫܩܘܬܗ. ܡܛܠ
ܕܒܨܝܪܬܘܢ ܠܟܘܢ ܒܪܝܢܘܐ ܒܡܫܡܥܟܘܢ ܀ 12 ܚܝܒܝܢ
ܗܘܝܬܘܢ ܓܝܪ ܡܠܦܢܐ ܠܡܗܘܐ. ܡܛܠ ܙܒܢܐ ܕܐܝܬ ܠܟܘܢ
ܒܝܘܠܦܢܐ. ܗܫܐ ܕܝܢ ܬܘܒ ܣܢܝܩܝܢ ܐܢܬܘܢ ܕܬܬܠܡܕܘܢ.
ܐܝܠܝܢ ܐܢܘܢ ܐܣܛܘܟܣܐ ܕܪܫܝܬ ܡܠܘܗܝ ܕܐܠܗܐ.
ܘܗܘܝܬܘܢ ܠܟܘܢ ܣܢܝܩܝܢ ܠܚܠܒܐ: ܘܠܐ ܠܡܐܟܘܠܬܐ
ܥܫܝܢܬܐ. 13 ܟܠܢܫ ܕܝܢ ܕܡܐܟܘܠܬܗ ܚܠܒܐ ܗܘ: ܠܐ ܡܦܟܦ
ܒܡܠܬܐ ܕܟܐܢܘܬܐ. ܡܛܠ ܕܫܒܪܐ ܗܘ. 14 ܕܓܡܝܪܐ ܗܝ
ܕܝܢ ܡܐܟܘܠܬܐ ܥܫܝܢܬܐ. ܐܝܠܝܢ ܕܡܛܠ ܕܡܕܪܫܝܢ: ܐܬܗܦܟܘ
ܪܓܫܝܗܘܢ ܠܡܦܪܫ ܛܒܬܐ ܘܒܝܫܬܐ ܀

ܩܦܠܐܘܢ ܀ ܘ ܀

1 ܡܛܠ ܗܢܐ ܢܫܒܘܩ ܡܠܬܐ ܕܫܘܪܝܗ ܕܡܫܝܚܐ
ܘܠܓܡܝܪܘܬܐ ܢܐܬܐ. ܐܘ ܠܡܐ ܬܘܒ ܫܬܐܣܬܐ ܐܚܪܬܐ
ܡܣܝܡܝܢܢ ܠܬܝܒܘܬܐ ܡܢ ܥܒܕܐ ܡܝܬܐ: ܘܠܗܝܡܢܘܬܐ
ܕܒܐܠܗܐ: 2 ܘܠܡܠܦܢܘܬܐ ܕܡܥܡܘܕܝܬܐ ܘܕܣܝܡ ܐܝܕܐ.
ܘܠܩܝܡܬܐ ܕܡܢ ܒܝܬ ܡܝܬܐ. ܘܠܕܝܢܐ ܕܠܥܠܡ. 3 ܐܢ

ܡܪܝܐ ܡܦܣ ܢܥܒܕ ܗܕܐ. 4 ܐܠܐ ܠܐ ܡܫܟܚܝܢ ܗܢܘܢ ܕܚܕܐ
ܙܒܢ ܠܡܥܡܘܕܝܬܐ ܢܚܬܘ ܘܛܥܡܘ ܡܘܗܒܬܐ ܕܡܢ ܫܡܝܐ:
ܘܢܣܒܘ ܪܘܚܐ ܕܩܘܕܫܐ: 5 ܘܛܥܡܘ ܡܠܬܐ ܛܒܬܐ ܕܐܠܗܐ:
ܘܚܝܠܐ ܕܥܠܡܐ ܕܥܬܝܕ. 6 ܕܬܘܒ ܢܚܛܘܢ: ܕܬܘܒ
ܢܬܚܕܬܘܢ ܠܬܝܒܘܬܐ: ܕܬܘܒ ܢܙܩܦܘܢ ܠܒܪܗ
ܕܐܠܗܐ ܘܢܒܗܬܘܢܝܗ. 7 ܐܪܥܐ ܓܝܪ ܕܐܫܬܝܬ ܡܛܪܐ ܕܐܬܐ ܥܠܝܗ
ܙܒܢܝܢ ܣܓܝܐܢ. ܘܐܘܠܕܬ ܥܣܒܐ ܕܡܦܩܚ ܠܗܢܘܢ
ܕܡܛܠܬܗܘܢ ܡܬܦܠܚܐ: ܡܩܒܠܐ ܒܘܪܟܬܐ ܡܢ ܐܠܗܐ.
8 ܐܢܗܘ ܕܝܢ ܕܐܦܩܬ ܟܘܒܐ ܘܕܪܕܪܐ. ܗܘܝܐ ܠܗ ܡܣܠܝܬܐ.
ܘܠܐ ܪܚܝܩܐ ܡܢ ܠܘܛܬܐ. ܐܠܐ ܚܪܬܗ ܠܝܩܕܢܐ ܗܝ ✤ 9 ܡܬܦܝܣܝܢܢ
ܕܝܢ ܥܠܝܟܘܢ ܐܚܝ. ܐܝܠܝܢ ܕܫܦܝܪܢ ܘܩܪ̈ܝܒܢ ܠܚ̈ܝܐ.
ܐܦܢ ܗܟܢܐ ܡܡܠܠܝܢܢ. 10 ܠܐ ܗܘܐ ܓܝܪ ܥܘܠܐ ܐܠܗܐ
ܕܢܛܥܐ ܥܒ̈ܕܝܟܘܢ. ܘܚܘܒܟܘܢ ܗܘ ܕܚܘܝܬܘܢ ܒܫܡܗ:
ܕܫܡܫܬܘܢ ܠܩܕ̈ܝܫܐ ܘܡܫܡܫܝܬܘܢ. 11 ܪܓܝܢܢ ܕܝܢ ܕܐܢܫ
ܐܢܫ ܡܢܟܘܢ: ܗܝ ܗܕܐ ܚܦܝܛܘܬܐ ܢܚܘܐ. ܠܡܘܡܠܝܐ
ܕܣܒܪܟܘܢ ܥܕܡܐ ܠܚܪܬܐ. 12 ܘܠܐ ܬܬܡܝܩܘܢ ܠܒܟܘܢ. ܐܠܐ
ܬܗܘܘܢ ܡܬܕܡܝܢ ܠܗܠܝܢ ܕܒܗܝܡܢܘܬܐ ܘܢܓܝܪܘܬ
ܪܘܚܐ ܗܘܘ ܝܪ̈ܬܐ ܕܫܘܘܕܝܐ. 13 ܠܐܒܪܗܡ ܓܝܪ ܟܕ ܡܠܟ
ܠܗ ܐܠܗܐ: ܡܛܠ ܕܠܝܬ ܗܘܐ ܠܗ ܕܪܒ ܡܢܗ ܕܢܐܡܐ
ܒܗ: ܝܡܐ ܒܢܦܫܗ. 14 ܘܐܡܪ. ܕܡܒܪܟܘ ܐܒܪܟܟ.
ܘܡܣܓܝܘ ܐܣܓܝܟ. 15 ܘܗܟܢܐ ܐܓܪ ܪܘܚܗ ܘܩܒܠ
ܡܘܠܟܢܐ. 16 ܒܢܝ̈ܢܫܐ ܓܝܪ ܒܪܒ ܡܢܗܘܢ ܝܡܝܢ. ܘܟܠ
ܟܠ ܚܪܝܢܐ ܕܗܘܐ ܒܝܢܬܗܘܢ: ܡܘܡܬܐ ܡܫܪܪܐ ܒܩܘܫܬܐ
ܗܝ ܠܗ. 17 ܡܛܠ ܗܢܐ ܝܬܝܪܐܝܬ ܨܒܐ ܐܠܗܐ ܕܢܚܘܐ
ܠܝܪ̈ܬܐ ܕܡܘܠܟܢܐ: ܕܫܘܕܝܗ ܠܐ ܡܫܬܚܠܦ. ܘܐܝܬܝܗ
ܒܡܘܡܬܐ. 18 ܕܒܬܪܬܝܢ ܨܒܘ̈ܢ ܕܠܐ ܡܫܬܚܠܦܢ: ܕܠܐ ܡܫܟܚ
ܐܠܗܐ ܕܢܕܓܠ ܒܗܝܢ: ܒܘܝܐܐ ܪܒܐ ܢܗܘܐ ܠܢ ܕܐܬܓܘܣܢ
ܒܗ. ܘܐܚܕܢ ܒܣܒܪܐ ܕܡܛܝܒ ܠܢ: 19 ܗܘ ܕܐܝܬܘܗܝ ܠܢ

ܐܝܟ ܐܘܣܛܢܐ. ܕܠܢܦܫܢ ܚܝܕܐ ܕܠܐ ܡܬܬܙܝܥ. ܘܥܐܠܐ ܠܓܘ
ܡܢ ܐܦܝ ܬܪܥܐ. 20 ܐܝܟܐ ܕܩܕܡ ܥܠ ܚܠܦܝܢ ܝܫܘܥ. ܘܗܘܐ
ܟܘܡܪܐ ܠܥܠܡ ܒܕܡܘܬܗ ܕܡܠܟܝܙܕܩ ܀

ܩܦܠܐܘܢ ܀ ܙ ܀

1 ܗܢܐ ܕܝܢ ܡܠܟܝܙܕܩ ܐܝܬܘܗܝ ܗܘܐ ܡܠܟܐ ܕܫܠܝܡ: ܟܘܡܪܐ
ܕܐܠܗܐ ܡܪܝܡܐ. ܘܗܘ ܐܪܥܗ ܠܐܒܪܗܡ ܟܕ ܗܦܟ ܡܢ
ܬܒܪܐ ܕܡܠܟܐ. ܘܒܪܟܗ. 2 ܘܠܗ ܦܠܓ ܐܒܪܗܡ ܡܥܣܪܐ
ܡܢ ܡܕܡ ܕܐܝܬ ܗܘܐ ܥܡܗ. ܡܬܬܪܓܡ ܕܝܢ ܫܡܗ
ܡܠܟܐ ܕܙܕܝܩܘܬܐ. ܘܬܘܒ ܡܠܟܐ ܕܫܠܝܡ ܕܐܝܬܘܗܝ ܡܠܟܐ
ܕܫܠܡܐ. 3 ܕܠܐ ܐܒܘܗܝ ܘܠܐ ܐܡܗ ܐܬܟܬܒܘ ܒܫܪܒܬܐ. ܘܠܐ
ܫܘܪܝܐ ܕܝܘܡܘܗܝ ܘܠܐ ܫܘܠܡܐ ܕܚܝܘܗܝ. ܐܠܐ ܒܕܡܘܬܐ
ܕܒܪܗ ܕܐܠܗܐ: ܡܩܘܐ ܟܘܡܪܘܬܗ ܠܥܠܡ. 4 ܚܙܘ ܕܝܢ
ܟܡܐ ܪܒ ܗܢܐ. ܕܐܒܪܗܡ ܪܫ ܐܒܗܬܐ: ܠܗ ܝܗܒ
ܡܥܣܪܐ ܘܪܝܫܝܬܐ. 5 ܐܢܫܝܢ ܓܝܪ ܡܢ ܒܢܝ ܠܘܝ
ܕܩܒܠܝܢ ܗܘܘ ܟܘܡܪܘܬܐ. ܦܘܩܕܢܐ ܐܝܬ ܗܘܐ ܠܗܘܢ
ܕܢܡܘܣܐ. ܕܢܣܒܘܢ ܡܥܣܪܐ ܡܢ ܥܡܐ. ܐܚܝܗܘܢ ܡܢ
ܐܝܬܝܗܘܢ. ܟܕ ܐܦ ܗܢܘܢ ܡܢ ܚܨܗ ܕܐܒܪܗܡ ܢܦܩܘ.
6 ܗܢܐ ܕܝܢ ܕܠܐ ܟܬܝܒ ܒܫܪܒܬܗܘܢ: ܡܥܣܪܐ ܢܣܒ ܡܢ
ܐܒܪܗܡ. ܘܒܪܟܗ ܠܗܘ ܕܐܝܬ ܗܘܐ ܠܗ ܡܘܠܟܢܐ. 7 ܕܠܐ ܚܪܝܢܐ
ܕܝܢ: ܗܘ ܕܒܨܝܪ ܡܬܒܪܟ ܡܢ ܗܘ ܕܪܒ ܡܢܗ. 8 ܘܗܪܟܐ
ܒܢܝܢܫܐ ܕܡܝܬܝܢ ܢܣܒܝܢ ܡܥܣܪܐ. ܠܬܡܢ ܕܝܢ ܗܘ ܕܐܣܗܕ
ܥܠܘܗܝ ܟܬܒܐ ܕܚܝ ܗܘ. 9 ܘܐܝܟ ܐܢܫ ܕܢܐܡܪ ܒܝܕ
ܐܒܪܗܡ ܐܦ ܠܘܝ ܗܘ ܕܡܥܣܪܐ ܢܣܒ ܗܘܐ ܐܦ ܗܘ
ܐܬܥܣܪ. 10 ܒܚܨܐ ܓܝܪ ܒܚܨܘܗܝ ܗܘܐ ܕܐܒܘܗܝ ܟܕ ܐܪܥܗ
ܠܡܠܟܝܙܕܩ. 11 ܐܠܘ ܗܟܝܠ ܓܡܝܪܘܬܐ ܒܝܕ ܟܘܡܪܘܬܐ
ܕܒܢܝ ܠܘܝ ܐܝܬܝܗ ܗܘܬ: ܕܒܗ ܣܡ ܢܡܘܣܐ ܠܥܡܐ. ܠܡܢܐ
ܡܬܒܥܝܐ ܗܘܐ ܟܘܡܪܐ ܐܚܪܢܐ ܕܢܩܘܡ ܒܕܡܘܬܗ

ܕܡܠܟܝܙܕܩ. ܐܡܪ ܕܝܢ ܕܒܕܡܘܬܗ ܕܐܗܪܘܢ ܢܗܘܐ. 12 ܐܠܐ
ܐܝܟܢܐ ܕܗܘܬ ܫܘܚܠܦܐ ܒܟܗܢܘܬܐ: ܗܟܢܐ ܗܘܬ ܫܘܚܠܦܐ
ܐܦ ܒܢܡܘܣܐ. 13 ܗܘ ܕܝܢ ܕܐܬܐܡܪ ܥܠܘܗܝ ܗܠܝܢ: ܡܢ
ܫܪܒܬܐ ܗܘ ܐܚܪܬܐ ܐܬܝܠܕ. ܕܐܢܫ ܡܢܗܘܢ ܠܐ
ܫܡܫ ܠܡܕܒܚܐ. 14 ܓܠܝܐ ܗܝ ܓܝܪ ܕܡܢ ܝܗܘܕܐ ܕܢܚ
ܡܪܢ. ܡܢ ܫܪܒܬܐ ܕܠܐ ܐܡܪ ܥܠܝܗ̇ ܡܘܫܐ ܡܕܡ ܥܠ
ܟܗܢܘܬܐ. 15 ܘܝܬܝܪܐܝܬ ܬܘܒ ܝܕܝܥܐ: ܒܗ̇ ܕܐܡܪ
ܕܒܕܡܘܬܗ ܕܡܠܟܝܙܕܩ ܩܐܡ ܟܗܢܐ ܐܚܪܢܐ. 16 ܗܘ ܕܠܐ
ܗܘܐ ܒܢܡܘܣܐ ܕܦܘܩܕܢܐ ܦܓܪܢܝܐ ܗܘܐ. ܐܠܐ ܒܚܝܠܐ
ܕܚܝܐ ܕܠܐ ܡܫܬܪܝܢ. 17 ܡܣܗܕ ܓܝܪ ܥܠܘܗܝ. ܕܐܢܬ ܗܘ
ܟܗܢܐ ܠܥܠܡ ܒܕܡܘܬܗ ܕܡܠܟܝܙܕܩ ܃ 18 ܫܘܚܠܦܐ ܕܝܢ
ܕܗܘܐ ܠܦܘܩܕܢܐ ܩܕܡܝܐ. ܡܛܠ ܡܚܝܠܘܬܗ ܘܕܠܐ ܝܘܬܪܢ
ܐܝܬ ܗܘܐ ܒܗ. 19 ܡܕܡ ܓܝܪ ܠܐ ܓܡܪ ܢܡܘܣܐ. ܥܠ
ܕܝܢ ܚܠܦܘܗܝ ܣܒܪܐ ܕܡܝܬܪܐ ܡܢܗ ܕܒܗ̇ ܡܬܩܪܒܝܢ
ܠܐܠܗܐ. 20 ܘܡܝܬܪܘ ܠܗ ܒܡܘܡܬܐ. 21 ܗܢܘܢ ܓܝܪ ܕܠܐ
ܡܘܡܬܐ ܗܘܘ ܟܗܢܐ. ܗܢܐ ܕܝܢ ܒܡܘܡܬܐ. ܐܝܟ ܕܐܡܪ
ܠܗ ܒܝܕ ܕܘܝܕ. ܕܝܡܐ ܡܪܝܐ ܘܠܐ ܢܬܘܐ: ܕܐܢܬ ܗܘ
ܟܗܢܐ ܠܥܠܡ ܒܕܡܘܬܗ ܕܡܠܟܝܙܕܩ. 22 ܗܢܐ ܟܠܗ
ܡܝܬܪܐ ܕܝܬܝܩܐ ܗܕܐ ܕܗܘܐ ܠܗ̇ ܥܪܒܐ ܝܫܘܥ. 23 ܘܗܢܘܢ
ܗܘܘ ܟܘܡܪܐ ܣܓܝܐܐ: ܡܛܠ ܕܡܝܬܝܢ ܗܘܘ. ܘܠܐ
ܡܫܬܒܩܝܢ ܗܘܘ ܕܢܩܘܡܘܢ. 24 ܗܢܐ ܕܝܢ ܡܛܠ ܕܠܥܠܡ
ܩܐܡ: ܠܐ ܥܒܪܐ ܟܘܡܪܘܬܗ. 25 ܘܡܫܟܚ ܠܡܚܝܘ
ܠܥܠܡ: ܠܐܝܠܝܢ ܕܡܬܩܪܒܝܢ ܒܐܝܕܗ ܠܐܠܗܐ. ܚܝ ܗܘ
ܓܝܪ ܒܟܠܙܒܢ ܘܡܨܠܐ ܚܠܦܝܗܘܢ. 26 ܕܐܝܟ ܗܢܐ
ܓܝܪ ܟܘܡܪܐ ܐܦ ܙܕܩ ܗܘܐ ܠܢ. ܕܚܣܝܐ ܘܕܠܐ ܒܝܫܘ ܘܕܠܐ
ܛܘܠܫܐ. ܘܦܪܝܫ ܡܢ ܚܛܝܐ ܘܪܡ ܠܥܠ ܡܢ ܫܡܝܐ.
27 ܘܠܝܬ ܠܗ ܐܘܠܨܢܐ ܟܠܝܘܡ ܐܝܟ ܪܒ ܟܘܡܪܐ ܕܠܡܩܪܒ
ܚܠܦ ܚܛܗܘܗܝ ܠܩܕܡ ܕܒܚܐ ܘܗܝܕܝܢ ܚܠܦ ܥܡܐ.

ܗܕܐ ܓܝܪ ܥܒܕܗ ܚܕܐ ܙܒܢ ܒܢܦܫܗ ܕܩܪܒ. 28 ܢܡܘܣܐ
ܓܝܪ ܒܢܝܢܫܐ ܗܘ ܟܪܝܗܐ ܡܩܝܡ ܟܘܡܪܐ. ܡܠܬܐ ܕܝܢ
ܕܡܘܡܬܐ ܕܒܬܪ ܢܡܘܣܐ: ܒܪܐ ܓܡܝܪܐ ܠܥܠܡ ❖

ܩܦܠܐܘܢ ❖ ܚ ❖

1 ܪܫܐ ܕܝܢ ܕܡܡܠܠܝܢܢ ܐܝܬ ܠܢ ܪܒ ܟܘܡܪܐ. ܐܝܢܐ ܕܝܬܒ
ܥܠ ܝܡܝܢܐ ܕܟܘܪܣܝܐ ܕܪܒܘܬܐ ܒܫܡܝܐ. 2 ܘܗܘ ܡܫܡܫܢܐ
ܕܒܝܬ ܩܘܕܫܐ ܘܕܡܫܟܢܐ ܕܩܘܫܬܐ. ܗܘ ܕܩܒܥ ܐܠܗܐ ܘܠܐ
ܒܪܢܫܐ. 3 ܟܠ ܪܒ ܟܘܡܪܐ ܓܝܪ ܕܩܐܡ. ܕܢܩܪܒ
ܩܘܪܒܢܐ ܘܕܒܚܐ. ܡܛܠ ܗܢܐ ܙܕܩ ܗܘܐ ܐܦ ܠܗܢܐ:
ܕܢܗܘܐ ܠܗ ܡܕܡ ܕܢܩܪܒ. 4 ܘܐܠܘ ܒܐܪܥܐ ܗܘܐ: ܐܦܠܐ
ܟܘܡܪܐ ܗܘܐ ܗܘܐ. ܡܛܠ ܕܐܝܬܝܗܘܢ ܗܘܘ ܟܘܡܪܐ
ܕܡܩܪܒܝܢ ܗܘܘ ܩܘܪܒܢܐ ܐܝܟ ܕܒܢܡܘܣܐ. 5 ܗܢܘܢ
ܕܡܫܡܫܝܢ ܠܕܘܡܝܐ ܘܠܛܠܠܝܬܐ ܕܗܢܝܢ ܕܒܫܡܝܐ. ܐܝܟ
ܕܐܬܐܡܪ ܠܡܘܫܐ ܟܕ ܥܒܕ ܗܘܐ ܡܫܟܢܐ. ܚܙܝ ܘܥܒܕ
ܟܠܡܕܡ. ܒܕܡܘܬܐ ܗܝ ܕܐܬܚܙܝܬ ܠܟ ܒܛܘܪܐ. 6 ܗܫܐ
ܕܝܢ ܐܫܟܚ ܕܡܝܬܪܐ ܡܢ ܗܝ ܡܛܠ ܢܦܫܗ ܡܨܥܝܐ.
ܐܝܟܐ ܕܡܝܬܪܐ ܐܦ ܕܝܬܝܩܐ ܗܝ ܕܒܗ ܟܠܗ ܡܨܥܝܐ.
ܘܒܡܘܠܟܢܐ ܕܡܝܬܪܝܢ ܡܢ ܗܢܝܢ ܐܬܬܣܝܡܬ. 7 ܐܠܘ ܓܝܪ
ܐܝܬܝܗ ܗܘܬ ܩܕܡܝܬܐ ܕܠܐ ܪܫܝܢ: ܠܐ ܗܘܐ ܐܬܪܐ ܠܗܕܐ
ܕܬܪܬܝܢ. 8 ܪܫܐ ܠܗܘܢ ܓܝܪ ܘܐܡܪ. ܕܗܐ ܝܘܡܬܐ ܐܬܝܢ ܐܡܪ
ܡܪܝܐ. ܘܐܫܠܡ ܥܠ ܒܝܬܐ ܕܒܝܬ ܐܝܣܪܝܠ ܘܥܠ ܒܝܬܐ
ܕܒܝܬ ܝܗܘܕܐ ܕܝܬܩܐ ܚܕܬܐ. 9 ܠܐ ܐܝܟ ܗܝ ܕܝܬܩܐ ܕܝܗܒܬ
ܠܐܒܗܝܗܘܢ. ܒܝܘܡܐ ܕܐܚܕܬ ܒܐܝܕܗܘܢ. ܘܐܦܩܬ ܐܢܘܢ ܡܢ
ܐܪܥܐ ܕܡܨܪܝܢ. ܡܛܠ ܕܗܢܘܢ ܠܐ ܩܘܘ ܒܕܝܬܩܐ ܕܝܠܝ:
ܐܦ ܐܢܐ ܒܣܝܬ ܒܗܘܢ ܐܡܪ ܡܪܝܐ. 10 ܗܕܐ ܕܝܢ ܕܝܬܩܐ
ܕܐܬܠ ܠܒܝܬܐ ܕܒܝܬ ܐܝܣܪܝܠ. ܒܬܪ ܝܘܡܬܐ ܗܢܘܢ ܐܡܪ
ܡܪܝܐ. ܐܬܠ ܢܡܘܣܝ ܒܪܥܝܢܗܘܢ. ܘܥܠ

ܫܠܡ ܐܓܪܬܐ ܕܦܘܠܘܣ ܕܠܘܬ ܥܒܪܝܐ ܀ ܚ ܀

ܒܪܥܝܢܗܘܢ ܐܟܬܒܝܢܘܢ. ܘܐܗܘܐ ܠܗܘܢ ܐܢܐ ܠܐܠܗܐ.
ܘܗܢܘܢ ܢܗܘܘܢ ܠܝ ܠܥܡܐ. 11 ܘܠܐ ܢܐܠܦ ܐܢܫ ܠܒܪ
ܩܪܝܒܗ ܐܘܠܐ ܠܐܚܘܗܝ: ܘܢܐܡܪ ܕܕܥ ܠܡܪܝܐ. ܡܛܠ
ܕܟܠܗܘܢ ܢܕܥܘܢܢܝ. ܡܢ ܙܥܘܪܗܘܢ ܘܥܕܡܐ ܠܪܒܗܘܢ.
12 ܘܐܚܣܐ ܐܢܐ ܥܠ ܥܘܠܗܘܢ. ܘܚܛܗܝܗܘܢ ܬܘܒ ܠܐ
ܐܬܕܟܪ ܠܗܘܢ. 13 ܒܗܝ ܕܐܡܪ ܚܕܬܐ ܠܩܕܡܝܬܐ ܐܥܬܩܗ.
ܘܐܝܢܐ ܕܐܥܬܩ ܘܣܐܒ ܩܪܝܒ ܗܘ ܠܡܚܒܠܘ ܀

ܩܦܠܐܘܢ ܀ ܛ ܀

1 ܒܩܕܡܝܬܐ ܕܝܢ ܐܝܬ ܗܘܐ ܠܗ ܦܘܩܕܢܐ ܕܬܫܡܫܬܐ ܘܒܝܬ
ܩܘܕܫܐ ܥܠܡܢܝܐ. 2 ܡܫܟܢܐ ܓܝܪ ܩܕܡܝܐ ܕܐܬܥܒܕ: ܐܝܬ
ܗܘܐ ܒܗ ܡܢܪܬܐ ܘܦܬܘܪܐ ܘܠܚܡ ܐܦܐ. ܘܡܬܩܪܐ ܗܘܐ
ܒܝܬ ܩܘܕܫܐ. 3 ܡܫܟܢܐ ܕܝܢ ܓܘܝܐ ܕܠܓܘ ܡܢ ܐܦܝ ܬܪܥܐ
ܕܬܪܝܢ: ܡܬܩܪܐ ܗܘܐ ܩܕܫ ܩܘܕܫܐ. 4 ܘܐܝܬ ܗܘܐ ܒܗ
ܒܝܬ ܒܣܡܐ ܕܕܗܒܐ ܘܩܒܘܬܐ ܕܕܝܬܩܐ ܕܡܚܦܝܐ ܟܠܗ
ܒܕܗܒܐ. ܘܐܝܬ ܗܘܐ ܒܗ ܩܣܛܐ ܕܕܗܒܐ ܗܝ ܕܐܝܬ ܗܘܐ
ܒܗ ܡܢܢܐ ܘܫܒܛܐ ܕܐܗܪܘܢ ܗܘ ܕܐܦܪܥ. ܘܠܘܚܐ ܕܕܝܬܩܐ.
5 ܘܠܥܠ ܡܢܗ ܟܪܘܒܐ ܕܫܘܒܚܐ ܕܡܛܠܠܝܢ ܥܠ ܚܘܣܝܐ.
ܠܐ ܗܘܐ ܕܝܢ ܐܠܨܐ ܗܘ ܕܢܐܡܪ ܥܠ ܚܕܐ ܚܕܐ ܡܢ ܗܠܝܢ
ܕܗܟܢܐ ܡܬܛܩܢܢ ܗܘܝ. 6 ܘܠܡܫܟܢܐ ܒܪܝܐ ܒܟܠܙܒܢ
ܥܐܠܝܢ ܗܘܘ ܟܗܢܐ ܘܡܫܠܡܝܢ ܗܘܘ ܬܫܡܫܬܗܘܢ.
7 ܠܡܫܟܢܐ ܕܝܢ ܕܠܓܘ ܟܗܢܐ: ܚܕܐ ܗܘ ܒܫܢܬܐ
ܒܠܚܘܕܘܗܝ ܥܐܠ ܗܘܐ ܒܕܡܐ: ܟܕ ܡܩܪܒ ܗܘܐ ܥܠ
ܢܦܫܗ ܘܥܠ ܣܟܠܘܬܗ ܕܥܡܐ. 8 ܒܗܕܐ ܕܝܢ
ܡܘܕܥ ܗܘܐ ܪܘܚܐ ܕܩܘܕܫܐ ܕܠܐ ܐܬܓܠܝܬ ܥܕܟܝܠ ܐܘܪܚܐ
ܕܩܕܝܫܐ. ܥܕܡܐ ܕܩܝܡ ܗܘܐ ܡܫܟܢܐ ܩܕܡܝܐ.
9 ܘܐܝܬܘܗܝ ܗܘܐ ܡܬܠܐ ܗܢܐ: ܠܙܒܢܐ ܗܘ ܕܒܗ ܩܘܪܒܢܐ
ܘܕܒܚܐ ܡܬܩܪܒܝܢ ܗܘܘ. ܐܝܠܝܢ ܕܠܐ ܡܫܟܚܝܢ ܗܘܘ

ܠܡܓܡܪ ܬܐܪܬܗ ܕܡܢ ܕܡܫܡܫ ܠܗܘܢ. 10 ܐܠܐ ܒܡܐܟܘܠܐ
ܘܒܡܫܬܝܢܐ ܒܠܚܘܕ. ܘܒܡܥܡܘܕܝܬܐ ܕܦܪ̈ܝܫܢ ܐܢ̈ܝܢ. ܕܐܝܬܝܗܘܢ
ܦܘܩܕܢܐ ܕܒܣܪܐ. ܕܩܝܡܝܢ ܥܕܡܐ ܠܙܒܢܐ ܕܬܘܪܨܐ ܀
11 ܡܫܝܚܐ ܕܝܢ ܕܐܬܐ: ܗܘܐ ܪܒܟܘܡܪܐ ܕܛܒ̈ܬܐ ܕܥܒܕ.
ܘܥܠ ܠܡܫܟܢܐ ܪܒܐ ܘܡܫܡܠܝܐ ܕܠܐ ܒܐܝܕܝ ܐܬܥܒܕ. ܘܠܐ
ܗܘܐ ܡܢ ܗܠܝܢ ܒܪ̈ܝܬܐ. 12 ܘܠܐ ܒܕܡܐ ܕܥܙ̈ܐ ܘܕܥܓܠ̈ܐ.
ܐܠܐ ܒܕܡܐ ܕܢܦܫܗ ܥܠ ܚܕܐ ܙܒܢ ܠܒܝܬ ܩܘܕܫܐ: ܘܐܫܟܚ
ܦܘܪܩܢܐ ܕܠܥܠܡ. 13 ܐܢ ܓܝܪ ܕܡܐ ܕܥܙ̈ܐ ܘܕܥܓܠ̈ܐ
ܘܩܛܡܐ ܕܥܓܠܬܐ: ܡܬܪܣܣ ܗܘܐ ܥܠ ܐܝܠܝܢ ܕܡܬܛܡܐܝܢ
ܗܘܘ ܘܡܩܕܫ ܠܗܘܢ ܠܕܘܟܝܐ ܕܒܣܪܗܘܢ ܀ 14 ܟܡܐ
ܗܟܝܠ ܕܡܗ ܕܡܫܝܚܐ: ܕܒܪܘܚܐ ܕܠܥܠܡ
ܩܪܒ ܢܦܫܗ ܕܠܐ ܡܘܡܐ ܠܐܠܗܐ: ܢܕܟܐ ܬܐܪܬܢ ܡܢ ܥܒ̈ܕܐ
ܡܝ̈ܬܐ: ܕܢܦܠܘܚ ܠܐܠܗܐ ܚܝܐ. 15 ܡܛܠ ܗܢܐ ܗܘ ܗܘܐ
ܡܨܥܝܐ ܕܕܝܬܩܐ ܚܕܬܐ. ܕܒܡܘܬܗ ܗܘ ܗܘܐ ܦܘܪܩܢܐ ܠܐܝܠܝܢ
ܕܥܒܪܘ ܥܠ ܕܝܬܩܐ ܩܕܡܝܬܐ: ܕܢܣܒܘܢ ܡܘܠܟܢܐ. ܐܝܠܝܢ
ܕܐܬܩܪܝܘ ܠܝܪܬܘܬܐ ܕܠܥܠܡ ܀ 16 ܐܝܟܐ ܓܝܪ ܕܐܝܬ ܕܝܬܩܐ
ܡܘܬܐ ܗܘ ܡܚܘܝܐ ܕܗܘ ܕܥܒܕܗ. 17 ܥܠ ܡܝ̈ܬܐ ܗܘ
ܕܝܢ ܥܠܝܗ ܫܪܝܪܐ. ܡܛܠ ܕܥܕܡܐ ܚܝ ܗܘ ܕܥܒܕܗ
ܠܝܬ ܒܗ ܚܘܫܚܐ. 18 ܡܛܠ ܗܢܐ ܐܦܠܐ ܩܕܡܝܬܐ ܕܠܐ ܕܡܐ
ܐܫܬܪܪܬ: 19 ܟܕ ܐܦܩܕ ܓܝܪ ܟܠܗܘܢ ܦܘܩܕܢܐ ܡܢ ܢܡܘܣܐ
ܠܥܡܐ ܟܠܗ ܒܢܡܘܣܐ: ܢܣܒ ܗܘܐ ܡܘܫܐ ܕܡܐ ܕܥܓܠ̈ܐ:
ܘܡܝܐ ܒܥܡܪܐ ܕܙܚܘܪܝܬܐ ܘܙܘܦܐ: ܘܪܣ ܥܠ ܟܬܒܐ ܘܥܠ
ܟܠܗ ܥܡܐ. 20 ܘܐܡܪ ܠܗܘܢ. ܕܗܢܐ ܗܘ ܕܡܐ ܕܕܝܬܩܐ
ܗܝ ܕܐܬܦܩܕܬ ܡܢ ܐܠܗܐ. 21 ܐܦ ܥܠ ܡܫܟܢܐ. ܘܥܠ
ܟܠܗܘܢ ܡܐܢ̈ܐ ܕܬܫܡܫܬܐ: ܡܢܗ ܡܢ ܕܡܐ ܪܣ. 22 ܡܛܠ
ܕܟܠܡܕܡ ܒܕܡܐ ܗܘ ܡܬܕܟܐ ܒܢܡܘܣܐ. ܘܕܠܐ ܡܫܦܟ ܕܡܐ
ܠܝܬ ܫܘܒܩܢܐ. 23 ܐܢܢܩܐ ܗܘܐ ܓܝܪ ܕܗܠܝܢ ܕܕܡܘܬܐ ܐܢ̈ܝܢ
ܕܫܡܝܢ̈ܝܬܐ ܒܗܠܝܢ ܢܬܕܟܝܢ. ܗܠܝܢ ܕܝܢ ܫܡܝܢ̈ܝܬܐ:

ܒܕ̈ܒܚܐ ܕܡܝܬܪܝܢ ܡܢ ܗܠܝܢ ܀ 24 ܠܐ ܗܘܐ ܓܝܪ ܠܒܝܬ
ܡܩܕܫܐ ܕܥܒܝܕ ܒܐܝ̈ܕܝܐ ܥܠ ܡܫܝܚܐ: ܕܐܝܬܘܗܝ ܕܡܘܬܐ
ܕܗܘ ܫܪܝܪܐ. ܐܠܐ ܠܗ ܠܫܡܝܐ ܟܠܗ. ܕܢܬܚܙܐ ܗܫܐ
ܠܦܪܨܘܦܗ ܕܐܠܗܐ ܚܠܦܝܢ. 25 ܐܦܠܐ ܕܢܩܪܒ ܢܦܫܗ
ܙܒ̈ܢܐ ܣܓܝ̈ܐܬܐ ܐܝܟ ܕܥܐܠ ܗܘܐ ܪܒ ܟܘܡܪ̈ܐ: ܘܫܢܬܐ
ܒܫܢܬܐ ܠܒܝܬ ܡܩܕܫܐ ܒܕܡܐ ܕܠܐ ܕܝܠܗ. 26 ܐܦ ܠܐ
ܚܫܚ ܗܘܐ: ܕܙܒ̈ܢܐ ܣܓܝ̈ܐܬܐ ܢܚܫ ܡܢ ܬܘܪܡܝܗ ܕܥܠܡܐ.
ܗܫܐ ܕܝܢ ܒܫܘܠܡܗ ܕܥܠܡ̈ܐ. ܚܕܐ ܗܘ ܙܒܢ ܩܪܒ ܢܦܫܗ
ܠܒܛܠܘܬܗ ܕܚܛܝܬܐ ܒܕܒܚܬܗ ܐܬܓܠܝ. 27 ܘܐܝܟܢܐ ܕܣܝܡ
ܠܒܢܝ̈ܢܫܐ ܕܚܕܐ ܙܒܢ ܢܡܘܬܘܢ. ܘܡܢ ܒܬܪ ܗܠܝܢ ܕܝܢܐ.
ܗܟܢܐ ܐܦ ܡܫܝܚܐ ܚܕܐ ܙܒܢ ܐܬܩܪܒ. ܘܠܡܫܩܠ
ܚܛܗ̈ܐ ܕܣܓܝ̈ܐܐ. ܕܬܪܬܝܢ ܕܝܢ ܐܚܪܢܝܬ ܕܠܐ ܚܛܗ̈ܐ ܢܬܚܙܐ ܠܡܣܟܝ̈ܐ
ܠܚܝܘܬܗܘܢ ܕܐܝܠܝܢ ܕܡܣܟܝܢ ܠܗ ܀

ܩܦܠܐܘܢ ܀ ܝ ܀

1 ܢܡܘܣܐ ܓܝܪ ܛܠܠܐ ܐܝܬ ܗܘܐ ܒܗ ܕܛܒ̈ܬܐ ܕܥܬܝ̈ܕܢ.
ܠܐ ܗܘܐ ܩܢܘܡܐ ܕܨܠܡܗܝܢ ܕܨܒ̈ܘܬܐ. ܡܛܠ ܗܢܐ ܟܝ ܒܟܠ
ܫܢܐ ܗܢܘܢ ܟܝ ܗܢܘܢ ܕܒ̈ܚܐ ܕܡܩܪܒܝܢ ܗܘܘ: ܠܐ ܡܫܟܚܝܢ
ܐܡܬܝ ܕܢܫܡܠܘܢ ܠܐܝܠܝܢ ܕܡܩܪ̈ܒܝܢ ܠܗܘܢ. 2 ܐܠܘ ܓܝܪ
ܫܠܝܢ ܗܘܘ: ܟܕ ܕܝܢ ܐܬܬܢܝܚܘ ܡܢ ܡܩܪܒܢܘܬܗܘܢ.
ܡܛܠ ܕܠܐ ܡܫܬܟܚܐ ܗܘܬ ܠܗܘܢ ܬܐܪܬܗܘܢ ܕܚܛܗ̈ܐ:
ܠܐܝܠܝܢ ܕܚܕܐ ܙܒܢ ܐܬܕܟܝܘ ܠܗܘܢ. 3 ܐܠܐ ܒܗܘܢ ܒܕ̈ܒܚܐ
ܥܘܗܕܢ ܚܛܗ̈ܝܗܘܢ ܒܟܠ ܫܢܐ. 4 ܠܐ ܓܝܪ ܡܫܟܚ ܕܡܐ
ܕܬܘܪ̈ܐ ܘܕܨܦܪ̈ܐ ܠܡܥܒܪܘ ܚܛܗ̈ܐ. 5 ܡܛܠ ܗܢܐ ܟܕ ܥܐܠ
ܠܥܠܡܐ ܐܡܪ. ܕܒ̈ܚܐ ܘܩܘܪ̈ܒܢܐ ܠܐ ܨܒܝܬ. ܦܓܪܐ ܕܝܢ
ܛܝܒܬ ܠܝ. 6 ܘܝܩܕ̈ܐ ܡܫܡ̈ܠܝܐ ܕܚܠܦ ܚܛܗ̈ܐ ܠܐ ܫܐܠܬ.
7 ܗܝܕܝܢ ܐܡܪܬ ܕܗܐ ܐܢܐ ܐܬܐ ܐܢܐ ܕܟܬܝܒ ܒܪܝܫ ܟܬܒܐ ܥܠܝ
ܕܐܥܒܕ ܨܒܝܢܟ ܐܠܗܐ. 8 ܡܢ ܠܥܠ ܐܡܪ: ܕܕܒ̈ܚܐ

ܘܩܘܪܒܢܐ ܘܝܩܕܐ ܓܡܝܪܐ ܕܥܠ ܚܛܗܐ ܠܐ ܨܒܝܬ. ܗܠܝܢ
ܕܡܬܩܪܒܢ ܗܘܝ ܒܢܡܘܣܐ. 9 ܘܒܬܪܗ ܐܡܪ. ܕܗܐ ܐܬܝܬ
ܐܢܐ ܕܐܥܒܕ ܨܒܝܢܟ ܐܠܗܐ. ܒܗܕܐ ܫܪܝܗ ܠܩܕܡܝܬܐ
ܕܢܩܝܡ ܠܕܬܪܬܝܢ. 10 ܒܗܢܐ ܓܝܪ ܨܒܝܢܗ ܐܬܩܕܫܢ:
ܒܩܘܪܒܢܐ ܕܦܓܪܗ ܕܝܫܘܥ ܡܫܝܚܐ ܕܚܕܐ ܙܒܢ. 11 ܟܠ
ܪܒ ܟܘܡܪܐ ܓܝܪ ܕܩܐܡ ܗܘܐ ܘܡܫܡܫ ܟܠܝܘܡ: ܗܢܘܢ
ܟܕ ܗܢܘܢ ܕܒܚܐ ܡܩܪܒ ܗܘܐ. ܐܝܠܝܢ ܕܡܢ ܡܬܘܡ ܠܐ
ܡܫܟܚܝܢ ܗܘܘ ܕܢܕܟܘܢ ܚܛܗܐ. 12 ܗܢܐ ܕܝܢ ܚܕ ܕܒܚܐ
ܩܪܒ ܚܠܦ ܚܛܗܐ: ܘܝܬܒ ܥܠ ܝܡܝܢܐ ܕܐܠܗܐ ܠܥܠܡ.
13 ܘܡܩܘܐ ܡܟܝܠ ܥܕܡܐ ܕܢܬܬܣܝܡܘܢ ܒܥܠܕܒܒܘܗܝ
ܟܘܒܫܐ ܬܚܝܬ ܪܓܠܘܗܝ. 14 ܒܚܕ ܓܝܪ ܩܘܪܒܢܐ ܓܡܪ:
ܠܐܝܠܝܢ ܕܡܬܩܕܫܝܢ ܒܗ ܠܥܠܡ. 15 ܡܣܗܕܐ ܠܢ ܕܝܢ ܪܘܚܐ
ܕܩܘܕܫܐ ܕܐܡܪܬ. 16 ܗܕܐ ܗܝ ܕܝܬܩܐ ܕܐܬܠ ܠܗܘܢ ܡܢ ܒܬܪ
ܝܘܡܬܐ ܗܢܘܢ ܐܡܪ ܡܪܝܐ. ܐܬܠ ܢܡܘܣܝ ܠܡܕܥܗܘܢ
ܒܪܥܝܢܝܗܘܢ. ܘܥܠ ܠܒܘܬܗܘܢ ܐܟܬܒܝܢܘܢ. 17 ܘܚܛܗܝܗܘܢ
ܘܥܘܠܗܘܢ ܠܐ ܐܬܕܟܪ ܠܗܘܢ. 18 ܐܝܟܐ ܕܝܢ ܕܐܝܬ ܫܘܒܩܢܐ
ܕܚܛܗܐ: ܠܐ ܡܬܒܥܐ ܩܘܪܒܢܐ ܕܚܠܦ ܚܛܗܐ. 19 ܐܝܬ
ܠܢ ܗܟܝܠ ܐܚܝ̈ ܡܦܣܢܘܬܐ ܐܦ̈ܐ܆ ܒܡܥܠܢܐ ܕܒܝܬ ܩܘܕܫܐ
ܒܕܡܗ ܕܝܫܘܥ. ܘܐܘܪܚܐ ܕܚܝ̈ܐ. 20 ܕܚܕܬܐ ܕܝܢ ܗܕܐ:
ܚܕܬ ܠܢ ܐܘܪܚܐ ܕܐܝܬܘܗܝ ܒܦܪܣܗ. 21 ܘܐܝܬ ܕܝܢ ܟܘܡܪܐ ܪܒܐ
ܥܠ ܒܝܬܗ ܕܐܠܗܐ. 22 ܢܬܩܪܒ ܗܟܝܠ ܒܠܒܐ ܫܪܝܪܐ
ܘܒܗܝܡܢܘܬܐ ܕܡܫܡܠܝܐ. ܟܕ ܪܣܝܣܝܢ ܠܒܘܬܢ ܘܕܟܝܢ
ܡܢ ܬܐܪܬܐ ܒܝܫܬܐ. ܘܡܣܚܝܢ ܦܓܪܢ ܒܡܝܐ ܕܟܝܐ.
23 ܘܢܐܚܘܕ ܒܬܘܕܝܬܐ ܕܣܒܪܢ ܘܠܐ ܢܨܛܠܐ. ܡܗܝܡܢ ܗܘ ܓܝܪ
ܡܢ ܕܡܠܟ ܠܢ. 24 ܘܢܚܙܐ ܚܕ ܠܚܕ: ܒܓܪܓܝܐ ܕܚܘܒܐ
ܘܕܥܒܕܐ ܛܒܐ. 25 ܘܠܐ ܢܗܘܐ ܫܒܩܝܢ ܟܢܘܫܬܢ: ܐܝܟ ܕܐܝܬ
ܥܝܕܐ ܠܐܢܫ ܐܢܫ: ܐܠܐ ܒܥܘ ܚܕ ܡܢ ܚܕ: ܝܬܝܪܐܝܬ ܟܡܐ
ܕܚܙܝܬܘܢ ܕܩܪܒ ܝܘܡܐ ܗܘ ܀ 26 ܐܢ ܓܝܪ ܒܨܒܝܢܢ ܢܚܛܐ

ܐܢܫ ܡܢ ܒܬܪ ܕܩܒܠ ܝܕܥܬܐ ܕܫܪܪܐ. ܠܝܬ ܩܘܪܒܢܐ ܕܚܛܗܐ
ܕܢܬܩܪܒ ܚܠܦ ܚܛܗܐ. 27 ܐܠܐ ܕܚܝܠ ܗܘ ܕܝܢܐ ܕܥܬܝܕ.
ܘܚܡܬܐ ܕܢܘܪܐ ܕܐܟܠܐ ܠܒܥܠܕܒܒ̈ܐ. 28 ܐܢ ܓܝܪ ܐܢܫ ܕܒܣܪ
ܥܠ ܢܡܘܣܐ ܕܡܘܫܐ: ܥܠ ܦܘܡ ܬܪܝܢ ܐܘ ܬܠܬܐ ܣܗܕܝܢ ܕܠܐ
ܪ̈ܚܡܐ ܡܐܬ. 29 ܟܡܐ ܡܣܒܪܝܢ ܐܢܬܘܢ ܕܝܬܝܪܐܝܬ ܡܫܬܟܚܐ
ܢܩܒܠ ܐܢܫܐ ܕܕܫ ܠܒܪܗ ܕܐܠܗܐ. ܘܚܫܒ ܕܡܐ ܕܕܝܬܩܐ
ܕܒܗ ܐܝܟ ܕܟܠܢܫ. ܕܒܗ ܐܬܩܕܫ ܘܨܥܪ ܠܪܘܚܐ ܕܛܝܒܘܬܐ.
30 ܝܕܥܝܢ ܠܗܘ ܕܐܡܪ ܕܕܝܠܝ ܗܝ ܬܒܥܬܐ ܘܐܢܐ ܐܦܪܘܥ.
ܘܬܘܒ ܕܕܐܢ ܡܪܝܐ ܠܥܡܗ. 31 ܕܚܝܠܐ ܗܝ ܕܢܦܠ ܠܡܦܠ
ܠܐܝܕܝܗܝ ܕܐܠܗܐ ܚܝܐ. 32 ܐܬܕܟܪܘ ܗܟܝܠ ܠܝܘ̈ܡܬܐ
ܩܕ̈ܡܝܐ: ܗܢܘܢ ܕܒܗܘܢ ܩܒܠܬܘܢ ܡܥܡܘܕܝܬܐ. ܘܐܓܘܢܐ
ܪܒܐ ܣܝܒܪܬܘܢ ܕܚܫܐ: ܒܚܣܕܐ ܘܒܐܘܠܨܢܐ. 33 ܘܕܗܘܝܬܘܢ
ܫܘܬܦܐ. ܐܦ ܐܬܬܘܬܝܬܘܢ ܠܐܢܫܐ ܕܗܟܢ ܣܝܒܪܘ. 34 ܘܚܫܬ
ܠܗܘܢ ܥܠ ܐܝܠܝܢ ܕܐܣܝܪܝܢ. ܘܚܛܘܦܝܐ ܕܩܢܝܢܝܟܘܢ ܒܚܕܘܬܐ
ܣܝܒܪܬܘܢ ܟܕ ܝܕܥܝܢ ܐܢܬܘܢ ܕܐܝܬ ܠܟܘܢ ܩܢܝܢܐ
ܕܡܝܬܪ: ܕܩܐܡ ܘܠܐ ܥܒܪ. 35 ܠܐ ܗܟܝܠ ܬܘܒܕܘܢ ܦܪܗܣܝܐ
ܐܓܪܐ ܕܐܝܬ ܠܗ. ܕܥܬܝܕ ܓܝܪ ܐܓܪܐ ܡܣܒܪܢܐ.
36 ܡܣܝܒܪܢܘܬܐ ܗܘ ܓܝܪ ܡܬܒܥܝܐ ܠܟܘܢ. ܕܬܥܒܕܘܢ
ܨܒܝܢܗ ܕܐܠܗܐ ܘܬܣܒܘܢ ܡܘܠܟܢܐ. 37 ܡܛܠ ܕܩܠܝܠ ܗܘ
ܙܒܢܐ ܘܐܬܐ ܠܗ. ܕܐܬܐ ܗܘ ܘܠܐ ܢܘܚܪ. 38 ܙܕܝܩܐ ܕܝܢ
ܡܢ ܗܝܡܢܘܬܐ ܢܚܐ ܚܝܐ. ܘܐܢ ܡܬܡܛܐ ܒܗ ܠܐ ܨܒܝܐ ܒܗ
ܢܦܫܝ ܀ 39 ܚܢܢ ܕܝܢ ܠܐ ܗܘܝܢ ܕܡܘܚܬܐ ܕܡܘܒܠܐ ܠܐܒܕܢܐ.
ܐܠܐ ܕܗܝܡܢܘܬܐ ܕܡܚܝܐ ܠܗ ܢܦܫܢ ܀

ܩܦܠܐܘܢ ܀ ܝܐ ܀

1 ܐܝܬܝܗ ܕܝܢ ܗܝܡܢܘܬܐ ܦܘܫܐ ܥܠ ܐܝܠܝܢ ܕܐܝܬܝܗܝܢ
ܒܣܒܪܐ: ܐܝܟ ܗܘ̇ ܕܗܘܝܢ ܠܗܘܢ ܒܣܘܥܪܢܐ. ܘܓܠܝܢܐ
ܕܐܝܠܝܢ ܕܠܐ ܡܬܚܙܝܢ. 2 ܘܒܗܕܐ ܗܘܬ ܣܗܕܘܬܐ ܥܠ

ܩܫܝܫܐ ◆ 3 ܒܗܝܡܢܘܬܐ ܓܝܪ ܡܣܬܟܠܝܢܢ: ܕܐܬܬܩܢܘ
ܥܠܡܐ ܒܡܠܬܗ ܕܐܠܗܐ. ܘܗܠܝܢ ܕܡܬܚܙܝܢ ܗܘܝ ܡܢ
ܐܝܠܝܢ ܕܠܐ ܡܬܚܙܝܢ. 4 ܒܗܝܡܢܘܬܐ ܩܪܒ ܗܒܝܠ ܕܒܚܐ
ܕܡܝܬܪ ܡܢ ܕܩܐܝܢ ܠܐܠܗܐ. ܘܡܛܠܬܗ ܗܘܬ ܠܗ
ܣܗܕܘܬܐ ܕܟܐܢܐ ܗܘ: ܘܣܗܕ ܥܠ ܩܘܪܒܢܘܗܝ ܐܠܗܐ.
ܘܡܛܠܬܗ ܐܦ ܟܕ ܡܝܬ ܡܡܠܠ. 5 ܒܗܝܡܢܘܬܐ ܐܬܥܠܝ
ܚܢܘܟ ܘܡܘܬܐ ܠܐ ܛܥܡ. ܘܠܐ ܐܫܬܟܚ. ܡܛܠ ܕܐܫܢܝܗ
ܐܠܗܐ. ܘܩܕܡ ܡܕܡ ܕܢܫܢܝܘܗܝ ܓܝܪ. ܗܘܬ ܠܗ
ܣܗܕܘܬܐ ܕܫܦܪ ܠܐܠܗܐ: 6 ܕܠܐ ܗܝܡܢܘܬܐ ܓܝܪ ܠܐ ܡܫܟܚ ܐܢܫ
ܕܢܫܦܪ ܠܐܠܗܐ. ܙܕܩ ܗܘ ܓܝܪ ܠܡܢ ܕܡܬܩܪܒ ܠܘܬ
ܐܠܗܐ. ܕܢܗܝܡܢ ܕܐܝܬܘܗܝ. ܘܠܐܝܠܝܢ ܕܒܥܝܢ ܠܗ ܗܘܐ
ܦܪܘܥܐ. 7 ܒܗܝܡܢܘܬܐ ܢܘܚ ܟܕ ܐܬܡܠܠ ܥܡܗ ܥܠ
ܐܝܠܝܢ ܕܠܐ ܡܬܚܙܝܢ ܗܘܝ: ܕܚܠ ܘܥܒܕ ܠܗ ܩܒܘܬܐ
ܠܚܝܐ ܕܒܢܝ ܒܝܬܗ. ܘܒܗ ܚܝܒܗ ܠܥܠܡܐ. ܘܗܘܐ
ܝܪܬܐ ܕܟܐܢܘܬܐ ܕܒܗܝܡܢܘܬܐ ◆ 8 ܒܗܝܡܢܘܬܐ ܐܒܪܗܡ ܟܕ
ܐܬܩܪܝ: ܐܫܬܡܥ ܕܢܦܘܩ ܠܐܬܪܐ ܗܘ ܕܥܬܝܕ ܗܘܐ ܕܢܣܒ
ܠܝܪܬܘܬܐ: ܘܢܦܩ ܟܕ ܠܐ ܝܕܥ ܗܘܐ ܠܐܝܟܐ ܐܙܠ. 9 ܒܗܝܡܢܘܬܐ
ܗܘܐ ܬܘܬܒܐ ܒܐܪܥܐ ܗܝ ܕܐܫܬܘܕܥ ܠܗ ܐܝܟ ܕܠܢܘܟܪܝܬܐ.
ܘܒܡܫܟܢܐ ܥܡܪ ܥܡ ܐܝܣܚܩ ܘܥܡ ܝܥܩܘܒ ܒܢܝ ܝܪܬܘܬܐ
ܕܝܠܗ ܕܡܘܠܟܢܐ. 10 ܡܣܟܐ ܗܘܐ ܓܝܪ ܠܡܕܝܢܬܐ
ܕܫܬܐܣܬܐ ܐܝܬ ܠܗ. ܕܐܘܡܢܗ ܘܥܒܘܕܗ ܐܠܗܐ ܗܘ.
11 ܒܗܝܡܢܘܬܐ ܣܪܐ ܕܥܩܪܬܐ ܗܘܬ: ܢܣܒܬ ܚܝܠܐ ܕܬܩܒܠ
ܙܪܥܐ. ܘܕܠܐ ܒܙܒܢܐ ܕܫܢܝܗ ܝܠܕܬ. ܡܛܠ ܕܐܫܪܪܬ ܕܡܗܝܡܢ
ܗܘ ܗܘ ܕܡܠܟ ܠܗ. 12 ܡܛܠ ܗܢܐ ܡܢ ܚܕ ܕܒܛܠ
ܒܡܝܬܘܬܐ: ܐܬܝܠܕܘ ܣܓܝܐܐ ܐܝܟ ܟܘܟܒܐ ܕܒܫܡܝܐ. ܘܐܝܟ
ܚܠܐ ܕܥܠ ܣܦܬܗ ܕܝܡܐ ܕܡܢܝܢ ܠܝܬ ܠܗ. 13 ܒܗܝܡܢܘܬܐ
ܡܝܬܘ ܗܠܝܢ ܟܠܗܘܢ ܘܠܐ ܢܣܒܘ ܡܘܠܟܢܝܗܘܢ. ܐܠܐ ܡܢ
ܪܘܚܩܐ ܚܙܐܘܗܝ ܘܚܕܝܘ ܒܗ. ܘܐܘܕܝܘ ܕܐܟܣܢܝܐ ܐܢܘܢ

ܘܬܘܬܒܐ ܒܐܪܥܐ. 14 ܐܝܠܝܢ ܕܝܢ ܕܗܠܝܢ ܐܡܪܝܢ: ܡܚܘܝܢ
ܕܠܡܕܝܢܬܗܘܢ ܒܥܝܢ ܗܘܘ: 15 ܐܝܬ ܗܘܐ ܠܗܘܢ ܙܒܢܐ
ܕܢܗܦܟܘܢ ܢܐܙܠܘܢ ܠܗ. 16 ܗܫܐ ܕܝܢ ܝܕܝܥܐ:
ܕܠܛܒܐ ܡܢܗ ܪܓܝܓܝܢ ܗܘܘ. ܠܗܝ ܕܐܝܬܝܗ ܒܫܡܝܐ.
ܡܛܠ ܗܢܐ ܠܐ ܒܗܬ ܐܠܗܐ ܕܐܠܗܗܘܢ ܢܬܩܪܐ. ܛܝܒ
ܠܗܘܢ ܓܝܪ ܡܕܝܢܬܐ. 17 ܒܗܝܡܢܘܬܐ ܩܪܒ ܐܒܪܗܡ
ܠܐܝܣܚܩ ܒܢܣܝܘܢܗ: ܘܠܝܚܝܕܗ ܐܣܩ ܠܕܒܚܬܐ.
ܗܘ ܕܩܒܠ ܗܘܐ ܡܘܠܟܢܐ. 18 ܐܬܐܡܪ ܗܘܐ ܠܗ ܓܝܪ
ܕܒܐܝܣܚܩ ܢܬܩܪܐ ܠܟ ܙܪܥܐ. 19 ܘܐܬܪܥܝ ܗܘܐ ܒܢܦܫܗ.
ܕܡܫܟܚܢܐ ܐܝܬܘܗܝ ܐܠܗܐ ܐܦ ܡܢ ܒܝܬ ܡܝ̈ܬܐ ܠܡܩܡܘ.
ܘܡܛܠ ܗܢܐ ܒܕܡܘܬܐ ܐܬܝܗܒ ܠܗ. 20 ܒܗܝܡܢܘܬܐ ܕܩܕܡ
ܕܥܬܝܕܢ ܗܘܝ: ܒܪܟ ܐܝܣܚܩ ܠܝܥܩܘܒ ܘܠܥܝܣܘ.
21 ܒܗܝܡܢܘܬܐ ܟܕ ܡܐܬ ܝܥܩܘܒ: ܒܪܟ ܠܟܠ ܚܕ ܡܢ
ܒܢܘܗܝ ܕܝܘܣܦ ܘܣܓܕ ܥܠ ܪܫ ܚܘܛܪܗ. 22 ܒܗܝܡܢܘܬܐ
ܝܘܣܦ ܟܕ ܡܐܬ: ܥܗܕ ܠܡܦܩܬܐ ܕܒܢܝ̈ ܝܣܪܝܠ ܘܦܩܕ
ܥܠ ܓܪܡܘܗܝ ܀ 23 ܒܗܝܡܢܘܬܐ ܐܒܗܘܗܝ ܕܡܘܫܐ:
ܛܫܝܘܗܝ ܟܕ ܐܬܝܠܕ ܬܠܬܐ ܝܪ̈ܚܝܢ. ܕܚܙܘܗܝ ܕܫܦܝܪ ܗܘܐ
ܛܠܝܐ. ܘܠܐ ܕܚܠܘ ܡܢ ܦܘܩܕܢܐ ܕܡܠܟܐ. 24 ܒܗܝܡܢܘܬܐ
ܡܘܫܐ ܟܕ ܗܘܐ ܓܒܪܐ: ܟܦܪ ܕܠܐ ܢܬܩܪܐ ܒܪܐ ܠܒܪܬܗ
ܕܦܪܥܘܢ. 25 ܘܓܒܐ ܠܗ ܕܢܬܐܠܨ ܥܡ ܥܡܗ ܕܐܠܗܐ
ܝܬܝܪ: ܘܠܐ ܕܙܒܢ ܙܥܘܪ ܢܬܒܣܡ ܒܚܛܝܬܐ. 26 ܘܐܬܪܥܝ
ܕܥܘܬܪܗ ܗܘ ܪܒܐ ܕܚܣܕܗ ܕܡܫܝܚܐ: ܝܬܝܪ ܡܢ ܣܝ̈ܡܬܗ
ܕܡܨܪܝܢ. ܚܐܪ ܗܘܐ ܓܝܪ ܠܦܘܪܥܢܐ ܐܓܪܐ. 27 ܒܗܝܡܢܘܬܐ
ܫܒܩܗ ܠܡܨܪܝܢ: ܘܠܐ ܕܚܠ ܡܢ ܚܡܬܗ ܕܡܠܟܐ. ܘܣܒܪ
ܐܝܟ ܗܘ ܕܚܙܐ ܗܘܐ ܠܐܠܗܐ ܕܠܐ ܡܬܚܙܐ. 28 ܒܗܝܡܢܘܬܐ
ܥܒܕܗ ܦܨܚܐ ܘܪܣܣ ܕܡܐ: ܕܠܐ ܢܬܩܪܒ ܠܗܘܢ ܗܘ
ܕܡܚܒܠ ܗܘܐ ܒܘܟܪܐ. 29 ܒܗܝܡܢܘܬܐ ܥܒܪܘ ܝܡܐ ܕܣܘܦ
ܐܝܟ ܕܥܠ ܐܪܥܐ ܝܒܝܫܬܐ. ܘܒܗ ܐܬܒܠܥܘ ܡܨܪܝܐ ܟܕ

ܐܬܒܠܥܘ ܒܓܘܗ. 30 ܒܗܝܡܢܘܬܐ ܫܘܪܝܗ ܕܐܝܪܝܚܘ ܢܦܠܘ:
ܡܢ ܕܐܬܟܪܟܘ ܫܒܥܐ ܝܘܡܝܢ. 31 ܒܗܝܡܢܘܬܐ ܪܚܒ ܙܢܝܬܐ
ܠܐ ܐܒܕܬ ܥܡ ܗܢܘܢ ܕܠܐ ܐܬܛܦܝܣܘ. ܕܩܒܠܬ ܠܓܫܘܫܐ
ܒܫܠܡܐ ❖ 32 ܡܢܐ ܬܘܒ ܐܡܪ. ܙܥܘܪ ܗܘ ܠܝ ܓܝܪ ܙܒܢܐ
ܕܐܫܬܥܐ ܥܠ ܓܕܥܘܢ ܘܥܠ ܒܪܩ. ܘܥܠ ܫܡܫܘܢ.
ܘܥܠ ܢܦܬܚ. ܘܥܠ ܕܘܝܕ. ܘܥܠ ܫܡܘܐܝܠ: ܘܥܠ
ܫܪܟܐ ܕܢܒܝܐ. 33 ܐܝܠܝܢ ܕܒܗܝܡܢܘܬܐ ܟܒܫܘ ܡܠܟܘܬܐ
ܘܥܒܕܘ ܟܐܢܘܬܐ. ܘܩܒܠܘ ܡܘܠܟܢܐ. ܘܣܟܪܘ ܦܘܡܐ
ܕܐܪ̈ܝܘܬܐ. 34 ܘܕܥܟܘ ܚܝܠܐ ܕܢܘܪܐ. ܘܐܬܦܨܝܘ ܡܢ ܦܘܡܐ
ܕܣܝܦܐ. ܘܐܬܚܝܠܘ ܡܢ ܟܘܪ̈ܗܢܐ. ܘܗܘܘ ܚܝܠܬܢܐ
ܒܩܪܒܐ. ܘܗܦܟܘ ܡܫܪܝܬܐ ܕܢܘܟܪ̈ܝܐ. 35 ܘܝܗܒܘ
ܠܢܫܐ ܒܢܝܗܝܢ ܡܢ ܩܝܡܬܐ ܕܡܝ̈ܬܐ. ܘܐܚܪ̈ܢܐ ܒܢܓܕܐ
ܡܝܬܘ. ܘܠܐ ܣܟܝܘ ܠܦܘܪܩܢܐ: ܕܩܝܡܬܐ ܡܝܬܪܬܐ ܢܗܘܐ
ܠܗܘܢ. 36 ܐܚܪ̈ܢܐ ܕܝܢ ܒܡܐܩܐ ܘܡܚܘ̈ܬܐ ܐܙܠܘ. ܐܚܪ̈ܢܐ ܠܐܣܘܪܐ
ܘܠܒܝܬ ܐܣܝܪ̈ܐ ܐܫܬܠܡܘ. 37 ܐܚܪ̈ܢܐ ܐܬܪܓܡܘ. ܐܚܪ̈ܢܐ
ܐܬܢܣܪܘ. ܐܚܪ̈ܢܐ ܒܦܘܡܐ ܕܣܝܦܐ ܡܝܬܘ. ܐܚܪ̈ܢܐ ܐܬܟܪܟܘ.
ܟܕ ܠܒܝܫܝܢ ܡܫܟܐ ܕܥܪ̈ܒܐ ܘܕܥܙ̈ܐ. ܘܣܢܝܩܝܢ ܘܐܠܝܨܝܢ
ܘܡܬܛܪܦܝܢ. 38 ܐܢܫܐ ܕܠܐ ܫܘܐ ܗܘܐ ܠܗܘܢ ܥܠܡܐ ܘܗܘܘ
ܐܝܟ ܛܥܝܐ ܒܚܘܪ̈ܒܐ. ܘܒܛܘܪ̈ܐ ܘܒܡܥܪ̈ܐ. ܘܒܚܒܪ̈ܝܗ
ܕܐܪܥܐ. 39 ܘܗܠܝܢ ܟܠܗܘܢ ܕܐܣܗܕܘ ܥܠܝܗܘܢ ܣܗܕܘܬܐ
ܒܗܝܡܢܘܬܗܘܢ: ܠܐ ܩܒܠܘ ܡܘܠܟܢܐ. 40 ܡܛܠ ܕܐܠܗܐ
ܩܕܡ ܚܙܐ ܠܡܘܬܪܢ ܕܝܠܢ: ܕܠܐ ܒܠܥܕܝܢ ܢܫܬܡܠܘܢ ❖

ܩܦܠܐܘܢ ❖ ܝܒ ❖

1 ܡܛܠ ܗܢܐ ܐܦ ܚܢܢ ܕܐܝܬ ܠܢ ܗܠܝܢ ܟܠܗܘܢ ܣܗܕ̈ܐ.
ܕܐܝܟ ܥܢܢ̈ܐ ܡܚܕܪܝܢ ܠܢ: ܢܫܕܐ ܡܢܢ ܟܠ ܝܘܩܪܝܢ. ܐܦ
ܚܛܝܬܐ ܕܒܟܠܥܕܢ ܡܛܝܒܐ ܗܝ ܠܢ. ܘܒܡܣܝܒܪܢܘܬܐ
ܢܪܗܛ ܠܐܓܘܢܐ ܗܢܐ ܕܣܝܡ ܠܢ. 2 ܘܢܚܘܪ ܒܝܫܘܥ.

ܕܗܘ ܗܘܐ ܪܫܐ ܘܡܫܡܠܝܢܐ ܠܗܝܡܢܘܬܢ. ܕܚܠܦ ܚܕܘܬܐ
ܕܐܝܬ ܗܘܬ ܠܗ ܣܝܒܪ ܙܩܝܦܐ. ܘܒܗܬܬܐ ܐܫܝܛ.
ܘܥܠ ܝܡܝܢܐ ܕܟܘܪܣܝܗ ܕܐܠܗܐ ܝܬܒ ܀ 3 ܚܙܘ ܗܟܝܠ
ܟܡܐ ܣܝܒܪ ܡܢ ܚܛܝܐ ܗܢܘܢ. ܕܗܢܘܢ ܗܘܘ ܣܩܘܒܠܐ
ܠܢܦܫܗܘܢ. ܕܠܐ ܬܬܡܐܢ ܒܢܦܫܟܘܢ ܘܠܐ ܬܬܪܦܘܢ. 4 ܠܐ
ܥܕܟܝܠ ܡܛܝܬܘܢ ܥܕܡܐ ܠܕܡܐ ܒܐܓܘܢܐ ܕܠܘܩܒܠ
ܚܛܝܬܐ: 5 ܘܛܥܝܬܘܢ ܠܡܠܦܢܘܬܐ ܐܝܢܐ ܕܐܝܟ ܕܠܒܢܝܐ
ܐܡܪܐ ܠܟܘܢ. ܒܪܝ ܠܐ ܬܒܣܐ ܒܡܪܕܘܬܗ ܕܡܪܝܐ ܘܠܐ
ܬܬܪܦܐ ܢܦܫܟ ܐܡܬܝ ܕܡܬܟܣܐ ܐܢܬ ܡܢܗ. 6 ܠܡܢ ܕܪܚܡ
ܠܗ ܓܝܪ ܡܪܝܐ ܪܕܐ ܠܗ. ܘܡܢܓܕ ܠܒܢܝܐ ܐܝܠܝܢ ܕܗܘ
ܪܥܐ ܒܗܘܢ. 7 ܡܣܝܒܪܘ ܗܟܝܠ ܡܪܕܘܬܐ. ܡܛܠ ܕܐܝܟ
ܕܠܒܢܝܐ ܡܩܪܒ ܠܘܬܟܘܢ ܐܠܗܐ. ܐܝܢܘ ܓܝܪ ܒܪܐ ܕܠܐ
ܪܕܐ ܠܗ ܐܒܘܗܝ. 8 ܘܐܢ ܕܠܐ ܡܪܕܘܬܐ ܐܝܬܝܟܘܢ: ܗܝ ܕܒܗ
ܡܫܬܘܬܦܝܢ ܟܠܗܘܢ: ܢܘܟܪܝܐ ܐܢܬܘܢ ܘܠܐ ܒܢܝܐ. 9 ܘܐܢ
ܐܒܗܝܢ ܕܒܣܪܐ ܪܕܝܢ ܗܘܘ ܠܢ ܘܡܢܟܦܝܢ ܗܘܝܢ ܡܢܗܘܢ:
ܟܡܐ ܗܟܝܠ ܝܬܝܪܐܝܬ ܢܫܬܥܒܕ ܠܐܒܐ ܕܪܘܚܬܐ ܘܢܚܐ.
10 ܗܢܘܢ ܓܝܪ ܠܙܒܢ ܗܘ ܩܠܝܠ: ܐܝܟ ܕܨܒܝܢ ܗܘܘ ܪܕܝܢ ܗܘܘ
ܠܢ. ܐܠܗܐ ܕܝܢ ܠܡܘܬܪܢ ܕܢܬܢܣܒ ܡܢ ܩܕܝܫܘܬܗ. 11 ܟܠ
ܡܪܕܘܬܐ ܕܝܢ ܒܙܒܢܗ: ܠܐ ܡܬܚܙܝܐ ܕܚܕܘܬܐ ܗܝ ܐܠܐ
ܕܟܪܝܘܬܐ. ܠܚܪܬܐ ܕܝܢ ܦܐܪܐ ܕܫܠܡܐ ܘܙܕܝܩܘܬܐ ܝܗܒܐ
ܠܐܝܠܝܢ ܕܒܗ ܐܬܕܪܫܘ ܀ 12 ܡܛܠ ܗܢܐ ܐܬܩܢܘ ܐܝܕܝܟܘܢ ܡܪܦܝܬܐ
ܘܒܘܪܟܝܟܘܢ ܕܪܥܠܢ. 13 ܘܫܒܝܠܐ ܬܪܝܨܐ ܥܒܕܘ
ܠܪܓܠܝܟܘܢ. ܕܗܕܡܐ ܕܡܚܓܪ ܠܐ ܢܬܥܩܠ. ܐܠܐ ܢܬܐܣܐ.
14 ܗܘܝܬܘܢ ܪܕܝܢ ܒܬܪ ܫܠܡܐ ܥܡ ܟܠ ܐܢܫ. ܘܒܬܪ ܩܕܝܫܘܬܐ
ܕܕܠܥܕܝܗ ܐܢܫ ܠܡܪܢ ܠܐ ܚܙܐ. 15 ܘܐܙܕܗܪܘ ܗܘܝܬܘܢ:
ܕܠܡܐ ܐܢܫ ܢܬܚܣܪ ܠܟܘܢ ܡܢ ܛܝܒܘܬܗ ܕܐܠܗܐ.
ܐܘ ܕܠܡܐ ܥܩܪܐ ܕܡܪܪܬܐ ܢܦܘܩ ܠܥܠܐ ܘܢܥܝܩܟܘܢ. ܘܒܗ
ܣܓܝܐܐ ܢܬܛܢܦܘܢ. 16 ܐܘ ܠܡܐ ܐܢܫ ܢܫܬܟܚ ܒܟܘܢ ܕܙܢܐ

ܘܦܪܩܐ ܐܝܟ ܥܣܘ. ܕܒܚܕܐ ܡܐܟܘܠܬܐ ܙܒܢ ܒܘܟܪܘܬܗ.
17 ܝܕܥܝܢ ܐܢܬܘܢ ܓܝܪ ܕܐܦ ܡܢ ܒܬܪܟܢ ܨܒܐ ܗܘܐ ܕܢܐܪܬ
ܠܒܘܪܟܬܐ: ܘܐܣܬܠܝ. ܐܬܪܐ ܓܝܪ ܠܬܝܒܘܬܐ ܠܐ ܐܫܟܚ ܟܕ
ܒܕܡܥܐ ܒܥܗ. 18 ܠܐ ܓܝܪ ܐܬܩܪܒܬܘܢ ܠܢܘܪܐ ܕܝܩܕܐ
ܘܡܬܓܫܫܐ. ܐܦܠܐ ܠܚܫܘܟܐ ܘܠܥܪܦܠܐ ܘܠܥܠܥܠܐ.
19 ܘܠܐ ܠܩܠܐ ܕܩܪܢܐ ܘܠܩܠܐ ܕܡܠܐ. ܗܘ ܕܫܡܥܘܗܝ ܕܡܫܬܡܥܝܢ:
ܐܫܬܐܠܘ ܕܠܐ ܢܬܬܘܣܦ ܢܬܡܠܠ ܥܡܗܘܢ. 20 ܠܐ ܓܝܪ
ܡܣܝܒܪܝܢ ܗܘܘ ܠܦܘܩܕܢܐ ܗܢܘ ܕܐܬܦܩܕ. ܕܐܦ ܚܝܘܬܐ
ܐܢ ܬܬܩܪܒ ܠܛܘܪܐ ܬܬܪܓܡ. 21 ܘܗܟܢܐ ܕܚܝܠ ܗܘܐ
ܚܙܘܐ: ܕܡܘܫܐ ܐܡܪ ܕܕܚܝܠ ܐܢܐ ܘܪܬܝܬ ܐܢܐ. 22 ܐܢܬܘܢ ܕܝܢ
ܐܬܩܪܒܬܘܢ ܠܛܘܪܐ ܕܨܗܝܘܢ: ܘܠܡܕܝܢܬܐ ܕܐܠܗܐ ܚܝܐ.
ܠܐܘܪܫܠܡ ܕܒܫܡܝܐ. ܘܠܟܢܫܐ ܕܪܒܘܬܐ ܕܡܠܐܟܐ. 23 ܘܠܥܕܬܐ
ܕܒܘܟܪܐ ܕܡܬܟܬܒܝܢ ܒܫܡܝܐ. ܘܠܐܠܗܐ ܕܝܢܐ ܕܟܠ.
ܘܠܪܘܚܐ ܕܟܐܢܐ ܕܐܫܬܡܠܝܘ. 24 ܘܠܝܫܘܥ ܡܨܥܝܐ ܕܕܝܬܩܐ
ܚܕܬܐ ܘܠܪܣܣܐ ܕܕܡܗ ܕܡܡܠܠ ܛܒ ܡܢ ܗܘ ܕܗܒܝܠ.
25 ܐܙܕܗܪܘ ܗܟܝܠ ܕܠܡܐ ܬܫܬܐܠܘܢ ܡܢ ܡܢ ܕܡܡܠܠ ܥܡܟܘܢ.
ܐܢ ܓܝܪ ܗܢܘܢ ܠܐ ܐܬܦܨܝܘ: ܕܐܫܬܐܠܘ ܡܢ ܕܡܡܠܠ ܥܡܗܘܢ
ܥܠ ܐܪܥܐ. ܟܡ ܟܡܐ ܚܢܢ ܐܢ ܢܫܬܐܠ ܡܢ ܡܢ ܕܡܡܠܠ ܥܡܢ
ܡܢ ܫܡܝܐ. 26 ܐܝܢܐ ܕܩܠܗ ܙܥܙܥ ܐܪܥܐ. ܗܫܐ ܕܝܢ ܡܠܟ
ܘܐܡܪ. ܕܬܘܒ ܚܕܐ ܙܒܢ ܐܢܐ ܙܥܙܥ. ܠܐ ܠܒܠܚܘܕ ܐܪܥܐ ܐܠܐ ܐܦ
ܫܡܝܐ. 27 ܗܕܐ ܕܝܢ ܕܐܡܪ ܚܕܐ ܙܒܢ: ܡܚܘܝܐ ܫܘܚܠܦܐ
ܕܗܢܘܢ. ܕܡܬܙܝܥܝܢ. ܡܛܠ ܕܥܒܝܕܢ ܐܢܝܢ. ܕܢܩܘܘܢ
ܗܢܘܢ ܕܠܐ ܡܬܙܝܥܝܢ ܀ 28 ܡܛܠ ܗܟܝܠ ܕܩܒܠܢ ܡܠܟܘܬܐ
ܕܠܐ ܡܬܙܝܥܐ: ܢܐܚܘܕ ܛܝܒܘܬܐ ܕܒܗ ܢܫܡܫ ܘܢܫܦܪ
ܠܐܠܗܐ. ܒܢܟܦܘܬܐ ܘܒܕܚܠܬܐ. 29 ܐܠܗܢ ܓܝܪ ܢܘܪܐ ܗܘ
ܐܟܘܠܬܐ ܀

ܩܦܠܐܘܢ ܀ ܝܓ ܀

1 ܚܘܒܐ ܕܐܚܐ ܢܩܘܐ ܒܟܘܢ. 2 ܘܪܚܡܬܐ ܕܐܟܣܢܝܐ ܠܐ
ܬܛܥܘܢ. ܒܗܕܐ ܓܝܪ ܡܢܗܘܢ ܐܢܫܐ ܕܟܕ ܠܐ ܪܓܫܝܢ ܢܩܒܠܘ
ܡܠܐܟܐ. 3 ܥܗܕܘ ܠܐܣܝܪܐ ܕܐܣܝܪܝܢ: ܐܝܟ ܗܘ ܕܥܡܗܘܢ
ܐܣܝܪܝܢ ܐܢܬܘܢ. ܐܬܕܟܪܘ ܠܐܝܠܝܢ ܕܡܬܛܠܡܝܢ ܐܝܟ ܐܢܫܐ ܕܒܦܓܪܐ
ܠܒܝܫܝܢ ܐܢܬܘܢ. 4 ܡܝܩܪ ܙܘܘܓܐ ܒܟܠ. ܘܥܪܣܗܘܢ
ܕܟܝܐ ܗܘ. ܠܙܢܝܐ ܕܝܢ ܘܠܓܝܪܐ ܕܐܢ ܐܠܗܐ. 5 ܠܐ ܬܗܘܐ ܪܚܡ
ܟܣܦܐ ܪܥܝܢܟܘܢ. ܐܠܐ ܢܣܦܩ ܠܟܘܢ ܡܕܡ ܕܐܝܬ ܠܟܘܢ.
ܗܘ ܓܝܪ ܡܪܢ ܐܡܪ: ܕܠܐ ܐܪܦܝܟ ܘܠܐ ܐܫܒܩܟ ܐܢܐ.
6 ܘܐܝܬ ܠܢ ܕܢܐܡܪ ܒܬܘܟܠܢܐ: ܡܪܝ ܡܥܕܪܢܝ ܠܐ ܐܕܚܠ.
ܡܢܐ ܢܥܒܕ ܠܝ ܒܪܢܫܐ. 7 ܗܘܝܬܘܢ ܥܗܝܕܝܢ ܠܡܕܒܪܢܝܟܘܢ.
ܐܝܠܝܢ ܕܡܠܠܘ ܥܡܟܘܢ ܡܠܬܐ ܕܐܠܗܐ. ܐܬܒܩܘ ܒܫܘܠܡܐ
ܕܕܘܒܪܝܗܘܢ. ܘܐܬܕܡܘ ܒܗܝܡܢܘܬܗܘܢ. 8 ܝܫܘܥ ܡܫܝܚܐ.
ܐܬܡܠܝ ܘܝܘܡܢܐ ܗܘܝܘ ܘܠܥܠܡܝܢ ܀ 9 ܒܝܘܠܦܢܐ ܢܘܟܪܝܐ
ܘܡܫܚܠܦܐ ܠܐ ܬܬܕܒܪܘܢ. ܫܦܝܪ ܗܘ ܓܝܪ ܕܒܛܝܒܘܬܐ ܢܫܪܪ
ܠܒܘܬܢ ܘܠܐ ܒܡܐܟܘܠܬܐ: ܕܠܐ ܐܘܬܪܘ ܐܝܠܝܢ ܕܗܠܟܘ
ܒܗܝܢ. 10 ܐܝܬ ܠܢ ܕܝܢ ܡܕܒܚܐ: ܕܠܐ ܫܠܝܛ ܠܡܐܟܠ
ܡܢܗ ܠܐܝܠܝܢ ܕܠܡܫܟܢܐ ܡܫܡܫܝܢ. 11 ܚܝܘܬܐ ܓܝܪ
ܗܢܝܢ ܕܡܥܠܠ ܗܘܐ ܕܡܗܝܢ ܪܒ ܟܘܡܪܐ ܠܒܝܬ ܩܘܕܫܐ.
ܚܠܦ ܚܛܗܐ: ܦܓܪܝܗܝܢ ܝܩܕ ܗܘܐ ܠܒܪ ܡܢ ܡܫܪܝܬܐ.
12 ܡܛܠ ܗܢܐ ܝܫܘܥ ܕܢܩܕܫ ܠܥܡܗ ܒܕܡܗ. ܠܒܪ
ܡܢ ܡܕܝܢܬܐ ܚܫ. 13 ܘܐܦ ܚܢܢ ܗܟܝܠ ܢܦܘܩ ܠܘܬܗ
ܠܒܪ ܡܢ ܡܫܪܝܬܐ: ܟܕ ܠܚܣܕܗ ܛܥܝܢܝܢ. 14 ܠܝܬ ܠܢ
ܓܝܪ ܡܕܝܢܬܐ ܕܡܩܘܝܐ ܗܪܟܐ. ܐܠܐ ܠܐܝܕܐ ܕܥܬܝܕܐ ܡܣܟܝܢܢ.
15 ܘܒܐܝܕܗ ܢܩܪܒ ܕܒܚܐ ܕܬܫܒܘܚܬܐ ܒܟܠܙܒܢ ܠܐܠܗܐ.
ܕܐܝܬܘܗܝ ܦܐܪܐ ܕܣܦܘܬܐ ܕܡܘܕܝܢ ܒܫܡܗ. 16 ܘܠܐ ܬܛܥܘܢ.
ܡܪܚܡܢܘܬܐ ܘܡܫܘܬܦܘܬܐ ܕܡܣܟܢܐ. ܒܗܠܝܢ ܓܝܪ ܕܒܚܐ ܫܦܪ

ܐܢܫ ܠܐܠܗܐ ✤ 17 ܐܬܛܦܝܣܘ ܠܡܕܒܪܢܝܟܘܢ. ܘܐܫܬܡܥܘ
ܠܗܘܢ. ܗܢܘܢ ܓܝܪ ܫܗܪܝܢ ܚܠܦ ܢܦܫܬܟܘܢ: ܐܝܟ ܐܢܫܐ
ܕܥܬܝܕܝܢ ܦܬܓܡܐ ܠܡܬܠ. ܕܒܚܕܘܬܐ ܢܥܒܕܘܢ ܗܕܐ ܘܠܐ
ܒܬܢܚܬܐ. ܡܛܠ ܕܠܐ ܦܩܚܐ ܠܟܘܢ. 18 ܨܠܘ ܥܠܝܢ.
ܡܬܚܝܠܝܢ ܓܝܪ ܕܬܐܪܬܐ ܫܦܝܪܬܐ ܐܝܬ ܠܢ. ܘܒܟܠܡܕܡ ܨܒܝܢ
ܕܫܦܝܪ ܢܬܗܦܟ. 19 ܝܬܝܪܐܝܬ ܒܥܐ ܐܢܐ ܡܢܟܘܢ. ܕܬܥܒܕܘܢ
ܗܕܐ. ܕܒܥܓܠ ܐܬܗܦܟ ܠܘܬܟܘܢ. 20 ܐܠܗܐ ܕܝܢ ܕܫܝܢܐ.
ܗܘ ܕܐܣܩ ܡܢ ܒܝܬ ܡܝܬܐ ܠܪܥܝܐ ܪܒܐ ܕܥܢܐ ܒܕܡܐ ܕܕܝܬܝܩܐ
ܕܠܥܠܡ ܝܫܘܥ ܡܫܝܚܐ ܡܪܢ. 21 ܗܘ
ܢܓܡܪܟܘܢ ܒܟܠ ܥܒܕ ܛܒ. ܕܬܥܒܕܘܢ ܨܒܝܢܗ. ܘܗܘ
ܢܥܒܕ ܒܟܘܢ ܡܐ ܕܫܦܪ ܩܕܡܘܗܝ. ܒܝܕ ܝܫܘܥ ܡܫܝܚܐ.
ܕܠܗ ܫܘܒܚܐ ܠܥܠܡ ܥܠܡܝܢ ܐܡܝܢ ✤ 22 ܒܥܐ ܐܢܐ ܕܝܢ
ܡܢܟܘܢ ܐܚܝ ܕܬܗܘܘܢ ܡܣܝܒܪܝܢ ܡܠܬܐ ܕܒܘܝܐܐ. ܡܛܠ
ܕܒܙܥܘܪܝܬܐ ܗܘ ܟܬܒܬ ܠܟܘܢ: 23 ܕܥܘ ܕܝܢ ܠܐܚܘܢ
ܛܝܡܬܐܘܣ ܕܐܫܬܪܝ. ܘܐܢ ܥܓܠ ܢܐܬܐ ܥܡܗ ܐܚܙܝܟܘܢ.
24 ܫܐܠܘ ܒܫܠܡܐ ܕܟܠܗܘܢ ܡܕܒܪܢܝܟܘܢ. ܘܕܟܠܗܘܢ
ܩܕܝܫܐ. ܫܐܠܝܢ ܒܫܠܡܟܘܢ ܟܠܗܘܢ ܕܡܢ ܐܝܛܠܝܐ.
25 ܛܝܒܘܬܐ ܥܡ ܟܠܟܘܢ ܐܡܝܢ ✤

ܐܓܪܬܐ ܕܝܥܩܘܒ ܫܠܝܚܐ ✤

ܩܦܠܐܘܢ ✤ ܐ ✤

1 ܝܥܩܘܒ ܥܒܕܗ ܕܐܠܗܐ: ܘܕܡܪܢ ܝܫܘܥ ܡܫܝܚܐ.
ܠܬܪܬܥܣܪܐ ܫܒܛܝܢ ܕܡܙܪܥܝܢ ܒܥܡܡܐ ܫܠܡ ✤ 2 ܟܠ ܚܕܘܐ
ܗܘܐ ܠܟܘܢ ܐܚܝ: ܡܐ ܕܥܐܠܝܢ ܠܟܘܢ ܢܣܝܘܢܐ ܡܫܚܠܦܐ

ܘܡܫܚܠܦ̈ܐ. 3 ܝܕܥܝܢ ܐܢܬܘܢ ܓܝܪ ܕܒܘܚܪܐ ܕܗܝܡܢܘܬܐ:
ܡܩܢܐ ܠܟܘܢ ܡܣܝܒܪܢܘܬܐ. 4 ܗܝ ܕܝܢ ܠܡܣܝܒܪܢܘܬܐ:
ܬܗܘܐ ܠܗ ܥܒܕܐ ܡܫܡܠܝܐ. ܕܬܗܘܘܢ ܓܡܝܪ̈ܝܢ
ܘܡܫܡܠܝܢ: ܘܒܡܕܡ ܠܐ ܬܗܘܘܢ ܒܨܝܪܝܢ. 5 ܐܢ ܐܢܫ
ܕܝܢ ܡܢܟܘܢ ܒܨܝܪ ܡܢ ܚܟܡܬܐ: ܢܫܐܠ ܡܢ ܐܠܗܐ ܗܘ
ܕܝܗܒ ܠܟܠ ܦܫܝܛܐܝܬ ܘܠܐ ܡܚܣܕ ܘܡܬܝܗܒܐ ܠܗ.
6 ܢܫܐܠ ܕܝܢ ܒܗܝܡܢܘܬܐ ܟܕ ܠܐ ܡܬܦܠܓ. ܗܘ ܓܝܪ ܕܡܬܦܠܓ:
ܕܡܐ ܠܓܠܠܐ ܕܝܡܐ ܕܡܫܓܫܐ ܠܗܘܢ ܪܘܚܐ. 7 ܘܠܐ ܢܣܒܪ ܗܘ
ܓܒܪܐ ܕܢܣܒ ܡܕܡ ܡܢ ܡܪܝܐ: 8 ܐܢܫܐ ܕܦܠܝܓ
ܒܪܥܝܢܗ. ܘܡܫܓܫ ܒܟܠܗܘܢ ܐܘܪ̈ܚܬܗ. 9 ܢܫܬܒܗܪ
ܕܝܢ ܐܚܐ ܡܟܝܟܐ ܒܪܘܡܪܘܡܗ. 10 ܘܥܬܝܪܐ ܒܡܘܟܟܗ.
ܡܛܠ ܕܐܝܟ ܗܘܒܐ ܕܥܣܒܐ ܗܟܢܐ ܥܒܪ. 11 ܕܢܚ ܓܝܪ
ܫܡܫܐ ܒܚܘܡܗ ܘܡܘܒܫ ܠܗ ܠܥܣܒܐ. ܘܗܘܒܗ
ܢܦܠ. ܘܫܘܦܪܐ ܕܚܙܘܗ ܐܒܕ. ܗܟܢܐ ܐܦ ܥܬܝܪܐ ܢܚܡܠ
ܒܗܘܦܟܘܗܝ. 12 ܛܘܒܘܗܝ ܠܓܒܪܐ ܕܡܣܝܒܪ ܢܣܝܘܢܐ.
ܕܡܐ ܕܐܬܒܚܪ ܢܣܒ ܟܠܝܠܐ ܕܚܝ̈ܐ: ܗܘ ܕܡܠܟ ܐܠܗܐ
ܠܐܝܠܝܢ ܕܪܚܡܝܢ ܠܗ. 13 ܠܐ ܢܐܡܪ ܐܢܫ ܟܕ ܡܬܢܣܐ ܕܡܢ
ܐܠܗܐ ܡܬܢܣܐ ܐܢܐ. ܐܠܗܐ ܓܝܪ ܠܐ ܡܬܢܣܐ ܒܒܝ̈ܫܬܐ. ܘܗܘ
ܠܐܢܫ ܠܐ ܡܢܣܐ. 14 ܐܠܐ ܐܢܫ ܐܢܫ ܡܢ ܪܓܬܗ ܗܘ ܡܬܢܣܐ
ܘܡܬܪܓܪܓ ܘܡܬܢܓܕ. 15 ܘܗܕܐ ܪܓܬܐ ܒܛܢܐ ܘܝܠܕܐ
ܚܛܝܬܐ. ܚܛܝܬܐ ܕܝܢ ܡܐ ܕܐܬܓܡܪܬ ܝܠܕܐ ܡܘܬܐ. 16 ܠܐ ܬܛܥܘܢ
ܐܚܝ̈ ܚܒܝ̈ܒܐ. 17 ܟܠ ܡܘܗܒܬܐ ܛܒܬܐ ܘܡܫܡܠܝܬܐ
ܡܢ ܠܥܠ ܢܚܬܐ ܡܢ ܐܒܐ ܕܢܗܝܪ̈ܐ. ܗܘ ܕܠܝܬ ܠܘܬܗ
ܫܘܚܠܦܐ ܡܕܡ. ܐܦܠܐ ܛܠܢܝܬܐ ܕܦܘܢܝܐ. 18 ܗܘ ܨܒܐ
ܘܝܠܕܢ ܒܡܠܬܐ ܕܫܪܪܐ: ܕܢܗܘܐ ܪܫܝܬܐ ܕܒܪ̈ܝܬܗ.
19 ܘܐܢܬܘܢ ܐܚܝ̈ ܚܒܝ̈ܒܐ: ܟܠܢܫ ܡܢܟܘܢ ܢܗܘܐ
ܡܣܪܗܒ ܠܡܫܡܥ: ܘܡܘܚܪ ܠܡܡܠܠܘ: ܘܡܘܚܪ
ܠܡܪܓܙ. 20 ܪܘܓܙܗ ܓܝܪ ܕܓܒܪܐ. ܙܕܝܩܘܬܐ ܕܐܠܗܐ ܠܐ

ܣܥܪ. 21 ܡܛܠ ܗܢܐ ܐܪܚܩܘ ܡܢܟܘܢ ܟܠܗ̇ ܛܢܦܘܬܐ
ܘܣܘܓܐܐ ܕܒܝܫܘܬܐ. ܘܒܡܟܝܟܘܬܐ ܩܒܠܘ ܡܠܬܐ ܕܢܨܝܒܐ
ܒܟܝܢܢ. ܕܗܝ ܡܫܟܚܐ ܕܬܚܐ ܢܦܫܬܟܘܢ ܀ 22 ܘܗܘܘ
ܕܝܢ ܥܒܕܐ ܕܡܠܬܐ ܘܠܐ ܫܡܘܥܐ ܒܠܚܘܕ. ܘܠܐ ܬܛܥܘܢ
ܢܦܫܬܟܘܢ. 23 ܐܢ ܐܢܫ ܓܝܪ ܢܗܘܐ ܫܡܘܥܗ̇ ܕܡܠܬܐ ܘܠܐ
ܥܒܘܕܗ̇: ܗܢܐ ܕܡܐ ܠܗܘ ܕܚܙܐ ܐܦܘܗܝ ܒܡܚܙܝܬܐ. 24 ܚܙܐ
ܓܝܪ ܢܦܫܗ ܘܥܒܪ. ܘܛܥܐ ܕܐܝܟܢܐ ܗܘܐ. 25 ܟܠ ܕܝܢ ܕܚܪ
ܒܢܡܘܣܐ ܡܫܡܠܝܐ ܕܚܐܪܘܬܐ ܘܩܘܝ ܒܗ: ܠܐ ܗܘܐ ܫܡܘܥܐ
ܕܡܬܛܥܝܐ ܕܫܡܥܬܐ. ܐܠܐ ܥܒܘܕܐ ܕܥܒܕܐ. ܘܗܢܐ ܛܘܒܢܐ
ܢܗܘܐ ܒܥܒܕܗ. 26 ܘܐܢ ܐܢܫ ܣܒܪ ܕܡܫܡܫ ܠܐܠܗܐ: ܘܠܐ
ܐܚܕ ܠܫܢܗ: ܐܠܐ ܡܛܥܐ ܠܒܗ: ܕܗܢܐ ܣܪܝܩܐ ܗܝ
ܬܫܡܫܬܗ. 27 ܬܫܡܫܬܐ ܓܝܪ ܕܟܝܬܐ ܘܩܕܝܫܬܐ ܩܕܡ ܐܠܗܐ
ܐܒܐ: ܗܕܐ ܗܝ. ܠܡܣܥܪ ܝܬܡܐ ܘܐܪܡܠܬܐ ܒܐܘܠܨܢܗܘܢ.
ܘܕܢܛܪ ܐܢܫ ܢܦܫܗ ܡܢ ܥܠܡܐ ܕܠܐ ܛܘܠܫܐ ܀

ܩܦܠܐܘܢ ܀ ܒ ܀

1 ܐܚܝ: ܠܐ ܒܡܣܒ ܒܐܦܐ ܬܗܘܘܢ ܐܚܝܕܝܢ ܠܗܝܡܢܘܬܐ
ܕܫܘܒܚܗ ܕܡܪܢ ܝܫܘܥ ܡܫܝܚܐ. 2 ܐܢ ܓܝܪ ܢܥܘܠ
ܠܟܢܘܫܬܟܘܢ ܐܢܫ ܕܥܙܩܬܗ ܕܕܗܒܐ ܐܘ ܕܢܚܬܘܗܝ
ܫܦܝܪܐ: ܘܢܥܘܠ ܡܣܟܢܐ ܒܢܚܬܐ ܛܢܦܐ: 3 ܘܬܚܘܪܘܢ ܒܗܘ
ܕܠܒܝܫ ܢܚܬܐ ܫܦܝܪܐ ܘܬܐܡܪܘܢ ܠܗ: ܐܢܬ ܗܪܟܐ ܬܒ
ܫܦܝܪ. ܘܠܡܣܟܢܐ ܬܐܡܪܘܢ ܠܗ ܐܢܬ ܩܘܡ ܠܗܠ: ܐܘ
ܬܒ ܠܟ ܗܪܟܐ ܩܕܡ ܟܘܒܫܐ ܕܪܓܠܝ: 4 ܠܐ ܗܐ
ܐܬܦܠܓܬܘܢ ܒܢܦܫܟܘܢ: ܘܗܘܝܬܘܢ ܦܪܘܫܐ
ܕܡܚܫܒܬܐ ܒܝܫܬܐ: 5 ܫܡܥܘ ܐܚܝ ܚܒܝܒܐ. ܠܐ ܗܘܐ
ܠܡܣܟܢܐ ܕܥܠܡܐ: ܥܬܝܪܐ ܕܝܢ ܒܗܝܡܢܘܬܐ ܓܒܐ ܐܠܗܐ:
ܘܢܗܘܘܢ ܝܪܬܐ ܠܡܠܟܘܬܐ ܗܝ ܕܡܠܟ ܐܠܗܐ ܠܐܝܠܝܢ ܕܪܚܡܝܢ
ܠܗ: 6 ܐܢܬܘܢ ܕܝܢ ܨܥܪܬܘܢ ܠܡܣܟܢܐ. ܠܐ ܗܐ ܥܬܝܪܐ

ܡܫܬܥܠܝܢ ܥܠܝܟܘܢ. ܘܗܢܘܢ ܓܪܝܢ ܠܟܘܢ ܠܒܝܬ ܕܝܢܐ:
7 ܠܐ ܗܐ ܗܢܘܢ ܡܓܕܦܝܢ ܥܠ ܫܡܐ ܛܒܐ ܕܐܬܩܪܝ ܥܠܝܟܘܢ.
8 ܘܐܢ ܢܡܘܣܐ ܕܐܠܗܐ ܒܗܕܐ ܡܫܡܠܝܬܘܢ. ܐܝܟ ܕܟܬܝܒ:
ܕܬܪܚܡ ܠܩܪܝܒܟ ܐܝܟ ܢܦܫܟ: ܫܦܝܪ ܥܒܕܝܢ ܐܝܬܝܟܘܢ.
9 ܐܢ ܕܝܢ ܒܐܦ̈ܐ ܢܣܒܝܢ ܐܝܬܝܟܘܢ. ܚܛܝܬܐ ܥܒܕܝܢ ܐܝܬܝܟܘܢ.
ܘܡܬܟܣܝܢ ܐܝܬܝܟܘܢ ܡܢ ܢܡܘܣܐ ܐܝܟ ܥܒܪ̈ܝ ܥܠ ܢܡܘܣܐ.
10 ܐܝܢܐ ܓܝܪ ܕܟܠܗ ܢܡܘܣܐ ܢܛܪ ܘܚܕܐ ܡܢܗ ܣܪܚ: ܠܟܠܗ
ܢܡܘܣܐ ܐܬܚܝܒ. 11 ܗܘ ܓܝܪ ܕܐܡܪ ܕܠܐ ܬܓܘܪ: ܗܘ
ܐܡܪ ܕܠܐ ܬܩܛܘܠ. ܐܢ ܕܝܢ ܠܐ ܓܐܪ ܐܢܬ ܐܠܐ ܩܛܠ ܐܢܬ:
ܗܘܝܬ ܠܟ ܥܒܪ ܥܠ ܢܡܘܣܐ. 12 ܗܟܢܐ ܗܘܝܬܘܢ
ܡܡܠܠܝܢ ܘܗܟܢܐ ܗܘܝܬܘܢ ܥܒܕܝܢ: ܐܝܟ ܐܢܫܐ ܕܒܢܡܘܣܐ
ܕܚܐܪܘܬܐ ܥܬܝܕܝܢ ܐܝܬܝܟܘܢ ܠܡܬܕܢܘ. 13 ܕܝܢܐ ܓܝܪ ܗܘܐ ܕܠܐ
ܪ̈ܚܡܐ: ܥܠ ܗܘ ܕܠܐ ܥܒܕ ܪ̈ܚܡܐ. ܡܫܬܒܗܪܝܢ ܐܝܬܝܗܘܢ
ܪ̈ܚܡܐ ܥܠ ܕܝܢܐ ܀ 14 ܡܢܐ ܗܘܢܢܐ ܐܚܝ: ܐܢ ܐܢܫ ܐܡܪ
ܕܐܝܬ ܠܗ ܗܝܡܢܘܬܐ ܘܥܒ̈ܕܐ ܠܝܬ ܠܗ: ܠܡܐ ܡܫܟܚܐ
ܗܝܡܢܘܬܗ ܕܬܚܝܘܗܝ: 15 ܐܢ ܐܚܐ ܐܘ ܚܬܐ ܥܪ̈ܛܠܝܢ
ܢܗܘܘܢ: ܘܚܣܝܪܝܢ ܣܝܒܪܬܐ ܕܝܘܡܐ: 16 ܘܢܐܡܪ ܠܗܘܢ
ܐܢܫ ܡܢܟܘܢ: ܙܠܘ ܒܫܠܡܐ ܫܚܢܘ ܘܣܒܥܘ: ܘܠܐ ܬܬܠܘܢ
ܠܗܘܢ ܣܘܢܩܢܐ ܕܦܓܪܐ: ܡܢܐ ܗܘܢܢܐ: 17 ܗܟܢܐ ܐܦ
ܗܝܡܢܘܬܐ ܕܠܐ ܥܒ̈ܕܐ ܡܝܬܐ ܗܝ ܠܒܠܚܘܕܝܗ. 18 ܐܡܪ ܓܝܪ
ܐܢܫ: ܠܟ ܐܝܬ ܠܟ ܗܝܡܢܘܬܐ. ܘܠܝ ܐܝܬ ܠܝ ܥܒ̈ܕܐ.
ܚܘܢܝ ܗܝܡܢܘܬܟ ܕܠܐ ܥܒ̈ܕܐ. ܘܐܢܐ ܡܚܘܐ ܐܢܐ ܠܟ ܗܝܡܢܘܬܝ
ܡܢ ܥܒ̈ܕܝ. 19 ܡܗܝܡܢ ܐܢܬ ܕܚܕ ܗܘ ܐܠܗܐ ܫܦܝܪ ܥܒܕ
ܐܢܬ. ܐܦ ܫܐܕ̈ܐ ܡܗܝܡܢܝܢ ܘܪܥܠܝܢ ܀ 20 ܨܒܐ ܐܢܬ ܕܬܕܥ
ܐܘ ܒܪܢܫܐ ܚܠܫܐ: ܕܗܝܡܢܘܬܐ ܕܠܐ ܥܒ̈ܕܐ ܡܝܬܐ ܗܝ.
21 ܐܒܘܢ ܐܒܪܗܡ ܠܐ ܗܘܐ ܡܢ ܥܒ̈ܕܐ ܐܙܕܕܩ: ܕܐܣܩ
ܠܐܝܣܚܩ ܒܪܗ ܥܠ ܡܕܒܚܐ: 22 ܚܙܐ ܐܢܬ ܕܗܝܡܢܘܬܗ
ܥܕܪܬ ܠܥܒ̈ܕܘܗܝ: ܘܡܢ ܥܒ̈ܕܐ ܗܝܡܢܘܬܗ ܐܫܬܡܠܝܬ:

23 ܘܫܠܡ ܟܬܒܐ ܕܐܡܪ: ܕܗܝܡܢ ܐܒܪܗܡ ܠܐܠܗܐ
ܘܐܬܚܫܒܬ ܠܗ ܠܙܕܝܩܘ ܘܪܚܡܐ ܕܐܠܗܐ ܐܬܩܪܝ. 24 ܚܙܐ
ܐܢܬ ܕܡܢ ܥܒܕܐ ܡܙܕܕܩ ܒܪܢܫܐ: ܘܠܐ ܗܘܐ ܡܢ ܗܝܡܢܘܬܐ
ܒܠܚܘܕ: 25 ܗܟܢܐ ܐܦ ܪܚܒ ܙܢܝܬܐ: ܠܐ ܗܘܐ ܡܢ ܥܒܕܐ
ܐܙܕܕܩܬ: ܕܩܒܠܬ ܠܓܫܘܫܐ ܘܒܐܘܪܚܐ ܐܚܪܬܐ ܐܦܩܬ
ܐܢܘܢ: 26 ܐܝܟܢܐ ܕܦܓܪܐ ܕܠܐ ܪܘܚܐ ܡܝܬ ܗܘ: ܗܟܢܐ ܐܦ
ܗܝܡܢܘܬܐ ܕܠܐ ܥܒܕܐ ܡܝܬܐ ܗܝ ܀

ܩܦܠܐܘܢ ܀ ܓ ܀

1 ܠܐ ܣܓܝܐܐ ܡܠܦܢܐ ܢܗܘܘܢ ܒܟܘܢ ܐܚܝ. ܐܠܐ ܕܬܗܘܘܢ
ܝܕܥܝܢ: ܕܕܝܢܐ ܝܬܝܪܐ ܡܩܒܠܝܢܢ. 2 ܣܓܝܐܬܐ ܓܝܪ
ܡܫܬܪܥܝܢ ܟܠܢ. ܟܠ ܕܒܡܠܬܐ ܠܐ ܡܫܬܪܥ: ܗܢܐ ܐܝܬܘܗܝ
ܓܒܪܐ ܓܡܝܪܐ. ܕܡܫܟܚ ܡܫܥܒܕ ܐܦ ܠܟܠܗ ܦܓܪܗ.
3 ܗܐ ܓܝܪ ܦܓܘܕܐ ܒܦܘܡܐ ܕܪܟܫܐ ܪܡܝܢܢ ܐܝܟ ܕܢܫܬܥܒܕܘܢ
ܠܢ. ܘܦܓܪܗ ܠܟܠܗܘܢ ܡܗܦܟܝܢܢ. 4 ܐܦ ܐܠܦܐ
ܟܒܝܪܬܐ ܟܕ ܕܚܝܠܢ ܠܗܝܢ ܪܘܚܐ ܩܫܝܬܐ: ܡܢ ܩܝܣܐ
ܙܥܘܪܐ ܡܬܬܦܢܝܢ: ܠܐܬܪ ܕܨܒܐ ܪܥܝܢܗ ܕܗܘ ܕܡܕܒܪ.
5 ܗܟܢܐ ܐܦ ܠܫܢܐ: ܗܕܡܐ ܗܘ ܙܥܘܪܐ ܘܡܫܬܒܗܪ. ܐܦ
ܢܘܪܐ ܙܥܘܪܬܐ ܥܒܐ ܣܓܝܐܐ ܡܘܩܕܐ. 6 ܘܠܫܢܐ ܢܘܪܐ ܗܘ.
ܘܥܠܡܐ ܕܚܛܝܬܐ ܐܝܟ ܥܒܐ ܗܘ: ܘܗܘ ܠܫܢܐ ܟܕ ܐܝܬܘܗܝ
ܒܝܬ ܗܕܡܝܢ: ܡܛܢܦ ܠܗ ܠܟܠܗ ܦܓܪܢ. ܘܡܘܩܕ ܪܘܒܠܐ
ܕܬܘܠܕܬܢ ܕܪܗܛܐ ܐܝܟ ܓܝܓܠܐ. ܘܝܩܕ ܐܦ ܗܘ ܒܢܘܪܐ.
7 ܟܠܗܘܢ ܓܝܪ ܟܝܢܐ ܕܚܝܘܬܐ ܘܕܦܪܚܬܐ: ܘܪܚܫܐ ܕܝܡܐ
ܘܕܝܒܫܐ: ܡܫܬܥܒܕܝܢ ܠܟܝܢܐ ܕܐܢܫܘܬܐ. 8 ܠܫܢܐ ܕܝܢ ܐܢܫ
ܠܐ ܡܫܟܚ ܕܢܫܥܒܕܝܘܗܝ. ܒܝܫܬܐ ܗܝ ܗܕܐ ܕܠܐ ܡܬܟܠܝܐ.
ܡܠܝܐ ܗܝ ܣܡܐ ܕܡܘܬܐ. 9 ܒܗ ܓܝܪ ܡܒܪܟܝܢܢ ܠܡܪܝܐ
ܘܐܒܐ: ܘܒܗ ܠܝܛܝܢ ܠܒܢܝܢܫܐ ܕܒܨܠܡܐ ܕܐܠܗܐ
ܐܬܒܪܝܘ. 10 ܘܡܢ ܗܘ ܦܘܡܐ ܢܦܩܝܢ ܒܘܪܟܬܐ ܘܠܘܛܬܐ.

ܠܐ ܗܘܐ ܐܝܟܢ ܕܗܘܝܢ ܗܟܢܐ ܢܗܘܘܢ. 11 ܕܒܬܪ ܫܒܥܝܢ ܡܢ
ܚܕ ܡܠܘܟܐ ܕܥܡܗ ܡܢܝܢܐ ܢܒܝܐ ܘܡܫܬܪܝܢ. 12 ܐܦ ܕܒܬܪ
ܫܒܥܝܢ ܬܘܒ ܐܝܟܢ ܕܐܢܫܐ ܢܬܒܥܘܢ: ܐܦ ܓܢܒܬܐ ܬܬܒܥܐ.
ܗܕܐ ܐܦ ܠܐ ܗܘܬ ܡܢܝܢܐ ܫܡܥܝܢ ܕܐܬܝܗܒ ܢܒܝܐ.
13 ܗܢܘ ܗܢܘܢ ܕܢܚܬ ܗܘܐ: ܢܗܘܐ ܒܥܘܗܕܢ ܒܥܘܬܐ
ܡܢܝܢܐ. ܒܫܡܥܬܐ ܡܫܡܥܬܐ. 14 ܠܝ ܕܝܢ ܫܡܥܐ ܡܢܝܢܐ ܐܝܬ
ܒܗܘܢ. ܐܦ ܢܒܝܐ ܒܡܠܟܘܬܗܘܢ: ܠܐ ܢܬܬܟܪܘܢ ܥܠ ܫܘܡܠܝܐ
ܕܪܓܠܗܘܢ. 15 ܡܛܠ ܕܗܘܐ ܢܒܝܐ ܡܢ ܒܒܠ ܠܐ ܢܬܚܙܐ:
ܐܠܐ ܐܬܝܗܒ ܐܘܪܚܬܐ. ܡܢ ܫܘܡܠܝܐ ܕܢܗܘܐ ܘܡܢ ܐܬܪܐ.
16 ܐܢܫܐ ܓܒܪ ܕܐܝܬ ܫܡܥܐ ܘܢܒܝܐ: ܐܝܟ ܐܦ ܕܒܗܝܢܐ
ܘܡܠܟܘܬܗ ܕܝܠܗ. 17 ܢܒܝܐ ܕܝܢ ܕܡܢ ܒܒܠ ܕܢܐ ܗܘܐ
ܘܡܢܝܢܐ ܡܫܡܥܐ. ܘܡܫܡܥܐ ܘܡܫܬܡܥܢܐ. ܘܡܢܝܢܐ ܕܢܬܒܥܐ
ܘܬܪܬܝ ܡܠܐ. ܘܠܐ ܦܠܓܘܬܐ ܗܘܐ. ܘܡܠܬܐ ܠܐ ܢܫܡܥ. 18 ܬܪܬܝ
ܕܝܢ ܕܐܘܪܚܬܐ: ܒܫܢܝܐ ܡܬܪܥܝܢ ܠܐܬܝܢ ܕܒܥܒܕ ܡܠܟܐ ✣

ܩܦܠܐܘܢ ✣ ܕ ✣

1 ܗܢ ܐܝܟܐ ܕܐܝܬ ܒܗܘܢ ܡܢܝܢܐ ܘܡܠܘܬܐ. ܠܐ ܗܘܐ ܡܢ
ܓܒܪܬܐ ܕܡܬܒܥܐ ܒܡܫܬܡܥܢܘܬܗܘܢ: 2 ܡܛܠ ܓܒܪܝܢ ܐܝܬܝܗܘܢ
ܘܚܝܠ ܠܒܗܘܢ. ܘܡܬܟܝܢ ܐܝܬܝܗܘܢ ܘܢܣܝܢ ܐܝܬܝܗܘܢ. ܘܠܐ ܐܬܐ
ܒܐܬܪܗܘܢ. ܘܢܩܝܢ ܐܝܬܝܗܘܢ ܘܡܢܝܢܐ ܥܒܕܝܢ ܐܝܬܝܗܘܢ. ܘܚܝܠ
ܠܒܗܘܢ. ܡܛܠ ܕܠܐ ܡܬܟܝܢ ܐܝܬܝܗܘܢ. 3 ܡܬܟܝܢ ܐܝܬܝܗܘܢ ܘܠܐ
ܢܫܟܚܝܢ ܐܝܬܝܗܘܢ. ܡܛܠ ܕܒܫܡܥܬܗ ܡܬܟܝܢ ܐܝܬܝܗܘܢ. ܐܝܟ
ܕܐܬܪܘܗܝ ܓܒܪܬܢܘܬܗܘܢ. 4 ܓܒܪܐ ܠܐ ܢܒܥܝܢ ܐܝܬܝܗܘܢ ܕܢܫܡܥܘܢ
ܕܒܟܠܗܘܢ ܗܢܘܢ ܒܒܒܠ ܒܒܥܘܬܐ ܕܝܢ ܒܟܠ ܓܒܪܘܬܐ: ܐܢܫܐ ܗܘܟܠ
ܕܓܠܐ ܕܢܒܗܘܢ ܕܫܡܥܐ ܕܒܥܒܕܐ ܗܢܘܢ. ܒܒܒܠܐ ܗܘܐ ܠܓܒܪܐ.
5 ܐܦ ܕܒܬܪ ܡܬܚܫܒܢ ܡܬܒܥܝܢ ܐܝܬܝܗܘܢ ܕܐܡܪ ܒܓܒܪܐ: ܕܓܒܪܝܢ
ܓܒܪܐ ܘܗܘܐ ܕܒܥܝܪܐ ܠܝ. 6 ܡܫܡܥܬܐ ܕܝܢ ܕܓܒܪܬܐ ܢܬܒܥ ܠܟ
ܡܢܝ. ܡܛܠ ܕܗܘܐ ܐܡܪ: ܕܓܒܪܐ ܡܬܬܟܝܢ ܒܢܒܝܐ:

ܘܠܡ̈ܟܝܟܐ ܝܗܒ ܛܝܒܘܬܐ ✤ [7] ܐܫܬܥܒܕܘ ܗܟܝܠ ܠܐܠܗܐ.
ܘܩܘܡܘ ܠܘܩܒܠ ܣܛܢܐ ܘܥܪܩ ܡܢܟܘܢ. [8] ܘܐܬܩܪܒܘ
ܠܘܬ ܐܠܗܐ ܘܢܬܩܪܒ ܠܘܬܟܘܢ. ܕܟܘ ܐܝܕܝܟܘܢ. ܚܛܝ̈ܐ:
ܩܕܫܘ ܠܒܘܬܟܘܢ ܡܦܠܓܝ ܢܦܫܐ: [9] ܐܬܟܪܝܘ ܘܐܬܐܒܠܘ.
ܘܓܚܟܟܘܢ ܠܐܒܠܐ ܢܬܗܦܟ. ܘܚܕܘܬܟܘܢ ܠܟܡܝܪܘܬܐ.
[10] ܐܬܡܟܟܘ ܩܕܡ ܡܪܝܐ ܘܢܪܝܡܟܘܢ. [11] ܠܐ ܬܗܘܘܢ
ܡܡܠܠܝܢ ܥܠ ܚܕ̈ܕܐ ܐܚ̈ܝ: ܡܢ ܓܝܪ ܕܡܡܠܠ ܥܠ ܐܚܘܗܝ
ܐܘ ܕܐܢ ܠܐܚܘܗܝ: ܡܡܠܠ ܥܠ ܢܡܘܣܐ ܘܕܐܢ ܠܢܡܘܣܐ.
ܘܐܢ ܠܢܡܘܣܐ ܕܐܢ ܐܢܬ: ܠܐ ܗܘܝܬ ܥܒܘܕܗ ܕܢܡܘܣܐ ܐܠܐ
ܕܝܢܗ. [12] ܚܕ ܗܘ ܓܝܪ ܣܐܡ ܢܡܘܣܐ ܘܕܝܢܐ. ܕܗܘ ܡܫܟܚ
ܕܢܚܐ ܘܢܘܒܕ. ܐܢܬ ܕܝܢ ܡܢ ܐܢܬ ܕܕܐܢ ܐܢܬ ܠܚܒܪܟ.
[13] ܡܢܐ ܕܝܢ ܐܡܪܝܢ ܥܠ ܐܢܫܝܢ ܕܐܡܪܝܢ: ܕܝܘܡܢܐ ܐܘ ܡܚܪ
ܐܙܠܝܢ ܚܢܢ ܠܡܕܝܢܬܐ ܐܝܟܐ ܕܗܝ: ܘܥܒܕܝܢ ܬܡܢ ܫܢܬܐ ܚܕܐ:
ܘܡܬܬܓܪܝܢ ܘܡܬܪܘܚܝܢ. [14] ܘܠܐ ܝܕܥܝܢ ܡܢܐ ܗܘܐ ܡܚܪ.
ܡܢܐ ܐܝܟ ܓܝܪ ܚܝܝܟܘܢ: ܐܠܐ ܐܢ ܠܗܓܐ ܕܩܠܝܠ ܡܬܚܙܝܐ
ܘܡܬܚܒܠܐ. [15] ܚܠܦ ܕܢܐܡܪܘܢ ܕܐܢ ܡܪܝܐ ܢܨܒܐ ܘܢܚܐ:
ܥܒܕܝܢ ܗܕܐ ܐܘ ܗܝ: [16] ܡܫܬܒܗܪܝܢ ܒܪܘܪܒܢܘܬܟܘܢ.
ܟܠ ܫܘܒܗܪܐ ܕܐܝܟ ܗܢܐ ܒܝܫܐ ܗܘ. [17] ܘܐܝܢܐ ܕܝܕܥ
ܛܒܬܐ ܘܠܐ ܥܒܕ ܠܗ ܚܛܝܬܐ ܗܘܬ ܠܗ ✤

ܩܦܠܐܘܢ ✤ ܗ ✤

[1] ܐܘ ܥܬܝܪ̈ܐ ܐܒܟܘ ܘܝܠܠܘ ܥܠ ܕܘܘ̈ܢܐ ܕܐܬܝܢ ܥܠܝܟܘܢ.
[2] ܥܘܬܪܟܘܢ ܓܝܪ ܐܬܚܒܠ ܘܣܪܝ. ܘܢܚ̈ܬܝܟܘܢ ܐܬܐܟܠܘ ܡܢ
ܣܣܐ. [3] ܘܕܗܒܟܘܢ ܘܣܐܡܟܘܢ ܐܣܝܐ ܠܗ. ܘܫܘܚܬܗܘܢ
ܗܘܝܐ ܠܣܗܕܘܬܐ ܥܠܝܟܘܢ. ܘܗܝ ܥܬܝܕܐ ܕܬܐܟܘܠ
ܒܣܪܟܘܢ. ܢܘܪܐ ܟܢܫܬܘܢ ܠܟܘܢ ܠܝܘܡܬܐ ܐܚܪ̈ܝܐ. [4] ܗܐ
ܐܓܪܐ ܕܦܥ̈ܠܐ ܕܚܨܕܘ ܐܪ̈ܥܬܟܘܢ ܗܘ ܕܛܠܡܬܘܢ ܐܢܘܢ. ܩܥܐ.

ܘܩܥܬܐ ܕܚܨܘܕܐ ܠܐܕܢܘܗܝ ܕܡܪܝܐ ܨܒܐܘܬ ܥܠܬ. 5ܒܣܡܬܘܢ
ܓܝܪ ܥܠ ܐܪܥܐ ܘܐܬܦܢܩܬܘܢ. ܘܐܪܘܝܬܘܢ ܠܒܘܬܟܘܢ ܐܝܟ
ܕܠܝܘܡܐ ܕܢܟܣܬܐ. 6ܚܝܒܬܘܢ ܘܩܛܠܬܘܢ ܠܙܕܝܩܐ ܘܠܐ ܩܡ
ܠܘܩܒܠܟܘܢ ܀ 7ܐܢܬܘܢ ܕܝܢ ܐܚܝ ܐܓܪܘ ܪܘܚܟܘܢ
ܥܕܡܐ ܠܡܐܬܝܬܗ ܕܡܪܝܐ. ܐܝܟ ܐܟܪܐ ܕܡܣܟܐ ܠܥܠܠܬܐ
ܝܩܝܪܬܐ ܕܐܪܥܗ: ܘܡܓܪ ܪܘܚܗ ܥܠܝܗ: ܥܕܡܐ ܕܢܣܒ
ܡܛܪܐ ܒܟܝܪܐ ܘܐܚܪܝܐ. 8ܗܟܢܐ ܐܦ ܐܢܬܘܢ ܐܓܪܘ
ܪܘܚܟܘܢ. ܘܫܪܪܘ ܠܒܘܬܟܘܢ. ܩܪܒܬ ܠܗ ܓܝܪ ܡܐܬܝܬܗ
ܕܡܪܢ. 9ܠܐ ܬܬܐܢܚܘܢ ܚܕ ܥܠ ܚܕ ܐܚܝ. ܕܠܐ ܬܬܕܝܢܘܢ. ܗܐ
ܓܝܪ ܕܝܢܐ ܩܕܡ ܬܪܥܐ ܩܐܡ. 10ܕܡܘܬܐ ܠܒܝܫܬܐ ܣܒܘ ܠܟܘܢ
ܐܚܝ: ܠܢܒܝܐ ܪܘܚܐ ܕܐܬܟܪܝܘ. ܗܢܘܢ ܕܡܠܠܘ
ܒܫܡܗ ܕܡܪܝܐ. 11ܗܐ ܓܝܪ ܡܛܘܒܝܢܢ ܗܘܝܢ ܠܐܝܠܝܢ
ܕܣܝܒܪܘ. ܫܡܥܬܘܢ ܡܣܝܒܪܢܘܬܗ ܕܐܝܘܒ. ܘܚܪܬܐ ܕܥܒܕ
ܠܗ ܡܪܝܐ ܚܙܝܬܘܢ. ܡܛܠ ܕܡܪܚܡܢ ܗܘ ܡܪܝܐ ܘܡܪܚܦ.
12ܩܕܡ ܟܠ ܡܕܡ ܕܝܢ ܐܚܝ. ܠܐ ܬܗܘܘܢ ܝܡܝܢ. ܠܐ ܒܫܡܝܐ
ܘܠܐ ܒܐܪܥܐ. ܐܦܠܐ ܒܡܘܡܬܐ ܐܚܪܬܐ. ܐܠܐ ܬܗܘܐ ܡܠܬܟܘܢ:
ܐܝܢ ܐܝܢ ܘܠܐ ܠܐ. ܕܠܐ ܬܬܚܝܒܘܢ ܬܚܝܬ ܕܝܢܐ. 13ܘܐܢ ܐܢܫ
ܡܢܟܘܢ ܢܗܘܐ ܒܥܩܬܐ. ܢܗܘܐ ܡܨܠܐ. ܘܐܢ ܚܕܐ. ܢܗܘܐ
ܡܙܡܪ. 14ܘܐܢ ܟܪܝܗ: ܢܩܪܐ ܠܩܫܝܫܐ ܕܥܕܬܐ ܘܢܨܠܘܢ
ܥܠܘܗܝ. ܘܢܡܫܚܘܢܝܗܝ ܡܫܚܐ ܒܫܡܗ ܕܡܪܢ.
15ܘܨܠܘܬܐ ܕܗܝܡܢܘܬܐ ܡܚܠܡܐ ܠܗ ܠܗܘ ܕܟܪܝܗ.
ܘܡܩܝܡ ܠܗ ܡܪܢ. ܘܐܢ ܚܛܗܐ ܥܒܝܕܝܢ ܠܗ. ܡܫܬܒܩܝܢ
ܠܗ. 16ܗܘܝܬܘܢ ܕܝܢ ܡܘܕܝܢ ܣܟܠܘܬܟܘܢ ܚܕ ܠܚܕ.
ܘܗܘܝܬܘܢ ܡܨܠܝܢ ܚܕ ܥܠ ܚܕ ܕܬܬܐܣܘܢ. ܪܒ ܗܘ ܓܝܪ
ܚܝܠܗ ܕܨܠܘܬܐ ܐܝܕܐ ܕܙܕܝܩܐ ܡܨܠܐ ܒܗ. 17ܐܦ ܐܠܝܐ
ܒܪܢܫܐ ܗܘܐ ܚܫܘܫܐ ܐܟܘܬܢ. ܘܨܠܝ ܕܠܐ ܢܚܘܬ ܡܛܪܐ ܥܠ
ܐܪܥܐ: ܘܠܐ ܢܚܬ ܬܠܬ ܫܢܝܢ ܘܫܬܐ ܝܪ̈ܚܝܢ. 18ܘܬܘܒ ܨܠܝ:
ܘܫܡܝܐ ܝܗܒܘ ܡܛܪܐ. ܘܐܪܥܐ ܝܗܒܬ ܦܐܪ̈ܝܗ. 19ܐܚܝ:

ܝ ܐܢ ܐܢܫ ܡܢܟܘܢ ܢܛܥܐ ܡܢ ܐܘܪܚܐ ܕܫܪܪܐ : ܘܢܦܢܝܘܗܝ
ܐܢܫ ܡܢ ܛܘܥܝܬܗ : [20] ܢܕܥ ܕܗܘ ܕܐܦܢܝ ܠܚܛܝܐ ܡܢ
ܛܘܥܝܬܐ ܕܐܘܪܚܗ : ܢܚܐ ܢܦܫܗ ܡܢ ܡܘܬܐ. ܘܡܚܐ ܣܘܓܐܐ
ܕܚܛܗܘܗܝ ܀

ܫܠܡܬ ܐܓܪܬܐ ܕܝܥܩܘܒ ܫܠܝܚܐ ܀

ܬܘܒ ܐܓܪܬܐ ܕܦܛܪܘܣ ܫܠܝܚܐ. ܫܡܥܘܢ ܟܐܦܐ ܀

ܩܦܠܐܘܢ ܀ ܐ ܀

[1] ܦܛܪܘܣ ܫܠܝܚܐ ܕܝܫܘܥ ܡܫܝܚܐ. ܠܓܒܝܐ
ܘܬܘܬܒܐ ܕܙܪܝܩܝܢ ܒܦܢܛܘܣ. ܘܒܓܠܛܝܐ. ܘܒܩܦܕܘܩܝܐ
ܘܒܐܣܝܐ ܘܒܒܝܬܘܢܝܐ. [2] ܐܝܠܝܢ ܕܐܬܓܒܝܘ ܒܡܩܕܡܘܬ
ܝܕܥܬܗ ܕܐܠܗܐ ܐܒܐ: ܒܩܕܝܫܘܬܐ ܕܪܘܚܐ. ܕܢܗܘܘܢ
ܠܡܫܬܡܥܢܘܬܐ ܘܠܪܣܣ ܕܡܗ ܕܝܫܘܥ ܡܫܝܚܐ.
ܛܝܒܘܬܐ ܘܫܠܡܐ ܢܣܓܐ ܠܘܬܟܘܢ. [3] ܡܒܪܟ ܗܘ ܐܠܗܐ
ܐܒܘܗܝ ܕܡܪܢ ܝܫܘܥ ܡܫܝܚܐ: ܗܘ ܕܒܪܚܡܘܗܝ
ܣܓܝܐܐ ܐܘܠܕܢ ܡܢ ܕܪܝܫ: ܒܩܝܡܬܗ ܕܡܪܢ ܝܫܘܥ
ܡܫܝܚܐ: ܠܣܒܪܐ ܕܚܝܐ. [4] ܘܠܝܪܬܘܬܐ ܕܠܐ ܡܬܚܒܠܐ ܘܠܐ
ܡܬܛܘܫܐ ܘܠܐ ܚܡܐ. ܗܝ ܕܡܛܝܒܐ ܠܟܘܢ ܒܫܡܝܐ. [5] ܟܕ
ܢܛܝܪܝܢ ܐܢܬܘܢ ܒܚܝܠܐ ܕܐܠܗܐ ܘܒܗܝܡܢܘܬܐ: ܠܚܝܐ
ܕܡܛܝܒܝܢ ܕܢܬܓܠܘܢ ܒܙܒܢܐ ܐܚܪܝܐ: [6] ܕܒܗܘܢ ܬܚܕܘܢ
ܠܥܠܡ. ܐܦܢ ܗܫܐ ܩܠܝܠ ܡܬܟܪܝܢ ܐܢܬܘܢ
ܒܢܣܝܘܢܐ ܡܫܚܠܦܐ ܕܐܬܐ ܥܠܝܟܘܢ: [7] ܐܝܟܢܐ ܕܒܘܚܪܢܐ
ܕܗܝܡܢܘܬܟܘܢ ܢܬܚܙܐ: ܕܡܝܩܪ ܡܢ ܕܗܒܐ ܦܪܝܫܐ ܕܐܬܒܚܝܢ

ܒܢܘܪܐ. ܠܬܫܒܘܚܬܐ ܘܠܐܝܩܪܐ ܘܠܫܘܒܚܐ. ܒܓܠܝܢܗ
ܕܝܫܘܥ ܡܫܝܚܐ. 8 ܗܘ ܕܠܐ ܚܙܝܬܘܢܝܗܝ ܘܡܗܝܡܢܝܢ ܐܢܬܘܢ
ܒܗ. ܘܒܗܝܡܢܘܬܗ ܪܘܙܝܢ ܐܢܬܘܢ ܒܚܕܘܬܐ ܕܡܫܒܚܐ ܕܠܐ
ܡܬܡܠܠܐ. 9 ܕܬܩܒܠܘܢ ܦܘܪܥܢܐ ܕܗܝܡܢܘܬܟܘܢ ܚܝܐ
ܕܢܦܫܬܟܘܢ. 10 ܗܠܝܢ ܚܝܐ ܕܒܥܘ ܗܘܘ ܒܨܝܢܘ ܢܒܝܐ:
ܟܕ ܐܬܢܒܝܘ ܥܠ ܛܝܒܘܬܐ ܕܥܬܝܕܐ ܗܘܬ ܕܬܬܝܗܒ ܠܟܘܢ.
11 ܘܒܨܘ ܕܠܐܝܢܐ ܐܝܟܢܐ ܙܒܢܐ ܡܚܘܐ ܗܘܐ ܪܘܚܐ ܕܡܫܝܚܐ
ܕܥܡܪܐ ܒܗܘܢ. ܕܐܣܗܕ ܚܫܘܗܝ ܕܡܫܝܚܐ ܘܥܠ ܫܘܒܚܗ
ܕܡܢ ܒܬܪܟܢ. 12 ܘܐܬܓܠܝ ܠܗܘܢ ܟܠ ܕܒܥܘ ܗܘܘ.
ܡܛܠ ܕܠܘ ܠܢܦܫܗܘܢ ܡܫܡܫܝܢ ܗܘܘ. ܐܠܐ ܠܢ ܕܝܠܢ
ܡܫܡܫܝܢ ܗܘܘ: ܐܝܠܝܢ ܕܗܫܐ ܐܬܓܠܝ ܠܟܘܢ. ܒܝܕ
ܐܝܠܝܢ ܕܐܣܒܪܘܟܘܢ. ܒܪܘܚܐ ܕܩܘܕܫܐ ܕܐܫܬܕܪ ܡܢ ܫܡܝܐ.
ܕܒܗܝܢ ܪܓܝܓܝܢ ܐܦ ܡܠܐܟܐ ܕܢܚܘܪܘܢ.
13 ܡܛܠ ܗܢܐ ܐܣܘܪܘ ܚܨܐ ܕܪܥܝܢܝܟܘܢ: ܘܐܬܬܥܝܪܘ
ܓܡܝܪܐܝܬ. ܘܣܒܪܘ ܥܠ ܚܕܘܬܐ ܕܐܬܝܐ ܠܟܘܢ: ܒܓܠܝܢܗ
ܕܡܪܢ ܝܫܘܥ ܡܫܝܚܐ. 14 ܐܝܟ ܒܢܝܐ ܡܫܬܡܥܢܐ. ܘܠܐ
ܬܫܬܘܘܢ ܬܘܒ ܠܪܓܝܓܬܐ ܩܕܡܝܬܐ: ܐܝܠܝܢ ܕܪܓܝܓܝܢ
ܗܘܝܬܘܢ ܕܠܐ ܝܕܥܬܐ. 15 ܐܠܐ ܗܘܘ ܩܕܝܫܝܢ ܒܟܠܗܘܢ
ܗܘܦܟܝܟܘܢ. ܐܝܟ ܕܩܕܝܫ ܗܘ ܗܘ ܕܩܪܟܘܢ. 16 ܡܛܠ
ܕܟܬܝܒ: ܕܗܘܝܬܘܢ ܩܕܝܫܝܢ ܐܝܟܢܐ ܕܐܦ ܐܢܐ ܩܕܝܫ ܐܢܐ.
17 ܘܐܢ ܕܐܒܐ ܩܪܝܢ ܐܢܬܘܢ: ܗܘ ܕܕܐܢ ܡܢ ܥܒܕܘܗܝ ܟܠܟܠ
ܟܠܢܫ. ܘܙܠ ܠܟܠܢܫ ܐܝܟ ܒܥܒܕܘܗܝ: ܒܕܚܠܬܐ ܐܬܕܒܪܘ
ܒܙܒܢܐ ܗܢܐ ܕܬܘܬܒܘܬܟܘܢ. 18 ܟܕ ܝܕܥܝܢ ܐܢܬܘܢ ܕܠܐ
ܒܣܐܡܐ ܕܒܠܐ: ܘܠܐ ܒܕܗܒܐ ܐܬܦܪܩܬܘܢ ܡܢ ܥܒܕܝܟܘܢ
ܣܪܝܩܐ: ܗܠܝܢ ܕܡܩܒܠܬܘܢ ܡܢ ܐܒܗܬܟܘܢ. 19 ܐܠܐ ܒܕܡܐ
ܝܩܝܪܐ ܕܐܡܪܐ ܕܕܟܝܐ ܘܕܠܐ ܡܘܡܐ ܒܗ ܕܝܠܗ. ܕܐܝܬܘܗܝ
ܡܫܝܚܐ. 20 ܗܘ ܕܡܩܕܡ ܗܘܐ ܝܕܝܥ ܡܢܗ ܠܗܕܐ: ܡܢ
ܩܕܡ ܬܪܡܝܬܗ ܕܥܠܡܐ. ܘܐܬܓܠܝ ܒܚܪܬܗܘܢ ܕܙܒܢܐ

ܡܛܠܬܟܘܢ. 21 ܐܝܠܝܢ ܕܒܐܝܕܗ ܗܝܡܢܬܘܢ ܒܐܠܗܐ ܗܘ
ܕܐܩܝܡܗ ܡܢ ܒܝܬ ܡܝܬܐ: ܘܝܗܒ ܠܗ ܫܘܒܚܐ.
ܕܗܝܡܢܘܬܟܘܢ ܘܣܒܪܟܘܢ ܢܗܘܐ ܥܠ ܐܠܗܐ. 22 ܟܕ
ܗܘܝܬܘܢ ܡܕܟܝܢ ܢܦܫܬܟܘܢ ܒܡܫܬܡܥܢܘܬܗ ܕܫܪܪܐ:
ܘܗܘܝܬܘܢ ܡܠܝܝܢ ܚܘܒܐ ܕܠܐ ܡܣܒ ܒܐܦܐ. ܕܡܢ ܠܒܐ ܕܟܝܐ
ܓܡܝܪܐ: ܬܗܘܘܢ ܡܚܒܝܢ ܚܕ ܠܚܕ. 23 ܐܝܟ ܐܢܫܐ ܕܡܢ
ܕܪܫ ܐܬܝܠܕܬܘܢ. ܠܐ ܡܢ ܙܪܥܐ ܕܚܒܠܐ. ܐܠܐ ܡܢ ܐܝܢܐ ܕܠܐ ܚܒܠ.
ܒܡܠܬܐ ܚܝܬܐ ܕܐܠܗܐ ܕܩܝܡܐ ܠܥܠܡ. 24 ܡܛܠ ܕܟܠ
ܒܣܪ ܥܣܒܐ. ܘܟܠܗ ܫܘܒܚܗ ܐܝܟ ܢܘܨܐ ܕܚܩܠܐ. ܝܒܫ
ܥܣܒܐ ܘܢܘܨܗ ܢܦܠ: 25 ܘܡܠܬܗ ܕܐܠܗܢ ܩܝܡܐ
ܠܥܠܡ. ܘܗܕܐ ܗܝ ܡܠܬܐ ܗܝ ܕܐܣܬܒܪܬܘܢ ✤

ܩܦܠܐܘܢ ✤ ܒ ✤

1 ܐܪܚܩܘ ܗܟܝܠ ܡܢܟܘܢ ܟܠܗ ܒܝܫܘܬܐ. ܘܟܠܗ
ܢܟܠܐ ܘܡܣܒ ܒܐܦܐ. ܘܚܣܡܐ ܘܐܟܠܩܪܨܐ. 2 ܘܗܘܘ ܐܝܟ
ܛܠܝܐ ܫܒܪܐ. ܘܐܬܪܓܪܓܘ ܠܗ ܠܡܠܬܐ: ܐܝܟ
ܕܚܠܒܐ ܢܩܕܐ ܘܪܘܚܢܝܐ. ܕܒܗ ܬܬܪܒܘܢ ܠܚܝܐ. 3 ܐܢ
ܛܥܡܬܘܢ ܓܝܪ ܕܒܣܝܡ ܗܘ ܡܪܝܐ. 4 ܗܘ ܕܠܘܬܗ ܡܬܩܪܒܝܢ
ܐܢܬܘܢ: ܕܐܝܬܘܗܝ ܟܐܦܐ ܚܝܐ ܕܐܣܠܝܘܗܝ ܒܢܝ ܐܢܫܐ:
ܓܒܝܐ ܘܡܝܩܪܐ ܠܘܬ ܐܠܗܐ: 5 ܘܐܦ ܐܢܬܘܢ ܐܝܟ ܟܐܦܐ
ܚܝܬܐ ܐܬܒܢܘ. ܘܗܘܘ ܗܝܟܠܐ ܪܘܚܢܝܐ ܘܟܘܡܪܐ ܩܕܝܫܐ.
ܠܡܣܩܘ ܕܒܚܐ ܕܡܬܩܒܠܝܢ ܩܕܡ ܐܠܗܐ ܒܝܕ ܝܫܘܥ
ܡܫܝܚܐ ✤ 6 ܐܡܝܪ ܗܘ ܓܝܪ ܒܟܬܒܐ: ܕܗܐ ܣܐܡ ܐܢܐ
ܒܨܗܝܘܢ: ܟܐܦܐ ܒܚܝܪܬܐ ܘܡܝܩܪܬܐ ܒܪܝܫ ܙܘܝܬܐ. ܘܡܢ
ܕܡܗܝܡܢ ܒܗ ܠܐ ܢܒܗܬ. 7 ܠܟܘܢ ܗܟܝܠ ܐܬܝܗܒ ܗܢܐ
ܐܝܩܪܐ ܠܐܝܠܝܢ ܕܡܗܝܡܢܝܢ. ܠܗܢܘܢ ܕܝܢ ܕܠܐ ܡܬܛܦܝܣܝܢ:
8 ܟܐܦܐ ܗܝ ܕܬܘܩܠܬܐ ܘܫܘܥܐ ܕܡܟܫܘܠܐ. ܘܡܬܬܩܠܝܢ ܒܗ
ܟܕ ܠܐ ܡܬܛܦܝܣܝܢ ܠܡܠܬܐ ܕܠܗܕܐ ܣܝܡܝܢ. 9 ܐܢܬܘܢ

ܕܝܢ ܫܪܒܬܐ ܐܢܬܘܢ ܓܒܝܬܐ: ܕܡܫܡܫܢܘܬܐ ܠܡܠܟܘܬܐ. ܥܡܐ
ܩܕܝܫܐ ܟܢܫܐ ܦܪܝܩܐ. ܕܬܫܬܥܘܢ ܬܫܒܚܬܗ ܕܗܘ ܕܩܪܟܘܢ
ܡܢ ܚܫܘܟܐ ܠܢܘܗܪܗ ܡܝܬܪܐ. 10 ܐܝܠܝܢ ܕܡܢ ܩܕܝܡ ܠܐ
ܚܫܝܒܝܢ ܗܘܝܬܘܢ ܥܡܐ. ܗܫܐ ܕܝܢ ܥܡܗ ܕܐܠܗܐ. ܐܦܠܐ
ܪ̈ܚܡܐ ܗܘܘ ܥܠܝܟܘܢ. ܗܫܐ ܕܝܢ ܐܫܬܦܥܘ ܥܠܝܟܘܢ ܪ̈ܚܡܐ܀
11 ܚܒܝ̈ܒܝ: ܒܥܐ ܐܢܐ ܡܢܟܘܢ܊ ܐܝܟ ܬܘ̈ܬܒܐ ܘܐܝܟ ܐܟܣ̈ܢܝܐ:
ܐܬܪܚܩܘ ܡܢ ܟܠܗܝܢ ܪ̈ܓܝܓܬܐ ܕܦܓܪܐ: ܗܠܝܢ ܕܥ̈ܒܕܢ
ܩܪܒܐ ܠܘܩܒܠ ܢܦܫܐ. 12 ܘܢܗܘܘܢ ܗܘ̈ܦܟܝܟܘܢ ܫܦܝܪ̈ܝܢ
ܩܕܡ ܟܠܗܘܢ ܒܢ̈ܝ ܐܢܫܐ. ܘܐܝܠܝܢ ܕܡܡܠܠܝܢ ܥܠܝܟܘܢ
ܒܝ̈ܫܬܐ: ܢܚܙܘܢ ܥܒ̈ܕܝܟܘܢ ܫܦܝ̈ܪܐ: ܘܢܫܒܚܘܢ
ܠܐܠܗܐ ܒܝܘܡܐ ܕܒܘܚܪܢܐ. 13 ܘܗܘܝܬܘܢ ܡܫܬܥܒܕܝܢ
ܠܟܠܗܘܢ ܒܢ̈ܝ ܐܢܫܐ ܡܛܠ ܐܠܗܐ. ܠܡ̈ܠܟܐ ܡܛܠ
ܫܘܠܛܢܗܘܢ. 14 ܘܠܕ̈ܝܢܐ ܡܛܠ ܕܡܢܗ ܡܫܬܕܪܝܢ
ܠܬܒܥܬܐ ܕܡܣܟ̈ܠܢܐ: ܘܠܬܫܒܘܚܬܐ ܕܥܒ̈ܕܝ ܛܒ̈ܬܐ.
15 ܕܗܟܢܐ ܗܝ ܨܒܝܢܗ ܕܐܠܗܐ. ܕܒܥܒ̈ܕܝܟܘܢ ܫܦܝ̈ܪܐ
ܬܣܟܪܘܢ ܦܘܡܐ ܕܣܟ̈ܠܐ: ܗܢܘܢ ܕܠܐ ܝܕܥܝܢ ܠܐܠܗܐ. 16 ܐܝܟ
ܒܢ̈ܝ ܚܐܪܐ. ܘܠܐ ܐܝܟ ܐܢܫܐ ܕܥܒܕܝܢ ܠܗܘܢ ܚܐܪܘܬܗܘܢ
ܬܚܦܝܬܐ ܠܒܝܫܘܬܗܘܢ. ܐܠܐ ܐܝܟ ܥܒ̈ܕܘܗܝ ܕܐܠܗܐ.
17 ܠܟܠܢܫ ܝܩܪܘ. ܠܐܚ̈ܝܟܘܢ ܐܚܒܘ. ܘܡܢ ܐܠܗܐ ܕܚܠܘ.
ܘܠܡܠܟܐ ܝܩܪܘ. 18 ܘܐܝܠܝܢ ܥܒ̈ܕܐ ܕܐܝܬ ܒܟܘܢ:
ܐܫܬܥܒܕܘ ܠܡܪ̈ܝܟܘܢ. ܒܕܚܠܬܐ. ܠܐ ܠܛܒ̈ܐ ܒܠܚܘܕ
ܘܠܡܟܝ̈ܟܐ. ܐܠܐ ܐܦ ܠܩܫ̈ܝܐ ܘܠܥܩ̈ܡܬܐ. 19 ܠܗܠܝܢ ܓܝܪ
ܐܝܬ ܠܗܘܢ ܛܝܒܘܬܐ ܩܕܡ ܐܠܗܐ. ܠܐܝܠܝܢ ܕܡܛܠ ܬܐܪܬܐ
ܕܟܝܬܐ ܡܣܝܒܪܝܢ ܟܐ̈ܒܐ ܕܐܬܝܢ ܥܠܝܗܘܢ ܒܥܘܠܐ.
20 ܐܝܠܝܢ ܕܝܢ ܕܡܛܠ ܣܟܠܘܬܗܘܢ ܡܣܝܒܪܝܢ ܐܘܠܨ̈ܢܐ:
ܐܝܕܐ ܬܫܒܘܚܬܐ ܗܘܬ ܠܗܘܢ. ܐܠܐ ܟܕ ܕܥܒܕܝܢ ܐܢܬܘܢ
ܛܒ̈ܬܐ ܘܡܬܐܠܨܝܢ ܠܟܘܢ ܘܡܣܝܒܪܝܢ ܐܢܬܘܢ: ܗܝܕܝܢ ܪܒܐ
ܬܫܒܘܚܬܟܘܢ ܠܘܬ ܐܠܗܐ. 21 ܠܗܕܐ ܓܝܪ ܐܬܩܪܝܬܘܢ

ܐܦ ܡܫܝܚܐ ܡܝܬ ܚܠܦܝܢ. ܘܫܒܩ ܠܢ ܗܢܐ ܛܘܦܣܐ.
ܕܐܢܬܘܢ ܬܗܠܟܘܢ ܒܥܩܒܬܗ. 22 ܗܘ ܕܠܐ ܥܒܕ ܚܛܝܬܐ:
ܐܦܠܐ ܢܟܠܐ ܐܫܬܟܚ ܒܦܘܡܗ. 23 ܗܘ ܕܡܨܛܥܪ ܗܘܐ ܘܠܐ
ܡܨܛܥܪ. ܘܚܫܐ ܗܘܐ ܘܠܐ ܡܐܝܡ. ܐܠܐ ܡܫܠܡ ܗܘܐ ܕܝܢܗ
ܠܕܝܢܐ ܕܟܐܢܘܬܐ. 24 ܘܟܠܗܝܢ ܚܛܗܝܢ ܕܝܠܢ: ܘܐܣܩ
ܐܢܝܢ ܒܦܓܪܗ ܥܠ ܙܩܝܦܐ. ܕܟܕ ܡܝܬܝܢ ܠܚܛܝܬܐ:
ܒܙܕܝܩܘܬܐ ܢܚܐ ܒܗ. ܒܡܚܘܬܗ ܓܝܪ ܐܬܐܣܝܬܘܢ:
25 ܕܐܢܬܘܢ ܗܘܝܬܘܢ ܐܝܟ ܥܢܐ ܕܛܥܝܐ ܘܐܬܦܢܝܬܘܢ ܗܫܐ ܠܘܬ ܪܥܝܐ
ܘܡܣܥܪܐ ܕܢܦܫܬܟܘܢ ܀

ܩܦܠܐܘܢ ܀ ܓ ܀

1 ܗܟܢܐ ܐܦ ܐܢܬܝܢ ܢܫܐ: ܐܫܬܥܒܕܝܢ ܠܒܥܠܝܟܝܢ.
ܕܐܢܘܢ ܕܠܐ ܡܬܛܦܝܣܝܢ ܠܡܠܬܐ: ܒܕܘܒܪܝܟܝܢ ܫܦܝܪܐ.
ܕܠܐ ܡܡܠܠ ܢܬܩܢܘܢ ܐܢܝܢ. 2 ܟܕ ܚܙܝܢ ܕܒܕܚܠܬܐ ܘܒܢܟܦܘܬܐ
ܡܬܕܒܪܢ ܐܢܝܢ. 3 ܘܠܐ ܬܬܨܒܬܢ ܒܨܒܬܐ ܒܪܝܐ ܕܓܕܘܠܐ
ܕܣܥܪܝܢ. ܐܘ ܕܡܢܟܫܬܐ ܕܕܗܒܐ ܐܘ ܕܠܒܘܫܐ ܫܦܝܪܐ.
4 ܐܠܐ ܐܨܛܒܬܝ ܒܒܪܢܫܐ ܟܣܝܐ ܕܠܒܐ. ܒܪܘܚܐ ܡܟܝܟܬܐ
ܕܠܐ ܡܬܚܒܠܐ. ܕܗܝ ܫܘܝܐ ܩܕܡ ܐܠܗܐ. 5 ܗܟܢܐ ܓܝܪ
ܐܦ ܡܢ ܩܕܝܡ ܢܫܐ ܩܕܝܫܬܐ ܐܝܠܝܢ ܕܡܣܟܝܢ ܗܘܝ
ܠܐܠܗܐ: ܡܨܒܬܢ ܗܘܝ ܢܦܫܗܝܢ ܘܡܫܬܥܒܕܢ ܗܘܝ
ܠܒܥܠܝܗܝܢ. 6 ܐܝܟܢܐ ܕܣܪܐ ܡܫܬܥܒܕܐ ܗܘܬ ܠܐܒܪܗܡ
ܘܡܪܐ ܗܘܬ ܩܪܝܐ ܠܗ. ܗܝ ܕܗܘܝܬܝܢ ܐܢܬܝܢ ܒܢܬܗ ܒܥܒܕܐ
ܛܒܐ. ܟܕ ܠܐ ܡܬܕܚܠܢ ܐܢܬܝܢ ܡܢ ܟܠ ܕܚܠܐ ܀
7 ܘܐܝܟܢܐ ܓܒܪܐ ܆ ܗܟܢܐ ܥܡܪܘ ܥܡ ܢܫܝܟܘܢ ܒܝܕܥܬܐ.
ܘܐܝܟ ܕܠܡܐܢܐ ܡܚܝܠܐ ܒܐܢܬܬܐ ܐܚܘܕܘ ܐܢܝܢ. ܡܛܠ ܕܐܦ
ܗܢܝܢ ܥܡܟܘܢ ܝܪܬܢ ܡܘܗܒܬܐ ܕܚܝܐ ܕܠܥܠܡ. ܕܠܐ
ܬܬܟܣܐ ܒܨܠܘܬܟܘܢ. 8 ܫܘܠܡܐ ܕܝܢ: ܗܘܝܬܘܢ
ܟܠܟܘܢ ܒܐܘܝܘܬܐ ܘܚܫܘܫܘܬܐ ܚܫܘ ܥܡ ܐܝܠܝܢ ܕܚܫܝܢ.

ܘܪܚܡܝܢ ܚܕ ܠܚܕ. ܘܗܘܘ ܡܪܚܡܢܝܢ ܘܡܟܝܟܝܢ.
9 ܘܠܐܢܫ ܒܝܫܬܐ ܚܠܦ ܒܝܫܬܐ ܠܐ ܬܦܪܥܘܢ. ܘܐܦܠܐ ܨܘܚܝܬܐ
ܚܠܦ ܨܘܚܝܬܐ. ܐܠܐ ܕܠܩܘܒܠܐ ܕܗܠܝܢ ܗܘܝܬܘܢ ܡܒܪܟܝܢ.
ܠܗܕܐ ܓܝܪ ܐܬܩܪܝܬܘܢ ܕܒܘܪܟܬܐ ܬܐܪܬܘܢ. 10 ܡܢ ܕܨܒܐ
ܗܟܝܠ ܚܝܐ: ܘܪܚܡ ܝܘܡܬܐ ܛܒܐ ܠܡܚܙܐ: ܢܛܪ ܠܫܢܗ
ܡܢ ܒܝܫܬܐ: ܘܣܦܘܬܗ ܕܠܐ ܢܡܠܠܢ ܢܟܠܐ. 11 ܢܥܒܪ ܡܢ
ܒܝܫܬܐ ܘܢܥܒܕ ܛܒܬܐ. ܘܢܒܥܐ ܫܠܡܐ ܘܢܪܗܛ ܒܬܪܗ.
12 ܡܛܠ ܕܥܝܢܘܗܝ ܕܡܪܝܐ ܥܠ ܙܕܝܩܐ: ܘܐܕܢܘܗܝ ܠܒܥܘܬܗܘܢ
ܐܢܘܢ. ܘܐܦܘܗܝ ܕܡܪܝܐ ܥܠ ܒܝܫܐ. 13 ܘܡܢܘ ܕܢܒܐܫ
ܠܟܘܢ ܒܝܫܬܐ: ܐܢ ܬܗܘܘܢ ܛܢܢܐ ܕܛܒܬܐ. 14 ܘܐܢ ܗܘ
ܕܬܚܫܘܢ ܡܛܠ ܟܐܢܘܬܐ ܛܘܒܝܟܘܢ. ܘܠܐ ܬܕܚܠܘܢ ܡܢ
ܐܝܠܝܢ ܕܡܕܚܠܝܢ ܠܟܘܢ. ܘܠܐ ܬܫܬܓܫܘܢ. 15 ܐܠܐ ܩܕܫܘ
ܒܠܒܘܬܟܘܢ ܠܡܪܝܐ ܡܫܝܚܐ ❖ ܘܗܘܝܬܘܢ ܡܛܝܒܝܢ
ܠܡܦܩ ܒܪܘܚܐ: ܠܟܠ ܕܫܐܠ ܠܟܘܢ ܡܠܬܐ ܥܠ ܣܒܪܐ
ܕܗܝܡܢܘܬܐ. 16 ܒܡܟܝܟܘܬܐ ܘܒܕܚܠܬܐ. ܟܕ ܐܝܬ ܠܟܘܢ
ܬܐܪܬܐ ܛܒܬܐ. ܐܝܟܢܐ ܕܗܢܘܢ ܕܡܡܠܠܝܢ ܥܠܝܟܘܢ ܐܝܟ ܕܥܠ
ܐܢܫܐ ܒܝܫܐ: ܢܒܗܬܘܢ ܐܝܟ ܐܢܫܐ ܕܛܠܡܝܢ ܠܕܘܒܪܝܟܘܢ
ܫܦܝܪܐ ܕܒܡܫܝܚܐ. 17 ܦܩܚ ܗܘ ܠܟܘܢ ܓܝܪ ܟܕ ܥܒܕܝܢ
ܐܢܬܘܢ ܛܒܬܐ ܬܬܐܫܢܘܢ ܒܝܫܬܐ: ܐܢ ܗܟܢܐ ܨܒܝܢܗ
ܗܘ ܕܐܠܗܐ: ܘܠܐ ܟܕ ܥܒܕܝܢ ܐܢܬܘܢ ܒܝܫܬܐ.
18 ܡܛܠ ܕܐܦ ܡܫܝܚܐ ܚܕܐ ܙܒܢ ܡܝܬ ܚܠܦ ܚܛܗܝܢ.
ܙܕܝܩܐ ܚܠܦ ܚܛܝܐ. ܕܢܩܪܒܟܘܢ ܠܐܠܗܐ. ܘܡܝܬ ܒܦܓܪ
ܘܚܝܐ ܒܪܘܚ. 19 ܘܐܟܪܙ ܠܢܦܫܬܐ ܐܝܠܝܢ ܕܐܚܝܕܢ ܗܘܝ
ܒܫܝܘܠ: 20 ܗܠܝܢ ܕܡܢ ܩܕܝܡ ܠܐ ܐܬܛܦܝܣܝ ܗܘܝ
ܒܝܘܡܘܗܝ ܕܢܘܚ: ܟܕ ܡܓܪܓܐ ܢܓܝܪܘܬ ܪܘܚܗ ܕܐܠܗܐ
ܕܬܬܥܒܕ ܩܒܘܬܐ. ܥܠ ܣܒܪܐ ܕܬܝܒܘܬܗܘܢ. ܘܬܡܢܐ
ܢܦܫܢ ܒܠܚܘܕ ܥܠܝ ܠܗ ܘܚܝܝ ܒܡܝܐ. 21 ܕܐܦ ܐܢܬܘܢ
ܒܗ ܒܕܡܘܬܐ ܗܕܐ ܚܝܝܢ ܐܢܬܘܢ ܒܡܥܡܘܕܝܬܐ. ܠܐ ܟܕ

 ܕܠܐ
ܦܓܪܐ ܡܫܝܓܝܢ ܐܝܬܘܗܝ ܡܢ ܨܐܬܐ. ܐܠܐ ܟܕ ܡܘܕܝܢ ܐܝܬܘܗܝ
ܠܐܠܗܐ ܒܬܐܪܬܐ ܕܟܝܬܐ. ܘܒܩܝܡܬܗ ܕܝܫܘܥ ܡܫܝܚܐ.
22 ܗܘ ܕܐܬܒܠܥ ܠܡܘܬܐ: ܘܐܬܝܬܒ ܥܠ ܝܡܝܢܐ ܕܐܠܗܐ.
ܘܐܫܬܥܒܕܘ ܠܗ ܡܠܐܟܐ ܘܫܘܠܛܢܐ ܘܚܝܠܘܬܐ.

ܩܦܠܐܘܢ ܀ ܕ ܀

1 ܐܢ ܡܫܝܚܐ ܗܟܝܠ ܚܫ ܚܠܦܝܢ ܒܒܣܪ܆ ܐܦ
ܐܢܬܘܢ ܒܗ ܒܗܢܐ ܪܥܝܢܐ ܐܙܕܝܢܘ. ܟܠ ܡܢ ܕܡܝܬ ܓܝܪ
ܒܦܓܪܗ: ܫܠܐ ܠܗ ܡܢ ܟܠܗܘܢ ܚܛܗܝܢ. 2 ܕܠܐ ܬܘܒ
ܠܪܓܝܓܬܐ ܕܒܢܝܢܫܐ ܢܚܐ: ܟܡܐ ܙܒܢܐ ܕܐܝܬܝܗܘܢ ܒܦܓܪܐ.
ܐܠܐ ܠܨܒܝܢܐ ܕܐܠܗܐ. 3 ܣܦܩ ܓܝܪ ܙܒܢܐ ܗܘ ܕܥܒܪ.
ܕܥܒܕܢ ܒܗ ܨܒܝܢܐ ܕܚܢܦܐ: ܒܐܣܘܛܘܬܐ ܘܒܪܘܝܘܬܐ:
ܘܒܙܢܝܘܬܐ ܘܒܙܡܪܐ ܘܒܫܘܒܚܠܢܐ ܕܦܬܟܪܐ. 4 ܘܗܐ ܗܫܐ
ܡܬܕܡܪܝܢ ܘܡܓܕܦܝܢ ܥܠܝܟܘܢ: ܕܠܐ ܡܫܬܪܗܛܝܬܘܢ
ܥܡܗܘܢ ܠܗܝ ܐܣܘܛܘܬܐ ܩܕܡܝܬܐ. 5 ܗܢܘܢ ܕܢܬܠܘܢ
ܦܬܓܡܐ ܠܐܠܗܐ: ܗܘ ܕܥܬܝܕ ܠܡܕܢ ܡܝܬܐ ܘܚܝܐ.
6 ܡܛܠ ܗܢܐ ܓܝܪ ܐܣܬܒܪ ܐܦ ܠܡܝܬܐ: ܕܢܬܕܝܢܘܢ ܐܝܟ
ܒܢܝܢܫܐ ܒܒܣܪ. ܘܢܚܘܢ ܒܐܠܗܐ ܒܪܘܚ ܀ 7 ܡܛܝܬ
ܠܗ ܕܝܢ ܚܪܬܐ ܕܟܠ. ܡܛܠ ܗܢܐ ܐܬܢܟܦܘ ܘܐܬܬܥܝܪܘ
ܠܨܠܘܬܐ. 8 ܘܩܕܡ ܟܠ ܡܕܡ: ܚܘܒܐ ܚܪܝܦܐ ܠܘܬ ܚܕܕܐ
ܢܗܘܐ ܠܟܘܢ. ܚܘܒܐ ܓܝܪ ܡܚܦܐ ܣܘܓܐܐ ܕܚܛܗܐ.
9 ܘܗܘܝܬܘܢ ܪܚܡܝܢ ܐܟܣܢܝܐ ܕܠܐ ܪܛܢܐ. 10 ܘܟܠܢܫ ܡܢܟܘܢ
ܡܘܗܒܬܐ ܕܢܣܒ ܡܢ ܐܠܗܐ: ܢܫܡܫ ܒܗ ܠܚܒܪܘܗܝ.
ܐܝܟ ܪܒܝ ܒܬܐ ܛܒܐ ܕܡܫܚܠܦܬܐ ܡܘܗܒܬܐ ܕܐܠܗܐ.
11 ܟܠܡܢ ܕܡܡܠܠ ܐܝܟ ܡܠܬܐ ܕܐܠܗܐ ܢܡܠܠ. ܘܟܠܡܢ
ܕܡܫܡܫ: ܐܝܟ ܕܡܢ ܚܝܠܐ ܗܘ ܕܐܠܗܐ ܝܗܒ ܠܗ.
ܕܒܟܠ ܕܥܒܕܝܢ ܐܝܬܘܗܝ ܢܫܬܒܚ ܐܠܗܐ ܒܝܕ ܝܫܘܥ

ܡܫܝܚܐ. ܗܘ ܕܕܝܠܗ ܗܘ ܫܘܒܚܐ ܘܐܝܩܪܐ ܠܥܠܡ
ܥܠܡܝܢ. ܐܡܝܢ ✢ 12 ܚܒܝܒܝ: ܠܐ ܬܬܕܡܪܘܢ ܒܢܣܝܘܢܐ
ܕܗܘܐ ܠܟܘܢ. ܐܝܟ ܕܡܕܡ ܢܘܟܪܝ ܓܕܫ ܠܟܘܢ. ܡܛܠ
ܕܠܒܘܚܪܢܟܘܢ ܗܘ ܗܘܐ. 13 ܐܠܐ ܚܕܘ ܕܡܫܬܘܬܦܝܢ ܐܢܬܘܢ
ܠܚܫܘܗܝ ܕܡܫܝܚܐ. ܕܐܦ ܒܓܠܝܢܐ ܕܫܘܒܚܗ
ܬܚܕܘܢ ܘܬܪܘܙܘܢ. 14 ܘܐܢ ܡܬܚܣܕܝܢ ܐܢܬܘܢ ܥܠ ܐܦܝ
ܫܡܗ ܕܡܫܝܚܐ ܛܘܒܝܟܘܢ. ܕܪܘܚܐ ܕܫܘܒܚܐ ܕܐܠܗܐ
ܥܠܝܟܘܢ ܡܬܬܢܝܚܐ. 15 ܒܠܚܘܕ ܠܐ ܐܢܫ ܡܢܟܘܢ ܐܝܟ
ܩܛܘܠܐ ܐܘ ܐܝܟ ܓܢܒܐ: ܐܘ ܐܝܟ ܥܒܕ ܒܝܫܬܐ ܢܚܫ.
16 ܐܢ ܕܝܢ ܢܚܫ ܐܝܟ ܟܪܝܣܛܝܢܐ ܠܐ ܢܒܗܬ: ܐܠܐ ܢܫܒܚ
ܠܐܠܗܐ ܒܗ ܒܗܢܐ ܫܡܐ. 17 ܡܛܠ ܕܙܒܢܐ ܗܘ ܕܢܫܪܐ
ܕܝܢܐ ܡܢ ܒܝܬܗ ܕܐܠܗܐ. ܐܢ ܕܝܢ ܡܢܢ ܫܪܐ. ܐܝܢܐ ܗܝ
ܚܪܬܐ ܕܐܝܠܝܢ ܕܠܐ ܡܬܛܦܝܣܝܢ ܠܣܒܪܬܗ ܕܐܠܗܐ. 18 ܘܐܢ
ܙܕܝܩܐ ܒܥܡܠܐ ܚܝܐ: ܛܠܘܡܐ ܘܚܛܝܐ ܐܝܟܐ ܢܫܬܟܚ.
19 ܡܛܠ ܗܢܐ ܐܝܠܝܢ ܕܚܫܝܢ ܐܝܟ ܨܒܝܢܗ ܕܐܠܗܐ:
ܢܓܥܠܘܢ ܠܗ ܢܦܫܬܗܘܢ ܒܥܒ̈ܕܐ ܛܒ̈ܐ. ܐܝܟ ܕܠܒܪܘܝܐ
ܡܗܝܡܢܐ ✢

ܩܦܠܐܘܢ ✢ ܗ ✢

1 ܒܥܐ ܐܢܐ ܕܝܢ ܡܢ ܩܫܝ̈ܫܐ ܕܐܝܬ ܒܟܘܢ: ܐܢܐ ܩܫܝܫܐ
ܚܒܪܗܘܢ. ܘܣܗܕܐ ܕܚܫܘܗܝ ܕܡܫܝܚܐ: ܘܫܘܬܦܐ
ܕܫܘܒܚܗ ܗܘ ܕܥܬܝܕ ܕܢܬܓܠܐ. 2 ܪܥܘ ܡܪܥܝܬܐ ܕܐܠܗܐ
ܕܐܬܡܫܠܡܬ ܠܟܘܢ. ܘܣܥܘܪܘ ܪܘܚܢܐܝܬ. ܠܐ ܒܩܛܝܪܐ ܐܠܐ
ܒܨܒܝܢܐ: ܠܐ ܒܥܘܠܐ ܛܢܦܐ. ܐܠܐ ܡܢ ܟܠܗ ܠܒܟܘܢ.
3 ܠܐ ܐܝܟ ܡܪ̈ܐ ܕܡܪܥܝܬܐ. ܐܠܐ ܐܝܟ ܕܬܗܘܘܢ ܠܗܘܢ ܕܡܘܬܐ
ܛܒܬܐ. 4 ܘܡܐ ܕܐܬܓܠܝ ܪܒ ܪ̈ܥܘܬܐ: ܬܣܒܘܢ ܡܢܗ
ܟܠܝܠܐ ܕܫܘܒܚܐ ܕܠܐ ܚܡܐ. 5 ܘܐܝܬܝܟܘܢ ܥܠܝܡ̈ܐ ܐܫܬܥܒܕܘ
ܠܩܫ̈ܝܫܝܟܘܢ. ܘܐܬܥܛܦܘ ܡܟܝܟܘܬܐ ܕܪܥܝܢܐ ܠܘܬ

ܚܕ̈ܕܐ. ܡܛܠ ܕܐܠܗܐ ܡܬܩܘܡ ܗܘ ܠܐܝܠܝܢ ܕܡܬܬܪܝܡܝܢ.
ܘܠܡܟܝ̈ܟܐ ܝܗܒ ܛܝܒܘܬܐ. 6 ܐܬܡܟܟܘ ܗܟܝܠ ܬܚܝܬ
ܐܝܕܐ ܚܣܝܢܬܐ ܕܐܠܗܐ: ܕܗܘ ܢܪܝܡܟܘܢ ܒܥܕܢܐ ܕܙܕܩ.
7 ܘܝܨܦܟܘܢ ܟܠܗ ܐܪܡܘ ܥܠ ܐܠܗܐ. ܕܗܘ ܝܨܝܦ ܗܘ
ܥܠܝܟܘܢ. 8 ܐܬܬܥܝܪܘ ܘܫܗܪܘ. ܡܛܠ ܕܒܥܠܕܒܒܟܘܢ
ܣܛܢܐ ܐܝܟ ܐܪܝܐ ܢܗܡ ܘܡܗܠܟ. ܘܒܥܐ ܕܢܒܠܘܥ ܠܡܢ.
9 ܩܘܡܘ ܗܟܝܠ ܠܘܩܒܠܗ: ܟܕ ܡܫܪܪܝܢ ܐܢܬܘܢ
ܒܗܝܡܢܘܬܐ. ܘܕܥܘ ܕܐܦ ܥܠ ܐܚܝܟܘܢ ܕܒܥܠܡܐ: ܗܠܝܢ
ܚܫ̈ܐ ܗܘܝܢ. 10 ܐܠܗܐ ܕܝܢ ܕܛܝܒܘܬܐ: ܗܘ ܕܩܪܢ
ܠܫܘܒܚܗ ܕܠܥܠܡ. ܒܝܕ ܝܫܘܥ ܡܫܝܚܐ. ܗܘ ܢܬܠ
ܠܢ: ܟܕ ܩܠܝܠ ܢܚܫ ܐܘܠܨ̈ܢܐ ܐܚܪ̈ܢܐ: ܕܢܫܡܠܠ
ܘܢܫܪܪ ܘܢܬܩܝܡ ܒܗ ܠܥܠܡܝܢ ⁖ 11 ܕܠܗ ܫܘܒܚܐ
ܘܐܘܚܕܢܐ ܘܐܝܩܪܐ: ܠܥܠܡ ܥܠܡܝܢ ܐܡܝܢ ✤ 12 ܗܠܝܢ
ܒܙܥܘܪܬܐ ܐܝܟ ܕܣܒܪ ܐܢܐ ܟܬܒܬ ܠܟܘܢ. ܒܝܕ ܣܝܠܘܢܘܣ
ܐܚܐ ܡܗܝܡܢܐ. ܘܡܒܥܐ ܐܢܐ ܘܡܣܗܕ ܐܢܐ. ܕܗܕܐ ܗܝ
ܛܝܒܘܬܐ ܫܪܝܪܬܐ ܕܐܠܗܐ. ܗܕܐ· ܕܩܝܡܝܢ ܐܝܬܝܟܘܢ ܒܗ.
13 ܫܐܠܐ ܒܫܠܡܟܘܢ ܥܕܬܐ ܓܒܝܬܐ ܕܒܒܒܝܠ ܘܡܪܩܘܣ
ܒܪܝ. 14 ܫܐܠܘ ܒܫܠܡܐ ܚܕ ܕܚܕ ܒܢܘܫܩܬܐ ܩܕܝܫܬܐ.
ܫܠܡܐ ܥܡ ܟܠܟܘܢ ܐܝܠܝܢ ܕܒܡܫܝܚܐ ܐܝܬܝܟܘܢ ܐܡܝܢ ✤

ܫܠܡܬ ܐܓܪܬܐ ܕܦܛܪܘܣ ܫܠܝܚܐ ✤

ܐܓܪܬܐ ܕܬܪܬܝܢ ܕܦܛܪܘܣ ܀

ܩܦܠܐܘܢ ܀ ܐ ܀

¹ ܫܡܥܘܢ ܦܛܪܘܣ ܥܒܕܐ ܘܫܠܝܚܐ ܕܝܫܘܥ ܡܫܝܚܐ܂
ܠܐܝܠܝܢ ܕܒܫܘܝܘܬܐ ܗܝܡܢܘܬܐ ܝܩܝܪܬܐ ܥܡܢ ܐܫܬܘܬܦܘ ܒܙܕܝܩܘܬܐ
ܕܡܪܢ ܘܦܪܘܩܢ ܝܫܘܥ ܡܫܝܚܐ܂ ² ܛܝܒܘܬܐ ܘܫܠܡܐ ܬܣܓܐ
ܠܟܘܢ܂ ܒܝܕܥܬܐ ܕܡܪܢ ܝܫܘܥ ܡܫܝܚܐ܂ ³ ܐܝܟ ܡܢ
ܕܟܠܗܝܢ ܐܝܠܝܢ ܕܠܘܬ ܚ̈ܝܐ ܘܕܚܠܬ ܐܠܗܐ܆ ܚܝܠܐ ܐܠܗܝܐ
ܘܝܗܒ ܠܢ܆ ܒܝܕ ܝܕܥܬܐ ܕܗܘ ܕܩܪܐ ܠܢ܆
ܒܬܫܒܘܚܬܐ ܕܝܠܗ ܘܒܡܝܬܪܘܬܐ܂ ⁴ ܕܒܐܝܕܝܗܘܢ ܫܘܘ̈ܕܝܐ
ܪ̈ܘܪܒܐ ܘܝܩܝ̈ܪܐ ܠܟܘܢ ܢܬܠ܂ ܕܒܗܘܢ ܬܗܘܘܢ ܫܘ̈ܬܦܐ
ܕܟܝܢܐ ܐܠܗܝܐ܂ ܟܕ ܥܪܩܝܢ ܐܢܬܘܢ ܡܢ ܚܒܠܐ ܕܪ̈ܓܝܓܬܐ
ܕܒܥܠܡܐ܂ ⁵ ܘܗܝܢ ܕܝܢ ܗܕܐ ܟܕ ܡܥܠܝܬܘܢ ܟܠܗ ܚܦܝܛܘܬܟܘܢ
ܐܝܬܘܗܝ܆ ܐܘܣܦܘ ܥܠ ܗܝܡܢܘܬܟܘܢ ܡܝܬܪܘܬܐ܂ ܥܠ ܕܝܢ
ܡܝܬܪܘܬܐ ܝܕܥܬܐ܂ ⁶ ܥܠ ܕܝܢ ܝܕܥܬܐ ܡܫܬܡܥܢܘܬܐ܂ ܥܠ
ܕܝܢ ܡܫܬܡܥܢܘܬܐ ܡܣܝܒܪܢܘܬܐ܂ ܥܠ ܕܝܢ ܡܣܝܒܪܢܘܬܐ
ܕܚܠܬ ܐܠܗܐ܂ ⁷ ܥܠ ܕܝܢ ܕܚܠܬ ܐܠܗܐ ܪܚܡܬ ܐܚܘܬܐ܂
ܥܠ ܕܝܢ ܪܚܡܬ ܐܚܘܬܐ ܚܘܒܐ܂ ⁸ ܗܠܝܢ ܓܝܪ ܟܕ ܡܫܟܚܢ
ܠܟܘܢ ܘܡܣܓܝܢ܆ ܠܐ ܗܘܐ ܥܛܠܝܐ܂ ܐܦܠܐ ܕܠܐ ܦܐܪ̈ܐ ܡܩܝܡܝܢ
ܠܟܘܢ܆ ܒܝܕܥܬܗ ܕܡܪܢ ܝܫܘܥ ܡܫܝܚܐ܂ ⁹ ܗܘ ܓܝܪ
ܕܠܐ ܡܫܟܚܢ ܠܗ ܗܠܝܢ܂ ܣܡܝܐ ܐܝܬܘܗܝ ܕܠܐ ܚܙܐ܂ ܘܛܥܐ
ܕܕܟܝܐ ܕܚܛܗܘ̈ܗܝ ܩܕ̈ܡܝܐ܂ ¹⁰ ܘܡܟܝܠ ܐܚ̈ܝ ܐܬܚܦܛܘ
ܝܬܝܪ ܕܒܝܕ ܥܒ̈ܕܝܟܘܢ ܛܒ̈ܐ܂ ܬܫܪܪܘܢ ܩܪܝܢܘܬܟܘܢ
ܘܓܒܝܘܬܟܘܢ܂ ܟܕ ܗܠܝܢ ܓܝܪ ܥܒܕܝܢ ܐܢܬܘܢ܆ ܠܐ
ܡܡܬܘܡ ܬܬܬܩܠܘܢ ܐܢܬܘܢ܂ ¹¹ ܗܟܢܐ ܓܝܪ ܥܬܝܪܐܝܬ
ܬܬܝܗܒ ܠܟܘܢ ܡܥܠܬܐ ܕܡܠܟܘܬܐ ܕܠܥܠܡ܂ ܕܡܪܢ
ܘܦܪܘܩܢ ܝܫܘܥ ܡܫܝܚܐ܂ ¹² ܘܥܠ ܗܕܐ ܠܐ ܡܫܬܠܐ ܐܢܐ ܡܢ

ܕܡܥܗܕܘ ܐܢܐ ܠܟܘܢ ܐܡܝܢܐܝܬ ܥܠ ܗܠܝܢ. ܟܕ ܝܕܥ ܐܦ
ܝܕܥܝܢ ܐܢܬܘܢ ܘܡܫܬܪܪܝܢ ܐܢܬܘܢ ܥܠ ܫܪܪܐ ܗܢܐ. 13 ܙܕܩܐ
ܕܝܢ ܐܣܬܒܪܬ ܠܝ: ܕܥܕܡܐ ܕܐܝܬܝ ܒܦܓܪܐ ܗܢܐ. ܐܥܝܪܟܘܢ
ܒܥܘܗܕܢܐ. 14 ܟܕ ܝܕܥ ܐܢܐ. ܕܒܥܓܠܐ ܕܫܪܐ ܡܫܟܢܝ
ܗܢܐ. ܐܝܟܢܐ ܕܐܦ ܡܪܢ ܝܫܘܥ ܡܫܝܚܐ ܐܘܕܥܢܝ. 15 ܐܬܚܦܛ
ܕܝܢ ܕܐܦ ܐܡܝܢܐܝܬ ܗܘܐ ܐܝܬ ܠܟܘܢ ܕܐܦ ܡܢ ܒܬܪ ܡܦܩܢܐ
ܕܝܠܝ ܠܥܘܗܕܢܐ ܕܗܠܝܢ ܬܗܘܘܢ ܥܒܕܝܢ. 16 ܠܐ ܗܘܐ ܓܝܪ
ܒܬܪ ܡܬܠܐ ܕܥܒܝܕܝܢ ܒܐܘܡܢܘܬܐ ܐܙܠܢ ܘܐܘܕܥܢܟܘܢ ܚܝܠܗ
ܘܡܐܬܝܬܗ ܕܡܪܢ ܝܫܘܥ ܡܫܝܚܐ. ܐܠܐ ܟܕ ܚܙܝܐ ܗܘܝܢ ܕܪܒܘܬܐ
ܕܝܠܗ. 17 ܟܕ ܓܝܪ ܢܣܒ ܡܢ ܐܠܗܐ ܐܒܐ ܐܝܩܪܐ
ܘܬܫܒܘܚܬܐ: ܟܕ ܩܠܐ ܐܬܐ ܠܗ ܕܐܝܟ ܗܢܐ: ܡܢ ܒܬܪ
ܬܫܒܘܚܬܐ ܪܒܬܐ ܒܪܒܘܬܗ: ܕܗܢܘ ܒܪܝ ܚܒܝܒܐ ܗܘ
ܕܒܗ ܐܢܐ ܐܨܛܒܝܬ: 18 ܐܦܚܢܢ ܠܗ ܠܗܢܐ ܩܠܐ ܫܡܥܢܝܗ
ܡܢ ܫܡܝܐ ܕܐܬܐ ܠܗ: ܟܕ ܐܝܬܝܢ ܗܘܝܢ ܥܡܗ ܒܛܘܪܐ
ܩܕܝܫܐ. 19 ܘܐܝܬ ܠܢ ܕܫܪܝܪܐ ܐܦ ܡܠܬܐ ܕܢܒܝܘܬܐ. ܗܝ
ܕܫܦܝܪ ܥܒܕܝܢ ܐܢܬܘܢ ܟܕ ܚܝܪܝܢ ܐܢܬܘܢ ܒܗ ܐܝܟ ܕܒܫܪܓܐ
ܕܢܗܪ ܒܐܬܪܐ ܚܫܘܟܐ: ܥܕܡܐ ܕܐܝܡܡܐ ܢܢܗܪ. ܘܟܘܟܒܐ
ܕܢܓܗܐ ܢܕܢܚ ܒܠܒܘܬܟܘܢ. 20 ܟܕ ܗܕܐ ܠܘܩܕܡ ܝܕܥܝܢ ܐܢܬܘܢ:
ܕܟܠ ܢܒܝܘܬܐ ܡܢܐ ܕܟܬܒܐ ܕܢܦܫܗ ܠܐ ܗܘܬ. 21 ܠܐ ܗܘܐ ܓܝܪ
ܒܨܒܝܢܐ ܕܒܪܢܫܐ. ܐܬܬ ܡܬܘܡ ܢܒܝܘܬܐ. ܐܠܐ ܟܕ ܡܢ ܪܘܚܐ
ܩܕܝܫܐ ܡܬܬܙܝܥܝܢ: ܡܠܠܘ ܩܕܝܫܐ ܒܢܝܢܫܐ ܕܐܠܗܐ ܀

ܩܦܠܐܘܢ ܀ ܒ ܀

1 ܗܘܘ ܕܝܢ ܐܦ ܢܒܝܐ ܕܓܠܐ ܒܥܡܐ. ܐܝܟ ܕܐܦ ܒܟܘܢ
ܢܗܘܘܢ ܡܠܦܢܐ ܕܓܠܐ. ܐܝܠܝܢ ܕܡܥܠܝܢ ܗܪܣܝܣ ܕܐܒܕܢܐ.
ܘܡܪܐ ܕܙܒܢ ܐܢܘܢ ܟܦܪܝܢ. ܟܕ ܡܝܬܝܢ ܥܠ ܢܦܫܗܘܢ ܐܒܕܢܐ
ܡܣܪܗܒܐ. 2 ܘܣܓܝܐܐ ܢܐܙܠܘܢ ܒܬܪ ܛܢܦܘܬܐ ܕܝܠܗܘܢ.
ܗܠܝܢ ܕܡܛܠܬܗܘܢ ܐܘܪܚܐ ܕܫܪܪܐ ܬܬܓܕܦ. 3 ܘܒܥܘܠܒܢܘܬܐ

ܩܛܠܐ ܕܟܝܢܐ ܬܠܐܚܪܢܘܗܝ ܚܕܘܗܝ. ܗܘܝܘ ܕܚܝܘܗܝ ܡܢ ܡܕܡ
ܠܐ ܟܬܝܒ. ܘܐܒܪܗܡ ܠܐ ܝܕܥ. 4 ܐܝܟܢܐ ܟܗܢܐ ܥܠ ܡܠܟܝܙܕܩ
ܕܚܝܘ ܠܐ ܚܣ: ܐܠܐ ܒܡܫܩܠܬܐ ܕܟܗܢܘܬܐ ܟܬܝܒ ܐܝܟܘ
ܒܬܠܬܝܬܐ: ܘܐܡܟܢ ܐܝܟܘ ܕܬܠܬܝܬܗ ܠܒܪܐ ܕܡܠܟܘܬܐ.
5 ܘܥܠ ܟܠܗܐ ܡܪܝܐ ܠܐ ܚܣ. ܐܠܐ ܠܚܘܕ ܕܐܠܗܐ ܟܗܢܐ
ܕܡܠܟܘܬܐ ܥܡܪ: ܟܕ ܝܘܡܐ ܥܠ ܟܠܗܐ ܕܢܝܫܐ ܐܝܬܝ.
6 ܒܡܫܬܘܬܐ ܕܡܫܝܚܐ ܘܕܡܠܟܘܬܐ ܐܘܟܝ: ܘܟܘܡܪܐ ܚܕܐ
ܐܝܬܝ: ܟܕ ܐܝܟܢܐ ܠܢܝܫܐ ܕܟܗܢܐ ܕܬܠܬܘܗܝ ܩܕܡ. 7 ܐܦ
ܠܟܠܗ ܐܝܟܢܐ ܕܒܡܫܟܢ ܗܘܐ ܡܢ ܗܘܦܟܐ ܕܟܗܢܘܬܐ:
ܕܗܟܝܢ ܕܠܐ ܢܡܘܣܐ ܐܝܬܘܗܝ ܗܘܐ. ܩܕܝ. 8 ܟܝܢܝܐ ܓܒܪ
ܘܡܫܡܫܢܐ. ܟܕ ܟܗܢ ܗܘܐ ܩܘܪܒܢܐ ܠܚܛܗܘܗܝ. ܗܘܡ ܡܢ
ܗܘܡ ܠܚܛܗܐ ܐܝܟܢܐ ܟܠܟܠܐ ܕܠܐ ܢܡܘܣ ܡܫܝܚ ܗܘܐ.
9 ܢܓܠ ܗܘ ܡܪܝܐ ܕܬܒܪܘܗ ܡܢ ܐܘܪܚܐ ܠܐܟܝܢ ܕܢܚܝܢ ܒܗ.
ܠܒܢܝܐ ܕܝܢ ܠܢܘܡܐ ܕܝܠܗ ܟܕ ܡܬܝܩܝܢ ܬܗܘܐ.
10 ܬܒܪܐܝܬ ܕܝܢ ܠܐܟܝܢ ܕܟܠܗ ܟܣܪܐ ܟܬܝܒܘܬܐ ܕܡܠܟܘܬܐ
ܐܝܟܢ: ܘܥܠ ܡܪܘܬܐ ܡܫܡܫܝܢ: ܡܪܢܐ ܘܡܫܡܫܢܐ. ܕܡܢ
ܐܡܟܘܢܬܐ ܠܐ ܐܝܟܢ ܟܕ ܡܬܝܩܝܢ. 11 ܐܢܐ ܕܡܠܟܘܬܐ ܕܟܗܢܐ
ܘܡܫܡܫܢܐ ܕܢܬܒܪܘܢ ܡܢܗܘܢ: ܠܐ ܡܝܬܝܢ ܒܟܝܢܗܘܢ ܕܝܢܐ
ܕܗܘܢܘܬܐ. 12 ܗܟܝܢ ܕܝܢ ܕܐܦ ܚܠܦܬܐ ܗܘܬ ܟܗܢܘܬܐ.
ܠܚܪܬܐ ܘܒܣܪܐ. ܟܕ ܟܠܗܝܢ ܕܠܐ ܢܒܥܝܢ ܡܬܝܩܝܢ.
ܟܣܪܐ ܕܚܝܘܗܝ ܬܠܚܡܘܗܝ. 13 ܟܕ ܐܝܟܢ ܕܗܘܐ ܚܝܘܗܝ
ܒܝܬ ܐܠܗܐ ܕܒܝܬ: ܗܘܝܘܬܐ ܚܝܝܢ ܠܗܘܢ ܠܘܩܒܠ
ܕܗܘܐ ܒܐܪܥܐ. ܡܬܠܡܕܐ ܘܡܠܟܝܢ ܩܘܡܐ. ܕܟܕ
ܡܬܟܢܫܝܢ ܟܢܘܫܬܗܘܢ ܡܬܩܝܡܝܢ. 14 ܟܕ ܒܢܝܐ ܐܝܬ
ܠܗܘܢ ܕܡܠܟܢ ܟܗܢܐ ܘܢܡܘܣܐ ܕܠܐ ܡܬܩܝܢ. ܟܕ ܡܫܡܫܝܢ
ܠܢܝܫܐ ܕܠܐ ܡܫܬܢܝܢ. ܘܒܟܠ ܕܡܫܡܫ ܒܟܗܢܘܬܐ ܐܝܬ
ܠܗܘܢ ܚܝܐ ܕܟܗܢܐ. 15 ܘܟܕ ܡܟܡܐ ܐܘܪܚܐ ܬܪܬܝܢ:
ܡܫܚܐ ܘܐܪܥܐ ܠܐܘܪܚܐ ܕܟܠܟܡ ܟܕ ܟܠܗܘ: ܗܘܐ ܕܐܓܪܬܐ

ܕܥܘܠܐ ܐܚܒ. 16 ܡܟܣܢܘܬܐ ܕܝܢ ܗܘܬ ܠܗ ܕܥܒܪܢܘܬܗ.
ܐܬܢܐ ܕܠܐ ܡܠܠܐ. ܕܒܩܠ ܒܢܝܢܫܐ ܡܠܠܬ: ܟܠܬܗ
ܠܫܛܝܘܬܗ ܕܢܒܝܐ. 17 ܗܠܝܢ ܐܝܟ ܡܒܘܥܐ ܕܠܐ ܡܝܐ.
ܥܢܢܐ ܕܡܢ ܥܠܥܠܐ ܡܬܛܪܕܝܢ. ܗܠܝܢ ܕܩܛܡܐ ܕܚܫܘܟܐ
ܢܛܝܪ ܠܗܘܢ. 18 ܟܕ ܓܝܪ ܫܘܒܗܪܐ ܕܣܪܝܩܘܬܐ ܡܡܠܠܝܢ:
ܡܨܝܕܝܢ ܒܪܓܝܓܬܐ ܛܢܦܬܐ ܕܒܣܪܐ: ܠܐܝܠܝܢ ܕܩܠܝܠ
ܦܪܝܩܝܢ ܡܢ ܐܝܠܝܢ ܕܒܛܥܝܘܬܐ ܡܬܗܦܟܝܢ.
19 ܘܚܐܪܘܬܐ ܠܗܘܢ ܡܫܬܘܕܝܢ. ܟܕ ܗܢܘܢ ܥܒܕܐ ܐܝܬܝܗܘܢ
ܕܚܒܠܐ. ܠܗܘ ܓܝܪ ܡܕܡ ܕܐܢܫ ܙܟܐ ܠܗ: ܠܗܢܐ ܐܦ
ܡܫܬܥܒܕ. 20 ܐܢ ܓܝܪ ܥܪܩܘ ܡܢ ܛܢܦܘܬܗ ܕܥܠܡܐ:
ܒܝܕܥܬܗ ܕܡܪܢ ܘܦܪܘܩܢ ܝܫܘܥ ܡܫܝܚܐ: ܘܬܘܒ
ܒܗܠܝܢ ܟܕ ܡܬܚܒܟܝܢ. ܙܟܝܢ ܗܘܬ ܠܗܘܢ
ܚܪܬܗܘܢ ܕܒܝܫܐ ܡܢ ܩܕܡܝܬܐ. 21 ܦܩܚ ܗܘܐ ܠܗܘܢ
ܓܝܪ ܕܠܐ ܢܬܝܕܥܘܢ ܠܐܘܪܚܐ ܕܟܐܢܘܬܐ ܐܘ ܕܟܕ ܐܫܬܘܕܥܘܗ
ܠܒܣܬܪܐ ܢܬܗܦܟܘܢ ܡܢ ܦܘܩܕܢܐ ܩܕܝܫܐ ܕܐܫܬܠܡ ܠܗܘܢ.
22 ܓܕܫ ܠܗܘܢ ܕܝܢ ܕܡܬܠܐ ܫܪܝܪܐ: ܕܟܠܒܐ ܕܗܦܟ ܥܠ
ܬܝܘܒܗ: ܚܙܝܪܬܐ ܕܣܚܝܐ ܠܥܘܓܠܐ ܕܣܝܢܐ ܀

ܩܦܠܐܘܢ ܀ ܓ ܀

1 ܗܕܐ ܕܝܢ ܚܒܝܒܝ: ܐܓܪܬܐ ܕܬܪܬܝܢ ܟܬܒ ܐܢܐ ܠܟܘܢ.
ܗܠܝܢ ܕܒܗܝܢ ܡܥܝܪ ܐܢܐ ܒܥܘܗܕܢܐ ܠܪܥܝܢܟܘܢ ܕܟܝܐ.
2 ܕܬܥܗܕܘܢ ܠܡܠܐ ܕܩܕܡ ܐܬܐܡܪ ܡܢ ܢܒܝܐ ܩܕܝܫܐ.
ܘܠܦܘܩܕܢܗ ܕܡܪܢ ܘܦܪܘܩܢ ܕܒܝܕ ܫܠܝܚܐ. 3 ܟܕ ܗܕܐ
ܠܘܩܕܡ ܝܕܥܝܢ ܐܢܬܘܢ. ܕܢܐܬܘܢ ܒܚܪܬܐ ܕܝܘܡܬܐ
ܡܡܝܩܢܐ ܕܡܡܝܩܝܢ. ܟܕ ܐܝܟ ܪܓܝܓܬܐ ܕܢܦܫܗܘܢ.
ܡܗܠܟܝܢ. 4 ܘܐܡܪܝܢ: ܕܐܝܟܐ ܐܝܬܘܗܝ ܡܘܠܟܢܐ ܕܡܐܬܝܬܗ.
ܡܢ ܟܕ ܓܝܪ ܐܒܗܬܐ ܕܡܟܘ: ܟܠܡܕܡ ܗܟܢܐ ܡܩܘܐ.
ܡܢ ܫܘܪܝܗ ܕܒܪܝܬܐ. 5 ܛܥܝܐ ܠܗܘܢ ܗܕܐ ܟܕ ܨܒܝܢ:

ܕܡܫܝܚܐ ܐܝܬܝܗ ܗܘܐ ܡܢ ܡܕܡ ܘܐܪܥܐ ܡܢ ܡ̈ܢܐ. ܘܡܠܟ
ܡ̈ܢܐ ܡܟܝܠ ܒܡܠܟܘܬܐ ܕܐܠܗܐ. 6 ܗܠܝܢ ܕܐܒ̈ܗܝܗܘܢ ܟܠܟܠ
ܕܗܘܝܢ ܠܗ ܒܢ̈ܝܢܐ ܘܐܠܨ. 7 ܒܢ̈ܝܢܐ ܕܝܢ ܕܗܘܝܢ ܘܐܪܥܐ
ܒܡܠܟܐ ܕܝܠܗܘܢ ܐܠܗ̈ܝܗܘܢ. ܟܕ ܠܒܝܬܐ ܕܡܠܟܘܬܗܘܢ. ܒܠܘܚܐ
ܕܕܝܢܐ ܘܐܬܒܪܝܬ ܕܐܒܝܬܢܝܬܐ ܕܡ̈ܠܟܐ. 8 ܗܕܐ ܕܝܢ ܚܙܐ: ܠܐ
ܬܬܒܥܘܢ ܢܒܝ̈ܝܟܘܢ: ܕܥܕ ܢܘܚܐ ܠܥ̈ܡܡܐ: ܐܝܟ ܐܠܗ ܡܝܬܐ
ܐܝܬܝܗܘܢ. ܘܐܠܗ ܡܝܬܐ ܐܝܟ ܢܘܚܐ ܚܕ. 9 ܠܐ ܬܬܡܣܟܢܘܢ
ܒܝܘܡܐ ܕܕܘܒܪ̈ܝܟܘܢ. ܐܝܟ ܕܐܢܫ̈ܝܢ ܡܘܡܢܐ ܡܫܡܥܝܢ.
ܐܠܐ ܡܟܝܠ ܪܘܚܐ ܡܬܬܒܥܝܢ. ܟܕ ܠܐ ܙܕܩ ܕܐܢܫ ܢܬܟܠ: ܐܠܐ
ܟܠܢܫ ܒܐܠܗܘܬܐ ܬܬܐ. 10 ܐܬܐ ܕܝܢ ܢܘܚܐ ܕܦܪܩܐ ܐܝܟ
ܟܢܘܫܐ. ܗܘ ܕܒܗ ܫܡܝܐ ܡܫܬܥܒܕ ܟܠܚܕ. ܐܣܛܘܟܣܐ
ܕܝܢ ܟܕ ܢܦܩܝܢ ܢܬܠܘܢ. ܘܐܪܥܐ ܘܟܠܗ̇ ܕܒܗ̇ ܠܐ ܬܬܟܠ.
11 ܟܕ ܗܟܝܠ ܗܠܝܢ ܟܠܗܘܢ ܡܫܬܘܢ: ܕܐܝܟ ܐܝܠܝܢ ܕܝܕܥ
ܠܗܘܢ. ܕܐܬܝܕܥܘ ܒܝܘܡܬܗܘܢ ܡܢܝܢܐ. ܘܡܚܘܝܢ
ܐܠܗܐ. 12 ܟܕ ܡܫܬܥܝܢ ܐܝܬܝܗܘܢ ܘܡܦܪܫܝܢ ܐܝܬܝܗܘܢ ܠܡܠܬܐ
ܕܢܘܚܐ ܕܐܠܗܐ. ܗܘ ܕܒܗ ܫܡܝܐ ܟܕ ܡܬܚܙܝܢ ܒܢܘܗܪܐ.
ܢܬܠܘܢ. ܘܐܣܛܘܟܣܐ ܟܕ ܢܦܩܝܢ ܢܬܘܣܦܘܢ. 13 ܫܡܝܐ ܕܝܢ
ܢܬܚܪܒ ܘܐܪܥܐ. ܐܝܟ ܡܠܟܘܬܐ ܕܒܗ ܡܫܬܡܠܝܢ. ܗܠܝܢ
ܕܒܗܘܢ ܐܬܝܕܥܬ ܥܠܡܐ. 14 ܡܬܩܪܝܢܐ ܢܒܝܘܬܐ: ܟܕ
ܠܗܠܝܢ ܡܫܬܥܝܢ ܐܝܬܝܗܘܢ. ܘܒܗ ܕܠܐ ܡܬܡܠܝܐ ܘܠܐ ܡܫܠܡܐ.
ܒܗ ܐܬܝܕܥܘ ܠܒܢܝܢܐ. 15 ܘܠܡܚܘܝܘ ܙܥܘܪܐ ܕܦܪܩܐ
ܡܢ ܐܝܕܥܬܗܘܢ. ܐܢܫܝܢ ܕܝܢ ܐܝܟ ܢܒܝܘܬܐ ܡܛܠܗܘܢ
ܐܝܟ ܫܡܥܬܐ ܕܐܬܚܙܝܬ ܒܗ ܡܢ ܠܗܘܢ. 16 ܐܢܫܝܢ
ܒܟܠܗܘܢ ܐܬܢܛܪܘ ܡܠܐ ܒܗܘܢ ܟܠ ܗܠܝܢ. ܐܝܠܝܢ
ܕܐܝܬ ܒܗܘܢ ܡܕܡ ܕܒܫܝܢ ܠܡܘܠܐ. ܗܠܝܢ ܕܠܐ ܬܒܥܬܐ
ܐܢܘܢ ܘܠܐ ܡܫܬܡܥܝܢ. ܡܫܬܡܫܝܢ ܠܗܘܢ. ܐܝܟ ܕܐܦ ܠܗܠܝܢ
ܒܡܠܐ ܕܦܪܩܐ. ܠܗܘ ܐܒܘܢܐ ܕܒܗܘܢ. 17 ܐܝܬܘܗܝ ܗܟܝܠ
ܢܒܝܘܬܐ: ܟܕ ܦܩܕ ܐܝܬܘܗܝ ܢܒܝܐ: ܗܢܘ ܢܡܘܣܗ.

ܕܕܠܡܐ ܟܕ ܐܙܠܝܢ ܐܢܬܘܢ ܒܬܪ ܛܘܥܝܝܐ ܕܐܢܫܐ ܕܠܐ ܢܡܘܣ
ܐܢܘܢ: ܬܦܠܘܢ ܡܢ ܫܪܪܐ ܕܝܠܟܘܢ. 18 ܗܘܝܬܘܢ ܕܝܢ
ܡܬܪܒܝܢ ܒܛܝܒܘܬܐ ܘܒܝܕܥܬܐ ܕܡܪܢ ܘܦܪܘܩܢ ܝܫܘܥ
ܡܫܝܚܐ ܘܕܐܠܗܐ ܐܒܐ. ܕܠܗ ܬܫܒܘܚܬܐ ܐܦ ܗܫܐ
ܘܠܥܠܡ. ܘܠܝܘܡܝ ܥܠܡܐ. ܐܡܝܢ ܀

ܫܠܡܬ ܐܓܪܬܐ ܕܬܪܬܝܢ ܕܦܛܪܘܣ ܪܫܐ ܕܫܠܝܚܐ ܀

ܬܘܒ ܐܓܪܬܐ ܕܝܘܚܢܢ ܫܠܝܚܐ ܀

ܩܦܠܐܘܢ ܀ ܐ ܀

1 ܡܫܬܥܝܢܢ ܠܟܘܢ ܠܗܘ ܕܐܝܬܘܗܝ ܗܘܐ ܡܢ ܒܪܫܝܬ.
ܗܘ ܕܫܡܥܢ ܘܚܙܝܢܝܗܝ ܒܥܝܢܝܢ. ܚܙܝܢ ܘܓܫܢ ܒܐܝܕܝܢ.
ܗܘ ܕܐܝܬܘܗܝ ܡܠܬܐ ܕܚܝܐ. 2 ܘܚܝܐ ܐܬܓܠܝܘ. ܘܚܙܝܢ
ܘܣܗܕܝܢ. ܘܡܫܬܥܝܢܢ ܠܟܘܢ ܚܝܐ ܕܠܥܠܡ. ܗܢܘܢ
ܕܐܝܬܝܗܘܢ ܗܘܘ ܠܘܬ ܐܒܐ ܘܐܬܓܠܝܘ ܠܢ. 3 ܘܡܕܡ ܕܚܙܝܢ
ܘܫܡܥܢ ܡܣܒܪܝܢ ܐܦ ܠܟܘܢ. ܕܬܗܘܐ ܠܟܘܢ ܫܘܬܦܘܬܐ
ܥܡܢ. ܘܫܘܬܦܘܬܢ ܕܝܢ ܕܠܢ ܐܝܬܝܗ: ܥܡ ܐܒܐ ܘܥܡ
ܒܪܗ ܝܫܘܥ ܡܫܝܚܐ. 4 ܘܗܠܝܢ ܟܬܒܝܢ ܠܟܘܢ:
ܕܚܕܘܬܢ ܕܝܠܟܘܢ ܬܗܘܐ ܡܫܡܠܝܐ. 5 ܘܗܕܐ ܗܝ ܣܒܪܬܐ
ܕܫܡܥܢ ܡܢܗ. ܘܡܫܬܥܝܢܢ ܠܟܘܢ ܕܐܠܗܐ ܢܘܗܪܐ ܗܘ.
ܘܚܫܘܟܐ ܟܠܠ ܠܝܬܗ ܒܗ. 6 ܐܢ ܐܡܪܝܢ ܕܫܘܬܦܘܬܐ
ܐܝܬ ܠܢ ܥܡܗ ܘܡܗܠܟܝܢ ܒܚܫܘܟܐ: ܕܓܠܐ ܚܢܢ ܘܠܐ
ܫܪܪܐ ܥܒܕܝܢܢ. 7 ܐܢ ܕܝܢ ܒܢܘܗܪܐ ܡܗܠܟܝܢܢ ܐܝܟ ܕܗܘ

ܐܝܬܘܗܝ ܒܢܘܗܪܐ: ܐܝܬ ܠܢ ܫܘܬܦܘܬܐ ܥܡ ܚܕܕܐ: ܘܕܡܗ
ܕܝܫܘܥ ܒܪܗ ܡܕܟܐ ܠܢ ܡܢ ܟܠܗܘܢ ܚܛܗܝܢ. 8 ܘܐܢ
ܢܐܡܪ ܕܠܝܬ ܠܢ ܚܛܝܬܐ. ܢܦܫܢ ܡܛܥܝܢܢ. ܘܫܪܪܐ ܠܝܬ
ܒܢ. 9 ܐܢ ܕܝܢ ܢܘܕܐ ܒܚܛܗܝܢ: ܡܗܝܡܢ ܗܘ ܘܟܐܢ
ܕܢܫܒܘܩ ܠܢ ܚܛܗܝܢ. ܘܢܕܟܝܢ ܡܢ ܟܠܗ ܥܘܠܢ.
10 ܘܐܢ ܐܡܪܝܢܢ ܕܠܐ ܚܛܝܢ: ܕܓܠܐ ܥܒܕܝܢܢ ܠܗ. ܘܡܠܬܗ
ܠܝܬ ܒܢ ܀

ܩܦܠܐܘܢ ܀ ܒ ܀

1 ܒܢܝ: ܗܠܝܢ ܟܬܒ ܐܢܐ ܠܟܘܢ ܕܠܐ ܬܚܛܘܢ. ܘܐܢ ܐܢܫ
ܢܚܛܐ: ܐܝܬ ܠܢ ܦܪܩܠܝܛܐ ܠܘܬ ܐܒܐ: ܝܫܘܥ ܡܫܝܚܐ
ܙܕܝܩܐ. 2 ܗܘܝܘ ܓܝܪ ܚܘܣܝܐ ܕܥܠ ܐܦܝ ܚܛܗܝܢ. ܘܠܘ
ܚܠܦ ܕܝܠܢ ܒܠܚܘܕ: ܐܠܐ ܐܦ ܚܠܦ ܟܠܗ ܥܠܡܐ.
3 ܘܒܗܕܐ ܡܪܓܫܝܢܢ ܕܝܕܥܢܝܗܝ: ܐܢ ܢܛܪܝܢ ܦܘܩܕܢܘܗܝ.
4 ܡܢ ܓܝܪ ܕܐܡܪ ܕܝܕܥܬܗ ܘܦܘܩܕܢܘܗܝ ܠܐ ܢܛܪ: ܕܓܠܐ
ܗܘ ܘܫܪܪܐ ܠܝܬ ܒܗ. 5 ܡܢ ܕܝܢ ܕܢܛܪ ܡܠܬܗ: ܒܗܢܐ
ܫܪܝܪܐܝܬ ܡܫܠܡܐ ܚܘܒܗ ܕܐܠܗܐ. ܒܗܕܐ ܓܝܪ ܝܕܥܝܢܢ
ܕܒܗ ܚܢܢ. 6 ܡܢ ܕܐܡܪ ܕܒܗ ܐܢܐ: ܘܠܐ ܠܗ ܕܐܝܟ
ܗܠܟܬܗ ܕܝܠܗ ܢܗܠܟ ܀ 7 ܚܒܝܒܝ: ܠܘ ܦܘܩܕܢܐ ܚܕܬܐ
ܟܬܒ ܐܢܐ ܠܟܘܢ. ܐܠܐ ܦܘܩܕܢܐ ܥܬܝܩܐ. ܗܘ ܕܐܝܬ ܗܘܐ
ܠܟܘܢ ܡܢ ܒܪܫܝܬ. ܦܘܩܕܢܐ ܕܝܢ ܥܬܝܩܐ ܐܝܬܘܗܝ ܡܠܬܐ
ܗܝ ܕܫܡܥܬܘܢ. 8 ܘܬܘܒ ܦܘܩܕܢܐ ܚܕܬܐ ܟܬܒ ܐܢܐ ܠܟܘܢ.
ܗܘ ܕܐܝܬܘܗܝ ܫܪܝܪܐ: ܒܗ ܘܒܟܘܢ. ܕܚܫܘܟܐ ܥܒܪ ܠܗ.
ܘܢܘܗܪܐ ܫܪܝܪܐ ܫܪܝ ܡܬܚܙܐ. 9 ܡܢ ܕܐܡܪ ܕܒܢܘܗܪܐ ܐܝܬܘܗܝ
ܘܣܢܐ ܠܐܚܘܗܝ: ܒܚܫܘܟܐ ܐܝܬܘܗܝ ܥܕܡܐ
ܠܗܫܐ. 10 ܡܢ ܕܪܚܡ ܠܐܚܘܗܝ ܒܢܘܗܪܐ ܡܟܬܪ ܘܬܘܩܠܬܐ
ܠܝܬ ܒܗ. 11 ܡܢ ܕܝܢ ܕܣܢܐ ܠܐܚܘܗܝ: ܒܚܫܘܟܐ
ܐܝܬܘܗܝ ܘܒܚܫܘܟܐ ܡܗܠܟ: ܘܠܐ ܝܕܥ ܠܐܝܟܐ ܐܙܠ.
ܡܛܠ ܕܚܫܘܟܐ ܥܘܝܪ ܐܢܘܢ ܠܥܝܢܘܗܝ. 12 ܟܬܒ ܐܢܐ ܠܟܘܢ

ܒܢܝ̈ܐ. ܕܫܒܝܩܢ ܠܟܘܢ ܚܛܗ̈ܝܟܘܢ ܡܛܠ ܫܡܗ.
13 ܟܬܒܬ ܐܢܐ ܠܟܘܢ ܐܒܗ̈ܐ: ܕܝܕܥܬܘܢܝܗܝ ܠܗܘ
ܕܐܝܬܘܗܝ ܗܘܐ ܡܢ ܒܪܫܝܬ. ܟܬܒܬ ܐܢܐ ܠܟܘܢ ܥܠܝ̈ܡܐ:
ܕܙܟܝܬܘܢܝܗܝ ܠܒܝܫܐ. 14 ܟܬܒܬ ܠܟܘܢ ܛܠܝ̈ܐ ܕܝܕܥܬܘܢ
ܠܐܒܐ. ܟܬܒܬ ܠܟܘܢ ܐܒܗ̈ܐ: ܕܝܕܥܬܘܢ ܠܗܘ ܕܡܢ
ܒܪܫܝܬ. ܟܬܒܬ ܠܟܘܢ ܥܠܝ̈ܡܐ: ܕܚܝܠܬܢܝܢ ܐܝܬܝܟܘܢ.
ܘܡܠܬܗ ܕܐܠܗܐ ܡܩܘܝܐ ܒܟܘܢ. ܘܙܟܝܬܘܢܝܗܝ ܠܒܝܫܐ.
15 ܠܐ ܬܪܚܡܘܢ ܥܠܡܐ ܘܠܐ ܡܕܡ ܕܐܝܬ ܒܗ. ܡܢ ܓܝܪ ܕܪܚܡ
ܠܥܠܡܐ: ܚܘܒܗ ܕܐܒܐ ܠܝܬ ܒܗ. 16 ܟܠ ܡܕܡ ܓܝܪ
ܕܐܝܬ ܒܗ ܒܥܠܡܐ ܪܓܬܐ ܗܝ ܕܦܓܪܐ. ܘܪܓܬܐ ܗܝ
ܕܥܝ̈ܢܐ ܘܫܘܒܗܪܐ ܕܥܠܡܐ. ܗܠܝܢ ܕܠܐ ܗܘܝ ܡܢ ܐܒܐ. ܐܠܐ
ܡܢܗ ܐܢܝܢ ܡܢ ܥܠܡܐ. 17 ܘܥܒܪ: ܥܠܡܐ ܗܘ ܘܪܓܬܗ.
ܗܘ ܕܝܢ ܕܥܒܕ ܨܒܝܢܗ ܕܐܠܗܐ ܡܩܘܐ ܠܥܠܡ.
18 ܛܠܝ̈ܐ: ܐܚܪܝܬܐ ܗܝ ܫܥܬܐ. ܘܐܝܟ ܡܕܡ ܕܫܡܥܬܘܢ ܕܐܬܐ
ܡܫܝܚܐ ܕܓܠܐ: ܘܗܫܐ ܗܘܘ ܣܓܝܐܐ ܡܫܝ̈ܚܐ ܕܓܠ̈ܐ:
ܘܡܢ ܗܕܐ ܝܕܥܝܢ ܕܐܚܪܝܬܐ ܗܝ ܫܥܬܐ. 19 ܡܢܢ ܢܦܩܘ ܐܠܐ
ܠܘ ܡܢܢ ܗܘܘ. ܐܠܐ ܢܦܩܘ ܡܢܢ: ܕܢܬܝܕܥܘܢ ܕܠܘ ܡܢܢ
ܗܘܘ. 20 ܘܐܢܬܘܢ ܡܫܝܚܘܬܐ ܐܝܬ ܠܟܘܢ ܡܢ ܩܕܝܫܐ.
ܘܦܪܫܝܢ ܐܢܬܘܢ ܗܘ ܠܟܠ ܐܢܫ. 21 ܠܐ ܟܬܒܬ ܠܟܘܢ ܕܠܐ
ܝܕܥܝܢ ܐܢܬܘܢ ܠܗ ܠܫܪܪܐ. ܐܠܐ ܕܝܕܥܝܢ ܐܢܬܘܢ ܠܗ.
ܘܕܟܠ ܕܓܠܘܬܐ ܠܐ ܗܘܬ ܡܢܗ ܡܢ ܫܪܪܐ. 22 ܡܢܘ
ܕܓܠܐ: ܐܠܐ ܐܝܢܐ ܕܟܦܪ ܕܝܫܘܥ ܠܐ ܗܘܐ ܡܫܝܚܐ. ܘܗܢܐ ܗܘ
ܡܫܝܚܐ ܕܓܠܐ. ܗܘ ܕܟܦܪ ܒܐܒܐ. ܟܦܪ ܐܦ ܒܒܪܐ.
23 ܘܗܘ ܕܟܦܪ ܒܒܪܐ ܐܦܠܐ ܒܐܒܐ ܡܗܝܡܢ. ܡܢ ܕܡܘܕܐ
ܒܒܪܐ ܐܦ ܒܐܒܐ ܡܘܕܐ. 24 ܘܐܢܬܘܢ ܡܕܡ ܕܫܡܥܬܘܢ ܡܢ
ܡܪܝܫ ܢܩܘܐ ܒܟܘܢ. ܐܢ ܓܝܪ ܒܟܘܢ ܢܩܘܐ ܡܕܡ
ܕܫܡܥܬܘܢ ܡܢ ܡܪܝܫ: ܐܦ ܐܢܬܘܢ ܒܒܪܐ ܐܝܬܝܟܘܢ ܒܐܒܐ
ܘܒܒܪܐ. 25 ܘܗܕܐ ܡܘܠܟܢܐ ܕܐܫܬܘܕܝ ܠܢ: ܚܝ̈ܐ ܕܠܥܠܡ.

26 ܗܠܝܢ ܕܝܢ ܟܬܒܬ ܠܟܘܢ: ܡܛܠ ܐܝܠܝܢ ܕܡܛܥܝܢ
ܠܟܘܢ. 27 ܘܐܦ ܐܢܬܘܢ ܐܢ ܬܩܘܐ ܒܟܘܢ ܡܫܝܚܘܬܐ
ܕܩܒܠܬܘܢ ܡܢܗ: ܠܐ ܣܢܝܩܝܢ ܐܢܬܘܢ ܕܐܢܫ ܢܠܦܟܘܢ. ܐܠܐ
ܐܝܟ ܡܫܝܚܘܬܐ ܕܐܝܬܝܗ ܡܢ ܐܠܗܐ: ܗܝ ܡܠܦܐ ܠܟܘܢ
ܟܠ ܡܕܡ. ܘܫܪܝܪܐ ܗܝ ܘܠܝܬ ܒܗ ܕܓܠܘܬܐ. ܘܐܝܟ
ܕܐܠܦܬܟܘܢ ܩܘܘ ܒܗ. 28 ܘܗܫܐ ܒܢܝ ܩܘܘ ܒܗ. ܕܡܐ
ܕܡܬܓܠܐ ܠܐ ܢܒܗܬ ܡܢܗ. ܐܠܐ ܢܗܘܐ ܠܢ ܦܪܗܣܝܐ ܐܦܐ
ܒܡܐܬܝܬܗ. 29 ܐܢ ܝܕܥܬܘܢ ܕܟܐܢ ܗܘ܆ ܕܥܘ ܕܐܦ ܟܠ
ܕܥܒܕ ܟܐܢܘܬܐ ܡܢܗ ܐܝܬܘܗܝ ܀

ܩܦܠܐܘܢ ❖ ܓ ❖

1 ܚܙܘ ܕܟܡܐ ܚܘܒܐ ܣܓܝܐ ܝܗܒ ܠܢ ܐܒܐ: ܕܒܢܝܐ ܢܬܩܪܐ
ܐܦ ܗܘܝܢ. ܡܛܠ ܗܢܐ ܥܠܡܐ ܠܐ ܝܕܥ ܠܢ. ܡܛܠ ܕܐܦܠܐ
ܠܗ ܝܕܥ ܀ 2 ܚܒܝܒܝ: ܗܫܐ ܒܢܝܘܗܝ ܚܢܢ ܕܐܠܗܐ.
ܘܠܐ ܐܬܓܠܝ ܥܕܡܐ ܠܗܫܐ. ܡܢܐ ܥܬܝܕܝܢ ܕܢܗܘܐ.
ܝܕܥܝܢ ܕܝܢ ܕܡܐ ܕܐܬܓܠܝ ܒܕܡܘܬܗ ܗܘܝܢ. ܘܚܙܝܢ
ܠܗ ܐܝܟ ܡܐ ܕܐܝܬܘܗܝ. 3 ܘܟܠ ܐܢܫ ܕܐܝܬ ܠܗ ܥܠܘܗܝ
ܗܢܐ ܣܒܪܐ: ܡܕܟܐ ܢܦܫܗ ܐܝܟ ܕܗܘ ܕܟܝܐ ܗܘ. 4 ܡܢ ܕܝܢ
ܕܥܒܕ ܚܛܝܬܐ ܥܘܠܐ ܥܒܕ. ܚܛܝܬܐ ܓܝܪ ܥܘܠܐ ܗܝ.
5 ܘܝܕܥܝܢ ܐܢܬܘܢ ܕܗܘ ܕܐܬܓܠܝ ܕܢܫܩܘܠ ܚܛܗܝܢ. ܘܚܛܝܬܐ
ܠܝܬ ܒܗ. 6 ܘܟܠ ܕܒܗ ܡܩܘܐ ܠܐ ܚܛܐ. ܘܟܠ ܕܚܛܐ ܠܐ
ܚܙܝܗܝ ܘܠܐ ܝܕܥܗ. 7 ܒܢܝ: ܠܐ ܐܢܫ ܢܛܥܝܟܘܢ. ܡܢ
ܕܥܒܕ ܟܐܢܘܬܐ ܟܐܢܐ ܗܘ. ܐܝܟ ܕܐܦ ܗܘ ܡܫܝܚܐ ܐܝܬܘܗܝ
ܟܐܢܐ. 8 ܘܡܢ ܕܥܒܕ ܚܛܝܬܐ ܡܢ ܣܛܢܐ ܗܘ. ܡܛܠ ܕܡܢ
ܪܫܝܬܐ ܗܘ ܣܛܢܐ ܚܛܝܐ ܗܘ. ܘܡܛܠ ܗܢܐ ܐܬܚܙܝ ܒܪܗ
ܕܐܠܗܐ: ܕܢܫܪܐ ܥܒܕܘܗܝ ܕܣܛܢܐ. 9 ܟܠ ܕܐܬܝܠܕ ܡܢ
ܐܠܗܐ ܚܛܝܬܐ ܠܐ ܥܒܕ. ܡܛܠ ܕܙܪܥܗ ܒܗ ܐܝܬܘܗܝ.
ܘܠܐ ܡܫܟܚ ܠܡܚܛܐ. ܕܡܢ ܐܠܗܐ ܐܬܝܠܕ. 10 ܒܗܕܐ

ܡܬܝܕܥܝܢ ܒܢܝ̈ܗܘܢ ܕܐܠܗܐ ܡܢ ܒܢܝ̈ܗ ܕܣܛܢܐ. ܟܠ
ܕܠܐ ܥܒܕ ܟܐܢܘܬܐ ܘܠܐ ܪܚܡ ܠܐܚܘܗܝ: ܠܝܬܘܗܝ ܡܢ
ܐܠܗܐ. 11 ܕܗܢܘ ܦܘܩܕܢܐ ܕܫܡܥܬܘܢ ܡܢ ܩܕܝܡ ܕܢܪܚܡ
ܚܕ ܠܚܕ. 12 ܠܘ ܐܝܟ ܩܐܝܢ ܗܘ ܕܐܝܬܘܗܝ ܗܘܐ ܡܢ ܒܝܫܐ
ܘܩܛܠܗ ܠܐܚܘܗܝ. ܘܡܛܠ ܡܢܐ ܩܛܠܗ: ܐܠܐ ܡܛܠ
ܕܥܒܕܘܗܝ ܗܘܘ ܒܝ̈ܫܝܢ ܘܕܐܚܘܗܝ ܟܐ̈ܢܝܢ. 13 ܘܠܐ
ܬܬܕܡܪܘܢ ܐܚܝ̈ ܐܢ ܣܢܐ ܠܟܘܢ ܥܠܡܐ. 14 ܚܢܢ ܝܕܥܝܢܢ
ܕܫܢܝܢ ܡܢ ܡܘܬܐ ܠܚܝ̈ܐ. ܒܗܕܐ ܕܡܚܒܝܢܢ ܠܐܚܝ̈ܢ.
ܗܘ ܕܠܐ ܪܚܡ ܠܐܚܘܗܝ ܒܡܘܬܐ ܡܩܘܐ. 15 ܟܠ ܓܝܪ
ܕܣܢܐ ܠܐܚܘܗܝ ܩܛܘܠ ܐܢܫܐ ܗܘ. ܘܝܕܥܝܢ ܐܢܬܘܢ ܕܟܠ
ܕܩܛܠ ܐܢܫܐ: ܠܐ ܡܫܟܚܐ ܕܬܩܘܐ ܒܗ ܚܝ̈ܐ ܕܠܥܠܡ.
16 ܒܗܕܐ ܝܕܥܝܢܢ ܚܘܒܗ ܕܐܠܗܐ: ܕܗܘ ܝܗܒ ܢܦܫܗ
ܚܠܦܝܢ. ܘܐܦ ܚܢܢ ܙܕܩ ܠܢ ܕܥܠ ܐܦܝ̈ ܐܚܝ̈ܢ ܢܬܠ
ܢܦܫܢ. 17 ܗܘ ܕܝܢ ܕܐܝܬ ܠܗ ܩܢܝܢܐ ܕܥܠܡܐ: ܘܚܙܐ
ܠܐܚܘܗܝ ܕܣܢܝܩ ܘܐܚܕ ܪ̈ܚܡܘܗܝ ܡܢܗ: ܐܝܟܢܐ ܐܝܬ
ܒܗ ܚܘܒܗ ܕܐܠܗܐ. 18 ܒܢܝ̈: ܠܐ ܢܪܚܡ ܚܕ ܠܚܕ ܒܡܠܐ
ܘܒܠܫܢܐ. ܐܠܐ ܒܥܒܕܐ ܘܒܫܪܪܐ. 19 ܘܒܗܕܐ ܡܬܝܕܥܝܢܢ
ܕܡܢ ܫܪܪܐ ܐܝܬܝܢ. ܘܩܕܡ ܕܢܐܬܐ ܗܘ ܡܦܝܣܝܢܢ ܠܒܢ.
20 ܘܐܢ ܢܪܫܝܢ ܠܒܢ: ܪܒ ܐܠܗܐ ܡܢ ܠܒܢ
ܘܝܕܥ ܟܠܡܕܡ ܀ 21 ܚܒܝ̈ܒܝ: ܐܢ ܠܒܢ ܠܐ ܪܫܐ ܠܢ:
ܓܠܝܢ ܐܦ̈ܝܢ ܠܘܬ ܐܠܗܐ. 22 ܘܟܠܡܕܡ ܕܡܫܐܠܝܢܢ
ܢܣܒܝܢܢ ܡܢܗ. ܡܛܠ ܕܢܛܪܝܢܢ ܦܘܩܕ̈ܢܘܗܝ. ܘܫܦܝܪ̈ܬܐ
ܩܕܡܘܗܝ ܥܒܕܝܢܢ. 23 ܘܗܢܐ ܗܘ ܦܘܩܕܢܗ: ܕܢܗܝܡܢ
ܒܫܡܐ ܕܒܪܗ ܝܫܘܥ ܡܫܝܚܐ. ܘܢܪܚܡ ܚܕ ܠܚܕ ܐܝܟ
ܕܦܩܕܢ. 24 ܘܡܢ ܕܢܛܪ ܦܘܩܕ̈ܢܘܗܝ ܒܗ ܡܩܘܐ. ܘܗܘ
ܡܩܘܐ ܒܗ. ܘܒܗܕܐ ܡܬܝܕܥܝܢܢ ܕܡܩܘܐ ܒܢ: ܡܢ ܪܘܚܗ
ܗܝ ܕܝܗܒ ܠܢ ܀

ܩܦܠܐܘܢ ܀ ܕ ܀

1 ܚܒܝܒܝ: ܠܐ ܠܟܠ ܪܘܚܝܢ ܬܗܝܡܢܘܢ. ܐܠܐ ܒܩܘܝܗܝܢ
ܦܪܫܝܢ ܪܘܚܐ ܐܢ ܡܢ ܐܠܗܐ ܐܝܬܝܗܝܢ. ܡܛܠ ܕܢܒܝܐ
ܕܓܠܐ ܣܓܝܐܐ ܢܦܩܘ ܠܗ ܠܥܠܡܐ. 2 ܒܗܕܐ ܡܬܝܕܥܐ ܪܘܚܗ
ܕܐܠܗܐ. ܟܠ ܪܘܚܐ ܕܡܘܕܝܐ ܕܝܫܘܥ ܡܫܝܚܐ ܐܬܐ ܒܒܣܪ:
ܡܢ ܐܠܗܐ ܗܝ. 3 ܘܟܠ ܪܘܚܐ ܕܠܐ ܡܘܕܝܐ ܕܝܫܘܥ ܐܬܐ
ܒܒܣܪ: ܠܝܬܝܗ ܡܢ ܐܠܗܐ. ܐܠܐ ܗܕܐ ܡܢ ܡܫܝܚܐ ܗܝ
ܕܓܠܐ: ܗܝ ܕܫܡܥܬܘܢ ܕܐܬܝܐ. ܘܗܫܐ ܒܥܠܡܐ ܐܝܬܘܗܝ
ܡܢ ܟܕܘ. 4 ܐܢܬܘܢ ܕܝܢ ܡܢ ܐܠܗܐ ܐܝܬܝܟܘܢ ܒܢܝܐ:
ܘܙܟܝܬܘܢ ܐܢܘܢ. ܡܛܠ ܕܪܒ ܗܘ ܗܘ ܕܒܟܘܢ ܡܢ ܗܘ
ܕܒܥܠܡܐ. 5 ܘܗܢܘܢ ܡܢ ܥܠܡܐ ܐܢܘܢ. ܡܛܠ ܗܢܐ ܡܢ
ܥܠܡܐ ܡܡܠܠܝܢ. ܘܥܠܡܐ ܠܗܘܢ ܫܡܥ. 6 ܚܢܢ ܕܝܢ ܡܢ
ܐܠܗܐ ܚܢܢ. ܘܡܢ ܕܝܕܥ ܠܐܠܗܐ ܫܡܥ ܠܢ. ܘܡܢ ܕܠܐ
ܐܝܬܘܗܝ ܡܢ ܐܠܗܐ ܠܐ ܫܡܥ ܠܢ. ܒܗܢܐ ܡܫܬܘܕܥܝܢܢ
ܠܪܘܚܐ ܕܫܪܪܐ: ܘܠܪܘܚܐ ܕܛܥܝܘܬܐ ܀ 7 ܚܒܝܒܝ: ܢܚܒ
ܚܕ ܠܚܕ. ܡܛܠ ܕܚܘܒܐ ܡܢ ܐܠܗܐ ܗܘ. ܘܟܠ ܡܢ
ܕܡܚܒ ܡܢ ܐܠܗܐ ܝܠܝܕ: ܘܝܕܥ ܠܐܠܗܐ. 8 ܡܛܠ
ܕܐܠܗܐ ܚܘܒܐ ܗܘ. ܘܟܠ ܕܠܐ ܡܚܒ ܠܐ ܝܕܥ ܠܐܠܗܐ.
9 ܒܗܕܐ ܐܬܝܕܥ ܚܘܒܗ ܕܐܠܗܐ ܕܠܘܬܢ: ܕܠܒܪܗ
ܝܚܝܕܝܐ ܫܕܪ ܐܠܗܐ ܠܥܠܡܐ ܕܢܚܐ ܒܐܝܕܗ. 10 ܒܗܢܐ
ܐܝܬܘܗܝ ܚܘܒܐ: ܠܐ ܗܘܐ ܕܚܢܢ ܐܚܒܢ ܠܐܠܗܐ. ܐܠܐ ܕܗܘ
ܐܠܗܐ ܐܚܒܢ. ܘܫܕܪ ܠܒܪܗ ܚܘܣܝܐ ܚܠܦ ܚܛܗܝܢ ܀
11 ܚܒܝܒܝ ܐܢ ܗܟܢ ܐܚܒܢ ܐܠܗܐ: ܐܦ ܚܢܢ ܚܝܒܝܢܢ
ܕܢܚܒ ܚܕ ܠܚܕ. 12 ܠܐܠܗܐ ܡܡܬܘܡ ܐܢܫ ܠܐ ܚܙܝܗܝ.
ܐܢ ܕܝܢ ܢܚܒ ܚܕ ܠܚܕ: ܐܠܗܐ ܒܢ ܡܩܘܐ. ܘܚܘܒܗ
ܡܫܡܠܝܐ ܒܢ. 13 ܘܒܗܕܐ ܝܕܥܝܢܢ ܕܒܗ ܡܩܘܝܢܢ ܘܗܘ
ܡܩܘܐ ܒܢ: ܕܡܢ ܪܘܚܗ ܝܗܒ ܠܢ. 14 ܘܚܢܢ ܚܙܝܢ
ܘܡܣܗܕܝܢܢ: ܕܐܒܐ ܫܕܪ ܠܒܪܗ ܦܪܘܩܐ ܠܥܠܡܐ.

15 ܟܠ ܕܡܘܕܐ ܒܝܫܘܥ ܕܗܘܝܘ ܒܪܗ ܕܐܠܗܐ: ܐܠܗܐ
ܒܗ ܡܩܘܐ. ܘܗܘ ܡܩܘܐ ܒܐܠܗܐ. 16 ܘܚܢܢ ܗܝܡܢܢ
ܘܝܕܥܢܢ ܚܘܒܐ ܕܐܝܬ ܒܗ ܠܐܠܗܐ ܥܠܝܢ. ܐܠܗܐ ܓܝܪ
ܚܘܒܐ ܗܘ. ܘܟܠ ܕܡܩܘܐ ܒܚܘܒܐ ܒܐܠܗܐ ܡܩܘܐ.
17 ܘܒܗܕܐ ܡܫܡܠܝܐ ܚܘܒܗ ܥܡܢ: ܕܓܠܝܘܬ ܐܦܐ ܢܗܘܐ
ܠܢ ܒܝܘܡܐ ܕܕܝܢܐ. ܡܛܠ ܕܐܝܟ ܕܗܘܝܘ ܗܘܐ. ܗܟܢܐ ܐܦ ܚܢܢ
ܐܝܬܝܢ ܒܗܢܐ ܥܠܡܐ. 18 ܕܚܠܬܐ ܒܚܘܒܐ ܠܝܬ. ܐܠܐ ܚܘܒܐ
ܡܫܡܠܝܐ: ܠܒܪ ܫܕܝܐ ܠܕܚܠܬܐ. ܡܛܠ ܕܕܚܠܬܐ
ܒܫܢܕܐ ܐܝܬܝܗ. ܗܘ ܕܝܢ ܕܕܚܠ ܠܐ ܡܫܡܠܝ ܒܚܘܒܐ.
19 ܚܢܢ ܗܟܝܠ ܢܚܒ ܠܐܠܗܐ: ܡܛܠ ܕܗܘ ܩܕܡ
ܐܚܒܢ. 20 ܐܢ ܕܝܢ ܐܢܫ ܢܐܡܪ ܕܡܚܒ ܐܢܐ ܠܐܠܗܐ. ܘܠܐܚܘܗܝ
ܣܢܐ: ܕܓܠܐ ܗܘ. ܗܘ ܓܝܪ ܕܠܐܚܘܗܝ ܕܚܙܐ ܠܐ ܡܚܒ:
ܠܐܠܗܐ ܗܘ ܕܠܐ ܚܙܝܗ ܐܝܟܢܐ ܡܫܟܚ ܕܢܚܒ. 21 ܘܗܢܐ
ܦܘܩܕܢܐ ܩܒܠܢ ܡܢܗ. ܕܟܠ ܕܡܚܒ ܠܐܠܗܐ ܢܚܒ ܐܦ
ܠܐܚܘܗܝ ܀

ܩܦܠܐܘܢ ܀ ܗ ܀

1 ܟܠ ܕܡܗܝܡܢ ܕܝܫܘܥ ܐܝܬܘܗܝ ܡܫܝܚܐ: ܡܢ
ܐܠܗܐ ܐܬܝܠܕ. ܘܟܠ ܕܡܚܒ ܠܝܠܘܕܐ: ܡܚܒ ܐܦ
ܠܗܘ ܕܐܬܝܠܕ ܡܢܗ. 2 ܘܒܗܕܐ ܝܕܥܝܢܢ ܕܡܚܒܝܢܢ
ܠܒܢܘܗܝ ܕܐܠܗܐ: ܡܐ ܕܠܐܠܗܐ ܡܚܒܝܢܢ ܘܥܒܕܝܢܢ
ܦܘܩܕܢܘܗܝ. 3 ܗܢܐ ܗܘ ܓܝܪ ܚܘܒܗ ܕܐܠܗܐ. ܕܢܛܪ
ܦܘܩܕܢܘܗܝ. ܘܦܘܩܕܢܘܗܝ ܠܐ ܝܩܝܪܝܢ. 4 ܡܛܠ ܕܟܠ
ܕܝܠܝܕ ܡܢ ܐܠܗܐ ܙܟܐ ܠܗ ܠܥܠܡܐ. ܘܗܕܐ ܗܝ ܙܟܘܬܐ
ܕܙܟܝܗ ܠܥܠܡܐ ܗܝܡܢܘܬܢ. 5 ܡܢܘ ܓܝܪ ܕܙܟܐ ܠܗ
ܠܥܠܡܐ: ܐܠܐ ܗܘ ܕܡܗܝܡܢ ܕܝܫܘܥ ܒܪܗ ܗܘ ܕܐܠܗܐ.
6 ܗܢܘ ܕܐܬܐ ܒܡܝܐ ܘܒܕܡܐ ܝܫܘܥ ܡܫܝܚܐ. ܠܐ ܗܘܐ
ܒܡܝܐ ܒܠܚܘܕ: ܐܠܐ ܒܡܝܐ ܘܒܕܡܐ. ܘܪܘܚܐ ܡܣܗܕܐ ܕܗܝ
ܪܘܚܐ ܐܝܬܝܗ ܫܪܪܐ. 8 ܘܐܝܬܝܗܘܢ ܬܠܬܐ ܣܗܕܝܢ. ܪܘܚܐ

ܘܡܝܐ ܘܕܡܐ ܘܬܠܬܝܗܘܢ ܒܚܕ ܐܢܘܢ. 9 ܐܢ ܣܗܕܘܬܐ
ܕܒܢܝܢܫܐ ܡܩܒܠܝܢܢ: ܚܕ ܟܡܐ ܣܗܕܘܬܗ ܕܐܠܗܐ ܪܒܐ
ܗܝ. ܘܗܕܐ ܗܝ ܣܗܕܘܬܗ ܕܐܠܗܐ ܕܐܣܗܕ ܥܠ ܒܪܗ.
10 ܡܢ ܕܡܗܝܡܢ ܒܒܪܗ ܕܐܠܗܐ. ܐܝܬ ܠܗ ܗܕܐ
ܣܗܕܘܬܐ ܒܢܦܫܗ. ܟܠ ܕܠܐ ܡܗܝܡܢ ܠܐܠܗܐ ܕܓܠܐ
ܥܒܕܗ. ܟܕ ܠܐ ܗܝܡܢ ܠܣܗܕܘܬܐ ܕܐܣܗܕ ܐܠܗܐ ܥܠ
ܒܪܗ. 11 ܘܗܕܐ ܗܝ ܣܗܕܘܬܐ: ܕܚܝܐ ܕܠܥܠܡ ܝܗܒ ܠܢ
ܐܠܗܐ. ܘܗܠܝܢ ܚܝܐ ܒܒܪܗ ܐܝܬܝܗܘܢ. 12 ܟܠ ܕܐܚܝܕ
ܠܒܪܐ ܐܚܝܕ ܐܦ ܠܚܝܐ. ܘܟܠ ܕܠܐ ܐܚܝܕ ܠܒܪܗ ܕܐܠܗܐ
ܠܝܬ ܠܗ ܚܝܐ ܀ 13 ܗܠܝܢ ܟܬܒܬ ܠܟܘܢ: ܕܬܕܥܘܢ
ܕܚܝܐ ܕܠܥܠܡ ܐܝܬ ܠܟܘܢ. ܠܐܝܠܝܢ ܕܡܗܝܡܢܝܢ ܒܫܡܗ
ܕܒܪܗ ܕܐܠܗܐ. 14 ܘܗܕܐ ܗܝ ܦܪܗܣܝܐ ܐܝܬ ܠܢ ܠܘܬܗ. ܕܟܠ
ܕܫܐܠܝܢܢ ܠܗ ܐܝܟ ܨܒܝܢܗ ܫܡܥ ܠܢ. 15 ܘܐܢ ܡܫܪܪܝܢܢ
ܕܫܡܥ ܠܢ ܥܠ ܡܕܡ ܕܫܐܠܝܢܢ ܡܢܗ: ܡܫܪܪܝܢܢ
ܕܫܩܠܝܢܢ ܡܢ ܟܕܘ ܫܐܠܬܢ ܕܫܐܠܢ ܡܢܗ. 16 ܐܢ ܐܢܫ ܢܚܙܐ
ܠܐܚܘܗܝ ܕܚܛܐ ܚܛܗܐ ܕܠܐ ܡܡܝܬ ܠܡܘܬܐ: ܢܫܐܠ
ܘܢܬܝܗܒ ܠܗ ܚܝܐ. ܠܐܝܠܝܢ ܕܠܐ ܗܘܘ ܐܝܟ ܕܠܡܘܬܐ ܚܛܝܢ.
ܐܝܬ ܓܝܪ ܚܛܗܐ ܕܡܘܬܐ. ܠܐ ܗܘܐ ܥܠ ܗܢܐ ܐܡܪ ܐܢܐ ܕܢܒܥܐ
ܐܢܫ. 17 ܟܠ ܥܘܠ ܓܝܪ ܚܛܝܬܐ ܗܘ. ܘܐܝܬ ܚܛܗܐ ܕܠܐ ܗܘܐ
ܕܡܘܬܐ ܗܘ. 18 ܘܝܕܥܝܢ ܕܟܠ ܕܝܠܝܕ ܡܢ ܐܠܗܐ ܠܐ ܚܛܐ.
ܗܘ ܓܝܪ ܕܝܠܝܕ ܡܢ ܐܠܗܐ ܢܛܪ ܢܦܫܗ. ܘܒܝܫܐ ܠܐ
ܡܬܩܪܒ ܠܗ. 19 ܝܕܥܝܢ ܕܡܢ ܐܠܗܐ ܚܢܢ. ܘܟܠܗ ܥܠܡܐ
ܒܗ ܒܒܝܫܐ ܗܘ ܣܝܡ. 20 ܘܝܕܥܝܢ ܕܒܪܗ ܕܐܠܗܐ ܐܬܐ:
ܘܝܗܒ ܠܢ ܡܕܥܐ ܕܢܕܥ ܠܫܪܝܪܐ. ܘܢܗܘܐ ܒܗ ܒܫܪܝܪܐ:
ܒܒܪܗ ܝܫܘܥ ܡܫܝܚܐ. ܗܢܐ ܗܘ ܐܠܗܐ ܫܪܝܪܐ ܘܚܝܐ
ܕܠܥܠܡ. 21 ܒܢܝ ܛܪܘ ܢܦܫܟܘܢ ܡܢ ܕܚܠܬ ܦܬܟܪܐ ܀

ܫܠܡܬ ܐܓܪܬܐ ܕܝܘܚܢܢ ܫܠܝܚܐ ܀

ܢܗ

ܐܓܪܬܐ ܕܬܪܬܝܢ ܕܝܘܚܢܢ ܀

1 ܩܫܝܫܐ ܠܓܒܝܬܐ ܡܪܬܐ ܘܠܒܢܝܗ̇. ܐܝܠܝܢ ܕܐܢܐ
ܡܚܒ ܐܢܐ ܒܫܪܪܐ: ܠܐ ܗܘܐ ܕܝܢ ܐܢܐ ܒܠܚܘܕܝ: ܐܠܐ ܟܠܗܘܢ
ܐܝܠܝܢ ܕܝܕܥܝܢ ܠܫܪܪܐ. 2 ܡܛܠ ܫܪܪܐ ܐܢܐ ܕܡܩܘܐ ܒܢ.
ܘܥܡܢ ܐܝܬܘܗܝ ܠܥܠܡ. 3 ܢܗܘܐ ܥܡܟܘܢ ܛܝܒܘܬܐ ܘܪܚܡܐ
ܘܫܠܡܐ ܡܢ ܐܠܗܐ ܐܒܐ. ܘܡܢ ܝܫܘܥ ܡܫܝܚܐ ܒܪܗ ܕܐܒܐ:
ܒܫܪܪܐ ܘܒܚܘܒܐ. 4 ܚܕܝܬ ܛܒ: ܕܐܫܟܚܬ ܡܢ ܒܢܝܟܝ
ܕܡܗܠܟܝܢ ܒܫܪܪܐ: ܐܝܟܢܐ ܕܦܘܩܕܢܐ ܢܣܒܢ ܡܢ ܐܒܐ.
5 ܘܗܫܐ ܡܬܒܥܐ ܐܢܐ ܠܟܝ: ܡܪܬܝ. ܠܐ ܦܘܩܕܢܐ ܚܕܬܐ
ܟܬܒ ܐܢܐ ܠܟܝ: ܐܠܐ ܗܘ ܕܐܝܬ ܗܘܐ ܠܢ ܡܢ ܫܘܪܝܐ. ܕܢܐܚܒ
ܚܕ ܠܚܕ. 6 ܘܗܢܐ ܐܝܬܘܗܝ ܚܘܒܐ. ܕܢܗܠܟ ܐܝܟ ܦܘܩܕܢܘܗܝ.
ܗܢܐ ܦܘܩܕܢܐ ܐܝܬܘܗܝ ܐܝܟ ܡܐ ܕܫܡܥܬܘܢ ܡܢ ܫܘܪܝܐ:
ܕܒܗ ܬܗܘܘܢ ܡܗܠܟܝܢ. 7 ܡܛܠ ܕܣܓܝܐܐ ܡܛܥܝܢܐ
ܢܦܩܘ ܠܗ ܒܥܠܡܐ. ܐܝܠܝܢ ܕܠܐ ܡܘܕܝܢ ܕܝܫܘܥ ܡܫܝܚܐ
ܐܬܐ ܒܒܣܪܐ: ܗܢܐ ܐܝܬܘܗܝ ܡܛܥܝܢܐ ܘܐܢܛܝܟܪܝܣܛܘܣ.
8 ܐܙܕܗܪܘ ܒܢܦܫܟܘܢ. ܕܠܐ ܬܘܒܕܘܢ ܡܕܡ ܕܦܠܚܬܘܢ. ܐܠܐ
ܐܓܪܐ ܡܫܠܡܐ ܬܬܦܪܥܘܢ. 9 ܟܠ ܐܢܫ ܕܥܒܪ: ܘܠܐ ܡܩܘܐ
ܒܝܘܠܦܢܗ ܕܡܫܝܚܐ. ܐܠܗܐ ܠܝܬ ܠܗ. ܗܘ ܕܡܩܘܐ
ܒܝܘܠܦܢܗ: ܗܢܐ ܘܠܐܒܐ ܘܠܒܪܐ ܐܝܬ ܠܗ. 10 ܐܢ ܐܢܫ ܐܬܐ
ܠܘܬܟܘܢ: ܘܗܢܐ ܝܘܠܦܢܐ ܠܐ ܡܝܬܐ. ܠܐ ܬܩܒܠܘܢܝܗܝ
ܒܒܝܬܐ. ܘܫܠܡ ܠܟ ܠܐ ܬܐܡܪܘܢ ܠܗ. 11 ܗܘ ܓܝܪ
ܕܐܡܪ: ܠܗ ܫܠܡ ܫܘܬܦܐ ܗܘ ܠܥܒܕܘܗܝ ܒܝܫܐ. 12 ܣܓܝ
ܣܓܝܐܬܐ ܐܝܬ ܗܘܐ ܠܝ ܠܡܟܬܒ ܠܟܘܢ. ܠܐ ܨܒܝܬ ܕܒܝܕ
ܟܪܛܝܣܐ ܘܕܝܘܐ. ܐܠܐ ܡܣܒܪ ܐܢܐ ܕܐܬܐ ܠܘܬܟܘܢ: ܘܦܘܡܐ ܠܘܬ
ܦܘܡܐ ܢܡܠܠ. ܕܚܕܘܬܢ ܕܝܠܢ ܬܗܘܐ ܡܫܡܠܝܐ. 13 ܫܐܠܝܢ
ܒܫܠܡܟܝ ܒܢܝܐ ܕܚܬܟܝ ܓܒܝܬܐ. ܛܝܒܘܬܐ ܥܡܟܝ. ܐܡܝܢ܀

ܫܠܡܬ ܐܓܪܬܐ ܕܬܪܬܝܢ ܕܝܘܚܢܢ ܫܠܝܚܐ܀

509

ܐܓܪܬܐ ܬܠܝܬܝܬܐ ܕܝܘܚܢܢ ❖

1 ܩܫܝܫܐ ܠܓܐܝܘܣ ܚܒܝܒܐ: ܠܗܘ ܕܐܢܐ ܪܚܡ
ܐܢܐ ܒܫܪܪܐ. 2 ܚܒܝܒܢ: ܒܟܠܡܕܡ ܡܨܠܐ ܐܢܐ ܕܬܛܒ.
ܘܬܬܟܫܪ ܘܬܗܘܐ ܚܠܝܡ. ܐܝܟܢܐ ܕܡܬܟܫܪܐ ܢܦܫܟ. 3 ܚܕܝܬ
ܓܝܪ ܛܒ ܕܐܬܘ ܐܚܐ. ܘܣܗܕܘ ܥܠ ܫܪܪܟ. ܐܝܟ ܡܐ
ܕܐܢܬ ܒܫܪܪܐ ܡܗܠܟ ܐܢܬ. 4 ܘܝܬܝܪܐ ܡܢ ܗܕܐ ܚܕܘܬܐ
ܠܝܬ ܠܝ. ܕܐܫܡܥ ܕܒܢܝ ܒܫܪܪܐ ܡܗܠܟܝܢ.
5 ܚܒܝܒܢ ܒܗܝܡܢܘܬܐ ܥܒܕ ܐܢܬ ܗܘ ܡܐ ܕܦܠܚ ܐܢܬ
ܠܘܬ ܐܚܐ: ܘܝܬܝܪܐܝܬ ܠܘܬ ܐܟܣܢܝܐ: 6 ܐܝܠܝܢ ܕܐܣܗܕܘ
ܥܠ ܚܘܒܟ ܩܕܡ ܟܠܗ ܥܕܬܐ. ܠܗܠܝܢ ܕܫܦܝܪ ܥܒܕ ܐܢܬ
ܠܗܘܢ. ܐܫܕܪ ܕܫܘܐ ܠܐܠܗܐ. 7 ܚܠܦ ܓܝܪ ܫܡܗ ܢܦܩܘ
ܟܕ ܡܕܡ ܠܐ ܢܣܒܘ ܡܢ ܥܡܡܐ. 8 ܚܢܢ ܗܟܝܠ ܚܝܒܝܢܢ
ܠܡܩܒܠܘ ܠܕܐܝܟ ܗܠܝܢ. ܕܡܥܕܪܢܐ ܢܗܘܐ ܠܫܪܪܐ.
9 ܨܒܝܬ ܗܘܝܬ ܐܟܬܘܒ ܠܥܕܬܐ. ܐܠܐ ܗܘ ܕܪܚܡ ܕܢܗܘܐ
ܩܕܡܝܐ ܕܝܠܗܘܢ. ܕܝܘܛܪܦܝܣ ܠܐ ܡܩܒܠ ܠܢ. 10 ܡܛܠ
ܗܢܐ ܐܢܗܘ ܕܐܬܐ. ܐܥܗܕ ܥܒܕܘܗܝ ܗܢܘܢ ܕܥܒܕ ܕܒܡܠܐ
ܒܝܫܬܐ ܡܪܛܢ ܠܢ. ܘܟܕ ܠܐ ܣܦܩ ܠܗ ܗܠܝܢ: ܠܐ ܗܘ
ܡܩܒܠ ܠܐܚܐ. ܘܠܐܝܠܝܢ ܕܡܩܒܠܝܢ ܟܠܐ. ܘܡܦܩ ܐܦ ܡܢ
ܥܕܬܐ. 11 ܚܒܝܒܢ: ܠܐ ܬܬܕܡܐ ܒܒܝܫܬܐ ܐܠܐ ܒܛܒܬܐ. ܗܘ
ܕܥܒܕ ܛܒܬܐ ܡܢ ܐܠܗܐ ܐܝܬܘܗܝ. ܘܗܘ ܕܥܒܕ ܒܝܫܬܐ
ܠܐ ܚܙܝܗܝ ܠܐܠܗܐ. 12 ܥܠ ܕܡܛܪܝܘܣ ܐܝܬ ܗܘܐ ܣܗܕܘܬܐ
ܡܢ ܟܠܢܫ. ܘܡܢܗ ܕܟܐܢܘܬܐ ܘܡܢܗ ܕܫܪܪܐ. ܐܦ ܚܢܢ ܕܝܢ
ܣܗܕܝܢܢ. ܘܝܕܥܬ ܐܢܬ ܕܣܗܕܘܬܢ ܕܝܠܢ ܫܪܝܪܐ ܗܝ.
13 ܣܓܝܐܬܐ ܐܝܬ ܗܘܐ ܠܝ ܠܡܟܬܒ ܠܟ. ܐܠܐ ܠܐ ܨܒܐ
ܐܢܐ ܕܒܕܝܘܬܐ ܘܒܩܢܝܐ ܐܟܬܘܒ ܠܟ. 14 ܡܣܒܪ ܐܢܐ
ܕܝܢ ܕܒܥܓܠ ܐܚܙܝܟ: ܘܦܘܡ ܠܦܘܡ ܢܡܠܠ. 15 ܫܠܡܐ

ܢܗܘܐ ܠܟ. ܫܐܠܝܢ ܒܫܠܡܟ ܪ̈ܚܡܐ. ܫܐܠ ܒܫܠܡܐ ܕܪ̈ܚܡܐ
ܟܠܢܫ ܒܫܡܗ ✣

ܫܠܡܬ ܐܓܪܬܐ ܬܠܝܬܝܬܐ ܕܝܘܚܢܢ ܫܠܝܚܐ. ܠܓܐܝܘܣ
ܟܬܝܒ. ܐܡܝܢ ✣

ܐܓܪܬܐ ܕܝܗܘܕܐ ܫܠܝܚܐ ܐܚܘܗܝ ܕܝܥܩܘܒ ܐܦܝܣܩܘܦܐ ✣

1 ܝܗܘܕܐ ܥܒܕܐ ܕܝܫܘܥ ܡܫܝܚܐ: ܐܚܐ ܕܝܢ ܕܝܥܩܘܒ. ܠܓܒܝ̈ܐ ܩܪ̈ܝܐ ܕܒܐܠܗܐ ܐܒܐ ܡܚܒܒܝܢ: ܒܝܫܘܥ ܡܫܝܚܐ ܢܛܝܪܝܢ: 2 ܪ̈ܚܡܐ ܘܫܠܡܐ ܘܚܘܒܐ ܢܣܓܐ ܠܟܘܢ. 3 ܚܒܝ̈ܒܝ: ܟܕ ܟܠܗ ܚܦܝܛܘܬܐ ܥܒܕ ܐܢܐ ܠܡܟܬܒ ܠܟܘܢ: ܥܠ ܚܝ̈ܐ ܕܟܠܢ ܓܘܢܝܐ: ܐܠܨܝ ܐܝܬ ܠܝ ܠܡܟܬܒ ܠܟܘܢ. ܟܕ ܡܒܝܐܣ ܐܢܐ ܕܬܬܟܬܫܘܢ ܥܠ ܗܝܡܢܘܬܐ. ܗܕܐ ܕܚܕܐ ܙܒܢ ܐܫܬܠܡܬ ܠܩܕܝ̈ܫܐ: 4 ܥܠܘ ܓܝܪ ܐܢܫ̈ܝܢ ܡܓܢܒܝܬܐ ܐܝܠܝܢ ܕܡܢ ܡܩܕܡ ܟܬܝܒܝܢ ܠܗܢܐ ܕܝܢܐ. ܐܢܫ̈ܐ ܪ̈ܫܝܥܐ ܕܠܛܝܒܘܬܗ ܕܐܠܗܢ ܡܚܠܦܝܢ ܠܛܢܦܘܬܐ. ܘܠܗܘ ܕܐܝܬܘܗܝ ܒܠܚܘܕܘܗܝ ܡܪܐ ܐܠܗܐ ܡܪܢ ܝܫܘܥ ܡܫܝܚܐ ܟܦܪܝܢ. 5 ܠܡܥܗܕܘܬܟܘܢ ܕܝܢ ܨܒܐ ܐܢܐ: ܟܕ ܝܕܥܝܢ ܐܝܬܝܟܘܢ ܟܠܟܘܢ: ܕܐܠܗܐ ܟܕ ܚܕܐ ܙܒܢ ܠܥܡܐ ܡܢ ܡܨܪܝܢ ܦܪܩ: ܗܘ ܕܬܪܬܝܢ ܠܐܝܠܝܢ ܕܠܐ ܗܝܡܢܘ ܐܘܒܕ. 6 ܘܠܡܠܐܟܐ ܐܝܠܝܢ ܕܠܐ ܢܛܪܘ ܪܫܢܘܬܗܘܢ: ܐܠܐ ܫܒܩܘ ܠܡܥܡܪܐ ܕܝܠܗܘܢ: ܠܕܝܢܐ ܕܝܘܡܐ ܪܒܐ. ܒܐܣܘܪ̈ܐ ܠܐ ܡܬܒܛܠܢ̈ܐ ܬܚܝܬ ܥܡܛܢܐ ܢܛܪ: 7 ܐܝܟܢܐ ܕܣܕܘܡ ܘܥܡܘܪܐ ܘܡܕܝ̈ܢܬܐ ܕܚܕܪ̈ܝܗܝܢ. ܕܒܕܡܘܬܐ ܕܗܠܝܢ

ܐܚܪ̈ܢܝܐ. ܘܐܬܝܗܒܘ ܚܘܝܐ ܒܕܝܢܐ ܐܝܬܝܪܐ: ܦܪ̈ܥܝܢ ܥܢܫܐ ܕܢܘܪܐ
ܕܠܥܠܡܝܢ: ܟܕ ܡܫܬܢܝܢ ܠܕܝܢܐ. 8 ܗܟܢ ܒܕܡܘܬܐ ܐܦ
ܗܠܝܢ ܕܚ̈ܠܡܐ ܡܬܚܙܝܢ. ܠܒܣܪܐ ܗܘ ܡܛܢܦܝܢ.
ܡܪܘܬܐ ܕܝܢ ܡܣܠܝܢ. ܘܠܬܫܒ̈ܘܚܬܐ ܡܓܕܦܝܢ. 9 ܡܝܟܐܝܠ
ܕܝܢ ܪܝܫ ܡܠܐܟ̈ܐ: ܗܘ ܕܥܡ ܐܟܠܩܪܨܐ ܟܕ ܡܬܕܝܢ ܗܘܐ
ܗܘܐ: ܥܠ ܦܓܪܗ ܕܡܘܫܐ. ܠܐ ܐܡܪܚ ܕܢܝܬܐ ܥܠܘܗܝ
ܕܝܢܐ ܕܓܘܕܦܐ. ܐܠܐ ܐܡܪ. ܕܢܟܐܐ ܒܟ ܡܪܝܐ. 10 ܗܠܝܢ
ܕܝܢ ܥܠ ܐܝܠܝܢ ܕܠܐ ܝܕܥܝܢ ܡܓܕܦܝܢ. ܥܠ ܐܝܠܝܢ ܕܝܢ ܕܟܝܢܐܝܬ
ܐܝܟ ܚܝܘܬܐ ܡܬܝܕܥܝܢ. ܒܗܠܝܢ ܡܬܚܒܠܝܢ. 11 ܘܝ
ܠܗܘܢ ܕܒܐܘܪܚܗ ܕܩܐܝܢ ܐܙܠܘ. ܘܒܛܘܥܝܝܗ ܕܒܠܥܡ
ܒܐܓܪܐ ܐܫܬܪܚܘ. ܘܒܣܪܘܒܝܘܬܗ ܕܩܘܪܚ ܐܒܕܘ. 12 ܗܠܝܢ
ܐܝܬܝܗܘܢ ܐܝܠܝܢ ܕܒܚܘܒܘܬܗܘܢ ܟܕ ܡܬܒܣܡܝܢ ܡܬܦܪܢܣܝܢ:
ܟܕ ܕܠܐ ܕܚܠܬܐ ܪܥܝܢ ܢܦܫܗܘܢ. ܥܢܢ̈ܐ ܕܠܐ ܡܛܪܐ ܕܡܢ
ܪ̈ܘܚܐ ܦܢܝܢ. ܐܝܠܢ̈ܐ ܕܐܘܩܦ ܐܢܘܢ ܘܐܝܬܝܗܘܢ ܕܠܐ ܦܐܪܐ.
ܘܡܝܬܘ ܬܪܬܝܢ. ܘܐܬܥܩܪܘ ܡܢ ܥܩܪܝܗܘܢ. 13 ܓܠܠ̈ܐ
ܥܙܝܙ̈ܐ ܕܝܡܐ: ܕܪܡܝܢ ܙܘܒܠܗܘܢ ܡܫܩܝܢ ܒܒܗܬܬܗܘܢ.
ܟܘܟܒ̈ܐ ܡܛܥܝܢܐ: ܗܠܝܢ ܕܠܗܘܢ ܥܡܛܢܐ ܕܚܫܘܟܐ ܕܠܥܠܡ
ܠܗܘܢ ܢܛܝܪ. 14 ܐܬܢܒܝ ܕܝܢ ܐܦ ܠܗܠܝܢ: ܗܘ ܕܐܝܬܘܗܝ
ܕܫܒܝܥܝܐ ܡܢ ܐܕܡ ܚܢܘܟ ܟܕ ܐܡܪ. ܕܗܐ ܐܬܐ ܡܪܝܐ ܒܪ̈ܒܘܬܐ
ܕܩܕܝܫܘܗܝ. 15 ܕܢܥܒܕ ܕܝܢܐ ܥܠ ܟܠ: ܘܢܟܣ ܠܟܠܗܘܢ
ܪ̈ܫܝܥܐ: ܥܠ ܥܒ̈ܕܐ ܟܠܗܘܢ ܕܐܪܫܥܘ: ܘܥܠ ܟܠܗܝܢ
ܡ̈ܠܐ ܩܫ̈ܝܬܐ ܐܝܠܝܢ ܕܡܠܠܘ: ܚܛ̈ܝܐ ܪܫ̈ܝܥܐ. 16 ܗܠܝܢ
ܐܢܘܢ ܕܪܛܢܝܢ: ܘܡܥܕܠܝܢ ܒܟܠ ܨܒܘ: ܟܕ ܐܝܟ ܪ̈ܓܝܓܬܐ
ܕܝܠܗܘܢ ܡܗܠܟܝܢ. ܘܦܘܡܗܘܢ ܡܡܠܠ ܪ̈ܘܪܒܬܐ:
ܘܡܣܒܝܢ ܠܦ̈ܪܨܘܦܐ ܡܛܠ ܝܘܬܪܢܐ. 17 ܐܢܬܘܢ ܕܝܢ
ܚܒܝܒܝ: ܐܬܕܟܪܘ ܠܡ̈ܠܐ ܐܝܠܝܢ ܕܩܕܡܘ ܐܬܐܡܪ̈ܝ ܡܢ
ܫܠܝܚܘܗܝ ܕܡܪܢ ܝܫܘܥ ܡܫܝܚܐ. 18 ܕܐܡܪܝܢ ܗܘܘ
ܠܟܘܢ. ܕܒܚܪܬܐ ܕܙܒܢܐ ܢܗܘܘܢ ܐܢܫܝܢ ܡܒܙܚܢ̈ܐ: ܕܐܝܟ

ܪ̈ܓܝܓܬܐ ܕܠܗܘܢ ܐܙܠܝܢ ܒܬܪ ܪܘܫܥܐ. 19 ܗܠܝܢ ܐܝܬܝܗܘܢ
ܐܝܠܝܢ ܕܡܦܪ̈ܫܝܢ. ܢܦ̈ܫܢܝܐ. ܕܪܘܚܐ ܠܝܬ ܠܗܘܢ. 20 ܐܢܬܘܢ
ܕܝܢ ܚܒܝ̈ܒܝ: ܒܗܝܡܢܘܬܐ ܕܩܘܕܫܐ ܡܩܕܫܬܐ. ܐܬܒܢܘ ܡܢ
ܕܪܫ ܒܪܘܚܐ ܩܕܝܫܬܐ. ܟܕ ܡܨܠܝܢ. 21 ܢܛܪܘ ܕܝܢ ܒܚܘܒܐ
ܕܐܠܗܐ ܢܛܪ. ܟܕ ܡܣܟܝܬܘܢ ܠܪ̈ܚܡܘܗܝ ܕܡܪܢ ܝܫܘܥ
ܡܫܝܚܐ: ܠܚܝ̈ܐ ܕܥܠܡ ܕܠܥܠܡ. 22 ܘܠܐܢ̈ܫܝܗܘܢ ܡܢ ܡܢ
ܢܘܪܐ ܚܛܘܦܘ. 23 ܟܕ ܕܝܢ ܬܬܘܒܘܢ: ܪܚܡܘ ܥܠܝܗܘܢ
ܒܕܚܠܬܐ. ܟܕ ܣܢܝܢ ܐܢܬܘܢ ܐܦ ܠܟܘܬܝܢܐ ܕܡܢ ܒܣܪܐ
ܕܡܟܬܡܐ. 24 ܠܗܘ ܕܝܢ ܕܡܫܟܚ ܕܢܛܪܟܘܢ ܕܠܐ ܡܬܬܩܠܢܐ
ܘܕܠܐ ܒܘܡܝܐ. ܘܠܡܩܝܡܘ ܕܠܐ ܡܘܡܐ. 25 ܠܚܘܕܘܗܝ
ܐܠܗܐ ܦܪܘܩܢ: ܒܝܕ ܝܫܘܥ ܡܫܝܚܐ ܡܪܢ: ܫܘܒܚܐ
ܐܬܚܫܒܘ ܒܫܘܒܚܐ. ܬܘܩܦܐ ܘܐܘܚܕܢܐ ܘܐܝܩܪܐ ܘܪܒܘܬܐ:
ܐܦ ܗܫܐ ܘܠܟܠܗܘܢ ܥܠܡ̈ܐ ܐܡܝܢ ܀

ܫܠܡܬ ܐܓܪܬܐ ܕܝܗܘܕܐ ܫܠܝܚܐ ܐܚܐ ܕܝܥܩܘܒ ܘܕܝܘܣܦ ܀

ܓܠܝܢܐ ܕܗܘܐ ܥܠ ܝܘܚܢܢ ܐܘܢܓܠܝܣܛܐ
ܡܢ ܐܠܗܐ
ܒܦܛܡܘܣ ܓܙܪܬܐ. ܕܐܫܬܕܝ ܠܗ ܡܢ ܢܐܪܘܢ ܩܣܪ ܀

ܩܦܠܐܘܢ ܀ ܐ ܀

1 ܓܠܝܢܐ ܕܝܫܘܥ ܡܫܝܚܐ ܗܘ ܕܝܗܒ ܠܗ ܐܠܗܐ.
ܠܡܚܘܝܘ ܠܥܒ̈ܕܐ ܕܝܠܗ. ܗܠܝܢ ܕܘܠܐ ܠܡܗܘܐ ܒܥܓܠ
ܘܫܘܕܥ ܟܕ ܫܕܪ ܒܝܕ ܡܠܐܟܐ ܕܝܠܗ. ܠܥܒܕܐ ܕܝܠܗ

ܝܘܚܢܢ. 2 ܗܘ ܕܐܣܗܕ ܠܡܠܬܗ ܕܐܠܗܐ. ܘܠܣܗܕܘܬܐ
ܕܝܫܘܥ ܡܫܝܚܐ. ܟܠܗܝܢ ܕܚܙܐ. 3 ܛܘܒܘܗܝ ܗܘ ܗܘ
ܕܩܪܐ: ܘܗܢܘܢ ܕܫܡܥܝܢ ܡ̈ܠܐ ܕܢܒܝܘܬܐ ܗܕܐ: ܘܢܛܪܝܢ
ܠܗܝܢ ܕܟܬܝ̈ܒܢ ܒܗ̇. ܙܒܢܐ ܓܝܪ ܩܪܝܒ. 4 ܝܘܚܢܢ
ܠܫܒܥ ܥܕ̈ܬܐ ܕܒܐܣܝܐ. ܛܝܒܘܬܐ ܠܟܘܢ ܘܫܠܡܐ.
ܡܢ ܗܘ ܕܐܝܬܘܗܝ ܘܗܘ ܕܐܝܬܘܗܝ ܗܘܐ ܘܗܘ ܕܐܬܐ.
ܡܢ ܫܒܥܐ ܪ̈ܘܚܐ ܗܠܝܢ ܕܩܕܡ ܟܘܪܣܝܐ ܕܝܠܗ. 5 ܘܡܢ
ܝܫܘܥ ܡܫܝܚܐ ܗܘ ܣܗܕܐ. ܗܘ ܡܗܝܡܢܐ: ܗܘ
ܒܘܟܪܐ ܕܡܝ̈ܬܐ: ܘܪܫܐ ܕܡ̈ܠܟܐ ܕܐܪܥܐ. ܗܘ ܕܪܚܡ
ܠܢ ܘܫܪܐ ܠܢ ܡܢ ܚܛܗ̈ܝܢ ܒܕܡܐ ܕܝܠܗ. 6 ܘܥܒܕ
ܠܢ ܡܠܟܘܬܐ ܟܗ̈ܢܐ. ܠܐܠܗܐ ܘܐܒܐ ܕܝܠܗ. ܕܝܠܗ
ܫܘܒܚܐ ܘܐܘܚܕܢܐ ܠܥܠܡ ܥܠܡܝܢ ܐܡܝܢ. 7 ܗܐ ܐܬܐ
ܥܡ ܥܢ̈ܢܐ. ܘܚܙܝܢ ܠܗ ܟܠ ܥܝܢܐ ܘܐܦ ܐܝܠܝܢ ܗܢܘܢ
ܕܕܩܪܘܗܝ. ܘܪܩܕܝܢ ܥܠܘܗܝ ܟܠ ܫܪ̈ܒܬܐ ܕܐܪܥܐ. ܐܝܢ
ܐܡܝܢ. 8 ܐܢܐ ܐܝܬܝ ܐܠܦ ܐܦ ܬܘ ܐܡܪ ܡܪܝܐ ܐܠܗܐ. ܗܘ
ܕܐܝܬܘܗܝ ܘܗܘ ܕܐܝܬܘܗܝ ܗܘܐ ܘܗܘ ܕܐܬܐ: ܗܘ ܐܚܝܕ ܟܠ.
9 ܐܢܐ ܝܘܚܢܢ ܗܘ ܐܚܘܟܘܢ ܘܫܘܬܦܐ ܕܝܠܟܘܢ. ܒܐܘܠܨܢܐ
ܘܡܣܝܒܪܢܘܬܐ ܕܒܝܫܘܥ ܡܫܝܚܐ. ܗܘܝܬ ܒܓܙܪܬܐ
ܕܡܬܩܪܝܐ ܦܛܡܘܣ. ܡܛܠ ܡܠܬܗ ܕܐܠܗܐ: ܘܡܛܠ
ܣܗܕܘܬܐ ܕܝܫܘܥ ܡܫܝܚܐ. 10 ܗܘܝܬ ܒܪܘܚܐ. ܒܝܘܡܐ
ܡܪܝܢܝܐ: ܘܫܡܥܬ ܡܢ ܒܣܬܪܝ ܩܠܐ ܪܒܐ ܐܝܟ
ܫܝܦܘܪܐ. ܕܐܡܪ: 11 ܗܘ ܡܐ ܕܚܙܐ ܐܢܬ ܟܬܘܒ ܒܟܬܒܐ.
ܘܫܕܪ ܠܗܠܝܢ ܫܒܥ ܥܕ̈ܬܐ. ܠܐܦܣܘܣ ܘܠܙܡܘܪܢܐ
ܘܠܦܪܓܡܘܣ ܘܠܬܐܘܛܝܪܐ ܘܠܣܪܕܝܣ ܘܠܦܝܠܕܠܦܝܐ
ܘܠܠܐܕܝܩܝܐ. 12 ܘܐܬܦܢܝܬ ܠܡܚܙܐ ܠܩܠܐ ܗܘ ܐܝܢܐ ܕܡܡܠܠ
ܥܡܝ. ܘܟܕ ܐܬܦܢܝܬ ܚܙܝܬ ܫܒܥ ܡܢܪ̈ܬܐ ܕܕܗܒܐ.
13 ܘܡܨܥܬܐ ܕܡܢܪ̈ܬܐ ܕܕܡܘܬܐ ܠܒܪܗ ܕܐܢܫܐ ܕܠܒܝܫ ܦܘܕܪܐ.
ܘܐܣܝܪ ܙܢܪ ܠܬܕ̈ܘܗܝ ܐܣܪܐ ܕܕܗܒܐ. 14 ܪܫܗ ܕܝܢ ܘܣܥܪܐ ܕܝܠܗ

ܘܣܥܪܐ ܚܘ̈ܪܝܢ ܐܝܟ ܥܡܪܐ ܚܘܪܐ ܐܝܟ ܬܠܓܐ܂ ܘܥܝ̈ܢܐ ܕܝܠܗ
ܐܝܟ ܫܠܗܒܝܬܐ ܕܢܘܪܐ܂ 15 ܘܪ̈ܓܠܐ ܕܝܠܗ ܕܕܡ̈ܝܢ ܠܢܚܫܐ
ܕܠܒܢܢܐ ܕܡܫܠܗܒ ܐܝܟ ܕܒܟܘܪܐ܂ ܘܩܠܐ ܕܝܠܗ ܐܝܟ
ܩܠܐ ܕܡܝ̈ܐ ܣܓܝ̈ܐܐ܂ 16 ܘܐܝܬ ܠܗ ܒܐܝܕܐ ܕܝܠܗ ܕܝܡܝܢܐ
ܫܒܥܐ ܟܘܟܒ̈ܐ܂ ܘܡܢ ܦܘܡܐ ܕܝܠܗ: ܣܦܣܝܪܐ ܚܪܝܦܐ ܕܬܪ̈ܝܢ
ܦܘܡ̈ܝܗ̇ ܢܦܩܐ܂ ܘܚܙܘܐ ܕܝܠܗ: ܐܝܟ ܫܡܫܐ ܒܚܝܠܗ܂
ܕܚܝܠܐ ܕܝܠܗ܂ 17 ܘܟܕ ܚܙܝܬܗ܂ ܢܦܠܬ ܠܘܬ ܪ̈ܓܠܘܗܝ܂
ܐܝܟ ܡܝܬܐ܂ ܘܣܡ ܥܠܝ ܐܝܕܗ ܕܝܡܝܢܐ ܟܕ ܐܡܪ܂ ܠܐ ܬܬܕܚܠ܂
ܐܢܐ ܐܢܐ ܗܘ ܩܕܡܝܐ ܘܗܘ ܐܚܪܝܐ܂ 18 ܘܗܘ ܕܚܝ ܘܗܘܝܬ
ܡܝܬܐ ܘܗܐ ܚܝܐ ܐܢܐ ܠܥܠܡ ܥܠܡ̈ܝܢ ܐܡܝܢ܂ ܘܐܝܬ ܠܝ
ܩܠܝ̈ܕܐ ܕܡܘܬܐ ܘܕܫܝܘܠ܂ 19 ܟܬܘܒ ܗܟܝܠ ܗܘ̇ ܡܐ
ܕܚܙܝܬ: ܘܗܠܝܢ ܕܐܝܬܝܗܝܢ ܘܗܠܝܢ ܕܥܬܝ̈ܕܢ ܠܡܗܘܐ
ܒܬܪ ܗܠܝܢ܂ 20 ܠܐܪܙܐ ܕܫܒܥܐ ܟܘܟܒ̈ܐ ܗܠܝܢ ܕܚܙܝܬ
ܒܝܡܝܢܐ ܕܝܠܝ ܘܫܒܥ ܡܢ̈ܪܬܐ ܕܕܗܒܐ܂ ܗܠܝܢ ܫܒܥܐ
ܟܘܟܒ̈ܐ: ܡܠܐܟ̈ܐ ܕܫܒܥ ܥ̈ܕܬܐ ܐܝܬܝܗܘܢ܂ ܘܗܠܝܢ ܡܢ̈ܪܬܐ
ܫܒܥ: ܫܒܥ ܥ̈ܕܬܐ ܐܝܬܝܗܝܢ ܀

ܩܦܠܐܘܢ ܀ ܒ ܀

1 ܠܡܠܐܟܐ ܕܥܕܬܐ ܕܐܦܣܘܣ ܟܬܘܒ܂ ܗܠܝܢ ܐܡܪ ܗܘ̇
ܐܚܝܕ ܟܠ܂ ܘܠܗܘܢ ܫܒܥܐ ܟܘܟܒ̈ܐ ܒܝܡܝܢܐ ܕܝܠܗ܂
ܗܘ̇ ܕܡܗܠܟ ܒܡܨܥܬܐ ܕܫܒܥ ܡܢ̈ܪܬܐ ܕܕܗܒܐ܂
2 ܝܕܥ ܐܢܐ ܠܥܒ̈ܕܝܟ܂ ܘܠܥܡܠܟ ܘܠܡܣܝܒܪܢܘܬܐ ܕܝܠܟ
ܘܕܠܐ ܡܫܟܚ ܐܢܬ ܠܡܣܒܠ ܠܒܝ̈ܫܐ܂ ܘܢܣܝܬ ܠܗܠܝܢ ܕܐܡܪܝܢ
ܗ̇ܢܘܢ ܠܗܘܢ ܕܫܠܝ̈ܚܐ ܐܝܬܝܗܘܢ܂ ܘܠܐ ܐܝܬܝܗܘܢ܂ ܘܐܫܟܚܬ
ܐܢܘܢ ܕܓ̈ܠܐ܂ 3 ܘܡܣܝܒܪܢܘܬܐ ܐܝܬ ܠܟ܂ ܘܣܝܒܪܬ ܡܛܠ
ܫܡܐ ܕܝܠܝ ܘܠܐ ܠܐܝܬ܂ 4 ܐܠܐ ܐܝܬ ܠܝ ܥܠܝܟ܂ ܡܛܠ ܕܚܘܒܐ
ܕܝܠܟ ܗܘ ܩܕܡܝܐ ܫܒܩܬ ܀ 5 ܐܬܕܟܪ ܗܟܝܠ ܡܢ ܐܝܟܐ
ܢܦܠܬ: ܘܬܘܒ܂ ܘܥܒ̈ܕܐ ܩܕ̈ܡܝܐ ܥܒܕ܂ ܘܐܢ ܕܝܢ ܠܐ:

ܐܬܐ ܐܢܐ ܠܟ ܒܥܓܠ. ܘܡܙܝܥ ܐܢܐ ܡܢܪܬܐ ܕܝܠܟ ܡܢ ܕܘܟܬܗ̇:
ܐܢ ܠܐ ܬܬܘܒ ܆ 6 ܐܠܐ ܗܕܐ ܐܝܬ ܠܟ. ܕܣܢܐ ܐܢܬ ܠܥܒ̈ܕܐ
ܕܢܝܩܘܠܝܛܐ. ܠܗܠܝܢ ܕܐܦ ܐܢܐ ܆ 7 ܗܘ ܕܐܝܬ ܠܗ ܐܕܢܐ:
ܢܫܡܥ ܡܢܐ ܪܘܚܐ ܐܡܪܐ ܠܥܕ̈ܬܐ. ܠܗܘ ܕܙܟܐ ܐܬܠ ܠܗ
ܠܡܐܟܠ ܡܢ ܩܝܣܐ ܕܚܝ̈ܐ: ܗܘ ܕܐܝܬܘܗܝ ܒܦܪܕܝܣܐ
ܕܐܠܗܐ ܕܝܠܝ. 8 ܘܠܡܠܐܟܐ ܕܥܕܬܐ ܕܒܣܡܘܪܢܐ ܟܬܘܒ.
ܗܠܝܢ ܐܡܪ ܗܘ ܩܕܡܝܐ ܘܗܘ ܐܚܪܝܐ. ܗܘ ܕܗܘܐ ܡܝܬܐ
ܘܚܝܐ. 9 ܝܕܥ ܐܢܐ ܠܥܒ̈ܕܐ ܕܝܠܟ. ܘܠܐܘܠܨܢܐ ܘܠܡܣܟܢܘܬܐ.
ܐܠܐ ܥܬܝܪܐ ܐܝܬܝܟ. ܘܠܓܘܕܦܐ ܕܡܢ ܠܗܠܝܢ ܕܐܡܪܝܢ ܗܘܢ
ܠܗܘܢ ܕܝܗܘܕ̈ܝܐ ܐܝܬܝܗܘܢ. ܘܠܐ ܐܝܬܝܗܘܢ. ܐܠܐ ܟܢܘܫܬܐ
ܕܣܛܢܐ. 10 ܠܐ ܬܕܚܠ ܡܕܡ ܡܢ ܗܠܝܢ ܕܥܬܝܕ ܐܢܬ
ܠܡܚܫ: ܗܐ ܓܝܪ ܥܬܝܕ ܐܟܠܩܪܨܐ ܠܡܪܡܝܘ ܡܢܟܘܢ
ܒܒܝܬ ܐܣܝܪ̈ܐ. ܐܝܟܢܐ ܕܬܬܢܣܘܢ. ܘܬܗܘܐ ܠܟܘܢ ܐܘܠܨܢܐ
ܝܘܡܝܢ ܥܣܪܐ. ܗܘܝ ܡܗܝܡܢܐ ܥܕܡܐ ܠܡܘܬܐ. ܘܐܬܠ ܠܟ
ܟܠܝܠܐ ܕܚܝ̈ܐ. 11 ܗܘ ܕܐܝܬ ܠܗ ܐܕܢܐ. ܢܫܡܥ ܡܢܐ ܐܡܪܐ
ܪܘܚܐ ܠܥܕ̈ܬܐ. ܗܘ ܕܙܟܐ. ܠܐ ܢܬܗܢܩ ܡܢ ܡܘܬܐ ܗܘ
ܬܢܝܢܐ. 12 ܘܠܡܠܐܟܐ ܗܘ ܕܥܕܬܐ ܕܒܦܪܓܡܘܣ ܟܬܘܒ.
ܗܠܝܢ ܐܡܪ ܗܘ ܕܐܝܬ ܠܗ ܣܦܣܪܐ ܗܘ ܚܪܝܦܐ ܕܬܪ̈ܬܝܢ
ܦܘܡ̈ܝܗ. 13 ܝܕܥ ܐܢܐ ܠܥܒ̈ܕܐ ܕܝܠܟ. ܘܐܝܟܐ ܥܡܪ ܐܢܬ.
ܐܝܟܐ ܕܟܘܪܣܝܗ ܕܣܛܢܐ. ܘܐܚܝܕ ܐܢܬ ܫܡܐ ܕܝܠܝ. ܘܠܐ
ܟܦܪܬ ܒܗܝܡܢܘܬܐ ܕܝܠܝ: ܒܝܘܡ̈ܬܐ ܗܠܝܢ ܕܐܢܬܝܦܐ ܗܘ
ܣܗܕܐ ܕܝܠܝ. ܗܘ ܡܗܝܡܢܐ ܕܝܠܝ ܗܘ ܕܐܬܩܛܠ ܠܘܬܟܘܢ
ܐܝܟܐ ܕܥܡܪ ܣܛܢܐ. 14 ܐܠܐ ܐܝܬ ܠܝ ܥܠܝܟ ܙܥܘܪܐ: ܐܝܬ
ܠܟ ܬܡܢ ܕܐܚܝܕܝܢ ܠܝܘܠܦܢܐ ܕܒܠܥܡ. ܗܘ ܕܐܠܦ
ܠܒܠܩ ܠܡܪܡܝܘ ܬܘܩܠܬܐ ܩܕܡ ܒܢ̈ܝ ܐܝܣܪܝܠ. ܕܢܐܟܠܘܢ
ܕܒܚ̈ܐ ܕܦܬܟܪ̈ܐ ܘܢܙܢܘܢ. 15 ܗܟܢܐ ܐܝܬ ܠܟ ܐܦ ܐܝܬ
ܕܐܚܝܕܝܢ ܠܝܘܠܦܢܐ ܕܢܝܩܘܠܝܛܐ. ܗܟܘ ܬܘܒ ܐܬܘܐ.
16 ܬܘܒ ܐܢ ܠܐ: ܐܬܐ ܐܢܐ ܠܟ ܒܥܓܠ. ܘܐܩܪܒ ܥܡܗܘܢ

ܒܣܝܦܐ ܕܦܘܡܐ ܕܝܠܝ. 17 ܗܘ ܕܐܝܬ ܠܗ ܐܕܢܐ. ܢܫܡܥ ܡܢܐ
ܐܡܪ ܪܘܚܐ ܠܥܕܬܐ. ܠܗܘ ܕܙܟܐ. ܐܬܠ ܠܗ ܠܡܐܟܠ ܡܢ
ܡܢܢܐ ܗܘ ܕܡܛܫܝ. ܘܐܬܠ ܠܗ ܦܣܦܣܐ ܚܘܪܐ ܘܥܠ
ܦܣܦܣܐ ܫܡܐ ܚܕܬܐ ܕܟܬܝܒ. ܗܘ ܕܠܐ ܐܢܫ ܝܕܥ ܐܠܐ ܐܢ ܗܘ
ܕܢܣܒ. 18 ܘܠܡܠܐܟܐ ܗܘ ܕܒܥܕܬܐ ܕܬܐܘܛܝܪܐ ܟܬܘܒ. ܗܟܢ
ܐܡܪ ܒܪܗ ܕܐܠܗܐ: ܗܘ ܕܐܝܬ ܠܗ ܥܝܢܐ ܕܝܠܗ ܐܝܟ ܫܠܗܒܝܬܐ
ܕܢܘܪܐ: ܘܪܓܠܘܗܝ ܕܡܝܢ ܠܢܚܫܐ ܕܠܒܢܢܐ. 19 ܝܕܥ ܐܢܐ
ܠܥܒܕܐ ܕܝܠܟ. ܘܠܚܘܒܐ ܘܠܗܝܡܢܘܬܐ ܘܠܬܫܡܫܬܐ. ܘܐܦ
ܠܡܣܝܒܪܢܘܬܐ ܕܝܠܟ. ܘܠܥܒܕܐ ܕܝܠܟ ܗܠܝܢ ܐܚܪܝܐ ܕܣܓܝܐܝܢ
ܡܢ ܩܕܡܝܐ. 20 ܐܠܐ ܐܝܬ ܠܝ ܠܘܬܟ: ܣܓܝܐܬܐ ܕܫܒܩܬ
ܠܐܢܬܬܐ ܕܝܠܟ ܐܝܙܒܠ. ܗܝ ܕܐܡܪܐ ܥܠܝܗ̇ ܕܢܒܝܬܐ ܘܡܠܦܐ
ܘܡܛܥܝܐ ܠܥܒܕܐ ܕܝܠܝ. ܠܡܙܢܝܘ ܘܠܡܐܟܠ ܕܒܚܝ
ܦܬܟܪܐ. 21 ܘܝܗܒܬ ܠܗ̇ ܙܒܢܐ ܕܬܬܘܒ: ܘܠܐ ܨܒܝܐ
ܠܡܬܬܘܒ ܡܢ ܙܢܝܘܬܐ ܕܝܠܗ̇. 22 ܗܐ ܪܡܐ ܐܢܐ ܠܗ̇
ܒܥܪܣܐ. ܘܠܗܠܝܢ ܕܓܐܪܝܢ ܥܡܗ̇. ܠܐܘܠܨܢܐ ܪܒܐ: ܐܢ
ܠܐ ܢܬܬܘܒܘܢ ܡܢ ܥܒܕܐ ܕܝܠܗ̇. 23 ܘܠܒܢܝܗ̇ ܕܝܠܗ̇ ܐܩܛܘܠ
ܒܡܘܬܐ: ܘܢܕܥܢ ܟܠܗܝܢ ܥܕܬܐ: ܕܐܢܐ ܐܢܐ ܗܘ ܕܒܨܐ
ܟܘܠܝܬܐ ܘܠܒܘܬܐ. ܘܐܬܠ ܠܟܘܢ ܠܟܠ ܚܕ ܐܝܟ ܥܒܕܐ
ܕܝܠܟܘܢ. 24 ܠܟܘܢ ܕܝܢ ܐܡܪ ܐܢܐ. ܠܗܠܝܢ ܕܫܪܟܐ
ܕܒܬܐܘܛܝܪܐ. ܟܠܟܘܢ ܗܠܝܢ ܕܠܝܬ ܠܗܘܢ ܡܠܦܢܘܬܐ
ܗܕܐ. ܗܠܝܢ ܐܝܠܝܢ ܕܠܐ ܝܕܥܘ ܥܘܡܩܬܐ ܕܣܛܢܐ ܐܝܟ
ܕܐܡܪܝܢ. ܠܐ ܪܡܐ ܐܢܐ ܥܠܝܟܘܢ ܝܘܩܪܐ ܐܚܪܢܐ. 25 ܒܪܡ
ܗܘ ܕܐܝܬ ܠܟܘܢ ܐܚܘܕܘ: ܥܕܡܐ ܕܐܬܐ ܐܢܐ. 26 ܘܗܘ ܕܙܟܐ ܘܗܘ
ܕܢܛܪ ܥܕܡܐ ܠܫܘܠܡܐ ܠܥܒܕܐ ܕܝܠܝ: ܐܬܠ ܠܗ ܫܘܠܛܢܐ
ܥܠ ܥܡܡܐ. 27 ܘܢܪܥܐ ܐܢܘܢ ܒܫܒܛܐ ܕܦܪܙܠܐ: ܘܐܝܟ
ܡܐܢܐ ܕܦܚܪܐ ܢܬܪܥܥܘܢ. ܐܝܟ ܕܐܦ ܐܢܐ ܢܣܒܬ ܡܢ ܐܒܐ
ܕܝܠܝ. 28 ܘܐܬܠ ܠܗ ܠܟܘܟܒܐ ܗܘ ܕܨܦܪܐ. 29 ܗܘ ܕܐܝܬ
ܠܗ ܐܕܢܐ ܢܫܡܥ ܡܢܐ ܪܘܚܐ ܐܡܪ ܠܥܕܬܐ ❖

ܩܦܠܐܘܢ ܆ ܓ ܆

1 ܘܠܡܠܐܟܐ ܗܘ ܕܒܣܪܕܝܣ ܟܬܘܒ: ܗܟܢܐ ܐܡܪ ܗܘ
ܕܐܝܬ ܠܗ ܗܠܝܢ ܫܒܥ ܪܘܚܐ ܕܐܠܗܐ: ܘܗܠܝܢ ܫܒܥܐ
ܟܘܟܒܐ. ܝܕܥ ܐܢܐ ܠܥܒܕܐ ܕܝܠܟ. ܕܫܡܐ ܐܝܬ ܠܟ ܕܚܝ
ܐܢܬ: ܘܡܝܬܐ ܗܘܝܬ. 2 ܐܬܬܥܝܪ ܘܐܚܕ ܠܫܪܟܢܐ ܕܡܝܬܐ.
ܗܠܝܢ ܕܡܛܝܢ ܗܘܘ ܠܡܡܬ. ܠܐ ܓܝܪ ܐܫܟܚܬ ܠܥܒܕܐ
ܕܝܠܟ ܕܡܫܡܠܝܢ ܩܕܡ ܐܠܗܐ ܕܝܠܝ. 3 ܐܬܕܟܪ ܗܟܝܠ
ܐܝܟܢܐ ܢܣܒܬ ܘܫܡܥܬ. ܘܛܪ ܘܬܘܒ. ܘܐܢ ܗܟܝܠ ܠܐ
ܬܬܥܝܪ: ܐܬܐ ܥܠܝܟ ܐܝܟ ܓܢܒܐ: ܘܠܐ ܬܕܥ ܐܝܕܐ ܫܥܬܐ ܐܬܐ
ܥܠܝܟ. 4 ܐܠܐ ܐܝܬ ܠܟ ܩܠܝܠ ܫܡܗܐ ܒܣܪܕܝܣ: ܗܠܝܢ
ܕܠܐ ܛܘܫܘ ܠܢܚܬܝܗܘܢ. ܘܡܗܠܟܝܢ ܥܡܝ ܒܚܘܪܐ
ܡܛܠ ܕܫܘܝܢ ܐܢܘܢ. 5 ܗܘ ܕܙܟܐ ܗܟܢܐ ܡܬܥܛܦ
ܒܢܚܬܐ ܚܘܪܐ. ܘܠܐ ܐܥܛܐ ܫܡܗ ܕܝܠܗ ܡܢ ܟܬܒܐ ܗܘ
ܕܚܝܐ. ܘܐܘܕܐ ܒܫܡܗ ܕܝܠܗ ܩܕܡ ܐܒܐ ܕܝܠܝ: ܘܩܕܡ
ܡܠܐܟܐ ܕܝܠܗ. 6 ܗܘ ܕܐܝܬ ܠܗ ܐܕܢܐ. ܢܫܡܥ ܡܢܐ ܪܘܚܐ
ܐܡܪ ܠܥܕܬܐ. 7 ܘܠܡܠܐܟܐ ܗܘ ܕܒܥܕܬܐ ܕܦܝܠܕܠܦܝܐ ܟܬܘܒ.
ܗܟܢܐ ܐܡܪ ܗܘ ܩܕܝܫܐ: ܗܘ ܫܪܝܪܐ. ܗܘ ܕܐܝܬ ܠܗ
ܩܠܝܕܐ ܕܕܘܝܕ: ܗܘ ܕܦܬܚ ܘܠܐ ܐܢܫ ܐܚܕ: ܘܐܚܕ ܘܠܐ ܐܢܫ
ܦܬܚ. 8 ܝܕܥ ܐܢܐ ܠܥܒܕܐ ܕܝܠܟ. ܘܗܐ ܝܗܒܬ ܩܕܡܝܟ
ܬܪܥܐ ܦܬܝܚܐ. ܗܘ ܕܠܐ ܐܢܫ ܡܨܐ ܠܡܐܚܕܗ. ܡܛܠ
ܕܩܠܝܠ ܐܝܬ ܠܟ ܚܝܠܐ. ܘܢܛܪܬ ܠܡܠܬܐ ܕܝܠܝ: ܘܠܐ ܟܦܪܬ
ܒܫܡܐ ܕܝܠܝ. 9 ܗܐ ܝܗܒ ܐܢܐ ܡܢ ܟܢܘܫܬܐ ܕܣܛܢܐ ܡܢ
ܗܠܝܢ ܕܐܡܪܝܢ ܗܠܝܢ ܠܗܘܢ ܕܝܗܘܕܝܐ ܐܝܬܝܗܘܢ. ܘܠܐ
ܐܝܬܝܗܘܢ. ܐܠܐ ܡܕܓܠܝܢ. ܗܐ ܥܒܕ ܐܢܐ ܠܗܘܢ: ܕܢܐܬܘܢ
ܘܢܣܓܕܘܢ ܩܕܡ ܪܓܠܝܟ. ܘܢܕܥܘܢ ܕܐܢܐ ܐܚܒܬܟ.
10 ܡܛܠ ܕܢܛܪܬ ܠܡܠܬܐ ܕܡܣܝܒܪܢܘܬܐ ܕܝܠܝ: ܘܐܢܐ
ܐܛܪ ܐܢܐ ܠܟ ܡܢ ܢܣܝܘܢܐ ܕܥܬܝܕ ܠܡܐܬܐ ܥܠ

ܡܬܥܡܪܢܘܬܐ ܟܠܗ̇ ܠܡܢܣܝܘ ܠܗܘܢ ܠܕܥܡܪܝܢ ܥܠ
ܐܪܥܐ. 11 ܐܬܐ ܐܢܐ ܥܓܠ. ܐܚܘܕ ܗܘ ܡܐ ܕܐܝܬ ܠܟ.
ܐܝܟܢܐ ܕܠܐ ܐܢܫ ܢܣܒ ܟܠܝܠܐ ܕܝܠܟ. 12 ܗܘ ܕܙܟܐ
ܐܥܒܕܝܘܗܝ ܠܥܡܘܕܐ ܒܗܝܟܠܐ ܕܐܠܗܐ ܕܝܠܝ. ܘܠܒܪ ܠܐ
ܢܦܘܩ ܬܘܒ. ܘܐܟܬܘܒ ܥܠܘܗܝ ܫܡܐ ܕܐܠܗܐ ܕܝܠܝ.
ܘܕܐܘܪܫܠܡ ܚܕܬܐ: ܗܝ ܕܢܚܬܐ ܡܢ ܫܡܝܐ ܡܢ ܐܠܗܐ ܕܝܠܝ.
ܘܫܡܐ ܕܝܠܝ ܗܘ ܚܕܬܐ. 13 ܗܘ ܕܐܝܬ ܠܗ ܐܕܢܐ ܢܫܡܥ
ܡܢܐ ܪܘܚܐ ܐܡܪ ܠܥܕܬܐ. 14 ܘܠܡܠܐܟܐ ܗܘ ܕܥܕܬܐ
ܕܠܐܕܝܩܝܐ ܟܬܘܒ. ܗܟܢ ܐܡܪ ܗܘ ܐܡܝܢ. ܗܘ ܣܗܕܐ:
ܗܘ ܡܗܝܡܢܐ: ܗܘ ܫܪܝܪܐ: ܗܘ ܪܫܐ ܕܒܪܝܬܐ ܕܐܠܗܐ.
15 ܝܕܥ ܐܢܐ ܠܥܒܕܐ ܕܝܠܟ ܕܠܐ ܩܪܝܪܐ [ܘܠܐ ܫܚܝܢܐ ܐܢܬ.]
ܠܘܝ ܫܚܝܢܐ ܗܘܝܬ ܐܘ ܩܪܝܪܐ. 16 ܗܟܢܐ ܕܦܫܘܪܐ ܐܢܬ.
ܘܠܐ ܩܪܝܪܐ ܘܠܐ ܫܚܝܢܐ: ܥܬܝܕ ܐܢܐ ܐܬܒܟ ܡܢ ܦܘܡܐ
ܕܝܠܝ. 17 ܡܛܠ ܕܐܡܪ ܐܢܬ ܕܥܬܝܪܐ ܐܢܐ ܘܥܬܪܬ. ܘܠܐ ܟܠ
ܡܕܡ ܡܣܢܩܢܐ ܐܝܬ ܠܝ. ܘܠܐ ܝܕܥ ܐܢܬ. ܕܐܢܬ ܐܢܬ
ܡܚܝܠܐ ܘܕܘܝܐ. ܘܡܣܟܢܐ ܘܥܪܛܠܝܐ. 18 ܡܠܟ
ܐܢܐ ܠܟ ܠܡܙܒܢ ܡܢܝ ܕܗܒܐ ܕܒܚܝܪ ܡܢ ܢܘܪܐ ܐܝܟܢܐ
ܕܬܥܬܪ. ܘܠܒܘܫܐ ܚܘܪܐ ܠܡܬܟܣܝܘ: ܘܠܐ ܬܬܓܠܐ ܒܗܬܬܐ
ܕܥܪܛܠܝܘܬܐ ܕܝܠܟ. ܘܡܫܚܐ ܠܡܫܘܚ ܥܝܢܝܟ: ܐܝܟܢܐ
ܕܬܗܘܐ ܚܙܐ. 19 ܐܢܐ ܠܟܠܗܘܢ ܗܢܘܢ ܕܐܢܐ ܪܚܡ ܡܟܣ ܐܢܐ
ܘܪܕܐ ܐܢܐ. ܛܢ ܗܟܝܠ ܘܬܘܒ. 20 ܗܐ ܩܐܡ ܐܢܐ ܥܠ ܬܪܥܐ
ܘܐܩܘܫ. ܐܢ ܐܢܫ ܢܫܡܥ ܠܩܠܝ ܘܢܦܬܚ ܬܪܥܐ.
ܐܥܘܠ ܠܘܬܗ ܘܐܚܫܡ ܥܡܗ ܘܗܘ ܥܡܝ. 21 ܘܠܗܘ ܕܙܟܐ
ܐܬܠ ܠܗ ܠܡܬܒ ܥܡܝ ܥܠ ܟܘܪܣܝܐ ܕܝܠܝ. ܐܝܟܢܐ ܕܐܦ
ܐܢܐ ܙܟܝܬ: ܘܝܬܒܬ ܥܡ ܐܒܐ ܕܝܠܝ. ܒܟܘܪܣܝܐ ܕܝܠܗ.
22 ܗܘ ܕܐܝܬ [ܠܗ] ܐܕܢܐ. ܢܫܡܥ ܡܢܐ ܪܘܚܐ ܐܡܪ ܠܥܕܬܐ ܀

ܩܦܠܐܘܢ ܀ ܕ ܀

1 ܒܬܪ ܗܠܝܢ ܚܙܝܬ. ܘܗܐ ܬܪܥܐ ܦܬܝܚܐ ܒܫܡܝܐ.
ܘܩܠܐ ܩܕܡܝܐ ܗܘ ܕܫܡܥܬ ܐܝܟ ܫܝܦܘܪܐ ܕܡܡܠܠ ܥܡܝ:
ܘܐܡܪ ܗܟܢܐ: ܣܩ ܠܗܪܟܐ ܘܐܚܘܐ ܠܟ ܗܠܝܢ ܕܘܠܐ ܠܡܗܘܐ
ܒܬܪ ܗܠܝܢ. 2 ܘܡܚܕܐ ܗܘܝܬ ܒܪܘܚܐ. ܘܗܐ ܟܘܪܣܝܐ ܣܝܡ
ܗܘܐ ܒܫܡܝܐ. ܘܥܠ ܟܘܪܣܝܐ ܝܬܒ ܗܘܐ. 3 ܘܗܘ ܕܝܬܒ.
ܕܡܐ ܒܚܙܘܐ ܕܟܐܦܐ ܕܝܫܦܗ ܘܕܣܪܕܢ. ܘܩܫܬܐ ܕܥܢܢܐ.
ܡܢ ܚܕܪܘܗܝ ܕܟܘܪܣܝܐ. ܕܡܐ ܠܚܙܘܐ ܒܚܙܘܐ ܕܙܡܪܓܕܐ.
4 ܡܢ ܚܕܪܘܗܝ ܕܟܘܪܣܝܐ ܟܘܪܣܘܬܐ ܥܣܪܝܢ ܘܐܪܒܥܐ.
ܘܥܠܝܗܘܢ ܕܟܘܪܣܘܬܐ ܗܠܝܢ. ܥܣܪܝܢ ܘܐܪܒܥܐ ܩܫܝܫܐ
ܕܝܬܒܝܢ. ܕܡܥܛܦܝܢ ܠܒܘ̈ܫܐ ܚܘܪ̈ܐ. ܘܥܠ ܪ̈ܫܐ
ܕܝܠܗܘܢ ܟܠܝ̈ܠܐ ܕܕܗܒܐ. 5 ܘܡܢ ܟܘܪܣܝܐ ܢܦܩܝܢ ܒܪ̈ܩܐ
ܘܩܠܐ ܕܪ̈ܥܡܐ: ܘܫܒܥܐ ܠܡܦܐܕ̈ܐ ܕܢܘܪܐ ܕܝܩܕܢ ܩܕܡܘܗܝ
ܕܟܘܪܣܝܐ ܕܝܠܗ. ܗܠܝܢ ܕܐܝܬܝܗܝܢ ܫܒܥ ܪ̈ܘܚܐ ܕܐܠܗܐ.
6 ܘܩܕܡܘܗܝ ܕܟܘܪܣܝܐ: ܐܝܟ ܝܡܐ ܕܙܓܘܓܝܬܐ ܕܕܡܝܐ
ܠܩܪܘܣܛܠܘܣ. ܘܒܡܨܥܬܐ ܕܟܘܪܣܝܐ. ܘܚܕܪܘܗܝ.
ܘܩܕܡܘܗܝ ܕܟܘܪܣܝܐ. ܐܪܒܥ ܚܝ̈ܘܬܐ ܕܡܠܝܢ ܥܝ̈ܢܐ:
ܡܢ ܩܕܡܝܗܝܢ ܘܡܢ ܒܣܬܪܗܝܢ. 7 ܘܚܝܘܬܐ ܗܝ ܩܕܡܝܬܐ
ܕܡܝܐ ܠܐܪܝܐ. ܘܚܝܘܬܐ ܗܝ ܬܪܝܢܝܬܐ ܕܡܝܐ ܠܥܓܠܐ. ܘܗܝ
ܚܝܘܬܐ ܬܠܝܬܝܬܐ ܐܝܬ ܠܗ ܦܪ̈ܨܘܦܐ ܐܝܟ ܕܒܪܢܫܐ. ܘܗܝ
ܚܝܘܬܐ ܪܒܝܥܝܬܐ ܕܡܝܐ ܠܢܫܪܐ ܕܦܪܚ. 8 ܘܐܪܒܥܝܗܝܢ
ܚܝ̈ܘܬܐ. ܟܠ ܚܕܐ ܡܢܗܝܢ ܐܝܬ ܠܗ ܡܢ ܫܬ ܓܦ̈ܐ
ܠܚܕܪܐ. ܘܡܢ ܠܓܘ ܡܠܝܢ ܡܢ ܥܝ̈ܢܐ. ܘܢܝܚܐ ܠܝܬ
ܠܗܝܢ ܐܝܡܡܐ ܘܠܠܝܐ ܡܢ ܕܐܡܪܢ. ܩܕܝܫ ܩܕܝܫ ܩܕܝܫ:
ܡܪܝܐ ܐܠܗܐ ܗܘ ܐܚܝܕ ܟܠ. ܗܘ ܕܐܝܬܘܗܝ ܗܘܐ. ܘܗܘ
ܕܐܝܬܘܗܝ. ܘܗܘ ܕܐܬܐ. 9 ܘܐܡܬܝ ܕܝܗܒܝܢ ܗܠܝܢ ܚܝ̈ܘܬܐ
ܫܘܒܚܐ ܘܐܝܩܪܐ ܘܡܘܕܝܢ ܬܘܕܝܬܐ: ܠܗܘ ܕܝܬܒ ܥܠ

ܟܘܪܣܝܐ: ܠܗܘ ܕܚܝ ܠܥܠܡ̈ܐ ܕܥܠܡ̈ܝܢ. ¹⁰ ܢܦܠܝܢ
ܗܢܘܢ ܥܣܪܝܢ ܘܐܪܒܥܐ ܩܫܝ̈ܫܐ ܩܕܡ ܗܘ ܕܝܬܒ ܥܠ
ܟܘܪܣܝܐ. ܘܣܓܕܝܢ ܠܗܘ ܕܚܝ ܠܥܠܡ̈ܐ ܕܥܠܡ̈ܝܢ.
ܘܪܡܝܢ ܟܠܝ̈ܠܐ ܕܝܠܗܘܢ ܩܕܡ ܟܘܪܣܝܐ ܟܕ ܐܡܪܝܢ:
¹¹ ܕܫܘܐ ܐܝܬܝܟ ܡܪܢ ܘܐܠܗܢ ܕܝܠܢ ܗܘ ܩܕܝܫܐ ܠܡܣܒ
ܬܫܒܘܚܬܐ ܘܐܝܩܪܐ ܘܚܝܠܐ. ܡܛܠ ܕܐܢܬ ܒܪܝܬ ܟܠ.
ܘܡܛܠ ܕܝܠܟ ܐܝܬܝܗܘܢ. ܘܡܛܠ ܨܒܝܢܟ ܐܝܬܝܗܘܢ ܗܘܘ
ܘܐܬܒܪܝܘ ܀

ܩܦܠܐܘܢ ܀ ܗ ܀

¹ ܘܚܙܝܬ ܥܠ ܝܡܝܢܗ ܕܗܘ ܕܝܬܒ ܥܠ ܟܘܪܣܝܐ:
ܟܬܒܐ ܕܟܬܝܒ ܡܢ ܠܓܘ ܘܡܢ ܒܣܬܪܗ. ܘܚܬܝܡ ܒܫܒܥܐ
ܚܬܡ̈ܐ. ² ܘܚܙܝܬ ܡܠܐܟܐ ܚܝܠܬܢܐ ܕܡܟܪܙ ܒܩܠܐ ܪܒܐ:
ܡܢܘ ܐܝܬܘܗܝ ܕܫܘܐ ܠܡܦܬܚ ܟܬܒܐ: ܘܠܡܫܪܐ
ܚܬܡ̈ܐ ܕܝܠܗ. ³ ܘܠܐ ܐܢܫ ܐܫܬܟܚ ܗܘܐ ܒܫܡܝܐ ܠܥܠ:
ܘܠܐ ܥܠ ܐܪܥܐ. ܘܠܐ ܠܬܚܬ ܡܢ ܐܪܥܐ: ܠܡܦܬܚ ܟܬܒܐ
ܘܠܐ ܠܡܚܙܝܗ. ⁴ ܘܒܟܐ ܗܘܝܬ ܣܓܝ. ܡܛܠ ܕܠܐ ܐܢܫ
ܐܫܬܟܚ ܕܫܘܐ ܠܡܦܬܚ ܟܬܒܐ ܘܠܐ ܠܡܚܙܝܗ. ⁵ ܘܚܕ
ܡܢ ܗܢܘܢ ܩܫܝ̈ܫܐ ܐܡܪ ܠܝ: ܠܐ ܬܒܟܐ. ܗܐ ܙܟܐ ܐܪܝܐ
ܗܘ ܕܡܢ ܫܪܒܬܐ ܕܝܗܘܕܐ: ܗܘ ܥܩܪܐ ܕܕܘܝܕ. ܙܟܐ ܢܦܬܚ
ܟܬܒܐ. ܘܠܡܫܪܐ ܫܒܥܐ ܚܬܡ̈ܘܗܝ. ⁶ ܘܚܙܝܬ ܒܡܨܥܬܐ
ܕܗܢܘܢ ܩܫܝ̈ܫܐ ܐܡܪܐ ܕܩܐܡ ܐܝܟ ܢܟܝܣܐ. ܘܐܝܬ ܠܗ ܩܪ̈ܢܬܐ
ܫܒܥ. ܘܥܝܢ̈ܐ ܫܒܥ. ܗܠܝܢ ܕܐܝܬܝܗܝܢ ܫܒܥ ܪ̈ܘܚܐ ܕܐܠܗܐ.
ܗܠܝܢ ܕܐܫܬܕܪܝܢ ܠܟܠܗ ܐܪܥܐ. ⁷ ܘܐܬܐ ܘܢܣܒ ܟܬܒܐ ܡܢ
ܝܡܝܢܗ ܕܗܘ ܕܝܬܒ ܥܠ ܟܘܪܣܝܐ. ⁸ ܘܟܕ ܢܣܒܗ
ܟܬܒܐ. ܗܢܝܢ ܐܪܒܥ ܚܝ̈ܘܬܐ ܘܗܢܘܢ ܥܣܪܝܢ ܘܐܪܒܥܐ
ܩܫܝ̈ܫܐ: ܢܦܠܘ ܩܕܡܘܗܝ ܕܐܡܪܐ. ܟܕ ܐܝܬ ܠܟܠܚܕ
ܚܕ ܡܢܗܘܢ ܩܝܬܪܐ ܘܦܝ̈ܠܣ ܕܕܗܒܐ ܕܡܠܝܢ ܡܢ ܒܣ̈ܡܐ.
ܗܠܝܢ ܕܐܝܬܝܗܝܢ ܨܠܘ̈ܬܐ ܕܩܕܝ̈ܫܐ. ⁹ ܘܡܫܒܚܝܢ ܬܫܒܘܚܬܐ

ܒܝܘܡܝ ܕܐܝܬ ܒܗ ܡܫܡܠܝܘܬܐ ܟܐܢܬܐ ܕܒܝܬܗ. 6 ܘܡܦܩܬܗ ܡܠܐ
ܠܡܥܒܕܐ ܕܐܘܪܒܟܬܗܘܢ ܚܝ̈ܘܬܐ ܕܐܡܪ. ܕܒܬܫܡܫܬܗ ܕܢܝܚܬܐ
ܕܒܢ̈ܝܐ. ܘܐܬܝܐ ܒܬܫܡܫܬܗ ܕܥܒ̈ܕܐ ܕܒܢ̈ܝܐ. ܘܠܡܫܡܠܝܐ
ܘܠܡܫܥܒܕܘ ܠܐ ܡܛܐ. 7 ܘܟܕ ܦܬܚ ܠܡܥܒܕܘ ܗܘ ܢܒܝܐ.
ܡܦܩܕ ܠܗܝ ܢܒܝܢܝܬܐ ܚܝ̈ܘܬܐ ܕܐܡܪ. ܐܬܐ. ܘܚܝܝ ❖
8 ܘܚܙܝܬ ܗܘܐ ܫܘܫܢܐ ܢܘܪܐ. ܘܗܘ ܕܢܦܩ ܒܝܘܡܝ:
ܡܢ ܒܗ ܡܘܬܐ. ܘܡܣܬܟܠ ܢܦܩ ܠܒܪܗ. ܘܐܬܚܙܝ
ܒܗ ܡܫܒܚܢܐ ܥܠ ܪܘܚܢܗ ܕܐܪܥܐ. ܠܦܫܝܛܘ ܒܥܠܡܐ
ܘܒܒܢ̈ܝܐ ܘܒܒܥܝܪܐ ܘܡܢ ܚܝܘܬܐ ܟܠܗ ܕܐܪܥܐ. 9 ܘܟܕ ܦܬܚ
ܠܡܥܒܕܘ ܗܘ ܫܠܝܚܐ: ܚܙܐ ܠܚܝܘܬܐ ܡܢ ܡܕܒܪܐ.
ܠܒܝܫܬܐ ܕܗܘܝ ܕܐܟܠܢ ܟܠܗܝܢ ܟܠܒܐ ܕܐܟܠܐ:
ܘܟܠܗܝܢ ܡܫܘܕܝܬܐ ܕܐܡܪ. ܗܝ ܕܐܝܬ ܗܘܬ ܠܗܘܢ.
10 ܘܟܕ ܗܘܘ ܒܟܠ ܕܪܐ ܟܕ ܐܡܪܝܢ. ܒܕܪܐ ܠܐܡܬܝ
ܗܘ ܦܢܝܐ: ܗܘ ܡܥܒܕܐ: ܠܐ ܕܝܢ ܐܝܬ ܘܐܬܐ
ܐܝܬ ܕܐܟܠ ܕܝܠܝ. ܡܢ ܗܟܝܠ ܕܡܥܕܝܢ ܥܠ ܐܪܥܐ.
11 ܘܐܬܗܦܟܬ ܠܡܫܒܚ ܚܕ ܡܢܗܘܢ ܐܫܬܠܛ ܫܘܪܐ. ܘܐܬܐܡܪ
ܠܗܘܢ ܐܝܟܢܐ ܕܬܬܦܢܘܢ ܠܐܠܗ ܐܟܢܐ ܐܒܘܗܐ. ܒܕܪܐ
ܕܡܫܡܠܝܢ ܐܦ ܟܝܢܐ ܗܘܝܢ ܐܢܐ ܕܠܗܘܢ: ܗܘܝܢ
ܕܟܝܢܝܢ ܠܒܝܬ ܡܠܟܘܬܐ ܐܝܟ ܕܐܦ ܗܢܘܢ. 12 ܘܚܙܝܬ ܟܕ ܫܪܝ
ܠܡܥܒܕܘ ܗܘ ܡܫܝܚܐ. ܘܕܥܐ ܕܪܐ ܕܗܘܐ. ܘܡܦܩܕ ܕܗܘܐ
ܐܘܟܠܐ ܐܝܟ ܦܩܕܐ ܕܩܕܡܐ: ܘܐܦܘܪܐ ܟܕ ܗܘܐ ܐܝܟ ܕܝܠܐ.
13 ܘܡܥܒܕܐ ܕܡܫܝܚܐ ܠܟܠܗ ܥܠܡܐ: ܐܝܟ ܕܐܬܐ. ܕܡܢܐ
ܫܒܝܠܐ ܕܢܦܩܘ: ܟܕ ܡܢ ܢܘܚܐ ܕܒܪܐ ܦܬܐܝܣܐ.
14 ܘܡܥܝܢܐ ܐܬܦܬܚܘ. ܐܝܟ ܒܕܪܐ ܦܬܚܝ. ܘܟܠ ܚܘܪܐ
ܩܛܪܐ ܡܢ ܕܘܟܝܬܐ ܕܠܗܘܢ ܐܬܐܡܪܘ. 15 ܘܡܥܒܕܐ ܕܐܪܥܐ
ܘܪܘܚܢܐ ܘܪܓܝܫܝܢ ܠܡܫܒܚܢܐ ܘܟܝܢܐ ܘܡܬܒܥܝܢܐ. ܘܟܠ
ܟܝܢܐ ܘܟܢ ܚܙܐ: ܡܢܗ ܗܘܝܢ ܠܗܘܢ ܠܡܥܒܕܐ ܘܠܫܒܝܠܐ
ܕܚܘܪܐ 16 ܘܐܡܪܝܢ ܠܚܘܪܐ ܘܠܫܒܝܠܐ ܦܬܚ ܒܗܝܢ. ܘܚܘܐ

ܠܢ ܡܢ ܦܪܨܘܦܗ ܕܗܘ ܕܝܬܒ ܥܠ ܬܪܘܢܘܣ. ܘܡܢ ܪܘܓܙܗ
ܕܐܡܪܐ. 17 ܡܛܠ ܕܐܬܐ ܝܘܡܐ ܗܘ ܪܒܐ ܕܪܘܓܙܐ ܕܝܠܗܘܢ.
ܘܡܢܘ ܡܫܟܚ ܠܡܩܡ ܀

ܩܦܠܐܘܢ ܀ ܙ ܀

1 ܘܒܬܪ ܗܠܝܢ ܚܙܝܬ ܐܪܒܥܐ ܡܠܐܟܐ ܕܩܝܡܝܢ ܥܠ
ܐܪܒܥ ܦܢܝܬܗ ܕܐܪܥܐ. ܘܐܚܝܕܝܢ ܠܐܪܒܥ ܪܘ̈ܚܐ ܕܐܪܥܐ.
ܐܝܟܢܐ ܕܠܐ ܢܫܒ ܪܘܚܐ ܥܠ ܐܪܥܐ. ܘܠܐ ܥܠ ܝܡܐ. ܘܠܐ ܥܠ
ܐܝܠܢܐ. 2 ܘܚܙܝܬ ܐܚܪܢܐ ܡܠܐܟܐ. ܘܣܠܩ ܡܢ ܡܕܢܚܐ
ܕܫܡܫܐ. ܕܐܝܬ ܠܗ ܚܬܡܐ ܕܐܠܗܐ ܚܝܐ. ܘܩܪܐ ܒܩܠܐ
ܪܒܐ. ܠܐܪܒܥܐ ܡܠܐܟܐ ܗܠܝܢ ܕܐܬܝܗܒ ܠܗܘܢ ܕܢܗܪܘܢ ܠܐܪܥܐ
ܘܠܝܡܐ. ܟܕ ܐܡܪ. 3 ܠܐ ܬܗܪܘܢ ܠܐܪܥܐ ܘܠܐ ܠܝܡܐ ܐܦܠܐ
ܠܐܝܠܢܐ: ܥܕܡܐ ܕܢܚܬܘܡ ܠܥܒܕ̈ܘܗܝ ܕܐܠܗܐ ܕܝܠܢ. ܥܠ
ܒܝܬ ܥܝ̈ܢܝܗܘܢ ܀ 4 ܘܫܡܥܬ ܡܢܝܢܐ ܕܗܢܘܢ ܕܐܬܚܬܡܘ
ܡܐܐ ܘܐܪܒܥܝܢ ܘܐܪܒܥܐ ܐܠܦܝܢ: ܚܬܝܡܐ ܡܢ ܟܠ ܫܒܛܐ
ܕܐܝܣܪܝܠ ܀ 5 ܡܢ ܫܒܛܐ ܕܝܗܘܕܐ ܬܪܥܣܪ ܐܠܦܝܢ
ܚܬܝܡܐ. ܡܢ ܫܒܛܐ ܕܪܘܒܝܠ ܬܪܥܣܪ ܐܠܦܝܢ. ܡܢ
ܫܒܛܐ ܕܓܕ ܬܪܥܣܪ ܐܠܦܝܢ. 6 ܡܢ ܫܒܛܐ ܕܐܫܝܪ
ܬܪܥܣܪ ܐܠܦܝܢ. ܡܢ ܫܒܛܐ ܕܢܦܬܠܝ ܬܪܥܣܪ ܐܠܦܝܢ.
ܡܢ ܫܒܛܐ ܕܡܢܫܐ ܬܪܥܣܪ ܐܠܦܝܢ. 7 ܡܢ ܫܒܛܐ
ܕܫܡܥܘܢ ܬܪܥܣܪ ܐܠܦܝܢ: ܡܢ ܫܒܛܐ ܕܠܘܝ ܬܪܥܣܪ
ܐܠܦܝܢ. ܡܢ ܫܒܛܐ ܕܐܝܣܟܪ ܬܪܥܣܪ ܐܠܦܝܢ. 8 ܡܢ
ܫܒܛܐ ܕܙܒܘܠܘܢ ܬܪܥܣܪ ܐܠܦܝܢ. ܡܢ ܫܒܛܐ ܕܝܘܣܦ
ܬܪܥܣܪ ܐܠܦܝܢ. ܡܢ ܫܒܛܐ ܕܒܢܝܡܝܢ ܬܪܥܣܪ ܐܠܦܝܢ.
9 ܒܬܪ ܗܠܝܢ ܚܙܝܬ: ܘܗܐ ܟܢܫܐ ܣܓܝܐܐ. ܗܘ ܕܠܡܡܢܝܢܘܬܗ
ܠܐ ܐܝܬ ܡܫܟܚ ܗܘܐ. ܡܢ ܟܠ ܥܡܐ ܘܫܪ̈ܒܬܐ ܘܡܕܝ̈ܢܬܐ
ܘܠܫܢ̈ܐ. ܕܩܝܡܝܢ ܩܕܡ ܬܪܘܢܘܣ: ܘܩܕܡܘܗܝ ܕܐܡܪܐ.
ܟܕ ܡܥܛܦܝܢ ܐܣܛܠܐ ܚܘܪܬܐ. ܘܕܩܠܐ ܒܐܝܕܝܗܘܢ.

10 ܘܡܚܝܢ ܒܬܠܬܐ ܙܒܢܐ ܟܕ ܐܡܪܝܢ: ܒܬܘܩܢܐ ܠܐܠܗܐ ܕܝܠܗ.
ܠܗܘ ܕܝܗܒ ܟܠ ܐܪܘܢܘܗ. ܘܐܬܡܛܪ. 11 ܘܡܚܘܗܝ ܗܢܘܢ
ܡܠܐܟܐ ܦܫܝܛܝܢ ܗܘܘ ܚܙܘܩܝܢ ܕܐܪܘܢܘܗ. ܘܗܢܘܢ
ܡܢܝܢܐ: ܘܗܘ̈ܝܢ ܐܪܟܒ ܚܝܒܘܬܐ. ܘܢܟܠܘ ܡܢ ܐܪܘܢܘܗ
ܕܝܠܗ ܟܠ ܦܪܘܣܐ ܕܚܝܠܗܘܢ. ܘܫܒܚܘ ܠܐܠܗܐ. 12 ܟܕ
ܐܡܪܝܢ ܐܦܝܢ ✣ ܒܬܘܩܢܐ ܘܐܬܚܠܦܬܐ ܘܡܫܡܫܬܐ. ܘܡܩܒܠ
ܡܬܦܩܕܐ ܘܐܫܩܢܐ. ܘܡܫܬܠ ܘܒܬܘܫܚܬܐ ܠܐܠܗܐ ܕܝܠܗ ܠܟܝܢܬܐ
ܕܦܬܟܬܐ ܐܦܝܢ. 13 ܘܟܕ ܚܕ ܡܢ ܡܢܝܢܐ ܘܐܡܪ ܠܗ.
ܗܠܝܢ ܕܡܬܦܪܫܝܢ ܐܦܝܢ ܗܘܝܢ ܫܘܦܪܐ. ܡܢ ܗܘ ܐܬܬܝܗܘܢ.
ܘܡܢ ܐܢܬܐ ܐܝܬܘ. 14 ܘܐܡܪܬ ܠܗ. ܗܕܐ ܕܝܠܟ. ܐܝܟ ܢܦܫ
ܐܝܟ. ܘܐܡܪ ܠܗ. ܗܢܘܢ ܐܬܬܝܗܘܢ. ܗܠܝܢ ܕܐܬܝܢ ܡܢ
ܐܘܪܫܠܡ ܙܒܢܐ. ܘܐܫܬܘܝܘ ܐܦܝܢ ܕܝܠܗܘܢ ܘܫܪܘ ܐܢܝܢ
ܠܡܐܟܘ ܕܐܡܪܐ. 15 ܫܡܥܬ ܗܕܐ ܐܬܬܝܗܘܢ ܡܢ ܐܪܘܢܘܗ
ܕܐܠܗܐ. ܘܡܫܬܡܫܝܢ ܠܗ ܐܝܟ ܕܠܟܠܢܐ ܘܡܠܟܐ ܠܗܘܟܠܐ
ܕܝܠܗ. ܘܗܘ ܕܝܗܒ ܟܠ ܐܪܘܢܘܗ ܢܦܫ ܠܒܢܝܗܘܢ.
16 ܠܐ ܬܟܢܫܘܢ ܘܠܐ ܬܗܘܘܢ ܐܒܐ ܘܠܐ ܬܫܒܘܩ ܠܒܢܝܗܘܢ ܡܢܣܒܐ
ܘܠܐ ܦܠܘ ܠܗܘܢ ܡܢܘܬܐ. 17 ܫܡܥܬ ܕܐܡܪܐ ܗܢܐ ܕܡܬܚܫܒܢܝܗ
ܕܐܪܘܢܘܗ. ܬܟܠܐ ܐܝܟ ܘܬܗܘܐ ܐܝܟ ܟܠ ܡܫܒܚܬܐ ܕܟܢܫܐ
ܚܝܐ. ܘܢܬܠܐ ܠܐܠܗܐ ܦܠ ܕܫܡܥܬ ܡܢ ܟܠܝܗܘܢ ✣

ܩܦܠܐܘܢ ✣ ܚ ✣

1 ܘܟܕ ܫܡܥ ܠܡܠܟܐ ܗܢܘ ܡܩܒܝܐ. ܗܘܐ ܡܬܢܨܚ
ܠܡܩܒܝܐ: ܐܝܟ ܦܠܚܘܬܐ ܡܠܟܐ. 2 ܘܫܕܪ ܠܗܘܢ ܡܠܟܐ
ܡܠܐܟܐ: ܗܢܘܢ ܕܐܡܪܝܢ ܠܗ ܦܫܝܛܝܢ ܗܘܘ. ܘܐܬܝܗܒܘ
ܠܗܘܢ ܡܠܟܐ ܡܫܠܡܢܐ. 3 ܘܐܬܚܙܝܬ ܡܠܐܟܐ ܐܬܐ ܘܩܡ ܥܠ
ܡܕܒܚܐ. ܘܐܡܪ ܠܗ ܦܪܘܫܐ ܕܕܝܠܗ ܘܐܬܝܗܒܘ ܠܗ
ܒܦܫܩܐ ܡܫܬܐܐ. ܐܢܟܝܢܐ ܕܬܠܐ ܕܡܠܟܘܬܐ ܕܡܠܟܘܗܝ ܡܢ ܬܚܬ
ܥܠ ܡܕܒܚܐ ܕܕܝܠܗ. ܗܢܘ ܕܐܡܪ ܐܪܘܢܘܗ. 4 ܫܡܥ

ܬܢܢܐ ܕܒܣܡ̈ܐ ܕܨܠܘ̈ܬܐ ܕܩܕܝ̈ܫܐ ܡܢ ܐܝܕܗ ܕܡܠܐܟܐ ܩܕܡ
ܐܠܗܐ. 5 ܘܢܣܒܗ ܗܘ ܡܠܐܟܐ ܠܒܝܬܦܚܡܐ. ܘܡܠܝܗܝ ܡܢ
ܢܘܪܐ ܕܡܕܒܚܐ. ܘܐܪܡܝ ܥܠ ܐܪܥܐ. ܘܗܘܘ ܪ̈ܥܡܐ ܘܩ̈ܠܐ
ܘܒܪ̈ܩܐ ܘܙܘܥܐ. 6 ܘܗܢܘܢ ܫܒܥܐ ܡܠܐܟ̈ܐ: ܗܢܘܢ ܕܐܝܬ
ܠܗܘܢ ܫܒܥܐ ܫܝܦܘܪ̈ܐ ܛܝܒܘ ܗܢܘܢ ܠܗܘܢ ܐܝܟܢܐ
ܕܢܙܥܩܘܢ. 7 ܘܗܘܐ ܩܕܡܝܐ ܙܥܩ. ܘܗܘܐ ܒܪܕܐ ܘܢܘܪܐ
ܕܚܠܝܛܝܢ ܒܕܡܐ. ܘܐܬܪܡܝܘ ܥܠ ܐܪܥܐ ܘܬܘܠܬܗ ܕܐܪܥܐ ܝܩܕ.
ܘܬܘܠܬܐ ܕܐܝܠܢ̈ܐ ܝܩܕ. ܘܟܠ ܥܣܒܐ ܝܪܘܩܐ ܝܩܕ.
8 ܘܗܘܐ ܬܪܝܢܐ ܡܠܐܟܐ ܙܥܩ. ܘܐܝܟ ܛܘܪܐ ܪܒܐ ܟܕ ܒܢܘܪ
ܝܩܕ ܐܬܪܡܝ ܒܝܡܐ. ܘܗܘܐ ܬܘܠܬܗ ܕܝܡܐ ܕܡܐ.
9 ܘܡܝܬ ܬܘܠܬܐ ܕܒܪ̈ܝܬܐ ܕܒܝܡܐ. ܗܠܝܢ ܕܐܝܬ
ܠܗܝܢ ܢܦܫܐ. ܘܬܘܠܬܐ ܕܐܠܦ̈ܐ ܐܬܚܒܠ. 10 ܘܗܘܐ
ܬܠܝܬܝܐ ܡܠܐܟܐ ܙܥܩ. ܘܢܦܠ ܡܢ ܫܡܝܐ ܟܘܟܒܐ ܪܒܐ ܝܩܕ
ܐܝܟ ܠܡܦܐܕܐ. ܘܢܦܠ ܥܠ ܬܘܠܬܐ ܕܢܗܪ̈ܘܬܐ. ܘܥܠ
ܡܒܘ̈ܥܐ ܕܡ̈ܝܐ. 11 ܘܫܡܗ ܕܟܘܟܒܐ ܡܬܐܡܪ. ܗܘ
ܐܦܣܢܬܝܢܘܣ. ܘܗܘܐ ܬܘܠܬܗܘܢ ܕܡ̈ܝܐ ܐܝܟ ܐܦܣܢܬܝܢ. ܘܣܓܝ̈ܐܐ
ܒܢܝ̈ܢܫܐ ܡܝܬܘ: ܡܢ ܡ̈ܝܐ ܕܡܪܝܪܘ. 12 ܘܗܘܐ :
ܪܒܝܥܝܐ ܡܠܐܟܐ ܙܥܩ: ܘܡܚܝܗ ܬܘܠܬܗ ܕܫܡܫܐ. ܘܬܘܠܬܗ
ܕܣܗܪܐ. ܘܬܘܠܬܗ ܕܟܘܟ̈ܒܐ ܐܝܟܢܐ ܕܢܚܫܟ ܬܘܠܬܗ ܕܝܠܗܘܢ.
ܘܢܚܫܟܘ. ܘܝܘܡܐ ܠܐ ܢܢܗܪ ܬܘܠܬܗ ܕܝܠܗ. ܘܠܠܝܐ ܐܟܘܬܗ
ܒܡܫܚܬܐ. 13 ܘܚܙܝܬ ܘܫܡܥܬ ܠܢܫܪܐ ܚܕ ܕܦܪܚ ܒܡܨܥܬ ܫܡܝܐ
ܘܕܘܢܒܐ ܕܕܡܐ ܐܝܬ ܒܗ. ܟܕ ܐܡܪ ܒܩܠܐ ܪܡܐ. ܘܝ ܘܝ
ܠܗܘܢ ܕܥܡܪܝܢ ܥܠ ܐܪܥܐ: ܡܢ ܩ̈ܠܐ ܕܫܝܦܘܪ̈ܐ ܕܡܫܬܚܪܐ
ܕܗܢܘܢ ܬܠܬܐ ܡܠܐܟ̈ܐ: ܗܢܘܢ ܕܥܬܝܕܝܢ ܠܡܙܥܩ ܀

ܩܦܠܐܘܢ ܀ ܛ ܀

1 ܘܗܘܐ ܚܡܝܫܝܐ ܡܠܐܟܐ ܙܥܩ. ܘܚܙܝܬ ܟܘܟܒܐ ܕܢܦܠ
ܡܢ ܫܡܝܐ ܥܠ ܐܪܥܐ. ܘܐܬܝܗܒ ܠܗ ܩܠܝܕܐ ܕܒܐܪܐ

ܕܬܗܘܡܐ. 2 ܘܦܬܚ ܠܒܪܐ ܕܬܗܘܡܐ. ܘܣܠܩ ܬܢܢܐ ܡܢ
ܒܪܐ. ܐܝܟ ܬܢܢܐ ܕܐܬܘܢܐ ܕܡܫܠܗܒ. ܘܚܫܟ ܫܡܫܐ ܘܐܐܪ
ܡܢ ܬܢܢܐ ܕܒܪܐ. 3 ܘܡܢ ܬܢܢܐ ܢܦܩܘ ܩܡܨܐ ܠܐܪܥܐ. ܘܐܬܝܗܒ
ܠܗܘܢ ܫܘܠܛܢܐ ܐܝܟ ܕܐܝܬ ܠܗܘܢ ܠܥܩܪ̈ܒܐ ܕܥܠ ܐܪܥܐ.
4 ܘܐܬܐܡܪ ܠܗܘܢ ܕܠܐ ܢܗܪܘܢ ܠܥܣܒܐ ܕܐܪܥܐ ܘܠܐ ܠܟܠ
ܝܘܪܩܐ: ܐܦܠܐ ܠܟܠ ܐܝܠܢܐ ܐܠܐ ܐܢ ܠܒܢܝ̈ܢܫܐ ܗܢܘܢ
ܐܝܠܝܢ ܕܠܝܬ ܠܗܘܢ ܚܬܡܐ ܕܐܠܗܐ ܥܠ ܒܝܬ ܥܝ̈ܢܐ
ܕܝܠܗܘܢ. 5 ܘܐܬܝܗܒ ܠܗܘܢ ܐܢܫܐ ܕܠܐ ܢܩܛܠܘܢ ܐܢܘܢ.
ܐܠܐ ܕܢܫܬܢܩܘܢ ܝܪ̈ܚܐ ܚܡܫܐ. ܘܫܘܢܩܐ ܕܝܠܗܘܢ. ܐܝܟ
ܫܘܢܩܐ ܕܥܩܪܒܐ: ܐܡܬܝ ܕܢܡܚܐ ܠܐܢܫ. 6 ܘܒܝܘܡܬܐ
ܗܢܘܢ ܢܒܥܘܢ ܒܢܝ̈ܢܫܐ ܠܡܘܬܐ ܘܠܐ ܢܫܟܚܘܢܗ.
ܘܢܪܓܪܓܘܢ ܠܡܡܬ. ܘܢܥܪܘܩ ܡܘܬܐ ܡܢܗܘܢ.
7 ܘܕܡܘܬܐ ܕܗܢܘܢ ܩܡܨܐ. ܕܡܝܢ ܐܝܟ ܕܡܘܬܐ ܕܪ̈ܟܫܐ
ܕܡܛܝܒܝܢ ܠܩܪܒܐ. ܘܥܠ ܪ̈ܫܐ ܕܝܠܗܘܢ ܐܝܟ ܟܠܝܠܐ
ܕܕܡܘܬܐ ܕܕܗܒܐ. ܘܦܪ̈ܨܘܦܐ ܕܝܠܗܘܢ: ܐܝܟ ܦܪ̈ܨܘܦܐ
ܕܒܢܝ̈ܢܫܐ. 8 ܘܐܝܬ ܗܘܐ ܠܗܘܢ ܣܥܪܐ ܐܝܟ ܣܥܪܐ ܕܢܫ̈ܐ.
ܘܫܢ̈ܐ ܕܝܠܗܘܢ ܐܝܟ ܕܐܪ̈ܝܘܬܐ ܐܝܬܝܗܝܢ ܗܘܝ. 9 ܘܐܝܬ ܗܘܐ
ܠܗܘܢ ܫܪ̈ܝܢܐ: ܐܝܟ ܫܪ̈ܝܢܐ ܕܦܪܙܠܐ. ܘܩܠܐ ܕܓܦ̈ܐ ܕܝܠܗܘܢ
ܐܝܟ ܩܠܐ ܕܡܪ̈ܟܒܬܐ ܕܪ̈ܟܫܐ ܣܓܝ̈ܐܐ ܕܪ̈ܗܛܝܢ ܠܩܪܒܐ.
10 ܘܐܝܬ ܠܗܘܢ ܕܘܢܒ̈ܬܐ ܕܕܡܝܢ ܠܥܩܪ̈ܒܐ. ܘܥܘܩܣܐ
ܡܥܩܣܢܝܬܐ ܕܝܠܗܘܢ. ܐܝܬ ܠܗܘܢ ܫܘܠܛܢܐ ܠܡܗܪܘ
ܠܒܢܝ̈ܢܫܐ ܝܪ̈ܚܐ ܚܡܫܐ. 11 ܘܐܝܬ ܠܗܘܢ ܡܠܟܐ ܥܠܝܗܘܢ.
ܠܡܠܐܟܐ ܕܬܗܘܡܐ. ܕܫܡܗ ܒܗ ܥܒܪܐܝܬ ܐܒܕܘ. ܒܝܘܢܝܐ
ܕܝܢ ܫܡܐ ܐܝܬ ܠܗ ܐܦܘܠܘܘܢ. 12 ܗܘ ܚܕ ܘܝܐ ܐܙܠ. ܗܐ
ܐܬܝܢ ܬܘܒ ܬܪ̈ܬܝܢ ܘܝ̈ܐ ܒܬܪ ܗܠܝܢ. 13 ܘܗܘ ܫܬܝܬܝܐ ܡܠܐܟܐ
ܙܥܩ. ܘܫܡܥܬ ܩܠܐ ܚܕ ܡܢ ܩܪ̈ܢܬܗ ܕܡܕܒܚܐ ܕܕܗܒܐ
ܗܘ ܕܩܕܡ ܐܠܗܐ. 14 ܘܐܡܪ ܠܡܠܐܟܐ ܫܬܝܬܝܐ ܗܘ ܕܐܝܬ
ܠܗ ܫܝܦܘܪܐ. ܫܪܝ ܠܗܘܢ ܐܪ̈ܒܥܐ ܡܠܐܟ̈ܐ. ܗܢܘܢ

ܕܐܣܝܪܝܢ ܥܠ ܢܗܪܐ ܪܒܐ ܦܪܬ. 15 ܘܐܫܬܪܝܘ ܗܢܘܢ ܐܪܒܥܐ
ܡܠܐܟܐ. ܗܢܘܢ ܕܡܛܝܒܝܢ ܠܫܥܬܐ ܘܠܝܘܡܐ ܘܠܝܪܚܐ
ܘܠܫܢܬܐ: ܐܝܟܢܐ ܕܢܩܛܠܘܢ ܠܬܘܠܬܐ ܕܒܢܝ̈ܢܫܐ.
16 ܘܡܢܝܢܐ ܕܦܠܚ̈ܐ ܕܦܪ̈ܫܘܬܐ. ܫܡܥܬ ܪ̈ܒܘ ܪ̈ܒܘܢ ܡܢܝܢܗ
ܡܢܝܢܐ ܕܝܠܗܘܢ.. 17 ܘܗܟܢ ܚܙܝܬ ܠܗܠܝܢ ܪ̈ܟܫܐ ܒܚܙܘܐ.
ܘܠܗܢܘܢ ܕܝܬܒܝܢ ܥܠܝܗܘܢ ܕܐܝܬ ܫܪ̈ܝܢܐ ܢܘܪ̈ܢܝܬܐ.
ܘܣܘܡ̈ܩܢܝܬܐ. ܘܟܒܪ̈ܝܬܢܝܬܐ. ܘܪ̈ܫܝܗܘܢ ܕܪ̈ܟܫܐ ܐܝܟ ܪ̈ܫܐ
ܕܐܪ̈ܝܘܬܐ. ܘܡܢ ܦܘ̈ܡܐ ܕܝܠܗܘܢ ܢܦܩܐ ܢܘܪܐ ܘܬܢܢܐ ܘܟܒܪܝܬܐ.
18 ܘܡܢ ܬܠܬ ܡܚ̈ܘܬܐ: ܐܬܩܛܠܘ ܬܘܠܬܐ ܕܒܢܝ̈ܢܫܐ: ܡܢ
ܢܘܪܐ ܘܡܢ ܬܢܢܐ ܘܡܢ ܟܒܪܝܬܐ: ܗܢܘܢ ܕܢܦܩܝܢ ܡܢ ܦܘ̈ܡܐ
ܕܝܠܗܘܢ. 19 ܗܘ ܓܝܪ ܫܘܠܛܢܗܘܢ ܕܪ̈ܟܫܐ ܒܦܘܡܐ
ܕܝܠܗܘܢ ܐܝܬܘܗܝ: ܘܒܕܘܢܒ̈ܬܗܘܢ ܐܝܬܘܗܝ. ܗܢܝܢ
ܓܝܪ ܕܘܢܒ̈ܬܐ ܕܝܠܗܘܢ. ܕܡ̈ܝܢ ܠܚܘ̈ܘܬܐ. ܕܐܝܬ ܠܗܝܢ
ܪ̈ܫܐ: ܘܒܗܘܢ ܡܚܒܠܝܢ. 20 ܘܫܪܟܐ ܕܒܢܝ̈ܢܫܐ ܗܢܘܢ ܕܠܐ
ܐܬܩܛܠܘ ܒܡܚ̈ܘܬܐ ܗܠܝܢ. ܘܠܐ ܬܒܘ ܡܢ ܥܒ̈ܕܐ ܕܐܝ̈ܕܝܐ
ܕܝܠܗܘܢ ܐܝܟܢܐ ܕܠܐ ܢܣܓܕܘܢ ܠܫ̈ܐܕܐ: ܘܠܨܠܡ̈ܐ ܕܕܗܒܐ
ܘܕܣܐܡܐ ܘܕܢܚܫܐ ܘܕܟܐܦܐ ܘܕܩܝܣܐ. ܗܢܘܢ ܕܠܐ
ܠܡܚܙܐ ܡܨܝܢ ܘܠܐ ܠܡܫܡܥ. 21 ܘܠܐ ܬܒܘ ܡܢ ܩ̈ܛܠܐ
ܕܝܠܗܘܢ. ܘܠܐ ܡܢ ܚܪ̈ܫܘܬܗܘܢ: ܘܠܐ ܡܢ ܙܢܝܘܬܗܘܢ: ܘܠܐ
ܡܢ ܓܢ̈ܒܘܬܐ ܕܝܠܗܘܢ ✤

ܩܦܠܐܘܢ ✤ ܝ ✤

1 ܘܚܙܝܬ ܐܚܪܢܐ ܡܠܐܟܐ ܚܝܠܬܢܐ ܕܢܚܬ ܡܢ ܫܡܝܐ:
ܕܡܬܥܛܦ ܥܢܢܐ ܘܩܫܬܐ ܕܥܢܢܐ: ܥܠ ܪܝܫܐ ܕܝܠܗ
ܘܦܪ̈ܨܘܦܐ ܕܝܠܗ ܐܝܟ ܫܡܫܐ. ܘܪ̈ܓܠܐ ܕܝܠܗ ܐܝܟ ܥܡܘ̈ܕܐ
ܕܢܘܪܐ. 2 ܘܐܝܬ ܒܐܝܕܗ ܟܬܒܘܢܐ ܦܬܝܚܐ. ܘܣܡ
ܪܓܠܗ ܕܝܡܝܢܐ ܥܠ ܝܡܐ. ܗܝ ܕܝܢ ܕܣܡܠܐ ܥܠ ܐܪܥܐ.
3 ܘܩܥܐ ܒܩܠܐ ܪܒܐ ܐܝܟܢܐ ܕܢܗܡ ܐܪܝܐ. ܘܟܕ ܩܥܐ ܡܠܠܘ

ܗܢܘܢ ܫܒܥܐ ܪ̈ܥܡܐ ܩ̈ܠܐ ܕܝܠܗܘܢ. 4 ܘܟܕ ܡܠܠܘ ܗܢܘܢ
ܫܒܥܐ ܪ̈ܥܡܐ ܥܬܝܕ ܗܘܝܬ ܠܡܟܬܒ. ܘܫܡܥܬ ܩܠܐ ܡܢ
ܫܡܝܐ ܕܐܡܪ. ܚܬܘܡ ܗܢܘܢ ܕܡܠܠܘ ܗܘܘ ܫܒܥܐ ܪ̈ܥܡܐ.
ܘܠܗܘܢ ܠܐ ܬܟܬܘܒ. 5 ܘܗܘ ܡܠܐܟܐ ܕܚܙܝܬ ܟܕ ܩܐܡ ܥܠ
ܝܡܐ ܘܥܠ ܐܪܥܐ: ܐܪܝܡ ܐܝܕܗ ܕܝܡܝܢܐ ܠܫܡܝܐ. 6 ܘܝܡܐ
ܒܗܘ ܕܚܝ ܠܥܠܡ ܥܠܡ̈ܝܢ. ܗܘ ܕܒܪܐ ܠܫܡܝܐ
ܘܠܡܕܡ ܕܒܗ: ܘܠܐܪܥܐ ܘܠܡܕܡ [ܕܒܗ]: ܘܠܝܡܐ
ܘܠܡܕܡ ܕܒܗ: ܕܙܒܢܐ ܠܐ ܢܗܘܐ ܬܘܒ: 7 ܐܠܐ ܒܝܘܡܬܐ
ܕܩܠܗ ܕܡܠܐܟܐ ܫܒܝܥܝܐ ܐܡܬܝ ܕܥܬܝܕ ܠܡܙܥܩܘ:
ܘܐܫܬܠܡ ܐܪܙܗ ܕܐܠܗܐ ܐܝܟ ܕܣܒܪ ܠܥܒ̈ܕܘܗܝ
ܢܒ̈ܝܐ. 8 ܘܩܠܐ ܗܘ ܕܫܡܥܬ ܡܢ ܫܡܝܐ. ܬܘܒ ܕܡܡܠܠ
ܥܡܝ. ܘܐܡܪ. ܙܠ ܣܒ ܟܬܒܘܢܐ ܗܘ ܕܦܬܝܚ
ܒܐܝܕܗ ܕܡܠܐܟܐ ܗܘ ܕܩܐܡ ܥܠ ܝܡܐ ܘܥܠ ܐܪܥܐ. 9 ܘܐܙܠܬ
ܠܘܬ ܡܠܐܟܐ. ܟܕ ܐܡܪ: ܐܢܐ ܠܗ ܕܢܬܠ ܠܝ ܟܬܒܘܢܐ.
ܘܐܡܪ ܠܝ. ܣܒ ܘܐܟܘܠܝܗܝ. ܘܢܡܪܪ ܠܟ ܟܪܣܟ. ܐܠܐ
ܒܦܘܡܟ ܕܝܢ ܢܗܘܐ ܚܠܝܐ ܐܝܟ ܕܒܫܐ. 10 ܘܢܣܒܬ ܟܬܒܘܢܐ
ܡܢ ܐܝܕܗ ܕܡܠܐܟܐ ܘܐܟܠܬܗ. ܘܐܝܬܘܗܝ ܗܘܐ ܒܦܘܡܝ
ܕܝܠܝ: ܐܝܟ ܕܒܫܐ ܚܠܝܐ. ܘܟܕ ܐܟܠܬܗ ܡܪܝܪܐ ܟܪܣܝ
ܕܝܠܝ. 11 ܘܐܡܪ ܠܝ. ܙܕܩ ܠܟ ܬܘܒ ܠܡܬܢܒܝܘ ܥܠ
ܥܡ̈ܡܐ ܘܥܠ ܐܡ̈ܘܬܐ ܘܠܫܢ̈ܐ ܘܡܠܟ̈ܐ ܣܓܝ̈ܐܐ ܀

ܩܦܠܐܘܢ ܀ ܝܐ ܀

1 ܘܐܬܝܗܒ ܠܝ ܩܢܝܐ ܕܕܡܐ ܠܫܒܛܐ ܘܩܐܡ ܗܘܐ
ܡܠܐܟܐ. ܟܕ ܐܡܪ. ܩܘܡ ܘܡܫܘܚ ܠܗܝܟܠܐ ܕܐܠܗܐ
ܘܠܡܕܒܚܐ ܘܠܗܢܘܢ ܕܣܓܕܝܢ ܒܗ. 2 ܘܠܕܪܬܐ ܕܠܒܪ
ܡܢ ܗܝܟܠܐ ܐܦܩ ܡܢ ܠܒܪ ܘܠܐ ܬܡܫܘܚܝܗ. ܡܛܠ
ܕܐܬܝܗܒܬ ܠܥܡ̈ܡܐ: ܘܠܡܕܝܢܬܐ ܩܕܝܫܬܐ ܢܕܘܫܘܢ
ܝܪ̈ܚܐ ܐܪܒܥܝܢ ܘܬܪܝܢ. 3 ܘܐܬܠ ܠܬܪ̈ܝܢ ܣܗܕ̈ܝ ܕܝܠܝ.

ܘܢܬܢܒܘܢ ܝܘܡܬܐ ܐܠܦܐ ܘܡܐܬ̈ܝܢ ܘܫܬܝܢ. ܟܕ ܡܬܥܛܦܝܢ
ܣ̈ܩܐ. 4 ܗܠܝܢ ܐܝܬܝܗܘܢ ܬܪܬܝܢ ܙ̈ܝܬܐ. ܘܬܪܬܝܢ ܡܢܪ̈ܬܐ:
ܗܠܝܢ ܕܩܝܡܢ ܩܕܡ ܡܪܗ̇ ܕܐܪܥܐ ܟܠܗ̇. 5 ܘܐܢ ܐܢܫ ܠܗܘܢ
ܨܒܐ ܠܡܗܪܘ. ܢܘܪܐ ܢܦܩܐ ܡܢ ܦܘܡܗܘܢ ܘܐܟܠܐ
ܠܒܥܠܕܒ̈ܒܝܗܘܢ. ܘܐܢ ܐܢܫ ܠܗܘܢ ܨܒܐ ܠܡܗܪܘ:
ܗܟܢܐ ܙܕܩ ܠܗ ܠܡܬܩܛܠܘ. 6 ܗܠܝܢ ܐܝܬ ܠܗܘܢ
ܫܘܠܛܢܐ ܕܢܐܚܕܘܢ ܠܫܡܝܐ. ܐܝܟܢܐ ܕܠܐ ܢܚܬ ܡܛܪܐ ܒܝܘ̈ܡܝ
ܕܢܒܝܘܬܐ ܗܠܝܢ. ܘܫܘܠܛܢܐ ܐܝܬ ܠܗܘܢ ܥܠ ܡ̈ܝܐ
ܕܢܗܦܟܘܢ ܐܢܘܢ ܠܕܡܐ. ܘܠܡܡܚܐ ܠܐܪܥܐ ܒܟܠ ܡܚܘܬܐ
ܟܡܐ ܙܒ̈ܢܝܢ ܕܐܢ ܨܒܝܢ. 7 ܘܐܡܬܝ ܕܫܠܡܘܗ̇ ܣܗܕܘܬܐ
ܕܝܠܗܘܢ: ܚܝܘܬܐ ܗܝ ܕܣܠܩܐ ܡܢ ܬܗܘܡܐ.
ܬܥܒܕ ܥܡܗܘܢ ܩܪܒܐ: ܘܬܙܟܐ ܐܢܘܢ. 8 ܘܫܠܕ̈ܝܗܘܢ
ܥܠ ܫܘܩܐ ܪܒܐ ܕܡܕܝܢܬܐ: ܗܝ ܐܝܕܐ ܕܡܬܩܪܝܐ
ܪܘܚܢܐܝܬ ܣܕܘܡ ܘܡܨܪܝܢ. ܐܝܟܐ ܕܐܦ ܡܪܢ ܕܝܠܗܘܢ ܐܙܕܩܦ.
9 ܘܚܙܝܢ ܡܢ ܥܡ̈ܡܐ ܘܫܪ̈ܒܬܐ ܘܠܫ̈ܢܐ ܠܫܠ̈ܕܐ
ܕܝܠܗܘܢ. ܬܠܬܐ ܝܘܡܝܢ ܘܦܠܓܗ. ܘܠܫܠ̈ܕܐ ܕܝܠܗܘܢ
ܠܐ ܫܒܩܝܢ ܠܡܬܬܣܡܘ ܒܩܒܪܐ. 10 ܘܗܢܘܢ ܕܥܡܪܝܢ
ܥܠ ܐܪܥܐ. ܚܕܝܢ ܥܠܝܗܘܢ. ܘܡܬܒܣܡܝܢ: ܘܡܘܗܒܬܐ
ܢܫܕܪܘܢ ܠܚ̈ܕܕܐ. ܡܛܠ ܕܗܠܝܢ ܬܪܝܢ ܢܒ̈ܝܐ: ܫܢܩܘ
ܠܗܢܘܢ ܕܥܡܪܝܢ ܥܠ ܐܪܥܐ. 11 ܘܒܬܪ ܗܠܝܢ ܬܠܬܐ ܝܘܡܝܢ
ܘܦܠܓܗ: ܪܘܚܐ ܕܚ̈ܝܐ ܡܢ ܐܠܗܐ ܥܠܬ ܒܗܘܢ:
ܘܩܡܘ ܥܠ ܪ̈ܓܠܝܗܘܢ. ܘܕܚܠܬܐ ܪܒܬܐ ܢܦܠܬ ܥܠ
ܗܢܘܢ ܕܚܙܝܢ ܠܗܘܢ. 12 [ܘܫܡܥܘ ܩܠܐ ܪܒܐ ܡܢ ܫܡܝܐ
ܕܐܡܪ ܠܗܘܢ] ܣܩܘ ܠܗܪܟܐ. ܘܣܠܩܘ ܠܫܡܝܐ ܒܥܢܢܐ:
ܘܚܙܐܘ ܐܢܘܢ ܒܥܠܕܒ̈ܒܝܗܘܢ. 13 ܘܒܗ̇ ܫܥܬܐ ܗܘܐ
ܙܘܥܐ ܪܒܐ. ܘܚܕ ܡܢ ܥܣܪܐ ܕܡܕܝܢܬܐ ܢܦܠ. ܘܐܬܩܛܠܘ
ܒܙܘܥܐ ܫܡܗ̈ܐ ܕܒܢ̈ܝܢܫܐ ܫܒܥܐ ܐܠܦܝܢ. ܘܗܢܘܢ ܕܫܪܟܘ
ܕܚ̈ܝܠܝܢ ܗܘܘ: ܘܝܗܒܘ ܬܫܒܘܚܬܐ ܠܐܠܗܐ. 14 ܗܘ ܘܝܐ

ܬܪܝܢܐ ܐܙܠ. ܗܐ ܗܘ ܘܝܐ ܬܠܝܬܝܐ ܐܬܐ ܥܓܠ. 15 ܘܗܘ
ܡܠܐܟܐ ܫܒܝܥܝܐ ܙܥܩ: ܘܗܘܘ ܩܠ̈ܐ ܪ̈ܘܪܒܐ ܕܐܡܪܝܢ:
ܗܘܬ ܡܠܟܘܬܐ ܕܥܠܡܐ ܕܡܪܢ ܘܕܡܫܝܚܗ ܕܝܠܗ.
ܘܢܡܠܟ ܠܥܠܡ̈ܝܢ ܕܥܠܡ̈ܝܢ. 16 ܘܗܢܘܢ ܥܣܪܝܢ ܘܐܪܒܥܐ
ܩܫܝ̈ܫܐ: ܗܠܝܢ ܕܩܕܡ ܬܪܘܢܘܣ ܕܐܠܗܐ ܗܢܘܢ ܕܝܬܒܝܢ
ܥܠ ܬܪ̈ܘܢܘܣܐ ܕܝܠܗܘܢ. ܢܦܠܘ ܥܠ ܦܪ̈ܨܘܦܐ ܕܝܠܗܘܢ.
ܘܣܓܕܘ ܠܐܠܗܐ. 17 ܟܕ ܐܡܪܝܢ: ܡܘܕܝܢܢ ܠܟ
ܡܪܝܐ ܐܠܗܐ ܗܘ ܐܚܝܕ ܟܠ: ܗܘ ܕܐܝܬܘܗܝ ܘܗܘܐ
ܘܐܬܘܗܝ ܗܘܐ. ܡܛܠ ܕܢܣܒܬ ܠܚܝܠܐ ܕܝܠܟ ܗܘ ܪܒܐ
ܘܐܡܠܟܬ: 18 ܘܥܡ̈ܡܐ ܪܓܙܘ: ܘܐܬܐ ܪܘܓܙܐ ܕܝܠܟ. ܘܙܒܢܐ
ܕܡܝ̈ܬܐ ܠܡܬܕܝܢܘ. ܘܠܡܬܠ ܐܓܪܐ ܠܥܒ̈ܕܐ ܕܝܠܟ ܠܢܒ̈ܝܐ
ܘܠܩܕܝ̈ܫܐ: ܘܠܕܚܠܝܢ ܠܫܡܐ ܕܝܠܟ. ܠܙܥܘ̈ܪܐ
ܘܠܪ̈ܘܪܒܐ. ܘܠܡܚܒܠܘ ܠܗܢܘܢ ܕܡܚܒܠܝܢ ܠܐܪܥܐ.
19 ܘܐܬܦܬܚ ܗܝܟܠܗ ܕܐܠܗܐ ܒܫܡܝܐ. ܘܐܬܚܙܝܬ ܩܒܘܬܐ
ܕܕܝܬܝܩܝ ܕܝܠܗ ܒܗܝܟܠܗ. ܘܗܘܘ ܒܪ̈ܩܐ ܘܪ̈ܥܡܐ ܘܙܘܥܐ:
ܘܒܪܕܐ ܪܒܐ ܀

ܩܦܠܐܘܢ ܀ ܝܒ ܀

1 ܘܐܬܐ ܪܒܬܐ ܐܬܚܙܝܬ ܒܫܡܝܐ: ܐܢܬܬܐ ܕܠܒܝܫܐ ܫܡܫܐ:
ܘܣܗܪܐ ܬܚܝܬ ܪ̈ܓܠܝܗ. ܘܥܠ ܪܫܗ ܟܠܝܠܐ ܕܟܘܟ̈ܒܐ
ܬܪܥܣܪ. 2 ܘܟܕ ܒܒܛܢܐ ܐܝܬ ܠܗ. ܩܥܝܐ ܗܘܬ ܘܚܒܠܐ
ܘܡܫܬܢܩܐ ܠܡܐܠܕ. 3 ܘܐܬܚܙܝܬ ܐܚܪܬܐ ܐܬܐ ܒܫܡܝܐ. ܘܗܐ
ܬܢܝܢܐ ܕܢܘܪܐ ܪܒܐ ܕܐܝܬ ܠܗ ܪ̈ܫܐ ܫܒܥܐ. ܘܩܪ̈ܢܬܐ ܥܣܪ.
ܘܥܠ ܪ̈ܫܐ ܕܝܠܗ ܫܒܥܐ ܬܐ̈ܓܐ. 4 ܘܕܘܢܒܗ ܕܝܠܗ ܓܪܫ
ܠܬܘܠܬܐ ܕܟܘܟ̈ܒܐ ܕܫܡܝܐ. ܘܐܪܡܝ ܐܢܘܢ ܥܠ ܐܪܥܐ. ܘܗܘ
ܬܢܝܢܐ ܩܐܡ ܗܘܐ ܩܕܡ ܗܝ ܐܢܬܬܐ. ܗܝ ܕܥܬܝܕܐ ܠܡܐܠܕ
ܐܝܟܢܐ ܕܐܡܬܝ ܕܬܐܠܕ ܢܐܟܘܠܝܘܗܝ ܠܒܪܐ ܕܝܠܗ. 5 ܘܝܠܕܬ
ܒܪܐ ܕܟܪܐ. ܗܘ ܕܥܬܝܕ ܠܡܪܥܐ ܠܥܡ̈ܡܐ ܟܠܗܘܢ ܒܫܒܛܐ

ܒܣܘܗܪܐ ܕܩܪܝܬܐ. ܘܐܬܚܫܒ ܟܪܐ ܕܝܠܗ ܟܠܗ ܐܠܗܐ:
ܘܟܠܗ ܠܐܪܘܬܘܣ ܕܝܠܗ. 6 ܘܗܐ ܐܝܠܝܐ ܥܪܩ ܠܡܕܒܪܐ
ܐܢܫܐ ܕܐܝܬ ܗܘܐ ܠܗ ܕܩܒܠܐ ܕܡܬܡܢܐ ܡܢ ܐܠܗܐ. ܐܢܫܐ
ܐܝܟ ܠܦܪܣܘܦܘ ܢܩܦܬܐ ܠܐܢܫܐ ܘܡܠܐܟ ܘܡܛܝܒ. 7 ܘܗܘܐ
ܡܢܐ ܟܡܝܢܐ. ܘܫܡܥܬܠܗ ܘܡܠܐܟܝܗ ܕܝܠܗ ܠܡܫܬܒܚܘ
ܟܡ ܐܢܫܐ ܘܐܢܫܐ ܘܡܠܐܟܐ ܕܝܠܗ ܐܡܪܒܗ: 8 ܘܠܐ ܐܬܝܚܕܘ
ܘܠܐ ܕܩܒܠܐ ܕܝܠܗܘܢ ܐܬܓܠܝܬ ܠܘܬ ܟܡܝܢܐ. 9 ܘܐܬܪܦܝ
ܗܘ ܐܢܫܐ ܙܟܐ: ܗܘ ܚܘܝܐ ܟܐܦܐ. ܗܘ ܕܡܬܡܪܐ
ܡܪܥܝܢܐ ܘܦܫܝܐ. ܗܘ ܕܡܛܒܐ ܠܡܬܟܬܫܢܝܬܐ ܟܠܗ.
ܐܬܬܪܦܝ ܟܠ ܐܪܥܐ. ܘܡܠܐܟܐ ܕܝܠܗ. ܟܠܗܘܢ ܐܬܬܪܦܝܘ.
10 ܘܡܫܬܠܚܐ ܦܠܐ ܙܟܐ ܟܡܝܢܐ ܕܐܡܪ. ܗܘܐ ܗܘܐ ܫܘܪܝܐ
ܡܢܠܐ ܘܡܠܟܘܬܐ ܕܐܠܗܐ ܕܝܠܗ: ܘܡܫܠܡܢܐ ܕܡܫܝܚܐ
ܕܝܠܗ: ܡܫܠܐ ܕܐܬܪܦܝ ܗܘ ܡܫܡܫܢܐ ܕܐܬܐ ܕܝܠܗ:
ܗܘ ܕܡܫܡܫܝܢ ܗܘܐ ܠܗܘܢ. ܡܢܗ ܐܠܗܐ ܕܝܠܗ ܐܦܟܐ
ܘܟܢܘܫܐ: 11 ܘܗܘܝܘ ܐܬܟܢܫܘ ܟܗܢܐ ܕܟܠܗ ܕܐܬܪܐ:
ܘܟܗܢܐ ܡܫܚܐ ܕܟܘܠܗܘܢ ܕܝܠܗܘܢ: ܠܐ ܐܫܬܡܥ ܠܡܦܩܐ
ܕܝܠܗܘܢ ܒܙܒܢܐ ܠܡܦܩܬܐ. 12 ܟܗܢܐ ܗܘܘ ܐܬܟܢܫܘ ܡܢܝܢܐ
ܘܗܘܝܘ ܕܟܠܗܘܢ ܡܢܗ. ܘܐ ܠܐܪܥܐ ܘܟܠܗܘܢ ܟܗܢܐ ܕܢܫܐ
ܡܪܥܝܢܐ ܠܦܘܬܗܘܢ. ܕܐܝܬ ܠܗ ܢܦܫܐ ܙܟܝܐ: ܟܕ ܢܦܠ
ܕܡܚܝܠ ܐܚܢܐ ܐܝܬ ܠܗ. 13 ܘܟܕ ܚܙܐ ܗܘ ܐܢܫܐ ܕܐܬܪܦܝ
ܟܠ ܐܪܥܐ. ܪܕܦ ܠܐܝܠܝܐ ܗܘ ܐܢܫܐ ܕܢܦܩ ܠܒܪܐ:
14 ܘܐܬܚܙܝ ܠܐܝܠܝܐ ܗܘܝܘ ܠܐܪܟ ܫܩܠ ܕܢܦܩܐ ܗܘ ܙܟܐ.
ܐܢܫܐ ܕܐܦܪܫ ܠܡܕܒܪܐ ܠܒܝܬܐ ܕܝܠܗ ܐܢܫܐ ܕܡܬܬܪܦܝܢܐ
ܐܝܟ. ܟܕܐ ܘܟܕܐ ܘܡܠܝܫܘܐ ܟܕܐ: ܡܢ ܩܪܝܬܐ ܕܚܘܝܐ.
15 ܘܐܪܦܝ ܗܘ ܚܘܝܐ ܡܢ ܦܘܡܐ. ܒܡܬܪ ܐܝܠܝܐ ܡܢܐ ܐܝܟ
ܢܗܪܐ. ܐܝܟ ܕܝܠܗ ܡܫܝܚܐ ܡܢ ܢܗܪܐ ܢܒܥܐ. 16 ܘܟܕ ܙܒܢܐ
ܐܪܥܐ ܠܐܝܠܝܐ. ܘܫܡܥܬ ܐܪܥܐ ܦܘܡܐ ܕܝܠܗ. 17 ܘܢܦܩ ܗܘ
ܐܢܫܐ ܟܠ ܐܝܠܝܐ: ܘܐܙܠ ܠܡܕܒܪ ܡܢܐ ܟܡ ܗܘܝܢ

ܕܫܪܟܐ ܕܙܪܥܗ. ܗܢܘܢ ܕܢܛܪܝܢ ܠܦܘܩܕܢܘܗܝ
ܕܐܠܗܐ: ܘܐܝܬ ܠܗܘܢ ܣܗܕܘܬܐ ܕܝܫܘܥ: 18 ܘܩܡ ܥܠ
ܚܠܐ ܕܝܡܐ.

ܩܦܠܐܘܢ ܀ ܝܓ ܀

1 ܘܚܙܝܬ ܕܣܠܩܐ ܚܝܘܬܐ ܡܢ ܝܡܐ: ܕܐܝܬ ܠܗ.
ܩܪܢܬܐ ܥܣܪ: ܘܪܝܫܐ ܫܒܥܐ. ܘܥܠ ܩܪܢܬܐ ܕܝܠܗ ܥܣܪܐ
ܬܐܓܝܢ. ܘܥܠ ܪܝܫܐ ܕܝܠܗ ܫܡܗܐ ܕܓܘܕܦܐ. 2 ܘܚܝܘܬܐ
ܗܝ ܕܚܙܝܬ: ܐܝܬܝܗ ܗܘܬ ܕܕܡܝܐ ܠܢܡܪܐ. ܘܪܓܠܝܗ
ܕܝܠܗ. ܐܝܟ ܕܕܒܐ. ܘܦܘܡܐ ܕܝܠܗ ܐܝܟ ܦܘܡܐ ܕܐܪܝܘܬܐ
ܘܝܗܒ ܠܗ ܗܘ ܬܢܝܢܐ. ܠܚܝܠܐ ܕܝܠܗ ܘܠܬܪܘܢܘܣ
ܕܝܠܗ. ܘܫܘܠܛܢܐ ܪܒܐ. 3 ܘܚܕ ܡܢ ܪܝܫܐ ܕܝܠܗ ܐܝܟ
ܢܟܝܣ ܠܡܘܬܐ. ܘܡܚܘܬܐ ܕܡܘܬܐ ܕܝܠܗ ܐܬܐܣܝܬ.
ܘܐܬܕܡܪܬ݀ ܟܠܗ ܐܪܥܐ ܒܬܪܗ܆ ܗܘ ܚܝܘܬܐ ܗܕܐ. 4 ܘܣܓܕܘ
ܠܬܢܝܢܐ ܡܛܠ ܕܝܗܒ ܫܘܠܛܢܐ ܠܗܘ ܚܝܘܬܐ ܗܕܐ
ܘܡܢܘ ܡܨܐ ܠܡܬܟܬܫܘ ܥܡܗ. 5 ܘܐܬܝܗܒ ܠܗ ܦܘܡܐ
ܕܡܡܠܠ ܪܘܪܒܬܐ ܘܓܘܕܦܐ. ܘܐܬܝܗܒ ܠܗ ܫܘܠܛܢܐ
ܠܡܥܒܕ ܝܪܚܐ ܐܪܒܥܝܢ ܘܬܪܝܢ. 6 ܘܦܬܚ ܦܘܡܐ ܕܝܠܗ
ܠܓܘܕܦܐ ܠܘܬ ܐܠܗܐ: ܠܡܓܕܦܘ ܠܫܡܐ ܕܝܠܗ
ܘܠܡܫܟܢܗ: ܠܗܢܘܢ ܕܒܫܡܝܐ ܫܪܝܢ. 7 ܘܐܬܝܗܒ ܠܗ
ܫܘܠܛܢܐ ܥܠ ܟܠ ܫܪܒܬܐ ܘܥܡܐ ܘܠܫܢܐ ܘܐܘܡܬܐ.
ܘܐܬܝܗܒ ܠܗ ܠܡܥܒܕ ܩܪܒܐ ܥܡ ܩܕܝܫܐ ܠܡܙܟܝܘ
ܐܢܘܢ. 8 ܘܢܣܓܕܘܢ ܠܗ ܟܠܗܘܢ ܗܢܘܢ ܕܥܡܪܝܢ ܥܠ
ܐܪܥܐ. ܗܢܘܢ ܕܠܐ ܟܬܝܒ ܫܡܐ ܕܝܠܗܘܢ ܒܟܬܒܐ ܕܚܝܐ:
ܕܐܡܪܐ ܗܘ ܢܟܝܣܐ: ܡܢ ܬܪܡܝܬܗ ܕܥܠܡܐ. 9 ܐܢ ܐܢܫ ܐܝܬ
ܠܗ ܐܕܢܐ. ܢܫܡܥ. 10 ܐܢ ܠܫܒܝܐ ܡܘܒܠ: ܠܫܒܝܐ ܐܙܠ.
ܐܢ ܐܢܫ ܒܣܝܦܐ ܩܛܠ: ܙܕܩ ܠܗ ܕܒܣܝܦܐ ܢܬܩܛܠ.
ܗܪܟܐ ܐܝܬܝܗ ܡܣܝܒܪܢܘܬܐ. ܘܗܝܡܢܘܬܐ ܕܩܕܝܫܐ. 11 ܘܚܙܝܬ
ܐܚܪܢܐ ܚܝܘܬܐ ܕܣܠܩܐ ܡܢ ܐܪܥܐ. ܘܐܝܬ ܗܘܐ ܠܗ

ܩܪ̈ܢܐ ܬܪ̈ܬܝܢ ܕܕܡܝܢ ܠܐܡܪܐ. ܘܡܡܠܠܐ ܗܘܐ ܐܝܟ ܬܢܝܢܐ.
12 ܘܫܘܠܛܢܐ ܟܠܗ ܕܗܝ ܚܝܘܬܐ ܗܘ ܩܕܡܝܬܐ. ܥܒܕ
ܗܘܐ ܩܕܡܝܗ̇. ܘܥܒܕ ܗܘܐ ܠܐܪܥܐ ܘܠܥܡܘܪ̈ܝܗ̇ ܕܒܗ̇
ܥܡ̈ܝܪܝܢ: ܐܝܟܢܐ ܕܢܣܓܕܘܢ ܠܗܝ ܚܝܘܬܐ ܩܕܡܝܬܐ.
ܕܗܝ ܕܐܬܐܣܝܬ ܡܚܘܬܐ ܕܡܘܬܐ ܕܝܠܗ̇. 13 ܘܥܒܕ ܐܬ̈ܘܬܐ
ܪ̈ܘܪܒܬܐ. ܐܝܟܢܐ ܕܐܦ ܢܘܪܐ ܢܥܒܕ ܠܡܚܬ ܡܢ ܫܡܝܐ ܥܠ
ܐܪܥܐ ܩܕܡ ܒ̈ܢܝܢܫܐ. 14 ܘܡܛܥܐ ܠܥܡܘܪ̈ܝܗ̇ ܕܥܡ̈ܝܪܝܢ ܥܠ
ܐܪܥܐ: ܠܡܥܒܕ ܐܬ̈ܘܬܐ ܠܩܕܡ ܚܝܘܬܐ ܩܕܡܝܬܐ: ܗܝ ܕܐܝܬ
ܗܘܐ ܒܗ̇ ܡܚܘܬܐ ܕܣܝܦܐ ܘܚܝܐ. 15 ܘܐܬܝܗܒ ܠܗ̇
ܠܡܬܠ ܪܘܚܐ ܠܨܠܡܐ ܕܗܝ ܚܝܘܬܐ ܩܕܡܝܬܐ. ܘܢܥܒܕ ܕܟܠܗܘܢ
ܗܠܝܢ ܕܐܢ ܠܐ ܢܣܓܕܘܢ ܠܗ ܠܨܠܡܐ ܕܗܝ ܚܝܘܬܐ ܩܕܡܝܬܐ
ܢܬܩܛܠܘܢ. 16 ܘܢܥܒܕ ܠܟܠܗܘܢ ܠܙܥܘܪ̈ܐ ܘܠܪ̈ܘܪܒܐ:
ܘܠܥܬܝܪ̈ܐ ܘܠܡܣ̈ܟܢܐ. ܘܠܒ̈ܢܝ ܚܐܪ̈ܐ ܘܠܥܒ̈ܕܐ ܐܝܟܢܐ
ܕܢܬܝܗܒ ܠܗܘܢ ܪܘܫܡܐ ܥܠ ܐܝܕܐ ܕܝܠܗܘܢ ܕܝܡܝܢܐ: ܐܘ
ܥܠ ܒܝܬ ܥܝ̈ܢܝܐ ܕܝܠܗܘܢ. 17 ܐܝܟܢܐ ܕܠܐ ܐܢܫ ܢܫܟܚ ܢܙܒܢ
ܘܢܙܒܢ: ܐܠܐ ܗܘ ܕܐܝܬ ܠܗ ܪܘܫܡܐ ܕܫܡܐ ܕܗܝ ܚܝܘܬܐ ܩܕܡܝܬܐ:
ܐܘ ܡܢܝܢܐ ܕܫܡܐ ܕܝܠܗ. 18 ܗܪܟܐ ܚܟܡܬܐ ܐܝܬܝܗ̇. ܡܢ
ܕܐܝܬ ܠܗ ܗܘܢܐ. ܢܚܫܘܒ ܠܡܢܝܢܐ ܕܗܝ ܚܝܘܬܐ ܩܕܡܝܬܐ.
ܡܢܝܢܐ ܓܝܪ ܕܒܪܢܫܐ ܐܝܬܘܗܝ. ܘܡܢܝܢܐ ܕܝܠܗ ܐܝܬܘܗܝ
ܫܬ ܡܐܐ ܘܫܬܝܢ ܘܫܬ ܀

ܩܦܠܐܘܢ ܀ ܝܕ ܀

1 ܘܚܙܝܬ ܘܗܐ ܗܘ ܐܡܪܐ ܩܐܡ ܥܠ ܛܘܪܐ ܕܨܗܝܘܢ.
ܘܥܡܗ ܡܐܐ ܘܐܪܒܥܝܢ. ܘܐܪܒܥܐ ܐܠܦܝܢ: ܕܐܝܬ
ܠܗܘܢ ܫܡܐ ܕܝܠܗ ܘܫܡܐ ܕܐܒܘܗܝ: ܟܬܝܒ ܥܠ ܒܝܬ
ܥܝ̈ܢܝܐ ܕܝܠܗܘܢ. 2 ܘܫܡܥܬ ܩܠܐ ܡܢ ܫܡܝܐ. ܐܝܟ ܩܠܐ ܕܡ̈ܝܐ
ܣܓܝ̈ܐܐ: ܘܐܝܟ ܩܠܐ ܕܪܥܡܐ ܪܒܐ. ܘܩܠܐ ܗܘ ܕܫܡܥܬ: ܐܝܟ
ܕܩܝܬܪ̈ܘܕܐ ܕܢܩܫܝܢ ܒܩܝܬܪ̈ܐ ܕܝܠܗܘܢ. 3 ܘܡܫܒܚܝܢ

ܬܫܒܘܚܬܐ ܚܕܬܐ ܩܕܡܝܗܘܢ ܕܬܪܘܢܘܣ. ܘܩܕܡ ܗܠܝܢ
ܐܪܒܥ ܚܝ̈ܘܬܐ. ܘܕܗܠܝܢ ܩܫܝ̈ܫܐ. ܘܠܐ ܐܢܫ ܡܫܟܚ ܗܘܐ
ܠܡܐܠܦܗ̇ ܠܬܫܒܘܚܬܐ: ܐܠܐ ܐܢ ܗܠܝܢ ܡܐܐ ܘܐܪܒܥܝܢ
ܘܐܪܒܥܐ ܐܠܦܝܢ: ܗܠܝܢ ܕܐܙܕܒܢܘ ܡܢ ܐܪܥܐ. 4 ܗܠܝܢ
ܐܝܬܝܗܘܢ ܗܠܝܢ ܕܥܡ ܢܫ̈ܐ ܠܐ ܐܬܛܢܦܘ. ܒܬܘ̈ܠܐ ܓܝܪ
ܐܝܬܝܗܘܢ. ܗܠܝܢ ܐܝܬܝܗܘܢ ܗܠܝܢ ܕܢܩܦܝܢ ܠܐܡܪܐ
ܠܐܝܟܐ ܕܐܙܠ: ܗܠܝܢ ܡܢ ܬܡܢ ܐܙܕܒܢܘ. ܡܢ ܒܢܝ̈ܢܫܐ
ܪܫܝܬܐ ܠܐܠܗܐ ܘܠܐܡܪܐ. 5 ܘܒܦܘܡܐ ܕܝܠܗܘܢ ܠܐ ܐܫܬܟܚܬ
ܕܓܠܘܬܐ. ܕܠܐ ܡܘܡܐ ܓܝܪ ܐܝܬܝܗܘܢ. 6 ܘܚܙܝܬ ܐܚܪܢܐ
ܡܠܐܟܐ ܟܕ ܦܪܚ ܒܫܡܝܐ: ܕܣܒܪܬܐ ܐܝܬ ܠܗ ܐܘܢܓܠܝܘܢ
ܕܠܥܠܡ. ܠܡܣܒܪܘ ܠܗܠܝܢ ܕܝܬܒܝܢ ܥܠ ܐܪܥܐ. ܘܥܠ
ܟܠ ܐܘܡܐ ܘܫܪܒܬܐ ܘܠܫܢܐ ܘܥܡܐ. 7 ܕܐܡܪ ܒܩܠܐ ܪܒܐ.
ܕܚܠܘ ܠܐܠܗܐ ܘܗܒܘ ܠܗ ܬܫܒܘܚܬܐ. ܡܛܠ ܕܐܬܬ
ܫܥܬܐ ܕܕܝܢܐ ܕܝܠܗ. ܘܣܓܘܕܘ ܠܗܘ ܕܥܒܕ ܫܡܝܐ
ܘܐܪܥܐ: ܘܝܡܡܐ ܘܡܒܘ̈ܥܐ ܕܡ̈ܝܐ. 8 ܘܐܚܪܢܐ ܡܠܐܟܐ ܬܪܝܢܐ
ܢܦܩ ܠܗ ܟܕ ܐܡܪ. ܢܦܠܬ ܢܦܠܬ ܒܒܠ ܗܝ ܪܒܬܐ:
ܗܝ ܕܡܢ ܚܡܪܐ ܕܚܡܬܐ ܕܙܢܝܘܬܐ ܕܝܠܗ̇ ܐܫܩܝܬ ܠܟܠܗܘܢ
ܥܡ̈ܡܐ. 9 ܘܐܚܪܢܐ ܡܠܐܟܐ ܬܠܝܬܝܐ ܢܦܩ ܠܗܘܢ ܟܕ ܐܡܪ
ܒܩܠܐ ܪܒܐ: ܐܝ ܐܢܫ ܣܓܕ ܠܗܘ ܚܝܘܐ ܗܢܐ ܘܠܨܠܡܐ
ܕܝܠܗ: ܘܢܣܒ ܪܘܫܡܐ ܕܝܠܗ ܥܠ ܒܝܬ ܥܝܢ̈ܘܗܝ ܐܘ ܥܠ
ܐܝܕܐ ܕܝܠܗ: 10 ܐܦ ܗܘ ܢܫܬܐ ܡܢ ܚܡܪܐ ܕܚܡܬܐ ܕܐܠܗܐ:
ܗܘ ܕܡܙܝܓ ܐܡܝܢܗܘ ܒܟܣܐ ܕܪܘܓܙܐ ܕܝܠܗ. ܘܢܬܫܢܩ
ܒܢܘܪܐ ܘܒܟܒܪܝܬܐ. ܩܕܡ ܡܠܐܟ̈ܐ ܩܕܝ̈ܫܐ. ܘܩܕܡ ܐܪܢܘܣ.
11 ܘܬܢܢܐ ܕܬܫܢܝܩܐ ܕܝܠܗܘܢ: ܠܥ̈ܠܡܝܢ ܕܥ̈ܠܡܝܢ ܢܣܩ.
ܘܠܐ ܐܝܬ ܠܗܘܢ ܢܝܚܐ ܐܝܡܡܐ ܘܠܠܝܐ: ܠܗܠܝܢ ܕܣܓܕܝܢ
ܠܗܘ ܚܝܘܐ ܗܢܐ ܘܠܨܠܡܐ ܕܝܠܗ. 12 ܗܪܟܐ ܡܣܝܒܪܢܘܬܐ
ܕܩܕܝ̈ܫܐ ܐܝܬܝܗ̇: ܗܠܝܢ ܕܢܛܪܝܢ ܠܦܘܩܕ̈ܢܘܗܝ ܕܐܠܗܐ
ܘܠܗܝܡܢܘܬܐ ܕܝܫܘܥ. 13 ܘܫܡܥܬ ܩܠܐ ܡܢ ܫܡܝܐ ܕܐܡܪ

ܟܬܘܒ ܛܘܒܝܗܘܢ ܠܡܝܬܐ ܗܢܘܢ ܕܒܡܪܢ ܡܝܬܝܢ. ܡܢ
ܗܫܐ. ܐܝܢ ܐܡܪ ܪܘܚܐ. ܐܝܟܢܐ ܕܢܬܬܢܝܚܘܢ ܡܢ ܥܡܠܐ
ܕܝܠܗܘܢ. ܗܢܘܢ ܓܝܪ ܥܒܕܐ ܕܝܠܗܘܢ. ܢܩܦܝܢ ܥܡܗܘܢ.
14 ܘܚܙܝܬ ܘܗܐ ܥܢܢܐ ܚܘܪܐ. ܘܥܠ ܥܢܢܐ ܝܬܒ: ܕܕܡܐ
ܠܒܪܗ ܕܐܢܫܐ: ܕܐܝܬ ܠܗ ܥܠ ܪܫܗ ܕܝܠܗ ܟܠܝܠܐ
ܕܕܗܒܐ: ܘܒܐܝܕܗ ܡܓܠܐ ܚܪܝܦܐ. 15 ܘܐܚܪܢܐ
ܡܠܐܟܐ ܢܦܩ ܡܢ ܗܝܟܠܐ. ܟܕ ܩܥܐ ܒܩܠܐ ܪܡܐ. ܠܗܘ
ܕܝܬܒ ܥܠ ܥܢܢܐ: 16 ܘܐܪܡܝ ܡܓܠܐ ܕܝܠܗ ܥܠ ܐܪܥܐ:
ܘܐܬܚܨܕܬ ܐܪܥܐ. 17 ܘܐܚܪܢܐ ܡܠܐܟܐ ܢܦܩ ܡܢ ܗܝܟܠܐ ܗܘ
ܕܒܫܡܝܐ: ܕܐܝܬ ܐܦ ܠܗ ܡܓܠܐ ܚܪܝܦܐ: 18 ܘܐܚܪܢܐ
ܡܠܐܟܐ ܢܦܩ ܡܢ ܡܕܒܚܐ. ܗܘ ܕܐܝܬ ܠܗ ܫܘܠܛܢܐ ܥܠ
ܢܘܪܐ. ܘܩܥܐ ܒܩܠܐ ܪܡܐ ܠܗܘ ܕܐܝܬ ܠܗ ܡܓܠܐ
ܚܪܝܦܐ ܟܕ ܐܡܪ. ܫܕܪ ܡܓܠܟ ܕܝܠܟ ܗܘ ܚܪܝܦܐ:
ܘܩܛܘܦ ܠܣܓܘܠܐ ܕܟܪܡܗ ܕܐܪܥܐ: ܡܛܠ ܕܐܬܒܫܠ
ܥܢܒܘܗܝ ܕܐܪܥܐ. 19 ܘܐܪܡܝ ܡܠܐܟܐ ܠܡܓܠܐ ܕܝܠܗ ܥܠ ܐܪܥܐ:
ܘܩܛܦ ܠܟܪܡܗ ܕܐܪܥܐ. ܘܐܪܡܝ ܒܡܥܨܪܬܐ ܕܚܡܬܗ ܕܐܠܗܐ
ܗܝ ܪܒܬܐ. 20 ܘܐܬܕܝܫܬ ܗܝ ܡܥܨܪܬܐ ܒܪܝܐ ܠܡܕܝܢܬܐ
ܕܪܟܫܐ: ܡܢ ܐܣܛܕܘܬܐ ܐܠܦ ܘܫܬ ܡܐܐ ܀

ܩܦܠܐܘܢ ܀ ܝܗ ܀

1 ܘܚܙܝܬ ܐܚܪܬܐ ܐܬܐ ܒܫܡܝܐ. ܪܒܬܐ ܘܬܡܝܗܬܐ. ܡܠܐܟܐ
ܫܒܥܐ. ܕܐܝܬ ܠܗܘܢ ܡܚܘܬܐ ܫܒܥ. ܗܠܝܢ ܐܚܪܝܬܐ:
ܡܛܠ ܕܒܗܝܢ ܐܫܬܠܡܬ ܚܡܬܗ ܕܐܠܗܐ. 2 ܘܚܙܝܬ ܐܝܟ
ܝܡܐ ܕܙܓܘܓܝܬܐ. ܕܚܠܝܛܐ ܒܢܘܪܐ: ܘܠܗܠܝܢ ܕܙܟܘ ܡܢ
ܗܝ ܚܝܘܬܐ ܘܡܢ ܨܠܡܐ ܕܝܠܗ: ܘܡܢ ܡܢܝܢܐ ܕܫܡܐ
ܕܝܠܗ. ܟܕ ܩܝܡܝܢ ܥܠ ܝܡܐ ܕܙܓܘܓܝܬܐ: ܕܐܝܬ ܠܗܘܢ
ܩܝܬܪܘܣܐ ܕܐܠܗܐ. 3 ܘܡܫܒܚܝܢ ܬܫܒܘܚܬܐ ܕܡܘܫܐ
ܗܘ ܥܒܕܗ ܕܐܠܗܐ: ܘܬܫܒܘܚܬܐ ܕܐܡܪܐ. ܟܕ ܐܡܪܝܢ.

ܪܘܪ̈ܒܐ ܘܬܡܝܗܐ ܐܝܬܝܗܘܢ ܥܒ̈ܕܐ ܕܝܠܟ ܡܪܝܐ ܐܠܗܐ ܗܘ
ܐܚܝܕ ܟܠ. ܟܐܢܝ̈ܬܐ ܘܡܫܪܪ̈ܬܐ ܐܘܪ̈ܚܬܐ ܕܝܠܟ ܡܠܟܐ ܕܥܠ̈ܡܐ
4 ܡܢܘ ܠܐ ܢܕܚܠ ܠܟ ܡܪܝܐ: ܘܢܫܒܚ ܠܫܡܐ ܕܝܠܟ:
ܡܛܠ ܕܐܝܬ ܗܘ ܒܠܚܘܕܝܟ ܚܣܝܐ ܐܝܬܝܟ ܘܟܠܗܘܢ ܡܛܠ
ܕܟܠܗܘܢ ܥܡ̈ܡܐ ܢܐܬܘܢ ܘܢܣܓܕܘܢ ܩܕܡܝܟ. ܕܬܪ̈ܝܨܘܬܟ
ܐܬܓܠܝܘ: 5 ܘܒܬܪ ܗܠܝܢ ܚܙܝܬ. ܘܐܬܦܬܚ ܗܝܟܠܐ
ܕܡܫܟܢܐ ܕܣܗܕܘܬܐ ܕܒܫܡܝܐ. 6 ܘܢܦܩܘ ܗܢܘܢ ܫܒܥܐ
ܡܠܐܟ̈ܐ ܗܠܝܢ ܕܐܝܬ ܠܗܘܢ ܫܒܥ ܡܚ̈ܘܬܐ. ܡܢ ܗܝܟܠܐ.
ܟܕ ܐܝܬܝܗܘܢ ܠܒܝܫܝܢ ܟܬܢܐ ܕܟܝܐ ܢܗܝܪܐ. ܘܐܣܝܪܝܢ ܥܠ
ܚܕ̈ܝܗܘܢ ܐܣܪ̈ܐ ܕܕܗܒܐ. 7 ܘܚܕ ܡܢ ܐܪܒܥ ܚܝ̈ܘܬܐ:
ܝܗܒ ܠܗܠܝܢ ܫܒܥܐ ܡܠܐܟܐ. ܫܒܥ ܩܢ̈ܝܢܐ ܕܕܗܒܐ:
ܕܡܠܝܢ ܡܢ ܚܡܬܗ ܕܐܠܗܐ: ܗܘ ܕܚܝ ܠܥܠܡ̈ܝܢ ܕܥܠܡܝܢ.
8 ܘܐܬܡܠܝ ܗܝܟܠܐ ܡܢ ܬܢܢܐ ܡܢ ܫܘܒܚܗ ܕܐܠܗܐ ܘܡܢ
ܚܝܠܐ ܕܝܠܗ. ܘܠܐ ܐܢܫ ܡܫܟܚ ܗܘܐ ܠܡܥܠ ܠܗܝܟܠܐ: ܥܕܡܐ
ܕܢܫܬܠܡܘܢ ܗܠܝܢ ܫܒܥ ܡܚ̈ܘܬܐ ܕܫܒܥܐ ܡܠܐܟܐ ܀

ܩܦܠܐܘܢ ܀ ܝܘ ܀

1 ܘܫܡܥܬ ܩܠܐ ܪܒܐ ܕܐܡܪ ܠܗܢܘܢ ܫܒܥܐ ܡܠܐܟܐ: ܙܠܘ
ܘܐܫܕܘ ܠܗܠܝܢ ܫܒܥ ܩܢ̈ܝܢܐ ܕܚܡܬܗ ܕܐܠܗܐ ܥܠ ܐܪܥܐ.
2 ܘܐܙܠ ܗܘ ܩܕܡܝܐ: ܘܐܫܕ ܠܩܢܝܢܗ ܕܝܠܗ ܥܠ ܐܪܥܐ.
ܘܗܘܐ ܫܘܚܢܐ ܒܝܫܐ ܘܟܐܒܢܐ: ܒܟܠ ܒܢܝ̈ܢܫܐ ܗܠܝܢ ܕܐܝܬ
ܠܗܘܢ ܪܘܫܡܐ ܕܗܘ ܚܝܘܬܐ ܕܝܢ: ܘܗܠܝܢ ܕܣܓܕܝܢ
ܠܨܠܡܐ ܕܝܠܗ. 3 ܘܗܘ ܕܬܪܝܢ ܡܠܐܟܐ ܐܫܕ ܠܩܢܝܢܗ
ܕܝܠܗ ܒܝܡܐ: ܘܗܘܐ ܕܡܐ ܐܝܟ ܕܡܝܬܐ: ܘܟܠ ܢܦܫܐ ܕܚܝܐ
ܡܝܬܬ ܗܠܝܢ ܕܒܝܡܐ. 4 ܘܗܘ ܕܬܠܬܐ ܡܠܐܟܐ ܐܫܕ
ܠܩܢܝܢܗ ܕܝܠܗ ܒܢܗܪ̈ܘܬܐ ܘܡܥܝ̈ܢܬܐ ܕܡܝܐ: ܘܗܘܘ ܕܡܐ.
5 ܘܫܡܥܬ ܠܡܠܐܟܐ ܕܡܝܐ ܕܐܡܪ. ܙܕܝܩܐ ܐܝܬܝܟ ܗܘ ܕܐܝܬܝܟ
ܘܗܘܝܬ ܕܐܝܬܝܟ ܗܘܐ. ܘܚܣܝܐ: ܡܛܠ ܕܗܠܝܢ ܕܢܬ.

6 ܡܛܠ ܕܕܡܐ ܕܩܕܝ̈ܫܐ ܘܕܢܒܝ̈ܐ ܐܫܕܘ: ܘܕܡܐ ܠܗܘܢ ܝܗܒܬ
ܠܡܫܬܐ. ܕܫܘܝܢ ܐܝܬܝܗܘܢ. 7 ܘܫܡܥܬ ܠܡܕܒܚܐ ܕܐܡܪ.
ܐܝܢ ܡܪܝܐ ܐܠܗܐ ܗܘ ܐܚܝܕ ܟܠ: ܫܪܝܪܐ ܗܘ ܘܟܐܢܐ ܕܝܢܐ
ܕܝܠܟ. 8 ܘܗܘ ܐܪܒܥܝܐ ܐܫܕ ܠܦܝܠܐ ܕܝܠܗ ܥܠ ܫܡܫܐ:
ܘܐܬܝܗܒ ܠܗ ܠܡܚܡܘ ܠܒܢܝ̈ܢܫܐ ܒܢܘܪܐ. 9 ܘܐܬܚܡܘ
ܗܢܘܢ ܒܢܝ̈ܢܫܐ ܚܘܡܐ ܪܒܐ. ܘܓܕܦܘ ܒܢܝ̈ܢܫܐ ܠܫܡܐ
ܕܐܠܗܐ: ܗܘ ܕܐܝܬ ܠܗ ܫܘܠܛܢܐ ܥܠ ܡܚ̈ܘܬܐ ܗܠܝܢ:
ܘܠܐ ܐܬܬܘܝܘ ܠܡܬܠ ܠܗ ܬܫܒܘܚܬܐ. 10 ܘܗܘ ܚܡܝܫܝܐ ܐܫܕ
ܠܦܝܠܐ ܕܝܠܗ ܥܠ ܬܪܘܢܘܣ ܕܗܝ ܚܝܘܬܐ. ܘܗܘܬ
ܡܠܟܘܬܐ ܕܝܠܗ ܚܫܘܟܬܐ: ܘܡܠܥܣܝܢ ܗܘܘ ܠܫ̈ܢܐ
ܕܝܠܗܘܢ. ܡܢ ܟܐܒܐ. 11 ܘܓܕܦܘ ܠܐܠܗܐ ܕܫܡܝܐ ܡܢ
ܟܐܒ̈ܐ ܕܝܠܗܘܢ. ܘܡܢ ܡܚ̈ܘܬܐ ܕܝܠܗܘܢ: ܘܠܐ ܐܬܬܘܝܘ ܡܢ
ܥܒ̈ܕܐ ܕܝܠܗܘܢ. 12 ܘܗܘ ܫܬܝܬܝܐ ܐܫܕ ܠܦܝܠܐ ܕܝܠܗ
ܥܠ ܢܗܪܐ ܗܘ ܪܒܐ ܦܪܬ. ܘܝܒܫܘ ܡ̈ܝܐ ܕܝܠܗ. ܐܝܟܢܐ
ܕܬܬܛܝܒ ܐܘܪܚܐ ܕܡ̈ܠܟܐ ܗܢܘܢ ܕܡܢ ܡܕܢܚܐ ܕܫܡܫܐ.
13 ܘܚܙܝܬ ܡܢ ܦܘܡܗ ܕܬܢܝܢܐ: ܘܡܢ ܦܘܡܗ ܕܚܝܘ
ܬܐ: ܘܡܢ ܦܘܡܗ ܕܢܒܝܐ ܕܕܓܠܐ: ܪ̈ܘܚܐ ܬܠܬ
ܛ̈ܢܦܬܐ. ܐܝܟ ܐܘܩܪ̈ܕܥܐ. 14 ܐܝܬܝܗܝܢ ܓܝܪ ܪ̈ܘܚܐ ܕܫ̈ܐܕܐ
ܕܥܒܕܢ ܐܬ̈ܘܬܐ: ܗ̈ܢܝܢ ܕܢܦܩܢ ܥܠ ܡ̈ܠܟܐ ܕܡܬܥܡܪܢܝܬܐ
ܟܠܗ̇. ܠܡܟܢܫܘ ܐܢܘܢ. ܠܩܪܒܐ ܕܝܘܡܐ ܗܘ ܪܒܐ ܕܐܠܗܐ
ܗܘ ܐܚܝܕ ܟܠ. 15 ܗܐ ܐܬܐ ܐܢܐ ܐܝܟ ܓܢܒܐ. ܛܘܒܘܗܝ ܠܗܘ
ܗܘ ܕܫܗܪ ܘܢܛܪ ܢ̈ܚܬܐ ܕܝܠܗ. ܐܝܟܢܐ ܕܠܐ ܥܪܛܠܝܐ ܢܗܠܟ:
ܘܢܚܙܘܢ ܒܗܬܬܐ ܕܝܠܗ. 16 ܘܟܢܫܘ ܐܢܘܢ ܠܕܘܟܬܐ ܗܝ
ܕܡܬܩܪܝܐ ܥܒܪܐܝܬ ܐܪܡܓܕܘܢ. 17 ܘܗܘ ܫܒܝܥܝܐ ܐܫܕ
ܠܦܝܠܐ ܕܝܠܗ ܥܠ ܐܐܪ. ܘܢܦܩ ܩܠܐ ܪܒܐ ܡܢ ܗܝܟܠܐ ܡܢ
ܬܪܘܢܘܣ ܕܐܡܪ: ܗܘܐ. 18 ܘܗܘܘ ܩ̈ܠܐ ܘܒܪ̈ܩܐ ܘܪ̈ܥܡܐ
ܘܙܘܥܐ ܗܘܐ ܪܒܐ. ܕܐܝܟ ܗܢܐ ܠܐ ܗܘܐ. ܡܢ ܕܗܘܘ ܒܢܝ̈ܢܫܐ
ܥܠ ܐܪܥܐ. ܕܐܝܟ ܗܢܐ ܙܘܥܐ: ܗܟܢܐ ܪܒܐ. 19 ܘܗܘܬ

ܡܕܝܢܬܐ ܗܝ ܪܒܬܐ: ܠܬܠܬ ܦܠܓܘܢ. ܘܡܕܝܢܬܐ ܕܥܡܡܐ
ܢܦܠܝ. ܘܒܒܠ ܗܝ ܪܒܬܐ ܐܬܕܟܪܬ ܩܕܡ ܐܠܗܐ: ܠܡܬܠ
ܠܗ ܟܣܐ ܕܚܡܪܐ ܗܘ ܕܚܡܬܐ ܕܪܘܓܙܐ ܕܝܠܗ. 20 ܘܟܠ
ܓܙܪܬܐ ܥܪܩܬ. ܘܛܘܪܐ ܠܐ ܐܫܬܟܚܘ. 21 ܘܒܪܕܐ ܪܒܐ ܐܝܟ
ܟܟܪܢܝܐ. ܢܚܬ ܡܢ ܫܡܝܐ ܥܠ ܒܢܝܢܫܐ. ܘܓܕܦܘ ܗܢܘܢ
ܒܢܝܢܫܐ ܠܐܠܗܐ ܡܢ ܡܚܘܬܐ ܕܒܪܕܐ. ܡܛܠ ܕܪܒܐ ܐܝܬܝܗ
ܡܚܘܬܐ ܕܝܠܗ ܛܒ ܀

ܩܦܠܐܘܢ ܀ ܝܙ ܀

1 ܘܐܬܐ ܚܕ ܡܢ ܗܢܘܢ ܫܒܥܐ ܡܠܐܟܐ. ܗܢܘܢ ܕܐܝܬ
ܠܗܘܢ ܫܒܥ ܙܒܘܢܝܢ. ܘܡܠܠ ܥܡܝ ܟܕ ܐܡܪ. ܬܐ ܐܚܘܝܟ
ܠܟ ܠܕܝܢܐ ܕܗܝ ܙܢܝܬܐ ܪܒܬܐ: ܗܝ ܕܝܬܒܐ ܥܠ [ܡܝܐ]
ܣܓܝܐܐ. 2 ܥܡ ܗܝ ܕܙܢܘ ܡܠܟܐ ܕܐܪܥܐ: ܘܪܘܝܘ ܗܢܘܢ
ܕܥܡܪܝܢ ܒܐܪܥܐ ܡܢ ܚܡܪܐ ܕܙܢܝܘܬܐ ܕܝܠܗ. 3 ܘܐܘܒܠܢܝ
ܠܡܕܒܪܐ ܒܪܘܚܐ. ܘܚܙܝܬ ܠܐܢܬܬܐ ܟܕ ܝܬܒܐ ܥܠ ܚܝܘܬܐ
ܣܘܡܩܬܐ. ܕܡܠܝܐ ܫܡܗܐ ܕܓܘܕܦܐ. ܕܐܝܬ ܠܗ ܪܫܐ ܫܒܥܐ.
ܘܩܪܢܬܐ ܥܣܪ. 4 ܘܗܝ ܐܢܬܬܐ ܐܝܬܝܗ ܗܘܬ ܕܡܥܛܦܐ
ܐܪܓܘܢܐ ܘܙܘܗܪܝܬܐ: ܘܡܕܗܒܐ ܒܕܗܒܐ ܘܟܐܦܐ ܡܝܩܪܬܐ
ܘܡܪܓܢܝܬܐ. ܘܐܝܬ ܠܗ ܟܣܐ ܕܕܗܒܐ ܒܐܝܕܐ ܕܝܠܗ:
ܕܡܠܐ ܡܢ ܛܢܦܘܬܐ ܘܨܐܐ ܕܙܢܝܘܬܐ ܕܝܠܗ ܘܕܐܪܥܐ.
5 ܘܥܠ ܒܝܬ ܥܝܢܝܐ ܕܝܠܗ ܫܡܐ ܟܬܝܒ. ܪܐܙܐ. ܒܒܠ ܗܝ
ܪܒܬܐ: ܗܝ ܐܡܐ ܕܙܢܝܬܐ. ܘܕܛܘܢܦܐ ܕܐܪܥܐ. 6 ܘܚܙܝܬ
ܠܐܢܬܬܐ ܕܪܘܝܐ ܡܢ ܕܡܐ ܕܩܕܝܫܐ. ܘܡܢ ܕܡܐ ܕܣܗܕܘܗܝ
ܕܝܫܘܥ. ܘܐܬܕܡܪܬ ܟܕ ܚܙܝܬܗ ܕܘܡܪܐ ܪܒܐ. 7 ܘܐܡܪ ܠܝ
ܗܘ ܡܠܐܟܐ. ܡܛܠ ܡܢܐ ܐܬܕܡܪܬ. ܐܢܐ ܐܡܪ ܐܢܐ ܠܟ ܠܪܐܙܐ
ܕܐܢܬܬܐ ܘܕܚܝܘܬܐ ܗܝ ܗܘ ܕܛܥܝܢ ܠܗ. ܗܘ ܕܐܝܬ ܠܗ
ܪܫܐ ܫܒܥܐ ܘܩܪܢܬܐ ܥܣܪ. 8 ܚܝܘܬܐ ܗܝ
ܗܝ ܕܚܙܝܬ: ܐܝܬܝܗ ܗܘܬ ܘܠܐ ܐܝܬܝܗ. ܘܥܬܝܕܐ ܠܡܣܩ

ܒܝܢ ܠܣܘܦܐ. ܘܠܐܚܪ̈ܢܐ ܠܟܠܗܘܢ. ܘܢܬܚܫܒܘܢ ܗܢܘܢ ܕܡܣܬܒܪܝܢ
ܥܠ ܐܪܥܐ: ܕܗܢܘܢ ܕܠܐ ܒܥܝܢ ܡܛܠ ܥܠ ܒܐܪܥܐ ܕܚܝ̈ܐ ܗܢ
ܐܬܦܢܝܬܘܢ ܕܥܠܡܐ: ܟܕ ܚܙܝܢ ܠܗܘܢ ܚܝ̈ܘܬܐ ܚܝܐ ܕܐܝܬܝܗܘܢ
ܗܘܐ ܘܠܐ ܐܝܬܝܗܘܢ. ܘܡܚܪ. 9 ܗܘܝܐ ܗܘܘܐ ܠܗܘܢ ܕܐܝܬ
ܠܗ ܢܦܫܬܐ. ܗܠܝܢ ܡܠܟܐ ܪܒܐ. ܡܠܟܐ ܗܘܐ ܐܝܬܝܗܘܢ.
ܐܢܫܐ ܕܗܘ ܐܝܬܝܗ ܢܦܫܐ ܠܚܝܝܗܘܢ. 10 ܘܡܠܟܐ ܡܠܟܐ
ܐܝܬܝܗܘܢ ܗܢܘܢ ܢܦܫܐ ܠܟܠܗ. ܗܘ ܕܝܢ ܐܝܬܝܗܘܢ. ܗܘ
ܐܚܪܢܐ ܠܐ ܒܥܒܕܐ ܐܢܐ. ܘܡܢ ܕܐܬܐ. ܡܠܟܘܬܐ ܪܒܐ ܠܗ
ܠܡܠܟܘܬܗ: 11 ܘܚܙܘܐ ܗܢܐ ܗܘ ܕܐܝܬܝܗܘܢ ܗܘܐ ܘܠܐ
ܐܝܬܝܗܘܢ: ܘܗܢܐ ܠܐܚܪܝܬܐ ܐܝܬܝܗܘܢ: ܘܡܢ ܡܠܟܐ ܐܝܬܝܗܘܢ.
ܘܠܐܚܪܝܬܐ ܐܝܬܝܗܘܢ. 12 ܘܟܕ ܡܛܠ ܗܠܝܢ ܕܐܡܪܬ. ܟܡܐ
ܡܠܟܐ ܐܝܬܝܗܘܢ: ܗܢܘܢ ܐܢܫܝܢ ܕܡܠܟܘܬܐ ܠܐ ܒܥܒܕܐ
ܢܦܫܗ. ܐܠܐ ܡܬܚܫܒܢܐ ܐܝܟ ܡܠܟܐ ܚܕܐ ܡܠܟܐ ܢܦܩܝܢ ܟܠ
ܗܘ ܚܝܘܬܐ ܚܝܐ. 13 ܗܢܘܢ ܕܝܢ ܙܒܢܐ ܐܝܬ ܠܗܘܢ: ܘܡܫܬܐ
ܘܡܬܚܫܒܢܐ ܕܠܗܘܢ: ܠܗܘܢ ܚܝܘܬܐ ܚܝܐ ܢܦܩܝܢ. 14 ܗܢܘܢ
ܟܠ ܗܘ ܐܡܪ ܠܦܪܨܘܦܗ. ܘܗܘ ܐܡܪܬ ܬܘܒܐ ܐܝܟ. ܦܬܓܡܐ
ܕܐܡܪ ܬܘܪܥܝܬܐ ܐܝܬܝܗܘܢ: ܘܡܠܟܐ ܬܘܡܠܟܐ. ܘܗܠܝܢ ܕܟܠܗܘܢ
ܩܪܢܐ ܩܪ̈ܢܬܐ ܘܡܬܚܫܒܢܐ. 15 ܘܐܡܪ ܠܝ. ܗܢܐ ܗܠܝܢ
ܕܚܙܝܬ: ܐܢܫܐ ܕܗܘ ܐܪܒܥܐ ܕܚܙܝܬ: ܠܡܠܟܐ ܘܩܪ̈ܢܬܐ
ܐܝܬܝܗܘܢ. ܘܐܪܒܥܬܐ ܘܡܠܟܘܬܐ. 16 ܘܟܕ ܡܛܠ ܗܠܝܢ
ܕܚܙܝܬ: ܘܗܘ ܚܙܘܐ ܚܝܐ. ܗܢܘܢ ܬܠܬܐ ܠܗܘܢ ܐܪܒܥܐ.
ܡܠܟܐ ܬܠܬܐ ܠܡܠܟܘܬܗ. ܘܐܚܪ̈ܢܝܬܐ. ܘܟܠܗܘܢ ܕܚܙܝܬ
ܬܠܬܐ. ܘܟܠܗ ܬܘܡܐ ܠܥܠܡ. 17 ܡܛܠ ܕܝܢ ܬܘܒ
ܠܡܠܟܘܬܐ ܕܠܗܘܢ ܠܐܚܪܢܐ ܢܘܪܐ ܕܝܠܗ: ܘܠܐܚܪܢܐ
ܚܝ ܢܘܪܐ. ܘܠܐܚܪܢܝܬܐ ܡܠܟܘܬܐ ܕܠܗܘܢ ܠܗܘܢ ܚܝܘܬܐ
ܚܝܐ: ܒܥܠܡܐ ܕܡܬܚܫܒܢ ܩܪ̈ܢܬܐ ܗܠܝܢ ܕܐܡܪܬ. 18 ܘܐܝܬܝܗ
ܗܝ ܕܐܪܒܥܐ ܐܝܬܝܗ ܡܠܟܘܬܐ ܗܝ ܪܒܬܐ: ܗܝ ܕܐܝܬ ܠܗ
ܡܠܟܘܬܐ ܥܠ ܡܠܟܘܬܐ ܕܐܪܥܐ ܀

ܩܦܠܐܘܢ ܀ ܝܚ ܀

1 ܒܬܪ ܗܠܝܢ ܚܙܝܬ ܐܚܪܢܐ ܡܠܐܟܐ ܕܢܚܬ ܡܢ ܫܡܝܐ. ܕܐܝܬ
ܠܗ ܫܘܠܛܢܐ ܪܒܐ. ܘܐܪܥܐ ܢܗܪܬ ܡܢ ܫܘܒܚܗ ܕܝܠܗ.
2 ܘܩܥܐ ܒܩܠܐ ܚܝܠܬܢܐ ܟܕ ܐܡܪ. ܢܦܠܬ ܢܦܠܬ ܒܒܠ
ܗܝ ܪܒܬܐ. ܘܗܘܬ ܡܥܡܪܐ ܠܫܐܕܐ. ܘܢܛܘܪܬܐ ܕܟܠ ܪܘܚܐ
ܛܡܐܬܐ: ܘܢܛܘܪܬܐ ܕܟܠ ܦܪܚܬܐ ܛܡܐܬܐ ܘܣܢܝܐܬܐ:
ܘܢܛܘܪܬܐ ܕܟܠ ܚܝܘܬܐ ܒܪܐ ܛܡܐܬܐ ܘܣܢܝܐܬܐ. 3 ܡܛܠ
ܕܡܢ ܚܡܪܐ ܕܚܡܬܐ ܕܙܢܝܘܬܗ ܐܫܩܝܬ ܠܟܠܗܘܢ ܥܡܡܐ.
ܘܡܠܟܐ ܕܐܪܥܐ ܥܡܗ ܙܢܝܘ. ܘܬܓܪܐ ܕܐܪܥܐ. ܡܢ ܚܝܠܐ
ܕܐܣܛܪܢܝܐ ܕܝܠܗ ܥܬܪܘ. 4 ܘܫܡܥܬ ܩܠܐ ܐܚܪܢܐ ܡܢ
ܫܡܝܐ ܕܐܡܪ. ܦܘܩܘ ܥܡܝ ܡܢܗ ܕܝܠܗ. ܐܝܟܢܐ ܕܠܐ
ܬܫܬܘܬܦܘܢ ܒܚܛܗܝܗ ܕܝܠܗ: ܘܡܢ ܡܚܘܬܐ ܕܝܠܗ ܕܠܡܐ
ܬܣܒܘܢ. 5 ܡܛܠ ܕܕܒܩܘ ܚܛܗܝܗ ܕܝܠܗ ܥܕܡܐ ܠܫܡܝܐ.
ܘܐܬܕܟܪ ܐܠܗܐ ܠܥܘܠܝܗ ܕܝܠܗ. 6 ܦܪܥܘܗ ܐܝܟ ܕܐܦ ܗܝ
ܦܪܥܬ ܘܥܘܦܘ ܠܗ ܥܦܝܦܐ ܐܝܟ ܥܒܕܐ ܕܝܠܗ. ܒܟܣܐ ܗܘ
ܕܡܙܓܬ ܡܙܘܓܘ ܠܗ ܥܦܝܦܐ. 7 ܟܡܐ ܕܫܒܚܬ ܠܗ ܘܐܣܛܪܢܬ:
ܟܘܬܗ ܗܒܘ ܠܗ ܫܘܢܩܐ ܘܐܒܠܐ. ܡܛܠ ܕܒܠܒܗ
ܐܡܪܐ: ܕܝܬܒܐ ܐܢܐ ܡܠܟܬܐ: ܘܐܪܡܠܬܐ ܠܐ ܐܝܬܝ. ܘܐܒܠܐ ܠܐ
ܐܚܙܐ. 8 ܡܛܠ ܗܢܐ: ܒܚܕ ܝܘܡܐ ܢܐܬܝܢ ܗܠܝܢ ܡܚܘܬܐ
ܕܝܠܗ. ܡܘܬܐ ܘܐܒܠܐ ܘܟܦܢܐ. ܘܒܢܘܪܐ ܬܐܩܕ. ܡܛܠ
ܕܚܝܠܬܢܐ ܗܘ ܡܪܝܐ ܐܠܗܐ ܗܘ ܕܕܢܗ. 9 ܘܢܒܟܘܢ
ܘܢܬܐܠܘܢ ܘܢܪܩܕܘܢ ܥܠܝܗ ܡܠܟܐ ܕܐܪܥܐ. ܗܢܘܢ ܕܥܡܗ
ܙܢܝܘ ܘܐܣܛܪܢܘ: ܐܡܬܝ ܕܚܙܝܢ ܬܢܢܐ ܕܝܩܕܢܐ ܕܝܠܗ.
10 ܟܕ ܡܢ ܪܘܚܩܐ ܩܝܡܝܢ: ܡܛܠ ܕܚܝܠܬܐ ܕܫܘܢܩܐ ܕܝܠܗ.
ܟܕ ܐܡܪܝܢ. ܘܝ ܘܝ ܡܕܝܢܬܐ ܗܝ ܪܒܬܐ ܒܒܠ. ܡܕܝܢܬܐ
ܗܝ ܚܝܠܬܢܝܬܐ: ܡܛܠ ܕܒܚܕܐ ܫܥܬܐ ܐܬܐ ܕܝܢܐ ܕܝܠܟܝ.
11 ܘܬܓܪܐ ܕܐܪܥܐ ܢܬܐܠܘܢ ܥܠܝܗ. ܡܛܠ ܕܛܥܢܐ

ܕܛܥܢܗܘܢ ܠܐ ܐܢܫ ܙܒܢ. 12 ܡܛܠ ܗܕܐ. ܛܥܢܐ ܕܕܗܒܐ ܘܕܣܐܡܐ.
ܘܕܟܐܦܐ ܝܩܝܪܬܐ. ܘܕܡܪܓܢܝܬܐ. ܘܒܘܨܐ ܘܐܪܓܘܢܐ.
ܘܫܐܪܐ ܘܙܚܘܪܝܬܐ: ܘܟܠ ܩܝܣܐ ܕܬܐܡܐ: ܘܟܠ ܡܐܢܐ
ܕܫܢܐ ܕܦܝܠܐ. ܘܟܠ ܡܐܢܐ ܕܩܝܣܐ ܝܩܝܪ ܛܒ: ܘܕܢܚܫܐ
ܘܕܦܪܙܠܐ ܘܕܫܝܫܐ. 13 ܘܩܘܢܡܘܡܘܢ ܘܐܡܘܡܘܢ. ܘܒܣܡܡܢܐ
ܘܕܡܘܪܐ ܘܠܒܘܢܬܐ. ܘܚܡܪܐ ܘܡܫܚܐ. ܘܣܡܝܕܐ ܘܚܛܐ:
ܘܒܥܝܪܐ ܘܥܢܐ: ܘܪܟܫܐ ܘܡܪܟܒܬܐ: ܘܦܓܪܐ ܘܢܦܫܬܐ
ܕܒܢܝܢܫܐ. 14 ܘܐܒܟܐ ܕܪܓܬܐ ܕܢܦܫܐ ܕܝܠܟܝ: ܐܙܠ
ܡܢܟܝ. ܘܟܠܗܝܢ ܗܠܝܢ ܡܫܡܢܝܬܐ ܘܫܒܝܚܬܐ: ܐܒܕܝ
ܡܢܟܝ. ܡܛܠ ܗܕܐ ܢܫܟܚܘܢ ܐܢܝܢ ܠܓܡܪ ܕܗܘܝܢ. 15 ܗܢܘܢ
ܕܥܬܪܘ ܡܢܗ. ܡܢ ܪܘܚܩܐ ܢܩܘܡܘܢ. ܡܛܠ ܕܚܠܬܐ
ܕܫܘܢܩܐ ܕܝܠܗ. ܘܢܒܟܘܢ ܘܢܬܐܒܠܘܢ. 16 ܟܕ ܐܡܪܝܢ. ܘܝ
ܘܝ ܡܕܝܢܬܐ ܗܝ ܪܒܬܐ: ܗܝ ܕܡܥܛܦܐ ܒܘܨܐ. ܘܐܪܓܘܢܐ
ܘܙܚܘܪܝܬܐ: ܘܡܨܒܬܐ ܒܕܗܒܐ: ܘܒܟܐܦܐ ܝܩܝܪܬܐ
ܘܡܪܓܢܝܬܐ. ܡܛܠ ܕܒܚܕܐ ܫܥܐ ܚܪܒ. ܥܘܬܪܐ ܗܢܐ
ܕܪܒ ܗܘܐ. 17 ܘܟܠ ܡܕܒܪܢܐ. ܘܟܠ ܗܢܘܢ ܕܠܕܘܟܬܐ
ܪܕܝܢ. ܘܡܠܚܐ ܘܟܠ ܕܒܝܡܐ ܦܠܚܝܢ: ܡܢ ܪܘܚܩܐ ܩܡܘ.
18 ܘܩܥܘ. ܟܕ ܚܙܘ ܬܢܢܐ ܕܝܩܕܢܗ. ܟܕ ܐܡܪܝܢ.
ܡܢ ܗܝ ܕܕܡܝܐ ܠܡܕܝܢܬܐ ܗܕܐ ܪܒܬܐ. 19 ܘܐܪܡܝܘ ܥܦܪܐ
ܥܠ ܪܫܝܗܘܢ: ܘܩܥܘ ܟܕ ܒܟܝܢ. ܘܐܒܝܠܝܢ ܘܐܡܪܝܢ:
ܘܝ ܘܝ ܡܕܝܢܬܐ ܗܝ ܪܒܬܐ. ܗܝ ܕܒܗ ܥܬܪܘ ܟܠܗܘܢ
ܗܢܘܢ ܕܐܝܬ ܠܗܘܢ ܐܠܦܐ ܒܝܡܐ: ܡܢ ܡܝܩܪܘܬܐ ܕܝܠܗ.
ܡܛܠ ܕܒܚܕܐ ܫܥܐ ܚܪܒܬ. 20 ܐܬܦܨܚܘ ܥܠܝܗ ܫܡܝܐ.
ܘܫܠܝܚܐ ܘܩܕܝܫܐ ܘܢܒܝܐ. ܡܛܠ ܕܕܢ ܐܠܗܐ ܕܝܢܐ
ܕܝܠܟܘܢ ܡܢܗ. 21 ܘܫܩܠ ܚܕ ܡܠܐܟܐ ܟܐܦܐ. ܐܝܟ ܗܝ
ܕܪܚܝܐ ܪܒܬܐ: ܘܐܪܡܝ ܒܝܡܐ ܟܕ ܐܡܪ. ܗܟܢܐ ܒܚܐܦܐ
ܬܬܪܡܐ ܒܒܠ ܡܕܝܢܬܐ ܗܝ ܪܒܬܐ ܘܠܐ ܬܫܬܟܚ ܬܘܒ.
22 ܘܩܠܐ ܕܩܝܬܪܘܕܐ ܘܕܡܘܣܝܩܐ: ܘܕܙܡܪܐ ܘܕܫܝܦܘܪܐ: ܠܐ

ܢܫܬܡܥ ܒܟܝ ܬܘܒ. ܘܟܠ ܐܘܡܢܐ ܕܟܠ ܐܘܡܢܘܬܐ. ܠܐ
ܢܫܬܟܚ ܒܟܝ ܬܘܒ. 23 ܘܢܘܗܪܐ ܕܫܪܓܐ ܠܐ ܢܬܚܙܐ ܒܟܝ.
ܘܩܠܐ ܕܚܬܢܐ ܘܕܟܠܬܐ: ܠܐ ܢܫܬܡܥ ܒܟܝ ܬܘܒ. ܡܛܠ
ܕܬܓܪ̈ܝܟܝ ܐܝܬܝܗܘܢ ܗܘܘ ܪ̈ܘܪܒܢܐ ܕܐܪܥܐ: ܡܛܠ
ܕܒܚܪܫܘܬܐ ܕܝܠܟܝ ܐܬܛܥܝܘ ܟܠܗܘܢ ܥܡ̈ܡܐ. 24 ܘܒܗ̇
ܕܡܐ ܕܢܒܝ̈ܐ ܘܕܩܕܝ̈ܫܐ ܐܫܬܟܚ: ܘܕܟܠܗܘܢ ܗܢܘܢ ܕܢܟܝܣܝܢ
ܥܠ ܐܪܥܐ ܀

ܩܦܠܐܘܢ ܀ ܝܛ ܀

1 ܒܬܪ ܗܠܝܢ ܫܡܥܬ ܩܠܐ ܪܒܐ ܕܟܢܫܐ ܣܓܝܐܐ
ܒܫܡܝܐ. ܕܐܡܪܝܢ. ܗܠܠܘܝܐ. ܦܘܪܩܢܐ ܘܚܝܠܐ ܘܬܫܒܘܚܬܐ.
ܘܐܝܩܪܐ ܠܐܠܗܐ ܕܝܠܢ. 2 ܡܛܠ ܕܫܪ̈ܝܪܝܢ ܘܟܐܢܝܢ ܕܝ̈ܢܐ
ܕܝܠܗ. ܡܛܠ ܕܕܢ ܠܙܢܝܬܐ ܗܝ ܪܒܬܐ. ܗܝ ܐܝܕܐ ܕܚܒܠܬ
ܠܐܪܥܐ ܒܙܢܝܘܬܐ ܕܝܠܗ̇. ܘܬܒܥ ܠܕܡܐ ܕܥܒ̈ܕܐ ܕܝܠܗ ܡܢ ܐܝܕܐ
ܕܝܠܗ̇. 3 ܘܬܢܝܢܘܬ ܐܡܪܘ ܗܠܠܘܝܐ: ܘܬܢܢܐ ܕܝܠܗ̇ ܣܠܩ
ܗܘܐ ܠܥܠܡܝ̈ܢ ܕܥܠܡܝ̈ܢ. 4 ܘܢܦܠܘ ܗܢܘܢ ܩܫܝ̈ܫܐ ܥܣܪܝܢ
ܘܐܪܒܥܐ. ܘܗ̈ܢܝܢ ܐܪܒܥ ܚ̈ܝܘܬܐ: ܘܣܓܕܘ ܠܐܠܗܐ ܗܘ ܕܝܬܒ
ܥܠ ܬܪܘܢܘܣ. ܟܕ ܐܡܪܝܢ ܐܡܝܢ. ܗܠܠܘܝܐ. 5 ܘܩܠܐ ܢܦܩ
ܡܢ ܬܪܘܢܘܣ ܕܐܡܪ. ܫܒܚܘ ܠܐܠܗܐ ܕܝܠܢ ܟܠܗܘܢ ܥܒ̈ܕܐ
ܕܝܠܗ: ܘܗܢܘܢ ܕܕܚܠܝܢ ܠܗ. ܙܥܘܪ̈ܐ ܘܪ̈ܘܪܒܐ. 6 ܘܫܡܥܬ
ܐܝܟ ܩܠܐ ܕܟܢܫܐ ܣܓܝܐܐ. ܘܐܝܟ ܩܠܐ ܕܡ̈ܝܐ ܣܓܝ̈ܐܐ. ܘܐܝܟ ܩܠܐ
ܕܪ̈ܥܡܐ ܚܝܠܬܢ̈ܐ. ܕܐܡܪܝܢ. ܗܠܠܘܝܐ. ܡܛܠ ܕܐܡܠܟ
ܡܪܝܐ ܐܠܗܐ ܕܝܠܢ ܗܘ ܐܚܝܕ ܟܠ. 7 ܢܚܕܐ ܘܢܪܘܙ.
ܘܢܬܠ ܬܫܒܘܚܬܐ ܠܗ: ܡܛܠ ܕܐܬܬ ܡܫܬܘܬܐ ܕܗܘ
ܐܡܪܐ: ܘܐܢܬܬܐ ܕܝܠܗ ܛܝܒܬ ܢܦܫܗ̇. 8 ܘܐܬܝܗܒ ܠܗ̇
ܐܝܟܢܐ ܕܬܬܥܛܦ ܒܒܘܨܐ ܢܗܝܪܐ ܘܕܟܝܐ. ܗܘ ܓܝܪ ܒܘܨܐ:
ܙܕܩ̈ܐ ܕܩܕܝ̈ܫܐ ܐܝܬܘܗܝ. 9 ܘܐܡܪ ܠܝ ܟܬܘܒ. ܛܘܒܝܗܘܢ
ܐܝܠܝܢ ܗܢܘܢ ܕܠܚܫܡܝܬܐ ܕܡܫܬܘܬܗ ܕܐܡܪܐ ܩܪܝܢ. ܘܐܡܪ
ܠܝ. ܗܠܝܢ ܡ̈ܠܐ ܕܝܠܝ ܫܪܝܪ̈ܬܐ ܕܐܠܗܐ ܐܝܬܝܗܝܢ.

10 ܘܢܦܠܬ ܩܕܡ ܪ̈ܓܠܘܗܝ ܕܐܣܓܘܕ ܠܗ. ܘܐܡܪ ܠܝ.
ܚܙܝ. ܠܐ. ܟܢܬܟ ܐ̱ܢܐ ܘܕܐܚ̈ܝܟ ܗܢܘܢ ܕܐܝܬ ܠܗܘܢ
ܣܗܕܘܬܐ ܕܝܫܘܥ. ܠܐܠܗܐ ܣܓܘܕ. ܗܝ ܓܝܪ ܣܗܕܘܬܐ
ܕܝܫܘܥ ܐܝܬܝܗ̇ ܪܘܚܐ ܕܢܒܝܘܬܐ. 11 ܘܚܙܝܬ ܫܡܝܐ
ܕܦܬܝܚ: ܘܗܐ ܣܘܣܝܐ ܚܘܪܐ. ܘܗܘ ܕܪܟܝܒ ܥܠܘܗܝ
ܡܗܝܡܢܐ: ܡܬܩܪܐ ܘܫܪܝܪܐ. ܘܒܙܕܝܩܘܬܐ ܕܐܢ ܘܡܩܪܒ.
12 ܥܝ̈ܢܘܗܝ ܕܝܢ ܐܝܟ ܫܠܗܒܝܬܐ ܕܢܘܪܐ. ܘܥܠ
ܪܫܗ ܕܝܠܗ ܬܐ̈ܓܐ ܣܓܝ̈ܐܐ. ܘܐܝܬ ܠܗ ܫ̈ܡܗܐ ܟܬܝ̈ܒܝܢ.
ܘܫܡܐ ܟܬܝܒ. ܠܗܘ ܕܠܐ ܐܢܫ ܝܕܥ: ܐܠܐ ܐܢ ܗܘ.
13 ܘܡܥܛܦ ܡܐܢܐ ܕܪܣܝܣ ܒܕܡܐ. ܘܡܬܩܪܐ ܫܡܗ ܕܝܠܗ.
ܗܘ ܡܠܬܐ ܕܐܠܗܐ. 14 ܘܗ̈ܠܝܢ ܦܠܚܘܬܐ ܕܒܫܡܝܐ.
ܢܩܝܦܝܢ ܗܘܘ ܠܗ ܥܠ ܪ̈ܟܫܐ ܚܘܪ̈ܐ: ܘܠܒܝܫܝܢ ܒܘܨܐ
ܕܟܝܐ ܘܚܘܪܐ. 15 ܘܡܢ ܦܘܡܗ ܕܝܠܗ ܢܦܩ ܣܝܦܐ
ܚܪܝܦܐ ܕܬܪ̈ܝܢ ܦܘܡܝ̈ܗ̇: ܐܝܟܢܐ ܕܒܗ ܢܡܚܐ ܠܥܡ̈ܡܐ:
ܘܗܘ ܢܪܥܐ ܠܥܡ̈ܡܐ ܒܫܒܛܐ ܕܦܪܙܠܐ. ܘܗܘ ܕܐܫ
ܡܥܨܪܬܐ ܕܚܡܪܐ ܕܚܡܬܗ ܕܐܠܗܐ ܐܚܝܕ ܟܠ. 16 ܘܐܝܬ ܠܗ
ܥܠ ܡܐܢܐ ܘܥܠ ܥܛܦܐ ܕܝܠܗ ܫ̈ܡܗܐ ܟܬܝ̈ܒܝܢ ܡܠܟܐ
ܕܡܠܟܐ ܘܡܪܐ ܕܡܪ̈ܘܬܐ. 17 ܘܚܙܝܬ ܡܠܐܟܐ ܚܕ ܩܐܡ
ܒܫܡܫܐ: ܘܩܥܐ ܒܩܠܐ ܪܒܐ ܟܕ ܐܡܪ: ܠܟܠܗܘܢ ܦܪ̈ܚܬܐ
ܕܦܪܚܢ ܒܦܪ̈ܚܝܢ ܒܡܨܥܬ ܫܡܝܐ. ܬܘ ܐܬܟܢܫܘ ܠܚܫܡܝܬܐ
ܗܝ ܪܒܬܐ ܕܐܠܗܐ. 18 ܐܝܟܢܐ ܕܬܐܟܠܘܢ ܒܣܪ̈ܐ ܕܡܠܟ̈ܐ.
ܘܒܣܪ̈ܐ ܕܪ̈ܫܝ ܐܠܦ̈ܐ. ܘܒܣܪ̈ܐ ܕܚܝܠܬܢ̈ܐ: ܘܒܣܪ̈ܐ
ܕܪ̈ܟܫܐ ܘܗܢܘܢ ܕܝܬܒܝܢ ܥܠܝܗܘܢ. ܘܒܣܪ̈ܐ ܕܟܠܗܘܢ
ܚܐܪ̈ܐ ܘܥܒ̈ܕܐ: ܘܙܥܘܪ̈ܐ ܘܪܘܪ̈ܒܐ. 19 ܘܚܙܝܬ ܠܗܝ
ܚܝܘܬܐ ܚܝܬܐ ܘܠܡܠ̈ܟܝܗ̇ ܕܐܪܥܐ ܘܠܦܠܚܘܬܐ ܕܝܠܗܘܢ.
ܕܟܢܝܫܝܢ ܠܡܥܒܕ ܩܪܒܐ: ܥܡ ܗܘ ܕܝܬܒ ܥܠ ܣܘܣܝܐ:
ܘܥܡ ܦܠܚܘܬܐ ܕܝܠܗ. 20 ܘܐܬܬܚܝܕܬ ܗܝ ܚܝܘܬܐ ܘܗܘ
ܢܒܝܐ ܕܓܠܐ ܕܥܡܗ. ܗܘ ܕܥܒܕ ܗܘܐ ܐܬܘܬܐ ܩܕܡܝܗ̇:

ܕܒܗܘܢ ܐܬܚܙܝ ܠܗܘܢ ܕܢܦܩܘ ܪܘܚܐ ܕܗܘܘ ܚܫܘܟܐ ܩܝܢܐ:
ܘܠܗܘܢ ܕܫܟܚܘ ܠܡܠܟܐ ܕܝܠܗ. ܘܟܕ ܚܙܝܢ ܐܬܐܪܥܘ
ܠܪܝܫܗܘܢ ܒܫܡܝܐ ܕܢܘܪܐ: ܗܘ ܕܢܦܩ ܒܒܥܒܕܐ. 21 ܘܗܘܐ
ܕܡܢܐ. ܐܬܦܬܚܘ ܒܡܫܟܐ ܕܗܘܘ ܕܢܦܠ ܟܠ ܫܘܫܢܐ:
ܒܗܘ ܕܢܦܩ ܡܢ ܦܘܡܐ ܕܝܠܗ: ܘܟܠܗܘܢ ܦܬܓܡܐ
ܫܟܝܚܝܢ ܡܢ ܟܬܒܐ ܕܝܠܗܘܢ ܀

ܦܛܪܘܣ ܀ ܟܘ ܀

1 ܩܪܝܬ ܟܠܝܠܐ ܕܢܦܠ ܡܢ ܫܡܝܐ. ܘܐܝܬ ܒܗ ܡܓܝܪܐ
ܕܬܗܘܡܐ ܘܡܦܬܚܐ ܕܟܘܪܐ ܕܐܝܬ ܒܗ. 2 ܘܒܚܒܠܗ
ܕܫܡܝܐ: ܗܘ ܢܘܪܐ: ܗܘ ܡܦܬܢܐ: ܗܘ ܕܐܬܝܗܒ ܒܡܫܟܢܐ
ܘܥܡܢܐ: ܗܘ ܕܐܝܟ ܠܫܡܝܐ ܕܠܫܡܥܬܢܝܬܐ. ܘܐܬܥܒܕ ܐܝܟ
ܩܝܢܐ: 3 ܘܐܬܦܬܚܘ ܠܐܪܥܐ. ܘܐܢܫ ܘܫܡܥ ܠܟܠ ܬܪܥܗ.
ܐܝܟܢܐ ܕܠܐ ܢܫܟܚ ܠܗܘܢ ܠܥܒܕܐ: ܒܪܘܚܐ ܕܢܦܩܘ ܗܘܝܢ
ܠܟܠܗ ܥܠܡܐ. ܟܕ ܗܘܝܢ ܕܝܢ ܢܦܠܬ ܡܠܟܐ ܐܚܪܢܐ. 4 ܩܪܝܬ
ܒܡܪܡܝܬܐ ܕܐܝܬܘܗܝ ܒܫܡܝܐ. ܘܚܙܝܬ ܐܢܫ ܠܗܘܢ
ܘܠܡܫܟܢܬܐ ܗܘܝܢ ܕܐܬܦܩܕܘ ܥܠܝܗ ܫܘܒܚܐ ܕܢܦܠܘ:
ܘܥܠ ܫܡܫܐ ܕܟܠܗܘܢ: ܘܗܘܝܘ ܐܢܫܝܢ ܕܠܐ ܢܫܟܚܘ ܠܗܘܢ ܚܘܪܐ
ܩܢܐ ܘܠܐ ܠܡܠܟܐ ܕܝܠܗ: ܘܠܐ ܢܦܠܘ ܠܥܒܕܐ ܟܠ ܒܗ
ܓܢܒܐ ܘܟܠ ܐܪܥܐ ܕܝܠܗܘܢ: ܘܚܕܘ ܘܐܬܡܠܝܘ ܟܠ ܡܫܝܚܐ
ܕܝܠܗܘܢ: ܗܢܝܢ ܠܟܠܗ ܥܠܡܐ. 5 ܗܘܝܐ ܕܝܢ ܡܢܝܢܐ ܗܘ
ܩܕܡܝܐ. 6 ܘܟܠܗܝܢ ܕܝܢ ܘܡܬܦܬܚܐ ܗܘ ܕܐܝܬ ܒܗ ܣܢܐܐ
ܠܡܢܝܢܐ ܗܘ ܩܕܡܝܐ. ܟܠ ܗܘܝܘ ܟܘܢܐ ܕܐܝܬܝܗ ܠܐ ܐܝܬ
ܒܗ ܡܫܟܚܢܐ. ܐܠܐ ܢܗܘܘ ܐܢܫܝܢ ܟܕ ܗܘܝܢ ܕܥܠܡܐ
ܘܡܫܝܚܐ ܕܝܠܗ: ܘܢܦܠܘܢ ܟܠܗܘܢ ܗܘܝܢ ܠܟܠܗ ܥܠܡܐ.
7 ܘܐܬܠܝ ܕܡܫܬܟܚܝܢ ܗܘܝܢ ܠܟܠܗ ܥܠܡܐ. ܢܦܠܬ ܗܘ
ܫܡܝܐ ܡܢ ܟܕ ܢܦܩܬ ܕܝܠܗ. 8 ܘܢܦܩܘ ܠܡܫܟܢܐ
ܠܥܒܕܐ: ܠܗܘܝܢ ܕܐܬܦܬܚܘ ܫܘܫܢܬܐ ܕܐܪܥܐ: ܠܫܡܝܐ

ܘܠܡܓܘܓ. ܠܡܟܢܫܘ ܐܢܘܢ ܠܩܪܒܐ. ܗܢܘܢ ܕܡܢܝܢܐ
ܕܝܠܗܘܢ ܐܝܟ ܚܠܐ ܕܝܡܐ. 9 ܘܣܠܩܘ ܥܠ ܦܬܝܘܗ ܕܐܪܥܐ:
ܘܚܕܪܘܗ ܠܡܫܪܝܬܐ ܕܩܕܝܫܐ. ܘܠܡܕܝܢܬܐ ܗܝ ܚܒܝܒܬܐ.
ܘܢܚܬܬ ܢܘܪܐ ܡܢ ܫܡܝܐ ܡܢ ܐܠܗܐ ܘܐܟܠܬ ܐܢܘܢ.
10 ܘܐܟܠܩܪܨܐ ܗܘ ܕܐܛܥܝ ܐܢܘܢ. ܐܬܪܡܝ ܒܝܡܬܐ ܕܢܘܪܐ
ܘܕܟܒܪܝܬܐ: ܐܝܟܐ ܕܐܦ ܗܘ ܚܝܘܬܐ ܗܘܬ. ܘܗܘ ܢܒܝܐ ܕܓܠܐ.
ܘܢܬܫܢܩܘܢ ܐܝܡܡܐ ܘܠܠܝܐ ܠܥܠܡ ܥܠܡܝܢ. 11 ܘܚܙܝܬ
ܬܪܘܢܘܣ ܪܒܐ ܚܘܪܐ. ܘܠܗܘ ܕܝܬܒ ܠܥܠ ܡܢܗ ܗܘ
ܕܡܢ ܦܪܨܘܦܗ ܥܪܩܬ ܐܪܥܐ ܘܫܡܝܐ: ܘܕܘܟܬܐ ܠܗܘܢ ܠܐ
ܐܫܬܟܚܬ ܠܗܘܢ. 12 ܘܚܙܝܬ ܠܡܝܬܐ ܪܘܪܒܐ ܘܙܥܘܪܐ ܟܕ
ܩܝܡܝܢ ܩܕܡ ܬܪܘܢܘܣ. ܘܟܬܒܐ ܐܬܦܬܚܘ: ܘܐܚܪܢܐ ܟܬܒܐ
ܐܬܦܬܚ. ܗܘ ܕܐܝܬܘܗܝ ܕܚܝܐ. ܘܐܬܕܝܢܘ ܡܝܬܐ ܡܢ ܗܠܝܢ
ܕܟܬܝܒܢ ܒܟܬܒܐ. ܐܝܟ ܥܒܕܐ ܕܝܠܗܘܢ. 13 ܘܝܗܒ ܝܡܐ
ܡܝܬܐ ܗܠܝܢ ܕܒܗ: ܘܡܘܬܐ ܘܫܝܘܠ ܝܗܒܘ ܡܝܬܐ ܗܠܝܢ
ܕܒܗܘܢ. ܘܐܬܕܝܢܘ ܟܠ ܚܕ ܐܝܟ ܥܒܕܐ ܕܝܠܗܘܢ. 14 ܘܡܘܬܐ
ܘܫܝܘܠ ܐܬܪܡܝܘ ܒܝܡܬܐ ܕܢܘܪܐ. ܗܢܐ ܡܘܬܐ ܐܚܪܝܢܐ
ܐܝܬܘܗܝ ܝܡܬܐ ܗܝ ܕܢܘܪܐ. 15 ܘܐܢ ܐܢܫ ܠܐ ܐܫܬܟܚ
ܟܬܝܒ ܒܟܬܒܐ ܕܚܝܐ: ܐܬܪܡܝ ܒܝܡܬܐ ܗܝ ܕܢܘܪܐ ܀

ܩܦܠܐܘܢ ܀ ܟܐ ܀

1 ܘܚܙܝܬ ܫܡܝܐ ܚܕܬܐ ܘܐܪܥܐ ܚܕܬܐ. ܗܘ ܓܝܪ ܩܕܡܝܐ
ܫܡܝܐ: ܘܐܪܥܐ ܩܕܡܝܬܐ ܐܙܠܘ. ܘܝܡܐ ܠܐ ܐܝܬܘܗܝ ܬܘܒ.
2 ܘܠܡܕܝܢܬܐ ܗܝ ܩܕܝܫܬܐ ܐܘܪܫܠܡ ܚܕܬܐ ܚܙܝܬ. ܟܕ ܢܚܬܐ
ܡܢ ܫܡܝܐ ܡܢ ܠܘܬ ܐܠܗܐ. ܟܕ ܡܛܝܒܐ ܐܝܟ ܟܠܬܐ ܡܨܒܬܐ
ܠܓܒܪܐ ܕܝܠܗ. 3 ܘܫܡܥܬ ܩܠܐ ܪܒܐ ܡܢ ܫܡܝܐ ܕܐܡܪ. ܗܐ
ܡܫܟܢܐ ܕܐܠܗܐ ܥܡ ܒܢܝܢܫܐ. ܘܫܪܐ ܥܡܗܘܢ. ܘܗܢܘܢ ܥܡܐ
ܕܝܠܗ ܢܗܘܘܢ. ܘܗܘ ܐܠܗܐ ܥܡܗܘܢ ܢܗܘܐ ܠܗܘܢ ܐܠܗܐ.
4 ܘܢܠܚܘܐ ܟܠ ܕܡܥܬܐ ܡܢ ܥܝܢܝܗܘܢ: ܘܡܘܬܐ ܠܐ ܢܗܘܐ

ܬܘܒ. ܘܠܐ ܐܒܠܐ ܘܠܐ ܩܥܬܐ. ܘܠܐ ܟܐܒܐ ܠܐ ܢܗܘܐ ܬܘܒ. ܡܛܠ
ܕܩܕܡܝܬܐ ܥܒܪ̈ܝ. 5 ܘܐܡܪ ܗܘ ܕܝܬܒ [ܥܠ] ܬܪܘܢܘܣ. ܘܗܐ
ܠܟܠܗܘܢ ܚܕ̈ܬܬܐ ܥܒܕ ܐܢܐ. ܘܐܡܪ ܟܬܘܒ: ܡܛܠ ܕܗܠܝܢ
ܡ̈ܠܐ. ܡܗܝ̈ܡܢܬܐ ܘܫܪ̈ܝܪܬܐ ܕܐܠܗܐ ܐܝܬܝܗܝܢ. 6 ܘܐܡܪ ܠܝ.
ܗܘܝ̈ ܐܢܐ. ܐܠܦ ܘܬܘ. ܪܫܝܬܐ ܘܫܘܠܡܐ. ܐܢܐ ܠܗܘ ܕܨܗܐ
ܐܬܠ ܡܢ ܡܒܘܥܐ ܕܡ̈ܝܐ ܚܝ̈ܐ ܡܓܢ. 7 ܗܘ ܕܙܟܐ ܢܐܪܬ
ܗܠܝܢ. ܘܐܗܘܐ ܠܗ ܐܠܗܐ. ܘܗܘ ܢܗܘܐ ܠܝ ܒܪܐ.
8 ܠܕܚ̈ܠܬܢܐ ܕܝܢ ܘܠܐ ܡܗܝ̈ܡܢܐ. ܘܛܢ̈ܦܐ:
ܘܩܛܘ̈ܠܐ ܘܙܢ̈ܝܐ: ܘܚܪ̈ܫܐ ܘܦܠܚ̈ܝ ܦܬܟܪ̈ܐ: ܘܠܟܠܗܘܢ
ܕ̈ܓܠܐ. ܡܢܬܐ ܕܝܠܗܘܢ ܒܝܡܬܐ ܗܝ ܕܝܩܕܐ ܒܢܘܪܐ
ܘܒܟܒܪܝܬܐ. ܗܢܘ ܕܐܝܬܘܗܝ ܡܘܬܐ ܗܘ ܬܪܝܢܐ. 9 ܘܐܬܐ ܚܕ ܡܢ
ܗܢܘܢ ܫܒܥܐ ܡ̈ܠܐܟܐ: ܗܢܘܢ ܕܐܝܬ ܗܘܐ ܠܗܘܢ ܫܒܥ
ܦܝ̈ܠܘܣ: ܗܢܘܢ ܕܡܠܝܢ ܡܢ ܫܒܥ ܡܚܘ̈ܬܐ ܐܚܪ̈ܝܬܐ.
ܘܡܠܠ ܥܡܝ ܟܕ ܐܡܪ: ܬܐ ܐܚܘܝܟ ܠܟܠܬܐ ܗܝ ܐܢܬܬܗ
ܕܗܘ ܐܡܪܐ. 10 ܘܐܘܒܠܢܝ ܒܪܘܚܐ ܥܠ ܛܘܪܐ ܪܒܐ ܘܪܡܐ.
ܘܚܘܝܢܝ ܠܡܕܝܢܬܐ ܗܝ ܩܕܝܫܬܐ ܐܘܪܫܠܡ. ܟܕ ܢܚܬܐ
ܡܢ ܫܡܝܐ ܡܢ ܐܠܗܐ. 11 ܟܕ ܐܝܬ ܠܗ ܫܘܒܚܐ ܕܐܠܗܐ:
ܐܝܟ ܢܘܗܪܐ ܕܐܓܠܐ. ܘܕܡܝܐ ܠܟܐܦܐ ܝܩܝܪܬܐ ܡܫܒܚܬܐ: ܐܝܟ
ܟܐܦܐ ܐܝܣܦܝܣ ܕܕܡܝܐ ܠܩܪܘܣܛܠܠܘܣ. 12 ܘܐܝܬ ܠܗ ܫܘܪܐ
ܪܒܐ ܘܪܡܐ. ܘܐܝܬ ܠܗ ܬܪ̈ܥܐ ܬܪܥܣܪ. ܘܡܠܐܟ̈ܐ ܕܬܪܥܣܪ
ܥܠܝܗܘܢ: ܗܢܘܢ ܕܐܝܬܝܗܘܢ ܫܡ̈ܗܐ ܕܬܪܥܣܪ ܫܒܛܝ̈ܢ
ܕܒ̈ܢܝ ܐܝܣܪܝܠ. 13 ܡܢ ܡܕܢܚܐ. ܬܪ̈ܥܐ ܬܠܬܐ. ܘܡܢ
ܓܪܒܝܐ. ܬܪ̈ܥܐ ܬܠܬܐ. [ܘܡܢ ܬܝܡܢܐ. ܬܪ̈ܥܐ ܬܠܬܐ. ܘܡܢ
ܡܥܪܒܐ. ܬܪ̈ܥܐ ܬܠܬܐ.] 14 ܘܫܘܪܐ ܕܡܕܝܢܬܐ: ܐܝܬ
ܠܗ ܫܬܐܣ̈ܐ ܬܪܥܣܪ. ܘܥܠܝܗܘܢ ܬܪܥܣܪ ܫܡ̈ܗܐ
ܕܬܪܥܣܪ ܫܠܝ̈ܚܘܗܝ ܕܐܡܪܐ. 15 ܘܗܘ ܕܡܡܠܠ ܗܘܐ
ܥܡܝ. ܐܝܬ ܗܘܐ ܠܗ ܡܫܘܚܬܐ ܩܢܝܐ ܕܕܗܒܐ ܐܝܟܢܐ
ܕܢܡܫܘܚܝܗ ܠܡܕܝܢܬܐ ܘܠܬܪ̈ܥܝܗ ܘܠܫܘܪܗ. 16 ܘܗܝ

ܡܕܝܢܬܐ ܛܛܪܓܘܢܘܣ ܣܝܡܐ. ܘܐܘܪܟܐ ܕܝܠܗ ܟܡܐ ܕܐܦ
ܦܬܝܐ. ܘܡܫܚܗ ܠܡܕܝܢܬܐ ܒܩܢܝܐ: ܥܠ ܐܣܛܕܘܬ
ܬܪܬܥܣܪܐ ܕܐܣܛܕܘܬ: ܐܠܦܝܢ. ܘܐܘܪܟܐ ܘܦܬܝܐ. ܘܪܘܡܐ ܕܝܠܗ
ܫܘܝܐ ܐܝܬܝܗܘܢ. 17 ܘܡܫܚ ܠܫܘܪܐ ܕܝܠܗ: ܡܐܐ ܘܐܪܒܥܝܢ
ܘܐܪܒܥ ܡܫܘܚܬܐ ܕܐܡܬܐ ܕܒܪܢܫܐ: ܗܝ ܕܐܝܬܝܗ ܕܡܠܐܟܐ.
18 ܘܕܘܡܣܘܬܐ ܕܫܘܪܐ ܕܝܠܗ: ܐܝܣܦܝܣ. ܘܗܝ ܡܕܝܢܬܐ.
ܕܕܗܒܐ ܕܟܝܐ: ܕܕܡܝܐ ܠܙܓܘܓܝܬܐ ܕܟܝܬܐ. 19 ܘܗܠܝܢ
ܫܬܐܣܝܐ ܕܫܘܪܐ ܕܡܕܝܢܬܐ. ܒܟܠ ܟܐܦܐ ܡܝܩܪܐ ܡܨܒܬܝܢ.
ܫܬܐܣܬܐ ܗܝ ܩܕܡܝܬܐ. ܐܝܣܦܝܣ. ܗܝ ܬܪܝܢܝܬܐ.
ܣܦܝܪܘܣ. ܗܝ ܬܠܝܬܝܬܐ. ܟܠܟܕܘܢ. ܗܝ ܪܒܝܥܝܬܐ.
ܙܡܪܓܕܐ. 20 ܗܝ ܚܡܝܫܝܬܐ. ܣܪܕܘܢܟܘܣ. ܗܝ ܫܬܝܬܝܬܐ.
ܣܪܕܝܘܢ. ܗܝ ܫܒܝܥܝܬܐ. ܟܪܘܣܘܠܝܬܘܣ. ܗܝ ܬܡܝܢܝܬܐ.
ܒܪܘܠܐ. ܗܝ ܬܫܝܥܝܬܐ. ܛܘܦܐܙܝܢ. ܗܝ ܥܣܝܪܝܬܐ.
ܟܪܘܣܘܦܪܣܘܣ. ܗܝ ܚܕܥܣܪܬܐ. ܗܘܩܝܢܬܘܣ:
ܗܝ ܬܪܬܥܣܪܬܐ. ܐܡܬܘܣܛܘܣ. 21 ܘܬܪܥܐ ܬܪܬܥܣܪ
ܡܪܓܢܝܬܐ. ܚܕܐ ܚܕܐ ܡܢ ܟܠ ܚܕܐ ܡܢ ܬܪܥܐ. ܚܕ ܡܢ
ܚܕܐ ܡܪܓܢܝܬܐ. ܘܫܘܩܐ ܕܡܕܝܢܬܐ. ܕܕܗܒܐ ܕܟܝܐ.
ܐܝܟ ܙܓܘܓܝܬܐ ܕܡܬܚܙܝܐ. 22 ܘܗܝܟܠܐ ܠܐ ܚܙܝܬ ܒܗ. ܡܛܠ
ܕܡܪܝܐ ܐܠܗܐ ܗܘ ܐܚܝܕ ܟܠ. ܗܝܟܠܐ ܕܝܠܗ ܐܝܬܘܗܝ. ܘܗܘ
ܐܡܪܐ. 23 ܘܗܝ ܡܕܝܢܬܐ ܠܐ ܐܝܬ ܠܗ ܣܘܢܩܢܐ ܕܫܡܫܐ:
ܘܠܐ ܕܣܗܪܐ: ܐܝܟܢܐ ܕܢܢܗܪܘܢ ܒܗ: ܗܝ ܓܝܪ ܬܫܒܘܚܬܐ
ܕܐܠܗܐ ܐܢܗܪܬܗ. ܘܫܪܓܐ ܕܝܠܗ. ܗܘ ܐܡܪܐ. 25 ܘܢܗܠܟܘܢ
ܥܡܡܐ. ܒܗ ܒܢܘܗܪܐ ܕܝܠܗ ܗܘ ܘܡܠܟܐ ܕܐܪܥܐ ܥܡ
ܡܝܬܝܢ ܬܫܒܘܚܬܐ ܕܝܠܗܘܢ ܘܐܝܩܪܐ ܕܥܡܡܐ ܠܗ. 26 ܘܬܪܥܐ
ܕܝܠܗ: ܠܐ ܢܬܐܚܕܘܢ ܒܐܝܡܡܐ. ܒܠܠܝܐ ܓܝܪ ܠܐ ܐܝܬ ܬܡܢ.
26 ܘܢܝܬܘܢ ܠܬܫܒܘܚܬܐ ܘܠܐܝܩܪܐ ܕܥܡܡܐ ܠܗ. 27 ܘܠܐ ܢܥܘܠ
ܒܗ ܟܠ ܡܣܝܒܐ. ܘܥܒܕ ܛܢܦܘܬܐ ܘܕܓܠܘܬܐ ܟܬܒܐ
ܕܚܝܐ ܕܗܘ ܐܡܪܐ ܀

ܩܦܠܐܘܢ ܀ ܟܒ ܀

1 ܘܚܘܝܢܝ ܢܗܪܐ ܕܡܝܐ ܚܝܐ ܢܗܝܪܐ [ܐܝܟ] ܡܘܪܘܣܛܠܘܣ.
ܕܢܦܩ ܡܢ ܬܪܘܢܘܣ ܕܐܠܗܐ. ܘܕܐܡܪܐ. 2 ܒܡܨܥܬܐ
ܕܫܘܩܐ ܕܝܠܗ. ܘܥܠ ܢܗܪܐ ܡܢ ܗܪܟܐ ܘܡܢ ܠܗܠ:
ܩܝܣܐ ܕܚܝܐ: ܕܥܒܕ ܦܐܪܐ ܬܪܥܣܪ. ܕܒܟܠ ܝܪܚܐ ܝܗܒ
ܟܠ ܚܕ ܦܐܪܐ ܕܝܠܗ. ܘܛܪܦܘܗܝ ܕܩܝܣܐ ܠܐܣܝܘܬܐ ܕܥܡܡܐ.
3 ܘܟܠ ܚܪܡܐ ܠܐ ܢܗܘܐ ܬܡܢ. ܘܬܪܘܢܘܣ ܕܐܠܗܐ ܘܕܐܡܪܐ
ܐܝܬܘܗܝ ܒܗ ܢܗܘܐ. ܘܥܒܕܘܗܝ ܢܫܡܫܘܢܝܗܝ. 4 ܘܢܚܙܘܢ
ܦܪܨܘܦܗ ܕܝܠܗ. ܘܫܡܗ ܕܝܠܗ ܥܠ ܒܝܬ ܥܝܢܐ ܕܝܠܗܘܢ.
5 ܘܠܠܝܐ ܠܐ ܢܗܘܐ ܬܡܢ. ܘܠܐ ܢܗܘܐ ܠܗܘܢ ܣܘܢܩܢܐ
ܕܢܘܗܪܐ ܕܫܪܓܐ: ܘܕܢܘܗܪܐ ܕܫܡܫܐ: ܡܛܠ ܕܡܪܝܐ ܐܠܗܐ
ܡܢܗܪ ܠܗܘܢ. ܘܢܡܠܟܘܢ ܠܥܠܡ ܥܠܡܝܢ. 6 ܘܐܡܪ
ܠܝ. ܗܠܝܢ ܡܠܐ ܡܗܝܡܢܬܐ ܘܫܪܝܪܬܐ. ܘܡܪܝܐ ܐܠܗܐ
ܕܪܘܚܐ ܕܢܒܝܐ ܫܕܪ ܠܝ ܠܡܠܐܟܗ ܕܝܠܗ. ܠܡܚܘܝܘ
ܠܥܒܕܘܗܝ ܕܝܠܗ: ܗܠܝܢ ܕܘܠܐ ܠܡܗܘܐ ܥܓܠ. 7 ܘܗܐ
ܐܬܐ ܐܢܐ ܥܓܠ. ܛܘܒܘܗܝ ܠܡܢ ܕܢܛܪ ܠܡܠܐ ܕܢܒܝܘܬܐ ܕܟܬܒܐ
ܗܢܐ. 8 ܘܐܦ ܐܢܐ ܝܘܚܢܢ ܗܘ ܕܫܡܥ ܘܚܙܐ ܗܠܝܢ. ܘܟܕ
ܫܡܥܬ ܐܢܐ ܘܚܙܝܬ ܢܦܠܬ ܠܡܣܓܕ ܩܕܡ ܪܓܠܘܗܝ
ܕܡܠܐܟܐ: ܗܘ ܕܡܚܘܐ ܗܘܐ ܠܝ ܗܠܝܢ. 9 ܘܐܡܪ ܠܝ ܚܙܝ.
ܠܐ: ܟܢܬܟ ܕܝܠܟ ܐܢܐ: ܘܕܐܚܝܟ ܢܒܝܐ. ܘܕܗܠܝܢ
ܕܢܛܪܝܢ ܠܡܠܐ ܕܟܬܒܐ ܗܢܐ. ܠܐܠܗܐ ܣܓܘܕ. 10 ܘܐܡܪ ܠܝ
ܠܐ ܬܚܬܘܡ ܠܡܠܐ ܕܢܒܝܘܬܐ ܕܟܬܒܐ ܗܢܐ. ܗܘ ܓܝܪ ܙܒܢܐ
ܕܩܪܝܒ ܐܝܬܘܗܝ. 11 ܘܗܘ ܕܡܥܘܠ. ܢܥܘܠ ܬܘܒ. ܘܗܘ
ܕܛܢܦ. ܢܛܢܦ ܬܘܒ. ܘܙܕܝܩܐ ܙܕܝܩܘܬܐ ܢܥܒܕ ܬܘܒ.
ܘܩܕܝܫܐ ܢܬܩܕܫ ܬܘܒ. 12 ܗܐ ܐܬܐ ܐܢܐ ܥܓܠ. ܘܐܓܪܐ
ܕܝܠܝ ܥܡܝ. ܠܡܦܪܥ ܠܟܠܢܫ ܐܝܟ ܕܐܝܬܘܗܝ ܥܒܕܐ ܕܝܠܗ.
13 ܐܢܐ ܗܘ ܐܠܦ ܘܬܘ. ܗܘ ܩܕܡܝܐ ܘܗܘ ܐܚܪܝܐ. ܗܘ

ܪܝܫܐ ܘܗܘ ܡܫܘܠܡܐ. 14 ܛܘܒܢܝܐ ܐܝܢܘܢ ܗܢܘܢ ܕܥܒܕܝܢ
ܠܦܘܩܕܢܐ ܕܝܠܗ. ܐܝܟܢܐ ܕܢܗܘܐ ܫܘܠܛܢܐ ܕܝܠܗܘܢ.
ܥܠ ܩܝܣܐ ܕܚܝܐ. ܘܒܬܪ̈ܥܐ ܢܥܠܘܢ ܠܡܕܝܢܬܐ. 15 ܠܒܪ:
ܟܠܒ̈ܐ ܚܪ̈ܫܐ ܘܙܢ̈ܝܐ ܩܛܘ̈ܠܐ ܘܦܠܚ̈ܝ ܦܬܟܪ̈ܐ ܘܟܠ
ܕܪܚܡ ܘܥܒܕ ܕܓܠܘܬܐ. 16 ܐܢܐ ܝܫܘܥ ܫܕܪܬ ܠܡܠܐܟܐ ܕܝܠܝ:
ܠܡܣܗܕܘ ܠܟܘܢ ܗܠܝܢ ܥܠ ܥܕ̈ܬܐ. ܐܢܐ ܐܝܬܝ ܗܘ
ܥܩܪܐ ܘܫܪܒܬܐ ܕܕܘܝܕ. ܐܝܟ ܗܘ ܟܘܟܒܐ ܢܗܝܪܐ: ܗܘ
ܕܨܦܪܐ. 17 ܘܪܘܚܐ ܘܟܠܬܐ ܐܡܪܝܢ. ܬܐ. ܘܗܘ ܕܫܡܥ ܢܐܡܪ:
ܬܐ. ܘܗܘ ܕܨܗܐ ܢܐܬܐ. ܘܗܘ ܕܨܒܐ. ܢܣܒ ܡܝ̈ܐ ܚ̈ܝܐ
ܡܓܢ. 18 ܡܣܗܕ ܐܢܐ ܠܟܠ ܕܫܡܥ ܠܡ̈ܠܐ ܕܢܒܝܘܬܐ ܕܟܬܒܐ
ܗܢܐ. ܕܐܢ ܐܢܫ ܢܬܘܣܦ ܥܠܝܗܘܢ. ܢܬܘܣܦ ܐܠܗܐ ܥܠܘܗܝ
ܠܡܚ̈ܘܬܐ ܕܟܬ̈ܝܒܢ ܒܟܬܒܐ ܗܢܐ. 19 ܘܐܢ ܐܢܫ ܢܒܨܪ ܡܢ
ܡ̈ܠܐ ܕܟܬܒܐ ܕܢܒܝܘܬܐ ܗܕܐ. ܢܒܨܪ ܐܠܗܐ ܡܢܬܗ ܡܢ
ܩܝܣܐ ܕܚܝܐ: ܘܡܢ ܡܕܝܢܬܐ ܗܝ ܩܕܝܫܬܐ: ܕܗܠܝܢ
ܕܟܬ̈ܝܒܢ ܒܟܬܒܐ ܗܢܐ. 20 ܐܡܪ ܗܘ ܕܡܣܗܕ ܗܠܝܢ.
ܐܝܢ. ܐܬܐ ܐܢܐ ܒܥܓܠ ܐܡܝܢ. ܬܐ ܡܪܢ ܝܫܘܥ. 21 ܛܝܒܘܬܗ
ܕܡܪܢ ܝܫܘܥ ܡܫܝܚܐ ܥܡ ܟܠܗܘܢ ܩܕܝ̈ܫܐ. ܐܡܝܢ ܀

ܫܠܡ ܓܠܝܢܐ ܕܝܘܚܢܢ ܐܘܢܓܠܝܣܛܐ: ܘܫܠܡܗ ܕܕܝܬܝܩܐ
ܚܕܬܐ: ܕܡܬܦܫܩܐ ܠܠܫܢܐ ܕܣܘܪܝܝܐ.

ܫܘܒܚܐ ܠܐܠܗܐ ܀

ܦܘܪ̈ܫܢܐ ܡܫܚܠܦ̈ܐ ܕܐܫܬܟܚܬ ܚܕܬܐ ܡܦܩܢܘܬܐ ܡܢ ܡܟܬܒܬܐ
ܕܡܘܬܒܬܐ ܕܟܠܗ̇ ܟܬܒܐ؛ ܠܡܫܝܚܘܬܐ ܒܟܬ̈ܒܐ ܡܦܩ̈ܢܐ
ܠܥܒܪܝܐ ܐܘܦ ܠܝܘܢܝ̈ܐ ܀

ܡܛܝ .
ܡܦ. ܦܡ.
ܗ. 17 ܠܐ ܐܝܬܝܗ ܕܐܡܪܐ.
18 ܢܣܒ. ܥܡܗ.
19 ܗܘܟܝܠ ܕܒܡܪܐ.
22 ܡܫܝܚ ܗܘ. ܗܘ ܥܡܗ.
24 ܡܬܪܥܡܝܢ ܡܢ ܡܥܒܕܢܐ.
37 ܡܢܐ ܕܒܥܐ ܡܢ ܗܘܟܝܢ.
42 ܘܡܢ ܕܒܚܠ ܕܝܠܦ .
ܘ. 7 ܕܒܥܝܢ.
9 ܗܘܟܢܐ ܗܘܟܝܠ .
13 ܟܠܟܝܢ ܐܝܟ.
15 ܐܦ ܠܐ .
17 ܡܢܗܘܢ ܡܢ ܢܦܩ .
29 ܡܢܗܘܢ.
ܙ. 21 ܐܡܪܘ ܠܐܝܢ.
22 ܘܡܢܗܘܢ ܠܡܫܝܚܐ.
25 ܐܠܗܝܢ ܐܝܟ ܕܐܡܪܘܢ.
ܚ. 8 ܕܟܠܗ. [ܡܫܝܚܐ ܐܡܪܗܘ.]
13 ܐܢ ܕܝܢ ܠܐ.
21 ܐܟܢܐ.
23 ܟܠܗܘܢ ܕܝܢ ܡܫܒܚܐ.
ܛ. 10 ܗܘܐ ܢܣܒ.
ܟ. 11 ܕܐܪܐ ܕܡܠܟܘܬܐ.
27 ܠܐ ܗܘܐ ܐܪܥܐ.

ܟ. 29 ܡܫܝܚܝܢ.
56 ܥܡܗ ܗܘܟܝܠ.
ܟܐ. 26 ܥܡܗ ܟܠܟܠܐ.
ܟܒ. 22 ܕܝܢ ܡܠܟܘܬܗ
25 ܡܠܟܝܗ.
27 ܗܘܝ ܡܢ ܘܗܘ.
ܟܓ. 8 ܢܣܒ. ܥܡܗ.
10 ܕܡܫܬܡܥܝܢ ܠܗܘܢ ܟܡܝܢܐ
14 ܗܘܟܢܐ ܥܡܗ ܕܒܢܝܐ.
33 ܘܠܐ ܥܡ ܐܦ ܐܝܬ.
ܟܕ. 3 ܟܠܗ.
23 ܠܡܠܟܘܬܐ ܕܫܡܝܐ.
ܟܗ. 16 ܡܫܝܚܝܢ ܢܣܒ.
22 ܥܒܕ ܐܢܐ. ܥܡܗ ܐܢܐ.
26 ܕܝܢ. ܥܡܗ.
ܟܘ. 7 ܘܡܢ ܠܡܫܝܚܘܬܗ.
27 ܐܦ ܗܘ.
44 ܥܡܟܘܢ ܟܠܗܘܢ ܥܠܡܐ.
ܟܙ. 17 [ܕܡܠܟܘܬܗ. 18 ܘܐܢܫܐ
ܕܡܫܬܠܡ ܗܘܐ. ܠܐ ܢܗܘܐ
ܠܥܡܗܘܢ ܠܡܫܝܚ]
ܥܡܗ ܡܫܡܫܢܐ ܕܟܠܢܐ.
27 ܐܟܢܐ ܢܣܒ.
ܟܚ. 7 ܟܠܗܘܢ ܗܘܟܝܠ.
26 ܥܡ. ܥܡܗ.

ܟܗ. 36 ܒܝܬ ܐܒܗ̈ܬܐ.
ܟܘ. 29 ܒܡܠܟܘܬܗ ܕܐܒܝ.
ܟܙ. 1 ܢܦܩ ܥܠܘܗܝ ܕܪ̈ܒܝ
ܟܗ̈ܢܐ.
20 ܠܟܢܫ̈ܐ: ܕܢܫܐܠܘܢ
ܠܒܪ ܐܒܐ.
23 ܐܡܪ ܠܗܘܢ ܗܓܡܘܢܐ.
42 ܕܢܚܐ. ܒܗ.
60 ܘܥܓܠ ܟܐܦܐ ܪܒܬܐ.
ܐܪܡܝܘ. ܒܗ.
ܘܐܙܠ.

ܡܪܩܘܣ.

ܐ. 20 ܐܒܘܗܘܢ ܠܐܓܝܪ̈ܐ.
27 ܝܘܠܦܢܐ ܗܢܐ.
29 ܘܢܦܩ.
ܘܐܬܐ.
ܒ. 3 ܟܕ ܡܫܩܠܝܢ ܠܗ.
16 ܚܙܘ ܕܐܟܠ.
ܓ. 7 ܢܦܩܘ ܗܘܐ.
ܕ. 11 ܠܒܪܝܐ ܕܐܪܙܐ.
20 ܕܡܩܒܠܝܢ ܠܡܠܬܐ.
22 ܢܬܝܕܥ ܕܐܬܐ.
ܗ. 9 ܫܡܟ. ܘܐܡܪ ܠܗ.
13 ܘܦܣܝ.
ܚܙܝܪ̈ܐ ܐܝܟ ܬܪܝܢ ܐܠܦܝܢ.
23 ܒܥܘܬܐ. ܐܠܐ ܬܐ.
26 ܕܐܝܬ ܗܘܐ ܠܗ.
ܘ. 1 ܢܦܩ. ܒܗ.
17 ܠܗܪܘܕܝܣ: ܘܐܡܪܗ
ܒܝܬ ܐܒܗ̈ܬܐ.

ܘ. 24 ܗܝ ܕܝܢ ܢܦܩܬ.
55 ܕܒܟܠܗ ܒܥܪ̈ܣܬܐ
ܙ. 3 ܐܝܕܘܗ ܕܒܫܠܡܬܗ.
8 ܟܕ. ܒܗ.
ܐܝܬܘܗܝ. ܒܗ.
26 ܕܢܦܩ ܫܐܕܐ.
35 ܐܬܦܬܚܘ.
36 ܐܝܟ ܕܠܐܢܫ.
ܚ. 3 ܘܐܝܬܘ ܕܡܢ ܐܢܐ.
26 ܐܥܠ.
29 ܟܐܦܐ. ܒܗ.
ܛ. 8 ܐܠ. ܒܗ.
14 ܟܕ ܕܪܫܝܢ ܥܡܗܘܢ
19 ܘܐܡܪ ܠܗܘܢ.
25 ܐܬܒܥܝ.
33 ܘܟܕ ܥܠ ܠܒܝܬܐ.
ܝ. 5 ܠܗܘܢ. ܡܘܫܐ ܠܗܕܐ ܦܘܩܕܢܐ.
32 ܘܐܙܠܝܢ ܗܘܘ.
39 ܘܡܥܡܘܕܝܬܐ ܕܥܡܕ
ܐܢܐ.
52 ܐܡܪ ܠܗ. ܙܠ.
ܗܝܡܢܘܬܟ.
ܝܐ. 4 ܘܟܕ ܫܪܝ ܠܗ.
5 ܕܫܪܝܢ ܐܢܬܘܢ ܠܥܝܠܐ.
15 ܘܗܦܟ ܠܦܬܘܪ̈ܐ.
23 ܐܫܬܩܠܝ.
ܝܒ. 9 ܡܪܐ ܟܪܡܐ.
ܢܐܬܐ ܘܢܘܒܕ
15 ܕܢܣܢܐ ܕܐܣܝܪܐ.
25 ܐܠܐ ܐܝܬܝܗܘܢ ܐܝܟ ܡܠܐܟܐ
ܕܒܫܡܝܐ.

ܒ. 29 ܡܪܘܢܐ.
34 ܘܒܢܐ ܘܐܡܪ ܠܗ.
39 ܟܒܝܫܘܬܐ. ܘܗܦܟ
ܫܦܝܪ ܟܡܫܡܫܢܝܬܐ.
ܓ. 11 ܡܐ ܕܡܦܪܩܝܢ.
ܐܠܐ ܗܘ. ܠܝܬ ܗܘ.
ܡܟܝܠ ܗܘ ܡܟܠܠ.
18 ܕܡܐ ܕܪܒܢ.
ܕ. 4 ܕܐܬܐܡܪ.
5 ܢܗܘܐ ܫܠܡ.
25 ܡܢ ܗܘܢܐ ܢܒܝܐ.
31 ܐܬܢܫܝܐ. ܠܝܬ.
34 ܠܢ. ܠܝܬ
37 ܣܒܐ ܡܠܟܐ.
40 ܐܝܟ ܐܬܘܒ.
44 ܗܘ ܕܡܬܟܪܙ. ܠܝܬ.
48 ܒܠܢ. ܠܝܬ.
56 ܡܬܩܪܐ ܗܘܐ.
61 ܢܡܘܣܐ. ܠܝܬ.
67 ܕܡܫܝܚ.
ܗ. 1 ܗܘ ܡܣܬܟܠܐ. ܠܝܬ.
9 ܠܗܘܢ ܠܫܠܝܚܐ.
11 ܠܟܢܫܐ.
22 ܠܓܘܢܐ ܠܟܬܒܐ. ܠܒܘܪܟܬܐ.
40 ܕܝܢ ܐܦ ܢܡܘܣܐ.
ܘ. 14 ܐܬܚܙܝ ܠܫܒܥܝܢ:
ܡܫܡܫ ܠܫܒܝܥܝܘܬܐ.

ܠܘܩܘܣ.

ܐ. 4 ܐܝܠܝܢ. ܠܝܬ.
14 ܘܚܕܘܬܐ.

ܐ. 23 ܐܙܠ ܠܒܝܬܗ.
27 ܠܒܝܬܗ ܕܕܘܝܕ.
41 ܘܐܬܡܠܝܬ ܐܠܝܫܒܥ.
45 ܕܐܬܡܠܠܢ
61 ܒܫܪܒܬܟ ܕܡܬܩܪܐ.
63 ܘܐܬܕܡܪܘ.
75 ܒܟܐܢܘܬܐ ܘܒܙܕܝܩܘܬܐ.
ܒ. 4 ܕܝܢ ܐܦ.
ܢܨܪܬ ܡܕܝܢܬܐ.
8 ܘܢܛܪܝܢ ܗܘܘ.
ܡܛܪܬܐ.
13 ܐܬܚܙܝ.
18 ܕܐܬܡܠܠܢ.
44 ܐܢܫܘܬܗܘܢ.
48 ܕܗܐ ܐܒܘܟܝ ܘܐܢܐ.
ܓ. 16 ܠܡܐܢ. ܠܝܬ.
21 ܐܬܥܡܕ ܡܫܝܚܐ.
ܕ. 2 ܐܬܢܣܝ ܒܦܪܕܝ.
18 ܘܫܒܩܬܐ ܗܘܬ.
25 ܗܘܐ ܟܦܢܐ ܒܗܝ.
28 ܗܘܘ. ܠܝܬ.
36 ܡܠܬܐ ܠܪܘܚܐ.
ܗ. 1 ܢܘܚ ܢܫܡܥ.
10 ܢܨܘܕ ܠܢܫܡܬܐ.
11 ܡܢ ܕܐܝܠܢ ܠܡܕܝܢܬܐ.
13 ܓܪܒܗ ܡܢܗ.
14 ܡܕܡ ܡܢܐ. ܠܝܬ.
22 ܘܥܢܐ ܘܐܡܪ ܠܗܘܢ.
34 ܠܒܢܘܗܝ ܕܓܢܘܢܐ.
ܘ. 1 ܘܦܪܟܝܢ ܗܘܘ. ܠܝܬ
ܗܘܘ.

ܘ. 2 ܠܡܥܒܕ ܒܫܒܬܐ.
7 ܐܝܟܘ ܕܡܐܟܠܐ.
26 ܥܒܕܝܢ ܗܘܘ ܠܢܒܝܐ.
44 ܠܐ ܓܝܪ ܠܩܛܝܢ.
ܐܦܠܐ ܡܢ ܣܢܝܐ.
48 ܫܬܐܣܬܐ.
ܙ. 9 ܐܦ ܠܐ ܒܐܝܣܪܝܠ.
20 ܘܐܡܪܘ ܠܗ.
21 ܠܣܓܝܐܐ ܐܣܝ.
36 ܗܘ ܘܐܣܬܡܟ.
40 ܠܗ. ܗܘ ܕܝܢ ܐܡܪ ܠܗ.
ܚ. 10 ܓܝܪ. ܠܗܝܢ.
ܠܦܬܝܘ ܐܪ̈ܙܐ.
16 ܠܗ ܟܠܗ ܡܢܪܬܐ.
22 ܢܦܩܘ. ܠܗ.
24 ܒܪܘܢܐ.
ܛ. 11 ܘܡܩܒܠ ܗܘܐ.
19 ܕܢܒܝܐ ܩܕܡܝܐ.
37 ܛܠܠ ܒܗܘܢ.
41 ܕܠܐ ܡܗܝܡܢܐ
ܘܡܥܩܡܬܐ.
ܝ. 1 ܗܘܐ ܗܘ ܠܟܠܐܬܪ.
5 ܠܒܝܬܐ ܗܢܐ.
10 ܠܟܘܢ ܠܫܘܩܐ.
39 ܘܡܫܬܡܥܐ ܗܘܬ
ܡܠܘܗܝ.
ܝܐ. 1 ܕܟܕ ܗܘܐ ܡܨܠܐ.
10 ܡܛܠ ܢܬܦܬܚ ܠܗ.
ܘܢܬܠ ܠܗ ܟܡܐ.
13 ܟܡܐ ܝܬܝܪܐܝܬ ܐܒܘܟܘܢ.
26 ܝܬܝܪ. ܠܗ.

ܝܐ. 36 ܢܗܝܪ ܟܠܗ.
45 ܐܝܬ ܐܦ ܠܢ.
49 ܚܟܡܬܐ ܕܐܠܗܐ.
ܝܒ. 22 ܡܛܠ ܗܢܐ ܠܟܘܢ.
56 ܦܪܨܘܦܐ ܕܐܪܥܐ ܘܕܫܡܝܐ.
ܝܓ. 14 ܠܒܝܫܬܐ.
ܝܕ. 3 ܐܢ ܫܠܝܛ.
5 ܒܒܐܪܐ.
12 ܐܡܪ ܕܝܢ ܐܦ.
20 ܘܐܚܪܢܐ ܐܡܪ.
21 ܘܠܫܘܩܐ ܕܡܕܝܢܬܐ.
ܝܗ. 11 ܠܓܒܪܐ ܚܕ.
ܝܘ. 7 ܘܐܡܪ ܠܗ.
13 ܠܐܒܘܗܝ ܠܩܘܒܠܝܣ.
ܝܙ. 7 ܡܢܘ ܕܝܢ ܡܢܟܘܢ.
ܝܚ. 1 ܕܢܨܠܘܢ.
15 ܕܝܢ ܐܦ ܝܠܘܕܐ.
19 ܘܠܗ ܛܒܐ.
22 ܕܝܢ ܗܠܝܢ ܝܫܘܥ.
40 ܘܦܩܕ ܕܢܝܬܘܢܝܗܝ
ܠܘܬܗ.
43 ܘܡܫܒܚ ܗܘܐ.
ܠܗ ܗܘܐ.
ܝܛ. 8 ܡܪܝ. ܕܦܠܓܗ: ܗܐ
ܠܡܣܟܢܐ.
11 ܠܩܪܝܒܝܢ: ܡܬܠܐ.
15 ܕܢܬܐ ܥܒܕܐ ܟܠ ܚܕ ܚܕ
ܐܬܬܓܪ.
20 ܩܡܡ ܒܣܘܕܪܐ.
23 ܗܘܝܬ ܐܬܒܥ ܠܗ.
24 ܕܐܝܬ ܠܗ ܥܣܪܐ.

ܝܗ. 25 ܐܝܬ ܗܘܐ ܒܚܩܠܐ.
26 ܕܝܢ. ܠܗ.
30 ܕܐܟܠ ܐܝܬܟ ܥܡ ܙܢܝܬܐ.
31 ܕܝܠܝ. ܗܘ ܟܠ.
ܝܘ. 9 ܥܒܕܘ ܠܟܘܢ ܪܚܡܐ.
20 ܠܒܪܐ.
31 ܘܢܒܝܐ ܐܦ.
ܝܙ. 8 ܚܙܘ ܠܝ.
24 ܒܪܩܐ.
29 ܗܘܐ. ܠܗ.
34 ܘܠܐ ܒܗܘܡ.
ܟܒ. 17 18 ܠܢܣܒܗܘܢ ܒܥܘܒܕܐ ܕܚܝܠܐ: ܐܠܐ ܡܫܬܒܩܝܢ ܠܟܢܘܫܐ ܕܡܠܟܘܬܐ. ܠܐܬܐ * ܕܢܫܡܥ ܐܬܚܙܝ ܐܝܟ ܒܢܝܐ ܡܠܟܘܬܐ ܡܢ ܗܘ ܒܫܡܝܐ ܀
20 ܕܢܬܝܗܒ ܚܕܬܐ.
37 ܐܫܬܠܡܬ.
46 ܡܢܟܘܢ ܕܝܠܗ.
51 ܠܗܐ ܕܝܢ.
55 ܘܝܬܒ ܗܘܐ.
ܟܓ. 13 ܘܠܪܒܢܐ ܘܠܥܡܐ.
19 ܐܡܛܠ ܣܘܪܚܢܐ ܕܗܘܐ ܒܡܕܝܢܬܐ ܘܩܛܠܐ ܢܦܠ.
28 ܘܐܬܦܢܝ ܬܠܡܝܕܘܗܝ ܠܘܬܗܝܢ.
48 ܚܙܝܘܗܝ.
49 ܩܝܡܝܢ ܗܘܝ ܠܗܝܢ.
ܟܓ. 50 ܒܘܠܘܛܐ.
54 ܘܫܒܬܐ ܢܓܗܐ.
56 ܗܦܟܝ ܛܝܒܝ ܗܪܘܡܐ ܘܒܣܡܐ.
ܟܕ. 12 ܩܡ ܪܗܛ.
14 ܗܠܝܢ ܕܓܕܫ.
21 ܢܦܪܘܩ ܗܘܐ ܗܘ.
22 ܗܘܝ ܠܢ.

ܝܘܚܢܢ .

ܐ. 45 47 ܠܢܬܢܐܝܠ.
46 48 49 ܢܬܢܐܝܠ.
51 ܡܠܐܟܐ.
ܒ. 10 ܘܡܐ ܕܪܘܝܘ.
11 ܘܗܝܡܢܘ ܬܠܡܝܕܘܗܝ ܠܐܘܪܫܠܡ.
14 ܘܐܫܟܚ ܒܗܝܟܠܐ ܠܗܢܘܢ ܕܡܙܒܢܝܢ ܬܘܪܐ.
23 ܗܘܐ ܕܝܢ ܬܠܡܝܕܘܗܝ.
ܓ. 1 ܐܝܬ ܓܒܪܐ ܚܕ.
30 ܗܘܐ. ܠܗ.
ܕ. 3 ܘܐܙܠ ܠܗ ܬܘܒ.
8 ܐܬܠܡܝܕܘܗܝ ܕܝܢ ܕܝܠܗ.
11 ܘܒܐܪܐ.
12 ܒܐܪܐ.
21 ܘܠܐ ܒܛܘܪܐ ܗܢܐ:
28 ܘܐܡܪܐ ܠܐܢܫܐ.
35 ܕܚܨܕܘ ܘܚܙܝܢ.
38 ܠܐܚܪܢܐ ܠܗ.

ܕ. 42 ܗܘܐ ܡܟܠܐ ܡܟܠܝܢ
ܡܬܡܟܢܝܢ.
ܕܗܘܝܘ ܡܫܪܝܬ.
46 ܕܟܕ ܗܘܐ ܡܫܬܐ.
ܗ. 12 ܡܠܝܐ ܗܘܐ ܓܪܒܐ
ܕܐܡܪ.
18 ܠܓܘܐ ܕܐܚܘܗܝ.
20 ܡܫܘܐ ܒܗ ܘܫܒܝܩܝܢ
ܡܢ ܗܘܠܝܢ ܚܛܗܐ
ܡܫܘܐ ܒܗ ܕܐܝܬܘܗܝ
ܠܐܘܪܚܗ.
ܘ. 1 ܟܕ ܡܗܠܟ ܗܘ.
11 ܗܘܘ ܚܢܢ ܒܪܘܓܙܐ.
39 ܗܢܘ ܕܝܢ ܓܒܪܐ ܕܡܢ
ܕܡܬܒܥܐ. ܕܟܠ ܕܒܥܐ.
42 ܢܦܘܩ ܒܥܝܢܗ ܕܢܘܦܩ:
54 ܡܢ ܕܐܬܐ ܠܘܬܝ.
57 ܕܗܘ ܒܝܬܐ ܡܬܒܢܐ.
ܙ. 22 ܐܠܐ ܕܝܢ ܐܟܚܕܐ.
43 ܦܠܓܘܬܐ ܒܓܢܒܐ
ܡܬܓܒܝܗ.
46 ܓܒܪܐ ܗܢܐ.
50 ܗܘܐ. ܒܟܝ.
53 ܒܐܘܗܝ ܟܡܝܢܐ.
ܚ. 1—11 ܒܟܝ ܟܡܝܢܐ: ܐܠܐ
ܡܬܐܡܝܢ ܟܡܝܢܐ
ܕܐܬܚܙܝܘܢ ;
ܕܚܘܝܒܝܢܘܢ
ܕܡܬܦܘܢ ܘܡܬܐܡܘܐܬ
ܠܚܫܡܫܘܬܐ ܒܗܬܐ
ܠܬܠܡܝܕܘܗܝ ܘܠܟܢܘܫܝܐ.

ܡܬܠܡܝܢ ܡܢ ܚܢܢܐ
ܘܟܠܗܘܢ ܐܘܣܛܢܘܣ
ܕܝܢ ܐܦܝܣܩܘܦܐ
ܕܐܘܪܫܠܡ. ܘܐܦ ܡܬܐܡܪ
ܒܟܬܒܐ ܕܗܘ
ܕܗܘܦܝܟܘܣ ⁘
16 ܘܠܐ ܕܐܠܝ ܐܢܐ ܕܝܢ:
30 ܡܢ ܗܘܠܝܢ.
31 ܘܟܠܗܝܢ.
ܟܪܝܐ ܗܘ.
ܛ. 11 ܘܢܦܩ ܒܗ ܟܠ ܟܢܘܫ:
27 ܡܢܐ ܗܘܐ ܙܒܢ.
ܝ. 11 ܢܟܐ. ܕܒܢܐ ܢܟܐ ܢܦܫܗ.
22 ܕܗܘܐ ܗܘܐ. ܒܟܝ ܗܘܐ.
39 ܠܗܘܢ ܠܒܝܬܢܝܗ:
ܘܢܦܩ.
ܝܐ. 10 ܡܛܠ ܕܢܗܘܐ ܒܟܝ
ܒܗ.
17 ܕܐܪܥܐ ܢܘܡܝܢ ܐܝܬ
ܒܗ.
25 ܘܡܢ ܕܡܬܥܒܕ ܒܝ.
44 ܘܐܦܩܘܗܝ ܐܩܢܝܢ
ܒܡܘܪܐ.
46 ܘܐܡܪ: ܠܗܘܢ ܡܕܡ.
ܝܒ. 11 ܘܡܬܗܦܟܝܢ ܗܘܘ
ܒܢܦܘܬ.
22 ܕܗܘ. ܒܟܝ.
24 ܕܢܬܦܪ. ܐܠܐ ܢܚܠܐ.
26 ܘܡܢ ܕܒܟ.
ܝܓ. 9 ܐܠܐ ܟܠܡܐ ܕܓܒܝܢ
ܐܦܝ ܒܝ:

ܝܓ. 10 ܐܦ ܐܝܠܗܘܢ ܕܡܠܟܘܢ
ܕܒܝܬܐ. ܟܠܗ ܕܡܠܟܘܢ.
17 ܠܝ ܐܬܒܥܘܢ ܐܢܫ.
ܝܕ. 2 ܐܚܝ. ܘܐܠܐ ܐܡܪ.
3 ܘܠܝ ܐܪܐ ܐܢܐ ܐܬܚܒ
ܒܟܘܢ ܐܬܪܐ: ܠܘܬ ܐܬܐ.
11 ܟܝ. ܘܐܠܐ ܐܦ.
28 ܢܬܒܢ ܗܘܠܘܢ.
ܝܗ. 4 ܐܠܐ ܡܫܘܬܦ ܟܬܒܐ:
ܐܠܐ ܠܡܘܢ ܟܝ
6 ܐܠܐ ܕܝ ܐܢܫ.
19 ܦܫܠܐ ܗܕܪܐ ܦܬܐ.
22 ܟܠܗ ܠܗܘܢ ܕܟܬܒܐ.
ܝܘ. 5 ܐܪܐܠ ܐܢܐ ܟܝ. ܟܠܗ ܟܝ.
14 ܢܦܫ ܘܫܘܡܥܘܢ.
17 ܘܐܡܪ ܗܘܘ ܦܬܝ
ܐܠܗܝܢܬܗܘܢ.
24 ܘܠܐ ܝܕܥ. ܟܠܗ.
27 ܟܘܠ ܐܠܗܘܬ ܢܦܫܗ.
ܝܙ. 11 ܝܚܝܐܠ ܠܐ ܗܘܝܗ.
23 ܐܫܟܚܬ ܕܟܝ ܐܬܚܡ
ܝܚ. 25 ܐܝܠ: ܗܘ ܡܦܪ.
37 ܐܢܐ ܠܗܘܪܐ ܕܟܝ ܐܢܐ.
ܝܛ. 13 ܦܬܐܡܪܐ. ܟܠܗ.
15 ܟܝܗ. ܟܠܗ.
42 ܗܘܐ ܡܟܪܐ܀
ܟ. 16 ܕܟܘܬܝ.
18 ܘܕܗܟܝܢ ܐܡܪ ܟܝܗ܀
19 ܐܬܐ ܢܦܫܗ ܘܦܘܡ.
21 ܕܝ ܠܘܬ ܢܦܫܗ.
ܟܐ. 7 ܟܬܒܐ ܘܐܬܐ ܠܘܬ ܢܦܫܗ.

ܟܐ. 15 ܐܡܪ ܟܝܗ ܢܦܫܗ
ܟܠܗ ܢܦܫܗ.
17 ܢܦܫܗ ܠܘܬ. ܟܠܗ.

ܦܪܟܣܝܣ ܕܫܠܝܚܐ.

ܐ. 3 ܠܗܘܢ ܕܐܦ.
ܒ. 1 ܕܦܢܛܩܘܣܛܝ:
5 ܐܝܠܗ ܗܘܘ ܕܝ ܓܒܪܐ.
7 ܐܬܗܝܪܝ ܗܘܘ ܕܝ
ܕܡܠܟܘܢ.
22 ܒܚܝܠܐ ܘܒܐܬܘܬܐ
ܘܒܬܕܡܘܪܬܐ.
23 ܘܒܡܢܝܢܐ ܕܐܠܗܐ:
27 ܦܫܠܐ ܕܠܐ ܡܚܝ.
34 ܕܗܘܐ ܢܬܒܝ ܐܝܠܗܘܢ.
38 ܦܫܠܘܢ ܟܠܡܝܢܐ
ܕܦܬܘܐ ܢܦܫܗ:
ܠܡܘܠܡ ܢܬܗܘܐ.
ܓ. 6 ܟܠܡܦܘ ܕܢܦܫܗ
ܡܚܝܢܐ.
7 ܡܪܝ ܕܝܓܘܗܝ.
10 ܘܐܬܝܘܬܒ ܕܗܘܢܐ.
25 ܘܕܒܝܬܝܐ ܐܢܫܐ.
ܕ. 17 ܢܦܘܡ ܕܟܬܒܐ ܗܟܐ
ܗܘܢܐ:
24 ܐܚܝܕܐ ܐܪܥܗ.
30 ܘܟܪܘܒܬܐ ܘܐܬܘܬܐ:
ܕܢܗܘܘܢ.
32 ܕܐܢܫܐ ܐܝܟܝ.
ܕܡܬܐ ܗܘܐ.
ܗ. 2 ܗܘܐ ܟܝܗ ܐܝܠܝܗ.

ܗ. 38 ܕܐܝܟ ܗܘ ܕܩܡ.
ܘ. 28 ܠܦܘܩܕܢܝ.
47 ܒܢܐ ܒܗ ܟܢܬܐ.
55 ܩܝܡܐ ܠܬܫܒܘܚܬܐ
ܕܐܠܗܘܬܐ:
ܚ. 5 ܘܡܒܩܪ ܗܘܐ ܠܗܘܢ
ܟܠܗ ܡܫܝܚܐ.
8 ܡܢܚܘܬܐ ܕܒܟܐ ܐܝܬ
ܗܘܬ.
29 ܕܡܘܕܐ. ܠܝܬ.
32 ܐܝܬܘܗܝ ܗܘܐ ܗܢܐ.
37 ܠܝܬ ܠܡܫܡܫܬܐ
ܕܒܢܝܢܐ. ܐܠܐ ܡܫܡܠܝܢ
ܒܗ̈ܘܢ ܕܗܘܬܝܪܘܬܗܘܢ
ܘܡܘܬܝܪܢܘܬܗܘܢ
ܕܐܬܦܠܓܘܬܗܘܢ: ܘܫܠܡܘܬܐ
ܠܬܚܝܬܐ ܕܗܘܪܟܐ
ܕܫܡܫܬܐ ܕܡܬܝܬܝܬܐ
ܠܡܫܬܡܫܢܘܬܐ ܡܫܬܠܡܢܐ
ܠܡܕܡܝܢ ܘܠܡܘܕܝܢܝܬܐ܆
ܛ. 3 ܐܬܟܢܫ ܗܘܐ. ܠܝܬ
ܗܘܐ.
4 ܗܘܐ. ܠܝܬ.
5 ܐܢܐ ܐܢܐ ܢܦܩܘܠ.
6 ܗܘܐ. ܠܝܬ.
13 ܕܒܥܐ ܒܢܦܫܐ ܐܫܟܚܠ.
18 ܒܡܒܥܐ: ܘܐܬܦܢܝ.
20 ܒܪܗ ܕܐܠܗܐ.
ܝ. 12 ܕܐܙܕܒܢ ܟܠܗ.
22 ܡܫܝܢܘܬܐ ܥܠܝܐ ܕܝܠܗ.
23 ܘܢܦܩ ܐܦܠܐ ܒܗܘܢ.

ܝ. ܘܐܝܟܢ ܒܥܘ ܐܢܫ
ܐܢܫ.
37 ܗܘܘ: ܕܐܬܦܩܕ ܡܢ
ܫܒܝܠܐ.
ܝܐ. 22 ܘܐܫܬܡܥܬ ܗܘܬ. ܗܘܝ
ܗܕܐ.
26 ܗܘܝܢ ܡܫܬܡܠܝܢ
ܐܬܡܢܝܘ.
28 ܘܩܡ ܗܘܐ. ܠܝܬ ܗܘܐ.
ܝܒ. 7 ܡܩܡ ܟܠܝܠܐ.
9 ܢܗܪܐ ܗܘܐ.
10 ܘܩܡ ܒܟܪܘ ܡܩܛܪܬܐ.
22 ܘܠܐ ܗܘܘ ܕܒܪܢܫܐ.
25 ܠܐܝܣܛܘܩܢܐ:
ܝܓ. 1 ܡܬܝܪܘܬܐ.
46 ܐܝܟܢܘ ܕܝܢ ܦܘܠܚܢܗ.
ܕܠܐ ܡܩܝܡ ܐܝܬܘܗܝ.
ܝܕ. 2 ܗ̈ܘܝܬܢܐ ܕܝܢ ܐܝܟܢ.
11 ܗܘܘ. ܠܝܬ.
13 ܘܡܘܪܘ ܢܦܩܘ.
14 ܠܘܬ ܐܠܗܘܬܐ ܗܢܐ:
16 ܘܡܫܝܚ ܗܘܐ ܠܗܘܢ
ܡܬܪܐ:
18 ܘܡܢ ܐܝܣܛܘܩܢܐ:
20 ܘܠܐܝܣܛܘܩܢܐ.
25 ܠܐܝܣܛܘܩܢܐ.
ܝܗ. 9 ܠܟܠܦܐܬܗܘܢ.
12 ܕܡܫܬܟܚܝܢ ܗܘܘ ܟܠ
ܦܠ.
30 ܠܐܝܣܛܘܩܢܐ.
34 ܠܝܬ ܠܡܫܡܫܬܐ ܕܒܢܝܢܐ.

ܝܗ. ܐܠܐ ܦܫܛܢܝ ܒܘܢ̈ܝ
ܕܢܦܠܓܢܘܢ
ܕܢܗܘܢܣܘܢ ܕ
ܕܢܗܘܓܣܘܢ
ܕܐܦܘܣ ܘܕܦܐܪܣ
ܐܒܘܪܐ: ܘܦܠܛܐ
ܒܢܣܝܢܐ ܕܘܪܦܐ
ܒܡܦܩܬܐ ܕܡܘܐܒܘܬܐ
ܠܡܣܛܒܘܬܐ ܒܢܚܐ
ܠܕܒܗܘܢ ܘܠܗܘܒܢܐ܀
40 ܠܡܠܐ.
ܝܘ. 1 ܐܪܦܬܐ ܗܘܬ.
8 ܦܘܦܬܐ: ܚܫܠܘ
ܠܗܘܢ.
9 ܐܝܟ. ܓܠܐ.
ܟܕ ܐܡܪ. ܐܬܐ.
21 ܟܢܪܐ.
ܒܦܩܕܠܘ ܐܝܟ
ܘܠܦܠܓܘܢ.
37 ܢܝܚܘܢ ܠܟܠ ܢܟܦܐ.
11 ܬܪܥ ܗܘܘ.
ܝܙ. 14 ܘܥܩܘ ܗܘܘ.
23 ܟܕ ܚܙܐ ܦܠܚܝ.
28 ܕܠܗܘܢ ܐܡܪܘ ܕܦܢܝܗ.
ܝܚ. 3 ܘܟܠܢ ܕܟܪ.
6 ܟܦܪ ܠܗܘܢ. ܦܫ
ܦܫܩܫܢ ܦܬܠܐ
ܗܘܝܢ. ܕܡܚܘܢ ܟܠ
ܕܚܡܚܘܢ. ܟܦܢܐ
ܢܘܢܐ. ܘܐܦ ܟܦܦܬܐ
ܕܢܗܘܢܣܘܢ ܘ

ܘܐܝܟܢܣܘܢ.
12 ܐܚܝܕܐ ܗܘܝܬܐ ܒܠܐ.
21 ܢܓܕܐ ܐܚܬܐ ܠܘܬ.
23 ܟܠܗܘܢ ܕܓܢܣܐ
ܘܦܪܘܛܐ.
ܝܛ. 1 ܟܠܗܘܢ: ܘܐܬܐ ܠܐܦܘܣܘܣ.
2 ܪܘܫܐ ܕܡܘܕܐ ܡܥܝܢ
ܠܝ.
4 ܠܟܦܐ ܟܕ ܐܡܪ ܗܘܐ
ܕܢܗܘܦܣܘܢ.
13 ܕܐܝܟ ܗܘܘ ܠܗܘܢ.
21 ܐܦܠܦܝ ܗܠܝܢ:
26 ܐܦ ܐܝܟܘܢ ܡܠܟܝܢ.
ܟ. 13 ܟܕ ܐܬܠܐ ܗܘܐ.
16 ܘܦܢܝܦܘܣܝܣ.
26 ܘܦܝܫܠܐ ܗܘܐ ܡܦܩܕ
ܐܢܐ.
28 ܠܟܢܫܐ ܕܠܟܘܢ ܗܘܐ.
34 ܢܕܟܢ ܐܝܟܘܢ
ܕܠܚܝܡܘܬܐ.
ܟܐ. 4 ܦܠܘܣܘܡ. ܓܠܐ.
9 ܘܐܝܟ ܗܘܘ ܠܗ.
25 ܟܠ ܐܢܫܝܢ ܕܝܢ
ܕܗܦܟܘ.
ܟܒ. 1 ܒܪܘܚܐ.
11 ܕܢܗܘܪܐ ܗܘܐ: ܐܝܟܘܬ
ܓܐܪܝ ܗܘܠܘܢ ܕܟܦܢ
ܗܘܘ.
12 ܕܦܣܘܩܝܢ ܗܘܘ ܠ
ܠܟܘܢܝ.
13 ܐܠܦܠܝܬܐ.

ܟܓ. 2 ܟܠ ܓܒܗ:
6 ܟܕ ܦܪܝܫܐ.
9 ܡܢ ܣܦܪܐ ܕܦܪ̈ܝܫܐ.
15 ܕܐܚܪܘܗܝ ܡܚܪܬܐ
18 ܘܒܥܐ ܡܢܝ.
ܟܕ. 3 ܒܣܘܓܐܐ ܫܝܢܐ.
8 ܠܡܬܒܥܢܘܗܝ.
26 ܗܘܐ ܐܦ ܐܣܬܢܝܬ.
ܟܗ. 10 ܐܝܬ ܕܝܢ ܕܘ ܐܝܬ.
18 ܡܬܒܥܢܘܗܝ.
23 ܘܥܠܘ ܠܒܝܬ ܕܝܢܐ:
24 ܘܠܐ ܒܗ ܠܡܚܝܐ ܕܚܝܐ.
ܟܘ. 25 ܒܗ. ܒܗ.
ܟܙ. 2 ܘܐܬܠܒܢ ܗܘܐ ܥܡ.
9 ܠܨܘܡܐ. ܒܗ.
16 ܡܫܪܐ ܠܡܣܩ.
23 ܐܬܚܙܝ ܠܝ ܓܝܪ.
40 ܘܫܪܘ ܙܩܦܐ.
ܘܙܩܦܝ ܗܘܘ.
ܟܚ. 17 ܒܐܝܕܝܐ ܕܪ̈ܗܘܡܝܐ.
23 ܟܕ ܕܡܫܐ ܗܘܐ.
28 ܦܘܪܩܢܐ ܕܐܠܗܐ.
29 ܒܗ ܒܫܥܬܐ ܕܒܬܪܐ:
ܐܠܐ ܩܛܠܝܢ ܒܗܘܢ
ܕܗܘܝܬܘܢ ܕ
ܕܬܬܦܢܘܢ
ܘܕܫܬܠܡܘܢ. ܫܠܡܬܘܢ
ܡܢ ܠܐܘܪܚܐ ܕ
ܕܬܫܬܒܩܘܢ.
ܘܫܠܡܬܐ ܒܝܫܬܐ
ܕܐܪܥܐ ܒܫܘܠܡܐ
ܕܡܬܐܡܪܐ ܠܡܫܠܡܢܘܬܐ
ܒܕܪܐ ܠܒܢܝܗܘܢ
ܘܠܒܘܟܪܬܐ ܀

ܐܓܪܬܐ ܕܦܘܠܘܣ ܕܪ̈ܗܘܡܝܐ.

ܐ. 31 ܘܡܢܟܐ ܒܗ ܒܗܘܢ.
ܒ. 14 ܢܥܒܕܘܢ ܕܢܡܘܣܐ.
ܓ. 7 ܐܢ ܫܪܪܐ ܕܐܠܗܐ ܐܬܐ:
ܗ. 10 ܒܡܘܬܐ ܗܘܟܠ ܢܬܕܪܝܬ
ܒܚܘܒܘܬܗ.
12 ܐܝܟܢܐ ܓܝܪ ܕܒܚܕ.
14 ܕܒܟܠ ܒܕܡܘܬܗ ܕܐܕܡ.
18 ܕܒܬܪܐ ܡܫܝܚܐ
ܠܟܠܗܘܢ.
19 ܐܝܟܢܐ ܓܝܪ ܕܒܓܠܠ.
ܘ. 5 ܐܠ ܓܝܪ ܐܚܕܐ.
ܙ. 1 ܡܕܝܢ ܗܘ ܟܠ.
13 ܠܡܘܬܐ ܗܘܐ:
ܚ. 11 ܕܐܩܝܡܗ ܠܝܫܘܥ
ܡܫܝܚܐ.
27 ܗܘ ܢܒܥܐ ܕܫܝܢܐ ܗܝ.
ܛ. 25 ܘܠܐ ܐܬܪܚܡܬ ܐܬܪܚܡܬ
28 ܡܠܬܐ ܓܙܝܪ ܘܦܣܝܩ.
31 ܕܝܢ ܕܪܕܦ ܗܘܐ.
ܝ. 14 ܗܝܡܢܘ ܒܗ.
ܝܐ. 5 ܐܦ ܒܗܢܐ ܙܒܢܐ.
17 ܐܬܩܛܥܘ.
19 ܕܐܬܦܫܚ.
25 ܕܐܪܙܐ ܗܢܐ.
28 ܘܒܓܒܝܘܬܐ.

ܝܒ. 1 ܒܥܐ ܐܢܐ ܗܟܝܠ.
ܝܕ. 2 ܝܪܩܐ ܐܟܠ
19 ܚܕ ܠܚܕ.
20 ܡܛܠ ܡܐܟܘܠܬܐ.
ܝܗ. 2 ܐܝܟ ܕܠܡܒܢܝܢܐ.
14 ܘܡܫܡܠܝܢ ܐܢܬܘܢ.
18 ܕܠܐ ܥܒܕ ܒܐܝܕܝ.
26 ܡܣܟܢܐ ܩܕܝܫܐ.
27 ܐܓܝܪ ܚܝܒܝܢ.
28 ܠܐܣܦܢܝܐ.
33 ܐܠܗܐ ܕܝܢ ܕܫܠܡܐ:
ܝܘ. 4 ܥܕܬܐ ܕܥܡܡܐ.
21 ܘܣܘܣܝܦܛܪܘܣ.
25 ܕܪܐܙܐ.

ܐܓܪܬܐ ܕܦܘܠܘܣ ܠܩܘܪܢܬܝܐ ܩܕܡܝܬܐ.

ܐ. 16 ܕܝܢ ܐܦ.
ܒ. 1 ܪܐܙܗ ܕܐܠܗܐ.
7 ܒܪܐܙܐ.
12 ܡܘܗܒܬܐ ܕܡܢ ܐܠܗܐ.
ܓ. 8 ܐܝܟ. ܘܐܢܫ ܐܝܟ.
ܕ. 1 ܕܪܐܙܘܗܝ ܕܐܠܗܐ.
5 ܘܢܢܗܪ ܢܘܗܪܐ.
ܗ. 3 ܗܐ. ܓܝܪ.
6 ܐܝܟܢ. ܓܝܪ.
ܘ. 16 ܕܗܘ ܕܢܩܦ.
ܙ. 3 ܓܒܪܐ ܠܐܢܬܬܗ.
20 ܗܟܢܐ ܐܦ ܐܢܫܐ.
38 ܡܫܦܪ ܥܒܕ. ܘܐܢܫܐ ܕܠܐ
ܝܗܒ ܒܬܘܠܬܗ.
ܝܬܝܪܐܝܬ ܡܫܦܪ ܥܒܕ.
ܛ. 10 ܕܡܛܠܬܢ ܗܘ ܐܡܪ.
22 ܠܟܠܢܫ ܟܠ ܗܘܝܬ.
25 ܗܢܘܢ ܕܪܗܛܝܢ.
ܝ. 9 ܐܝܟܢܐ ܕܢܣܝܘܗܝ ܢܫܐ.
11 ܕܫܘܠܡܐ.
ܘܐܬܟܬܒ.
24 ܟܠܢܫ. ܓܝܪ.
27 ܘܪܓܝܢ ܐܢܬܘܢ.
30 ܕܐܢܐ ܡܘܕܐ ܐܢܐ.
ܝܐ. 7 ܘܐܝܩܪܗ ܗܘ ܕܐܠܗܐ.
ܐܝܬܝܗ ܕܝܢ ܐܝܩܪܗ.
12 ܗܟܢܐ ܐܦ ܓܒܪܐ.
16 ܥܝܕܐ ܐܝܟ ܗܢܐ:
17 ܗܕܐ ܕܝܢ ܟܕ ܡܦܩܕ ܐܢܐ.
19 ܐܝܟܢ ܓܝܪ ܐܦ.
ܝܒ. 2 ܘܡܬܕܒܪܝܢ ܐܝܟ ܕܡܬܕܒܪ.
18 ܟܠ ܚܕ ܚܕ.
29 ܕܠܡܐ ܟܠܗܘܢ ܡܠܦܢܐ:
ܕܠܡܐ ܟܠܗܘܢ ܢܒܝܐ:
31 ܐܬܚܪܘ.
ܝܓ. 1 ܐܝܟ. ܓܝܪ.
2 ܘܐܕܥ ܐܪܙܐ.
ܕܝܕܥܬܐ.
ܝܕ. 2 ܒܪܘܚ ܪܐܙܐ.
7 ܩܝܬܪܐ: ܐܘ ܟܢܪܐ.
ܝܗ. 33 ܓܝܪ. ܓܝܪ.
45 ܘܐܕܡ ܐܚܪܝܐ.
51 ܟܠܢ ܪܐܙܐ.
52 ܒܩܪܢܐ ܐܚܪܝܬܐ.
53 ܗܢܐ ܕܡܝܬܐ.

ܘ. ² ܒܥܠܡܐ ܢܕܘܢ ܩܕܝܫܐ.
⁴ ܐܦ. ܟܢ.
⁷ ܠܐ ܓܝܪ ܙܕܩܐ.
¹² ܐܦܠܘ.
¹⁹ ܐܘܠܐ.
²⁴ ܗܘܟܢ.
ܫܠܡܬ. ܕܐܬܟܬܒܬ
ܡܢ ܦܝܠܝܦܘܣ ܕܡܩܕܘܢܝܐ:
ܘܐܫܬܕܪܬ ܒܐܝܕܝ ܣܛ
ܦܢܐܘܣ ܀

ܐܓܪܬܐ ܕܦܘܠܘܣ ܠܩܘܪܢܬܝܐ
ܕܬܪܬܝܢ ܀

ܐ. ⁹ ܘܠܐ ܢܗܘܐ ܬܘܟܠܢ.
¹⁹ ܘܒܣܝܠܘܢܣ.
ܒ. ³ ܕܠܐ ܟܕ ܐܬܝܬ.
⁹ ܟܝܢ. ܟܢ.
¹⁰ ܕܡܫܒܩܬ ܠܟܘܢ
ܕܡܫܒܩܬ ܒܦܪܨܘܦܗ.
ܓ. ¹⁴ ܐܬܥܘܪܘ ܪܥܝܢܝܗܘܢ.
ܕ. ¹⁶ ܐܠܐ ܗܘ ܕܠܒܪ.
¹⁷ ܗܘܢܐ ܙܥܘܪܐ ܕܠܐ.
¹⁸ ܕܠܐ ܚܙܝܢ.
ܕܡܬܚܙܝܢ. ܐܠܐ ܠܗܠܝܢ
ܕܠܐ ܡܬܚܙܝܢ. ܕ
ܡܬܚܙܝܢ.
ܗ. ¹⁷ ܡܢ ܗܘܐ ܕܒܡܫܝܚܐ
ܗܘ.
ܘ. ¹⁰ ܐܝܟ ܕܟܪܝܐ.
ܐܝܟ ܡܣܟܢܐ.
¹⁶ ܐܘ. ܟܢ.

ܙ. ¹ ܗܟܝܠ. ܟܢ.
⁵ ܡܪܕܐ.
⁹ ܓܝܪ ܕܒܟܝܘܬܐ.
ܚ. ¹⁸ ܟܠܗ ܐܦ ܠܐܚܘܢ.
ܛ. ⁷ ܪܚܡ ܓܝܪ ܠܗܘ.
¹¹ ܡܬܥܬܪܝܢ.
ܝ. ³ ܐܦܢ ܕܒܒܣܪ ܓܝܪ
ܡܗܠܟܝܢܢ ܐܠܐ ܠܐ ܗܘܐ.
¹³ ܣܝܟ ܕܝܢ ܠܐ.
ܝܐ. ⁴ ܠܟܘܢ ܐܢܫܐ ܕܢܣܒ.
⁹ ܕܐܬܒܨܪܬ ܘܣܦܩ ܠܝ.
ܠܐ ܝܩܪܬ.
ܫܠܡܬ. ܕܡܩܕܘܢܝܐ ܘܐܫܬܕܪܬ
ܒܐܝܕܝ ܛܝܛܘܣ ܀

ܐܓܪܬܐ ܕܦܘܠܘܣ ܠܓܠܛܝܐ ܀

ܐ. ⁷ ܐܝܢ. ܟܢ.
¹² ܐܦ ܠܐ.
ܒ. ¹ ܡܢܝܢ. ܟܢ.
⁴ ܕܢܫܥܒܕܘܢ.
¹⁴ ܐܠ ܐܝܟ ܕܝܗܘܕܝܐ ܐܝܟ.
¹⁶ ܒܡܫܝܚܐ. ܘܐܦ ܚܢܢ.
ܓ. ⁴ ܗܠܝܢ ܟܠܗܘܢ.
ܕ. ¹ ܠܐ ܦܪܝܫ.
²⁶ ܗܝ ܕܝܢ.
³¹ ܟܝܬ ܒܢܝܐ ܕܐܡܬܐ.
ܐܠܐ ܕܡܫܡܠܝܐ ܒܢܘܗܝ
ܕܡܬܡܠܟܝܢ
ܕܐܬܩܢܘ ܘܡܬܐܡܢܘܬܐ
ܕܡܫܝܚܐ ܒܓܠܐ

ܟܒܠܗܘܢ ܘܟܠܗܘܢ ܕܢ̈ܐ ❖

ܗ. 1 ܐܝܬܝܟܘܢ ܠܐܘ ܟܝܢܐ.

11 ܟܕ ܫܒܩܠܝ ܓܙܪܬܐ.

ܘ. 12 ܟܠܚܘܕ ܒܫܡܫܘܬܗ.

13 ܕܟܣܝܢܐ.

ܐܓܪܬܐ ܕܦܘܠܘܣ ܐܦܣܝ̈ܐ ❖

ܐ. 9 ܘܐܘܕܥܢ ܪܐܙܐ.

19 ܘܡܢܐ ܗܝ ܝܬܝܪܘܬܐ ܕܪܒܘܬܐ ܕܚܝܠܗ.

ܒ. 2 ܒܥܘܠܡܐ ܕܗܢܐ.

ܓ. 3 ܓܠܐ ܪܐܙܐ.

6 ܘܕܡܘܠܟܢܐ.

9 ܕܪܐܙܐ.

11 ܒܝܫܘܥ ܡܫܝܚܐ ܡܪܢ.

14 ܘܒܪܟ ܐܢܐ.

19 ܕܚܘܒܐ ܕܝܕܥܬܐ ܕܡܫܝܚܐ.

ܕ. 12 ܠܒܢܝܢܐ ܕܦܓܪܐ ܕܡܫܝܚܐ.

13 ܕܡܘܡܠܝܗ ܕܡܫܝܚܐ.

21 ܫܡܥܬܘܢܝܗܝ ܘܒܗ ܐܠܦܬܘܢ.

ܗ. 5 ܥܠܘܒܐ ܕܐܝܬܘܗܝ ܦܠܚ.

32 ܗܢܐ ܪܐܙܐ.

ܘ. 16 ܠܓܐܪ̈ܘܗܝ ܠܟܠܗܘܢ.

19 ܐܘܕܥ ܪܐܙܐ.

ܐܓܪܬܐ ܕܦܘܠܘܣ ܦܝܠܝܦܣܝ̈ܐ ❖

ܐ. 21 ܚܝܐ ܗܘ ܠܝ.

ܐ. 25 ܘܗܕܐ ܠܡܩܪܒܬܐ.

ܒ. 1 ܘܒܘܝܐܐ ܘܪ̈ܚܡܐ.

13 ܘܕܬܨܒܘܢ ܐܝܬܘܗܝ.

19 ܠܛܝܡܬܐܘܣ.

ܓ. 9 ܒܗ ܟܕ ܐܫܬܟܚܬ.

ܕ. 6 ܘܒܒܥܘܬܐ ܘܒܬܘܕܝܬܐ: ܫܐܠܬܟܘܢ.

16 ܡܙܕܘܢܝ ܚܕ.

ܫܠܡܬ. ܕܟܬܝܒܐ ܘܐܫܬܕܪܬ ܡܢ ܐܦܦܪܘܕܝܛܘܣ ❖

ܐܓܪܬܐ ܕܦܘܠܘܣ ܩܘܠܣܝ̈ܐ ❖

ܐ. 26 ܪܐܙܐ ܗܘ.

27 ܕܪܐܙܐ ܗܢܐ.

ܒ. 2 ܕܪܐܙܐ ܕܐܠܗܐ.

16 ܘܒܪܝܫ ܝܪ̈ܚܐ.

ܓ. 3 ܘܚܝ̈ܝܟܘܢ: ܠܡܫܡܠܝܘ ܪܐܙܐ ܕܡܫܝܚܐ ܕܡܛܫܝܢܗ ܐܠܗܐ ܐܢܐ:

4 ܕܐܬܓܠܝܘܗܝ.

8 ܗܢܐ ܕܡܪܢܐ.

13 ܫܒܩܝܢ ܠܚܕܕܐ: ܐܝܟ ܗܘܝܘ ܕܡܫܒܩܢܐ.

ܫܠܡܬ. ܕܟܬܝܒܐ ܘܐܫܬܕܪܬ ܒܝܕ ܛܘܟܝܩܘܣ ❖

ܐܓܪܬܐ ܕܦܘܠܘܣ ܠܬܣܠܘܢܝ̈ܩܝܐ ܩܕܡܝܬܐ ❖

ܐ. 10 ܡܢ ܡܩܝܡܝܢ ܐܝܬܘܗܝ.

ܒ. 2 ܕܢܒܥܝܢ ܐܝܬܘܗܝ.

ܒ. 4 ܐܠܐ ܐܝܟܢܐ ܕܐܬܒܩܝܢ.
18 ܘܥܘܩܢ.
ܓ. 2 ܐܚܘܢ ܘܡܫܡܫܢܐ.
6 ܕܝܢ ܗܫܐ ܕܐܬܐ.
ܕ. 2 ܡܫܝܚܐ. ܠܒܗ.
ܗ. 12 ܠܐܝܠܝܢ ܕܠܐܝܢ ܒܟܘܢ
ܘܡܠܟܝܢ.
13 ܘܐܫܬܝܢܘ ܪܚܡܬܗܘܢ.
16 ܗܘܘ ܚܕܝܢ.
ܫܠܡܬ. ܩܕܡܝܬܐ. ܕܐܬܟܬܒܬ
ܡܢ ܐܬܝܢܣ ܘܐܫܬܕܪܬ ܒܐܝܕܝ
ܛܝܡܬܐܘܣ ܀

ܐܓܪܬܐ ܕܠܘܬ ܬܣܠܘܢܝܩܝܐ ܕܬܪܬܝܢ ܀

ܒ. 7 ܪܐܙܐ ܓܝܪ.
9 ܕܗܘܐ ܒܡܥܒܕܢܘܬܐ.
13 ܐܚܝ̈ܢ.
14 ܠܗܕܐ. ܠܒܗ.
ܓ. 5 ܘܒܡܣܝܒܪܢܘܬܗ.
ܫܠܡܬ. ܕܬܪܬܝܢ ܘܐܫܬܕܪܬ
ܒܐܝܕܝ ܛܘܟܝܩܘܣ ܀

ܐܓܪܬܐ ܕܠܘܬ ܛܝܡܬܐܘܣ ܩܕܡܝܬܐ ܀

ܐ. 20 ܠܗܡܢܐ ܘܐܠܟܣܢܕܪܘܣ ܕܠܐ.
ܒ. 2 ܡܫܝܚܐ. ܐܝܠܝܢ
ܕܒܪܘܡܐ.
7 ܕܝܢ ܕܐܦ ܫܠܝܚܘܬܐ.
9 ܬܠܝܬܝ ܪܐܙܐ.
ܓ. 16 ܗܘ ܪܐܙܐ.
ܕ. 8 ܐܟܚܕܐ ܗܘ ܐܝܟܘܬܐ.
14 ܘܟܗܢܘܬ ܐܝܕܐ.
ܗ. 25 ܐܦ ܥܒܕܐ ܛܒܐ.
ܘ. 10 ܐܟܠܘ.

ܐܓܪܬܐ ܕܠܘܬ ܛܝܡܬܐܘܣ ܕܬܪܬܝܢ ܀

ܐ. 5 ܕܗܘܐ ܠܟ.
12 ܐܢܐ ܓܝܪ ܒܡܢ.
17 ܐܦ. ܠܒܗ.
ܒ. 5 ܕܢܬܢܨܚ. ܐܠܐ ܐܢ
ܕܢܟܠܠ.
7 ܢܬܠ: ܘܡܫܡܠܝܘܬ.
11 ܠܐܬܝܩܘܬܐ.
16 ܥܠ ܚܕ ܕܒܪܘܢܐ.
ܕ. 6 ܐܢܐ ܓܝܪ ܡܬܢܩܐ
ܡܬܢܣܟ ܐܢܐ.

ܐܓܪܬܐ ܕܠܘܬ ܛܝܛܘܣ ܀

ܐ. 4 ܒܪܐ ܫܪܝܪܐ ܐܝܟܘ.
ܒ. 5 ܘܢܟܦܢ: ܘܡܫܬܥܒܕܢ.
ܫܠܡܬ. ܢܝܩܘܦܘܠܝܣ
ܘܐܫܬܕܪܬ ܒܐܝܕܝ ܙܝܢܐ
ܘܐܦܠܘ ܀

ܐܓܪܬܐ ܕܠܘܬ ܦܝܠܝܡܘܢ ܀

1 ܫܠܝܚܐ ܘܐܣܝܪܐ.
ܫܠܡܬ. ܪܗܘܡܐ ܘܐܫܬܕܪܬ
ܒܐܝܕܝ ܐܘܢܣܝܡܘܣ ܀

ܐܓܪܬܐ ܕܠܘܬ ܥܒܪܝܐ ܀

ܐ. 3 ܕܗܘܝܘ ܕܝܬܝܗ.
11 ܗܢܘܢ ܢܐܒܕܘܢ.
ܐܝܟ ܢܚܬܐ.
ܒ. 9 ܗܘ ܕܝܢ ܒܛܝܒܘܬܗ
ܐܠܗܐ ܚܠܦ.
13 ܕܝܗܒ ܠܝ ܐܠܗܐ ܀
14 ܒܕܡܘܬܐ ܐܫܬܘܬܦ.
ܓ. 3 ܫܘܒܚܐ ܗܘ ܓܝܪ
ܐܫܬܘܝܗ.
19 ܕܟܠ ܗܟܝܠ. ܟܠܗ.
ܕ. 1 ܢܕܚܠ ܗܟܝܠ ܕܠܡܐ
ܟܕ.
ܐܢܫ ܡܢܟܘܢ ܕܢܦܘܫ.
ܗ. 3 ܗܟܢܐ ܐܦ ܥܠ.
13 ܟܠܢܫ ܓܝܪ ܕܥܠ
ܕܫܠܡܘܬܗ.
ܠܐ ܡܦܣ.
ܘ. 1 ܡܢܫܝܢ ܐܝܬܘܗܝ.
9 ܡܦܨܝܢ.
10 ܘܡܫܡܫܝܢ ܐܝܬܘܗܝ.
16 ܟܠ ܚܪܝܢܐ ܕܗܘܐ.
ܙ. 13 ܕܐܬܐܡܪܝ.
ܚ. 5 ܕܐܬܐܡܪ.
ܛ. 20 ܕܐܬܦܩܕܬ ܠܗܘܢ ܡܢ
ܐܠܗܐ ܀
ܝ. 15 ܕܝܢ ܐܦ ܪܘܚܐ.
ܝܐ. 6 ܕܒܥܝܢ ܠܗ ܗܘܐ
ܦܪܘܥܐ.
11 ܣܪܐ ܐܦ ܕܥܩܪܬܐ.
14 ܗܘܘ. ܟܠܗ.

ܝܐ. 15 ܘܐܠܘ ܠܡܕܝܢܬܐ ܗܝ
ܕܢܦܩܘ ܡܢܗ ܥܗܝܕܝܢ
ܗܘܘ: ܐܝܬ ܗܘܐ
ܠܗܘܢ.
27 ܘܣܝܒܪ ܐܝܟ ܗܘ.
28 ܒܟܪ ܦܨܚܐ.
ܒ. 5 ܐܡܪ ܠܟܘܢ.
6 ܠܡܢ ܓܝܪ ܕܪܚܡ ܠܗ
ܡܪܝܐ.
9 ܠܐܒܗܬܢ.
23 ܘܡܠܐܟܝܢ.
25 ܕܐܫܬܐܠܘ ܡܢ ܡܢ
ܕܫܡܝܐ.
28 ܡܛܠ ܗܟܝܠ.
ܓ. 4 ܡܝܩܪ ܗܘ.
12 ܡܛܠ ܗܢܐ ܐܦ ܝܫܘܥ.
13 ܟܕ ܡܫܝܚܝܢ ܚܣܕܗ.
16 ܒܗܠܝܢ ܓܝܪ ܕܒܚܐ.
23 ܛܝܡܬܐܘܣ.
ܚܬܝܬܐ. ܫܠܡܬ ܐܓܪܬܐ
ܕܠܘܬ ܥܒܪܝܐ ܕܐܬܟܬܒܬ ܡܢ
ܐܝܛܠܝܐ ܕܪܗܘܡܝ ܘܐܫܬܕܪܬ
ܒܝܕ ܛܝܡܬܐܘܣ ܀

ܐܓܪܬܐ ܕܝܥܩܘܒ ܫܠܝܚܐ ܀

ܐ. 6 ܗܘ ܓܝܪ ܕܡܬܦܠܓ.
ܒ. 5 ܥܬܝܪܐ ܒܗܝܡܢܘܬܐ.
8 ܡܫܡܠܝܢ ܐܢܬܘܢ.
ܕ. 1 ܡܢ ܐܝܟܐ ܐܝܬ ܒܟܘܢ.
12 ܘܕܝܢܐ.
ܗ. 12 ܬܦܠܘܢ. ܠܐ ܒܡܘܡܬܐ.

ܐܓܪܬܐ ܩܕܡܝܬܐ ܕܦܛܪܘܣ ܫܠܝܚܐ ܀

ܐ. 3 ܡܒܪܟ ܗܘ.
24 ܡܛܠ ܐܝܟ ܥܣܒܐ.
ܒ. 5 ܕܒܢܝܢܐ ܪܘܚܢܝܐ ܕܡܩܒܠܝܢ.
6 ܙܘܝܬܐ. ܘܡܢ.
12 ܐܢܫܐ ܕܐܟܝܢ.
ܓ. 1 ܐܦܢ ܐܢܘܢ.
3 ܘܠܐ ܬܬܨܒܬܢ.
15 ܕܬܦܢܝܬܟܘܢ.
17 ܛܘܒܠܐ. ܟܠܗ.
ܗ. 14 ܫܠܡܐ ܥܡ ܟܠܟܘܢ.
ܫܠܡܬ. ܐܓܪܬܐ ܩܕܡܝܬܐ.

ܐܓܪܬܐ ܕܬܪܬܝܢ ܕܦܛܪܘܣ ܀

ܐ. 15 ܢܗܘܐ ܐܢܐ.
19 ܕܢܗܝܪܐ ܕܡܢܗܪ.
ܒ. 4 ܠܡܫܬܚܠܦܬܐ.
16 ܡܟܣܢܘܬܐ.
17 ܕܠܐ ܡܟܠܐ.
18 ܟܕ ܓܒܪ ܫܒܝܠܐ.
ܓ. 5 ܠܗܘܢ ܓܒܪ ܗܘܪܐ.
ܕܡܛܠܬܐ ܐܬܒܣܝܡܘܢ ܗܘܐ.
11 ܠܗܠܝܢ ܒܝܢܬܐ.
13 ܘܐܪܥܐ ܚܕܬܐ. ܐܝܟ.
16 ܐܢܫܝܢ ܕܐܦ ܠܟܬܒܘܗܝ.
17 ܝܕܥܬܘܢ ܕܐܟܝܢ.
ܫܠܡܬ. ܕܦܛܪܘܣ ܫܠܝܚܐ ܀

ܐܓܪܬܐ ܩܕܡܝܬܐ ܕܝܘܚܢܢ ܫܠܝܚܐ ܀

ܒ. 16 ܘܪܓܝܓܬܐ ܕܥܝܢܐ.
19 ܡܢܢ ܗܘܘ. ܐܠܘ ܓܝܪ
ܡܢܢ ܗܘܘ ܠܘܬܢ
ܡܟܬܪܝܢ ܗܘܘ. ܐܠܐ
ܢܦܩܘ ܡܢܢ.
24 ܡܩܘܝܢ ܐܢܬܘܢ.
ܓ. 9 ܠܚܛܝܬܐ. ܡܛܠ ܕܡܢ.
12 ܩܛܠ ܕܐܚܘܗܝ ܗܘܐ.
ܕ. 3 ܕܝܫܘܥ ܡܫܝܚܐ ܐܬܐ.
10 ܐܚܒܘ. ܟܠܗ.
11 ܐܦ ܚܢܢ.
ܗ. 10 ܒܒܪܗ. ܘܟܠ ܕܠܐ.
ܫܠܡܬ. ܐܓܪܬܐ ܩܕܡܝܬܐ.

ܐܓܪܬܐ ܕܬܪܬܝܢ ܕܝܘܚܢܢ ܀

ܐ. 1 ܕܐܢܐ ܡܚܒ ܐܢܐ.
3 ܬܗܘܐ ܥܡܟܘܢ.
ܘܡܢ ܡܪܢ ܝܫܘܥ.
5 ܠܐ ܗܘܐ ܐܝܟ ܕܡܦܩܕܢܐ.
10 ܡܬܒ ܠܗ. ܟܠܗ.

ܐܓܪܬܐ ܕܬܠܬ ܕܝܘܚܢܢ ܀

ܐ. 1 ܕܐܢܐ ܡܚܒ ܐܢܐ.
5 ܘܗܘ ܡܕܡ ܕܥܒܕ.
7 ܚܠܦ ܓܝܪ ܫܡܗ.
9 ܡܕܡ ܠܥܕܬܐ.

ܐ. 10 ܕܐܬܐ. ܐܝܟܘ ܕܒܥܕܪܘܗܝ.
12 ܘܚܙܘ ܐܝܟ ܕܡܣܬܒܪܐ.
ܒܫܢܬܐ. ܠܟܠܗܘܢ ܟܠܗܝܢ ܐܡܝܢ.
ܠܝܬ.

ܐܓܪܬܐ ܕܝܗܘܕܐ ܫܠܝܚܐ ܀
ܒܪܝܫܝܬ. ܫܠܝܚܐ ܘ
ܘܐܦܣܩܘܦܐ. ܠܒܝܬܗܘܢ.

ܐ. 4 ܐܝܟܘ ܘܡܢܝ ܬܡܘܢ.
7 ܐܝܟܢܐ ܕܣܕܘܡ ܘ
ܘܥܡܘܪܐ.
8 ܡܡܪܚܝܢ. ܠܡܪܘܬܐ.
9 ܟܕ ܕܠܐ ܡܬܟܫܠ ܗܘܐ:
10 ܚܝܘܬܐ ܚܪܫܬܐ ܡܬܚܒܠܝܢ.
ܒܗܘܢ ܡܬܚܒܠܝܢ.
14 ܐܡܪ. ܗܐ ܐܬܐ.
15 ܥܠ ܟܠܗܘܢ ܒܟܒܪܐ
ܕܐܡܪܘ.

ܟܬܒܐ ܕܬܪܥܣܪ ܢܒܝܐ ܀
ܐ. 10 ܒܬܘܐܝܠ ܦܬܘܐܝܠ.
ܒ. 9 ܘܡܢ ܕܟܝܢ.
14 ܕܐܝܟ ܠܟܠܟ.
ܕܠܟܠܐܟܠ ܕܟܬܒ
ܡܐܟܠܐ.
18 ܘܠܡܠܐܟܐ ܗܘ ܕܟܝܬܐ.
20 ܘܠܟܠܐܟܠ ܕܟܬܒ
ܡܐܟܠܐ.
22 ܐܢܐ ܒܗ ܒܥܒܕܐ.
24 ܐܝܟ ܕܐܡܪ.
28 ܒܥܢܢܐ.
ܓ. 1 ܗܘ ܕܟܝܬܐ ܕܡܫܪܝܐ.

ܓ. 12 ܕܐܝܠܝܢ ܕܡܬ. ܘ
ܘܕܐܘܪܫܠܡ.
ܕ. 1 ܟܡܐ: ܐܡܪ ܗܘܐ.
ܗ. 5 ܒܟܘܢ ܐܝܟ.
6 ܘܐܟܐ ܒܥܕܢܗ.
7 ܒܗܘܢ ܚܘܬܐ ܕܟܝܟܐ
ܕܐܡܪ
12 ܡܝܬܐ. ܘܐܘܟܠ ܕܟܠ.
ܘ. 2 ܐܝܟܘ.
ܙ. 16 ܬܪܬܝܢ ܕܟܠܐ ܕܟܠܝ.
ܚ. 9 11 ܘܟܠܟܠ.
ܛ. 6 ܐܝܟܢܐ ܕܬܐܡܪ.
16 ܕܝܢܗ. ܘܒܠܟܠܗ
ܠܒܝܘܬܐ ܕܐܘܪܝܒ ܗܘܐ
ܗܘ ܐܝܬܝܗܘܢ ܟܡ ܘ
ܒܗܘܢ.
ܝ. 6 ܘܠܡܫܡܫܢܘ: ܘ
ܘܠܗܘܢ ܟܠܝܢ.
ܝܐ. 3 ܕܝܠܐ ܟܡܐ ܕܒܘܟܝܢ.
8 ܘܗܘ ܕܟܝܢܐ.
ܝܒ. 4 ܕܐܝܠܝܢ ܕܐܝܟܘ ܠܐܪܥܐ.
ܝܓ. 17 ܘܥܠ ܡܛܠܬܗ.
ܝܕ. 13 [ܘܡܢ ܐܝܬܝܐ. ܬܐܪܥܐ
ܐܟܝܐ. ܘܡܢ ܟܕܢܟܐ.
ܬܐܪܥܐ ܐܟܝܐ.] ܠܗ
ܠܒܝܬܗܘܢ ܒܥܡܝܬܐ
ܕܒܝܬ.
20 ܬܬܐܡܪܢ ܟܬܒܐ.
21 ܘܗܘܘ ܐܬܥܒܪ ܬܐܪܥܐ:
ܬܬܐܡܪܢ ܟܬܒܐ.
ܚܕܐ ܚܕܐ ܟܠ ܚܕ ܡܢ

17 ܕܢܟܐ. ܢܦܫܟ.
